KB232570

형사사건의 법원유권해석과 핵심포인트수록

# 형벌법 (특별법)

편찬 : 이상범
　　　　김정수

## 범죄사실기재례 · 심문례 · 판례 · 구성요건 · 적용례 · 수사서류작성기법 · 실질사례 · 경찰청양식

대한민국 법률지식의 중심
법률미디어

# 머  리  말

**형**법은 모든 형사법의 기본이므로 되도록이면 그 기본에 충실하여 관련 특별법을 만들지 말고 형법을 적용하여야 한다. 그러나 사회·경제의 발전으로 인한 범죄의 지능화·조직화, 신범죄유형의 등장 등 기존의 형법만으로는 모든 범죄를 다스릴 수 없게 되었다. 따라서 시시각각으로 변화·발전되어 가는 범죄를 모두 형법에 규정할 수는 없으므로 많은 부분이 특별법 또는 단행법의 벌칙규정의 형식으로 제정되어 형법에 우선하여 적용되고 있다. 그러므로 특히 실무자들은 형법을 적용하기에 앞서 항상 관련특별법과 개개의 단행법에 유념하여야 한다.

**형**사법은 범죄에 대한 형벌(형사처벌)을 규정한 법규범으로서, 형법을 기본으로 하여 형사특별법(성매매알선등행위의처벌에관한법률, 폭력행위등처벌에관한법률, 특정범죄가중처벌등에관한법률, 성폭력범죄의처벌및피해자보호등에관한법률, 부정수표단속법, 마약류관리에관한법률, 음악산업진흥에관한법률, 영화및비디오물진흥에관한법률 등)과 형사처벌을 규정한 개개의 단행법(건축법, 도로교통법, 상표법, 외국환거래법, 여권법, 저작권법 등)을 그 대상으로 하였으며, 이번에 개정된 형사소송법에 의한 공소시효 변경을 적용하여 수사업무에 차질이 없도록 하였다.

**우**리나라의 경우, 윤락행위방지법 → 성매매알선등행위의처벌에관한법률, 공중위생법 → 공중위생관리법, 건설업법 → 건설산업기본법, 농지의보전및이용에관한법률 → 농지법, 신용카드업법 → 여신전문금융업법, 외국환관리법 → 외국환거래법, 산림법 → 산림자원의 조성 및 관리에 관한법률 등과 같이 법의 명칭과 일부내용이 바뀌는 경우, 아동복지법, 컴퓨터프로그램보호법 등과 같이 법 전문이 개정되는 경우, 대부업의등록및금융이용자보호에관한법률, 청소년의성보호에관한법률, 마약류관리에관한법률 등과 같이 기존의 법률을 폐지 또는 통합함으로써 신규 제정되는 경우의 3가지 유형으로 법이 바뀌고 있다. 이처럼 법이 워낙 자주 바뀌기 때문에 일반인은 물론 실무자들도 법의 내용을 이해하는 데 상당한 어려움을 겪는다.

**법**이 바뀌면 종래의 법률서적은 장소만 불필요하게 차지하고 나아가 그 효용가치가 떨어지게 된다. 그러나 형사처벌은 행위시법에 의하므로 특히 실무자들은 구법과 신법을 알아야 하는 고충이 있다. 이 책의 판례중 많은 부분이 구법관련 판례인 것도 위와 같이 구법적용상의 문제가 신법에도 그대로 적용되는 경우가 대부분이기 때문이다.

**형**법부분의 본문은 조문과 참조조문, 조문해설, 범죄구성요건, 판례, 수사포인트, 피의자신문례, 범죄사실기재례, 적용실례 등 다소 많은 내용으로 구성되어 있다. 그러나 군더더기를 빼고 꼭 필요한 내용만을 담은 것이므로 읽는 이들에게 많은 도움이 되리라고 생각한다. 이 중 수사포인트에서는 수사과정에서 주의해야 할 점, 꼭 조사해야 할 사항 등을 다뤄 수사에 실질적인 도움을 주고자 했으며, 적용실례에서는 실제 사례문답을 통하여 죄를 의율하는 과정을 알기 쉽게 설명하였다.

또한 이견있는 형사사건에 대한 법원의 판단을 수록하여 형사사건의 처리에 있어서 참조할 수 있도록 구성하였다.

**특**별법부분은 최근에 제정·개정·폐지되는 법률들이 상당수가 있어 이 부분에 상당한 주의를 기울였으며 각각의 법에 대한 해설과 수사의 대상이 되는 범죄행위, 참조조문과 공소시효, 수사포인트, 범죄사실 기재례, 판례로 내용을 구성하였다.

특히 보이스피싱범죄나 대포통장을 이용한 범죄 등 최신 범죄수법에 대한 기재를 추가하여 발빠르게 대응하도록 하였다.

**이** 책이 실무에 도움이 되도록 나름대로 많이 노력하였으나, 다양한 법률을 편술하다 보니 부족한 점이 많을 것이다. 빠진 부분이나 잘못된 부분이 있다면 바로 고쳐나갈 것을 약속드린다.

**끝**으로 법률미디어 김현호 사장님과 편집을 맡아 고생한 편집부 직원에게 감사드린다.


이 상 범

# 차 례

# ㄴ

# ㄷ

# ㅁ

# ㅂ

# ㅌ

# ㅍ

# ㅎ

# 부 록

# 가정폭력범죄의 처벌 등에 관한 특례법

[시행 2023. 6. 14.] [법률 제19068호, 2022. 12. 13., 일부개정]

## Ⅰ. 개설

### 목적

이 법은 가정폭력범죄의 형사처벌 절차에 관한 특례를 정하고 가정폭력범죄를 범한 사람에 대하여 환경의 조정과 성행(性行)의 교정을 위한 보호처분을 함으로써 가정폭력범죄로 파괴된 가정의 평화와 안정을 회복하고 건강한 가정을 가꾸며 피해자와 가족구성원의 인권을 보호함을 목적으로 한다.

## Ⅱ. 판례

**제41조(보호처분의 기간)** 제40조제1항제1호부터 제3호까지 및 제5호부터 제8호까지의 보호처분의 기간은 6개월을 초과할 수 없으며, 같은 항 제4호의 사회봉사·수강명령의 시간은 200시간을 각각 초과할 수 없다.
[전문개정 2011.4.12.]

### 임시조치기각결정에대한재항고
[대법원 2019. 5. 30., 자, 2018어21, 결정]

**【판결요지】**
가정폭력범죄의 처벌 등에 관한 특례법(이하 '법'이라 한다) 제8조 제1항에 따라 검사가 청구하는 임시조치에 대하여 법 제39조 위임에 따라 제정된 가정보호심판규칙(이하 '규칙'이라 한다) 제10조는 가정법원 판사가 임시조치 결정 또는 임시조치 청구를 기각하는 결정을 할 수 있다고 규정한다. 법 제49조 제1항은 법 제8조에 따른 임시조치 결정에 있어서 그 결정에 영향을 미칠 법령위반이 있거나 중대한 사실오인이 있는 경우 또는 그 결정이 현저히 부당한 경우에는 검사, 가정폭력행위자, 법정대리인 또는 보조인은 가정법원 본원합의부에 항고할 수 있다고 규정한다. 한편 가정보호사건을 송치받은 가정법원 판사는 원활한 조사·심리 또는 피해자 보호를 위하여 필요하다고 인정하는 경우에는 결정으로 법 제29조가 정한 임시조치를 할 수 있고, 조사·심리를 거쳐 법 제40조가 정한 보호처분 결정이나 법 제37조가 정한 처분을 하지 아니하는 결정을 할 수 있다. 법 제49조 제1항은 보호처분 결정에 있어서 그 결정에 영향을 미칠 법령위반이 있거나 중대한 사실오인이 있는 경우 또는 그 결정이 현저히 부당한 경우 검사, 가정폭력행위자, 법정대리인 또는 보조인이 가정법원 본원합의부에 항고할 수 있다고 규정하고, 법 제49조 제2항은 처분을 하지 아니하는 결정에 대하여 그 결정이 현저히 부당할 때에는 검사, 피해자 또는 그 법정대리인은 항고할 수 있다고 규정한다.

위와 같은 법, 규칙의 규정을 종합하여 보면, 검사가 청구한 임시조치를 기각한 결정에 대하여 피해자가 항고할 수는 없다. 이 법리에 따르면 규칙 제63조 제3항에 따라 항고법원이 제1심의 임시조치 결정을 파기하고, 검사의 청구를 기각하는 결정을 하는 경우 피해자가 재항고할 수 없다.

## 보호처분에대한재항고
[대법원 2008. 7. 24., 자, 2008어4, 결정]

【판결요지】
가정폭력범죄의 처벌 등에 관한 특례법이 정한 보호처분 중의 하나인 사회봉사명령은 가정폭력범죄를 범한 자에 대하여 환경의 조정과 성행의 교정을 목적으로 하는 것으로서 형벌 그 자체가 아니라 보안처분의 성격을 가지는 것이 사실이다. 그러나 한편으로 이는 가정폭력범죄행위에 대하여 형사처벌 대신 부과되는 것으로서, 가정폭력범죄를 범한 자에게 의무적 노동을 부과하고 여가시간을 박탈하여 실질적으로는 신체적 자유를 제한하게 되므로, 이에 대하여는 원칙적으로 형벌불소급의 원칙에 따라 행위시법을 적용함이 상당하다.

## III. 벌칙

**제63조(보호처분 등의 불이행죄)** ① 다음 각 호의 어느 하나에 해당하는 가정폭력행위자는 2년 이하의 징역 또는 2천만원 이하의 벌금 또는 구류(拘留)에 처한다. 〈개정 2012.1.17.〉

1. 제40조제1항제1호부터 제3호까지의 어느 하나에 해당하는 보호처분이 확정된 후에 이를 이행하지 아니한 가정폭력행위자
2. 제55조의2에 따른 피해자보호명령 또는 제55조의4에 따른 임시보호 명령을 받고 이를 이행하지 아니한 가정폭력행위자

② 정당한 사유 없이 제29조제1항제1호부터 제3호까지의 어느 하나에 해당하는 임시조치를 이행하지 아니한 가정폭력행위자는 1년 이하의 징역 또는 1천만원 이하의 벌금 또는 구류에 처한다. 〈신설 2020.10.20.〉

③ 상습적으로 제1항 및 제2항의 죄를 범한 가정폭력행위자는 3년 이하의 징역이나 3천만원 이하의 벌금에 처한다. 〈신설 2012.1.17., 2020.10.20.〉

④ 제3조의2제1항에 따라 이수명령을 부과받은 사람이 보호관찰소의 장 또는

교정시설의 장의 이수명령 이행에 관한 지시에 불응하여 「보호관찰 등에 관한 법률」 또는 「형의 집행 및 수용자의 처우에 관한 법률」에 따른 경고를 받은 후 재차 정당한 사유 없이 이수명령 이행에 관한 지시에 불응한 경우 다음 각 호에 따른다. 〈신설 2020. 10. 20.〉
1. 벌금형과 병과된 경우에는 500만원 이하의 벌금에 처한다.
2. 징역형의 실형과 병과된 경우에는 1년 이하의 징역 또는 1천만원 이하의 벌금에 처한다.
[전문개정 2011.7.25.]

**제64조(비밀엄수 등 의무의 위반죄)** ① 제18조제1항에 따른 비밀엄수 의무를 위반한 보조인(변호사는 제외한다), 상담소등의 상담원 또는 그 기관장(그 직에 있었던 사람을 포함한다)은 1년 이하의 징역이나 2년 이하의 자격정지 또는 1천만원 이하의 벌금에 처한다.
② 제18조제2항의 보도 금지 의무를 위반한 신문의 편집인·발행인 또는 그 종사자, 방송사의 편집책임자, 그 기관장 또는 종사자, 그 밖의 출판물의 저작자와 발행인은 500만원 이하의 벌금에 처한다.
[전문개정 2011.4.12.]

**제65조(과태료)** 다음 각 호의 어느 하나에 해당하는 사람에게는 500만원 이하의 과태료를 부과한다. 〈개정 2011.7.25.〉
1. 정당한 사유 없이 제24조제1항에 따른 소환에 응하지 아니한 사람
2. 정당한 사유 없이 제44조에 따른 보고서 또는 의견서 제출 요구에 따르지 아니한 사람
3. 정당한 사유 없이 검사나 법원이 가정보호사건으로 송치한 제9조 또는 제12조에 따른 가정보호사건으로서 제40조제1항제4호부터 제8호까지의 보호처분이 확정된 후 이를 이행하지 아니하거나 집행에 따르지 아니한 사람
4. 삭제 〈2020.10.20.〉
[전문개정 2011.4.12.]

> **제66조(과태료)** 다음 각 호의 어느 하나에 해당하는 사람에게는 300만원 이하의 과태료를 부과한다.
>    1. 정당한 사유 없이 제4조제2항 각 호의 어느 하나에 해당하는 사람으로서 그 직무를 수행하면서 가정폭력범죄를 알게 된 경우에도 신고를 하지 아니한 사람
>    2. 정당한 사유 없이 제8조의2제1항에 따른 긴급임시조치(검사가 제8조의3제1항에 따른 임시조치를 청구하지 아니하거나 법원이 임시조치의 결정을 하지 아니한 때는 제외한다)를 이행하지 아니한 사람
>
> [전문개정 2014.12.30.]

## Ⅳ. 기재례

### 【범죄사실 기재례】

피의자 김비열은 ○○종합병원에 근무하는 의사인데, 피해자 이순진과 20○○. ○. ○. 결혼한 부부지간이다.

피의자는 평소 결혼당시에 병원개업자금을 대주지 않았다는 이유로 가정불화가 잦던 중에 서울시 ○○동 ○○번지 피해자의 집에서 20○○. ○. ○.(○○:○○경)에 상호 말다툼 끝에 격분하여 피해자의 뺨을 수 회 때리고 주먹으로 피해자의 배등을 가격하는 등 폭행하였다.

※ 송치상의 '죄명'란에는 해당죄명(위의 경우에는 폭행)을 쓰고 '비고'란에는 가정폭력사건이라고 표시하면 된다.

### 【범죄사실 기재례】

피의자 조○○은 2010. 1. 3 피해자 공○○과 혼인한 부부이다.

피의자는 2015. 12. 25. 18:00경 ○○ ○○구 ○○동 000-000에 있는 ○○중국집에서 피해자가 바람을 피운 것 같다는 이유로 부부싸움을 하던 도중 중국집 장식장에 있던 술 5병을 깨뜨려 이를 손괴하였다.

## 가정폭력범죄의 처벌 등에 관한 특례법에 도입된 피해자보호명령 제도의 취지
[대법원 2024. 3. 29. 자 2024터2 결정]

【판결요지】

가정폭력범죄의 처벌 등에 관한 특례법(이하 '가정폭력처벌법'이라고 한다)은 종래 가정폭력범죄(제2조 제3호)에 대해서 검사가 가정보호사건으로 처리하고 관할 법원에 송치하거나(제11조) 법원이 가정폭력행위자에 대한 피고사건을 심리한 결과 관할 법원에 송치한 사건(제12조)을 전제로 판사가 심리를 거쳐 하는 보호처분(제40조 제1항)만을 규정하고 있었다. 그러나 2011. 7. 25. 법률 제10921호로 도입된 피해자보호명령 제도는 피해자가 가정폭력행위자와 시간적·공간적으로 밀착되어 즉시 조치를 취하지 않으면 피해자에게 회복할 수 없는 피해를 입힐 가능성이 있을 때 수사기관과 소추기관을 거치지 않고 스스로 안전과 보호를 위하여 직접 법원에 보호를 요청할 수 있도록 하는 한편 그러한 명령을 위반한 경우에는 형사처벌을 함으로써 피해자 보호를 강화하려는 취지에서 도입되었다.

이처럼 가정폭력처벌법상 가정보호처분과 피해자보호명령은 절차와 결정의 내용 등에서 차이가 있으나, 가정폭력처벌법에서 피해자보호명령의 발령 요건으로 가정폭력행위자일 것을 정하고 있고(제55조의2 제1항), 피해자보호명령을 위반한 가정폭력행위자에 대하여 형사처벌을 예정하고 있는 점을 감안하면(제63조 제1항 제2호), 피해자보호명령청구의 전제가 되는 가정폭력행위가 특정되지 아니하거나 행위자가 그러한 행위를 한 사실이 인정되지 않는 경우, 또는 행위자의 행위가 가정폭력처벌법 제2조 제3호 각 목에서 정한 죄를 구성하지 아니하는 경우에는 행위자에 대하여 피해자보호명령을 발령할 수 없다.

## 가정폭력범죄의 처벌 등에 관한 특례법 제63조 제1항 제2호에서 정한 '피해자보호명령을 받고 이를 이행하지 아니한 가정폭력행위자'의 의미
[대법원 2023. 6. 1. 선고 2020도5233 판결]

【판결요지】

가정폭력범죄의 처벌 등에 관한 특례법(이하 '가정폭력처벌법'이라 한다)상 피해자보호명령 제도의 내용과 입법 취지 등에 비추어 보면, 가정폭력처벌법 제63조 제1항 제2호에서 정한 '피해자보호명령을 받고 이를 이행하지 아니한 가정폭력행위자'란 피해자의 청구에 따라 가정폭력행위자로 인정되어 피해자보호명령을 받았음에도 이행하지 않은 사람을 말한다.

[서식] 신변안전조치 청구서

# 신변안전조치 청구서

※ [ ]에는 해당하는 곳에 √표를 합니다.

| 관련<br>사건번호 | | |
|---|---|---|
| **청구인** | 성명 | 직업 |
| | 생년월일 | 전화번호 |
| | 주소 | |
| | 신변안전조치 대상자와의 관계 | |
| **신 변 안 전<br>조 치 대 상 자** | 성명 | 직업 |
| | 생년월일 | 전화번호 |
| | 주소 ([ ] 주거지, [ ] 현재지) | |
| | 가정폭력행위자와의 관계 | |
| | 근거 | 1. 가정폭력행위자를 상대방 당사자로 하는 가정보호사건, 피해자보호명령사건 및 그 밖의 가사소송절차 참석 [ ]<br>2. 자녀에 대한 면접교섭권 행사 [ ]<br>3. 기타 [ ] |

| **청 구 내 용** | 사유 | 종류 | 기간 |
|---|---|---|---|
| | | | |
| **첨 부 서 류** | | | |

「가정폭력범죄의 처벌 등에 관한 특례법」 제55조의2제5항 및 같은 법 시행령 제2

조제1항에 따라 위와 같이 신변안전조치를 청구합니다.

년      월      일

주소

청구인 성명          (서명 또는 인)

○○○○법 원 (○○지 원)    귀하

| 처 리 절 차 | | | | | |
|---|---|---|---|---|---|
| 청구서 작성 → | 접수·검토 → | 요 청 → | 접수·검토 → | 요 청 → | 해당 조치 |
| 청구인 | 법 원 | | 검 사 | | 관할경<br>찰서장 |

210mm×297mm[백상지 80g/㎡]

**[서식] 신변안전조치 요청서**

# 신변안전조치 요청서

<table>
<tr><td>관련<br>사건번호</td><td colspan="2"></td></tr>
<tr><td rowspan="7">신 변 안 전<br>조 치 대 상 자</td><td>성명</td><td>직업</td></tr>
<tr><td>생년<br>월일</td><td>전화<br>번호</td></tr>
<tr><td colspan="2">주소 ([  ] 주거지, [  ] 현재지)</td></tr>
<tr><td colspan="2">가정폭력행위자와의 관계</td></tr>
<tr><td>근거</td><td>1. 가정폭력행위자를 상대방 당사자로 하는 가정보호사<br>   건, 피해자보호명령사건 및 그 밖의 가사소송절차 참<br>   석 (    )<br>2. 자녀에 대한 면접교섭권 행사 (    )<br>3. 기타 (                    )</td></tr>
</table>

| 요 청 사 유 | [ ] 직권, [ ]청구(○○○) | |
|---|---|---|
| 요 청 조 치 | [ ] 신규 | 1. 피해자 보호시설이나 치료시설 등으로의 인도<br>(                                                    ) |
| | | 2. 출석·귀가 시 또는 면접교섭권 행사 시 동행<br>(                                                    ) |
| | [ ] 연장 | 3. 주거에 대한 주기적 순찰<br>(                                                    ) |
| | [ ] 추가 | 4. CCTV의 설치<br>(                                                    ) |
| | [ ] 변경 | 5. 그 밖에 피해자의 신변안전에 필요하다고 인정되는 조치<br>(                                                    ) |
| 요 청 기 간 | | |

「가정폭력범죄의 처벌 등에 관한 특례법」 제55조의2제5항 및 같은 법 시행령 ([ ] 제2조제1항 또는 제4조제3항, [ ] 제5조제1항)에 따라 위와 같이 신변안전 조치를 요청합니다.

년        월        일

○○법원 (○○지원) 판사 ○ ○ ○
또는   ○○○○검찰청 (○○지청) 검사 ○ ○ ○        (서명 또는 인)

**○ ○ ○ ○검찰청 (○○지청) 검사**   귀하
     **또는 ○ ○ ○ ○경찰서장**

210mm×297mm[ 백상지 80g/㎡ ]

**[서식] 신변안전조치(변경[   ], 추가[   ], 연장[   ]) 청구서**

# 신변안전조치 (변경[   ], 추가[   ], 연장[   ]) 청구서

※ [   ]에는 해당하는 곳에 √표를 합니다.

| 관련 사건번호 | | | |
|---|---|---|---|
| 청구인 | 성명 | | 직업 |
| | 생년월일 | | 전화번호 |
| | 주소 | | |
| | 신변안전조치 대상자와의 관계 | | |
| 신 변 안 전 조 치 대 상 자 | 성명 | | 직업 |
| | 생년월일 | | 전화번호 |
| | 주소 ([   ] 주거지, [   ] 현재지) | | |
| | 가정폭력행위자와의 관계 | | |
| | 근거 | 1. 가정폭력행위자를 상대방 당사자로 하는 가정보호사건, 피해자보호명령사건 및 그 밖의 가사소송절차 참석 [   ]<br>2. 자녀에 대한 면접교섭권 행사 [   ]<br>3. 기타 [            ] | |
| 청 구 내 용<br>(기존<br>신변안전조치,<br>변경조치 등) | | | |
| 첨 부 서 류 | | | |

「가정폭력범죄의 처벌 등에 관한 특례법」 제55조의2제5항 및 같은 법 시행령 제4조제1항 또는 제2항에 따라 위와 같이 신변안전조치를(변경, 추가, 연장)청구합니다.

년       월       일

주소

청구인 성명                    (서명 또는 인)

## ○○○○법원 (○○지원)   귀하

| 처 리 절 차 | | | | | |
|---|---|---|---|---|---|
| 청구서 작성 | → 접수·검토 | → 요 청 | → 접수·검토 | → 요 청 | → 해당 조치 |
| 청구인 | 법 원 | | 검 사 | | 관할<br>경찰서장 |

210mm×297mm[ 백상지 80g/㎡ ]

[서식] 신변안전조치 이행 통보서

# 신변안전조치 이행 통보서

| 관련<br>사건번호 | |
|---|---|
| 신 변 안 전<br>조 치 대 상 자 | |
| 요 청 내 용 | |
| 조 치 내 용 | |

　　　　년　　　월　　　일 요청한 신변안전조치를 위와 같이 이행하였기에 「가정폭력범죄의 처벌 등에 관한 특례법」 제55조의2제5항 및 같은 법 시행령 ([ ] 제6조제1항, [ ] 제6조제2항)에 따라 이를 통보합니다.

년　　　월　　　일

○○○○경찰서장 ○ ○ ○<br>또는　○○○○검찰청 (○○지청) 검사 ○ ○ ○　(서명 또는 인)

○○○○검찰청 (○○지청) 검사　귀하
또는 ○○○○법원 (○○지원)

210mm×297mm[ 백상지(120g/㎡) 또는 백상지(80g/㎡) ]

# 가축분뇨의 관리 및 이용에 관한 법률

[시행 2024. 1. 1.] [법률 제19656호, 2023. 8. 16., 일부개정]

## Ⅰ. 개설

### 목적

이 법은 가축분뇨를 자원화하거나 적정하게 처리하여 환경오염을 방지함으로써 환경과 조화되는 지속가능한 축산업의 발전 및 국민건강의 향상에 이바지함을 목적으로 한다.

## Ⅱ. 판례

**제11조(배출시설의 설치)** ① 대통령령으로 정하는 규모 이상의 배출시설을 설치하려고 하거나 설치·운영 중인 자는 대통령령으로 정하는 바에 따라 배출시설의 설치계획(가축분뇨처리 및 악취저감에 관한 사항을 포함한다)을 갖추어 시장·군수·구청장의 허가를 받아야 한다. 〈개정 2015.12.1., 2021.4.13.〉

② 제1항에 따라 허가를 받은 자가 환경부령으로 정하는 중요 사항을 변경하려는 때에는 변경허가를 받아야 하고, 그 밖의 사항을 변경하려는 때에는 변경신고를 하여야 한다.

③ 제1항에 따른 허가대상에 해당하지 아니하는 배출시설 중 대통령령으로 정하는 규모 이상의 배출시설을 설치하려고 하거나 설치·운영 중인 자는 환경부령으로 정하는 바에 따라 시장·군수·구청장에게 신고하여야 한다. 신고한 사항 중 환경부령으로 정하는 사항을 변경하려는 때에도 또한 같다. 〈개정 2015.12.1.〉

④ 누구든지 제1항부터 제3항까지의 규정에 따른 허가·변경허가 또는 신고·변경신고 없이 설치되거나 변경된 배출시설을 사용해서는 아니 되며, 그 시설을 사용하여 가축을 사육하는 자에게 가축 또는 사료 등을 제공하여 사육을 위탁(이하 "위탁사육"이라 한다) 할 수 없다.

⑤ 시장·군수·구청장은 제2항에 따른 변경신고, 제3항 전단에 따른 신고 또는 같은 항 후단에 따른 변경신고를 받은 경우 그 내용을 검토하여 이 법에 적합하면 신고를 수리하여야 한다. 〈신설 2021.4.13.〉[전문개정 2014.3.24.]

## 가축분뇨의 관리 및 이용에 관한 법률에 따른 가축분뇨 처리방법 변경허가가 허가권자의 재량행위에 해당하는지 여부(적극) 및 가축분뇨 처리방법 변경 불허가처분에 대한 사법심사의 대상과 판단 기준

[대법원 2021. 6. 30., 선고, 2021두35681, 판결]

**【판결요지】**

가축분뇨의 관리 및 이용에 관한 법률(이하 '가축분뇨법'이라 한다)의 입법 목적, 가축분뇨법 제11조 제1항, 제2항, 가축분뇨의 관리 및 이용에 관한 법률 시행령 제7조 제1항, 제2항, 구 가축분뇨의 관리 및 이용에 관한 법률 시행규칙(2020. 2. 20. 환경부령 제849호로 개정되기 전의 것) 제5조 제1항 제4호의 체제·형식과 문언, 특히 가축분뇨법 제11조 제1항, 제2항에서 배출시설 설치허가와 변경허가의 기준을 따로 구체적으로 정하고 있지는 않은 사정 등을 종합하면, 다음과 같은 결론을 도출할 수 있다. 가축분뇨법에 따른 처리방법 변경허가는 허가권자의 재량행위에 해당한다. 허가권자는 변경허가 신청 내용이 가축분뇨법에서 정한 처리시설의 설치기준(제12조의2 제1항)과 정화시설의 방류수 수질기준(제13조)을 충족하는 경우에도 반드시 이를 허가하여야 하는 것은 아니고, 자연과 주변 환경에 미칠 수 있는 영향 등을 고려하여 허가 여부를 결정할 수 있다. 가축분뇨 처리방법 변경 불허가처분에 대한 사법심사는 법원이 허가권자의 재량권을 대신 행사하는 것이 아니라 허가권자의 공익판단에 관한 재량의 여지를 감안하여 원칙적으로 재량권의 일탈·남용이 있는지 여부만을 판단하여야 하고, 사실오인과 비례·평등원칙 위반 여부 등이 판단 기준이 된다.

## 배출시설등의양수인이종전시설설치자로부터배출시설등의점유·관리를이전받음으로써시설설치자의지위를승계받은것이되는지여부

[대법원 2018. 1. 24., 선고, 2015도18284, 판결]

**【판결요지】**

구 가축분뇨의 관리 및 이용에 관한 법률(2014. 3. 24. 법률 제12516호로 개정되기 전의 것, 이하 '구 가축분뇨법'이라 한다)은 배출시설을 설치하고자 하는 자는 배출시설의 규모에 따라 시장·군수·구청장의 허가를 받거나 시장·군수·구청장에게 신고하여야 하고(제11조 제1항, 제3항), 제11조에 따라 배출시설에 대한 설치허가 등을 받거나 신고 등을 한 자(이하 '시설설치자'라 한다)가 배출시설·처리시설(이하 '배출시설 등'이라 한다)을 양도하는 경우에는 양수인이 종전 시설설치자의 지위를 승계한다고 규정하고 있다(제14조). 현행 가축분뇨의 관리 및 이용에 관한 법률(제14조 제3항)과 달리 배출시설 등의 양도를 시장·군수·구청장에게 신고하지 않고 양도 그 자체만으로 시설설치자의 지위 승계가 이루어지도록 정한 구 가축분뇨법의 위와 같은 규정 및 배출시설 등에 대한 설치허가의 대물적 성질 등에 비추어 보면, 배출시설 등의 양수인은 종전 시설설치자로부터 배출시설 등의 점유·관리를 이전받음으로써 시설설치자의 지위를 승계받은 것이 되고, 이후 매매계약 등 양도의 원인행위가 해제되었더라도 해제에 따른 원상회복을 하지 아니한 채 여전히 배출시설 등을 점유·관리하고 있다면 승계받은 시설설치자의 지위를 계속 유지한다.

## 가축분뇨의관리및이용에관한법률위반
[대법원 2016. 6. 23., 선고, 2014도7170, 판결]

**【판결요지】**

구 가축분뇨의 관리 및 이용에 관한 법률(2014. 3. 24. 법률 제12516호로 개정되기 전의 것, 이하 '구 가축분뇨법' 이라 한다) 제50조 제8호(이하 '법률조항' 이라 한다)에서 정한 '제11조 제3항의 규정에 따른 신고를 하지 아니한 자' 는 문언상 '제11조 제3항의 규정에 의한 신고대상자임에도 신고를 하지 아니한 자' 를 의미하는데, '제11조 제3항 규정에 의한 신고대상자' 는 '대통령령이 정하는 규모 이상의 배출시설을 설치하고자 하는 자 또는 신고한 사항을 변경하고자 하는 자' 를 말한다. 따라서 이미 배출시설을 설치한 경우에, 설치 당시에 '대통령령이 정하는 규모 이상의 배출시설' 에 해당하지 아니하여 신고대상이 아니었다면, 그 후 법령 개정에 따라 신고대상에 해당하게 되었더라도 구 가축분뇨법 제11조 제3항에서 정한 신고대상자인 '배출시설을 설치하고자 하는 자' 에 해당한다고 볼 수 없다.

이와 같은 법률조항의 내용과 문언적 해석, 신고대상자의 범위 및 죄형법정주의 원칙 등에 비추어 보면, 법률조항은 구 가축분뇨법 제11조 제3항의 신고대상자가 신고를 하지 아니하고 배출시설을 설치한 후 업무상 과실로 가축분뇨를 공공수역에 유입시킨 경우에 적용되며, 배출시설을 설치할 당시에는 신고대상 시설이 아니었는데 그 후 법령 개정에 따라 시설이 신고대상에 해당하게 된 경우에 시설을 운영하면서 업무상 과실로 가축분뇨를 공공수역에 유입시킨 자는 여기에 포함되지 아니한다.

---

**제12조의2(처리시설의 설치기준 등)** ① 배출시설설치자, 공동처리시설의 설치자, 공공처리시설의 설치자, 제27조에 따른 재활용신고자 또는 제28조제1항제2호의 가축분뇨처리업의 허가를 받은 자로서 처리시설을 설치하는 자(이하 "처리시설설치자"라 한다)는 환경부령으로 정하는 처리시설 설치에 관한 기준을 지켜야 한다.

② 액비를 만드는 자원화시설을 설치하는 자는 환경부장관이 농림축산식품부장관과 협의하여 환경부령으로 정하는 기준에 따라 액비를 살포하는 데 필요한 초지, 농경지, 「산림자원의 조성 및 관리에 관한 법률」 제47조에 따른 시험림의 지정지역 또는 「체육시설의 설치·이용에 관한 법률」 제3조에 따른 체육시설 중 골프장(이하 "액비살포지"라 한다)을 확보하여야 한다.

③ 정화시설을 설치하는 자는 환경부령으로 정하는 바에 따라 가축분뇨를 분과 요로 분리·저장할 수 있는 시설을 설치하여야 한다. 다만, 분과 요를 분리·저장하지 아니하여도 제13조에 따른 방류수수질기준(이하 "방

류수수질기준"이라 한다)을 준수할 수 있는 경우 등 대통령령으로 정하
는 일정한 요건을 충족하는 경우에는 그러하지 아니하다.

④ 시장·군수·구청장은 제3항에 따라 가축분뇨를 분과 요료 분리·저장할
수 있는 시설을 설치하여야 하는 자가 그 시설을 설치하지 아니한 경우에
는 대통령령으로 정하는 바에 따라 기간을 정하여 해당 시설의 설치를 명
할 수 있다.

[본조신설 2014.3.24.]

## 가축분뇨의관리및이용에관한법률위반
[대법원 2018. 9. 13., 선고, 2018도11018, 판결]

**【판결요지】**

가축분뇨의 관리 및 이용에 관한 법률(이하 '가축분뇨법'이라 한다)은 가축분뇨를
자원화하거나 적정하게 처리하여 환경오염을 방지함으로써 환경과 조화되는 지속 가
능한 축산업의 발전과 국민건강의 향상에 이바지함을 목적으로 한다(제1조). 여기에서
'자원화시설'은 가축분뇨를 퇴비·액비 또는 바이오에너지로 만드는 시설을 말하고
(제2조 제4호), '액비'는 가축분뇨를 액체 상태로 발효시켜 만든 비료 성분이 있는
물질로서 농림축산식품부령으로 정하는 기준에 적합한 것을 말한다(제2조 제6호).
가축분뇨법은 액비 살포에 관하여 다음과 같이 규정하고 있다. 액비를 만드는 자원
화시설을 설치하는 자는 일정한 기준에 따라 액비를 살포하는 데 필요한 초지, 농경
지, 시험림 지정지역, 골프장 등 '액비 살포지'를 확보하여야 한다(제12조의2 제2
항). 액비를 만드는 자원화시설에서 생산된 액비를 해당 자원화시설을 설치한 자가
확보한 액비 살포지 외의 장소에 뿌리거나 환경부령으로 정하는 살포기준을 지키지
않는 행위를 해서는 안 된다(제17조 제1항 제5호). 가축분뇨를 재활용(퇴비 또는 액
비로 만드는 것에 한정한다)하거나 재활용을 목적으로 가축분뇨를 수집·운반하려는
자로서 관할관청에 신고한 재활용신고자가 가축분뇨법 제17조 제1항 제5호를 위반할
경우에는 처벌을 받는다(제27조 제1항, 제50조 제11호).
이와 같이 가축분뇨법 제17조 제1항 제5호는 자원화시설에서 생산된 액비를 해당 자
원화시설을 설치한 자가 확보한 액비 살포지 외의 장소에 뿌리는 행위를 명확하게
금지하고 있다. 가축분뇨뿐만 아니라 액비도 관리를 소홀히 하거나 유출·방치하는
경우 심각한 환경오염물질이 될 수 있으므로, 액비 살포의 기준과 그 책임소재를 분
명히 하고 특정 장소에 대한 과잉 살포로 발생할 수 있는 환경오염을 방지하려는 데
그 취지가 있다. 따라서 가축분뇨를 재활용하기 위하여 액비 생산의 자원화시설을
설치한 재활용신고자라고 하더라도, 자신이 설치한 자원화시설이 아닌 다른 자원화
시설에서 생산된 액비를 자신이 확보한 액비 살포지에 뿌리는 것은 가축분뇨법 제17
조 제1항 제5호를 위반한 것이라고 보아야 한다. 다른 자원화시설에서 생산된 액비
는 해당 자원화시설을 설치한 자가 확보한 액비 살포지에 뿌려야 하기 때문이다. 이

는 위 재활용신고자가 축산업자들이 가축분뇨 등을 처리하기 위하여 공동출자로 설립한 영농조합법인이고 위 영농조합법인이 그 구성원인 축산업자들이 설치한 자원화시설에서 생산된 액비의 처리를 위탁받았다고 하더라도 마찬가지이다.

## Ⅲ. 벌칙

**제48조(벌칙)** 다음 각 호의 어느 하나에 해당하는 자는 5년 이하의 징역 또는 5천만원 이하의 벌금에 처한다. 〈개정 2015.12.1., 2021. 4. 13.〉

1. 제11조제1항에 따른 허가를 받지 아니한 자 또는 거짓, 그 밖의 부정한 방법으로 허가를 받은 자로서 제10조제1항을 위반하여 가축분뇨 또는 퇴비·액비를 공공수역에 유입시키거나 제17조제1항 각 호의 어느 하나에 해당하는 행위를 한 자
2. 제18조에 따른 폐쇄명령을 이행하지 아니한 자
3. 제24조에 따라 설치한 공공처리시설을 파손하거나 그 기능에 장해를 주어 가축분뇨를 처리할 수 없게 방해한 자
4. 공공처리시설설치자등으로서 제25조제9항제4호부터 제7호까지에 해당하는 행위를 한 자
5. 재활용신고자로서 제27조제6항에 따른 폐쇄명령을 이행하지 아니한 자
6. 제28조제1항에 따라 가축분뇨관련영업의 허가를 받지 아니한 자로서 제10조제1항을 위반하여 가축분뇨 또는 퇴비·액비를 공공수역에 유입시키거나 제17조제1항 각 호의 어느 하나에 해당하는 행위를 한 자

[전문개정 2014.3.24.]

**제49조(벌칙)** 다음 각 호의 어느 하나에 해당하는 자는 2년 이하의 징역 또는 2천만원 이하의 벌금에 처한다. 〈개정 2021.4.13.〉

1. 제11조제1항 또는 제2항에 따른 허가 또는 변경허가를 받지 아니하거나 거짓, 그 밖의 부정한 방법으로 허가 또는 변경허가를 받아 배출시설을 설치·변경하거나 그 배출시설을 이용하여 가축을 사육한 자 또는 위탁사육한 자
2. 제11조제1항에 따른 허가를 받은 자로서 제10조제1항을 위반하여 가축분뇨 또는 퇴비·액비를 공공수역에 유입시키거나 제17조제1항 각 호의 어느 하나에 해당하는 행위를 한 자
3. 제11조제1항 또는 제2항에 따른 허가 또는 변경허가를 받은 자로서 제

12조를 위반하여 처리시설을 설치 또는 변경하지 아니하고 배출시설을 사용한 자

4. 제11조제3항을 위반하여 신고를 하지 아니한 자로서 제10조제1항을 위반하여 가축분뇨 또는 퇴비·액비를 공공수역에 유입시키거나 제17조제1항 각 호의 어느 하나에 해당하는 행위를 한 자

5. 제15조에 따른 준공검사를 받지 아니하고 제10조제1항을 위반하여 가축분뇨 또는 퇴비·액비를 공공수역에 유입시키거나 제17조제1항 각 호의 어느 하나에 해당하는 행위를 한 자

6. 제18조에 따른 사용중지명령을 이행하지 아니한 자

7. 제27조제1항을 위반하여 신고를 하지 아니하거나 거짓으로 신고를 하고 재활용을 한 자, 신고하지 아니한 재활용시설을 운영한 자 또는 신고하지 아니한 재활용시설을 사용할 목적으로 가축분뇨를 수집한 자

8. 제27조제6항에 따른 처리금지명령을 이행하지 아니한 자

9. 제28조제1항에 따른 가축분뇨관련영업의 허가를 받지 아니하거나 거짓, 그 밖의 부정한 방법으로 허가를 받아 가축분뇨관련영업을 한 자

10. 가축분뇨관련영업자로서 제10조제1항을 위반하여 가축분뇨 또는 퇴비·액비를 공공수역에 유입시키거나 제17조제1항 각 호의 어느 하나에 해당하는 행위를 한 자

11. 가축분뇨관련영업자 또는 설계·시공업자로서 제32조 또는 제35조에 따른 영업정지기간 중에 영업을 한 자

12. 제34조에 따른 등록을 하지 아니하거나 거짓, 그 밖의 부정한 방법으로 등록을 하여 설계·시공업을 한 자

[전문개정 2014.3.24.]

**제50조(벌칙)** 다음 각 호의 어느 하나에 해당하는 자는 1년 이하의 징역 또는 1천만원 이하의 벌금에 처한다. 〈개정 2015. 12. 1., 2021. 4. 13.〉

1. 제8조제3항에 따른 축사의 이전 등 조치명령을 이행하지 아니한 자

2. 제10조제2항에 따른 조치명령을 이행하지 아니한 자

3. 제11조제1항에 따른 허가를 받지 아니하거나 거짓, 그 밖의 부정한 방법으로 허가를 받은 자로서 업무상 과실로 제10조제1항을 위반하여 가축분뇨 또는 퇴비·액비를 공공수역에 유입시킨 자

4. 제11조제3항을 위반하여 신고를 하지 아니하거나 거짓, 그 밖의 부정한 방법으로 신고를 하고 그 배출시설을 설치하거나 그 배출시설을 이용

하여 가축을 사육한 자 또는 위탁사육한 자

5. 제11조제3항에 따른 신고를 한 자 또는 퇴비·액비를 살포한 자로서 제10조제1항을 위반하여 가축분뇨 또는 퇴비·액비를 공공수역에 유입시키거나 제17조제1항 각 호의 어느 하나에 해당하는 행위를 한 자

6. 제11조제1항에 따른 허가를 받은 자, 제15조를 위반하여 준공검사를 받지 아니한 자 또는 가축분뇨관련영업자로서 업무상 과실로 제10조제1항을 위반하여 가축분뇨 또는 퇴비·액비를 공공수역에 유입시킨 자 또는 가축분뇨관련영업자로서 업무상 과실로 제17조제1항 각 호의 어느 하나에 해당하는 행위를 한 자

7. 배출시설설치·운영자, 처리시설설치·운영자 및 퇴비·액비를 살포하는 자로서 제17조제5항에 따른 개선명령을 이행하지 아니한 자(제51조제3호의 자는 제외한다)

8. 제11조제2항 또는 제3항에 따른 신고 또는 변경신고를 한 자로서 제12조에 따른 처리시설을 설치 또는 변경하지 아니하고 배출시설을 사용한 자

9. 제11조제3항에 따른 신고를 하지 아니하거나 거짓으로 신고를 한 자로서 업무상 과실로 인하여 제10조제1항을 위반하여 가축분뇨 또는 퇴비·액비를 공공수역에 유입시킨 자

10. 제25조제10항에 따른 시설의 개선 등 조치명령을 이행하지 아니한 자

11. 재활용신고자로서 제10조제1항을 위반하여 가축분뇨 또는 퇴비·액비를 공공수역에 유입시키거나 제17조제1항 각 호의 어느 하나에 해당하는 행위를 한 자

12. 제27조제5항에 따른 개선명령을 이행하지 아니한 자

13. 제28조제1항을 위반하여 가축분뇨관련영업의 변경허가를 받지 아니하거나 거짓으로 변경허가를 받아 가축분뇨관련영업을 한 자

14. 제28조제6항을 위반하여 다른 사람에게 자기의 상호 또는 성명을 사용하여 가축분뇨관련영업을 하게 하거나 허가증을 빌려 준 자

15. 제34조제2항을 위반하여 변경등록을 하지 아니하거나 거짓으로 변경등록을 하여 설계·시공업을 한 자

16. 제34조제6항을 위반하여 다른 사람에게 자기의 상호 또는 성명을 사용하여 설계·시공업을 하게 하거나 등록증을 빌려준 자

[전문개정 2014.3.24.]

**제51조(벌칙)** 다음 각 호의 어느 하나에 해당하는 자는 300만원 이하의

벌금에 처한다. 〈개정 2015. 12. 1., 2021. 4. 13.〉

1. 제7조의2제4항을 위반하여 토지에의 출입 또는 사용을 거부·방해한 자
2. 제11조제3항에 따른 신고를 한 자, 재활용신고자 또는 퇴비·액비를 살포한 자로서 업무상 과실로 제10조제1항을 위반하여 가축분뇨 또는 퇴비·액비를 공공수역에 유입시키거나 제17조제1항 각 호의 어느 하나에 해당하는 행위를 한 자
3. 제11조제3항에 따른 신고를 한 자 또는 그의 배출시설·처리시설을 운영하는 자로서 제17조제5항에 따른 개선명령을 이행하지 아니한 자
4. 제15조에 따른 준공검사를 받지 아니하고 그 배출시설·처리시설을 사용한 자
5. 다음 각 목의 어느 하나에 해당하지 아니하는 자로서 제10조제1항을 위반하여 가축분뇨 또는 퇴비·액비를 공공수역에 유입시킨 자
  가. 제11조제1항 또는 제3항에 따라 배출시설의 설치허가를 받거나 신고를 하여야 하는 자
  나. 퇴비·액비를 살포하는 자
  다. 제27조제1항에 따른 신고를 하여야 하는 자
  라. 제28조제1항에 따른 가축분뇨관련영업의 허가를 받아야 하는 자
6. 제27조제4항에 따른 설치 및 운영 기준을 위반하여 재활용시설을 설치·운영한 자
7. 제30조제2항을 위반하여 가축분뇨관련영업자의 가축분뇨의 수집·운반·처리 및 시설관리의 기준과 준수사항을 지키지 아니한 자
8. 제37조제1항을 위반하여 기술관리인을 두지 아니한 자
9. 제37조의3제2항을 위반하여 관계 행정기관이나 그 소속 공무원이 요구하여도 인계·인수, 처리 또는 살포에 관한 내용을 확인할 수 있도록 협조하지 아니한 자
10. 제41조제3항을 위반하여 관계 공무원의 출입·검사를 거부·방해 또는 기피한 자

[전문개정 2014. 3. 24.]

**제52조(양벌규정)** 법인의 대표자나 법인 또는 개인의 대리인, 사용인, 그 밖의 종업원이 그 법인 또는 개인의 업무에 관하여 제48조부터 제51조까지의 어느 하나에 해당하는 위반행위를 하면 그 행위자를 벌하는 외에 그 법인 또는 개인에게도 해당 조문의 벌금형을 과(科)한다. 다만, 법인 또는

개인이 그 위반행위를 방지하기 위하여 해당 업무에 관하여 상당한 주의와 감독을 게을리하지 아니한 경우에는 그러하지 아니하다.
[전문개정 2014. 3. 24.]
[2014. 3. 24. 법률 제12516호에 의하여 2010. 9. 30. 헌법재판소에서 위헌 결정된 이 조를 개정함.]

**제53조(과태료)** ① 다음 각 호의 어느 하나에 해당하는 자에게는 1천만원 이하의 과태료를 부과한다

1. 제11조제1항에 따른 허가를 받아 처리시설을 설치한 자로서 방류수수질기준을 위반하여 방류하거나 퇴비액비화기준에 맞지 아니하게 퇴비 또는 액비를 생산한 자
2. 공공처리시설설치자등으로서 방류수수질기준을 위반하여 방류하거나 퇴비액비화기준에 맞지 아니하게 퇴비 또는 액비를 생산한 자
3. 가축분뇨처리업자로서 방류수수질기준을 위반하여 방류하거나 퇴비액비화기준에 맞지 아니하게 퇴비 또는 액비를 생산한 자

② 다음 각 호의 어느 하나에 해당하는 자에게는 500만원 이하의 과태료를 부과한다. 〈개정 2015. 12. 1.〉

1. 제11조제3항에 따른 신고를 하고 처리시설을 설치한 자로서 방류수수질기준을 위반하여 방류하거나 퇴비액비화기준에 맞지 아니하게 퇴비 또는 액비를 생산한 자
2. 제11조에 따른 허가를 받거나 신고를 하고 처리시설을 설치한 자, 제24조에 따른 공공처리시설설치자등 또는 제28조에 따른 가축분뇨처리업자로서 제13조의2제2항에 따른 고체연료기준에 맞지 아니하게 가축분뇨 고체연료를 생산한 자
3. 제15조의2를 위반하여 가축분뇨 고체연료의 사용 등 신고를 하지 아니한 자
4. 제16조를 위반하여 처리시설의 설계 또는 시공을 하게 한 자

③ 다음 각 호의 어느 하나에 해당하는 자에게는 100만원 이하의 과태료를 부과한다. 〈개정 2015. 12. 1., 2021. 4. 13.〉

1. 제11조제2항 또는 제3항에 따른 변경신고를 하지 아니하거나 거짓, 그 밖의 부정한 방법으로 변경신고를 하고 배출시설을 변경하거나 그 배출 시설을 사용한 자
2. 제12조의2제1항부터 제3항까지에 따른 처리시설의 설치기준 등에 적합하지 아니하게 처리시설을 설치하거나 그 처리시설을 사용한 자
3. 제12조의2제4항에 따른 설치명령을 이행하지 아니한 자

4. 제14조제3항·제29조제4항(제34조제7항에서 준용하는 경우를 포함한다)에 따른 승계신고를 하지 아니한 자

5. 제17조제4항에 따른 관리기준에 적합하지 아니하게 배출시설·처리시설을 설치·운영한 자

6. 제25조제2항에 따른 조치명령을 이행하지 아니한 자

7. 공공처리시설설치자등으로서 제25조제6항을 위반하여 방류수수질의 자가 측정, 퇴비·액비 또는 가축분뇨 고체연료의 성분검사를 실시하지 아니하거나 검사에 관한 기록을 보존하지 아니한 자

8. 공공처리시설을 설치·운영하는 자 또는 축산농가로서 제26조제2항에 따른 기준을 위반하여 가축분뇨를 수집·운반 또는 처리한 자

9. 제27조제2항에 따른 변경신고를 하지 아니하거나 거짓으로 변경신고를 하고 재활용을 한 자 또는 그 재활용시설을 운영하거나 재활용의 목적으로 가축분뇨를 수집한 자

10. 제28조제1항 또는 제34조제2항에 따른 변경신고를 하지 아니하거나 거짓으로 변경신고를 한 자

11. 제28조제5항에 따른 영업구역을 벗어나 가축분뇨수집·운반업을 하거나 그 밖에 필요한 조건을 위반한 자

12. 제34조제8항에 따른 설계·시공업자의 준수사항을 위반한 자

13. 제37조제2항에 따른 준수사항을 위반한 자

14. 제37조의3제1항에 따른 전자인계관리시스템에 운용 방법, 절차 등 운영 관리에 관한 사항을 준수하지 아니한 자

15. 정당한 사유 없이 제38조제1항을 위반하여 가축분뇨업무담당자에게 교육을 받게 하지 아니한 자

16. 제39조를 위반하여 같은 조 각 호의 사항을 기록·보존하지 아니하거나 거짓으로 기록한 자

17. 제40조를 위반하여 휴업·폐업 또는 재개업의 허가를 받지 아니하거나 신고를 하지 아니한 자

18. 제41조제1항에 따른 보고·자료제출을 하지 아니하거나 거짓으로 한 자

④ 제1항부터 제3항까지의 규정에 따른 과태료는 대통령령으로 정하는 바에 따라 시·도지사 또는 시장·군수·구청장이 부과·징수한다.

[전문개정 2014. 3. 24.]

## Ⅳ. 기재례

### 【범죄사실 기재례】

【가축분뇨 배출시설물 설치를 하지 않고 가축분뇨를 임의처리한 경우】

피의자는 가축분뇨의 관리 및 이용에 관한 법률 제50조 제3호, 제11조 제3항에서 정한 신고대상임에도 가축분뇨법 제2조 제3호에서 규정하고 있는 가축분뇨 배출시설물 설치를 하지 않은 채, 20○○. ○. ○.부터 같은 해 ○. ○.까지 사이에 경기도 ○○시 ○○구 ○○동 37번지에 축사를 세우고 돼지와 닭 등을 키우면서 수시로 가축분뇨를  임의처리 하였다.

### 【범죄사실 기재례】

피의자 김○○은 ○○ ○○구 ○○동 000-000애 있는 축사 3,000㎡와 운동장 2,000㎡에서 젖소를 기르고 있는 사람이다. 이와 같이 축사 면적 900㎡이상 또는 운동장 면적 2,700㎡이상에서 젖소를 기르는 사람은 배출시설의 설치계획을 갖추어 시장·군수·구청장의 허가를 받아야 한다. 그럼에도 불구하고 피의자 김○○은 2018. 5. 2.부터 2019. 1. 7. 경까지 위 장소에서 배출시설의 설치계획에 대한 관할 구청장의 허가를 받지 않고, 그곳에서 발생하는 가축의 분뇨를 인근의 공공수역에 유입시켰다.

**가축분뇨의 관리 및 이용에 관한 법률 제17조 제1항 제1호 전단에서 금지하는 '가축분뇨 배출행위'의 의미 및 가축분뇨 배출시설 안에 있는 가축이 배출시설 인근에 배출한 분뇨를 처리시설에 유입하지 아니하고 그대로 방치한 행위가 이에 해당하는지 여부(적극)**

[대법원 2014. 3. 27. 선고 2014도267 판결]

【판결요지】

가축분뇨의 관리 및 이용에 관한 법률(이하 '법'이라 한다)의 목적(법 제1조), 법 제2조 제3호, 제8호, 제17조 제1항 제1호 전단, 제49조 제2호, 제50조 제4호, 제51조 제1호, 가축분뇨의 관리 및 이용에 관한 법률 시행규칙 제2조 등의 내용을 종합하여 보면, 법 제17조 제1항 제1호 전단에서 금지하는 '가축분뇨 배출행위'는 가축분뇨를 처리시설에 유입하지 아니하고 가축분뇨가 발생하는 배출시설 안에서 배출시설 밖으로 내보내는 행위를 의미하며, 배출시설 안에 있는 가축이 분뇨를 배출시설 인근에 배출한 경우에도 그 분뇨를 처리시설에 유입하지 아니하고 그대로 방치한 경우에는 이에 해당된다고 해석하여야 한다.

**[서식] 가축분뇨배출시설 신청서식**

# [ ] 설치허가신청서
# 가축분뇨배출시설　[ ] 변경허가신청서
# [ ] 변경신고서

※ [ ]에는 해당되는 곳에 √ 표를 합니다.
※ 뒤쪽의 신청안내를 읽고 작성하시기 바랍니다.

(앞쪽)

| 접수번호 | | 접수일자 | | 처리기간 | 설치허가 : 7일<br>변경허가 : 7일<br>변경신고 : 5일 |
|---|---|---|---|---|---|

| 신청인 | ①상호(명칭) | | ②사업자등록번호(외국인은 외국인 등록번호 또는 여권번호 기재) | | |
|---|---|---|---|---|---|
| | ③성명(대표자) | | ④생년월일 | | |
| | ⑤주소 | | (전화번호:　　　　) | | |

| 신청내용 | ⑥사업장 소재지 | (전화번호:　　　　) |
|---|---|---|
| | ⑦착공 예정일(착공일) | ⑧준공 예정일(준공일) |

⑨오염물질 등을 배출하는 배출시설 및 처리시설

| 배출시설 | 시설명 | 축종 | 사육마릿수 | 규모(㎡) | 수량 | 배출량(㎥/일) |
|---|---|---|---|---|---|---|
| | | | | | | |

| 처리시설 | 시설명 | 처리방법 | 처리공법 | 용량(㎥/일) | 수량 |
|---|---|---|---|---|---|
| | | | | | |

| ⑩초지 또는 농경지 | 소재지 | | 면적(㎡) | |
|---|---|---|---|---|
| ⑪사용 용수량(㎥/일) | | ⑫퇴비저장시설(㎥) | | |

| ⑬위탁처리내 | 위탁처리 대상 | | | 운반 위탁업체 | | | 위탁 처리시설 | | | |
|---|---|---|---|---|---|---|---|---|---|---|
| | 축종 | 종류 | 위탁량(㎥/일) | 업체명 | 사업자등록번호 | 허가·신고번호 | 업체명 | 사업자등록번호 | 허가·신고번호 | 소재지 |

| 용 | | | | | | | | | |
|---|---|---|---|---|---|---|---|---|---|
| | | | | | | | | | |

| ⑭변경내용 | 변경사유 | 변경전 | 변경후 |
|---|---|---|---|
| | | | |

「가축분뇨의 관리 및 이용에 관한 법률」 제11조제1항·제2항 및 같은 법 시행령 제7조제1항 및 같은 법 시행규칙 제4조제1항, 제5조2항, 제6조제2항에 따라 위와 같이 신청(신고)합니다.

년    월    일

신고인                    (서명 또는 인)

## 특별자치시장·특별자치도지사·시장·군수·구청장 귀하

| 첨부서류 | 뒤쪽 참조 | 수수료<br>설치허가 : 10,000원<br>변경허가 : 5,000원<br>변경신고 : 없음 |
|---|---|---|

210mm×297mm[백상지 80g/㎡(재활용품)]

(뒤쪽)

| 첨부서류 | 1. 배출시설의 설치명세서 1부<br>2. 가축사육 마릿수와 가축분뇨 배출량에 대한 예측명세서 1부<br>3. 처리시설의 설치명세서와 그 도면 또는 「가축분뇨의 관리 및 이용에 관한 법률」 제16조 단서에 따른 표준설계도서(처리시설의 설치의무가 면제되는 자인 경우에는 이를 인정할 수 있는 서류) 1부<br>4. 초지 또는 농경지의 확보명세서나 액비의 살포를 재활용신고자에게 위탁한 사실을 증명하는 액비살포에 관한 계약서(액비화시설을 설치하는 경우에만 해당합니다) 1부<br>5. 사업장배치도 및 가축분뇨배출배관도 각 1부<br>6. 최종오니의 예측발생량과 처리방법명세서(정화시설을 설치하는 경우에만 첨부합니다) 1부<br>7. 변경 시 가축분뇨배출시설 설치허가증 원본, 해당변경내용을 증명할 수 있는 서류 1부 |
|---|---|

### 유 의 사 항

1. 허가를 받지 아니하거나 거짓이나 그 밖의 부정한 방법으로 허가를 받아 가축분뇨배출시설을 설치한 경우에는 5년 이하의 징역 또는 5천만원 이하의 벌금을 물게 됩니다.
2. 변경허가 신청을 하여야 하는 대상
   가. 배출시설의 규모 또는 가축분뇨의 배출량이 100분의 50 이상 증가(허가를 받은 후 증가하는 누계를 말합니다)하는 경우
   나. 법 제15조에 따른 준공검사 전에 배출시설 및 처리시설을 변경하는 경우
   다. 가축분뇨배출시설 또는 처리시설의 소재지를 변경하는 경우(같은 시·군·구에서 영 제6조에 따라 동일한 규제를 받는 지역으로 소재지를 변경하는 경우에 한합니다)
   라. 처리시설의 처리방법을 변경하는 경우
3. 변경허가를 받지 아니하고 가축분뇨배출시설을 변경하면 2년 이하의 징역 또는 2천만원 이하의 벌금을 물게 됩니다.
4. 변경신고를 하여야 하는 대상
   가. 배출시설의 규모를 100분의 50 미만으로 증설하는 경우 또는 배출시설의 규모를 축소하여 법 제

11조제3항에 따른 신고대상으로 변경되는 경우
나. 처리시설의 규모를 변경하는 경우
다. 처리시설의 처리방법을 변경하지 아니하면서 처리공법만을 변경하는 경우
라. 영 제9조 각 호의 어느 하나에 해당하는 위탁처리로 변경하는 경우[수탁자를 변경하거나 위탁량의 100분의 30 이상을 변경(신고 또는 변경신고를 한 후 변경되는 누계를 말합니다)하는 경우를 포함합니다)]
마. 사업장의 명칭 또는 대표자를 변경하는 경우
바. 자원화시설 중 액비를 만드는 시설을 설치한 경우로서 다음 각 목의 어느 하나에 해당하는 경우
　1) 초지 또는 농경지의 면적 또는 소재지를 변경하는 경우
　2) 액비의 살포를 법 제27조에 따른 재활용신고자에게 위탁한 자가 수탁자를 변경하거나 위탁량의 100분의 30 이상을 변경(신고 또는 변경신고를 한 후 변경되는 누계를 말합니다)하는 경우
사. 사육하는 가축의 종류를 변경하는 경우(가축의 종류를 변경하더라도 그 사육시설이 허가대상 배출시설에 해당하는 경우에만 신고합니다)
아. 배출시설이나 처리시설을 폐쇄하는 경우
5. 변경신고를 하지 아니하고 가축분뇨배출시설 또는 처리시설을 설치한 경우에는 100만원 이하의 과태료를 물게 됩니다.

## 작 성 방 법

1. 첨부서류 작성요령
가. 배출시설의 설치내역서에는 축사배치도, 축사설계도면을 포함하여 각 축사별 위치, 사육마릿수 등을 적어야 합니다.
나. 가축사육마릿수와 가축분뇨 배출량에 대한 예측내역서에는 예상되는 최대 가축사육마릿수, 가축의 종류별 가축분뇨 및 오염물질 배출량과 산출내용을 표시하여야 합니다.
다. 처리시설 설치내역서에는 시설명칭·처리용량·처리효율·설비내용 등을 작성하여야 하며, 처리시설의 설계도면·오염물질 등의 처리계통도, 방지시설업자 또는 처리시설 설계·시공업자의 등록증 사본이 포함되어야 합니다.
라. 초지 또는 농경지의 확보명세서는 축산비료를 뿌릴 모든 농지의 지번(地番)과 면적 등을 적어야 합니다.
마. 사업장 배치도 및 가축분뇨 배출배관도에는 세부 기계·시설의 설치위치, 명칭, 용량, 용수량 등과 배출구 위치도 등을 적어야 합니다.
바. 최종오니 예측발생량과 처리방법 내역서에는 발생시설명, 최대 발생량, 처리방법, 처리시설명, 용량, 수량 및 처리량 등을 적어야 합니다.
사. 사업장에서 사용하는 모든 용수량에 대한 공급방법을 구체적으로 밝히고, 그 방법에 따라 공급되는 양에 따른 사용목적별 사용량을 표시하여야 합니다.

2. 신청(신고)서 작성요령
가. ⑨, ⑬의 축종은 돼지, 소, 젖소, 말, 닭, 오리, 양, 사슴, 개로 구분합니다.
나. ⑨, ⑬의 처리방법은 퇴비화, 액비화, 정화처리, 바이오에너지화, 기타로 구분합니다.
다. ⑬의 종류는 분, 요, 분뇨, 액비, 기타로 구분합니다.
라. ⑬의 허가·신고번호는 가축분뇨수집운반업 및 가축분뇨처리업, 가축분뇨재활용의 허가·신고번호를 적어야 합니다.

## 처 리 절 차

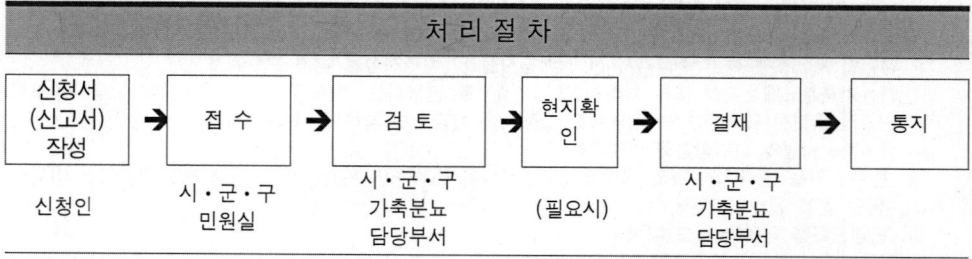

# 가축전염병 예방법

[시행 2024. 9. 15.] [법률 제19706호, 2023. 9. 14., 일부개정]

## Ⅰ. 개설

### 목적

이 법은 가축의 전염성 질병이 발생하거나 퍼지는 것을 막음으로써 축산업의 발전, 가축의 건강 유지 및 공중위생의 향상에 이바지함을 목적으로 한다.

## Ⅱ. 판례

> **제15조(검사ㆍ주사ㆍ약물목욕ㆍ면역요법 또는 투약 등)** ① 농림축산식품부장관, 시ㆍ도지사 또는 시장ㆍ군수ㆍ구청장은 가축전염병이 발생하거나 퍼지는 것을 막기 위하여 필요하다고 인정하면 예방접종 방법 등 농림축산식품부령으로 정하는 바에 따라 가축의 소유자등에게 가축에 대하여 다음 각 호의 어느 하나에 해당하는 조치를 받을 것을 명할 수 있다. 〈개정 2013.3.23., 2015.6.22., 2021. 4. 13.〉
> 1. 검사ㆍ주사ㆍ약물목욕ㆍ면역요법 또는 투약
> 2. 주사ㆍ면역요법을 실시한 경우에는 그 주사ㆍ면역요법을 실시하였음을 확인할 수 있는 표시(이하 "주사ㆍ면역표시"라 한다)
> 3. 주사ㆍ면역요법 또는 투약의 금지
> ② 농림축산식품부장관, 시ㆍ도지사 또는 시장ㆍ군수ㆍ구청장은 제1항에 따른 명령에 따라 검사, 주사, 주사ㆍ면역표시, 약물목욕, 면역요법 또는 투약을 한 가축의 소유자등의 청구를 받으면 농림축산식품부령으로 정하는 바에 따라 검사, 주사, 주사ㆍ면역표시, 약물목욕, 면역요법 또는 투약을 한 사실의 증명서를 발급하여야 한다. 〈개정 2013.3.23., 2015.6.22.〉
> ③ 농림축산식품부장관, 시ㆍ도지사 또는 시장ㆍ군수ㆍ구청장은 가축방역을 효율적으로 추진하기 위하여 필요하다고 인정하면 가축의 소유자등 또는 축산관련단체로 하여금 제1항에 따른 검사, 주사, 주사ㆍ면역표시, 약물목욕, 면역요법, 투약 등의 가축방역업무를 농림축산식품부령으로 정하는 바에 따라 공동으로 하게 할 수 있다. 〈개정 2013.3.23., 2015.6.22.〉

④ 제1항에 따른 조치 명령을 받은 가축의 소유자등은 농림축산식품부장관이 정하여 고시한 가축의 종류별 항체양성률 이상 항체양성률이 유지되도록 해당 조치 명령을 이행하여야 한다. 〈신설 2021. 4. 13.〉

⑤ 시장·군수·구청장은 제1항 또는 제4항을 위반하여 과태료 처분을 받은 자로 하여금 시장·군수·구청장이 지정한 수의사에 의하여 예방접종이 실시되도록 하거나 예방접종 과정을 확인하도록 명하여야 한다. 이 경우 예방접종 및 혈청검사 등에 드는 비용은 해당 가축의 소유자등이 부담한다. 〈신설 2021. 4. 13.〉

[전문개정 2010.4.12.]

## 구축산물가공처리법제33조제1항제3호에서 '병원성 미생물에 의하여오염의우려가있다' 는것의의미

[대법원 2010. 7. 29., 선고, 2009도10487, 판결]

**【판결요지】**
구 「축산물가공처리법」(2009. 5. 8. 법률 제9665호로 일부 개정되기 전의 것, 이하 같다) 제33조 제1항 제3호에 의하면 병원성 미생물에 의하여 오염되었거나 그 우려가 있는 축산물은 판매하거나 판매할 목적으로 처리·가공·포장·사용·수입·보관·운반 또는 진열하지 못하도록 되어 있는바, 여기서 오염의 우려가 있다고 함은 객관적으로 병원성 미생물에 의한 오염을 의심할 만한 사정이 있는 경우를 의미한다고 할 것이다.

## Ⅲ. 벌칙

**제55조의2(벌칙)** 다음 각 호의 어느 하나에 해당하는 자는 5년 이하의 징역 또는 5천만원 이하의 벌금에 처한다. 〈개정 2018.12.31., 2020. 2. 4.〉

1. 제11조제1항 본문 또는 제2항을 위반하여 신고를 하지 아니한 가축의 소유자등, 해당 가축에 대하여 사육계약을 체결한 축산계열화사업자, 수의사 또는 대학·연구소 등의 연구책임자
2. 제17조의4제1항을 위반하여 차량출입정보를 목적 외 용도로 사용한 자
3. 제52조의3제4항을 위반하여 가축전염병 방역관련 업무 이외의 목적으로 정보를 사용한 자

[본조신설 2012.2.22.]

**제56조(벌칙)** 다음 각 호의 어느 하나에 해당하는 자는 3년 이하의 징역 또는 3천만원 이하의 벌금에 처한다. 〈개정 2014.10.15., 2015.6.22., 2017.10.31., 2018.12.31.〉

1. 제20조제1항(제28조에서 준용하는 경우를 포함한다)에 따른 명령을 위반한 자
2. 제32조제1항, 제33조제1항·제5항(제38조제4항에서 준용하는 경우를 포함한다), 제34조제1항 본문 또는 제37조 본문을 위반한 자
3. 제36조제1항 본문에 따른 검역을 받지 아니하거나 검역과 관련하여 부정행위를 한 자
4. 제38조제3항을 위반하여 불합격한 지정검역물을 하역하거나 반송 등의 명령을 위반한 자

[전문개정 2010.4.12.]

**제57조(벌칙)** 다음 각 호의 어느 하나에 해당하는 자는 1년 이하의 징역 또는 1천만원 이하의 벌금에 처한다. 〈개정 2011.1.24., 2012.2.22., 2014.10.15., 2015.6.22., 2017.10.31., 2018.12.31.,2020. 2.4., 2021. 4. 13.〉

1. 제3조의4제5항에 따른 가축의 사육제한 명령을 위반한 자
1의2. 제5조제6항에 따른 국립가축방역기관장의 질문에 대하여 거짓으로 답변하거나 국립가축방역기관장의 검사·소독 등의 조치를 거부·방해 또는 기피한 자
2. 제11조제1항 본문 또는 같은 조 제3항을 위반하여 신고하지 아니한 동물약품 및 사료의 판매자 또는 가축운송업자
3. 거짓이나 그 밖의 부정한 방법으로 가축병성감정 실시기관으로 지정을 받은 자
3의2. 제17조의3제1항을 위반하여 등록을 하지 아니한 자
3의3. 제17조의3제2항을 위반하여 차량무선인식장치를 장착하지 아니한 소유자 및 차량무선인식장치의 전원을 끄거나 훼손·제거한 운전자
4. 제19조제1항(제28조에서 준용하는 경우를 포함한다)제1호부터 제5호까지, 같은 조 제2항부터 제4항까지 또는 제27조에 따른 명령을 위반한 자
5. 제19조제8항에 따른 가축의 소유자등의 위반행위에 적극 협조한 가축운송업자 또는 도축업 영업자

5의2. 제19조의2제3항 본문을 위반한 자

5의3. 제21조제2항에 따른 명령을 위반한 자

6. 제22조제2항 본문(가축방역관은 제외한다)·제4항 또는 제47조제2항을
위반한 자

7. 거짓이나 그 밖의 부정한 방법으로 검역시행장의 지정을 받은 자

8. 부정한 방법으로 사육관리인 또는 보관관리인으로 지정을 받은 사람

9. 제52조의3제2항을 위반하여 정보 제공 요청을 거부한 자

[전문개정 2010.4.12.]

---

**제58조(벌칙)** 다음 각 호의 어느 하나에 해당하는 자는 300만원 이하의
벌금에 처한다. 〈개정 2017.3.21., 2018.12.31., 2020. 2. 4.〉

1. 제5조의3제1항에 따른 가축방역위생관리업 신고를 하지 아니하거나 거짓 또
는 그 밖의 부정한 방법으로 신고하고 가축방역위생관리업을 영위한 자

2. 제13조제6항 각 호의 어느 하나에 해당하는 행위를 한 자

3. 제14조제1항, 제22조제1항 본문·제3항, 제23조제1항·제2항, 제4조제
1항 본문 또는 제35조제1항을 위반한 자

4. 제39조제1항 본문에 따른 검역을 받지 아니하거나 검역과 관련하여
부정행위를 한 자

5. 제44조제1항에 따른 명령을 위반한 자

[전문개정 2010.4.12.]

---

**제59조(양벌규정)** 법인의 대표자나 법인 또는 개인의 대리인, 사용인, 그
밖의 종업원이 그 법인 또는 개인의 업무에 관하여 제56조부터 제58조까
지의 어느 하나에 해당하는 위반행위를 하면 그 행위자를 벌하는 외에 그
법인 또는 개인에게도 해당 조문의 벌금형을 과(科)한다. 다만, 법인 또는
개인이 그 위반행위를 방지하기 위하여 해당 업무에 관하여 상당한 주의
와 감독을 게을리하지 아니한 경우에는 그러하지 아니하다.

[전문개정 2010.4.12.]

**제60조(과태료)** ① 다음 각 호의 어느 하나에 해당하는 자에게는 1천만원 이하의 과태료를 부과한다. 〈개정 2011.1.24., 2012.2.22., 2015.6.22., 2016.12.2., 2017.3.21., 2017.10.31., 2018.12.31., 2019.8.27., 2020.2.4., 2021. 4. 13., 2023. 9. 14.〉〉

1. 제3조의4제3항 또는 제4항을 위반하여 방역교육을 이수하지 아니하거나 소독설비 또는 방역시설을 갖추지 아니한 자

1의2. 제5조제3항을 위반하여 외국인 근로자에 대한 고용신고·교육·소독을 하지 아니한 자

2. 제5조제5항에 따른 서류의 제출을 거부·방해 또는 기피하거나 거짓서류를 제출한 자

3. 제5조제5항에 따른 국립가축방역기관장의 질문에 대하여 거짓으로 답변하거나 국립가축방역기관장의 검사·소독 등의 조치를 거부·방해 또는 기피한 자

3의2. 제5조제6항에 따른 신고를 하지 아니하거나 거짓으로 신고한 자

3의3. 제5조의2제1항에 따른 방역관리 책임자를 두지 아니한 가축의 소유자등

3의4. 제5조의2제3항에 따른 방역교육을 이수하지 아니한 방역관리 책임자

3의5. 제5조의4제2항을 위반하여 소독 및 방제에 관한 교육을 연 1회 이상 받지 아니한 방역위생관리업자

3의6. 제5조의4제3항을 위반하여 소독 및 방제에 관한 교육을 연 1회 이상 받지 아니한 종사자를 소독 및 방제업무에 종사하게 한 방역위생관리업자

3의7. 제6조의2제1항부터 제3항까지의 규정을 위반하여 방역교육 및 점검을 실시하지 아니하거나 그 결과를 거짓으로 통지하거나 통지하지 아니한 축산계열화사업자

3의8. 제7조제4항(제8조제3항에서 준용하는 경우를 포함한다)에 따른 가축방역관 및 가축방역사의 검사, 예찰을 거부·방해 또는 회피한 자

4. 제15조제1항·제4항·제5항, 제16조제5항 또는 제43조제6항에 따른 명령을 위반한 자

4의2. 제15조의2제1항에 따른 입식 사전 신고를 하지 아니하고 가축을 입식한 자

4의3. 제16조제1항을 위반하여 가축 또는 가축의 알의 출입 또는 거래 기록을 작성·보존하지 아니하거나 거짓으로 기록한 자

5. 제17조제1항에 따른 소독설비 또는 방역시설을 갖추지 아니한 자

5의2. 제17조제9항을 위반하여 필요한 조치를 취하지 아니한 자

5의3. 제17조제10항을 위반하여 소독설비 및 방역시설의 정비·보수 등의 명령을 이행하지 아니한 자

5의4. 제17조제12항을 위반하여 차량 외부로 유출된 가축의 분뇨에 대하여 필요한 조치를 취하지 아니한 가축운송업자

5의5. 제17조의3제3항을 위반하여 필요한 조치를 취하지 아니한 소유자 및 운전자

5의6. 제17조의3제5항을 위반하여 가축방역 등에 관한 교육을 받지 아니한 소유자 및 운전자

5의7. 제17조의3제8항을 위반하여 변경사유가 발생한 날부터 1개월 이내에 변경등록을 신청하지 아니한 소유자

5의8. 제17조의3제9항을 위반하여 말소사유가 발생한 날부터 1개월 이내에 말소등록을 신청하지 아니한 소유자

5의9. 제17조의3제11항을 위반하여 시설출입차량 표지를 차량외부에서 확인할 수 있도록 붙이지 아니한 소유자

5의10. 제17조의6제1항을 위반하여 방역기준을 준수하지 아니한 자

5의11. 제19조제1항제6호에 따른 명령을 위반한 자

6. 제36조제1항 단서를 위반하여 신고하지 아니한 자

② 다음 각 호의 어느 하나에 해당하는 자에게는 300만원 이하의 과태료를 부과한다. 〈개정 2011.1.24., 2011.7.25., 2013.8.13., 2015.6.22., 2016.12.2., 2017.3.21., 2018.12.31., 2019.12.10., 2020.2.4.〉

1. 제5조제6항에 따른 출국 사실을 신고를 하지 아니하거나 거짓으로 신고한 자

2. 삭제 〈2015. 6. 22.〉

3. 제17조제2항 전단 또는 제3항을 위반하여 소독을 하지 아니한 자

3의2. 제17조제2항 후단을 위반하여 방역위생관리업자를 통한 소독 및 방제를 하지 않은 자

4. 제17조제6항을 위반하여 소독실시기록부를 갖추어 두지 아니하거나 거짓으로 기재한 자

4의2. 제17조의2제1항 전단을 위반하여 출입기록을 하지 아니하거나 거짓으로 출입기록을 한 자

4의3. 제17조의2제1항 후단을 위반하여 보존기한까지 출입기록을 보관하

지 아니한 자

4의4. 제17조의2제2항에 따른 가축방역관 또는 가축방역사의 확인을 거부·방해 또는 회피한 자

4의5. 제17조의5제2항을 위반하여 관계 공무원의 출입 또는 조사를 거부·방해 또는 기피한 자

5. 제25조제1항 또는 제26조를 위반한 자

6. 제30조제3항 및 제4항에 따른 검역관의 출입·검사 또는 물건 등의무상 수거를 거부·방해 또는 기피한 자

7. 제36조제2항에 따른 검역을 거부·방해 또는 기피한 자

8. 제38조제1항을 위반하여 화물 목록을 제출하지 아니한 자

8의2. 제39조제2항을 위반하여 지정검역물을 넣은 탁송품을 동물검역 기관의 장에게 통보하지 아니한 탁송업자

9. 제41조제1항 본문에 따른 검역을 받지 아니하고 지정검역물을 수출한 자

10. 제45조제2항에 따른 검역관의 음식물 처리 검사를 거부·방해 또는 기피한 자

11. 제45조제2항에 따른 검역관의 자료 제출 요구를 따르지 아니하거나 거짓 자료를 제출한 자

12. 제51조제1항에 따라 보고하여야 하는 자가 보고를 하지 아니하거나 거짓으로 보고한 자

13. 제52조의4제2항을 위반하여 정당한 사유 없이 요청에 따르지 아니한 자

③ 제1항 및 제2항에 따른 과태료는 대통령령으로 정하는 바에 따라 농림축산식품부장관, 동물검역기관의 장, 시·도지사, 시장·군수·구청장이 부과한다. 〈개정 2013. 3. 23., 2015. 6. 22.〉

[전문개정 2010. 4. 12.]

## Ⅳ. 기재례

### 【범죄사실 기재례】

피의자 김ㅇㅇ은 ㅇㅇ에서 축산업에 종사하는 자이다. 김ㅇㅇ은 2000. ㅇ. ㅇ. 경 위 축사(畜舍)에서 사육중인 소 100마리가 가축전염병에 감염되어 전염병이 퍼지는 것을 막기 위해 ㅇㅇ시장으로부터 2000. ㅇ. ㅇ. 까지 살처분 명을 받았다. 그럼에도 불구하고 김ㅇㅇ은 정당한 이유없이 이 명령을 따르지 않았다.

### 【범죄사실 기재례】

피의자 이ㅇㅇ은 수입돼지 판매업에 종사하고 있는 자이다. 이ㅇㅇ은 돼지고기를 수입하면 지체없이 동물검역기관의 장에게 검역을 신청하고 검역관의 검역을 받아야 한다. 그럼에도 불구하고 이ㅇㅇ은 2000. ㅇ. ㅇ. 독일로부터 돼지고기 100톤을 인천항을 통해 수입하면서 검역신청을 하지 않았다.

### 구 축산물가공처리법 제33조 제1항 제3호에서 '병원성 미생물에 의하여 오염의 우려가 있다' 는 것의 의미

[대법원 2010. 7. 29., 선고, 2009도10487, 판결]

#### 【판결요지】

구 「축산물가공처리법」(2009. 5. 8. 법률 제9665호로 일부 개정되기 전의 것, 이하 같다) 제33조 제1항 제3호에 의하면 병원성 미생물에 의하여 오염되었거나 그 우려가 있는 축산물은 판매하거나 판매할 목적으로 처리·가공·포장·사용·수입·보관·운반 또는 진열하지 못하도록 되어 있는바, 여기서 오염의 우려가 있다고 함은 객관적으로 병원성 미생물에 의한 오염을 의심할 만한 사정이 있는 경우를 의미한다고 할 것이다. 원심판결 이유 및 제1심에서 적법하게 채택, 조사한 증거들에 의하면, 피고인 4 주식회사의 사용인인 피고인 3과 피고인 1, 2 등은 공모하여, 브루셀라병 검사를 통하여 병원성 미생물인 브루셀라균이 있는지 확인되지 아니한 기립불능의 젖소 41마리를 다른 소에 대한 브루셀라병검사증명서를 제출하여 도축하게 한 후 그 식육을 경매의 방법으로 판매하도록 한 점, 기립불능 증상을 보이는 젖소의 7%는 질병으로 인한 경우이고 그 중에는 브루셀라병도 원인이 될 수 있으므로, 기립불능 젖소가 브루셀라병을 비롯하여 질병에 걸렸을 가능성을 배제하기 어려운 점, 브루셀라병은 인수(人獸)공통전염병으로서 주로 소, 돼지의 생식기관 등에 염증을 수반하여 유산과 불임증을 나타내고, 인간에게 전염되면 발열, 피로, 두통 등이 나타나는데 치사율은 2% 이하이나 치료하지 않고 방치할 경우 척추염 등을 일으킬 수 있는 점, 도축과정에서의 육안검사만으로는 브루셀라균과 같은 병원성 미생물의 감염 여부를 확인하는 데에 한계가 있어 브루셀라균에 의하여 오염된 축산물이 유통되는 것을 방지하기 어려운 점, 「가축전염병예방법」 제16조 제3항은 '농림수산식품부장관, 시·도지사 또는 시장·군수·자치구의 구청장은 가축전염병이 퍼지는 것을 방지하기 위하여 필요하다고 인정하는 경우에는 가축의 소유자 등과 가축운송업자에게 가축을 이동할 때에 검사증명서 등을 휴대하도록 명할 수 있다'고 규정하고 있는데, 위 규정에 따라 2008. 1. 1.부터 젖소 도축시에 브루셀라병검사증명서를 휴대하도록 하고 있는 점 등을 알 수 있다. 이러한 사정을 앞서 본 법리에 비추어 살펴보면, 기립불능의 젖소는 그 자체로 객관적으로 질병에 감염되었을 가능성이 있는데다가, 법령상 젖소의 도축시 가축전염병이 퍼지는 것을 예방하기 위하여 요구되고 있는 브루셀라병 검사조차 거치지 않아 브루셀라균이 있는지 여부가 확인되지 아니한 젖소를 축산물로 처리하는 것은 브루셀라균이나 그 밖의 병원성 미생물에 의한 오염을 의심할 만한 사정이 있는 축산물을 처리한 경우로 봄이 상당하고, 따라서 피고인들의 위와 같은 행위는 구「축산물가공처리법」제33조 제1항 제3호에 의하여 금지되는 병원성 미생물에 의하여 오염되었을 우려가 있는 축산물을 판매할 목적으로 처리한 경우에 해당한다.

이와 달리 원심은 위 법규정에서 정한 '우려'를 '오염과 동일하게 볼 수 있는 정도'로 해석하여야 함을 전제로, 브루셀라병검사증명서가 없이 도축하였다는 사정만으로 '오염과 동일하게 볼 수 있는 정도'라고 단정하기 어렵다고 하여, 피고인들에 대한 구 축산물가공처리법 위반 공소사실에 대하여 무죄를 선고하였는바, 원심판결에는 위 법규정에 정한 병원성 미생물에 의하여 오염되었을 우려가 있는 축산물의 해석에 관한 법리를 오해하여 판결에 영향을 미친 위법이 있다.

**[서식] 살처분명령서**

# 살 처 분 명 령 서

제 호

| 가축사육시설 | 농장명 | | | | | | |
|---|---|---|---|---|---|---|---|
| | 소재지 | | | | | | |

| 소유자<br>(관리자) | 성명 | | | 생년월일 | | | |
|---|---|---|---|---|---|---|---|
| | 주소 | | | 전화번호 | | | |

| 살처분<br>명령의 내용 | 살처분 이유 | | | | | | |
|---|---|---|---|---|---|---|---|
| | 대상 두수 | | | 이행기간 | | | |

| 살처분명령<br>대상가축 | 축종 | 품종 | 성별 | 연령 | 귀표(개체)번호 | 특징 | 비고 |
|---|---|---|---|---|---|---|---|
| | | | | | | | |

| 준수사항 | |
|---|---|
| | |

「가축전염병 예방법」 제20조제1항(같은 법 제28조에서 준용하는 경우를 포함합니다) 및 같은 법 시행규칙 제23조제2항에 따라 위와 같이 살처분할 것을 명합니다.

년 월 일

## 시장 · 군수 · 구청장 　 직인

### 유의사항

「가축전염병 예방법」 제20조제1항(같은 법 제28조에서 준용하는 경우를 포함합니다)에 따른 살처분 명령을 위반한 경우에는 같은 법 제56조제2호에 따라 3년 이하의 징역 또는 1천500만원 이하의 벌금에 처하게 됩니다.

210mm×297mm[백상지 80g/㎡(재활용품)]

**[서식] 가축사육제한, 가축사육시설폐쇄 명령서**

# [　] 가축 사육제한
# [　] 가축사육시설 폐쇄　명령서

제　　호

| 가축사육시설 | | 농장명 | | | | | |
|---|---|---|---|---|---|---|---|
| | | 소재지 | | | | | |
| 소유자<br>(관리자) | | 성명 | | | 전화번호 | | |
| | | 주소 | | | | | |
| 가축<br>사육<br>제한<br>명령<br>[　] | 내용 | 가축 사육제한 명령 이유 | | | | | |
| | | 사육 규모 | | | 이행기간 | | |
| | 대상<br>가축 | 축종 | 품종 | 성별 | 연령 | 특징 | 비고 |
| | | | | | | | |
| 가축<br>사육<br>시설<br>폐쇄<br>명령<br>[　] | 내용<br>및<br>대상 | 가축사육시설 폐쇄명령 이유 | | | | | |
| | | 농장명 | | | 소재지 | | |
| 준수사항 | | | | | | | |

「가축전염병 예방법」 제3조의4제5항, 제19조제4항, 같은 법 시행령 제6조 및 같은 법 시행규칙 제4조에 따라 위와 같이 [　]가축 사육제한을
[　]가축사육시설 폐쇄를 명합니다.

년　　월　　일

## 시장·군수·구청장 　직인

| 유의사항 |
|---|

1. 「가축전염병 예방법」 제3조의4제5항에 따른 사육제한 명령을 위반한 경우에는 같은 법 제57조제1호에 따라 1년 이하의 징역 또는 1천만원 이하의 벌금에 처하게 됩니다.
2. 「가축전염병 예방법」 제19조제4항에 따른 가축 사육제한 명령 또는 사육시설 폐쇄 명령을 위반한 경우에는 같은 법 제57조제4호에 따라 1년 이하의 징역 또는 1천만원 이하의 벌금에 처하게 됩니다.

210mm×297mm[백상지 80g/㎡]

**[서식] 이동승인 신청서**

# 이동승인 신청서

※ 바탕색이 어두운 난은 신청인이 적지 않습니다.

| 접수번호 | | 접수일 | 발급일 | 처리기한 즉시 |
|---|---|---|---|---|
| 구분 | [　] 역학관련 이동제한 | | [　] 일시 이동중지 | |
| 신청인 | 성명 | | 생년월일 | |
| | 주소 | | | |
| | | | (전화 :　　　　　　　　　　) | |
| 신청사항 | 이동사유 | | | |
| | 이동<br>기간 | 년　월　일　시부터　　년　월　일　시까지 | | |
| | 방문장소(경유지 포함) | | | |
| | 이동<br>방법 | [　]차량(차량번호 :　　　), [　]대중교통, [　]기타(　) | | |
| | 비고 | | | |

「가축전염병 예방법」 제19조제1항·제19조의2제3항 및 같은 법 시행규칙 제22조의2제1항·제22조의3제3항에 따라 이동승인을 신청합니다.

년　　　월　　　일

신청인　　　　　　　　(서명 또는 인)

## 시·도 가축방역기관장 귀하

| 처 리 절 차 | | | | | | |
|---|---|---|---|---|---|---|
| 신청서 작성 | → | 접 수 | → | 신청내용 검토 | → | 이동승인 통보 |
| 신청인 | | 처 리 기 관<br>(시·도<br>가축방역기관) | | 처 리 기 관<br>(시·도<br>가축방역기관) | | 처 리 기 관<br>(시·도 가축방역기관) |

210mm×297mm(백상지 80g/㎡)

# 감염병의 예방 및 관리에 관한 법률

[시행 2024. 9. 15.] [법률 제19715호, 2023. 9. 14., 일부개정]

## Ⅰ. 개설

### 목적

이 법은 국민 건강에 위해(危害)가 되는 감염병의 발생과 유행을 방지하고, 그 예방 및 관리를 위하여 필요한 사항을 규정함으로써 국민 건강의 증진 및 유지에 이바지함을 목적으로 한다.

## Ⅱ. 판례

**제11조(의사 등의 신고)** ① 의사, 치과의사 또는 한의사는 다음 각 호의 어느 하나에 해당하는 사실(제16조제6항에 따라 표본감시 대상이 되는 제4급감염병으로 인한 경우는 제외한다)이 있으면 소속 의료기관의 장에게 보고하여야 하고, 해당 환자와 그 동거인에게 질병관리청장이 정하는 감염 방지 방법 등을 지도하여야 한다. 다만, 의료기관에 소속되지 아니한 의사, 치과의사 또는 한의사는 그 사실을 관할 보건소장에게 신고하여야 한다. 〈개정 2010.1.18., 2015.12.29., 2018.3.27., 2020.3.4., 2020.8.11.〉

1. 감염병환자등을 진단하거나 그 사체를 검안(檢案)한 경우
2. 예방접종 후 이상반응자를 진단하거나 그 사체를 검안한 경우
3. 감염병환자등이 제1급감염병부터 제3급감염병까지에 해당하는 감염병으로 사망한 경우
4. 감염병환자로 의심되는 사람이 감염병병원체 검사를 거부하는 경우

② 제16조의2에 따른 감염병병원체 확인기관의 소속 직원은 실험실 검사 등을 통하여 보건복지부령으로 정하는 감염병환자등을 발견한 경우 그 사실을 그 기관의 장에게 보고하여야 한다. 〈개정 2015.7.6., 2018.3 27.,2020.3.4.〉

③ 제1항 및 제2항에 따라 보고를 받은 의료기관의 장 및 제16조의2에 따른 감염병병원체 확인기관의 장은 제1급감염병의 경우에는 즉시, 제2급감염병 및 제3급감염병의 경우에는 24시간 이내에, 제4급감염병의 경우에는 7일 이내에 질병관리청장 또는 관할 보건소장에게 신고하여야 한다. 〈신설 2015.7.6.,

2018.3.27., 2020.3.4., 2020.8.11.〉

④ 육군, 해군, 공군 또는 국방부 직할 부대에 소속된 군의관은 제1항 각 호의 어느 하나에 해당하는 사실(제16조제6항에 따라 표본감시 대상이 되는 제4급감염병으로 인한 경우는 제외한다)이 있으면 소속 부대장에게 보고하여야 하고, 보고를 받은 소속 부대장은 제1급감염병의 경우에는 즉시, 제2급감염병 및 제3급감염병의 경우에는 24시간 이내에 관할 보건소장에게 신고하여야 한다. 〈개정 2015.7.6., 2015.12.29., 2018.3.27.〉

⑤ 제16조제1항에 따른 감염병 표본감시기관은 제16조제6항에 따라 표본감시 대상이 되는 제4급감염병으로 인하여 제1항제1호 또는 제3호에 해당하는 사실이 있으면 보건복지부령으로 정하는 바에 따라 질병관리청장 또는 관할 보건소장에게 신고하여야 한다. 〈개정 2010.1.18., 2015.7.6., 2015.12.29., 2018.3.27., 2020.8.11.〉

⑥ 제1항부터 제5항까지의 규정에 따른 감염병환자등의 진단 기준, 신고의 방법 및 절차 등에 관하여 필요한 사항은 보건복지부령으로 정한다. 〈개정 2010.1.18., 2015.7.6.〉

## 손해배상(의)

[서울중앙지법 2018. 2. 9., 선고, 2017나9229, 판결 : 상고]

**【판결요지】**

甲이 발목 골절 등으로 乙 병원에 입원 중 중동호흡기증후군(메르스: MERS)에 감염되었는데, 그 후 국가를 상대로 메르스 관리에 관한 과실을 이유로 위자료 지급을 구한 사안에서, 최초의 메르스 확진 환자인 丙이 입원해 있던 丁 병원 8층의 다른 병실에 입원하였다가 메르스에 감염된 戊가 퇴원 후 甲이 입원해 있던 乙 병원의 같은 병실에 입원하면서 甲이 戊로부터 메르스에 감염되었다고 추정되는데, 제반 사정에 비추어 질병관리본부의 공무원들이 丙에 대한 메르스 의심환자 신고를 받고도 지체 없이 진단검사와 역학조사를 하지 않고 지연하였으며, 丁 병원에서 丙과 접촉한 사람을 의료진 및 丙과 같은 병실을 사용한 사람들로만 결정하고 다른 밀접접촉자나 일상적 접촉자를 파악하기 위한 조사를 하지 않은 것은 현저하게 불합리하다고 인정되고, 丁 병원 역학조사가 부실하게 되지 않았더라면 丙이 입원한 기간 8층 병동의 입원환자는 丙의 접촉자 범위에 포함되고 그에 따라 甲의 감염원으로 추정되는 戊도 조사될 수 있었으므로 이에 따라 戊를 격리 치료함으로써 甲과의 접촉이 차단될 수 있었음을 이유로, 위와 같은 국가의 과실과 甲의 메르스 감염 사이의 상당인과관계가 인정된다고 보아 국가는 甲에게 위자료를 지급할 의무가 있다고 한 사례.

## 손해배상(기)

[서울중앙지법 2015. 7. 16, 선고, 2013가합521666, 판결 : 항소]

【판결요지】

한센병을 앓은 적이 있는 甲 등이 국가가 운영 또는 지휘·감독하는 국립소록도병원
등에 격리수용되어 정관절제수술 또는 임신중절수술을 받았음을 이유로 국가를 상대
로 손해배상을 구한 사안에서, 국가 소속 의사 등이 국가가 주도한 정책에 따라 甲
등에게 정관절제수술 또는 임신중절수술을 한 행위는 국가가 정당한 법률상의 근거
없이 신체를 훼손당하지 않을 권리, 태아의 생명권, 자손을 낳고 단란한 가정을 이루
어 행복을 추구할 권리, 사생활의 자유, 자기결정권과 인격권을 중대하게 침해하는
것으로, 궁극적으로 인간으로서의 존엄과 가치를 훼손한 것이므로, 국가는 甲 등이
입은 정신적 고통으로 인한 손해를 배상할 의무가 있다고 한 사례.

## III. 벌칙

**제77조(벌칙)** 다음 각 호의 어느 하나에 해당하는 자는 5년 이하의 징역
또는 5천만원 이하의 벌금에 처한다. 〈개정 2020.12.15.〉
  1. 제22조제1항 또는 제2항을 위반하여 고위험병원체의 반입 허가를 받지
     아니하고 반입한 자
  2. 제23조의3제1항을 위반하여 보유허가를 받지 아니하고 생물테러감염
     병병원체를 보유한 자
  3. 제40조의3제1항을 위반하여 의료·방역 물품을 수출하거나 국외로 반
     출한 자
[전문개정 2020.3.4.]

**제78조(벌칙)** 다음 각 호의 어느 하나에 해당하는 자는 3년 이하의 징역
또는 3천만원 이하의 벌금에 처한다. 〈개정 2017.12.12., 2019.12.3., 2020.9.29.〉
  1. 제23조제2항에 따른 허가를 받지 아니하거나 같은 조 제3항 본문에 따
     른 변경허가를 받지 아니하고 고위험병원체 취급시설을 설치·운영한 자
  2. 제23조의3제3항에 따른 변경허가를 받지 아니한 자
  3. 제74조를 위반하여 업무상 알게 된 비밀을 누설하거나 업무목적 외의
     용도로 사용한 자

**제79조(벌칙)** 다음 각 호의 어느 하나에 해당하는 자는 2년 이하의 징역
또는 2천만원 이하의 벌금에 처한다. 〈개정 2015.7.6., 2017.12.12., 2019.12.3.,

2020.3.4., 2021.3.9.〉

1. 제18조제3항을 위반한 자
2. 제21조제1항부터 제3항까지 또는 제22조제3항에 따른 신고를 하지 아니하거나 거짓으로 신고한 자
2의2. 제21조제5항에 따른 현장조사를 정당한 사유 없이 거부·방해 또는 기피한 자
2의3. 제23조제2항에 따른 신고를 하지 아니하고 고위험병원체 취급시설을 설치·운영한 자
3. 제23조제8항에 따른 안전관리 점검을 거부·방해 또는 기피한 자
3의2. 제23조의2에 따른 고위험병원체 취급시설의 폐쇄명령 또는 운영정지명령을 위반한 자
3의3. 제49조제4항을 위반하여 정당한 사유 없이 폐쇄 명령에 따르지 아니한 자
4. 제60조제4항을 위반한 자(다만, 공무원은 제외한다)
5. 제76조의2제6항을 위반한 자

**제79조의2(벌칙)** 다음 각 호의 어느 하나에 해당하는 자는 1년 이하의 징역 또는 2천만원 이하의 벌금에 처한다. 〈개정 2019.12.3., 2020.9.29., 2023. 5. 19.〉

1. 제18조의4제4항을 위반하여 같은 조 제2항에 따른 질병관리청장 또는 시·도지사의 자료제출 요구를 받고 이를 거부·방해·회피하거나, 거짓자료를 제출하거나 또는 고의적으로 사실을 누락·은폐한 자
2. 제23조의4제1항을 위반하여 고위험병원체를 취급한 자
3. 제23조의4제2항을 위반하여 고위험병원체를 취급하게 한 자
4. 제76조의2제1항을 위반하여 질병관리청장 또는 시·도지사의 요청을 거부하거나 거짓자료를 제공한 의료기관 및 약국, 법인·단체·개인
5. 제76조의2제2항 후단을 위반하여 경찰관서의 장의 요청을 거부하거나 거짓자료를 제공한 자

[본조신설 2015.12.29.]

**제79조의3(벌칙)** 다음 각 호의 어느 하나에 해당하는 자는 1년 이하의 징역 또는 1천만원 이하의 벌금에 처한다. 〈개정 2020.8.12.〉

1. 제41조제1항을 위반하여 입원치료를 받지 아니한 자
2. 삭제 〈2020. 8. 12.〉

3. 제41조제2항을 위반하여 자가치료 또는 시설치료 및 의료기관 입원치료를 거부한 자

4. 제42조제1항·제2항제1호·제3항 또는 제7항에 따른 입원 또는 격리 조치를 거부한 자

5. 제47조제3호 또는 제49조제1항제14호에 따른 입원 또는 격리 조치를 위반한 자

[본조신설 2020.3.4.] [종전 제79조의3은 제79조의4로 이동 〈2020.3.4.〉]

**제79조의4(벌칙)** 다음 각 호의 어느 하나에 해당하는 자는 500만원 이하의 벌금에 처한다.

1. 제1급감염병 및 제2급감염병에 대하여 제11조에 따른 보고 또는 신고 의무를 위반하거나 거짓으로 보고 또는 신고한 의사, 치과의사, 한의사, 군의관, 의료기관의 장 또는 감염병병원체 확인기관의 장

2. 제1급감염병 및 제2급감염병에 대하여 제11조에 따른 의사, 치과의사, 한의사, 군의관, 의료기관의 장 또는 감염병병원체 확인기관의 장의 보고 또는 신고를 방해한 자

[본조신설 2018.3.27.]

**제80조(벌칙)** 다음 각 호의 어느 하나에 해당하는 자는 300만원 이하의 벌금에 처한다. 〈개정 2018.3.27., 2020.3.4., 2020.8.12.〉

1. 제3급감염병 및 제4급감염병에 대하여 제11조에 따른 보고 또는 신고 의무를 위반하거나 거짓으로 보고 또는 신고한 의사, 치과의사, 한의사, 군의관, 의료기관의 장, 감염병병원체 확인기관의 장 또는 감염병 표본감시기관

2. 제3급감염병 및 제4급감염병에 대하여 제11조에 따른 의사, 치과의사, 한의사, 군의관, 의료기관의 장, 감염병병원체 확인기관의 장 또는 감염병 표본감시기관의 보고 또는 신고를 방해한 자

2의2. 제13조제2항에 따른 감염병병원체 검사를 거부한 자

3. 제37조제4항을 위반하여 감염병관리시설을 설치하지 아니한 자

4. 삭제 〈2020.3.4.〉

5. 제42조에 따른 강제처분에 따르지 아니한 자(제42조제1항·제2항제 1호·제3항 및 제7항에 따른 입원 또는 격리 조치를 거부한 자는 제외한다)

6. 제45조를 위반하여 일반인과 접촉하는 일이 많은 직업에 종사한 자 또는 감염병환자등을 그러한 직업에 고용한 자

7. 제47조(같은 조 제3호는 제외한다) 또는 제49조제1항(같은 항 제2호의 2부터 제2호의4까지 및 제3호 중 건강진단에 관한 사항과 같은 항 제 14호는 제외한다)에 따른 조치에 위반한 자

8. 제52조제1항에 따른 소독업 신고를 하지 아니하거나 거짓이나 그 밖의 부정한 방법으로 신고하고 소독업을 영위한 자

9. 제54조제1항에 따른 기준과 방법에 따라 소독하지 아니한 자

**제81조(벌칙)** 다음 각 호의 어느 하나에 해당하는 자는 200만원 이하의 벌금에 처한다. 〈개정 2015.7.6., 2019.12.3., 2021.3.9.〉

1. 삭제 〈2018.3.27.〉
2. 삭제 〈2018.3.27.〉
3. 제12조제1항에 따른 신고를 게을리한 자
4. 세대주, 관리인 등으로 하여금 제12조제1항에 따른 신고를 하지 아니하도록 한 자
5. 삭제 〈2015.7.6.〉
6. 제20조에 따른 해부명령을 거부한 자
7. 제27조에 따른 예방접종증명서를 거짓으로 발급한 자
8. 제29조를 위반하여 역학조사를 거부·방해 또는 기피한 자
8의2. 제32조제2항을 위반하여 거짓이나 그 밖의 부정한 방법으로 예방접종을 받은 사람
9. 제45조제2항을 위반하여 성매개감염병에 관한 건강진단을 받지 아니한 자를 영업에 종사하게 한 자
10. 제46조 또는 제49조제1항제3호에 따른 건강진단을 거부하거나 기피한 자
11. 정당한 사유 없이 제74조의2제1항에 따른 자료 제공 요청에 따르지 아니하거나 거짓 자료를 제공한 자, 검사나 질문을 거부·방해 또는 기피한 자

**제81조의2(형의 가중처벌)** ① 단체나 다중(多衆)의 위력(威力)을 통하여 조직적·계획적으로 제79조제1호의 죄를 범한 경우 그 죄에서 정한 형의 2분의 1까지 가중한다.

② 제79조의3 각 호의 죄를 범하여 고의 또는 중과실로 타인에게 감염병을 전파시킨 경우 그 죄에서 정한 형의 2분의 1까지 가중한다.

[본조신설 2021. 3. 9.]

**제82조(양벌규정)** 법인의 대표자나 법인 또는 개인의 대리인, 사용인, 그 밖의 종업원이 그 법인 또는 개인의 업무에 관하여 제77조부터 제81조까지의 어느 하나에 해당하는 위반행위를 하면 그 행위자를 벌하는 외에 그 법인 또는 개인에게도 해당 조문의 벌금형을 과(科)한다. 다만, 법인 또는 개인이 그 위반행위를 방지하기 위하여 해당 업무에 관하여 상당한 주의와 감독을 게을리하지 아니한 경우에는 그러하지 아니하다.

**제83조(과태료)** ① 다음 각 호의 어느 하나에 해당하는 자에게는 1천만원 이하의 과태료를 부과한다. 〈신설 2015.7.6., 2017.12.12., 2019.12.3.〉
  1. 제23조제3항 단서 또는 같은 조 제4항에 따른 변경신고를 하지 아니한 자
  2. 제23조제5항에 따른 신고를 하지 아니한 자
  3. 제23조의3제3항 단서에 따른 변경신고를 하지 아니한 자
  4. 제35조의2를 위반하여 거짓 진술, 거짓 자료를 제출하거나 고의적으로 사실을 누락·은폐한 자
② 제49조제1항제2호의2의 조치를 따르지 아니한 관리자·운영자에게는 300만원 이하의 과태료를 부과한다. 〈신설 2020.8.12.〉
③ 다음 각 호의 어느 하나에 해당하는 자에게는 100만원 이하의 과태료를 부과한다. 〈개정 2015.7.6., 2019.12.3., 2020.3.4., 2020.8.12.〉
  1. 제28조제2항에 따른 보고를 하지 아니하거나 거짓으로 보고한 자
  2. 제33조의3에 따른 보고를 하지 아니하거나 거짓으로 보고한 자
  2의2. 제41조제3항에 따른 전원등의 조치를 거부한 자
  3. 제51조제3항에 따른 소독을 하지 아니한 자
  4. 제53조제1항 및 제2항에 따른 휴업·폐업 또는 재개업 신고를 하지 아니한 자
  5. 제54조제2항에 따른 소독에 관한 사항을 기록·보존하지 아니하거나 거짓으로 기록한 자
④ 다음 각 호의 어느 하나에 해당하는 자에게는 10만원 이하의 과태료를 부과한다. 〈신설 2020.8.12.〉
  1. 제49조제1항제2호의2 또는 제2호의3의 조치를 따르지 아니한 이용자
  2. 제49조제1항제2호의4의 조치를 따르지 아니한 자
⑤ 제1항부터 제4항까지에 따른 과태료는 대통령령으로 정하는 바에 따라 질병관리청장, 관할 시·도지사 또는 시장·군수·구청장이 부과·징수한다. 〈개정 2015.7.6., 2020.8.11., 2020.8.12.〉

## Ⅳ. 기재례

### 【범죄사실 기재례】

피의자 김OO은 OO에서 OO유흥업소를 운영하고 있다. 그런데 김OO이 종업원을 고용하려면, 성병에 관한 건강진단을 받은 자를 고용해야 한다. 그러나 김OO은 2000. O. O. 경부터 2000. O. O. 경까지 위 업소에 성병에 관한 건강진단을 받지 않은 자인 피의자 정OO을 고용하였다.

### 【범죄사실 기재례】

피의자 나OO은 OO보건소에서 감염병 관련업무에 종사하는 자이다. 그런데 감염병 관련업무에 종사하는 또는 종사하였던 자는 그 업무상 알게 된 비밀을 다른 사람에게 누설해서는 안 된다. 그럼에도 불구하고 피의자 나OO은 2000. O. O. OO:OO경 위 보건소를 방문한 조OO이 성병에 감염되었다는 것을 같은 날 동료직원인 백OO에게 누설하였다.

## 감염병의 예방 및 관리에 관한 법률 제18조 제3항에서 정한 '역학조사'의 의미

[대법원 2022. 11. 17. 선고 2022도7290 판결]

### 【판결요지】

감염병의 예방 및 관리에 관한 법률(이하 '감염병예방법'이라고 한다)은, 제18조 제3항에서 질병관리청장, 시·도지사 또는 시장·군수·구청장이 실시하는 역학조사에서 정당한 사유 없이 역학조사를 거부·방해 또는 회피하는 행위(제1호), 거짓으로 진술하거나 거짓 자료를 제출하는 행위(제2호), 고의적으로 사실을 누락·은폐하는 행위(제3호)를 금지하고, 제79조 제1호에서 제18조 제3항을 위반한 자를 2년 이하의 징역 또는 2,000만 원 이하의 벌금에 처하도록 규정하고 있다.

감염병예방법은, 제2조 제17호에서 "역학조사란 감염병환자 등이 발생한 경우 감염병의 차단과 확산 방지 등을 위하여 감염병환자 등의 발생 규모를 파악하고 감염원을 추적하는 등의 활동과 감염병 예방접종 후 이상반응 사례가 발생한 경우나 감염병 여부가 불분명하나 그 발병원인을 조사할 필요가 있는 사례가 발생한 경우 그 원인을 규명하기 위하여 하는 활동을 말한다."라고 규정하는 한편, 제18조 제1항, 제2항과 제29조에서 역학조사의 주체, 시기, 내용, 방법을 정한 다음, 제18조 제4항에서 역학조사의 내용과 시기·방법 등에 관하여 필요한 사항을 대통령령으로 정하도록 규정하고 있다. 아울러 '요구나 제의 따위를 받아들이지 않고 물리침'을 뜻하는 '거부'의 사전적 의미 등을 고려하면, 감염병예방법 제18조 제3항 제1호에서 정한 '역학조사를 거부하는 행위'가 성립하려면 행위자나 그의 공범에 대하여 감염병예방법 제18조 제3항에서 정한 '역학조사'가 실시되었음이 전제되어야 한다.

**[서식] 감염병 발생, 사망(검안) 신고서**

# 감 [ ] 발생
# 염병　　　　[ ] 사망(검안)　신고서

※ 3쪽·4쪽의 신고방법 및 작성방법을 읽고 작성해 주시기 바라며, [　]에는 해당되는 곳에 √표를 합니다.

**[수신자]**　　[　]질병관리청장　[　]_____보건소장

| [감염병환자등의 인적사항] | | | | |
|---|---|---|---|---|
| 성명<br>[　]신원 미상 | | [ | 연락처 | |
| 　보호자 성명 | | | 보호자연락처 | |
| 국적　[　]내국인　[　]외국인(국가명 :　　　　　　) | | | | |
| 주민(외국인)등록번호 | | 주민(외국인)등록번호가<br>없는 경우 | 여권번호 | |
| | | | 생년월일 | |
| 성별　[　]남　[　]여 | | 직업 | | |
| 주민등록주소 | | | | [　]거주지 불명 |
| 감염병환자등의 상태　[　]생존　[　]사망 | | | | |

**[감염병명]**

| | 제1급 | 제2급 | 제3급 |
|---|---|---|---|
| 공<br><br>통 | [　]에볼라바이러스병 | [　]수두(水痘) | [　]파상풍(破傷風) |
| | [　]마버그열 | [　]홍역(紅疫) | [　]B형간염 |
| | [　]라싸열 | [　]콜레라 | [　]일본뇌염 |
| | [　]크리미안콩고출혈열 | [　]장티푸스 | [　]C형간염 |
| | [　]남아메리카출혈열 | [　]파라티푸스 | [　]말라리아 |
| | [　]리프트밸리열 | [　]세균성이질 | [　]레지오넬라증 |
| | [　]두창 | [　]장출혈성대장균감염증 | [　]비브리오패혈증 |
| | [　]페스트 | [　]A형간염 | [　]발진티푸스 |
| | [　]탄저 | [　]백일해(百日咳) | [　]발진열(發疹熱) |
| | [　]보툴리눔독소증 | [　]유행성이하선염(流行性耳下腺炎) | [　]쯔쯔가무시증 |
| | [　]야토병 | [　]풍진(風疹)<br>([　]선천성 풍진 [　]후천성 풍진) | [　]렙토스피라증 |
| | [　]신종감염병증후군 | [　]폴리오 | [　]브루셀라증 |
| | (증상 및 징후 :<br>　　　) | [　]수막구균 감염증 | [　]공수병(恐水病) |
| | [　]중증급성호흡기증후군(SARS) | [　]b형헤모필루스인플루엔자 | [　]신증후군출혈열(腎症侯群出血熱) |
| | [　]중동호흡기증후군(MERS) | [　]폐렴구균 감염증 | [　]크로이츠펠트-야콥병(CJD) 및<br>변종크로이츠펠트-야콥병(vCJD) |
| | [　]동물인플 | [　]한센병 | |

| 루엔자 인체<br>감염증<br>[　]신종인플<br>루엔자<br>[　]디프테리<br>아<br>[　]그 밖에<br>질병관리청<br>장이 지정<br>하는 감염<br>병(종류:<br><br>) | [　]성홍열 | [　]황열 |
|---|---|---|
| | [　]반코마이신내성황색포도<br>알균(VRSA) 감염증 | [　]뎅기열 |
| | [　]카바페넴내성장내세<br>균목(CRE) 감염증 | [　]큐열(Q熱) |
| | [　]E형간염 | [　]웨스트나일열 |
| | [　]그 밖에 질병관리청장<br>이 지정하는 감염병<br>(종류:<br>) | [　]라임병<br><br>[　]진드기매개뇌염<br><br>[　]유비저(類鼻疽)<br>[　]치쿤구니야열<br>[　]중증열성혈소판감소증후군(SFTS)<br>[　]지카바이러스 감염증<br><br>[　]매독([　]1기 [　]2기 [　]3기 [　]선천성 [　]잠복)<br><br>[　]그 밖에 질병관리청장이 지정하는 감염병<br>　　(종류:　　　　　　　　) |

**[감염병 발생정보]**

| 감염병환자등 분류 | [　　]환자 [　　]의사환자 [　　]병원체보유자 | | 신고일 | 년　　월　　일 |
|---|---|---|---|---|
| | | | 진단일 | 년　　월　　일 |
| 의심증상 | [　]없음　　[　]있음　(발병일:　년　　월　　일) | | | |
| 진단검사 | [　]실시　　[　]미실시 | | | |
| 비고(특이사항) | | | | [　]검사 거부 |
| 자 | | | | |

**[보건소 보고정보]** ＊ 보건소 보고 시에 보건소가 추가로 확인하여 작성합니다.

| 진단검사 종류 | [　]확인 진단　검사 결과 | [　]양성 | [　]음성 | [　]진행 중 |
|---|---|---|---|---|
| | [　]추정 진단　검사 결과 | [　]양성 | [　]음성 | [　]진행 중 |
| 추정 감염지역 | [　] 국내　　[　]국외 (국가명:　　　　　, 입국일:　　　) | | | |

**[신고기관 정보]**

| 신고기관번호 | | 신고기관명 | |
|---|---|---|---|
| 주소 | | 전화번호 | |
| 진단 의사 성명<br>인) | (서명 또는 날 | 신고기관장 성명 | |

210mm×297mm[백상지(80g/㎡) 또는 중질지(80g/㎡)]

중학생, 고등학생, 대학생 등 집단을 구분할 수 있도록 상세히 기재해주시기 바랍니다.

    아. 주민등록주소란은 신고 당시의 주민등록지 기준 주소를 적습니다. 다만, 신원미상이거나 주소지를 명확히 알 수 없는 경우에는 거주지 불명란에 √표를 합니다.

    자. 감염병환자등의 상태란은 신고 당시에 해당하는 환자의 상태에 √표를 합니다. 이 경우 사망원인이 해당 감염병과 관련된 사망으로 판단된 경우에는 2쪽의 사망ㆍ검안 신고 내용을 동시에 작성합니다.

4. 감염병명

    가. 해당하는 감염병명에 √표를 합니다. 동시에 여러 감염병의 신고가 필요한 경우에는 해당하는 감염병에 모두 √표를 합니다.

    나. 제1급감염병 중 신종감염병증후군의 경우에는 괄호 안에 그 증상 및 징후를 함께 적습니다.

    다. 제1급감염병, 제2급감염병 또는 제3급감염병 중 '그 밖에 질병관리청장이 지정하는 감염병'은 「감염병의 예방 및 관리에 관한 법률」 제2조제2호부터 제4호까지의 규정에 따른 '긴급한 예방ㆍ관리가 필요하여 질병관리청장이 보건복지부장관과 협의하여 지정하는 감염병'을 의미하며, 질병관리청장이 고시한 「질병관리청장이 지정하는 감염병의 종류」를 참고하여 괄호 안에 감염병명을 적습니다.

5. 감염병 발생정보

    가. 감염병환자등 분류란은 다음의 구분에 따라 신고 당시 환자가 해당하는 분류에 √표를 합니다.

      1) 환자: 감염병의 병원체가 인체에 침입하여 증상을 나타내는 사람으로서 「감염병의 예방 및 관리에 관한 법률」 제11조제6항의 진단 기준에 따른 의사, 치과의사 또는 한의사의 진단이나 같은 법 제16조의2에 따른 감염병병원체 확인기관의 실험실 검사를 통하여 확인된 사람

      2) 의사환자: 감염병병원체가 인체에 침입한 것으로 의심되나, 감염병환자로 확인되기 전 단계에 있는 사람

        가) 의심환자: 임상증상 및 역학적 연관성을 감안하여 감염병이 의심되나, 진단을 위한 검사기준에 부합하는 검사 결과가 없는 사람

        나) 추정환자: 임상증상 및 역학적 연관성을 감안하여 감염병이 의심되며, 추정진단을 위한 검사기준에 따라 감염이 추정되는 사람

      3) 병원체보유자: 임상적인 증상은 없으나, 감염병 병원체를 보유하고 있는 사람

    나. 신고일란은 신고기관이 관할 보건소로 처음 신고한 날짜를 적습니다(팩스를 통해 신고하는 경우에는 팩스 송신일을 적고, 정보시스템을 통해 신고하는 경우에는 자동으로 정보시스템 입력일로 설정됩니다).

    다. 진단일란은 신고기관에서 감염병 환자 또는 병원체보유자로 진단하거나, 감염병의 의사환자로 추정한 날짜를 적습니다.

    라. 의심증상란은 감염병환자등 분류를 판단하는데 근거가 되는 임상증상이 있는지에 따라 해당하는 란에 √표를 합니다.

    마. 발병일란은 감염병환자등 분류를 판단하는데 근거가 되는 임상증상이 시작된 날짜를 적습니다. 다만, 병원체보유자에 해당하는 경우에는 적지 않습니다.

    바. 진단검사란은 질병관리청장이 정하여 고시한 진단기준을 참고하여, 감염병환자등 분류의 근거가 되는 진단검사 실시 여부에 √표를 합니다. 이 경우 진단검사가 진행 중인 경우에도 "실시"란에 √표를 합니다.

    사. 비고(특이사항)란은 특이사항이 있는 경우에 해당 특이사항을 적고, 감염병 환자로 의심되는 사람이 감염병병원체 검사를 거부하는 경우에는 검사거부자란에 √표를 합니

다.
6. 보건소 보고정보
  가. 진단검사 종류
    1) 질병관리청장이 정하여 고시한 진단기준을 참고하여 확인 진단 또는 추정 진단 중 해당하는 란에 √표를 하고, 검사 결과의 해당하는 란에도 √표를 합니다.
    2) 감염병 의심단계에서 진단검사를 실시하였으나 아직 결과가 나오지 않은 경우에는 "진행중"란에 √표를 합니다.
    3) 환자, 의사환자(추정) 또는 병원체보유자에 해당하는 경우에는 반드시 검사 결과가 있어야 하므로 진단검사 결과를 확인 후 정확하게 입력합니다. 이 경우 진단검사 결과를 '음성'으로 보고할 경우 신고 정보는 "환자 아님"으로 처리됩니다.
  나. 추정 감염지역
    1) 국내 또는 국외 체류 중 환자가 감염된 것으로 추정되는 지역에 √표를 합니다.
    2) 환자가 감염된 곳이 국외로 추정되는 경우에는 국가명과 입국일을 함께 적습니다. 이 경우 체류한 국가가 여러 곳인 경우에는 감염되었을 것으로 추정되는 국가명을 모두 기재합니다.
7. 신고기관 정보
  가. 신고기관번호란은 감염병환자등을 신고하는 의료기관 및 보건소 등의 요양기관 번호를 작성합니다.
  나. 신고기관명란은 감염병환자등을 신고하는 신고기관(의료기관, 보건소 등)의 이름(상호명)을 작성합니다.
  다. 주소란 및 전화번호란은 신고기관(의료기관, 보건소 등)의 소재지 주소 및 전화번호를 작성합니다.
  다. 진단 의사 성명란은 감염병환자등으로 진단한 신고기관(의료기관, 보건소 등) 소속 의사의 성명을 작성합니다.
  마. 신고기관장 성명란은 의료인이 신고하는 경우 의료인이 소속된 의료기관 대표자의 성명을 적고, 보건소에서 신고하는 경우에는 해당 보건소를 관할하는 기관장의 성명을 적습니다.
    ※ 예) 신고기관이 충북 청주시 흥덕구보건소인 경우에는 신고기관장 성명란은 청주시장의 성명을 적습니다.
8. 사망원인란은 사망(검안) 신고 시에만 작성합니다. 이 경우 보건소에서 사망(검안)신고를 하는 경우에는 의료기관에서 발급하는 사망진단서 내용을 기반으로 작성합니다.

| [사망원인] ※ (나)(다)(라)에는 (가)와의 직접적·의학적 인과관계가 명확한 것만을 적습니다. | | | |
|---|---|---|---|
| 사<br>망<br>·<br>검<br>안 | (가) 직접사인 | | 발병부터<br>사망까지<br>의<br>기간 |
| | (나) (가)의 원인 | | |
| | (다) (나)의 원인 | | |
| | (라) (다)의 원인 | | |
| | (가)부터 (라)까지의 사망 원인 외의 그 밖의 신체 상황 | | |
| | 수술의 주요 소견 | | 사망일 |
| | 해부(검안)의 주요 소견 | | |

## 신고방법

1. 감염병 발생 신고 및 감염병 사망(검안)신고는 제1급부터 제3급까지의 감염병에 대해서 신고합니다. 다만, 제2급감염병 중 결핵은「결핵예방법」에서 정하는 방법에 따라, 제3급감염병 중 후천성면역결핍증은「후천성면역결핍증 예방법」에서 정하는 방법에 따라 별도로 발생 및 사망을 신고합니다.
2. 의료기관 등 신고 의무자는 제1급감염병의 경우에는 즉시, 제2급감염병 또는 제3급감염병의 경우에는 24시간 이내에 질병관리청장 또는 관할 보건소장에게 신고서를 제출해야 합니다.
   * 「감염병의 예방 및 관리에 관한 법률 시행규칙」 제6조제1항 단서에 따라 제1급감염병의 경우에는 신고서를 제출하기 전에 질병관리청장 또는 관할 보건소장에게 구두, 전화 등의 방법으로 알려야 합니다.
3. 신고서는 질병관리청장에게 정보시스템을 이용하여 제출하거나, 소재지를 관할하는 보건소장에게 정보시스템 또는 팩스를 이용하여 제출합니다.
4. 감염병에 따라 환자 상태 및 감염병 원인 파악을 위한 추가정보를 요청할 수 있으며, 이미 신고한 감염병 환자에 대한 정보(검사 결과 또는 감염병환자 등 분류정보 등을 말합니다)가 변경된 경우에는 반드시 그 정보를 변경하여 신고해야 합니다.
5. 관할 의료기관 등으로부터 신고를 받거나 감염병 환자가 집단으로 발생하는 등의 경우에는 신고 받은 보건소에서는 해당 감염병별 관리(대응)지침에 따라 감염병 관리 주관 보건소를 확인하고, 이관이 필요한 경우에는 감염병 관리 주관 보건소에 사전 협의(유선) 후 이관 처리합니다.
6. 제4급감염병(표본감시대상감염병)이 발생한 경우에는 표본감시의료기관으로 지정된 보건의료기관이나 그 밖의 기관 또는 단체의 장이 질병관리청장이 정하는 별도의 서식에 따라 7일 이내에 신고해야 합니다.
7. 감염병으로 인한 사망(검안) 신고의 경우, 공통 영역과 사망·검안 영역을 모두 작성하여 신고합니다. 단, 기존에 감염병 발생 신고를 한 경우(동일인, 동일 감염병)에는 기존 감염병 발생 신고서를 참고하여 인적사항의 변동 사항과 사망·검안부분을 작성하여 감염병 사망(검안) 신고를 합니다.

## 작성방법

1. 공통
   가. 발생, 사망(검안) 중 해당하는 신고 종류에 √표하고, 감염병 발생을 신고하기 전에 환자가 사망한 경우에는 발생, 사망(검안) 두 곳 모두에 √표를 합니다.
   나. 공통부분은 신고종류에 상관없이 모두 작성합니다.
   다. 사망·검안란은 감염병 사망(검안) 신고를 하는 경우에만 작성합니다.

2. 수신자란은 질병관리청장과 보건소장 중 해당되는 수신자에 √표를 하고, 수신자가 보건소장인 경우에는 빈칸에 관할지역명을 적습니다.
3. 감염병환자등의 인적사항
　가. 성명
　　1) 특수기호나 공백 없이 입력합니다.
　　2) 외국인의 경우에는 영문으로 작성할 수 있으며, 영문 성명으로 작성하는 경우에는 여권 또는 외국인등록증에 기재된 성명을 기준으로 대문자로 적되, 성과 이름을 차례대로 적습니다.
　　3) 미성년자, 노약자 또는 심신미약자 등 보호자가 필요한 경우에는 환자의 성명과 보호자의 성명을 함께 적습니다.
　　4) 환자의 신원을 알 수 없는 경우에는 신원 미상란에 √표를 합니다.
　나. 연락처란은 역학조사 등 추후 감염병 대응 절차를 위하여 연락이 가능한 전화번호를 작성합니다. 이 경우 미성년자, 노약자 또는 심신미약자 등 보호자가 필요한 경우에는 환자와 보호자의 연락처를 함께 적습니다.
　다. 국적란은 내국인과 외국인 중 해당하는 란에 √표를 합니다. 이 경우 외국인인 경우에는 국가명을 함께 적습니다.
　라. 주민(외국인)등록번호란은 주민등록번호 또는 외국인등록번호(외국인의 경우만 해당합니다) 13자리를 모두 적습니다.
　마. 주민(외국인)등록번호가 없는 경우란은 감염병환자등의 여권번호와 생년월일을 모두 기재합니다. 다만, 환자의 신원을 알 수 없는 경우에는 추정된 생년월일을 작성할 수 있습니다.
　바. 성별란은 남 또는 여 중 해당하는 란에 √표를 합니다. 다만, 환자의 신원을 알 수 없는 경우에는 추정된 성별에 ∨표를 할 수 있습니다.
　사. 직업란
　　1) 감염병환자등의 직업명을 명확하게 작성하며, "기타"와 같이 불명확한 직업명의 기재는 지양해 주시기 바랍니다.
　　2) 직업이 없는 경우에는 '주부', '학생' 또는 '무직' 중 해당하는 것으로 작성하되, 학생을 선택한 경우 초등학생,

**[서식] 손실보상청구서**

# 손실보상청구서

| 처리기간 | 30일 | | |
|---|---|---|---|

| | 성명 | | 주민등록번호 |
|---|---|---|---|
| 청구인 | 전화번호 | | 경영자 또는 소유자와의 관계 |
| | 주소 | | |

| 경영자 또는 소유자 | 성명 | | 주민등록번호 |
|---|---|---|---|
| | 주소 | | 전화번호 |

| 손실 세부사항 | 감염병관리기관 또는 시설 명칭 |
|---|---|
| | 감염병관리기관 또는 시설 소재지 |
| | 요양기관번호 또는 사업자등록번호 |
| | 손실 내용 |
| | 손실 발생기간 |
| | 손실보상 요구 금액 |
| | 손실보상 요구 금액 산출 근거 |

「감염병의 예방 및 관리에 관한 법률」 제70조 및 같은 법 시행규칙 제46조에 따라 위와 같이 청구합니다.

년        월        일

청구인                    (서명 또는 인)

보건복지부장관, 특별시장·광역시장·특별자치시장·                귀하
도지사·특별자치도지사 또는 시장·군수·구청장

| 첨부서류 | 손실에 관한 증명서류 1부 | 수수료 없음 |
|---|---|---|

| 처리절차 | | |
|---|---|---|

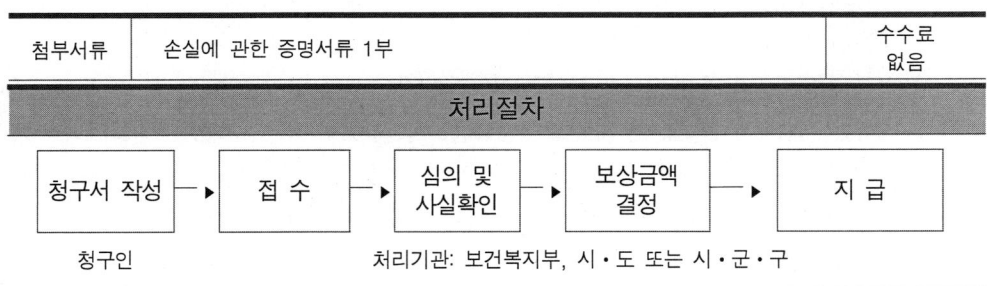

210mm×297mm(일반용지 60g/㎡)

# 건강기능식품에 관한 법률

[시행 2025. 1. 3.] [법률 제20138호, 2024. 1. 23., 일부개정]

## Ⅰ. 개설

### 목적

이 법은 건강기능식품의 안전성 확보 및 품질 향상과 건전한 유통·판매를 도모함으로써 국민의 건강 증진과 소비자 보호에 이바지함을 목적으로 한다.

## Ⅱ. 판례

**제3조(정의)** 이 법에서 사용하는 용어의 뜻은 다음과 같다. 〈개정 2015.2.3.., 2024. 1. 2.〉

1. "건강기능식품"이란 인체에 유용한 기능성을 가진 원료나 성분을 사용하여 제조(가공을 포함한다. 이하 같다)한 식품을 말한다.

1의2. "맞춤형건강기능식품"이란 제조 또는 수입된 한 종류 이상의 건강기능식품을 개인의 필요 등에 따라 소분·조합한 것을 말한다.

2. "기능성"이란 인체의 구조 및 기능에 대하여 영양소를 조절하거나 생리학적 작용 등과 같은 보건 용도에 유용한 효과를 얻는 것을 말한다.

3. 삭제 〈2018.3.13.〉

4. 삭제 〈2018.3.13.〉

5. "영업"이란 건강기능식품(맞춤형건강기능식품을 포함한다. 이하 같다)을 판매의 목적으로 제조 또는 수입하거나 판매(불특정 다수에게 무상으로 제공하는 것을 포함한다. 이하 같다)하는 업(業)을 말한다.

6. "건강기능식품이력추적관리"란 건강기능식품을 제조하는 단계부터 판매하는 단계까지 각 단계별로 정보를 기록·관리하여 해당 건강기능식품의 안전성 등에 문제가 발생할 경우 해당 건강기능식품을 추적하여 원인을 규명하고 필요한 조치를 할 수 있도록 관리하는 것을 말한다.

[전문개정 2014.5.21.]

## '의약품으로오인·혼동할우려가 있는내용의표시·광고' 의 의미및판단기준

[대법원 2010. 12. 23., 선고, 2010도3444, 판결]

【판결요지】
구 건강기능식품에 관한 법률(2010. 1. 18. 법률 제9932호로 개정되기 전의 것) 제3조 제1호, 제18조 제1항, 제2항, 구 건강기능식품에 관한 법률 시행규칙(2010. 3. 19. 보건복지부령 제1호로 개정되기 전의 것) 제21조의 의미를 해석할 때에 위 법 제18조 제1항이 건강기능식품의 약리적 효능에 관한 표시·광고를 전부 금지하고 있다고 볼 수는 없고, 그러한 내용의 표시·광고라고 하더라도 그것이 건강기능식품으로서 갖는 효능이라는 본질적 한계 내에서 건강기능식품에 부수되거나 영양섭취의 결과 나타나는 효과임을 표시·광고하는 것과 같은 경우에는 허용된다고 보아야 하므로, 결국 위 법령조항은 건강기능식품에 대하여 마치 특정 질병의 예방·치료 등을 직접적이고 주된 목적으로 하는 것인 양 표시·광고하여 소비자로 하여금 의약품으로 오인·혼동하게 하는 표시·광고만을 규제한다고 한정적으로 해석하여야 하며, 어떠한 표시·광고가 건강기능식품 광고로서의 한계를 벗어나 질병의 예방 및 치료에 효능·효과가 있거나 의약품으로 오인·혼동할 우려가 있는지는 사회일반인의 평균적 인식을 기준으로 법적용기관이 구체적으로 판단하여야 한다.

## Ⅲ. 벌칙

**제43조(벌칙)** ① 다음 각 호의 어느 하나에 해당하는 자는 10년 이하의 징역 또는 1억원 이하의 벌금에 처한다. 이 경우 징역과 벌금을 병과(倂科)할 수 있다. 〈개정 2016.2.3.〉

　1. 제5조제1항을 위반한 자

　2. 삭제 〈2018.3.13.〉

　3. 제23조를 위반한 자

　4. 제24조제2항을 위반한 자

② 제1항의 죄로 금고 이상의 형을 선고받고 그 형이 확정된 후 5년 이내에 다시 제1항의 죄를 범한 자는 1년 이상 10년 이하의 징역에 처한다.

③ 제2항의 경우 그 해당 건강기능식품을 판매한 때에는 그 판매가격의 4배 이상 10배 이하에 해당하는 벌금을 병과한다. 〈개정 2018.6.12.〉

[전문개정 2014.5.21.]

**제44조(벌칙)** 다음 각 호의 어느 하나에 해당하는 자는 5년 이하의 징역 또는 5천만원 이하의 벌금에 처한다. 이 경우 징역과 벌금을 병과할 수

있다. 〈개정 2015.2.3., 2015.5.18., 2016.2.3., 2018.3.13., 2024. 1. 2.〉〉

1. 제6조제2항 또는 제3항에 따른 영업신고를 하지 아니하고 영업을 한 자
2. 제7조제1항 전단에 따른 품목제조신고를 하지 아니하고 제품을 제조·판매한 자
3. 제10조제1항제4호를 위반하여 판매를 한 자
3의2. 거짓이나 그 밖의 부정한 방법으로 제14조제2항 및 제15조제2항에 따른 인정을 받은 자
4. 삭제 〈2018.3.13.〉
5. 제21조제1항에 따른 자가품질검사를 하지 아니한 자
6. 삭제 〈2016.2.3.〉
7. 제24조제1항을 위반하여 판매 등을 한 자
8. 제29조 또는 제30조제1항 및 제3항에 따른 명령을 이행하지 아니한 자
9. 제32조제1항에 따른 영업정지 명령을 위반한 자

[전문개정 2014.5.21.]

**제45조(벌칙)** 다음 각 호의 어느 하나에 해당하는 자는 3년 이하의 징역 또는 3천만원 이하의 벌금에 처한다. 〈개정 2016.2.3., 2024. 1. 2.〉

1. 제4조에 따른 시설기준을 위반한 영업자
2. 제10조제1항제2호 및 제3호에 따른 영업자가 지켜야 할 사항을 지키지 아니한 자
3. 제11조제3항에 따른 영업승계의 신고를 하지 아니한 자
4. 제12조제1항에 따른 품질관리인을 고용하지 아니한 자
4의2. 제12조의3제1항을 위반하여 맞춤형건강기능식품관리사를 선임하지 아니한 자
4의3. 제17조의2제2항을 위반하여 판매 등을 한 자
5. 제20조제1항에 따른 출입·검사·수거를 거부·방해·기피한 자
5의2. 제21조제1항 및 제3항을 위반한 자
5의3. 제22조제1항을 위반하여 우수건강기능식품제조기준을 준수하지 아니한 자
6. 제22조의2제1항 단서에 따른 건강기능식품이력추적관리 등록을 하지 아니한 자
7. 제30조제2항에 따른 압류·폐기를 거부·방해·기피한 자
8. 제33조제1항에 따른 품목 제조정지 등의 명령을 위반한 자

9. 제35조에 따라 관계 공무원이 부착한 봉인·게시문 등을 함부로 제거하거나 손상한 자

[전문개정 2014.5.21.]

**제46조(양벌규정)** 법인의 대표자나 법인 또는 개인의 대리인, 사용인, 그 밖의 종업원이 그 법인 또는 개인의 업무에 관하여 제43조부터 제45조까지의 어느 하나에 해당하는 위반행위를 하면 그 행위자를 벌하는 외에 그 법인 또는 개인에게도 해당 조문의 벌금형을 과(科)한다. 다만, 법인 또는 개인이 그 위반행위를 방지하기 위하여 해당 업무에 관하여 상당한 주의와 감독을 게을리하지 아니한 경우에는 그러하지 아니하다.

[전문개정 2010.3.17.]

**제47조(과태료)** ① 다음 각 호의 어느 하나에 해당하는 자에게는 300만원 이하의 과태료를 부과한다. 〈개정 2016.2.3., 2019.1.15., 2021.7.27., 2024. 1. 2.〉

1. 제5조제2항에 따른 허가사항 변경신고를 하지 아니한 자
2. 제6조제4항에 따른 신고사항 변경신고를 하지 아니한 자

2의2. 제7조제1항 전단에 따른 품목제조신고를 사실과 다르게 한 자

3. 제7조제1항 후단에 따른 품목제조신고사항 변경신고를 하지 아니하거나 사실과 다르게 신고한 자
4. 제10조제1항제1호, 제5호 및 제6호에 따른 영업자가 지켜야 할 사항을 지키지 아니한 자 또는 같은 조 제2항을 위반한 자
5. 제12조제3항을 위반하여 품질관리인의 업무를 방해하거나 같은 조 제4항에 따른 품질관리인 선임·해임 신고를 하지 아니한 자

5의2. 제12조제7항을 위반하여 직무 수행내역 등을 기록·보관하지 아니하거나 거짓으로 기록·보관한 자

5의3. 제12조의3제3항을 위반하여 맞춤형건강기능식품관리사의 업무를 방해하거나 같은 조 제4항에 따른 맞춤형건강기능식품관리사 선임·해임 신고를 하지 아니한 자

5의4. 제12조의3제7항에 따른 맞춤형건강기능식품관리사 준수사항을 위반한 자

6. 제13조제1항부터 제4항까지의 규정에 따른 교육을 받지 아니한 자
7. 제21조제1항에 따른 자가품질검사를 하고 그 기록을 보존하지 아니하거나 거짓으로 기록한 자

7의2. 제21조의3제2항을 위반하여 검사 기한 내에 검사를 받지 아니하거

　　　나 관련 자료 등을 제출하지 아니한 자
　8. 제22조의2제3항을 위반하여 1개월 이내에 신고하지 아니한 자
　9. 삭제 〈2019.1.15.〉
② 제10조의2제1항을 위반하여 이상사례 보고를 하지 아니한 자에게는 100만원 이하의 과태료를 부과한다. 〈신설 2019.12.3.〉
③ 제1항 및 제2항에 따른 과태료는 대통령령으로 정하는 바에 따라 식품의약품안전처장 또는 특별자치시장·특별자치도지사·시장·군수·구청장이 부과·징수한다. 〈개정 2019.12.3.〉
[전문개정 2014.5.21.]

**제48조(과태료에 관한 규정 적용의 특례)** 제47조의 과태료에 관한 규정을 적용할 때 제37조에 따라 과징금을 부과한 행위에 대해서는 과태료를 부과할 수 없다.
[전문개정 2014.5.21.]

## Ⅳ. 기재례

### 【범죄사실 기재례】

피의자 양○○은 ○○식품에서 건강기능식품을 판매하는 자이다. 건강기능식품판매업을 하고자 하는 자는 보건복지부령이 정하는 바에 따라 영업소별로 시설을 갖추고 특별시장·광역시장·도지사에게 신고하여야 한다. 그럼에도 불구하고 양○○은 ○○식품에서 신고없이 2000. ○. ○. 경부터 2000. ○. ○. 까지 총 ○○명을 대상으로 ○○○만원 상당의 영업을 하였다.

**[서식] 건강기능식품 영업허가 신청서**

# 건강기능식품 영업허가 신청서

※ 뒤쪽의 신청안내와 유의사항을 읽고 작성하시기 바라며, [ ]에는 해당되는 곳에 √ 표를 합니다.

(앞쪽)

| 접수번호 | | 접수일 | 발급일 | 처리기간 | 1. 전문제조업 : 14일 |
|---|---|---|---|---|---|
| | | | | | 2. 벤처제조업 : 10일 |

| 신청인 | 성명(법인명) | | 주민(법인)등록번호 | |
|---|---|---|---|---|
| | 주소 | | 전화번호 | |

| 신청사항 | 명칭(상호) | | |
|---|---|---|---|
| | 영업의 종류 | [ ]전문제조업 | 전화번호 |
| | | [ ]벤처제조업 | |
| | 소재지 | | |

「건강기능식품에 관한 법률」 제5조제1항 같은 법 시행규칙 제3조에 따라 위와 같이 영업허가를 신청합니다.

년　　　　월　　　　일

신청인

(서명 또는 인)

## 지방식품의약품안전청장　귀하

| 신청인 제출서류 | 1. 건강기능식품전문제조업<br>　가. 제조하려는 제품의 종류와 제조방법설명서<br>　나. 제조시설의 배치도와 주요 기계·기구류 목록<br>　다. 「건강기능식품에 관한 법률 시행규칙」 제16조에 따른 품질관리인 선임신고서<br>　라. 「건강기능식품에 관한 법률」 제13조제2항에 따른 교육증명서(미리 교육을 받은 경우에만 해당합니다)<br>　마. 제25조의4제1항제2호에 따른 제품표준서, 제조관리기준서, 제조위생관리기준서 및 품질관리기준서<br>　바. 「먹는물관리법」 제43조에 따라 먹는물수질검사기관이 발행한 수질검사성적서(수돗물이 아닌 지하수 등을 먹는물 또는 건강기능식품의 제조과정이나 세척 등에 사용하는 경우에만 제출합니다) | 수수료<br>(수입인지)<br>50,000원<br><br>(전자정부법」 제9조제2항 및 제3항에 따른 전자민원창구를 통한 신청의 경우 |
|---|---|---|

| | 2. 건강기능식품벤처제조업<br>　가. 건강기능식품의 기능성 원료・성분에 대한 기술관련자료<br>　나. 제조하려는 제품의 종류와 제조방법설명서<br>　다. 「건강기능식품에 관한 법률 시행규칙」 제16조에 따른 품질관리인 선<br>　　　임신고서<br>　라. 건강기능식품전문제조업소와 체결한 위탁생산계약서<br>　마. 「건강기능식품에 관한 법률」 제13조제2항에 따른 교육증명서(미리 교<br>　　　육을 받은 경우에만 제출합니다) | 45,000원 |
|---|---|---|
| 담당 공무<br>원<br>확인사항 | 1. 건축물대장<br>2. 토지이용계획확인서<br>3. 벤처기업확인서(건강기능식품벤처제조업의 경우만 해당합니다)<br>4. 결격사유 유무 | |

## 행정정보 공동이용 동의서

　본인은 이 건 업무처리와 관련하여 담당 공무원이 「전자정부법」 제36조제1항에 따른 행정정보의 공동이용을 통하여 위의 담당 공무원 확인사항중 벤처기업확인서를 확인하는 것에 동의합니다. * 동의하지 않는 경우에는 신청인이 직접 관련 서류를 제출하여야 합니다.

신청(신고)인　　　　　　　　　　　　　　　(서명 또는 인)

210mm×297mm[백상지(80g/㎡) 또는 중질지(80g/㎡)]

**[서식] 건강기능식품 영업신고사항 변경허가신청서, 신고서**

# 건강기능식품 영업허가사항 [  ]허가신청서
# 변경 [  ]신 고 서

※ 뒤쪽의 첨부서류 및 유의사항을 읽고 작성하시기 바랍니다.　　　　　(앞쪽)

| 접수번호 | 접수일 | 발급일 | 처리기간  1. 변경허가<br>　　　가. 전문제조업: 14일<br>　　　나. 벤처제조업: 10일<br>　　2. 변경신고: 7일 |
|---|---|---|---|

| 신청(신고)인 | 성명(법인명) | 생년월일(법인등록번호) |
|---|---|---|
|  | 주소 | 전화번호 |

| 변경대상 | 영업소 명칭 또는 상호명 | |
|---|---|---|
|  | 영업의 종류 | 허가번호 |

| 변경사항 | 변경 전 | 변경 후 |
|---|---|---|
| 영업자 성명<br>(법인의 경우 그 대표자의 성명) | | |
| 영업소 명칭 또는 상호 | | |
| 영업소의 소재지 | | |
| 제조시설 중 작업장, 건강기능식품 취급시설이나 급수시설 | (변경내용 또는 평면도 별첨) | (변경내용 또는 평면도 별첨) |
| 건강기능식품을 위탁생산하는 제조업소의 명칭이나 상호 | | |
| 변 경 사 유 | | |

　「건강기능식품에 관한 법률」 제5조와 같은 법 시행규칙 제4조에 따라 건강기능식품제조업 허가사항의 변경을 신청(신고)합니다.

년　　　월　　　일

신청(신고)인　　　　　　　(서명 또는 인)

**지방식품의약품안전청장** 귀하

210mm×297mm[백상지(80g/㎡) 또는 중질지(80g/㎡)]

# 건설기계관리법

[시행 2023. 10. 19.] [법률 제19365호, 2023. 4. 18., 일부개정]

## Ⅰ. 개설

### 목적

이 법은 건설기계의 등록·검사·형식승인 및 건설기계사업과 건설기계조종 사면허 등에 관한 사항을 정하여 건설기계를 효율적으로 관리하고 건설기계의 안전도를 확보하여 건설공사의 기계화를 촉진함을 목적으로 한다.

## Ⅱ. 판례

**제3조(등록 등)** ① 건설기계의 소유자는 대통령령으로 정하는 바에 따라 건설 기계를 등록하여야 한다.

② 건설기계의 소유자가 제1항에 따른 등록을 할 때에는 특별시장·광역시장· 특별자치시장·도지사 또는 특별자치도지사(이하 "시·도지사"라 한다)에 게 건설기계 등록신청을 하여야 한다. 〈개정 2022. 2. 3.〉

③ 시·도지사는 제2항에 따른 건설기계 등록신청을 받으면 제13조제1항제1호 에 따른 신규 등록검사를 한 후 건설기계등록원부에 필요한 사항을 적고, 그 소유자에게 건설기계등록증을 발급하여야 한다.

④ 건설기계의 소유자는 건설기계등록증을 잃어버리거나 건설기계등록증이 헐 어 못쓰게 된 경우에는 국토교통부령으로 정하는 바에 따라 재발급을 신청 하여야 한다. 〈개정 2013. 3. 23.〉

⑤ 제1항에 따른 등록의 요건 및 신청절차 등 등록에 필요한 사항은 대통령령 으로 정한다.

[전문개정 2009. 12. 29.]

# 배당이의
[대법원 2015. 9. 15. 선고, 2015다204878, 판결]

【판결요지】

[1] 상고이유 제1점에 관하여

가. 일정한 형식의 준설선은 종래 건설기계관리법에 의한 등록 대상이면서 동시에 선박법과 선박등기법에 의한 등록·등기 대상이었는데, 선박법이 2007. 8. 3. 법률 제8621호로 개정되어 선박법 제22조는 건설기계관리법 제3조에 따라 건설기계로 등록된 준설선에 대하여 선박등록을 말소하도록 규정하고 있고, 선박법 시행규칙 제31조와 구 선박등기규칙(2012. 5. 29. 대법원규칙 제2413호로 전부 개정되기 전의 것) 제33조는 선박등록 말소에 따른 선박등기의 말소 절차에 관하여 규정하고 있다.

나. 기록에 의하면 다음과 같은 사실을 알 수 있다. 즉, 이 사건 준설선은 선박법 개정 전인 2003. 9. 30. 선박등기부에 소유권보존등기가 되었고, 선박법 개정 후인 2008. 12. 3. 건설기계관리법 제3조에 따라 건설기계등록원부에 건설기계로 등록되었다. 이 사건 준설선이 건설기계로 등록된 후에도 위 소유권보존등기가 말소되지 않았는데, 그 후 위 소유권보존등기에 기초하여 선박등기부에 피고 명의의 근저당권설정등기, 원고 명의의 근저당권설정등기가 차례대로 경료되었고, 이어서 건설기계등록원부에 원고 명의의 근저당권설정등기와 같은 내용의 근저당권설정등록이 경료되었다. 이 사건 준설선에 관한 경매절차에서 피고에게 선박우선특권자와 선순위 근저당권자로서 각 1순위와 3순위로 배당금을 배당하는 내용의 배당표가 작성되었다.

다. 원고는, 선박법 개정 후 이 사건 준설선이 건설기계로 등록되었으므로 위 소유권보존등기는 개정법에 따라 말소되어야 하는 등기로서 무효이고 위 등기에 기초한 피고 명의의 근저당권설정등기도 무효라고 주장하였다. 이에 대하여 원심은, 관계 법령이 건설기계로 등록된 준설선의 선박등록과 선박등기의 말소에 관하여 규정하면서도 이미 존재하는 선박등기의 효력에 관하여는 규정하고 있지 아니하고 있지만, 건설기계 등록으로 인하여 선박등기가 말소되어야 한다고 하더라도 기존의 선박등기에 관한 이해관계인은 보호되어야 하므로 그 선박등기를 무효로 볼 수 없다고 판단하면서, 피고 명의의 근저당권설정등기가 유효함을 전제로 작성된 배당표의 경정을 구하는 원고의 주위적 청구를 배척하였다.

라. 관련 법리와 기록에 비추어 살펴보면, 원심의 위와 같은 판단을 수긍할 수 있고, 거기에 상고이유 주장과 같이 선박법과 선박등기법에 관한 법리를 오해한 잘못이 없다. 상고이유서에 기재한 대법원판결은 이 사건과 사안을 달리하므로 그 법리를 이 사건에 원용할 수 없다.

[2] 상고이유 제2점에 관하여

가. 원심은, 선박등기부가 공시하는 선박과 건설기계등록원부가 공시하는 건설기계가 별개의 물건이므로 이 사건 준설선에 관한 경매절차의 배당금 중 건설기계 부분은 원고에게 배당되어야 한다는 원고의 주장에 대하여, 건설기계관리

법 시행령 제2조 [별표 1] 제25호가 준설선을 선박 부분과 준설기계 부분을 포함한 하나의 물건으로 규정하고 있는 점, 이 사건 준설선의 선박 부분과 준설기계 부분이 일체로 제작되어 있어서 분리할 경우 어느 것도 독립적인 기능을 할 수 없는 점을 근거로 하여 이 사건 준설선을 하나의 물건이라고 판단하면서, 건설기계 부분에 대한 배당금을 원고에게 배당하는 것으로 배당표의 경정을 구하는 원고의 예비적 청구를 배척하였다.

나. 관련 법리와 기록에 비추어 살펴보면, 원심의 위와 같은 판단을 수긍할 수 있고, 거기에 상고이유 주장과 같이 주물과 종물에 관한 법리를 오해한 잘못이 없다.

**제34조(건설기계임대료 등 체납신고센터의 설치 등)** ① 제32조에 따라 건설기계사업자가 설립한 협회는 건설기계사업자가 건설기계 임차인 등으로부터 건설기계 대여에 따른 임대료 등을 받지 못하거나 지연되는 경우 이의 회수를 지원하기 위하여 건설기계임대료 등 체납신고센터(이하 이 조에서 "신고센터"라 한다)를 설치할 수 있다.

② 신고센터의 설치와 운영에 필요한 사항은 대통령령으로 정한다.

③ 국가는 신고센터의 설치와 운영에 필요한 자금 등을 지원할 수 있다. 〈신설 2015.8.11.〉

[본조신설 2014.1.28.]

**중기관리법위반**

[대법원 1996.1.26, 선고, 95도2654, 판결]

【판결요지】
정기검사일 당시에 이미 해체되어 굴삭기로서의 기능을 상실하였고 다만 중기등록만 말소되지 아니한 상태에 있었던 굴삭기는 정기검사의 대상이 되는 중기라고 할 수 없으므로 이에 대하여 정기검사를 실시하고 검사에 합격하지 못하여 발령된 정비명령에 위반하였다고 하더라도 이를 구 중기관리법(1993. 6. 11. 법률 제4561호 건설기계관리법으로 전문 개정되기 전의 것) 제34조 제3호, 제12조 제4항의 위반죄로 처벌할 수 없다.

## Ⅲ. 벌칙

**제40조(벌칙)** 다음 각 호의 어느 하나에 해당하는 자는 2년 이하의 징역 또는 2천만원 이하의 벌금에 처한다. 〈개정 2011.9.16., 2015.1.6., 2017.8.9., 2022.2.3.〉

1. 제4조를 위반하여 등록되지 아니한 건설기계를 사용하거나 운행한 자
2. 제6조에 따라 등록이 말소된 건설기계를 사용하거나 운행한 자
3. 제8조의2제1항을 위반하여 시·도지사의 지정을 받지 아니하고 등록번호표를 제작하거나 등록번호를 새긴 자
3의2. 검사대행자 또는 그 소속 직원에게 재물이나 그 밖의 이익을 제공하거나 제공 의사를 표시하고 부정한 검사를 받은 자
3의3. 제17조를 위반하여 건설기계의 주요 구조나 원동기, 동력전달장치, 제동장치 등 주요 장치를 변경 또는 개조한 자
3의4. 제17조의2를 위반하여 무단 해체한 건설기계를 사용·운행하거나 타인에게 유상·무상으로 양도한 자
3의5. 제20조의2제2항에 따른 시정명령을 이행하지 아니한 자
4. 제21조를 위반하여 등록을 하지 아니하고 건설기계사업을 하거나 거짓으로 등록을 한 자
5. 제35조의2제1항에 따라 등록이 취소되거나 사업의 전부 또는 일부가 정지된 건설기계사업자로서 계속하여 건설기계사업을 한 자

[전문개정 2009.12.29.]

**제41조(벌칙)** 다음 각 호의 어느 하나에 해당하는 자는 1년 이하의 징역 또는 1천만원 이하의 벌금에 처한다. 〈개정 2011.9.16., 2012.2.22., 2015.1.6., 2015.8.11., 2018.9.18., 2022.2.3.〉

1. 제3조제1항을 위반하여 거짓이나 그 밖의 부정한 방법으로 등록을 한 자
2. 제10조 본문을 위반하여 등록번호를 지워 없애거나 그 식별을 곤란하게 한 자
3. 제13조제1항제3호 또는 제4호에 따른 구조변경검사 또는 수시검사를 받지 아니한 자
4. 제13조제7항에 따른 정비명령을 이행하지 아니한 자
4의2. 제13조제9항에 따른 사용·운행 중지 명령을 위반하여 사용·운행한 자
4의3. 제14조제4항에 따른 사업정지명령을 위반하여 사업정지기간 중에 검사를 한 자
5. 제18조제2항 본문, 같은 조 제3항 또는 제19조제1항에 따른 형식승인, 형식변경승인 또는 확인검사를 받지 아니하고 건설기계의 제작등을 한 자
6. 제20조제3항에 따른 사후관리에 관한 명령을 이행하지 아니한 자
7. 제20조의3제2항을 위반하여 내구연한을 초과한 건설기계 또는 건설기계 장치 및 부품을 운행하거나 사용한 자

8. 제20조의3제3항을 위반하여 내구연한을 초과한 건설기계 또는 건설기계 장치 및 부품의 운행 또는 사용을 알고도 말리지 아니하거나 운행 또는 사용을 지시한 고용주

9. 제20조의4제4항을 위반하여 부품인증을 받지 아니한 건설기계 장치 및 부품을 사용한 자

10. 제20조의4제5항을 위반하여 부품인증을 받지 아니한 건설기계 장치 및 부품을 건설기계에 사용하는 것을 알고도 말리지 아니하거나 사용을 지시한 고용주

11. 제25조제1항을 위반하여 매매용 건설기계를 운행하거나 사용한 자

12. 제25조의2제1항을 위반하여 폐기인수 사실을 증명하는 서류의 발급을 거부하거나 거짓으로 발급한 자

13. 제25조의2제2항을 위반하여 폐기요청을 받은 건설기계를 폐기하지 아니하거나 등록번호표를 폐기하지 아니한 자

14. 제26조제1항 본문에 따른 건설기계조종사면허를 받지 아니하고 건설기계를 조종한 자

15. 제26조에 따른 건설기계조종사면허를 거짓이나 그 밖의 부정한 방법으로 받은 자

16. 제26조제4항에 따른 소형 건설기계의 조종에 관한 교육과정의 이수에 관한 증빙서류를 거짓으로 발급한 자

17. 제27조의2제1항제1호 또는 제2항을 위반하여 술에 취하거나 마약 등 약물을 투여한 상태에서 건설기계를 조종한 자와 그러한 자가 건설기계를 조종하는 것을 알고도 말리지 아니하거나 건설기계를 조종하도록 지시한 고용주

18. 제28조에 따라 건설기계조종사면허가 취소되거나 건설기계조종사면허의 효력정지처분을 받은 후에도 건설기계를 계속하여 조종한 자

19. 제33조제3항을 위반하여 건설기계를 도로나 타인의 토지에 버려둔 자

[전문개정 2009.12.29.]

---

**제42조** 삭제 〈2018.9.18.〉

---

**제43조(양벌규정)** 법인의 대표자나 법인 또는 개인의 대리인, 사용인, 그 밖의 종업원이 그 법인 또는 개인의 업무에 관하여 제40조 또는 제41조의 어느 하나에 해당하는 위반행위를 하면 그 행위자를 벌하는 외에 그 법인 또는 개인에게도 해당 조문의 벌금형을 과(科)한다. 다만, 법인 또는 개인

이 그 위반행위를 방지하기 위하여 해당 업무에 관하여 상당한 주의와 감독을 게을리하지 아니한 경우에는 그러하지 아니하다. 〈개정 2018.9.18.〉
[전문개정 2009.12.29.]

**제44조(과태료)** ① 다음 각 호의 어느 하나에 해당하는 자에게는 300만원 이하의 과태료를 부과한다. 〈개정 2014.1.28., 2018.9.18., 2019.8.20., 2022.2.3.〉

1. 제8조제3항을 위반하여 등록번호표를 부착하지 아니하거나 봉인하지 아니한 건설기계를 운행한 자

1의2. 제13조제1항제2호에 따른 정기검사를 받지 아니한 자

1의3. 제22조제1항을 위반하여 건설기계임대차 등에 관한 계약서를 작성하지 아니한 자

1의4. 제29조 또는 제30조제1항을 위반하여 정기적성검사 또는 수시적성검사를 받지 아니한 자

2. 제35조제1항에 따른 시설 또는 업무에 관한 보고를 하지 아니하거나 거짓으로 보고한 자

3. 제35조제1항에 따른 소속 공무원의 검사·질문을 거부·방해·기피한 자

4. 정당한 사유 없이 제35조제2항에 따른 직원의 출입을 거부하거나 방해한 자

② 다음 각 호의 어느 하나에 해당하는 자에게는 100만원 이하의 과태료를 부과한다. 〈개정 2011.9.16., 2012.2.22., 2014.1.28., 2015.8.11., 2018.9.18., 2022.2.3.〉

1. 제6조제4항을 위반하여 수출의 이행 여부를 신고하지 아니하거나 폐기 또는 등록을 하지 아니한 자

2. 제8조제1항을 위반하여 등록번호표를 부착·봉인하지 아니하거나 등록번호를 새기지 아니한 자

2의2. 삭제 〈2022.2.3.〉

3. 제8조제4항을 위반하여 등록번호표를 가리거나 훼손하여 알아보기 곤란하게 한 자 또는 그러한 건설기계를 운행한 자

4. 제11조에 따른 등록번호의 새김명령을 위반한 자

5. 제12조제2항을 위반하여 건설기계안전기준에 적합하지 아니한 건설기계를 사용하거나 운행한 자 또는 사용하게 하거나 운행하게 한 자

5의2. 제14조제11항 또는 제20조의5제3항을 위반하여 조사 또는 자료제출 요구를 거부·방해·기피한 자

5의3. 제15조제1항 또는 같은 조 제2항을 위반하여 검사유효기간이 끝난

날부터 31일이 지난 건설기계를 사용하게 하거나 운행하게 한 자 또는 사용하거나 운행한 자

6. 제22조의2제2항을 위반하여 특별한 사정 없이 건설기계임대차 등에 관한 계약과 관련된 자료를 제출하지 아니한 자

7. 제25조의3에 따른 건설기계사업자의 의무를 위반한 자

8. 제31조제1항에 따른 안전교육등을 받지 아니하고 건설기계를 조종한 자

③ 다음 각 호의 어느 하나에 해당하는 자에게는 50만원 이하의 과태료를 부과한다. 〈개정 2011.9.16., 2015.8.11., 2016.1.19., 2017.1.17., 2017.3.21., 2020.6.9.〉

1. 제4조제2항을 위반하여 임시번호표를 붙이지 아니하고 운행한 자

2. 제5조제1항 또는 제2항에 따른 신고를 하지 아니하거나 거짓으로 신고한 자

3. 제6조제2항, 제3항 또는 제5항에 따른 등록의 말소를 신청하지 아니한 자

4. 제8조의2제3항을 위반하여 변경신고를 하지 아니하거나 거짓으로 변경신고한 자

5. 제9조를 위반하여 등록번호표를 반납하지 아니한 자

6. 삭제 〈2022.2.3.〉

7. 제16조의2를 위반하여 건설기계를 정비한 자

8. 제18조제2항 단서, 같은 조 제3항 또는 제4항에 따른 신고를 하지 아니한 자

9. 제24조제1항에 따른 신고를 하지 아니하거나 거짓으로 신고한 자

9의2. 제24조의2제4항에 따른 신고를 하지 아니하거나 거짓으로 신고한 자

10. 제25조제2항에 따른 신고를 하지 아니하거나 거짓으로 신고한 자

11. 제25조의2제3항에 따른 등록말소사유 변경신고를 하지 아니하거나 거짓으로 신고한 자

12. 제33조제2항을 위반하여 건설기계를 세워 둔 자

④ 제1항부터 제3항까지의 규정에 따른 과태료는 대통령령으로 정하는 바에 따라 국토교통부장관, 시·도지사, 시장·군수 또는 구청장이 부과·징수한다. 〈개정 2012.2.22., 2013.3.23.〉

[전문개정 2009.12.29.]

## Ⅳ. 기재례

### 【범죄사실 기재례】

피의자는 20○○. ○. ○. 08 : 00경부터 12 : 00경까지 ○○시 ○○구 ○○동 5거리 지하상가 공사현장에서 같은 해 ○. ○. 폐차를 이유로 등록이 말소된 피의자 소유의 굴삭기(폐차전번호 02—○○○○) 1대를 사용하여 땅을 파는 작업을 함으로써 이를 운행하였다.

### 【범죄사실 기재례】

피의자는 ○○시 ○○동 ○○번지에서 ○○자동차공업주식회사라는 상호의 영업소에 열처리시설, 리프트기, 견인차량 각 1대를 갖추고 자동차 정비업을 영위하고 있다.

피의자는 관할관청에 신고하지 아니하고 20○○. ○. ○.경 위 ○○자동차공업주식회사 작업장에서 ○○산업 소유 서울○○다○○○○호 30톤덤프트럭의 운전대 및 라디에타를 교환하여 주고 돈 ○○만원을 받은 것을 시작으로 하여 20○○. ○. ○.까지 한달평균 20대의 건설기계를 정비하여 약 1,000만원의 수입을 올리며 건설기계사업을 영위하였다.

### 【범죄사실 기재례】

피의자는 건설기계인 서울 ○○가○○○○호 15톤 덤프트럭의 소유자이다.

피의자는 20○○. ○.경 건설기계를 등록하고도 그 무렵부터 같은 해 ○. ○.경까지 등록번호표를 부착 봉인하지 아니하고 위 차량을 운행하였다.

### 【범죄사실 기재례】

피의자는 서울 06—○○○○호 지게차의 소유자이다.

피의자는 20○○. ○. ○.까지 위 건설기계에 대하여 서울시청에서 실시하는 수시검사를 받아야 함에도 불구하고 위 검사를 받지 아니하였다.

**【범죄사실 기재례】**

피의자는 ○○전기주식회사의 건설기계관리자이고, 같은 ○○전기주식회사는 건설기계 대여업 등을 목적으로 설립된 법인이다.

피의자는 법인의 업무에 관하여 20○○. ○. ○.경 서울시 ○○동 ○○번지에 있는 철공소에서 위 법인 소유인 서울○○다○○○○호 23톤 덤프트럭의 적재함을 철판을 이용하여 가로 200cm, 세로 100cm를 높이는 등 주요구조를 변경하고도 정당한 사유없이 구조변경검사를 받지 아니하였다.

**【범죄사실 기재례】**

피의자는 건설기계조종사면허를 받지 아니하고 20○○. ○. ○. 01 : 00경 군포시 ○○동 ○○번지에 있는 ○○섬유공장 신축현장에서 피의자 소유 군포○○—○○○○호 굴삭기로 작업을 함으로써 건설기계를 조종하였다.

**[서식] 건설기계등록신청서**

# 건설기계등록신청서

| 접수번호 | 접수일자 | 처리기간 즉시<br>(단, 신규등록검사가<br>필요한 경우 10일) |
|---|---|---|

| 신청인 | 성명(법인인 경우에는 상호 및 대표자) | 주민(사업자 또는 외국인) 등록번호 |
|---|---|---|
| | 주소 <br><br>　　　　　　　　　　　(전화번호 :　　　　　　　　　　　) | |

사용본거지 (영업용의 경우에는 상호 및 사용본거지)

| 건설기계명 | 건설기계 형식승인번호 |
|---|---|
| 제작년도 | 차대일련번호 |

「건설기계관리법」 제3조 및 같은 법 시행령 제3조에 따라 위와 같이 신청합니다.

년　　　월　　　일

신청인 :　　　　　　　　　　　(서명 또<br>는 인)

○○○○　　　**귀하**

| 신청인 제출서류 | 1. 건설기계제작증(국내에서 제작한 건설기계 및 수입한 건설기계 중 타워크레인의 경우에 한정합니다)<br>2. 수입면장 등 수입사실을 증명하는 서류(수입한 건설기계의 경우에 한정합니다)<br>3. 매수증서(행정기관으로부터 매수한 건설기계의 경우에 한정합니다)<br>4. 건설기계의 소유자임을 증명하는 서류. 다만, 제1호부터 제3호까지의 서류가 건설기계의 소유자임을 증명할 수 있는 경우에는 그 서류로 갈음할 수 있습니다.<br>5. 건설기계제원표<br>6. 「자동차손해배상 보장법」 제5조에 따른 보험 또는 공제의 가입을 증명하는 서류(같은 법 시행령 제2조에 해당되는 건설기계의 경우에 한정하되, 「건설기계관리법」 제25조제2항에 따라 시·도지사에게 신고한 매매용건설기계를 제외합니다)<br>※ 주의사항: 사용본거지는 비영업용의 경우 소유자 주소, 영업용의 경우 대여사업자 사무소 소재지로 「지방세법」에 따른 등록지입니다. |
|---|---|

| 담당공무원<br>확인사항 | 1. 등록말소된 건설기계의 경우에 건설기계등록원부 |
|---|---|

## 행정정보 공동이용 동의서

　본인은 이 건 업무처리와 관련하여 담당 공무원이 「전자정부법」 제36조에 따른 행정정보의 공동이용을 통하여 위의 담당 공무원 확인 사항을 확인하는 것에 동의합니다.　*동의하지 않는 경우에는 등록말소된 건설기계의 건설기계등록원부를 제출해야 합니다.

신청인　　　　　　　　　　　　　　　（서명 또는 인）

## 처리 절차

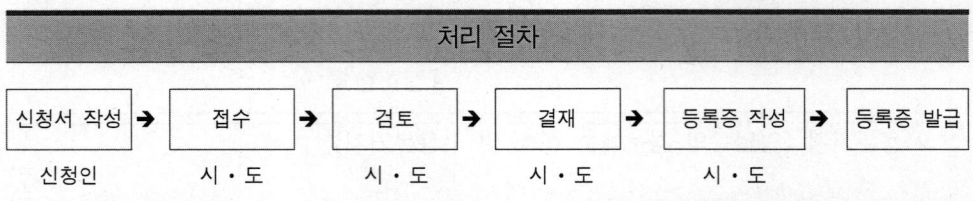

신청서 작성 ➡ 접수 ➡ 검토 ➡ 결재 ➡ 등록증 작성 ➡ 등록증 발급

신청인　　　시·도　　　시·도　　　시·도　　　시·도

210mm×297mm[백상지(80g/㎡) 또는 중질지(80g/㎡)]

**[서식]** 건설기계등록사항변경신고서 　　　　　　　　　　　　　　　　（ 앞 쪽 ）

# 건설기계등록사항변경신고서

| 접수번호 | 접수일자 | | 처리기간 | 즉시 |
|---|---|---|---|---|
| 신고인 | 성명(법인인 경우에는 상호 및 대표자) | | 주민등록번호(사업자등록번호・외국인등록번호 ・법인등록번호) | |
| | 주소 | | (전화번호:　　　　　　) | |
| 건설기계명 | | | 건설기계 등록번호 | |
| 변경 내용 | 구분 | 변경 전 | 변경 후 | 변경일자 |

　「건설기계관리법」 제5조 및 같은 법 시행령 제5조・제5조의2 및 같은 법 시행규칙 제7조 제1항에 따라 위와 같이 신고합니다.

　　　　　　　　　　　　　　　　　　　　　　　　　　　년　　　월　　　일

　　　　　　　　　　　　　신고인:　　　　　　　　（ 서명 또는 인 ）

## 특별시장・광역시장・특별자치시장・도지사・특별자치도지사 귀하

| 제출서류 | 1. 소유자, 점유자 또는 건설기계매매업자가 등록사항을 변경신고하는 경우<br>　가. 변경내용을 증명하는 서류<br>　나 . 건 설 기 계 등 록 증<br>　다 . 건 설 기 계 검 사 증<br><br>2. 매도인이 등록사항을 변경신고하는 경우: 매도사실을 증명하는 서류<br><br>비고: 등록사항의 변경이 건설기계의 매매로 인한 경우 제1호가목의 변경 내용을 증명하는 서류 또는 제2호의 매도사실을 증명하는 서류는 다음 각 목과 같습니다.<br>　가. 양도자와 양수자간에 건설기계를 직접 거래한 경우: 별지 제8호의2 서식의 건설기계양도증명서<br>　나. 건설기계매매업자가 건설기계를 매매하거나 매매를 알선한 경우: 별지 제8호의3서식의 건설기계양도증명서 | 수수료 1,000원 |

| 처리 절차 | | | | | |
|---|---|---|---|---|---|
| 신고서 작성 | 접수 | 확인 | 결재 | 등록사항 변경기재 | 등록증・검사 증 교부 |
| 신고인 | 특별시・광역시・특별 자치시・도 ・특별자치 도 | 특별시・광역시・특별 자치시・도 ・특별자치 도 | 특별시・광역시・특별 자치시・도 ・특별자치 도 | 특별시・광역시・특별자치 시・도・특별 자치도 | 특별시・광역시・특별 자치시・도 ・특별 자치 도 |

　　　　　　　　　　210mm×297mm[ 백상지(80g/㎡) 또는 중질지(80g/㎡) ]

**[서식]** 건설기계등록말소신청서 　　　　　　　（ 앞 쪽 ）

| 건설기계등록 말소신청서 | 처리기간 |
|---|---|
| | 즉 시 |

| 소유자 | 성 명<br>(법인인 경우에는<br>상호 및 대표자) | | | |
|---|---|---|---|---|
| | 전 화 번 호 | | 주민(사업자,<br>외국인)등록번호 | |
| | 주 　 소 | | | |

| 건설<br>기계<br>의표<br>시 | 건설기계등록번호 | | 차대일련번호 | |
|---|---|---|---|---|
| | 건 설 기 계 명 | | 형식 및 규격 | |
| | 원동기명 및 형식 | | | |

| 사 용 본 거 지<br>(영업용인 경우에는<br>상호 및 사용본거지 | |
|---|---|
| 등록원인과 그 일자 | |

「건설기계관리법」 제6조 및 같은 법 시행규칙 제9조에 따라 건설기계등록말소를 신청합니다.

　　　　　　　　　　　　　　　　　　　　　　　년　　　　월　　　　일


　　　　　　　　　　소유자(신청인)　　　　　　　（서명 또는 인）

**시 · 도지사** 귀하

| 구<br>비<br>서<br>류 | 1. 건설기계 등록증 | 수수료 |
|---|---|---|
| | 2. 건설기계 검사증 | 1,000원 |
| | 3. 멸실·도난·수출·폐기·반품 및 교육·연구목적 사용등 등록말소신청<br>　사유를 확인할 수 있는 서류 | |

210㎜×297㎜(인쇄용지(2급) 60g/㎡)

# 건설산업기본법

[시행 2024. 5. 17.] [법률 제19591호, 2023. 8. 8., 타법개정]

## Ⅰ. 개설

### 목적

이 법은 건설공사의 조사, 설계, 시공, 감리, 유지관리, 기술관리 등에 관한 기본적인 사항과 건설업의 등록 및 건설공사의 도급 등에 필요한 사항을 정함으로써 건설공사의 적정한 시공과 건설산업의 건전한 발전을 도모함을 목적으로 한다.

## Ⅱ. 판례

**제9조(건설업 등록 등)** ① 건설업을 하려는 자는 대통령령으로 정하는 업종별로 국토교통부장관에게 등록을 하여야 한다. 다만, 대통령령으로 정하는 경미한 건설공사를 업으로 하려는 경우에는 등록을 하지 아니하고 건설업을 할 수 있다. 〈개정 2013.3.23.〉

② 제1항에 따라 건설업의 등록을 하려는 자는 국토교통부령으로 정하는 바에 따라 국토교통부장관에게 신청하여야 한다. 〈개정 2013.3.23.〉

③ 국가나 지방자치단체가 자본금의 100분의 50 이상을 출자한 법인이나 영리를 목적으로 하지 아니하는 법인은 다른 법률에 특별한 규정이 있는 경우를 제외하고는 제1항에 따른 건설업 등록을 신청할 수 없다.

④ 삭제 〈2016.2.3.〉

[전문개정 2011.5.24.]

### 건설산업기본법위반

[대법원 2017. 7. 11. 선고, 2017도1539, 판결]

【판결요지】

건설산업기본법은 "이 법은 건설공사의 조사, 설계, 시공, 감리, 유지관리, 기술관리 등에 관한 기본적인 사항과 건설업의 등록 및 건설공사의 도급 등에 필요한 사항을 정함으로써 건설공사의 적정한 시공과 건설산업의 건전한 발전을 도모함을 목적으로 한다."라고 하면서(제1조), '건설산업'은 건설공사를 하는 업인 '건설업'과 건설공사에 관한 조사, 설계, 감리, 사업관리, 유지관리 등 건설공사와 관련된 용역을 하는 업인 '건설용역업'을 말한다고 규정하고 있다(제2조 제1호 내지 제3호). 위와 같은 건설산업기본법의 입법 목적과 건설산업 및 건설업과 건설용역업에 관한 정의 규정의 내용 등을 종합하여 보면, '건설업을 한다'는 것은 '건설공사의 시공분야를 수행하는 것을 업으로 한다'는 것을 의미한다고 해석할 수 있다.

한편 건설산업기본법 제9조 제1항 본문은 "건설업을 하려는 자는 대통령령으로 정하는 업종별로 국토교통부장관에게 등록을 하여야 한다."라고 규정하면서, 제96조 제1호에 "제9조 제1항에 따른 등록을 하지 아니하거나 부정한 방법으로 등록을 하고 건설업을 한 자"에 관한 처벌규정을 두고 있는데, 건설공사의 적정한 시공과 건설산업의 건전한 발전을 도모하려는 건설산업기본법의 입법 목적과 무등록업자에 의한 부실시공을 예방하여 국민의 생명과 재산을 보호하고자 하는 건설업 등록제도의 취지 등에 비추어 보면, '시공'이란 '직접 또는 도급에 의하여 설계에 따라 건설공사를 완성하기 위하여 시행되는 일체의 행위'를 의미한다고 해석할 수 있다.

따라서 '건설업을 한다'는 것은 '직접 또는 도급에 의하여 설계에 따라 건설공사를 완성하기 위하여 시행되는 일체의 행위를 수행하는 것을 업으로 한다'는 의미로 해석하여야 하므로, 도급받은 건설공사 중 일부 또는 전부를 직접 시공하여 완성한 경우뿐만 아니라 하도급의 방식으로 시공하여 완성한 경우에도 건설업을 하였다고 보아야 한다.

**제10조(건설업의 등록기준)** 제9조제1항에 따른 건설업의 등록기준이 되는 다음 각 호의 사항은 대통령령으로 정한다.

   1. 기술능력
   2. 자본금(개인인 경우에는 자산평가액을 말한다. 이하 같다)
   3. 시설 및 장비
   4. 그 밖에 필요한 사항

[전문개정 2011.5.24.]

## 영업정지처분취소

[대법원 2022. 4. 28. 선고 2021두61932 판결]

**【판결요지】**

구청장이 기계설비 공사업 등에 관하여 건설산업기본법에 따른 건설업 등록을 한 甲 주식회사에 대하여 자본금이 건설업 등록기준에 미달한다는 사유로 구 건설산업기본법 제83조 제3호에 따라 영업정지 5개월의 처분을 한 후, 甲 회사가 서울회생법원에서 간이회생절차 개시 결정을 받았다가 '회생계획의 수행에 지장이 있다고 인정할 자료가 없다.'는 이유로 간이회생절차 종결 결정을 받은 사안에서, 甲 회사는 영업정지처분 이후 간이회생절차 종결 결정을 받아 비로소 구 건설산업기본법 시행령 제79조의2 제3호 (나)목의 건설업 등록말소 내지 영업정지 예외사유가 발생하였으므로 위 처분은 처분 당시의 법령과 사실상태를 기준으로 판단할 때 적법하고, 처분 이후 甲 회사가 간이회생절차 종결 결정을 받은 사실로 처분 당시 적법하였던 위 처분이 다시 위법하게 된다고 볼 수 없다고 한 사례.

**제14조(영업정지처분 등을 받은 후의 계속 공사)** ① 제82조, 제82조의2 또는 제83조에 따른 영업정지처분 또는 등록말소처분을 받은 건설사업자와 그 포괄승계인은 그 처분을 받기 전에 도급계약을 체결하였거나 관계 법령에 따라 허가, 인가 등을 받아 착공한 건설공사는 계속 시공할 수 있다. 건설업 등록이 제20조의2에 따른 폐업신고에 따라 말소된 경우에도 같다. 〈개정 2019.4.30.〉

② 제82조, 제82조의2 또는 제83조에 따른 영업정지처분 또는 등록말소처분을 받은 건설사업자와 그 포괄승계인은 그 처분의 내용을 지체 없이 그 건설공사의 발주자에게 통지하여야 하고, 건설사업자가 하수급인인 경우에는 그 처분의 내용을 발주자 및 수급인에게 알려야 한다. 건설업 등록이 제20조의2에 따른 폐업신고에 따라 말소된 경우에도 같다. 〈개정 2019.4.30.〉

③ 건설사업자가 건설업 등록이 말소된 후 제1항에 따라 건설공사를 계속하는 경우에는 그 공사를 완성할 때까지는 건설사업자로 본다. 〈개정 2019.4.30.〉

④ 건설공사의 발주자는 특별한 사유가 있는 경우를 제외하고는 해당 건설사업자로부터 제2항에 따른 통지를 받은 날 또는 그 사실을 안 날부터 30일이 지나는 날까지 도급계약을 해지할 수 있다. 〈개정 2019.4.30.〉

⑤ 발주자는 건설사업자인 하수급인으로부터 제2항에 따른 통지를 받은 경우에는 해당 공사에 대하여 수급인에게 하도급계약의 해지를 요청할 수 있다. 〈개정 2019.4.30.〉

⑥ 수급인은 해당 하수급인으로부터 제2항에 따른 통지를 받은 경우에는 특별한 사유가 있는 경우를 제외하고는 그 통지를 받거나 처분사실을 안 날(제5항에 따른 하도급계약의 해지를 요청받은 경우에는 그 요청을 받은 날)부터 30일이 지나는 날까지 하도급계약을 해지할 수 있다.

[전문개정 2011.5.24.]

## 건설업등록말소처분취소

[대법원 2015. 4. 23. 선고 2013두12386 판결]

**【판결요지】**
건설업 등록제도와 영업정지처분을 받은 건설업자의 업무범위 등에 관한 구 건설산업기본법(2011. 5. 24. 법률 제10719호로 개정되기 전의 것, 이하 같다) 제9조 제1항, 제10조, 제14조 제1항, 제83조, 구 건설산업기본법 시행령(2011. 11. 1. 대통령령 제23282호로 개정되기 전의 것) 제13조 제1항의 규정 형식, 내용 및 취지와 함께 구 건설산업기본법 제9조 제1항 단서가 경미한 건설공사를 업으로 하려는 경우 등록의 의무를 면제하는 이유는 국민의 건강과 생명, 재산에 미치는 영향이 상대적으로 작은 경미한 건설공사만을 업으로 하는 경우에 관해서까지 법으로 엄격한 자격요건을 규정하여 관리할 필요가 없기 때문일 뿐이고, 경미한 건설공사도 여전히 건설업자의 영업 범위나 대상에 속한다고 볼 수 있는 점 등을 종합하여 보면, 건설업의 영업정지처분을 받은 건설업자는 영업정지기간 동안 구 건설산업기본법 제14조 제1항이 정한 예외적인 사유에 해당하지 아니하는 이상 건설업을 영위할 수 없고, 영업정지처분에 의하여 금지되는 건설업 영업에는 경미한 건설공사도 포함된다.

**제16조(건설공사의 시공자격)** ① 건설공사를 도급받으려는 자는 해당 건설공사를 시공하는 업종을 등록하여야 한다. 다만, 다음 각 호의 어느 하나에 해당하는 경우에는 해당 건설업종을 등록하지 아니하고도 도급받을 수 있다. 〈개정 2019.4.30., 2023. 12. 29. 〉

1. 2개 업종 이상의 전문공사를 시공하는 업종을 등록한 건설사업자가 그 업종에 해당하는 전문공사로 구성된 종합공사를 도급받는 경우
2. 전문공사를 시공할 수 있는 자격을 보유한 건설사업자가 전문공사에 해당하는 부분을 시공하는 조건으로 하여, 종합공사를 시공할 수 있는 자격을 보유한 건설사업자가 종합적인 계획, 관리 및 조정을 하는 공사를 공동으로 도급받는 경우
3. 전문공사를 시공하는 업종을 등록한 2개 이상의 건설사업자가 그 업종에 해당하는 전문공사로 구성된 종합공사를 공정관리, 하자책임 구분 등을 고려하여 국토교통부령으로 정하는 바에 따라 공동으로 도급받는 경우
4. 종합공사를 시공하는 업종을 등록한 건설사업자가 제8조제2항에 따라 시공 가능한 시설물을 대상으로 하는 전문공사를 국토교통부령으로 정하는 바에 따라 도급받는 경우. 다만, 공사예정금액(「부가가치세법」에 따른 부가가치세와 발주자가 제공한 재료비를 포함한다)이 4억 3천만원 미만인 전문공사를 원도급받는 경우는 제외한다.
5. 제9조제1항에 따라 등록한 업종에 해당하는 건설공사(제1호, 제3호 및 제4호에 해당하는 건설공사를 포함한다)와 그 부대공사를 함께 도급받는 경우
6. 제9조제1항에 따라 등록한 업종에 해당하는 건설공사를 이미 도급받아 시공하였거나 시공 중인 건설공사의 부대공사로서 다른 건설공사를 도급받는 경우
7. 발주자가 공사품질이나 시공상 능률을 높이기 위하여 필요하다고 인정한 경우로서 기술적 난이도, 공사를 구성하는 전문공사 사이의 연계 정도 등을 고려하여 대통령령으로 정하는 경우

② 제1항제5호 및 제6호에 따른 부대공사는 주된 공사에 따르는 종된 공사로 그 범위와 기준은 대통령령으로 정한다.

③ 제1항제1호, 제3호 및 제4호에 따라 종합공사 또는 전문공사를 도급받아 시공하기 위해서는 도급계약을 체결하기 전(입찰계약의 경우에는 입찰참가 등록마감일까지를 말한다)에 해당 공사를 시공하는 업종의 등록기준을 갖추어야 하고, 이를 시공 중에는 유지하여야 한다. 다만, 2개 업종 이상의 전문공사를 시공하는 업종을 등록한 건설사업자가 그 업종에 해당하는 전문공사로 구성된 종합공사를 하도급받는 경우에는 그러하지 아니하며, 제3호의 경우에는 공동수급체 구성원들이 공동으로 필요한 등록기준을 갖춘 경우 충족한 것으로 본다. 〈개정 2019. 4. 30.〉

④ 제3항의 등록기준 구비에 관한 세부절차 및 방법 등은 국토교통부령으로 정한다.

[전문개정 2018.12.31.]

[시행일: 2024.1.1.] 제16조제1항제3호, 제16조제1항제4호(공사예정금액이 2억원 미만인 전문공사를 원도급 받는 경우에 한정한다)

## 건설산업기본법위반

[대법원 2007. 10. 26, 선고, 2007도6684, 판결]

【판결요지】

[1] 건설산업기본법 제16조 제3항은 전문건설업자는 일반건설업자만이 도급받아 시공할 수 있는 건설공사를 도급받아서는 안 된다고 규정하면서 단서 제3호에서는 예외적으로 2개 업종 이상의 전문건설업의 등록을 한 전문건설업자가 당해 업종에 해당하는 전문공사로 구성된 복합공사를 하도급받는 경우는 가능하다고 규정하고 있는바, 이는 2개 업종 이상의 전문공사로 구성된 복합공사의 경우 그 복합공사를 구성하는 업종 모두에 대하여 전문건설업의 등록을 한 전문건설업자는 일반건설업자가 아니더라도 이를 하도급받을 수 있다는 의미로 봄이 상당하다.

[2] 여러 업종의 전문공사로 구성된 복합공사인 운동장조성공사 중 2개 업종에 대해서만 전문건설업등록을 보유하고 있는 건설업자는 건설산업기본법 제16조 제3항 단서 제3호에 의하여 위 운동장조성공사를 도급받을 수 없으므로 이를 도급받아 시공한 행위는 건설산업기본법 제9조 제1항 위반죄에 해당한다고 한 사례.

**제17조(건설업의 양도 등)** ① 건설사업자는 다음 각 호의 어느 하나에 해당하는 경우에는 국토교통부령으로 정하는 바에 따라 국토교통부장관에게 신고하여야 한다. 〈개정 2012.6.1., 2013.3.23., 2019.4.30.〉

1. 건설업자가 건설업을 양도하려는 경우
2. 건설업자인 법인이 다른 법인과 합병하려는 경우. 다만, 건설업자인 법인이 건설업자가 아닌 법인을 흡수합병하려는 경우는 제외한다.

② 제1항제1호에 따라 건설업양도신고를 하려는 자가 「국가를 당사자로 하는 계약에 관한 법률」 또는 「지방자치단체를 당사자로 하는 계약에 관한 법률」에 따라 부정당업자로서 입찰참가자격 제한의 처분을 받고 제한기간 중에 있는 때에는 그 사실을 양수자가 확인하였음을 국토교통부령으로 정하는 바에 따라 증명하여야 한다. 〈개정 2013.3.23.〉

③ 건설업을 양수한 자와 합병으로 설립되거나 존속하는 법인은 제1항에 따른 신고가 수리된 때부터 각각 건설업을 양도한 자와 합병으로 소멸되는 법인의 건설사업자로서의 지위를 승계한다. 〈개정 2023. 4. 18.〉

④ 상속인이 건설사업자로서의 지위를 상속받으려는 경우에는 제1항과 제3항을 준용한다. 이 경우 상속인이 제13조제1항 각 호의 어느 하나의 결격사유에 해당하면 3개월 이내에 그 건설업을 다른 사람에게 양도하여야 한다. 〈개정 2023. 4. 18.〉

⑤ 제4항에 따라 신고가 수리된 경우 피상속인의 사망일부터 신고가 수리된 날까지의 기간 동안 피상속인의 건설업 등록은 상속인의 건설업 등록으로 본다. 〈신설 2023. 4. 18.〉

[전문개정 2011.5.24.]

## 건설업등록말소처분취소
[대법원 2012. 2. 9, 선고, 2011두23504, 판결]

【판결요지】
건설산업기본법(이하 '법'이라 한다) 제9조 제1항, 제17조에 따르면 건설업을 양수한 자는 건설업자의 지위를 승계하도록 되어 있기 때문에 건설업의 양수인이 부정한 방법으로 건설업 양도·양수신고를 함으로써 건설업을 영위할 수 있게 된 경우에도 건설업 등록을 말소시킬 필요성은 있다. 그러나 건설업 등록취소와 같은 침익적 행정처분의 근거가 되는 행정법규는 엄격하게 해석·적용하여야 하는 점, 법에서 벌칙을 정한 제96조는 제1호에서 '제9조 제1항의 규정에 의한 부정한 방법으로 등록을 하고 건설업을 영위한 자'를, 제3호에서 '제17조의 규정에 의한 부정한 방법으로 신고를 하고 건설업을 영위한 자'를 규정하고 있는데 이와 같이 법이 제9조에 의한 건설업 등록과 제17조에 의한 건설업의 양도신고를 구분하고 있는 점, 행정행위를 한 처분청은 행위에 하자가 있는 경우에는 별도의 법적 근거가 없더라도 일정한 제한 내에서 스스로 이를 취소할 수 있는 것으로 해석되므로 양도·양수신고 수리처분 자체를 직권취소할 여지가 있는 점 등의 사정을 고려하면, 법 제83조 제1호의 '부정한 방법으로 제9조에 따른 건설업 등록을 한 경우'에 '부정한 방법으로 제17조에 의한 양도·양수신고를 한 경우'는 포함되지 않는다고 보는 것이 타당하다.

**제21조(건설업 등록증 등의 대여 및 알선 금지)** ① 건설사업자는 다른 사람에게 자기의 성명이나 상호를 사용하여 건설공사를 수급 또는 시공하게 하거나 건설업 등록증 또는 건설업 등록수첩을 빌려주어서는 아니 된다. 〈개정 2019.4.30.〉

② 누구든지 건설사업자로부터 그 성명이나 상호를 빌려 건설공사를 수급 또는 시공하거나 건설업 등록증 또는 건설업 등록수첩을 빌려서는 아니 된다. 〈신설 2017.3.21., 2019.4.30.〉

③ 누구든지 제1항 및 제2항에서 금지된 행위를 알선하여서는 아니 된다. 〈개정 2017.3.21.〉

④ 건축주는 제1항을 위반한 건설사업자 또는 제2항을 위반한 자와 공모(共謀)하여 건설공사를 도급 또는 시공하게 하여서는 아니 된다. 〈신설 2017.3.21., 2019.4.30.〉

[전문개정 2011.5.24.]

[제목개정 2017.3.21.]

## 뇌물수수 · 건설산업기본법위반

[대법원 2010. 5. 27. 선고, 2009도10778, 판결]

**【판결요지】**

[1] 구 건설산업기본법(2007. 5. 17. 법률 제8477호로 개정되기 전의 것) 제21조의 규정에 비추어 건설업자가 건설공사를 정당하게 수급한 다음 다른 사람에게 자기의 성명 또는 상호를 사용하여 시공만 하게 한 경우에도 명의대여 행위로서 금지되고, 이러한 경우 명의대여 행위는 시공자로 하여금 공사에 착수하게 한 때에 완성되어 같은 법 제96조 제4호 위반죄의 기수가 되고 그 후 공사 종료시까지는 그 법익 침해상태가 남아 있을 뿐이라고 할 것이므로, 공사착수 후 실제로 시공행위를 계속 담당한 것이 누구인지는 위 범죄의 성립을 좌우할 사유가 되지 못한다.

[2] 대표이사 乙이 甲 주식회사가 낙찰받은 공사를 丙 주식회사를 운영하는 丁에게 甲 주식회사의 상호를 사용하여 시공하게 함으로써 명의를 대여하였다는 공소사실에 대하여, 甲 주식회사의 대표이사인 乙이 위 공사의 수급에 실질적으로 관여하였으므로 건설업 명의대여에 해당하지 않는다고 보아 구 건설산업기본법(2007. 5. 17. 법률 제8477호로 개정되기 전의 것) 위반의 공소사실을 무죄로 인정한 원심판단에 법리오해 및 심리미진의 위법이 있다고 한 사례.

**제28조(건설공사 수급인 등의 하자담보책임)** ① 수급인은 발주자에 대하여 건설공사의 완공일과 목적물의 관리·사용을 개시한 날 중에서 먼저 도래한 날부터 다음 각 호의 범위에서 공사의 종류별로 대통령령으로 정하는 기간에

발생한 하자에 대하여 담보책임이 있다. 〈개정 2015.8.11., 2020.6.9., 2024. 1. 9.〉

   1. 건설공사의 목적물이 벽돌쌓기식구조, 철근콘크리트구조, 철골구조, 철골철근콘크리트구조 및 그 밖에 이와 유사한 구조로서 구조내력(構造耐力)에 해당하는 경우: 10년

   2. 제1호 이외의 구조로 된 것인 경우: 5년

② 수급인은 다음 각 호의 어느 하나의 사유로 발생한 하자에 대하여는 제1항에도 불구하고 담보책임이 없다. 다만, 발주자가 제공한 재료 또는 지시가 부적당함을 알고도 그 사실을 발주자에게 알리지 아니한 경우에는 그러하지 아니하다.

   1. 발주자가 제공한 재료의 품질이나 규격 등이 기준미달로 인하거나 재료의 성질로 인한 경우

   2. 발주자의 지시에 따라 시공한 경우

   3. 발주자가 건설공사의 목적물을 관계 법령에 따른 내구연한(耐久年限) 또는 설계상의 구조내력을 초과하여 사용한 경우

③ 건설공사의 하자담보책임기간에 관하여 다른 법령(「민법」 제670조 및 제671조는 제외한다)에 특별하게 규정되어 있는 경우에는 그 법령에서 정한 바에 따른다. 다만, 공사 목적물의 성능, 특성 등을 고려하여 대통령령으로 정하는 바에 따라 도급계약에서 특별히 따로 정한 경우에는 도급계약에서 정한 바에 따른다. 〈개정 2015.8.11.〉

④ 하수급인의 하자담보책임에 대하여는 제1항부터 제3항까지를 준용한다. 이 경우 "수급인"은 "하수급인"으로, "발주자"는 "발주자 또는 수급인"으로, "건설공사의 완공일과 목적물의 관리·사용을 개시한 날 중에서 먼저 도래한 날"은 "하수급인이 시공한 건설공사의 완공일 또는 목적물의 관리·사용을 개시한 날과 제37조제2항에 따라 수급인이 목적물을 인수한 날 중에서 먼저 도래한 날"로 본다. 〈신설 2014. 5. 14., 2015. 8. 11., 2021. 12. 7., 2024. 1. 9.〉

[전문개정 2011.5.24.] [제목개정 2014.5.14.]

## 하자보수금등

[대법원 2015. 3. 20. 선고, 2012다107662, 판결]

**【판결요지】**

[1] 원고의 소송상 상계의 재항변은 일반적으로 이를 허용할 이익이 없다. 따라서 피고의 소송상 상계항변에 대하여 원고가 소송상 상계의 재항변을 하는 것은 다른 특별한 사정이 없는 한 허용되지 않는다. 그리고 이러한 법리는 원고가

　　2개의 채권을 청구하고, 피고가 그중 1개의 채권을 수동채권으로 삼아 소송상 상계항변을 하자, 원고가 다시 청구채권 중 다른 1개의 채권을 자동채권으로 소송상 상계의 재항변을 하는 경우에도 마찬가지로 적용된다.

[2] 불법행위 또는 채무불이행에 따른 채무자의 손해배상액을 산정할 때에 손해부담의 공평을 기하기 위하여 채무자의 책임을 제한할 필요가 있고, 채무자가 채권자에 대하여 가지는 반대채권으로 상계항변을 하는 경우에는 책임제한을 한 후의 손해배상액과 상계하여야 한다.

[3] 입주자대표회의가 구 주택법(2008. 3. 21. 법률 제8974호로 개정되기 전의 것) 및 구 주택법 시행령(2010. 7. 6. 대통령령 제22254호로 개정되기 전의 것)에 근거하여 하자보수보증회사에 대하여 가지는 하자보수보증금청구권과 도급인이 구 건설산업기본법(2011. 5. 24. 법률 제10719호로 개정되기 전의 것) 제28조 제1항 및 민법 제667조 등에 근거하여 수급인에 대하여 가지는 하자담보추급권은 인정근거와 권리관계의 당사자 및 책임내용 등이 서로 다른 별개의 권리이다. 따라서 입주자대표회의가 구분소유자들에게서 집합건물의 소유 및 관리에 관한 법률(이하 '집합건물법'이라 한다)에 의하여 인정되는 분양자에 대한 하자보수를 갈음한 손해배상청구권을 양수한 후 집합건물법상 분양자인 도급인을 대위하여 수급인인 시공회사에 대하여 하자담보책임으로서의 하자보수를 갈음한 손해배상을 청구함과 아울러 하자보수보증계약에 따른 보증채권자로서 직접 하자보수보증회사에 대하여 하자보수보증금을 청구하는 경우라도, 수급인의 도급인에 대한 하자보수를 갈음한 손해배상채무와 하자보수보증회사의 입주자대표회의에 대한 하자보수보증금지급채무가 부진정연대채무 관계에 있다고 볼 수 없다.

[4] 수급인의 도급인에 대한 하자보수를 갈음한 손해배상채무와 하자보수보증회사의 입주자대표회의에 대한 하자보수보증금지급채무는 그 대상인 하자가 일부 겹칠 수 있고 그렇게 겹치는 범위 내에서는 결과적으로 동일한 하자의 보수를 위하여 존재하고 있으므로, 향후 입주자대표회의가 도급인을 대위한 하자보수를 갈음한 손해배상청구소송 및 하자보수보증회사에 대한 하자보수보증금청구소송에서 모두 승소판결을 받은 다음, 입주자대표회의가 그중 어느 한 권리를 행사하여 하자에 관한 보수비용 상당 금원을 현실적으로 수령하여 금원이 지급된 하자와 관련된 범위 내에서 하자보수의 목적을 달성하게 되면 다른 권리가 소멸된다고 할 수 있으나, 도급인의 수급인에 대한 하자보수를 갈음한 손해배상채권이 수급인의 도급인에 대한 채권으로 상계된 경우에 그 사정만으로는 입주자대표회의가 구 주택법령에 근거하여 가지는 하자보수에 관한 권리의 목적이 달성되었다고 볼 수 없으므로 입주자대표회의가 하자보수보증회사에 대하여 가지는 하자보수보증금청구권에는 아무런 영향이 없다.

**제32조(하수급인 등의 지위)** ① 하수급인은 하도급받은 건설공사의 시공에 관하여는 발주자에 대하여 수급인과 같은 의무를 진다.

② 제1항은 수급인과 하수급인의 법률관계에 영향을 미치지 아니한다.

③ 하수급인은 수급인이 제29조제4항에 따른 통보를 게을리하거나 일부를 누락하여 통보한 경우에는 발주자 또는 수급인에게 자신이 시공한 공사의 종류와 공사기간 등을 직접 통보할 수 있다.

④ 건설기계 대여업자 및 국토교통부령으로 정하는 바에 따라 건설공사용 부품을 제작하여 납품하는 자(이하 "제작납품업자"라 한다) 및 국토교통부령으로 정하는 바에 따라 건설공사를 하기 위하여 일시적으로 설치ㆍ사용하는 기자재를 대여하는 자(이하 "가설기자재 대여업자"라 한다)에 대한 대금 지급에 관하여는 제34조제1항ㆍ제8항 및 제35조(건설기계대여업자에 대하여는 제35조제2항제6호, 제작납품업자 및 가설기자재 대여업자에 대하여는 제35조제2항제5호 및 제6호는 제외한다)를 준용한다. 이 경우 "발주자"는 "발주자 또는 수급인"으로, "수급인"은 "수급인 또는 하수급인"으로, "하수급인"은 "건설기계 대여업자, 제작납품업자 또는 가설기자재 대여업자"로, "하도급대금"은 "건설기계 대여대금, 건설공사용 부품대금 또는 가설기자재 대여대금"으로 본다. 다만, 제35조제2항ㆍ제3항ㆍ제5항 및 제6항의 경우에는 "발주자"는 "건설기계 대여업자, 제작납품업자 또는 가설기자재 대여업자와 계약을 체결한 건설사업자에게 건설공사를 도급한 자"로, "수급인"은 "건설기계 대여업자, 제작납품업자 또는 가설기자재 대여업자와 계약을 체결한 건설사업자"로, "하수급인"은 "건설기계 대여업자, 제작납품업자 또는 가설기자재 대여업자"로, "하도급대금"은 "건설기계 대여대금, 건설공사용 부품대금 또는 가설기자재 대여대금"으로 본다. 〈개정 2013.3.23., 2014.5.14., 2018.12.18., 2019.4.30., 2020.4.7.〉

[전문개정 2011.5.24.]

## 부당이득금
[대법원 2017.12.13, 선고, 2017다242300, 판결]

【판결요지】
하도급거래 공정화에 관한 법률(이하 '하도급법'이라 한다) 제14조 제4항은 "제1항에 따라 발주자가 해당 수급사업자에게 하도급대금을 직접 지급할 때에 발주자가 원사업자에게 이미 지급한 하도급금액은 빼고 지급한다."라고 규정하고, 하도급거래 공정화에 관한 법률 시행령(이하 '하도급법 시행령'이라 한다) 제9조 제3항은 "발주자는 원사업자에 대한 대금지급의무의 범위에서 하도급대금 직접지급의무를 부담한다."라고 규정하고 있다. 이에 비추어 볼 때, 하도급법은 발주자에게 도급대금채무를 넘는 새로운 부담을 지우지 아니하는 범위 내에서 수급사업자가 시공한 부분에 상당한 하도급대금채무에 대한 직접지급의무를 부담하게 함으로써 수급사업자를 원사업자 및 그 일반채권자에 우선하여 보호하려는 것임을 알 수 있다. 이러한 입법 취지를 고려하면 특별한 사정이 없는 한 발주자로서는 하도급법 시행령 제9조 제3항에 따라 원사업자에 대한 대금지급의무를 한도로 하여 하도급대금의 직접지급의무를 부담한다고 해석함이 타당하다.

또한 건설산업기본법 제35조 제7항, 건설산업기본법 시행규칙 제29조 제3항에 의하면, 수급인이 건설산업기본법 제32조 제4항, 제35조 제2항 제4호에 따라 건설기계 대여업자에게 건설기계 대여대금을 직접지급하는 경우에도 하도급법 제9조 제3항이 준용되므로, 특별한 사정이 없는 한 발주자로서는 수급인에 대한 대금지급의무를 한도로 하여 직접지급의무를 부담한다고 보아야 한다.

따라서 발주자가 하도급법 제14조 제1항 제1호 또는 건설산업기본법 제32조 제4항, 제35조 제2항 제4호에 따라 수급사업자나 건설기계 대여업자(이하 '수급사업자 등'이라 한다)로부터 하도급대금 또는 건설기계 대여대금(이하 '하도급대금 등'이라 한다)의 직접지급을 요청받을 당시 원사업자 또는 수급인에 대한 대금지급채무가 이미 변제로 소멸한 상태인 경우 발주자의 수급사업자 등에 대한 직접지급의무는 발생하지 아니한다. 그럼에도 발주자가 수급사업자 등에 대한 직접지급의무가 발생하였다고 착오를 일으킨 나머지 수급사업자 등에게 하도급대금 등을 지급하였다면, 이는 채무자가 아닌 제3자가 타인의 채무를 자기의 채무로 잘못 알고 자기 채무의 이행으로서 변제한 경우에 해당하므로, 특별한 사정이 없는 한 발주자는 수급사업자 등을 상대로 부당이득반환을 청구할 수 있다.

**제59조(지분의 양도 등)** ① 조합원이거나 조합원이었던 자는 대통령령으로 정하는 바에 따라 그 지분을 다른 조합원이나 조합원이 되려는 자에게 양도할 수 있다.

② 제1항에 따라 지분을 양수한 자는 그 지분에 관한 양도인의 권리·의무를 승계한다.

③ 지분의 양도 및 질권 설정은 「상법」에 따른 주식의 양도 및 질권 설정의 방법으로 한다. 〈개정 2014.5.20.〉

④ 민사집행 절차나 국세 등의 체납처분 절차에 따라 하는 지분의 압류 또는 가압류는 「민사집행법」 제233조에 따른 지시채권의 압류 또는 가압류의 방법으로 한다.

[전문개정 2011.5.24.]

## 공사대금
[대법원 2017.4.7, 선고, 2016다3541, 판결]

**【판결요지】**

[1] 공사도급계약에서 소멸시효의 기산점이 되는 보수청구권의 지급시기는, 당사자 사이에 특약이 있으면 그에 따르고, 특약이 없으면 관습에 의하며(민법 제665조 제2항, 제656조 제2항), 특약이나 관습이 없으면 공사를 마친 때로 보아야 한다.

[2] 민법 제168조 제2호에서 가압류를 시효중단사유로 정하고 있지만, 가압류로 인한 시효중단의 효력이 언제 발생하는지에 관해서는 명시적으로 규정되어 있지 않다.

민사소송법 제265조에 의하면, 시효중단사유 중 하나인 '재판상의 청구' (민법 제168조 제1호, 제170조)는 소를 제기한 때 시효중단의 효력이 발생한다. 이는 소장 송달 등으로 채무자가 소 제기 사실을 알기 전에 시효중단의 효력을 인정한 것이다. 가압류에 관해서도 위 민사소송법 규정을 유추적용하여 '재판상의 청구' 와 유사하게 가압류를 신청한 때 시효중단의 효력이 생긴다고 보아야 한다. '가압류' 는 법원의 가압류명령을 얻기 위한 재판절차와 가압류명령의 집행절차를 포함하는데, 가압류도 재판상의 청구와 마찬가지로 법원에 신청을 함으로써 이루어지고(민사집행법 제279조), 가압류명령에 따른 집행이나 가압류명령의 송달을 통해서 채무자에게 고지가 이루어지기 때문이다.

가압류를 시효중단사유로 규정한 이유는 가압류에 의하여 채권자가 권리를 행사하였다고 할 수 있기 때문이다. 가압류채권자의 권리행사는 가압류를 신청한 때에 시작되므로, 이 점에서도 가압류에 의한 시효중단의 효력은 가압류신청을 한 때에 소급한다.

[3] 건설공제조합의 조합원에게 발행된 출자증권은 위 조합에 대한 출자지분을 표창하는 유가증권으로서 위 출자증권에 대한 가압류는 민사집행법 제233조에 따른 지시채권 가압류의 방법으로 하고, 법원의 가압류명령으로 집행관이 출자증권을 점유하여야 한다(건설산업기본법 제59조 제4항).

한편 위 출자증권을 채무자가 아닌 제3자가 점유하고 있는 경우에는 채권자는 채무자가 제3자에 대하여 가지는 유체동산인 출자증권의 인도청구권을 가압류하는 방법으로 가압류집행을 할 수 있다(민사집행법 제242조, 제243조). 이 경우 유체동산에 관한 인도청구권의 가압류는 원칙적으로 금전채권의 가압류에 준해서 집행법원의 가압류명령과 그 송달로써 하는 것이므로(민사집행법 제223조, 제227조, 제242조, 제243조, 제291조), 가압류명령이 제3채무자에게 송달됨으로써 유체동산에 관한 인도청구권 자체에 대한 가압류집행은 끝나고 효력이 생긴다.

따라서 채무자가 건설공제조합에 대하여 갖는 출자증권의 인도청구권을 가압류한 경우에는 법원의 가압류명령이 제3채무자인 건설공제조합에 송달되면 가압류의 효력이 생기고, 이 경우 가압류로 인한 소멸시효 중단의 효력은 가압류 신청 시에 소급하여 생긴다.

**제83조(건설업의 등록말소 등)** 국토교통부장관은 건설사업자가 다음 각 호의 어느 하나에 해당하면 그 건설사업자(제10호의 경우 중 하도급인 경우에는 그 건설사업자와 수급인을, 다시 하도급한 경우에는 그 건설사업자와 다시 하도급한 자를 말한다)의 건설업 등록을 말소하거나 1년 이내의 기간을 정하여 영업정지를 명할 수 있다. 다만, 제1호, 제2호의2, 제3호의2, 제3호의3, 제4호부터 제8호까지, 제8호의2, 제12호 또는 제13호에 해당하는 경우에는 건설업 등록을 말소하여야 한다. 〈개정 2012.6.1., 2013.3.23., 2014.5.14., 2016.2.3., 2017.3.21., 2018.12.18., 2018.12.31., 2019.4.30., 2020.6.9., 2020.12.22., 2020.12.29., 2021.7.27.〉

1. 부정한 방법으로 제9조에 따른 건설업 등록을 한 경우

2. 삭제 〈2016.2.3.〉

2의2. 제9조에 따른 건설업의 등록을 한 후 1년이 지날 때까지 영업을 개시
하지 아니하거나 계속하여 1년 이상 「부가가치세법」 제8조제8항에 따
라 관할 세무서장에게 휴업신고를 한 경우로서 제10조에 따른 건설업의
등록기준에 미달한 사실이 있는 경우

3. 제10조에 따른 건설업의 등록기준에 미달한 사실이 있는 경우. 다만, 일시
적으로 등록기준에 미달하는 등 대통령령으로 정하는 경우는 예외로 한다.

3의2. 제10조에 따른 건설업의 등록기준에 미달하여 영업정지처분을 받은 후
그 처분의 종료일까지 등록기준 미달사항을 보완하지 아니한 경우

4. 제13조제1항 각 호의 어느 하나에 해당하는 건설업 등록의 결격사유에 해
당하게 된 경우. 다만, 건설업으로 등록된 법인의 임원 중 건설업 등록의
결격사유에 해당되는 사람이 있는 경우로서 그 사실을 안 날부터 3개월
이내에 그 임원을 교체한 경우는 제외한다.

5. 제21조를 위반하여 다른 사람에게 자기의 성명이나 상호를 사용하여 건설
공사를 수급 또는 시공하게 하거나 이를 알선한 경우 또는 건설업 등록증
이나 건설업 등록수첩을 빌려주거나 이를 알선한 경우

6. 제21조의2를 위반하여 국가기술자격증 또는 건설기술경력증을 다른 자에
게 빌려 건설업의 등록기준을 충족시키거나 국가기술자격증 또는 건설기
술경력증을 다른 자에게 빌려주어 건설업의 등록기준에 미달한 사실이 있
는 경우

7. 제29조제1항부터 제3항까지 중 어느 하나에 해당하는 위반행위를 하여 제
82조제2항제3호에 따라 영업정지처분 또는 과징금 부과처분을 받고 그 처
분을 받은 날부터 5년 이내에 이를 다시 2회 이상 위반한 경우

8. 제82조, 제82조의2 또는 이 조에 따른 영업정지처분을 위반한 경우

8의2. 제81조제9호의 위반행위로 인하여 제82조제1항제5호에 따라 영업정지
처분을 받고 그 처분의 종료일까지 제49조제1항에 따른 보고를 하지 아
니한 경우(건설업 등록기준에의 적합 여부를 판단하기 위하여 보고하도
록 한 경우에 한정한다)

9. 건설업 등록을 한 후 1년이 지날 때까지 영업을 시작하지 아니하거나 계속
하여 1년 이상 휴업한 경우

10. 고의나 과실로 건설공사를 부실하게 시공하여 시설물의 구조상 주요 부분
에 중대한 손괴를 일으켜 공중(公衆)의 위험을 발생하게 한 경우

11. 다른 법령에 따라 국가 또는 지방자치단체의 기관이 영업정지 또는 등록
말소를 요구한 경우

12. 건설사업자가 「부가가치세법」 제8조제8항에 따라 폐업신고를 하였거나, 관할 세무서장이 같은 조 제9항에 따라 사업자등록을 말소한 경우

13. 다음 각 목의 어느 하나에 해당하는 위반행위를 하여 「독점규제 및 공정거래에 관한 법률」 제43조에 따라 과징금 부과처분을 받고 그 처분을 받은 날부터 9년 이내에 다음 각 목의 어느 하나에 해당하는 위반행위를 다시 하여 같은 기간 내에 2회 이상 과징금 부과처분을 받은 경우

　　가. 「독점규제 및 공정거래에 관한 법률」 제40조제1항제1호

　　나. 「독점규제 및 공정거래에 관한 법률」 제40조제1항제3호

　　다. 「독점규제 및 공정거래에 관한 법률」 제40조제1항제8호

[전문개정 2011.5.24.]

## 영업정지처분취소

[대법원 2016. 8. 29., 선고, 2014두45956, 판결]

【판결요지】

[1] 행정청이 건설산업기본법 및 구 건설산업기본법 시행령(2016. 2. 11. 대통령령 제26979호로 개정되기 전의 것, 이하 '시행령'이라 한다) 규정에 따라 건설업자에 대하여 영업정지 처분을 할 때 건설업자에게 영업정지 기간의 감경에 관한 참작 사유가 존재하는 경우, 행정청이 그 사유까지 고려하고도 영업정지 기간을 감경하지 아니한 채 시행령 제80조 제1항 [별표 6] '2. 개별기준'이 정한 영업정지 기간대로 영업정지 처분을 한 때에는 이를 위법하다고 단정할 수 없으나, 위와 같은 사유가 있음에도 이를 전혀 고려하지 않거나 그 사유에 해당하지 않는다고 오인한 나머지 영업정지 기간을 감경하지 아니하였다면 영업정지 처분은 재량권을 일탈·남용한 위법한 처분이다.

[2] 구 건설산업기본법 시행령(2016. 2. 11. 대통령령 제26979호로 개정되기 전의 것, 이하 '시행령'이라 한다) 제80조 제1항은 [별표 6]으로 '위반행위의 종별과 정도에 따른 영업정지의 기간'을 정하도록 하고 있으나, [별표 6]은 단순히 개별 위반행위에 대한 영업정지 기간만을 정하고 있지 아니하고 '감경·가중의 사유와 기준'도 아울러 정하고 있으므로, [별표 6]의 감경·가중 규정이 시행령 제80조 제1항의 영업정지 기간의 산정 방법을 규정한 것인지 아니면 같은 조 제2항의 감경·가중 기준을 구체화한 것인지가 문제 된다.

그런데 시행령 제80조 제1항 [별표 6]이 "위반행위의 정도, 동기 및 그 결과 등 다음 사유를 고려하여 제2호의 개별기준에 따른 영업정지 및 과징금의 2분의 1 범위에서 그 기간이나 금액을 가중하거나 감경할 수 있다."라고 하면서 열거하고 있는 개별적인 감경·가중 사유들은 같은 조 제2항이 감경·가중 기준으로 제시하고 있는 '위반행위의 동기·내용 및 횟수' 등을 반영한 것이고, 시행령 제80조의 취지가 [별표 6]에 따라 '위반행위의 정도·동기·결과' 등을 고려하여 감경을 한 후 이와 다르다고 보기 어려운 '위반행위의 동기·내용·횟

수' 등의 사유로 다시 감경하도록 한 것이라고 해석되지 아니한다. 그리고 시행령 제80조의 연혁을 보더라도, 종전 구 건설산업기본법 시행령(2012. 11. 27. 대통령령 제24204호로 개정되기 전의 것) 제80조 제1항 [별표 6]은 감경·가중 사유를 규정하지 아니한 채 위반행위의 내용에 따른 영업정지의 기간만을 정하고, 국토교통부 예규인 건설업관리규정이 시행령 제80조 제2항의 감경·가중의 기준을 구체화하여 감경 사유와 가중 사유를 세부적으로 규정하고 있었는데, 시행령이 2012. 11. 27. 대통령령 제24204호로 개정되면서 건설업관리규정에 있던 감경·가중 사유 부분이 일부 수정되어 제80조 제1항 [별표 6]에 규정되면서 위 별표의 감경·가중과 같은 조 제2항의 감경·가중이 형식적으로 별개의 감경·가중 제도처럼 보이게 된 것에 불과하다.

이러한 사정들을 종합해 보면, 시행령 제80조 제1항 [별표 6]은 제2항의 감경 기준인 '위반행위의 동기·내용 및 횟수'를 구체화하여 이에 해당하는 개별적인 감경 사유를 규정한 것이므로, [별표 6]에 따라 '위반행위의 동기·내용 및 횟수' 등이 고려되어 감경이 이루어진 이상 이에 해당하는 사정들에 대하여 같은 조 제2항에 따른 감경이 고려되지 않았다고 볼 수는 없다. 따라서 행정청이 '위반행위의 동기·내용 및 횟수'에 관한 참작 사유에 대하여 [별표 6]에 따른 감경만을 검토하여 영업정지의 기간을 정하였더라도 그 처분이 '감경 사유가 있음에도 이를 전혀 고려하지 않거나 감경 사유에 해당하지 않는다고 오인한 경우'로서 재량권을 일탈·남용한 경우에 해당한다고 볼 수 없다.

## 영업정지처분취소
[대법원 2020. 1. 9. 선고 2018두47561 판결]

【판결요지】
건설산업기본법(이하 '법'이라 한다)이 건설업자가 갖추어야 할 등록기준을 정하고, 그 등록기준에 미달하는 경우 건설업자에 대하여 등록말소 또는 1년 이내의 영업정지라는 중대한 제재처분을 하도록 규정한 것은, 건설업자들로 하여금 일정한 등록기준을 갖추도록 강제하고 등록기준을 갖추지 못한 건설업자가 건설시장에서 활동하지 못하도록 함으로써 건설공사의 적정한 시공과 건설산업의 건전한 발전을 도모하려는 데에 입법 취지가 있다(법 제1조, 제3조 참조).

나아가 법 제83조 제3호 본문이 건설업자가 건설업 등록기준에 미달한 경우를 건설업자에 대한 등록말소 또는 1년 이내의 영업정지 사유로 규정하면서도, 제83조 제3호 단서가 '일시적으로 등록기준에 미달하는 등 대통령령으로 정하는 경우는 예외로 한다'고 규정한 것은, 법 제83조에 의한 등록말소 또는 1년 이내의 영업정지가 위 법이 규정한 여러 종류의 제재처분들 중에서도 가장 강도가 높은 제재수단에 해당하는 점을 고려하여, 건설업 등록기준에 일시적으로 경미하게 미달한 건설업자에 대해서는 법 제83조에 의한 제재처분을 하지 않도록 함으로써 헌법상 비례의 원칙을 구현하기 위한 것이라고 볼 수 있다.으로 제17조에 의한 양도·양수신고를 한 경우'는 포함되지 않는다고 보는 것이 타당하다.

## III. 벌칙

**제93조(벌칙)** ① 건설사업자 또는 제40조제1항에 따라 건설 현장에 배치된 건설기술인으로서 건설공사의 안전에 관한 법령을 위반하여 건설공사를 시공함으로써 그 착공 후 제28조에 따른 하자담보책임기간에 교량, 터널, 철도, 그 밖에 대통령령으로 정하는 시설물의 구조상 주요 부분에 중대한 파손을 발생시켜 공중의 위험을 발생하게 한 자는 10년 이하의 징역에 처한다. 〈개정 2018.8.14., 2019.4.30.〉
② 제1항의 죄를 범하여 사람을 죽거나 다치게 한 자는 무기 또는 3년 이상의 징역에 처한다.
[전문개정 2011.5.24.]

**제94조(벌칙)** ① 업무상 과실로 제93조제1항의 죄를 범한 자는 5년 이하의 징역이나 금고 또는 5천만원 이하의 벌금에 처한다.
② 업무상 과실로 제93조제1항의 죄를 범하여 사람을 죽거나 다치게 한 자는 10년 이하의 징역이나 금고 또는 1억원 이하의 벌금에 처한다.
[전문개정 2011.5.24.]

**제95조(벌칙)** 건설공사의 입찰에서 다음 각 호의 어느 하나에 해당하는 행위를 한 자는 5년 이하의 징역 또는 2억원 이하의 벌금에 처한다. 〈개정 2016.2.3., 2019.4.30.〉
 1. 부당한 이익을 취득하거나 공정한 가격 결정을 방해할 목적으로 입찰자가 서로 공모하여 미리 조작한 가격으로 입찰한 자
 2. 다른 건설사업자의 견적을 제출한 자
 3. 위계 또는 위력, 그 밖의 방법으로 다른 건설사업자의 입찰행위를 방해한 자
[전문개정 2011.5.24.]

**제95조의2(벌칙)** 다음 각 호의 어느 하나에 해당하는 자는 5년 이하의 징역 또는 5천만원 이하의 벌금에 처한다. 〈개정 2017.3.21., 2019.4.30.〉
 1. 제9조제1항에 따른 등록을 하지 아니하거나 부정한 방법으로 등록을 하고 건설업을 한 자
 2. 제21조제1항 또는 제2항을 위반하여 다른 사람에게 자기의 성명이나 상호를 사용하여 건설공사를 수급 또는 시공하게 한 건설사업자와 그

　　　상대방, 건설업 등록증이나 건설업 등록수첩을 빌려준 건설사업자와
　　　그 상대방

　3. 제21조제3항을 위반하여 다른 사람의 성명이나 상호를 사용한 건설공
　　　사 수급 또는 시공을 알선하거나 건설업 등록증 또는 건설업 등록수첩
　　　대여를 알선한 자

　4. 제21조제4항을 위반하여 건설공사를 도급 또는 시공하게 한 건축주

　5. 제38조의2를 위반하여 부정한 청탁을 받고 재물 또는 재산상의 이익을
　　　취득하거나 부정한 청탁을 하면서 재물 또는 재산상의 이익을 제공한 자

[전문개정 2011.5.24.]

---

**제96조(벌칙)** 다음 각 호의 어느 하나에 해당하는 자는 3년 이하의 징역
또는 3천만원 이하의 벌금에 처한다. 〈개정 2014.5.14., 2016.2.3., 2018.12.18.,
2018.12.31.〉

　1. 삭제 〈2017.3.21.〉

　2. 제17조에 따른 신고를 하지 아니하거나 부정한 방법으로 신고하고 건
　　　설업을 한 자

　3. 삭제 〈2017.3.21.〉

　4. 제25조제2항 및 제29조제1항부터 제5항까지의 규정을 위반하여 하도급
　　　한 자

　4의2. 제38조의3을 위반하여 불이익을 주는 행위를 한 자

　5. 제41조를 위반하여 시공한 자

　6. 정당한 사유 없이 제82조, 제82조의2 또는 제83조에 따른 영업정지처
　　　분을 위반한 자

　7. 제29조의2제1항에 따른 하수급인에 대한 관리의무를 이행하지 아니한
　　　자(하수급인이 제82조제2항제3호에 따른 영업정지 등의 처분을 받은
　　　경우로서 그 위반행위를 지시·공모한 사실이 확인된 경우만 해당한다)

[전문개정 2011.5.24.]

---

**제97조(벌칙)** 다음 각 호의 어느 하나에 해당하는 자는 1년 이하의 징역
또는 1천만원 이하의 벌금에 처한다. 〈개정 2014.5.14., 2018.8.14.〉

　1. 제11조에 따른 표시·광고의 제한을 위반한 자

　2. 제23조제3항에 따른 건설공사 실적, 기술자 보유현황, 재무상태를 거
　　　짓으로 제출한 자

　3. 제23조의2제2항에 따른 건설사업관리 실적, 인력 보유현황, 재무상태

　　　　를 거짓으로 제출한 자
　　4. 제40조제1항에 따른 건설기술인의 현장 배치를 하지 아니한 자
[전문개정 2011.5.24.]

**제98조(양벌규정)** ① 법인의 대표자나 법인 또는 개인의 대리인, 사용인, 그 밖의 종업원이 그 법인 또는 개인의 업무에 관하여 제93조의 위반행위를 하면 그 행위자를 벌하는 외에 그 법인 또는 개인에게도 10억원 이하의 벌금형을 과(科)한다. 다만, 법인 또는 개인이 그 위반행위를 방지하기 위하여 해당 업무에 관하여 상당한 주의와 감독을 게을리하지 아니한 경우에는 그러하지 아니하다.
② 법인의 대표자나 법인 또는 개인의 대리인, 사용인, 그 밖의 종업원이 그 법인 또는 개인의 업무에 관하여 제94조, 제95조, 제95조의2, 제96조 또는 제97조제1호 · 제2호 · 제3호의 위반행위를 하면 그 행위자를 벌하는 외에 그 법인 또는 개인에게도 해당 조문의 벌금형을 과(科)한다. 다만, 법인 또는 개인이 그 위반행위를 방지하기 위하여 해당 업무에 관하여 상당한 주의와 감독을 게을리하지 아니한 경우에는 그러하지 아니하다.
[전문개정 2011.5.24.]
[2011.5.24. 법률 제10719호에 의하여 2009.7.30. 헌법재판소에서 위헌 결정된 이 조를 개정함.]

**제98조의2(과태료)** 다음 각 호의 어느 하나에 해당하는 자에게는 2천만원 이하의 과태료를 부과한다.
　　1. 제29조의2제1항에 따른 하수급인에 대한 관리의무를 이행하지 아니한 자 (하수급인이 제82조제2항제3호에 따른 영업정지 등의 처분을 받은 경우로서 그 위반행위를 묵인한 사실이 확인된 경우만 해당한다)
　　2. 제65조의2제3항에 따른 명령을 이행하지 아니한 자
[전문개정 2018.12.18.]

**제99조(과태료)** 다음 각 호의 어느 하나에 해당하는 자에게는 500만원 이하의 과태료를 부과한다. 〈개정 2012.6.1., 2013.8.6., 2015.8.11., 2017.12.26., 2018.12.18., 2018.12.31., 2019.4.30., 2019.11.26.〉
　　1. 제14조제2항을 위반하여 처분의 내용을 발주자 등에게 통지하지 아니한 건설사업자 및 그 포괄승계인
　　2. 제22조제2항을 위반하여 도급계약을 계약서로 체결하지 아니하거나 계

약서를 교부하지 아니한 건설사업자(하도급인 경우에는 하도급받은 건
설사업자는 제외한다)

3. 제22조제6항에 따른 건설공사대장의 기재사항을 해당 공사 완료일까지
발주자에게 통보하지 아니하거나 거짓으로 통보한 자

3의2. 제22조제8항에 따른 통보를 하지 아니하거나 통보기한을 위반한 자

3의3. 제22조의2제1항에 따른 공사대금의 지급보증, 담보의 제공 또는 보
험료등의 지급을 정당한 사유 없이 이행하지 아니한 자

4. 제28조의2제2항에 따른 통보를 하지 아니한 자

5. 제29조제4항에 따른 통보를 하지 아니한 자

6. 제29조의2제1항에 따른 하수급인에 대한 관리의무를 이행하지 아니한
자(하수급인이 제82조제2항제3호에 따른 영업정지 등의 처분을 받은
경우로서 하수급인의 현장배치기술자의 소속을 확인하지 않는 등 국토
교통부령으로 정하는 과실이 확인된 경우만 해당하며, 그 위반행위를
지시·공모·묵인한 경우는 제외한다)

7. 제31조의2에 따라 제출한 하도급계획(건설공사를 도급받은 경우 제출한
하도급계획만 해당한다)을 정당한 사유 없이 이행하지 아니한 자

7의2. 제31조의3제2항을 위반하여 하도급공사와 관련된 사항을 알리지 아
니하거나, 정당한 사유 없이 알린 내용과 다르게 계약을 체결한 자

8. 제34조제1항에 따른 하도급대금 등을 지급기일까지 지급하지 아니하여
제81조제4호에 따라 시정명령을 받고 이에 따르지 아니한 자

9. 제49조제1항에 따른 조사 또는 검사를 거부, 기피, 방해하거나 거짓으
로 보고한 자

10. 제72조에 따라 위원회로부터 분쟁조정 신청 내용을 통보받고 그 조정
에 참여하지 아니한 자

11. 제81조제3호·제5호의2·제11호 또는 제12호의 사유로 인한 시정명령
이나 지시에 따르지 아니한 자

12. 제9조의3제1항에 따른 교육을 이수하지 아니한 자

13. 제36조의2제1항에 따른 추가·변경공사 대하여 서면으로 요구하지 아
니한 건설사업자

14. 제25조제5항에 따른 벌점이 대통령령으로 정하는 기준을 초과한 자

15. 제68조의4제1항에 따른 통보를 하지 아니한 자

[전문개정 2011.5.24.]

> **제100조(과태료)** 다음 각 호의 어느 하나에 해당하는 자에게는 50만원 이하의 과태료를 부과한다. 〈개정 2018.8.14.〉
>
>    1. 제9조의2제2항에 따른 기재 사항 변경신청을 정하여진 기간에 하지 아니한 자
>    2. 제40조제2항을 위반하여 건설공사의 현장을 이탈한 건설기술인
>    3. 제49조제1항에 따른 보고를 게을리한 자
>    4. 제81조제8호의 사유로 인한 시정명령이나 지시에 따르지 아니한 자
> [전문개정 2011.5.24.]

> **제100조의2(과태료 규정 적용에 관한 특례)** 제82조제1항제5호에 따라 영업정지를 명하거나 영업정지를 갈음하여 과징금을 부과한 행위에 대하여는 제99조제8호를 적용하지 아니한다. 〈개정 2012. 6. 1., 2020. 6. 9.〉
> [전문개정 2011.5.24.]

> **제101조(과태료의 부과·징수절차)** 제98조의2, 제99조 및 제100조에 따른 과태료는 대통령령으로 정하는 바에 따라 국토교통부장관이 부과·징수한다. 〈개정 2013.3.23., 2016.2.3.〉
> [전문개정 2009.12.29.]

## Ⅳ. 기재례

### 【범죄사실 기재례】

피의자 최○○는 주식회사 ○○건설의 대표이사이고, 피의자 김○○는 ○○건설주식회사의 전무이사이며, 피의자 서○○는 ○○산업의 대표이사이다.

피의자들은 ○○시에서 ○○구청 건축공사에 대한 경쟁입찰을 실시한다는 사실을 알고는 피의자 최○○는 자신이 경영하는 주식회사 ○○건설이 위 입찰에서 낙찰을 받으면 같은 김○○, 같은 서○○에게 각 1,000만원씩을 주고, 위 김○○, 위 서○○는 위 최○○이 낙찰을 받을 수 있도록 들러리를 서주기로 합의였다.

피의자들은 공모하여 200○. ○. ○. 16 : 00경 ○○시청 소회의실에서 실시한 위 경쟁입찰에서 피의자 김○○, 피의자 서○○는 사전에 담합한 내용대로 ○○시의 예정가격보다 훨씬 높은 ○○천만원 및 ○○천만원을 각 기재하여 입찰참가신청을 하고 피의자 최○○는 예정가격과 거의 같은 ○○천만원을 기재하여 입찰에 참가하여 위 최○○의 주식회사 ○○건설이 낙찰받게 함으로써 미리 조작한 가격으로 입찰하였다.

---

**【적용실례】**

〈공모하여 조작한 가격으로 입찰한 경우』

입찰자간에 공모하여 조작한 가격으로 입찰한 경우

➡ 이 경우 자칫 입찰방해죄로 의율할 수 있으나, 이는 착오로서 특별법인 건설산업기본법 위반으로 의율해야 한다.

---

**【범죄사실 기재례】**

1. 피의자는 ○○건축이라는 상호로 건설업에 종사하고 있다.

   피의자는 건설업 면허없이 200○. ○. ○.경부터 같은 해 ○. ○.경까지 사이에 서울시 ○○동 ○○번지에 있는 황○○의 소유 대지에 진입하는 도로를 새로 내는 공사를 금액 ○천만원에 도급받아 시멘트와 철근을 사용하여 옹벽 및 도로공사를 하였다.

2. 피의자는 ○○건설이라는 상호로 건설업에 종사하고 있다.

   토목건축공사업 일반건설면허를 취득하기 위한 기술적 자격요건으로 토목분야 기술자 4인 이상, 건축분야 기술자 4인 이상을 고용하여야 한다. 그러나 피의자는 200○. ○. 경 국토교통부에 토목건축공사업 면허를 신청하면서 건설안전기사 2급 자격취득자인 김○○ 등 토목기술자 4명의 면허자격증을 금 2,000만원에 대여받고, 건축기사 1급 자격취득자인 이○○등 건축기술자 5명의 면허자격증을 금 4,000만원에 대여받았다.

   이와 같이 피의자는 외관상 자격요건에 맞는 건설기술자를 보유한 것인 양 허위서류를 작성, 제출하는 방법으로 같은 해 ○. ○.경 국토교통부장관으로부터 일반건설업 면허를 취득하여 부정한 방법으로 면허를 받아 건설업을 영위하였다.

3. 피의자 김○○은 ○○시 ○○구 ○○동 123번지에서 (주)○○건설 대표이사로 건설업자, 같은 이○○은 토목일을 하고 있는 사람이다.

   건설업자는 다른 사람에게 자기의 성명 또는 상호를 사용하여 건설공사를 수급 또는 시공하게 하거나 그 건설업등록증을 대여하여서는 안 된다. 그럼에도 불구하고 피의자는 200○. ○. ○. 경 ○○시 ○○구청에서 발주한 구립도서관 건설공사를 수급함에 있어 피의자 회사 명의를 같은 이○○에게 5,000만원을 받고 대여하여 이○○로 하여금 피의자 회사 명의로 위 공사를 수급하도록 하였다. 그리고 피의자 이○○은 위와 같이 김○○의 회사 명의를 대여하여 위 공사를 수급하였다.

**【적용실례】**

〈건설업 면허없이 건축주로부터 수급하여 시공한 경우〉

건설업면허 없는 피의자가 주거용 건축물 신축공사를 건축주로부터 수급하여 시공하면서 건설업면허 있는 다른 건설회사의 명의를 빌어 착공신고서를 제출한 경우

➡ 면허있는 회사의 명의로 신고를 했더라도 피의자가 직접 건축주와 공사도급계약을 체결하고, 피의자의 책임하에 시공했다면 건설산업기본법 위반죄가 성립한다.

## 건설산업기본법 제96조 제5호, 제41조 제2항 제1호 위반행위의 주체가 '건설업 등록을 하지 않은 건설공사 시공자'와 같은 업무주에 한정되는지 여부(적극)

[대법원 2017. 12. 5. 선고 2017도11564 판결]

**【판결요지】**

건설산업기본법에서 일정한 체육시설을 설치하는 건설공사는 건설업 등록을 한 건설업자가 하도록 규정하고 있다. 즉, 많은 사람이 이용하는 시설물로서 체육시설의 설치·이용에 관한 법률에 따른 체육시설 중 대통령령으로 정하는 체육시설에 해당하는 새로운 시설물을 설치하는 건설공사는 건설업자가 하여야 한다(건설산업기본법 제41조 제2항 제1호). 건설산업기본법 제96조 제5호는 위와 같은 의무를 강제하기 위하여 '제41조를 위반하여 시공한 자는 3년 이하의 징역 또는 3천만 원 이하의 벌금에 처한다'고 정하고 있다.

건설업자는 이 법 또는 다른 법률에 따라 등록 등을 하고 건설업을 하는 자를 말한다(건설산업기본법 제2조 제7호). 여기에서 '건설업을 한다'는 것은 '건설공사의 시공분야를 수행하는 것을 업으로 한다'는 것을 의미하고, '시공'은 '직접 또는 도급에 의하여 설계에 따라 건설공사를 완성하기 위하여 시행되는 일체의 행위'를 의미한다. 따라서 건설산업기본법 제96조 제5호, 제41조 제2항 제1호 위반행위의 주체는 '건설업 등록을 하지 않은 건설공사 시공자'와 같은 업무주에 한정된다.

**[서식] 건설업 등록신청서**

# 건설업 등록신청서

※ 색상이 어두운 칸은 신청인이 적지 않습니다. (앞 쪽)

| 접 수 번 호 | | 접수일 | 처리기간 | 20일 |
|---|---|---|---|---|
| 신청인 | 상호(법인인 경우에는 법인의 명칭) | | 대표자 | |
| | 영업소 소재지 | | | |
| | | (전화번호: ) | | |
| | 생년월일(법인인 경우에는 법인등록번호) | | | |
| | 국적 또는 소속 국가명 | | | |

| 신청업종 | | 등록한 건설업 | |
|---|---|---|---|
| | | (번호 ) | |
| ①특례 신규(추가) 신청: 예[ ] 아니요 [ ] | | ②기존 특례적용 여부: 예[ ] 아니요 [ ] | |
| 업종: | 감면자본금:[ ]백만원 | 업종: | 감면자본금:[ ]백만원 |
| | 감면기술능력:[ ]명 | | 감면기술능력:[ ]명 |
| 공제조합출자 | | 비고 | |

| 외국인 등의 신 청자 기 재사항 | 외국의 국적을 가진 사람, 외국의 법령에 따라 설립된 법인 또는 국내법에 따라 설립된 법인으로서 같은 국적의 외국인(법인을 포함합니다)이 법인의 자본금의 100분의 50 이상을 출자하였거나 임원수의 2분의 1 이상이 같은 국적의 외국인으로 구성된 법인이 건설업 등록을 신청하는 경우에는 출자한 금액과 출자비율을 비고에 기재하여야 합니다. |
|---|---|

「건설산업기본법」 제9조제2항에 따라 건설업의 등록을 신청합니다.

년    월    일

신청인

(서명 또는 인)

## 국토교통부장관  귀하

| 수수료 | 「건설산업기본법 시행규칙」 별표 5에 따른 수수료 |
|---|---|

| 신청인 제출서류 | 경유·처리기관 확인사항 |
|---|---|
| 1. 법인인 경우에는 대차대조표·손익계산서, 개인인 경우에는 영업용자산액명세서와 그 증명서류<br>2. 「건설산업기본법 시행령」 제13조제1항제1호의2에 따른 보증가능금액확인서(보증가능금액확인서  발급기관이 시·도지사 또는「건설산업기본법 시행령」 제87조제1항제1호가목에 따른 등록업무를 위탁받은 기관에 그 발급내용을 통보한 경우에는 보증가능금액확인서를 제출한 것으로 봅니다.)<br>3. 「건설산업기본법 시행령」 별표 2의 시설·장비에 관한 다음 각 목의 서류 | 1. 법인인 경우에는 법인 등기사항증명서, 개인인 경우에는 주민등록표초본이나 「재외국민등록법」 제3조에 따른 재외국민 경우에는 여권<br>2. 「건설산업기본법 시행령」 별표 2의 시설·장비에 관한 다음 각 목의 서류<br>　가. 「건설산업기본법 시행령」 별표 2에 규정된 사무실을 갖추었음을 증명하는 다음의 서류<br>　　1) 자기소유인 경우: 건물 등기사항증명서<br>　　2) 전세권이 설정되어 있는 경우: 전세권이 설정되어 |

가. 「건설산업기본법 시행령」 별표 2에 규정된 사무실을 갖추었음을 증명하는 임대차계약서 사본(임대차인인 경우에 한정합니다)

나. 「건설산업기본법 시행령」 별표 2에 따른 건설공사용 시설의 현황을 기재한 서류

다. 「건설산업기본법 시행령」 별표 2에 따른 건설공사용 장비의 현황(영업용에 제공되는 기계 및 기구의 명칭·종류·성능 및 수량을 말합니다)을 기재한 서류

4. 기술인력의 보유현황

5. 외국인 또는 외국법인이 건설업의 등록을 신청하는 경우에는 해당 국가에서 신청인(법인인 경우 대표자를 말합니다)이 「건설산업기본법」 제13조제1항 각 호의 어느 하나에 따른 사유와 같거나 비슷한 사유에 해당하지 아니함을 확인한 확인서

있음이 표기된 건물 등기사항증명서

3) 임대차인의 경우: 건물 등기사항증명서

나. 「건설산업기본법 시행령」 별표 2에 따른 건설공사용 시설의 건물 또는 토지의 등기사항증명서 및 공장등록대장 등본

다. 「건설산업기본법 시행령」 별표 2에 따른 건설공사용 장비 중 「건설기계관리법」 또는 그 밖의 다른 법령의 적용을 받는 장비의 경우에는 건설기계등록원부등본

3. 외국인 또는 외국법인이 건설업의 등록을 신청하는 경우에는 「건설산업기본법 시행령」 제13조제2항제1호 및 제3호의 요건을 갖추었음을 증명하는 서류(「출입국관리법」 제33조에 따른 외국인등록증 및 영업소의 등기사항증명서를 말합니다)

## 행정정보 공동이용 동의서

본인은 이 건 업무처리와 관련하여 「전자정부법」 제36조제1항에 따른 행정정보의 공동이용을 통하여 경유·처리기관이 법인 등기사항증명서, 주민등록표초본, 여권, 공장등록대장 등본, 건설기계등록원부등본 또는 외국인등록증을 확인하는 것에 동의합니다.

※ 법인 등기사항증명서, 주민등록표초본, 재외국민등록증 또는 여권, 공장등록대장 등본, 건설기계등록원부등본, 외국인등록증의 확인에 동의하지 않는 경우에는 신청인이 직접 해당 서류 또는 그 사본을 제출하여야 합니다.

신청인 　　　　　　　　(서명 또는 인)

210mm×297mm[백상지(80g/㎡) 또는 중질지(80g/㎡)]

**[서식]** 건설업양도신고서

# 건설업양도신고서

※ 색상이 어두운 칸은 신고인이 적지 않습니다.

| 접수번호 | | 접수일 | 처리기간 | 10일 |
|---|---|---|---|---|
| 양도인 | ①상호 | | ②대표자 | |
| | ③영업소소재지 | | ④전화번호 | |
| | ⑤법인(주민)등록번호 | | ⑥국적 또는 소속 국가명 | |
| | ⑦업종 | | ⑧등록번호 | |
| 양수인 | ⑨상호 | | ⑩대표자 | |
| | ⑪영업소 소재지 | | ⑫전화번호 | |
| | ⑬법인(주민)등록번호 | | ⑭국적 또는 소속 국가명 | |
| | ⑮업종 | | ⑯등록번호 | |

「건설산업기본법」 제17조제1항제1호에 따라 건설업의 양도를 신고합니다.

년      월      일

양도인                              (서명 또는 인)

양수인                              (서명 또는 인)

귀하

| 수수료 | 없음 |
|---|---|

| 신고인 제출서류 | 경유·처리기관 확인사항 |
|---|---|
| 1. 양도계약서 사본<br>2. 양수인에 관한 다음 각 목의 서류(해당 건설업의 등록에 관한 서류에 한정합니다)<br>　가. 법인인 경우에는 대차대조표·손익계산서, 개인인 경우에는 영업용 자산액명세서와 그 증빙서류<br>　나. 「건설산업기본법 시행령」 제13조제1항제1호의2에 따른 보증가능금액확인서(보증가능금액확인서 발급기관이 시·도지사 또는 「건설산업기본법 시행령」 제87조제1항제1호가목에 따라 등록업무를 위탁받은 기관에 그 발급내용을 통보한 경우에는 보증가능금액확인서를 제출한 것으로 봅니다)<br>　다. 「건설산업기본법 시행령」 별표 2의 시설·장비에 관한 다음의 서류<br>　　1) 「건설산업기본법 시행령」 별표 2에 규정된 사무실을 갖추었음을 증명하는 임대차계약서 사본(임대차인의 경우에만 해당합니다)<br>　　2) 「건설산업기본법 시행령」 별표 2에 따른 건설공사용 시설의 현황을 기재한 서류<br>　　3) 「건설산업기본법 시행령」 별표 2에 따른 건설공사용 장비의 현황(영업용에 제공되는 기계 및 기구의 명칭·종류·성능 및 수량을 말합니다)을 기재한 서류<br>　라. 기술인력의 보유현황<br>　마. 외국인 또는 외국법인이 신고하는 경우에는 해당 국가에서 「건설산업기본법」 제13조제1항 각 호의 어느 하나에 따른 사유와 같거나 비슷한 사유에 해당하지 아니함을 신고인(법인인 경우 대표자를 말합니다)이 확인한 확인서<br>3. 「건설산업기본법」 제18조에 따른 건설업양도의 공고문(일간신문 및 관련 협회 인터넷 홈페이지 공고문을 말합니다)과 이해관계인의 의견조정내용을 기재한 서류<br>4. 양도인이 공제조합의 조합원이었거나 조합원인 경우에는 해당 공제조합의 의견서<br>5. 건설공사 발주자의 동의가 있음을 입증하는 서류(시공 중인 건설공사의 경우에 한정합니다)<br>6. 「국가를 당사자로 하는 계약에 관한 법률」 또는 「지방자치단체를 당사자로 하는 계약에 관한 법률」에 따라 양도자가 부정당업자로서 입찰참가자격 제한의 처분을 받고 처분기간 중에 있는 경우 이를 양수자가 확인한 서류 | 1. 양수인에 관한 다음 각 목의 서류(해당 건설업의 등록에 관한 서류만을 말합니다)<br>　가. 법인인 경우에는 법인 등기사항증명서<br>　나. 개인인 경우에는 주민등록표 초본이나 「재외국민등록법」 제3조에 따른 재외국민인 경우에는 여권<br>　다. 「건설산업기본법 시행령」 별표 2에 따른 사무실에 관한 다음의 서류<br>　　1) 자기소유인 경우: 건물 등기사항증명서<br>　　2) 전세권이 설정되어 있는 경우: 전세권이 설정되어 있음이 표기된 건물 등기사항증명서<br>　　3) 임대차인의 경우: 건물 등기사항증명서<br>　라. 「건설산업기본법 시행령」 별표 2에 따른 건설공사용 시설의 건물 또는 토지의 등기사항증명서 및 공장등록대장 등본<br>　마. 「건설산업기본법 시행령」 별표 2에 따른 건설공사용 장비 중 「건설기계관리법」 그 밖의 다른 법령의 적용을 받는 장비의 경우에는 그 등록원부등본<br>　바. 외국인 또는 외국법인이 신고하는 경우에는 「건설산업기본법 시행령」 제13조제2항제1호 및 제3호의 요건을 갖추었음을 증명하는 서류(「출입국관리법」 제33조에 따른 외국인등록증 및 영업소 등기사항증명서를 말합니다) |

(왼쪽 세로: 제출서류)

## 행정정보 공동이용 동의서

　본인은 이 건 업무처리와 관련하여 「전자정부법」 제36조제1항에 따른 행정정보의 공동이용을 통하여 경유·처리기관이 법인 등기사항증명서, 주민등록표초본, 여권, 공장등록대장 등본, 건설기계등록원부등본 또는 외국인등록증을 확인하는 것에 동의합니다.

　※ 법인 등기사항증명서, 주민등록표초본, 재외국민등록증 또는 여권, 공장등록대장 등본, 건설기계등록원부등본, 외국인등록증의 확인에 동의하지 않는 경우에는 신청인이 직접 해당 서류 또는 그 사본을 제출하여야 합니다.

신고인　　　　　　　　　　(서명 또는 인)

210mm×297mm[백상지(80g/㎡) 또는 중질지(80g/㎡)]

# 건설폐기물의 재활용촉진에 관한 법률

[시행 2024. 3. 15.] [법률 제19718호, 2023. 9. 14., 일부개정]

## Ⅰ. 개설

### 목적

이 법은 건설공사 등에서 나온 건설폐기물을 친환경적으로 적절하게 처리하고 그 재활용을 촉진하여 국가 자원을 효율적으로 이용하며, 국민경제 발전과 공공복리 증진에 이바지함을 목적으로 한다.

## Ⅱ. 판례

**제21조(건설폐기물 처리업의 허가 등)** ① 건설폐기물 처리업을 하려는 자는 환경부령으로 정하는 바에 따라 건설폐기물 처리 사업계획서를 시·도지사에게 제출하여야 한다.

② 시·도지사는 제1항에 따라 건설폐기물 처리 사업계획서를 제출받은 경우 다음 각 호의 사항을 검토한 후 그 적합 여부를 건설폐기물 처리 사업계획서를 제출한 자에게 통보하여야 한다. 〈개정 2013.6.12.〉

  1. 건설폐기물 처리업 허가를 받으려는 자(법인인 경우에는 임원을 포함한다)가 제24조에 따른 결격사유에 해당하는지 여부

  2. 건설폐기물 처리시설의 입지 등이 다른 법률에 위반되는지 여부

  3. 건설폐기물 처리 사업계획서상의 시설, 장비, 기술능력 등이 제3항에 따른 허가기준에 맞는지 여부

  4. 건설폐기물 처리시설을 설치·운영하는 경우 「환경정책기본법」 제12조에 따른 환경기준의 유지를 곤란하게 하는지 여부

③ 제2항에 따라 사업계획이 적합하다는 통보를 받은 자는 환경부령으로 정하는 바에 따라 다음 각 호의 기준을 갖추어 시·도지사의 허가를 받아야 한다. 이 경우 시·도지사는 제2항에 따라 사업계획의 적합 통보를 받은 자가 해당 사업계획에 따라 시설, 장비, 기술능력 등의 요건을 갖추어 허가신청을 한 경우에는 지체 없이 허가하여야 한다. 〈개정 2013.6.12., 2015.12.1.〉

  1. 「국토의 계획 및 이용에 관한 법률」 제36조제1항제1호가목에 해당하는 지역

으로부터 환경부령으로 정하는 일정거리 이내에 위치한 처리시설을 설치
·운영하는 경우 환경부령으로 정하는 바에 따른 비산먼지·침출수·악취
를 방지하는 건물 또는 시설

2. 환경부령으로 정하는 시설, 장비, 기술능력, 자본금(개인인 경우에는 자산
평가액을 말한다. 이하 같다) 및 사업장 부지와 그 밖에 필요한 사항

④ 제3항에 따른 허가를 받기 위한 신청은 제2항에 따라 사업계획의 적합 통보
를 받은 날부터 2년(수집·운반업의 경우에는 6개월) 이내에 하여야 한다.
다만, 시·도지사는 천재·지변이나 그 밖에 부득이한 사유로 제2항에 따른
사업계획의 적합 통보를 받은 자가 해당 기간에 허가를 신청하지 못하는 경
우에는 신청에 따라 그 기간을 연장할 수 있다. 〈신설 2015.12.1.〉

⑤ 시·도지사는 제3항에 따라 허가를 하는 경우 대통령령으로 정하는 바에 따
라 주변 환경보호 및 건설폐기물 처리업의 효율적 관리 등을 위하여 필요한
조건을 붙일 수 있다. 〈신설 2013.6.12., 2015.12.1.〉

⑥ 제3항에 따라 중간처리업의 허가를 받은 자는 수집·운반업의 허가를 받지
아니하고 그 처리 대상 폐기물을 스스로 수집·운반할 수 있다. 〈개정
2013.6.12.; 2015.12.1.〉

⑦ 건설폐기물 처리업자는 다음 각 호의 사항을 지켜야 한다. 〈개정 2013.6.12.,
2015.12.1., 2019.4.16.〉

1. 다른 자에게 자기의 성명이나 상호를 사용하여 건설폐기물을 수집·운반
또는 중간처리하게 하지 아니할 것

2. 허가증을 다른 자에게 빌려주지 아니할 것

2의2. 「폐기물관리법」 제8조제1항 및 제2항을 위반하여 폐기물을 버리거나
매립 또는 소각하지 아니할 것

3. 그 밖에 수집·운반능력 또는 중간처리능력을 초과한 건설폐기물의 수탁금
지 등 대통령령으로 정하는 사항을 지킬 것

[전문개정 2009.6.9.]

# 건설폐기물처리사업계획서부적합통보처분취소
[대법원 2017.10.31., 선고, 2017두46783, 판결]

**【판결요지】**

[1] 건설폐기물의 재활용촉진에 관한 법률(이하 '법'이라 한다) 제21조와 건설폐기물의 재활용촉진에 관한 법률 시행규칙(이하 '규칙'이라 한다) 제12조 제2항은 폐기물 처리업의 허가 등에 관하여 상세하게 규정하고 있다. 건설폐기물 처리업을 하려는 자는 허가신청에 앞서 사업의 개요와 시설·장비 설치 내역을 기재한 건설폐기물 처리 사업계획서와 함께 건설폐기물의 수집·운반 또는 중간처리계획서(시설설치계획, 장비·기술능력·사업장 부지의 확보계획 포함)를 첨부하여 시·도지사에게 제출하여야 한다(법 제21조 제1항, 규칙 제12조 제2항). 시·도지사는 서류를 제출받아 '건설폐기물 처리 사업계획서상의 시설, 장비, 기술능력 등이 허가기준에 맞는지 여부', '건설폐기물 처리시설을 설치·운영하는 경우 환경정책기본법 제12조에 따른 환경기준의 유지를 곤란하게 하는지 여부' 등 법 제21조 제2항 각호가 정한 여러 사항을 검토한 다음 적합 여부를 결정하여 통보하여야 한다(법 제21조 제2항). 이러한 절차에 따라 적합 통보를 받은 자는 비로소 환경부령으로 정하는 건물 또는 시설 등 기준을 갖추어 건설폐기물 처리업 허가를 받을 수 있다(법 제21조 제3항).이처럼 건설폐기물처리업에 관한 법규는 허가 요건을 일률적·확정적으로 규정하는 형식을 취하지 않고 최소한도만을 정하고 있다. 법 제21조 제2항 각호가 정한 검토 사항은 단순한 행정처분의 발령요건을 정한 것이라기보다는 위 적합 여부 판단·결정에 관한 재량권 행사에서 고려해야 할 다양한 사항의 범위와 기준을 좀 더 구체적이고 명확하게 정한 것으로 볼 수 있다. 그 취지는 건설폐기물 처리업 허가의 사전결정절차로서 중요한 의미를 가지는 폐기물 처리 사업계획서 적합 여부의 통보에 관한 행정작용의 투명성과 적법성을 제고하려는 데 있다.

[2] 행정청이 건설폐기물 처리 사업계획서의 적합 여부 결정을 위하여 '환경기준의 유지를 곤란하게 하는지 여부'를 검토할 때에는 사람의 건강이나 주변 환경에 영향을 미치는지 여부 등 생활환경과 자연환경에 미치는 영향을 두루 검토하여 적합 여부를 판단할 수 있다. 이것이 법률의 문언이나 입법 목적에 부합할 뿐만 아니라 헌법 규정과 관련 법령의 취지에도 합치된다.

[3] 행정청의 건설폐기물 처리 사업계획서에 대한 적합 여부 결정(이하 '적합 여부 결정'이라 한다)은 공익에 관한 판단을 해야 하는 것으로서 행정청에 광범위한 재량권이 인정된다. 적합 여부 결정과 관련한 재량권의 일탈·남용 여부를 심사할 때에는, 해당 지역의 자연환경, 주민들의 생활환경 등 구체적 지역 상황, 상반되는 이익을 가진 이해관계자들 사이의 권익 균형과 환경권의 보호에 관한 각종 규정의 입법 취지 등을 종합하여 신중하게 판단하여야 한다.따라서 '자연환경·생활환경에 미치는 영향'과 같이 장래에 발생할 불확실한 상황과 파급효과에 대한 예측이 필요한 요건에 관한 행정청의 재량적 판단은 내용이 현저히 합리적이지 않다거나 상반되는 이익이나 가치를 대비해 볼 때 형평이나 비례의 원칙에 뚜렷하게 배치되는 등의 사정이 없는 한 폭넓게 존중될 필요가 있다. 이러한 사항은 적합 여부 결정에 관한 재량권의 일탈·남용 여부를 심사하여 판단할 때에도 고려하여야 한다.

## Ⅲ. 벌칙

**제62조(벌칙)** 다음 각 호의 어느 하나에 해당하는 자는 5년 이하의 징역 또는 5천만원 이하의 벌금에 처한다. 〈개정 2014.3.18.〉

1. 제21조제3항을 위반하여 허가를 받지 아니하고 건설폐기물 처리업의 영업행위를 한 자
2. 거짓이나 그 밖의 부정한 방법으로 건설폐기물 처리업 허가를 받은 자

[전문개정 2009.6.9.]

**제63조(벌칙)** 다음 각 호의 어느 하나에 해당하는 자는 3년 이하의 징역 또는 3천만원 이하의 벌금에 처한다. 〈개정 2013.6.12., 2014.3.18.〉

1. 제13조제1항에 따른 처리기준을 위반하여 주변환경을 오염시킨 자
2. 제13조제3항에 따른 조치명령을 이행하지 아니한 자

2의2. 제13조의2를 위반하여 건설폐기물을 운반하여 주변환경을 오염시킨 자

3. 제16조제1항을 위반하여 건설폐기물을 처리한 자
4. 제22조제1항에 따른 변경허가를 받지 아니하고 중요 사항을 변경한 자
5. 제23조를 위반하여 자신이 위탁받은 건설폐기물을 다른 건설폐기물 처리업자에게 수집·운반 또는 중간처리를 재위탁하거나 재위탁을 받은 자
6. 제25조제2항에 따른 영업정지기간에 영업을 한 자
7. 제27조제1항을 위반하여 승인을 받지 아니하고 건설폐기물 처리시설을 설치한 자
8. 제29조제2항에 따른 개선명령을 이행하지 아니하거나 사용중지명령을 위반한 자
9. 제36조제1항에 따른 품질인증을 받지 아니하고 품질인증을 사용한 자
10. 거짓이나 그 밖의 부정한 방법으로 제36조제1항에 따른 품질인증을 받은 자
11. 제43조제1항에 따른 처리명령을 이행하지 아니한 자

[전문개정 2009.6.9.]

**제64조(벌칙)** 다음 각 호의 어느 하나에 해당하는 자는 2년 이하의 징역 또는 2천만원 이하의 벌금에 처한다. 〈개정 2013.6.12., 2014.3.18., 2015.12.1.〉

1. 삭제 〈2013.6.12.〉
2. 제21조제7항제1호 또는 제2호를 위반하여 다른 자에게 자기의 성명이나 상호를 사용하여 폐기물을 수집·운반 또는 중간처리하게 하거나

　　　허가증을 다른 자에게 빌려준 자
　3. 제25조제4항에 따른 반입정지 기간에 건설폐기물을 반입한 자
　4. 제27조제1항 단서를 위반하여 신고를 하지 아니하고 건설폐기물 처리
　　　시설을 설치한 자
[전문개정 2009.6.9.]

**제65조(양벌규정)** 법인의 대표자나 법인 또는 개인의 대리인, 사용인, 그 밖의 종업원이 그 법인 또는 개인의 업무에 관하여 제62조부터 제64조까지의 어느 하나에 해당하는 위반행위를 하면 그 행위자를 벌하는 외에 그 법인 또는 개인에게도 해당 조문의 벌금형을 과(科)한다. 다만, 법인 또는 개인이 그 위반행위를 방지하기 위하여 해당 업무에 관하여 상당한 주의와 감독을 게을리하지 아니한 경우에는 그러하지 아니하다.
[전문개정 2009.6.9.]

**제66조(과태료)** ① 다음 각 호의 어느 하나에 해당하는 자에게는 1천만원 이하의 과태료를 부과한다. 〈개정 2013.6.12., 2015.12.1.〉
　1. 제13조제1항의 처리기준을 위반한 자(제63조제1호에 해당하는 경우는 제외한다)
　2. 제13조제2항에 따른 허용보관량을 초과하여 건설폐기물을 보관한 자
　2의2. 제13조의2를 위반하여 건설폐기물을 운반한 자(제63조제2호의2에 해당하는 경우는 제외한다)
　3. 제14조제3항에 따라 용역이행실적 등을 신고하지 아니하거나 거짓 또는 그 밖의 부정한 방법으로 신고한 자
　4. 제15조제1항에 따라 분리 발주하지 아니한 자
　5. 제16조제2항에 따라 위탁·수탁 계약을 체결하지 아니하고 건설폐기물을 배출, 수집·운반 또는 처리한 자
　6. 제16조제3항을 위반하여 하나의 계약서로 위탁·수탁 계약을 체결하지 아니한 자
　6의2. 건설폐기물을 처리할 때까지 제17조제1항 전단에 따른 배출자 신고를 하지 아니하거나 거짓으로 신고한 자
　7. 제21조제7항제3호에 따른 준수사항을 지키지 아니한 자
　8. 제27조제2항을 위반하여 해당 건설공사현장 외의 장소에서 재활용한 자
　9. 제27조제3항에 따른 변경승인을 받지 아니하고 승인받은 사항을 변경

한 자

10. 제27조제4항 전단을 위반하여 신고를 하지 아니하고 건설폐기물 처리
시설을 설치한 자

11. 제29조에 따른 관리기준에 맞지 아니하게 건설폐기물 처리시설을 유
지·관리하여 주변 환경을 오염시킨 자

12. 제33조제1항에 따른 신고를 하지 아니하고 휴업 또는 폐업을 한 자

13. 제33조제3항에 따른 조치를 이행하지 아니한 자

14. 제38조제1항에 따라 순환골재 및 순환골재 재활용제품을 사용하지 아
니한 순환골재등 의무사용 건설공사의 발주자

15. 제39조에 따른 시정조치명령을 이행하지 아니한 자

16. 제42조제1항을 위반하여 분담금을 내지 아니하거나 처리이행보증보험
에 가입하지 아니한 자

17. 제42조제3항을 위반하여 계약의 갱신 또는 분담금 납부 명령을 이행
하지 아니한 자

② 다음 각 호의 어느 하나에 해당하는 자에게는 300만원 이하의 과태료를
부과한다. 〈개정 2013.6.12., 2015.12.1.〉

1. 제16조제1항 각 호 외의 부분 단서에 따른 확인을 하지 아니하고 위탁
한 자

2. 제17조제1항 후단에 따른 변경신고를 하지 아니하고 신고한 사항을 변
경하거나 거짓으로 변경신고를 한 자

3. 삭제 〈2013.6.12.〉

4. 삭제 〈2013.6.12.〉

5. 삭제 〈2013.6.12.〉

6. 제22조제2항에 따른 변경신고를 하지 아니하고 신고사항을 변경한 자

7. 제27조제3항에 따른 변경신고를 하지 아니하고 신고사항을 변경한 자

8. 제27조제4항 후단에 따른 변경신고를 하지 아니하고 신고사항을 변경한 자

9. 제31조제3항을 위반하여 권리·의무승계의 신고를 하지 아니한 자

10. 삭제 〈2013.6.12.〉

11. 제33조제1항에 따른 신고를 하지 아니하고 재개업한 자

12. 제35조의2를 위반하여 순환골재 등을 재활용 용도 및 용도별 품질기
준에 맞지 아니하게 사용한 자

13. 삭제 〈2013.6.12.〉

14. 제38조제4항에 따른 순환골재 및 순환골재 재활용제품 사용계획서를

제출하지 아니한 자

15. 제42조제2항을 위반하여 처리이행보증보험 계약의 갱신이나 분담금 납부를 하지 아니한 자

③ 다음 각 호의 어느 하나에 해당하는 자에게는 100만원 이하의 과태료를 부과한다. 〈신설 2013.6.12., 2019.4.16., 2021.3.16.〉

1. 제18조제1항 본문, 같은 조 제2항 및 제4항을 위반하여 인계·인수에 관한 내용을 전자정보처리프로그램에 기간 내에 입력하지 아니하거나 거짓으로 입력한 자 또는 입력 내용의 일부를 누락하거나 입력 방법에 맞지 아니하게 입력한 자

1의2. 제18조제2항을 위반하여 「건설기술 진흥법」 제2조제3호에 따른 건설엔지니어링을 수행하지 아니하는 건설폐기물 처리업자에게 자신의 건설폐기물 인계·인수에 관한 내용을 전자정보처리프로그램에 입력하는 업무를 대행하게 한 배출자

1의3. 「건설기술 진흥법」 제2조제3호에 따른 건설엔지니어링을 수행하지 아니함에도 불구하고 배출자의 건설폐기물 인계·인수에 관한 내용을 전자정보처리프로그램에 입력하는 업무를 대행한 건설폐기물 처리업자

2. 제18조제1항 단서를 위반하여 건설폐기물 간이인계서를 작성하지 아니하거나 거짓으로 작성한 자

3. 제18조제3항을 위반하여 건설폐기물 간이인계서를 보관하지 아니한 자

4. 제28조제1항에 따른 신고를 하지 아니하고 건설폐기물 처리시설을 사용한 자

5. 제32조에 따른 장부를 기록 또는 보존하지 아니하거나 거짓으로 기록한 자

6. 제34조제1항에 따른 보고를 하지 아니하거나 거짓으로 보고를 한 자

7. 제34조제1항에 따른 출입·검사를 거부·방해 또는 기피한 자

8. 제56조의2제1항을 위반하여 교육을 받게 하지 아니한 자

④ 제1항부터 제3항까지의 규정에 따른 과태료는 대통령령으로 정하는 바에 따라 소관별로 시·도지사 또는 시장·군수·구청장이 부과·징수한다. 〈개정 2013.6.12.〉

[전문개정 2009.6.9.]

## Ⅳ. 기재례

### 【범죄사실 기재례】

피의자 국○○은 ○○시 ○○구 ○○동에 있는 건설폐기물 중간처리업체인 ○○주식회사의 대표이사이다. 국○○은 2000. ○. ○. ○○시장으로부터 건설폐기물 보관기준을 위반한 사실로 2000. ○. ○. 까지 ○○주식회사의 건설폐기물 처리업에 대한 보관처리방법을 변경하라고 조치명령을 받았다. 그럼에도 불구하고 국○○은 2000. ○. ○. 경 건설폐기물의 보관처리방법을 변경하지 않고 보관시설 외 장소에 3톤가량의 건설폐기물을 야적 보관하였다.

### 건설폐기물의재활용촉진에관한법률위반
[대법원 2015. 1. 15. 선고 2013도15027 판결]

【판결요지】

구 「건설폐기물의 재활용촉진에 관한 법률」(2013. 6. 12. 법률 제11879호로 개정되기 전의 것. 이하 '구 건설폐기물법'이라 한다) 제21조, 구 「건설폐기물의 재활용촉진에 관한 법률 시행규칙」(2013. 12. 13. 환경부령 제529호로 개정되기 전의 것. 이하 '구 건설폐기물법 시행규칙'이라 한다) 제12조에 의하면, 건설폐기물 처리업의 신규허가를 받으려는 자는 건설폐기물 처리 사업계획서를 관할 행정청에 제출하여 그 계획이 적절하다는 통보를 받은 경우에 한하여 필요한 시설·장비·사업장 부지 등을 갖춘 다음 건설폐기물 처리업 허가신청서를 제출하여 관할 행정청의 허가를 받아야 하고, 구 건설폐기물법 제62조 제1호는 '제21조 제3항을 위반하여 허가를 받지 아니하고 건설폐기물 처리업의 영업행위를 한 자'를 처벌하도록 규정하고 있다. 반면 구 건설폐기물법 제22조 제1항은 "제21조 제3항에 따른 허가를 받은 자는 허가받은 사항 중 환경부령으로 정하는 중요 사항을 변경하려면 변경허가를 받아야 한다."고 규정하고, 구 건설폐기물법 시행규칙 제13조 제1항은 '건설폐기물 처리시설 소재지의 변경'(제2호), '건설폐기물 처리시설 등의 신설'(제4호) 등을 변경허가를 받아야 하는 중요 사항으로 규정하며, 구 건설폐기물법 제63조 제4호는 '제22조 제1항에 따른 변경허가를 받지 아니하고 중요 사항을 변경한 자'를 처벌하도록 규정하고 있다. 이러한 건설폐기물 처리업 신규허가와 변경허가 절차의 차이, 이를 위반한 경우의 처벌대상이 되는 행위의 차이 등 관련 법령의 문언과 내용 등에 비추어 보면, 구 건설폐기물법 제22조 제1항에 정한 변경허가는 중요 사항의 변경행위 이전에 받아야 하고, 건설폐기물 처리업 허가를 받은 자가 예정사업지에 건설폐기물 처리시설을 설치하였다면 이로써 구 건설폐기물법 시행규칙 제13조 제1항 제2호에 정한 '건설폐기물 처리시설 소재지의 변경' 행위를 완료하였다고 할 것이므로, 그 건설폐기물 처리시설을 이용하여 영업행위에 나아갔는지 여부와 관계 없이 구 건설폐기물법 제63조 제4호에 의하여 처벌된다고 보아야 한다.

**[서식] 건설폐기물 처리계획서**

<h1>건설폐기물 처리     [   ] 계획서<br>[   ] 변경계획서</h1>

※ 뒤쪽의 작성방법을 읽고 작성하시기 바라며, [   ]에는 해당되는 곳에 √표를 합니다.      ( 앞쪽 )

| 접수<br>번호 | | 접수<br>일자 | | 처리<br>일자 | | 처 리 기<br>간 | 3일(처리업체만 변<br>경하는 경우 1일) |
|---|---|---|---|---|---|---|---|

| 신고인 | ①상호(명칭) | | | ②발주자와의 관계 | |
|---|---|---|---|---|---|
| | ③성명(대표자) | | | ④생년월일 | |
| | ⑤주소 | | | | (전화번호:       ) |
| | ⑥업종 | | | ⑦사업자등록번호 | |

| 공사<br>내역 | ⑧공사명 | | ⑨공 사 기 간 | |
|---|---|---|---|---|
| | ⑩공사(배출)현장주소 | | (전화번호:      ) | |
| | ⑪순환골재등의 의무사용건설공사의 내용 | | | |

| ⑫발주자 | 상호(명칭) | 대 표 자 |
|---|---|---|
| | 주소 | (전화번호:      ) |

건설폐기물의 종류별 발생 예상량 및 처리 계획

| ⑬건설폐기물의 종류별 발생 예상량 및 발<br>생주기 | | | | | ⑭건설폐기물의 처리계획 | | | | | |
|---|---|---|---|---|---|---|---|---|---|---|
| 분류 | 분류번호 | 종류 | 발생량<br>(톤) | 발생<br>주기 | 처리<br>구분 | 운반자 | 운반<br>량(톤) | 업소명 | 처리<br>방법 | 처리량<br>(톤) |
| | □□-□□-□□ | | | | | | | | | |

| ⑮건설폐기물 분리배출계획 | |
|---|---|
| ⑯건설폐기물의 보관방법 | |

⑰해당 건설현장에서의 재활용계획

| 시설명 | 처리능력 | 처리대상<br>건설 폐기<br>물의 종류 | 처리 예상<br>량(톤) | 순환골<br>재 등<br>생산량<br>(톤) | 사용량(톤) | 사용용도 |
|---|---|---|---|---|---|---|
| | | | | | | |

| ⑱변경사항 | 변경 전 |
|---|---|
| | 변경 후 |

| ⑲변경사유 | |
|---|---|

「건설폐기물의 재활용촉진에 관한 법률」 제17조제1항 및   [  ] 제9조제1항
같은 법 시행규칙                                  [  ] 제9조제3항   에 따라

건설폐기물 처리계획을   [  ] 신고     합니다.
                      [  ] 변경신고

                                                  년         월         일

                        신고인                               (서명 또는 인)

**시장·군수·구청장** 귀하

| 첨부서류 | 1. 수탁처리능력을 확인할 수 있는 서류 사본 1부(위탁처리를 하는 경우만 해당합니다)<br>2. 건설폐기물 처리계획신고증명서 1부(변경신고를 하는 경우만 해당합니다)<br>3. 변경내용을 증명하는 서류 1부(변경신고를 하는 경우만 해당합니다) | 수수료<br>없 음 |

210mm×297mm[ 백상지 80g/㎡(재활용품)]

**[서식] 건설폐기물 수집·운반업허가증**

| | | | |
|---|---|---|---|
| 제     호 | | | |
| **건설폐기물 수집·운반업허가증** | | | |
| 상호(명칭) | | 사업자등록 번호 | |
| 성명(대표자) | | 생년월일 | |
| 주소(사무실) | (전화번호:                                    ) | | |
| 영업대상 건설폐기물 | | | |
| 자본금 (자산평가액) | | | |
| 장비 | | | |
| 허가조건 | | | |

「건설폐기물의 재활용촉진에 관한 법률」 제21조제3항 및 같은 법 시행규칙 제12조제8항에 따라 건설폐기물 처리업 중 건설폐기물 수집·운반업을 허가합니다.

년        월        일

시 · 도지사 　[직인]

210mm×297mm[보존용지(1종) 120g/㎡]

# 건 축 법

[시행 2024. 6. 27.] [법률 제20424호, 2024. 3. 26., 일부개정]

## Ⅰ. 개설

### 목적

이 법은 건축물의 대지·구조·설비 기준 및 용도 등을 정하여 건축물의 안전·기능·환경 및 미관을 향상시킴으로써 공공복리의 증진에 이바지하는 것을 목적으로 한다.

## Ⅱ. 판례

**제3조(적용 제외)** ① 다음 각 호의 어느 하나에 해당하는 건축물에는 이 법을 적용하지 아니한다. 〈개정 2016.1.19., 2019.11.26., 2023. 3. 21., 2023. 8. 8., 2024. 2. 6.〉

1. 「문화유산의 보존 및 활용에 관한 법률」에 따른 지정문화유산이나 임시지정문화유산 또는 「자연유산의 보존 및 활용에 관한 법률」에 따라 지정된 천연기념물등이나 임시지정천연기념물, 임시지정명승, 임시지정시·도자연유산, 임시자연유산자료

2. 철도나 궤도의 선로 부지(敷地)에 있는 다음 각 목의 시설
   가. 운전보안시설
   나. 철도 선로의 위나 아래를 가로지르는 보행시설
   다. 플랫폼
   라. 해당 철도 또는 궤도사업용 급수(給水)·급탄(給炭) 및 급유(給油) 시설

3. 고속도로 통행료 징수시설

4. 컨테이너를 이용한 간이창고(「산업집적활성화 및 공장설립에 관한 법률」 제2조제1호에 따른 공장의 용도로만 사용되는 건축물의 대지에 설치하는 것으로서 이동이 쉬운 것만 해당된다)

5. 「하천법」에 따른 하천구역 내의 수문조작실

② 「국토의 계획 및 이용에 관한 법률」에 따른 도시지역 및 같은 법 제51조제3항에 따른 지구단위계획구역(이하 "지구단위계획구역"이라 한다) 외의 지역으로서 동이나 읍(동이나 읍에 속하는 섬의 경우에는 인구가 500명 이상인

경우만 해당된다)이 아닌 지역은 제44조부터 제47조까지, 제51조 및 제57조를 적용하지 아니한다. 〈개정 2011.4.14., 2014.1.14.〉

③ 「국토의 계획 및 이용에 관한 법률」 제47조제7항에 따른 건축물이나 공작물을 도시·군계획시설로 결정된 도로의 예정지에 건축하는 경우에는 제45조부터 제47조까지의 규정을 적용하지 아니한다. 〈개정 2011.4.14.〉

## 개발제한구역내건축물의용도변경행위에관하여 건축법과 건축법시행령이 정한건축물의용도분류나용도변경규제방법이적용되는지여부(소극)

[대법원 2007. 9. 6. 선고 2007도4197 판결]

**【판결요지】**

개발제한구역의 지정 및 관리에 관한 특별조치법이 개발제한구역 내의 건축물 용도변경 행위에 관하여 건축법과는 전혀 다른 체계와 내용의 규제방법을 규정하여 시행하고 있는 이상, 개발제한구역 내에서 행하여지는 건축물의 용도변경행위에 관하여는 건축법과 건축법 시행령이 정한 건축물 용도의 분류나 용도변경 규제방법이 적용될 여지가 없고, 만일 개발제한구역 내의 건축물의 용도변경행위가 건축법과 건축법 시행령에 의할 경우 하위 시설군으로의 용도변경이라거나 동일한 시설군 내에서의 용도변경에 해당한다 하여 허가대상이 아니라 신고대상이라거나 또는 신고대상조차 아닌 것으로 해석할 경우, 이는 도시의 무질서한 확산을 방지하고, 도시 주변의 자연환경을 보전하여 도시민의 건전한 생활환경을 확보하기 위하여 개발제한구역 내에서의 건축 및 용도변경행위 등을 원칙적으로 금지하면서 예외적으로 일정한 요건의 충족을 전제로 허가대상행위와 신고대상행위로 엄격히 구분하여 이를 규제하고자 하는 개발제한구역의 지정 및 관리에 관한 특별조치법의 취지가 몰각되어 버리는 불합리가 발생한다. 따라서 건축법상으로는 양잠·양봉·양어시설이 축사와 동일한 용도의 건축물로 분류되어 있더라도 개발제한구역에서 건축물을 축사로 사용하는 것과 양어시설로 사용하는 것은 개발제한구역의 지정 및 관리에 관한 특별조치법상으로는 그 용도를 달리하는 것이라고 보아야 한다.

## 건축법위반

[대법원 1995. 1. 20. 선고, 94도1381, 판결]

**【판결요지】**

건축법 제3조 제1항 제3호에서 전통사찰보존법에 의한 전통사찰을 특별히그 적용대상에서 제외시키고 있는 것은 전통사찰보존법 제2조 제1호, 제3조, 제6조와 비교하여 살펴볼 때, 전통사찰은 일반 건축물과 달리 민족문화의 유산으로서 역사적 의의를 지니는 특수한 건조물로서 그 경내지 내에 설치되는 모든 시설물이 전통사찰의 문화유산으로서의 모습을 훼손시키지 않도록 조화있게 설치되어야 할 필요성 때문에 전통사찰 그 자체뿐만 아니라 그 경내지 내의 모든 시설물에 대하여 일반 건축물의 건축기준을 정하고 있는 건축법으로 규율할 것이 아니라 전통사찰보존법에 의하여 규율하려는 취지에서 비롯된 것임이 분명하므로, 사찰이 전통사찰보존법에 의하여 전통사찰로 등록을 마친 경우에는 같은 법 제6조의 규정에 따라 사찰의 경내지 안에 있는 사찰의 구성요소를 이루는 모든 건조물의 건축행위에 대하여 문화체육부장관의 허가를 얻어야 하는 것이지, 그 사찰 등록시에 작성 비치한 재산목록에 기재된 개개의 건조물에 한하여 전통사찰보존법이 적용되고 그 나머지 건조물에 관하여는 건축법의 소정 절차에 따라 관할 관청의 허가를 얻어야 한다고 해석할 수는 없는 일이다.

**제6조(기존의 건축물 등에 관한 특례)** 허가권자는 법령의 제정·개정이나 그 밖에 대통령령으로 정하는 사유로 대지나 건축물이 이 법에 맞지 아니하게 된 경우에는 대통령령으로 정하는 범위에서 해당 지방자치단체의 조례로 정하는 바에 따라 건축을 허가할 수 있다.

## 손해배상(기)
[대법원 1999. 3. 23. 선고, 98다30285, 판결]

【판결요지】
[1] 불법행위에 의한 손해배상청구권의 단기소멸시효의 기산점이 되는 민법 제766조 제1항 소정의 '그 손해 및 가해자를 안 날'이라 함은 현실적으로 손해의 발생과 가해자를 알아야 할 뿐만 아니라 그 가해행위가 불법행위로서 이를 이유로 손해배상을 청구할 수 있다는 것을 안 때를 의미하고, 불법행위가 계속적으로 행하여지는 결과 손해도 역시 계속적으로 발생하는 경우에는 특별한 사정이 없는 한 그 손해는 날마다 새로운 불법행위에 기하여 발생하는 손해로서 민법 제766조 제1항을 적용함에 있어서 그 각 손해를 안 때로부터 각별로 소멸시효가 진행된다고 보아야 한다.

[2] 구 건축법(1991. 5. 31. 법률 제4381호로 개정되기 전의 것) 제7조 소정의 준공검사처분은 건축허가를 받아 건축한 건물이 건축허가사항대로 건축행정목적에 적합한 가의 여부를 확인하고 준공검사필증을 교부하여 줌으로써 허가받은 자로 하여금 건축한 건물을 사용·수익할 수 있게 하는 법률효과를 발생시키는 것이고, 공사감리자를 정한 건축공사에 대한 준공검사에 있어서, 같은 법 제6조 제2항, 제7조 제1항, 제2항, 제3항 및 구 건축사법(1995. 1. 5. 법률 제4918호로 개정되기 전의 것) 제23조의2의 각 규정에 의하여 건축주가 건축공사를 완료한 다음 그 준공신고서에 당해 공사감리자의 서명을 받아 이를 제출하면 행정관청이 직접 준공검사를 실시하여 합격 여부를 결정하거나 건축사가 대행한 준공에 관한 조사 및 검사에 터잡아 준공검사필증을 교부하도록 규정하고 있어 행정청의 준공검사의무가 법령상 일의적으로 결정되어 있으므로, 준공검사업무를 담당하는 공무원이 준공검사를 현저히 지연시켰고 그러한 지연이 직무에 충실한 보통 일반의 공무원을 표준으로 할 때 객관적 정당성을 상실하였다고 인정될 정도에 이른 경우에는 국가배상법 제2조에서 말하는 위법의 요건을 충족하였다고 봄이 상당하고, 이 때 객관적 정당성을 상실하였는지 여부는 지연처리의 원인 및 이유 외에 건축주의 피침해이익의 내용, 당해 건축물의 종류 및 공사 내용 등 제반 사정을 종합적으로 고려하여 판단하여야 한다.

[3] 준공검사는 건축허가를 받은 자로 하여금 건축물을 사용·수익할 수 있게 하는 공법적

효과를 발생시키는 것에 불과하므로 이러한 준공검사의 지연으로 인한 통상의 손해라 함은 당해 건축물이 공법상 사용·수익이 금지됨으로 인하여 그 건축주가 입게 되는 손해라고 할 것이고, 당해 건물을 준공을 받은 직후 매도하여 수익을 올리지 못한 그 건물 및 부지 가격에 대한 은행 정기예금 이율인 연 10%의 운용이익 상당의 손해는 위법한 준공검사의 지연에 의하여 통상 발생할 수 있는 손해라고는 하기 어렵고 특별한 사정에 의하여 발생한 손해라고 할 것이고, 따라서 준공검사를 지연시킨 담당 공무원들이 불법행위 당시에 그 사정을 알았거나 알 수 있었을 때에 한하여 그에 대한 배상책임이 있다.

**제9조(다른 법령의 배제)** ① 건축물의 건축등을 위하여 지하를 굴착하는 경우에는「민법」제244조제1항을 적용하지 아니한다. 다만, 필요한 안전조치를 하여 위해(危害)를 방지하여야 한다.

② 건축물에 딸린 개인하수처리시설에 관한 설계의 경우에는「하수도법」제38조를 적용하지 아니한다.

## 착공신고서처리불가처분취소

[대법원 2011. 6. 10. 선고, 2010두7321, 판결]

【판결요지】

[1] 행정청의 어떤 행위가 항고소송의 대상이 될 수 있는지의 문제는 추상적·일반적으로 결정할 수 없고, 구체적인 경우 행정처분은 행정청이 공권력의 주체로서 행하는 구체적 사실에 관한 법집행으로서 국민의 권리의무에 직접적으로 영향을 미치는 행위라는 점을 염두에 두고, 관련 법령 내용과 취지, 행위 주체·내용·형식·절차, 행위와 상대방 등 이해관계인이 입는 불이익의 실질적 견련성, 그리고 법치행정의 원리와 당해 행위에 관련된 행정청 및 이해관계인의 태도 등을 참작하여 개별적으로 결정하여야 한다.

[2] 구 건축법(2008. 3. 21. 법률 제8974호로 전부 개정되기 전의 것)의 관련 규정에 따르면, 행정청은 착공신고의 경우에도 신고 없이 착공이 개시될 경우 건축주 등에 대하여 공사중지·철거·사용금지 등의 시정명령을 할 수 있고(제69조 제1항), 시정명령을 받고 이행하지 아니한 건축물에 대하여는 당해 건축물을 사용하여 행할 다른 법령에 의한 영업 기타 행위의 허가를 하지 않도록 요청할 수 있으며(제69조 제2항), 요청을 받은 자는 특별한 이유가 없는 한 이에 응하여야 하고(제69조 제3항), 나아가 행정청은 시정명령의 이행을 하지 아니한 건축주 등에 대하여는 이행강제금을 부과할 수 있으며(제69조의2 제1항 제1호), 또한 착공신고를 하지 아니한 자는 200만 원 이하의 벌금에 처해질 수 있다(제80조 제1호, 제9조). 이와 같이 건축주 등으로서는 착공신고가 반려될 경우, 당해 건축물의 착공을 개시하면 시정명령, 이행강제금, 벌금의 대상이 되거나 당해 건축물을 사용하여 행할 행위의 허가가 거부될 우려가 있어 불안정한 지위에 놓이게 된다. 따라서 착공신고 반려행위가 이루어진 단계에서 당사자로 하여금 반려행위의 적법성을 다투어 법적 불안을 해소한 다음 건축행위에 나아가도록 함으로써 장차 있을지도 모르는 위험에서 미리 벗어날 수 있

도록 길을 열어 주고, 위법한 건축물의 양산과 철거를 둘러싼 분쟁을 조기에 근본적
으로 해결할 수 있게 하는 것이 법치행정의 원리에 부합한다. 그러므로 행정청의 착
공신고 반려행위는 항고소송의 대상이 된다고 보는 것이 옳다.

**제14조(건축신고)** ① 제11조에 해당하는 허가 대상 건축물이라 하더라도 다음 각
호의 어느 하나에 해당하는 경우에는 미리 특별자치시장·특별자치도지사 또는
시장·군수·구청장에게 국토교통부령으로 정하는 바에 따라 신고를 하면 건축
허가를 받은 것으로 본다. 〈개정 2009.2.6., 2011.4.14., 2013.3.23., 2014.1.14., 2014.5.28.〉

1. 바닥면적의 합계가 85제곱미터 이내의 증축·개축 또는 재축. 다만, 3층
   이상 건축물인 경우에는 증축·개축 또는 재축하려는 부분의 바닥면적의
   합계가 건축물 연면적의 10분의 1 이내인 경우로 한정한다.
2. 「국토의 계획 및 이용에 관한 법률」에 따른 관리지역, 농림지역 또는 자연
   환경보전지역에서 연면적이 200제곱미터 미만이고 3층 미만인 건축물의 건
   축. 다만, 다음 각 목의 어느 하나에 해당하는 구역에서의 건축은 제외한
   다.
   가. 지구단위계획구역
   나. 방재지구 등 재해취약지역으로서 대통령령으로 정하는 구역
3. 연면적이 200제곱미터 미만이고 3층 미만인 건축물의 대수선
4. 주요구조부의 해체가 없는 등 대통령령으로 정하는 대수선
5. 그 밖에 소규모 건축물로서 대통령령으로 정하는 건축물의 건축

② 제1항에 따른 건축신고에 관하여는 제11조제5항 및 제6항을 준용한다. 〈개정
2014.5.28.〉

③ 특별자치시장·특별자치도지사 또는 시장·군수·구청장은 제1항에 따른 신
고를 받은 날부터 5일 이내에 신고수리 여부 또는 민원 처리 관련 법령에
따른 처리기간의 연장 여부를 신고인에게 통지하여야 한다. 다만, 이 법 또
는 다른 법령에 따라 심의, 동의, 협의, 확인 등이 필요한 경우에는 20일
이내에 통지하여야 한다. 〈신설 2017.4.18.〉

④ 특별자치시장·특별자치도지사 또는 시장·군수·구청장은 제1항에 따른 신
고가 제3항 단서에 해당하는 경우에는 신고를 받은 날부터 5일 이내에 신고
인에게 그 내용을 통지하여야 한다. 〈신설 2017.4.18.〉

⑤ 제1항에 따라 신고를 한 자가 신고일부터 1년 이내에 공사에 착수하지 아니
하면 그 신고의 효력은 없어진다. 다만, 건축주의 요청에 따라 허가권자가
정당한 사유가 있다고 인정하면 1년의 범위에서 착수기한을 연장할 수 있

다. 〈개정 2016.1.19., 2017.4.18.〉

## 건축법위반

[대법원 2016. 12. 15. 선고, 2015도10671, 판결]

**【판결요지】**

건축법상 허가 또는 신고 대상행위인 '대수선'이란 건축물의 기둥, 보, 내력벽, 주 계단 등의 구조나 외부 형태를 수선·변경하거나 증설하는 것으로서 대통령령으로 정하는 것을 말한다(건축법 제2조 제1항 제9호). 내력벽을 증설 또는 해체하거나 그 벽면적을 30㎡ 이상 수선 또는 변경하는 것으로서 증축·개축 또는 재축에 해당하지 않는 것은 대수선에 포함된다(건축법 시행령 제3조의2 제1호). 여기에서 '내력벽' 이란 일반적으로 건축물의 하중을 견디거나 전달하기 위한 벽체를 의미한다.

한편 구 건축법 시행령(2006. 5. 8. 대통령령 제19466호로 개정되기 전의 것) 제3조의2 제1호는 '내력벽의 벽면적을 30㎡ 이상 해체하여 수선 또는 변경하는 것'을 대수선으 로 규정하고 있었다. 2006. 5. 8. 대통령령 제19466호로 개정된 건축법 시행령에서 대 수선의 정의를 '내력벽을 증설·해체하거나 내력벽의 벽면적을 30㎡ 이상 수선 또는 변 경하는 것'으로 개정하여, '내력벽의 증설'을 추가하고 '내력벽의 해체'에 벽면적 을 30㎡ 이상으로 제한한 내용을 삭제하였다. 그 후 2008. 10. 29. 대통령령 제21098호 로 개정된 건축법 시행령에서 '증설·해체하거나'가 '증설 또는 해체하거나'로 표현 만 수정되어 현재에 이르고 있다.

'해체(解體)'란 사전적 의미에서 여러 가지 부속으로 맞추어진 기계 따위를 뜯어서 헤치거나 구조물 따위를 헐어 무너뜨리는 것을 뜻하는데, 해체 대상물의 일부만을 제 거하는 것도 포함될 수 있다. 건축법령이 건축물을 수선·변경하는 행위 중 일정한 행 위를 대수선으로 정의하고 규율 대상으로 삼는 취지는 건축물의 위험상황이 변동될 수 있는 행위의 범주를 설정하고 구조안전 등을 해치지 않는 경우에 제한적으로 대수선을 허용함으로써 건축물로부터 발생하는 위험을 방지하고자 하는 데 있다. 건축법 시행령 은 대수선의 범위를 확대하여 내력벽의 해체에 관해서는 벽면적의 제한을 삭제하고, 내력벽의 해체를 수반하지 않는 수선·변경행위도 대수선에 포함시키는 내용으로 개정 되었다.

위와 같은 법령의 문언과 목적, 개정의 연혁과 취지 등을 고려하면, 건축법 시행령에 서 말하는 내력벽의 '해체'에는 내력벽을 완전히 없애는 경우는 물론이고 그에 이 르지 않더라도 위험상황이 변동될 가능성이 있는 정도로 내력벽의 일부만을 제거하 는 경우도 포함된다.

**제15조(건축주와의 계약 등)** ① 건축관계자는 건축물이 설계도서에 따라 이 법과 이 법에 따른 명령이나 처분, 그 밖의 관계 법령에 맞게 건축되도록 업 무를 성실히 수행하여야 하며, 서로 위법하거나 부당한 일을 하도록 강요하 거나 이와 관련하여 어떠한 불이익도 주어서는 아니 된다.

② 건축관계자 간의 책임에 관한 내용과 그 범위는 이 법에서 규정한 것 외에는 건축주와 설계자, 건축주와 공사시공자, 건축주와 공사감리자 간의 계약으로 정한다.

③ 국토교통부장관은 제2항에 따른 계약의 체결에 필요한 표준계약서를 작성하여 보급하고 활용하게 하거나 「건축사법」 제31조에 따른 건축사협회(이하 "건축사협회"라 한다), 「건설산업기본법」 제50조에 따른 건설사업자단체로 하여금 표준계약서를 작성하여 보급하고 활용하게 할 수 있다. 〈개정 2013.3.23., 2014.1.14., 2019.4.30.〉

## 부당이득금

[대법원 2004. 6. 11. 선고, 2002다31018, 판결]

【판결요지】

[1] 콘도분양용 모델하우스는 구 건축법(1999. 2. 8. 법률 제5895호로 개정되기 전의 것)상 건축허가를 받거나 건축신고를 하여야 하는 건축물이 아니고, 사용승인을 받아야 할 건축물에도 해당하지 아니하므로 위 모델하우스의 부속토지를 종합합산과세대상 토지로 취급한 과세처분은 위법하고, 이는 신고한 가설건축물의 존치기간 만료시까지 존치기간의 연장신고가 이루어지지 않았다고 하더라도 동일하다고 한 사례.

[2] 어떠한 행정처분이 위법하다고 할지라도 그 자체만으로 곧바로 그 행정처분이 공무원의 고의 또는 과실로 인한 불법행위를 구성한다고 단정할 수는 없고, 공무원의 고의 또는 과실의 유무에 대하여는 별도의 판단을 요한다고 할 것인바, 그 이유는 행정청이 관계 법령의 해석이 확립되기 전에 어느 한 설을 취하여 업무를 처리한 것이 결과적으로 위법하게 되어 그 법령의 부당집행이라는 결과를 빚었다고 하더라도 처분 당시 그와 같은 처리방법 이상의 것을 성실한 평균적 공무원에게 기대하기 어려웠던 경우라면 특별한 사정이 없는 한 이를 두고 공무원의 과실로 인한 것이라고 볼 수는 없기 때문이다.

[3] 존치기간이 경과한 콘도분양용 모델하우스를 위법 건축물로 판단하여 그 부속토지를 종합합산과세대상 토지로 과세처분한 담당공무원의 행위가 국가배상책임을 인정할 만한 과실에 해당한다고 볼 수 없다고 한 사례.

**제16조(허가와 신고사항의 변경)** ① 건축주가 제11조나 제14조에 따라 허가를 받았거나 신고한 사항을 변경하려면 변경하기 전에 대통령령으로 정하는 바에 따라 허가권자의 허가를 받거나 특별자치시장·특별자치도지사 또는 시장·군수·구청장에게 신고하여야 한다. 다만, 대통령령으로 정하는 경미한 사항의 변경은 그러하지 아니하다. 〈개정 2014.1.14.〉

② 제1항 본문에 따른 허가나 신고사항 중 대통령령으로 정하는 사항의 변경은 제22조에 따른 사용승인을 신청할 때 허가권자에게 일괄하여 신고할 수 있다.

③ 제1항에 따른 허가 사항의 변경허가에 관하여는 제11조제5항 및 제6항을 준용한다. 〈개정 2017.4.18.〉

④ 제1항에 따른 신고 사항의 변경신고에 관하여는 제11조제5항·제6항 및 제14조제3항·제4항을 준용한다. 〈신설 2017.4.18.〉

## 건축관계자변경신고반려처분취소

[대법원 2022. 6. 30., 선고, 2021두57124, 판결]

**【판결요지】**

농지전용허가가 의제되는 건축허가를 받은 토지와 그 지상에 건축 중인 건축물의 소유권을 경매절차에서 양수한 자가 건축관계자 변경신고를 하는 경우 행정청은 '농지보전부담금의 권리승계를 증명할 수 있는 서류'가 제출되지 않았다는 이유로 그 신고를 반려할 수 없다. 구체적인 이유는 다음과 같다.

① 농지법상 농지보전부담금 부과처분은 농지전용허가에 수반하여 이루어지는 것이므로 농지보전부담금의 납부의무도 농지전용허가 명의자에게 있는 것인데, 당초 농지전용허가가 의제되는 건축허가를 받은 사람이 농지보전부담금을 납부한 상황에서 경매절차를 통해 건축허가대상 건축물에 관한 권리가 변동됨에 따라 건축주가 변경되고, 그에 따라 법률로써 농지전용허가 명의자가 변경된 것으로 의제되면, 종전에 납부된 농지보전부담금은 농지전용허가 명의를 이전받은 자의 의무이행을 위해 납입되어 있는 것으로 보는 것이 타당하다.

② 또한 농지전용허가 명의자의 변경허가는 종전 농지전용허가의 효력이 유지됨을 전제로 단지 그 허가 명의만이 변경되는 것으로 해석하여야 한다. 이러한 관점에서 보아도 기존 농지전용허가 명의자에 대한 허가 및 그가 납부한 농지보전부담금의 효력은 경매절차에서 농지를 양수한 자에게 그대로 승계되었다고 해석하는 것이 타당하다.

③ 한편 농지보전부담금을 납부한 후 농지전용허가를 받은 자의 명의가 변경되어 그 변경허가 신청을 하는 경우에는 농지보전부담금의 권리 승계를 증명할 수 있는 서류를 제출하여야 한다(농지법 시행규칙 제26조 제2항 제6호). 앞서 살펴본 바와 같이 농지전용허가 명의가 이전됨에 따라 농지보전부담금에 관한 권리관계도 함께 이전된다고 보는 이상, 농지전용허가가 있는 농지에 대한 경매절차상의 확정된 매각허가결정서 및 그에 따른 매각대금 완납서류 등 경매로 인한 권리 취득 관계 서류도 농지법 시행규칙 제26조 제2항 제6호에서 정하는 '농지보전부담금의 권리승계를 증명할 수 있는 서류'에 해당한다고 보는 것이 타당하다.

**제21조(착공신고 등)** ① 제11조·제14조 또는 제20조제1항에 따라 허가를 받거나 신고를 한 건축물의 공사를 착수하려는 건축주는 국토교통부령으로 정

하는 바에 따라 허가권자에게 공사계획을 신고하여야 한다. 〈개정 2013.3.23., 2019.4.30., 2021.7.27.〉

② 제1항에 따라 공사계획을 신고하거나 변경신고를 하는 경우 해당 공사감리자(제25조제1항에 따른 공사감리자를 지정한 경우만 해당된다)와 공사시공자가 신고서에 함께 서명하여야 한다.

③ 허가권자는 제1항 본문에 따른 신고를 받은 날부터 3일 이내에 신고수리 여부 또는 민원 처리 관련 법령에 따른 처리기간의 연장 여부를 신고인에게 통지하여야 한다. 〈신설 2017.4.18.〉

④ 허가권자가 제3항에서 정한 기간 내에 신고수리 여부 또는 민원 처리 관련 법령에 따른 처리기간의 연장 여부를 신고인에게 통지하지 아니하면 그 기간이 끝난 날의 다음 날에 신고를 수리한 것으로 본다. 〈신설 2017.4.18.〉

⑤ 건축주는 「건설산업기본법」 제41조를 위반하여 건축물의 공사를 하거나 하게 할 수 없다. 〈개정 2017.4.18.〉

⑥ 제11조에 따라 허가를 받은 건축물의 건축주는 제1항에 따른 신고를 할 때에는 제15조제2항에 따른 각 계약서의 사본을 첨부하여야 한다. 〈개정 2017.4.18.〉

## 손해배상(기)

[대법원 2017. 12. 28., 선고, 2014다229023, 판결]

**【판결요지】**

구 건축법(2008. 2. 29. 법률 제8852호로 개정되기 전의 것, 이하 같다) 제21조 제7항, 구 건축법 시행령(2008. 2. 29. 대통령령 제20722호로 개정되기 전의 것) 제19조 제6항 제1호에 의하면, 공사감리자가 수행하여야 할 감리업무에는 '공사시공자가 설계도서에 따라 적합하게 시공하는지 여부의 확인'이 포함되어 있다. 그리고 구 건축법 제21조 제2항은, 공사감리자는 공사시공자가 설계도서대로 공사를 하지 아니하는 경우 이를 건축주에게 통지한 후 공사시공자로 하여금 시정 또는 재시공하도록 요청하여야 한다고 규정하고 있다. 이러한 규정의 내용에 비추어 보면, 공사감리자는 감리계약을 체결한 건축주에 대하여 공사시공자가 설계도서대로 시공하는지 여부를 확인하고 그 과정에서 공사시공자가 설계도서대로 시공 자체를 하지 아니한 하자(이하 '미시공 하자'라고 한다) 또는 임의로 설계도서의 내용을 변경하여 시공한 하자(이하 '변경시공 하자'라고 한다)를 발견한 경우 건축주가 그러한 하자로 인하여 손해를 입지 않도록 건축주에게 이를 통지하고 공사시공자에게 시정 또는 재시공을 요청하여야 할 채무를 부담한다. 공사감리자가 위와 같은 감리계약상의 채무를 이행하지 아니하였는지는 당시 일반적인 공사감리자의 기술수준과 경험, 미시공 또는 변경시공 하자의 위치와 내용, 공사의 규모 등에 비추어 그러한 하자의 발견을 기대할 수 있었는지 여부에 따라 판단하여야 한다. 한편 동일한 공사에서 공사감리자의 감리계약에 따른 채무불이행으로 인한 손해배상채무와 공사시공자의 도급계약에 따른 채무불이행으로 인한 손해배상채무는 서로 별개의 원인으로 발생한 독립된 채무이나 동일한 경제적 목적을 가진 채무이므로 서로 중첩되는 부분에 관하여 부진정연대채무의 관계에 있다.

## 건축법위반

[대법원 2000. 11. 24, 선고, 2000도1365, 판결]

**【판결요지】**

구 건축법(1999. 2. 8. 법률 제5895호로 개정되기 전의 것) 제21조 제5항에 의하여 공사감리자가 작성·제출하는 감리중간보고서와 감리완료보고서에는 시공자를 기재하도록 요구되어 있지 않고, 위 각 보고서의 "법령에의 적합 여부" 또는 "감리의견"란 에는 같은 법 제2조 제1항 제15호, 같은법시행령(1999. 4. 30. 대통령령 제16284호로 개정되기 전의 것) 제19조 제6항 제3호, 같은법시행규칙(1999. 5. 11. 건설교통부령 제189호로 개정되기 전의 것) 제19조의2에 규정된 본래적인 공사감리업무 수행의 결과로서의 공사감리자의 의견이나 판단을 기재하면 되는 것이고, 공사감리자가 당해 공사를 감리함에 있어서 발견한 일체의 건축법 기타 관계 법령 위반행위의 유무에 관한 공사감리자의 판단과 의견까지 기재하여야 하는 것은 아니다.

**제26조(허용 오차)** 대지의 측량(「공간정보의 구축 및 관리 등에 관한 법률」에 따른 지적측량은 제외한다)이나 건축물의 건축 과정에서 부득이하게 발생하는 오차는 이 법을 적용할 때 국토교통부령으로 정하는 범위에서 허용한다.
〈개정 2009.6.9., 2013.3.23., 2014.6.3.〉

## 건축법위반

[대법원 1997. 2. 14, 선고, 96도2719, 판결]

**【판결요지】**

[1] 건축법 제26조 제1항은 "건축물의 소유자 또는 관리자는 그 건축물·대지 및 건축설비를 항상 이 법 또는 이 법의 규정에 의한 명령이나 처분과 관계 법령이 정하는 기준에 적합하도록 유지·관리하여야 한다."라고 규정하고 있는바, 건축허가 등에 관한 관계 법령에 비추어 보면 건축물의 소유자 또는 관리자에게는 건축물을 원래 허가받은 '용도' 그대로 계속 유지할 의무가 부과되어 있다고 보아야 하므로, 건축물의 용도를 변경한 후 이를 계속 사용하는 행위는 건축법 제79조 제4호, 제26조 제1항의 규정에 위반된다.

[2] 건축물 유지·관리의무 위반행위는 계속범의 성질을 가지는 것이어서 건축물을 원래의 기준에 적합하도록 회복시키지 않는 한 가벌적 위법상태는 계속되고 있다고 할 것이므로, 어느 시점에서 동일한 건축물에 관한 무허가 용도변경행위에 대하여 형사재판을 받은 일이 있다고 하더라도 그 이후에 건축물 유지·관리의무 위반행위가 계속되었다면 이는 별도의 범죄를 구성하는 것이고, 따라서 그 형사

재판의 기판력은 그 이후의 범행에 미치지 않는다.

**제29조(공용건축물에 대한 특례)** ① 국가나 지방자치단체는 제11조, 제14조, 제19조, 제20조 및 제83조에 따른 건축물을 건축·대수선·용도변경하거나 가설건축물을 건축하거나 공작물을 축조하려는 경우에는 대통령령으로 정하는 바에 따라 미리 건축물의 소재지를 관할하는 허가권자와 협의하여야 한다. 〈개정 2011.5.30.〉

② 국가나 지방자치단체가 제1항에 따라 건축물의 소재지를 관할하는 허가권자와 협의한 경우에는 제11조, 제14조, 제19조, 제20조 및 제83조에 따른 허가를 받았거나 신고한 것으로 본다. 〈개정 2011.5.30.〉

③ 제1항에 따라 협의한 건축물에는 제22조제1항부터 제3항까지의 규정을 적용하지 아니한다. 다만, 건축물의 공사가 끝난 경우에는 지체 없이 허가권자에게 통보하여야 한다.

④ 국가나 지방자치단체가 소유한 대지의 지상 또는 지하 여유공간에 구분지상권을 설정하여 주민편의시설 등 대통령령으로 정하는 시설을 설치하고자 하는 경우 허가권자는 구분지상권자를 건축주로 보고 구분지상권이 설정된 부분을 제2조제1항제1호의 대지로 보아 건축허가를 할 수 있다. 이 경우 구분지상권 설정의 대상 및 범위, 기간 등은 「국유재산법」 및 「공유재산 및 물품 관리법」에 적합하여야 한다. 〈신설 2016.1.19.〉

## 건축협의취소처분취소

[대법원 2014. 2. 27. 선고, 2012두22980, 판결]

**【판결요지】**

[1] 구 건축법(2011. 5. 30. 법률 제10755호로 개정되기 전의 것) 제29조 제1항, 제2항, 제11조 제1항 등의 규정 내용에 의하면, 건축협의의 실질은 지방자치단체 등에 대한 건축허가와 다르지 않으므로, 지방자치단체 등이 건축물을 건축하려는 경우 등에는 미리 건축물의 소재지를 관할하는 허가권자인 지방자치단체의 장과 건축협의를 하지 않으면, 지방자치단체라 하더라도 건축물을 건축할 수 없다. 그리고 구 지방자치법 등 관련 법령을 살펴보아도 지방자치단체의 장이 다른 지방자치단체를 상대로 한 건축협의 취소에 관하여 다툼이 있는 경우에 법적 분쟁을 실효적으로 해결할 구제수단을 찾기도 어렵다.

따라서 건축협의 취소는 상대방이 다른 지방자치단체 등 행정주체라 하더라도 '행정청이 행하는 구체적 사실에 관한 법집행으로서의 공권력 행사'(행정소송법 제2조 제1항 제1호)로서 처분에 해당한다고 볼 수 있고, 지방자치단체인 원고가 이를 다툴 실효적 해결 수단이 없는 이상, 원고는 건축물 소재지 관할 허가권자인 지방자치단체의 장을 상대로 항고소송을 통해 건축협의 취소의 취소를 구할 수 있다.

[2] 구 자연공원법(2011. 4. 5. 법률 제10548호로 개정되기 전의 것, 이하 같다) 제2조 제10호, 제18조 제2항 제5호 (가)목, 제20조 제1항, 구 자연공원법 시행령(2011. 9. 30. 대통령령 제23194호로 개정되기 전의 것, 이하 같다) 제2조 제7호, 제15조 제1항 제3호에서 정한 공원시설에 관한 규정 형식, 내용 및 입법 취지와 구 건축법 (2011. 5. 30. 법률 제10755호로 개정되기 전의 것) 제2조 제2항 제15호, 구 건축법 시행령(2011. 12. 8. 대통령령 제23356호로 개정되기 전의 것, 이하 같다) 제3조의4 [별표 1] 제15호의 규정 내용을 종합하면, 구 자연공원법 시행령 제2조 제7호에서 말하는 '숙박시설'은 구 건축법 시행령 제3조의4 [별표 1] 제15호에서 정한 '숙박시설'로서 구 자연공원법의 입법 취지에 부합하는 시설을 의미한다.

**제31조(건축행정 전산화)** ① 국토교통부장관은 이 법에 따른 건축행정 관련 업무를 전산처리하기 위하여 종합적인 계획을 수립·시행할 수 있다. 〈개정 2013.3.23.〉

② 허가권자는 제10조, 제11조, 제14조, 제16조, 제19조부터 제22조까지, 제25조, 제29조, 제30조, 제38조, 제83조 및 제92조에 따른 신청서, 신고서, 첨부서류, 통지, 보고 등을 디스켓, 디스크 또는 정보통신망 등으로 제출하게 할 수 있다. 〈개정 2019. 4. 30.〉

## 건축법위반
[대법원 2004. 10. 15. 선고, 2004도4302, 판결]

**【판결요지】**
[1] 건축법 제31조 제1항은 공사시공자에게 대지를 조성하거나 건축공사에 수반하는 토지를 굴착하는 경우에 그 굴착부분에 대한 위험발생의 방지 등에 필요한 조치를 취할 의무를 부과하는 규정으로, 같은 법 제32조 제1항은 일정 규모 이상의 대지에 건축을 하는 건축주에게 소정의 기준에 따라 대지 안에 조경 등의 조치를 취할 의무를 부과하는 규정으로, 같은 법 제80조 제4호는 이러한 의무를 위반한 건축주 및 공사시공자를 처벌하는 규정으로 각 보아야 할 것이므로, 같은 법 제80조 제4호의 '제31조 또는 제32조의 규정에 위반한 건축주 및 공사시공자'는 '제31조의 규정에 위반한 공사시공자 또는 제32조의 규정에 위반한 건축주'를 의미하는 것으로 해석함이 상당하다.
[2] 건축공사를 함에 있어 충분한 안전조치를 취하지 않고 흙파기를 하던 중 인접 건물에 균열 발생 등의 피해를 발생케 한 경우, 공사시공자가 아닌 건축주에게 건축법 제80조 제4호 위반의 죄책을 물을 수 없다고 한 사례.

**제33조(전산자료의 이용자에 대한 지도·감독)** ① 국토교통부장관, 시·도지사 또는 시장·군수·구청장은 개인정보의 보호 및 전산자료의 이용목적 외 사

용 방지 등을 위하여 필요하다고 인정되면 전산자료의 보유 또는 관리 등에 관한 사항에 관하여 제32조에 따라 전산자료를 이용하는 자를 지도·감독할 수 있다. 〈개정 2013.3.23., 2019.8.20.〉

② 제1항에 따른 지도·감독의 대상 및 절차 등에 관하여 필요한 사항은 대통령령으로 정한다.

## 건축허가신청반려처분취소
[대법원 2003.12.26. 선고, 2003두6382, 판결]

【판결요지】
건축법 제33조 제1항이 건축물 대지의 접도의무를 규정한 취지는, 건축물의 이용자로 하여금 교통상·피난상·방화상·위생상 안전한 상태를 유지·보존케 하기 위하여 건축물의 대지와 도로와의 관계를 특별히 규제하여 도로에 접하지 아니하는 토지에는 건축물을 건축하는 행위를 허용하지 않으려는 데에 있다 할 것이므로, 같은 법 제33조 제1항 단서 제1호 소정의 '당해 건축물의 출입에 지장이 없다고 인정되는 경우'에 해당하는지 여부는 위와 같은 취지에 비추어 건축허가 대상 건축물의 종류와 규모, 대지가 접하고 있는 시설물의 종류 등 구체적인 사정을 고려하여 개별적으로 판단하여야 한다.

**제38조(건축물대장)** ① 특별자치시장·특별자치도지사 또는 시장·군수·구청장은 건축물의 소유·이용 및 유지·관리 상태를 확인하거나 건축정책의 기초 자료로 활용하기 위하여 다음 각 호의 어느 하나에 해당하면 건축물대장에 건축물과 그 대지의 현황 및 국토교통부령으로 정하는 건축물의 구조내력(構造耐力)에 관한 정보를 적어서 보관하고 이를 지속적으로 정비하여야 한다. 〈개정 2012.1.17., 2014.1.14., 2015.1.6., 2017.10.24.〉

1. 제22조제2항에 따라 사용승인서를 내준 경우
2. 제11조에 따른 건축허가 대상 건축물(제14조에 따른 신고 대상 건축물을 포함한다) 외의 건축물의 공사를 끝낸 후 기재를 요청한 경우
3. 삭제 〈2019. 4. 30.〉
4. 그 밖에 대통령령으로 정하는 경우

② 특별자치시장·특별자치도지사 또는 시장·군수·구청장은 건축물대장의 작성·보관 및 정비를 위하여 필요한 자료나 정보의 제공을 중앙행정기관의 장 또는 지방자치단체의 장에게 요청할 수 있다. 이 경우 자료나 정보의 제공을 요청받은 기관의 장은 특별한 사유가 없으면 그 요청에 따라야 한다. 〈신설 2017.10.24.〉

③ 제1항 및 제2항에 따른 건축물대장의 서식, 기재 내용, 기재 절차, 그 밖에

필요한 사항은 국토교통부령으로 정한다. 〈개정 2013.3.23., 2017.10.24.〉

## 건축물대장지번변경및건물철거등

[대법원 2014.11.27. 선고, 2014다206075, 판결]

**【판결요지】**

건축법 제38조, 제39조와 건축법 시행령 제25조의 위임에 따른 국토교통부령인 '건축물대장의 기재 및 관리 등에 관한 규칙' (이하 '건축물대장규칙' 이라 한다) 제21조에 의하면, 건축물대장의 지번에 관한 사항에 잘못이 있는 경우 건축물대장 소관청은 직권에 의한 정정을 제외하고는 건축물 소유자의 신청에 의해서만 잘못된 부분을 정정할 수 있다. 따라서 건축물대장에 건축물 대지가 아닌 토지가 건축물지번으로 잘못 기재되어 있음을 이유로 잘못 기재된 지번의 토지 소유자가 건축물대장 소관청에 대하여 지번의 정정을 신청하더라도, 소관청으로서는 건축물 소유자의 정정신청이 없다면 지번을 정정할 수 없다.

또한 동일 대지에 기존 건축물대장이 존재하는 경우 대장을 말소하거나 폐쇄하기 전에는 새로운 건축물대장을 작성할 수 없다는 건축물대장규칙 제6조에 비추어, 건축물대장에 건축물 대지가 아님에도 건축물지번으로 잘못 기재된 토지가 있는 경우에 건축물 소유자가 지번의 정정신청을 거부하고 있다면, 잘못 기재된 지번의 토지 소유자는 사실상 토지 위에 건축물을 신축할 수 없고 그에 따른 소유권보존등기를 마칠 수도 없는 불이익을 받고 있다고 볼 수밖에 없다. 이러한 결과는 건축물대장에 건축물 대지로 잘못 기재된 지번의 토지 소유자가 가지는 토지의 사용·수익이라는 소유권에 대한 건축물 소유자의 방해 행위로 평가할 수 있다.

사정이 이러하다면, 건축물대장에 건축물 대지로 잘못 기재된 지번의 토지 소유자라고 주장하는 자가 지번의 정정신청을 거부하는 건축물 소유자를 상대로 건축물대장 지번의 정정을 신청하라는 의사의 진술을 구하는 소는 토지 소유권의 방해배제를 위한 유효하고도 적절한 수단으로서 소의 이익이 있다.

**제44조(대지와 도로의 관계)** ① 건축물의 대지는 2미터 이상이 도로(자동차만의 통행에 사용되는 도로는 제외한다)에 접하여야 한다. 다만, 다음 각 호의 어느 하나에 해당하면 그러하지 아니하다. 〈개정 2016.1.19.〉

1. 해당 건축물의 출입에 지장이 없다고 인정되는 경우
2. 건축물의 주변에 대통령령으로 정하는 공지가 있는 경우
3. 「농지법」 제2조제1호나목에 따른 농막을 건축하는 경우

② 건축물의 대지가 접하는 도로의 너비, 대지가 도로에 접하는 부분의 길이, 그 밖에 대지와 도로의 관계에 관하여 필요한 사항은 대통령령으로 정하는 바에 따른다.

## 부당이득금반환

[대법원 2020. 10. 29., 선고, 2018다228868, 판결]

**【판결요지】**

지목이 도로인 토지의 지분을 보유하고 있던 甲 교회와 乙 교회가 위 도로를 통해서만 공로로 출입할 수 있는 인접 건물과 그 대지의 소유자인 丙 주식회사를 상대로 자신들이 위 도로의 지분을 보유한 기간 동안 丙 회사가 위 도로를 통행하면서 법률상 원인 없이 사용료에 해당하는 이익을 얻고 자신들에게 그 지분에 해당하는 손해를 입게 하였다며 부당이득반환을 구한 사안에서, 甲 교회와 乙 교회 또는 위 도로 지분의 종전 소유자가 도로 지분을 취득할 당시부터 주위 토지 또는 인접 대지의 소유자에게 위 도로를 무상으로 통행에 제공하기로 용인하였다고 보기 어렵고, 乙 교회가 위 인접 대지에 건축허가를 받으면서 위 도로에 대한 도로 지정·공고로 건축법 제44조 제1항 본문의 접도의무를 충족하게 되었다는 사정이나 甲 교회와 乙 교회가 위 인접 건물과 대지의 종전 소유자로부터 도로의 사용료를 지급받지 않았다는 사정만으로는 위 부당이득 반환청구가 신의성실의 원칙에 반한다고 볼 수 없는데도, 甲 교회와 乙 교회가 위 도로를 무상으로 통행에 제공하기로 용인하였다고 단정하여 위 부당이득 반환청구가 신의성실의 원칙에 위배된다고 본 원심판단에는 법리오해 등의 잘못이 있다고 한 사례.

## 소유권이전등기

[대법원 2014.3.27, 선고, 2011다107184, 판결]

**【판결요지】**

택지를 조성한 후 분할하여 분양하는 사업을 하는 경우에, 그 택지를 맹지로 분양하기로 약정하였다는 등의 특별한 사정이 없다면, 분양계약에 명시적인 약정이 없더라도 분양사업자로서는 수분양 택지에서의 주택 건축 및 수분양자의 통행이 가능하도록 조성·분양된 택지들의 현황에 적합하게 인접 부지에 건축법 등 관계 법령의 기준에 맞는 도로를 개설하여 제공하고 수분양자에 대하여 도로를 이용할 수 있는 권한을 부여하는 것을 전제로 하여 분양계약이 이루어졌다고 추정하는 것이 거래상 관념에 부합되고 분양계약 당사자의 의사에도 합치된다.

**제48조(구조내력 등)** ① 건축물은 고정하중, 적재하중(積載荷重), 적설하중(積雪荷重), 풍압(風壓), 지진, 그 밖의 진동 및 충격 등에 대하여 안전한 구조를 가져야 한다.

② 제11조제1항에 따른 건축물을 건축하거나 대수선하는 경우에는 대통령령으로 정하는 바에 따라 구조의 안전을 확인하여야 한다.

③ 지방자치단체의 장은 제2항에 따른 구조 안전 확인 대상 건축물에 대하여 허가 등을 하는 경우 내진(耐震)성능 확보 여부를 확인하여야 한다. 〈신설 2011.9.16.〉

④ 제1항에 따른 구조내력의 기준과 구조 계산의 방법 등에 관하여 필요한 사항은 국토교통부령으로 정한다. 〈개정 2011.9.16., 2013.3.23., 2015.1.6.〉

## 택지초과소유부담금부과처분취소
[대법원 1997.11.25, 선고, 97누3088, 판결]

**【판결요지】**

[1] 도시설계지구 내에 위치하여 도시설계로 보차혼용통로로 지정된 대지 부분은 도시설계에 있어서 대지 중 사람들과 차량의 통행을 위하여 공지로 남겨놓은 부분으로서 건물의 건폐율과 용적률 등의 산정에 있어 대지면적에 포함되는 대지 내의 공지에 불과한 것이므로, 이는 그 대지가 도시설계지구에 포함됨으로써 건축에 있어 받게 되는 건물의 위치, 규모, 형태 등의 제한의 일환으로서 그 부분을 공지로 남겨 두어야 할 부담에 지나지 아니하는 것이고, 이와 같이 보차혼용통로로 지정되었다고 하여 보차혼용통로를 도시계획법 제2조 제1항 제1호 (나)목이 정하는 도로나 도로법 제2조 제11호의 도로에 해당한다거나 또는 택지소유상한에관한법률 제20조 제1항 제3호가 정하는 부담금 부과대상에서 제외되는 사실상 건축이 불가능한 나대지에 해당한다고 할 수 없다.

[2] 주택건설촉진법 제33조 제1항의 위임에 따른 같은법시행령(1995. 10. 5. 대통령령 제14778호로 개정되기 전의 것) 제32조 제1항 단서 제2호의 규정은 주택건설사업계획의 승인대상에서 제외되는 사업에 대한 규정일 뿐이고 택지 지상에 주택의 건축을 금지 또는 제한하는 규정이 아님은 법문상 명백하고, 한편 택지소유상한에관한법률 제2조 제2호, 같은 법 제9조, 같은법시행령 제7조 [별표 3]의3 주거용과 주거용 외의 복합용도건축물이 있는 경우에 대한 택지의 종류에 대한 규정, 건축법시행령 제65조 제1항 제5호 [별표 6] 등의 관계 법령의 규정들을 종합하면, 하나의 건축물로서 주거용의 용도와 다른 용도가 복합된 건축물 중 주거용 부분은 택지소유상한에관한법률 적용에 있어서 주택에 해당하는 것이고, 이러한 건축물이 건축되어 있는 경우 그 건축물의 부지 중 부담금 부과대상 택지의 면적은 택지소유상한에관한법률시행령 제7조 [별표 3]의 산정방법에 의하여 계산하면 된다.

## 제49조(건축물의 피난시설 및 용도제한 등) ① 대통령령으로 정하는 용도 및 규모의 건축물과 그 대지에는 국토교통부령으로 정하는 바에 따라 복도, 계단, 출입구, 그 밖의 피난시설과 저수조(貯水槽), 대지 안의 피난과 소화에 필요한 통로를 설치하여야 한다. 〈개정 2013.3.23., 2018.4.17.〉

② 대통령령으로 정하는 용도 및 규모의 건축물의 안전·위생 및 방화(防火) 등을 위하여 필요한 용도 및 구조의 제한, 방화구획(防火區劃), 화장실의 구조, 계단·출입구, 거실의 반자 높이, 거실의 채광·환기, 배연설비와 바닥의 방습 등에 관하여 필요한 사항은 국토교통부령으로 정한다. 다만, 대규모 창고시설 등 대통령령으로 정하는 용도 및 규모의 건축물에 대해서는 방화

구획 등 화재 안전에 필요한 사항을 국토교통부령으로 별도로 정할 수 있다. 〈개정 2013.3.23., 2019.4.23., 2021.10.19.〉

③ 대통령령으로 정하는 건축물은 국토교통부령으로 정하는 기준에 따라 소방관이 진입할 수 있는 창을 설치하고, 외부에서 주야간에 식별할 수 있는 표시를 하여야 한다. 〈신설 2019.4.23.〉

④ 대통령령으로 정하는 용도 및 규모의 건축물에 대하여 가구·세대 등 간 소음 방지를 위하여 국토교통부령으로 정하는 바에 따라 경계벽 및 바닥을 설치하여야 한다. 〈신설 2014.5.28., 2019.4.23.〉

⑤ 「자연재해대책법」 제12조제1항에 따른 자연재해위험개선지구 중 침수위험지구에 국가·지방자치단체 또는 「공공기관의 운영에 관한 법률」 제4조제1항에 따른 공공기관이 건축하는 건축물은 침수 방지 및 방수를 위하여 다음 각 호의 기준에 따라야 한다. 〈신설 2015.1.6., 2019.4.23.〉

1. 건축물의 1층 전체를 필로티(건축물을 사용하기 위한 경비실, 계단실, 승강기실, 그 밖에 이와 비슷한 것을 포함한다) 구조로 할 것
2. 국토교통부령으로 정하는 침수 방지시설을 설치할 것

## 손해배상(기)

[대법원 2016. 8. 25. 선고, 2014다225083, 판결]

**【판결요지】**

[1] 구 소방시설 설치·유지 및 안전관리에 관한 법률(2014. 1. 7. 법률 제12207호로 개정되기 전의 것, 이하 '소방시설법'이라 한다) 제20조 제6항 제3호, 제10조 제1항, 구 다중이용업소의 안전관리에 관한 특별법(2013. 3. 23. 법률 제11690호로 개정되기 전의 것, 이하 '다중이용업소법'이라 한다) 제11조, 제14조의 내용과 취지 등에 비추어 보면, 방화관리자 내지 소방안전관리자(2011. 8. 2. 소방시설설치유지 및 안전관리에 관한 법률 개정 전의 명칭은 '방화관리자'였다. 이하 '소방안전관리자'라 한다)는 방화관리대상물 내지 소방안전관리대상물에 설치된 건축법 제49조에 따른 피난시설(이하 '피난시설'이라 한다)에 대하여 소방시설법 제10조 제1항에 따라 유지·관리할 의무를 부담하고, 이는 다중이용업소법 제11조 등이 다중이용업주에게 영업장에 설치된 피난시설에 대한 유지·관리의무를 부담하도록 규정하였더라도 마찬가지이다. 따라서 소방안전관리자는 피난시설 중 구 건축법 시행령(2014. 3. 24. 대통령령 제25273호로 개정되기 전의 것) 제36조 제1호에 따라 설치된 옥외 피난계단에 대한 유지·관리의무를 부담하고, 이러한 의무에는 옥외 피난계단을 폐쇄하거나 훼손하는 행위뿐만 아니라 용도에 장애를 주는 행위를 방지할 의무도 포함되므로 건물 내부에서 옥외 피난계단으로 직접 연결되는 통로나 비상구를 사실상 폐쇄·차단함으로써 옥외 피난계단을 사용할 수 없게 하는 행위를 방지할 의무도 포함된다.

[2] 구 소방시설설치유지 및 안전관리에 관한 법률(2011. 8. 4. 법률 제11037호로 개정

되기 전의 것, 이하 '구 소방시설법'이라 한다) 제4조 제1항, 제5조, 구 다중이용업소의 안전관리에 관한 특별법(2013. 3. 23. 법률 제11690호로 개정되기 전의 것, 이하 '다중이용업소법'이라 한다) 제9조 제2항은 전체로서의 공공 일반의 안전과 이익을 도모하기 위한 것일 뿐만 아니라 나아가 국민 개개인의 안전과 이익을 보장하기 위하여 둔 것이므로, 소방공무원이 구 소방시설법과 다중이용업소법 규정에 정하여진 직무상 의무를 게을리한 경우 의무 위반이 직무에 충실한 보통 일반의 공무원을 표준으로 객관적 정당성을 상실하였다고 인정될 정도에 이른 때는 국가배상법 제2조 제1항에 정한 위법의 요건을 충족하게 된다. 그리고 소방공무원의 행정권한 행사가 관계 법률의 규정 형식상 소방공무원의 재량에 맡겨져 있더라도 소방공무원에게 그러한 권한을 부여한 취지와 목적에 비추어 볼 때 구체적인 상황 아래에서 소방공무원이 권한을 행사하지 아니한 것이 현저하게 합리성을 잃어 사회적 타당성이 없는 경우에는 소방공무원의 직무상 의무를 위반한 것으로서 위법하게 된다.

[3] 공무원의 직무상 의무 위반으로 국가배상책임이 인정되기 위하여는 공무원의 직무상 의무 위반과 피해자가 입은 손해 사이에 상당인과관계가 인정되어야 한다. 이러한 상당인과관계가 인정되는지를 판단할 때는 일반적인 결과 발생의 개연성은 물론 직무상 의무를 부과하는 법령을 비롯한 행동규범의 목적이나 가해행위의 태양 및 피해의 정도 등을 종합적으로 고려하여야 한다.

[4] 주점에서 발생한 화재로 사망한 甲 등의 유족들이 乙 광역시를 상대로 손해배상을 구한 사안에서, 소방공무원들이 소방검사에서 비상구 중 1개가 폐쇄되고 그곳으로 대피하도록 유도하는 피난구유도등, 피난안내도 등과 일치하지 아니하게 됨으로써 화재 시 피난에 혼란과 장애를 유발할 수 있는 상태임을 발견하지 못하여 업주들에 대한 시정명령이나 행정지도, 소방안전교육 등 적절한 지도·감독을 하지 아니한 것은 구체적인 소방검사 방법 등이 소방공무원의 재량에 맡겨져 있음을 감안하더라도 현저하게 합리성을 잃어 사회적 타당성이 없는 경우에 해당하고, 다른 비상구 중 1개와 그곳으로 연결된 통로가 사실상 폐쇄된 사실을 발견하지 못한 것도 주점에 설치된 피난통로 등에 대한 전반적인 점검을 소홀히 한 직무상 의무 위반의 연장선에 있어 위법성을 인정할 수 있고, 소방공무원들이 업주들에 대하여 필요한 지도·감독을 제대로 수행하였더라면 화재 당시 손님들에 대한 대피조치가 보다 신속히 이루어지고 피난통로 안내가 적절히 이루어지는 등으로 甲 등이 대피할 수 있었을 것이고, 甲 등이 대피방향을 찾지 못하다가 복도를 따라 급속히 퍼진 유독가스와 연기로 인하여 단시간에 사망하게 되는 결과는 피할 수 있었을 것인 점 등 화재 당시의 구체적 상황과 甲 등의 사망 경위 등에 비추어 소방공무원들의 직무상 의무 위반과 甲 등의 사망 사이에 상당인과관계가 인정된다고 한 사례.

**제50조의2(고층건축물의 피난 및 안전관리)** ① 고층건축물에는 대통령령으로 정하는 바에 따라 피난안전구역을 설치하거나 대피공간을 확보한 계단을 설치하여야 한다. 이 경우 피난안전구역의 설치 기준, 계단의 설치 기준과 구

조 등에 관하여 필요한 사항은 국토교통부령으로 정한다. 〈개정 2013.3.23.〉

② 고층건축물에 설치된 피난안전구역·피난시설 또는 대피공간에는 국토교통
부령으로 정하는 바에 따라 화재 등의 경우에 피난 용도로 사용되는 것임을
표시하여야 한다. 〈신설 2015.1.6.〉

③ 고층건축물의 화재예방 및 피해경감을 위하여 국토교통부령으로 정하는 바
에 따라 제48조부터 제50조까지의 기준을 강화하여 적용할 수 있다. 〈개정
2013.3.23., 2015.1.6., 2018.4.17.〉

[본조신설 2011.9.16.]

## 건축공사금지등

[대법원 2001.10.23. 선고, 2001다45195, 판결]

【판결요지】

[1] 건축법 제50조의2 제1항 제1호에서 말하는 '맞벽으로 하여 건축하는 경우'라 함은
서로 마주 보는 건축물의 벽이 존재하는 경우뿐만 아니라, 이 사건과 같이 상업지
역에서 어느 일방 토지소유자가 나대지인 인접토지와의 경계선으로부터 50cm의
이격거리를 두지 아니하고 건축물을 건축하는 경우도 포함된다고 봄이 합목적적이
라고 할 것이고, 토지소유자는 그 소유권이 미치는 토지 전부를 사용할 수 있음이
원칙이나 상린관계로 인하여 민법 제242조의 제한을 받게 된 것이므로 국민의 재
산권 보장이라는 관점에서도 상업지역에서는 민법 제242조가 적용되지 아니한다고
해석함이 상당하다.

[2] 건축법시행령 제81조 제3항에서 "맞벽은 방화벽으로 축조하여야 한다"고 규정한
취지는 민법 제242조에 의한 이격거리의 제한을 폐지하는 대신 건축물의 유지·
관리를 위한 방화목적을 고려하여 맞벽을 방화벽으로 건축하도록 제한을 가하고
있는 것으로 볼 것이어서 이에 위반한 경우 건축법에 따른 제재를 받는 것은 별
론으로 하고 민법 제242조의 적용을 받게 되는 것은 아니다.

**제54조(건축물의 대지가 지역·지구 또는 구역에 걸치는 경우의 조치)** ① 대지
가 이 법이나 다른 법률에 따른 지역·지구(녹지지역과 방화지구는 제외한다.
이하 이 조에서 같다) 또는 구역에 걸치는 경우에는 대통령령으로 정하는 바
에 따라 그 건축물과 대지의 전부에 대하여 대지의 과반(過半)이 속하는 지역
·지구 또는 구역 안의 건축물 및 대지 등에 관한 이 법의 규정을 적용한다.
〈개정 2014.1.14., 2017.4.18.〉

② 하나의 건축물이 방화지구와 그 밖의 구역에 걸치는 경우에는 그 전부에 대
하여 방화지구 안의 건축물에 관한 이 법의 규정을 적용한다. 다만, 건축물
의 방화지구에 속한 부분과 그 밖의 구역에 속한 부분의 경계가 방화벽으로

구획되는 경우 그 밖의 구역에 있는 부분에 대하여는 그러하지 아니하다.

③ 대지가 녹지지역과 그 밖의 지역·지구 또는 구역에 걸치는 경우에는 각 지역·지구 또는 구역 안의 건축물과 대지에 관한 이 법의 규정을 적용한다. 다만, 녹지지역 안의 건축물이 방화지구에 걸치는 경우에는 제2항에 따른다. 〈개정 2017.4.18.〉

④ 제1항에도 불구하고 해당 대지의 규모와 그 대지가 속한 용도지역·지구 또는 구역의 성격 등 그 대지에 관한 주변여건상 필요하다고 인정하여 해당 지방자치단체의 조례로 적용방법을 따로 정하는 경우에는 그에 따른다.

## 건축허가취소처분취소등

[대법원 2014.11.27, 선고, 2013두16111, 판결]

【판결요지】

[1] 구 국토의 계획 및 이용에 관한 법률(2012. 2. 1. 법률 제11292호로 개정되기 전의 것, 이하 '국토계획법'이라고 한다) 제84조 제3항 본문은 하나의 대지가 녹지지역과 그 밖의 용도지역 등에 걸쳐 있는 경우 그 대지 중 용도지역 등에 있는 부분의 규모 및 용도지역별 면적과 관계없이 녹지지역에 대해서만 녹지지역에 관한 행위 제한 규정을 적용하도록 함으로써 녹지지역의 훼손을 최소화하기 위한 것으로 보인다. 이러한 규정의 입법 취지 및 문언에 의할 때 위 조항은 하나의 대지가 녹지지역과 그 밖의 용도지역 등에 걸쳐 있는 경우 용도지역 등 경계선을 기준으로 녹지지역에 대하여는 녹지지역에 관한 행위 제한 규정이 적용되고, 다른 용도지역 등에 대하여는 해당 용도지역 등에 관한 행위 제한 규정이 적용된다는 의미로 해석하는 것이 타당하다. 한편 건축법 제54조 제3항 본문에서는 "대지가 녹지지역과 그 밖의 지역·지구 또는 구역에 걸치는 경우에는 각 지역·지구 또는 구역 안의 건축물과 대지에 관한 이 법의 규정을 적용한다."라고 규정하고 있으나, 용도지역별 건축물의 용도 제한에 대하여는 건축법이 아니라 국토계획법이 규율하고 있으므로, 대지가 녹지지역과 그 밖의 용도지역 등에 걸치는 경우 용도지역별 건축물의 용도 제한에 관하여는 건축법 제54조 제3항 본문이 적용되지 아니한다.

[2] 건축허가가 용도지역별 건축물의 용도 제한에 적합한지는 허가된 건축물의 용도가 국토의 계획 및 이용에 관한 법률과 그 시행령, 건축법 시행령, 도시계획조례 등의 관련 규정에 의하여 허용되는 용도인지 여부에 의하여 정해지는 것이지, 건축주가 나중에 신축한 건축물을 허가받은 용도 이외의 다른 용도로 사용할 의도나 가능성이 있는지 여부에 의하여 좌우되는 것이 아니고, 건축주가 적법한 용도변경 절차를 거치지 않고 허가받은 용도 이외의 다른 용도로 사용하더라도 무단 용도변경이 문제 될 뿐, 건축허가가 소급해서 위법해지는 것은 아니다.

[3] 행정행위를 한 처분청은 그 행위에 하자가 있는 경우에는 별도의 법적 근거가 없더라도 스스로 이를 취소할 수 있고, 다만 수익적 행정처분을 취소할 때에는 이를 취소하여야 할 공익상의 필요와 취소로 인하여 당사자가 입게 될 기득권과 신뢰보호 및 법률

생활 안정의 침해 등 불이익을 비교·교량한 후 공익상의 필요가 당사자가 입을 불이익을 정당화할 만큼 강한 경우에 한하여 취소할 수 있으며, 나아가 수익적 행정처분의 하자가 당사자의 사실은폐나 기타 사위의 방법에 의한 신청행위에 기인한 것이라면 당사자는 처분에 의한 이익이 위법하게 취득되었음을 알아 취소가능성도 예상하고 있었다 할 것이므로, 그 자신이 처분에 관한 신뢰이익을 원용할 수 없음은 물론 행정청이 이를 고려하지 아니하였더라도 재량권의 남용이 되지 아니한다. 한편 당사자의 사실은폐나 기타 사위의 방법에 의한 신청행위가 있었는지 여부는 행정청의 상대방과 그로부터 신청행위를 위임받은 수임인 등 관계자 모두를 기준으로 판단하여야 한다.

**제69조(특별건축구역의 지정)** ① 국토교통부장관 또는 시·도지사는 다음 각 호의 구분에 따라 도시나 지역의 일부가 특별건축구역으로 특례 적용이 필요하다고 인정하는 경우에는 특별건축구역을 지정할 수 있다. 〈개정 2013.3.23., 2014.1.14.〉

1. 국토교통부장관이 지정하는 경우
   가. 국가가 국제행사 등을 개최하는 도시 또는 지역의 사업구역
   나. 관계법령에 따른 국가정책사업으로서 대통령령으로 정하는 사업구역
2. 시·도지사가 지정하는 경우
   가. 지방자치단체가 국제행사 등을 개최하는 도시 또는 지역의 사업구역
   나. 관계법령에 따른 도시개발·도시재정비 및 건축문화 진흥사업으로서 건축물 또는 공간환경을 조성하기 위하여 대통령령으로 정하는 사업구역
   다. 그 밖에 대통령령으로 정하는 도시 또는 지역의 사업구역

② 다음 각 호의 어느 하나에 해당하는 지역·구역 등에 대하여는 제1항에도 불구하고 특별건축구역으로 지정할 수 없다.

1. 「개발제한구역의 지정 및 관리에 관한 특별조치법」에 따른 개발제한구역
2. 「자연공원법」에 따른 자연공원
3. 「도로법」에 따른 접도구역
4. 「산지관리법」에 따른 보전산지
5. 삭제 〈2016.2.3.〉

③ 국토교통부장관 또는 시·도지사는 특별건축구역으로 지정하고자 하는 지역이 「군사기지 및 군사시설 보호법」에 따른 군사기지 및 군사시설 보호구역에 해당하는 경우에는 국방부장관과 사전에 협의하여야 한다. 〈신설 2016.2.3.〉

## 착공신고서처리불가처분취소

[대법원 2011.6.10. 선고, 2010두7321, 판결]

【판결요지】

[1] 행정청의 어떤 행위가 항고소송의 대상이 될 수 있는지의 문제는 추상적·일반적으로 결정할 수 없고, 구체적인 경우 행정처분은 행정청이 공권력의 주체로서 행하는 구체적 사실에 관한 법집행으로서 국민의 권리의무에 직접적으로 영향을 미치는 행위라는 점을 염두에 두고, 관련 법령 내용과 취지, 행위 주체·내용·형식·절차, 행위와 상대방 등 이해관계인이 입는 불이익의 실질적 견련성, 그리고 법치행정의 원리와 당해 행위에 관련된 행정청 및 이해관계인의 태도 등을 참작하여 개별적으로 결정하여야 한다.

[2] 구 건축법(2008. 3. 21. 법률 제8974호로 전부 개정되기 전의 것)의 관련 규정에 따르면, 행정청은 착공신고의 경우에도 신고 없이 착공이 개시될 경우 건축주 등에 대하여 공사중지·철거·사용금지 등의 시정명령을 할 수 있고(제69조 제1항), 시정명령을 받고 이행하지 아니한 건축물에 대하여는 당해 건축물을 사용하여 행할 다른 법령에 의한 영업 기타 행위의 허가를 하지 않도록 요청할 수 있으며(제69조 제2항), 요청을 받은 자는 특별한 이유가 없는 한 이에 응하여야 하고(제69조 제3항), 나아가 행정청은 시정명령의 이행을 하지 아니한 건축주 등에 대하여는 이행강제금을 부과할 수 있으며(제69조의2 제1항 제1호), 또한 착공신고를 하지 아니한 자는 200만 원 이하의 벌금에 처해질 수 있다(제80조 제1호, 제9조). 이와 같이 건축주 등으로서는 착공신고가 반려될 경우, 당해 건축물의 착공을 개시하면 시정명령, 이행강제금, 벌금의 대상이 되거나 당해 건축물을 사용하여 행할 행위의 허가가 거부될 우려가 있어 불안정한 지위에 놓이게 된다. 따라서 착공신고 반려행위가 이루어진 단계에서 당사자로 하여금 반려행위의 적법성을 다투어 법적 불안을 해소한 다음 건축행위에 나아가도록 함으로써 장차 있을지도 모르는 위험에서 미리 벗어날 수 있도록 길을 열어 주고, 위법한 건축물의 양산과 철거를 둘러싼 분쟁을 조기에 근본적으로 해결할 수 있게 하는 것이 법치행정의 원리에 부합한다. 그러므로 행정청의 착공신고 반려행위는 항고소송의 대상이 된다고 보는 것이 옳다.

**제72조(특별건축구역 내 건축물의 심의 등)** ① 특별건축구역에서 제73조에 따라 건축기준 등의 특례사항을 적용하여 건축허가를 신청하고자 하는 자(이하 이 조에서 "허가신청자"라 한다)는 다음 각 호의 사항이 포함된 특례적용계획서를 첨부하여 제11조에 따라 해당 허가권자에게 건축허가를 신청하여야 한다. 이 경우 특례적용계획서의 작성방법 및 제출서류 등은 국토교통부령으로 정한다. 〈개정 2013.3.23.〉

　1. 제5조에 따라 기준을 완화하여 적용할 것을 요청하는 사항

　2. 제71조에 따른 특별건축구역의 지정요건에 관한 사항

   3. 제73조제1항의 적용배제 특례를 적용한 사유 및 예상효과 등

   4. 제73조제2항의 완화적용 특례의 동등 이상의 성능에 대한 증빙내용

   5. 건축물의 공사 및 유지·관리 등에 관한 계획

② 제1항에 따른 건축허가는 해당 건축물이 특별건축구역의 지정 목적에 적합한지의 여부와 특례적용계획서 등 해당 사항에 대하여 제4조제1항에 따라 시·도지사 및 시장·군수·구청장이 설치하는 건축위원회(이하 "지방건축위원회"라 한다)의 심의를 거쳐야 한다.

③ 허가신청자는 제1항에 따른 건축허가 시 「도시교통정비 촉진법」 제16조에 따른 교통영향평가서의 검토를 동시에 진행하고자 하는 경우에는 같은 법 제16조에 따른 교통영향평가서에 관한 서류를 첨부하여 허가권자에게 심의를 신청할 수 있다. 〈개정 2008.3.28., 2015.7.24.〉

④ 제3항에 따라 교통영향평가서에 대하여 지방건축위원회에서 통합심의한 경우에는 「도시교통정비 촉진법」 제17조에 따른 교통영향평가서의 심의를 한 것으로 본다. 〈개정 2008.3.28., 2015.7.24.〉

⑤ 제1항 및 제2항에 따라 심의된 내용에 대하여 대통령령으로 정하는 변경사항이 발생한 경우에는 지방건축위원회의 변경심의를 받아야 한다. 이 경우 변경심의는 제1항에서 제3항까지의 규정을 준용한다.

⑥ 국토교통부장관 또는 특별시장·광역시장·도지사는 건축제도의 개선 및 건설기술의 향상을 위하여 허가권자의 의견을 들어 특별건축구역 내에서 제1항 및 제2항에 따라 건축허가를 받은 건축물에 대하여 모니터링(특례를 적용한 건축물에 대하여 해당 건축물의 건축시공, 공사감리, 유지·관리 등의 과정을 검토하고 실제로 건축물에 구현된 기능·미관·환경 등을 분석하여 평가하는 것을 말한다. 이하 이 장에서 같다)을 실시할 수 있다. 〈개정 2016.2.3.〉

⑦ 허가권자는 제1항 및 제2항에 따라 건축허가를 받은 건축물의 특례적용계획서를 심의하는 데에 필요한 국토교통부령으로 정하는 자료를 특별시장·광역시장·특별자치시장·도지사·특별자치도지사는 국토교통부장관에게, 시장·군수·구청장은 특별시장·광역시장·도지사에게 각각 제출하여야 한다. 〈개정 2013.3.23., 2014.1.14., 2016.2.3.〉

⑧ 제1항 및 제2항에 따라 건축허가를 받은 「건설기술 진흥법」 제2조제6호에 따른 발주청은 설계의도의 구현, 건축시공 및 공사감리의 모니터링, 그 밖에 발주청이 위탁하는 업무의 수행 등을 위하여 필요한 경우 설계자를 건축허가 이후에도 해당 건축물의 건축에 참여하게 할 수 있다. 이 경우 설계자의 업무내용 및 보수 등에 관하여는 대통령령으로 정한다. 〈개정 2013.5.22.〉

## 옥외광고물등표시허가처분취소

[대법원 2000. 5. 26., 선고, 97누15135, 판결]

【판결요지】

미관지구 안에서 높이 4m를 넘는 광고탑을 축조하려는 자가 지방건축위원회의 건축계획심의를 받았다는 사유만으로는 광고탑축조에 관하여 구 옥외광고물등관리법(1997. 12. 13. 법률 제5454호로 개정되기 전의 것)상의 직접 보호되는 구체적인 법률상의 이익을 가지게 되는 것은 아니라고 할 것이어서 건축계획심의를 받은 건물이나 그로부터 옥상간판 간의 수평거리제한범위 내에 있는 건물에 대하여 다른 사람이 옥상간판설치를 위한 옥외광고물표시허가처분을 받았다고 하더라도 그 허가처분으로 인하여 그 근거 법률에 의하여 직접 보호되는 구체적인 법률상의 이익을 침해당하였다고 할 수 없으므로, 그 허가처분의 직접 상대방이 아닌 제3자로서 건축계획심의만을 받은 자로서는 그 허가처분의 취소를 구하는 소를 제기할 법률상의 이익이 없다.

## Ⅲ. 벌칙

**제106조(벌칙)** ① 제23조, 제24조제1항, 제25조제3항, 제52조의3제1항 및 제52조의5제2항을 위반하여 설계·시공·공사감리 및 유지·관리와 건축자재의 제조 및 유통을 함으로써 건축물이 부실하게 되어 착공 후「건설산업기본법」제28조에 따른 하자담보책임 기간에 건축물의 기초와 주요구조부에 중대한 손괴를 일으켜 일반인을 위험에 처하게 한 설계자·감리자·시공자·제조업자·유통업자·관계전문기술자 및 건축주는 10년 이하의 징역에 처한다. 〈개정 2015.1.6., 2016.2.3., 2019.4.23., 2020.12.22.〉

② 제1항의 죄를 범하여 사람을 죽거나 다치게 한 자는 무기징역이나 3년 이상의 징역에 처한다.

**제107조(벌칙)** ① 업무상 과실로 제106조제1항의 죄를 범한 자는 5년 이하의 징역이나 금고 또는 5억원 이하의 벌금에 처한다. 〈개정 2016.2.3.〉

② 업무상 과실로 제106조제2항의 죄를 범한 자는 10년 이하의 징역이나 금고 또는 10억원 이하의 벌금에 처한다. 〈개정 2016.2.3.〉

**제108조(벌칙)** ① 다음 각 호의 어느 하나에 해당하는 자는 3년 이하의 징역이나 5억원 이하의 벌금에 처한다. 〈개정 2019. 4. 23., 2020. 12. 22.〉

1. 도시지역에서 제11조제1항, 제19조제1항 및 제2항, 제47조, 제55조, 제56조, 제58조, 제60조, 제61조 또는 제77조의10을 위반하여 건축물을 건축하거나 대수선 또는 용도변경을 한 건축주 및 공사시공자
2. 제52조제1항 및 제2항에 따른 방화에 지장이 없는 재료를 사용하지 아니한 공사시공자 또는 그 재료 사용에 책임이 있는 설계자나 공사감리자
3. 제52조의3제1항을 위반한 건축자재의 제조업자 및 유통업자
4. 제52조의4제1항을 위반하여 품질관리서를 제출하지 아니하거나 거짓으로 제출한 제조업자, 유통업자, 공사시공자 및 공사감리자

② 제1항의 경우 징역과 벌금은 병과(倂科)할 수 있다.

**제109조(벌칙)** 다음 각 호의 어느 하나에 해당하는 자는 2년 이하의 징역이나 2억원 이하의 벌금에 처한다. 〈개정 2016.2.3., 2017.4.18.〉

1. 제27조제2항에 따른 보고를 거짓으로 한 자
2. 제87조의2제1항제1호에 따른 보고·확인·검토·심사 및 점검을 거짓으로 한 자

[시행일: 2017.10.19.] 제109조

**제110조(벌칙)** 다음 각 호의 어느 하나에 해당하는 자는 2년 이하의 징역 또는 1억원 이하의 벌금에 처한다. 〈개정 2008.3.28., 2008.6.5., 2011.9.16., 2014.5.28., 2015.1.6., 2016.1.19., 2016.2.3., 2017.4.18.〉

1. 도시지역 밖에서 제11조제1항, 제19조제1항 및 제2항, 제47조, 제55조, 제56조, 제58조, 제60조, 제61조, 제77조의10을 위반하여 건축물을 건축하거나 대수선 또는 용도변경을 한 건축주 및 공사시공자
1의2. 제13조제5항을 위반한 건축주 및 공사시공자
2. 제16조(변경허가 사항만 해당한다), 제21조제5항, 제22조제3항 또는 제25조제7항을 위반한 건축주 및 공사시공자
3. 제20조제1항에 따른 허가를 받지 아니하거나 제83조에 따른 신고를 하지 아니하고 가설건축물을 건축하거나 공작물을 축조한 건축주 및 공사시공자
4. 다음 각 목의 어느 하나에 해당하는 자
   가. 제25조제1항을 위반하여 공사감리자를 지정하지 아니하고 공사를 하게 한 자

　　나. 제25조제1항을 위반하여 공사시공자 본인 및 계열회사를 공사감리자
　　　로 지정한 자

　5. 제25조제3항을 위반하여 공사감리자로부터 시정 요청이나 재시공 요청
　　을 받고 이에 따르지 아니하거나 공사 중지의 요청을 받고도 공사를
　　계속한 공사시공자

　6. 제25조제6항을 위반하여 정당한 사유 없이 감리중간보고서나 감리완료
　　보고서를 제출하지 아니하거나 거짓으로 작성하여 제출한 자

6의2. 제27조제2항을 위반하여 현장조사·검사 및 확인 대행 업무를 한 자

　7. 삭제 〈2019.4.30.〉

　8. 제40조제4항을 위반한 건축주 및 공사시공자

8의2. 제43조제1항, 제49조, 제50조, 제51조, 제53조, 제58조, 제61조제1
　　　항·제2항 또는 제64조를 위반한 건축주, 설계자, 공사시공자 또는
　　　공사감리자

　9. 제48조를 위반한 설계자, 공사감리자, 공사시공자 및 제67조에 따른
　　관계전문기술자

9의2. 제50조의2제1항을 위반한 설계자, 공사감리자 및 공사시공자

9의3. 제48조의4를 위반한 건축주, 설계자, 공사감리자, 공사시공자 및
　　　제67조에 따른 관계전문기술자

　10. 삭제 〈2019.4.23.〉

　11. 삭제 〈2019.4.23.〉

　12. 제62조를 위반한 설계자, 공사감리자, 공사시공자 및 제67조에 따른
　　　관계전문기술자

**제111조(벌칙)** 다음 각 호의 어느 하나에 해당하는 자는 5천만원 이하의
벌금에 처한다. 〈개정 2009.2.6., 2014.1.14., 2014.5.28., 2016.2.3., 2019.4.23.〉

　1. 제14조, 제16조(변경신고 사항만 해당한다), 제20조제3항, 제21조제1
　　항, 제22조제1항 또는 제83조제1항에 따른 신고 또는 신청을 하지 아
　　니하거나 거짓으로 신고하거나 신청한 자

　2. 제24조제3항을 위반하여 설계 변경을 요청받고도 정당한 사유 없이 따
　　르지 아니한 설계자

　3. 제24조제4항을 위반하여 공사감리자로부터 상세시공도면을 작성하도록
　　요청받고도 이를 작성하지 아니하거나 시공도면에 따라 공사하지 아니
　　한 자

3의2. 제24조제6항을 위반하여 현장관리인을 지정하지 아니하거나 착공신

고서에 이를 거짓으로 기재한 자

3의3. 삭제 〈2019.4.23.〉

4. 제28조제1항을 위반한 공사시공자

5. 제41조나 제42조를 위반한 건축주 및 공사시공자

5의2. 제43조제4항을 위반하여 공개공지등의 활용을 저해하는 행위를 한 자

6. 제52조의2를 위반하여 실내건축을 한 건축주 및 공사시공자

6의2. 제52조의4제5항을 위반하여 건축자재에 대한 정보를 표시하지 아니하거나 거짓으로 표시한 자

7. 삭제 〈2019.4.30.〉

8. 삭제 〈2009.2.6.〉

**제112조(양벌규정)** ① 법인의 대표자, 대리인, 사용인, 그 밖의 종업원이 그 법인의 업무에 관하여 제106조의 위반행위를 하면 행위자를 벌할 뿐만 아니라 그 법인에도 10억원 이하의 벌금에 처한다. 다만, 법인이 그 위반행위를 방지하기 위하여 해당 업무에 관하여 상당한 주의와 감독을 게을리하지 아니한 때에는 그러하지 아니하다.

② 개인의 대리인, 사용인, 그 밖의 종업원이 그 개인의 업무에 관하여 제106조의 위반행위를 하면 행위자를 벌할 뿐만 아니라 그 개인에게도 10억원 이하의 벌금에 처한다. 다만, 개인이 그 위반행위를 방지하기 위하여 해당 업무에 관하여 상당한 주의와 감독을 게을리하지 아니한 때에는 그러하지 아니하다.

③ 법인의 대표자, 대리인, 사용인, 그 밖의 종업원이 그 법인의 업무에 관하여 제107조부터 제111조까지의 규정에 따른 위반행위를 하면 행위자를 벌할 뿐만 아니라 그 법인에도 해당 조문의 벌금형을 과(科)한다. 다만, 법인이 그 위반행위를 방지하기 위하여 해당 업무에 관하여 상당한 주의와 감독을 게을리하지 아니한 때에는 그러하지 아니하다.

④ 개인의 대리인, 사용인, 그 밖의 종업원이 그 개인의 업무에 관하여 제107조부터 제111조까지의 규정에 따른 위반행위를 하면 행위자를 벌할 뿐만 아니라 그 개인에게도 해당 조문의 벌금형을 과한다. 다만, 개인이 그 위반행위를 방지하기 위하여 해당 업무에 관하여 상당한 주의와 감독을 게을리하지 아니한 때에는 그러하지 아니하다.

**제113조(과태료)** ① 다음 각 호의 어느 하나에 해당하는 자에게는 200만 원 이하의 과태료를 부과한다. 〈개정 2009. 2. 6., 2014. 5. 28., 2016. 1. 19., 2016. 2. 3., 2017. 12. 26., 2019. 4. 23., 2020. 12. 22.〉

1. 제19조제3항에 따른 건축물대장 기재내용의 변경을 신청하지 아니한 자
2. 제24조제2항을 위반하여 공사현장에 설계도서를 갖추어 두지 아니한 자
3. 제24조제5항을 위반하여 건축허가 표지판을 설치하지 아니한 자
4. 제52조의3제2항 및 제52조의6제4항에 따른 점검을 거부·방해 또는 기피한 자
5. 제48조의3제1항 본문에 따른 공개를 하지 아니한 자

② 다음 각 호의 어느 하나에 해당하는 자에게는 100만원 이하의 과태료를 부과한다. 〈신설 2009.2.6., 2012.1.17., 2014.5.28., 2016.2.3.〉

1. 제25조제4항을 위반하여 보고를 하지 아니한 공사감리자
2. 제27조제2항에 따른 보고를 하지 아니한 자
3. 삭제 〈2019.4.30.〉
4. 삭제 〈2019.4.30.〉
5. 삭제 〈2016.2.3.〉
6. 제77조제2항을 위반하여 모니터링에 필요한 사항에 협조하지 아니한 건축주, 소유자 또는 관리자
7. 삭제 〈2016.1.19.〉
8. 제83조제2항에 따른 보고를 하지 아니한 자
9. 제87조제1항에 따른 자료의 제출 또는 보고를 하지 아니하거나 거짓 자료를 제출하거나 거짓 보고를 한 자

③ 제24조제6항을 위반하여 공정 및 안전 관리 업무를 수행하지 아니하거나 공사 현장을 이탈한 현장관리인에게는 50만원 이하의 과태료를 부과한다. 〈신설 2016.2.3., 2018.8.14.〉

④ 제1항부터 제3항까지에 따른 과태료는 대통령령으로 정하는 바에 따라 국토교통부장관, 시·도지사 또는 시장·군수·구청장이 부과·징수한다. 〈개정 2009.2.6., 2013.3.23., 2016.2.3.〉

⑤ 삭제 〈2009.2.6.〉

## IV. 기재례

### 【범죄사실 기재례】

피의자는 ○○시 ○○동 ○○번지에 있는 대지 ○○평방미터의 소유자이다.

피의자는 ○○시장의 허가를 받지 않고 20○○. ○. ○.경부터 같은 해 ○. ○.까지 사이에 도시구역 안에 있는 위 대지에 시멘트블럭으로 사방에 벽을 쌓고 경량철골과 천막으로 지붕을 얹어 바닥면적 ○○평방미터의 단층건축물 1동을 신축하였다.

### 【적용실례】

〈양어장관리사를 건축한 경우〉

개발제한지역 내에서 쇠파이프로 기둥을 세우고 천막을 덮어 약 12평 정도의 양어장 관리사를 건축한 경우

➡ 건축물이 다소 허술하긴 해도 건축물의 건축내지 공작물의 설치에 해당되므로 건축법위반으로 의율해야 한다.

〈허가없이 미역선별장을 설치한 경우〉

허가없이 앵글과 비닐을 사용하여 미역선별장을 설치한 경우

➡ 건축법에서의 건축물이란 토지에 정착하는 공작물로서 기둥, 지붕, 벽 등을 갖춘 것으로 상당기간 이동, 또는 철거함이 없이 주거 기타 용도로 사용되는 공작물을 말한다. 이 경우 건축물은 앵글을 지주로 하여 그 위에 비닐을 덮어 씌운 정도로 일시사용의 의도로 만들어진 가건물로 볼 수 있어 일반건축물을 무허가 신축한 것으로 의율할 수 없다.

### 【범죄사실 기재례】

피의자는 행정관청의 허가를 받지 아니하고 20○○. ○. ○.경 도시구역 안인 안산시 ○○동 ○○번지에 있는 피의자 소유의 단층주택옥상에 사방을 벽돌로 쌓고 슬라브로 지붕을 덮어 방 1칸 및 부엌 1칸, 합계 약 ○○평을 증축하였다.

### 【범죄사실 기재례】

피의자는 관할관청의 허가를 받지 아니하고 20○○. ○. ○.경 도시구역 안인 경기도 ○○군 ○○면 ○○리에 있는 피의자 소유 110평방미터의 브럭조스레트가 1층주택을 외벽면 4방을 벽돌로 쌓은 다음 브럭을 헐어내는 방법으로 벽돌조의 건물로 개축하였다.

## 【범죄사실 기재례】

피의자는 서울시 ○○구 ○○동 ○○번지에 있는 블록조 슬라브지붕(○○평)의 소유자이다.
피의자는 관할관청의 허가를 받지 않고 20○○. ○. ○.경 도시구역 안에 있는 위 건축
물의 블록벽을 벽돌벽으로, 슬라브를 기와지붕으로 각 교체하여 대수선하였다.

## 【범죄사실 기재례】

피의자는 대중음식점을 경영하고 있다.
피의자는 행정관청에 신고하지 않고 20○○. ○. ○.경부터 같은 해 ○. ○.까지 도시구
역 안에 있는 경기도 ○○군 ○○면 ○○리에 있는 피의자 소유인 지하 1층, 지상 3층건
물의 1층에 설치된 부설주차장(64㎡)의 내부를 경량철골로 구획하여 그 중 24㎡를 음식
점 주방용도로 사용하였다.

## 【범죄사실 기재례】

피의자는 ○○구청장으로부터 건축허가를 받아 미관지구내인 서울시 ○○구 ○○동 ○
○번지에 있는 대지(64㎡)에 지하 1층, 지상 3층 연면적 312.5㎡의 상가용 건축물을 건
축하고 있다.
피의자는 20○○. ○. ○.경 위 건축물의 남쪽담장(연장길이 8m)을 블록으로 축조하면서
위 담장이 건축선의 수직면을 50cm 넘어서게 축조하였다.

## 【범죄사실 기재례】

피의자는 20○○. ○. ○. ○○구청장의 허가를 받아 생산녹지지역인 서울시 ○○구 ○
○동 산○○번지에 있는 대지 100㎡에 바닥면적 60㎡, 지하 1층 지상 2층 연면적 180㎡
의 주택용 건축물을 건축하면서, 설계변경허가를 받지 않고 20○○. ○. ○.경 위 건축
물의 지하층 및 지상 1, 2층을 각 50㎡씩 넓게 건축하였다. 그리고 동시에 건축면적이
110㎡가 되도록 함으로써 위 건축물의 법정 건폐율인 100분의 20을 초과하고 연면적이
330㎡가 되도록 함으로써 법정 용적률인 200%를 초과하여 주택을 건축하였다.

### 【범죄사실 기재례】

피의자는 20○○. ○. ○. ○○구청장의 허가를 받아 안양시 ○○동 ○○번지에 있는 대지 180㎡에 주택용도로 지하 1층 지상 3층 연면적 400㎡의 건축물을 건축하면서, 설계변경허가를 받지 않았다.

피의자는 같은 달 ○.경부터 위 건축물을 건축하면서 허가된 면적이 13㎡인 옥탑을 38㎡로, 2·3층 처마 각 12.2㎡를 발코니로 변경하여 시공하였다.

### 【범죄사실 기재례】

피의자는 연면적 495㎡(주거용 건축물은 661㎡)를 초과하는 건축물의 건축은 일반건설업면허업자만이 시공할 수 있음에도 건설업면허 없이 20○○. ○. ○.경 수원시 ○○동 ○○번지에 있는 ○○다방에서 ○○종합건설주식회사의 직원인 양○○에게 면허대여료로 금 ○○만원을 주고 일반건설업인 위 ○○종합건설주식회사의 명의를 대여받았다. 그리고 같은 달 ○.경부터 다음 해 ○. ○.까지 피의자가 건축주인 수원시 ○○동 ○○번지에 지하 1층 지상 5층 연면적 831.86㎡의 근린생활시설용 건축물을 위 회사의 상호를 사용하여 시공하였다.

### 【범죄사실 기재례】

피의자는 20○○. ○. ○.자로 ○○구청장의 허가를 받아 안양시 ○○구 ○○동 ○○번지에 지하 1층 지상 3층 연면적 162.4㎡의 다세대주택을 건축한 건축주이다. 피의자는 관할구청으로부터 사용승인을 받지 않고 20○○. ○. ○.경 위 건축물의 3층에 피의자가 입주하여 사용하고, 같은 해 ○. ○.경 위 건축물의 지하층 왼쪽세대를 김○○에게 월세 보증금 500만원에 각 임대하여 사용하게 하였다.

### 【범죄사실 기재례】

피의자는 관할관청의 허가를 받지 아니하고 20○○. ○. ○.경 서울시 ○○동 ○○번지에 있는 피의자소유 대지 176㎡상에 쇠파이프로 기둥을 세우고 합판으로 사방의 벽면을 막고, 지붕도 합판으로 대는 방법으로 가로 4m, 세로 2.5m, 높이 1.7m인 가설건축물 1동을 신축하였다.

### 【범죄사실 기재례】

피의자는 지○○은 주식회사 ○○통상의 신규사업부장으로서 ○○시 ○○동 ○○번지에 있는 주식회사 ○○통상 소유 지하 2층 지상 8층 연면적 9,988.34㎡인 ○○백화점건물의 관리자이고, 같은 주식회사 ○○통상은 주사무소를 서울에 두고 백화점업 등을 목적으로 설립된 법인이다.

1. 피의자 지○○

   피의자는 20○○. ○. ○.경부터 같은 해 ○. ○.경까지 사이에 위 ○○백화점건물 앞면, 옆면부분 및 옥상부분 합계 338㎡를 제거함으로써 건축물을 적법하게 유지 관리하지 아니하였다.

2. 피의자 주식회사 ○○통상

   피의자의 사용인인 위 지○○이 피의자의 업무에 관하여 위와 같이 건축물을 적법하게 유자·관리하지 아니하였다.

## 【범죄사실 기재례】

피의자는 산본시 ○○동 ○○번지에서 ○○건축사사무소라는 상호로 건축물의 설계 및 감리업무 등을 하는 건축사이다.

피의자는 관할관청의 지정을 받아 같은 시 ○○동 ○○번지에 있는 지하 1층 지상 4층 연면적 1,295.5㎡의 상가건물에 대한 감리업무를 하게 되었으므로 위 건축물이 설계도서와 관계법령에 저촉되는지의 여부와 건축공사가 설계도서대로 시공되었는지의 여부를 성실히 조사하여야 한다. 그럼에도 불구하고 20○○. ○. ○. 위 건축물의 준공조사를 함에 있어서 사실은 위 건축물의 지하층이 설계도서보다 60cm가량 높게 시공된 사실을 발견하고도, 위 조사서를 작성하면서 건축법 등 관계법령에 위배됨이 없이 설계도서대로 시공된 것처럼 기재함으로써 감리업무를 허위로 하였다.

## 【범죄사실 기재례】

피의자 박○○은 건축주, 같은 이○○는 ○○건축사사무실을 경영하는 건축사이다. 피의자 박○○은 일반건설업면허 없이 20○○. ○. ○.경부터 같은 해 ○. ○.경까지 사이에 인천시 ○○동 ○○번지에서 일반건설업면허업체인 ○○종합건설 명의로 지하 1층 지상 3층 연면적 597.8㎡인 근린생활 및 주택용 건물의 건축공사를 하였다. 피의자 이○○은 같은 해 ○.말경 서울시 ○○동 ○○번지에 있는 위 ○○건축사사무실에서 공사감리중인 위 제1항 기재 건물에 대한 건축공사가 건축주인 위 박○○에 의하여 직접 시공되고 있는 사실을 알면서도 마치 면허업자인 ○○종합건설에 의하여 시공되고 있는 것처럼 공사감리보고서를 작성하여 그 무렵 인천시 ○○구청 건축과 담당공무원에게 이를 제출함으로써 위 건축물공사의 현장 확인 등 업무에 대하여 허위의 보고를 하였다.

**【범죄사실 기재례】**

피의자 홍○○은 ○○구청장으로부터 건축허가를 받아 ○○시 ○○구 ○○동 ○○번지에 있는 대지 220㎡에 지하 1층 지상 2층 연면적 306㎡인 건축물을 건축하는 건축주이고, 같은 김○○은 위 건축물의 공사를 도급받은 공사시공자이다.

피의자들은 건축공사에 착공하기 전에 ○○구청장에게 공사계획을 신고하여야 함에도 불구하고 20○○. ○. ○.경 위 대지에서 굴삭기와 덤프트럭 등을 동원하여 굴착공사를 하는 등 건축공사를 착공하면서 착공신고를 하지 않았다.

**【범죄사실 기재례】**

피의자는 20○○. ○. ○. 피의자명의로 ○○구청장의 허가를 받아 서울시 ○○동 ○○번지에 지하 1층 지상 3층 연면적 457.19㎡인 다세대주택을 건축중이었다.

피의자는 20○○. ○. 중순경 위 대지에 위 건축물을 건축하기 위하여 토지굴착작업을 함에 있어 C.I.P. 공법으로 시공하게 되었으면 철근콘크리트의 양생기간인 28일이 지나기를 기다렸다가 철근콘크리트가 굳은 다음에 시공함으로서 위험발생을 미리 방지하여야 했다. 그러나 피의자는 7일 만에 공사를 감행하는 등 위험발생 방지조치를 제대로 취하지 아니한 잘못으로 인근주택의 지반이 내려앉게 하여 위 같은 동 ○○번지에 있는 주택의 담장 4m가 파손되고, 같은 동 ○○번지에 있는 주택의 방실에 연장길이 합계 8m의 균열이 생기게 하는 등 피해를 발생하게 하였다.

**【범죄사실 기재례】**

피의자는 20○○. ○. ○. ○○시장으로부터 허가를 받아 ○○시 ○○동 ○○번지에 다세대주택 1동을 건축하여 같은 해 ○. ○. 사용검사를 받았다. 위 건축물은 사용검사당시의 상태로 유지·관리되어야 함에도 피의자는 이를 위반하여 같은 달 ○.경부터 위 건축물의 지하층 앞쪽 발코니 2.64㎡ 및 뒤쪽 발코니 2.30㎡ 합계 4.94㎡를 거실 및 주방용으로 구조변경하여 사용하다가 20○○. ○. ○.자로 ○○시장으로부터 같은 해 ○. ○.까지 위와 같이 구조변경된 용도를 원상복구하라는 시정명령을 받고도 이에 따르지 아니하였다.

**【범죄사실 기재례】**

피의자는 관할행정관청의 허가를 받지 않고 20○○. ○. ○.경부터 20○○. ○. ○.경까지 사이에 서울시 ○○구 ○○동 123번지에 있는 지하 1층, 지하 3층 연면적 300제곱미터의 건물 내에 있는 옥내주차장 50제곱미터 가량을 창고로 고쳐 건축물의 용도를 변경함과 동시에 위 건물부설주차장을 주차장 이외의 용도로 사용하였다.

**[서식] 착공신고서**  세움터(www.eais.go.kr)에서도 신청할 수 있습니다.

# 착 공 신 고 서

• 어두운 난( ▨ )은 신고인이 작성하지 않으며,  [  ]에는 해당하는 곳에 √ 표시를 합니다.

(앞쪽)

| 접수번호 | 접수일자 | 처리일자 | 처리기간 | 3일 |
|---|---|---|---|---|

| 신고인 | 건축주 | | | |
|---|---|---|---|---|
| | 전화번호 | | | |
| | 주소 | | | |

| 대지위치 | | ①지번 | |
|---|---|---|---|
| 허가(신고)번호 | | 허가(신고)일자 | |
| 착공예정일자 | | 준공예정일자 | |

| ②<br>설계자 | 성명(법인명)　　　(서명 또는 인) | 자격번호 | 협회회원번호 |
|---|---|---|---|
| | 사무소명 | 신고번호 | |
| | 사무소 주소 | (전화번호:　　　　　) | |
| | 도급계약일자 | 도급금액　　　　　원 | |

| ③<br>공사<br>시공자 | 성명　　　(서명 또는 인) | 도급계약일자 | |
|---|---|---|---|
| | 회사명 | 도급금액　　　　　원 | |
| | 생년월일(법인등록번호) | 등록번호 | |
| | 주소 | (전화번호:　　　　　) | |
| | 현장 배치<br>건설기술자 | 성명 | |
| | | 자격증 | 자격번호 |

| ④<br>공사<br>감리자 | 성명　　　(서명 또는 인) | 자격번호 | |
|---|---|---|---|
| | 사무소명 | 신고번호 | |
| | 사무소 주소 | (전화번호:　　　　　) | |
| | 도급계약일자 | 도급금액　　　　　원 | |

| ⑤<br>현장<br>관리인 | 성명 | | (서명 또는 인) | 자격번호 | |
|---|---|---|---|---|---|
| | 주소 | | | (전화번호:　　　) | |

| 건축물 석면 함유 유무 | [ ]천장재　　　　[ ]단열재　　　[ ]지붕재<br>[ ]보온재　　　　[ ]기타　　　[ ]해당 없음 |
|---|---|
| 건설재해예방전문지도기관<br>의 지도대상 여부 | [ ] 대상　　　　　　[ ] 비대상<br>기관명　　　　　　　　사업자등록번호 |

| ⑥관계전<br>문기술자 | 분야 | 자격증 | 자격번호 | 주소 |
|---|---|---|---|---|
| | (　) (서명 또는 인) | | | |
| | (　) (서명 또는 인) | | | |
| | (　) (서명 또는 인) | | | |
| | (　) (서명 또는 인) | | | |

210mm×297mm[백상지(80g/㎡) 또는 중질지(80g/㎡)]

(뒤쪽)

「건축법」 제21조제1항에 따라 위와 같이 착공신고서를 제출합니다.

년　　　　월　　　　일

신고인(건축주)　　　　　(서명 또는 인)

**특별시장·광역시장·특별자치시장·특별자치도지사, 시장·군수·구청장　귀하**

| 신고안내 | | |
|---|---|---|
| 첨부서류 | 1. 「건축법」 제15조에 따른 건축관계자 상호간의 계약서 사본(해당 사항이 있는 경우로 한정합니다)<br>2. 「건축법 시행규칙」 별표 4의2의 설계도서. 다만, 「건축법」 제11조 및 제14조에 따라 건축허가 및 건축신고를 할 때 제출한 경우에는 제출하지 않으며, 변경사항이 있는 경우에는 변경된 설계도서를 제출해야 합니다.<br>3. 「건축법」 제25조제11항에 따른 감리 계약서(해당 사항이 있는 경우로 한정합니다)<br>4. 「산업안전보건법 시행규칙」 별지 제104호서식에 따른 기술지도계약서 사본(「산업안전보건법」 제73조 제1항에 따라 건설재해예방 전문지도기관의 지도를 받아야 하는 공사인 경우만 해당합니다) | 수수료<br>없음 |
| 근거법규 | | |

| 「건축법」<br>제21조 제1<br>항 | • 「건축법」 제11조 • 제14조 및 제20조제1항에 따라 허가를 받거나 신고를 한 건축물의 공사를 착수하려는 경우에는 허가권자에게 신고해야 합니다. |
|---|---|

## 유의사항

| 「건축법」<br>제11조 제7<br>항, 제14조<br>제5항,<br>제21조 제3<br>항 및 제111<br>조제1호 | 1. 건축허가를 받은 날부터 2년(「산업집적활성화 및 공장설립에 관한 법률」 제13조에 따라 공장의 신설 • 증설 또는 업종변경의 승인을 받은 공장은 3년) 이내에 공사에 착수하지 않으면 허가가 취소되며, 건축신고한 날부터 1년 이내에 공사에 착수하지 않으면 그 효력이 상실됩니다. 다만, 허가권자가 정당한 이유가 있다고 인정하는 경우에는 1년의 범위에서 그 공사의 착수기간을 연장할 수 있습니다.<br><br>2. 허가권자가 착공신고를 받은 날부터 3일 이내에 신고수리 여부 또는 민원처리 관련 법령에 따른 처리기간의 연장여부를 신고인에게 통지하지 않으면 그 기간이 끝난 날의 다음 날에 신고는 수리된 것으로 봅니다.<br><br>3. 착공신고를 하지 않거나 거짓으로 신고를 하고 공사에 착수하면 5천만원 이하의 벌금에 처하여 집니다. |
|---|---|

## 작성방법

1. ① : 「공간정보의 구축 및 관리 등에 관한 법률」에 따른 지번을 적으며,「공유수면의 관리 및 매립에 관한 법률」 제8조에 따라 공유수면의 점용 • 사용 허가를 받은 경우 그 장소가 지번이 없으면 그 점용 • 사용 허가를 받은 장소를 적습니다.

2. ② ~ ④ : 변경되는 자가 다수인 경우 "○○○ 외 ○인"으로 적으며, "외 ○인"의 현황도 제출합니다.

3. ③ 중 건설기술자 :「건설산업기본법」 제40조에 따라 건설공사 현장에 배치하는 건설기술자를 적습니다.

4. ⑤ :「건축법」 제24조제6항에 따라 공사 현장에 배치된 건설기술자를 적습니다(「건설산업기본법」 제41조제1항 각 호에 해당하지 않는 건축물인 경우만 해당합니다).

5. ⑥ :「건축법」 제67조에 따라 대지의 안전, 건축물의 구조상 안전, 건축설비의 설치 등에 대한 협력을 받은 관계전문기술자를 적습니다.

## 처리절차

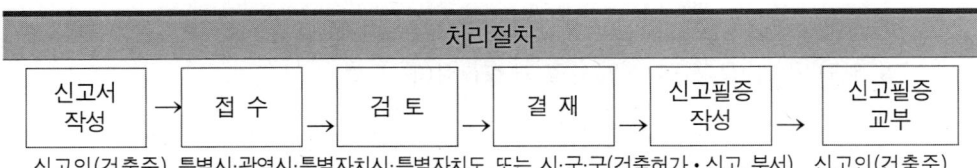

| 신고서<br>작성 | → | 접 수 | → | 검 토 | → | 결 재 | → | 신고필증<br>작성 | → | 신고필증<br>교부 |
|---|---|---|---|---|---|---|---|---|---|---|
| 신고인(건축주) | | 특별시·광역시·특별자치시·특별자치도 또는 시·군·구(건축허가 • 신고 부서) | | | | | | | | 신고인(건축주) |

210mm×297mm[백상지(80g/㎡) 또는 중질지(80g/㎡)]

**[서식] 착공연기신청서**　　　　세움터(www.eais.go.kr)에서도 신청할 수 있습니다.

# 착공연기신청서

• 어두운 난( ▨ )은 신청인이 작성하지 않습니다.

| 접수번호 | 접수일자 | 처리일자 | 처리기간 일 |
|---|---|---|---|

| 신청인 | 건축주 | |
|---|---|---|
| | 전화번호 | |
| | 주소 | |

| 대지위치 | | 지번 | |
|---|---|---|---|
| 허가(신고)번호 | | 허가(신고)일자 년　　　월　　　일 | |

| 신청내용 | 착공예정일자 년　　　월　　　일 |
|---|---|
| | 연기사유 |

「건축법」 제11조제7항 각 호 외의 부분 단서 및 같은 법 시행규칙 제14조에 따라 위와 같이 착공연기신청서를 제출합니다.

　　　　　　　　　　　　　　　　　　　　　　　년　　　　월　　　　일

　　　　　　　　　　　　　건축주　　　　　　　　(서명 또는 인)

**특별시장・광역시장・특별자치시장・특별자치도지사, 시장・군수・구청장　귀하**

| 신청안내 | | | |
|---|---|---|---|
| 제출하는 곳 | 특별시 · 광역시 · 특별자치시 · 특별자치도 · 시 · 군 · 구 | 처리부서 | 건축허가(신고) 부서 |
| 첨부서류 | 없음 | 수수료 | 원 |

| 근거법규 | |
|---|---|
| 「건축법 시행규칙」 제14조 제2항 | • 건축주가 공사착수시기를 연기하려는 경우에는 착공연기신청서를 허가권자에게 제출해야 합니다. |

| 유의사항 | |
|---|---|
| 「건축법」 제11조 제7항, 제14조제5항 | • 공사착수기간 연장은 1년 이내의 범위에서 할 수 있으며, 연기된 기간 안에 공사에 착수하지 않은 경우 건축허가가 취소되며, 건축신고는 그 효력이 상실됩니다. |

### 작성방법

- 지번: 「공간정보의 구축 및 관리 등에 관한 법률」에 따른 지번을 적으며, 「공유수면의 관리 및 매립에 관한 법률」 제8조에 따라 공유수면의 점용·사용 허가를 받은 경우 그 장소가 지번이 없으면 그 점용·사용 허가를 받은 장소를 적습니다.
- 착공예정일자: 연기하려는 착공예정일자를 적습니다.
- 연기사유: 착공을 연기하게 된 사유를 구체적으로 적습니다.

### 처리절차

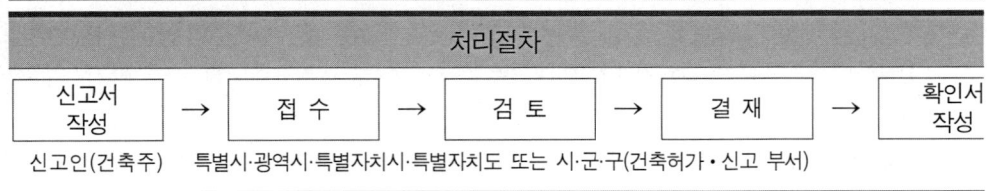

| 신고서 작성 | → | 접 수 | → | 검 토 | → | 결 재 | → | 확인서 작성 |

신고인(건축주)    특별시·광역시·특별자치시·특별자치도 또는 시·군·구(건축허가 · 신고 부서)

210mm×297mm[백상지(80g/㎡) 또는 중질지(80g/㎡)]

# 건축사법

[시행 2022. 8. 4.] [법률 제18826호, 2022. 2. 3., 일부개정]

## Ⅰ. 개설

### 목적

이 법은 건축사의 자격과 그 업무에 관한 사항을 규정함으로써 건축물과 공간 환경의 질적 향상을 도모하고 건축문화 발전에 이바지함을 목적으로 한다.

## Ⅱ. 판례

**제4조(설계 또는 공사감리 등)** ① 「건축법」 제23조제1항에 따른 건축물의 건축 등을 위한 설계는 제23조제1항 또는 제9항 단서에 따라 신고를 한 건축사 또는 같은 조 제4항에 따라 건축사사무소에 소속된 건축사가 아니면 할 수 없다. 〈개정 2018.12.18.〉

② 「건축법」 제25조제1항에 따라 건축사를 공사감리자로 지정하는 건축물의 건축 등에 대한 공사감리는 제23조제1항 또는 제9항 단서에 따라 신고를 한 건축사 또는 같은 조 제4항에 따라 건축사사무소에 소속된 건축사가 아니면 할 수 없다. 〈개정 2018.12.18.〉

[전문개정 2011.5.30.]

### 건축법위반 · 건축사법위반

[대법원 2014. 7. 24. 선고, 2013도13062, 판결]

**【판결요지】**

구 건축법(2014. 1. 14. 법률 제12246호로 개정되기 전의 것, 이하 '법'이라고 한다) 제2조 제1항 제2호, 제11조 제5항 제2호, 제23조 제1항, 제83조 제1항, 제106조 제1항, 제107조 제1항, 건축법 시행령 제118조 제1항 제5호, 건축사법 제4조 제1항, 제39조 제2호를 종합하여 볼 때, '대지를 조성하기 위한 옹벽'이 법 제2조 제1항 제2호에서 규정한 건축물과 함께 축조되는 경우에는 별도로 법 제83조에 따른 신고를 할 필요가 없지만, 건축물과 무관하게 미리 축조되거나 건축물이 건축된 이후 별도로 축조되는 경우에는 건축물의 허가 또는 신고와는 따로 신고를 하여야 한다고 해석되는데, '대지를 조성하기 위한 옹벽'

은 법 제83조 제1항에 따라 신고대상이 되는 공작물에 해당할 뿐 법 제23조 제1항에서 규정된 건축물, 즉 법 제11조 제1항에 따라 건축허가를 받아야 하거나 제14조 제1항에 따라 건축신고를 하여야 하는 법 제2조 제1항 제2호의 건축물에 해당하지는 아니한다.

**제10조(자격증의 명의 대여 등의 금지)** ① 건축사는 다른 사람에게 자기의 성명을 사용하여 제19조에 따른 업무(이하 "건축사업무"라 한다)를 수행하게 하거나 자격증을 빌려주어서는 아니 된다. 〈개정 2019.8.20.〉

② 누구든지 다른 사람의 성명을 사용하여 건축사업무를 수행하거나 다른 사람의 건축사 자격증을 빌려서는 아니 된다. 〈신설 2019.8.20.〉

③ 누구든지 제1항이나 제2항에서 금지된 행위를 알선해서는 아니 된다. 〈신설 2019.8.20.〉

[전문개정 2011.5.30.]

## 건축사법위반

[대법원 2005.10.28, 선고, 2005도5044, 판결]

【판결요지】
건축사법의 입법목적이 건축사의 자격과 그 업무에 관한 사항을 규정함으로써 건축물의 질적 향상을 도모하려는 것이라는 점, 이러한 목적을 달성하기 위하여 건축사의 자격에 관하여 엄격한 요건을 정하여 두는 한편, 건축사가 아니면 일정 규모 이상의 건축물의 설계 또는 공사감리의 업무를 행할 수 없다는 것을 그 본질적·핵심적 내용으로 하는 건축사법의 관련 규정의 내용 등에 비추어 보면, 건축사법 제10조가 금지하고 있는 "타인에게 자기의 성명을 사용하여 건축사의 업무를 행하게 하는 행위"에는, 건축사가 타인으로 하여금 자기의 이름을 사용하여 건축사의 업무를 행하도록 적극적으로 권유·지시한 경우뿐만 아니라 타인이 자기의 이름을 사용하여 건축사의 업무를 하는 것을 양해 또는 허락하거나 이를 알고서 묵인한 경우도 포함된다.

**제11조(자격의 취소 등)** ① 국토교통부장관은 건축사가 다음 각 호의 어느 하나에 해당하는 경우에는 그 자격을 취소하여야 한다. 〈개정 2011.5.30., 2013.3.23., 2019.8.20.〉

1. 거짓이나 그 밖의 부정한 방법으로 자격을 취득한 사실이 드러난 경우
2. 제9조제1호부터 제3호까지의 결격사유 중 어느 하나에 해당하게 된 경우
3. 제10조제1항을 위반하여 다른 사람에게 자기의 성명을 사용하여 건축사업무를 수행하게 하거나 자격증을 빌려준 경우

4. 제28조에 따른 건축사사무소개설신고의 효력상실처분을 받고도 계속하여 건축사업을 한 경우

5. 해당 건축사에게 책임을 돌릴 수 있는 사유로 제28조에 따른 건축사사무소개설신고의 효력상실처분을 세 차례 받은 경우

6. 고의 또는 중대한 과실로 「건축법」 제23조 또는 제25조를 위반하여 설계 또는 공사감리를 함으로써 공사가 부실하게 되어 착공 후 「건설산업기본법」 제28조에 따른 하자담보책임기간에 대통령령으로 정하는 구조상 주요부분에 중대한 손궤[(損潰): 무너져 내림]를 일으켜 사람을 죽거나 다치게 한 경우

② 삭제 〈1995.1.5.〉

③ 제1항에 따라 자격이 취소된 사람은 취소된 날부터 15일 내에 자격증을 국토교통부장관에게 반납하여야 한다. 〈개정 2011.5.30., 2013.3.23.〉

[전문개정 1977.12.31.] [제목개정 2011.5.30.]

## 건축사면허증등재교부거부처분취소
[대법원 1997. 8. 29. 선고, 97누7042, 판결]

【판결요지】
건축사법은 건축사의 자격과 그 업무에 관한 사항을 규정함으로써 건축물의 질적 향상을 도모하는 데에 그 목적이 있고, 이러한 목적을 달성하기 위하여 건축사가 아니면 일정 규모 이상의 건축물의 설계 또는 공사감리의 업무를 행할 수 없음을 그 핵심적 내용으로 하는 한편, 건축사의 자격취득 요건을 엄격히 제한하여 건축사자격시험의 합격 및 그와 별도로 면허라는 별개의 요건을 추가하고 있지만(제7조) 이 경우 면허처분은 그 성질상 건축사자격시험에 합격한 자에게 결격사유가 없는 한 법률상 당연히 부여하여야 할 기속행위인 데다가 면허가 취소되면 그 취소로부터 2년 동안 면허취득의 결격사유가 되는 데 반하여(제9조 제4호) 면허취소보다 가벼운 제재수단인 등록취소의 경우에도 그 취소처분 후 2년간 재등록이 불가능한 점(제24조 제2호)에 비추어 볼 때, 의료법 제52조 제2항과 같은 면허재교부제도가 별도로 규정되어 있지 아니한 이상, 건축사면허의 취소는 곧 건축사자격시험의 합격을 포함한 기존의 건축사자격 전체를 취소시키는 효력을 가진다고 봄이 상당하다.

## III. 벌칙

**제39조(벌칙)** 건축사업무의 수행과 관련하여 다음 각 호의 어느 하나에 해당하는 행위를 한 건축사, 건축사보 또는 실무수련자는 2년 이하의 징역이나 2천만원 이하의 벌금에 처한다.

1. 부당하게 금품을 주고받거나 요구하는 행위
2. 제3자에게 부당한 금품을 제공하게 하거나 제공을 요구하는 행위

[본조신설 2015.1.6.] [종전 제39조는 제39조의2로 이동 〈2015.1.6.〉]

**제39조의2(벌칙)** 다음 각 호의 어느 하나에 해당하는 사람은 2년 이하의 징역이나 2천만원 이하의 벌금에 처한다.

1. 제10조를 위반한 다음 각 목의 어느 하나에 해당하는 사람
    가. 다른 사람에게 자기의 성명을 사용하여 건축사업무를 수행하게 하거나 자신의 건축사 자격증을 빌려 준 사람
    나. 다른 사람의 성명을 사용하여 건축사업무를 수행하거나 다른 사람의 건축사 자격증을 빌린 사람
    다. 가목 및 나목의 행위를 알선한 사람
2. 제18조를 위반한 다음 각 목의 어느 하나에 해당하는 사람
    가. 다른 사람에게 자신의 건축사 등록증을 빌려 준 사람
    나. 다른 사람의 건축사 등록증을 빌린 사람
    다. 가목 및 나목의 행위를 알선한 사람

[본조신설 2019.8.20.] [종전 제39조의2는 제39조의3으로 이동 〈2019.8.20.〉]

**제39조의3(벌칙)** 다음 각 호의 어느 하나에 해당하는 사람은 1년 이하의 징역이나 1천만원 이하의 벌금에 처한다.

1. 거짓이나 그 밖의 부정한 방법으로 건축사 자격을 취득하거나 제18조에 따른 자격등록 또는 갱신등록을 한 사람
2. 제4조를 위반하여 건축물의 설계 또는 공사감리를 한 사람
3. 삭제 〈2019.8.20.〉
4. 제18조의2에 따라 자격등록 또는 갱신등록이 거부되거나 제18조의3에 따라 자격등록이 취소된 사람으로서 건축사업무를 수행한 사람
5. 제20조제6항을 위반하여 직무상 알게 된 비밀을 누설하거나 다른 용도로 사용한 사람
6. 거짓이나 그 밖의 부정한 방법으로 건축사사무소개설신고를 한 사람
7. 제23조를 위반하여 건축사사무소개설신고를 하지 아니하고 건축사업을 한 사람
8. 제30조의3제2항제2호에 따른 징계를 받아 업무가 정지된 후에도 계속하여 그 업무를 수행한 사람
9. 삭제 〈2015.1.6.〉

[전문개정 2011.5.30.] [제39조의2에서 이동, 종전 제39조의3은 제39조의4로 이

동 〈2019.8.20.〉]

**제39조의4(몰수ㆍ추징)** 제39조의2의 죄를 지은 자 또는 그 사정을 아는 제3자가 받은 금품이나 그 밖의 이익은 몰수한다. 이를 몰수할 수 없을 때에는 그 가액을 추징한다. 〈개정 2019.8.20.〉
[본조신설 2017.12.26.] [제39조의3에서 이동 〈2019.8.20.〉]

**제40조(양벌규정)** 건축사사무소개설자의 대리인, 사용인, 그 밖의 종업원이 그 건축사사무소개설자의 업무에 관하여 제39조, 제39조의2 또는 제39조의3의 위반행위를 하면 그 행위자를 벌하는 외에 그 건축사사무소개설자에게도 해당 조문의 벌금형을 과(科)한다. 다만, 건축사사무소개설자가 그 위반행위를 방지하기 위하여 해당 업무에 관하여 상당한 주의와 감독을 게을리하지 아니한 경우에는 그러하지 아니하다. 〈개정 2015.1.6., 2019.8.20.〉
[전문개정 2011.5.30.] [제42조에서 이동 〈2011.5.30.〉]

**제41조(과태료)** ① 다음 각 호의 어느 하나에 해당하는 사람에게는 100만원 이하의 과태료를 부과한다.
  1. 제12조를 위반하여 건축사 또는 이와 비슷한 명칭을 사용한 사람
  2. 제30조제1항에 따른 보고를 하지 아니하거나 거짓으로 보고한 사람 또는 검사를 거부ㆍ방해하거나 기피한 사람
② 다음 각 호의 어느 하나에 해당하는 사람에게는 50만원 이하의 과태료를 부과한다.
  1. 삭제 〈2015.8.11.〉
  2. 제11조제3항을 위반하여 자격증을 반납하지 아니한 사람
  3. 제27조를 위반하여 변경 등의 신고를 하지 아니한 사람
  4. 삭제 〈2015.8.11.〉
③ 제1항과 제2항에 따른 과태료는 국토교통부장관 또는 시ㆍ도지사가 부과ㆍ징수한다. 〈개정 2013. 3. 23., 2020. 2. 18.〉
[전문개정 2011.5.30.]

## IV. 기재례

### 【범죄사실 기재례】

피의자는 윤○○는 건축사이고, 피의자 정○○는 무면허로 건축설계 등을 하는 사람이다. 피의자 정○○는, 200○. ○. ○.경 ○○시 ○○구 ○○동 ○○번지에 있는 ○○빌딩 4층 약50평의 사무실에 ○○건축사사무소라는 간판을 걸고 설계판 7대, 청사진기 1대, 팩시밀리 1대 및 복사기 1대 등의 사무기기를 갖추고, 종업원 8명을 고용한 다음 위 윤○○에게 월 180만원씩의 대여료를 주고 동인의 건축사면허를 대여받았다. 그리하여 ○○건설이 200○. ○. ○.부터 같은 해 ○. ○.까지 사이에 부천시 ○○동 ○○번지에 시공한 지하 1층 지상 4층 연면적 1,600㎡의 근린생활시설용 건물의 건축을 감리하고 위 ○○건설로부터 돈 50만원을 받은 것을 시작으로 200○. ○. ○.까지 사이에 범죄일람표 기재와 같이 합계 35회에 걸쳐 건축을 감리하였다. 피의자 윤○○는, 위의 기재와 같이 200○. ○. ○.경부터 200○. ○. ○.까지 대여료조로 한 달에 180만원씩을 받고, 위 정○○에게 피의자 명의의 건설업면허증을 대여하였다. (범죄일람표 생략)

### 【범죄사실 기재례】

피의자 김○○은 건축사로서 건축사의 업무를 하고자 할 때는 건축사사무소를 개설하여 국토교통부장관에게 이를 신고하여야 한다. 그러나 김○○은 이를 신고하지 않고, ○○에 있는 ○○건물에 약 400제곱미터에 해당하는 부지에 "김○○ 건축사무소"라는 상호로 사무소를 개설하여 200○. ○. ○. 까지 건축사 업무를 하여 ○○만원을 벌었다.

## 용역비

[대법원 2003. 4. 11. 선고 2002다70884 판결]

【판결요지】
설계용역계약 체결을 전후하여 건축사 자격이 없다는 것을 묵비한 채 자신이 미국에서 공부한 건축학교수이고 '(명칭 생략)건축연구소'라는 상호로 사업자등록까지 마치고 건축설계업을 하며 상당한 실적까지 올린 사람이라고 소개한 경우, 일반인의 입장에서는 그에게 당연히 건축사 자격이 있는 것으로 믿을 수밖에 없었을 것이므로, 재건축조합 측이 그를 무자격자로 의심하여 건축사자격증의 제시를 요구한다거나 건축사단체에 자격 유무를 조회하여 이를 확인하여야 할 주의의무가 있다고 볼 수는 없다고 보아 재건축조합의 착오가 중대한 과실로 인한 것이 아니라고 한 사례.

**[서식] 면허증 발급 신청서**

# 면허증 발급 신청서

| 접수번호 | | 접수일 | 실명확인 | 처리기간 | 7일 |
|---|---|---|---|---|---|

| 신청인 | 성 명 | | 생년월일 | |
|---|---|---|---|---|
| | 주 소 | | | |
| | 합격증 번호 | | 자격시험 합격 연월일 | |

| 근무처 | 사무소명 | 개설신고번호 | |
|---|---|---|---|
| | 대 표 자 | 신고 구분 | |
| | | [ ] 개인   [ ] 법인 | |
| | 소 재 지 | | |
| | (전화번호:                    ) | | |

「건축사법 시행령」(대통령령 제9183호) 부칙 제3항에 따라 위와 같이 건축사
면허증의 발급을 신청합니다.

년        월        일

신청인        (서명 또는 인)

국토교통부장관 귀하

| 첨부서류 | 1. 학력증명서<br>2. 경력증명서 | 수수료 |
|---|---|---|
| 담당 공무원<br>확인사항 | 주민등록표 초본 | 없 음 |

## 처 리 절 차

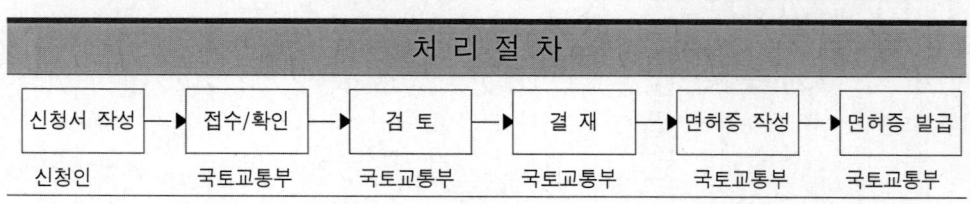

210mm×297mm[백상지 80g/㎡(재활용품)]

**[서식] 건축사 면허증**

---

제　　　호

# 건축사 면허증

성　　　　명:

생 년 월 일:

자　　　격: 법률 제1536호에 따른 2급 건축사

면허 연월일:　　　　　　　년　　　　　월　　　　　일

(국토교통)

「건축사법」(법률 제3074호) 부칙 제5항 및 같은 법 시행령(대통령령 제9183호) 부칙 제2항에 따라 2급 건축사 면허증을 발급합니다.

　　　　　　　　　　　　　　　　　　　년　　　　　월　　　　　일

국토교통부장관　[직인]

---

210mm×297mm(인쇄용지(특급) 120g/㎡)

**[서식]** 건축사사무소개설신고서

# 건축사사무소개설신고서

| 접수번호 | 접수일 | 실명확인 | 처리기간  5일 |
|---|---|---|---|

| 신고인 | 건축사명 | | 생년월일 | |
|---|---|---|---|---|
| | | | 자격번호 | |
| | 주 소 <br><br> (전화번호:          ) | | | |
| | 가족관계 <br> 등록기준지 | | | |

| 사무소 | 사무소명 | | 구 분   [ ] 개인    [ ] <br> 법인 |
|---|---|---|---|
| | 소재지 <br><br> (전화번호:          ) | | |

「건축사법」 제23조제1항에 따라 위와 같이 건축사사무소개설신고를 합니다.

년         월        일

신고인

(서명 또는 인)

특 별 시 장
광 역 시 장  귀하
도    지    사
특별자치도지사

| 첨부서류 | 1. 건축사 자격등록증 사본 <br> 2. 사무실 보유증명서 | 수수료 <br> 2만원 |
|---|---|---|
| 담당공무원 <br> 확인사항 | 법인 등기사항증명서(법인인 경우만 해당합니다) | |

수입증지(2만원) 붙이는 곳

## 처 리 절 차

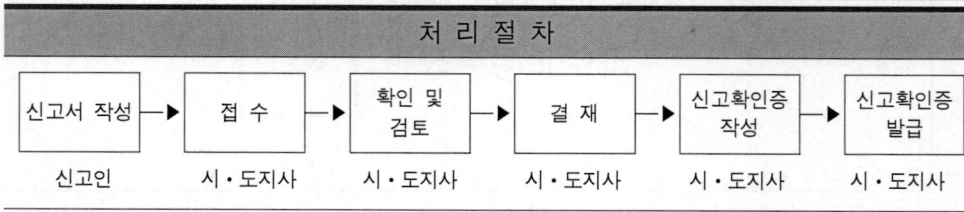

| 신고서 작성 | → | 접 수 | ▶ | 확인 및 <br> 검토 | ▶ | 결 재 | ▶ | 신고확인증 <br> 작성 | ▶ | 신고확인증 <br> 발급 |
|---|---|---|---|---|---|---|---|---|---|---|
| 신고인 | | 시·도지사 | | 시·도지사 | | 시·도지사 | | 시·도지사 | | 시·도지사 |

210mm×297mm[ 백상지 80g/㎡(재활용품)]

# 게임산업진흥에 관한 법률

[시행 2025. 10. 23.] [법률 제20485호, 2024. 10. 22., 일부개정]

## Ⅰ. 개설

### 목적

이 법은 게임산업의 기반을 조성하고 게임물의 이용에 관한 사항을 정하여 게임산업의 진흥 및 국민의 건전한 게임문화를 확립함으로써 국민경제의 발전과 국민의 문화적 삶의 질 향상에 이바지함을 목적으로 한다.

## Ⅱ. 판례

**제2조(정의)** 이 법에서 사용하는 용어의 정의는 다음과 같다. 〈개정 2007.1.19., 2008.2.29., 2016.2.3., 2016.12.20.,2018.6.12., 2023. 3. 21., 2023. 8. 8., 2024. 2. 27.〉

1. "게임물"이라 함은 컴퓨터프로그램 등 정보처리 기술이나 기계장치를 이용하여 오락을 할 수 있게 하거나 이에 부수하여 여가선용, 학습 및 운동효과 등을 높일 수 있도록 제작된 영상물 또는 그 영상물의 이용을 주된 목적으로 제작된 기기 및 장치를 말한다. 다만, 다음 각 목의 어느 하나에 해당하는 것은 제외한다.
   가. 사행성게임물
   나. 「관광진흥법」 제3조의 규정에 따른 관광사업의 규율대상이 되는 것. 다만, 게임물의 성격이 섞여 있는 테마파크시설은 제외한다.
   다. 게임물과 게임물이 아닌 것이 섞여 있는 것으로서 문화체육관광부장관이 정하여 고시하는 것
1의2. "사행성게임물"이라 함은 다음 각 목에 해당하는 게임물로서, 그 결과에 따라 재산상 이익 또는 손실을 주는 것을 말한다.
   가. 베팅이나 배당을 내용으로 하는 게임물
   나. 우연적인 방법으로 결과가 결정되는 게임물
   다. 「한국마사회법」에서 규율하는 경마와 이를 모사한 게임물
   라. 「경륜·경정법」에서 규율하는 경륜·경정과 이를 모사한 게임물
   마. 「관광진흥법」에서 규율하는 카지노와 이를 모사한 게임물
   바. 그 밖에 대통령령으로 정하는 게임물

2. "게임물내용정보"라 함은 게임물의 내용에 대한 폭력성·선정성(煽情性) 또는 사행성(射倖性)의 여부 또는 그 정도와 그 밖에 게임물의 운영에 관한 정보를 말한다.

3. "게임산업"이라 함은 게임물 또는 게임상품(게임물을 이용하여 경제적 부가가치를 창출하는 유·무형의 재화·서비스 및 그의 복합체를 말한다. 이하 같다)의 제작·유통·이용제공 및 이에 관한 서비스와 관련된 산업을 말한다.

4. "게임제작업"이라 함은 게임물을 기획하거나 복제하여 제작하는 영업을 말한다.

5. "게임배급업"이라 함은 게임물을 수입(원판수입을 포함한다)하거나 그 저작권을 소유·관리하면서 게임제공업을 하는 자 등에게 게임물을 공급하는 영업을 말한다.

6. "게임제공업"이라 함은 공중이 게임물을 이용할 수 있도록 이를 제공하는 영업을 말한다. 다만, 다음 각 목의 어느 하나에 해당하는 경우는 제외한다.
   가. 「관광진흥법」에 의한 카지노업을 하는 경우
   나. 「사행행위 등 규제 및 처벌특례법」에 의한 사행기구를 갖추어 사행행위를 하는 경우
   다. 제4호부터 제6호까지, 제6호의2, 제7호 및 제8호에서 규정한 영업 외의 영업을 하면서 고객의 유치 또는 광고 등을 목적으로 해당 영업소의 고객이 게임물을 이용할 수 있도록 하는 경우로서 대통령령으로 정하는 종류 및 방법 등에 의하여 게임물을 제공하는 경우
   라. 제7호의 규정에 따른 인터넷컴퓨터게임시설제공업의 경우
   마. 제22조제2항의 규정에 따라 사행성게임물에 해당되어 등급분류 거부결정을 받은 게임물을 제공하는 경우
   바. 제1호나목 단서에 따른 게임물로서 「관광진흥법」에 따른 테마파크시설을 이용에 제공하는 경우. 다만, 안전성 관리 필요성이 크지 아니한 테마파크시설로서 문화체육관광부장관이 정하여 고시하는 것은 제외한다.

6의2. 제6호의 게임제공업 중 일정한 물리적 장소에서 필요한 설비를 갖추고 게임물을 제공하는 영업은 다음 각 호와 같다.
   가. 청소년게임제공업 : 제21조의 규정에 따라 등급분류된 게임물 중 전체이용가 게임물을 설치하여 공중의 이용에 제공하는 영업
   나. 일반게임제공업 : 제21조의 규정에 따라 등급분류된 게임물 중 청소년이용불가 게임물과 전체이용가 게임물을 설치하여 공중의 이용에 제공하는 영업

7. "인터넷컴퓨터게임시설제공업"이라 함은 컴퓨터 등 필요한 기자재를 갖추

고 공중이 게임물을 이용하게 하거나 부수적으로 그 밖의 정보제공물을 이용할 수 있도록 하는 영업을 말한다. 다만, 제4호부터 제6호까지, 제6호의2, 제7호 및 제8호에서 규정한 영업 외의 영업을 하면서 고객의 유치 또는 광고 등을 목적으로 컴퓨터 등 필요한 기자재를 갖추고 해당 영업소의 고객이 게임물을 이용하게 하거나 부수적으로 정보제공물을 이용할 수 있도록 하는 경우로서 대통령령으로 정하는 종류 및 방법 등에 따라 게임물을 제공하는 경우는 제외한다.

8. "복합유통게임제공업"이라 함은 청소년게임제공업 또는 인터넷컴퓨터게임 시설제공업과 이 법에 의한 다른 영업 또는 다른 법률에 의한 영업을 동일한 장소에서 함께 영위하는 영업을 말한다.

9. "게임물 관련사업자"라 함은 제4호부터 제6호까지, 제6호의2, 제7호 및 제8호의 영업을 하는 자를 말한다. 다만, 제6호다목 및 제7호 단서에 따른 영업을 하는 자는 제28조의 적용에 한정하여 게임물 관련사업자로 본다.

10. "청소년"이란 「청소년 보호법」 제2조제1호에 따른 청소년을말한다.

11. "확률형 아이템"이란 게임물 이용자가 직접적·간접적으로 유상으로 구매하는 게임아이템[유상으로 구매하는 게임아이템(게임의 진행을 위하여 게임 내에서 사용되는 도구를 말한다. 이하 같다)과 무상으로 얻는 게임아이템을 결합하여 얻는 게임아이템을 포함한다] 중 구체적 종류, 효과 및 성능 등이 우연적 요소에 의하여 결정되는 것을 말한다.

---

**위임행정규칙**

· 게임물의 성격이 혼재되어 있고 안전성 관리 필요성이 크지 아니하여 게임제공업에서 제공할 수 있는 유기시설 또는 유기기구(문화체육관광부고시 제2018-53호, 2018.12.13., 제정)

---

## 게임산업진흥에관한법률위반

[대법원 2010. 6. 24. 선고, 2010도3358, 판결]

【판결요지】

[1] 게임산업진흥에 관한 법률은 게임물이 음반, 비디오물과 함께 '구 음반·비디오물 및 게임물에 관한 법률'(2006. 4. 28. 법률 제7943호 영화 및 비디오물의 진흥에 관한 법률 부칙 제3조로 폐지)에 규정되어 게임물만의 고유한 특성이 반영되지 못한 데 대하여 게임물에 관한 독자적인 법체계를 정비하려는 목적으로 입법되었고, 그 입법 과정에서 게임물에 관한 기본적인 규제체제가 게임산업진흥에 관한 법률에서도 그대로 유지된 점, 구 음반·비디오물 및 게임물에 관한 법률의 게임물의 정의에서 '기기'는 영상물의 이용을 주된 목적으로 제작된 것에 한정되지 않음은 문언상 명백한 점, 게임산업진흥에 관한 법률은 이와 같은 게임물에 관한 정의규정을 이어 받

아 구 음반·비디오물 및 게임물에 관한 법률상의 '영상물 및 기기'를 '영상물 또는 그 영상물의 이용을 주된 목적으로 제작된 기기 및 장치'로 구체화한 것으로 볼 수 있는 점, 게임산업진흥에 관한 법률 조항을 전체적·종합적으로 살펴보더라도 구 음반·비디오물 및 게임물에 관한 법률을 대체한 이 법이 종전에 구 음반·비디오물 및 게임물에 관한 법률 하에서 게임물의 범주에 포섭되었던 것을 게임물에서 제외하는 등으로 게임물의 범위를 축소하였다고 볼 만한 사정은 없는 점 등에 비추어 보면, 게임산업진흥에 관한 법률 제2조 제1호 본문의 '그 영상물의 이용을 주된 목적으로 제작된 기기 및 장치'는 '그 영상물의 이용을 주된 목적으로 제작된 기기'와 '장치'를 의미하는 것으로, 당해 장치가 영상물의 이용을 주된 목적으로 제작되지 않았더라도 컴퓨터프로그램 등 정보처리 기술이나 기계장치를 이용하여 오락을 할 수 있게 하거나 이에 부수하여 여가선용, 학습 및 운동효과 등을 높일 수 있도록 제작된 것이라면 같은 법 제2조 제1호의 '게임물'에 해당하는 것으로 해석하여야 한다.

[2] 영상물의 이용을 주된 목적으로 제작되지 않은 '크레인 게임기'(일명 인형뽑기)를 게임산업진흥에 관한 법률 제2조 제1호의 게임물에 해당한다고 본 원심판단을 수긍한 사례

[3] 게임산업진흥에 관한 법률 제2조 제6호의2 (가)목은 청소년게임제공업을 '제21조의 규정에 따라 등급분류된 게임물 중 전체이용가게임물을 설치하여 공중의 이용에 제공하는 영업'으로 정의한 다음, 제26조 제2항은 청소년게임제공업을 영위하고자 하는 자로 하여금 문화체육관광부령이 정하는 시설을 갖추어 시장·군수·구청장 등 관할 관청에 등록하도록 하면서, 이에 위반하여 등록을 하지 아니하고 영업을 한 자를 제45조 제2호에 의하여 처벌하고 있다. 이와 같은 법률조항의 문언 및 체계에 비추어 보면, 등급분류를 받지 아니한 게임물을 공중의 이용에 제공하는 것은 위 법 제2조 제6호의2 (가)목에 규정된 청소년게임제공업에 해당하지 않으므로, 그러한 영업을 관할 관청에 등록하지 않고 하였다고 하더라도 이를 제45조 제2호, 제26조 제2항에 의하여 처벌할 수는 없다.

[4] 등급분류를 받은 게임물인지 여부를 심리·판단하지 아니한 채 크레인 게임기(일명 인형뽑기)를 관할 관청에 등록하지 않고 공중의 이용에 제공하는 영업을 한 행위가 게임산업진흥에 관한 법률 위반죄에 해당한다고 단정한 원심판단에 법리오해의 위법이 있다고 한 사례.

**제32조(불법게임물 등의 유통금지 등)** ① 누구든지 게임물의 유통질서를 저해하는 다음 각 호의 행위를 하여서는 아니 된다. 다만, 제4호의 경우 「사행행위 등 규제 및 처벌특례법」에 따라 사행행위영업을 하는 자는 제외한다. 〈개정 2007.1.19., 2011.4.5., 2016.12.20., 2018.12.11., 2018.12.24., 2020.12.8., 2023. 3. 21., 2023. 8. 8.〉

1. 제21조제1항 또는 제21조의10제1항의 규정에 따라 등급을 받지 아니한 게임물을 유통 또는 이용에 제공하거나 이를 위하여 진열·보관하는 행위
2. 제21조제1항 또는 제21조의10제1항의 규정에 따라 등급을 받은 내용과 다른 내용의 게임물을 유통 또는 이용에 제공하거나 이를 위하여 진열·보관하는 행위
3. 등급을 받은 게임물을 제21조제2항 각 호의 등급구분을 위반하여 이용에

제공하는 행위

4. 제22조제2항의 규정에 따라 사행성게임물에 해당되어 등급분류가 거부된 게임물을 유통시키거나 이용에 제공하는 행위 또는 유통·이용제공의 목적으로 진열·보관하는 행위

5. 제22조제3항제1호의 규정에 따른 등급분류증명서를 매매·증여 또는 대여하는 행위

6. 제33조제1항 또는 제3항의 규정을 위반하여 등급 및 게임물내용정보 등의 표시사항을 표시하지 아니한 게임물 또는 게임물의 운영에 관한 정보를 표시하는 장치를 부착하지 아니한 게임물을 유통시키거나 이용에 제공하는 행위

7. 누구든지 게임물의 이용을 통하여 획득한 유·무형의 결과물(점수, 경품, 게임 내에서 사용되는 가상의 화폐로서 대통령령으로 정하는 게임머니 및 대통령령이 정하는 이와 유사한 것을 말한다)을 환전 또는 환전 알선하거나 재매입을 업으로 하는 행위

8. 게임물의 정상적인 운영을 방해할 목적으로 게임물 관련사업자가 제공 또는 승인하지 아니한 컴퓨터프로그램이나 기기 또는 장치를 배포하거나 배포할 목적으로 제작하는 행위

9. 게임물 관련사업자가 제공 또는 승인하지 아니한 게임물을 제작, 배급, 제공 또는 알선하는 행위

10. 제9호에 따른 불법행위를 할 목적으로 컴퓨터프로그램이나 기기 또는 장치를 제작 또는 유통하는 행위

11. 게임물 관련사업자가 승인하지 아니한 방법으로 게임물의 점수·성과 등을 대신 획득하여 주는 용역의 알선 또는 제공을 업으로 함으로써 게임물의 정상적인 운영을 방해하는 행위

② 누구든지 다음 각 호에 해당하는 게임물을 제작 또는 반입하여서는 아니 된다.

1. 반국가적인 행동을 묘사하거나 역사적 사실을 왜곡함으로써 국가의 정체성을 현저히 손상시킬 우려가 있는 것

2. 존비속에 대한 폭행·살인 등 가족윤리의 훼손 등으로 미풍양속을 해칠 우려가 있는 것

3. 범죄·폭력·음란 등을 지나치게 묘사하여 범죄심리 또는 모방심리를 부추기는 등 사회질서를 문란하게 할 우려가 있는 것

## 게임산업진흥에관한법률위반(1)

[대법원 2021. 7. 21., 선고, 2021도4785, 판결]

[1] 게임산업진흥에 관한 법률(이하 '게임산업법'이라고 한다) 제21조 제1항, 제5항, 제22조 제2항, 제28조 제2호의2, 제32조 제1항 제2호, 제38조 제8항,

제45조 제4호, 제46조 제6호, 게임산업진흥에 관한 법률 시행규칙 제9조의2 제2항, 제3항의 내용 및 입법 취지 등에 비추어 보면, 게임물 자체의 내용뿐만 아니라 게임물의 내용 구현과 밀접한 관련이 있는 게임물의 운영방식을 등급분류신청서나 그에 첨부된 게임물내용설명서에 기재된 내용과 다르게 변경하여 이용에 제공하는 행위도 게임산업법 제32조 제1항 제2호에서 정한 '등급을 받은 내용과 다른 내용의 게임물을 이용에 제공하는 행위'에 해당한다고 보아야 한다.

[2] 피고인들이 PC방에 게임기 60대를 설치하고 무료 모바일 게임물로 등급분류 받은 특정 게임물을 아케이드 게임물로 플랫폼을 변경하여 게임기의 지폐투입구에 현금 1만 원을 투입하면 3분 동안 위 게임물이 작동되게 하는 방식으로 영업함으로써 게임산업진흥에 관한 법률(이하 '게임산업법'이라고 한다)을 위반하였다는 내용으로 기소된 사안에서, 무료인 모바일 게임이 유료의 아케이드 게임물 형태로 변경됨으로써 잠재적·현실적 게임이용자의 게임 참가가능성, 게임에 참여할 수 있는 횟수·정도 등에 변경이 초래된 점, 위 게임물이 사행성이 강한 슬롯머신(릴회전류)을 모사한 게임물인 점을 고려할 때 게임물의 과금체계를 무료에서 유료로 변경하는 것은 사행성 조장의 정도에서 현격한 차이가 있고, 과금체계 변경은 등급분류에 있어 중요한 의미가 있는 점 등의 여러 사정을 종합하면, 무료 모바일 게임물로 등급분류 받은 게임물을 유료 아케이드 게임물 형태로 제공한 피고인들의 행위는 '게임물의 내용 구현과 밀접한 관련이 있는 게임물의 운영방식을 변경하여 이용에 제공한 행위'로서 게임산업법 제32조 제1항 제2호에서 정한 '등급을 받은 내용과 다른 내용의 게임물을 이용에 제공하는 행위'에 해당한다는 이유로, 이와 달리 보아 공소사실을 무죄로 판단한 원심판결에 게임산업법이 정한 '게임물의 내용' 및 등급분류에 관한 법리오해의 잘못이 있다고 한 사례.

## 게임산업진흥에관한법률위반(2)
[울산지법 2020. 3. 31., 선고, 2020노16, 판결 : 상고]

**【판결요지】**

피고인이 게임물 관련사업자가 승인하지 아니한 불법 리니지 게임 서버에 접속한 이용자들로 하여금 게임을 할 수 있도록 하면서 이용자들에게 아이템을 만들어 판매하고 총 1,573회에 걸쳐 아이템 판매대금 합계 226,483,000원을 피고인 명의의 계좌로 송금받아 게임산업진흥에 관한 법률(이하 '게임산업법'이라 한다)을 위반하였다는 공소사실에 대하여, 검사가 미승인 게임물 제공으로 인한 게임산업법 제44조 제1항 제2호, 제32조 제1항 제9호를 적용하여 기소하였는데, 제1심이 그에 대한 범죄사실을 인정한 다음 게임아이템 판매대금을 미승인 게임물 제공의 범죄행위에 의하여 생긴 수익이라고 보아 게임산업법 제44조 제2항에 의하여 그 전부에 대한 추징을 선고한 사안이다.

피고인이 게임아이템을 만들어 이용자들에게 판매하고 받은 게임아이템 판매대금은 게임물 관련사업자가 승인하지 아니한 리니지 게임을 제공한 것에 대한 대가가 아니라 게임아이템을 만들어 이용자들에게 판매한 대가로 수령한 것이므로, 이를 미승인 게임물 제공으로 인한 게임산업법 제44조 제1항 제2호, 제32조 제1항 제9호 위반행위에 의하여 생긴 수익이라고 보기 어렵고, 오히려 피고인이 만들어 낸 게임아이템은 게임산업법 제32조 제1항 제7호, 게임산업진흥에 관한 법률 시행령 제18조의3 제3호 (가)목에서 정한 '게임제작업자의 컴퓨터프로그램을 복제, 개작, 해킹 등을 하여 생산·획득한 게임머니 또는 게임아이템 등의 데이터'에 해당하고, 게임산업법 제32조 제1항 제7호에 정한 '환전'에는 '게임결과물을 수령하고 돈을 교부하는 행위'뿐만 아니라 '게임결과물을 교부하고 돈을 수령하는 행위'도 포함되는 것으로 해석하여야 하므로, 피고인의 게임아이템 판매행위는 게임결과물 환전행위로서 게임산업법 제44조 제1항 제2호, 제32조 제1항 제7호 위반의 죄책을 구성하고, 그에 따라 게임아이템 판매대금은 게임결과물 환전 범행에 의하여 생긴 수익에 해당하는데, 법원의 공소장변경 요구에 검사가 응하지 아니한 이상 공소가 제기되지 아니한 게임산업법 제44조 제1항 제2호, 제32조 제1항 제7호의 게임결과물 환전 범죄사실을 인정하여 그에 관하여 게임아이템 판매대금의 추징을 선고하는 것은 불고불리의 원칙에 반하여 허용되지 않는다고 한 사례이다.

**제45조(벌칙)** 다음 각 호의 어느 하나에 해당하는 자는 2년 이하의 징역 또는 2천만원 이하의 벌금에 처한다. 〈개정 2011.7.21., 2016.5.29., 2018.12.11., 2018.12.14., 2019.11. 26., 2023. 3. 21., 2023. 8. 8., 2024. 10. 22.〉

1. 제12조의3제5항에 따른 문화체육관광부장관의 시정명령을 따르지 아니한 자
1의2. 제22조제4항에 따른 정당한 권원을 가지지 아니하거나 거짓이나 그 밖의 부정한 방법으로 게임물의 등급분류를 받은 자
2. 제25조 또는 제26조제1항·제2항·제3항 본문의 규정을 위반하여 허가를 받지 아니하거나 등록을 하지 아니하고 영업을 한 자
3. 삭제 〈2007.1.19.〉
3의2. 제28조제4호의 규정을 위반하여 청소년이용불가 게임물을 제공한 자
4. 제32조제1항제2호의 규정을 위반하여 등급분류를 받은 게임물과 다른 내용의 게임물을 유통 또는 이용제공 및 전시·보관한 자
5. 제32조제1항제5호의 규정을 위반하여 등급분류증명서를 매매·증여 또는 대여한 자
6. 제32조제2항 각 호의 규정을 위반하여 게임물을 제작 또는 반입한 자
7. 제32조제1항제6호 및 제33조제1항·제3항의 규정을 위반하여 표시의무를 이행하지 아니한 게임물을 유통시키거나 이용에 제공한 자
8. 제35조제1항제1호·제2항제1호 및 제3항제1호에 따른 거짓이나 그 밖의 부정한 방법으로 허가를 받거나 등록 또는 신고를 한 자
9. 제35조제2항제2호 및 제3항제2호에 따른 영업정지명령을 위반하여 영업한 자
10. 제38조제3항제3호 또는 제4호의 규정에 해당하는 게임물 및 게임상품 등

을 제작·유통·시청 또는 이용에 제공하거나 그 목적으로 전시·보관한 자

11. 제38조제9항 전단에 따른 문화체육관광부장관의 명령을 이행하지 아니한 자

## 게임산업진흥에관한법률위반(3)

[대법원 2014.11.13, 선고, 2013도9831, 판결]

【판결요지】

[1] 게임산업진흥에 관한 법률(이하 '게임산업법'이라 한다) 제21조 제1항, 제5항, 제32조 제1항 제2호, 제45조 제4호, 게임산업진흥에 관한 법률 시행규칙 제9조의2 제2항, 제3항의 내용 및 입법 취지 등에 비추어 보면, 게임물 자체의 내용뿐만 아니라 게임물의 내용 구현과 밀접한 관련이 있는 게임물의 운영방식을 등급분류신청서나 그에 첨부된 게임물내용설명서에 기재된 내용과 다르게 변경하여 이용에 제공하는 행위도 게임산업법 제32조 제1항 제2호에서 정한 '등급을 받은 내용과 다른 내용의 게임물을 이용에 제공하는 행위'에 해당한다고 보아야 한다.

[2] 피고인 甲 주식회사의 게임 부문 대표인 피고인 乙이 특정 게임물을 제공하는 온라인 게임포털을 운영하면서 게임물내용설명서의 기재 내용과 달리 '선물하기 기능'과 '광고 방식(CPA)'을 통하여 이용자들로 하여금 위 게임물에 구매한도를 초과한 금액을 제한 없이 투입할 수 있도록 하여 게임산업진흥에 관한 법률(이하 '게임산업법'이라 한다) 위반으로 기소된 사안에서, 위 게임물에 이용자가 투입할 수 있는 금액을 일정한 한도로 제한한 구매한도는 이용자가 게임 내에서의 승패에 따라 잃을 수 있는 게임머니의 한도를 정한 것으로서, 게임의 실행 단계에서는 이용자가 베팅할 수 있는 게임머니 또는 이용자가 참가할 수 있는 게임의 횟수를 제한하는 효과가 있는 점, 위 게임물은 사행성이 강한 고스톱과 포커 등을 모사한 게임물로서 게임의 승패에 따른 게임머니의 득실이 누적된 상태로 반복적으로 게임이 진행되는 점, 이와 같은 게임의 방법과 진행 과정 등에 비추어 구매한도가 단순히 게임의 준비절차에만 관련되어 있다고 볼 수는 없는 점 등을 종합할 때, 위 구매한도는 게임물 자체의 내용 구현과 밀접한 관련이 있는 운영방식으로서 등급분류의 대상이 되는 게임물의 내용에 해당함에도, 이와 달리 보아 피고인들에게 무죄를 인정한 원심판결에 게임산업법이 정한 '게임물의 내용'에 관한 법리오해의 위법이 있다고 한 사례.

## III. 벌칙

**제44조(벌칙)** ① 다음 각 호의 어느 하나에 해당하는 자는 5년 이하의 징역 또는 5천만원 이하의 벌금에 처한다. 〈개정 2007.1.19., 2016.12.20., 2023. 8. 8., 2024. 10. 22.〉

1. 제28조제2호의 규정을 위반하여 도박 그 밖의 사행행위를 하게 하거나 이를 하도록 내버려둔 자

1의2. 제28조제3호의 규정을 위반하여 사행성을 조장한 자

2. 제32조제1항제1호·제4호·제7호·제9호 또는 제10호에 해당하는 행위를 한 자

3. 제38조제1항 각 호에 따른 조치를 받고도 계속하여 영업을 하는 자

② 제1항의 규정에 해당하는 자가 소유 또는 점유하는 게임물, 그 범죄행위에 의하여 생긴 수익(이하 이 항에서 "범죄수익"이라 한다)과 범죄수익에서 유래한 재산은 몰수하고, 이를 몰수할 수 없는 때에는 그 가액을 추징한다.

③ 제2항에서 규정한 범죄수익 및 범죄수익에서 유래한 재산의 몰수·추징과 관련되는 사항은 「범죄수익은닉의 규제 및 처벌 등에 관한 법률」 제8조 내지 제10조까지를 준용한다.

**제45조(벌칙)** 다음 각 호의 어느 하나에 해당하는 자는 2년 이하의 징역 또는 2천만원 이하의 벌금에 처한다. 〈개정 2011.7.21., 2016.5.29., 2018.12.11., 2018.12.14., 2019.11. 26., 2023. 3. 21., 2023. 8. 8., 2024. 10. 22.〉

1. 제12조의3제5항에 따른 문화체육관광부장관의 시정명령을 따르지 아니한 자

1의2. 제22조제4항에 따른 정당한 권원을 가지지 아니하거나 거짓이나 그 밖의 부정한 방법으로 게임물의 등급분류를 받은 자

2. 제25조 또는 제26조제1항·제2항·제3항 본문의 규정을 위반하여 허가를 받지 아니하거나 등록을 하지 아니하고 영업을 한 자

3. 삭제 〈2007.1.19.〉

3의2. 제28조제4호의 규정을 위반하여 청소년이용불가 게임물을 제공한 자

4. 제32조제1항제2호의 규정을 위반하여 등급분류를 받은 게임물과 다른 내용의 게임물을 유통 또는 이용제공 및 전시·보관한 자

5. 제32조제1항제5호의 규정을 위반하여 등급분류증명서를 매매·증여 또는 대여한 자

6. 제32조제2항 각 호의 규정을 위반하여 게임물을 제작 또는 반입한 자

7. 제32조제1항제6호 및 제33조제1항·제3항의 규정을 위반하여 표시의무를 이행하지 아니한 게임물을 유통시키거나 이용에 제공한 자

8. 제35조제1항제1호·제2항제1호 및 제3항제1호에 따른 거짓이나 그 밖의 부정한 방법으로 허가를 받거나 등록 또는 신고를 한 자

9. 제35조제2항제2호 및 제3항제2호에 따른 영업정지명령을 위반하여 영업한 자

> 10. 제38조제3항제3호 또는 제4호의 규정에 해당하는 게임물 및 게임상품 등을 제작·유통·시청 또는 이용에 제공하거나 그 목적으로 전시·보관한 자
> 11. 제38조제9항 전단에 따른 문화체육관광부장관의 명령을 이행하지 아니한 자

**제46조(벌칙)** 다음 각 호의 어느 하나에 해당하는 자는 1년 이하의 징역 또는 1천만원 이하의 벌금에 처한다. 〈개정 2007.1.19., 2007.12.21., 2011.4.5., 2013.3.23., 2016.5.29., 2023. 8. 8., 2024. 10. 22.〉〉

1. 제26조제3항 단서의 규정을 위반하여 신고를 하지 아니하고 영업을 한 자
2. 제28조제7호에 따른 청소년의 출입시간을 위반하여 청소년을 출입시킨 자
3. 제32조제1항제3호에 따른 제21조제2항제4호의 등급구분을 위반하여 게임물을 제공한 자
3의2. 제32조제1항제8호를 위반하여 게임물 관련사업자가 제공 또는 승인하지 아니한 컴퓨터프로그램이나 기기 또는 장치를 배포하거나 배포할 목적으로 제작하는 행위를 한 자
4. 삭제 〈2007.1.19.〉
5. 제35조제1항제2호에 따른 영업정지명령을 위반하여 영업한 자
6. 제38조제7항 및 제8항에 따른 문화체육관광부장관의 명령을 이행하지 아니한 자

**제47조(양벌규정)** 법인의 대표자나 법인 또는 개인의 대리인·사용인 그 밖의 종업원이 그 법인 또는 개인의 업무에 관하여 제44조 내지 제46조에 따른 위반행위를 한 때에는 행위자를 벌하는 외에 그 법인 또는 개인에 대하여도 각 해당 조의 벌금형을 과한다. 다만, 법인 또는 개인이 그 위반행위를 방지하기 위하여 해당 업무에 관하여 상당한 주의와 감독을 게을리하지 아니한 경우에는 그러하지 아니하다. 〈개정 2011.4.5.〉
[2011.4.5. 법률 제10554호에 의하여 2010.7.29. 헌법재판소에서 위헌 결정된 이 조를 개정함.]

**제48조(과태료)** ① 제31조의2제1항을 위반하여 국내대리인을 지정하지 아니한 자에게는 2천만원 이하의 과태료를 부과한다. 〈신설 2024. 10. 22.〉
② 다음 각 호의 어느 하나에 해당하는 자에게는 1천만원 이하의 과태료를 부과한다. 〈개정2011.7.21., 2016.2.3., 2016.5.29., 2020.12.8., 2023. 8. 8., 2024. 10. 22.〉

1. 제12조의3제4항에 따른 문화체육관광부장관의 자료 제출 또는 보고 요청에 따르지 아니한 자
1의2. 제12조의3제6항에 따른 보고를 하지 아니한 자
1의3. 제25조제2항의 규정을 위반하여 변경등록을 하지 아니한 자
2. 제26조제4항의 규정을 위반하여 변경허가를 받지 아니하거나 변경 등록 또는 변경신고를 하지 아니한 자
2의2. 제21조제5항의 규정을 위반하여 변경신고를 하지 아니한 자
2의3. 제21조의3제2항제1호를 위반하여 협력의무를 준수하지 아니한 자
2의4. 제21조의3제2항제2호를 위반하여 위원회에 통보하지 아니한 자
2의5. 제21조의5제2항을 위반하여 해외 게임물을 이용자에게 제공한 자
2의6. 제21조의9제3항에 따른 문화체육관광부장관의 명령을 이행하지 아니한 자
2의7. 제21조의11제2호를 위반하여 자료 요구에 따르지 아니한 자
3. 제28조제1호의 규정을 위반하여 교육을 받지 아니한 자
4. 제28조제5호의 규정을 위반하여 일반게임장 또는 복합유통게임장(「청소년 보호법」에 따라 청소년 출입을 허용하는 경우는 제외한다)에 청소년을 출입시킨 자
5. 제28조제6호의 규정을 위반하여 음란물 및 사행성게임물 차단 프로그램 또는 장치를 설치하지 아니한 자
6. 제29조제4항의 규정을 위반하여 신고를 하지 아니한 자
7. 제31조제2항에 따른 보고를 하지 아니하거나 관계공무원의 출입·조사 또는 서류열람을 거부·방해 또는 기피한 자
7의2. 제32조제1항제3호에 따른 제21조제2항제2호 및 제3호의 등급구분을 위반하여 위원회로부터 시정조치를 받고 이를 이행하지 아니한 상태로 게임물을 제공한 자
8. 제34조의 규정을 위반한 자

② 제1항에 다른 과태료는 대통령령으로 정하는 바에 따라 문화체육관광부장관, 시·도지사 또는 시장·군수·구청장(이하 "부과권자"라 한다)이 부과·징수한다. 〈개정 2008.2.29.〉
③ 삭제 〈2018.2.21.〉
④ 삭제 〈2018.2.21.〉
⑤ 삭제 〈2018.2.21.〉

## Ⅳ. 기재례

### 【범죄사실 기재례】

피의자 ㅇㅇㅇ는 ㅇㅇ시 ㅇㅇ구 ㅇㅇ동 ㅇㅇ번지에서 ㅇㅇ게임이라는 상호로 게임배급업을 운영하고 있다.

피의자는 게임제공업을 하는 자 등에게 게임물을 공급하는 게임배급업을 하고자 하는 경우에는 시장(군수·구청장)에게 등록하여야 함에도 불구하고 등록없이 20ㅇㅇ. ㅇ. ㅇ.부터 20ㅇㅇ. ㅇ. ㅇ.까지 위 장소에서 ㅇㅇ시 ㅇㅇ구 ㅇㅇ동 ㅇㅇ번지 ㅇㅇ게임장 및 35개의 업소에 ㅇㅇㅇ게임을 비롯하여 ㅇㅇ종의 게임을 총ㅇㅇㅇㅇ만원의 금액으로 전화주문을 받고 판매하여 매상을 올리는 등 게임배급업을 영위하였다.

### 【범죄사실 기재례】

피의자 ㅇㅇㅇ는 ㅇㅇ시 ㅇㅇ구 ㅇㅇ동 ㅇㅇ번지에서 ㅇㅇ게임장이라는 상호로 일반게임제공업을 운영하고 있다.

피의자는 일반게임제공업을 하고자 하는 경우에는 시장(군수·구청장)에게 등록하여야 함에도 불구하고 등록없이 20ㅇㅇ. ㅇ. ㅇ.부터 20ㅇㅇ. ㅇ. ㅇ.까지 위 장소 ㅇㅇ㎡에서 ㅇㅇ종의 게임을 총ㅇㅇ대의 게임기를 갖추고 월 ㅇㅇㅇ만원 상당의 매상을 올리는 일반게임제공업을 영위하였다.

### 【범죄사실 기재례】

피의자 ㅇㅇㅇ는 ㅇㅇ시 ㅇㅇ구 ㅇㅇ동 ㅇㅇ번지에서 ㅇㅇ게임장이라는 상호로 일반게임장을 운영하고 있다.

청소년게임제공업자는 대통령령이 정하여 고시하는 종류외의 경품을 제공하는 행위를 하여서는 아니됨에도 불구하고 피의자는 20ㅇㅇ. ㅇ. ㅇ.부터 20ㅇㅇ. ㅇ. ㅇ.까지 위 게임장에서 ㅇㅇ게임에서, 대통령령에서 인정하지 않은 ㅇㅇㅇ경품을 ㅇㅇㅇ외 불상의 손님들에게 경품으로 제공하여 게임물 관련사업자의 준수사항을 위반하여 게임제공업을 영위하였다.

### 【범죄사실 기재례】

1. 피의자 ㅇㅇㅇ는 ㅇㅇ시 ㅇㅇ구 ㅇㅇ동 ㅇㅇ번지에서 ㅇㅇ게임장이라는 상호로 일반게

임장을 운영하는 사람이다. 피의자는 20○○. ○. ○.부터 20○○. ○. ○.까지 위 게임장에서 등급위원회의 등급분류를 받지 않은 '○○게임'을 설치하여 위 게임장을 찾은 신원불상의 손님들에게 위 게임의 이용을 제공하였다.

2. 18세이용가 설치비율위반의 경우

피의자는 서울 성북구 ○○동 100번지에서 "팡팡게임장"이라는 상호로 일반게임장업을 운영하고 있다.

피의자는 18세이용가 게임물 설치비율은 대통령령이 정하는 바에 따라 총 게임물수의 100분의 60 이내로 하여야 함에도 불구하고, 2006. 2. 25경부터 같은해 7. 10일까지 위 업소 게임기 총 36대 중 18세이용가 게임기 26대를 설치하여 비율이상 설차운영하였다.

## 【범죄사실 기재례】

1. 성인PC방 업주가 등급분류 내용과 다르게 게임제공 및 도박개장의 경우

피의자 홍길동(남, 00세)은 2006. 6. 6일경부터 같은 달 25. 14 : 45경 현재까지 사업자등록증도 얻지 않은 채, 서울 성북구 ○○동 100-100 높은빌딩 1층에서 "퐁퐁퐁퐁"이라는 상호로 성인PC게임방을 운영해온 자이다.

가. 피의자는 바둑이, 세븐오디 포카 등은 온라인 게임으로 일반PC를 통하여 해당사이트에 회원가입후 로그인하여 유료게임의 경우 게임머니(알) 충전은 충전금액 및 회수에 따라 월 고정 회원제로 운영하고 구매한도가 제한되도록 하며 게임머니(리터)사용은 현금성 상품지급 및 이체(선물하기)등이 불가한 상태로 영상물등급위원회로부터 등급분류를 받았다. 그러나 피의자는 손님들로부터 현금을 받아 게임기에 ID와 비밀번호를 부여하여 게임머니를 무제한으로 충전 및 재충전 시켜주는 등 등급분류 받은 내용과 다르게 게임을 제공하였다.

나. 피의자는 동 업소에 들어온 손님에게 고정사이트를 제공하여 손님이 원하는 게임방에 들어가 네트워크로 같은 사이트를 이용하는 ○○ PC게임방에 입장한 플레이어들과 바둑이게임을 하도록 하여 특정인에게 재산상 이득을 주거나 손실을 주는 일명 바둑이게임 도박을 하도록 하여 매회당 판돈의 10% 가량을 제공하는 방법으로 도박개장을 하여 약 3,000,000원 가량의 부당이득을 올리는 등 불법게임장업을 하였다.

2. 성인PC방 종업원의 환전행위의 경우

피의자 홍돌쇠(남, 22세)는 2006. 6. 6일경부터 같은 달 25일 현재까지 서울 성북구 ○○동 100번지 1층에 있는 "퐁퐁퐁퐁PC게임방"에서 일하는 조건으로 업주인 피의자 홍길동으로부터 월 1,3000,000원을 받기로 하고 고용된 종업원이다. 피의자는 동 업소내 카운터에서 일을 하면서 손님들이 현금을 지불하면 카운터 컴퓨터에 입력하여 사이버머니(1원→1알)로 바꾸어 주고 손님들이 게임을 끝낸 후 사이버머니를 가져오면

수수료 명목으로 10% 공제한 나머지를 현금으로 환전하여 주었다.

3. 성인PC방에서 커피·손님안내 종업원의 경우

피의자 홍돌쇠(남, 22세)는 2006. 6. 6일경부터 같은달 25일 현재까지 서울 성북구 ○○동 100번지 1층 소재 "풍풍풍풍PC게임방"에서 일하는 조건으로 업주인 피의자 홍길동으로부터 월 1,500,000원을 받기로 하고 고용된 종업원이다. 피의자는 동 업소에 게임을 하려고 찾아오는 손님들에게 음료수 및 먹거리를 가져다주며 좌석을 안내하는 등의 일을 하며 동 업소의 게임방식이 불법임을 알면서도 종업원으로 일하였다.

4. 성인PC방에서 도박·손님의 경우

피의자는 2006. 6. 25. 17 : 00경부터 같은 날 19 : 00경까지 서울 성북구 ○○동 100번지 1층 소재 "풍풍풍풍PC게임방"에 들어가 카운터에서 현금 50,000원을 주고 게임머니 50,000알과 ID및 비밀번호가 기재되어 있는 카드를 받은 후 컴퓨터에 저장되어 있는 고정사이트에 접속하여 동일 사이트를 이용하는 ○○ PC게임방에서 도박을 하는 플레이어들과 약 2시간동안 일명 "바둑이 카드" 도박을 하였다.

**[서식]** 불법 게임물 수거증

# 불법 게임물 수거증

| 소유자<br>·<br>점유자 | 성 명 | | 생년월일<br>(외국인등록번호) | |
|---|---|---|---|---|
| | 주 소 | | 전화번호 | |
| 상 호<br>(법인명) | | | 전화번호 | |
| 수거 품명<br>및 수량 | 품 명 1. | : | | 대(개) |
| | 품 명 2. | : | | 대(개) |
| | 품 명 3. | : | | 대(개) |
| | 품 명 4. | : | | 대(개) |
| | 품 명 5. | : | | 대(개) |
| 수거 사유 | | | | |
| 수거 일시 | 년    월    일(    요일),    시    분 | | | |
| 수거 장소 | | | | |
| 피수거자 | | | | |

「게임산업진흥에 관한 법률」 제38조제4항 및 같은 법 시행규칙 제30조제2항에 따라 수거하였음을 증명합니다.

년    월    일

수거자        소속

성명                    (서명 또는 인)

연락처

210mm×297mm[백상지(80g/㎡) 또는 중질지(80g/㎡)]

# 경륜·경정법

[시행 2023. 8. 8.] [법률 제19592호, 2023. 8. 8., 타법개정]

## Ⅰ. 개설

### 목적

이 법은 경륜(競輪) 및 경정(競艇)을 공정하게 시행하고 원활하게 보급하여 국민의 여가 선용과 국민 체육 진흥을 도모하고, 청소년의 건전육성과 지방재정 확충을 위한 재원을 마련하며, 자전거 및 모터보트 경기의 수준 향상에 이바지함을 목적으로 한다.

## Ⅱ. 판례

**제21조(경주장의 단속 등)** ① 경주사업자는 경주의 공정한 운영과 경주장의 질서유지 등을 위하여 필요한 조치를 하여야 한다.
② 제1항의 조치에 필요한 사항은 대통령령으로 정한다.

### 특정경제범죄가중처벌등에관한법률위반(사기)·사행행위등규제및처벌특례법위반·경륜·경정법위반

[대법원 2005. 4. 15. 선고, 2004도8971, 판결]

**【판결요지】**

1. 원심은 그 설시 증거들을 종합하여 인터넷 사이트를 개설하여 경마·경륜·경정의 경주권 구매대행업을 영위하던 피고인 A, C 등이 경마·경륜·경정의 경주권 구매대행 의뢰인들로부터 지급받은 경주권 구입비용 전액으로 경주권을 구매하지 아니하고 그 중 일부로 당첨자에 대해 당첨금 상당액을 지급하고 나머지 금액을 취득하기로 마음먹고, 공모하여, 자신들이 개설한 인터넷 사이트의 이용자들에게 마치 경주권 구입비용을 입금하면 그 전액으로써 경주권을 구매하여 줄 것처럼 속여 2003. 8. 1.부터 2004. 3. 23.경까지 1,900명으로부터 14,002회에 걸쳐 합계 33억 52,481,195원 상당을 받아 그 중 승자투표적중자에게 당첨금 명목으로 반환한 합계 16억 5,861,459원을 뺀 17억 46,619,736원을 편취한 사실을 인정하여 피고인 A, C를 각 특정경제범죄가중처벌등에관한법률위반(사기)죄 및 경륜·경정법위반죄 등의 실체적 경합범으로 처단하였는바, 기록에 비추어 보면 이러한 원심의 조치는 옳고, 거기에 상고이유에서 주장하는 바와 같이 심리미진 또는 채증법칙 위배로 인한 사실오인, 사기죄의 구성요건, 사기죄와 경륜·경정법위반죄의 죄수

관계, 공범관계의 성립 및 이탈·공모공동정범 등에 관한 법리오해 등으로 판결 결과에 영향을 미친 위법이 없으며, 상고이유에서 언급된 대법원 판결들도 어느 것이나 사안과 취지를 달리하는 것으로서 이 사건에 원용할 만한 것이 아니다.

2. 구 경륜·경정법(2004. 1. 29. 법률 제7133호로 개정되기 전의 것, 이하 '구법'이라 한다) 제21조는 "경주사업자가 아닌 자는 승자투표권 또는 이와 유사한 것을 발매하거나 승자투표적중자에 대하여 금전을 교부하는 경주를 하여서는 아니 된다."고 규정하고, 같은 법 제24조 제1항 제1호는 이에 위반하면 3년 이하의 징역 또는 1천만 원 이하의 벌금에 처한다고 규정하고 있는바, 그에 의하면 승자투표권 등 발매행위와 승자투표적중자에 대한 금전 교부 행위는 각각 금지되는 행위로서 둘 중 어느 하나만 위반하여도 위 규정에 해당하여 처벌이 된다고 해석하여야 한다. 구법 제2조 제1, 2호에 규정된 '경륜' 또는 '경정'이라 함은 자전거경주 또는 모타보트경주에 관하여 승자투표권을 발매하고 승자투표적중자에 대한 환급금을 교부하는 행위를 가리키는 것이고 구법 제4조가 위 '경륜'과 '경정'을 통틀어 '경주'라 한다고 규정하고 있으나, 이는 구법 소정의 경주사업자에 의하여 행해지는 적법한 경륜이나 경정의 개념을 설정하고 있는 규정인 데 반하여, 구법 제21조는 경주사업자 아닌 자에 의한 유사행위의 금지 범위를 정하기 위한 규정이므로, 구법 제21조에서 '경주'라는 표현이 사용되고 있다 하여 반드시 승자투표권 등의 발매행위와 승자투표적중자에 대한 금전교부 양자를 다 갖추어야만 구법 제21조의 금지 행위가 된다고 할 것은 아니기 때문이다.

원심이 피고인 C 등이 승자투표적중자에게 금전을 교부한 행위가 구법 제24조 제1항 제1호, 제21조에 의하여 금지·처벌되는 행위에 해당한다고 판단한 것은 위 법리 및 이 사건 기록에 비추어 옳고, 거기에 피고인 C가 상고이유로 주장한 것처럼 구법 제21조에 관한 법리를 오해하거나 유추해석금지의 원칙을 위배하는 등으로 판결 결과에 영향을 미친 위법이 없다.

## III. 벌칙

**제26조(벌칙)** ① 다음 각 호의 어느 하나에 해당하는 자는 7년 이하의 징역 또는 7천만원 이하의 벌금에 처한다. 〈개정 2018.12.24., 2019.11.26.〉

1. 제24조제1항·제2항 또는 같은 조 제3항제1호를 위반하여 유사행위 등을 한 자
2. 이 법에 따른 경주에 관하여 영리를 목적으로 도박을 한 자 또는 이를 방조한 자
3. 제25조제2항 각 호(같은 항 제4호는 제외한다)의 어느 하나에 해당하는 자로서 이 항 제2호에 따른 행위의 상대가 된 자

② 제1항의 미수범은 처벌한다.

**제27조(벌칙)** 다음 각 호의 어느 하나에 해당하는 자는 5년 이하의 징역 또는 5천만원 이하의 벌금에 처한다. 〈개정 2018.12.24., 2019.11.26.〉

1. 위계(僞計) 또는 위력(威力)을 사용하여 경주의 공정(公正)을 해치거나 공정한 시행을 방해한 자
2. 경기장 안으로 무단 진입하거나 이물질(異物質) 등을 던져 원활한 경주 시행을 방해한 자 또는 선수·심판 등 경주종사자의 안전을 위협한 자
3. 제24조제1항 또는 제2항에 따른 유사행위 등의 상대가 된 자
4. 제24조제3항제2호를 위반하여 시스템을 설계·제작·유통 또는 제공한 자
5. 제25조제2항을 위반하여 승자투표권을 구매·주선 또는 양도받은 자

[제26조에서 이동, 종전 제27조는 제26조로 이동 〈2019.11.26.〉]

**제28조(벌금의 병과)** 제26조제1항, 제27조제3호·제4호, 제34조제1호의 경우에 징역형과 벌금형은 병과(倂科)할 수 있다. 〈개정 2019.11.26., 2021.6.15.〉

**제29조(벌칙)** ① 선수나 심판이 그 업무에 관하여 부정한 청탁을 받고 재물 또는 재산상의 이익을 수수(收受)·요구 또는 약속한 경우에는 5년 이하의 징역 또는 5천만원 이하의 벌금에 처한다. 〈개정 2018.12.24., 2023. 8. 8.〉
② 선수나 심판이 제1항의 죄를 저질러 부정한 행위를 한 경우에는 7년 이하의 징역 또는 7천만원 이하의 벌금에 처한다. 〈개정 2018.12.24., 2023. 8. 8.〉

**제30조(벌칙)** 선수 또는 심판이 그 업무에 관하여 부정한 청탁을 받고 제3자에게 재물 또는 재산상의 이익을 제공하게 하거나 이익의 제공을 요구 또는 약속한 경우에는 5년 이하의 징역 또는 5천만원 이하의 벌금에 처한다. 〈개정 2018.12.24.〉

**제31조(벌칙)** 제29조 및 제30조에서 규정한 재물 또는 재산상의 이익을 약속·제공하거나 제공의 의사를 표시한 자는 5년 이하의 징역 또는 5천만원 이하의 벌금에 처한다. 〈개정 2018.12.24., 2019.11.26.〉

**제32조(몰수와 추징)** 제26조제1항 및 제29조부터 제31조까지의 규정에 따른 재물은 몰수한다. 다만, 재물을 몰수하는 것이 불가능하거나 재산상의 이익을 취득한 경우에는 병과가액(倂科價額)을 추징한다. 〈개정 2019.11.26.〉

**제33조(자격정지의 병과)** 제29조부터 제31조까지의 규정에 따른 죄에는 10년 이하의 자격정지를 병과(倂科)할 수 있다.

**제34조(벌칙)** 다음 각 호의 어느 하나에 해당하는 자는 3년 이하의 징역 또는 3천만원 이하의 벌금에 처한다. 〈개정 2018.12.24., 2019.11.26.〉
  1. 제24조제3항제3호를 위반하여 홍보를 한 자
  2. 제25조제1항을 위반하여 미성년자에게 승자투표권을 발매한 자

**제35조(과태료)** ① 다음 각 호의 어느 하나에 해당하는 자에게는 100만원 이하의 과태료를 부과한다. 〈개정 2008.2.29.〉
  1. 제4조제1항, 제5조제1항 또는 제9조제2항에 따라 문화체육관광부장관의 허가를 받아야 할 사항에 대하여 허가를 받지 아니한 자
  2. 제4조제2항, 제16조제2항 또는 제19조제1항에 따라 문화체육관광부장관의 승인을 받아야 할 사항에 대하여 승인을 받지 아니한 자
  3. 제5조제2항 또는 제23조제1항에 따른 명령을 위반한 자
  4. 제23조제2항에 따른 보고를 하지 아니하거나 거짓된 보고를 한 자 또는 는 검사를 거부·방해 또는 기피한 자
② 제1항에 따른 과태료는 대통령령으로 정하는 바에 따라 문화체육관광부장관이 부과·징수한다. 〈개정 2008.2.29., 2016.5.29.〉
③ 삭제 〈2016.5.29.〉
④ 삭제 〈2016.5.29.〉
⑤ 삭제 〈2016.5.29.〉


## IV. 기재례

### 【범죄사실 기재례】

피의자 조○○는 20○○. ○. ○. ○○:○○경 ○○시 ○○동 ○○○에 있는 경륜장에서 경륜 투표로 돈을 잃자, 불만을 품고 경기장 안으로 무단 침입하여 자신이 마시던 음료수 캔을 던져 경륜에 참여한 선수들의 경주를 방해하였다.

# 경범죄처벌법

[시행 2017. 10. 24.] [법률 제14908호, 2017. 10. 24., 일부개정]

## Ⅰ. 개설

### 목적

이 법은 경범죄의 종류 및 처벌에 필요한 사항을 정함으로써 국민의 자유와 권리를 보호하고 사회공공의 질서유지에 이바지함을 목적으로 한다.

## Ⅱ. 판례

**제7조(통고처분)** ① 경찰서장, 해양경찰서장, 제주특별자치도지사 또는 철도특별사법경찰대장은 범칙자로 인정되는 사람에 대하여 그 이유를 명백히 나타낸 서면으로 범칙금을 부과하고 이를 납부할 것을 통고할 수 있다. 다만, 다음 각 호의 어느 하나에 해당하는 사람에게는 통고하지 아니한다. 〈개정 2014.11.19., 2017.7.26.〉

　　1. 통고처분서 받기를 거부한 사람
　　2. 주거 또는 신원이 확실하지 아니한 사람
　　3. 그 밖에 통고처분을 하기가 매우 어려운 사람

② 제1항에 따라 통고할 범칙금의 액수는 범칙행위의 종류에 따라 대통령령으로 정한다.

③ 제주특별자치도지사, 철도특별사법경찰대장은 제1항에 따라 통고처분을 한 경우에는 관할 경찰서장에게 그 사실을 통보하여야 한다.

### 경범죄처벌법상범칙금제도의의의

[대법원 2020. 4. 29., 선고, 2017도13409, 판결]

【판결요지】

경범죄 처벌법은 제3장에서 '경범죄 처벌의 특례'로서 범칙행위에 대한 통고처분(제7조), 범칙금의 납부(제8조, 제8조의2)와 통고처분 불이행자 등의 처리(제9조)를 정하고 있다. 경찰서장으로부터 범칙금 통고처분을 받은 사람은 통고처분서를 받은 날부터 10일 이내에 범칙금을 납부하여야 하고, 위 기간에 범칙금을 납부하지 않은 사람은 위 기간의 마지막 날의 다음 날부터 20일 이내에 통고받은 범칙금에 20/100을 더한 금액을 납부하여야 한다(제8조 제1항, 제2항). 경범죄 처벌법 제8조 제2항에 따른 납부기간에 범칙금을 납부하지 않은 사람에 대하여 경찰서장은 지체 없이 즉결심판을 청구하여야 하고(제9조 제1항 제2호), 즉결심판이 청구되더라도 그 선고 전까지 피고인이 통고받은 범칙금에 50/100을 더한 금액을 납부하고 그 증명서류를 제출하였을 경우에는 경찰서장은 즉결심판 청구를 취소하여야 한다(제9조 제2항). 이와 같이 통고받은 범칙금을 납부한 사람은 그 범칙행위에 대하여 다시 처벌받지 않는다(제8조 제3항, 제9조 제3항). 위와 같은 규정 내용과 통고처분의 입법 취지를 고려하면, 경범죄 처벌법상 범칙금제도는 범칙행위에 대하여 형사절차에 앞서 경찰서장의 통고처분에 따라 범칙금을 납부할 경우 이를 납부하는 사람에 대하여는 기소를 하지 않는 처벌의 특례를 마련해 둔 것으로 법원의 재판절차와는 제도적 취지와 법적 성질에서 차이가 있다. 또한 범칙자가 통고처분을 불이행하였더라도 기소독점주의의 예외를 인정하여 경찰서장의 즉결심판 청구를 통하여 공판절차를 거치지 않고 사건을 간이하고 신속·적정하게 처리함으로써 소송경제를 도모하되, 즉결심판 선고 전까지 범칙금을 납부하면 형사처벌을 면할 수 있도록 함으로써 범칙자에 대하여 형사소추와 형사처벌을 면제받을 기회를 부여하고 있다.

따라서 경찰서장이 범칙행위에 대하여 통고처분을 한 이상, 범칙자의 위와 같은 절차적 지위를 보장하기 위하여 통고처분에서 정한 범칙금 납부기간까지는 원칙적으로 경찰서장은 즉결심판을 청구할 수 없고, 검사도 동일한 범칙행위에 대하여 공소를 제기할 수 없다고 보아야 한다.

## 폭력행위등처벌에관한법률위반(집단·흉기등협박)·상해

[대법원 2012.9.13. 선고, 2012도6612, 판결]

**【판결요지】**

[1] 경범죄처벌법상 범칙금제도는 형사절차에 앞서 경찰서장 등의 통고처분에 의하여 일정액의 범칙금을 납부하는 기회를 부여하여 범칙금을 납부하는 사람에 대하여는 기소를 하지 아니하고 사건을 간이하고 신속·적정하게 처리하기 위하여 처벌의 특례를 마련해 둔 것이라는 점에서 법원의 재판절차와는 제도적 취지 및 법적 성질에서 차이가 있다. 그리고 범칙금의 납부에 따라 확정판결에 준하는 효력이 인정되는 범위는 범칙금 통고의 이유에 기재된 당해 범칙행위 자체 및 범칙행위와 동일성이 인정되는 범칙행위에 한정된다. 따라서 범칙행위와 같은 시간과 장소에서 이루어진 행위라 하더라도 범칙행위의 동일성을 벗어난 형사범죄행위에 대하여는 범칙금의 납부에 따라 확정판결에 준하는 일사부재리의 효력이 미치지 아니한다.

[2] 피고인이 경범죄처벌법상 '음주소란' 범칙행위로 범칙금 통고처분을 받아 이를 납부하였는데, 이와 근접한 일시·장소에서 위험한 물건인 과도(果刀)를 들고 피해자를 쫓아가며 "죽여 버린다."고 소리쳐 협박하였다는 내용의 폭력행위 등 처벌에 관한 법률 위반으로 기소된 사안에서, 피고인에게 적용된 경범죄처벌법 제1조 제25호(음주소란등)의 범칙행위와 폭력행위 등 처벌에 관한 법률 위반 공소사실인 흉기휴대협박행위는, 범행 장소와 일시가 근접하고 모두 피고인과 피해자의 시비에서 발단이 된 것으로 보이는 점에서 일부 중복되는 면이 있으나, 범

죄사실의 내용이나 행위의 수단 및 태양, 각 행위에 따른 피해법익이 다르고, 죄질에도 현저한 차이가 있으며, 범칙행위의 내용이나 수단 및 태양 등에 비추어 그 행위과정에서나 이로 인한 결과에 통상적으로 흉기휴대협박행위까지 포함된다거나 이를 예상할 수 있다고 볼 수 없으므로 기본적 사실관계가 동일한 것으로 평가할 수 없다는 이유로, 범칙행위에 대한 범칙금 납부의 효력이 공소사실에 미치지 않는다고 한 사례.

**제8조(범칙금의 납부)** ① 제7조에 따라 통고처분서를 받은 사람은 통고처분서를 받은 날부터 10일 이내에 경찰청장·해양경찰청장 또는 철도특별사법경찰대장이 지정한 은행, 그 지점이나 대리점, 우체국 또는 제주특별자치도지사가 지정하는 금융기관이나 그 지점에 범칙금을 납부하여야 한다. 다만, 천재지변이나 그 밖의 부득이한 사유로 말미암아 그 기간 내에 범칙금을 납부할 수 없을 때에는 그 부득이한 사유가 없어지게 된 날부터 5일 이내에 납부하여야 한다. 〈개정 2014.11.19., 2017.7.26.〉

② 제1항에 따른 납부기간에 범칙금을 납부하지 아니한 사람은 납부기간의 마지막 날의 다음 날부터 20일 이내에 통고받은 범칙금에 그 금액의 100분의 20을 더한 금액을 납부하여야 한다.

③ 제1항 또는 제2항에 따라 범칙금을 납부한 사람은 그 범칙행위에 대하여 다시 처벌받지 아니한다.

### 폭력행위등처벌에관한법률위반(집단·흉기등상해)

[대법원 2011. 4. 28., 선고, 2009도12249, 판결]

**【판결요지】**

[1] 공소사실이나 범죄사실의 동일성 여부는 사실의 동일성이 갖는 법률적 기능을 염두에 두고 피고인의 행위와 그 사회적인 사실관계를 기본으로 하면서 규범적 요소 또한 아울러 고려하여 판단하여야 한다.

[2] 경범죄처벌법상 범칙금제도는 형사절차에 앞서 경찰서장 등의 통고처분에 의하여 일정액의 범칙금을 납부하는 기회를 부여하여 그 범칙금을 납부하는 사람에 대하여는 기소를 하지 아니하고 사건을 간이하고 신속-적정하게 처리하기 위하여 처벌의 특례를 마련해 둔 것이라는 점에서 법원의 재판절차와는 제도적 취지 및 법적 성질에서 차이가 있다. 그리고 범칙금의 납부에 따라 확정판결에 준하는 효력이 인정되는 범위는 범칙금 통고의 이유에 기재된 당해 범칙행위 자체 및 그 범칙행위와 동일성이 인정되는 범칙행위에 한정된다. 따라서 범칙행위와 같은 시간과 장소에서 이루어진 행위라 하더라도 범칙행위의 동일성을 벗어난 형사범죄행위에 대하여는 범칙금의 납부에 따라 확정판결에 준하는 일사부재리의 효력이 미치지 아니한다.

[3] 피고인에게 적용된 경범죄처벌법 제1조 제26호(인근소란등)의 범칙행위와 흉기인 야채 손질용 칼 2자루를 휴대하여 피해자의 신체를 상해하였다는 폭력행위 등 처벌에 관한 법률 위반(집단·흉기등상해)의 공소사실은 범죄사실의 내용이나 그 행위의 수단 및 태양, 각 행위에 따른 피해법익이 다르고, 그 죄질에도 현저한 차이가 있으며, 위 범칙행위의 내용이나 수단 및 태양 등에 비추어 그 행위과정에서나 이로 인한 결과에 통상적으로 흉기휴대상해 행위까지 포함된다거나 이를 예상할 수 있다고는 볼 수 없어 기본적 사실관계가 동일한 것으로 평가할 수 없다는 이유로, 위 범칙행위에 대한 범칙금 납부의 효력이 위 공소사실에는 미치지 않는다고 한 사례.

## Ⅲ. 범칙금

### 범칙금액(경범죄처벌법시행령 제2조)

#### 범칙행위 및 범칙금액(제2조 관련)

| 근거 법조문 | 범 칙 행 위 | 범칙금액 |
|---|---|---|
| 법 제3조 제1항제1호 (빈집 등에의 침입) | 다른 사람이 살지 않고 관리하지 않는 집 또는 그 울타리·건조물(建造物)·배·자동차 안에 정당한 이유 없이 들어간 경우 | 8만원 |
| 법 제3조 제1항제2호 (흉기의 은닉휴대) | 칼·쇠몽둥이·쇠톱 등 사람의 생명 또는 신체에 중대한 위해를 끼치거나 집이나 그 밖의 건조물에 침입하는 데에 사용될 수 있는 연장이나 기구를 정당한 이유 없이 숨겨서 지니고 다니는 경우 | 8만원 |
| 법 제3조 제1항제3호 (폭행 등 예비) | 다른 사람의 신체에 위해를 끼칠 것을 공모(共謀)하여 예비행위를 한 사람이 있는 경우 그 공모를 한 경우 | 8만원 |
| 법 제3조 제1항제5호 (시체 현장변경 등) | 사산아(死産兒)를 감추거나 정당한 이유 없이 변사체 또는 사산아가 있는 현장을 바꾸어 놓은 경우 | 8만원 |
| 법 제3조 제1항제6호 (도움이 필요한 사람 등의 신고불이행) | 자기가 관리하고 있는 곳에 도움을 받아야 할 노인, 어린이, 장애인, 다친 사람 또는 병든 사람이 있거나 시체 또는 사산아가 있는 것을 알면서 이를 관계 공무원에게 지체 없이 신고하지 않은 경우 | 8만원 |

| 법 제3조 제1항제7호 (관명사칭 등) | 국내외의 공직(公職), 계급, 훈장, 학위 또는 그 밖에 법령에 따라 정해진 명칭이나 칭호 등을 거짓으로 꾸며 대거나 자격이 없으면서 법령에 따라 정해진 제복, 훈장, 기장 또는 기념장(記念章), 그 밖의 표장(標章) 또는 이와 비슷한 것을 사용한 경우 | 8만원 |
|---|---|---|
| 법 제3조 제1항제8호(물품강매·호객행위) | 가. 요청하지 않은 물품을 억지로 사라고 한 사람, 요청하지 않은 일을 해주거나 재주 등을 부리고 그 대가로 돈을 달라고 한 경우 | 8만원 |
| | 나. 여러 사람이 모이거나 다니는 곳에서 영업을 목적으로 떠들썩하게 손님을 부른 경우 | 5만원 |
| 법 제3조 제1항제9호 (광고물 무단부착 등) | 가. 다른 사람 또는 단체의 집이나 그 밖의 인공구조물과 자동차 등에 함부로 광고물 등을 붙이거나 내걸거나 끼우거나 글씨 또는 그림을 쓰거나 그리거나 새기는 행위 등을 한 사람 또는 공공장소에서 광고물 등을 함부로 뿌린 경우 | 5만원 |
| | 나. 다른 사람이나 단체의 간판, 그 밖의 표시물 또는 인공구조물을 함부로 옮기거나 더럽히거나 훼손한 경우 | 8만원 |
| 법 제3조 제1항제10호 (마시는 물 사용방해) | 사람이 마시는 물을 더럽히거나 사용하는 것을 방해한 경우 | 8만원 |
| 법 제3조 제1항제11호 (쓰레기 등 투기) | 가. 쓰레기, 죽은 짐승, 그 밖의 더러운 물건(나목에 규정된 것은 제외한다)이나 못쓰게 된 물건을 함부로 아무 곳에나 버린 경우 | 5만원 |
| | 나. 담배꽁초, 껌, 휴지를 아무 곳에나 버린 경우 | 3만원 |
| 법 제3조 제1항제12호 (노상방뇨 등) | 가. 길, 공원, 그 밖에 여러 사람이 모이거나 다니는 곳에서 대소변을 보거나 또는 그렇게 하도록 시키거나 개 등 짐승을 끌고 와서 대변을 보게 하고 이를 치우지 않은 경우 | 5만원 |
| | 나. 길, 공원, 그 밖에 여러 사람이 모이거나 다니는 곳에서 함부로 침을 뱉은 경우 | 3만원 |
| 법 제3조 제1항제13호 (의식방해) | 공공기관이나 그 밖의 단체 또는 개인이 하는 행사나 의식을 못된 장난 등으로 방해하거나 행사나 의식을 하는 경우 또는 그 밖에 관계있는 사람이 말려도 듣지 않고 행사나 의식을 방해할 우려가 뚜렷한 물건을 가지고 행사장 등에 들어간 경우 | 8만원 |

| | | |
|---|---|---|
| 법 제3조<br>제1항제14호<br>(단체가입<br>강요) | 싫다고 하는데도 되풀이하여 단체 가입을 억지로 강요한 경우 | 5만원 |
| 법 제3조<br>제1항제15호<br>(자연훼손) | 공원·명승지·유원지나 그 밖의 녹지구역 등에서 풀·꽃·나무·돌 등을 함부로 꺾거나 캔 경우 또는 바위·나무 등에 글씨를 새기거나 하여 자연을 훼손한 경우 | 5만원 |
| 법 제3조<br>제1항제16호<br>(타인의<br>가축·기계 등<br>무단조작) | 다른 사람 또는 단체의 소나 말, 그 밖의 짐승 또는 매어 놓은 배·뗏목 등을 함부로 풀어 놓거나 자동차 등의 기계를 조작한 경우 | 8만원 |
| 법 제3조<br>제1항제17호<br>(물길의 흐름<br>방해) | 개천·도랑이나 그 밖의 물길의 흐름에 방해될 행위를 한 경우 | 2만원 |
| 법 제3조<br>제1항제18호<br>(구걸행위 등) | 가. 다른 사람에게 구걸하도록 시켜 올바르지 않은 이익을 얻은 경우 | 8만원 |
| | 나. 공공장소에서 구걸을 하여 다른 사람의 통행을 방해하거나 귀찮게 한 경우 | 5만원 |
| 법 제3조<br>제1항제19호<br>(불안감조성) | 정당한 이유 없이 길을 막거나 시비를 걸거나 주위에 모여들거나 뒤따르거나 몹시 거칠게 겁을 주는 말이나 행동으로 다른 사람을 불안하게 하거나 귀찮고 불쾌하게 한 경우 또는 여러 사람이 이용하거나 다니는 도로·공원 등 공공장소에서 고의로 험악한 문신(文身)을 드러내어 다른 사람에게 혐오감을 준 경우 | 5만원 |
| 법 제3조<br>제1항제20호<br>(음주소란 등) | 공회당·극장·음식점 등 여러 사람이 모이거나 다니는 곳 또는 여러 사람이 타는 기차·자동차·배 등에서 몹시 거친 말이나 행동으로 주위를 시끄럽게 하거나 술에 취하여 이유 없이 다른 사람에게 주정한 경우 | 5만원 |
| 법 제3조<br>제1항제21호<br>(인근소란 등) | 악기·라디오·텔레비전·전축·종·확성기·전동기(電動機) 등의 소리를 지나치게 크게 내거나 큰소리로 떠들거나 노래를 불러 이웃을 시끄럽게 한 경우 | 3만원 |
| 법 제3조<br>제1항제22호<br>(위험한 불씨<br>사용) | 충분한 주의를 하지 않고 건조물, 수풀, 그 밖에 불붙기 쉬운 물건 가까이에서 불을 피우거나 휘발유 또는 그 밖에 불이 옮아붙기 쉬운 물건 가까이에서 불씨를 사용한 경우 | 8만원 |

| 법 제3조 제1항제23호 (물건 던지기 등 위험행위) | 다른 사람의 신체나 다른 사람 또는 단체의 물건에 해를 끼칠 우려가 있는 곳에 충분한 주의를 하지 않고 물건을 던지거나 붓거나 또는 쏜 경우 | 3만원 |
|---|---|---|
| 법 제3조 제1항제24호 (인공구조물 등의 관리소홀) | 무너지거나 넘어지거나 떨어질 우려가 있는 인공구조물이나 그 밖의 물건에 대하여 관계 공무원으로부터 고칠 것을 요구받고도 필요한 조치를 게을리하여 여러 사람을 위험에 빠트릴 우려가 있게 한 경우 | 5만원 |
| 법 제3조 제1항제25호 (위험한 동물의 관리 소홀) | 사람이나 가축에 해를 끼치는 버릇이 있는 개나 그 밖의 동물을 함부로 풀어놓거나 제대로 살피지 않아 나다니게 한 경우 | 5만원 |
| 법 제3조 제1항제26호 (동물 등에 의한 행패 등) | 가. 소나 말을 놀라게 하여 달아나게 한 경우 | 5만원 |
| | 나. 개나 그 밖의 동물을 시켜 사람이나 가축에게 달려들게 한 경우 | 8만원 |
| 법 제3조 제1항제27호 (무단소등) | 여러 사람이 다니거나 모이는 곳에 켜 놓은 등불이나 다른 사람 또는 단체가 표시를 하기 위하여 켜 놓은 등불을 함부로 끈 경우 | 5만원 |
| 법 제3조 제1항제28호 (공중통로 안전관리 소홀) | 여러 사람이 다니는 곳에서 위험한 사고가 발생하는 것을 막을 의무가 있으면서도 등불을 켜 놓지 않거나 그 밖의 예방조치를 게을리한 경우 | 5만원 |
| 법 제3조 제1항제29호 (공무원 원조불응) | 눈·비·바람·해일·지진 등으로 인한 재해, 화재·교통사고·범죄, 그 밖의 급작스러운 사고가 발생하였을 때에 현장에 있으면서도 정당한 이유 없이 관계 공무원 또는 이를 돕는 사람의 현장출입에 관한 지시에 따르지 않거나 공무원이 도움을 요청하여도 도움을 주지 않은 경우 | 5만원 |
| 법 제3조 제1항제30호 (거짓 인적사항 사용) | 성명, 주민등록번호, 등록기준지, 주소, 직업 등을 거짓으로 꾸며대고 배나 비행기를 타거나 인적사항을 물을 권한이 있는 공무원이 적법한 절차를 거쳐 묻는 상황에서 정당한 이유 없이 다른 사람의 인적사항을 자기의 것으로 거짓으로 꾸며댄 경우 | 8만원 |

| | | |
|---|---|---|
| 법 제3조<br>제1항제31호(<br>미신요법) | 근거 없이 신기하고 용한 약방문인 것처럼 내세우거나<br>그 밖의 미신적인 방법으로 병을 진찰·치료·예방한다<br>고 하여 사람들의 마음을 홀리게 한 경우 | 2만원 |
| 법 제3조<br>제1항제32호<br>(야간통행제한<br>위반) | 전시·사변·천재지변, 그 밖에 사회에 위험이 생길 우<br>려가 있는 상황에서 국민안전처장관이나 경찰청장이 정<br>하는 야간통행제한을 위반한 경우 | 3만원 |
| 법 제3조<br>제1항제33호<br>(과다노출) | 여러 사람의 눈에 뜨이는 곳에서 공공연하게 알몸을 지<br>나치게 내놓거나 가려야 할 곳을 내놓아 다른 사람에게<br>부끄러운 느낌이나 불쾌감을 준 경우 | 5만원 |
| 법 제3조<br>제1항제34호<br>(지문채취<br>불응) | 범죄 피의자로 입건된 사람의 신원을 지문조사 외의 다<br>른 방법으로는 확인할 수 없어 경찰공무원이나 검사가<br>지문을 채취하려고 할 때에 정당한 이유 없이 이를 거<br>부한 경우 | 5만원 |
| 법 제3조<br>제1항제35호<br>(자릿세 징수 등) | 여러 사람이 모이거나 쓸 수 있도록 개방된 시설 또는<br>장소에서 좌석이나 주차할 자리를 잡아 주기로 하거나<br>잡아주면서, 돈을 받거나 요구하거나 돈을 받으려고 다<br>른 사람을 귀찮게 따라다니는 경우 | 8만원 |
| 법 제3조<br>제1항제36호<br>(행렬방해) | 공공장소에서 승차·승선, 입장·매표 등을 위한 행렬에<br>끼어들거나 떠밀거나 하여 그 행렬의 질서를 어지럽힌<br>경우 | 5만원 |
| 법 제3조<br>제1항제37호<br>(무단 출입) | 출입이 금지된 구역이나 시설 또는 장소에 정당한 이유<br>없이 들어간 경우 | 2만원 |
| 법 제3조<br>제1항제38호<br>(총포 등<br>조작장난) | 여러 사람이 모이거나 다니는 곳에서 충분한 주의를 하<br>지 않고 총포, 화약류, 그 밖에 폭발의 우려가 있는 물<br>건을 다루거나 이를 가지고 장난한 경우 | 8만원 |
| 법 제3조<br>제1항제39호<br>(무임승차 및<br>무전취식) | 영업용 차 또는 배 등을 타거나 다른 사람이 파는 음식<br>을 먹고 정당한 이유 없이 제 값을 치르지 않은 경우 | 5만원 |
| 법 제3조<br>제1항제40호<br>(장난전화 등) | 정당한 이유 없이 다른 사람에게 전화·문자메시지·편<br>지·전자우편·전자문서 등을 여러 차례 되풀이하여 괴<br>롭힌 경우 | 8만원 |

| 법 제3조<br>제1항제41호<br>(지속적 괴롭힘) | 상대방의 명시적 의사에 반하여 지속적으로 접근을 시도하여 면회 또는 교제를 요구하거나 지켜보기, 따라다니기, 잠복하여 기다리기 등의 행위를 반복하여 하는 경우 | 8만원 |
|---|---|---|
| 법 제3조<br>제2항제1호<br>(출판물의<br>부당게재 등) | 올바르지 않은 이익을 얻을 목적으로 다른 사람 또는 단체의 사업이나 사사로운 일에 관하여 신문, 잡지, 그 밖의 출판물에 어떤 사항을 싣거나 싣지 않을 것을 약속하고 돈이나 물건을 받은 경우 | 16만원 |
| 법 제3조<br>제2항제2호<br>(거짓 광고) | 여러 사람에게 물품을 팔거나 나누어 주거나 일을 해주면서 다른 사람을 속이거나 잘못 알게 할 만한 사실을 들어 광고한 경우 | 16만원 |
| 법 제3조<br>제2항제3호<br>(업무방해) | 못된 장난 등으로 다른 사람, 단체 또는 공무수행 중인 자의 업무를 방해한 경우 | 16만원 |
| 법 제3조<br>제2항제4호<br>(암표매매) | 흥행장, 경기장, 역, 나루터, 정류장, 그 밖에 정해진 요금을 받고 입장시키거나 승차 또는 승선시키는 곳에서 웃돈을 받고 입장권·승차권 또는 승선권을 다른 사람에게 되판 경우 | 16만원 |

비고 : 범칙금의 납부 통고를 받은 사람이 통고처분을 불이행하여 법 제9조제1항에 따라 통고받은 범칙금에 가산금을 더하여 납부할 경우에 최대 납부할 금액은 법 제3조제1항 각 호의 행위로 인한 경우에는 10만원으로 하고, 법 제3조제2항 각 호의 행위로 인한 경우에는 20만원으로 한다.

## Ⅳ. 기재례

### 1. 범죄사실 기재례

### 【범죄사실 기재례】

1. 피의자는 20○○. ○. ○. 23 : 00쯤 위 피의자의 집에서 쥐약을 먹고 죽은 생후 7개월의 고양이 1마리를 사람들의 왕래가 많은 같은 동 ○○공원 입구 길에 그대로 버려 오물을 방치하였다.

2. 피의자는 20○○. ○. ○. 14 : 00쯤 서울역 지하도에서 아들 이○○(당5세)가 소변이 급하다고 하자 그 통로에 소변을 보라고 시켜 사람들이 많이 왕래하는 곳에서 이○○으로 하여금 소변을 보게 하였다.

## 2. 적용실례

**【적용실례】**

〈야간에 으슥한 산길 도로변에 승용차를 주차시킨 상태에서 청춘남녀가 전라의 상태로 카섹스를 하는 경우 단속할 근거 법률은?〉

➡ 카섹스족의 단속을 하기 위해서 우선 형법 제245조 '공연음란', 경범죄처벌법 제3조 제33호 '과다노출' 등을 관련 법규로 떠올리게 된다.

먼저 공연음란 행위로 의율코자 했으나 야간에 은밀한 곳에서 이루어지는 것으로 공연성이 결여되고, 과다노출 행위로 저촉하고자 해도 입법 취지상 카섹스족을 단속코자 함이 아니므로, 이 모두 법 적용이 난해하므로 단속상황에 따라서 합리적으로 위법 조치해야 할 것이나, 공연성 내지 과다노출에 대한 구증자료 없이는 무죄 받을 가능성이 많으므로 계도함이 원칙이나, 일선에서는 괘씸죄 적용 경범죄처벌법상 '과다노출' 죄를 적용 즉심에 회부하는 실정임.

**[서식] 범칙금 영수증(경범죄)**

# 범칙금 영수증(경범죄)

(위반자용)

| 통고서번호 | -3- | 회계 | ☐ 경찰청 소관<br>☐ 해양경찰청 소관<br>☐ 제주특별자치도 소관<br>☐ 철도특별사법경찰대 소관 | 세입<br>징수관서 | 경찰서<br>해양경찰서<br>제주특별자치도<br>철 도 특 별 사 법<br>경찰대 |
|---|---|---|---|---|---|
| 납부고지일 | 년  월  일 | | 계좌번호 | | |
| (1차)<br>납부기한 | 년  월  일 | | 금액 | | 원 |
| (2차)<br>납부기한 | 년  월  일 | | 가산금액 | | 원 |
| 성명 | | | 주민등록번호 | | – |

※ 1차 납부기한 다음 날부터 2차 납부기한까지는 범칙금의 100분의 20의 금액을 더하여 납부해야 합니다.

위 금액을 영수합니다.

　　　　　　　년　　　월　　　일

　　은행(우체국)　　　지점

| 수납자<br>인 | 취급점영수<br>인 |
|---|---|
| | |

························································································

(위반자용)

# 범칙금 납부통고서(경범죄)

통고서번호:　　　　-3-

| (1차)납부기한 | | 년  월  일 | 금액 | 원 |
|---|---|---|---|---|
| (2차)납부기한 | | 년  월  일 | 가산금액 | 원 |
| 적용 법조문 | | 「경범죄 처벌법」 제3조제  항제  호 | 범칙내용 | |
| 범칙자 | 성<br>명<br>주<br>소<br>일<br>시 | 직업 | 주민등록<br>번호 | – |
| | | | 전화번호 | |
| 범칙행위 | | 년  월  일  시  분 | | |

| 장소 | |
|---|---|

위 내용이 사실임을 확인하고 서명합니다. (범칙자)　　　　　　　　(서명 또는 지장)

「경범죄처벌법」 제7조 및 같은 법 시행령 제3조제1항에 따라 위와 같이 범칙금의 납부를 통고하오니 기한 내에 납부하시기 바랍니다. 만일 기한 내에 범칙금을 납부하지 않으면 즉결심판에 회부됨을 알려 드립니다.

년　　　　월　　　　일

**경찰서장, 해양경찰서장**
**제주특별자치도지사**
**철도특별사법경찰대장**

160mm×195mm[보존용지(1종) 34g/㎡]

**[서식] 범칙금 징수사항 기록부**

# 범칙금 징수사항 기록부

| 연월일 | 개요 | 징수결정액 | 수납액 | 비고 |
|--------|------|-----------|--------|------|
|        |      |           |        |      |
|        |      |           |        |      |
|        |      |           |        |      |
|        |      |           |        |      |
|        |      |           |        |      |
|        |      |           |        |      |
|        |      |           |        |      |
|        |      |           |        |      |
|        |      |           |        |      |
|        |      |           |        |      |
|        |      |           |        |      |
|        |      |           |        |      |
|        |      |           |        |      |
|        |      |           |        |      |

210mm×297m[ 백상지 80g/㎡ ]

**[서식] 즉결심판 출석통지서**

# 즉결심판 출석통지서

제    –    호

귀하

(위반자)

| 출석 | 일시 | 년   월   일   시   분까지 | | | | | | |
|---|---|---|---|---|---|---|---|---|
| | 장소 | 지방법원   지원   시·군법원 즉결심판법정으로 출석하시기 바랍니다. | | | | | | |
| 출석 대상자 | 성명 | | 나이 | 주민등록번호 | – | 성별: 남·여 | 직업 | |
| | 주소 | | | | | 전화번호 | | |
| | 등록기준지 | | | | | | | |
| 위반 | 일시 | 년   월   일   시   분경 | | | | | | |
| | 장소 | | | | | | | |
| 위반내용 | | | | | | | | |
| 적용법조문 | | | | | | | | |

(연분홍색)

년    월    일

경찰서장
해양경찰서장
제주특별자치도지사

| 직인 |
|---|

210mm×297mm[ 백상지 80g/㎡ ]

# 계량에 관한 법률

[시행 2024. 7. 10.] [법률 제19953호, 2024. 1. 9., 일부개정]

## Ⅰ. 개설

### 목적

이 법은 계량의 기준을 정하여 계량을 적정하게 함으로써 공정한 상거래 질서를 유지하고, 산업의 선진화 및 국민경제 발전에 기여함을 목적으로 한다.

## Ⅱ. 벌칙

**제71조(벌칙)** 다음 각 호의 어느 하나에 해당하는 자는 3년 이하의 징역 또는 3천만원 이하의 벌금에 처하거나 이를 병과(竝科)할 수 있다.

1. 제35조제3호를 위반하여 형식승인과 다르게 변조된 계량기를 양도·대여하거나 양도·대여하기 위하여 광고한 자
2. 제36조제3호를 위반하여 양도·대여 및 양도·대여하기 위한 광고가 제한되는 계량기(제35조제3호에 따라 형식승인과 다르게 변조된 계량기를 말한다)를 사용한 자
3. 제37조제3항을 위반하여 계량값을 조작할 목적으로 계량기를 변조하거나 변조된 계량기를 사용한 자
4. 제37조제4항을 위반하여 형식승인과 다르게 변조된 사실을 알고 해당 계량기를 사용한 자
5. 제52조제2항을 위반하여 사용중지 표시증을 임의로 제거하거나 제거한 계량기를 사용한 자

**제72조(벌칙)** 다음 각 호의 어느 하나에 해당하는 자는 2년 이하의 징역 또는 2천만원 이하의 벌금에 처하거나 이를 병과할 수 있다.

1. 제7조제1항을 위반하여 등록을 하지 아니하고 계량기를 제조 또는 수리한 자
2. 제8조제1항을 위반하여 자체수리자로 지정받지 아니하고 계량기를 수리한 자

3. 제9조제1항을 위반하여 신고를 하지 아니하고 계량기를 수입한 자

4. 제20조제2항을 위반하여 형식승인을 받지 아니한 계량기(형식승인을 받은 후 형식승인이 취소된 경우를 포함한다)에 형식승인번호를 표시하거나 이와 유사한 표시를 한 자

5. 제20조제3항을 위반하여 형식승인번호의 표시를 훼손한 자

6. 제29조제2항을 위반하여 계량기를 변조할 목적으로 검정증인이나 봉인을 훼손한 자

7. 제32조제1항을 위반하여 자체정기검사사업자로 지정을 받지 아니하고 계량기를 자체적으로 정기검사한 자

8. 제35조제2호를 위반하여 형식승인을 받지 아니한 계량기를 양도·대여하거나 양도·대여하기 위하여 광고한 자

9. 제35조제4호를 위반하여 검정을 받지 아니한 계량기를 양도·대여하거나 양도·대여하기 위하여 광고한 자

10. 제35조제7호를 위반하여 검정증인 또는 검사증인이 표시되지 아니하거나 거짓으로 표시된 계량기를 양도·대여하거나 양도·대여하기 위하여 광고한 자

11. 제36조제3호를 위반하여 양도·대여하거나 양도·대여하기 위한 광고가 제한되는 계량기(제35조제2호의 형식승인을 받지 아니한 계량기를 말한다)를 사용한 자

12. 제36조제3호를 위반하여 양도·대여하거나 양도·대여하기 위한 광고가 제한되는 계량기(제35조제4호의 검정을 받지 아니한 계량기를 말한다)를 사용한 자

13. 제36조제3호를 위반하여 양도·대여하거나 양도·대여하기 위한 광고가 제한되는 계량기(제35조제7호의 검정증인 또는 검사증인을 표시하지 아니하거나 거짓으로 표시한 계량기를 말한다)를 사용한 자

14. 제37조제4항을 위반하여 형식승인을 거짓으로 받은 사실을 알고 해당 계량기를 사용한 자

15. 제37조제5항을 위반하여 검정증인 또는 검사증인이 거짓으로 표시된 사실을 알고 해당 계량기를 사용한 자

16. 제47조제2항을 위반하여 자기적합성선언표시 또는 이와 유사한 표시를 한 자

**제73조(벌칙)** 다음 각 호의 어느 하나에 해당하는 자는 1년 이하의 징역 또는 1천만원 이하의 벌금에 처하거나 이를 병과할 수 있다.

1. 제6조제1항을 위반하여 비법정단위로 표시된 계량기를 제조하거나 수입한 자
2. 제6조제4항을 위반하여 법정단위 표시 명령 또는 제42조제1항에 따른 정량표시 명령 또는 표시의 정정요구를 이행하지 아니한 자
3. 제7조제1항을 위반하여 등록을 하지 아니하고 계량증명업을 한 자
4. 제22조제2항에 따른 시정명령을 이행하지 아니한 자
5. 제38조를 위반하여 최대허용오차등을 표시하지 아니하거나 거짓으로 표시한 자
6. 제41조제1항을 위반하여 정량을 표시하지 아니하거나 상품에 표시된 양과 실제량이 허용오차를 초과하여 표시한 자
7. 제48조제1항에 따른 명령을 위반하여 자기적합성선언표시를 제거하지 아니한 자

**제74조(미수범)** 제71조제1호·제2호, 제72조제1호부터 제3호까지, 같은 조 제9호 및 제10호에 따른 죄의 미수범은 처벌한다.

**제75조(양벌규정)** 법인의 대표자나 법인 또는 개인의 대리인, 사용인, 그 밖의 종업원이 그 법인 또는 개인의 업무에 관하여 제71조부터 제74조까지의 어느 하나에 해당하는 위반행위를 하면 그 행위자를 벌하는 외에 그 법인 또는 개인에게도 해당 조문의 벌금형을 과(科)한다. 다만, 법인 또는 개인이 그 위반행위를 방지하기 위하여 해당 업무에 관하여 상당한 주의와 감독을 게을리하지 아니한 경우에는 그러하지 아니하다.

**제76조(과태료)** ① 다음 각 호의 어느 하나에 해당하는 자에게는 500만원 이하의 과태료를 부과한다. 〈개정 2022. 10. 18.〉
1. 제6조제1항을 위반하여 비법정단위로 표시된 상품을 제조하거나 수입한 자
2. 제22조제1항을 위반하여 계량기의 결함사실을 공개하지 아니하거나 거짓으로 공개한 자
3. 제35조제1호를 위반하여 비법정단위가 표시된 계량기를 양도·대여하거나 양도·대여하기 위하여 광고한 자
4. 제36조제3호를 위반하여 양도·대여하거나 양도·대여하기 위한 광고가 제한되는 계량기(제35조제1호 본문의 비법정단위가 표시되어 있는 계량기를 말한다)를 사용한 자

5. 제36조제4호를 위반하여 사용오차를 초과하는 계량기를 사용한 자

6. 제37조제1항을 위반하여 사용오차를 초과하여 계량한 자

② 다음 각 호의 어느 하나에 해당하는 자에게는 200만원 이하의 과태료를 부과한다.〈개정 2022. 10. 18., 2024. 1. 9.〉

1. 제6조제2항을 위반하여 비법정단위를 계량에 사용하거나 광고에 사용한 자

2. 제6조제5항 또는 제42조제2항을 위반하여 결과보고를 하지 아니한 자

3. 제7조제4항, 제8조제4항 및 제9조제2항을 위반하여 변경사항의 신고를 하지 아니한 자

4. 제11조제3항을 위반하여 관련 기록을 보존하지 아니한 자

5. 제12조제1항을 위반하여 폐업 등의 신고를 하지 아니한 자

6. 제17조제2항을 위반하여 관련 기록을 보존하지 아니한 자

7. 제22조제4항에 따른 시정조치 계획, 진행상황 및 결과를 보고하지 아니한 자

8. 제24조제1항을 위반하여 검정유효기간이 지난 계량기의 재검정을 받지 아니하고 계량기를 사용한 자

9. 제27조제2항을 위반하여 관련 기록을 보존하지 아니한 자

10. 제35조제5호 또는 제6호를 위반하여 검정유효기간 또는 재검정유효기간이 지난 계량기를 양도·대여하거나 양도·대여하기 위하여 광고한 자

11. 제35조제8호를 위반하여 최대허용오차등을 표시하지 아니하거나 거짓으로 표시한 계량기를 양도·대여하거나 양도·대여하기 위하여 광고한 자

12. 제36조제1호를 위반하여 수리 후 재검정을 받지 아니한 계량기를 사용한 자

13. 제36조제2호를 위반하여 정기검사를 받지 아니한 계량기를 사용한 자

14. 제36조제3호를 위반하여 양도·대여하거나 양도·대여하기 위한 광고가 제한되는 계량기(제35조제6호의 재검정유효기간이 지난 계량기를 말한다)를 사용한 자

15. 제36조제3호를 위반하여 양도·대여하거나 양도·대여하기 위한 광고가 제한되는 계량기(제35조제8호에 따른 계량기를 말한다)를 사용한 자

16. 제39조를 위반하여 교정 및 재교정을 받지 아니한 교정대상 측정기기를 사용한 자

17. 제41조제1항을 위반하여 정량표시상품의 용기 또는 포장에 정량표시상품사업자의 상호 또는 성명을 표시하지 아니한 자

18. 삭제 〈2024. 1. 9.〉
19. 제50조제1항에 따른 조사 업무를 거부, 방해 또는 기피한 자
20. 제50조제3항을 위반하여 계량기 또는 정량표시상품의 제출요구에 따르지 아니한 자
21. 제62조제1항을 위반하여 자료제출을 하지 아니한 자
22. 제63조제2항을 위반하여 지위승계의 신고를 하지 아니한 자
③ 제1항 및 제2항에 따른 과태료는 대통령령으로 정하는 바에 따라 산업통상자원부장관 또는 시·도지사가 부과·징수한다.

## Ⅲ. 기재례

### 【범죄사실 기재례】

○ 피의자는 ○○시 ○○동 ○○번지에서 정육점을 경영하고 있다.

피의자는 20○○. ○. 초순경 ○○정육점에서 식육을 거래할 때 계량을 기망할 목적으로 위 정육점에서 사용하는 접시저울 20㎏용량 1개의 스프링을 탄성이 강한 것으로 교체하여 변조한 다음 위 저울을 그 무렵부터 같은 해 ○. ○.경까지 사이에 위 정육점에서 식육판매시 계량용으로 사용하였다.

○ 피의자는 서울 ○○나○○○○호 개인택시운전사이다.

피의자는 20○○. ○. ○. ○○상사에서 설치한 택시 요금미터기를 계량을 기망할 목적으로 동월 ○일 △△상사에서 구입한 1㎞당 약 20원씩 더 받도록 변조된 택시 요금미터기로 교체한 후 다음해 ○. ○.경까지 사이에 본인 소유의 택시에 부착하여 손님들이 변조된 택시요금을 지불하게 하였다.

### 【범죄사실 기재례】

피의자는 서울○○바○○○○호 개인택시 운전사이다.

피의자는 20○○. ○. ○. 08：00경 서울시 ○○동에 있는 ○○관광호텔에서 위 택시에 성명을 알 수 없는 일본인승객 4명을 태우고 인천국제공항까지 위 택시를 운행하였다. 운행 중 피의자는 관할관청의 검정을 받은 계량기인 위 택시요금 미터기에 설치해 두었던 스위치를 작동하여 요금표시가 보이지 않게 하여 계량을 기망할 목적으로 계량기를 사용하였다.

**【범죄사실 기재례】**

피의자는 ○○시 ○○동 ○○번지에서 ○○농산이라는 상호로 식품제조업에 종사하고 있다. 피의자는 20○○. ○. ○.부터 같은 해 ○. ○. 사이에 피의자의 공장에서 생산되는 간편호박죽의 표시량이 1,000g임에도 그 허용오차인 10g을 초과한 14.2g이 미달되게 계량하여 제조·판매하였다.

**【범죄사실 기재례】**

가. 피의자 홍○○는 정밀도가 표시되지 않은 계량기는 양도할 수 없음에도 불구하고, 20○○. ○. ○. 10 : 30경 ○○시 ○○구 ○○동 ○○번지에 있는 피의자가 경영하는 ○○기계에서 조○○에게 '그램'이 표시되지 않은 큰저울 1개를 판매하여 양도하였다.

나. 피의자 조○○은 정밀도가 표시되지 않은 큰저울 1개를 구입한 다음 거래상 계량을 속여서 팔 목적으로, 20○○. ○. ○.경부터 같은 해 ○. ○.까지 사이에 ○○시 ○○동에 있는 ○○전철역 앞 노상 등에서 김○○ 등에게 사용하였다.

# 고압가스 안전관리법

[시행 2021. 12. 16.] [법률 제18269호, 2021. 6. 15., 일부개정]

## Ⅰ. 개설

### 목적

이 법은 고압가스의 제조·저장·판매·운반·사용과 고압가스의 용기·냉동기·특정설비 등의 제조와 검사 등에 관한 사항 및 가스안전에 관한 기본적인 사항을 정함으로써 고압가스 등으로 인한 위해(危害)를 방지하고 공공의 안전을 확보함을 목적으로 한다.

## Ⅱ. 판례

**제20조(사용신고 등)** ① 수소·산소·액화암모니아·아세틸렌·액화염소·천연가스·압축모노실란·압축디보레인·액화알진, 그 밖에 대통령령으로 정하는 고압가스(이하 "특정고압가스"라 한다)를 사용하려는 자로서 일정규모 이상의 저장능력을 가진 자 등 산업통상자원부령으로 정하는 자는 특정고압가스를 사용하기 전에 미리 시장·군수 또는 구청장에게 신고하여야 한다. 다만, 다음 각 호의 어느 하나에 해당하는 자로서 허가받은 내용이나 등록한 내용에 특정고압가스의 사용에 관한 사항이 포함되어 있으면 특정고압가스 사용의 신고를 한 것으로 본다. 〈개정 2008.2.29., 2009.5.21., 2013.3.23.〉

　1. 제4조제1항에 따른 고압가스의 제조허가를 받은 자 또는 고압가스저장자
　2. 제5조에 따라 용기등의 제조등록을 한 자
　3. 「자동차관리법」 제5조에 따라 자동차등록을 한 자

② 제1항 본문에 따른 신고를 받은 시장·군수 또는 구청장은 7일 이내에 그 신고사항을 관할 소방서장에게 알려야 한다.

③ 특정고압가스를 사용하는 자는 산업통상자원부령으로 정하는 시설기준과 기술기준에 맞도록 그 특정고압가스의 사용시설을 갖추어야 한다. 〈개정 2008.2.29., 2009.5.21., 2013.3.23.〉

④ 제1항에 따라 신고를 하거나 신고를 한 것으로 보는 자(이하 "특정고압가스 사용신고자"라 한다)가 특정고압가스의 사용시설의 설치나 변경공사를 완공하면 그 시설의 사용 전에 신고를 받은 관청의 완성검사를 받아야 하며, 정기적으로 신고를 받은 관청의 정기검사를 받아야 한다.

⑤ 제4항에 따른 완성검사 및 정기검사의 기준과 기간, 그 밖에 필요한 사항은 산업통상자원부령으로 정한다. 〈개정 2008.2.29., 2013.3.23.〉

⑥ 고압가스제조자나 고압가스판매자가 특정고압가스를 공급할 때에는 다음 각 호의 사항을 확인하여야 한다. 〈신설 2018.12.11.〉

　1. 특정고압가스를 사용하는 자가 제1항에 따른 신고를 하여야 하는 자인지 여부
　2. 특정고압가스 사용신고자의 사용시설이 제4항에 따른 완성검사 및 정기검사를 받았는지 여부

⑦ 고압가스제조자나 고압가스판매자가 제6항에 따른 확인을 한 결과 특정고압가스를 사용하는 자가 제1항에 따른 신고를 하지 아니하거나 제4항에 따른 사용시설의 완성검사 및 정기검사를 받지 아니한 경우에는 특정고압가스의 공급을 중지하고 지체 없이 그 사실을 시장·군수 또는 구청장에게 신고하여야 한다. 〈신설 2018.12.11.〉

⑧ 시장·군수 또는 구청장, 경찰서장이나 소방서장은 특정고압가스를 사용하는 자가 이 법 또는 이 법에 따른 명령을 위반하여 위해를 발생시킬 우려가 있다고 인정하면 특정고압가스의 사용을 일시 금지하거나 특정고압가스의 사용시설을 봉인(封印) 또는 임시 영치(領置)할 수 있다. 〈개정 2009.5.21., 2018.12.11.〉

[전문개정 2007.12.21.]

## 고압가스안전관리법제20조제1항에정한 특정고압가스사용신고의무자의의미

[대법원 2009. 8. 20. 선고, 2009도4799, 판결]

【판결요지】

[1] 고압가스 안전관리법 제20조 제1항은 특정고압가스를 사용하려는 자로서 일정 규모 이상의 저장능력을 가진 자는 특정고압가스를 사용하기 전에 미리 시장·군수 또는 구청장에게 신고하여야 한다고 규정하고 있다. 위 규정의 문언 내용, 입법 목적, 관련 조문 체계 및 형벌법규 엄격해석의 원칙 등에 비추어 보면, 위 규정에 따라 특정고압가스 사용에 관한 신고의무를 부담하는 자는 특정고압가스를 충전·저장하기 위한 설비를 직접 점유·관리하면서 특정고압가스를 직접 사용하려는 자를 말한다.

[2] 건물 신축공사의 시공사로부터 철골공사 등을 하도급받은 회사들이 개별적으로 고압가스공급업체와 고압가스공급계약을 체결하고 특정고압가스에 대한 사용신고 없이 가스용기 및 용접시설 등을 공사 현장에 반입하여 사용한 사안에서, 특정고압

가스의 충전·저장 설비를 직접 점유·관리하는 자는 시공사가 아니라 시공사로부터 공사를 하도급받은 수급업체이므로, 시공사는 고압가스 안전관리법 제20조 제1항에 정한 신고의무자에 해당하지 않는다고 판단한 원심판결을 수긍한 사례.

**제25조(보험 가입)** ① 사업자등, 특정고압가스 사용신고자 또는 용기등을 수입한 자는 고압가스의 사고로 인한 타인의 생명·신체나 재산상의 손해를 보상하기 위하여 보험에 가입하여야 한다. 〈개정 2011.5.24.〉

② 제1항에 따른 보험의 종류·가입대상·가입절차와 그 밖에 필요한 사항은 대통령령으로 정한다.

③ 산업통상자원부장관은 금융위원회와 협의하여 3년마다 그 3년째 사업연도가 끝난 후 3개월 이내에 보험사업자로 하여금 제1항에 따른 보험의 수익금의 일부를 고압가스사고 예방사업을 수행하는 자에게 지원하게 할 수 있으며, 이에 관하여 필요한 사항은 대통령령으로 정한다. 〈개정 2008.2.29., 2013.3.23.〉

[전문개정 2007.12.21.]

### 보험금

[서울고법 2001. 2. 15, 선고, 99나44412, 판결 : 상고]

【판결요지】

[1] 불이 화재로 평가되는 것은 재앙으로 볼 수 있는 경우로서 원래 불이 있어서는 안될 곳, 사람들이 의도하지 않은 곳에서 일어나는 경우와 정상적인 장소에 있던 불이 그 범위를 벗어난 경우를 들 수 있으나, 사람들이 의도한 장소에 계속 머물러 있는 불이라도 너무 장시간 계속되거나 과열되는 등 과도하게 된 경우에는 불이 재앙으로 변하여 화재가 된다고 할 것이다.

[2] 가스사고 배상책임보험의 피보험자인 가스판매업자가 액화질소가스를 주문받았음에도 실수로 액화산소가스를 배달하여, 주문자가 진공열처리로의 냉매제로 액화산소가스를 투입하게 됨으로 인하여 인화물질인 산소의 작용으로 급격한 발화가 일어나서 진공로의 내부온도가 설정온도를 넘어 상승함으로써 진공로가 녹아내린 경우, 이는 가스사고 배상책임보험에서 보상하는 화재에 의한 가스사고라고 본 사례.

## Ⅲ. 벌칙

**제38조(벌칙)** ① 고압가스시설을 손괴한 자 및 용기·특정설비를 개조한 자는 5년 이하의 징역 또는 5천만원 이하의 벌금에 처한다.
② 업무상 과실 또는 중대한 과실로 인하여 고압가스 시설을 손괴한 자는 2년 이하의 금고(禁錮) 또는 2천만원 이하의 벌금에 처한다.
③ 제2항의 죄를 범하여 가스를 누출시키거나 폭발하게 함으로써 사람을 상해(傷害)에 이르게 하면 10년 이하의 금고 또는 1억원 이하의 벌금에 처한다. 사망에 이르게 하면 10년 이하의 금고 또는 1억5천만원 이하의 벌금에 처한다. 〈개정 2009.5.21.〉
④ 제1항의 미수범은 처벌한다.
[전문개정 2007.12.21.]

**제39조(벌칙)** 다음 각 호의 어느 하나에 해당하는 자는 2년 이하의 징역 또는 2천만원 이하의 벌금에 처한다. 〈개정 2011.5.24., 2015.1.28., 2018.3.20.〉
  1. 제4조제1항 전단에 따른 허가를 받지 아니하고 고압가스를 제조한 자
  2. 제4조제5항 전단에 따른 허가를 받지 아니하고 저장소를 설치하거나 고압가스를 판매한 자
  3. 제5조제1항 전단에 따른 등록을 하지 아니하고 용기등을 제조한 자
  4. 제5조의3제1항 전단에 따른 등록을 하지 아니하고 고압가스 수입업을 한 자
  5. 제5조의4제1항 전단에 따른 등록을 하지 아니하고 고압가스를 운반한 자
  6. 제23조의3제1항에 따른 고압가스배관 매설상황의 확인요청을 하지 아니하고 굴착공사를 한 자
  7. 제23조의4제1항에 따른 협의를 하지 아니하고 굴착공사를 하거나 정당한 사유 없이 협의 요청에 응하지 아니한 자
  8. 제23조의4제2항에 따른 협의서를 작성하지 아니하거나 거짓으로 작성한 자
  9. 제23조의4제2항을 위반하여 협의 내용을 지키지 아니한 사업소 밖 배관 보유 사업자와 굴착공사의 시행자
  10. 제23조의5에 따른 기준에 따르지 아니하고 굴착작업을 한 자
  11. 제23조의6제2항에 따른 고압가스배관에 대한 도면을 작성·보존하지 아니하거나 거짓으로 작성·보존한 사업소 밖 배관 보유 사업자
  12. 제35조제1항에 따라 검사기관으로 지정을 받지 아니하고 검사를 한 자

13. 제36조제2항에 따라 검사업무를 위탁받지 아니하고 검사를 한 자

[전문개정 2007.12.21.]

---

**제40조(벌칙)** 다음 각 호의 어느 하나에 해당하는 자는 1년 이하의 징역 또는 1천만원 이하의 벌금에 처한다. 〈개정 2009.5.21., 2015.1.28., 2017.10.31., 2018.3.20〉

1. 제4조제1항 후단이나 제5항 후단에 따른 변경허가를 받지 아니하고 허가받은 사항을 변경한 자(상호의 변경 및 법인의 대표자 변경은 제외한다)
2. 제5조제1항 후단, 제5조의3제1항 후단이나 제5조의4제1항 후단에 따른 변경등록을 하지 아니하고 등록받은 사항을 변경한 자(상호의 변경 및 법인의 대표자 변경은 제외한다)
3. 제10조제1항에 따른 안전점검을 실시하지 아니한 자 또는 제13조제1항을 위반한 자
4. 제13조의2제1항에 따른 안전성 평가를 하지 아니하거나 안전성향상계획을 제출하지 아니한 자
5. 제13조의2제3항에 따른 안전성향상계획을 이행하지 아니한 자
6. 제16조제1항부터 제3항까지의 규정이나 제17조제1항에 따른 검사나 감리를 받지 아니한 자
7. 제17조제5항을 위반한 자
8. 제18조의2제3항을 위반하여 품질기준에 맞지 아니한 고압가스를 판매 또는 인도하거나 판매 또는 인도할 목적으로 저장·운송 또는 보관한 자
9. 제18조의3제1항에 따른 품질검사를 받지 아니하거나 같은 조 제2항에 따른 품질검사를 거부·방해·기피한 자
9의2. 제18조의4제2항을 위반하여 인증을 받지 아니한 안전설비를 양도·임대 또는 사용하거나 판매할 목적으로 진열한 자
10. 제23조의3제3항에 따른 고압가스배관 매설상황 확인을 하여 주지 아니한 사업소 밖 배관 보유 사업자
11. 제23조의3제4항 각 호의 조치를 하지 아니한 굴착공사자 또는 사업소 밖 배관 보유 사업자
12. 제23조의3제6항을 위반하여 굴착공사 개시통보를 받기 전에 굴착공사를 한 굴착공사자

[전문개정 2007.12.21.]

---

**제41조(벌칙)** 다음 각 호의 어느 하나에 해당하는 자는 500만원 이하의 벌금에 처한다.

1. 제4조제2항 전단에 따른 신고를 하지 아니하고 고압가스를 제조한 자
2. 제15조제1항부터 제3항까지의 규정에 따른 안전관리자를 선임하지 아니한 자

[전문개정 2007.12.21.]

**제42조(벌칙)** 다음 각 호의 어느 하나에 해당하는 자는 300만원 이하의 벌금에 처한다. 〈개정 2009.5.21., 2014.1.21.〉
1. 제5조제3항, 제4항 또는 제5항을 위반한 자
2. 제7조나 제21조에 따른 신고를 하지 아니한 자
3. 제13조제2항이나 제22조제1항을 위반한 자
4. 제16조의2제1항에 따른 정기검사나 수시검사를 받지 아니한 자
5. 제16조의3제1항에 따른 정밀안전검진을 받지 아니한 자
6. 제18조제2항 또는 제3항에 따른 회수등의 명령을 위반한 자
7. 제20조제1항에 따른 신고를 하지 아니하거나 거짓으로 신고한 자

[전문개정 2007.12.21.]

**제42조의2(양벌규정)** 법인의 대표자나 법인 또는 개인의 대리인, 사용인, 그 밖의 종업원이 그 법인 또는 개인의 업무에 관하여 제38조부터 제42조까지의 어느 하나에 해당하는 위반행위를 하면 그 행위자를 벌하는 외에 그 법인 또는 개인에게도 해당 조문의 벌금형을 과(科)한다. 다만, 법인 또는 개인이 그 위반행위를 방지하기 위하여 해당 업무에 관하여 상당한 주의와 감독을 게을리하지 아니한 경우에는 그러하지 아니하다.

[전문개정 2009.5.21.]

**제43조(과태료)** ① 다음 각 호의 어느 하나에 해당하는 자에게는 2천만원 이하의 과태료를 부과한다. 〈개정 2007.12.21., 2009.5.21., 2011.5.24.〉
1. 제4조제2항 후단을 위반하여 변경신고를 하지 아니하고 신고한 사항을 변경한 자(상호의 변경 및 법인의 대표자 변경은 제외한다)
2. 제11조제1항을 위반하여 안전관리규정을 제출하지 아니한 제4조제2항에 따른 고압가스 제조신고를 한 자(이하 이 조에서 "고압가스 제조신고자"라 한다)
3. 제11조제4항이나 제13조의2제2항에 따른 명령을 위반한 자
4. 제15조제4항을 위반하여 대리자를 지정하여 그 직무를 대행하게 하지 아니한 고압가스 제조신고자 또는 특정고압가스 사용신고자

5. 제16조제4항 후단을 위반하여 고압가스의 제조·저장 또는 판매시설을 사용한 자

6. 제25조제1항을 위반하여 보험에 가입하지 아니한 고압가스 제조신고 자, 특정고압가스 사용신고자 또는 용기등을 수입한 자

7. 제28조의2를 위반하여 한국가스안전공사 또는 이와 유사한 명칭을 사용한 자

② 다음 각 호의 어느 하나에 해당하는 자에게는 1천만원 이하의 과태료를 부과한다. 〈개정 1999.2.8., 2007.5.17., 2007.12.21., 2011.5.24., 2014.1.21.〉

1. 제11조제5항을 위반하여 안전관리규정을 지키지 아니하거나 안전관리규 정의 실시기록을 거짓으로 작성한 자

2. 제11조제5항을 위반하여 안전관리규정의 실시기록을 작성·보존하지 아니한 고압가스 제조신고자

2의2. 제10조제2항을 위반하여 시설을 개선하도록 하지 아니한 고압가스 제조신고자

3. 제10조제3항, 제13조제4항이나 제20조제3항·제4항을 위반한 자

3의2. 제13조제5항을 위반하여 충전·판매 기록을 작성·보존하지 아니한 고압가스 제조신고자

4. 제24조에 따른 명령을 위반한 자

5. 제26조제1항을 위반하여 사고발생사실을 공사에 통보하지 아니하거나 거짓으로 통보한 자

③ 다음 각 호의 어느 하나에 해당하는 자에게는 500만원 이하의 과태료를 부과한다. 〈개정 2007.12.21., 2009.5.21., 2014.1.21., 2018. 3.20.〉

1. 제4조제1항 후단 또는 제5항 후단을 위반하여 변경허가를 받지 아니하 고 허가받은 사항 중 상호를 변경하거나 법인의 대표자를 변경한 자

2. 제4조제2항 후단을 위반하여 변경신고를 하지 아니하고 신고한 사항 중 상호를 변경하거나 법인의 대표자를 변경한 자

3. 제5조제1항 후단, 제5조의3제1항 후단 또는 제5조의4제1항 후단을 위 반하여 변경등록을 하지 아니하고 등록한 사항 중 상호를 변경하거나 법인의 대표자를 변경한 자

4. 제10조제4항에 따른 명령을 위반한 자

5. 제10조제5항에 따른 안전점검자의 자격·인원, 점검장비, 점검기준 등 을 준수하지 아니한 고압가스 제조신고자

6. 제11조의2를 위반하여 용기등에 표시를 하지 아니한 자

④ 다음 각 호의 어느 하나에 해당하는 자에게는 300만원 이하의 과태료를 부과한다. 〈개정 2007.12.21., 2014.1.21.〉

　1. 제8조제2항에 따른 신고를 하지 아니하거나 거짓으로 신고한 자

　2. 제15조제5항을 위반하여 안전관리자의 안전에 관한 의견을 존중하지 아니하거나 권고에 따르지 아니한 고압가스 제조신고자, 특정고압가스 사용신고자, 수탁관리자 및 종사자

　3. 제23조제1항과 제2항을 위반한 자

⑤ 제1항부터 제4항까지의 규정에 따른 과태료는 대통령령으로 정하는 바에 따라 관할 시·도지사 또는 시장·군수·구청장이 부과·징수한다. 〈개정 2007.12.21., 2009.5.21.〉

⑥ 삭제 〈2009.5.21.〉

⑦ 삭제 〈2009.5.21.〉

⑧ 삭제 〈2009.5.21.〉

## Ⅳ. 기재례

### 【범죄사실 기재례】

피의자는 ○○시 ○○구 ○○동에서 ○○냉동이라는 상호로 냉동창고업을 경영하고 있다.

피의자는 관할관청의 허가를 받지 않고 20○○. ○. ○.경 위 ○○냉동 건물의 지하층에 냉동고의 가동용으로 사용하기 위하여 고압가스인 암모니아가스 40리터들이 10통을 저장하는 저장소를 설치하였다.

### 【범죄사실 기재례】

피의자는 관할관청으로부터 허가를 받고 ○○시 ○○동 ○○번지에서 ○○가스라는 상호로 L.P.G가스판매업을 하고 있다.

피의자는 20○○. ○. ○.경 위 판매점에서 검사를 받지 않은 20㎏들이 용기 5통에 LPG가스를 충전하여 판매를 목적으로 이를 진열하였다.

### 【범죄사실 기재례】

피의자는 ○○시 ○○동에서 ○○금속이라는 상호로 철공소를 경영하고 있다.

피의자는 관할관청에 신고를 하지 않고 20○○. ○.경부터 다음 해 ○. ○.까지 위 철공소에서 특정고압가스인 고압산소 120압짜리를 한달평균 15개씩 사용하였다.

## 【범죄사실 기재례】

### (1) 부정용기 사용

피의자는 고압가스 판매업의 허가를 받아 ○○시 ○○동 ○○번지에서 ○○가스라는 상호로 L.P.G. 판매업을 경영하고 있다.

피의자는 20○○. ○. ○.경 위 영업소에서 검사를 받지 않은 용기에 고압가스 L.P.G.를 충전하여 같은 동 ○○번지의 임○○ 외 5명에 대하여 판매하여 부정용기를 사용하였다.

### (2) 위조검인으로 부정생산·판매

피의자는 ○○시 ○○동 ○○번지의 ○○공업사 대표로서, L.P.G. 용기를 제조 생산하고 있다.

피의자는 영리를 목적으로 20○○. ○. ○.경 ○○가스안전공사 ○○지부에서 L.P.G. 용기 검사합격품에 찍는 도장과 동일한(검)자의 철각인 1개를 위조, 같은 해 ○. ○.부터 그 다음해 ○. ○.까지 위 공업사에서 생산한 L.P.G. 용기 4,000개(10˜50kg들이) 가운데 2,800개만 정상적인 검사를 받고 나머지 1,200개에는 위조 검인을 찍어 L.P.G. 가스용기를 부정 생산하여 판매하였다.

### (3) 고압가스 차량의 주택가 주차행위

피의자는 고압가스를 운반하기 위하여 "차량에 고정된 탱크"를 적재한 고압가스차량(○○도○○○○)의 운전자이다.

피의자는 20○○. ○. ○. 13:00경 ○○시 ○○동에서 △△시 △△동으로 운반하기 위해 운행 중 제2종 보호시설인 ○○시 △△동 주택가에 주차하여 고압가스 운반기준을 위반하였다.

## 【적용실례】

〈가스상회 종업원이 수용가의 가스시설작업 중 부주의로 사람을 다치게 한 경우〉

➡ 가스상회 배달원이 가스시설 중 그의 부주의로 밸브를 열어 놓고 작업한 잘못으로 사람을 상하게 한 사안인 바, 위 배달원에게 업무상 과실치상죄로 의율송치함은 타당하나 그 고용주를 고압가스안전관리법 위반의 양벌규정에 의율할 수 없고, 행위자가 고압가스안전관리법 위반죄에 해당할 때 비로소 그 고용주에게 양벌규정에 의한 죄책이 따르는 것이다.

**[서식] 고압가스 품질검사 신청서**

# 고압가스 품질검사 신청서

※ 바탕색이 어두운 난은 신청인이 작성하지 않으며, [　]에는 해당되는 곳에 √표를 합니다.

| 접수번호 | 접수일자 | 처리기간　30일 |
|---|---|---|

※ 전자우편주소는 「부가가치세법」에 따른 전자세금계산서 발행에 이용됩니다.

| 신청인 | 상호 | |
|---|---|---|
| | 대표자 성명 | 생년월일 |
| | 사무소 소재지 | 전화번호 |
| | 전자우편주소 | |

| 세부내용 | 사업의 종류 | 허가(신고·등록) 번호 | 허가(신고·등록) 연월일 |
|---|---|---|---|
| | 사업소 소재지 | | |
| | 품질검사 대상자<br>[　]고압가스 제조자　　　[　]고압가스 수입업자 | | |
| | 품질검사대상 고압가스<br>[　] 프레온 22　　　[　] 프레온 134a　　　[　] 프레온 404a<br>[　] 프레온 407c　　[　] 프레온 410a<br>[　] 프레온 507a　　[　] 프레온 1234yf　[　] 프로판<br>[　] 이소부탄　　　[　] 수소가스　　　[　] 기타 | | |

「고압가스 안전관리법」 제18조의3제1항 및 같은 법 시행규칙 제45조의2제1항에 따라 위 검사대상 고압가스에 대한 품질검사를 신청합니다.

년　　　　월　　　　일

신청인　　　　　　　　　　　　　　　　　　　　　(서명 또는 인)

한국가스안전공사 사장  귀하

| 첨부서류 | 없음 | 수수료 |
|---|---|---|
|  |  | 「고압가스 안전관리법」 제34조제2항에 따라 산업통상자원부장관이 정하는 금액 |

<table>
<tr><th colspan="6">처리절차</th></tr>
</table>

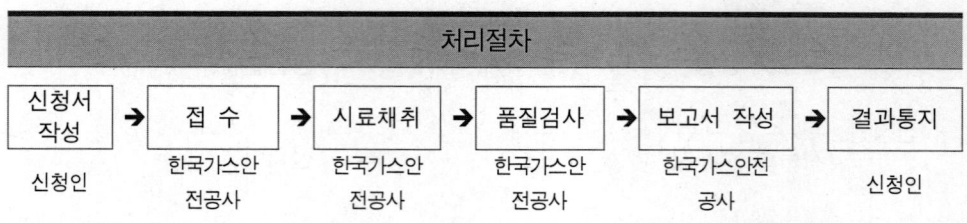

| 신청서<br>작성 | → | 접 수 | → | 시료채취 | → | 품질검사 | → | 보고서 작성 | → | 결과통지 |
|---|---|---|---|---|---|---|---|---|---|---|
| 신청인 |  | 한국가스안전공사 |  | 한국가스안전공사 |  | 한국가스안전공사 |  | 한국가스안전공사 |  | 신청인 |

210mm×297mm(백상지 80g/㎡)

**[서식] 정밀안전검진 신청서**

# 정밀안전검진 신청서

※ 바탕색이 어두운 난은 신청인이 작성하지 않습니다.

| 접수번호 | 접수일자 | | 처리기간  60일 |
|---|---|---|---|

※ 사업자등록번호와 전자우편주소는 「부가가치세법」에 따른 전자세금계산서 발급에 이용됩니다.

| 신청인 | 상호 | |
|---|---|---|
| | 대표자 성명 | 생년월일 |
| | 사무소 소재지　　　　　　　　　　(전화번호:　　　　　　　) | |
| | 전자우편주소(e-mail) | |
| | 사업자등록번호 | |

| 세부 내용 | 사업의 종류 | 허가번호 | 허가 연월일 |
|---|---|---|---|
| | 사업소 소재지 | | |
| | 검진희망 연월일 | | |

「고압가스 안전관리법」 제16조의3제1항 및 같은 법 시행규칙 제35조제1항에 따라 위와 같이 고압가스의 제조(액화석유가스충전)시설에 대한 정밀안전검진을 신청합니다.

년　　　　월　　　　일

신청인　　　　　　　　　　　　　　　　(서명 또는 인)

한국가스안전공사사장
한국산업안전보건공단이사장　　　귀하

| 첨부서류 | 없음 | 수수료 |
|---|---|---|
| | | 「고압가스 안전관리법」 제34조제2항에 따라 산업통상자원부장관이 정하는 금액 |

| 처리절차 | | | | |
|---|---|---|---|---|
| 신 청 | 접 수 | 현지 정밀안전검진 | 정밀안전검진 결과보고서 작성 | 통 보 |
| 신청인 | 검진실시 기관 | 검진실시 기관 | 검진실시 기관 | |

210mm×297mm( 백상지 80g/㎡)

**[서식] 검사시설 확인신청서**

정부24(www.gov.kr)에서도 신청할 수 있습니다.

# 검사시설 확인신청서

※ 바탕색이 어두운 난은 신청인이 작성하지 않으며, [ ]에는 해당되는 곳에 √표를 합니다.

| 접수번호 | 접수일자 | | 처리기간 | 7일 |
|---|---|---|---|---|

※ 사업자등록번호와 전자우편주소는 「부가가치세법」에 따른 전자세금계산서 발급에 이용됩니다.

| 신청인 | 상호 | |
|---|---|---|
| | 대표자 성명 | 생년월일 |
| | 사무소 소재지 (전화번호: ) | |
| | 전자우편주소(e-mail) | |
| | 사업자등록번호 | |
| 세부내용 | 사업소 소재지 | |
| | 검사기관의 종류 [ ] 전문 [ ] 공인 | |

「고압가스 안전관리법」 제35조와 같은 법 시행규칙 제59조제1항에 따라 위와 같이 검사시설 확인을 신청합니다.

년 월 일

신청인 (서명 또는 인)

**한국가스안전공사사장** 귀하

| 첨부서류 | 없음 | 수수료<br>「고압가스 안전관리법」 제34조제2항에 따라 산업통상자원부장관이 정하는 금액 |
|---|---|---|

| 처리절차 | | | | | | |
|---|---|---|---|---|---|---|
| 신 청 | → | 접 수 | → | 현지 확인 | → | 결과 통보 |
| 신청인 | | 한국가스안전공사 | | 한국가스안전공사 | | |

210mm×297mm(백상지 80g/㎡)

# 골재채취법

[시행 2022. 6. 8.] [법률 제18552호, 2021. 12. 7., 일부개정]

## Ⅰ. 개설

### 목적

이 법은 골재(骨材)의 원활한 수급(需給)과 골재채취에 따른 재해(災害)를 예방하기 위하여 골재의 수급계획, 골재채취업의 등록 등 골재채취에 관한 기본적인 사항을 정함으로써 골재자원의 효율적인 이용과 국민경제 발전에 이바지함을 목적으로 한다.

## Ⅱ. 판례

**제14조(등록)** ① 골재채취업을 경영하려는 자는 주된 사무소의 소재지를 관할하는 특별자치시장·특별자치도지사·시장·군수·구청장(자치구의 구청장을 말한다. 이하 "시장·군수 또는 구청장"이라 한다)에게 등록하여야 한다. 다만, 국가 또는 지방자치단체가 골재채취업을 운영하려는 경우에는 그러하지 아니하다. 〈개정 2012.2.22.〉

② 제1항에 따른 등록을 하려는 자는 대통령령으로 정하는 기준에 따른 자본금 또는 자산(資産), 시설·장비 및 기술인력을 갖추어야 한다.

③ 제1항에 따라 골재채취업의 등록을 한 자는 제2항에 따른 등록기준에 관한 사항을 3년 이내의 범위에서 대통령령으로 정하는 기간이 지날 때마다 국토교통부령으로 정하는 신고기간 내에 시장·군수 또는 구청장에게 신고하여야 한다. 〈개정 2012.2.22., 2013.3.23.〉

[전문개정 2011.8.4.]

### 신고수리거부처분취소

[대법원 2009. 6. 11. 선고, 2008두18021, 판결]

【판결요지】

[1] 골재 선별·세척 또는 파쇄 신고의 법적 성격에 관하여

구 골재채취법(2007. 5. 17. 법률 제8479호로 개정되기 전의 것, 이하 같다) 제32조 제1항에서 '대통령령이 정하는 규모 이상의 골재를 선별·세척 또는 파쇄하고

자 하는 자는 건설교통부령이 정하는 바에 의하여 관할 시장·군수 또는 구청장에게 신고하여야 한다'고 규정하고 있는바, 1991. 12. 14. 법률 제4428호로 제정된 골재채취법에서는 골재의 선별·세척·파쇄·채취 업무는 모두 '허가' 대상이었으나, 1999. 4. 15. 법률 제5966호로 골재채취법이 개정되면서 위 업무 중 연간 1,000㎡ 이상의 골재를 선별·세척·파쇄하는 업무는 '신고' 대상으로 변경된 점, 골재채취 허가신청서와 골재선별·세척·파쇄신고서의 각 필요적 첨부서류를 비교하여 보면, 선별·세척·파쇄신고의 경우에도 채취업무에 고유하게 수반하는 서류 등을 제외하고 있을 뿐 허가신청서와 동일한 서류를 필요적 첨부서류로 정하고 있어( 구 골재채취법 시행규칙 제12조, 제17조), 비록 선별·세척·파쇄 업무가 앞서 본 바와 같이 허가제에서 신고제로 완화된 사정이 있다고 하여도, 골재채취법은 선별·세척·파쇄신고에 있어서도 여전히 채취 허가 심사에 준하는 실질적인 검토를 요구하고 있다고 보이는 점, 구 골재채취법 제30조는 시장·군수 또는 구청장은 '1. 자연환경훼손·수질오염 기타의 재해로 인하여 공중에게 위해가 발생할 우려가 있을 경우 2. 사정의 변경으로 인하여 골재채취를 계속하는 경우 현저히 공익을 해칠 우려가 있을 경우 3. 이 법 또는 이 법에 의한 명령이나 처분에 위반한 경우'에는 골재채취의 허가를 받은 자에 대하여 골재채취구역의 변경, 채취의 중지, 시설물의 이전 기타 필요한 조치를 명할 수 있다고 규정하고, 같은 법 제32조 제3항에서 ' 제30조의 규정은 골재의 선별·세척 또는 파쇄의 신고를 한 자에 대하여 이를 준용한다'고 규정하고 있는바, 위 법 제30조, 제32조 제3항은 선별·세척 또는 파쇄의 신고를 한 자에 대하여 사후적으로 필요한 조치를 명할 수 있다는 것이기는 하나, 신고 당시에 이미 그와 같은 사유가 있다면 신고단계에서 이를 심사하도록 함으로써 불필요한 행정력의 낭비 및 신청인의 불이익을 줄일 수 있다는 점 등에 비추어 보면, 시장·군수 또는 구청장은 골재선별·세척 또는 파쇄 신고에 대하여 실질적인 요건을 심사하여 신고를 수리하거나 거부할 수 있다고 할 것이다. 그리고 위 법 제32조 제3항에서 준용하는 제30조 각호의 요건에 관하여는 골재채취법령에서 따로 정한바 없어 결국 다른 법령의 내용 및 관계에서 판단하여야 하므로, 시장·군수 또는 구청장으로서는 다른 법령에서 정한 사유도 심사의 대상으로 삼을 수 있다고 할 것이다.

원심판결 이유와 기록에 의하면, 이 사건 토지는 2001. 3. 10. 도시계획시설(건설폐기물 중간처리시설)로 결정·고시된 사실, 원고는 2006. 2. 2. 이 사건 토지에 골재채취법 제32조 제1항에 의한 골재 선별·파쇄 신고를 한 사실, 이에 대하여 피고는 '개발제한구역에서의 신고처리가 불가하고, 또한 도시계획시설로 결정된 건설폐기물 중간처리시설에서는 당해 도시계획시설이 아닌(골재선별·파쇄를 위한) 건축물의 건축이나 공작물 등을 중복하여 설치할 수 없으므로 신고처리가 불가하다'는 이유로 신고를 반려한 사실을 알 수 있다.

앞서 본 법리와 사실관계에 비추어 보면, 피고가 개발제한구역의 지정 및 관리에 관한 특별조치법과 국토의 계획 및 이용에 관한 법률에서 정한 사유를 심사하여 이 사건 골재 선별·파쇄 신고를 수리하지 않은 조치는 적법하다고 할 것이다.

같은 취지의 원심의 판단은 정당하고, 거기에 상고이유로 주장하는 법리오해 등의 위법이 있다고 할 수 없으며, 상고이유에서 들고 있는 대법원판결은 이 사건과 사안을 달리하여 그대로 원용하기에 적절하지 아니하다.

[2] 골재채취업 등록을 한 자는 별도로 신고를 할 필요가 없다는 주장에 관하여

1991. 12. 14. 법률 제4428호로 제정된 골재채취법 부칙 제2항은 골재채취업에 관한 경과조치로 '이 법 시행당시 골재채취업을 영위하고 있는 자는 이 법 시행일부터 2년까지는 제14조의 규정에 불구하고 골재채취업을 영위할 수 있다'고 규정하고 있고, 한편 구 골재채취법 제2조 제1항 제2호에서 '골재채취업'이라 함은 영리를 목적으로 골재를 채취·선별·세척 또는 파쇄하는 사업을 말한다고 규정하고, 같은 법 제14조 제1항은 골재채취업의 등록에 관하여, 같은 법 제22조 제1항은 골재채취의 허가에 관하여, 같은 법 제32조 제1항은 골재의 선별·세척 등의 신고에 관하여 각 규정하고 있으므로, 골재채취법 제정 전부터 골재의 선별·파쇄업을 해오거나 골재채취법에 의하여 골재채취업 등록을 한 자라 하더라도 실제로 골재를 채취하기 위하여서는 별도로 관할 관청의 허가를 받아야 하고, 일정 규모 이상의 골재를 선별·세척 또는 파쇄하기 위해서는 별도로 관할관청에 신고하여야 한다. 원심이 같은 취지에서, 골재 선별·파쇄 작업을 하는 데 별도의 신고가 필요 없다. 원고의 주장을 배척한 것은 옳고, 거기에 상고이유로 주장하는 법리오해 등의 위법이 없다.

[3] 국토의 계획 및 이용에 관한 법률 등에 위반되지 않는다는 주장에 관하여

원심판결 및 원심이 적법하게 조사한 증거에 의하면, 개발제한구역 내의 토지로서 도시계획시설(건설폐기물 중간처리시설)로 결정·고시된 이 사건 토지에 골재 선별·파쇄를 위한 공작물을 설치하는 것은 개발제한구역의 지정 및 관리에 관한 특별조치법 제11조 제1항 및 국토의 계획 및 이용에 관한 법률 제64조 제1항에 위반하여 허용될 수 없다는 취지의 원심의 판단은 정당하고, 거기에 상고이유로 주장하는 법리오해 등의 위법이 없다.

[4] 신뢰보호원칙 위반 등의 주장에 관하여

원심판결 이유를 기록에 비추어 살펴보면, 원심이, 이 사건 처분이 신뢰보호의 원칙에 위배된다는 원고의 주장을 배척한 제1심의 판단을 유지한 것은 정당한 것으로 수긍이 가고, 거기에 상고이유로 주장하는 신뢰보호원칙, 비례의 원칙, 권리남용 등에 관한 법리오해의 위법이 없다.

**제22조(골재채취의 허가)** ① 골재를 채취하려는 자는 대통령령으로 정하는 바에 따라 관할 시장·군수 또는 구청장{「배타적 경제수역 및 대륙붕에 관한 법률」 제2조에 따른 배타적 경제수역(이하 "배타적 경제수역"이라 한다)에서의 골재채취의 경우에는 국토교통부장관을 말하며, 제34조에 따른 골재채취단지(배타적 경제수역에서 지정된 골재채취단지는 제외한다)에서의 골재채취의 경우에는 시·도지사를 말한다. 이하 이 조, 제23조부터 제25조까지, 제29조부터 제31조까지, 제33조 및 제47조의2에서 같다}의 허가를 받아야 한

다. 다만, 다음 각 호의 어느 하나에 해당하는 경우에는 그러하지 아니하다. 〈개정 2012.2.22., 2013.3.23., 2015.12.29., 2017.3.21., 2020.6.9.〉

1. 다른 법령에 따라 시행하는 사업에서 발생하는 암석(쇄석용에 한정한다), 모래 또는 자갈을 선별·세척 또는 파쇄하기 위하여 제32조에 따라 골재의 선별·세척 등의 신고를 하는 경우
2. 긴급히 조치하여야 하는 재해복구와 군사시설, 마을 단위의 공익사업 및 이에 준하는 경우로서 대통령령으로 정하는 범위에서 골재를 채취하는 경우

② 골재를 채취하려는 구역이 광업권 설정구역과 중복되는 경우 골재채취의 허가를 받으려는 자는 광업권자(鑛業權者)나 조광권자(粗鑛權者)의 동의를 받아야 한다. 다만, 산업통상자원부장관이 인정하는 전문조사기관의 조사 결과, 광물의 채굴(採掘)이 경제적 가치기준에 미치지 못하거나 광물채굴과 골재채취가 작업상 서로 지장을 주지 아니한다고 밝혀져 산업통상자원부장관의 승인을 받은 경우에는 그러하지 아니하다. 〈개정 2013.3.23., 2020.6.9.〉

③ 시장·군수 또는 구청장은 골재채취의 허가를 받고자 하는 구역이 다른 법령에 따라 골재채취가 금지된 구역에 해당하는 경우 허가를 하여서는 아니 된다. 〈개정 2012.2.22.〉

④ 시장·군수 또는 구청장은 동일한 구역에 대하여 둘 이상의 골재채취 허가 신청을 받은 경우에는 대통령령으로 정하는 바에 따라 재해복구용·군사시설용 등 공용(公用) 또는 공공용(公共用)으로 채취하려는 것을 우선적으로 허가하여야 한다.

⑤ 제2항 단서에 따라 승인을 받은 후 골재채취 허가를 받아 골재를 채취하는 자는 그 골재채취로 인하여 광업권자나 조광권자가 받은 손실을 보상하여야 한다.

⑥ 시장·군수 또는 구청장은 제1항에 따라 골재채취 허가를 할 때에는 다음 각 호의 사항을 검토하여야 한다. 〈개정 2012.2.22.〉

1. 제6조에 따른 연도별 골재수급계획과의 부합 여부
2. 골재의 수요·공급 상황
3. 골재의 부존량
4. 부존골재의 품질이 제22조의4제1항에 따른 골재 품질기준에 적합한지 여부
5. 골재채취로 인한 환경영향예측과 저감대책의 적절성
6. 재해와 안전에 대한 예방조치계획의 적절성
7. 제22조의3에 따른 골재채취 능력

[전문개정 2011.8.4.]

| 위임행정규칙 |
|---|
| · 광업권설정구역 내의 골재채취가능여부 조사요령(산업통상자원부고시 제2022-26호, 2022.1.24., 일부개정) |

## 골재채취법위반

[대법원 2006.3.24, 선고, 2005도5935, 판결]

**【판결요지】**

[1] 골재채취법 제2조 제1호는 '골재'라 함은 하천, 산림, 공유수면 기타 지상·지하 등에 부존되어 있는 암석(쇄석용에 한한다)·모래 또는 자갈로서 건설공사의 기초 재료로 쓰이는 것을 말한다고 규정하고, 같은 조 제1의2호는 '채취'라 함은 골재를 캐거나 들어내는 등 자연상태로부터 분리하여 내는 것을 말한다고 규정하고 있으므로, 이미 자연상태에서 분리되어 '채취'된 후 다른 곳에 보관된 골재는 특별한 사정이 없는 한 이를 긁어내어 또 다른 곳으로 운반하더라도 골재채취법상의 '채취'에 해당한다고 할 수는 없을 것이다 ( 대법원 1996. 12. 20. 선고 95도1497 판결 참조).

그러나 자연상태에서 분리되어 채취된 후 다른 곳에 보관된 골재라 하더라도 오랫동안 방치되면 골재가 적치된 하부의 토지 등과 일체가 되어 그 상태가 그 토지의 형상으로 되면서 새로운 자연상태를 형성할 수도 있을 것이고, 그와 같이 채취되어 보관된 골재가 하부의 토지 등과 일체가 되어 새로운 자연상태에 이르게 되었다면 그 골재를 긁어내어 또 다른 곳으로 운반하는 것은 골재채취법상의 '채취'에 해당한다고 할 수 있을 것인바, 일단 채취되었던 골재가 다시 자연상태의 골재로 되었는지의 여부는 골재채취법의 입법 취지인 골재채취에 따른 재해 예방의 필요성을 비롯하여 당해 토지의 이용현황 및 전망, 주변환경, 관리상태, 생태구성, 환경영향 등 제반 사정을 참작하여 종합적으로 판단하여야 할 것이다. 원심은 그 판시와 같은 사정에 비추어 늦어도 1997. 7월까지는 전남 무안군 (상세 지번 생략) 토지를 포함한 모래야적 장소의 평탄화작업이 이루어진 뒤 약 6년이 경과하는 동안 특별한 관리가 행하여지지 아니한 가운데, 계속적인 바람과 해수의 영향으로 바다쪽 모래는 유실되었지만 육지쪽은 쌓은 모래로 돋우어진 채로 점차로 다져지고, 그 다져진 지면이 인접한 농경지 제방과 함께 통행로로 이용되면서 위 (상세 지번 생략) 토지 중 모래가 돋우어진 부분은 그와 같이 돋우어진 형상의 새로운 자연상태로 변경되었다고 봄이 상당하며, 따라서 피고인이 이미 새로운 형상과 상태의 토지로 변경된 위 (상세 지번 생략) 토지에서 모래를 분리, 반출한 이 사건 행위는 과거에 채취하여 야적하여 두었던 모래의 단순한 운반행위라고 할 수 없고 관할 관청의 허가를 요하는 골재채취행위라고 판단하였는바, 앞서 본 법리에 비추어 기록을 살펴보면, 원심의 위와 같은 판단은 정당한 것으로 수긍이 가고, 거기에 상고이유로 주장하는 바와 같은 골재채취법 소정의 무허가골재채취죄 및 그 범의에 관한 심리를 제대로 하지 아니한 채 채증법칙을 위반하여 사실을 잘못 인정한 위법이나 법리를 오해한 위법 등이 있다고 볼 수 없다.

[2] 기록에 의하면 피고인이 2003. 7. 7.자로 접수한 건설교통부에 대한 반출관련 질의에 대하여 이미 허가받아 채취된 것을 반출하는 것에 대하여는 규제하지 않는다

는 건설교통부의 회신이 있었음은 인정되지만, 건설교통부의 위 회신내용은 이미 채취된 골재는 반출이 가능하다는 원론적인 답변을 해준 것에 불과하다고 보이고, 오히려 피고인이 무안군수로부터 받은 2003. 5. 21.자 민원회신서에는 허가기간이 만료되고 원상복구 후 복구비까지 지급되었으므로 반출이 불가하다는 내용의 구체적인 답변이 있었던 사실이 인정되어, 피고인의 골재반출 행위 당시 위법성의 인식 내지는 범의가 없었다고 볼 수 없다. 상고이유는 받아들일 수 없다.

## III. 벌칙

**제49조(벌칙)** 다음 각 호의 어느 하나에 해당하는 자는 5년 이하의 징역 또는 5천만원 이하의 벌금에 처한다. 〈개정 2012.2.22., 2015.1.6., 2015.12.29., 2017.12.9., 2018.6.12., 2020.6.9.〉

1. 제14조제1항 본문을 위반하여 등록을 하지 아니하고 골재채취업을 경영한 자
2. 거짓이나 그 밖의 부정한 방법으로 제14조제1항 본문에 따른 골재 채취업의 등록을 한 자
3. 제22조제1항 본문을 위반하여 허가를 받지 아니하고 골재를 채취한 자
4. 거짓이나 그 밖의 부정한 방법으로 제22조제1항 본문에 따른 골재 채취 허가를 받은 자

4의2. 삭제 〈2018.6.12.〉

5. 제25조제1항 본문을 위반하여 승인을 받지 아니하고 허가받은 내용을 변경하여 골재를 채취한 자
6. 제26조를 위반하여 허가받은 내용과 달리 골재를 채취한 자
7. 제32조제1항 본문에 따른 신고를 하지 아니하고 골재를 선별·세척 또는 파쇄한 자
8. 삭제 〈2018.6.12.〉

[전문개정 2011.8.4.]

**제49조의2(벌칙)** 다음 각 호의 어느 하나에 해당하는 자는 3년 이하의 징역 또는 3천만원 이하의 벌금에 처한다. 〈개정 2021. 12. 7.〉

1. 제22조의4제1항을 위반하여 인증을 받지 아니하거나 품질기준에 적합하지 아니한 골재를 공급하거나 판매한 자

1의2. 제22조의4제2항에 따른 품질검사를 받지 아니하거나 거짓이나 그 밖의 부정한 방법으로 받은 자

2. 제32조의2를 위반하여 적합하지 아니한 골재를 사용한 자

[본조신설 2018. 6. 12.]

**제50조(벌칙)** 다음 각 호의 어느 하나에 해당하는 자는 1년 이하의 징역 또는 1천만원 이하의 벌금에 처한다. 〈개정 2012.2.22., 2015.1.6.〉

1. 제18조를 위반하여 다른 사람에게 자기의 상호 또는 명칭을 사용하여 골재채취업을 경영하게 하거나 그 등록증을 빌려준 자
2. 제20조제1항 단서를 위반하여 허가채취량 또는 신고생산량의 30퍼센트 이상이 남은 골재채취구역의 골재를 채취하거나 선별·세척 또는 파쇄한 자
3. 제20조제2항 단서를 위반하여 허가채취량 또는 신고생산량의 20퍼센트 이상이 남은 골재채취구역의 골재를 채취하거나 선별·세척 또는 파쇄한 자
4. 제30조에 따른 명령을 위반한 자
5. 제32조제1항 또는 제2항에 따른 신고나 변경신고를 하지 아니하고 골재를 선별·세척 또는 파쇄한 자

[전문개정 2011.8.4.]

**제51조(양벌규정)** 법인의 대표자나 법인 또는 개인의 대리인, 사용인, 그 밖의 종업원이 그 법인 또는 개인의 업무에 관하여 제49조, 제49조의2 또는 제50조의 위반행위를 하면 그 행위자를 벌하는 외에 그 법인 또는 개인에게도 해당 조문의 벌금형을 과(科)한다. 다만, 법인 또는 개인이 그 위반행위를 방지하기 위하여 해당 업무에 관하여 상당한 주의와 감독을 게을리하지 아니한 경우에는 그러하지 아니하다. 〈개정 2018.6.12.〉

[전문개정 2011.8.4.]

**제52조(과태료)** ① 다음 각 호의 어느 하나에 해당하는 자에게는 대통령령으로 정하는 바에 따라 500만원 이하의 과태료를 부과한다. 〈개정 2021.12.7.〉

1. 정당한 사유 없이 제21조제2항에 따른 보고 또는 자료제출을 하지 아니하거나 조사·점검·검사를 거부·방해 또는 기피한 자
2. 정당한 사유 없이 제21조제3항에 따른 보고를 하지 아니한 자
3. 정당한 사유 없이 제21조제4항에 따른 자료제출을 하지 아니하거나 점검을 거부·방해 또는 기피한 자

② 다음 각 호의 어느 하나에 해당하는 자에게는 대통령령으로 정하는 바에 따라 300만원 이하의 과태료를 부과한다.

1. 제14조제3항을 위반하여 신고기간 내에 등록기준에 관한 사항을 신고하지 아니한 자
2. 제17조제1항을 위반하여 양도 및 합병 신고를 하지 아니한 자
③ 제1항과 제2항에 따른 과태료는 다음 각 호의 자가 부과·징수한다.
1. 국토교통부장관: 제1항제1호에 따른 과태료
2. 시장·군수 또는 구청장: 제1항제2호 및 제3호, 제2항 각 호에 따른 과태료

[전문개정 2020.6.9.]

## Ⅳ. 기재례

### 【범죄사실 기재례】

피의자 갑○○은 ○○에서 "○○골재"라는 상호로 골재채취업을 하는 자이다. 골재를 채취하고자 하는 자는 대통령령이 정하는 바에 의하여 관할시장·군수 또는 구청장의 허가를 받아야 한다. 그럼에도 불구하고 갑○○은 20○○. ○. ○. ○○:○○경 ○○에 있는 ○○강변에서 허가를 받지 않고 굴삭기를 이용하여 약 ○○㎡의 골재를 채취하였다.

**[서식]** 골재채취허가증

<table>
<tr><td colspan="5" align="center">**골 재 채 취 허 가 증**</td></tr>
<tr>
<td rowspan="3">신청인</td>
<td colspan="2">성명(법인인 경우 그 명칭 및 대표자 성명)</td>
<td colspan="2">생년월일</td>
</tr>
<tr>
<td colspan="2">사무소 소재지</td>
<td colspan="2">전화번호</td>
</tr>
<tr>
<td colspan="2">등록업종</td>
<td colspan="2">등록번호</td>
</tr>
</table>

<table>
<tr><td colspan="6" align="center">골재채취구역의 내역</td></tr>
<tr>
<td rowspan="2">구분</td>
<td rowspan="2">위치</td>
<td rowspan="2">지목</td>
<td rowspan="2">면적($m^2$)</td>
<td colspan="2">다른 권리와의 관계</td>
</tr>
<tr>
<td>권리유형</td>
<td>동의여부</td>
</tr>
<tr>
<td>채취예정구역</td>
<td></td><td></td><td></td><td></td><td></td>
</tr>
<tr>
<td>반출로</td>
<td></td><td></td><td></td><td></td><td></td>
</tr>
</table>

<table>
<tr><td colspan="4" align="center">골재의 채취</td></tr>
<tr>
<td>채취기간</td>
<td>반출기간</td>
<td>채취량($m^2$)</td>
<td>채취방법</td>
</tr>
<tr>
<td></td><td></td><td></td><td></td>
</tr>
</table>

<table>
<tr><td colspan="4" align="center">복구 내역</td></tr>
<tr>
<td>소요 복구비(원)</td>
<td>납입한 복구비(원)</td>
<td>복구면적($m^2$)</td>
<td>복구기간</td>
</tr>
<tr>
<td></td><td></td><td></td><td></td>
</tr>
</table>

「골재채취법」 제22조, 같은 법 시행령 제26조 및 같은 법 시행규칙 제12조에 따라 위와 같이 허가합니다.

년    월    일

**국토교통부장관**
**특별시장 · 광역시장 · 특별자치시장 · 도지사 ·**
**특별자치도지사**
**시장 · 군수 · 구청장**
**한국수자원공사사장 · 한국광물자원공사사장 ·**
**해양환경공단 이사장**

직인

210mm×297mm[백상지 (80g/㎡) 또는 중질지(80g/㎡)]

**[서식] 검사공무원증**                                              (앞 쪽)

검사공무원증

소 속

직 명

성 명

유효기간            부터

까지

사 진
( 2.5cm × 2cm )

위 사람은 「골재채취법」 제21조제6항에 따라 골재채취업자의 시설·장비·서류 등
을 검사할 수 있는 자임을 증명합니다.

년      월      일

국토교통부장관·특별자치시장·특별자치도지사·

시장·군수·구청장            [인]

210mm×297mm[ 백상지 80g/㎡(재활용품) ]

● 「골재채취법」 제21조(지도·감독) ① 골재채취업자는 국토교통부령으로 정하는 바에 따라 골재채취구역마다 골재의 종류·채취량 등을 명확하게 적은 장부를 갖추어 두어야 한다.

② 국토교통부장관은 제22조의4제1항에 따른 골재 품질기준에의 적합 여부에 대한 확인이 필요한 경우 제4항에 따라 시장·군수 또는 구청장이 골재 품질을 조사한 결과를 보고하게 하거나 골재채취업자 및 골재를 판매하는 자에 대하여 조사할 수 있다. 이 경우 국토교통부장관은 골재 품질의 조사 결과(시장·군수 또는 구청장이 보고한 결과를 포함한다)를 국토교통부령으로 정하는 바에 따라 공표하여야 한다.

③ 시장·군수 또는 구청장은 골재채취업 등록기준의 충족 여부나 환경영향 저감(低減) 대책 및 골재채취 현황 등 골재채취 관련 사항에 대한 확인이 필요하다고 인정될 때에는 골재채취업자에 대하여 시설·장비·골재채취 현황 등 그 업무에 관한 사항을 보고하게 하거나 소속 공무원으로 하여금 시설·장비·서류 등을 검사하게 할 수 있다.

④ 제22조 또는 제32조에 따라 허가 또는 신고 수리를 한 시장·군수 또는 구청장은 공급되는 골재에 대하여 국토교통부령으로 정하는 바에 따라 매년 1회 이상 제22조의4에 따른 골재 품질기준에의 적합 여부를 확인하기 위하여 골재채취업자 및 골재를 판매하는 자에게 관련 자료의 제출을 요구하거나, 사무소 등에 출입하여 골재의 품질을 조사하여야 한다.

⑤ 제2항부터 제4항까지에 따라 조사 및 검사를 하는 경우에는 조사 및 검사 7일 전까지 그 일시·이유 및 내용을 골재채취업자에게 알려야 한다. 다만, 사전통지의 경우 증거인멸 등으로 조사 및 검사 목적을 달성할 수 없다고 인정되는 경우에는 그러하지 아니하다.

⑥ 제2항부터 제4항까지에 따른 조사 및 검사를 하는 공무원은 그 권한을 표시하는 증표를 지니고 이를 관계인에게 보여주어야 한다.

**[서식] 토지출입(일시사용)증**

## 토지출입(일시사용)증

소 속

직 명

성 명

유효기간        부터        까지

사 진
( 2.5㎝ × 2㎝ )

　위 사람은 「골재채취법」 제47조제5항에 따라 토지에 출입하여 조사 또는 측량을 할 수 있는 자임을 증명합니다.

년        월        일

국토교통부장관 · 특별시장 · 광역시장 · 특별자치시장 ·
도지사 · 특별자치도지사 · 시장 · 군수 · 구청장　　　　　[인]

210mm×297mm[ 백상지  80g/ ㎡ ( 재활용품 ) ]

# 공공기록물 관리에 관한 법률

[시행 2024. 5. 17.] [법률 제20309호, 2024. 2. 13., 타법개정]

## Ⅰ. 개설

### 목적

이 법은 공공기관의 투명하고 책임 있는 행정 구현과 공공기록물의 안전한 보존 및 효율적 활용을 위하여 공공기록물 관리에 필요한 사항을 정함을 목적으로 한다.

## Ⅱ. 판례

**제3조(정의)** 이 법에서 사용하는 용어의 뜻은 다음과 같다.

1. "공공기관"이란 국가기관, 지방자치단체, 그 밖에 대통령령으로 정하는 기관을 말한다.
2. "기록물"이란 공공기관이 업무와 관련하여 생산하거나 접수한 문서·도서·대장·카드·도면·시청각물·전자문서 등 모든 형태의 기록정보 자료와 행정박물(行政博物)을 말한다.
3. "기록물관리"란 기록물의 생산·분류·정리·이관(移管)·수집·평가·폐기·보존·공개·활용 및 이에 부수되는 모든 업무를 말한다.
4. "기록물관리기관"이란 일정한 시설 및 장비와 이를 운영하기 위한 전문인력을 갖추고 기록물관리 업무를 수행하는 기관을 말하며, 영구기록물관리기관, 기록관 및 특수기록관으로 구분한다.
5. "영구기록물관리기관"이란 기록물의 영구보존에 필요한 시설 및 장비와 이를 운영하기 위한 전문인력을 갖추고 기록물을 영구적으로 관리하는 기관을 말하며, 중앙기록물관리기관, 헌법기관기록물관리기관, 지방기록물관리기관 및 대통령기록관으로 구분한다.

[전문개정 2012.3.21.]

### 공무상비밀누설

[대법원 2021. 1. 14., 선고, 2016도7104, 판결]

【판결요지】

대통령기록물 관리에 관한 법률(이하 '대통령기록물법'이라 한다)은 대통령기록물의 보호·보존 및 활용 등 대통령기록물의 효율적 관리와 대통령기록관의 설치·운영에 관하여 필요한 사항을 정함으로써 국정운영의 투명성과 책임성을 높이는 것을 목적으로 한다(제1조). 대통령기록물법 제2조는 '대통령기록물'이란 대통령의 직무수행과 관련하여 대통령 등 기관이 생산·접수하여 보유하고 있는 기록물 및 물품을 의미하고(제1호), '기록물'이란 공공기록물 관리에 관한 법률(이하 '공공기록물법'이라 한다) 제3조 제2호에 따른 기록물을 의미한다[제1호의2 (가)목]고 규정하고 있다. 공공기록물법 제3조 제2호는 '기록물'이란 공공기관이 업무와 관련하여 생산하거나 접수한 문서·도서·대장·카드·도면·시청각물·전자문서 등 모든 형태의 기록정보 자료와 행정박물(行政博物)을 말한다고 규정하고 있다.

대통령기록물법은, 대통령과 대통령의 보좌기관·자문기관의 장 등은 대통령의 직무수행과 관련한 모든 과정 및 결과가 기록물로 생산·관리되도록 하여야 함을 원칙으로 규정하고(제7조 제1항), 생산된 대통령기록물을 중앙기록물관리기관으로 이관하는 절차와 대통령기록물을 폐기하는 절차 등에 관하여도 구체적인 규정을 두고 있다(제11조, 제13조). 나아가 누구든지 무단으로 대통령기록물을 파기·손상·은닉·멸실 또는 유출하거나 국외로 반출하여서는 아니 된다고 규정하면서(제14조), 이를 위반하여 대통령기록물을 무단으로 파기·손상·은닉·멸실 또는 유출하거나 국외로 반출한 자를 처벌하도록 규정하고 있고(제30조 제1항, 제2항), 이와 별도로 대통령기록물 관리업무를 담당하거나 담당하였던 자 또는 대통령기록물에 접근·열람하였던 자는 그 과정에서 알게 된 비밀 및 보호기간 중인 대통령지정기록물에 포함되어 있는 내용을 누설하여서는 아니 된다고 규정하면서(제19조 본문) 이를 위반한 자를 처벌하도록 규정하고 있다(제30조 제3항).

대통령기록물법 제4조는 대통령기록물의 관리에 관하여는 다른 법률에 우선하여 이 법을 적용하되, 이 법에 규정되지 아니한 사항에 관하여는 공공기록물법을 적용하도록 하고 있다. 공공기록물법 제21조 제1항은 영구보존으로 분류된 기록물 중 중요한 기록물은 복제본을 제작하여 보존하거나 보존매체에 수록하는 등의 방법으로 이중보존하는 것을 원칙으로 하고, 제48조는 기록물관리기관이 대통령령으로 정한 기준과 절차에 따라 보존매체에 수록한 기록물은 원본과 같은 것으로 추정한다고 규정하고 있다.

이와 같은 법령의 규정 및 체계에다가, 대통령기록물법은 대통령기록물의 효율적 관리를 통한 국정운영의 투명성과 책임성 강화를 목적으로 입법된 것으로 사본 자체를 원본과 별도로 보존할 필요가 있다는 등의 특별한 사정이 없는 이상 원본 문서나 전자파일 이외에 그 사본이나 추가 출력물까지 모두 대통령기록물로 보존할 필요는 없는 점, 대통령기록물법은 대통령기록물 자체를 파기, 손상, 유출하는 등의 행위와 그 내용을 누설하는 행위를 구별하여 규정하고 있는 점, 공공기록물법 제21조는 영구보존으로 분류된 기록물 중 중요한 기록물에 대한 복제본 제작 등에 관하여 별도의 규정을 두고 있는 점 등을 종합적으로 고려하면, 대통령기록물법 제30조 제2항 제1호, 제14조에 의해 유출이 금지되는 대통령기록물에 원본 문서나 전자파일 이외에 그 사본이나 추가 출력물까지 포함된다고 해석하는 것은 죄형법정주의 원칙상 허용되지 아니한다.

## Ⅲ. 벌칙

**제50조(벌칙)** 다음 각 호의 어느 하나에 해당하는 자(기록물을 취득할 당시에 공무원이나 공공기관의 임직원이 아닌 사람은 제외한다)는 7년 이하의 징역 또는 3천만원 이하의 벌금에 처한다.

1. 제19조의2를 위반하여 기록물을 국외로 반출한 사람
2. 제27조제1항 또는 제2항을 위반하여 심사와 심의를 거치지 아니하거나 기준과 절차를 준수하지 아니하고 기록물을 폐기한 사람
3. 제27조의3제1항에 따라 폐기 금지의 통보를 받은 기록물을 폐기한 사람

[전문개정 2012.3.21.]

**제51조(벌칙)** 다음 각 호의 어느 하나에 해당하는 자(제1호부터 제3호까지의 경우에는 기록물을 취득할 당시에 공무원이나 공공기관의 임직원이 아닌 사람은 제외한다)는 3년 이하의 징역 또는 2천만원 이하의 벌금에 처한다. 〈개정 2019.12.3.〉

1. 제19조의2를 위반하여 기록물을 은닉하거나 유출한 사람
2. 기록물을 중과실로 멸실시킨 자
3. 기록물을 고의 또는 중과실로 그 일부 내용이 파악되지 못하도록 손상시킨 자
4. 제37조제2항을 위반하여 비공개 기록물에 관한 정보를 목적 외의 용도로 사용한 자

[전문개정 2012.3.21.]

**제52조(벌칙)** 다음 각 호의 어느 하나에 해당하는 자는 2년 이하의 징역 또는 1천만원 이하의 벌금에 처한다.

1. 정당한 사유 없이 제26조제2항에 따른 조사를 거부·방해 또는 기피한 자
2. 제47조를 위반하여 업무처리 중 알게 된 비밀을 누설한 자

[전문개정 2012.3.21.]

**제53조(과태료)** ① 다음 각 호의 어느 하나에 해당하는 자에게는 100만원 이하의 과태료를 부과한다.

1. 제43조제3항에 따른 조사를 거부·방해 또는 기피한 자
2. 제44조에 따른 신고를 하지 아니한 자

② 제1항에 따른 과태료는 중앙기록물관리기관의 장이 부과·징수한다.

[전문개정 2012.3.21.]

**[서식] 국가지정기록물 처분신고서**

# 국가지정기록물 처분신고서

| 접수번호 | 접수일자 | | 처리기간 |
|---|---|---|---|
| 처분<br>기록물 | 기록물명 | 지정번호 | |
| | 기록물 종류 | 수량　　　（권,점,개） | |
| | 처분 내용 | 처분일자 | |
| 소유자 | 성명 | 생년월일 | |
| | 주소<br>　　　　　　　　　　（전화번호　　　　　　　） | | |
| 신고자 | 성명 | 생년월일 | |
| | 주소<br>　　　　　　　　　　（전화번호　　　　　　　） | | |
| | 소유자와의 관계 | | |
| 인수자 | 성명 | 생년월일 | |
| | 주소<br>　　　　　　　　　　（전화번호　　　　　　　） | | |

위 지정기록물을 처분하였기에 신고합니다.

년　　　월　　　일

소유자　　　　　　　　　　　　（서명 또는 인）

신고자　　　　　　　　　　　　（서명 또는 인）

**국가기록원장**　귀하

210mm×297mm[ 백상지 80g/㎡ ]

**[서식]** 기록물관리 전문요원 자격증

제        호

# 기록물관리 전문요원 자격증

1. 성    명 :

2. 생년월일 :

3. 자격구분 :

4. 자격취득일 :

「공공기록물 관리에 관한 법률」 제41조제2항, 같은 법 시행령 제78조제5

항 및 같은 법 시행규칙 제42조의5제2항에 따라 위의 자격이 있음을 인정하

고 이 자격증을 발급합니다.

년    월    일

행정안전부장관          직인

210mm×297mm[백상지 150g/㎡]

**[서식] 국가기록물 지정신청서**

# 국가기록물 지정신청서

| 소유자 | 성명 | 생년월일 | 전화번호 |
|---|---|---|---|
| | 주소 | | |

| 신청인 | 성명 | 생년월일 | 전화번호 |
|---|---|---|---|
| | 주소 | | |
| | 소유자와의 관계 | | |

| 기록물 내역 | 기록물명 | |
|---|---|---|
| | 기록물 종류 | 수량 （권,점,개） |

| 주요 내용 | |
|---|---|
| | |

위 기록물을 국가기록물로 지정하여 주시기 바랍니다.

년    월    일

신청인    （서명 또는 인）

**국가기록원장** 귀하

210mm×297mm[ 백상지  80g/㎡ ]

# 공 연 법

[시행 2025. 4. 23.] [법률 제20487호, 2024. 10. 22., 일부개정]

## Ⅰ. 개설

### 목적

이 법은 예술의 자유를 보장하고, 공연자 및 공연예술 작업자의 안전한 창작환경 조성과 건전한 공연활동의 진흥을 위하여 공연에 관한 사항을 규정함을 목적으로 한다.

## Ⅱ. 판례

**제2조(정의)** 이 법에서 사용하는 용어의 뜻은 다음과 같다. 〈개정 2016.1.6., 2022.1.18., 2023. 8. 8., 2023. 10. 31.〉〉

1. "공연"이란 음악·무용·연극·뮤지컬·연예·국악·곡예 등 예술적 관람물을 실연(實演)에 의하여 공중(公衆)에게 관람하도록 하는 행위를 말한다. 다만, 상품 판매나 선전에 따르는 공연은 제외한다.
2. "선전물"이란 「옥외광고물 등의 관리와 옥외광고산업 진흥에 관한 법률」에 따른 옥외광고물과 초대권을 말한다.
3. "공연자"란 공연을 주재(主宰)하거나 직접 하는 자를 말한다.
4. "공연장"이란 공연을 주된 목적으로 설치하여 운영하는 시설로서 대통령령으로 정하는 것을 말한다.
5. "공연연습장"이란 공연연습을 주된 목적으로 설치하여 운영하는 시설을 말한다.
6. "청소년"이란 「청소년 보호법」 제2조제1호에 따른 청소년을 말한다.

[전문개정 2011.5.25.]

### 저작권법위반

[대법원 2001. 9. 28, 선고, 2001도4100, 판결]

【판결요지】

구 저작권법 제2조 제3호는 '공연이라 함은 저작물을 상연·연주·가창·연술·상영 그 밖의 방법으로 일반 공중에게 공개하는 것을 말하며, 공연·방송·실연의 녹음물 또는 녹화물을 재생하여 일반 공중에게 공개하는 것을 포함한다'고 규정하고 있는바, 여기서 일반 공중에게 공개한다 함은 불특정인 누구에게나 요금을 내는 정도 외에 다른 제한 없이 공개된 장소 또는 통상적인 가족 및 친지의 범위를 넘는 다수인이 모여 있는 장소에서 저작물을 공개하거나, 반드시 같은 시간에 같은 장소에 모여 있지 않더라도 위와 같은 불특정 또는 다수인에게 전자장치 등을 이용하여 저작물을 전파·통신함으로써 공개하는 것을 의미한다고 할 것이므로, 노래방의 구분된 각 방실이 소수의 고객을 수용할 수 있는 소규모에 불과하다고 하더라도, 일반 고객 누구나 요금만 내면 제한 없이 이를 이용할 수 있는 공개된 장소인 노래방에서 고객들로 하여금 노래방 기기에 녹음 또는 녹화된 음악저작물을 재생하는 방식으로 저작물을 이용하게 하였다면, 이는 일반 공중에게 저작물을 공개하여 공연한 행위에 해당되고, 공연법상 공연의 의미가 저작권법의 그것과 다르다거나, 음반·비디오물및게임물에관한법률에서 노래연습장업을 별도로 규율하는 규정을 두고 있다고 하더라도 위 각 법률과 저작권법은 그 입법목적, 규정 사항, 적용 범위 등을 달리하고 있으므로 위와 같은 다른 법률의 규정이 있다는 사정만으로는 노래방 영업이 저작권법 소정의 공연에 해당하지 않는다고 볼 수도 없다.

**제7조(외국공연물의 공연제한)** ① 위원회는 제6조에 따라 외국인 공연 추천신청서를 받은 경우에 공연내용이나 그 출연자가 다음 각 호의 어느 하나에 해당할 때에는 추천하지 아니할 수 있다.

1. 국가이익을 해칠 우려가 있을 때
2. 공공의 질서와 선량한 풍속을 해칠 우려가 있을 때
3. 국내의 공연질서를 문란하게 하거나 해칠 우려가 있을 때
4. 그 밖에 대통령령으로 정하는 기준에 해당할 때

② 위원회는 제6조에 따라 외국인 공연 추천을 받은 자가 다음 각 호의 어느 하나에 해당할 때에는 그 추천을 취소할 수 있다. 다만, 제1호에 해당하는 경우에는 그 추천을 취소하여야 한다.

1. 거짓이나 그 밖의 부정한 방법으로 추천을 받았을 때
2. 제6조제1항에 따른 변경추천을 받지 아니하고 공연을 하였을 때
3. 제5조제1항 또는 제2항을 위반하였을 때
4. 제6조제4항에 따른 공연 추천 조건을 위반하였을 때

③ 위원회가 제6조에 따라 외국인의 국내 공연을 추천 또는 변경추천하거나 제1항 또는 제2항에 따라 추천하지 아니하거나 추천을 취소한 경우에는 문화체육관광부령으로 정하는 바에 따라 그 결과를 문화체육관광부장관에게 제출하여야 한다.

[전문개정 2011.5.25.]

## 공연장영업정지처분취소

[대법원 1990. 4. 24, 선고, 89누7627, 판결]

**【판결요지】**
가. 공연법 제7조 제1항 단서는 같은법시행령 제8조 제1항 제3호 소정의 소규모의 공연장을 설치하는 데에 허가를 필요로 하지 아니한다고 규정한 것에 지나지 않으며, 공연장의 설치경영자에 대하여 허가청이 어떠한 행정처분을 할 권한이 주어져 있을 때 만일 이와 같은 행정처분이 허가를 요하지 아니하는 공연장에 대하여도 적용되어야 하는 것이라면 소규모의 공연장에 대하여 허가청이 존재하지 아니한다는 이유만으로 그 행정처분을 할 수 없다고 할 수는 없을 것이고, 이와 같은 경우에는 공연법 제7조 소정의 허가청에 해당하는 관청이 이를 할 수 있다고 보아야 할 것이다.

## III. 벌칙

**제40조(벌칙)** 다음 각 호의 어느 하나에 해당하는 자는 3년 이하의 징역 또는 3천만원 이하의 벌금에 처한다. 〈개정 2015.5.18., 2016.2.3.,2018.12.24〉
　1. 제5조제1항을 위반한 자
　2. 제6조제1항 또는 제2항을 위반하여 위원회의 추천을 받지 아니하고 외국인의 공연물을 국내에서 공연한 자
　3. 제7조제2항에 따라 외국인 공연의 추천이 취소된 후 그 공연을 한 자
　4. 거짓이나 그 밖의 부정한 방법으로 제12조제1항제1호·제2호, 같은 조 제2항 및 제3항에 따른 안전진단 등의 업무를 한 자
　5. 거짓이나 그 밖의 부정한 방법으로 안전진단기관의 지정을 받은 자
　6. 제33조제1항에 따른 행정처분을 받고 해당 기간에 공연 활동이나 공연장 운영을 계속한 자
[전문개정 2011.5.25.]

**제41조(벌칙)** 다음 각 호의 어느 하나에 해당하는 자는 1년 이하의 징역 또는 1천만원 이하의 벌금에 처한다. 〈개정 2020.6.9., 2023. 3. 21.〉
　1. 제4조의2제2항을 위반한 자.
　2. 제5조제2항을 위반한 자.
　3. 거짓이나 그 밖의 부정한 방법으로 제14조제1항에 따른 무대예술 전문인의 자격을 취득한 사람
　4. 제14조제2항을 위반하여 다른 사람에게 무대예술 전문인의 명의를 사용하게 하거나 그 자격증을 대여한 사람

5. 제14조제3항을 위반하여 무대예술 전문인의 명의를 사용하거나 그 자격증을 대여받은 사람 또는 명의의 사용이나 자격증의 대여를 알선한 사람

6. 제34조제1항제2호·제3호의 게시물 등 또는 봉인을 임의로 철거하거나 해제한 자

[전문개정 2011.5.25.]

**제42조(양벌규정)** 법인의 대표자나 법인 또는 개인의 대리인, 사용인, 그 밖의 종업원이 그 법인 또는 개인의 업무에 관하여 제40조 또는 제41조 제2호·제6호의 위반행위를 하면 그 행위자를 벌하는 외에 그 법인 또는 개인에게도 해당 조문의 벌금형을 과(科)한다. 다만, 법인 또는 개인이 그 위반행위를 방지하기 위하여 해당 업무에 관하여 상당한 주의와 감독을 게을리하지 아니한 경우에는 그러하지 아니하다. 〈개정 2020.6.9., 2023. 3. 21.〉

[전문개정 2011.5.25.]

**제43조(과태료)** ① 다음 각 호의 어느 하나에 해당하는 자에게는 2천만원 이하의 과태료를 부과한다. 〈개정 2015.5.18.,2019.11.26., 2022. 5. 3.〉

1. 제11조제1항 전단, 같은 조 제3항 또는 제4항을 위반하여 재해대처계획을 수립, 신고 또는 보완하지 아니한 자

2. 제11조에 따른 재해대처계획에 따라 필요한 재해예방조치를 취하지 아니한 자

3. 제11조의7에 따른 방화막을 설치하지 아니한 자

② 다음 각 호의 어느 하나에 해당하는 자에게는 1천만원 이하의 과태료를 부과한다. 〈개정 2015.5.18.〉

1. 제9조제1항 및 제2항을 위반한 자

1의2. 제11조의2제1항을 위반하여 안전관리비를 공연장운영 또는 공연비용에 계상하지 아니한 자 또는 같은 조 제2항을 위반하여 안전관리비를 사용한 자

2. 제12조제1항부터 제6항까지의 규정을 위반한 자

3. 제12조의4에 따른 자료제출을 거부하거나 거짓 자료를 제출한 자 또는 관계 공무원의 현장확인을 거부·방해 또는 기피한 자

4. 제32조에 따른 수거·폐기 명령에 따르지 아니한 자

③ 다음 각 호의 어느 하나에 해당하는 자에게는 500만원 이하의 과태료를 부과한다. 〈신설 2018. 12. 24., 2022. 1. 18.〉

1. 제4조제3항을 위반하여 공연정보를 고의적으로 누락하거나 조작하여 공연예술통합전산망에 전송한 자

2. 제11조의3을 위반하여 안전관리조직을 설치하지 아니한 자
3. 제11조의4를 위반하여 안전교육을 실시하지 아니한 공연장운영자등
4. 제11조의6제1항을 위반하여 사고보고를 하지 아니한 자
5. 제11조의6제2항을 위반하여 정당한 사유 없이 자료제출 요청에 따르지 아니한 자
6. 제11조의6제3항을 위반하여 사고조사와 관련하여 같은 항 각 호의 행위를 한 자
④ 다음 각 호의 어느 하나에 해당하는 자에게는 300만원 이하의 과태료를 부과한다. 〈개정 2017. 11. 28., 2018. 12. 24.〉
1. 제11조의5제1항을 위반하여 피난안내도를 갖추어 두거나 피난안내에 관한 사항을 주지시키는 것 중에 어느 하나를 하지 아니한 자
2. 제16조제1항을 위반하여 무대예술 전문인을 배치하지 아니한 자
⑤ 제1항부터 제4항까지의 규정에 따른 과태료는 대통령령으로 정하는 바에 따라 문화체육관광부장관이나 특별자치시장·특별자치도지사·시장·군수·구청장이 부과·징수한다. 〈개정 2015.5.18., 2018.12.24.〉
[전문개정 2011.5.25.]

# Ⅳ. 기재례

## 【범죄사실 기재례】

피의자는 ○○시 ○○동 ○○번지에서 ○○극장을 경영하고 있다.

피의자는 20○○. ○. ○. 19 : 00경부터 같은 날 21 : 00까지 위 극장에서 19세 미만자의 관람이 금지된 공연물인 영화 '○○'를 상영하면서 19세 미만자인 사건 외 박○○(남, 16세) 외 3명에게 관람하게 하였다.

## 【범죄사실 기재례】

피의자는 서울시 ○○구 ○○동 123번지에서 ○○나이트클럽을 운영하고 있다.

피의자는 20○○. ○. ○.부터 20○○. ○. ○.까지 약 5개월 동안 위원회의 추천 없는 러시아 무용수 ○○○○○외 3인을 자신이 운영하는 ○○나이트클럽 무대에서 매일저녁 21시부터 약 1시간 가량씩 러시아스페셜무대라는 이름하에 공연하게 하였다.

**[서식] 공연장등록증** (앞쪽)

# 공연장등록증

| | | | | |
|---|---|---|---|---|
| ① 등 록 번 호 | | 등 록 일 자 | . . . | |

| 설치자 운영자 | ② 기관·법인·단체명 | | | |
|---|---|---|---|---|
| | ③ 기관·법인·체 소재지 | (전화번호 : ) | | |
| | ④ 대 표 자 성 명 | 생년월일 | | |
| | ⑤ 대 표 자 주 소 | (전화번호 : ) | | |

| ⑥ 공 연 장 의 명 칭 | | ⑦ 종류 및 운영형태 | [ ] 공공 공연장  [ ] 직영<br>[ ] 수탁       [ ] 양여 |
|---|---|---|---|
| | | | [ ] 민간 공연장  [ ] 자가<br>[ ] 임차 |

| ⑧ 공 연 장 소 재 지 | (전화번호 : ) |
|---|---|

| ⑨ 공 연 장 착 공 일 자 | | ⑩ 공연장 사용승인 일자 | |
|---|---|---|---|

| ⑪ 공연장 시설 설치내역<br>( ※무대기계·기구 수는<br>「공연법 시행령」<br>제10조제7항의 고시에<br>따라 산출 기재) | 건축면적 | ㎡( 평) | 무대면적 | ㎡( 평) |
|---|---|---|---|---|
| | 무대기계·기구 수 | 구 동 식 | | 개 |
| | | 고 정 식 | | 개 |
| | 객 석 수 | 개 | 객석이 되는 바닥 면적 | ㎡( 평) |

| ⑫ 변 경 등 록 사 항 | (뒤쪽에 기재) |
|---|---|
| ⑬ 무대시설 안전진단 결과 기록사항 | (뒤쪽에 기재) |

「공연법」 제9조 및 같은 법 시행령 제8조에 따라 위와 같이 공연장등록을 하였음을 증명합니다.

년 월 일

**특별자치시장·특별자치도지사·**
**시장·군수·구청장**

인

210mm×297mm(백상지(1종) 120g/㎡)

(뒤쪽)

| ⑫변경등록 사항 | | |
|---|---|---|
| 처 리 일 자 | 변경내용 및 그 원인 | 등록청 확인 |
|  |  |  |
|  |  |  |

| ⑬무대시설 안전진단 결과 기록사항 | | | | | |
|---|---|---|---|---|---|
| 진 단 기 간 | 진 단 구 분 | 진 단 기 관 | 진단결과 조치사항 및 이행유무 | 차 기 진단일자 | 등록청 확 인 |
|  |  |  |  |  |  |

※ 진단구분란은 설계·정기·정밀 검사로 구분하시기 바랍니다.

[서식] 연소자유해 확인서

제      호

연소자유해  **[ ]공연물**  확인서
          **[ ]선전물**

1. 공연자의  명칭 :
2. 대표자성명 :
3. 공연제명 :
4. 공연물의  종류 :
5. 공연장소 :
6. 공연기간 :
7. 연소자  유해성  여부 :
8. 연소자  유해성  여부에  대한  의견 :


공연법 제5조에 따라 연소자 유해([ ]공연물 [ ]선전물) 여부를 위와 같이
확인합니다.


년      월      일


영상물등급위원회  직인

210mm×297mm[백상지(80g/㎡)]

**[서식] 행정처분 명령서**

| | | | |
|---|---|---|---|
| 제 호 | | | |
| **행정처분 명령서** | | | |
| 공연장 또는 공연자의 명칭 | | 공연물의 종류 | |
| 공연장 또는 공연자의 소재지 | | | |
| 대 표 자 의 성 명 | | | |
| 대 표 자 의 주 소 | | | |
| 공 연 장 등 록 번 호 | 등 록 청 : 등록번호: | | |
| 위 반 사 항 | | | |
| 처 분 내 용 | | | |
| 지 시 사 항 | | | |
| 관 계 조 문 | | | |

위 공연장의 대표자 또는 공연자에 대하여 「공연법」 제33조 및 같은 법 시행규칙 제7조제2항에 따라 위와 같이 행정처분을 명합니다.

년 월 일

# 시장·군수·구청장 [직인]

210mm×297mm[ 백상지(80g/㎡) ]

# 공유수면 관리 및 매립에 관한 법률

[시행 2024. 1. 26.] [법률 제19573호, 2023. 7. 25., 타법개정]

## Ⅰ. 개설

### 목적

이 법은 공유수면(公有水面)을 지속적으로 이용할 수 있도록 보전·관리하고, 환경친화적인 매립을 통하여 매립지를 효율적으로 이용하게 함으로써 공공의 이익을 증진하고 국민 생활의 향상에 이바지함을 목적으로 한다.

## Ⅱ. 판례

**제2조(정의)** 이 법에서 사용하는 용어의 뜻은 다음과 같다. 〈개정 2014.6.3., 2017.3.21., 2020.2.18.〉

1. "공유수면"이란 다음 각 목의 것을 말한다.
   가. 바다: 「해양조사와 해양정보 활용에 관한 법률」 제8조제1항제3호에 따른 해안선으로부터 「배타적 경제수역 및 대륙붕에 관한 법률」에 따른 배타적 경제수역 외측 한계까지의 사이
   나. 바닷가: 「해양조사와 해양정보 활용에 관한 법률」 제8조제1항제3호에 따른 해안선으로부터 지적공부(地籍公簿)에 등록된 지역까지의 사이
   다. 하천·호소(湖沼)·구거(溝渠), 그 밖에 공공용으로 사용되는 수면 또는 수류(水流)로서 국유인 것
2. "포락지"란 지적공부에 등록된 토지가 물에 침식되어 수면 밑으로 잠긴 토지를 말한다.
3. "간석지"란 만조수위선(滿潮水位線)과 간조수위선(干潮水位線) 사이를 말한다.
4. "공유수면매립"이란 공유수면에 흙, 모래, 돌, 그 밖의 물건을 인위적으로 채워 넣어 토지를 조성하는 것(간척을 포함한다)을 말한다.

## 변상금부과처분취소

[대법원 2013. 6. 13., 선고, 2012두2764,, 판결]

【판결요지】
구 공유수면관리법(2010. 4. 15. 법률 제10272호로 폐지되기 전의 것, 이하 '법'이라

고 한다) 제2조 제1호 (나)목, 제5호, 제5조 제1항 제1호, 제10조 제1항, 구 공유수면관리법 시행규칙(2010. 10. 15. 국토해양부령 제300호로 폐지되기 전의 것, 이하 '시행규칙'이라고 한다) 제8조 제2항 [별표 2] 제1호의 내용, 공유수면 점·사용 허가 및 변상금 부과의 입법 취지 등을 종합하면, 법 제5조 제1항 제1호에서 말하는 '그 밖의 공작물'은 제1호에서 열거하는 것과 동일 또는 유사한 것으로 볼 수 있는 공작물로서, 법 제2조 제5호에서 규정하는 건축물에 해당되지 아니하는 건물에 대하여 점·사용료 내지 변상금을 산정할 때에는 법 제5조 제1항 제1호의 '그 밖의 공작물'에 해당된다고 보아 시행규칙 제8조 제2항 [별표 2] 제1호에 따라 산정하는 것이 타당하다.

**제8조(공유수면의 점용·사용허가)** ① 다음 각 호의 어느 하나에 해당하는 행위를 하려는 자는 대통령령으로 정하는 바에 따라 공유수면관리청으로부터 공유수면의 점용 또는 사용(이하 "점용·사용"이라 한다)의 허가(이하 "점용·사용허가"라 한다)를 받아야 한다. 다만, 「수상에서의 수색·구조 등에 관한 법률」제19조에 따른 조난된 선박등의 구난작업, 「재난 및 안전관리 기본법」제37조에 따른 응급조치를 위하여 공유수면을 점용·사용하려는 경우 또는 제28조에 따라 매립면허를 받은 자가 매립면허를 받은 목적의 범위에서 해당 공유수면을 점용·사용하려는 경우에는 그러하지 아니하다. 〈개정 2013.3.23., 2016.12.27., 2017.3.21.〉

1. 공유수면에 부두, 방파제, 교량, 수문, 신·재생에너지 설비(「신에너지 및 재생에너지 개발·이용·보급 촉진법」제2조제3호에 따른 신·재생에너지 설비를 말한다. 이하 이 장에서 같다), 건축물(「건축법」제2조제1항제2호에 따른 건축물로서 공유수면에 토지를 조성하지 아니하고 설치한 건축물을 말한다. 이하 이 장에서 같다), 그 밖의 인공구조물을 신축·개축·증축 또는 변경하거나 제거하는 행위
2. 공유수면에 접한 토지를 공유수면 이하로 굴착(掘鑿)하는 행위
3. 공유수면의 바닥을 준설(浚渫)하거나 굴착하는 행위
4. 대통령령으로 정하는 포락지 또는 개인의 소유권이 인정되는 간석지를 토지로 조성하는 행위
5. 공유수면으로부터 물을 끌어들이거나 공유수면으로 물을 내보내는 행위. 다만, 해양수산부령으로 정하는 행위는 제외한다.
6. 공유수면에서 흙이나 모래 또는 돌을 채취하는 행위
7. 공유수면에서 식물을 재배하거나 베어내는 행위
8. 공유수면에 흙 또는 돌을 버리는 등 공유수면의 수심(水深)에 영향을 미치는 행위
9. 점용·사용허가를 받아 설치된 시설물로서 국가나 지방자치단체가 소유하는 시설물을 점용·사용하는 행위
10. 공유수면에서 「광업법」제3조제1호에 따른 광물을 채취하는 행위

　　11. 제1호부터 제10호까지에서 규정한 사항 외에 공유수면을 점용·사용하는 행위

② 공유수면관리청은 제1항제1호에 따른 건축물의 신축·개축 및 증축을 위한 허가를 할 때에는 대통령령으로 정하는 건축물에 대하여만 허가하여야 한다.

③ 공유수면관리청은 점용·사용허가를 하려는 경우에는 대통령령으로 정하는 바에 따라 관계 행정기관의 장과 미리 협의하여야 한다.

④ 점용·사용허가를 받은 자가 그 허가사항 중 점용·사용 기간 및 목적 등 대통령령으로 정하는 사항을 변경하려는 경우에는 공유수면관리청의 변경허가를 받아야 한다.

⑤ 제4항에 따른 변경허가에 관하여는 제3항을 준용한다.

⑥ 공유수면관리청은 점용·사용허가 또는 제4항에 따른 변경허가를 하였을 때에는 대통령령으로 정하는 바에 따라 그 내용을 고시하여야 한다.

⑦ 공유수면관리청은 점용·사용허가를 하는 경우 해양환경·생태계·수산자원 및 자연경관의 보호, 그 밖에 어업피해의 예방 또는 공유수면의 관리·운영을 위하여 필요하다고 인정하는 경우에는 대통령령으로 정하는 바에 따라 어업인 등 이해관계자의 의견을 들어야 하며, 점용·사용의 방법 및 관리 등에 관한 부관(附款)을 붙일 수 있다. 〈개정 2022. 1. 4.〉

⑧ 점용·사용허가를 받은 자는 그 허가받은 공유수면을 다른 사람이 점용·사용하게 하여서는 아니 된다. 다만, 국방 또는 자연재해 예방 등 공익을 위하여 필요한 경우로서 공유수면관리청의 승인을 받은 경우에는 그러하지 아니하다.

⑨ 공유수면관리청이 아닌 행정기관의 장은 다른 법률에 따라 점용·사용허가 또는 제4항에 따른 변경허가를 받은 것으로 보는 행정처분을 하였을 때에는 즉시 그 사실을 공유수면관리청에 통보하여야 한다. 〈신설 2017.3.21.〉

---

**위임 행정규칙**

· 공유수면 점용·사용 허가(글로벌리더센터 신축공사 중 상·하수도 관로 설치) (농림축산식품부고시 제2022-50호, 2022. 7. 19., 제정)

· 공유수면 점용·사용 허가(글로벌리더센터 신축공사 중 통신관로 설치)(농림축산식품부고시 제2022-52호, 2022. 7. 19., 제정)

· 공유수면 점용·사용허가(2023 새만금 세계잼버리 대회 기반시설 설치)(농림축산식품부고시 제2021-85호, 2021. 11. 25., 제정)

· 공유수면 점용·사용허가(새만금 에코숲벨트 조성)(농림축산식품부고시 제2021-78호, 2021. 11. 3., 제정)

## 공유수면점용·사용허가신청반려처분취소청구
[대법원 2017.4.28., 선고, 2017두30139, 판결]

【판결요지】

[1] 공유수면 관리 및 매립에 관한 법률에 따른 공유수면의 점용·사용허가는 특정인에게 공유수면 이용권이라는 독점적 권리를 설정하여 주는 처분으로서 처분 여부 및 내용의 결정은 원칙적으로 행정청의 재량에 속하고, 이와 같은 재량처분에 있어서는 재량권 행사의 기초가 되는 사실인정에 오류가 있거나 그에 대한 법령적용에 잘못이 없는 한 처분이 위법하다고 할 수 없다.

[2] 공유수면 관리 및 매립에 관한 법률 제8조 제1항 본문, 제7항, 제11조, 제12조, 제19조 제1항 제3호, 제21조 제1항 제3호, 공유수면 관리 및 매립에 관한 법률 시행령 제4조, 구 공유수면 관리 및 매립에 관한 법률 시행규칙(2017. 1. 5. 해양수산부령 제219호로 개정되기 전의 것) 제4조 제2항 제2호의 내용에 비추어 보면, 공유수면에 대한 점용·사용허가를 신청할 때에 설계도서 등을 제출하도록 한 취지는 공유수면관리청으로 하여금 해당 공유수면에 설치할 인공구조물 등의 정확한 구조와 크기, 위치, 형상 등을 정확하게 파악함으로써 (1) 허가 등으로 인하여 피해가 예상되는 일정한 권리를 가진 자가 있는지 여부, (2) 해양환경·생태계·수산자원 및 자연경관의 보호 등을 위해 점용·사용의 방법이나 관리 등에 관하여 부관(附款)을 붙일 필요가 있는지 여부 및 (3) 점용·사용허가 기간을 얼마로 정할 것인지 등을 심사할 수 있도록 하고, 나아가 (4) 점용·사용허가를 받은 자가 위 부관을 제대로 이행하였는지 또는 (5) 점용·사용 기간이 끝난 후 해당 공유수면을 원상으로 회복시켰는지 여부를 판단할 수 있도록 하기 위한 것이라고 해석된다.

따라서 공유수면에 대한 점용·사용허가를 신청하는 자가 위 설계도서 등을 첨부하지 아니한 채 허가신청서를 제출하였다면 공유수면관리청으로서는 특별한 사정이 없는 한 허가요건을 충족하지 못한 것으로 보아 거부처분을 할 수 있다.

**제30조(매립면허의 기준)** ① 매립면허관청은 매립예정지 공유수면 및 매립으로 피해가 예상되는 매립예정지 인근의 구역에 관하여 권리를 가진 자(이하 "공유수면매립 관련 권리자"라 한다)가 있으면 다음 각 호의 어느 하나에 해당하는 경우를 제외하고는 매립면허를 할 수 없다.

1. 공유수면매립 관련 권리자가 매립에 동의하고, 매립이 환경과 생태계의 변화를 충분히 고려한 것으로 인정되는 경우
2. 매립으로 생기는 이익이 그 손실을 현저히 초과하는 경우
3. 법령에 따라 토지를 수용하거나 사용할 수 있는 사업을 위하여 매립이 필요한 경우
4. 그 밖에 국방 또는 재해예방 등 공익을 위하여 필요한 경우로서 대통령령

으로 정하는 경우

② 제1항에 따른 매립으로 피해가 예상되는 매립예정지 인근 구역의 범위는 대통령령으로 정한다.

## 항만공사시행처분무효등

[대법원 2014. 4. 24. 선고, 2013두23607, 판결]

【판결요지】

[1] 구 공유수면 관리 및 매립에 관한 법률(2013.3.23. 법률 제11690호로 개정되기 전의 것, 이하 '구 공유수면관리법'이라 한다) 제30조 제1항의 내용 및 형식, 구 공유수면관리법 제30조 제1항 각 호 사유 간의 체계적 관계 등과 아울러 구 공유수면관리법상 공유수면 매립면허는 공유수면 매립절차의 첫 단계에 불과한 점 등에 비추어 보면, 구 공유수면관리법 제30조 제1항 제3호의 '법령에 따라 토지를 수용하거나 사용할 수 있는 사업을 위하여 매립이 필요한 경우'란, 공익사업을 위한 토지 등의 취득 및 보상에 관한 법률(이하 '공익사업법'이라 한다) 제4조에서 정한 '공익사업'의 범주에 포함되는 사업의 수행을 위하여 공유수면의 매립이 필요하다고 인정되는 경우를 말하고, 매립면허 단계에서 해당 사업에 대하여 공익사업법 제20조 제1항에 따른 '사업인정'까지 있어야 한다고 볼 것은 아니다.

## Ⅲ. 벌칙

**제62조(벌칙)** 다음 각 호의 어느 하나에 해당하는 자는 3년 이하의 징역 또는 3천만원 이하의 벌금에 처한다.

1. 제5조를 위반하여 금지된 행위를 한 자
2. 제8조제1항에 따른 점용·사용허가를 받지 아니하고 공유수면을 점용·사용한 자
3. 제8조제1항에 따른 점용·사용허가를 거짓이나 그 밖의 부정한 방법으로 받은 자
4. 제28조에 따른 매립면허를 받지 아니하고 공유수면을 매립하거나 매립공사를 한 자
5. 제28조에 따른 매립면허를 거짓이나 그 밖의 부정한 방법으로 받은 자
6. 제48조제1항 본문을 위반하여 매립목적을 변경하여 사용한 자

**제63조(벌칙)** 다음 각 호의 어느 하나에 해당하는 자는 2년 이하의 징역 또는 2천만원 이하의 벌금에 처한다.

1. 제38조에 따른 매립실시계획의 승인(변경승인을 포함한다)을 받지 아니하고 매립공사를 착수한 자
2. 제44조제1항 단서에 따른 준공검사 전 사용허가를 받지 아니하고 매립지에 건축물·시설물, 그 밖의 인공구조물을 설치하는 등 매립지를 사용한 자
3. 제45조에 따른 준공검사를 받지 아니하고 매립지를 사용하거나 보완공사 등 필요한 조치를 따르지 아니하고 매립지를 사용한 자
4. 제49조에 따른 매립목적 변경승인을 받지 아니하고 매립목적을 변경하여 매립지나 매립예정지를 사용한 자
5. 제54조제2항에 따른 원상회복 명령을 따르지 아니한 자

**제64조(벌칙)** 다음 각 호의 어느 하나에 해당하는 자는 1년 이하의 징역 또는 1천만원 이하의 벌금에 처한다. 〈개정 2014.3.18., 2017.3.21.〉
1. 제6조제1항, 제19조제1항 및 제20조에 따른 공유수면관리청의 명령을 따르지 아니한 자
1의2. 제8조제4항에 따른 변경허가를 받지 아니하고 공유수면을 점용·사용한 자
2. 제8조제8항 본문을 위반하여 허가받은 공유수면을 다른 사람에게 점용·사용하게 한 자
3. 제21조제2항에 따른 원상회복 명령을 따르지 아니한 자
4. 제52조제1항에 따른 매립면허관청의 명령을 따르지 아니한 자

**제65조(양벌규정)** 법인의 대표자나 법인 또는 개인의 대리인, 사용인, 그 밖의 종업원이 그 법인 또는 개인의 업무에 관하여 제62조부터 제64조까지의 어느 하나에 해당하는 위반행위를 하면 그 행위자를 벌하는 외에 그 법인 또는 개인에게도 해당 조문의 벌금형을 과(科)한다. 다만, 법인 또는 개인이 그 위반행위를 방지하기 위하여 해당 업무에 관하여 상당한 주의와 감독을 게을리 하지 아니한 경우에는 그러하지 아니하다.

**제66조(과태료)** ① 다음 각 호의 어느 하나에 해당하는 자에게는 500만원 이하의 과태료를 부과한다. 〈개정 2020.1.29.〉
1. 제43조제2항을 위반하여 권리·의무의 이전 등을 신고하지 아니한 자
2. 제48조제2항에 따른 매립목적 변경의 확인을 받지 아니하고 매립지 또는 매립예정지를 사용한 자

　　3. 제52조제3항을 위반하여 표지의 설치를 거부 또는 방해하거나 설치된 표지를 훼손한 자

② 다음 각 호의 어느 하나에 해당하는 자에게는 300만원 이하의 과태료를 부과한다. 〈신설 2020.1.29.〉

　　1. 제55조제1항에 따른 보고를 하지 아니하거나 거짓으로 보고한 자 또는 출입·조사를 거부·방해 또는 기피한 자

　　2. 제55조제2항에 따른 출입·일시사용 또는 장애물의 변경·제거를 거부·방해 또는 기피한 자

　　3. 제56조제1항에 따른 자료의 제출 또는 보고를 하지 아니하거나 거짓으로 자료 제출 또는 보고를 한 자 또는 출입·검사를 거부·방해하거나 기피한 자

③ 다음 각 호의 어느 하나에 해당하는 자에게는 200만원 이하의 과태료를 부과한다. 〈신설 2020.1.29.〉

　　1. 제9조(같은 조 제3호는 제외한다)를 위반하여 공유수면 점용·사용 허가 사항의 변경신고를 하지 아니한 자

　　2. 제16조제2항을 위반하여 권리·의무의 이전 등을 신고하지 아니한 자

　　3. 제18조제1항을 위반하여 준공검사를 받지 아니한 자

　　4. 제18조제2항을 위반하여 공사 완료 신고를 하지 아니한 자

　　5. 제19조제3항을 위반하여 표지의 설치를 거부 또는 방해하거나 설치된 표지를 훼손한 자

④ 제1항부터 제3항까지의 규정에 따른 과태료는 대통령령으로 정하는 바에 따라 공유수면관리청 또는 매립면허관청이 부과·징수한다. 〈개정 2020.1.29.〉

## 공유수면관리및매립에관한법률위반

[창원지법 2015. 2. 11. 선고 2013노2387 판결 : 상고]

【판결요지】

피고인들이 공유수면관리청의 허가 없이 공유수면인 해상에 플로팅 도크(floating dock, 浮游船渠)를 일시적으로 묘박(錨泊)해 두고 선박진수 작업을 하여 공유수면 관리 및 매립에 관한 법률을 위반하였다는 내용으로 기소된 사안에서, 해당 공유수면은 선박 또는 일반 어선들이 항해할 수 있는 곳으로, 피고인들이 배를 진수하기 위하여 플로팅 도크를 일시 묘박하는 행위는 다른 선박의 안전운항 및 해상교통질서에 지장을 줄 위험이 있는 점, 피고인들도 플로팅 도크를 통해 배를 진수하는 경우 지방해양항만청으로부터 진수 지역에 대한 통항선 및 진수 선박의 관제에 관한 업무 협조를 받고 있는 점, 피고인들은 본래의 용법에 의한 사용에서 벗어나 특정

한 목적을 위하여 해당 공유수면을 일정기간 동안 단속적·반복적으로 이용하고 있는 점 등 제반 사정을 종합할 때, 피고인들의 행위는 공유수면을 '점용'하고 있다고 보기 어려우나, '사용'하는 것에 해당하여 공유수면관리청으로부터 사용허가를 받아야 한다는 이유로 유죄를 인정한 사례.

## Ⅳ. 기재례

### 【범죄사실 기재례】

누구든지 공유수면에서 정당한 사유 없기 폐기물·폐유·폐수·오수·분뇨·가축분뇨·유독물 또는 동물의 사체류 그 밖에 국토교통부령이 정하는 오염물질을 버리거나 흘러가게 하는 행위를 하여서는 안 된다. 그럼에도 불구하고 피의자 박○○은 정당한 이유 없이 20○○. ○. ○. 경 공유수면인 ○○에 우천을 이용하여 자신의 집 화장실 분뇨를 약 ○○톤 버렸다.

### 【범죄사실 기재례】

누구든지 공유수면에 부두·방파제·교량·수문·건축물, 그 밖의 공작물을 신축·개축·증축 또는 변경하거나 제거하는 행위를 하려는 사람은 관할 관청으로부터 점용 또는 사용의 허가를 받아야 한다. 그럼에도 불구하고 피의자 고○○는 20○○. ○. ○. 경 공유수면인 ○○시 ○○동 ○○에서, 관할 관청의 점용허가를 받지 않고 공작물인 ○○㎡의 컨테이너 박스 1개를 설치하여 공유수면을 점용하였다.

**[서식] 방치선박등 제거명령서**

# 방치선박등 제거명령서

| 담당자 | | 전화번호 | 처리일자 |
|---|---|---|---|
| | | | |

| 소유자<br>(점유자) | 성명(상호) | | 생년월일(성별) |
|---|---|---|---|
| | 전화번호 | | 사업자등록번호 |
| | 주소 | | |

| 선박제원<br>(諸元) | 선명(명칭) | 선박(어선)번호 |
|---|---|---|
| | 선적항 | 톤수(주요 치수) |

| 발견 장소 | | |
|---|---|---|
| 공유수면관리청 | | 관리번호  제   –   호 |
| 제거사유 | | |
| 제거기한 | 년      월      일 까지 | |

　　귀하가 소유(점유)한 선박 등이 위와 같이 방치되어 있으므로「공유수면 관리 및 매립에 관한 법률」제6조제1항에 따라 이를　　년　　월　　일까지 제거할 것을 명합니다.

　　만약 이 기한 안에 선박 등을 제거하지 아니할 경우에는 같은 법 제64조에 따른 처벌을 받게 되며, 방치선박등은 같은 법 제6조제3항 및 제6항에 따라 공유수면관리청이 직권으로 제거하고, 그에 드는 비용은 귀하가 부담하게 됩니다.

년　　　　　　월　　　　　　일

**(공유수면관리청)** 　 | 직인 |

---

**작성방법**

1. 발견 장소는 상세히 기록해야 합니다.
2. 제거사유는 해양사고, 수질오염의 발생가능성, 공유수면 관리·이용에의 지장유무 및 해상교통에의 지장유무 등을 구체적으로 기록해야 합니다.
3. 이 별지에서 "공유수면관리청"이란 해양수산부장관, 시·도지사, 특별자치시장, 특별자치도지사, 시장·군수·구청장 또는 지방해양수산청장을 말합니다.

210mm×297mm[보존용지(1종) 70g/㎡]

**[서식] 공유수면 매립공사 준공검사확인증**

| 제     호 | | | |
|---|---|---|---|
| **공유수면 매립공사 준공검사확인증** | | | |
| 신청인 | 성명(법인인 경우 명칭 및 대표자 성명) | | 생년월일 |
| | 주소(법인인 경우 주된 사무소 소재지) | | 전화번호 |
| 면허(협의·승인) 연월일 및 번호 | | | |
| 매립장소 | | | |
| 매립목적 | | | |
| 총사업비 | 천원 | 정산 총사업비 | 천원 |
| 준공면적 | – 전체매립지:          ㎡ (            천원)<br>– 면허(협의·승인)대상자 취득:          ㎡ (          천원)<br>– 국가 귀속:          ㎡ (바닷가, 공공용지 및 매수청구대상의 잔여매립지는 제외합니다)<br>– 바 닷 가:          ㎡<br>– 공공용 매립지:          ㎡<br>– 매수청구대상의 잔여매립지:          ㎡(          천원)<br>※ 지번별 명세서는 붙임과 같으며, (  )금액은 감정평가액입니다. | | |
| 공사기간 | 년     월     일 ~          년     월     일 | | |
| 준공검사<br>조건 | 별지와 같음 | | |
| 「공유수면 관리 및 매립에 관한 법률」 제35조제3항·제36조 및 제45조에 따라 위와 같이 확인합니다.<br><br>년          월          일<br><br>(매립면허관청)                    직인 | | | |
| ※ 이 별지에서 "매립면허관청"이란 해양수산부장관, 시·도지사, 특별자치시장, 특별자치도지사, 시장·군수·구청장 또는 지방해양수산청장을 말합니다. | | | |

210mm×297mm[인쇄용지(특급) 120g/㎡]

[서식] 이행보증금 반환청구서

# 이행보증금 반환청구서

| 접수번호 | | 접수일 | 처리일 | 처리기간 | 5일 |
|---|---|---|---|---|---|
| 청구인 | 성명(법인인 경우 명칭 및 대표자 성명) | | | 생년월일 | |
| | 주소(법인인 경우 주된 사무소 소재지) | | | 전화번호 | |
| 면허 연월일 및 번호 | | | | | |
| 매립장소 | | | | | |
| 매립면적 | | | ㎡ | | |
| 매립목적 | | | | | |
| 공사 기성 공정(율) | | | % | | |
| 시설이나 그 밖의 물건의 종류 및 개요 | | | | | |
| 원상회복(원상회복 의무 면제 및 준공검사) 연월일 | | 년      월      일 | | | |
| 이행보증금의 종류 | | [  ] 현금          [  ]보증서 등 | | | |

「공유수면 관리 및 매립에 관한 법률 시행령」 제68조제2항 및 같은 법 시행규칙 제40조에 따라 위와 같이 원상회복 이행보증금의 반환을 청구합니다.

년          월          일

청구인                          (서명 또는 인)

### (매립면허관청) 귀하

| 첨부서류 | 공유수면으로의 원상회복이 완료되었음을 증명하는 서류(공유수면으로 원상회복을 한 경우에만 제출합니다) 1부<br>※ 이 별지에서 "매립면허관청"이란 해양수산부장관, 시·도지사, 특별자치시장, 특별자치도지사, 시장·군수·구청장 또는 지방해양수산청장을 말합니다. | 수수료<br>없음 |
|---|---|---|

### 처리절차

| 청구서 작성 | ▶ | 접 수 | ▶ | 첨부서류 확인 및 검토 | ▶ | 현장 확인 또는 관계 서류 확인 | ▶ | 이행보증금 반환 또는 반려 처분 | ▶ | 통 보 |
|---|---|---|---|---|---|---|---|---|---|---|
| 청구인 | | 매립면허관청 | | 매립면허관청 | | 매립면허관청 | | 매립면허관청 | | 매립면허관청 |

210㎜×297㎜[일반용지 60g/㎡(재활용품)]

# 공인중개사법

[시행 2023. 10. 19.] [법률 제19371호, 2023. 4. 18., 일부개정]

## Ⅰ. 개설

### 목적

이 법은 공인중개사의 업무 등에 관한 사항을 정하여 그 전문성을 제고하고 부동산중개업을 건전하게 육성하여 국민경제에 이바지함을 목적으로 한다.

## Ⅱ. 판례

**제2조(정의)** 이 법에서 사용하는 용어의 정의는 다음과 같다. 〈개정 2014.1.28., 2020.6.9.〉

1. "중개"라 함은 제3조에 따른 중개대상물에 대하여 거래당사자간의 매매·교환·임대차 그 밖의 권리의 득실변경에 관한 행위를 알선하는 것을 말한다.
2. "공인중개사"라 함은 이 법에 의한 공인중개사자격을 취득한 자를 말한다.
3. "중개업"이라 함은 다른 사람의 의뢰에 의하여 일정한 보수를 받고 중개를 업으로 행하는 것을 말한다.
4. "개업공인중개사"라 함은 이 법에 의하여 중개사무소의 개설등록을 한 자를 말한다.
5. "소속공인중개사"라 함은 개업공인중개사에 소속된 공인중개사(개업 공인중개사인 법인의 사원 또는 임원으로서 공인중개사인 자를 포함한다)로서 중개업무를 수행하거나 개업공인중개사의 중개업무를 보조하는 자를 말한다.
6. "중개보조원"이라 함은 공인중개사가 아닌 자로서 개업공인중개사에 소속되어 중개대상물에 대한 현장안내 및 일반서무 등 개업공인중개사의 중개업무와 관련된 단순한 업무를 보조하는 자를 말한다.

### 손해배상(기)

[대법원 2021. 7. 29., 선고, 2017다243723, 판결]

공인중개사법은 '중개'의 개념에 관하여 제2조 제1호에서 "제3조의 규정에 의한 중개대상물에 대하여 거래당사자 간의 매매·교환·임대차 기타 권리의 득실·변경에 관한 행위를 알선하는 것"이라고 정하고 있다. 이러한 중개에는 중개업자가 거래의 쌍방 당사자로부터 중개 의뢰를 받은 경우뿐만 아니라 일방 당사자의 의뢰로 중개대상물의 매매 등을 알선하는 경우도 포함된다.

## 약정금
[대법원 2024. 1. 4. 선고 2023다252162 판결]

【판결요지】
공인중개사법 제2조 제1호는 '중개'에 관하여 "제3조의 규정에 의한 중개대상물에 대하여 거래당사자 간의 매매·교환·임대차 기타 권리의 득실변경에 관한 행위를 알선하는 것"이라고 정하였다. 이러한 '중개'에는 중개업자가 거래의 쌍방 당사자로부터 중개의뢰를 받은 경우뿐만 아니라 일방 당사자의 의뢰로 중개대상물의 매매 등을 알선하는 경우도 포함된다. 공인중개사법 제32조 제1항 본문은 "개업공인중개사는 중개업무에 관하여 중개의뢰인으로부터 소정의 보수를 받는다."라고 정하였으므로, 공인중개사가 중개대상물에 대하여 거래당사자 간의 매매·교환·임대차 기타 권리의 득실변경을 알선하는 행위를 하였더라도, 해당 중개업무를 의뢰하지 않은 거래당사자로부터는 별도의 지급 약정 등 특별한 사정이 없는 한 원칙적으로 중개보수를 지급받을 수 없다.

**제4조(자격시험)** ① 공인중개사가 되려는 자는 시·도지사가 시행하는 공인중개사자격시험에 합격하여야 한다. 〈개정 2008.6.13., 2014.1.28.〉

② 국토교통부장관은 공인중개사자격시험 수준의 균형유지 등을 위하여 필요하다고 인정하는 때에는 대통령령으로 정하는 바에 따라 직접 시험문제를 출제하거나 시험을 시행할 수 있다. 〈개정 2008.2.29., 2013.3.23., 2020.6.9.〉

③ 공인중개사자격시험의 시험과목·시험방법 및 시험의 일부면제 그 밖에 시험에 관하여 필요한 사항은 대통령령으로 정한다.

## 부동산중개료등
[대법원 2010. 12. 23., 선고, 2008다75119, 판결]

【판결요지】
구 부동산중개업법(2005. 7. 29. 법률 제7638호 공인중개사의 업무 및 부동산 거래신고에 관한 법률로 전부 개정되기 전의 것)은 부동산중개업을 건전하게 지도·육성하고 부동산중개업무를 적절히 규율함으로써 부동산중개업자의 공신력을 높이고 공정한 부동산거래질서를 확립하여 국민의 재산권 보호에 기여함을 입법 목적으로 하고 있으므로(법 제1조), 공인중개사 자격이 없는 자가 중개사무소 개설등록을 하지 아니한 채 부동산중개업을 하면서 체결한 중개수수료 지급약정의 효력은 이와 같은 입법 목적에 비추어 해석되어야 한다. 그런데 공인중개사 자격이 없는 자가 부동산중개업 관련 법령을 위반하여 중개사무소 개설등록을 하지 아니한 채 부동산중개업을 하면서 체결한 중개수수료 지급약정에 따라 수수료를 받는 행위는 투기적·탈법적 거래를 조장하여 부동산거래질서의 공정성을 해할 우려가 있다. 또한 부동산중개업 관련 법령의 주된 규율대상인 부동산이 그 거래가격이 상대적으로 높은 점에 비추어 전문성을 갖춘 공인중개사가 부동산거래를 중개하는 것은 부동산거래사고를 사전에 예방하고, 만약의 경우 사고가 발생하더라도 보증보험 등에 의한 손해전보를 보장할 수 있는 등 국민 개개인의 재산적 이해관계 및 국민생활의 편의에 미치는 영향이 매우 커서 이에 대한 규제가 강하게 요청된다. 이러한 사정을 종합적으로 고려하여 보면, 공인중개사 자격이 없어 중개사무소 개설등록을 하지 아니한 채 부동산중개업을 한 자에게 형사적 제재를 가하는 것만으로는 부족하고 그가 체결한 중개수수료 지급약정에 의한 경제적 이익이 귀속되는 것을 방지하여야 할 필요가 있고, 따라서 중개사무소 개설등록에 관한 구 부동산중개업법 관련 규정들은 공인중개사 자격이 없는 자가 중개사무소 개설등록을 하지 아니한 채 부동산중개업을 하면서 체결한 중개수수료 지급약정의 효력을 제한하는 이른바 강행법규에 해당한다.

**제8조(유사명칭의 사용금지)** 공인중개사가 아닌 자는 공인중개사 또는 이와 유사한 명칭을 사용하지 못한다.

## 사용을금지한 '유사한 명칭'에해당하는지판단하는기준

[대법원 2015. 7. 23., 선고, 2014도12437, 판결]

【판결요지】

구 공인중개사의 업무 및 부동산 거래신고에 관한 법률(2014. 1. 28. 법률 제12374호 공인중개사법으로 개정되기 전의 것, 이하 '구 공인중개사법'이라고 한다) 제8조에 의하면 공인중개사가 아닌 자는 공인중개사 또는 이와 유사한 명칭을 사용하지 못하고, 제18조 제2항에 의하면 개업공인중개사가 아닌 자는 '공인중개사사무소', '부동산중개' 또는 이와 유사한 명칭을 사용하여서는 아니 된다. 그리고 이러한 유사한 명칭에 해당하는지는 일반인으로 하여금 그 명칭을 사용하는 자를 공인중개사 또는 개업공인중개사로 오인하도록 할 위험성이 있는지 여부에 따라 판단하여야 할 것이다.

원심은, 피고인이 공인중개사가 아님에도 2014. 1. 10.경부터 김포시 월곶면에 있는 피고인의 사무실에서 '△△부동산 대표'라고 기재한 명함을 사용하고, '△△부동산' 및 '부동산 Cafe'라고 표시한 옥외광고물을 설치하였다는 이 사건 공소사실에 대하여, 그 판시와 같은 이유로 위와 같은 명함의 기재나 옥외광고물의 표시가 일반인들로 하여금 피고인이 공인중개사의 자격이 있다고 오인하거나 부동산을 중개한다고 인식하도록 한다고 보기 어렵다고 판단하여 피고인에게 무죄를 선고하였다.

그러나 적법하게 채택된 증거에 의하면, 피고인이 건물에 설치한 간판에는 큰 글씨로 '△△부동산', 작은 글씨로 '김포 강화, 주택, 공장매매/임대전문'이라고 기재되어 있고, 도로에 설치한 입간판에는 큰 글씨로 '부동산 Cafe', 작은 글씨로 '차와 부동산물건 직접거래 공간'이라고 기재되어 있는 사실, 피고인이 사용한 명함의 앞면에는 '△△부동산 대표'라는 명칭이 기재되어 있고, 그 뒷면에는 '매매/

임대' 라는 제목 아래 '토지, 공장, 주택, 상가', '부동산개발' 이라는 제목 아래 '전원주택 개발, 공장용지 개발, 토목상담, 건축시공 상담' 이라고 각 기재되어 있는 사실을 알 수 있다.

이러한 사실관계에 더하여 다음과 같은 사정, 즉 '부동산' 이라는 표현은 그 사전적 의미로 쓰이는 외에도 일상생활에서 '부동산중개' 또는 '부동산중개사무소' 를 줄여 이를 뜻하는 말로도 흔히 사용되고 있고, 특히 부동산중개를 업으로 하면서 '○○부동산', '부동산○○' 등의 형식으로 상호의 주된 부분을 표기하는 경우가 드물지 않은 점, 구 공인중개사법 등의 관련 규정에 의하면 중개사무소의 개설등록은 공인중개사 또는 법인만이 할 수 있는 점 등을 앞서 본 법리에 비추어 보면, 피고인이 공소사실 기재와 같이 '△△부동산' 및 '부동산 Cafe' 라고 표시된 옥외광고물을 설치하고, '△△부동산 대표' 라는 명칭이 기재된 명함을 사용한 것은 일반인으로 하여금 피고인이 공인중개사사무소 또는 부동산중개를 하거나 공인중개사인 것으로 오인하도록 할 위험성이 있는 것으로 보이므로, 위 법규정에서 말하는 이와 유사한 명칭을 사용한 경우에 해당한다고 보아야 할 것이다.

그럼에도 원심은 이와 달리 이 사건 공소사실에 대하여 무죄를 선고하였으므로, 이러한 원심판결에는 구 공인중개사법에서 사용을 금지한 공인중개사 등과 유사한 명칭에 관한 법리를 오해하여 판결에 영향을 미친 잘못이 있다. 이 점을 지적하는 상고이유의 주장에는 정당한 이유가 있다.

## 제26조(거래계약서의 작성 등) ① 개업공인중개사는 중개대상물에 관하여 중개가 완성된 때에는 대통령령으로 정하는 바에 따라 거래계약서를 작성하여 거래당사자에게 교부하고 대통령령으로 정하는 기간 동안 그 원본, 사본 또는 전자문서를 보존하여야 한다. 다만, 거래계약서가 공인전자문서센터에 보관된 경우에는 그러하지 아니하다. 〈개정 2014.1.28., 2018.8.14., 2020.6.9.〉

② 제25조제4항의 규정은 제1항에 따른 거래계약서의 작성에 관하여 이를 준용한다. 〈개정 2020.6.9.〉

③ 개업공인중개사는 제1항에 따라 거래계약서를 작성하는 때에는 거래금액 등 거래내용을 거짓으로 기재하거나 서로 다른 둘 이상의 거래계약서를 작성하여서는 아니된다. 〈개정 2014.1.28., 2020.6.9.〉

### 손해배상(기)

[대법원 2010. 5. 13., 선고, 2009다78863,78870, 판결]

【판결요지】

[1] '공인중개사의 업무 및 부동산 거래신고에 관한 법률' 의 목적, 중개업자의 자격요건·기본윤리 등이 엄격하게 규정되어 있는 점, 위 법이 중개업자로 하여금 중개가 완성된 때에 거래계약서 등을 작성·교부하도록 정하고 있는 점 등을 고려하

면, 중개업자는 중개가 완성된 때에만 거래계약서 등을 작성·교부하여야 하고 중
개를 하지 아니하였음에도 함부로 거래계약서 등을 작성·교부하여서는 아니된다.
[2] 부동산 중개업자가 자신의 중개로 전세계약이 체결되지 않았음에도 실제 계약
당사자가 아닌 자에게 전세계약서와 중개대상물 확인설명서 등을 작성·교부
해 줌으로써 이를 담보로 제공받아 금전을 대여한 대부업자가 대여금을 회수
하지 못하는 손해를 입은 사안에서, 중개업자로서는 일반 제3자가 그 전세계
약서에 대하여 중개업자를 통해 그 내용과 같은 전세계약이 체결되었음을 증
명하는 것으로 인식하고 이를 전제로 그 전세계약서를 담보로 제공하여 금전
을 차용하는 등의 거래관계에 들어갈 것임을 인식할 수 있었다고 보아, 중개
업자의 주의의무 위반에 따른 손해배상책임을 인정한 사례.

**제30조(손해배상책임의 보장)** ① 개업공인중개사는 중개행위를 하는 경우 고
의 또는 과실로 인하여 거래당사자에게 재산상의 손해를 발생하게 한 때에는
그 손해를 배상할 책임이 있다. 〈개정 2014.1.28., 2020.6.9.〉

② 개업공인중개사는 자기의 중개사무소를 다른 사람의 중개행위의 장소로 제
공함으로써 거래당사자에게 재산상의 손해를 발생하게 한 때에는 그 손해를
배상할 책임이 있다. 〈개정 2014.1.28.〉

③ 개업공인중개사는 업무를 개시하기 전에 제1항 및 제2항에 따른 손해배상책
임을 보장하기 위하여 대통령령으로 정하는 바에 따라 보증보험 또는 제42
조에 따른 공제에 가입하거나 공탁을 하여야 한다. 〈개정 2014.1.28., 2020.6.9.〉

④ 제3항에 따라 공탁한 공탁금은 개업공인중개사가 폐업 또는 사망한 날부터
3년 이내에는 이를 회수할 수 없다. 〈개정 2014.1.28., 2020.6.9.〉

⑤ 개업공인중개사는 중개가 완성된 때에는 거래당사자에게 손해배상책임의 보
장에 관한 다음 각 호의 사항을 설명하고 관계 증서의 사본을 교부하거나
관계 증서에 관한 전자문서를 제공하여야 한다. 〈개정 2014.1.28.〉

1. 보장금액
2. 보증보험회사, 공제사업을 행하는 자, 공탁기관 및 그 소재지
3. 보장기간

## 공인중개사법 제30조에 따른 배상책임을 부담하는지 여부(적극)

[대법원 2023. 11. 30. 선고 2023다259743 판결]

【판결요지】

공인중개사법 제25조 제1항, 제2항, 같은 법 시행령 제21조, 같은 법 시행규칙 제16
조에 의하여, 중개업자는 다가구주택의 일부에 대한 임대차계약을 중개할 경우 임차
의뢰인이 임대차계약이 종료된 후에 임대차보증금을 제대로 반환받을 수 있는지 판

단하는 데 필요한 다가구주택의 권리관계 등에 관한 자료를 성실하고 정확하게 제공하여야 할 의무를 부담한다. 따라서 중개업자는 임차의뢰인에게 부동산등기부상에 표시된 중개대상물의 권리관계 등을 확인·설명하는 것에 그쳐서는 아니 되고, 임대의뢰인에게 다가구주택 내에 이미 거주해서 살고 있는 다른 임차인의 임대차계약내역 중 임대차보증금, 임대차의 시기와 종기 등에 관한 자료를 요구하여 이를 확인한 다음 임차의뢰인에게 설명하고 자료를 제시하여야 한다. 또한 공인중개사법 시행규칙 서식에 따른 중개대상물 확인·설명서 중 중개목적물에 대한 '실제 권리관계 또는 공시되지 아니한 물건의 권리 사항' 란에는 그 내용을 기재하여 교부하여야 할 의무가 있고, 만일 임대의뢰인이 다른 세입자의 임대차보증금, 임대차의 시기와 종기 등에 관한 자료요구에 불응한 경우에는 그 내용을 위 중개대상물 확인·설명서에 기재하여야 할 의무가 있다. 그러므로 중개업자가 고의나 과실로 이러한 의무를 위반하여 임차의뢰인에게 재산상의 손해를 발생하게 한 때에는 공인중개사법 제30조에 의하여 이를 배상할 책임이 있다.

**제33조(금지행위)** ① 개업공인중개사등은 다음 각 호의 행위를 하여서는 아니 된다. 〈개정 2014.1.28., 2019.8.20., 2020.6.9.〉

1. 제3조에 따른 중개대상물의 매매를 업으로 하는 행위
2. 제9조에 따른 중개사무소의 개설등록을 하지 아니하고 중개업을 영위하는 자인 사실을 알면서 그를 통하여 중개를 의뢰받거나 그에게 자기의 명의를 이용하게 하는 행위
3. 사례·증여 그 밖의 어떠한 명목으로도 제32조에 따른 보수 또는 실비를 초과하여 금품을 받는 행위
4. 해당 중개대상물의 거래상의 중요사항에 관하여 거짓된 언행 그 밖의 방법으로 중개의뢰인의 판단을 그르치게 하는 행위
5. 관계 법령에서 양도·알선 등이 금지된 부동산의 분양·임대 등과 관련있는 증서 등의 매매·교환 등을 중개하거나 그 매매를 업으로 하는 행위
6. 중개의뢰인과 직접 거래를 하거나 거래당사자 쌍방을 대리하는 행위
7. 탈세 등 관계 법령을 위반할 목적으로 소유권보존등기 또는 이전등기를 하지 아니한 부동산이나 관계 법령의 규정에 의하여 전매 등 권리의 변동이 제한된 부동산의 매매를 중개하는 등 부동산투기를 조장하는 행위
8. 부당한 이익을 얻거나 제3자에게 부당한 이익을 얻게 할 목적으로 거짓으로 거래가 완료된 것처럼 꾸미는 등 중개대상물의 시세에 부당한 영향을 주거나 줄 우려가 있는 행위
9. 단체를 구성하여 특정 중개대상물에 대하여 중개를 제한하거나 단체 구성원 이외의 자와 공동중개를 제한하는 행위

② 누구든지 시세에 부당한 영향을 줄 목적으로 다음 각 호의 어느 하나의 방

법으로 개업공인중개사등의 업무를 방해해서는 아니 된다. 〈신설 2019.8.20.〉

1. 안내문, 온라인 커뮤니티 등을 이용하여 특정 개업공인중개사등에 대한 중개의뢰를 제한하거나 제한을 유도하는 행위
2. 안내문, 온라인 커뮤니티 등을 이용하여 중개대상물에 대하여 시세보다 현저하게 높게 표시·광고 또는 중개하는 특정 개업공인중개사등에게만 중개의뢰를 하도록 유도함으로써 다른 개업공인중개사등을 부당하게 차별하는 행위
3. 안내문, 온라인 커뮤니티 등을 이용하여 특정 가격 이하로 중개를 의뢰하지 아니하도록 유도하는 행위
4. 정당한 사유 없이 개업공인중개사등의 중개대상물에 대한 정당한 표시·광고 행위를 방해하는 행위
5. 개업공인중개사등에게 중개대상물을 시세보다 현저하게 높게 표시·광고하도록 강요하거나 대가를 약속하고 시세보다 현저하게 높게 표시·광고하도록 유도하는 행위

## 계약금반환
[대법원 2017. 2. 3., 선고, 2016다259677, 판결]

**【판결요지】**
개업공인중개사 등이 중개의뢰인과 직접 거래를 하는 행위를 금지하는 공인중개사법 제33조 제6호의 규정 취지는 개업공인중개사 등이 거래상 알게 된 정보를 자신의 이익을 꾀하는데 이용하여 중개의뢰인의 이익을 해하는 경우가 있으므로 이를 방지하여 중개의뢰인을 보호하고자 함에 있는바, 위 규정에 위반하여 한 거래행위가 사법상의 효력까지도 부인하지 않으면 안 될 정도로 현저히 반사회성, 반도덕성을 지닌 것이라고 할 수 없을 뿐만 아니라 행위의 사법상의 효력을 부인하여야만 비로소 입법 목적을 달성할 수 있다고 볼 수 없고, 위 규정을 효력규정으로 보아 이에 위반한 거래행위를 일률적으로 무효라고 할 경우 중개의뢰인이 직접 거래임을 알면서도 자신의 이익을 위해 한 거래도 단지 직접 거래라는 이유로 효력이 부인되어 거래의 안전을 해칠 우려가 있으므로, 위 규정은 강행규정이 아니라 단속규정이다.

**제38조(등록의 취소)** ① 등록관청은 개업공인중개사가 다음 각 호의 어느 하나에 해당하는 경우에는 중개사무소의 개설등록을 취소하여야 한다. 〈개정 2014.1.28., 2020.6.9., 2023. 4. 18.〉

1. 개인인 개업공인중개사가 사망하거나 개업공인중개사인 법인이 해산한 경우
2. 거짓이나 그 밖의 부정한 방법으로 중개사무소의 개설등록을 한 경우
3. 제10조제1항제2호부터 제6호까지 또는 같은 항 제11호·제12호에 따른 결

격사유에 해당하게 된 경우. 다만, 같은 항 제12호에 따른 결격사유에 해당하는 경우로서 그 사유가 발생한 날부터 2개월 이내에 그 사유를 해소한 경우에는 그러하지 아니하다.

4. 제12조제1항의 규정을 위반하여 이중으로 중개사무소의 개설등록을 한 경우

5. 제12조제2항의 규정을 위반하여 다른 개업공인중개사의 소속공인중개사·중개보조원 또는 개업공인중개사인 법인의 사원·임원이 된 경우

5의2. 제15조제3항을 위반하여 중개보조원을 고용한 경우

6. 제19조제1항의 규정을 위반하여 다른 사람에게 자기의 성명 또는 상호를 사용하여 중개업무를 하게 하거나 중개사무소등록증을 양도 또는 대여한 경우

7. 업무정지기간 중에 중개업무를 하거나 자격정지처분을 받은 소속공인중개사로 하여금 자격정지기간 중에 중개업무를 하게 한 경우

8. 최근 1년 이내에 이 법에 의하여 2회 이상 업무정지처분을 받고 다시 n 업무정지처분에 해당하는 행위를 한 경우

② 등록관청은 개업공인중개사가 다음 각 호의 어느 하나에 해당하는 경우에는 중개사무소의 개설등록을 취소할 수 있다. 〈개정 2011.5.19., 2014.1.28., 2019.8.20., 2020.6.9., 2020.12.29.〉

1. 제9조제3항에 따른 등록기준에 미달하게 된 경우

2. 제13조제1항의 규정을 위반하여 둘 이상의 중개사무소를 둔 경우

3. 제13조제2항의 규정을 위반하여 임시 중개시설물을 설치한 경우

4. 제14조제1항의 규정을 위반하여 겸업을 한 경우

5. 제21조제2항의 규정을 위반하여 계속하여 6개월을 초과하여 휴업한 경우

6. 제23조제3항의 규정을 위반하여 중개대상물에 관한 정보를 공개하지 아니하거나 중개의뢰인의 비공개요청에도 불구하고 정보를 공개한 경우

7. 제26조제3항의 규정을 위반하여 거래계약서에 거래금액 등 거래내용을 거짓으로 기재하거나 서로 다른 둘 이상의 거래계약서를 작성한 경우

8. 제30조제3항에 따른 손해배상책임을 보장하기 위한 조치를 이행하지 아니하고 업무를 개시한 경우

9. 제33조제1항 각 호에 규정된 금지행위를 한 경우

10. 최근 1년 이내에 이 법에 의하여 3회 이상 업무정지 또는 과태료의 처분을 받고 다시 업무정지 또는 과태료의 처분에 해당하는 행위를 한 경우 (제1항제8호에 해당하는 경우는 제외한다)

11. 개업공인중개사가 조직한 사업자단체(「독점규제 및 공정거래에 관한 법률」 제2조제2호의 사업자단체를 말한다. 이하 같다) 또는 그 구성원인 개

업공인중개사가 「독점규제 및 공정거래에 관한 법률」 제51조를 위반하여 같은 법 제52조 또는 제53조에 따른 처분을 최근 2년 이내에 2회 이상 받은 경우

③ 등록관청은 제1항제2호부터 제8호까지 및 제2항 각 호의 사유로 중개사무소의 개설등록을 취소하고자 하는 경우에는 청문을 실시하여야 한다. 〈개정 2020.6.9.〉

④ 제1항 또는 제2항에 따라 중개사무소의 개설등록이 취소된 자는 국토교통부령으로 정하는 바에 따라 중개사무소등록증을 등록관청에 반납하여야 한다. 〈개정 2008.2.29., 2013.3.23., 2020.6.9.〉

## 중개사무소의개설등록취소처분취소
[대법원 2019. 1. 31., 선고, 2017두40372, 판결]

**【판결요지】**

[1] 공인중개사법 제38조 제1항 제7호는 '업무정지기간 중에 중개업무를 하는 경우'를 중개사무소의 개설등록 취소사유로 규정하고 있다. 여기에서 말하는 중개업무란 중개대상물에 대하여 거래 당사자 간의 매매·교환·임대차 기타 권리의 득실·변경에 관한 행위를 알선하는 업무를 말한다(공인중개사법 제2조 제1호). 그러한 업무는 거래 당사자 쌍방의 의뢰를 받아 이루어지는 경우뿐만 아니라 거래 당사자 일방의 의뢰를 받아 이루어지는 경우도 포함한다. 한편 어떠한 행위가 '중개업무의 수행'에 해당하는지는 중개업자의 행위를 객관적으로 보아 사회통념상 거래의 알선·중개를 위한 행위라고 인정되는지에 따라 판단하여야 한다.

[2] 2개 이상의 행정처분이 연속적 또는 단계적으로 이루어지는 경우 선행처분과 후행처분이 서로 합하여 1개의 법률효과를 완성하는 때에는 선행처분에 하자가 있으면 그 하자는 후행처분에 승계된다. 이러한 경우에는 선행처분에 불가쟁력이 생겨 그 효력을 다툴 수 없게 되더라도 선행처분의 하자를 이유로 후행처분의 효력을 다툴 수 있다. 그러나 선행처분과 후행처분이 서로 독립하여 별개의 법률효과를 발생시키는 경우에는 선행처분에 불가쟁력이 생겨 그 효력을 다툴 수 없게 되면 선행처분의 하자가 중대하고 명백하여 선행처분이 당연무효인 경우를 제외하고는 특별한 사정이 없는 한 선행처분의 하자를 이유로 후행처분의 효력을 다툴 수 없는 것이 원칙이다. 다만 그 경우에도 선행처분의 불가쟁력이나 구속력이 그로 인하여 불이익을 입게 되는 자에게 수인한도를 넘는 가혹함을 가져오고, 그 결과가 당사자에게 예측가능한 것이 아니라면, 국민의 재판받을 권리를 보장하고 있는 헌법의 이념에 비추어 선행처분의 후행처분에 대한 구속력을 인정할 수 없다.

**제48조(벌칙)** 다음 각 호의 어느 하나에 해당하는 자는 3년 이하의 징역 또는 3천만원 이하의 벌금에 처한다. 〈개정 2016.12.2., 2019.8.20., 2020.6.9.〉

1. 제9조에 따른 중개사무소의 개설등록을 하지 아니하고 중개업을 한 자
2. 거짓이나 그 밖의 부정한 방법으로 중개사무소의 개설등록을 한 자
3. 제33조제1항제5호부터 제9호까지의 규정을 위반한 자
4. 제33조제2항 각 호의 규정을 위반한 자

## 공인중개사법위반
### (인정된죄명:공인중개사의업무및부동산거래신고에관한법률위반)
[대법원 2018. 2. 13., 선고, 2017도18292, 판결]

**【판결요지】**

구 공인중개사의 업무 및 부동산 거래신고에 관한 법률(2014. 1. 28. 법률 제12374호 공인중개사법으로 개정되기 전의 것, 이하 '구 공인중개사법'이라 한다) 제9조와 구 공인중개사의 업무 및 부동산 거래신고에 관한 법률 시행령(2014. 7. 28. 대통령령 제25522호 공인중개사법 시행령으로 개정되기 전의 것) 제13조는 중개업을 영위하려는 자에게 등록관청에 중개사무소의 개설등록을 할 의무를 부과하면서 공인중개사 또는 대표자가 공인중개사이고, 대표자를 제외한 임원이나 사원(합명회사 또는 합자회사의 무한책임사원을 말한다)의 1/3 이상이 공인중개사인 일정한 법인만이 중개사무소의 개설등록을 할 수 있도록 정하고 있다. 구 공인중개사법 제48조 제1호는 제9조에 따른 중개사무소의 개설등록을 하지 않고 중개업을 한 자를 3년 이하의 징역 또는 2천만 원 이하의 벌금에 처하도록 정하고 있다.

이러한 규정은 공인중개사 업무의 전문성을 높이고 부동산중개업을 건전하게 육성하기 위하여 공인중개사 또는 공인중개사가 대표자로 있는 일정한 요건을 갖춘 법인만이 중개사무소 개설등록을 한 다음 부동산중개업을 할 수 있도록 한 것이다.

따라서 공인중개사가 개설등록을 하지 않은 채 부동산중개업을 하는 경우뿐만 아니라 공인중개사가 아니어서 애초에 중개사무소 개설등록을 할 수 없는 사람이 부동산중개업을 영위하는 경우에도 구 공인중개사법 제48조 제1호에서 정한 형사처벌의 대상이 된다.

**제49조(벌칙)** ① 다음 각 호의 어느 하나에 해당하는 자는 1년 이하의 징역 또는 1천만원 이하의 벌금에 처한다. 〈개정 2013.6.4., 2014.1.28.,2019.8.20., 2020.6.9., 2023. 4. 18., 2023. 6. 1.〉

1. 제7조제1항 또는 제2항의 규정을 위반하여 다른 사람에게 자기의 성명을 사용하여 중개 업무를 하게 하거나 공인중개사자격증을 양도·대여한 자 또는 다른 사람의 공인중개사자격증을 양수·대여받은 자
1의2. 제7조제3항을 위반하여 같은 조 제1항 및 제2항에서 금지한 행위를 알선한 자
2. 제8조의 규정을 위반하여 공인중개사가 아닌 자로서 공인중개사 또는 이와 유사한 명칭을 사용한 자
3. 제12조의 규정을 위반하여 이중으로 중개사무소의 개설등록을 하거나 둘

이상의 중개사무소에 소속된 자
4. 제13조제1항의 규정을 위반하여 둘 이상의 중개사무소를 둔 자
5. 제13조제2항의 규정을 위반하여 임시 중개시설물을 설치한 자
5의2. 제15조제3항을 위반하여 중개보조원을 고용한 자
6. 제18조제2항의 규정을 위반하여 개업공인중개사가 아닌 자로서 "공인중개사사무소", "부동산중개" 또는 이와 유사한 명칭을 사용한 자
6의2. 제18조의2제3항을 위반하여 개업공인중개사가 아닌 자로서 중개업을 하기 위하여 중개대상물에 대한 표시·광고를 한 자
7. 제19조제1항 또는 제2항의 규정을 위반하여 다른 사람에게 자기의 성명 또는 상호를 사용하여 중개업무를 하게 하거나 중개사무소등록증을 다른 사람에게 양도·대여한 자 또는 다른 사람의 성명·상호를 사용하여 중개업무를 하거나 중개사무소등록증을 양수·대여받은 자
7의2. 제19조제3항을 위반하여 같은 조 제1항 및 제2항에서 금지한 행위를 알선한 자
8. 제24조제4항의 규정을 위반하여 정보를 공개한 자
9. 제29조제2항의 규정을 위반하여 업무상 비밀을 누설한 자
10. 제33조제1항제1호부터 제4호까지의 규정을 위반한 자
② 제29조제2항의 규정에 위반한 자는 피해자의 명시한 의사에 반하여 벌하지 아니한다.

## 공인중개사법위반
[대구지법 2019. 5. 21., 선고, 2018노4066, 판결 : 상고]

【판결요지】
개업공인중개사 피고인 甲이 운영하는 공인중개사사무소의 중개보조원 피고인 乙이 피고인 甲의 성명 및 그 공인중개사사무소의 상호를 사용하여 丙 등에게 원룸 임대차계약을 중개하는 업무를 하고, 피고인 甲은 피고인 乙로 하여금 본인의 성명 또는 공인중개사사무소 상호를 사용하여 위와 같이 중개업무를 하게 하였다고 하여 공인중개사법 위반으로 기소된 사안이다.
피고인 乙은 임차인 丙에게 원룸을 소개한 후 丙으로부터 가계약금 및 선지급한 1년분의 월세를 받았고, 계약서 작성 당시에도 중개인으로서 날인을 하였으며, 丙은 계약 체결 과정에서 피고인 甲을 만난 적이 없었던 점, 설령 피고인 甲이 계약서에 서명·날인을 하였더라도 무자격자인 피고인 乙이 성사시킨 거래에 관해서 그 계약서에 자신의 인감을 날인하는 방법으로 자신이 직접 공인중개사 업무를 수행하는 형식만 갖추었을 뿐 실질적으로는 무자격자로 하여금 자기 명의로 공인중개사 업무를 수행하도록 하였다면 공인중개사법이 금지하는 '다른 사람에게 자기의 성명 또는 상호를 사용하여 중개업무를 하게 하는 경우'에 해당하는 점, 피고인들은 계약금액이

적은 원룸 임대차계약의 경우 중개보조원이 부동산 소개 및 계약 과정 전반에 관여하고 중개수수료의 일정 비율(이 사건의 경우 80%)을 월급으로 지급받는 것이 관행이라고 주장하나, 공인중개사의 자격을 엄격히 제한함으로써 그 전문성을 제고하고 부동산중개업을 건전하게 육성하여 부동산을 거래하는 당사자들을 보호하려는 공인중개사법의 입법 취지에 비추어 중개수수료 금액이 적은 원룸 임대차계약과 아파트, 상가 등의 매매계약 등을 달리 볼 이유가 없고, 더구나 피고인 乙이 기본급 없이 중개수수료의 일정 비율을 지급받으면서 계약 과정 전반에 피고인 甲의 별다른 관여나 지시 없이 부동산 중개를 해 온 이상 피고인 乙의 계산으로 중개업무를 수행한 것이라는 점 등을 이유로 피고인들에게 유죄를 인정한 사례이다.

# III. 벌칙

**제48조(벌칙)** 다음 각 호의 어느 하나에 해당하는 자는 3년 이하의 징역 또는 3천만원 이하의 벌금에 처한다. 〈개정 2016.12.2., 2019.8.20., 2020.6.9.〉
1. 제9조에 따른 중개사무소의 개설등록을 하지 아니하고 중개업을 한 자
2. 거짓이나 그 밖의 부정한 방법으로 중개사무소의 개설등록을 한 자
3. 제33조제1항제5호부터 제9호까지의 규정을 위반한 자
4. 제33조제2항 각 호의 규정을 위반한 자

**제49조(벌칙)** ① 다음 각 호의 어느 하나에 해당하는 자는 1년 이하의 징역 또는 1천만원 이하의 벌금에 처한다. 〈개정 2013.6.4., 2014.1.28., 2019.8.20., 2020.6.9., 2023. 4. 18., 2023. 6. 1.〉
1. 제7조제1항 또는 제2항의 규정을 위반하여 다른 사람에게 자기의 성명을 사용하여 중개업무를 하게 하거나 공인중개사자격증을 양도·대여한 자 또는 다른 사람의 공인중개사자격증을 양수·대여받은 자
1의2. 제7조제3항을 위반하여 같은 조 제1항 및 제2항에서 금지한 행위를 알선한 자
2. 제8조의 규정을 위반하여 공인중개사가 아닌 자로서 공인중개사 또는 이와 유사한 명칭을 사용한 자
3. 제12조의 규정을 위반하여 이중으로 중개사무소의 개설등록을 하거나 둘 이상의 중개사무소에 소속된 자
4. 제13조제1항의 규정을 위반하여 둘 이상의 중개사무소를 둔 자
5. 제13조제2항의 규정을 위반하여 임시 중개시설물을 설치한 자
5의2. 제15조제3항을 위반하여 중개보조원을 고용한 자

6. 제18조제2항의 규정을 위반하여 개업공인중개사가 아닌 자로서 "공인중개사사무소", "부동산중개" 또는 이와 유사한 명칭을 사용한 자

6의2. 제18조의2제3항을 위반하여 개업공인중개사가 아닌 자로서 중개업을 하기 위하여 중개대상물에 대한 표시·광고를 한 자

7. 제19고제1항 또는 제2항의 규정을 위반하여 다른 사람에게 자기의 성명 또는 상호를 사용하여 중개업무를 하게 하거나 중개사무소등록증을 다른 사람에게 양도·대여한 자 또는 다른 사람의 성명·상호를 사용하여 중개업무를 하거나 중개사무소등록증을 양수·대여받은 자

7의2. 제19조제3항을 위반하여 같은 조 제1항 및 제2항에서 금지한 행위를 알선한 자

8. 제24조제4항의 규정을 위반하여 정보를 공개한 자

9. 제29조제2항의 규정을 위반하여 업무상 비밀을 누설한 자

10. 제33조제1항제1호부터 제4호까지의 규정을 위반한 자

② 제29조제2항의 규정에 위반한 자는 피해자의 명시한 의사에 반하여 벌하지 아니한다.

**제50조(양벌규정)** 소속공인중개사·중개보조원 또는 개업공인중개사인 법인의 사원·임원이 중개업무에 관하여 제48조 또는 제49조의 규정에 해당하는 위반행위를 한 때에는 그 행위자를 벌하는 외에 그 개업공인중개사에 대하여도 해당 조에 규정된 벌금형을 과한다. 다만, 그 개업공인중개사가 그 위반행위를 방지하기 위하여 해당 업무에 관하여 상당한 주의와 감독을 게을리하지 아니한 경우에는 그러하지 아니하다. 〈개정 2009.4.1., 2014.1.28.〉

**제51조(과태료)** ① 삭제 〈2014.1.28.〉

② 다음 각 호의 어느 하나에 해당하는 자에게는 500만원 이하의 과태료를 부과한다. 〈개정 2013.6.4., 2014.5.21., 2019.8.20., 2023. 4. 18.〉

1. 제18조의2제4항 각 호를 위반하여 부당한 표시·광고를 한 자

1의2. 정당한 사유 없이 제18조의3제2항의 요구에 따르지 아니하여 관련 자료를 제출하지 아니한 자

1의3. 정당한 사유 없이 제18조의3제3항의 요구에 따르지 아니하여 필요한 조치를 하지 아니한 자

1의4. 제18조의4를 위반하여 중개의뢰인에게 본인이 중개보조원이라는 사실

을 미리 알리지 아니한 사람 및 그가 소속된 개업공인중개사. 다만, 개업공인중개사가 그 위반행위를 방지하기 위하여 해당 업무에 관하여 상당한 주의와 감독을 게을리하지 아니한 경우는 제외한다.

1의5. 제24조제3항을 위반하여 운영규정의 승인 또는 변경승인을 얻지 아니하거나 운영규정의 내용을 위반하여 부동산거래정보망을 운영한 자

1의6. 제25조제1항을 위반하여 성실·정확하게 중개대상물의 확인·설명을 하지 아니하거나 설명의 근거자료를 제시하지 아니한 자

2. 삭제 〈2014.1.28.〉

3. 삭제 〈2014.1.28.〉

4. 삭제 〈2014.1.28.〉

5. 삭제 〈2014.1.28.〉

5의2. 제34조제4항에 따른 연수교육을 정당한 사유 없이 받지 아니한 자

6. 제37조제1항에 따른 보고, 자료의 제출, 조사 또는 검사를 거부·방해 또는 기피하거나 그 밖의 명령을 이행하지 아니하거나 거짓으로 보고 또는 자료제출을 한 거래정보사업자

7. 제42조제5항을 위반하여 공제사업 운용실적을 공시하지 아니한 자

8. 제42조의4에 따른 공제업무의 개선명령을 이행하지 아니한 자

8의2. 제42조의5에 따른 임원에 대한 징계·해임의 요구를 이행하지 아니하거나 시정명령을 이행하지 아니한 자

9. 제42조의3 또는 제44조제1항에 따른 보고, 자료의 제출, 조사 또는 검사를 거부·방해 또는 기피하거나 그 밖의 명령을 이행하지 아니하거나 거짓으로 보고 또는 자료제출을 한 자

10. 삭제 〈2014.1.28.〉

③ 다음 각 호의 어느 하나에 해당하는 자에게는 100만원 이하의 과태료를 부과한다. 〈개정 2013.6.4., 2019.8.20.〉

1. 제17조를 위반하여 중개사무소등록증 등을 게시하지 아니한 자

2. 제18조제1항 또는 제3항을 위반하여 사무소의 명칭에 "공인중개사 사무소", "부동산중개"라는 문자를 사용하지 아니한 자 또는 옥외광고물에 성명을 표기하지 아니하거나 거짓으로 표기한 자

2의2. 제18조의2제1항 또는 제2항을 위반하여 중개대상물의 중개에 관한 표시·광고를 한 자

3. 제20조제1항을 위반하여 중개사무소의 이전신고를 하지 아니한 자

4. 제21조제1항을 위반하여 휴업, 폐업, 휴업한 중개업의 재개 또는 휴업

기간의 변경 신고를 하지 아니한 자

5. 제30조제5항을 위반하여 손해배상책임에 관한 사항을 설명하지 아니하거나 관계 증서의 사본 또는 관계 증서에 관한 전자문서를 교부 하지 아니한 자

6. 제35조제3항 또는 제4항을 위반하여 공인중개사자격증을 반납하지 아니하거나 공인중개사자격증을 반납할 수 없는 사유서를 제출하지 아니한 자 또는 거짓으로 공인중개사자격증을 반납할 수 없는 사유서를 제출한 자

7. 제38조제4항을 위반하여 중개사무소등록증을 반납하지 아니한 자

④ 삭제 〈2014.1.28.〉

⑤ 제2항 및 제3항에 따른 과태료는 대통령령으로 정하는 바에 따라 다음 각 호의 자가 각각 부과·징수한다. 〈개정 2013.6.4., 2014.1.28., 2016.12.2., 2019.8.20., 2023. 4. 18.〉

1. 제2항제1호의2·제1호의3·제1호의5, 제6호부터 제8호까지, 제8호의2 및 제9호의 경우: 국토교통부장관

2. 제2항제5호의2 및 제3항제6호의 경우: 시·도지사

3. 삭제 〈2014.1.28.〉

4. 제2항제1호·제1호의4·제1호의6, 제3항제1호·제2호·제2호의2, 제3 호부터 제5호까지 및 제7호의 경우: 등록관청

⑥ 삭제 〈2009.4.1.〉

⑦ 삭제 〈2009.4.1.〉

⑧ 삭제 〈2009.4.1.〉

⑨ 삭제 〈2009.4.1.〉

⑩ 삭제 〈2014.1.28.〉

[전문개정 2008.6.13.]

# IV. 기재례

## 【범죄사실 기재례】

피의자는 관할관청에 등록하지 않고 20○○. ○. ○. 충남 ○○군 ○○면 ○○리 ○○번지에 있는 피의자 경영의 ○○부동산 사무실에서 정○○ 소유의 같은 면 ○○리 ○○번지 주택 1동을 성○○에게 돈 ○○만원에 매매하는 계약을 중개하고 그 자리에서 양당

사자로부터 중개수수료 명목으로 각 ○○만원씩을 교부받은 것을 시작으로 하여 20○
○. ○. ○.경까지 매월 6건 정도의 부동산매매 및 임대차 등을 중개하는 부동산중개업
을 영위하였다.

## 【범죄사실 기재례】

피의자는 20○○. ○. ○. 인천시장으로부터 부동산중개업허가를 받아 인천시 ○○동 ○
○번지에서 ○○부동산중개소라는 상호로 부동산중개업을 영위하고 있다.

피의자는 20○○. ○. ○.경 위 사무실에서 인천시 ○○동에 있는 ○○아파트 ○○동 ○
○호(32평형)를 매도의뢰하는 성○○에게 돈 ○○만원을 주고 피의자 명의로 매수한 다
음 같은 해 ○. ○. 위 사무실에서 아파트를 매수하기 위하여 찾아온 임○○으로부터 돈
○○만원을 받고 되팔아 중개의뢰인과 직접거래를 하였다.

## 【범죄사실 기재례】

피의자 김○○는 무허가 부동산중개업자이고, 피의자 반○○는 20○○. ○. ○. 서울시
장으로부터 부동산중개업허가를 받아 서울시 ○○동 ○○번지에서 ○○공인중개사라는
상호로 부동산중개업을 영위하고 있다.

피의자 김○○는, 20○○. ○. ○.경 위 반○○의 부동산사무실에서 피의자 반○○로부
터 그 명의의 부동산중개업허가증 및 사무실을 매월 대여료 ○○만원을 주기로 약정하
고 대여받았다.

그 후 같은 해 ○. ○. 윤○○ 소유의 서울시 ○○동 ○○번지 대지 300평을 홍○○에
게 대금 ○○만원에 매매하는 중개를 하고 그 수수료로 양쪽 당사자로부터 각 100만원
씩을 받은 것을 시작으로 20○○. ○. ○.까지 사이에 약 30회에 걸쳐 부동산의 매매 및
임대차를 중개하여 월 평균 ○○만원의 수입을 올리는 부동산중개업을 영위하였다. 그리
고 피의자 반○○는, 위와 같이 20○○. ○. ○.부터 20○○. ○. ○.까지 피의자 명의의
부동산중개업허가증을 피의자 김○○에게 대여하였다.

## 【범죄사실 기재례】

피의자는 ○○시 ○○동 ○○번지에서 ○○부동산이라는 상호로 부동산중개업에 종사하
고 있다.

피의자는 20○○. ○. ○. 위 사무소에서 매도인인 조○○과 매수인인 하○○간에 ○○
시 ○○동 ○○번지의 대지 1,010㎡를 대금 ○○만원에 매매하는 계약을 중개하고 위

하○○으로부터 중개수수료로 돈 ○○만원을 받음으로써 법정수수료의 상한을 초과한 금품을 받았다.

## 【범죄사실 기재례】

피의자 김○○은 서울시 ○○구 ○○동 123번지에서 '○○공인중개사'라는 상호로 부동산 중개업을 하고 있다.

피의자는 20○○. ○. ○.경 위 사무실에서 같은 동 234번지에 있는 답 1,234제곱미터의 소유자 이○○의 부동산을 5억원에 매입하여 20○○. ○. ○. 부동산등기이전을 하지 않고 전매하는 방법으로 서울시 ○○구 ○○동 456번지 거주 최○○에게 6억원에 매매하여 부동산 투기를 조장하였다.

## 【적용실례】

〈중개거래상의 설명의무 위반의 경우〉

➡ 피의자가 위 매매계약을 중개하면서 매도인의 말을 믿고 고소인에게 그 면적을 27.8평(실제 25.6평)이라고 말하였다는 것인 바, 공인중개사의업무및부동산거래신고에관한법률 제25조 제1항은 거짓된 언행이나 기타의 방법에 의하여 적극적으로 중개의뢰인의 판단을 그르치게 하는 행위를 금지하고 있을 뿐 이 건과 같이 과실에 의한 행위를 처벌하고자 하는 규정이 아니므로 범죄혐의 없음.

〈식사대접을 받은 경우와 수수료 관계〉

➡ 피의자는 20○○. 9. 7. 서울시 ○○구 ○○동 소재 ○○부동산 중개업소에서 ○○○으로 하여금 동인 소유의 경기도 ○○군 ○○면 ○○리 237번지 소재 답 500평을 대금 10,000,000원에 매도 알선하고 50,000원 상당의 식사를 대접받아 부동산중개업을 한 것이다라는 사안에서, 피의자는 동인의 친척인 김○○의 부동산 매매에 중개를 해주자 김○○이 고맙다는 인사표시로 금 50,000원 상당의 식사를 대접한 것이고, 달리 피의자가 공인중개사의업무및부동산거래신고에관한법률상의 소정의 수수료를 받고 부동산 중개업을 한 것으로 볼만한 증거없으므로 혐의 없음.

〈단, 1회의 부동산 중개에 관여한 경우〉

➡ 무허가 부동산중개업에 대한 공인중개사의업무및부동산거래신고에관한법률 위반사건을 수사함에 있어서는 피의자가 부동산 중개를 '업'으로 하였다는 증거자료를 수집하여야 하고, 이 경우 피의자가 어떤 사무실을 갖추고 어떤 방법으로 계속하여 중개행위를할 의사로 부동산 소개를 하였는지에 대하여 수사의 초첨을 맞추어야 한다.

〈중개업자가 자신의 명의로 임대계약을 체결한 경우〉

➡ 피의자의 공인중개사의업무및부동산거래신고에관한법률 위반의 점에 대하여 부동산 중개인의 지위에서 자신의 명의로 임대계약을 체결하였으므로 부동산 중개인이 금지규정을 위반하였다고 의율하였으나, 피의자가 기히 동인 명의로 계약을 하여 임차인의 지위에 있던 오락실에 대한 임차권을 고소인에게 전대한 것으로 고소인으로부터 중개의뢰를 받고 해야하는 것이 아니므로(고소인이 중개의뢰인이라는 점을 인정할 증거없음) 혐의없음.

〈중개업자가 부동산 투기를 조장한 경우〉

➡ 피의자들에 대한 공인중개사의업무및부동산거래신고에관한법률 위반의 점에 대하여 살피건대 피의자들이 의견서 기재와 같이 매매계약을 체결하여 의견서 기재 토지를 전매하여 부동산 투기를 조장하는 행위를 한 사실은 인정되나, 공인중개사의업무및부동산거래신고에관한법률 제33조의 규정에 의하면 "중개업자 등은 다음 각호의 행위를 하여서는 아니된다"고 되어있고 제7호에 '탈세를 목적으로 소유권 보존등기 또는 이전등기를 하지 아니한 부동산이나 법령의 규정에 의하여 전매 등 권리의 변동이 제한된 부동산의 매매를 중개하는 등 부동산 투기를 조장하는 행위'라고 되어 있으며 같은 법 제48조 제3호에 의하면 제33조 제5호 내지 제7호에 해당하는 자는 "3년 이하의 징역 또는 2천만원 이하의 벌금에 처한다"고 되어 있는 바, 피의자들이 '중개업자 또는 중개보조원'의 어느쪽에도 해당되는 것은 아니므로 구성요건에 해당성이 없고 따라서 결국 이 건은 각 그 범죄혐의 없고, 피의자가 허가없이 수수료를 받고 등기 관계서류를 작성한 부분에 대하여 행정서사법위반으로 의율하였으나 이는 법무사법 위반으로 의율함이 타당함.

〈거래당사자가 일방을 대리하는 행위〉

➡ 쌍방대리금지 위반인 이 건은 부동산중개업자인 피의자 조○○이 매도인인 상피의자 이○○를 대리하여 고소인 조○○과 이 건 부동산 매매계약을 체결한 것인 바, 공인중개사의업무및부동산거래신고에관한법률 제33조 제1호는 중개업자가 의뢰인과 직접 거래하거나 거래당사자 쌍방을 대리하는 행위를 금지하고 있을 뿐 이 건과 같이 거래당사자 일방을 대리하는 행위를 금지하고 있지는 않으므로 범죄혐의 없음.

〈단, 1회 아파트를 매매알선하고, 소개료 10만원을 받은 사안〉

➡ 단, 1회 타인의 아파트를 매도하여 주고, 10만원의 사례를 받았다 하여도 중개행위를 업으로 하였다고 인정할 수 없으므로 동법 위반으로 처벌할 수 없다.

〈의무불이행의 경우〉

➡ 공인중개사의업무및부동산거래신고에관한법률 제51조 제1항 및 제27조의 규제에 의

하면 의무불이행 행위는 과태료에 처하도록 되어 있어 형사상 처벌할 수 없음.

### 〈무허가 부동산 중개행위〉

➡ 부동산중개법인의 종업원이 중개인, 공인중개사의 자격이 없거나 중개보조원으로 신고되지 아니한 상태에서 부동산중개행위를 하였을 경우에 무허가 부동산중개 행위로 의율함.

### 〈무허가 중개업자가 중개수수료를 초과하여 교부받은 경우〉

➡ 피의자가 공인중개사의업무및부동산거래신고에관한법률에 의한 허가를 받은 중개업자가 아니고 신고된 중개보조원도 아니며 독자적으로 중개업을 영위하면서 부동산 거래를 중개한 뒤 중개수수료를 초과하여 교부받은 사안으로서 중개수수료를 초과하여 교부받았다고 의율했으나, 중개수수료를 초과하여 받을 수 없는 것은 중개업자이거나 중개보조원의 신분을 요하는데 피의자는 그러한 신분도 없으며 영업소를 소유하지도 아니하므로 이 건은 피의자가 허가없이 중개업을 영위한 것으로 의율해야 함.

### 〈미신고의 중개보조원이 미등기부동산의 매매중개를 한 경우〉

➡ 공인중개사 사무실의 신고되지 않은 중개보조원인 피의자가 미등기 부동산의 매매중개를 한 사안인 바, 이를 공인중개사의업무및부동산거래신고에관한법률 제48조 제3호 및 제33조 제7호의 탈세목적의 미등기 부동산 전매중개행위에 의율하였으나, 위 조항은 신고된 중개보조원이나 중개업자임을 요하는 신분범이므로 피의자에게는 적용될 수 없고, 피의자가 허가없이 중개행위를 하였는지 여부를 가려서동법 제48조, 제15조 제2항에 의율함.

### 〈중개보조원 미신고의 경우〉

➡ 피의자 조○○이 부동산중개소를 경영하면서 동 김○○를 사실상 중개보조원으로 고용하고 있던 중 동 김○○가 조○○의 부재중에 부동산매매계약서를 작성하면서 당국에 신고된 조○○의 인감을 사용하지 아니하고 김○○ 자신의 인장을 사용하였다는 사안인 바, 공인중개사의업무및부동산거래신고에관한법률에서의 처벌대상이 되는 중개보조원은 당국에 신고된 중개보조원만을 의미하고, 이와 같은 중개보조원 미신고의 점에 대하여는 부동산중개업소에 대한 영업정지처분만 할 수 있을 뿐이어서 본건과 같은 경우에는 범죄혐의를 인정할 수 없음.

### 〈부동산매매 중개수수료 법정수수료 초과 교부받은 경우〉

➡ 상 피의자 김○○ 경영의 ○○부동산 종사원으로 있으면서 본건 외 조○○ 및 같은 이○○간의 부동산 매매를 중개해 주고 동인들로부터 그 법정수수료 금 300,000원을 초과한 합계 금 2,800,000원을 교부받은 사안인 바, 한편 부공인

중개사의업무및부동산거래신고에관한법률 제33조 제3호에 의하면 중개업자 또는 중개보조원은 같은 법 제32조의 규정에 의한 수수료 또는 실비를 초과하여 금품을 받거나 그 외에 사례, 증여 기타 어떠한 명목으로라도 금품을 받아서는 안 되는 것으로 규정하고 있고, 또한 같은 법 제2조 제6호에 의하면 중개보조원이라 함은 중개업자의 업무를 보조하는 자로서 이 법에 의하여 신고한 자를 말하는 것으로 규정하고 있어 위 신고를 전제로 한 위법의 적용을 받을 여지가 없고, 달리 본건을 인정할 자료도 찾아볼 수 없어 결국 본건은 범죄혐의 없음.

〈거래의 주요사실을 고지하지 아니한 경우〉

➡ 피의자들이 공인중개사의업무및부동산거래신고에관한법률 위반으로 구약식 기소되었다는 이유로 공소권없음 의견으로 송치하였는 바, 구약식 기소된 사안은 "영업자를 이탈해지 중개하였다"는 것이고 본건은 "거래의 주요사실을 고지하지 아니하였다"는 고소사실이므로 공소권없음이 아니라 더 조사하여 혐의 유무를 밝혀야 할 사안이다.

**[서식] 중개사무소 등록증**

<table>
<tr><td colspan="3">제            호</td></tr>
<tr><td colspan="2" style="text-align:center">중개사무소 등록증</td><td>사진(여권용 사진)<br><br>(3.5cm×4.5cm)</td></tr>
<tr><td>성명(대표자)</td><td>생년월일</td><td></td></tr>
<tr><td>개업공인중개사<br>종별</td><td colspan="2">[　] 법인  [　] 공인중개사  [　] 법 제7638호 부칙 제6조제2항에<br>따른 개업공인중개사</td></tr>
<tr><td>중개사무소<br>명칭</td><td colspan="2"></td></tr>
<tr><td>중개사무소<br>소재지</td><td colspan="2"></td></tr>
<tr><td>등록인장<br>(중개행위 시<br>사용)</td><td></td><td>&lt;변경 인장&gt;</td></tr>
</table>

「공인중개사법」 제9조제1항에 따라 위와 같이 부동산중개사무소 개설등록을 하였음을 증명합니다.

년        월        일

시장·군수·구청장        | 직인 |

210mm×297mm[ 백상지(1종)  120g/㎡]

# 공중위생관리법

[시행 2025. 4. 23.] [법률 제20504호, 2024. 10. 22., 일부개정]

## Ⅰ. 개설

### 목적

이 법은 공중이 이용하는 영업의 위생관리등에 관한 사항을 규정함으로써 위생수준을 향상시켜 국민의 건강증진에 기여함을 목적으로 한다.

## Ⅱ. 판례

**제2조(정의)** ① 이 법에서 사용하는 용어의 정의는 다음과 같다. 〈개정 2005.3.31., 2016.2.3., 2019.12.3.〉

1. "공중위생영업" 이라 함은 다수인을 대상으로 위생관리서비스를 제공하는 영업으로서 숙박업·목욕장업·이용업·미용업·세탁업·건물위생관리업을 말한다.

2. "숙박업" 이라 함은 손님이 잠을 자고 머물 수 있도록 시설 및 설비등의 서비스를 제공하는 영업을 말한다. 다만, 농어촌에 소재하는 민박등 대통령령이 정하는 경우를 제외한다.

3. "목욕장업" 이라 함은 다음 각목의 어느 하나에 해당하는 서비스를 손님에게 제공하는 영업을 말한다. 다만, 숙박업 영업소에 부설된 욕실 등 대통령령이 정하는 경우를 제외한다.
   가. 물로 목욕을 할 수 있는 시설 및 설비 등의 서비스
   나. 맥반석·황토·옥 등을 직접 또는 간접 가열하여 발생되는 열기 또는 원적외선 등을 이용하여 땀을 낼 수 있는 시설 및 설비 등의 서비스

4. "이용업" 이라 함은 손님의 머리카락 또는 수염을 깎거나 다듬는 등의 방법으로 손님의 용모를 단정하게 하는 영업을 말한다.

5. "미용업" 이라 함은 손님의 얼굴, 머리, 피부 및 손톱·발톱 등을 손질하여 손님의 외모를 아름답게 꾸미는 다음 각 목의 영업을 말한다.
   가. 일반미용업: 파마·머리카락자르기·머리카락모양내기·머리피부손질·머리카락염색·머리감기, 의료기기나 의약품을 사용하지 아니하는 눈썹손질을 하는 영업

　　나. 피부미용업: 의료기기나 의약품을 사용하지 아니하는 피부상태분석·피부관리·제모(除毛)·눈썹손질을 하는 영업

　　다. 네일미용업: 손톱과 발톱을 손질·화장(化粧)하는 영업

　　라. 화장·분장 미용업: 얼굴 등 신체의 화장, 분장 및 의료기기나 의약품을 사용하지 아니하는 눈썹손질을 하는 영업

　　마. 그 밖에 대통령령으로 정하는 세부 영업

　　바. 종합미용업 : 가목부터 마목까지의 업무를 모두 하는 영업

6. "세탁업"이라 함은 의류 기타 섬유제품이나 피혁제품등을 세탁하는 영업을 말한다.

7. "건물위생관리업"이라 함은 공중이 이용하는 건축물·시설물등의 청결유지와 실내공기정화를 위한 청소등을 대행하는 영업을 말한다.

8. 삭제 〈2015.12.22.〉

② 제1항제2호부터 제4호까지, 제6호 및 제7호의 영업은 대통령령이 정하는 바에 의하여 이를 세분할 수 있다. 〈개정 2005.3.31., 2019.12.3.〉

## '공중위생관리법에따른숙박업'에해당하는지여부(적극)

[대법원 2020. 4. 29., 선고, 2019두52799, 판결]

**【판결요지】**

교육환경 보호에 관한 법률 제9조 제27호는 교육환경보호구역에서의 금지행위 및 시설로 '공중위생관리법 제2조 제1항 제2호에 따른 숙박업 및 관광진흥법 제3조 제1항 제2호 (가)목에 따른 호텔업'을 규정하고 있다. 공중위생관리법 제2조 제1항 제2호는 '숙박업'을 '손님이 잠을 자고 머물 수 있도록 시설 및 설비 등의 서비스를 제공하는 영업'이라고 정의하고 있고, 같은 조 제2항의 위임에 따른 공중위생관리법 시행령 제4조 제1호는 숙박업을 취사시설 포함 여부에 따라 '일반숙박업'과 '생활숙박업'으로 세분하고 있다. 관광진흥법 제3조 제1항 제2호는 관광숙박업을 '호텔업'과 '휴양 콘도미니엄업'으로 나누면서, 휴양 콘도미니엄업을 '관광객의 숙박과 취사에 적합한 시설을 갖추어 이를 그 시설의 회원이나 공유자, 그 밖의 관광객에게 제공하거나 숙박에 딸리는 음식·운동·오락 등에 적합한 시설 등을 함께 갖추어 이용하게 하는 업'이라고 정의하고 있다.

교육환경 보호에 관한 법률 제9조 제27호는 학생들의 주요 활동공간인 학교 주변의 일정 지역을 최소한의 범위에서 교육환경보호구역으로 설정하여 쾌적한 학교환경을 조성함으로써 청소년들이 건전하고 조화로운 인격을 형성할 수 있게 하고, 교육환경 보호구역 안에서 숙박업을 못하게 함으로써 숙박시설 안에서 은밀하게 이루어질 수 있는 윤락행위 또는 음란행위, 음란한 물건의 유통, 도박 등의 사행행위 등으로 인한 각종 유해환경으로부터 학생들을 차단·보호하여 학생들의 건전한 육성과 학교 교육의 능률화를 기하고자 하는 것이다.

위와 같은 관련 규정들의 내용과 체계에 위 법률조항의 입법 취지를 종합하면, 휴양

콘도미니엄업은 위 법률조항에서 교육환경보호구역에서의 금지행위 및 시설로 규정한 '공중위생관리법 제2조 제1항 제2호에 따른 숙박업'에 해당한다고 보아야 한다.

**제3조(공중위생영업의 신고 및 폐업신고)** ① 공중위생영업을 하고자 하는 자는 공중위생영업의 종류별로 보건복지부령이 정하는 시설 및 설비를 갖추고 시장·군수·구청장(자치구의 구청장에 한한다. 이하 같다)에게 신고하여야 한다. 보건복지부령이 정하는 중요사항을 변경하고자 하는 때에도 또한 같다. 〈개정 2008.2.29., 2010.1.18.〉

② 제1항의 규정에 의하여 공중위생영업의 신고를 한 자(이하 "공중위생영업자"라 한다)는 공중위생영업을 폐업한 날부터 20일 이내에 시장·군수·구청장에게 신고하여야 한다. 다만, 제11조에 따른 영업정지 등의 기간 중에는 폐업신고를 할 수 없다. 〈신설 2005.3.31., 2016.2.3.〉

③ 제2항에도 불구하고 이용업 또는 미용업의 신고를 한 자의 사망으로 제6조에 따른 면허를 소지하지 아니한 자가 상속인이 된 경우에는 그 상속인은 상속받은 날부터 3개월 이내에 시장·군수·구청장에게 폐업신고를 하여야 한다. 〈신설 2023. 3. 28.〉

④ 시장·군수·구청장은 공중위생영업자가 「부가가치세법」 제8조에 따라 관할 세무서장에게 폐업신고를 하거나 관할 세무서장이 사업자등록을 말소한 경우에는 보건복지부령으로 정하는 바에 따라 신고 사항을 직권으로 말소할 수 있다. 〈신설 2016. 2. 3., 2021. 12. 21., 2023. 3. 28.〉

⑤ 시장·군수·구청장은 제4항의 직권말소를 위하여 필요한 경우 관할 세무서장에게 공중위생영업자의 폐업여부에 대한 정보 제공을 요청할 수 있다. 이 경우 요청을 받은 관할 세무서장은 「전자정부법」 제36조제1항에 따라 공중위생영업자의 폐업여부에 대한 정보를 제공하여야 한다. 〈신설 2017. 12. 12., 2023. 3. 28.〉

⑥ 제1항부터 제3항까지에 따른 신고의 방법 및 절차 등에 필요한 사항은 보건복지부령으로 정한다. 〈개정 2005.3.31., 2008.2. 29., 2010. 1. 18., 2016. 2. 3., 2017. 12. 12., 2023. 3. 28.〉

## 영업권양도

[대법원 2022. 1. 27. 선고 2018다259565 판결]

【판결요지】
공중위생관리법 제3조 제1항은 "공중위생영업을 하고자 하는 자는 보건복지부령이 정하는 시설 및 설비를 갖추고 시장·군수 또는 구청장(이하 '관할관청'이라고 한다)에게 신고하여야 한다.'라고 정하고, 제2항은 '제1항의 규정에 의하여 공중위생영업의 신고를 한 자(이하 '공중위생영업자'라고 한다)는 공중위생영업을 폐업한 날로부터 20일 이내에 관할관청에 신고하여야 한다.'라고 정한다. 제3조의2 제1항은 '공중위생영업자가 그 공중위생영업을 양도한 때에는 그 양수인이 공중위생영업자의 지위를 승계한다.'라고 정하고, 제4항은 '제1항에 의하여 공중위생영업자의 지위를 승계한 자는 1월 이내에 보건복지부령이 정하는 바에 따라 관할관청에 신고하여야 한다.'라고 정하며, 제20조 제2항 제2호는 '제3조의2 제1항 규정에 의하여 공중위생영업자의 지위를 승계한 자가 동조 제4항의 규정에 의한 신고를 하지 아니한 경우 6월 이하의 징역 또는 500만 원 이하의 벌금에 처한다.'고 정한다. 공중위생관리법 시행규칙 제3조의4 제1항 제3호는 '법 제3조의2 제4항에 따라 영업자의 지위승계신고를 하려는 자는 영업자 지위승계신고서에 영업자의 지위를 승계하였음을 증명할 수 있는 서류를 첨부하여 제출하여야 한다.'고 정한다. 관할관청이 양수인의 영업자 지위승계신고를 수리하면 양도인의 기존 영업수행권은 취소되고 양수인에게 새로운 영업수행권이 설정되는 '공중위생영업자 지위 변경'의 공법상 법률효과가 발생한다.

이러한 관련 규정의 내용 및 체계, 영업자 지위승계신고 수리행위의 법률효과 등을 종합하면 지위승계신고과정에서 제출되는 '영업자의 지위를 승계하였음을 증명할 수 있는 서류'(이하 '지위승계 증명서류'라고 한다)는 단순히 양도인과 양수인 사이에 사법적으로 이미 발생한 영업승계 사실을 증명하는 서류로서의 의미만을 갖는 것이 아니라, 양도인의 폐업신고 의사표시를 갈음하는 서면으로서의 성격도 함께 갖는다고 볼 수 있다. 관할관청은 지위승계 증명서류를 통하여 양수인의 영업승계 사실을 확인함과 더불어 양도인의 폐업의사를 인식할 수 있고, 이를 기초로 양수인의 지위승계신고 수리 여부를 결정한다. 이와 같이 양수인이 실제 영업자 지위승계신고를 마치기 위해서는 '기존 영업자의 폐업신고 의사표시'와 관련하여 양도인의 협력이 필요하다고 볼 수 있다.

## 숙박업영업신고증교부의무부작위위법확인
[대법원 2017. 5. 30. 선고, 2017두34087, 판결]

【판결요지】
숙박업은 손님이 잠을 자고 머물 수 있도록 시설과 설비 등의 서비스를 제공하는 것이다. 공중위생관리법 제2조 제1항 제2호, 제3조 제1항, 제4조 제1항, 제7항, 공중위생관리법 시행규칙 제2조 [별표 1], 제3조의2 제1항 제3호, 제7조 [별표 4]의 문언, 체계와 목적에 비추어 보면, 숙박업을 하고자 하는 자는 위 법령에 정해진 소독이나 조명기준 등이 정해진 객실·접객대·로비시설 등을 다른 용도의 시설 등과 분리되도록 갖춤으로써 그곳에 숙박하고자 하는 손님이나 위생관리 등을 감독하는 행정청으로 하여금 해당 시설의 영업주체를 분명히 인식할 수 있도록 해야 한다.

숙박업을 하고자 하는 자가 법령이 정하는 시설과 설비를 갖추고 행정청에 신고를 하면, 행정청은 공중위생관리법령의 위 규정에 따라 원칙적으로 이를 수리하여야 한다. 행정청이 법령이 정한 요건 이외의 사유를 들어 수리를 거부하는 것은 위 법령의 목적에 비추어 이를 거부해야 할 중대한 공익상의 필요가 있다는 등 특별한 사정이 있는 경우에 한한다.

이러한 법리는 이미 다른 사람 명의로 숙박업 신고가 되어 있는 시설 등의 전부 또는 일부에서 새로 숙박업을 하고자 하는 자가 신고를 한 경우에도 마찬가지이다. 기존에 다른 사람이 숙박업 신고를 한 적이 있더라도 새로 숙박업을 하려는 자가 그 시설 등의 소유권 등 정당한 사용권한을 취득하여 법령에서 정한 요건을 갖추어 신고하였다면, 행정청으로서는 특별한 사정이 없는 한 이를 수리하여야 하고, 단지 해당 시설 등에 관한 기존의 숙박업 신고가 외관상 남아있다는 이유만으로 이를 거부할 수 없다.

**제4조(공중위생영업자의 준수사항)** ① 공중위생영업자는 그 이용자에게 건강상 위해요인이 발생하지 아니하도록 영업관련 시설 및 설비를 위생적이고 안전하게 관리하여야 한다.

② 목욕장업을 하는 자는 다음 각 호의 사항을 지켜야 한다. 〈개정 2005.3.31., 2008.2.29., 2010.1.18., 2024. 10. 22.〉

  1. 제2조제1항제3호 가목의 서비스를 제공하는 경우 : 목욕장의 수질기준 및 수질검사방법 등 수질 관리에 관한 사항. 이 경우 세부기준은 보건복지부령으로 정한다.

  2. 제2조제1항제3호 나목의 서비스를 제공하는 경우 : 다음 각 목의 사항

   가. 위생기준 등에 관한 사항. 이 경우 세부기준은 보건복지부령으로 정한다.

   나. 보건복지부령으로 정하는 바에 따라 청소년 출입시간을 준수할 것. 다만, 친권자 등 보호자를 동반하거나 그의 출입동의서를 받은 경우 또는 그 밖에 보건복지부령으로 정하는 경우는 제외한다.

③ 이용업을 하는 자는 다음 각호의 사항을 지켜야 한다. 〈개정 2008.2.29., 2008.3.28., 2010.1.18.〉

  1. 이용기구는 소독을 한 기구와 소독을 하지 아니한 기구로 분리하여 보관하고, 면도기는 1회용 면도날만을 손님 1인에 한하여 사용할 것. 이 경우 이용기구의 소독기준 및 방법은 보건복지부령으로 정한다.

  2. 이용사면허증을 영업소안에 게시할 것

  3. 이용업소표시등을 영업소 외부에 설치할 것

④ 미용업을 하는 자는 다음 각호의 사항을 지켜야 한다. 〈개정 2008.2.29., 2010.1.18.〉

  1. 의료기구와 의약품을 사용하지 아니하는 순수한 화장 또는 피부미용을 할 것

  2. 미용기구는 소독을 한 기구와 소독을 하지 아니한 기구로 분리하여 보관하

고, 면도기는 1회용 면도날만을 손님 1인에 한하여 사용할 것. 이 경우 미
용기구의 소독기준 및 방법은 보건복지부령으로 정한다.

　3. 미용사면허증을 영업소안에 게시할 것

⑤ 세탁업을 하는 자는 세제를 사용함에 있어서 국민건강에 유해한 물질이 발
생되지 아니하도록 기계 및 설비를 안전하게 관리하여야 한다. 이 경우 유
해한 물질이 발생되는 세제의 종류와 기계 및 설비의 안전관리에 관하여 필
요한 사항은 보건복지부령으로 정한다. 〈개정 2008.2.29., 2010.1.18.〉

⑥ 건물위생관리업을 하는 자는 사용장비 또는 약제의 취급시 인체의 건강에 해
를 끼치지 아니하도록 위생적이고 안전하게 관리하여야 한다. 〈개정 2016.2.3.〉

⑦ 제1항 내지 제6항의 규정에 의하여 공중위생영업자가 준수하여야 할 위생관
리기준 기타 위생관리서비스의 제공에 관하여 필요한 사항으로서 그 각항에
규정된 사항외의 사항 및 감염병환자 기타 함께 출입시켜서는 아니되는 자
의 범위와 목욕장내에 둘 수 있는 종사자의 범위등 건전한 영업질서유지를
위하여 영업자가 준수하여야 할 사항은 보건복지부령으로 정한다. 〈개정
2005.3.31., 2008.2.29., 2009.12.29., 2010.1.18.〉

⑧ 공중위생영업자는 제2항제2호나목을 준수하기 위하여 필요한 경우 주민등록
증 또는 그 밖의 나이를 확인할 수 있는 증표의 제시를 요구할 수 있으며,
정당한 사유 없이 증표를 제시하지 아니하는 사람의 입장을 제한할 수 있
다. 〈신설 2024. 10. 22.〉

[제목개정 2024. 10. 22.]

## 공중위생관리법위반
[대법원 2016.5.12, 선고, 2015도13698, 판결]

【판결요지】

[1] 공중위생관리법 제3조 제1항, 제4조 제7항, 제20조 제1항 제1호, 제2항 제3호, 공
중위생관리법 시행령 제4조 제2호 (나)목, 공중위생관리법 시행규칙 제7조 및 [별
표 4] '공중위생영업자가 준수하여야 하는 위생관리기준 등' 제4호 (나)목의 규
정과 취지를 종합하면, 의료기기를 사용하는 피부미용업은 공중위생관리법상 금지
되어 있고, 공중위생관리법 시행령 제4조 제2호 (나)목은 공중위생관리법상 허용되
는 적법한 피부미용업의 범위를 규정하는 것이다. 그리고 공중위생관리법 제20조
제1항 제1호 위반죄는 적법한 피부미용업 신고를 할 수 있는데도 스스로 이를 하지
아니한 경우뿐만 아니라, 적법한 피부미용업 신고의 요건을 갖추지 못한 탓에 피부
미용업 신고라는 규제 절차를 회피하고자 피부미용업 신고를 하지 아니한 경우에
도 특별한 사정이 없는 한 성립할 수 있다.

[2] 공중위생관리법 제2조 제1항 제1호는 " '공중위생영업' 이라 함은 다수인을 대상

으로 위생관리서비스를 제공하는 영업으로서 숙박업·목욕장업·이용업·미용업·세탁업·위생관리용역업을 말한다."라고 규정하고, 제2조 제1항 제5호는 "'미용업'이라 함은 손님의 얼굴·머리·피부 등을 손질하여 손님의 외모를 아름답게 꾸미는 영업을 말한다."라고 규정한다. 여기서 '손질'이란 손을 대어 잘 매만지는 일을 의미한다. 따라서 영업이 공중위생관리법상 '미용업'에 해당하기 위하여는 손님의 얼굴, 머리, 피부 등에 손을 대어 매만지는 행위, 즉 손님의 외모를 아름답게 꾸미기 위한 직·간접적인 신체접촉이 필요하다.

**제11조(공중위생영업소의 폐쇄등)** ① 시장·군수·구청장은 공중위생영업자가 다음 각 호의 어느 하나에 해당하면 6월 이내의 기간을 정하여 영업의 정지 또는 일부 시설의 사용중지를 명하거나 영업소폐쇄등을 명할 수 있다. 다만, 관광숙박업의 경우에는 해당 관광숙박업의 관할행정기관의 장과 미리 협의하여야 한다. 〈개정 2011.9.15., 2016.2.3., 2017.12.12., 2018.12.11., 2019.12.3., 2024. 2. 6., 2024. 10. 22.〉

1. 제3조제1항 전단에 따른 영업신고를 하지 아니하거나 시설과 설비기준을 위반한 경우
2. 제3조제1항 후단에 따른 변경신고를 하지 아니한 경우
3. 제3조의2제4항에 따른 지위승계신고를 하지 아니한 경우
4. 제4조에 따른 공중위생영업자의 준수사항을 지키지 아니한 경우

4의2. 제5조를 위반하여 카메라나 기계장치를 설치한 경우

5. 제8조제2항을 위반하여 영업소 외의 장소에서 이용 또는 미용 업무를 한 경우
6. 제9조에 따른 보고를 하지 아니하거나 거짓으로 보고한 경우 또는 관계공무원의 출입, 검사 또는 공중위생영업 장부 또는 서류의 열람을 거부·방해하거나 기피한 경우
7. 제10조에 따른 개선명령을 이행하지 아니한 경우
8. 「성매매알선 등 행위의 처벌에 관한 법률」, 「풍속영업의 규제에 관한 법률」, 「청소년 보호법」, 「아동·청소년의 성보호에 관한 법률」, 「의료법」 또는 「마약류 관리에 관한 법률」을 위반하여 관계 행정기관의 장으로부터 그 사실을 통보받은 경우

② 시장·군수·구청장은 다음 각 호의 어느 하나에 해당하는 경우로서 신분증의 위조·변조 또는 도용으로 청소년인 사실을 알지 못하였거나 폭행 또는 협박으로 청소년임을 확인하지 못한 사정이 인정되는 때에는 보건복지부령으로 정하는 바에 따라 해당 행정처분을 면제할 수 있다.

1. 제1항제4호에 해당하는 경우로서 공중위생영업자가 제4조제2항제2호나목

　　　에 따른 영업자의 준수사항을 위반한 경우

　　2. 제1항제8호에 해당하는 경우로서 공중위생영업자가 「청소년 보호법」을 위반한 경우

③ 시장·군수·구청장은 제1항에 따른 영업정지처분을 받고도 그 영업정지 기간에 영업을 한 경우에는 영업소 폐쇄를 명할 수 있다. 〈신설 2016.2.3.〉

④ 시장·군수·구청장은 다음 각 호의 어느 하나에 해당하는 경우에는 영업소 폐쇄를 명할 수 있다. 〈신설 2016.2.3.〉

　　1. 공중위생영업자가 정당한 사유 없이 6개월 이상 계속 휴업하는 경우

　　2. 공중위생영업자가 「부가가치세법」 제8조에 따라 관할 세무서장에게 폐업 신고를 하거나 관할 세무서장이 사업자 등록을 말소한 경우

⑤ 제1항에 따른 행정처분의 세부기준은 그 위반행위의 유형과 위반 정도 등을 고려하여 보건복지부령으로 정한다. 〈개정 2016.2.3.〉

⑥ 시장·군수·구청장은 공중위생영업자가 제1항의 규정에 의한 영업소폐쇄명령을 받고도 계속하여 영업을 하는 때에는 관계공무원으로 하여금 해당 영업소를 폐쇄하기 위하여 다음 각호의 조치를 하게 할 수 있다. 제3조제1항 전단을 위반하여 신고를 하지 아니하고 공중위생영업을 하는 경우에도 또한 같다. 〈개정 2016.2.3., 2019.12.3.〉

　　1. 해당 영업소의 간판 기타 영업표지물의 제거

　　2. 해당 영업소가 위법한 영업소임을 알리는 게시물등의 부착

　　3. 영업을 위하여 필수불가결한 기구 또는 시설물을 사용할 수 없게 하는 봉인

⑦ 시장·군수·구청장은 제6항제3호에 따른 봉인을 한 후 봉인을 계속할 필요가 없다고 인정되는 때와 영업자등이나 그 대리인이 해당 영업소를 폐쇄할 것을 약속하는 때 및 정당한 사유를 들어 봉인의 해제를 요청하는 때에는 그 봉인을 해제할 수 있다. 제6항제2호에 따른 게시물등의 제거를 요청하는 경우에도 또한 같다. 〈개정 2016.2.3., 2019.12.3.〉

## 영업정지처분취소
[대법원 2001. 6. 29. 선고, 2001두1611, 판결]

【판결요지】
구 공중위생관리법(2000. 1. 12. 법률 제6155호로 개정되기 전의 것) 제11조 제5항에서, 영업소폐쇄명령을 받은 후 6월이 지나지 아니한 경우에는 동일한 장소에서는 그 폐쇄명령을 받은 영업과 같은 종류의 영업을 할 수 없다고 규정하고 있고, 같은법시행규칙 제19조 [별표 7] 행정처분기준 Ⅱ. 개별기준 3. 이용업에서 업주의 위반사항에 대하여 3차 또는 4차 위반시(다만, 영업정지처분을 받고 그 영업정지기간 중 영업을 한 경우는 1차 위반시)에는 영업장폐쇄명령을 하고, 그보다 위반횟수가 적을 경

우에는 영업정지, 개선명령 등을 하게 되며, 일정한 경우 하나의 위반행위에 대하여 영업소에 대한 영업정지 또는 영업장폐쇄명령을, 이용사(업주)에 대한 업무정지 또는 면허취소 처분을 동시에 할 수 있다고 규정하고 있는 점 등을 고려하여 볼 때 영업정지나 영업장폐쇄명령 모두 대물적 처분으로 보아야 할 이치이고, 아울러 구 공중위생관리법(2000. 1. 12. 법률 제6155호로 개정되기 전의 것) 제3조 제1항에서 보건복지부장관은 공중위생영업자로 하여금 일정한 시설 및 설비를 갖추고 이를 유지·관리하게 할 수 있으며, 제2항에서 공중위생영업자가 영업소를 개설한 후 시장 등에게 영업소개설사실을 통보하도록 규정하는 외에 공중위생영업에 대한 어떠한 제한규정도 두고 있지 아니한 것은 공중위생영업의 양도가 가능함을 전제로 한 것이라 할 것이므로, 양수인이 그 양수 후 행정청에 새로운 영업소개설통보를 하였다 하더라도, 그로 인하여 영업양도·양수로 영업소에 관한 권리의무가 양수인에게 이전하는 법률효과까지 부정되는 것은 아니라 할 것인바, 만일 어떠한 공중위생영업에 대하여 그 영업을 정지할 위법사유가 있다면, 관할 행정청은 그 영업이 양도·양수되었다 하더라도 그 업소의 양수인에 대하여 영업정지처분을 할 수 있다고 봄이 상당하다.

**제20조(벌칙)** ① 제3조제1항 전단에 따른 신고를 하지 아니하고 숙박업 영업을 한 자는 2년 이하의 징역 또는 2천만원 이하의 벌금에 처한다. 〈신설 2021.12.21.〉

② 다음 각호의 1에 해당하는 자는 1년 이하의 징역 또는 1천만원 이하의 벌금에 처한다. 〈개정 2002.8.26., 2021.12.21.〉

1. 제3조제1항 전단에 따른 신고를 하지 아니하고 공중위생영업(숙박업은 제외한다)을 한 자

2. 제11조제1항의 규정에 의한 영업정지명령 또는 일부 시설의 사용중지명령을 받고도 그 기간중에 영업을 하거나 그 시설을 사용한 자 또는 영업소폐쇄명령을 받고도 계속하여 영업을 한 자

③ 다음 각호의 1에 해당하는 자는 6월 이하의 징역 또는 500만원 이하의 벌금에 처한다. 〈개정 2002.8.26., 2021.12.21.〉

1. 제3조제1항 후단의 규정에 의한 변경신고를 하지 아니한 자

2. 제3조의2제1항의 규정에 의하여 공중위생영업자의 지위를 승계한 자로서 동조제4항의 규정에 의한 신고를 하지 아니한 자

3. 제4조제7항의 규정에 위반하여 건전한 영업질서를 위하여 공중위생영업자가 준수하여야 할 사항을 준수하지 아니한 자

④ 다음 각 호의 어느 하나에 해당하는 사람은 300만원 이하의 벌금에 처한다. 〈개정 2015.12.22., 2020.4.7., 2021.12.21.〉

1. 제6조제3항을 위반하여 다른 사람에게 이용사 또는 미용사의 면허증을 빌

려주거나 빌린 사람

2. 제6조제4항을 위반하여 이용사 또는 미용사의 면허증을 빌려주거나 빌리는 것을 알선한 사람

3. 제6조의2제9항을 위반하여 다른 사람에게 위생사의 면허증을 빌려주거나 빌린 사람

4. 제6조의2제10항을 위반하여 위생사의 면허증을 빌려주거나 빌리는 것을 알선한 사람

5. 제7조제1항에 따른 면허의 취소 또는 정지 중에 이용업 또는 미용업을 한 사람

6. 제8조제1항을 위반하여 면허를 받지 아니하고 이용업 또는 미용업을 개설하거나 그 업무에 종사한 사람

## 영업권양도

[대법원 2022. 1. 27., 선고, 2018다259565, 판결]

【판결요지】

[1] 이행의 소는 원칙적으로 원고가 이행청구권의 존재를 주장하는 것으로서 권리보호의 이익이 인정되고, 이행판결을 받아도 집행이 사실상 불가능하거나 현저히 곤란하다는 사정만으로 그 이익이 부정되는 것은 아니다. 제3자를 위한 계약에서 제3자는 채무자(낙약자)에 대하여 계약의 이익을 받을 의사를 표시한 때에 채무자에게 직접 이행을 청구할 수 있는 권리를 취득하고(민법 제539조), 요약자는 제3자를 위한 계약의 당사자로서 원칙적으로 제3자의 권리와는 별도로 낙약자에 대하여 제3자에게 급부를 이행할 것을 요구할 수 있는 권리를 가진다. 이때 낙약자가 요약자의 이행청구에 응하지 아니하면 특별한 사정이 없는 한 요약자는 낙약자에 대하여 제3자에게 급부를 이행할 것을 소로써 구할 이익이 있다.

[2] 공중위생관리법 제3조 제1항은 "공중위생영업을 하고자 하는 자는 보건복지부령이 정하는 시설 및 설비를 갖추고 시장·군수 또는 구청장(이하 '관할관청'이라고 한다)에게 신고하여야 한다."라고 정하고, 제2항은 "제1항의 규정에 의하여 공중위생영업의 신고를 한 자(이하 '공중위생영업자'라고 한다)는 공중위생영업을 폐업한 날로부터 20일 이내에 관할관청에 신고하여야 한다."라고 정한다. 제3조의2 제1항은 "공중위생영업자가 그 공중위생영업을 양도한 때에는 그 양수인이 공중위생영업자의 지위를 승계한다."라고 정하고, 제4항은 "제1항에 의하여 공중위생영업자의 지위를 승계한 자는 1월 이내에 보건복지부령이 정하는 바에 따라 관할관청에 신고하여야 한다."라고 정하며, 제20조 제2항 제2호는 '제3조의2 제1항 규정에 의하여 공중위생영업자의 지위를 승계한 자가 동조 제4항의 규정에 의한 신고를 하지 아니한 경우 6월 이하의 징역 또는 500만 원 이하의 벌금에 처한다.'고 정한다. 공중위생관리법 시행규칙 제3조의4 제1항 제3호는 '법 제3조의2 제4항에 따라 영업자의 지위승계신고를 하려는 자

는 영업자 지위승계신고서에 영업자의 지위를 승계하였음을 증명할 수 있는 서류를 첨부하여 제출하여야 한다.'고 정한다. 관할관청이 양수인의 영업자 지위 승계신고를 수리하면 양도인의 기존 영업수행권은 취소되고 양수인에게 새로운 영업수행권이 설정되는 '공중위생영업자 지위 변경'의 공법상 법률효과가 발생한다. 이러한 관련 규정의 내용 및 체계, 영업자 지위승계신고 수리행위의 법률효과 등을 종합하면 지위승계신고과정에서 제출되는 '영업자의 지위를 승계하였음을 증명할 수 있는 서류'(이하 '지위승계 증명서류'라고 한다)는 단순히 양도인과 양수인 사이에 사법적으로 이미 발생한 영업승계 사실을 증명하는 서류로서의 의미만을 갖는 것이 아니라, 양도인의 폐업신고 의사표시를 갈음하는 서면으로서의 성격도 함께 갖는다고 볼 수 있다. 관할관청은 지위승계 증명서류를 통하여 양수인의 영업승계 사실을 확인함과 더불어 양도인의 폐업의사를 인식할 수 있고, 이를 기초로 양수인의 지위승계신고 수리 여부를 결정한다. 이와 같이 양수인이 실제 영업자 지위승계신고를 마치기 위해서는 '기존 영업자의 폐업신고 의사표시'와 관련하여 양도인의 협력이 필요하다고 볼 수 있다.

[3] 호텔 구분소유자들로 구성된 甲 관리단과 위 호텔의 공중위생관리법상 영업자인 乙 주식회사가 '甲 관리단이 새로운 위탁운영사를 선정하면 乙 회사는 호텔 영업을 완전히 종료하고, 그 영업신고 명의를 새 위탁운영사로 변경하여 주기로 하는 내용'의 합의를 하고, 이에 따라 甲 관리단이 선정한 새로운 위탁운영사 丙 주식회사가 乙 회사를 상대로 영업권 양수의 의사를 표시한 사안에서, 위 합의는 丙 회사가 위 호텔에 관한 공중위생관리법상 영업자 지위승계신고를 마칠 수 있도록, 그 신고절차에 대한 乙 회사의 협력의무를 정하고, 그에 따른 영업자 지위승계신고절차 이행청구권을 丙 회사에 귀속시키기로 한 제3자를 위한 계약에 해당하므로, 丙 회사는 수익의 의사표시를 한 제3자로서 乙 회사에 대하여 영업자 지위승계신고절차 이행의 소를 제기할 수 있고, 요약자인 甲 관리단 역시 乙 회사에 대하여 丙 회사 앞으로 영업자 지위승계신고절차를 이행할 것을 구할 소의 이익이 있다고 한 사례.

## III. 벌칙

**제20조(벌칙)** ① 제3조제1항 전단에 따른 신고를 하지 아니하고 숙박업 영업을 한 자는 2년 이하의 징역 또는 2천만원 이하의 벌금에 처한다. 〈신설 2021.12.21.〉

② 다음 각호의 1에 해당하는 자는 1년 이하의 징역 또는 1천만원 이하의 벌금에 처한다. 〈개정 2002.8.26., 2021.12.21.〉

　1. 제3조제1항 전단에 따른 신고를 하지 아니하고 공중위생영업(숙박업은 제외한다)을 한 자

2. 제11조제1항의 규정에 의한 영업정지명령 또는 일부 시설의 사용중지명령을 받고도 그 기간중에 영업을 하거나 그 시설을 사용한 자 또는 영업소 폐쇄명령을 받고도 계속하여 영업을 한 자

③ 다음 각호의 1에 해당하는 자는 6월 이하의 징역 또는 500만원 이하의 벌금에 처한다. 〈개정 2002.8.26., 2021.12.21.〉

1. 제3조제1항 후단의 규정에 의한 변경신고를 하지 아니한 자
2. 제3조의2제1항의 규정에 의하여 공중위생영업자의 지위를 승계한 자로서 동조제4항의 규정에 의한 신고를 하지 아니한 자
3. 제4조제7항의 규정에 위반하여 건전한 영업질서를 위하여 공중위생영업자가 준수하여야 할 사항을 준수하지 아니한 자

④ 다음 각 호의 어느 하나에 해당하는 사람은 300만원 이하의 벌금에 처한다. 〈개정 2015.12.22., 2020.4.7., 2021.12.21.〉

1. 제6조제3항을 위반하여 다른 사람에게 이용사 또는 미용사의 면허증을 빌려주거나 빌린 사람
2. 제6조제4항을 위반하여 이용사 또는 미용사의 면허증을 빌려주거나 빌리는 것을 알선한 사람
3. 제6조의2제9항을 위반하여 다른 사람에게 위생사의 면허증을 빌려주거나 빌린 사람
4. 제6조의2제10항을 위반하여 위생사의 면허증을 빌려주거나 빌리는 것을 알선한 사람
5. 제7조제1항에 따른 면허의 취소 또는 정지 중에 이용업 또는 미용업을 한 사람
6. 제8조제1항을 위반하여 면허를 받지 아니하고 이용업 또는 미용업을 개설하거나 그 업무에 종사한 사람

**제21조(양벌규정)** 법인의 대표자나 법인 또는 개인의 대리인, 사용인, 그 밖의 종업원이 그 법인 또는 개인의 업무에 관하여 제20조의 위반행위를 하면 그 행위자를 벌하는 외에 그 법인 또는 개인에게도 해당 조문의 벌금형을 과(科)한다. 다만, 법인 또는 개인이 그 위반행위를 방지하기 위하여 해당 업무에 관하여 상당한 주의와 감독을 게을리하지 아니한 경우에는 그러하지 아니하다.

[전문개정 2011.3.30.]

**제22조(과태료)** ① 다음 각호의 1에 해당하는 자는 300만원 이하의 과태료에 처한다. 〈개정 2002.8.26., 2005.3.31., 2008.3.28.〉

1. 삭제 〈2016.2.3.〉

1의2. 제4조제2항의 규정을 위반하여 목욕장의 수질기준 또는 위생기준을 준수하지 아니한 자로서 제10조의 규정에 의한 개선명령에 따르지 아니한 자

2. 제4조제7항의 규정에 위반하여 숙박업소의 시설 및 설비를 위생적이고 안전하게 관리하지 아니한 자

3. 제4조제7항의 규정에 위반하여 목욕장업소의 시설 및 설비를 위생적이고 안전하게 관리하지 아니한 자

4. 제9조의 규정에 의한 보고를 하지 아니하거나 관계공무원의 출입·검사 기타 조치를 거부·방해 또는 기피한 자

5. 제10조의 규정에 의한 개선명령에 위반한 자

6. 제11조의5를 위반하여 이용업소표시등을 설치한 자

② 다음 각호의 1에 해당하는 자는 200만원 이하의 과태료에 처한다. 〈개정 2002.8.26., 2016.2.3.〉

1. 제4조제3항 각호 및 제7항의 규정에 위반하여 이용업소의 위생관리 의무를 지키지 아니한 자

2. 제4조제4항 각호 및 제7항의 규정에 위반하여 미용업소의 위생관리 의무를 지키지 아니한 자

3. 제4조제5항 및 제7항의 규정에 위반하여 세탁업소의 위생관리 의무를 지키지 아니한 자

4. 제4조제6항 및 제7항의 규정에 위반하여 건물위생관리업소의 위생관리 의무를 지키지 아니한 자

5. 제8조제2항의 규정에 위반하여 영업소외의 장소에서 이용 또는 미용업무를 행한 자

6. 제17조제1항의 규정에 위반하여 위생교육을 받지 아니한 자

③ 제19조의3을 위반하여 위생사의 명칭을 사용한 자에게는 100만원 이하의 과태료를 부과한다. 〈신설 2016.2.3.〉

④ 제1항부터 제3항까지의 규정에 따른 과태료는 대통령령으로 정하는 바에 따라 보건복지부장관 또는 시장·군수·구청장이 부과·징수한다. 〈신설 2016.2.3.〉

## Ⅳ. 기재례

### 【범죄사실 기재례】

o **미신고 숙박영업행위**

피의자는 서울시 ○○구 ○○동 123번지에서 ○○여관이라는 상호로 숙박업을 운영하고 있다.

피의자는 숙박업인 공중위생영업을 하고자 할 때는 ○○구청장에게 신고를 하여야 함에도 불구하고 20○○. ○. ○.경부터 20○○. ○. ○.경까지 위 장소에 신고없이 지하 1층 지상 5층 객실 60개 규모로 월 3,000만원의 수입을 올리는 숙박업을 영위하였다.

o **성매매행위 알선**

피의자는 20○○. ○○. ○○.경 서울시 ○○구 ○○동 ○○번지에 있는 피의자 경영의 ○○여관 301호실에서 손님 김○○로부터 윤락녀를 불러달라는 부탁을 받고 동 여관에 대기중이던 윤락녀인 박○○(여, 21세)에게 위 김○○와 성행위를 하게 하여 윤락행위를 알선하였다(성매매알선 등 행위의 처벌에 관한 법률 제4조·19조).

> ※ 제11조 (공중위생영업소의 폐쇄등) ①시장·군수·구청장은 공중위생영업자가 이 법 또는 이 법에 의한 명령에 위반하거나 또는 「성매매알선 등 행위의 처벌에 관한 법률」·「풍속영업의 규제에 관한 법률」·「청소년보호법」·「의료법」에 위반하여 관계행정기관의 장의 요청이 있는 때에는 6월 이내의 기간을 정하여 영업의 정지 또는 일부 시설의 사용중지를 명하거나 영업소폐쇄등을 명할 수 있다. 다만, 관광숙박업의 경우에는 당해 관광숙박업의 관할행정기관의 장과 미리 협의하여야 한다. 〈개정 2002.8.26., 2007.5.25〉

o **음란행위 알선**

피의자는 20○○. ○○. ○○. 20:00경 부산 ○○구 ○○동 123번지에 있는 피의자 경영의 ○○이발관에서 손님인 김○○의 성기를 꺼내어 로션을 바른 후 위 아래로 잡아 흔드는 등 음란행위를 알선하였다.(해당법률 : 성매매알선 등 행위의 처벌에 관한 법률 제4조·19조)

o **미성년 남녀를 혼숙시킨 경우**

피의자는 서울시 ○○구 ○○동 456번지에서 숙박업인 ○○모텔을 경영하고 있다.

피의자는 20○○. ○○. ○○. 21:00경부터 그 다음날 06:00경까지의 사이에 위 여관 304호실에서 같은 시 ○○동 345번지의 미성년자인 이○○(당 ○○세 남)과 친구 박○○(당 ○○세 남)와 같은 시 ○○동 ○○의 15번지의 조○○(당 ○○세 여) 을 숙박요금 ○○○원을 받고 혼숙행위를 하게 하였다.

○ 무허가 영업

피의자는 관할 행정관청의 허가를 받지 않고, 20○○. ○○. ○○.부터 같은 해 ○ ○. ○○.까지 서울시 ○○동 ○○번지에 있는 건물 지하 1층 약 20평 규모의 점포 에서 '○○○이발소'라는 상호로 이발기계 5대를 설치하고 면도사인 황○○ 등 3인을 고용하여 손님들의 머리를 깎는 등 이발을 해주고 1일 약 ○○○원 상당을 이발요금으로 받아 이용업을 하였다.

○ 영업정지명령을 받았음에도 영업을 한 경우

피의자는 이용업 허가를 받아 ○○시 ○○동 15번지에 있는 건물 지하 1층에서 약 20평 규모의 '○○이발관'이라는 상호로 이용업에 종사하고 있다.

피의자는 무자격 이용사 고용으로 적발되어 ○○시장으로부터 20○○. ○○. ○○. 부터 같은 해 ○○. ○○.까지 영업정지명령을 받았다. 그러나 영업정지명령에도 불구하고 위 명령에 위반하여 20○○. ○○. ○○.경부터 같은 달 ○○.경까지 위 이발관에서 성명불상의 손님들에게 이발을 해주고 1인당 ○○○원을 이발료로 받 아 이용업을 하였다.

○ 영업시간제한을 위반하여 영업한 경우

피의자는 강원 ○○군 ○○면 ○○리 30번지에 있는 건물 지하 1층 약 20평 규모 의 점포에서 '○○이발소'라는 상호로 이용업에 종사하고 있다.

피의자는 20○○. ○○. ○○. 03:00경 위 점포에서 사건 외 이○○의 머리를 깎은 후 면도사인 같은 김○○으로 하여금 안마를 하도록 하고 금 ○○○원을 이발요금 으로 받아 당국의 영업시간 제한에 위반하여 영업을 하였다.

○ 무신고 위생용품 제조업자

피의자 관할 ○○시장에게 신고하지 않고 20○○. ○○. ○○.경부터 같은 해 ○ ○. ○○.까지 사이에 ○○시 ○○동 ○○번지에서 약 20평의 공장용건물에 ○○ ○산업사라는 상호로 내프킨제조기계 3대 등의 영업설비를 갖추고 종업원 8명을 고용하여 음식점에서 쓰이는 위생종이인 내프킨을 하루에 약 100단(시가 ○○○원 상당)을 제조하여 ○○시 등지의 음식점에 공급하는 위생용품 제조업을 영위하였 다(유기장업·위생처리업 및 위생용품제조업에 관하여는 관련 법률의 제정 또는 개 정시까지 종전의 공중위생법을 적용한다).

## 【적용실례】

**〈다방 인수 후 행정당국에 신고하지 않은 경우〉**

➡ 피의자가 다방을 인수 한 후 행정당국에 신고하지 않았다는 점은 식품위생법 위반으로 의율해야 하고 공중위생관리법 위반으로 의율할 수 없다.

**〈숙박부 명부기재를 이행치 않은 경우〉**

➡ 숙박업자가 숙박자 명부의 기재를 하지 아니한 경우에는 50만원 이하의 과태료에 처하게 되어 있는 바, 과태료는 형의 종류에 해당하지 아니하므로 범죄구성요건 해당성을 결하여 범죄혐의 없음에 유의하여야 한다.

**〈허가없이 숙박업을 하여 손님을 투숙시킨 경우〉**

➡ 본건 사안은 피의자가 당국의 허가를 받지 아니하고 20○○. ○○. ○○.경부터 다음 해 ○○. ○○.까지 사이에 객실 등을 갖춘 다음 숙박료를 받고 고객들을 투숙하게 하여 숙박업을 영위하였다는 것인 바, 공중위생관리법위반죄로 의율하여야 한다.

**〈피의자가 여관을 경영하면서 여관에 투숙한 손님으로부터 윤락녀를 불러달라는 부탁을 받고 금 4만원을 받은 후 윤락녀를 불러 윤락행위를 하게 한 경우〉**

➡ 성매매알선등행위의처벌에관한법률 제19조 제1항에서는 위 사안의 경우, 3년이하의 징역 또는 3,000만원 이하의 벌금에 처하도록 규정하고 있으므로 본건의 경우 성매매알선등행위의처벌에관한법률위반으로 의율함이 상당하다.

**〈강○○은 이용업자이고, 동 최○○은 이용원 면도사인 바, 공모하여 이용원에 밀실 6개를 설치하고서 이익금을 반분하기로 한 후 위 최○○이 손님에게 속칭 써니텐이라는 음란행위를 제공한 경우〉**

➡ 위 피의자 강○○과 최○○은 성매매알선등행위의처벌에관한법률 제4조로 의율한다(강○○는 성매매알선등행위의처벌에관한법률 제19조 제1항, 최○○는 동법 제21조로 처벌).

**〈대장균 양성반응의 위생용 젓가락을 제조한 경우〉**

➡ 이를 처벌하기 위하여는 공중위생법이 정하는 위생용 젓가락의 규격, 기준에 관한 보건복지부장관의 고시가 있어야 할 것이므로 이를 수사하여야 함.

**[서식] 영업신고증**

(앞면)

제                         호

# 영업신고증

| 대표자 | 성명 | | 생년월일 |
|---|---|---|---|
| 영업소 | 명칭(상호) | | |
| | 주소 | | |
| | 영업의 종류 | | |
| | 업무가능 범위 (※미용업에 한정합니다) | | |
| 조건 | | | |

「공중위생관리법」 제3조제1항 및 같은 법 시행규칙 제3조제1항에 따라 영업의 신고를 하였음을 증명합니다.

년             월             일

시장·군수·구청장 　직인

210mm×297mm[보존용지(1종) 120g/㎡]

**[서식] 위생관리등급표**

# 위 생 관 리 등 급 표
## (    등급)

○ 업        종 :

○ 업  소  명 :

○ 대  표  자 :

「공중위생관리법」제14조제1항 및 같은 법 시행규칙 제22조제2항에 따라 위생 관리등급을 위와 같이 통보합니다.

년        월        일

시·도지사
시장·군수·구청장    직인

# 공직선거법

[시행 2024. 3. 8.] [법률 제20370호, 2024. 3. 8., 일부개정]

## Ⅰ. 개설

### 목적

이 법은 「대한민국헌법」과 「지방자치법」에 의한 선거가 국민의 자유로운 의사와 민주적인 절차에 의하여 공정히 행하여지도록 하고, 선거와 관련한 부정을 방지함으로써 민주정치의 발전에 기여함을 목적으로 한다.

## Ⅱ. 판례

**제2조(적용범위)** 이 법은 대통령선거·국회의원선거·지방의회의원 및 지방자치단체의 장의 선거에 적용한다.

### 공직선거법위반
[대법원 2018. 10. 12., 선고, 2018도6252, 판결]

【판결요지】

공직선거법은 '선거운동'을 당선되거나 되게 하거나 되지 못하게 하기 위한 행위로 규정하고 있고(제58조 제1항), 대통령선거·국회의원선거·지방의회의원 및 지방자치단체의 장의 선거(이하 '공직선거'라고 한다)에 공직선거법을 적용한다고 규정하고 있으며(제2조), 정당의 공직선거후보자를 추천하기 위하여 이루어지는 경선을 '당내경선'으로 별도로 규정하고 있다(제57조의2). 따라서 '선거운동'은 공직선거에서의 당선 또는 낙선을 위한 행위를 말하고, 공직선거에 출마할 정당 추천 후보자를 선출하기 위한 당내경선에서의 당선 또는 낙선을 위한 행위는 '선거운동'에 해당하지 아니하며, 다만 당내경선에서의 당선 또는 낙선을 위한 행위라는 구실로 실질적으로는 공직선거에서의 당선 또는 낙선을 위한 행위를 하는 것으로 평가할 수 있는 예외적인 경우에 한하여 그 범위 내에서 선거운동으로 볼 수 있다.

**제8조의4(선거보도에 대한 반론보도청구)** ① 선거방송심의위원회 또는 선거기사심의위원회가 설치된 때부터 선거일까지 방송 또는 정기간행물등에 공표된 인신공격, 정책의 왜곡선전 등으로 피해를 받은 정당(中央黨에 한한다. 이하 이 조에서 같다) 또는 후보자(候補者가 되고자 하는 者를 포함한다. 이하 이 條에서 같다)

는 그 방송 또는 기사게재가 있음을 안 날부터 10일 이내에 서면으로 당해 방송을 한 방송사에 반론보도의 방송을, 당해 기사를 게재한 언론사에 반론보도문의 게재를 각각 청구할 수 있다. 다만, 그 방송 또는 기사게재가 있은 날부터 30일이 경과한 때에는 그러하지 아니하다. 〈개정 2002.3.7., 2008.2.29., 2010.1.25.〉

② 방송사 또는 언론사는 제1항의 청구를 받은 때에는 지체없이 당해 정당, 후보자 또는 그 대리인과 반론보도의 내용·크기·횟수 등에 관하여 협의한 후, 방송에 있어서는 이를 청구받은 때부터 48시간 이내에 무료로 반론보도의 방송을 하여야 하며, 정기간행물등에 있어서는 편집이 완료되지 아니한 같은 정기간행물등의 다음 발행호에 무료로 반론보도문의 게재를 하여야 한다. 이 경우 정기간행물등에 있어서 다음 발행호가 선거일후에 발행·배부되는 경우에는 반론보도의 청구를 받은 때부터 48시간 이내에 당해 정기간행물등이 배부된 지역에 배부되는 「신문 등의 진흥에 관한 법률」 제2조(정의)제1호가목에 따른 일반일간신문에 이를 게재하여야 하며, 그 비용은 당해 언론사의 부담으로 한다. 〈개정 2002.3.7., 2005.8.4., 2008.2.29., 2009.7.31.〉

③ 제2항의 규정에 의한 협의가 이루어지지 아니한 때에는 당해 정당, 후보자, 방송사 또는 언론사는 선거방송심의위원회 또는 선거기사심의위원회에 지체없이 이를 회부하고, 선거방송심의위원회 또는 선거기사심의위원회는 회부받은 때부터 48시간 이내에 심의하여 각하·기각 또는 인용결정을 한 후 지체없이 이를 당해 정당 또는 후보자와 방송사 또는 언론사에 통지하여야 한다. 이 경우 반론보도의 인용결정을 하는 때에는 반론방송 또는 반론보도문의 내용·크기·횟수 기타 반론보도에 필요한 사항을 함께 결정하여야 한다. 〈개정 2002.3.7.〉

④ 「언론중재 및 피해구제 등에 관한 법률」 제15조(정정보도청구권의 행사)제1항·제4항 내지 제7항의 규정은 반론보도청구에 이를 준용한다. 이 경우 "정정보도청구"는 "반론보도청구"로, "정정"은 "반론"으로, "정정보도청구권"은 "반론보도청구권"으로, "정정보도"는 "반론보도"로, "정정보도문"은 "반론보도문"으로 본다. 〈개정 2005.8.4.〉

[전문개정 2000.2.16.]

## 직권남용권리행사방해 · 공직선거법위반
[대법원 2020. 7. 16., 선고, 2019도13328, 전원합의체 판결]

【판결요지】

[다수의견]

(가) 공직선거법 제250조 제1항은 '당선되거나 되게 할 목적으로 연설·방송·신문·통신·잡지·벽보·선전문서 기타의 방법으로 후보자에게 유리하도록 후

보자, 후보자의 배우자 또는 직계존비속이나 형제자매의 출생지·가족관계·신분·직업·경력 등·재산·행위·소속단체, 특정인 또는 특정단체로부터의 지지 여부 등에 관하여 허위의 사실을 공표하거나 공표하게 한 자'를 처벌한다. 그 규정 취지는 선거인의 공정한 판단에 영향을 미치는 허위사실을 공표하는 행위 등을 처벌함으로써 선거운동의 자유를 해치지 않으면서 선거의 공정을 보장하기 위한 것이다. 선거과정에서 유권자에게 허위사실이 공표되는 경우 유권자가 올바른 선택을 할 수 없게 되어 민의가 왜곡되고 선거제도의 기능과 대의민주주의의 본질이 훼손될 염려가 있기 때문이다.

(나) 헌법상 모든 국민은 국가권력의 간섭이나 통제를 받지 아니하고 자유롭게 정치적 의사를 형성·발표할 수 있는 정치적 자유권을 가지고, 선거운동의 자유는 정치적 자유권의 주된 내용의 하나로서 널리 선거과정에서 의사를 표현할 자유의 일환이므로 표현의 자유의 한 태양이기도 하다. 자유로운 의사 표현과 활발한 토론이 보장되지 않고서는 민주주의가 존재할 수 없으므로 표현의 자유, 특히 공적·정치적 관심사에 대한 정치적 표현의 자유는 중요한 헌법상 권리로서 최대한 보장되어야 한다.

(다) 단체·언론기관의 후보자 등 초청 토론회나 선거방송토론위원회 주관 토론회는 헌법상 선거공영제에 기초하여 고비용 정치구조의 개선과 선거운동의 공정성 확대를 위하여 도입된 선거운동방법의 하나로서, 후보자에게는 별다른 비용 없이 효율적으로 유권자에게 다가설 수 있게 하고, 유권자에게는 토론과정을 통하여 후보자의 정책, 정치이념, 통치철학, 중요한 선거쟁점 등을 파악하고 각 후보자를 적절히 비교·평가하여 올바른 선택을 할 수 있도록 도와주는 중요한 기능을 하고 있다. 이러한 후보자 토론회에 참여한 후보자 등은 토론을 할 때 다른 선거운동과 마찬가지로, 자신에 관한 것이든 다른 후보자에 관한 것이든 진실에 부합하는 주장만을 제시하고, 자신의 의견을 밝히고 다른 후보자에게 질문하거나 다른 후보자의 질문에 답변할 때에는 분명하고도 정확한 표현을 사용함으로써 유권자가 각 후보자의 자질, 식견과 견해를 명확하게 파악할 수 있도록 하는 것이 원칙이다. 한편 후보자 토론회는 선거의 공정과 후보자 간 균형을 위하여 참여기회의 부여나 참여한 후보자 등의 발언순서, 발언시간 등 토론의 형식이 엄격하게 규제되고 있으므로(공직선거법 제82조 제3항, 제82조의2 제7항, 제14항, 공직선거관리규칙 제45조, 선거방송토론위원회의 구성 및 운영에 관한 규칙 제23조 등 참조), 이러한 공정과 균형을 위한 기본 조건이 준수되는 한 후보자 등은 토론과정에서 최대한 자유롭고 활발하게 의사를 표현하고 실질적인 공방을 주고받을 수 있어야 한다. 후보자 토론회는 후보자 등이 직접 한자리에 모여 치열하게 질문과 답변, 공격과 방어, 의혹 제기와 해명 등을 할 수 있는 공론의 장이고, 후보자 등 상호 간의 토론이 실질적으로 활성화되어야만 유권자는 보다 명확하게 각 후보자의 자질, 식견과 견해를 비교·평가할 수 있기 때문이다. 그리고 이와 같은 토론의 경우에는 미리 준비한 자료에 의하여 일방적으로 자신의 의견을 표현하는 연설 등의 경우와 달리, 후보자 사이에서 질문과 답변, 주장과 반론에 의한 공방이 제한된 시간 내에서 즉흥적·계속적으로 이루어지게 되므로 그 표현의 명확성에 한계가 있을 수

밖에 없다. 특히 토론회에서 후보자 등은 다른 후보자의 질문이나 견해에 대하여 즉석에서 답변하거나 비판하여야 하는 입장에 있으므로, 다른 후보자의 발언을 의도적으로 왜곡하지 않는 한 자신이 처한 입장과 관점에서 다른 후보자의 발언의 의미를 해석하고 대응하며, 이에 대하여 다른 후보자도 즉시 반론하거나 재질문 등을 함으로써 그 진실 여부를 밝히고 견해의 차이를 분명히 하여 유권자가 그 공방과 논쟁을 보면서 어느 후보자가 공직 적격성을 갖추고 있는지 검증할 수 있게 하는 것이 선거과정에서의 일반적인 절차이다. 설령 후보자 등이 부분적으로 잘못되거나 일부 허위의 표현을 하더라도, 토론과정에서의 경쟁과 사후 검증을 통하여 도태되도록 하는 것이 민주적이고, 국가기관이 아닌 일반 국민이 그 토론과 후속 검증과정을 지켜보면서 누가 옳고 그른지 판단하는 것이 바람직하다.

물론 일정한 한계를 넘는 표현에 대해서는 엄정한 조치를 취할 필요가 있지만, 그에 앞서 자유로운 토론과 성숙한 민주주의를 위하여 표현의 자유를 더욱 넓게 보장하는 것이 보다 중요하다. 표현의 자유가 제 기능을 발휘하기 위하여는 그 생존에 필요한 숨 쉴 공간, 즉 법적 판단으로부터 자유로운 중립적인 공간이 있어야 하기 때문이다. 선거의 공정을 위하여 필요하다는 이유로 부정확하거나 바람직하지 못한 표현들 모두에 대하여 무거운 법적 책임을 묻는 것이 해결책이 될 수는 없다. 선거운동방법으로서 후보자 토론회가 가지는 중요성에도 불구하고, 후보자 간 균형을 위한 엄격한 토론 형식과 시간적 제약, 토론기술의 한계 등으로 인하여 토론이 형식적·피상적인 데에 그치는 경우도 적지 않다. 이러한 현실적 한계에 더하여 국가기관이 토론과정의 모든 정치적 표현에 대하여 그 발언이 이루어진 배경이나 맥락을 보지 않고 일률적으로 엄격한 법적 책임을 부과한다면, 후보자 등은 자신의 발언에 대해 사후적으로 법적 책임을 부담하게 될지도 모른다는 두려움 때문에 더더욱 활발한 토론을 하기 어렵게 된다. 이는 우리 사회의 중요한 공적·정치적 관심사에 대한 치열한 공방과 후보자 검증 등을 심각하게 위축시킴으로써 공개되고 공정한 토론의 장에서 후보자 사이의 상호 공방을 통하여 후보자의 자질 등을 검증하고자 하는 토론회의 의미가 몰각될 위험이 있다. 또한 선거를 전후하여 후보자 토론회에서 한 발언을 문제 삼아 고소·고발이 이어지고, 이로 인하여 수사권의 개입이 초래된다면 필필연적으로 수사권 행사의 중립성에 대한 논란을 피할 수 없을 뿐만 아니라, 선거결과가 최종적으로 검찰과 법원의 사법적 판단에 좌우될 위험에 처해짐으로써 국민의 자유로운 의사로 대표자를 선출한다는 민주주의 이념이 훼손될 우려도 있다.

(라) 형벌법규 해석의 원칙을 토대로 정치적 표현의 자유와 선거운동의 자유의 헌법적 의의와 중요성, 공직선거법상 후보자 토론회를 비롯한 선거운동에 관한 제반 규정의 내용과 취지, 후보자 토론회의 기능과 특성 등을 함께 고려하면, 공직선거 후보자 등이 후보자 토론회의 토론과정 중에 한 발언을 이유로 공직선거법 제250조 제1항에서 정한 허위사실공표죄로 처벌하는 것에는 신중을 기하여야 하고, 공직선거법 제250조 제1항에 의하여 형사처벌의 대상이 되는 행위의 범위에 관하여 보다 구체적이고 분명한 기준을 제시할 필요가 있다. 그러므로 후보자 등이 후보자 토론회에 참여하여 질문·답변을 하거나 주장·반

론을 하는 것은, 그것이 토론회의 주제나 맥락과 관련 없이 일방적으로 허위의 사실을 드러내어 알리려는 의도에서 적극적으로 허위사실을 표명한 것이라는 등의 특별한 사정이 없는 한 공직선거법 제250조 제1항에 의하여 허위사실 공표죄로 처벌할 수 없다고 보아야 한다. 그리고 이를 판단할 때에는 사후적으로 개별 발언들의 관계를 치밀하게 분석·추론하는 데에 치중하기보다는 질문과 답변이 이루어진 당시의 상황과 토론의 전체적 맥락에 기초하여 유권자의 관점에서 어떠한 사실이 분명하게 발표되었는지를 살펴보아야 한다.

나아가 형사처벌 여부가 문제 되는 표현이 사실을 드러낸 것인지 아니면 의견이나 추상적 판단을 표명한 것인지를 구별할 때에는 언어의 통상적 의미와 용법, 증명가능성, 문제 된 말이 사용된 문맥과 표현의 전체적인 취지, 표현의 경위와 사회적 맥락 등을 고려하여 판단하되, 헌법상 표현의 자유의 우월적 지위, 형벌법규 해석의 원칙에 비추어 어느 범주에 속한다고 단정하기 어려운 표현인 경우에는 원칙적으로 의견이나 추상적 판단을 표명한 것으로 파악하여야 한다. 또한 어떠한 표현이 공표된 사실의 내용 전체의 취지를 살펴볼 때 중요한 부분에서 객관적 사실과 합치되는 경우에는 세부적으로 진실과 약간 차이가 나거나 다소 과장된 표현이 있더라도 이를 허위사실의 공표라고 볼 수 없다. 특히 후보자 토론회의 기능과 특성을 고려할 때, 토론회에서 후보자 등이 선거인의 정확한 판단을 그르치게 할 수 있을 정도로 다른 후보자의 견해나 발언을 의도적으로 왜곡한 것이 아니라, 합리적으로 보아 가능한 범위 내에서 다른 후보자의 견해나 발언의 의미를 해석하고 이에 대하여 비판하거나 질문하는 행위는 진실에 반하는 사실을 공표한다는 인식을 가지고 행하는 허위사실 공표행위로 평가할 수 없다고 보아야 하고, 이러한 법리는 다른 후보자의 질문이나 비판에 대해 답변하거나 반론하는 경우에도 마찬가지로 적용되어야 한다.

공직선거법은 '허위의 사실'과 '사실의 왜곡'을 구분하여 규정하고 있으므로(제8조의4 제1항, 제8조의6 제4항, 제96조 제1항, 제2항 제1호, 제108조 제5항 제2호 등 참조), 적극적으로 표현된 내용에 허위가 없다면 법적으로 공개의무를 부담하지 않는 사항에 관하여 일부 사실을 묵비하였다는 이유만으로 전체 진술을 곧바로 허위로 평가하는 데에는 신중하여야 하고, 토론 중 질문·답변이나 주장·반론하는 과정에서 한 표현이 선거인의 정확한 판단을 그르칠 정도로 의도적으로 사실을 왜곡한 것이 아닌 한, 일부 부정확 또는 다소 과장되었거나 다의적으로 해석될 여지가 있는 경우에도 허위사실 공표행위로 평가하여서는 안 된다.

**제47조(정당의 후보자추천)**   ① 정당은 선거에 있어 선거구별로 선거할 정수 범위안에서 그 소속당원을 후보자(이하 "政黨推薦候補者"라 한다)로 추천할 수 있다. 다만, 비례대표자치구·시·군의원의 경우에는 그 정수 범위를 초과하여 추천할 수 있다. 〈개정 1995.4.1., 2000.2.16., 2005.8.4., 2020.1.14.〉

② 정당이 제1항에 따라 후보자를 추천하는 때에는 민주적인 절차에 따라야 한다. 〈개정 2020.12.29.〉

③ 정당이 비례대표국회의원선거 및 비례대표지방의회의원선거에 후보자를 추천하는 때에는 그 후보자 중 100분의 50 이상을 여성으로 추천하되, 그 후보자명부의 순위의 매 홀수에는 여성을 추천하여야 한다. 〈개정 2005.8.4.〉

④ 정당이 임기만료에 따른 지역구국회의원선거 및 지역구지방의회의원선거에 후보자를 추천하는 때에는 각각 전국지역구총수의 100분의 30 이상을 여성으로 추천하도록 노력하여야 한다. 〈신설 2005.8.4.〉

⑤ 정당이 임기만료에 따른 지역구지방의회의원선거에 후보자를 추천하는 때에는 지역구시·도의원선거 또는 지역구자치구·시·군의원선거 중 어느 하나의 선거에 국회의원지역구(군지역을 제외하며, 자치구의 일부지역이 다른 자치구 또는 군지역과 합하여 하나의 국회의원지역구로 된 경우에는 그 자치구의 일부지역도 제외한다)마다 1명 이상을 여성으로 추천하여야 한다. 〈신설 2010.1.25., 2010.3.12.〉

## 선거무효의소
[대법원 2021. 12. 30., 선고, 2020수5011, 판결]

**【판결요지】**

[1] 생략

[2] 정당은 국민의 정치적 의사형성 참여의 일환으로 공직선거에 후보자를 추천할 수 있다. 공직선거법 제47조는 정당의 공직선거 후보자 추천 권한에 관하여 규정하고 있는데, 정당의 후보자 추천 절차와 직접적인 관련이 없는 정당의 목적, 조직, 활동 등 다른 사유로 정당의 후보자 추천을 제한하고 있지 않다. 나아가 공직선거법 제49조 제1항 내지 제4항은 공직선거 후보자의 등록 시 제출하여야 할 서류를 열거하고 있고, 같은 조 제8항에서 관할선거구선거관리위원회는 후보자등록신청이 있는 때에는 등록신청서, 정당의 추천서 등 특정 서류를 갖추지 아니한 경우가 아닌 한 즉시 이를 수리하여야 한다고 규정하고 있다. 또한 구 공직선거법(2020. 12. 29. 법률 제17813호로 개정되기 전의 것)은 제52조 제1항 내지 제4항에서 후보자등록 무효 사유를 한정적으로 열거하고 있고, 관할선거구선거관리위원회로서는 위 조항에 열거되지 않은 사유를 이유로 후보자등록을 무효로 할 수 없다.

[3] 생략

[4] 비례대표국회의원 후보자 추천에 관하여 정당은 후보자 추천 절차의 구체적인 사항을 당헌 또는 당규로 정하여 그 당헌 또는 당규에 따라 민주적 심사절차를 거쳐 대의원·당원 등으로 구성된 선거인단의 민주적 투표절차에 따라 추천할 후보자를 결정하여야 하고, 관할 선거관리위원회인 중앙선거관리위원회 위원장은 정당이 제출한 비례대표국회의원 선거의 후보자 추천 절차에 관한 자료를 심사하여 정당이 구 공직선거법(2020. 12. 29. 법률 제17813호로 개정

되기 전의 것) 제47조 제2항 제1호 및 제2호 전단에 따라 민주적 심사를 거쳐 대의원·당원 등으로 구성된 선거인단의 민주적 투표절차에 따라 후보자를 결정하였는지, 후보자 추천 절차의 구체적 사항을 당헌·당규로 정하고 그에 따라 후보자를 결정하였는지를 심사하여야 하며, 그와 같은 방법으로 후보자가 결정되지 아니하였다고 인정하는 경우 후보자등록 수리를 거부하거나 후보자 등록을 무효로 하는 조치를 취하여야 한다. 또한, 이와 같은 비례대표국회의원 후보자 추천을 위한 심사 및 대의원·당원 등으로 구성된 선거인단에 의한 투표 절차는 '민주적'일 것, 즉 비례대표국회의원 후보자 결정을 위한 심사·투표 절차에 당원의 의사가 반영될 수 있는 방식일 것이 요구된다.

[5] 정당은 국민의 이익을 위하여 책임 있는 정치적 주장이나 정책을 추진하고 공직선거의 후보자를 추천 또는 지지함으로써 국민의 정치적 의사형성에 참여함을 목적으로 하는 국민의 자발적 조직이므로(정당법 제2조), 그 정당이 추구하는 정치적 주장이나 정책을 실현하기 위하여 자당의 후보자를 추천하는 것은 물론 자당의 후보자를 추천하지 않고 다른 정당의 추천후보자나 무소속후보자를 지지·지원하는 것 또한 정당의 본래의 기능에 속한다. 또한 공직선거법 제88조가 다른 정당이나 선거구가 같거나 일부 겹치는 다른 후보자를 위한 선거운동을 할 수 없는 자를 후보자·선거사무장 등으로 제한하면서 정당이나 정당의 당직자·당원 등을 다른 정당이나 다른 정당 소속 후보자를 위하여 자유롭게 선거운동을 할 수 있도록 허용하고 있는 점에 비추어, 정당이 정권을 획득하기 위하여 정당 간 정책연합이나 선거공조를 하는 것도 가능하다.

**제52조(등록무효)** ① 후보자등록후에 다음 각 호의 어느 하나에 해당하는 사유가 있는 때에는 그 후보자의 등록은 무효로 한다. 〈개정 1998.4.30., 2000.2.16., 2002.3.7., 2004.3.12., 2005.8.4., 2006.10.4., 2010.1.25., 2014.1.17., 2015.8.13., 2018.4.6.〉

1. 후보자의 피선거권이 없는 것이 발견된 때
2. 제47조(정당의 후보자추천)제1항 본문의 규정에 위반하여 선거구별로 선거할 정수범위를 넘어 추천하거나, 같은 조 제3항에 따른 여성후보자 추천의 비율과 순위를 위반하거나, 제48조(선거권자의 후보자추천)제2항의 규정에 의한 추천인수에 미달한 것이 발견된 때
3. 제49조제4항제2호부터 제5호까지의 규정에 따른 서류를 제출하지 아니한 것이 발견된 때
4. 제49조제6항의 규정에 위반하여 등록된 것이 발견된 때
5. 제53조제1항부터 제3항까지 또는 제5항을 위반하여 등록된 것이 발견된 때
6. 정당추천후보자가 당적을 이탈·변경하거나 2 이상의 당적을 가지고 있는 때 (후보자등록신청시에 2 이상의 당적을 가진 경우를 포함한다), 소속정당의 해산이나 그 등록의 취소 또는 중앙당의 시·도당창당승인취소가 있는 때

7. 무소속후보자가 정당의 당원이 된 때

8. 제57조의2제2항 또는 제266조제2항·제3항을 위반하여 등록된 것이 발견된 때

9. 정당이 그 소속 당원이 아닌 사람이나 「정당법」 제22조에 따라 당원이 될 수 없는 사람을 추천한 것이 발견된 때

10. 다른 법률에 따라 공무담임이 제한되는 사람이나 후보자가 될 수 없는 사람에 해당하는 것이 발견된 때

11. 정당 또는 후보자가 정당한 사유 없이 제65조제9항을 위반하여 후보자정보공개자료를 제출하지 아니한 것이 발견된 때

② 제47조제5항을 위반하여 등록된 것이 발견된 때에는 그 정당이 추천한 해당 국회의원지역구의 지역구시·도의원후보자 및 지역구자치구·시·군의원후보자의 등록은 모두 무효로 한다. 다만, 제47조제5항에 따라 여성후보자를 추천하여야 하는 지역에서 해당 정당이 추천한 지역구시·도의원후보자의 수와 지역구자치구·시·군의원후보자의 수를 합한 수가 그 지역구시·도의원 정수와 지역구자치구·시·군의원 정수를 합한 수의 100분의 50에 해당하는 수(1 미만의 단수는 1로 본다)에 미달하는 경우와 그 여성후보자의 등록이 무효로 된 경우에는 그러하지 아니하다. 〈신설 2010.3.12.〉

③ 후보자가 같은 선거의 다른 선거구나 다른 선거의 후보자로 등록된 때에는 그 등록은 모두 무효로 한다. 〈개정 2000.2.16., 2010.3.12.〉

④ 후보자의 등록이 무효로 된 때에는 관할선거구선거관리위원회는 지체없이 그 후보자와 그를 추천한 정당에 등록무효의 사유를 명시하여 이를 통지하여야 한다. 〈개정 2010.3.12., 2020.1.14., 2020.12.29.〉

[제목개정 2015.8.13.]

## 국회의원당선무효

[대법원 2021. 4. 29., 선고, 2020수6304, 판결]

**【판결요지】**

공직선거법 제52조 제1항 제5호, 제9호, 제10호, 제53조 제1항 제1호, 제4항의 내용과 체계, 입법 목적을 종합하면, 공무원이 공직선거의 후보자가 되기 위하여 공직선거법 제53조 제1항에서 정한 기한 내에 소속기관의 장 또는 소속위원회에 사직원을 제출하였다면 공직선거법 제53조 제4항에 따라 그 수리 여부와 관계없이 사직원 접수 시점에 그 직을 그만둔 것으로 간주되므로, 그 이후로는 공무원이 해당 공직선거와 관련하여 정당의 추천을 받기 위하여 정당에 가입하거나 후보자등록을 할 수 있고, 후보자등록 당시까지 사직원이 수리되지 않았더라도 그 후보자등록에 공직선거법 제52조 제1항 제5호, 제9호 또는 제10호를 위반한 등록무효사유가 있다고는 볼 수 없다.

**제59조(선거운동기간)** 선거운동은 선거기간개시일부터 선거일 전일까지에 한하여 할 수 있다. 다만, 다음 각 호의 어느 하나에 해당하는 경우에는 그러하지 아니하다. 〈개정 2004.3.12., 2005.8.4., 2011.7.28., 2012.2.29., 2017.2.8., 2020.12.29.〉

1. 제60조의3(예비후보자 등의 선거운동)제1항 및 제2항의 규정에 따라 예비후보자 등이 선거운동을 하는 경우

2. 문자메시지를 전송하는 방법으로 선거운동을 하는 경우. 이 경우 자동 동보통신의 방법(동시 수신대상자가 20명을 초과하거나 그 대상자가 20명 이하인 경우에도 프로그램을 이용하여 수신자를 자동으로 선택하여 전송하는 방식을 말한다. 이하 같다)으로 전송할 수 있는 자는 후보자와 예비후보자에 한하되, 그 횟수는 8회(후보자의 경우 예비후보자로서 전송한 횟수를 포함한다)를 넘을 수 없으며, 중앙선거관리위원회규칙에 따라 신고한 1개의 전화번호만을 사용하여야 한다.

3. 인터넷 홈페이지 또는 그 게시판·대화방 등에 글이나 동영상 등을 게시하거나 전자우편(컴퓨터 이용자끼리 네트워크를 통하여 문자·음성·화상 또는 동영상 등의 정보를 주고받는 통신시스템을 말한다. 이하 같다)을 전송하는 방법으로 선거운동을 하는 경우. 이 경우 전자우편 전송대행업체에 위탁하여 전자우편을 전송할 수 있는 사람은 후보자와 예비후보자에 한한다.

4. 선거일이 아닌 때에 전화(송·수화자 간 직접 통화하는 방식에 한정하며, 컴퓨터를 이용한 자동 송신장치를 설치한 전화는 제외한다)를 이용하거나 말(확성장치를 사용하거나 옥외집회에서 다중을 대상으로 하는 경우를 제외한다)로 선거운동을 하는 경우

5. 후보자가 되려는 사람이 선거일 전 180일(대통령선거의 경우 선거일 전 240일을 말한다)부터 해당 선거의 예비후보자등록신청 전까지 제60조의3 제1항 제2호의 방법(같은 호 단서를 포함한다)으로 자신의 명함을 직접 주는 경우

[제목개정 2011.7.28.]

## 공직선거법위반
[대법원 2024. 4. 4. 선고 2023도18846 판결]

**【판결요지】**
공직선거법에서의 기부행위는 원칙적으로 당사자 일방이 상대방에게 무상으로 금전·물품 기타 재산상 이익의 제공, 이익제공의 의사표시 또는 그 제공을 약속하는 행위를 말한다(공직선거법 제112조 제1항). 공직선거법 제113조에서 기부행위를 제한하는 취지는 기부행위가 후보자의 지지기반을 조성하는 데에 기여하거나 매수행위와 결부될 가능성이 높아 이를 허용할 경우 선거 자체가 후보자의 인물·식견 및 정책 등을 평가받는 기회가 되기보다는 후보자의 자금력을 겨루는 과정으로 타락할 위험

성이 있어 이를 방지하기 위한 것이다.

공직선거법은 대통령선거 및 지방자치단체의 장선거의 예비후보자의 경우 예비후보자공약집 1종을 발간·배부할 수 있도록 하되 배부방법에 있어 통상적인 방법으로 판매하도록 하는 등의 제한을 두고 있다(제60조의4 제1항). 이와 같이 공직선거법에서 기부행위제한 규정과 별도로 예비후보자공약집의 배부방법 제한 규정을 두고 있다고 하여 예비후보자공약집이 공직선거법에서 규율하는 기부행위의 객체에서 제외된다고 볼 수는 없다. 그 이유는 다음과 같다.

(가) 공직선거법 제112조 제2항은 기부행위로 보지 아니하는 행위 중 하나로 제1호 (라)목에서 일정한 정당 행사에서 참석당원 등에게 정당의 경비로 '교재나 그 밖에 정당의 홍보인쇄물 등을 제공하는 행위'를 들고 있어, 정당의 홍보인쇄물도 원칙적으로 기부행위의 객체에 해당함을 전제로 그 예외를 규정하고 있다. 이러한 규정에 비추어 보면, 기부행위의 객체가 되는 서적이 재산상의 가치가 있는 서적으로 한정된다거나 불특정의 사람이 일정한 대가를 지급하고 획득하려는 의지를 촉발시켜야 할 정도에 이르러야만 한다고 볼 수 없다.

(나) 예비후보자공약집은 예비후보자의 정책 등을 홍보하기 위한 것으로서 예비후보자의 지지기반을 조성하는 데에 기여하는 가치가 있는 물건이다.

(다) 공직선거법 제59조 단서 제1호 및 제60조의3 제1항 제2호, 제4호는 등록한 예비후보자에게 사전선거운동으로 명함을 교부하거나 예비후보자홍보물을 우편발송하는 행위 등을 허용하는데, 공직선거법 제60조의4 제1항에서 규율하는 예비후보자공약집은 명함이나 예비후보자홍보물과는 달리 상당한 비용을 들여 도서의 형태로 발간되는 것이어서 이를 무상으로 배부하게 되면 자금력을 기반으로 상대적으로 우월한 홍보활동과 효과적인 선거운동이 가능하게 되므로, 결국 후보자의 자금력이 유권자의 후보자 선택에 관한 의사결정에 영향을 미칠 우려가 있다.

**제89조(유사기관의 설치금지)** ① 누구든지 제61조제1항·제2항에 따른 선거사무소, 선거연락소 및 선거대책기구 외에는 후보자 또는 후보자가 되려는 사람을 위하여 선거추진위원회·후원회·연구소·상담소 또는 휴게소 기타 명칭의 여하를 불문하고 이와 유사한 기관·단체·조직 또는 시설을 새로이 설립 또는 설치하거나 기존의 기관·단체·조직 또는 시설을 이용할 수 없다. 다만, 후보자 또는 예비후보자의 선거사무소에 설치되는 1개의 선거대책기구 및 「정치자금법」에 의한 후원회는 그러하지 아니하다. 〈개정 1997.11.14., 2000.2.16., 2004.3.12., 2005.8.4., 2012.10.2., 2014.1.17.〉

② 정당이나 후보자(후보자가 되려는 사람을 포함한다. 이하 이 항에서 같다)가 설립·운영하는 기관·단체·조직 또는 시설은 선거일전 180일(보궐선거 등에 있어서는 그 선거의 실시사유가 확정된 때)부터 선거일까지 당해 선거구민을 대상으로 선거에 영향을 미치는 행위를 하거나, 그 기

관·단체 또는 시설의 설립이나 활동내용을 선거구민에게 알리기 위하여 정당 또는 후보자의 명의나 그 명의를 유추할 수 있는 방법으로 벽보·현수막·방송·신문·통신·잡지 또는 인쇄물을 이용하거나 그 밖의 방법으로 선전할 수 없다. 다만, 「정치자금법」 제15조(후원금 모금 등의 고지·광고)의 규정에 따른 모금을 위한 고지·광고는 그러하지 아니하다. 〈개정 1997.11.14., 2004.3.12., 2005.8.4., 2012.10.2.〉

## 공직선거법위반

[대법원 2013. 12. 26. 선고, 2013도10896, 판결]

【판결요지】

[1] 공직선거법은 제61조 제1항과 제2항에서 선거운동기구인 선거사무소와 선거연락소에 관하여 그 설치 주체를 정당 또는 후보자 등으로 제한하고 설치 숫자 및 장소 등을 엄격히 규제하는 한편, 제89조 제1항에서 누구든지 위 규정에 따라 설치된 선거사무소 또는 선거연락소 외에는 후보자 또는 후보자가 되려는 사람을 위하여 명칭 여하를 불문하고 유사기관을 설립 또는 설치하거나 이용할 수 없다고 하여 이를 금지하고 있다. 이는 후보자 간 선거운동기구의 형평성을 유지하고, 각종 형태의 선거운동기구의 난립으로 인한 과열경쟁 및 낭비를 방지하고자 하는 데 입법 취지가 있으므로, 어떠한 기관·단체·조직 또는 시설이 위 금지규정에 위배되는지 여부는 그것이 선거운동을 목적으로 설치된 것으로서 적법한 선거사무소나 선거연락소와 유사한 활동이나 기능을 하는 것에 해당하는지에 의하여 결정된다. 그리고 여기서 선거운동이란 특정의 선거에 관하여 특정 후보자를 당선되게 하거나 당선되지 못하게 하기 위하여 직접 또는 간접으로 영향을 미칠 수 있는 행위를 하는 것을 가리키므로, 선거운동의 목적이 아닌 순수한 내부적 선거 준비행위의 차원에서 설치된 기관 등은 위 유사기관에 해당하지 않는다.

[2] 어떠한 기관·단체·조직 또는 시설이 '선거운동'을 목적으로 설립되었고 그것이 선거사무소 또는 선거연락사무소처럼 이용되는 정도에 이르렀다면 공직선거법 제89조 제1항에서 정한 유사기관이 되는 것이지, 반드시 그 '선거운동'이 공직선거법상 허용되지 않는 선거운동이어야만 하는 것은 아니다.

**제96조(허위논평·보도 등 금지)** ① 누구든지 선거에 관한 여론조사결과를 왜곡하여 공표 또는 보도할 수 없다. 〈개정 2012.2.29.〉

② 방송·신문·통신·잡지, 그 밖의 간행물을 경영·관리하는 자 또는 편집·취재·집필·보도하는 자는 다음 각 호의 어느 하나에 해당하는 행위를 할 수 없다. 〈신설 2012.2.29.〉

1. 특정 후보자를 당선되게 하거나 되지 못하게 할 목적으로 선거에 관하여 허위의 사실을 보도하거나 사실을 왜곡하여 보도 또는 논평을 하는 행위

2. 여론조사결과 등과 같은 객관적 자료를 제시하지 아니하고 선거결과를 예

측하는 보도를 하는 행위

[제목개정 2012.2.29.]

## 공직선거법위반

[대법원 2021. 6. 24., 선고, 2019도13687, 판결]

**【판결요지】**

공직선거법 제96조 제1항은 "누구든지 선거에 관한 여론조사결과를 왜곡하여 공표 또는 보도할 수 없다."라고 규정하고, 제252조 제2항은 "제96조 제1항을 위반한 자는 5년 이하의 징역 또는 300만 원 이상 2천만 원 이하의 벌금에 처한다."라고 규정하고 있다. 이는 여론조사의 객관성·공정성에 대한 신뢰를 이용하여 선거인의 판단에 잘못된 영향을 미치는 행위를 처벌함으로써 선거의 공정성을 보장하려는 규정이다

공직선거법 제96조 제1항의 행위태양인 '공표'는 불특정 또는 다수인에게 왜곡된 여론조사결과를 널리 드러내어 알리는 것을 말한다. 비록 개별적으로 한 사람에게만 왜곡된 여론조사결과를 알리더라도 그를 통하여 불특정 또는 다수인에게 전파될 가능성이 있다면 이 요건을 충족하나, 전파될 가능성에 관하여서는 검사의 엄격한 증명이 필요하다.

한편 공직선거법 제96조 제1항의 입법 취지에 비추어 공직선거법 제96조 제1항에 따라 공표 또는 보도가 금지되는 '왜곡된 여론조사결과'는 선거인으로 하여금 객관성·공정성을 신뢰할 만한 수준의 여론조사가 실제 이루어진 결과에 해당한다고 믿게 할 정도의 구체성을 가지는 정보로서 그것이 공표 또는 보도될 경우 선거인의 판단에 잘못된 영향을 미치고 선거의 공정성을 저해할 개연성이 있는 내용일 것을 요한다. 따라서 전파가능성을 이유로 개별적으로 한 사람에게 알리는 행위가 '왜곡된 여론조사결과의 공표' 행위에 해당한다고 하기 위해서는 그 한 사람을 통하여 '왜곡된 여론조사결과'로 인정될 수 있을 정도의 구체성이 있는 정보가 불특정 또는 다수인에게 전파될 가능성이 있다는 점이 인정되어야 한다.

**제135조(선거사무관계자에 대한 수당과 실비보상)** ①선거사무장·선거연락소장·선거사무원·활동보조인 및 회계책임자(이하 이 조에서 "선거사무장등"이라 한다)에 대하여는 수당과 실비를 지급할 수 있다. 다만, 정당의 유급사무직원, 국회의원과 그 보좌관·선임비서관·비서관 또는 지방의회의원이 선거사무장등을 겸한 때에는 실비만을 보상할 수 있으며, 후보자등록신청개시일부터 선거기간개시일 전일까지는 후보자로서 신고한 선거사무장등에게 수당과 실비를 지급할 수 없다. 〈개정 2000. 2. 16., 2010. 1. 25., 2011. 7. 28., 2022. 4. 20.〉

② 제1항에 따라 선거사무장등에게 지급할 수 있는 수당의 금액은 다음 각 호와 같다. 다만, 같은 사람이 회계책임자·선거사무장·선거연락소장 또는 선거사무원·활동보조인을 함께 맡은 때에는 다음 각 호의 금액 중 많은 금액으로 한다. 〈개정 2022. 4. 20.〉

1. 대통령선거 및 비례대표국회의원선거의 선거사무장: 14만원 이내
2. 비례대표시・도의원선거와 시・도지사선거의 선거사무장, 대통령선거의 시・도선거연락소장: 14만원 이내
3. 지역구국회의원선거 및 자치구・시・군의 장선거의 선거사무장, 대통령선거 및 시・도지사선거의 구・시・군선거연락소장: 10만원 이내
4. 지역구시・도의원선거 및 자치구・시・군의원선거의 선거사무장, 지역구국회의원선거 및 자치구・시・군의 장선거의 선거연락소장: 10만원 이내
5. 선거사무원・활동보조인: 6만원 이내
6. 회계책임자: 해당 회계책임자가 소속된 선거사무소 또는 선거연락소의 선거사무장 또는 선거연락소장의 수당과 같은 금액

③이 법의 규정에 의하여 수당・실비 기타 이익을 제공하는 경우를 제외하고는 수당・실비 기타 자원봉사에 대한 보상 등 명목여하를 불문하고 누구든지 선거운동과 관련하여 금품 기타 이익의 제공 또는 그 제공의 의사를 표시하거나 그 제공의 약속・지시・권유・알선・요구 또는 수령할 수 없다. 〈개정 1996. 2. 6., 1997. 1. 13., 1997. 11. 14., 2000. 2. 16.〉

④ 제1항에 따른 수당의 지급에 있어서 같은 정당의 추천을 받은 둘 이상의 후보자가 선거사무장등(회계책임자는 제외한다. 이하 이 항에서 같다)을 공동으로 선임한 경우 후보자별로 선거사무장등에게 지급하여야 하는 수당의 금액은 해당 후보자 사이의 약정에 따라 한 후보자의 선거사무장등에 대한 수당만을 지급하여야 한다. 〈신설 2022. 4. 20.〉

⑤ 제1항에 따라 선거사무장등에게 지급할 수 있는 실비의 종류와 금액은 중앙선거관리위원회규칙으로 정한다. 〈신설 2022. 4. 20.〉

[제목개정 2011. 7. 28.]

## 공직선거법위반

[대법원 2020. 1. 9., 선고, 2019도12765, 판결]

【판결요지】
공직선거법 제230조 제1항, 제135조, 제62조 제1항, 제2항은 같은 법의 규정에 의하여 수당・실비 기타 이익을 제공하는 경우를 제외하고는 수당・실비 기타 자원봉사에 대한 보상 등 명목 여하를 불문하고 누구든지 선거운동과 관련하여 금품 기타 이익의 제공 또는 그 제공의 의사를 표시하거나 그 제공의 약속・지시・권유・알선・요구 또는 수령하는 행위를 처벌의 대상으로 삼고 있다. 공직선거법 제135조 제2항에 따르면 선거사무 관계자에 대하여 수당과 실비를 지급할 수 있는 경우에도 그 종류와 금액은 중앙선거관리위원회가 정한 범위 내에서만 가능하다. 이러한 규정들을 둔 이유는 선거운동과 관련하여 이익제공행위를 허용하면 과도한 선거운동으로 금권선거를 방지하기 힘들고, 선거

운동원 등에게 이익이 제공되면 선거운동원들도 이익을 목적으로 선거운동을 하게 되어 과열선거운동이 행하여지고 종국적으로는 공명선거를 행하기 어렵게 되기 때문이다.

이와 같은 공직선거법의 규정내용과 취지 등에 비추어 보면, 공직선거법에서 선거운동과 관련하여 수당 또는 실비를 보상할 수 있는 경우에도 중앙선거관리위원회가 사회 · 경제적 상황에 따라 선거의 공정을 해하지 않는 범위 내에서 정한 종류와 금액이 적용되어야 하고, 입법 목적과 규율대상이 다른 최저임금법은 적용된다고 보기 어렵다.

**제250조(허위사실공표죄)** ① 당선되거나 되게 할 목적으로 연설 · 방송 · 신문 · 통신 · 잡지 · 벽보 · 선전문서 기타의 방법으로 후보자(후보자가 되고자 하는 자를 포함한다. 이하 이 조에서 같다)에게 유리하도록 후보자, 후보자의 배우자 또는 직계존비속이나 형제자매의 출생지 · 가족관계 · 신분 · 직업 · 경력등 · 재산 · 행위 · 소속단체, 특정인 또는 특정단체로부터의 지지여부 등에 관하여 허위의 사실[학력을 게재하는 경우 제64조제1항의 규정에 의한 방법으로 게재하지 아니한 경우를 포함한다]을 공표하거나 공표하게 한 자와 허위의 사실을 게재한 선전문서를 배포할 목적으로 소지한 자는 5년이하의 징역 또는 3천만원이하의 벌금에 처한다. 〈개정 1995.12.30., 1997.1.13., 1997.11.14., 1998.4.30., 2000.2.16., 2004.3.12., 2010.1.25., 2015.12.24.〉

② 당선되지 못하게 할 목적으로 연설 · 방송 · 신문 · 통신 · 잡지 · 벽보 · 선전문서 기타의 방법으로 후보자에게 불리하도록 후보자, 그의 배우자 또는 직계존 · 비속이나 형제자매에 관하여 허위의 사실을 공표하거나 공표하게 한 자와 허위의 사실을 게재한 선전문서를 배포할 목적으로 소지한 자는 7년 이하의 징역 또는 500만원 이상 3천만원 이하의 벌금에 처한다. 〈개정 1997.1.13.〉

③ 당내경선과 관련하여 제1항(제64조제1항의 규정에 따른 방법으로 학력을 게재하지 아니한 경우를 제외한다)에 규정된 행위를 한 자는 3년 이하의 징역 또는 6백만원 이하의 벌금에, 제2항에 규정된 행위를 한 자는 5년 이하의 징역 또는 1천만원 이하의 벌금에 처한다. 이 경우 "후보자" 또는 "후보자(후보자가 되고자 하는 자를 포함한다)"는 "경선후보자"로 본다. 〈신설 2005.8.4.〉

④ 제82조의8제2항을 위반하여 중앙선거관리위원회규칙으로 정하는 사항을 딥페이크영상등에 표시하지 아니하고 제1항에 규정된 행위를 한 자는 5년 이하의 징역 또는 5천만원 이하의 벌금에, 제2항에 규정된 행위를 한 자는 7년 이하의 징역 또는 1천만원 이상 5천만원 이하의 벌금에 처한다. 〈신설 2023. 12. 28.〉

[제목개정 2015.12.24.]

## 공직선거법위반

[대법원 2020. 12. 24., 선고, 2019도12901, 판결]

**【판결요지】**

[1] 어떠한 의사 표현이 법률에서 규정한 범죄에 해당한다고 평가하는 것은 그로써 표현의 자유라는 헌법상 기본권의 행사에 부정적인 영향을 줄 위험이 없지 않으므로 특정 의사 표현에 대한 법적 평가를 함에 있어서는 그 전제로서 문제 된 표현의 의미가 합리적으로 파악되고 이해될 수 있도록 세심한 주의를 기울여야 한다. 다의적으로 해석될 수 있는 발언에 관하여 다른 합리적 해석의 가능성을 배제한 채 공소사실에 부합하는 취지로만 해석하는 것은 정치적 표현의 자유와 선거운동의 자유의 헌법적 의의와 중요성을 충분히 반영하지 않은 결과가 되고, '의심스러울 때는 피고인에게 유리하게'라는 형사법의 기본 원칙에도 반한다.

[2] 공직선거법 제250조 제2항에서 말하는 '사실'의 공표란 가치판단이나 평가를 내용으로 하는 의견 표현에 대치되는 개념으로 시간과 공간적으로 구체적인 과거 또는 현재의 사실관계에 관한 보고 내지 진술을 의미하며 표현 내용이 증거에 의해 증명이 가능한 것을 말하고, 어떠한 표현이 사실인가 또는 의견인가를 구별함에 있어서는 언어의 통상적 의미와 용법, 증명가능성, 문제 된 말이 사용된 문맥, 표현이 행해진 사회적 정황 등 전체적 정황을 고려하여야 한다. 나아가 형사처벌 여부가 문제 되는 표현이 사실을 드러낸 것인지 아니면 의견이나 추상적 판단을 표명한 것인지를 구별할 때에는 언어의 통상적 의미와 용법, 증명가능성, 문제 된 말이 사용된 문맥과 표현의 전체적인 취지, 표현의 경위와 사회적 맥락 등을 고려하여 판단하되, 헌법상 표현의 자유의 우월적 지위, 형벌법규 해석의 원칙에 비추어 어느 범주에 속한다고 단정하기 어려운 표현인 경우에는 원칙적으로 의견이나 추상적 판단을 표명한 것으로 파악하여야 한다. 또한 어떠한 표현이 공표된 사실의 내용 전체의 취지를 살펴볼 때 중요한 부분에서 객관적 사실과 합치되는 경우에는 세부적으로 진실과 약간 차이가 나거나 다소 과장된 표현이 있더라도 이를 허위사실의 공표라고 볼 수 없다.

**제263조(선거비용의 초과지출로 인한 당선무효)** ① 제122조(선거비용제한액의 공고)의 규정에 의하여 공고된 선거비용제한액의 200분의 1이상을 초과지출한 이유로 선거사무장, 선거사무소의 회계책임자가 징역형 또는 300만원 이상의 벌금형의 선고를 받은 때에는 그 후보자의 당선은 무효로 한다. 다만, 다른 사람의 유도 또는 도발에 의하여 당해 후보자의 당선을 무효로 되게 하기 위하여 지출한 때에는 그러하지 아니하다. 〈개정 2004.3.12., 2005.8.4.〉

② 「정치자금법」 제49조(선거비용관련 위반행위에 관한 벌칙)제1항 또는 제2항 제6호의 죄를 범함으로 인하여 선거사무소의 회계책임자가 징역형 또는 300

만원 이상의 벌금형의 선고를 받은 때에는 그 후보자(대통령후보자, 비례대 표국회의원후보자 및 비례대표지방의회의원후보자를 제외한다)의 당선은 무 효로 한다. 이 경우 제1항 단서의 규정을 준용한다. 〈신설 2004.3.12., 2005.8.4.〉

### 기탁금및보전비용액청구의 소
[대법원 2023. 5. 18. 선고 2022다305861판결]

**【판결요지】**
공직선거법 제263조부터 제265조까지의 규정에 따라 당선이 무효로 된 사람(기소 후 확정판결 전에 사직한 사람을 포함한다)과 당선되지 아니한 사람으로서 제263조부터 제265조까지에 규정된 자신 또는 선거사무장 등의 죄로 당선무효에 해당하는 형이 확정된 사람은 제57조에 따라 반환된 기탁금 및 제122조의2에 따라 보전받은 선거비 용을 관할선거구선거관리위원회에 반환하여야 하고(제265조의2 제1항, 제2항), 관할 선거구선거관리위원회는 납부기한까지 위 기탁금 또는 선거비용이 반환되지 않은 경 우에 당해 후보자의 주소지를 관할하는 세무서장에게 징수를 위탁하여 관할세무서장 이 국세체납처분의 예에 따라 이를 징수하며(제265조의2 제3항), 위 규정에 따라 납 부 또는 징수된 금액은 국가 또는 지방자치단체에 귀속된다(제265조의2 제4항). 그 런데 공직선거법은 제265조의2에서 정한 기탁금 및 선거비용에 대한 반환청구권의 소멸시효에 대해 달리 정한 바가 없으므로, 국가재정법 제96조 제1항 또는 지방재정 법 제82조 제1항에 따라 5년의 소멸시효가 적용된다.

## III. 벌칙

**제230조(매수 및 이해유도죄)** ① 다음 각 호의 어느 하나에 해당하는 자는 5년 이하의 징역 또는 3천만원 이하의 벌금에 처한다. 〈개정 1997.1.13., 1997.11.14., 2000.2.16., 2004.3.12., 2009.2.12., 2010.1.25., 2011.7.28., 2012.2.29., 2014.1.17., 2014.2.13., 2014.5.14.〉

1. 투표를 하게 하거나 하지 아니하게 하거나 당선되거나 되게 하거나 되지 못하게 할 목적으로 선거인(선거인명부 또는 재외선거인명부등을 작성하 기 전에는 그 선거인명부 또는 재외선거인명부등에 오를 자격이 있는 사 람을 포함한다. 이하 이 장에서 같다) 또는 다른 정당이나 후보자(예비후 보자를 포함한다)의 선거사무장·선거연락소장·선거사무원·회계책임 자·연설원(제79조제1항·제2항에 따라 연설·대담을 하는 사람과 제81 조제1항·제82조제1항 또는 제82조의2제1항·제2항에 따라 대담·토론을

하는 사람을 포함한다. 이하 이 장에서 같다) 또는 참관인(투표참관인·사전투표참관인과 개표참관인을 말한다. 이하 이 장에서 같다)·선장·입회인에게 금전·물품·차마·향응 그 밖에 재산상의 이익이나 공사의 직을 제공하거나 그 제공의 의사를 표시하거나 그 제공을 약속한 자

2. 선거운동에 이용할 목적으로 학교, 그 밖에 공공기관·사회단체·종교단체·노동단체·청년단체·여성단체·노인단체·재향군인단체·씨족단체 등의 기관·단체·시설에 금전·물품 등 재산상의 이익을 제공하거나 그 제공의 의사를 표시하거나 그 제공을 약속한 자

3. 선거운동에 이용할 목적으로 야유회·동창회·친목회·향우회·계모임 기타의 선거구민의 모임이나 행사에 금전·물품·음식물 기타 재산상의 이익을 제공하거나 그 제공의 의사를 표시하거나 그 제공을 약속한 자

4. 제135조[선거사무관계자에 대한 手當과 실비보상(선거사무관계자에 대한 수당과 실비보상)]제3항의 규정에 위반하여 수당·실비 기타 자원봉사에 대한 보상 등 명목여하를 불문하고 선거운동과 관련하여 금품 기타 이익의 제공 또는 그 제공의 의사를 표시하거나 그 제공을 약속한 자

5. 선거에 영향을 미치게 하기 위하여 이 법에 따른 경우를 제외하고 문자·음성·화상·동영상 등을 인터넷 홈페이지의 게시판·대화방 등에 게시하거나 전자우편·문자메시지로 전송하게 하고 그 대가로 금품, 그 밖에 이익의 제공 또는 그 제공의 의사표시를 하거나 그 제공을 약속한 자

6. 정당의 명칭 또는 후보자(후보자가 되려는 사람을 포함한다)의 성명을 나타내거나 그 명칭·성명을 유추할 수 있는 내용으로 제58조의2에 따른 투표참여를 권유하는 행위를 하게 하고 그 대가로 금품, 그 밖에 이익의 제공 또는 그 제공의 의사표시를 하거나 그 제공을 약속한 자

7. 제1호부터 제6호까지에 규정된 이익이나 직의 제공을 받거나 그 제공의 의사표시를 승낙한 자(제261조제9항제2호에 해당하는 자는 제외한다)

② 정당·후보자(후보자(候補者)가 되고자 하는 자를 포함한다) 및 그 가족·선거사무장·선거연락소장·선거사무원·회계책임자·연설원 또는 제114조[정당 및 후보자의 가족 등의 기부행위제한(정당 및 후보자의 가족 등의 기부행위제한)]제2항의 규정에 의한 후보자 또는 그 가족과 관계 있는 회사 등이 제1항 각호의 1에 규정된 행위를 한 때에는 7년 이하의 징역 또는 5천만원 이하의 벌금에 처한다. 〈개정 2014.2.13.〉

③ 제1항 각호의 1 또는 제2항에 규정된 행위에 관하여 지시·권유·요구하거나 알선한 자는 7년 이하의 징역 또는 5천만원 이하의 벌금에 처한다.

〈개정 2014.2.13.〉

④ 당선되거나 되게하거나 되지 못하게 할 목적으로 선거기간중 포장된 선물 또는 돈봉투 등 다수의 선거인에게 배부하도록 구분된 형태로 되어 있는 금품을 운반하는 자는 5년 이하의 징역 또는 3천만원 이하의 벌금에 처한다. 〈개정 2014.2.13.〉

⑤ 선거관리위원회의 위원·직원(투표관리관 및 사전투표관리관을 포함한다. 이하 이 장에서 같다) 또는 선거사무에 관계있는 공무원(선장을 포함한다)이나 경찰공무원[司法警察官吏 및 軍司法警察官吏(사법경찰관리 및 군사법경찰관리)를 포함한다]이 제1항 각호의 1 또는 제2항에 규정된 행위를 하거나 하게 한 때에는 7년 이하의 징역에 처한다. 〈개정 2005.8.4., 2012.2.29., 2014.1.17.〉

⑥ 제47조의2제1항 또는 제2항을 위반한 자는 5년 이하의 징역 또는 500만원 이상 3천만원 이하의 벌금에 처한다. 〈신설 2008.2.29., 2014.2.13.〉

⑦ 당내경선과 관련하여 다음 각 호의 어느 하나에 해당하는 자는 3년 이하의 징역 또는 1천만원 이하의 벌금에 처한다. 〈신설 2005.8.4., 2008.2.29., 2014.2.13.〉

1. 제57조의5(당원 등 매수금지)제1항 또는 제2항의 규정을 위반한 자
2. 후보자로 선출되거나 되게 하거나 되지 못하게 하거나, 경선선거인(당내경선의 선거인명부에 등재된 자를 말한다. 이하 이 조에서 같다)으로 하여금 투표를 하게 하거나 하지 아니하게 할 목적으로 경선후보자·경선운동관계자·경선선거인 또는 참관인에게 금품·향응 그 밖의 재산상의 이익이나 공사의 직을 제공하거나 그 제공의 의사를 표시하거나 그 제공을 약속한 자
3. 제57조의5제1항 또는 제2항에 규정된 이익이나 직의 제공을 받거나 그 제공의 의사표시를 승낙한 자

⑧ 제7항제2호·제3호에 규정된 행위에 관하여 지시·권유·요구하거나 알선한 자 또는 제57조의5제3항의 규정을 위반한 자는 5년 이하의 징역 또는 3천만원 이하의 벌금에 처한다. 〈신설 2005.8.4., 2008.2.29., 2014.2.13.〉

[제목개정 2011.7.28.]

**제231조(재산상의 이익목적의 매수 및 이해유도죄)** ① 다음 각 호의 어느 하나에 해당하는 사람은 7년 이하의 징역 또는 300만원 이상 5천만원 이하의 벌금에 처한다. 〈개정 2010.1.25., 2014.2.13.〉

1. 재산상의 이익을 얻거나 얻을 목적으로 정당 또는 후보자(후보자가 되려는 사람을 포함한다)를 위하여 선거인·선거사무장·선거연락소장·선거사무원·회계책임자·연설원 또는 참관인에게 제230조제1항 각 호의 어느 하나에 해당하는 행위를 한 사람

2. 제1호에 규정된 행위의 대가로 또는 그 행위를 하게 할 목적으로 금전·물품, 그 밖에 재산상의 이익 또는 공사의 직을 제공하거나 그 제공의 의사를 표시하거나 그 제공을 약속한 사람

3. 제1호에 규정된 행위의 대가로 또는 그 행위를 약속하고 제2호에 규정된 이익 또는 직의 제공을 받거나 그 제공의 의사표시를 승낙한 사람

② 제1항에 규정된 행위에 관하여 지시·권유·요구하거나 알선한 자(제261조제1항에 해당하는 자는 제외한다)는 10년 이하의 징역 또는 500만원 이상 7천만원 이하의 벌금에 처한다. 〈개정 2014.2.13.〉

---

**제232조(후보자에 대한 매수 및 이해유도죄)** ① 다음 각호의 1에 해당하는 자는 7년 이하의 징역 또는 500만원 이상 5천만원 이하의 벌금에 처한다. 〈개정 2014.2.13.〉

1. 후보자가 되지 아니하게 하거나 후보자가 된 것을 사퇴하게 할 목적으로 후보자가 되고자 하는 자나 후보자에게 제230조[買收 및 利害誘導罪(매수 및 이해유도죄)]제1항제1호에 규정된 행위를 한 자 또는 그 이익이나 직의 제공을 받거나 제공의 의사표시를 승낙한 자

2. 후보자가 되고자 하는 것을 중지하거나 후보자를 사퇴한데 대한 대가를 목적으로 후보자가 되고자 하였던 자나 후보자이었던 자에게 제230조제1항제1호에 규정된 행위를 한 자 또는 그 이익이나 직의 제공을 받거나 제공의 의사표시를 승낙한 자

② 제1항 각호의 1에 규정된 행위에 관하여 지시·권유·요구하거나 알선한 자는 10년 이하의 징역 또는 500만원 이상 7천만원 이하의 벌금에 처한다. 〈개정 2014.2.13.〉

③ 선거관리위원회의 위원·직원 또는 선거사무에 관계있는 공무원이나 경찰공무원(司法警察官吏 및 軍司法警察官吏(사법경찰관리 및 군사법경찰관리)를 포함한다)이 당해 선거에 관하여 제1항 각호의 1 또는 제2항에 규정된 행위를 한 때에는 10년 이하의 징역에 처한다.

---

**제233조(당선인에 대한 매수 및 이해유도죄)** ① 다음 각호의 1에 해당하는

자는 1년 이상 10년 이하의 징역에 처한다. 〈개정 2000.2.16.〉

  1. 당선을 사퇴하게 할 목적으로 당선인에 대하여 금전·물품·차마·향응 기타 재산상의 이익 또는 공사의 직을 제공하거나 그 제공의 의사를 표시하거나 그 제공을 약속한 자

  2. 제1호에 규정된 이익 또는 직의 제공을 받거나 그 제공의 의사표시를 승낙한 자

② 제1항 각호의 1에 규정된 행위에 관하여 지시·권유·요구하거나 알선한 자는 1년 이상 10년 이하의 징역에 처한다.

**제234조(당선무효유도죄)** 제263조[選擧費用의 超過支出로 인한 當選無效(선거비용의 초과지출로 인한 당선무효)] 또는 제265조[選擧事務長등의 選擧犯罪로 인한 當選無效(선거사무장등의 선거범죄로 인한 당선무효)]에 해당되어 후보자의 당선을 무효로 되게 할 목적으로 제263조 또는 제265조에 규정된 자를 유도 또는 도발하여 그 자로 하여금 제230조(매수 및 이해유도죄)제1항 내지 제5항·제231조(재산상의 이익목적의 매수 및 이해유도죄) 내지 제233조[當選人에 대한 買收 및 利害誘導罪(당선인에 대한 매수 및 이해유도죄)]·제257조(寄附行爲(기부행위)의 금지제한등 違反罪(위반죄))제1항 또는 제258조(選擧費用不正支出(선거비용부정지출)등 罪(죄))제1항에 규정된 행위를 하게 한 자는 1년이상 10년이하의 징역에 처한다. 〈개정 2005.8.4.〉

**제235조(방송·신문 등의 불법이용을 위한 매수죄)** ① 제97조(방송·신문의 불법이용을 위한 행위 등의 제한)제1항·제3항의 규정에 위반한 자는 5년 이하의 징역 또는 1천만원 이하의 벌금에 처한다.

② 제97조제2항의 규정에 위반한 자는 7년 이하의 징역 또는 2천만원 이하의 벌금에 처한다.

**제236조(매수와 이해유도죄로 인한 이익의 몰수)** 제230조[매수 및 이해유도죄(매수 및 이해유도죄)] 내지 제235조[방송·신문 등의 불법이용을 위한 매수죄(방송·신문 등의 불법이용을 위한 매수죄)]의 죄를 범한 자가 받은 이익은 이를 몰수한다. 다만, 그 전부 또는 일부를 몰수할 수 없는 때에는 그 가액을 추징한다.

**제237조(선거의 자유방해죄)** ① 선거에 관하여 다음 각 호의 어느 하나에

해당하는 자는 10년 이하의 징역 또는 500만원 이상 3천만원 이하의 벌금에 처한다. 〈개정 2010.1.25.〉

1. 선거인·후보자·후보자가 되고자 하는 자·선거사무장·선거연락소장·선거사무원·활동보조인·회계책임자·연설원 또는 당선인을 폭행·협박 또는 유인하거나 불법으로 체포·감금하거나 이 법에 의한 선거운동용 물품을 탈취한 자

2. 집회·연설 또는 교통을 방해하거나 위계·사술 기타 부정한 방법으로 선거의 자유를 방해한 자

3. 업무·고용 기타의 관계로 인하여 자기의 보호·지휘·감독하에 있는 자에게 특정 정당이나 후보자를 지지·추천하거나 반대하도록 강요한 자

② 검사 또는 경찰공무원(司法警察官吏를 포함한다)이 제1항 각호의 1에 규정된 행위를 하거나 하게 한 때에는 1년 이상 10년 이하의 징역과 5년 이하의 자격정지에 처한다.

③ 이 법에 규정된 연설·대담장소 또는 대담·토론회장에서 위험한 물건을 던지거나 후보자 또는 연설원을 폭행한 자는 다음 각호의 구분에 따라 처벌한다. 〈개정 2004.3.12.〉

1. 주모자는 5년 이상의 유기징역

2. 다른 사람을 지휘하거나 다른 사람에 앞장서서 행동한 자는 3년 이상의 유기징역

3. 부화하여 행동한 자는 7년 이하의 징역

④ 제1항 내지 제3항의 죄를 범한 경우에 그 범행에 사용하기 위하여 지닌 물건은 이를 몰수한다.

⑤ 당내경선과 관련하여 다음 각 호의 어느 하나에 해당하는 자는 5년 이하의 징역 또는 1천만원 이하의 벌금에 처한다. 〈신설 2005.8.4.〉

1. 경선후보자(경선후보자가 되고자 하는 자를 포함한다) 또는 후보자로 선출된 자를 폭행·협박 또는 유인하거나 체포·감금한 자

2. 경선운동 또는 교통을 방해하거나 위계·사술 그 밖의 부정한 방법으로 당내경선의 자유를 방해한 자

3. 업무·고용 그 밖의 관계로 인하여 자기의 보호·지휘·감독을 받는 자에게 특정 경선후보자를 지지·추천하거나 반대하도록 강요한 자

⑥ 당내경선과 관련하여 다수인이 경선운동을 위한 시설·장소 등에서 위험한 물건을 던지거나 경선후보자를 폭행한 자는 다음 각 호의 구분에 따라 처벌한다. 〈신설 2005.8.4.〉

1. 주모자는 3년 이상의 유기징역
2. 다른 사람을 지휘하거나 다른 사람에 앞장서서 행동한 자는 7년 이하의 징역
3. 다른 사람의 의견에 동조하여 행동한 자는 2년 이하의 징역

**제238조(군인에 의한 선거자유방해죄)** 군인(군수사기관소속 군무원을 포함한다) 이 제237조(선거의 자유방해죄)제1항 각호의 1에 규정된 행위를 하거나, 특정한 후보자를 당선되게 하거나 되지 못하게 하기 위하여 그 영향하에 있는 군인 또는 군무원의 선거권행사를 폭행·협박 또는 그밖의 방법으로 방해하거나 하게 한 때에는 1년 이상 10년 이하의 징역과 5년 이하의 자격정지에 처한다.

**제239조(직권남용에 의한 선거의 자유방해죄)** 선거에 관하여 선거관리위원회의 위원·직원, 선거사무에 종사하는 공무원 또는 선거인명부(재외선거인명부등을 포함한다. 이하 이 장에서 같다)작성에 관계있는 자나 경찰공무원(사법경찰관리 및 군사법경찰관리를 포함한다)이 직권을 남용하여 다음 각 호의 어느 하나에 해당하는 행위를 하거나 하게 한 때에는 7년 이하의 징역에 처한다. 〈개정 2005.8.4., 2009.2.12.〉
1. 선거인명부의 열람을 방해하거나 그 열람에 관한 직무를 유기한 때
2. 정당한 사유없이 후보자를 미행하거나 그 주택·선거사무소 또는 선거연락소에 승낙없이 들어가거나 퇴거요구에 불응한 때

**제239조의2(선장 등에 의한 선거자유방해죄 등)** ① 선장 또는 입회인이 다음 각 호의 어느 하나에 해당하는 행위를 하거나 하게 한 때에는 1년 이상 10년 이하의 징역에 처한다. 〈개정 2014.1.17.〉
1. 선상투표신고 또는 선상투표를 하지 못하게 하거나 선상투표용지에의 서명을 거부하는 등 투표를 방해하는 행위
2. 다른 사람의 선상투표용지를 이용하여 선상투표를 하는 행위
3. 선상투표자에게 특정 정당이나 후보자를 지지·추천하거나 반대하도록 강요하는 등 부정한 방법으로 선거의 자유를 방해하는 행위
4. 선상투표소에서 특정 정당이나 후보자에게 투표하도록 권유하는 등 투표에 영향을 미치는 행위
② 선장이 다음 각 호의 어느 하나에 해당하는 행위를 한 때에는 10년 이하의 징역 또는 500만원 이상 3천만원 이하의 벌금에 처한다. 〈개정 2014.1.17.〉

1.  제158조의3제1항을 위반하여 선상투표의 일시와 장소를 선상투표자에게 알리지 아니하는 행위
2.  제158조의3제1항을 위반하여 선상투표소를 설치하지 아니하거나 같은 조 제2항을 위반하여 선상투표소를 설비하는 행위
3.  제158조의3제3항을 위반하여 입회인을 입회시키지 아니하는 행위
4.  제158조의3제7항에 따른 선상투표지 봉투와 선상투표용지 봉투를 보관하지 아니하는 행위
5.  제158조의3제8항을 위반하여 선상투표관리기록부를 작성·전송하지 아니하거나 선상투표관리기록부와 제158조의3제7항에 따른 선상투표지 봉투와 선상투표용지 봉투를 제출하지 아니하는 행위

[본조신설 2012.2.29.]

**제240조(벽보, 그 밖의 선전시설 등에 대한 방해죄)** ① 정당한 사유없이 이 법에 의한 벽보·현수막 기타 선전시설의 작성·게시·첩부 또는 설치를 방해하거나 이를 훼손·철거한 자는 2년 이하의 징역 또는 400만원 이하의 벌금에 처한다.

② 선거관리위원회의 위원·직원 또는 선거사무에 관계있는 공무원이나 경찰공무원(사법경찰관리 및 군사법경찰관리를 포함한다)이 제1항에 규정된 행위를 하거나 하게 한 때에는 3년 이하의 징역 또는 600만원 이하의 벌금에 처한다.

③ 선거관리위원회의 위원·직원 또는 선거사무에 종사하는 자가 제64조의 선거벽보·제65조의 선거공보(같은 조 제9항의 후보자정보공개자료를 포함한다) 또는 제153조의 투표안내문(점자형 투표안내문을 포함한다)을 부정하게 작성·첩부·발송하거나 정당한 사유없이 이에 관한 직무를 행하지 아니한 때에는 3년 이하의 징역 또는 600만원 이하의 벌금에 처한다.

〈개정 1997.11.14., 2004.3.12., 2005.8.4., 2008.2.29., 2010.1.25., 2011.7.28., 2014.1.17.〉

[제목개정 2011.7.28.]

**제241조(투표의 비밀침해죄)** ① 제167조(제218조의17제9항에서 준용하는 경우를 포함한다)를 위반하여 투표의 비밀을 침해하거나 선거일의 투표마감시각 종료 이전에 선거인에 대하여 그 투표하고자 하는 정당이나 후보자 또는 투표한 정당이나 후보자의 표시를 요구한 자와 투표결과를 예상하기 위하여 투표소로부터 50미터 이내에서 질문하거나 투표마감시각 전에 그 경위와 결과를 공표한 자는 3년 이하의 징역 또는 600만원 이하의

벌금에 처한다. 〈개정 2011.7.28., 2012.2.29., 2015.12.24.〉

② 선거관리위원회의 위원·직원, 선거사무에 관계있는 공무원, 검사, 경찰공무원(사법경찰관리를 포함한다) 또는 군인(군수사기관소속 군무원을 포함한다)이 제1항에 규정된 행위를 하거나 하게 한 때에는 5년 이하의 징역에 처한다.

[제목개정 2011.7.28.]

**제242조(투표·개표의 간섭 및 방해죄)** ① 다음 각 호의 어느 하나에 해당하는 사람은 3년 이하의 징역에 처한다. 〈개정 2010.1.25., 2011.7.28., 2012.2.29., 2014.1.17.〉

1. 투표를 방해하기 위하여 이 법에서 규정한 투표에 필요한 신분증명서를 맡기게 하거나 이를 인수한 사람 또는 투표소(재외투표소·사전투표소 및 선상투표소를 포함한다. 이하 이 장에서 같다)나 개표소에서 정당한 사유 없이 투표나 개표에 간섭한 사람 또는 투표소에서 특정 정당이나 후보자에게 투표를 권유하거나 투표를 공개하는 등 투표 또는 개표에 영향을 미치는 행위를 한 사람

2. 정당한 사유 없이 거소투표자의 투표를 간섭하거나 방해한 사람, 거소투표자의 투표를 공개하거나 하게 하는 등 거소투표에 영향을 미치는 행위를 한 사람

② 개표소에서 제181조(개표참관)의 규정에 의하여 개표참관인이 설치한 통신설비를 파괴 또는 훼손한 자는 5년 이하의 징역에 처한다.

③ 검사·경찰공무원(사법경찰관리를 포함한다) 또는 군인(군수사기관소속 군무원을 포함한다)이 제1항에 규정된 행위를 하거나 하게 한 때에는 1년 이상 10년 이하의 징역에 처한다.

[제목개정 2011.7.28.]

**제242조의2(공무원의 재외선거사무 간섭죄)** ① 공무원이 선거에 있어서 특정 정당이나 후보자(후보자가 되고자 하는 자를 포함한다)에게 유리 또는 불리하게 할 목적으로 재외선거관리위원회 위원이나 공무원에게 재외선거사무 처리와 관련하여 부당한 영향력을 행사한 때에는 3년 이하의 징역 또는 600만원 이하의 벌금에 처한다.

② 자신의 지휘·감독하에 있는 공무원에게 제1항에 따른 행위를 한 때에는 1년 이상 5년 이하의 징역에 처한다.

[본조신설 2012.1.17.]

**제243조(투표함 등에 관한 죄)** ① 법령에 의하지 아니하고 투표함을 열거나 투표함(빈 투표함을 포함한다)이나 투표함안의 투표지를 취거·파괴·훼손·은닉 또는 탈취한 자는 1년 이상 10년 이하의 징역에 처한다.

② 검사·경찰공무원(사법경찰관리를 포함한다) 또는 군인(군수사기관소속 군무원을 포함한다)이 제1항에 규정된 행위를 하거나 하게 한 때에는 2년 이상 10년 이하의 징역에 처한다.

**제244조(선거사무관리관계자나 시설등에 대한 폭행·교란죄)** ① 선거관리위원회의 위원·직원, 공정선거지원단원·사이버공정선거지원단원, 투표사무원·사전투표사무원·개표사무원, 참관인 기타 선거사무에 종사하는 자를 폭행·협박·유인 또는 불법으로 체포·감금하거나, 폭행이나 협박을 가하여 투표소·개표소 또는 선거관리위원회 사무소(재외선거사무를 수행하는 공관과 그 분관 및 출장소의 사무소를 포함한다. 이하 제245조제1항에서 같다)를 소요·교란하거나, 투표용지·투표지·투표보조용구·전산조직등 선거관리 및 단속사무와 관련한 시설·설비·장비·서류·인장 또는 선거인명부(거소·선상투표신고인명부를 포함한다)를 은닉·손괴·훼손 또는 탈취한 자는 1년이상 10년이하의 징역 또는 500만원이상 3천만원 이하의 벌금에 처한다. 〈개정 2004.3.12., 2009.2.12., 2014.1.17., 2018.4.6.〉

② 제57조의4(당내경선사무의 위탁)의 규정에 따라 위탁한 당내경선에 있어 제1항에 규정된 행위를 한 자는 10년 이하의 징역 또는 2천만원 이하의 벌금에 처한다. 〈신설 2005.8.4.〉

**제245조(투표소 등에서의 무기휴대죄)** ① 무기·흉기·폭발물, 그 밖에 사람을 살상할 수 있는 물건을 지니고 투표소(제149조제3항 및 제4항에 따른 기표소가 설치된 장소를 포함한다)·개표소 또는 선거관리위원회 사무소에 함부로 들어간 자는 7년 이하의 징역에 처한다. 〈개정 2010.1.25., 2014.1.17.〉

② 정당한 사유없이 제1항에 규정된 물건을 지니고 이 법에 규정된 연설·대담장소 또는 대담·토론회장에 들어간 자는 3년이하의 징역 또는 600만원이하의 벌금에 처한다. 〈개정 2004.3.12.〉

③ 제1항 또는 제2항의 죄를 범한 경우에는 그 지닌 무기 등 사람을 살상할 수 있는 물건은 이를 몰수한다.

**제246조(다수인의 선거방해죄)** ① 다수인이 집합하여 제243조(투표함 등에 관한 죄) 내지 제245조(투표소 등에서의 무기휴대죄)에 규정된 행위를 한 때에는 다음 각호의 구분에 따라 처벌한다.

1. 주모자는 3년 이상의 유기징역
2. 다른 사람을 지휘하거나 다른 사람에 앞장서서 행동한 자는 2년 이상 10년 이하의 징역
3. 부화하여 행동한 자는 5년 이하의 징역

② 제243조 내지 제245조에 규정된 행위를 할 목적으로 집합한 다수인이 관계공무원으로부터 3회 이상의 해산명령을 받았음에도 불구하고 해산하지 아니한 때에는 그 주도적 행위자는 5년 이하의 징역에 처하고, 기타의 자는 1년 이하의 징역 또는 200만원 이하의 벌금에 처한다.

**제247조(사위등재·허위날인죄)** ① 사위(詐僞)의 방법으로 선거인명부(거소·선상투표신고인명부를 포함한다. 이하 이 조에서 같다)에 오르게 한 자, 거짓으로 거소투표신고·선상투표신고 또는 국외부재자신고를 하거나 재외선거인 등록신청 또는 변경등록신청을 한 자, 특정한 선거구에서 투표할 목적으로 선거인명부작성기준일 전 180일부터 선거인명부작성만료일까지 주민등록에 관한 허위의 신고를 한 자 또는 제157조제1항의 경우에 있어서 허위의 서명이나 날인 또는 무인을 한 자는 3년 이하의 징역 또는 500만원 이하의 벌금에 처한다. 〈개정 2011.7.28., 2012.2.29., 2014.1.17., 2015.12.24.〉

② 선거관리위원회의 위원·직원, 선거사무에 종사하는 공무원 또는 선거인명부작성에 관계있는 자가 선거인명부에 고의로 선거권자를 기재하지 아니하거나 허위의 사실을 기재하거나 하게 한 때에는 5년 이하의 징역 또는 는 1천만원 이하의 벌금에 처한다.

[제목개정 2011.7.28.]

**제248조(사위투표죄)** ① 성명을 사칭하거나 신분증명서를 위조·변조하여 사용하거나 기타 사위의 방법으로 투표하거나 하게 하거나 또는 투표를 하려고 한 자는 5년 이하의 징역 또는 1천만원 이하의 벌금에 처한다.

② 선거관리위원회의 위원·직원 또는 선거사무에 관계있는 공무원(투표사무원·사전투표사무원 및 개표사무원을 포함한다)이 제1항에 규정된 행위를 하거나 하게 한 때에는 7년 이하의 징역에 처한다. 〈개정 2014.1.17.〉

**제249조(투표위조 또는 증감죄)** ① 투표를 위조하거나 그 수를 증감한 자는 1년 이상 7년 이하의 징역에 처한다.

② 선거관리위원회의 위원·직원 또는 선거사무에 관계있는 공무원(投票事務員(투표사무원)·사전투표사무원 및 開票事務員(개표사무원)을 포함한다)이나 종사원이 제1항에 규정된 행위를 한 때에는 3년 이상 10년 이하의 징역에 처한다. 〈개정 2014.1.17.〉

**제250조(허위사실공표죄)** ① 당선되거나 되게 할 목적으로 연설·방송·신문·통신·잡지·벽보·선전문서 기타의 방법으로 후보자(후보자가 되고자 하는 자를 포함한다. 이하 이 조에서 같다)에게 유리하도록 후보자, 후보자의 배우자 또는 직계존비속이나 형제자매의 출생지·가족관계·신분·직업·경력등·재산·행위·소속단체, 특정인 또는 특정단체로부터의 지지여부 등에 관하여 허위의 사실[학력을 게재하는 경우 제64조제1항의 규정에 의한 방법으로 게재하지 아니한 경우를 포함한다]을 공표하거나 공표하게 한 자와 허위의 사실을 게재한 선전문서를 배포할 목적으로 소지한 자는 5년이하의 징역 또는 3천만원이하의 벌금에 처한다. 〈개정 1995.12.30., 1997.1.13., 1997.11.14., 1998.4.30., 2000.2.16., 2004.3.12., 2010.1.25., 2015.12.24.〉

② 당선되지 못하게 할 목적으로 연설·방송·신문·통신·잡지·벽보·선전문서 기타의 방법으로 후보자에게 불리하도록 후보자, 그의 배우자 또는 직계존·비속이나 형제자매에 관하여 허위의 사실을 공표하거나 공표하게 한 자와 허위의 사실을 게재한 선전문서를 배포할 목적으로 소지한 자는 7년 이하의 징역 또는 500만원 이상 3천만원 이하의 벌금에 처한다. 〈개정 1997.1.13.〉

③ 당내경선과 관련하여 제1항(제64조제1항의 규정에 따른 방법으로 학력을 게재하지 아니한 경우를 제외한다)에 규정된 행위를 한 자는 3년 이하의 징역 또는 6백만원 이하의 벌금에, 제2항에 규정된 행위를 한 자는 5년

이하의 징역 또는 1천만원 이하의 벌금에 처한다. 이 경우 "후보자" 또는 "후보자(후보자가 되고자 하는 자를 포함한다)"는 "경선후보자"로 본다. 〈신설 2005.8.4.〉

④ 제82조의8제2항을 위반하여 중앙선거관리위원회규칙으로 정하는 사항을 딥페이크영상등에 표시하지 아니하고 제1항에 규정된 행위를 한 자는 5년 이하의 징역 또는 5천만원 이하의 벌금에, 제2항에 규정된 행위를 한 자는 7년 이하의 징역 또는 1천만원 이상 5천만원 이하의 벌금에 처한다. 〈신설 2023.12.28.〉

[제목개정 2015.12.24.]

**제251조(후보자비방죄)** 당선되거나 되게 하거나 되지 못하게 할 목적으로 연설·방송·신문·통신·잡지·벽보·선전문서 기타의 방법으로 공연히 사실을 적시하여 후보자(후보자가 되고자 하는 자를 포함한다), 그의 배우자 또는 직계존·비속이나 형제자매를 비방한 자는 3년 이하의 징역 또는 500만원 이하의 벌금에 처한다. 다만, 진실한 사실로서 공공의 이익에 관한 때에는 처벌하지 아니한다.

**제252조(방송·신문 등 부정이용죄)** ① 제96조제2항을 위반한 자는 7년 이하의 징역 또는 500만원 이상 3천만원 이하의 벌금에 처한다. 〈신설 2015.12.24.〉

② 제96조제1항을 위반한 자는 5년 이하의 징역 또는 300만원 이상 2천만원 이하의 벌금에 처한다. 〈신설 2015.12.24.〉

③ 제82조의7제5항·제94조·제95조제1항·제98조 또는 제99조의 규정에 위반한 자는 3년 이하의 징역 또는 600만원 이하의 벌금에 처한다. 〈개정 2012.2.29., 2015.12.24.〉

④ 제71조(후보자등의 방송연설)제12항 [제72조(방송시설주관 후보자연설의 방송)제4항, 제73조(경력방송)제4항, 제74조(방송시설주관경력방송)제2항, 제81조(단체의 후보자등 초청 대담·토론회)제8항, 제82조(언론기관의 후보자등 초청 대담·토론회)제4항, 제137조의2(정강·정책의 방송연설의 제한)제6항에서 준용하는 경우를 포함한다] 및 제82조의2(선거방송토론위원회 주관 대담·토론회)제13항 후단[제82조의3(선거방송토론위원회 주관 정책토론회)제2항에서 준용하는 경우를 포함한다]의 규정에 위반한 자는 2년이하의 징역 또는 400만원이하의 벌금에 처한다. 〈개정 1998.4.30., 2000.2.16., 2004.3.12., 2005.8.4., 2015.12.24.〉

[제목개정 2015.12.24.]

**제253조(성명 등의 허위표시죄)** 당선되거나 되게 하거나 되지 못하게 할 목적으로 진실에 반하는 성명·명칭 또는 신분의 표시를 하여 우편이나 전보 또는 전화 기타 전기통신의 방법에 의한 통신을 한 자는 3년 이하의 징역 또는 600만원 이하의 벌금에 처한다.

**제254조(선거운동기간위반죄)** ① 선거일에 투표마감시각전까지 이 법에 규정된 방법을 제외하고 선거운동을 한 자는 3년 이하의 징역 또는 600만원 이하의 벌금에 처한다. 〈개정 2017.2.8.〉

② 선거운동기간 전에 이 법에 규정된 방법을 제외하고 선전시설물·용구 또는 각종 인쇄물, 방송·신문·뉴스통신·잡지, 그 밖의 간행물, 정견발표회·좌담회·토론회·향우회·동창회·반상회, 그 밖의 집회, 정보통신, 선거운동기구나 사조직의 설치, 호별방문, 그 밖의 방법으로 선거운동을 한 자는 2년 이하의 징역 또는 400만원 이하의 벌금에 처한다. 〈개정 2010.1.25.〉

③ 삭제 〈2010.1.25.〉

[단순위헌, 2018헌바146, 2022.2.24, 공직선거법(2010. 1. 25. 법률 제9974호로 개정된 것) 제254조 제2항 중 '그 밖의 방법'에 관한 부분 가운데 개별적으로 대면하여 말로 하는 선거운동을 한 자에 관한 부분은 헌법에 위반된다.]

**제255조(부정선거운동죄)** ①다음 각 호의 어느 하나에 해당하는 자는 3년 이하의 징역 또는 600만원 이하의 벌금에 처한다. 〈개정 1995. 12. 30., 1997. 11. 14., 1998. 4. 30., 2000. 2. 16., 2002. 3. 7., 2004. 3. 12., 2005. 8. 4., 2009. 2. 12., 2010. 1. 25., 2014. 2. 13., 2023. 8. 30.〉

1. 제57조의6제1항을 위반하여 당내경선에서 경선운동을 한 사람
2. 제60조(選擧運動을 할 수 없는 者)제1항의 규정에 위반하여 선거운동을 하거나 하게 한 자 또는 같은조제2항이나 제205조(選擧運動機構의 設置 및 選擧事務關係者의 選任에 관한 特例)제4항의 규정에 위반하여 선거사무장 등으로 되거나 되게 한 자
3. 제61조(選擧運動機構의 設置)제1항의 규정에 위반하여 선거운동기구를 설치하거나 이를 설치하여 선거운동을 한 자
4. 제62조제1항부터 제4항까지의 규정을 위반하여 선거사무장·선거연락소장·선거사무원 또는 활동보조인을 선임한 자

5. 제68조제2항 또는 제3항(소품등의 규격을 말한다)을 위반하여 소품등을 사용한 선거운동을 한 사람

6. 제80조(演說禁止場所)의 규정에 위반하여 선거운동을 위한 연설·대담을 한 자

7. 제81조(團體의 候補者 등 초청 對談·討論會)제1항의 규정에 위반하여 후보자 등 초청 대담·토론회를 개최한 자

8. 제81조제7항[제82조(言論機關의 候補者등 초청 對談·討論會)제4항에서 준용하는 경우를 포함한다]의 규정에 위반하여 대담·토론회를 개최한 자

9. 제85조제3항 또는 제4항에 위반한 행위를 하거나 하게 한 자

10. 제86조제1항제1호부터 제3호까지·제2항 또는 제5항을 위반한 사람 또는 같은 조 제6항을 위반한 행위를 한 사람

11. 제87조(단체의 선거운동금지)제1항의 규정을 위반하여 선거운동을 하거나 하게 한 자 또는 동조제2항의 규정을 위반하여 사조직 기타 단체를 설립·설치하거나 하게 한 자

12. 제88조(他候補者를 위한 選擧運動禁止)본문의 규정에 위반하여 다른 정당이나 후보자를 위한 선거운동을 한 자

13. 제89조(類似機關의 設置禁止)제1항 본문의 규정에 위반하여 유사기관을 설립·설치하거나 기존의 기관·단체·조직 또는 시설을 이용한 자

14. 삭제〈2004. 3. 12.〉

15. 제92조(映畵 등을 이용한 選擧運動禁止)의 규정에 위반하여 저술·연예·연극·영화나 사진을 배부·공연·상연·상영 또는 게시하거나 하게 한 자

16. 제105조(行列등의 금지)제1항의 규정에 위반하여 무리를 지어 거리행진·인사 또는 연달아 소리 지르는 행위를 한 사람

17. 제106조(戶別訪問의 제한)제1항 또는 제3항의 규정에 위반하여 호별로 방문하거나 하게 한 자

18. 제107조(署名·捺印運動의 금지)의 규정에 위반하여 서명이나 날인을 받거나 받게 한 자

19. 제109조제1항 또는 제2항을 위반하여 서신·전보·모사전송·전화 그 밖에 전기통신의 방법을 이용하여 선거운동을 하거나 하게 한 자나 같은 조 제3항을 위반하여 협박하거나 하게 한 자

20. 제218조의14제1항·제6항 또는 제7항을 위반하여 재외선거권자를 대상으로 선거운동을 한 자

② 다음 각 호의 어느 하나에 해당하는 자는 2년 이하의 징역 또는 400만원

이하의 벌금에 처한다. 〈개정 1995. 12. 30., 1997. 11. 14., 1998. 4. 30., 2000. 2. 16., 2002. 3. 7., 2004. 3. 12., 2005. 8. 4., 2007. 1. 3., 2008. 2. 29., 2010. 1. 25., 2022. 1. 18.〉

1. 제60조의3제1항제4호 후단을 위반하여 예비후보자홍보물을 작성한 자

1의2. 대통령선거 및 지방자치단체의 장선거의 예비후보자가 아닌 자로서 제60조의4제1항의 예비후보자공약집을 발간·배부한 자, 같은 항을 위반하여 1종을 넘어 예비후보자공약집을 발간·배부한 자, 같은 항을 위반하여 예비후보자공약집을 통상적인 방법으로 판매하지 아니하거나 방문판매의 방법으로 판매한 자, 같은 조 제2항을 위반하여 예비후보자공약집을 발간·배부한 자

1의3. 제64조제1항·제9항, 제65조제1항·제2항, 제66조제1항부터 제5항까지를 위반하여 선거벽보·선거공보 또는 선거공약서를 선거운동을 위하여 작성·사용하거나 하게 한 자

2. 삭제 〈2010. 1. 25.〉

3. 제57조의3(당내경선운동)제1항의 규정을 위반하여 경선운동을 한 자

4. 제91조(擴聲裝置와 自動車 등의 사용제한)제1항·제3항 또는 제216조(4개 이상 選擧의 同時實施에 관한 特例)제1항 전단의 규정에 위반하여 확성장치나 자동차를 사용하여 선거운동을 하거나 하게 한 자

5. 제93조(脫法方法에 의한 文書·圖畵의 배부, 게시 등 금지)제1항의 규정에 위반하여 문서·도화 등을 배부·첩부·살포·게시·상영하거나 하게 한 자, 같은 조제2항의 규정에 위반하여 광고 또는 출연을 하거나 하게 한 자 또는 제3항의 규정에 위반하여 신분증명서·문서 기타 인쇄물을 발급·배부 또는 징구하거나 하게 한 자

6. 제100조(錄音器 등의 사용금지)의 규정에 위반하여 녹음기 또는 녹화기를 사용하여 선거운동을 하거나 하게 한 자

7. 삭제 〈1995. 12. 30.〉

8. 제271조의2(選擧에 관한 廣告의 제한)제1항의 규정에 의한 광고중지요청에 불응하여 광고를 하거나 광고게재를 의뢰한 자

③ 다음 각 호의 어느 하나에 해당하는 사람은 5년 이하의 징역에 처한다. 〈개정 2010. 1. 25., 2014. 2. 13.〉

1. 제57조의6제2항을 위반하여 경선운동을 한 사람

2. 제85조제2항을 위반하여 선거운동을 한 사람

④ 제82조의5(선거운동정보의 전송제한)제1항의 규정을 위반하여 선거운동

정보를 전송한 자, 동조제2항의 규정을 위반하여 선거운동정보에 해당하는 사실 등을 선거운동정보에 명시하지 아니하거나 허위로 명시한 자, 동조제4항의 규정을 위반하여 기술적 조치를 한 자, 동조제5항의 규정을 위반하여 비용을 수신자에게 부담하도록 한 자, 동조제6항의 규정을 위반하여 선거운동정보를 전송한 자는 1년 이하의 징역 또는 100만원 이하의 벌금에 처한다. 〈신설 2004. 3. 12., 2005. 8. 4., 2012. 1. 17.〉

⑤ 제82조의8제1항을 위반한 자는 7년 이하의 징역 또는 1천만원 이상 5천만원 이하의 벌금에 처한다. 〈신설 2023. 12. 28.〉

⑥ 제85조제1항을 위반한 자는 5년 이하의 징역 또는 2천만원 이하의 벌금에 처한다. 〈신설 2014. 2. 13., 2017. 2. 8., 2023. 12. 28.〉

[한정위헌, 2006헌마1096, 2008.5.29., 공직선거법(2005.8.4. 법률 제7681호로 개정된 것) 제255조 제1항제10호 중 '제86조 제1항 제2호' 부분은 공무원의 지위를 이용하지 아니한 행위에 대하여 적용하는 한 헌법에 위반된다.]

[한정위헌, 2007헌마1001, 2010헌바88, 2010헌마173·191(병합), 2011. 12. 29. 공직선거법(2005.8.4. 법률 제7681호로 개정된 것) 제255조 제2항 제5호 중 제93조 제1항의 '그 밖에 이와 유사한 것'에, '정보통신망을 이용하여 인터넷 홈페이지 또는 그 게시판·대화방 등에 글이나 동영상 등 정보를 게시하거나 전자우편을 전송하는 방법'이 포함되는 것으로 해석하는 한 헌법에 위반된다.]

[2020.3.25. 법률 제17127호에 의하여 헌법재판소에서 위헌 결정된 제255조 제1항 제2호 가운데 제60조 제1항 제5호를 개정함]

[2017.2.8. 법률 제14556호에 의하여 2016.7.28. 헌법재판소에서 위헌 결정된 이 조 제5항을 개정함]

[단순위헌, 2019헌가11, 2021.4.29., 공직선거법(2010.1.25. 법률 제9974호로 개정된 것) 제57조의6 제1항 본문의 '제60조 제1항 제5호 중 제53조 제1항 제6호 가운데 지방공기업법 제2조에 규정된 지방공단인 광주광역시ㅁㅁ공단의 상근직원'에 관한 부분 및 같은 법 제255조 제1항 제1호 중 위 해당부분은 헌법에 위반된다.]

[단순위헌, 2021헌가36, 2022.12.22, 공직선거법(2010. 1. 25. 법률 제9974호로 개정된 것) 제57조의6 제1항 본문의 '제60조 제1항 제5호 중 제53조 제1항 제6호 가운데 지방공기업법 제2조에 규정된 지방공단인 안성시시설관리공단의 상근직원'에 관한 부분 및 같은 법 제255조 제1항 제1호 중 제57조의6 제1항 본문의 '제60조 제1항 제5호 중 제53조 제1항 제6호 가운데 지방공기업법 제2조에 규정된 지방공단인 안성시시설관리공단의 상근직원'에 관한 부분은 헌법에 위반된다.]

[단순위헌, 2018헌바357, 2022.7.21, 공직선거법(2010. 1. 25. 법률 제9974호로 개정된 것) 제255조 제2항 제5호 중 '제93조 제1항 본문의 광고, 문서·도화 첨부·게시'에 관한 부분은 모두 헌법에 합치되지 아니한다. 위 법률조항들은 2023. 7. 31.을 시한으로 입법자가 개정할 때까지 계속 적용된다.]

**제256조(각종제한규정위반죄)** ① 다음 각 호의 어느 하나에 해당하는 자는 3년 이하의 징역 또는 600만원 이하의 벌금에 처한다. 〈개정 2012. 2. 29., 2014. 2. 13., 2015. 12. 24., 2016. 1. 15., 2017. 2. 8.〉

　1. 제57조의8제7항제3호(제108조의2제5항에서 준용하는 경우를 포함한다)

를 위반하여 이용자의 정보를 제공한 자, 같은 항 제4호(제108조의2제5항에서 준용하는 경우를 포함한다)를 위반하여 해당 정당 또는 선거여론조사기관 외의 자에게 휴대전화 가상번호를 제공한 자, 같은 항 제5호(제108조의2제5항에서 준용하는 경우를 포함한다)를 위반하여 명시적으로 거부의사를 밝힌 이용자의 휴대전화 가상번호를 제공한 자 또는 같은 항 제6호(제108조의2제5항에서 준용하는 경우를 포함한다)를 위반하여 휴대전화 가상번호를 생성하여 제공한 자

2. 제57조의8제9항제1호(제108조의2제5항에서 준용하는 경우를 포함한다)를 위반하여 휴대전화 가상번호를 제57조의8제1항에 따른 여론조사·여론수렴 또는 제108조의2제1항에 따른 여론조사가 아닌 목적으로 사용하거나 제57조의8제9항제2호(제108조의2제5항에서 준용하는 경우를 포함한다)를 위반하여 다른 자에게 제공한 자

3. 제57조의8제10항(제108조의2제5항에서 준용하는 경우를 포함한다)을 위반하여 유효기간이 지난 휴대전화 가상번호를 즉시 폐기하지 아니한 자

4. 제103조제2항을 위반하여 모임을 개최한 자

5. 제108조제5항을 위반하여 여론조사를 한 자, 같은 조 제9항에 따른 요구를 받고 거짓의 자료를 제출한 자, 같은 조 제11항제1호를 위반하여 지시·권유·유도한 자, 같은 항 제2호를 위반하여 여론조사에 응답하거나 이를 지시·권유·유도한 자 또는 같은 조 제12항을 위반하여 선거에 관한 여론조사의 결과를 공표·보도한 자

② 다음 각 호의 어느 하나에 해당하는 통보를 받고 지체 없이 이를 이행하지 아니한 자는 2년 이하의 징역 또는 1천500만원 이하의 벌금에 처한다. 〈신설 2014. 2. 13., 2017. 2. 8.〉

1. 제8조의2제5항 및 제6항(제8조의3제6항에서 준용하는 경우를 포함한다)에 따른 제재조치 등

2. 제8조의3제3항제1호부터 제3호까지의 규정에 따른 제재조치

3. 제8조의4제3항에 따른 반론보도의 결정

4. 제8조의6제1항 또는 제3항에 따른 조치 또는 같은 조 제6항에 따른 반론보도의 결정

③ 다음 각 호의 어느 하나에 해당하는 자는 2년 이하의 징역 또는 400만원 이하의 벌금에 처한다. 〈개정 1995. 4. 1., 1995. 12. 30., 1997. 11. 14., 1998. 4. 30., 2000. 2. 16., 2002. 3. 7., 2004. 3. 12., 2005. 8. 4., 2008. 2. 29., 2009. 2. 12., 2010. 1. 25., 2012. 1. 17., 2012. 2. 29., 2014. 1. 17., 2014. 2. 13., 2014. 5. 14., 2015. 8. 13., 2015. 12. 24., 2016. 1. 15., 2017. 2. 8., 2023. 8. 30.〉〉

1. 선거운동과 관련하여 다음 각 목의 어느 하나에 해당하는 자

　가. 제67조의 규정에 위반하여 현수막을 게시한 자

　나. 제59조제2호 후단을 위반하여 후보자 또는 예비후보자가 아닌 자로서 자동 동보통신의 방법으로 문자메시지를 전송한 자, 같은 조 같은 호 후단을 위반하여 8회를 초과하여 자동 동보통신의 방법으로 문자메시지를 전송한 자, 같은 조 제3호 후단을 위반하여 후보자 또는 예비후보자가 아닌 자로서 전송대행업체에 위탁하여 전자우편을 전송한 자

　다. 제79조제10항에 따른 녹음기 또는 녹화기의 사용대수를 초과하여 사용한 사람

　라. 제84조를 위반하여 특정 정당으로 부터의 지지 또는 추천받음을 표방한 자

　마. 제82조의4제4항에 따라 선거관리위원회로부터 2회 이상 요청을 받고 이행하지 아니한 자

　바. 제86조제1항제5호부터 제7호까지 또는 제7항을 위반한 행위를 한 사람

　사. 제89조(類似機關의 設置禁止)제2항의 규정에 위반하여 선거에 영향을 미치는 행위 또는 선전행위를 하거나 하게 한 자

　아. 제90조(施設物設置 등의 금지)의 규정에 위반하여 선전물을 설치·진열·게시·배부하거나 하게 한 자 또는 상징물을 제작·판매하거나 하게 한 자

　자. 제101조(他演說會 등의 금지)의 규정에 위반하여 타연설회 등을 개최하거나 하게 한 자

　차. 제102조제1항을 위반하여 연설·대담 또는 대담·토론회를 개최한 자

　카. 제103조(各種集會등의 制限)제1항 및 제3항 내지 제5항의 규정에 위반하여 각종집회등을 개최하거나 하게 한 자

　타. 제104조(演說會場에서의 騷亂行爲등의 금지)의 규정에 위반하여 연설·대담장소등에서 질서를 문란하게 하거나 횃불을 사용하거나 하게 한 자

　파. 제108조제1항을 위반하여 여론조사의 경위와 그 결과를 공표 또는 인용하여 보도한 자, 같은 조 제2항을 위반하여 여론조사를 한 자, 같은 조 제6항을 위반하여 여론조사와 관련 있는 자료일체를 해당 선거의 선거일 후 6개월까지 보관하지 아니한 자, 같은 조 제9항을 위반하여 정당한 사유 없이 여론조사와 관련된 자료를 제출하지 아니한 자 또는 같은 조 제10항을 위반하여 여론조사를 한 자

　하. 제57조의8제7항제1호(제108조의2제5항에서 준용하는 경우를 포함한

다)를 위반하여 휴대전화 가상번호에 유효기간을 설정하지 아니하고 제공하거나 휴대전화 가상번호를 제공하는 날부터 당내경선의 선거일까지의 기간, 여론수렴 기간 또는 여론조사 기간을 초과하는 유효기간을 설정하여 제공한 자 또는 같은 항 제2호(제108조의2제5항에서 준용하는 경우를 포함한다)를 위반하여 요청받은 휴대전화 가상번호 수를 초과하여 휴대전화 가상번호를 제공한 자

거. 제108조의3을 위반하여 비교평가를 하거나 그 결과를 공표한 자 또는 비교평가와 관련있는 자료 일체를 해당 선거의 선거일 후 6개월까지 보관하지 아니한 자

너. 제111조(議政活動 보고)제1항 단서의 규정에 위반하여 선거일전 90일 부터 선거일까지 의정활동을 보고한 자

2. 선거질서와 관련하여 다음 각 목의 어느 하나에 해당하는 자

가. 제39조제8항(제218조의9제3항에서 준용하는 경우를 포함한다)의 규정에 위반하여 선거인명부작성사무를 방해하거나 영향을 주는 행위를 한 자

나. 제44조의2제5항을 위반하여 선거인명부를 열람·사용 또는 유출한 자

다. 제46조(명부사본의 교부)제4항[제60조의3(예비후보자 등의 선거운동)제5항 및 제111조(의정활동 보고)제4항에서 준용하는 경우를 포함한다]의 규정을 위반하여 선거인명부 및 거소·선상투표신고인명부(전산자료복사본을 포함한다)의 사본이나 세대주명단을 다른 사람에게 양도·대여 또는 재산상의 이익 기타 영리를 목적으로 사용하거나 하게 한 자

라. 제161조제7항(제162조제4항에서 준용하는 경우를 포함한다) 또는 제181조제11항을 위반하여 참관인이 되거나 되게 한 자

마. 제163조(제218조의17제9항에서 준용하는 경우를 포함한다)를 위반하여 투표소(제149조제3항 및 제4항에 따른 기표소가 설치된 장소를 포함한다)에 들어가거나, 표지를 하지 아니하거나, 표지 외의 표시물을 달거나 붙이거나, 표지를 양도·양여하거나 하게 한 자

바. 제166조(제218조의17제9항에서 준용하는 경우를 포함한다)에 따른 명령에 불응한 자 또는 같은 규정을 위반한 표지를 하거나 하게 한 자

사. 제166조의2제1항(제218조의17제9항에서 준용하는 경우를 포함한다)을 위반하여 투표지를 촬영한 사람

아. 제183조(開票所의 出入制限과 秩序維持)제1항의 규정에 위반하여 개표소에 들어간 자 또는 같은조제2항의 규정에 위반하여 표지를 하지

아니하거나 표지외의 표시물을 달거나 붙이거나 표지를 양도·양여하
거나 하게 한 자

3. 이 법에 규정되지 아니한 방법으로 제58조의2 단서를 위반하여 투표참
여를 권유하는 행위를 한 자

4. 제262조의2(선거범죄신고자 등의 보호)제2항의 규정을 위반한 자

④ 정당(당원협의회를 포함한다)이 다음 각 호의 어느 하나에 해당하는 행위
를 한 때에는 해당 정당에 대하여는 1천만원 이하의 벌금에 처하고, 해
당 정당의 대표자·간부 또는 소속 당원으로서 위반행위를 하거나 하게
한 자는 2년 이하의 징역 또는 400만원 이하의 벌금에 처한다. 〈개정
2000. 2. 16., 2004. 3. 12., 2006. 3. 2., 2007. 1. 3., 2010. 1. 25., 2014. 2. 13.〉

1. 제137조(政綱·政策의 新聞廣告 등의 제한)의 규정에 위반하여 일간신
문 등에 광고를 한 자

2. 제137조의2(政綱·정책의 放送演說의 제한)제1항 내지 제3항의 규정에
위반하여 정강·정책의 방송연설을 한 자

3. 제138조(政綱·政策弘報物의 배부제한 등)의 규정(第4項을 제외한다)에
위반하여 정강·정책홍보물을 제작·배부한 자

3의2. 제138조의2(정책공약집의 배부제한 등)의 규정(제3항을 제외한다)을
위반하여 정책공약집을 발간·배부한 자

4. 제139조(政黨機關紙의 발행·배부제한)의 규정(第3項을 제외한다)에 위
반하여 정당기관지를 발행·배부한 자

5. 제140조(創黨大會 등의 개최와 告知의 제한)제1항 및 제2항의 규정에
위반하여 창당대회 등을 개최한 자

6. 제141조(당원집회의 제한)제1항 및 제4항(철거하지 아니한 경우를 제외
한다)의 규정에 위반하여 당원집회를 개최한 자

7. 삭제 〈2004. 3. 12.〉

8. 삭제 〈2004. 3. 12.〉

9. 제144조(政黨의 黨員募集 등의 제한)제1항의 규정에 위반하여 당원을
모집하거나 입당원서를 배부한 자

10. 제61조의2(정당선거사무소의 설치)제1항의 규정을 위반하여 정당선거
사무소를 설치하거나, 동조제2항의 규정을 위반하여 소장 또는 유급사
무직원을 둔 자

⑤ 다음 각 호의 어느 하나에 해당하는 자는 1년 이하의 징역 또는 200만원
이하의 벌금에 처한다. 〈개정 1995. 12. 30., 1997. 1. 13., 1997. 11. 14., 1998. 4.

30., 2000. 2. 16., 2004. 3. 12., 2005. 8. 4., 2007. 1. 3., 2008. 2. 29., 2010. 1. 25., 2012. 1. 17., 2014. 1. 17., 2014. 2. 13., 2015. 12. 24., 2017. 2. 8., 2018. 4. 6., 2020. 12. 29., 2022. 1. 18.〉

1. 제48조제3항제1호를 위반하여 검인되지 아니한 추천장에 의하여 선거권자의 추천을 받거나 받게 한 사람, 같은 항 제2호를 위반하여 선거운동을 위하여 추천선거권자수의 상한수를 넘어 선거권자의 추천을 받거나 받게 한 사람, 같은 항 제3호를 위반하여 허위의 추천을 받거나 받게 한 사람

2. 제61조(選擧運動機構의 設置)제5항[제61조의2(정당선거사무소의 설치)제7항에서 준용하는 경우를 포함한다]의 규정에 위반하여 선거사무소나 선거연락소를 설치한 자

2의2. 제61조(선거운동기구의 설치)제7항의 규정에 의하여 선거사무소의 폐쇄명령을 받고도 이를 이행하지 아니한 자

3. 제62조제7항을 위반하여 선거사무장·선거연락소장 또는 선거사무원을 선임한 자 또는 같은 조 제8항을 위반하여 선거운동을 하는 자를 모집한 자

4. 제63조(選擧運動機構 및 選擧事務關係者의 申告)제1항 후단의 규정에 위반하여 선거사무원수의 2배수를 넘어 두거나 두게 한 자

5. 제64조제8항(제65조제13항 및 제66조제8항에서 준용하는 경우를 포함한다)을 위반하여 선거벽보·선거공보 또는 선거공약서의 수량을 넘게 인쇄하여 제공한 자

6. 제69조제1항의 횟수에 관한 규정을 위반하지 아니하였으나 같은 조 제5항을 위반하여 광고한 사람

7. 삭제 〈2010. 1. 25.〉

8. 제79조제1항·제3항부터 제5항까지·제6항(표지를 부착하지 아니한 경우는 제외한다)·제7항을 위반하여 공개장소에서의 연설·대담을 한 자

9. 제81조(團體의 候補者 등 초청 對談·討論會)제3항 또는 제4항의 규정에 위반하여 대담·토론회의 개최신고를 하지 아니하거나 표지를 게시 또는 첨부하지 아니한 자

10. 제102조제2항을 위반하여 녹음기 또는 녹화기를 사용한 자. 다만, 오후 9시부터 오후 11시까지의 사이에 소리를 출력하여 녹화기를 사용한 자는 제외한다.

10의2. 제110조제2항을 위반하여 특정 지역·지역인 또는 성별을 공연히 비하·모욕한 자

11.  제118조(選擧日後 答禮禁止)의 규정에 위반한 자

12.  제272조의2제3항(제8조의8제11항에서 준용하는 경우를 포함한다)을
위반하여 출입을 방해하거나 자료제출요구에 응하지 아니한 자 또는
허위의 자료를 제출한 자

[제목개정 2015. 8. 13.]

[2017. 2. 8. 법률 제14556호에 의하여 2015. 7. 30. 헌법재판소에서 위헌결정된 이 조 제2항제2호를 개정함.]

[단순위헌, 2018헌바357, 2022.7.21, 공직선거법(2014. 2. 13. 법률 제12393호로 개정된 것) 제256조 제3항 제1호 아목 중 '제90조 제1항 제1호의 현수막, 그 밖의 광고물 게시'에 관한 부분은 모두 헌법에 합치되지 아니한다. 위 법률조항들은 2023. 7. 31.을 시한으로 입법자가 개정할 때까지 계속 적용된다.]

[헌법불합치, 2021헌바301, 2022.11.24, 공직선거법(2010. 1. 25. 법률 제9974호로 개정된 것) 제90조 제1항 제1호 중 '그 밖의 광고물 게시'에 관한 부분, 공직선거법(2014. 2. 13. 법률 제12393호로 개정된 것) 제256조 제3항 제1호 아목 중 '제90조 제1항 제1호의 그 밖의 광고물 게시'에 관한 부분은 모두 헌법에 합치되지 아니함을 확인한다.]

[단순위헌, 2018헌바164, 2022.7.21, 공직선거법(2014. 2. 13. 법률 제12393호로 개정된 것) 제256조 제3항 제1호 카목 가운데 제103조 제3항 중 '누구든지 선거기간 중 선거에 영향을 미치게 하기 위하여 그 밖의 집회나 모임을 개최할 수 없다' 부분은 모두 헌법에 위반된다.]

[단순위헌, 2018헌바357, 2022.7.21, 공직선거법(2014. 2. 13. 법률 제12393호로 개정된 것) 제256조 제3항 제1호 카목 가운데 제103조 제3항 중 '누구든지 선거기간 중 선거에 영향을 미치게 하기 위하여 그 밖의 집회나 모임을 개최할 수 없다' 부분은 모두 헌법에 위반된다.]

[헌법불합치, 2017헌바100, 2022.7.21, 공직선거법(2014. 2. 13. 법률 제12393호로 개정된 것) 제256조 제3항 제1호 아목 중 '제90조 제1항 제1호의 현수막, 그 밖의 광고물 설치·게시, 같은 항 제2호의 그 밖의 표시물 착용'에 관한 부분은 모두 헌법에 합치되지 아니한다. 위 법률조항들은 2023. 7. 31.을 시한으로 입법자가 개정할 때까지 계속 적용된다.]

[헌법불합치, 2017헌가1, 2022.7.21, 공직선거법(2014. 2. 13. 법률 제12393호로 개정된 것) 제256조 제3항 제1호 아목 중 '제90조 제1항 제1호의 그 밖의 광고물 설치·진열·게시, 같은 항 제2호의 그 밖의 표시물 착용'에 관한 부분은 헌법에 합치되지 아니한다. 위 법률조항들은 2023. 7. 31.을 시한으로 입법자가 개정할 때까지 계속 적용된다.]

**제257조(기부행위의 금지제한 등 위반죄)** ① 다음 각호의 1에 해당하는 자는 5년 이하의 징역 또는 1천만원 이하의 벌금에 처한다. 〈개정 1996.2.6., 1997.1.13., 1997.11.14., 2000.2.16., 2004.3.12.〉

1.  제113조(후보자 등의 기부행위제한)·제114조(정당 및 후보자의 가족 등의 기부행위제한)제1항 또는 제115조(제삼자의 기부행위제한)의 규정에 위반한 자

2.  제81조(단체의 후보자 등 초청 대담·토론회)제6항[제82조(언론기관의 후보자 등 초청 대담·토론회)제4항에서 준용하는 경우를 포함한다]의 규정을 위반한 자

② 제81조제6항·제82조제4항·제113조·제114조제1항 또는 제115조에서 규정하고 있는 정당(창당준비위원회를 포함한다)·정당의 대표자·정당선거사무소의 소장, 국회의원·지방의회의원·지방자치단체의 장, 후보자(후보자가 되고자 하는 자를 포함한다. 이하 이 조에서 같다), 후보자의 배우자, 후보자나 그 배우자의 직계존비속과 형제자매, 후보자의 직계비속 및 형제자매의 배우자, 선거사무장, 선거연락소장, 선거사무원, 회계책임자, 연설원,대담·토론자, 후보자 또는 그 가족과 관계있는 회사 등이나 그 임·직원과 제삼자[제116조(기부의 권유·요구 등의 금지)에 규정된 행위의 상대방을 말한다]에게 기부를 지시·권유·알선·요구하거나 그로부터 기부를 받은 자(제261조제9항제1호·제6호에 해당하는 사람은 제외한다)는 3년 이하의 징역 또는 500만원 이하의 벌금에 처한다. 〈개정 1997.1.13., 2000.2.16., 2004.3.12., 2008.2.29., 2010.1.25., 2012.2.29., 2014.2.13.〉

③ 제117조(기부받는 행위 등의 금지)의 규정에 위반한 자는 3년 이하의 징역 또는 500만원 이하의 벌금에 처한다. 〈신설 1995.5.10.〉

④ 제1항 내지 제3항의 죄를 범한 자가 받은 이익은 이를 몰수한다. 다만, 그 전부 또는 일부를 몰수할 수 없을 때에는 그 가액을 추징한다. 〈신설 1995.5.10.〉

**제258조(선거비용부정지출 등 죄)** ① 다음 각 호의 어느 하나에 해당하는 때에는 5년 이하의 징역 또는 2천만원 이하의 벌금에 처한다. 〈개정 2004.3.12., 2005.8.4.〉

1. 정당·후보자·선거사무장·선거연락소장·회계책임자 또는 회계사무보조자가 제122조(선거비용제한액의 공고)의 규정에 의하여 공고한 선거비용제한액의 200분의 1이상을 초과하여 선거비용을 지출한 때

2. 삭제 〈2005.8.4.〉

② 삭제 〈2005.8.4.〉

**제259조(선거범죄선동죄)** 연설·벽보·신문 기타 어떠한 방법으로든지 제230조(매수 및 이해유도죄) 내지 제235조(방송·신문 등의 불법이용을 위한 매수죄)·제237조(선거의 자유방해죄)의 죄(당내경선과 관련한 죄를 제외한다)를 범할 것을 선동한 자는 3년 이하의 징역 또는 600만원 이하의 벌금에 처한다. 〈개정 2005.8.4.〉

**제260조(양벌규정)** ① 정당·회사, 그 밖의 법인·단체(이하 이 조에서 "단체등"이라 한다)의 대표자, 그 대리인·사용인, 그 밖의 종업원과 정당의 간부인 당원이 그 단체등의 업무에 관하여 제230조제1항부터 제4항까지·제6항부터 제8항까지, 제231조, 제232조제1항·제2항, 제235조, 제237조제1항·제5항, 제240조제1항, 제241조제1항, 제244조, 제245조제2항, 제246조제2항, 제247조제1항, 제248조제1항, 제250조부터 제254조까지, 제255조제1항·제2항, 같은 조 제4항부터 제6항까지, 제256조, 제257조제1항부터 제3항까지, 제258조, 제259조의 어느 하나에 해당하는 위반행위를 하면 그 행위자를 벌하는 외에 그 단체등에도 해당 조문의 벌금형을 과(科)한다. 다만, 단체등이 그 위반행위를 방지하기 위하여 해당 업무에 관하여 상당한 주의와 감독을 게을리하지 아니한 경우에는 그러하지 아니하다. 〈개정 2014.2.13., 2023. 12. 28.〉

② 단체등의 대표자, 그 대리인·사용인, 그 밖의 종업원과 정당의 간부인 당원이 그 단체등의 업무에 관하여 제233조, 제234조, 제237조제3항·제6항, 제242조제1항·제2항, 제243조제1항, 제245조제1항, 제246조제1항, 제249조제1항, 제255조제3항의 어느 하나에 해당하는 위반행위를 하면 그 행위자를 벌하는 외에 그 단체등에도 3천만원 이하의 벌금에 처한다. 다만, 단체등이 그 위반행위를 방지하기 위하여 해당 업무에 관하여 상당한 주의와 감독을 게을리하지 아니한 경우에는 그러하지 아니하다.
[전문개정 2010.1.25.]

**제261조(과태료의 부과·징수 등)** ① 제231조제1항제1호에 규정된 행위를 하는 것을 조건으로 정당 또는 후보자(후보자가 되려는 사람을 포함한다)에게 금전·물품, 그 밖의 재산상의 이익 또는 공사의 직의 제공을 요구한 자에게는 5천만원 이하의 과태료를 부과한다. 〈신설 2014.2.13.〉

② 다음 각 호의 어느 하나에 해당하는 행위를 한 자에게는 3천만원 이하의 과태료를 부과한다. 〈개정 2015.12.24., 2017.2.8.〉

1. 제8조의8제10항에 따른 시정명령·정정보도문의 게재명령을 통보받고 이를 이행하지 아니한 자

2. 제108조제6항을 위반하여 선거여론조사기준으로 정한 사항을 함께 공표 또는 보도하지 아니한 자

3. 제108조제7항을 위반하여 선거여론조사기준으로 정한 사항을 등록하지

아니한 자. 이 경우 해당 여론조사를 의뢰한 자가 여론조사 결과의 공표·보도 예정일시를 통보하지 아니하여 등록하지 못한 때에는 그 여론조사 의뢰자를 말한다.

4. 제108조제8항을 위반하여 여론조사를 실시하거나 그 결과를 공표 또는 보도한 자

③ 다음 각 호의 어느 하나에 해당하는 행위를 한 자에게는 1천만원 이하의 과태료를 부과한다. 〈개정 2010.1.25., 2014.2.13., 2015.8.13., 2017.2.8., 2018.4.6., 2022.1.18., 2023. 8. 30., 2023. 12. 28.〉

1. 제6조의2제2항을 위반하여 투표시간을 보장하여 주지 아니한 자

2. 제59조제2호 후단을 위반하여 신고한 전화번호가 아닌 전화번호를 정당한 이유 없이 사용하여 자동 동보통신의 방법으로 문자메시지를 전송한 사람

3. 제65조제4항 단서를 위반하여 점자형 선거공보의 전부 또는 일부를 제출하지 아니한 사람

3의2. 제79조제8항 또는 제216조제1항 후단을 위반하여 소음기준을 초과한 확성장치를 사용하거나 사용하게 한 자

3의3. 제82조의2제4항 각 호 외의 부분 후단을 위반하여 정당한 사유 없이 대담·토론회에 참석하지 아니한 사람

4. 제82조의8제2항을 위반하여 중앙선거관리위원회규칙으로 정하는 사항을 딥페이크영상등에 표시하지 아니한 자

4의2. 제102조제2항 단서를 위반하여 오후 9시부터 오후 11시까지의 사이에 소리를 출력하여 녹화기를 사용한 자

5. 제108조제3항을 위반하여 관할 선거여론조사심의위원회에 신고하지 아니하거나 신고내용과 다르게 여론조사를 실시하거나 같은 조 제4항을 위반하여 보완사항을 보완하지 아니하고 여론조사를 실시한 자

④ 제147조제3항(제148조제4항 및 제173조제3항에서 준용하는 경우를 포함한다)을 위반하여 정당한 사유 없이 협조요구에 따르지 아니한 자에게는 500만원 이하의 과태료를 부과한다. 〈신설 2014.2.13.〉

⑤ 삭제 〈2018.4.6.〉

⑥ 다음 각 호의 어느 하나에 해당하는 행위를 한 자는 300만원 이하의 과태료를 부과한다. 〈개정 2004.3.12., 2005.8.4., 2010.1.25., 2012.2.29., 2014.2.13., 2017.2.8.〉

1. 제70조제3항·제71조제10항·제72조제3항(제74조제2항에서  준용하는

경우를 포함한다)·제73조제1항(관할 선거구선거관리위원회가 제공하는
내용에 한한다) 및 제2항·제272조의3제4항 또는 제275조의 규정을
위반한 자

2. 「형사소송법」 제211조(현행범인과 준현행범인)에 규정된 현행범인 또
는 준현행범인으로서 제272조의2제4항(제8조의8제11항에서 준용하는
경우를 포함한다)에 따른 동행요구에 응하지 아니한 자

3. 삭제 〈2023. 8.30.〉

4. 제82조의4제4항을 위반하여 선거관리위원회의 요청을 이행하지 아니한
자. 다만, 2회 이상 요청을 받고 이행하지 아니한 자는 그러하지 아니
하다.

⑦ 다음 각 호의 어느 하나에 해당하는 행위를 한 자는 이 법에 다른 규정
이 있는 경우를 제외하고는 200만원 이하의 과태료를 부과한다. 〈개정
1995.4.1., 1998.4.30., 2000.2.16., 2004.3.12., 2005.8.4., 2008.2.29., 2010.1.25.,
2014.1.17., 2014.2.13.〉

1. 선거에 관하여 이 법이 규정하는 신고·제출의 의무를 해태한 자

2. 다음 각목의 어느 하나에 해당하는 자

가. 제205조(選擧運動機構의 設置 및 選擧事務關係者의 選任에 관한 特
例)제3항의 규정에 위반하여 그 분담내역을 선거사무소·선거연락소
의 설치신고서에 명시하지 아니한 자

나. 제205조제3항의 규정에 위반하여 그 분담내역을 선거사무장·선거연
락소장·선거사무원의 선임신고서에 명시하지 아니한 자

다. 제207조(책자형 선거공보에 관한 特例)제3항 후단의 규정을 위반하
여 그 분담내역을 선거공보를 제출하는 때에 서면으로 신고하지 아니
한 자

라. 삭제 〈2010.1.25〉

마. 제69조(新聞廣告)제3항 후단 및 제82조의7(인터넷광고)제3항 후단의
규정에 위반하여 그 분담내역을 광고계약서에 명시하지 아니한 자

바. 삭제 〈2010.1.25〉

사. 제146조의2제3항이나 제147조제10항(제148조제4항에서 준용하는 경
우를 포함한다) 또는 제174조제3항을 위반하여 정당한 사유 없이 협
조요구에 따르지 아니한 자

아. 제149조제3항·제4항을 위반한 사람

3. 삭제 〈2005.8.4.〉

4. 제152조(投票用紙模型 등의 公告)제1항의 규정에 의하여 첨부한 투표용

지모형을 훼손·오손한 자

5. 제271조(不法施設物 등에 대한 조치 및 代執行)제1항의 규정에 의한 대집행을 한 것으로서 사안이 경미한 행위를 한 자. 이 경우 과태료를 부과하지 아니한 때에는 관할수사기관에 고발 또는 수사의뢰 등을 하여야 한다.

6. 제276조(選擧日후 宣傳物 등의 撤去)의 규정에 위반하여 선전물 등을 철거하지 아니 한 자

⑧ 다음 각 호의 어느 하나에 해당하는 행위를 한 자는 100만원 이하의 과태료를 부과한다. 〈개정 2000.2.16., 2002.3.7., 2004.3.12., 2005.8.4., 2007.1.3., 2008.2.29., 2009.2.12., 2010.1.25., 2014.1.17., 2014.2.13., 2015.8.13., 2017.2.8.〉

1. 제161조제3항 단서, 제162조제3항, 제181조제3항 또는 제218조의20제4항에 따라 선거관리위원회·재외선거관리위원회가 선정한 참관인이 정당한 사유 없이 참관을 거부하거나 게을리한 경우

1의2. 제8조의9제4항을 위반하여 변경등록신청을 제때 하지 아니한 자

2. 각 목의 어느 하나에 해당하는 자
    가. 제61조제6항을 위반하여 선거사무소, 선거연락소 또는 선거대책기구에 간판·현판·현수막을 설치·게시하거나 하게 한 자
    나. 제61조의2(정당선거사무소의 설치)제4항의 규정을 위반하여 정당선거사무소에 간판·현판·현수막을 설치 또는 게시하거나 하게 한 자
    다. 제63조제2항을 위반하여 표지를 패용하지 아니하고 선거운동을 하거나 하게 한 자
    라. 제79조제6항 또는 제10항 후단을 위반하여 자동차, 확성장치, 녹음기 또는 녹화기에 표지를 부착하지 아니하고 연설·대담을 한 사람
    마. 제91조(擴聲裝置와 自動車 등의 사용제한)제4항의 규정에 위반하여 표지를 부착하지 아니하고 자동차 또는 선박을 운행한 자
    바. 제147조제9항, 제148조제3항 또는 제174조(개표사무원)제2항의 규정에 의하여 투표사무원·사전투표사무원 또는 개표사무원으로 위촉된 자가 정당한 사유없이 그 직무수행을 거부·유기하거나 해태한 자

2의2. 다음 각 목의 어느 하나에 해당하는 자
    가. 제60조의4제3항을 위반하여 예비후보자공약집을 제출하지 아니한 자
    나. 제66조제6항을 위반하여 선거공약서를 제출하지 아니한 자

3. 제111조(議政活動 보고)제2항의 규정에 위반하여 고지벽보와 표지를 게시하거나, 의정보고회가 끝난후 지체없이 고지벽보와 표지를 철거하지 아니한 자

4. 다음 각 목의 어느 하나에 해당하는 자

　　가. 제138조(政綱・政策弘報物의 배부・제한 등)제4항의 규정에 위반하여 정강・정책홍보물을 제출하지 아니한 자

　　나. 제138조의2(정책공약집의 배부제한 등)제3항의 규정을 위반하여 정책공약집을 제출하지 아니한 자

　　다. 제139조(政黨機關紙의 발행・배부제한)제3항의 규정에 위반하여 기관지를 제출하지 아니한 자

　　라. 제140조(創黨大會등의 개최와 告知의 제한)제4항의 규정에 위반하여 창당대회등의 표지를 지체없이 철거하지 아니한 자

　　마. 제141조(黨員集會의 제한)제2항에 규정된 장소가 아닌 장소에서 당원집회를 개최하거나 동조제4항의 규정에 위반하여 당원집회의 표지를 지체없이 철거하지 아니한 자

　　바. 삭제 〈2004.3.12〉

　　사. 제145조(黨舍揭示 宣傳物 등의 제한)의 규정에 위반하여 당사 또는 후원회의 사무소에 선전물 등을 설치・게시한 자

5. 제8조의3제4항의 규정에 위반하여 정당한 사유없이 정기간행물등을 제출하지 아니한 자

6. 제272조의2제4항(제8조의8제11항에서 준용하는 경우를 포함한다)에 따른 출석요구에 정당한 사유없이 응하지 아니한 자

⑨ 다음 각 호의 어느 하나에 해당하는 자(그 제공받은 금액 또는 음식물・물품 등의 가액이 100만원을 초과하는 자는 제외한다)는 그 제공받은 금액 또는 음식물・물품 등의 가액의 10배 이상 50배 이하에 상당하는 금액(주례의 경우에는 200만원)의 과태료를 부과하되, 그 상한은 3천만원으로 한다. 다만, 제1호 또는 제2호에 해당하는 자가 그 제공받은 금액 또는 음식물・물품(제공받은 것을 반환할 수 없는 경우에는 그 가액에 상당하는 금액을 말한다) 등을 선거관리위원회에 반환하고 자수한 경우에는 중앙선거관리위원회규칙으로 정하는 바에 따라 그 과태료를 감경 또는 면제할 수 있다. 〈신설 2004.3.12., 2008.2.29., 2010.1.25., 2012.1.17., 2012.2.29., 2014.2.13., 2014.5.14.〉

1. 제116조를 위반하여 금전・물품・음식물・서적・관광 기타 교통편의를 제공받은 자

2. 제230조제1항제7호에 규정된 자로서 같은 항 제5호의 자로부터 금품, 그 밖의 이익을 제공받은 자

3. 삭제 〈2008.2.29.〉

4. 삭제 〈2008.2.29.〉

5. 삭제 〈2008.2.29.〉

6. 제116조를 위반하여 제113조에 규정된 자로부터 주례행위를 제공받은 자

⑩ 과태료는 중앙선거관리위원회규칙으로 정하는 바에 따라 당해 선거관리위원회(선거여론조사심의위원회를 포함한다. 이하 이 조에서 "부과권자"라 한다)가 부과한다. 이 경우 제1항부터 제8항까지에 따른 과태료는 당사자(「질서위반행위규제법」 제2조제3호에 따른 당사자를 말한다. 이하 이 조에서 같다)가 정당·후보자(예비후보자를 포함한다. 이하 이 조에서 같다) 및 그 가족·선거사무장·선거연락소장·선거사무원·회계책임자·연설원 또는 활동보조인인 때에는 제57조에 따라 해당 후보자의 기탁금 중에서 공제하여 국가 또는 지방자치단체에 납입하고, 그 밖의 자와 제9항에 따른 과태료의 과태료처분대상자에 대하여는 위반자가 납부하도록 하며, 납부기한까지 납부하지 아니한 때에는 관할세무서장에게 위탁하고 관할세무서장이 국세체납처분의 예에 따라 이를 징수하여 국가 또는 지방자치단체에 납입하여야 한다. 〈개정 2004.3.12., 2010.1.25., 2014.2.13., 2017.2.8.〉

⑪ 이 법에 따른 과태료의 부과·징수 등의 절차에 관하여는 「질서위반행위규제법」 제5조에도 불구하고 다음 각 호에서 정하는 바에 따른다. 〈개정 2010.1.25., 2014.2.13., 2020.12.29.〉

1. 당사자는 「질서위반행위규제법」 제16조제1항 전단에도 불구하고 부과권자로부터 사전통지를 받은 날부터 3일까지 의견을 제출하여야 한다.

2. 「질서위반행위규제법」 제17조제3항에도 불구하고 이 조 제10항 후단에 따라 해당 후보자의 기탁금에서 공제하는 과태료에 대하여는 「국세징수법」 제13조부터 제16조까지의 규정을 준용하지 아니한다.

3. 이 조 제10항 전단에 따른 과태료 처분에 불복이 있는 당사자는 「질서위반행위규제법」 제20조제1항 및 제2항에도 불구하고 그 처분의 고지를 받은 날부터 20일 이내에 부과권자에게 이의를 제기하여야 하며, 이 경우 그 이의제기는 과태료 처분의 효력이나 그 집행 또는 절차의 속행에 영향을 주지 아니한다.

4. 「질서위반행위규제법」 제24조에도 불구하고 이 조 제10항 후단에 따라 해당 후보자의 기탁금에서 공제하지 아니하는 과태료를 당사자가 납부기한까지 납부하지 아니한 경우 부과권자는 체납된 과태료에 대하

여 100분의 5에 상당하는 가산금을 더하여 관할세무서장에게 징수를 위탁하고, 관할세무서장은 국세 체납처분의 예에 따라 이를 징수하여 국가 또는 지방자치단체에 납입하여야 한다.

5. 「질서위반행위규제법」 제21조제1항 본문에도 불구하고 이 조 제10항에 따라 과태료 처분을 받은 당사자가 제3호에 따라 이의를 제기한 경우 부과권자는 지체 없이 관할 법원에 그 사실을 통보하여야 한다.

⑫ 「질서위반행위규제법」 제37조에 따라 과태료 재판의 결정을 고지 받은 검사는 과태료 처분을 한 관할 선거관리위원회에 그 결정을 지체 없이 통보하여야 한다. 〈신설 2018.4.6.〉

[제목개정 2015.8.13.]

[2010.1.25. 법률 제9974호에 의하여 2009. 3. 26. 헌법불합치 결정된 이 조 제9항(종전의 제6항)을 개정함]

[단순위헌, 2018헌마456, 2018헌가16, 2020헌마406(병합), 2021. 1. 28., 공직선거법(2014. 2. 13. 법률 제12393호로 개정된 것) 제261조 제6항 제3호, 공직선거법(2017. 2. 8. 법률 제14556호로 개정된 것) 제261조 제3항 제4호는 모두 헌법에 위반된다.]

**제262조(자수자에 대한 특례)** ① 다음 각 호의 어느 하나에 해당하는 사람이 자수한 때에는 그 형을 감경 또는 면제한다. 〈개정 2012.1.17.〉

1. 제230조제1항·제2항, 제231조제1항 및 제257조제2항을 위반한 사람 중 금전·물품, 그 밖의 이익 등을 받거나 받기로 승낙한 사람(후보자와 그 가족 또는 사위의 방법으로 이익 등을 받거나 받기로 승낙한 사람은 제외한다)

2. 다른 사람의 지시에 따라 제230조제1항·제2항 또는 제257조제1항을 위반하여 금전·물품, 그 밖의 재산상의 이익이나 공사의 직을 제공하거나 그 제공을 약속한 사람

② 제1항에 규정된 자가 각급선거관리위원회(읍·면·동선거관리위원회를 제외한다)에 자신의 선거범죄사실을 신고하여 선거관리위원회가 관계수사기관에 이를 통보한 때에는 선거관리위원회에 신고한 때를 자수한 때로 본다. 〈신설 2000.2.16., 2005.8.4.〉

**제262조의2(선거범죄신고자 등의 보호)** ① 선거범죄[제16장 벌칙에 규정된 죄(제261조제9항의 과태료에 해당하는 위법행위를 포함한다)와 「국민투표법」 위반의 죄를 말한다. 이하 같다]에 관한 신고·진정·고소·고발 등 조사 또는 수사단서의 제공, 진술 또는 증언 그 밖의 자료제출행위 및 범

인검거를 위한 제보 또는 검거활동을 한 자가 그와 관련하여 피해를 입거나 입을 우려가 있다고 인정할 만한 상당한 이유가 있는 경우 그 선거범죄에 관한 형사절차 및 선거관리위원회의 조사과정에서는 「특정범죄신고자 등 보호법」 제5조·제7조·제9조부터 제12조까지 및 제16조를 준용한다. 〈개정 2005.8.4., 2008.2.29., 2010.1.25., 2014.2.13.〉

② 누구든지 제1항의 규정에 의하여 보호되고 있는 선거범죄신고자 등이라는 정을 알면서 그 인적사항 또는 선거범죄신고자등임을 알 수 있는 사실을 다른 사람에게 알려주거나 공개 또는 보도하여서는 아니된다.

[본조신설 2004.3.12.]

**제262조의3(선거범죄신고자에 대한 포상금 지급)** ① 각급선거관리위원회(읍·면·동선거관리위원회를 제외한다. 이하 이 조에서 같다)는 선거범죄에 대하여 선거관리위원회가 인지하기 전에 그 범죄행위의 신고를 한 사람에게 포상금을 지급할 수 있다. 〈개정 2005.8.4., 2008.2.29., 2013.8.13.〉

② 중앙선거관리위원회 및 시·도선거관리위원회는 제1항에 따른 포상금 지급의 심사를 위하여 중앙선거관리위원회규칙으로 정하는 바에 따라 각각 포상금심사위원회를 설치·운영하여야 한다. 〈신설 2013.8.13.〉

③ 각급선거관리위원회는 제1항에 따라 포상금을 지급한 후 다음 각 호의 어느 하나에 해당하는 사유가 있는 경우에는 그 포상금의 지급결정을 취소한다. 다만, 제2호의 경우 법원의 판결에 따라 유죄로 확정된 경우는 제외한다. 〈개정 2013. 8. 13., 2021. 3. 23.〉

1. 담합 등 거짓의 방법으로 신고한 사실이 발견된 경우

2. 사법경찰관의 불송치결정이나 검사의 불기소처분이 있는 경우

3. 무죄의 판결이 확정된 경우

④ 각급선거관리위원회는 제3항에 따라 포상금의 지급결정을 취소한 때에는 해당 신고자에게 그 취소 사실과 지급받은 포상금에 해당하는 금액을 반환할 것을 통지하여야 하며, 해당 신고자는 통지를 받은 날부터 30일 이내에 그 금액을 해당 선거관리위원회에 납부하여야 한다. 〈신설 2013.8.13.〉

⑤ 각급선거관리위원회는 제4항에 따라 포상금의 반환을 통지받은 해당 신고자가 납부기한까지 반환할 금액을 납부하지 아니한 때에는 해당 신고자의 주소지를 관할하는 세무서장에게 징수를 위탁하고 관할 세무서장이 국세 체납처분의 예에 따라 징수한다. 〈신설 2008.2.29., 2013.8.13.〉

⑥ 제4항 또는 제5항에 따라 납부 또는 징수된 금액은 국가에 귀속된다. 〈신설 2008.2.29., 2013.8.13.〉

⑦ 포상금의 지급 기준 및 절차, 포상금심사위원회의 구성 및 심의사항, 제3항제2호 및 제3호의 경우 포상금의 반환사유, 반환금액의 납부절차, 그 밖에 필요한 사항은 중앙선거관리위원회규칙으로 정한다. 〈신설 2013.8.13.〉

[본조신설 2004.3.12.]

## Ⅳ. 기재례

### 【범죄사실 기재례】

피의자 전○○, 같은 민○○은 제○○대 국회의원선거 ○○시 ○선거구에서 ○○○당 후보로 출마한 남○○후보의 각 선거사무원들이다.

피의자들은 위 남○○후보를 당선되게 할 목적으로 선거인들에게 금품을 제공할 것을 결의하고, 공동하여 20○○. ○. ○. 10 : 00경 ○○시 ○○동에 있는 남○○후보의 선거사무실에서 피의자 전○○은 선거운동자금 1,500만원을 준비하여 같은 민○○에게 건네주면서 같은 동에 살고 있는 선거인들에게 나누어주라고 지시하였다. 그리고 위 민○○은 위 지시에 따라 같은 날 21 : 00경 같은 동 ○○번지에 살고 있는 사건 외 서○○(여, 58세)에게 남○○후보의 지지를 호소하면서 돈 10만원을 준 것을 비롯하여 같은 날 23 : 00경까지 별지 범죄일람표 기재와 같이 선거인 23명에게 합계 335만원을 제공하였다(금품을 제공받은 선거인의 범죄사실 및 범죄일람표는 생략).

### 【범죄사실 기재례】

피의자는 제○대 지방의회의원선거 ○○시 제○선거구에서 출마한 후보자이다.

피의자는 20○○. ○. ○. 20 : 00경 ○○시 ○○동의 ○○각에서 있었던 ○○회 모임에서 피해자 송○○와 둘이 있는 틈을 이용해, 위 피해자가 위 지방의회의원선거의 같은 선거구에서 후보자가 되고자 한다는 사실을 알고 위 피해자를 입후보하지 못하게 하기 위하여 "출마를 중단하라. 나는 이제 마지막 출마이니 내 처지를 이해하라. 만약 네가 출마하면 너의 뒤를 미행하여 선거법위반행위를 낱낱이 고발함은 물론 모든 방법을 동원하여 당선되지 못하게 하겠다"는 등의 말을 하여 후보자가 되고자 하는 자를 협박하였다.

### 【범죄사실 기재례】

피의자는 20○○. ○. ○. 17 : 40경 ○○도 ○○군 ○○면 ○○리 마을회관에 설치된

제○○대 국회의원선거 ○○면 제○투표소에서 같은 날 11 : 30경 이미 투표를 하였음에
도 취중에 장난기가 발동하여 다시 투표를 하겠다고 위 투표소를 찾아가서 피우던 담배
꽁초를 그 곳에 설치되어 있던 투표함의 투입구에 밀어넣어 그 투표함 안에 있던 기표
지 2장의 일부를 태움으로써 투표지를 훼손하였다.

## 【범죄사실 기재례】

피의자 박○○은 ○○시 시의원선거 ○선거구 ○○당 후보자 박○○의 동생이고, 같은
전○○는 위 박○○후보의 선거사무장이다.

피의자들은 위 선거에서 상대 후보인 이○○를 비방하는 유인물을 제작배포함으로써 위
한○○후보를 따돌리고 위 박○○후보를 당선시킬 목적으로, 20○○. ○. ○. 18 : 10경
위 같은시 ○○동에 있는 위 박○○의 선거사무실에서 피의자 박○○은 "공명선거 캠
페인, 이런 후보자를 뽑지 맙시다. 2,000만원어치 혼수를 해왔다 하여 2,000만원을 돌
려주고 며느리를 내쫓는 후보자를 뽑지 맙시다, 주유소를 경영하며 미터기를 조작하여
소비자를 우롱하여 고발당했던 후보자를 뽑지 맙시다"라는 등의 내용으로 된 선전문서
를 ○○시 여성단체 등의 명의를 도용하여 3,000여매를 인쇄하였다.

그리고 피의자 전○○는 이○○ 등 110명을 1인당 일당 3만원씩을 주기로 하고 모집하
여 ○○시청 뒤 ○○장여관으로 데리고 가서 유인물의 배포중 경찰이 오면 도망을 하고,
만약 검거되면 각자 모르는 사이인 것처럼 대답하라는 등 유인물의 배포시 행동 지침을
숙지시킨 후 5명씩 3개조를 편성하여 다음달 ○. 04 : 00경 ○○시 ○○동 ○○전철역
앞과 같은 시 ○○동 ○○백화점 앞에서 위 박○○으로부터 전달받은 이○○후보에 관
한 허위사실을 적시한 선전문서 3,000매를 배포케 하여 공표하였다.

## 【범죄사실 기재례】

피의자는 20○○. ○. ○.경 ○○시 ○○동 ○○번지에 있는 피해자 한○○ 소유의 4층
건물중 1층 약 25평을 임차하여 주점을 경영하고 있다.

피의자는 위 한○○이 20○○. ○. 초순경 같은 해 ○. ○. 실시될 제○○대 국회의원선
거에 입후보하기로 마음먹고 선거사무실로 사용하기 위하여 임대차기간이 만료되는 같은
해 ○. ○.까지 위 건물의 명도를 요구하자 피의자가 임차보증금으로 지급한 ○○만원과
전임차인에게 권리금으로 지급한 ○○만원을 합한 돈 ○○만원의 반환을 요구하였다,

그러나 위 한○○이 권리금부분에 관한 반환을 거부하자 앙심을 품고 제○○대 국회의
원선거의 ○○지구에서 무소속으로 입후보한 위 한○○로 하여금 당선되지 못하게 할
목적으로 20○○. ○. ○. 15:20경 ○○시 ○○동에 있는 합동연설회장인 ○○초등학교
정문 앞길에서 위 한○○이 입장하기에 앞서 박○○ 등 수십명의 선거인들과 악수를 하
고 있을 때 갑자기 위 한○○의 앞을 가로막고 상체로 그의 어깨를 밀치면서 "내 신세

망쳐놓고 알거지로 만든 사람이 무슨 자격으로 국회의원에 출마했느냐, 새끼들하고 어떻게 살란 말이냐. 내 돈 내놓아라"고 큰소리로 떠들어 공연히 사실을 적시하여 위 한○○의 명예를 훼손함과 동시에 후보자를 비방하였다.

## 【범죄사실 기재례】

피의자는 제○○대 국회의원선거 ○○○선거구의 후보자이다.

선거운동기간 전에는 선거운동을 할 수 없음에도 불구하고 피의자는 선거운동기간 전인 20○○. ○. ○. ○○시 ○○동 ○○번지에 있는 ○○아파트 ○○동 ○○○호에서 김○○에게 돈 ○○만원을 주면서 피의자의 인물사진과 주요경력을 넣은 연하장 1,000매를 인쇄의뢰하였다. 그리고 같은 달 ○. 위 연하장을 교부받아 그 때부터 그 다음날까지 2일동안 같은 동 ○○아파트 ○○동 ○○○호에 사는 이○○ 등 선거인 650여명에게 이를 우송하여 배포하였다. 또한 20○○. ○. ○. ○○동 ○○번지 앞길에서 성명을 알 수 없는 사람으로부터 넥타이 300개를 ○○만원에 구입하여 피의자의 주요경력을 인쇄한 명함을 위 넥타이의 포장지에 붙여 그 때부터 같은 달 ○.까지 사이에 같은 동 ○○○아파트 ○○동 ○○○호에 사는 김○○ 등 선거인 250여명에게 배포함으로써 선거운동기간 전에 선거운동을 하였다.

# 관광진흥법

[시행 2025. 10. 23.] [법률 제20488호, 2024. 10. 22., 일부개정]

## Ⅰ. 개설

### 목적

이 법은 관광 여건을 조성하고 관광자원을 개발하며 관광사업을 육성하여 관광 진흥에 이바지하는 것을 목적으로 한다.

## Ⅱ. 판례

**제2조(정의)** 이 법에서 사용하는 용어의 뜻은 다음과 같다. 〈개정 2007.7.19., 2011.4.5., 2014.5.28.〉

3. "기획여행"이란 여행업을 경영하는 자가 국외여행을 하려는 여행자를 위하여 여행의 목적지·일정, 여행자가 제공받을 운송 또는 숙박 등의 서비스 내용과 그 요금 등에 관한 사항을 미리 정하고 이에 참가하는 여행자를 모집하여 실시하는 여행을 말한다.

이하 생략

### 손해배상(기)
### (기획여행업자에게 손해배상책임을 인정하기 위한 요건)
[대법원 2017. 12. 13., 선고, 2016다6293, 판결]

**【판결요지】**

기획여행업자는 통상 여행 일반은 물론 목적지의 자연적·사회적 조건에 관하여 전문적 지식을 가진 자로서 우월적 지위에서 행선지나 여행시설의 이용 등에 관한 계약 내용을 일방적으로 결정하는 반면, 여행자는 그 안전성을 신뢰하고 기획여행업자가 제시하는 조건에 따라 여행계약을 체결하는 것이 일반적이다. 이러한 점을 감안할 때 기획여행업자가 여행자와 여행계약을 체결할 경우에는 다음과 같은 내용의 안전배려 의무를 부담한다고 봄이 타당하다. 기획여행업자는 여행자의 생명·신체·재산 등의 안전을 확보하기 위하여 여행목적지·여행일정·여행행정·여행서비스기관의 선택 등에 관하여 미리 충분히 조사·검토하여 전문업자로서의 합리적인 판단을 하여야 한다. 그에 따라 기획여행업자는 여행을 시작하기 전 또는 그 이후라도 여행자가 부딪칠지 모르는 위험을 예견할 수 있을 경우에는 여행자에게 그 뜻을 알려 여행자 스스로 그 위험을 수용할지를 선택할 기회를 주어야 하고, 그 여행계약 내용의 실시 도중에 그러한 위험 발생의 우려가 있을 때는 미리 그 위험을 제거할 수단을 마련하는 등의 합리적 조치를 하여야 한다. 여행 실시 도중 위와 같은 안전배려의무 위반을 이유로 기획여행업자에게 손해배상책임을 인정하기 위해서는, 문제가 된 사고와 기획여행업자의 여행계약상 채무이행 사이에 직접 또는 간접적으로 관련성이 있고, 그 사고 위험이 여행과 관련 없이 일상생활에서 발생할 수 있는 것이 아니어야 하며, 기획여행업자가 그 사고 발생을 예견하였거나 예견할 수 있었음에도 그러한 사고 위험을 미리 제거하기 위하여 필요한 조치를 다하지 못하였다고 평가할 수 있어야 한다. 이 경우 기획여행업자가 취할 조치는 여행일정에서 상정할 수 있는 모든 추상적 위험을 예방할 수 있을 정도일 필요는 없고, 개별적·구체적 상황에서 여행자의 생명·신체·재산 등의 안전을 확보하기 위하여 통상적으로 필요한 조치이면 된다.

**제3조(관광사업의 종류)** ① 관광사업의 종류는 다음 각 호와 같다. 〈개정 2007. 7. 19., 2015. 2. 3., 2022. 9. 27., 2023. 8. 8., 2024. 2. 27.〉〉

1. 여행업 : 여행자 또는 운송시설·숙박시설, 그 밖에 여행에 딸리는 시설의 경영자 등을 위하여 그 시설 이용 알선이나 계약 체결의 대리, 여행에 관한 안내, 그 밖의 여행 편의를 제공하는 업

2. 관광숙박업 : 다음 각 목에서 규정하는 업

　가. 호텔업 : 관광객의 숙박에 적합한 시설을 갖추어 이를 관광객에게 제공하거나 숙박에 딸리는 음식·운동·오락·휴양·공연 또는 연수에 적합한 시설 등을 함께 갖추어 이를 이용하게 하는 업

　나. 휴양 콘도미니엄업 : 관광객의 숙박과 취사에 적합한 시설을 갖추어 이를 그 시설의 회원이나 소유자등, 그 밖의 관광객에게 제공하거나 숙박에 딸리는 음식·운동·오락·휴양·공연 또는 연수에 적합한 시설 등을 함께 갖추어 이를 이용하게 하는 업

3. 관광객 이용시설업 : 다음 각 목에서 규정하는 업

　가. 관광객을 위하여 음식·운동·오락·휴양·문화·예술 또는 레저 등에 적합한 시설을 갖추어 이를 관광객에게 이용하게 하는 업

　나. 대통령령으로 정하는 2종 이상의 시설과 관광숙박업의 시설(이하 "관광숙박시설"이라 한다) 등을 함께 갖추어 이를 회원이나 그 밖의 관광객에게 이용하게 하는 업

　다. 야영장업: 야영에 적합한 시설 및 설비 등을 갖추고 야영편의를 제공하는 시설(「청소년활동 진흥법」 제10조제1호마목에 따른 청소년야영장은 제외한다)을 관광객에게 이용하게 하는 업

4. 국제회의업 : 대규모 관광 수요를 유발하여 관광산업 진흥에 기여하는 국제회의(세미나·토론회·전시회·기업회의 등을 포함한다. 이하 같다)를 개최할 수 있는 시설을 설치·운영하거나 국제회의의 기획·준비·진행

　　　및 그 밖에 이와 관련된 업무를 위탁받아 대행하는 업

　5. 카지노업 : 전문 영업장을 갖추고 주사위·트럼프·슬롯머신 등 특정한 기
　　구 등을 이용하여 우연의 결과에 따라 특정인에게 재산상의 이익을 주고
　　다른 참가자에게 손실을 주는 행위 등을 하는 업

　6. 테마파크업 : 테마파크시설을 갖추어 이를 관광객에게 이용하게 하는 업
　　(다른 영업을 경영하면서 관광객의 유치 또는 광고 등을 목적으로 테마파
　　크시설을 설치하여 이를 이용하게 하는 경우를 포함한다)

　7. 관광 편의시설업 : 제1호부터 제6호까지의 규정에 따른 관광사업 외에 관
　　광 진흥에 이바지할 수 있다고 인정되는 사업이나 시설 등을 운영하는 업

② 제1항제1호부터 제4호까지, 제6호 및 제7호에 따른 관광사업은 대통령령으
　로 정하는 바에 따라 세분할 수 있다.

## 손해배상(기)
## (강원랜드 카지노 이용자의 손해배상청구 사건)
[대법원 2014. 8. 21. 선고, 2010다92438, 전원합의체 판결]

【판결요지】

[1] 교육환경 보호에 관한 법률 제9조 제27호는 교육환경보호구역에서의 금지행위
　　및 시설로 '공중위생관리법 제2조 제1항 제2호에 따른 숙박업 및 관광진흥법
　　제3조 제1항 제2호 (가)목에 따른 호텔업'을 규정하고 있다. 공중위생관리법
　　제2조 제1항 제2호는 '숙박업'을 '손님이 잠을 자고 머물 수 있도록 시설
　　및 설비 등의 서비스를 제공하는 영업'이라고 정의하고 있고, 같은 조 제2항
　　의 위임에 따른 공중위생관리법 시행령 제4조 제1호는 숙박업을 취사시설 포
　　함 여부에 따라 '일반숙박업'과 '생활숙박업'으로 세분하고 있다. 관광진
　　흥법 제3조 제1항 제2호는 관광숙박업을 '호텔업'과 '휴양 콘도미니엄업'
　　으로 나누면서, 휴양 콘도미니엄업을 '관광객의 숙박과 취사에 적합한 시설
　　을 갖추어 이를 그 시설의 회원이나 공유자, 그 밖의 관광객에게 제공하거나
　　숙박에 딸리는 음식·운동·오락 등에 적합한 시설 등을 함께 갖추어 이용하
　　게 하는 업'이라고 정의하고 있다. 교육환경 보호에 관한 법률 제9조 제27호
　　는 학생들의 주요 활동공간인 학교 주변의 일정 지역을 최소한의 범위에서 교
　　육환경보호구역으로 설정하여 쾌적한 학교환경을 조성함으로써 청소년들이 건
　　전하고 조화로운 인격을 형성할 수 있게 하고, 교육환경보호구역 안에서 숙박
　　업을 못하게 함으로써 숙박시설 안에서 은밀하게 이루어질 수 있는 윤락행위
　　또는 음란행위, 음란한 물건의 유통, 도박 등의 사행행위 등으로 인한 각종
　　유해환경으로부터 학생들을 차단·보호하여 학생들의 건전한 육성과 학교 교
　　육의 능률화를 기하고자 하는 것이다. 위와 같은 관련 규정들의 내용과 체계
　　에 위 법률조항의 입법 취지를 종합하면, 휴양 콘도미니엄업은 위 법률조항에
　　서 교육환경보호구역에서의 금지행위 및 시설로 규정한 '공중위생관리법 제2

조 제1항 제2호에 따른 숙박업'에 해당한다고 보아야 한다.

[2] 甲 주식회사가 교육환경보호구역에 해당하는 사업부지에 콘도미니엄을 신축하기 위하여 교육환경평가승인신청을 한 데 대하여, 관할 교육지원청 교육장이 甲 회사에 '관광진흥법 제3조 제1항 제2호 (나)목에 따른 휴양 콘도미니엄업이 교육환경 보호에 관한 법률에 따른 금지행위 및 시설로 규정되어 있지는 않으나 성매매 등에 대한 우려를 제기하는 민원에 대한 구체적인 예방대책을 제시하시기 바람'이라고 기재된 보완요청서를 보낸 후 교육감으로부터 '콘도미니엄업에 관하여 교육환경보호구역에서 금지되는 행위 및 시설에 관한 교육환경 보호에 관한 법률(이하 '교육환경법'이라 한다) 제9조 제27호를 적용하라'는 취지의 행정지침을 통보받고 甲 회사에 교육환경평가승인신청을 반려하는 처분을 한 사안에서, 교육장이 보완요청서에서 '휴양 콘도미니엄업이 교육환경법 제9조 제27호에 따른 금지행위 및 시설로 규정되어 있지 않다'는 의견을 밝힌 바 있으나, 이는 교육장이 최종적으로 교육환경평가를 승인해 주겠다는 취지의 공적 견해를 표명한 것이라고 볼 수 없고 오히려 수차례에 걸쳐 甲 회사에 보낸 보완요청서에 의하면 현 상태로는 교육환경평가승인이 어렵다는 취지의 견해를 밝힌 것에 해당하는 점, 甲 회사는 사업 준비 단계에서 휴양 콘도미니엄업을 계획하고 교육장의 보완요청에 따른 추가 검토를 진행한 정도에 불과하여 위 처분으로 침해받는 甲의 이익이 그다지 크다고 보기 어려운 반면 교육환경보호구역에서 휴양 콘도미니엄이 신축될 경우 학생들의 학습권과 교육환경에 미치는 부정적 영향이 매우 큰 점 등에 비추어, 위 처분은 신뢰의 대상이 되는 교육장의 공적 견해표명이 있었다고 보기 어렵고, 교육장의 교육환경평가승인이 공익 또는 제3자의 정당한 이익을 현저히 해할 우려가 있는 경우에 해당하므로 신뢰보호원칙에 반하지 않는다고 한 사례.

**제8조(관광사업의 양수 등)** ① 관광사업을 양수(讓受)한 자 또는 관광사업을 경영하는 법인이 합병한 때에는 합병 후 존속하거나 설립되는 법인은 그 관광사업의 등록등 또는 신고에 따른 관광사업자의 권리·의무(제20조제1항에 따라 분양이나 회원 모집을 한 경우에는 그 관광사업자와 소유자등 또는 회원 간에 약정한 사항을 포함한다)를 승계한다. 〈개정 2023. 8. 8.〉

② 다음 각 호의 어느 하나에 해당하는 절차에 따라 문화체육관광부령으로 정하는 주요한 관광사업 시설의 전부(제20조제1항에 따라 분양한 경우에는 분양한 부분을 제외한 나머지 시설을 말한다)를 인수한 자는 그 관광사업자의 지위(제20조제1항에 따라 분양이나 회원 모집을 한 경우에는 그 관광사업자와 소유자등 또는 회원 간에 약정한 권리 및 의무 사항을 포함한다)를 승계한다. 〈개정 2008.2.29., 2010.3.31., 2016.12.27., 2019.12.3., 2023. 8. 8.〉〉

1. 「민사집행법」에 따른 경매

   2. 「채무자 회생 및 파산에 관한 법률」에 따른 환가(換價)

   3. 「국세징수법」, 「관세법」 또는 「지방세징수법」에 따른 압류 재산의 매각

   4. 그 밖에 제1호부터 제3호까지의 규정에 준하는 절차

③ 관광사업자가 제35조제1항 및 제2항에 따른 취소·정지처분 또는 개선명령을 받은 경우 그 처분 또는 명령의 효과는 제1항에 따라 관광사업자의 지위를 승계한 자에게 승계되며, 그 절차가 진행 중인 때에는 새로운 관광사업자에게 그 절차를 계속 진행할 수 있다. 다만, 그 승계한 관광사업자가 양수나 합병 당시 그 처분·명령이나 위반 사실을 알지 못하였음을 증명하면 그러하지 아니하다.

④ 제1항과 제2항에 따라 관광사업자의 지위를 승계한 자는 승계한 날부터 1개월 이내에 관할 등록기관등의 장에게 신고하여야 한다.

⑤ 관할 등록기관등의 장은 제4항에 따른 신고를 받은 경우 그 내용을 검토하여 이 법에 적합하면 신고를 수리하여야 한다. 〈신설 2018.6.12.〉

⑥ 제15조제1항 및 제2항에 따른 사업계획의 승인을 받은 자의 지위승계에 관하여는 제1항부터 제5항까지의 규정을 준용한다. 〈개정 2018.6.12.〉

⑦ 제1항과 제2항에 따른 관광사업자의 지위를 승계하는 자에 관하여는 제7조를 준용하되, 카지노사업자의 경우에는 제7조 및 제22조를 준용한다. 〈개정 2008.3.28., 2018.6.12.〉

⑧ 관광사업자가 그 사업의 전부 또는 일부를 1개월 이상 휴업하거나 폐업한 때에는 관할 등록기관등의 장에게 알려야 한다. 다만, 카지노사업자가 카지노업을 휴업(휴업기간이 1개월 미만인 경우를 포함한다) 또는 폐업하고자 하는 때에는 문화체육관광부령으로 정하는 바에 따라 미리 신고하여야 한다. 〈개정 2018. 6. 12., 2018. 12. 11., 2024. 2. 27.〉

⑨ 관할 등록기관등의 장은 관광사업자가 「부가가치세법」 제8조에 따라 관할 세무서장에게 폐업신고를 하거나 관할 세무서장이 사업자등록을 말소한 경우에는 등록등 또는 신고 사항을 직권으로 말소하거나 취소할 수 있다. 다만, 카지노업에 대해서는 그러하지 아니하다. 〈신설 2020.12.22.〉

⑩ 관할 등록기관등의 장은 제9항에 따른 직권말소 또는 직권취소를 위하여 필요한 경우 관할 세무서장에게 관광사업자의 폐업 여부에 대한 정보를 제공하도록 요청할 수 있다. 이 경우 요청을 받은 관할 세무서장은 「전자정부법」 제36조제1항에 따라 관광사업자의 폐업 여부에 대한 정보를 제공하여야 한다. 〈신설 2020.12.22.〉

## 거부청구등취소청구
[대법원 2007. 6. 29. 선고, 2006두4097, 판결]

【판결요지】

[1] 구 관광진흥법(2002. 1. 26. 법률 제6633호로 개정되기 전의 것) 제8조 등 관계 규정의 형식이나 체재 또는 문언 등을 종합하여 보면, 관광사업의 양도·양수에 의한 지위승계신고에 대하여는 적법·유효한 사업양도가 있고, 양수인에게 구 관광진흥법 제7조 제1항 각 호의 결격사유가 없는 한 행정청이 다른 사유를 들어 수리를 거절할 수 없다고 할 것이므로, 위 신고의 수리에 관한 처분을 재량행위라고 볼 수 없다.

[2] 구 관광진흥법에 따른 관광사업의 양도·양수에 관한 협약에 대하여 파산관재인이 해지권 등을 행사할 수 있는 경우, 위 해지권 행사 여부에 따른 양도·양수협약의 유동적 상태가 해소될 때까지 위 협약에 따른 지위승계신고의 수리를 보류하는 처분을 할 수 있다고 한 사례.

**제12조(기획여행의 실시)** 제4조제1항에 따라 여행업의 등록을 한 자(이하 "여행업자"라 한다)는 문화체육관광부령으로 정하는 요건을 갖추어 문화체육관광부령으로 정하는 바에 따라 기획여행을 실시할 수 있다. 〈개정 2008.2.29.〉

## 손해배상(기)
[대법원 2017. 12. 13. 선고, 2016다6293, 판결]

【판결요지】

[1] 기획여행업자는 통상 여행 일반은 물론 목적지의 자연적·사회적 조건에 관하여 전문적 지식을 가진 자로서 우월적 지위에서 행선지나 여행시설의 이용 등에 관한 계약 내용을 일방적으로 결정하는 반면, 여행자는 그 안전성을 신뢰하고 기획여행업자가 제시하는 조건에 따라 여행계약을 체결하는 것이 일반적이다. 이러한 점을 감안할 때 기획여행업자가 여행자와 여행계약을 체결할 경우에는 다음과 같은 내용의 안전배려의무를 부담한다고 봄이 타당하다. 기획여행업자는 여행자의 생명·신체·재산 등의 안전을 확보하기 위하여 여행목적지·여행일정·여행행정·여행서비스기관의 선택 등에 관하여 미리 충분히 조사·검토하여 전문업자로서의 합리적인 판단을 하여야 한다. 그에 따라 기획여행업자는 여행을 시작하기 전 또는 그 이후라도 여행자가 부딪칠지 모르는 위험을 예견할 수 있을 경우에는 여행자에게 그 뜻을 알려 여행자 스스로 그 위험을 수용할지를 선택할 기회를 주어야 하고, 그 여행계약 내용의 실시 도중에 그러한 위험 발생의 우려가 있을 때는 미리 그 위험을 제거할 수단을 마련하는 등의 합리적 조치를 하여야 한다. 여행 실시 도중 위와 같은 안전배려의무 위반을 이유로 기획여행업자에게 손해배상책임을 인정하기 위해서는, 문제가 된 사고와 기획여행업자의 여행계약상 채무이행 사이에 직접 또는 간접적으로 관련성이 있고, 그 사고 위험이 여행과 관련 없이 일상생활에서 발생할 수 있는 것이 아니어야 하며, 기획여행업자가 그 사고 발생을 예견하였거나 예견할 수 있었음에도 그러한 사고 위험을 미

리 제거하기 위하여 필요한 조치를 다하지 못하였다고 평가할 수 있어야 한다. 이 경우 기획여행업자가 취할 조치는 여행일정에서 상정할 수 있는 모든 추상적 위험을 예방할 수 있을 정도일 필요는 없고, 개별적·구체적 상황에서 여행자의 생명·신체·재산 등의 안전을 확보하기 위하여 통상적으로 필요한 조치이면 된다.

[2] 甲 등이 여행사인 乙 주식회사와 기획여행계약을 체결하고 베트남 여행 중 자유시간인 야간에 숙소 인근 해변에서 물놀이를 하였는데, 乙 회사 소속 인솔자 丙이 "바닷가는 위험하니 빨리 나오라"고 말하였으나, 甲 등이 계속 물놀이를 하다가 파도에 휩쓸려 익사한 사안에서, 甲 등이 성년자이고, 사고 당시 음주한 상태가 아니었으며 별다른 신체장애도 없었던 것으로 보이는 점, 甲 등을 포함한 여행자들이 사고 당일 야간에 숙소 인근 해변에서 물놀이하는 것은 여행계약의 내용에 명시되어 있지 않고, 위 여행계약에 당일 오전에 해변에서 해수욕하거나 휴식을 취하는 자유시간 일정이 있었다는 점만으로 이러한 해변에서의 야간 물놀이가 위 여행계약의 급부와 관련이 있다고 보기 어려운 점, 위 사고는 乙 회사가 객관적으로 예견할 수 있는 위험에 해당한다고 보기 어려운 점 등에 비추어, 乙 회사가 사고와 관련하여 기획여행계약의 여행주최자로서 여행계약상의 안전배려의무를 위반하였다고 단정하기 어려운데도, 이와 달리 본 원심판단에 법리오해의 잘못이 있다고 한 사례.

## 기획여행업자가 여행자에게 부담하는 안전배려의무의 내용

[대법원 2014. 9. 25., 선고, 2014다213387, 판결]

【판결요지】

기획여행업자는 통상 여행 일반은 물론 목적지의 자연적·사회적 조건에 관하여 전문적 지식을 가진 자로서 우월적 지위에서 행선지나 여행시설 이용 등에 관한 계약 내용을 일방적으로 결정하는 반면, 여행자는 안전성을 신뢰하고 기획여행업자가 제시하는 조건에 따라 여행계약을 체결하는 것이 일반적이다. 이러한 점을 감안할 때, 기획여행업자는 여행자의 생명·신체·재산 등의 안전을 확보하기 위하여 여행목적지·여행일정·여행행정·여행서비스기관의 선택 등에 관하여 미리 충분히 조사·검토하여 여행계약 내용의 실시 도중에 여행자가 부딪칠지 모르는 위험을 미리 제거할 수단을 강구하거나, 여행자에게 그 뜻을 고지함으로써 여행자 스스로 위험을 수용할지에 관하여 선택할 기회를 주는 등 합리적 조치를 취할 신의칙상 안전배려의무를 부담한다.

**제15조(사업계획의 승인)** ① 관광숙박업을 경영하려는 자는 제4조제1항에 따른 등록을 하기 전에 그 사업에 대한 사업계획을 작성하여 특별자치시장·특별자치도지사·시장·군수·구청장의 승인을 받아야 한다. 승인을 받은 사업계획 중 부지, 대지 면적, 건축 연면적의 일정 규모 이상의 변경 등 대통령령으로 정하는 사항을 변경하려는 경우에도 또한 같다. 〈개정 2008.6.5., 2009.3.25., 2018.6.12.〉

② 대통령령으로 정하는 관광객 이용시설업이나 국제회의업을 경영하려는 자는 제4조제1항에 따른 등록을 하기 전에 그 사업에 대한 사업계획을 작성하여

특별자치시장·특별자치도지사·시장·군수·구청장의 승인을 받을 수 있다. 승인을 받은 사업계획 중 부지, 대지 면적, 건축 연면적의 일정 규모 이상의 변경 등 대통령령으로 정하는 사항을 변경하려는 경우에도 또한 같다. 〈개정 2008.6.5., 2009.3.25., 2018.6.12.〉

③ 제1항과 제2항에 따른 사업계획의 승인 또는 변경승인의 기준·절차 등에 필요한 사항은 대통령령으로 정한다.

## 손해배상(기)

[대법원 1998. 11. 24. 선고, 98다25061, 판결]

【판결요지】

[1] 여행업자는 통상 여행 일반은 물론 목적지의 자연적·사회적 조건에 관하여 전문적 지식을 가진 자로서 우월적 지위에서 행선지나 여행시설의 이용 등에 관한 계약 내용을 일방적으로 결정하는 반면 여행자는 그 안전성을 신뢰하고 여행업자가 제시하는 조건에 따라 여행계약을 체결하게 되는 점을 감안할 때, 여행업자는 기획여행계약의 상대방인 여행자에 대하여 기획여행계약상의 부수의무로서, 여행자의 생명·신체·재산 등의 안전을 확보하기 위하여, 여행목적지·여행일정·여행행정·여행서비스기관의 선택 등에 관하여 미리 충분히 조사·검토하여 전문업자로서의 합리적인 판단을 하고, 또한 그 계약 내용의 실시에 관하여 조우할지 모르는 위험을 미리 제거할 수단을 강구하거나 또는 여행자에게 그 뜻을 고지하여 여행자 스스로 그 위험을 수용할지 여부에 관하여 선택의 기회를 주는 등의 합리적 조치를 취할 신의칙상의 주의의무를 진다.

[2] 여행업자가 내국인의 국외여행시에 그 인솔을 위하여 두는 관광진흥법 제16조의3 소정의 국외여행인솔자는 여행업자의 여행자에 대한 안전배려의무의 이행보조자로서 당해 여행의 구체적인 상황에 따라 여행자의 안전을 확보하기 위하여 적절한 조치를 강구할 주의의무를 진다.

[3] 기획여행에 참여한 여행자가 여행지에서 놀이시설을 이용하다가 다른 여행자의 과실에 의한 행위로 인하여 상해를 입은 사안에서, 국외여행인솔자의 과실이 있다고 보아 여행업자 및 위 국외여행인솔자의 손해배상책임을 인정한 사례.

[4] 상해보험인 해외여행보험에 의한 급부금은 이미 납입한 보험료의 대가적 성질을 가지는 것으로서 그 부상에 관하여 제3자가 불법행위 또는 채무불이행에 기한 손해배상의무를 부담하는 경우에도, 보험계약의 당사자 사이에 다른 약정이 없는 한, 상법 제729조에 의하여 보험자대위가 금지됨은 물론, 그 배상액의 산정에 있어서 손익상계로서 공제하여야 할 이익에 해당하지 아니하며, 보험자대위가 인정되는 경우에도 피보험자가 보험자로부터 손해의 일부를 전보받았다고 하여 그 나머지 손해에 대한 가해자의 피보험자에 대한 손해배상책임까지 소멸되는 것은 아니다.

**제25조(카지노기구의 규격 및 기준 등)** ① 문화체육관광부장관은 카지노업에 이용되는 기구(이하 "카지노기구"라 한다)의 형상·구조·재질 및 성능 등에

관한 규격 및 기준(이하 "공인기준등"이라 한다)을 정하여야 한다. 〈개정 2008.2.29.〉

② 문화체육관광부장관은 문화체육관광부령으로 정하는 바에 따라 문화체육관광부장관이 지정하는 검사기관의 검정을 받은 카지노기구의 규격 및 기준을 공인기준등으로 인정할 수 있다. 〈개정 2008.2.29.〉

③ 카지노사업자가 카지노기구를 영업장소(그 부대시설 등을 포함한다)에 반입・사용하는 경우에는 문화체육관광부령으로 정하는 바에 따라 그 카지노기구가 공인기준등에 맞는지에 관하여 문화체육관광부장관의 검사를 받아야 한다. 〈개정 2008.2.29.〉

④ 제3항에 따른 검사에 합격된 카지노기구에는 문화체육관광부령으로 정하는 바에 따라 검사에 합격하였음을 증명하는 증명서(이하 "검사합격증명서"라 한다)를 붙이거나 표시하여야 한다. 〈개정 2008.2.29.〉

---

**위임행정규칙**

· 카지노기구 기준(문화체육관광부고시 제2019-34호, 2019.8.6., 제정)

---

## 온천조성사업시행허가처분취소

[대법원 2001. 7. 27. 선고, 99두8589, 판결]

**【판결요지】**

[1] 관광지조성사업의 시행은 국토 및 자연의 유지와 환경의 보전에 영향을 미치는 행위로서 그 허가 여부는 사업장소의 현상과 위치 및 주위의 상황, 사업시행의 시기 및 주체의 적정성, 사업계획에 나타난 사업의 내용, 규모, 방법과 그것이 자연 및 환경에 미치는 영향 등을 종합적으로 고려하여 결정하여야 하는 일종의 재량행위에 속한다고 할 것이고, 위와 같은 재량행위에 대한 법원의 사법심사는 당해 행위가 사실오인, 비례・평등의 원칙 위배, 당해 행위의 목적 위반이나 부정한 동기 등에 근거하여 이루어짐으로써 재량권의 일탈・남용이 있는지 여부만을 심사하게 되는 것이나, 법원의 심사결과 행정청의 재량행위가 사실오인 등에 근거한 것이라고 인정되는 경우에는 이는 재량권을 일탈・남용한 것으로서 위법하여 그 취소를 면치 못한다 할 것이다.

[2] 관광지조성사업시행 허가처분에 오수처리시설의 설치 등을 조건으로 하였으나 그 시설이 설치되더라도 효능이 불확실하여 오수가 확실하게 정화 처리될 수 없어 인접 하천 등의 수질이 오염됨으로써 인근 주민들의 식수 등도 오염되어 주민들의 환경이익 등이 침해되거나 침해될 우려가 있고, 그 환경이익의 침해는 관광지의 개발 전과 비교하여 사회통념상 수인한도를 넘는다고 보이며, 주민들의 환경상의 이익은 관광지조성사업시행 허가처분으로 인하여 사업자나 행락객들이 가지는 영업상의 이익 또는 여가생활향유라는 이익보다 훨씬 우월하다는 이유로, 그 환경적 위해 발생을 고려하지 않은 관광지조성사업시행 허가처분은 사실오인 등에 기초하여 재량권을 일탈・남용한 것으로서 위법하다고 본 사례.

**제29조(카지노영업소 이용자의 준수 사항)** 카지노영업소에 입장하는 자는 카지노사업자가 외국인(「해외이주법」 제2조에 따른 해외이주자를 포함한다)임을 확인하기 위하여 신분 확인에 필요한 사항을 묻는 때에는 이에 응하여야 한다.

## 손해배상(기)

[대법원 2002. 2 .26, 선고, 99다35300, 판결]

**【판결요지】**

[1] 일반 공중의 이용에 제공되는 공공용물에 대하여 특허 또는 허가를 받지 않고 하는 일반사용은 다른 개인의 자유이용과 국가 또는 지방자치단체 등의 공공목적을 위한 개발 또는 관리·보존행위를 방해하지 않는 범위 내에서만 허용된다 할 것이므로, 공공용물에 관하여 적법한 개발행위 등이 이루어짐으로 말미암아 이에 대한 일정범위의 사람들의 일반사용이 종전에 비하여 제한받게 되었다 하더라도 특별한 사정이 없는 한 그로 인한 불이익은 손실보상의 대상이 되는 특별한 손실에 해당한다고 할 수 없다.

[2] 관행어업권은 일정한 공유수면에 대한 공동어업권 설정 이전부터 어업의 면허 없이 그 공유수면에서 오랫동안 계속 수산동식물을 포획 또는 채취하여 옴으로써 그것이 대다수 사람들에게 일반적으로 시인될 정도에 이른 경우에 인정되는 권리로서 이는 어디까지나 수산동식물이 서식하는 공유수면에 대하여 성립하고, 허가어업에 필요한 어선의 정박 또는 어구의 수리·보관을 위한 육상의 장소에는 성립할 여지가 없으므로, 어선어업자들의 백사장 등에 대한 사용은 공공용물의 일반사용에 의한 것일 뿐 관행어업권에 기한 것으로 볼 수 없다.

**제35조(등록취소 등)** ① 관할 등록기관등의 장은 관광사업의 등록등을 받거나 신고를 한 자 또는 사업계획의 승인을 받은 자가 다음 각 호의 어느 하나에 해당하면 그 등록등 또는 사업계획의 승인을 취소하거나 6개월 이내의 기간을 정하여 그 사업의 전부 또는 일부의 정지를 명하거나 시설·운영의 개선을 명할 수 있다. 〈개정 2007.7.19., 2009.3.25., 2011.4.5., 2014.3.11., 2015.2.3., 2015.5.18., 2015.12.22., 2017.11.28., 2018.6.12., 2018.1211., 2023. 8. 8., 2024. 2. 27.〉

1. 제4조에 따른 등록기준에 적합하지 아니하게 된 경우 또는 변경등록기간 내에 변경등록을 하지 아니하거나 등록한 영업범위를 벗어난 경우

이하 생략

## 영업정지처분취소

[대법원 2012. 5. 10., 선고, 2012두1297, 판결]

**【판결요지】**

관광진흥법 제35조 제1항 제1호 후단은 '관할 등록기관 등의 장은 관광사업의 등록 등을 받은 자가 등록한 영업범위를 벗어난 경우 사업의 전부 또는 일부의 정지를 명하거

나 시설·운영의 개선을 명할 수 있다'고 규정하고 있고, 같은 조 제7항은 '제1항 각호의 어느 하나에 해당하는 관광숙박업자의 위반행위가 공중위생관리법 제11조 제1항에 따른 위반행위에 해당하면 공중위생관리법의 규정에도 불구하고 이 법을 적용한다'고 규정하고 있다. 이 규정들을 관광진흥법 제3조, 제4조 및 구 공중위생관리법(2010.1.18. 법률 제9932호로 개정되기 전의 것, 이하 같다) 제11조 제1항 등 관련 규정과 대비하여 살펴보면, 설령 관광숙박업자가 자신의 업소를 다른 용도로 장기 임대하는 영업행위가 관광진흥법 제35조 제1항 제1호 후단의 '등록한 영업범위를 벗어난 경우'에 해당하여 이에 대해서는 관광진흥법만이 적용되더라도, 관광숙박업자가 이러한 영업행위를 통해 자신의 업소를 성매매 장소로 제공하는 것에 대해서까지 관광진흥법 제35조 제7항에 의해 구 공중위생관리법 제11조 제1항의 적용이 배제된다고 볼 수는 없다. 따라서 원심이 이 사건 처분은 관광진흥법이 아닌 구 공중위생관리법 제11조 제1항에 근거하였으므로 위법하다는 원고의 주장을 배척한 것은 정당하고, 여기에 상고이유로 주장하는 바와 같이 관광진흥법의 적용범위에 관한 법리를 오해한 위법이 없다.

**제58조(인·허가 등의 의제)** ① 제54조제1항 또는 제2항에 따라 조성계획의 승인 또는 변경승인을 받거나 같은 조 제6항에 따라 특별자치시장 및 특별자치도지사가 조성계획을 수립한 경우 다음 각 호의 인·허가 등에 관하여 시·도지사 또는 시장·군수·구청장(시장·군수·구청장의 경우에는 제52조제7항에 따라 지정된 관광단지로 한정한다. 이하 이 조에서 같다)이 인·허가 등의 관계 행정기관의 장과 미리 협의한 사항에 대해서는 해당 인·허가 등을 받거나 신고를 한 것으로 본다. 〈개정 2007. 7. 19., 2007. 12. 27., 2008. 3. 21., 2008. 6. 5., 2009. 3. 25., 2010. 4. 15., 2010. 5. 31., 2011. 4. 5., 2011. 4. 14., 2014. 1. 14., 2018. 6. 12., 2020. 1. 29., 2022. 12. 27., 2023. 5. 16., 2023. 8. 8., 2024. 10. 22.〉

1. 「국토의 계획 및 이용에 관한 법률」 제30조에 따른 도시·군관리계획(같은 법 제2조제4호다목의 계획 중 대통령령으로 정하는 시설 및 같은 호마목의 계획 중 같은 법 제51조에 따른 지구단위계획구역의 지정 계획 및 지구단위계획만 해당한다)의 결정, 같은 법 제32조제2항에 따른 지형도면의 승인, 같은 법 제36조에 따른 용도지역 중 도시지역이 아닌 지역의 계획관리지역 지정, 같은 법 제37조에 따른 용도지구 중 개발진흥지구의 지정, 같은 법 제56조에 따른 개발행위의 허가, 같은 법 제86조에 따른 도시·군계획시설사업 시행자의 지정 및 같은 법 제88조에 따른 실시계획의 인가
2. 「수도법」 제17조에 따른 일반수도사업의 인가 및 같은 법 제52조에 따른 전용 상수도설치시설의 인가
3. 「하수도법」 제16조에 따른 공공하수도 공사시행 등의 허가
4. 「공유수면 관리 및 매립에 관한 법률」 제8조에 따른 공유수면 점용·사용 허가, 같은 법 제17조에 따른 점용·사용 실시계획의 승인 또는 신고, 같

은 법 제28조에 따른 공유수면의 매립면허, 같은 법 제35조에 따른 국가 등이 시행하는 매립의 협의 또는 승인 및 같은 법 제38조에 따른 공유수면매립실시계획의 승인

5. 삭제 〈2010.4.15.〉
6. 「하천법」 제30조에 따른 하천공사 등의 허가 및 실시계획의 인가, 같은 법 제33조에 따른 점용허가 및 실시계획의 인가
7. 「도로법」 제36조에 따른 도로관리청이 아닌 자에 대한 도로공사 시행의 허가 및 같은 법 제61조에 따른 도로의 점용 허가
8. 「항만법」 제9조제2항에 따른 항만개발사업 시행의 허가 및 같은 법 제10조제2항에 따른 항만개발사업실시계획의 승인
9. 「사도법」 제4조에 따른 사도개설의 허가
10. 「산지관리법」 제14조·제15조에 따른 산지전용허가 및 산지전용신고, 같은 법 제15조의2에 따른 산지일시사용허가·신고, 「산림자원의 조성 및 관리에 관한 법률」 제36조제1항·제4항 및 제45조제1항·제2항에 따른 입목벌채 등의 허가와 신고
11. 「농지법」 제34조제1항에 따른 농지 전용허가
12. 「자연공원법」 제20조에 따른 공원사업 시행 및 공원시설관리의 허가와 같은 법 제23조에 따른 행위 허가
13. 「공익사업을 위한 토지 등의 취득 및 보상에 관한 법률」 제20조제1항에 따른 사업인정
14. 「초지법」 제23조에 따른 초지전용의 허가
15. 「사방사업법」 제20조에 따른 사방지 지정의 해제
16. 「장사 등에 관한 법률」 제8조제3항에 따른 분묘의 개장신고 및 같은 법 제27조에 따른 분묘의 개장허가
17. 「폐기물관리법」 제29조에 따른 폐기물 처리시설의 설치승인 또는 신고
18. 「온천법」 제10조에 따른 온천개발계획의 승인
19. 「건축법」 제11조에 따른 건축허가, 같은 법 제14조에 따른 건축신고, 같은 법 제20조에 따른 가설건축물 건축의 허가 또는 신고
20. 제15조제1항에 따른 관광숙박업 및 제15조제2항에 따른 관광객 이용시설업·국제회의업의 사업계획 승인. 다만, 제15조에 따른 사업계획의 작성자와 제55조제1항에 따른 조성사업의 사업시행자가 동일한 경우에 한한다.
21. 「체육시설의 설치·이용에 관한 법률」 제12조에 따른 등록 체육시설업의 사업계획 승인. 다만, 제15조에 따른 사업계획의 작성자와 제55조제 1항에 따른 조성사업의 사업시행자가 동일한 경우에 한한다.

22. 「유통산업발전법」 제8조에 따른 대규모점포의 개설등록
23. 「공간정보의 구축 및 관리 등에 관한 법률」 제86조제1항에 따른 사업의 착수・변경의 신고

② 시・도지사(제54조제6항에 따른 조성계획 수립의 경우에는 특별자치시장 및 특별자치도지사를 말한다) 또는 시장・군수・구청장은 제1항 각 호의 인・허가 등이 포함되어 있는 조성계획을 승인・변경승인 또는 수립하려는 경우 미리 관계 행정기관의 장과 협의하여야 한다. 〈개정 2023. 5. 16., 2024. 10. 22.〉

③ 제1항 및 제2항에서 규정한 사항 외에 인・허가 등 의제의 기준 및 효과 등에 관하여는 「행정기본법」 제24조부터 제26조까지를 준용한다. 〈개정 2023. 5. 16.〉

## 토지수용재결처분취소등

[대법원 2009. 5. 28. 선고, 2008두16933, 판결]

【판결요지】

[1] 오늘날 종교적인 의식 또는 행사가 하나의 사회공동체의 문화적인 현상으로 자리잡고 있으므로, 어떤 의식, 행사, 유형물 등이 비록 종교적인 의식, 행사 또는 상징에서 유래되었다고 하더라도 그것이 이미 우리 사회공동체 구성원들 사이에서 관습화된 문화요소로 인식되고 받아들여질 정도에 이르렀다면, 이는 정교분리원칙이 적용되는 종교의 영역이 아니라 헌법적 보호가치를 지닌 문화의 의미를 갖게 된다. 그러므로 이와 같이 이미 문화적 가치로 성숙한 종교적인 의식, 행사, 유형물에 대한 국가 등의 지원은 일정 범위 내에서 전통문화의 계승・발전이라는 문화국가원리에 부합하며 정교분리원칙에 위배되지 않는다.

[2] 지방자치단체가 유서 깊은 천주교 성당 일대를 문화관광지로 조성하기 위하여 상급 단체로부터 문화관광지 조성계획을 승인받은 후 사업부지 내 토지 등을 수용재결한 사안에서, 위 성당을 문화재로 보호할 가치가 충분하고 위 문화관광지 조성계획은 지방자치단체가 지역경제의 활성화를 도모하기 위하여 추진한 것으로 보이며 특정 종교를 우대・조장하거나 배타적 특권을 부여하는 것으로 볼 수 없어, 그 계획의 승인과 그에 따른 토지 등 수용재결이 헌법의 정교분리원칙이나 평등권에 위배되지 않는다고 한 사례.

## III. 벌칙

**제81조(벌칙)** ① 다음 각 호의 어느 하나에 해당하는 자는 7년 이하의 징역 또는 7천만원 이하의 벌금에 처한다. 이 경우 징역과 벌금은 병과(倂科)할 수 있다. 〈개정 2024. 2. 27.〉

1. 제5조제1항에 따른 카지노업의 허가를 받지 아니하고 카지노업을 경영한 자
2. 제26조의2를 위반한 자(제1호에 해당하는 자는 제외한다)

② 제28조제1항제1호 또는 제2호를 위반한 자는 5년 이하의 징역 또는 5천만원 이하의 벌금에 처한다. 이 경우 징역과 벌금은 병과할 수 있다. 〈신설 2024. 2. 27.〉

③ 제1항의 미수범은 처벌한다. 〈신설 2024. 2. 27.〉

**제82조(벌칙)** 다음 각 호의 어느 하나에 해당하는 자는 3년 이하의 징역 또는 3천만원 이하의 벌금에 처한다. 이 경우 징역과 벌금은 병과할 수 있다. 〈개정 2009.3.25., 2015.5.18., 2024. 2. 27.〉

1. 제4조제1항에 따른 등록을 하지 아니하고 여행업·관광숙박업(제15조제1항에 따라 사업계획의 승인을 받은 관광숙박업만 해당한다)·국제회의업 및 제3조제1항제3호나목의 관광객 이용시설업을 경영한 자
2. 제5조제2항에 따른 허가를 받지 아니하고 테마파크업을 경영한 자
3. 제20조제1항 및 제2항을 위반하여 시설을 분양하거나 회원을 모집한 자
4. 제33조의2제3항에 따른 사용중지 등의 명령을 위반한 자

**제83조(벌칙)** ① 다음 각 호의 어느 하나에 해당하는 카지노사업자(제28조제1항 본문에 따른 종사원을 포함한다)는 2년 이하의 징역 또는 2천만원 이하의 벌금에 처한다. 이 경우 징역과 벌금은 병과할 수 있다. 〈개정 2007.7.19., 2011.4.5., 2015.2.3.〉

1. 제5조제3항에 따른 변경허가를 받지 아니하거나 변경신고를 하지 아니하고 영업을 한 자
2. 제8조제4항을 위반하여 지위승계신고를 하지 아니하고 영업을 한 자
3. 제11조제1항을 위반하여 관광사업의 시설 중 부대시설 외의 시설을 타인에게 경영하게 한 자
4. 제23조제2항에 따른 검사를 받아야 하는 시설을 검사를 받지 아니하고 이를 이용하여 영업을 한 자
5. 제25조제3항에 따른 검사를 받지 아니하거나 검사 결과 공인기준등에 맞지 아니한 카지노기구를 이용하여 영업을 한 자
6. 제25조제4항에 따른 검사합격증명서를 훼손하거나 제거한 자
7. 제28조제1항제3호부터 제8호까지의 규정을 위반한 자
8. 제35조제1항 본문에 따른 사업정지처분을 위반하여 사업정지 기간에 영업을 한 자
9. 제35조제1항 본문에 따른 개선명령을 위반한 자
10. 제35조제1항제19호를 위반한 자

11. 제78조제2항에 따른 보고 또는 서류의 제출을 하지 아니하거나 거짓
으로 보고를 한 자나 같은 조 제3항에 따른 관계 공무원의 출입·검사
를 거부·방해하거나 기피한 자

② 제4조제1항에 따른 등록을 하지 아니하고 야영장업을 경영한 자는 2년
이하의 징역 또는 2천만원 이하의 벌금에 처한다. 이 경우 징역과 벌금
은 병과할 수 있다. 〈신설 2015.2.3.〉

**제84조(벌칙)** 다음 각 호의 어느 하나에 해당하는 자는 1년 이하의 징역
또는 1천만원 이하의 벌금에 처한다. 〈개정 2007.7.19., 2009.3.25., 2019.12.3.,
2020.6.9., 2023. 8. 8., 2024. 2. 27.〉

1. 제5조제3항에 따른 테마파크업의 변경허가를 받지 아니하거나 변경신
고를 하지 아니하고 영업을 한 자

2. 제5조제4항 전단에 따른 테마파크업의 신고를 하지 아니하고 영업을
한 자

2의2. 제13조제4항을 위반하여 자격증을 빌려주거나 빌린 자 또는 이를
알선한 자

2의3. 거짓이나 그 밖의 부정한 방법으로 제25조제3항 또는 제33조제1항
에 따른 검사를 수행한 자

3. 제33조를 위반하여 안전성검사를 받지 아니하고 테마파크시설을 설치
한 자

3의2. 거짓이나 그 밖의 부정한 방법으로 제33조제1항에 따른 검사를 받
은 자

4. 제34조제2항을 위반하여 테마파크시설 또는 테마파크시설의 부분품(部
分品)을 설치하거나 사용한 자

4의2. 제35조제1항제14호에 해당되어 관할 등록기관등의 장이 발한 명령
을 위반한 자

5. 제35조제1항제20호에 해당되어 관할 등록기관등의 장이 발한 개선명령
을 위반한 자

5의2. 제38조제8항을 위반하여 자격증을 빌려주거나 빌린 자 또는 이를
알선한 자

5의3. 제52조의2제1항에 따른 허가 또는 변경허가를 받지 아니하고 같은
항에 규정된 행위를 한 자

5의4. 제52조의2제1항에 따른 허가 또는 변경허가를 거짓이나 그 밖의 부
정한 방법으로 받은 자

5의5. 제52조의2제4항에 따른 원상회복명령을 이행하지 아니한 자

6. 제55조제3항을 위반하여 조성사업을 한 자

**제85조(양벌규정)** 법인의 대표자나 법인 또는 개인의 대리인, 사용인, 그 밖의 종업원이 그 법인 또는 개인의 업무에 관하여 제81조부터 제84조까지의 어느 하나에 해당하는 위반행위를 하면 그 행위자를 벌하는 외에 그 법인 또는 개인에게도 해당 조문의 벌금형을 과(科)한다. 다만, 법인 또는 개인이 그 위반행위를 방지하기 위하여 해당 업무에 관하여 상당한 주의와 감독을 게을리하지 아니한 경우에는 그러하지 아니하다.

[전문개정 2010.3.17.]

**제86조(과태료)** ① 다음 각 호의 어느 하나에 해당하는 자에게는 500만원 이하의 과태료를 부과한다. 〈신설 2015.5.18., 2019.12.3.〉

1. 제33조의2제1항에 따른 통보를 하지 아니한 자

2. 제38조제6항을 위반하여 관광통역안내를 한 자

② 다음 각 호의 어느 하나에 해당하는 자에게는 100만원 이하의 과태료를 부과한다. 〈개정 2011.4.5., 2014.3.11., 2015.2.3., 2015.5.18., 2016.2.3., 2018.3.13.〉

1. 삭제 〈2011.4.5.〉

2. 제10조제3항을 위반한 자

3. 삭제 〈2011.4.5.〉

4. 제28조제2항 전단을 위반하여 영업준칙을 지키지 아니한 자

4의2. 제33조제3항을 위반하여 안전교육을 받지 아니한 자

4의3. 제33조제4항을 위반하여 안전관리자에게 안전교육을 받도록 하지 아니한 자

4의4. 삭제 〈2019.12.3.〉

4의5. 제38조제7항을 위반하여 자격증을 패용하지 아니한 자

5. 삭제 〈2018.12.11.〉

6. 제48조의10제3항을 위반하여 인증표지 또는 이와 유사한 표지를 하거나 한국관광 품질인증을 받은 것으로 홍보한 자

③ 제1항 및 제2항에 따른 과태료는 대통령령으로 정하는 바에 따라 관할 등록기관등의 장이 부과·징수한다. 〈개정 2015.5.18.〉

④ 삭제 〈2009.3.25.〉

⑤ 삭제 〈2009.3.25.〉

## IV. 기재례

### 【범죄사실 기재례】

피의자 김○○은 20○○. ○. ○.부터 20○○. ○. ○. 까지 ○○시 ○○동 ○○에서 당국의 허가 없이 로얄 카지노기 20대를 설치하고 성명 미상 고객들로 하여금 1회에 20,000원씩 걸고 버튼을 누르면 환불해 주는 방법으로 카지노를 경영하였다.

### 【범죄사실 기재례】

피의자 박○○은 20○○. ○. ○.부터 20○○. ○. ○. 까지 ○○시 ○○동 ○○에서 ○○여행사를 관계기관에 등록하지 않고 불특정 다수의 손님들을 대상으로 유럽 여행을 알선하는 등 여행업을 하였다.

### 관광진흥법위반 · 도박개장
[대법원 2009. 12. 10. 선고 2009도11151 판결]

【판결요지】
관광진흥법이 전용영업장(전문영업장) 등 엄격한 시설과 기구를 갖춘 경우에만 카지노업을 허가할 수 있도록 하면서 무허가로 카지노업을 경영한 행위에 대하여 도박개장죄(형법 제247조)보다 중한 형에 처하도록 규정하고 있는 것은, 같은 법 및 그 시행규칙이 요구하는 제반 요건을 모두 갖춘 경우는 물론 이러한 요건을 모두 갖추지는 못하였다고 하더라도 사실상 전용영업장에 준하는 시설과 기구를 갖추고서 허가를 받지 아니한 채 카지노영업을 한 경우에는 관광진흥법위반죄로 엄하게 처벌하고, 이에 미치지 못 하는 경우 즉 전용영업장에 준하는 시설과 기준을 사실상 갖추지 아니한 채 도박을 하게 한 경우에는 도박개장죄로만 처벌하려는 취지인 것으로 해석함이 상당하다. 그리고 전용영업장에 준하는 시설과 기준을 사실상 갖추었는지 여부는 기구 및 시설의 규모, 영업장의 위치 및 면적, 영업을 한 기간의 장단, 종업원들의 역할 분담 여부 등을 종합적으로 고려하여 판단하여야 한다.

**[서식] 관광사업 등록증**

| | |
|---|---|
| 제 호 | No. |
| **관광사업 등록증** | **TOURISM BUSINESS CERTIFICATE OF REGISTRATION** |
| 상호(명칭)<br>성명(법인인 경우에는 그 대표자 성명)<br>주소<br>업종 | COMPANY:<br>REPRESENTATIVE:<br>ADDRESS:<br>TYPE OF BUSINESS: |
| 위의 업체는 「관광진흥법」 제4조 제1항에 따라 위와 같이 등록하였음을 증명합니다. | This is to certify that the above company is registered as a tourism business in accordance with Paragraph 1, Article 4 of the Tourism Promotion Law. |
| 년 월 일 | Date |
| | Signature |
| 특 별 자 치 시 장<br>특 별 자 치 도 지 사<br>시 장 · 군 수 · 구 청 장 [인] | Governor of (province name)<br>Mayor of<br>(city · county · district name) |

210mm×297mm[보존용지(1종) 120g/㎡]

**[서식] 카지노업 허가증**

제        호

# 카지노업 허가증

1. 대 표 자:                    (생년월일:              )

2. 주        소:

3. 상    호(명칭):

4. 영업소 소재지:

5. 영 업 의 종 류:

6. 시 설 명(개수):

7. 기 구 명(대수):

8. 허 가 의 조 건:

「관광진흥법」 제5조제1항 및 같은 법 제24조에 따라 위와 같이 카지노업을 허가합니다.

년        월        일

문화체육관광부장관        직인

210mm×297mm [보존용지(1종) 120g/㎡]

# 교통사고처리 특례법

[시행 2017. 12. 3.] [법률 제14277호, 2016. 12. 2., 일부개정]

## Ⅰ. 개설

### 목적

이 법은 업무상과실(業務上過失) 또는 중대한 과실로 교통사고를 일으킨 운전자에 관한 형사처벌 등의 특례를 정함으로써 교통사고로 인한 피해의 신속한 회복을 촉진하고 국민생활의 편익을 증진함을 목적으로 한다.

## Ⅱ. 판례

**제2조(정의)** 이 법에서 사용하는 용어의 뜻은 다음과 같다. 〈개정 2011. 6. 8.〉

1. "차"란 「도로교통법」 제2조제17호가목에 따른 차(車)와 「건설기계관리법」 제2조제1항제1호에 따른 건설기계를 말한다.
2. "교통사고"란 차의 교통으로 인하여 사람을 사상(死傷)하거나 물건을 손괴(損壞)하는 것을 말한다.

[전문개정 2011.4.12.]

### 업무상과실치상

[대법원 2017. 5. 31., 선고, 2016도21034, 판결]

**【판결요지】**
교통사고처리 특례법(이하 '특례법'이라 한다) 제1조는 업무상과실 또는 중대한 과실로 교통사고를 일으킨 운전자에 관한 형사처벌 등의 특례를 정함으로써 교통사고로 인한 피해의 신속한 회복을 촉진하고 국민생활의 편익을 증진함을 목적으로 한다고 규정하고 있고, 제4조 제1항 본문은 차의 교통으로 업무상과실치상죄 등을 범하였을 때 교통사고를 일으킨 차가 특례법 제4조 제1항에서 정한 보험 또는 공제에 가입된 경우에는 그 차의 운전자에 대하여 공소를 제기할 수 없다고 규정하고 있다. 따라서 특례법 제4조 제1항 본문은 차의 운전자에 대한 공소제기의 조건을 정한 것이다.
그리고 특례법 제2조 제2호는 '교통사고'란 차의 교통으로 인하여 사람을 사상하거나 물건을 손괴하는 것을 말한다고 규정하고 있는데, 여기서 '차의 교통'은 차량을 운전하는 행위 및 그와 동일하게 평가할 수 있을 정도로 밀접하게 관련된 행위를 모두 포함한다.

**제3조(처벌의 특례)** ① 차의 운전자가 교통사고로 인하여「형법」제268조의 죄를 범한 경우에는 5년 이하의 금고 또는 2천만원 이하의 벌금에 처한다.

② 차의 교통으로 제1항의 죄 중 업무상과실치상죄(業務上過失致傷罪) 또는 중과실치상죄(重過失致傷罪)와「도로교통법」제151조의 죄를 범한 운전자에 대하여는 피해자의 명시적인 의사에 반하여 공소(公訴)를 제기할 수 없다. 다만, 차의 운전자가 제1항의 죄 중 업무상과실치상죄 또는 중과실치상죄를 범하고도 피해자를 구호(救護)하는 등「도로교통법」제54조제1항에 따른 조치를 하지 아니하고 도주하거나 피해자를 사고 장소로부터 옮겨 유기(遺棄)하고 도주한 경우, 같은 죄를 범하고「도로교통법」제44조제2항을 위반하여 음주측정 요구에 따르지 아니한 경우(운전자가 채혈 측정을 요청하거나 동의한 경우는 제외한다)와 다음 각 호의 어느 하나에 해당하는 행위로 인하여 같은 죄를 범한 경우에는 그러하지 아니하다. 〈개정 2016.1.27., 2016.12.2.〉

1. 「도로교통법」제5조에 따른 신호기가 표시하는 신호 또는 교통정리를 하는 경찰공무원등의 신호를 위반하거나 통행금지 또는 일시정지를 내용으로 하는 안전표지가 표시하는 지시를 위반하여 운전한 경우

2. 「도로교통법」제13조제3항을 위반하여 중앙선을 침범하거나 같은 법 제62조를 위반하여 횡단, 유턴 또는 후진한 경우

3. 「도로교통법」제17조제1항 또는 제2항에 따른 제한속도를 시속 20킬로미터 초과하여 운전한 경우

4. 「도로교통법」제21조제1항, 제22조, 제23조에 따른 앞지르기의 방법·금지시기·금지장소 또는 끼어들기의 금지를 위반하거나 같은 법 제60조제2항에 따른 고속도로에서의 앞지르기 방법을 위반하여 운전한 경우

5. 「도로교통법」제24조에 따른 철길건널목 통과방법을 위반하여 운전한 경우

6. 「도로교통법」제27조제1항에 따른 횡단보도에서의 보행자 보호의무를 위반하여 운전한 경우

7. 「도로교통법」제43조, 「건설기계관리법」제26조 또는「도로교통법」제96조를 위반하여 운전면허 또는 건설기계조종사면허를 받지 아니하거나 국제운전면허증을 소지하지 아니하고 운전한 경우. 이 경우 운전면허 또는 건설기계조종사면허의 효력이 정지 중이거나 운전의 금지 중인 때에는 운전면허 또는 건설기계조종사면허를 받지 아니하거나 국제운전면허증을 소지하지 아니한 것으로 본다.

8. 「도로교통법」제44조제1항을 위반하여 술에 취한 상태에서 운전을 하거나 같은 법 제45조를 위반하여 약물의 영향으로 정상적으로 운전하지 못할

358  ㄱ

우려가 있는 상태에서 운전한 경우

9. 「도로교통법」 제13조제1항을 위반하여 보도(步道)가 설치된 도로의 보도를 침범하거나 같은 법 제13조제2항에 따른 보도 횡단방법을 위반하여 운전한 경우

10. 「도로교통법」 제39조제3항에 따른 승객의 추락 방지의무를 위반하여 운전한 경우

11. 「도로교통법」 제12조제3항에 따른 어린이 보호구역에서 같은 조 제1항에 따른 조치를 준수하고 어린이의 안전에 유의하면서 운전하여야 할 의무를 위반하여 어린이의 신체를 상해(傷害)에 이르게 한 경우

12. 「도로교통법」 제39조제4항을 위반하여 자동차의 화물이 떨어지지 아니하도록 필요한 조치를 하지 아니하고 운전한 경우

[전문개정 2011.4.12.]

## 교통사고처리특례법위반(치상)

[대법원 2018. 12. 27., 선고, 2018도14262, 판결]

【판결요지】

자동차 운전자인 피고인이 정지선과 횡단보도가 없는 사거리 교차로의 신호등이 황색 등화로 바뀐 상태에서 교차로에 진입하였다가 甲이 운전하는 견인차량을 들이받은 과실로 甲에게 상해를 입게 함과 동시에 甲의 차량을 손괴하였다고 하여 교통사고처리특례법 위반(치상) 및 도로교통법 위반으로 기소된 사안에서, 피고인이 교차로를 직진 주행하여 교차로에 진입했다가 피고인 진행방향 오른쪽에서 왼쪽으로 주행하던 甲의 견인차량을 들이받은 점, 피고인은 당시 그곳 전방에 있는 교차로 신호가 황색으로 바뀌었음을 인식하였음에도 정지하지 않은 채 교차로 내에 진입한 점, 당시 교차로의 도로 정비 작업이 마무리되지 않아 정지선과 횡단보도가 설치되지 않았던 점 등을 종합하면, 교차로 진입 전 정지선과 횡단보도가 설치되어 있지 않았더라도 피고인이 황색 등화를 보고서도 교차로 직전에 정지하지 않았다면 신호를 위반한 것이라는 이유로, 이와 달리 보아 공소사실을 모두 무죄로 판단한 원심판결에 도로교통법 시행규칙 제6조 제2항 [별표 2]의 '황색의 등화'에 관한 법리를 오해한 잘못이 있다.

## 교통사고처리특례법위반

[대법원 2015.5.14, 선고, 2012도11431, 판결]

【판결요지】

교통사고처리 특례법 제3조 제1항, 제2항 단서, 형법 제268조를 적용하여 공소가 제기된 사건에서, 심리 결과 교통사고처리 특례법 제3조 제2항 단서에서 정한 사유가 없고 같은 법 제3조 제2항 본문이나 제4조 제1항 본문의 사유로 공소를 제기할 수 없는 경우에 해당하면 공소기각의 판결을 하는 것이 원칙이다. 그런데 사건의 실체에 관한 심리가 이미 완료되어 교통사고처리 특례법 제3조 제2항 단서에서 정한 사유가 없는 것으로 판명되고 달리 피고인이 같은 법 제3조 제1항의 죄를 범하였다고

인정되지 않는 경우, 같은 법 제3조 제2항 본문이나 제4조 제1항 본문의 사유가 있더라도, 사실심법원이 피고인의 이익을 위하여 교통사고처리특례법 위반의 공소사실에 대하여 무죄의 실체판결을 선고하였다면, 이를 위법이라고 볼 수는 없다.

**제4조(보험 등에 가입된 경우의 특례)** ① 교통사고를 일으킨 차가 「보험업법」 제4조, 제126조, 제127조 및 제128조, 「여객자동차 운수사업법」 제60조, 제61조 또는 「화물자동차 운수사업법」 제51조에 따른 보험 또는 공제에 가입된 경우에는 제3조제2항 본문에 규정된 죄를 범한 차의 운전자에 대하여 공소를 제기할 수 없다. 다만, 다음 각 호의 어느 하나에 해당하는 경우에는 그러하지 아니하다.

　1. 제3조제2항 단서에 해당하는 경우
　2. 피해자가 신체의 상해로 인하여 생명에 대한 위험이 발생하거나 불구(不具)가 되거나 불치(不治) 또는 난치(難治)의 질병이 생긴 경우
　3. 보험계약 또는 공제계약이 무효로 되거나 해지되거나 계약상의 면책 규정 등으로 인하여 보험회사, 공제조합 또는 공제사업자의 보험금 또는 공제금 지급의무가 없어진 경우

② 제1항에서 "보험 또는 공제"란 교통사고의 경우 「보험업법」에 따른 보험회사나 「여객자동차 운수사업법」 또는 「화물자동차 운수사업법」에 따른 공제조합 또는 공제사업자가 인가된 보험약관 또는 승인된 공제약관에 따라 피보험자와 피해자 간 또는 공제조합원과 피해자 간의 손해배상에 관한 합의 여부와 상관없이 피보험자나 공제조합원을 갈음하여 피해자의 치료비에 관하여는 통상비용의 전액을, 그 밖의 손해에 관하여는 보험약관이나 공제약관으로 정한 지급기준금액을 대통령령으로 정하는 바에 따라 우선 지급하되, 종국적으로는 확정판결이나 그 밖에 이에 준하는 집행권원(執行權原)상 피보험자 또는 공제조합원의 교통사고로 인한 손해배상금 전액을 보상하는 보험 또는 공제를 말한다.

③ 제1항의 보험 또는 공제에 가입된 사실은 보험회사, 공제조합 또는 공제사업자가 제2항의 취지를 적은 서면에 의하여 증명되어야 한다.

[전문개정 2011.4.12.]

## 통행금지를 내용으로 하는 안전표지 위반'에 해당하는지 여부가 문제된 사건

[대법원 2024. 6. 20. 선고 2022도12175 전원합의체 판결]

【판결요지】
진로변경을 금지하는 안전표지인 백색실선은 교통사고처리 특례법(이하 '교통사고처리법'이라 한다) 제3조 제2항 단서 제1호(이하 '단서 제1호'라 한다)에서 정하고

있는 '통행금지를 내용으로 하는 안전표지'에 해당하지 않으므로, 이를 침범하여 교통사고를 일으킨 운전자에 대하여는 교통사고처리법 제3조 제2항 본문의 반의사불벌죄 규정 및 제4조 제1항의 종합보험 가입특례 규정(이하 위 각 규정을 합하여 '처벌특례'라 한다)이 적용된다고 보아야 한다. 구체적인 이유는 다음과 같다.

① 단서 제1호는 '안전표지' 위반의 경우 '통행금지 또는 일시정지'를 내용으로 하는 안전표지를 위반하는 경우로 그 적용 범위를 한정하고 있다. 그런데 도로교통법 시행규칙 제8조 제2항 [별표 6] II. 개별기준 제5호 중 일련번호 506(진로변경제한선 표시)에 따르면 백색실선은 교차로 또는 횡단보도 등 차의 진로변경을 금지하는 도로구간에 설치하여 통행하고 있는 차의 진로변경을 제한하는 것을 표시하는 안전표지이다.

② 도로교통법 제6조 제1항은 '도로에서의 위험을 방지하고 교통의 안전과 원활한 소통을 확보하기 위하여 필요하다고 인정한 때'에는 '구간을 정하여 통행을 금지하거나 제한'할 수 있도록 규정하는 한편, 통행금지 또는 제한을 위반한 행위를 같은 법 제156조 제2호에 따라 처벌하고 있다. 반면 도로교통법 제14조 제5항 본문은 '안전표지가 설치되어 특별히 진로변경이 금지된 곳에서는 차마의 진로를 변경하여서는 아니 된다.'고 규정하는 한편, 진로변경금지나 제한을 위반한 행위를 같은 법 제156조 제1호에 따라 처벌하고 있다. 도로교통법 제156조가 제1호와 제2호의 위반행위에 대하여 동일한 형을 정하고 있기는 하나, 도로교통법은 통행금지와 진로변경금지를 구분하여 규율하면서 처벌 체계를 달리하고 있으므로, 통행금지와 진로변경금지에 관하여 서로 다른 금지규범을 규정한 것으로 보아야 한다. 따라서 진로변경금지 위반을 통행금지 위반으로 보아 단서 제1호에 해당한다고 보는 것은 문언의 객관적인 의미를 벗어나 피고인에게 불리한 해석을 하는 것이다.

③ 단서 제1호가 규율하는 것은 크게 신호위반, 통행금지를 내용으로 하는 안전표지 지시위반, 일시정지를 내용으로 하는 안전표지 지시위반의 세 가지이다. 진로변경제한선과 같이 해당 표지에 위반하여 진로를 변경하는 것 자체는 금지되어 있으나, 진로를 변경한 이후 해당 방향으로의 계속 진행이 가능한 경우 그 위반행위를 '통행방법제한'을 위반한 것으로 볼 수는 있어도, 법문언에서 말하는 '통행금지위반'으로 볼 수는 없다.

④ 교통사고처리법 제정 당시부터 현재까지 단서 제1호의 문언은 거의 변동이 없다. 그런데 교통사고처리법 제정 당시 시행되고 있던 구 도로교통법 시행규칙(1982. 6. 21. 내무부령 제376호로 개정되기 전의 것)은 노면표시의 하나로 진로변경제한선을 규정하고 있지 않았다. 그렇다면 입법자는 교통사고처리법을 제정하면서 진로변경을 금지하는 백색실선을 단서 제1호의 '통행금지를 내용으로 하는 안전표지'로 고려하지 않았다고 보는 것이 합리적이다.

⑤ 진로변경을 금지하는 안전표지인 백색실선이 설치된 교량이나 터널에서 백색실선을 넘어 앞지르기를 하는 경우에는 별도의 처벌특례 배제사유가 규정되어 있으므로(교통사고처리법 제3조 제2항 단서 제4호), 백색실선을 '통행금지를 내용으로 하는 안전표지'로 보지 않는다고 하여 중대 교통사고의 발생 위험이 크게 증가한다고 보기는 어렵다.

⑥ 청색실선으로 전용차로가 구분되어 있는 경우, 전용차로 표시에 관한 도로교통법 시행규칙 제8조 제2항 [별표 6] Ⅱ. 개별기준 제5호 중 일련번호 504에 따르면, 전용차로제가 시행되지 않는 시간대에는 전용차로와 일반차로를 구분하는 청색실선을 위 제5호 중 일련번호 503의 차선표시로 보게 되므로 이 시간대에는 백색실선과 동일한 의미를 가진다. 그런데 백색실선을 단서 제1호에서 규정하는 '통행금지를 내용으로 하는 안전표지'로 볼 경우, 전용차로제가 시행되는 시간대는 물론 전용차로제가 시행되지 않는 시간대에도 일반 차량의 운전자가 청색실선을 넘어 진로를 변경하는 과정에서 교통사고가 발생하면 처벌특례의 적용을 받을 수 없는 문제가 있다.

# Ⅲ. 벌칙

**제5조(벌칙)** ① 보험회사, 공제조합 또는 공제사업자의 사무를 처리하는 사람이 제4조제3항의 서면을 거짓으로 작성한 경우에는 3년 이하의 징역 또는 1천만원 이하의 벌금에 처한다.

② 제1항의 거짓으로 작성된 문서를 그 정황을 알고 행사한 사람도 제1항의 형과 같은 형에 처한다.

③ 보험회사, 공제조합 또는 공제사업자가 정당한 사유 없이 제4조제3항의 서면을 발급하지 아니한 경우에는 1년 이하의 징역 또는 300만원 이하의 벌금에 처한다.

[전문개정 2011.4.12.]

**제6조(양벌규정)** 법인의 대표자, 대리인, 사용인, 그 밖의 종업원이 그 법인의 업무에 관하여 제5조의 위반행위를 하면 그 행위자를 벌하는 외에 그 법인에도 해당 조문의 벌금형을 과(科)한다. 다만, 법인이 그 위반행위를 방지하기 위하여 해당 업무에 관하여 상당한 주의와 감독을 게을리하지 아니한 경우에는 그러하지 아니다.

[전문개정 2010.1.25.]

# Ⅳ. 기재례

## 【범죄사실 기재례】

피의자는 경기○○노○○○○호 2.5톤 화물트럭 운수업에 종사하고 있다.

피의자는 20○○. ○. ○. 15 : 30경 위 차를 운전하여 ○○시 ○○동 ○○번지 앞길을 시속 약 70km로 주행하였는 바, 그 곳은 신호등이 설치된 사거리 교차로상이었으므로 이러한 경우 운전업무에 종사하는 자로서는 신호에 따라 안전하게 진행하여야 할 업무상 주의의무가 있다. 그러나 피의자는 이를 게을리 한 채 정지신호를 무시하고 그대로 직진한 과실로 인하여 마침 진행방향 오른쪽에서 왼쪽으로 직진신호에 따라 진행하던 피해자 김○○이 운전하는 경기○○더○○○○호 1톤 트럭의 앞부분을 피의자 차의 오른쪽 중간부분으로 충격하여 피해자로 하여금 약 8주간의 치료를 요하는 폐좌상 등의 상해를 입게 하였다.

### ■ 신호위반과 관련된 문제

#### 1. 비보호좌회전사고

비보호좌회전표시 있는 교차로에서 직진신호가 작동중일 때, 직진해 오는 차량이 없을 경우 좌회전하여도 신호위반이 아니나 직진차량과 충돌하는 등 다른 교통에 방해가 된 때에는 도로교통법상의 신호위반책임은 물론이고 이로 인한 교통사고 등에 관해서도 특례법 제3조 제2항 단서에 의하여 책임을 진다.

#### 2. 전방 정지신호에 우회전하다 발생된 사고

정지신호에 우회전을 허용하고 있으므로 신호위반으로 확대 적용은 불가하다는 주장이 있고, 우회전이 허용되었어도 비보호좌회전 개념과 같이 사고야기되면 신호위반이 적용되야 한다는 주장이 있으나, 현재 법원의 명백한 판례는 없고 신호의 뜻에 사고야기시 신호위반으로 적용된다는 단서조항이 없는 등으로 보아 소극설을 인정하고 있다.

#### 3. 신호등 없는 지선도로에서 나와 신호등 있는 간선도로 진입중 사고

지선도로에서 나오는 차는 진행방향에 신호기가 설치되어 있지 않으므로 신호적용을 하여서는 안된다.

#### 4. 교차로상에서 우회전중 사고

비보호좌회전 규정과 동일한 구조라는 이유로 신호위반이라는 견해도 있으나, 측면교통을 방해하지 않는 한 우회전을 허용한 취지를 감안하고 또 비보호좌회전 내용에서는 좌회전중 직진차량과 사고발생시에 신호위반의 책임을 묻겠다고 별도로 명시하고 있지만 적색시 우회전의 경우에는 측면교통에 방해되어 사고발생시 신호위반 책임을 묻겠다는 명시내용이 없는 점으로 볼 때 이를 확대적용하여 신호위반으로는 할 수 없다.

#### 5. 황색주의의 신호위반 사고

교차로 진입전에 황색주의신호로 변경되었음에도 이를 위반하고 진입·주행하다 사고야기한 경우에는 신호위반으로, 교차로 진입후 거의 빠져 나올 무렵 신호가 바뀌어 사고발생한 경우 어느 차량도 신호위반책임 물을 수 없다.

#### 6. 좌회전신호 없는 교차로상의 좌회전중 사고

비보호좌회전표시가 없는 경우에는 차마의 좌회전은 허용되지 않고 따라서 신호위반에 해당한다.

■ 기타 관련 문제

## 1. 좌회전 신호시 유턴 사고

중앙선을 넘어 유턴한 경우에는 중앙선침범으로, 중앙선 없는 곳이면 신호위반으로 의율한다.

## 2. 횡단보도 직전에서의 유턴 사고

좌회전표지 없는 횡단보도직전의 좌회전, 유턴표지만 있는 경우의 좌회전 모두 신호위반으로 처리한다.

## 3. 차량신호 없는 곳에서 횡단보도 보행자용 신호위반 사고

일반적으로 횡단보도상에는 보행자신호와 함께 차량신호도 같이 있는 경우가 대부분이나 차량신호가 없거나 고장으로 꺼진 경우 진행하다 사고야기시 신호위반으로 볼 수 없다.

## 4. 지워진 횡단보도상에서의 신호위반 사고

차량신호가 정지신호인 이상 차량은 당연히 정지해야 할 의무가 있고, 따라서 신호위반으로 의율한다.

## 5. 긴급자동차의 신호위반 사고

긴급자동차라고 하더라도 도로교통법상에 규정된 일체의 의무규정 적용을 배제하는 것은 아니므로 진행방향에 교행하는 차량이나 보행자가 있으면 당연히 정지하여야 하고 따라서 신호위반으로 의율한다.

## 6. 가변차로 신호위반 사고

가변차로 상측에 설치되어 있는 신호등은 엄밀한 의미에서의 신호등이라 할 수 없고 전이되는 차로를 표시하는 표시등에 불과하므로 중앙선침범사고로 의율한다.

## 7. 신호위반 차량의 급정차로 인한 내부승객 사고

실무상 안전의무불이행으로 가볍게 취급하는 경우가 많은데 이 경우 양자 사이에 인과관계가 있으면 비록 차량과 차량 사이에 직접적인 접촉은 없다 하더라도 신호위반사고의 책임을 물어야 한다.

## 8. 어린이 보호구역내 사고

진입금지 표시판이 설치된 어린이 보호구역에 진입금지 시간중에 진입하다가 교통사고야기시 신호위반 사고에 해당한다.

## 【적용실례】

〈신호위반 후 반대차선의 중앙선 침범, 회전하는 차와 충돌한 경우〉

신호등 있는 횡단보도에서 정지신호를 위반한 채 진행하다가 마침 반대차선에서 중앙선을 침범하여 회전하는 차와 충돌한 경우

➡ 각자를 신호위반과 중앙선 침범으로 보아야 한다. 다만 충돌지점과 관련하여 신

호위반과 직접적인 인과관계가 있는 범위 내에서 충돌했을 경우에만 신호위반사고로 보아야 한다.

### 〈차량신호 없는 곳에서 보행자용 신호를 위반한 경우〉

차량신호 없는 곳에서 횡단보도 보행자용 신호를 위반한 경우

➡ 횡단보도상에는 보행자 신호와 함께 차량 신호도 같이 있는 경우가 대부분이나 차량신호는 없이 보행자 신호만 있는 경우 또는 차량신호가 고장으로 꺼진 경우가 있다. 이 경우 보행자 신호등의 지시에 반하여 진행하는 것을 신호위반으로 볼 것인가에 대하여 판례는 횡단보행자용 신호기는 차량의 운행용 신호기가 아니므로 신호위반사고로 볼 수 없다고 보고 있다.

### 〈적신호시 우회전하다 신호에 따라 직진하는 차와 충돌한 경우〉

적신호시 우회전하다가 신호에 따라 측면을 직진하는 차와 충돌한 경우

➡ 도로교통법시행규칙 별표 3 신호의 뜻에 의하면 적색등화시 "차마는 정지선이나 횡단보도가 있을 때에는 그 직진 및 교차로 직전에서 정지하여야 한다. 차마는 신호에 따라 직진하는 측면교통을 방해하지 아니한 우회전을 할 수 있다"고 규정하고 있다. 이 규정은 측면통행을 방해하지 않는 방법으로만 우회전하도록 허용하였음에도 측면통행에 방해되는 방법으로 우회전한 점을 비난하는 것이므로 측면교통을 주의하지 않고 진행하다가 사고를 낸 경우에는 신호위반사고로 보아야 한다.

### 〈긴급자동차가 신호를 위반, 사고를 야기한 경우〉

긴급자동차가 교차로에서 신호를 위반하여 진행하다가 사고를 야기한 경우

➡ 도로교통법 제29조 제2항은 "긴급자동차는 도로교통법 또는 도로교통법에 의한 명령의 규정에 의해 정지하여야 할 경우에 불구하고 정지하지 아니할 수 있다"고 하여 마치 정지의무가 없는 듯이 규정하고 있으나, 위 규정은 긴급자동차에 대하여 도로교통법에 규정된 일체의 의무 적용을 배제하는 것이 아니어서 진행방향에 교행하는 차량이나 보행하는 사람이 있다면 당연히 정지해야 한다. 따라서 교차로의 상황, 보행자의 위치 등을 고려하여 정지할 의무가 있다고 판단되는 곳을 그대로 진행하여 사고를 야기한 것이라면 신호위반사고로 보아야 할 것이다.

### 〈가변차선에서 적신호를 무시하고 진행하다 사고를 낸 경우〉

신호등이 설치된 가변 차선에서 적신호를 무시하고 진행하다가 마주 오는 차와 충돌한 경우

➡ 이는 실무상 신호위반사고로 의율하는 것이 일반적이다. 다만, 신호기의 지시에 의해 중앙선이 되는 가변 차선을 침범하여 회전하다가 사고를 낸 경우 각 차선

에 설치된 신호기가 정전으로 모두 꺼진 때에는 중앙선 침범으로 의율해야 한다.

〈시내버스가 신호위반으로 상대방 차와 충돌하려 하자 급정거하여 승객이 다친 경우〉

시내버스가 교차로에서 신호를 위반하여 진행하다가 교차하는 차를 발견하고 급정거하여 다행히 상대방 차와 충돌하지는 않았으나 급정거하는 바람에 버스 승객이 넘어져 다친 경우

➡ 실무상 급정거하게 된 경우에 대한 조사를 소홀히 한 채 안전의무불이행으로 인한 사고로 가볍게 취급하는 사례가 많으나 승객이 다친 사고는 운전자의 신호위반과 직접적인 인과관계가 있으므로 교차로에서 신호를 위반한 점을 충분히 조사하여 운전자에게 신호위반사고의 책임을 물어야 할 것이다.

〈신호위반하여 상대방차와의 충돌을 피하려다 차량 또는 보행자를 충격한 경우〉

교차로에서 신호를 위반하여 진행하는 차량을 발견하고 충돌을 피하기 위하여 핸들을 조작하다가 다른 차량 또는 보행자를 충격한 경우

➡ 신호를 위반하여 야기한 차량의 운전자를 가해자로 하여 신호위반의 책임을 물어야 할 것이다. 이 때 사고를 야기한 운전자가 자신의 차는 접촉이 없었다는 이유로 상관없는 일로 치부하고 그냥 가버리는 경우가 있는데 이는 도주차량으로 입건해야 한다.

## 【범죄사실 기재례】

피의자는 경기○○도○○○○호 2.5톤 화물차 운수업에 종사하고 있다.

피의자는 200○. ○. ○. 18 : 15경 위 차를 운전하여

경기도 ○○군 ○○면 ○○리 ○○번지 앞길을 시속 약 60km로 주행중 차량번호를 알 수 없는 시외버스를 뒤따라 진행하였는 바, 그 곳은 중앙선이 표시된 곳이었으므로 이러한 경우 운전업무에 종사하는 자로서는 중앙선을 침범하여 앞지르기를 하여서는 안 될 업무상 주의의무가 있다. 그러나 피의자는 이를 무시한 채 중앙선을 침범하여 앞지르기를 하다가 마침 반대방향에서 자전거를 타고 진행해오던 피해자 박○○의 왼쪽 어깨부위를 피의자 차의 왼쪽부분으로 충격하여 위 박○○에게 약 3개월의 치료를 요하는 오른쪽 위팔 골절상을 입게 하였다.

## 【적용실례】

〈차가 미끄러지면서 발생한 중앙선침범에 의한 대인사고의 경우〉

➡ 본건 피의사실 중 중앙선침범에 의한 대인사고의 점에 관하여 살피건대, 교통사

고처리특례법 소정의 중앙선침범이라 함은 교통사고의 발생지점이 중앙선을 넘어선 모든 경위를 말하는 것이 아니라 계속적인 중앙선침범운행을 하였거나 부득이한 사유없이 중앙선을 침범하여 사고를 일으키게 한 경우를 뜻하는 것인 바, 본건에 있어서는 모든 증거를 종합하건대 피의자는 내리막길인 사고 장소에 이르러 도로의 푹 패인 곳에 바퀴가 빠지면서 차가 요동하는 순간 급제동을 하였으나 차가 미끄러지면서 중앙선을 넘어가게 된 사실을 인정할 수 있고, 위 인정사실에 의하면 피의자는 부득이하게 중앙선을 넘어가게 되었다고 할 것이어서 결국 교통사고처리특례법 소정의 중앙선침범이라고 볼 수 없어 위 피의사실을 중앙선침범으로 인한 사고로 의율할 수 없다 할 것이다.

〈뒷차의 충돌로 중앙선을 넘어 반대차선의 차량과 충돌한 경우〉

뒷차가 충돌하는 바람에 앞차가 중앙선을 넘어 반대 차선의 차량과 충돌한 경우

➡ 우선 앞차는 자신의 고의나 과실이 없으므로 중앙선을 넘어간 사실에 대하여 형법상의 행위로 평가할 것이 없어 책임이 없다고 할 것이다. 또한 뒷차도 일반적으로 중앙선 침범을 인정하기는 어렵지만, 앞차에 대한 충돌로 그 앞차가 중앙선 침범을 상당한 정도로 예견할 수 있음에도 이를 게을리 한 채 충돌한 결과 중앙선 침범이 일어났다면 중앙선 침범 사고로 인정할 수 있을 것이다.

〈좌회전 허용지역에서 좌회전하다 중앙선을 침범한 경우〉

좌회전 허용지역으로 되어 있는 중앙선이 끊어진 부분을 통하여 반대 차선으로 들어갈 때 차의 길이 노폭 등의 사정으로 인하여 차의 뒷부분이 부득이 중앙선을 일부 물고 있는 상태에서 사고를 발생하게 한 경우

➡ 비록 일부에 중앙선 침범이 있다고 하더라도 끊어진 지점으로 중앙선을 넘어가는 것이 가능함에도 그 지점에 이르기 전에 성급히 좌회전하기 위하여 중앙선을 침범하였다면 이는 중앙선 침범사고에 해당한다.

## 【범죄사실 기재례】

피의자는 서울○○아○○○○호 5톤 덤프트럭의 운전업무에 종사하고 있다.

피의자는 20○○. ○. ○. 23 : 30경 위 차를 운전하여 경기도 ○○군 ○○면 ○○리 ○○번지 앞길을 진행중이었는데, 그 때는 밤이므로 전방관찰이 어렵고 그 곳은 제한시속이 60km인 도로이므로 이러한 경우 운전업무를 하는 자는 속도를 줄이고 전방 및 좌우를 잘 살피면서 운전하여야 할 업무상의 주의의무가 있다. 그러나 피의자는 이를 무시한 채 시속 약 98km의 과속으로 운행한 과실로 인하여 마침 도로 오른쪽에서 왼쪽으로 횡단하던 피해자 김○○을 약 15m 전방에서 뒤늦게 발견하고 급제동하였으나 미치지 못

하고 위 차의 왼쪽 앞부분으로 위 피해자를 충격하여 위 김○○에게 약 3주의 치료를 요하는 목뼈부위염좌 등의 상해를 입게 하였다.

## 【범죄사실 기재례】

피의자는 20○○. ○. ○. 00 : 10경 자신의 서울○○라○○○○호 4륜구동차를 운전하여 ○○시 ○○동 ○○번지 앞 편도 3차선도로의 2차선을 주행하고 있었다. 그 곳은 심하게 구부러진 도로이므로 운전업무에 종사하는 자로서는 앞지르기를 하여서는 아니됨에도 불구하고 이를 무시한 채 앞서 진행하는 피해자 성○○가 운전하는 인천○○고○○○○호 아반떼 승용차를 1차선으로 앞지르기한 과실로 피의자 운전의 차 오른쪽 앞범퍼부분으로 피해자 운전의 차 왼쪽 뒷부분을 들이받아 그 충격으로 위 차에 타고 있던 피해자 남○○에게 약 3주간의 치료를 요하는 뇌진탕상을 입게 하였다.

## 【범죄사실 기재례】

피의자는 20○○. ○. ○. 20 : 30경 업무로 울○○마○○○○호 마티즈 승용차를 운전하여 ○○시 ○○동 ○○번지 앞 횡단보도상을 ○○쪽에서 ○○쪽으로 편도 1차선을 따라 시속 약40km로 진행하고 있었다. 그 곳은 횡단보도가 설치된 지점이고 당시 횡단보도 주변에 보행자들이 있었으므로 자동차 운전업무에 종사하는 자로서는 그 곳 일시정지선에 일단 정지하거나 서행하면서 전방좌우를 세밀히 살펴가며 안전하게 운전하여야 할 업무상의 주의의무가 있다. 그러나 피의자는 이를 게을리 한 채 그대로 진행한 과실로 마침 그 곳 횡단보도를 따라 왼쪽에서 오른쪽으로 도로를 건너가던 피해자 안○○을 뒤늦게 발견하고 급제동조치를 취하였으나 피하지 못하고 위 승용차의 왼쪽 앞범퍼부분으로 피해자를 충격하여 그녀에게 약 8주간의 치료를 요하는 급성뇌경질막하수낭종상 등을 입게 하였다.

※ 보행자가 횡단보도가 아닌 횡단보도표시와 일시정지선 사이의 도로로 횡단하다가 치인 경우, 차량신호기가 있는 경우는 신호위반으로 의율하지만 없는 경우에는 횡단보도사고로 의율할 수 없다.

## 【범죄사실 기재례】

1. 피의자 홍길동(남. 27세)은 지방경찰청장이 발행하는 자동차 운전면허 없이 20○○. 1. 1. 16 : 35경 서울 성북구 ○○동 100번지 피의자 주거지 앞 노상에서 검거 장소인 강북구 ○○동 100번지 앞 노상까지 약 4킬로미터 가량을 피의자 친구인 소외 서돌쇠 소유인 37나 1234호 엘란트라 승용차량을 무면허 운전하였다.

2. 피의자는 자동차운전면허 없이 20○○. ○. ○. 17 : 00경 서울○○마○○○○호 포터 화물차를 운전하여 ○○시 ○○동 ○○번지 앞 편도 1차선도로를 ○○쪽에서 ○○쪽으로 시속 약 60km로 진행하고 있었다.

당시 그 곳은 빗길이고 같은 방향으로 앞서가던 번호를 알 수 없는 승용차를 약 50m 뒤에서 따라가게 되었으므로 이러한 경우 운전을 하는 피의자로서는 앞차의 동정을 잘 살펴 사고를 미리 막아야 할 주의의무가 있다. 그러나 피의자는 이를 게을리 한 채 그냥 진행한 과실로 위 승용차가 용두리마을로 진입하기 위하여 서행하는 것을 뒤늦게 발견하고 이를 피하기 위하여 급제동조치를 하였으나 빗길에 미끄러지면서 중앙선을 넘어 피의자 차 적재함 뒷부분으로 반대차선에서 마주오던 피해자 정○○(○○세)이 운전하는 경기○○머○○○○호 1톤 봉고트럭의 운전석 앞부분을 들이받았다. 그 충격으로 위 정 ○○으로 하여금 약 9주의 치료를 요하는 양측정강뼈코뼈열린분쇄골절 등을, 위 봉고트럭의 조수석에 타고 있던 피해자 오○○(○○세)으로 하여금 약 3주간의 치료를 요하는 우측무릎관절부찢긴상처 등을 각 입게 하고, 위 봉고트럭에 수리비 ○○만원 상당을 들도록 손괴하여 무면허운전사고를 일으켰다.

## 【범죄사실 기재례】

1. 피의자 홍길동(남, 28세)은 03 그 1234호 티뷰론 승용차의 운전자이다.

   피의자는 20○○. 6. 25. 23 : 00경 혈중알콜농도 0.11퍼센트의 주취상태에서 서울 성북구 돈암동에 있는 상호를 모르는 술집 앞에서 같은구 길음동 성북우체국앞까지 약 2킬로미터 가량을 음주운전을 하였다.

2. 피의자 박돌쇠(남, 33세)는 03더 1234호 에쿠스 승용차를 운전자이다.

   피의자는 20○○. 6. 25. 20 : 00경 서울시 성북구 길음동 길음시장앞에서 위 차량을 운전하여 수유리 방면으로 진행하던 중 위 차가 좌우로 비틀거리며 달리는 것을 보고 순찰차를 타고 뒤쫓아온 종암경찰서 소속 경사 홍실동이 위 차를 정지시키고 입에서 술냄새가 나는 피의자에 대하여 술에 취하였는지 여부를 측정하려 하였으나 그 측정에 응하지 아니하였다.

3. 피의자 박돌쇠(남, 26세)는 일정한 직업이 없는 자이다.

   (1) 피의자는 20○○. 6. 25. 15 : 30경 서울 노원구 월계동 번지를 알 수 없는 장소에서부터 성북구 장위동 100번지 높은빌딩 앞 노상까지 약 4킬로미터를 소외 김여자(여, 25세)소유 3 그1234호 스팩트라 승용차량을 혈중 알콜농도 0.11퍼센트에서 음주운전하였다.

   (2) 피의자는 차량을 운전하려면 지방경찰청장발행 운전면허를 득하고 운전하여야 함에도 불구하고 운전면허 없이 위 1항과 같은 일시 및 장소에서 위 검거장소까지 약 4킬로미터를 무면허 운전하였다.

4. 피의자는 서울○○도○○○○호 NF소나타 승용차를 운전하는 사람이다.

　피의자는 20○○. ○. ○. 22 : 40경 혈중알콜농도 0.38%의 술에 취한 상태에서 위 차를 운전하여 ○○시 ○○동 ○○번지 앞길을 ○○쪽에서 ○○쪽으로 편도 2차선도로의 1차선을 따라 시속 약 50km로 진행함에 있어 같은 방향으로 앞서가는 피해자 서○○이 운전하는 서울○○두○○○○호 베르나 승용차의 뒤를 따라가게 되었다. 이러한 경우 자동차를 운전하는 자로서는 앞차의 동정을 잘 살피고 안전거리를 확보하여 사고를 미리 막아야 할 주의의무가 있음에도 이를 게을리 한 채 지나치게 근접운전한 과실로 피해자 차량이 정지신호에 따라 정차하는 것을 뒤늦게 발견하고 급제동하였으나 피의자 차량의 앞범퍼부분으로 피해자 차량의 뒷범퍼부분을 들이받아 위 서○○으로 하여금 약 2주간의 치료를 요하는 뇌진탕상 등을, 피해자 차량에 타고 있던 피해자 최○○에게 약 4내지 6주간의 치료를 요하는 교통사고상을 입혔다.

## 【범죄사실 기재례】

피의자는 서울○○노○○○○호 2.5톤 화물트럭의 운전업무에 종사하는 사람이다. 피의자는 20○○. ○. ○. 11 : 30경 위 차를 운전하여 ○○시 ○○동 ○○번지 앞길을 ○○역쪽에서 ○○역쪽으로 운행하던 중, 운전업무에 종사하는 자는 충분한 휴식을 취하는 등 안전운전을 위한 제반조치를 다해야 함에도 24시간동안 계속하여 운전함에 따른 과로로 인하여 졸면서 운전한 과실로 위 도로에 접한 보도를 침범하였다. 그리하여 마침 위 보도상을 보행하던 피해자 김○○을 위 차의 앞범퍼부분으로 들이받아 쓰러뜨린 충격으로 위 김○○로 하여금 같은 날 14 : 00경 ○○병원 중환자실에서 양측가슴속출혈 및 폐타박상 등으로 사망에 이르게 하였다.

## 【범죄사실 기재례】

피의자는 ○○운수주식회사 소속 시내버스인 경기○○아○○○○호의 운전업무에 종사하고 있다.

피의자는 20○○. ○. ○. 08 : 40경 ○○시 ○○구 ○○동 ○○빌딩앞 버스정류장에 일시 정차하였다가 위 정류장에서 ○○동쪽으로 출발하던 중, 이러한 경우 운전업무에 종사하는 자는 출발 전에 후사경 등을 잘 살펴 승객이 안전하게 승하차하였는지 여부를 확인하여야 할 업무상의 주의의무가 있다. 그러나 피의자는 이를 게을리 하여 출입문을 연 채 출발한 과실로 마침 하차중에 있던 피해자 허○○를 차도에 추락케 하여 그 충격으로 위 허○○에게 약 4주간의 치료를 요하는 뇌진탕상 등을 입게 하였다.

# 국유재산법

[시행 2024. 7. 10.] [법률 제19990호, 2024. 1. 9., 타법개정]

## Ⅰ. 개설

### 목적

이 법은 국유재산에 관한 기본적인 사항을 정함으로써 국유재산의 적정한 보호와 효율적인 관리·처분을 목적으로 한다.

## Ⅱ. 판례

**제6조(국유재산의 구분과 종류)** ① 국유재산은 그 용도에 따라 행정재산과 일반재산으로 구분한다.

② 행정재산의 종류는 다음 각 호와 같다. 〈개정 2012.12.18.〉

  1. 공용재산: 국가가 직접 사무용·사업용 또는 공무원의 주거용(직무 수행을 위하여 필요한 경우로서 대통령령으로 정하는 경우로 한정한다)으로 사용하거나 대통령령으로 정하는 기한까지 사용하기로 결정한 재산
  2. 공공용재산: 국가가 직접 공공용으로 사용하거나 대통령령으로 정하는 기한까지 사용하기로 결정한 재산
  3. 기업용재산: 정부기업이 직접 사무용·사업용 또는 그 기업에 종사하는 직원의 주거용(직무 수행을 위하여 필요한 경우로서 대통령령으로 정하는 경우로 한정한다)으로 사용하거나 대통령령으로 정하는 기한까지 사용하기로 결정한 재산
  4. 보존용재산: 법령이나 그 밖의 필요에 따라 국가가 보존하는 재산

③ "일반재산"이란 행정재산 외의 모든 국유재산을 말한다.

### '공공시설'에 해당한다고한사례

[대법원 2019. 2. 14., 선고, 2018다262059, 판결]

**【판결요지】**

국유림의 경영 및 관리에 관한 법률(이하 '국유림법'이라고 한다)은 준보전국유

림을 대부받은 자가 그 권리를 양도하고자 하는 때에는 산림청장의 허가를 받아야 한다고 정하고(제21조, 제25조 제1항), 준보전국유림을 대부받은 자가 산림청장의 허가를 받지 않고 그 권리를 양도한 경우 산림청장은 대부를 취소할 수 있다고 정한다(제26조 제1항 제4호). 그러나 준보전국유림을 대부받은 자가 그 권리를 제3자에게 양도하였을 경우 산림청장의 허가를 받지 않았다고 하더라도 다른 사정이 없는 한 그 양도계약은 유효하고, 산림청장의 허가가 없었다는 이유만으로 양도계약이 무효 또는 유동적 무효 상태가 된다고 볼 수는 없다.

① 구 산림법(2005. 8. 4. 법률 제7678호 산림자원의 조성 및 관리에 관한 법률 부칙 제2조로 폐지) 제71조 제1항은 국유림을 요존국유림과 불요존국유림으로 구분하였다. 2005. 8. 4. 법률 제7677호로 제정된 국유림법도 국유림을 요존국유림과 불요존국유림으로 구분하면서(제16조 제1항) 요존국유림을 국유재산 중 행정재산이나 보존재산으로, 불요존국유림을 국유재산 중 잡종재산으로 본다고 정하였다(제16조 제3항). 한편 국유재산법은 2009. 1. 30. 법률 제9401호로 전부개정되면서 국유재산을 행정재산과 일반재산으로 구분하였는데(제6조), 국유림법 제16조 제3항도 이에 따라 요존국유림을 행정재산으로, 불요존국유림을 일반재산으로 본다고 개정하였다. 국유림법은 2016. 12. 2. 법률 제14357호 개정되면서 요존국유림을 보전국유림으로, 불요존국유림을 준보전국유림으로 변경하였다.

② 국유재산법상 일반재산에 관한 관리·처분의 권한을 위임받은 기관의 일반재산 대부 행위는 국가나 지방자치단체가 사경제 주체로서 상대방과 대등한 위치에서 행하는 사법상 계약이므로 그 권리관계는 사법의 규정이 적용됨이 원칙이다. 다만 계약당사자의 일방이 국가나 지방자치단체이고 그 목적물이 국유재산이라는 공적 특성이 있어서 국유재산법 등 특별법의 규제를 받을 수 있다. 이는 국유재산법상 일반재산에 해당하는 준보전국유림도 마찬가지다. 준보전국유림에 관한 대부계약은 국가가 사경제 주체로서 대부를 받는 자와 대등한 위치에서 체결한 사법상 계약이므로 그에 관한 권리관계를 특별히 규제하는 법령이 없는 이상 민법상 임대차에 관한 사법상 규정이 적용될 수 있다.

③ 국유재산법상 일반재산에 해당하는 준보전국유림은 보전국유림 외의 국유림으로(국유림법 제16조 제1항 제1호, 제2호) 국유재산으로서 공적 특성이 비교적 크지 않다. 국유림법은 준보전국유림을 대부받은 자가 그 권리를 양도할 경우 산림청장의 허가를 받도록 정하고 있으나 준보전국유림을 대부받은 자가 산림청장의 허가 없이 한 권리양도의 효력에 관하여 별도로 정한 바가 없고 산림청장의 허가 없는 양도행위를 처벌하는 조항도 두지 않았다. 이러한 사정을 종합하면 준보전국유림을 대부받은 자가 권리를 양도할 때 산림청장의 허가를 받도록 한 것은 준보전국유림이 대부 목적에 맞게 사용되도록 하고 대부 현황을 파악하여 준보전국유림을 효율적으로 관리하기 위한 목적에 따른 것일 뿐, 산림청장의 허가를 양도행위의 효력요건으로 정하여 허가가 없으면 양도행위의 효력 자체를 부정할 목적에 따른 것으로 보기는 어렵다.

④ 준보전국유림을 대부받은 자가 제3자에게 그 권리를 양도하는 행위의 효력을 제한하는 특별법의 규제가 없는 이상 민법상 임대차에서 임대인의 동의 없이

임차권이 무단양도된 경우에도 임차권 양도계약이 유효한 것과 마찬가지로 준보전국유림을 대부받은 자가 제3자에게 그 권리를 양도하는 계약도 유효하다고 봄이 타당하다.

**제7조(국유재산의 보호)** ① 누구든지 이 법 또는 다른 법률에서 정하는 절차와 방법에 따르지 아니하고는 국유재산을 사용하거나 수익하지 못한다.
② 행정재산은「민법」제245조에도 불구하고 시효취득(時效取得)의 대상이 되지 아니한다.

## 토지사용이의재결처분취소
[대법원 2018. 11. 29., 선고, 2018두51904, 판결]

【판결요지】
구 국유림의 경영 및 관리에 관한 법률(2016. 12. 2. 법률 제14357호로 개정되기 전의 것, 이하 '국유림법' 이라 한다) 제16조 제1항, 제3항, 제4항 제2호, 제17조, 제20조 제1항 제1호, 제2항, 제21조 제1항 제1호, 제2호, 국유림의 경영 및 관리에 관한 법률 시행령 제11조 제2항 제2호, 제18조 제1항 제1호의 내용과 체계 및 취지 등을 종합하면, 공익사업의 시행자가 요존국유림(要存國有林)을 철도사업 등 공익사업을 위한 토지 등의 취득 및 보상에 관한 법률(이하 '토지보상법' 이라 한다)에 의한 공익사업에 사용할 필요가 있는 경우에 국유림법에서 정하는 절차와 방법에 따르지 아니한 채, 토지보상법에 따른 재결을 통해 요존국유림의 소유권이나 사용권을 취득할 수 없다.
나아가 공익사업의 시행자가 불요존국유림(不要存國有林)을 철도사업 등 토지보상법에 의한 공익사업에 사용할 필요가 있는 경우에도, 국유림법에서 정하는 절차와 방법에 따라 소유권이나 사용권을 취득하려는 조치를 우선적으로 취하지 아니한 채, 토지보상법에 따른 재결을 통해 불요존국유림의 소유권이나 사용권을 취득할 수 없다.

**제8조(국유재산 사무의 총괄과 관리)** ① 총괄청은 국유재산에 관한 사무를 총괄하고 그 국유재산(제3항에 따라 중앙관서의 장이 관리·처분하는 국유재산은 제외한다)을 관리·처분한다. 〈개정 2011.3.30.〉
② 총괄청은 일반재산을 보존용재산으로 전환하여 관리할 수 있다.
③ 중앙관서의 장은 「국가재정법」 제4조에 따라 설치된 특별회계 및 같은 법 제5조에 따라 설치된 기금에 속하는 국유재산과 제40조제2항 각 호에 따른 재산을 관리·처분한다. 〈개정 2011.3.30.〉
④ 중앙관서의 장은 제3항 외의 국유재산을 행정재산으로 사용하려는 경우에는

대통령령으로 정하는 바에 따라 총괄청의 승인을 받아야 한다. 〈신설 2011.3.30.〉

⑤ 총괄청은 제4항에 따른 사용승인을 할 때 제40조의2에 따른 우선사용예약을 고려하여야 한다. 〈신설 2020.3.31.〉

⑥ 이 법에 따른 총괄청의 행정재산의 관리·처분에 관한 사무는 그 일부를 대통령령으로 정하는 바에 따라 중앙관서의 장에게 위임할 수 있다. 〈신설 2011.3.30., 2020.3.31.〉

## 소유권말소등기

[대법원 2016. 8. 24. 선고, 2016다220679, 판결]

【판결요지】
등기부취득시효가 인정되려면 점유의 개시에 과실이 없어야 하고, 증명책임은 주장자에게 있으며, 여기서 무과실이란 점유자가 자기의 소유라고 믿은 데에 과실이 없음을 말한다. 그런데 부동산에 등기부상 소유자가 존재하는 등 소유자가 따로 있음을 알 수 있는 경우에는 비록 소유자가 행방불명되어 생사를 알 수 없더라도 부동산이 바로 무주부동산에 해당하는 것은 아니므로, 소유자가 따로 있음을 알 수 있는 부동산에 대하여 국가가 국유재산법 제8조에 따른 무주부동산 공고절차를 거쳐 국유재산으로 등기를 마치고 점유를 개시하였다면, 특별한 사정이 없는 한 점유의 개시에 자기의 소유라고 믿은 데에 과실이 있다.

**제12조(소유자 없는 부동산의 처리)** ① 총괄청이나 중앙관서의 장은 소유자 없는 부동산을 국유재산으로 취득한다. 〈개정 2011.3.30.〉

② 총괄청이나 중앙관서의 장은 제1항에 따라 소유자 없는 부동산을 국유재산으로 취득할 경우에는 대통령령으로 정하는 바에 따라 6개월 이상의 기간을 정하여 그 기간에 정당한 권리자나 그 밖의 이해관계인이 이의를 제기할 수 있다는 뜻을 공고하여야 한다. 〈개정 2011.3.30.〉

③ 총괄청이나 중앙관서의 장은 소유자 없는 부동산을 취득하려면 제2항에 따른 기간에 이의가 없는 경우에만 제2항에 따른 공고를 하였음을 입증하는 서류를 첨부하여 「공간정보의 구축 및 관리 등에 관한 법률」에 따른 지적소관청에 소유자 등록을 신청할 수 있다. 〈개정 2009.6.9., 2011.3.30., 2014.6.3.〉

④ 제1항부터 제3항까지의 규정에 따라 취득한 국유재산은 그 등기일부터 10년간은 처분을 하여서는 아니 된다. 다만, 대통령령으로 정하는 특별한 사유가 있으면 그러하지 아니하다. 〈개정 2016.3.2.〉

## 손해배상(기)
[대법원 2014.12.11. 선고, 2011다38219, 판결]

【판결요지】
지적공부에 소유자 기재가 없는 미등기 토지에 관하여 국가가 국유재산에 관한 권리보전
조치의 일환으로 국가 명의의 소유권보존등기를 마치자, 토지를 사정받은 甲의 상속인들
이 국가를 상대로 불법행위에 따른 손해배상을 구한 사안에서, 미등기 부동산에 대한 국
가의 권리보전조치의 경위와 내용, 토지조사부에 소유자로 등재된 자의 지위에 관한 판례
변경 경위 및 광복 이후 농지개혁과 6·25동란 등을 거치면서 토지소유권에 관하여도 극
심한 변동이 있었던 점 등을 감안하여 보면, 국가가 지적공부에 소유자 기재가 없는 미등
기 토지에 관하여 국가 명의로 소유권보존등기를 하는 권리보전조치를 취한 것은 위법한
행위라고 볼 수 없고, 국가가 권리보전조치를 하는 과정에서 토지의 진정한 소유자가 따
로 있음을 알고 있음에도 소유권보존등기를 마쳤다는 등의 특별한 사정이 없는 한 토지의
사정명의인 또는 상속인에 대한 관계에서 불법행위가 성립하지 않는다고 한 사례.

**제20조(직원의 행위 제한)** ① 국유재산에 관한 사무에 종사하는 직원은 그 처
리하는 국유재산을 취득하거나 자기의 소유재산과 교환하지 못한다. 다만,
해당 총괄청이나 중앙관서의 장의 허가를 받은 경우에는 그러하지 아니하다.
〈개정 2011.3.30.〉
② 제1항을 위반한 행위는 무효로 한다.

## 국유재산에관한사무에종사하는직원이 타인의명의로국유재산을취득하는행위의효력
[대법원 2017. 12. 22., 선고, 2015다205086, 판결]

【판결요지】
구 국유재산법(1976. 12. 31. 법률 제2950호로 전부 개정되기 전의 것) 제7조 제1항은
"국유재산에 관한 사무에 종사하는 직원은 그 처리하는 국유재산을 양수하거나 자기
의 소유물건과 교환하지 못한다."라고 정하고, 제2항은 "전항의 규정에 위반한 행위
는 무효로 한다."라고 정하고 있다. 이는 국유재산 처분 사무의 공정성을 도모하기
위하여 관련 사무에 종사하는 직원에 대하여 부정한 행위로 의심받을 수 있는 가장
현저한 행위를 적시하여 이를 엄격히 금지하고, 그 금지규정을 위반한 행위의 사법상
효력을 무효로 한다고 규정한 것이다. 국유재산에 관한 사무에 종사하는 직원이 타인
의 명의로 국유재산을 취득하는 행위는 위 법률에서 직접 금지한 것이 아니라고 보더
라도 강행법규인 위 규정들의 적용을 잠탈하기 위한 탈법행위로서 무효이다.
나아가 이 법률이 거래안전의 보호 등을 위하여 그 무효를 주장할 수 있는 상대방을 제한
하는 규정을 따로 두고 있지 않은 이상 그 무효는 원칙적으로 누구에게나 주장할 수 있으
므로, 그 규정을 위반하여 취득한 국유재산을 제3자가 전득하는 행위도 당연 무효이다.

**제27조(처분의 제한)** ① 행정재산은 처분하지 못한다. 다만, 다음 각 호의 어느 하나에 해당하는 경우에는 교환하거나 양여할 수 있다. 〈개정 2011.3.30., 2020.6.9.〉

1. 공유(公有) 또는 사유재산과 교환하여 그 교환받은 재산을 행정재산으로 관리하려는 경우
2. 대통령령으로 정하는 행정재산을 직접 공용이나 공공용으로 사용하려는 지방자치단체에 양여하는 경우

② 제1항제1호에 따라 교환하는 경우에는 제54조제2항부터 제4항까지를 준용하고, 제1항제2호에 따라 양여하는 경우에는 제55조제2항·제3항을 준용한다. 이 경우 "일반재산"은 "행정재산"으로 본다.

③ 제1항제1호에 따른 교환에 관한 교환목적·가격 등의 확인사항, 제1항제2호에 따라 양여하는 경우 제55조제3항의 준용에 따라 총괄청과 협의하여야 하는 사항, 그 밖에 필요한 사항은 대통령령으로 정한다.

## 골프회원자격지위확인

[대법원 2009. 10. 15., 선고, 2009두9383, 판결]

**【판결요지】**
행정재산의 사용수익허가권의 기간을 3년으로 제한하고 있는 구 「국유재산법」 (1986. 12. 31. 법률 제3881호로 개정되기 전의 것, 이하 같음) 제27조 제1항은 행정재산의 사용허가가 지나치게 장기화되는 것을 방지하고자 마련된 것으로서 그 허가기간에 별다른 예외 사유를 두고 있지 않은 점, 행정재산에 대한 사용권의 부여는 그 용도 또는 목적에 장애가 되지 아니하는 범위 내에서 예외적으로 할 수 있도록 되어 있고 공물사용권에 기한 공물의 사용이 반드시 독점적·배타적 사용으로 제한되지는 아니하는 점 등에 비추어 보면, 행정재산 사용허가가 독점적·배타적 사용을 내용으로 하는 경우뿐만 아니라 골프장 이용과 같이 일시적·단속적으로 사용하는 것을 내용으로 하는 경우에도 사용수익허가기간에 관한 위 규정이 적용된다고 할 것이다.
원심이, 환송판결의 취지에 따라 원고들에 대한 이 사건 골프장의 명예회원자격 부여 행위가 행정재산의 사용에 대하여 일반인에게는 허용되지 아니하는 특별한 사용권을 특정인에게 창설하여 주는 강학상 특허에 해당한다고 인정한 다음, 여기에 구 「국유재산법」 제27조 제1항이 적용된다고 판단한 것은 위의 법리에 따른 것으로서 정당하다.

**제30조(사용허가)** ① 중앙관서의 장은 다음 각 호의 범위에서만 행정재산의 사용허가를 할 수 있다. 〈개정 2011.3.30.〉

1. 공용·공공용·기업용 재산: 그 용도나 목적에 장애가 되지 아니하는 범위
2. 보존용재산: 보존목적의 수행에 필요한 범위

② 제1항에 따라 사용허가를 받은 자는 그 재산을 다른 사람에게 사용·수익하

게 하여서는 아니 된다. 다만, 다음 각 호의 어느 하나에 해당하는 경우에는 중앙관서의 장의 승인을 받아 다른 사람에게 사용·수익하게 할 수 있다. 〈개정 2011.3.30., 2020.3.31.〉

1. 기부를 받은 재산에 대하여 사용허가를 받은 자가 그 재산의 기부자이거나 그 상속인, 그 밖의 포괄승계인인 경우
2. 지방자치단체나 지방공기업이 행정재산에 대하여 제18조제1항제3호에 따른 사회기반시설로 사용·수익하기 위한 사용허가를 받은 후 이를지방공기업 등 대통령령으로 정하는 기관으로 하여금 사용·수익하게 하는 경우

③ 중앙관서의 장은 제2항 단서에 따른 사용·수익이 그 용도나 목적에 장애가 되거나 원상회복이 어렵다고 인정되면 승인하여서는 아니 된다. 〈개정 2011.3.30.〉

## 사용허가취소처분등취소청구

[대법원 2020. 10. 29., 선고, 2019두43719, 판결]

【판결요지】

국유지에 지어진 무허가 미등기 건물을 양수하여 건물의 부지로 국유지를 무단점용하고 있던 甲이 위 건물을 '본인의 주거용'으로만 사용하겠다며 위 국유지의 사용허가를 신청하자 관리청인 시장이 甲에게 한시적으로 국유지 사용허가를 하였는데, 현장조사에서 甲이 위 건물을 다른 사람들에게 임대하여 식당 등으로 사용하고 있는 사실을 파악하고 '甲이 위 건물 임대를 통해 위 국유지를 다른 사람에게 사용·수익하게 하여 국유재산법 제30조 제2항을 위반하였다'는 사유로 甲에게 위 사용허가를 취소하고 국유지를 원상회복할 것을 명하는 처분을 한 사안에서, 甲은 위 건물을 본인의 주거용으로만 사용하겠다는 뜻을 밝혀 위 국유지의 사용허가를 받고도 위 건물을 제3자에게 임대함으로써 시장이 사용허가 당시 예정하였던 목적과 취지에 반하여 건물 임차인으로 하여금 건물의 점유·사용에 수반하여 국유지를 사용·수익하게 하였으므로 위 건물 임대는 국유재산법 제36조 제1항 제2호에서 사용허가 취소사유로 정한 '사용허가 받은 재산을 다른 사람에게 사용·수익하게 한 경우'에 해당하는데도, 이와 달리 본 원심판단에 법리오해의 잘못이 있다.

**제32조(사용료)** ① 행정재산을 사용허가한 때에는 대통령령으로 정하는 요율(料率)과 산출방법에 따라 매년 사용료를 징수한다. 다만, 연간 사용료가 대통령령으로 정하는 금액 이하인 경우에는 사용허가기간의 사용료를 일시에 통합 징수할 수 있다. 〈개정 2016.3.2.〉

② 제1항의 사용료는 대통령령으로 정하는 바에 따라 나누어 내게 할 수 있다. 이 경우 연간 사용료가 대통령령으로 정하는 금액 이상인 경우에는 사용허가(허가를 갱신하는 경우를 포함한다)할 때에 그 허가를 받는 자에게 대통령

령으로 정하는 금액의 범위에서 보증금을 예치하게 하거나 이행보증조치를 하도록 하여야 한다.

③ 중앙관서의 장이 제30조에 따른 사용허가에 관한 업무를 지방자치단체의 장에게 위임한 경우에는 제42조제6항을 준용한다. 〈개정 2011.3.30.〉

④ 제1항 단서에 따라 사용료를 일시에 통합 징수하는 경우에 사용허가기간 중의 사용료가 증가 또는 감소되더라도 사용료를 추가로 징수하거나 반환하지 아니한다. 〈신설 2016.3.2.〉

## 사용료부과처분취소청구의 소

[대법원 2017. 4. 27., 선고, 2017두31248, 판결]

【판결요지】

甲 시가 국유재산인 토지 상에 근로자 종합복지관 등을 건축하여 점유·사용하고 있다는 이유로 해당 국유지의 관리청인 乙 시가 사용료 부과처분을 한 사안에서, 구 국유재산법(2016. 3. 2. 법률 제14041호로 개정되기 전의 것) 제32조 제1항에 의하면 행정재산을 사용허가한 때에는 대통령령으로 정하는 요율과 산출방법에 따라 매년 사용료를 징수하고, 공유수면 관리 및 매립에 관한 법률 제13조 제1항에 의하면 공유수면관리청은 점용·사용허가나 공유수면의 점용·사용협의 또는 승인을 받은 자로부터 대통령령으로 정하는 바에 따라 매년 공유수면 점용료 또는 사용료를 징수하여야 하므로, 乙 시가 甲 시에 국유재산에 대한 사용료 또는 점용료를 부과하기 위해서는 乙 시가 甲 시에 국유재산의 점용·사용을 허가하였거나 그에 관한 협의 또는 승인이 있었던 경우라야 함에도, 점용·사용허가 등이 있었는지에 관하여 심리하지 아니한 채 오히려 甲 시가 국유재산에 관한 점용·사용허가를 받지 않고 이를 점유·사용하고 있다고 보면서도 사용료 부과처분이 적법하다고 본 원심의 판단에 법리를 오해하여 필요한 심리를 다하지 아니한 잘못이 있다.

**제53조(건물 등의 매수)** 일반재산의 매각계약이 해제된 경우 그 재산에 설치된 건물이나 그 밖의 물건을 중앙관서의 장이 제44조에 따라 결정한 가격으로 매수할 것을 알린 경우 그 소유자는 정당한 사유 없이 그 매수를 거절하지 못한다. 〈개정 2011.3.30.〉

## 보상금

[대법원 2004. 7. 22, 선고, 2004다18323, 판결]

【판결요지】

[1] 은닉국유재산을 신고한 자의 국가에 대한 보상금청구권은 그 신고에 의하여 신고재산이 국유재산으로 확정되는 것을 정지조건으로 하여 발생하는 것으로, 국유재

산법시행령 제57조 제4항의 위임에 의한 같은법시행규칙 제55조의 신고방법에 관한 규정은 국유재산관리관서의 내부적 사무집행기준에 불과하므로 위 시행규칙 제55조 및 동 별지 제13호 소정의 은닉국유재산에 관한 신고서를 반드시 작성, 제출하여야 하는 것은 아니고, 마찬가지 이유로 위 신고서에 기재하도록 되어 있는 정도로 상세하게 신고재산의 내역을 특정하여야만 적법한 신고가 된다고 볼 수도 없다 할 것이며, 다만 은닉국유재산 신고보상제도의 취지, 신고에 따른 소관청의 조사절차 및 보상액수 기타 국유재산법 관련 규정에 비추어, 소관청의 조사를 발동시킬 정도의 합리적 사유에 근거한 신고행위가 단서가 되어 은닉국유재산의 환수가 이루어진 경우로서 그 신고와 환수 사이에 상당인과관계가 존재하고, 그것이 신고자가 신고대상으로 지목한 은닉국유재산의 범위에 포함되어 있는 것으로 볼 수 있는 경우에는 국가에 환수된 재산에 대한 보상금청구권이 성립하는 것으로 해석함이 상당하다.

[2] 은닉국유재산으로 의심되는 토지의 목록을 제출하면서 구두로 그에 대한 전반적인 조사를 요청한 것이 단서가 되어 해당 토지에 대한 국가 환수가 이루어졌다면 위 구두에 의한 신고행위는 국유재산법 제53조에서 규정하는 적법한 신고로 볼 수 있다고 한 사례.

## III. 벌칙

**제82조(벌칙)** 제7조제1항을 위반하여 행정재산을 사용하거나 수익한 자는 2년 이하의 징역 또는 2천만원 이하의 벌금에 처한다. 〈개정 2020.3.31.〉

## ◆ 신문사항 ◆

- 피의자는 국유재산을 사용하거나 수익한 적이 있는가?
- 어디에 있는 국유재산인가?
- 어떤 종류의 국유재산인가?
- 국유재산을 사용하거나 수익한 기간은 언제부터 언제인가?
- 국유재산을 사용하거나 수익한 방법은 어떤 것인가?
- 국유재산을 사용하거나 수익하여 연 얼마의 수익을 보았는가?
- 피의자는 자신이 사용하거나 수익한 것이 국유재산이라는 것을 알고 있었는가?
- 피의자는 왜 이러한 행위를 하였는가?

**[서식] 국유재산 사용허가 신청서**

# 국유재산 [ ] 사용허가
# [ ] 대부     신청서
# [ ] 매수

※ [  ]에는 해당되는 곳에 √표를 합니다.                                          (앞쪽)

| 접수번호 | 접수일자 | 처리기간 | 20일 |
|---|---|---|---|

| 신청인 | 성명(법인명) | | 주민등록번호(법인등록번호) |
|---|---|---|---|
| | 주소 | | 전화번호 |

| 신청내용 | 재산의 표시 | | | 신청면적(㎡) | 용도 | 사용·수익기간 |
|---|---|---|---|---|---|---|
| | 소재지 | 지목 | 공부면적(㎡) | | | |
| | | | | | | |
| | | | | | | |
| | 재산(증권)의 표시 | | | | | 비고(물납허가일) |
| | 종목명 | 법인등록번호 | | 수량(주) | | |
| | | | | | | |
| | | | | | | |

「국유재산법 시행규칙」 제14조제1항, 제35조제1항 또는 제36조제1항에 따라 위 재산의 ([ ]사용허가,  [ ]대부,  [ ]매수 )를 신청합니다.

년    월    일

신청인                        (서명 또는 인)

**중앙관서의 장등  귀하**

| 첨부서류 | 뒤쪽 참조 | 수수료 없 음 |
|---|---|---|

## 행정정보 공동이용 동의서

본인은 이 건 업무처리와 관련하여 전산정보처리조직 및 「전자정부법」 제36조제1항에 따른 행정정보의 공동이용을 통하여 담당 공무원이 뒤쪽의 확인사항을 확인하는 것에 동의합니다.
※ 신청인이 담당 공무원의 확인에 동의하지 아니하거나 전산정보처리조직 및 「전자정부법」 제36조제1항에 따른 행정정보의 공동이용을 통하여 확인할 수 없는 경우에는 해당 서류를 신청인이 직접 제출해야 합니다.

신청인　　　　　(서명 또는 인)

210mm×297mm[백상지 또는 중질지 80g/㎡]

(뒤쪽)

| 신청인 제출서류 (국유증권을 매수하려는 경우에 한정) | • 신청인이 개인인 경우: 신청인 본인의 신분증 사본<br>• 신청인이 법인인 경우: 이사회의사록 사본(원본대조필), 법인인감증명서, 해당 법인 대표이사의 신분증 사본<br>• 대리인이 신청하는 경우<br>－ 개인의 대리인인 경우: 본인의 신분증 사본, 본인의 인감증명서, 위임장 등 대리관계 증명서류, 대리인의 신분증 사본<br>－ 법인의 대리인인 경우: 이사회의사록 사본(원본대조필), 법인인감증명서, 해당 법인 대표이사의 신분증 사본, 위임장 등 대리관계 증명서류, 대리인의 신분증 사본<br>※ 매수자가 미성년자 등 「민법」에 따른 제한능력자인 경우에는 법정대리인의 동의서를 제출해야 합니다.<br>※ 「국유재산법 시행령」 제40조제3항제28호에 따른 지분증권의 매수 신청인 경우에는 아래의 서류를 추가로 제출해야 합니다.<br>• 매수 신청일이 속하는 사업연도의 중견기업 확인서 1부(중견기업인 경우에만 해당합니다)<br>• 매수 신청일 현재 주주현황 1부 | 수수료 없음 |
| --- | --- | --- |
| 담당공무원 확인사항 | 1. 신청인 본인 주민등록초본<br>2. 법인 등기사항증명서 및 사업자등록증<br>3. 중소기업확인서(중소기업인 경우에만 해당합니다) | |

## 처 리 절 차

| 신청서 작성 | → | 접 수 | → | 검 토 | → | 허가·결정 | → | 허가서·계약서 교부 |
| --- | --- | --- | --- | --- | --- | --- | --- | --- |
| 신청인 | | 중앙관서의 장등 | | 중앙관서의 장등 | | 중앙관서의 장등 | | |

※ 신청재산에 대한 현장 확인, 측량, 감정평가 등 관계 법령에 따른 절차로 실제 허가일 또는 계약 체결일은 20일을 초과할 수 있습니다.

## 유 의 사 항

1. 2인 이상 공동매수는 신청인을 연명하여 작성하되 공간이 부족할 경우 뒤쪽 빈칸에 적습니다.
2. 국유재산에 대한 매수신청이 경합될 때에는 「국유재산법 시행령」 제40조제2항에 따라 제한경쟁이나 지명경쟁의 방법으로 처분될 수 있습니다.

210mm×297mm[백상지 또는 중질지 80g/㎡]

**[서식] 국유재산사용허가서**

# 국유재산 [ ] 유상 [ ] 무상 사용허가서

| 성 명 | 주민등록번호 |
|---|---|

주 소

재산의 표시(소재지, 지목, 면적)

　　　　년　　　월　　　일에 제출한 위 [ ( )유상 / ( )무상 ] 사용허가 신청에 대하여 표시 재산의

다음의 조건을 붙여 「국유재산법 시행규칙」 제14조제3항에 따라 그 사용·수익(이하 "사용"이라 한다)을 허가합니다.

　　　　　　　　년　　　월　　　일

### 중앙관서의 장 　직인

### 허 가 조 건

제1조(사용목적) 사용목적은 　　　　　　　로 한다.

제2조(사용기간) 사용기간은 　년　　월　　일　　시부터　　년　　월　　일 시까지로 한다.

제3조(사용료) 사용료는 연액(월액 또는 일액) 금 　　　　원으로 한다. 다만, 다음 연도의 사용료는 「국유재산법 시행령」 제29조 및 제31조에 따라 매년 결정한다.

제4조(사용료의 납부) ① "일시납부의 경우" 사용인은 제3조의 사용료를 우리 부(처·청)에서 발행하는 납입고지서에 따라 납부기한까지 한꺼번에 내야 한다. 이 경우 사용인이 사용료를 납부기한까지 내지 아니하면 우리 부(처·청)가 「국유재산법」 제73조에 따라 연체료를 징수한다.

② "분할납부의 경우" 사용인은 제3조의 사용료를 우리 부(처·청)에서 발행하는 납입고지서에 따라 아래와 같이 내야 한다. 이 경우 사용인이 사용료를 납부기한까지 내지 아니하면 우리 부(처·청)가 「국유재산법」 제73조에 따라 연체료를 징수한다.

| 회차 | 분납금 | 이자 | 납부기한 | 회차 | 분납금 | 이자 | 납부기한 |
|---|---|---|---|---|---|---|---|
|  |  |  |  |  |  |  |  |
|  |  |  |  |  |  |  |  |

210mm×297mm[ 백상지 80g/㎡(재활용품) ]

※ 사용허가기간 중「국유재산법 시행령」 제30조제3항에 따라 고시이자율이 변경
　되는 경우에는 이자금액이 달라질 수 있습니다.

**제5조(사용료의 반환거부)** 제11조제2호부터 제6호까지의 사유로 허가를 취소한 경
　우에는 이미 낸 사용료를 반환하지 아니한다.

**제6조(보험증서의 제출)** 사용인은 사용을 허가받는 재산에 대하여 우리 부(처·청)
　를 보험금 수령인으로 하여금　　　　원 이상의 손해보험계약을 체결하고, 그
　증서를 우리 부(처·청)에 제출하여야 한다. 다만, 우리 부(처·청)가 보험계약을
　체결한 경우에는 우리 부(처·청)가 부담한 보험료를 사용인이 내야 한다.

**제7조(사용허가 표찰의 부착)** 사용인은 사용허가 후 지체 없이 본인의 비용으로 적
　당한 장소에 사용목적, 사용기간, 성명, 그 밖에 필요한 사항을 적은 표찰을 부
　착하여야 한다.

**제8조(사용허가재산의 보존)** 사용인은 선량한 관리자의 주의로써 사용허가재산을
　보존할 책임을 지며, 그 사용에 필요한 보수를 하여야 한다.

**제9조(사용허가재산의 공과금 등)** 사용허가재산에 대한 공과금 등 모든 비용은 사
　용인이 부담하여야 한다.

**제10조(사용인의 행위 제한)** 사용인은 우리 부(처·청)의 승인 없이 다음 각 호의
　행위를 하지 못한다.

　1. 사용목적의 변경
　2. 사용허가재산의 원상 변경
　3. 사용허가재산에의 시설물 설치

**제11조(사용허가의 취소)** 다음 각 호의 어느 하나에 해당하는 경우에는 허가한 재
　산의 전부 또는 일부에 대하여 사용허가를 취소할 수 있다.

　1. 국가나 지방자치단체가 직접 공용이나 공공용으로 사용하기 위하여 필요하게 된
　　경우
　2. 거짓 진술을 하거나 부실한 증명서류를 제시하거나 그 밖에 부정한 방법으로 사
　　용허가를 받은 경우
　3. 사용허가 받은 재산을 법 제30조제2항을 위반하여 다른 사람에게 사용·수익하
　　게 한 경우
　4. 해당 재산의 보존을 게을리하였거나 그 사용목적을 위배한 경우
　5. 납부기한까지 사용료를 내지 아니하거나 법 제32조제2항 후단에 따른 보증금 예
　　치나 이행보증조치를 하지 아니한 경우

6. 우리 부(처·청)의 승인 없이 사용허가를 받은 재산의 원래 상태를 변경한 경우

**제12조(사용허가 취소 시의 보상)** 이 허가 조건을 위반하여 허가가 취소됨으로써 사용인에게 손해가 발생하더라도 우리 부(처·청)는 그 손해를 보상하지 아니한다.

**제13조(사용허가의 취소 신청)** 사용인은 사용허가를 취소받으려면 2개월 전에 신청하여야 한다.

**제14조(사용재산의 반환)** 사용허가기간이 끝나거나 사용허가 취소에 따라 사용재산을 반환할 때에는 우리 부(처·청) 직원의 참여하에 원래 상태로 반환하여야 한다. 다만, 사용목적의 성질상 사용재산의 원상회복이 불필요한 경우와 원상 변경에 대하여 우리 부(처·청)의 승인을 받은 경우에는 원상태로 반환하지 아니할 수 있다.

**제15조(사용허가의 갱신 신청)** 사용허가기간이 끝난 후에도 사용인이 계속하여 사용허가를 받으려는 경우에는 사용허가기간 만료 1개월 전에 사용허가 갱신을 신청하여야 한다.

**제16조(변상금 등의 징수)** 사용인이 사용허가기간의 만료 또는 사용허가 취소 후 계속해서 국유재산을 사용하거나 점유하는 경우에는 우리 부(처·청)가 「국유재산법」 제72조에 따른 변상금을 징수하며, 사용인이 제14조의 의무를 이행하지 아니하여 우리 부(처·청)에서 원상복구를 한 때에는 그 비용을 사용인이 부담하여야 한다.

**제17조(사용인의 손해배상책임)** 사용인은 이 허가 조건을 위반하거나 그 이행을 게을리하여 우리 부(처·청)에 손해를 끼친 경우에는 이를 배상하여야 한다.

**제18조(사용허가재산에 관한 지시·감독)** 사용인은 사용허가재산의 사용에 관하여 우리 부(처·청)의 지시·감독을 받아야 한다.

**제19조(허가서의 해석)** 이 허가서에 관한 이의에 대하여는 우리 부(처·청)의 해석에 따른다.

주: 중앙관서의 장은 이 서식의 각 조항에 어긋나지 않는 범위에서 필요한 조항을 삽입할 수 있다.

# 국토의 계획 및 이용에 관한 법률

[시행 2024. 8. 7.] [법률 제20234호, 2024. 2. 6., 일부개정]

## Ⅰ. 개설

### 목적

이 법은 국토의 이용·개발과 보전을 위한 계획의 수립 및 집행 등에 필요한 사항을 정하여 공공복리를 증진시키고 국민의 삶의 질을 향상시키는 것을 목적으로 한다.

## Ⅱ. 판례

**제6조(국토의 용도 구분)** 국토는 토지의 이용실태 및 특성, 장래의 토지 이용 방향, 지역 간 균형발전 등을 고려하여 다음과 같은 용도지역으로 구분한다. 〈개정 2013.5.22., 2023. 5. 16.〉

1. 도시지역: 인구와 산업이 밀집되어 있거나 밀집이 예상되어 그 지역에 대하여 체계적인 개발·정비·관리·보전 등이 필요한 지역
2. 관리지역: 도시지역의 인구와 산업을 수용하기 위하여 도시지역에 준하여 체계적으로 관리하거나 농림업의 진흥, 자연환경 또는 산림의 보전을 위하여 농림지역 또는 자연환경보전지역에 준하여 관리할 필요가 있는 지역
3. 농림지역: 도시지역에 속하지 아니하는 「농지법」에 따른 농업진흥지역 또는 「산지관리법」에 따른 보전산지 등으로서 농림업을 진흥시키고 산림을 보전하기 위하여 필요한 지역
4. 자연환경보전지역: 자연환경·수자원·해안·생태계·상수원 및 「국가유산기본법」 제3조에 따른 국가유산의 보전과 수산자원의 보호·육성 등을 위하여 필요한 지역

### 위임범위를일탈하였다고볼수있는지여부

[대법원 2020. 4. 29., 선고, 2019도3795, 판결]

**【판결요지】**
국토의 계획 및 이용에 관한 법률(이하 '국토계획법'이라고 한다)은, 제76조 제1항에서 용도지역에서의 건축물이나 그 밖의 시설의 용도·종류 및 규모 등의 제한에 관

한 사항을 대통령령으로 정하도록 위임하면서도 제36조 제1항을 통하여 대통령령의 제정자가 준거하여야 할 각 용도지역의 기능과 특성, 그 의미를 규정하고 있다. 계획관리지역에 대해서는 '도시지역으로의 편입이 예상되거나 자연환경을 고려하여 제한적인 이용·개발을 하려는 지역으로서 계획적·체계적인 개발·관리가 필요한 지역'이라고 규정하고 있는데[제36조 제1항 제2호 (다)목], 국토계획법 자체에서 이미 계획관리지역에서는 광범위한 건축 제한이 이루어질 가능성을 예정하고 있는 것이다.

토지의 사회성·공공성을 고려하면 토지재산권에 대하여는 다른 재산권에 비하여 강한 제한과 의무가 부과될 수 있으므로 토지의 이용·개발과 보전에 관한 사항에 관해서는 입법자에게 광범위한 입법형성권이 부여되어 있는 점에 비추어 보면, 국토계획법의 위와 같은 입장, 즉 국토의 계획 및 이용에 관한 목표, 그 실행의 원칙적 기준 등을 법률에서 직접 제시하되 구체적인 수단이나 방법의 형성에 관해서는 대통령령의 입법자에게 비교적 광범위한 입법재량을 부여한 것은 정당하다. 따라서 구 국토의 계획 및 이용에 관한 법률 시행령(2018. 1. 16. 대통령령 제28583호로 개정되기 전의 것) 제71조 제1항 제19호 [별표 20]에서 '계획관리지역 안에서 건축할 수 없는 건축물'의 하나로서 특정수질유해물질이 구 수질 및 수생태계 보전에 관한 법률 시행령(2018. 1. 16. 대통령령 제28583호 물환경보전법 시행령으로 대통령령 제명 변경되기 전의 것) 제31조 제1항 제1호에 따른 기준 이상으로 배출되는 공장시설 등을 구체적으로 열거한 것은 모법인 국토계획법이 위와 같이 예정하고 있는 바를 구체화, 명확화한 것이라고 볼 수 있을 뿐, 모법의 위임 범위를 뛰어넘은 것이라고 평가하기는 어렵다.

## 건축허가신청불허가처분취소

[대법원 2017.10.12, 선고, 2017두48956, 판결]

**【판결요지】**

국토의 계획 및 이용에 관한 법률(이하 '국토계획법'이라고 한다) 제56조에 따른 개발행위허가와 농지법 제34조에 따른 농지전용허가·협의는 금지요건·허가기준 등이 불확정개념으로 규정된 부분이 많아 그 요건·기준에 부합하는지의 판단에 관하여 행정청에 재량권이 부여되어 있으므로, 그 요건에 해당하는지 여부는 행정청의 재량판단의 영역에 속한다. 나아가 국토계획법이 정한 용도지역 안에서 토지의 형질변경행위·농지전용행위를 수반하는 건축허가는 건축법 제11조 제1항에 의한 건축허가와 위와 같은 개발행위허가 및 농지전용허가의 성질을 아울러 갖게 되므로 이 역시 재량행위에 해당하고, 그에 대한 사법심사는 행정청의 공익판단에 관한 재량의 여지를 감안하여 원칙적으로 재량권의 일탈이나 남용이 있는지 여부만을 대상으로 하는데, 판단기준은 사실오인과 비례·평등의 원칙 위반 여부 등이 된다. 이러한 재량권 일탈·남용에 관하여는 행정행위의 효력을 다투는 사람이 주장·증명책임을 부담한다.

**제12조(광역도시계획의 내용)** ① 광역도시계획에는 다음 각 호의 사항 중 그 광역계획권의 지정목적을 이루는 데 필요한 사항에 대한 정책 방향이 포함되어야 한다. 〈개정 2011.4.14.〉
1. 광역계획권의 공간 구조와 기능 분담에 관한 사항

2. 광역계획권의 녹지관리체계와 환경 보전에 관한 사항
3. 광역시설의 배치·규모·설치에 관한 사항
4. 경관계획에 관한 사항
5. 그 밖에 광역계획권에 속하는 특별시·광역시·특별자치시·특별자치도·시 또는 군 상호 간의 기능 연계에 관한 사항으로서 대통령령으로 정하는 사항

② 광역도시계획의 수립기준 등은 대통령령으로 정하는 바에 따라 국토교통부장관이 정한다. 〈개정 2013.3.23.〉

[전문개정 2009.2.6.]

---

### 위임행정규칙

· 광역도시계획수립지침(국토교통부훈령 제1344호, 2020.12.14., 전부개정)

---

## 개발제한구역해제결정취소

[대법원 2007.4.12. 선고, 2005두2544, 판결]

【판결요지】
[1] 2 이상의 특별시·광역시·시 또는 군이 공동으로 이용하는 화장장 등 장묘시설은 광역도시계획의 내용이 될 수 있는 것으로서 건설교통부 지침인 '집단취락 등의 개발제한구역 해제를 위한 도시계획변경안 수립지침'에서 규정하는 '지역현안사업'으로 인정될 수 있다고 한 사례.
[2] 화장장 및 묘지공원 부지에 대한 개발제한구역 해제 여부의 결정을 위하여 개최된 중앙도시계획위원회의 표결과정에서 표결권이 없는 광역교통실장이 참석하여 다른 표결권자 대신 표결한 경우, 이러한 잘못이 있다 하여 건설교통부장관의 개발제한구역 해제결정까지 위법하다고 할 수 없다고 한 사례.

**제31조(도시·군관리계획 결정의 효력)** ① 도시·군관리계획 결정의 효력은 제32조제4항에 따라 지형도면을 고시한 날부터 발생한다. 〈개정 2013. 7. 16.〉
② 도시·군관리계획 결정 당시 이미 사업이나 공사에 착수한 자(이 법 또는 다른 법률에 따라 허가·인가·승인 등을 받아야 하는 경우에는 그 허가·인가·승인 등을 받아 사업이나 공사에 착수한 자를 말한다)는 그 도시·군관리계획 결정과 관계없이 그 사업이나 공사를 계속할 수 있다. 다만, 시가화조정구역이나 수산자원보호구역의 지정에 관한 도시·군관리계획 결정이 있는 경우에는 대통령령으로 정하는 바에 따라 특별시장·광역시장·특별자치시장·특별자치도지사·시장 또는 군수에게 신고하고 그 사업이나 공사를 계속할 수 있다. 〈개정 2011.4.14., 2020.6.9.〉

③ 제1항에서 규정한 사항 외에 도시·군관리계획 결정의 효력 발생 및 실효 등에 관하여는 「토지이용규제 기본법」 제8조제3항부터 제5항까지의 규정에 따른다. 〈신설 2013.7.16.〉

[제목개정 2011.4.14.]

## 도시관리계획결정취소
[대법원 2018. 11. 29., 선고, 2018두49109, 판결]

【판결요지】
국토계획법 제31조 제1항, 제32조 제1항, 제4항, 제5항, 토지이용규제 기본법 제8조 제2항, 제7항, 제9항, 토지이용규제 기본법 시행령 제7조 제1항 등의 각 규정에 의하면, 도시관리계획결정이 고시되면 지적(地籍)이 표시된 축척 500분의 1 내지 1천500분의 1(녹지지역의 임야, 관리지역, 농림지역 및 자연환경보전지역은 축척 3천분의 1 내지 6천분의 1로 할 수 있다)의 지형도에 도시·군관리계획에 관한 사항을 자세히 밝힌 도면을 작성하여야 하고 이를 고시하여 관계 서류를 일반이 열람할 수 있도록 하여야 하며, 도시·군관리계획결정의 효력은 지형도면을 고시한 날부터 발생한다. 이와 같이 국토계획법이 도시·군관리계획결정이 고시된 후 지형도면을 작성하여 고시하도록 규정한 취지는 도시·군관리계획으로 토지이용제한을 받게 되는 토지와 그 이용제한의 내용을 명확히 공시하여 토지이용의 편의를 도모하고 행정의 예측가능성과 투명성을 확보하려는 데 있다(대법원 2017. 4. 7. 선고 2014두37122 판결 참조). 이처럼 지형도면은 도시·군관리계획결정이 미치는 공간적 범위를 구체적으로 특정하는 기능을 수행하므로, 도시·군관리계획의 기본적 내용, 대략적 위치와 면적은 도시·군관리계획결정에서 결정되어 고시를 통해 대외적으로 표시되어야 한다.

**제38조(개발제한구역의 지정)** ① 국토교통부장관은 도시의 무질서한 확산을 방지하고 도시주변의 자연환경을 보전하여 도시민의 건전한 생활환경을 확보하기 위하여 도시의 개발을 제한할 필요가 있거나 국방부장관의 요청이 있어 보안상 도시의 개발을 제한할 필요가 있다고 인정되면 개발제한구역의 지정 또는 변경을 도시·군관리계획으로 결정할 수 있다. 〈개정 2011.4.14., 2013.3.23.〉
② 개발제한구역의 지정 또는 변경에 필요한 사항은 따로 법률로 정한다.
[전문개정 2009.2.6.]

## 건축허가취소처분취소
[대법원 2014.5.16, 선고, 2013두4590, 판결]

【판결요지】
[1] 구 국토의 계획 및 이용에 관한 법률(2009. 12. 29. 법률 제9861호로 개정되기 전의 것, 이하 '구 국토계획법'이라 한다) 제38조 제1항, 제2항, 제80조, 제43

조 제2항, 구 개발제한구역의 지정 및 관리에 관한 특별조치법(2009. 2. 6. 법률 제9436호로 개정되기 전의 것, 이하 '구 개발제한구역법'이라 한다) 제1조, 제 12조 등의 체계와 내용, 위 법률들의 입법 취지와 목적 등을 종합하여 보면, 개 발제한구역에서의 행위 제한에 관하여는 구 개발제한구역법이 구 국토계획법에 대하여 특별법의 관계에 있다.

[2] 甲 주식회사가 개발제한구역 안에서 건축물의 연면적 1,127.88㎡, 1일 폐기물처 리능력 24t 규모의 폐기물처리시설 설치를 위한 개발제한구역 내 행위허가(건축 허가)를 받았는데, 관할 구청장이 도시계획시설로 설치하지 않은 위 폐기물처리 시설은 구 국토의 계획 및 이용에 관한 법률(2009. 12. 29. 법률 제9861호로 개 정되기 전의 것, 이하 '구 국토계획법'이라 한다) 제43조에 위배된다는 이유로 건축허가를 취소한 사안에서, 건축물의 연면적이 1,500㎡ 미만인 위 폐기물처리 시설은 개발제한구역에서의 행위 제한에 관하여 구 국토계획법에 대하여 특별법 의 관계에 있는 구 개발제한구역의 지정 및 관리에 관한 특별조치법령의 규정에 따라 도시계획시설로 설치할 필요 없이 시장·군수·구청장의 허가를 받으면 설 치할 수 있는 기반시설에 해당하므로 위 처분이 위법하다고 본 원심판단을 정당 하다고 한 사례.

**제43조(도시·군계획시설의 설치·관리)** ① 지상·수상·공중·수중 또는 지하 에 기반시설을 설치하려면 그 시설의 종류·명칭·위치·규모 등을 미리 도시 ·군관리계획으로 결정하여야 한다. 다만, 용도지역·기반시설의 특성 등을 고려하여 대통령령으로 정하는 경우에는 그러하지 아니하다. 〈개정 2011.4.14.〉

② 효율적인 토지이용을 위하여 둘 이상의 도시·군계획시설을 같은 토지에 함께 결정하거나 도시·군계획시설이 위치하는 공간의 일부를 구획하여 도시·군계획 시설을 결정할 수 있다. 〈신설 2024. 2. 6.〉

③ 도시·군계획시설의 결정·구조 및 설치의 기준 등에 필요한 사항은 국토교 통부령으로 정하고, 그 세부사항은 국토교통부령으로 정하는 범위에서 시· 도의 조례로 정할 수 있다. 다만, 이 법 또는 다른 법률에 특별한 규정이 있 는 경우에는 그에 따른다. 〈개정 2011.4.14., 2013.3.23., 2024. 2. 6.〉

④ 제1항에 따라 설치한 도시·군계획시설의 관리에 관하여 이 법 또는 다른 법률에 특별한 규정이 있는 경우 외에는 국가가 관리하는 경우에는 대통령 령으로, 지방자치단체가 관리하는 경우에는 그 지방자치단체의 조례로 도시 ·군계획시설의 관리에 관한 사항을 정한다... 2024. 2. 6.〉

[제목개정 2011.4.14.]

## 도시계획시설결정처분취소청구

[대법원 2018. 6. 28., 선고, 2018두35490, 35506, 판결]

【판결요지】

「국토의 계획 및 이용에 관한 법률」 제43조 제1항, 제2항, 「도시·군계획시설의 결정·구조 및 설치기준에 관한 규칙」 제2조 제1항, 제5조, 제29조, 제30조, 주차장법 제6조, 제12조 제1항, 제6항, 주차장법 시행규칙 제5조, 제6조, 제7조의2 등 관계 규정을 종합하면, 행정주체는 주차행정상의 목표달성을 위하여 기반시설인 노외주차장 설치를 위한 도시·군관리계획(이하 '주차장설치계획' 이라고 한다)을 입안·결정할 때 그 전문적·기술적·정책적 판단에 따라 그 필요성과 구체적인 내용을 결정할 수 있는 비교적 폭넓은 형성의 재량을 가지며, 도시·군관리계획에는 장기성·종합성이 요구되므로 노외주차장을 설치하고자 하는 해당 지역의 설치계획 입안·결정 당시의 주차수요와 장래의 주차수요, 해당 지역의 토지이용현황, 노외주차장 이용자의 보행거리와 보행자를 위한 도로상황 등을 종합적으로 고려하여 노외주차장을 설치할 필요성이 있는지를 판단할 수 있다.

그렇지만 행정주체가 노외주차장의 필요성과 그 구체적인 내용을 결정하는 것에 관한 형성의 재량은 무제한적인 것이 아니라, 관련되는 제반 공익과 사익을 비교·형량하여 노외주차장을 설치하여 달성하려는 공익이 그로써 제한받는 다른 공익이나 침해받는 사익보다 우월한 경우에 한하여 그 주차장 설치계획이 정당하다고 볼 수 있다. 특히 노후·불량주택 자체를 효율적으로 개량하기 위한 목적이 아닌 공익사업을 시행하는 과정에서 다수의 기존 주택을 철거하여야 하는 경우에는 단순히 재산권 제한에 그치는 것이 아니라 매우 중요한 기본권인 '주거권' 이 집단적으로 제한될 수 있으므로, 이를 정당화하려면 그 공익사업에 중대한 공익상 필요가 분명하게 인정되어야 한다. 이러한 중대한 공익상 필요는 신뢰할 수 있는 자료를 기초로 앞서 본 제반 사정을 종합하여 신중하게 판단하여야 한다. 나아가 설치하려는 주차장 자체의 경제성·효율성과 주차장을 설치한 후 운영하는 과정에서 발생하게 될 인근 주민의 불편이나 해당 지역의 교통에 미칠 영향 등을 함께 비교·형량하여야 한다. 행정주체가 주차장 설치계획을 입안·결정할 때 이러한 이익형량을 전혀 하지 아니하거나 이익형량의 고려 대상에 마땅히 포함시켜야 할 사항을 누락한 경우, 또는 이익형량을 하였으나 정당성·객관성이 결여된 경우에는 그 주차장 설치계획 결정은 재량권을 일탈·남용한 것으로 위법하다고 보아야 한다.

**제49조(지구단위계획의 수립)** ① 지구단위계획은 다음 각 호의 사항을 고려하여 수립한다.

  1. 도시의 정비·관리·보전·개발 등  지구단위계획구역의 지정 목적
  2. 주거·산업·유통·관광휴양·복합 등 지구단위계획구역의 중심기능
  3. 해당 용도지역의 특성
  4. 그 밖에 대통령령으로 정하는 사항

② 지구단위계획의 수립기준 등은 대통령령으로 정하는 바에 따라 국토교통부장관이 정한다. 〈개정 2013.3.23.〉

[전문개정 2011.4.14.]

## 지구단위계획변경주민제안거부처분취소

[울산지법 2014. 6. 19., 선고, 2014구합124, 판결 : 항소]

【판결요지】

구 토지구획정리사업법(2000. 1. 28. 법률 제6252호로 폐지되기 전의 것)에 따라 시행된 토지구획정리사업지구 내의 체비지를 소유한 甲 주식회사가 구 도시계획법(2000. 1. 28. 법률 제6243호로 개정되기 전의 것)에 따라 도시계획시설(학교) 용지로 결정된 자신의 토지에 대해 국토의 계획 및 이용에 관한 법률 제26조 등에 따라 도시계획시설을 해제하는 도시·군관리계획 변경입안 제안을 하자 관할 행정청이 이를 거부하는 처분을 한 사안에서, 위 처분의 근거가 된 국토해양부 훈령인 지구단위계획수립지침 중 지구단위계획 입안의 제안에 관한 2-6-4. 및 2-6-5.의 규정은 법규적 효력이 없으므로 관할 행정청은 위 지침만이 아니라 관계 법령의 내용 및 취지에 비추어 행정계획에 관련되는 자들의 이익을 정당하게 비교교량하여 위 입안제안을 처리하여야 함에도, 위 지침이 정한 주민제안 요건이 충족되지 않았다는 사유로 행한 위 처분은 행정계획을 입안·결정함에 있어 이익형량을 전혀 행하지 않은 경우에 해당하여 위법하다고 한 사례.

## 부당이득금반환등

[대법원 2012. 10. 11, 선고, 2011두8277, 판결]

【판결요지】

[1] 구 건축법(1997. 12. 13. 법률 제5450호로 개정되기 전의 것, 이하 같다)상 도시설계지구로 지정되어 구체적인 도시설계가 수립되어 있던 지역이 국토의 계획 및 이용에 관한 법률(이하 '국토계획법'이라 한다)의 지구단위계획구역으로 지정되고 그에 따른 지구단위계획까지 수립되었다면, 기존의 구 건축법상 도시설계는 국토계획법상 지구단위계획으로 변경된 것으로 보아야 한다. 다만 행정처분의 위법 여부는 행정처분이 행하여졌을 때의 법령과 사실상태를 기준으로 하여 판단해야 하고, 처분 후 법령의 개폐나 사실상태의 변동에 의하여 영향을 받지 않는 것이므로, 위와 같이 기존의 도시설계가 이후에 변경되었다고 하더라도, 특별한 사정이 없으면 그 도시설계에 기초하여 이루어진 구체적인 처분이 위법한 것으로 되거나 무효로 되는 것은 아니다. 따라서 건물을 신축하려는 토지 중 일부가 구 건축법상 도시설계에서 '보차혼용통로(보행 및 차량의 통행을 위하여 일반에게 24시간 개방되어 이용할 수 있도록 대지 내에 조성하도록 지정된 통로)'로 지정되어 있던 관계로 건축허가에서 그 지정된 토지 중 일부를 보차혼용통로로 조성·제공하도록 하였다면, 그 후 국토계획법상 지구단위계획에서 위 토지 부분이 보차혼용통로에서 제외되고 인근의 다른 곳이 도로예정지로 지정되었다고 하여 곧바로 위 건축허가 중 보차혼용통로의 제공에 관한 부분이 효력을 잃게 된다거나 이미 조성·제공된 보차혼용통로를 더 이상 그 용도로 제공하지 않아도 된다고 볼 수는 없다.

[2] 건축허가 시 보차혼용통로를 조성·제공하도록 한 것은 "도시설계지구 안에서는 도시의 기능 및 미관의 증진을 위하여 건축물을 도시설계에 적합하게 건축하여야 한다."고 규정한 구 건축법(1997. 12. 13. 법률 제5450호로 개정되기 전의 것) 제61조 제1항의 규정에 따른 것일 뿐이지 수익적 행정행위인 건축허가에 부가된 부관으로서 부담이라고 할 수는 없으므로, 보차혼용통로를 조성·제공하도록 한 것이 기속행위나 기속재량행위에 붙은 부관이어서 무효라고 볼 것은 아니다.

**제63조(개발행위허가의 제한)** ① 국토교통부장관, 시·도지사, 시장 또는 군수는 다음 각 호의 어느 하나에 해당되는 지역으로서 도시·군관리계획상 특히 필요하다고 인정되는 지역에 대해서는 대통령령으로 정하는 바에 따라 중앙도시계획위원회나 지방도시계획위원회의 심의를 거쳐 한 차례만 3년 이내의 기간 동안 개발행위허가를 제한할 수 있다. 다만, 제3호부터 제5호까지에 해당하는 지역에 대해서는 중앙도시계획위원회나 지방도시계획위원회의 심의를 거치지 아니하고 한 차례만 2년 이내의 기간 동안 개발행위허가의 제한을 연장할 수 있다. 〈개정 2011.4.14., 2013.3.23., 2013.7.16., 2023. 5. 16.〉

1. 녹지지역이나 계획관리지역으로서 수목이 집단적으로 자라고 있거나 조수류 등이 집단적으로 서식하고 있는 지역 또는 우량 농지 등으로 보전할 필요가 있는 지역
2. 개발행위로 인하여 주변의 환경·경관·미관 및 「국가유산기본법」 제3조에 따른 국가유산 등이 크게 오염되거나 손상될 우려가 있는 지역
3. 도시·군기본계획이나 도시·군관리계획을 수립하고 있는 지역으로서 그 도시·군기본계획이나 도시·군관리계획이 결정될 경우 용도지역·용도지구 또는 용도구역의 변경이 예상되고 그에 따라 개발행위허가의 기준이 크게 달라질 것으로 예상되는 지역
4. 지구단위계획구역으로 지정된 지역
5. 기반시설부담구역으로 지정된 지역

② 국토교통부장관, 시·도지사, 시장 또는 군수는 제1항에 따라 개발행위허가를 제한하려면 대통령령으로 정하는 바에 따라 제한지역·제한사유·제한대상행위 및 제한기간을 미리 고시하여야 한다. 〈개정 2013.3.23.〉

③ 개발행위허가를 제한하기 위하여 제2항에 따라 개발행위허가 제한지역 등을 고시한 국토교통부장관, 시·도지사, 시장 또는 군수는 해당 지역에서 개발행위를 제한할 사유가 없어진 경우에는 그 제한기간이 끝나기 전이라도 지체 없이 개발행위허가의 제한을 해제하여야 한다. 이 경우 국토교통부장관, 시·도지사, 시장 또는 군수는 대통령령으로 정하는 바에 따라 해제지역 및 해제시기를 고시하여야 한다. 〈신설 2013.7.16.〉

④ 국토교통부장관, 시·도지사, 시장 또는 군수가 개발행위허가를 제한하거나 개발행위허가 제한을 연장 또는 해제하는 경우 그 지역의 지형도면 고시, 지정의 효력, 주민 의견 청취 등에 관하여는 「토지이용규제 기본법」 제8조에 따른다. 〈신설 2019.8.20〉

[전문개정 2009.2.6.]

## 직무이행명령취소청구

[대법원 2018. 11. 29., 선고, 2016추5117, 판결]

【판결요지】

「국토의 계획 및 이용에 관한 법률」(이하 '국토계획법' 이라 한다) 제63조 제1항 제2호는 일정한 지역에 대하여 국토교통부장관, 시·도지사, 시장 또는 군수가 개발행위허가를 제한할 수 있도록 규정하고 있다. 그런데 같은 법 제139조 제2항은 "이 법에 따른 시·도지사의 권한은 시·도의 조례로 정하는 바에 따라 시장·군수 또는 구청장에게 위임할 수 있다." 라고 규정하고, 이에 따라 서울특별시 도시계획조례 제68조 제1항 [별표 4] 제9호는 피고의 업무에 속하는 개발행위허가의 제한에 관한 사무를 구청장에게 위임하도록 규정하고 있다. 따라서 국토계획법 제63조 제1항 제2호에 근거한 피고의 개발행위허가 제한에 관한 사무는 같은 법 제139조 제2항 및 서울특별시 도시계획조례 제68조 제1항 [별표 4] 제9호에 의하여 구청장에게 위임된 기관위임사무로서 시·도위임사무에 해당한다.

## 건축허가거부처분취소

[대법원 2009.9.24, 선고, 2009두8946, 판결]

【판결요지】

[1] 건축허가권자는 건축허가신청이 건축법 등 관계 법규에서 정하는 어떠한 제한에 배치되지 않는 이상 당연히 같은 법조에서 정하는 건축허가를 하여야 하고, 중대한 공익상의 필요가 없는데도 관계 법령에서 정하는 제한사유 이외의 사유를 들어 요건을 갖춘 자에 대한 허가를 거부할 수는 없다.

[2] 구 국토의 계획 및 이용에 관한 법률(2009. 2. 6. 법률 제9442호로 개정되기 전의 것) 제63조가 도시기본계획 등을 수립하고 있는 지역으로 특히 필요하다고 인정되는 지역에 대하여 개발행위를 제한하고자 하는 때에는 '제한지역·제한사유·제한대상 및 제한기간을 미리 고시' 하도록 규정한 취지를 고려할 때, 건축허가신청이 시장이 수립하고 있는 도시·주거환경정비 기본계획에 배치될 가능성이 높다고 하여 바로 건축허가신청을 반려할 중대한 공익상의 필요가 있다고 보기 어렵다고 한 사례.

**제65조(개발행위에 따른 공공시설 등의 귀속)** ① 개발행위허가(다른 법률에 따라 개발행위허가가 의제되는 협의를 거친 인가·허가·승인 등을 포함한다. 이하 이 조에서 같다)를 받은 자가 행정청인 경우 개발행위허가를 받은 자가 새로 공공시설을 설치하거나 기존의 공공시설에 대체되는 공공시설을 설치한 경우에는 「국유재산법」과 「공유재산 및 물품 관리법」에도 불구하고 새로 설치된 공공시설은 그 시설을 관리할 관리청에 무상으로 귀속되고, 종래의 공공시설은 개발행위허가를 받은 자에게 무상으로 귀속된다. 〈개정 2013.7.16.〉

② 개발행위허가를 받은 자가 행정청이 아닌 경우 개발행위허가를 받은 자가

새로 설치한 공공시설은 그 시설을 관리할 관리청에 무상으로 귀속되고, 개발행위로 용도가 폐지되는 공공시설은 「국유재산법」과 「공유재산 및 물품 관리법」에도 불구하고 새로 설치한 공공시설의 설치비용에 상당하는 범위에서 개발행위허가를 받은 자에게 무상으로 양도할 수 있다.

③ 특별시장·광역시장·특별자치시장·특별자치도지사·시장 또는 군수는 제1항과 제2항에 따른 공공시설의 귀속에 관한 사항이 포함된 개발행위허가를 하려면 미리 해당 공공시설이 속한 관리청의 의견을 들어야 한다. 다만, 관리청이 지정되지 아니한 경우에는 관리청이 지정된 후 준공되기 전에 관리청의 의견을 들어야 하며, 관리청이 불분명한 경우에는 도로 등에 대하여는 국토교통부장관을, 하천에 대하여는 환경부장관을 관리청으로 보고, 그 외의 재산에 대하여는 기획재정부장관을 관리청으로 본다. 〈개정 2020.12.31.〉

④ 특별시장·광역시장·특별자치시장·특별자치도지사·시장 또는 군수가 제3항에 따라 관리청의 의견을 듣고 개발행위허가를 한 경우 개발행위허가를 받은 자는 그 허가에 포함된 공공시설의 점용 및 사용에 관하여 관계 법률에 따른 승인·허가 등을 받은 것으로 보아 개발행위를 할 수 있다. 이 경우 해당 공공시설의 점용 또는 사용에 따른 점용료 또는 사용료는 면제된 것으로 본다. 〈개정 2011.4.14.〉

⑤ 개발행위허가를 받은 자가 행정청인 경우 개발행위허가를 받은 자는 개발행위가 끝나 준공검사를 마친 때에는 해당 시설의 관리청에 공공시설의 종류와 토지의 세목(細目)을 통지하여야 한다. 이 경우 공공시설은 그 통지한 날에 해당 시설을 관리할 관리청과 개발행위허가를 받은 자에게 각각 귀속된 것으로 본다.

⑥ 개발행위허가를 받은 자가 행정청이 아닌 경우 개발행위허가를 받은 자는 제2항에 따라 관리청에 귀속되거나 그에게 양도될 공공시설에 관하여 개발행위가 끝나기 전에 그 시설의 관리청에 그 종류와 토지의 세목을 통지하여야 하고, 준공검사를 한 특별시장·광역시장·특별자치시장·특별자치도지사·시장 또는 군수는 그 내용을 해당 시설의 관리청에 통보하여야 한다. 이 경우 공공시설은 준공검사를 받음으로써 그 시설을 관리할 관리청과 개발행위허가를 받은 자에게 각각 귀속되거나 양도된 것으로 본다. 〈개정 2011.4.14.〉

⑦ 제1항부터 제3항까지, 제5항 또는 제6항에 따른 공공시설을 등기할 때에 「부동산등기법」에 따른 등기원인을 증명하는 서면은 제62조제1항에 따른 준공검사를 받았음을 증명하는 서면으로 갈음한다. 〈개정 2011.4.12.〉

⑧ 개발행위허가를 받은 자가 행정청인 경우 개발행위허가를 받은 자는 제1항에 따라 그에게 귀속된 공공시설의 처분으로 인한 수익금을 도시·군계획사

394 ㄱ

업 외의 목적에 사용하여서는 아니 된다. 〈개정 2011.4.14.〉

⑨ 공공시설의 귀속에 관하여 다른 법률에 특별한 규정이 있는 경우에는 이 법률의 규정에도 불구하고 그 법률에 따른다. 〈신설 2013.7.16.〉

[전문개정 2009.2.6.]

## 사인(私人)을 도시·군계획시설사업의 시행자로 지정하기 위한 별도의 소유 및 동의 요건이 요구되는지 여부

[대법원 2018. 11. 29., 선고, 2016두38792, 판결]

【판결요지】

국토의 계획 및 이용에 관한 법률 제86조 제7항에 따르면, '국가 또는 지방자치단체'(제1호), '대통령령으로 정하는 공공기관'(제2호), '그 밖에 대통령령으로 정하는 자'(제3호)에 해당하지 아니하는 자가 도시·군계획시설사업의 시행자로 지정을 받으려면 도시·군계획시설사업의 대상인 토지(국공유지 제외)의 소유 면적 및 토지소유자 동의 비율에 관하여 대통령령으로 정하는 별도의 요건을 갖추어야 한다. 그 위임에 따라 국토의 계획 및 이용에 관한 법률 시행령 제96조 제4항 제3호는 법 제86조 제7항 제3호의 '그 밖에 대통령령으로 정하는 자' 중 하나로 "법 제65조의 규정에 의하여 공공시설을 관리할 관리청에 무상으로 귀속되는 공공시설을 설치하고자 하는 자"를 규정하고 있다. 따라서 이러한 사람에 대하여는 사인(私人)을 도시·군계획시설사업의 시행자로 지정하기 위한 별도의 소유 및 동의 요건이 요구되지 않는다.

**제95조(토지 등의 수용 및 사용)** ① 도시·군계획시설사업의 시행자는 도시·군계획시설사업에 필요한 다음 각 호의 물건 또는 권리를 수용하거나 사용할 수 있다. 〈개정 2011.4.14.〉

1. 토지·건축물 또는 그 토지에 정착된 물건
2. 토지·건축물 또는 그 토지에 정착된 물건에 관한 소유권 외의 권리

② 도시·군계획시설사업의 시행자는 사업시행을 위하여 특히 필요하다고 인정되면 도시·군계획시설에 인접한 다음 각 호의 물건 또는 권리를 일시 사용할 수 있다. 〈개정 2011.4.14.〉

1. 토지·건축물 또는 그 토지에 정착된 물건
2. 토지·건축물 또는 그 토지에 정착된 물건에 관한 소유권 외의 권리

[전문개정 2009.2.6.]

## 토지수용재결처분취소등

[대법원 2015.3.20, 선고, 2011두3746, 판결]

【판결요지】

[1] 구 국토의 계획 및 이용에 관한 법률(2005. 12. 7. 법률 제7707호로 개정되기 전

의 것, 이하 '국토계획법' 이라 한다) 제2조 제6호 (나)목, 제43조 제2항, 구 국토의 계획 및 이용에 관한 법률 시행령(2005. 12. 28. 대통령령 제19206호로 개정되기 전의 것) 제2조 제1항 제2호, 제3항, 구 도시계획시설의 결정·구조 및 설치기준에 관한 규칙(2005. 12. 14. 건설교통부령 제480호로 개정되기 전의 것) 제56조 등의 각 규정 형식과 내용, 그리고 도시계획시설사업에 관한 실시계획의 인가처분은 특정 도시계획시설사업을 구체화하여 현실적으로 실현하기 위한 것인 점 등을 종합하여 보면, 행정청이 도시계획시설인 유원지를 설치하는 도시계획시설사업에 관한 실시계획을 인가하려면, 실시계획에서 설치하고자 하는 시설이 국토계획법령상 유원지의 개념인 '주로 주민의 복지향상에 기여하기 위하여 설치하는 오락과 휴양을 위한 시설' 에 해당하고, 실시계획이 국토계획법령이 정한 도시계획시설(유원지)의 결정·구조 및 설치의 기준에 적합하여야 한다.

[2] 구 국토의 계획 및 이용에 관한 법률(2005. 12. 7. 법률 제7707호로 개정되기 전의 것) 제88조 제2항, 제95조, 제96조의 규정 내용에다가 도시계획시설사업은 도시 형성이나 주민 생활에 필수적인 기반시설 중 도시관리계획으로 체계적인 배치가 결정된 시설을 설치하는 사업으로서 공공복리와 밀접한 관련이 있는 점, 도시계획시설사업에 관한 실시계획의 인가처분은 특정 도시계획시설사업을 현실적으로 실현하기 위한 것으로서 사업에 필요한 토지 등의 수용 및 사용권 부여의 요건이 되는 점 등을 종합하면, 실시계획의 인가 요건을 갖추지 못한 인가처분은 공공성을 가지는 도시계획시설사업의 시행을 위하여 필요한 수용 등의 특별한 권한을 부여하는 데 정당성을 갖추지 못한 것으로서 법규의 중요한 부분을 위반한 중대한 하자가 있다.

**제133조(법률 등의 위반자에 대한 처분)** ① 국토교통부장관, 시·도지사, 시장·군수 또는 구청장은 다음 각 호의 어느 하나에 해당하는 자에게 이 법에 따른 허가·인가 등의 취소, 공사의 중지, 공작물 등의 개축 또는 이전, 그 밖에 필요한 처분을 하거나 조치를 명할 수 있다. 〈개정 2009.12.29., 2011.4.14., 2013.3.23., 2013.7.16., 2021.1.12., 2024. 2. 6.〉

1. 제31조제2항 단서에 따른 신고를 하지 아니하고 사업 또는 공사를 한 자
1의2. 제40조의3에 따른 도시혁신구역에서 해당 도시혁신계획에 맞지 아니하게 건축물을 건축 또는 용도변경을 하거나 공작물을 설치한 자
1의3. 제40조의4에 따른 복합용도구역에서 해당 복합용도계획에 맞지 아니하게 건축물을 건축 또는 용도변경을 하거나 공작물을 설치한 자
1의4. 제40조의5에 따른 입체복합구역에서 해당 도시·군관리계획에 맞지 아니하게 건축물을 건축 또는 용도변경을 하거나 공작물을 설치한 자
2. 도시·군계획시설을 제43조제1항에 따른 도시·군관리계획의 결정 없이 설치한 자
3. 제44조의3제2항에 따른 공동구의 점용 또는 사용에 관한 허가를 받지 아

니하고 공동구를 점용 또는 사용하거나 같은 조 제3항에 따른 점용료 또는 사용료를 내지 아니한 자

4. 제54조에 따른 지구단위계획구역에서 해당 지구단위계획에 맞지 아니하게 건축물을 건축 또는 용도변경을 하거나 공작물을 설치한 자

5. 제56조에 따른 개발행위허가 또는 변경허가를 받지 아니하고 개발행위를 한 자

5의2. 제56조에 따라 개발행위허가 또는 변경허가를 받고 그 허가받은 사업기간 동안 개발행위를 완료하지 아니한 자

5의3. 제57조제4항에 따라 개발행위허가를 받고 그 개발행위허가의 조건을 이행하지 아니한 자

6. 제60조제1항에 따른 이행보증금을 예치하지 아니하거나 같은 조 제3항에 따른 토지의 원상회복명령에 따르지 아니한 자

7. 개발행위를 끝낸 후 제62조에 따른 준공검사를 받지 아니한 자

7의2. 제64조제3항 본문에 따른 원상회복명령에 따르지 아니한 자

7의3. 제75조의4에 따른 성장관리계획구역에서 그 성장관리계획에 맞지 아니하게 개발행위를 하거나 건축물의 용도를 변경한 자

8. 제76조(같은 조 제5항제2호부터 제4호까지의 규정은 제외한다)에 따른 용도지역 또는 용도지구에서의 건축 제한 등을 위반한 자

9. 제77조에 따른 건폐율을 위반하여 건축한 자

10. 제78조에 따른 용적률을 위반하여 건축한 자

11. 제79조에 따른 용도지역 미지정 또는 미세분 지역에서의 행위 제한 등을 위반한 자

12. 제81조에 따른 시가화조정구역에서의 행위 제한을 위반한 자

13. 제84조에 따른 둘 이상의 용도지역 등에 걸치는 대지의 적용 기준을 위반한 자

14. 제86조제5항에 따른 도시·군계획시설사업시행자 지정을 받지 아니하고 도시·군계획시설사업을 시행한 자

15. 제88조에 따른 도시·군계획시설사업의 실시계획인가 또는 변경인가를 받지 아니하고 사업을 시행한 자

15의2. 제88조에 따라 도시·군계획시설사업의 실시계획인가 또는 변경인가를 받고 그 실시계획에서 정한 사업기간 동안 사업을 완료하지 아니한 자

15의3. 제88조에 따른 실시계획의 인가 또는 변경인가를 받은 내용에 맞지 아니하게 도시·군계획시설을 설치하거나 용도를 변경한 자

16. 제89조제1항에 따른 이행보증금을 예치하지 아니하거나 같은 조 제3항에 따른 토지의 원상회복명령에 따르지 아니한 자

17. 도시·군계획시설사업의 공사를 끝낸 후 제98조에 따른 준공검사를 받지 아니한 자

18. 삭제 〈2016.1.19.〉

19. 삭제 〈2016.1.19.〉

20. 제130조를 위반하여 타인의 토지에 출입하거나 그 토지를 일시사용한 자

21. 부정한 방법으로 다음 각 목의 어느 하나에 해당하는 허가·인가·지정 등을 받은 자

　　가. 제56조에 따른 개발행위허가 또는 변경허가

　　나. 제62조에 따른 개발행위의 준공검사

　　다. 제81조에 따른 시가화조정구역에서의 행위허가

　　라. 제86조에 따른 도시·군계획시설사업의 시행자 지정

　　마. 제88조에 따른 실시계획의 인가 또는 변경인가

　　바. 제98조에 따른 도시·군계획시설사업의 준공검사

　　사. 삭제 〈2016.1.19.〉

22. 사정이 변경되어 개발행위 또는 도시·군계획시설사업을 계속적으로 시행하면 현저히 공익을 해칠 우려가 있다고 인정되는 경우의 그 개발행위허가를 받은 자 또는 도시·군계획시설사업의 시행자

② 국토교통부장관, 시·도지사, 시장·군수 또는 구청장은 제1항제22호에 따라 필요한 처분을 하거나 조치를 명한 경우에는 이로 인하여 발생한 손실을 보상하여야 한다. 〈개정 2013.3.23.〉

③ 제2항에 따른 손실 보상에 관하여는 제131조제2항부터 제4항까지의 규정을 준용한다.

[전문개정 2009.2.6.]

## 사업시행계획인가처분취소
[대법원 2017. 7. 11, 선고, 2016두35120, 판결]

【판결요지】
[1] 사업시행자 지정에 관한 구 국토의 계획 및 이용에 관한 법률(2013. 3. 23. 법률 제11690호로 개정되기 전의 것, 이하 '국토계획법'이라 한다) 제86조 제5항, 제6항, 구 국토의 계획 및 이용에 관한 법률 시행규칙(2013. 3. 23. 국토교통부령 제1호로 개정되기 전의 것) 제14조의 체계와 내용 등에 비추어 보면, 국토계획법상 도시계획시설사업에서 사업시행자 지정은 특정인에게 도시계획시설사업을 시행할 수 있는 권한을 부여하는 처분이고, 사업시행자 지정 내용의 고시는 사업시행자 지정처분을 전제로 하여 그 내용을 불특정 다수인에게 알리는 행위이다.

위 사업시행자 지정과 그 고시는 명확하게 구분되는 것으로, 사업시행자 지정 처분이 '고시' 의 방법으로 행하여질 수 있음은 별론으로 하고 그 처분이 반드시 '고시' 의 방법으로만 성립하거나 효력이 생긴다고 볼 수 없다.

[2] 일반적으로 행정처분이 주체·내용·절차와 형식이라는 내부적 성립요건과 외부에 대한 표시라는 외부적 성립요건을 모두 갖춘 경우에는 행정처분이 존재한다고 할 수 있다. 행정처분의 외부적 성립은 행정의사가 외부에 표시되어 행정청이 자유롭게 취소·철회할 수 없는 구속을 받게 되는 시점을 확정하는 의미를 가지므로, 어떠한 처분의 외부적 성립 여부는 행정청에 의해 행정의사가 공식적인 방법으로 외부에 표시되었는지를 기준으로 판단하여야 한다.

[3] 도시·군계획시설사업은 도시 형성이나 주민 생활에 필수적인 기반시설 중 도시관리계획으로 체계적인 배치가 결정된 시설을 설치하는 사업으로서 공공복리의 실현과 밀접한 관련이 있다. 구 국토의 계획 및 이용에 관한 법률(2013. 3. 23. 법률 제11690호로 개정되기 전의 것, 이하 '국토계획법' 이라 한다)이 도시·군계획시설사업을 토지 등을 수용할 수 있는 사업으로 규정한 것도 그 사업으로 설치되는 기반시설의 기능에 공공성이 인정되기 때문이다. 그런데 사인(私人)이 도시·군계획시설사업을 시행하는 때에는 그 도시·군계획시설이 국토계획법이 정한 '공공시설' 에 해당하는 등 특별한 사정이 없는 한, 설치된 도시·군계획시설의 소유·관리·처분권은 사업시행자인 사인에게 귀속되고, 국토계획법은 그 권리의 행사에 관하여 별다른 규율을 하고 있지 않다. 따라서 도시·군계획시설사업을 사인이 시행하는 때에는 행정청이나 공공단체가 시행하는 때와 비교하여 시설의 공공적 기능 유지라는 측면이나 시설의 운영·처분 과정에서 발생하는 이익의 공적 귀속이라는 측면에서 상대적으로 공공성이 약하다고 볼 수 있다. 나아가 해당 시설이 민간의 이윤 동기에 맡겨도 공급에 문제가 없을 정도로 영리성이 강한 시설이라면 도시·군계획시설사업이 공익사업을 가장한 사인을 위한 영리사업으로 변질될 우려도 있다.

결국 국토계획법이 사인을 도시·군계획시설사업의 시행자로 지정하기 위한 요건으로 소유 요건과 동의 요건을 둔 취지는 사인이 시행하는 도시·군계획시설사업의 공공성을 보완하고 사인에 의한 일방적인 수용을 제어하기 위한 것이다. 그러므로 만일 국토계획법령이 정한 도시계획시설사업의 대상 토지의 소유와 동의 요건을 갖추지 못하였는데도 사업시행자로 지정하였다면, 이는 국토계획법령이 정한 법규의 중요한 부분을 위반한 것으로서 특별한 사정이 없는 한 그 하자가 중대하다고 보아야 한다.

[4] 선행처분과 후행처분이 서로 독립하여 별개의 법률효과를 목적으로 하는 때에도 선행처분이 당연무효이면 선행처분의 하자를 이유로 후행처분의 효력을 다툴 수 있다. 도시계획시설사업의 시행자가 작성한 실시계획을 인가하는 처분은 도시계획시설사업 시행자에게 도시계획시설사업의 공사를 허가하고 수용권을 부여하는 처분으로서 선행처분인 도시계획시설사업 시행자 지정 처분이 처분 요건을 충족하지 못하여 당연무효인 경우에는 사업시행자 지정 처분이 유효함을 전제로 이루어진 후행처분인 실시계획 인가처분도 무효라고 보아야 한다.

[5] 구 국토의 계획 및 이용에 관한 법률(2013. 3. 23. 법률 제11690호로 개정되기 전의 것, 이하 '국토계획법' 이라 한다) 제86조 제5항, 제98조 제1항, 제101조, 제

133조 제1항 제14호의 규정 내용에 따르면, 사업시행자인 사인(私人)은 그 책임으로 도시·군계획시설사업의 공사를 마쳐야 하고, 사업시행자 지정을 받지 않은 사인은 도시·군계획시설사업을 시행할 수 없다. 사업시행기간 중에 사업 대상인 토지를 제3자에게 매각하고 제3자에게 도시·군계획시설을 설치하도록 한다면 그와 같은 내용의 도시·군계획시설사업은 사실상 토지를 개발·분양하는 사업으로 변질될 수 있는 데다가 개발이익이 배제된 가격으로 수용한 토지를 처분상대방이나 처분조건 등에 관한 아무런 제한도 받지 않고 매각하여 차익을 얻을 수 있게 됨으로써 도시·군계획시설사업의 공공성을 현저히 훼손한다. 또한 산업입지 및 개발에 관한 법률 등에서 일정한 요건과 절차에 따라 공익사업의 대행을 허용하고 있는 것과 달리, 국토계획법은 도시·군계획시설사업의 대행을 허용하는 명시적 규정을 두고 있지 않다. 따라서 사인인 사업시행자가 도시·군계획시설사업의 대상인 토지를 사업시행기간 중에 제3자에게 매각하고 제3자로 하여금 해당 시설을 설치하도록 하는 내용이 포함된 실시계획은 국토계획법상 도시·군계획시설사업의 기본원칙에 반하여 허용되지 않고, 특별한 사정이 없는 한 그와 같은 실시계획을 인가하는 처분은 그 하자가 중대하다고 보아야 한다.

## Ⅲ. 벌칙

**제140조(벌칙)** 다음 각 호의 어느 하나에 해당하는 자는 3년 이하의 징역 또는 3천만원 이하의 벌금에 처한다.
1. 제56조제1항 또는 제2항을 위반하여 허가 또는 변경허가를 받지 아니하거나, 속임수나 그 밖의 부정한 방법으로 허가 또는 변경허가를 받아 개발행위를 한 자
2. 시가화조정구역에서 허가를 받지 아니하고 제81조제2항 각 호의 어느 하나에 해당하는 행위를 한 자

[전문개정 2009.2.6.]

**제140조의2(벌칙)** 기반시설설치비용을 면탈·경감할 목적 또는 면탈·경감하게 할 목적으로 거짓 계약을 체결하거나 거짓 자료를 제출한 자는 3년 이하의 징역 또는 면탈·경감하였거나 면탈·경감하고자 한 기반시설설치비용의 3배 이하에 상당하는 벌금에 처한다.

[본조신설 2008.3.28.]

**제141조(벌칙)** 다음 각 호의 어느 하나에 해당하는 자는 2년 이하의 징역 또는 2천만원(제5호에 해당하는 자는 계약 체결 당시의 개별공시지가에

의한 해당 토지가격의 100분의 30에 해당하는 금액) 이하의 벌금에 처한다. 〈개정 2009.12.29., 2011.4.14., 2012.2.1.〉

1. 제43조제1항을 위반하여 도시·군관리계획의 결정이 없이 기반시설을 설치한 자
2. 제44조제3항을 위반하여 공동구에 수용하여야 하는 시설을 공동구에 수용하지 아니한 자
3. 제54조를 위반하여 지구단위계획에 맞지 아니하게 건축물을 건축하거나 용도를 변경한 자
4. 제76조(같은 조 제5항제2호부터 제4호까지의 규정은 제외한다)에 따른 용도지역 또는 용도지구에서의 건축물이나 그 밖의 시설의 용도·종류 및 규모 등의 제한을 위반하여 건축물이나 그 밖의 시설을 건축 또는 설치하거나 그 용도를 변경한 자
5. 삭제 〈2016.1.19.〉

[전문개정 2009.2.6.]

**제142조(벌칙)** 제133조제1항에 따른 허가·인가 등의 취소, 공사의 중지, 공작물 등의 개축 또는 이전 등의 처분 또는 조치명령을 위반한 자는 1년 이하의 징역 또는 1천만원 이하의 벌금에 처한다.

[전문개정 2009.2.6.]

**제143조(양벌규정)** 법인의 대표자나 법인 또는 개인의 대리인, 사용인, 그 밖의 종업원이 그 법인 또는 개인의 업무에 관하여 제140조부터 제142조까지의 어느 하나에 해당하는 위반행위를 하면 그 행위자를 벌할 뿐만 아니라 그 법인 또는 개인에게도 해당 조문의 벌금형을 과(科)한다. 다만, 법인 또는 개인이 그 위반행위를 방지하기 위하여 해당 업무에 관하여 상당한 주의와 감독을 게을리하지 아니한 경우는 그러하지 아니하다.

[전문개정 2009.2.6.]

**제144조(과태료)** ① 다음 각 호의 어느 하나에 해당하는 자에게는 1천만원 이하의 과태료를 부과한다. 〈개정 2009.12.29.〉

1. 제44조의3제2항에 따른 허가를 받지 아니하고 공동구를 점용하거나 사용한 자
2. 정당한 사유 없이 제130조제1항에 따른 행위를 방해하거나 거부한 자
3. 제130조제2항부터 제4항까지의 규정에 따른 허가 또는 동의를 받지 아

니하고 같은 조 제1항에 따른 행위를 한 자

　　4. 제137조제1항에 따른 검사를 거부·방해하거나 기피한 자

② 다음 각 호의 어느 하나에 해당하는 자에게는 500만원 이하의 과태료를 부과한다.

　　1. 제56조제4항 단서에 따른 신고를 하지 아니한 자

　　2. 제137조제1항에 따른 보고 또는 자료 제출을 하지 아니하거나, 거짓된 보고 또는 자료 제출을 한 자

③ 제1항과 제2항에 따른 과태료는 대통령령으로 정하는 바에 따라 다음 각 호의 자가 각각 부과·징수한다. 〈개정 2011.4.14., 2013.3.23.〉

　　1. 제1항제2호·제4호 및 제2항제2호의 경우: 국토교통부장관(제40조에 따른 수산자원보호구역의 경우 해양수산부장관을 말한다), 시·도지사, 시장 또는 군수

　　2. 제1항제1호·제3호 및 제2항제1호의 경우: 특별시장·광역시장·특별자치시장·특별자치도지사·시장 또는 군수

[전문개정 2009.2.6.]

# Ⅳ. 기재례

## 【범죄사실 기재례】

피의자 김○○는 ○○시 ○○동 ○○에 있는 대지 ○○㎡의 소유자이다. 위 장소에 건물을 신축하기 위해서는 관할 시장의 허가를 받아야 한다. 그럼에도 불구하고 김○○는 200○. ○. ○. 경부터 200○. ○. ○. 경까지 위 대지에 위와 같은 허가를 받지 않고 벽돌로 ○○㎡의 1층 건출물을 신축하였다.

**[서식] 원상회복명령서**

# 원상회복명령서

<table>
<tr>
<td rowspan="2">명령을<br>받는 자</td>
<td>성명</td>
<td></td>
<td>생년월일</td>
<td></td>
</tr>
<tr>
<td>주소</td>
<td></td>
<td>전화번호</td>
<td></td>
</tr>
<tr>
<td rowspan="2">위반<br>내용</td>
<td>위반사항</td>
<td colspan="3"></td>
</tr>
<tr>
<td>소재지</td>
<td colspan="3"></td>
</tr>
<tr>
<td rowspan="3">명령사항</td>
<td>원상회복면적</td>
<td colspan="3">m²</td>
</tr>
<tr>
<td>명령이행기간</td>
<td colspan="3">년　월　일　～　년　월　일</td>
</tr>
<tr>
<td>조치내용</td>
<td colspan="3"></td>
</tr>
</table>

「국토의 계획 및 이용에 관한 법률」 제60조제3항, 같은 법 시행령 제59조제7항 및 같은 법 시행규칙 제10조의4에 따라 위와 같이 원상회복을 명합니다.

년　　　월　　　일

**특별시장 · 광역시장 · 특별자치시장 ·**
**특별자치도지사 · 시장 · 군수**

직인

210mm×297mm(백상지 80g/㎡)

**[서식] 허가증**

제          호

# 허 가 증

성 명 :

생년월일 :

주 소 :

위치 또는 장소 :

허가내용 :

기 간 : 20        .        .부터  20        .        .까지

「국토의 계획 및 이용에 관한 법률」 제130조제9항에 따라 도시계획·도시계획시설사업 등에 관한 조사·측량 등을 하도록 위 사람에게 토지의 출입 등을 허가합니다.

20        .        .        .

국토교통부장관·특별시장·광역시장·특별자치시장·도지사·특별자치도지사·시장·군수        | 직인 |

# 근로기준법

[시행 2025. 10. 23.] [법률 제20520호, 2024. 10. 22., 일부개정]

## Ⅰ. 개설

### 목적

이 법은 헌법에 따라 근로조건의 기준을 정함으로써 근로자의 기본적 생활을 보장, 향상시키며 균형 있는 국민경제의 발전을 꾀하는 것을 목적으로 한다.

## Ⅱ. 판례

**제2조(정의)** ① 이 법에서 사용하는 용어의 뜻은 다음과 같다. 〈개정 2018.3.20., 2019.1.15., 2020.5.26.〉

1. "근로자"란 직업의 종류와 관계없이 임금을 목적으로 사업이나 사업장에 근로를 제공하는 사람을 말한다.
2. "사용자"란 사업주 또는 사업 경영 담당자, 그 밖에 근로자에 관한 사항에 대하여 사업주를 위하여 행위하는 자를 말한다.
3. "근로"란 정신노동과 육체노동을 말한다.
4. "근로계약"이란 근로자가 사용자에게 근로를 제공하고 사용자는 이에 대하여 임금을 지급하는 것을 목적으로 체결된 계약을 말한다.
5. "임금"이란 사용자가 근로의 대가로 근로자에게 임금, 봉급, 그 밖에 어떠한 명칭으로든지 지급하는 모든 금품을 말한다.
6. "평균임금"이란 이를 산정하여야 할 사유가 발생한 날 이전 3개월 동안에 그 근로자에게 지급된 임금의 총액을 그 기간의 총일수로 나눈 금액을 말한다. 근로자가 취업한 후 3개월 미만인 경우도 이에 준한다.
7. "1주"란 휴일을 포함한 7일을 말한다.
8. "소정(所定)근로시간 "이란 제50조, 제69조 본문 또는 「산업안전보건법」 제139조제1항에 따른 근로시간의 범위에서 근로자와 사용자 사이에 정한 근로시간을 말한다.
9. "단시간근로자"란 1주 동안의 소정근로시간이 그 사업장에서 같은 종류의 업무에 종사하는 통상 근로자의 1주 동안의 소정근로시간에 비하여 짧은

근로자를 말한다.

② 제1항제6호에 따라 산출된 금액이 그 근로자의 통상임금보다 적으면 그 통상임금액을 평균임금으로 한다.

## 부당해고구제재심판정취소
[대법원 2024. 7. 25. 선고 2024두32973 판결]

**【판결요지】**
근로기준법상 근로자에 해당하는지는 계약의 형식이 고용계약, 도급계약 또는 위임계약인지보다 근로제공관계의 실질이 사업 또는 사업장에 임금을 목적으로 종속적인 관계에서 근로를 제공한 것인지 여부에 따라 판단해야 한다. 여기에서 종속적인 관계인지는, 업무 내용을 사용자가 정하고 취업규칙 또는 복무(인사)규정 등의 적용을 받으며 업무수행과정에서 사용자가 상당한 지휘·감독을 하는지, 사용자가 근무시간과 근무장소를 지정하고 근로자가 이에 구속을 받는지, 노무제공자가 스스로 비품·원자재나 작업도구 등을 소유하거나 제3자를 고용하여 업무를 대행하게 하는 등 독립하여 자신의 계산으로 사업을 영위할 수 있는지, 노무제공을 통한 이윤 창출과 손실 초래 등 위험을 스스로 안고 있는지와 보수의 성격이 근로 자체의 대상적 성격인지, 기본급이나 고정급이 정하여졌는지 및 근로소득세의 원천징수 여부 등 보수에 관한 사항, 근로제공관계의 계속성과 사용자에 대한 전속성의 유무와 정도, 사회보장제도에 관한 법령에서 근로자로서 지위를 인정받는지 등의 경제적·사회적 여러 조건을 종합하여 판단해야 한다. 다만 기본급이나 고정급이 정하여졌는지, 근로소득세를 원천징수하였는지, 사회보장제도에 관하여 근로자로 인정받는지 등의 사정은 사용자가 경제적으로 우월한 지위를 이용하여 임의로 정할 여지가 크다는 점에서 그러한 점들이 인정되지 않는다는 것만으로 근로자성을 쉽게 부정해서는 안 된다. 온라인 플랫폼(노무제공과 관련하여 둘 이상의 이용자 간 상호작용을 위한 전자적 정보처리시스템을 말한다)을 매개로 근로를 제공하는 플랫폼 종사자가 근로자인지를 판단하는 경우에는 노무제공자와 노무이용자 등이 온라인 플랫폼을 통해 연결됨에 따라 직접적으로 개별적인 근로계약을 맺을 필요성이 적은 사업구조, 일의 배분과 수행 방식 결정에 온라인 플랫폼의 알고리즘이나 복수의 사업참여자가 관여하는 노무관리의 특성을 고려하여 위 요소들을 적정하게 적용해야 한다.
한편 어떤 근로자에 대하여 누가 임금 등의 지급의무를 부담하는 사용자인가를 판단할 때에도 계약의 형식이나 관련 법규의 내용에 관계없이 실질적인 근로관계를 기준으로 해야 하고, 근로기준법상 근로자인지를 판단할 때에 고려했던 여러 요소들을 종합적으로 고려해야 한다.

## 어떠한 임금이 통상임금에 속하는지 판단하는 기준
[대법원 2020. 8. 20., 선고, 2019다14110, 14127, 14134, 14141,, 판결]

**【판결요지】**
어떠한 임금이 통상임금에 속하는지는 그 임금이 소정근로의 대가로 근로자에게 지급되는 금품으로서 정기적·일률적·고정적으로 지급되는 것인지를 기준으로 객관적인 성질에 따라 판단하여야 한다. 소정근로의 대가라 함은 근로자가 소정근로시간에 통상적으로 제공하기로 정한 근로에 관하여 사용자와 근로자가 지급하기로 약정한 금품을 말한다. 근로자가 소정근로시간을 초과하여 근로를 제공하거나 근로계약에서 제공하기로 정한 근로 외의 근로를 특별히 제공함으로써 사용자로부터 추가로 지급받는 임금이나 소정근로시간의 근로와는 관련 없이 지급받는 임금은 소정근로의 대가라 할 수 없으므로 통상임금에 속하지 아니한다. 소정근로의 대가가 무엇인지는 근로자와 사용자가 소정근로시간에 통상적으로 제공하기로 정한 근로자의 근로의 가치를 어떻게 평가하고 그에 대하여 얼마의 금품을 지급하기로 정하였는지를 기준으로 전체적으로 판단하여야 한다.

**제6조(균등한 처우)** 사용자는 근로자에 대하여 남녀의 성(性)을 이유로 차별적 대우를 하지 못하고, 국적·신앙 또는 사회적 신분을 이유로 근로조건에 대한 차별적 처우를 하지 못한다.

### '동일가치의 노동'의 의미 및 이를 판단하는 기준
[대법원 2010.5.13. 선고, 2008다6052, 판결]

【판결요지】
일반적으로 '동일가치의 노동'이란 해당 사업장 내에서 서로 비교되는 근로자 간의 노동이 동일하거나 실질적으로 거의 같은 성질의 노동 또는 직무가 다소 다르더라도 객관적인 직무평가 등에 따라 본질적으로 동일한 가치가 있다고 인정되는 노동에 해당하는 것을 말한다. 동일가치의 노동인지는 직무 수행에서 요구되는 기술, 노력, 책임과 작업조건을 비롯하여 근로자의 학력·경력·근속연수 등의 기준을 종합적으로 고려하여 판단하여야 한다.

**제7조(강제 근로의 금지)** 사용자는 폭행, 협박, 감금, 그 밖에 정신상 또는 신체상의 자유를 부당하게 구속하는 수단으로써 근로자의 자유의사에 어긋나는 근로를 강요하지 못한다.

### 부당전적구제재심판정취소
[대법원 2013. 12. 12., 선고, 2011두4282, 판결]

【판결요지】
상법 제530조의10은 분할로 인하여 설립되는 회사(이하 '신설회사'라고 한다)는 분할하는 회사의 권리와 의무를 분할계획서가 정하는 바에 따라서 승계한다고 규정하고 있으므로, 분할하는 회사의 근로관계도 위 규정에 따른 승계의 대상에 포함될 수 있다. 그런데 헌법이 직업선택의 자유를 보장하고 있고 근로기준법이 근로자의 보호를 도모하기 위하여 근로조건에 관한 근로자의 자기결정권(제4조), 강제근로의 금지(제7조), 사용자의 근로조건 명시의무(제17조), 부당해고 등의 금지(제23조) 또는 경영상 이유에 의한 해고의 제한(제24조) 등을 규정한 취지에 비추어 볼 때, 회사 분할에 따른 근로관계의 승계는 근로자의 이해와 협력을 구하는 절차를 거치는 등 절차적 정당성을 갖춘 경우에 한하여 허용되고, 해고의 제한 등 근로자 보호를 위한 법령 규정을 잠탈하기 위한 방편으로 이용되는 경우라면 그 효력이 부정될 수 있어야 한다. 따라서 둘 이상의 사업을 영위하던 회사의 분할에 따라 일부 사업 부문이 신설회사에 승계되는 경우 분할하는 회사가 분할계획서에 대한 주주총회의 승인을 얻기 전에 미리 노동조합과 근로자들에게 회사 분할의 배경, 목적 및 시기, 승계되는 근로관계의 범위와 내용, 신설회사의 개요 및 업무 내용 등을 설명하고 이해와 협력을 구하는 절차를 거쳤다면 그 승계되는 사업에 관한 근로관계는 해당 근로자의 동의를 받지 못한 경우라도 신설회사에 승계되는 것이 원칙이다. 다만 회사의 분할이 근로기준법상 해고의 제한을 회피하면서 해당 근로자를 해고하기 위한 방편으로 이용되는 등의 특별한 사정이 있는 경우에는, 해당 근로자는 근로관계의 승계를 통지 받거나 이를 알게 된 때부터 사회통념상 상당한 기간 내에 반대 의사를 표시함으로써 근로관계의 승계를 거부하고 분할하는 회사에 잔류할 수 있다.

**제9조(중간착취의 배제)** 누구든지 법률에 따르지 아니하고는 영리로 다른 사람의 취업에 개입하거나 중간인으로서 이익을 취득하지 못한다.

## 근로기준법위반
[대법원 2010. 9. 30., 선고, 2010도6403, 판결]

【판결요지】
버스회사 노동조합 지부장인 피고인이 운전기사 신규 채용 내지 정년 도과 후 촉탁직 근로계약의 체결과 관련하여 취업을 원하거나, 정년 후 계속 근로를 원하는 운전기사들로부터 청탁의 대가로 돈을 받아 이익을 취득하였고, 원심이 위 행위에 대해 근로기준법 위반죄의 성립을 인정한 뒤, 피고인에 대하여 형의 집행을 유예함과 동시에 집행유예기간 동안 보호관찰을 받을 것을 명하면서 "보호관찰기간 중 노조지부장 선거에 후보로 출마하거나 피고인을 지지하는 다른 조합원의 출마를 후원하거나 하는 등의 방법으로 선거에 개입하지 말 것"이라는 내용의 특별준수사항을 부과한 사안에서, 범행에 이르게 된 동기와 내용, 피고인의 지위, 업무 환경, 생활상태, 기타 개별적·구체적 특성들을 종합할 때, 원심이 피고인의 재범을 방지하고 개선·자립에 도움이 된다고 판단하여 위와 같은 특별준수사항을 부과한 것은 정당하다.

**제11조(적용 범위)** ① 이 법은 상시 5명 이상의 근로자를 사용하는 모든 사업 또는 사업장에 적용한다. 다만, 동거하는 친족만을 사용하는 사업 또는 사업장과 가사(家事) 사용인에 대하여는 적용하지 아니한다.

② 상시 4명 이하의 근로자를 사용하는 사업 또는 사업장에 대하여는 대통령령
으로 정하는 바에 따라 이 법의 일부 규정을 적용할 수 있다.
③ 이 법을 적용하는 경우에 상시 사용하는 근로자 수를 산정하는 방법은 대통
령령으로 정한다. 〈신설 2008.3.21.〉

## '상시 5명 이상의 근로자를 사용하는 사업 또는 사업장' 의 의미
[대법원 2024. 1. 25. 선고 2023다275998 판결]

【판결요지】
근로기준법 제11조 제1항의 '상시 5명 이상의 근로자를 사용하는 사업 또는 사업장' 이라 함은 '상시 근무하는 근로자의 수가 5명 이상인 사업 또는 사업장' 이 아니라 '사용하는 근로자의 수가 상시 5명 이상인 사업 또는 사업장' 을 뜻하는 것이고, 이 경우 상시란 상태(常態)를 의미하므로 근로자의 수가 때때로 5인 미만이 되는 경우가 있어도 사회통념에 의하여 객관적으로 판단하여 상태적으로 5인 이상이 되는 경우에는 이에 해당한다.
이러한 취지에 비추어 보면 주휴일은 근로기준법 제55조 제1항에 따라 주 1회 이상 휴일로 보장되는 근로의무가 없는 날이므로, 주휴일에 실제 근무하지 않은 근로자는 근로기준법 제11조 제3항의 '상시 사용하는 근로자 수' 를 산정하는 기준이 되는 같은 법 시행령 제7조의2 제1항의 '산정기간 동안 사용한 근로자의 연인원' 및 같은 조 제2항 각호의 '일별 근로자 수' 에 포함하여서는 아니 된다.
이때 매월 또는 매주 휴무일이 발생하는 일자나 요일이 특정되어 있고 휴무일수가 일정한 경우뿐만 아니라, 근로자들이 매월 또는 매주를 주기로 순환하여 휴무일을 가짐에 따라 휴무일이 발생하는 일자나 요일 및 휴무일수가 변동되는 경우에도 마찬가지로 근로기준법이나 근로계약 등에 따라 '휴일로 보장되는 근로의무가 없는 날' 에 실제 근로자가 근무하지 않았다면 '산정기간 동안 사용한 근로자의 연인원' 및 '일별 근로자 수' 에 포함되지 아니한다.

**제15조(이 법을 위반한 근로계약)** ① 이 법에서 정하는 기준에 미치지 못하는 근로조건을 정한 근로계약은 그 부분에 한정하여 무효로 한다. 〈개정 2020.5.26.〉
② 제1항에 따라 무효로 된 부분은 이 법에서 정한 기준에 따른다.

## 임금채권에 관하여 근로자에게 불리할 수 있는 의사표시는 엄격하게 해석하여야 하는지 여부
[대법원 2024. 2. 8. 선고 2018다206899, 206905, 206912 판결]

【판결요지】
근로자의 임금채권은 근로기준법에 따라 강력한 보호를 받으므로, 임금채권에 관하여 근로자에게 불리할 수 있는 의사표시는 엄격하게 해석하여야 한다.

**제17조(근로조건의 명시)** ① 사용자는 근로계약을 체결할 때에 근로자에게 다음 각 호의 사항을 명시하여야 한다. 근로계약 체결 후 다음 각 호의 사항을 변경하는 경우에도 또한 같다. 〈개정 2010.5.25.〉

    1. 임금

    2. 소정근로시간

    3. 제55조에 따른 휴일

    4. 제60조에 따른 연차 유급휴가

    5. 그 밖에 대통령령으로 정하는 근로조건

② 사용자는 제1항제1호와 관련한 임금의 구성항목·계산방법·지급방법 및 제2호부터 제4호까지의 사항이 명시된 서면(「전자문서 및 전자거래 기본법」 제2조제1호에 따른 전자문서를 포함한다)을 근로자에게 교부하여야 한다. 다만, 본문에 따른 사항이 단체협약 또는 취업규칙의 변경 등 대통령령으로 정하는 사유로 인하여 변경되는 경우에는 근로자의 요구가 있으면 그 근로자에게 교부하여야 한다. 〈신설 2010.5.25., 2021.1.5.〉

## 기간제 근로계약의 근로조건 명시의무가 문제된 사건
[대법원 2024. 6. 27. 선고 2020도16541 판결]

【판결요지】
근로기준법은 사용자가 근로계약을 체결할 때 근로자에게 임금(임금의 구성항목·계산방법 및 지불방법을 포함하는데, 이 세 사항을 묶어서 '임금의 세부 사항'이라고 한다), 소정근로시간, 휴일, 연차 유급휴가 등의 사항을 명시하여야 한다고 규정하고(제17조 제1항), 이를 위반할 경우 500만 원 이하의 벌금에 처하도록 하고 있다(제114조 제1호). 한편 기간제 및 단시간근로자 보호 등에 관한 법률(이하 '기간제법'이라고 한다)은 사용자가 기간제근로자 또는 단시간근로자와 근로계약을 체결하는 때에는 근로시간에 관한 사항, 임금의 세부 사항, 휴일·휴가에 관한 사항 등을 서면으로 명시하여야 한다고 규정하고(제17조), 이를 위반하여 근로조건을 서면으로 명시하지 아니한 자에게 500만 원 이하의 과태료를 부과하도록 하고 있다(제24조 제2항 제2호). 다음과 같은 이유에서 근로기준법 제17조 제1항과 그 벌칙 조항은 기간제 근로계약을 체결할 때에도 적용된다고 해석하여야 하고, 기간제법이 이와 거의 동일한 위반행위에 관하여 과태료를 부과하고 있다고 하여 위 근로기준법 규정의 적용이 배제된다고 볼 것은 아니다.
(가) 기간제근로자는 근로기준법이 정한 근로자에 해당한다(제2조 제1항 제1호). 근로기준법 제17조도 그 적용 범위를 기간의 정함이 없는 근로계약을 체결한 근로자로 한정하고 있지 않고, 기간제법도 근로기준법 제17조의 적용을 배제하고 있지 않다.
(나) 근로기준법은 헌법에 따라 근로조건의 기준을 정함으로써 근로자의 기본적 생활을 보장·향상시키며 균형 있는 국민경제의 발전을 꾀하는 것을 목적으로 하고(제1조), 기간제법은 기간제근로자의 근로조건 보호를 강화함으로써 노동시장의 건전한

발전에 이바지함을 목적으로 한다(제1조). 기간제 근로계약을 체결하려는 근로자는 대부분 기간의 정함이 없는 근로계약을 체결하려는 근로자보다 사용자에 대하여 열위에 있으므로 주요 근로조건을 사전에 명시할 필요성이 더 큰데도, 명문의 근거 없이 사용자의 명시의무 위반에 대하여 더 강한 제재수단을 둔 근로기준법의 규정을 배제하는 것은 근로기준법과 기간제법의 취지에 부합하지 않는다.

(다) 기간제법의 근로조건 명시의무는 제정 이후 사실상 변함이 없는 반면, 근로기준법은 기간제법 제정 직후부터 여러 차례 개정을 통해 서면으로 명시하여야 하는 근로조건의 범위를 넓히고 방법도 주요 근로조건의 경우 근로자의 요구가 없더라도 서면을 교부하도록 하는 등 기간제법보다 사용자의 명시의무를 강화하였다(제17조 제2항). 이는 근로조건 명시의무에 관하여 그 내용을 강화하면서 기간제 또는 단시간 근로계약인지 아닌지를 구분하지 않고 이를 근로기준법에 의하여 통일적으로 규율하도록 한 것이라고 보아야 한다.

**제19조(근로조건의 위반)** ① 제17조에 따라 명시된 근로조건이 사실과 다를 경우에 근로자는 근로조건 위반을 이유로 손해의 배상을 청구할 수 있으며 즉시 근로계약을 해제할 수 있다.

② 제1항에 따라 근로자가 손해배상을 청구할 경우에는 노동위원회에 신청할 수 있으며, 근로계약이 해제되었을 경우에는 사용자는 취업을 목적으로 거주를 변경하는 근로자에게 귀향 여비를 지급하여야 한다.

### 대기발령의 의미와 정당성 판단 기준
[대법원 2011. 10. 13., 선고, 2009다86246, 판결]

【판결요지】

대기발령은 근로자가 현재의 직위 또는 직무를 장래에 계속 담당하게 되면 업무상 장애 등이 예상되는 경우에 이를 예방하기 위하여 일시적으로 당해 근로자에게 직위를 부여하지 아니함으로써 직무에 종사하지 못하도록 하는 잠정적인 조치를 의미한다. 이는 근로자의 과거 비위행위에 대하여 기업질서 유지를 목적으로 행하여지는 징벌적 제재로서 징계와는 성질이 다르므로, 근로자에 대한 대기발령의 정당성은 근로자에게 당해 대기발령 사유가 존재하는지 여부나 대기발령에 관한 절차규정의 위반 여부 및 그 정도에 의하여 판단하여야 한다.

**제22조(강제 저금의 금지)** ① 사용자는 근로계약에 덧붙여 강제 저축 또는 저축금의 관리를 규정하는 계약을 체결하지 못한다.

② 사용자가 근로자의 위탁으로 저축을 관리하는 경우에는 다음 각 호의 사항을 지켜야 한다.

  1. 저축의 종류·기간 및 금융기관을 근로자가 결정하고, 근로자 본인의 이름으로 저축할 것

2. 근로자가 저축증서 등 관련 자료의 열람 또는 반환을 요구할 때에는 즉시 이에 따를 것

## 임금
[대법원 2010.5.13, 선고, 2008다6052, 판결]

【판결요지】

[1] 감시·단속적 근로 등과 같이 근로시간의 산정이 어려운 경우가 아니라면 달리 근로기준법상의 근로시간에 관한 규정을 그대로 적용할 수 없다고 볼 만한 특별한 사정이 없는 한 근로기준법상의 근로시간에 따른 임금지급의 원칙이 적용되어야 할 것이므로, 이러한 경우에도 근로시간 수에 상관없이 일정액을 법정수당으로 지급하는 내용의 포괄임금제 방식의 임금 지급계약을 체결하는 것은 그것이 근로기준법이 정한 근로시간에 관한 규제를 위반하는 이상 허용될 수 없다.

[2] 구 근로기준법(2007. 4. 11. 법률 제8372호로 전부 개정되기 전의 것) 제22조(현행법 제15조)에서는 근로기준법에 정한 기준에 미치지 못하는 근로조건을 정한 근로계약은 그 부분에 한하여 무효로 하면서(근로기준법의 강행성) 그 무효로 된 부분은 근로기준법이 정한 기준에 의하도록 정하고 있으므로(근로기준법의 보충성), 근로시간의 산정이 어려운 등의 사정이 없음에도 포괄임금제 방식으로 약정된 경우 그 포괄임금에 포함된 정액의 법정수당이 근로기준법이 정한 기준에 따라 산정된 법정수당에 미달하는 때에는 그에 해당하는 포괄임금제에 의한 임금 지급계약 부분은 근로자에게 불이익하여 무효라 할 것이고, 사용자는 근로기준법의 강행성과 보충성 원칙에 의해 근로자에게 그 미달되는 법정수당을 지급할 의무가 있다.

**제23조(해고 등의 제한)** ① 사용자는 근로자에게 정당한 이유 없이 해고, 휴직, 정직, 전직, 감봉, 그 밖의 징벌(懲罰)(이하 "부당해고등"이라 한다)을 하지 못한다.

② 사용자는 근로자가 업무상 부상 또는 질병의 요양을 위하여 휴업한 기간과 그 후 30일 동안 또는 산전(産前)·산후(産後)의 여성이 이 법에 따라 휴업한 기간과 그 후 30일 동안은 해고하지 못한다. 다만, 사용자가 제84조에 따라 일시보상을 하였을 경우 또는 사업을 계속할 수 없게 된 경우에는 그러하지 아니하다.

## 징계무효확인등
[대법원 2022. 2. 10., 선고, 2020다301155, 판결]

【판결요지】

[1] 근로기준법 제23조 제1항에서 사용자는 근로자에게 정당한 이유 없이 휴직을 명하지 못한다고 제한하고 있는 점에 비추어 보면, 취업규칙이나 단체협약 등이

정한 휴직사유가 발생하였으며, 당해 휴직 근거 규정의 설정 목적과 그 실제 기능, 휴직명령권 발동의 합리성 유무 및 그로 인하여 근로자가 받게 될 신분상·경제상의 불이익 등 구체적인 사정을 모두 참작하여 근로자가 상당한 기간에 걸쳐 근로를 제공할 수 없다거나 근로를 제공하는 것이 매우 부적당하다고 인정되는 경우에만 사용자의 휴직명령에 정당한 이유가 있다고 보아야 한다.

[2] 甲 병원의 인사규정에 '직원이 형사사건으로 구속 기소되었을 때에는 휴직을 명할 수 있고, 그 경우 휴직기간은 최초의 형 판결 시까지로 하되 계속 구속될 경우 확정판결 시까지 연장 가능하며, 휴직한 직원은 그 사유가 소멸된 때에는 30일 이내에 복직을 신청하여야 하고 甲 병원은 지체 없이 복직을 명하여야 한다.'고 규정하고 있는데, 乙이 甲 병원의 근로자로 근무하던 중 징역형을 선고받고 구속되자 甲 병원이 인사규정에 따라 휴직을 명하였고, 乙이 항소한 후 보석허가결정을 받아 석방된 다음 복직신청을 하였으나, 甲 병원은 휴직사유가 소멸되었다고 볼 수 없다는 이유로 복직신청을 거부한 사안에서, 위 인사규정은 '구속으로 인해 현실적인 근로제공이 불가능한 경우'를 휴직사유로 정하고 있는 것으로 보이는데, 乙이 형사사건으로 구속됨으로써 인사규정에서 정한 휴직사유가 발생하였고, 그로 인해 상당한 기간에 걸쳐 근로를 제공할 수 없었던 상황이었음이 인정되므로, 휴직명령에는 정당한 이유가 있었다고 볼 수 있으나, 乙이 석방된 이후에는 휴직명령의 사유가 소멸하였으므로 다른 특별한 사정이 없는 한 甲 병원은 乙의 복직신청에 대하여 지체 없이 복직을 명하였어야 하고, 乙이 석방된 이후에도 보석이 취소되거나 실형이 선고되는 등으로 다시 근로를 제공할 수 없는 상황에 처하게 될 가능성이 있었다는 사정만으로 복직 거부 당시 乙이 상당한 기간에 걸쳐 근로를 제공하는 것이 매우 부적당한 경우에 해당하였다고 단정하기도 어려운데도, 이와 달리 본 원심판단에 법리오해의 잘못이 있다고 한 사례.

## 제27조(해고사유 등의 서면통지) ① 사용자는 근로자를 해고하려면 해고사유와 해고시기를 서면으로 통지하여야 한다.

② 근로자에 대한 해고는 제1항에 따라 서면으로 통지하여야 효력이 있다.

③ 사용자가 제26조에 따른 해고의 예고를 해고사유와 해고시기를 명시하여 서면으로 한 경우에는 제1항에 따른 통지를 한 것으로 본다. 〈신설 2014.3.24.〉

### 근로기준법 제27조에서 정한 해고의 의미
[대법원 2023. 12. 7. 선고 2023도2318 판결]

【판결요지】
근로계약의 종료 사유는 근로자의 의사나 동의에 의하여 이루어지는 퇴직, 근로자의 의사에 반하여 사용자의 일방적 의사에 의하여 이루어지는 해고, 근로자나 사용자의 의사와는 관계없이 이루어지는 자동소멸 등으로 나눌 수 있으며 근로기준법 제27조에서 말하는 해고란 실제 사업장에서 불리는 명칭이나 절차에 관계없이 위의 두 번째에 해당하는 모든 근로계약관계의 종료를 의미한다.

회사가 어떠한 사유의 발생을 당연퇴직사유로 규정하고 그 절차를 통상의 해고나 징계해고와는 달리하였더라도 근로자의 의사와 관계없이 사용자 측에서 일방적으로 근로관계를 종료시키는 것이면 성질상 이는 해고로서 근로기준법에 의한 제한을 받는다고 보아야 하므로 근로자에 대한 퇴직조처가 단체협약이나 취업규칙에서 당연퇴직으로 규정되었다고 하더라도 위 퇴직조처가 유효하기 위하여는 근로기준법 제23조 제1항에서 규정하는 정당한 이유가 있어야 한다.

단체협약 등에서 당연퇴직 사유에 대하여 징계해고에 관한 절차 등을 거치도록 규정하고 있지 않다고 하여 그것이 근로기준법상의 해고제한 규정을 회피하려는 것으로서 무효라고 할 수 없으나, 그 당연퇴직 사유가 동일하게 징계사유로도 규정되어 있는 경우에는 당연퇴직 처분을 하면서 일반의 징계절차를 거쳐야 한다.

**제30조(구제명령 등)** ① 노동위원회는 제29조에 따른 심문을 끝내고 부당해고 등이 성립한다고 판정하면 사용자에게 구제명령을 하여야 하며, 부당해고등이 성립하지 아니한다고 판정하면 구제신청을 기각하는 결정을 하여야 한다.

② 제1항에 따른 판정, 구제명령 및 기각결정은 사용자와 근로자에게 각각 서면으로 통지하여야 한다.

③ 노동위원회는 제1항에 따른 구제명령(해고에 대한 구제명령만을 말한다)을 할 때에 근로자가 원직복직(原職復職)을 원하지 아니하면 원직복직을 명하는 대신 근로자가 해고기간 동안 근로를 제공하였더라면 받을 수 있었던 임금 상당액 이상의 금품을 근로자에게 지급하도록 명할 수 있다.

④ 노동위원회는 근로계약기간의 만료, 정년의 도래 등으로 근로자가 원직복직(해고 이외의 경우는 원상회복을 말한다)이 불가능한 경우에도 제1항에 따른 구제명령이나 기각결정을 하여야 한다. 이 경우 노동위원회는 부당해고등이 성립한다고 판정하면 근로자가 해고기간 동안 근로를 제공하였더라면 받을 수 있었던 임금 상당액에 해당하는 금품(해고 이외의 경우에는 원상회복에 준하는 금품을 말한다)을 사업주가 근로자에게 지급하도록 명할 수 있다.
〈신설 2021.5.18.〉

## 부당해고구제재심판정취소

[대법원 2022. 7. 14., 선고, 2020두54852, 판결]

【판결요지】
근로자가 부당해고 구제신청을 할 당시 이미 정년에 이르거나 근로계약기간 만료, 폐업 등의 사유로 근로계약관계가 종료하여 근로자의 지위에서 벗어난 경우에는 노동위원회의 구제명령을 받을 이익이 소멸하였다고 보는 것이 타당하다.

## 임금

[대법원 2011. 10. 13, 선고, 2009다86246, 판결]

**【판결요지】**

[1] 대기발령은 근로자가 현재의 직위 또는 직무를 장래에 계속 담당하게 되면 업무상 장애 등이 예상되는 경우에 이를 예방하기 위하여 일시적으로 당해 근로자에게 직위를 부여하지 아니함으로써 직무에 종사하지 못하도록 하는 잠정적인 조치를 의미한다. 이는 근로자의 과거 비위행위에 대하여 기업질서 유지를 목적으로 행하여지는 징벌적 제재로서 징계와는 성질이 다르므로, 근로자에 대한 대기발령의 정당성은 근로자에게 당해 대기발령 사유가 존재하는지 여부나 대기발령에 관한 절차 규정의 위반 여부 및 그 정도에 의하여 판단하여야 한다.

[2] 상여금이 계속적·정기적으로 지급되고 그 지급액이 확정되어 있다면 이는 근로의 대가로 지급되는 임금의 성질을 가지나 지급사유의 발생이 불확정이고 일시적으로 지급되는 것은 임금이라고 볼 수 없다.

[3] 사용자가 근로자에게 지급한 보로금이 임금에 해당하는지 문제된 사안에서, 보로금은 근로자에게 계속적·정기적으로 지급된 근로의 대가라고 볼 수 없고, 오히려 매년 경영성과에 따라 노사합의를 통해 지급 여부나 지급 기준 등이 정해졌으므로, 평균임금 산정의 기초가 되는 임금에 해당하지 않는다고 본 원심판단을 정당하다고 한 사례.

[4] 구 소송촉진 등에 관한 특례법(2010. 5. 17. 법률 제10303호로 개정되기 전의 것, 이하 '구 소촉법'이라 한다) 제3조 제1항 본문은 "금전채무의 전부 또는 일부의 이행을 명하는 판결(심판을 포함한다. 이하 같다)을 선고할 경우, 금전채무 불이행으로 인한 손해배상액 산정의 기준이 되는 법정이율은 그 금전채무의 이행을 구하는 소장 또는 이에 준하는 서면이 채무자에게 송달된 날의 다음날부터는 연 100분의 40 이내의 범위에서 은행법에 따른 금융기관이 적용하는 연체금리 등 경제 여건을 고려하여 대통령령으로 정하는 이율에 따른다."고 규정하고 있다. 이는 금전채무의 이행을 명하는 판결을 선고할 경우 소장 등이 채무자에게 송달된 날의 다음날부터 대통령령이 정하는 법정이율에 의하도록 위임함으로써 법정이율을 현실이자율 등 경제 여건의 변동에 따라 탄력적으로 정하여 채권자가 소송제기 이후부터는 원칙적으로 실손해를 배상받을 수 있도록 한 것이다. 한편 노동위원회의 구제명령은 사용자에 대하여 구제명령에 복종하여야 할 공법상 의무를 부담시킬 뿐 직접 근로자와 사용자 간의 사법상 법률관계를 발생 또는 변경시키는 것이 아니다. 따라서 구 소촉법 제3조 제1항에서 정한 '금전채무의 전부 또는 일부의 이행을 명하는 심판'에 노동위원회의 구제명령은 포함되지 않는다.

[5] 사용자가 근로자에 대하여 해고 등 불이익처분을 할 만한 사유가 전혀 없는데도 오로지 근로자를 사업장에서 몰아내려는 의도하에 고의로 명목상의 불이익처분 사유를 내세우거나 만들어 불이익처분을 한 경우나, 불이익처분의 사유가 취업규칙 등에서 정한 불이익처분 사유에 해당되지 아니하거나 불이익처분 사유로

삼을 수 없는 것임이 객관적으로 명백하고, 또 조금만 주의를 기울이면 그와 같은 사정을 쉽게 알아볼 수 있는데도 그것을 이유로 불이익처분에 나아간 경우와 같이 불이익처분이 우리의 건전한 사회통념이나 사회상규상 용인될 수 없음이 분명한 경우에는 그 불이익처분은 재량권의 범위를 일탈하거나 재량권을 남용한 위법한 처분으로서 효력이 부정됨에 그치지 아니하고, 위법하게 상대방에게 정신적 고통을 가하는 것이 되어 근로자에 대한 관계에서 불법행위를 구성한다.

[6] 사용자가 근로자에게 제1차 대기발령을 한 후 해고를 하였고, 그 후 다시 복직시켜 제2차 대기발령을 한 다음 대기발령 기간 중에 명령휴직 처분을 한 사안에서, 제1차 대기발령은 사용자의 인사규정에 기한 인사명령으로서 정당하고, 위 해고와 제2차 대기발령 및 그 대기발령 기간 중 명령휴직 처분이 모두 무효라 하더라도, 사용자가 근로자에 대하여 불이익처분을 할 만한 사유가 전혀 없음에도 오로지 근로자를 해할 의도하에 고의로 위 해고나 대기발령 등 불이익처분을 하였거나, 불이익처분을 할 만한 사유에 해당하지 않음이 명백하고 또 조금만 주의를 기울였더라면 이와 같은 사정을 쉽게 알아볼 수 있는데도 사용자가 부당하게 불이익처분을 하였다고 인정할 수 없으므로, 위 해고 등 불이익처분은 근로자에 대한 관계에서 불법행위를 구성하지 않는다고 본 원심판단을 정당하다고 한 사례.

[7] 퇴직금 산정의 기준이 되는 평균임금은 퇴직하는 근로자에 대하여 퇴직한 날 이전 3개월간에 그 근로의 대상으로 지급된 임금의 총액을 그 기간의 총일수로 나눈 금액을 말하고, 퇴직하는 해의 전 해에 개근하거나 9할 이상 출근함으로써 구 근로기준법(2003. 9. 15. 법률 제6974호로 개정되기 전의 것) 제59조에 의하여 연차유급휴가를 받을 수 있었는데도 이를 사용하지 아니하여 그 기간에 대한 연차휴가수당 청구권이 발생하였다고 하더라도 연차휴가수당은 퇴직하는 해의 전 해 1년간의 근로에 대한 대가이지 퇴직하는 그 해의 근로에 대한 대가가 아니므로, 연차휴가권의 기초가 된 개근 또는 9할 이상 근로한 1년간의 일부가 퇴직한 날 이전 3개월간 내에 포함되는 경우에 그 포함된 부분에 해당하는 연차휴가수당만이 평균임금 산정의 기준이 되는 임금 총액에 산입된다.

**제32조(구제명령 등의 효력)** 노동위원회의 구제명령, 기각결정 또는 재심판정은 제31조에 따른 중앙노동위원회에 대한 재심 신청이나 행정소송 제기에 의하여 그 효력이 정지되지 아니한다.

## 근로기준법위반

[대법원 2006. 12. 7, 선고, 2006도300, 판결]

【판결요지】

[1] 근로기준법상의 근로자에 해당하는지 여부는 계약의 형식과는 관계없이 실질에 있어서 근로자가 임금을 목적으로 종속적인 관계에서 사용자에게 근로를 제공하였는지 여부에 따라 판단하여야 하고, 이를 판단함에 있어서는 업무의 내용이 사용자에 의하여 정하여지고 취업규칙·복무규정·인사규정 등의 적용을 받으며 업무 수행 과정에 있어서도

사용자로부터 구체적이고 직접적인 지휘·감독을 받는지 여부, 사용자에 의하여 근무시간과 근무장소가 지정되고 이에 구속을 받는지 여부, 비품·원자재·작업도구 등의 소유관계, 보수가 근로 자체의 대상적(對償的) 성격을 가지고 있는지 여부와 기본급이나 고정급이 정하여져 있는지 여부 및 근로소득세의 원천징수 여부 등 보수에 관한 사항, 근로제공관계의 계속성과 사용자에의 전속성의 유무와 정도, 사회보장제도에 관한 법령 등 다른 법령에 의하여 근로자로서의 지위를 인정하여야 하는지 여부, 양 당사자의 경제·사회적 조건 등을 종합적으로 고려하여 판단하여야 한다. 어떤 근로자에 대하여 누가 근로기준법 제32조, 제36조 소정의 의무를 부담하는 사용자인가를 판단함에 있어서도 계약의 형식이나 관련 법규의 내용에 관계없이 실질적인 근로관계를 기준으로 하여야 하고, 이 때에도 위와 같은 여러 요소들을 종합적으로 고려하여야 한다.

[2] 농업협동조합이 운영하는 대형할인매장의 납품업체로부터 보수를 받고 위 조합에 납품된 전체 상품을 관리한 사람들은 실질적으로 위 조합에 고용된 근로자에 해당한다.

## 제33조(이행강제금)

① 노동위원회는 구제명령(구제명령을 내용으로 하는 재심판정을 포함한다. 이하 이 조에서 같다)을 받은 후 이행기한까지 구제명령을 이행하지 아니한 사용자에게 3천만원 이하의 이행강제금을 부과한다. 〈개정 2021.5.18.〉

② 노동위원회는 제1항에 따른 이행강제금을 부과하기 30일 전까지 이행강제금을 부과·징수한다는 뜻을 사용자에게 미리 문서로써 알려 주어야 한다.

③ 제1항에 따른 이행강제금을 부과할 때에는 이행강제금의 액수, 부과 사유, 납부기한, 수납기관, 이의제기방법 및 이의제기기관 등을 명시한 문서로써 하여야 한다.

④ 제1항에 따라 이행강제금을 부과하는 위반행위의 종류와 위반 정도에 따른 금액, 부과·징수된 이행강제금의 반환절차, 그 밖에 필요한 사항은 대통령령으로 정한다.

⑤ 노동위원회는 최초의 구제명령을 한 날을 기준으로 매년 2회의 범위에서 구제명령이 이행될 때까지 반복하여 제1항에 따른 이행강제금을 부과·징수할 수 있다. 이 경우 이행강제금은 2년을 초과하여 부과·징수하지 못한다.

⑥ 노동위원회는 구제명령을 받은 자가 구제명령을 이행하면 새로운 이행강제금을 부과하지 아니하되, 구제명령을 이행하기 전에 이미 부과된 이행강제금은 징수하여야 한다.

⑦ 노동위원회는 이행강제금 납부의무자가 납부기한까지 이행강제금을 내지 아니하면 기간을 정하여 독촉을 하고 지정된 기간에 제1항에 따른 이행강제금을 내지 아니하면 국세 체납처분의 예에 따라 징수할 수 있다.

⑧ 근로자는 구제명령을 받은 사용자가 이행기한까지 구제명령을 이행하지 아니하면

이행기한이 지난 때부터 15일 이내에 그 사실을 노동위원회에 알려줄 수 있다.

## 이행강제금부과처분취소

[대법원 2015. 6. 24. 선고, 2011두2170, 판결]

**【판결요지】**

이행강제금은 행정법상의 부작위의무 또는 비대체적 작위의무를 이행하지 않은 경우에 '일정한 기한까지 의무를 이행하지 않을 때에는 일정한 금전적 부담을 과할 뜻'을 미리 '계고'함으로써 의무자에게 심리적 압박을 주어 장래를 향하여 의무의 이행을 확보하려는 간접적인 행정상 강제집행 수단이고, 노동위원회가 근로기준법 제33조에 따라 이행강제금을 부과하는 경우 그 30일 전까지 하여야 하는 이행강제금 부과 예고는 이러한 '계고'에 해당한다.

따라서 사용자가 이행하여야 할 행정법상 의무의 내용을 초과하는 것을 '불이행 내용'으로 기재한 이행강제금 부과 예고서에 의하여 이행강제금 부과 예고를 한 다음 이를 이행하지 않았다는 이유로 이행강제금을 부과하였다면, 초과한 정도가 근소하다는 등의 특별한 사정이 없는 한 이행강제금 부과 예고는 이행강제금 제도의 취지에 반하는 것으로서 위법하고, 이에 터 잡은 이행강제금 부과처분 역시 위법하다.

**제36조(금품 청산)** 사용자는 근로자가 사망 또는 퇴직한 경우에는 그 지급 사유가 발생한 때부터 14일 이내에 임금, 보상금, 그 밖의 모든 금품을 지급하여야 한다. 다만, 특별한 사정이 있을 경우에는 당사자 사이의 합의에 의하여 기일을 연장할 수 있다. 〈개정 2020.5.26.〉

## 근로기준법위반·근로자퇴직급여보장법위반

[대법원 2016. 10. 13. 선고, 2016도1060, 판결]

**【판결요지】**

기본임금을 미리 산정하지 아니한 채 제 수당을 합한 금액을 월급여액이나 일당임금으로 정하거나 매월 일정액을 제 수당으로 지급하는 내용의 포괄임금제에 관한 약정이 성립하였는지는 근로시간, 근로형태와 업무의 성질, 임금 산정의 단위, 단체협약과 취업규칙의 내용, 동종 사업장의 실태 등 여러 사정을 전체적·종합적으로 고려하여 구체적으로 판단하여야 한다.

이때 단체협약이나 취업규칙 및 근로계약서에 포괄임금이라는 취지를 명시하지 않았음에도 묵시적 합의에 의한 포괄임금약정이 성립하였다고 인정하기 위해서는, 근로형태의 특수성으로 인하여 실제 근로시간을 정확하게 산정하는 것이 곤란하거나 일정한 연장·야간·휴일근로가 예상되는 경우 등 실질적인 필요성이 인정될 뿐 아니라, 근로시간, 정하여진 임금의 형태나 수준 등 제반 사정에 비추어 사용자와 근로자 사이에 정액의 월급여액이나 일당임금 외에 추가로 어떠한 수당도 지급하지 않기로 하거나 특정한 수당을 지급하지 않기로 하는 합의가 있었다고 객관적으로 인정되는 경우이어야 한다.

**제46조(휴업수당)** ① 사용자의 귀책사유로 휴업하는 경우에 사용자는 휴업기간 동안 그 근로자에게 평균임금의 100분의 70 이상의 수당을 지급하여야 한다. 다만, 평균임금의 100분의 70에 해당하는 금액이 통상임금을 초과하는 경우에는 통상임금을 휴업수당으로 지급할 수 있다.

② 제1항에도 불구하고 부득이한 사유로 사업을 계속하는 것이 불가능하여 노동위원회의 승인을 받은 경우에는 제1항의 기준에 못 미치는 휴업수당을 지급할 수 있다.

### 임금등청구의 소
[대법원 2024. 4. 12. 선고 2023다300559 판결]

**【판결요지】**

사용자가 부당하게 해고한 근로자를 원직(종전의 일과 다소 다르더라도 원직에 복직시킨 것으로 볼 수 있는 경우를 포함한다)이 아닌 업무에 복직시켜 근로를 제공하게 하였다면 근로자는 사용자에게 원직에서 지급받을 수 있는 임금 상당액을 청구할 수 있다. 그런데 이 경우 근로자가 복직하여 실제 근로를 제공한 이상 휴업하였다고 볼 수는 없으므로 근로자가 원직이 아닌 업무를 수행하여 지급받은 임금은 그 전액을 청구액에서 공제하여야 하지, 근로기준법 제46조를 적용하여 휴업수당을 초과하는 금액의 범위 내에서만 이른바 중간수입을 공제할 것은 아니다.

**제49조(임금의 시효)** 이 법에 따른 임금채권은 3년간 행사하지 아니하면 시효로 소멸한다.

### 임금 · 부당이득금
[대법원 22023. 11. 16. 선고 2022다231403, 231410 판결]

**【판결요지】**

근로기준법 제60조에 정한 연차유급휴가권을 취득한 근로자가 휴가권이 발생한 때부터 1년 이내에 연차유급휴가를 사용하지 못하게 됨에 따라 발생하는 연차휴가미사용수당도 그 성질이 임금이므로, 같은 법 제49조의 규정에 따라 연차휴가미사용수당 청구권에는 3년의 소멸시효가 적용되고, 그 기산점은 연차유급휴가권을 취득한 날부터 1년의 경과로 휴가의 불실시가 확정된 다음 날이다.

**제80조(장해보상)** ① 근로자가 업무상 부상 또는 질병에 걸리고, 완치된 후 신체에 장해가 있으면 사용자는 그 장해 정도에 따라 평균임금에 별표에서

정한 일수를 곱한 금액의 장해보상을 하여야 한다. 〈개정 2008.3.21.〉

② 이미 신체에 장해가 있는 사람이 부상 또는 질병으로 인하여 같은 부위에 장해가 더 심해진 경우에 그 장해에 대한 장해보상 금액은 장해 정도가 더 심해진 장해등급에 해당하는 장해보상의 일수에서 기존의 장해등급에 해당하는 장해보상의 일수를 뺀 일수에 보상청구사유 발생 당시의 평균임금을 곱하여 산정한 금액으로 한다. 〈신설 2008.3.21., 개정 2020.5.26.〉

③ 장해보상을 하여야 하는 신체장해 등급의 결정 기준과 장해보상의 시기는 대통령령으로 정한다. 〈신설 2008.3.21.〉

## 판례─부당이득금

[대법원 2013. 12. 12. 선고, 2013다210299, 판결]

**【판결요지】**

[1] 근로기준법 제80조 제1항에서 정한 '업무상 부상 또는 질병의 완치'란 장해보상의 전제가 되는 점에 비추어, 부상 또는 질병 이전 상태로 완전히 회복된 경우뿐만 아니라 치료의 효과를 더 이상 기대할 수 없고 그 증상이 고정된 상태에 이르게 된 경우도 포함하는 것으로 풀이함이 타당하다.

[2] 근로기준법에서 요양 중인 근로자가 업무상 부상 또는 질병에 걸려 그 증상이 고정된 상태에 이른 경우에는 장해보상을 하도록 규정하고 있는 점, 근로기준법에 따른 사용자의 재해보상책임은 근로자의 생활보장을 위한 무과실책임으로 민사상 불법행위로 인한 손해배상책임과는 그 요건 및 책임 범위에 있어 차이가 있는 점, 산업재해보상보험법상 보험급여는 근로기준법에 따른 사용자의 재해보상과 그 사유 및 종류와 급여액의 산정 기준이 같거나 유사하고 사용자의 재해보상에 대한 책임보험의 성질을 갖는데, 산업재해보상보험법상 고정된 증상의 악화를 방지하기 위한 치료만이 필요한 경우는 치료종결 사유에 해당하여 요양급여의 대상이 되지 않는 점 등을 종합적으로 고려하면, 요양 중인 근로자의 상병을 호전시키기 위한 치료가 아니라 단지 고정된 증상의 악화를 방지하기 위한 치료는 근로기준법 제78조 제1항이 정한 요양보상의 대상에 해당하지 않는다고 보아야 한다.

## III. 벌칙

**제107조(벌칙)** 제7조, 제8조, 제9조, 제23조제2항 또는 제40조를 위반한 자는 5년 이하의 징역 또는 5천만원 이하의 벌금에 처한다. 〈개정 2017.11.28.〉

**제108조(벌칙)** 근로감독관이 이 법을 위반한 사실을 고의로 묵과하면 3년

이하의 징역 또는 5년 이하의 자격정지에 처한다.

**제109조(벌칙)** ① 제36조, 제43조, 제44조, 제44조의2, 제46조, 제51조의3, 제52조제2항제2호, 제56조, 제65조, 제72조 또는 제76조의3제6항을 위반한 자는 3년 이하의 징역 또는 3천만원 이하의 벌금에 처한다. 〈개정 2007.7.27., 2017.11.28., 2019.1.15., 2021.1.5.〉

② 제36조, 제43조, 제44조, 제44조의2, 제46조, 제51조의3, 제52조제2항제2호 또는 제56조를 위반한 자에 대하여는 피해자의 명시적인 의사와 다르게 공소를 제기할 수 없다. 다만, 제43조의2에 따라 명단 공개된 체불사업주가 명단 공개 기간 중에 제36조, 제43조, 제44조, 제44조의2, 제46조, 제51조의3, 제52조제2항제2호 또는 제56조를 위반한 경우에는 그러하지 아니하다. 〈개정 2007. 7. 27., 2021. 1. 5., 2024. 10. 22.〉

**제110조(벌칙)** 다음 각 호의 어느 하나에 해당하는 자는 2년 이하의 징역 또는 2천만원 이하의 벌금에 처한다. 〈개정 2009.5.21., 2012.2.1., 2017.11.28., 2018.3.20., 2021.1.5.〉

1. 제10조, 제22조제1항, 제26조, 제50조, 제51조의2제2항, 제52조제2항제1호, 제53조제1항·제2항, 같은 조 제4항 본문·제7항, 제54조, 제55조, 제59조제2항, 제59조제2항, 제60조제1항·제2항·제4항 및 제5항, 제64조제1항, 제69조, 제70조제1항·제2항, 제71조, 제74조제1항부터 제5항까지, 제75조, 제78조부터 제80조까지, 제82조, 제83조 및 제104조제2항을 위반한 자
2. 제53조제5항에 따른 명령을 위반한 자

**제111조(벌칙)** 제31조제3항에 따라 확정되거나 행정소송을 제기하여 확정된 구제명령 또는 구제명령을 내용으로 하는 재심판정을 이행하지 아니한 자는 1년 이하의 징역 또는 1천만원 이하의 벌금에 처한다.

**제112조(고발)** ①제111조의 죄는 노동위원회의 고발이 있어야 공소를 제기할 수 있다.

② 검사는 제1항에 따른 죄에 해당하는 위반행위가 있음을 노동위원회에 통보하여 고발을 요청할 수 있다.

**제113조(벌칙)** 제45조를 위반한 자는 1천만원 이하의 벌금에 처한다.

**제114조(벌칙)** 다음 각 호의 어느 하나에 해당하는 자는 500만원 이하의 벌금에 처한다. 〈개정 2007.7.27., 2008.3.28., 2009.5.21., 2012.2.1., 2018.3.20.〉

　　1. 제6조, 제16조, 제17조, 제20조, 제21조, 제22조제2항, 제47조, 제53조 제4항 단서, 제67조제1항·제3항, 제70조제3항, 제73조, 제74조제6항, 제77조, 제94조, 제95조, 제100조 및 제103조를 위반한 자

　　2. 제96조제2항에 따른 명령을 위반한 자

**제115조(양벌규정)** 사업주의 대리인, 사용인, 그 밖의 종업원이 해당 사업의 근로자에 관한 사항에 대하여 제107조, 제109조부터 제111조까지, 제113조 또는 제114조의 위반행위를 하면 그 행위자를 벌하는 외에 그 사업주에게도 해당 조문의 벌금형을 과(科)한다. 다만, 사업주가 그 위반행위를 방지하기 위하여 해당 업무에 관하여 상당한 주의와 감독을 게을리하지 아니한 경우에는 그러하지 아니하다.

[전문개정 2009.5.21.]

**제116조(과태료)** ① 사용자(사용자의 「민법」 제767조에 따른 친족 중 대통령령으로 정하는 사람이 해당 사업 또는 사업장의 근로자인 경우를 포함한다)가 제76조의2를 위반하여 직장 내 괴롭힘을 한 경우에는 1천만원 이하의 과태료를 부과한다. 〈신설 2021.4.13.〉

② 다음 각 호의 어느 하나에 해당하는 자에게는 500만원 이하의 과태료를 부과한다. 〈개정 2009.5.21., 2010.6.4., 2014.3.24., 2017.11.28., 2021.1.5., 2021.4.13., 2021. 5.18.〉

　　1. 제13조에 따른 고용노동부장관, 노동위원회 또는 근로감독관의 요구가 있는 경우에 보고 또는 출석을 하지 아니하거나 거짓된 보고를 한 자

　　2. 제14조, 제39조, 제41조, 제42조, 제48조, 제66조, 제74조제7항·제9항, 제76조의3제2항·제4항·제5항·제7항, 제91조, 제93조, 제98조제2항 및 제99조를 위반한 자

　　3. 제51조의2제5항에 따른 임금보전방안을 신고하지 아니한 자

　　4. 제102조에 따른 근로감독관 또는 그 위촉을 받은 의사의 현장조사나 검진을 거절, 방해 또는 기피하고 그 심문에 대하여 진술을 하지 아니하거나 거짓된 진술을 하며 장부·서류를 제출하지 아니하거나 거짓 장부·서류를 제출한 자

③ 제1항 및 제2항에 따른 과태료는 대통령령으로 정하는 바에 따라 고용노

동부장관이 부과·징수한다. 〈개정 2010.6.4., 2021.4.13.〉

④ 삭제 〈2009.5.21.〉

⑤ 삭제 〈2009.5.21.〉

## Ⅳ. 기재례

### 【범죄사실 기재례】

피의자는 ○○시 ○○동 ○○번지에서 상시근로자 25명을 사용하여 대형 쇼핑몰을 경영하고 있다.

피의자는 20○○. ○. ○. 위 쇼핑몰 지하에서 기계공으로 일하던 근로자 박○○을 정당한 이유없이 해고한 것을 비롯하여 그 때부터 같은 달 ○.까지 사이에 별지 범죄일람표 기재와 같이 피의자들이 고용한 근로자 5명을 정당한 이유없이 해고하였다. (목록생략)

### 【범죄사실 기재례】

피의자는 ○○시 ○○동 ○○번지에서 상시근로자 30명을 사용하여 대형 ○○상사라는 상호로 의류제조업을 경영하는 사용자이다.

피의자는 근로자가 퇴직한 경우에는 14일 이내에 퇴직금 등 일체의 금품을 지급하여야 함에도 불구하고, 20○○. ○. ○. 퇴직한 근로자 남○○의 퇴직금 ○○만원, 임금 ○○만원, 연장근로수당 ○○만원을 그 지급사유가 발생한 날로부터 14일 이내에 지급하지 아니하였다.

### 【범죄사실 기재례】

피의자는 ○○시 ○○동 ○○번지에서 상시근로자 15명을 사용하여 ○○정밀이라는 상호로 컴퓨터부품제조업을 경영하는 사용자이다.

피의자는 20○○. ○. ○.부터 같은 해 ○. ○.까지 사이에 소속근로자인 배○○ 외 16명에 대한 연장근로수당 ○○만원, 문○○ 외 6명에 대한 야간근로수당 ○○만원, 이○○ 외 7명에 대한 휴일근로수당 ○○만원 등 별지목록과 같이 합계 ○○만원의 임금을 매월 정기지급일인 30일에 지급하지 아니하였다(별지 목록생략).

## 【적용실례】

〈내부징계이유로 임금을 지급기일에 지급치 않은 경우〉

회사소속 운전사가 접촉사고를 내자 경각심을 준다는 이유로, 당일분 임금을 정기지급일에 지급하지 않고 그 다음 달에 지급하도록 한 경우

➡ 위 회사의 단체협약이나 취업규정을 보아 사고를 낸 경우 일당을 지연지급할 수 있는 근거가 없다면, 본건은 임금정기지급일에 임금을 지급하지 않은 것으로 범죄가 성립하며, 내부징계에 의한 지연지급이라는 이유로 무혐의 처리할 수 없다.

## 【범죄사실 기재례】

피의자는 경기도 ○○군 ○○면 ○○리 ○○번지에서 ○○피혁이라는 상호로 상시근로자 20명을 고용하여 가죽제품제조업을 경영하는 사용자이다.

피의자는 20○○. ○. ○. 위 ○○피혁공장을 설립한 이후 같은 해 ○. ○.까지 상시근로자 20명을 사용하면서도 관할관청에 취업규칙을 작성하여 신고하지 아니하였다.

## 【적용실례】

〈인사위원회 의결을 거치는 절차를 위반한 경우〉

➡ 해고 사유는 정당하나 인사위원회의 의결을 거치는 절차를 위반한 사안으로서 근로기준법상 해고절차 위반을 처벌할 근거 규정이 없어 범죄 혐의없다.

〈피의자경영의 양복점에서 종업원으로 일하던 진정인 허○○이 업무상 오토바이를 운전하다가 교통사고를 당하는 부상을 당하여 치료한데 대한 치료비, 휴업수당, 임금 등을 지급하지 아니하고, 진정인을 채용하면서 근로조건을 명시하지 아니하고, 사업장에 임금대장을 작성하여 필요사항을 기재하지 아니한 것이라고 함에 있는 경우〉

➡ 위 양복점의 당시 근로자수는 재단보조 및 잡역부 1, 2명을 합하여 3명에 지나지 아니하고 위 양복점의 성수기에 일시적으로 재봉일을 도급받아 일을 하고 작업량에 따라 보수를 받는 사건 외 허○○ 등 3명은 위 양복점 대표인 피의자의 지휘 감독하에서 종속되어 있지 않고 독립적인 지위에서 일하고 있으므로 당시 근로자에 포함하지 아니함에도 위 양복점을 동인들을 포함한 6, 7인의 상시근로자를 고용한 사업체로 인정하여 근로기준법 제규정을 적용한 것은 법리오해이다.

〈피의자의 대리인이 지방근로위원회에 출석, 허위증언 한 경우〉

➡ 회사대표인 피의자의 대리인이 부당노동행위의 구제신청 사건을 조사중인 지방
  노동위원회에 출석하여 허위증언을 하였다는 사안인 바, 근로기준법을 적용하였
  으나, 노동위원회의 조사활동을 방해하는 행위는 노동위원회법 제23조, 제16조
  제1항에 해당하는 것이므로, '노동위원회법위반'으로 의율하였어야 한다.

〈근로자가 전기공사를 하던 중 사망하여 보상치 않은 경우〉

➡ 피의자 도○○가 전기공사를 하던 중 사망한 근로자 조○○에 대한 유족 보상
  을 하지 아니한 사안인 바, 주식회사 ○○건설 이사 김○○, 참고인 김○○, 도
  ○○, 이○○의 각 진술에 의하면 피의자는 위 공사장의 건축주에 불과할 뿐
  사망한 조○○의 사용자라 볼 수 없음에도 만연히 기소의견으로 처리함으로써
  고용관계에 대한 수사미진 및 법리오해의 잘못이 있다.

〈국립병원장인 피의자 김○○가 일용직 근로자들에 대한 휴업근로수당 등을 미지급한 경우〉

➡ 피의자 자신은 ○○대학교 의과대학 교수로 재직중 200○. ○○. ○○. 동대학
  부속병원장으로 겸직 발령을 받아 같은 달 ○○.부터 1년간 병원장 직책을 수행
  하고 있는데, 위 병원은 국립병원이므로 원장인 자신 역시 국가에 고용된 공무
  원으로서 이미 편성되어진 국가예산에 따라 인건비를 지출할 수 있을 뿐이며
  최근 정식 국가공무원이 아닌 일부 일용잡급직 직원에 대한 야간근로수당 지급
  문제 등이 논의되어 교육부 등에 이들에 대한 수당지급을 위한 예산배정 요청
  등을 하였으나, 아직 이를 위한 국가예산이 책정, 영달되지 아니하여 지급치 못
  한 것일 분 일부러 이들에 대한 수당지급을 기피한 사실은 전혀 없으며, 생리
  휴가는 그동안 청구한 사람이 없어 실시치 아니하였으나, 200○. ○○. ○○.
  부터는 여성근로자가 생리휴가를 청구할 경우 실시하고 있다는 취지로 변소하
  는 바, 이○○, 윤○○도 일용직 근로자들에 대한 제수당을 지급하고자 교육부
  등에 공문을 발송하는 등 필요한 조치를 취하였으나 예산확보가 되지 아니하여
  지급치 못하였으며, 일용잡급 예산배정 및 예산항목 전용에 대한 재정경제부의
  승인도 나지 아니하여 일용직 근로자들에 대한 제수당을 지급치 못한 것이라고
  진술하고 있고, 일용근로자 휴일수당 및 휴가실시건에 대한 공문내용, ○○년도
  초과수입금 사용신청 공문내용들이 이에 부합되며, 생리휴가 미실시 부분에 대
  하여는 고소인도 그동안 생리휴가 청구사실은 없었음을 자인하고 있으므로 피
  의자의 신분, 권한, 수당 미지급경위 등 제반정황에 비추어 피의자에 대한 범
  의를 확정키 어려우며 그밖에 달리 피의사실을 인정할 만한 자료가 없어 범죄
  혐의 인정하기 어려운 사안이다.

〈만 19세 접대부를 주점에 취업시켜 고용한 경우〉

➡ 피의자가 만 19세의 차○○을 피의자 주점에 취업시켜 접대부로 고용한 사안인 바, 근로기준법 제51조, 동법시행령 제43조에 의하면 동 규정은 18세 미만인 자를 보호하기 위한 규정이므로 그 혐의없다.

**〈피의자 김○○가 경영하는 회사의 생산계장인 피의자 김○○가 고소인을 폭행하고 임금을 미지급한 경우〉**

➡ 피의자 김○○는 근로자에 관한 사항에 대하여 사업주인 피의자 김○○를 위하여 행위하는 자이므로 피의자 김○○도 근로자 폭행의 점에 대한 근로기준법 위반으로 입건하는 것이 타당하다.

**〈법리를 오해한 사례〉**

➡ 피의자 김○○이 근로자 박○○의 임금 25만원을 미청산한 사안인 바, 피의자 경영 사업장은 상시근로자 5인 미만 사업장이므로 근로기준법 제10조 단서 및 동법 시행령 제1조에 따라 범죄 혐의없다 할 것이다.

**〈경찰관이 근로기준법 위반사건을 입건 수사한 경우〉**

➡ 주점에서 18세 미만자를 고용한 경우를 경찰관이 이를 근로기준법위반으로 의율하였으나, 근로기준법 위반사범의 수사는 검사와 근로감독관만이 행하도록 되어 있고, 경찰관에게는 수사권이 없으므로 본건은 조사권이 없는 자가 불법 조사를 한 것임.

**〈혐의없음에도 기소의견으로 처리한 사례〉**

➡ 이 건은 고소인이 ○○산업사 대표 정○○ 외 2명을 상대로 고소한 사안이므로 피고소인 3명을 모두 피의자로 적시 그 혐의 유무 등을 판단하여야 함에도 만연히 위 정○○ 1명만을 피의자로 송치하였을 뿐 아니라 이 건 기록을 검토해 보면, 위 정○○은 고소인이 상피의자 박○○가 싸운 후 2일간 연속 결근하기에 고소인에게 작업준비가 되지 않았으니 오늘(야간근무)은 돌아가고 내일부터는 주간근무를 하도록 하였을 뿐 도인을 정당한 이유없이 해고한 적은 없다고 변명하고 참고인 박○○, 이○○ 등의 진술이 위 변소에 부합하고, 이에 반하는 고소인의 일방적 진술만으로는 피의사실을 확정하기에 부족하며 달리 피의사실을 인정할만한 아무런 자료가 없으므로 결국 그 범죄혐의 없음에 귀착됨에도 불구하고 만연히 위 정○○에 대하여 근로기준법위반(부당해고)으로 의율 기소의견으로 처리한 잘못이 있다.

**〈혐의없음에도 기소중지의견으로 처리한 사례〉**

➡ 당시 근로자 4명인 사업체에서 임금지급사유가 발생한 날로부터 14일 내에 지급하지 아니하였다고 고소한 사건인 바, 상시근로자 4명인 경우 근로기준법 적용대상이 아니므로 당연히 혐의없는 사안인데도 피의자가 소재불명이라는 이유

로 기소중지 의견으로 처리하였다.

### 〈취업규정에 의거 해고한 경우〉

➡ 피의자가 동인을 해고한 것은 동인이 교통사고를 내어 보험비율이 40% 증가되었고, 또 20일 면허정지처분을 받았기에 더 이상 운전기사로 근무시킬 수 없어 취업규정에 의거 해고한 것이므로 정당한 이유가 있다고 보아야 하므로 범죄혐의 없다.

### 〈피의자가 근로조합을 결성한다는 이유로 근로자를 해고한 경우〉

➡ 노동조합법위반과 근로기준법위반으로 의율하였으나 노동조합법은 근로기준법의 특별법일 뿐만 아니라 근로기준법보다 신법이므로 노동조합법 위반으로 의율하였어야 할 것이고, 고소를 취소한 근로자들에 대하여는 노동조합법상 부당 노동행위는 반의사불벌죄(동법 제46조의2 단서 참조)이므로 그 부분에 대하여는 공소권 없음 의견으로, 노동조합법상 부당 노동행위에 대하여는 양벌규정(동법 제50조)이 적용되므로 대표이사 개인뿐만 아니라 법인에 대하여 입건하여야 한다.

### 〈피의자 오○○가 노동쟁의 수단으로 폭력을 행사한 경우〉

➡ 피의자가 상해죄로 형사 입건되어 처벌받았음에도 본건을 근로기준법위반으로 의율하였으나·양자는 법조경합관계이므로 공소권 없음 의견으로 처리하여야 하고 다시 경합범으로 처벌할 수 없다.

### 〈경찰관이 근로기준법 위반사건을 입건 수사한 경우〉

➡ 주점에서 18세 미만자를 고용한 경우를 경찰관이 이를 근로기준법위반으로 의율하였으나, 근로기준법 위반사범의 수사는 검사와 근로감독관만이 행하도록 되어 있고, 경찰관에게는 수사권이 없으므로 본건은 조사권이 없는 자가 불법 조사를 한 것임.

### 〈퇴직금 지급기일의 해석을 잘못한 사례〉

➡ 근로기준법 제109조, 제30조 위반으로 의율하면서 당사자 사이에 퇴직금 지급기일 연장이 합의된 20○○. 10. 23.부터 14일 이내 퇴직금 지급을 하지 아니한 것으로 범죄사실 적시하였는 바, 동법 제30조 단서에 의한 당사자간 합의에 의한 지급기일 연장은 동법 시행령 제12조에 의하여 3월을 초과하지 못하는 것이고, 그 연장합의된 지급기일까지 금품 지급을 하지 아니하면 그 기일 도과로서 동조 위반이 되는 것이고, 그로부터 다시 14일의 유예기간이 경과하여야 하는 것이 아니므로 이 건의 경우는 퇴직일인 20○○. 4. 30.부터 3개월이 되는 같은 해 7. 30.까지 금품정산을 하지 아니하면 근로기준법 제30조 위반의 책임은 성립하는 것이다.

### 〈고정월급제로 고용된 경비원의 각종 수당지급 여부〉

➡ 고정 월급제로 고용된 경비원이 연장 및 야간근로수당, 휴일수당 등을 지급받지 못했다는 사안의 경우에 이를 금품 미정산으로 의율하였으나, 진정인은 주·야간 2교대 근무형태와 고정월급제 등의 고용조건을 알면서 취업했고, 진정인의 업무내용이나 근로시간 등은 재직기간동안 별다른 변동이 없었고, 취업 이래 계속하여 고정월급을 지급받았으며 또한 이에 대한 이의를 제기한 바 없음이 인정되는 바, 그렇다면 위 월급 중에는 연장, 야간 및 휴일근로수당 등 제수당이 포함되어 있었다 할 것이므로 범죄 혐의없다 할 것이다.

### 〈기숙사 부대시설을 제대로 갖추지 않은 경우〉

➡ 버스 회사의 부설 기숙사를 습윤한 장소에 설치하고, 안내양 기숙사 화장실을 제대로 갖추지 않았다 하더라도 이는 근로기준법 제64조, 근로보건관리규정 및 근로안전관리규정 소정의 사용자가 강구해야 할 보건 및 안전시설에 해당하지 않으므로 동법 위반으로 의율할 수 없다.

### 〈1년 동안 5회 교통사고를 낸 운전사를 해고한 경우〉

➡ 시내버스 회사에서 1년 동안에 5번 교통사고를 야기한 운전사를 해고한 경우에 위 회사 대표이사를 근로기준법상의 부당 해고로 의율하였으나, 단체협약과 동 회사의 취업규정에 의하면, 교통사고가 빈번할 때나 고의 또는 중대한 과실로 인하여 회사에 재산상 손해를 끼친 경우에는 근로자를 해고할 수 있도록 되어 있고, 1년 동안에 5회나 사고를 낸 경우는 위 해고사유에 해당된다고 보여져, 정당한 이유가 있다 할 것이므로 본건은 범죄혐의 없다 할 것이다.

### 〈고소사실조사를 위한 근로감독관의 출석요구에 불응한 경우〉

➡ 근로기준법 위반 피고소인이 근로감독관으로부터 수차의 출석요구를 받고도 이에 불응한 사안인 바, 이를 근로기준법 위반(제111조 제5호, 제12조)으로 의율하였으나, 동법 제12조의 보고, 출석의무는 근로기준법 시행에 필요한 행정감독의 목적일 경우에만 인정된다 할 것이고, 위 출석 요구는 고소사건 조사를 위한 것임이 명백하므로 범죄 혐의없는 것이다.

### 〈노임 미지급〉

➡ 합자회사 ○○토건 ○○군 농협청사 사무소장 박○○은,
　　가. 동 회사에 목수로 고용한 김○○에 대하여 노임지급을 하지 아니하고,
　　나. 동 ○○토건에서 하도급한 이○○에 대하여 공사비 5,000만원을 지급하지 아니한 것이라는 사실에 대해서도 피의자 박○○에게 사용자로서 노임지급을 하지 아니하였다고 하여 기소의견으로 송치한 사안에서, 참고인 이○○ 및 피의자의 진술을 종합하면, 피의자는 합자회사 ○○농협 건축 공사현장 소장으로 사장 최○○의 지시에 따라 업무를 처리하는 사원의 지

위에 있고, 동 근로자들에게 노임을 지급할 책임 사업자 또는 사업 경영자의 위치에 있지 아니하여

다. 피의자 박○○에게 사업자의 책임이 있다고 볼 수 없고,

라. 이○○에게 공사비를 일부 지급치 아니한 사실은 이○○는 동 공사의 벽돌쌓기와 미장에 대한 하도급한 업자이지 근로자가 아니므로 동 이○○가 고용한 자에 대한 임금의 미지급을 동 근로자를 고용하지 아니한 현장소장에게 책임을 지울 수가 없으므로 피의자 박○○는 혐의 없으므로 처리하여야 한다.

〈기본임금을 저하시켜 임금지불한 경우〉

➡ 피의자는 ○○여객자동차 주식회사 대표로서 20○○. 6. 1. 경비원의 기본임금을 저하시켜 지불함으로써 20○○. 2. 15.까지 금 ○○○○○원을 체불하였다는 사안에서, 기본급의 저하 사실은 인정되나 이는 진정인이 계속하여 온 연장근로에 대한 수당 ○○○○○원을 새로 지불하면서 기본급 및 근속수당을 ○○○○원에서 ○○○○원으로 인하조정 한 것으로서 진정인이 받은 임금의 합계는 종전 급여에 비하여 ○○○○○원이 증액된 것인 바, 이러한 기본급의 저하가 사회적 신분을 이유로 한 차별대우(근로기준법 제1조 위반)라거나 기본급의 저하부분을 퇴직 후 청산을 받아야 할 권리가 있는 금원이라고 인정키 어려워 혐의없다 할 것이다.

〈손해배상채권은 임금과 상계할 수 없다고 본 경우〉

➡ 사용자가 퇴직금 지급시 근로자의 채무불이행으로 인한 손해배상액을 공제하고 잔여액만 지급한 사안인 바, 동 건의 경우 전차금 상쇄규정에 해당하지 않는 것은 사실이나, 이런 경우에는 근로기준법 제36조(임금 전액 지급) 규정해석상 위와 같은 손해배상채권은 임금(퇴직금 등 포함)과 상계할 수 없다고 해석함이 타당하므로 위 공제액은 마땅히 근로자에게 지급되어야 한다. 따라서 당사자간 합의없이 일방적으로 지급되지 않은 것이므로 동법 제30조를 적용함이 타당하다.

〈대표이사직은 사임하고 이사로서 경영에 참여한 경우〉

➡ 피의자가 대표이사직은 사임했으나, 이사직으로 경영에 관여했으므로 사용자임에도 불구하고, 이 건 임금체불에 대한 책임이 있다.

〈내부징계이유로 임금을 지급기일에 지급치 않은 경우〉

➡ 회사소속 운전사가 20○○. 9. 30. 접촉사고를 내자 본인에게 경각심을 준다는 이유로, 당일분 임금을 정기지급일인 20○○. 10. 10.에 지급하지 않고 그 다음 달인 같은 해 11. 10. 에 지급토록한 사인인 바, 동사의 단체 협약이나 취업규정을 보아도 사고를 낸 경우 일당을 지연지급할 수 있는 근거가 없으므로, 본건은

임금정기 지급일에 임금을 지급하지 아니한 것으로 범죄 성립되는 것이고, 내부 징계에 의한 지연지급이라는 이유로 무혐의 처리할 수 없다.

〈일일 근로시간 초과(주당 40시간 - 2003. 9. 15.)〉

➡ 피의자가 진정인을 고용하여 1일 16시간의 근로를 시키고도 단체협약상 합의되었다는 이유로 법정 제 수당의 청산의무를 이행치 아니한다는 사안에서, 피의자는 범행을 부인하면서 지금까지 전국 자동차 노동조합 ○○지부(이하 '노조지부'라 약칭)와 단체협약을 체결하고 그에 기하여 임금을 지급해 왔기에 더 이상은 청산해야 할 임금이 없다는 취지로 변소하고 위 노조지부 사무국장 문○○의 진술 및 ○○년, ○○년도 단체협약서의 각 기재내용을 종합하면 시내버스 운전사의 경우 매일 근무할 수가 없어 시간급으로 급료를 정하기가 어려우므로 편의상 버스회사와 노조간부 사이에 근로자의 임금 최고액에 대하여 합의를 본 뒤 기본급 및 법정 제 수당으로 정리하는 '포괄역산제'를 채택하고 있는 사실을 인정할 수 있고, 임금표상의 ○○년도 기본금 월 ○○○○○원, ○○년도 기본금 월 ○○○○○원을 기준으로 하여 진정인이 주장하는 1일 16시간 근무에 대한 법정 제 수당을 합산하여도 단체협약상 합의된 최고 급여액에 미치지 못하고 있는 바, 그렇다면 별도로 연장근로수당 등에 대한 청산의무가 발생한다고 볼 수 없으므로 결국 범죄혐의 없다 할 것이다.

**[서식] 근로조건 위반 손해배상 청구 신청서**

# 근로조건 위반 손해배상 청구 신청서

※ 색상이 어두운 란은 신청인이 적지 않습니다.

| 접수번호 | 접수일 | 처리기간: 30일 |
|---|---|---|

| 신청인 | 성명 | | 주민등록번호 | |
|---|---|---|---|---|
| | 주소 | | (전화번호 : | ) |
| | 사업장명 | | 근무부서 | |

| 피신청인 | 사업장명 | 사업의 종류 |
|---|---|---|
| | 대표자명 | 근로자 수 |
| | 사업장 주소(소재지) | (전화번호 :                       ) |

신청 이유 및 청구 금액(근로계약 당시의 근로조건과 입사 이후의 근로조건 및 손해배상 청구금액을 구체적으로 기재할 것)

　

「근로기준법」 제19조제2항과 같은 법 시행규칙 제2조에 따라 위와 같이 근로조건 위반을 이유로 한 손해배상 청구를 신청합니다.

년　　　월　　　일

신청인　　　　　(서명 또는 인)
대리인　　　　　(서명 또는 인)

## ○○지방노동위원회 귀중

| 첨부서류 | 1. 근로계약서 사본<br>2. 사용자가 근로조건을 위반하였다는 사실을 증명하는 자료 | 수수료<br>없음 |
|---|---|---|

### 처 리 절 차

| 신청서 제출 | → | 접수 | → | 확인·검토 | → | 심의·의결 | → | 통보 |
|---|---|---|---|---|---|---|---|---|
| 신청인 | | 지방노동위원회<br>사무국 | | 지방노동위원회<br>심사담당 | | 지방노동위원회<br>심판위원회 | | |

210mm×297mm(백상지 80g/㎡)

**[서식] 부당해고등의 구제 신청서**

# 부당해고등의 구제 신청서

| 접수번호 | | 접수일 | 처리기간 : 90일 (사건에 따라 연장가능) |
|---|---|---|---|
| 신청인 | 성명 | | 생년월일 |
| | 주소 (전화번호 :　　　　　　　　　　　） | | |
| | 사업장명 | | 근무부서 |
| 피신청인 | 사업장명 | | 사업주 성명(법인인 경우 대표자 성명) |
| | 사업장 주소 (전화번호 :　　　　　　　　　　） | | |
| 해고등 발생일 | | | |
| 신청취지 | | | |
| 신청이유 | (별지 작성 가능) | | |

　　「근로기준법」 제28조제1항과 같은 법 시행규칙 제5조에 따라 위와 같이 부당해고 등에 대한 구제를 신청합니다.

년　　　　월　　　　일

신청인　　　　　　　　　　(서명 또는 인)

대리인　　　　　　　　　　(서명 또는 인)

**○○지방노동위원회 위원장　귀하**

| 첨부서류 | 없음 | 수수료 없음 |
|---|---|---|

## 처 리 절 차

| 신청서 작성 | → | 접 수 | → | 확인 검토 | → | 심의 의결 | → | 통 보 |
|---|---|---|---|---|---|---|---|---|
| 신청인 | | 노동위원회 (사무국) | | 노동위원회 (심사담당) | | 노동위원회 (심판위원회) | | |

210mm×297mm[백상지 80g/㎡ 또는 중질지 80g/㎡]

# 금융실명거래 및 비밀보장에 관한 법률

[시행 2021. 12. 30.] [법률 제17799호, 2020. 12. 29., 타법개정]

## Ⅰ. 개설

### 목적

이 법은 실지명의(實地名義)에 의한 금융거래를 실시하고 그 비밀을 보장하여 금융거래의 정상화를 꾀함으로써 경제정의를 실현하고 국민경제의 건전한 발전을 도모함을 목적으로 한다.

## Ⅱ. 판례

**제3조(금융실명거래)** ① 금융회사등은 거래자의 실지명의(이하 "실명"이라 한다)로 금융거래를 하여야 한다.

② 금융회사등은 제1항에도 불구하고 다음 각 호의 어느 하나에 해당하는 경우에는 실명을 확인하지 아니할 수 있다.

1. 실명이 확인된 계좌에 의한 계속거래(繼續去來), 공과금 수납 및 100만원 이하의 송금 등의 거래로서 대통령령으로 정하는 거래

2. 외국통화의 매입, 외국통화로 표시된 예금의 수입(受入) 또는 외국통화로 표시된 채권의 매도 등의 거래로서 대통령령으로 정하는 기간 동안의 거래

3. 다음 각 목의 어느 하나에 해당하는 채권(이하 "특정채권"이라 한다)으로서 법률 제5493호 금융실명거래및비밀보장에관한법률 시행일(1997년 12월 31일) 이후 1998년 12월 31일 사이에 재정경제부장관이 정하는 발행기간·이자율 및 만기 등의 발행조건으로 발행된 채권의 거래

   가. 고용 안정과 근로자의 직업능력 향상 및 생활 안정 등을 위하여 발행되는 대통령령으로 정하는 채권

   나. 「외국환거래법」 제13조에 따른 외국환평형기금 채권으로서 외국통화로 표시된 채권

   다. 중소기업의 구조조정 지원 등을 위하여 발행되는 대통령령으로 정하는 채권

   라. 「자본시장과 금융투자업에 관한 법률」 제329조에 따라 증권금융회사가

발행한 사채
　마. 그 밖에 국민생활 안정과 국민경제의 건전한 발전을 위하여 발행되는 대통령령으로 정하는 채권
③ 누구든지 「특정 금융거래정보의 보고 및 이용 등에 관한 법률」 제2조제4호에 따른 불법재산의 은닉, 같은 조 제5호에 따른 자금세탁행위 또는 같은 조 제6호에 따른 공중협박자금조달행위 및 강제집행의 면탈, 그 밖에 탈법행위를 목적으로 타인의 실명으로 금융거래를 하여서는 아니 된다. 〈신설 2014.5.28., 2020.3.24.〉
④ 금융회사등에 종사하는 자는 제3항에 따른 금융거래를 알선하거나 중개하여서는 아니 된다. 〈신설 2014.5.28.〉
⑤ 제1항에 따라 실명이 확인된 계좌 또는 외국의 관계 법령에 따라 이와 유사한 방법으로 실명이 확인된 계좌에 보유하고 있는 금융자산은 명의자의 소유로 추정한다. 〈신설 2014.5.28.〉
⑥ 금융회사등은 금융위원회가 정하는 방법에 따라 제3항의 주요 내용을 거래자에게 설명하여야 한다. 〈신설 2014.5.28.〉
⑦ 실명거래의 확인 방법 및 절차, 확인 업무의 위탁과 그 밖에 필요한 사항은 대통령령으로 정한다. 〈개정 2014.5.28.〉
[전문개정 2011.7.14.]

## 금융거래계약의 당사자를 비법인 단체라고 보아야 하는지 여부
[대법원 2020. 12. 10., 선고, 2019다267204, 판결]

【판결요지】
[1] 구 금융실명거래 및 비밀보장에 관한 법률(2020. 3. 24. 법률 제17113호로 개정되기 전의 것, 이하 '구 금융실명법'이라 한다)은 '실지명의(實地名義, 이하 '실명'이라 한다)에 의한 금융거래를 실시하고 그 비밀을 보장하여 금융거래의 정상화를 꾀함으로써 경제정의를 실현하고 국민경제의 건전한 발전을 도모함'을 목적으로 하는 것으로(제1조), 금융거래란 금융회사 등이 금융자산을 수입, 매매, 환매 등을 하는 행위를 말하며(제2조 제3호), 실명이란 주민등록표상의 명의, 사업자등록증상의 명의 등을 말한다고 규정하면서(제2조 제4호), 누구든지 구 특정 금융거래정보의 보고 및 이용 등에 관한 법률(2020. 3. 24. 법률 제17113호로 개정되기 전의 것) 제2조 제3호에 따른 불법재산의 은닉, 제4호에 따른 자금세탁행위 또는 제5호에 따른 공중협박자금조달행위 및 강제집행의 면탈, 그 밖에 탈법행위를 목적으로 타인의 실명으로 금융거래를 하여서는 아니 되고(제3조 제3항), 위와 같은 목적으로 타인의 실명으로 금융거래를 하는 행위를 처벌하도록 규정하고 있다(제6조 제1항).
위와 같은 구 금융실명법의 입법 목적과 그 내용을 종합해 보면, 구 금융실명

법 제3조 제3항, 제6조 제1항이 불법·탈법적 목적에 의한 타인 실명의 금융 거래를 처벌하는 것은 이러한 금융거래를 범죄수익의 은닉이나 비자금 조성, 조세포탈, 자금세탁 등 불법·탈법행위나 범죄의 수단으로 악용하는 것을 방 지하는 데에 목적이 있다.

구 금융실명법 제3조 제3항, 제6조 제1항에서 말하는 '그 밖의 탈법행위' 란, 단순히 우회적인 방법으로 금지규정의 제한을 피하려는 행위 전반을 의미 하는 것이 아니라, 구 금융실명법 제3조 제3항, 제6조 제1항에 구체적으로 열 거된 불법재산의 은닉, 자금세탁, 공중협박자금조달 및 강제집행의 면탈과 같 이 형사처벌의 대상이 되는 행위에 준하는 정도에 이르러야 하고, 여기에 해 당하는지 여부는 구 금융실명법 제3조 제3항, 제6조 제1항의 입법 목적 등을 충분히 고려하여 판단해야 한다.

[2] 형법상 방조행위는 정범이 범행을 한다는 정을 알면서 그 실행행위를 용이하 게 하는 직접·간접의 행위를 말하므로, 방조범은 정범의 실행을 방조한다는 이른바 방조의 고의와 정범의 행위가 구성요건에 해당하는 행위인 점에 대한 정범의 고의가 있어야 하나, 방조범에서 정범의 고의는 정범에 의하여 실현되 는 범죄의 구체적 내용을 인식할 것을 요하는 것은 아니고 미필적 인식 또는 예견으로 족하다.

구 금융실명거래 및 비밀보장에 관한 법률(2020. 3. 24. 법률 제17113호로 개 정되기 전의 것) 제6조 제1항 위반죄는 이른바 초과주관적 위법요소로서 '탈 법행위의 목적'을 범죄성립요건으로 하는 목적범이므로, 방조범에게도 정범 이 위와 같은 탈법행위를 목적으로 타인 실명 금융거래를 한다는 점에 관한 고의가 있어야 하나, 그 목적의 구체적인 내용까지 인식할 것을 요하는 것은 아니다.

**제4조(금융거래의 비밀보장)** ① 금융회사등에 종사하는 자는 명의인(신탁의 경 우에는 위탁자 또는 수익자를 말한다)의 서면상의 요구나 동의를 받지 아니 하고는 그 금융거래의 내용에 대한 정보 또는 자료(이하 "거래정보등"이라 한다)를 타인에게 제공하거나 누설하여서는 아니 되며, 누구든지 금융회사등 에 종사하는 자에게 거래정보등의 제공을 요구하여서는 아니 된다. 다만, 다 음 각 호의 어느 하나에 해당하는 경우로서 그 사용 목적에 필요한 최소한의 범위에서 거래정보등을 제공하거나 그 제공을 요구하는 경우에는 그러하지 아니하다. 〈개정 2013.5.28., 2019.11.26., 2020.12.29.〉

1. 법원의 제출명령 또는 법관이 발부한 영장에 따른 거래정보등의 제공
2. 조세에 관한 법률에 따라 제출의무가 있는 과세자료 등의 제공과 소관 관 서의 장이 상속·증여 재산의 확인, 조세탈루의 혐의를 인정할 만한 명백 한 자료의 확인, 체납자(체납액 5천만원 이상인 체납자의 경우에는 체납자

의 재산을 은닉한 혐의가 있다고 인정되는 다음 각 목에 해당하는 사람을 포함한다)의 재산조회, 「국세징수법」 제9조제1항 각 호의 어느 하나에 해당하는 사유로 조세에 관한 법률에 따른 질문·조사를 위하여 필요로 하는 거래정보등의 제공

　　가. 체납자의 배우자(사실상 혼인관계에 있는 사람을 포함한다)

　　나. 체납자의 6촌 이내 혈족

　　다. 체납자의 4촌 이내 인척

3. 「국정감사 및 조사에 관한 법률」에 따른 국정조사에 필요한 자료로서 해당 조사위원회의 의결에 따른 금융감독원장(「금융위원회의 설치 등에 관한 법률」 제24조에 따른 금융감독원의 원장을 말한다. 이하 같다) 및 예금보험공사사장(「예금자보호법」 제3조에 따른 예금보험공사의 사장을 말한다. 이하 같다)의 거래정보등의 제공

4. 금융위원회(증권시장·파생상품시장의 불공정거래조사의 경우에는 증권선물위원회를 말한다. 이하 이 조에서 같다), 금융감독원장 및 예금보험공사사장이 금융회사등에 대한 감독·검사를 위하여 필요로 하는 거래정보등의 제공으로서 다음 각 목의 어느 하나에 해당하는 경우와 제3호에 따라 해당 조사위원회에 제공하기 위한 경우

　　가. 내부자거래 및 불공정거래행위 등의 조사에 필요한 경우

　　나. 고객예금 횡령, 무자원(無資源) 입금 기표(記票) 후 현금 인출 등 금융사고의 적발에 필요한 경우

　　다. 구속성예금 수입(受入), 자기앞수표 선발행(先發行) 등 불건전 금융거래행위의 조사에 필요한 경우

　　라. 금융실명거래 위반, 장부 외 거래, 출자자 대출, 동일인 한도 초과 등 법령 위반행위의 조사에 필요한 경우

　　마. 「예금자보호법」에 따른 예금보험업무 및 「금융산업의 구조개선에 관한 법률」에 따라 예금보험공사사장이 예금자표(預金者表)의 작성업무를 수행하기 위하여 필요한 경우

5. 동일한 금융회사등의 내부 또는 금융회사등 상호간에 업무상 필요한 거래정보등의 제공

6. 금융위원회 및 금융감독원장이 그에 상응하는 업무를 수행하는 외국 금융감독기관(국제금융감독기구를 포함한다. 이하 같다)과 다음 각 목의 사항에 대한 업무협조를 위하여 필요로 하는 거래정보등의 제공

　　가. 금융회사등 및 금융회사등의 해외지점·현지법인 등에 대한 감독·검사

　　나. 「자본시장과 금융투자업에 관한 법률」 제437조에 따른 정보교환 및 조사 등의 협조

7. 「자본시장과 금융투자업에 관한 법률」에 따라 거래소허가를 받은 거래소 (이하 "거래소"라 한다)가 다음 각 목의 경우에 필요로 하는 투자매매업 자·투자중개업자가 보유한 거래정보등의 제공

가. 「자본시장과 금융투자업에 관한 법률」 제404조에 따른 이상거래(異常 去來)의 심리 또는 회원의 감리를 수행하는 경우

나. 이상거래의 심리 또는 회원의 감리와 관련하여 거래소에 상응하는 업무 를 수행하는 외국거래소 등과 협조하기 위한 경우. 다만, 금융위원회의 사전 승인을 받은 경우로 한정한다.

8. 그 밖에 법률에 따라 불특정 다수인에게 의무적으로 공개하여야 하는 것으 로서 해당 법률에 따른 거래정보등의 제공

② 제1항제1호부터 제4호까지 또는 제6호부터 제8호까지의 규정에 따라 거래정 보등의 제공을 요구하는 자는 다음 각 호의 사항이 포함된 금융위원회가 정 하는 표준양식에 의하여 금융회사등의 특정 점포에 이를 요구하여야 한다. 다만, 제1항제1호에 따라 거래정보등의 제공을 요구하거나 같은 항 제2호에 따라 거래정보등의 제공을 요구하는 경우로서 부동산(부동산에 관한 권리를 포함한다. 이하 이 항에서 같다)의 보유기간, 보유 수, 거래 규모 및 거래 방법 등 명백한 자료에 의하여 대통령령으로 정하는 부동산거래와 관련한 소득세 또는 법인세의 탈루혐의가 인정되어 그 탈루사실의 확인이 필요한 자(해당 부동산 거래를 알선·중개한 자를 포함한다)에 대한 거래정보등의 제공을 요구하는 경우 또는 체납액 1천만원 이상인 체납자의 재산조회를 위 하여 필요한 거래정보등의 제공을 대통령령으로 정하는 바에 따라 요구하는 경우에는 거래정보등을 보관 또는 관리하는 부서에 이를 요구할 수 있다.

1. 명의인의 인적사항

2. 요구 대상 거래기간

3. 요구의 법적 근거

4. 사용 목적

5. 요구하는 거래정보등의 내용

6. 요구하는 기관의 담당자 및 책임자의 성명과 직책 등 인적사항

③ 금융회사등에 종사하는 자는 제1항 또는 제2항을 위반하여 거래정보등의 제 공을 요구받은 경우에는 그 요구를 거부하여야 한다.

④ 제1항 각 호[종전의 금융실명거래에관한법률(대통령긴급재정경제명령 제16호 로 폐지되기 전의 것을 말한다) 제5조제1항제1호부터 제4호까지 및 금융실 명거래및비밀보장에관한긴급재정경제명령(법률 제5493호로 폐지되기 전의 것을 말한다. 이하 같다) 제4조제1항 각 호를 포함한다]에 따라 거래정보등

을 알게 된 자는 그 알게 된 거래정보등을 타인에게 제공 또는 누설하거나 그 목적 외의 용도로 이용하여서는 아니 되며, 누구든지 거래정보등을 알게 된 자에게 그 거래정보등의 제공을 요구하여서는 아니 된다. 다만, 금융위원회 또는 금융감독원장이 제1항제4호 및 제6호에 따라 알게 된 거래정보등을 외국 금융감독기관에 제공하거나 거래소가 제1항제7호에 따라 외국거래소 등에 거래정보등을 제공하는 경우에는 그러하지 아니하다. 〈개정 2013.5.28.〉

⑤ 제1항 또는 제4항을 위반하여 제공 또는 누설된 거래정보등을 취득한 자(그로부터 거래정보등을 다시 취득한 자를 포함한다)는 그 위반사실을 알게 된 경우 그 거래정보등을 타인에게 제공 또는 누설하여서는 아니 된다.

⑥ 다음 각 호의 법률의 규정에 따라 거래정보등의 제공을 요구하는 경우에는 해당 법률의 규정에도 불구하고 제2항에 따른 금융위원회가 정한 표준양식으로 하여야 한다. 〈개정 2020.3.24.〉

1. 「감사원법」 제27조제2항
2. 「정치자금법」 제52조제2항
3. 「공직자윤리법」 제8조제5항
4. 삭제 〈2020.12.29.〉
5. 「상속세 및 증여세법」 제83조제1항
6. 「특정 금융거래정보의 보고 및 이용 등에 관한 법률」 제13조제3항
7. 「과세자료의 제출 및 관리에 관한 법률」 제6조제1항

[전문개정 2011.7.14.]

[단순위헌, 2020헌가5, 2022.2.24, 구 금융실명거래 및 비밀보장에 관한 법률(2019. 11. 26. 법률 제16651호로 개정되고, 2020. 12. 29. 법률 제17758호로 개정되기 전의 것) 제4조 제1항 본문 중 '누구든지 금융회사등에 종사하는 자에게 거래정보등의 제공을 요구하여서는 아니 된다' 부분 및 같은 법 제6조 제1항 중 위 해당 부분, 금융실명거래 및 비밀보장에 관한 법률(2020. 12. 29. 법률 제17758호로 개정된 것) 제4조 제1항 본문 중 '누구든지 금융회사등에 종사하는 자에게 거래정보등의 제공을 요구하여서는 아니 된다' 부분 및 같은 법 제6조 제1항 중 위 해당 부분은 헌법에 위반된다.]

---

**위임행정규칙**

· 금융실명거래 및 비밀보장에 관한 법률에서 위임한 서식관련 규정(금융위원회고시 제2019-22호, 2019.5.29., 일부개정)

---

## 특정범죄가중처벌 등에 관한 법률 위반(절도)

[대법원 2013. 3. 28. 선고, 2012도13607, 판결]

**【판결요지】**

[1] 수사기관이 범죄 수사를 목적으로 금융실명거래 및 비밀보장에 관한 법률(이하 '금융실명

법 이라 한다) 제4조 제1항에 정한 '거래정보 등'을 획득하기 위해서는 법관의 영장이 필요하고, 신용카드에 의하여 물품을 거래할 때 '금융회사 등'이 발행하는 매출전표의 거래명의자에 관한 정보 또한 금융실명법에서 정하는 '거래정보 등'에 해당하므로, 수사기관이 금융회사 등에 그와 같은 정보를 요구하는 경우에도 법관이 발부한 영장에 의하여야 한다. 그럼에도 수사기관이 영장에 의하지 아니하고 매출전표의 거래명의자에 관한 정보를 획득하였다면, 그와 같이 수집된 증거는 원칙적으로 형사소송법 제308조의2에서 정하는 '적법한 절차에 따르지 아니하고 수집한 증거'에 해당하여 유죄의 증거로 삼을 수 없다.

[2] 수사기관이 법관의 영장에 의하지 아니하고 매출전표의 거래명의자에 관한 정보를 획득한 경우, 이에 터 잡아 수집한 2차적 증거들, 예컨대 피의자의 자백이나 범죄 피해에 대한 제3자의 진술 등이 유죄 인정의 증거로 사용될 수 있는지를 판단할 때, 수사기관이 의도적으로 영장주의의 정신을 회피하는 방법으로 증거를 확보한 것이 아니라고 볼 만한 사정, 위와 같은 정보에 기초하여 범인으로 특정되어 체포되었던 피의자가 석방된 후 상당한 시간이 경과하였음에도 다시 동일한 내용의 자백을 하였다거나 그 범행의 피해품을 수사기관에 임의로 제출하였다는 사정, 2차적 증거 수집이 체포 상태에서 이루어진 자백 등으로부터 독립된 제3자의 진술에 의하여 이루어진 사정 등은 통상 2차적 증거의 증거능력을 인정할 만한 정황에 속한다고 볼 수 있다.

**제7조(과태료)** ① 제3조・제4조의2제1항 및 제5항(제4조의2제1항을 적용하는 경우로 한정한다)・제4조의3을 위반한 금융회사등의 임원 또는 직원에게는 3천만원 이하의 과태료를 부과한다. 〈개정 2014.5.28.〉

② 제1항에 따른 과태료는 대통령령으로 정하는 바에 따라 금융위원회가 부과・징수한다.

[전문개정 2011.7.14.]

## 제재조치요구처분취소
[대법원 2021. 6. 10., 선고, 2020두55282, 판결]

【판결요지】

甲 지방자치단체가 乙이 생전에 납입한 개발행위허가 이행보증금을 납부자별로 관리하기 위해 乙 명의의 정기예금 계좌에 재예치해 달라고 요청함에 따라 丙 은행이 이미 사망한 乙 명의의 정기예금 계좌를 개설한 사실에 대하여, 금융위원회가 丙 은행에 대하여 담당 직원 丁 등이 실명확인의무를 이행하지 않았다는 등의 이유로, 금융실명거래 및 비밀보장에 관한 법률(이하 '금융실명법'이라 한다) 제3조, 제5조의2에 따라 丁 등에게 제재조치를 할 것을 요구한 사안에서, 금융실명법 제3조를 비롯한 관련 규정의 문언, 체제와 목적 등에 비추어 보면, 위 계좌가 거래당사자인 甲 자치단체가 아니라 이미 사망한 乙 명의로 개설되었으므로, 금융회사인 丙 은행이 거래자의 실명으로 금융거래를 한 것이라고 볼 수 없고, 지방자치단체가 세입세출외 현금을 납부자별로 관리하기 위한 업무의 편의상 납부자 개인 명의가 해당 계좌의 예금주로 표시되도록 하였다거

나 해당 계좌의 상품명이 정부보관금으로 되어 있어 지방자치단체의 금고에 해당함을 명백히 알 수 있더라도 마찬가지이므로 이와 달리 본 원심판단에 법리오해의 잘못이 있으나, 丁 등은 甲 자치단체의 요청에 따라 예치금을 납부자별로 관리하기 위하여 계좌를 개설하였고 이와 같은 업무처리에 부정한 목적이나 동기가 없었던 점 등을 종합하면, 위 처분이 재량권을 일탈·남용하여 위법하다고 본 결론은 정당하다고 한 사례.

## 무고 · 사기미수
[대법원 2011.5.1 3, 선고, 2009도5386, 판결]

**【판결요지】**

[1] 금융실명거래 및 비밀보장에 관한 법률에 따라 실명확인 절차를 거쳐 예금계약을 체결하고 실명확인 사실이 예금계약서 등에 명확히 기재되어 있는 경우에는, 일반적으로 예금계약서에 예금주로 기재된 예금명의자나 그를 대리한 행위자 및 금융기관의 의사는 예금명의자를 예금계약의 당사자로 보려는 것이라고 해석하는 것이 경험법칙에 합당하고, 예금계약의 당사자에 관한 법률관계를 명확히 할 수 있어 합리적이다. 그리고 이와 같은 예금계약 당사자의 해석에 관한 법리는, 예금명의자 본인이 금융기관에 출석하여 예금계약을 체결한 경우나 그의 위임에 의하여 자금 출연자 등의 제3자(이하 '출연자 등'이라 한다)가 대리인으로서 예금계약을 체결한 경우 모두 마찬가지로 적용된다고 보아야 한다. 따라서 본인인 예금명의자의 의사에 따라 그의 실명확인 절차가 이루어지고 그를 예금주로 하여 예금계약서를 작성하였음에도, 위에서 본 바와 달리 예금명의자가 아닌 출연자 등을 예금계약의 당사자라고 볼 수 있는 경우는, 금융기관과 출연자 등 사이에 실명확인 절차를 거쳐 서면으로 이루어진 예금명의자와의 예금계약을 부정하여 그의 예금반환청구권을 배제하고, 출연자 등과 예금계약을 체결하여 그에게 예금반환청구권을 귀속시키겠다는 명확한 의사의 합치가 있는 극히 예외적인 경우로 제한되어야 하고, 이러한 의사의 합치는 위 법률에 따라 실명확인 절차를 거쳐 작성된 예금계약서 등의 증명력을 번복하기에 충분할 정도의 명확한 증명력을 가진 구체적이고 객관적인 증거에 의하여 매우 엄격하게 인정하여야 한다.

[2] 甲이 금융기관에 피고인 명의로 예금을 하면서 자신만이 이를 인출할 수 있게 해달라고 요청하여 금융기관 직원이 예금관련 전산시스템에 '甲이 예금, 인출 예정'이라고 입력하였고 피고인도 이의를 제기하지 않았는데, 그 후 피고인이 금융기관을 상대로 예금 지급을 구하는 소를 제기하였다가 금융기관의 변제공탁으로 패소한 사안에서, 제반 사정에 비추어 금융기관과 甲 사이에 실명확인 절차를 거쳐 서면으로 이루어진 피고인 명의의 예금계약을 부정하여 예금명의자인 피고인의 예금반환청구권을 배제하고, 甲에게 이를 귀속시키겠다는 명확한 의사의 합치가 있었다고 인정할 수 없어 예금주는 여전히 피고인이라는 이유로, 이와 달리 예금주가 甲이라는 전제하에 피고인에게 사기미수죄를 인정한 원심판단에 예금계약의 당사자 확정 방법에 관한 법리오해의 위법이 있다고 한 사례.

## III. 벌칙

제6조(벌칙) ① 제3조제3항 또는 제4항, 제4조제1항 또는 제3항부터 제5
항까지의 규정을 위반한 자는 5년 이하의 징역 또는 5천만원 이하의 벌금
에 처한다. 〈개정 2014.5.28.〉
② 제1항의 징역형과 벌금형은 병과(倂科)할 수 있다.
[전문개정 2011.7.14.]

제7조(과태료) ① 제3조·제4조의2제1항 및 제5항(제4조의2제1항을 적용
하는 경우로 한정한다)·제4조의3을 위반한 금융회사등의 임원 또는 직원
에게는 3천만원 이하의 과태료를 부과한다. 〈개정 2014.5.28.〉
② 제1항에 따른 과태료는 대통령령으로 정하는 바에 따라 금융위원회가 부
과·징수한다.
[전문개정 2011.7.14.]

제8조(양벌규정) 법인의 대표자나 법인 또는 개인의 대리인, 사용인, 그
밖의 종업원이 그 법인 또는 개인의 업무에 관하여 제6조 또는 제7조의
위반행위를 하면 그 행위자를 벌하는 외에 그 법인 또는 개인에게도 해당
조문의 벌금 또는 과태료를 과(科)한다. 다만, 법인 또는 개인이 그 위반
행위를 방지하기 위하여 해당 업무에 관하여 상당한 주의와 감독을 게을
리하지 아니한 경우에는 그러하지 아니하다.
[전문개정 2011.7.14.]

## IV. 기재례

### 【범죄사실 기재례】

**【타인의 은행거래계좌를 요구하거나 이에 응한 사례】**

피의자 박○○는 가정주부이고 피의자인 남편 이○○은 △△은행 △△지점에 근무하
고 있는 은행원이다.

박○○은 20○○년 ○월○일, 남편인 이○○에게 자신의 친구인 김○의 거래은행에
대한 정보를 요구하였다. 남편은 이에 따라 김○의 △△은행 거래 계좌번호를 알아내
어 부인인 박○○에게 알려주었다.

# 기부금품의 모집·사용 및 기부문화 활성화에 관한 법률

[2024. 7. 31.] [법률 제20369호, 2024. 2. 27., 타법개정]

## I. 개설

### 목적

이 법은 기부금품(寄附金品)의 모집절차 및 사용방법과 기부문화 활성화 등에 관하여 필요한 사항을 규정함으로써 기부금품 모집·사용의 투명성을 높이고 성숙하고 건전한 기부를 통한 사회 공동체의 조화로운 발전을 도모함을 목적으로 한다.

## II. 판례

**제2조(정의)** 이 법에서 사용하는 용어의 뜻은 다음과 같다. 〈개정 2024. 1. 30.〉

1. "기부"란 다음 각 목에 따른 공익을 실현하기 위하여 반대급부 없이 재산을 출연(出捐)하는 것을 말한다.
   가. 불우이웃돕기 등 자선
   나. 천재지변이나 그 밖에 이에 준하는 재난(「재난 및 안전 관리기본법」 제3조제1호가목에 따른 자연재난은 제외한다)의 구휼(救恤)
   다. 국제적으로 행하여지는 구제
   라. 영리 또는 정치·종교 활동이 아닌 목적으로서 다음의 어느 하나에 해당하는 목적을 위한 출연
      1) 교육, 문화, 예술, 과학 등의 진흥
      2) 소비자 보호 등 건전한 경제활동
      3) 환경보전
      4) 사회적 약자의 권익 신장
      5) 보건·복지 증진
      6) 남북통일, 평화구축 등 국제교류·협력
      7) 시민참여, 자원봉사 등 건전한 시민사회 구축
      8) 그 밖에 대통령령으로 정하는 목적
2. "기부금품"이란 환영금품, 축하금품, 찬조금품(贊助金品) 등 명칭이 어

떠하든 반대급부 없이 취득하는 금전, 물품, 그 밖에 이와 유사한 금전적 가치를 갖는 물건 등 대통령령으로 정하는 것을 말한다. 다만, 다음 각 목의 어느 하나에 해당하는 것은 제외한다.

　가. 법인, 정당, 사회단체, 종친회(宗親會), 친목단체 등이 정관, 규약 또는 회칙 등에 따라 사원·당원 또는 회원 등으로 가입되어 있는 자로부터 모은 가입금, 일시금, 회비 또는 그 구성원의 공동이익을 위하여 모은 금품

　나. 사찰, 교회, 향교, 그 밖의 종교단체가 그 고유활동에 필요한 경비에 충당하기 위하여 신도(信徒)로부터 모은 금품

　다. 국가, 지방자치단체, 법인, 정당, 사회단체 또는 친목단체 등이 소속원이나 제3자에게 기부할 목적으로 그 소속원으로부터 모은 금품

　라. 학교기성회(學校期成會), 후원회, 장학회 또는 동창회 등이 학교의 설립이나 유지 등에 필요한 경비에 충당하기 위하여 그 구성원으로부터 모은 금품

3. "기부금품의 모집"이란 서신, 광고, 정보통신망(「정보통신망 이용촉진 및 정보보호 등에 관한 법률」 제2조제1항제1호에 따른 정보통신망을 말한다. 이하 같다), 그 밖의 방법으로 기부금품의 출연을 타인에게 의뢰·권유 또는 요구하는 행위를 말한다.

4. "모집자"란 제4조에 따라 기부금품의 모집을 등록한 자를 말한다.

5. "모집종사자"란 모집자로부터 지시·의뢰를 받아 기부금품의 모집에 종사하는 자를 말한다.

## 기부금품의모집및사용에관한법률위반

[대법원 2023. 2. 2. 선고 2021도16765 판결]

【판결요지】

기기부금품의 모집 및 사용에 관한 법률(이하 '기부금품법'이라 한다)의 입법 목적, 입법 연혁, 법규범의 체계 등에 비추어 보면, 기부금품법이 기부금품의 모집과 사용을 엄격하게 규율하고 위반행위를 처벌하면서도 예외적으로 기부금품법 제2조 제1호 (가)목 및 (다)목에서 단체 등의 일정한 모금활동을 그 처벌대상에서 제외하는 이유는, 단체의 자율성을 보장함과 동시에 단체의 구조적 특성, 모금 목적이나 모금 대상 등에 비추어 금품의 모집이 무분별하게 이루어지지 않을 것으로 기대되거나 또는 적정한 사용이 담보될 수 있을 것으로 보이기 때문이다.

단체가 회원으로부터 수령한 회비 등 명목의 금원이 기부금품법 제2조 제1호 (가)목 및 (다)목에서 정한 금품에 해당하여 기부금품법의 처벌대상에서 제외되는 것인지는, 단체의 내부 규정을 근거로 하여 단체의 설립 목적과 운영 상황, 회원 가입 자격 및 절차, 회원의 권리·의무, 회비 납부와 관리 등을 구체적으로 심리하여 종합적으로 판단하여야 할 것이다.

**제4조(기부금품의 모집등록)** ① 1천만원 이상의 금액으로서 대통령령으로 정하는 금액 이상의 기부금품을 모집하려는 자는 다음의 사항을 적은 모집·사용계획서를 작성하여 대통령령으로 정하는 바에 따라 행정안전부장관 또는 특별시장·광역시장·특별자치시장·특별자치도지사(이하 "등록청"이라 한다)에게 등록하여야 한다. 모집·사용계획서의 내용을 변경하려는 경우에도 또한 같다. 〈개정 2008.2.29., 2013.3.23., 2014.11.19., 2017.7.26., 2024. 1. 30.〉

1. 모집자의 성명, 주소, 주민등록번호 및 연락처(모집자가 법인 또는 단체인 경우에는 그 명칭, 주된 사무소의 소재지와 대표자의 성명, 주소, 주민등록번호 및 연락처)
2. 모집목적, 모집금품의 종류와 모집목표액, 모집지역, 모집방법, 모집기간, 모집금품의 보관방법 등을 구체적으로 밝힌 모집계획. 이 경우 모집기간은 1년 이내로 하여야 한다.
3. 모집비용의 예정액 명세와 조달방법, 모집금품의 사용방법 및 사용기한 등을 구체적으로 밝힌 모집금품 사용계획
3의2. 기부금품의 모집 및 사용을 위한 하나 또는 복수의 전용계좌
4. 모집사무소를 두는 경우에는 그 소재지
5. 그 밖에 대통령령으로 정하는 기부금품의 모집에 필요한 사항

② 제1항에 따라 등록청에 등록하여야 하는 자는 같은 사업을 위하여 둘 이상의 등록청에 등록하여서는 아니 된다. 〈개정 2024. 1. 30.〉

③ 다음 각 호의 어느 하나에 해당하는 자는 제1항에 따른 등록을 할 수 없다. 〈개정 2024. 1. 30.〉

1. 미성년자, 피성년후견인 또는 피한정후견인
2. 파산선고를 받은 자로서 복권되지 아니한 자
3. 금고 이상의 실형을 선고받고 그 집행이 끝나거나(집행이 끝난 것으로 보는 경우를 포함한다) 그 집행을 받지 아니하기로 확정된 날부터 2년이 지나지 아니한 자
4. 집행유예를 선고받고 그 유예기간 중에 있는 자
5. 제10조제1항에 따라 등록말소가 된 후 1년이 지나지 아니한 자(법인이나 단체가 등록말소된 경우에는 등록말소사유가 발생한 당시의 대표자나 임원을 포함한다)
6. 대표자나 임원이 제1호부터 제5호까지의 어느 하나에 해당하는 법인이나 단체

④ 등록청은 제1항에 따른 등록신청을 받은 경우에는 모집·사용계획서의 내용이 제2조제1호 각 목에 따른 공익에 적합한지와 신청인이 제3항에 따라 등

록을 할 수 없는 자가 아닌지를 확인한 후 신청인에게 등록증을 내주어야 한다. 〈개정 2024. 1. 30.〉

⑤ 특별시장·광역시장·특별자치시장·도지사 또는 특별자치도지사는 제4항에 따라 등록증을 내준 경우에는 그 사실을 지체 없이 행정자치부장관에게 알려야 한다. 다만, 제10조의2에 따른 기부통합관리시스템을 통하여 모집등록이 이루어진 경우에는 그러하지 아니하다.〈개정 2008.2.29., 2013.3.23., 2014.11.19., 2024. 1. 30.〉

⑥ 모집자 또는 모집종사자는 기부금품을 기부하고자 하는 자가 다음 각 호에서 정하는 사항을 쉽게 알 수 있도록 모집장소 등에 게시하거나 제공하여야 한다.〈신설 2024. 1. 30.〉

1. 모집자 및 모집종사자에 관한 다음 각 목의 정보
   가. 모집자가 직접 모집을 하는 경우: 모집자의 성명 및 연락처(법인 또는 단체인 경우에 그 명칭, 연락처 및 대표자의 성명을 말한다)
   나. 모집종사자가 모집하는 경우: 가목의 정보 및 모집종사자의 성명, 연락처
2. 제1항 각 호 외의 부분에 따라 모집등록을 한 등록청 및 등록번호
3. 제1항제2호에 따른 모집목적
4. 기부에 대하여 「법인세법」, 「소득세법」 등 관련 법령에 따른 세금혜택이 부여되는지의 여부
5. 기부금품 중 모집비용으로 충당하는 비율
6. 기부금품의 모집 및 사용 결과를 확인할 수 있는 방법
7. 그 밖에 기부에 필요한 사항으로 대통령령으로 정하는 사항

## 공갈 · 기부금품의모집및사용에관한법률위반

[대법원 2010.9.30, 선고, 2010도5954, 판결]

【판결요지】

[1] 기부금품의 모집 및 사용에 관한 법률 제4조 제1항 제2호는, 1천만 원 이상의 기부금품을 모집하려는 자가 관할관청에 등록할 때 작성하여야 하는 모집·사용계획서에 기재할 모집계획의 내용에 관하여, 같은 항 제2호에서 "모집목적, 모집금품의 종류 및 모집목표액, 모집지역, 모집방법, 모집기간, 모집금품의 보관방법 등을 구체적으로 밝힌 모집계획. 이 경우 모집기간은 1년 이내로 하여야 한다"고 규정하고 있는바, 위 규정 및 위 법 제16조 제1항 제1호, 제4조 제1항, 제2조 제1항 (가)목의 취지를 종합하여 보면, 관할관청에 등록을 하지 아니하고 기부금품을 모집한 자는 모집기간인 1년 이내에 1천만 원을 초과하여 기부금품을 모집한 경우에만 처벌의 대상이 된다.

[2] 환경보전시민연대의 대표인 피고인이 관할관청에 등록하지 아니하고 1천만 원을 초과하여 기부금품을 모집하였다는 기부금품의 모집 및 사용에 관한 법률 위반의 공소사실에 대하여, 피고인이 소속 회원들로부터 모은 금원은 회원들이 자발적으로 납부한 회비 또

는 후원금에 해당하므로 위 법의 적용 대상인 '기부금품'에서 제외되는 것으로 보아야 하고, 이를 제외한 나머지 기부금품의 총액은 모두 1천만 원에 이르지 않아, 피고인이 2006년부터 2008년까지 매년 회원이 아닌 사람들로부터 1년에 1천만 원을 초과하여 모집하였다고 인정할 증거가 없다는 이유로 무죄를 선고한 원심판단을 수긍한 사례.

## III. 벌칙

**제16조(벌칙)** ① 다음 각 호의 어느 하나에 해당하는 자는 3년 이하의 징역이나 3천만원 이하의 벌금에 처한다. 〈개정 2010.6.8.〉

1. 제4조제1항에 따른 등록을 하지 아니하였거나, 속임수나 그 밖의 부정한 방법으로 등록을 하고 기부금품을 모집한 자
2. 제6조제1항을 위반하여 기부금품을 낼 것을 강요한 자
3. 제10조제1항에 따른 반환명령에 따르지 아니한 자
4. 제10조제2항에 따른 승인을 받지 아니하고 기부금품을 등록한 모집목적과 유사한 용도로 처분하거나 승인을 받은 내용과 달리 기부금품을 처분한 자
5. 제12조제1항을 위반하여 기부금품을 모집목적 외의 용도로 사용하거나 등록청의 승인을 받지 아니하고 기부금품을 등록한 모집목적과 유사한 용도로 사용한 자
6. 제13조에 따른 비율을 초과하여 모집금품을 모집비용에 충당한 자
6의2. 제14조제2항에 따른 공개의무를 이행하지 아니하거나 거짓으로 공개한 자
7. 제14조제3항에 따른 감사보고서와 모집상황이나 사용명세 등에 대한 보고서를 제출하지 아니한 자

② 다음 각 호의 어느 하나에 해당하는 자는 1년 이하의 징역이나 1천만원 이하의 벌금에 처한다. 〈개정 2024. 1. 30.〉

1. 제5조제1항을 위반하여 기부금품을 모집한 자
2. 제7조제2항 각 호 외의 부분 본문에 따른 장부에 기부금품의 접수사실을 거짓으로 적은 자
3. 제14조제1항에 따른 장부나 서류 등을 갖추어 두지 아니한 자
4. 삭제 〈2010.6.8.〉

**제17조(양벌규정)** 법인의 대표자나 법인 또는 개인의 대리인, 사용인, 그 밖의 종업원이 그 법인 또는 개인의 업무에 관하여 제16조의 위반행위를 하면 그

행위자를 벌하는 외에 그 법인 또는 개인에게도 해당 조문의 벌금형을 과(科)한다. 다만, 법인 또는 개인이 그 위반행위를 방지하기 위하여 해당 업무에 관하여 상당한 주의와 감독을 게을리하지 아니한 경우에는 그러하지 아니하다.
[전문개정 2008.12.26.]

**제18조(과태료)** ① 다음 각 호의 어느 하나에 해당하는 자에게는 500만원 이하의 과태료를 부과한다.

    1. 제6조제2항을 위반하여 모집행위가 모집자를 위한 것임을 표시하지 아니한 모집종사자

    2. 제7조제1항을 위반하여 공개된 장소가 아닌 장소에서 기부금품을 접수한 자

    3. 제9조제1항에 따른 관계 서류 등의 제출명령에 따르지 아니하거나 관계공무원의 출입·검사를 거부·기피 또는 방해한 자

② 제1항에 따른 과태료는 대통령령으로 정하는 바에 따라 등록청이 부과·징수한다.

③ ④ ⑤ 삭제 〈2009.4.1.〉

## Ⅳ. 기재례

### 【범죄사실 기재례】

피의자는 ○○시 ○○동 ○○번지에 '○○환경연구소'라는 상호로 사무실을 차려놓고 환경관계 옥외광고물의 제작판매업에 종사하고 있다.

피의자는 관할관청의 허가를 받지 아니하고 20○○. ○. ○.경부터 20○○. ○. 중순경까지 사이에 위 사무실에서 전국에 산재한 기업체에 '21C 환경대국으로'라는 내용의 현수막 등 판촉물안내서를 우편으로 발송하면서 위 현수막 1개의 판매가격은 30,000원이며, 추가로 돈 10,000원을 보내주면 그 차액을 모아서 환경운동에 활용한다는 취지와 함께 ○○지역 환경파괴에 대한 ○○일보 관련기사내용을 우송하는 방법으로 ○○주식회사로부터 위 현수막의 판매가격 30,000원외에 10,000원을 기부받는 등 불특정다수의 기업체로부터 기부금 합계 ○○만원을 모집하였다.

**[서식] 기부금품 모집등록증**

| | | | | |
|---|---|---|---|---|
| 등록번호 제        호 | **기부금품 모집등록증** | | | |
| 성명 또는<br>법인·단체명 | | | 대표자 | |
| 주소 또는<br>주된 사무소 소재지 | | | | |
| 모집목적 | | | | |
| 모집지역 | | | | |
| 모집기간 | | | | |
| 모집금품의 종류 | | | 모집목표액 | |
| 모집방법 | | | | |
| 모집비용 | | | | |
| 보관방법 | (현금) | | (물품) | |

　「기부금품의 모집·사용 및 기부문화 활성화에 관한 법률」 제4조제4항, 같은 법 시행령 제3조제4항, 제4조제2항 및 제5조제2항에 따라 기부금품 모집등록이 되었음을 증명합니다.

년　　　월　　　일

행정안전부장관 또는 시·도지사 직인

210mm×297mm[백상지(80g/㎡) 또는 중질지(80g/㎡)]

**[서식] 기부금품모집 검사공무원증**

(앞쪽)

| |
|---|
| 제   호<br><br>### 기부금품모집 검사공무원증<br><br>소속:<br>직위:<br>성명:<br>생년월일:<br><br>「기부금품의 모집·사용 및 기부문화 활성화에 관한 법률」 제9조에 따른 기부금품모집 사무 검사공무원임을 증명합니다.<br><br>년   월   일<br><br>**(행정안전부장관, ○○시장 또는 도지사)** |

20mm x 30mm

74mm×52mm(백상지 150g/㎡)

(뒤쪽)

| |
|---|
| ※주의사항<br><br>1. 이 검사공무원증은 다른 사람에게 빌려주거나 양도할 수 없습니다.<br><br>2. 기부금품 모집검사를 목적으로 모집자의 사무소·모집장소 등에 출입하여 장부·서류 등을 검사할 때에는 이 검사공무원증을 보여 주어야 합니다. |

# 노동조합 및 노동관계조정법

[시행 2021. 7. 6.] [법률 제17864호, 2021. 1. 5., 일부개정]

## Ⅰ. 개설

### 목적

이 법은 헌법에 의한 근로자의 단결권·단체교섭권 및 단체행동권을 보장하여 근로조건의 유지·개선과 근로자의 경제적·사회적 지위의 향상을 도모하고, 근로관계를 공정하게 조정하여 노동쟁의를 예방·해결함으로써 산업평화의 유지와 국민경제의 발전에 이바지함을 목적으로 한다.

## Ⅱ. 판례

**제2조(정의)** 이 법에서 사용하는 용어의 정의는 다음과 같다. 〈개정 2021.1.5.〉

1. "근로자"라 함은 직업의 종류를 불문하고 임금·급료 기타 이에 준하는 수입에 의하여 생활하는 자를 말한다.
2. "사용자"라 함은 사업주, 사업의 경영담당자 또는 그 사업의 근로자에 관한 사항에 대하여 사업주를 위하여 행동하는 자를 말한다.
3. "사용자단체"라 함은 노동관계에 관하여 그 구성원인 사용자에 대하여 조정 또는 규제할 수 있는 권한을 가진 사용자의 단체를 말한다.
4. "노동조합"이라 함은 근로자가 주체가 되어 자주적으로 단결하여 근로조건의 유지·개선 기타 근로자의 경제적·사회적 지위의 향상을 도모함을 목적으로 조직하는 단체 또는 그 연합단체를 말한다. 다만, 다음 각목의 1에 해당하는 경우에는 노동조합으로 보지 아니한다.
   가. 사용자 또는 항상 그의 이익을 대표하여 행동하는 자의 참가를 허용하는 경우
   나. 경비의 주된 부분을 사용자로부터 원조받는 경우
   다. 공제·수양 기타 복리사업만을 목적으로 하는 경우
   라. 근로자가 아닌 자의 가입을 허용하는 경우
   마. 주로 정치운동을 목적으로 하는 경우
5. "노동쟁의"라 함은 노동조합과 사용자 또는 사용자단체(이하 "勞動 關係 當事者"라 한다)간에 임금·근로시간·복지·해고 기타 대우등 근로조건의 결정에 관한 주장의 불일치로 인하여 발생한 분쟁상태를 말한다. 이

경우 주장의 불일치라 함은 당사자간에 합의를 위한 노력을 계속하여도 더이상 자주적 교섭에 의한 합의의 여지가 없는 경우를 말한다.

6. "쟁의행위"라 함은 파업·태업·직장폐쇄 기타 노동관계 당사자가 그 주장을 관철할 목적으로 행하는 행위와 이에 대항하는 행위로서 업무의 정상적인 운영을 저해하는 행위를 말한다.

## 노동조합 및 노동관계조정법상 근로자에 해당하는지 판단하는 기준과 방법

[대법원 2024. 9. 27. 선고 2020다267491 판결]

**【판결요지】**

노동조합 및 노동관계조정법(이하 '노동조합법'이라 한다)상 근로자는 타인과의 사용종속관계하에서 노무에 종사하고 대가로 임금 기타 수입을 받아 생활하는 사람을 말하고, 타인과 사용종속관계가 있는 한 해당 노무공급계약의 형태가 고용, 도급, 위임 또는 무명계약 등 어떤 형태이든 상관없다. 구체적으로 노동조합법상 근로자에 해당하는지는, 노무제공자의 소득이 특정 사업자에게 주로 의존하고 있는지, 노무를 제공받는 특정 사업자가 보수를 비롯하여 노무제공자와 체결하는 계약 내용을 일방적으로 결정하는지, 노무제공자가 특정 사업자의 사업 수행에 필수적인 노무를 제공함으로써 특정 사업자의 사업을 통해서 시장에 접근하는지, 노무제공자와 특정 사업자의 법률관계가 상당한 정도로 지속적·전속적인지, 사용자와 노무제공자 사이에 어느 정도 지휘·감독관계가 존재하는지, 노무제공자가 특정 사업자로부터 받는 임금·급료 등 수입이 노무 제공의 대가인지 등을 종합적으로 고려하여 판단하여야 한다. 노동조합법은 개별적 근로관계를 규율하기 위해 제정된 근로기준법과 달리, 헌법상 근로자의 노동3권 보장을 통해 근로조건의 유지·개선과 근로자의 경제적·사회적 지위 향상 등을 목적으로 제정되었다. 이러한 노동조합법의 입법 목적과 근로자에 대한 정의 규정 등을 고려하면, 노동조합법상 근로자에 해당하는지는 노무제공관계의 실질에 비추어 노동3권을 보장할 필요성이 있는지의 관점에서 판단하여야 하고 반드시 근로기준법상 근로자에 한정된다고 할 것은 아니다.

**제3조(손해배상 청구의 제한)** 사용자는 이 법에 의한 단체교섭 또는 쟁의행위로 인하여 손해를 입은 경우에 노동조합 또는 근로자에 대하여 그 배상을 청구할 수 없다.

## 손해배상(기)등

[대법원 2018. 11. 29., 선고, 2016다11226, 판결]

**【판결요지】**

제조업체가 위법한 쟁의행위로 인한 조업중단으로 입는 손해로는, 조업중단으로 제품을 생산하지 못함으로써 생산할 수 있었던 제품을 판매하여 얻을 수 있는 매출이익을 얻지 못한 손해와 조업중단 여부와 관계없이 고정적으로 지출되는 비용(차임, 제세공과금, 감가상각비, 보험료 등)을 회수하지 못한 손해가 있을 수 있다. 이러한 손해배상을 구하는 측에서는 조업중단으로 인하여 일정량의 제품을 생산하지 못하였다는 점과 생산되었을 제품이 판매될 수 있다는 점을 증명하여야 한다. 다만 판매가격이 생산원가에 미달하는 이른바 적자제품이라거나 조업중단 당시 불황 등과 같은 특별한 사정이 있어서 장기간에 걸쳐 제품이 판매될 가능성이 없다거나, 제품에 결함이나 하자가 있어서 판매가 제대로 이루어지지 않는다는 등의 특별한 사정의 간접반증이 없는 한, 당해 제품이 생산되었다면 그 후 판매되어 제조업체가 이로 인한 매출이익을 얻고 또 그 생산에 지출된 고정비용도 매출원가의 일부로 회수할 수 있다고 추정함이 상당하다(대법원 1993. 12. 10. 선고 93다24735 판결 등 참조).

원심은 그 판시와 같은 이유를 들어, 원고가 피고들 등이 참여한 이 사건 쟁의행위로 일정량의 제품을 생산하지 못하였다거나 생산하지 못한 해당 제품을 판매하지 못하여 고정비를 회수하지 못하였다고 단정하기 어렵다고 판단하였다. 앞서 본 법리와 적법하게 채택된 증거들에 비추어 원심판결 이유를 살펴보면, 원심의 위와 같은 판단에 불법행위로 인한 재산상 손해의 인정 또는 증명 등에 관한 법리를 오해하거나, 판결 이유가 모순되거나, 석명의무를 위반하고 필요한 심리를 다하지 아니한 채 논리와 경험의 법칙에 반하여 자유심증주의의 한계를 벗어나는 등의 잘못이 없다.

**제4조(정당행위)** 형법 제20조의 규정은 노동조합이 단체교섭·쟁의행위 기타의 행위로서 제1조의 목적을 달성하기 위하여 한 정당한 행위에 대하여 적용된다. 다만, 어떠한 경우에도 폭력이나 파괴행위는 정당한 행위로 해석되어서는 아니된다.

**폭력행위등처벌에관한법률위반(공동주거침입)·업무방해**

[대법원 2022. 10. 27., 선고, 2019도10516, 판결]

【판결요지】

근로자의 쟁의행위가 형법상 정당행위에 해당하려면, ① 주체가 단체교섭의 주체로 될 수 있는 자이어야 하고, ② 목적이 근로조건의 향상을 위한 노사 간의 자치적 교섭을 조성하는 데에 있어야 하며, ③ 사용자가 근로자의 근로조건 개선에 관한 구체적인 요구에 대하여 단체교섭을 거부하였을 때 개시하되 특별한 사정이 없는 한 조합원의 찬성결정 등 법령이 규정한 절차를 거쳐야 하고, ④ 수단과 방법이 사용자의 재산권과 조화를 이루어야 함은 물론 폭력의 행사에 해당되지 아니하여야 한다는 조건을 모두 구비하여야 한다. 이러한 기준은 쟁의행위의 목적을 알리는 등 적법한 쟁의행위에 통상 수반되는 부수적 행위가 형법상 정당행위에 해당하는지 여부를 판단할 때에도 동일하게 적용된다.

**제5조(노동조합의 조직·가입·활동)** ① 근로자는 자유로이 노동조합을 조직하거나 이에 가입할 수 있다. 다만, 공무원과 교원에 대하여는 따로 법률로 정

한다. 〈개정 2021.1.5.〉

② 사업 또는 사업장에 종사하는 근로자(이하 "종사근로자"라 한다)가 아닌 노동조합의 조합원은 사용자의 효율적인 사업 운영에 지장을 주지 아니하는 범위에서 사업 또는 사업장 내에서 노동조합 활동을 할 수 있다. 〈신설 2021.1.5.〉

③ 종사근로자인 조합원이 해고되어 노동위원회에 부당노동행위의 구제신청을 한 경우에는 중앙노동위원회의 재심판정이 있을 때까지는 종사근로자로 본다. 〈신설 2021.1.5.〉

[제목개정 2021.1.5.]

## 교섭창구 단일화 제도를 도입하여 단체교섭 절차를 일원화하도록 한 취지 내지 목적

[대법원 2018. 12. 27., 선고, 2016두41224, 판결]

**【판결요지】**

「노동조합 및 노동관계조정법」(이하 '노동조합법'이라고 한다) 규정에 의하면, 근로자는 자유로이 노동조합을 조직하거나 이에 가입할 수 있고(제5조), 노동조합은 조합원을 위하여 사용자에게 단체교섭을 요구할 수 있으나(제29조 제1항), 하나의 사업 또는 사업장 단위에서 노동조합이 그 조직형태와 관계없이 2개 이상 병존하는 경우 각 노동조합은 원칙적으로 교섭창구 단일화 절차에 따라 교섭대표노동조합을 정하여 사용자에게 단체교섭을 요구하여야 한다(제29조의2 제1항 본문). 노동조합법이 이처럼 복수 노동조합에 대한 교섭창구 단일화 제도를 도입하여 단체교섭 절차를 일원화하도록 한 것은, 복수 노동조합이 독자적인 단체교섭권을 행사할 경우 발생할 수도 있는 노동조합 간 혹은 노동조합과 사용자 간 반목·갈등, 단체교섭의 효율성 저하 및 비용 증가 등의 문제점을 효과적으로 해결함으로써, 효율적이고 안정적인 단체교섭 체계를 구축하는 데에 그 주된 취지 내지 목적이 있다(대법원 2017. 10. 31. 선고 2016두36956 판결).

교섭창구 단일화 제도하에서 교섭대표노동조합이 되지 못한 노동조합은 독자적으로 단체교섭권을 행사할 수 없으므로, 노동조합법은 교섭대표노동조합이 되지 못한 노동조합을 보호하기 위해 사용자와 교섭대표노동조합에 교섭창구 단일화 절차에 참여한 노동조합 또는 그 조합원을 합리적 이유 없이 차별하지 못하도록 공정대표의무를 부과하고 있다(제29조의4 제1항). 공정대표의무는 헌법이 보장하는 단체교섭권의 본질적 내용이 침해되지 않도록 하기 위한 제도적 장치로 기능하고, 교섭대표노동조합과 사용자가 체결한 단체협약의 효력이 교섭창구 단일화 절차에 참여한 다른 노동조합에도 미치는 것을 정당화하는 근거가 된다.

이러한 공정대표의무의 취지와 기능 등에 비추어 보면, 공정대표의무는 단체교섭의 과정이나 그 결과물인 단체협약의 내용뿐만 아니라 단체협약의 이행과정에서도 준수되어야 한다고 봄이 타당하다. 또한 교섭대표노동조합이나 사용자가 교섭창구 단일화 절차에 참여한 다른 노동조합 또는 그 조합원을 차별한 것으로 인정되는 경우, 그와 같은 차별에 합리적인 이유가 있다는 점은 교섭대표노동조합이나 사용자에게 그 주장·증명책임이 있다(대법원 2018. 8. 30. 선고 2017다218642 판결).

**제16조(총회의 의결사항)** ① 다음 각호의 사항은 총회의 의결을 거쳐야 한다.

1. 규약의 제정과 변경에 관한 사항
2. 임원의 선거와 해임에 관한 사항
3. 단체협약에 관한 사항
4. 예산·결산에 관한 사항
5. 기금의 설치·관리 또는 처분에 관한 사항
6. 연합단체의 설립·가입 또는 탈퇴에 관한 사항
7. 합병·분할 또는 해산에 관한 사항
8. 조직형태의 변경에 관한 사항
9. 기타 중요한 사항

② 총회는 재적조합원 과반수의 출석과 출석조합원 과반수의 찬성으로 의결한다. 다만, 규약의 제정·변경, 임원의 해임, 합병·분할·해산 및 조직형태의 변경에 관한 사항은 재적조합원 과반수의 출석과 출석조합원 3분의 2 이상의 찬성이 있어야 한다.

③ 임원의 선거에 있어서 출석조합원 과반수의 찬성을 얻은 자가 없는 경우에는 제2항 본문의 규정에 불구하고 규약이 정하는 바에 따라 결선투표를 실시하여 다수의 찬성을 얻은 자를 임원으로 선출할 수 있다.

④ 규약의 제정·변경과 임원의 선거·해임에 관한 사항은 조합원의 직접·비밀·무기명투표에 의하여야 한다.

### 총회결의무효등

[대법원 2016. 2. 19., 선고, 2012다96120, 전원합의체  판결]

【판결요지】
[다수의견] 노동조합의 설립 및 조직형태의 변경에 관한 노동조합 및 노동관계조정법(이하 '노동조합법'이라 한다) 제2조 제4호 본문, 제5조, 제10조, 제16조 제1항 제8호, 제2항과 재산상 권리·의무나 단체협약의 효력 등의 법률관계를 유지하기 위한 조직형태의 변경 제도의 취지와 아울러 개별적 내지 집단적 단결권의 보장 필요성, 산업별로 구성된 단위노동조합(이하 '산업별 노동조합'이라 한다)의 지부·분회·지회 등의 하부조직(이하 '지회 등'이라 한다)의 독립한 단체성 및 독자적인 노동조합으로서의 실질에 관한 사정 등을 종합하면, 노동조합법 제16조 제1항 제8호 및 제2항은 노동조합법에 의하여 설립된 노동조합을 대상으로 삼고 있어 노동조합의 단순한 내부적인 조직이나 기구에 대하여는 적용되지 아니하지만, 산업별 노동조합의 지회 등이더라도, 실질적으로 하나의 기업 소속 근로자를 조직대상으로 하여 구성되어 독자적인 규약과 집행기관을 가지고 독립한 단체로서 활동하면서 조직이나 조합원에 고유한 사항에 관하여 독자적인 단체교섭 및 단체협약체결 능력이 있어 기업별로 구성

된 노동조합(이하 '기업별 노동조합'이라 한다)에 준하는 실질을 가지고 있는 경우에는, 산업별 연합단체에 속한 기업별 노동조합의 경우와 실질적인 차이가 없으므로, 노동조합법 제16조 제1항 제8호 및 제2항에서 정한 결의 요건을 갖춘 소속 조합원의 의사 결정을 통하여 산업별 노동조합에 속한 지회 등의 지위에서 벗어나 독립한 기업별 노동조합으로 전환함으로써 조직형태를 변경할 수 있다.

또한 산업별 노동조합의 지회 등이 독자적으로 단체교섭을 진행하고 단체협약을 체결하지는 못하더라도, 법인 아닌 사단의 실질을 가지고 있어 기업별 노동조합과 유사한 근로자단체로서 독립성이 인정되는 경우에, 지회 등은 스스로 고유한 사항에 관하여 산업별 노동조합과 독립하여 의사를 결정할 수 있는 능력을 가지고 있다. 의사 결정 능력을 갖춘 이상, 지회 등은 소속 근로자로 구성된 총회에 의한 자주적·민주적인 결의를 거쳐 지회 등의 목적 및 조직을 선택하고 변경할 수 있으며, 나아가 단결권의 행사 차원에서 정관이나 규약 개정 등을 통하여 단체의 목적에 근로조건의 유지·개선 기타 근로자의 경제적·사회적 지위의 향상을 추가함으로써 노동조합의 실체를 갖추고 활동할 수 있다. 그리고 지회 등이 기업별 노동조합과 유사한 독립한 근로자단체로서의 실체를 유지하면서 산업별 노동조합에 소속된 지회 등의 지위에서 이탈하여 기업별 노동조합으로 전환할 필요성이 있다는 측면에서는, 단체교섭 및 단체협약체결 능력을 갖추고 있어 기업별 노동조합에 준하는 실질을 가지고 있는 산업별 노동조합의 지회 등의 경우와 차이가 없다. 이와 같은 법리와 사정들에 비추어 보면, 기업별 노동조합과 유사한 근로자단체로서 법인 아닌 사단의 실질을 가지고 있는 지회 등의 경우에도 기업별 노동조합에 준하는 실질을 가지고 있는 경우와 마찬가지로 노동조합법 제16조 제1항 제8호 및 제2항에서 정한 결의 요건을 갖춘 소속 근로자의 의사 결정을 통하여 종전의 산업별 노동조합의 지회 등이라는 외형에서 벗어나 독립한 기업별 노동조합으로 전환할 수 있다.

결론적으로 산업별 노동조합의 지회 등이더라도, 외형과 달리 독자적인 노동조합 또는 노동조합 유사의 독립한 근로자단체로서 법인 아닌 사단에 해당하는 경우에는, 자주적·민주적인 총회의 결의를 통하여 소속을 변경하고 독립한 기업별 노동조합으로 전환할 수 있고, 노동조합 또는 법인 아닌 사단으로서의 실질을 반영한 노동조합법 제16조 제1항 제8호 및 제2항에 관한 해석이 근로자들에게 결사의 자유 및 노동조합 설립의 자유를 보장한 헌법 및 노동조합법의 정신에 부합한다.

**제82조(구제신청)** ① 사용자의 부당노동행위로 인하여 그 권리를 침해당한 근로자 또는 노동조합은 노동위원회에 그 구제를 신청할 수 있다.

② 제1항의 규정에 의한 구제의 신청은 부당노동행위가 있은 날(계속하는 행위는 그 終了日)부터 3월 이내에 이를 행하여야 한다.

## 부당노동행위구제재심판정취소
[대법원 2022. 5. 12. 선고 2017두54005 판결]

【판결요지】

노동조합으로서는 자신에 대한 사용자의 부당노동행위가 있는 경우뿐만 아니라, 그 소속 조합원으로 가입한 근로자 또는 그 소속 조합원으로 가입하려고 하는 근로자에 대하여 사용자의 부당노동행위가 있는 경우에도 노동조합의 권리가 침해당할 수 있으므로, 그 경우에도 자신의 명의로 부당노동행위에 대한 구제신청을 할 수 있는 권리를 가진다. 이러한 법리는 다른 노동조합에 가입하려고 하거나 다른 노동조합과 연대하려고 하는 노동조합에 대하여 사용자의 부당노동행위가 있는 경우에도 적용된다. 따라서 특정 노동조합에 가입하려고 하거나 특정 노동조합과 연대하려고 하는 노동조합에 대한 부당노동행위로 인하여 특정 노동조합의 권리가 침해당할 수 있는 경우에는 그 특정 노동조합이 부당노동행위의 직접 상대방이 아닌 경우에도 자신의 명의로 부당노동행위에 대한 구제신청을 할 수 있다.

## 임금
[대법원 2012. 2. 9. 선고 2011다20034 판결]

【판결요지】

근로자가 사용자의 부당노동행위로 인하여 해고를 당한 경우, 민사소송으로 해고의 무효확인 및 임금의 지급을 청구할 수 있으나 부당노동행위에 대한 신속한 권리구제를 위하여 마련된 구 근로기준법(2007. 4. 11. 법률 제8372호로 전부 개정되기 전의 것) 제33조와 노동조합 및 노동관계조정법 제82조 내지 제86조(제85조 제5항 제외)의 행정상 구제절차를 이용하여 노동위원회에 구제신청을 한 후 노동위원회의 구제명령 또는 기각결정에 대하여 행정소송에서 다투는 방법으로 임금청구권 등 부당노동행위로 침해된 권리의 회복을 구할 수도 있다. 따라서 근로자가 위 관계 법령에 따른 구제신청을 한 후 이에 관한 행정소송에서 권리관계를 다투는 것은 권리자가 재판상 권리를 주장하여 권리 위에 잠자는 것이 아님을 표명하는 것으로서 소멸시효 중단사유인 '재판상 청구'에 해당한다.

## III. 벌칙

**제88조(벌칙)** 제41조제2항의 규정에 위반한 자는 5년 이하의 징역 또는 5천만원 이하의 벌금에 처한다.

**제89조(벌칙)** 다음 각 호의 어느 하나에 해당하는 자는 3년 이하의 징역 또는 3천만원 이하의 벌금에 처한다. 〈개정 2006.12.30., 2010.1.1.〉

1. 제37조제2항, 제38조제1항, 제42조제1항 또는 제42조의2제2항의 규정에 위반한 자
2. 제85조제3항(제29조의4제4항에서 준용하는 경우를 포함한다)에 따라 확정되거나 행정소송을 제기하여 확정된 구제명령에 위반한 자

**제90조(벌칙)** 제44조제2항, 제69조제4항, 제77조 또는 제81조제1항의 규정에 위반한 자는 2년 이하의 징역 또는 2천만원 이하의 벌금에 처한다. 〈개정 2021.1.5.〉

**제91조(벌칙)** 제38조제2항, 제41조제1항, 제42조제2항, 제43조제1항·제2항·제4항, 제45조제2항 본문, 제46조제1항 또는 제63조의 규정을 위반한 자는 1년 이하의 징역 또는 1천만원 이하의 벌금에 처한다.
[전문개정 2006.12.30.]

**제92조(벌칙)** 다음 각호의 1에 해당하는 자는 1천만원 이하의 벌금에 처한다. 〈개정 2001.3.28., 2010.1.1.〉
1. 삭제 〈2021.1.5.〉
2. 제31조제1항의 규정에 의하여 체결된 단체협약의 내용중 다음 각목의 1에 해당하는 사항을 위반한 자
   가. 임금·복리후생비, 퇴직금에 관한 사항
   나. 근로 및 휴게시간, 휴일, 휴가에 관한 사항
   다. 징계 및 해고의 사유와 중요한 절차에 관한 사항
   라. 안전보건 및 재해부조에 관한 사항
   마. 시설·편의제공 및 근무시간중 회의참석에 관한 사항
   바. 쟁의행위에 관한 사항
3. 제61조제1항의 규정에 의한 조정서의 내용 또는 제68조제1항의 규정에 의한 중재재정서의 내용을 준수하지 아니한 자

**제93조(벌칙)** 다음 각호의 1에 해당하는 자는 500만원 이하의 벌금에 처한다.
1. 제7조제3항의 규정에 위반한 자
2. 제21조제1항·제2항 또는 제31조제3항의 규정에 의한 명령에 위반한 자

**제94조(양벌규정)** 법인 또는 단체의 대표자, 법인·단체 또는 개인의 대리인·사용인 기타의 종업원이 그 법인·단체 또는 개인의 업무에 관하여

제88조 내지 제93조의 위반행위를 한 때에는 행위자를 벌하는 외에 그 법인·단체 또는 개인에 대하여도 각 해당 조의 벌금형을 과한다. 다만, 법인·단체 또는 개인이 그 위반행위를 방지하기 위하여 해당 업무에 관하여 상당한 주의와 감독을 게을리하지 아니한 경우에는 그러하지 아니하다. 〈개정 2020.6.9.〉

[단순위헌, 2019헌가25, 2020.4.23. 노동조합 및 노동관계조정법(1997. 3. 13. 법률 제5310호로 제정된 것) 제94조 중 법인의 대리인·사용인 기타의 종업원이 그 법인의 업무에 관하여 제90조 가운데 '제81조 제1호, 제2호 단서 후단, 제5호를 위반한 경우'에 관한 부분은 헌법에 위반된다.]
[2020.6.9. 법률 제17432호에 의하여 2019. 4. 11. 헌법재판소에서 단순위헌 결정된 이 조를 개정함.]

**제95조(과태료)** 제85조제5항의 규정에 의한 법원의 명령에 위반한 자는 500만원 이하의 금액(당해 명령이 작위를 명하는 것일 때에는 그 명령의 불이행 일수 1일에 50만원 이하의 비율로 산정한 금액)의 과태료에 처한다.

**제96조(과태료)** ① 다음 각호의 1에 해당하는 자는 500만원 이하의 과태료에 처한다.
   1. 제14조의 규정에 의한 서류를 비치 또는 보존하지 아니한 자
   2. 제27조의 규정에 의한 보고를 하지 아니하거나 허위의 보고를 한 자
   3. 제46조제2항의 규정에 의한 신고를 하지 아니한 자
② 제13조, 제28조제2항 또는 제31조제2항의 규정에 의한 신고 또는 통보를 하지 아니한 자는 300만원 이하의 과태료에 처한다.
③ 제1항 및 제2항의 규정에 의한 과태료는 대통령령이 정하는 바에 의하여 행정관청이 부과·징수한다. 〈개정 1998.2.20.〉
④ 삭제 〈2018.10.16.〉
⑤ 삭제 〈2018.10.16.〉
⑥ 삭제 〈2018.10.16.〉

# Ⅳ. 기재례

## 【범죄사실 기재례】

피의자는 ○○시 ○○구 ○○가 ○○번지에 있는 한국 가나다(주) 노동조합장이다. 쟁의행위는 당해 사업장 이외의 장소에서는 이행할 수 없음에도 피의자는 20○○. ○○. ○

○. 12:30부터 같은 날 16:00까지 사이에 노조원 25명과 동행하여 서울지방노동청 청사 화단 앞에 서서 '직장폐쇄 철회', '사업주각성' 등의 피켓을 지참 침묵시위를 하며 쟁의행위를 하였다.

또한 20○○. ○○. ○○. 16:30부터 같은 날 19:00까지 노조원 20명과 서울지방노동청 현관 앞 계단에 앉아 위와 같은 형태의 쟁의행위를 하였다. 그리고 직접 근로관계를 맺고 있는 근로자나 당해 노동조합 또는 사용자 기타 법령에 의하여 정당한 권한을 가진 자를 제외하고는 누구든지 쟁의행위에 관하여 관계당사자를 조종·선동·방해하거나 기타 이에 영향을 미칠 목적으로 개입하는 행위를 하여서는 아니됨에도 20○○. ○○. ○○. 10:00경 ○○시 ○○구 ○○가 ○○번지에 있는 ○○산업사 노사분규 현장에 들어가려고 할 때, 동사 근로자들이 저지하자 동사업장 앞 노상에 연좌한 서울·경기 노동자 연합회 소속 80명의 앞에 나와 "노동자 단결하여 민주노조 건설하자", "민주노조 탄압중지", "○○산업사 노조 힘내라" 등의 구호와 각종 노래를 선창하면서 동 ○○산업사의 분규에 개입하였다.

## 【적용실례】

〈구 노동조합법상 부당노동행위와 처벌의사 철회〉

➡ 구 노동조합법 제39조의 부당노동행위에 대하여는 동법 제46조의2 단서 규정에 의거 피해자의 명시에 반하여 논할 수 없어 이 건은 피해자가 처벌의사를 철회하였으므로 공소권없음 의견으로 처리하여야 하고 혐의없음 의견으로 처리할 수 없다.

〈피의자들은 부산컨츄리클럽 근로자로서 20○○. 7. 14. 23:00경 부산컨츄리클럽에서 노동쟁의수단으로 길을 막고 업무를 방해한 경우〉

➡ 노동쟁의조정법은 폭력을 금지하고 있으므로 이는 기소의견으로 처리하여야 한다.

**[서식] 쟁의행위신고서**

# 쟁의행위신고서

※ 색상이 어두운 란은 신청인이 적지 않습니다.

| 접수번호 | 접수일 | | 처리기간 |
|---|---|---|---|

| 노동조합 | 조합명 | | 대표자 |
|---|---|---|---|
| | 소재지 | (전화번호          ) | |

| 사용자 | 사업장명 | | 대표자 |
|---|---|---|---|
| | 소재지 | (전화번호          ) | |

위 노동관계당사자 간에 발생한 노동쟁의로 인하여 쟁의행위를 하고자 「노동조합 및 노동관계조정법 시행령」 제17조와 같은 법 시행규칙 제16조제13호에 따라 다음과 같이 신고합니다.

| 쟁의행위 일시 | 쟁의행위 장소 |
|---|---|

쟁의행위 참가인원

　　　　　　　　총　　　　명 ( 남　　　명, 여　　　명)

쟁의행위 방법

쟁의행위 결의내용(투표일시, 투표결과 등)

　　　　　　　　　　　　　　　　　　　　　　　년　　월　　일

　　　　　　　　　　　　신고인　　　　　　(서명 또는 인)

　　**행정관청**　귀하
　○○**지방노동위원회**　귀중

---

| 비고: 기재란이 부족한 경우에는 별지에 작성합니다. | 수수료 없음 |
|---|---|

210mm×297mm(백상지 80g/㎡)

**[서식] 노동쟁의조정신청서**

# 노동쟁의조정신청서

※ 색상이 어두운 란은 신청인이 적지 않습니다.

(앞쪽)

| 접수번호 | | 접수일 | | 처리기간 일반 10일<br>공익 15일 | |
|---|---|---|---|---|---|
| 당사자 | 노동단체 | | | 사용자(단체) | |
| 명칭 | | | | | |
| 대표자 | | | | | |
| 소재지 | (전화번호            ) | | | (전화번호               ) | |
| 조합원 수 | | | 근로자 수 | | |
| 사업의 종류 | | | 단체협약<br>유효기간 | | |

위 노동관계당사자 간에 발생한 노동쟁의를 조정하여 줄 것을 「노동조합 및 노동관계조정법」 제53조제1항, 같은 법 시행령 제24조제1항 및 같은 법 시행규칙 제14조제1항에 따라 신청합니다.

년        월        일

신청인

(서명 또는 인)

## ○○지방노동위원회        귀중

| 첨부서류 | 1. 사업장 개요<br>2. 단체교섭 경위<br>3. 당사자간 의견의 불일치사항과 및 이에 대한 당사자의 주장내용<br>4. 기타 참고사항 | 수수료<br>없음 |
|---|---|---|

210mm×297mm(백상지 80g/㎡)

[서식] 쟁의행위의 중지통보서

# 쟁의행위의 중지통보서

| 노동조합 | 조합명 | | 대표자 | |
|---|---|---|---|---|
| | 소재지 | | | |
| 사용자 | 사업장명 | | 대표자 | |
| | 소재지 | | | |

위의 자를 노동관계 당사자로 한 쟁의행위는 「노동조합 및 노동관계조정법」 제42조
제2항에서 규정된 행위에 해당한다고 인정되므로 같은 법 제42조제3항과 같은 법
시행규칙 제16조제7호에 따라 그 행위를 중지할 것을 통보합니다.


년    월    일


행정관청    직인


210mm×297mm(백상지 80g/㎡)

# 농수산물 유통 및 가격안정에 관한 법률

[시행 2024. 7. 24.] [법률 제20080호, 2024. 1. 23., 일부개정]

## Ⅰ. 개설

### 목적

이 법은 농수산물의 유통을 원활하게 하고 적정한 가격을 유지하게 함으로써 생산자와 소비자의 이익을 보호하고 국민생활의 안정에 이바지함을 목적으로 한다.

## Ⅱ. 판례

**제12조(유통명령 이행자에 대한 지원 등)** ① 농림축산식품부장관 또는 해양수산부장관은 유통협약 또는 유통명령을 이행한 생산자등이 그 유통협약이나 유통명령을 이행함에 따라 발생하는 손실에 대하여는 제54조에 따른 농산물가격안정기금 또는「수산업·어촌 발전 기본법」제46조에 따른 수산발전기금으로 그 손실을 보전(補塡)하게 할 수 있다. 〈개정 2013.3.23., 2015.3.27., 2015.6.22.〉

② 농림축산식품부장관 또는 해양수산부장관은 제11조제2항에 따라 유통명령 집행업무의 일부를 수행하는 생산자등의 조직이나 생산자단체에 필요한 지원을 할 수 있다. 〈개정 2013.3.23.〉

③ 제1항에 따른 유통명령 이행으로 인한 손실 보전 및 제2항에 따른 유통명령 집행업무의 지원에 필요한 사항은 대통령령으로 정한다.

[전문개정 2011.7.21.]

### 도매법인지정처분취소

[대법원 2002. 7. 26. 선고, 2000두7254, 판결]

**【판결요지】**

[1] 행정처분에 그 효력기간이 정하여져 있는 경우, 그 처분의 효력 또는 집행이 정지된 바 없다면 위 기간의 경과로 그 행정처분의 효력은 상실되므로 그 기간 경과 후에는 그 처분이 외형상 잔존함으로 인하여 어떠한 법률상 이익이 침해되고 있다고 볼 만한 별다른 사정이 없는 한 그 처분의 취소를 구할 법률상의 이익이 없다.

[2] 농수산물 지방도매시장의 도매시장법인으로 지정된 유효기간이 만료되어 그 지정

처분이 외형상 잔존함으로 인하여 어떠한 법률상의 이익이 침해되고 있다고 볼 만한 별다른 사정이 인정되지 아니한다는 이유로 그 처분의 취소를 구할 법률상의 이익이 없다고 한 사례.

**제20조(도매시장 개설자의 의무)** ① 도매시장 개설자는 거래 관계자의 편익과 소비자 보호를 위하여 다음 각 호의 사항을 이행하여야 한다.

1. 도매시장 시설의 정비·개선과 합리적인 관리
2. 경쟁 촉진과 공정한 거래질서의 확립 및 환경 개선
3. 상품성 향상을 위한 규격화, 포장 개선 및 선도(鮮度) 유지의 촉진

② 도매시장 개설자는 제1항 각 호의 사항을 효과적으로 이행하기 위하여 이에 대한 투자계획 및 거래제도 개선방안 등을 포함한 대책을 수립·시행하여야 한다.

[전문개정 2011.7.21.]

## 중도매업허가취소처분취소

[대법원 2002. 3. 26. 선고, 2001두5927, 판결]

【판결요지】

[1] 비록 구 농수산물유통및가격안정에관한법률(2000. 1. 28. 법률 제6223호로 전문 개정되기 전의 것)이 중도매인에게 거래실적을 유지하도록 하는 명문의 규정을 두거나 이러한 내용에 관하여 조례로써 정하도록 명시적으로 위임하고 있지는 아니하나, 엄격한 규제방법을 통하여 도매시장의 적정한 운영을 도모하려는 같은 법의 취지와 더불어 농수산물의 유통과정에 있어서의 중도매인의 지위와 역할에 비추어 볼 때, 만일 중도매인이 그 업무를 충실히 수행하지 아니한다면 도매시장에서의 거래를 통하여 농수산물의 유통의 원활을 기한다는 같은 법의 입법목적 달성에 중대한 지장을 초래할 우려가 있는 점, 도매시장에서의 공정한 거래질서 확립을 위하여 마련한 같은 법 제37조 등의 규정은 중도매인이 어느 정도 이상의 거래실적을 유지함으로써 도매시장이 그 기능을 발휘하고 있음을 전제로 하고 있는 점, 그리고 같은 법이 도매시장에서의 정상적인 거래를 방해하는 행위를 금지하고 있는 이상 이러한 방해행위에 못지 않은 피해를 줄 수 있는 장기간에 걸친 거래실적 미달행위에 대한 제재를 마련하는 것이 같은 법의 규정 취지에 부합한다고 할 것인 점 등에 비추어 볼 때, 중도매인의 월간 최저 거래기준을 정하고 이에 미달할 경우 허가취소의 처분을 하도록 규정하고 있는 구 서울특별시농수산물도매시장조례(2001. 4. 16. 조례 제3859호로 개정되기 전의 것) 제4조, 제5조 및 구 서울특별시농수산물도매시장조례시행규칙(2001. 6. 30. 규칙 제3198호로 전문 개정되기 전의 것) 제17조의2 [별표 2] 1.의 가. 제12호 (다)목의 규정은 같은 법 제37조 등에 근거를 두고 그 법률규정이 예정하고 있는 사항을 구체화·명확화한 것으로서 위임근거가 있다고 보아야 한다.

[2] 지방자치단체가 월간 거래실적이 조례로 정한 최저 거래기준에 미달하는 도매시장의 중도매인에 대하여 중도매업허가를 취소한 경우, 이 취소처분은 구 농수산물유통및가격안정에관한법률의 입법취지, 중도매인의 역할 및 적절한 처분을 하지 않을 경우의 파급효과 등 공익목적을 고려하면 재량권의 범위를 일탈·남용한 것이 아니라고 본 사례.

**제31조(수탁판매의 원칙)** ① 도매시장에서 도매시장법인이 하는 도매는 출하자로부터 위탁을 받아 하여야 한다. 다만, 농림축산식품부령 또는 해양수산부령으로 정하는 특별한 사유가 있는 경우에는 매수하여 도매할 수 있다. 〈개정 2013.3.23.〉

② 중도매인은 도매시장법인이 상장한 농수산물 외의 농수산물은 거래할 수 없다. 다만, 농림축산식품부령 또는 해양수산부령으로 정하는 도매시장법인이 상장하기에 적합하지 아니한 농수산물과 그 밖에 이에 준하는 농수산물로서 그 품목과 기간을 정하여 도매시장 개설자로부터 허가를 받은 농수산물의 경우에는 그러하지 아니하다. 〈개정 2013.3.23.〉

③ 제2항 단서에 따른 중도매인의 거래에 관하여는 제35조제1항, 제38조, 제39조, 제40조제2항·제4항, 제41조(제2항 단서는 제외한다), 제42조제1항제1호·제3호 및 제81조를 준용한다.

④ 중도매인이 제2항 단서에 해당하는 물품을 제70조의2제1항제1호에 따른 농수산물 전자거래소에서 거래하는 경우에는 그 물품을 도매시장으로 반입하지 아니할 수 있다.

⑤ 중도매인은 도매시장법인이 상장한 농수산물을 농림축산식품부령 또는 해양수산부령으로 정하는 연간 거래액의 범위에서 해당 도매시장의 다른 중도매인과 거래하는 경우를 제외하고는 다른 중도매인과 농수산물을 거래할 수 없다. 〈신설 2014.3.24.〉

⑥ 제5항에 따른 중도매인 간 거래액은 제25조제3항제6호의 최저거래금액 산정 시 포함하지 아니한다. 〈신설 2014.3.24.〉

⑦ 제5항에 따라 다른 중도매인과 농수산물을 거래한 중도매인은 농림축산식품부령 또는 해양수산부령으로 정하는 바에 따라 그 거래 내역을 도매시장 개설자에게 통보하여야 한다. 〈신설 2014.3.24.〉

[전문개정 2011.7.21.]

## 농수산물유통및가격안정에관한법률위반
[대법원 2006.3.10, 선고, 2004도6846, 판결]

**【판결요지】**
농수산물유통 및 가격안정에 관한 법률에서 정한 농수산물도매시장제도의 취지를 실현하기 위해서는 산지에서 도매시장으로 출하하는 세력과 도매시장에서 소비자 쪽으로 분산하는 세력을 분리시키고 양 세력의 경쟁을 통하여 농수산물 거래의 공정성과 투명성을 확보하는 것이 필요하다 할 것인데, 이를 위해서는 도매시장에서 소비자 쪽으로 분산하는 역할을 담당하는 중도매인을 산지에서 도매시장으로 출하하는 역할에서 배제시키는 것이 불가피하게 요구된다고 할 것이고, 더구나

위 법률 제31조 제2항은 도매시장법인이 상장하기에 적합하지 않은 농수산물에 대하여는 중도매인으로 하여금 예외적으로 비상장 거래를 할 수 있도록 허용하고 있으며, 다만 이 경우에도 품목과 기준을 정하여 도매시장 개설자로부터 허가를 받도록 하는 것 역시 위 제도의 실효성 확보를 위한 것으로써 불필요한 제한으로 보기 어렵다. 나아가 중도매인은 사적으로 농수산물 유통과 관련된 업종에 종사할 수 있음에도 중도매인의 혜택과 제한 등에 관하여 충분히 안 상태에서 스스로의 선택에 의하여 중도매인이 된 것이고, 원칙적으로 중도매인으로 하여금 도매시장법인이 상장한 농수산물 외의 농수산물의 거래를 금지함으로써 중도매인이 입게 될 불이익보다는 이를 허용함으로 인하여 농수산물의 원활한 유통과 적정한 가격의 유지가 저해되고 생산자와 소비자의 이익보호를 기할 수 없는 결과가 더 크다고 할 것이므로, 위 법률 제31조 제2항은 법익균형성의 원칙에도 위배되지 않는다 할 것이다. 따라서 위 법률 제31조 제2항의 기본권 제한이 헌법상의 한계를 넘었다고 할 수 없으므로, 직업수행의 자유를 침해하였다고 할 수 없다.

**제33조(경매 또는 입찰의 방법)** ① 도매시장법인은 도매시장에 상장한 농수산물을 수탁된 순위에 따라 경매 또는 입찰의 방법으로 판매하는 경우에는 최고가격 제시자에게 판매하여야 한다. 다만, 출하자가 서면으로 거래 성립 최저가격을 제시한 경우에는 그 가격 미만으로 판매하여서는 아니 된다. 〈개정 2012.2.22.〉

② 도매시장 개설자는 효율적인 유통을 위하여 필요한 경우에는 농림축산식품부령 또는 해양수산부령으로 정하는 바에 따라 대량 입하품, 표준규격품, 예약 출하품 등을 우선적으로 판매하게 할 수 있다. 〈개정 2013.3.23.〉

③ 제1항에 따른 경매 또는 입찰의 방법은 전자식(電子式)을 원칙으로 하되 필요한 경우 농림축산식품부령 또는 해양수산부령으로 정하는 바에 따라 거수수지식(擧手手指式), 기록식, 서면입찰식 등의 방법으로 할 수 있다. 이 경우 공개경매를 실현하기 위하여 필요한 경우 농림축산식품부장관, 해양수산부장관 또는 도매시장 개설자는 품목별·도매시장별로 경매방식을 제한할 수 있다. 〈개정 2013.3.23.〉

[전문개정 2011.7.21.]

## 손해배상(기)

[대법원 1991. 8. 13. 선고, 91다14970, 판결]

【판결요지】
중매인이 군수산업협동조합으로부터 경락받은 수산물에 숨은 하자가 있어도 농수산

물유통및가격안정에관한법률에 기한 위 조합의 공판사업규정이 정한 바에 따라 즉시 이의하고 그 인수를 거부하지 아니한 이상 상법 제69조 제1항 소정의 손해배상청구를 할 수 없다고 한 사례

**제35조(도매시장법인의 영업제한)** ① 도매시장법인은 도매시장 외의 장소에서 농수산물의 판매업무를 하지 못한다.

② 제1항에도 불구하고 도매시장법인은 다음 각 호의 어느 하나에 해당하는 경우에는 해당 거래물품을 도매시장으로 반입하지 아니할 수 있다. 〈개정 2012.2.22., 2012.6.1., 2013.3.23., 2019.8.27.〉

  1. 도매시장 개설자의 사전승인을 받아 「전자문서 및 전자거래 기본법」에 따른 전자거래 방식으로 하는 경우(온라인에서 경매 방식으로 거래하는 경우를 포함한다)

  2. 농림축산식품부령 또는 해양수산부령으로 정하는 일정 기준 이상의 시설에 보관·저장 중인 거래 대상 농수산물의 견본을 도매시장에 반입하여 거래하는 것에 대하여 도매시장 개설자가 승인한 경우

③ 제2항에 따른 전자거래 및 견본거래 방식 등에 관하여 필요한 사항은 농림축산식품부령 또는 해양수산부령으로 정한다. 〈개정 2013. 3. 23.〉

④ 도매시장법인은 농수산물 판매업무 외의 사업을 겸영(兼營)하지 못한다. 다만, 농수산물의 선별·포장·가공·제빙(製氷)·보관·후숙(後熟)·저장·수출입 등의 사업은 농림축산식품부령 또는 해양수산부령으로 정하는 바에 따라 겸영할 수 있다. 〈개정 2013.3.23.〉

⑤ 도매시장 개설자는 산지(産地) 출하자와의 업무 경합 또는 과도한 겸영사업으로 인하여 도매시장법인의 도매업무가 약화될 우려가 있는 경우에는 대통령령으로 정하는 바에 따라 제4항 단서에 따른 겸영사업을 1년 이내의 범위에서 제한할 수 있다.

[전문개정 2011.7.21.]

## 도매시장법인의 '도매시장 외의 장소에서의 농수산물 판매업무'의 의미

[대법원 2010. 5. 13., 선고, 2007도2666, 판결]

**【판결요지】**

구 농수산물유통 및 가격안정에 관한 법률(2004. 12. 31. 법률 제7275호로 개정되기 전의 것) 제35조 제1항은 "도매시장법인은 도매시장 외의 장소에서 농수산물의 판매업무를 하지 못한다"고 규정하고 있고 그 제86조 제5호는 그 위반행위를 처벌하고 있는바, 위 처벌의 대상이 되는 '도매시장 외의 장소에서의 농수산물 판매업무'라 함은, '농수산물의 원활한 유통과 적정한 가격을 유지함으로써 생산자와 소

비자의 이익을 보호하고 국민생활의 안정에 이바지' 한다고 하는 위 법의 목적(제1조)과 이를 달성하기 위해 그 유통과 가격형성 과정에서의 왜곡을 방지하고자 하는 위 처벌규정의 취지 및 그 영업제한의 기준이 '장소' 임을 특별히 명시하고 있는 위 문언의 표시 등에 비추어 '도매시장에 반입·상장하지 않고 행해지는 농수산물 판매행위'를 의미한다고 보아야 할 것이고, 이와 달리 도매시장에 반입·상장되어 행해지는 판매행위 중 '경매 또는 입찰' 등 같은 법 제32조 소정의 방법에 의하지 아니한 판매행위까지 명문의 근거도 없이 위 규정에 의한 처벌의 대상이 된다고 확장해석 할 수는 없다.

## III. 벌칙

**제86조(벌칙)** 다음 각 호의 어느 하나에 해당하는 자는 2년 이하의 징역 또는 2천만원 이하의 벌금에 처한다. 〈개정 2012.2.22., 2017.3.21.〉

1. 제15조제3항에 따라 수입 추천신청을 할 때에 정한 용도 외의 용도로 수입농산물을 사용한 자

1의2. 도매시장의 개설구역이나 공판장 또는 민영도매시장이 개설된 특별시·광역시·특별자치시·특별자치도 또는 시의 관할구역에서 제17조 또는 제47조에 따른 허가를 받지 아니하고 농수산물의 도매를 목적으로 지방도매시장 또는 민영도매시장을 개설한 자

2. 제23조제1항에 따른 지정을 받지 아니하거나 지정 유효기간이 지난 후 도매시장법인의 업무를 한 자

3. 제25조제1항에 따른 허가 또는 같은 조 제7항에 따른 갱신허가(제46조제2항에 따라 준용되는 허가 또는 갱신허가를 포함한다)를 받지 아니하고 중도매인의 업무를 한 자

4. 제29조제1항(제46조제3항에 따라 준용되는 경우를 포함한다)에 따른 등록을 하지 아니하고 산지유통인의 업무를 한 자

5. 제35조제1항을 위반하여 도매시장 외의 장소에서 농수산물의 판매업무를 하거나 같은 조 제4항을 위반하여 농수산물 판매업무 외의 사업을 겸영한 자

6. 제36조제1항에 따른 지정을 받지 아니하거나 지정 유효기간이 지난 후 도매시장 안에서 시장도매인의 업무를 한 자

7. 제43조제1항에 따른 승인을 받지 아니하고 공판장을 개설한 자

8. 제82조제2항 또는 제5항에 따른 업무정지처분을 받고도 그 업(業)을 계속한 자

[전문개정 2011.7.21.]

**제88조(벌칙)** 다음 각 호의 어느 하나에 해당하는 자는 1년 이하의 징역 또는 1천만원 이하의 벌금에 처한다. 〈개정 2012.2.22., 2014.3.24.,201812.31〉

1. 삭제 〈2012.2.22.〉

2. 제23조의2제1항(제25조의2, 제36조의2에 따라 준용되는 경우를 포함한다)을 위반하여 인수·합병을 한 자

3. 제25조제5항제1호(제46조제2항에 따라 준용되는 경우를 포함한다)를 위반하여 다른 중도매인 또는 매매참가인의 거래 참가를 방해하거나 정당한 사유 없이 집단적으로 경매 또는 입찰에 불참한 자

3의2. 제25조제5항제2호(제46조제2항에 따라 준용되는 경우를 포함한다)를 위반하여 다른 사람에게 자기의 성명이나 상호를 사용하여 중도 매업을 하게 하거나 그 허가증을 빌려 준 자

4. 제27조제2항 및 제3항을 위반하여 경매사를 임면한 자

5. 제29조제2항(제46조제3항에 따라 준용되는 경우를 포함한다)을 위반하여 산지유통인의 업무를 한 자

6. 제29조제4항(제46조제3항에 따라 준용되는 경우를 포함한다)을 위반하여 출하업무 외의 판매·매수 또는 중개 업무를 한 자

7. 제31조제1항을 위반하여 매수하거나 거짓으로 위탁받은 자 또는 제31조제2항을 위반하여 상장된 농수산물 외의 농수산물을 거래한 자(제46조제1항 또는 제2항에 따라 준용되는 경우를 포함한다)

7의2. 제31조제5항(제46조제2항에 따라 준용되는 경우를 포함한다)을 위반하여 다른 중도매인과 농수산물을 거래한 자

8. 제37조제1항 단서에 따른 제한 또는 금지를 위반하여 농수산물을 위탁받아 거래한 자

9. 제37조제2항을 위반하여 해당 도매시장의 도매시장법인 또는 중도매인에게 농수산물을 판매한 자

9의2. 제40조제2항에 따른 표준하역비의 부담을 이행하지 아니한 자

10. 제42조제1항(제31조제3항, 제45조 본문, 제46조제1항·제2항, 제48조제5항 또는 같은 조 제6항 본문에 따라 준용되는 경우를 포함한다)을 위반하여 수수료 등 비용을 징수한 자

11. 제69조제4항에 따른 조치명령을 위반한 자

[전문개정 2011.7.21.]

**제89조(양벌규정)** 법인의 대표자나 법인 또는 개인의 대리인, 사용인, 그 밖의 종업원이 그 법인 또는 개인의 업무에 관하여 제86조 및 제88조의 어느 하나에 해당하는 위반행위를 하면 그 행위자를 벌하는 외에 그 법인 또는 개인에게도 해당 조문의 벌금형을 과(科)한다. 다만, 법인 또는 개인이 그 위반행위를 방지하기 위하여 해당 업무에 관하여 상당한 주의와 감독을 게을리하지 아니한 경우에는 그러하지 아니하다. 〈개정 2017.3.21.〉
[전문개정 2008.12.26.]

**제90조(과태료)** ① 다음 각 호의 어느 하나에 해당하는 자에게는 1천만원 이하의 과태료를 부과한다. 〈개정 2012.2.22., 2013.3.23.〉
  1. 제10조제2항에 따른 유통명령을 위반한 자
  2. 제53조제3항의 표준계약서와 다른 계약서를 사용하면서 표준계약서로 거짓 표시하거나 농림축산식품부 또는 그 표식을 사용한 매수인
② 다음 각 호의 어느 하나에 해당하는 자에게는 500만원 이하의 과태료를 부과한다. 〈개정 2012.2.22.〉
  1. 제53조제1항을 위반하여 포전매매의 계약을 서면에 의한 방식으로 하지 아니한 매수인
  2. 제74조제2항에 따른 단속을 기피한 자
  3. 제79조제1항에 따른 보고를 하지 아니하거나 거짓된 보고를 한 자
③ 다음 각 호의 어느 하나에 해당하는 자에게는 100만원 이하의 과태료를 부과한다. 〈개정 2012.2.22., 2018.12.31〉
  1. 제27조제4항을 위반하여 경매사 임면 신고를 하지 아니한 자
  2. 제29조제5항(제46조제3항에 따라 준용되는 경우를 포함한다)에 따른 도매시장 또는 도매시장공판장의 출입제한 등의 조치를 거부하거나 방해한 자
  3. 제38조의2제2항에 따른 출하 제한을 위반하여 출하(타인명의로 출하하는 경우를 포함한다)한 자
  3의2. 제53조제1항을 위반하여 포전매매의 계약을 서면에 의한 방식으로 하지 아니한 매도인
  4. 제74조제1항 전단을 위반하여 도매시장에서의 정상적인 거래와 시설물의 사용기준을 위반하거나 적절한 위생·환경의 유지를 저해한 자(도매시장법인, 시장도매인, 도매시장공판장의 개설자 및 중도매인은 제외한다)
  4의2. 제75조제2항을 위반하여 교육훈련을 이수하지 아니한 도매시장법인

또는 공판장의 개설자가 임명한 경매사

    5. 제79조제2항에 따른 보고(공판장 및 민영도매시장의 개설자에 대한 보고는 제외한다)를 하지 아니하거나 거짓된 보고를 한 자

    6. 제81조제3항에 따른 명령을 위반한 자

④ 제1항부터 제3항까지의 규정에 따른 과태료는 대통령령으로 정하는 바에 따라 농림축산식품부장관, 해양수산부장관, 시·도지사 또는 시장이 부과·징수한다. 〈개정 2013.3.23.〉

[전문개정 2011.7.21.]

# Ⅳ. 기재례

## 【범죄사실 기재례】

피의자 곽○○은 ○○시 ○○동 ○○에서 ○○유통이라는 상호로 농산물을 도매하거나 매매를 중개하는 영업을 하고 있다. 위와 같은 중도매업을 하기 위해서는 도매시장 개설자의 허가를 받아야 한다. 그럼에도 불구하고, 곽○○은 20○○. ○. ○.부터 20○○. ○. ○.까지 위 도매시장 개설자의 허가를 받지 않고 위 장소에서 농산물을 도매하거나 중개하는 영업을 하였다.

# 농수산물 품질관리법

[시행 2024. 9. 20.] [법률 제20438호, 2024. 9. 20., 타법개정]

## Ⅰ. 개설

### 목적

이 법은 농수산물의 적절한 품질관리를 통하여 농수산물의 안전성을 확보하고 상품성을 향상하며 공정하고 투명한 거래를 유도함으로써 농어업인의 소득 증대와 소비자 보호에 이바지하는 것을 목적으로 한다.

## Ⅱ. 판례

**제2조(정의)** ① 이 법에서 사용하는 용어의 뜻은 다음과 같다. 〈개정 2011.11.22., 2013.3.23., 2015.6.22., 2016.12.2., 2020.2.18., 2020.12.8., 2023. 8. 16.〉

1. "농수산물"이란 다음 각 목의 농산물과 수산물을 말한다.
    가. 농산물: 「농업·농촌 및 식품산업 기본법」 제3조제6호가목의 농산물
    나. 수산물: "「수산업·어촌 발전 기본법」 제3조제1호가목에 따른 어업활동 및 같은 호 마목에 따른 양식업활동으로부터 생산되는 산물(「소금산업 진흥법」 제2조제1호에 따른 소금은 제외한다)
2. "생산자단체"란 「농업·농촌 및 식품산업 기본법」 제3조제4호, 「수산업·어촌 발전 기본법」 제3조제5호의 생산자단체와 그 밖에 농림축산식품부령 또는 해양수산부령으로 정하는 단체를 말한다.
3. "물류표준화"란 농수산물의 운송·보관·하역·포장 등 물류의 각 단계에서 사용되는 기기·용기·설비·정보 등을 규격화하여 호환성과 연계성을 원활히 하는 것을 말한다.
4. "농산물우수관리"란 농산물(축산물은 제외한다. 이하 이 호에서 같다)의 안전성을 확보하고 농업환경을 보전하기 위하여 농산물의 생산, 수확 후 관리(농산물의 저장·세척·건조·선별·박피·절단·조제·포장 등을 포함한다) 및 유통의 각 단계에서 작물이 재배되는 농경지 및 농업용수 등의 농업환경과 농산물에 잔류할 수 있는 농약, 중금속, 잔류성 유기오염물질 또는 유해생물 등의 위해요소를 적절하게 관리하는 것을 말한다.
5. 삭제 〈2012.6.1.〉

6. 삭제 〈2012.6.1.〉

7. "이력추적관리"란 농수산물(축산물은 제외한다. 이하 이 호에서 같다)의 안 전성 등에 문제가 발생할 경우 해당 농수산물을 추적하여 원인을 규명하 고 필요한 조치를 할 수 있도록 농수산물의 생산단계부터 판매단계까지 각 단계별로 정보를 기록·관리하는 것을 말한다.

8. "지리적표시"란 농수산물 또는 제13호에 따른 농수산가공품의 명성·품 질, 그 밖의 특징이 본질적으로 특정 지역의 지리적 특성에 기인하는 경우 해당 농수산물 또는 농수산가공품에 표시하는 다음 각 목의 것을 말한다.

　　가. 농수산물의 경우 해당 농수산물이 그 특정 지역에서 생산되었음을 나타 내는 표시

　　나. 농수산가공품의 경우 다음의 구분에 따른 사실을 나타내는 표시

　　　1) 「수산업법」 제40조에 따라 어업허가를 받은 자가 어획한 어류를 원료 로 하는 수산가공품: 그 특정 지역에서 제조 및 가공된 사실

　　　2) 그 외의 농수산가공품: 그 특정 지역에서 생산된 농수산물로 제조 및 가 공된 사실

9. "동음이의어 지리적표시"란 동일한 품목에 대하여 지리적표시를 할 때 타 인의 지리적표시와 발음은 같지만 해당 지역이 다른 지리적표시를 말한다.

10. "지리적표시권"이란 이 법에 따라 등록된 지리적표시(동음이의어 지리적 표시를 포함한다. 이하 같다)를 배타적으로 사용할 수 있는 지식재산권을 말한다.

11. "유전자변형농수산물"이란 인공적으로 유전자를 분리하거나 재조합하여 의도한 특성을 갖도록 한 농수산물을 말한다.

12. "유해물질"이란 농약, 중금속, 항생물질, 잔류성 유기오염물질, 병원성 미 생물, 곰팡이 독소, 방사성물질, 유독성 물질 등 식품에 잔류하거나 오염 되어 사람의 건강에 해를 끼칠 수 있는 물질로서 총리령으로 정하는 것을 말한다.

13. "농수산가공품"이란 다음 각 목의 것을 말한다.

　　가. 농산가공품: 농산물을 원료 또는 재료로 하여 가공한 제품

　　나. 수산가공품: 수산물을 대통령령으로 정하는 원료 또는 재료의 사용비율 또는 성분함량 등의 기준에 따라 가공한 제품

14. 삭제 〈2017.11.28.〉

② 이 법에서 따로 정의되지 아니한 용어는 「농업·농촌 및 식품산업 기본법」과 「수산업·어촌 발전 기본법」에서 정하는 바에 따른다. 〈개정 2015.6.22.〉

## 농수산물의원산지표시에관한법률위반(농수산물 원산지 표시 사건)

[대법원 2015. 4. 9. 선고, 2014도14191, 판결]

【판결요지】

[1] 농수산물의 원산지 표시에 관한 법률 제6조 제1항 제1호, 제3항, 제14조, 농수산물의 원산지 표시에 관한 법률 시행령 제5조 제1항 [별표 1], 농수산물의 원산지 표시에 관한 법률 시행규칙 제4조 [별표 5], 인삼산업법 제15조 제1항, 인삼산업법 시행령 제3조의2, 농수산물 품질관리법 제2조 제1항 제8호, 제32조 제1항, 농수산물 품질관리법 시행령 제12조 본문, 단서의 내용을 종합하여 보면, 홍삼과 같은 농산물 가공품의 경우 원재료인 수삼의 원산지가 모두 국내산이라면 원산지를 '국산'이라고 표시할 수 있고, 그러한 홍삼을 원재료로 하는 홍삼절편의 경우도 마찬가지이다.

[2] 홍삼절편과 같은 농산물 가공품의 경우 특별한 사정이 없는 한 제조·가공한 지역의 명칭을 제품명에 사용하는 것도 법령상 허용되고 있다. 여기에다 인삼류는 농산물 품질관리법에서 명성·품질 등이 본질적으로 국내 특정 지역의 지리적 특성에 기인하는 농산물로는 취급되지 않고 있다는 점과 형벌법규는 문언에 따라 엄격하게 해석·적용하여야 하고 피고인에게 불리한 방향으로 확장해석하거나 유추해석하여서는 아니 된다는 점까지 더하여 보면, 국내 특정 지역의 수삼과 다른 지역의 수삼으로 만든 홍삼을 주원료로 하여 특정 지역에서 제조한 홍삼절편의 제품명이나 제조·판매자명에 특정 지역의 명칭을 사용하였다고 하더라도 이를 곧바로 '원산지를 혼동하게 할 우려가 있는 표시를 하는 행위'라고 보기는 어렵다.

**제32조(지리적표시의 등록)** ① 농림축산식품부장관 또는 해양수산부장관은 지리적 특성을 가진 농수산물 또는 농수산가공품의 품질 향상과 지역특화산업 육성 및 소비자 보호를 위하여 지리적표시의 등록 제도를 실시한다. 〈개정 2013.3.23.〉

② 제1항에 따른 지리적표시의 등록은 특정지역에서 지리적 특성을 가진 농수산물 또는 농수산가공품을 생산하거나 제조·가공하는 자로 구성된 법인만 신청할 수 있다. 다만, 지리적 특성을 가진 농수산물 또는 농수산가공품의 생산자 또는 가공업자가 1인인 경우에는 법인이 아니라도 등록신청을 할 수 있다.

③ 제2항에 해당하는 자로서 제1항에 따른 지리적표시의 등록을 받으려는 자는 농림축산식품부령 또는 해양수산부령으로 정하는 등록 신청서류 및 그 부속 서류를 농림축산식품부령 또는 해양수산부령으로 정하는 바에 따라 농림축산식품부장관 또는 해양수산부장관에게 제출하여야 한다. 등록한 사항 중 농림축산식품부령 또는 해양수산부령으로 정하는 중요 사항을 변경하려는 때에도 같다. 〈개정 2013.3.23.〉

④ 농림축산식품부장관 또는 해양수산부장관은 제3항에 따라 등록 신청을 받으면 제3조제6항에 따른 지리적표시 등록심의 분과위원회의 심의를 거쳐 제9항에 따른 등록거절 사유가 없는 경우 지리적표시 등록 신청 공고결정(이하 "공고결정"이라 한다)을 하여야 한다. 이 경우 농림축산식품부장관 또는 해양수산부장관은 신청된 지리적표시가 「상표법」에 따른 타인의 상표(지리적 표시 단체표장을 포함한다. 이하 같다)에 저촉되는지에 대하여 미리 특허청장의 의견을 들어야 한다. 〈개정 2013.3.23.〉

⑤ 농림축산식품부장관 또는 해양수산부장관은 공고결정을 할 때에는 그 결정 내용을 관보와 인터넷 홈페이지에 공고하고, 공고일부터 2개월간 지리적표시 등록 신청서류 및 그 부속서류를 일반인이 열람할 수 있도록 하여야 한다. 〈개정 2013.3.23.〉

⑥ 누구든지 제5항에 따른 공고일부터 2개월 이내에 이의 사유를 적은 서류와 증거를 첨부하여 농림축산식품부장관 또는 해양수산부장관에게 이의신청을 할 수 있다. 〈개정 2013.3.23.〉

⑦ 농림축산식품부장관 또는 해양수산부장관은 다음 각 호의 경우에는 지리적 표시의 등록을 결정하여 신청자에게 알려야 한다. 〈개정 2013. 3. 23.〉

1. 제6항에 따른 이의신청을 받았을 때에는 제3조제6항에 따른 지리적표시 등록심의 분과위원회의 심의를 거쳐 등록을 거절할 정당한 사유가 없다고 판단되는 경우
2. 제6항에 따른 기간에 이의신청이 없는 경우

⑧ 농림축산식품부장관 또는 해양수산부장관이 지리적표시의 등록을 한 때에는 지리적표시권자에게 지리적표시등록증을 교부하여야 한다. 〈개정 2013.3.23.〉

⑨ 농림축산식품부장관 또는 해양수산부장관은 제3항에 따라 등록 신청된 지리적표시가 다음 각 호의 어느 하나에 해당하면 등록의 거절을 결정하여 신청자에게 알려야 한다. 〈개정 2013.3.23.〉

1. 제3항에 따라 먼저 등록 신청되었거나, 제7항에 따라 등록된 타인의 지리적표시와 같거나 비슷한 경우
2. 「상표법」에 따라 먼저 출원되었거나 등록된 타인의 상표와 같거나 비슷한 경우
3. 국내에서 널리 알려진 타인의 상표 또는 지리적표시와 같거나 비슷한 경우
4. 일반명칭[농수산물 또는 농수산가공품의 명칭이 기원적(起原的)으로 생산지나 판매장소와 관련이 있지만 오래 사용되어 보통명사화된 명칭을 말한다]에 해당되는 경우
5. 제2조제1항제8호에 따른 지리적표시 또는 같은 항 제9호에 따른 동음이의

어 지리적표시의 정의에 맞지 아니하는 경우

6. 지리적표시의 등록을 신청한 자가 그 지리적표시를 사용할 수 있는 농수산물 또는 농수산가공품을 생산·제조 또는 가공하는 것을 업(業)으로 하는 자에 대하여 단체의 가입을 금지하거나 가입조건을 어렵게 정하여 실질적으로 허용하지 아니한 경우

⑩ 제1항부터 제9항까지에 따른 지리적표시 등록 대상품목, 대상지역, 신청자격, 심의·공고의 절차, 이의신청 절차 및 등록거절 사유의 세부기준 등에 필요한 사항은 대통령령으로 정한다.

## 농수산물의원산지표시에관한법률위반
[대법원 2015. 4. 9., 선고, 2014도14191, 판결]

**【판결요지】**

[1] 농수산물의 원산지 표시에 관한 법률 제6조 제1항 제1호, 제3항, 제14조, 농수산물의 원산지 표시에 관한 법률 시행령 제5조 제1항 [별표 1], 농수산물의 원산지 표시에 관한 법률 시행규칙 제4조 [별표 5], 인삼산업법 제15조 제1항, 인삼산업법 시행령 제3조의2, 농수산물 품질관리법 제2조 제1항 제8호, 제32조 제1항, 농수산물 품질관리법 시행령 제12조 본문, 단서의 내용을 종합하여 보면, 홍삼과 같은 농산물 가공품의 경우 원재료인 수삼의 원산지가 모두 국내산이라면 원산지를 '국산'이라고 표시할 수 있고, 그러한 홍삼을 원재료로 하는 홍삼절편의 경우도 마찬가지이다.

[2] 홍삼절편과 같은 농산물 가공품의 경우 특별한 사정이 없는 한 제조·가공한 지역의 명칭을 제품명에 사용하는 것도 법령상 허용되고 있다. 여기에다 인삼류는 농산물 품질관리법에서 명성·품질 등이 본질적으로 국내 특정 지역의 지리적 특성에 기인하는 농산물로는 취급되지 않고 있다는 점과 형벌법규는 문언에 따라 엄격하게 해석·적용하여야 하고 피고인에게 불리한 방향으로 확장해석하거나 유추해석하여서는 아니 된다는 점까지 더하여 보면, 국내 특정 지역의 수삼과 다른 지역의 수삼으로 만든 홍삼을 주원료로 하여 특정 지역에서 제조한 홍삼절편의 제품명이나 제조·판매자명에 특정 지역의 명칭을 사용하였다고 하더라도 이를 곧바로 '원산지를 혼동하게 할 우려가 있는 표시를 하는 행위'라고 보기는 어렵다.

## Ⅲ. 벌칙

**제117조(벌칙)** 다음 각 호의 어느 하나에 해당하는 자는 7년 이하의 징역 또는 1억원 이하의 벌금에 처한다. 이 경우 징역과 벌금은 병과(倂科)할 수 있다.

1. 제57조제1호를 위반하여 유전자변형농수산물의 표시를 거짓으로 하거나 이를 혼동하게 할 우려가 있는 표시를 한 유전자변형농수산물 표시의무자
2. 제57조제2호를 위반하여 유전자변형농수산물의 표시를 혼동하게 할 목적으로 그 표시를 손상·변경한 유전자변형농수산물 표시의무자
3. 제57조제3호를 위반하여 유전자변형농수산물의 표시를 한 농수산물에 다른 농수산물을 혼합하여 판매하거나 혼합하여 판매할 목적으로 보관 또는 진열한 유전자변형농수산물 표시의무자

**제118조(벌칙)** 제73조제1항제1호 또는 제2호를 위반하여 「해양환경관리법」 제2조제5호에 따른 기름을 배출한 자는 5년 이하의 징역 또는 5천만원 이하의 벌금에 처한다.

**제119조(벌칙)** 다음 각 호의 어느 하나에 해당하는 자는 3년 이하의 징역 또는 3천만원 이하의 벌금에 처한다. 〈개정 2012.6.1., 2014.3.24., 2015.3.27., 2017.11.28., 2019.8.27.〉

1. 제29조제1항제1호를 위반하여 우수표시품이 아닌 농수산물(우수관리인증농산물이 아닌 농산물의 경우에는 제7조제4항에 따른 승인을 받지 아니한 농산물을 포함한다) 또는 농수산가공품에 우수표시품의 표시를 하거나 이와 비슷한 표시를 한 자
1의2. 제29조제1항제2호를 위반하여 우수표시품이 아닌 농수산물(우수관리인증농산물이 아닌 농산물의 경우에는 제7조제4항에 따른 승인을 받지 아니한 농산물을 포함한다) 또는 농수산가공품을 우수표시품으로 광고하거나 우수표시품으로 잘못 인식할 수 있도록 광고한 자
2. 제29조제2항을 위반하여 다음 각 목의 어느 하나에 해당하는 행위를 한 자
   가. 제5조제2항에 따라 표준규격품의 표시를 한 농수산물에 표준규격품이 아닌 농수산물 또는 농수산가공품을 혼합하여 판매하거나 혼합하여 판매할 목적으로 보관하거나 진열하는 행위
   나. 제6조제6항에 따라 우수관리인증의 표시를 한 농산물에 우수관리인증농산물이 아닌 농산물(제7조제4항에 따른 승인을 받지 아니한 농산물을 포함한다) 또는 농산가공품을 혼합하여 판매하거나 혼합하여 판매할 목적으로 보관하거나 진열하는 행위

   다. 제14조제3항에 따라 품질인증품의 표시를 한 수산물에 품질인증품이
       아닌 수산물을 혼합하여 판매하거나 혼합하여 판매할 목적으로 보관
       또는 진열하는 행위

   라. 삭제 〈2012.6.1.〉

   마. 제24조제6항에 따라 이력추적관리의 표시를 한 농산물에 이력추적관
       리의 등록을 하지 아니한 농산물 또는 농산가공품을 혼합하여 판매하
       거나 혼합하여 판매할 목적으로 보관하거나 진열하는 행위

3. 제38조제1항을 위반하여 지리적표시품이 아닌 농수산물 또는 농수산가
   공품의 포장·용기·선전물 및 관련 서류에 지리적표시나 이와 비슷한
   표시를 한 자

4. 제38조제2항을 위반하여 지리적표시품에 지리적표시품이 아닌 농수산
   물 또는 농수산가공품을 혼합하여 판매하거나 혼합하여 판매할 목적으
   로 보관 또는 진열한 자

5. 제73조제1항제1호 또는 제2호를 위반하여 「해양환경관리법」 제2조제4
   호에 따른 폐기물, 같은 조 제7호에 따른 유해액체물질 또는 같은 조
   제8호에 따른 포장유해물질을 배출한 자

6. 제101조제1호를 위반하여 거짓이나 그 밖의 부정한 방법으로 제79조에
   따른 농산물의 검사, 제85조에 따른 농산물의 재검사, 제88조에 따른
   수산물 및 수산가공품의 검사, 제96조에 따른 수산물 및 수산가공품의
   재검사 및 제98조에 따른 검정을 받은 자

7. 제101조제2호를 위반하여 검사를 받아야 하는 수산물 및 수산가공품에
   대하여 검사를 받지 아니한 자

8. 제101조제3호를 위반하여 검사 및 검정 결과의 표시, 검사증명서 및
   검정증명서를 위조하거나 변조한 자

9. 제101조제5호를 위반하여 검정 결과에 대하여 거짓광고나 과대광고를 한 자

**제120조(벌칙)** 다음 각 호의 어느 하나에 해당하는 자는 1년 이하의 징역
또는 1천만원 이하의 벌금에 처한다. 〈개정 2013.8.13., 2016.12.2.,2019.12.10.〉

1. 제24조제2항을 위반하여 이력추적관리의 등록을 하지 아니한 자

2. 제31조제1항 또는 제40조에 따른 시정명령(제31조제1항제3호 또는 제
   40조제2호에 따른 표시방법에 대한 시정명령은 제외한다), 판매금지
   또는 표시정지 처분에 따르지 아니한 자

3. 제31조제2항에 따른 판매금지 조치에 따르지 아니한 자

4. 제59조제1항에 따른 처분을 이행하지 아니한 자

5. 제59조제2항에 따른 공표명령을 이행하지 아니한 자

6. 제63조제1항에 따른 조치를 이행하지 아니한 자

7. 제73조제2항에 따른 동물용 의약품을 사용하는 행위를 제한하거나 금지하는 조치에 따르지 아니한 자

8. 제77조에 따른 지정해역에서 수산물의 생산제한 조치에 따르지 아니한 자

9. 제78조에 따른 생산·가공·출하 및 운반의 시정·제한·중지 명령을 위반하거나 생산·가공시설등의 개선·보수 명령을 이행하지 아니한 자

9의2. 제98조의2제1항에 따른 조치를 이행하지 아니한 자

10. 제101조제2호를 위반하여 검사를 받아야 하는 농산물에 대하여 검사를 받지 아니한 자

11. 제101조제4호를 위반하여 검사를 받지 아니하고 해당 농수산물이나 수산가공품을 판매·수출하거나 판매·수출을 목적으로 보관 또는 진열한 자

12. 제82조제7항 또는 제108조제2항을 위반하여 다른 사람에게 농산물검사관, 농산물품질관리사 또는 수산물품질관리사의 명의를 사용하게 하거나 그 자격증을 빌려준 자

13. 제82조제8항 또는 제108조제3항을 위반하여 농산물검사관, 농산물품질관리사 또는 수산물품질관리사의 명의를 사용하거나 그 자격증을 대여받은 자 또는 명의의 사용이나 자격증의 대여를 알선한 자

**제121조(과실범)** 과실로 제118조의 죄를 저지른 자는 3년 이하의 징역 또는 3천만원 이하의 벌금에 처한다. 〈개정 2020.2.18.〉

**제122조(양벌규정)** 법인의 대표자나 법인 또는 개인의 대리인, 사용인, 그 밖의 종업원이 그 법인 또는 개인의 업무에 관하여 제117조부터 제121조까지의 어느 하나에 해당하는 위반행위를 하면 그 행위자를 벌하는 외에 그 법인 또는 개인에게도 해당 조문의 벌금형을 과(科)한다. 다만, 법인 또는 개인이 그 위반행위를 방지하기 위하여 해당 업무에 관하여 상당한 주의와 감독을 게을리하지 아니한 경우에는 그러하지 아니하다.

**제123조(과태료)** ① 다음 각 호의 어느 하나에 해당하는 자에게는 1천만원 이하의 과태료를 부과한다. 〈개정 2016.12.2., 2019.1.15., 2019.8.27., 2022.2.3.〉

1. 제13조제1항, 제19조제1항, 제30조제1항, 제39조제1항, 제58조제1항, 제62조제1항, 제76조제4항 및 제102조제1항에 따른 출입·수거·조사

　、열람 등을 거부·방해 또는 기피한 자

2. 제24조제2항에 따라 등록한 자로서 같은 조 제3항을 위반하여 변경신고를 하지 아니한 자

3. 제24조제2항에 따라 등록한 자로서 같은 조 제6항을 위반하여 이력추적관리의 표시를 하지 아니한 자

4. 제24조제2항에 따라 등록한 자로서 같은 조 제7항을 위반하여 이력추적관리기준을 지키지 아니한 자

5. 제31조제1항제3호 또는 제40조제2호에 따른 표시방법에 대한 시정명령에 따르지 아니한 자

6. 제56조제1항을 위반하여 유전자변형농수산물의 표시를 하지 아니한 자

7. 제56조제2항에 따른 유전자변형농수산물의 표시방법을 위반한 자

② 다음 각 호의 어느 하나에 해당하는 자에게는 100만원 이하의 과태료를 부과한다.

1. 제73조제1항제3호를 위반하여 양식시설에서 가축을 사육한 자

2. 제75조제1항에 따른 보고를 하지 아니하거나 거짓으로 보고한 생산·가공업자등

③ 제1항 및 제2항에 따른 과태료는 대통령령으로 정하는 바에 따라 농림축산식품부장관, 해양수산부장관, 식품의약품안전처장 또는 시·도지사가 부과·징수한다. 〈개정 2013.3.23.〉

**[서식] 심판청구서**

# 심판청구서

| 청구인 | 성명 | | 생년월일(외국인은 국적) | |
|---|---|---|---|---|
| | 주소 | | 전화번호 | |
| | 사건과의 관계 | | | |

| 대리인 | 성명 | | 생년월일 | |
|---|---|---|---|---|
| | 주소 | | 전화번호 | |

| 피청구인 | 성명 | | 생년월일(외국인은 국적) | |
|---|---|---|---|---|
| | 주소 | | 전화번호 | |

| 심판 사건의 표시 | 등록 명칭 | |
|---|---|---|
| | 등록 단체 | |
| | 등 록 일 | |
| 청구의 취지 | | |
| 청구의 이유 | | |
| 증 거 방 법 | | |
| 첨부 서류 및 물건의 목록 | | |

「농수산물 품질관리법」 제46조 및 같은 법 시행규칙 제61조에 따라 위와 같이 심판청구를 합니다.

년     월     일

청구인(대리인)　　　　　　　　　　　(서명 또는 인)

## 지리적표시심판위원회 위원장　귀하

| 제출서류 | 1. 청구서 부본 1부<br>2. 대리권을 증명하는 서류(대리인이 있는 경우만 해당합니다) 1부 | 수수료<br>건당<br>17만원(온라인<br>15만원)<br>(뒤쪽에<br>수입인지붙임) |
|---|---|---|

210mm×297mm[백상지 80g/㎡]

**[서식] 농산물 검사신청서**

# 농산물 검사신청서

(앞 쪽)

| 접수번호 | 접수일 | 처리기간　3일 |
|---|---|---|

| 신청인 | 성　명 | 생년월일 |
|---|---|---|
| | 소재지 | 전화번호 |

| 품목 | 산지 | 생산연도 | 포장구분 | 포장단위 무게 | 수량 | 검사희망일 | 검사희망장소 |
|---|---|---|---|---|---|---|---|
| | | | | | | | |
| | | | | | | | |

| 비고 | |
|---|---|

「농수산물 품질관리법」제79조제3항 및 같은 법 시행규칙 제96조제1항에 따라 위와 같은 농산물의 검사를 신청합니다.

년　　　월　　　일

(서명 또는 인)

신청인

**국립농산물품질관리원장**
**지정검사기관의 장**　　　귀하

| 제출서류 | 없음 | 수수료 「농수산물 품질관리법 시행규칙」제139조에 따른 수수료 |
|---|---|---|

210mm×297mm[백상지 80g/㎡]

**[서식] (   )검사증명서**

1. 일반농산물 (1면)

| 제 호 | | |
|---|---|---|
| **(          ) 검사증명서** | | |

| 수검자 | 성명 | |
|---|---|---|
| | 주소 | |

| 구분 | 포장단위<br>무게 | 등급별 수량 | | | | 계 | 비고 |
|---|---|---|---|---|---|---|---|
| | | | | | | | |
| | | | | | | | |
| | | | | | | | |
| 합계 | | | | | | | |

「농수산물 품질관리법」 제84조 및 같은 법 시행규칙 제107조에 따라 위와 같이 검사하였음을 증명합니다.

년    월    일

국립농산물품질관리원장
지정검사기관의 장

| 직인 |
|---|

검사관                    (서명 또는 인)

210mm×297mm[백상지 80g/㎡]

2. 수출용농산물                                              (2면)

| 제    호 | | |
|---|---|---|
| **수출검사증명서**<br>**(Inspection Certificate)** | | |
| 수검자(Applicant) | 생산지(Area of product) | |
| | 수출지(Destination) | |
| L/C 번호(L/C No.) | 품목(Kind) | |
| E/L 번호(E/L No.) | 규격(Specification) | |
| 검사기관(Inspector authorized) | 수량(Quantity) | |
| 합격증 번호(Certificate No.) | 등급(Inspection result) | |

「농수산물 품질관리법」 제84조 및 같은 법 시행규칙 제107조에 따라 위와 같이 수출검사에 합격하였음을 증명합니다.

(This is to certify that the above mentioned commodities have been passed in the export inspection in accordance with the provisions of Article 84 of the Agricultural  and fishery Products Quality Management Act, and Article 107 of the Enforcement Rule of the Act.)

년         월         일

(Date)

(Certificated by)

국립농산물품질관리원장
지정검사기관의  장

직인

(영문 표기)

210mm×297mm[백상지 80g/㎡]

3. 수입농산물 (3면)

| 제 호 | | | |
|---|---|---|---|
| **수입검사증명서** | | | |

| 수검자 | 업체명 | | |
|---|---|---|---|
| | 성명(대표자) | | 생년월일 |
| | 주소 | | 전화번호 |

| 품목 | 원산지 | 포장자재 및 포장단위무게 | 신청수량 |
|---|---|---|---|
| | | | |

| 적재선(적재기)명 | 검사 장소 | 검사일 | 검사관 |
|---|---|---|---|
| | | | |

검사 결과 내용

| 등급별 수량 | | | | 비 고 |
|---|---|---|---|---|
| | | | 계 | |
| | | | | |

「농수산물 품질관리법」 제84조 및 같은 법 시행규칙 제107조에 따라 위와 같이 검사하였음을 증명합니다.

년     월     일

국립농산물품질관리원장
지정검사기관의 장

직인

210mm×297mm[백상지 80g/㎡]

# 담배사업법

[시행 2020. 7. 1.] [법률 제17142호, 2020. 3. 31., 일부개정]

## Ⅰ. 개설

### 목적

이 법은 담배의 제조 및 판매 등에 관한 사항을 정함으로써 담배 산업의 건전한 발전을 도모하고 국민경제에 이바지하게 함을 목적으로 한다.

## Ⅱ. 판례

**제2조(정의)** 이 법에서 사용하는 용어의 뜻은 다음과 같다. 〈개정 2020.6.9.〉

1. "담배"란 연초(煙草)의 잎을 원료의 전부 또는 일부로 하여 피우거나, 빨거나, 증기로 흡입하거나, 씹거나, 냄새 맡기에 적합한 상태로 제조한 것을 말한다.
2. "저발화성담배"란 담배에 불을 붙인 후 피우지 아니하고 일정시간 이상 내버려둘 경우 저절로 불이 꺼지는 기능을 가진 담배로서 제11조의5 제2항에 따른 인증을 받은 담배를 말한다.

[전문개정 2014.1.21.]

### '니코틴이 포함된 용액' 이 그 자체로 담배사업법 제2조의 '담배' 에 해당하는지 여부

[대법원 2018. 9. 28., 선고, 2018도9828, 판결]

**【판결요지】**
구 담배사업법 제2조(2014. 1. 21. 법률 제12269호로 개정되기 전의 것)는 '담배'를 '연초(煙草)의 잎을 원료의 전부 또는 일부로 하여 피우거나, 빨거나, 씹거나 또는 냄새 맡기에 적합한 상태로 제조한 것'으로 정의하고 있었다. 그런데 2014. 1. 21. 법률개정으로 '담배'를 '연초(煙草)의 잎을 원료의 전부 또는 일부로 하여 피우거나, 빨거나, 증기로 흡입하거나, 씹거나 또는 냄새 맡기에 적합한 상태로 제조한 것'이라고 함으로써 담배의 정의에 '증기로 흡입하기에 적합하게 제조한 것'도 추가하였다. 위와 같은 법 개정의 이유는 담배의 정의에 전자담배가 포함되도록 하여 전자담배의 허위광고, 품질관리 소홀 등을 규제하고, 전자담배에 대한 부정확한 광고로 인한 소비자의 혼란을 방지하고자 하는 데 있다.

이러한 개정 법률의 문언 및 개정 이유에 비추어 보면, 전자장치를 이용하여 호흡기를 통하여 체내에 흡입함으로써 흡연과 같은 효과를 낼 수 있도록 만든 니코틴이 포함된 용액은 연초의 잎에서 추출한 니코틴을 그 원료로 하는 한 증기로 흡입하기에 적합하게 제조한 것이어서 그 자체로 담배사업법 제2조의 담배에 해당한다고 해석되고, 이러한 흡입을 가능하게 하는 전자장치는 위 규정이 정하는 담배의 구성요소가 아닌 흡입을 위한 도구에 불과하다고 보아야 한다.

**제11조(담배제조업의 허가)** ① 담배제조업을 하려는 자는 대통령령으로 정하는 바에 따라 기획재정부장관의 허가를 받아야 한다. 허가받은 사항 중 대통령령으로 정하는 중요한 사항을 변경할 때에도 또한 같다.

② 기획재정부장관은 제1항에 따른 담배제조업의 허가(이하 "담배제조업허가"라 한다)를 받으려는 자가 대통령령으로 정하는 자본금, 시설, 기술인력, 담배 제조 기술의 연구·개발 및 국민건강 보호를 위한 품질관리 등에 관한 기준을 충족한 경우에는 허가를 하여야 한다.

[전문개정 2014.1.21.]

## 담배사업법위반[무허가 담배제조업 영위 여부가 문제된 사건]

[대법원 2023. 1. 12. 선고 2019도16782 판결]

**【판결요지】**

죄형법정주의는 국가형벌권의 자의적인 행사로부터 개인의 자유와 권리를 보호하기 위하여 범죄와 형벌을 법률로 정하도록 요구한다. 그러한 취지에 비추어 보면 형벌법규의 해석은 엄격하여야 하고, 문언의 가능한 의미를 벗어나 피고인에게 불리한 방향으로 해석하는 것은 죄형법정주의의 내용인 확장해석금지에 따라 허용되지 않는다.

담배사업법 제2조 제1호는, "담배"란 연초의 잎을 원료의 전부 또는 일부로 하여 피우거나, 빨거나, 증기로 흡입하거나, 씹거나, 냄새 맡기에 적합한 상태로 제조한 것을 말한다고 규정한다. 담배사업법 제11조에 규정된 '담배의 제조'는 일정한 작업으로 담배사업법 제2조의 '담배'에 해당하는 것을 만들어 내는 것을 말한다.

어떠한 영업행위가 여기서 말하는 '담배의 제조'에 해당하는지는, 그 영업행위의 실질적인 운영형태, 담배가공을 위해 수행된 작업의 경위·내용·성격, 담배사업법이 담배제조업을 허가제로 규정하고 있는 취지 등을 종합적으로 고려하여 사회통념에 비추어 합리적으로 판단하여야 한다. 한편 '담배의 제조'는 담배가공을 위한 일정한 작업의 수행을 전제하므로, 그러한 작업을 수행하지 않은 자의 행위를 무허가 담배제조로 인한 담배사업법 제27조 제1항 제1호, 제11조 위반죄로 의율하는 것은 특별한 사정이 없는 한 문언의 가능한 의미를 벗어나 피고인에게 불리한 방향으로 해석한 것이어서 죄형법정주의의 내용인 확장해석금지 원칙에 어긋난다.

# 담배사업법위반 · 관세법위반 · 조세범처벌법위반

[대법원 2018. 9. 28., 선고, 2018도9828, 판결]

【판결요지】

[1] 구 담배사업법 제2조(2014. 1. 21. 법률 제12269호로 개정되기 전의 것)는 '담배'를 '연초(煙草)의 잎을 원료의 전부 또는 일부로 하여 피우거나, 빨거나, 씹거나 또는 냄새 맡기에 적합한 상태로 제조한 것'으로 정의하고 있었다. 그런데 2014. 1. 21. 법률개정 으로 '담배'를 '연초(煙草)의 잎을 원료의 전부 또는 일부로 하여 피우거나, 빨거나, 증기로 흡입하거나, 씹거나 또는 냄새 맡기에 적합한 상태로 제조한 것'이라고 함으로써 담배의 정의에 '증기로 흡입하기에 적합하게 제조한 것'도 추가하였다. 위와 같은 법 개정의 이유는 담배의 정의에 전자담배가 포함되도록 하여 전자담배의 허위광고, 품질관 리 소홀 등을 규제하고, 전자담배에 대한 부정확한 광고로 인한 소비자의 혼란을 방지하 고자 하는 데 있다.

이러한 개정 법률의 문언 및 개정 이유에 비추어 보면, 전자장치를 이용하여 호흡 기를 통하여 체내에 흡입함으로써 흡연과 같은 효과를 낼 수 있도록 만든 니코틴 이 포함된 용액은 연초의 잎에서 추출한 니코틴을 그 원료로 하는 한 증기로 흡입 하기에 적합하게 제조한 것이어서 그 자체로 담배사업법 제2조의 담배에 해당한다 고 해석되고, 이러한 흡입을 가능하게 하는 전자장치는 위 규정이 정하는 담배의 구성요소가 아닌 흡입을 위한 도구에 불과하다고 보아야 한다.

[2] 담배사업법 제11조는 담배제조업을 하려는 자는 대통령령으로 정하는 바에 따라 기획재정부장관의 허가를 받도록 하고, 기획재정부장관은 대통령령으로 자본금, 시설, 기술인력 등 담배제조업 허가기준을 정하도록 규정하고 있다. 이에 따라 마련된 담배사업법 시행령 제4조는 자본금 300억 원 이상, 연간 50억 개비 이상 의 담배를 제조할 수 있는 시설로서 원료가공부터 궐련제조 및 제품포장에 이르 는 일관공정을 갖춘 제조시설을 갖출 것 등을 그 허가기준으로 정하고 있다. 이 와 같이 담배제조업을 허가제로 운영하고 이에 대한 허가기준을 둔 것은, 국민건 강에 나쁜 영향을 미치는 담배산업의 특성을 고려하여, 산업의 경쟁체제는 유지 하면서도 군소생산업체가 다수 설립되는 것을 막아, 담배의 품질과 공급량 등을 효율적으로 관리 · 감독하고 담배 소비 증가를 억제하려는 것이다.

담배사업법 제11조에 규정된 '담배의 제조'는 일정한 작업으로 담배사업법 제2 조의 '담배'에 해당하는 것을 만들어 내는 것으로, 위와 같은 담배제조업 허가 제와 허가기준을 둔 취지에 비추어 보면, 연초의 잎 또는 연초의 잎에서 추출한 니코틴 등의 원료를 단순히 분리 · 포장하는 것은 제조에 해당한다고 볼 수 없지 만, 이러한 원료를 가공하거나 변형하는 것뿐만 아니라 원료를 다른 물질 또는 액체와 일정한 비율로 조합하거나 희석하는 등으로, 화학적 변화를 가져오지는 않더라도 담배사업법 제2조의 '담배'에 해당하는 것을 만들어 낸 것이라면 제 조에 해당한다고 보아야 한다.

[3] 피고인들이 공모하여, 고농도 니코틴 용액에 프로필렌글리콜(Propylene Glycol)과 식물성 글리세린(Vegetable Glycerin)과 같은 희석액, 소비자의 기호에 맞는 향료를 일정한 비율로 첨가하여 전자장치를 이용해 흡입할 수 있는 '니코틴이 포함된 용액'을 만드는 방법으로 담배제조업 허가 없이 담배를 제조하였다고 하여 담배사업법 위반으로 기소된 사안에서, 담배사업법령에서 담배제조업 허가제 및 허가기준을 둔 취지에 비추어 보면, 담배사업법의 위임을 받은 기획재정부가 전자담배제조업에 관한 허가기준을 마련하지 않고 있으나, 정부는 전자담배제조업의 허가와 관련하여 자본금, 시설, 기술인력, 담배 제조 기술의 연구·개발 및 국민 건강 보호를 위한 품질관리 등에 관한 적정한 기준을 마련함에 있어 법률이 위임한 정책적 판단 재량이 존재하고, 궐련담배제조업에 관한 허가기준은 이미 마련되어 있는 상황에서 담배제조업 관련 법령의 허가기준을 준수하거나 허가기준이 새롭게 마련될 때까지 법 준수를 요구하는 것이, 피고인들이 아닌 사회적 평균인의 입장에서도 불가능하거나 현저히 곤란한 것을 요구하여 죄형법정주의 원칙에 위반된다거나 기대가능성이 없는 행위를 처벌하는 것이어서 위법하다고 보기 어렵다고 한 사례.

**제12조(담배의 판매)** ① 제조업자가 제조한 담배는 그 제조업자가, 외국으로부터 수입한 담배는 그 수입판매업자가 다음 각 호에 해당하는 자에게 판매한다.

1. 도매업자(제13조제1항에 따른 담배도매업의 등록을 한 자를 말한다. 이하 같다)
2. 소매인(제16조제1항에 따른 소매인의 지정을 받은 자를 말한다. 이하 같다)

② 소매인이 아닌 자는 담배를 소비자에게 판매해서는 아니 된다.

③ 제조업자, 수입판매업자, 도매업자 또는 소매인은 다음 각 호의 담배를 판매해서는 아니 된다.

1. 담배제조업허가를 받지 아니한 자가 제조한 담배
2. 「관세법」 제14조에 따라 부과되는 관세를 내지 아니하거나, 같은 법 제235조에 따라 보호되는 상표권을 침해하거나, 같은 법 제241조에 따른 수입신고를 하지 아니하고 수입된 담배
3. 절취 또는 강취(强取)된 담배
4. 제11조의5제3항을 위반하여 화재방지성능인증서를 제출하지 아니한 담배

④ 소매인이 담배를 소비자에게 판매하는 경우에는 우편판매 및 전자거래(「전자문서 및 전자거래 기본법」 제2조제5호에 따른 전자거래를 말한다. 이하 같다)의 방법으로 하여서는 아니 된다.

[전문개정 2014.1.21.]

## 담배사업법위반

[대법원 2015. 1. 15. 선고, 2010도15213, 판결]

**【판결요지】**

구 담배사업법(2014. 1. 21. 법률 제12269호로 개정되기 전의 것, 이하 '구 담배사업법'이라 한다) 제12조 제2항, 제16조 제1항, 제17조 제1항 제4호, 제2항, 제27조의3 제1호의 내용과 형식, 문언상 의미 등과 함께 형벌법규의 확장해석을 금지하는 죄형법정주의의 일반원칙 등에 비추어 보면, 구 담배사업법 제27조의3 제1호의 적용대상이 되는 '소매인 지정을 받지 아니한 자'는 처음부터 소매인 지정을 받지 않거나 소매인 지정을 받았으나 이후 소매인 지정이 취소되어 소매인 자격을 상실한 자만을 의미하는 것으로 보아야 하고, 영업정지처분을 받았으나 아직 적법하게 소매인 지정이 취소되지 않은 자는 여기에 해당하지 않는다.

## III. 벌칙

**제27조(벌칙)** ① 다음 각 호의 어느 하나에 해당하는 자는 3년 이하의 징역 또는 3천만원 이하의 벌금에 처한다.

　1. 제11조를 위반하여 담배제조업허가를 받지 아니하고 담배를 제조한 자

　2. 제11조의5제3항에 따른 화재방지성능인증서를 제출하지 아니하고 담배를 제조하여 판매하거나 수입하여 판매한 자

② 제1항의 경우 미수범도 처벌한다.

③ 제1항과 제2항의 경우에는 징역형과 벌금형을 병과(倂科)할 수 있다.

[전문개정 2014.1.21.]

**제27조의2(벌칙)** ① 다음 각 호의 어느 하나에 해당하는 자는 1년 이하의 징역 또는 1천만원 이하의 벌금에 처한다. 〈개정 2016.3.2.〉

　1. 제11조의3제1항 또는 제3항을 위반하여 담배제조업의 양도·양수 등에 관한 신고를 하지 아니한 자

　2. 제11조의5제5항의 명령을 정당한 이유 없이 위반한 자

　3. 제11조의6제3항에 따른 화재방지성능인증서를 거짓으로 발급한 자

　3의2. 제19조제2항을 위반하여 특수용 담배를 다른 용도로 판매한 자

　4. 제25조제1항에 따른 경고문구가 표시되지 아니하거나 이를 위반한 경고문구를 표시한 담배를 제조하거나 수입한 자

　5. 제25조제2항을 위반하여 담배에 관한 광고를 한 자

   6. 제25조의2제1항에 따른 성분과 그 함유량이 표시되지 아니하거나 각
      성분의 함유량을 거짓으로 표시한 담배를 제조하거나 수입한 자
   7. 제25조의5를 위반하여 오도문구등을 표시한 담배를 제조 또는 수입한 자
② 다음 각 호의 어느 하나에 해당하는 자는 6개월 이하의 징역 또는 500만
원 이하의 벌금에 처한다.
   1. 제12조제2항을 위반하여 소매인 지정을 받지 아니하고 소비자에게 담
      배를 판매한 자
   2. 제13조제1항을 위반하여 등록을 하지 아니하고 담배수입판매업 또는
      담배도매업을 영위한 자
[전문개정 2014.1.21.]

**제27조의3(벌칙)** 다음 각 호의 어느 하나에 해당하는 자는 500만원 이하
의 벌금에 처한다.
   1. 소매인으로서 제12조제4항을 위반하여 담배를 우편판매 및 전자거래의
      방법으로 소비자에게 판매한 자
   2. 제25조제3항에 따른 광고물의 제거 등 시정에 필요한 명령이나 조치를
      이행하지 아니한 자
   3. 제25조의2제4항에 따른 담배의 수입 또는 판매의 제한 등 시정에 필요
      한 명령이나 조치를 이행하지 아니한 자
   4. 제25조의4를 위반하여 금품제공 등의 행위를 한 자
[전문개정 2014.1.21.]

**제28조(과태료)** ① 다음 각 호의 어느 하나에 해당하는 자에게는 200만원
이하의 과태료를 부과한다.
   1. 제12조제3항을 위반하여 담배를 판매한 자
   2. 제18조제1항 또는 제2항을 위반하여 판매가격의 신고(변경신고를 포함
      한다)를 하지 아니한 자
   3. 삭제 〈2016.3.2.〉
   4. 제20조를 위반하여 담배의 포장 및 내용물을 바꾸어 판매한 자
   5. 제25조의2제2항에 따른 담배 성분 측정을 의뢰하지 아니한 자. 다만,
      사실상 폐업 상태에 있는 것으로 인정되는 경우는 제외한다.
② 다음 각 호의 어느 하나에 해당하는 자에게는 100만원 이하의 과태료를
   부과한다.
   1. 제18조제5항을 위반하여 담배를 판매한 소매인

2. 제22조의2제2항에 따른 휴업기간을 초과하여 휴업한 소매인

[전문개정 2014.1.21.]

---

**제29조(과태료의 부과·징수)** 제28조에 따른 과태료는 그 소관에 따라 기획재정부장관, 시·도지사 또는 시장·군수·구청장이 대통령령으로 정하는 바에 따라 부과·징수한다.

[전문개정 2014.1.21.]

---

**제30조(몰수와 추징)** ① 제27조·제27조의2 및 제27조의3의 범죄에 관련된 연초의 잎과 담배는 몰수한다.

② 제1항의 물건을 몰수할 수 없을 때에는 그 가액(價額)을 추징한다.

[전문개정 2014.1.21.]

---

**제31조(「형법」의 적용 제한)** 이 법에서 정한 죄를 범한 자에 대해서는 「형법」 제9조, 제10조제2항, 제11조, 제16조, 제32조제2항, 제38조제1항제2호 중 벌금 경합에 관한 제한가중규정과 같은 법 제53조는 적용하지 아니한다. 다만, 징역형에 처할 경우 또는 징역형과 벌금형을 병과할 경우의 징역형에 대해서는 그러하지 아니하다.

---

**제32조(양벌규정)** 법인의 대표자나 법인 또는 개인의 대리인, 사용인, 그 밖의 종업원이 그 법인 또는 개인의 업무에 관하여 제27조, 제27조의2 또는 제27조의3의 위반행위를 하면 그 행위자를 벌하는 외에 그 법인 또는 개인에게도 해당 조문의 벌금형을 과(科)한다. 다만, 법인 또는 개인이 그 위반행위를 방지하기 위하여 해당 업무에 관하여 상당한 주의와 감독을 게을리하지 아니한 경우에는 그러하지 아니하다.

---

# Ⅳ. 기재례

## 【범죄사실 기재례】

피의자 나○○는 ○○시 ○○동 ○○에서 ○○식당을 운영하는 자이다. 나○○는 담배소매업을 지정받지 않은 사람은 소비자에게 담배를 판매하여서는 안 됨에도 불구하고, 20○○. ○. ○.부터 20○○. ○. ○.까지 ○○식당에서 담배를 판매하였다.

**[서식] 담배제조업허가신청서**

# 담배제조업허가신청서

(앞쪽)

| 접수번호 | 접수일 | 발급일 | 처리기간    60일 |
|---|---|---|---|

| 신청인 | 성명(법인의 경우 대표자 성명) | 주민(법인)등록번호 |
|---|---|---|
| | 상호(법인명) | 사업자등록번호 |
| | 주소(본점 소재지) | 본점 전화번호 |
| | 제조장 소재지 | 제조장 전화번호 |
| | 자본금 | |
| | 제조할 담배의 종류 | |
| | 연간 생산규모 | |

「담배사업법」 제11조제1항 전단, 같은 법 시행령 제2조제1항 및 같은 법 시행규칙 제2조제1항에 따라 위와 같이 담배제조업허가를 신청합니다.

년      월      일

신청인(대표자)                                    (서명 또는 인)

**기획재정부장관** 귀하

| 첨부서류 | 1. 사업계획서(별표 1의 사업계획서 작성기준에 따라 작성합니다) 1부<br>2. 자본금에 관한 다음 각 목의 구분에 따른 서류 각 1부<br>　가. 법인의 경우<br>　　1) 정관<br>　　2) 직전 사업연도의 대차대조표 및 손익계산서(신설 법인인 경우는 제외합니다)<br>　나. 개인의 경우: 영업용 자산명세서와 그 증명서류<br>3. 제조시설에 관한 다음 각 목의 서류 각 1부<br>　가. 토지 및 건물의 소유권 또는 사용권을 증명하는 서류<br>　나. 제조시설의 공정별·기종별 명세서<br>　다. 제조시설의 구입계약서 및 납품업체의 인증서 사본<br>4. 기술인력 현황 1부<br>5. 실험설비 명세서 1부<br>6. 품질관리기준 및 품질관리지침서 각 1부<br><br>※ 제3호가목의 서류는 담당 공무원 확인 사항 제2호로 확인할 수 없는 경우로 한정합니다. | 수수료<br><br>없 음 |
| 담당<br>공무원<br>확인 사항 | 1. 법인 등기사항증명서<br>2. 제조시설에 관한 토지등기사항증명서 및 건물등기사항증명서 | |

210mm×297mm[백상지 80g/㎡(재활용품)]

**[서식]** 소매인지정서

제        호

**소매인지정서**    [ ]**제7조의3제2항에 따른 경우**
                [ ]**제7조의3제3항에 따른 경우**

1. 성명:

2. 생년월일(법인등록번호):

3. 상호(법인명):

4. 영업소 위치:

「담배사업법」 제16조 및 같은 법 시행규칙 제7조제11항에 따라 위와 같이 소매인으로 지정합니다.

년        월        일

지정기관의 장    직인

210㎜×297㎜[백상지(1종) 120g/㎡]

**[서식]** 담배소매업 휴업·폐업신고서

# 담배소매업 휴업·폐업신고서

| 접수번호 | 접수일 | 발급일 | 처리기간 | 즉시 |
|---|---|---|---|---|

| 신고인 | 성명(법인의 경우 대표자 성명) | 생년월일(법인등록번호) |
|---|---|---|
| | 주소 | 전화번호 |
| | 영업소 위치 | 상호(법인명) |
| | 사유 | |
| | 휴업을 하는 경우 휴업기간 | |

「담배사업법」 제22조의2제1항 및 같은 법 시행규칙 제14조제3항에 따라 위와 같이 담배소매업의 [ ]휴업 [ ]폐업을 신고합니다.

년    월    일

(서명 또는 인)

신고인

귀하

| 첨부서류 | 없 음 | 수수료<br>없음 |
|---|---|---|

참 고 사 항

　「담배사업법」 제22조의2제1항에 따라 담배소매업의 폐업신고를 할 때 「부가가치세법」 제8조제8항에 따른 폐업신고를 같이 하려는 경우에는 「부가가치세법 시행규칙」 별지 제9호서식의 폐업신고서를 함께 제출해야 합니다. 이 경우 함께 제출된 폐업신고서는 관할 세무서장에게 송부됩니다.

처 리 절 차

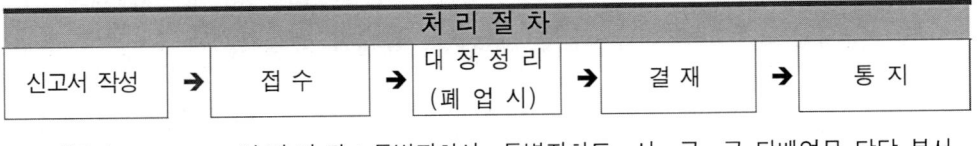

| 신고서 작성 | → | 접 수 | → | 대 장 정 리<br>(폐 업 시) | → | 결 재 | → | 통 지 |
|---|---|---|---|---|---|---|---|---|

신고인　　　　　처 리 기 관 : 특별자치시·특별자치도·시·군·구 담배업무 담당 부서

210mm×297mm[백상지 80g/㎡(재활용품)]

# 대기환경보전법

[시행 2027. 1. 10.] [법률 제19960호, 2024. 1. 9., 일부개정]

## Ⅰ. 개설

### 목적

이 법은 대기오염으로 인한 국민건강이나 환경에 관한 위해(危害)를 예방하고 대기환경을 적정하고 지속가능하게 관리·보전하여 모든 국민이 건강하고 쾌적한 환경에서 생활할 수 있게 하는 것을 목적으로 한다.

## Ⅱ. 판례

**제2조(정의)** 이 법에서 사용하는 용어의 뜻은 다음과 같다. 〈개정 2007.1.19., 2008.12.31., 2012.2.1., 2012.5.23., 2013.4.5., 2015.12.1. ,2017.11.28., 2019.1.15., 2019.4.2., 2022.12.27., 2024. 1. 9.〉〉

1. "대기오염물질"이란 대기 중에 존재하는 물질 중 제7조에 따른 심사·평가 결과 대기오염의 원인으로 인정된 가스·입자상물질로서 환경부령으로 정하는 것을 말한다.

1의2. "유해성대기감시물질"이란 대기오염물질 중 제7조에 따른 심사·평가 결과 사람의 건강이나 동식물의 생육(生育)에 위해를 끼칠 수 있어 지속적인 측정이나 감시·관찰 등이 필요하다고 인정된 물질로서 환경부령으로 정하는 것을 말한다.

2. "기후·생태계 변화유발물질"이란 지구 온난화 등으로 생태계의 변화를 가져올 수 있는 기체상물질(氣體狀物質)로서 온실가스와 환경부령으로 정하는 것을 말한다.

3. "온실가스"란 적외선 복사열을 흡수하거나 다시 방출하여 온실효과를 유발하는 대기 중의 가스상태 물질로서 이산화탄소, 메탄, 아산화질소, 수소불화탄소, 과불화탄소, 육불화황을 말한다.

4. "가스"란 물질이 연소·합성·분해될 때에 발생하거나 물리적 성질로 인하여 발생하는 기체상물질을 말한다.

5. "입자상물질(粒子狀物質)"이란 물질이 파쇄·선별·퇴적·이적(移積)될

때, 그 밖에 기계적으로 처리되거나 연소·합성·분해될 때에 발생하는 고체상(固體狀) 또는 액체상(液體狀)의 미세한 물질을 말한다.

6. "먼지"란 대기 중에 떠다니거나 흩날려 내려오는 입자상물질을 말한다.

7. "매연"이란 연소할 때에 생기는 유리(遊離) 탄소가 주가 되는 미세한 입자상물질을 말한다.

8. "검댕"이란 연소할 때에 생기는 유리(遊離) 탄소가 응결하여 입자의 지름이 1미크론 이상이 되는 입자상물질을 말한다.

9. "특정대기유해물질"이란 유해성대기감시물질 중 제7조에 따른 심사·평가 결과 저농도에서도 장기적인 섭취나 노출에 의하여 사람의 건강이나 동식물의 생육에 직접 또는 간접으로 위해를 끼칠 수 있어 대기 배출에 대한 관리가 필요하다고 인정된 물질로서 환경부령으로 정하는 것을 말한다.

10. "휘발성유기화합물"이란 탄화수소류 중 석유화학제품, 유기용제, 그 밖의 물질로서 환경부장관이 관계 중앙행정기관의 장과 협의하여 고시하는 것을 말한다.

11. "대기오염물질배출시설"이란 대기오염물질을 대기에 배출하는 시설물, 기계, 기구, 그 밖의 물체로서 환경부령으로 정하는 것을 말한다.

12. "대기오염방지시설"이란 대기오염물질배출시설로부터 나오는 대기오염물질을 연소조절에 의한 방법 등으로 없애거나 줄이는 시설로서 환경부령으로 정하는 것을 말한다.

13. "자동차"란 다음 각 목의 어느 하나에 해당하는 것을 말한다.
    가. 「자동차관리법」 제2조제1호에 규정된 자동차 중 환경부령으로 정하는 것
    나. 「건설기계관리법」 제2조제1항제1호에 따른 건설기계 중 주행특성이 가목에 따른 것과 유사한 것으로서 환경부령으로 정하는 것

13의2. "원동기"란 다음 각 목의 어느 하나에 해당하는 것을 말한다.
    가. 「건설기계관리법」 제2조제1항제1호에 따른 건설기계 중 제13호나목 외의 건설기계로서 환경부령으로 정하는 건설기계에 사용되는 동력을 발생시키는 장치

    가. 「건설기계관리법」 제2조제1항제1호에 따른 건설기계 중 제13호나목 외의 건설기계로서 환경부령으로 정하는 건설기계(이하 "건설기계"라 한다)에 사용되는 동력을 발생시키는 장치

    나. 농림용 또는 해상용으로 사용되는 기계로서 환경부령으로 정하는 기계에 사용되는 동력을 발생시키는 장치

    다. 「철도산업발전기본법」 제3조제4호에 따른 철도차량 중 동력차에 사용

되는 동력을 발생시키는 장치

14. "선박"이란 「해양환경관리법」 제2조제16호에 따른 선박을 말한다.

15. "첨가제"란 자동차의 성능을 향상시키거나 배출가스를 줄이기 위하여 자동차의 연료에 첨가하는 탄소와 수소만으로 구성된 물질을 제외한 화학물질로서 다음 각 목의 요건을 모두 충족하는 것을 말한다.

　　가. 자동차의 연료에 부피 기준(액체첨가제의 경우만 해당한다) 또는 무게 기준(고체첨가제의 경우만 해당한다)으로 1퍼센트 미만의 비율로 첨가하는 물질. 다만, 「석유 및 석유대체연료 사업법」 제2조제7호 및 제8호에 따른 석유정제업자 및 석유수출입업자가 자동차연료인 석유제품을 제조하거나 품질을 보정(補正)하는 과정에 첨가하는 물질의 경우에는 그 첨가비율의 제한을 받지 아니한다.

　　나. 「석유 및 석유대체연료 사업법」 제2조제10호에 따른 가짜석유제품 또는 같은 조 제11호에 따른 석유대체연료에 해당하지 아니하는 물질

15의2. "촉매제"란 배출가스를 줄이는 효과를 높이기 위하여 배출가스저감장치에 사용되는 화학물질로서 환경부령으로 정하는 것을 말한다.

16. "저공해자동차"란 다음 각 목의 자동차로서 대통령령으로 정하는 것을 말한다.

　　가. 대기오염물질의 배출이 없는 자동차

　　나. 제46조제1항에 따른 제작차의 배출허용기준보다 오염물질을 적게 배출하는 자동차

16의2. "저공해건설기계"란 다음 각 목의 건설기계로서 대통령령으로 정하는 것을 말한다.

　　가. 대기오염물질의 배출이 없는 건설기계

　　나. 제46조제1항에 따른 제작차의 배출허용기준보다 오염물질을 적게 배출하는 건설기계

17. "배출가스저감장치"란 자동차에서 배출되는 대기오염물질을 줄이기 위하여 자동차에 부착 또는 교체하는 장치로서 환경부령으로 정하는 저감효율에 적합한 장치를 말한다.

18. "저공해엔진"이란 자동차에서 배출되는 대기오염물질을 줄이기 위한 엔진(엔진 개조에 사용하는 부품을 포함한다)으로서 환경부령으로 정하는 배출허용기준에 맞는 엔진을 말한다.

19. "공회전제한장치"란 자동차에서 배출되는 대기오염물질을 줄이고 연료를 절약하기 위하여 자동차에 부착하는 장치로서 환경부령으로 정하는 기준에 적합한 장치를 말한다.

20. "온실가스 배출량"이란 자동차에서 단위 주행거리당 배출되는 이산화

탄소($CO_2$ ) 배출량(g/km)을 말한다.

21.  "온실가스 평균배출량"이란 자동차제작자가 판매한 자동차 중 환경부령으로 정하는 자동차의 온실가스 배출량의 합계를 해당 자동차 총 대수로 나누어 산출한 평균값(g/km)을 말한다.

21의2. "온실가스 전과정 평가"란 자동차의 제조 전(원료의 채취·가공 및 소재·부품의 제조·가공 등의 과정을 말한다), 제조, 사용, 폐기에 이르는 전 과정(자동차에 사용되는 연료의 생산부터 사용까지의 전 과정을 포함한다. 이하 "자동차 전과정"이라 한다)에서 발생하는 이산화탄소 배출량의 합계를 산출하는 것을 말한다.

22.  "장거리이동대기오염물질"이란 황사, 먼지 등 발생 후 장거리 이동을 통하여 국가 간에 영향을 미치는 대기오염물질로서 환경부령으로 정하는 것을 말한다.

23.  "냉매(冷媒)"란 기후·생태계 변화유발물질 중 열전달을 통한 냉난방, 냉동·냉장 등의 효과를 목적으로 사용되는 물질로서 환경부령으로 정하는 것을 말한다.

## 대기배출시설설치 불허가처분등 취소
[대법원 2013. 5. 9. 선고, 2012두22799, 판결]

【판결요지】

[1] 구 수도권 대기환경개선에 관한 특별법(2013. 3. 23. 법률 제11690호로 개정되기 전의 것, 이하 '구 수도권대기환경특별법'이라 한다) 제2조 제2호, 제8조 제2항 제8호, 제14조 제1항, 제15조, 제16조, 제19조 제1항, 같은 법 시행령(2011. 12. 30. 대통령령 23465호로 개정되기 전의 것) 제2조, 제17조, [별표 1], [별표 2], 같은 법 시행규칙 제8조 등 대기오염물질 총량관리사업장 설치의 허가 또는 변경허가에 관한 규정들의 문언 및 그 체제·형식과 함께 구 수도권대기환경특별법의 입법 목적, 규율 대상, 허가의 방법, 허가 후 조치권한 등을 종합적으로 고려할 때, 구 수도권대기환경특별법 제14조 제1항에서 정한 대기오염물질 총량관리사업장 설치의 허가 또는 변경허가는 특정인에게 인구가 밀집되고 대기오염이 심각하다고 인정되는 수도권 대기관리권역에서 총량관리대상 오염물질을 일정량을 초과하여 배출할 수 있는 특정한 권리를 설정하여 주는 행위로서 그 처분의 여부 및 내용의 결정은 행정청의 재량에 속한다.

[2] 구 대기환경보전법(2011. 7. 21. 법률 제10893호로 개정되기 전의 것, 이하 같다) 제2조 제9호, 제23조 제1항, 제5항, 제6항, 같은 법 시행령(2010. 12. 31. 대통령령 제22601호로 개정되기 전의 것, 이하 같다) 제11조 제1항 제1호, 제12조, 같은 법 시행규칙 제4조, [별표 2]와 같은 배출시설 설치허가와 설치제한에 관한 규정들의 문언과 그 체제·형식에 따르면 환경부장관은 배출시설 설치허가 신청이 구 대기환경보전법 제23조 제5항에서 정한 허가 기준에 부합하고 구 대기환경보전법 제23조 제6항, 같은 법 시행령 제12조에서 정한 허가제한사유에 해당하

지 아니하는 한 원칙적으로 허가를 하여야 한다. 다만 배출시설의 설치는 국민건강이나 환경의 보전에 직접적으로 영향을 미치는 행위라는 점과 대기오염으로 인한 국민건강이나 환경에 관한 위해를 예방하고 대기환경을 적정하고 지속가능하게 관리·보전하여 모든 국민이 건강하고 쾌적한 환경에서 생활할 수 있게 하려는 구 대기환경보전법의 목적(제1조) 등을 고려하면, 환경부장관은 같은 법 시행령 제12조 각 호에서 정한 사유에 준하는 사유로서 환경 기준의 유지가 곤란하거나 주민의 건강·재산, 동식물의 생육에 심각한 위해를 끼칠 우려가 있다고 인정되는 등 중대한 공익상의 필요가 있을 때에는 허가를 거부할 수 있다고 보는 것이 타당하다.

## 대기환경보전법위반
[대법원 2007. 6. 29, 선고, 2006도4582, 판결]

【판결요지】
구 대기환경보전법(2005. 3. 31. 법률 제7458호로 개정되기 전의 것) 제55조 제3호, 제32조 제1항 소정의 자동차에 관하여 규정하고 있는 같은 법 제2조 제11호, 같은 법 시행규칙(2005. 12. 30. 부령 제192호로 개정되기 전의 것) 제7조 [별표 5] 비고 제7호의 "엔진배기량이 50cc 미만인 이륜자동차는 모페드형에 한한다"고 한 규정에서 말하는 '모페드(moped)형'이라 함은 원래 '모터와 페달을 갖춘 자전거의 일종으로서 오토바이처럼 달리다가 페달을 밟아 달릴 수도 있는 것'을 의미하지만, 그 개념이 확장되어 널리 '50cc 미만의 경량 오토바이'를 의미하는 것으로 사용되고 있으나, 만일 위와 같이 확장된 개념에 따라 '50cc 미만의 경량 오토바이'도 모페드형에 포함되는 것으로 보게 되면 위 규정은 동어반복에 불과하여 그 규정의 취지가 불명확해지므로, 위 규정에서 정한 '모페드형'은 원래의 개념에 따라 '모터와 페달을 갖춘 자전거의 일종으로서 오토바이처럼 달리다가 페달을 밟아 달릴 수도 있는 것'을 의미하는 것으로 보아야 하고, 이를 '50cc 미만의 경량 오토바이'까지 포괄하는 의미로 해석하는 것은 형벌규정을 피고인에게 불리한 방향으로 지나치게 확장 해석하거나 유추 해석하는 것으로서 허용될 수 없다.

**제10조(대기순환 장애의 방지)** 관계 중앙행정기관의 장, 지방자치단체의 장 및 사업자는 각종 개발계획을 수립·이행할 때에는 계획지역 및 주변 지역의 지형, 풍향·풍속, 건축물의 배치·간격 및 바람의 통로 등을 고려하여 대기오염물질의 순환에 장애가 발생하지 아니하도록 하여야 한다.

## 대기환경보전법위반
[대법원 2007. 6. 29, 선고, 2006도4582, 판결]

【판결요지】
구 대기환경보전법령에 따르면 소각시설의 용량을 신고할 때 적용되는 소각용량이라 함은 '최대소각용량'을 의미하고, 최대소각용량은 당해 소각시설이 단위시간당 소각할 수 있는 특정 폐기물의 최대소각량을 의미한다. 이때, 위 최대소각용량의 구체적인 산정방식에 관하여는 비록 법령상에 아무런 규정이 없으나, 소각시설 형태 및 가동방법의 다양성 등에 기인한 입법기술상의 한계, 소각시설에 관한 법령의 입법 필요성 등을 종합적으로 고려하면, 소각시설의 설계·제작 및 운영 등 관련 업계에 종사하는 건전한 상식과 통상적인 법감정을 가진 사람이라면 통상의 해석방법에 의하여 그 의미를 알 수 있는 개념이다.

**제23조(배출시설의 설치 허가 및 신고)** ① 배출시설을 설치하려는 자는 대통령령으로 정하는 바에 따라 시·도지사의 허가를 받거나 시·도지사에게 신고하여야 한다. 다만, 시·도가 설치하는 배출시설, 관할 시·도가 다른 둘 이상의 시·군·구가 공동으로 설치하는 배출시설에 대해서는 환경부장관의 허가를 받거나 환경부장관에게 신고하여야 한다. 〈개정 2012.5.23., 2019.1.15.〉

② 제1항에 따라 허가를 받은 자가 허가받은 사항 중 대통령령으로 정하는 중요한 사항을 변경하려면 변경허가를 받아야 하고, 그 밖의 사항을 변경하려면 변경신고를 하여야 한다.

③ 제1항에 따라 신고를 한 자가 신고한 사항을 변경하려면 환경부령으로 정하는 바에 따라 변경신고를 하여야 한다.

④ 제1항부터 제3항까지의 규정에 따라 허가·변경허가를 받거나 신고·변경신고를 하려는 자가 제26조제1항 단서, 제28조 단서, 제41조제3항 단서, 제42조 단서에 해당하는 경우와 제29조에 따른 공동 방지시설을 설치하거나 변경하려는 경우에는 환경부령으로 정하는 서류를 제출하여야 한다.

⑤ 환경부장관 또는 시·도지사는 제1항부터 제3항까지의 규정에 따른 신고 또는 변경신고를 받은 날부터 환경부령으로 정하는 기간 내에 신고 또는 변경신고 수리 여부를 신고인에게 통지하여야 한다. 〈신설 2019.1.15.〉

⑥ 환경부장관 또는 시·도지사가 제5항에서 정한 기간 내에 신고수리 여부 또는 민원 처리 관련 법령에 따른 처리기간의 연장 여부를 신고인에게 통지하지 아니하면 그 기간(민원 처리 관련 법령에 따라 처리기간이 연장 또는 재연장된 경우에는 해당 처리기간을 말한다)이 끝난 날의 다음 날에 신고를 수리한 것으로 본다. 〈신설 2019.1.15.〉

⑦ 제1항과 제2항에 따른 허가 또는 변경허가의 기준은 다음 각 호와 같다. 〈개정 2019.1.15.〉

  1. 배출시설에서 배출되는 오염물질을 제16조나 제29조제3항에 따른 배출허용기준 이하로 처리할 수 있을 것

2. 다른 법률에 따른 배출시설 설치제한에 관한 규정을 위반하지 아니할 것

⑧ 환경부장관 또는 시·도지사는 배출시설로부터 나오는 특정대기유해물질이나 특별대책지역의 배출시설로부터 나오는 대기오염물질로 인하여 환경기준의 유지가 곤란하거나 주민의 건강·재산, 동식물의 생육에 심각한 위해를 끼칠 우려가 있다고 인정되면 대통령령으로 정하는 바에 따라 특정대기유해물질을 배출하는 배출시설의 설치 또는 특별대책지역에서의 배출시설 설치를 제한할 수 있다. 〈개정 2012.5.23., 2019.1.15.〉

⑨ 환경부장관 또는 시·도지사는 제1항 및 제2항에 따른 허가 또는 변경허가를 하는 경우에는 대통령령으로 정하는 바에 따라 주민 건강이나 주변환경의 보호 및 배출시설의 적정관리 등을 위하여 필요한 조건(이하 "허가조건"이라 한다)을 붙일 수 있다. 이 경우 허가조건은 허가 또는 변경허가의 시행에 필요한 최소한도의 것이어야 하며, 허가 또는 변경허가를 받는 자에게 부당한 의무를 부과하는 것이어서는 아니 된다. 〈신설 2021.4.13.〉

## 대기배출시설설치 불허가처분등 취소
[대법원 2013. 5. 9., 선고, 2012두22799, 판결]

**【판결요지】**
구 대기환경보전법(2011. 7. 21. 법률 제10893호로 개정되기 전의 것, 이하 같다) 제2조 제9호, 제23조 제1항, 제5항, 제6항, 같은 법 시행령(2010. 12. 31. 대통령령 제22601호로 개정되기 전의 것, 이하 같다) 제11조 제1항 제1호, 제12조, 같은 법 시행규칙 제4조, [별표 2]와 같은 배출시설 설치허가와 설치제한에 관한 규정들의 문언과 그 체제·형식에 따르면 환경부장관은 배출시설 설치허가 신청이 구 대기환경보전법 제23조 제5항에서 정한 허가 기준에 부합하고 구 대기환경보전법 제23조 제6항, 같은 법 시행령 제12조에서 정한 허가제한사유에 해당하지 아니하는 한 원칙적으로 허가를 하여야 한다. 다만 배출시설의 설치는 국민건강이나 환경의 보전에 직접적으로 영향을 미치는 행위라는 점과 대기오염으로 인한 국민건강이나 환경에 관한 위해를 예방하고 대기환경을 적정하고 지속가능하게 관리·보전하여 모든 국민이 건강하고 쾌적한 환경에서 생활할 수 있게 하려는 구 대기환경보전법의 목적(제1조) 등을 고려하면, 환경부장관은 같은 법 시행령 제12조 각 호에서 정한 사유에 준하는 사유로서 환경 기준의 유지가 곤란하거나 주민의 건강·재산, 동식물의 생육에 심각한 위해를 끼칠 우려가 있다고 인정되는 등 중대한 공익상의 필요가 있을 때에는 허가를 거부할 수 있다고 보는 것이 타당하다.

**제28조(방지시설의 설계와 시공)** 방지시설의 설치나 변경은 「환경기술 및 환경산업 지원법」 제15조에 따른 환경전문공사업자가 설계·시공하여야 한다.

다만, 환경부령으로 정하는 방지시설을 설치하는 경우 및 환경부령으로 정하는 바에 따라 사업자 스스로 방지시설을 설계·시공하는 경우에는 그러하지 아니하다. 〈개정 2008.3.21., 2011.4.28.〉

## 비산먼지발생사업변경신고불가처분취소
[대법원 2008. 12. 24., 선고, 2007두17076, 판결]

【판결요지】
구 대기환경보전법(2005. 12. 29. 법률 제7779호로 개정되기 전의 것, 이하 같다) 제28조 제1항, 제59조 제2항 제6호, 구 대기환경보전법 시행규칙(2007. 12. 31. 환경부령 제270호로 전문 개정되기 전의 것, 이하 같다) 제62조의 각 규정에 의하면, 일정한 배출구 없이 대기 중에 직접 배출되는 먼지를 발생시키는 사업으로서 대통령이 정하는 사업(이하 '비산먼지발생사업'이라 한다)을 하고자 하는 자는 시·도지사에게 그 사업시행 전에 위 시행규칙 소정의 비산먼지발생사업 신고서를 제출하는 방식에 의하여 신고하여야 하고, 시·도지사는 위 신고가 있는 경우 신고필증을 신고인에게 교부하여야 하며, 이러한 신고를 하지 않으면 과태료에 처해진다. 나아가 구 대기환경보전법 제28조, 제57조 제4호, 제58조 제6의2호의 각 규정에 의하면, 비산먼지발생사업을 하고자 하는 경우 비산먼지의 발생을 억제하기 위한 시설을 설치하거나 필요한 조치를 하여야 하고, 시·도지사는 위와 같은 시설의 설치 또는 필요한 조치를 하지 않거나 그 시설이나 조치가 적합하지 않다고 인정하는 때에는 필요한 시설의 설치나 조치의 이행 또는 개선을 명할 수 있으며, 위 명령을 이행하지 않으면 당해 사업의 중지, 시설 등의 사용중지나 사용제한을 명할 수 있고, 비산먼지의 발생을 억제하기 위한 시설의 설치나 필요한 조치를 하지 않는 자 또는 시·도지사의 비산먼지발생사업의 중지 또는 그 시설에 대한 사용제한 등의 명령을 위반한 자는 형사처벌을 받게 된다.
구 대기환경보전법이나 그 시행규칙 등은 비산먼지배출사업을 단순한 신고사항으로 규정하고 있을 뿐 행정청으로 하여금 그 신고의 수리 여부를 심사, 결정할 수 있도록 규정하고 있지 않으므로, 행정청은 비산먼지배출사업 신고서가 구 대기환경보전법 제28조 제1항, 같은 법 시행규칙 제62조에서 정한 형식적 요건을 모두 갖춘 경우에는 특별한 사정이 없는 한 이를 수리하여야 하고, 만일 비산먼지배출사업을 하는 자가 비산먼지의 발생을 억제하기 위한 시설의 설치 또는 필요한 조치를 하지 않거나 그 시설이나 조치가 적합하지 않다고 인정하는 때에는 필요한 시설의 설치나 조치의 이행 또는 개선을 명하고, 위 명령을 이행하지 않는 경우에는 당해 사업의 중지 또는 시설 등의 사용중지나 사용제한을 명할 수 있을 뿐이다. 그러나 다른 법령에 의하여 비산먼지배출사업을 하는 것 자체가 허용되지 않는다면 설령 비산먼지배출사업이 구 대기환경보전법 제28조 제1항, 같은 법 시행규칙 제62조에서 정한 요건을 모두 갖추고 있다고 하더라도, 비산먼지배출사업을 하고자 하는 자가 적법한 신고를 할 수 없으므로 그 수리거부가 위법하게 되는 것은 아니다.
원심의 이 부분에 관한 이유 설시에 부적절한 점은 있으나, 비산먼지배출사업의 신고가 법령에 의하여 허용되지 않는 경우에는 행정청이 그 신고의 수리를 거부하더라도 위법하지 않다고 본 결론에 있어서는 정당하고, 거기에 상고이유로 주장하는 바와 같은 구 대기환경보전법에 따른 비산먼지발생사업 신고 및 그 수리에 관한 법리오해 등의 위법이 없다.

**제35조(배출부과금의 부과·징수)** ① 환경부장관 또는 시·도지사는 대기오염물질로 인한 대기환경상의 피해를 방지하거나 줄이기 위하여 다음 각 호의 어느 하나에 해당하는 자에 대하여 배출부과금을 부과·징수한다. 〈개정 2012.2.1., 2012.5.24., 2019.1.15.〉

1. 대기오염물질을 배출하는 사업자(제29조에 따른 공동 방지시설을 설치·운영하는 자를 포함한다)
2. 제23조제1항부터 제3항까지의 규정에 따른 허가·변경허가를 받지 아니하거나 신고·변경신고를 하지 아니하고 배출시설을 설치 또는 변경한 자

② 제1항에 따른 배출부과금은 다음 각 호와 같이 구분하여 부과한다. 〈개정 2012.2.1., 2015.1.20.〉

1. 기본부과금: 대기오염물질을 배출하는 사업자가 배출허용기준 이하로 배출하는 대기오염물질의 배출량 및 배출농도 등에 따라 부과하는 금액
2. 초과부과금: 배출허용기준을 초과하여 배출하는 경우 대기오염물질의 배출량과 배출농도 등에 따라 부과하는 금액

③ 환경부장관 또는 시·도지사는 제1항에 따라 배출부과금을 부과할 때에는 다음 각 호의 사항을 고려하여야 한다. 〈개정 2012.2.1., 2012.5.23., 2019.1.15.〉

1. 배출허용기준 초과 여부
2. 배출되는 대기오염물질의 종류
3. 대기오염물질의 배출 기간
4. 대기오염물질의 배출량
5. 제39조에 따른 자가측정(自家測定)을 하였는지 여부
6. 그 밖에 대기환경의 오염 또는 개선과 관련되는 사항으로서 환경부령으로 정하는 사항

④ 제1항 및 제2항에 따른 배출부과금의 산정방법과 산정기준 등 필요한 사항은 대통령령으로 정한다. 다만, 초과부과금은 대통령령으로 정하는 바에 따라 본문의 산정기준을 적용한 금액의 10배의 범위에서 위반횟수에 따라 가중하며, 이 경우 위반횟수는 사업장의 배출구별로 위반행위 시점 이전의 최근 2년을 기준으로 산정한다. 〈개정 2012.2.1., 2019.11.26.〉

⑤ 환경부장관 또는 시·도지사는 제1항에 따른 배출부과금을 내야 할 자가 납부기한까지 내지 아니하면 가산금을 징수한다. 〈개정 2012.5.23., 2019.1.15.〉

⑥ 제5항에 따른 가산금에 관하여는 「지방세징수법」 제30조 및 제31조를 준용한다. 〈개정 2012.5.23., 2016.12.27.〉

⑦ 제1항에 따른 배출부과금과 제5항에 따른 가산금은 「환경정책기본법」에 따른 환경개선특별회계(이하 "환경개선특별회계"라 한다)의 세입으로 한다. 〈개정 2011.7.21.〉

⑧ 환경부장관은 시・도지사가 그 관할 구역의 배출부과금 및 가산금을 징수한 경우에는 징수한 배출부과금과 가산금 중 일부를 대통령령으로 정하는 바에 따라 징수비용으로 내줄 수 있다. 〈개정 2012.5.23.〉

⑨ 환경부장관 또는 시・도지사는 배출부과금이나 가산금을 내야 할 자가 납부기한까지 내지 아니하면 국세 체납처분의 예 또는 「지방행정제재・부과금의 징수 등에 관한 법률」에 따라 징수한다. 〈개정 2012.2.1., 2012.5.23., 2013.8.6., 2019.1.15., 2020.3.24.〉

[제목개정 2012.2.1.]

## 초과부과금부과처분취소

[대법원 2009. 12. 10., 선고, 2009두14705, 판결]

**【판결요지】**

구 대기환경보전법(2007. 4. 27. 법률 제8404호로 전부 개정되기 전의 것) 제16조, 제19조 제1항, 제2항, 같은 법 시행령(2007. 11. 15. 대통령령 제20383호로 전부 개정되기 전의 것) 제13조 제1항, 제14조 제1항, 제17조 제2항 제2호, 제18조 제1항 제2호, 제28조 제1항 제1호, 제2항에 의한 배출부과금 산정의 기준이 되는 배출허용기준 초과 배출량은 사업자가 조업에 제공하기 위하여 실제로 가동하는 배출시설로 인하여 배출되는 오염물질의 양을 위 법령에 정한 방법을 토대로 산정하는 것이므로 법령에 특별한 규정이 없는 한 행정청은 가능한 한 객관적 사실관계에 입각하여 이를 산정하여야 할 것이지만, 사업장에서의 일정 기간에 걸친 오염물질의 실제 배출량은 그 시기(始期)와 종기(終期)는 물론 그 기간 중에도 늘 같을 수는 없는 관계로 정확한 배출량의 측정 및 그에 따른 배출부과금의 산정은 현실적으로 불가능한 반면, 그 위반행위의 적발이 어려우며 오염물질의 초과 배출로 말미암아 일단 훼손된 환경의 원상회복은 쉽지 아니함을 고려할 때 이와 같은 초과 배출량 및 배출부과금의 산정방법과 기준은 법령에서 정하는 일정한 기준에 따라 이루어질 수밖에 없다. 한편, 그 산정방법과 기준은 전문적・과학적인 판단과 탄력적인 규율이 요구되는 영역이므로 하위 법령으로의 위임의 필요성이 인정된다 할 것인바, 이 점에 관한 위 시행령의 각 규정은 위 법 제19조에서 부과대상, 기본배출부과금, 초과배출부과금의 부과요건을 모두 정한 다음 배출기간 등 그 세부적 사항을 대통령령에 위임한 데에 근거한 것이어서 사업자로서는 배출부과금의 산정방법 및 그 기준의 대강을 쉽게 예측할 수 있을 뿐만 아니라 위 시행령 제28조에서 개선명령 이행완료예정일 이전의 조기 이행 등에 따른 배출

부과금의 조정절차까지 마련하여 사업자가 불측·부당한 손해를 입지 않을 수 있도록 배려하고 있음에 비추어, 포괄위임입법 금지원칙에 위배된다고 볼 수도 없다.

## III. 벌칙

**제89조(벌칙)** 다음 각 호의 어느 하나에 해당하는 자는 7년 이하의 징역이나 1억원 이하의 벌금에 처한다. 〈개정 2008.12.31., 2012.2.1., 2012.5.23., 2013.7.16., 2015.1.20., 2016.1.27., 2020.12.29., 2023. 8. 16.〉

1. 제23조제1항이나 제2항에 따른 허가나 변경허가를 받지 아니하거나 거짓으로 허가나 변경허가를 받아 배출시설을 설치 또는 변경하거나 그 배출시설을 이용하여 조업한 자
2. 제26조제1항 본문이나 제2항에 따른 방지시설을 설치하지 아니하고 배출시설을 설치·운영한 자
3. 제31조제1항제1호나 제5호에 해당하는 행위를 한 자
4. 제34조제1항에 따른 조업정지명령을 위반하거나 같은 조 제2항에 따른 조치명령을 이행하지 아니한 자
5. 제36조제1항에 따른 배출시설의 폐쇄나 조업정지에 관한 명령을 위반한 자
5의2. 제38조에 따른 사용중지명령 또는 폐쇄명령을 이행하지 아니한 자
6. 제46조를 위반하여 제작차배출허용기준에 맞지 아니하게 자동차를 제작한 자
6의2. 제46조제4항을 위반하여 자동차를 제작한 자
7. 제48조제1항을 위반하여 인증을 받지 아니하고 자동차를 제작한 자
7의2. 제50조의3에 따른 상환명령을 이행하지 아니하고 자동차를 제작한 자
7의3. 제55조제1호에 해당하는 행위를 한 자
8. 제60조제1항 또는 제2항을 위반하여 인증이나 변경인증을 받지 아니하고 배출가스저감장치, 저공해엔진 또는 공회전제한장치를 제조 또는 수입한 자
8의2. 제60조제6항을 위반하여 인증을 받지 아니한 배출가스저감장치, 저공해엔진 또는 공회전제한장치를 공급·판매하거나 공급·판매의 목적으로 진열·보관 또는 저장한 자
8의3. 제60조제7항에 따른 회수, 폐기 등의 조치 명령을 따르지 아니한 자
9. 제74조제1항을 위반하여 자동차연료·첨가제 또는 촉매제를 제조기준에 맞지 아니하게 제조한 자

10. 제74조제2항을 위반하여 자동차연료·첨가제 또는 촉매제의 검사를 받지 아니한 자
11. 제74조제5항에 따른 자동차연료·첨가제 또는 촉매제의 검사를 거부·방해 또는 기피한 자
12. 제74조제6항 본문을 위반하여 자동차연료를 공급하거나 판매한 자
13. 제75조에 따른 제조의 중지, 제품의 회수 또는 공급·판매의 중지명령을 위반한 자

**제90조(벌칙)** 다음 각 호의 어느 하나에 해당하는 자는 5년 이하의 징역이나 5천만원 이하의 벌금에 처한다. 〈개정 2008.12.31., 2012.2.1., 2012.5.23., 2015.1.20., 2015.12.1., 2016.12.27., 2017.11.28., 2019.1.15., 2019.11.26. 2020.12.29.〉

1. 제23조제1항에 따른 신고를 하지 아니하거나 거짓으로 신고를 하고 배출시설을 설치 또는 변경하거나 그 배출시설을 이용하여 조업한 자
2. 제31조제1항제2호에 해당하는 행위를 한 자
3. 제32조제1항 본문에 따른 측정기기의 부착 등의 조치를 하지 아니한 자
4. 제32조제3항제1호·제3호 또는 제4호에 해당하는 행위를 한 자
4의2. 제38조의2제8항에 따른 시설개선 등의 조치명령을 이행하지 아니한 자
4의3. 제39조제1항을 위반하여 오염물질을 측정하지 아니한 자 또는 측정결과를 거짓으로 기록하거나 기록·보존하지 아니한 자
4의4. 제39조제2항 각 호의 어느 하나에 해당하는 행위를 한 자
5. 제41조제4항에 따른 연료사용 제한조치 등의 명령을 위반한 자
6. 제44조제9항(제45조제5항에 따라 준용되는 경우를 포함한다)에 따른 시설개선 등의 조치명령을 이행하지 아니한 자
6의2. 제50조제7항 및 제8항에 따른 부품 교체 또는 자동차의 교체·환불·재매입 명령을 이행하지 아니한 자
7. 제51조제4항 본문·제6항 또는 제53조제3항 본문·제5항에 따른 결함시정명령을 위반한 자
8. 제51조제8항 또는 제53조제7항에 따른 자동차의 교체·환불·재매입 명령을 이행하지 아니한 자
9. 삭제 〈2012.2.1.〉
10. 제68조제1항을 위반하여 전문정비사업자로 등록하지 아니하고 정비·점검 또는 확인검사 업무를 한 자
11. 제74조제6항 본문을 위반하여 첨가제 또는 촉매제를 공급하거나 판매한 자

**제90조의2(벌칙)** 제41조제3항 본문을 위반하여 황함유기준을 초과하는 연료를 공급·판매한 자는 3년 이하의 징역이나 3천만원 이하의 벌금에 처한다. [본조신설 2017.11.28.]

**제91조(벌칙)** 다음 각 호의 어느 하나에 해당하는 자는 1년 이하의 징역이나 1천만원 이하의 벌금에 처한다. 〈개정 2008.12.31., 2012.2.1., 2012.5.23., 2013.4.5., 2015.1.20., 2016.1.27., 2017.11.28., 2019.1.15., 2019.4.2. 2020.12.29., 2024. 1. 23.〉

1. 제30조를 위반하여 신고를 하지 아니하고 조업한 자
2. 제32조제6항에 따른 조업정지명령을 위반한 자
2의2. 제32조의2제1항을 위반하여 측정기기 관리대행업의 등록 또는 변경등록을 하지 아니하고 측정기기 관리 업무를 대행한 자
2의3. 거짓이나 그 밖의 부정한 방법으로 제32조의2제1항에 따른 측정기기 관리대행업의 등록을 한 자
2의4. 제32조의2제4항을 위반하여 다른 자에게 자기의 명의를 사용하여 측정기기 관리 업무를 하게 하거나 등록증을 다른 자에게 대여한 자
2의5. 제41조제3항 본문을 위반하여 황함유기준을 초과하는 연료를 사용한 자
3. 제43조제5항에 따른 사용제한 등의 명령을 위반한 자
3의2. 제44조의2제2항제1호에 해당하는 자로서 같은 항을 위반하여 도료를 공급하거나 판매한 자
3의3. 제44조의2제2항제2호에 해당하는 자로서 같은 항을 위반하여 도료를 공급하거나 판매한 자
3의4. 제44조의2제3항에 따른 휘발성유기화합물함유기준을 초과하는 도료에 대한 공급·판매 중지 또는 회수 등의 조치명령을 위반한 자
3의5. 제44조의2제4항에 따른 휘발성유기화합물함유기준을 초과하는 도료에 대한 공급·판매 중지명령을 위반한 자
4. 제48조제1항에 따른 인증 또는 같은 조 제2항에 따른 변경인증 받은 내용과 다르게 자동차를 제작한 자. 다만, 중요사항 외의 사항의 변경으로 인하여 인증 또는 변경인증받은 내용과 다르게 제작한 경우는 제외한다.
4의2. 제48조제2항에 따른 변경인증을 받지 아니하거나 거짓 또는 그 밖의 부정한 방법으로 변경인증을 받고 자동차를 제작한 자

4의3. 제48조의2제3항제1호 또는 제2호에 따른 금지행위를 한 자

5. 제57조의2를 위반하여 배출가스 관련 부품을 탈거·훼손·해체·변경·임의설정 하거나 촉매제를 사용하지 아니하거나 적게 사용하여 그 기능이나 성능이 저하되는 행위를 한 자 및 그 행위를 요구한 자

6. 제68조제1항에 따른 변경등록을 하지 아니하고 등록사항을 변경한 자

7. 제68조제4항제1호 또는 제2호에 따른 금지행위를 한 자

8. 제69조에 따른 업무정지명령을 위반한 자

9. 제74조제6항 본문을 위반하여 자동차연료를 사용한 자

10. 제74조제7항에 따른 규제를 위반하여 자동차연료·첨가제 또는 촉매제를 제조하거나 판매한 자

11. 제74조제8항을 위반하여 검사를 받은 제품임을 표시하지 아니하거나 거짓으로 표시한 자

12. 제74조의2제3항제1호 또는 제2호에 따른 금지행위를 한 자

12의2. 제76조의3제1항을 위반하여 자동차 온실가스 배출량을 보고하지 아니하거나 거짓으로 보고한 자

12의3. 제76조의11제1항을 위반하여 냉매회수업의 등록을 하지 아니하고 냉매회수업을 한 자

12의4. 거짓이나 그 밖의 부정한 방법으로 제76조의11제1항에 따른 냉매회수업의 등록을 한 자

12의5. 제76조의12제1항을 위반하여 다른 자에게 자기의 명의를 사용하여 냉매회수업을 하게 하거나 등록증을 다른 자에게 대여한 자

13. 제82조에 따른 관계 공무원의 출입·검사를 거부·방해 또는 기피한 자

**제91조의2(벌칙)**  다음 각 호의 어느 하나에 해당하는 자는 500만원 이하의 벌금에 처한다. 〈개정 2020.5.26.〉

1. 제58조제12항에 따른 표지를 거짓으로 제작하거나 붙인 자

2. 제58조의2제4항을 위반하여 저공해자동차 보급계획서의 승인을 받지 아니한 자

[본조신설 2019.4.2.]

**제92조(벌칙)** 다음 각 호의 어느 하나에 해당하는 자는 300만원 이하의 벌금에 처한다. 〈개정 2012.2.1., 2013.4.5., 2013.7.16., 2015.1.20., 2019.1.15., 2020.12.29., 2023. 8. 16.〉

1. 제8조제3항에 따른 명령을 정당한 사유 없이 위반한 자

2. 제32조제5항에 따른 조치명령을 이행하지 아니한 자

3. 제38조의2제1항에 따른 신고를 하지 아니하고 시설을 설치·운영한 자

3의2. 제38조의2제6항에 따른 정기점검을 받지 아니한 자

4. 제42조에 따른 연료사용 제한조치 등의 명령을 위반한 자

4의2. 제43조제1항 전단에 따른 신고를 하지 아니한 자

5. 제43조제1항 전단 또는 후단을 위반하여 비산먼지의 발생을 억제하기 위한 시설을 설치하지 아니하거나 필요한 조치를 하지 아니한 자. 다만, 시멘트·석탄·토사·사료·곡물 및 고철의 분체상(粉體狀) 물질을 운송한 자는 제외한다.

6. 제43조제4항을 위반하여 비산먼지의 발생을 억제하기 위한 시설의 설치나 조치의 이행 또는 개선명령을 이행하지 아니한 자

7. 제44조제1항, 제45조제1항 또는 제2항에 따른 신고를 하지 아니하고 시설을 설치하거나 운영한 자

8. 제44조제5항에 따른 조치를 하지 아니한 자

9. 제50조의2제2항 및 제50조의3제3항에 따른 평균 배출량 달성실적 및 상환계획서를 거짓으로 작성한 자

10. 제60조제1항에 따라 인증받은 내용과 다르게 결함이 있는 배출가스저감장치 또는 저공해엔진을 제조 또는 수입하는 자

11. 제62조제4항에 따른 이륜자동차정기검사 명령을 이행하지 아니한 자

12. 제70조의2에 따른 운행정지명령을 받고 이에 불응한 자

13. 「자동차관리법」 제66조에 따라 자동차관리사업의 등록이 취소되었음에도 정비·점검 및 확인검사 업무를 한 전문정비사업자

14. 제76조의5제1항을 위반하여 자료를 제출하지 아니하거나 거짓으로 자료를 제출한 자

**제93조(벌칙)** 제40조제4항에 따른 환경기술인의 업무를 방해하거나 환경기술인의 요청을 정당한 사유 없이 거부한 자는 200만원 이하의 벌금에 처한다.

**제94조(과태료)** ① 다음 각 호의 어느 하나에 해당하는 자에게는 500만원 이하의 과태료를 부과한다. 〈개정 2015.1.20., 2017.11.28., 2019.4.2., 2020.12.29., 2023. 8. 16., 2024. 1. 23.〉

1. 제48조제3항에 따른 변경보고를 하지 아니하거나 거짓 또는 그 밖의 부정한 방법으로 변경보고를 한 자

1의2. 제48조제5항을 위반하여 인증·변경인증·변경보고의 표시를 하지

아니한 자

1의3. 제51조제5항 또는 제53조제4항에 따른 결함시정계획을 수립·제출하지 아니하거나 결함시정계획을 부실하게 수립·제출하여 환경 부장관의 승인을 받지 못한 경우

1의4. 제58조의2제5항을 위반하여 보급실적을 제출하지 아니한 자

1의5. 제60조의2제6항에 따른 성능점검결과를 제출하지 아니한 자

2. 제76조의4제1항을 위반하여 자동차에 온실가스 배출량을 표시하지 아니하거나 거짓으로 표시한 자

3. 제60조제8항을 위반하여 인증을 받지 아니한 배출가스저감장치, 저공해엔진 또는 공회전제한장치의 판매를 중개하거나 구매를 대행한 자

② 다음 각 호의 어느 하나에 해당하는 자에게는 300만원 이하의 과태료를 부과한다. 〈개정 2013.7.16., 2015.1.20., 2015.12.1., 2017.11.28., 2019.4.2.2019. 11. 26., 2020. 12. 29., 2022. 12. 27.〉

1. 제31조제2항을 위반하여 배출시설 등의 운영상황을 기록·보존하지 아니하거나 거짓으로 기록한 자

2. 제40조제1항을 위반하여 환경기술인을 임명하지 아니한 자

3. 제52조제3항에 따른 결함시정명령을 위반한 자

4. 제58조제1항에 따른 저공해자동차 또는 저공해건설기계로의 전환 또는 개조 명령, 배출가스저감장치의 부착·교체 명령 또는 배출가스 관련 부품의 교체 명령, 저공해엔진(혼소엔진을 포함한다)으로의 개조 또는 교체 명령을 이행하지 아니한 자

5. 제58조의5제1항에 따른 저공해자동차의 구매·임차 비율을 준수하지 아니한 같은 항 제2호·제3호에 해당하는 자

③ 다음 각 호의 어느 하나에 해당하는 자에게는 200만원 이하의 과태료를 부과한다. 〈개정 2013.7.16., 2015.1.20., 2015.12.1., 2016.1.27., 2017.11.28., 2019.1.15., 2020.5.26., 2020.12.29., 2021.4.13., 2023. 8. 16.〉

1. 제31조제1항제3호 또는 제4호에 따른 행위를 한 자

2. 삭제 〈2015.1.20.〉

3. 제32조제3항제2호에 따른 행위를 한 자

4. 제32조제4항을 위반하여 운영·관리기준을 지키지 아니한 자

4의2. 제32조의2제5항을 위반하여 관리기준을 지키지 아니한 자

5. 제38조의2제2항에 따른 변경신고를 하지 아니한 자

6. 제43조제1항에 따른 비산먼지의 발생 억제 시설의 설치 및 필요한 조치를 하지 아니하고 시멘트·석탄·토사 등 분체상 물질을 운송한 자

7. 제44조제2항 또는 제45조제3항에 따른 휘발성유기화합물 배출시설의 변경신고를 하지 아니한 자

8. 제44조제13항을 위반하여 검사·측정을 하지 아니한 자 또는 검사·측정 결과를 기록·보존하지 아니하거나 거짓으로 기록·보존한 자

8의2. 제48조의2제2항에 따른 신고를 하지 아니하거나 거짓으로 신고를 하고 인증시험업무를 대행한 자

9. 제51조제5항 또는 제53조제4항에 따른 결함시정 결과보고를 하지 아니한 자

10. 제53조제1항 본문에 따른 부품의 결함시정 현황 및 결함원인 분석 현황 또는 제53조제2항에 따른 결함시정 현황을 보고하지 아니한 자

10의2. 제60조제9항을 위반하여 인증을 받지 아니한 배출가스저감장치, 저공해엔진 또는 공회전제한장치임을 알면서 사용한 자

11. 제61조제2항을 위반하여 점검에 따르지 아니하거나 기피 또는 방해한 자

12. 제68조제4항제3호 또는 제4호에 따른 행위를 한 자

13. 제74조제6항제1호에 따른 제조기준에 맞지 아니하는 첨가제 또는 촉매제임을 알면서 사용한 자

14. 제74조제6항제2호에 따른 검사를 받지 아니하거나 검사받은 내용과 다르게 제조된 첨가제 또는 촉매제임을 알면서 사용한 자

14의2. 제74조제11항에 따른 변경신고를 하지 아니한 자

14의3. 제74조의2제2항에 따른 신고를 하지 아니하거나 거짓으로 신고를 하고 자동차연료·첨가제 또는 촉매제의 검사업무를 대행한 자

15. 제76조의11제2항에 따른 냉매회수업의 변경등록을 하지 아니하고 등록사항을 변경한 자

16. 제76조의12제2항을 위반하여 냉매관리기준을 준수하지 아니하거나 냉매의 회수 내용을 기록·보존 또는 제출하지 아니한 자

④ 다음 각 호의 어느 하나에 해당하는 자에게는 100만원 이하의 과태료를 부과한다. 〈개정 2012.2.1., 2012.5.23., 2013.4.5., 2013.7.16., 2015.1.20., 2017.11.28., 2024. 1. 23.〉

1. 삭제 〈2017.11.28.〉

1의2. 제23조제2항이나 제3항에 따른 변경신고를 하지 아니한 자

2. 제40조제2항에 따른 환경기술인의 준수사항을 지키지 아니한 자

3. 제43조제1항 후단에 따른 변경신고를 하지 아니한 자

3의2. 제50조의2제2항에 따른 평균 배출량 달성 실적을 제출하지 아니한 자

3의3. 제50조의3제3항에 따른 상환계획서를 제출하지 아니한 자

4. 제53조의2제1항을 위반하여 보상을 하지 아니한 자

5. 제59조에 따른 자동차의 원동기 가동제한을 위반한 자동차의 운전자

6. 제63조제4항을 위반하여 정비·점검 및 확인검사를 받지 아니한 자

6의2. 제68조제3항을 위반하여 등록된 기술인력이 교육을 받게 하지 아니한 전문정비사업자

7. 제70조제5항을 위반하여 정비·점검 및 확인검사 결과표를 발급하지 아니하거나 정비·점검 및 확인검사 결과를 보고하지 아니한 자

7의2. 제76조의10제1항을 위반하여 냉매관리기준을 준수하지 아니하거나 같은 조 제2항을 위반하여 냉매사용기기의 유지·보수 및 냉매의 수·처리 내용을 기록·보존 또는 제출하지 아니한 자

7의3. 제76조의12제3항을 위반하여 등록된 기술인력에게 교육을 받게 하지 아니한 자

8. 제77조를 위반하여 환경기술인 등의 교육을 받게 하지 아니한 자

9. 제82조제1항에 따른 보고를 하지 아니하거나 거짓으로 보고한 자 또는 자료를 제출하지 아니하거나 거짓으로 제출한 자

⑤ 제62조제2항을 위반하여 이륜자동차정기검사를 받지 아니한 자에게는 50만원 이하의 과태료를 부과한다. 〈신설 2013.7.16., 2017.11.28.〉

⑥ 제1항부터 제5항까지의 규정에 따른 과태료는 대통령령으로 정하는 바에 따라 환경부장관, 시·도지사 또는 시장·군수·구청장이 부과·징수한다. 〈개정 2012.2.1., 2013.4.5., 2013.7.16., 2017.11.28.〉

---

**제95조(양벌규정)** 법인의 대표자나 법인 또는 개인의 대리인, 사용인, 그 밖의 종업원이 그 법인 또는 개인의 업무에 관하여 제89조, 제90조, 제90조의2, 제91조부터 제93조까지의 어느 하나에 해당하는 위반행위를 하면 그 행위자를 벌하는 외에 그 법인 또는 개인에게도 해당 조문의 벌금형을 과(科)한다. 다만, 법인 또는 개인이 그 위반행위를 방지하기 위하여 해당 업무에 관하여 상당한 주의와 감독을 게을리하지 아니한 경우에는 그러하지 아니하다. 〈개정 2012.5.23.〉
[전문개정 2008.12.31.]

## Ⅳ. 신문사항

– 피의자는 ○○○을 운영하고 있습니까?

– ○○○에는 공해배출시설이 설치되어 있습니까?

– 그 시설은 관계당국의 허가를 받았습니까?

– 공해배출시설 설치로 인해 조업정지명령을 받은 사실이 있습니까?

– 조업정지는 언제 받았습니까?

– 조업정지명령을 받은 이유는 무엇입니까?

– 자인서를 작성해준 일이 있습니까?

– 그럼에도 불구하고 계속 조업한 이유는 무엇입니까?

## V. 기재례

### 【범죄사실 기재례】

피의자는 ○○시 ○○동 ○○번지에서 ○○금속이라는 상호로 금속도장업에 종사하고 있다.

피의자는 관할관청에 신고를 하지 않고 20○○. ○. ○.경 위 공장에서 대기오염물질배출시설중 금속제품가공시설인 도장시설 용적 15㎥ 1대 등을 설치하여 그 무렵부터 20○○. ○. ○.경까지 조업하였다.

### 【범죄사실 기재례】

피의자는 ○○시 ○○동 ○○번지에서 ○○섬유산업을 경영하고 있다.

피의자는 관할관청의 변경허가를 받지 않은 채, 20○○. ○. ○. 위 공장에 대기배출시설인 세로 6.5m, 가로 9m, 높이 3m 규모인 용적 7.5마력의 콤프레샤 1기를 추가로 설치하였다.

### 【범죄사실 기재례】

피의자는 김○○은 ○○산업의 대표이사로 이 회사의 배출시설 및 방지시설을 운영하는 총괄책임자이고, 피의자 ○○산업은 철사 및 못의 제조·판매업을 목적으로 설립된 법인이다.

배출시설 및 방지시설의 설치허가를 받은 자는 그 설치를 완료한 때로부터 15일 이내에 관할관청에 가동개시신고를 하고 조업하여야 한다. 그러나 피의자 김○○은 20○○. ○. ○. 관할관청의 허가를 받아 ○○시 ○○동 ○○번지에 있는 위 회사에 대기배출시설인 소둔로 3.2㎥ 2기 등을 같은 해 ○. ○.경 설치 완료하고 그 무렵부터 같은 해 ○. ○.경까지 사이에 가동개시신고를 하지 아니한 채 위 배출시설을 사용하여 조업하였다.

피의자 ○○산업은 위 김○○이 위 법인의 업무에 관하여 위 항과 같이 배출시설을 사용하여 조업하였다.

**【범죄사실 기재례】**

피의자 문○○은 ○○주식회사의 전무이사로서 위 회사의 생산·배출시설관리 등의 총괄 책임자이고, 같은 ○○주식회사는 축전지 제조·판매업 등을 목적으로 설립된 법인이다.

피의자들은 대기오염물질의 배출업소인 위 회사가 조업할 경우에는 배출오염물질이 각 방지시설에 순차로 거치게 하는 등 대기오염물질의 배출 및 방지시설을 정상적으로 운영하여 배출허용기준치 이하로 배출시켜야 한다.

그러나 피의자 문○○은 20○○. ○. ○.경부터 같은 달 ○.경까지 사이에 경기도 ○○군 ○○면 ○○리 ○○번지에 있는 위 회사에서 배출시설인 반응조를 방비시설중 여과 집진 시설에 연결시켜주는 닥트 10개가 파손되었음에도 이를 수리하지 않은 채 조업함으로써 위 반응조에서 발생하는 황산화물을 1분당 20㎥씩 무단방출하여 방지시설을 비정상운영하였다.

피의자 ○○주식회사는 위 문○○이 위 법인의 업무에 관하여 위 항과 같이 방지시설을 비정상 운영하였다.

**【범죄사실 기재례】**

피의자는 ○○시 ○○동 ○○번지에 있는 ○○상사를 경영하고 있다.

피의자는 대기오염물질의 1일 배출량이 약 5,000㎥인 위 사업장에 20○○. ○. ○.부터 같은 해 ○. ○.까지 환경기술인을 임명치 아니하고 조업하였다.

**【범죄사실 기재례】**

피의자는 ○○시 ○○동 ○○번지에서 "○○블럭"이라는 상호로 콘크리트제조업을 하고 있다.

사업장을 운영할 경우 비산먼지의 발생을 억제하기 위한 시설을 설치하여야 함에도 불구하고 피의자는 20○○. ○. ○.부터 20○○. ○. ○.경까지 위 사업장내에 분체상물질(석분)을 야적하면서 사업장 경계에 방진벽 및 방진망과 방진덮개를 설치하지 않아 비산먼지를 발생하게 하였다.

**【범죄사실 기재례】**

피의자는 서울○○다○○○○ 5톤덤프 트럭의 소유자이다.

피의자는 20○○. ○. ○. ○○시 ○○구 ○○구청 앞에서 자동차배출가스단속반이 실시한 현장단속결과 배출허용기준치를 초과한 매연 3도의 상태로 운행하여 ○○구청장의 개선명령을 20○○. ○. ○.부터 20○○. ○. ○.까지 3회에 걸쳐 받고도 이에 불응하였다.

### 【범죄사실 기재례】

피의자는 ○○시 ○○동에서 일본중고차량수입업을 하고 있다.

피의자는 중고자동차를 수입하고자 하는 자는 환경부장관에세 자동차의 배출가스에 대하여 인증을 받아야 함에도 받지 않고 인증이 생략되는 자동차로 속여 20○○.○.○. ○○소재 피의자 운영의 '○○상사'를 통하여 일본 '○○중고차'로부터 1995년형 ○○자동차외 17대의 차량을 수입한 것을 비롯하여 20○○.○.○.까지 총23차례에 걸쳐 147대의 자동차를 인증을 받지 않고 수입하였다.

### 【범죄사실 기재례】

피의자는 ○○시 ○○동에서 일본중고차량수입업을 하고 있다.

피의자는 중고자동차를 수입하고자 하는 자는 환경부장관에세 자동차의 배출가스에 대하여 인증을 받아야 함에도 받지 않고 인증이 생략되는 자동차로 속여 20○○.○.○. ○○소재 피의자 운영의 '○○상사'를 통하여 일본 '○○중고차'로부터 1995년형 ○○자동차외 17대의 차량을 수입한 것을 비롯하여 20○○.○.○.까지 총23차례에 걸쳐 147대의 자동차를 인증을 받지 않고 수입하였다.

**[서식] 대기배출시설설치 허가증**

(앞쪽)

허가(신고)번호  제      호

# 대기배출시설설치( [ ]허가증, [ ]신고증명서)

| 상 호<br>(사업장명칭) | | 종  별 | | 종 |
|---|---|---|---|---|
| 성 명<br>(대표자) | | 사업자등록번호 | | |
| 사업장소재지 | | 전화번호 | | |
| 업  종 | | 일일조업시간 | | |
| 연료사용량 | /년 | | | |

| 허가(신고)<br>사항 | 오염물질 등을 배출하는 시설물 및 방지시설 | | | | | | | | |
|---|---|---|---|---|---|---|---|---|---|
| | 생산<br>공정 | 배출<br>시설 | 연료 및<br>원료사용량 | 용량 | 수량 | 대기오염물<br>질 배출항목 | 방지시설명 | 용량 | 수량 |
| | | | | | | | | | |
| | 오염물질 발생량 | | | | | | | | |
| | 오염물질 종류<br>(먼지, $SO_2$, $NO_2$) | | 연료 및 원료<br>사용량 | | 배출계수 | | | 발생량 | |
| | | | | | | | | | |
| | 허가조건 | | | | | | | | |
| | | | | | | | | | |

「대기환경보전법」 제23조제1항 및 같은 법 시행규칙 제25조에 따라 배출시설의 ([ ]설치를 허가, [ ]설치신고를 증명) 합니다.

년      월      일

유역환경청장·지방환경청장·
수도권대기환경청장 또는
시·도지사

직인

210mm×297mm[백상지(150g/㎡)]

**[서식]** 대기배출시설 개선명령 이행보고서

# 대기배출시설 개선명령 이행보고서

| 접수번호 | 접수일 | 처리일 | 처리<br>기간 | 4일<br>(검사기간<br>제외) |
|---|---|---|---|---|
|  |  |  |  |  |

허가(신고)번호 제　　　호

| 보고인 | 상호(사업장 명칭) | |
|---|---|---|
|  | 성명(대표자) | 생년월일 |
|  | 주소 | 휴대번호 |
|  | 사업장 소재지 | 전화번호 |
|  | 업종 | |

| 배출시설 및<br>방지시설위치 |  |
|---|---|
| 배출시설명 및<br>방지시설명 |  |
| 개 선 사 항 |  |
| 개 선 이 행 일 |  |

「대기환경보전법 시행령」 제22조제1항 및 같은 법 시행규칙 제40조제1항에 따라 개선명령을 이행하였음을 보고합니다.

년　　　월　　　일

보고인　　　　　　　　　　　(서명 또는 인)

## 유역환경청장·지방환경청장·수도권대기환경청장 또는 시·도지사 귀하

| 첨부서류 | 없음 | 수수료<br>없음 |
|---|---|---|

### 처리절차

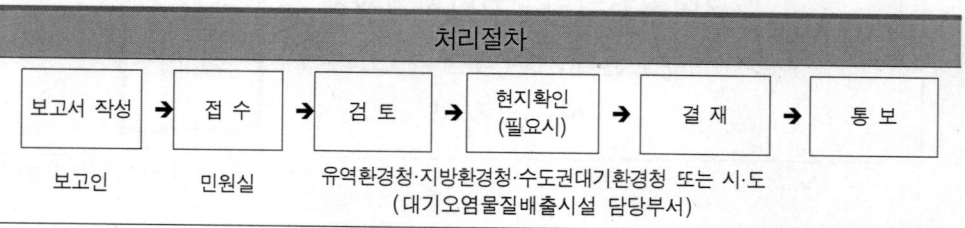

| 보고서 작성 | → | 접 수 | → | 검 토 | → | 현지확인<br>(필요시) | → | 결 재 | → | 통 보 |
|---|---|---|---|---|---|---|---|---|---|---|
| 보고인 |  | 민원실 |  | 유역환경청·지방환경청·수도권대기환경청 또는 시·도<br>(대기오염물질배출시설 담당부서) |  |  |  |  |  |  |

210mm×297mm[백상지 80g/㎡]

**[서식]  자동차검사기관  지정서**

제        호

[ ] 연료
## 자동차  [ ] 첨가제  검사기관 지정서
[ ] 촉매제

1. 기 관 명 :

2. 성명(대표자) :          (생년월일 :              )

3. 주      소 :

4. 사업장 소재지 :

5. 실험실 소재지 :

6. 검사대상

  [ ] 휘발유·경유  [ ] LPG  [ ] 바이오디젤  [ ] 천연가스·바이오가스

  [ ] 휘발유·경유용 첨가제 [ ] LPG용 첨가제[ ] 자동차촉매제

「대기환경보전법」 제74조의2제3항 및 같은 법 시행규칙 제122조제2항에
따라 자동차[  ]연료·[  ]첨가제·[  ]촉매제 검사기관으로 지정합니다.

년      월      일

국립환경과학원장        직인

# 대부업 등의 등록 및
# 금융이용자 보호에 관한 법률

[시행 2023. 9. 14.] [법률 제19700호, 2023. 9. 14., 타법개정]

## Ⅰ. 개설

### 목적

이 법은 대부업·대부중개업의 등록 및 감독에 필요한 사항을 정하고 대부업자와 여신금융기관의 불법적 채권추심행위 및 이자율 등을 규제함으로써 대부업의 건전한 발전을 도모하는 한편, 금융이용자를 보호하고 국민의 경제생활 안정에 이바지함을 목적으로 한다.

## Ⅱ. 판례

**제2조(정의)** 이 법에서 사용하는 용어의 뜻은 다음과 같다. 〈개정 2015.7.24.〉

1. "대부업"이란 금전의 대부(어음할인·양도담보, 그 밖에 이와 비슷한 방법을 통한 금전의 교부를 포함한다. 이하 "대부"라 한다)를 업(業)으로 하거나 다음 각 목의 어느 하나에 해당하는 자로부터 대부계약에 따른 채권을 양도받아 이를 추심(이하 "대부채권매입추심"이라 한다)하는 것을 업으로 하는 것을 말한다. 다만, 대부의 성격 등을 고려하여 대통령령으로 정하는 경우는 제외한다.
   가. 제3조에 따라 대부업의 등록을 한 자(이하 "대부업자"라 한다)
   나. 여신금융기관
2. "대부중개업"이란 대부중개를 업으로 하는 것을 말한다.
3. "대부중개업자"란 제3조에 따라 대부중개업의 등록을 한 자를 말한다.
4. "여신금융기관"이란 대통령령으로 정하는 법령에 따라 인가 또는 허가 등을 받아 대부업을 하는 금융기관을 말한다.
5. "대주주"란 다음 각 목의 어느 하나에 해당하는 주주를 말한다.
   가. 최대주주: 대부업자 또는 대부중개업자(이하 "대부업자등"이라 한다)의 의결권 있는 발행주식 총수 또는 출자지분을 기준으로 본인 및 그와 대통령령으로 정하는 특수한 관계에 있는 자(이하 "특수관계인"이라 한다)가 누구의 명의로 하든지 자기의 계산으로 소유하는 주식 또는 출

자지분을 합하여 그 수가 가장 많은 경우의 그 본인
  나. 주요주주: 다음의 어느 하나에 해당하는 자
    1) 누구의 명의로 하든지 자기의 계산으로 대부업자등의 의결권 있는 발
       행주식 총수 또는 출자지분의 100분의 10 이상의 주식 또는 출자지분
       을 소유하는 자
    2) 임원의 임면 등의 방법으로 대부업자등의 주요 경영사항에 대하여 사실
       상의 영향력을 행사하는 주주 또는 출자자로서 대통령령으로 정하는 자
  6. "자기자본"이란 납입자본금·자본잉여금 및 이익잉여금 등의 합계액으로
     서 대통령령으로 정하는 금액을 말한다.
[전문개정 2009.1.21.]

## 대부업등의 등록 및 금융이용자보호에 관한 법률 위반·

[대법원 2019. 9. 26., 선고, 2018도7682, 판결]

【판결요지】

대부업 등의 등록 및 금융이용자 보호에 관한 법률(이하 '대부업법'이라 한다) 제19조 제1
항 제1호는 같은 법 제3조가 규정하는 시·도지사에 대한 등록을 하지 아니하고 대부업 등
을 한 자를 처벌한다. 대부업법 제2조 제1호는 " '대부업'이란 금전의 대부(어음할인·양
도담보, 그 밖에 이와 비슷한 방법을 통한 금전의 교부를 포함한다)를 업으로 하거나, 등록
한 대부업자 또는 여신금융기관으로부터 대부계약에 따른 채권을 양도받아 이를 추심하는
것을 업으로 하는 것을 말한다."라고 규정하고 있다.

대부업법의 관련 규정과 입법 목적, '금전의 대부'의 사전적인 의미, 대부업법 제2조 제1호가
'금전의 대부'에 포함되는 것으로 들고 있는 어음할인과 양도담보의 성질과 효력 등에 비추어 보
면, 대부업법 제2조 제1호가 규정하는 '금전의 대부'는 그 개념요소로서 거래의 수단이나 방법
여하를 불문하고 적어도 기간을 두고 장래에 일정한 액수의 금전을 돌려받을 것을 전제로 금전을
교부함으로써 신용을 제공하는 행위를 필수적으로 포함하고 있어야 한다고 보는 것이 타당하다.

따라서 재화 또는 용역을 할인하여 매입하는 거래를 통해 금전을 교부하는 경우, 해당 사안에
서 문제 되는 금전 교부에 관한 구체적 거래 관계와 경위, 당사자의 의사, 그 밖에 이와 관련
된 구체적·개별적 제반 사정을 종합하여 합리적으로 평가할 때, 금전의 교부에 관해 위와 같
은 대부의 개념요소를 인정하기 어려운 경우까지 이를 대부업법상 금전의 대부로 보는 것은,
대부업법 제2조 제1호 등 조항의 문언의 가능한 의미를 벗어나 피고인에게 불리한 방향으로
지나치게 확장해석하거나 유추해석하는 것이 되어 죄형법정주의의 원칙에 위반된다.

**제3조(등록 등)** ① 대부업 또는 대부중개업(이하 "대부업등"이라 한다)을 하
려는 자(여신금융기관은 제외한다)는 영업소별로 해당 영업소를 관할하는 특
별시장·광역시장·특별자치시장·도지사 또는 특별자치도지사(이하 "시·도
지사"라 한다)에게 등록하여야 한다. 다만, 여신금융기관과 위탁계약 등을 맺

고 대부중개업을 하는 자(그 대부중개업을 하는 자가 법인인 경우 그 법인과 직접 위탁계약 등을 맺고 대부를 받으려는 자를 모집하는 개인을 포함하며, 이하 "대출모집인"이라 한다)는 해당 위탁계약 범위에서는 그러하지 아니하다. 〈개정 2012.12.11.〉

② 제1항에도 불구하고 대부업등을 하려는 자(여신금융기관은 제외한다)로서 다음 각 호의 어느 하나에 해당하는 자는 금융위원회에 등록하여야 한다. 다만, 대출모집인은 해당 위탁계약 범위에서는 그러하지 아니하다. 〈신설 2015.7.24., 2020.12.29.〉

1. 둘 이상의 특별시·광역시·특별자치시·도·특별자치도(이하 "시·도"라 한다)에서 영업소를 설치하려는 자
2. 대부채권매입추심을 업으로 하려는 자
3. 「독점규제 및 공정거래에 관한 법률」 제31조에 따라 지정된 상호출자제한 기업집단에 속하는 자
4. 최대주주가 여신금융기관인 자
5. 법인으로서 자산규모 100억원을 초과하는 범위에서 대통령령으로 정하는 기준에 해당하는 자
6. 그 밖에 제1호부터 제5호까지의 규정에 준하는 등 대통령령으로 정하는 자

③ 제1항 또는 제2항에 따른 등록을 하려는 자는 다음 각 호의 사항을 적은 신청서와 대통령령으로 정하는 서류를 첨부하여 시·도지사 또는 금융위원회(이하 "시·도지사등"이라 한다)에 제출하여야 한다. 〈개정 2010.1.25., 2011.4.12., 2012.12.11., 2015.7.24.〉

1. 명칭 또는 성명과 주소
2. 등록신청인이 법인인 경우에는 주주 또는 출자자(대통령령으로 정하는 기준 이하의 주식 또는 출자지분을 소유하는 자는 제외한다)의 명칭 또는 성명, 주소와 그 지분율 및 임원의 성명과 주소
3. 등록신청인이 영업소의 업무를 총괄하는 사용인(이하 "업무총괄 사용인"이라 한다)을 두는 경우에는 업무총괄 사용인의 성명과 주소
4. 영업소의 명칭 및 소재지
4의2. 삭제 〈2015.7.24.〉
5. 경영하려는 대부업등의 구체적 내용 및 방법
6. 제9조제2항 또는 제3항에 따른 표시 또는 광고에 사용되는 전화번호(홈페이지가 있으면 그 주소를 포함한다)
7. 자기자본(법인이 아닌 경우에는 순자산액)
8. 제11조의4제2항에 따른 보증금, 보험 또는 공제

④ 제3항에 따라 등록신청을 받은 시·도지사등은 신청인이 제3조의5의 요건을 갖춘 경우에는 다음 각 호의 사항을 확인한 후 등록부에 제3항 각 호에 규정된 사항과 등록일자·등록번호를 적고 지체 없이 신청인에게 등록증을 교부하여야 한다. 〈개정 2012.12.11., 2015.7.24.〉

1. 신청서에 적힌 사항이 사실과 부합하는지 여부. 이 경우 신청서에 적힌 사항이 사실과 다르면 30일 이내의 기한을 정하여 등록증 교부 전에 신청인에게 신청서의 수정·보완을 요청할 수 있으며, 그 수정·보완 기간은 처리기간에 산입하지 아니한다.

2. 사용하려는 상호가 해당 시·도 또는 금융위원회에 이미 등록된 상호인지 여부. 이 경우 이미 등록된 상호이면 다른 상호를 사용할 것을 요청할 수 있다.

3. 삭제 〈2015.7.24.〉

4. 삭제 〈2015.7.24.〉

⑤ 시·도지사등은 제4항에 따른 등록부를 일반인이 열람할 수 있도록 하여야 한다. 다만, 등록부 중 개인에 관한 사항으로서 공개될 경우 개인의 사생활을 침해할 우려가 있는 것으로 대통령령으로 정하는 사항은 제외한다. 〈개정 2015.7.24.〉

⑥ 제1항 또는 제2항에 따른 등록의 유효기간은 등록일부터 3년으로 한다. 〈개정 2015.7.24.〉

⑦ 대부업자등이 제4항 및 제3조의2에 따라 교부받은 등록증을 분실한 경우에는 시·도지사등에게 분실신고를 하고 등록증을 다시 교부받아야 한다. 〈개정 2015.7.24.〉

⑧ 제1항부터 제7항까지의 규정에 따른 등록 등의 구체적 절차는 대통령령으로 정한다. 〈개정 2015.7.24.〉

[전문개정 2009.1.21.]

## 대부업등의 등록 및 금융이용자보호에 관한 법률 위반·

[대법원 2013.6.27. 선고, 2012도4848, 판결]

【판결요지】

[1] 회사 운영자나 대표 등이 그 내부 절차를 거쳐 고문 등을 위촉하고 급여를 지급한 행위가 업무상횡령으로 인정되기 위해서는 그와 같이 고문 등을 위촉할 필요성이나 정당성이 명백히 결여되거나 그 지급되는 급여가 합리적인 수준을 현저히 벗어나는 경우이어야 한다. 그리고 그에 해당하는지를 판단하기 위해서는 고문 등으로 위촉된 자의 업무수행능력뿐만 아니라, 고문 등의 위촉 경위와 동기, 고문 등으로 위촉된 자와 회사의 관계, 그가 회사 발전에 기여한 내용 및 정도, 고문 등으로 위촉되어 담당하기로 한 업무의 내용 및 중요성, 회사 규모와 당시의

경제적 상황, 고문 등의 위촉으로 인하여 회사가 얻을 것으로 예상되는 유·무형의 이익, 관련 업계의 관행 등을 종합적으로 고려하여 판단하여야 한다.

[2] 대부업 등의 등록 및 금융이용자 보호에 관한 법률(이하 '대부업법'이라 한다) 제3조 제1항, 제2항, 제19조 제1항 제1호와 대부업법이 대부업·대부중개업의 등록 및 감독에 필요한 사항을 정하고 대부업자와 여신금융기관의 불법적 채권추심행위 및 이자율 등을 규제함으로써 대부업의 건전한 발전을 도모하는 한편 금융이용자를 보호하고 국민의 경제생활 안정에 이바지함을 목적으로 한다는 점(대부업법 제1조)에 비추어 보면, 대부업법 제3조에 따라 대부업 등록을 한 법인이 아무런 실체가 없는 법인으로서 실제로는 법인의 명의가 이용된 것에 불과하고 해당 법인의 실제 운영자가 자신의 대부업을 직접 한 것으로 볼 수 있는 등의 특별한 사정이 없는 한, 법인이 등록을 하고 실질적으로 법인의 영업으로서 대부업을 한 이상 그 법인의 운영을 지배하는 자가 개인 명의로 별도로 대부업 등록을 하지 않았다고 하여 그 운영자를 대부업법 제19조 제1항 제1호의 위반으로 처벌할 수는 없다.

## III. 벌칙

**제19조(벌칙)** ① 다음 각 호의 어느 하나에 해당하는 자는 5년 이하의 징역 또는 5천만원 이하의 벌금에 처한다. 〈개정 2015.7.24.〉

1. 제3조 또는 제3조의2를 위반하여 등록 또는 등록갱신을 하지 아니하고 대부업등을 한 자
2. 속임수나 그 밖의 부정한 방법으로 제3조 또는 제3조의2에 따른 등록 또는 등록갱신을 한 자
3. 제9조의2제1항 또는 제2항을 위반하여 대부업 또는 대부중개업 광고를 한 자
4. 제10조제1항 또는 제7항을 위반하여 신용공여를 한 자
5. 제10조제1항 또는 제7항을 위반하여 신용공여를 받은 자

② 다음 각 호의 어느 하나에 해당하는 자는 3년 이하의 징역 또는 3천만원 이하의 벌금에 처한다. 〈개정 2012.12.11., 2015.7.24.〉

1. 제5조의2제4항을 위반하여 그 상호 중에 대부, 대부중개 또는 이와 유사한 상호를 사용한 자

1의2. 제5조의2제5항을 위반하여 타인에게 자기의 명의로 대부업등을 하게 하거나 등록증을 대여한 자

2. 제7조제3항을 위반하여 서류를 해당 용도 외의 목적으로 사용한 자
3. 제8조 또는 제11조제1항에 따른 이자율을 초과하여 이자를 받은 자

　　4. 제9조의4제1항 또는 제2항을 위반하여 미등록대부업자로부터 대부계약에 따른 채권을 양도받아 이를 추심하는 행위를 한 자 또는 미등록대부중개업자로부터 대부중개를 받은 거래상대방에게 대부행위를 한 자

　　5. 제9조의4제3항을 위반하여 대부계약에 따른 채권을 양도한 자

　　6. 제11조의2제1항 또는 제2항을 위반하여 대부중개를 하거나 중개수수료를 받은 자

　　7. 제11조의2제3항에 따른 중개수수료를 초과하여 지급한 자

　　8. 제11조의2제5항에 따른 시정명령을 이행하지 아니한 자

　　9. 제11조의2제6항을 위반하여 중개수수료를 지급받은 자

　　10. 제15조제4항에 따른 시정명령을 이행하지 아니한 자

③ 제1항 및 제2항의 징역형과 벌금형은 병과(倂科)할 수 있다.

[전문개정 2009.1.21.]

---

**제20조(양벌규정)** 법인의 대표자나 법인 또는 개인의 대리인, 사용인, 그 밖의 종업원이 그 법인 또는 개인의 업무에 관하여 제19조의 위반행위를 하면 그 행위자를 벌하는 외에 그 법인 또는 개인에게도 해당 조문의 벌금형을 과(科)한다. 다만, 법인 또는 개인이 그 위반행위를 방지하기 위하여 해당 업무에 관하여 상당한 주의와 감독을 게을리하지 아니한 경우에는 그러하지 아니하다.

[전문개정 2009.1.21.]

---

**제21조(과태료)** ① 다음 각 호의 어느 하나에 해당하는 자에게는 5천만원 이하의 과태료를 부과한다. 〈개정 2010.1.25., 2015.7.24., 2017.4.18.〉

　　1. 제5조제1항 또는 제2항을 위반하여 변경등록 또는 폐업신고를 하지 아니한 자

　　2. 제5조의2제1항 또는 제2항을 위반하여 상호 중에 "대부" 또는 "대부중개"라는 문자를 사용하지 아니한 자

　　3. 제6조제1항 또는 제3항을 위반하여 계약서를 교부하지 아니한 자 또는 같은 조 제1항 각 호 또는 같은 조 제3항 각 호에서 정한 내용 중 전부 또는 일부가 적혀 있지 아니한 계약서를 교부하거나 같은 조 제1항 각 호 또는 같은 조 제3항 각 호에서 정한 내용 중 전부 또는 일부를 거짓으로 적어 계약서를 교부한 자

　　4. 제6조제2항 또는 제4항을 위반하여 설명을 하지 아니한 자

　　5. 제6조의2를 위반하여 거래상대방 또는 보증인이 같은 조 제1항 각 호의 사

항 또는 같은 조 제2항 각 호의 사항을 자필로 기재하게 하지 아니한 자

6. 제7조제1항을 위반하여 거래상대방으로부터 소득·재산 및 부채상황에 관한 증명서류를 제출받지 아니한 자

6의2. 제7조의2를 위반하여 제3자에게 담보제공 여부를 확인하지 아니한 자

7. 제9조제1항을 위반하여 중요 사항을 게시하지 아니한 자

8. 제9조제2항, 제3항 또는 제5항을 위반하여 광고를 한 자

9. 제9조의3제1항 각 호의 행위를 한 자

10. 제9조의5제1항 또는 제2항을 위반하여 종업원을 고용하거나 업무를 위임하거나 대리하게 한 자

11. 제12조제2항 및 제3항에 따른 검사에 불응하거나 검사를 방해한 자

12. 제12조제9항을 위반하여 보고서를 제출하지 아니하거나, 거짓으로 작성하거나, 기재하여야 할 사항의 전부 또는 일부를 기재하지 아니하고 제출한 자

② 다음 각 호의 어느 하나에 해당하는 자에게는 1천만원 이하의 과태료를 부과한다. 〈개정 2009.2.6., 2015.7.24., 2017.4.18.〉

1. 제3조제7항을 위반하여 분실신고를 하지 아니한 자

2. 제3조의3제1항 또는 제2항을 위반하여 등록증을 반납하지 아니한 자

3. 삭제 〈2012.12.11.〉

4. 제6조제5항을 위반하여 계약서와 계약관계서류의 보관의무를 이행하지 아니한 자

5. 제6조제6항을 위반하여 정당한 사유 없이 계약서 및 계약관계서류의 열람을 거부하거나 관련 증명서의 발급을 거부한 자

6. 제9조제4항을 위반하여 광고의 문안과 표기에 관한 의무를 이행하지 아니한 자

7. 삭제 〈2017.4.18.〉

8. 제10조의2를 위반하여 소속과 성명을 밝히지 아니한 자

9. 제12조제1항 또는 제5항에 따른 보고 또는 자료의 제출을 거부하거나 거짓으로 보고 또는 자료를 제출한 자

10. 제18조의2제5항에 따른 대부업 및 대부중개업 협회 또는 이와 비슷한 명칭을 사용한 자

③ 제1항이나 제2항에 따른 과태료는 대통령령으로 정하는 바에 따라 시·도지사등이 부과·징수한다. 〈개정 2015.7.24.〉

[전문개정 2009.1.21.]

## Ⅳ. 기재례

【범죄사실 기재례】

피의자 노○○은 ○○시 ○○동 ○○에서 '○○대부'라는 상호로 대부업을 하고 있다. 위와 같은 대부업을 하고자 하는 자는 ○○시장에서 등록을 하여야 한다. 그럼에도 불구하고 노○○은 20○○. ○. ○.부터 20○○. ○. ○.까지 위 장소에서 등록을 하지 않고 불특정 다수인을 대상으로 대부업을 하였다.

【범죄사실 기재례】

피의자 김○○은 서울시 ○○구 ○○동 123번지에서 '○○금고'라는 상호로 대부업에 종사하고 있다.

피의자는 금전의 교부 및 금전수수의 중개를 업으로 하는 경우에는 서울시장에게 등록을 하여야 함에도 불구하고 20○○. ○. ○.부터 20○○. ○. ○.까지 위 장소에서 등록을 하지 않고 불특정다수를 상대로 스팸메일을 통한 방법으로 대부업을 영위하였다.

【범죄사실 기재례】

피의자 김○○는 서울시 ○○구 ○○동 123번지에서 '○○금고'라는 상호로 대부업에 종사하고 있다.

피의자는 20○○. ○. ○. 위 사무실에서 이○○○에게 1개월을 기간으로 1,000만원을 빌려주면서 선이자로 월 50만원을 받아 이자율의 제한을 위반하였다.

# 도로교통법

[시행 2025. 6. 4.] [법률 제20544호, 2024. 12. 3., 일부개정]

## Ⅰ. 개설

### 목적

이 법은 도로에서 일어나는 교통상의 모든 위험과 장해를 방지하고 제거하여 안전하고 원활한 교통을 확보함을 목적으로 한다.

## Ⅱ. 판례

**제2조(정의)** 이 법에서 사용하는 용어의 뜻은 다음과 같다. 〈개정 2012.3.21., 2013.3.23., 2014.1.28., 2014.11.19., 2017.3.21., 2017.7.26., 2017.10.24., 2018.3.27., 2020.5.26., 2020.6.9., 2020.12.22., 2021.10.19., 2022.1.11., 2023. 4. 18., 2023. 10. 24.〉〉

　26. "운전"이란 도로(제27조제6항제3호·제44조·제45조·제54조제1항·제148조·제148조의2 및 제156조제10호의 경우에는 도로 외의 곳을 포함한다)에서 차마 또는 노면전차를 그 본래의 사용방법에 따라 사용하는 것(조종 또는 자율주행시스템을 사용하는 것을 포함한다)을 말한다.

이하 생략

### 도로교통법 제2조 제26호에서 규정하는 '운전'의 의미
[대법원 2020. 12. 30., 선고, 2020도9994, 판결]

【판결요지】

[1] 도로교통법 제2조 제26호는 '운전'이란 차마 또는 노면전차를 본래의 사용방법에 따라 사용하는 것을 말한다고 정하고 있다. 그중 자동차를 본래의 사용방법에 따라 사용했다고 하기 위해서는 엔진 시동을 걸고 발진조작을 해야 한다.

[2] 피고인이 STOP&GO 기능이 있는 차량에서 내림으로써 그 기능이 해제되어 시동이 완전히 꺼졌으나 이후 이를 인식하지 못한 상태에서 시동을 걸지 못하고 제동장치를 조작하다 차량이 후진하면서 추돌 사고를 야기하여 특정범죄 가중처벌 등에 관한 법률 위반(위험운전치상)으로 기소된 사안에서, 피고인이 차량을 운전하려는 의도로 제동장치를 조작하여 차량이 뒤로 진행하게 되었다고 해도, 시동이 켜지지 않은 상태였던 이상 자동차를 본래의 사용방법에 따라 사용했다고 보기 어려우므로 무죄를 선고한 원심판단을 정당하다.

**제4조(교통안전시설의 종류 및 설치·관리기준 등)** ① 교통안전시설의 종류, 교통안전시설의 설치·관리기준, 그 밖에 교통안전시설에 관하여 필요한 사항은 행정안전부령으로 정한다. 〈개정 2013.3.23., 2014.11.19., 2017.7.26., 2018.6.12.〉

② 제1항에 따른 교통안전시설의 설치·관리기준은 주·야간이나 기상상태 등에 관계없이 교통안전시설이 운전자 및 보행자의 눈에 잘 띄도록 정한다. 〈신설 2018.6.12.〉

[제목개정 2018.6.12.]

### 도로교통법 위반

[대법원 2018. 12. 27., 선고, 2018도14262, 판결]

【판결요지】

[1] 도로교통법 시행규칙 제6조 제2항 [별표 2]는 '황색의 등화'의 뜻을 '1. 차마는 정지선이 있거나 횡단보도가 있을 때에는 그 직전이나 교차로의 직전에 정지하여야 하며, 이미 교차로에 차마의 일부라도 진입한 경우에는 신속히 교차로 밖으로 진행하여야 한다'라고 규정하고 있다. 위 규정에 의하면 차량이 교차로에 진입하기 전에 황색의 등화로 바뀐 경우에는 차량은 정지선이나 '교차로의 직전'에 정지하여야 하며, 차량의 운전자가 정지할 것인지 또는 진행할 것인지 여부를 선택할 수 없다.

[2] 자동차 운전자인 피고인이 정지선과 횡단보도가 없는 사거리 교차로의 신호등이 황색 등화로 바뀐 상태에서 교차로에 진입하였다가 甲이 운전하는 견인차량을 들이받은 과실로 甲에게 상해를 입게 함과 동시에 甲의 차량을 손괴하였다고 하여 교통사고처리 특례법 위반(치상) 및 도로교통법 위반으로 기소된 사안에서, 피고인이 교차로를 직진 주행하여 교차로에 진입했다가 피고인 진행방향 오른쪽에서 왼쪽으로 주행하던 甲의 견인차량을 들이받은 점, 피고인은 당시 그곳 전방에 있는 교차로 신호가 황색으로 바뀌었음을 인식하였음에도 정지하지 않은 채 교차로 내에 진입한 점, 당시 교차로의 도로 정비 작업이 마무리되지 않아 정지선과 횡단보도가 설치되지 않았던 점 등을 종합하면, 교차로 진입 전 정지선과 횡단보도가 설치되어 있지 않았더라도 피고인이 황색 등화를 보고서도 교차로 직전에 정지하지 않았다면 신호를 위반한 것이라는 이유로, 이와 달리 보아 공소사실을 모두 무죄로 판단한 원심판결에 도로교통법 시행규칙 제6조 제2항 [별표 2]의 '황색의 등화'에 관한 법리를 오해한 잘못이 있다.

**제5조(신호 또는 지시에 따를 의무)** ① 도로를 통행하는 보행자, 차마 또는 노면전차의 운전자는 교통안전시설이 표시하는 신호 또는 지시와 다음 각 호의 어느 하나에 해당하는 사람이 하는 신호 또는 지시를 따라야 한다. 〈개정 2015.7.24., 2018.3.27., 2020.12.22.〉

1. 교통정리를 하는 경찰공무원(의무경찰을 포함한다. 이하 같다) 및 제주특별
   자치도의 자치경찰공무원(이하 "자치경찰공무원"이라 한다)
2. 경찰공무원(자치경찰공무원을 포함한다. 이하 같다)을 보조하는 사람으로
   서 대통령령으로 정하는 사람(이하 "경찰보조자"라 한다)

② 도로를 통행하는 보행자, 차마 또는 노면전차의 운전자는 제1항에 따른 교통
   안전시설이 표시하는 신호 또는 지시와 교통정리를 하는 경찰공무원 또는
   경찰보조자(이하 "경찰공무원등"이라 한다)의 신호 또는 지시가 서로 다른
   경우에는 경찰공무원등의 신호 또는 지시에 따라야 한다. 〈개정 2018.3.27.,
   2020.12.22.〉

[전문개정 2011.6.8.]

## 교통사고처리특례법위반
[대법원 2015. 11. 12. 선고, 2015도3107, 판결]

【판결요지】
교통사고처리 특례법 제3조 제2항 단서 제1호, 구 도로교통법(2013. 5. 22. 법률 제
11780호로 개정되기 전의 것) 제14조 제4항, 제22조 제3항 제1호, 제25조, 도로교통
법 시행규칙 제8조 제1항 제5호, 제2항 [별표 6]을 종합하여 볼 때, 교차로 진입 직
전에 설치된 백색실선을 교차로에서의 진로변경을 금지하는 내용의 안전표지와 동일
하게 볼 수 없으므로, 교차로에서의 진로변경을 금지하는 내용의 안전표지가 개별적
으로 설치되어 있지 않다면 자동차 운전자가 교차로에서 진로변경을 시도하다가 교
통사고를 야기하였다고 하더라도 이를 교통사고처리 특례법 제3조 제2항 단서 제1호
에서 정한 '도로교통법 제5조에 따른 통행금지를 내용으로 하는 안전표지가 표시하
는 지시를 위반하여 운전한 경우'에 해당한다고 할 수 없다.

**제13조(차마의 통행)** ① 차마의 운전자는 보도와 차도가 구분된 도로에서는
차도로 통행하여야 한다. 다만, 도로 외의 곳으로 출입할 때에는 보도를 횡
단하여 통행할 수 있다.

② 제1항 단서의 경우 차마의 운전자는 보도를 횡단하기 직전에 일시정지하여
   좌측과 우측 부분 등을 살핀 후 보행자의 통행을 방해하지 아니하도록 횡단
   하여야 한다.

③ 차마의 운전자는 도로(보도와 차도가 구분된 도로에서는 차도를 말한다)의
   중앙(중앙선이 설치되어 있는 경우에는 그 중앙선을 말한다. 이하 같다) 우
   측 부분을 통행하여야 한다.

④ 차마의 운전자는 제3항에도 불구하고 다음 각 호의 어느 하나에 해당하는

경우에는 도로의 중앙이나 좌측 부분을 통행할 수 있다. 〈개정 2020.12.22.〉
1. 도로가 일방통행인 경우
2. 도로의 파손, 도로공사나 그 밖의 장애 등으로 도로의 우측 부분을 통행할 수 없는 경우
3. 도로 우측 부분의 폭이 6미터가 되지 아니하는 도로에서 다른 차를 앞지르려는 경우. 다만, 다음 각 목의 어느 하나에 해당하는 경우에는 그러하지 아니하다.
　　가. 도로의 좌측 부분을 확인할 수 없는 경우
　　나. 반대 방향의 교통을 방해할 우려가 있는 경우
　　다. 안전표지 등으로 앞지르기를 금지하거나 제한하고 있는 경우
4. 도로 우측 부분의 폭이 차마의 통행에 충분하지 아니한 경우
5. 가파른 비탈길의 구부러진 곳에서 교통의 위험을 방지하기 위하여 시·도경찰청장이 필요하다고 인정하여 구간 및 통행방법을 지정하고 있는 경우에 그 지정에 따라 통행하는 경우
⑤ 차마의 운전자는 안전지대 등 안전표지에 의하여 진입이 금지된 장소에 들어가서는 아니 된다.
⑥ 차마(자전거등은 제외한다)의 운전자는 안전표지로 통행이 허용된 장소를 제외하고는 자전거도로 또는 길가장자리구역으로 통행하여서는 아니 된다. 다만, 「자전거 이용 활성화에 관한 법률」 제3조제4호에 따른 자전거 우선도로의 경우에는 그러하지 아니하다. 〈개정 2014.1.28., 2020.6.9.〉

[전문개정 2011.6.8.]

## 중앙선 침범 사고인지 여부
[대법원 2017. 1. 25., 선고, 2016도18941, 판결]

【판결요지】
도로교통법 제2조 제5호 본문은 '중앙선이란 차마의 통행 방향을 명확하게 구분하기 위하여 도로에 황색 실선이나 황색 점선 등의 안전표지로 표시한 선 또는 중앙분리대나 울타리 등으로 설치한 시설물을 말한다' 고 규정하고, 제13조 제3항은 '차마의 운전자는 도로(보도와 차도가 구분된 도로에서는 차도를 말한다)의 중앙(중앙선이 설치되어 있는 경우에는 그 중앙선을 말한다) 우측 부분을 통행하여야 한다' 고 규정하고, 교통사고처리 특례법 제3조 제1항, 제2항 제2호 전단은 '도로교통법 제13조 제3항을 위반하여 중앙선을 침범' 한 교통사고로 인하여 형법 제268조의 죄를 범한 경우는 피해자의 명시한 의사와 상관없이 처벌 대상이 되는 것으로 규정하고 있다.
이와 같이 도로교통법이 도로의 중앙선 내지 중앙의 우측 부분을 통행하도록 하고 중앙선을 침범하여 발생한 교통사고를 처벌 대상으로 한 것은, 각자의 진행방향 차로를 준수하여 서로 반대방향으로 운행하는 차마의 안전한 운행과 원활한 교통을 확보하기 위한

것이므로, 황색 실선이나 황색 점선으로 된 중앙선이 설치된 도로의 어느 구역에서 좌회전이나 유턴이 허용되어 중앙선이 백색 점선으로 표시되어 있는 경우, 그 지점에서 좌회전이나 유턴이 허용되는 신호 상황 등 안전표지에 따라 좌회전이나 유턴을 하기 위하여 중앙선을 넘어 운행하다가 반대편 차로를 운행하는 차량과 충돌하는 교통사고를 내었더라도 이를 교통사고처리 특례법에서 규정한 중앙선 침범 사고라고 할 것은 아니다.

**제29조(긴급자동차의 우선 통행)** ① 긴급자동차는 제13조제3항에도 불구하고 긴급하고 부득이한 경우에는 도로의 중앙이나 좌측 부분을 통행할 수 있다.

② 긴급자동차는 이 법이나 이 법에 따른 명령에 따라 정지하여야 하는 경우에도 불구하고 긴급하고 부득이한 경우에는 정지하지 아니할 수 있다.

③ 긴급자동차의 운전자는 제1항이나 제2항의 경우에 교통안전에 특히 주의하면서 통행하여야 한다.

④ 교차로나 그 부근에서 긴급자동차가 접근하는 경우에는 차마와 노면전차의 운전자는 교차로를 피하여 일시정지하여야 한다. 〈개정 2018.3.27.〉

⑤ 모든 차와 노면전차의 운전자는 제4항에 따른 곳 외의 곳에서 긴급자동차가 접근한 경우에는 긴급자동차가 우선통행할 수 있도록 진로를 양보하여야 한다. 〈개정 2016.12.2., 2018.3.27.〉

⑥ 제2조제22호 각 목의 자동차 운전자는 해당 자동차를 그 본래의 긴급한 용도로 운행하지 아니하는 경우에는 「자동차관리법」에 따라 설치된 경광등을 켜거나 사이렌을 작동하여서는 아니 된다. 다만, 대통령령으로 정하는 바에 따라 범죄 및 화재 예방 등을 위한 순찰·훈련 등을 실시하는 경우에는 그러하지 아니하다. 〈신설 2016.1.27.〉

[전문개정 2011.6.8.]

## 도로교통법상 긴급자동차 운전자의 업무상 주의의무
[대법원 2017. 12. 22., 선고, 2017도12194, 판결]

【판결요지】
도로교통법 제29조는 제2항에서 "긴급자동차는 이 법이나 이 법에 따른 명령에 따라 정지하여야 하는 경우에도 불구하고 긴급하고 부득이한 경우에는 정지하지 아니할 수 있다."라고 규정하고, 제3항에서 "긴급자동차의 운전자는 제1항이나 제2항의 경우에 교통안전에 특히 주의하면서 통행하여야 한다."라고 규정하고 있다.
도로에서 일어나는 교통상의 모든 위험과 장해를 방지하고 제거하여 안전하고 원활한 교통을 확보하고자 하는 도로교통법의 목적 및 위 각 조항을 포함한 관련 규정의 내용과 체계 등을 고려하면, 도로교통법 제29조 제2항이 긴급자동차의 운전자에 대하여 도로교통법상 의무 규정의 적용을 모두 면제하는 취지의 규정이라고 해석할 수는 없다. 따라서 긴급자동차의 운전자는 긴급하고 부득이한 사유로 정지하지 않는 경우에도 도로교통법 제29조 제3항에 따라 교통안전에 특히 주의하면서 통행하여야 하고, 만약 진행 방향에 사람이 보행하고 있거나 자동차가 교차 진행하는 경우에는 당연히 정지하여야 한다(대법원 1985. 11. 12. 선고 85도1992 판결 참조).

위 법리에 따르면, 원심으로서는 피고인이 이 사건 교차로에서 일시정지하지 아니하고 진행한 것이 긴급하고 부득이한 사유 때문이었다고 판단하였더라도, 위 판단에 더하여 추가로 피고인이 당시 교통안전에 특히 주의하여 통행하였는지에 대하여 심리한 후 피고인의 행위가 교통사고처리 특례법 제3조 제2항 단서 제1호에서 규정한 '신호를 위반하여 운전한 경우'에 해당하는지를 판단하였어야 한다. 그런데도 원심은 이와 달리 긴급하고 부득이한 경우라는 이유만으로 피고인이 신호 위반을 하지 아니하였다고 판단하였다. 이러한 원심판결에는 도로교통법상 긴급자동차의 우선 통행에 관한 법리를 오해하여 필요한 심리를 다하지 아니한 잘못이 있다.

**제43조(무면허운전 등의 금지)** 누구든지 제80조에 따라 시·도경찰청장으로부터 운전면허를 받지 아니하거나 운전면허의 효력이 정지된 경우에는 자동차 등을 운전하여서는 아니 된다. 〈개정 2020.6.9., 2020. 2.22., 2021.1.12.〉

## 도로교통법위반(무면허운전)
[대법원 2017. 12. 28., 선고, 2017도17762, 판결]

【판결요지】

도로교통법 제43조는 '누구든지 제80조에 따라 지방경찰청장으로부터 운전면허를 받지 않거나 운전면허의 효력이 정지된 경우에는 자동차 등을 운전하여서는 안 된다'고 정하고, 이를 위반한 경우 처벌하고 있다(도로교통법 제152조 제1호).

도로교통법 제2조 제1호는 '도로'란 도로법에 따른 도로[(가)목], 유료도로법에 따른 유료도로[(나)목], 농어촌도로 정비법에 따른 농어촌도로[(다)목], 그 밖에 현실적으로 불특정 다수의 사람 또는 차마가 통행할 수 있도록 공개된 장소로서 안전하고 원활한 교통을 확보할 필요가 있는 장소[(라)목]를 말한다고 정하고 있다.

도로교통법 제2조 제26호는 '운전'이란 도로에서 차마를 그 본래의 사용방법에 따라 사용하는 것(조종을 포함한다)을 말한다고 정하되, 다음 세 경우에는 도로 외의 곳에서 운전한 경우를 포함한다고 정하고 있다. '술에 취한 상태에서의 운전'(도로교통법 제148조의2 제1항, 제44조), '약물(마약, 대마 및 향정신성의약품과 그 밖에 행정안전부령으로 정하는 것을 말한다)로 인하여 정상적으로 운전하지 못할 우려가 있는 상태에서의 운전'(제148조의2 제3항, 제45조), '차의 운전 등 교통으로 인하여 사람을 사상하거나 물건을 손괴하고 사상자를 구호하는 등 필요한 조치나 피해자에게 인적 사항(성명·전화번호·주소 등을 말한다) 제공을 하지 않은 경우(주·정차된 차만 손괴한 것이 분명한 경우에 제54조 제1항 제2호에 따라 피해자에게 인적 사항을 제공하지 아니한 사람은 제외한다)'(도로교통법 제148조, 제54조 제1항)가 그것이다.

개정 도로교통법(2017. 10. 24. 법률 제14911호로 개정되어 2018. 4. 25. 시행될 예정이다) 제2조 제26호는 차의 운전 등 교통으로 인하여 주·정차된 차만 손괴한 것이 분명한데, 제54조 제1항 제2호에 따라 피해자에게 인적 사항을 제공하지 않은 경우(도로교통법 제156조 제10호)에도 도로 외의 곳에서 한 운전을 운전 개념에 추가하고 있다. 위와 같이 도로교통법 제2조 제26호가 '술이 취한 상태에서의 운전' 등 일정한 경우에 한하여 예외적으로 도로 외의 곳에서 운전한 경우를 운전에 포함한다고 명시하고 있는 반면, 무면허운전에 관해서는 이러한 예외를 정하고 있지 않다. 따라서 도로교통법 제152조, 제43조를 위반한 무면허운전이 성립하기 위해서는 운전면허를 받지 않고 자동차 등을 운전한 곳이 도로교통법 제2조 제1호에서 정한 도로, 즉 '도로법에 따른 도로', '유료도로법에 따른 유료도로', '농어촌도로 정비법에 따른 농어촌도로', '그 밖에 현실적으로 불특정 다수의 사람 또는 차마가 통행할 수 있도록 공개된 장소로서 안전하고 원활한 교통을 확보할 필요가 있는 장소' 중 하나에 해당해야 한다. 위에서 본 도로가 아닌 곳에서 운전면허 없이 운전한 경우에는 무면허운전에 해당하지 않는다. 도로에서 운전하지 않았는데도 무면허운전으로 처벌하는 것은 유추해석이나 확장해석에 해당하여 죄형법정주의에 비추어 허용되지 않는다. 따라서 운전면허 없이 자동차 등을 운전한 곳이 위와 같이 일반교통경찰권이 미치는 공공성이 있는 장소가 아니라 특정인이나 그와 관련된 용건이 있는 사람만 사용할 수 있고 자체적으로 관리되는 곳이라면 도로교통법에서 정한 '도로에서 운전'한 것이 아니므로 무면허운전으로 처벌할 수 없다.

**제64조(고속도로등에서의 정차 및 주차의 금지)**   자동차의 운전자는 고속도로등에서 차를 정차하거나 주차시켜서는 아니 된다. 다만, 다음 각 호의 어느 하나에 해당하는 경우에는 그러하지 아니하다. 〈개정 2020.6.9.〉

1. 법령의 규정 또는 경찰공무원(자치경찰공무원은 제외한다)의 지시에 따르거나 위험을 방지하기 위하여 일시 정차 또는 주차시키는 경우
2. 정차 또는 주차할 수 있도록 안전표지를 설치한 곳이나 정류장에서 정차 또는 주차시키는 경우
3. 고장이나 그 밖의 부득이한 사유로 길가장자리구역(갓길을 포함한다)에 정차 또는 주차시키는 경우
4. 통행료를 내기 위하여 통행료를 받는 곳에서 정차하는 경우
5. 도로의 관리자가 고속도로등을 보수·유지 또는 순회하기 위하여 정차 또는 주차시키는 경우
6. 경찰용 긴급자동차가 고속도로등에서 범죄수사, 교통단속이나 그 밖의 경찰임무를 수행하기 위하여 정차 또는 주차시키는 경우
6의2. 소방차가 고속도로등에서 화재진압 및 인명 구조·구급 등 소방활동, 소방지원활동 및 생활안전활동을 수행하기 위하여 정차 또는 주차시키는 경우

6의3. 경찰용 긴급자동차 및 소방차를 제외한 긴급자동차가 사용 목적을 달성하기 위하여 정차 또는 주차시키는 경우
7. 교통이 밀리거나 그 밖의 부득이한 사유로 움직일 수 없을 때에 고속도로 등의 차로에 일시 정차 또는 주차시키는 경우
[전문개정 2011.6.8.]

## 구상금

[대법원 2019. 6. 27., 선고, 2018다226015, 판결]

【판결요지】

[1] 도로교통법령에 의하면 고속도로에서 특별한 사정이 없는 한 차를 정차 또는 주차하여서는 아니 되고, 자동차의 운전자는 고장이나 그 밖의 사유로 고속도로에서 자동차를 운행할 수 없게 된 때에는 도로교통법 시행규칙이 정하는 '고장자동차의 표지'를 도로상에 설치하여야 하며, 그 자동차를 고속도로 외의 곳으로 이동하는 등의 필요한 조치(이하 '안전조치'라 한다)를 하여야 한다. 그리고 고속도로에서 선행차량이 사고 등의 사유로 안전조치를 취하지 아니한 채 주행차로에 정지해 있는 사이에 뒤따라온 자동차에 의하여 추돌사고가 발생한 경우에, 안전조치를 취하지 아니한 정차로 인하여 후행차량이 선행차량을 충돌하고 나아가 그 주변의 다른 차량이나 사람들을 충돌할 수도 있다는 것을 충분히 예상할 수 있으므로, 선행차량 운전자가 정지 후 안전조치를 취할 수 있었음에도 과실로 이를 게을리하였거나, 또는 정지 후 시간적 여유 부족이나 부상 등의 사유로 안전조치를 취할 수 없었다고 하더라도 그 정지가 선행차량 운전자의 과실로 발생된 선행사고로 인한 경우 등과 같이 그의 과실에 의하여 비롯된 것이라면, 안전조치 미이행 또는 선행사고의 발생 등으로 인한 정지와 후행 추돌사고 및 그로 인하여 연쇄적으로 발생된 사고들 사이에는 특별한 사정이 없는 한 인과관계가 있고, 손해의 공평한 분담이라는 손해배상 제도의 이념에 비추어 볼 때에 선행차량 운전자의 과실은 후행사고들로 인한 손해배상책임에 관한 분담범위를 정할 때에 참작되어야 한다.
[2] 공동불법행위의 성립에는 공동불법행위자 상호 간에 의사의 공통이나 공동의 인식이 필요하지 아니하고 객관적으로 각 행위에 관련공동성이 있으면 되며, 관련공동성 있는 행위에 의하여 손해가 발생하였다면 손해배상책임을 면할 수 없다.
[3] 甲이 차량1을 운전하여 고속도로를 진행하던 중 안개가 짙게 끼어 전방의 시야가 확보되지 않은 탓에 앞에서 서행하던 트럭을 추돌(이하 '선행사고'라 한다)한 후 안전조치를 취하지 않은 채 2차로에 정차해 있는 사이에 뒤따라오던 승합차가 차량1을 추돌하였고, 승합차를 뒤따라오던 승용차는 사고를 미리 목격하고 2차로에 정차하였으나 바로 뒤이어 乙이 운전한 차량2가 승용차를 추돌한 후 안전조치를 취하지 않은 채 주행차로에 정지해 있었고, 그 뒤로 丙이 운전한 차량3 등이 2차로에서 연쇄적으로 추돌사고를 일으켰으며, 차량3의 동승자인 丁은 또 다른 연쇄추돌로 인한 충격을 피하기 위하여 차량에서 바깥

으로 나왔다가 3차로 쪽에서 연쇄추돌로 발생한 화재를 피하여 반대편인 1차
로 쪽으로 피해 있었는데, 戊가 운전하는 차량4가 丁을 충격(이하 '후행사
고'라 한다)하여 상해를 입힌 사안에서, 차량1의 운전자인 甲은 전방주시의무
위반 등의 과실로 연쇄추돌 사고의 최초의 원인이 된 선행사고를 일으켰고,
사고 후 안전조치를 취하지 아니한 채 주행차로에 정지해 있는 사이에 뒤따라
온 차량들에 의해 후행 추돌사고가 발생하였으므로, 설령 甲이 사고 후 안전
조치 등을 취할 시간적 여유가 없었다고 하더라도 후행 추돌사고에 대하여 과
실이 있고, 그 후 연쇄적인 후행 추돌사고가 발생하여 화재에까지 이르렀고,
甲으로서는 당시 안개가 짙게 낀 고속도로를 운행하는 후행차량들이 2차로에
정차한 차량1을 추돌하고 나아가 그 주변의 다른 차량이나 대피하는 사람들을
추돌할 수도 있다는 것을 충분히 예상할 수 있었다고 할 것이므로, 甲의 위와
같은 과실과 연쇄적인 후행 추돌사고로 인한 후행사고 사이에는 상당인과관계
도 있고, 차량2의 운전자인 乙과 차량3의 운전자인 丙은 전방주시의무 위반
등의 과실로 앞차를 충격하는 사고를 일으킨 후 안전조치를 취하지 아니한 채
주행차로에 정지해 있는 사이에 뒤따라온 차량들에 의해 후행 추돌사고가 발
생하였으므로, 乙, 丙의 각 과실과 연쇄적인 후행 추돌사고로 인한 후행사고
사이에도 상당인과관계가 있는데, 선행사고와 그로 인한 연쇄추돌 사고 및 후
행사고는 시간적으로나 장소적으로 근접하여 발생한 일련의 연쇄추돌 사고들
중의 일부로서, 객관적으로 보아 그 행위에 관련공동성이 있으므로, 甲, 乙,
丙은 공동불법행위자로서 후행사고로 인한 손해에 대하여 연대배상책임을 부
담하고, 비록 丁이 차량3에서 내려 1차로로 대피하던 중 후행사고가 발생하였
더라도, 丁이 1차로로 대피하게 된 것은 甲 등에 의해 야기된 선행사고로 인
한 연쇄적인 후행 추돌사고와 그로 인한 화재에서 비롯된 것으로서, 다수 운
전자들의 과실로 다수 차량이 연쇄추돌한 후 화재까지 발생한 경우, 단순히
차량1, 2, 3과 차량4 사이의 직접적인 충격이 없었다고 하여 甲, 乙, 丙의 각
과실과 후행사고 사이의 인과관계가 단절된다고 볼 수는 없고, 후행사고가 1
차로상에서 발생하였다고 하여 달리 평가할 수 있는 것이 아닌데도, 이와 달
리 본 원심판단에 법리오해의 위법이 있다고 한 사례.

## Ⅲ. 벌칙

**제148조(벌칙)** 제54조제1항에 따른 교통사고 발생 시의 조치를 하지 아니
한 사람(주・정차된 차만 손괴한 것이 분명한 경우에 제54조제1항제2호에
따라 피해자에게 인적 사항을 제공하지 아니한 사람은 제외한다)은 5년
이하의 징역이나 1천500만원 이하의 벌금에 처한다. 〈개정 2016.12.2.〉
[전문개정 2011.6.8.]

**제148조의2(벌칙)** ① 제44조제1항, 제2항 또는 제5항을 위반(자동차등 또는 노면전차를 운전한 경우로 한정한다. 다만, 개인형 이동장치를 운전한 경우는 제외한다. 이하 이 조에서 같다)하여 벌금 이상의 형을 선고받고 그 형이 확정된 날부터 10년 내에 다시 같은 조 제1항, 제2항 또는 제5항을 위반한 사람(형이 실효된 사람도 포함한다)은 다음 각 호의 구분에 따라 처벌한다. 〈개정 2023.1.3.〉

　　1. 제44조제2항 또는 제5항을 위반한 사람은 1년 이상 6년 이하의 징역이나 500만원 이상 3천만원 이하의 벌금에 처한다.

　　2. 제44조제1항을 위반한 사람 중 혈중알코올농도가 0.2퍼센트 이상인 사람은 2년 이상 6년 이하의 징역이나 1천만원 이상 3천만원 이하의 벌금에 처한다.

　　3. 제44조제1항을 위반한 사람 중 혈중알코올농도가 0.03퍼센트 이상 0.2퍼센트 미만인 사람은 1년 이상 5년 이하의 징역이나 500만원 이상 2천만원 이하의 벌금에 처한다.

② 다음 각 호의 어느 하나에 해당하는 사람은 1년 이상 5년 이하의 징역이나 500만원 이상 2천만원 이하의 벌금에 처한다. 〈개정 2024. 12. 3.〉

　　1. 술에 취한 상태에 있다고 인정할 만한 상당한 이유가 있는 사람으로서 제44조제2항에 따른 경찰공무원의 측정에 응하지 아니하는 사람(자동차등 또는 노면전차를 운전한 경우로 한정한다)

　　2. 술에 취한 상태에 있다고 인정할 만한 상당한 이유가 있는 사람으로서 제44조제5항을 위반하여 자동차등 또는 노면전차를 운전한 후 음주측정방해행위를 한 사람

③ 제44조제1항을 위반하여 술에 취한 상태에서 자동차등 또는 노면전차를 운전한 사람은 다음 각 호의 구분에 따라 처벌한다.

　　1. 혈중알코올농도가 0.2퍼센트 이상인 사람은 2년 이상 5년 이하의 징역이나 1천만원 이상 2천만원 이하의 벌금

　　2. 혈중알코올농도가 0.08퍼센트 이상 0.2퍼센트 미만인 사람은 1년 이상 2년 이하의 징역이나 500만원 이상 1천만원 이하의 벌금

　　3. 혈중알코올농도가 0.03퍼센트 이상 0.08퍼센트 미만인 사람은 1년 이하의 징역이나 500만원 이하의 벌금

④ 제45조를 위반하여 약물로 인하여 정상적으로 운전하지 못할 우려가 있는 상태에서 자동차등 또는 노면전차를 운전한 사람은 3년 이하의 징역이나 1천만원 이하의 벌금에 처한다.

[전문개정 2018.12.24.]

**제148조의3(벌칙)** ① 제50조의3제4항을 위반하여 음주운전 방지장치를 해체·조작하거나 그 밖의 방법으로 효용을 해친 자는 3년 이하의 징역 또는 3천만원 이하의 벌금에 처한다.

② 제50조의3제4항을 위반하여 장치가 해체·조작되었거나 효용이 떨어진 것을 알면서 해당 장치가 설치된 자동차등을 운전한 자는 1년 이하의 징역 또는 300만원 이하의 벌금에 처한다.

③ 제50조의3제5항을 위반하여 조건부 운전면허를 받은 사람을 대신하여 음주운전 방지장치가 설치된 자동차등을 운전할 수 있도록 해당 장치에 호흡을 불어넣거나 다른 부정한 방법으로 음주운전 방지장치가 설치된 자동차등에 시동을 걸어 운전할 수 있도록 한 사람은 1년 이하의 징역 또는 300만원 이하의 벌금에 처한다.

[본조신설 2023. 10. 24.]

**제149조(벌칙)** ① 제68조제1항을 위반하여 함부로 신호기를 조작하거나 교통안전시설을 철거·이전하거나 손괴한 사람은 3년 이하의 징역이나 700만원 이하의 벌금에 처한다.

② 제1항에 따른 행위로 인하여 도로에서 교통위험을 일으키게 한 사람은 5년 이하의 징역이나 1천500만원 이하의 벌금에 처한다.

[전문개정 2011.6.8.]

**제150조(벌칙)** 다음 각 호의 어느 하나에 해당하는 사람은 2년 이하의 징역이나 500만원 이하의 벌금에 처한다.〈개정 2024. 1. 30., 2024. 3. 19.〉

1. 제46조제1항 또는 제2항을 위반하여 공동 위험행위를 하거나 주도한 사람

2. 제77조제1항에 따른 수강 결과를 거짓으로 보고한 교통안전교육강사

3. 제77조제2항을 위반하여 교통안전교육을 받지 아니하거나 기준에 미치지 못하는 사람에게 교육확인증을 발급한 교통안전교육기관의 장

3의2. 제85조제6항, 제106조제3항 또는 제107조제3항을 위반하여 운전면허증, 강사자격증 또는 기능검정원 자격증을 빌려주거나 빌린 사람 또는 이를 알선한 사람

3의3. 제92조제3항을 위반하여 다른 사람의 명의의 모바일운전면허증을 부정하게 사용한 사람

4. 거짓이나 그 밖의 부정한 방법으로 제99조에 따른 학원의 등록을 하거

　　나 제104조제1항에 따른 전문학원의 지정을 받은 사람
　5. 제104조제1항에 따른 전문학원의 지정을 받지 아니하고 제108조제5항
　　에 따른 수료증 또는 졸업증을 발급한 사람
　6. 제116조를 위반하여 대가를 받고 자동차등의 운전교육을 한 사람
　7. 제129조의3을 위반하여 비밀을 누설하거나 도용한 사람
[전문개정 2011.6.8.]

**제151조(벌칙)** 차 또는 노면전차의 운전자가 업무상 필요한 주의를 게을리
하거나 중대한 과실로 다른 사람의 건조물이나 그 밖의 재물을 손괴한 경
우에는 2년 이하의 금고나 500만원 이하의 벌금에 처한다. 〈개정 2018.3.27.〉
[전문개정 2011.6.8.]

**제151조의2(벌칙)** 다음 각 호의 어느 하나에 해당하는 사람은 1년 이하의
징역이나 500만원 이하의 벌금에 처한다. 〈개정 2020.6.9.〉
　1. 제46조의3을 위반하여 자동차등을 난폭운전한 사람
　2. 제17조제3항을 위반하여 제17조제1항 및 제2항에 따른 최고속도보다
　　시속 100킬로미터를 초과한 속도로 3회 이상 자동차등을 운전한 사람
[본조신설 2015.8.11.]

**제152조(벌칙)** 다음 각 호의 어느 하나에 해당하는 사람은 1년 이하의 징
역이나 300만원 이하의 벌금에 처한다. 〈개정 2021.10.9., 2023. 10. 24.〉
　1. 제43조를 위반하여 제80조에 따른 운전면허(원동기장치자전거면허는
　　제외한다. 이하 이 조에서 같다)를 받지 아니하거나(운전면허의 효력이
　　정지된 경우를 포함한다) 또는 제96조에 따른 국제운전면허증 또는 상
　　호인정외국면허증을 받지 아니하고(운전이 금지된 경우와 유효기간이
　　지난 경우를 포함한다) 자동차를 운전한 사람
1의2. 제50조의3제3항을 위반하여 조건부 운전면허를 발급받고 음주운전
　　방지장치가 설치되지 아니하거나 설치기준에 적합하지 아 니하게
　　설치된 자동차등을 운전한 사람
　2. 제56조제2항을 위반하여 운전면허를 받지 아니한 사람(운전면허의 효
　　력이 정지된 사람을 포함한다)에게 자동차를 운전하도록 시킨 고용주등
　3. 거짓이나 그 밖의 부정한 수단으로 운전면허를 받거나 운전면허증 또
　　는 운전면허증을 갈음하는 증명서를 발급받은 사람

    4. 제68조제2항을 위반하여 교통에 방해가 될 만한 물건을 함부로 도로에
       내버려둔 사람
    5. 제76조제4항을 위반하여 교통안전교육강사가 아닌 사람으로 하여금 교
       통안전교육을 하게 한 교통안전교육기관의 장
    6. 제117조를 위반하여 유사명칭 등을 사용한 사람
[전문개정 2011.6.8.]

**제152조의2** 삭제 〈2010.7.23.〉

**제153조(벌칙)** ① 다음 각 호의 어느 하나에 해당하는 사람은 6개월 이하
의 징역이나 200만원 이하의 벌금 또는 구류에 처한다. 〈개정 2015.8.11.〉
    1. 제40조를 위반하여 정비불량차를 운전하도록 시키거나 운전한 사람
    2. 제41조, 제47조 또는 제58조에 따른 경찰공무원의 요구·조치 또는 명
       령에 따르지 아니하거나 이를 거부 또는 방해한 사람
    3. 제46조의2를 위반하여 교통단속을 회피할 목적으로 교통단속용 장비의
       기능을 방해하는 장치를 제작·수입·판매 또는 장착한 사람
    4. 제49조제1항제4호를 위반하여 교통단속용 장비의 기능을 방해하는 장
       치를 한 차를 운전한 사람
    5. 제55조를 위반하여 교통사고 발생 시의 조치 또는 신고 행위를 방해한
       사람
    6. 제68조제1항을 위반하여 함부로 교통안전시설이나 그 밖에 그와 비슷
       한 인공구조물을 설치한 사람
    7. 제80조제3항 또는 제4항에 따른 조건을 위반하여 운전한 사람
② 다음 각 호의 어느 하나에 해당하는 사람은 100만원 이하의 벌금 또는
구류에 처한다. 〈신설 2015.8.11., 2020.6.9.〉
    1. 고속도로, 자동차전용도로, 중앙분리대가 있는 도로에서 제13조제3항을
       고의로 위반하여 운전한 사람
    2. 제17조제3항을 위반하여 제17조제1항 및 제2항에 따른 최고속도보다
       시속 100킬로미터를 초과한 속도로 자동차등을 운전한 사람
[전문개정 2011.6.8.]

**제154조(벌칙)** 다음 각 호의 어느 하나에 해당하는 사람은 30만원 이하의
벌금이나 구류에 처한다. 〈개정 2018.3.27., 2019.12.24., 2020.5.26., 2020.6.9.,
2020.10.20, 2021.10.19〉

1. 제42조를 위반하여 자동차등에 도색·표지 등을 하거나 그러한 자동차 등을 운전한 사람

2. 제43조를 위반하여 제80조에 따른 원동기장치자전거를 운전할 수 있는 운전면허를 받지 아니하거나(원동기장치자전거를 운전할 수 있는 운전면허의 효력이 정지된 경우를 포함한다) 국제운전면허증 또는 상호인정 외국면허증 중 원동기장치자전거를 운전할 수 있는 것으로 기재된 국제운전면허증 또는 상호인정외국면허증을 발급받지 아니하고(운전이 금지된 경우와 유효기간이 지난 경우를 포함한다) 원동기장치자전거를 운전한 사람(다만, 개인형 이동장치를 운전하는 경우는 제외한다)

3. 제45조를 위반하여 과로·질병으로 인하여 정상적으로 운전하지 못할 우려가 있는 상태에서 자동차등 또는 노면전차를 운전한 사람(다만, 개인형 이동장치를 운전하는 경우는 제외한다)

3의2. 제53조제3항을 위반하여 보호자를 태우지 아니하고 어린이통학버스를 운행한 운영자

3의3. 제53조제4항을 위반하여 어린이나 영유아가 하차하였는지를 확인하지 아니한 운전자

3의4. 제53조제5항을 위반하여 어린이 하차확인장치를 작동하지 아니한 운전자. 다만, 점검 또는 수리를 위하여 일시적으로 장치를 제거하여 작동하지 못하는 경우는 제외한다.

3의5. 제53조제6항을 위반하여 보호자를 태우지 아니하고 운행하는 어린이통학버스에 보호자 동승표지를 부착한 자

4. 제54조제2항에 따른 사고발생 시 조치상황 등의 신고를 하지 아니한 사람

5. 제56조제2항을 위반하여 원동기장치자전거를 운전할 수 있는 운전면허를 받지 아니하거나(원동기장치자전거를 운전할 수 있는 운전면허의 효력이 정지된 경우를 포함한다) 국제운전면허증 또는 상호인정외국면허증 중 원동기장치자전거를 운전할 수 있는 것으로 기재된 국제운전면허증 또는 상호인정외국면허증을 발급받지 아니한 사람(운전이 금지된 경우와 유효기간이 지난 경우를 포함한다)에게 원동기장치자전거를 운전하도록 시킨 고용주등

6. 제63조를 위반하여 고속도로등을 통행하거나 횡단한 사람

7. 제69조제1항에 따른 도로공사의 신고를 하지 아니하거나 같은 조 제2항에 따른 조치를 위반한 사람 또는 같은 조 제3항을 위반하여 교통안전시설을 설치하지 아니하거나 같은 조 제4항을 위반하여 안전요원 또는 안전유도 장비를 배치하지 아니한 사람 또는 같은 조 제6항을 위반

하여 교통안전시설을 원상회복하지 아니한 사람

8. 제71조제1항에 따른 경찰서장의 명령을 위반한 사람

9. 제17조제3항을 위반하여 제17조제1항 및 제2항에 따른 최고속도보다 시속 80킬로미터를 초과한 속도로 자동차등을 운전한 사람(제151조의2 제2호 및 제153조제2항제2호에 해당하는 사람은 제외한다)

[전문개정 2011.6.8.]

**제155조(벌칙)** 제92조제2항을 위반하여 경찰공무원의 운전면허증등의 제시 요구나 운전자 확인을 위한 진술 요구에 따르지 아니한 사람은 20만원 이하의 벌금 또는 구류에 처한다.

[전문개정 2011.6.8.]

**제156조(벌칙)** 다음 각 호의 어느 하나에 해당하는 사람은 20만원 이하의 벌금이나 구류 또는 과료(科料)에 처한다. 〈개정 2013.8.13., 2014.1.28., 2014.12.30., 2015.8.11., 2016.1.27., 2016.12.2., 2017.10.24., 2018.3.27., 2018.10.16., 2020.5.26., 2020.6.9., 2020.12.22., 2021.1.12., 2021.10.19., 2022.1.11., 2024. 3. 19., 2024. 12. 3.〉

1. 제5조, 제13조제1항부터 제3항(제13조제3항의 경우 고속도로, 자동차전용도로, 중앙분리대가 있는 도로에서 고의로 위반하여 운전한 사람은 제외한다)까지 및 제5항, 제14조제2항·제3항·제5항, 제15조제3항(제61조제2항에서 준용하는 경우를 포함한다), 제15조의2제3항, 제16조제2항, 제17조제3항(제151조의2제2호, 제153조제2항제2호 및 제154조제9호에 해당하는 사람은 제외한다), 제18조, 제19조제1항·제3항 및 제4항, 제21조제1항·제3항 및 제4항, 제24조, 제25조, 제25조의2, 제26조부터 제28조까지, 제32조, 제33조, 제34조의3, 제37조(제1항제2호는 제외한다), 제38조제1항, 제39조제1항·제3항·제4항·제5항, 제48조제1항, 제49조(같은 조 제1항제1호·제3호를 위반하여 차 또는 노면전차를 운전한 사람과 같은 항 제4호의 위반행위 중 교통단속용 장비의 기능을 방해하는 장치를 한 차를 운전한 사람은 제외한다), 제50조제5항부터 제10항(같은 조 제9항을 위반하여 자전거를 운전한 사람은 제외한다)까지, 제51조, 제53조제1항 및 제2항(좌석안전띠를 매도록 하지 아니한 운전자는 제외한다), 제62조 또는 제73조제2항(같은 항 제1호는 제외한다)을 위반한 차마 또는 노면전차의 운전자

2. 제6조제1항·제2항·제4항 또는 제7조에 따른 금지·제한 또는 조치를

위반한 차 또는 노면전차의 운전자

3. 제22조, 제23조, 제29조제4항부터 제6항까지, 제53조의5, 제60조, 제64조, 제65조 또는 제66조를 위반한 사람

4. 제31조, 제34조 또는 제52조제4항을 위반하거나 제35조제1항에 따른 명령을 위반한 사람

5. 제39조제6항에 따른 시·도경찰청장의 제한을 위반한 사람

6. 제50조제1항, 제3항 및 제4항을 위반하여 좌석안전띠를 매지 아니하거나 인명보호 장구를 착용하지 아니한 운전자(자전거 운전자는 제외한다)

6의2. 제56조의2제1항을 위반하여 자율주행시스템의 직접 운전 요구에 지체 없이 대응하지 아니한 자율주행자동차의 운전자

7. 제95조제2항에 따른 경찰공무원의 운전면허증 회수를 거부하거나 방해한 사람

8. 삭제 〈2020.5.26.〉

9. 삭제 〈2020.5.26.〉

9의2. 삭제 〈2020.5.26.〉

10. 주·정차된 차만 손괴한 것이 분명한 경우에 제54조제1항제2호에 따라 피해자에게 인적 사항을 제공하지 아니한 사람

11. 제44조제1항을 위반하여 술에 취한 상태에서 자전거등을 운전한 사람

12. 술에 취한 상태에 있다고 인정할 만한 상당한 이유가 있는 사람으로서 제44조제2항에 따른 경찰공무원의 측정에 응하지 아니한 사람(자전거등을 운전한 사람으로 한정한다)

12의2. 술에 취한 상태에 있다고 인정할 만한 상당한 이유가 있는 사람으로서 제44조제5항을 위반하여 자전거등을 운전한 후 음주측정방해 행위를 한 사람

13. 제43조를 위반하여 제80조에 따른 원동기장치자전거를 운전할 수 있는 운전면허를 받지 아니하거나(원동기장치자전거를 운전할 수 있는 운전면허의 효력이 정지된 경우를 포함한다) 국제운전면허증 또는 상호인정외국면허증 중 원동기장치자전거를 운전할 수 있는 것으로 기재된 국제운전면허증 또는 상호인정외국면허증을 발급받지 아니하고(운전이 금지된 경우와 유효기간이 지난 경우를 포함한다) 개인형 이동장치를 운전한 사람

[전문개정 2011.6.8.]

**제157조(벌칙)** 다음 각 호의 어느 하나에 해당하는 사람은 20만원 이하의

벌금이나 구류 또는 과료에 처한다.〈개정 2023. 4. 18.〉

1. 제5조, 제8조제1항, 제10조제2항부터 제5항까지의 규정을 위반한 보행자(실외이동로봇이 위반한 경우에는 실외이동로봇 운용자를 포함한다)

2. 제6조제1항·제2항·제4항 또는 제7조에 따른 금지·제한 또는 조치를 위반한 보행자(실외이동로봇이 위반한 경우에는 실외이동로봇 운용자를 포함한다)

2의2. 제8조의2제2항을 위반한 실외이동로봇 운용자

3. 제9조제1항을 위반하거나 같은 조 제3항에 따른 경찰공무원의 조치를 위반한 행렬등의 보행자나 지휘자

4. 제68조제3항을 위반하여 도로에서의 금지행위를 한 사람

[전문개정 2011.6.8.]

**제158조(형의 병과)** 이 장의 죄를 범한 사람에 대하여는 정상(情狀)에 따라 벌금 또는 과료와 구류의 형을 병과(並科)할 수 있다.

[전문개정 2011.6.8.]

**제158조의2(형의 감면)** 긴급자동차(제2조제22호가목부터 다목까지의 자동차와 대통령령으로 정하는 경찰용 자동차만 해당한다)의 운전자가 그 차를 본래의 긴급한 용도로 운행하는 중에 교통사고를 일으킨 경우에는 그 긴급활동의 시급성과 불가피성 등 정상을 참작하여 제151조, 「교통사고처리 특례법」 제3조제1항 또는 「특정범죄 가중처벌 등에 관한 법률」 제5조의13에 따른 형을 감경하거나 면제할 수 있다. 〈개정 2021.1.12.〉

[본조신설 2016.1.27.]

**제159조(양벌규정)** 법인의 대표자나 법인 또는 개인의 대리인, 사용인, 그 밖의 종업원이 법인 또는 개인의 업무에 관하여 제148조, 제148조의2, 제149조부터 제157조까지의 어느 하나에 해당하는 위반행위를 하면 그 행위자를 벌하는 외에 그 법인 또는 개인에게도 해당 조문의 벌금 또는 과료의 형을 과(科)한다. 다만, 법인 또는 개인이 그 위반행위를 방지하기 위하여 해당 업무에 관하여 상당한 주의와 감독을 게을리하지 아니한 경우에는 그러하지 아니하다.

[전문개정 2011.6.8.]

**제160조(과태료)** ① 다음 각 호의 어느 하나에 해당하는 사람에게는 500

545 만원 이하의 과태료를 부과한다.

만원 이하의 과태료를 부과한다. 〈개정 2014.1.28., 2020.5.26., 2023. 10. 24.〉

1. 제78조를 위반하여 교통안전교육기관 운영의 정지 또는 폐지 신고를 하지 아니한 사람
2. 제109조제2항을 위반하여 강사의 인적 사항과 교육 과목을 게시하지 아니한 사람
3. 제110조제2항을 위반하여 수강료등을 게시하지 아니하거나 같은 조 제3항을 위반하여 게시된 수강료등을 초과한 금액을 받은 사람
4. 제111조를 위반하여 수강료등의 반환 등 교육생 보호를 위하여 필요한 조치를 하지 아니한 사람
5. 제112조를 위반하여 학원이나 전문학원의 휴원 또는 폐원 신고를 하지 아니한 사람
6. 제115조제1항에 따른 간판이나 그 밖의 표지물 제거, 시설물의 설치 또는 게시문의 부착을 거부·방해 또는 기피하거나 게시문이나 설치한 시설물을 임의로 제거하거나 못쓰게 만든 사람
7. 제52조제1항에 따라 어린이통학버스를 신고하지 아니하고 운행한 운영자
8. 제52조제3항에 따른 요건을 갖추지 아니하고 어린이통학버스를 운행한 운영자
9. 제50조의3제6항을 위반하여 음주운전 방지장치가 설치된 자동차등을 등록한 후 행정안전부령에 따른 음주운전 방지장치 부착 자동차등의 운행기록을 제출하지 아니하거나 정상 작동 여부를 검사받지 아니한 사람

② 다음 각 호의 어느 하나에 해당하는 사람에게는 20만원 이하의 과태료를 부과한다. 〈개정 2014.1.28., 2014.12.30., 2017.10.24., 2018.3.27., 2020.5.26., 2021.1.12., 2024. 3. 19.〉

1. 제49조제1항(같은 항 제1호 및 제3호만 해당한다)을 위반한 차 또는 노면전차의 운전자
2. 제50조제1항을 위반하여 동승자에게 좌석안전띠를 매도록 하지 아니한 운전자
3. 제50조제3항 및 제4항을 위반하여 동승자에게 인명보호 장구를 착용하도록 하지 아니한 운전자(자전거 운전자는 제외한다)
4. 제52조제2항을 위반하여 어린이통학버스 안에 신고증명서를 갖추어두지 아니한 어린이통학버스의 운영자
4의2. 제53조제2항을 위반하여 어린이통학버스에 탑승한 어린이나 영유아의 좌석안전띠를 매도록 하지 아니한 운전자

4의3. 제53조의3제1항을 위반하여 어린이통학버스 안전교육을 받지 아니한 사람

4의4. 제53조의3제3항을 위반하여 어린이통학버스 안전교육을 받지 아니한 사람에게 어린이통학버스를 운전하게 하거나 어린이통학버스에 동승하게 한 어린이통학버스의 운영자

4의5. 제53조제7항을 위반하여 안전운행기록을 제출하지 아니한 어린이통학버스의 운영자

5. 제67조제2항에 따른 고속도로등에서의 준수사항을 위반한 운전자

6. 제73조제4항을 위반하여 긴급자동차의 안전운전 등에 관한 교육을 받지 아니한 사람

7. 제87조제1항을 위반하여 운전면허증 갱신기간에 운전면허를 갱신하지 아니한 사람

8. 제87조제2항 또는 제88조제1항을 위반하여 정기 적성검사 또는 수시 적성검사를 받지 아니한 사람

9. 제11조제4항을 위반하여 어린이가 개인형 이동장치를 운전하게 한 어린이의 보호자

10. 제56조의3제1항을 위반하여 자율주행자동차 안전교육을 받지 아니한 사람

③ 차 또는 노면전차가 제5조, 제6조제1항·제2항(통행 금지 또는 제한을 위반한 경우를 말한다), 제13조제1항·제3항·제5항, 제14조제2항·제5항, 제15조제3항(제61조제2항에서 준용하는 경우를 포함한다), 제17조제3항, 제18조, 제19조제3항, 제21조제1항·제3항, 제22조, 제23조, 제25조제1항·제2항·제5항, 제25조의2제1항·제2항, 제27조제1항·제7항, 제29조제4항·제5항, 제32조부터 제34조까지, 제37조(제1항제2호는 제외한다), 제38조제1항, 제39조제1항·제4항, 제48조제1항, 제49조제1항제10호·제11호·제11호의2, 제50조제3항, 제60조제1항·제2항, 제62조 또는 제68조제3항제5호를 위반한 사실이 사진, 비디오테이프나 그 밖의 영상기록매체에 의하여 입증되고 다음 각 호의 어느 하나에 해당하는 경우에는 제56조제1항에 따른 고용주등에게 20만원 이하의 과태료를 부과한다. 〈개정 2013.5.22., 2016.12.2., 2018.3.27., 2022.1.11.〉

1. 위반행위를 한 운전자를 확인할 수 없어 제143조제1항에 따른 고지서를 발급할 수 없는 경우(제15조제3항, 제29조제4항·제5항, 제32조, 제33조 또는 제34조를 위반한 경우만 해당한다)

2. 제163조에 따라 범칙금 통고처분을 할 수 없는 경우

④ 제3항에도 불구하고 다음 각 호의 어느 하나에 해당하는 경우에는 과태료처분을 할 수 없다. 〈개정 2015.8.11., 2018.3.27.〉

1. 차 또는 노면전차를 도난당하였거나 그 밖의 부득이한 사유가 있는 경우
2. 운전자가 해당 위반행위로 제156조에 따라 처벌된 경우(제163조에 따라 범칙금 통고처분을 받은 경우를 포함한다)
3. 「질서위반행위규제법」 제16조제2항에 따른 의견 제출 또는 같은 법 제20조제1항에 따른 이의제기의 결과 위반행위를 한 운전자가 밝혀진 경우
4. 자동차가 「여객자동차 운수사업법」에 따른 자동차대여사업자 또는 「여신전문금융업법」에 따른 시설대여업자가 대여한 자동차로서 그 자동차만 임대한 것이 명백한 경우

[전문개정 2011.6.8.]

**제161조(과태료의 부과·징수 등)** ① 제160조제1항부터 제3항까지의 규정에 따른 과태료는 대통령령으로 정하는 바에 따라 다음 각 호의 자가 부과·징수한다. 〈개정 2014.1.28., 2016.1.27., 2018.3.27., 2020.5.26., 2020.12.22., 2024. 3. 19.〉

1. 제160조제1항부터 제3항까지(제15조제3항에 따른 전용차로 통행, 제32조부터 제34조까지의 규정에 따른 정차 또는 주차, 제53조제7항에 따른 안전운행기록 제출, 제53조의3제1항에 따른 어린이통학버스 안전교육, 제53조의3제3항에 따른 어린이통학버스 운영자 의무 규정을 위반한 경우는 제외한다)의 과태료: 시·도경찰청장
2. 제160조제1항(제52조제1항·제3항을 위반한 경우만 해당한다), 제 2항(제49조제1항제1호·제3호, 제50조제1항·제3항, 제52조제2항, 제53조제2항, 제53조의3제1항·제3항 및 제56조의3제1항을 위반한 경우만 해당한다) 및 제3항(제5조, 제13조제3항, 제15조제3항, 제17조제3항, 제29조제4항·제5항, 제32조부터 제34조까지의 규정을 위반한 경우만 해당한다)의 과태료: 제주특별자치도지사
3. 제160조제2항제4호의3·제4호의4·제4호의5·제10호 및 같은 조 제3항(제 15조제3항, 제29조제4항·제5항, 제32조부터 제34조까지의 규정을 위반한 경우만 해당한다)의 과태료: 시장등
4. 제160조제2항제4호의3·제4호의4·제4호의5의 과태료: 교육감

② 시·도경찰청장은 이 법에 따른 과태료 징수와 관련된 업무의 일부를 대통령령으로 정하는 바에 따라 「한국자산관리공사 설립 등에 관한 법률」에 따라 설립된 한국자산관리공사에 위탁할 수 있다. 〈신설 2016.

1.27., 2019.11.26., 2020.12.22.〉
[전문개정 2011.6.8.] [제목개정 2016.1.27.]

**제161조의2(과태료 납부방법 등)** ① 과태료 납부금액이 대통령령으로 정하는 금액 이하인 경우에는 대통령령으로 정하는 과태료 납부대행기관을 통하여 신용카드, 직불카드 등(이하 "신용카드등"이라 한다)으로 낼 수 있다. 이 경우 "과태료 납부대행기관"이란 정보통신망을 이용하여 신용카드 등에 의한 결제를 수행하는 기관으로서 대통령령으로 정하는 바에 따라 과태료 납부대행기관으로 지정받은 자를 말한다.

② 제1항에 따라 신용카드등으로 내는 경우에는 과태료 납부대행기관의 승인일을 납부일로 본다.

③ 과태료 납부 대행기관은 납부자로부터 신용카드등에 의한 과태료 납부대행 용역의 대가로 대통령령으로 정하는 바에 따라 납부대행 수수료를 받을 수 있다.

④ 과태료 납부대행기관의 지정 및 운영, 납부대행 수수료 등에 관하여 필요한 사항은 대통령령으로 정한다.

[전문개정 2011.6.8.]

**제161조의3(과태료·범칙금수납정보시스템 운영계획의 수립·시행)** 경찰청장은 누구든지 과태료 및 범칙금의 내용을 편리하게 조회하고 전자납부(인터넷이나 전화통신장치 또는 자동입출금기의 연계방식을 통한 납부를 말한다)할 수 있도록 하기 위하여 다음 각 호의 사항을 포함하는 과태료·범칙금수납정보시스템 운영계획을 수립·시행할 수 있다.

1. 과태료·범칙금 납부대행기관 정보통신망과 수납통합처리시스템의 연계
2. 과태료 및 범칙금 납부의 실시간 처리 및 안전한 관리와 수납통합처리시스템의 운영
3. 그 밖에 대통령령으로 정하는 운영계획의 수립·시행에 필요한 사항

[본조신설 2016.1.27.]

## III. 기재례

### 【범죄사실 기재례】

피의자는 20○○. ○. ○. 21 : 00경 서울시 ○○동 ○○사거리에서 ○○방면으로 편도 2차선도로의 2차선으로 서울○○마○○○○호 티뷰론승용차를 주행하던 중, 차의 운전자는 전방 및 좌우를 잘 살피고 제동장치 등을 정확히 조작해야 할 업무상의 주의의무가 있음에도 이를 게을리 한 채 운전한 과실로 위 ○○입구에서 직진신호를 기다리고 있던 피해자 김○○가 운전하는 경기○○아○○○○호 1톤 트럭의 뒷부분을 들이받아위 차량에 수리비 150만원 상당이 들도록 손괴하고도 아무런 조치를 하지 않은 채 그대로 달아났다.

### 【범죄사실 기재례】

피의자는 20○○. ○. ○. 22 : 00경 혈중알콜농도 0.08%의 술에 취한 상태에서 서울 관악구 신림8동 333 소재 일번지 단란주점 앞길에서 서울 서초구 서초동 444 뒷골목까지 약 3킬로미터를 피의자 소유 서울41가 5555호 승용차로 운전하였다.

※ 음주운전에 의한 도로교통법위반의 범죄사실 기재는 '음주상태에서의 운전거리'를 나타내어야 한다.

### 【범죄사실 기재례】

피의자는 20○○. ○. ○. 22 : 15경 자신의 ○○노○○○○호 NF소나타 승용차 차량을 운전하여 ○○시 ○○동 ○○번지 앞길을 ○○쪽으로 진행하던 중, 위 차가 좌우로 비틀거리며 달리는 것을 보고 순찰차를 타고 뒤쫓아온 ○○경찰서 소속 경장 권○○가 위 차를 정지시키고 입에서 술냄새가 나는 피의자에 대하여 술에 취하였는지 여부를 측정하려 하였으나 그 측정에 응하지 않았다.

### 【범죄사실 기재례】

피의자는 자동차운전면허 없이 20○○. ○. ○. 01 : 30경 정○○ 소유의 ○○두○○○○호 마티즈승용차를 ○○시 ○○동에 있는 ○○대학 앞길에서부터 같은 시 ○○동에 있는 ○○아파트까지 운전하였다.

## 【적용실례】

〈운전면허가 당연무효가 아니어서 무면허운전이 아닌 사례〉

연령미달의 결격자가 자격자인 사촌형 이름으로 운전면허시험에 합격하여 운전면허를 교부받고 운전한 경우

➡ 이 경우는 당연무효가 아니고 도로교통법(제78조 제3호)의 면허취소사유에 해당할 뿐이어서 취소되지 않는 한 유효하므로 피의자의 운전행위는 무면허운전에 해당하지 않는다.

〈운전면허취소처분이 내려졌으나 아직 통지가 없는 상태에서 운전한 경우, 자동차운전면허를 받은 사람이 정기적성검사를 받지 않아 운전면허취소처분이 내려졌으나 이에 대한 통지가 아직 없는 상태에서 운전을 한 경우〉

➡ 위 경우 운전면허가 취소되려면 정기적성검사기간이 경과되었다는 사실만으로는 부족하고 도로교통법 제93조 제8호에 의한 면허관청의 운전면허 취소처분이 별도로 필요하다. 또 면허관청이 운전면허를 취소했다고 해도 같은 법 시행령 제53조 소정의 적법한 통지 또는 공고가 없으면 그 효력을 발생할 수 없으므로 운전면허취소처분 이후 위 적법한 통지 또는 공고가 없는 동안의 자동차운전은 무면허운전이라고 할 수 없다.

**[서식] (과태료·범칙금) 부과 및 견인대상차량**

| 비 고 | No | No | (과태료·범칙금) 부과 및 견인대상차량 |
|---|---|---|---|

비 고

1. "(과태료·범칙금)부과 및 견인대상차량"의 서체는 고딕체로 한다.

2. 문자의 색채는 검정색으로 하며 "(과태료·범칙금)부과 및 견인대상차량" 표지의 바탕색은 옅은 하늘색으로 한다.

No

1. 위반일시
   년 월 일
2. 위반장소:
3. 등록번호:
4. 적용법조:
5. 보관장소:
6. 취급자:
   소속:
   성명:

No

**(과태료·범칙금) 부과 및 견인대상차량**

○ 귀하의 차량은 주차위반으로 「도로교통법」(제156조·제160조 및 제161조)에 따라 (과태료·범칙금)이 부과되며, 같은 법 제35조제2항에 따른 견인대상 차량입니다.

○ 이의가 있을 때에는 10일 이내에

경찰서 교통계

(구청 지역교통과)

(전화:   -   )에 의견을 진술 할 수 있습니다.

차량 소유자 귀하

년    월    일

**경찰서장 또는 시장·군수·구청장**

| 직인 |
|---|

15cm

←10cm→    ←————20cm————→

300㎜×150㎜(일반용지 60g/㎡)

**[서식]** 교통법규위반자적발보고서

| 2회 이상<br>위반기록 | | 교통법규위반자적발보고<br>(통보)서 | | | 계장<br>(탐장) | 과장<br>(대장) | 서장<br>(도지사) |
|---|---|---|---|---|---|---|---|
| 회 경찰서<br>(제주특별자치도)<br>No. | | No. | | | | | |

아래와 같이 적발하여 출석지시 하였기에 보고(통보)합니다.

| 출<br>석 | 일시 | 년 월 일 오전 오후 시 분까지 | | |
|---|---|---|---|---|
| | 장소 | | | |
| 적용<br>법조 | 「도로교통법」<br>제 조제 항 | 보<br>관 | [ ] 운전면허증 　 [ ] 국제운전면허증<br>[ ] 건설기계조종사면허증 　 [ ] 기타 | 검인 |

　　　　　　　　　　　　　　　　　　　　　　　　　　　　년　　　월　　　일

**경찰서장** 　귀하　　　　　　　(○○자치경찰대) (자치)경 　 (인)

<table>
<tr><td colspan="6" align="center">진 술 서</td></tr>
<tr><td rowspan="5">위반<br>자</td><td>성 명</td><td></td><td>생년<br>월일</td><td></td><td>성<br>별</td><td>[ ] 남<br>[ ] 여</td></tr>
<tr><td>주 소</td><td colspan="5"></td></tr>
<tr><td>연락처</td><td colspan="5"></td></tr>
<tr><td>차 량</td><td colspan="5">[ ]관 　 [ ]영 　 [ ]건설기계 　 시 　 제 　 호 　 차<br>[ ]자 　 [ ]외 　 [ ]노면전차 　 도 　 　 　 종</td></tr>
<tr><td>운 전<br>면 허</td><td colspan="5">[ ]대형 　 [ ]보통 　 [ ]소형 제 　 종<br>[ ]건설기계 　 [ ]특수 　 [ ]원자 　 지방경찰청<br>[ ]국제 　 [ ]노면전차</td></tr>
<tr><td rowspan="2">위반</td><td>일 시</td><td colspan="5">년 월 일 오전 오후 시 분경</td></tr>
<tr><td>장 소</td><td colspan="5"></td></tr>
<tr><td>위반<br>사항</td><td colspan="6"></td></tr>
</table>

| 위 사실을 진술하고 본인 서명 날인합니다.<br><br>　　　　진술인　　　　　　　　　(서명 또는 인) |||||
|---|---|---|---|---|
| 참고<br>인 | 성 명 | (인) | 생년월일 | |
| | 주 소 | | | |
| | 성 명 | (인) | 생년월일 | |
| | 주 소 | | | |

210㎜×297㎜(인쇄용지(황색) 80g/㎡)

554 ㄷ

**[서식] 운전금지통지서**

| 제  호 | | | |
|---|---|---|---|
| **운전금지통지서** | | | |
| ① 성 명 | | ② 생년월일 | – |
| ③ 주 소 | | | |
| ④ 국 제 운 전<br>면 허 번 호 | 제    호    .   .   . | | |
| ⑤ 운전금지사유 | | | |
| 금 지 기 간 | .  .  . ~  .  . .(    일간) | | |

   「도로교통법」 제97조에 따라 귀하에게 자동차등의 운전을 금지하였기 통보합니다.


년    월    일


(시·도경찰청장)    인

**[서식] 긴급자동차지정증**　　　　　　　　　　　　　　(앞 쪽)

# 긴급자동차지정증

| | | | 지정번호 |
|---|---|---|---|

| ①성　명 | | ②생년월일 | |
|---|---|---|---|
| ③주　소 | | | |

| ④자동차종류 | | ⑤차　명 | | ⑥형　식 | |
|---|---|---|---|---|---|
| ⑦자동차등록<br>　번　호 | | ⑧원　동　기<br>　번　호 | | ⑨용　도 | |

　　위 자동차를 「도로교통법 시행령」 제2조제1항에 따라 긴급자동차로 지정합
니다.

　　　　　　　　　　년　　　　월　　　　일

　　　　　　　　　　　(시·도경찰청장)　　　인

2106-140일(1)85. 1.28 승인　　　　　　　　　130㎜×95㎜(인쇄용지(특급) 70g/㎡)

　　　　　　　　　　　　　　　　　　　　　　　(뒷 쪽)

### 주 의 사 항

1. 지정된 차량을 운행할 때에는 언제나 이 증을 지녀야 합니다.
2. 이 증을 잃어버렸거나 헐어 못쓰게 된 때에는 「도로교통법 시행규칙」 제3조
　 제4항에 따라 다시 교부를 받아야 합니다.
3. 이 증은 「도로교통법 시행규칙」 제4조제1항에 해당하는 사유가 발생하였을
　 때에는 그 지정을 취소합니다.
4. 지정증을 취소한 때에는 지체 없이 이 지정증을 반납하여야 합니다.

# 도 로 법

[시행 2024. 10. 25.] [법률 제19766호, 2023. 10. 24., 일부개정]

## I. 개설

### 목적

이 법은 도로망의 계획수립, 도로 노선의 지정, 도로공사의 시행과 도로의 시설 기준, 도로의 관리·보전 및 비용 부담 등에 관한 사항을 규정하여 국민이 안전하고 편리하게 이용할 수 있는 도로의 건설과 공공복리의 향상에 이바지함을 목적으로 한다.

## II. 판례

### 1. 도로법 적용을 받는 도로가 되기 위한 요건

[1] 도로는 도로의 형태를 갖추고, 도로법에 따른 노선 지정 또는 인정 공고 및 도로구역 결정·고시를 한 때 또는 도시계획법이나 도시재개발법에서 정한 절차를 거쳐야 비로소 도로법 적용을 받는 도로로 되는 것이고, 도로로 실제 사용되었다는 사정만으로는 도로법 적용을 받는 도로라고 할 수 없다.

[2] 행정청이 도로 일부를 침범한 건물 소유자들에게 사용·수익허가 없이 해당 도로를 무단 점유하고 있다는 이유로 도로법 제94조에 따라 변상금 부과처분을 한 사안에서, 위 도로가 도로법에 따른 노선 지정 또는 인정 공고 및 도로구역 결정·고시되었다는 점을 인정할 자료가 없고, 일반인의 통행을 위한 도로로 실제 사용되어 온 사정만으로는 도로법 적용을 받는 도로라고 할 수 없으므로, 위 도로가 도로법 적용을 받는 도로에 해당한다고 보아 변상금 부과처분이 적법하다고 본 원심판결에 법리를 오해한 위법이 있다고 한 사례(대법원 2011.5.26. 선고 2010두28106 판결).

### 2. 처분청이 처분 당시 적시한 구체적 사실을 변경하지 아니하는 범위 내에서 처분의 근거 법령만을 추가·변경하는 것이 허용되는지 여부(원칙적 적극) 및 처분의 근거 법령 변경이 허용되지 아니하는 경우

[1] 행정처분이 적법한지는 특별한 사정이 없는 한 처분 당시 사유를 기준으로 판단하면 되고, 처분청이 처분 당시 적시한 구체적 사실을 변경하지 아니하는 범위 내에서 단지 처분의 근거 법령만을 추가·변경하는 것은 새로운 처분사유의 추가라고 볼 수 없으므로 이와 같은 경우에는 처분청이 처분 당시 적시한 구체적 사

실에 대하여 처분 후 추가·변경한 법령을 적용하여 처분의 적법 여부를 판단하여도 무방하다. 그러나 처분의 근거 법령을 변경하는 것이 종전 처분과 동일성을 인정할 수 없는 별개의 처분을 하는 것과 다름 없는 경우에는 허용될 수 없다.

[2] 행정청이 점용허가를 받지 않고 도로를 점용한 사람에 대하여 도로법 제94조에 의한 변상금 부과처분을 하였다가 처분에 대한 취소소송이 제기된 후 해당 도로가 도로법의 적용을 받는 도로에 해당하지 않을 경우를 대비하여 처분의 근거 법령을 도로의 소유자가 국가인 부분은 구 국유재산법(2009. 1. 30. 법률 제9401호로 전부 개정되기 전의 것, 이하 같다) 제51조와 그 시행령 등으로, 소유자가 서울특별시 종로구인 부분은 구 공유재산 및 물품관리법(2010. 2. 4. 법률 제10006호로 개정되기 전의 것, 이하 같다) 제81조와 그 시행령 등으로 변경하여 주장한 사안에서, 도로법과 구 국유재산법령 및 구 공유재산 및 물품관리법령의 해당 규정은 별개 법령에 규정되어 입법 취지가 다르고, 해당 규정 내용을 비교하여 보면 변상금의 징수목적, 산정 기준금액, 징수 재량 유무, 징수절차 등이 서로 달라 위와 같이 근거 법령을 변경하는 것은 종전 도로법 제94조에 의한 변상금 부과처분과 동일성을 인정할 수 없는 별개의 처분을 하는 것과 다름 없어 허용될 수 없으므로, 이와 달리 판단한 원심판결에 법리를 오해한 위법이 있다고 한 사례(대법원 2011.5.26. 선고 2010두28106 판결).

## 3. 행정대집행의 특례규정인 도로법 제65조 제1항의 취지 및 그 적용 범위

[1] 도로법 제65조 제1항은 "관리청은 반복적, 상습적으로 도로를 불법 점용하는 경우나 신속하게 실시할 필요가 있어서 행정대집행법 제3조 제1항과 제2항에 따른 절차에 의하면 그 목적을 달성하기 곤란한 경우에는 그 절차를 거치지 아니하고 적치물을 제거하는 등 필요한 조치를 취할 수 있다."고 규정하고 있는바, 위 규정의 취지는 교통사고의 예방과 도로교통의 원활한 소통을 목적으로 도로 관리청으로 하여금 반복·상습적인 도로의 불법점용과 같은 행위에 대하여 보다 적극적이고 신속하게 대처할 수 있도록 하기 위하여, 행정대집행법 제3조 제1항 및 제2항에서 정한 대집행 계고나 대집행영장의 통지절차를 생략할 수 있도록 하는 행정대집행의 특례를 인정하는 데에 있다. 따라서 위 규정은 일반인의 교통을 위하여 제공되는 도로로서 도로법 제8조에 열거된 도로를 불법 점용하는 경우 등에 적용될 뿐 도로법상 도로가 아닌 장소의 경우에까지 적용된다고 할 수 없고, 토지대장상 지목이 도로로 되어 있다고 하여 반드시 도로법의 적용을 받는 도로라고 할 수는 없다.

[2] 도심광장으로서 '서울특별시 서울광장의 사용 및 관리에 관한 조례'에 의하여 관리되고 있는 '서울광장'에서, 서울시청 및 중구청 공무원들이 행정대집행법이 정한 계고 및 대집행영장에 의한 통지절차를 거치지 아니한 채 위 광장에 무단설치된 천막의 철거대집행에 착수하였고, 이에 피고인들을 비롯한 '광우병위험 미국산 쇠고기 전면 수입을 반대하는 국민대책회의' 소속 단체 회원들이 몸싸움을 하거나 천막을 붙잡고 이를 방해한 사안에서, 위 서울광장은 비록 공부상 지목이 도로로 되어 있으나 도로법 제65조 제1항 소정의 행정대집행의 특례규정

이 적용되는 도로법상 도로라고 할 수 없으므로 위 철거대집행은 구체적 직무집행에 관한 법률상 요건과 방식을 갖추지 못한 것으로서 적법성이 결여되었고 따라서 피고인들이 위 공무원들에 대항하여 폭행·협박을 가하였더라도 특수공무집행방해죄는 성립되지 않는다는 이유로, 같은 취지에서 피고인들에 대해 무죄를 선고한 원심판단을 수긍한 사례(대법원 2010.11.11. 선고 2009도11523 판결).

## 4. 도로공사의 부대공사비용을 도로공사의 원인자에게 부담시킬 수 있는 경우 그 부담의 범위 내에서 구 도로법 제65조 제1항의 본문이나 단서를 적용하여 부대공사비용의 부담자를 정할 수 있는지 여부 (소극)

구 도로법(2004. 1. 20. 법률 제7103호로 개정되기 전의 것) 제64조, 제65조의 규정 내용과 성격, 입법취지 등을 종합해 보면, 도로공사가 타공사 또는 타행위로 인하여 필요하게 되고 다시 그 도로공사로 인하여 또는 그 도로공사를 시행하기 위하여 부대공사가 필요하게 된 경우, 도로법 제65조 제2항, 제64조에 의하여 부대공사비용의 전부 또는 일부를 타공사 또는 타행위의 비용을 부담하여야 할 자, 즉 원인자에게 부담시킬 수 있는 것으로 인정되는 때에는, 그 부담의 범위 내에서는 도로법 제65조 제1항의 본문이나 단서를 적용하여 부대공사비용의 부담자를 정할 수 없다고 보아야 한다(대법원 2010.6.24. 선고 2009다56757 판결).

## 5. 구 도로법 제86조의 '양벌조항'이 적용되기 위한 요건 및 구체적인 사안에서 법인이 상당한 주의 또는 관리감독 의무를 게을리하였는지 여부의 판단 기준

[1] 구 도로법(2008. 3. 21. 법률 제8976호로 전부 개정되기 전의 것) 제83조 제1항 제3호는 차량의 운행제한에 대한 위반 여부를 확인하기 위한 관리청의 관계서류 제출 등 요구에 정당한 사유 없이 불응한 자를 처벌하는 외에, 같은 법 제86조로 법인의 대리인·사용인 기타의 종업원이 그 법인의 업무에 관하여 위 위반행위를 한 경우 법인도 처벌하는 '양벌조항'을 두고 있다. 형벌의 자기책임원칙에 비추어 보면 위 위반행위가 발생한 그 업무와 관련하여 법인이 상당한 주의 또는 관리감독 의무를 게을리한 때에 한하여 위 양벌조항이 적용된다고 봄이 상당하며, 구체적인 사안에서 법인이 상당한 주의 또는 관리감독 의무를 게을리하였는지 여부는 당해 위반행위와 관련된 모든 사정, 즉 당해 법률의 입법 취지, 처벌조항 위반으로 예상되는 법익 침해의 정도, 그 위반행위에 관하여 양벌조항을 마련한 취지 등은 물론 위반행위의 구체적인 모습과 그로 인하여 실제 야기된 피해 또는 결과의 정도, 법인의 영업 규모 및 행위자에 대한 감독가능성 또는 구체적인 지휘감독 관계, 법인이 위반행위 방지를 위하여 실제 행한 조치 등을 전체적으로 종합하여 판단하여야 한다.

[2] 갑 소속 법인의 주의의무 내용이나 그 위반 여부에 관하여 나아가 살피지 아니하고 같은 법 제86조의 양벌조항에 따라 갑 소속 법인을 처벌한 원심판결에 양벌조항의 사업주 책임에 관한 법리오해 또는 심리미진의 위법이 있다고 한 사례(대법원 2010.2.25. 선고 2009도5824 판결).

## Ⅲ. 벌칙

**제113조(벌칙)** ① 다음 각 호의 어느 하나에 해당하는 자는 10년 이하의 징역이나 1억원 이하의 벌금에 처한다. 〈개정 2017.1.17.〉
  1. 고속국도를 파손하여 교통을 방해하거나 교통에 위험을 발생하게 한 자
  2. 고속국도가 아닌 도로를 파손하여 교통을 방해하거나 교통에 위험을 발생하게 한 자
② 삭제 〈2017.1.17.〉
③ 고속국도에서 사람이 현존하는 자동차를 전복(顚覆)시키거나 파괴한 자는 무기 또는 3년 이상의 징역에 처한다.
④ 제3항의 죄를 범하여 사람을 상해에 이르게 한 자는 무기 또는 3년 이상의 징역에 처하고, 사망에 이르게 한 자는 무기 또는 5년 이상의 징역에 처한다.
⑤ 과실(過失)로 제1항제1호의 죄를 범한 자는 1천만원 이하의 벌금에 처한다. 다만, 고속국도의 관리에 종사하는 자는 3년 이하의 징역 또는 3천만원 이하의 벌금에 처한다. 〈개정 2017.1.17.〉
⑥ 업무상 과실 또는 중과실(重過失)로 제1항제1호의 죄를 범한 자는 3년 이하의 징역 또는 3천만원 이하의 벌금에 처한다. 〈개정 2017.1.17.〉
⑦ 제1항 및 제3항의 미수범은 처벌한다. 〈개정 2017.1.17.〉

**제114조(벌칙)** 다음 각 호의 어느 하나에 해당하는 자는 2년 이하의 징역이나 2천만원 이하의 벌금에 처한다.
  1. 제27조제1항에 따른 허가 또는 변경허가를 받지 아니하고 같은 항에 규정된 행위를 한 자
  2. 제36조제1항을 위반하여 허가 없이 도로공사를 시행한 자
  3. 제40조제3항을 위반하여 접도구역에서 토지의 형질을 변경하는 등의 행위를 한 자
  4. 제46조제3항을 위반하여 도로보전입체구역에서 토석을 채취하는 등의 행위를 한 자
  5. 제52조제1항에 따른 허가 또는 변경허가 없이 도로에 다른 도로·통로, 그 밖의 시설을 연결한 자
  6. 제61조제1항을 위반하여 도로점용허가가 없이 도로를 점용한 자(물건 등을 도로에 일시 적치한 자는 제외한다)

    7. 제75조를 위반한 자

    8. 제80조에 따른 도로관리청의 회차, 분리 운송, 운행중지의 명령에 따르지 아니한 자

    9. 정당한 사유 없이 제83조제1항에 따른 도로관리청의 처분에 항거하거나 처분을 방해한 자

    10. 정당한 사유 없이 도로의 부속물을 이전하거나 파손한 자

    11. 부정한 방법으로 이 법 또는 이 법에 따른 명령에 의한 허가를 받은 자

**제115조(벌칙)** 다음 각 호의 어느 하나에 해당하는 자는 1년 이하의 징역이나 1천만원 이하의 벌금에 처한다. 〈개정 2015.8.11.〉

    1. 제47조제1항을 위반하여 자동차를 사용하지 아니하고 고속국도를 통행하거나 출입한 자

    2. 제49조제1항을 위반하여 차량을 사용하지 아니하고 자동차전용도로를 통행하거나 출입한 자

    3. 제76조제1항에 따른 통행의 금지·제한을 위반하여 도로를 통행한 자

    4. 정당한 사유 없이 제77조제4항에 따른 도로관리청의 요구에 따르지 아니한 자

    5. 제78조제1항 및 제3항을 위반하여 차량의 적재량 측정을 방해한 자

    6. 정당한 사유 없이 제78조제2항에 따른 도로관리청의 적재량 재측정 요구에 따르지 아니한 자

    7. 정당한 사유 없이 제81조에 따른 도로관리청의 처분 또는 행위에 항거하거나 이를 방해한 자

**제116조(양벌규정)** 법인의 대표자, 법인 또는 개인의 대리인, 사용인, 그 밖의 종업원이 그 법인 또는 개인의 업무에 관하여 제113조제1항·제7항, 제114조, 제115조의 어느 하나에 해당하는 위반행위를 하면 그 행위자를 벌하는 외에 그 법인 또는 개인에게도 해당 조문의 벌금형을 과(科)하고, 제113조제3항에 해당하는 위반행위를 하면 그 행위자를 벌하는 외에 그 법인 또는 개인을 5천만원 이하의 벌금에 처한다. 다만, 법인 또는 개인이 그 위반행위를 방지하기 위하여 해당 업무에 관하여 상당한 주의와 감독을 게을리 하지 아니한 경우에는 그러하지 아니하다. 〈개정 2017.1.17.〉

**제117조(과태료)** ① 다음 각 호의 어느 하나에 해당하는 자에게는 500만원 이하의 과태료를 부과한다. 〈개정 2022. 11. 15.〉

1. 제77조제1항에 따른 운행 제한을 위반한 차량의 운전자
2. 제77조제2항에 따른 관리를 하지 아니한 자(임차한 화물적재 차량이 제77조제1항에 따른 운행 제한을 위반하여 운행하는 경우로 한정한다)
3. 제77조제3항을 위반하여 차량의 운전자에게 같은 조 제1항에 따른 운행 제한을 위반한 운행을 지시·요구하거나 적재된 화물의 중량을 사실과 다르게 고지한 자

② 다음 각 호의 어느 하나에 해당하는 자에게는 300만원 이하의 과태료를 부과한다. 이 경우 제2호 및 제3호에 대한 과태료는 대통령령으로 정하는 기준에 따라 도로관리청이 속하는 지방자치단체의 조례로 정할 수 있다. 〈개정 2024. 2. 13.〉

1. 제56조제3항을 위반하여 도로대장을 제출하지 아니하거나 거짓으로 제출한 자
2. 제61조제1항에 따른 도로점용허가 면적을 초과하여 점용한 자
3. 제61조제1항에 따른 도로점용허가를 받지 아니하고 물건 등을 도로에 일시 적치한 자
4. 제62조제1항을 위반하여 안전사고 방지대책을 마련하지 아니한 자
5. 제62조제2항 후단에 따른 준공도면을 제출하지 아니하거나 실제와 다른 도면을 제출한 자
6. 제62조제5항에 따른 주요지하매설물 관리자의 참여 없이 굴착공사를 시행한 자
7. 제76조제6항에 따른 긴급 통행제한을 위반한 자
8. 제96조나 제97조에 따른 도로관리청의 명령을 위반한 자

③ 다음 각 호의 어느 하나에 해당하는 자에게는 50만원 이하의 과태료를 부과한다.

1. 제62조제2항 전단에 따른 준공확인을 받지 아니한 자
2. 제73조제3항에 따른 도로의 원상회복에 따른 준공검사를 받지 아니한 자
3. 제106조제2항에 따른 신고를 하지 아니한 자

④ 이 법에서 규정한 사항 외에 제1항부터 제3항까지의 규정에 따른 과태료는 대통령령으로 정하는 바에 따라 해당 도로관리청이 부과·징수한다.

⑤ 제77조제1항에 따른 운행 제한을 위반한 차량의 운전자가 다음 각 호의 어느 하나에 해당하는 경우 그 차량의 운전자에 대하여는 제1항제1호를 적용하지 아니한다. 〈개정 2022. 11. 15.〉

1. 차량의 운전자가 차량의 임대차 계약의 임차인이 제77조제2항을 위반

한 사실을 신고하여 제1항제2호에 따라 차량의 임차인에게 과태료를 부과하는 경우

2. 차량의 운전자가 화주, 화물자동차 운송사업자, 화물자동차 운송주선사업자 등의 지시·요구 또는 사실과 다른 적재화물 중량의 고지에 따라 제77조제1항을 위반한 사실을 신고하여 제1항제3호에 따라 화주, 화물자동차 운송사업자, 화물자동차 운송주선사업자 등에게 과태료를 부과하는 경우

⑥ 과태료의 납부방법에 관하여는 제67조를 준용한다. 이 경우 "도로점용 허가를 받은 자"는 각각 "과태료를 납부하여야 하는 자"로, "점용료"는 각각 "과태료"로 본다.

[시행일: 2025. 2. 14.]

**제118조(권한의 대행)** 제32조제3항에 따라 도로관리청의 권한을 대행하는 자는 이 장(章)의 규정을 적용할 때 도로관리청으로 본다.

## Ⅳ. 기재례

### 【범죄사실 기재례】

피의자는 가구점을 경영하고 있다.

피의자는 당국의 허가를 받지 아니하고 20○○. ○. ○.경부터 같은 달 ○.경까지 ○○시 ○○동 ○○번지에 있는 피의자 경영의 ○○가구점 앞 도로 약 10평 정도에 장롱 등을 적치하여 위 도로를 점용하였다.

**[서식] 도로점용 허가증**

| | |
|---|---|
| 제 호 | **도로점용 허가증** |
| 주 소<br>(법인의 경우 주된<br>사무소의 소재지) | |
| 성 명<br>(법인의 경우 명칭<br>및 대표자의 성명) | |
| 생 년 월 일<br>(법인의 경우<br>법인등록번호) | |
| 도 로 의 종 류 | 노 선 명 |
| 점 용 의 장 소 | |
| 점 용 면 적 | |
| 점 용 기 간 | 년     월     일부터<br>년     월     일까지   (   개월   일간) |
| 허 가 조 건 | |

「도로법」제61조제1항 및 같은 법 시행령 제54조제3항에 따라 위와 같이 도로
점용을 허가합니다.

년     월     일

# 도 로 관 리 청     [ 직인 ]

<안 내>
도로점용허가에 대한 권리·의무를 승계한 자는 「도로법」제106조 및 같은 법
시행규칙 제50조에 따라 상속일·양수일 또는 분할·합병일로부터 30일
이내에 권리·의무의 승계신고서에 승계사실을 입증할 수 있는 서류를 첨부하
여 도로관리청에 신고하여야 하며, 신고의무를 이행하지 않으면 같은 법 제117
조제3항제3호에 따라 50만원 이하의 과태료가 부과됩니다.

210mm×297mm[백상지 120g/㎡]

**[서식] 공사착공 보고서**

# 공사착공 보고서

| | | | | | | | |
|---|---|---|---|---|---|---|---|
| 사업개요 | 사업명 | [도로의 종류 및 노선번호] | | | | | |
| | 위치 | | | | | | |
| | 연장 (km) | | 폭(m) | | 차로 수 | | |
| | 사업기간 | 년 월 일 ~ 년 월 일( 일간) | | | | | |
| | 주요 구조물 | | | | | | |
| 착공현황 | 도급내역 | 주소 | | | | | |
| | | 상호 | | 대표자 | | | |
| | | 금액 | | | 백만원 | | |
| | 착공일 | | | | | | |
| | 준공예정일 | | | | | | |

「도로법 시행령」 제87조제1항 및 같은 법 시행규칙 제43조제1항제1호에 따라 위와 같이 공사를 착공하였음을 보고합니다.

년 월 일

도로관리청 　[직인]

| 대도시권광역교통위원장 지방국토관리청장 행정안전부장관 | 귀하 |
|---|---|

첨부서류: 공사착공계

210mm×297mm[백상지 80g/㎡(재활용품)]

**[서식] 도로공사 시행 명령서**

# 도로공사 시행 명령서

| 도로의 종류 | | 노선번호<br>(노선명) | ( ) |
|---|---|---|---|
| 공사의 종류 | | | |
| 공사시행<br>구　간 | | 부터　　　　　　까지 ( 　킬로미터) | |
| 공사시행<br>기　간 | | 년　월　일부터<br>년　월　일까지 ( 　일간) | |
| 공사시행<br>이　유 | | | |

　「도로법」 제33조제1항·제35조제1항·제37조, 같은 법 시행령 제32조제1항 및 같은 법 시행규칙 제11조제1항에 따라 위와 같이 공사의 시행을 명하니, 첨부한 설계도서에 따라 공사를 시행하시기 바랍니다.

년　　월　　일

도로관리청 　[직인]

귀하

| 첨부서류 | 설계도서 |
|---|---|

**유의사항**

도로공사가 준공되었을 때에는 지체 없이 도로공사 준공검사 신청서를 제출하시기 바랍니다.

210mm×297mm[백상지 80g/㎡(재활용품)]

# 도시가스사업법

[시행 2025. 3. 21.] [법률 제20440호, 2024. 9. 20., 일부개정]

## Ⅰ. 개설

### 목적

이 법은 도시가스사업을 합리적으로 조정·육성하여 사용자의 이익을 보호하고 도시가스사업의 건전한 발전을 도모하며, 가스공급시설과 가스사용시설의 설치·유지 및 안전관리에 관한 사항을 규정함으로써 공공의 안전을 확보함을 목적으로 한다.

## Ⅱ. 판례

**제3조(사업의 허가)** ① 가스도매사업을 하려는 자는 산업통상자원부장관의 허가를 받아야 한다. 허가받은 사항 중 산업통상자원부령으로 정하는 중요 사항을 변경하려는 경우에도 또한 같다. 〈개정 2008.2.29., 2013.3.23.〉

② 일반도시가스사업을 하려는 자는 특별시장·광역시장·특별자치시장·도지사 또는 특별자치도지사(이하 "시·도지사"라 한다)의 허가를 받아야 한다. 허가받은 사항 중 산업통상자원부령으로 정하는 중요 사항을 변경하려는 경우에도 또한 같다. 〈개정 2008.2.29., 2013.3.23., 2013.8.13.〉

③ 도시가스충전사업을 하려는 자는 그 사업소마다 특별자치시장·특별자치도지사, 시장, 군수, 구청장(구청장은 자치구의 구청장을 말한다. 이하 "시장·군수·구청장"이라 한다)의 허가를 받아야 한다. 허가받은 사항 중 산업통상자원부령으로 정하는 중요 사항을 변경하려는 경우에도 또한 같다. 〈신설 2010.1.27., 2013.3.23., 2013.8.13.〉

④ 나프타부생가스·바이오가스제조사업을 하려는 자는 그 사업소마다 시·도지사의 허가를 받아야 한다. 허가받은 사항 중 산업통상자원부령으로 정하는 중요 사항을 변경하려는 경우에도 또한 같다. 〈신설 2014.1.21.〉

⑤ 합성천연가스제조사업을 하려는 자는 그 사업소마다 산업통상자원부장관의 허가를 받아야 한다. 허가받은 사항 중 산업통상자원부령으로 정하는 중요

사항을 변경하려는 경우에도 또한 같다. 〈신설 2014.1.21.〉

⑥ 일반도시가스사업자 또는 도시가스충전사업자가 나프타부생가스·바이오가스를 스스로 제조하려는 경우에는 제4항에 따른 허가를 받아야 한다. 〈신설 2014.1.21.〉

⑦ 제1항과 제2항에 따른 가스도매사업과 일반도시가스사업의 허가는 다음 각 호의 기준에 적합한 경우에만 할 수 있다. 〈개정 2010.1.27., 2014.1.21.〉

　1. 사업이 공공의 이익과 일반수요에 적합한 경제 규모일 것

　2. 사업을 적절하게 수행하는 데에 필요한 재원(財源)과 기술적 능력이 있을 것

　3. 도시가스의 안정적 공급을 위하여 적합한 공급시설을 설치·유지할 능력이 있을 것

⑧ 제3항에 따른 도시가스충전사업의 허가는 다음 각 호의 기준에 적합한 경우에만 할 수 있다. 〈신설 2010.1.27., 2014.1.21.〉

　1. 사업의 개시 또는 변경으로 국민의 생명보호 및 재산상의 위해방지와 재해발생 방지에 지장이 없을 것

　2. 「고압가스 안전관리법」 제28조에 따른 한국가스안전공사(이하 "한국가스안전공사"라 한다)의 기술검토 결과 안전성이 확보된다고 인정될 것

　3. 시장·군수·구청장이 국민의 생명보호 및 재산상의 위해방지와 재해발생 방지를 위하여 설치를 금지한 지역에 해당 시설을 설치하지 아니할 것

⑨ 제4항에 따른 나프타부생가스·바이오가스제조사업 또는 제5항에 따른 합성천연가스제조사업의 허가는 다음 각 호의 기준에 적합한 경우에만 할 수 있다. 〈신설 2014.1.21.〉

　1. 나프타부생가스·바이오가스 또는 합성천연가스를 제조·공급하는 데에 적합한 가스공급시설을 설치·유지할 능력이 있을 것

　2. 한국가스안전공사의 기술검토 결과 안전성이 확보된다고 인정될 것

　3. 사업을 적절하게 수행하는 데에 필요한 재원과 기술적 능력이 있을 것

　4. 가스수요량을 고려하여 가스공급시설이 필요 이상으로 중복되지 아니할 것

⑩ 제7항부터 제9항까지의 규정에 따른 허가기준에 관한 세부적인 사항은 산업통상자원부령으로 정한다. 〈개정 2008.2.29., 2010.1.27., 2013.3.23., 2014.1.21.〉

⑪ 시·도지사 또는 시장·군수·구청장은 제7항부터 제10항까지의 규정에 따른 허가기준의 범위에서 지역특성에 적합하도록 일반도시가스사업, 도시가스충전사업 또는 나프타부생가스·바이오가스제조사업의 허가에 관한 세부기준을 정하거나 일반도시가스사업의 공급권역(이하 "공급권역"이라 한다)을 설정하여 고시할 수 있다. 이 경우 산업통상자원부장관과 협의하여야 한다.

〈개정 2008.2.29., 2010.1.27., 2013.3.23., 2014.1.21.〉

⑫ 산업통상자원부장관, 시·도지사 또는 시장·군수·구청장은 제1항부터 제6항까지의 규정에 따른 허가를 하면 7일 이내에 그 허가 사항을 관할 소방서장에게 통보하여야 한다. 〈개정 2008.2.29., 2010.1.27., 2013.3.23., 2014.1.21.〉

[전문개정 2007.12.21.]

## 조례안 재의결무효확인청구
[대법원 2001. 11. 27, 선고, 2001추57, 판결]

【판결요지】

[1] 헌법 제117조 제1항과 지방자치법 제15조에 의하면 지방자치단체는 법령의 범위 안에서 그 사무에 관하여 자치조례를 제정할 수 있으나 이 때 사무란 지방자치법 제9조 제1항에서 말하는 지방자치단체의 자치사무와 법령에 의하여 지방자치단체에 속하게 된 단체위임사무를 가리키므로 지방자치단체가 자치조례를 제정할 수 있는 것은 원칙적으로 이러한 자치사무와 단체위임사무에 한하므로, 국가사무가 지방자치단체의 장에게 위임된 기관위임사무와 같이 지방자치단체의 장이 국가기관의 지위에서 수행하는 사무일 뿐 지방자치단체 자체의 사무라고 할 수 없는 것은 원칙적으로 자치조례의 제정 범위에 속하지 않는다.

[2] 법령상 지방자치단체의 장이 처리하도록 규정하고 있는 사무가 자치사무인지 기관위임사무에 해당하는지 여부를 판단함에 있어서는 그에 관한 법령의 규정 형식과 취지를 우선 고려하여야 할 것이지만 그 외에도 그 사무의 성질이 전국적으로 통일적인 처리가 요구되는 사무인지 여부나 그에 관한 경비부담과 최종적인 책임귀속의 주체 등도 아울러 고려하여 판단하여야 한다.

[3] 도시가스사업법 제3조, 제9조, 제10조, 제11조, 제18조, 제18조의3, 제20조 등 관련 규정을 종합하면, 시·도지사의 지역별 가스공급시설의 공사계획 수립·공고나 도시가스의 요금 및 기타 공급조건에 관한 공급규정의 승인에 관한 사항은 지방자치법 제9조, 제35조 제1항 제11호에 의하여 법령에 의하여 지방자치단체의 사무에 속한 사항으로 조례로 제정할 수 있고, 일정한 경우 지방의회의 의결사항으로 할 수도 있다고 할 것이지 국가사무로 시·도지사에게 기관위임된 사무라고 할 것은 아니고, 같은 법 제18조의2, 제18조의4 제1항, 제20조 제3항, 제24조 제1항, 제2항, 제40조, 제40조의3, 제41조 제1항, 같은법시행령 제10조, 제11조, 제12조 등의 규정만으로 시·도지사가 가지는 지역별 가스공급시설의 공사계획 수립·공고나 도시가스의 요금 및 기타 공급조건에 관한 공급규정의 승인에 관한 업무의 성질이 달라지는 것은 아니다.

[4] 지방자치단체가 그 자치사무에 관하여 조례로 제정할 수 있다고 하더라도 상위 법령에 위배할 수는 없고(지방자치법 제15조), 특별한 규정이 없는 한 지방자치법이 규정하고 있는 지방자치단체의 집행기관과 지방의회의 고유권한에 관하여는 조례로 이를 침해할 수 없고, 나아가 지방의회가 지방자치단체장의 고유권한이 아닌 사항에 대하여도 그 사무집행에 관한 집행권을 본질적으로 침해하는 것은 지방자치법의 관련 규정에 위반되어 허용될 수 없다.

[5] 도시가스사업법 제18조의3 제1항, 제2항, 같은법시행규칙 제30조 제2항 등의 규정에 의하면, 가스의 공급계획은 일반도시가스업자가 작성하여 시장에게 제출하는 것으로 그에 가스공급에 필요한 가스공급시설 공사계획이 포함되어 있는 것이고, 시·도지사가 수립·공고하는 것은 그 공급계획을 기초로 한 2년간의 지역별 가스공급시설의 공사계획이지 가스의 공급계획이 아님이 명백함에도, 지방자치단체의 도시가스공급안정에관한조례안이 시장에게 가스공급계획을 변경하도록 한 것은 불명확하고, 나아가 위 조례안이 비록 시장에게 당초 수립·공고한 지역별 가스공급시설의 공사계획을 변경하도록 하는 의미로 볼 수 있다고 하더라도, 같은 법 제18조의3 제2항에 의하면 시장에 의하여 수립·공고된 지역별 가스공급시설의 공사계획에 의하여, 일반도시가스업자는 그 가스공급시설의 설치의무를 부담하게 되는바, 같은 법 제18조의3 제2항 단서, 같은법시행규칙 제30조 제2항에서 일반도시가스사업자가 지역별 가스공급시설의 공사계획에 따른 가스공급시설의 설치를 하지 아니할 수 있는 경우는 당초 계획대로 가스공급시설을 설치할 수 없거나, 설치하더라도 곧 철거되어야 하거나, 설치하더라도 그 시설을 이용하여 도시가스의 공급이 불가능한 경우 등으로, 그 미설치 승인 후에도 그 장애사유가 제거되면 바로 설치하게 하는 것이 타당한 경우가 있을 수 있음에도 일률적으로 이를 배제하고 시장으로 하여금 가스공급시설의 공사계획을 변경하여 다른 곳에 그 정도 규모 이상의 가스공급시설을 설치하게 하는 것은 당초 가스공급이 예정된 주민의 이익을 침해할 우려가 있고, 일반도시가스사업자에게 절대적인 대체적 작위 의무를 부과하는 것일 뿐만 아니라, 가스공급시설 설치지역의 우선 순위도 그 시설 설치를 위한 공사비 소요 규모, 기존 공급시설과의 거리, 공사의 난이도, 가스 수요의 예상량, 가스공급의 사업성 여부 등에 대한 고려 없이 민원을 제기한 지역의 주민의 수만으로 결정하게 하는 것은 시장의 공급시설 설치지역과 규모 등에 관한 우선 순위 결정에 관한 집행기관으로서의 권한을 본질적으로 침해하는 것으로 위 관련 법령에 위배된다.

[6] 지방자치단체의 도시가스공급안정에관한조례안에서 시장이 도시가스사업법 제18조의3의 규정에 의한 가스공급시설 공사계획을 수립하고자 할 때에 시의회 소관 상임위원회에 보고하게 하고 있으나, 이는 그 공사계획의 적정성 여부에 대한 통제수단으로 비록 그 수립 전에 사전적으로 통제하는 것이기는 하나 매년 당해 연도를 포함한 2년간의 계획을 수립하는 것이고 이미 제출된 일반도시가스사업자의 가스공급계획을 기초로 수립되는 것이며, 보고 후 반드시 시의회의 의결이나 의견에 따라야 하는 등 법적 구속도 없으므로 지방자치단체장의 고유한 집행권을 침해한 것이라고 할 수 없고, 또한 시장이 같은 법 제20조의 규정에 따라 도시가스의 요금 및 기타 공급조건에 관한 공급규정을 승인하거나 상당한 기간을 정하여 변경을 요구하는 경우에도 먼저 위 공급규정이 같은 법 제20조 제2항 각 호의 기준에 적합한지 여부에 대하여 사전 검토가 선행될 것이고 그 검토 의견 또한 공개되어야 할 사항이며, 반드시 시의회의 의결이나 의견에 따라야 하는 공급규정의 승인이나 변경 요구를 하여야 하는 등 법적 구속도 없으므로, 위 조례안에서 그 공급규정의 승인이나 변경 요구 전에 시의회에 보고하고 의견을 청취하도록 규정하였다고 하여 지방자치단체장의 집행권을 본질적으로 침해한 것이라고

할 수 없고, 같은 법 제20조 제3항에 규정된 산업자원부장관의 시·도지사에 대한 공급규정의 내용변경을 위한 필요한 명령권한을 박탈하거나 배제하는 것이 아니어서 그에 직접적으로 위배된다고 할 수도 없다.

[7] 조례안의 일부 조항이 법령에 위반되어 위법한 경우에는 그 조례안에 대한 재의결은 그 전체의 효력을 부인할 수밖에 없다.

**제19조의2(가스공급시설 설치비용의 분담)** ① 일반도시가스사업자는 가스공급시설 설치비용의 전부 또는 일부를 도시가스의 공급 또는 가스공급에 관한 계약의 변경을 요청하는 자에게 분담하게 할 수 있다.

② 일반도시가스사업자가 제1항에 따라 가스공급시설 설치비용을 분담하게 할 때에는 다음 각 호의 기준에 따라야 한다.

  1. 가스 소비량

  2. 취사용·주택난방용·영업용 및 산업용 등 가스 소비의 유형

  3. 가스의 배관·공급설비 및 그 부속설비의 규모

③ 일반도시가스사업자가 제1항 및 제2항에 따라 가스공급시설 설치비용을 분담하게 할 때에는 분담금액, 분담금을 산정한 기준 및 방법, 납부방법 및 납부기한 등을 분담받는 자에게 서면으로 통지하여야 한다.

④ 제2항 및 제3항에 따른 설치비용 분담금의 산정 기준에 관한 세부사항, 분담의 방법, 분담금의 납부절차, 그 밖에 필요한 사항은 산업통상자원부령으로 정한다. 〈개정 2013.3.23.〉

[전문개정 2010.1.27.]

## 부당이득금반환 · 시설분담금

[대법원 2014. 1. 29. 선고, 2013다25927,25934, 판결]

**【판결요지】**

[1] 부담금관리 기본법의 제정 목적, 부담금관리 기본법 제3조의 조문 형식 및 개정 경과 등에 비추어 볼 때, 부담금관리 기본법은 법 제정 당시 시행되고 있던 부담금을 별표에 열거하여 정당화 근거를 마련하는 한편 시행 후 기본권 침해의 소지가 있는 부담금을 신설하는 경우 자의적인 부과를 견제하기 위하여 위 법률에 의하여 이를 규율하고자 한 것이나, 그러한 점만으로 부담금부과에 관한 명확한 법률 규정이 존재하더라도 법률 규정과는 별도로 반드시 부담금관리 기본법 별표에 부담금이 포함되어야만 부담금 부과가 유효하게 된다고 해석할 수는 없다.

[2] 집단에너지사업법 제18조 제1항의 공급시설 건설비용의 부담금에 관한 사항을 정하고 있는 甲 난방공사의 열공급규정의 효력이 문제 된 사안에서, 집단에너지사업법의 전반적인 체계와 취지·목적, 당해 위임조항의 내용, 관련 법규의 유기적 관

계 등에 비추어 위임입법의 범위를 일탈한 것으로 볼 수는 없으며, 집단에너지사업법 제18조 제2항이 구체적으로 범위를 정하지 아니하고 공사비부담금의 산정기준 및 부과·징수방법에 관하여 필요한 사항을 대통령령으로 정하도록 함으로써 부담금관리 기본법 제4조에서 정한 바와 달리 위임되었다는 이유만으로 甲 난방공사의 열공급규정을 위임입법의 한계를 넘어선 것으로 무효라고 할 수는 없다고 한 사례.

[3] 甲 난방공사와 乙 도시가스 주식회사가 丙 주식회사에 부담시킨 공사비부담금과 시설부담금 등이 주택법 제23조, 도시개발법 제55조 등 강행규정에 위배되는지 문제 된 사안에서, 위 각 강행규정은 집단에너지공급시설이나 가스공급시설에 대한 설치의무를 지는 공급자가 설치비용을 부담한다는 것이고, 집단에너지사업법 제18조 제1항과 도시가스사업법 제19조의2 제1항은 그와 같이 부담한 설치비용을 수익자부담금의 형태로 사용자에게 분담시키는 것으로서 집단에너지사업법 제18조 제1항 및 도시가스사업법 제19조의2 제1항은 위 각 강행규정과는 입법 취지와 규율대상이 다르고, 丙 회사가 甲 난방공사와 乙 도시가스에 지급한 공사비부담금과 시설부담금 등은 집단에너지사업법 제18조 제1항 및 도시가스사업법 제19조의2 제1항에 근거하여 부담시킨 것이므로 위 각 강행규정에 위배되지 않는다고 한 사례.

## Ⅲ. 벌칙

**제48조(벌칙)** ① 도시가스사업자의 가스공급시설 중 가스제조시설과 가스배관시설을 손괴(損壞)하거나 그 기능에 장애를 입혀 도시가스 공급을 방해한 자는 1년 이상 10년 이하의 징역 또는 1억5천만원 이하의 벌금에 처한다.

② 도시가스사업자의 가스공급시설 중 가스충전시설, 나프타부생가스·바이오가스제조시설 또는 합성천연가스제조시설을 손괴하거나 그 기능에 장애를 입혀 도시가스 공급을 방해한 자는 5년 이하의 징역 또는 5천만원 이하의 벌금에 처한다. 〈개정 2014.1.21.〉

③ 도시가스사업자 외의 가스공급시설설치자의 가스공급시설을 손괴하거나 그 기능에 장애를 입혀 도시가스 공급을 방해한 자는 10년 이하의 징역 또는 1억원 이하의 벌금에 처한다.

④ 가스사용자의 도시가스배관을 손괴하거나 그 기능에 장애를 입혀 도시가스 공급을 방해한 자는 4년 이하의 징역 또는 4천만원 이하의 벌금에 처한다. 〈신설 2014.12.30.〉

⑤ 업무상 과실이나 중대한 과실로 인하여 제1항의 죄를 범한 자는 7년 이하의 금고(禁錮) 또는 2천만원 이하의 벌금에 처한다. 〈개정 2014.12.30.〉

⑥ 업무상 과실이나 중대한 과실로 인하여 제2항의 죄를 범한 자는 2년 이

하의 금고 또는 2천만원 이하의 벌금에 처한다. 〈개정 2014.12.30.〉

⑦ 업무상 과실이나 중대한 과실로 인하여 제3항의 죄를 범한 자는 3년 이하의 금고 또는 1천만원 이하의 벌금에 처한다. 〈개정 2014.12.30.〉

⑧ 업무상 과실이나 중대한 과실로 인하여 제4항의 죄를 범한 자는 1년 이하의 금고 또는 1천만원 이하의 벌금에 처한다. 〈신설 2014.12.30.〉

⑨ 제5항부터 제8항까지의 죄를 범하여 가스를 누출시키거나 폭발하게 함으로써 사람을 상해에 이르게 한 경우에는 10년 이하의 금고 또는 1억원 이하의 벌금에, 사망에 이르게 한 경우에는 1년 이상 10년 이하의 금고 또는 1억5천만원 이하의 벌금에 처한다. 〈개정 2014.12.30.〉

⑩ 도시가스사업자 또는 도시가스사업자 외의 가스공급시설설치자의 승낙 없이 가스공급시설을 조작하여 도시가스 공급을 방해한 자는 1년 이하의 징역 또는 1천만원 이하의 벌금에 처한다. 〈개정 2014.12.30.〉

⑪ 도시가스사업 또는 도시가스사업 외의 가스공급시설에 종사하는 자가 정당한 사유 없이 도시가스 공급에 장애를 발생하게 한 경우에는 제10항의 형(刑)과 같다. 〈개정 2014.12.30.〉

⑫ 도시가스사업자 또는 도시가스사업자 외의 가스공급시설설치자의 승낙 없이 가스공급시설을 변경한 자는 500만원 이하의 벌금에 처한다. 〈개정 2014.12.30.〉

⑬ 제1항부터 제4항까지 및 제10항의 미수범은 처벌한다. 〈개정 2014.12.30.〉

[전문개정 2010.1.27.]

**제49조(벌칙)** 다음 각 호의 어느 하나에 해당하는 자는 3년 이하의 징역 또는 3천만원 이하의 벌금에 처하거나 이를 병과할 수 있다. 〈개정 2010.1.27., 2020.2.4.〉

1. 제3조제1항 전단 또는 제2항 전단에 따른 허가를 받지 아니하고 가스도매사업 또는 일반도시가스사업을 영위한 자

2. 제10조의2제1항에 따른 등록 또는 변경등록을 하지 아니하고 천연 가스수출입업을 영위한 자(제10조의11제3항을 위반하여 등록 또는 변경등록을 하지 아니한 자를 포함한다)

3. 제10조의11제1항을 위반하여 등록 또는 변경등록을 하지 아니하고 선박용천연가스사업을 영위한 자

[전문개정 2007.12.21.]

**제50조(벌칙)** 다음 각 호의 어느 하나에 해당하는 자는 2년 이하의 징역 또는 2천만원 이하의 벌금에 처한다. 〈개정 2009.3.25., 2010.1.27., 2011.7.25., 2014.1.21.〉

1. 제3조제1항 후단 또는 제2항 후단을 위반하여 변경허가를 받지 아니하고 허가받은 사항을 변경한 자

1의2. 제3조제3항 전단에 따른 허가를 받지 아니하고 도시가스충전사업을 영위한 자

1의3. 제3조제4항 전단 또는 같은 조 제5항 전단에 따른 허가를 받지 아니하고 나프타부생가스·바이오가스제조사업 또는 합성천연가스제조사업을 영위한 자

2. 제10조의5제1항에 따른 승인 또는 변경승인을 받지 아니하고 천연가스의 수입계약·수출계약 또는 수송계약을 체결한 자

3. 제11조제1항 또는 제39조의2제1항에 따른 승인 또는 변경승인을 받지 아니하고 가스공급시설의 설치공사 또는 변경공사를 한 도시가스사업자 또는 도시가스사업자 외의 가스공급시설설치자

4. 제15조제2항(제39조의5에서 준용하는 경우를 포함한다)에 따른 적합판정(제16조제1항에 따른 임시사용을 포함한다)을 받지 아니하고 가스공급시설을 사용한 도시가스사업자 또는 도시가스사업자 외의 가스공급시설설치자

5. 제15조제6항을 위반하여 완성검사를 받지 아니하거나 불합격하고 가스충전시설을 사용한 도시가스충전사업자나 특정가스사용시설을 사용한 자

5의2. 제25조제3항을 위반하여 품질기준에 맞지 아니한 도시가스를 공급·소비하거나 공급·소비할 목적으로 저장·운송 또는 보관한 자

5의3. 제25조의2제1항에 따른 품질검사를 받지 아니하거나 같은 조 제2항에 따른 품질검사를 거부·방해·기피한 자

6. 제27조제1항(제39조의5에서 준용하는 경우를 포함한다)에 따른 명령을 이행하지 아니한 도시가스사업자, 가스사용자 또는 도시가스사업자 외의 가스공급시설설치자

7. 제27조제2항 전단(제39조의5에서 준용하는 경우를 포함한다)에 따른 명령을 이행하지 아니한 도시가스사업자 또는 도시가스사업자 외의 가스공급시설설치자

8. 제30조의3제1항(제39조의5에서 준용하는 경우를 포함한다)에 따른 도시가스배관 매설상황의 확인요청을 하지 아니하고 굴착공사를 한 자 또는 도시가스사업자 외의 가스공급시설설치자

9. 제30조의4제1항 전단에 따른 평가서를 제출하지 아니하고 굴착공사를 한 자

10. 제30조의5제1항 본문(제39조의5에서 준용하는 경우를 포함한다)에 따른 협의를 하지 아니하고 굴착공사를 하거나 정당한 사유 없이 제30조의5제1항 본문에 따른 협의 요청에 응하지 아니한 자

11. 제30조의5제2항(제39조의5에서 준용하는 경우를 포함한다)을 위반하여 도시가스사업자와 굴착공사의 시행자 간에 협의된 내용을 지키지 아니한 도시가스사업자, 굴착공사의 시행자 또는 도시가스사업자 외의 가스공급시설설치자

12. 제30조의5제3항(제39조의5에서 준용하는 경우를 포함한다)을 위반하여 합동감시 체제를 구축하지 아니하거나 정기적으로 순회점검을 하지 아니한 도시가스사업자, 굴착공사의 시행자 또는 도시가스사업자 외의 가스공급시설설치자

13. 제30조의6에 따른 기준에 따르지 아니하고 굴착작업을 한 자

14. 제30조의7제2항(제39조의5에서 준용하는 경우를 포함한다)에 따른 도시가스배관에 관한 도면을 작성·보존하지 아니하거나 거짓으로 작성·보존한 도시가스사업자 또는 도시가스사업자 외의 가스공급시설설치자

15. 제40조(제39조의5에서 준용하는 경우를 포함한다)에 따른 조정 및 사업 통폐합 명령을 이행하지 아니한 자

[전문개정 2007.12.21.]

**제51조(벌칙)** 다음 각 호의 어느 하나에 해당하는 자는 1년 이하의 징역 또는 1천만원 이하의 벌금에 처한다. 다만, 제1호의3에 해당하는 자 중 도시가스충전사업자, 나프타부생가스·바이오가스제조사업자 또는 합성천연가스제조사업자는 300만원 이하의 벌금에 처한다. 〈개정 2010.1.27., 2011.3.30., 2013.8.13., 2014.1.21., 2016.1.6., 2022.2.3.〉

1. 제3조제3항 후단을 위반하여 변경허가를 받지 아니하고 허가받은 사항을 변경한 자

1의2. 제3조제4항 후단 또는 같은 조 제5항 후단을 위반하여 변경허가를 받지 아니하고 허가받은 사항을 변경한 자

1의3. 제8조제1항에 따른 신고를 하지 아니하고 사업을 개시, 휴업하거나 폐업한 자

1의4. 제10조의2제3항에 따른 신고 또는 변경신고를 하지 아니하고 천연가스반출입업을 영위한 자

2. 제10조의6을 위반하여 천연가스를 처분한 자

3. 제12조제2항에 따른 시설별 시설기준과 기술기준에 적합하지 아니하게 시공·관리를 한 시공자

3의2. 제15조제5항에 따른 중간검사를 받지 아니한 도시가스충전사업자

4. 제17조제1항(제39조의5에서 준용하는 경우를 포함한다)에 따른 정기검사 또는 수시검사를 받지 아니한 도시가스사업자, 특정가스사용시설의 사용자 또는 도시가스사업자 외의 가스공급시설설치자

5. 제17조의2제1항에 따른 정밀안전진단 또는 안전성평가를 받지 아니한 자

5의2. 제17조의4제1항에 따라 수행계획서를 제출하지 아니한 자

5의3. 제17조의4제3항에 따라 수행계획서를 이행하지 아니한 자

5의4. 제17조의4제5항에 따라 정기적 확인을 받지 아니한 자

6. 제19조를 위반하여 도시가스의 공급을 거절하거나 공급이 중단되게 한 자

6의2. 제19조의4제1항에 따른 안전점검을 실시하지 아니한 도시가스충전사업자

7. 제20조제1항 또는 제2항에 따른 공급규정의 승인을 받지 아니한 도시가스사업자

8. 제26조의2(제39조의5에서 준용하는 경우를 포함한다)를 위반하여 가스공급시설을 시설별 시설기준과 기술기준에 적합하도록 유지하지 아니한 도시가스사업자 또는 도시가스사업자 외의 가스공급시설설치자

9. 제30조의3제3항(제39조의5에서 준용하는 경우를 포함한다)에 따른 도시가스배관 매설상황 확인을 하여 주지 아니한 도시가스사업자 또는 도시가스사업자 외의 가스공급시설설치자

10. 제30조의3제4항(제39조의5에서 준용하는 경우를 포함한다) 각 호의 조치를 하지 아니한 굴착공사자, 도시가스사업자 또는 도시가스사업자 외의 가스공급시설설치자

11. 제30조의3제5항을 위반하여 굴착공사 개시통보를 받기 전에 굴착공사를 한 굴착공사자

12. 제30조의4제4항에 따른 평가서의 내용을 지키지 아니하고 굴착공사를 시행한 자

13. 제39조의7제2항에 따른 명령을 이행하지 아니한 자

14. 제39조의8제1항에 따른 승인 또는 변경승인을 받지 아니한 자

15. 제40조의2에 따라 회계 처리를 하지 아니한 자

[전문개정 2007.12.21.]

**제52조** 삭제 〈1995.1.5.〉

---

**제53조(벌칙)** 다음 각 호의 어느 하나에 해당하는 자는 1천만원 이하의 벌금에 처한다. 다만, 제5호 또는 제6호에 해당하는 자 중 도시가스충전사업자, 나프타부생가스·바이오가스제조사업자 또는 합성천연가스제조사업자는 500만원 이하의 벌금에 처한다. 〈개정 2010.1.27., 2014.1.21.〉

1. 제18조제5항에 따른 가스공급계획의 변경명령을 이행하지 아니한 자
2. 제18조의3제2항 본문에 따른 가스공급시설의 공사계획에 따라 가스공급시설을 설치하지 아니한 일반도시가스사업자
3. 제20조제7항에 따른 공급규정의 변경승인 신청명령을 이행하지 아니한 자
4. 제28조제2항을 위반한 가스사용시설 안전관리업무 대행자
5. 제29조제1항(제39조의5에서 준용하는 경우를 포함한다)에 따른 안전관리자를 선임하지 아니한 도시가스사업자, 특정가스사용시설의 사용자 또는 도시가스사업자 외의 가스공급시설설치자
6. 제29조제2항(제39조의5에서 준용하는 경우를 포함한다)을 위반한 도시가스사업자, 특정가스사용시설의 사용자 또는 도시가스사업자 외의 가스공급시설설치자
7. 제39조의8제2항에 따른 변경명령을 이행하지 아니한 자
8. 제39조의8제3항에 따른 신고 또는 변경신고를 하지 아니하거나 거짓으로 신고한 자
9. 제39조의8제4항에 따른 신고 또는 변경신고를 하지 아니하거나 거짓으로 신고한 자

[전문개정 2007.12.21.]

---

**제53조의2(벌칙)** 제26조의2를 위반하여 특정가스사용시설을 시설별 시설기준과 기술기준에 적합하도록 유지하지 아니한 특정가스사용시설의 사용자는 500만원 이하의 벌금에 처한다.

[본조신설 2013.8.13.]
[종전 제53조의2는 제53조의3으로 이동 〈2013.8.13.〉]

---

**제53조의3(양벌규정)** 법인의 대표자나 법인 또는 개인의 대리인, 사용인, 그 밖의 종업원이 그 법인 또는 개인의 업무에 관하여 제48조부터 제51조까지, 제53조 또는 제53조의2의 어느 하나에 해당하는 위반행위를 하면

그 행위자를 벌하는 외에 그 법인 또는 개인에게도 해당 조문의 벌금형을 과(科)한다. 다만, 법인 또는 개인이 그 위반행위를 방지하기 위하여 해당 업무에 관하여 상당한 주의와 감독을 게을리하지 아니한 경우에는 그러하지 아니하다. 〈개정 2013.8.13.〉

[전문개정 2008.12.26.]

**제54조(과태료)** ① 다음 각 호의 어느 하나에 해당하는 자에게는 3천만원 이하의 과태료를 부과한다. 〈개정 2013.8.13., 2014.1.21., 2014.12.30., 2016.1.6., 2020.2.4., 2021.6.15.〉

1. 제10조의5제2항·제3항 또는 제5항에 따른 신고 또는 변경신고를 하지 아니하거나 거짓으로 신고한 자
2. 제10조의5제4항에 따른 사전통보를 하지 아니하거나 거짓으로 통보한 자
2의2. 제10조의10을 위반하여 천연가스를 비축하지 아니한 자
2의3. 제10조의13제1항을 위반하여 신고 또는 변경신고를 하지 아니하거나 거짓으로 신고한 자
2의4. 제10조의13제2항을 위반하여 사전통보를 하지 아니하거나 거짓으로 통보한 자
3. 제11조제2항 또는 제39조의2제2항에 따른 신고 또는 변경신고를 하지 아니하고 가스공급시설의 설치공사 또는 변경공사를 한 도시가스사업자 또는 도시가스사업자 외의 가스공급시설설치자
4. 제11조제2항 또는 제39조의2제2항을 위반하여 거짓으로 신고 또는 변경신고를 하고 가스공급시설의 설치공사 또는 변경공사를 한 도시가스사업자 또는 도시가스사업자 외의 가스공급시설설치자
5. 제11조의2에 따른 비상공급시설을 설치한 후 이를 신고하지 아니하거나 거짓으로 신고한 도시가스사업자
5의2. 제17조의2제4항에 따른 가스공급시설 개선 등의 명령을 이행하지 아니한 자
5의3. 제17조의4제2항에 따른 수행계획서 변경 명령을 이행하지 아니한 자
5의4. 제17조의4제3항에 따른 수행계획서 이행 결과를 작성·보존하지 아니한 자
5의5. 제17조의4제4항에 따른 보고를 하지 아니한 자
5의6. 제17조의4제6항에 따른 명령을 이행하지 아니한 자
6. 제18조제1항을 위반한 일반도시가스사업자
7. 제18조제2항 및 제39조의4에 따른 가스의 공급계획이나 수급계획을 작성하

지 아니하거나 제출하지 아니한 도시가스사업자 또는 자가소비용직수입자

7의2. 제18조제3항을 위반하여 가스의 공급계획을 작성하지 아니하거나 제출하지 아니한 나프타부생가스·바이오가스제조사업자

8. 제18조제4항에 따른 보고를 하지 아니하거나 거짓으로 보고한 도시가스사업자

9. 제20조제6항에 따른 시·도지사의 조치명령을 이행하지 아니한 일반도시가스사업자

10. 제21조를 위반하여 가스공급량 측정의 적정성 확보의무를 이행하지 아니한 일반도시가스사업자

11. 제26조제1항(제39조의5에서 준용하는 경우를 포함한다)에 따른 안전관리규정을 제출하지 아니한 도시가스사업자 또는 도시가스사업자 외의 가스공급시설설치자

12. 제26조제3항(제39조의5에서 준용하는 경우를 포함한다)에 따른 안전관리규정의 변경명령을 이행하지 아니한 도시가스사업자 또는 도시가스사업자 외의 가스공급시설설치자

13. 제26조제4항(제39조의5에서 준용하는 경우를 포함한다)에 따른 안전관리규정을 지키지 아니하거나 그 실시 기록을 작성 또는 보존하지 아니하거나 거짓으로 작성한 도시가스사업자 및 가스사용시설 안전관리업무 대행자와 그 각각의 종사자 또는 도시가스사업자 외의 가스공급시설설치자 및 그 종사자

13의2. 제26조제5항(제39조의5에서 준용하는 경우를 포함한다)에 따른 확인을 거부·방해 또는 기피한 자

13의3. 제28조의3제1항을 위반하여 도시가스사업자에게 공사계획을 알려주지 아니한 건축물 공사의 시행자

14. 제29조제3항(제39조의5에서 준용하는 경우를 포함한다)을 위반한 자

15. 삭제 〈2013.8.13.〉

16. 제30조제2항(제39조의5에서 준용하는 경우를 포함한다)에 따른 안전교육을 받게 하지 아니한 도시가스사업자, 시공자, 특정가스사용시설의 사용자 또는 도시가스사업자 외의 가스공급시설설치자

17. 제43조제1항(제39조의5에서 준용하는 경우를 포함한다)을 위반하여 보험에 가입하지 아니한 도시가스사업자, 특정가스사용시설의 사용자, 시공자 또는 도시가스사업자 외의 가스공급시설 설치자

② 다음 각 호의 어느 하나에 해당하는 자에게는 2천만원 이하의 과태료를

부과한다. 〈개정 2008.2.29., 2009.3.25., 2013.3.23., 2014.12.30., 2022.2.3.〉

1. 제7조제1항부터 제3항까지의 규정에 따른 신고를 하지 아니하거나 거짓으로 신고한 승계자

2. 제12조제1항을 위반하여 도시가스사업자에게 공사의 시공내용을 알려주지 아니한 시공자

3. 제12조제1항을 위반하여 시공자 및 도시가스를 사용하고자 하는 자에게 시공할 내용에 대한 검토결과를 알려주지 아니한 도시가스사업자

4. 제14조제1항을 위반하여 시공기록등을 작성 또는 보존하지 아니하거나 거짓으로 작성한 시공자

5. 제14조제2항(제39조의5에서 준용하는 경우를 포함한다)을 위반하여 시공기록등의 사본을 도시가스사업자, 특정가스사용시설의 사용자 또는 도시가스사업자 외의 가스공급시설설치자에게 내주지 아니한 시공자

6. 제14조제3항(제39조의5에서 준용하는 경우를 포함한다)을 위반하여 완공도면의 사본을 산업통상자원부장관 또는 시장·군수·구청장에게 제출하지 아니한 도시가스사업자 또는 도시가스사업자 외의 가스공급시설설치자

7. 제15조제3항(제39조의5에서 준용하는 경우를 포함한다)을 위반하여 책임감리에 관한 사항을 통보하지 아니하거나 거짓으로 통보한 도시가스사업자 또는 도시가스사업자 외의 가스공급시설설치자

8. 제16조제2항을 위반하여 가스공급시설을 사용한 도시가스사업자

8의2. 제28조의3제2항에 따른 안전조치를 하지 아니한 도시가스사업자 또는 시행자

9. 제41조제3항(제39조의5에서 준용하는 경우를 포함한다)을 위반하여 사고발생 사실을 한국가스안전공사에 통보하지 아니하거나 거짓으로 통보한 도시가스사업자 또는 도시가스사업자 외의 가스공급시설설치자

③ 다음 각 호의 어느 하나에 해당하는 자에게는 1천만원 이하의 과태료를 부과한다. 〈개정 2010.1.27., 2014.1.21., 2014.12.30., 2020.2.4., 2022.2.3.〉

1. 제10조의4제1항에 따른 신고를 하지 아니하거나 거짓으로 신고한 자

1의2. 제10조의12를 위반하여 신고를 하지 아니하거나 거짓으로 신고한 자

2. 제11조제4항 후단에 따른 통지를 하지 아니한 시공자

2의2. 제20조제8항에 따른 자료를 제출하지 아니하거나 거짓으로 제출한 일반도시가스사업자

2의3. 제20조의2를 위반하여 공급규정을 비치하지 아니하거나 가스사용자의 요구가 있음에도 공급규정의 사본을 교부하여 열람할 수 있게

하지 아니한 자

3. 제21조제3항에 따른 보고를 하지 아니하거나 거짓으로 보고를 한 자 또는 검사를 거부·방해·기피한 자

4. 제21조제5항에 따른 시정명령에 응하지 아니한 일반도시가스사업자

4의2. 제28조제3항에 따른 자료를 제출하지 아니하거나 거짓으로 제출한 가스사용시설 안전관리업무 대행자

5. 제30조의5제2항(제39조의5에서 준용하는 경우를 포함한다)에 따른 협의서를 작성하지 아니하거나 거짓으로 작성한 자

④ 제19조의4제3항에 따른 안전점검기록을 작성·보존하지 아니한 도시가스충전사업자에게는 500만원 이하의 과태료를 부과한다. 〈신설 2013. 8. 13.〉

⑤ 다음 각 호의 어느 하나에 해당하는 자에게는 300만원 이하의 과태료를 부과한다. 〈개정 2013.8.13.〉

1. 제19조의4제2항을 위반하여 시설을 개선하도록 권고하지 아니한 도시가스충전사업자

2. 제30조제1항(제39조의5에서 준용하는 경우를 포함한다)을 위반하여 안전교육을 받지 아니한 자

⑥ 제28조의2에 따른 안전조치를 하지 아니한 일반도시가스사업자, 시공자 또는 가스사용자에게는 200만원 이하의 과태료를 부과한다. 〈신설 2009.3.25., 2010.1.27., 2013.8.13., 2014.12.30.〉

⑦ 제1항부터 제6항까지의 규정에 따른 과태료는 대통령령으로 정하는 바에 따라 산업통상자원부장관, 시·도지사 또는 시장·군수·구청장이 부과·징수한다. 〈개정 2008.2.29., 2009.3.25., 2010.1.27., 2013.3.23., 2013.8.13.〉

[전문개정 2007.12.21.]

## Ⅳ. 기재례

### 【범죄사실 기재례】

피의자 이○○는 서울시 ○○구 ○○동 123번지에서 '○○가스'라는 상호로 가스도매사업을 하고 있다.

가스도매사업을 하고자 하는 자는 산업자원부장관의 허가를 받아야 함에도 불구하고 피의자는 허가 없이 20○○. ○. ○.경부터 20○○. ○. ○.까지 위 장소에서 김○○에게 천연가스 ○○㎡를 판매하여 가스도매업을 영위하였다.

**[서식]** 도시가스사업 허가증

( 앞 쪽)

| 제          호 | 도시가스사업 허가증 | | |
|---|---|---|---|
| 사업의 종류 | | | |
| 상호(명칭) | | | |
| 사업소 소재지 | | | |
| 대표자(성명) | | 생년월일 | |
| 공급지역 | | | |
| 공급세대 수 | | | |
| 공급시설의 설치장소 | | | |
| 도시가스의 열량 | | | |

「도시가스사업법」 제3조제1항·제2항 및 같은 법 시행규칙 제6조제1항제1호에 따라 도시가스사업을 허가합니다.

년          월          일

산업통상자원부장관<br>시 · 도지사

직인

210mm×297mm(백상지 120g/㎡)

**[서식]** 도시가스충전사업 허가증

(앞 쪽)

| 제　　호 | 도시가스충전사업 허가증 | | |
|---|---|---|---|
| 상호(명칭) | | | |
| 사업소 소재지 | | | |
| 대표자(성명) | | 생년월일 | |
| 도시가스의 종류 | | | |
| 충전시설의 설치장소 | | | |

「도시가스사업법」 제3조제3항 및 같은 법 시행규칙 제6조제1항제2호에 따라 도시가스충전사업을 허가합니다.

년　　　월　　　일

시장·군수·구청장

직인

210mm×297mm(백상지 120g/㎡)

## 변경허가의 내용

| 년 월 일 | 변 경 사 항 | 담당자(인) |
|---|---|---|
| | | |

**[서식]** 정기검사증명서

| 제　　호 | 정기검사증명서 | | |
|---|---|---|---|
| 상　　　　호 | | 사업의 종류 | |
| 사무소 소재지 | | 성명(대표자) | |
| 사업소 소재지 | | | |
| 검 사 범 위 | | | |
| 검사기관 주소 | | 담 당 부 서 | (전화번호 :　　　　　　) |
| 검 사 원 성명 | | 검사 연월일 | |
| 다음 검사일 | | | |

　「도시가스사업법」 제17조제1항·제39조의5 및 같은 법 시행규칙 제25조제6항·제62조의6에 따라 가스공급시설에 대하여 정기검사를 마쳤으므로 정기검사증명서를 발급합니다.

년　　　　월　　　　일

　　　　　한국가스안전공사 사장　　　　　　　　　　│　직인　│

210mm×297mm(백상지 120g/㎡)

**[서식] 시공감리증명서**

| 제 호 | | | |
|---|---|---|---|

# 시공감리증명서

| 상 호 | | 사업의 종류 | |
|---|---|---|---|
| 사무소 소재지 | | 성명(대표자) | |
| 사업소 소재지 | | | |
| 감 리 구 역 | | | |
| 감리기관 주소 | | 담 당 부 서 | (전화번호 :            ) |
| 감 리 원 성 명 | | 시공감리기간 | |

　　「도시가스사업법」 제15조제2항・제39조의5 및 같은 법 시행규칙 제22조제2항・제62조의6에 따라 도시가스사업자 및 도시가스사업자 외의 가스공급시설설치자의 가스공급시설공사에 대하여 시공감리를 받았으므로 시공감리증명서를 발급합니다.

년　　　　월　　　　일

한국가스안전공사사장　　　　　　　　　　　　| 직인 |

210mm×297mm(백상지 120g/㎡)

# 독점규제 및 공정거래에 관한 법률

[시행 2024. 8. 7.] [법률 제20239호, 2024. 2. 6., 일부개정]

## Ⅰ. 개설

### 목적

이 법은 사업자의 시장지배적지위의 남용과 과도한 경제력의 집중을 방지하고, 부당한 공동행위 및 불공정거래행위를 규제하여 공정하고 자유로운 경쟁을 촉진함으로써 창의적인 기업활동을 조장하고 소비자를 보호함과 아울러 국민경제의 균형있는 발전을 도모함을 목적으로 한다.

## Ⅱ. 판례

**제5조(시장지배적지위의 남용금지)** ① 시장지배적사업자는 다음 각 호의 어느 하나에 해당하는 행위(이하 "남용행위"라 한다)를 해서는 아니 된다.
  1. 상품의 가격이나 용역의 대가(이하 "가격"이라 한다)를 부당하게 결정·유지 또는 변경하는 행위
  2. 상품의 판매 또는 용역의 제공을 부당하게 조절하는 행위
  3. 다른 사업자의 사업활동을 부당하게 방해하는 행위
  4. 새로운 경쟁사업자의 참가를 부당하게 방해하는 행위
  5. 부당하게 경쟁사업자를 배제하기 위하여 거래하거나 소비자의 이익을 현저히 해칠 우려가 있는 행위
② 남용행위의 유형 및 기준은 대통령령으로 정한다.

### 시정명령등취소

[대법원 2014. 11. 13. 선고, 2009두20366, 판결]

【판결요지】
[1] 특정 사업자가 시장지배적 지위에 있는지를 판단하기 위해서는, 우선 경쟁관계가 문제 될 수 있는 일정한 거래 분야에 관하여 관련시장이 구체적으로 정해져야 하고, 그 다음에 그 시장에서 지배가능성이 인정되어야 한다. 관련시장 중 관련상품 시장은 일반적으로 시장지배적 사업자가 시장지배력을 행사하는 것을 억제하여 줄 경쟁관계에 있는 상품들의 범위를 말하는 것으로서, 구체적으로는 거래되는 상품

의 가격이 상당기간 어느 정도 의미 있는 수준으로 인상 또는 인하될 경우 그 상품의 대표적 구매자 또는 판매자가 이에 대응하여 구매 또는 판매를 전환할 수 있는 상품의 집합을 의미하고, 그 시장의 범위는 거래에 관련된 상품의 가격, 기능 및 효용의 유사성, 구매자들의 대체가능성에 대한 인식 및 그와 관련한 구매행태는 물론, 판매자들의 대체가능성에 대한 인식 및 그와 관련한 경영의사의 결정행태, 사회적·경제적으로 인정되는 업종의 동질성 및 유사성 등을 종합적으로 고려하여 판단하여야 하며, 그 외에도 기술발전의 속도, 그 상품의 생산을 위하여 필요한 다른 상품 및 그 상품을 기초로 생산되는 다른 상품에 관한 시장의 상황, 시간적·경제적·법적 측면에서의 대체의 용이성 등도 함께 고려하여야 한다.

[2] 독점규제 및 공정거래에 관한 법률 제3조의2 제1항 제3호의 시장지배적 사업자의 지위남용행위로서 불이익 강제행위의 부당성은 '독과점 시장에서의 경쟁촉진'이라는 입법목적에 맞추어 해석해야 하므로, 시장지배적 사업자가 개별 거래의 상대방인 특정 사업자에 대한 부당한 의도나 목적을 가지고 불이익 강제행위를 한 모든 경우 또는 불이익 강제행위로 특정 사업자가 사업활동에 곤란을 겪게 되었다거나 곤란을 겪게 될 우려가 발생하였다는 것과 같이 특정 사업자가 불이익을 입게 되었다는 사정만으로는 부당성을 인정하기에 부족하고, 그중에서도 특히 시장에서의 독점을 유지·강화할 의도나 목적, 즉 시장에서의 자유로운 경쟁을 제한함으로써 인위적으로 시장질서에 영향을 가하려는 의도나 목적을 갖고, 객관적으로도 그러한 경쟁제한의 효과가 생길 만한 우려가 있는 행위로 평가될 수 있는 불이익 강제행위를 하였을 때에 부당성이 인정될 수 있다.

그러므로 시장지배적 사업자의 불이익 강제행위가 지위남용행위에 해당한다고 주장하는 공정거래위원회로서는 불이익 강제행위가 경쟁제한의 효과가 생길 만한 우려가 있는 행위로서 그에 대한 의도와 목적이 있었다는 점을 입증하여야 하고, 불이익 강제행위로 인하여 현실적으로 위와 같은 효과가 나타났음이 입증된 경우에는 그 행위 당시에 경쟁제한을 초래할 우려가 있었고 또한 그에 대한 의도나 목적이 있었음을 사실상 추정할 수 있다 할 것이지만, 그렇지 않은 경우에는 불이익 강제행위의 경위 및 동기, 불이익 강제행위의 태양, 관련시장의 특성, 불이익 강제행위로 인하여 거래상대방이 입은 불이익의 정도, 관련시장에서의 가격 및 산출량의 변화 여부, 혁신 저해 및 다양성 감소 여부 등 여러 사정을 종합적으로 고려하여 불이익 강제행위가 위에서 본 경쟁제한의 효과가 생길 만한 우려가 있는 행위로서 그에 대한 의도나 목적이 있었는지를 판단하여야 한다.

[3] 구 독점규제 및 공정거래에 관한 법률(2013. 8. 13. 법률 제12095호로 개정되기 전의 것, 이하 '공정거래법'이라 한다) 제23조 제1항 제7호에서 정한 현저히 유리한 조건의 거래에 해당하기 위해서는, 우선 당해 거래에서의 '급부와 반대급부 사이의 차이'가 정상가격에 비해 현저히 유리한 것이어야 하고, 여기서 정상가격이란 지원주체와 지원객체 간에 이루어진 경제적 급부와 동일한 경제적 급부가 시기, 종류, 규모, 기간, 신용상태 등이 유사한 상황에서 특수관계가 없는 독립된 자 간에 이루어졌을 경우 형성되었을 거래가격을 의미한다.

그 정상가격이 시정명령이나 과징금부과 등 제재적 행정처분의 근거가 된다는 점이나 공정거래법이 부당지원을 금지하는 취지 등을 고려할 때, 당해 거래 당시의 실제 사례를 찾을 수 없어 부득이 여러 가지 간접적인 자료에 의해 정상가격을 추단할 수밖에 없는 경우에는, 통상의 거래 당사자가 당해 거래 당시의 일반적인 경제 및 경영상황과 장래 예측의 불확실성까지도 모두 고려하여 보편적으로 선택하였으리라고 보이는 현실적인 가격을 규명하여야 하고, 단순히 제반 상황을 사후적, 회고적인 시각으로 판단하여 거래 당시에 기대할 수 있었던 최선의 가격 또는 당해 거래가격보다 더 나은 가격으로 거래할 수도 있었을 것이라 하여 가벼이 이를 기준으로 정상가격을 추단해서는 아니 될 것이며, 정상가격에 대한 증명책임은 어디까지나 공정거래위원회에 있다.

**제7조(시정조치)** ① 공정거래위원회는 남용행위가 있을 때에는 그 시장지배적 사업자에게 가격의 인하, 해당 행위의 중지, 시정명령을 받은 사실의 공표 또는 그 밖에 필요한 시정조치를 명할 수 있다.

② 공정거래위원회는 남용행위를 한 회사인 시장지배적사업자가 합병으로 소멸한 경우에는 해당 회사가 한 남용행위를 합병 후 존속하거나 합병에 따라 설립된 회사가 한 행위로 보아 제1항의 시정조치를 명할 수 있다.

③ 공정거래위원회는 남용행위를 한 회사인 시장지배적사업자가 분할되거나 분할합병된 경우에는 분할되는 시장지배적사업자의 분할일 또는 분할합병일 이전의 남용행위를 다음 각 호의 어느 하나에 해당하는 회사의 행위로 보고 제1항의 시정조치를 명할 수 있다.

1. 분할되는 회사

2. 분할 또는 분할합병으로 설립되는 새로운 회사

3. 분할되는 회사의 일부가 다른 회사에 합병된 후 그 다른 회사가 존속하는 경우 그 다른 회사

④ 공정거래위원회는 남용행위를 한 회사인 시장지배적사업자가 「채무자 회생 및 파산에 관한 법률」 제215조에 따라 새로운 회사를 설립하는 경우에는 기존 회사 또는 새로운 회사 중 어느 하나의 행위로 보고 제1항의 시정조치를 명할 수 있다.

### 시정명령취소
[대법원 2008. 5. 29., 선고, 2006두6659, 판결]

**【판결요지】**
독점규제 및 공정거래에 관한 법률 제7조에 규정된 기업결합의 제한에 해당하는지 여부를 판단하기 위해서는 그 경쟁관계가 문제될 수 있는 일정한 거래분야에 관하여 거래의 객체인 관련 상품에 따른 시장 등을 획정하는 것이 선행되어야 한다. 여기서 '관련 상품에 따른 시장'은 일반적으로 서로 경쟁관계에 있는 상품들의 범위를 말하는 것으로서, 구체적으로는 거래되는 상품의 가격이 상당 기간 어느 정도 의미 있

는 수준으로 인상될 경우 그 상품의 대표적 구매자가 이에 대응하여 구매를 전환할 수 있는 상품의 집합을 의미하고, 그 시장의 범위는 거래에 관련된 상품의 가격, 기능 및 효용의 유사성, 구매자들의 대체가능성에 대한 인식 및 그와 관련한 구매행태는 물론, 판매자들의 대체가능성에 대한 인식 및 그와 관련한 경영의사의 결정행태, 사회적·경제적으로 인정되는 업종의 동질성 및 유사성 등을 종합적으로 고려하여 판단하여야 하며, 그 밖에도 기술발전의 속도, 그 상품의 생산을 위하여 필요한 다른 상품 및 그 상품을 기초로 생산되는 다른 상품에 관한 시장의 상황, 시간적·경제적·법적 측면에서의 대체의 용이성 등도 함께 고려하여야 한다.

**제19조(상호출자제한기업집단의 지주회사 설립제한)** 제31조제1항 전단에 따라 지정된 상호출자제한기업집단(이하 "상호출자제한기업집단"이라 한다)에 속하는 회사를 지배하는 동일인 또는 해당 동일인의 특수관계인이 지주회사를 설립하거나 지주회사로 전환하려는 경우에는 다음 각 호에 해당하는 채무보증을 해소하여야 한다.

1. 지주회사와 자회사 간의 채무보증
2. 지주회사와 다른 국내 계열회사(그 지주회사가 지배하는 자회사는 제외한다) 간의 채무보증
3. 자회사 상호 간의 채무보증
4. 자회사와 다른 국내 계열회사(그 자회사를 지배하는 지주회사 및 그 지주회사가 지배하는 다른 자회사는 제외한다) 간의 채무보증

## 시정명령및과징금납부명령취소

[대법원 2022. 9. 29., 선고, 2021두33722, 판결]

【판결요지】
구 독점규제 및 공정거래에 관한 법률(2020. 12. 29. 법률 제17799호로 전부 개정되기 전의 것) 제26조 제1항은 "사업자단체는 다음 각호의 1에 해당하는 행위를 하여서는 아니 된다."라고 규정하면서, 제1호에서 '제19조 제1항 각호의 행위에 의하여 부당하게 경쟁을 제한하는 행위'를 규정하고 있고, 제19조 제1항은 "사업자는 계약·협정·결의 기타 어떠한 방법으로도 다른 사업자와 공동으로 부당하게 경쟁을 제한하는 다음 각호의 어느 하나에 해당하는 행위를 할 것을 합의하거나 다른 사업자로 하여금 이를 행하도록 하여서는 아니 된다."라고 규정하면서, 제3호에서 '상품의 생산·출고·수송 또는 거래의 제한이나 용역의 거래를 제한하는 행위'를 규정하고 있다.
제19조 제1항 제3호에서 금지하는 '용역의 거래를 제한하는 행위'의 행위유형에 해당하려면 용역의 제공이나 구매 등 거래를 일부 또는 전부 제한하는 행위이면 족하고, 일정한 거래분야에서 제한의 대상이 되는 용역과 대체 가능한 용역이 존재하는지 등을 고려하여 위 규정의 적용 여부를 가릴 것은 아니다.

**제21조(상호출자의 금지 등)** ① 상호출자제한기업집단에 속하는 국내 회사는 자기의 주식을 취득 또는 소유하고 있는 국내 계열회사의 주식을 취득 또는 소유해서는 아니 된다. 다만, 다음 각 호의 어느 하나에 해당하는 경우에는 그러하지 아니하다.

1. 회사의 합병 또는 영업전부의 양수
2. 담보권의 실행 또는 대물변제의 수령

② 제1항 각 호 외의 부분 단서에 따라 출자를 한 회사는 그 주식을 취득 또는 소유한 날부터 6개월 이내에 처분하여야 한다. 다만, 자기의 주식을 취득 또는 소유하고 있는 국내 계열회사가 그 주식을 처분한 경우에는 그러하지 아니하다.

③ 상호출자제한기업집단에 속하는 국내 회사로서 「벤처투자 촉진에 관한 법률」에 따른 벤처투자회사는 국내 계열회사주식을 취득 또는 소유해서는 아니 된다. 〈개정 2023. 6. 20.〉

## 과징금납부명령 및 감면신청기각처분취소
[대법원 2017. 1. 12., 선고, 2016두35199, 판결]

【판결요지】

[1] 독점규제 및 공정거래에 관한 법률(이하 '공정거래법'이라 한다)은 제21조와 제22조에서 부당한 공동행위에 대한 시정명령 및 과징금 부과처분(이하 통칭하여 '과징금 등 처분'이라 한다)의 근거 규정을 두고 이와 별도로 제22조의2에서 자진신고 등에 따른 감면신청과 관련한 처분의 근거 규정을 두고 있다. 자진신고 감면을 인정할 것인지는 부당공동행위의 성립을 전제로 공정거래법과 독점규제 및 공정거래에 관한 법률 시행령(이하 '공정거래법 시행령'이라 한다)이 정한 시정조치의 내용과 과징금 산정 기준에 따른 과징금액이 결정된 다음, 자진신고에 관한 별도의 요건을 충족하는지를 판단하는 단계에서 결정된다. 따라서 과징금 등 부과와 자진신고 감면은 요건과 절차에서도 명확히 구분된다. 공정거래위원회는 자진신고가 있는 사건의 심결 절차에서 과징금 등 부과의 요건과 자진신고 감면 요건을 모두 심리·의결하여야 한다. 공정거래법 시행령은 자진신고자 등의 신청에 따라 자진신고 감면신청 사건을 분리 심리하거나 분리 의결할 수 있도록 하고 있고, 세부적인 운영절차를 정한 구 부당한 공동행위 자진신고자 등에 대한 시정조치 등 감면제도 운영고시(2015. 1. 2. 공정거래위원회 고시 제2014-19호로 개정되기 전의 것)가 마련되어 있다. 뿐만 아니라 감면기각처분은 자진신고 사업자의 감면신청에 대한 거부처분의 성격을 갖는 것으로 법적 성격도 과징금 등 처분과는 구별된다.

과징금 등 처분과 감면기각처분은 근거 규정, 요건과 절차가 구별되는 독립적인 별개의 처분으로서 두 처분에 고유한 위법사유가 구별되고 법적 성격도 다르므로, 사업자로서는 두 처분의 취소를 모두 구할 실익이 인정된다.

따라서 공정거래위원회가 시정명령 및 과징금 부과와 감면 여부를 분리 심리하여 별개로 의결한 다음 과징금 등 처분과 별도의 처분서로 감면기각처분을 하였다면, 원칙적으로 2개의 처분, 즉 과징금 등 처분과 감면기각처분이 각각 성립한 것이고, 처분의 상대방으로서는 각각의 처분에 대하여 함께 또는 별도로 불복할 수 있다. 그러므로 사업자인 원고가 과징금 등 처분과 감면기각처분의 취소를 구하는 소를 함께 제기한 경우에도, 특별한 사정이 없는 한 감면기각처분의 취소를 구할 소의 이익이 인정된다.

[2] 독점규제 및 공정거래에 관한 법률(이하 '공정거래법'이라 한다) 제22조의2의 입법 취지, 규정 형식과 내용 등을 유기적·체계적으로 종합해 보면, '부당한 공동행위에 대한 시정명령 및 과징금(이하 '과징금 등'이라 한다) 감면을 받을 수 있는 자진신고자 또는 조사협조자(이하 '자진신고자 등'이라 한다)의 범위'는 자진신고자 등에 대하여 단순히 과징금 등을 부과하기보다 감면 혜택을 부여하는 것이 부당한 공동행위에 대한 중지 또는 예방효과가 큰 경우를 중심으로 시행령에 정해질 것이라고 실질적 기준의 대강을 예측할 수 있고, 시행령으로 정하는 사항에는 부당한 공동행위의 유형과 개별 사정에 따라 감면 혜택을 받을 수 있는 자진신고자 등의 범위를 제한하는 내용이 마련될 수 있다는 것도 예상할 수 있다. 따라서 공정거래법 제22조의2 제3항이 과징금 등의 감면 혜택을 받는 자진신고자 등의 범위를 직접 정하지 않은 채 이를 대통령령에 위임한 것이 포괄위임금지의 원칙에 위반된다고 볼 수 없다.

**제31조(상호출자제한기업집단 등의 지정 등)** ① 공정거래위원회는 대통령령으로 정하는 바에 따라 산정한 자산총액이 5조원 이상인 기업집단을 대통령령으로 정하는 바에 따라 공시대상기업집단으로 지정하고, 지정된 공시대상기업집단 중 자산총액이 국내총생산액의 1천분의 5에 해당하는 금액 이상인 기업집단을 대통령령으로 정하는 바에 따라 상호출자제한기업집단으로 지정한다. 이 경우 공정거래위원회는 지정된 기업집단에 속하는 국내 회사와 그 회사를 지배하는 동일인의 특수관계인인 공익법인에 지정 사실을 대통령령으로 정하는 바에 따라 통지하여야 한다.

② 제21조부터 제30조까지 및 제47조는 제1항 후단에 따른 통지(제32조제4항에 따른 편입 통지를 포함한다)를 받은 날부터 적용한다.

③ 제2항에도 불구하고 제1항에 따라 상호출자제한기업집단으로 지정되어 상호출자제한기업집단에 속하는 국내 회사로 통지를 받은 회사 또는 제32조제1항에 따라 상호출자제한기업집단의 국내 계열회사로 편입되어 상호출자제한기업집단에 속하는 국내 회사로 통지를 받은 회사가 통지받은 당시 제21조제1항·제3항 또는 제24조를 위반하고 있는 경우에는 다음 각 호의 구분에 따른다.

1. 제21조제1항 또는 제3항을 위반하고 있는 경우(취득 또는 소유하고 있는 주식을 발행한 회사가 새로 국내 계열회사로 편입되어 제21조제3항을 위반하게 되는 경우를 포함한다)에는 지정일 또는 편입일부터 1년간은 같은

항을 적용하지 아니한다.

2. 제24조를 위반하고 있는 경우(채무보증을 받고 있는 회사가 새로 계열회사로 편입되어 위반하게 되는 경우를 포함한다)에는 지정일 또는 편입일부터 2년간은 같은 조를 적용하지 아니한다. 다만, 이 항 각 호 외의 부분에 따른 회사에 「채무자 회생 및 파산에 관한 법률」에 따른 회생절차가 개시된 경우에는 회생절차의 종료일까지, 이 항 각 호 외의 부분에 따른 회사가 회생절차가 개시된 회사에 대하여 채무보증을 하고 있는 경우에는 그 채무보증에 한정하여 채무보증을 받고 있는 회사의 회생절차의 종료일까지는 제24조를 적용하지 아니한다.

④ 공정거래위원회는 회사 또는 해당 회사의 특수관계인에게 제1항에 따른 기업집단의 지정을 위하여 회사의 일반 현황, 회사의 주주 및 임원 구성, 특수관계인 현황, 주식소유 현황 등 대통령령으로 정하는 자료의 제출을 요청할 수 있다.

⑤ 공시대상기업집단에 속하는 국내 회사(청산 중에 있거나 1년 이상 휴업 중인 회사는 제외한다)는 공인회계사의 회계감사를 받아야 하며, 공정거래위원회는 공인회계사의 감사의견에 따라 수정한 대차대조표를 사용하여야 한다.

⑥ 제1항에 따른 국내총생산액의 1천분의 5에 해당하는 금액의 산정 기준 및 방법과 그 밖에 필요한 사항은 대통령령으로 정한다.

## 계열제외신청거부처분취소청구의소
[대법원 2015.3.20, 선고, 2012두27176, 판결]

**【판결요지】**
기업집단의 지정 및 제외에 관한 독점규제 및 공정거래에 관한 법률(이하 '공정거래법'이라 한다) 제14조 제1항, 제14조의2 제1항, 독점규제 및 공정거래에 관한 법률 시행령 제21조 제1항 등의 문언과 공정거래위원회로 하여금 매년 일정한 시점에 기업집단의 지정을 하도록 한 취지 등에 비추어 보면, 공정거래법 제14조의2 제1항은 제14조 제1항에 의하여 기업집단이 지정된 후에 해당 계열회사를 기업집단에서 제외하여야 하는 사유가 새로이 발생된 경우에 관하여 정한 것으로 보인다. 공정거래법 제14조 제1항의 규정 등에 의하여 기업집단으로 지정되면 그에 따른 효과가 발생되며, 당해 회사 및 이해관계인은 이러한 기업집단 지정처분에 대하여 행정소송법이 정한 바에 따라 불복할 수 있으나 제소기간이 도과한 후에는 특별한 사정이 없는 한 더 이상 효력을 다툴 수 없다. 그럼에도 기업집단 지정 이전부터 존재하던 사유가 공정거래법 제14조의2에서 정한 계열제외 사유에 포함된다고 본다면, 당해 회사 및 특수관계인은 기업집단 지정처분에 대한 제소기간이 도과한 이후에도 언제나 지정처분의 흠을 다툴 수 있는 결과가 되어 행정행위의 불가쟁력에 어긋나므로, 이에 비추어 보아도 공정거래법 제14조의2 제1항에서 정한 계열회사 제외 사유는 기업집단 지정 이후에 발생한 사유에 국한된다고 해석하는 것이 타당하다.

**제117조(무체재산권의 행사행위)** 이 법은 「저작권법」, 「특허법」, 「실용신안법」, 「디자인보호법」 또는 「상표법」에 따른 권리의 정당한 행사라고 인정되는 행위에 대해서는 적용하지 아니한다.

## 시정명령등취소청구의소

[대법원 2014.2.27. 선고, 2012두24498, 판결]

【판결요지】

[1] 독점규제 및 공정거래에 관한 법률(이하 '공정거래법'이라 한다) 제59조는 "이 법의 규정은 저작권법, 특허법, 실용신안법, 디자인보호법 또는 상표법에 의한 권리의 정당한 행사라고 인정되는 행위에 대하여는 적용하지 아니한다."고 규정하고 있으므로, '특허권의 정당한 행사라고 인정되지 아니하는 행위'에 대하여는 공정거래법이 적용되고, 이는 '정당한'이란 표현이 없던 구 독점규제 및 공정거래에 관한 법률(2007. 8. 3. 법률 제8631호로 개정되기 전의 것) 제59조의 경우도 마찬가지이다. '특허권의 정당한 행사라고 인정되지 아니하는 행위'란 행위의 외형상 특허권의 행사로 보이더라도 실질이 특허제도의 취지를 벗어나 제도의 본질적 목적에 반하는 경우를 의미하고, 여기에 해당하는지는 특허법의 목적과 취지, 당해 특허권의 내용과 아울러 당해 행위가 공정하고 자유로운 경쟁에 미치는 영향 등 제반 사정을 함께 고려하여 판단해야 한다.

따라서 의약품의 특허권자가 자신의 특허권을 침해할 가능성이 있는 의약품의 제조·판매를 시도하면서 특허의 효력이나 권리범위를 다투는 자에게 행위를 포기 또는 연기하는 대가로 일정한 경제적 이익을 제공하기로 하고 특허 관련 분쟁을 종결하는 합의를 한 경우, 합의가 '특허권의 정당한 행사라고 인정되지 아니하는 행위'에 해당하는지는 특허권자가 합의를 통하여 자신의 독점적 이익의 일부를 상대방에게 제공하는 대신 자신의 독점적 지위를 유지함으로써 공정하고 자유로운 경쟁에 영향을 미치는지에 따라 개별적으로 판단해야 하고, 이를 위해서는 합의의 경위와 내용, 합의의 대상이 된 기간, 합의에서 대가로 제공하기로 한 경제적 이익의 규모, 특허분쟁에 관련된 비용이나 예상이익, 그 밖에 합의에서 정한 대가를 정당화할 수 있는 사유의 유무 등을 종합적으로 고려해야 한다.

[2] 독점규제 및 공정거래에 관한 법률 제2조 제8호, 제8호의2에 의하면, 같은 법 제19조 제1항 제9호에서 말하는 '일정한 거래분야'에는 경쟁관계가 있는 경우뿐만 아니라 경쟁관계가 성립될 수 있는 경우도 포함되고, '부당한 공동행위'에서 경쟁제한성에는 경쟁이 감소하여 가격·수량·품질 기타 거래조건 등의 결정에 영향을 미치는 경우뿐만 아니라 그러한 영향을 미칠 우려가 있는 경우도 포함된다.

## Ⅲ. 벌칙

**제124조(벌칙)** ① 다음 각 호의 어느 하나에 해당하는 자는 3년 이하의 징역 또는 2억원 이하의 벌금에 처한다.

1. 제5조를 위반하여 남용행위를 한 자
2. 제13조 또는 제36조를 위반하여 탈법행위를 한 자
3. 제15조, 제23조, 제25조 또는 제39조를 위반하여 의결권을 행사한 자
4. 제18조제2항부터 제5항까지의 규정을 위반한 자
5. 제19조를 위반하여 지주회사를 설립하거나 지주회사로 전환한 자
6. 제20조제2항 또는 제3항을 위반한 자
7. 제21조 또는 제22조를 위반하여 주식을 취득하거나 소유하고 있는 자
8. 제24조를 위반하여 채무보증을 하고 있는 자
9. 제40조제1항을 위반하여 부당한 공동행위를 한 자 또는 이를 하도록 한 자
10. 제45조제1항제9호, 제47조제1항 또는 제4항을 위반한 자
11. 제48조를 위반한 자
12. 제51조제1항제1호를 위반하여 사업자단체의 금지행위를 한 자
13. 제81조제2항에 따른 조사 시 폭언·폭행, 고의적인 현장진입 저지·지연 등을 통하여 조사를 거부·방해 또는 기피한 자

② 제1항의 징역형과 벌금형은 병과(倂科)할 수 있다.

**제125조(벌칙)** 다음 각 호의 어느 하나에 해당하는 자는 2년 이하의 징역 또는 1억5천만원 이하의 벌금에 처한다.

1. 제7조제1항, 제14조제1항, 제37조제1항, 제42조제1항, 제49조제1항 및 제52조제1항에 따른 시정조치에 따르지 아니한 자
2. 제31조제4항에 따른 자료제출 요청에 대하여 정당한 이유 없이 자료제출을 거부하거나 거짓의 자료를 제출한 자
3. 제31조제5항을 위반하여 공인회계사의 회계감사를 받지 아니한 자
4. 제45조제1항(제1호·제2호·제3호·제7호 및 제9호는 제외한다)을 위반하여 불공정거래행위를 한 자
5. 제51조제1항제3호를 위반하여 사업자단체의 금지행위를 한 자
6. 제81조제1항제3호 또는 같은 조 제6항에 따른 보고 또는 필요한 자료나 물건을 제출하지 아니하거나 거짓의 보고 또는 자료나 물건을 제출한 자
7. 제81조제2항에 따른 조사 시 자료의 은닉·폐기, 접근 거부 또는 위조·변조 등을 통하여 조사를 거부·방해 또는 기피한 자

**제126조(벌칙)** 다음 각 호의 어느 하나에 해당하는 자는 1억원 이하의 벌금에 처한다.

1. 제17조를 위반하여 지주회사의 설립 또는 전환의 신고를 하지 아니하거나 거짓으로 신고한 자
2. 제18조제7항을 위반하여 해당 지주회사등의 사업내용에 관한 보고서를 제출하지 아니하거나 거짓으로 보고서를 제출한 자
3. 제30조제1항 및 제2항을 위반하여 주식소유 현황 또는 채무보증 현황의 신고를 하지 아니하거나 거짓으로 신고한 자
4. 거짓으로 감정을 한 제81조제1항제2호에 따른 감정인

**제127조(벌칙)** ① 국내외에서 정당한 이유 없이 제112조제1항에 따른 비밀유지명령을 위반한 자는 2년 이하의 징역 또는 2천만원 이하의 벌금에 처한다.
② 제1항의 죄는 비밀유지명령을 신청한 자의 고소가 없으면 공소를 제기할 수 없다.
③ 제119조를 위반한 자는 2년 이하의 징역 또는 200만원 이하의 벌금에 처한다.

**제128조(양벌규정)** 법인(법인격이 없는 단체를 포함한다. 이하 이 조에서 같다)의 대표자나 법인 또는 개인의 대리인, 사용인, 그 밖의 종업원이 그 법인 또는 개인의 업무에 관하여 제124조부터 제126조까지의 어느 하나에 해당하는 위반행위를 하면 그 행위자를 벌하는 외에 그 법인 또는 개인에게도 해당 조문의 벌금형을 과(科)한다. 다만, 법인 또는 개인이 그 위반행위를 방지하기 위하여 해당 업무에 관하여 상당한 주의와 감독을 게을리하지 아니한 경우에는 그러하지 아니하다.

**제129조(고발)** ① 제124조 및 제125조의 죄는 공정거래위원회의 고발이 있어야 공소를 제기할 수 있다.
② 공정거래위원회는 제124조 및 제125조의 죄 중 그 위반의 정도가객관적으로 명백하고 중대하여 경쟁질서를 현저히 해친다고 인정하는     경우에는 검찰총장에게 고발하여야 한다.
③ 검찰총장은 제2항에 따른 고발요건에 해당하는 사실이 있음을 공정거래위원회에 통보하여 고발을 요청할 수 있다.
④ 공정거래위원회가 제2항에 따른 고발요건에 해당하지 아니한다고 결정하

더라도 감사원장, 중소벤처기업부장관, 조달청장은 사회적 파급효과, 국가재정에 끼친 영향, 중소기업에 미친 피해 정도 등 다른 사정을 이유로 공정거래위원회에 고발을 요청할 수 있다.

⑤ 공정거래위원회는 제3항 또는 제4항에 따른 고발요청이 있을 때에는 검찰총장에게 고발하여야 한다.

⑥ 공정거래위원회는 공소가 제기된 후에는 고발을 취소할 수 없다.

**제130조(과태료)** ① 사업자, 사업자단체, 공시대상기업집단에 속하는 회사를 지배하는 동일인 또는 그 동일인의 특수관계인인 공익법인이 다음 각 호의 어느 하나에 해당하는 경우에는 1억원 이하, 회사·사업자단체·공익법인의 임원 또는 종업원, 그 밖의 이해관계인이 다음 각 호의 어느 하나에 해당하는 경우에는 1천만원 이하의 과태료를 부과한다.

1. 제11조제1항, 제2항 또는 제6항에 따른 기업결합의 신고를 하지 아니하거나 거짓의 신고를 한 자 또는 같은 조 제8항을 위반한 자

2. 제20조제3항제2호·제3호를 위반하여 금융업 또는 보험업을 영위한 자

3. 제20조제4항·제5항에 따른 보고를 하지 아니한 자 또는 주요내용을 누락하거나 거짓으로 보고를 한 자

4. 제26조부터 제29조까지의 규정에 따른 공시를 하는 경우에 이사회의 의결을 거치지 아니하거나 공시를 하지 아니한 자 또는 주요 내용을 누락하거나 거짓으로 공시한 자

5. 제32조제3항에 따른 자료제출 요청에 대하여 정당한 이유 없이 자료를 제출하지 아니하거나 거짓의 자료를 제출한 자

6. 제81조제1항제1호를 위반하여 정당한 이유 없이 출석을 하지 아니한 자

7. 제87조제2항에 따른 자료제출 요구에 대하여 정당한 이유 없이 자료를 제출하지 아니하거나 거짓의 자료를 제출한 자

② 제66조를 위반하여 질서유지의 명령을 따르지 아니한 사람에게는 100만원 이하의 과태료를 부과한다.

③ 제1항 또는 제2항에 따른 과태료는 대통령령으로 정하는 바에 따라 공정거래위원회가 부과·징수한다.

④ 제1항 또는 제2항에 따른 과태료의 부과·징수에 관하여는 제102조 제2항부터 제4항까지의 규정을 준용한다. 이 경우 "과징금"은 "과태료"로 본다.

**[별표] 기업결합 관련 시정조치 불이행에 따른 이행강제금 부과기준**

## 기업결합 관련 시정조치 불이행에 따른 이행강제금 부과기준
### 이행강제금 부과비율 및 부과금액 기준(영 제23조)

Ⅰ. 목적
이 고시는 「독점규제및공정거래에관한법률」(이하 "법"이라 한다) 제16조(이행강제금) 및 같은 법 시행령(이하 "영"이라 한다) 제23조에 따른 이행강제금 부과의 세부기준 및 기타 이행강제금을 부과함에 있어서 필요한 사항을 정함을 목적으로 한다.

Ⅱ. 용어정의
1. 이 고시에서 취득 또는 소유한 주식이라 함은 기업결합신고인이 시정조치일 당시에 취득 또는 소유하는 주식을 말한다.
2. 이 고시에서 발행주식총수 및 취득 또는 소유하는 주식수에는 의결권 없는 주식을 포함한다.

Ⅲ.Ⅳ. (생략)

Ⅴ. 이행강제금 부과비율 및 부과금액 기준(영 제23조)
1. 주식취득·영업양수·합병·합작회사 신설의 경우 이행강제금 부과 비율 기준은 다음과 같다.
< 이행강제금 부과비율 >

| 기업결합금액 | 부과비율 | 산정방법(1일 기준) |
|---|---|---|
| ·1000억원 이하 | 2/10,000 | 기업결합 금액×2/10,000 |
| ·1,000억원 초과 1조원 이하 | 2/15,000 | 20백만원+1,000억원 초과분×2/15,000 |
| ·1조원 초과 | 2/20,000 | 140백만원+1조원 초과분×2/20,000 |

※ 주 기업결합금액이란 법 제16조 제1항 각호에서 규정하는 금액을 말한다

2. 임원겸임의 경우 이행강제금 부과금액 기준은 다음과 같다
< 이행강제금 부과비율 >

| 피겸임회사의 자산총액 | 단계별 부과금액 |
|---|---|
| ·1000억원 이하 | 100만원 |
| ·1,000억원 초과 1조원 이하 | 120만원 |
| ·1조원 초과 | 140만원 |

**[별표] 불공정거래행위의 유형 및 기준**

## 불공정거래행위의 유형 및 기준
### (제52조관련)

1. 거래거절

   법 제45조제1항제1호에 따른 부당하게 거래를 거절하는 행위는 다음 각 목의 행위로 한다.

   가. 공동의 거래거절

   정당한 이유 없이 자기와 경쟁관계에 있는 다른 사업자와 공동으로 특정사업자에게 거래의 개시를 거절하거나 계속적인 거래관계에 있는 특정사업자에게 거래를 중단하거나 거래하는 상품 또는 용역의 수량이나 내용을 현저히 제한하는 행위

   나. 그 밖의 거래거절

   부당하게 특정사업자에게 거래의 개시를 거절하거나 계속적인 거래관계에 있는 특정사업자에게 거래를 중단하거나 거래하는 상품 또는 용역의 수량이나 내용을 현저히 제한하는 행위

2. 차별적 취급

   법 제45조제1항제2호에 따른 부당하게 거래의 상대방을 차별하여 취급하는 행위는 다음 각 목의 행위로 한다.

   가. 가격차별

   부당하게 거래지역 또는 거래상대방에 따라 현저하게 유리하거나 불리한 가격으로 거래하는 행위

   나. 거래조건차별

   부당하게 특정사업자에게 수량·품질 등의 거래조건이나 거래내용을 현저하게 유리하거나 불리하게 취급하는 행위

   다. 계열회사를 위한 차별

   정당한 이유 없이 자기의 계열회사를 유리하게 하기 위해 가격·수량·품질 등의 거래조건이나 거래내용을 현저하게 유리하거나 불리하게 하는 행위

   라. 집단적 차별

   집단으로 특정사업자를 부당하게 차별적으로 취급하여 그 사업자의 사업활동을 현저하게 유리하거나 불리하게 하는 행위

3. 경쟁사업자 배제

법 제45조제1항제3호에 따른 부당하게 경쟁자를 배제하는 행위는 다음 각
목의 행위로 한다.

가. 부당염매

자기의 상품 또는 용역을 공급하는 경우에 정당한 이유 없이 그 공급에
소요되는 비용보다 현저히 낮은 가격으로 계속 공급하거나 그 밖에 부당
하게 상품 또는 용역을 낮은 가격으로 공급하여 자기 또는 계열회사의
경쟁사업자를 배제시킬 우려가 있는 행위

나. 부당고가매입

부당하게 상품 또는 용역을 통상거래가격에 비해 높은 가격으로 구입하
여 자기 또는 계열회사의 경쟁사업자를 배제시킬 우려가 있는 행위

4. 부당한 고객유인

법 제45조제1항제4호에 따른 부당하게 경쟁자의 고객을 자기와 거래하도록
유인하는 행위는 다음 각 목의 행위로 한다.

가. 부당한 이익에 의한 고객유인

정상적인 거래관행에 비추어 부당하거나 과대한 이익을 제공하거나 제공
할 제의를 하여 경쟁사업자의 고객을 자기와 거래하도록 유인하는 행위

나. 위계에 의한 고객유인

「표시·광고의 공정화에 관한 법률」 제3조에 따른 부당한 표시·광고
외의 방법으로 자기가 공급하는 상품 또는 용역의 내용이나 거래조건 및
그 밖의 거래에 관한 사항을 실제보다 또는 경쟁사업자의 것보다 현저히
우량 또는 유리한 것으로 고객이 잘못 알게 하거나 경쟁사업자의 것이
실제보다 또는 자기의 것보다 현저히 불량 또는 불리한 것으로 고객을
잘못 알게 하여 경쟁사업자의 고객을 자기와 거래하도록 유인하는 행위

다. 그 밖의 부당한 고객유인

경쟁사업자와 그 고객의 거래를 계약성립의 저지, 계약불이행의 유인 등
의 방법으로 거래를 부당하게 방해하여 경쟁사업자의 고객을 자기와 거
래하도록 유인하는 행위

5. 거래강제

법 제45조제1항제5호에 따른 부당하게 경쟁자의 고객을 자기와 거래하도록
강제하는 행위는 다음 각 목의 행위로 한다.

가. 끼워팔기

거래상대방에게 자기의 상품 또는 용역을 공급하면서 정상적인 거래관행

에 비추어 부당하게 다른 상품 또는 용역을 자기 또는 자기가 지정하는
사업자로부터 구입하도록 하는 행위

　나. 사원판매

　　부당하게 자기 또는 계열회사의 임직원에게 자기 또는 계열회사의 상품
이나 용역을 구입 또는 판매하도록 강제하는 행위

　다. 그 밖의 거래강제

　　정상적인 거래관행에 비추어 부당한 조건 등 불이익을 거래상대방에게 제
시하여 자기 또는 자기가 지정하는 사업자와 거래하도록 강제하는 행위

6. 거래상 지위의 남용

법 제45조제1항제6호에 따른 자기의 거래상의 지위를 부당하게 이용하여
상대방과 거래하는 행위는 다음 각 목의 행위로 한다.

　가. 구입강제

　　거래상대방이 구입할 의사가 없는 상품 또는 용역을 구입하도록 강제하는
행위

　나. 이익제공강요

　　거래상대방에게 자기를 위해 금전·물품·용역 및 그 밖의 경제상 이익을
제공하도록 강요하는 행위

　다. 판매목표강제

　　자기가 공급하는 상품 또는 용역과 관련하여 거래상대방의 거래에 관한
목표를 제시하고 이를 달성하도록 강제하는 행위

　라. 불이익제공

　　가목부터 다목까지의 규정에 해당하는 행위 외의 방법으로 거래상대방에
게 불이익이 되도록 거래조건을 설정 또는 변경하거나 그 이행과정에서
불이익을 주는 행위

　마. 경영간섭

　　거래상대방의 임직원을 선임·해임하는 경우에 자기의 지시 또는 승인을
얻게 하거나 거래상대방의 생산품목·시설규모·생산량·거래내용을 제한
하여 경영활동을 간섭하는 행위

7. 구속조건부거래

법 제45조제1항제7호에 따른 거래의 상대방의 사업활동을 부당하게 구속하
는 조건으로 거래하는 행위는 다음 각 목의 행위로 한다.

　가. 배타조건부거래

　　부당하게 거래상대방이 자기 또는 계열회사의 경쟁사업자와 거래하지 않

는 조건으로 그 거래상대방과 거래하는 행위
나. 거래지역 또는 거래상대방의 제한
상품 또는 용역을 거래하는 경우에 그 거래상대방의 거래지역 또는 거래
상대방을 부당하게 구속하는 조건으로 거래하는 행위

8. 사업활동 방해
법 제45조제1항제8호에 따른 부당하게 다른 사업자의 사업활동을 방해하는
행위는 다음 각 목의 행위로 한다.
가. 기술의 부당이용
다른 사업자의 기술을 부당하게 이용하여 다른 사업자의 사업활동을 상당
히 곤란하게 할 정도로 방해하는 행위
나. 인력의 부당유인·채용
다른 사업자의 인력을 부당하게 유인·채용하여 다른 사업자의 사업활동
을 상당히 곤란하게 할 정도로 방해하는 행위
다. 거래처 이전 방해
다른 사업자의 거래처 이전을 부당하게 방해하여 다른 사업자의 사업활동
을 심히 곤란하게 할 정도로 방해하는 행위
라. 그 밖의 사업활동방해
가목부터 다목까지에서 규정한 방법 외의 부당한 방법으로 다른 사업자의
사업활동을 심히 곤란하게 할 정도로 방해하는 행위

9. 부당한 지원행위
법 제45조제1항제9호에 따른 특수관계인 또는 다른 회사를 지원하는 행위
는 부당하게 다음 각 목의 행위를 통해 과다한 경제상 이익을 제공하여 특
수관계인 또는 다른 회사를 지원하는 행위로 한다.
가. 부당한 자금지원
특수관계인 또는 다른 회사에 가지급금·대여금 등 자금을 상당히 낮거나
높은 대가로 제공 또는 거래하거나 상당한 규모로 제공 또는 거래하는 행위
나. 부당한 자산·상품 등 지원
특수관계인 또는 다른 회사에 부동산·유가증권·무체재산권 등 자산 또
는 상품·용역을 상당히 낮거나 높은 대가로 제공 또는 거래하거나 상당
한 규모로 제공 또는 거래하는 행위
다. 부당한 인력지원
특수관계인 또는 다른 회사에 인력을 상당히 낮거나 높은 대가로 제공 또
는 거래하거나 상당한 규모로 제공 또는 거래하는 행위

라. 부당한 거래단계 추가 등

    1) 다른 사업자와 직접 상품·용역을 거래하면 상당히 유리함에도 불구하고 거래상 역할이 없거나 미미(微微)한 특수관계인이나 다른 회사를 거래단계에 추가하거나 거쳐서 거래하는 행위

    2) 다른 사업자와 직접 상품·용역을 거래하면 상당히 유리함에도 불구하고 특수관계인이나 다른 회사를 거래단계에 추가하거나 거쳐서 거래하면서 그 특수관계인이나 다른 회사에 거래상 역할에 비해 과도한 대가를 지급하는 행위

비고: 공정거래위원회는 효율적인 법집행을 위해 필요하다고 인정하는 경우에는 위 표에 따른 불공정거래행위의 세부 유형 또는 기준을 정하여 고시할 수 있다. 이 경우 불공정거래행위가 발생할 우려가 높은 분야로서 공정거래위원회가 정하여 고시하는 분야에서의 불공정거래행위의 세부 유형 또는 기준에 대해서는 미리 관계행정기관의 장의 의견을 들어야 한다.


**[별표] 이행강제금의 부과기준**

# 법 제16조제1항에 따른 이행강제금의 부과기준

(제23조제4항 관련)

1. 일반기준

  가. 공정거래위원회는 시정조치의 이행을 위한 노력과 시정조치 불이행의 정도·사유 또는 결과 등을 고려하여 제2호에 따라 산정된 이행강제금의 2분의 1 범위에서 가중·감경하거나 면제할 수 있다.

  나. 제2호에 따라 산정된 이행강제금의 1일당 부과금액은 법 제16조제1항에 따른 1일당 부과금액의 상한을 초과할 수 없다.

2. 개별기준

  가. 법 제9조제1항제1호 및 제3호부터 제5호까지에 따른 이행강제금의 부과비율 및 1일당 부과금액

| 기업결합금액 | 부과비율 | 1일당 부과금액 |
|---|---|---|
| 1천억원 이하 | 2/10,000 | 기업결합금액×2/10,000 |
| 1천억원 초과 1조원 이하 | 2/15,000 | 2천만원 + (기업결합금액 중 1천억원 초과분×2/15,000) |

| 1조원 초과 | 2/20,000 | 1억4천만원 + (기업결합금액 중 1조원 초과분×2/20,000) |
|---|---|---|

## 나. 법 제9조제1항제2호에 따른 이행강제금의 1일당 부과금액

| 피겸임회사의 자산총액 | 1일당 부과금액 |
|---|---|
| 1천억원 이하 | 100만원 |
| 1천억원 초과 1조원 이하 | 120만원 |
| 1조원 초과 | 140만원 |

비고
  1. 제2호가목에 따른 기업결합금액은 법 제16조제1항 각 호의 금액으로 한다.
  2. 제2호나목에 따른 자산총액은 제15조제1항에 따른 자산총액으로 한다.

## [별표] 행위의 유형 또는 기준
# 법 제47조제1항 각호에 따른 행위의 유형 또는 기준
(제54조제1항 관련)

1. 법 제47조제1항제1호에 따른 정상적인 거래에서 적용되거나 적용될 것으로 판단되는 조건
   보다 상당히 유리한 조건으로 거래하는 행위
     다음 각 목의 행위로 한다. 다만, 시기, 종류, 규모, 기간, 신용상태 등이 유사한 상황에서
   법 제9조제1항에 따른 특수관계인이 아닌 자와의 정상적인 거래에서 적용되거나 적용될 것
   으로 판단되는 조건과의 차이가 100분의 7 미만이고, 거래당사자간 해당 연도 거래총액이
   50억원(상품·용역의 경우에는 200억원) 미만인 경우에는 상당히 유리한 조건에 해당하지
   않는 것으로 본다.
   가. 상당히 유리한 조건의 자금 거래
       가지급금·대여금 등 자금을 정상적인 거래에서 적용되는 대가보다 상당히 낮거나 높은
     대가로 제공하거나 거래하는 행위
   나. 상당히 유리한 조건의 자산·상품·용역 거래
       부동산·유가증권·무체재산권 등 자산 또는 상품·용역을 정상적인 거래에서 적용되는
     대가보다 상당히 낮거나 높은 대가로 제공하거나 거래하는 행위
   다. 상당히 유리한 조건의 인력 거래
       인력을 정상적인 거래에서 적용되는 대가보다 상당히 낮거나 높은 대가로 제공하거나 거
     래하는 행위
2. 법 제47조제1항제2호에 따른 회사가 직접 또는 자신이 지배하고 있는 회사를 통해 수행할
   경우 회사에 상당한 이익이 될 사업기회를 제공하는 행위
     회사가 직접 또는 자신이 지배하고 있는 회사를 통해 수행할 경우 회사에 상당한 이익이 될
   사업기회로서 회사가 수행하고 있거나 수행할 사업과 밀접한 관계가 있는 사업기회를 제공

하는 행위로 한다. 다만, 다음 각 목의 어느 하나에 해당하는 경우는 제외한다.

　가. 회사가 해당 사업기회를 수행할 능력이 없는 경우

　나. 회사가 사업기회 제공에 대한 정당한 대가를 지급받은 경우

　다. 그 밖에 회사가 합리적인 사유로 사업기회를 거부한 경우

3. 법 제47조제1항제3호에 따른 특수관계인과 현금이나 그 밖의 금융상품을 상당히 유리한 조건으로 거래하는 행위

특수관계인과 현금이나 그 밖의 금융상품을 정상적인 거래에서 적용되는 대가보다 상당히 낮거나 높은 대가로 제공하거나 거래하는 행위로 한다. 다만, 시기, 종류, 규모, 기간, 신용상태 등이 유사한 상황에서 법 제9조제1항에 따른 특수관계인이 아닌 자와의 정상적인 거래에서 적용되거나 적용될 것으로 판단되는 조건과의 차이가 100분의 7 미만이고, 거래당사자간 해당 연도 거래총액이 50억원 미만인 경우에는 상당히 유리한 조건에 해당하지 않는 것으로 본다.

4. 법 제47조제1항제4호에 따른 사업능력, 재무상태, 신용도, 기술력, 품질, 가격 또는 거래조건 등에 대한 합리적인 고려나 다른 사업자와의 비교 없이 상당한 규모로 거래하는 행위

거래상대방 선정 및 계약체결 과정에서 사업능력, 재무상태, 신용도, 기술력, 품질, 가격, 거래규모, 거래시기 또는 거래조건 등 해당 거래의 의사결정에 필요한 정보를 충분히 수집·조사하고, 이를 객관적·합리적으로 검토하거나 다른 사업자와 비교·평가하는 등 해당 거래의 특성상 통상적으로 이루어지거나 이루어질 것으로 기대되는 거래상대방의 적합한 선정과정 없이 상당한 규모로 거래하는 행위로 한다. 다만, 거래당사자간 상품·용역의 해당 연도 거래총액(둘 이상의 회사가 동일한 거래상대방과 거래하는 경우에는 각 회사의 거래금액의 합계액)이 200억원 미만이고, 거래상대방의 평균매출액의 100분의 12 미만인 경우에는 상당한 규모에 해당하지 않는 것으로 본다.

# 동물보호법

[시행 2025. 1. 3.] [법률 제19880호, 2024. 1. 2., 일부개정]

## Ⅰ. 개설

### 목적

이 법은 동물의 생명보호, 안전 보장 및 복지 증진을 꾀하고 건전하고 책임 있는 사육문화를 조성함으로써, 생명 존중의 국민 정서를 기르고 사람과 동물의 조화로운 공존에 이바지함을 목적으로 한다.

## Ⅱ. 판례

**제2조(정의)** 이 법에서 사용하는 용어의 뜻은 다음과 같다.
1. "동물"이란 고통을 느낄 수 있는 신경체계가 발달한 척추동물로서 다음 각 목의 어느 하나에 해당하는 동물을 말한다.
  가. 포유류
  나. 조류
  다. 파충류·양서류·어류 중 농림축산식품부장관이 관계 중앙행정기관의 장과의 협의를 거쳐 대통령령으로 정하는 동물
2. "소유자등"이란 동물의 소유자와 일시적 또는 영구적으로 동물을 사육·관리 또는 보호하는 사람을 말한다.
3. "유실·유기동물"이란 도로·공원 등의 공공장소에서 소유자등이 없이 배회하거나 내버려진 동물을 말한다.
4. "피학대동물"이란 제10조제2항 및 같은 조 제4항제2호에 따른 학대를 받은 동물을 말한다.
5. "맹견"이란 다음 각 목의 어느 하나에 해당하는 개를 말한다.
  가. 도사견, 핏불테리어, 로트와일러 등 사람의 생명이나 신체 또는 동물에 위해를 가할 우려가 있는 개로서 농림축산식품부령으로 정하는 개
  나. 사람의 생명이나 신체 또는 동물에 위해를 가할 우려가 있어 제24조제3항에 따라 시·도지사가 맹견으로 지정한 개
6. "봉사동물"이란 「장애인복지법」 제40조에 따른 장애인 보조견 등 사람이나 국가를 위하여 봉사하고 있거나 봉사한 동물로서 대통령령으로 정

하는 동물을 말한다.

7. "반려동물"이란 반려(伴侶)의 목적으로 기르는 개, 고양이 등 농림축산
　　식품부령으로 정하는 동물을 말한다.

8. "등록대상동물"이란 동물의 보호, 유실·유기(遺棄) 방지, 질병의 관리,
　　공중위생상의 위해 방지 등을 위하여 등록이 필요하다고 인정하여 대통령
　　령으로 정하는 동물을 말한다.

9. "동물학대"란 동물을 대상으로 정당한 사유 없이 불필요하거나 피할 수
　　있는 고통과 스트레스를 주는 행위 및 굶주림, 질병 등에 대하여 적절한
　　조치를 게을리 하거나 방치하는 행위를 말한다.

10. "기질평가"란 동물의 건강상태, 행동양태 및 소유자등의 통제능력 등을
　　종합적으로 분석하여 평가 대상 동물의 공격성을 판단하는 것을 말한다.

11. "반려동물행동지도사"란 반려동물의 행동분석·평가 및 훈련 등에 전문
　　지식과기술을 가진 사람으로서 제31조제1항에 따른 자격시험에 합격한 사
　　람을 말한다.

12. "동물실험"이란 「실험동물에 관한 법률」 제2조제1호에 따른 동물실험
　　을 말한다.

13. "동물실험시행기관"이란 동물실험을 실시하는 법인·단체 또는 기관으
　　로서 대통령령으로 정하는 법인·단체 또는 기관을 말한다.

## 동물보호법위반 · 재물손괴

[대법원 2016.1.28. 선고, 2014도2477, 판결]

**【판결요지】**

동물보호법의 목적과 입법 취지, 동물보호법 제8조 제1항 각 호의 문언 및 체계 등
을 종합하면, 동물보호법 제8조 제1항 제1호에서 규정하는 '잔인한 방법으로 죽이는
행위'는, 같은 항 제4호의 경우와는 달리 정당한 사유를 구성요건 요소로 규정하고
있지 아니하여 '잔인한 방법으로 죽이는 행위'를 하는 것 자체로 구성요건을 충족
하고, 설령 행위를 정당화할 만한 사정 또는 행위자의 책임으로 돌릴 수 없는 사정
이 있더라도, 위법성이나 책임이 조각될 수 있는지는 별론으로 하고 구성요건 해당
성이 조각된다고 볼 수는 없다.

**제10조(동물학대 등의 금지)** ① 누구든지 동물을 죽이거나 죽음에 이르게 하
는 다음 각 호의 행위를 하여서는 아니 된다.

　1. 목을 매다는 등의 잔인한 방법으로 죽음에 이르게 하는 행위

　2. 노상 등 공개된 장소에서 죽이거나 같은 종류의 다른 동물이 보는 앞에서
　　　죽음에 이르게 하는 행위

3. 동물의 습성 및 생태환경 등 부득이한 사유가 없음에도 불구하고 해당 동물을 다른 동물의 먹이로 사용하는 행위

4. 그 밖에 사람의 생명·신체에 대한 직접적인 위협이나 재산상의 피해 방지 등 농림축산식품부령으로 정하는 정당한 사유 없이 동물을 죽음에 이르게 하는 행위

② 누구든지 동물에 대하여 다음 각 호의 행위를 하여서는 아니 된다.

1. 도구·약물 등 물리적·화학적 방법을 사용하여 상해를 입히는 행위. 다만, 해당 동물의 질병 예방이나 치료 등 농림축산식품부령으로 정하는 경우는 제외한다.

2. 살아있는 상태에서 동물의 몸을 손상하거나 체액을 채취하거나 체액을 채취하기 위한 장치를 설치하는 행위. 다만, 해당 동물의 질병 예방 및 동물 실험 등 농림축산식품부령으로 정하는 경우는 제외한다.

3. 도박·광고·오락·유흥 등의 목적으로 동물에게 상해를 입히는 행위. 다만, 민속경기 등 농림축산식품부령으로 정하는 경우는 제외한다.

4. 동물의 몸에 고통을 주거나 상해를 입히는 다음 각 목에 해당하는 행위

가. 사람의 생명·신체에 대한 직접적 위협이나 재산상의 피해를 방지하기 위하여 다른 방법이 있음에도 불구하고 동물에게 고통을 주거나 상해를 입히는 행위

나. 동물의 습성 또는 사육환경 등의 부득이한 사유가 없음에도 불구하고 동물을 혹서·혹한 등의 환경에 방치하여 고통을 주거나 상해를 입히는 행위

다. 갈증이나 굶주림의 해소 또는 질병의 예방이나 치료 등의 목적 없이 동물에게 물이나 음식을 강제로 먹여 고통을 주거나 상해를 입히는 행위

라. 동물의 사육·훈련 등을 위하여 필요한 방식이 아님에도 불구하고 다른 동물과 싸우게 하거나 도구를 사용하는 등 잔인한 방식으로 고통을 주거나 상해를 입히는 행위

③ 누구든지 소유자등이 없이 배회하거나 내버려진 동물 또는 피학대동물 중 소유자등을 알 수 없는 동물에 대하여 다음 각 호의 어느 하나에 해당하는 행위를 하여서는 아니 된다.

1. 포획하여 판매하는 행위

2. 포획하여 죽이는 행위

3. 판매하거나 죽일 목적으로 포획하는 행위

4. 소유자등이 없이 배회하거나 내버려진 동물 또는 피학대동물 중 소유자등을 알 수 없는 동물임을 알면서 알선·구매하는 행위

④ 소유자등은 다음 각 호의 행위를 하여서는 아니 된다.

1. 동물을 유기하는 행위
2. 반려동물에게 최소한의 사육공간 및 먹이 제공, 적정한 길이의 목줄, 위생
　·건강 관리를 위한 사항 등 농림축산식품부령으로 정하는 사육·관리 또
　는 보호의무를 위반하여 상해를 입히거나 질병을 유발하는 행위
3. 제2호의 행위로 인하여 반려동물을 죽음에 이르게 하는 행위

⑤ 누구든지 다음 각 호의 행위를 하여서는 아니 된다.

1. 제1항부터 제4항까지(제4항제1호는 제외한다)의 규정에 해당하는 행위를
　촬영한 사진 또는 영상물을 판매·전시·전달·상영하거나 인터넷에 게재
　하는 행위. 다만, 동물보호 의식을 고양하기 위한 목적이 표시된 홍보 활
　동 등 농림축산식품 부령으로 정하는 경우에는 그러하지 아니하다.
2. 도박을 목적으로 동물을 이용하는 행위 또는 동물을 이용하는 도박을 행할
　목적으로 광고·선전하는 행위. 다만, 「사행산업통합감독위원회법」 제2
　조제1호에 따른 사행산업은 제외한다.
3. 도박·시합·복권·오락·유흥·광고 등의 상이나 경품으로 동물을 제공하
　는 행위
4. 영리를 목적으로 동물을 대여하는 행위. 다만, 「장애인복지법」 제40조에
　따른 장애인 보조견의 대여 등 농림축산식품부령으로 정하는 경우는 제외
　한다.

## 동물보호법위반

[서울남부지법 2024. 1. 17. 선고 2023고단2750 판결 : 항소]

**【판결요지】**
피해 말인 甲의 소유자이자 드라마 승마팀장인 피고인 乙이 낙마 장면을 촬영하기
위하여 '말의 앞다리에 로프를 묶어 로프 끝을 사람들이 잡고 지탱하고 있는 상태
에서 말을 달리게 하여 앞으로 고꾸라지게 하는 촬영 방법'을 제의하였고, 드라마
무술감독인 피고인 丙과 드라마 연출을 총괄한 프로듀서인 피고인 丁이 이를 승낙하
여 위 촬영 방법으로 낙마 장면의 촬영을 진행하기로 순차 공모한 후, 위와 같은 방
법으로 甲이 넘어지면서 그 하중으로 목이 꺾이게 함으로써, 乙, 丙, 丁은 공모하여
동물의 사육·훈련 등을 위하여 필요한 방식이 아님에도 불구하고 도구를 사용하여
잔인한 방식으로 甲에게 신체적 고통을 주어 학대하였다는 내용으로, 피고인 戊 방
송사는 소속 프로듀서인 丁이 방송사의 업무에 관하여 위와 같은 위반행위를 하였다
는 내용으로 기소된 사안에서, 乙, 丙, 丁이 위와 같이 낙마 장면을 촬영한 것은 구
동물보호법 제8조 제2항 제4호가 금지하고 있는 행위에 해당하고, 미필적이나마 동
물보호법 위반의 고의도 있다고 한 사례.

## 동물보호법위반 · 재물손괴

[대법원 2016. 1. 28. 선고, 2014도2477, 판결]

【판결요지】

동물보호법의 목적과 입법 취지, 동물보호법 제8조 제1항 각 호의 문언 및 체계 등을 종합하면, 동물보호법 제8조 제1항 제1호에서 규정하는 '잔인한 방법으로 죽이는 행위'는, 같은 항 제4호의 경우와는 달리 정당한 사유를 구성요건 요소로 규정하고 있지 아니하여 '잔인한 방법으로 죽이는 행위'를 하는 것 자체로 구성요건을 충족하고, 설령 행위를 정당화할 만한 사정 또는 행위자의 책임으로 돌릴 수 없는 사정이 있더라도, 위법성이나 책임이 조각될 수 있는지는 별론으로 하고 구성요건 해당성이 조각된다고 볼 수는 없다.

**제69조(영업의 허가)** ① 반려동물(이하 이 장에서 "동물"이라 한다. 다만, 동물장묘업 및 제71조제1항에 따른 공설동물장묘시설의 경우에는 제2조제1호에 따른 동물로 한다)과 관련된 다음 각 호의 영업을 하려는 자는 농림축산식품부령으로 정하는 바에 따라 특별자치시장 · 특별자치도지사 · 시장 · 군수 · 구청장의 허가를 받아야 한다.

  1. 동물생산업

  2. 동물수입업

  3. 동물판매업

  4. 동물장묘업

② 제1항 각 호에 따른 영업의 세부 범위는 농림축산식품부령으로 정한다.

③ 제1항에 따른 허가를 받으려는 자는 영업장의 시설 및 인력 등 농림축산식품부령으로 정하는 기준을 갖추어야 한다.

④ 제1항에 따라 영업의 허가를 받은 자가 허가받은 사항을 변경하려는 경우에는 변경허가를 받아야 한다. 다만, 농림축산식품부령으로 정하는 경미한 사항을 변경하는 경우에는 특별자치시장 · 특별자치도지사 · 시장 · 군수 · 구청장에게 신고하여야 한다.

## 동물보호법위반

[대법원 2016. 11. 24., 선고, 2015도18765 판결]

【판결요지】

동물보호법 제33조 제1항은 '제32조 제1항 제1호부터 제3호까지의 규정에 따른 영업을 하려는 자', 즉 농림축산식품부령으로 정하는 개 · 고양이 · 토끼 등 가정에서 반려의 목적으로 기르는 동물(이하 '반려동물'이라 한다)과 관련된 동물장묘업, 동물판매업, 동물수입업을 하려는 자는 농림축산식품부령으로 정하는 바에 따라 시장 · 군수·구청장에게 등록하여야 한다고 규정하고 있고, 동물보호법 제46조 제4항 제1호는 '제33조 제1항에 따른 등록을 하지 아니하고 영업을 한 자는 100만 원 이하의 벌금에 처한다.'고 규정하고 있다. 그리고 동물보호법 제32조 제2항은 "제1항 각 호에 따른 영업의 세부 범위는 농림축산식품부령으로 정한다."라고 규정하고 있는데, 그 위임에 따라 동물보호법 시행규칙(이하 '시행규칙'이라 한다) 제36조 제2호는 동물판매업을 '소비자에게 반려동물을 판매하거나 알선하는 영업'으로, 제3호는 동물수입업을 '반려동물을 수입하여 동물판매업자, 동물생산업자 등 영업자에게 판매하는 영업'으로, 제4호는 동물생산업을 '반려동물을 번식시켜 동물판매업자, 동물수입업자 등 영업자에게 판매하는 영업'으로 각각 규정하고 있다. 소비자란 일반적으로 '재화를 소비하는 사람'을 의미한다. 그리고 시행규칙은 동물판매업의 판매·알선 상대방을 '소비자'로, 동물수입업과 동물생산업의 판매 상대방을 '영업자'로 분명하게 구분하여 규정하고 있다. 만일 동물판매업의 판매·알선 상대방인 '소비자'의 범위를 반려동물 유통구조에서 최종 단계에 있는 소비자에 한정하지 아니하고 다른 동물판매업자 등 영업자도 이에 포함된다고 보면 동물판매업의 판매·알선 상대방의 범위에 아무런 제한이 없다고 보는 셈이 되고, 결국 시행규칙 제36조 제2호가 판매·알선 상대방을 '소비자'로 규정한 것이 불필요한 문언으로 된다.

동물보호법과 시행규칙의 규정 내용, 소비자의 통상적인 의미 등을 관련 법리에 비추어 살펴보면, 시행규칙 제36조 제2호에 규정한 '소비자'는 반려동물을 구매하여 가정에서 반려 목적으로 기르는 사람을 의미한다. 여기서의 '소비자'에 동물판매업자 등 반려동물을 구매하여 다른 사람에게 판매하는 영업을 하는 자도 포함된다고 보는 것은 '소비자'의 의미를 피고인에게 불리한 방향으로 지나치게 확장해석하거나 유추해석하는 것으로서 죄형법정주의에 어긋나므로 허용되지 아니한다.

## Ⅲ. 벌칙

**제97조(벌칙)** ① 다음 각 호의 어느 하나에 해당하는 자는 3년 이하의 징역 또는 3천만원 이하의 벌금에 처한다.

1. 제10조제1항 각 호의 어느 하나를 위반한 자
2. 제10조제3항제2호 또는 같은 조 제4항제3호를 위반한 자
3. 제16조제1항 또는 같은 조 제2항제1호를 위반하여 사람을 사망에 이르게 한 자
4. 제21조제1항 각 호를 위반하여 사람을 사망에 이르게 한 자

② 다음 각 호의 어느 하나에 해당하는 자는 2년 이하의 징역 또는 2천만원 이하의 벌금에 처한다.

1. 제10조제2항 또는 같은 조 제3항제1호·제3호·제4호의 어느 하나를 위반한 자

2. 제10조제4항제1호를 위반하여 맹견을 유기한 소유자등

3. 제10조제4항제2호를 위반한 소유자등

4. 제16조제1항 또는 같은 조 제2항제1호를 위반하여 사람의 신체를 상해에 이르게 한 자

5. 제21조제1항 각 호의 어느 하나를 위반하여 사람의 신체를 상해에 이르게 한 자

6. 제67조제1항제1호를 위반하여 거짓이나 그 밖의 부정한 방법으로 인증농장 인증을 받은 자

7. 제67조제1항제2호를 위반하여 인증을 받지 아니한 축산농장을 인증농장으로 표시한 자

8. 제67조제1항제3호를 위반하여 거짓이나 그 밖의 부정한 방법으로 인증심사·재심사 및 인증갱신을 하거나 받을 수 있도록 도와주는 행위를 한 자

9. 제69조제1항 또는 같은 조 제4항을 위반하여 허가 또는 변경허가를 받지 아니하고 영업을 한 자

10. 거짓이나 그 밖의 부정한 방법으로 제69조제1항에 따른 허가 또는 같은 조제4항에 따른 변경허가를 받은 자

11. 제70조제1항을 위반하여 맹견취급허가 또는 변경허가를 받지 아니하고 맹견을 취급하는 영업을 한 자

12. 거짓이나 그 밖의 부정한 방법으로 제70조제1항에 따른 맹견취급허가 또는 변경허가를 받은 자

13. 제72조를 위반하여 설치가 금지된 곳에 동물장묘시설을 설치한 자

14. 제85조제1항에 따른 영업장 폐쇄조치를 위반하여 영업을 계속한 자

③ 다음 각 호의 어느 하나에 해당하는 자는 1년 이하의 징역 또는 1천만원 이하의 벌금에 처한다. 〈개정 2023. 3. 14., 2023. 6. 20.〉

1. 제18조제1항을 위반하여 맹견사육허가를 받지 아니한 자

2. 제33조제1항을 위반하여 반려동물행동지도사의 명칭을 사용한 자

3. 제33조제2항을 위반하여 다른 사람에게 반려동물행동지도사의 명의를 사용하게 하거나 그 자격증을 대여한 자 또는 반려동물행동지도사의 명의를 사용하거나 그 자격증을 대여받은 자

4. 제33조제3항을 위반한 자

5. 제73조제1항 또는 같은 조 제4항을 위반하여 등록 또는 변경등록을 하지 아니하고 영업을 한 자

6. 거짓이나 그 밖의 부정한 방법으로 제73조제1항에 따른 등록 또는 같은 조제4항에 따른 변경등록을 한 자

7. 제78조제1항제11호를 위반하여 다른 사람의 영업명의를 도용하거나 대여받은 자 또는 다른 사람에게 자기의 영업명의나 상호를 사용하게 한 영업자

7의2. 제78조제5항제3호를 위반하여 자신의 영업장에 있는 동물장묘시설을 다른 자에게 대여한 영업자

8. 제83조를 위반하여 영업정지 기간에 영업을 한 자

9. 제87조제3항을 위반하여 설치 목적과 다른 목적으로 고정형 영상정보처리기기를 임의로 조작하거나 다른 곳을 비춘 자 또는 녹음기능을 사용한 자

10. 제87조제4항을 위반하여 영상기록을 목적 외의 용도로 다른 사람에게 제공한 자

④ 다음 각 호의 어느 하나에 해당하는 자는 500만원 이하의 벌금에 처한다.

1. 제29조제1항을 위반하여 업무상 알게 된 비밀을 누설한 기질평가위원회의위원 또는 위원이었던 자

2. 제37조제1항에 따른 신고를 하지 아니하고 보호시설을 운영한 자

3. 제38조제2항에 따른 폐쇄명령에 따르지 아니한 자

4. 제54조제3항을 위반하여 비밀을 누설하거나 도용한 윤리위원회의 위원 또는 위원이었던 자(제52조제3항에서 준용하는 경우를 포함한다)

5. 제78조제2항제1호를 위반하여 월령이 12개월 미만인 개·고양이를 교배 또는 출산시킨 영업자

6. 제78조제2항제2호를 위반하여 동물의 발정을 유도한 영업자

7. 제78조제5항제1호를 위반하여 살아있는 동물을 처리한 영업자

8. 제95조제5항을 위반하여 요청 목적 외로 정보를 사용하거나 다른 사람에게 정보를 제공 또는 누설한 자

⑤ 다음 각 호의 어느 하나에 해당하는 자는 300만원 이하의 벌금에 처한다.

1. 제10조제4항제1호를 위반하여 동물을 유기한 소유자등(맹견을 유기한 경우는 제외한다)

2. 제10조제5항제1호를 위반하여 사진 또는 영상물을 판매·전시·전달·상영하거나 인터넷에 게재한 자

3. 제10조제5항제2호를 위반하여 도박을 목적으로 동물을 이용한 자 또는 동물을 이용하는 도박을 행할 목적으로 광고·선전한 자

4.  제10조제5항제3호를 위반하여 도박·시합·복권·오락·유흥·광고 등 의상이나 경품으로 동물을 제공한 자

5.  제10조제5항제4호를 위반하여 영리를 목적으로 동물을 대여한 자

6.  제18조제4항 후단에 따른 인도적인 방법에 의한 처리 명령에 따르지 아니한 맹견의 소유자

7.  제20조제2항에 따른 인도적인 방법에 의한 처리 명령에 따르지 아니한 맹견의 소유자

8.  제24조제1항에 따른 기질평가 명령에 따르지 아니한 맹견 아닌 개의 소유자

9.  제46조제2항을 위반하여 수의사에 의하지 아니하고 동물의 인도적인 처리를 한 자

10.  제49조를 위반하여 동물실험을 한 자

11.  제78조제4항제1호를 위반하여 월령이 2개월 미만인 개·고양이를 판매(알선 또는 중개를 포함한다)한 영업자

12.  제85조제2항에 따른 게시문 등 또는 봉인을 제거하거나 손상시킨 자

⑥ 상습적으로 제1항부터 제5항까지의 죄를 지은 자는 그 죄에 정한 형의 2분의 1까지 가중한다.

**제98조(벌칙)** 제100조제1항에 따라 이수명령을 부과받은 사람이 보호관찰소의 장 또는 교정시설의 장의 이수명령 이행에 관한 지시에 따르지 아니하여 「보호관찰 등에 관한 법률」 또는 「형의 집행 및 수용자의 처우에 관한 법률」에 따른 경고를 받은 후 재차 정당한 사유 없이 이수명령 이행에 관한 지시를 따르지 아니한 경우에는 다음 각 호에 따른다.

1.  벌금형과 병과된 경우에는 500만원 이하의 벌금에 처한다.

2.  징역형 이상의 실형과 병과된 경우에는 1년 이하의 징역 또는 1천만원 이하의 벌금에 처한다.

**제99조(양벌규정)** 인의 대표자나 법인 또는 개인의 대리인, 사용인, 그 밖의 종업원이 그 법인 또는 개인의 업무에 관하여 제97조에 따른 위반행위를 하면 그 행위자를 벌하는 외에 그 법인 또는 개인에게도 해당 조문의 벌금형을 과한다. 다만, 법인 또는 개인이 그 위반행위를 방지하기 위하여 해당 업무에 관하여 상당한 주의와 감독을 게을리하지 아니한 경우에는 그러하지 아니하다.

**제101조(과태료)** ① 다음 각 호의 어느 하나에 해당하는 자에게는 500만원 이하의 과태료를 부과한다.

1. 제51조제1항을 위반하여 윤리위원회를 설치·운영하지 아니한 동물실험시행기관의 장

2. 제51조제3항을 위반하여 윤리위원회의 심의를 거치지 아니하고 동물실험을 한 동물실험시행기관의 장

3. 제51조제4항을 위반하여 윤리위원회의 변경심의를 거치지 아니하고 동물 실험을 한 동물실험시행기관의 장(제52조제3항에서 준용하는 경우를 포함한다)

4. 제55조제1항을 위반하여 심의 후 감독을 요청하지 아니한 경우 해당 동물실험시행기관의 장(제52조제3항에서 준용하는 경우를 포함한다)

5. 제55조제3항을 위반하여 정당한 사유 없이 실험 중지 요구를 따르지 아니하고 동물실험을 한 동물실험시행기관의 장(제52조제3항에서 준용하는 경우를 포함한다)

6. 제55조제4항을 위반하여 윤리위원회의 심의 또는 변경심의를 받지 아니하고 동물실험을 재개한 동물실험시행기관의 장(제52조제3항에서 준용하는 경우를 포함한다)

7. 제58조제2항을 위반하여 개선명령을 이행하지 아니한 동물실험시행기관의 장

8. 제67조제1항제4호가목을 위반하여 동물복지축산물 표시를 한 자

9. 제78조제1항제7호를 위반하여 영업별 시설 및 인력 기준을 준수하지 아니한 영업자

② 다음 각 호의 어느 하나에 해당하는 자에게는 300만원 이하의 과태료를 부과한다.

1. 제17조제1항을 위반하여 맹견수입신고를 하지 아니한 자

2. 제21조제1항 각 호를 위반한 맹견의 소유자등

3. 제21조제3항을 위반하여 맹견의 안전한 사육 및 관리에 관한 교육을 받지 아니한 자

4. 제22조를 위반하여 맹견을 출입하게 한 소유자등

5. 제23조제1항을 위반하여 보험에 가입하지 아니한 소유자

6. 제24조제5항에 따른 교육이수명령 또는 개의 훈련 명령에 따르지 아니한 소유자

7. 제37조제4항을 위반하여 시설 및 운영 기준 등을 준수하지 아니하거나

시설정비 등의 사후관리를 하지 아니한 자

8. 제37조제5항에 따른 신고를 하지 아니하고 보호시설의 운영을 중단하거나 보호시설을 폐쇄한 자

9. 제38조제1항에 따른 중지명령이나 시정명령을 3회 이상 반복하여 이행하지 아니한 자

10. 제48조제1항을 위반하여 전임수의사를 두지 아니한 동물실험시행기관의 장

11. 제67조제1항제4호나목 또는 다목을 위반하여 동물복지축산물 표시를 한 자

12. 제70조제3항을 위반하여 맹견 취급의 사실을 신고하지 아니한 영업자

13. 제76조제1항을 위반하여 휴업·폐업 또는 재개업의 신고를 하지 아니한 영업자

14. 제76조제2항을 위반하여 동물처리계획서를 제출하지 아니하거나 같은 조제3항에 따른 처리결과를 보고하지 아니한 영업자

15. 제78조제1항제3호를 위반하여 노화나 질병이 있는 동물을 유기하거나 폐기할 목적으로 거래한 영업자

16. 제78조제1항제4호를 위반하여 동물의 번식, 반입·반출 등의 기록, 관리 및 보관을 하지 아니한 영업자

17. 제78조제1항제5호를 위반하여 영업허가번호 또는 영업등록번호를 명시하지 아니하고 거래금액을 표시한 영업자

18. 제78조제3항제1호를 위반하여 수입신고를 하지 아니하거나 거짓이나 그 밖의 부정한 방법으로 수입신고를 한 영업자

③ 다음 각 호의 어느 하나에 해당하는 자에게는 100만원 이하의 과태료를 부과한다.

1. 제11조제1항제4호 또는 제5호를 위반하여 동물을 운송한 자

2. 제11조제1항을 위반하여 제69조제1항의 동물을 운송한 자

3. 제12조를 위반하여 반려동물을 전달한 자

4. 제15조제1항을 위반하여 등록대상동물을 등록하지 아니한 소유자

5. 제27조제4항을 위반하여 정당한 사유 없이 출석, 자료제출요구 또는 기질 평가와 관련한 조사를 거부한 자

6. 제36조제6항에 따라 준용되는 제35조제5항을 위반하여 교육을 받지 아니한 동물보호센터의 장 및 그 종사자

7. 제37조제2항에 따른 변경신고를 하지 아니하거나 같은 조 제5항에 따

른 운영재개신고를 하지 아니한 자

8. 제50조를 위반하여 미성년자에게 동물 해부실습을 하게 한 자

9. 제57조제1항을 위반하여 교육을 이수하지 아니한 윤리위원회의 위원

10. 정당한 사유 없이 제66조제3항에 따른 조사를 거부·방해하거나 기피한 자

11. 제68조제2항을 위반하여 인증을 받은 자의 지위를 승계하고 그 사실을 신고하지 아니한 자

12. 제69조제4항 단서 또는 제73조제4항 단서를 위반하여 경미한 사항의 변경을 신고하지 아니한 영업자

13. 제75조제3항을 위반하여 영업자의 지위를 승계하고 그 사실을 신고하지 아니한 자

14. 제78조제1항제8호를 위반하여 종사자에게 교육을 실시하지 아니한 영업자

15. 제78조제1항제9호를 위반하여 영업실적을 보고하지 아니한 영업자

16. 제78조제1항제10호를 위반하여 등록대상동물의 등록 및 변경신고의무를 고지하지 아니한 영업자

17. 제78조제3항제2호를 위반하여 신고한 사항과 다른 용도로 동물을 사용한 영업자

18. 제78조제5항제2호를 위반하여 등록대상동물의 사체를 처리한 후 신고하지 아니한 영업자

19. 제78조제6항에 따라 동물의 보호와 공중위생상의 위해 방지를 위하여 농림축산식품부령으로 정하는 준수사항을 지키지 아니한 영업자

20. 제79조를 위반하여 등록대상동물의 등록을 신청하지 아니하고 판매한 영업자

21. 제82조제2항 또는 제3항을 위반하여 교육을 받지 아니하고 영업을 한 영업자

22. 제86조제1항제1호에 따른 자료제출 요구에 응하지 아니하거나 거짓 자료를 제출한 동물의 소유자등

23. 제86조제1항제2호에 따른 출입·검사를 거부·방해 또는 기피한 동물의 소유자등

24. 제86조제2항에 따른 보고·자료제출을 하지 아니하거나 거짓으로 보고·자료제출을 한 자 또는 같은 항에 따른 출입·조사·검사를 거부·방해·기피한 자

25. 제86조제1항제3호 또는 같은 조 제7항에 따른 시정명령 등의 조치에

      따르지 아니한 자

  26. 제88조제4항을 위반하여 동물보호관의 직무 수행을 거부·방해 또는 기피한 자

④ 다음 각 호의 어느 하나에 해당하는 자에게는 50만원 이하의 과태료를 부과한다.

  1. 제15조제2항을 위반하여 정해진 기간 내에 신고를 하지 아니한 소유자

  2. 제15조제3항을 위반하여 소유권을 이전받은 날부터 30일 이내에 신고를 하지 아니한 자

  3. 제16조제1항을 위반하여 소유자등 없이 등록대상동물을 기르는 곳에서 벗어나게 한 소유자등

  4. 제16조제2항제1호에 따른 안전조치를 하지 아니한 소유자등

  5. 제16조제2항제2호를 위반하여 인식표를 부착하지 아니한 소유자등

  6. 제16조제2항제3호를 위반하여 배설물을 수거하지 아니한 소유자등

  7. 제94조제2항을 위반하여 정당한 사유 없이 자료 및 정보의 제공을 하지 아니한 자

⑤ 제1항부터 제4항까지의 과태료는 대통령령으로 정하는 바에 따라 농림축산식품부장관, 시·도지사 또는 시장·군수·구청장이 부과·징수한다.

**[서식] 동물등록증**

(앞쪽)

# 동물등록증

**동물의 정보**

동물등록번호:

이름:                    동물종:

성별: 암/수          중성화: O/X

출생일:               털색깔:

최초등록일:        최종변경일:

**소유자 정보**

성명(법인명):      전화번호:

「동물보호법」 제15조제1항, 같은 법 시행령 제10조제3항 및
제11조제3항에 따라 위와 같이 등록하였을 증명합니다.

년     월     일

**특별자치시장·특별자치도지사·
시장·군수·구청장**  [직인]

100mm×60mm[백상지(150g/㎡)]

(뒤쪽)

**동물관리자(법인의 경우)**

성명:        직위:        전화번호:

**특이사항:**

\* 등록동물을 잃어버리거나 등록동물이 죽은 경우, 소유자의 정보가 변경
된 경우 등에 대하여 특별자치시장·특별자치도지사·시장·군수·구청장
에게 신고해야 합니다.

비고: 동물등록증의 재질과 규격은 지방자치단체의 여건을 고려하여 변경할 수
있습니다.

# 디자인보호법

[시행 2024. 8. 7.] [법률 제20200호, 2024. 2. 6., 타법개정]

## Ⅰ. 개설

### 목적

이 법은 디자인의 보호와 이용을 도모함으로써 디자인의 창작을 장려하여 산업발전에 이바지함을 목적으로 한다.

## Ⅱ. 판례

**제1조(목적)** 이 법은 디자인의 보호와 이용을 도모함으로써 디자인의 창작을 장려하여 산업발전에 이바지함을 목적으로 한다.

### 상표법 위반 · 부정경쟁방지 및 영업비밀보호에 관한 법률 위반

[대법원 2013. 3. 14, 선고, 2010도15512, 판결]

【판결요지】

[1] 상표의 유사 여부는 대비되는 상표를 외관, 호칭, 관념의 세 측면에서 객관적·전체적·이격적으로 관찰하여 거래상 오인·혼동의 염려가 있는지에 의하여 판단하여야 하는데, 특히 도형상표들에 있어서는 그 외관이 지배적인 인상을 남긴다 할 것이므로 외관이 동일·유사하여 두 상표를 다 같이 동종상품에 사용하는 경우 일반 수요자로 하여금 상품의 출처에 관하여 오인·혼동을 일으킬 염려가 있다면 두 상표는 유사하다고 보아야 한다. 또한 상표의 유사 여부의 판단은 두 개의 상표 자체를 나란히 놓고 대비하는 것이 아니라 때와 장소를 달리하여 두 개의 상표를 대하는 거래자나 일반 수요자가 상품 출처에 관하여 오인·혼동을 일으킬 우려가 있는지의 관점에서 이루어져야 하고, 두 개의 상표가 그 외관, 호칭, 관념 등에 의하여 거래자나 일반 수요자에게 주는 인상, 기억, 연상 등을 전체적으로 종합할 때 상품의 출처에 관하여 오인·혼동을 일으킬 우려가 있는 경우에는 두 개의 상표는 서로 유사하다.

[2] 피고인이, 피해자 甲이 등록출원한 도형상표 " "와 유사한 " " 문양의 피고인 사용표장이 부착된 가방과 지갑을 판매하거나 판매 목적으로 전시함으로써 甲의 상표권을 침해하였다는 내용으로 기소된 사안에서, 甲 등록상표의 고객흡인력 등에 편승하기 위한 의도로 사용된 피고인 사용표장은 실제 거래계에서 자타상품의 출처를 표시하기 위하여 상표로서 사용되었고, 피고인 사용표장의 사용에 관하여 그 상표권자인 甲의 허락이 있었다거나 디자인보호법 제70조의 통상실시권

허여의 심판이 있었다는 사정이 없는 이상, 피고인의 처(妻)가 피고인 사용표장인 문양에 대해 디자인등록을 받아 피고인이 위 디자인권의 실시허락을 받고서 피고인 사용표장을 사용하였다고 볼 여지가 있다는 점은 피고인의 처의 디자인등록출원일 전에 출원된 甲 등록상표와의 관계에서 피고인 사용표장의 사용이 상표로서의 사용에 해당하여 상표권침해로 되는 데 장애가 되지 못한다고 한 사례.

[3] 부정경쟁방지 및 영업비밀보호에 관한 법률(이하 '부정경쟁방지법'이라 한다) 제15조 제1항은 디자인보호법 등 다른 법률에 부정경쟁방지법 제2조 등과 다른 규정이 있는 경우에는 부정경쟁방지법의 규정을 적용하지 아니하고 다른 법률의 규정을 적용하도록 규정하고 있으나, 디자인보호법상 디자인은 물품의 형상·모양·색채 또는 이들을 결합한 것으로서 시각을 통하여 미감을 일으키게 하는 것이고(디자인보호법 제2조 제1호 참조), 디자인보호법의 입법 목적은 이러한 디자인의 보호 및 이용을 도모함으로써 디자인의 창작을 장려하여 산업발전에 이바지함에 있으므로(디자인보호법 제1조 참조), 디자인의 등록이 대상물품에 미감을 불러일으키는 자신의 디자인의 보호를 위한 것이 아니고, 국내에서 널리 인식되어 사용되고 있는 타인의 상품임을 표시한 표지와 동일 또는 유사한 디자인을 사용하여 일반 수요자로 하여금 타인의 상품과 혼동을 일으키게 하여 이익을 얻을 목적으로 형식상 디자인권을 취득하는 것이라면, 그 디자인의 등록출원 자체가 부정경쟁행위를 목적으로 하는 것으로서, 설령 권리행사의 외형을 갖추었다 하더라도 이는 디자인보호법을 악용하거나 남용한 것이 되어 디자인보호법에 의한 적법한 권리의 행사라고 인정할 수 없으니, 이러한 경우에는 부정경쟁방지법 제15조 제1항에 따라 같은 법 제2조의 적용이 배제된다고 할 수 없다.

[4] 피고인이, 피해자 甲이 등록출원한 도형상표 " "와 유사한 " " 문양의 표장이 부착된 가방과 지갑을 판매함으로써 甲의 상품과 혼동하게 하거나 甲 등록상표의 식별력이나 명성을 손상하는 행위를 하였다고 하여 부정경쟁방지 및 영업비밀보호에 관한 법률 위반으로 기소된 사안에서, 피고인 사용표장을 구성하는 개별 도형 각각의 상표권에 기초한 상표 사용권은 위 개별 도형들이 조합된 피고인 사용표장 전체 형태의 피고인 사용표장에는 미치지 아니하므로, 피고인과 그의 처(妻)가 피고인 사용표장을 구성하는 개별 도형들에 대해 각각 나누어 상표등록을 받아 피고인이 피고인 사용표장을 구성하는 개별 도형들 중 일부에 대하여는 상표권을 보유하고 있고, 나머지 부분에 대하여는 그 상표권의 사용허락을 받고서 피고인 사용표장을 사용하였다는 사정은 피고인 사용표장 전체 형태의 사용으로 인하여 甲 등록상표에 대한 부정경쟁행위가 성립하는 데 장애가 되지 못한다고 한 사례.

## 제2조(정의) 이 법에서 사용하는 용어의 뜻은 다음과 같다. 〈개정 2021.4.20.〉

1. "디자인"이란 물품[물품의 부분, 글자체 및 화상(畫像)을 포함한다. 이하 같다]의 형상·모양·색채 또는 이들을 결합한 것으로서 시각을 통하여 미감(美感)을 일으키게 하는 것을 말한다.

2. "글자체"란 기록이나 표시 또는 인쇄 등에 사용하기 위하여 공통적인 특징을 가진 형태로 만들어진 한 벌의 글자꼴(숫자, 문장부호 및 기호 등의 형태를 포함한다)을 말한다.

2의2. "화상"이란 디지털 기술 또는 전자적 방식으로 표현되는 도형·기호 등[기기(器機)의 조작에 이용되거나 기능이 발휘되는 것에 한정하고, 화상의 부분을 포함한다]을 말한다.

3. "등록디자인"이란 디자인등록을 받은 디자인을 말한다.

4. "디자인등록"이란 디자인심사등록 및 디자인일부심사등록을 말한다.

5. "디자인심사등록"이란 디자인등록출원이 디자인등록요건을 모두 갖추고 있는지를 심사하여 등록하는 것을 말한다.

6. "디자인일부심사등록"이란 디자인등록출원이 디자인등록요건 중 일부만을 갖추고 있는지를 심사하여 등록하는 것을 말한다.

7. "실시"란 다음 각 목의 구분에 따른 행위를 말한다.

　가. 디자인의 대상이 물품(화상은 제외한다)인 경우 그 물품을 생산·사용·양도·대여·수출 또는 수입하거나 그 물품을 양도 또는 대여하기 위하여 청약(양도나 대여를 위한 전시를 포함한다. 이하 같다)하는 행위

　나. 디자인의 대상이 화상인 경우 그 화상을 생산·사용 또는 전기통신회선을 통한 방법으로 제공하거나 그 화상을 전기통신회선을 통한 방법으로 제공하기 위하여 청약(전기통신회선을 통한 방법으로 제공하기 위한 전시를 포함한다. 이하 같다)하는 행위 또는 그 화상을 저장한 매체를 양도·대여·수출·수입하거나 그 화상을 저장한 매체를 양도·대여하기 위하여 청약(양도나 대여를 위한 전시를 포함한다. 이하 같다)하는 행위

## 등록무효(디)

[대법원 2020. 9. 3., 선고, 2016후1710, 판결]

【판결요지】

[1] 디자인의 유사 여부는 이를 구성하는 각 요소를 분리하여 개별적으로 대비할 것이 아니라 그 외관을 전체적으로 대비 관찰하여 보는 사람으로 하여금 상이한 심미감을 느끼게 하는지 여부에 따라 판단하여야 하고, 그 지배적인 특징이 유사하다면 세부적인 점에 다소 차이가 있을지라도 유사하다고 보아야 한다. 이 경우 디자인이 표현된 물품의 사용 시뿐만 아니라 거래 시의 외관에 의한 심미감도 함께 고려해야 한다. 한편 양 디자인의 공통되는 부분이 물품의 기능을 확보하는 데에 불가결한 형상인 경우에는 그 중요도를 낮게 평가하여야 하므로 이러한 부분들이 유사하다는 사정만으로 곧바로 양 디자인이 서로 유사하다고 할 수 없다. 그러나 물품의 기능을 확보할 수 있는 선택 가능한 대체 형상이 존재하는 경우에는 물품의 기능을 확보하는 데에 불가결한 형

상이 아니므로, 이 경우 단순히 기능과 관련된 형상이라는 이유만으로 디자인의 유사 여부 판단에 있어서 그 중요도를 낮게 평가하여서는 아니 된다.

[2] 대상물품을 '화물차량용 공구함'으로 하는 등록디자인 ""이 선행디자인 ""와 유사한지 문제 된 사안에서, 양 디자인의 공통되는 부분은 화물차량용 공구함의 기능을 확보하는 데에 불가결한 형상이라고 보기는 어렵고 화물차량용 공구함의 거래 시 수요자는 위와 같은 공통된 부분의 특징들을 포함한 물품 전체의 외관에 의한 심미감을 고려하여 물품을 거래할 것으로 보이는데, 양 디자인은 몸체부 및 여닫이문 부분에 양각 또는 음각으로 형성된 무늬의 위치 및 모양 등 일부 차이점이 있기는 하나, 이러한 차이점이 양 디자인의 지배적 특징의 유사성을 상쇄하여 서로 상이한 심미감을 가지게 할 정도라고 보기는 어려우므로, 등록디자인과 선행디자인은 서로 유사한 디자인에 해당한다.

**제11조(개별대리)** 디자인에 관한 절차를 밟는 자의 대리인이 2인 이상이면 특허청장 또는 특허심판원장에 대하여 각각의 대리인이 본인을 대리한다.

## 거절결정(디)

[대법원 2013. 2. 15, 선고, 2012후3343, 판결]

**【판결요지】**

[1] 하나의 물품 중 물리적으로 떨어져 있는 둘 이상의 부분에 관한 디자인이더라도 그들 사이에 형태적으로나 기능적으로 일체성이 있어서 보는 사람으로 하여금 그 전체가 일체로서 시각을 통한 미감(美感)을 일으키게 한다면, 그 디자인은 디자인보호법 제11조 제1항에서 규정한 '1디자인'에 해당하므로, 1디자인등록출원으로 디자인등록을 받을 수 있다.

[2] 특허청 심사관이 휴대폰케이스를 대상물품으로 하여 '과 같은 사시도에서 회색으로 표현된 케이스 본체 부분을 제외한 대상물품 상부의 '부분과 하단 뒷면에 돌출된 '부분만을 보호받고자 부분디자인으로 출원된 甲의 출원디자인에 대하여 하나의 출원에 2 이상의 형상·모양·색채 또는 그 결합을 표현한 것이어서 디자인보호법 제11조 제1항 규정에 위배된다는 이유로 등록거절결정을 한 사안에서, 제반 사정에 비추어 위 출원디자인은 '부분과 '부분이 물리적으로 떨어져 있더라도 이를 보는 사람이 '부분은 '토끼 귀'로, '부분은 '토끼 꼬리'로 각각 인식할 수 있어서 그들 사이에 형태적으로 일체성이 인정되고, 그 때문에 이를 보는 사람으로 하여금 전체가 '토끼 형상'과 유사한 일체로서 시각을 통한 미감을 일으키게 하므로 위 출원디자인은 디자인보호법 제11조 제1항에서 규정한 '1디자인'에 해당한다는 이유로, 이와 달리 본 원심판결에 법리를 오해한 위법이 있다고 한 사례.

**제33조(디자인등록의 요건)** ① 공업상 이용할 수 있는 디자인으로서 다음 각 호의 어느 하나에 해당하는 것을 제외하고는 그 디자인에 대하여 디자인등록을 받을 수 있다.

1. 디자인등록출원 전에 국내 또는 국외에서 공지(公知)되었거나 공연(公然)히 실시된 디자인
2. 디자인등록출원 전에 국내 또는 국외에서 반포된 간행물에 게재되었거나 전기통신회선을 통하여 공중(公衆)이 이용할 수 있게 된 디자인
3. 제1호 또는 제2호에 해당하는 디자인과 유사한 디자인

② 디자인등록출원 전에 그 디자인이 속하는 분야에서 통상의 지식을 가진 사람이 다음 각 호의 어느 하나에 따라 쉽게 창작할 수 있는 디자인(제1항 각 호의 어느 하나에 해당하는 디자인은 제외한다)은 제1항에도 불구하고 디자인등록을 받을 수 없다.

1. 제1항제1호·제2호에 해당하는 디자인 또는 이들의 결합
2. 국내 또는 국외에서 널리 알려진 형상·모양·색채 또는 이들의 결합

③ 디자인등록출원한 디자인이 그 출원을 한 후에 제52조, 제56조 또는 제90조 제3항에 따라 디자인공보에 게재된 다른 디자인등록출원(그 디자인등록출원일 전에 출원된 것으로 한정한다)의 출원서의 기재사항 및 출원서에 첨부된 도면·사진 또는 견본에 표현된 디자인의 일부와 동일하거나 유사한 경우에 그 디자인은 제1항에도 불구하고 디자인등록을 받을 수 없다. 다만, 그 디자인등록출원의 출원인과 다른 디자인등록출원의 출원인이 같은 경우에는 그러하지 아니하다.

## 등록무효(디)

[대법원 2020. 9. 3., 선고, 2016후1710, 판결]

【판결요지】

[1] 디자인의 유사 여부는 이를 구성하는 각 요소를 분리하여 개별적으로 대비할 것이 아니라 그 외관을 전체적으로 대비 관찰하여 보는 사람으로 하여금 상이한 심미감을 느끼게 하는지 여부에 따라 판단하여야 하고, 그 지배적인 특징이 유사하다면 세부적인 점에 다소 차이가 있을지라도 유사하다고 보아야 한다. 이 경우 디자인이 표현된 물품의 사용 시뿐만 아니라 거래 시의 외관에 의한 심미감도 함께 고려해야 한다. 한편 양 디자인의 공통되는 부분이 물품의 기능을 확보하는 데에 불가결한 형상인 경우에는 그 중요도를 낮게 평가하여야 하므로 이러한 부분들이 유사하다는 사정만으로 곧바로 양 디자인이 서로 유사하다고 할 수 없다. 그러나 물품의 기능을 확보할 수 있는 선택 가능한 대체 형상이 존재하는 경우에는 물품의 기능을 확보하는 데에 불가결한 형상이 아니므로, 이 경우 단순히 기능과 관련된 형상이라는 이유만으로 디자인의 유사 여부 판단에 있어서 그 중요도를 낮게 평가하여서는 아니 된다.

[2] 대상물품을 '화물차량용 공구함'으로 하는 등록디자인 ""이 선행디자인 ""와 유사한지 문제 된 사안에서, 양 디자인의 공통되는 부분은 화물차량용 공구함

의 기능을 확보하는 데에 불가결한 형상이라고 보기는 어렵고 화물차량용 공구함의 거래 시 수요자는 위와 같은 공통된 부분의 특징들을 포함한 물품 전체의 외관에 의한 심미감을 고려하여 물품을 거래할 것으로 보이는데, 양 디자인은 몸체부 및 여닫이문 부분에 양각 또는 음각으로 형성된 무늬의 위치 및 모양 등 일부 차이점이 있기는 하나, 이러한 차이점이 양 디자인의 지배적 특징의 유사성을 상쇄하여 서로 상이한 심미감을 가지게 할 정도라고 보기는 어려우므로, 등록디자인과 선행디자인은 서로 유사한 디자인에 해당한다.

**제37조(디자인등록출원)** ① 디자인등록을 받으려는 자는 다음 각 호의 사항을 적은 디자인등록출원서를 특허청장에게 제출하여야 한다. 〈개정 2013.7.30.〉

1. 디자인등록출원인의 성명 및 주소(법인인 경우에는 그 명칭 및 영업소의 소재지)
2. 디자인등록출원인의 대리인이 있는 경우에는 그 대리인의 성명 및 주소나 영업소의 소재지(대리인이 특허법인·특허법인(유한)인 경우에는 그 명칭, 사무소의 소재지 및 지정된 변리사의 성명)
3. 디자인의 대상이 되는 물품 및 제40조제2항에 따른 물품류(이하 "물품류"라 한다)
4. 단독의 디자인등록출원 또는 관련디자인의 디자인등록출원(이하 "관련 디자인등록출원"이라 한다) 여부
5. 기본디자인의 디자인등록번호 또는 디자인등록출원번호(제35조제1항에 따라 관련디자인으로 디자인등록을 받으려는 경우만 해당한다)
6. 디자인을 창작한 사람의 성명 및 주소
7. 제41조에 따른 복수디자인등록출원 여부
8. 디자인의 수 및 각 디자인의 일련번호(제41조에 따라 복수디자인등록출원을 하는 경우에만 해당한다)
9. 제51조제3항에 규정된 사항(우선권 주장을 하는 경우만 해당한다)

② 제1항에 따른 디자인등록출원서에는 각 디자인에 관한 다음 각 호의 사항을 적은 도면을 첨부하여야 한다.

1. 디자인의 대상이 되는 물품 및 물품류
2. 디자인의 설명 및 창작내용의 요점
3. 디자인의 일련번호(제41조에 따라 복수디자인등록출원을 하는 경우에만 해당한다)

③ 디자인등록출원인은 제2항의 도면을 갈음하여 디자인의 사진 또는 견본을 제출할 수 있다.

④ 디자인일부심사등록출원을 할 수 있는 디자인은 물품류 구분 중 산업통상자원부령으로 정하는 물품으로 한정한다. 이 경우 해당 물품에 대하여는 디자인일부심사등록출원으로만 출원할 수 있다.

⑤ 제1항부터 제4항까지 규정된 것 외에 디자인등록출원에 필요한 사항은 산업통상자원부령으로 정한다.

## 거절결정(디)

[특허법원 2020. 5. 8., 선고, 2019허6273, 판결 : 확정]

**【판결요지】**

甲 외국회사가 대상물품을 '특수기호 글자체'로 하는 출원디자인을 출원하였는데, 특허청 심사관이 '출원디자인의 지정도면이 구 디자인보호법 시행규칙(2019. 9. 24. 산업통상자원부령 제346호로 개정되기 전의 것, 이하 같다) 제35조 제3항 관련 [별표 1](이하 '[별표 1]'이라 한다)에 준하여 작성되지 않았으며 누락된 글자가 있기에 디자인을 구체적으로 파악할 수 없어 출원디자인은 디자인보호법 제33조 제1항 본문에 따른 공업상 이용할 수 있는 디자인에 해당하지 않으므로 디자인등록을 받을 수 없다'라는 이유로 디자인등록거절결정을 하였고, 甲 회사가 이에 대한 취소심판청구를 하였으나 특허심판원이 이를 기각하는 심결을 한 사안이다.

디자인등록출원서에 관하여 규정하고 있는 구 디자인보호법 시행규칙 제35조는 디자인보호법 제37조 제5항의 위임에 따라 '디자인등록출원'에 필요한 사항을 정한 것일 뿐 '글자체 디자인의 공업상 이용가능성'에 관한 구체적인 의미나 정의 등 디자인등록 요건에 관한 사항을 위임받은 것이라고 볼 수 없으므로, [별표 1]은 디자인등록출원인이 출원서에 첨부해야 할 서류로 제출하여야 하는 도면의 형식에 대한 규정이라고 봄이 타당한데도, 위 위 거절결정은 [별표 1]을 대외적 구속력을 가지는 디자인등록 요건에 관한 규정으로 보아, 출원디자인이 [별표 1]에 준하여 작성되지 않고 누락된 글자가 있다는 이유만으로, 디자인보호법에 따른 '글자체 디자인의 공업상 이용가능성'이 있는지 여부에 관하여 심리하지 않은 위법이 있고, 나아가 [별표 1]이 디자인등록 요건에 관하여 모법의 위임을 받은 것이라 하더라도, 출원디자인이 공업상 이용가능성이 있는지 여부는 디자인등록의 요건에 관한 사항인 점, 구 디자인보호법 시행규칙 제35조 제2항의 문언에 비추어 보면 위 규정은 글자체 디자인이 [별표 1]이 정한 지정글자, 보기문장 및 대표글자를 포함하는 경우 등록요건을 판단하는 데 충분한 글자체가 적힌 것으로 간주해 주는 것에 불과한 점, [별표 1]에서 정한 119자 이외에도 다양한 종류의 특수문자가 기록이나 표시 또는 인쇄에 사용되고 있는 점, [별표 1]의 제정 경위와 현 디자인보호법 시행규칙이 [별표 1]의 지정글자를 대폭 축소하고 있는 점, 출원디자인이 한 벌 전체로서의 글자꼴이 같은 경향, 같은 스타일을 유지하고 있어 통상의 지식을 가진 사람이 경험칙에 의하여 디자인의 요지를 충분히 특정할 수 있을 것으로 보이는 점을 고려하면, [별표 1]은 '글자체 디자인의 공업상 이용가능성'에 관한 예시적 규정으로 해석할 수 있을 뿐, [별표 1]의 도면과 일치하여야만 글자체 디자인이 공업상 이용가능성을 갖추었다고 단정할 수는 없으므로, 위 거절결정을 그대로 유지한 위 심결이 위법하다고 한 사례이다.

**제54조(디자인등록을 받을 수 있는 권리의 이전 등)** ① 디자인등록을 받을 수 있는 권리는 이전할 수 있다. 다만, 기본디자인등록을 받을 수 있는 권리와 관련디자인등록을 받을 수 있는 권리는 함께 이전하여야 한다.

② 디자인등록을 받을 수 있는 권리는 질권의 목적으로 할 수 없다.

③ 디자인등록을 받을 수 있는 권리가 공유인 경우에는 각 공유자는 다른 공유자 모두의 동의를 받지 아니하면 그 지분을 양도할 수 없다.

### 공유물분할
[대법원 2014. 8. 20. 선고, 2013다41578, 판결]

【판결요지】

[1] 특허권이 공유인 경우에 각 공유자는 다른 공유자의 동의를 얻지 아니하면 지분을 양도하거나 지분을 목적으로 하는 질권을 설정할 수 없고 또한 특허권에 대하여 전용실시권을 설정하거나 통상실시권을 허락할 수 없는 등[특허법(2014. 6. 11. 법률 12753호로 개정되기 전의 것) 제99조 제2항, 제4항 참조] 권리의 행사에 일정한 제약을 받아 그 범위에서는 합유와 유사한 성질을 가진다. 그러나 일반적으로는 특허권의 공유자들이 반드시 공동 목적이나 동업관계를 기초로 조합체를 형성하여 특허권을 보유한다고 볼 수 없을 뿐만 아니라 특허법에 특허권의 공유를 합유관계로 본다는 등의 명문의 규정도 없는 이상, 특허법의 다른 규정이나 특허의 본질에 반하는 등의 특별한 사정이 없는 한 공유에 관한 민법의 일반규정이 특허권의 공유에도 적용된다.

[2] 특허법(2014. 6. 11. 법률 12753호로 개정되기 전의 것) 제99조 제2항 및 제4항의 규정 취지는, 공유자 외의 제3자가 특허권 지분을 양도받거나 그에 관한 실시권을 설정받을 경우 제3자가 투입하는 자본의 규모·기술 및 능력 등에 따라 경제적 효과가 현저하게 달라지게 되어 다른 공유자 지분의 경제적 가치에도 상당한 변동을 가져올 수 있는 특허권의 공유관계의 특수성을 고려하여, 다른 공유자의 동의 없는 지분의 양도 및 실시권 설정 등을 금지한다는 데에 있다. 그렇다면 특허권의 공유자 상호 간에 이해관계가 대립되는 경우 등에 공유관계를 해소하기 위한 수단으로서 각 공유자에게 민법상의 공유물분할청구권을 인정하더라도 공유자 이외의 제3자에 의하여 다른 공유자 지분의 경제적 가치에 위와 같은 변동이 발생한다고 보기 어려워서 특허법 제99조 제2항 및 제4항에 반하지 아니하고, 달리 분할청구를 금지하는 특허법 규정도 없으므로, 특허권의 공유관계에 민법상 공유물분할청구에 관한 규정이 적용될 수 있다. 다만 특허권은 발명실시에 대한 독점권으로서 그 대상은 형체가 없을 뿐만 아니라 각 공유자에게 특허권을 부여하는 방식의 현물분할을 인정하면 하나의 특허권이 사실상 내용이 동일한 복수의 특허권으로 증가하는 부당한 결과를 초래하게 되므로, 특허권의 성질상 그러한 현물분할은 허용되지 아니한다. 그리고 위와 같은 법리는 디자인권의 경우에도 마찬가지로 적용된다.

**제113조(권리침해에 대한 금지청구권 등)** ① 디자인권자 또는 전용실시권자는 자기의 권리를 침해한 자 또는 침해할 우려가 있는 자에 대하여 그 침해의 금지 또는 예방을 청구할 수 있다.

② 제43조제1항에 따라 비밀로 할 것을 청구한 디자인의 디자인권자 및 전용실시권자는 산업통상자원부령으로 정하는 바에 따라 그 디자인에 관한 다음 각 호의 사항에 대하여 특허청장으로부터 증명을 받은 서면을 제시하여 경고한 후가 아니면 제1항에 따른 청구를 할 수 없다.

1. 디자인권자 및 전용실시권자(전용실시권자가 청구하는 경우만 해당한다)의 성명 및 주소(법인인 경우에는 그 명칭 및 주된 사무소의 소재지를 말한다)
2. 디자인등록출원번호 및 출원일
3. 디자인등록번호 및 등록일
4. 디자인등록출원서에 첨부한 도면·사진 또는 견본의 내용

③ 디자인권자 또는 전용실시권자는 제1항에 따른 청구를 할 때에는 침해 행위를 조성한 물품의 폐기, 침해행위에 제공된 설비의 제거, 그 밖에 침해의 예방에 필요한 행위를 청구할 수 있다.

## 디자인침해금지등

[대법원 2018. 9. 28., 선고, 2016다219150, 판결]

【판결요지】

[1] 등록디자인에 대한 등록무효심결이 확정되기 전이라고 하더라도 등록디자인이 구 디자인보호법(2013. 5. 28. 법률 제11848호로 전부 개정되기 전의 것) 제5조 제1항 제1호 또는 제2호에 해당하는 디자인 등에 의하여 용이하게 창작될 수 있어 디자인등록이 무효심판에 의하여 무효로 될 것이 명백한 경우에는, 디자인권에 기초한 침해금지 또는 손해배상 등의 청구는 특별한 사정이 없는 한 권리남용에 해당하여 허용되지 아니하고, 디자인권침해소송을 담당하는 법원으로서도 디자인권자의 그러한 청구가 권리남용에 해당한다는 항변이 있는 경우 그 당부를 살피기 위한 전제로서 등록디자인의 용이 창작 여부에 대하여 심리·판단할 수 있다.

[2] 구 디자인보호법(2013. 5. 28. 법률 제11848호로 전부 개정되기 전의 것) 제5조 제2항에 의하여 그 디자인이 속하는 분야에서 통상의 지식을 가진 자가 용이하게 창작할 수 있다고 하기 위해서는, 같은 조 제1항 제1호 또는 제2호에 해당하는 디자인의 형상·모양·색채 또는 이들의 결합이나 국내에서 널리 알려진 형상·모양·색채 또는 이들의 결합을 거의 그대로 모방 또는 전용하였거나, 이를 부분적으로 변형하였다고 하더라도 전체적으로 볼 때 다른 미감적 가치가 인정되지 않는 상업적·기능적 변형에 불과하거나, 또는 그 디자인 분야에서 흔한 창작수법이나 표현방법으로 변경·조합하거나 전용하였음에 불과한 디자인 등과 같이 창작수준이 낮은 디자인이어야 한다.

[3] 대상 물품을 '스마트폰 액세서리'로 하는 등록디자인 **"**의 디자인권자인 甲 주식회사가 乙을 상대로 디자인침해금지를 구한 사안에서, 등록디자인과 비교대상디자인 **"**을 대비하여 보면, 플레이트의 돌출 여부, 링 몸체의 윗면과 아랫면의 형상, 링 하부의 직선부분의 유무 등에서 서로 차이가 있으며, 특히 등록디자인 중 링의 하부에 존재하는 직선부분은 전체 디자인에서 차지하는 비중이 작지 않고, 관찰되기 쉬운 부분에도 해당하므로, 이러한 직선부분의 존재로 등록디자인은 비교대상디자인과는 다른 미감적 가치를 가진다고 할 수 있어서, 비교대상디자인을 등록디자인과 같이 변형하는 것을 두고 다른 미감적 가치가 인정되지 않는 상업적·기능적 변형에 불과하다고 보기 어렵고, 한편 위 비교대상디자인을 대상 물품을 '배터리상에 안전고리가 설치된 휴대폰'으로 하는 비교대상디자인과 단순히 조합하는 창작수법이나 표현방법만으로는 등록디자인을 창작해 낼 수 없고, 나아가 링의 하부에 직선부분을 형성하는 것은 등록디자인의 출원 전에 그 디자인 분야에서 찾아볼 수 없는 것일 뿐만 아니라, 등록디자인에서와 같은 형상과 모양으로 링의 하부에 직선부분을 형성하는 것이 그 디자인 분야에서 흔한 창작수법이나 표현방법이라고 볼 만한 자료도 없으므로, 등록디자인은 통상의 디자이너가 비교대상디자인들의 결합에 의하여 용이하게 창작할 수 있는 것이라고 보기 어려운데도, 등록디자인에 등록무효사유가 있음이 명백하다고 본 원심판단에 법리오해 등의 위법이 있다.

## Ⅲ. 벌칙

**제220조(침해죄)** ① 디자인권 또는 전용실시권을 침해한 자는 7년 이하의 징역 또는 1억원 이하의 벌금에 처한다.
② 제1항의 죄는 피해자가 명시한 의사에 반하여 공소를 제기할 수 없다. 〈개정 2022. 6. 10.〉

**제221조(위증죄)** ① 이 법에 따라 선서한 증인, 감정인 또는 통역인이 특허심판원에 대하여 거짓의 진술·감정 또는 통역을 한 경우에는 5년 이하의 징역 또는 5천만원 이하의 벌금에 처한다. 〈개정 2017.3.21.〉
② 제1항에 따른 죄를 범한 자가 그 사건의 디자인등록여부결정, 디자인일부심사등록 이의신청에 대한 결정 또는 심결이 확정되기 전에 자수한 경우에는 그 형을 감경하거나 면제할 수 있다.

**제222조(허위표시의 죄)** 제215조를 위반한 자는 3년 이하의 징역 또는 3천만원 이하의 벌금에 처한다. 〈개정 2017.3.21.〉

**제223조(거짓행위의 죄)** 거짓이나 그 밖의 부정한 행위로써 디자인등록 또는 심결을 받은 자는 3년 이하의 징역 또는 3천만원 이하의 벌금에 처한다. 〈개정 2017.3.21.〉

**제224조(비밀유지명령위반죄)** ① 국내외에서 정당한 사유 없이 제217조제1항에 따른 비밀유지명령을 위반한 자는 5년 이하의 징역 또는 5천만원 이하의 벌금에 처한다.

② 제1항의 죄는 비밀유지명령을 신청한 자의 고소가 없으면 공소를 제기할 수 없다.

**제225조(비밀누설죄 등)** ① 특허청 또는 특허심판원 직원이나 그 직원으로 재직하였던 사람이 디자인등록출원 중인 디자인(헤이그협정 제11조에 따라 연기 신청된 국제디자인등록출원 중인 디자인을 포함한다)에 관하여 직무상 알게 된 비밀을 누설하거나 도용한 경우에는 5년 이하의 징역 또는 5천만원 이하의 벌금에 처한다.

② 특허청 또는 특허심판원 직원이나 그 직원으로 재직하였던 사람이 제43조제1항에 따른 비밀디자인에 관하여 직무상 알게 된 비밀을 누설한 경우에는 5년 이하의 징역 또는 5천만원 이하의 벌금에 처한다.

③ 제43조제4항에 따라 비밀디자인을 열람한 자(제43조제4항제4호에 해당하는 자는 제외한다)가 같은 조 제5항을 위반하여 열람한 내용을 무단으로 촬영·복사 등의 방법으로 취득하거나 알게 된 내용을 누설하는 경우에는 2년 이하의 징역 또는 2천만원 이하의 벌금에 처한다.

④ 제185조제1항에 따라 비밀사본을 열람한 자가 같은 조 제2항을 위반하여 열람한 내용을 무단으로 촬영·복사 등의 방법으로 취득하거나 알게 된 내용을 누설·도용하는 경우에는 2년 이하의 징역 또는 2천만원 이하의 벌금에 처한다.

**제226조(전문기관 등의 임직원에 대한 공무원 의제)** 제59조제1항에 따른 전문기관 또는 제208조에 따른 디자인문서 전자화기관의 임직원이나 임직원으로 재직하였던 사람은 제225조를 적용할 때에 특허청 직원 또는 그 직원으로 재직하였던 사람으로 본다.

**제227조(양벌규정)** 법인의 대표자나 법인 또는 개인의 대리인, 사용인, 그 밖의 종업원이 그 법인 또는 개인의 업무에 관하여 제220조제1항, 제222조 또는 제223조의 어느 하나에 해당하는 위반행위를 하면 그 행위자를 벌하는 외에 그 법인에는 다음 각 호의 구분에 따른 벌금형을, 그 개인에게는 해당 조문의 벌금형을 과(科)한다. 다만, 법인 또는 개인이 그 위반행위를 방지하기 위하여 해당 업무에 관하여 상당한 주의와 감독을 게을리하지 아니한 경우에는 그러하지 아니하다.

  1. 제220조제1항의 경우: 3억원 이하의 벌금
  2. 제222조 또는 제223조의 경우: 6천만원 이하의 벌금

**제228조(몰수 등)** ① 제220조제1항에 해당하는 침해행위를 조성한 물건 또는 그 침해행위로부터 생긴 물건은 몰수하거나 피해자의 청구에 의하여 피해자에게 교부할 것을 선고하여야 한다.

② 피해자는 제1항에 따른 물건을 받은 경우에는 그 물건의 가액을 초과하는 손해액에 대하여만 배상을 청구할 수 있다.

**제229조(과태료)** ① 다음 각 호의 어느 하나에 해당하는 자에게는 50만원 이하의 과태료를 부과한다.

  1. 제145조에 따라 준용되는「민사소송법」제299조제2항 및 제367조에 따라 선서를 한 자로서 특허심판원에 대하여 거짓 진술을 한 자
  2. 특허심판원으로부터 증거조사 또는 증거보전에 관하여 서류나 그 밖의 물건 제출 또는 제시의 명령을 받은 자로서 정당한 이유 없이 그 명령에 따르지 아니한 자
  3. 특허심판원으로부터 증인, 감정인 또는 통역인으로 출석요구된 사람으로서 정당한 이유 없이 출석요구에 응하지 아니하거나 선서·진술·증언·감정 또는 통역을 거부한 자

② 제1항에 따른 과태료는 대통령령으로 정하는 바에 따라 특허청장이 부과·징수한다.

## Ⅳ. 기재례

### 【범죄사실 기재례】

피의자 도○○은 ○○시 ○○구 ○○에서 ○○인쇄소를 경영하고 있다. 누구든지 디자인권이나 전용실시권을 침해해서는 안된다. 그럼에도 불구하고, 도○○은 20○○. ○ ○. 위 인쇄소에서 피해자 이○○가 제○○○호로 디자인 등록한 ○○○라는 티셔츠 디자인 중 글씨체를 모방한 티셔츠를 제작하여 불특정 다수의 고객을 대상으로 판매하였다.

### 【범죄사실 기재례】

피의자 변○○은 ○○시 ○○동 ○○에서 ○○출판사라는 상호로 운영하고 있다. 누구든지 디자인 등록된 것이 아닌 물품, 디자인 등록 출원 중이 아닌 물품 또는 그 물품의 용기나 포장에 디자인 등록표시 또는 디자인 등록 출원 표시를 하거나 이와 혼동하기 쉬운 표시를 해서는 안된다. 그럼에도 불구하고, 변○○은 20○○. ○. ○. 위 출판사에서 만든 제품이 디자인 등록 된 것이 아님에도 디자인 등록된 제품인 것처럼 허위표시를 하여 불특정 다수에게 판매하였다.

632 ㄷ

[서식] 디자인등록증

# 디자인등록증
## CERTIFICATE OF DESIGN REGISTRATION

등 록 제            호  출원번호(국제등록번호)  제        호
                        (APPLICATION NUMBER)
(REGISTRATION NUMBER)  출 원 일          년  월  일
                        (FILING DATE: YY/MM/DD)
                        등 록 일          년  월  일
                        (REGISTRATION DATE: YY/MM/DD)
                        등록의 구분          심사등록
                        (TYPE OF REGISTRATION)   (EXAMINED
                        REGISTRATION)

물품류(CLASS)
디자인의 대상이 되는 물품(PRODUCT)
디자인권자(OWNER)
창작자(CREATOR)

위의 디자인은 「디자인보호법」에 따라 디자인등록원부에 등록되었음을
증명합니다.
(THIS IS TO CERTIFY THAT THE DESIGN IS REGISTERED ON THE
REGISTER OF THE KOREAN INTELLECTUAL PROPERTY OFFICE.)

년    월    일

## 특허청장
## COMMISSIONER,
## KOREAN INTELLECTUAL PROPERTY OFFICE

| 서  명 |
| --- |

210mm×297mm(백상지 120g/㎡)

# 마약류 관리에 관한 법률

[시행 2025. 2. 7.] [법률 제20507호, 2024. 10. 22., 일부개정]

## Ⅰ. 개설

### 목적

이 법은 마약·향정신성의약품(向精神性醫藥品)·대마(大麻) 및 원료물질의 취급·관리를 적정하게 함으로써 그 오용 또는 남용으로 인한 보건상의 위해(危害)를 방지하여 국민보건 향상에 이바지함을 목적으로 한다.

## Ⅱ. 판례

**제2조(정의)** 이 법에서 사용하는 용어의 뜻은 다음과 같다. 〈개정 2013.3.23., 2016.2.3., 2017.4.18.〉

1. "마약류"란 마약·향정신성의약품 및 대마를 말한다.
2. "마약"이란 다음 각 목의 어느 하나에 해당하는 것을 말한다.
    가. 양귀비: 양귀비과(科)의 파파베르 솜니페룸 엘(Papaver somniferum L) 또는 파파베르 세티게룸 디시(Papaver setigerum DC.)또는 파파베르 브락테아툼(Papaver bracteatum)
    나. 아편: 양귀비의 액즙(液汁)이 응결(凝結)된 것과 이를 가공한 것. 다만, 의약품으로 가공한 것은 제외한다.
    다. 코카 잎[엽]: 코카 관목[(灌木): 에리드록시론속(屬)의 모든 식물을 말한다]의 잎. 다만, 엑고닌·코카인 및 엑고닌 알칼로이드 성분이 모두 제거된 잎은 제외한다.
    라. 양귀비, 아편 또는 코카 잎에서 추출되는 모든 알카로이드 및 그와 동일한 화학적 합성품으로서 대통령령으로 정하는 것
    마. 가목부터 라목까지에 규정된 것 외에 그와 동일하게 남용되거나 해독(害毒) 작용을 일으킬 우려가 있는 화학적 합성품으로서 대통령령으로 정하는 것
    바. 가목부터 마목까지에 열거된 것을 함유하는 혼합물질 또는 혼합제제. 다만, 다른 약물이나 물질과 혼합되어 가목부터 마목까지에 열거된 것으로 다시 제조하거나 제제(製劑)할 수 없고, 그것에 의하여 신체적 또는 정신

적 의존성을 일으키지 아니하는 것으로서 총리령으로 정하는 것[이하 "한외마약"(限外麻藥)이라 한다]은 제외한다.

3. "향정신성의약품"이란 인간의 중추신경계에 작용하는 것으로서 이를 오용하거나 남용할 경우 인체에 심각한 위해가 있다고 인정되는 다음 각 목의 어느 하나에 해당하는 것으로서 대통령령으로 정하는 것을 말한다.

가. 오용하거나 남용할 우려가 심하고 의료용으로 쓰이지 아니하며 안전성이 결여되어 있는 것으로서 이를 오용하거나 남용할 경우 심한 신체적 또는 정신적 의존성을 일으키는 약물 또는 이를 함유하는 물질

나. 오용하거나 남용할 우려가 심하고 매우 제한된 의료용으로만 쓰이는 것으로서 이를 오용하거나 남용할 경우 심한 신체적 또는 정신적 의존성을 일으키는 약물 또는 이를 함유하는 물질

다. 가목과 나목에 규정된 것보다 오용하거나 남용할 우려가 상대적으로 적고 의료용으로 쓰이는 것으로서 이를 오용하거나 남용할 경우 그리 심하지 아니한 신체적 의존성을 일으키거나 심한 정신적 의존성을 일으키는 약물 또는 이를 함유하는 물질

라. 다목에 규정된 것보다 오용하거나 남용할 우려가 상대적으로 적고 의료용으로 쓰이는 것으로서 이를 오용하거나 남용할 경우 다목에 규정된 것보다 신체적 또는 정신적 의존성을 일으킬 우려가 적은 약물 또는 이를 함유하는 물질

마. 가목부터 라목까지에 열거된 것을 함유하는 혼합물질 또는 혼합제제. 다만, 다른 약물 또는 물질과 혼합되어 가목부터 라목까지에 열거된 것으로 다시 제조하거나 제제할 수 없고, 그것에 의하여 신체적 또는 정신적 의존성을 일으키지 아니하는 것으로서 총리령으로 정하는 것은 제외한다.

4. "대마"란 다음 각 목의 어느 하나에 해당하는 것을 말한다. 다만, 대마초[칸나비스 사티바 엘(Cannabis sativa L)을 말한다. 이하 같다]의 종자(種子)·뿌리 및 성숙한 대마초의 줄기와 그 제품은 제외한다.

가. 대마초와 그 수지(樹脂)

나. 대마초 또는 그 수지를 원료로 하여 제조된 모든 제품

다. 가목 또는 나목에 규정된 것과 동일한 화학적 합성품으로서 대통령령으로 정하는 것

라. 가목부터 다목까지에 규정된 것을 함유하는 혼합물질 또는 혼합제제

5. "마약류취급자"란 다음 가목부터 사목까지의 어느 하나에 해당하는 자로서 이 법에 따라 허가 또는 지정을 받은 자와 아목 및 자목에 해당하는 자를 말한다.

가. 마약류수출입업자: 마약 또는 향정신성의약품의 수출입을 업(業)으로 하

는 자

나. 마약류제조업자: 마약 또는 향정신성의약품의 제조[제제 및 소분(小分)을 포함한다. 이하 같다]를 업으로 하는 자

다. 마약류원료사용자: 한외마약 또는 의약품을 제조할 때 마약 또는 향정신성의약품을 원료로 사용하는 자

라. 대마재배자: 섬유 또는 종자를 채취할 목적으로 대마초를 재배하는 자

마. 마약류도매업자: 마약류소매업자, 마약류취급의료업자, 마약류관리자 또는 마약류취급학술연구자에게 마약 또는 향정신성의약품을 판매하는 것을 업으로 하는 자

바. 마약류관리자: 「의료법」에 따른 의료기관(이하 "의료기관"이라 한다)에 종사하는 약사로서 그 의료기관에서 환자에게 투약하거나 투약하기 위하여 제공하는 마약 또는 향정신성의약품을 조제·수수(授受)하고 관리하는 책임을 진 자

사. 마약류취급학술연구자: 학술연구를 위하여 마약 또는 향정신성의약품을 사용하거나, 대마초를 재배하거나 대마를 수입하여 사용하는 자

아. 마약류소매업자: 「약사법」에 따라 등록한 약국개설자로서 마약류취급의료업자의 처방전에 따라 마약 또는 향정신성의약품을 조제하여 판매하는 것을 업으로 하는 자

자. 마약류취급의료업자: 의료기관에서 의료에 종사하는 의사·치과의사·한의사 또는 「수의사법」에 따라 동물 진료에 종사하는 수의사로서 의료나 동물 진료를 목적으로 마약 또는 향정신성의약품을 투약하거나 투약하기 위하여 제공하거나 마약 또는 향정신성의약품을 기재한 처방전을 발급하는 자

6. "원료물질"이란 마약류가 아닌 물질 중 마약 또는 향정신성의약품의 제조에 사용되는 물질로서 대통령령으로 정하는 것을 말한다.

7. "원료물질취급자"란 원료물질의 제조·수출입·매매에 종사하거나 이를 사용하는 자를 말한다.

8. "군수용마약류"란 국방부 및 그 직할 기관과 육군·해군·공군에서 관리하는 마약류를 말한다.

9. "치료보호"란 마약류 중독자의 마약류에 대한 정신적·신체적 의존성을 극복시키고 재발을 예방하여 건강한 사회인으로 복귀시키기 위한 입원 치료와 통원(通院) 치료를 말한다.

[전문개정 2011.6.7.]

## 마약류관리에관한법률위반(대마)
[대법원 2020. 5. 14., 선고, 2020도3593, 판결]

【판결요지】

검사가 당초 '피고인은 2018. 5. 11. 해외에서 성명불상의 사람으로부터 필로폰 불상량을 구입한 후 이를 자신의 바지 주머니에 넣은 채 2018. 5. 13. 07:00~08:00경 공항을 통해 입국하는 방법으로 필로폰을 수입하였다' 는 범죄사실로 공소를 제기하였다가, 원심에서 '피고인은 ① 2018. 4. 16. 11:59경 甲의 차량 내에서, ② 2018. 5. 13. 14:52경 피고인의 차량 내에서 각각 1cc 일회용 주사기에 들어 있는 필로폰 불상량을 甲으로부터 건네받아 이를 각 매수하였다' 는 공소사실로 공소장변경허가신청을 하였는데, 원심이 이를 허가한 후 변경된 공소사실을 유죄로 인정한 사안에서, 당초의 공소사실인 필로폰 수입으로 인한 마약류 관리에 관한 법률 위반(향정) 범죄사실과 공소장변경에 따라 변경된 공소사실 중 2018. 4. 16.자 필로폰 매수로 인한 마약류 관리에 관한 법률 위반(향정) 범죄사실(위 ① 부분)은 범행일시에 현저한 차이가 있고 두 개의 범죄사실이 양립할 수 있어 공소사실의 동일성이 인정되지 않는다.

## 마약류관리에관한법률위반(향정)
[대법원 2023. 8. 31. 선고 2023도8024 판결]

【판결요지】

마약류 투약사실을 밝히기 위한 모발감정은 검사 조건 등 외부적 요인에 의한 변수가 작용할 수 있고, 그 결과에 터 잡아 투약가능기간을 추정하는 방법은 모발의 성장속도가 일정하다는 것을 전제로 하고 있으나 실제로는 개인에 따라 적지 않은 차이가 있고, 동일인이라도 모발의 채취 부위, 건강상태 등에 따라 편차가 있으며, 채취된 모발에도 성장기, 휴지기, 퇴행기 단계의 모발이 혼재함으로 인해 정확성을 신뢰하기 어려운 문제가 있다. 또한 모발감정결과에 기초한 투약가능기간의 추정은 수십 일에서 수개월에 걸쳐 있는 경우가 많은데, 마약류 투약범죄의 특성상 그 기간 동안 여러 번의 투약가능성을 부정하기 어려운 점에 비추어 볼 때, 그와 같은 방법으로 추정한 투약가능기간을 공소 제기된 범죄의 범행시기로 인정하는 것은, 피고인의 방어권 행사에 현저한 지장을 초래할 수 있고, 투약 시마다 별개의 범죄를 구성하는 마약류 투약범죄의 성격상 이중기소 여부나 일사부재리의 효력이 미치는 범위를 판단하는 데에도 곤란한 문제가 생길 수 있다. 그러므로 모발감정결과만을 토대로 마약류 투약기간을 추정하고 유죄로 판단하는 것은 신중하여야 한다.

**제4조(마약류취급자가 아닌 자의 마약류 취급 금지)** ① 마약류취급자가 아니면 다음 각 호의 어느 하나에 해당하는 행위를 하여서는 아니 된다.
1. 마약 또는 향정신성의약품을 소지, 소유, 사용, 운반, 관리, 수입, 수출, 제조, 조제, 투약, 수수, 매매, 매매의 알선 또는 제공하는 행위

2. 대마를 재배·소지·소유·수수·운반·보관 또는 사용하는 행위

3. 마약 또는 향정신성의약품을 기재한 처방전을 발급하는 행위

4. 한외마약을 제조하는 행위

② 제1항에도 불구하고 다음 각 호의 어느 하나에 해당하는 경우에는 마약류취급자가 아닌 자도 마약류를 취급할 수 있다. 〈개정 2013.3.23., 2018.12.11.〉

1. 이 법에 따라 마약 또는 향정신성의약품을 마약류취급의료업자로부터 투약받아 소지하는 경우

2. 이 법에 따라 마약 또는 향정신성의약품을 마약류소매업자로부터 구입하거나 양수(讓受)하여 소지하는 경우

3. 이 법에 따라 마약류취급자를 위하여 마약류를 운반·보관·소지 또는 관리하는 경우

4. 공무상(公務上) 마약류를 압류·수거 또는 몰수하여 관리하는 경우

5. 제13조에 따라 마약류 취급 자격 상실자 등이 마약류취급자에게 그 마약류를 인계하기 전까지 소지하는 경우

6. 제3조제7호 단서에 따라 의료 목적으로 사용하기 위하여 대마를 운반·보관 또는 소지하는 경우

7. 그 밖에 총리령으로 정하는 바에 따라 식품의약품안전처장의 승인을 받은 경우

③ 마약류취급자는 이 법에 따르지 아니하고는 마약류를 취급하여서는 아니 된다. 다만, 대통령령으로 정하는 바에 따라 식품의약품안전처장의 승인을 받은 경우에는 그러하지 아니하다. 〈개정 2013.3.23.〉

④ 제2항제3호에 따라 대마를 운반·보관 또는 소지하려는 자는 특별자치시장·시장(「제주특별자치도 설치 및 국제자유도시 조성을 위한 특별법」에 따른 행정시장을 포함한다. 이하 같다)·군수 또는 구청장(자치구의 구청장을 말한다. 이하 같다)에게 신고하여야 한다. 이 경우 특별자치시장·시장·군수 또는 구청장은 그 신고 받은 내용을 검토하여 이 법에 적합하면 신고를 수리하여야 한다. 〈개정 2013.3.23., 2016.2.3., 2018.12.11.〉

⑤ 제4항 전단에 따른 신고 절차 및 대마의 운반·보관 또는 소지 방법에 관하여 필요한 사항은 총리령으로 정한다. 〈신설 2016.2.3., 2018.12.11.〉

[전문개정 2011.6.7.]

## 마약류관리에관한법률위반(향정)
[대법원 2016. 10. 13. 선고, 2016도5814, 판결]

【판결요지】
피고인이 필로폰을 투약한다는 제보를 받은 경찰관이 제보된 주거지에 피고인이 살

고 있는지 등 제보의 정확성을 사전에 확인한 후에 제보자를 불러 조사하기 위하여 피고인의 주거지를 방문하였다가, 현관에서 담배를 피우고 있는 피고인을 발견하고 사진을 찍어 제보자에게 전송하여 사진에 있는 사람이 제보한 대상자가 맞다는 확인을 한 후, 가지고 있던 피고인의 전화번호로 전화를 하여 차량 접촉사고가 났으니 나오라고 하였으나 나오지 않고, 또한 경찰관임을 밝히고 만나자고 하는데도 현재 집에 있지 않다는 취지로 거짓말을 하자 피고인의 집 문을 강제로 열고 들어가 피고인을 긴급체포한 사안에서, 피고인이 마약에 관한 죄를 범하였다고 의심할 만한 상당한 이유가 있었더라도, 경찰관이 이미 피고인의 신원과 주거지 및 전화번호 등을 모두 파악하고 있었고, 당시 마약 투약의 범죄 증거가 급속하게 소멸될 상황도 아니었던 점 등의 사정을 감안하면, 긴급체포가 미리 체포영장을 받을 시간적 여유가 없었던 경우에 해당하지 않아 위법하다고 본 원심판단이 정당하다고 한 사례.

**제22조(제조한 마약 등의 판매)** ① 마약류제조업자는 제조한 마약을 마약류도매업자 외의 자에게 판매하여서는 아니 된다.

② 마약류제조업자가 제조한 향정신성의약품은 마약류수출입업자, 마약류도매업자, 마약류소매업자 또는 마약류취급의료업자 외의 자에게 판매하여서는 아니 된다.

[전문개정 2011.6.7.]

## 마약류관리에관한법률위반(향정)·약사법위반방조
[대법원 2001.12.28, 선고, 2001도5158, 판결]

【판결요지】

[1] 공소사실이란 범죄의 특별구성요건을 충족하는 구체적 사실이며 공소장에는 공소사실의 기재에 있어서 공소의 원인된 사실을 다른 사실과 구별할 수 있을 정도로 특정하도록 형사소송법이 요구하고 있으므로, 방조범의 공소사실을 기재함에 있어서는 그 전제가 되는 정범의 범죄구성을 충족하는 구체적 사실을 기재하여야 한다.

[2] 매도, 매수와 같이 2인 이상의 서로 대향된 행위의 존재를 필요로 하는 관계에 있어서는 공범이나 방조범에 관한 형법총칙 규정의 적용이 있을 수 없고, 따라서 매도인에게 따로 처벌규정이 없는 이상 매도인의 매도행위는 그와 대향적 행위의 존재를 필요로 하는 상대방의 매수범행에 대하여 공범이나 방조범관계가 성립되지 아니한다.

[3] 약사법위반죄의 방조범에 대한 공소사실 중 정범의 범죄사실이 전혀 특정되지 않아 방조범에 대한 공소사실 역시 특정되었다고 할 수 없고, 정범의 판매목적의 의약품 취득범행과 대향범관계에 있는 정범에 대한 의약품 판매행위에 대하여는 형법총칙상 공범이나 방조범 규정의 적용이 있을 수 없어 정범의 범행에 대한 방조범으로 처벌할 수 없다고 한 사례.

[4] 마약류관리에관한법률 제2조 제6호 (나)목, 제22조의 각 규정을 종합하여 보면, 마약류제조업자의 업무는 "마약 또는 향정신성의약품을 제조(조제 및 소분 포함)하여 그 제조한 마약을 마약류도매업자에게만 판매하거나, 그 제조한 향정신성의약품을

마약류수출입업자·마약류도매업자·마약류소매업자 또는 마약류취급의료업자에게만 판매"함에 있다 할 것인바, 마약류제조업자가 그 제조한 향정신성의약품을 위와 같은 적법한 판매대상자인 마약류취급자 이외의 자에게 판매한 경우에는 모두 같은 법 제22조 제2항 위반죄로 처벌할 수 있음은 물론이지만, 나아가 마약류제조업자가 당초부터 위와 같은 적법한 판매대상자인 마약류취급자 이외의 자에게 판매할 목적을 위하여 향정신성의약품을 제조하거나 그러한 목적을 위하여 제조한 향정신성의약품을 위와 같은 적법한 판매대상자인 마약류취급자 이외의 자에게 판매한 경우에는 같은 법 제5조 제1항 위반죄로 처벌할 수 있다.

[5] 마약류관리에관한법률 제67조에 의한 몰수나 추징은 범죄행위로 인한 이득의 박탈을 목적으로 하는 것이 아니라 징벌적 성질의 처분이므로, 그 범행으로 인하여 이득을 취득한 바 없다 하더라도 법원은 그 가액의 추징을 명하여야 하고, 그 추징의 범위에 관하여는 죄를 범한 자가 여러 사람일 때에는 각자에 대하여 그가 취급한 범위 내에서 의약품 가액 전액의 추징을 명하여야 한다.

[6] 향정신성의약품을 타인에게 매도한 경우에 있어 매도의 대가로 받은 대금 등은 마약류관리에관한법률 제67조에 규정된 범죄행위로 인한 수익금으로서 필요적으로 몰수하여야 하고 몰수가 불가능할 때에는 그 가액을 추징하여야 한다.

**제39조(마약 사용의 금지)** 마약류취급의료업자는 마약 중독자에게 그 중독 증상을 완화시키거나 치료하기 위하여 다음 각 호의 어느 하나에 해당하는 행위를 하여서는 아니 된다. 다만, 제40조에 따른 치료보호기관에서 보건복지부장관 또는 시·도지사의 허가를 받은 경우에는 그러하지 아니하다.

1. 마약을 투약하는 행위
2. 마약을 투약하기 위하여 제공하는 행위
3. 마약을 기재한 처방전을 발급하는 행위

[전문개정 2011.6.7.]

## 마약류관리에관한법률위반(향정)
[대법원 2013. 4. 26., 선고, 2011도10797, 판결]

【판결요지】

[1] 의사인 피고인이 전화를 이용하여 진찰(이하 '전화 진찰'이라고 한다)한 것임에도 내원 진찰인 것처럼 가장하여 국민건강보험관리공단에 요양급여비용을 청구함으로써 진찰료 등을 편취하였다는 내용으로 기소된 사안에서, 당시에 시행되던 구 '국민건강보험 요양급여의 기준에 관한 규칙'(2010. 3. 19. 보건복지부령 제1호로 개정되기 전의 것)에 기한 보건복지부장관의 고시는 내원을 전제로 한 진찰만을 요양급여의 대상으로 정하고 있고 전화 진찰이나 이에 기한 약제 등의 지급은 요양급여의 대상으로 정하고 있지 아니하므로, 전화 진찰이 구 의료법(2009. 1. 30. 법률 제9386호로 개정되기 전의 것) 제17조

640 □

제1항에서 정한 '직접 진찰'에 해당한다고 하더라도 그러한 사정만으로 요양급여의 대상이 된다고 할 수 없는 이상, 전화 진찰을 요양급여대상으로 되어 있던 내원 진찰인 것으로 하여 요양급여비용을 청구한 것은 기망행위로서 사기죄를 구성하고, 피고인의 불법이득의 의사 또한 인정된다는 이유로, 피고인에게 유죄를 인정한 원심판단이 정당하다고 한 사례.

[2] 의사가 자신의 질병을 직접 진찰하고 투약·치료하는 것이라고 하여 이를 의료행위에 해당하지 아니한다고 할 수 없고, 구 의료법(2009. 1. 30. 법률 제9386호로 개정되기 전의 것)이 이를 금지하는 규정을 두고 있지도 아니하다. 나아가 구 마약류 관리에 관한 법률(2010. 1. 18. 법률 제9932호로 개정되기 전의 것)은 마약류 등의 취급·관리를 적정히 함으로써 그 오용 또는 남용으로 인한 보건상의 위해를 방지하는 것을 목적으로 하는 것인데(제1조), 이 또한 마약류취급자인 의사가 자신에 대한 의료의 목적으로 마약 또는 향정신성의약품(이하 '마약 등'이라고 한다)을 투약하는 등의 행위를 금지하는 규정을 두고 있지 아니한 이상, 의사가 마약 등을 오용이나 남용하는 것이 아니라 자신의 질병에 대한 치료 기타 의료 목적으로 그에 필요한 범위 내에서 투약 등을 하는 것은 허용된다고 할 것이다. 또한 의사 자신에 대한 마약 등의 투약이 의료 목적으로 그에 필요한 범위 내에서 이루어지는 것이라면 그 처방전이 의사 자신이 아니라 제3자에 대한 것으로 발부되었다고 하더라도 그러한 처방전 발부에 대한 법적 책임은 별론으로 하고 그러한 사정만으로 이를 '업무 외의 목적'을 위한 투약이라고 할 수는 없다.

## III. 벌칙

**제58조(벌칙)** ① 다음 각 호의 어느 하나에 해당하는 자는 무기 또는 5년 이상의 징역에 처한다. 〈개정 2014.3.18., 2016.2.3., 2018.3.13.〉

1. 제3조제2호·제3호, 제4조제1항, 제18조제1항 또는 제21조제1항을 위반하여 마약을 수출입·제조·매매하거나 매매를 알선한 자 또는 그러할 목적으로 소지·소유한 자
2. 제3조제4호를 위반하여 마약 또는 향정신성의약품을 제조할 목적으로 그 원료가 되는 물질을 제조·수출입하거나 그러할 목적으로 소지·소유한 자
3. 제3조제5호를 위반하여 제2조제3호가목에 해당하는 향정신성의약품 또는 그 물질을 함유하는 향정신성의약품을 제조·수출입·매매·매매의 알선 또는 수수하거나 그러할 목적으로 소지·소유한 자
4. 제3조제6호를 위반하여 제2조제3호가목에 해당하는 향정신성의약품의 원료가 되는 식물 또는 버섯류에서 그 성분을 추출한 자 또는 그 식물 또는 버섯류를 수출입하거나 수출입할 목적으로 소지·소유한 자

5. 제3조제7호를 위반하여 대마를 수입하거나 수출한 자 또는 그러할 목적으로 대마를 소지·소유한 자

6. 제4조제1항을 위반하여 제2조제3호나목에 해당하는 향정신성의약품 또는 그 물질을 함유하는 향정신성의약품을 제조 또는 수출입하거나 그러할 목적으로 소지·소유한 자

7. 제4조제1항 또는 제5조의2제5항을 위반하여 미성년자에게 마약을 수수·조제·투약·제공한 자 또는 향정신성의약품이나 임시마약류를 매매·수수·조제·투약·제공한 자

8. 1군 임시마약류에 대하여 제5조의2제5항제1호 또는 제2호를 위반한 자

② 영리를 목적으로 하거나 상습적으로 제1항의 행위를 한 자는 사형·무기 또는 10년 이상의 징역에 처한다.

③ 제1항과 제2항에 규정된 죄의 미수범은 처벌한다.

④ 제1항(제7호는 제외한다) 및 제2항에 규정된 죄를 범할 목적으로 예비(豫備) 또는 음모한 자는 10년 이하의 징역에 처한다.

[전문개정 2011.6.7.]

**제58조의2(벌칙)** ① 제3조제10호 또는 제4조제1항을 위반하여 미성년자에게 대마를 수수·제공하거나 대마 또는 대마초 종자의 껍질을 흡연 또는 섭취하게 한 자는 2년 이상의 유기징역에 처한다.

② 상습적으로 제1항의 죄를 범한 자는 3년 이상의 유기징역에 처한다.

③ 제1항 및 제2항에 규정된 죄의 미수범은 처벌한다.

[본조신설 2023. 3. 28.]

**제59조(벌칙)** ① 다음 각 호의 어느 하나에 해당하는 자는 1년 이상의 유기징역에 처한다. 〈개정 2016.2.3., 2018.3.13.〉

1. 제3조제2호를 위반하여 수출입·매매 또는 제조할 목적으로 마약의 원료가 되는 식물을 재배하거나 그 성분을 함유하는 원료·종자·종묘를 소지·소유한 자

2. 제3조제2호를 위반하여 마약의 성분을 함유하는 원료·종자·종묘를 관리·수수하거나 그 성분을 추출하는 행위를 한 자

3. 제3조제3호를 위반하여 헤로인이나 그 염류 또는 이를 함유하는 것을 소지·소유·관리·수수·운반·사용 또는 투약하거나 투약하기 위하여 제공하는 행위를 한 자

4. 제3조제4호를 위반하여 마약 또는 향정신성의약품을 제조할 목적으로

그 원료가 되는 물질을 매매하거나 매매를 알선하거나 수수한 자 또는 그러할 목적으로 소지·소유 또는 사용한 자

5. 제3조제5호를 위반하여 제2조제3호가목에 해당하는 향정신성의약품 또는 그 물질을 함유하는 향정신성의약품을 소지·소유·사용·관리한 자

6. 제3조제6호를 위반하여 제2조제3호가목에 해당하는 향정신성의약품의 원료가 되는 식물 또는 버섯류를 매매하거나 매매를 알선하거나 수수한 자 또는 그러할 목적으로 소지·소유한 자

7. 제3조제7호를 위반하여 대마를 제조하거나 매매·매매의 알선을 한 자 또는 그러할 목적으로 대마를 소지·소유한 자

8. 제3조제10호 또는 제4조제1항을 위반하여 미성년자에게 대마를 수수·제공하거나 대마 또는 대마초 종자의 껍질을 흡연 또는 섭취하게 한 자

9. 제4조제1항을 위반하여 마약을 소지·소유·관리 또는 수수하거나 제24조제1항을 위반하여 한외마약을 제조한 자

10. 제4조제1항을 위반하여 제2조제3호다목에 해당하는 향정신성의약품 또는 그 물질을 함유하는 향정신성의약품을 제조 또는 수출입하거나 그러할 목적으로 소지·소유한 자

11. 제4조제1항을 위반하여 대마의 수출·매매 또는 제조할 목적으로 대마초를 재배한 자

12. 제4조제3항을 위반하여 마약류(대마는 제외한다)를 취급한 자

13. 1군 임시마약류에 대하여 제5조의2제5항제3호를 위반한 자

14. 제18조제1항·제21조제1항 또는 제24조제1항을 위반하여 향정신성의약품을 수출입 또는 제조하거나 의약품을 제조한 자

② 상습적으로 제1항의 죄를 범한 자는 3년 이상의 유기징역에 처한다.

③ 제1항(제5호 및 제13호는 제외한다) 및 제2항에 규정된 죄의 미수범은 처벌한다. 〈개정 2018.3.13.〉

④ 제1항제7호의 죄를 범할 목적으로 예비 또는 음모한 자는 10년 이하의 징역에 처한다.

[전문개정 2011.6.7.]

**제60조(벌칙)** ① 다음 각 호의 어느 하나에 해당하는 자는 10년 이하의 징역 또는 1억원 이하의 벌금에 처한다. 〈개정 2018.3.13., 2019.12.3., 2024. 2. 6.〉

1. 제3조제1호를 위반하여 마약 또는 제2조제3호가목에 해당하는 향정신성의약품을 사용하거나 제3조제11호를 위반하여 마약 또는 제2조제3호

가목에 해당하는 향정신성의약품과 관련된 금지된 행위를 하기 위한 장소·시설·장비·자금 또는 운반 수단을 타인에게 제공한 자

2. 제4조제1항을 위반하여 제2조제3호나목 및 다목에 해당하는 향정신성의약품 또는 그 물질을 함유하는 향정신성의약품을 매매, 매매의 알선, 수수, 소지, 소유, 사용, 관리, 조제, 투약, 제공한 자 또는 향정신성의약품을 기재한 처방전을 발급한 자

3. 제4조제1항을 위반하여 제2조제3호라목에 해당하는 향정신성의약품 또는 그 물질을 함유하는 향정신성의약품을 제조 또는 수출입하거나 그러할 목적으로 소지·소유한 자

4. 제5조제1항·제2항, 제9조제1항, 제28조제1항, 제30조제1항·제2항, 제35조제1항 또는 제39조를 위반하여 마약을 취급하거나 그 처방전을 발급한 자

5. 1군 임시마약류에 대하여 제5조의2제5항제4호를 위반한 자

6. 2군 임시마약류에 대하여 제5조의2제5항제1호를 위반한 자

② 상습적으로 제1항의 죄를 범한 자는 그 죄에 대하여 정하는 형의 2분의 1까지 가중(加重)한다.

③ 제1항과 제2항에 규정된 죄의 미수범은 처벌한다.

[전문개정 2011.6.7.]

**제61조(벌칙)** ① 다음 각 호의 어느 하나에 해당하는 자는 5년 이하의 징역 또는 5천만원 이하의 벌금에 처한다. 〈개정 2016.2.3., 2018.3.13., 2019.12.3., 2021.8.17., 2024. 2. 6.〉

1. 제3조제1호를 위반하여 향정신성의약품(제2조제3호가목에 해당하는 향정신성의약품은 제외한다) 또는 대마를 사용하거나 제3조제11호를 위반하여 향정신성의약품(제2조제3호가목에 해당하는 향정신성의약품은 제외한다) 및 대마와 관련된 금지된 행위를 하기 위한 장소·시설·장비·자금 또는 운반 수단을 타인에게 제공한 자

2. 제3조제2호를 위반하여 마약의 원료가 되는 식물을 재배하거나 그 성분을 함유하는 원료·종자·종묘를 소지·소유한 자

2의2. 거짓이나 그 밖의 부정한 방법으로 제3조제2호부터 제7호까지의 규정, 제4조제2항제7호 또는 같은 조 제3항에 따른 승인을 받은 자

3. 제3조제6호를 위반하여 제2조제3호가목에 해당하는 향정신성의약품의 원료가 되는 식물 또는 버섯류를 흡연·섭취하거나 그러할 목적으로

644 □

소지·소유한 자 또는 다른 사람에게 흡연·섭취하게 할 목적으로 소지·소유한 자

4. 제3조제10호를 위반하여 다음 각 목의 어느 하나에 해당하는 행위를 한 자
   가. 대마 또는 대마초 종자의 껍질을 흡연하거나 섭취한 자
   나. 가목의 행위를 할 목적으로 대마, 대마초 종자 또는 대마초 종자의 껍질을 소지하고 있는 자
   다. 가목 또는 나목의 행위를 하려 한다는 정을 알면서 대마초 종자나 대마초 종자의 껍질을 매매하거나 매매를 알선한 자

5. 제4조제1항을 위반하여 제2조제3호라목에 해당하는 향정신성의약품 또는 그 물질을 함유하는 향정신성의약품을 매매, 매매의 알선, 수수, 소지, 소유, 사용, 관리, 조제, 투약, 제공한 자 또는 향정신성의약품을 기재한 처방전을 발급한 자

6. 제4조제1항을 위반하여 대마를 재배·소지·소유·수수·운반·보관하거나 이를 사용한 자

7. 제5조제1항·제2항, 제9조제1항 또는 제35조제1항을 위반하여 향정신성의약품, 대마 또는 임시마약류를 취급하거나 그 처방전을 발급한 자

8. 2군 임시마약류에 대하여 제5조의2제5항제2호부터 제4호까지의 규정을 위반한 자

8의2. 거짓이나 그 밖의 부정한 방법으로 제6조제1항, 제6조의2제1항, 제18조제2항제1호, 제21조제2항 또는 제24조제2항에 따른 허가 또는 변경허가를 받은 자

9. 제6조의2를 위반하여 원료물질을 수출입하거나 제조한 자

10. 제11조의6제1호를 위반하여 마약류 통합정보에 포함된 개인정보를 업무상 목적 외의 용도로 이용하거나 제3자에게 제공한 자

10의2. 제18조제2항제1호를 위반하여 마약 또는 향정신성의약품을 수출입한 자

10의3. 제21조제2항을 위반하여 마약 또는 향정신성의약품을 제조한 자

10의4. 제24조제2항을 위반하여 마약을 원료로 사용한 한외마약을 제조한 자

11. 제28조제1항 또는 제30조를 위반하여 향정신성의약품을 취급하거나 그 처방전을 발급한 자

12. 제28조제3항을 위반하여 마약 또는 향정신성의약품을 전자거래를 통하여 판매한 자

② 상습적으로 제1항의 죄를 범한 자는 그 죄에 대하여 정하는 형의 2분의 1까지 가중한다.

③ 제1항(제2호·제3호 및 제9호는 제외한다) 및 제2항(제1항제2호·제3호 및 제9호를 위반한 경우는 제외한다)에 규정된 죄의 미수범은 처벌한다. 〈개정 2018.3.13.〉

[전문개정 2011.6.7.]

---

**제62조(벌칙)** ① 다음 각 호의 어느 하나에 해당하는 자는 3년 이하의 징역 또는 3천만원 이하의 벌금에 처한다. 〈개정 2016.12.2., 2018.3.13., 2019.12.3., 2021.8.17.〉

1. 제8조제1항을 위반하여 마약의 취급에 관한 허가증 또는 지정서를 타인에게 빌려주거나 양도한 자 또는 제9조제2항·제3항, 제18조제2항제2호, 제20조, 제22조제1항, 제26조제1항을 위반하여 마약을 취급한 자
2. 제9조제2항, 제20조, 제22조제1항, 제26조제1항의 위반행위의 상대방이 되어 마약을 취급한 자
3. 제11조의6제2호를 위반하여 마약류 통합정보 중 개인정보 이외의 정보를 업무상 목적 외의 용도로 이용하거나 제3자에게 제공한 자
4. 제3조제12호를 위반하여 금지되는 행위에 관한 정보를 타인에게 널리 알리거나 제시한 자(예고임시마약류에 대해서는 제외한다)

② 상습적으로 제1항의 죄를 범한 자는 그 죄에 대하여 정하는 형의 2분의 1까지 가중한다.

③ 제1항과 제2항에 규정된 죄의 미수범은 처벌한다.

[전문개정 2011.6.7.]

---

**제63조(벌칙)** ① 다음 각 호의 어느 하나에 해당하는 자는 2년 이하의 징역 또는 2천만원 이하의 벌금에 처한다. 〈개정 2015.5.18., 2018.3.13., 2019.12.3., 2021.8.17., 2024. 2. 6.〉

1. 제51조제1항부터 제4항까지의 규정을 위반한 자
2. 제8조제1항을 위반하여 향정신성의약품의 취급에 관한 허가증 또는 지정서를 타인에게 빌려주거나 양도한 자 또는 제9조제2항·제3항, 제20조·제22조제2항 또는 제28조제2항을 위반하여 향정신성의약품을 취급한 자
3. 제8조제1항을 위반하여 대마의 취급에 관한 허가증을 타인에게 빌려주거나 양도한 자 또는 제9조제2항·제3항을 위반하여 대마를 취급한 자
4. 제9조제2항, 제20조 및 제22조제2항의 위반행위의 상대방이 되어 향정신성의약품을 취급한 자

5. 제9조제2항의 위반행위의 상대방이 되어 대마를 취급한 자

6. 제11조제1항부터 제3항까지 및 제5항, 제16조, 제28조제2항, 제32조제
1항 및 제2항, 제33조제1항, 제34조를 위반하여 마약을 취급한 자

7. 제11조제1항부터 제3항까지 및 제5항의 규정에 따른 보고 또는 변경보
고를 거짓으로 하거나 제32조제2항에 따른 처방전에 거짓으로 기재하
여 마약을 취급한 자

8. 제17조를 위반하여 기재하지 아니하거나 거짓으로 기재하여 마약을 취
급한 자

8의2. 제43조에 따른 명령을 위반하여 보고하지 아니하거나 거짓된 보고
를 하여 마약을 취급한 자

9. 제12조제1항을 위반하여 거짓으로 보고하여 마약을 취급하거나 제12조
제2항을 위반하여 마약을 폐기한 자

10. 제13조제1항, 제33조제2항을 위반하여 마약을 취급한 자(제69조제1항
제8호에 해당하는 자는 제외한다)

11. 제18조제2항제2호를 위반하여 향정신성의약품을 취급한 자

12. 제40조제1항에 따른 치료보호기관을 정당한 이유 없이 이탈한 자 또
는 이탈한 자를 은닉한 자

13. 제40조제7항에 따른 중독 판별검사 또는 치료보호를 정당한 이유 없
이 거부·방해 또는 기피한 자

14. 마약을 취급하는 자로서 정당한 이유 없이 제41조제1항에 따른 출입,
검사, 수거 등을 거부·방해 또는 기피한 자 또는 제47조에 따른 처분
을 거부·방해 또는 기피한 자

15. 제44조에 따른 업무정지기간에 그 업무를 하여 마약을 취급한 자

16. 제51조제2항에 따른 기록작성의 의무를 회피할 목적으로 소량으로 나
누어 원료물질을 거래한 자

② 상습적으로 제1항제2호부터 제5호까지, 제11호·제12호의 죄를 범한 자
는 그 죄에 대하여 정하는 형의 2분의 1까지 가중한다.

③ 제1항제2호부터 제5호까지, 제11호·제12호와 제2항에 규정된 죄의 미수
범은 처벌한다.

[전문개정 2011.6.7.]

**제64조(벌칙)** 다음 각 호의 어느 하나에 해당하는 자는 1년 이하의 징역
또는 1천만원 이하의 벌금에 처한다. 〈개정 2015.5.18., 2018.3.13.,2019.12.3., 2023.
6. 13.〉

1. 제8조제2항・제3항에 따른 신고를 거짓으로 한 자
2. 제11조제1항부터 제3항까지 및 제5항을 위반하여 보고 또는 변경보고를 하지 아니하거나 거짓으로 보고하여 향정신성의약품을 취급한 자
3. 제12조제1항을 위반하여 거짓으로 보고하여 향정신성의약품을 취급하거나 또는 제17조에 따른 기재를 하지 아니하거나 거짓으로 기재하여 향정신성의약품을 급한 자
4. 제36조 또는 제43조에 따른 명령을 위반하거나 보고 또는 신고를 하지 아니한 자 또는 명령을 위반하거나 거짓된 보고 또는 신고를 하여 대마를 취급한 자
5. 12조제2항을 위반하여 향정신성의약품을 폐기한 자
6. 제12조제2항을 위반하여 대마를 폐기한 자
7. 제13조제1항을 위반하여 대마를 취급한 자
8. 제13조제1항, 제16조, 제26조제2항, 제32조제1항 및 제2항, 제33조제2항 또는 제34조를 위반하여 향정신성의약품을 취급한 자
9. 제13조제1항, 제33조제2항을 위반하여 마약류취급자에게 향정신성의약품을 양도 또는 인계하지 아니한 자
10. 제14조를 위반한 자
11. 제15조를 위반하여 마약류(향정신성의약품은 제외한다)를 저장한 자
12. 제26조제2항의 위반행위의 상대방이 되어 향정신성의약품을 취급한 자
12의2. 제32조제2항에 따른 처방전에 거짓으로 기재하여 향정신성의약품을 취급한 자
13. 제35조제2항 및 제3항을 위반하여 장부를 작성하지 아니하거나 거짓으로 작성하거나 보고한 자
14. 제36조제2항 또는 제42조제2항을 위반하여 대마를 폐기하지 아니하거나 처분을 거부・방해 또는 기피한 자
15. 제38조제2항을 위반하여 마약류를 판매하거나 사용한 자
16. 향정신성의약품, 예고임시마약류, 임시마약류를 취급하는 자 또는 원료물질취급자로서 정당한 이유 없이 제41조제1항, 제42조, 제43조 또는 제47조에 따른 명령을 위반하거나 거짓된 보고를 하거나 검사・수거・압류 또는 처분을 거부・방해 또는 기피한 자
17. 대마를 취급하는 자로서 정당한 이유 없이 제41조제1항에 따른 출입・검사 또는 수거를 거부・방해 또는 기피한 자
18. 제44조에 따른 업무정지기간에 그 업무를 하여 향정신성의약품을 취급한 자

19. 제44조에 따른 업무정지기간에 그 업무를 하여 대마를 취급한 자
20. 제51조제7항에 따른 보고를 거짓으로 한 자
[전문개정 2011.6.7.]

**제65조** 삭제 〈2002.12.26.〉

**제65조의2(벌칙)** 제40조의2제2항에 따라 이수명령을 부과받은 사람이 보호관찰소의 장 또는 교정시설의 장의 이수명령 이행에 관한 지시에 불응하여 「보호관찰 등에 관한 법률」 또는 「형의 집행 및 수용자의 처우에 관한 법률」에 따른 경고를 받은 후 재차 정당한 사유 없이 이수명령 이행에 관한 지시에 불응한 경우에는 다음 각 호에 따른다.
1. 징역형 이상의 실형과 병과된 경우에는 1년 이하의 징역 또는 1천만원 이하의 벌금에 처한다.
2. 벌금형과 병과된 경우에는 1천만원 이하의 벌금에 처한다.
[본조신설 2019.12.3.]

**제66조(자격정지 또는 벌금의 병과)** ① 제58조 및 제59조에서 정한 죄에 대하여는 10년 이하의 자격정지 또는 1억원 이하의 벌금을 병과(倂科)할 수 있다.
② 제60조부터 제64조까지의 규정에서 정한 죄를 범한 자에 대하여는 5년 이하의 자격정지 또는 각 해당 조문의 벌금(징역에 처하는 경우만 해당한다)을 병과할 수 있다.
[전문개정 2011.6.7.]

**제67조(몰수)** 이 법에 규정된 죄에 제공한 마약류·임시마약류 및 시설·장비·자금 또는 운반 수단과 그로 인한 수익금은 몰수한다. 다만, 이를 몰수할 수 없는 경우에는 그 가액(價額)을 추징한다.
[전문개정 2011.6.7.]

**제68조(양벌규정)** 법인의 대표자나 법인 또는 개인의 대리인, 사용인, 그 밖의 종업원이 그 법인 또는 개인의 마약류 업무에 관하여 이 법에 규정된 죄를 범하면 그 행위자를 벌하는 외에 그 법인 또는 개인에게도 1억원(대마의 경우에는 5천만원) 이하의 벌금형을 과(科)하되, 제61조부터 제64조까지의 어느 하나에 해당하는 위반행위를 하면 해당 조문의 벌금형을 과한다. 다만, 법인 또는 개인이 그 위반행위를 방지하기 위하여 해당 업무에 관하

여 상당한 주의와 감독을 게을리하지 아니한 경우에는 그러하지 아니하다.
[전문개정 2011.6.7.]

---

**제69조(과태료)** ① 다음 각 호의 어느 하나에 해당하는 자에게는 500만원 이하의 과태료를 부과한다. 〈개정 2018.3.13.,2019.12.3., 2023. 6. 13., 2024. 2. 6.〉

1. 제8조제2항 및 제3항에 따른 신고를 하지 아니한 자
2. 삭제 〈2015.5.18.〉
3. 제11조제1항부터 제3항까지 및 제5항을 위반하여 마약류취급의료업자, 마약류관리자, 마약류소매업자가 의료행위 또는 동물 진료나 조제를 목적으로 가지고 있는 향정신성의약품이 보고된 재고량과 차이가 있는 경우
4. 삭제 〈2015.5.18.〉
5. 제12조제1항, 제35조제2항 또는 제51조제7항에 따른 보고를 하지 아니한 자
6. 제15조를 위반하여 향정신성의약품을 저장한 자
6의2. 제30조제3항을 위반하여 투약내역을 확인하지 아니한 마약류취급의료업자
7. 제32조제3항을 위반하여 기록을 보존하지 아니한 자
8. 제33조제2항을 위반하여 마약류 인계 후 그 이유를 해당 관청에 신고하지 아니한 자
9. 제35조제4항을 위반하여 장부를 보존하지 아니한 자
10. 예고임시마약류에 대하여 제5조의2제5항을 위반한 자

② 제1항에 따른 과태료는 위반행위의 종류 및 그 정도 등을 고려하여 대통령령으로 정하는 바에 따라 식품의약품안전처장, 시·도지사, 시장·군수·구청장이 부과·징수한다. 〈개정 2013.3.23.〉
[전문개정 2011.6.7.]

---

# Ⅳ. 기재례

## 【범죄사실 기재례】

피의자는 관할관청의 승인을 받지 않은 채 20○○. ○. 초순경부터 같은 해 ○. ○.경까지 사이에 ○○시 ○○동 ○○번지에 있는 피의자의 집앞 약 2평의 꽃밭에서 마약의 원료가 되는 식물인 앵속(일명 양귀비) 30주를 재배하였다.

**【범죄사실 기재례】**

피의자는 관할관청의 승인을 받지 않고 20○○. ○. 말경부터 같은 해 ○. 중순경까지 사이에 ○○도 ○○군 ○○면 ○○리 ○○번지에 있는 피의자의 집 마당에 앵속 32주를 심어 이를 재배하고, 같은 해 ○. 중순경 같은 곳에서 면도칼로 위 앵속 32주의 앵속곽을 그어 수액이 나오게 하는 방법으로 생아편인 수액 분량미상을 채취함으로써 그 성분을 추출하였다.

**【범죄사실 기재례】**

피의자는 법정의 자격자도 아니며 법정의 제외사유도 없으면서, 20○○. ○. ○. 서울시 ○○동 ○○번지에 있는 피의자의 집 피의자의 방 침대 밑에 페닐아미노푸로핀의 염산을 함유한 각성제 5씨씨 앰플 10본을 소지하였다.

**【범죄사실 기재례】**

피의자는 의사 및 마약취급자의 면허를 받은 사람이다. 피의자는 20○○. ○. ○.경 서울시 ○○동 ○○번지에 있는 피의자의 집에서 보건복지가족부장관이 피의자 앞으로 발행한 마약취급자 면허증을 고○○에게 매월 금 20만원의 대여료를 받기로 하고 대여하였다.

**【범죄사실 기재례】**

피의자는 향정신성의약품 취급자가 아니면서도 20○○. ○. 중순경 서울시 ○○동 ○○번지에 있는 피의자가 일하는 ○○주점에서, 그 며칠전 서울시 ○○동 ○○호텔 화장실에서 이름을 모르는 사람으로부터 돈 ○○만원에 매입한 향정신성의약품인 메스암페타민(속칭 히로뽕) 7g 가량을 역시 이름을 알 수 없는 사람에게 ○○만원에 판매함으로써 향정신성의약품을 매매하였다.

**【범죄사실 기재례】**

피의자는 20○○. ○. ○. 서울중앙지방법원에서 향정신성의약품관리법 위반으로 징역 8월에 집행유예를 선고받아 위 형의 유예기간중에 있는 상태이다.

피의자는 20○○. ○. ○. 23 : 30경 경기도 ○○시 ○○동 ○○번지에 있는 피의자의 집, 피의자의 방에서 조○○로부터 받은 향정신성의약품인 메스암페타민(속칭 히로뽕) 4

회 주사분 0.13g을 한꺼번에 증류수에 용해시켜 주사기로 자신의 오른쪽 팔꿈치 정맥 혈관에 주사하여 이를 투약하였다.

**【범죄사실 기재례】**

피의자는 대마취급자가 아님에도, 20○○. ○. ○.경부터 같은 해 ○. ○.경까지 사이에 ○○시 ○○동 ○○번지에 있는 피의자의 집 마당 약 2평에 대마 10주를 재배하였다.

**【범죄사실 기재례】**

피의자는 대마취급자가 아니면서도, 20○○. ○. ○. 07:30경 ○○도 ○○군 ○○면 ○ ○리 개울가에서 그 곳에 자생하는 대마 1주에서 대마초잎 400g을 재취하여 이를 소지 하였다.

**【범죄사실 기재례】**

피의자는 대마취급자가 아님에도 불구하고 20○○. ○. ○.경 경기도 ○○군 ○○면 ○ ○리 개울가에서 자생하던 대마초잎 약 100g을 채취한 다음 같은 날 13:00 ○○시 ○ ○동에 있는 ○○기차역앞 광장에서 피의자 신○○에게 이를 건네주어 대마를 수수하고, 피의자 신○○은, 위 같은 일시 장소에서 위 조○○으로부터 대마 100g을 교부받아 이 를 수수하였다.

**【범죄사실 기재례】**

피의자는 대마취급자가 아니면서도 20○○. ○. 중순경 14:30 ○○시 ○○동에 있는 폐공장 건물의 뒤쪽 공터상에 야생하고 있는 대마초잎 약 100g을 채취하여 이를 소지하 고, 같은 달 ○. 11:00경 위 같은 시 ○○동 ○○번지에 있는 피의자의 방에서 위 대 마를 담배파이프에 넣어 피움으로써 대마를 흡연하고, 같은 달 ○. 11:00경 같은 장소 에서 위와 같은 방법으로 대마를 흡연하였다.

**【범죄사실 기재례】**

피의자는 농업에 종사하는 사람으로 대마취급자이다.
피의자는 20○○. ○. ○. 경남 ○○군 ○○면 ○○리 ○○번지에 있는 밭 ○○평방미터 에 대마초 재배허가를 받고 같은 장소에 대마초 ○○kg을 식재하였고, 위 대마초에 대하여 같은 해 ○. ○.까지 그 재배기간, 채취기일, 섬유생산량을 관할 ○○군수에게 보고하여야 함에도 불구하고 정당한 사유없이 이를 보고하지 않았다.

## 【적용실례】

〈양귀비 잎을 말아 피운 경우〉

➡ 양귀비 잎은 아편이 아니라 마약법상의 '앵속의 잎'이므로 본건에 대하여는 마약법 제62조 제2호, 제6조 제1호를 적용해야 함에도 불구하고 형법 제201조 제1항(아편흡식)을 적용할 수 없다.

〈의료목적으로 마약취급자가 아닌 자가 마약을 투약한 경우〉

➡ 치료목적으로 마약취급자가 아닌 자가 마약을 투약한 경우에는 마약법 제62조 제1항 제1호, 제36조에 의율하여야 함에도 동법 제60조 제1호, 제4호에 의율할 수 없다.

**[서식] 대마 운반·보관·소지 신고서**

# 대마 운반·보관·소지 신고서

| 접수번호 | | 접수일 | | 발급일 | | 처리기간 10일 |
|---|---|---|---|---|---|---|

| 신고인 | 성명 | | | 생년월일 | | |
|---|---|---|---|---|---|---|
| | 주소 | | | | | |

| 취급자 | 허가번호 | | | 허가종별 | | |
|---|---|---|---|---|---|---|
| | 업소의 명칭 | | | 업소의 소재지 | | |
| | 성명 | | | 생년월일 | | |
| | 재배지 | | | 재배면적 | | |

| 인수자 | 허가번호 | | | 허가종별 | | |
|---|---|---|---|---|---|---|
| | 성명 | | | 생년월일 | | |
| | 소재지 | | | | | |

| 내용 | 운반(보관·소지)기간 | | | | | |
|---|---|---|---|---|---|---|
| | 운반(보관·소지)장소 | | | 인계장소 | | |
| | 운반(보관·소지)목적 | | | | | |

| 운반(보관·소지)대마 | 종류 | 수량 | 비고 |
|---|---|---|---|

「마약류 관리에 관한 법률 시행규칙」 제7조에 따라 위와 같이 대마의 운반·보관·소지를 신고합니다.

년        월        일

신고인

(서명 또는 인)

담당자 성명

담당자 전화번호

**특별자치시장·시장·군수·구청장**  귀하

---

제        호

위의 신고사항을 수리하였습니다.

년        월        일

# 특별자치시·시·군·구 [직인]

| 첨부서류 | 없음 | 수수료 없음 |
|---|---|---|

| 처리절차 |
|---|

| 신고서 작성 | → | 접 수 | → | 검 토 | → | 기안 결재 | → | 통보 및 발급 |
|---|---|---|---|---|---|---|---|---|
| 신고인 | | 처리기관 : 특별자치시·시·군·구 | | | | | | |

210mm×297mm[백상지 80g/㎡]

654 □

**[서식]** 마약류취급자 허가증

제 호

# 마약류취급자 허가증

## 마약류취급자 허가증

1. 업        종:

2. 업소의 명칭:

3. 업소의 소재지:

4. 대    표    자:

5. 생 년 월 일:

6. 허 가 조 건:

「마약류 관리에 관한 법률」 제6조에 따라 위와 같이 허가합니다.

년        월        일

식품의약품안전처장
지방식품의약품안전청장
특별자치시장·시장·군수·구청장

| 직인 |

210mm×297mm[인쇄용지(특급) 180g/㎡]

**[서식] 수거(압류)증**

<table>
<tr><th colspan="9" style="text-align:center">수거(압류)증</th></tr>
<tr><td>허가번호</td><td></td><td colspan="2">업 소 명</td><td colspan="5"></td></tr>
<tr><td>허가종별</td><td></td><td colspan="2">마약류취급자식별번호</td><td colspan="5"></td></tr>
<tr><td>소 재 지</td><td colspan="8"></td></tr>
<tr><td>대 표 자</td><td colspan="4"></td><td>생년월일</td><td colspan="3"></td></tr>
<tr><td>업소명</td><td>제품명</td><td>품목코드</td><td>제조번호</td><td>사용기한</td><td>규격</td><td colspan="2">수량</td><td>비고</td></tr>
<tr><td></td><td></td><td></td><td></td><td></td><td></td><td colspan="2"></td><td></td></tr>
<tr><td></td><td></td><td></td><td></td><td></td><td></td><td colspan="2"></td><td></td></tr>
<tr><td></td><td></td><td></td><td></td><td></td><td></td><td colspan="2"></td><td></td></tr>
<tr><td></td><td></td><td></td><td></td><td></td><td></td><td colspan="2"></td><td></td></tr>
</table>

「마약류 관리에 관한 법률」 제41조 및 제47조에 따라 위와 같이 수거(압류)합니다.

년        월        일

수거(압류)자 소속
　　　직명　　　　　성명　　　　　　　(서명 또는 인)

105mm×148mm(일반용지 60g/㎡(재활용품))

**[서식] 마약류 수출(수입) 승인서**

(앞쪽)

# 마약류 수출(수입) 승인서

승인번호

| 신청인<br>(수출자, 수입자) | 상호 | | 대표자 | |
|---|---|---|---|---|
| | 소재지 | | | |
| 수화인<br>(수입자, 수출자) | 상호 | | 대표자 | |
| | 소재지 | | | |
| 품명 | | | | |
| 규격 | | | | |
| 수량 | | | | |
| 단가 | | | | |
| 금액 | | | | |
| 원산지 | | | | |
| 승인조건 | | | | |

「마약류 관리에 관한 법률 시행규칙」 제34조의2제2항에 따라 위와 같이 마약류 수출(수입)을 승인합니다.

년    월    일

## 식품의약품안전처장 [직인]

210mm×297mm(백상지 80g/㎡)

# 먹는물관리법

[시행 2025. 2. 21.] [법률 제20332호, 2024. 2. 20., 일부개정]

## Ⅰ. 개설

### 목적

이 법은 먹는물의 수질과 위생을 합리적으로 관리하여 국민건강을 증진하는데 이바지하는 것을 목적으로 한다.

## Ⅱ. 판례

**제2조(책무)** ① 국가와 지방자치단체는 모든 국민이 질 좋은 먹는물을 공급받을 수 있도록 합리적인 시책을 마련하고, 먹는물관련영업자에 대하여 알맞은 지도와 관리를 하여야 한다.

② 먹는물관련영업자는 관계 법령으로 정하는 바에 따라 질 좋은 먹는물을 안전하고 알맞게 공급하도록 하여야 한다.

### 온천조성사업시행허가처분취소

[대법원 2001.7.27, 선고, 99두8589, 판결]

**【판결요지】**

[1] 관광지조성사업의 시행은 국토 및 자연의 유지와 환경의 보전에 영향을 미치는 행위로서 그 허가 여부는 사업장소의 현상과 위치 및 주위의 상황, 사업시행의 시기 및 주체의 적정성, 사업계획에 나타난 사업의 내용, 규모, 방법과 그것이 자연 및 환경에 미치는 영향 등을 종합적으로 고려하여 결정하여야 하는 일종의 재량행위에 속한다고 할 것이고, 위와 같은 재량행위에 대한 법원의 사법심사는 당해 행위가 사실오인, 비례·평등의 원칙 위배, 당해 행위의 목적 위반이나 부정한 동기 등에 근거하여 이루어짐으로써 재량권의 일탈·남용이 있는지 여부만을 심사하게 되는 것이나, 법원의 심사결과 행정청의 재량행위가 사실오인 등에 근거한 것이라고 인정되는 경우에는 이는 재량권을 일탈·남용한 것으로서 위법하여 그 취소를 면치 못한다 할 것이다.

[2] 관광지조성사업시행 허가처분에 오수처리시설의 설치 등을 조건으로 하였으나 그 시설이 설치되더라도 효능이 불확실하여 오수가 확실하게 정화 처리될 수 없어 인접 하천 등의 수질이 오염됨으로써 인근 주민들의 식수 등도 오염되어 주민들

의 환경이익 등이 침해되거나 침해될 우려가 있고, 그 환경이익의 침해는 관광지의 개발 전과 비교하여 사회통념상 수인한도를 넘는다고 보이며, 주민들의 환경상의 이익은 관광지조성사업시행 허가처분으로 인하여 사업자나 행락객들이 가지는 영업상의 이익 또는 여가생활향유라는 이익보다 훨씬 우월하다는 이유로, 그 환경적 위해 발생을 고려하지 않은 관광지조성사업시행 허가처분은 사실오인 등에 기초하여 재량권을 일탈·남용한 것으로서 위법하다고 본 사례.

**제3조(정의)** 이 법에서 사용하는 용어의 뜻은 다음과 같다. 〈개정 2007.8.3., 2010.3.22., 2013.3.22., 2015.12.22., 2018.12.24., 2020.5.26.〉

1. "먹는물"이란 먹는 데에 일반적으로 사용하는 자연 상태의 물, 자연 상태의 물을 먹기에 적합하도록 처리한 수돗물, 먹는샘물, 먹는염지하수(鹽地下水), 먹는해양심층수(海洋深層水)등을 말한다.

2. "샘물"이란 암반대수층(岩盤帶水層) 안의 지하수 또는 용천수 등 수질의 안전성을 계속 유지할 수 있는 자연 상태의 깨끗한 물을 먹는 용도로 사용할 원수(原水)를 말한다.

3. "먹는샘물"이란 샘물을 먹기에 적합하도록 물리적으로 처리하는 등의 방법으로 제조한 물을 말한다.

3의2. "염지하수"란 물속에 녹아있는 염분(鹽分) 등의 함량(含量)이 환경부령으로 정하는 기준 이상인 암반대수층 안의 지하수로서 수질의 안전성을 계속 유지할 수 있는 자연 상태의 물을 먹는 용도로 사용할 원수를 말한다.

3의3. "먹는염지하수"란 염지하수를 먹기에 적합하도록 물리적으로 처리하는 등의 방법으로 제조한 물을 말한다.

4. "먹는해양심층수"란 「해양심층수의 개발 및 관리에 관한 법률」제2조제1호에 따른 해양심층수를 먹는 데 적합하도록 물리적으로 처리하는 등의 방법으로 제조한 물을 말한다.

5. "수처리제(水處理劑)"란 자연 상태의 물을 정수(淨水) 또는 소독하거나 먹는물 공급시설의 산화방지 등을 위하여 첨가하는 제제를 말한다.

6. "먹는물공동시설"이란 여러 사람에게 먹는물을 공급할 목적으로 개발했거나 저절로 형성된 약수터, 샘터, 우물 등을 말한다.

6의2. "냉·온수기"란 용기(容器)에 담긴 먹는샘물 또는 먹는염지하수를 냉수·온수로 변환시켜 취수(取水)꼭지를 통하여 공급하는 기능을 가진 것을 말한다.

6의3. "냉·온수기 설치·관리자"란 「실내공기질 관리법」 제3조제1항에 따른 다중이용시설에서 다수인에게 먹는샘물 또는 먹는염지하수를 공급하기 위하여 냉·온수기를 설치·관리하는 자를 말한다.

7. "정수기"란 물리적·화학적 또는 생물학적 과정을 거치거나 이들을 결합한 과정을 거쳐 먹는물을 제5조제3항에 따른 먹는물의 수질기준에 맞게 취수 꼭지를 통하여 공급하도록 제조된 기구[해당 기구에 냉수·온수 장치, 제빙(製氷) 장치 등 환경부장관이 정하여 고시하는 장치가 결합되어 냉수·온수, 얼음 등을 함께 공급할 수 있도록 제조된 기구를 포함한다]로서, 유입수(流入水) 중에 들어있는 오염물질을 감소시키는 기능을 가진 것을 말한다.

7의2. "정수기 설치·관리자"란 「실내공기질 관리법」 제3조제1항에 따른 다중이용시설에서 다수인에게 먹는물을 공급하기 위하여 정수기를 설치 및 관리하는 자를 말한다.

8. "정수기품질검사"란 정수기에 대한 구조, 재질, 정수 성능 등을 종합적으로 검사하는 것을 말한다.

9. "먹는물관련영업"이란 먹는샘물·먹는염지하수의 제조업·수입판매업·유통전문판매업, 수처리제 제조업 및 정수기의 제조업·수입판매업을 말한다.

9의2. "유통전문판매업"이란 제품을 스스로 제조하지 아니하고 타인에게 제조를 의뢰하여 자신의 상표로 유통·판매하는 영업을 말한다.

## 먹는물관리법위반

[대법원 2006. 4. 13., 선고, 2005도10198, 판결]

【판결요지】
활성탄소의 수입업자가 수입한 분말활성탄이 각각의 공정을 거쳐 수처리제를 비롯하여 대기처리용 등 다양한 용도로 사용될 수 있는 점과 위 수입업자가 수처리제 제조업자에게 납품한 분말활성탄이 선별, 배합, 가수 및 분말처리, 재포장 등의 가공절차를 거쳐 수처리제로 만들어지는 점을 고려할 때, 위 수입업자가 수입하여 수처리제 제조업자에 납품한 분말활성탄은 수처리제의 원료에 불과할 뿐이어서 수입신고 의무가 부과되는 먹는 물 관리법 제3조 제4호에서 정한 수처리제에는 해당하지 않는다고 본 사례.

## Ⅲ. 벌칙

**제57조(벌칙)** 다음 각 호의 어느 하나에 해당하는 자는 5년 이하의 징역이나 5천만원 이하의 벌금에 처한다. 이 경우 징역과 벌금을 병과(倂科)할 수 있다. 〈개정 2010.3.22., 2014.1.21.〉

　1. 제19조제1호 또는 제2호를 위반한 자
　2. 제21조제1항에 따른 허가 또는 변경허가를 받지 아니하고 먹는샘물등의 제조업을 하거나 거짓이나 그 밖의 부정한 방법으로 허가 또는 변

경허가를 받은 자

3. 삭제 〈2014.1.21.〉

4. 삭제 〈2014.1.21.〉

---

**제58조(벌칙)** 다음 각 호의 어느 하나에 해당하는 자는 3년 이하의 징역이나 3천만원 이하의 벌금에 처한다. 이 경우 징역과 벌금을 병과할 수 있다. 〈개정 2008.3.21., 2010.3.22., 2012.6.1., 2013.3.22., 2014.1.21., 2021.1.5., 2024. 2. 20.〉

1. 제8조제2항을 위반한 자

1의2. 제8조의5를 위반한 자

2. 제19조제3호를 위반한 자

3. 제21조제2항에 따라 등록을 하지 아니하고 수처리제 제조업을 하거나 거짓이나 그 밖의 부정한 방법으로 등록한 자

4. 제21조제3항에 따라 등록을 하지 아니하고 먹는샘물등의 수입판매업을 하거나 거짓이나 그 밖의 부정한 방법으로 등록한 자

4의2. 제21조제6항에 따른 신고를 하지 아니하고 먹는샘물등의 유통전문판매업을 하거나 거짓이나 그 밖의 부정한 방법으로 신고한 자

5. 제21조제7항에 따른 신고를 하지 아니하고 정수기의 제조업이나 수입판매업을 하거나 거짓이나 그 밖의 부정한 방법으로 신고한 자

6. 제26조제1항에 따른 신고를 하지 아니하거나 거짓된 신고를 하고 먹는샘물등 또는 그 용기를 수입한 자

7. 제36조제3항을 위반하여 먹는샘물등 또는 그 용기를 판매하거나 판매할 목적으로 제조, 수입, 저장, 운반, 진열하거나 그 밖의 영업상으로 사용한 자

7의2. 거짓이나 그 밖의 부정한 방법으로 제43조제1항에 따른 검사기관으로 지정을 받은 자

7의3. 제43조제1항에 따라 지정받은 검사기관에서 이 법 또는 다른 법률에 따른 검사를 하면서 고의로 거짓의 검사성적서를 발급하거나 검사결과기록을 작성한 자

7의4. 제43조제8항에 따른 업무정지처분 기간 중 검사업무를 한 자

8. 제45조제1항, 제47조제1항·제4항 또는 제47조의2제1항에 따른 명령을 이행하지 아니한 자

9. 제48조제1항에 따른 영업정지명령을 위반하여 먹는샘물등의 제조업이나 수입판매업을 한 자

**제59조(벌칙)** 다음 각 호의 어느 하나에 해당하는 자는 1년 이하의 징역이나 1천만원 이하의 벌금에 처한다. 〈개정 2008. 3. 21., 2010. 3. 22., 2012. 6. 1., 2013. 3. 22., 2014. 1. 21., 2018. 12. 24., 2021. 1. 5., 2024. 2. 20.〉

1. 제9조에 따른 허가 또는 변경허가를 받지 아니하고 샘물등을 개발하거나 거짓이나 그 밖의 부정한 방법으로 허가나 변경허가를 받아 샘물등을 개발한 자
2. 제11조제2항이나 제21조제10항에 따른 조건을 위반한 자
3. 제13조제1항에 따른 조사서를 거짓으로 작성한 자
3의2. 제14조의2제2항제1호를 위반하여 다른 조사서를 무단으로 복제하여 조사서를 작성한 자
3의3. 제14조의2제2항제2호를 위반하여 조사서를 거짓으로 작성한 자
3의4. 제14조의2제2항제3호를 위반하여 등록증이나 명의를 다른 사람에게 대여하거나 일괄하여 하도급한 자
4. 제15조에 따른 조사 대행자의 등록을 하지 아니하고 환경영향조사 대행 업무를 한 자
5. 제21조제2항에 따라 변경등록을 하지 아니하고 수처리제 제조업을 한 자
6. 제21조제3항에 따라 변경등록을 하지 아니하고 먹는샘물등의 수입판매업을 한 자
6의2. 제21조제6항에 따른 변경신고를 하지 아니하고 먹는샘물등의 유통전문판매업을 한 자
7. 제21조제7항에 따른 정수기의 제조업이나 수입판매업의 변경신고를 하지 아니하고 정수기의 제조업이나 수입판매업을 한 자
8. 제26조제1항에 따른 신고를 하지 아니하거나 거짓된 신고를 하고 수처리제나 그 용기를 수입한 자
9. 제27조제1항 또는 제3항이나 제40조제1항을 위반한 자
10. 제27조제2항을 위반한 자
10의2. 제31조제3항에 따른 계측기를 설치하지 아니한 자 또는 측정 결과를 제출하지 아니하거나 거짓으로 제출한 자
11. 제36조제3항을 위반하여 수처리제 또는 그 용기를 판매하거나 판매할 목적으로 제조, 수입, 저장, 운반, 진열하거나 그 밖의 영업상으로 사용한 자
12. 제36조제3항을 위반하여 정수기를 판매하거나 판매할 목적으로 제조, 수입, 저장, 운반, 진열하거나 그 밖의 영업상으로 사용한 자
13. 제39조제1항에 따른 광고의 금지 또는 제한을 위반한 자

14. 제39조제2항에 따른 명령을 이행하지 아니한 자

14의2. 제40조의2를 위반하여 정수기, 먹는샘물등으로 오인될 우려가 있는 "정수기", "샘물", "생수" 등의 제품명을 사용하거나 그 밖의 표시를 하여 제공 또는 판매를 한 자

15. 제41조제1항에 따른 자가검사를 실시하지 아니한 자

16. 제42조에 따른 출입·검사 또는 수거를 거부·방해 또는 기피한 자

16의2. 제43조제1항에 따라 지정받은 검사기관에서 이 법 또는 다른 법률에 따른 검사를 하면서 중대한 과실로 사실과 다른 검사성적서를 발급하거나 검사결과기록을 작성한 자

17. 제46조나 제47조제2항에 따른 폐쇄, 압류·폐기를 거부, 방해 또는 기피한 자

18. 제48조제1항에 따른 영업정지명령을 위반하여 수처리제 제조업을 한 자

18의2. 제48조제1항에 따른 영업정지명령을 위반하여 먹는샘물등의 유통전문판매업을 한 자

19. 제48조제1항에 따른 영업정지명령을 위반하여 정수기의 제조업이나 수입 판매업을 한 자

**제60조(양벌규정)** 법인의 대표자나 법인 또는 개인의 대리인, 사용인, 그 밖의 종업원이 그 법인 또는 개인의 업무에 관하여 제57조부터 제59조까지의 어느 하나에 해당하는 위반행위를 하면 그 행위자를 벌하는 외에 그 법인 또는 개인에게도 해당 조문의 벌금형을 과(科)한다. 다만, 법인 또는 개인이 그 위반행위를 방지하기 위하여 해당 업무에 관하여 상당한 주의와 감독을 게을리하지 아니한 경우에는 그러하지 아니하다.
[전문개정 2012.6.1.]

**제61조(과태료)** ① 다음 각 호의 어느 하나에 해당하는 자에게는 300만원 이하의 과태료를 부과한다. 〈개정 2014.1.21.〉

1. 제14조의2제2항제2호를 위반하여 조사서를 부실하게 작성한 자

2. 제44조에 따라 소비자보호센터를 설치 또는 운영하지 아니한 자

② 다음 각 호의 어느 하나에 해당하는 자에게는 100만원 이하의 과태료를 부과한다. 〈개정 2010.3.22., 2013.3.22., 2014.1.21., 2021.1.5.〉

1. 제8조의2제1항 및 제10조제3항에 따른 신고 또는 변경신고를 하지 아니하거나 거짓이나 그 밖의 부정한 방법으로 신고 또는 변경신고를 한 자

2. 제8조의2제4항 또는 제5항을 위반하여 냉・온수기 또는 정수기를 설치・관리한 자

2의2. 제14조의2제1항을 위반하여 조사서와 그 작성의 기초가 되는 자료를 보존하지 아니한 자

3. 제21조제11항에 따른 신고를 하지 아니하거나 거짓으로 신고하여 허가받은 사항이나 등록 또는 신고한 사항을 변경한 자

4. 제25조제3항을 위반하여 신고를 하지 아니하거나 거짓으로 신고한 자

5. 제28조제1항이나 제29조제1항을 위반한 자

6. 제41조제1항에 따른 기록을 보존하지 아니하거나 거짓으로 기록한 자

7. 제42조제1항에 따른 보고를 하지 아니하거나 거짓으로 보고한 자

8. 제43조제12항에 따른 준수사항을 지키지 아니한 자

9. 제43조제13항에 따른 교육을 정당한 사유 없이 받지 아니한 자

10. 제45조제2항에 따른 명령을 이행하지 아니한 자

③ 제1항과 제2항에 따른 과태료는 대통령령으로 정하는 바에 따라 환경부장관, 시・도지사 또는 시장・군수・구청장이 부과・징수한다. 〈개정 2013.3.22.〉

④ 삭제 〈2010.3.22.〉

⑤ 삭제 〈2010.3.22.〉

⑥ 삭제 〈2010.3.22.〉

# Ⅳ. 기재례

## 【범죄사실 기재례】

피의자 한○○는 20○○년 ○월부터 20○○년 ○월 까지 경상북도 ○○시 ○○면 ○○리 ○○번지에서 관할관청으로부터 먹는 샘물 제조업에 대한 허가를 받지 않고 자외선 살균소독기 1대, 포장기계 2대를 설치한 후 지하수를 19리터 크기의 플라스틱 생수통에 담아 불특정다수인에게 판매하였다.

664 □

**[서식] [ ]샘물 [ ]염지하수 개발 허가증**

제      호

# [ ]샘물 [ ]염지하수 개발 허가증

1. 성명 또는 상호:                    (법인등록번호;              )
2. 대표자(법인의 경우):              (생년월일:                )
3. 주소:
                         (전화번호:              )
4. 샘물·염지하수의 용도:
5. 개발 내용

| 위치 | | | |
|---|---|---|---|
| 면적(㎡) | | 개발기간 | |

6. 취수량(㎥/일)

| 계 | 1호정 | 2호정 | 3호정 | 4호정 | .... |
|---|---|---|---|---|---|
| | | | | | |

7. 허가내용 및 조건:

　「먹는물관리법」 제9조 및 같은 법 시행규칙 제3조제4항에 따라 위와 같이 허가합니다.

년        월        일

시 · 도지사   　직인

210㎜×297㎜[보존용지(1종) 120g/㎡]

**[서식] 수거 · 압류증**

| 제   호 | | | | |
|---|---|---|---|---|
| | | **수 거 · 압 류 증** | | |
| ①<br>수거(압류)<br>품제조업소 | 상 호 | | | |
| | 대표자(성명) | | 생년월일 | |
| | 소 재 지 | | | |
| ②<br>수거(압류)<br>내 용 | 품 명 | | 수 량 | |
| | 사 유 | | | |
| | 일 시 | | 장 소 | |
| 제 조 연 월 일 | | | 피 수 거<br>(압 류)자 | (서명 또는 인) |

「먹는물관리법」 제42조, 제47조 및 같은 법 시행규칙 제34조제1항에 따라 위와 같이 수거 · 압류하였음을 증명합니다.

년        월        일

수거 · 압류자 소 속 :

지위(직급):

성 명 :              (서명 또는 인)

귀 하

210㎜×297㎜(신문용지 54g/㎡)

# 문화유산의 보존 및 활용에 관한 법률

[시행 2025. 2. 14.] [법률 제20286호, 2024. 2. 13., 일부개정]

## Ⅰ. 개설

### 목적

이 법은 문화유산을 보존하여 민족문화를 계승하고, 이를 활용할 수 있도록 함으로써 국민의 문화적 향상을 도모함과 아울러 인류문화의 발전에 기여함을 목적으로 한다.

## Ⅱ. 판례

**제2조(정의)** ① 이 법에서 "문화유산"이란 「국가유산기본법」 제3조제2호에 해당하는 다음 각 호의 것을 말한다. 〈개정 2015. 3. 27., 2020. 12. 22., 2023. 3. 21., 2023. 8. 8.〉

1. 유형문화유산: 건조물, 전적(典籍: 글과 그림을 기록하여 묶은 책), 서적(書跡), 고문서, 회화, 조각, 공예품 등 유형의 문화적 소산으로서 역사적・예술적 또는 학술적 가치가 큰 것과 이에 준하는 고고자료(考古資料)

2. 삭제 〈2023. 8. 8.〉

3. 기념물: 절터, 옛무덤, 조개무덤, 성터, 궁터, 가마터, 유물포함층 등의 사적지(史　蹟地)와 특별히 기념이 될 만한 시설물로서 역사적・학술적 가치가 큰 것

   가.~다. 삭제 〈2023. 3. 21.〉

4. 민속문화유산: 의식주, 생업, 신앙, 연중행사 등에 관한 풍속이나 관습에 사용되는 의복, 기구, 가옥 등으로서 국민생활의 변화를 이해하는 데 반드시 필요한 것

② 이 법에서 "문화유산교육"이란 문화유산의 역사적・예술적・학술적・경관적 가치 습득을 통하여 문화유산 애호의식을 함양하고 민족 정체성을 확립하는 등에 기여하는 교육을 말하며, 문화유산교육의 구체적 범위와 유형은 대통령령으로 정한다. 〈신설 2019. 11. 26., 2023. 8. 8.〉

③ 이 법에서 "지정문화유산"이란 다음 각 호의 것을 말한다. 〈개정 2014. 1. 28., 2019. 11. 26., 2023. 8. 8., 2024. 2. 13.〉

1. 국가지정문화유산: 국가유산청장이 제23조부터 제26조까지의 규정에 따라 지정한 문화유산
2. 시·도지정문화유산: 특별시장·광역시장·특별자치시장·도지사 또는 특별자치도지사(이하 "시·도지사"라 한다)가 제70조제1항에 따라 지정한 문화유산
3. 문화유산자료: 제1호나 제2호에 따라 지정되지 아니한 문화유산 중 시·도지사가 제70조제2항에 따라 지정한 문화유산

④ 삭제 〈2023. 9. 14.〉

⑤ 이 법에서 "보호구역"이란 지상에 고정되어 있는 유형물이나 일정한 지역이 문화유산으로 지정된 경우에 해당 지정문화유산의 점유 면적을 제외한 지역으로서 그 지정문화유산을 보존·관리하거나 정비하기 위하여 지정된 구역을 말한다. 〈개정 2019. 11. 26., 2023. 8. 8., 2024. 1. 23.〉

⑥ 이 법에서 "보호물"이란 문화유산을 보호하기 위하여 지정한 건물이나 시설물을 말한다. 〈개정 2019. 11. 26., 2023. 8. 8.〉

⑦ 이 법에서 "역사문화환경"이란 문화유산 주변의 자연경관이나 역사적·문화적인 가치가 뛰어난 공간으로서 문화유산과 함께 보호할 필요성이 있는 주변 환경을 말한다. 〈개정 2019. 11. 26., 2023. 8. 8.〉

⑧ 이 법에서 "건설공사"란 토목공사, 건축공사, 조경공사 또는 토지나 해저의 원형변경이 수반되는 공사로서 대통령령으로 정하는 공사를 말한다. 〈개정 2019. 11. 26.〉

⑨ 이 법에서 "국외소재문화유산"이란 외국에 소재하는 「국가유산기본법」 제3조제2호에 따른 문화유산(제39조제1항 단서 또는 제60조제1항 단서에 따라 반출된 문화유산은 제외한다)으로서 대한민국과 역사적·문화적으로 직접적 관련이 있는 것을 말한다. 〈개정 2017. 3. 21., 2019. 11. 26., 2023. 8. 8.〉

⑩ 이 법에서 "문화유산지능정보화"란 문화유산데이터의 생산·수집·분석·유통·활용 등에 문화유산지능정보기술을 적용·융합하여 문화유산의 보존·관리 및 활용을 효율화·고도화하는 것을 말한다. 〈신설 2022. 1. 18., 2023. 8. 8.〉

⑪ 이 법에서 "문화유산데이터"란 문화유산지능정보화를 위하여 정보처리능력을 갖춘 장치를 통하여 생성 또는 처리되어 기계에 의한 판독이 가능한 형태로 존재하는 정형 또는 비정형의 정보를 말한다. 〈신설 2022. 1. 18., 2023. 8. 8.〉

⑫ 이 법에서 "문화유산지능정보기술"이란 「지능정보화 기본법」 제2조제4호에 따른 지능정보기술 중 문화유산의 보존·관리 및 활용을 위한 기술 또는 그 결합 및 활용 기술을 말한다. 〈신설 2022. 1. 18., 2023. 8. 8.〉

⑬ 이 법에서 "문화유산디지털콘텐츠"란 문화유산 보존·관리 및 활용의 효용을 높이기 위하여 문화유산 기록 및 지식·정보·기술 등을 이용한 창작물로서 「문화산업진흥 기본법」 제2조제5호에 따른 디지털콘텐츠 및 같은 조 제7호에 따른 멀티미디어콘텐츠를 말한다. 〈신설 2024. 1. 9.〉

## 건물등철거

[대법원 2021. 2. 25., 선고, 2018다278320, 판결]

【판결요지】

[1] 문화재보호법은 국가지정문화재에 대하여 허가와 신고 사항, 일정한 조치와 그에 따른 손실보상 등을 정하고 있을 뿐이고, 건물 소유자가 부지인 토지를 사용할 권한이 있는지 여부나 토지 소유자의 손실을 보상하는 일반적인 규정을 두고 있지 않다. 이러한 문화재보호법의 입법 취지, 규정 내용과 체계 등을 종합하면, 국가지정문화재로 지정된 구역에서 현상을 변경하거나 보존에 영향을 미칠 우려가 있는 행위 등이 제한된다는 사정만으로 건물 소유자가 정당한 권원 없이 부지인 토지를 점유·사용하는 것이 허용된다고 볼 수 없다. 건물 소유자는 부지인 토지를 점유·사용할 수 있는 권원이 있음을 주장·증명하지 못하는 경우 토지의 차임에 해당하는 이익을 얻고 토지 소유자에게 같은 금액의 손해를 입혔다고 볼 수 있어 토지 소유자에게 부당이득반환의무를 부담한다.

[2] 토지 소유자의 배타적 사용·수익권 행사 제한의 법리는 토지가 도로, 수도시설의 매설 부지 등 일반 공중을 위한 용도로 제공된 경우에 적용되고, 토지가 건물의 부지 등 지상 건물의 소유자들만을 위한 용도로 제공된 경우에는 적용되지 않는다.

**제35조(허가사항)** ① 국가지정문화재에 대하여 다음 각 호의 어느 하나에 해당하는 행위를 하려는 자는 대통령령으로 정하는 바에 따라 문화재청장의 허가를 받아야 하며, 허가사항을 변경하려는 경우에도 국가유산청장의 허가를 받아야 한다. 다만, 국가지정문화유산 보호구역에 안내판 및 경고판을 설치하는 행위 등 대통령령으로 정하는 경미한 행위에 대해서는 특별자치시장, 특별자치도지사, 시장·군수 또는 구청장의 허가(변경허가를 포함한다)를 받아야 한다. 〈개정 2014.1.28., 2017.11.28., 2019.11.26., 2020.12.22., 2021.5.18., 2023. 3. 21., 2023. 8. 8., 2024. 2. 13.〉

1. 국가지정문화재(보호물 및 보호구역을 포함한다)의 현상을 변경하는 행위로서 대통령령으로 정하는 행위
2. 국가지정문화재(동산에 속하는 문화재는 제외한다)의 보존에 영향을 미칠 우려가 있는 행위로서 대통령령으로 정하는 행위
3. 국가지정문화재를 탁본 또는 영인(影印: 원본을 사진 등의 방법으로 복제

하는 것)하거나 그 보존에 영향을 미칠 우려가 있는 촬영 행위로서 대통령
령으로 정하는 행위

 4. 삭제 〈2023. 3. 21.〉

② 국가지정문화유산과 시·도지정문화유산의 역사문화환경 보존지역이 중복되
는 지역에서 제1항제2호에 따라 국가유산청장이나 특별자치시장, 특별자치
도지사, 시장·군수 또는 구청장의 허가를 받은 경우에는 제74조제2항에 따
른 시·도지사의 허가를 받은 것으로 본다. 〈개정 2014.1.28., 2023. 8. 8., 2024. 2.
13.〉

③ 국가유산청장은 제1항제2호에 따른 국가지정문화유산의 보존에 영향을 미칠
우려가 있는 행위에 관하여 허가한 사항 중 대통령령으로 정하는 경미한 사
항의 변경허가에 관하여는 시·도지사에게 위임할 수 있다. 〈개정 2014.1.28.,
2023. 8. 8., 2024. 2. 13.〉

④ 국가유산청장과 과 특별자치시장, 특별자치도지사, 시장·군수 또는 구청장
은 제1항에 따른 허가 또는 변경허가의 신청을 받은 날부터 30일(제8조에
따른 문화유산위원회의 심의기간 등 대통령령으로 정하는 기간은 포함하지
아니한다) 이내에 허가 여부를 신청인에게 통지하여야 한다. 다만, 제8조에
따른 문화유산위원회의 심의를 거치는 경우에는 심의가 종료된 날부터 7일
이내에 그 결과를 신청인에게 통지하여야 한다. 〈신설 2018. 6. 12., 2024. 1. 23.,
2024. 2. 13.〉

⑤ 국가유산청장과 특별자치시장, 특별자치도지사, 시장·군수 또는 구청장이 제4
항에서 정한 기간 내에 허가 또는 변경허가 여부나 민원 처리 관련 법령에 따
른 처리기간의 연장을 신청인에게 통지하지 아니하면 그 기간(민원 처리 관련
법령에 따라 처리기간이 연장 또는 재연장된 경우에는 해당 처리기간을 말한
다)이 끝난 날의 다음 날에 허가 또는 변경허가를 한 것으로 본다. 〈신설
2018.6.12., 2024. 2. 13.〉

## 건물등철거
[대법원 2021. 2. 25., 선고, 2018다278320, 판결]

**【판결요지】**
문화재보호법은 국가지정문화재에 대하여 허가와 신고 사항, 일정한 조치와 그에 따른 손
실보상 등을 정하고 있을 뿐이고, 건물 소유자가 부지인 토지를 사용할 권한이 있는지 여
부나 토지 소유자의 손실을 보상하는 일반적인 규정을 두고 있지 않다.
이러한 문화재보호법의 입법 취지, 규정 내용과 체계 등을 종합하면, 국가지정문화재로
지정된 구역에서 현상을 변경하거나 보존에 영향을 미칠 우려가 있는 행위 등이 제한된다
는 사정만으로 건물 소유자가 정당한 권원 없이 부지인 토지를 점유·사용하는 것이 허용
된다고 볼 수 없다. 건물 소유자는 부지인 토지를 점유·사용할 수 있는 권원이 있음을

주장·증명하지 못하는 경우 토지의 차임에 해당하는 이익을 얻고 토지 소유자에게 같은 금액의 손해를 입혔다고 볼 수 있어 토지 소유자에게 부당이득반환의무를 부담한다.

**제36조(허가기준)** ① 국가유산청장과 특별자치시장, 특별자치도지사, 시장·군수 또는 구청장은 제35조제1항에 따라 허가신청을 받으면 그 허가신청 대상 행위가 다음 각 호의 기준에 맞는 경우에만 허가하여야 한다. 〈개정 2014. 1. 28., 2019. 11. 26., 2023. 8. 8., 2024. 2. 13.〉

1. 문화유산의 보존과 관리에 영향을 미치지 아니할 것
2. 문화유산의 역사문화환경을 훼손하지 아니할 것
3. 기본계획과 시행계획에 들어맞을 것

② 국가유산청장과 특별자치시장, 특별자치도지사, 시장·군수 또는 구청장은 제1항에 따른 허가를 위하여 필요한 경우 대통령령으로 정하는 바에 따라 관계 전문가에게 조사를 하게 할 수 있다. 〈신설 2014. 1. 28., 2024. 2. 13.〉

### 현상변경등 불허가처분 취소

[대법원 2013. 2. 14., 선고, 2012두20953, 판결]

【판결요지】
문화재보호법 제35조 제1항 제2호는 '국가지정문화재의 보존에 영향을 미칠 우려가 있는 행위로서 문화체육관광부령으로 정하는 행위를 하려는 자는 문화재청장의 허가를 받아야 한다'고 규정하고 있고, 그 위임을 받은 문화재보호법 시행규칙 제15조 제2항은 허가사항 중 하나로 '역사문화환경 보존지역에서 해당 국가지정문화재의 경관을 저해할 우려가 있는 건축물 또는 시설물을 설치·증설하는 행위' [제1호 (가)목]를 들고 있다. 여기에서 말하는 역사문화환경 보존지역이란, 지정문화재의 역사문화환경 보호를 위하여 시·도지사가 문화재청장과 협의하여 원칙적으로 지정문화재의 외곽 경계로부터 500m 안의 범위에서 조례로 정하는 지역을 말하는데(문화재보호법 제13조 제1항, 제3항), 문화재보호법 제36조는 위 허가기준 중 하나로 '문화재의 역사문화환경을 훼손하지 아니할 것'(제2호)을 들고 있다.
문화재는 국가적·민족적 또는 세계적 유산으로서 역사적·예술적·학술적 또는 경관적 가치가 크고, 한번 훼손되면 회복 자체가 곤란한 경우가 많을 뿐 아니라, 회복이 가능하더라도 막대한 비용과 시간이 소요되기 때문에 원형유지를 기본원칙으로 하여 보존·관리하여야 하고, 이를 위해서는 문화재 자체뿐만 아니라 그 주변 자연경관 등과 같은 역사문화환경 역시 함께 보호할 필요가 있다고 할 것이나, 이에 따라 문화재 주변 지역에서 이루어지는 건설공사 등을 제한함에 있어서는 건설공사 등으로 인한 문화재의 훼손가능성, 문화재 보존·관리에 미치는 영향 등의 공익적 요소와 그 건설공사 등의 내용, 건설공사 등의 제한으로 인한 국민의 재산권 침해 정도 등의 사익적 요소를 비교·교량하여야 하고, 그 비교·교량은 비례의 원칙에 적합하도록 하여야 한다.

## Ⅲ. 벌칙

**제90조(무허가수출 등의 죄)** ① 제39조제1항 본문(제74조제1항에 따라 준용하는 경우를 포함한다)을 위반하여 지정문화유산 또는 임시지정문화유산을 국외로 수출 또는 반출하거나 제39조제1항 단서 및 제2항부터 제4항까지(제74조제1항에 따라 준용하는 경우를 포함한다)에 따라 반출한 문화유산을 기한까지 다시 반입하지 아니한 자는 5년 이상의 유기징역에 처하고 그 문화유산은 몰수한다. 〈개정 2019. 11. 26., 2023. 8. 8., 2023. 9. 14.〉
② 제60조제1항을 위반하여 문화유산을 국외로 수출 또는 반출하거나 반출한 문화유산을 다시 반입하지 아니한 자는 3년 이상의 유기징역에 처하고 그 문화유산은 몰수한다. 〈개정 2023. 8. 8.〉
③ 제1항 또는 제2항을 위반하여 국외로 수출 또는 반출하는 사실을 알고 해당 문화유산을 양도·양수 또는 중개한 자는 3년 이상의 유기징역에 처하고 그 문화유산은 몰수한다. 〈개정 2020. 12. 22., 2023. 8. 8.〉

**제90조의2(추징)** 제90조에 따라 해당 문화유산을 몰수할 수 없을 때에는 해당 문화유산의 감정가격을 추징한다. 〈개정 2023. 8. 8.〉
[본조신설 2019.11.26.]

**제91조(허위 지정 등 유도죄)** 거짓이나 그 밖의 부정한 방법으로 지정문화유산 또는 임시지정문화유산으로 지정하게 한 자는 5년 이상의 유기징역에 처한다. 〈개정 2019.11.26., 2023. 8. 8.〉

**제92조(손상 또는 은닉 등의 죄)** ① 국가지정문화유산을 손상, 절취 또는 은닉하거나 그 밖의 방법으로 그 효용을 해한 자는 3년 이상의 유기징역에 처한다. 〈개정 2015. 3. 27., 2023. 8. 8.〉
② 다음 각 호의 어느 하나에 해당하는 자는 2년 이상의 유기징역에 처한다. 〈개정 2019.11.266., 2023. 8. 8.〉
  1. 제1항에 규정된 것 외의 지정문화유산 또는 임시지정문화유산(건조물은 제외한다)를 손상, 절취 또는 은닉하거나 그 밖의 방법으로 그 효용을 해한 자
  2. 일반동산문화유산인 것을 알고 일반동산문화유산을 손상, 절취 또는 은

닉하거나 그 밖의 방법으로 그 효용을 해한 자

③ 다음 각 호의 어느 하나에 해당하는 자는 2년 이상의 유기징역이나 2천
만원 이상 1억5천만원 이하의 벌금에 처한다.〈개정 2023. 3. 21., 2023. 8. 8.〉

　1. 삭제 〈2023. 3. 21.〉

　2. 제1항·제2항 또는 제1호를 위반한 행위를 알고 해당 문화유산을 취득,
　　양도, 양수 또는 운반한 자

　3. 제2호에 따른 행위를 알선한 자

④ 제1항과 제2항에 규정된 은닉 행위 이전에 타인에 의하여 행하여진 같은
항에 따른 손상, 절취, 은닉, 그 밖의 방법으로 그 지정문화유산, 임시지정
문화유산 또는 일반동산문화유산의 효용을 해하는 행위가 처벌되지 아니한
경우에도 해당 은닉 행위자는 같은 항에 정한 형으로 처벌한다. 〈개정 2023.
8. 8.〉

⑤ 제1항부터 제4항까지의 경우에 해당하는 문화유산은 몰수하되, 몰수하기
가 불가능하면 해당 문화유산의 감정가격을 추징한다. 다만, 제4항에 따
른 은닉 행위자가 선의로 해당 문화유산을 취득한 경우에는 그러하지 아
니하다.〈개정 2023. 8. 8.〉

---

**제93조(가중죄)**　① 단체나 다중(多衆)의 위력(威力)을 보이거나 위험한
물건을 몸에 지녀서 제90조부터 제92조까지의 죄를 저지르면 각 해당 조
에서 정한 형의 2분의 1까지 가중한다. 〈개정 2023. 8. 8.〉

② 제1항의 죄를 범하여 지정문화유산이나 임시지정문화유산을 관리 또는
보호하는 사람을 상해에 이르게 한 때에는 무기 또는 5년 이상의 징역에
처한다. 사망에 이르게 한 때에는 사형, 무기 또는 5년 이상의 징역에 처
한다. 〈개정 2019.11., 26.2023. 8. 8.〉

---

**제94조(「형법」의 준용)**　다음 각 호의 건조물에 대하여 방화, 일수(溢水)
또는 파괴의 죄를 범한 자는 「형법」 제165조·제178조 또는 제367조와
같은 법 중 이들 조항에 관계되는 법조(法條)의 규정을 준용하여 처벌하
되, 각 해당 조에 정한 형의 2분의 1까지 가중한다.〈개정 2023. 8. 8.〉

　1. 지정문화유산이나 가지정문화유산인 건조물

　2. 지정문화유산이 가지정문화유산을 보호하기 위한 건조물

**제94조(「형법」의 준용)** 다음 각 호의 건조물에 대하여 방화, 일수(溢水) 또는 파괴의 죄를 범한 자는 「형법」 제165조·제178조 또는 제367조와 같은 법 중 이들 조항에 관계되는 법조(法條)의 규정을 준용하여 처벌하되, 각 해당 조에 정한 형의 2분의 1까지 가중한다. 〈개정 2023. 8. 8.〉

1. 지정문화재나 임시지정문화재인 건조물
2. 지정문화재나 임시지정문화재를 보호하기 위한 건조물

**제95조(사적에의 일수죄)** 물을 넘겨 국가유산청장이 지정 또는 임시지정한 사적, 명승 또는 천연기념물이나 보호구역을 침해한 자는 2년 이상 10년 이하의 징역에 처한다. 〈개정 2019.11.26., 2023. 8. 8.〉

**제96조(그 밖의 일수죄)** 물을 넘겨 제95조에 규정한 것 외의 지정문화유산 또는 임시지정문화유산이나 그 보호구역을 침해한 자는 10년 이하의 징역이나 1억원 이하의 벌금에 처한다. 〈개정 2019.11.26., 2023. 8. 8.〉

**제97조(미수범 등)** ① 제90조부터 제92조까지, 제93조제1항, 제95조 및 제96조의 미수범은 처벌한다.

② 제90조의 죄를 저지를 목적으로 예비 또는 음모한 자는 2년 이하의 징역에 처한다. 〈신설 2019. 11. 26., 2023. 8. 8.〉

③ 제91조, 제92조, 제93조제1항, 제95조 및 제96조의 죄를 저지를 목적으로 예비 또는 음모한 자는 2년 이하의 징역이나 2천만원 이하의 벌금에 처한다. 〈개정 2019.11.26., 2023. 8. 8.〉

**제98조(과실범)** ① 과실로 인하여 제95조 또는 제96조의 죄를 저지른 자는 1천만원 이하의 벌금에 처한다.〈개정 2023. 8. 8.〉

② 업무상 과실이나 중대한 과실로 인하여 제95조 또는 제96조의 죄를 저지른 자는 3년 이하의 금고나 3천만원 이하의 벌금에 처한다.〈개정 2023. 8. 8.〉

**제99조(무허가 행위 등의 죄)** ① 다음 각 호의 어느 하나에 해당하는 자는 5년 이하의 징역이나 5천만원 이하의 벌금에 처한다. 〈개정 2023. 3. 21., 2023. 8. 8.〉

1. 제35조제1항제1호 또는 제2호(제47조와 제74조제2항에 따라 준용되는 경우를 포함한다)를 위반하여 지정문화유산(보호물 및 보호구역을 포

함한다)이나 임시지정문화유산의 현상을 변경하거나 그 보존에 영향을 미칠 우려가 있는 행위를 한 자

2. 삭제 〈2023. 3. 21.〉

3. 제75조제1항을 위반하여 허가를 받지 아니하고 영업행위를 한 자

② 다음 각 호의 어느 하나에 해당하는 자는 2년 이하의 징역이나 2천만원 이하의 벌금에 처한다. 〈개정 2018.12.24.〉

1. 제1항 각 호의 경우 그 문화유산이 자기 소유인 자

2. 삭제 〈2023. 9. 14.〉

**제100조(행정명령 위반 등의 죄)** 다음 각 호의 어느 하나에 해당하는 자는 3년 이하의 징역이나 3천만원 이하의 벌금에 처한다. 〈개정 2019.11.26., 2023. 8. 8.〉

1. 정당한 사유 없이 제21조제1항이나 제42조제1항(제74조제2항에 따라 준용되는 경우를 포함한다)에 따른 명령을 위반한 자

2. 삭제 〈2023. 3. 21.〉

**제101조(관리행위 방해 등의 죄)** 다음 각 호의 어느 하나에 해당하는 자는 2년 이하의 징역이나 2천만원 이하의 벌금에 처한다. 〈개정 2019.11.26., 2023. 8. 8., 2024. 2. 13.〉

1. 정당한 사유 없이 제12조에 따른 지시에 불응하는 자

2. 제34조제5항(제74조제2항에 따라 준용되는 경우를 포함한다)을 위반하여 관리단체의 관리행위를 방해하거나 그 밖에 정당한 사유 없이 지정문화유산이나 임시지정문화유산의 관리권자의 관리행위를 방해한 자

3. 허가 없이 제35조제1항제3호(제74조제2항에 따라 준용되는 경우를 포함한다)에 규정된 행위를 한 자

4. 제44조제4항 본문(제45조제2항과 제74조제2항에 따라 준용되는 경우를 포함한다)에 따른 협조를 거부하거나 필요한 행위를 방해한 자

5. 지정문화유산이 임시지정문화유산의 관리·보존에 책임이 있는 자 중 중대한 과실로 인하여 해당 문화유산을 멸실 또는 훼손하게 한 자

6. 거짓의 신고 또는 보고를 한 자

7. 지정문화유산으로 지정된 구역이나 그 보호구역의 경계 표시를 고의로 손괴, 이동, 제거, 그 밖의 방법으로 그 구역의 경계를 식별할 수 없게 한 자

8. 제48조제2항에 따른 국가유산청장의 공개 제한을 위반하여 문화유산을

공개하거나 같은 조 제5항에 따른 허가를 받지 아니하고 출입한 자(제74조제2항에 따라 준용되는 경우를 포함한다)

**제101조의2(명의 대여 등의 죄)** 제77조의2를 위반하여 다른 자에게 자기의 명의 또는 상호를 사용하여 문화유산매매업을 하게 하거나 그 허가증을 다른 자에게 빌려 준 자는 1년 이하의 징역이나 1천만원 이하의 벌금에 처한다. 〈개정 2023. 8. 8.〉

[본조신설 2019.11.26.]

**제102조(양벌규정)** 법인의 대표자나 법인 또는 개인의 대리인, 사용인, 그 밖의 종업원이 그 법인 또는 개인의 업무에 관하여 제94조부터 제96조까지 또는 제98조부터 제101조까지의 어느 하나에 해당하는 위반행위를 하면 그 행위자를 벌하는 외에 그 법인 또는 개인에게도 해당 조문의 벌금형을 과(科)하고 벌금형이 없는 경우에는 3억원 이하의 벌금에 처한다. 다만, 법인 또는 개인이 그 위반행위를 방지하기 위하여 해당 업무에 관하여 상당한 주의와 감독을 게을리하지 아니한 경우에는 그러하지 아니하다.

**제103조(과태료)** ① 다음 각 호의 어느 하나에 해당하는 자에게는 500만원 이하의 과태료를 부과한다. 〈개정 2023. 8. 8.〉

1. 제14조의4제3항에 따른 시정명령을 따르지 아니한 자
2. 제22조의6제6항을 위반하여 인증을 받지 아니한 문화재교육 프로그램에 대하여 인증표시를 하거나 이와 비슷한 표시를 한 자
3. 제40조제1항제6호(제74조제2항에 따라 준용되는 경우를 포함한다)에 따른 신고를 하지 아니한 자
4. 삭제〈2023. 9. 14.〉
5. 삭제〈2023. 9. 14.〉

② 삭제〈2023. 8. 8.〉

③ 다음 각 호의 어느 하나에 해당하는 자에게는 300만원 이하의 과태료를 부과한다. 〈개정 2023. 3. 21.〉

1. 제40조제1항제7호 또는 같은 조 제3항(제74조제2항에 따라 준용되는 경우를 포함한다)에 따른 신고를 하지 아니한 자
2. 삭제 〈2023. 3. 21.〉

④ 다음 각 호의 어느 하나에 해당하는 자에게는 200만원 이하의 과태료를

부과한다.〈개정 2023. 3. 21.〉

1. 제40조제1항제1호부터 제5호까지, 제8호(제74조제2항에 따라 준용되는 경우를 포함한다)에 따른 신고를 하지 아니한 자
2. 삭제 〈2023. 9. 14.〉
3. 제60조제4항에 따른 신고를 하지 아니한 자
4. 제75조제2항에 따른 신고를 하지 아니한 자
5. 제75조제4항에 따른 변경신고를 하지 아니한 자
6. 제75조의2제2항에 따른 신고를 하지 아니한 자
7. 제78조에 따른 준수 사항을 이행하지 아니한 자
8. 제79조에 따른 폐업신고를 하지 아니한 자

⑤ 제14조의4제5항을 위반하여 금연구역에서 흡연을 한 사람에게는 10만원 이하의 과태료를 부과한다.

[전문개정 2020.12.8.]

**제104조(과태료의 부과·징수)** 제103조에 따른 과태료는 대통령령으로 정하는 바에 따라 국가유산청장, 시·도지사 또는 시장·군수·구청장이 부과·징수한다. 〈개정 2024. 2. 13.〉

## IV. 기재례

### 【범죄사실 기재례】

피의자 김○○은 ○○시 ○○동 ○○에서 ○○골동품이라는 상호로 골동품판매업을 운영하고 있는 자이다. 문화재보호법에 의거하여 지정되지 아니한 문화재 중 동산을 국외로 수출할 수 없고, 국외전시 등 국제적인 문화교류를 목적으로 반출하는 경우에도 문화체육관광부장관의 허가를 받고 세관장에게 신고하여야 한다.

그럼에도 불구하고 김○○은 20○○. ○. ○. ○○:○○경 ○○항 국제여객터미널 내 세관 출국장에서 비지정문화재인 고려청자 ○점을 여행가방에 담아 휴대하고 중국으로 출국하려다 세관직원에게 적발되었다.

### 【범죄사실 기재례】

국가문화지정문화재의 현상을 변경(천연기념물을 표본하거나 박제하는 행위를 포함한다)

하거나 그 보존에 영향을 미칠 우려가 있는 행위로서 문화체육관광부령으로 정하는 행위를 하려는 자는 대통령령으로 정하는 바에 따라 문화재청장의 허가를 받아야 한다. 그럼에도 불구하고 피의자 이○○은 20○○. ○. ○. 경부터 20○○. ○. ○. 경까지 문화재인 ○○에서 국가지정문화재현상변경허가를 얻지 아니하고 그 곳에 식재되어 있던 100년생 은행나무 ○○그루를 임의로 캐내어 국가지정문화재의 현상을 변경하였다.

## ◆ 신문사항 ◆

- 피의자는 문화재를 훔치거나 발굴한 적이 있습니까?
- 피의자는 명승지에서 천연기념물로 지정된 식물을 채취한 적이 있습니까?
- 피의자는 언제 어디에 있는 문화재 혹은 식물을 훼손하였습니까?
- 피의자는 그곳이 문화재로 지정된 사실을 알고 있었습니까?
- 피의자는 누구와 함께 행위를 하였습니까?
- 피의자는 훔친 문화재를 어떻게 하였습니까?
- 피의자는 왜 이런 행위를 하였습니까?

**[서식] 국가지정문화유산 현상변경 허가 신청서**   민원24(www.minwon.go.kr)에서도
신청할 수 있습니다.

# 국가지정문화유산 현상변경 허가신청서

※ [  ]에는 해당되는 곳에 √표를 합니다.                                    (3쪽 중 제1쪽)

| 접수번호 | | 접수일자 | | | 처리기간   30일 |
|---|---|---|---|---|---|

| 신청인 | 성 명 | | 생년월일 | | |
|---|---|---|---|---|---|
| | 주 소 | (전화번호: | /휴대전화: | ) | |

| 대상<br>문화재 | 명 칭 | | | | |
|---|---|---|---|---|---|
| | 종 류 | 지정(등록)번호 | 제  호 | 수량 | |
| | 소재지(보관<br>장소) | | | | |

| 보호구역<br>·보호물 | | | | | |
|---|---|---|---|---|---|

| 국가지정<br>문화재의<br>현상변경<br>유형 | [ ]<br>수리·정비·복구·보존처리·철거하는 행위 | [ ]<br>포획·채취·사육·도살·인공증식·인공복제·방사·위치추적기부착·혈액 등 채취·표본·박제·매장·소각하는 행위<br>* 천연기념물 중 죽은 것 및 수입·반입 신고된 것을 포함합니다. | [ ]<br>건축물·도로·관로·전선·공작물·지하구조물 등의 신축·증축·개축·이축·용도변경(지목변경의 경우는 제외합니다)하는 행위 | [ ]<br>수목을 심거나 제거하는 행위 | [ ]<br>토지 및 수면의 매립·간척·땅파기·구멍뚫기·땅깎기·흙쌓기 등 지형이나 지질의 변경을 가져오는 행위 | [ ]<br>수로·수질 및 수량에 변경을 가져오는 행위 |
|---|---|---|---|---|---|---|
| | [ ]<br>소음·진동·악취 등을 유발하거나 대기오염물질·화학물질·먼지·빛·열 등을 방출하는 행위 | [ ]<br>오수·분뇨·폐수 등을 살포·배출·투기하는 행위 | [ ]<br>동물을 사육하거나 번식하는 등의 행위 | [ ]<br>토석·골재·광물 및 그 부산물·가공물을 채취·반입·반출·제거하는 행위 | [ ]<br>광고물 등의 설치·부착 또는 각종 물건을 쌓는 행위 | |

| 등록문화재의 현상변경 유형 (※ 법 제56조 제2항에 해당하는 경우에 한정함) | [ ] 건축물 외관 면적의 4분의 1 이상에 이르는 디자인·색채·재질·재료 등을 변경하는 행위 | [ ] 건축물 외의 시설물로서 교량·등대 등 구조물 외관 면적의 4분의 1 이상에 이르는 디자인·색채·재질·재료 등을 변경하는 행위 | [ ] 건축물 외의 시설물로서 터널·동굴 등 외관이 드러나지 않는 시설물 내부 표면적의 4분의 1 이상에 이르는 디자인·색채·재질·재료 등을 변경하는 행위 | [ ] 건축물 외의 시설물로서 그 밖의 경우에는 등록문화재로 등록할 때 등록된 면적의 4분의 1 이상에 이르는 디자인·색채·재질·재료 등을 변경하는 행위 | [ ] 문화재를 다른 곳으로 이전하거나 철거하는 행위 | [ ] 동산에 속하는 문화재를 수리하거나 보존처리하는 행위 |
|---|---|---|---|---|---|---|

(3쪽 중 제2쪽)

| 신청사항 | 위　치 | |
|---|---|---|
| | 내　용 | |
| | 사　유 | |
| 참고 사항 | ※ 신청 내용 외에 허가 여부 검토 시 참고할 수 있는 부대 상황, 신청 경위 등을 적습니다. | |

| 착수 및 완료 예정 연월일 | 착　수 | 소 요 경 비 | | 원 | 재원 | |
|---|---|---|---|---|---|---|
| | 완　료 | 그 밖 의 사 항 | | | | |

「문화유산의 보존 및 활용에 관한 법률」 제35조제1항제1호, 같은 법 시행령 제21조 및 같은 법 시행규칙 제14조제1항에 따라 위와 같이 국가지정문화유산의 현상변경 허가를 신청합니다.

년　　월　　일

신청인　　　　　　　　　　　　　　　　　（서명 또는 인）

**국가유산청장**　귀하

| 첨부서류 | 1. 현상변경 계획서 2. 위치도, 배치도 등 현상변경 사항을 확인할 수 있는 관련 도면 3. 현장 사진 | 수 수 료 없 음 |
|---|---|---|

210㎜×297㎜[백상지(80g/㎡) 또는 중질지(80g/㎡)]

**[서식] 문화유산 국외 반출 허가신청서**

# 문화유산 국외 반출 허가신청서

| 접수번호 | | 접수일 | | 처리기간 90일 | |
|---|---|---|---|---|---|
| 신청인 | 성 명<br>(기관명) | | 생년월일(사업자 또는 법인 등록번호) | | |
| | 주 소 | | (전화번호:       ) | | |
| 문화유산 명칭 | | | 종류 | | 수량 |
| 규격 | | | 보관 장소 | | |
| 반출목적 | | | | | |
| 반출대상국가 | | | 보 험 방 법 | | |
| 반출예정연월일 | | | 반입예정연월일 | | |
| 반출 담당자 | 성 명 | | | | |
| | 주 소 | | | | |
| 반출 중 보호방법 | | | | | |
| 반출에 관한 협약 내용 | | | | | |
| 그 밖의 사항 | | | | | |

「문화유산의 보존 및 활용에 관한 법률」 제39조제1항·제2항, 제60조제1항 및 같은 법 시행규칙 제20조제1항, 제43조제1항에 따라 위와 같이 문화유산의 국외 반출 허가를 신청합니다.

년     월     일

신청인        (서명 또는 인)

**국가유산청장**   귀하

| 첨부서류 | 1. 보험증서 사본 1부<br>2. 소유자 동의서 1부<br>3. 전시계획서(전시기간, 전시장소 및 전시환경을 포함합니다) 1부 | 수수료<br><br>없음 |
|---|---|---|

210mm×297mm[백상지(80g/㎡) 또는 중질지(80g/㎡)]

# 물가안정에 관한 법률

[시행 2024. 9. 27.] [법률 제20404호, 2024. 3. 26., 일부개정]

## I. 개설

### 목적

이 법은 물가를 안정시킴으로써 소비자의 권익을 보호하고 국민생활과 국민경제의 안정 및 발전에 이바지함을 목적으로 한다.

## II. 판례

**제3조(가격의 표시)** 주무부장관 또는 특별시장·광역시장·특별자치시장·도지사·특별자치도지사(이하 "시·도지사"라 한다)는 소비자의 보호 또는 공정한 거래를 위하여 필요하다고 인정할 때에는 물품을 생산·판매하거나 물품의 매매를 업(業)으로 하는 자 또는 용역의 제공을 업으로 하는 자(이하 "사업자"라 한다)에게 대통령령으로 정하는 바에 따라 해당 물품의 가격 또는 용역의 대가를 표시할 것을 명할 수 있다. 다만, 시·도지사가 물품의 가격 또는 용역의 대가를 표시하여야 하는 물품과 용역의 종류를 정할 때에는 주무부장관과 협의하여야 한다. 〈개정 2020.2.18.〉

[전문개정 2011.5.2.]

### 세무서에 신고하지 않은 음식요금의 표시

[대법원 2001. 5. 29., 선고, 2001다1782, 판결]

**【판결요지】**
물가안정및공정거래에관한법률 제3조와 그 시행령 제5조의 규정에 따른 보건복지부 고시에 의하면, 가격 표시의무자인 대중음식점영업을 하는 자가 가격표시대상의 하나로 지정된 대중음식요금을 표시함에 있어 그 표시할 가격은 가격표시의무자가 관할 세무서에 신고한 가격을 말한다고 규정하고 있으므로, 세무서에 신고하지 아니한 산나물비빔밥 가격을 표시하였음은 위 법률 제3조에 위반되는 소위이다(대법원 1979. 10. 10. 선고 79누241 판결).

**제7조(매점매석 행위의 금지)** 사업자는 폭리를 목적으로 물품을 매점(買占)하

거나 판매를 기피하는 행위로서 기획재정부장관이 물가의 안정을 해칠 우려가 있다고 인정하여 매점매석 행위로 지정한 행위를 하여서는 아니 된다.
[전문개정 2011.5.2.]

---

**위임행정규칙**

· 석유제품 매점매석행위 금지 등에 관한 고시(기획재정부고시 제2022-26호, 2022. 12. 19., 제정)

---

## 물가안정에관한법률위반

[대법원 2024. 1. 4. 선고 2023도2836 판결]

**【판결요지】**

물가안정에 관한 법률(이하 '물가안정법' 이라 한다) 제7조는 사업자로 하여금 폭리를 목적으로 물품을 매점하거나 판매를 기피하는 행위로서 기획재정부장관이 물가의 안정을 해칠 우려가 있다고 인정하여 매점매석행위로 지정한 행위를 하여서는 아니 된다고 규정하면서 이를 위반한 행위에 대해 물가안정법 제26조에 따라 처벌하되, 구 '마스크 및 손소독제 매점매석 행위 금지 등에 관한 고시' (2020. 9. 28. 기획재정부고시 제2020-28호로 개정되기 전의 것) 제5조는 '2019. 1. 1. 이전부터 영업을 한 사업자(제1항 제1호)' , '2019. 1. 1. 이후 신규로 영업을 한 사업자(제1항 제2호)' , '2020. 1. 1. 이후 신규로 영업을 한 사업자(제1항 제3호)' 로 나누어 매점매석행위에 관한 판단 기준을 정하였다. 행정규칙인 고시가 법령의 수권에 따라 법령을 보충하는 사항을 정한 경우에 근거 법령규정과 결합하여 대외적으로 구속력이 있는 법규명령으로서 성질과 효력을 가지게 되므로, 물가안정법 제7조와 위 고시 제5조가 결합하여 물가안정법 제26조, 제7조 위반죄의 실질적 구성요건을 이루는 보충규범으로 작용한다.

## 물품대금반환

[대법원 2001. 5. 29., 선고, 2001다1782, 판결]

**【판결요지】**

[1] 구 담배사업법(1999. 12. 31. 법률 제6078호로 개정되기 전의 것) 제12조 제1항은, 한국담배인삼공사가 제조한 담배는 공사가 위 법 소정의 도매업자 또는 소매인에게 이를 판매하여야 한다고 규정하고 있는바, 같은 법 제1조가 규정하고 있듯이, 담배사업법은 '원료용 잎담배의 생산 및 수매와 제조담배의 제조 및 담배의 판매등에 관한 사항을 정함으로써 담배산업의 건전한 발전을 도모하고 국민경제에 이바지하게 함을 목적' 으로 제정된 것으로서, 그 입법 취지에 비추어 볼 때 위 제12조 제1항은 강행규정으로 보아야 할 것이고 이에 위반한 행위는 그 효력이 없다고 보아야 할 것이다.

[2] 부당이득의 반환청구가 금지되는 사유로 민법 제746조가 규정하는 불법원인이라

함은 그 원인되는 행위가 선량한 풍속 기타 사회질서에 위반하는 경우를 말하는 것으로서 법률의 금지에 위반하는 경우라 할지라도 그것이 선량한 풍속 기타 사회질서에 위반하지 않는 경우에는 이에 해당하지 않는다고 할 것인바, 담배사업법은 '담배산업의 건전한 발전을 도모하고 국민경제에 이바지하게 함을 목적'으로 제정된 것으로서, 원료용 잎담배의 생산 및 수매와 제조담배의 제조 및 판매 등에 관한 사항을 규정하고 있기는 하나, 원래 담배사업이 반드시 국가의 독점사업이 되어야 한다거나 담배의 판매를 특정한 자에게만 하여야 하는 것은 아니어서 그 자체에 반윤리적 요소가 있는 것은 아니고, 또한 담배 사재기가 물가안정에관한법률에 의하여 금지되고 그 위반행위는 처벌되는 것이라고 하여도 이는 국민경제의 정책적 차원에서 일정한 제한을 가하고 위반행위를 처벌하는 것에 불과하므로, 이에 위반하는 행위가 무효라고 하더라도 이것을 선량한 풍속 기타 사회질서에 반하는 행위라고는 할 수 없다. 따라서 구 담배사업법(1999. 12. 31. 법률 제6078호로 개정되기 전의 것) 소정의 등록도매업자 또는 지정소매인이 아닌 자가 담배사재기를 위하여 한국담배인삼공사로부터 담배를 구입키로 하고 지급한 담배구입대금은 불법원인급여에 해당하지 않아 그 반환을 청구할 수 있다고 보아야 한다.

## Ⅲ. 벌칙

**제25조(벌칙)** ① 제6조제1항에 따른 긴급수급조정조치를 위반한 자는 3년 이하의 징역 또는 1억원 이하의 벌금에 처한다. 〈개정 2021.1.5.〉
② 제1항의 징역형과 벌금형은 병과(倂科)할 수 있다.
[전문개정 2011.5.2.]

**제26조(벌칙)** 제7조를 위반하여 매점매석 행위를 한 자는 3년 이하의 징역 또는 1억원 이하의 벌금에 처한다. 〈개정 2021.1.5.〉
[전문개정 2011.5.2.]

**제27조 삭제** 〈2024. 3. 26.〉

**제28조(벌칙)** 제17조를 위반한 자는 2년 이하의 징역 또는 2천만원 이하의 벌금에 처한다. 〈개정 2020.3.31.〉
[전문개정 2011.5.2.]

**제29조(과태료)** ① 제16조제1항에 따른 검사를 거부·방해 또는 기피한 자에게는 2천만원 이하의 과태료를 부과한다. 〈신설 2024. 3. 26.〉
② 다음 각 호의 어느 하나에 해당하는 자에게는 1천만원 이하의 과태료를

부과한다. 〈개정 2024. 3. 26.〉

1. 제3조에 따른 명령을 위반한 자

2. 제16조제1항에 따른 보고를 하지 아니하거나 거짓으로 보고한 자

3. 제16조제1항에 따른 자료를 제출하지 아니하거나 거짓 자료를 제출한 자

③ 제1항 및 제2항에 따른 과태료는 대통령령으로 정하는 바에 따라 주무부장관 또는 시·도지사가 그 소관에 따라 부과·징수한다. 〈개정 2020. 2. 18., 2020. 3. 31., 2024. 3. 26.〉

[전문개정 2011.5.2.]

**제29조의2(몰수와 추징)** 제26조의 범죄에 관련된 물품은 몰수한다. 다만, 해당 물품을 몰수할 수 없을 때에는 그 가액을 추징한다. [본조신설 2021. 1. 5.]

**제30조(양벌규정)** 인의 대표자나 법인 또는 개인의 대리인, 사용인, 그 밖의 종업원이 그 법인 또는 개인의 업무에 관하여 제25조 또는 제26조의 위반행위를 하면 그 행위자를 벌하는 외에 그 법인 또는 개인에게도 해당 조문의 벌금형을 과(科)한다. 다만, 법인 또는 개인이 그 위반행위를 방지하기 위하여 해당 업무에 관하여 상당한 주의와 감독을 게을리하지 아니한 경우에는 그러하지 아니하다. 〈개정 2024. 3. 26.〉

**제31조(고발)** 제25조 및 제26조의 죄는 주무부장관의 고발이 있어야 공소를 제기할 수 있다.

## [별표] 과태료의 부과기준

(일반기준)

가. 위반행위의 횟수에 따른 과태료의 가중된 부과기준은 최근 1년간 같은 위반행위로 과태료 부과처분을 받은 경우에 적용한다. 이 경우 기간의 계산은 위반행위에 대하여 과태료 부과처분을 받은 날과 그 처분 후 다시 같은 위반행위를 하여 적발된 날을 기준으로 한다.

나. 가목에 따라 가중된 부과처분을 하는 경우 가중처분의 적용 차수는 그 위반행위 전 부과처분 차수(가목에 따른 기간 내에 과태료 부과처분이 둘 이상 있었던 경우에는 높은 차수를 말한다)의 다음 차수로 한다.

다. 주무부장관 또는 시·도지사는 다음의 어느 하나에 해당하는 경우에는 제2호의 개별기준에 따른 과태료의 2분의 1 범위에서 그 금액을 줄여 부과할 수 있다. 다만, 과태료를 체납하고 있는 위반행위자에 대해서는 그렇지 않다.

1) 위반행위가 사소한 부주의나 오류로 인한 것으로 인정되는 경우

2) 위반행위자가 법 위반상태를 시정하거나 해소하기 위하여 노력한 사실이 인정되는 경우

3) 그 밖에 위반행위의 정도, 위반행위의 동기와 그 결과 등을 고려하여 과태료 금액을 줄일 필요가 있다고 인정되는 경우

　라. 주무부장관 또는 시·도지사는 다음의 어느 하나에 해당하는 경우에는 제2호의 개별기준에 따른 과태료의 2분의 1 범위에서 그 금액을 늘려 부과할 수 있다. 다만, 늘려 부과하는 경우에도 법 제29조제1항 및 제2항에 따른 과태료의 상한을 넘을 수 없다.

1) 위반의 내용·정도가 중대하여 소비자 등에게 미치는 피해가 크다고 인정되는 경우

2) 법 위반상태의 기간이 6개월 이상인 경우

3) 그 밖에 위반행위의 정도, 위반행위의 동기와 그 결과 등을 고려하여 과태료 금액을 늘릴 필요가 있다고 인정되는 경우

# Ⅳ. 기재례

## 【범죄사실 기재례】

피의자는 ○○○○. 여름에 가뭄으로 인하여 고추와 마늘 작황이 흉작이 되었음을 알고 고추를 매점하였다가 김장철에 판매하여 폭리를 취할 목적으로 20○○. ○. ○.쯤 전북 ○○군 ○○면 시장 노변에서 성명불상의 수명으로부터 마른고추 1,000kg과 마늘 150접을 구입한 후 피의자의 위 상회 지하실에 운반하여 가격이 폭등하면 판매하기 위하여 은닉·저장하였다.

## 【적용실례】

〈폭리를 목적으로 식육점이 돼지고기 판매를 기피하여 고발된 경우〉

식육점이 폭리를 목적으로 돼지고기의 판매를 기피하여 군수로부터 고발된 경우

➡ 물가안정에관한법률 제31조에 의하면 매점매석행위의 처벌은 주무부장관의 고발이 있어야 하고, 법적으로 장관으로부터 시장·군수에게 그 권한이 위임된 바도 없으므로 이 경우 실체 판단에 앞서 형식판단을 하여 공소권없음 의견으로 처리하는 것이 타당하다.

# 물환경보전법

[시행 2025. 1. 24.] [법률 제20116호, 2024. 1. 23., 일부개정]

## I. 개설

### 목적

이 법은 수질오염으로 인한 국민건강 및 환경상의 위해(危害)를 예방하고 하천·호소(湖沼) 등 공공수역의 물환경을 적정하게 관리·보전함으로써 국민이 그 혜택을 널리 누릴 수 있도록 함과 동시에 미래의 세대에게 물려줄 수 있도록 함을 목적으로 한다.

## II. 판례

**제2조(정의)** 이 법에서 사용하는 용어의 뜻은 다음과 같다. 〈개정 2016.1.27., 2017.1.17., 2018.10.16., 2021.4.13., 2024. 2. 27〉

1. "물환경"이란 사람의 생활과 생물의 생육에 관계되는 물의 질(이하 "수질"이라 한다) 및 공공수역의 모든 생물과 이들을 둘러싸고 있는 비생물적인 것을 포함한 수생태계(水生態系, 이하 "수생태계"라 한다)를 총칭하여 말한다.

1의2. "점오염원"(點汚染源)이란 폐수배출시설, 하수발생시설, 축사 등으로서 관로·수로 등을 통하여 일정한 지점으로 수질오염물질을 배출하는 배출원을 말한다.

2. "비점오염원"(非點汚染源)이란 도시, 도로, 농지, 산지, 공사장 등으로서 불특정 장소에서 불특정하게 수질오염물질을 배출하는 배출원을 말한다.

3. "기타수질오염원"이란 점오염원 및 비점오염원으로 관리되지 아니하는 수질오염물질을 배출하는 시설 또는 장소로서 환경부령으로 정하는 것을 말한다.

4. "폐수"란 물에 액체성 또는 고체성의 수질오염물질이 섞여 있어 그대로는 사용할 수 없는 물을 말한다.

4의2. "폐수관로"란 폐수를 사업장에서 제17호의 공공폐수처리시설로 유입시키기 위하여 제48조제1항에 따라 공공폐수처리시설을 설치·운영하는 자가 설치·관리하는 관로와 그 부속시설을 말한다.

5. "강우유출수"(降雨流出水)란 비점오염원의 수질오염물질이 섞여 유출되는 빗물 또는 눈 녹은 물 등을 말한다.

6. "불투수면"(不透水面)이란 빗물 또는 눈 녹은 물 등이 지하로 스며들 수 없게 하는 아스팔트·콘크리트 등으로 포장된 도로, 주차장, 보도 등을 말한다.

7. "수질오염물질"이란 수질오염의 요인이 되는 물질로서 환경부령으로 정하는 것을 말한다.

8. "특정수질유해물질"이란 사람의 건강, 재산이나 동식물의 생육(生育)에 직접 또는 간접으로 위해를 줄 우려가 있는 수질오염물질로서 환경부령으로 정하는 것을 말한다.

9. "공공수역"이란 하천, 호소, 항만, 연안해역, 그 밖에 공공용으로 사용되는 수역과 이에 접속하여 공공용으로 사용되는 환경부령으로 정하는 수로를 말한다.

10. "폐수배출시설"이란 수질오염물질을 배출하는 시설물, 기계, 기구, 그 밖의 물체로서 환경부령으로 정하는 것을 말한다. 다만, 「해양환경관리법」 제2조제16호 및 제17호에 따른 선박 및 해양시설은 제외한다.

11. "폐수무방류배출시설"이란 폐수배출시설에서 발생하는 폐수를 해당 사업장에서 수질오염방지시설을 이용하여 처리하거나 동일 폐수배출시설에 재이용하는 등 공공수역으로 배출하지 아니하는 폐수배출시설을 말한다.

12. "수질오염방지시설"이란 점오염원, 비점오염원 및 기타수질오염원으로부터 배출되는 수질오염물질을 제거하거나 감소하게 하는 시설로서 환경부령으로 정하는 것을 말한다.

13. "비점오염저감시설"이란 수질오염방지시설 중 비점오염원으로부터 배출되는 수질오염물질을 제거하거나 감소하게 하는 시설로서 환경부령으로 정하는 것을 말한다.

14. "호소"란 다음 각 목의 어느 하나에 해당하는 지역으로서 만수위(滿水位)[댐의 경우에는 계획홍수위(計劃洪水位)를 말한다] 구역 안의 물과 토지를 말한다.

　　가. 댐·보(洑) 또는 둑(「사방사업법」에 따른 사방시설은 제외한다) 등을 쌓아 하천 또는 계곡에 흐르는 물을 가두어 놓은 곳

　　나. 하천에 흐르는 물이 자연적으로 가두어진 곳

　　다. 화산활동 등으로 인하여 함몰된 지역에 물이 가두어진 곳

15. "수면관리자"란 다른 법령에 따라 호소를 관리하는 자를 말한다. 이 경우 동일한 호소를 관리하는 자가 둘 이상인 경우에는 「하천법」에 따른 하천관리청 외의 자가 수면관리자가 된다.

15의2. "수생태계 건강성"이란 수생태계를 구성하고 있는 요소 중 환경부령으로 정하는 물리적·화학적·생물적 요소들이 훼손되지 아니하고 각

각 온전한 기능을 발휘할 수 있는 상태를 말한다.

16. "상수원호소"란 「수도법」 제7조에 따라 지정된 상수원보호구역(이하 "상수원보호구역"이라 한다) 및 「환경정책기본법」 제38조에 따라 지정된 수질보전을 위한 특별대책지역(이하 "특별대책지역"이라 한다) 밖에 있는 호소 중 호소의 내부 또는 외부에 「수도법」 제3조제17호에 따른 취수시설(이하 "취수시설"이라 한다)을 설치하여 그 호소의 물을 먹는 물로 사용하는 호소로서 환경부장관이 정하여 고시한 것을 말한다.

17. "공공폐수처리시설"이란 공공폐수처리구역의 폐수를 처리하여 공공수역에 배출하기 위한 처리시설과 이를 보완하는 시설을 말한다.

18. "공공폐수처리구역"이란 폐수를 공공폐수처리시설에 유입하여 처리할 수 있는 지역으로서 제49조제3항에 따라 환경부장관이 지정한 구역을 말한다.

19. "물놀이형 수경(水景)시설"이란 수돗물, 지하수 등을 인위적으로 저장 및 순환하여 이용하는 분수, 연못, 폭포, 실개천 등의 인공시설물 중 일반인에게 개방되어 이용자의 신체와 직접 접촉하여 물놀이를 하도록 설치하는 시설을 말한다. 다만, 다음 각 목의 시설은 제외한다.

　가. 「관광진흥법」 제5조제2항 또는 제4항에 따라 테마파크업의 허가를 받거나 신고를 한 자가 설치한 물놀이형 테마파크시설

　나. 「체육시설의 설치·이용에 관한 법률」 제3조에 따른 체육시설 중 수영장

　다. 환경부령으로 정하는 바에 따라 물놀이 시설이 아니라는 것을 알리는 표지판과 울타리를 설치하거나 물놀이를 할 수 없도록 관리인을 두는 경우

[전문개정 2013.7.30.]

---

**위임행정규칙**

· 상수원호소 지정(환경부고시 제2018-6호, 2018.1.18., 일부개정)

---

## 조업정지처분취소

[대법원 2022. 12. 15. 선고 2022두49953 판결]

**【판결요지】**

물환경보전법은 수질오염으로 인한 국민건강 및 환경상의 위해를 예방하고 하천·호소(湖沼) 등 공공수역의 물환경을 적정하게 관리·보전함으로써 국민이 그 혜택을 널리 향유할 수 있도록 함과 동시에 미래의 세대에게 물려줄 수 있도록 함을 목적으로 한다(제1조).

물환경보전법 제2조에 의하면, '점오염원'이란 폐수배출시설 등으로서 관거·수로 등을 통하여 일정한 지점으로 수질오염물질을 배출하는 배출원을 말하고(제1호의2),

'폐수'란 물에 액체성 또는 고체성의 수질오염물질이 섞여 있어 그대로는 사용할 수 없는 물을 말하며(제4호), '폐수배출시설'이란 수질오염물질을 배출하는 시설물, 기계, 기구, 그 밖의 물체로서 환경부령으로 정하는 것을 말한다(제10호 본문). 같은 법 시행규칙 제6조 [별표 4]는 그 위임에 따라 폐수배출시설에 해당하는 시설의 종류를 구체적으로 정하고 있는데, 제2호 53)항에 의하면 '시멘트·석회·플라스터 및 그 제품 제조시설'은 폐수배출시설에 해당하고, '레미콘차량'은 관련 시설로서 이에 포함된다.

또한, 같은 법 제33조 제1항은 폐수배출시설을 설치하려는 자는 대통령령으로 정하는 바에 따라 환경부장관에게 신고하여야 한다고 정하고 있고, 제38조 제1항 제1호는 제33조 제1항에 따라 신고를 한 사업자는 폐수배출시설에서 배출되는 수질오염물질을 방지시설에 유입하지 아니하고 배출하거나 방지시설에 유입하지 아니하고 배출할 수 있는 시설을 설치하는 행위를 하여서는 안 된다고 정하고 있다.

위와 같은 물환경보전법령의 입법 취지 및 내용 등에 위 시행규칙 제6조 [별표 4] 제2호 53)항에서 레미콘차량의 소유관계에 관하여 아무런 제한 규정을 두고 있지 않은 점 등을 더하여 보면, 레미콘차량은 사업자의 소유인지 여부와 관계없이 폐수배출시설인 레미콘 제조·생산시설의 관련 시설에 해당한다고 보는 것이 타당하다.

## III. 벌칙

**제75조(벌칙)** 다음 각 호의 어느 하나에 해당하는 자는 7년 이하의 징역 또는 7천만원 이하의 벌금에 처한다. 〈개정 2014.3.24., 2018.10.16.〉

1. 제33조제1항 또는 제2항에 따른 허가 또는 변경허가를 받지 아니하거나 거짓으로 허가 또는 변경허가를 받아 배출시설을 설치 또는 변경하거나 그 배출시설을 이용하여 조업한 자
2. 제33조제7항 및 제8항에 따라 배출시설의 설치를 제한하는 지역에서 제한되는 배출시설을 설치하거나 그 시설을 이용하여 조업한 자
3. 제38조제2항 각 호의 어느 하나에 해당하는 행위를 한 자

[전문개정 2013.7.30.]

**제76조(벌칙)** 다음 각 호의 어느 하나에 해당하는 자는 5년 이하의 징역 또는 5천만원 이하의 벌금에 처한다. 〈개정 2014.3.24., 2019.11.26.〉

1. 제4조의6제4항에 따른 조업정지·폐쇄 명령을 이행하지 아니한 자
2. 제33조제1항에 따른 신고를 하지 아니하거나 거짓으로 신고를 하고 배출시설을 설치하거나 그 배출시설을 이용하여 조업한 자
3. 제38조제1항 각 호의 어느 하나에 해당하는 행위를 한 자

4. 제38조의2제1항에 따라 측정기기의 부착 조치를 하지 아니한 자(적산 전력계 또는 적산유량계를 부착하지 아니한 자는 제외한다)
5. 제38조의3제1항제1호·제3호 또는 제4호에 해당하는 행위를 한 자
6. 제40조에 따른 조업정지명령을 위반한 자
7. 제42조에 따른 조업정지 또는 폐쇄 명령을 위반한 자
8. 제44조에 따른 사용중지명령 또는 폐쇄명령을 위반한 자
9. 제50조제1항 각 호의 어느 하나에 해당하는 행위를 한 자
[전문개정 2013.7.30.]

**제77조(벌칙)** 다음 각 호의 어느 하나에 해당하는 자는 3년 이하의 징역 또는 3천만원 이하의 벌금에 처한다. 〈개정 2014.3.24., 2019.11.26.〉
1. 제15조제1항제1호를 위반하여 특정수질유해물질 등을 누출·유출하거나 버린 자
2. 제62조제1항에 따른 허가 또는 변경허가를 받지 아니하거나 거짓이나 그 밖의 부정한 방법으로 허가 또는 변경허가를 받아 폐수처리업을 한 자
[전문개정 2013.7.30.]

**제78조(벌칙)** 다음 각 호의 어느 하나에 해당하는 자는 1년 이하의 징역 또는 1천만원 이하의 벌금에 처한다. 〈개정 2014.3.24., 2016.1.27., 2018.10.16., 2019.11.26., 2021.4.13.〉
1. 제12조제2항에 따른 시설의 개선 등의 조치명령을 위반한 자
2. 업무상 과실 또는 중대한 과실로 제15조제1항제1호를 위반하여 특정수질유해물질 등을 누출·유출한 자
3. 제15조제1항제2호를 위반하여 분뇨·가축분뇨 등을 버린 자
4. 삭제 〈2016.1.27.〉
5. 제15조제3항에 따른 방제조치의 이행명령을 위반한 자
6. 제17조제1항에 따른 통행제한을 위반한 자
7. 제21조의3제1항에 따른 특별조치명령을 위반한 자
8. 제37조제1항에 따른 가동시작 신고를 하지 아니하고 조업한 자
9. 제37조제4항에 따른 조사를 거부·방해 또는 기피한 자
9의2. 제38조의2제4항 단서를 위반하여 수질오염방지시설(공동방지시설을 포함한다), 공공폐수처리시설 또는 공공하수처리시설의 운영을 수탁받은 자에게 측정기기의 관리업무를 대행하게 한 자
10. 제38조의4제2항에 따른 조업정지명령을 이행하지 아니한 자

10의2. 제38조의6제1항을 위반하여 측정기기 관리대행업의 등록 또는 변
　　　경등록을 하지 아니하고 측정기기 관리업무를 대행한 자
11. 제50조제4항에 따른 시설의 개선 등의 조치명령을 위반한 자
12. 제53조제5항 각 호 외의 부분 본문에 따른 비점오염저감시설을 설치
　　　하지 아니한 자
13. 제53조제7항에 따른 비점오염저감계획의 이행명령 또는 비점오염저감
　　　시설의 설치·개선 명령을 위반한 자
13의2. 제53조의3제1항에 따른 성능검사를 받지 아니한 비점오염저감시설
　　　을 공급한 자
13의3. 제53조의4에 따라 성능검사 판정의 취소처분을 받은 자 또는 성능
　　　검사 판정이 취소된 비점오염저감시설을 공급한 자
14. 제60조제1항에 따른 신고를 하지 아니하고 기타수질오염원을 설치 또
　　　는 관리한 자
15. 제60조제8항 또는 제9항에 따른 조업정지·폐쇄 명령을 위반한 자
16. 삭제 〈2019.11.26.〉
17. 제68조제1항에 따른 관계 공무원의 출입·검사를 거부·방해 또는 기
　　　피한 폐수무방류배출시설을 설치·운영하는 사업자
[전문개정 2013.7.30.]

**제79조(벌칙)** 다음 각 호의 어느 하나에 해당하는 자는 500만원 이하의
벌금에 처한다. 〈개정 2017.1.17.〉
1. 제38조의4제1항에 따른 조치명령을 이행하지 아니한 자
2. 제62조제3항제1호 또는 제2호에 따른 준수사항을 지키지 아니한 폐수
　　처리업자
3. 제68조제1항에 따른 관계 공무원의 출입·검사를 거부·방해 또는 기
　　피한 자(폐수무방류배출시설을 설치·운영하는 사업자는 제외한다)
[전문개정 2013.7.30.]

**제80조(벌칙)** 다음 각 호의 어느 하나에 해당하는 자는 100만원 이하의
벌금에 처한다.
1. 제38조의2제1항에 따라 적산전력계 또는 적산유량계를 부착하지 아니
　　한 자
2. 제47조제4항을 위반하여 환경기술인의 업무를 방해하거나 환경기술인
　　의 요청을 정당한 사유 없이 거부한 자

[전문개정 2013.7.30.]

---

**제81조(양벌규정)** 법인의 대표자나 법인 또는 개인의 대리인, 사용인, 그 밖의 종업원이 그 법인 또는 개인의 업무에 관하여 제75조부터 제80조까지의 어느 하나에 해당하는 위반행위를 하면 그 행위자를 벌하는 외에 그 법인 또는 개인에게도 해당 조문의 벌금형을 과(科)한다. 다만, 법인 또는 개인이 그 위반행위를 방지하기 위하여 해당 업무에 관하여 상당한 주의와 감독을 게을리하지 아니한 경우에는 그러하지 아니하다.
[전문개정 2013.7.30.]

---

**제82조(과태료)** ① 다음 각 호의 어느 하나에 해당하는 자에게는 1천만원 이하의 과태료를 부과한다. 〈개정 2016.1.27., 2017.1.17., 2019.11.26.〉

1. 제4조의5제4항에 따른 측정기기를 부착하지 아니하거나 측정기기를 가동하지 아니한 자
2. 제4조의5제4항에 따른 측정 결과를 기록ㆍ보존하지 아니하거나 거짓으로 기록ㆍ보존한 자
2의2. 제15조제1항제4호를 위반하여 환경부령으로 정하는 기준 이상의 토사를 유출하거나 버리는 행위를 한 자
3. 제35조제2항에 따른 준수사항을 지키지 아니한 자
3의2. 제38조의3제1항제2호에 해당하는 행위를 한 자
3의3. 제38조의3제2항을 위반하여 운영ㆍ관리기준을 준수하지 아니한 자
3의4. 제46조의2제1항에 따른 조사결과를 제출하지 아니하거나 거짓으로 제출한 자
3의5. 제46조의2제2항에 따른 자료 제출 명령을 이행하지 아니한 자
4. 제47조제1항을 위반하여 환경기술인을 임명하지 아니한 자
5. 제53조제1항에 따른 신고를 하지 아니한 자
6. 제61조를 위반하여 골프장의 잔디 및 수목 등에 맹ㆍ고독성 농약을 사용한 자
7. 제62조제3항제4호부터 제6호까지의 어느 하나에 해당하는 준수사항을 지키지 아니한 폐수처리업자

② 다음 각 호의 어느 하나에 해당하는 자에게는 300만원 이하의 과태료를 부과한다. 〈개정 2016.1.27., 2017.1.17., 2018.10.16., 2021.4.13., 2024. 1. 23.〉

1. 제10조제1항 후단을 위반한 자
1의2. 제20조제1항에 따른 낚시금지구역에서 낚시행위를 한 사람

2. 제38조제3항을 위반하여 배출시설 등의 운영상황에 관한 기록을 보존하지 아니하거나 거짓으로 기록한 자

3. 삭제 〈2017.1.17.〉

4. 삭제 〈2017.1.17.〉

4의2. 제21조의4제3항을 위반하여 완충저류시설에 대한 기술진단을 실시하지 아니한 자

4의3. 제50조의2제1항을 위반하여 공공폐수처리시설(폐수관로를 포함한다)에 대한 기술진단을 실시하지 아니한 자

5. 제53조제1항 후단에 따른 변경신고를 하지 아니한 자

6. 제60조제6항을 위반하여 시설의 설치, 그 밖에 필요한 조치를 하지 아니한 자

7. 제61조의2제1항을 위반하여 물놀이형 수경시설의 설치신고 또는 변경신고를 하지 아니하고 시설을 운영한 자

8. 제61조의2제4항에 따른 물놀이형 수경시설의 수질 기준 또는 관리 기준을 위반하거나 수질 검사를 받지 아니한 자

③ 다음 각 호의 어느 하나에 해당하는 자에게는 100만원 이하의 과태료를 부과한다. 〈개정 2018.10.16., 2024. 1. 23.〉

1. 제15조제1항제3호를 위반한 자

2. 제20조제2항에 따른 제한사항을 위반하여 낚시제한구역에서 낚시행위를 한 사람

3. 제33조제2항 단서 또는 같은 조 제3항에 따른 변경신고를 하지 아니한 자

3의2. 제51조제3항을 위반하여 사업장 신설·증설 전에 오·폐수 유입처리 승인을 받지 아니하거나 거짓이나 부정한 방법으로 승인을 받은 자

3의3. 제51조제5항에 따른 배수설비 설치 승인을 받지 아니하고 배수설비를 설치(승인과 관련하여 변경하는 경우를 포함한다. 이하 같다)한 자

3의4. 제51조제6항에 따른 명령을 위반하여 배수설비를 설치한 자

3의5. 제51조제8항을 위반하여 배수설비 설치완료 검사필증을 받지 아니하고 배수설비를 사용한 자

3의6. 제51조의2에 따른 시행자의 조치명령을 위반한 자

4. 제60조제1항 후단에 따른 변경신고를 하지 아니한 자

4의2. 제66조의2제2항에 따른 입력을 하지 아니하거나 거짓으로 입력한 자

5. 제67조를 위반하여 환경기술인 등의 교육을 받게 하지 아니한 자

6. 제68조제1항에 따른 보고를 하지 아니하거나 거짓으로 보고한 자 또는

> 자료를 제출하지 아니하거나 거짓으로 제출한 자
> ④ 제1항부터 제3항까지의 규정에 따른 과태료는 대통령령으로 정하는 바에 따라 환경부장관, 시·도지사 또는 시장·군수·구청장이 부과·징수한다.

## Ⅳ. 기재례

### 【범죄사실 기재례】

피의자 김○○, 같은 허○○은 20○○. ○.경부터 경기 ○○군 ○○면 ○○리 ○○번지에서 '○○식품' 이라는 상호로 두부제조업을 공동으로 경영하고 있다.

피의자들은 관할관청의 허가를 받지 않고 공모하여 20○○. ○.경부터 20○○. ○. ○.경까지 사이에 위 공장에서 폐수배출시설인 용량 12.49㎥의 침지시설과 동력합계 4.5마력의 압착시설 3기를 설치하여 조업하였다.

### 【범죄사실 기재례】

피의자는 ○○시 ○○동 ○○번지에서 ○○세차장이라는 상호로 세차업에 종사하고 있다. 피의자는 세차장에서 조업할 경우에는 폐수배출시설에서 배출되는 폐수를 방지시설인 유수분리조, 집수조, 반응조, 여과조, 침전조, 탈수조 등을 순차로 거치게 하고, 화학약품을 투입하여 폐수를 처리하는 등 배출 및 방지시설을 정상운영하여 배출허용기준치 이하로 배출시켜야 함에도 불구하고 20○○. ○. ○.경부터 ○. ○.경까지 사이에 위 세차장에서 위 방지시설을 거치지 아니하고 세차도크에서 하수구로 직접 통하는 비밀배출관을 설치하여 세차폐수를 무단방류하여 부유물질(SS)의 기준치 150피피엠(PPM)을 초과한 264피피엠, 노말핵산추출물질인 광물유지류의 기준치 5피피엠을 초과한 8.2피피엠의 상태인 폐수를 하루에 약 3톤씩 합계 60톤가량을 배출함으로써 방지시설을 정상운영하지 않았다.

### 【범죄사실 기재례】

피의자는 20○○. ○.경부터 ○○시 ○○동 ○○번지에서 관할관청의 허가를 받지 않은 채 폐수배출시설인 수냉식절단기 7.5마력짜리 2대 및 5마력짜리 1대, 연삭기 3마력짜리 1대를 갖추고 '○○석재' 라는 상호로 석재가공업을 영위하던 중, 20○○. ○. ○. ○○시장으로부터 위 배출시설을 즉시 폐쇄하라는 명령을 받고도 정당한 사유없이 계속하여 조업함으로써 위 명령에 따르지 않았다.

### 【범죄사실 기재례】

피의자 정○○는 안산시 ○○동에 있는 ○○화학공업주식회사의 대표이사이고, 같은 ○○화학공업주식회사는 인조가죽제조업 등을 목적으로 설립된 법인이다.

위 회사는 1일 폐수배출량이 700㎥인 3종사업장이므로 환경기술인을 임명하여야 함에도, 피의자 정○○는 200○. ○. ○.부터 200○. ○. ○.까지 환경기술인을 임명하지 아니하고, 같은 ○○화학공업주식회사는 피의자의 대표자인 위 정○○이 피의자의 업무에 관하여 위와 같이 위반행위를 하였다.

## 【범죄사실 기재례】

피의자 정○○는 환경부장관으로부터 공단폐수종말처리구역으로 지정된 ○○시 ○○동에 있는 ○○어묵라는 상호로 연육가공업에 종사하고 있다. 위 업소는 1일 폐수배출량 1,500㎡로서 배출폐수 중 생물화학적 산소요구량 30㎎/ℓ , 화학적 산소요구량 40㎎/ℓ , 부유물질량 30㎎/ℓ 를 초과하여서는 아니됨에도 불구하고 정당한 사유없이 200○. ○. ○. 08:00경 위 업소 공장에서 배출시설을 통해 일시에 폐수 약 1,800㎡를 배출하여 배출허용기준을 초과한 생물화학적 산소요구량 60㎎/ℓ , 화학적 산소요구량 70㎎/ℓ , 부유물질량 50㎎/ℓ 의 오염물질을 배출하였다.

**[서식] 폐수배출시설 설치 허가증(신고증명서)**

(앞쪽)

| 허가번호 또는<br>신고번호 | **폐수배출시설 설치** | **[  ] 허가증**<br>**[  ] 신고증명서** | | |
|---|---|---|---|---|
| 제          호 | | | | |
| ① 사 업 장 명 | | ② 사업자등록번호 | | |
| ③ 대 표 자 | | | | |
| ④ 사업장소재지 | | (전화번호:          ) | | |
| ⑤ 사업종류 | (분류번호   ) | ⑥ 종 류 | | 종 |
| ⑦ 폐수배출시설 일<br>일 조업시간 및<br>연간 가동일 | | ⑧ 수질오염방지시설<br>일일 가동시간 및<br>연간가동일 | | |

| ⑨ 폐 수 배 출 요 인  명 세 | | | |
|---|---|---|---|
| 원 료 명 | 사 용 량 | 생 산 제 품 명 | 생 산 량 |
| | | | |
| | | | |
| | | | |

| | ⑩ 폐수배출공정흐름도: 따로 붙임 | | | | |
|---|---|---|---|---|---|
| 허가<br>또는<br>신고<br>사항 | ⑪ 폐수배출 및 처리명세 | | | | |
| | 폐수배출시설명 | 폐수배출량 | 수질오염물질<br>배출항목 | 폐수처리방법 | 폐수처리능력 |
| | | | | | |
| | ⑫ 폐수처리계통도: 따로 붙임 | | | | |
| | ⑬ 허 가  또 는  신 고 의  수 리 조 건 | | | | |
| | | | | | |

「물환경보전법」 제33조제1항에     [  ] 폐수배출시설의 설치를 허가

따라                            [  ] 폐수배출시설의 설치신고를 수리  합니다.

년     월     일

**시·도지사, 시장·군수·구청장**   직<br>인

210mm×297mm[백상지 120g/㎡]

**[서식] 폐수 수탁처리업, 재이용업 허가증**

(앞쪽)

| 허가번호 | 폐수 [ ] 수탁처리업 허가증 |
|---|---|
| 제 호 | [ ] 재이용업 |

| ① 사업장명 | |
|---|---|
| ② 대표자 성명 | |
| ③ 사무실 주소 | |
| ④ 사업장 소재지 | |

| ⑤ 처리 또는 재이용 대상 폐수 | | ⑥ 폐수처리시설의 처리능력 또는 재이용시설의 처리능력 | ㎥/일 ( ㎥/시간) |
|---|---|---|---|

**⑦ 폐수배출시설 또는 폐수재이용시설**

| 시설명 | 규격 | 대수 | 시설명 | 규격 | 대수 |
|---|---|---|---|---|---|
| | | | | | |

**⑧ 수질오염방지시설**

| 시설명 | 규격 | 대수 | 시설명 | 규격 | 대수 |
|---|---|---|---|---|---|
| | | | | | |

| ⑨ 폐수처리방법 | |
|---|---|
| ⑩ 폐수운반방법 | |
| ⑪ 허가조건 | |

「물환경보전법」 제62조제1항 및 같은 법 시행규칙 제90조제5항에 따라 위와 같이 폐수 [ ] 수탁처리업 [ ] 재이용업허가를 하였음을 증명합니다.

년 월 일

시·도지사, 시장·군수·구청장 [직인]

210mm×297mm[백상지 120g/㎡]

# 방문판매 등에 관한 법률

[시행 2024. 8. 7.] [법률 제20239호, 2024. 2. 6., 타법개정]

## Ⅰ. 개설

### 목적

이 법은 방문판매, 전화권유판매, 다단계판매, 후원방문판매, 계속거래 및 사업권유거래 등에 의한 재화 또는 용역의 공정한 거래에 관한 사항을 규정함으로써 소비자의 권익을 보호하고 시장의 신뢰도를 높여 국민경제의 건전한 발전에 이바지함을 목적으로 한다.

## Ⅱ. 판례

**제2조(정의)** 이 법에서 사용하는 용어의 뜻은 다음과 같다.〈개정 2023. 3. 21.〉

1. "방문판매"란 재화 또는 용역(일정한 시설을 이용하거나 용역을 제공받을 수 있는 권리를 포함한다. 이하 같다)의 판매(위탁 및 중개를 포함한다. 이하 같다)를 업(業)으로 하는 자(이하 "판매업자"라 한다)가 방문을 하는 방법으로 그의 영업소, 대리점, 그 밖에 총리령으로 정하는 영업장소(이하 "사업장"이라 한다) 외의 장소에서 소비자에게 권유하여 계약의 청약을 받거나 계약을 체결(사업장 외의 장소에서 권유 등 총리령으로 정하는 방법으로 소비자를 유인하여 사업장에서 계약의 청약을 받거나 계약을 체결하는 경우를 포함한다)하여 재화 또는 용역(이하 "재화등"이라 한다)을 판매하는 것을 말한다.

2. "방문판매자"란 방문판매를 업으로 하기 위하여 방문판매조직을 개설하거나 관리·운영하는 자(이하 "방문판매업자"라 한다)와 방문판매업자를 대신하여 방문판매업무를 수행하는 자(이하 "방문판매원"이라 한다)를 말한다.

3. "전화권유판매"란 전화를 이용하여 소비자에게 권유를 하거나 전화회신을 유도하는 방법으로 재화등을 판매하는 것을 말한다.

4. "전화권유판매자"란 전화권유판매를 업으로 하기 위하여 전화권유판매조직을 개설하거나 관리·운영하는 자(이하 "전화권유판매업자"라 한다)와 전화권유판매업자를 대신하여 전화권유판매업무를 수행하는 자(이하 "전

화권유판매원"이라 한다)를 말한다.

5. "다단계판매"란 다음 각 목의 요건을 모두 충족하는 판매조직(이하 "다단계판매조직"이라 한다)을 통하여 재화등을 판매하는 것을 말한다.

　가. 판매업자에 속한 판매원이 특정인을 해당 판매원의 하위 판매원으로 가입하도록 권유하는 모집방식이 있을 것

　나. 가목에 따른 판매원의 가입이 3단계(다른 판매원의 권유를 통하지 아니하고 가입한 판매원을 1단계 판매원으로 한다. 이하 같다) 이상 단계적으로 이루어질 것. 다만, 판매원의 단계가 2단계 이하라고 하더라도 사실상 3단계 이상으로 관리·운영되는 경우로서 대통령령으로 정하는 경우를 포함한다.

　다. 판매업자가 판매원에게 제9호나목 또는 다목에 해당하는 후원수당을 지급하는 방식을 가지고 있을 것

6. "다단계판매자"란 다단계판매를 업으로 하기 위하여 다단계판매조직을 개설하거나 관리·운영하는 자(이하 "다단계판매업자"라 한다)와 다단계판매조직에 판매원으로 가입한 자(이하 "다단계판매원"이라 한다)를 말한다.

7. "후원방문판매"란 제1호(다음 각 목의 어느 하나에 해당하는 자가 개설·운영하는 사이버몰에서 「전자문서 및 전자거래 기본법」 제2조제5호에 따른 전자거래의 방법으로 소비자에게 판매하는 경우를 포함한다) 및 제5호의 요건에 해당하되, 대통령령으로 정하는 바에 따라 특정 판매원의 구매·판매 등의 실적이 그 직근 상위 판매원 1인의 후원수당에만 영향을 미치는 후원수당 지급방식을 가진 경우를 말한다. 이 경우 제1호의 방문판매 및 제5호의 다단계판매에는 해당하지 아니하는 것으로 한다.

　가. 재화등을 생산하는 제8호에 따른 후원방문판매업자

　나. 제8호에 따른 후원방문판매업자가 판매하는 재화등의 주된 공급자

8. "후원방문판매자"란 후원방문판매를 업으로 하기 위한 조직(이하 "후원방문판매조직"이라 한다)을 개설하거나 관리·운영하는 자(이하 "후원방문판매업자"라 한다)와 후원방문판매조직에 판매원으로 가입한자(이하 "후원방문판매원"이라 한다)를 말한다.

9. "후원수당"이란 판매수당, 알선 수수료, 장려금, 후원금 등 그 명칭 및 지급 형태와 상관없이 판매업자가 다음 각 목의 사항과 관련하여 소속 판매원에게 지급하는 경제적 이익을 말한다.

　가. 판매원 자신의 재화등의 거래실적

　나. 판매원의 수당에 영향을 미치는 다른 판매원들의 재화등의 거래실적

　다. 판매원의 수당에 영향을 미치는 다른 판매원들의 조직관리 및 교육훈련 실적

　라. 그 밖에 가목부터 다목까지의 규정 외에 판매원들의 판매활동을 장려하

거나 보상하기 위하여 지급되는 일체의 경제적 이익

10. "계속거래"란 1개월 이상에 걸쳐 계속적으로 또는 부정기적으로 재화 등을 공급하는 계약으로서 중도에 해지할 경우 대금 환급의 제한 또는 약금에 관한 약정이 있는 거래를 말한다.

11. "사업권유거래"란 사업자가 소득 기회를 알선·제공하는 방법으로 거래 상대방을 유인하여 금품을 수수하거나 재화등을 구입하게 하는 거래를 말한다.

12. "소비자"란 사업자가 제공하는 재화등을 소비생활을 위하여 사용하거나 이용하는 자 또는 대통령령으로 정하는 자를 말한다.

13. "지배주주"란 다음 각 목의 어느 하나에 해당하는 자를 말한다.

가. 대통령령으로 정하는 특수관계인과 함께 소유하고 있는 주식 또는 출자액의 합계가 해당 법인의 발행주식총수 또는 출자총액의 100분의 30이상인 경우로서 그 합계가 가장 많은 주주 또는 출자자

나. 해당 법인의 경영을 사실상 지배하는 자. 이 경우 사실상 지배의 구체적인 내용은 대통령령으로 정한다.

## 시정명령취소

[대법원 2015. 12. 24., 선고, 2015두41395, 판결]

**【판결요지】**

원심은, ① 방문판매 등에 관한 법률(2012. 2. 17. 법률 제11324호로 전부 개정되고 2012. 8. 18.부터 시행된 것, 이하 '방문판매법'이라 한다)의 입법 취지, 규정 체계 및 방문판매법 제2조 제2호에서 '방문판매원'을 "방문판매업자를 대신하여 방문판매업무를 수행하는 자"라고만 규정하고 있는 점 등을 종합하여 볼 때, 방문판매법 제2조 제5호에서 정한 다단계판매조직의 판매원에는 판매를 직접적으로 실행하는 자뿐만 아니라 다단계판매의 원활한 실행, 지속, 확장 등을 도모하기 위하여 판매를 직접 실행하는 판매원들을 지원하고 관리하는 업무를 하는 자 역시 포함된다고 전제한 후, ② 원고 판매조직의 직급은 1단계 설계사, 소호점장, 지점장(이하 '설계사 등'이라 한다), 2단계 지사장, 3단계 팀장, 4단계 본부장으로 구성되어 있는데, ③ 팀장과 본부장은 원고의 상품을 직접 판매하지는 않지만 하위판매원을 모집할 권한은 여전히 존재하고 자신들에게 속한 하위판매원들을 계속 관리하는 점, 원고는 판매원에게 입사일을 기준으로 'S'자가 붙은 코드번호를 부여하는데, 팀장과 본부장의 코드번호에도 'S'가 붙어있는 점, 팀장과 본부장은 판매원의 최하위 직급인 설계사로부터 승진하여 얻을 수 있는 지위인 점, 팀장과 본부장으로 승격되더라도 하위판매원들의 실적이 일정한 요건을 충족하지 않으면 다시 하위 직급으로 강등되는 점, 팀장과 본부장은 별도의 고정 급여를 받는 대신 하위판매원들의 실적에 따른 후원수당을 지급받는 점 등에 비추어 볼 때, 팀장과 본부장은 다단계판매조직의 판매원에 해당한다고 판단하였다.

관련 법리와 기록에 따라 살펴보면, 원심의 위와 같은 판단은 정당하다. 거기에 방문판매법

제2조 제5호에서 정한 다단계판매조직의 판매원의 범위에 관한 법리를 오해한 위법이 없다.

**제3조(적용 범위)** 이 법은 다음 각 호의 거래에는 적용하지 아니한다. 〈개정 2021.12.7.〉

1. 사업자(다단계판매원, 후원방문판매원 또는 사업권유거래의 상대방은 제외한다. 이하 이 호에서 같다)가 상행위를 목적으로 재화등을 구입하는 거래. 다만, 사업자가 사실상 소비자와 같은 지위에서 다른 소비자와 같은 거래조건으로 거래하는 경우는 제외한다.
2. 「금융소비자 보호에 관한 법률」 제2조제3호에 따른 금융상품판매업자와 같은 법 제3조에 따른 예금성 상품, 대출성 상품, 투자성 상품 및 보장성 상품에 관한 계약을 체결하기 위한 거래
3. 개인이 독립된 자격으로 공급하는 재화등의 거래로서 대통령령으로 정하는 거래

### 방문판매등에관한법률위반
[대법원 2002. 2. 5., 선고, 2001도5789, 판결]

【판결요지】
방문판매등에관한법률 제3조 제1항은 상품 또는 용역의 성질상 법을 적용하는 것이 적당하지 아니한 대통령령이 정하는 상품 또는 용역에 대하여는 이를 적용하지 아니한다고 규정하고, 같은법시행령 제2조 제1호에서 농산물·수산물·축산물·임산물 및 광산물로서 통계법에 의하여 작성한 한국표준산업분류표상의 제조업에 의하여 생산된 것이 아닌 것을 방문판매등에관한법률 제3조 제1항에서 정한 "대통령령이 정하는 상품 또는 용역"의 하나로 들고 있는바, 삼은 임산물 또는 농산물에 해당하고 단순히 상품을 선별, 포장하는 등 그 상품의 본질적 성질을 변화시키지 않는 처리활동만을 거쳤을 뿐 제조활동에 의하여 새로운 제품으로 전환된 것은 아님이 분명하므로, 같은 법 제3조에 의하여 삼의 광고에 대하여는 허위 또는 과대광고를 금지하는 같은 법 제60조 제3호, 제18조 제2항이 적용될 수 없다.

**제11조(금지행위)** ① 방문판매자등은 다음 각 호의 어느 하나에 해당하는 행위를 하여서는 아니 된다.

1. 재화등의 판매에 관한 계약의 체결을 강요하거나 청약철회등 또는 계약해지를 방해할 목적으로 소비자를 위협하는 행위
2. 거짓 또는 과장된 사실을 알리거나 기만적 방법을 사용하여 소비자를 유인 또는 거래하거나 청약철회등 또는 계약 해지를 방해하는 행위
3. 방문판매원등이 되기 위한 조건 또는 방문판매원등의 자격을 유지하기 위한 조건으로서 방문판매원등 또는 방문판매원등이 되려는 자에게 가입비, 판매 보조 물품, 개인 할당 판매액, 교육비 등 그 명칭이나 형태와 상관없

이 대통령령으로 정하는 수준을 초과한 비용 또는 그 밖의 금품을 징수하거나 재화 등을 구매하게 하는 등 의무를 지게 하는 행위

4. 방문판매원등에게 다른 방문판매원등을 모집할 의무를 지게 하는 행위

5. 청약철회등이나 계약 해지를 방해할 목적으로 주소·전화번호 등을 변경하는 행위

6. 분쟁이나 불만 처리에 필요한 인력 또는 설비가 부족한 상태를 상당 기간 방치하여 소비자에게 피해를 주는 행위

7. 소비자의 청약 없이 일방적으로 재화등을 공급하고 재화등의 대금을 청구하는 행위

8. 소비자가 재화를 구매하거나 용역을 제공받을 의사가 없음을 밝혔음에도 불구하고 전화, 팩스, 컴퓨터통신 등을 통하여 재화를 구매하거나 용역을 제공받도록 강요하는 행위

9. 본인의 허락을 받지 아니하거나 허락받은 범위를 넘어 소비자에 관한 정보를 이용(제3자에게 제공하는 경우를 포함한다. 이하 같다)하는 행위. 다만, 다음 각 목의 어느 하나에 해당하는 경우는 제외한다.

　가. 재화등의 배송 등 소비자와의 계약을 이행하기 위하여 불가피한 경우로서 대통령령으로 정하는 경우

　나. 재화등의 거래에 따른 대금을 정산하기 위하여 필요한 경우

　다. 도용을 방지하기 위하여 본인임을 확인할 때 필요한 경우로서 대통령령으로 정하는 경우

　라. 법률의 규정 또는 법률에 따라 필요한 불가피한 사유가 있는 경우

② 공정거래위원회는 이 법 위반행위의 방지 및 소비자피해의 예방을 위하여 방문판매자등이 지켜야 할 기준을 정하여 고시할 수 있다.

---

**위임행정규칙**

특수판매에서의 소비자보호 지침(공정거래위원회예규 제235호, 2015.10.23., 일부개정)

---

## 방문판매등에관한법률위반

[대법원 2012. 5. 24., 선고, 2010도14630, 판결]

**【판결요지】**

방문판매법 제11조 제1항 제3호는, 방문판매자가 그 명칭 및 형태 여하를 불문하고 방문판매원이 되고자 하는 자 또는 방문판매원에게 방문판매원이 되기 위한 조건 또는 방문판매원의 자격을 유지하기 위한 조건으로서 대통령령이 정하는 수준 이상의 비용 그 밖의 금품을 징수하거나 재화 등을 구매하게 하는 등 의무를 부과하는 행위를 금지하고 있으므로, 이 규정이 금지하는 행위에 해당하기 위해서는 '방문판매원이 되기 위한 조건

또는 방문판매원의 자격을 유지하기 위한 조건'으로서 의무를 부과하는 것이어야 한다. 따라서 원심으로서는 피고인이 그 방문판매원인 공소외인 등에게 일정한 판매실적을 올리면 과장으로 승급하여 일정한 소득을 보장받을 수 있다면서 물품을 자가구매하게 하였다는 사정만을 들어 피고인이 공소외인 등에게 방문판매법 제11조 제1항 제3호 소정의 '방문판매원이 되기 위한 조건 또는 방문판매원의 자격을 유지하기 위한 조건'으로서 재화 등을 구매하게 하는 의무를 부과하였다고 판단할 것이 아니라, 피고인이 공소외인 등에게 물품을 구매하게 한 것이 승급을 위한 조건이 아닌 '방문판매원이 되기 위한 조건' 또는 '방문판매원이 된 이후 그 자격을 유지하기 위한 조건'으로서 의무를 부과한 것인지를 심리한 다음 방문판매원이 되기 위한 조건 등으로 물품을 구매하게 한 부분이 있다면 그것이 방문판매법 시행령이 정하는 수준 이상인지를 살펴보고 나서 피고인이 방문판매법에서 금지하는 의무부과행위를 하였다고 판단하였어야 한다.

그럼에도 원심은 이러한 사정을 충분히 심리하지 않은 채 그 판시와 같은 사정만을 들어 피고인에 대한 이 부분 공소사실을 유죄로 인정한 제1심판결을 유지하였으므로, 이 부분 원심판결에는 방문판매법 제11조 제1항 제3호에서 금지하는 의무부과행위에 관한 법리를 오해하여 심리를 다하지 않음으로써 판결에 영향을 미친 위법이 있다.

**제13조(다단계판매업자의 등록 등)** ① 다단계판매업자는 대통령령으로 정하는 바에 따라 다음 각 호의 서류를 갖추어 공정거래위원회 또는 특별시장·광역시장·특별자치시장·도지사·특별자치도지사(이하 "시·도지사"라 한다)에게 등록하여야 한다.

1. 상호·주소, 전화번호 및 전자우편주소(법인인 경우에는 대표자의 성명, 주민등록번호 및 주소를 포함한다) 등을 적은 신청서
2. 자본금이 3억원 이상으로서 대통령령으로 정하는 규모 이상임을 증명하는 서류
3. 제37조에 따른 소비자피해보상보험계약등의 체결 증명서류
4. 후원수당의 산정 및 지급 기준에 관한 서류
5. 재고관리, 후원수당 지급 등 판매의 방법에 관한 사항을 적은 서류
6. 그 밖에 다단계판매자의 신원을 확인하기 위하여 필요한 사항으로서 총리령으로 정하는 서류

② 다단계판매업자는 제1항에 따라 등록한 사항 중 같은 항 제1호부터 제4호까지의 사항이 변경된 경우에는 대통령령으로 정하는 바에 따라 신고하여야 한다.

③ 다단계판매업자는 휴업 또는 폐업을 하거나 휴업 후 영업을 다시 시작할 때에는 대통령령으로 정하는 바에 따라 이를 신고하여야 하며, 폐업을 신고하면 제1항에 따른 등록은 그 효력을 잃는다. 다만, 폐업신고 전 등록취소 요건에 해당되는 경우에는 폐업신고일에 등록이 취소된 것으로 본다.

④ 공정거래위원회 또는 시·도지사는 제2항에 따른 변경신고를 받은 날부터 10일 이내에 신고수리 여부를 신고인에게 통지하여야 한다. 〈신설 2021.4.20.〉

⑤ 공정거래위원회 또는 시·도지사가 제4항에서 정한 기간 내에 신고수리 여부 또는 민원 처리 관련 법령에 따른 처리기간의 연장을 신고인에게 통지하지 아니하면 그 기간(민원 처리 관련 법령에 따라 처리기간이 연장 또는 재연장된 경우에는 해당 처리기간을 말한다)이 끝난 날의 다음 날에 신고를 수리한 것으로 본다. 〈신설 2021.4.20.〉

⑥ 공정거래위원회는 다단계판매업자에 대한 다음 각 호의 정보를 대통령령으로 정하는 바에 따라 공개하여야 한다. 다만, 다단계판매업자의 경영상·영업상 비밀에 관한 사항으로서 공개될 경우 다단계판매업자의 정당한 이익을 현저히 해칠 우려가 있다고 인정되는 정보 및 개인에 관한 사항으로서 공개될 경우 사생활의 비밀 또는 자유를 침해할 우려가 있다고 인정되는 정보의 경우에는 그러하지 아니하다. 〈개정 2021.4.20.〉

1. 제1항에 따라 등록한 사항

2. 그 밖에 공정거래위원회가 공정거래질서 확립 및 소비자보호를 위하여 필요하다고 인정하는 사항

⑦ 공정거래위원회는 제6항에 따른 정보 공개를 위하여 필요한 경우에는 다단계판매업자에게 관련 자료의 제출을 요구할 수 있다. 이 경우 다단계판매업자는 정당한 사유가 없으면 이에 따라야 한다. 〈개정 2021.4.20.〉

## 방문판매등에 관한 법률 위반·유사수신행위의 규제에 관한 법률 위반

[대법원 2013.7.26. 선고, 2011도1264, 판결]

【판결요지】

[1] 구 방문판매 등에 관한 법률(2010. 3. 22. 법률 제10171호로 개정되기 전의 것, 이하 '법'이라고 한다) 제13조 제1항 본문, 제42조 제1항, 제4항 제1호, 제2호, 제3호, 제51조 제1항 제1호, 제2호, 제53조 제1항 제10호, 제11호 및 구 방문판매 등에 관한 법률 시행령(2012. 7. 10. 대통령령 제23947호로 전부 개정되기 전의 것) 제50조 [별표 1]의 내용과 취지에 비추어 보면, 다단계판매업 등록을 마친 사업자 등이 법 제42조 제4항 각 호의 등록취소 사유가 발생한 이후 다단계판매조직을 계속 관리·운영하여 왔다고 하더라도, 위 법령에 따른 시정조치명령·영업정지명령 등의 단계를 거쳐 최종적으로 등록취소 처분을 받지 않는 한, 이를 등록을 하지 않거나 등록이 취소된 상태에서 다단계판매조직을 관리·운용한 것으로 보아 법 제51조 제1항 제1호에 의하여 처벌할 수는 없다.

[2] 독립된 법인격을 갖춘 여러 법인 명의로 다단계판매업을 영위하려는 자가 다단계판매업 등록을 받기 위해서는 법인별로 구 방문판매 등에 관한 법률(2010. 3.

22. 법률 제10171호로 개정되기 전의 것, 이하 '법' 이라고 한다) 제13조 제1항의 등록요건과 법 제14조의 자격요건을 갖추어야 하고, 법인별로 다단계판매업 등록을 하지 아니한 채 각 법인 명의로 다단계판매조직을 개설·관리 또는 운영하는 행위를 한 경우에는 법인별로 법 제51조 제1항 제1호, 제13조 제1항 위반의 죄가 성립하며 이는 서로 실체적 경합관계에 있다. 또한 독립된 법인격을 갖춘 여러 법인 명의로 다단계판매조직을 개설·관리 또는 운영하는 자가 각 법인에 대하여 소비자피해보상보험계약 등을 체결하지 아니한 채 영업을 하거나 각 법인에 소속된 다단계판매원의 등록 또는 자격유지 조건 등으로 과다한 재화 등의 구입 등 부담을 지게 하는 행위를 한 경우에도 법인별로 법 제51조 제1항 제2호, 제23조 제1항 제12호 위반죄와 법 제53조 제1항 제6호, 제22조 제1항 위반죄가 성립하고, 그 각 위반죄는 법인별로 실체적 경합관계에 있다.

## III. 벌칙

**제58조(벌칙)** ① 다음 각 호의 어느 하나에 해당하는 자(제29조제3항에 따라 준용되는 경우를 포함한다)는 7년 이하의 징역 또는 2억원 이하의 벌금에 처한다. 이 경우 다음 각 호의 어느 하나에 해당하는 자가 이 법 위반행위와 관련하여 판매하거나 거래한 대금 총액의 3배에 해당하는 금액이 2억원을 초과할 때에는 7년 이하의 징역 또는 판매하거나 거래한 대금 총액의 3배에 해당하는 금액 이하의 벌금에 처한다.

1. 제13조제1항에 따른 등록을 하지 아니하고(제49조제5항에 따라 등록이 취소된 경우를 포함한다) 다단계판매조직이나 후원방문판매조직을 개설·관리 또는 운영한 자
2. 거짓이나 그 밖의 부정한 방법으로 제13조제1항에 따른 등록을 하고 다단계판매조직이나 후원방문판매조직을 개설·관리 또는 운영한 자
3. 제23조제1항제8호에 따른 금지행위를 한 자
4. 제24조제1항 또는 제2항에 따른 금지행위를 한 자

② 제1항의 징역형과 벌금형은 병과(併科)할 수 있다.

**제59조(벌칙)** ① 다음 각 호의 어느 하나에 해당하는 자는 5년 이하의 징역 또는 1억 5천만원 이하의 벌금에 처한다. 다만, 제29조제3항에 따라 준용되는 경우에는 3년 이하의 징역 또는 1억원 이하의 벌금에 처한다.

1. 제22조제2항을 위반한 자
2. 제23조제1항제1호 또는 제2호에 따른 금지행위를 한 자

3. 제29조제1항에 따른 금지행위를 한 자

② 제1항의 징역형과 벌금형은 병과할 수 있다.

**제60조(벌칙)** ① 다음 각 호의 어느 하나에 해당하는 자는 3년 이하의 징역 또는 1억원 이하의 벌금에 처한다. 다만, 제29조제3항에 따라 준용되는 경우에는 2년 이하의 징역 또는 5천만원 이하의 벌금에 처한다.

1. 제13조제2항 또는 제3항을 위반하여 거짓으로 신고한 자
2. 제15조제5항에 따른 다단계판매원 수첩에 거짓 사실을 기재한 자
3. 제18조제2항을 위반하여 재화등의 대금을 환급하지 아니한 자
4. 제20조제3항 또는 제5항을 위반한 자
5. 제21조제1항 또는 제3항을 위반한 자
6. 제22조제1항 또는 제4항을 위반한 자
7. 제23조제1항제3호·제5호·제7호 또는 제11호에 따른 금지행위를 한 자
8. 제37조제5항을 위반하여 소비자피해보상보험계약등의 체결 또는 유지에 관하여 거짓 자료를 제출한 사업자
9. 제37조제7항을 위반하여 같은 조 제6항에 따른 표지를 사용하거나 이와 비슷한 표지를 제작 또는 사용한 자
10. 제49조제1항에 따른 시정조치명령을 따르지 아니한 자
11. 제49조제4항에 따른 영업정지명령을 위반하여 영업을 한 자

② 제1항의 징역형과 벌금형은 병과할 수 있다.

**제61조(벌칙)** ① 다음 각 호의 어느 하나에 해당하는 자는 2년 이하의 징역 또는 5천만원 이하의 벌금에 처한다.

1. 제11조제1항제1호·제2호 또는 제5호에 해당하는 금지행위를 한 자
2. 제34조제1항제1호·제2호 또는 제5호에 해당하는 금지행위를 한 자

② 제1항의 징역형과 벌금형은 병과할 수 있다.

**제62조(벌칙)** 다음 각 호의 어느 하나에 해당하는 자(제29조제3항에 따라 준용되는 경우를 포함한다)는 1년 이하의 징역 또는 3천만원 이하의 벌금에 처한다. 〈개정 2013.5.28., 2016.3.29., 2021.4.20.〉

1. 제5조제1항을 위반하여 신고를 하지 아니하거나 거짓으로 신고한 자
2. 제11조제1항제3호에 따른 금지행위를 한 자
3. 제12조제1항 또는 제26조제1항을 위반하여 휴업기간 또는 영업정지기간 중에 계속하여야 할 업무를 계속하지 아니한 자

4. 제13조제7항을 위반하여 자료를 제출하지 아니하거나 거짓 자료를 제출한 자
5. 제15조제1항에 따른 등록을 하지 아니하고 실질적으로 다단계판매원으로 활동한 자
6. 제15조제2항제1호 또는 제3호부터 제7호까지의 규정에 따라 다단계판매원으로 등록할 수 없는 자임에도 불구하고 다단계판매원으로 등록한 자
7. 제15조제2항제2호를 위반하여 미성년자를 다단계판매원으로 가입시킨 다단계판매자
8. 제15조제3항에 따른 다단계판매원 등록증에 거짓 사실을 적은 자
9. 제15조제4항을 위반하여 다단계판매원 등록부를 거짓으로 작성한 자
10. 제23조제1항제9호에 따른 금지행위를 한 자
11. 제33조에 따른 재화등의 거래기록 등을 거짓으로 작성한 자

**제63조(벌칙)** 다음 각 호의 어느 하나에 해당하는 자(제29조제3항에 따라 준용되는 경우를 포함한다)는 1천만원 이하의 벌금에 처한다.
1. 제6조제3항을 위반하여 성명 등을 거짓으로 밝힌 자
2. 제7조제2항, 제16조 또는 제30조제2항에 따른 계약서를 발급할 때 거짓 내용이 적힌 계약서를 발급한 자
3. 제11조제1항제4호 또는 제7호에 따른 금지행위를 한 자
4. 제34조제1항제3호·제4호 또는 제7호에 따른 금지행위를 한 자

**제64조(벌칙)** 제64조(벌칙) 제57조제5항에 따라 준용되는 「독점규제 및 공정거래에 관한 법률」 제119조를 위반한 자는 2년 이하의 징역 또는 200만원 이하의 벌금에 처한다. 〈개정 2018.6.12., 2020.12.29.〉

**제65조(양벌규정 등)** ① 법인의 대표자나 법인 또는 개인의 대리인, 사용인, 그 밖의 종업원이 그 법인 또는 개인의 업무에 관하여 제58조부터 제63조까지의 어느 하나에 해당하는 위반행위를 하면 그 행위자를 벌하는 외에 그 법인 또는 개인에게도 해당 조문의 벌금형을 과(科)한다. 다만, 법인 또는 개인이 그 위반행위를 방지하기 위하여 해당 업무에 관하여 상당한 주의와 감독을 게을리하지 아니한 경우에는 그러하지 아니하다.
② 제58조부터 제63조까지의 어느 하나에 해당하는 위반행위를 한 자 또는 제1항에 따라 벌금형이 부과되는 법인 또는 개인이 이미 공정거래위원회 또는 시·도지사의 처분을 받거나 소비자의 피해를 보상한 경우에는 제

58조부터 제63조까지의 규정에 따른 형을 감경하거나 면제할 수 있다.

**제66조(과태료)** ① 사업자 또는 사업자단체가 제1호 또는 제2호에 해당하는 경우에는 3천만원 이하, 제3호에 해당하는 경우에는 5천만원 이하의 과태료를 부과하고, 사업자 또는 사업자단체의 임원 또는 종업원, 그 밖의 이해관계인이 제1호 또는 제2호에 해당하는 경우에는 500만원 이하, 제3호에 해당하는 경우에는 1천만원 이하의 과태료를 부과한다. 〈신설 2018.6.12., 개정 2020.12.29.〉

1. 제57조제2항에 따라 준용되는「독점규제 및 공정거래에 관한 법률」제81조제1항제1호에 따른 출석처분을 받은 당사자 중 정당한 사유 없이 출석하지 아니한 자

2. 제57조제2항에 따라 준용되는「독점규제 및 공정거래에 관한 법률」제81조제1항제3호 또는 같은 조 제6항에 따른 보고 또는 필요한 자료나 물건을 제출하지 아니하거나 거짓으로 보고하거나 거짓 자료나 물건을 제출한 자

3. 제57조제2항에 따라 준용되는 「독점규제 및 공정거래에 관한 법률」제81조제2항 및 제3항에 따른 조사를 거부·방해 또는 기피한 자

② 다음 각 호의 어느 하나에 해당하는 자(제29조제3항에 따라 준용되는 경우를 포함한다)에게는 1천만원 이하의 과태료를 부과한다. 〈개정 2018.6.12.〉

1. 제9조를 위반하여 재화등의 대금을 환급하지 아니하거나 환급에 필요한 조치를 하지 아니한 자

2. 제11조제1항제6호, 제23조제1항제4호 또는 제34조제1항제6호에 따른 금지행위를 한 자

3. 제11조제1항제8호, 제23조제1항제6호 또는 제34조제1항제8호에 따른 금지행위를 한 자

4. 제13조제2항 또는 제3항을 위반하여 신고를 하지 아니한 자

5. 제15조제3항에 따른 다단계판매원 등록증 또는 같은 조 제5항에 따른 다단계판매원 수첩을 발급하지 아니한 자

6. 제15조제4항을 위반하여 다단계판매원 등록부를 작성하지 아니한 자 또는 다단계판매원의 신원을 확인할 수 있도록 하지 아니한 자

7. 제23조제1항제10호에 따른 금지행위를 한 자

8. 제32조를 위반하여 위약금을 과다하게 청구하거나 대금 환급을 거부한 자

9. 제42조제2항을 위반하여 소비자에게 전화권유판매를 한 자

10. ~ 12. 삭제 〈2018.6.12.〉

③ 다음 각 호의 어느 하나에 해당하는 자(제29조제3항에 따라 준용되는 경우를 포함한다)에게는 500만원 이하의 과태료를 부과한다. 〈개정 2018.6.12.〉

1. 제5조제2항 및 제3항에 따른 신고를 하지 아니하거나 거짓으로 신고한 자

2. 제6조제1항을 위반하여 방문판매원등의 명부를 작성하지 아니하거나 같은 조 제2항을 위반하여 방문판매원의 신원을 확인할 수 있도록 하지 아니한 자 또는 같은 조 제3항을 위반하여 성명 등을 밝히지 아니한 자

3. 제7조제2항, 제16조 또는 제30조제2항에 따른 계약서를 발급하지 아니한 자

3의2. 제7조의2제1항을 위반하여 소비자의 동의를 받아 통화내용 중 계약에 관한 사항을 계약일부터 3개월 이상 보존하지 아니하거나 같은 조 제2항을 위반하여 소비자의 통화내용 열람 요청을 따르지 아니한 자

4. 제20조제2항을 위반하여 후원수당의 산정 및 지급 기준을 변경한 자

5. 제20조제4항을 위반하여 후원수당의 산정·지급 명세 등의 열람을 허용하지 아니한 자

6. 제30조제3항을 위반하여 소비자에게 계약 종료일을 통지하지 아니한 자

7. 제33조에 따른 재화등의 거래기록 등을 소비자가 열람할 수 있도록 하지 아니한 자

④ 제57조제1항에 따라 준용되는 「독점규제 및 공정거래에 관한 법률」 제66조를 위반하여 질서유지의 명령을 따르지 아니한 자에게는 100만원 이하의 과태료를 부과한다. 〈개정 2018. 6. 12., 2020. 12. 29.〉

⑤ 제1항부터 제4항까지에 따른 과태료는 행정청이 부과·징수한다. 다만, 다단계판매 및 후원방문판매와 관련된 규정에 따른 과태료는 공정거래위원회 또는 시·도지사가 부과·징수한다. 〈개정 2018. 6. 12.〉

⑥ 제1항부터 제4항까지에 따른 과태료의 부과기준은 대통령령으로 정한다. 〈개정 2018.6.12.〉

**제67조(과태료에 관한 규정 적용의 특례)** 제66조의 과태료에 관한 규정을 적용할 때 제51조에 따라 과징금을 부과한 행위에 대해서는 과태료를 부과할 수 없다.
[본조신설 2017.11.28.]

## Ⅳ. 기재례

**【범죄사실 기재례】**

피의자 김○○은 서울시 ○○구 ○○동 123번지에 있는 ○○빌딩 2층(60㎡)에 사무실을 임차하여 '△△통신'이라는 상호로 전화카드를 판매하고 있다.

피의자는 위 전화카드를 판매함에 있어 ○○구청장에게 등록하지 않은 채 전화카드 10매를 기준으로 100만원을 구입하면 회원으로 가입되고, 단계적으로 하위에 회원을 가입시키면 1명당 5만원의 후원수당을 지급하고, 하위에 10명 이상의 회원이 가입되면 월 판매 수익금 3%를, 100명 이상은 5%를 매월 지급하며, 하위 5대 이상의 단계가 이루어지면 4대 모든 회원들의 월수입 10% 상당하는 수당을 지급하겠다는 등 약 10종류의 보너스 수당을 지급한다는 허위 광고를 하였다.

그리고 20○○. ○. ○.경 서울시 ○○구 ○○동 234번지에 있는 고소인 이○○의 사무실에서 위 고소인에게 "사무실만 확보하면 ○○지사장을 지켜주겠으니 회원으로 가입하라"고 하면서 가입비로 10만원을 받고 다단계 판매원으로 가입시킨 후 하위에 약 30명의 회원을 가입시키도록 하는 방법으로 피의자 하위에 1대 3개 라인의 다단계 판매조직을 만들어 총 3개 라인에 300여명의 다단계 판매원을 모집하여 ○○○○만원 상당의 가입비를 받아 이를 편취하고, 위와 같은 방법으로 등록을 하지 아니하고 다단계 판매조직을 개설·관리·운영하였다.

**[서식]** 방문판매업 신고증

제        호

# 방문판매업 신고증

1. 상호

2. 소재지

3. 대표자의 성명

4. 대표자의 생년월일(남·여)

5. 전자우편주소

「방문판매 등에 관한 법률 시행령」 제8조제3항 및 같은 법 시행규칙 제5조제2항에 따라 방문판매업을 신고하였음을 증명합니다.

년        월        일

**공정거래위원회**
**특별자치시장·특별자치도지사**     직인
**시장·군수·구청장**

210mm× 297mm[ 백상지 120g/㎡ ]

[서식] 다단계판매업 등록증

# 다단계판매업 등록증

1. 등록번호

2. 상호

3. 소재지

4. 대표자의 성명

5. 대표자의 생년월일(남·여)

6. 전자우편주소

「방문판매 등에 관한 법률 시행령」 제20조제2항 및 같은 법 시행규칙 제11조제2항에 따라 위와 같이 다단계판매업을 등록하였음을 증명합니다.

년    월    일

**공정거래위원회**
**특별시장·광역시장·특별자치시장·**
**도지사·특별자치도지사**

직인

210mm× 297mm[백상지 120g/㎡]

**[서식] 후원방문판매업 등록증**

# 후원방문판매업 등록증

1. 등록번호

2. 상호

3. 소재지

4. 대표자의 성명

5. 대표자의 생년월일(남·여)

6. 전자우편주소

「방문판매 등에 관한 법률 시행령」 제20조제2항 및 같은 법 시행규칙 제11조제2항에 따라 위와 같이 후원방문판매업을 등록하였음을 증명합니다.

년    월    일

**공정거래위원회**
**특별시장·광역시장·특별자치시장·**
**도지사·특별자치도지사**

| 직인 |
| --- |

210mm× 297mm[백상지 120g/㎡]

# 변호사법

[시행 2021. 1. 5.] [법률 제17828호, 2021. 1. 5., 일부개정]

## Ⅰ. 개설

### 사명과 직무

① 변호사는 기본적 인권을 옹호하고 사회정의를 실현함을 사명으로 한다.

② 변호사는 그 사명에 따라 성실히 직무를 수행하고 사회질서 유지와 법률제도 개선에 노력하여야 한다.

변호사는 당사자와 그 밖의 관계인의 위임이나 국가·지방자치단체와 그 밖의 공공기관(이하 "공공기관"이라 한다)의 위촉 등에 의하여 소송에 관한 행위 및 행정처분의 청구에 관한 대리행위와 일반 법률 사무를 하는 것을 그 직무로 한다.

## Ⅱ. 판례

**제3조(변호사의 직무)** 변호사는 당사자와 그 밖의 관계인의 위임이나 국가·지방자치단체와 그 밖의 공공기관(이하 "공공기관"이라 한다)의 위촉 등에 의하여 소송에 관한 행위 및 행정처분의 청구에 관한 대리행위와 일반 법률 사무를 하는 것을 그 직무로 한다.

[전문개정 2008.3.28.]

### '법률상담' 과 '법률사무' 의 범위

[대법원 2018. 8. 1., 선고, 2016다242716, 242723, 판결]

【판결요지】

[1] 변호사법 제3조는 '일반 법률사무' 를 변호사의 직무 중의 하나로 규정하고 있고, 제109조 제1호는 변호사가 아닌 자가 대리나 법률상담 등의 방법으로 법률사무를 취급하는 경우 이를 처벌하도록 규정하고 있다. 이처럼 변호사가 아닌 자가 법률사무의 취급에 관여하는 것을 금지함으로써 변호사제도를 유지하고자 하는 변호사법 제109조 제1호의 규정 취지에 비추어 보면, 위 법조에서 말하는 '법률상담' 에는 법적 분쟁에 관련되는 실체적, 절차적 사항에 관하여 조언 또는 정보를 제공하거나 그 해결에 필요한 법적, 사실적의 문제에 관하여 조언, 조력을 하

는 행위가 포함된다. 또한 같은 법조에서 말하는 '법률사무' 는 법률상의 효과를 발생·변경·소멸시키는 사항의 처리와 법률상의 효과를 보전하거나 명확하게 하는 사항의 처리를 뜻한다고 보아야 한다. 여기에는 부동산 권리관계 또는 부동산등기기록에 등재된 권리관계의 법적 효과에 해당하는 권리의 득실·변경이나 충돌 여부, 우열관계 등을 분석하는 이른바 '권리분석업무' 가 포함되고, 경매대상 부동산에 대하여 필요한 자료를 제시하고 그 권리관계나 거래 또는 이용제한 사항 등을 확인·설명해 주며 그 경제적 가치에 관하여 정보를 제공하고 조언하는 것을 내용으로 하는 경매대상 부동산에 대한 권리분석도 포함된다.

[2] 법무사법 제2조 제1항 제5호 및 제7호는 '민사집행법에 따른 경매사건에서의 재산취득에 관한 상담, 매수신청의 대리' 및 이를 위해 필요한 상담·자문 등의 부수되는 사무를 법무사의 업무 중 하나로 규정하고 있고, 제3조 제1항은 법무사가 아닌 자가 제2조에 따른 사무를 업으로 하지 못한다고 규정하고 있으며, 제74조 제1항 제1호는 제3조를 위반한 경우 이를 처벌하도록 규정하고 있다. 법무사 아닌 자가 법무사의 사무를 업으로 하는 것 등을 금지함으로써 법무사제도를 유지하고자 하는 법무사법 제3조 제1항 및 제74조 제1항 제1호의 규정 취지에 비추어 보면, 법무사법 제2조 제1항 제5호 및 제7호에서 말하는 '경매사건에서의 재산취득에 관한 상담' 등 및 이에 부수된 사무에는 권리분석, 현황 또는 공부 등의 조사, 적정 매수가격의 제시, 정보 제공 등의 업무가 포함된다고 볼 수 있다.

[3] 변호사법 제109조 제1호와 법무사법 제3조 제1항 및 제74조 제1항 제1호는 모두 강행법규이고, 이를 위반하는 내용을 목적으로 하는 계약은 그 자체가 반사회적 성질을 띠게 되어 사법적 효력도 부정된다.

**제7조(자격등록)** ① 변호사로서 개업을 하려면 대한변호사협회에 등록을 하여야 한다.

② 제1항의 등록을 하려는 자는 가입하려는 지방변호사회를 거쳐 등록신청을 하여야 한다.

③ 지방변호사회는 제2항에 따른 등록신청을 받으면 해당 변호사의 자격 유무에 관한 의견서를 첨부할 수 있다.

④ 대한변호사협회는 제2항에 따른 등록신청을 받으면 지체 없이 변호사 명부에 등록하고 그 사실을 신청인에게 통지하여야 한다.

[전문개정 2008.3.28.]

## 손해배상(기)

[대법원 2021. 1. 28., 선고, 2019다260197, 판결]

【판결요지】

[1] 공법인이 국가로부터 위탁받은 공행정사무를 집행하는 과정에서 공법인의 임직원이나 피용인이 고의 또는 과실로 법령을 위반하여 타인에게 손해를 입힌 경우에는, 공

법인은 위탁받은 공행정사무에 관한 행정주체의 지위에서 배상책임을 부담하여야 하지만, 공법인의 임직원이나 피용인은 실질적인 의미에서 공무를 수행한 사람으로서 국가배상법 제2조에서 정한 공무원에 해당하므로 고의 또는 중과실이 있는 경우에만 배상책임을 부담하고 경과실이 있는 경우에는 배상책임을 면한다. 한편 공무원의 중과실이란 공무원에게 통상 요구되는 정도의 상당한 주의를 하지 않더라도 약간의 주의를 한다면 손쉽게 위법·유해한 결과를 예견할 수 있는 경우임에도 만연히 이를 간과한 경우와 같이, 거의 고의에 가까운 현저한 주의를 결여한 상태를 의미한다.

[2] 변호사법의 변호사등록 관련 규정들의 내용과 체계에다가, 변호사등록의 '자격제도'로서의 성격, 입법자가 사회적 필요 내지 공익적 요구에 상응하여 변호사법 제8조 제1항 각호의 등록거부사유를 새롭게 추가하여 왔던 입법 연혁 등을 종합하여 보면, 변호사법 제8조 제1항 각호에서 정한 등록거부사유는 한정적 열거규정으로 봄이 타당하다.

[3] 甲이 선고유예 판결의 확정으로 변호사등록이 취소되었다가 선고유예기간이 경과한 후 대한변호사협회에 변호사 등록신청을 하였는데, 협회장 乙이 등록심사위원회에 甲에 대한 변호사등록 거부 안건을 회부하여 소정의 심사과정을 거쳐 대한변호사협회가 甲의 변호사등록을 마쳤고, 이에 甲이 대한변호사협회 및 협회장 乙을 상대로 변호사 등록거부사유가 없음에도 위법하게 등록심사위원회에 회부되어 변호사등록이 2개월간 지연되었음을 이유로 손해배상을 구한 사안에서, 대한변호사협회는 등록신청인이 변호사법 제8조 제1항 각호에서 정한 등록거부사유에 해당하는 경우에만 변호사등록을 거부할 수 있고, 그 외 다른 사유를 내세워 변호사등록을 거부하거나 지연하는 것은 허용될 수 없는데, 甲의 선고유예 판결에 따른 결격사유 이외에 변호사법이 규정한 다른 등록거부사유가 있는지 여부를 짧은 시간 안에 명백하게 확인할 수 있었음에도 그러한 확인절차를 거치지 않은 채 단순한 의심만으로 변호사등록 거부 안건을 등록심사위원회에 회부하고, 여죄 유무를 추궁한다며 등록심사기간을 지연시킨 것에 관하여 협회장 乙 및 등록심사위원회 위원들의 과실이 인정되므로, 대한변호사협회는 이들이 속한 행정주체의 지위에서 배상책임을 부담하여야 하고, 甲에게 변호사등록이 위법하게 지연됨으로 인하여 얻지 못한 수입 상당액의 손해를 배상할 의무가 있는 반면, 乙은 대한변호사협회의 장(長)으로서 국가로부터 위탁받은 공행정사무인 '변호사등록에 관한 사무'를 수행하는 범위 내에서 국가배상법 제2조에서 정한 공무원에 해당하므로 경과실 공무원의 면책 법리에 따라 甲에 대한 배상책임을 부담하지 않는다고 한 사례.

**제24조(품위유지의무 등)** ① 변호사는 그 품위를 손상하는 행위를 하여서는 아니 된다.

② 변호사는 그 직무를 수행할 때에 진실을 은폐하거나 거짓 진술을 하여서는 아니 된다.

[전문개정 2008.3.28.]

# 손해배상

[대법원 2022. 11. 17., 선고, 2018다300364, 판결]

【판결요지】

[1] 변호사의 신분적 지위와 직무수행의 방법과 한계, 의뢰인에 대한 의무의 목적과 성격 등을 종합하면, 변호사는 의뢰인이나 그의 대리인으로부터 위임된 소송의 소송물 또는 공격방어방법, 후속 분쟁 발생 가능성 등의 측면에서 위임사무 수행과 밀접하게 관련된 법률적 문제에 관하여 구체적인 질의를 받은 경우에는, 그것이 직접적인 수임사무는 아니더라도 해당 질의 사항이 가지고 있는 법률적인 문제점, 그들의 선택에 따라 향후 발생할 수 있는 상황과 현재 수행하는 소송에 미칠 영향, 만일 형사처벌이 문제 될 여지가 있다면 그 위험성 등을 당시 인식할 수 있었던 상황과 법률전문가로서 통상적으로 갖추고 있는 법률지식의 범위에서 성실히 답변하여야 한다. 그리고 만약 그러한 질의 사항이 자신의 법률지식과 경험 범위를 벗어난 것이어서 답변하기 어렵다고 판단되거나 그에 관하여 일반적이거나 확립된 견해와 다른 입장을 갖고 있다면, 의뢰인이나 그의 대리인에게 다른 법률전문가에게도 상담을 받도록 조언하거나 적어도 이를 알림으로써 숙고하여 선택할 수 있는 기회를 부여해야 한다. 변호사가 의뢰인이나 그의 대리인에 대하여 부담하는 위와 같은 의무를 위반한 경우, 개별 사안에서 질의와 답변의 경위나 내용, 동기나 의도, 침해된 이익의 성격과 정도 등 여러 사정을 종합하여 볼 때 변호사의 행위가 전문적·합목적적 재량에 유보된 영역의 것이 아니고 변호사 직무의 공공성과 윤리성, 사회적 책임성 등에 비추어 위법하다고 평가할 수 있는 때에는 불법행위가 성립할 수 있다.

[2] 甲으로부터 포괄적으로 대리권을 수여받아 乙 법무법인에 甲 소유 부동산의 매매계약 관련 선행소송의 대리사무를 위임한 丙이 乙 법인의 대표변호사이자 선행소송의 담당변호사인 丁에게 선행소송 계속 중 위 부동산을 제3자에게 처분하는 것이 적법한지 문의하여 丁으로부터 아무런 문제가 없다는 답변을 듣고 위 부동산을 제3자에게 처분하였는데, 그 후 이로 인해 甲과 丙이 배임죄로 형사처벌을 받게 되자 丁을 상대로 불법행위에 따른 손해배상을 구한 사안에서, 丁은 위 부동산 처분이 소송물이나 공격방어방법에 영향을 미칠 가능성 등을 설명하는 한편, 대법원의 확립된 입장에 따를 경우 배임죄로 형사처벌을 받을 가능성도 있음을 법률전문가의 입장에서 성실히 고지해 주었어야 하는데도 선행소송 제1심에서 패소한 이후에도 만연히 승소를 장담하면서 위 부동산을 매도하는 것에 아무런 법적 문제가 없다고 대답하였고 형사처벌의 가능성은 언급조차 하지 않았는데, 이 때문에 丁의 답변을 신뢰한 甲과 丙이 위 부동산 처분으로 형사처벌을 받아 정신적 고통을 겪게 되었으므로, 위와 같은 丁의 답변행위는 그 경위나 내용, 침해된 甲과 丙의 이익의 성격과 내용 등에 비추어 소송대리사무를 수행하는 변호사가 보유하는 전문적·합목적적 재량에 유보된 영역의 것이라고 볼 수 없고, 오히려 변호사 직무의 공공성과 윤리성, 사회적 책임성 등에 현저히 반하는 것이어서 위법하므로 불법행위에 해당한다고 한 사례.

## III. 벌칙

> **제109조(벌칙)** 다음 각 호의 어느 하나에 해당하는 자는 7년 이하의 징역 또는 5천만원 이하의 벌금에 처한다. 이 경우 벌금과 징역은 병과(併科)할 수 있다.
>
> 　　1. 변호사가 아니면서 금품·향응 또는 그 밖의 이익을 받거나 받을 것을 약속하고 또는 제3자에게 이를 공여하게 하거나 공여하게 할 것을 약속하고 다음 각 목의 사건에 관하여 감정·대리·중재·화해·청탁·법률상담 또는 법률 관계 문서 작성, 그 밖의 법률사무를 취급하거나 이러한 행위를 알선한 자
>
> 　　　가. 소송 사건, 비송 사건, 가사 조정 또는 심판 사건
>
> 　　　나. 행정심판 또는 심사의 청구나 이의신청, 그 밖에 행정기관에 대한 불복신청 사건
>
> 　　　다. 수사기관에서 취급 중인 수사 사건
>
> 　　　라. 법령에 따라 설치된 조사기관에서 취급 중인 조사 사건
>
> 　　　마. 그 밖에 일반의 법률사건
>
> 　　2. 제33조 또는 제34조(제57조, 제58조의16 또는 제58조의30에 따라 준용되는 경우를 포함한다)를 위반한 자
>
> [전문개정 2008.3.28.]

> **제110조(벌칙)** 변호사나 그 사무직원이 다음 각 호의 어느 하나에 해당하는 행위를 한 경우에는 5년 이하의 징역 또는 3천만원 이하의 벌금에 처한다. 이 경우 벌금과 징역은 병과할 수 있다.
>
> 　　1. 판사·검사, 그 밖에 재판·수사기관의 공무원에게 제공하거나 그 공무원과 교제한다는 명목으로 금품이나 그 밖의 이익을 받거나 받기로 한 행위
>
> 　　2. 제1호에 규정된 공무원에게 제공하거나 그 공무원과 교제한다는 명목의 비용을 변호사 선임료·성공사례금에 명시적으로 포함시키는 행위
>
> [전문개정 2008.3.28.]

> **제111조(벌칙)** ① 공무원이 취급하는 사건 또는 사무에 관하여 청탁 또는 알선을 한다는 명목으로 금품·향응, 그 밖의 이익을 받거나 받을 것을 약속한 자 또는 제3자에게 이를 공여하게 하거나 공여하게 할 것을 약속한 자는 5년 이하의 징역 또는 1천만원 이하의 벌금에 처한다. 이 경우

벌금과 징역은 병과할 수 있다.

② 다른 법률에 따라 「형법」 제129조부터 제132조까지의 규정에 따른 벌칙을 적용할 때에 공무원으로 보는 자는 제1항의 공무원으로 본다.

[전문개정 2008.3.28.]

**제112조(벌칙)** 다음 각 호의 어느 하나에 해당하는 자는 3년 이하의 징역 또는 2천만원 이하의 벌금에 처한다. 이 경우 벌금과 징역은 병과할 수 있다. 〈개정 2011.5.17.〉

1. 타인의 권리를 양수하거나 양수를 가장하여 소송·조정 또는 화해, 그 밖의 방법으로 그 권리를 실행함을 업(業)으로 한 자
2. 변호사의 자격이 없이 대한변호사협회에 그 자격에 관하여 거짓으로 신청하여 등록을 한 자
3. 변호사가 아니면서 변호사나 법률사무소를 표시 또는 기재하거나 이익을 얻을 목적으로 법률 상담이나 그 밖의 법률사무를 취급하는 뜻을 표시 또는 기재한 자
4. 대한변호사협회에 등록을 하지 아니하거나 제90조제3호에 따른 정직 결정 또는 제102조제2항에 따른 업무정지명령을 위반하여 변호사의 직무를 수행한 변호사
5. 제32조(제57조, 제58조의16 또는 제58조의30에 따라 준용되는 경우를 포함한다)를 위반하여 계쟁권리를 양수한 자
6. 제44조제2항(제58조의16이나 제58조의30에 따라 준용되는 경우를 포함한다)을 위반하여 유사 명칭을 사용한 자
7. 제77조의2 또는 제89조의8을 위반하여 비밀을 누설한 자

[전문개정 2008.3.28.]

**제113조(벌칙)** 다음 각 호의 어느 하나에 해당하는 자는 1년 이하의 징역 또는 1천만원 이하의 벌금에 처한다. 〈개정 2011.5.17., 2017.3.14.〉

1. 제21조의2제1항을 위반하여 법률사무소를 개설하거나 법무법인·법무법인(유한) 또는 법무조합의 구성원이 된 자
2. 제21조의2제3항(제31조의2제2항에 따라 준용하는 경우를 포함한다)에 따른 확인서를 거짓으로 작성하거나 거짓으로 작성된 확인서를 제출한 자
3. 제23조제2항제1호 및 제2호를 위반하여 광고를 한 자
4. 조세를 포탈하거나 수임제한 등 관계 법령에 따른 제한을 회피하기 위하여 제29조의2(제57조, 제58조의16 또는 제58조의30에 따라 준용되

는 경우를 포함한다)를 위반하여 변호하거나 대리한 자

  5. 제31조제1항제3호(제57조, 제58조의16 또는 제58조의30에 따라 준용되는 경우를 포함한다)에 따른 사건을 수임한 변호사

  6. 제31조의2제1항을 위반하여 사건을 단독 또는 공동으로 수임한 자

  7. 제37조제1항(제57조, 제58조의16 또는 제58조의30에 따라 준용되는 경우를 포함한다)을 위반한 자

[전문개정 2008.3.28.]

**제114조(상습범)** 상습적으로 제109조제1호, 제110조 또는 제111조의 죄를 지은 자는 10년 이하의 징역에 처한다.

[전문개정 2008.3.28.]

**제115조(법무법인 등의 처벌)** ① 법무법인·법무법인(유한) 또는 법무조합의 구성원이나 구성원 아닌 소속 변호사가 제51조를 위반하면 500만원 이하의 벌금에 처한다.

② 법무법인, 법무법인(유한) 또는 법무조합의 구성원이나 구성원이 아닌 소속 변호사가 그 법무법인, 법무법인(유한) 또는 법무조합의 업무에 관하여 제1항의 위반행위를 하면 그 행위자를 벌하는 외에 그 법무법인, 법무법인(유한) 또는 법무조합에게도 같은 항의 벌금형을 과(科)한다. 다만, 법무법인, 법무법인(유한) 또는 법무조합이 그 위반행위를 방지하기 위하여 해당 업무에 관하여 상당한 주의와 감독을 게을리하지 아니한 경우에는 그러하지 아니하다. 〈개정 2012.1.17.〉

[전문개정 2008.3.28.]

**제116조(몰수·추징)** 제34조(제57조, 제58조의16 또는 제58조의30에 따라 준용되는 경우를 포함한다)를 위반하거나 제109조제1호, 제110조, 제111조 또는 제114조의 죄를 지은 자 또는 그 사정을 아는 제3자가 받은 금품이나 그 밖의 이익은 몰수한다. 이를 몰수할 수 없을 때에는 그 가액을 추징한다.

[전문개정 2008.3.28.]

**제117조(과태료)** ① 제89조의4제1항·제2항 및 제89조의5제2항을 위반하여 수임 자료와 처리 결과에 대한 거짓 자료를 제출한 자에게는 2천만원 이하의 과태료를 부과한다. 〈신설 2013.5.28.〉

② 다음 각 호의 어느 하나에 해당하는 자에게는 1천만원 이하의 과태료를

부과한다. 〈개정 2011.5.17., 2013.5.28.〉

1. 제21조의2제5항(제21조의2제6항에 따라 위탁하여 사무를 처리하는 경우를 포함한다)에 따른 개선 또는 시정 명령을 받고 이에 따르지 아니한 자

1의2. 제22조제2항제1호, 제28조의2, 제29조, 제35조 또는 제36조(제57조, 제58조의16 또는 제58조의30에 따라 준용되는 경우를 포함한다)를 위반한 자

2. 제28조에 따른 장부를 작성하지 아니하거나 보관하지 아니한 자

3. 정당한 사유 없이 제29조의2(제57조, 제58조의16 또는 제58조의30에 따라 준용되는 경우를 포함한다)를 위반하여 변호하거나 대리한 자

4. 삭제 〈2017.3.14.〉

5. 제58조의9제2항을 위반하여 대차대조표를 제출하지 아니한 자

6. 제58조의21제1항을 위반하여 규약 등을 제출하지 아니한 자

7. 제58조의21제2항에 따른 서면을 비치하지 아니한 자

8. 제89조의4제1항·제2항 및 제89조의5제2항을 위반하여 수임 자료와 처리 결과를 제출하지 아니한 자

③ 다음 각 호의 어느 하나에 해당하는 자에게는 500만원 이하의 과태료를 부과한다. 〈개정 2013.5.28., 2017.3.14.〉

1. 제85조제1항을 위반하여 연수교육을 받지 아니한 자

2. 제89조제2항에 따른 윤리협의회의 요구에 정당한 이유 없이 따르지 아니하거나 같은 항에 따른 현장조사를 정당한 이유 없이 거부·방해 또는 기피한 자

④ 제1항부터 제3항까지에 따른 과태료는 대통령령으로 정하는 바에 따라 지방검찰청검사장이 부과·징수한다. 〈개정 2013.5.28.〉

⑤ 삭제 〈2017.12.12.〉

⑥ 삭제 〈2017.12.12.〉

⑦ 삭제 〈2017.12.12.〉

[전문개정 2008.3.28.]

## Ⅳ. 기재례

### 【범죄사실 기재례】

피의자는 20○○. ○. ○. 14 : 00경 서울 서초구 서초동에

있는 아담커피숍에서 피해자 김○○으로부터 그의 아들인 김○○이 강간죄로 구속되어 서울지방검찰청 제333호 검사실에서 수사중이니 수사검사에게 청탁하여 석방되도록 하여 달라는 부탁을 받고, 위 333호 검사는 피의자와 잘 아는 사이이니 틀림없이 석방되도록 하여 주겠다고 말하고 위 김○○으로부터 즉석에서 교제비 명목으로 300만원을 교부받아 공무원이 취급하는 사건에 관하여 청탁한다는 명목으로 돈을 교부받았다.

### 【적용실례】

〈청탁을 거짓말하여 금원을 받은 경우〉

당초 수사기관 등에 청탁해 줄 의사가 전혀 없으면서 청탁해 주겠다고 거짓말하고 금원을 받은 경우

➡ 이 경우에는 변호사법 위반이 아니라 사기죄가 성립된다. 따라서 그 의사여부에 대하여 철저히 조사해야 한다.

〈변호사법 위반의 알선한 경우〉

피의자 홍○○이 상피의자 이○○를 통하여 유선방송 사업허가를 내어 달라는 부탁을 받고 소외 유○○으로부터 청탁명목으로 금 200만원을 받아 이를 그대로 위 이○○에게 전달한 경우

➡ 피의자 홍○○이 위 이○○와 공모하여 공동정범이 인정되지 않는 이상 위 금원을 취득한 바 없으므로 변호사법 위반의 단독정범이 성립되지 않고 다만 위 이○○의 변호사법 위반행위에 알선 또는 중계한 행위로서 그 범행을 용이하게 하여 방조한 것으로 의율하는 것이 타당하다.

〈사기죄와 변호사법과의 관계〉

➡ "피해자에게 블록 강도시험필증을 관계기관에 부탁하여 얻어주겠다고 하고 금 ○○○원을 교부 받았다"라는 사안에 대하여 변호사법 위반 및 사기죄로 의율하였으나 변호사법 위반은 청탁의 명목으로 금품을 수수하는 것으로서 청탁해 줄 의사가 있었을 경우 성립하는 것이고 사기는 그러한 의사없이 청탁을 빙자하여 금원을 수수하는 것이므로 양자의 관계는 한 죄가 성립하면 다른 죄는 성립하는 것이 아님에도 양자를 모두 의율할 수 없음.

〈공무원에게 부탁하여 가족관계등록부를 위조케 한 사례로 지불한 경우〉

➡ 피의자가 타인으로부터 그의 가족관계등록부상 연령 정정을 해달라는 부탁을 받고 법원에 정정신청을 내었다가 기각되자 가족관계등록부담당 공무원인 상피의자에게 부탁하여 가족관계등록부를 임의로 위조케 한 후 그에 대한 사례금조로 금 ○○○원을 주었다면 피의자는 위 가족관계등록부를 임의로 위조케 한 데 대한 공모공동정범이 성립되고 또한 뇌물공여죄가 별도로 성립하므로 변호사법 위반 외에 이 부분도 추가로 입건해야 할 것임.

〈가압류 등을 위한 비용을 소비한 사안〉

➡ 피의자가 금품이나 향응 등 이익을 받거나 받기로 약속한 사실이 없고 법무사에게 전달할 비용을 소비한 것이므로 횡령죄에 의율함이 상당하다.

〈도로개설사업을 군개발사업으로 책정되도록 하여 달라고 부탁하고 금 50만원을 교부한 사안〉

➡ 피의자 이○○은 뇌물공여로, 동 김○○은 사기로 각 의율하였으나, 본건 사업은 군수가 직권으로 결정하고 면장은 이에 관여할 수 없고, 단지 면장이 군실무자들에게 교섭하여 달라는 명목이었으므로, 면장이 그 직무에 관련하여 금품을 받은 것도 아니고 면장이 위 돈을 받은 후 실무자들에게 부탁한 사실도 있어 면장만을 변호사법 위반으로 의율하면 족하고 이장은 뇌물공여에 해당되지 않으므로 이를 뇌물공여로 의율할 수 없음.

〈금원을 갹출하고 청탁한 경우〉

➡ 피의자의 아들도 입건되어 있으므로 같이 입건되어 있는 아이들의 부모들과 협의를 한 후 금원을 갹출하여 청탁하려는 것으로, 피의자와 관계없는 타인의 일에 관한 것이 아니므로, 피의자의 행위를 변호사법 위반에 해당되는 행위라 할 수 없음.

〈채권자인 피의자가 채무자로부터 "상속을 받을 수 있도록 도와 달라"는 부탁을 받고 채무자를 위하여 고소인에게 "빨리 채무자의 상속지분을 분할해 주어라"는 식의 편지(최고서)를 보낸 사안〉

➡ 피의자는 아무런 이득을 본 것도 없고, 위와 같은 편지는 변호사가 아니라도 할 수 있는 것이므로 위 사실만 가지고서는 변호사법 위반이 된다고 볼 수 없음.

# 병 역 법

[시행 2024. 8. 7.] [법률 제20191호, 2024. 2. 6., 일부개정]

## Ⅰ. 개설

### 목적

이 법은 대한민국 국민의 병역의무에 관하여 규정함을 목적으로 한다.

## Ⅱ. 판례

**제6조(병역의무부과 통지서의 송달)** ① 지방병무청장(병무지청장을 포함한다. 이하 이 조에서 같다)은 병역의무자에게 병역의무를 부과하는 통지서(이하 "병역의무부과 통지서"라 한다)를 우편 또는 교부의 방법이나 정보통신망을 이용하여 송달(이하 "전자송달"이라 한다)하여야 한다. 〈개정 2010.1.25.〉

② 병역의무부과 통지서는 병역의무를 이행하는 날부터 30일 전까지 송달되어야 한다. 다만, 병력동원훈련, 전시근로소집점검 등 대통령령으로 정하는 경우에는 7일 전까지 송달되어야 한다. 〈신설 2017.11.28.〉

③ 제2항에도 불구하고 천재지변이나 전시·사변, 그 밖에 불가피한 사유로 대통령령으로 정하는 경우에는 송달기한을 대통령령으로 달리 정할 수 있다. 〈신설 2017.11.28.〉

④ 지방병무청장은 제1항에 따라 병역의무부과 통지서를 송달한 경우에는 그 수령증을 받아야 한다. 다만, 병역의무부과 통지서를 등기우편으로 보낸 경우에는 수령사실의 확인으로, 전자송달인 경우에는 병역의무자가 지정한 전자우편주소에 입력하는 등 대통령령으로 정하는 방법으로 이를 갈음할 수 있다. 〈신설 2010.1.25., 2017.11.28.〉

⑤ 병역의무자가 없으면 세대주, 가족 중 성년자, 고용주(雇用主) 또는 본인이 선정한 통지서 수령인(受領人)에게 송달하여야 하며, 통지서를 받은 사람은 지체 없이 병역의무자에게 전달하여야 한다. 이 경우 병역의무부과 통지서는 전단에 규정된 사람에게 송달된 때에 병역의무자에게 송달된 것으로 본다. 〈개정 2010.1.25., 2017.11.28.〉

⑥ 제1항부터 제5항까지의 규정에 따라 병역의무부과 통지서를 송달할 때에 특

별히 필요하다고 인정되어 병무청장이 정하는 통지서와 반송된 통지서는 「민사소송법」 중 송달에 관한 규정을 준용하여 우편법령에 따른 특별한 송달의 방법으로 송달할 수 있다. 〈개정 2010.1.25., 2017.11.28.〉

⑦ 전자송달은 대통령령으로 정하는 바에 따라 병역의무부과 통지서의 송달을 받아야 할 자가 동의하는 경우에 한하여 송달한다. 〈신설 2010.1.25., 2017.11.28.〉

⑧ 제7항에도 불구하고 정보통신망의 장애로 전자송달이 불가능한 경우, 그 밖에 대통령령으로 정하는 사유가 있는 경우에는 우편 또는 교부의 방법으로 송달할 수 있다. 〈신설 2010.1.25., 2017.11.28.〉

⑨ 제1항에 따른 병역의무부과 통지서의 전자송달 절차 등에 필요한 사항은 대통령령으로 정한다. 〈신설 2010.1.25., 2017.11.28.〉

[전문개정 2009.6.9.]

## 병역법위반

[대법원 2009. 6. 25., 선고, 2009도3387, 판결]

【판결요지】

병역의무부과통지서인 현역입영통지서는 그 병역의무자에게 이를 송달함이 원칙이고(병역법 제6조 제1항 참조), 이러한 송달은 병역의무자의 현실적인 수령행위를 전제로 하고 있다고 보아야 하므로, 병역의무자가 현역입영통지의 내용을 이미 알고 있는 경우에도 여전히 현역입영통지서의 송달은 필요하고 ( 대법원 1997. 5. 23. 선고 96누5094 판결, 대법원 2004. 4. 9. 선고 2003두13908 판결 등 참조), 다른 법령상의 사유가 없는 한 병역의무자로부터 근거리에 있는 책상 등에 일시 현역입영통지서를 둔 것만으로는 병역의무자의 현실적인 수령행위가 있었다고 단정할 수 없다.

같은 취지에서 원심이 그 판시와 같은 이유로 피고인이 이 사건 현역입영통지서 수령을 거절하였을 뿐 이를 적법하게 수령하였다고 볼 수 없다는 이유로 현역병입영대상자인 피고인이 현역입영통지서를 받았음에도 정당한 사유 없이 입영기일부터 3일이 경과하여도 입영하지 않았다는 이 사건 주위적 공소사실에 대하여는 그 범죄의 증명이 없는 때에 해당한다고 판단한 것은 정당하고, 거기에 상고이유 주장과 같이 병역의무부과통지서의 송달에 관한 법리를 오해하여 판결에 영향을 미친 위법이 있다고 할 수 없다.

**제12조(신체등급의 판정)** ① 신체검사(현역병지원 신체검사를 포함한다)를 한 병역판정검사전담의사, 병역판정검사전문의사 또는 제12조의2에 따른 군의관은 다음 각 호와 같이 신체등급을 판정한다. 〈개정 2016.5.29.〉

　　1. 신체 및 심리상태가 건강하여 현역 또는 보충역 복무를 할 수 있는 사람: 신체 및 심리상태의 정도에 따라 1급·2급·3급 또는 4급

　　2. 현역 또는 보충역 복무를 할 수 없으나 전시근로역 복무를 할 수 있는 사

람: 5급

3. 질병이나 심신장애로 병역을 감당할 수 없는 사람: 6급

4. 질병이나 심신장애로 제1호부터 제3호까지의 판정이 어려운 사람: 7급

② 제1항에 따른 신체등급판정의 정확성을 심의하기 위하여 병무청·지방병무청과 신체등급판정 사무를 담당하는 병무청 소속기관에 신체등급판정 심의위원회를 둘 수 있다. 〈개정 2016.5.29.〉

③ 지방병무청장은 제1항제4호에 따라 7급 판정을 받은 사람(현역병지원 신체검사를 받은 18세인 사람은 제외한다)에 대하여는 치유기간을 고려하여 다시 신체검사를 받게 하여야 한다. 이 경우 다시 신체검사를 받게 할 수 있는 기간은 신체검사 결과 7급 판정을 받은 날부터 2년 이내로 한다. 〈개정 2011.5.24.〉

④ 제1항에 따른 신체등급의 판정기준은 국방부령으로 정한다. 〈개정 2016.5.29.〉

⑤ 제2항에 따른 신체등급판정 심의위원회의 구성·운영 등에 필요한 사항은 병무청장이 정한다. 〈개정 2016.5.29.〉

[전문개정 2009.6.9.] [제목개정 2016.5.29.]

## 현역병입영처분취소
[대구고법 2020. 8. 11., 선고, 2020누2326, 판결 : 확정]

**【판결요지】**

병역판정검사에서 신체등급 2급으로 판정되어 현역병입영대상자 병역처분을 받았던 甲이 '선천성 양 제2수지(검지, 집게손가락) 수장수지관절(손바닥과 손가락이 만나는 지점의 관절)의 운동 제한'을 이유로 병역처분 변경을 신청하였으나, 관할 지방병무청장이 甲에 대한 중앙신체검사소장의 '甲은 병역판정 신체검사 등 검사규칙(이하 '병역신체검사규칙'이라 한다) 제11조 제1항 [별표 3] 제183호 (나)목에서 신체 4급 사유로 정하고 있는 정형외과적 선천성 기형에 해당한다'는 판정에 따라 甲에게 병역처분 변경신청을 거부하는 취지로 현역병입영대상자 병역처분을 한 사안이다. 제반 사정을 종합하면, 병역신체검사규칙 [별표 3] 제194호 수장수지관절에서 정한 '강직'의 의미와 범위는, 비록 강직의 수준이 제192호 근위지절이나 제193호 원위지절에서 '강직'의 기준으로 삼고 있는 '수동검사 결과 운동 범위가 정상의 1/3 이하'에 이르지는 않더라도, 의학적 측면에서 인정되는 강직의 상태가 존재함으로써 사회적·규범적으로 보아 해당 신체등급의 병역의무를 정상적으로 수행하는 것이 곤란한 수준에 있다고 평가되는 경우를 의미하는데, 甲의 오른손 제2수지 수장수지관절에는 뼈나 연골, 관절낭 등의 병변에 의해 관절의 움직임에 장애로서 의학적 기준에 따른 강직상태가 존재하고, 현역 및 보충역의 경우 소총·권총 사격, 수류탄 투척 등 손가락에 의한 전투행위 수행능력이 요구된다는 점을 감안하면, 甲의 위와 같은 손가락강직은 현역 또는 보충역으로서 병역의무를 정상적으로 수행하는 데에 지장이 있다고 인

정되며, 甲이 성형외과 수련의 과정을 정상적으로 이수하여 해당 분야 의료업무를 보는 데에 큰 무리가 없을 것으로 추정된다는 사정만으로 이와 달리 볼 수 없다는 이유로, 甲은 병역신체검사규칙 [별표 3] 제194호 (가)목 1)에 따라 신체등급 5급에 해당하므로 기존의 현역병입영대상자 병역처분이 변경되어야 마땅한데도, 관할 지방병무청장이 이와 달리 보아 甲의 신청을 거부한 것은 위법하고, 병역신체검사규칙 [별표 3] 제194호가 후천적인 질환·장애만을 대상으로 하고 있어 선천적 질환에 해당하는 甲에게 적용할 수 없다거나 위 [별표 3] 제194호의 '강직'이 완전강직만을 의미하고 甲과 같은 부분강직은 배제된다는 지방병무청장의 주장은 받아들일 수 없다고 한 사례이다.

**제16조(현역병입영)** ① 병무청장 또는 지방병무청장은 현역병 징집순서가 결정된 사람에 대하여는 병역판정검사를 받은 해 또는 그 다음 해에 입영하게 하되, 입영시기를 정하는 경우에는 군(軍)별·적성별로 입영할 사람 간에 자질의 균형이 유지되도록 하여야 한다. 〈개정 2016.5.29., 2017.3.21.〉

② 병무청장 또는 지방병무청장은 현역병입영이 연기된 사람으로서 그 사유가 소멸되는 사람 등 대통령령으로 정하는 사람에 대하여는 제1항에도 불구하고 따로 입영하게 할 수 있다. 〈개정 2017.3.21.〉

③ 현역병입영 대상자로 처분되어 징집순서가 결정된 사람이 다른 시·군·구로 거주지를 이동한 경우에도 병역판정검사 당시의 거주지인 시·군·구에서 입영하게 한다. 다만, 제60조제2항에 따라 입영이 연기된 사람의 경우에는 그러하지 아니하다. 〈개정 2016.5 29.〉

[전문개정 2009.6.9.]

## 병역의무부과처분취소

[대법원 2003. 12. 26., 선고, 2003두1875, 판결]

**【판결요지】**
병역법 제2조 제1항 제3호에 의하면 '입영'이란 병역의무자가 징집·소집 또는 지원에 의하여 군부대에 들어가는 것이고, 같은 법 제18조 제1항에 의하면 현역은 입영한 날부터 군부대에서 복무하도록 되어 있으므로 현역병입영통지처분에 따라 현실적으로 입영을 한 경우에는 그 처분의 집행은 종료되지만, 한편, 입영으로 그 처분의 목적이 달성되어 실효되었다는 이유로 다툴 수 없도록 한다면, 병역법상 현역입영대상자로서는 현역병입영통지처분이 위법하다 하더라도 법원에 의하여 그 처분의 집행이 정지되지 아니하는 이상 현실적으로 입영을 할 수밖에 없으므로 현역병입영통지처분에 대하여는 불복을 사실상 원천적으로 봉쇄하는 것이 되고, 또한 현역입영대상자가 입영하여 현역으로 복무하는 과정에서 현역병입영통지처분 외에는 별도의 다른 처분이 없으므로 입영한 이후에는 불복할 아무런 처분마저 없게 되는 결과가 되며, 나아가 입영하여 현역으로 복무하는 자에 대한 병적을 당해 군 참모총장이 관리한다는 것은 입영 및 복무의 근거가 된 현역병입영통지처분이 적법함을 전제로 하는 것으로서 그 처분이 위법한 경우까지를 포함하는 의미는 아니라고 할 것이므로, 현역입영 대상자로서는 현실적으로 입영을 하였다고 하더라도, 입영 이후의 법률관계에 영향을 미치고 있는 현역병입영통지처분 등을 한 관할지방병무청장을 상대로 위법을 주장하여 그 취소를 구할 소송상의 이익이 있다.

**제88조(입영의 기피 등)** ① 현역입영 또는 소집 통지서(모집에 의한 입영 통지서를 포함한다)를 받은 사람이 정당한 사유 없이 입영일이나 소집일부터 다음 각 호의 기간이 지나도 입영하지 아니하거나 소집에 응하지 아니한 경우에는 3년 이하의 징역에 처한다. 다만, 제53조제2항에 따라 전시근로소집에 대비한 점검통지서를 받은 사람이 정당한 사유 없이 지정된 일시의 점검에 참석하지 아니한 경우에는 6개월 이하의 징역이나 500만원 이하의 벌금 또는 구류에 처한다. 〈개정 2013.6.4., 2014.5.9., 2016.5.29., 2019.12.31〉
　　1. 현역입영은 3일
　　2. 사회복무요원·대체복무요원 소집은 3일
　　3. 군사교육소집은 3일
　　4. 병력동원소집 및 전시근로소집은 2일
② 제1항에 따른 통지서를 받고 입영할 사람 또는 소집될 사람을 대리하여 입영한 사람 또는 소집에 응한 사람은 1년 이상 3년 이하의 징역에 처한다. 다만, 제53조제2항에 따라 전시근로소집에 대비한 점검을 받아야 할 사람을 대리하여 출석한 사람은 1년 이하의 징역에 처한다.
③ 삭제 〈2017.3.21.〉
[전문개정 2009.6.9.]

### 병역법위반
[대법원 2023. 3. 16. 선고 2020도15554 판결]

**【판결요지】**
현 구 병역법(2019. 12. 31. 법률 제16852호로 개정되기 전의 것, 이하 같다) 제89조의2 제1호는 "사회복무요원 또는 예술·체육요원으로서 정당한 사유 없이 통틀어 8일 이상 복무를 이탈하거나 해당 분야에 복무하지 아니한 사람은 3년 이하의 징역에 처한다."라고 규정한다. 위 조항에서 정한 '정당한 사유'가 있는지를 판단할 때에는 병역법의 목적과 기능, 병역의무의 이행이 헌법을 비롯한 전체 법질서에서 가지는 위치, 사회적 현실과 시대적 상황의 변화 등은 물론 피고인이 처한 구체적이고 개별적인 사정도 고려해야 한다.
양심에 따른 병역거부, 이른바 '양심적 병역거부'는 종교적·윤리적·도덕적·철학적 또는 이와 유사한 동기에서 형성된 양심상 결정을 이유로 집총이나 군사훈련을 수반하는 병역의무의 이행을 거부하는 행위를 말한다. 진정한 양심적 병역거부자에게 집총이나 군사훈련을 수반하는 병역의무의 이행을 강제하고 그 불이행을 처벌하는 것은 양심의 자유에 대한 과도한 제한이 되거나 본질적 내용에 대한 위협이 된다. 양심적 병역거부자에게 병역의무의 이행을 일률적으로 강제하고 그 불이행에 대하여 형사처벌 등 제재를 하는 것은 양심의 자유를 비롯한 헌법상 기본권 보장체계와 전체 법질서에 비추어 타당하지 않을 뿐만 아니라 소수자에 대한 관용과 포용이라는 자유민주주의 정신에도 위배된다.

따라서 진정한 양심에 따른 병역거부라면, 이는 병역법 제88조 제1항의 '정당한 사유'에 해당한다. 이러한 법리는 구 병역법 제89조의2 제1호에서 정한 '정당한 사유'가 있는지를 판단할 때에도 적용될 수 있다.

## 병역법위반
[대법원 2020. 7. 9., 선고, 2019도17322, 판결]

【판결요지】
양심에 따른 병역거부, 이른바 양심적 병역거부는 종교적 · 윤리적 · 도덕적 · 철학적 또는 이와 유사한 동기에서 형성된 양심상 결정을 이유로 집총이나 군사훈련을 수반하는 병역의무의 이행을 거부하는 행위를 말한다. 양심적 병역거부자에게 병역의무의 이행을 일률적으로 강제하고 그 불이행에 대하여 형사처벌 등 제재를 하는 것은 양심의 자유를 비롯한 헌법상 기본권 보장체계와 전체 법질서에 비추어 타당하지 않을 뿐만 아니라 소수자에 대한 관용과 포용이라는 자유민주주의 정신에도 위배된다. 따라서 진정한 양심에 따른 병역거부라면, 이는 병역법 제88조 제1항의 '정당한 사유'에 해당한다.

구체적인 병역법 위반 사건에서 피고인이 양심적 병역거부를 주장할 경우, 그 양심이 과연 깊고 확고하며 진실한 것인지를 가려내는 일이 무엇보다 중요하다. 인간의 내면에 있는 양심을 직접 객관적으로 증명할 수는 없으므로 사물의 성질상 양심과 관련성이 있는 간접사실 또는 정황사실을 증명하는 방법으로 판단하여야 한다.

예컨대 종교적 신념에 따른 양심적 병역거부 주장에 대해서는 종교의 구체적 교리가 어떠한지, 그 교리가 양심적 병역거부를 명하고 있는지, 실제로 신도들이 양심을 이유로 병역을 거부하고 있는지, 그 종교가 피고인을 정식 신도로 인정하고 있는지, 피고인이 교리 일반을 숙지하고 철저히 따르고 있는지, 피고인이 주장하는 양심적 병역거부가 오로지 또는 주로 그 교리에 따른 것인지, 피고인이 종교를 신봉하게 된 동기와 경위, 만일 피고인이 개종을 한 것이라면 그 경위와 이유, 피고인의 신앙기간과 실제 종교적 활동 등이 주요한 판단 요소가 될 것이다. 피고인이 주장하는 양심과 동일한 양심을 가진 사람들이 이미 양심적 병역거부를 이유로 실형으로 복역하는 사례가 반복되었다는 등의 사정은 적극적인 고려요소가 될 수 있다.

그리고 위와 같은 판단 과정에서 피고인의 가정환경, 성장과정, 학교생활, 사회경험 등 전반적인 삶의 모습도 아울러 살펴볼 필요가 있다. 깊고 확고하며 진실한 양심은 그 사람의 삶 전체를 통하여 형성되고, 또한 어떤 형태로든 그 사람의 실제 삶으로 표출되었을 것이기 때문이다.

정당한 사유가 없다는 사실은 범죄구성요건이므로 검사가 증명하여야 한다. 다만 진정한 양심의 부존재를 증명한다는 것은 마치 특정되지 않은 기간과 공간에서 구체화되지 않은 사실의 부존재를 증명하는 것과 유사하다. 위와 같은 불명확한 사실의 부존재를 증명하는 것은 사회통념상 불가능한 반면 그 존재를 주장·증명하는 것이 좀 더 쉬우므로, 이러한 사정은 검사가 증명책임을 다하였는지를 판단할 때 고려하여야 한다. 따라서 양심적 병역거부를 주장하는 피고인은 자신의 병역거부가 그에 따라 행동하지 않고서는 인격적 존재가치가 파멸되고 말 것이라는 절박하고 구체적인 양심에 따른 것이며 그 양심이 깊고 확고하며 진실한 것이라는 사실의 존재를 수긍할 만한 소명자료를 제시하고, 검사는 제시된 자료의 신빙성을 탄핵하는 방법으로 진정한 양심의 부존재를 증명할 수 있다. 이때 병역거부자가 제시하여야 할 소명자료는 적어도 검사가 그에 기초하여 정당한 사유가 없다는 것을 증명하는 것이 가능할 정도로 구체성을 갖추어야 한다.

## Ⅲ. 벌칙

**제84조(신상변동 통보 불이행 등)** ① 다음 각 호의 어느 하나에 해당하는 경우에는 6개월 이하의 징역 또는 2천만원 이하의 벌금에 처한다. 〈개정 2010.1.25., 2016.5.29.〉

1. 고용주가 정당한 사유 없이 제23조의3, 제40조 또는 제67조제2항에 따른 신상변동 통보를 하지 아니하거나 거짓으로 통보한 경우
2. 공공단체의 장 또는 사회복지시설의 장이 정당한 사유 없이 제32조제1항 또는 제2항에 따른 신상변동 통보를 하지 아니하거나 거짓으로 통보한 경우

② 제69조제1항에 따른 전입신고를 정당한 사유 없이 하지 아니하거나 거짓으로 신고한 사람은 200만원 이하의 벌금 또는 구류에 처한다.

[전문개정 2009.6.9.] [제목개정 2016.5.29.]

**제85조(통지서 수령 거부 및 전달의무 태만)** 제6조에 따라 병역의무부과 통지서를 수령하거나 전달할 의무가 있는 사람이 정당한 사유 없이 그 수령을 거부한 경우 또는 이를 전달하지 아니하거나 전달을 지체한 경우에는 6개월 이하의 징역 또는 100만원 이하의 벌금에 처한다.

[전문개정 2009.6.9.]

**제86조(도망·신체손상 등)** 병역의무를 기피하거나 감면받을 목적으로 도망가거나 행방을 감춘 경우 또는 신체를 손상하거나 속임수를 쓴 사람은

1년 이상 5년 이하의 징역에 처한다.

[전문개정 2009.6.9.]

**제87조(병역판정검사의 기피 등)** ① 병역판정검사, 재병역판정검사, 입영판정검사, 신체검사 또는 확인신체검사를 받을 사람을 대리(代理)하여 병역판정검사, 재병역판정검사, 입영판정검사, 신체검사 또는 확인신체검사를 받은 사람은 1년 이상 3년 이하의 징역에 처한다. 〈개정 2013.6.4., 2016.5.29., 2020.12.22.〉

② 삭제 〈2017.3.21.〉

③ 병역판정검사 통지서, 재병역판정검사 통지서, 입영판정검사 통지서, 신체검사 통지서 또는 확인신체검사 통지서를 받은 사람이 정당한 사유 없이 의무이행일에 병역판정검사, 재병역판정검사, 입영판정검사, 신체검사 또는 확인신체검사를 받지 아니하면 6개월 이하의 징역에 처한다. 〈개정 2013.6.4., 2016.5.29., 2020.12.22.〉

[전문개정 2009.6.9.] [제목개정 2016.5.29.]

**제87조의2(병역의무 기피·감면 등 관련 정보의 게시·유통금지 위반)** 제81조의3제1항을 위반한 사람은 2년 이하의 징역 또는 2천만원 이하의 벌금에 처한다.

[본조신설 2023. 10. 31.]

**제88조(입영의 기피 등)** ① 현역입영 또는 소집 통지서(모집에 의한 입영 통지서를 포함한다)를 받은 사람이 정당한 사유 없이 입영일이나 소집일부터 다음 각 호의 기간이 지나도 입영하지 아니하거나 소집에 응하지 아니한 경우에는 3년 이하의 징역에 처한다. 다만, 제53조제2항에 따라 전시근로소집에 대비한 점검통지서를 받은 사람이 정당한 사유 없이 지정된 일시의 점검에 참석하지 아니한 경우에는 6개월 이하의 징역이나 500만원 이하의 벌금 또는 구류에 처한다. 〈개정 2013.6.4., 2014.5.9., 2016.5.29.,2019.12.31〉

    1. 현역입영은 3일

    2. 사회복무요원·대체복무요원 소집은 3일

    3. 군사교육소집은 3일

    4. 병력동원소집 및 전시근로소집은 2일

② 제1항에 따른 통지서를 받고 입영할 사람 또는 소집될 사람을 대리하여

입영한 사람 또는 소집에 응한 사람은 1년 이상 3년 이하의 징역에 처한 다. 다만, 제53조제2항에 따라 전시근로소집에 대비한 점검을 받아야 할 사람을 대리하여 출석한 사람은 1년 이하의 징역에 처한다.

③ 삭제 〈2017. 3. 21.〉

[전문개정 2009. 6. 9.]

**제88조의2(대체역 편입의 허위)** 대체역으로 편입될 목적으로 서류를 거짓 으로 작성하여 제출하거나 거짓으로 진술한 사람은 1년 이상 5년 이하의 징역에 처한다.

[본조신설 2019. 12. 31.]

**제89조(사회복무요원 등의 대리복무)** 사회복무요원, 예술·체육요원 또는 대체복무요원으로 복무할 사람을 대리하여 복무한 사람은 1년 이상 3년 이하의 징역에 처한다. 〈개정 2013. 6. 4., 2016. 1. 19., 2019. 12. 31.〉

[전문개정 2009. 6. 9.] [제목개정 2013. 6. 4.]

**제89조의2(사회복무요원 등의 복무이탈)** 다음 각 호의 어느 하나에 해당하 는 사람은 3년 이하의 징역에 처한다. 〈개정 2010. 1. 25., 2013. 6. 4., 2016. 1. 19., 2016. 5. 29., 2019. 12. 31., 2021. 4. 13.〉

1. 사회복무요원, 예술·체육요원 또는 대체복무요원으로서 정당한 사유 없이 통틀어 8일 이상 복무를 이탈하거나 해당 분야에 복무하지 아니한 사람
2. 공중보건의사 또는 병역판정검사전담의사로서 정당한 사유 없이 통틀어 8 일 이상 근무지역을 이탈하거나 해당 분야의 업무에 복무하지 아니한 사람
3. 공익법무관으로서 정당한 사유 없이 통틀어 8일 이상 직장을 이탈하거 나 해당 분야의 업무에 복무하지 아니한 사람
4. 공중방역수의사로서 정당한 사유 없이 통틀어 8일 이상 근무기관 또는 근무지역을 이탈하거나 해당 분야의 업무에 복무하지 아니한 사람
5. 전문연구요원 또는 산업기능요원으로서 제40조제2호에 따른 편입 당시 병역지정업체(제39조제3항 단서에 따라 병역지정업체를 옮긴 경우에는 옮긴 후의 병역지정업체를 말한다)의 해당 분야에 복무하지 아니하여 편입이 취소된 사람 또는 같은 조 제3호의 의무복무기간 중 통틀어 8 일 이상 무단결근하여 편입이 취소된 사람

[전문개정 2009. 6. 9.] [제목개정 2013. 6. 4.]

**제89조의3(사회복무요원 등의 복무의무 위반)** 사회복무요원, 예술·체육요원 또는 대체복무요원이 다음 각 호의 어느 하나에 해당하는 경우에는 1년 이하의 징역에 처한다. 〈개정 2011.5.24., 2013.6.4., 2016.1.19., 2019.4.23., 2019.12.31., 2020.12.22., 2021.4.13., 2024. 2. 6.〉

1. 제33조제2항제6호에 해당하는 사유로 통틀어 2회 이상 경고처분을 받은 경우

2. 제33조제2항제1호부터 제3호까지, 제3호의2, 제4호, 제33조의10제2항제1호부터 제5호까지, 제7호 및 「대체역의 편입 및 복무 등에 관한 법률」 제24조제2항제1호부터 제4호까지의 어느 하나에 해당하는 사유로 통틀어 4회 이상 경고처분을 받은 경우. 다만, 경고처분을 받은 사유에 제33조제2항제3호의2가 포함되는 경우에는 3회로 한다.

3. 제33조제2항제7호, 제33조의10제2항제8호 및 「대체역의 편입 및 복무 등에 관한 법률」 제24조제2항제5호에 해당하는 사유 중 정당한 사유 없이 일과 개시시간 후에 출근하거나, 허가 없이 무단으로 조퇴하거나 근무장소를 이탈한 사유로 통틀어 8회 이상 경고처분을 받은 경우

4. 제33조의10제2항제6호에 해당하는 사유로 경고처분을 받은 경우

[전문개정 2009.6.9.] [제목개정 2013.6.4.]

**제89조의4(사회복무요원의 개인정보 유출 또는 이용)** 사회복무요원이 복무 중 취득한 다른 사람의 정보를 무단으로 유출 또는 이용한 경우에는 5년 이하의 징역 또는 5천만원 이하의 벌금에 처한다.

[본조신설 2020.12.22.]

**제90조(병력동원훈련소집 등의 기피)** ① 다음 각 호의 어느 하나에 해당하는 사람은 1년 이하의 징역 또는 1천만원 이하의 벌금이나 구류에 처한다.

1. 병력동원훈련소집 통지서를 받고 정당한 사유 없이 제50조제3항에 따라 지정된 일시에 입영하지 아니하거나 점검에 참석하지 아니한 사람

2. 예비군대체복무 소집 통지서를 받고 정당한 사유 없이 「대체역의 편입 및 복무 등에 관한 법률」 제26조제3항을 위반하여 지정된 일시에 소집에 응하지 아니한 사람

② 다음 각 호의 어느 하나에 해당하는 사람은 2년 이하의 징역에 처한다.

1. 병력동원훈련소집 통지서를 받고 제50조제3항에 따라 입영하거나 점검을 받아야 할 사람을 대리하여 입영하거나 점검을 받은 사람

2. 예비군대체복무 소집 통지서를 받고 「대체역의 편입 및 복무 등에 관한 법률」 제26조제3항에 따른 소집에 응하여야 할 사람을 대리하여 소집에 응한 사람

[전문개정 2019.12.31.]

**제91조(허위증명서 등의 발급)** 공무원·의사 또는 치과의사로서 병역의무를 연기 또는 면제시키거나 이 법에 따른 복무기간을 단축시킬 목적으로 거짓 서류·증명서 또는 진단서를 발급한 사람은 1년 이상 10년 이하의 징역에 처한다. 이 경우 10년 이하의 자격정지를 함께 과(科)할 수 있다.

[전문개정 2009.6.9.]

**제91조의2(대체역의 허위증명서 등의 발급)** ① 공무원·의사·변호사 또는 종교인 등으로서 다른 사람을 대체역으로 편입시킬 목적으로 증명서·진단서·확인서 등 서류를 거짓으로 발급하거나 거짓으로 진술한 사람은 1년 이상 10년 이하의 징역에 처한다. 이 경우 10년 이하의 자격정지를 함께 부과할 수 있다.

② 증인 또는 참고인 등으로서 다른 사람을 대체역으로 편입시킬 목적으로 서류를 거짓으로 작성하거나 거짓으로 진술한 사람은 1년 이상 5년 이하의 징역 또는 3천만원 이하의 벌금에 처한다.

[본조신설 2019.12.31.]

**제92조(전문연구요원 등의 편입 및 복무의무위반 등)** ① 고용주가 제38조의2를 위반하여 병역지정업체 대표이사의 4촌 이내 혈족에 해당하는 사람을 전문연구요원 또는 산업기능요원으로 편입하거나 전직하도록 한 경우와 제39조제3항을 위반하여 전문연구요원 또는 산업기능요원으로 의무복무 중인 사람을 그 병역지정업체의 해당 분야에 복무하게 하지 아니한 경우에는 200만원 이상 2천만원 이하의 벌금에 처한다. 〈개정 2016.5.29.〉

② 고용주나 국가기능검정 또는 면허사무를 취급하는 사람이 제67조에 따른 병력동원소집 또는 전시근로소집 순위의 후순위 조정에 관련하여 부정한 행위를 한 경우에는 3년 이하의 징역에 처한다.

③ 병역지정업체의 장이 제36조에 따른 전문연구요원 또는 산업기능요원의 편입을 목적으로 특정인이 복무할 수 있도록 청탁을 받고 그 대가로 금품 또는 재산상의 이익을 취득하는 등 부정한 행위를 한 경우에는 3년

이하의 징역에 처한다. 〈개정 2014.5.28., 2016.5.29.〉

④ 병역지정업체의 장이 아닌 사람이 제36조에 따른 전문연구요원 또는 산업기능요원의 편입을 목적으로 병역지정업체에 특정인이 복무할 수 있도록 청탁을 받고 그 대가로 금품 또는 재산상의 이익을 취득하는 등 부정한 행위를 한 경우에는 3년 이하의 징역 또는 3천만원 이하의 벌금에 처한다. 〈개정 2014.5.9., 2014.5.28., 2016.5.29.〉

⑤ 제3항과 제4항에 따른 금품 또는 재산상의 이익을 제공한 사람은 1년 이하의 징역 또는 1천만원 이하의 벌금에 처한다.

⑥ 제3항과 제4항에 따라 취득한 금품 또는 재산상의 이익은 몰수한다. 몰수할 수 없는 경우에는 그 가액을 추징한다.

[전문개정 2009.6.9.] [제목개정 2016.5.29.]

**제92조의2(복무기관의 복무관리 위반)** 공공단체의 장 또는 사회복지시설의 장(법인의 대표자를 포함한다)이 정당한 사유 없이 사회복무요원을 공익목적 외의 분야에 복무하게 한 경우에는 6개월 이하의 징역 또는 2천만원 이하의 벌금에 처한다. 〈개정 2013.6.4.〉

[본조신설 2009.6.9.]

**제93조(고용금지 및 복직보장 위반 등)** ① 고용주가 제76조제1항 또는 제5항을 위반하여 병역의무를 이행하지 아니한 사람을 임직원으로 채용하거나 재직 중인 사람을 해직하지 아니한 경우에는 6개월 이하의 징역 또는 200만원 이상 2천만원 이하의 벌금에 처한다. 〈개정 2017.2.8.〉

② 학교의 장 또는 고용주가 정당한 사유 없이 제73조 또는 제74조제1항을 위반하여 복학 또는 복직을 거부한 경우에도 제1항과 같은 형에 처한다.

③ 고용주가 정당한 사유 없이 제74조제2항 또는 제3항을 위반하여 의무복무기간을 실제근무기간으로 산정하지 아니하거나 징집·소집 등에 의한 병역의무를 이행할 것, 이행하고 있는 것(재직하면서 승선근무예비역 또는 보충역 복무를 하는 사람만 해당한다) 또는 이행하였던 것을 이유로 불리한 처우를 한 경우에는 300만원 이상 3천만원 이하의 벌금에 처한다. 〈개정 2017.3.21.〉

[전문개정 2009.6.9.]

**제93조의2(병력동원 및 훈련 관련 학업 및 직장 보장의 위반)** 학교의 장 또

는 고용주 등이 정당한 사유 없이 제74조의3 또는 제74조의4를 위반하여 불리한 처우를 한 경우에는 2년 이하의 징역 또는 2천만원 이하의 벌금에 처한다.

[본조신설 2015.12.15.]

**제94조(국외여행허가 의무 위반)** ① 병역의무를 기피하거나 감면받을 목적으로 제70조제1항 또는 제3항에 따른 허가를 받지 아니하고 출국한 사람 또는 국외에 체류하고 있는 사람(제83조제2항제10호에 따른 귀국명령을 위반하여 귀국하지 아니한 사람을 포함한다)은 1년 이상 5년 이하의 징역에 처한다.

② 제70조제1항 또는 제3항에 따른 허가를 받지 아니하고 출국한 사람, 국외에 체류하고 있는 사람 또는 정당한 사유 없이 허가된 기간에 귀국하지 아니한 사람(제83조제2항제10호에 따른 귀국명령을 위반하여 귀국하지 아니한 사람을 포함한다)은 3년 이하의 징역에 처한다.

[전문개정 2016.1.19.]

**제95조(과태료)** ① 제37조제1항제2호 및 제3호에 따라 전문연구요원으로 편입된 사람을 관리하는 병역지정업체의 장(고용주는 제외한다)이 다음 각 호의 어느 하나에 해당하는 경우에는 2천만원 이하의 과태료를 부과한다. 〈신설 2014.5.28., 2016.5.29.〉

1. 제39조제3항을 위반하여 전문연구요원으로 의무복무 중인 사람을 그 병역지정업체의 해당 분야에 복무하게 하지 아니한 경우
2. 정당한 사유 없이 제40조에 따른 신상변동 통보를 하지 아니하거나 거짓으로 통보한 경우

② 복무기관의 장이 제31조의5를 위반하여 사회복무요원에게 복무기관 내 괴롭힘을 한 경우에는 1천만원 이하의 과태료를 부과한다. 〈신설 2023. 10. 31.〉

③ 다음 각 호의 어느 하나에 해당하는 자에게는 500만원 이하의 과태료를 부과한다. 〈개정 2023. 10. 31.〉

1. 제31조의6제2항·제5항·제6항·제7항·제9항을 위반한 자
2. 제77조의4제2항 또는 제3항을 위반하여 정당한 사유 없이 자료제공을 거부하거나 기한까지 변동사항을 통보하지 아니한 자

④ 고용주가 정당한 사유 없이 제81조제4항에 따른 자료제출 요구나 질문에 응하지 아니하는 경우에는 300만원 이하의 과태료를 부과한다. 〈개정

2014.5.28., 2017.3.21., 2023. 10. 31.〉

⑤ 제1항부터 제3항까지에 따른 과태료는 대통령령으로 정하는 바에 따라 병무청장이 부과·징수한다. 〈개정 2014.5.28., 2017.3.21.〉

⑥ 병무청장은 과태료를 부과받은 사람이 「질서위반행위규제법」에 따라 이의를 제기하지 아니하고 과태료를 납부하지 아니한 경우에는 관할 세무서장에게 위탁하여 징수한다. 〈개정 2014.5.28., 2017.3.211., 2023. 10. 31.〉

[전문개정 2009.6.9.]

**제96조(양벌규정)** 고용주나 병역지정업체의 장, 공공단체 또는 사회복지시설의 장이 법인의 업무에 관하여 다음 각 호의 어느 하나에 해당하면 그 행위자를 벌하는 외에 그 법인도 300만원 이상 3천만원 이하의 벌금에 처한다. 다만, 법인이 그 위반행위를 방지하기 위하여 해당 업무에 관하여 상당한 주의와 감독을 게을리하지 아니한 경우에는 그러하지 아니하다. 〈개정 2014.5.28., 2016.5.29.〉

1. 고용주나 병역지정업체의 장이 제84조제1항제1호, 제92조제1항부터 제3항까지 또는 제93조의 위반행위를 한 경우
2. 공공단체 또는 사회복지시설의 장이 제84조제1항제2호 또는 제92조의2의 위반행위를 한 경우

[전문개정 2009.6.9.]

**제97조(전시 등에서의 형의 가중)** 전시·사변 또는 동원령이 선포된 경우에 이 법에 규정된 죄를 지은 사람에 대하여는 각 해당 조문에서 정한 형의 기간 중 장기(長期)의 2분의 1까지 가중한다. 다만, 전시·사변 또는 동원령이 선포된 경우에 제88조제1항 본문에 규정된 죄를 지은 사람에 대해서는 7년 이하의 징역에 처한다. 〈개정 2016.5.29.〉

[전문개정 2009.6.9.]

## IV. 기재례

### 【범죄사실 기재례】

피의자는 병역의무자인 권○○의 동생이다.

피의자는 20○○. ○. ○. 16 : 30경 ○○시 ○○동

○○번지에 있는 피의자의 집에서 위 동사무소에 근무하는 공익근무요원 전○○가 위 권○○에게 송달하기 위하여 가지고온 병력동원훈련통지서에 대하여 정당한 사유없이 그 수령을 거부하였다.

### 【범죄사실 기재례】

피의자는 ○○시내 유흥가에서 폭력행위 등을 일삼는 속칭 ○○파 소속의 폭력배로서 20○○. ○. ○.자로 현역입영대상자였던 자이다.

피의자는 위 조직의 결속력을 강화하면서 동시에 병역의무를 기피할 목적으로 20○○. ○. 초순경 ○○시 ○○동에 있는 ○○공업사에서 그 곳에 있는 철판절단기를 이용하여 피의자의 오른쪽 인지근위지절을 잘라 신체를 손상하였다.

### 【범죄사실 기재례】

피의자는 20○○. ○. ○. 서울시 ○○동 ○○번지에 있는 피의자의 집에서 위 동사무소에 근무하는 상병 안○○로부터 같은 해 ○. ○.까지 국군통합병원에서 징병검사를 받으라는 ○○구청장 명의의 징병검사통지서를 받고도 정당한 사유 없이 이에 불응하여 위 검사를 받지 아니하였다.

### 【범죄사실 기재례】

피의자는 20○○. ○. ○. ○○시 ○○동 ○○번지에 있는 피의자의 집에서 같은 해 ○. ○.자로 충남 논산군에 있는 ○○부대에 입영하라는 ○○지방병무청장 명의의 현역입영통지서를 받고도 입영일로부터 5일이 경과한 같은 달 ○.까지 정당한 사유없이 입영하지 않았다.

## 【범죄사실 기재례】

피의자 김○○은 서울시 ○○구 ○○구청에 근무하고 있는 공익근무요원이다.

피의자는 20○○. ○. ○.~○.(○일), ○. ○.~○.(○일) 등 정당한 이유없이 통산 8일 이상의 기간동안 복무를 이탈하였다.

## 【적용실례】

〈병력동원훈련소집통지를 받고 입영하지 아니한 사안〉

➡ 병력동원훈련소집통지서를 받고 정당한 사유없이 불참한 사안은 병역법 위반이고 향토예비군설치법 위반으로 의율할 수 없다.

〈예비군대원이 주거지 이동신고를 미필한 경우〉

➡ 20○○. ○○. ○○.경 향토예비군 대원이 주거지 이동신고를 미필한 것인 바, 이는 향토예비군설치법 위반으로 의율해야 할 것임.

〈제2국민역이 주거지 이동신고를 하지 않은 경우〉

➡ 제2국민역은 병역법상 병역의무자로서 주거지 이동신고를 하지 않은 경우에는 병역법 위반으로 의율해야 하고 향토예비군 대원이 아니라는 이유로 무혐의 의견으로 처리할 수 없다.

〈개인적인 사정으로 인해 훈련에 불참한 경우〉

➡ 본건은 예비군훈련을 받던 중 회사의 중요한 업무관계로 부대장에게 보고하고 훈련을 불참하였다는 사안에서 법령에 규정된 이외의 개인적인 사정으로 훈련에 불참한 것은 정당한 사유라고 보기 어려울 뿐만 아니라 본건의 경우 부대장이 증명서를 발급하여 줄 수 없다고 한 점으로 미루어 승낙을 얻었다고 보기도 어려우므로 결국 본건은 그 혐의가 인정된다 할 것임.

〈훈련일 7일 전에 통지서를 수령하지 못한 경우〉

➡ 병역법시행령 제101조 제2항에 의하면 병력동원훈련소집통지서를 받은 구청장 등은 입영기일 7일 전까지 본인에게 이를 송달하여야 한다고 규정되어 있는 바, 피의자가 20○○. 6. 12.부터 같은 달 16.까지 사이에 병력동원훈련을 받으라는 소집통지서를 같은 달 5. 전달받고도 위 훈련을 받지 아니한 것은 사실이나 훈련일로부터 7일 이전에 통지서를 수령하지 못하였음이 명백하므로 범죄혐의 없음에 귀결됨.

**[서식] 고발장**

# 기관명

수신자
(경유)
제목　　**고발장**

---

「병역법 시행령」 제165조에 따라 아래와 같이 범죄사실을 고발합니다.

| 인적사항 | 성명 | | 주민등록번호 | |
|---|---|---|---|---|
| | 주소 | | | |
| 고발내용 등 | 범죄사실 | | | |
| | 소명자료 | | | |
| | 비고 | | | |

끝.

# 기 관 장　　직인

---

기안자　직위(직급) 서명　　　　검토자　직위(직급) 서명　　　　결재권자　직위(직급) 서명
협조자　직위(직급) 서명
시행　　　　처리과명-일련번호(시행일)　　　접수　　　　　처리과명-일련번호(접수일)
우　　　　도로명주소　　　　　　　　　　　　　　/ 홈페이지 주소
전화번호( )　　　　　　팩스번호( )　　　　　/ 공무원의 전자우편주소　/ 공개 구분
210mm×297mm[백상지 80g/㎡]

**[서식]** 병역기피자·복무이탈자 고발(처리)결과 통보

# 기관명

수신자   ○○지방병무청(병무지청)장

(경유)

제목   병역기피자·복무이탈자 고발(처리)결과 통보

---

「병역법 시행규칙」 제117조제5항에 따라 아래와 같이 처리결과를 통보합니다.

| 구분 | 성명 | 주소 | 계급(학력) | 기피(이탈)사유 | 고발근거 | 형사처리 내역 | | 조치사항 |
|---|---|---|---|---|---|---|---|---|
| | 생년월일 | | 군번(병적부번호) | 연월일 | 고발관서 | 내용 | 근거 | |
| | | | | | | | | |
| | | | | | | | | |
| | | | | | | | | |
| | | | | | | | | |

끝.

기 관 장    직인

기안자  직위(직급) 서명          검토자  직위(직급) 서명          결재권자  직위(직급) 서명

협조자  직위(직급) 서명

시행          처리과명-일련번호(시행일)          접수          처리과명-일련번호(접수일)

우          도로명주소                          / 홈페이지 주소

전화번호( )          팩스번호( )                  / 공무원의 전자우편주소      / 공개 구분

210mm×297mm[백상지 80g/㎡]

**[서식] 귀가증**

# 귀가증

| 제<br>호 | | |
|---|---|---|
| 귀가자 | 성명 | 생년월일 |
| | 입영일 | 치유기간 |
| | 귀가병명 | |

위 본인은 입영신체검사 결과에 대한 충분한 설명을 들었으며, 본인이 호소하는 질환(의증)에 대한 충분한 검사 및 치료 후 재입영 혹은 재신체검사를 받기로 함을 안내받았습니다.

년          월          일

귀가자  성 명                    (서명)

「병역법」 제17조제2항 및 같은 법 시행령 제25조제2항·제29조의2제1항에 따라 귀가하는 사람임을 확인합니다.

년          월          일

부 대 장        직인

## 유의사항

1. 입영 후 신체검사 결과 치유기간이 **3개월 미만으로 귀가된** 사람 중

   ○ 징집병으로 입영한 사람은 치유기간이 지난 후 지방병무청장의 입영통지에 따라 다시 입영해야 합니다.

   ○ 모집병으로 입영한 사람은

   – 질병이 치유되어 다시 입영할 것을 희망하는 경우에는 현역병 선발 시 부여된 군사특기를 필요로 하는 경우에만 다시 입영할 수 있습니다.

   – 다시 입영할 것을 희망하지 않거나 현역병 선발 시 부여된 군사특기를 필요로 하지 않은 경우에는 입영하기 전의 신분으로 복귀합니다.

2. 입영신체검사결과 **치유기간이 3개월 이상이거나 치유기간이 명시되지 아니하거나 재입영 후 다시 귀가된** 사람은 치유기간이 지난 후 또는 병적기록표 등을 받은 후 지방병무청에서 재신체검사를 받게 됩니다.

210mm×297mm[백상지(80g/㎡) 또는 중질지(80g/㎡)]

# 보건범죄 단속에 관한 특별조치법

[시행 2021. 1. 1.] [법률 제17761호, 2020. 12. 29., 타법개정]

## Ⅰ. 개설

### 목적

이 법은 부정식품 및 첨가물, 부정의약품 및 부정유독물의 제조나 무면허 의료행위 등의 범죄에 대하여 가중처벌 등을 함으로써 국민보건 향상에 이바지함을 목적으로 한다.

## Ⅱ. 판례

**제3조(부정의약품 제조 등의 처벌)** ① 「약사법」 제31조제1항의 허가를 받지 아니하고 의약품을 제조한 사람, 그 정황을 알고 판매하거나 판매할 목적으로 취득한 사람 및 판매를 알선한 사람 또는 진료 목적으로 구입한 사람, 「약사법」 제62조제2호를 위반하여 주된 성분의 효능을 전혀 다른 성분의 효능으로 대체하거나 허가된 함량보다 현저히 부족하게 제조한 사람, 그 정황을 알고 판매하거나 판매할 목적으로 취득한 사람 및 판매를 알선한 사람 또는 진료 목적으로 구입한 사람, 이미 허가된 의약품과 유사하게 위조하거나 변조한 사람, 그 정황을 알고 판매하거나 판매할 목적으로 취득한 사람 및 판매를 알선한 사람 또는 진료 목적으로 구입한 사람은 다음 각 호의 구분에 따라 처벌한다. 〈개정 2011.6.7.〉

1. 의약품이 인체에 현저히 유해한 경우 또는 「약사법」 제53조에 따른 국가출하승인의약품 중 대통령령으로 정하는 의약품으로서 효능 또는 함량이 현저히 부족한 경우: 무기 또는 5년 이상의 징역에 처한다.
2. 의약품의 가액이 소매가격으로 연간 1천만원 이상인 경우: 무기 또는 3년 이상의 징역에 처한다.
3. 제1호의 죄를 범하여 사람을 사상에 이르게 한 경우: 사형, 무기 또는 5년 이상의 징역에 처한다.

② 제1항의 경우에는 제조, 위조, 변조, 취득, 판매, 판매를 알선하거나 구입한 제품의 소매가격의 2배 이상 5배 이하에 상당하는 벌금을 병과한다.

[전문개정 2011.4.12.]

## 보건범죄단속에관한특별조치법위반(부정의약품제조등)

[대법원 2021. 1. 14., 선고, 2017도10979, 판결]

보건범죄 단속에 관한 특별조치법(이하 '보건범죄단속법' 이라고 한다) 제3조 제1항 제2호의 '연간' 은 역법상의 한 해인 1. 1.부터 12. 31.까지의 1년간을 의미한다. 하지만 동일 죄명에 해당하는 수 개의 행위를 단일하고 계속된 범의하에 일정기간 계속하여 행하고 그 피해법익도 동일한 경우에는 이들 각 행위를 통틀어 포괄일죄로 처단하여야 할 것이다. 여러 해 동안 수회에 걸쳐 이루어진 부정의약품 제조·판매행위 등을 포괄죄에 해당한다고 보는 이상, 그 기간 중 어느 일정 연도의 연간 소매가격이 보건범죄단속법 제3조 제1항 제2호에서 정한 1천만 원을 넘은 경우에는 다른 연도의 연간 소매가격이 위 금액에 미달한다고 하더라도 그 전체를 보건범죄단속법 제3조 제1항 제2호 위반의 포괄일죄로 처단함이 타당하다. 이러한 법리는 여러 해 동안 수회에 걸쳐 이루어진 부정의약품 제조·판매행위 등의 연간 소매가격이 모두 1천만 원을 넘는 경우에도 마찬가지이다.

## 1. 구 의료법 제27조 제1항에서 정한 '의료행위' 의 의미

[1] 구 의료법(2009. 1. 30. 법률 제9386호 개정되기 전의 것) 제27조 제1항에서 정하는 '의료행위' 라 함은 의학적 전문지식을 기초로 하는 경험과 기능으로 진찰, 검안, 처방, 투약 또는 외과적 시술을 시행하여 하는 질병의 예방 또는 치료행위 및 그 밖에 의료인이 행하지 아니하면 보건위생상 위해가 생길 우려가 있는 행위를 의미한다. 여기서 말하는 '의료인이 행하지 아니하면 보건위생상 위해가 생길 우려' 는 추상적 위험으로도 충분하므로 구체적으로 환자에게 위험이 발생하지 아니하였다고 해서 보건위생상의 위해가 없다고 할 수는 없다.

[2] 피고인들이 공모하여 보험회사와 방문검진 위탁계약을 체결한 후 고용된 간호사들로 하여금 보험가입자들의 주거에 방문하여 의사의 지도·감독 없이 문진, 신체계측, 채뇨, 채혈 등을 하게 한 뒤 이를 바탕으로 건강검진결과서를 작성하여 보험회사에 통보하는 등 업무를 하고 대가를 받는 등 의료행위를 하였다고 하여 구 '보건범죄 단속에 관한 특별조치법' (2011. 4. 12. 법률 제10579호로 개정되기 전의 것. 이하 '구 보건범죄단속법' 이라고 한다) 위반으로 기소된 사안에서, 위 건강검진은 피검진자의 신체부위의 이상 유무 내지 건강상태를 의학적으로 확인·판단하기 위하여 행하여지는 것으로서 이를 통하여 질병의 예방 및 조기발견이 가능할 뿐만 아니라 의학적 전문지식을 기초로 하는 경험과 기능을 가진 의사가 행하지 아니하여 결과에 오류가 발생할 경우 이를 신뢰한 피검진자의 보건위생상 위해가 생길 우려가 있으므로 의료행위에 해당하고, 비록 위 건강검진이 보험회사가 피검진자와 보험계약을 체결할지 여부를 결정하기 위한 것이라 하더라도 위와 같은 의료행위로서 성질과 기능이 상실되는 것은 아니므로, 피고인들이 계속적·반복적으로 건강검진을 실시한 행위는 영리를 목적으로 구 의료법(2009. 1. 30. 법률 제9386호 개정되기 전의 것) 제27조 제1항에서 금지하는 무면허의료행위를 업으로 한 것으로서 구 보건범죄단속법 제5조 위반에 해당한다는 이유로, 이와 달리 보아 무죄를 인정한 원심판결에 의료행위 등에 관한 법리오해의 위법이 있다고 한 사례(대법원 2012.5.10. 선고 2010도5964 판결).

## 2. 건강검진을 구성하는 개개의 행위를 분리하여 구 '보건범죄 단속에 관한 특별조치법' 제5조 위반 해당 여부를 판단하여야 하는지 여부 (소극)

건강검진의 일환으로 행하여진 문진, 각종 신체계측 및 이를 바탕으로 한 건강검진 결과서 등의 작성·통보 등의 행위는 의료행위인 건강검진을 구성하는 일련의 행위 이므로, 이를 포괄하여 구 '보건범죄 단속에 관한 특별조치법'(2011. 4. 12. 법률 제10579호로 개정되기 전의 것) 제5조 위반으로 처벌할 것이고, 그 개개의 행위를 분리하여 의료행위에 해당하는지 여부를 따진 후 그 개개의 행위별로 같은 법 제5조 위반 해당 여부를 판단할 것은 아니다(대법원 2012.5.10. 선고 2010도5964 판결).

## 3. 공소사실이나 범죄사실 동일성 여부의 판단 기준

[1] 공소사실이나 범죄사실의 동일성 여부는 사실의 동일성이 갖는 법률적 기능을 염두에 두고 피고인의 행위와 그 사회적인 사실관계를 기본으로 하면서 규범적 요소 또한 아울러 고려하여 판단하여야 한다.

[2] 약식명령이 확정된 '약사법 위반죄'의 범죄사실과 '보건범죄단속에 관한 특별조치법 위반(부정의약품제조등)'의 공소사실이 그 행위의 태양과 보호법익 및 죄질이 전혀 다르고, 범행일시 및 장소도 극히 일부만 중복될 뿐이므로 상호간에 동일성이 있다고 보기는 어려운데도, 위 양자 사이에 동일성이 인정된다고 하여 위 공소사실 중 위 약식명령 발령일까지의 부분을 면소사유에 해당한다고 보고, 그 이후의 나머지 부분만을 유죄로 판단한 원심판결에 법리오해의 위법이 있다고 한 사례(대법원 2010.10.14. 선고 2009도4785 판결).

## 4. 영리를 목적으로 무면허 의료행위를 업으로 하는 자가 일부 돈을 받지 아니한 경우, '보건범죄단속에 관한 특별조치법 위반죄' 외에 별도로 '의료법 위반죄'를 구성하는지 여부(소극)

[1] 무면허 의료행위는 그 범죄의 구성요건의 성질상 동종범죄의 반복이 예상되는 것이므로 반복된 수개의 행위는 포괄적으로 한 개의 범죄를 구성하는 점, 영리를 목적으로 무면허 의료행위를 업으로 한 자가 일부 돈을 받지 않고 무면허 의료행위를 한 경우에 그 행위에 대한 평가는 이미 보건범죄단속에 관한 특별조치법 위반죄의 구성요건적 평가에 포함되어 있다고 보는 것이 타당한 점, 보건범죄단속에 관한 특별조치법 위반죄 외에 돈을 받지 않고 한 무면허 의료행위에 대하여 별개로 의료법 위반죄가 성립한다고 본다면 전부 돈을 받고 무면허 의료행위를 한 경우에는 보건범죄단속에 관한 특별조치법 위반죄 1죄로서 그 법정형기 내에서 처단하게 되는 반면 일부 돈을 받지 아니하고 무면허 의료행위를 한 경우에는 보건범죄단속에 관한 특별조치법 위반죄와 의료법 위반죄의 경합범이 되어 처단형이 오히려 무겁게 되는 불합리한 결과가 되는 점 등에 비추어, 영리를 목적으로 무면허 의료행위를 업으로 하는 자가 일부 돈을 받지 아니하고 무면허 의료행위를 한 경우에도

보건범죄단속에 관한 특별조치법 위반죄의 1죄만이 성립하고 별개로 의료법 위반죄를 구성하지 않는다고 보아야 한다.

[2] 같은 장소에서 같은 방법으로 동일한 범의를 가지고 한 일련의 무면허 의료행위 중 돈을 받은 행위와 돈을 받지 않은 행위를 구분하여 전자는 보건범죄단속에 관한 특별조치법 위반죄, 후자는 의료법 위반죄를 각 구성한다고 보고 이를 실체적 경합범 관계로 인정한 원심판결에, 무면허 의료행위의 죄수에 관한 법리오해의 위법이 있다고 한 사례(대법원 2010.5.13. 선고 2010도2468 판결).

## 5. 구 의료법 제25조의 규정 목적 및 의료행위 내용을 판단하는 방법

[1] 구 의료법(2006. 9. 27. 법률 제8007호로 개정되기 전의 것) 제25조의 규정에 의하면 의료인이 아니면 누구든지 의료행위를 하지 못하게 되어 있다. 여기서 의료행위란 질병의 예방이나 치료행위를 하는 것으로서, 의학의 전문적 지식을 기초로 하는 경험과 기능으로 진찰, 검안, 처방, 투약 또는 외과수술 등의 행위를 하는 것을 말하고, 의료인의 의료행위가 고도의 전문적 지식과 경험을 필요로 함과 동시에 사람의 생명, 신체 또는 일반공중위생에 밀접하고 중대한 관계가 있기 때문에 의료법은 의료인이 되는 자격에 대한 엄격한 요건을 규정하면서 의료행위를 의료인에게만 독점허용하고 일반인이 이를 하지 못하게 금지하여 의료인 아닌 사람이 의료행위를 함으로써 생길 수 있는 사람의 생명, 신체나 일반공중위생상의 위험을 방지하고 있다. 그러나 의료행위의 내용에 관한 정의를 내리고 있는 법조문이 없으므로 결국은 구체적 사안에 따라 이를 정할 수밖에 없고, 의학의 발달과 사회의 발전 등에 수반하여 변화될 수 있는 것이어서, 의료법의 목적, 즉 의학상의 전문지식이 있는 의료인이 아닌 일반사람에게 어떤 시술행위를 하도록 함으로써 사람의 생명, 신체상의 위험이나 일반공중위생상의 위험이 발생할 수 있는 여부 등을 감안한 사회통념에 비추어 의료행위의 내용을 판단하여야 한다.

[2] 약사로서 한약조제자격을 취득하였을 뿐 한의사가 아닌 자가 환자들의 맥을 짚어보고 구체적인 증상을 물어보는 등의 방법으로 진단행위를 한 후 한약을 조제·판매한 사안에서, 위 행위는 구 보건범죄단속에 관한 특별조치법(2007. 4. 11. 법률 제4102호로 개정되기 전의 것) 제5조에서 정한 '영리를 목적으로 한의사가 아닌 자가 한방의료행위를 업으로 한 때'에 해당하므로, 구 약사법(2007. 4. 11. 법률 제8365호로 개정되기 전의 것) 제38조의 처벌규정이 신설되었다 하더라도, 구 보건범죄단속에 관한 특별조치법 위반으로 처벌되는 것을 피할 수는 없다고 한 사례(대법원 2009.5.14. 선고 2007도5531 판결).

## 6. 무신고 화장품 제조·판매행위에 구 보건범죄단속에 관한 특별조치법 제3조 제1항 제2호를 적용하여 가중처벌할 수 있는지 여부

구 화장품법(1999. 9. 7. 법률 제6025호로 제정되어 2000. 7. 1. 시행된 법률) 시행 당시 구 보건범죄단속에 관한 특별조치법(2007. 4. 11. 법률 제8365호로 개정되기 전의 것) 제3조 제1항 제2호는 구 약사법(1999. 9. 7. 법률 제6025호로 개정되기 전의 것) 제26조 제1항을 인용하고 있었는데, 구 약사법 제26조 제1항, 제55조가 종전에 화장품 제조업에 관하여 의약품 제조업과 동일하게 허가를 받도록 하면서 무허가 화장품의 제조·판매행위를 무허가 의약품의 제조·판매행위와 동일하게 취급하여 이를 금지하였다가 구 화장품법의 제정에 맞추어 화장품 제조업을 그 허가대상에서 제외한 반면, 구 화장품법 제3조 제1항, 제14조 제1항에서 화장품 제조업에 관하여 신고를 하도록 규정하고 무신고 화장품의 제조·판매행위를 금지하는 내용으로 새로운 입법을 한 이상, 무허가 화장품 제조·판매행위를 규제하는 구 약사법 제26조 제1항과 무신고 화장품 제조·판매행위를 규제하는 구 화장품법 제3조 제1항은 규제의 대상과 범위를 서로 달리하고 있는 구성요건상 별개의 규정이므로, 구 화장품법 제3조 제1항을 같은 법 부칙 제6조가 말하는 '이 법 중 그에 해당하는 규정'으로서 구 보건범죄단속에 관한 특별조치법 제3조 제1항에서 인용하고 있는 구 약사법 제26조 제1항에 해당하는 규정으로 보아, 무신고 화장품 제조·판매행위에 대해서 구 보건범죄단속에 관한 특별조치법 제3조 제1항 제2호에 의하여 가중처벌하는 것은 죄형법정주의의 원칙에 어긋나는 것으로서 허용될 수 없다(대법원 2007. 11. 29. 선고 2007도5575 판결).

## 7. 의료행위 및 진찰의 의미

의료행위라 함은 의학적 전문지식을 기초로 하는 경험과 기능으로 진찰, 검안, 처방, 투약 또는 외과적 시술을 시행하여 하는 질병의 예방 또는 치료행위 및 그 밖에 의료인이 행하지 아니하면 보건위생상 위해가 생길 우려가 있는 행위를 의미하며(대법원 2004. 10. 28. 선고 2004도3405 판결 참조), 여기에서 진찰이라 함은, 환자의 용태를 듣고 관찰하여 병상 및 병명을 규명 판단하는 것으로서 그 진단방법으로는 문진, 시진, 청진, 타진 촉진 기타 각종의 과학적 방법을 써서 검사하는 등 여러 가지가 있다(대법원 1993. 8. 27. 선고 93도153 판결 참조)(대법원 2005. 8. 19. 선고 2005도4102 판결).

## 8. 의료행위의 의미

의료행위라 함은 의학적 전문지식을 기초로 하는 경험과 기능으로 진료, 검안, 처방, 투약 또는 외과적 시술을 시행하여 하는 질병의 예방 또는 치료행위 및 그 밖에 의료인이 행하지 아니하면 보건위생상 위해가 생길 우려가 있는 행위를 의미한다(대법원 2004. 10. 28. 선고 2004도3405 판결).

## 9. 의료행위의 의미 및 안마나 지압이 이에 해당하는지 여부(적극)

의료행위라 함은 의학적 전문지식을 기초로 하는 경험과 기능으로 진찰, 검안, 처방, 투약 또는 외과적 시술을 시행하여 하는 질병의 예방 또는 치료행위 및 그 밖에 의료인이 행하지 아니하면 보건위생상 위해가 생길 우려가 있는 행위를 의미한다 할 것이고, 안마나 지압이 의료행위에 해당하는지에 대해서는 그것이 단순한 피로회복을 위하여 시술하는 데 그치는 것이 아니라 신체에 대하여 상당한 물리적인 충격을 가하는 방법으로 어떤 질병의 치료행위에까지 이른다면 이는 보건위생상 위해가 생길 우려가 있는 행위, 즉 의료행위에 해당한다고 보아야 한다(대법원 2004. 1. 15. 선고 2001도298 판결).

## 10. 의사가 영리의 목적으로 비의료인과 공모하여 무면허의료행위를 한 경우, 보건범죄단속에관한특별조치법 제5조 위반죄에 해당하는지 여부(적극) 및 위 법조 소정의 영리의 목적의 의미

(1) 사실관계

피고인은 의사로서 의료행위 또는 그의 보조행위를 할 수 있는 면허 또는 자격이 없는 사람들인 피부관리사들과 공모하여 그들로 하여금 환자들에게 크리스탈 필링(Crystal Peeling) 박피술을 시술하게 하고 그 대가를 받아 의료행위를 업으로 하였다. 크리스탈 필링 박피술이란 산화알루미늄 성분의 연마제가 든 크리스탈 필링기를 사용하여 얼굴의 각질을 제거하여 주는 피부박피술이다.

(2) 판결요지

[1] 의사가 영리의 목적으로 비의료인과 공모하여 무면허의료행위를 하였다면 그 행위는 보건범죄단속에관한특별조치법 제5조에 해당한다고 할 것이고, 나아가 위 조문 소정의 영리의 목적이란 널리 경제적인 이익을 취득할 목적을 말하는 것으로서 무면허의료행위를 행하는 자가 반드시 그 경제적 이익의 귀속자나 경영의 주체와 일치하여야 할 필요는 없다.

[2] 의료행위는 의료인만이 할 수 있음을 원칙으로 하되, 간호사, 간호조무사, 의료기사등에관한법률에 의한 임상병리사, 방사선사, 물리치료사, 작업치료사, 치과기공사, 치과위생사의 면허를 가진 자가 의사, 치과의사의 지도하에 진료 또는 의학적 검사에 종사하는 행위는 허용된다 할 것이나, 그 외의 자는 의사, 치과의사의 지도하에서도 의료행위를 할 수 없는 것이고, 나아가 의사의 전체 시술과정 중 일부의 행위라 하더라도 그 행위만으로도 의료행위에 해당하는 한 비의료인은 이를 할 수 없으며, 의료행위를 할 면허 또는 자격이 없는 한 그 행위자가 실제로 그 행위에 관하여 의료인과 같은 수준의 전문지식이나 시술능력을 갖추었다고 하더라도 마찬가지이다(대법원 2003. 9. 5. 선고 2003도2903 판결).

## 11. 의료법 제25조 제1항 소정의 의료행위의 의미 및 암 등 난치성 질환을 앓는 환자에게 찜질기구를 주어 그 환자로 하여금 직접 환부에 대고 찜질을 하게 한 행위가 의료법 제25조 제1항 소정의 의료행위에 해당하는지 여부

의료법 제25조 제1항에서 말하는 의료행위라 함은 의학적 전문지식을 기초로 하는 경험과 기능으로 진찰, 검안, 처방, 투약 또는 외과적 시술을 시행하여 하는 질병의 예방 또는 치료행위와 그 밖에 의료인이 행하지 아니하면 보건위생상 위해가 생길 우려가 있는 행위를 의미하는바, 돌 등이 들어있는 스테인레스 용기를 천과 가죽으로 덮은 찜질기구를 가열하여 암 등 난치성 질환을 앓는 환자들에게 건네주어 환부에 갖다 대도록 한 행위는 명백히 암 등 난치성 질환이라는 특정 질병에 대한 치료를 목적으로 한 것이고, 이를 장기간 사용할 경우 피부 등에 화상을 입거나 암 등 난치성 질환을 앓고 있는 환자의 신체에 다른 부작용이 일어날 가능성을 배제할 수 없으므로, 이러한 치료행위는 의학상 전문지식이 있는 의료인이 행하지 아니하면 보건위생상 위해가 생길 우려가 있는 행위, 즉 의료행위에 해당한다고 보아야 할 것이고, 비록 찜질기구의 가열 후 온도나 사용방법에 비추어 화상의 우려가 적다거나, 직접 환자의 몸에 손을 대지 않거나, 약물을 투여하는 등의 진찰행위가 없다고 하여 결론을 달리 할 것은 아니다(대법원 2000. 9. 8. 선고 2000도432 판결).

## 12. 척추교정행위의 의료행위 해당여부

'척추바로잡기운동본부' 라는 간판을 걸고 근육이완기구인 전기맛사지기 3대와 엑스레이필름 판독기 1대, 척추의 모형 등 시설을 갖추고 척추 등 부위에 이상이 있는 환자들이 찾아오면 엑스레이필름과 환자의 진술에 따라 이상 부위를 확인하여 드라이브로 그 부위를 문지르고 아픈 부위를 손바닥으로 누른 다음 팔, 다리를 최대한으로 구부리도록 손으로 잡았다 놓았다 하는 운동을 약 30 내지 40회간 반복하여 실시함으로써 인체의 골격구조, 특히 척추에 나타나는 이상 상태를 교정하는 방법으로 신경생리기능의 회복을 꾀하였다면 이는 인체의 근육 및 골격에 위해를 발생할 우려가 있는 의료행위에 해당한다(대법원 1989. 1. 31. 선고 88도2032 판결).

## 13. 제3조 제1항 제1호 소정의 가액이 년간 100만원 이상일 경우와 포괄 1죄

피고인이 1972년부터 1979년까지에 걸쳐 불법 제조한 의약품에 관하여 포괄일죄로 처단하고 있는 이상 그 기간중 연간 소매가격이 100만원에 미달하는 때가 있어도 100만원을 넘는 해가 있는 이상 피고인에 대하여보건범죄단속에관한특별조치법 제3조 제1항 제3호를 적용한 점에 잘못이 없다.

## III. 벌칙

**제2조(부정식품 제조 등의 처벌)** ① 「식품위생법」 제37조제1항, 제4항 및 제5항의 허가를 받지 아니하거나 신고 또는 등록을 하지 아니하고 제조·가공한 사람 「건강기능식품에 관한 법률」 제5조에 따른 허가를 받지 아니하고 건강기능식품을 제조·가공한 사람, 이미 허가받거나 신고된 식품, 식품첨가물 또는 건강기능식품과 유사하게 위조하거나 변조한 사람, 그 사실을 알고 판매하거나 판매할 목적으로 취득한 사람 및 판매를 알선한 사람, 「식품위생법」 제6조, 제7조제4항 또는 「건강기능식품에 관한 법률」 제24조제1항을 위반하여 제조·가공한 사람, 그 정황을 알고 판매하거나 판매할 목적으로 취득한 사람 및 판매를 알선한 사람은 다음 각 호의 구분에 따라 처벌한다. 〈개정 2017.12.19.〉

750 ㅂ

1. 식품, 식품첨가물 또는 건강기능식품이 인체에 현저히 유해한 경우: 무기 또는 5년 이상의 징역에 처한다.
2. 식품, 식품첨가물 또는 건강기능식품의 가액(價額)이 소매가격으로 연간 5천만원 이상인 경우: 무기 또는 3년 이상의 징역에 처한다.
3. 제1호의 죄를 범하여 사람을 사상(死傷)에 이르게 한 경우: 사형, 무기 또는 5년 이상의 징역에 처한다.

② 제1항의 경우에는 제조, 가공, 위조, 변조, 취득, 판매하거나 판매를 알선한 제품의 소매가격의 2배 이상 5배 이하에 상당하는 벌금을 병과(併科)한다.

[전문개정 2011.4.12.]

**제3조(부정의약품 제조 등의 처벌)** ① 「약사법」 제31조제1항의 허가를 받지 아니하고 의약품을 제조한 사람, 그 정황을 알고 판매하거나 판매할 목적으로 취득한 사람 및 판매를 알선한 사람 또는 진료 목적으로 구입한 사람, 「약사법」 제62조제2호를 위반하여 주된 성분의 효능을 전혀 다른 성분의 효능으로 대체하거나 허가된 함량보다 현저히 부족하게 제조한 사람, 그 정황을 알고 판매하거나 판매할 목적으로 취득한 사람 및 판매를 알선한 사람 또는 진료 목적으로 구입한 사람, 이미 허가된 의약품과 유사하게 위조하거나 변조한 사람, 그 정황을 알고 판매하거나 판매할 목적으로 취득한 사람 및 판매를 알선한 사람 또는 진료 목적으로 구입한 사람은 다음 각 호의 구분에 따라 처벌한다. 〈개정 2011.6.7.〉

1. 의약품이 인체에 현저히 유해한 경우 또는 「약사법」 제53조에 따른 국가출하승인의약품 중 대통령령으로 정하는 의약품으로서 효능 또는 함량이 현저히 부족한 경우: 무기 또는 5년 이상의 징역에 처한다.
2. 의약품의 가액이 소매가격으로 연간 1천만원 이상인 경우: 무기 또는 3년 이상의 징역에 처한다.
3. 제1호의 죄를 범하여 사람을 사상에 이르게 한 경우: 사형, 무기 또는 5년 이상의 징역에 처한다.

② 제1항의 경우에는 제조, 위조, 변조, 취득, 판매, 판매를 알선하거나 구입한 제품의 소매가격의 2배 이상 5배 이하에 상당하는 벌금을 병과한다.

[전문개정 2011.4.12.]

**제3조의2(재범자의 특수가중)** 제2조 또는 제3조의 죄로 형을 받아 그 집행

을 종료하거나 면제받은 후 3년 내에 다시 제2조제1항제1호 또는 제3조제
1항제1호의 죄를 범한 사람은 사형, 무기 또는 5년 이상의 징역에 처한다.
[전문개정 2011.4.12.]

**제4조(부정유독물 제조 등의 처벌)** ① 「유해화학물질 관리법」 제20조에 따
른 등록을 하지 아니하고 유독물을 제조한 사람, 같은 법 제34조에 따르
지 아니하고 취급제한·금지물질을 사용한 사람 또는 이미 등록되거나 허
가된 유독물 또는 취급제한·금지물질과 유사하게 위조하거나 변조한 사
람은 다음 각 호의 구분에 따라 처벌한다.
   1. 유독물 또는 취급제한·금지물질의 잔류 독성이 인체에 현저히 유해한
     경우: 무기 또는 5년 이상의 징역에 처한다.
   2. 유독물 또는 취급제한·금지물질의 가액이 소매가격으로 연간 100만원
     이상인 경우: 무기 또는 3년 이상의 징역에 처한다.
② 제1항의 경우에는 제조, 사용, 위조 또는 변조한 제품의 소매가격의 2배
   이상 5배 이하에 상당하는 벌금을 병과한다.
[전문개정 2011.4.12.]

**제5조(부정의료업자의 처벌)** 「의료법」 제27조를 위반하여 영리를 목적으로
다음 각 호의 어느 하나에 해당하는 행위를 한 사람은 무기 또는 2년 이
상의 징역에 처한다. 이 경우 100만원 이상 1천만원 이하의 벌금을 병과
한다.
   1. 의사가 아닌 사람이 의료행위를 업(業)으로 한 행위
   2. 치과의사가 아닌 사람이 치과의료행위를 업으로 한 행위
   3. 한의사가 아닌 사람이 한방의료행위를 업으로 한 행위
[전문개정 2011.4.12.]

**제6조(양벌규정)** 법인의 대표자나 법인 또는 개인의 대리인, 사용인, 그
밖의 종업원이 그 법인 또는 개인의 업무에 관하여 제2조, 제3조, 제4조
및 제5조의 어느 하나에 해당하는 위반행위를 하면 그 행위자를 벌하는
외에 그 법인 또는 개인을 1억원 이하의 벌금에 처한다. 다만, 법인 또는
개인이 그 위반행위를 방지하기 위하여 해당 업무에 관하여 상당한 주의
와 감독을 게을리하지 아니한 경우에는 그러하지 아니하다.
[전문개정 2009.12.29.]

## Ⅳ. 기재례

### 【범죄사실 기재례】

피의자는 한의사가 아님에도 영리를 목적으로 20○○. ○. 중순경 ○○시 ○○동 ○○번지에 있는 피의자의 집에서 발목이 부어 통증을 호소하는 사건외 박○○를 진맥한 후 침을 놓아주고 한약처방전을 작성해 준 대가로 금 5,000원을 받은 것을 비롯하여 같은 해 ○. 중순경까지 같은 장소에서 별지목록 기재와 같이 30명의 환자에게 침을 놓아주고 매회 금 5,000원씩 합계 금 150,000원을 치료비로 교부받아 한방의료행위를 업으로 하였다(별지목록 생략).

### 【적용실례】

〈무면허업자가 치아를 잘못 뽑아버린 경우〉

무면허 치과의료업자가 환자의 상한 치아를 뽑아주다가 잘못하여 그 옆의 치아를 뽑아버린 경우

➡ 이 경우 무면허 의료행위외 업무상과실치상죄도 성립하므로 보건범죄단속에관한특별조치법 위반외에 업무상과실치상죄로도 의율해야 할 것이다.

〈과일장사인 피의자가 업으로 하였다고 보기 어려운 경우〉

과일장사를 하는 피의자가 평소 자신의 지병인 중풍을 항시 점검하기 위하여 혈압측정기와 영양제를 가지고 다니다가 이전에 내과조수로 일하면서 배운 기술로 환자를 진찰하고 처방한 후 돈을 받은 경우

➡ 이 경우 영리를 목적으로 한 것은 인정되지만, 단 1회 의료행위를 한 점에서 이를 업으로 했다고는 볼 수 없어 단순히 무면허 의료행위로 볼 수 있으므로 의료법 위반으로 의율 처리하는 것이 타당하다.

〈의료법 위반으로 입건해야 될 경우〉

➡ 보건범죄단속에관한특별조치법 제5조는 비의료인이 영리를 목적으로 의료행위를 업으로 함으로써 성립하는 범죄인 바, 피의자가 업으로 의료행위를 했다고 인정할 만한 아무런 자료가 없는 경우는 의료법 위반죄로 의율함.

〈한의원 종업원으로서 1회의 진료와 2회의 첩약조제행위를 한 경우〉

➡ 피의자의 혐의사실로 1회의 진료 및 첩약조제행위 2회의 첩약조제행위를 적시하였는 바, 보건범죄단속에관한특별조치법 위반죄는 영리성과 계속성을 그 요

건으로 하며, 피의자가 한의원 종업원으로서의 종속적 근무형태, 증거에 의해 인정되는 무면허 의료행위가 10여일 간의 단기간에 이루어진 점, 의료행위 장소가 업주의 영업장소인 점에 비추어 무면허 의료행위의 계속성을 인정하기에는 무리가 따르므로 진료행위 및 첩약조제행위는 의료법상의 무면허 한방의료행위로, 첩약혼합판매행위는 약사법상의 무면허 한약혼합판매행위로 의율함이 상당함.

### 〈의료법 위반으로 잘못 의율한 경우〉

➡ 피의자가 한의사가 아님에도 불구하고 20○○. 8. 중순경부터 같은 달 25.경까지 사이에 김○○ 등에게 1회에 금 20,000원씩을 받고 10여회에 거쳐 침을 놓아준 사안인 바, 위와 같은 경우는 의료법의 특별법인 보건범죄단속에관한특별조치법 제5조로 의율하는 것이 타당하므로 이 건 죄명도 보건범죄단속에관한특별조치법 위반으로 하는 것이 타당함.

### 〈의약품 제조허가없이 관절염약을 제조 판매한 경우〉

➡ 의약품 제조허가 없이 1년 2개월간 관절염 약 5,800여 만원을 제조판매한 사안으로서 위 행위를 보건범죄단속에관한특별조치위반 제3조 제1항 제1호 위반죄로 의율하였는 바, 위와 같은 행위는 일정기간에 약 얼마를 제조하였는가에 따라 처벌규정이 다르게 되므로 그 제조한 약의 양 및 소매가 등을 구체적으로 수사하여야 할 것이고, 판매장부가 있으므로 그 판매량 등으로 특정할 수 있으므로 그 구체적인 판매량을 수사한 후 이를 토대로 사실을 인정하여 처리하여야 한다.

### 〈무면허 치과의료업자가 환자의 아픈 치아를 뽑아주다가 잘못하여 그 옆의 치아를 뽑아버린 경우〉

➡ 본건은 무면허 치과의료업자가 환자의 부탁으로 치아를 뽑으려고 하다가 잘못하여 그 옆의 치아를 뽑아버린 사안으로서 위 행위는 무면허 의료행위 외 업무상과실치상죄도 성립되고 진정취지도 업무상과실치상행위에 대한 것이므로 위 행위를 보건범죄단속에관한특별조치법 위반 외 업무상과실치상죄까지 의율해야 할 것임.

### 〈무면허자가 성형수술해 주고 수술비 명목으로 돈을 교부받은 경우〉

➡ 의사면허 없는 피의자가 피해자 3명에게 성형수술을 해주고 수술비 명목으로 돈을 교부받은 경우에는 보건범죄단속에관한특별조치법 위반으로 의율하여야 하고 의료법 위반으로 의율할 수는 없다.

### 〈의사가 아님에도 침을 놓아주고 치료비로 금원을 받은 경우〉

➡ 피의자 조○○이 의사가 아님에도 타인에게 침을 놓아주고 치료비로 금원을 받

는 등 영리를 목적으로 의료행위를 하고 피의자 한○○이 사회복지법인 조○○이 이사장이 아님에도 사회복지법인 조○○ 이사장의 명함을 새겨 사회복지법인의 명칭을 사용한 것이라는 사안으로서, 영리를 목적으로 의료행위를 한 것은 보건범죄단속에관한특별조치법 위반으로 의율하여야 하고 의료법 위반으로 의율할 수 없고, 사회복지법인의 명칭을 사용한 부분에 대하여는 사회복지사업법 위반으로 입건처리하여야 함.

〈2회에 걸쳐서 틀니를 해주고 35만원을 받은 사안〉

➡ 2회에 걸쳐 치과의사가 아니면서 틀니를 하여 주고 합계 600,000원을 받았으므로 영리를 목적으로 치료행위를 업으로 한 것으로 보여지는 바, 그렇다면 본건 피의사실에 대해 보건범죄단속에관한특별조치법 제5조 위반으로 의율하여야 하고 단순히 의료법 위반으로 의율할 수는 없다.

**[서식]** 부정사범에 관한 상급 지급 조서

| 제            호 | | | |
|---|---|---|---|
| **부정(식품, 의약품, 독극물)사범에 관한**<br>**(통보, 검거) 상급 지급 조서** | | | |
| 상 금 액 1 | | 금            원정 | |
| 상 금 산 정 내 역 | 벌금액      ① | (기소유예처분의 경우 그 기타 공로 범죄의 경중 기타 사정)   ② | |
| | | | |
| 통보자또는 검거자의인적사항 2 | 주 소      ① | | |
| | 소 속      ② | 직 위   ③ | |
| | 주민등록번호   ④ | | |
| | 성 명      ⑤ | 19   .   .   .생 | |
| 검 거 통 보 연 월 일   3 | | | |
| 검 거 장 소   4 | | | |
| 사 건 의 개 요   5 | | | |
| 재 판 확 정<br>기소유예처분   연 월 일 6 | | | |
| 죄 명 및 처 벌 내 용   7 | | | |
| 비 고   8 | | | |

9003-1-73A

70.3.20 승인

190mm×268mm

(중절지 60g/㎡)

# 보조금 관리에 관한 법률

[시행 2024. 3. 26.] [법률 제20409호, 2024. 3. 26., 타법개정]

## Ⅰ. 개설

### 목적

이 법은 보조금 예산의 편성, 교부 신청, 교부 결정 및 사용 등에 관하여 기본적인 사항을 규정함으로써 효율적인 보조금 예산의 편성 및 집행 등 보조금 예산의 적정한 관리를 도모함을 목적으로 한다.

## Ⅱ. 판례

**제18조(보조금의 교부 조건)** ① 중앙관서의 장은 보조금의 교부를 결정할 때 법령과 예산에서 정하는 보조금의 교부 목적을 달성하는 데에 필요한 조건을 붙일 수 있다.

② 중앙관서의 장은 보조금의 교부를 결정할 때 보조사업이 완료된 때에 그 보조사업자에게 상당한 수익이 발생하는 경우에는 그 보조금의 교부 목적에 위배되지 아니하는 범위에서 이미 교부한 보조금의 전부 또는 일부에 해당하는 금액을 국가에 반환하게 하는 조건을 붙일 수 있다.

[전문개정 2011.7.25.]

### 대여금
[대법원 2011.6.9, 선고, 2011다2951, 판결]

【판결요지】

[1] 보조금의 예산 및 관리에 관한 법률 제2조 제1호는 "보조금이라 함은 국가 외의 자가 행하는 사무 또는 사업에 대하여 국가가 이를 조성하거나 재정상의 원조를 하기 위하여 교부하는 보조금(지방자치단체에 대한 것과 기타 법인 또는 개인의 시설자금이나 운영자금에 대한 것에 한한다)·부담금(국제조약에 의한 부담금은 제외한다) 기타 상당한 반대급부를 받지 아니하고 교부하는 급부금으로서 대통령령으로 정하는 것을 말한다."라고 규정하고 있으므로, 위 법의 적용을 받는 보조금은 국가가 교부하는 보조금에 한정된다. 따라서 지방자치단체가 교부하는 보조금에 관하여는 위 법의 적용이 없고, 지방재정법 및 지방재정법 시행령 그리고 당해 지방자치단체의 보조금관리조례가 적용될 뿐이다.

[2] 지방자치단체가 보조금 지급결정을 하면서 일정 기한 내에 보조금을 반환하도록 하는 교부조건을 부가한 사안에서, 지방자치단체의 보조금관리조례 규정과 위 보조금 지급결정이 행정청 재량이 인정되는 수익적 행정행위의 성격을 지니고 있고 경제촉진을 위하여 다양한 형태의 보조금행정을 시행할 필요성도 있는 점 등을 종합하여 보면, 지방자치단체가 보조금 지급결정을 하면서 반드시 보조사업자에게 수익이 발생할 경우에 한하여 보조금을 반환하게 하는 조건을 붙일 수 있다고 볼 근거는 없고, 보조사업자의 보조금 신청 내용과 재정상태, 지방자치단체의 예산상태, 공익상·시책상 필요성, 보조금의 교부목적 등을 고려하여 금융이자의 부담 없이 보조금을 사용하도록 하되, 일정 기한 내에 보조금을 반환하도록 하는 조건의 재정상 원조를 하는 것도 허용될 수 있다고 해석되며, 이 경우 보조금의 예산 및 관리에 관한 법률 제18조 제2항이 유추 적용될 수는 없다고 한 사례.

[3] 지방자치단체가 보조금 지급결정을 하면서 일정 기한 내에 보조금을 반환하도록 하는 교부조건을 부가한 사안에서, 보조사업자의 지방자치단체에 대한 보조금 반환의무는 행정처분인 위 보조금 지급결정에 부가된 부관상 의무이고, 이러한 부관상 의무는 보조사업자가 지방자치단체에 부담하는 공법상 의무이므로, 보조사업자에 대한 지방자치단체의 보조금반환청구는 공법상 권리관계의 일방 당사자를 상대로 하여 공법상 의무이행을 구하는 청구로서 행정소송법 제3조 제2호에 규정한 당사자소송의 대상이라고 한 사례.

**제22조(용도 외 사용 금지)** ① 보조사업자는 법령, 보조금 교부 결정의 내용 또는 법령에 따른 중앙관서의 장의 처분에 따라 선량한 관리자의 주의로 성실히 그 보조사업을 수행하여야 하며 그 보조금을 다른 용도에 사용하여서는 아니 된다.

② 간접보조사업자는 법령과 간접보조금의 교부 목적에 따라 선량한 관리자의 주의로 간접보조사업을 수행하여야 하며 그 간접보조금을 다른 용도에 사용하여서는 아니 된다.

③ 제1항 및 제2항에도 불구하고 제31조제4항에 따라 보조금 초과액을 반납하지 아니하고 활용하는 경우에는 유사한 목적의 사업에 사용할 수 있다.

[전문개정 2011.7.25.]

**특정경제범죄가중처벌등에관한법률위반(횡령)·**
**업무상횡령·보조금관리에관한법률위반**

[대법원 2017. 9. 7, 선고, 2016도11103, 판결]

**【판결요지】**

구 보조금 관리에 관한 법률(2016. 1. 28. 법률 제13931호로 개정되기 전의 것, 이하 '보조금법'이라 한다) 제2조는 국가 외의 자가 수행하는 사무 또는 사업에 대하여 국가가 이를 조성하거나 재정상의 원조를 하기 위하여 교부하는 급부금인 보조금 등의 교부 대상이 되는 사무 또는 사업을 '보조사업'으로, 보조사업을 수행하는 자를 '보조사업자'로 정의하는 한편, 국가 외의 자가 보조금을 재원의 전부 또는 일부로 하여 상당한 반대급부를 받지 아니하고 그 보조금의 교부 목적에 따라 다시 교부하는 급부금인 간접보조금의 교부대상이 되는 사무 또는 사업을 '간접보조사업'으로, 간접보조사업을 수행하는 자를 '간접보조사업자'로 정의함으로써, '보조사업·보조사업자'와 '간접보조사업·간접보조사업자'를 명확하게 구분하고 있다.

보조금법 제22조는 제1항에서 '보조사업자'가 보조금을 다른 용도에 사용하는 것을 금지하는 한편, 제2항에서 '간접보조사업자'가 간접보조금을 다른 용도에 사용하는 것을 금지하고 있고, 보조금법 제41조는 제22조를 위반하여 '보조금'이나 '간접보조금'을 다른 용도에 사용한 자를 3년 이하의 징역 또는 2천만 원 이하의 벌금에 처하도록 규정하고 있다.

보조금법 제23조 본문은 '보조사업자'가 사정의 변경으로 '보조사업'의 내용을 변경하거나 '보조사업'에 드는 경비의 배분을 변경하려면 중앙관서의 장의 승인을 받도록 규정하여 오로지 '보조사업자'에 대하여만 '보조사업'의 내용변경에 관한 승인의무를 부과하고 있고, 보조금법 제42조는 제23조를 위반하여 중앙관서의 장의 승인을 받지 아니하고 '보조사업'의 내용을 변경한 자를 1천만 원 이하의 벌금에 처하도록 규정하고 있다.

이와 같은 보조금법령의 내용, 체계, 취지 등에 비추어 보면, 보조금법은 보조사업자와 간접보조사업자에게 각각 보조금과 간접보조금의 용도 외 사용 금지의무를 부과하고, 이를 위반한 보조사업자와 간접보조사업자를 각각 보조금법 제41조 위반죄로 처벌하는 데 반하여, 사업내용 변경에 관하여는 '보조사업자'에게만 중앙관서의 장의 승인을 받을 의무를 부과하고 있을 뿐만 아니라, '간접보조사업'이 아닌 '보조사업'의 내용을 변경하는 행위만을 보조금법 제42조 위반죄의 처벌대상으로 하고 있다고 봄이 타당하다.

**제30조(법령 위반 등에 따른 교부 결정의 취소)** ① 중앙관서의 장은 보조사업자가 다음 각 호의 어느 하나에 해당하는 경우에는 보조금 교부 결정의 전부 또는 일부를 취소할 수 있다.

   1. 보조금을 다른 용도에 사용한 경우

   2. 법령, 보조금 교부 결정의 내용 또는 법령에 따른 중앙관서의 장의 처분을 위반한 경우

   3. 거짓 신청이나 그 밖의 부정한 방법으로 보조금을 교부받은 경우

② 중앙관서의 장은 간접보조사업자가 다음 각 호의 어느 하나에 해당하는 경우에는 보조사업자에 대하여 그 간접보조금에 관련된 보조금 교부 결정의 전부 또는 일부를 취소할 수 있다.

   1. 간접보조금을 다른 용도에 사용한 경우

   2. 법령을 위반한 경우

   3. 거짓 신청이나 그 밖의 부정한 방법으로 간접보조금을 교부받은 경우

③ 제1항과 제2항에 따라 교부 결정을 취소한 경우에는 제19조를 준용한다.

[전문개정 2011.7.25.]

## 강제집행면탈

[대법원 2012.4.26, 선고, 2010도5693, 판결]

【판결요지】

[1] 형법 제327조의 강제집행면탈죄가 적용되는 강제집행은 민사집행법의 적용대상인 강제집행 또는 가압류·가처분 등의 집행을 가리키는 것이므로, 국세징수법에 의한 체납처분을 면탈할 목적으로 재산을 은닉하는 등의 행위는 위 죄의 규율대상에 포함되지 않는다.

[2] '보조금의 예산 및 관리에 관한 법률'(이하 '보조금관리법'이라 한다) 제30조 제1항, 제31조 제1항에 의한 보조금 교부결정취소 및 보조금 반환명령은 행정처분이고 그 처분이 있어야 반환의무가 발생하므로, 반환받을 보조금에 대한 징수권은 공법상 권리로서 사법상 채권과는 성질을 달리한다. 따라서 보조금관리법 제33조에서 '반환하여야 할 보조금에 대하여는 국세징수의 예에 따라 이를 징수할 수 있다'고 규정한 것은 보조금의 반환에 대하여는 국세체납처분의 예에 따라 강제징수할 수 있도록 한 것뿐이고, 이를 민사집행법에 의한 강제집행과 국세체납처분에 의한 강제징수 중에서 선택할 수 있도록 허용한 규정이라고 볼 것은 아니다.

## III. 벌칙

**제40조(벌칙)** 다음 각 호의 어느 하나에 해당하는 자는 10년 이하의 징역 또는 1억원 이하의 벌금에 처한다.

  1. 거짓 신청이나 그 밖의 부정한 방법으로 보조금이나 간접보조금을 교부받거나 지급받은 자 또는 그 사실을 알면서 보조금이나 간접보조금을 교부하거나 지급한 자

  2. 제26조의6제1항제1호를 위반한 자

[전문개정 2017.1.4.]

**제41조(벌칙)** 다음 각 호의 어느 하나에 해당하는 자는 5년 이하의 징역 또는 5천만원 이하의 벌금에 처한다. 〈개정 2016.1.28., 2017.1.4.〉

  1. 제22조를 위반하여 보조금이나 간접보조금을 다른 용도에 사용한 자

  2. 제26조의6제1항제2호부터 제4호까지를 위반한 자

  3. 제35조제3항을 위반하여 중앙관서의 장의 승인 없이 중요재산에 대하여 금지된 행위를 한 자

[전문개정 2011.7.25.]

**제42조(벌칙)** ① 제23조 또는 제24조를 위반하여 중앙관서의 장의 승인을 받지 아니하고 보조사업의 내용을 변경하거나 보조사업을 인계·중단 또는 폐지한 자는 2년 이하의 징역 또는 2천만원 이하의 벌금에 처한다.
② 다음 각 호의 어느 하나에 해당하는 자는 1년 이하의 징역 또는 1천만원 이하의 벌금에 처한다.
　1. 제25조제3항을 위반하여 관련된 자료를 보관하지 아니한 자
　2. 제26조제2항에 따른 정지명령을 위반한 자
　3. 제27조 또는 제36조제1항을 위반하여 거짓 보고를 한 자
[전문개정 2016.1.28.]

**제43조(양벌규정)** 법인의 대표자나 법인 또는 개인의 대리인, 사용인, 그 밖의 종업원이 그 법인 또는 개인의 업무에 관하여 제40조부터 제42조까지의 어느 하나에 해당하는 위반행위를 하면 그 행위자를 벌하는 외에 그 법인 또는 개인에게도 해당 조문의 벌금형을 과(科)한다. 다만, 법인 또는 개인이 그 위반행위를 방지하기 위하여 해당 업무에 관하여 상당한 주의와 감독을 게을리하지 아니한 경우에는 그러하지 아니하다.
[전문개정 2009.1.30.]

## Ⅳ. 기재례

### 【범죄사실 기재례】

피의자 정○○는 ○○시 ○○구 ○○에서 ○○사업을 하면서 20○○. ○. ○.부터 보조금 ○○만원을 받아 사업을 하고 있는 보조사업자다. 보조사업자는 법령, 보조금 교부결정의 내용 또는 법령에 따른 중앙관서의 장의 처분에 따라 선량한 관리자의 주의로 성실히 그 보조사업을 수행하여야 하며 그 보조금을 다른 용도에 사용하여서는 안 된다. 그럼에도 불구하고 정○○는 20○○ ○. ○. 경 위 보조금을 ○○용도로 사용하였다.

# 복권 및 복권기금법

[시행 2024. 5. 17.] [법률 제19589호, 2023. 8. 8., 타법개정]

## Ⅰ. 개설

### 목적

이 법은 복권의 발행·관리 및 판매에 관한 사항을 정하여 복권사업의 건전한 발전을 도모하고, 복권수익금의 합리적 배분과 투명한 사용을 통하여 국민의 복지 증진에 이바지함을 목적으로 한다.

## Ⅱ. 판례

**제8조(당첨금 등)** ① 복권사업자는 복권을 발행할 때 복권당첨자 전원에게 지급하는 당첨금을 합친 금액이 해당 회차에 발행되는 복권 액면가액 총액의 100분의 50 이상이 되도록 하여야 한다. 다만, 해당 회차에 발행되는 복권액면가액의 총액이 미리 확정될 수 없는 복권의 경우에는 해당 회차에 판매되는 복권액면가액 총액의 100분의 50 이상이 되도록 하여야 한다.

② 복권위원회는 복권의 과도한 사행성을 억제하기 위하여 복권의 종류별로 최고 당첨금, 등위별 당첨금 비율 및 한 장당 가격의 조정 등에 관하여 필요한 조치를 하여야 한다.

③ 복권위원회는 대통령령으로 정하는 바에 따라 당첨금을 한꺼번에 또는 분할하여 지급할 수 있다.

④ 온라인복권의 1등 당첨자가 없는 경우 해당 당첨금은 5회 범위에서 대통령령으로 정하는 횟수 안에서 다음 회차의 당첨금으로 이월(移越)할 수 있다.

⑤ 지급 청구된 복권이 파손 등의 이유로 당첨 여부나 진위(眞僞)를 구분할 수 없는 경우에는 당첨금을 지급하지 아니한다.

[전문개정 2011.3.30.]

## 당첨금

[서울고법 2008. 10. 23., 선고, 2008나35960, 판결 : 상고]

**【판결요지】**
즉석식 복권이란 당첨방식을 미리 정한 후 복권면에 당첨방식 내역을 인쇄하여 복권

구매자가 구입 즉시 당첨 여부를 확인할 수 있는 복권으로서, 구입 즉시 당첨 여부를 확인할 수 있다는 것은 제3의 기관에서 추첨 등의 방법으로 당첨 여부를 확인해야 하는 부가적인 절차를 거칠 필요 없이 복권구매자가 직접 원하는 시간에 그 당첨 여부를 확인해 볼 수 있다는 의미에 불과하고, 복권구매자가 복권면 자체만 가지고 스스로 최종적인 당첨 여부를 확인하여 복권발행자 등에게 확정적인 당첨금 지급청구권을 가진다고 볼 수는 없다. 특히, 복권면에 당첨 여부에 관한 데이터를 인쇄하고 복권구매자가 복권을 구입한 뒤 벗겨서 당첨 여부를 확인할 수 있는 라텍스를 덧씌워 판매하는 즉석식 복권의 경우, 구매 당시에는 당첨 여부가 확인되지 않게 한 반면 당첨 여부를 결정하는 복권 데이터가 위·변조되었거나 오류가 있음에도 외관상 당첨으로 보이는 복권이 발생할 수 있는 가능성이 있으므로 복권면상의 당첨 여부 확인이 최종적인 당첨 여부를 결정한다고 할 수는 없다. 따라서 즉석식 복권의 경우 복권구매자가 복권 게임 방법에 따라 게임을 하여 당첨 여부를 확인한 뒤 연합복권사업단에게 제시하면 연합복권사업단이 그 복권의 진위, 하자 여부, 당첨 복권의 당첨금 지급기준과의 일치 여부 등을 당첨금 세부지급 규정에 따라 확인한 후 최종적으로 당첨 여부를 확인하여 복권구매자에게 당첨금을 지급하게 되고, 연합복권사업단은 복권당첨금 지급기준 제4조에 따라 복권면에 인쇄된 검증번호와 연합복권사업단이 보유하고 있는 검증번호의 일치 여부를 확인하여 최종적 당첨 여부를 결정하게 된다. 즉, 즉석식 복권일지라도 복권 구매자의 입장에서 당첨 여부를 확인하는 절차와는 별도로 복권 발행업자인 연합복권사업단의 입장에서 복권의 진위, 하자 여부 등을 검증하는 절차를 거쳐야 최종적으로 당첨금 지급 여부가 결정된다.

**제12조(복권발행업무의 위탁·재위탁)** ① 복권위원회는 대통령령으로 정하는 바에 따라 단체·법인 또는 개인(이하 이 조에서 "단체등"이라 한다)에게 복권의 발행·관리 및 판매 업무(이하 "복권발행업무"라 한다)의 일부를 위탁할 수 있다. 〈개정 2016.3.29.〉

② 수탁사업자는 대통령령으로 정하는 바에 따라 복권위원회의 승인을 받아 단체등에 복권발행업무의 일부를 재위탁할 수 있다.

③ 제1항 및 제2항에 따라 복권발행업무의 수탁 또는 재수탁을 받을 수 있는 단체등은 다음 각 호의 요건을 모두 갖추어야 한다.

　1. 복권발행사업 수행에 필요한 경제적·기술적 능력이 있을 것

　2. 이 법을 위반하여 처벌받은 사실이 없을 것

　3. 그 밖에 대통령령으로 정하는 사항

④ 복권발매시스템을 운용하는 자의 경우에도 제3항에 따른 요건을 갖추어야 한다.

[전문개정 2011.3.30.]

# 약정 수수료

[대법원 2011. 6. 24, 선고, 2008다44368, 판결]

【판결요지】

[1] 사정변경으로 인한 계약해지는, 계약 성립 당시 당사자가 예견할 수 없었던 현저한 사정변경이 발생하였고 그러한 사정변경이 해제권을 취득하는 당사자에게 책임 없는 사유로 생긴 것으로서, 계약 내용대로 구속력을 인정한다면 신의칙에 현저히 반하는 결과가 생기는 경우에 계약준수 원칙의 예외로서 인정된다.

[2] 甲 회사가 온라인연합복권 운영기관인 乙 은행과, 甲 회사가 온라인연합복권 시스템 구축 및 운영 용역을 제공하는 대가로 乙 은행이 온라인연합복권 매회 매출액의 일정 비율에 해당하는 수수료를 지급하기로 하는 내용의 계약을 체결한 사안에서, 乙 은행이 회계법인의 검토에 따른 예상매출액을 토대로 수수료율 등 계약 내용을 정하였고 실제 매출액이 예상매출액보다 현저하게 많이 발생하였더라도 이는 계약 당시를 기준으로 장래의 미필적 사실의 발생에 대한 기대나 예상이 빗나간 것에 불과하고, 乙 은행이 예상매출액이 그대로 실현될 것이라고 확신하였다고 보기도 어려우므로, 乙 은행이 계약을 체결하면서 장래의 매출액에 관하여 착오를 일으켰다고 할 수 없고, 한편 온라인연합복권 판매액이 예상매출액을 훨씬 초과하게 되어 판매액에 비례한 수수료를 지급받는 甲 회사가 결과적으로 예상액을 훨씬 초과하는 수수료를 지급받게 되었다는 점만으로 신의칙에 반하는 결과가 초래되었다고 볼 수 없으므로, 착오를 이유로 한 계약의 일부 취소 또는 사정변경으로 인한 계약의 일부 해지를 인정할 수 없다고 본 원심판단을 수긍한 사례.

[3] 계약당사자가 어떠한 계약 내용을 처분문서인 서면으로 작성한 경우에 문언의 객관적인 의미가 명확하다면 특별한 사정이 없는 한 문언대로 의사표시의 존재와 내용을 인정하여야 하고, 문언의 객관적인 의미가 명확하게 드러나지 않는 경우에는 문언의 내용과 계약이 이루어지게 된 동기 및 경위, 당사자가 계약에 의하여 달성하려고 하는 목적과 진정한 의사, 거래의 관행 등을 종합적으로 고찰하여 사회정의와 형평의 이념에 맞도록 논리와 경험의 법칙 그리고 사회일반 상식과 거래 통념에 따라 계약 내용을 합리적으로 해석하여야 한다.

[4] 甲 회사가 온라인연합복권 운영기관인 乙 은행과, 甲 회사가 온라인연합복권 시스템 구축 및 운영 용역을 제공하는 대가로 乙 은행이 온라인연합복권 매회 매출액의 일정 비율에 해당하는 수수료를 지급하기로 하는 내용의 계약을 체결하였는데, 계약조항에서 관계 법령에 의한 통제가격, 정부 등의 규제가격, 인허가 또는 고시가격, 세법 등이 변동된 경우 상호협의하여 수수료를 조정할 수 있고, 변경된 수수료의 적용 시기는 협의하여 정한다고 규정한 사안에서, 복권 및 복권기금법의 제정 및 그에 근거한 복권위원회 고시로 온라인복권발매시스템 운용에 관한 수수료 최고한도를 정한 것은 계약조항에서 정한 수수료율 조정사유에 해당하고, 수수료율 조정에 관한 합의가 이루어지지 아니한 경우 법원이 여러 사정을 종합하여 합리적인 범위 내에서 계약조항에 따라 변경·적용할 수수료율을 정할 수 있다고 보아야 하므로, 계약조항에 따라 적용될 수수료율을 위 고시에서 정한 수수료율의

상한으로 본 원심판단은 정당하지만, 변경된 수수료율의 적용 시기(始期)에 관한 합의가 이루어지지 아니하는 경우에도 법원은 분쟁 해결을 위하여 가장 합리적이라고 인정되는 변경 수수료율 적용 시기를 정할 수 있는데, 원심이 인정한 변경된 수수료율은 위 고시가 발효된 이후 최초로 발매된 온라인연합복권 매출액에 대한 수수료부터 적용된다고 봄이 합리적임에도, 고시 발효일부터 변경된 수수료율이 적용된다고 보아 수수료를 산정하면서 고시 발효일 전부터 발매된 직전 회차 온라인연합복권 매출액 전액에 대해 변경된 수수료율을 소급·적용한 원심판결에는 법리를 오해한 잘못이 있다고 한 사례.

## Ⅲ. 벌칙

**제34조(벌칙)** ① 다음 각 호의 어느 하나에 해당하는 자는 3년 이하의 징역 또는 3천만원 이하의 벌금에 처한다.〈개정 2020.3.31.〉

1. 제4조제1항을 위반하여 복권을 발행한 자
2. 제5조의2제1항을 위반하여 직무상 알게 된 복권정보를 부당한 목적으로 제공하거나 누설한 자
3. 제5조의2제2항을 위반하여 복권을 구매·양도하거나 이러한 행위를 알선한 자

② 제10조를 위반하여 당첨자를 식별할 수 있는 개인정보를 공개하거나 제공한 자는 1년 이하의 징역 또는 1천만원 이하의 벌금에 처한다. 〈신설 2016.3.2.〉

③ 다음 각 호의 어느 하나에 해당하는 자는 1년 이하의 징역 또는 1천만원 이하의 벌금에 처한다. 〈개정 2016.3.2., 2020.3.31., 2023. 7. 18.〉

1. 제5조제1항을 위반하여 복권을 판매한 자
2. 제6조제1항을 위반하여 계약을 체결하지 아니하고 영리 목적으로 온라인복권을 판매한 자
3. 제6조제2항을 위반하여 계약을 체결한 수탁사업자 및 재수탁사업자
4. 제6조제3항을 위반하여 지정받은 판매장소 외의 장소에서 온라인복권을 판매한 자
5. 제6조제4항을 위반하여 온라인복권 구매를 대행한 자
6. 제6조제5항을 위반하여 온라인복권 판매 행위를 알선한 자
7. 제12조제2항을 위반하여 재위탁을 한 수탁사업자

[전문개정 2011.3.30.]

**제35조(양벌규정)** 법인의 대표자나 법인 또는 개인의 대리인, 사용인, 그 밖의 종업원이 그 법인 또는 개인의 업무에 관하여 제34조의 위반행위를 하면 그 행위자를 벌하는 외에 그 법인 또는 개인에게도 해당 조문의 벌금형을 과(科)한다. 다만, 법인 또는 개인이 그 위반행위를 방지하기 위하여 해당 업무에 관하여 상당한 주의와 감독을 게을리하지 아니한 경우에는 그러하지 아니하다.

[전문개정 2009.12.29.]

**제36조(과태료)** ① 다음 각 호의 어느 하나에 해당하는 자에게는 1천만원 이하의 과태료를 부과한다.

1. 제5조제3항을 위반하여 청소년에게 복권을 판매한 자
2. 제7조제1항을 위반하여 복권에 관한 경고문구를 표시하지 아니한 자
3. 제7조제2항 또는 제3항을 위반하여 광고를 한 수탁사업자 또는 재수탁사업자
4. 제7조제4항을 위반하여 복권수익금의 용도 등을 복권면에 표시하지 아니한 수탁사업자 또는 재수탁사업자
5. 제18조제1항을 위반하여 자료나 그 사본을 제출하지 아니하거나 관계 공무원의 출입·조사를 거부·방해 또는 기피한 자
6. 제33조를 위반하여 서류·장부 등을 보존하지 아니한 수탁사업자 또는 재수탁사업자
7. 제33조의3제2항을 위반하여 자료나 그 사본을 제출하지 아니하거나 관계 공무원의 출입·조사를 거부·방해 또는 기피한 자

② 다음 각 호의 어느 하나에 해당하는 자에게는 500만원 이하의 과태료를 부과한다.

1. 제5조제2항을 위반하여 1명에게 판매 한도를 초과하여 복권을 판매한 자
2. 제5조제4항을 위반하여 신용카드 결제방식으로 복권을 판매한 자

③ 제1항 및 제2항에 따른 과태료는 대통령령으로 정하는 바에 따라 다음 각 호의 구분에 따른 자가 부과·징수한다.

1. 제1항제1호·제7호 및 제2항에 따른 과태료 : 시장·군수·구청장
2. 제1항제2호부터 제6호까지의 규정에 따른 과태료 : 복권위원회

[전문개정 2011.3.30.]

## ◆ 신문사항 ◆

- 피의자는 복권을 발행하거나 판매하나요?
- 어떤 종류의 복권을 발행하거나 판매하나요?
- 언제, 어디에서 발행하거나 판매하였나요?
- 누구에게 판매하였나요?
- 얼마를 받고 판매하였나요?
- 피의자는 ○○복권의 발행권한이 있나요?
- 피의자는 왜 이런 복권을 판매하였나요?

# 부정경쟁방지 및 영업비밀보호에 관한 법률

[시행 2024. 8. 21.] [법률 제20321호, 2024. 2. 20., 일부개정]

## Ⅰ. 개설

### 목적

이 법은 국내에 널리 알려진 타인의 상표·상호(商號) 등을 부정하게 사용하는 등의 부정경쟁행위와 타인의 영업비밀을 침해하는 행위를 방지하여 건전한 거래질서를 유지함을 목적으로 한다.

## Ⅱ. 판례

### 1. 디자인권침해금지등

물품의 명칭이 '캔들워머'인 등록디자인 " "으로 " " 등 제품을 제조·판매하고 있는 디자인권자 甲이 乙 주식회사 등을 상대로 乙 회사 등이 위 등록디자인과 동일하거나 유사한 제품 " "을 수입·판매하여 甲의 디자인권을 침해하였고, 甲의 제품 형태를 모방한 위 제품을 수입·판매하여 부정경쟁방지 및 영업비밀보호에 관한 법률(이하 '부정경쟁방지법'이라 한다) 제2조 제1호 (자)목에서 정한 부정경쟁행위를 하였다며 위 제품의 생산 금지, 폐기 등과 손해배상을 구한 사안이다.

위 등록디자인의 등록을 무효로 한다는 심결이 내려져 확정되었으므로 甲의 위 등록디자인에 대한 디자인권은 디자인보호법 제121조 제3항 본문에 따라 처음부터 없었던 것으로 보아야 하고, 부정경쟁방지법 제2조 제1호 (자)목은 타인이 제작한 상품의 형태를 모방한 상품을 양도·대여하는 등의 행위를 부정경쟁행위의 한 유형으로 규정하면서, 단서 (2)에서 타인이 제작한 상품과 동종의 상품이 통상적으로 가지는 형태를 모방한 상품을 양도·대여하는 등의 행위를 부정경쟁행위에서 제외하고 있는데, 위 등록디자인 출원 전 공지된 전기스탠드, 온열램프, 캔들워머에 관한 비교대상디자인들에 비추어 보면, 甲의 제품은 그 형태적 특징이 동종 상품에서 종래부터 채용되어 오던 형태 혹은 동종의 상품이라면 흔히 가지는 개성이 없는 형태 등에 해당하므로 부정경쟁방지법 제2조 제1호 (자)목에 의하여 보호되는 상품 형태에 해당한다고 볼 수 없다는 이유로 甲의 주장을 모두 배척한 사례이다(특허법원 2020. 12. 11., 선고, 2020나1018, 판결 : 확정).

## 2. 직무발명 이외의 발명까지 사용자 등에게 양도하거나 전용실시권을 설정한다는 취지의 조항을 포함하고 있는 계약이나 근무규정의 효력 및 이때 계약이나 근무규정 속에 대가에 관한 조항이 없더라도 종업원 등에게 직무발명에 대한 정당한 보상을 받을 권리가 있는지 여부(적극)

발명진흥법 제2조는 '직무발명'이란 종업원, 법인의 임원 또는 공무원(이하 '종업원 등'이라 한다)이 직무에 관하여 발명한 것이 성질상 사용자·법인 또는 국가나 지방자치단체(이하 '사용자 등'이라 한다)의 업무 범위에 속하고 발명을 하게 된 행위가 종업원 등의 현재 또는 과거의 직무에 속하는 발명을 말한다고 규정하면서, 제10조 제3항에서 "직무발명 외의 종업원 등의 발명에 대하여 미리 사용자 등에게 특허 등을 받을 수 있는 권리나 특허권 등을 승계시키거나 사용자 등을 위하여 전용실시권을 설정하도록 하는 계약이나 근무규정의 조항은 무효로 한다."고 규정하고 있고, 위 조항은 직무발명을 제외하고 그 외의 종업원 등의 발명에 대하여는 발명 전에 미리 특허를 받을 수 있는 권리나 장차 취득할 특허권 등을 사용자 등에게 승계(양도)시키는 계약 또는 근무규정을 체결하여 두더라도 위 계약이나 근무규정은 무효라고 함으로써 사용자 등에 대하여 약한 입장에 있는 종업원 등의 이익을 보호하는 동시에 발명을 장려하고자 하는 점에 입법 취지가 있다. 위와 같은 입법 취지에 비추어 보면, 계약이나 근무규정이 종업원 등의 직무발명 이외의 발명에 대해서까지 사용자 등에게 양도하거나 전용실시권의 설정을 한다는 취지의 조항을 포함하고 있는 경우에 그 계약이나 근무규정 전체가 무효가 되는 것은 아니고, 직무발명에 관한 부분은 유효하다고 해석하여야 한다. 또한 발명진흥법 제15조 제1항은 "종업원 등은 직무발명에 대하여 특허 등을 받을 수 있는 권리나 특허권 등을 계약이나 근무규정에 따라 사용자 등에게 승계하게 하거나 전용실시권을 설정한 경우에는 정당한 보상을 받을 권리를 가진다."고 규정하고 있으므로, 계약이나 근무규정 속에 대가에 관한 조항이 없는 경우에도 그 계약이나 근무규정 자체는 유효하되 종업원 등은 사용자 등에 대하여 정당한 보상을 받을 권리를 가진다고 해석해야 할 것이나, 직무발명에 대한 특허 등을 받을 수 있는 권리나 특허권 등의 승계 또는 전용실시권 설정과 위 정당한 보상금의 지급이 동시이행의 관계에 있는 것은 아니다(대법원 2012.11.15. 선고 2012도6676 판결).

## 3. 직무발명이 제3자와 공동으로 행하여진 경우, 사용자 등이 그 발명에 대한 종업원 등의 권리를 승계하기만 하면 공유자인 제3자의 동의 없이 종업원 등의 권리 지분을 가지는지 여부(적극)

발명진흥법 제12조 전문(전문), 제13조 제1항, 제2항, 발명진흥법 시행령 제7조의 규정을 종합할 때, 직무발명에 대한 특허를 받을 수 있는 권리를 사용자 등에게 승계한다는 취지를 정한 약정 또는 근무규정이 있는 경우에는 사용자 등의 위 법령으로 정하는 기간 내의 일방적인 승계 의사 통지에 의하여 직무발명에 대한 특허를 받을 수 있는 권리 등이 사용자 등에게 승계된다. 또한 특허법상 공동발명자 상호 간에는 특허를 받을 권리를 공유하는 관계가 성립하고( 특허법 제33조 제2항), 그 지분을 타에 양도하려면 다른 공유자의 동의가 필요하지만( 특허법 제37조 제3항), 발명진흥법 제 14조가 "종업원 등의 직무발명이 제3자와 공동으로 행하여진 경우 계약이나 근무규 정에 따라 사용자 등이 그 발명에 대한 권리를 승계하면 사용자 등은 그 발명에 대하 여 종업원 등이 가지는 권리의 지분을 갖는다."고 규정하고 있으므로, 직무발명이 제 3자와 공동으로 행하여진 경우에는 사용자 등은 그 발명에 대한 종업원 등의 권리를 승계하기만 하면 공유자인 제3자의 동의 없이도 그 발명에 대하여 종업원 등이 가지 는 권리의 지분을 갖는다고 보아야 한다(대법원 2012.11.15. 선고 2012도6676 판결).

## 4. 직무발명에 대한 권리를 사용자 등에게 승계한다는 취지를 정한 약정 또는 근무규정의 적용을 받는 종업원 등이 직무발명의 완성 사실을 사용자 등에게 통지하지 아니한 채 그에 대한 특허를 받을 수 있는 권리를 제3자에게 이중으로 양도하여 제3자가 특허권 등록까지 마치 도록 하는 등으로 발명의 내용이 공개되도록 한 경우, 배임죄를 구성 하는지 여부(적극)

직무발명에 대한 특허를 받을 수 있는 권리 등을 사용자 등에게 승계한다는 취지를 정 한 약정 또는 근무규정의 적용을 받는 종업원 등은 사용자 등이 이를 승계하지 아니하 기로 확정되기 전까지는 임의로 위와 같은 승계 약정 또는 근무규정의 구속에서 벗어 날 수 없는 상태에 있는 것이어서, 종업원 등이 그 발명의 내용에 관한 비밀을 유지한 채 사용자 등의 특허권 등 권리의 취득에 협력하여야 할 의무는 자기 사무의 처리라는 측면과 아울러 상대방의 재산보전에 협력하는 타인 사무의 처리라는 성격을 동시에 가 지게 되므로, 이러한 경우 종업원 등은 배임죄의 주체인  '타인의 사무를 처리하는 자'의 지위에 있다고 할 것이다. 따라서 위와 같은 지위에 있는 종업원 등이 임무를 위반하여 직무발명을 완성하고도 그 사실을 사용자 등에게 알리지 않은 채 그 발명에 대한 특허를 받을 수 있는 권리를 제3자에게 이중으로 양도하여 제3자가 특허권 등록 까지 마치도록 하는 등으로 그 발명의 내용이 공개되도록 하였다면, 이는 사용자 등에 게 손해를 가하는 행위로서 배임죄를 구성한다(대법원 2012.11.15. 선고 2012도6676 판결).

## 5. 직무발명에 대한 권리를 사용자 등에게 승계한다는 취지를 정한 약정 또는 근무규정의 적용을 받는 종업원 등이 비밀유지 및 이전절차협력 의 의무를 이행하지 아니한 채 직무발명의 내용이 공개되도록 하는 행위가 곧바로 부정경쟁방지 및 영업비밀보호에 관한 법률 제18조 제 2항에서 정한 영업비밀 누설에 해당하는지 여부(원칙적 소극)

발명자주의에 따라 직무발명을 한 종업원에게 원시적으로 발명에 대한 권리가 귀속 되는 이상 위 권리가 아직 사용자 등에게 승계되기 전 상태에서는 유기적으로 결합 된 전체로서의 발명의 내용 그 자체가 사용자 등의 영업비밀로 된다고 볼 수는 없으므로, 직무발명에 대한 권리를 사용자 등에게 승계한다는 취지를 정한 약정 또는 근무규정의 적용을 받는 종업원 등이 비밀유지 및 이전절차협력의 의무를 이행하지 아니한 채 직무발명의 내용이 공개되도록 하는 행위를 발명진흥법 제58조 제1항, 제19조에 위배되는 행위로 의율하거나, 또는 직무발명의 내용 공개에 의하여 그에 내재되어 있었던 사용자 등의 개개의 기술상의 정보 등이 공개되었음을 문제삼아 누설된 사용자 등의 기술상의 정보 등을 개별적으로 특정하여 부정경쟁방지 및 영업비밀보호에 관한 법률(이하 '부정경쟁방지법'이라 한다)상 영업비밀 누설행위로 의율할 수 있음은 별론으로 하고, 특별한 사정이 없는 한 그와 같은 직무발명의 내용 공개가 곧바로 부정경쟁방지법 제18조 제2항에서 정한 영업비밀 누설에도 해당한다고 볼 수는 없다(대법원 2012.11.15. 선고 2012도6676 판결).

## 6. 부정경쟁방지 및 영업비밀보호에 관한 법률 제2조 제1호 (바)목 후단에서 정한 '상품에 그 상품의 품질, 내용, 제조방법, 용도 또는 수량을 오인하게 하는 표지를 하거나 이러한 표지를 한 상품을 판매 등을 하는 행위'의 의미 및 상품의 제조원을 허위로 표시하거나 그러한 상품을 판매하는 등의 행위가 이에 해당하는 경우

부정경쟁방지 및 영업비밀보호에 관한 법률(이하 '부정경쟁방지법'이라고 한다) 제2조 제1호 (바)목 후단의 '상품에 그 상품의 품질, 내용, 제조방법, 용도 또는 수량을 오인하게 하는 표지를 하거나 이러한 표지를 한 상품을 판매 등을 하는 행위'란 상품의 속성과 성분 등 품질, 급부의 내용, 제조 및 가공방법, 효능과 사용방법 등 용도 또는 상품의 개수, 용적 및 중량 등 수량에 관하여 일반 소비자로 하여금 오인하게 하는 허위나 과장된 내용의 표지를 하거나 그러한 표지를 한 상품을 판매하는 등의 행위를 말한다. 한편 상품의 제조원에 일정한 품질 관념이 화체되어 있어서 이를 표시하는 것이 상품의 수요자나 거래자 등이 속한 거래사회에서 상품의 품질에 대한 관념의 형성에 기여하는 경우에는, 허위로 이러한 제조원을 상품에 표시하거나 그러한 상품을 판매하는 등의 행위는 상품의 품질에 관하여 일반 소비자로 하여금 오인하게 할 우려가 있는 행위로서 부정경쟁방지법 제2조 제1호 (바)목 후단의 부정경쟁행위에 해당한다(대법원 2012.6.28. 선고 2010도14789 판결).

## 7. 피고인들이 인터넷 포털사이트를 운영하는 갑 주식회사의 영업표지를 이용하여 광고행위를 하였다고 하여 '부정경쟁방지 및 영업비밀보호에 관한 법률' 위반으로 기소된 사안에서, 피고인들은 인터넷 홈페이지에 있는 갑 회사 영업표지의 식별력에 기대어 피고인들 광고의 출처를 표시하는 영업표지로 사용함으로써 갑 회사의 광고영업 활동과 혼동하게 하였다고 본 원심판단을 수긍한 사례

피고인들이 인터넷 포털사이트 "네이버"를 운영하는 갑 주식회사의 영업표지를 이용하여 광고행위를 하였다고 하여 부정경쟁방지 및 영업비밀보호에 관한 법률 위반으로 기소된 사안에서, 피고인들은 '다국어검색지원서비스'라는 프로그램이 설치되어 있는 컴퓨터 화면상에 그들이 제공하는 광고를 국내에 널리 인식된 갑 회사의 영업표지가 표시되어 있는 네이버 화면의 일부로 끼워 넣어 그 화면에 흡착되고 일체화된 형태로 나타나도록 하거나, 네이버 초기화면에 접속과 동시에 출처 표시가 없는 이른바 레이어 팝업(Layer Pop-up) 형태로 나타나도록 함으로써, 네이버 화면에 있는 갑 회사 영업표지의 식별력에 기대어 피고인들 광고의 출처를 표시하는 영업표지로 사용하였고, 이로써 피고인들의 광고가 마치 갑 회사에 의해 제공된 것처럼 오인하게 하여 갑 회사의 광고영업 활동과 혼동하게 하였으며, '다국어검색지원서비스' 프로그램의 설치 과정에 '약관에 동의합니다'라는 항목을 클릭하여야만 프로그램을 다운로드 받을 수 있고, 액티브엑스(ActiveX) 방식의 보안경고창을 통하여 프로그램이 설치된다는 사정만으로 갑 회사 광고영업 활동과 혼동이 방지되지 않는다고 본 원심판단을 수긍한 사례(대법원 2012.5.24. 선고 2011도13783 판결).

## 8. '상품의 용기나 포장' 또는 '식별력이 없는 표지'가 부정경쟁방지 및 영업비밀보호에 관한 법률 제2조 제1호 (가)목에서 정한 '타인의 상품임을 표시한 표지(표지)'에 해당하기 위한 요건

일반적으로 상품의 용기나 포장이 상품 출처를 표시하는 것은 아니나, 어떤 용기나 포장의 형상과 구조 또는 문양과 색상 등이 상품에 독특한 개성을 부여하는 수단으로 사용되고, 그것이 장기간 계속적, 독점적, 배타적으로 사용되거나 지속적인 선전광고 등에 의하여 그 형상과 구조 또는 색상 등이 갖는 차별적 특징이 거래자 또는 수요자에게 특정한 품질을 가지는 특정 출처의 상품임을 연상시킬 정도로 현저하게 개별화되기에 이른 경우에는 부정경쟁방지 및 영업비밀보호에 관한 법률(이하 '부정경쟁방지법'이라 한다) 제2조 제1호 (가)목에서 정한 "타인의 상품임을 표시한 표지(표지)"에 해당한다. 또한 상표법 제6조 제1항 제3호의 기술적 표장과 같이 일반적으로 식별력이 없는 표지라도 그것이 오랫동안 사용됨으로써 거래자나 일반 수요자들이 어떤 특정인의 상품임을 표시하는 것으로 널리 알려져 인식하게 된 경우에는 부정경쟁방지법 제2조 제1호 (가)목에서 정한 "타인의 상품임을 표시한 표지(표지)"에 해당한다(대법원 2012.5.9. 선고 2010도6187 판결).

## 9. 부정경쟁방지 및 영업비밀보호에 관한 법률 제2조 제1호 (가)목에서 타인의 상품임을 표시한 표지가 '국내에 널리 인식되었다'는 의미와 판단기준

부정경쟁방지 및 영업비밀보호에 관한 법률 제2조 제1호 (가)목에서 타인의 상품임을 표시한 표지가 '국내에 널리 인식되었다'는 의미는 국내 전역에 걸쳐 모든 사람에게 주지되어 있음을 요하는 것이 아니고, 국내의 일정한 지역범위 안에서 거래자 또는 수요자들 사이에 알려진 정도로써 족하며, 널리 알려진 상표 등인지 여부는 사용기간, 방법, 태양, 사용량, 거래범위 등과 상품거래의 실정 및 사회통념상 객관적으로 널리 알려졌는지가 일응의 기준이 된다(대법원 2012.5.9. 선고 2010도6187 판결).

## 10. 대비되는 상표 사이에 유사한 부분이 있더라도 일반적인 거래실정 등을 종합적으로 고려하여 그 부분만으로 분리인식될 가능성이 희박하거나 전체적으로 관찰할 때 명확히 출처의 혼동을 피할 수 있는 경우, 상표사용금지를 청구할 수 있는지 여부(소극) 및 서비스표, 부정경쟁방지 및 영업비밀보호에 관한 법률 제2조 제1호 (가)목, (나)목에서 정한 상품표지, 영업표지에도 동일한 법리가 적용되는지 여부(적극)

[1] 대비되는 상표 사이에 유사한 부분이 있다고 하더라도 당해 상품을 둘러싼 일반적인 거래실정, 즉 시장의 성질, 수요자의 재력이나 지식, 주의 정도, 전문가인지 여부, 연령, 성별, 당해 상품의 속성과 거래방법, 거래장소, 사후관리 여부, 상표의 현존 및 사용상황, 상표의 주지 정도 및 당해 상품과의 관계, 수요자의 일상 언어생활 등을 종합적·전체적으로 고려하여 그 부분만으로 분리인식될 가능성이 희박하거나 전체적으로 관찰할 때 명확히 출처의 혼동을 피할 수 있는 경우에는 유사상표라고 할 수 없어 그러한 상표 사용의 금지를 청구할 수 없다. 그리고 이러한 법리는 서비스표 및 부정경쟁방지 및 영업비밀보호에 관한 법률 제2조 제1호 (가)목, (나)목에서 정한 상품표지, 영업표지에도 마찬가지로 적용된다.

[2] 갑 주식회사가 을 주식회사를 상대로 상표권침해금지 등을 구한 사안에서, 을 회사 표지가 사용된 아파트는 고가의 물건이어서 일반 수요자나 거래자들이 충분한 주의를 기울여 이를 거래하게 될 것으로 보이는데, 을 회사 표지가 사용된 아파트 건축 및 분양 등을 둘러싼 일반적인 거래실정과 을 회사 표지의 사용상황 등을 종합적·전체적으로 고려하여 볼 때, 을 회사의 사용표지인 '동부주택 브리앙뜨'는 일반 수요자나 거래자 간에 갑 회사의 등록상표·서비스표인 "", 갑 회사의 상품표지·영업표지인 '동부'와 공통되는 '동부'나 '동부주택' 부분만으로 분리인식될 가능성은 희박하고, 표지 전체인 '동부주택 브리앙뜨' 또는 구성부분 중 표지 전체에서 차지하는 비중이 더 큰 '브리앙뜨'로 호칭·관념될 가능성이 높다고 할 것이므로, 을 회사의 사용표지인 '동부주택 브리앙뜨'는 갑 회사의 등록상표·서비스표 및 상품표지·영업표지와 외관은 물론 호칭·관념도 서로 달라 일반 수요자나 거래자에게 상품 또는 서비스나 영업의 출처에 관하여 오인·혼동을 일으킬 염려가 없고, 갑 회사의 상품표지·영업표지 중 '동부 센트레빌'의 경우에도 마찬가지라고 한 사례(대법원 2011.12.27. 선고 2010다20778 판결).

## 11. 부정경쟁방지 및 영업비밀보호에 관한 법률 제2조 제1호 (나)목에서 정하는 '부정경쟁행위'에 해당하는지에 관한 판단 기준

'국내에 널리 인식된 타인의 성명·상호·표장(표장) 기타 타인의 영업임을 표시하는 표지와 동일하거나 이와 유사한 것을 사용하여 타인의 영업상의 시설 또는 활동과 혼동을 하게 하는 행위'를 부정경쟁행위의 하나로 규정하고 있다. 여기서 '국내에 널리 인식된 타인의 영업임을 표시하는 표지'는 국내 전역 또는 일정한 범위에서 거래자 또는 수요자들이 그것을 통하여 특정 영업을 다른 영업과 구별하여 널리 인식하는 경우를 말하는 것으로서 '국내에 널리 인식된 타인의 영업임을 표시하는 표지'인지는 사용 기간, 방법, 태양, 사용량, 거래범위 등과 거래 실정 및 사회통념상 객관적으로 널리 알려졌는지가 일응의 기준이 되고, '영업표지의 유사' 여부는 동종 영업에 사용되는 두 개의 영업표지를 외관, 호칭, 관념 등의 점에서 전체적·객관적·이격적으로 관찰하여 구체적인 거래실정상 일반 수요자나 거래자가 영업 출처에 대한 오인·혼동의 우려가 있는지에 의하여 판별되어야 한다. 한편 '타인의 영업상의 시설 또는 활동과 혼동하게 하는 행위'는 영업표지 자체가 동일하다고 오인하게 하는 경우뿐만 아니라 국내에 널리 인식된 타인의 영업표지와 동일 또는 유사한 표지를 사용함으로써 일반 수요자나 거래자로 하여금 당해 영업표지의 주체와 동일·유사한 표지의 사용자 간에 자본, 조직 등에 밀접한 관계가 있다고 잘못 믿게 하는 경우도 포함한다. 그리고 그와 같이 타인의 영업표지와 혼동을 하게 하는 행위에 해당하는지는 영업표지의 주지성, 식별력의 정도, 표지의 유사 정도, 영업 실태, 고객층의 중복 등으로 인한 경업·경합관계의 존부 그리고 모방자의 악의(사용의도) 유무 등을 종합하여 판단하여야 한다(대법원 2011.12.22. 선고 2011다9822 판결).

## 12. 구 부정경쟁방지 및 영업비밀보호에 관한 법률 제2조 제1호 (가)목에서 정한 '상품표지'의 유사 여부 판단 기준 및 같은 호 (나)목의 '영업표지' 유사 여부 판단에도 동일한 법리가 적용되는지 여부(적극)

[1] 구 부정경쟁방지 및 영업비밀보호에 관한 법률(2007. 12. 21. 법률 제8767호로 개정되기 전의 것) 제2조 제1호 (가)목에서 정한 상품표지의 유사 여부는, 동종의 상품에 사용되는 두 개의 상품표지를 외관, 호칭, 관념 등의 점에서 전체적·객관적·이격적으로 관찰하되 구체적인 거래실정상 일반 수요자나 거래자가 상품표지에 대하여 느끼는 인식을 기준으로 그 상품의 출처에 대한 오인·혼동의 우려가 있는지를 살펴 판단하여야 하고, 이러한 법리는 같은 호 (나)목에서 정한 영업표지의 유사 여부 판단에도 마찬가지이다.

[2] 피고인들의 상품표지들인 "Lipfeel, 리프트머셀"은 홍합 추출물로 제조한 건강기능식품의 상품표지인 "리프리놀" 또는 "Lyprinol"과 동종의 상품에 사용되더라도 일반 수요자나 거래자로 하여금 상품이나 영업의 출처에 관하여 오인·혼동을 일으키게 할 염려가 없어 서로 동일하거나 유사하다고 할 수 없다는 이유로, 피고인들에 대한 구 부정경쟁방지 및 영업비밀보호에 관한 법률(2007. 12. 21. 법률 제8767호로 개정되기 전의 것) 위반의 공소사실을 무죄로 선고한 원심의 조치를 정당하다고 한 사례(대법원 2011.1.13. 선고 2008도4397 판결).

## Ⅲ. 벌칙

**제18조(벌칙)** ① 영업비밀을 외국에서 사용하거나 외국에서 사용될 것임을 알면서도 다음 각 호의 어느 하나에 해당하는 행위를 한 자는 15년 이하의 징역 또는 15억원 이하의 벌금에 처한다. 다만, 벌금형에 처하는 경우 위반행위로 인한 재산상 이득액의 10배에 해당하는 금액이 15억원을 초과하면 그 재산상 이득액의 2배 이상 10배 이하의 벌금에 처한다. 〈개정 2019.1.8.〉

    1. 부정한 이익을 얻거나 영업비밀 보유자에 손해를 입힐 목적으로 한 다음 각 목의 어느 하나에 해당하는 행위

      가. 영업비밀을 취득·사용하거나 제3자에게 누설하는 행위

      나. 영업비밀을 지정된 장소 밖으로 무단으로 유출하는 행위

      다. 영업비밀 보유자로부터 영업비밀을 삭제하거나 반환할 것을 요구받고도 이를 계속 보유하는 행위

    2. 절취·기망·협박, 그 밖의 부정한 수단으로 영업비밀을 취득하는 행위

    3. 제1호 또는 제2호에 해당하는 행위가 개입된 사실을 알면서도 그 영업비밀을 취득하거나 사용(제13조제1항에 따라 허용된 범위에서의 사용은 제외한다)하는 행위

② 제1항 각 호의 어느 하나에 해당하는 행위를 한 자는 10년 이하의 징역 또는 5억원 이하의 벌금에 처한다. 다만, 벌금형에 처하는 경우 위반행위로 인한 재산상 이득액의 10배에 해당하는 금액이 5억원을 초과하면 그 재산상 이득액의 2배 이상 10배 이하의 벌금에 처한다. 〈개정 2019.1.8.〉

③ 부정한 이익을 얻거나 영업비밀 보유자에게 손해를 입힐 목적으로 제9조의8을 위반하여 타인의 영업비밀을 훼손·멸실·변경한 자는 10년 이하의 징역 또는 5억원 이하의 벌금에 처한다. 〈신설 2024. 2. 20.〉

④ 다음 각 호의 어느 하나에 해당하는 자는 3년 이하의 징역 또는 3천만원 이하의 벌금에 처한다. 〈개정2017.1.17., 2018.4.17., 2021.12.7., 2024. 2. 20.〉

    1. 제2조제1호(아목, 차목, 카목1)부터 3)까지, 타목 및 파목은 제외한다)에 따른 부정경쟁행위를 한 자

    2. 제3조를 위반하여 다음 각 목의 어느 하나에 해당하는 휘장 또는 표지와 동일하거나 유사한 것을 상표로 사용한 자

      가. 파리협약 당사국, 세계무역기구 회원국 또는 「상표법 조약」 체약국의 국기·국장, 그 밖의 휘장

    나. 국제기구의 표지

    다. 파리협약 당사국, 세계무역기구 회원국 또는 「상표법 조약」 체약
       국 정부의 감독용·증명용 표지

⑤ 다음 각 호의 어느 하나에 해당하는 자는 1년 이하의 징역 또는 1천만원 이하의 벌금에 처한다. 〈신설 2013.7.30., 2024. 2. 20.〉

  1. 제9조의7제1항을 위반하여 원본증명기관에 등록된 전자지문이나 그 밖의 관련 정보를 없애거나 훼손·변경·위조 또는 유출한 자

  2. 제9조의7제2항을 위반하여 직무상 알게 된 비밀을 누설한 사람

⑥ 제1항과 제2항의 징역과 벌금은 병과(倂科)할 수 있다. 〈개정 2013.7.30., 2024. 2. 20.〉

[전문개정 2007.12.21.]

---

**제18조의2(미수)** 제18조제1항 및 제2항의 미수범은 처벌한다.

[전문개정 2007.12.21.]

---

**제18조의3(예비·음모)** ① 제18조제1항의 죄를 범할 목적으로 예비 또는 음모한 자는 3년 이하의 징역 또는 3천만원 이하의 벌금에 처한다. 〈개정 2019.1.8.〉

② 제18조제2항의 죄를 범할 목적으로 예비 또는 음모한 자는 2년 이하의 징역 또는 2천만원 이하의 벌금에 처한다. 〈개정 2019.1.8.〉

[전문개정 2007.12.21.]

---

**제18조의4(비밀유지명령 위반죄)** ① 국내외에서 정당한 사유 없이 제14조의4제1항에 따른 비밀유지명령을 위반한 자는 5년 이하의 징역 또는 5천만원 이하의 벌금에 처한다.

② 제1항의 죄는 비밀유지명령을 신청한 자의 고소가 없으면 공소를 제기할 수 없다.

[본조신설 2011.12.2.]

---

**제18조의5(몰수)** 제18조제1항 각 호 또는 같은 조 제4항 각 호의 어느 하나에 해당하는 행위를 조성한 물건 또는 그 행위로부터 생긴 물건은 몰수한다.

[본조신설 2024. 2. 20.]

---

**제19조(양벌규정)** 법인의 대표자나 법인 또는 개인의 대리인, 사용인, 그

밖의 종업원이 그 법인 또는 개인의 업무에 관하여 제18조제1항부터 제5항까지의 어느 하나에 해당하는 위반행위를 하면 그 행위자를 벌하는 외에 그 법인에게는 해당 조문에 규정된 벌금형의 3배 이하의 벌금형을, 그 개인에게는 해당 조문의 벌금형을 과(科)한다. 다만, 법인 또는 개인이 그 위반행위를 방지하기 위하여 해당 업무에 관하여 상당한 주의와 감독을 게을리하지 아니한 경우에는 그러하지 아니하다. 〈개정 2013.7.30., 2024.2. 20.〉
[전문개정 2008.12.26.]

**제19조의2(공소시효에 관한 특례)** 제19조에 따른 행위자가 제18조제1항 또는 제2항의 적용을 받는 경우에는 제19조에 따른 법인에 대한 공소시효는 10년이 지나면 완성된다.
[본조신설 2024. 2. 20.]

**제20조(과태료)** ① 다음 각 호의 어느 하나에 해당하는 자에게는 2천만원 이하의 과태료를 부과한다. 〈개정 2013.7.30.〉
  1. 제7조제1항에 따른 관계 공무원의 조사나 수거를 거부·방해 또는 기피한 자
  2. 제9조의4제5항을 위반하여 시정명령을 이행하지 아니한 자
② 제1항에 따른 과태료는 대통령령으로 정하는 바에 따라 특허청장, 시·도지사 또는 시장·군수·구청장이 부과·징수한다. 〈개정 2011.6.30.〉
③ 삭제 〈2009.12.30.〉
④ 삭제 〈2009.12.30.〉
⑤ 삭제 〈2009.12.30.〉
[전문개정 2007.12.21.]

# Ⅳ. 기재례

## 【범죄사실 기재례】

피의자는 서울 ○○동 ○○번지에서 의류판매업을 하고 있다.

피의자는 20○○. ○. ○. 위 피의자가 경영하는 ○○패션에서 국내에 널리 알려진 상표인 1벌에 ○○원짜리 폴로 티셔츠 50매, 필라 티셔츠 50매 등 도합 100매를 각 부착하여 이를 판매 목적으로 진열하여 타인의 상품과 혼동을 일으키게 하여 부정경쟁행위를 하였다.

## 【적용실례】

### 〈상표권을 침해한 경우〉

니나리찌 상표권을 침해한 경우

➡ 니나리찌 상표는 단순히 국내에 널리 인식된 주지상표가 아니라 특허청에 등록된 등록상표이므로 이 경우, 부정경쟁방지법 위반으로 의율하기 보다는 상표법 위반으로 의율하는 것이 타당하다.

### 〈유사상표 부착 및 허위의 품질표시를 한 경우〉

가방 제조업자인 피의자가 ○○주식회사가 의류 등을 지정상품으로 하여 특허청에 상표등록한 ○○상표와 유사한 상표를 자신이 제조하는 가방에 함부로 부착한 경우

➡ 부정경쟁방지법상 상품주체혼동행위는 상품표시간 또는 상품출처간의 혼동행위가 있으면 족하고, 이것은 반드시 동류의 상품간에만 성립하는 것이 아니다. 특히 식별력이 강한 저명상표의 경우는 전혀 관계없는 이종상품에 사용되어도 혼동을 일으킬 수 있으므로 이 경우 상품 주체의 혼동행위가 있는 것으로 보아 부정경쟁방지법 위반으로 의율해야 하고 상표법 위반으로 의율할 수 없다.

## 【범죄사실 기재례】

피의자는 200○. ○. ○.부터 같은 달 ○.까지의 사이에 ○○시 ○○동에 있는 피의자의 영업소에서 이 건 고소인 같은 시 ○○동의 조○○가 ○○정수기라는 상호를 걸고 수입상인 ○○정밀로부터 독일제 정수기를 사들여 '비센'이라는 품명으로 판매키 위해 동 정수기 선전인쇄물을 제작하여 배포·판매하고 있다는 사실을 알면서 피의자도 똑같은 정수기를 사들여 품명을 '비아트'로 하고 고소인이 제작한 선전인쇄물을 입수하여 정수기 품명만 '비센'에서 '비아트'로 바꾸고 나머지는 고소인이 제작한 선전인쇄물과 똑같이 도용제작, 배포하여 부정경쟁행위를 하였다.

## 【범죄사실 기재례】

피의자는 '○○보세의류판매점'이라는 상호로 의류판매업에 종사하고 있다.

피의자는 200○. ○. ○. 서울 ○○시장 의류상가에서 국내에 널리 인식된 ○○주식회사의 등록상표 '○○'와 유사한 상표가 부착되어 있는 청바지와 청자켓 합계 2,000점을 구입하여 같은 해 ○. ○.경부터 ○. ○.경까지 사이에 위 의류판매점에서 그 중 1,500여점을 판매하여 위 회사 상품과 혼동을 일으키게 함으로써 부정경쟁행위를 하였다.

## 【적용실례】

〈상품에 허위의 품질표시를 하여 판매한 경우〉

○○패션이라는 상표와 품질표시 1,000매를 인쇄하여 서울 ○○시장에서 매수한 저질품에 위 상표 및 품질표시를 부착판매한 경우

➡ 이러한 경우 상표법 위반으로 의율 착오하는 경우가 생길 수 있다. 그러나 상표법 위반은 등록된 상표와 유사 내지 동일한 상표를 부착할 때 성립되는 것이다. 이 경우는 등록된 상표가 없고, 다만 ○○패션으로 오인하도록 그 품질 표시를 부착시킨 것이므로 상표법 아닌 부정경쟁방지법 위반으로 의율하는 것이 상당하다.

## 【범죄사실 기재례】

피의자는 20○○. ○. ○.부터 서울 ○○동 ○○번지 소재 ○○모니터의 상무이사로 재직하고 있다.

피의자는 20○○. ○. ○. 21:00경 위 회사 전산실에서 위 기업에 기술상의 영업비밀인 "LCD모니터제작에 관한 기술"을 같은 업종 회사인 대만국 소재 ASIA MONITOR社에 자신이 국내 법인 대표이사로 가는 조건과 금 2억원을 받는 조건으로 정당한 이유없이 알려주어 이를 누설하였다.

**[서식] 수거증**

| 제 호 | | | | | |
|---|---|---|---|---|---|
| **수 거 증** | | | | | |
| 사업소(영업소)명: | | | | | |
| 소재지: | | | | | |
| 사업자 성명: | | | | | |
| 수 거 물 품  명 세 | | | | | |
| 상 표 | 제 품 | 수 량 | 상 표 | 제 품 | 수 량 |
|  |  |  |  |  |  |
|  |  |  |  |  |  |
|  |  |  |  |  |  |
|  |  |  |  |  |  |
|  |  |  |  |  |  |

「부정경쟁방지 및 영업비밀보호에 관한 법률」 제7조제1항에 따라 위와 같이 제품을 수거하오니 이 수거제품과 관련하여 의견이 있으면     년   월   일까지 제출하시기 바랍니다.


년     월     일


수거자 소 속:          (전화:          )
　　　　직 명:
　　　　성 명:          (서명 또는 인)

1. 위 수거제품에 대한 검사가 종료된 경우에는 돌려 드립니다.
2. 그 밖의 자세한 내용은 특허청 부정경쟁조사팀(전화번호          )(시·도, 시·군·구의 경우에는 관할 부서)로 문의하시기 바랍니다.

210mm×297mm(일반용지 60g/㎡)

**[서식]** 원본증명기관 업무인계 불가 신고서

# 원본증명기관 업무인계 불가 신고서

| 접 수 번 호 | 접수일 | | 처리기간 | 1개월 |
|---|---|---|---|---|
| 신고인 | 상호(또는 명칭) | | 전화번호 | |
| | 성명(대표자) | | 생년월일 | |
| | 주소(주된 사무소의 소재지) | | | |
| | 인터넷 홈페이지 주소 | | | |

인계 불가 사유




「부정경쟁방지 및 영업비밀보호에 관한 법률」 제9조의4제4항 단서 및 같은 법 시행령 제3조의6제2항에 따라 위와 같이 원본증명업무에 관한 기록을 인계할 수 없음을 신고합니다.

년    월    일

신고인

(서명 또는 인)

**특허청장** 귀하

| 첨부서류 | 1. 인계 불가 사유서 1부<br>2. 원본증명업무에 관한 기록 및 그 목록 1부 | 수수료<br>없 음 |
|---|---|---|

처 리 절 차

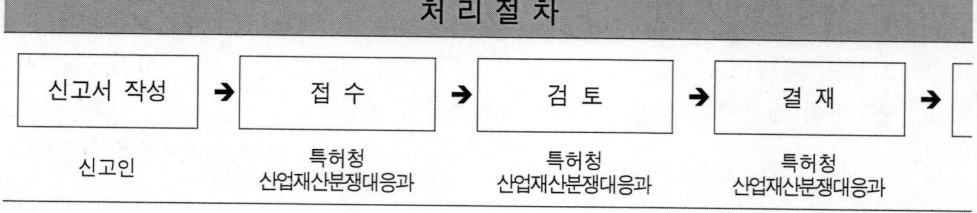

| 신고서 작성 | → | 접 수 | → | 검 토 | → | 결 재 | → |
|---|---|---|---|---|---|---|---|
| 신고인 | | 특허청<br>산업재산분쟁대응과 | | 특허청<br>산업재산분쟁대응과 | | 특허청<br>산업재산분쟁대응과 | |

210mm×297mm[백상지 80g/㎡(재활용품)]

# 부정수표단속법

[시행 2010. 3. 24.] [법률 제10185호, 2010. 3. 24., 일부개정]

## Ⅰ. 개설

### 목적

이 법은 부정수표(不正手票) 등의 발행을 단속·처벌함으로써 국민의 경제 생활의 안전과 유통증권인 수표의 기능을 보장함을 목적으로 한다.

## Ⅱ. 판례

### 1. 부정수표단속법위반·사기

피고인이 수표를 발행하였으나 예금부족 또는 거래정지처분으로 지급되지 아니하게 하였다는 부정수표단속법위반의 공소사실을 증명하기 위하여 제출되는 수표는 그 서류의 존재 또는 상태 자체가 증거가 되는 것이어서 증거물인 서면에 해당하고 어떠한 사실을 직접 경험한 사람의 진술에 갈음하는 대체물이 아니므로, 증거능력은 증거물의 예에 의하여 판단하여야 하고, 이에 대하여는 형사소송법 제310조의2에서 정한 전문법칙이 적용될 여지가 없다. 이때 수표 원본이 아니라 전자복사기를 사용하여 복사한 사본이 증거로 제출되었고 피고인이 이를 증거로 하는 데 부동의한 경우 위 수표 사본을 증거로 사용하기 위해서는 수표 원본을 법정에 제출할 수 없거나 제출이 곤란한 사정이 있고 수표 원본이 존재하거나 존재하였으며 증거로 제출된 수표 사본이 이를 정확하게 전사한 것이라는 사실이 증명되어야 한다.(대법원 2015. 4. 23., 선고, 2015도2275, 판결).

### 2. 국외 체류중인 범인에게 '형사처분을 면할 목적'이 있었는지 여부의 판단 기준 및 그 범인이 외국에서 다른 범죄로 수감된 기간에도 '형사처분을 면할 목적'을 인정할 수 있는지 여부

[1] 국외에 체류중인 범인에게 형사소송법 제253조 제3항의 '형사처분을 면할 목적'이 계속 존재하였는지가 의심스러운 사정이 발생한 경우, 그 기간 동안 '형사처분을 면할 목적'이 있었는지 여부는 당해 범죄의 공소시효의 기간, 범인이 귀국할 수 없는 사정이 초래된 경위, 그러한 사정이 존속한 기간이 당해 범죄의 공소시효의 기간과 비교하여 도피 의사가 인정되지 않는다고 보기에 충분할 만큼 연속적인 장기의 기간인지, 귀국 의사가 수사기관이나 영사관에 통보되었는지, 피고인의 생활근거지가 어느 곳인지 등의 제반 사정을 참작하여 판단하여야 한다. 통상 범인이

외국에서 다른 범죄로 외국의 수감시설에 수감된 경우, 그 범행에 대한 법정형이 당해 범죄의 법정형보다 월등하게 높고, 실제 그 범죄로 인한 수감기간이 당해 범죄의 공소시효 기간보다도 현저하게 길어서 범인이 수감기간 중에 생활근거지가 있는 우리나라로 돌아오려고 했을 것으로 넉넉잡아 인정할 수 있는 사정이 있다면, 그 수감기간에는 '형사처분을 면할 목적'이 유지되지 않았다고 볼 여지가 있다. 그럼에도 그러한 목적이 유지되고 있었다는 점은 검사가 입증하여야 한다.

[2] 법정최고형이 징역 5년인 부정수표단속법 위반죄를 범한 사람이 중국으로 출국하여 체류하다가 그곳에서 징역 14년을 선고받고 8년 이상 복역한 후 우리나라로 추방되어 위 죄로 공소제기된 사안에서, 위 수감기간 동안에는 형사소송법 제253조 제3항의 '형사처분을 면할 목적'을 인정할 수 없어 공소시효의 진행이 정지되지 않는다고 한 사례(대법원 2008.12.11. 선고 2008도4101 판결).

## 3. 수표위조·변조에 의한 부정수표단속법 제5조 위반죄의 성립에 '행사할 목적'이 필요한지 여부(소극)

유가증권위조·변조죄에 관한 형법 제214조 제1항은 "행사할 목적으로 대한민국 또는 외국의 공채증서 기타 유가증권을 위조 또는 변조한 자는 10년 이하의 징역에 처한다"라고 규정하고 있는 반면, 수표위조·변조죄에 관한 부정수표단속법 제5조는 "수표를 위조 또는 변조한 자는 1년 이상의 유기징역과 수표금액의 10배 이하의 벌금에 처한다"라고 규정하고 있는바, 이러한 부정수표단속법 제5조의 문언상 본조는 수표의 강한 유통성과 거래수단으로서의 중요성을 감안하여 유가증권 중 수표의 위·변조행위에 관하여는 범죄성립요건을 완화하여 초과주관적 구성요건인 '행사할 목적'을 요구하지 아니하는 한편, 형법 제214조 제1항 위반에 해당하는 다른 유가증권위조·변조행위보다 그 형을 가중하여 처벌하려는 취지의 규정이라고 해석하여야 한다(대법원 2008.2.14. 선고 2007도10100 판결).

## 4. 부정수표단속법상 '수표의 발행'의 의미 및 이미 적법하게 발행된 수표의 액면금액, 발행일자 등의 정정행위가 '수표의 발행'에 해당하는지 여부(소극)

부정수표단속법이 규정하는 '수표의 발행'이라 함은 수표 용지에 수표의 기본요건을 작성하여 상대방에 교부하는 행위를 말하므로 이미 적법하게 발행된 수표의 발행일자 등을 수표 소지인의 양해 아래 정정하는 수표 문언의 사후 정정행위는 위 법 제2조 제2항에서 규정하는 '수표의 발행'이라고 할 수 없고, 수표의 액면금액 및 발행일자 등을 함께 정정한다거나 법인의 종전 대표자가 발행한 수표의 발행일자 등을 교체된 새로운 대표자가 정정한다고 하여 달리 볼 것이 아니다(대법원 2008.1.31. 선고 2007도727 판결).

## 5. 수표의 발행일자가 정정된 경우 수표 발행자에 대한 부정수표단속법 제2조 제2항 위반죄가 성립하기 위한 요건

수표 발행자의 죄책은 그 후의 정정행위와는 별개로 결정되어야 하므로, 수표상에 기재된 발행일자가 그 지급제시기간 내에 적법하게 정정된 경우에는 정정된 발행일자로부터 지급제시기간이 기산되어 그 기간 내에 지급제시가 이루어지면 그 발행자에 대하여 부정수표단속법 제2조 제2항 위반죄에 의한 처벌이 가능하지만, 법인의 대표자가 수표를 발행한 후 그 대표자가 아닌 타인이 대표자 본인의 위임이나 동의 없이 정정한 경우에는 그 타인이 정정하기 전의 발행일자로부터 기산된 지급제시기간 내에 지급제시가 이루어지지 않는 한, 그 수표를 발행한 대표자 본인을 위 법조항 위반죄로 처벌할 수는 없다(대법원 2008.1.31. 선고 2007도727 판결).

## 6. 수표의 발행인이 아닌 사람이 부정수표단속법 제4조가 정한 허위신고죄의 주체가 될 수 있는지 여부(소극) 및 간접정범의 형태로 같은 죄를 범할 수 있는지 여부(소극)

부정수표단속법 제4조가 '수표금액의 지급 또는 거래정지처분을 면할 목적'을 요건으로 하고, 수표금액의 지급책임을 부담하는 자 또는 거래정지처분을 당하는 자는 발행인에 국한되는 점에 비추어 볼 때 그와 같은 발행인이 아닌 자는 부정수표단속법 제4조가 정한 허위신고죄의 주체가 될 수 없고, 발행인이 아닌 자는 허위신고의 고의 없는 발행인을 이용하여 간접정범의 형태로 허위신고죄를 범할 수도 없다 할 것인바, 타인으로부터 명의를 차용하여 수표를 발행하는 경우에 있어서도 수표가 제시됨으로써 당좌예금계좌에서 수표금액이 지출되거나 거래정지처분을 당하게 되는 자는 결국 수표의 지급인인 은행과 당좌예금계약을 체결한 자인 수표의 발행명의인이 되고, 수표가 제시된다고 하더라도 수표금액이 지출되거나 거래정지처분을 당하게 되는 자에 해당된다고 볼 수 없는 명의차용인은 부정수표단속법 제4조가 정한 허위신고죄의 주체가 될 수 없다(대법원 2007. 9. 15 선고 2006도7318 판결).

## 7. 타인으로부터 명의를 차용하여 수표를 발행한 자가 수표의 발행명의인과 공모한 경우, 부정수표단속법 제4조가 정한 허위신고죄의 주체가 될 수 있는지 여부

타인으로부터 명의를 차용하여 수표를 발행한 자라 하더라도 수표의 발행명의인과 공모하여 부정수표단속법 제4조 소정의 허위신고죄의 주체가 될 수 있다(대법원 1995. 12. 12. 선고 94도3348 판결 참조)(대법원 2007. 5. 11. 선고 2005도6360 판결).

## 8. 부정수표단속법 제2조 제2항 위반죄의 성립요건

부정수표단속법 제2조 제2항 위반의 범죄는 예금부족으로 인하여 제시일에 지급되지 아니할 것이라는 결과 발생을 예견하고 발행인이 수표를 발행한 때에 바로 성립하는 것이고 수표소지인이 발행일자를 보충기재하여 제시하고 그 제시일에 수표금의 지급이 거절된 때에 범죄가 성립하는 것은 아니다(대법원 2007. 3. 30. 선고 2007도523 판결).

### 9. 부정수표단속법 제4조 위반죄의 성립에 있어, 반드시 수표가 적법하게 지급제시되어 허위신고를 한 발행인이 수표금의 지급의무를 실제로 부담하는 것을 요건으로 하는지 여부(소극)

[1] 부정수표단속법 제4조는 수표의 유통기능을 보장하기 위하여 수표금액의 지급 또는 거래정지처분을 면탈할 목적으로 금융기관에 허위신고를 한 자를 처벌하는 규정으로서, 금융기관에 허위신고를 한 때에 기수가 된다.

[2] 부정수표단속법 제4조 규정의 취지나 내용에 비추어 보면 같은 법 제4조 위반죄의 성립에 있어, 반드시 수표가 적법하게 지급제시되어 허위신고를 한 발행인이 수표금의 지급의무를 실제로 부담하게 되는 것을 전제로 하는 것은 아니다.

[3] 수표 발행인이 허위신고를 할 당시 지급제시된 수표의 발행일이 보충되지 아니하였더라도 부정수표단속법 제4조 위반죄가 성립한다고 한 사례(대법원 2004. 7. 22. 선고 2004도1168 판결).

### 10. 사기의 수단으로 발행한 수표가 지급거절된 경우

사기의 수단으로 발행한 수표가 지급거절된 경우 부정수표단속법위반죄와 사기죄는 그 행위의 태양과 보호법익을 달리하므로 실체적 경합범의 관계에 있다(대법원 2004. 6. 25. 선고 2004도1751 판결).

### 11. 수표가 수표법 소정의 지급제시기간 내에 제시되었는지의 여부를 확정할 수 없는 경우, 부정수표단속법 제2조 제2항 소정의 구성요건을 충족하는지 여부(소극)

부정수표단속법 제2조 제2항 소정의 부정수표는 수표법 소정의 지급제시기간 내에 제시된 것임을 요하는 것으로서 위와 같은 제시기간의 준수 여부를 확정하기 위하여 발행일의 기재는 필수적인 것임을 알 수 있고, 또한 수표는 문언증권이고 유통증권이므로 그 문언에 따라 해석함이 원칙이라고 할 것이며 문언에 기재된 내용에 의하여 수표법 소정의 지급제시기간 내에 제시되었는지의 여부를 확정할 수 있어야 할 것이어서, 그렇지 못한 경우에는 부정수표단속법 제2조 제2항 소정의 구성요건을 충족하지 못한다(대법원 2003. 9. 5. 선고 2003도3099 판결).

### 12. 발행일이 백지인 수표의 백지보충권의 소멸시효 기산점 및 소멸시효기간

발행일을 백지로 하여 발행된 수표의 백지보충권의 소멸시효는 다른 특별한 사정이 없는 한 그 수표발행의 원인관계에 비추어 발행 당사자 사이에 수표상의 권리행사가 법률적으로 가능하게 된 때부터 진행한다고 보아야 할 것인 바, 백지수표의 보충권 행사에 의하여 생기는 채권은 수표금 채권이고, 수표법 제51조에 의하여 수표의 발행인에 대한 소구권은 제시기간 경과 후 6개월간 행사하지 아니하면 소멸시효가 완성되는 점 등을 고려하면, 발행일을 백지로 하여 발행된 수표의 백지보충권의 소멸시효기간은 백지보충권을 행사할 수 있는 때로부터 6개월로 봄이 상당하다(대법원 2002. 1. 11. 선고 2001도206 판결).

## 13. 부정수표단속법 제2조 제2항 위반죄에 있어서 같은 조 제4항 소정의 처벌불원의 의사표시를 할 수 있는 소지인의 의미 및 그 처벌불원 의사표시의 시간적 한계(=제1심판결 선고 전)

부정수표단속법 제2조 제4항에 의하면 같은 조 제2항 위반죄는 수표의 소지인의 명시한 의사에 반하여 공소를 제기할 수 없다고 규정하고 있고, 이러한 처벌불원의 의사표시를 할 수 있는 소지인이란 이러한 의사를 표시할 당시의 수표 소지인을 말하는 것으로서 통상 지급제시를 한 자가 이에 해당한다고 할 것이나 지급거절 이후 당해 수표가 전자에게 환수되었다면 환수받아 실제로 이를 소지하고 있는 자가 이에 해당하고, 이 경우 만약 환수받은 수표를 분실하였다면 그 분실 당시의 소지인이 이러한 처벌불원의 의사를 표시할 수 있다고 하여야 할 것이며, 그러한 처벌불원의 의사는 제1심판결 선고 전까지 하면 된다(형사소송법 제232조 제1항, 제3항 참조)(대법원 2001. 4. 24. 선고 2000도3172 판결).

## 14. 부정수표단속법상 수표 발행의 의미 및 이미 적법하게 발행된 수표의 발행일자 등을 수표 소지인의 양해 아래 정정하는 행위가 수표의 발행에 해당하는지 여부

부정수표단속법이 규정하는 수표의 발행이라 함은 수표용지에 수표의 기본요건을 작성하여 상대방에 교부하는 행위를 일컫는다 할 것이고, 이미 적법하게 발행된 수표의 발행일자 등을 수표 소지인의 양해 아래 정정하는 수표문언의 사후 정정행위는 수표의 발행행위와는 서로 구별되는 것으로서 수표 발행일의 사후 정정행위는 부정수표단속법에서 규정하는 수표의 발행이라고 할 수 없다(대법원 2000. 9. 5. 선고 2000도2840 판결).

## 15. 부정수표단속법 제2조 제2항 위반죄의 성립 요건

수표를 발행한 사람이 예금부족 등의 사유로 인하여 제시기일에 지급되지 아니할 것이라는 결과발생을 예견하고 수표를 발행하면 부정수표단속법 제2조 제2항 위반의 죄가 성립하고, 그 예견은 미필적이라도 되며, 기타 지급제시를 하지 않는다는 특약이나 수표를 발행하게 된 경위 또는 지급하지 못하게 된 경위 등에 대내적 사유가 있다는 사정만으로는 그 책임을 면할 수 없으나, 발행 당시에 그와 같은 결과발생을 예견하지 아니하였거나 특별한 사정이 있어 수표가 지급제시되지 않으리라고 믿고 있었고 그와 같이 믿은 데에 정당한 이유가 있으면 그 책임을 지지 않는다(대법원 2000. 9. 5. 선고 2000도2190 판결).

## 15. 반의사불벌죄

부정수표단속법 제2조 제4항은 수표를 발행하거나 작성한 자가 그 수표를 회수한 경우 수표소지인이 처벌을 희망하지 아니하는 의사표시를 한 것과 마찬가지로 보아 같은 조 제2항 및 제3항의 죄를 이른 바 반의사불벌죄로 규정한 취지라고 해석함이 상당하므로 부도수표가 제1심 판결 선고 후 회수된 경우 그 회수는 효력이 없다(대법원 1994. 5. 10. 선고 94도475 판결).

## III. 벌칙

**제2조(부정수표 발행인의 형사책임)** ① 다음 각 호의 어느 하나에 해당하는 부정수표를 발행하거나 작성한 자는 5년 이하의 징역 또는 수표금액의 10배 이하의 벌금에 처한다.

1. 가공인물의 명의로 발행한 수표
2. 금융기관(우체국을 포함한다. 이하 같다)과의 수표계약 없이 발행하거나 금융기관으로부터 거래정지처분을 받은 후에 발행한 수표
3. 금융기관에 등록된 것과 다른 서명 또는 기명날인으로 발행한 수표

② 수표를 발행하거나 작성한 자가 수표를 발행한 후에 예금부족, 거래정지처분이나 수표계약의 해제 또는 해지로 인하여 제시기일에 지급되지 아니하게 한 경우에도 제1항과 같다.

③ 과실로 제1항과 제2항의 죄를 범한 자는 3년 이하의 금고 또는 수표금액의 5배 이하의 벌금에 처한다.

④ 제2항과 제3항의 죄는 수표를 발행하거나 작성한 자가 그 수표를 회수한 경우 또는 회수하지 못하였더라도 수표 소지인의 명시적 의사에 반하는 경우 공소를 제기할 수 없다.

[전문개정 2010.3.24.]

**제3조(법인·단체 등의 형사책임)** ① 제2조의 경우에 발행인이 법인이나 그 밖의 단체일 때에는 그 수표에 적혀 있는 대표자 또는 작성자를 처벌하며, 그 법인 또는 그 밖의 단체에도 해당 조문의 벌금형을 과(科)한다. 다만, 법인 또는 그 밖의 단체가 그 위반행위를 방지하기 위하여 해당 업무에 관하여 상당한 주의와 감독을 게을리하지 아니한 경우에는 그러하지 아니하다.

② 대리인이 수표를 발행한 경우에는 본인을 처벌하는 외에 그 대리인도 처벌한다.

[전문개정 2010.3.24.]

**제4조(거짓 신고자의 형사책임)** 수표금액의 지급 또는 거래정지처분을 면할 목적으로 금융기관에 거짓 신고를 한 자는 10년 이하의 징역 또는 20

만원 이하의 벌금에 처한다.
[전문개정 2010.3.24.]

**제5조(위조·변조자의 형사책임)** 수표를 위조하거나 변조한 자는 1년 이상의 유기징역과 수표금액의 10배 이하의 벌금에 처한다.
[전문개정 2010.3.24.]

**제6조(「형사소송법」의 특례)** 이 법에 따라 벌금을 선고하는 경우 「형사소송법」 제334조제1항에 따른 가납판결(假納判決)을 하여야 하며, 구속된 피고인에 대하여는 같은 법 제331조에도 불구하고 벌금을 가납할 때까지 계속 구속한다.
[전문개정 2010.3.24.]

**제7조(금융기관의 고발의무)** ① 금융기관에 종사하는 사람이 직무상 제2조제1항(발행인이 법인이나 그 밖의 단체인 경우를 포함한다) 또는 제5조에 규정된 수표를 발견한 때에는 48시간 이내에 수사기관에 고발하여야 하며, 제2조제2항(발행인이 법인이나 그 밖의 단체인 경우를 포함한다)에 규정된 수표를 발견한 때에는 30일 이내에 수사기관에 고발하여야 한다.
② 제1항의 고발을 하지 아니하면 100만원 이하의 벌금에 처한다.
[전문개정 2010.3.24.]

# Ⅳ. 기재례

## 【범죄사실 기재례】

피의자는 20○○. ○. ○.부터 조흥은행 ○○지점과 당좌 거래를 하여 오고 있었다. 피의자는 20○○. ○. ○. 위 은행으로부터 거래정지처분을 받아 수표를 발행할 수 없음에도 불구하고 20○○. ○. ○. 15 : 00경 서울 중랑구 묵2동 333에 있는 피의자 경영의 은성전자 묵동대리점에서 수표번호 5555555호, 액면금 2,000,000원, 발행일 20○○. ○. ○. 지급인 및 지급지 조흥은행 ○○지점으로 되어있는 피의자 명의의 당좌수표 1장을 발행하였다.

## 【범죄사실 기재례】

피의자는 20○○. ○.경부터 농협중앙회 ○○지점과 가계수표계약을 체결하고 동수표를 발행하는 사람이다.

피의자는 20○○. ○. ○. 18 : 00경 서울 ○○동 ○○번지에 있는 최○○의 사무실에서 위 최○○에게 수표번호 아가08218430, 액면 5,000,000원, 발행일 20○○. ○. ○.인 피의자 명의의 가계수표 1매를 발행하면서 금융기관에 등록되지 아니한 인장을 압날하여 위 최○○에게 교부하였다.

## 【범죄사실 기재례】

피의자는 20○○. ○. ○.부터 국민은행 중화지점과 수표계약을 체결하고 수표거래를 하여 오던중(사업부진으로 말미암아 피의자 명의의 당좌수표를 발행하더라도 지급기일까지 예금하여 지급할 능력이 없음에도 불구하고), 20○○. ○. ○. 서울 중랑구 묵1동 123에 있는 피의자 경영의 성광전자 묵동대리점에서 수표번호 나6666666호, 액면금 3,000,000원, 발행일 20○○. ○. ○. 로 된 위 은행의 당좌수표 1장을 발행하여 그 소지인이 지급제시일내에 위 은행에 지급제시하였으나 예금부족으로 지급되지 않게 하였다.

## 【범죄사실 기재례】

피의자는 20○○. ○. ○. ○○시 ○○동 ○○번지 있는 농협 ○○지점에서 같은 해 ○. ○. 사건외 차○○로부터 받아두었던 ○○은행 ○○지점 거래의 수표번호 마가147592호, 액면 2,000,000원, 발행일 20○○. ○. ○.인 위 차○○ 명의의 당좌수표의 발행일자 '3' 을 검정색 볼펜을 사용하여 '8' 로 고쳐 그 발행일을 20○○. ○. ○.로 고침으로써 위 수표를 변조하였다. 그리고 같은 날 22 : 30경 위 같은 동 번지를 알 수 없는 ○○주점에서 술값을 계산하면서 그 정을 모르는 위 주점 주인 사건외 이○○에게 마치 진정하게 성립한 것처럼 교부하여 이를 행사하였다.

## 【적용실례】

〈훔친 가계수표를 수표계약 없이 자기명의로 발행한 경우〉

➡ 훔친 가계수표용지로 수표계약없이 자기명의의 수표를 발행하여 행사한 경우 부정수표단속법 제5조 위반(위조)과 위조유가증권 행사죄로 의율할 수 없고, 부정수표단속법 제2조 제1항 제2호(수표계약없이 수표발행) 위반으로 의율하여야 할 것임.

〈일자의 기재가 없는 경우〉

➡ 동 수표의 발행일이 20○○. 9.로만 기재되어 있고, 일자의 기재가 없는 경우에는 제시 기일 10일 이내에 제시되었는지를 확인할 수 없어 수표요건을 결한 효력이 없는 수표이므로 부정수표단속법위반의 수표에 해당되지 아니한다.

〈수표의 유효한 지급제시기간〉

➡ 20○○. 6. 10. 발행하여 같은 달 29. 지급제시된 수표 2매가 부도된 경우의 기산일은 지급제시기간은 6. 11.로부터 기산하여 6. 29.까지로 6. 29.자 지급제시는 유효한 지급제시라 할 것이어서 동법 위반에 해당된다.

〈지급제시기간 말일이 법정 공휴일인 경우〉

➡ 수표의 경우 지급제시기간 말일이 법정휴일인 때에는 이에 이은 제1의 거래일까지 제시기간이 연장되므로 이 건과 같이 제시기일 10일째 되는 날이 법정휴일이어서 그 익일에 지급제시된 경우에는 제시기일 내에 지급 제시된 것이므로 기소의견 송치가 상당함에도 이를 만연히 무혐의 의견으로 처리한 잘못이 있음.

〈사원이 대표자의 승낙없이 당좌수표를 발행한 경우〉

➡ 피의자가 사원으로 있는 회사 대표자의 승낙없이 대표명의로 당좌수표를 발행한 경우 이는 수표위조, 즉 부정수표단속법 제5조에 해당하고 이를 자격모용유가 증권 작성죄로 의율할 수 없다. 자격모용유가증권 작성죄란 일응 명의자에게 자기의 이름이 들어가야 하며, 다만 그 이름 앞의 자격(대표이사, 대리, 상무이사 등)이 없는데도 그것이 있는 양 기재하는 것을 말한다.

〈수표의 발행지란에 ‘○○광역시’라고만 기재된 경우〉

➡ 수표의 발행지 기재는 최소독립 행정구획, 즉 시·읍·면·동 또는 이것에 상당하는 지역을 기재하면 수표요건을 갖추어 적법한 발행지 표시라고 할 수 있다.

〈한도금액이 ‘50만원 이하’라고 명기된 가계수표용지에 65만원으로 기재하여 부도케 한 경우〉

➡ 50만원 이하라고 명기한 것은 은행과 당좌 계약자 사이에만 효력이 있는 것이고, 수표요건을 모두 구비한 이상 부정수표단속법상의 수표로 보아 동법 위반이 성립된다.

〈거래은행에 등록된 인장과 다른 인장을 사용한 경우〉

➡ 피의자가 은행에 등록된 도장과 다른 도장으로 수표를 발행한 경우 부정수표단속법 제2조 제1항 제3호의 은행에 등록된 기명날인과 다른 기명날인으로 수표를 발행한 대에 해당하므로 부정수표단속법 제2조 제1항 제3호를 적용하여야 함.

〈타인의 명의로 수표를 발행한 경우〉

➡ 1. 수표발행일이 20○○. 7. 5.이고 그 제시일이 같은 달 20.이면 위 수표의 지급 제시기간은 같은 달 19. 24:00가지이므로 이와 같은 경우 위 수표는 제시

　　　　기간도과 후의 제시로서 범죄혐의 없고,

2. 타인의 승낙을 받아 인감 등을 교부받고 그 인의 명의로 수표를 발행한 경우에 그 작성자는 부정수표 제2조 제2항 소정 작성혐의로 의율하고, 대여자는 동항 소정 발행 혐의로 의율함이 타당함.

### 〈실제 작성교부 일시의 명시〉

➡ 부정수표단속법위반죄는 그 보호법익상 당연히 수표 1장마다 각 범죄가 성립한다 할 것이므로 각 수표마다 실제 작성교부 일시가 특정되어야 할 것이고, 수표상 발행일은 추후에 제시기간 경과 후 지급제시한 여부의 판단을 하는 것이어서 반드시 범죄사실에는 실제작성 교부일시가 명시되어야 할 것임.

### 〈사취계를 제출한 경우〉

➡ 피의자가 발행한 당좌수표가 지급제시되자 그 수표금 지급을 면할 목적으로 수표금액 상당액을 별단예금 하면서 당좌수표를 사취당하지 않았음에도 사취당하였다는 사고계를 제출한 경우에는 부정수표단속법 제4조로 의율하여야 하고 사기죄로 의율할 수 없다.

### 〈수표를 위조하여 행사한 경우〉

➡ 수표의 위조(변조)는 부정수표단속법 위반으로 의율하여야 하고, 위조(변조)된 수표를 행사한 것은 부정수표단속법에 처벌규정이 없으므로 위조(변조) 유가증권 행사로 의율하여야 하므로 피의자들이 가계수표를 위조하여 행사한 경우에는 유가증권위조, 동 행사로 의율할 것이 아니라, 부정수표단속법 위반 및 위조유가증권행사로 의율해야 한다.

# 부정청탁 및 금품등 수수의 금지에 관한 법률
## (김영란법)

[시행 2022. 6. 8.] [법률 제18576호, 2021. 12. 7., 일부개정]

## Ⅰ. 개설

### 목적

이 법은 공직자 등에 대한 부정청탁 및 공직자 등의 금품 등의 수수(收受)를 금지함으로써 공직자 등의 공정한 직무수행을 보장하고 공공기관에 대한 국민의 신뢰를 확보하는 것을 목적으로 한다.

## Ⅱ. 판례

**제8조(금품등의 수수 금지)** ① 공직자등은 직무 관련 여부 및 기부·후원·증여 등 그 명목에 관계없이 동일인으로부터 1회에 100만원 또는 매 회계연도에 300만원을 초과하는 금품등을 받거나 요구 또는 약속해서는 아니 된다.

② 공직자등은 직무와 관련하여 대가성 여부를 불문하고 제1항에서 정한 금액 이하의 금품등을 받거나 요구 또는 약속해서는 아니 된다.

③ 제10조의 외부강의등에 관한 사례금 또는 다음 각 호의 어느 하나에 해당하는 금품등의 경우에는 제1항 또는 제2항에서 수수를 금지하는 금품등에 해당하지 아니한다. 〈개정 2021.12.16.〉

1. 공공기관이 소속 공직자등이나 파견 공직자등에게 지급하거나 상급 공직자등이 위로·격려·포상 등의 목적으로 하급 공직자등에게 제공하는 금품등

2. 원활한 직무수행 또는 사교·의례 또는 부조의 목적으로 제공되는 음식물·경조사비·선물 등으로서 대통령령으로 정하는 가액 범위 안의 금품등. 다만, 선물 중 「농수산물 품질관리법」 제2조제1항제1호에 따른 농수산물 및 같은 항 제13호에 따른 농수산가공품(농수산물을 원료 또는 재료의 50퍼센트를 넘게 사용하여 가공한 제품만 해당한다)은 대통령령으로 정하는 설날·추석을 포함한 기간에 한정하여 그 가액 범위를 두배로 한다.

3. 사적 거래(증여는 제외한다)로 인한 채무의 이행 등 정당한 권원(權原)에 의하여 제공되는 금품등

4. 공직자등의 친족(「민법」 제777조에 따른 친족을 말한다)이 제공하는 금품등

5. 공직자등과 관련된 직원상조회·동호인회·동창회·향우회·친목회·종교단체·사회단체 등이 정하는 기준에 따라 구성원에게 제공하는 금품등 및 그 소속 구성원 등 공직자등과 특별히 장기적·지속적인 친분관계를 맺고 있는 자가 질병·재난 등으로 어려운 처지에 있는 공직자등에게 제공하는 금품등

6. 공직자등의 직무와 관련된 공식적인 행사에서 주최자가 참석자에게 통상적인 범위에서 일률적으로 제공하는 교통, 숙박, 음식물 등의 금품등

7. 불특정 다수인에게 배포하기 위한 기념품 또는 홍보용품 등이나 경연·추첨을 통하여 받는 보상 또는 상품 등

8. 그 밖에 다른 법령·기준 또는 사회상규에 따라 허용되는 금품등

④ 공직자등의 배우자는 공직자등의 직무와 관련하여 제1항 또는 제2항에 따라 공직자등이 받는 것이 금지되는 금품등(이하 "수수 금지 금품등"이라 한다)을 받거나 요구하거나 제공받기로 약속해서는 아니 된다.

⑤ 누구든지 공직자등에게 또는 그 공직자등의 배우자에게 수수 금지 금품등을 제공하거나 그 제공의 약속 또는 의사표시를 해서는 아니 된다.

## 공직자등에 대한 향응 가액 산정 방법이 문제된 사건

[대법원 2024. 10. 8. 선고 2023도12580 판결]

【판결요지】

금품 등 수수 및 제공으로 인한 부정청탁 및 금품등 수수의 금지에 관한 법률(이하 '청탁금지법'이라 한다) 위반죄에서 피고인인 공직자 등이 향응을 제공받아 향응제공자와 함께 소비하고 향응제공자가 이에 소요되는 금원을 지출한 경우, 피고인이 받은 향응 가액을 산정할 때는 먼저 피고인의 접대에 들어간 비용과 향응제공자가 소비한 비용을 가려낸 다음 전자의 수액을 피고인이 받은 향응 가액으로 하고, 만일 각자에 들어간 비용이 불분명할 때에는 특별한 사정이 없는 한 이를 평등하게 분할한 액을 피고인이 받은 향응 가액으로 인정해야 한다. 이는 동시에 향응을 제공받은 공직자 등이 다수일 때에도 마찬가지이다. 그런데 다수의 공직자 등이 각자 제공받은 향응 가액에 차이가 있다고 평가할 만한 특별한 사정이 있는 때에는 청탁금지법의 입법 취지에 따라 향응 가액의 평가 및 귀속이 적정하게 이루어질 수 있도록 그러한 사정을 반영할 필요가 있다. 즉, 향응제공자와 공직자 등인 피고인 및 다른 참석자의 관계, 각자의 신분, 향응 제공이 이루어진 목적과 연유, 참석의 경위와 참석한 시간, 제공된 향응의 내역과 특성 등에 비추어, 다른 참석자가 제공받은 향응 가액이 피고인의 그것과 동일하다고 평가할 수 없는 특별한 사정이 증명된 경우에는, 다른 참석자가 제공받은 향응 가액을 구분하여 총비용에서 이를 공제하고 남은 가액을 향응제공자를 포함한 나머지 참석자들 사이에서 평등하게 분할한 액으로 피고인에 대한 향응 가액을 정하여야 한다. 다만 금품 등 수수 및 제공으로 인한 청탁금지법 위반죄는 해당 금품 등 가액이 1회에 100만 원 또는 매 회계연도 300만 원을 초과하는 것이 범죄구성요건의 일부로 되어 있어, 그 가액에 따라 형사처벌 여부가 달

라지므로, 향응을 포함하여 제공받은 금품 등의 가액을 책임주의 원칙에 맞도록 합리적인 기준으로 신중하게 산정해야 하고, 공소사실에 대한 증명책임을 부담하는 검사가 다른 참석자에게 제공된 향응 가액이 피고인의 그것과 동일하다고 평가할 수 없는 특별한 사정에 대하여 증명하지 않는 경우에는 원칙으로 돌아가 총비용을 평등하게 분할한 금액을 피고인이 받은 향응 가액으로 해야 한다.

## 부정청탁및금품등수수의금지에관한법률위반

[대법원 2023. 9. 14. 선고 2023도6767 판결]

【판결요지】
부정청탁 및 금품등 수수의 금지에 관한 법률(이하 '청탁금지법'이라 한다) 제8조는 공직자 등의 금품 등의 수수행위가 직무관련성 또는 대가성 없이 호의적 관계를 형성하기 위한 경우에도 형사처벌의 대상이 되도록 하여 공정한 직무수행을 보장하고 공공기관에 대한 국민의 신뢰를 확보하기 위한 것이므로 당사자 사이에 금품 수수를 통해 장래를 향하여 공직자 등과 친밀도나 호감도를 미리 형성·유지·증대시키려는 의사가 있었는지도 판단요소로 고려할 수 있지만, 직무관련성 또는 대가성 여부에 관한 제한 없이 금품 등의 수수행위 전반을 포괄적으로 금지함으로 인하여 공직자 등의 직무와 무관한 사적 영역의 일상적 사회생활을 과도하게 제한하거나 공직자 등의 정당한 권리행사를 부당하게 제한하는 등 처벌범위가 광범위하게 확대될 위험도 있다. 그러므로 청탁금지법의 입법 목적과 공직자 등의 정당한 권리행사를 조화롭게 보장하기 위해서는 청탁금지법 제8조 제1항이 정한 구성요건의 범위 내지 한계를 면밀히 살펴 청탁금지법의 입법 목적에 반하지 않는 행위, 즉 직무수행의 공정성에 의심을 불러일으키거나 공직자 등에 대한 국민의 신뢰를 저해하는 것과 무관한 경우에는 구성요건 해당 여부를 신중하게 판단할 필요가 있다.
따라서 청탁금지법 제8조 제1항이 금지하는 금품 등 수수행위는 '적법한 또는 정당한 권원 없이 금품 등을 수수하는 경우'에 해당하여야 함은 물론, '청탁금지법 제8조 제3항 제1호 내지 제8호의 경우 혹은 이에 준하는 경우로서, 영득의사 없이 해당 직무의 정당하고 원활한 수행과 관련하여 금품 등을 수수하는 경우'에 해당하지 않아야 한다고 볼 수 있고, 청탁금지법 제8조 제1항에서 대가관계의 명목으로 열거한 '기부·후원·증여'가 모두 무상으로 금품을 취득(요구, 약속 포함)하는 행위라는 점에 비추어 보면, 공직자 등이 영득의사 없이 직무상 소요되는 비용을 지출할 목적으로 금품을 취득한 경우에는 위 구성요건에 해당되지 않는다고 보는 것이 타당하다.

## III. 벌칙

**제21조(징계)** 공공기관의 장 등은 공직자등이 이 법 또는 이 법에 따른 명령을 위반한 경우에는 징계처분을 하여야 한다.

**제22조(벌칙)** ① 다음 각 호의 어느 하나에 해당하는 자는 3년 이하의 징역 또는 3천만원 이하의 벌금에 처한다.

  1. 제8조제1항을 위반한 공직자등(제11조에 따라 준용되는 공무수행사인을 포함한다). 다만, 제9조제1항·제2항 또는 제6항에 따라 신고하거나 그 수수 금지 금품등을 반환 또는 인도하거나 거부의 의사를 표시한 공직자등은 제외한다.

  2. 자신의 배우자가 제8조제4항을 위반하여 같은 조 제1항에 따른 수수 금지 금품등을 받거나 요구하거나 제공받기로 약속한 사실을 알고도 제9조제1항제2호 또는 같은 조 제6항에 따라 신고하지 아니한 공직자등(제11조에 따라 준용되는 공무수행사인을 포함한다). 다만, 공직자등 또는 배우자가 제9조제2항에 따라 수수 금지 금품등을 반환 또는 인도하거나 거부의 의사를 표시한 경우는 제외한다.

  3. 제8조제5항을 위반하여 같은 조 제1항에 따른 수수 금지 금품등을 공직자등(제11조에 따라 준용되는 공무수행사인을 포함한다) 또는 그 배우자에게 제공하거나 그 제공의 약속 또는 의사표시를 한 자

  4. 제15조제4항에 따라 준용되는 「공익신고자 보호법」 제12조제1항을 위반하여 신고자등의 인적사항이나 신고자등임을 미루어 알 수 있는 사실을 다른 사람에게 알려주거나 공개 또는 보도한 자

  5. 제18조를 위반하여 그 업무처리 과정에서 알게 된 비밀을 누설한 공직자등

② 다음 각 호의 어느 하나에 해당하는 자는 2년 이하의 징역 또는 2천만원 이하의 벌금에 처한다.

  1. 제6조를 위반하여 부정청탁을 받고 그에 따라 직무를 수행한 공직자등(제11조에 따라 준용되는 공무수행사인을 포함한다)

  2. 제15조제2항을 위반하여 신고자등에게 「공익신고자 보호법」 제2조제6호가목에 해당하는 불이익조치를 한 자

  3. 제15조제4항에 따라 준용되는 「공익신고자 보호법」 제21조제2항에 따라 확정되거나 행정소송을 제기하여 확정된 보호조치결정을 이행하지 아니한 자

③ 다음 각 호의 어느 하나에 해당하는 자는 1년 이하의 징역 또는 1천만원 이하의 벌금에 처한다.

  1. 제15조제1항을 위반하여 신고등을 방해하거나 신고등을 취소하도록 강요한 자

  2. 제15조제2항을 위반하여 신고자등에게 「공익신고자 보호법」 제2조제6
     호나목부터 사목까지의 어느 하나에 해당하는 불이익조치를 한 자
④ 제1항제1호부터 제3호까지의 규정에 따른 금품등은 몰수한다. 다만, 그
  금품등의 전부 또는 일부를 몰수하는 것이 불가능한 경우에는 그 가액을
  추징한다.

**제23조(과태료 부과)** ① 다음 각 호의 어느 하나에 해당하는 자에게는 3천
만원 이하의 과태료를 부과한다.
  1. 제5조제1항을 위반하여 제3자를 위하여 다른 공직자등(제11조에 따라 준
     용되는 공무수행사인을 포함한다)에게 부정청탁을 한 공직자등(제11조에
     따라 준용되는 공무수행사인을 포함한다). 다만, 「형법」 등 다른 법률
     에 따라 형사처벌을 받은 경우에는 과태료를 부과하지 아니하며, 과태료
     를 부과한 후 형사처벌을 받은 경우에는 그 과태료 부과를 취소한다.
  2. 제15조제4항에 따라 준용되는 「공익신고자 보호법」 제19조제2항 및
     제3항(같은 법 제22조제3항에 따라 준용되는 경우를 포함한다)을 위반
     하여 자료 제출, 출석, 진술서의 제출을 거부한 자
② 다음 각 호의 어느 하나에 해당하는 자에게는 2천만원 이하의 과태료를
  부과한다. 〈개정 2021.12.7.〉
  1. 제5조제1항을 위반하여 제3자를 위하여 공직자등(제11조에 따라 준용되
     는 공무수행사인을 포함한다)에게 부정청탁을 한 자(제1항제1호에 해당
     하는 자는 제외한다). 다만, 「형법」 등 다른 법률에 따라 형사처벌을
     받은 경우에는 과태료를 부과하지 아니하며, 과태료를 부과한 후 형사
     처벌을 받은 경우에는 그 과태료 부과를 취소한다.
  2. 제15조제4항에 따라 준용되는 「공익신고자 보호법」 제20조의2를 위
     반하여 특별보호조치결정을 이행하지 아니한 자
③ 제5조제1항을 위반하여 제3자를 통하여 공직자등(제11조에 따라 준용되
  는 공무수행사인을 포함한다)에게 부정청탁을 한 자(제1항제1호 및 제2
  항에 해당하는 자는 제외한다)에게는 1천만원 이하의 과태료를 부과한다.
  다만, 「형법」 등 다른 법률에 따라 형사처벌을 받은 경우에는 과태료
  를 부과하지 아니하며, 과태료를 부과한 후 형사처벌을 받은 경우에는
  그 과태료 부과를 취소한다.
④ 제10조제5항에 따른 신고 및 반환 조치를 하지 아니한 공직자등에게는
  500만원 이하의 과태료를 부과한다.

⑤ 다음 각 호의 어느 하나에 해당하는 자에게는 그 위반행위와 관련된 금품등 가액의 2배 이상 5배 이하에 상당하는 금액의 과태료를 부과한다. 다만, 제22조제1항제1호부터 제3호까지의 규정이나 「형법」 등 다른 법률에 따라 형사처벌(몰수나 추징을 당한 경우를 포함한다)을 받은 경우에는 과태료를 부과하지 아니하며, 과태료를 부과한 후 형사처벌을 받은 경우에는 그 과태료 부과를 취소한다.

1. 제8조제2항을 위반한 공직자등(제11조에 따라 준용되는 공무수행사인을 포함한다). 다만, 제9조제1항·제2항 또는 제6항에 따라 신고하거나 그 수수 금지 금품등을 반환 또는 인도하거나 거부의 의사를 표시한 공직자등은 제외한다.

2. 자신의 배우자가 제8조제4항을 위반하여 같은 조 제2항에 따른 수수 금지 금품등을 받거나 요구하거나 제공받기로 약속한 사실을 알고도 제9조제1항제2호 또는 같은 조 제6항에 따라 신고하지 아니한 공직자등(제11조에 따라 준용되는 공무수행사인을 포함한다). 다만, 공직자등 또는 배우자가 제9조제2항에 따라 수수 금지 금품등을 반환 또는 인도하거나 거부의 의사를 표시한 경우는 제외한다.

3. 제8조제5항을 위반하여 같은 조 제2항에 따른 수수 금지 금품등을 공직자등(제11조에 따라 준용되는 공무수행사인을 포함한다) 또는 그 배우자에게 제공하거나 그 제공의 약속 또는 의사표시를 한 자

⑥ 제1항부터 제5항까지의 규정에도 불구하고 「국가공무원법」, 「지방공무원법」 등 다른 법률에 따라 징계부가금 부과의 의결이 있은 후에는 과태료를 부과하지 아니하며, 과태료가 부과된 후에는 징계부가금 부과의 의결을 하지 아니한다.

⑦ 소속기관장은 제1항부터 제5항까지의 과태료 부과 대상자에 대해서는 그 위반 사실을 「비송사건절차법」에 따른 과태료 재판 관할법원에 통보하여야 한다.

**제24조(양벌규정)** 법인 또는 단체의 대표자나 법인·단체 또는 개인의 대리인, 사용인, 그 밖의 종업원이 그 법인·단체 또는 개인의 업무에 관하여 제22조제1항제3호[금품등의 제공자가 공직자등(제11조에 따라 제8조가 준용되는 공무수행사인을 포함한다)인 경우는 제외한다], 제23조제2항, 제23조제3항 또는 제23조제5항제3호[금품등의 제공자가 공직자등(제11조에 따라 제8조가 준용되는 공무수행사인을 포함한다)인 경우는 제외한다]의

위반행위를 하면 그 행위자를 벌하는 외에 그 법인·단체 또는 개인에게도 해당 조문의 벌금 또는 과태료를 과한다. 다만, 법인·단체 또는 개인이 그 위반행위를 방지하기 위하여 해당 업무에 관하여 상당한 주의와 감독을 게을리하지 아니한 경우에는 그러하지 아니하다.

**[참고] 음식물·경조사비·선물 등의 가액 범위**

## 음식물·경조사비·선물 등의 가액 범위(제17조 관련)

1. 음식물(제공자와 공직자등이 함께 하는 식사, 다과, 주류, 음료, 그 밖에 이에 준하는 것을 말한다): 5만원

2. 경조사비: 축의금·조의금은 5만원. 다만, 축의금·조의금을 대신하는 화환·조화는 10만원으로 한다.

3. 선물: 금전, 유가증권, 제1호의 음식물 및 제2호의 경조사비를 제외한 일체의 물품, 그 밖에 이에 준하는 것은 5만원. 다만, 「농수산물 품질관리법」 제2조제1항제1호에 따른 농수산물(이하 "농수산물"이라 한다) 및 같은 항 제13호에 따른 농수산가공품(농수산물을 원료 또는 재료의 50퍼센트를 넘게 사용하여 가공한 제품만 해당하며, 이하 "농수산가공품"이라 한다)은 10만원으로 한다.

비고
가. 제1호, 제2호 본문·단서 및 제3호 본문·단서의 각각의 가액 범위는 각각에 해당하는 것을 모두 합산한 금액으로 한다.
나. 제2호 본문의 축의금·조의금과 같은 호 단서의 화환·조화를 함께 받은 경우 또는 제3호 본문의 선물과 같은 호 단서의 농수산물·농수산가공품을 함께 받은 경우에는 각각 그 가액을 합산한다. 이 경우 가액 범위는 10만원으로 하되, 제2호 본문 또는 단서나 제3호 본문 또는 단서의 가액 범위를 각각 초과해서는 안된다.
다. 제1호의 음식물, 제2호의 경조사비 및 제3호의 선물 중 2가지 이상을 함께 받은 경우에는 그 가액을 합산한다. 이 경우 가액 범위는 함께 받은 음식물, 경조사비 및 선물의 가액 범위 중 가장 높은 금액으로 하되, 제1호부터 제3호까지의 규정에 따른 가액 범위를 각각 초과해서는 안 된다.

**[참고] 외부강의등 사례금 상한액**

## 외부강의등 사례금 상한액(제25조 관련)

1. 공직자등별 사례금 상한액

    가. 법 제2조제2호가목 및 나목에 따른 공직자등(같은 호 다목에 따른 각급 학교의 장과 교직원 및 같은 호 라목에 따른 공직자등에도 해당하는 사람은 제외한다): 40만원

    나. 법 제2조제2호다목 및 라목에 따른 공직자등: 100만원

    다. 가목 및 나목에도 불구하고 국제기구, 외국정부, 외국대학, 외국연구기관, 외국학술단체, 그 밖에 이에 준하는 외국기관에서 지급하는 외부강의등의 사례금 상한액은 사례금을 지급하는 자의 지급기준에 따른다.

2. 적용기준

    가. 제1호가목 및 나목의 상한액은 강의 등의 경우 1시간당, 기고의 경우 1건당 상한액으로 한다.

    나. 제1호가목에 따른 공직자등은 1시간을 초과하여 강의 등을 하는 경우에도 사례금 총액은 강의시간에 관계없이 1시간 상한액의 100분의 150에 해당하는 금액을 초과하지 못한다.

    다. 제1호가목 및 나목의 상한액에는 강의료, 원고료, 출연료 등 명목에 관계없이 외부강의등 사례금 제공자가 외부강의등과 관련하여 공직자등에게 제공하는 일체의 사례금을 포함한다.

    라. 다목에도 불구하고 공직자등이 소속기관에서 교통비, 숙박비, 식비 등 여비를 지급받지 못한 경우에는 「공무원 여비 규정」 등 공공기관별로 적용되는 여비 규정의 기준 내에서 실비수준으로 제공되는 교통비, 숙박비 및 식비는 제1호의 사례금에 포함되지 않는다.

# 사격 및 사격장 안전관리에 관한 법률

[시행 2021. 6. 9.] [법률 제17580호, 2020. 12. 8., 타법개정]

## I. 개설

### 목적

이 법은 사격과 사격장으로 인한 위험과 재해를 미리 방지하여 공공의 안전을 확보하는 것을 목적으로 한다.

## II. 판례

**제4조(사격의 금지)** 사격은 사격장 외의 장소에서는 하지 못한다. 다만, 다른 법령에서 허용하는 경우에는 그러하지 아니하다.
[전문개정 2011.8.4.]

### 총포도검화약류단속법위반,사격및사격장단속법위반
[대법원 1986.6.24, 선고, 86도433, 판결]

**【판결요지】**

가. 사격장이 아닌 장소에서 실탄을 발사하여 사격한 행위는 사격 및 사격장단속법 제22조, 제4조 위반죄에 해당하고 법체계를 달리하는 조수보호 및 수렵에 관한 법률에 의하여 허용되어 있는 사격허가기준에 위반되는 경우에 한하여 처벌되는 것은 아니다.

나. 당국에 신고하지 아니하고 화약저장고에서 목장으로 실탄 37발, 연화탄 6발, 추진무연화약 4,475.5킬로그램, 도화선 2,510미터 및 공업용뇌관 50개 등을 동시에 운반하였다면 비록 이중 실탄 및 연화탄등은 운반신고 없이 운반할 수 있는 수량이라 하더라도 그 수량을 초과한 추진무연화약과 동시에 운반한 것이어서 위 화약운반은 신고를 하지 아니하고 운반할 수 있는 화약류의 수량을 초과한 것이 되어 구 총포·도검·화약류단속법(1981.1.10 법률 제3354호) 제58조 제3호, 제25조 제1항 위반죄에 해당한다.

## Ⅲ. 벌칙

**제22조(벌칙)** 다음 각 호의 어느 하나에 해당하는 자는 1년 이하의 징역 또는 300만원 이하의 벌금에 처한다.
1. 제4조를 위반하여 사격장 외의 장소에서 사격을 한 사람
2. 제6조제1항 전단을 위반하여 사격장 설치허가를 받지 아니하고 사격장을 설치한 자
3. 제6조제1항 후단을 위반하여 허가를 받지 아니하고 사격장의 위치나 주요 구조설비를 변경한 자

[전문개정 2011.8.4.]

**제23조(벌칙)** 다음 각 호의 어느 하나에 해당하는 자는 200만원 이하의 벌금에 처한다.
1. 제9조제1항을 위반하여 분리보관하지 아니한 자
2. 제10조제1항을 위반하여 검사에 합격하기 전에 업무를 시작하거나 시설·설비를 사용한 자
3. 제11조제1항을 위반하여 사격장 관리자를 두지 아니한 자
4. 제13조를 위반하여 사격이 제한되는 사람에게 사격을 하게 한 자

[전문개정 2011.8.4.]

**제23조의2(벌칙)** 다음 각 호의 어느 하나에 해당하는 자는 100만원 이하의 벌금에 처한다.
1. 제12조제1항 후단을 위반하여 사격이 끝난 후 즉시 대여한 총기나 석궁을 회수하지 아니한 자
2. 제19조에 따른 사격장 사용제한이나 사격 중지 명령을 위반한 자

[전문개정 2011.8.4.]

**제24조(과태료)** ① 다음 각 호의 어느 하나에 해당하는 자에게는 100만원 이하의 과태료를 부과한다.
1. 제10조의2의 안전점검을 실시하지 아니한 사격장설치자
2. 제15조제1항에 따른 검사나 질문을 거부·방해 또는 기피한 자
3. 제16조제1항에 따른 정기점검을 거부·방해 또는 기피한 자

② 다음 각 호의 어느 하나에 해당하는 자에게는 50만원 이하의 과태료를 부과한다.

1. 다음 각 목의 어느 하나에 해당하는 신고를 하지 아니하거나 거짓으로 신고한 자
   가. 제6조의2제2항에 따른 사격장의 폐업이나 휴업 등의 신고
   나. 제11조제2항에 따른 사격장 관리자의 선임이나 해임의 신고
   다. 제14조에 따른 사격으로 인한 사고 발생이나 보관 중인 총기 또는 석궁의 도난·분실 신고
2. 제12조제2항을 위반하여 총기·석궁의 대여 또는 회수 상황을 총기 등의 대여대장에 기록하지 아니한 자

③ 제1항과 제2항에 따른 과태료는 대통령령으로 정하는 바에 따라 지방경찰청장이나 경찰서장이 부과·징수한다.

[전문개정 2011.8.4.]

**제25조(양벌규정)** 법인의 대표자나 법인 또는 개인의 대리인, 사용인, 그 밖의 종업원이 그 법인 또는 개인의 업무에 관하여 제22조, 제23조 및 제23조의2의 어느 하나에 해당하는 위반행위를 하면 그 행위자를 벌하는 외에 그 법인 또는 개인에게도 해당 조문의 벌금형을 과(科)한다. 다만, 법인 또는 개인이 그 위반행위를 방지하기 위하여 해당 업무에 관하여 상당한 주의와 감독을 게을리하지 아니한 경우에는 그러하지 아니하다.

[전문개정 2008.12.26.]

## Ⅳ. 기재례

### 【범죄사실 기재례】

피의자 정○○은 ○○시 ○○동 ○○에 있는 ○○사격장을 운영하는 자이다. 이와 같은 사격장을 설치하려면 관할 지방경찰청장으로부터 허가를 받아야 한다. 그럼에도 불구하고, 정○○은 20○○. ○. ○ 관할 지방경찰청장으로부터 허가를 받지 않고, 위 장소에 ○○사격장을 설치하여 불특정 다수에게 사격 연습을 하도록 하였다.

### 【범죄사실 기재례】

피의자 구○○은 20○○. ○. ○. 사격장이 아닌 ○○시 ○○면 ○○에 있는 야산에서 석궁을 사용하여 사격 연습을 하였다. 이로써, 구○○은 사격장이 아닌 곳에서 사격을 하였다.

**[서식]** 사격장 완성검사 합격증

제      호

# 사격장 완성검사 합격증

1. 사격장 명칭:

2. 사격장 설치장소:

3. 대표자 성명:          (생년월일:                )

4. 주소:          (전화번호:          )

5. 검사연월일:

6. 사용시작일:

　위 사격장 시설은 「사격 및 사격장 안전관리에 관한 법률」 제10조 및 같은 법 시행규칙 제6조제2항에 따라 사격장 완성검사에 합격하였음을 증명합니다.

년          월          일

시·도경찰청장
경찰서장          | 직인 |

210㎜×297㎜[보존용지(1종) 120g/㎡]

**[서식]** 과태료 부과 사전 통지서(의견 제출 통지)

제          호

# 과태료 부과 사전 통지서(의견 제출 통지)

(앞쪽)

_____ 귀하

「사격 및 사격장 안전관리에 관한 법률」 제24조제1항·제2항에 따라 아래와 같이 과태료를 부과하고자 하오니 의견이 있으시면 기한 내에 의견을 제출하여 주시기 바랍니다.

| 과태료 부과 대상자 | 성 명 | | 생년월일 | |
|---|---|---|---|---|
| | 주 소 | | | |

| 과태료 금액 | | |
|---|---|---|
| 과태료 부과 원인행위 | 일시 | |
| | 장소 | |
| | 내용 | |
| 적용 법령 | | |
| 의견 제출 기한 | | |

| 의견 | |
|---|---|
| | |

년     월     일

시 · 도경찰청장<br>경 찰 서 장

직인

210mm×297mm[일반용지 60g/㎡(재활용품)]

# 사행행위 등 규제 및 처벌 특례법

[시행 2021. 1. 1.] [법률 제17689호, 2020. 12. 22., 타법개정]

## Ⅰ. 개설

### 목적

이 법은 건전한 국민생활을 해치는 지나친 사행심(射倖心)의 유발을 방지하고 선량한 풍속을 유지하기 위하여 사행행위 관련 영업에 대한 지도와 규제에 관한 사항, 사행행위 관련 영업 외에 투전기(投錢機)나 사행성(射倖性) 유기기구(遊技機具)로 사행행위를 하는 자 등에 대한 처벌의 특례에 관한 사항을 규정함을 목적으로 한다.

## Ⅱ. 판례

### 1. 행정처분취소청구

사행행위 등 규제 및 처벌 특례법(이하 '사행행위규제법'이라 한다) 제2조 제1항 제6호는 '사행성 유기기구'란 제5호의 투전기 외에 기계식 구슬치기 기구와 사행성 전자식 유기기구 등 사행심을 유발할 우려가 있는 기계·기구 등을 말한다고 규정하고 있다. 여기서 '사행심을 유발할 우려가 있는 기계·기구 등'에 해당하는지는 해당 기계·기구 등의 본래적 용법이나 속성만으로 판단할 것은 아니고, 그 이용목적, 이용방법과 형태, 그 이용결과에 따라 금전 또는 환전 가능한 경품을 지급하는지 여부, 그 정도와 규모 및 실제로 경품을 현금으로 환전해 주는지 여부 등 위법한 경품제공이나 환전과 같은 영업방법의 사행성도 종합적으로 고려하여 판단하여야 한다(대법원 2007. 10. 26. 선고 2007도4702 판결 등 참조). 이러한 판단기준은 게임산업진흥에 관한 법률(이하 '게임산업법'이라 한다)에 따라 이미 등급분류를 받은 게임물이 등급분류 결정 이후에 사행행위규제법 등에 의하여 규제 또는 처벌 대상이 되는 사행성 유기기구에 해당하게 되었다는 이유로 게임산업법 제22조 제4항에 따라 등급분류 결정을 취소하는 경우에도 같다.
(대법원 2018. 6. 28., 선고, 2017두38973, 판결).

### 2. 수인이 공동으로 사행행위 등 규제 및 처벌특례법을 위반한 사행행위 영업을 하여 이익을 얻은 경우, 몰수·추징의 방법

사행행위 등 규제 및 처벌특례법 제30조 제1항의 죄에 의하여 생긴 재산은 범죄수익은닉의 규제 및 처벌 등에 관한 법률(이하 '범죄수익법'이라고 한다)제2조 제1호

[별표] 제7호, 제8조 및 제10조에 의하여 추징의 대상이 되고, 위 추징은 부정한 이익을 박탈하여 이를 보유하지 못하게 함에 그 목적이 있는 것이므로(대법원 2007. 6. 14. 선고 2007도2451 판결 참조), 수인이 공동으로 사행행위 영업을 하여 이익을 얻은 경우에는 그 분배받은 금원, 즉 실질적으로 귀속된 이익금만을 개별적으로 몰수추징하도록 하여야 하고, 그 분배받은 금원을 확정할 수 없을 때에는 이를 평등하게 분할한 금원을 몰수추징하여야 한다(대법원 2001. 3. 9. 선고 2000도794 판결 참조)(대법원 2007. 11. 30. 선고 2007도635 판결).

## 3. 구 사행행위 등 규제 및 처벌특례법 제30조 제1항 제4호의 적용에 있어 기계·기구 자체의 사행성 외에 영업방법의 사행성도 고려해야 하는지 여부

구 사행행위 등 규제 및 처벌특례법(2006. 3. 24 법률 제7901호로 개정되기 전의 것, 이하 '사행행위법'이라고만 한다)에 의하면, 사행심을 유발할 우려가 있는 기구 또는 방법 등에 의한 영업으로서 대통령령이 정하는 것은 적법한 사행행위업으로 허용되지만(제2조 제1항 제1호 (라)목), 그 외에 투전기·기계식구슬치기기구 또는 사행성전자식유기기구 등 사행심을 유발할 우려가 있는 기계·기구 등을 이용하여 우연의 결과에 따라 이용자에게 재산상의 이익 또는 손실을 주는 행위를 업으로 하는 경우에는 사행행위법 제30조 제1항 제4호 위반죄에 해당되는바, 여기서 <u>사행심을 유발할 우려가 있는지 여부는 기계·기구 자체의 사행성뿐만 아니라 위법한 경품제공이나 환전 등 영업방법에 있어서의 사행성도 종합적으로 고려하여 판단하여야 한다</u>. 그러므로 구 음반·비디오물 및 게임물에 관한 법률(2006. 4. 28. 법률 제7943호로 폐지, 이하 '음비법'이라고만 한다) 제2조 제3호의 게임물 중 영상물등급위원회가 사행성이 지나치지 않다고 보아 음비법 제20조 소정의 이용불가 결정이나 등급분류 보류결정을 하지 않고 음비법 제20조 제2항 제2호에 의한 등급분류를 해 준 게임물이라 하더라도, 게임제공업소의 경품취급기준(문화관광부고시 제2005-9호)을 위반하여 경품을 제공하거나 환전하여 줌으로써 사행심을 유발할 우려가 있다고 인정되는 경우에는 사행행위법 제30조 제1항 제4호 위반죄가 성립한다고 보아야 한다(대법원 2006. 11. 23. 선고 2006도5864 판결).

## 4. 성인오락실 업주인 병이 손님들에게 상품권을 경품으로 제공하고, 을이 인접한 곳에서 이를 현금으로 환전해주며, 갑은 병에게 환전소에서 회수한 상품권에 해당하는 수량만큼의 신상품권을 추가 할인하여 공급한 사안

성인오락실 업주인 병이 손님들에게 상품권을 경품으로 제공하고, 을이 인접한 곳에서 이를 현금으로 환전해주며, 갑은 병에게 환전소에서 회수한 상품권에 해당하는 수량만큼의 신상품권을 추가 할인하여 공급한 사안에서, 갑, 을, 병을 사행행위 등 규제 및 처벌특례법 위반죄의 공동정범으로 의율한 사례(대법원 2007.3.15. 선고 2006도8929 판결).

## 5. 슬롯 머신을 이용한 사행행위가 구 소득세법 제21조 제1항 제3호 소정의 '사행행위등규제및처벌특례법이 규정하는 행위'에 해당하는지 여부

구 소득세법(1997. 12. 13. 법률 제5424호로 개정되기 전의 것) 제21조 제1항 제3호는 기타소득의 하나로 '사행행위등규제및처벌특례법이 규정하는 행위에 참가하여 얻은 재산상 이익'을 들고 있는바, 사행행위등규제및처벌특례법이 규정하는 행위라 함은 같은 법 소정의 적법한 허가를 받아 할 수 있는 사행행위뿐만 아니라 같은 법에서 처벌대상으로 규정하고 있는 위법한 사행행위를 포함하여 같은 법이 규정하는 모든 사행행위를 말하고, 같은 법 제30조 제1항 제4호가 처벌대상으로 규정한 투전기에는 슬롯 머신이 포함된다고 할 것이므로, 슬롯 머신을 이용한 사행행위도 같은 법이 규정하는 행위에 포함된다고 할 것이며, 이와 같이 슬롯 머신을 이용한 사행행위가 같은 법이 규정하는 행위에 포함되는 이상 외국에서 슬롯 머신을 이용하거나 카지노에서 슬롯 머신을 이용한다고 하여 달리 볼 것은 아니다(대법원 2000. 11. 28. 선고 99두5368 판결).

## 6. 사행행위 등 규제 및 처벌 특례법상 사행행위영업의 일종인 '현상업'에 해당하기 위한 요건

구 사행행위 등 규제 및 처벌 특례법(2011. 8. 4. 법률 제11034호로 개정되기 전의 것, 이하 '구 사행행위규제법'이라 한다) 제2조 제1항 제1호는 '사행행위'를 '다수인으로부터 재물 또는 재산상의 이익(이하 '재물 등'이라 한다)을 모아 우연적 방법에 의하여 득실을 결정하여 재산상의 이익 또는 손실을 주는 행위'로 규정하고 있고, 같은 항 제2호는 '사행행위영업'을 '복표발행업, 현상업, 그 밖의 사행행위업'으로 구분하고 있으며, 같은 호 (나)목은 '현상업'을 '특정한 설문 또는 예측에 대하여 그 해답의 제시 또는 적중을 조건으로 응모자로부터 재물 등을 모아 그 설문에 대한 정답자나 적중자의 전부 또는 일부에 대하여 재산상의 이익을 주고 다른 참가자에게 손실을 주는 행위를 하는 영업'으로 규정하고 있다. 따라서 구 사행행위규제법상 현상업은 사행행위영업의 일종으로서, 그 행위는 우연적 방법에 의하여 득실을 결정하여 재산상의 이익 또는 손실을 주는 사행행위에 해당하여야 할 뿐만 아니라, 응모자가 특정한 설문에 대하여 정답을 맞히거나 특정한 예측을 적중시키면 응모자의 전부 또는 일부에게 재산상의 이익을 주고 다른 참가자에게 손실을 주는 행위여야 한다(대법원 2013.9.13. 선고, 2011도17909, 판결).

## Ⅲ. 벌칙

**제30조(벌칙)** ① 다음 각 호의 어느 하나에 해당하는 자는 5년 이하의 징역 또는 5천만원 이하의 벌금에 처한다.

1. 사행행위영업 외에 투전기나 사행성 유기기구를 이용하여 사행행위를 업(業)으로 한 자

2. 제1호의 행위를 업으로 하는 자에게 투전기나 사행성 유기기구를 판매하거나 판매할 목적으로 제조 또는 수입한 자

② 다음 각 호의 어느 하나에 해당하는 자는 3년 이하의 징역 또는 2천만원 이하의 벌금에 처한다.

1. 제4조제1항 또는 제7조제2항에 따른 허가를 받지 아니하고 영업을 한 자

2. 제12조제2호 또는 제3호를 위반하여 사행기구를 설치·사용하거나 변조한 자

3. 제13조제1항 또는 제2항에 따른 허가를 받지 아니하고 영업을 한 자

③ 다음 각 호의 어느 하나에 해당하는 자는 1년 이하의 징역 또는 1천만원 이하의 벌금에 처한다.

1. 제4조제2항 또는 제13조제3항에 따른 변경허가를 받지 아니하고 영업을 한 자

2. 제9조제3항(제13조제4항에 따라 준용되는 경우를 포함한다)을 위반하여 승계신고를 하지 아니하고 영업을 한 자

3. 제12조 각 호 외의 부분을 위반하여 제11조에 따른 영업의 방법 및 당첨금에 관하여 대통령령으로 정하는 사항이나 영업시간 등의 제한을 지키지 아니하고 영업을 한 자

4. 제12조제1호를 위반하여 영업명의를 다른 사람에게 빌려준 자

5. 제12조제4호를 위반하여 청소년을 입장시키거나 청소년의 참가를 허용하여 영업을 한 자

6. 제12조제5호를 위반하여 광고나 선전을 한 자

7. 제12조의2에 따른 검사를 받지 아니한 사행기구를 이용하여 영업을 한 자

8. 제15조제1항에 따른 검사를 받지 아니한 사행기구를 판매한 자

9. 제15조제2항(제12조의2제2항에 따라 준용되는 경우를 포함한다)에 따른 검사합격증명서를 훼손하거나 제거한 자

10. 제15조제3항을 위반하여 검사기록을 보존하지 아니한 자

11. 제16조를 위반하여 표시 없는 사행기구를 판매하거나 거짓으로 표시하여 판매한 자

12. 제18조제1항에 따른 보고를 하지 아니하거나 거짓으로 보고한 자 및 관계 공무원의 출입·검사나 그 밖의 조치를 거부·방해 또는 기피한 자
13. 제19조제2항에 따른 개수(改修)·개선 또는 시정 명령에 따르지 아니한 자
14. 제21조제2항에 따른 영업정지처분을 위반하여 영업정지기간 중에 영업을 한 자

[전문개정 2011.8.4.]

**제31조(양벌규정)** 법인의 대표자나 법인 또는 개인의 대리인, 사용인, 그 밖의 종업원이 그 법인 또는 개인의 업무에 관하여 제30조의 위반행위를 하면 그 행위자를 벌하는 외에 그 법인 또는 개인에게도 해당 조문의 벌금형을 과(科)한다. 다만, 법인 또는 개인이 그 위반행위를 방지하기 위하여 해당 업무에 관하여 상당한 주의와 감독을 게을리하지 아니한 경우에는 그러하지 아니하다.

[전문개정 2010.3.22.]

## IV. 기재례

### 【범죄사실 기재례】

피의자는 ○○시 ○○동 ○○번지에서 문구점을 경영하고 있다.

피의자는 20○○. ○. ○.경부터 같은 달 ○.까지 위 피의자 경영의 ○○문구점 앞에 가위바위보, 야구게임이라는 사행행위기구를 각 1대씩 설치하고 성명을 알 수 없는 다수의 청소년들을 상대로 100원짜리 주화를 투입케 한 후 버튼을 눌러 그 결과에 따라서 가위바위보는 100원상당의 코인 1개부터 20개까지, 야구게임은 시가 100원상당의 지우개부터 시가 2,000원상당의 조립 로봇 1개까지의 경품을 시상하는 방법으로 하루 평균 40,000원상당의 수익을 얻는 사행행위영업을 하였다.

### 【범죄사실 기재례】

피의자는 ○○시 ○○동 ○○번지에 있는 ○○관광호텔휴게실을 경영하고 있다.

피의자는 투전기(일명 '슬롯머신')에는 1회 게임시 100원짜리 주화 1개만을 투입하여

야 하고 자동식 투전기의 경우에도 1회에 100원씩을 유기하여야 하며, 그 시상금도 소정의 시상률표에 의하여 최고 돈 100,000원을 초과할 수 없음에도 불구하고, 20○○. ○. ○. 위 휴게실에서 사건외 김○○로부터 돈 30,000원을 받고 그 곳에 설치되어 있는 자동식 투전기의 계기판에 100점을 올려준 다음 1회 유기시에 1점(300원에 해당)씩 줄도록 계산하고 일정한 그림이나 문자의 배열에 따라 당첨되면 최고 돈 300,000원까지 시상하는 방법으로 영업한 것을 비롯하여 그 때부터 같은 해 ○. ○.까지 같은 곳에서 성명을 알 수 없는 손님들을 상대로 그 곳에 설치된 투전기 20대를 이용하여 위와 같은 방법으로 하루평균 돈 150만원의 수익을 얻는 사행행위영업을 함으로써 영업의 방법 및 당첨금에 관한 제한을 위반하였다.

**[서식]** 19세미만의자출입금지표지판

### <u>19세미만의자출입금지표지판(제15조제2항관련)</u>

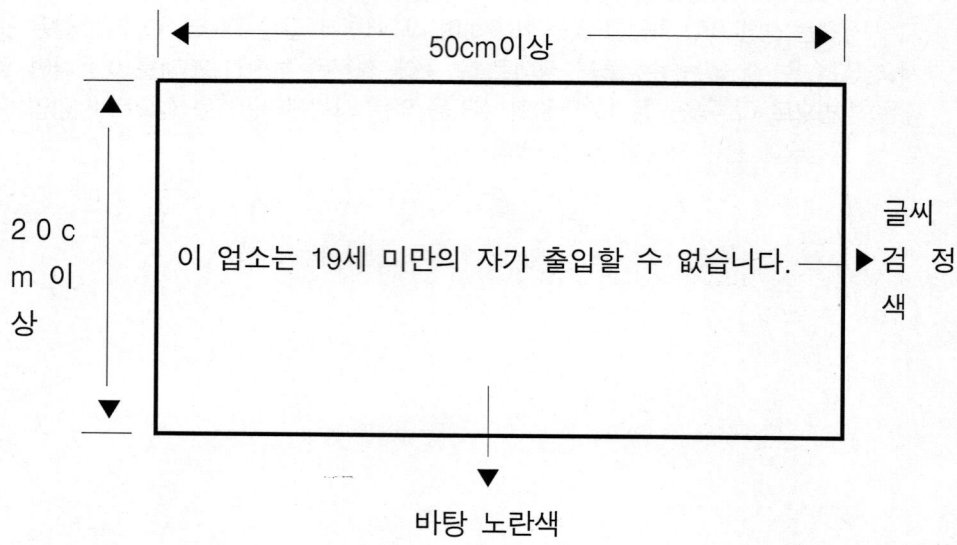

바탕 노란색

**[서식] 사행기구 수거증**

| 제    호 | <div align="center">**사행기구 수거증**</div> | | | |
|---|---|---|---|---|
| 수거품제조업소의<br>상 호 소 재 지 | 성  명 | | 상  호 | |
| | 소재지 | | | |
| 수 거 품 명 | | | | |
| 수 거 수 량 | | | | |
| 수 거 사 유 | | | | |
| 수 거 일 시 | 시    분 | 제조연월일 | | 년    월    일 |
| 품 목 제 조<br>허 가 번 호 | | | | |
| 수 거 장 소 | | 피 수 거 자 | | (성명 또는 인) |

「사행행위 등 규제 및 처벌 특례법」 제20조에 따라 위와 같이 수거하였음을 증명합니다.

.    .    .

수거자 소속 :

성  명 :                          (인)

210mm×297mm(일반용지 70g/㎡)

**[서식]** 사행기구 이용업 허가증

| 제 호 | | | | |
|---|---|---|---|---|
| **사행기구 이용업 허가증** | | | | |
| 대 표 자 | 이 름 | | 주민등록번호 | － |
| | 주 소 | | | |
| 영업의 종류 | | | | |
| 영업소 상호 | | | | |
| 영업소 소재지 | | | | |
| 목 적 | | | | |
| 허 가 기 간 | 년 월 일부터 년 월 일까지 | | | |
| 설치<br>사행<br>기구 | 종 류: | | | |
| | 수 량: | | | |
| | 제 조 회 사: | | | |
| | 제 조 번 호: | | | |
| | 형식(당첨확률): | | | |
| 「사행행위 등 규제 및 처벌 특례법」 제4조에 따라 위와 같이 업을 허가합니다. | | | | |
| 년 월 일 | | | | |
| 경 찰 청 장 직인 | | | | |
| ※ 사행행위업 중 사행기구를 이용하는 업의 경우 | | | | |

210x297mm[보존용지(1급) 70g/㎡]

# 산림자원의 조성 및 관리에 관한 법률

[시행 2024. 7. 24.] [법률 제20086호, 2024. 1. 23., 타법개정]

## Ⅰ. 개설

### 목적

이 법은 산림자원의 조성과 관리를 통하여 산림의 다양한 기능을 발휘하게 하고 산림의 지속가능한 보전(保全)과 이용을 도모함으로써 국토의 보전, 국가 경제의 발전 및 국민의 삶의 질 향상에 이바지함을 목적으로 한다.

## Ⅱ. 판례

**제36조(입목벌채등의 허가 및 신고 등)** ① 산림(제19조에 따른 채종림등과 「산림보호법」 제7조에 따른 산림보호구역은 제외한다. 이하 이 조에서 같다) 안에서 입목의 벌채, 임산물(「산지관리법」 제2조제4호·제5호에 따른 석재 및 토사는 제외한다. 이하 이 조에서 같다)의 굴취·채취(이하 "입목벌채등"이라 한다. 이하 같다)를 하려는 자는 농림축산식품부령으로 정하는 바에 따라 특별자치시장·특별자치도지사·시장·군수·구청장이나 지방산림청장의 허가를 받아야 한다. 허가받은 사항 중 대통령령으로 정하는 중요 사항을 변경하려는 경우에도 또한 같다. 〈개정 2008.2.29., 2009.6.9., 2010.5.31., 2012.6.1., 2013.3.23., 2017.10.31.〉

② 특별자치시장·특별자치도지사·시장·군수·구청장이나 지방산림청장은 국토와 자연의 보전, 「국가유산기본법」 제3조에 따른 국가유산과 국가 중요 시설의 보호, 그 밖의 공익을 위하여 산림의 보호가 필요한 지역으로서 대통령령으로 정하는 지역에서는 제1항에 따른 입목벌채등의 허가를 하여서는 아니 된다. 다만, 병해충의 예방·방제 등 대통령령으로 정하는 사유로 입목벌채등을 하려는 경우에는 이를 허가할 수 있다. 〈개정 2017.10.31., 2020.2.18., 2023. 5. 16.〉

③ 특별자치시장·특별자치도지사·시장·군수·구청장이나 지방산림청장은 제1항에 따른 입목벌채등의 허가신청을 받은 경우 벌채 목적과 벌채 대상의 적정성 등 농림축산식품부령으로 정하는 사항을 고려하여 그 타당성이 인정되면 입목벌채등을 허가하여야 한다. 〈개정 2008.2.29., 2013.3.23., 2017.10.31.〉

④ 특별자치시장・특별자치도지사・시장・군수・구청장이나 지방산림청장은 제3항에 따라 허가를 받고 생태・경관・재해위험을 최소화하여 벌채한 경우 벌채구역 내 남겨진 입목의 판매를 전제로 예상되는 수익금의 일부를 대통령령으로 정하는 바에 따라 예산의 범위에서 지원할 수 있다. 〈신설 2022. 12. 27.〉

⑤ 병해충・산불 등 자연재해를 입은 임목(林木)의 제거 등 대통령령으로 정하는 사유로 입목벌채등을 하려는 자는 제1항 및 제2항 단서에도 불구하고 농림축산식품부령으로 정하는 바에 따라 특별자치시장・특별자치도지사・시장・군수・구청장이나 지방산림청장에게 신고하고 할 수 있다. 〈개정 2008.2.29., 2013.3.23., 2017.10.3., 2022. 12. 27.〉

⑥ 특별자치시장・특별자치도지사・시장・군수・구청장 또는 지방산림청장은 제1항 및 제2항 단서에 따른 허가의 신청을 받은 경우와 제5항에 따른 신고를 받은 경우에는 신청 또는 신고를 받은 날부터 30일 이내에 허가 또는 신고수리 여부를 신청인에게 통지하여야 한다. 이 경우 제36조의4제2항에 따른 사전타당성조사 결과를 받은 때에는 그 결과를 받은 날부터 7일 이내에 허가 여부를 신청인에게 통지하여야 한다. 〈신설 2017.10.31., 2022. 12. 27.〉

⑦ 특별자치시장・특별자치도지사・시장・군수・구청장 또는 지방산림청장이 제6항에서 정한 기간에 허가 또는 신고수리 여부나 민원 처리 관련 법령에 따른 처리기간의 연장을 신청인에게 통지하지 아니하면 그 기간(민원 처리 관련 법령에 따라 처리기간이 연장 또는 재연장된 경우에는 해당 처리기간을 말한다)이 끝난 날의 다음 날에 허가 또는 신고수리를 한 것으로 본다. 〈신설 2017.10.31., 2022. 12. 27., 2023. 10. 31.〉

⑧ 제1항, 제2항 단서 및 제5항에도 불구하고 풀베기, 가지치기 또는 어린나무 가꾸기를 위한 벌채 등 대통령령으로 정하는 입목벌채등은 허가나 신고 없이 할 수 있다. 〈개정 2017.10.31., 2022. 12. 27., 2023. 10. 31.〉

⑨ 제1항, 제2항 단서 및 제5항에 따라 입목벌채등의 허가를 받거나 신고를 한 경우에는 입목벌채등에 필요한 임산물 운반로 및 작업로(作業路) 설치에 관하여 「산지관리법」 제15조의2에 따른 산지일시사용신고를 한 것으로 본다. 〈개정 2010.5.31., 2014.3.11., 2017.10.31., 2022. 12. 27., 2023. 10. 31.〉

⑩ 특별자치시장・특별자치도지사・시장・군수・구청장이나 지방산림청장은 제1항, 제2항 단서 및 제5항에 따른 입목벌채등이 허가를 받거나 신고를 한 내용대로 적정하게 실시되고 있는지와 제9항에 따른 임산물 운반로 및 작업로가 적정하게 복구되었는지에 관하여 확인・점검하여야 한다. 〈신설 2014.3.11., 2017.10.31., 2022. 12. 27., 2023. 10. 31.〉

⑪ 특별자치시장·특별자치도지사·시장·군수·구청장이나 지방산림청장은 제10항에 따른 확인·점검 업무를 다음 각 호의 어느 하나에 해당하는 자에게 대행하게 할 수 있다. 〈신설 2014.3.11., 2016.12.2., 2017.10.31., 2022. 12. 27., 2023. 10. 31.〉
  1. 산림조합 또는 산림조합중앙회
  2. 제27조제2항 각 호의 어느 하나에 해당하는 자
  2의2. 「엔지니어링산업 진흥법」에 따른 산림전문분야 엔지니어링사업자
  3. 한국임업진흥원
  4. 「민법」 제32조에 따른 산림자원 조성·육성 관련 비영리법인
[전문개정 2007.12.21.]

## 산림자원의 조성 및 관리에 관한 법률 위반·산지관리법 위반
[대법원 2012. 5. 10, 선고, 2011도113, 판결]

**【판결요지】**

[1] 구 산림자원의 조성 및 관리에 관한 법률(2009.6.9. 법률 제9763호로 개정되기 전의 것, 이하 '산림자원법'이라 한다) 제36조 제1항은 산림 안에서 입목의 벌채, 임산물의 굴취·채취(이하 '입목벌채등'이라 한다)를 하려는 자는 관할관청의 허가를 받아야 한다고 규정하고 있고, 제74조 제1항 제3호는 제36조 제1항을 위반하여 관할관청의 허가 없이 '입목벌채등'을 한 자를 형사처벌하도록 규정하고 있는데, 여기서 임산물인 수목의 굴취에 의한 산림자원법 제74조 제1항 제3호 위반죄가 성립하기 위해서는 당해 수목이 사회통념상 토지로부터 분리된 상태에 이르러야 한다.

[2] 피고인이 관할관청의 허가 없이 소나무 주변의 흙을 파낸 후 이른바 '분뜨기' 작업을 함으로써 수목을 굴취하였다고 하여 구 '산림자원의 조성 및 관리에 관한 법률'(2009.6.9. 법률 제9763호로 개정되기 전의 것) 위반으로 기소된 사안에서, 피고인이 '분뜨기' 작업을 한 소나무 9그루는 뿌리 부분 중 약 3/4만이 토지와 분리되었을 뿐 나머지 1/4은 여전히 토지와 분리되지 않은 상태로 남아있어 이를 굴취하였다고 볼 수 없는데도, 이와 달리 보아 유죄를 인정한 원심판결에 법리오해의 위법이 있다고 한 사례

## 산림법위반
[대법원 2006. 7. 13., 선고, 2005도9981, 판결]

**【판결요지】**

[1] 구 산림법(2005.8.4. 법률 제7678호 '산림자원의 조성 및 관리에 관한 법률' 부칙 제2조로 폐지되기 전의 것) 제90조 제1항, 제118조 제1항 제4호, 도로법 제25조의2 제1항 제4호의 규정 등을 종합하면, 도로의 관리청이 구 산림법 제90조 제1항의 입목의 벌채, 임산물의 굴취에 관하여 관계기관과 협의하여 도로구역을 결정·고시한 경우에는 그 지역 내에서는 입목의 벌채, 임산물의 굴취 허가가 있는 것으로 의제되고, 또 그와 같은 허가의제의 효과는 도로의

관리청뿐만 아니라 임야의 소유자 또는 그로부터 동의를 받은 일반인에게도 미친다고 보는 것이 상당하며, 이는 도로의 관리청이 도로구역에 편입된 임야의 소유자들에게 손실보상을 완료하지 아니하였다고 하더라도 마찬가지이다.

[2] 국도 확장공사에 편입되고 그 관리청에 의하여 도로구역으로 결정·고시된 임야의 소유자들로부터 그 지상에 식재된 소나무 등을 전전매수한 피고인이 위 임야 내의 소나무를 굴취한 행위가 구 산림법(2005.8.4. 법률 제7678호 '산림자원의 조성 및 관리에 관한 법률' 부칙 제2조로 폐지되기 전의 것) 제90조 제1항에 규정된 허가 없이 임산물을 굴취한 경우에 해당하지 않는다고 한 사례.

## III. 벌칙

**제71조(벌칙)** ① 채종림·수형목·시험림에 방화(放火)한 사람은 7년 이상 15년 이하의 징역에 처한다. 〈개정 2009.6.9., 2017.10.31.〉
② 제1항의 미수범은 처벌한다.
[전문개정 2007.12.21.]

**제72조** 삭제 〈2009.6.9.〉

**제73조(벌칙)** ① 산림에서 그 산물(조림된 묘목을 포함한다. 이하 이 조에서 같다)을 절취한 자는 5년 이하의 징역 또는 5천만원 이하의 벌금에 처한다. 〈개정 2017.10.31.〉
② 제1항의 미수범은 처벌한다.
③ 제1항의 죄를 저지른 자가 다음 각 호의 어느 하나에 해당한 경우에는 1년 이상 10년 이하의 징역에 처한다. 〈개정 2009.6.9., 2020.2.18.〉
  1. 채종림이나 시험림에서 그 산물을 절취하거나 수형목을 절취한 경우
  2. 원뿌리를 채취한 경우
  3. 장물(臟物)을 운반하기 위하여 차량이나 선박을 사용하거나 운반·조재(벌채한 나무를 마름질하여 재목을 만듦)의 설비를 한 경우
  4. 입목이나 대나무를 벌채하거나 산림의 산물을 굴취 또는 채취하는 권리를 행사하는 기회를 이용하여 절취한 경우
  5. 야간에 절취한 경우
  6. 상습으로 제1항의 죄를 저지른 경우
[전문개정 2007.12.21.]

**제74조(벌칙)** ① 제19조제5항을 위반하여 채종림등에서 입목·대나무의 벌채, 임산물의 굴취·채취, 가축의 방목, 그 밖의 토지의 형질을 변경하는 행위를 한 자는 5년 이하의 징역 또는 5천만원 이하의 벌금에 처한다. 〈개정 2014.3.11., 2017.10.31., 2020.2.18.〉

  1. 삭제 〈개정 2017.10.31.〉
  2. 삭제 〈개정 2017.10.31.〉
  3. 삭제 〈개정 2017.10.31.〉
  4. 삭제 〈2009.6.9.〉
  5. 삭제 〈개정 2017.10.31.〉
  6. 삭제 〈개정 2017.10.31.〉
  7. 삭제 〈개정 2017.10.31.〉
  8. 삭제 〈개정 2017.10.31.〉

② 다음 각 호의 어느 하나에 해당하는 자는 3년 이하의 징역 또는 3천만원 이하의 벌금에 처한다. 〈개정 2017.10.31., 2020.2.18.〉

  1. 삭제 〈2020.6.9.〉
  2. 제36조제1항을 위반하여 특별자치시장·특별자치도지사·시장·군수·구청장이나 지방산림청장의 허가 없이 또는 거짓이나 그 밖의 부정한 방법으로 허가를 받아 입목벌채등을 한 자
  3. 정당한 사유 없이 산림 안에서 입목·대나무를 손상하거나 말라죽게 한 자
  4. 삭제 〈2020.6.9.〉
  5. 입목·대나무, 목재 또는 원뿌리에 표시한 기호나 도장을 변경하거나 지운 자
  6. 정당한 사유 없이 타인의 산림에 인공구조물을 설치한 자

③ 삭제 〈2020.6.9.〉

④ 상습적으로 제1항 또는 제2항의 죄를 저지른 자는 각 죄에 정한 형의 2분의 1까지 가중한다. 〈신설 2017.10.31., 2020.2.18.〉

[전문개정 2007.12.21.]

**제75조(몰수와 추징)** ① 제73조와 제74조제1항·제2항제2호의 범죄에 관련된 임산물은 몰수(沒收)한다. 다만, 제73조의 범죄로 인한 임산물은 대통령령으로 정하는 바에 따라 그 피해자에게 돌려주거나 이를 처분하여 그 가액(價額)을 내주어야 한다. 〈개정 2009.6.9., 2017.10.31.〉

② 제1항의 임산물을 몰수할 수 없는 경우에는 그 가액을 추징(追徵)한다.

[전문개정 2007.12.21.]

**제76조(벌칙)** 제41조제1항에 따라 수입 추천을 받은 용도 외의 용도로 수입 임산물을 사용한 자는 2년 이하의 징역 또는 2천만원 이하의 벌금에 처한다. 〈개정 2017.10.31.〉
[전문개정 2007.12.21.]

**제77조(벌칙)** ① 다음 각 호의 어느 하나에 해당하는 자는 1천만원 이하의 벌금에 처한다. 〈신설 2017.10.31., 2019.1.8., 2023. 10. 31.〉
　1. 제16조제1항을 위반하여 종묘생산업자의 등록을 하지 아니하고 종묘생산업을 한 자
　2. 제23조의2제4항에 따른 국유림영림단의 등록 또는 제24조제1항에 따른 산림사업법인의 등록을 하지 아니하고 산림사업을 한 자
　3. 제23조의2제4항 후단을 위반하여 국유림영림단의 등록증을 다른 자에게 빌려준 자
　4. 제24조제4항을 위반하여 산림사업법인의 등록증을 다른 자에게 빌려준 자
　5. 제30조제4항을 위반하여 동시에 두 개 이상의 업체에 취업한 산림기술자 또는 다른 사람이 그 명의를 사용하게 하거나 다른 사람에게 그 자격증을 빌려준 산림기술자
　6. 제30조제9항을 위반하여 자격증을 빌리거나 빌리는 것을 알선한 자
　7. 제40조제1항에 따른 임산물의 유통, 생산 또는 사용의 제한을 위반한 자
　8. 제42조의14제2항을 위반하여 인증을 받지 아니하고 자생식물 종자를 공급하거나 생산한 자
　9. 거짓이나 그 밖의 부정한 방법으로 제42조의14제2항에 따른 인증을 받은 자
　10. 제42조의14제4항을 위반하여 인증표시 또는 이와 유사한 표시를 한 자
　11. 제67조제3항에 따른 명령을 위반하여 품질이 불량한 산림용 종자와 산림용 묘목을 출하하거나 소독·폐기 등 필요한 조치를 하지 아니한 자
② 제27조제3항을 위반하여 설계하거나 감리한 자는 500만원 이하의 벌금에 처한다. 〈개정 2012.6.1., 2017.10.31.〉
　1. 삭제 〈개정 2017.10.31.〉
　2. 삭제 〈개정 2017.10.31.〉
　3. 삭제 〈2009.6.9.〉
　4. 삭제 〈2009.6.9.〉

5. 삭제 〈2009.6.9.〉

③ 삭제 〈개정 2017.10.31.〉

[전문개정 2007.12.21.]

---

**제78조(양벌규정)** 법인의 대표자나 법인 또는 개인의 대리인, 사용인, 그 밖의 종업원이 그 법인 또는 개인의 업무에 관하여 제74조제1항·제2항·제3항, 제76조 또는 제77조의 위반행위를 하면 그 행위자를 벌하는 외에 그 법인 또는 개인에게도 해당 조문의 벌금 또는 과료의 형을 과(科)하고, 제74조제4항의 위반행위를 하면 그 행위자를 벌하는 외에 그 법인 또는 개인에게도 2천만원 이하의 벌금형을 과한다. 다만, 법인 또는 개인이 그 위반행위를 방지하기 위하여 해당 업무에 관하여 상당한 주의와 감독을 게을리하지 아니한 경우에는 그러하지 아니하다. 〈개정 2017.10.31.〉

[전문개정 2010.1.25.]

---

**제79조(과태료)** ① 다음 각 호의 어느 하나에 해당하는 자에게는 500만원 이하의 과태료를 부과한다. 〈개정 2012.6.1., 2014.3.11., 2022. 12. 27., 2023. 10. 31.〉

  1. 제19조제5항 단서에 따른 신고를 하지 아니하고 숲 가꾸기를 위한 벌채 및 임산물의 굴취·채취를 한 자

  2. 제36조제5항에 따른 신고를 하지 아니하거나 거짓 또는 그 밖의 부정한 방법으로 신고를 하고 입목벌채등을 한 자

  2의2. 제36조의3에 따른 입목벌채등의 중지 또는 그 밖에 필요한 조치 명령을 위반한 자

  3. 제38조제7항을 위반하여 신고를 하지 아니하고 기업경영림 경영계획구에서 입목벌채등이 수반되는 사업을 한 자

  4. 제42조의8제5항에 따른 시정명령을 따르지 아니한 자

  5. 제42조의12제6항에 따른 시정명령을 따르지 아니한 자

② 다음 각 호의 어느 하나에 해당하는 자에게는 100만원 이하의 과태료를 부과한다. 〈개정 2010.1.25.〉

  1. 제13조제3항에 따른 산림경영계획서 작성의 대가를 과다하게 청구한 자

  2. 삭제 〈2012.5.23.〉

  3. 삭제 〈2009.6.9.〉

  4. 삭제 〈2009.6.9.〉

  5. 제67조제1항에 따른 보고, 자료제출, 조사 또는 검사를 거부·기피하거

나 방해한 자와 질문을 방해한 자

③ ④ 삭제 〈2009.6.9.〉

⑤ 제10조제2항에 따른 조림을 하지 아니한 자에게는 해당 조림 비용의 전액에 해당하는 과태료를 부과한다.

⑥ 제1항부터 제5항까지의 규정에 따른 과태료는 대통령령으로 정하는 바에 따라 산림청장, 시·도지사, 시장·군수·구청장, 지방산림청장 또는 지방산림청 국유림관리소장이 부과·징수한다. 〈개정 2010.1.25.〉

⑦ ~ ⑨ 삭제 〈2010.1.25.〉

[전문개정 2007.12.21.]

## Ⅳ. 기재례

### 【범죄사실 기재례】

피의자는 20○○. ○. ○. 21 : 00경 충남 ○○군 ○○면 산○○번지에 있는 산림에서 피해자 노○○의 소유인 8년생 소나무 20그루(산지시가 ○○만원 상당)를 벌채하여 반출함으로써 이를 절취하였다.

### 【범죄사실 기재례】

피의자는 관할관청으로부터 허가를 받지 아니하고 20○○. ○. 말경 경기 ○○군 ○○면 ○○리 산○○번지에 있는 피의자 소유의 임야에서 10년생 오리나무 10그루 및 12년생 낙엽송 10그루를 벌채하였다.

### 【범죄사실 기재례】

피의자는 건설업자로서, 관할관청의 허가를 받지 않고 20○○. ○. 말경 경북 ○○군 ○○면 ○○리 ○○번지의 약 620㎡의 산림을 그 옆의 도로와 연결하는 평지를 만들기 위하여 불도저와 굴삭기를 이용하여 그 곳에 있는 흙을 깎아내어 평탄작업을 함으로써 산림의 형질을 변경하였다.

**[서식] (입목벌채, 입산물 굴취 · 채취) 허가증**

(앞쪽)

# [ ] 입목벌채
# [ ] 임산물 굴취 · 채취  허 가 증

| 성  명 | | 생년월일 | |
|---|---|---|---|
| 주  소 | | 전화번호 | |

| 산림<br>소재지 | | | | | |
|---|---|---|---|---|---|

| 구역면적 | | | m² | 벌채 또는<br>굴취 · 채취<br>면적 | | m² |

| 허가내용 | 종류 | 방법 | 용도 | 허가수량 | | 잔존면적<br>·<br>본수 · 군상<br>수 |
|---|---|---|---|---|---|---|
| | | | | 수 종 | 수량(m²,본,<br>kg) | |
| | | | | | | |
| | | | | | | |

| 허가기간 | |
|---|---|

「산림자원의 조성 및 관리에 관한 법률」 제36조제3항 및 같은 법 시행규칙 제44조
제2항, 제45조제2항 또는 제45조의2제2항에 따라 위와 같이 허가합니다.

년    월    일

특별자치시장 · 특별자치도지사
시장 · 군수 · 구청장
지방산림청국유림관리소장    [ 직인 ]

## 유 의 사 항

1. 위 허가에 따라 허가대상 입목을 벌채한 경우에는 「산림자원의 조성 및 관리에 관한 법률」 제10조에 따라 벌채지에 조림을 해야 합니다.

2. 「산림자원의 조성 및 관리에 관한 법률」 제36조제1항을 위반하여 특별자치시장 · 특별자치도지사 · 시장 · 군수 · 구청장이나 지방산림청장의 허가 없이 또는 거짓이나 그 밖의 부정한 방법으로 허가를 받아 입목벌채등을 한 경우에는 같은 법 제74조제2항제2호에 따라 3년 이하의 징역 또는 3천만원 이하의 벌금에 처해질 수 있습니다.

3. 수집된 임목 부산물을 보관할 경우에는 주변의 사람이나 시설 등에 위해를 일으키지 않도록 안전하게 적치 · 보관하고, 특히 임지 내에 보관할 경우에는 토사유출 방지 및 산림작업의 편의성 등을 고려하여 정리 · 보관해야 합

니다.

4. 수집된 임목 부산물이 보관장소나 사용장소 외에 방치된 경우에는 폐기물에 해당되어 폐기물관리법령의 적용을 받을 수 있습니다.

## 작 성 방 법

1. "허가수량" 란에는 벌채의 경우에는 부피($m^3$)와 본수를, 굴취·채취의 경우에는 본수 또는 무게($kg$)를 적습니다.
2. "잔존면적·본수·군상수" 란에는 모수작업의 경우에는 모수본수를, 친환경 벌채의 경우에는 잔존면적과 군상수를 적습니다.

(뒤쪽)

## 변 경 사 항

| 변경연월일 | 변경내용 | 기록연월일 · 기록자(인) |
|---|---|---|
|  |  |  |
|  |  |  |
|  |  |  |
|  |  |  |
|  |  |  |
|  |  |  |
|  |  |  |
|  |  |  |
|  |  |  |

210mm×297mm(백상지 80g/㎡)

**[서식] 입목 벌채 · 굴취 신고수리증**

(앞쪽)

# 입목 벌채·굴취 신고수리증

| 신고인 | 성명 | | | | 생년월일 | |
|---|---|---|---|---|---|---|
| | 주소 | | | | | |
| 산림 소재지 | | | | | | |
| 구역면적 | | ㎡ | | 벌채 또는 굴취 면적 | | ㎡ |

| | 종류 | 방법 | 용도 | 신청수량 | | 잔존면적 · 본수 · 군상수 |
|---|---|---|---|---|---|---|
| | | | | 수종 | 수량(㎡, 본) | |
| 신고내용 | | | | | | |
| | | | | | | |
| | | | | | | |
| | | | | | | |
| | | | | | | |
| 벌채·굴취 기간 | | | | | | |

「산림자원의 조성 및 관리에 관한 법률」 제36조제5항 및 같은 법 시행규칙 제46조제4항에 따라 위와 같이 신고를 수리합니다.

년    월    일

특별자치시장 · 특별자치도지
사
시장 · 군수 · 구청장
지방산림청국유림관리소장

| 직인 |
|---|

210mm×297mm(백상지 80g/㎡)

# 산업안전보건법

[시행 2025. 6. 1.] [법률 제20522호, 2024. 10. 22., 일부개정]

## Ⅰ. 개설

### 목적

이 법은 산업 안전 및 보건에 관한 기준을 확립하고 그 책임의 소재를 명확하게 하여 산업재해를 예방하고 쾌적한 작업환경을 조성함으로써 노무를 제공하는 사람의 안전 및 보건을 유지·증진함을 목적으로 한다.

## Ⅱ. 판례

**제2조(정의)** 이 법에서 사용하는 용어의 뜻은 다음과 같다. 〈개정 2020.5.26., 2023. 8. 8.〉

1. "산업재해"란 노무를 제공하는 사람이 업무에 관계되는 건설물·설비·원재료·가스·증기·분진 등에 의하거나 작업 또는 그 밖의 업무로 인하여 사망 또는 부상하거나 질병에 걸리는 것을 말한다.
2. "중대재해"란 산업재해 중 사망 등 재해 정도가 심하거나 다수의 재해자가 발생한 경우로서 고용노동부령으로 정하는 재해를 말한다.
3. "근로자"란 「근로기준법」 제2조제1항제1호에 따른 근로자를 말한다.
4. "사업주"란 근로자를 사용하여 사업을 하는 자를 말한다.
5. "근로자대표"란 근로자의 과반수로 조직된 노동조합이 있는 경우에는 그 노동조합을, 근로자의 과반수로 조직된 노동조합이 없는 경우에는 근로자의 과반수를 대표하는 자를 말한다.
6. "도급"이란 명칭에 관계없이 물건의 제조·건설·수리 또는 서비스의 제공, 그 밖의 업무를 타인에게 맡기는 계약을 말한다.
7. "도급인"이란 물건의 제조·건설·수리 또는 서비스의 제공, 그 밖의 업무를 도급하는 사업주를 말한다. 다만, 건설공사발주자는 제외한다.
8. "수급인"이란 도급인으로부터 물건의 제조·건설·수리 또는 서비스의 제공, 그 밖의 업무를 도급받은 사업주를 말한다.
9. "관계수급인"이란 도급이 여러 단계에 걸쳐 체결된 경우에 각 단계별로 도급받은 사업주 전부를 말한다.

10. "건설공사발주자"란 건설공사를 도급하는 자로서 건설공사의 시공을 주도하여 총괄·관리하지 아니하는 자를 말한다. 다만, 도급받은 건설공사를 다시 도급하는 자는 제외한다.

11. "건설공사"란 다음 각 목의 어느 하나에 해당하는 공사를 말한다.

　　가. 「건설산업기본법」 제2조제4호에 따른 건설공사

　　나. 「전기공사업법」 제2조제1호에 따른 전기공사

　　다. 「정보통신공사업법」 제2조제2호에 따른 정보통신공사

　　라. 「소방시설공사업법」에 따른 소방시설공사

　　마. 「국가유산수리 등에 관한 법률」에 따른 국가유산 수리공사사

12. "안전보건진단"이란 산업재해를 예방하기 위하여 잠재적 위험성을 발견하고 그 개선대책을 수립할 목적으로 조사·평가하는 것을 말한다.

13. "작업환경측정"이란 작업환경 실태를 파악하기 위하여 해당 근로자 또는 작업장에 대하여 사업주가 유해인자에 대한 측정계획을 수립한 후 시료(試料)를 채취하고 분석·평가하는 것을 말한다.

## 산업안전보건법위반

[대법원 2020. 4. 9., 선고, 2016도14559, 판결]

【판결요지】

[1] 산업안전보건법상 사업주의 의무는 근로자를 사용하여 사업을 행하는 사업주가 부담하여야 하는 재해방지의무로서 사업주와 근로자 사이에 실질적인 고용관계가 성립하는 경우에 적용된다.

[2] 사업주가 고용한 근로자가 타인의 사업장에서 근로를 제공하는 경우 그 작업장을 사업주가 직접 관리·통제하고 있지 아니한다는 사정만으로 사업주의 재해발생 방지의무가 당연히 부정되는 것은 아니다. 타인의 사업장 내 작업장이 밀폐공간이어서 재해발생의 위험이 있다면 사업주는 당해 근로관계가 근로자파견관계에 해당한다는 등의 특별한 사정이 없는 한 구 산업안전보건법(2019. 1. 15. 법률 제16272호로 전부 개정되기 전의 것, 이하 '법'이라고 한다) 제24조 제1항 제1호에 따라 근로자의 건강장해를 예방하는 데 필요한 조치를 취할 의무가 있다. 따라서 사업주가 근로자의 건강장해를 예방하기 위하여 법 제24조 제1항에 규정된 조치를 취하지 아니한 채 타인의 사업장에서 작업을 하도록 지시하거나 그 보건조치가 취해지지 아니한 상태에서 위 작업이 이루어지고 있다는 사정을 알면서도 이를 방치하는 등 위 규정 위반행위가 사업주에 의하여 이루어졌다고 인정되는 경우에는 법 제66조의2, 제24조 제1항의 위반죄가 성립한다.

**제5조(사업주 등의 의무)** ① 사업주(제77조에 따른 특수형태근로종사자로부터 노무를 제공받는 자와 제78조에 따른 물건의 수거·배달 등을 중개하는 자를

포함한다. 이하 이 조 및 제6조에서 같다)는 다음 각 호의 사항을 이행함으로써 근로자(제77조에 따른 특수형태근로종사자와 제78조에 따른 물건의 수거·배달 등을 하는 사람을 포함한다. 이하 이 조 및 제6조에서 같다)의 안전 및 건강을 유지·증진시키고 국가의 산업재해 예방정책을 따라야 한다. 〈개정 2020. 5. 26.〉

    1. 이 법과 이 법에 따른 명령으로 정하는 산업재해 예방을 위한 기준

    2. 근로자의 신체적 피로와 정신적 스트레스 등을 줄일 수 있는 쾌적한 작업 환경의 조성 및 근로조건 개선

    3. 해당 사업장의 안전 및 보건에 관한 정보를 근로자에게 제공

② 다음 각 호의 어느 하나에 해당하는 자는 발주·설계·제조·수입 또는 건설을 할 때 이 법과 이 법에 따른 명령으로 정하는 기준을 지켜야 하고, 발주·설계·제조·수입 또는 건설에 사용되는 물건으로 인하여 발생하는 산업재해를 방지하기 위하여 필요한 조치를 하여야 한다.

    1. 기계·기구와 그 밖의 설비를 설계·제조 또는 수입하는 자

    2. 원재료 등을 제조·수입하는 자

    3. 건설물을 발주·설계·건설하는 자

## 손해배상(산)

[대법원 2013.11.28. 선고, 2011다60247, 판결]

【판결요지】

[1] 파견근로자보호 등에 관한 법률(이하 '파견근로자보호법'이라 한다)의 목적과 내용 등에 비추어 보면, 근로자를 고용하여 타인을 위한 근로에 종사하게 하는 경우 그 법률관계가 파견근로자보호법이 적용되는 근로자파견에 해당하는지 여부는 당사자들이 붙인 계약의 명칭이나 형식에 구애받을 것이 아니라, 계약의 목적 또는 대상에 특정성, 전문성, 기술성이 있는지 여부, 계약당사자가 기업으로서 실체가 있는지와 사업경영상 독립성을 가지고 있는지 여부, 계약 이행에서 사용사업주가 지휘·명령권을 보유하고 있는지 여부 등 그 근로관계의 실질에 따라 판단하여야 한다.

[2] 근로자파견에서의 근로 및 지휘·명령 관계의 성격과 내용 등을 종합하면, 파견사업주가 고용한 근로자를 자신의 작업장에 파견받아 지휘·명령하며 자신을 위한 계속적 근로에 종사하게 하는 사용사업주는 파견근로와 관련하여 그 자신도 직접 파견근로자를 위한 보호의무 또는 안전배려의무를 부담함을 용인하고, 파견사업주는 이를 전제로 사용사업주와 근로자파견계약을 체결하며, 파견근로자 역시 사용사업주가 위와 같은 보호의무 또는 안전배려의무를 부담함을 전제로 사용사업주에게 근로를 제공한다고 봄이 타당하다. 그러므로 근로자파견관계에서 사용사업주와 파견근로자 사이에는 특별한 사정이 없는 한 파견근로와 관련하여 사용사업주가 파견근로자에 대한 보호의무 또는 안전배려의무를 부담한다는 점에 관한 묵시적인 의사의 합치가

있다고 할 것이고, 따라서 사용사업주의 보호의무 또는 안전배려의무 위반으로 손해를 입은 파견근로자는 사용사업주와 직접 고용 또는 근로계약을 체결하지 아니한 경우에도 위와 같은 묵시적 약정에 근거하여 사용사업주에 대하여 보호의무 또는 안전배려의무 위반을 원인으로 하는 손해배상을 청구할 수 있다. 그리고 이러한 약정상 의무 위반에 따른 채무불이행책임을 원인으로 하는 손해배상청구권에 대하여는 불법행위책임에 관한 민법 제766조 제1항의 소멸시효 규정이 적용될 수는 없다.

## III. 벌칙

**제167조(벌칙)** ① 제38조제1항부터 제3항까지(제166조의2에서 준용하는 경우를 포함한다), 제39조제1항(제166조의2에서 준용하는 경우를 포함한다) 또는 제63조(제166조의2에서 준용하는 경우를 포함한다)를 위반하여 근로자를 사망에 이르게 한 자는 7년 이하의 징역 또는 1억원 이하의 벌금에 처한다. 〈개정 2020.3.31.〉

② 제1항의 죄로 형을 선고받고 그 형이 확정된 후 5년 이내에 다시 제1항의 죄를 저지른 자는 그 형의 2분의 1까지 가중한다. 〈개정 2020.5.26.〉

**제168조(벌칙)** 다음 각 호의 어느 하나에 해당하는 자는 5년 이하의 징역 또는 5천만원 이하의 벌금에 처한다. 〈개정 2020.3.31., 2020.6.9.〉

1. 제38조제1항부터 제3항까지(제166조의2에서 준용하는 경우를 포함한다), 제39조제1항(제166조의2에서 준용하는 경우를 포함한다), 제51조(제166조의2에서 준용하는 경우를 포함한다), 제54조제1항(제166조의2에서 준용하는 경우를 포함한다), 제117조제1항, 제118조 제1항, 제122조제1항 또는 제157조제3항(제166조의2에서 준용하는 경우를 포함한다)을 위반한 자

2. 제42조제4항 후단, 제53조제3항(제166조의2에서 준용하는 경우를 포함한다), 제55조제1항(제166조의2에서 준용하는 경우를 포함한다)·제2항(제166조의2에서 준용하는 경우를 포함한다) 또는 제118조 제5항에 따른 명령을 위반한 자

**제169조(벌칙)** 다음 각 호의 어느 하나에 해당하는 자는 3년 이하의 징역 또는 3천만원 이하의 벌금에 처한다. 〈개정 2020.3.31.〉

1. 제44조제1항 후단, 제63조(제166조의2에서 준용하는 경우를 포함 한다), 제76조, 제81조, 제82조제2항, 제84조제1항, 제87조제1항, 제118

828 ㅅ

조제3항, 제123조제1항, 제139조제1항 또는 제140조제1항(제166조의2
에서 준용하는 경우를 포함한다)을 위반한 자

2. 제45조제1항 후단, 제46조제5항, 제53조제1항(제166조의2에서 준용하
는 경우를 포함한다), 제87조제2항, 제118조제4항, 제119조 제4항 또는
제131조제1항(제166조의2에서 준용하는 경우를 포함한다)에 따른 명령
을 위반한 자

3. 제58조제3항 또는 같은 조 제5항 후단(제59조제2항에 따라 준용되는
경우를 포함한다)에 따른 안전 및 보건에 관한 평가 업무를 제165조제
2항에 따라 위탁받은 자로서 그 업무를 거짓이나 그 밖의 부정한 방법
으로 수행한 자

4. 제84조제1항 및 제3항에 따른 안전인증 업무를 제165조제2항에 따라 위
탁받은 자로서 그 업무를 거짓이나 그 밖의 부정한 방법으로 수행한 자

5. 제93조제1항에 따른 안전검사 업무를 제165조제2항에 따라 위탁받은
자로서 그 업무를 거짓이나 그 밖의 부정한 방법으로 수행한 자

6. 제98조에 따른 자율검사프로그램에 따른 안전검사 업무를 거짓이나 그
밖의 부정한 방법으로 수행한 자

**제170조(벌칙)** 다음 각 호의 어느 하나에 해당하는 자는 1년 이하의 징역
또는 1천만원 이하의 벌금에 처한다. 〈개정 2020.3.31.〉

1. 제41조제3항(제166조의2에서 준용하는 경우를 포함한다)을 위반하여 해
고나 그 밖의 불리한 처우를 한 자

2. 제56조제3항(제166조의2에서 준용하는 경우를 포함한다)을 위반하여 중
대재해 발생 현장을 훼손하거나 고용노동부장관의 원인조사를 방해한 자

3. 제57조제1항(제166조의2에서 준용하는 경우를 포함한다)을 위반하여
산업재해 발생 사실을 은폐한 자 또는 그 발생 사실을 은폐하도록 교
사(敎唆)하거나 공모(共謀)한 자

4. 제65조제1항, 제80조제1항·제2항·제4항, 제85조제2항·제3항, 제92
조제1항, 제141조제4항 또는 제162조를 위반한 자

5. 제85조제4항 또는 제92조제2항에 따른 명령을 위반한 자

6. 제101조에 따른 조사, 수거 또는 성능시험을 방해하거나 거부한 자

7. 제153조제1항을 위반하여 다른 사람에게 자기의 성명이나 사무소의 명
칭을 사용하여 지도사의 직무를 수행하게 하거나 자격증·등록증을 대
여한 사람

8. 제153조제2항을 위반하여 지도사의 성명이나 사무소의 명칭을 사용하여 지

도사의 직무를 수행하거나 자격증·등록증을 대여받거나 이를 알선한 사람

**제170조의2(벌칙)** 제174조제1항에 따라 이수명령을 부과받은 사람이 보호관찰소의 장 또는 교정시설의 장의 이수명령 이행에 관한 지시에 따르지 아니하여 「보호관찰 등에 관한 법률」 또는 「형의 집행 및 수용자의 처우에 관한 법률」에 따른 경고를 받은 후 재차 정당한 사유 없이 이수명령 이행에 관한 지시에 따르지 아니한 경우에는 다음 각 호에 따른다.

1. 벌금형과 병과된 경우는 500만원 이하의 벌금에 처한다.
2. 징역형 이상의 실형과 병과된 경우에는 1년 이하의 징역 또는 1천만원 이하의 벌금에 처한다.

[본조신설 2020.3.31.]

제171조(벌칙) 다음 각 호의 어느 하나에 해당하는 자는 1천만원 이하의 벌금에 처한다. 〈개정 2020.3.31.〉

1. 제69조제1항·제2항, 제89조제1항, 제90조제2항·제3항, 제108조제2항, 제109조제2항 또는 제138조제1항(제166조의2에서 준용하는 경우를 포함한다)·제2항을 위반한 자
2. 제90조제4항, 제108조제4항 또는 제109조제3항에 따른 명령을 위반한 자
3. 제125조제6항을 위반하여 해당 시설·설비의 설치·개선 또는 건강진단의 실시 등의 조치를 하지 아니한 자
4. 제132조제4항을 위반하여 작업장소 변경 등의 적절한 조치를 하지 아니한 자

**제172조(벌칙)** 제64조제1항제1호부터 제5호까지, 제7호, 제8호 또는 같은 조 제2항을 위반한 자는 500만원 이하의 벌금에 처한다. 〈개정 2021.8.17.〉

**제173조(양벌규정)** 법인의 대표자나 법인 또는 개인의 대리인, 사용인, 그 밖의 종업원이 그 법인 또는 개인의 업무에 관하여 제167조제1항 또는 제168조부터 제172조까지의 어느 하나에 해당하는 위반행위를 하면 그 행위자를 벌하는 외에 그 법인에게 다음 각 호의 구분에 따른 벌금형을, 그 개인에게는 해당 조문의 벌금형을 과(科)한다. 다만, 법인 또는 개인이 그 위반행위를 방지하기 위하여 해당 업무에 관하여 상당한 주의와 감독을 게을리하지 아니한 경우에는 그러하지 아니하다.

1. 제167조제1항의 경우: 10억원 이하의 벌금

2. 제168조부터 제172조까지의 경우: 해당 조문의 벌금형

**제174조(과태료)** ① 법원은 제38조제1항부터 제3항까지(제166조의2에서 준용하는 경우를 포함한다), 제39조제1항(제166조의2에서 준용하는 경우를 포함한다) 또는 제63조(제166조의2에서 준용하는 경우를 포함한다)를 위반하여 근로자를 사망에 이르게 한 사람에게 유죄의 판결(선고유예는 제외한다)을 선고하거나 약식명령을 고지하는 경우에는 200시간의 범위에서 산업재해 예방에 필요한 수강명령 또는 산업안전보건프로그램의 이수명령(이하 "이수명령"이라 한다)을 병과(倂科)할 수 있다. 〈개정 2020.3.31.〉

② 제1항에 따른 수강명령은 형의 집행을 유예할 경우에 그 집행유예기간 내에서 병과하고, 이수명령은 벌금 이상의 형을 선고하거나 약식명령을 고지할 경우에 병과한다. 〈신설 2020.3.31.〉

③ 제1항에 따른 수강명령 또는 이수명령은 형의 집행을 유예할 경우에는 그 집행유예기간 내에, 벌금형을 선고하거나 약식명령을 고지할 경우에는 형 확정일부터 6개월 이내에, 징역형 이상의 실형(實刑)을 선고할 경우에는 형기 내에 각각 집행한다. 〈개정 2020.3.31.〉

④ 제1항에 따른 수강명령 또는 이수명령이 벌금형 또는 형의 집행유예와 병과된 경우에는 보호관찰소의 장이 집행하고, 징역형 이상의 실형과 병과된 경우에는 교정시설의 장이 집행한다. 다만, 징역형 이상의 실형과 병과된 이수명령을 모두 이행하기 전에 석방 또는 가석방되거나 미결구금일수 산입 등의 사유로 형을 집행할 수 없게 된 경우에는 보호관찰소의 장이 남은 이수명령을 집행한다. 〈개정 2020.3.31.〉

⑤ 제1항에 따른 수강명령 또는 이수명령은 다음 각 호의 내용으로 한다. 〈개정 2020.3.31.〉

1. 안전 및 보건에 관한 교육

2. 그 밖에 산업재해 예방을 위하여 필요한 사항

⑥ 수강명령 및 이수명령에 관하여 이 법에서 규정한 사항 외의 사항에 대해서는 「보호관찰 등에 관한 법률」을 준용한다. 〈개정 2020.3.31.〉

**제175조(과태료)** ① 다음 각 호의 어느 하나에 해당하는 자에게는 5천만원 이하의 과태료를 부과한다.

1. 제119조제2항에 따라 기관석면조사를 하지 아니하고 건축물 또는 설비

를 철거하거나 해체한 자

2. 제124조제3항을 위반하여 건축물 또는 설비를 철거하거나 해체한 자

② 다음 각 호의 어느 하나에 해당하는 자에게는 3천만원 이하의 과태료를 부과한다. 〈개정 2020. 3. 31.〉

1. 제29조제3항(제166조의2에서 준용하는 경우를 포함한다) 또는 제79조 제1항을 위반한 자

2. 제54조제2항(제166조의2에서 준용하는 경우를 포함한다)을 위반하여 중대재해 발생 사실을 보고하지 아니하거나 거짓으로 보고한 자

③ 다음 각 호의 어느 하나에 해당하는 자에게는 1천500만원 이하의 과태료 를 부과한다. 〈개정 2020. 3. 31., 2021. 8. 17.〉

1. 제47조제3항 전단을 위반하여 안전보건진단을 거부·방해하거나 기피 한 자 또는 같은 항 후단을 위반하여 안전보건진단에 근로자대표를 참 여시키지 아니한 자

2. 제57조제3항(제166조의2에서 준용하는 경우를 포함한다)에 따른 보고 를 하지 아니하거나 거짓으로 보고한 자

2의2. 제64조제1항제6호를 위반하여 위생시설 등 고용노동부령으로 정하 는 시설의 설치 등을 위하여 필요한 장소의 제공을 하지 아니하거 나 도급인이 설치한 위생시설 이용에 협조하지 아니한 자

2의3. 제128조의2제1항을 위반하여 휴게시설을 갖추지 아니한 자(같은 조 제2항에 따른 대통령령으로 정하는 기준에 해당하는 사업장의 사업 주로 한정한다)

3. 제141조제2항을 위반하여 정당한 사유 없이 역학조사를 거부·방해하 거나 기피한 자

4. 제141조제3항을 위반하여 역학조사 참석이 허용된 사람의 역학조사 참 석을 거부하거나 방해한 자

④ 다음 각 호의 어느 하나에 해당하는 자에게는 1천만원 이하의 과태료를 부과한다. 〈개정 2020. 3. 31., 2020. 6. 9., 2021. 5. 18., 2021. 8. 17.〉

1. 제10조제3항 후단을 위반하여 관계수급인에 관한 자료를 제출하지 아 니하거나 거짓으로 제출한 자

2. 제14조제1항을 위반하여 안전 및 보건에 관한 계획을 이사회에 보고하 지 아니하거나 승인을 받지 아니한 자

3. 제41조제2항(제166조의2에서 준용하는 경우를 포함한다), 제42조제1항 ·제5항·제6항, 제44조제1항 전단, 제45조제2항, 제46조제1항, 제67

조제1항·제2항, 제70조제1항, 제70조제2항 후단, 제71조제3항 후단, 제71조제4항, 제72조제1항·제3항·제5항(건설공사도급인만 해당한다), 제77조제1항, 제78조, 제85조제1항, 제93조제1항 전단, 제95조, 제99조제2항 또는 제107조제1항 각 호 외의 부분 본문을 위반한 자

4. 제47조제1항 또는 제49조제1항에 따른 명령을 위반한 자

5. 제82조제1항 전단을 위반하여 등록하지 아니하고 타워크레인을 설치·해체하는 자

6. 제125조제1항·2항에 따라 작업환경측정을 하지 아니한 자

6의2. 제128조의2제2항을 위반하여 휴게시설의 설치·관리기준을 준수하지 아니한 자

7. 제129조제1항 또는 제130조제1항부터 제3항까지의 규정에 따른 근로자 건강진단을 하지 아니한 자

8. 제155조제1항(제166조의2에서 준용하는 경우를 포함한다) 또는 제2항(제166조의2에서 준용하는 경우를 포함한다)에 따른 근로감독관의 검사·점검 또는 수거를 거부·방해 또는 기피한 자

⑤ 다음 각 호의 어느 하나에 해당하는 자에게는 500만원 이하의 과태료를 부과한다. 〈개정 2020. 3. 31., 2021. 5. 18.〉

1. 제15조제1항, 제16조제1항, 제17조제1항·제3항, 제18조제1항·제3항, 제19조제1항 본문, 제22조제1항 본문, 제24조제1항·제4항, 제25조제1항, 제26조, 제29조제1항·제2항(제166조의2에서 준용하는 경우를 포함한다), 제31조제1항, 제32조제1항(제1호부터 제4호까지의 경우만 해당한다), 제37조제1항, 제44조제2항, 제49조제2항, 제50조제3항, 제62조제1항, 제66조, 제68조제1항, 제75조제6항, 제77조제2항, 제90조제1항, 제94조제2항, 제122조제2항, 제124조제1항(증명자료의 제출은 제외한다), 제125조제7항, 제132조제2항, 제137조제3항 또는 제145조제1항을 위반한 자

2. 제17조제4항, 제18조제4항 또는 제19조제3항에 따른 명령을 위반한 자

3. 제34조 또는 제114조제1항을 위반하여 이 법 및 이 법에 따른 명령의 요지, 안전보건관리규정 또는 물질안전보건자료를 게시하지 아니하거나 갖추어 두지 아니한 자

4. 제53조제2항(제166조의2에서 준용하는 경우를 포함한다)을 위반하여 고용노동부장관으로부터 명령받은 사항을 게시하지 아니한 자

4의2. 제108조제1항에 따른 유해성·위험성 조사보고서를 제출하지 아니하거나 제109조제1항에 따른 유해성·위험성 조사 결과 또는 유해

성·위험성 평가에 필요한 자료를 제출하지 아니한 자

5. 제110조제1항부터 제3항까지의 규정을 위반하여 물질안전보건자료, 화학물질의 명칭·함유량 또는 변경된 물질안전보건자료를 제출하지 아니한 자

6. 제110조제2항제2호를 위반하여 국외제조자로부터 물질안전보건자료에 적힌 화학물질 외에는 제104조에 따른 분류기준에 해당하는 화학물질이 없음을 확인하는 내용의 서류를 거짓으로 제출한 자

7. 제111조제1항을 위반하여 물질안전보건자료를 제공하지 아니한 자

8. 제112조제1항 본문을 위반하여 승인을 받지 아니하고 화학물질의 명칭 및 함유량을 대체자료로 적은 자

9. 제112조제1항 또는 제5항에 따른 비공개 승인 또는 연장승인 신청 시 영업비밀과 관련되어 보호사유를 거짓으로 작성하여 신청한 자

10. 제112조제10항 각 호 외의 부분 후단을 위반하여 대체자료로 적힌 화학물질의 명칭 및 함유량 정보를 제공하지 아니한 자

11. 제113조제1항에 따라 선임된 자로서 같은 항 각 호의 업무를 거짓으로 수행한 자

12. 제113조제1항에 따라 선임된 자로서 같은 조 제2항에 따라 고용노동부장관에게 제출한 물질안전보건자료를 해당 물질안전보건자료대상물질을 수입하는 자에게 제공하지 아니한 자

13. 제125조제1항 및 제2항에 따른 작업환경측정 시 고용노동부령으로 정하는 작업환경측정의 방법을 준수하지 아니한 사업주(같은 조 제3항에 따라 작업환경측정기관에 위탁한 경우는 제외한다)

14. 제125조제4항 또는 제132조제1항을 위반하여 근로자대표가 요구하였는데도 근로자대표를 참석시키지 아니한 자

15. 제125조제6항을 위반하여 작업환경측정 결과를 해당 작업장 근로자에게 알리지 아니한 자

16. 제155조제3항(제166조의2에서 준용하는 경우를 포함한다)에 따른 명령을 위반하여 보고 또는 출석을 하지 아니하거나 거짓으로 보고한 자

⑥ 다음 각 호의 어느 하나에 해당하는 자에게는 300만원 이하의 과태료를 부과한다. 〈개정 2020. 3. 31., 2021. 8. 17.〉

1. 제32조제1항(제5호의 경우만 해당한다)을 위반하여 소속 근로자로 하여금 같은 항 각 호 외의 부분 본문에 따른 안전보건교육을 이수하도록 하지 아니한 자

2. 제35조를 위반하여 근로자대표에게 통지하지 아니한 자

3. 제40조(제166조의2에서 준용하는 경우를 포함한다), 제108조제5항, 제123조제2항, 제132조제3항, 제133조 또는 제149조를 위반한 자

4. 제42조제2항을 위반하여 자격이 있는 자의 의견을 듣지 아니하고 유해위험방지계획서를 작성·제출한 자

5. 제43조제1항 또는 제46조제2항을 위반하여 확인을 받지 아니한 자

6. 제73조제1항을 위반하여 지도계약을 체결하지 아니한 자

6의2. 제73조제2항을 위반하여 지도를 실시하지 아니한 자 또는 지도에 따라 적절한 조치를 하지 아니한 자

7. 제84조제6항에 따른 자료 제출 명령을 따르지 아니한 자

8. 삭제 〈2021. 5. 18.〉

9. 제111조제2항 또는 제3항을 위반하여 물질안전보건자료의 변경 내용을 반영하여 제공하지 아니한 자

10. 제114조제3항(제166조의2에서 준용하는 경우를 포함한다)을 위반하여 해당 근로자를 교육하는 등 적절한 조치를 하지 아니한 자

11. 제115조제1항 또는 같은 조 제2항 본문을 위반하여 경고표시를 하지 아니한 자

12. 제119조제1항에 따라 일반석면조사를 하지 아니하고 건축물이나 설비를 철거하거나 해체한 자

13. 제122조제3항을 위반하여 고용노동부장관에게 신고하지 아니한 자

14. 제124조제1항에 따른 증명자료를 제출하지 아니한 자

15. 제125조제5항, 제132조제5항 또는 제134조제1항·제2항에 따른 보고, 제출 또는 통보를 하지 아니하거나 거짓으로 보고, 제출 또는 통보한 자

16. 제155조제1항(제166조의2에서 준용하는 경우를 포함한다)에 따른 질문에 대하여 답변을 거부·방해 또는 기피하거나 거짓으로 답변한 자

17. 제156조제1항(제166조의2에서 준용하는 경우를 포함한다)에 따른 검사·지도 등을 거부·방해 또는 기피한 자

18. 제164조제1항부터 제6항까지의 규정을 위반하여 서류를 보존하지 아니한 자

⑦ 제1항부터 제6항까지의 규정에 따른 과태료는 대통령령으로 정하는 바에 따라 고용노동부장관이 부과·징수한다.

# Ⅳ. 기재례

## 【범죄사실 기재례】

피의자 김○○는 ○○건설에서 시공중인 ○○시 ○○동 ○○에 있는 ○○건물의 신축공사 현장소장으로 근무하고 있는 자이다. 이러한 현장 책임자는 작업중 근로자가 추락할 위험이 있는 장소의 위험을 방지하기 위하여 필요한 조치를 취하여야 한다. 그럼에도 불구하고 김○○는 작업수행상 위험발생이 예상되는 작업을 수행하면서 위와 같은 그 위험을 방지하기 위하여 필요한 조치를 하지 않았고, 20○○. ○. ○. 위 공사현장에서 피해자 박○○로 하여금 신축중인 위 건물의 10층에서 작업수행상 위험발생이 예상되는 ○○작업을 하도록 하였다. 이로 인해 박○○은 작업중 10층에서 8층으로 떨어져 ○○○의 상해를 입고 ○○시 ○○동에 있는 ○○대학병원으로 후송되었다.

## 【범죄사실 기재례】

피의자 홍○○은 ○○시 ○○구 ○○에 있는 ○○주식회사의 대표자로 상시근로자 30명을 고용하여 연탄공장을 운영하고 있는 자이다. 이러한 자는 소속 근로자에 대한 안전보건조치를 행하여야 할 직접적인 책임이 있는 안전보건 관리 책임자의 지위에 있다. 그럼에도 불구하고 홍○○은 작업중 추락의 위험이 상존하는 장소인 안전난간 등에 충분한 강도를 가진 구조로 방호조치를 하지 않아, 피해자 백○○이 안전난간에서 추락하여 상해에 이르게 하였다.

**[서식] 안전인증서**

KC s

제    호

# 안 전 인 증 서

( 사업장명 )

( 소 재 지 )

위 사업장에서 제조하는 아래의 품목이 「산업안전보건법」 제34조 및 같은 법 시행규칙 제58조의4제4항에 따른 안전인증 심사 결과 안전·보건기준에 적합하므로 안전인증표시의 사용을 인증합니다.

―――――――  품      목  ―――――――

――――――  형식·모델(용량·등급) / 인증  ―――――
번호

――――――  인  증  기  준  ――――――

――――――  인  증  조  건  ――――――

년        월        일

### 안전인증기관의 장  | 직인 |

**[서식] 작업환경측정 결과표**

# 작업환경측정 결과표(          연도 [ ]상 [ ]하반기)

(표 지)

## 1. 사업장 개요

| 사업장명 | 대표자 |
|---|---|
| 소재지(우편번호) | |
| 전화번호 | 팩스번호 |
| 근로자 수 | 업종 |
| 주요 생산품 | |

## 2. 작업환경측정 일시

　　가. 측정기간:　　　년　　월　　일 ~ 　　년　　월　　일 (　　일간)

　　나. 측정시간:　　　　:　　　~　　　:　　　 (　　시간)

## 3. 작업환경측정자(분석자 포함)

| 성명 | 자격 종목 및 등급 | 자격 등록번호 | 비고 |
|---|---|---|---|
| | | | |

## 4. 지정 한계 및 측정 실적

| 지정측정 기관명 | 지정 한계 | 측정 실시 사업장 일련번호(반기 기준)<br>(총누적 / 5명 이상 누적) |
|---|---|---|
| | | (　　　　　/　　　　　) |

## 5. 작업환경측정 결과 및 종합의견: 붙임

「산업안전보건법」 제42조제1항에 따라 작업환경을 측정하고 그 결과를 통지합니다.

년　　　　　월　　　　　일

### 측정자(측정기관의 장)　[직인]

　사업주 · 지방고용노동청(지청)장 귀하

210mm×297mm(일반용지 60g/㎡(재활용품))

# 산업집적활성화 및 공장설립에 관한 법률

[시행 2025. 3. 21.] [법률 제20442호, 2024. 9. 20., 일부개정]

## I. 개설

### 목적

이 법은 산업의 집적(集積)을 활성화하고 공장의 원활한 설립을 지원하며 산업입지 및 산업단지를 체계적으로 관리함으로써 지속적인 산업발전 및 균형 있는 지역발전을 통하여 국민경제의 건전한 발전에 이바지함을 목적으로 한다.

## II. 판례

**제13조(공장설립등의 승인)** ① 공장건축면적이 500제곱미터 이상인 공장의 신설·증설 또는 업종변경(이하 "공장설립등"이라 한다)을 하려는 자는 대통령령으로 정하는 바에 따라 시장·군수 또는 구청장의 승인을 받아야 하며, 승인을 받은 사항을 변경하려는 경우에도 또한 같다. 다만, 승인을 받은 사항 중 산업통상자원부령으로 정하는 경미한 사항을 변경하려는 경우에는 시장·군수 또는 구청장에게 신고하여야 한다. 〈개정 2013.3.23.〉

② 다음 각 호의 어느 하나에 해당하는 경우에는 제1항에 따른 공장설립등의 승인을 받은 것으로 본다.
  1. 제20조제2항에 따른 승인을 받은 경우
  2. 제38조제1항 본문 및 제2항에 따른 입주계약 및 변경계약을 체결한 경우
  3. 대통령령으로 정하는 다른 법률에 따라 그 공장설립에 관한 허가·인가·면허 등을 받은 경우

③ 공장건축면적이 500제곱미터 미만인 경우에도 제13조의2에 따른 허가·신고·면허·승인·해제 또는 용도폐지 등의 의제(擬制)를 받으려는 자는 제1항에 따른 공장설립등의 승인을 받을 수 있다.

④ 시장·군수 또는 구청장은 제7조의2제3항에 따라 지원센터의 장으로부터 공장설립등에 관한 서류를 송부받은 때에는 서류를 송부받은 날부터 20일(관계 법령에 인·허가 및 승인 사항이 따로 정하여진 경우에는 그 기간) 이내에 승인 여부 또는 승인 처리 지연 사유를 지원센터의 장에게 통보하여야

한다. 이 경우 그 기한 내에 승인 여부 또는 승인 처리 지연 사유를 통보하지 아니한 경우에는 그 기한이 지난 날의 다음날에 승인한 것으로 본다.

⑤ 시장·군수 또는 구청장은 제4항에 따라 승인 처리 지연 사유를 통보하는 경우에는 제4항의 승인 처리 기간을 10일 이내에서 연장할 수 있다.

⑥ 시장·군수 또는 구청장은 제4항에 따라 불승인을 통보하는 경우에는 그 사유를 분명히 밝혀야 하며, 지원센터의 장은 그 사유와 관련된 서류를 열람할 수 있다.

⑦ 시장·군수·구청장 또는 관리기관은 공장설립대장을 비치하여 필요한 사항을 적고 이를 관리하여야 한다.

[전문개정 2009.2.6.]

## 공장설립불승인처분취소

[대법원 2017.3.16, 선고, 2016두54084, 판결]

【판결요지】

[1] 산업집적활성화 및 공장설립에 관한 법률(이하 '산업집적법'이라 한다) 제7조의2 제1항, 제3항, 제13조 제1항, 제4항, 제5항의 문언·체제·취지와 아울러 산업집적법 제13조 제4항(이하 '승인간주 조항'이라 한다)이 공장설립지원센터(이하 '지원센터'라 한다)가 대행하는 공장의 신설·증설 또는 업종 변경(이하 '공장설립 등'이라 한다)의 승인신청에 대해서 처리 기한 내에 승인 여부에 대한 결정이 없으면 승인된 것으로 간주한다고 규정한 취지는, 지원센터가 대행한 승인신청은 이미 지원센터의 적절한 검토와 보완 등을 거쳤음을 고려하여 시장·군수 또는 구청장(이하 '시장 등'이라 한다)에게 이를 다른 신청 건보다 신속하게 처리할 것을 강제함으로써 공장의 원활한 설립을 실효적으로 뒷받침하기 위한 것인 점, 지원센터가 공장설립 등의 승인신청 업무를 대행하고 그 신청서류를 시장 등에게 송부한 경우에 한하여 승인간주 조항이 적용되므로, 시장 등이 해당 신청이 지원센터로부터 송부된 것임을 알 수 있어야 이를 승인간주 조항이 정한 처리 기한을 고려하여 처리할 수 있는 점, 신청서류의 접수일은 승인간주 효력 발생일을 결정하는 처리 기간의 기산일이 되기 때문에 지원센터가 송부하는 서류인지가 분명하게 표시되었는지는 원칙적으로 신청시점을 기준으로 엄격하게 판단해야 하는 점 등을 고려하면, 승인간주 조항이 적용되기 위해서는 지원센터가 공장설립 등의 승인신청을 대행했다는 것만으로는 부족하고, 지원센터가 신청업무를 대행하여 신청서류를 시장 등에게 직접 송부하는 것임이 신청서류 자체나 제출 과정 등에서 시장 등에게 분명하게 표시되어야 한다.

[2] 산업집적활성화 및 공장설립에 관한 법률 시행규칙 제6조 제3항에 의하면, 시장·군수 또는 구청장(이하 '시장 등'이라 한다)은 공장의 신설·증설 또는 업종 변경(이하 '공장설립 등'이라 한다)의 신청을 받은 날부터 20일(공장설립 등의 승인신청 내용의 전부가 시장 등의 권한에 속하는 경우에는 14일, 다른 법률에 따른 인허가 등의 의제처리가 필요하지 아니한 경우에는 7일) 이내에 승인

여부를 결정하도록 되어 있지만, 위 규정은 가능한 한 조속히 승인사무를 처리하도록 정한 훈시규정에 불과할 뿐 강행규정이나 효력규정이라고 할 수는 없다. 따라서 시장 등이 위 기한을 경과하여 공장설립 등의 승인신청을 거부하는 처분을 하였다고 해서 거부처분이 위법하다고 할 수는 없고, 나아가 위 기한을 경과함으로써 승인이 있는 것으로 간주되는 것도 아니다.

**제28조의8(의무위반에 대한 조치 등)** 시장·군수 또는 구청장은 입주자 또는 관리자가 제28조의7에 따른 의무를 준수하지 아니하여 지식산업센터의 안전에 위해를 끼치거나 다른 업체의 생산활동에 지장을 주는 등 지식산업센터의 안전을 해치거나 제28조의5제1항에 따른 입주대상시설 외의 용도로 활용하는 경우에는 상당한 기간을 정하여 그 시정을 명하거나 대통령령으로 정하는 바에 따라 지식산업센터의 안전확보 등을 위하여 필요한 조치를 할 수 있다.
〈개정 2010.4.12., 2014.12.30.〉
[전문개정 2009.2.6.]

## 시정명령취소
[서울행법 2018.12.21., 선고, 2018구합58066, 판결 : 확정]

【판결요지】
산업집적활성화 및 공장설립에 관한 법률상 지식산업센터 4개 호실을 임차한 甲이 문화센터, 산업전시, 웨딩이벤트 및 행사 등의 사업자등록을 하고 필요한 시설을 설치하였는데, 구청 담당공무원이 위 시설에 방문하여 甲과 면담 후 '점검 결과 甲이 위 시설을 주말 예식업 운영에 사용할 것으로 예상되고, 이는 위 법률 위반으로 시정명령 및 고발조치할 계획'이라는 내용의 출장 결과 보고서를 작성하였고, 그에 따라 구청장이 甲에게 '주말마다 예식홀로 사용 예정인 위 시설을 당초의 지정용도로 사용할 수 있도록 시정하고 결과를 제출하라'는 취지의 시정명령을 한 사안이다. 위 시정명령은 甲에게 '산업집적활성화 및 공장설립에 관한 법률 시행령 제36조의4 제2항 제4호 등에서 규정한 회의장, 산업전시장 등 입주업체의 생산활동을 지원하기 위한 시설로 복구·사용하여야 할 공법상·법률상 의무'를 부과할 뿐만 아니라 甲이 시정명령에 불응할 경우 같은 시행령 제36조의6 제1항에 따른 불이익한 조치까지 받을 수 있어 甲에게 '의무를 부과하는 처분'이므로 행정절차법 제21조 제1항, 제22조 제3항에서 정한 처분의 사전통지와 의견제출 기회 부여 절차를 준수하여야 하는데, 구청 담당공무원이 작성한 출장 결과 보고서에 의하더라도, 시정명령 전인 출장 당시 甲에게 행정절차법 제21조 제1항에서 요구하는 처분의 법적 근거, 처분에 대하여 의견을 제출할 수 있다는 뜻과 의견을 제출하지 아니하는 경우의 처리 방법, 의견제출기관의 명칭과 주소, 의견제출기한 등의 사항을 통보하였다고 보기 어렵고, 같은 법 제21조 제4항의 처분 사전통지 예외사유에 해당한다고 볼만한 사정도 없는 점 등을 종합하면, 위 시정명령이 행정절차법 제21조에서 정한 처분 사전통지 절차를 위반하여 위법하다고 한 사례이다.

## Ⅲ. 벌칙

**제52조(벌칙)** ① 다음 각 호의 어느 하나에 해당하는 자는 5년 이하의 징역 또는 5천만원 이하의 벌금에 처한다. 〈개정 2011.3.30., 2014.12.30., 2015.5.18., 2019.12.10., 2024. 1. 9.〉

1. 제38조의2제4항 또는 제39조제1항·제2항·제5항(제44조의2제3항에 따라 준용되는 경우를 포함한다)을 위반하여 산업용지 또는 공장등을 양도한 자

2. 제39조의2제4항을 위반하여 분할된 산업용지 또는 산업용지의 공유지분을 처분한 자

3. 제40조의2제1항을 위반하여 관리기관 또는 관리기관이 매수신청을 받아 선정한 다른 기업체나 유관기관 이외의 자에게 산업용지 또는 공장등을 양도한 자

4. 제43조제1항을 위반하여 관리기관 또는 관리기관이 매수신청을 받아 선정한 다른 기업체나 유관기관 이외의 자에게 산업용지 또는 공장등을 양도한 자

② 다음 각 호의 어느 하나에 해당하는 자는 3년 이하의 징역 또는 3천만원 이하의 벌금에 처한다. 〈개정 2013.7.30., 2017.3.21.〉

1. 제13조제1항을 위반하여 승인을 받지 아니하고 공장을 신설·증설 또는 업종변경을 하거나 변경승인을 받지 아니하고 승인받은 사항을 변경한 자(제28조의2제1항에 따라 준용되는 경우를 포함한다)

2. 제14조의3제1항을 위반하여 승인을 받지 아니하고 제조시설등을 설치한 자

3. 제20조제1항 및 제2항을 위반하여 공장을 신설(제14조의3에 따른 제조시설설치를 포함한다)·증설·이전 또는 업종변경을 하거나 변경승인을 받지 아니하고 승인받은 사항을 변경한 자

4. 제28조의4제4항을 위반하여 거짓 또는 과장된 사실을 알리거나 기만적 방법을 사용하여 입주자를 모집한 자

5. 제38조제1항 또는 제3항에 따른 입주계약을 체결하지 아니하고 제조업 또는 그 외의 사업을 한 자

6. 제42조제2항을 위반하여 계속 그 사업을 하는 자

③ 제28조의4제1항에 따른 승인을 받지 아니하고 지식산업센터를 분양한 자

는 1년 이하의 징역 또는 1천만원 이하의 벌금에 처한다. 〈신설 2014.1.21.〉
[전문개정 2009.2.6.]

**제53조(벌칙)** 다음 각 호의 어느 하나에 해당하는 자는 1천500만원 이하
의 벌금에 처한다. 〈개정 2010.4.12., 2013.3.23.〉

1. 제28조의3제3항을 위반하여 지식산업센터를 매각한 자
2. 삭제 〈2014.1.21.〉
3. 제28조의7제1항에 따른 의무를 위반한 자
4. 제38조제2항을 위반하여 변경계약(산업통상자원부령으로 정하는 경미
   한 사항에 대한 변경은 제외한다)을 체결하지 아니하고 제조업 또는 그
   외의 사업을 하는 자

[전문개정 2009.2.6.]

**제54조(양벌규정)** 법인의 대표자나 법인 또는 개인의 대리인, 사용인, 그
밖의 종업원이 그 법인 또는 개인의 업무에 관하여 제52조 또는 제53조의
위반행위를 하면 그 행위자를 벌하는 외에 그 법인 또는 개인에게도 해당
조문의 벌금형을 과(科)한다. 다만, 법인 또는 개인이 그 위반행위를 방지
하기 위하여 해당 업무에 관하여 상당한 주의와 감독을 게을리하지 아니
한 경우에는 그러하지 아니하다.
[전문개정 2008.12.26.]

**제55조(과태료)** ① 다음 각 호의 어느 하나에 해당하는 자에게는 500만원
이하의 과태료를 부과한다. 〈개정 2011.3.30.〉

1. 제38조의2를 위반하여 산업용지 및 공장등의 임대사업을 하는 자
2. 제39조제3항·제40조제2항 또는 제43조제2항을 위반하여 신고를 하지
   아니하고 산업용지 또는 공장등을 양도한 자
3. 제40조제1항을 위반하여 산업용지 또는 공장등을 양도하지 아니한 자
4. 제40조의2제1항 또는 제43조제1항·제2항에 따른 기간에 산업용지 또
   는 공장등을 양도하지 아니한 자
5. 제43조제2항을 위반하여 산업용지 또는 공장등을 양도한 자
6. 제48조제1항 또는 제2항에 따른 검사를 거부·방해 또는 기피한 자

② 다음 각 호의 어느 하나에 해당하는 자에게는 200만원 이하의 과태료를
   부과한다. 〈개정 2010.4.12., 2011.3.30., 2013.3.23., 2015.5.18., 2020.12.8.〉

1. 제11조제2항에 따른 완료신고를 하지 아니하거나 거짓으로 하고 공장을 가동한 자
2. 제13조제1항 단서, 제14조의3제1항 단서 및 제20조제2항 단서에 따른 변경신고를 하지 아니하고 승인된 사항을 변경한 자
3. 제15조제1항에 따른 공장설립등의 완료신고를 하지 아니하거나 거짓 신고를 하고 공장을 가동하는 자
4. 제15조제2항에 따른 기준건축면적률에 적합하도록 요건을 갖추어 사업 개시의 신고를 하지 아니하거나 거짓이나 그 밖의 부정한 방법으로 신고를 하고 사업을 시작한 자
5. 제16조제3항에 따른 부분가동을 위한 등록을 하지 아니하고 공장을 부분가동하는 자
6. 제16조제4항에 따른 변경등록을 하지 아니하고 등록된 사항을 변경한 자
7. 제28조의6제2항에 따른 신고를 하지 아니하거나 거짓으로 신고한 자
8. 삭제 〈2015.5.18.〉
9. 제38조제2항을 위반하여 변경계약(산업통상자원부령으로 정하는 경미한 사항에 대한 변경을 말한다)을 체결하지 아니하고 제조업 또는 그 외의 사업을 하는 자
10. 제45조의17제3항을 위반하여 한국산업단지공단 또는 이와 유사한 명칭을 사용한 자
11. 제48조제1항 또는 제2항에 따른 보고를 하지 아니하거나 거짓으로 보고를 한 자

③ 제1항 및 제2항에 따른 과태료는 대통령령으로 정하는 바에 따라 산업통상자원부장관(제51조에 따라 그 권한이 중앙행정기관의 장, 시장·군수 또는 구청장에게 위임 또는 위탁된 경우에는 그 위임 또는 위탁을 받은 중앙행정기관의 장, 시장·군수 또는 구청장을 말한다), 시·도지사, 시장·군수 또는 구청장이 부과·징수한다. 〈개정 2010.4.12., 2013.3.23.〉

[전문개정 2009.2.6.]

## IV. 기재례

### 【범죄사실 기재례】

피의자는 상자제조 및 판매업 등을 목적으로 설립한 주식회사 ○○의 대표이사이다. 피의자는 관할관청에 공장신설신고를 하지 않고 20○○. ○. ○.경 경기도 ○○군 ○○면 ○○리 ○○번지에 있는 밭 3,833㎡에 철제파이프 및 천막으로 창고 2동 면적합계 1,200㎡와 시멘트블럭벽과 슬라브지붕으로 된 제조시설 및 사무실용도의 건축물 2개동 면적합계 1,302㎡를 각 설치 및 신축하고 위 건축물 안에 골판지상자의 제조시설인 절단기 및 인쇄기 등의 기계를 배치하여 공장을 신설하였다(법인, 건축법위반 등의 점에 대하여는 별론으로 함).

### 【적용실례】

〈허가없이 제한정비지역내에 공장을 신설한 경우〉

허가없이 20○○. ○. ○.부터 20○○. ○. ○.까지 제한정비지역 내에 가구공장을 신설한 경우

➡ 제한정비지역 내에서의 무허가 공장 신설행위는 그 계속적 영업행위를 처벌하는 소위 계속범이 아니고 공장의 '신설'로써 그 행위가 완료되고 그 이후는 그 위법 사태가 계속될 뿐인 상태범으로 보아야 할 것이므로 그 3년의 공소시효는 신설시부터 기산된다. 이 건의 경우는 20○○. ○. ○.경부터 기산되어 20○○. ○. ○. 이미 그 시효가 완성되었으므로 공소권없음으로 처리해야 한다.

### 【범죄사실 기재례】

피의자는 20○○. ○. ○.경 수도권정비계획법에 의한 개발유도권역인 경기도 ○○군 ○○면 ○○리 ○○번지의 500㎡에 대하여 시멘트블럭제조업의 공장신설신고를 하고 블록제조공장을 영위하고 있다.

피의자는 관할관청에 승인받지 아니하고 다음 해 ○. 초순경 위와 같이 신설신고한 공장을 '○○화학'이라는 상호로 합성수지하수관 제조공장으로 업종을 변경하였다.

**[서식] 공장(신설, 증설, 이전, 업종변경, 제조시설설치) 승인 신청서**

공장
[ ]신　　　설
[ ]증　　　설　　　[ ]승　인
[ ]이　　　전　　　　　　　　(신청)서
[ ]업종변경　　　[ ]변경승인
[ ]제조시설설치

※ 바탕색이 어두운 난은 신청인이 적지 않으며, [ ]에는 해당되는 곳에 √표를 합니다.　　　　　( 앞쪽)

| 접수번호 | 접수일 | | 처리기간 | 뒤쪽 참조 |
|---|---|---|---|---|

| 신청인 | 회사명 | | (법인등록번호:　　　　　　　　　) | |
| | (전화번호:　　　　/팩스번호:　　　　) (사업자등록번호:　　　　　　) | | | |
| | 대표자 성명 | | 생년월일 | |
| | 대표자 주소(법인 소재지) | | | |
| | 창업자 해당 여부: 해당 [ ]　미해당 [ ]<br>※ 신청인은 뒷면의 '창업자 안내'를 보고 해당되는 곳에 √표를 합니다. | | | |

| 승인신청사항 | 공장 소재지 | | 지목 | |
|---|---|---|---|---|
| | 용도지역 | | 생산품 | |
| | 업종 | 분류번호 | 첨단업종(적용 범위) | |
| | 공사 착공예정일 | | 공사 준공예정일 | |
| | 규　모 | 공장 부지 면적<br>(㎡) | 제조시설 면적<br>(㎡) | 부대시설 면적<br>(㎡) | 종업원 수 |
| | | | | | |

| 기존공장 | 회사명 | | 대표자 | |
|---|---|---|---|---|
| | 소재지 | | | |
| | 업종 | 분류번호 | | |
| | 규　모 | 공장부지면적(㎡) | 제조시설면적(㎡) | 부대시설면적(㎡) |
| | | | | |

| 변경승인 신청사항 | |
|---|---|

「산업집적활성화 및 공장설립에 관한 법률」 제13조제1항, 제20조제2항, 같은 법 시행령 제19조제1항 및 같은 법 시행규칙 제6조, 제7조, 제8조의4에 따라 위와 같이 신청합니다.

년    월    일

신청인　　　　　　　（서명 또는 인）

**시장·군수·구청장**  귀하

「산업집적활성화 및 공장설립에 관한 법률 시행령」 제19조제3항에 따라 위와 같이 공장설립등을 승인 또는 변경승인합니다.

※ 의제처리되는 인·허가 및 승인조건: 별지 참조

년    월    일

**시장·군수·구청장**  | 직인 |

210mm×297mm[백상지 80g/㎡]

**[서식] 준공인가증명서**

제        호

# 준공인가증명서

사업시행자:

주소:

상호명:

대표자 성명 :

　귀하가 시행한 산업단지구조고도화사업에 대하여 「산업집적활성화 및 공장설립에 관한 법률」 제45조의7, 같은 법 시행령 제58조의6제4항 및 같은 법 시행규칙 제44조의3제2항에 따라 다음과 같이 준공인가하고 본 증서를 발급합니다.

1. 사업의 명칭

2. 사업 시행지역의 위치

3. 사업 시행지역의 면적

4. 준공인가 연월일

5. 준공인가 사항(확정측량조서와 지적도, 별첨)

년        월        일

**산업통상자원부장관**
**시·도지사**
**시장·군수·구청장**

직인

210mm×297mm[ 백상지  120g/㎡ ]

**[서식]** **공장등록증명(신청)서**

# 공장등록증명(신청)서

※ 바탕색이 어두운 난은 신청인이 적지 않으며, [ ]에는 해당되는 곳에 √ 표를 합니다.　　　（앞쪽）

| 접수번호 | | 접수일 | | 처리기간　즉시 | |
|---|---|---|---|---|---|
| 신청인 | 회사명 | | | 전화번호 | |
| | 대표자 성명 | | | 생년월일(법인등록번호) | |
| | 대표자 주소(법인 소재지) | | | | |
| 등록 내용 | 공장 소재지 | | 지목 | 보유구분　자가 [ ], 임대 [ ] | |
| | 공장 등록일 | | 사업 시작일 | 종업원 수　　　남:　　여: | |
| | 공장의 업종(분류번호) | | | | |
| | 공장 부지 면적(㎡) | | 제조시설 면적(㎡) | 부대시설 면적(㎡) | |
| 등록 조건 | | | | | |
| 등록변경·증설등 기재사항 변경내용(변경 날짜 및 내용) | | | | | |

　　　「산업집적활성화 및 공장설립에 관한 법률 시행규칙」 제12조의3에 따라 위와 같이 공장 등록증명서를 신청합니다.

　　　　　　　　　　　　　　　　　　　　　　　　　　　　　　　년　　월　　일

　　　　　　　　　　　　　　신청인　　　　　　　　　　（서명 또는 인）

### 시장·군수·구청장 ·관리기관　　　귀하

| 첨부서류 | 없 음 | 수수료 시·군·구의 조례에서 정하는 수수료 또는 관리기관이 정하는 수수료 |
|---|---|---|

## 처 리 절 차

| 신청서 작성 | → | 접수 | → | 등록 여부 확인 | → | 결재 | → | 공장등록 증명서발 급 | → | 통보 |
|---|---|---|---|---|---|---|---|---|---|---|
| 신청인 | | 처리기관 | | 처리기관 | | 처리기관 | | 처리기관 | | 처리기관 |

　　　「산업집적활성화 및 공장설립에 관한 법률」 제16조제1항·제2항·제3항에 따라 위와 같이 등록된 공장임을 증명합니다.

　　　　　　　　　　　　　　　　　　　　　　　　　　　　년　　월　　일

　　　　　　　　　시장·군수·구청장·관리기관　　　직인

210mm×297mm[ 백상지　80g/ ㎡ ]

# 산지관리법

[시행 2024. 5. 17.] [법률 제19590호, 2023. 8. 8., 타법개정]

## Ⅰ. 개설

### 목적

이 법은 산지(山地)를 합리적으로 보전하고 이용하여 임업의 발전과 산림의 다양한 공익기능의 증진을 도모함으로써 국민경제의 건전한 발전과 국토환경의 보전에 이바지함을 목적으로 한다.

## Ⅱ. 판례

**제14조(산지전용허가)** ① 산지전용을 하려는 자는 그 용도를 정하여 대통령령으로 정하는 산지의 종류 및 면적 등의 구분에 따라 산림청장등의 허가를 받아야 하며, 허가받은 사항을 변경하려는 경우에도 같다. 다만, 농림축산식품부령으로 정하는 사항으로서 경미한 사항을 변경하려는 경우에는 산림청장등에게 신고로 갈음할 수 있다. 〈개정 2012.2.22., 2013.3.23.〉

② 산림청장등은 제1항 단서에 따른 변경신고를 받은 날부터 25일 이내에 신고 수리 여부를 신고인에게 통지하여야 한다.  〈신설 2019. 12. 3.〉

③ 산림청장등이 제2항에서 정한 기간 내에 신고수리 여부 또는 민원 처리 관련 법령에 따른 처리기간의 연장을 신고인에게 통지하지 아니하면 그 기간(민원 처리 관련 법령에 따라 처리기간이 연장 또는 재연장된 경우에는 해당 처리기간을 말한다)이 끝난 날의 다음 날에 신고를 수리한 것으로 본다. 〈신설 2019. 2.3.〉

④ 관계 행정기관의 장이 다른 법률에 따라 산지전용허가가 의제되는 행정처분을 하기 위하여 산림청장등에게 협의를 요청하는 경우에는 대통령령으로 정하는 바에 따라 제18조에 따른 산지전용허가기준에 맞는지를 검토하는 데에 필요한 서류를 산림청장등에게 제출하여야 한다. 〈개정 2012.2.22.〉

⑤ 관계 행정기관의 장은 제4항에 따른 협의를 한 후 산지전용허가가 의제되는 행정처분을 하였을 때에는 지체 없이 산림청장등에게 통보하여야 한다. 〈개정 2012.2.22.〉

[전문개정 2010.5.31.]

# 산지관리법위반

[대법원 2020. 7. 9., 선고, 2019도17405, 판결]

**【판결요지】**

산지관리법과 경제자유구역의 지정 및 운영에 관한 특별법(이하 '경제자유구역법' 이라 한다)은 각기 입법 목적과 보호법익을 달리하고 있을 뿐만 아니라, 처벌조항인 산지관리법 제53조 제1호, 제14조 제1항 본문과 경제자유구역법 제33조 제1호, 제7조의5 제1항을 비교하여 보면, 경제자유구역법 제2조의3 본문이 '이 법에 따른 경제자유구역에 대한 지원과 규제의 특례에 관한 규정은 다른 법률에 따른 지원과 규제의 특례에 관한 규정에 우선하여 적용한다' 고 정하면서 같은 법 제9조의2 이하에서 다른 법률에 관한 각종 특례조항을 별도로 두고 있음에도, 산지관리법 제14조 제1항 본문에 관한 특례나 위 조항의 적용을 배제하는 규정을 따로 정하고 있지 아니한데, 두 처벌조항이 정한 행위의 대상지역 및 허가권자, 금지되는 행위의 내용 등 구체적인 구성요건에 있어서 상당한 차이가 있으므로, 위 법리에 비추어 살펴볼 때, 산지관리법 제53조 제1호, 제14조 제1항 본문 위반죄가 경제자유구역법 제33조 제1호, 제7조의5 제1항 위반죄와 법조경합 관계에 있다고 보기 어렵고, 두 죄는 각기 독립된 구성요건으로 이루어져 있다고 보아야 한다.

# 건축허가신청불허가처분취소

[대법원 2014.5.16, 선고, 2013두27487, 판결]

**【판결요지】**

1. 상고이유 제1점에 관하여

감정인의 감정 결과는 그 감정방법 등이 경험칙에 반하거나 합리성이 없는 등의 현저한 잘못이 없는 한 이를 존중하여야 한다(대법원 1997.2.11. 선고 96다1733 판결 등 참조). 원심은, 감정인 주식회사 한국조경기술평가사무소의 감정 결과를 받아들여 이 사건 신청지의 입목축적률은 진도군의 ha당 평균 입목축적률의 150% 이하인 145.16%라고 판단하였다. 위 법리와 기록에 비추어 살펴보면 원심의 위와 같은 판단은 수긍할 수 있고, 거기에 상고이유 주장과 같이 심리미진 및 채증법칙을 위반하여 구 산지관리법령의 해석을 그르친 잘못이 없다.

2. 상고이유 제2점에 관하여

구 산지관리법(2013.3.23. 법률 제11690호로 개정되기 전의 것, 이하 같다) 제18조 제5항 본문, 구 산지관리법 시행령(2012.8.22. 대통령령 제24059호로 개정되기 전의 것, 이하 같다) 제20조 제6항 [별표 4] 제1. 마. 10) 나)의 내용, 체계, 입법 취지 등을 종합하여 보면, 산지전용허가에 요구되는 '준공검사가 완료되지 않았으나 실제로 통행이 가능한 도로' 란 실제로 통행이 가능한 도로에 관하여 행정처분이 유효하게 존속하고 있어서 장차 그 행정처분에 따른 준공검사가 완료될 것으로 기대되는 경우를 의미하고, 이러한 행정처분이 처음부터 존재하지 않거나 적법하게 취소 또는 철회됨으로써 장차 준공검사가 완료될 것을 기대할 수 없는 경우까지 포함한다고 볼 수는 없다(대법원 2014. 2. 13. 선고 2012두9932 판결 참조). 그리고 구 산지관리법 제2조 제1호, 제2호, 제3호의 규정을 종합하여 보면, 산지인 임도를 임도의 목적을 넘어 일반인의 교통을 위하여 제공되는 도로로 사용하는 것은 산지전용에 해당하므로 허가가 요구된다. 원심판결 이유 및 원심이 적법하게 채택한 증거들에 의하면, 이 사건 진입로에 관하여 준공검사가 완료되지 아니한 사실, 이 사건 진입로에는 임도와 농로 등이 포함되어 있는 사실, 피고는 '이 사건 진입로가 비록 실제 통행이 가능한 도로이기는 하나, 위 진입로 토지의 소유자에게 승낙을 받지 못하였고, 위 진입로 초입 부분은 도로가 아닌 민유임도로 임도는 임업의 생산기반 정비를 촉진하는 목적으로만 사용할 수가 있어 본 사업 목적과는 맞지 않는다'는 점을 이 사건 처분 사유 중 하나로 든 사실을 알 수 있다.

앞서 본 법리에다 위 사실관계를 비추어 보면, 임도를 포함한 이 사건 진입로로 실제 통행이 가능하다고 하더라도 이 사건 신청지에 관하여 산지전용허가를 받기 위하여서는 이 사건 진입로 중 임도에 관하여 산지전용허가가 유효하게 존속하고 있어서 장차 그에 따른 준공검사가 완료될 것으로 기대되어야 한다고 할 것이므로 원심으로서는 이 사건 신청지에 대한 산지전용을 허가하는 데 있어 필요한 이 사건 진입로 중 임도에 관한 산지전용허가가 있었는지 여부를 심리하였어야 할 것이다.

그럼에도 원심은 이 사건 진입로가 사람들의 통행이 가능하다는 점만을 중시하여 준공검사가 완료되지 않았으나 실제로 통행이 가능한 도로에 해당한다고 본 후 도로관리자가 도로이용에 관하여 동의하였다고 판단하였는바, 원심판단에는 구 산지관리법 시행령 [별표 4] 제1. 마. 10) 나)호에서 정한 산지전용허가 세부기준에 관한 법리를 오해한 나머지 필요한 심리를 다하지 아니하여 판결에 영향을 미친 잘못이 있다. 이 점을 지적하는 취지의 상고이유 주장은 이유 있다.

## 제16조(산지전용허가 등의 효력)

① 제14조제1항에 따른 산지전용허가, 제15조제3항에 따른 산지전용신고의 수리, 제15조의2제1항에 따른 산지일시사용허가 및 제15조의2제6항에 따른 산지일시사용신고의 수리의 효력은 다음 각 호의 요건을 모두 충족할 때까지 발생하지 아니한다. 〈개정 2016.12.2., 2019.12.3.〉

1. 해당 산지전용 또는 산지일시사용의 목적사업을 시행하기 위하여 다른 법률에 따른 인가·허가·승인 등의 행정처분이 필요한 경우에는 그 행정처분을 받을 것
2. 제19조에 따라 대체산림자원조성비를 미리 내야 하는 경우에는 대체산림자원조성비를 납부할 것
3. 제38조에 따른 복구비를 예치하여야 하는 경우에는 복구비를 예치할 것

② 제1항에 따른 목적사업의 시행에 필요한 행정처분에 대한 거부처분이나 그 행정처분의 취소처분이 확정된 경우에는 제14조제1항에 따른 산지전용허가나 제15조의2제1항에 따른 산지일시사용허가는 취소된 것으로 보고, 제15조제1항에 따른 산지전용신고나 제15조의2제4항에 따른 산지일시사용신고는 수리되지 아니한 것으로 본다. 〈개정 2019.12.3.〉

[전문개정 2010.5.31.]

## 건축허가신청불허가처분취소

[대법원 2014. 9. 4. 선고, 2014두267, 판결]

【판결요지】

[1] 구 산지관리법(2012.2.22. 법률 제11352호로 개정되기 전의 것) 제18조 제1항, 제5항, 구 산지관리법 시행령(2012.8.22. 대통령령 제24059호로 개정되기 전의 것) 제20조 제6항 [별표 4] 제2호 (다)목 세부기준 1), 산지에서의 지역 등의 협의기준 및 산지전용허가·산지일시사용 허가기준 등의 세부사항에 관한 규정(산림청 고시 제2011-7호, 이하 '산림청 고시'라 한다) 제5조 제1항 등의 규정들을 종합하면, 전용허가의 대상이 된 산지가 평균경사도가 25도를 초과하는 경우에는 원칙적으로 산지전용허가가 될 수 없고, 이때 평균경사도는 원칙적으로 수치지형도로 산출하되, 예외적으로 수치지형도가 현실과 맞지 않거나 수치지형도가 없는 지역은 실측으로 산출하여야 한다. 그리고 산지의 합리적인 보전을 위하여 산지가 전용되거나 일시사용되기 전의 당초 형태를 기준으로 할 필요가 있는 점, 만약 산지의 일부가 전용되거나 일시사용되었지만 복구가 예정된 경우에 산지의 전부가 현실과 맞지 않다고 보아 실측으로 평균경사도를 산출하도록 한다면 복구되어야 할 산지 일부가 일시적인 변형 상태에 있음을 기화로 원래는 전용이나 일시사용의 요건에 해당하지 아니할 산지 부분의 무분별한 산지전용을 가능하게 함으로써 평균경사도에 따라 산지전용을 제한하는 법의 취지를 몰각시킬 수 있는 점을 고려할 때, 산림청 고시 제5조 제1항 단서에서 규정한 '수치지형도가 현실과 맞지 않는 경우'란 수치지형도가 있지만 잘못 작성되었다거나 산지지형이 확정적으로 바뀌어 돌이킬 수 없는 상태가 되는 등 수치지형도가 더 이상 현실을 반영하지 못하게 된 때를 의미한다.

[2] 구 산지관리법(2012.2.22. 법률 제11352호로 개정되기 전의 것) 제16조 제2항은, 예컨대 건축허가의 취소처분이 확정되면 건축은 불가능해지게 되어 건축을 전제로 한 산지전용허가도 아무런 의미가 없게 되므로 이러한 경우에 산지전용허가 취소를 기다리지 않고 산지전용허가가 당연히 취소되는 것으로 의제하여 산지전용허가의 효력을 소멸시키려는 데에 취지가 있다. 이러한 규정은 목적사업의 시행에 필요한 행정처분을 받은 사람이 스스로 취소한 경우에도 그 취지에 비추어 마찬가지로 유추적용된다.

## Ⅲ. 벌칙

**제53조(벌칙)** 보전산지에 대하여 다음 각 호의 어느 하나에 해당하는 자는 5년 이하의 징역 또는 5천만원 이하의 벌금에 처하고, 보전산지 외의 산지에 대하여 다음 각 호의 어느 하나에 해당하는 자는 3년 이하의 징역 또는 3천만원 이하의 벌금에 처한다. 이 경우 징역형과 벌금형을 병과(併科)할 수 있다. 〈개정 2012.2.22., 2016.12.2.〉

1. 제14조제1항 본문을 위반하여 산지전용허가를 받지 아니하고 산지전용을 하거나 거짓이나 그 밖의 부정한 방법으로 산지전용허가를 받아 산지전용을 한 자
2. 제15조의2제1항 본문을 위반하여 산지일시사용허가를 받지 아니하고 산지일시사용을 하거나 거짓이나 그 밖의 부정한 방법으로 산지일시사용허가를 받아 산지일시사용을 한 자
2의2. 제16조제1항제1호를 위반하여 산지전용 또는 산지일시사용의 목적사업을 시행하기 위하여 다른 법률에 따른 인가·허가·승인 등의 행정처분이 필요한 경우 그 행정처분을 받지 아니하고 산지전용 또는 산지일시사용을 한 자
3. 제25조제1항 본문을 위반하여 토석채취허가를 받지 아니하고 토석채취를 하거나 거짓이나 그 밖의 부정한 방법으로 토석채취허가를 받아 토석채취를 한 자
4. 제28조제3항을 위반하여 자연석을 채취한 자
5. 제35조제1항에 따라 매입하거나 무상양여받지 아니하고 국유림의 산지에서 토석채취를 한 자

[전문개정 2010.5.31.]

**제54조(벌칙)** 보전산지에 대하여 다음 각 호의 어느 하나에 해당하는 자는 3년 이하의 징역 또는 3천만원 이하의 벌금에 처하고, 보전산지 외의 산지에 대하여 다음 각 호의 어느 하나에 해당하는 자는 2년 이하의 징역 또는 2천만원 이하의 벌금에 처한다. 〈개정 2012.2.22., 2016.12.2., 2021.6.15.〉

1. 제14조제1항 본문을 위반하여 변경허가를 받지 아니하고 산지전용을 하거나 거짓이나 그 밖의 부정한 방법으로 변경허가를 받아 산지전용을 한 자
2. 제15조의2제1항 본문을 위반하여 변경허가를 받지 아니하고 산지일시사용을 하거나 거짓이나 그 밖의 부정한 방법으로 변경허가를 받아 산지일시사용을 한 자
3. 제19조제2항제1호 후단을 위반하여 대체산림자원조성비를 내지 아니하고 산지전용을 하거나 산지일시사용을 한 자
3의2. 제20조제2항에 따른 산지전용 또는 산지일시사용 중지명령을 위반한 자
4. 제25조제1항 본문을 위반하여 변경허가를 받지 아니하고 토석채취를 하거나 거짓이나 그 밖의 부정한 방법으로 변경허가를 받아 토석채취를 한 자
5. 제25조제1항에 따른 허가를 받거나 신고를 한 자(사용인과 고용인을 포

함한다) 중 허가를 받거나 신고를 한 토석 외의 토석을 반입한 자

6. 제30조제1항에 따른 신고를 한 자(사용인과 고용인을 포함한다) 중 신고를 한 토석 외의 토석을 반입한 자

7. 제31조제1항에 따른 토석채취 또는 채석의 중지명령을 위반한 자

8. 제31조제1항에 따른 토석채취 또는 채석의 중지명령 기간 동안 토석을 반입한 자

[전문개정 2010.5.31.]

**제55조(벌칙)** 보전산지에 대하여 다음 각 호의 어느 하나에 해당하는 자는 2년 이하의 징역 또는 2천만원 이하의 벌금에 처하고, 보전산지 외의 산지에 대하여 다음 각 호의 어느 하나에 해당하는 자는 1년 이하의 징역 또는 1천만원 이하의 벌금에 처한다. 〈개정 2016.12.2., 2019.12.3., 2020.2.18., 2021.6.15.〉

1. 제15조제1항 전단에 따라 산지전용신고를 하지 아니하고 산지전용을 하거나 거짓이나 그 밖의 부정한 방법으로 산지전용신고를 하고 산지전용한 자

2. 제15조의2제4항 전단에 따라 산지일시사용신고를 하지 아니하고 산지일시사용을 하거나 거짓이나 그 밖의 부정한 방법으로 산지일시사용신고를 하고 산지일시사용을 한 자

3. 거짓이나 그 밖의 부정한 방법으로 제18조의2제1항 또는 제3항에 따른 산지전용타당성조사를 한 자 또는 그 조사결과를 허위로 통보하거나 변조하여 제출한 자

4. 제21조제1항을 위반하여 승인을 받지 아니하고 산지전용된 토지를 다른 용도로 사용한 자

5. 제25조제2항 전단을 위반하여 토사채취신고를 하지 아니하고 토사를 채취하거나 거짓이나 그 밖의 부정한 방법으로 토사채취신고를 하고 토사채취를 한 자

6. 제30조제1항 전단을 위반하여 채석신고를 하지 아니하고 채석단지에서 채석을 하거나 거짓이나 그 밖의 부정한 방법으로 채석신고를 하고 채석단지 안에서 채석을 한 자

7. 제37조제7항 각 호에 따른 조치명령을 위반한 자

8. 제39조제4항을 위반하여 폐기물이 포함된 토석 또는 폐기물로 산지를 복구한 자

9. 제40조의2제1항(제44조제3항에서 준용하는 경우를 포함한다)·제2항을 위반하여 감리를 받지 아니하거나 거짓으로 감리한 자

　　10. 제44조제1항에 따른 시설물의 철거명령이나 형질변경한 산지의 복구
　　　　명령을 위반한 자

[전문개정 2010.5.31.]

**제56조(양벌규정)** 법인의 대표자나 법인 또는 개인의 대리인, 사용인, 그
밖의 종업원이 그 법인 또는 개인의 업무에 관하여 제53조부터 제55조까
지의 어느 하나에 해당하는 위반행위를 하면 그 행위자를 벌하는 외에 그
법인 또는 개인에게도 해당 조문의 벌금형을 과(科)한다. 다만, 법인 또는
개인이 그 위반행위를 방지하기 위하여 해당 업무에 관하여 상당한 주의
와 감독을 게을리하지 아니한 경우에는 그러하지 아니하다.

[전문개정 2010.5.31.]

**제57조(과태료)** ① 제40조제1항 전단(제44조제3항에서 준용하는 경우를
포함한다)에 따른 기간 이내에 복구설계서를 산림청장등에게 제출하지 아
니한 자에게는 1천만원 이하의 과태료를 부과한다.

② 다음 각 호의 어느 하나에 해당하는 자에게는 500만원 이하의 과태료를
　부과한다. 〈개정 2019.12.3., 2020.2.18.〉

　　1. 제14조제1항 단서, 제15조제1항 각 호 외의 부분 후단, 제15조의2 제1
　　　항 단서 및 같은 조 제4항 각 호 외의 부분 후단, 제25조제1항 각 호
　　　외의 부분 단서 및 같은 조 제2항 후단 또는 제30조제1항 후단을 위반
　　　하여 변경신고를 하지 아니한 자

　　2. 제18조의5제3항에 따른 연대서명부를 거짓으로 작성하여 이의신청을
　　　한 자

　　3. 제40조의2제2항(제44조제3항에서 준용하는 경우를 포함한다)을 위반하
　　　여 시정통지의 내용을 보고하지 아니한 자

　　4. 제44조의2제1항·제2항을 위반하여 업무보고나 자료제출 및 현지조사
　　　를 거부·방해 또는 기피한 자

　　5. 제46조의3제1항을 위반한 자

　　6. 제46조의3제3항을 위반한 자

③ 제1항 및 제2항에 따른 과태료는 대통령령으로 정하는 바에 따라 산림청
　장등이 부과·징수한다.

[전문개정 2020.2.18.]

## IV. 기재례

**【범죄사실 기재례】**

피의자는 산지에서 석재를 굴취·채취할 경우 산림청장의 채석허가를 받아야 함에도 불구하고 허가없이 20○○. ○. ○. ○○도 ○○군 ○○읍 산12번지 산지에서 건축용으로 사용하기 위해 포크레인을 이용하여 석재 약 10톤가량을 허가없이 채취하였다.

**【범죄사실 기재례】**

피의자는 ○○시 ○○동에서 식당업에 종사하고 있다.

피의자는 식당 주변 조경에 사용하기 위해, 20○○. ○. ○. ○○도 ○○군 ○○읍 산12번지 산지에서 인공적으로 절개 또는 파쇄되지 아니한 원형상태의 직선거리 1미터 크기의 자연석 약 2톤 가량을 채취하였다.

**[서식] 산지전용허가증**

# 산 지 전 용 허 가 증

| 발급번호 | | 발급일 | | | |
|---|---|---|---|---|---|

| 허가를 받은 자 | 성명 | | 생년월일 | | |
|---|---|---|---|---|---|
| | 주소 | | | | |
| | | | (전화번호:          ) | | |

| 전용대상 산지 | 소재지 | 지번 | 지목 | 면적(㎡) | | | |
|---|---|---|---|---|---|---|---|
| | | | | 계 | 임업용 산지 | 공익용 산지 | 준보전 산지 |
| | | | | | | | |

| 부산물 생산현황 | 벌채 나무의 종류 및 수량 | | | 굴취 나무의 종류 및 수량 | | | 토석 | | |
|---|---|---|---|---|---|---|---|---|---|
| | 나무의 종류 | 본수 | 나무 부피 | 나무의 종류 | 본수 | 나무 부피 | 계 | 석재 | 토사 |
| | | 본 | ㎥ | | 본 | ㎥ | ㎥ | ㎥ | ㎥ |

| 전용목적 | |
|---|---|
| 전용기간 | |

「산지관리법」 제14조제1항·제17조제2항, 같은 법 시행령 제15조제3항·제19조제3항 및 같은 법 시행규칙 제11조·제17조제4항에 따라 위와 같이 산지전용을 허가합니다.

년    월    일

산림청장
시·도지사, 시장·군수·구청장
지방산림청장, 지방산림청국유림관리소장,
국립수목원장, 국립산림품종관리센터장,
국립산림과학원장,
국립자연휴양림관리소장소장

직인

## 유의사항

1. 허가증을 발급받기 전에는 산지전용행위를 할 수 없습니다.
2. 허가를 받은 자는 산지전용 목적사업이 완료되거나 그 산지전용기간 등이 만료된 경우에는 산지를 복구해야 하며 복구가 완료된 경우에는 복구준공검사를 받아야 합니다.
3. 허가를 받은 자는 산지전용으로 인하여 발생할 수 있는 재해에 대비하여 사전 예방조치를 해야 합니다.
4. 산지를 복구해야 하는 자는 산지전용허가기간 내에 복구설계서의 승인을 받으려는 경우에는 복구 공사 착수 전에, 산지전용허가기간 만료 후에 복구설계서의 승인을 받으려는 경우에는 산지전용허가기간이 만료되기 10일 전까지 허가관청에 복구설계서를 제출하여 승인을 받아야 하며, 승인을 받은 복구설계서대로 복구를 해야 합니다.
5. 전용된 산지의 복구비는 허가를 받은 자가 부담해야 합니다.
6. 허가를 받은 자는 산지전용기간 중이라도 「산지관리법」 제37조제2항에 따라 재해의 방지나 복구에 필요한 조치 명령을 받은 경우에는 이에 따라야 합니다. 만일 명령을 따르지 않으면 대행자를

지정하여 복구를 대행하게 하고 그 비용을 예치된 복구비(「산지관리법 시행규칙」 제40조제3항에 따른 보증서 등을 포함합니다)로 충당하거나 「행정대집행법」에 따라 대집행합니다.

7. 허가를 받은 자는 산지전용기간 만료 전이라도 목적사업이 완료된 부분에 대하여 「산지관리법」 제39조제2항에 따라 중간복구 명령을 받은 경우에는 이에 따라야 합니다. 만일 명령을 따르지 않으면 대행자를 지정하여 복구를 대행하게 하고 그 비용을 예치된 복구비(「산지관리법 시행규칙」 제40조제3항에 따른 보증서 등을 포함합니다)로 충당하거나 「행정대집행법」에 따라 대집행합니다.

8. 다음 각 목의 어느 하나에 해당하는 경우에는 「산지관리법」 제20조제1항에 따라 산지전용허가를 취소할 수 있습니다. 다만, 가목의 경우에는 허가를 취소합니다.

   가. 거짓이나 그 밖의 부정한 방법으로 허가를 받은 경우

   나. 허가의 목적 또는 조건을 위반하거나 허가 없이 사업계획이나 사업규모를 변경한 경우

   다. 「산지관리법」 제19조에 따른 대체산림자원조성비를 내지 않거나 같은 법 제38조에 따른 복구비를 예치하지 않은 경우(같은 법 제37조제4항에 따른 줄어든 복구비 예치금을 다시 예치하지 않은 경우를 포함합니다)

   라. 「산지관리법」 제37조제2항 각 호의 어느 하나에 해당하는 필요한 조치 명령에 따른 재해 방지 또는 복구를 위한 명령을 이행하지 않은 경우

   마. 허가를 받은 자가 「산지관리법」 제20조 각 호 외의 부분 본문·단서에 따른 목적사업의 중지 등의 조치명령을 위반한 경우

   바. 허가를 받은 자가 허가취소를 요청한 경우

9. 산지전용기간의 연장허가를 받으려는 경우에는 허가기간이 만료되기 10일 전까지 「산지관리법 시행규칙」 제17조에 따라 산지전용기간연장허가신청서를 허가관청에 제출해야 합니다.

10. 전용된 산지의 입구에 다음과 같이 산지전용허가 현황에 관한 표지판을 설치하되, 그 규격은 가로 90센티미터, 세로 60센티미터, 높이 90센티미터 이상으로 해야 합니다.

| 산지전용허가 현황 |
|---|
| 1. 허가번호: |
| 2. 소 재 지: |
| 3. 허가내용(허가면적, 목적, 허가기간 등) |
| 4. 허가를 받은 자:　　　　　　　(연락처:　　　　　　　) |
| 5. 허가자: |

210mm×297mm(백상지 80g/㎡)

**[서식] 산지일시사용허가증**

# 산지일시사용허가증

| 발급번호 | | 발급일자 | |
|---|---|---|---|
| 허가를 받<br>는 사람 | 성명 | 생년월일 | |
| | 주소 | | |

| 일시사용<br>산지내역 | 소재지 | 지번 | 지목 | 면적(㎡) | | | |
|---|---|---|---|---|---|---|---|
| | | | | 계 | 임업용<br>산 지 | 공익용<br>산 지 | 준보전<br>산 지 |
| | | | | | | | |
| | | | | | | | |
| | | | | | | | |
| 일시사용<br>목적 | | | | | | | |
| 일시사용<br>기간 | | | | | | | |

「산지관리법」 제15조의2제1항·제3항 및 같은 법 시행규칙 제15조의2·제15조의4제2항에 따라 위와 같이 산지일시사용 [　]허가 [　]변경허가 [　]기간연장허가를 합니다.

년　　　월　　　일

**산림청장, 시·도지사, 시장·군수·구청장,<br>지방산림청장, 지방산림청국유림관리소장, 국립수목원장,<br>국립산림품종관리센터장, 국립산림과학원장, 국립자연휴양림관리소장**

[ 직인 ]

## 유의사항

1. 허가증을 교부받기 전에는 산지일시사용행위를 할 수 없습니다.
2. 허가를 받은 사람은 산지일시사용 목적사업이 완료되거나 그 산지일시사용기간 등이 만료된 때에는 산지를 복구하여야 하며 복구가 완료된 때에는 복구준공검사를 받아야 합니다.
3. 허가를 받은 사람은 산지일시사용으로 인하여 발생할 재해에 대비하여 사전 예방조치를 하여야 합니다.
4. 산지를 복구하여야 하는 사람이 산지일시사용허가기간 이내에 복구설계서의 승인을 받으려면 복구공사를 착수하기 전에, 산지일시사용허가의 기간이 만료된 이후에 복구설계서의 승인을 받으려면 산지일시사용허가기간 만료 전 10일 이내에 허가권자에게 복구설계서를 제출하여 승인을 받아야 하며, 승인을 받은 복구설계서대로 복구를 하여야 합니다.
5. 산지일시사용된 산지의 복구비는 허가받은 사람이 부담하여 복구하여야 합니다.

6. 허가를 받은 사람은 산지일시사용기간 중이라도 재해예방 등을 위하여 「산지관리법」 제37조에 따라 재해의 방지나 경관유지에 필요한 조치 또는 복구에 필요한 조치를 하도록 명령을 받은 경우에는 이에 따라야 합니다.

7. 재해의 방지나 경관유지에 필요한 조치 또는 복구에 필요한 조치를 하도록 명령을 받은 후 기간 내에 조치를 이행하지 아니한 때에는 예치된 복구비(「산지관리법 시행규칙」 제40조제3항에 따른 지급보증서 등을 포함합니다)로 대집행합니다.

8. 허가를 받은 사람은 산지일시사용기간 만료 전이라도 산지일시사용이 장기간에 걸쳐 이루어지거나 경관 또는 산림재해의 복구 등이 필요하여 「산지관리법」 제39조제2항에 따라 중간복구명령을 받은 경우에는 이에 따라야 합니다.

9. 중간복구명령을 지정된 기간 이내에 이행하지 아니한 경우에는 예치된 복구비(「산지관리법 시행규칙」 제40조제3항에 따른 지급보증서 등을 포함합니다)로 대집행합니다.

10. 다음 각 호의 사유에 해당하는 경우에는 허가를 취소할 수 있습니다.

  가. 거짓이나 그 밖의 부정한 방법으로 허가를 받은 경우

  나. 허가의 목적 또는 조건을 위반하거나 허가 없이 사업계획이나 사업규모를 변경한 경우

  다. 「산지관리법」 제19조에 따른 대체산림자원조성비를 내지 아니하였거나 같은 법 제38조에 따른 복구비를 예치하지 아니한 경우(「산지관리법」 제37조제4항에 따른 줄어든 복구비 예치금을 다시 예치하지 아니한 경우를 포함합니다)

  라. 「산지관리법」 제37조제2항 각 호의 어느 하나에 해당하는 필요한 조치명령에 따른 재해방지 또는 복구를 위한 명령을 이행하지 않은 경우

  마. 허가를 받은 사람이 「산지관리법」 제20조에 따른 목적사업의 중지 등의 조치명령을 위반한 경우

  바. 허가를 받은 사람이 허가취소를 요청한 경우

  사. 그 밖의 허가조건을 위반한 경우

11. 산지일시사용기간의 연장허가를 받으려면 허가기간이 만료되기 10일 전까지 허가권자에게 「산지관리법 시행규칙」 제15조의4제2항에 따른 산지일시사용기간연장허가 신청을 위한 서류를 제출하여야 합니다.

210mm×297mm[백상지 80g/㎡]

**[서식] 토석채취허가증**

# 토석채취허가증

| 발급번호 | | 발급일 | |
|---|---|---|---|

| 허가를 받은 자 | 성명 | | 생년월일 | |
|---|---|---|---|---|
| | 주소 | | | |

| 산지 소재지 | |
|---|---|

| 허가내용 | 산지편입 면적 | 토석채취장 | 부대시설 | | | | | 완충구역 |
|---|---|---|---|---|---|---|---|---|
| | | | 계 | 산물 처리장 | 진입로 | 관리사무소 | 그 밖의 시설 | |
| | | m² | m² | m² | m² | m² | m² | m² |

| | 채취계획 | 용도 | 토석의 종류 | 신청량 | | 채취방법 |
|---|---|---|---|---|---|---|
| | | | | 매장량 | 가채매장량 | |
| | | | | m² | m² | |
| | 채취기간 | | | | | |

「산지관리법」 제25조제1항, 같은 법 시행령 제32조제3항 및 같은 법 시행규칙 제24조제8항·제26조제4항에 따라 위와 같이 토석채취를 허가·연장허가 합니다.

년       월       일

**시·도지사**
**시장·군수·구청장**  [직인]

## 허가조건

1. 허가를 받은 자는 지체 없이 작업에 착수하고 착수일을 적은 작업착수서를 시·도지사 또는 시장·군수·구청장(이하 "시·도지사등"이라 합니다)에게 제출해야 합니다.
2. 허가를 받은 자는 허가기간 중 작업을 중지하거나 재개하였을 때에는 즉시 그 사유를 적은 작업중지서 또는 작업재개서를 시·도지사등에게 제출해야 합니다.
3. 허가기간이 1년 이상인 경우에는 2차년도 이후의 복구비를 시·도지사등이 매년 발급하는 복구비예치 통지서에 따라 예치한 후 토석을 채취해야 합니다.
4. 허가를 받은 자는 허가기간 만료 전이라도 시·도지사등이 목적사업 완료 부분에 대하여 중간복구 명령을 한 경우에는 이에 따라야 합니다.
5. 예치된 복구비는 복구설계서에 따라 복구를 완료하면 시·도지사등이 복구상황을 확인하고 완전히 복구되었다고 인정될 때 반환하며, 기간 내에 복구를 하지 않으면 예치된 복구비로 대집행할 수 있습니다.

6. 허가를 받은 자는 토석채취로 인하여 발생할 재해에 대하여 예방조치를 취해야 합니다.

7. 허가를 받은 자는 허가구역 및 그 연접한 산지의 피해사실을 발견하였을 때에는 즉시 그 사실을 시·
   도지사등에게 신고해야 합니다.

8. 허가를 받은 자는 허가구역 인근의 잘 보이는 곳에 적색으로 위험표시를 해야 합니다.

9. 허가장소 입구에 다음과 같이 표지판을 설치하되, 그 규격은 가로 90㎝, 세로 60㎝, 높이 90㎝ 이상
   으로 해야 합니다.

| 토석채취 허가현황 |
|---|
| 1. 허가번호: |
| 2. 소 재 지: |
| 3. 허가내용(허가면적, 채취용도, 토석의 종류 및 수량, 채취기간 등) |
| 4. 허가를 받은 자:　　　　　　　　　　　　　　　(연락처:　　　　　　　　　　) |
| 5. 허가자: |

10. 채취한 토석의 반출은 허가기간 내에 완료해야 하며 반출을 완료하였을 때 또는 허가기간이 만료되
    었을 때에는 즉시 채취 및 반출 토석의 종류와 수량을 적은 문서와 이 허가증을 첨부한 반출종료서
    를 시·도지사등에게 제출해야 합니다.

210mm×297mm(백상지 80g/㎡)

# 상 표 법

[시시행 2024. 8. 7.] [법률 제20200호, 2024. 2. 6., 타법개정]

## Ⅰ. 개설

### 목적

이 법은 상표를 보호함으로써 상표 사용자의 업무상 신용 유지를 도모하여 산업발전에 이바지하고 수요자의 이익을 보호함을 목적으로 한다.

## Ⅱ. 판례

**제3조(상표등록을 받을 수 있는 자)** ① 국내에서 상표를 사용하는 자 또는 사용하려는 자는 자기의 상표를 등록받을 수 있다. 다만, 특허청 직원과 특허심판원 직원은 상속 또는 유증(遺贈)의 경우를 제외하고는 재직 중에 상표를 등록받을 수 없다.

② 상품을 생산·제조·가공·판매하거나 서비스를 제공하는 자가 공동으로 설립한 법인(지리적 표시 단체표장의 경우에는 그 지리적 표시를 사용할 수 있는 상품을 생산·제조 또는 가공하는 자로 구성된 법인으로 한정한다)은 자기의 단체표장을 등록받을 수 있다. 〈개정 2018.4.17.〉

③ 상품의 품질, 원산지, 생산방법 또는 그 밖의 특성을 증명하고 관리하는 것을 업으로 할 수 있는 자는 타인의 상품에 대하여 그 상품이 정해진 품질, 원산지, 생산방법 또는 그 밖의 특성을 충족하는 것을 증명하는 데 사용하기 위해서만 증명표장을 등록받을 수 있다. 다만, 자기의 영업에 관한 상품에 사용하려는 경우에는 증명표장의 등록을 받을 수 없다.

④ 제3항에도 불구하고 상표·단체표장 또는 업무표장을 출원(出願)하거나 등록을 받은 자는 그 상표 등과 동일·유사한 표장을 증명표장으로 등록받을 수 없다.

⑤ 증명표장을 출원하거나 등록을 받은 자는 그 증명표장과 동일·유사한 표장을 상표·단체표장 또는 업무표장으로 등록을 받을 수 없다.

⑥ 국내에서 영리를 목적으로 하지 아니하는 업무를 하는 자는 자기의 업무표장을 등록받을 수 있다.

# 등록무효(상)

[특허법원 2020. 5. 15., 선고, 2019허7740, 판결 : 상고]

**【판결요지】**

甲 주식회사가 乙 주식회사의 등록상표 "˝"는 지정상품 중 '우산, 비치파라솔'에 사용할 의사 없이 출원하여 등록받은 것으로 상표법 제3조, 제117조 제1항 제1호에 해당하여 무효라고 주장하며 등록상표에 대한 등록무효심판을 청구하였으나 특허심판원이 이를 기각하는 심결을 한 사안이다.

상표법은 사용주의가 아닌 등록주의를 채택하고 있으므로 상표권은 등록에 의하여 발생하고, 실제로 이를 사용한 사실이 있는지 여부는 상표권 발생의 요건이 아니어서 국내에서 상표를 현재 '사용하는 자' 는 물론이고 장차 '사용하고자 하는 자' 도 자기의 상표를 등록받을 수 있는데, 상표에 대한 사용의사는 출원인의 주관적, 내면적인 의사에 해당하므로 외형적으로 드러나는 사정에 의하여 객관적으로 결정하여야 하며, 등록상표가 출원인의 상표 사용의사 없이 출원되어 등록되었다는 점은 섣불리 추정되어서는 아니 되고, 객관적인 증거에 기반하여 엄격하고 신중하게 인정되어야 하는바, 乙 회사는 120여 년의 전통을 지닌 패션과 라이프스타일 등에 관한 전문 잡지 'VOGUE' 를 발행하는 회사로서, 위 잡지는 등록상표 출원일 당시 국내외 패션계에 영향력을 미치고 있었던 점, 잡지의 제호로 사용된 'VOGUE' 는 등록상표 출원일 이전에 이미 乙 회사의 출처표시로서 국내 일반 수요자들에게 인식되었던 점, 乙 회사는 등록상표 출원 전후로 'VOGUE' 가 표시된 의류, 가방 등 패션아이템 등을 제조, 판매하였던 점, 등록상표의 지정상품 중 '우산, 비치파라솔' 은 다른 지정상품인 의류, 가방 등과 함께 패션아이템에 속하는 것으로서, 乙 회사의 패션 및 라이프스타일에 관한 잡지 발행 및 관련 상품 판매 업무와 밀접한 관계에 있고, 이와 관련하여 乙 회사에 등록상표를 사용할 사회적, 경제적 필요성도 합리적으로 인정되는 점, 乙 회사의 선등록상표인 "˝ 과 "˝ 의 지정상품 중 '우산, 비치파라솔' 등에 대하여 불사용취소심판이 확정된 사실이 있으나, 이러한 사실만으로는 등록상표 출원 당시 지정상품 중 '우산, 비치파라솔' 에 대하여 장차 상표를 사용하고자 하는 의사 없이 오로지 상표를 선점하려는 목적에서 출원하였다고 단정하기 부족한 점 등을 종합하면, 乙 회사가 등록상표를 출원할 당시 상표를 사용하고자 하는 의사가 있었다고 보이므로, 등록상표가 출원인의 상표 사용의사 없이 출원, 등록된 것으로서 상표법 제3조, 제117조 제1항 제1호에 위배되어 무효인 경우라고 보기 어렵다는 이유로 위 심결이 적법하다고 한 사례이다.

# 손해배상(지)

[특허법원 2018.10.5., 선고, 2017나1810, 판결 : 확정]

**【판결요지】**

치과병의원의 설립지원 및 운영지원사업 등을 목적으로 설립된 법인으로 의료법상 의료기관을 개설할 수 없는 甲 주식회사가 지정서비스업을 치과업 등으로 하는 서비스표 "˝ 를 출원·등록한 후 치과병원을 운영하려는 치과의사들과 등록서비스표의 사용을 허락하고 재무관리 등 경영지원서비스를 제공하는 내용의 라이선스 계약을 체결하였는데, 甲 회사가 " " 표장을 사용하여 치과병원을 운영한 乙을 상대로 등록서비스표권 침해를 이유로 손해배상을 구한 사안이다.

상표법 개정의 취지 및 사용의사 유무의 판단 기준, 사회현실적 고려의 필요성에다가 상표법의 목적과 행정법규의 목적이 반드시 서로 일치하는 것은 아닌 점, 서비스업 제공의 금지와 서비스표 사용의 금지가 항상 동일시되어야 한다고 볼 근거가 없는 점을 덧붙여 참작하면, 서비스표의 지정서비스업을 영위함에 있어 법령상 제한이 있는 자라고 하여 반드시 당해 서비스표를 사용할 의사가 없다고 일률적으로 단정하여서는 아니 되고, 지정서비스업과 출원인의 업무가 밀접한 관계에 있고, 출원인이 사회적·경제적으로 당해 서비스표를 사용할 합리적인 필요성이 인정되는 경우에는 당해 서비스표에 대하여 사용의사를 인정할 수 있다고 봄이 타당한데, 甲 회사의 설립 목적 및 경위, 등록서비스표 출원부터 사업 착수 및 진행에 이르기까지의 제반 현황에 비추어 보면, 비록 甲 회사가 의료기관을 개설할 수 없는 자로서 등록서비스표의 지정서비스업인 '치과업'을 영위하는 데 법령상 제한이 있지만, 설립 목적이 치과병의원의 설립지원 및 운영지원사업 등으로서 치과업과 밀접한 관계에 있고, 실제로 각 치과에 등록서비스표의 사용권을 설정해 주고 경영지원서비스를 제공하는 등 치과병의원의 운영지원사업을 영위하였으며, 이러한 영업형태가 법령에 저촉된다고 볼 수 없으므로, 甲 회사에 사회적·경제적으로 등록서비스표를 사용할 합리적인 필요성이 인정되고, 따라서 甲 회사에 등록서비스표에 대한 객관적 사용의사가 인정되므로, 등록서비스표는 구 상표법(2016. 2. 29. 제14033호로 전부개정되기 전의 것, 이하 같다) 제23조 제1항 제4호에 해당하지 않으며, 통상사용권자가 상표를 사용하고 있는 경우에도 상표권자에게 제3자의 상표침해에 따른 손해가 발생하지 않는다고 본다면 상표권자 및 통상사용권자 그 어느 누구도 침해행위에 따른 손해배상을 청구할 수 없는 불합리한 결론에 이르는 점, 구 상표법 제2조 제1항 제7호는 '상표의 사용'을 오로지 행위 태양만을 기준으로 정의하였을 뿐 상표의 사용 주체를 상표권자로 국한하지 않은 점, 구 상표법 제73조 제1항 제3호는 불사용에 따른 상표등록 취소사유를 규정하면서 통상사용권자가 상표를 사용하고 있는 경우를 제외하고 있는 점, 구 상표법 제73조 제1항 제8호는 통상사용권자가 상품의 품질의 오인 또는 타인의 업무에 관련된 상품과의 혼동이 생기도록 상표를 사용한 경우도 상표등록 취소사유로 규정한 점 등을 고려할 때, 서비스표권자가 직접 서비스표를 사용하고 있지 않다고 하더라도 서비스표의 사용계약을 통하여 사용권자가 등록서비스표를 사용하고 있다면 서비스표권자가 서비스표를 사용하였다고 볼 수 있고, 따라서 제3자가 등록서비스표권을 침해하였다면 서비스표권자에게 손해가 발생했다고 봄이 타당하다고 한 사례이다.

**제7조(대리권의 범위)** 국내에 주소나 영업소가 있는 자로부터 상표에 관한 절차를 밟을 것을 위임받은 대리인(상표관리인을 포함한다. 이하 같다)은 특별히 권한을 위임받지 아니하면 다음 각 호에 해당하는 행위를 할 수 없다.

　　1. 제36조에 따른 상표등록출원(이하 "상표등록출원"이라 한다)의 포기 또는 취하

2. 제44조에 따른 출원의 변경
3. 다음 각 목의 어느 하나에 해당하는 신청 또는 출원의 취하
   가. 제84조에 따른 상표권의 존속기간 갱신등록(이하 "존속기간갱신등록"이라 한다)의 신청(이하 "존속기간갱신등록신청"이라 한다)
   나. 제86조제1항에 따라 추가로 지정한 상품의 추가등록출원(이하 "지정상품추가등록출원"이라 한다)
   다. 제211조에 따른 상품분류전환 등록(이하 "상품분류전환등록"이라 한다)을 위한 제209조제2항에 따른 신청(이하 "상품분류전환등록신청"이라 한다)
4. 상표권의 포기
5. 신청의 취하
6. 청구의 취하
7. 제115조 또는 제116조에 따른 심판청구
8. 복대리인(復代理人)의 선임

## 등록무효(상)

[대법원 2017.3.9., 선고, 2015후932, 판결]

**【판결요지】**

[1] 둘 이상의 문자 또는 도형의 조합으로 이루어진 결합상표는 구성 부분 전체의 외관, 호칭, 관념을 기준으로 상표의 유사 여부를 판단하는 것이 원칙이나, 상표 중에서 일반 수요자에게 그 상표에 관한 인상을 심어주거나 기억·연상을 하게 함으로써 그 부분만으로 독립하여 상품의 출처표시기능을 수행하는 부분, 즉 요부가 있는 경우 적절한 전체관찰의 결론을 유도하기 위해서는 요부를 가지고 상표의 유사 여부를 대비·판단하는 것이 필요하다. 그리고 상표에서 요부는 다른 구성 부분과 상관없이 그 부분만으로 일반 수요자에게 두드러지게 인식되는 독자적인 식별력 때문에 다른 상표와 유사 여부를 판단할 때 대비의 대상이 되는 것이므로, 상표의 구성 부분 중 식별력이 없거나 미약한 부분은 요부가 된다고 할 수 없다.

[2] 결합상표 중 일부 구성 부분이 요부로 기능할 수 있는 식별력이 없거나 미약한지 여부를 판단할 때는 해당 구성 부분을 포함하는 상표가 그 지정상품과 동일·유사한 상품에 관하여 다수 등록되어 있거나 출원공고되어 있는 사정도 고려할 수 있으므로, 등록 또는 출원공고된 상표의 수나 출원인 또는 상표권자의 수, 해당 구성 부분의 본질적인 식별력의 정도 및 지정상품과의 관계, 공익상 특정인에게 독점시키는 것이 적당하지 않다고 보이는 사정의 유무 등을 종합적으로 고려하여 판단하여야 한다.

[3] 선등록·사용상표 " " 및 선사용상표 " "의 권리자 및 사용자인 甲이 등록상표 " "는 선등록·사용상표 및 선사용상표를 모방하여 부정한 목적으로 출원·등록된 상표이므로 구 상표법(2016. 2. 29. 법률 제14033호로 전부 개정되기 전

의 것) 제7조 제1항 제7호, 제11호, 제12호에 해당한다며 등록무효심판을 청구한 사안에서, 등록상표와 선등록·사용상표 및 선사용상표는 모두 '몬스터' 또는 'MONSTER'라는 부분을 포함하고 있지만, 등록상표의 출원일 이전에 지정상품과 동일·유사한 상품에 관하여 '몬스터' 또는 'MONSTER'를 포함하는 다수의 상표들이 등록되어 있는 사정을 고려하면 식별력을 인정하기 곤란하거나 이를 공익상 특정인에게 독점시키는 것이 적당하지 않으므로 등록상표와 선등록·사용상표 및 선사용상표에서 '몬스터'나 'MONSTER'가 독립하여 상품의 출처표시기능을 수행하는 요부에 해당한다고 볼 수 없고, 등록상표와 선등록·사용상표 및 선사용상표는 전체적으로 관찰하면 외관·호칭 및 관념에서 서로 차이가 있어 유사하지 않다고 본 원심판단을 정당하다고 한 사례.

## III. 벌칙

**제230조(침해죄)** 상표권 또는 전용사용권의 침해행위를 한 자는 7년 이하의 징역 또는 1억원 이하의 벌금에 처한다.

**제231조(비밀유지명령 위반죄)** ① 국내외에서 정당한 사유 없이 비밀유지명령을 위반한 자는 5년 이하의 징역 또는 5천만원 이하의 벌금에 처한다.
② 제1항의 죄에 대해서는 비밀유지명령을 신청한 자의 고소가 있어야 공소를 제기할 수 있다.

**제232조(위증죄)** ① 이 법에 따라 선서한 증인, 감정인 또는 통역인이 특허심판원에 대하여 거짓의 진술·감정 또는 통역을 하였을 경우에는 5년 이하의 징역 또는 5천만원 이하의 벌금에 처한다. 〈개정 2017.3.21.〉
② 제1항에 따른 죄를 범한 자가 그 사건의 상표등록여부결정 또는 심결의 확정 전에 자수하였을 경우에는 그 형을 감경하거나 면제할 수 있다.

**제233조(거짓 표시의 죄)** 제224조를 위반한 자는 3년 이하의 징역 또는 3천만원 이하의 벌금에 처한다. 〈개정 2017.3.21.〉

**제234조(거짓 행위의 죄)** 거짓이나 그 밖의 부정한 행위를 하여 상표등록, 지정상품의 추가등록, 존속기간갱신등록, 상품분류전환등록 또는 심결을 받은 자는 3년 이하의 징역 또는 3천만원 이하의 벌금에 처한다. 〈개정 2017.3.21.〉

**제235조(양벌규정)** 법인의 대표자나 법인 또는 개인의 대리인, 사용인, 그 밖의 종업원이 그 법인 또는 개인의 업무에 관하여 제230조, 제233조 또는 제234조의 위반행위를 하면 그 행위자를 벌하는 외에 그 법인에는 다음 각 호의 구분에 따른 벌금형을 과(科)하고, 그 개인에게는 해당 조문의 벌금형을 과한다. 다만, 법인 또는 개인이 그 위반행위를 방지하기 위하여 해당 업무에 관하여 상당한 주의와 감독을 게을리하지 아니한 경우에는 그러하지 아니하다.

   1. 제230조를 위반한 경우: 3억원 이하의 벌금
   2. 제233조 또는 제234조를 위반한 경우: 6천만원 이하의 벌금

**제236조(몰수)** ① 제230조에 따른 상표권 또는 전용사용권의 침해행위에 제공되거나 그 침해행위로 인하여 생긴 상표·포장 또는 상품(이하 이 항에서 "침해물"이라 한다)과 그 침해물 제작에 주로 사용하기 위하여 제공된 제작 용구 또는 재료는 몰수한다.

② 제1항에도 불구하고 상품이 그 기능 및 외관을 해치지 아니하고 상표 또는 포장과 쉽게 분리될 수 있는 경우에는 그 상품은 몰수하지 아니할 수 있다.

**제237조(과태료)** ① 다음 각 호의 어느 하나에 해당하는 자에게는 50만원 이하의 과태료를 부과한다.

   1. 제141조제7항에 따라 준용되는 「민사소송법」 제299조제2항 또는 제367조에 따라 선서를 한 사람으로서 특허심판원에 대하여 거짓 진술을 한 사람
   2. 특허심판원으로부터 증거조사 또는 증거보전에 관하여 서류나 그 밖의 물건의 제출 또는 제시 명령을 받은 자로서 정당한 이유 없이 그 명령에 따르지 아니한 자
   3. 특허심판원으로부터 증인, 감정인 또는 통역인으로 출석이 요구된 사람으로서 정당한 이유 없이 출석요구에 응하지 아니하거나 선서·진술·증언·감정 또는 통역을 거부한 사람

② 제1항에 따른 과태료는 대통령령으로 정하는 바에 따라 특허청장이 부과·징수한다.

# Ⅳ. 기재례

## 【범죄사실 기재례】

피의자는 ○○실업이라는 상호로 가방의 제조업에 종사하고 있다.

피의자는 강○○로부터 외국의 유명상표가 위조되어 있는 가방제조용 피혁원단을 공급받아 그 원단으로 가짜 외제지갑을 제조하여 강○○에게 그 지갑을 납품하면 지갑 1개당 ○○원의 수공비를 주겠다는 제의를 받고 이를 승낙하였다.

그리하여 20○○. ○. ○.경부터 다음 해 ○. ○.경까지 사이에 ○○시 ○○동 ○○번지에 있는 위 ○○실업 작업장에서 위 피혁원단으로 대한민국특허청에 가방 등을 지정상품으로 상표등록한 ○○국 ○○사의 상표인 영문자 '에스오'를 비롯하여 ○○국 ○○사의 상표인 영문자 '티엘' 등의 상표와 동일한 상표를 부착한 지정상품과 유사한 상품인 가방 1,200개, ○○가방 3,000개 합계 4,200개의 가짜 외제가방을 제조함으로써 위 각 등록상표와 동일한 상표를 각 지정상품과 유사한 상품에 사용하여 각 상표권을 침해하였다.

## 【적용실례】

〈타인의 등록상표를 간판에 사용한 경우〉

타인의 등록상표를 상품 아닌 간판에 사용한 경우

➡ 타인의 등록상표를 상품 아닌 간판에 사용한 행위는 상표법 위반에 해당하지 아니함(상표법 위반은 상표를 지정상품과 동일 또는 유사한 상품에 사용한 경우에만 해당)은 부정경쟁방지법 제11조, 제2조 제2호(타인의 영업임을 표시하는 표지와 동일 또는 유사한 것을 사용하여 타인의 영업장 시설 또는 활동과 혼동을 일으키게 하는 행위)로 의율함이 타당하다.

〈위조상표 부착상품을 제조·판매한 경우〉

등록이 되어있는 위조상표 부착상품을 제조·판매한 경우

➡ 부정경쟁방지법 제9조는 상표법 등에 부정경쟁방지법의 처벌규정과 다른 규정이 있는 경우에는 그 법에 의한다고 규정하여 부정경쟁방지법이 상표법 등에 의하여 규제할 수 없는 경우에 보충적으로 적용되는 법임을 나타내고 있는 바,

과연 그렇다면 상표등록이 되어 있는 본건에 있어서는 이를 상표법의 규정에 따라서 처벌하면 족하고 부정경쟁방지법 위반의 점은 그 구성요건에 해당하지 아니한다 할 것이므로 위조상표가 부착된 상품을 제조, 판매한 피의자에 대하여도 이를 부정경쟁방지법 위반이 아닌 상표법 위반으로 의율함이 상당하다.

### 〈등록되지 않은 상품을 도용한 경우〉

피의자는 '○○산업'이라는 상호로 플라스틱 육모상자를 생산하는 자인 바, 20○○. ○. 중순경부터 20○○. ○. ○.까지 사이에 ○○읍 소재 ○○산업사 공장에서 이미 '○○물산'이라는 회사가 회사상호가 적힌 육모상자를 제조하여 각 제품 위에 자체 검사필증을 부착하여 전국에 판매하고 있음에도 불구하고, 위 회사제품의 대외적 신용을 이용할 목적으로 위 회사 상호가 찍힌 육모상자를 제조하고 이와 유사한 자체검사 합격필증을 붙여 이○○외 1명에게 14,500개를 판매하였다.

➡ 이 사건은 상표법위반으로 의율하였으나, '○○물산' 측에 확인한 결과 자체 검사필증은 등록된 상표가 아니며 상호와 마크는 상표등록 출원한 바 있으나 육모상자는 지정상품에 포함되어 있지 않으므로 상표법 소정의 등록상표를 사용한 것이라고 할 수 없으니, 이 경우는 타인의 상품임을 표시한 표지와 유사한 상품을 판매하여 타인의 상품과 혼동을 일으키는 행위로서 부정경쟁방지법 제11조·제2조로 의율, 구 약식처리하였다.

**[서식] 상표등록증**

# 상표등록증
## CERTIFICATE OF TRADEMARK REGISTRATION

등 록 제 호
Registration Number

출원번호(국제등록번호) 제 호
Application Number

출원일 년 월 일
Filing Date

등록일 년 월 일
Registration Date

상표권자 Owner of the Trademark Right

상표를 사용할 상품 및 구분 List of Goods

제 류

위의 표장은 「상표법」에 따라 상표등록원부에 등록되었음을 증명합니다.
This is to certify that the Trademark is registered on the register of the Korean Intellectual Property Office.

년 월 일

## 특허청장
COMMISSIONER,
KOREAN INTELLECTUAL PROPERTY OFFICE

서 명

# 석유 및 석유대체연료 사업법

[시행 2024. 8. 7.] [법률 제20201호, 2024. 2. 6., 일부개정]

## Ⅰ. 개설

### 목적

이 법은 석유 수급과 가격 안정을 도모하고 석유제품과 석유대체연료의 적정한 품질을 확보하고, 탄소중립화에 기여하며 관련 사업의 건전한 발전을 지원함으로써 국민경제의 발전과 국민생활의 향상에 이바지함을 목적으로 한다.

## Ⅱ. 판례

**제9조(석유수출입업의 등록 등)** ① 석유수출입업(천연가스수출입업 및 액화석유가스수출입업은 제외한다. 이하 이 조, 제11조의2, 제12조 및 제17조에서 같다)을 하려는 자는 산업통상자원부령으로 정하는 바에 따라 산업통상자원부장관에게 등록하여야 한다. 다만, 다음 각 호의 어느 하나에 해당하는 경우에는 그러하지 아니하다. 〈개정 2010.6.8., 2013.3.23., 2015.1.28.〉

1. 제5조제1항에 따른 석유정제업의 등록을 한 자가 석유수출입업을 하는 경우(해당 연도에 수입하는 석유가스의 양이 5만톤 이상으로서 대통령령으로 정하는 양 이상인 경우는 제외한다)
2. 윤활유 등 대통령령으로 정하는 석유제품의 수출입업을 하는 경우
3. 석유수출만을 업으로 하는 경우
4. 자기가 사용할 목적으로 해당 연도에 수입하는 석유의 양이 10만 킬로리터 이하인 경우
5. 제4호에 해당하는 자가 수입한 석유제품의 일부를 수출하거나 부산물인 석유제품을 수출하는 경우
6. 「한국석유공사법」에 따른 한국석유공사(이하 "공사"라 한다)가 제16조제2항에 따른 석유비축시책을 시행하기 위하여 석유를 수출입하는 경우

② 제1항에 따른 등록을 한 자가 등록한 사항 중 석유저장시설의 규모 등 대통령령으로 정하는 사항을 변경하려는 경우에는 산업통상자원부령으로 정하는 바에 따라 산업통상자원부장관에게 변경등록을 하여야 한다. 〈개정 2013.3.23.〉

③ 제1항에 따른 석유수출입업의 시설기준 등 등록 요건은 대통령령으로 정한다.

④ 석유수출입업자의 결격사유, 지위 승계 및 처분 효과의 승계에 관하여는 제6조부터 제8조까지의 규정을 준용한다. 이 경우 제6조 각 호 외의 부분 중 "석유정제업"은 "석유수출입업"으로 보고, 같은 조 제6호 중 "제13조제1항"은 "제13조제2항"으로, "석유정제업"은 "석유수출입업"으로 보며, 제7조 중 "석유정제업자"는 "석유수출입업자"로, "석유정제시설"은 "석유수출입시설"로 보고, 제8조 중 "석유정제업자"는 "석유수출입업자"로, "제13조제1항"은 "제13조제2항"으로 본다.

[전문개정 2009.1.30.]

## 과징금부과처분취소

[대법원 2003. 10. 23., 선고, 2003두8005 ,판결]

**【판결요지】**
석유사업법 제9조 제3항 및 그 시행령이 규정하는 석유판매업의 적극적 등록요건과 제9조 제4항, 제5조가 규정하는 소극적 결격사유 및 제9조 제4항, 제7조가 석유판매업자의 영업양도, 사망, 합병의 경우뿐만 아니라 경매 등의 절차에 따라 단순히 석유판매시설만의 인수가 이루어진 경우에도 석유판매업자의 지위승계를 인정하고 있는 점을 종합하여 보면, 석유판매업 등록은 원칙적으로 대물적 허가의 성격을 갖고, 또 석유판매업자가 같은 법 제26조의 유사석유제품 판매금지를 위반함으로써 같은 법 제13조 제3항 제6호, 제1항 제11호에 따라 받게 되는 사업정지 등의 제재처분은 사업자 개인의 자격에 대한 제재가 아니라 사업의 전부나 일부에 대한 것으로서 대물적 처분의 성격을 갖고 있으므로, 위와 같은 지위승계에는 종전 석유판매업자가 유사석유제품을 판매함으로써 받게 되는 사업정지 등 제재처분의 승계가 포함되어 그 지위를 승계한 자에 대하여 사업정지 등의 제재처분을 취할 수 있다고 보아야 하고, 같은 법 제14조 제1항 소정의 과징금은 해당 사업자에게 경제적 부담을 주어 행정상의 제재 및 감독의 효과를 달성함과 동시에 그 사업자와 거래관계에 있는 일반 국민의 불편을 해소시켜 준다는 취지에서 사업정지처분에 갈음하여 부과되는 것일 뿐이므로, 지위승계의 효과에 있어서 과징금부과처분을 사업정지처분과 달리 볼 이유가 없다.

**제10조(석유판매업의 등록 등)** ① 석유판매업을 하려는 자는 산업통상자원부령으로 정하는 바에 따라 특별시장·광역시장·특별자치시장·도지사·특별자치도지사(이하 "시·도지사"라 한다) 또는 시장·군수·구청장(자치구의 구청장을 말한다. 이하 같다)에게 등록하여야 한다. 다만, 부산물인 석유제품을 생산하여 석유판매업을 하려는 자는 산업통상자원부장관에게 등록하여야 한다. 〈개정 2010.6.8., 2013.3.23., 2014.1.21.〉

② 제1항에도 불구하고 석유판매업 중 일반판매소 등 대통령령으로 정하는 경우에는 산업통상자원부령으로 정하는 절차에 따라 시·도지사 또는 시장·군수·구청장에게 신고하여야 한다. 〈개정 2013.3.23.〉

③ 제1항 및 제2항에 따른 등록 또는 신고를 한 자가 등록 또는 신고한 사항 중 시설 소재지 등 대통령령으로 정하는 사항을 변경하려는 경우에는 산업통상자원부령으로 정하는 바에 따라 등록 또는 신고를 한 산업통상자원부장관이나 시·도지사 또는 시장·군수·구청장에게 변경등록 또는 변경신고를 하여야 한다. 〈개정 2013.3.23.〉

④ 시·도지사 또는 시장·군수·구청장은 제2항 또는 제3항에 따른 신고·변경신고를 받은 날부터 7일 이내에 신고수리 여부를 신고인에게 통지하여야 한다. 〈신설 2017.12.12.〉

⑤ 시·도지사 또는 시장·군수·구청장이 제4항에서 정한 기간 내에 신고수리 여부 또는 민원 처리 관련 법령에 따른 처리기간의 연장을 신고인에게 통지하지 아니하면 그 기간(민원 처리 관련 법령에 따라 처리기간이 연장 또는 재연장된 경우에는 해당 처리기간을 말한다)이 끝난 날의 다음 날에 신고를 수리한 것으로 본다. 〈신설 2017.12.12.〉

⑥ 제1항 및 제2항에 따라 시·도지사 또는 시장·군수·구청장에게 등록하거나 신고하여야 하는 석유판매업의 종류와 그 취급 석유제품 및 제1항에 따른 석유판매업의 시설기준 등 등록 요건은 대통령령으로 정한다. 〈개정 2017.12.12.〉

⑦ 석유판매업자의 결격사유, 지위 승계 및 처분 효과의 승계에 관하여는 제6조부터 제8조까지의 규정을 준용한다. 이 경우 제6조 각 호 외의 부분 중 "석유정제업"은 "석유판매업"으로 보고, 같은 조 제6호 중 "제13조제1항"은 "제13조제4항"으로, "석유정제업"은 "석유판매업"으로 보며, 제7조 중 "석유정제업자"는 "석유판매업자"로, "석유정제시설"은 "석유판매시설"로 보고, 제8조 중 "석유정제업자"는 "석유판매업자"로, "제13조제1항"은 "제13조제4항"으로 본다. 〈개정 2017.4.18., 2017.12.12.〉

[전문개정 2009.1.30.]

## 사업정지처분취소청구

[대법원 2017. 9. 7., 선고, 2017두41085, 판결]

【판결요지】

「석유 및 석유대체연료 사업법」(이하 '법'이라고 한다) 제10조 제5항에 의하여 석유판매업자의 지위 승계 및 처분 효과의 승계에 관하여 준용되는 법 제8조는 "제7조에 따라 석유정제업자의 지위가 승계되면 종전의 석유정제업자에 대한 제13조 제

1항에 따른 사업정지처분(제14조에 따라 사업정지를 갈음하여 부과하는 과징금부과처분을 포함한다)의 효과는 새로운 석유정제업자에게 승계되며, 처분의 절차가 진행 중일 때에는 새로운 석유정제업자에 대하여 그 절차를 계속 진행할 수 있다. 다만, 새로운 석유정제업자(상속으로 승계받은 자는 제외한다)가 석유정제업을 승계할 때에 그 처분이나 위반의 사실을 알지 못하였음을 증명하는 경우에는 그러하지 아니하다.”라고 규정하고 있다(이하 ‘이 사건 승계조항’이라고 한다).

이러한 제재사유 및 처분절차의 승계조항을 둔 취지는 제재적 처분 면탈을 위하여 석유정제업자 지위승계가 악용되는 것을 방지하기 위한 것이고, 승계인에게 위와 같은 선의에 대한 증명책임을 지운 취지 역시 마찬가지로 볼 수 있다. 즉 법 제8조 본문 규정에 의해 사업정지처분의 효과는 새로운 석유정제업자에게 승계되는 것이 원칙이고 단서 규정은 새로운 석유정제업자가 그 선의를 증명한 경우에만 예외적으로 적용될 수 있을 뿐이다. 따라서 승계인의 종전 처분 또는 위반 사실에 관한 선의를 인정함에 있어서는 신중하여야 한다.

**제18조(석유의 수입·판매 부과금)** ① 산업통상자원부장관은 석유 수급과 석유가격의 안정을 위하여 다음 각 호의 자로부터 부과금을 징수할 수 있다. 다만, 제17조에 따른 석유비축의무를 이행하기 위하여 석유를 수입하는 등 부과금을 징수하지 아니하는 것이 합리적인 경우로서 대통령령으로 정하는 사유에 해당하는 경우에는 부과금을 부과하지 아니한다. 〈개정 2013.3.23., 2014.1.21.〉

1. 석유를 수입하거나 석유제품을 판매하는 석유정제업자·석유수출입업자 또는 석유판매업자
2. 국제 석유가격의 현저한 등락으로 인하여 지나치게 많은 이윤을 얻게 되는 석유정제업자 또는 석유수출입업자

② 제1항에 따른 부과금의 금액은 다음 각 호와 같다. 〈개정 2013.3.23.〉

1. 제1항제1호에 따른 부과금: 수입하는 석유 또는 판매하는 석유제품 1리터당 36원(천연가스 및 석유가스의 경우에는 그 가스를 액화하였을 때를 기준으로 1리터당 36원에 상당하는 금액)의 범위에서 대통령령으로 정하는 금액
2. 제1항제2호에 따른 부과금: 수입 석유가격과 국내 석유가격과의 차액을 초과하지 아니하는 범위에서 산업통상자원부장관이 기획재정부장관과 협의하여 고시하는 금액

③ 제1항에 따른 부과금의 징수대상자, 부과기준, 징수방법, 징수유예, 그 밖에 부과금의 부과·징수에 관하여 필요한 사항은 대통령령으로 정한다.

④ 산업통상자원부장관은 제1항에 따른 부과금 징수대상자가 납부기한까지 부과금을 내지 아니하면 그 납부기한의 다음 날부터 납부한 날까지의 기간에 대하여 대통령령으로 정하는 가산금을 징수한다. 〈개정 2013.3.23.〉

⑤ 산업통상자원부장관은 제1항에 따른 부과금 징수대상자가 납부기한까지 부

과금을 내지 아니하면 기간을 정하여 독촉을 하고, 그 기간 이내에 부과금 및 제4항에 따른 가산금을 내지 아니하면 국세 체납처분의 예에 따라 징수할 수 있다. 〈개정 2013.3.23.〉

⑥ 산업통상자원부장관은 일정 기간 동안의 제1호의 비용과 제2호의 비용 간의 차액을 순계(純計)한 것을 기준으로 부과금을 정할 수 있다. 〈개정 2012.1.26., 2013.3.23.〉

  1. 석유정제업자·석유수출입업자 또는 석유판매업자에게 발생한 석유수입비용
  2. 제23조에 따른 석유판매가격의 최고액 또는 최저액을 정할 때 기준으로 한 석유수입비용

⑦ 제1항 또는 제4항에 따른 부과금 또는 가산금의 부과처분에 대하여 불복이 있는 자는 그 부과처분을 받은 날부터 30일 이내에 산업통상자원부장관에게 문서로 이의신청을 할 수 있다. 〈신설 2012.1.26., 2013.3.23.〉

⑧ 산업통상자원부장관은 제7항에 따른 이의신청을 받은 날부터 15일 이내에 그 이의신청에 대하여 결정하고 그 결과를 신청인에게 지체 없이 문서로 통지하여야 한다. 다만, 부득이한 사유로 정하여진 기간 이내에 결정할 수 없는 때에는 그 기간의 만료일 다음 날부터 기산하여 10일 이내의 범위에서 연장할 수 있으며, 이 경우 연장사유를 신청인에게 통지하여야 한다. 〈신설 2012.1.26., 2013.3.23.〉

⑨ 제1항 및 제4항에 따라 징수한 부과금 및 가산금은 에너지 및 자원사업 특별회계에 귀속된다. 〈개정 2012.1.26., 2014.1.1.〉

[전문개정 2009.1.30.]

## 석유수입부과금환급금환수처분취소

[대법원 2016. 10. 27. 선고, 2014두12017, 판결]

【판결요지】

[1] 구 석유 및 석유대체연료 사업법(2007. 12. 21. 법률 제8768호로 개정되기 전의 것, 이하 '구 석유사업법'이라 한다) 제18조 제1항 제1호, 제19조 제1항, 제3항, 구 석유 및 석유대체연료 사업법 시행령(2008. 6. 20. 대통령령 제20840호로 개정되기 전의 것, 이하 '구 석유사업법 시행령'이라 한다) 제27조 제1항 제1호, 제2호, 제4항, 구 석유 및 석유대체연료의 수입·판매부과금의 징수, 징수유예 및 환급에 관한 고시(2007. 12. 28. 산업자원부고시 제2007-154호로 개정되기 전의 것, 이하 '구 산자부 고시'라 한다) 제21조 제1항 제1호, 제2항 제1호, 제23조 제1항 본문, 제24조 제1항 제1호, 제2항 제1호, 제25조 제1항 제1호, 제2호, 제26조 제1항, 수출용 원재료에 대한 관세 등 환급에 관한 특례법 제2조 제4호, 제10조 제1항, 수출용 원재료에 대한 관세 등 환급에 관한 특례법 시행령 제11조 제1항, 제4

항, 구 소요량의 산정 및 관리와 심사(2008. 11. 3. 관세청고시 제2008-36호로 개정되기 전의 것, 이하 '구 관세청 고시'라 한다) 제1-2조 제2호, 제7호, 제12호, 제2-4조 제2항, 제2-5조 제2항, 제2-14조 제1항, 제2항, 제4항의 내용, 형식 및 취지 등을 종합하면, 구 산자부 고시와 구 관세청 고시의 각 규정들은 '환급금의 환급기준 내지 환급의 대상·규모·방법 등'을 장관으로 하여금 정하여 고시하도록 규정한 구 석유사업법과 구 석유사업법 시행령의 위임에 따른 것으로서, 법령 규정의 내용을 보충하면서 그와 결합하여 대외적인 구속력이 있는 법규명령으로서의 효력을 가지는 것으로 보아야 한다.

[2] 석유정제업자·석유수출입업자 또는 석유판매업자(이하 '석유정제업자 등'이라 한다)로부터 일단 부과금을 징수하였다가 구 석유 및 석유대체연료 사업법(2007. 12. 21. 법률 제8768호로 개정되기 전의 것)과 구 석유 및 석유대체연료 사업법 시행령(2008. 6. 20. 대통령령 제20840호로 개정되기 전의 것)이 정한 바에 따라 부과금 중 일부를 환급함으로써 석유정제업자 등이 최종적으로 부담하게 되는 부과금 액수가 정해지게 되는데, 이러한 석유환급금 부과·환급의 실질에 비추어 보면 환급의 대상·규모·방법 등 환급금의 산정기준에 관한 규정을 해석할 때 조세나 부담금에 관한 법률의 해석에 관한 법리가 적용된다. 따라서 환급금의 산정기준을 정한 구 석유 및 석유대체연료의 수입·판매부과금의 징수, 징수유예 및 환급에 관한 고시(2007. 12. 28. 산업자원부고시 제2007-154호로 개정되기 전의 것) 및 구 소요량의 산정 및 관리와 심사(2008. 11. 3. 관세청고시 제2008-36호로 개정되기 전의 것) 규정도 원칙적으로 문언대로 해석·적용하여야 하고, 합리적 이유 없이 이를 확장해석하거나 유추해석하는 것은 허용되지 아니한다.

## 제29조(가짜석유제품 제조 등의 금지) ① 누구든지 다음 각 호의 가짜석유제품 제조 등의 행위를 하여서는 아니 된다. 〈개정 2011.7.25., 2012.1.26.〉

1. 가짜석유제품을 제조·수입·저장·운송·보관 또는 판매하는 행위
2. 가짜석유제품임을 알면서 사용하거나 제10조 및 제33조에 따라 등록·신고하지 아니한 자가 판매하는 가짜석유제품을 사용하는 행위
3. 가짜석유제품으로 제조·사용하게 할 목적으로 석유제품·석유화학제품·석유대체연료 또는 탄소와 수소가 들어 있는 물질을 공급·판매·저장·운송 또는 보관하는 행위

② 제1항에도 불구하고 다음 각 호의 경우는 제1항에 따른 가짜석유제품의 제조 등의 행위로 보지 아니한다. 〈개정 2010.6.8., 2012.1.26., 2013.3.23., 2014.1.21., 2017.4.18.〉

1. 석유정제업자가 제5조제1항에 따라 등록한 석유정제시설을 이용하여 석유제품을 제조하는 경우

2. 석유정제업자, 석유수출입업자 또는 국제석유거래업자가 품질보정행위를 하는 경우

3. 석유정제업자 또는 석유수출입업자가 제26조의2에 따라 석유대체연료를 혼합하는 경우

4. 시험·연구 목적으로 제2조제10호 각 목의 어느 하나의 방법을 사용하여 연료를 제조하거나 그 제조 연료를 저장·운송 또는 보관하는 경우

5. 경주용자동차 등 산업통상자원부령으로 정하는 특수용도의 연료로 제조 또는 판매하는 경우

5의2. 국제석유거래업자가 종합보세구역에서 석유제품 등을 혼합하여 석유제품을 제조(종합보세구역에서 종합보세사업장을 설치·운영하는 자에게 위탁하여 제조하는 경우를 포함한다)하여 그 제품을 보세구역에서 거래하는 경우

6. 그 밖에 석유제품을 대체하여 사용할 수 있는 연료로서 산업통상자원부장관이 그 이용·보급을 확대할 필요가 있다고 인정하여 기획재정부장관과의 협의를 거쳐 이용·보급의 방법, 대상 및 절차 등을 고시한 경우

[전문개정 2009.1.30.] [제목개정 2012.1.26.]

---

**위임행정규칙**

· 이용 및 보급 확대 연료의 인정에 관한 고시(산업통상자원부고시 제2016-56호, 2016.3.21., 일부개정)

---

## 특정범죄가중처벌등에관한법률위반(조세)·조세범처벌법위반

[대법원 2017.12.5., 선고, 2013도7649, 판결]

**【판결요지】**

[1] 피고인이 유사석유제품을 판매하였다는 석유 및 석유대체연료 사업법(이하 '석유사업법'이라 한다) 위반죄의 범죄사실로 유죄판결을 받아 확정되었는데, 위와 같은 유사석유제품을 제조하여 판매하고도 그에 관한 부가가치세 등을 신고·납부하지 않고 조세를 포탈하였다는 공소사실로 기소된 사안에서, 석유사업법 위반죄의 범죄사실은 내용이나 행위 태양, 피해법익이 조세 포탈행위로 인한 공소사실과 서로 달라 석유사업법 위반죄의 범죄사실과 공소사실 사이에 기본적 사실관계의 동일성을 인정할 수 없다는 이유로, 같은 취지에서 확정판결의 기판력이 공소사실에 미치지 않는다고 본 원심판단이 정당하다고 한 사례.

[2] '유사석유제품을 제조하여 조세를 포탈한 자'를 처벌하도록 정하고 있는 구 조세범 처벌법(2013.1.1. 법률 제11613호로 개정되기 전의 것) 제5조는 조세범 처벌법이 2010. 1. 1. 법률 제9919호로 전부 개정되면서 신설된 조항이다(이하 이를 '처벌조항'이라 한다). 위 전부개정 전에는 조세범 처벌법 제9조제1항에서 '사기 기타 부정한 행위'로써 조세를 포탈하거나 조세의 환급·공제를 받은 자를 처벌하도록 정하고 있었다. 그러나 위 전부개정으로 유사석

유 제조와 관련하여 조세범으로 처벌하는 것을 확대·강화하고자 처벌조항이 신설되었는데, '사기나 그 밖의 부정한 행위'를 구성요건요소로 명시하고 있지 않다.

처벌조항에서 '유사석유제품을 제조하여 조세를 포탈'하는 행위란 유사석유제품을 제조하여 물품을 반출하거나 사업상 독립적으로 재화를 공급함으로써 교통·에너지·환경세, 교육세, 부가가치세 등의 납세의무를 부담하는 자가 그 조세의 부과와 징수를 피하여 면하는 것을 말한다. 처벌조항의 문언, 입법 연혁과 목적, 조세범 처벌법의 체계 등에 비추어 보면, 조세의 부과와 징수를 불가능하게 하거나 현저히 곤란하게 하는 적극적인 행위를 하지 않고 단순히 유사석유제품의 제조와 관련하여 납세신고를 하지 않거나 거짓으로 신고하는 행위도 여기서 말하는 조세의 포탈행위에 해당한다.

## III. 벌칙

**제44조(벌칙)** 다음 각 호의 어느 하나에 해당하는 자는 5년 이하의 징역 또는 2억원 이하의 벌금에 처한다. 〈개정 2011.7.25., 2012.1.26.〉

1. 삭제 〈2014.1.21.〉
2. 삭제 〈2014.1.21.〉
3. 제29조제1항제1호를 위반하여 가짜석유제품을 제조·수입·저장·운송·보관 또는 판매하거나, 같은 항 제3호를 위반하여 가짜석유제품으로 제조·사용하게 할 목적으로 석유제품, 석유화학제품, 석유대체연료, 탄소와 수소가 들어 있는 물질을 공급·판매·저장·운송 또는 보관한 자
4. 삭제 〈2014.1.21.〉
5. 제30조제1항에 따른 명령을 위반하거나 봉인을 훼손한 자
6. 제39조제1항제1호에 따른 행위의 금지를 위반한 자

[전문개정 2009.1.30.]

**제44조의2(벌칙)** 다음 각 호의 어느 하나에 해당하는 자는 3년 이하의 징역 또는 2억원 이하의 벌금에 처한다. 〈개정 2015.1.28.〉

1. 제5조제1항에 따른 등록을 하지 아니하고 석유정제업을 한 자
2. 제9조제1항에 따른 등록을 하지 아니하고 석유수출입업(천연가스수출입업 및 액화석유가스수출입업은 제외한다)을 한 자
3. 제32조제1항에 따른 등록을 하지 아니하고 석유대체연료 제조·수출입업을 한 자

[본조신설 2014.1.21.]

**제45조(벌칙)** 다음 각 호의 어느 하나에 해당하는 자는 3년 이하의 징역 또는 1억원 이하의 벌금에 처한다. 〈개정 2012.1.26., 2015.1.28.〉

1. 제13조제1항 또는 제2항에 따른 사업정지명령을 위반한 자
2. 제17조에 따른 석유비축의무를 위반한 자
3. 제22조제1항에 따른 조치를 위반한 자
4. 제25조제1항에 따른 품질검사를 받지 아니하거나 같은 조 제2항에 따른 품질검사를 거부·방해 또는 기피한 자
5. 제27조에 따른 품질기준에 맞지 아니한 석유제품의 판매 금지 등을 위반한 자
6. 제31조제3항에 따른 품질검사를 받지 아니하거나 같은 조 제4항에 따른 품질검사를 거부·방해 또는 기피한 자
7. 제31조제5항을 위반한 자
8. 제34조에 따른 사업정지명령을 위반한 석유대체연료 제조·수출입업자
9. 제36조에 따른 석유대체연료 비축의무를 위반한 자
10. 제39조제1항제5호부터 제7호까지 또는 같은 조 제2항에 따른 행위의 금지를 위반한 자

[전문개정 2009.1.30.]

**제45조의2(벌칙)** 제38조의4를 위반하여 보고를 받는 업무를 담당하면서 취득한 정보 또는 자료를 다른 사람 또는 기관에 제공 또는 누설하거나 목적 외의 용도로 사용한 자는 2년 이하의 징역 또는 2억원 이하의 벌금에 처한다. 〈개정 2024. 2. 6.〉

[본조신설 2014.1.21.]

**제46조(벌칙)** 다음 각 호의 어느 하나에 해당하는 자는 2년 이하의 징역 또는 5천만원 이하의 벌금에 처한다. 〈개정 2010.6.8., 2012.1.26., 2015.1.28., 2017.4.18., 2017.12.12., 2024. 2. 6.〉

1. 제5조제2항에 따른 신고를 하지 아니하거나 거짓으로 신고를 하고 석유정제업을 한 자
2. 제10조제1항에 따른 등록을 하지 아니하고 석유판매업을 한 자
3. 제10조제6항을 위반하여 그가 취급할 수 있는 석유제품이 아닌 석유제품을 판매하거나 다른 석유판매업자에게 이를 공급한 자
4. 제13조제4항에 따른 사업정지명령을 위반한 자
5. 제21조제1항에 따른 명령을 위반한 자

6. 제26조제2항(제32조제4항에 따라 준용되는 경우를 포함한다)을 위반하여 품질보정행위를 한 자

7. 제33조에 따른 등록을 하지 아니하고 석유대체연료 판매업을 한 자

8. 제34조에 따른 사업정지명령을 위반한 석유대체연료 판매업자

9. 제38조제1항 또는 제2항에 따른 검사 또는 시료 채취를 거부·방해하거나 기피한 자

10. 제39조제1항제2호부터 제4호까지, 제8호 또는 제10호에 따른 행위의 금지를 위반한 자

11. 제39조제5항을 위반하여 석유 정제의 원료로 석유 또는 친환경정제원료가 아닌 물질을 사용한 석유정제업자

[전문개정 2009.1.30.]

**제47조(벌칙)** 다음 각 호의 어느 하나에 해당하는 자는 1년 이하의 징역 또는 3천만원 이하의 벌금에 처한다. 〈개정 2017.4.18.〉

1. 제9조의2제1항에 따른 신고를 하지 아니하고 제2조제5호의2나목에 해당하는 국제석유거래업을 한 자

2. 거짓으로 제9조의2제1항에 따른 신고를 하고 국제석유거래업을 한 자

3. 제10조제2항에 따른 신고를 하지 아니하거나 거짓으로 신고를 하고 석유판매업을 한 자

4. 제13조제3항에 따른 사업정지명령을 위반한 자

[전문개정 2009.1.30.]

**제48조(양벌규정)** 법인의 대표자나 법인 또는 개인의 대리인, 사용인, 그 밖의 종업원이 그 법인 또는 개인의 업무에 관하여 제44조, 제44조의2, 제45조, 제46조 또는 제47조의 어느 하나에 해당하는 위반행위를 하면 그 행위자를 벌하는 외에 그 법인 또는 개인에게도 해당 조문의 벌금형을 과(科)한다. 다만, 법인 또는 개인이 그 위반행위를 방지하기 위하여 해당 업무에 관하여 상당한 주의와 감독을 게을리하지 아니한 경우에는 그러하지 아니하다. 〈개정 2014.1.21.〉

[전문개정 2008.12.26.]

**제49조(과태료)** ① 다음 각 호의 어느 하나에 해당하는 자에게는 3천만원 이하의 과태료를 부과한다. 〈개정 2011.7.25., 2012.1.26., 2017.4.18., 2024. 2. 6.〉

1. 제5조제1항 후단 또는 같은 조 제2항 후단에 따른 변경등록 또는 변경

신고를 하지 아니하거나 거짓으로 변경등록 또는 변경신고를 한 자

2. 제25조의8을 위반하여 한국석유관리원 또는 이와 유사한 명칭을 사용한 자

3. 제29조제1항제2호를 위반하여 가짜석유제품임을 알면서 사용하거나 제10조 및 제33조에 따라 등록·신고하지 아니한 자가 판매하는 가짜석유제품을 사용하는 행위

4. 제32조제2항에 따른 변경등록을 하지 아니하거나 거짓으로 변경등록을 한 자

5. 제38조제1항에 따른 명령을 위반하여 보고를 하지 아니하거나 거짓으로 보고를 한 석유정제업자·석유수출입업자 또는 석유대체연료 제조·수출입업자

6. 제38조의2제1항을 위반하여 석유제품의 판매가격을 보고하지 아니하거나 거짓으로 보고한 석유정제업자·석유수출입업자 또는 석유판매업자

6의2. 제38조의3을 위반하여 친환경정제원료의 사용내역을 보고하지 아니하거나 거짓으로 보고한 석유정제업자

7. 제39조제3항을 위반하여 등유, 부생연료유, 바이오디젤, 바이오에탄올, 용제, 윤활유, 윤활기유, 선박용 경유 및 석유중간제품임을 알면서 자동차 및 차량·기계의 연료로 사용한 자

② 다음 각 호의 어느 하나에 해당하는 자에게는 1천만원 이하의 과태료를 부과한다. 〈개정 2010.6.8., 2012.1.26., 2013.3.23., 2014.1.21., 2017.4.18.〉

1. 제9조제2항, 제9조의2제2항 또는 제10조제3항에 따른 변경등록 또는 변경신고를 하지 아니하거나 거짓으로 변경등록 또는 변경신고를 한 자

2. 제12조(제32조제4항 및 제33조제3항에 따라 준용되는 경우를 포함한다)에 따른 사업의 개시·휴업 및 폐업의 신고를 하지 아니하거나 거짓으로 신고한 자

3. 제33조제1항 후단에 따른 변경등록을 하지 아니하거나 거짓으로 변경등록을 한 자

4. 제38조제1항 또는 제2항에 따른 명령을 위반하여 보고를 하지 아니하거나 거짓으로 보고를 한 석유판매업자, 석유비축대행업자, 석유대체연료 판매업자, 「송유관 안전관리법」에 따른 송유관설치자 및 송유관관리자 또는 석유소비자

5. 제38조의2제3항 및 제5항에 따른 석유제품의 판매가격을 표시하지 아니하거나 거짓으로 표시 또는 표시방법을 위반한 석유판매업자

③ 제1항과 제2항에 따른 과태료는 대통령령으로 정하는 바에 따라 산업통

상자원부장관, 시·도지사 또는 시장·군수·구청장이 부과·징수한다.
〈개정 2013.3.23.〉

④ 제3항에 따라 부과한 과태료 중 산업통상자원부장관이 징수한 금액은 에너지 및 자원사업 특별회계에 귀속되고, 시·도지사 또는 시장·군수·구청장이 징수한 금액은 해당 지방자치단체에 귀속된다. 〈개정 2013.3.23., 2014.1.1.〉

[전문개정 2009.1.30.]

# Ⅳ. 기재례

## 【범죄사실 기재례】

피의자는 경기도 ○○군 ○○면에서 ○○주유소라는 상호로 석유판매업을 영위하고 있다. 피의자는 200○. ○. ○.경부터 200○. ○. ○.경까지 사이에 위 주유소에서 휘발유 1,000리터당 석유 60리터와 벤젠 및 톨루엔 등을 혼입한 유사석유제품을 1리터당 990원씩을 받고 약 21,000리터 상당을 불특정다수인에게 판매하였다.

## 【적용실례】

〈유사석유제품을 매입, 판매하지 않은 경우〉

유사석유제품을 판매하기 위해 매입하고, 아직 판매는 하지 않은 경우

➡ 석유및석유대체연료사업법 제29조의 규정은 유사석유제품을 판매할 목적으로 생산하거나 이를 판매하는 행위를 금하고 있으므로 실제로 판매한 사실이 없는 경우에는 석유사업법 위반에 대해서는 범죄혐의를 물을 수 없다.

〈주유소에서 보통휘발유에 등유를 혼합한 소위 유사휘발유를 판매한 경우〉

피의자가 휘발유 탱크와 등유탱크 사이의 공기파이프를 통하여 위 유류가 혼합된 것을 모르고 등유 섞인 휘발유, 즉 유사휘발유를 판매한 경우

➡ 석유및석유대체연료사업법 제29조는 석유제품에 석유화학제품을 혼합하거나 석유화학제품에 다른 석유화학제품을 혼합하는 등 방법으로 제조된 것으로서 유사석유제품을 판매할 목적으로 판매하거나 판매목적인 석유화학제품임을 알고 이를 보관하는 경우 등을 처벌하는 규정이다. 따라서 고의

범에 한하여 처벌가능하고 과실범은 처벌할 수 없다. 이 경우 피의자에게 위 사건을 사전에 예방, 발견하지 못한 잘못은 있으나 그것이 고의라고는 할 수 없으므로 범죄혐의가 없다.

## 【범죄사실 기재례】

피의자는 관할관청으로부터 석유판매업허가를 받아 ○○시 ○○동 ○○번지에서 ○○석유라는 상호로 석유판매업에 종사하고 있다.

피의자는 20○○. ○. ○.경부터 20○○. ○. ○.경까지 사이에 남○○로부터 등유 20리터를 배달해달라는 주문을 받고 18리터들이 용기에 등유를 배달하여 주면서 20리터의 가격인 ○○원을 받아 ○○원의 부당이익을 얻은 것을 비롯하여 같은 방법으로 하루 평균 등유 30통을 정량에 미달하여 판매함으로써 위 기간동안 합계 약500만원 상당의 부당이득을 얻었다.

## 【범죄사실 기재례】

피의자는 관할관청에 신고를 하지 않고 20○○. ○. ○.부터 20○○. ○. ○.까지 ○○시 ○○동 ○○번지에서 ○○석유라는 상호로 매일 30통 가량의 등유를 18리터들이 1통당 ○○원을 받고 판매함으로써 석유판매업을 영위하였다.

**[서식]** 석유정제업 등록증

제         호

# 석유정제업 등록증

1. 성   명(대표자):              (생년월일:              )

2. 상   호:

3. 주   소:

4. 석유정제시설 소재지:

5. 생 산 유 종:

「석유 및 석유대체연료 사업법」 제5조제1항 및 같은 법 시행규칙 제
4조제6항에 따라 위와 같이 석유정제업 등록을 하였음을 증명합니다.

년    월    일

## 산업통상자원부장관     직인

210mm×297mm(백상지 120g/㎡)

**[서식] 석유수출입업 등록증**

제        호

# 석유수출입업 등록증

1. 성   명(대표자):                    (생년월일:                    )

2. 상   호:

3. 주   소:

4. 석유저장시설 소재지:

5. 수 출 입 유 종:

「석유 및 석유대체연료 사업법」 제9조제1항 및 같은 법 시행규칙 제8

조제7항에 따라 위와 같이 석유수출입업 등록을 하였음을 증명합니다.

년   월   일

## 산업통상자원부장관        직인

210mm×297mm(백상지 120g/㎡)

**[서식]** 석유대체연료 판매업(대리점 · 주유소 · 판매소) 등록증

제 호

# 석유대체연료 판매업(대리점 · 주유소 · 판매소) 등록증

1. 성 명(대표자):  (생년월일:  )

2. 상 호:

3. 소 재 지:

4. 취 급 제 품:

5. 저장시설의 수:  주유기의 수:

「석유 및 석유대체연료 사업법」 제33조제1항 및 같은 법 시행규칙 제40조 제5항에 따라 위와 같이 석유대체연료 판매업 등록을 하였음을 증명합니다.

년  월  일

시 · 도 지 사
시장 · 군수 · 구청장  직인

210mm×297mm(백상지 120g/㎡)

# 성매매알선 등 행위의 처벌에 관한 법률

[시행 2024. 1. 1.] [법률 제19858호, 2023. 12. 29., 일부개정]

## I. 개설

### 목적

이 법은 성매매, 성매매알선 등 행위 및 성매매 목적의 인신매매를 근절하고, 성매매피해자의 인권을 보호함을 목적으로 한다.

## II. 판례

제2조(정의) ① 이 법에서 사용하는 용어의 뜻은 다음과 같다. 〈개정 2011.9.15., 2023. 12. 29.〉

1. "성매매"란 불특정인을 상대로 금품이나 그 밖의 재산상의 이익을 수수(收受)하거나 수수하기로 약속하고 다음 각 목의 어느 하나에 해당하는 행위를 하거나 그 상대방이 되는 것을 말한다.

   가. 성교행위

   나. 구강, 항문 등 신체의 일부 또는 도구를 이용한 유사 성교행위

2. "성매매알선 등 행위"란 다음 각 목의 어느 하나에 해당하는 행위를 하는 것을 말한다.

   가. 성매매를 알선, 권유, 유인 또는 강요하는 행위

   나. 성매매의 장소를 제공하는 행위

   다. 성매매에 제공되는 사실을 알면서 자금, 토지 또는 건물을 제공하는 행위

3. "성매매 목적의 인신매매"란 다음 각 목의 어느 하나에 해당하는 행위를 하는 것을 말한다.

   가. 성을 파는 행위 또는 「형법」 제245조에 따른 음란행위를 하게 하거나, 성교행위 등 음란한 내용을 표현하는 사진·영상물 등의 촬영 대상으로 삼을 목적으로 위계(僞計), 위력(威力), 그 밖에 이에 준하는 방법으로 대상자를 지배·관리하면서 제3자에게 인계하는 행위

   나. 가목과 같은 목적으로 미성년자, 사물을 변별하거나 의사를 결정할 능력이 없거나 미약한 사람 또는 대통령령으로 정하는 중대한 장애가 있는 사람이나 그를 보호·감독하는 사람에게 선불금 등 금품이나 그 밖의 재산상의 이익을 제공하거나 제공하기로 약속하고 대상자를 지배·관리하

면서 제3자에게 인계하는 행위

다. 가목 및 나목의 행위가 행하여지는 것을 알면서 가목과 같은 목적이나 전매를 위하여 대상자를 인계받는 행위

라. 가목부터 다목까지의 행위를 위하여 대상자를 모집·이동·은닉하는 행위

4. "성매매피해자"란 다음 각 목의 어느 하나에 해당하는 사람을 말한다.

가. 위계, 위력, 그 밖에 이에 준하는 방법으로 성매매를 강요당한 사람

나. 업무관계, 고용관계, 그 밖의 관계로 인하여 보호 또는 감독하는 사람에 의하여 「마약류관리에 관한 법률」 제2조에 따른 마약·향정신성의 약품 또는 대마(이하 "마약등"이라 한다)에 중독되어 성매매를 한 사람

다. 미성년자, 사물을 변별하거나 의사를 결정할 능력이 없거나 미약한 사람 또는 대통령령으로 정하는 중대한 장애가 있는 사람으로서 성매매를 하도록 알선·유인된 사람

라. 성매매 목적의 인신매매를 당한 사람

② 다음 각 호의 어느 하나에 해당하는 경우에는 대상자를 제1항제3호가목에 따른 지배·관리하에 둔 것으로 본다.

1. 선불금 제공 등의 방법으로 대상자의 동의를 받은 경우라도 그 의사에 반하여 이탈을 제지한 경우

2. 다른 사람을 고용·감독하는 사람, 출입국·직업을 알선하는 사람 또는 그를 보조하는 사람이 성을 파는 행위를 하게 할 목적으로 여권이나 여권을 갈음하는 증명서를 채무이행 확보 등의 명목으로 받은 경우

[전문개정 2011.5.23.]

## 성매매알선등행위의처벌에관한법률위반(성매매알선등)

[대법원 2020. 5. 14., 선고, 2020도1355, 판결]

**【판결요지】**

성매매알선 등 행위의 처벌에 관한 법률은 제19조 제1항 제1호, 제2조 제1항 제2호 (나)목에서 성매매의 장소를 제공하는 행위를 한 사람을 처벌하도록 규정하고, '영업으로' 그와 같은 행위를 한 사람에 대하여는 제19조 제2항 제1호에서 가중하여 처벌하도록 별도로 규정하고 있다. 위와 같이 성매매장소의 제공행위에 대한 처벌 규정을 둔 입법 취지는, 성매매의 장소를 제공하는 것은 성매매 내지는 성매매알선을 용이하게 하는 것이고, 결국 성매매의 강요·알선 등 행위로 인하여 얻은 재산상의 이익을 취득하는 것이라는 점에서 성매매행위의 공급자와 중간 매개체를 차단하여 우리 사회에 만연되어 있는 성매매행위의 강요·알선 등 행위와 성매매행위를 근절하려는 성매매알선 등 행위의 처벌에 관한 법률의 목적을 달성하기 위해 간접적인 성매매알선을 규제하기 위함이다.

**제4조(금지행위)** 누구든지 다음 각 호의 어느 하나에 해당하는 행위를 하여서는 아니 된다.

1. 성매매
2. 성매매알선 등 행위
3. 성매매 목적의 인신매매
4. 성을 파는 행위를 하게 할 목적으로 다른 사람을 고용·모집하거나 성매매가 행하여진다는 사실을 알고 직업을 소개·알선하는 행위
5. 제1호, 제2호 및 제4호의 행위 및 그 행위가 행하여지는 업소에 대한 광고행위

[전문개정 2011.5.23.]

## 성매매알선 등 행위가 업무방해죄의 보호대상인 '업무'에 해당하는지 여부

[대법원 2011. 10. 13., 선고, 2011도7081, 판결]

【판결요지】

구 성매매알선 등 행위의 처벌에 관한 법률(2010. 4. 15. 법률 제10261호로 개정되기 전의 것)은 제2조 제1항 제2호에서 성매매알선 등 행위에 해당하는 행위로 '성매매를 알선·권유·유인 또는 강요하는 행위', '성매매의 장소를 제공하는 행위' 등을 규정하고, 제4조 제2호 및 제4호에서 성매매알선행위와 성을 파는 행위를 하게 할 목적으로 타인을 고용·모집하는 행위를 금지하고, 이를 위반하여 성매매알선 등 행위를 한 자 및 미수범을 형사처벌하도록 규정하고 있으므로(같은 법 제19조 제1항 제1호, 제2항 제1호, 제23조 등 참조), 성매매알선 등 행위는 법에 의하여 원천적으로 금지된 행위로서 형사처벌의 대상이 되는 중대한 범죄행위일 뿐 아니라 정의관념상 용인될 수 없는 정도로 반사회성을 띠는 경우에 해당하므로, 업무방해죄의 보호대상이 되는 업무라고 볼 수 없다.

**제10조(불법원인으로 인한 채권무효)** ① 다음 각 호의 어느 하나에 해당하는 사람이 그 행위와 관련하여 성을 파는 행위를 하였거나 할 사람에게 가지는 채권은 그 계약의 형식이나 명목에 관계없이 무효로 한다. 그 채권을 양도하거나 그 채무를 인수한 경우에도 또한 같다.

1. 성매매알선 등 행위를 한 사람
2. 성을 파는 행위를 할 사람을 고용·모집하거나 그 직업을 소개·알선한 사람
3. 성매매 목적의 인신매매를 한 사람

② 검사 또는 사법경찰관은 제1항의 불법원인과 관련된 것으로 의심되는 채무의 불이행을 이유로 고소·고발된 사건을 수사할 때에는 금품이나 그 밖의

재산상의 이익 제공이 성매매의 유인·강요 수단이나 성매매 업소로부터의 이탈방지 수단으로 이용되었는지를 확인하여 수사에 참작하여야 한다.

③ 검사 또는 사법경찰관은 성을 파는 행위를 한 사람이나 성매매피해자를 조사할 때에는 제1항의 채권이 무효라는 사실과 지원시설 등을 이용할 수 있음을 본인 또는 법정대리인 등에게 고지하여야 한다.

[전문개정 2011.5.23.]

## 청구 이의
[대법원 2013.6.14, 선고, 2011다65174, 판결]

**【판결요지】**

[1] 성매매알선 등 행위의 처벌에 관한 법률 제10조는 성매매알선 등 행위를 한 사람 또는 성을 파는 행위를 할 사람을 고용한 사람이 그 행위와 관련하여 성을 파는 행위를 하였거나 할 사람에게 가지는 채권은 그 계약의 형식이나 명목에 관계없이 무효로 한다고 규정하고 있고, 부당이득의 반환청구가 금지되는 사유로 민법 제746조가 규정하는 불법원인급여는 그 원인이 되는 행위가 선량한 풍속 기타 사회질서에 반하는 경우를 말하는바, 윤락행위 및 그것을 유인·강요하는 행위는 선량한 풍속 기타 사회질서에 반하므로, 윤락행위를 할 사람을 고용하면서 성매매의 유인·권유·강요의 수단으로 이용되는 선불금 등 명목으로 제공한 금품이나 그 밖의 재산상 이익 등은 불법원인급여에 해당하여 그 반환을 청구할 수 없고, 나아가 성매매의 직접적 대가로서 제공한 경제적 이익뿐만 아니라 성매매를 전제하고 지급하였거나 성매매와 관련성이 있는 경제적 이익이면 모두 불법원인급여에 해당하여 반환을 청구할 수 없다고 보아야 한다.

[2] 이른바 '티켓다방'을 운영하는 甲이 乙 등을 종업원으로 고용하면서 대여한 선불금이 불법원인급여에 해당하는지가 문제 된 사안에서, 제반 사정에 비추어 乙 등으로서는 선불금반환채무와 여러 명목의 경제적 부담이 더해지는 불리한 고용조건 탓에 윤락행위를 선택하지 않을 수 없었고, 甲은 이를 알았을 뿐 아니라 유인, 조장하는 위치에 있었다고 보이므로, 위 선불금은 乙 등의 윤락행위를 전제로 한 것이거나 그와 관련성이 있는 경제적 이익으로서 그 대여행위는 민법 제103조에서 정하는 반사회질서의 법률행위에 해당함에도, 이와 달리 본 원심판결에 법리오해의 위법이 있다고 한 사례.

**제19조(벌칙)** ① 다음 각 호의 어느 하나에 해당하는 사람은 3년 이하의 징역 또는 3천만원 이하의 벌금에 처한다.

1. 성매매알선 등 행위를 한 사람
2. 성을 파는 행위를 할 사람을 모집한 사람
3. 성을 파는 행위를 하도록 직업을 소개·알선한 사람

② 다음 각 호의 어느 하나에 해당하는 사람은 7년 이하의 징역 또는 7천만원 이하의 벌금에 처한다.
　1. 영업으로 성매매알선 등 행위를 한 사람
　2. 성을 파는 행위를 할 사람을 모집하고 그 대가를 지급받은 사람
　3. 성을 파는 행위를 하도록 직업을 소개·알선하고 그 대가를 지급받은 사람
[전문개정 2011.5.23.]

### 성매매알선등행위의처벌에관한법률위반(성매매알선등)·

[대법원 2020. 5. 14., 선고, 2020도1355, 판결]

【판결요지】

[1] 포괄일죄의 관계에 있는 범행 일부에 대하여 판결이 확정된 경우에는 사실심 판결선고 시를 기준으로 그 이전에 이루어진 범행에 대하여는 확정판결의 기판력이 미쳐 면소의 판결을 선고하여야 할 것인데, 동일 죄명에 해당하는 여러 개의 행위 혹은 연속된 행위를 단일하고 계속된 범의하에 일정 기간 계속하여 행하고 피해법익도 동일한 경우에는 이들 각 행위를 통틀어 포괄일죄로 처단하여야 할 것이나, 범의의 단일성과 계속성이 인정되지 아니하거나 범행방법 및 장소가 동일하지 않은 경우에는 각 범행은 실체적 경합범에 해당한다.

[2] 성매매알선 등 행위의 처벌에 관한 법률은 제19조 제1항 제1호, 제2조 제1항 제2호 (나)목에서 성매매의 장소를 제공하는 행위를 한 사람을 처벌하도록 규정하고, '영업으로' 그와 같은 행위를 한 사람에 대하여는 제19조 제2항 제1호에서 가중하여 처벌하도록 별도로 규정하고 있다. 위와 같이 성매매장소의 제공행위에 대한 처벌 규정을 둔 입법 취지는, 성매매의 장소를 제공하는 것은 성매매 내지는 성매매알선을 용이하게 하는 것이고, 결국 성매매의 강요·알선 등 행위로 인하여 얻은 재산상의 이익을 취득하는 것이라는 점에서 성매매행위의 공급자와 중간 매개체를 차단하여 우리 사회에 만연되어 있는 성매매행위의 강요·알선 등 행위와 성매매행위를 근절하려는 성매매알선 등 행위의 처벌에 관한 법률의 목적을 달성하기 위해 간접적인 성매매알선을 규제하기 위함이다.

[3] 피고인이 자기 소유의 건물을 2017. 8. 31. 甲에게 월 70만 원에, 2018. 6. 18. 乙에게 월 100만 원에 성매매장소로 제공하였다는 범죄사실로 각 약식명령이 확정되었는데, 위 건물을 2014. 6.경부터 2016. 4.경까지, 2018. 3.경부터 2018. 5. 13.경까지 丙에게 월 300만 원에 임대하는 등 성매매장소로 제공하여 성매매알선 등 행위를 하였다는 공소사실로 기소된 사안에서, 확정된 각 약식명령은 영업이 아닌 단순 성매매장소 제공행위 범행으로 처벌된 것이고, 공소사실 역시 영업이 아닌 단순 성매매장소 제공행위 범행으로 기소된 것이어서 구성요건의 성질상 동종 행위의 반복이 예상되는 경우라고 볼 수 없고, 성매매알선행위가 장소제공행위의 필연적 결과라거나 반대로 장소제공행위가 성매매알선행위에 수반되는 필연적 수단이라고 볼 수 없는 점, 각 약식명령의 장소제공행위는 2017. 8. 31. 하루 동안 甲에게 임료를 월 70만 원으로 정하

여 임대하였다는 것과 2018. 6. 18. 하루 동안 乙에게 임료를 월 100만 원으로 정하여 임대하였다는 것이고, 공소사실의 장소제공행위는 그와 다른 시기에 丙에게 임료를 월 300만 원으로 정하여 임대하였다는 것으로, 별개의 법률관계인 각각의 임대차계약이 시기를 달리하여 존재하고, 임대차계약의 중요한 내용인 임차인과 임료 등이 모두 다른 점, 각 약식명령과 공소사실의 장소제공행위는, 장소를 제공받은 성매매업소 운영주가 성매매알선 등 행위로 단속되어 기소·처벌을 받는 과정에서 함께 처벌을 받게 된 것으로, 피고인은 그때마다 새로운 성매매업소 운영주와 다시 임대차계약을 체결하여 온 것으로 보이는 점, 한편 성매매장소를 제공한 수 개의 행위가 동일한 범죄사실이라고 쉽게 단정하여 포괄일죄로 인정하면, 자칫 범행 중 일부만 발각되어 그 부분만 공소가 제기되어 확정판결을 받게 된 후에는 나중에 발각된 부분을 처벌하지 못하여 행위에 합당한 기소와 양형이 불가능하게 될 수 있는 불합리가 나타나 처벌규정을 둔 입법 취지가 훼손될 여지도 있는 점 등 여러 사정을 염두에 두고 공소사실과 각 약식명령의 범죄사실에 있어 범의의 단일성과 계속성이 인정되는지 등을 살펴본 다음 각 약식명령의 범죄사실과 공소사실이 동일사건에 해당하여 포괄일죄 관계에 있는지를 가려 그 확정판결의 기판력이 공소사실에 미치는지를 판단하여야 함에도, 이와 달리 각 약식명령의 범죄사실과 공소사실이 동일사건에 해당한다고 단정하여 포괄일죄 관계에 있다고 보아 각 약식명령의 기판력이 공소사실에 미친다는 이유로 면소를 선고한 원심판결에 성매매장소 제공에 의한 성매매알선 등 행위의 처벌에 관한 법률 위반(성매매알선등)죄에서 포괄일죄와 경합범의 구별 기준에 관한 법리를 오해하고 필요한 심리를 다하지 아니한 잘못이 있다고 한 사례.

## Ⅲ. 벌칙

**제18조(벌칙)** ① 다음 각 호의 어느 하나에 해당하는 사람은 10년 이하의 징역 또는 1억원 이하의 벌금에 처한다.

1. 폭행이나 협박으로 성을 파는 행위를 하게 한 사람
2. 위계 또는 이에 준하는 방법으로 성을 파는 사람을 곤경에 빠뜨려 성을 파는 행위를 하게 한 사람
3. 친족관계, 고용관계, 그 밖의 관계로 인하여 다른 사람을 보호·감독하는 것을 이용하여 성을 파는 행위를 하게 한 사람
4. 위계 또는 위력으로 성교행위 등 음란한 내용을 표현하는 영상물 등을 촬영한 사람

② 다음 각 호의 어느 하나에 해당하는 사람은 1년 이상의 유기징역에 처한다.
〈개정 2023. 12. 29.〉

1. 제1항의 죄(미수범을 포함한다)를 범하고 그 대가의 전부 또는 일부를 받거나 이를 요구·약속한 사람
2. 위계 또는 위력으로 미성년자, 사물을 변별하거나 의사를 결정할 능력이 없거나 미약한 사람 또는 대통령령으로 정하는 중대한 장애가 있는 사람으로 하여금 성을 파는 행위를 하게 한 사람
3. 「폭력행위 등 처벌에 관한 법률」 제4조에 규정된 단체나 집단의 구성원으로서 제1항의 죄를 범한 사람

③ 다음 각 호의 어느 하나에 해당하는 사람은 3년 이상의 유기징역에 처한다.
1. 다른 사람을 감금하거나 단체 또는 다중(多衆)의 위력을 보이는 방법으로 성매매를 강요한 사람
2. 성을 파는 행위를 하였거나 할 사람을 고용·관리하는 것을 이용하여 위계 또는 위력으로 낙태하게 하거나 불임시술을 받게 한 사람
3. 삭제 〈2013.4.5.〉
4. 「폭력행위 등 처벌에 관한 법률」 제4조에 규정된 단체나 집단의 구성원으로서 제2항제1호 또는 제2호의 죄를 범한 사람

④ 다음 각 호의 어느 하나에 해당하는 사람은 5년 이상의 유기징역에 처한다.
1. 업무관계, 고용관계, 그 밖의 관계로 인하여 보호 또는 감독을 받는 사람에게 마약등을 사용하여 성을 파는 행위를 하게 한 사람
2. 「폭력행위 등 처벌에 관한 법률」 제4조에 규정된 단체나 집단의 구성원으로서 제3항제1호부터 제3호까지의 죄를 범한 사람

[전문개정 2011.5.23.]

**제19조(벌칙)** ① 다음 각 호의 어느 하나에 해당하는 사람은 3년 이하의 징역 또는 3천만원 이하의 벌금에 처한다.
1. 성매매알선 등 행위를 한 사람
2. 성을 파는 행위를 할 사람을 모집한 사람
3. 성을 파는 행위를 하도록 직업을 소개·알선한 사람

② 다음 각 호의 어느 하나에 해당하는 사람은 7년 이하의 징역 또는 7천만원 이하의 벌금에 처한다.
1. 영업으로 성매매알선 등 행위를 한 사람
2. 성을 파는 행위를 할 사람을 모집하고 그 대가를 지급받은 사람
3. 성을 파는 행위를 하도록 직업을 소개·알선하고 그 대가를 지급받은 사람

[전문개정 2011.5.23.]

**제20조(벌칙)** ① 다음 각 호의 어느 하나에 해당하는 사람은 3년 이하의 징역 또는 3천만원 이하의 벌금에 처한다.

    1. 성을 파는 행위 또는 「형법」 제245조에 따른 음란행위 등을 하도록 직업을 소개·알선할 목적으로 광고(각종 간행물, 유인물, 전화, 인터넷, 그 밖의 매체를 통한 행위를 포함한다. 이하 같다)를 한 사람

    2. 성매매 또는 성매매알선 등 행위가 행하여지는 업소에 대한 광고를 한 사람

    3. 성을 사는 행위를 권유하거나 유인하는 광고를 한 사람

② 영업으로 제1항에 따른 광고물을 제작·공급하거나 광고를 게재한 사람은 2년 이하의 징역 또는 1천만원 이하의 벌금에 처한다.

③ 영업으로 제1항에 따른 광고물이나 광고가 게재된 출판물을 배포한 사람은 1년 이하의 징역 또는 500만원 이하의 벌금에 처한다.

[전문개정 2011.5.23.]

**제21조(벌칙)** ① 성매매를 한 사람은 1년 이하의 징역이나 300만원 이하의 벌금·구류 또는 과료(科料)에 처한다.

② 제7조제3항을 위반한 사람은 500만원 이하의 벌금에 처한다.

[전문개정 2011.5.23.]

**제22조(범죄단체의 가중처벌)** 제18조 또는 제19조에 규정된 범죄를 목적으로 단체 또는 집단을 구성하거나 그러한 단체 또는 집단에 가입한 사람은 「폭력행위 등 처벌에 관한 법률」 제4조의 예에 따라 처벌한다.

[전문개정 2011.5.23.]

**제23조(미수범)** 제18조부터 제20조까지에 규정된 죄의 미수범은 처벌한다.

[전문개정 2011.5.23.]

**제24조(징역과 벌금의 병과)** 제18조제1항, 제19조, 제20조 및 제23조(제18조제2항부터 제4항까지에 규정된 죄의 미수범은 제외한다)의 경우에는 징역과 벌금을 병과할 수 있다.

[전문개정 2011.5.23.]

**제25조(몰수 및 추징)** 제18조부터 제20조까지에 규정된 죄를 범한 사람이 그 범죄로 인하여 얻은 금품이나 그 밖의 재산은 몰수하고, 몰수할 수 없

는 경우에는 그 가액(價額)을 추징한다.
[전문개정 2011.5.23.]

**제26조(형의 감면)** 이 법에 규정된 죄를 범한 사람이 수사기관에 신고하거나 자수한 경우에는 형을 감경하거나 면제할 수 있다.
[전문개정 2011.5.23.]

**제27조(양벌규정)** 법인의 대표자나 법인 또는 개인의 대리인, 사용인, 그 밖의 종업원이 그 법인 또는 개인의 업무에 관하여 제18조부터 제23조까지의 어느 하나에 해당하는 위반행위를 하면 그 행위자를 벌하는 외에 그 법인 또는 개인에게도 해당 조문의 벌금형을 과(科)하고, 벌금형이 규정되어 있지 아니한 경우에는 1억원 이하의 벌금에 처한다. 다만, 법인 또는 개인이 그 위반행위를 방지하기 위하여 해당 업무에 관하여 상당한 주의와 감독을 게을리하지 아니한 경우에는 그러하지 아니하다.
[전문개정 2011.5.23.]

**제28조(보상금)** ① 제18조제2항제3호, 같은 조 제3항제4호, 같은 조 제4항, 제22조의 범죄 및 성매매 목적의 인신매매의 범죄를 수사기관에 신고한 사람에게는 보상금을 지급할 수 있다. 〈개정 2013.4.5.〉
② 제1항에 따른 보상금의 지급 기준 및 범위에 관하여 필요한 사항은 대통령령으로 정한다.
[전문개정 2011.5.23.]

## Ⅳ. 기재례

### 【범죄사실 기재례】

1. 피의자 강○○는 20○○. ○. ○. ○○시 ○○동에 있는 ○○모텔 301호실에서 같은 이○○로부터 화대비로 10만원을 받고 1회 성교행위를 하여 성매매를 하였다.
2. 성매매 특별법(무자격 안마행위, 성매매)
피의자1) 홍길동(남, 45세)은 서울 성북구 ○○동  100-11호 높은빌딩 지하1층에서 20○○. 3. 1.경부터 같은 해 5. 15. 16 : 30경 현재까지 "월드"라는 상호로 남성휴게텔을 운영하는 자이고 같은2), 같은3)은 종업원으로 일하는 자들이다.

피의자1)은 같은2)를 종업원으로 고용하여 가. 불특정 다수의 손님들을 상대로 팔과 다리, 허리 등을 손으로 주무르거나 잡아 비트는 방법으로 안마를 하게 하여 손님 1명당 그 대금으로 4~5만원을 받아 같은2)에게 2~3만원을 지급하고 자신이 2만원 가량의 부당이득을 챙기는 등 무자격 안마행위를 하도록 조장하였다.

또한 불특정 다수의 손님들을 상대로 성기를 손으로 잡아 위아래로 흔드는 방법으로 수간하여 유사성교행위를 하게 하여 손님으로부터 8~9만원을 받아 성매매여성에게 5만원을 지급하고 자신이 3~4만원 가량의 부당이득을 챙기는 등 성매매 알선을 하였다.

피의자2)는 20○○. 4. 16경 같은 해 5. 15 16 : 30경 현재까지 동 업소에서 종업원으로 일하면서 시도지사로부터 전문 안마사 자격증을 취득하지 아니하고 불특정 다수의 손님들을 상대로 손님들의 팔과 다리 등 온몸을 주무르거나 누르고 잡아 비트는 방법으로 무자격 안마행위를 하였다.

## 【범죄사실 기재례】

1. **피의자는 ○○시 ○○동에서 성매매업에 종사하고 있다.**

   피의자는 20○○. ○. 말경부터 같은 해 ○. ○.경까지 사이에 ○○시 ○○동 ○○번지에 있는 피의자의 집에 객실 4개를 갖추어놓고 윤락녀 신○○(23세), 이○○(20세), 채○○(24세) 등으로 하여금 불특정 다수의 남자 손님을 상대로 화대 ○○만원을 받고 성교하게 한 다음 화대 중에서 위 신○○로부터 ○○만원, 위 이○○로부터 ○○만원, 위 채○○로부터 ○○만원을 방값명목으로 각 교부받아 영업으로 성매매행위의 장소를 제공하였다.

2. **성매매 특별법(성매매 행위의 금지위반)**

   피의자1) 김여자(여, 20세)는 일정한 직업이 없는 사람이고, 같은2) 홍길동(남, 32세)은 회사원이다.1.

   피의자1)은 20○○. 6. 25. 16 : 00경 서울 성북구 ○○동 100번지에 있는 꿈나라여관 303호실에서 같은2) 홍길동으로부터 화대비로 17만원을 받고 1회 성행위를 하여 성매매 행위를 하고,2. 같은2)는 위 일시 및 장소에서 위와 같이 성매매행위의 상대자가 되었다.

3. **성매매 특별법(영업으로 성매매 행위의 유인)**

   피의자는 성북구 ○○동 100번지에서 "장미" 라는 상호로 유흥주점영업을 하고 있었다.

피의자는 성매매 행위자로부터 보수를 받을 것을 목적으로 20○○. 6. 9.부터 같은 해 6. 25.까지 사이에 "장미"에 성매매 종사자인 이여자(여, 20세), 박여자(여, 22세) 등을 상주시키면서 위 시내에 있는 ○○모텔과 ○○모텔 및 ○○여관 등의 종업원들에게 투숙객들이 성매매 종사자를 찾으면 연락하여 달라면서 전화번호를 알려준 다음 위 모텔 등에서 전화가 걸려오면 위 성매매 종사자들을 그 곳으로 보내어 성명을 알 수 없는 투숙객들과 성교하게 하고, 위 성매매 종사자들이 1회의 성매매행위로 받은 화대중 30%를 숙식비명목으로 받는 등 영업으로 성매매행위를 유인하였다.

### 4. 성매매 특별법(영업으로 성매매행위의 장소제공)

피의자는 성매매행위자로부터 보수를 받을 목적으로 20○○. 6. 9일경부터 같은 해 6. 25일까지 사이에 서울 성북구 ○○동 100번지에 있는 피의자 집에 객실 3개를 갖추어 놓고 성매매 종사자인 이여자(여, 20세), 박여자(여, 22세) 등으로 하여금 불특정 다수의 남자 손님을 상대로 화대20만원을 받고 성교하게 한 후, 화대 중에서 위 이여자로부터 10만원, 위 박여자로부터 10만원을 방값 명목으로 각각 교부받아 영업으로 성매매행위의 장소를 제공하였다.

### 【범죄사실 기재례】

피의자는 ○○시 ○○동에서 ○○클럽이라는 상호로 유흥주점을 경영하고 있다.

피의자는 20○○. ○. ○. 위 업소에 손님으로 찾아온 김○○이 술을 마시고 위 업소 종업원인 이○○과 같이 성매매(속칭 2차)를 나가겠다고 하자 이○○가 이를 거부한다는 이유로 위 김○○과 성매매를 나가지 않으면 당장 그만두고 선불금으로 가져간 2,000만원을 반환하라면서 손바닥으로 위 이○○의 뺨을 때리고 협박하여 같은 동 소재 ○○모텔 201호에서 위 김○○과 성교행위를 하게 하였다.

### 【적용실례】

〈성매매행위의 유인, 장소제공의 성립요건〉

➡ 성매매행위의 유인, 장소제공 등 죄는 실제로 성매매행위가 있었음을 전제로 하므로 사실상의 유인 및 장소제공행위가 있었다 할지라도 윤락행위에 이르기 전인 경우에는 동죄로 처벌할 수 없다.

〈죄가 안되는 사실을 기소의견 송치한 사례〉

➡ 피의자가 돈을 받고 윤락녀를 소개해 준 일이 있다고 하더라도 실제로 성매매자가 성매매행위를 하지 않았다면 피의자를 처벌할 수가 없다.

〈여관종업원으로서 손님의 요청에 따라 상피의자 김○○에게 성매매행위를 알선한 경우〉

➡ 성매매알선등행위의처벌에관한법률 위반 제4조·19조 위반으로 의율한다.


◆ **신문사항** ◆

− 피의자는 한○○에게 성을 파는 여성을 알선한 사실이 있나요?

− 언제, 어디에서 알선하였나요?

− 피의자의 직업은 무엇인가요?

− 성을 파는 여성을 알선해서 받은 돈은 얼마인가요?

− 그 돈은 어떻게 하였나요?

− 피의자는 이전에도 성을 파는 여성을 알선한 사실이 있나요?

− 강○○(성을 파는 여성)은 어디에서 불렀고, 그 연락처는 알고 있나요?

# 성폭력범죄의 처벌 등에 관한 특례법

[시행 2025. 6. 21.] [법률 제20575호, 2024. 12. 20., 일부개정]

## I. 개설

### 목적

이 법은 성폭력범죄의 처벌 및 그 절차에 관한 특례를 규정함으로써 성폭력범죄 피해자의 생명과 신체의 안전을 보장하고 건강한 사회질서의 확립에 이바지함을 목적으로 한다.

## II. 판례

**제2조(정의)** ① 이 법에서 "성폭력범죄"란 다음 각 호의 어느 하나에 해당하는 죄를 말한다. 〈개정 2013.4.5., 2016.12.20.〉

1. 「형법」제2편제22장 성풍속에 관한 죄 중 제242조(음행매개), 제243조(음화반포등), 제244조(음화제조등) 및 제245조(공연음란)의 죄

2. 「형법」제2편제31장 약취(略取), 유인(誘引) 및 인신매매의 죄 중 추행, 간음 또는 성매매와 성적 착취를 목적으로 범한 제288조 또는 추행, 간음 또는 성매매와 성적 착취를 목적으로 범한 제289조, 제290조(추행, 간음 또는 성매매와 성적 착취를 목적으로 제288조 또는 추행, 간음 또는 성매매와 성적 착취를 목적으로 제289조의 죄를 범하여 약취, 유인, 매매된 사람을 상해하거나 상해에 이르게 한 경우에 한정한다), 제291조(추행, 간음 또는 성매매와 성적 착취를 목적으로 제288조 또는 추행, 간음 또는 성매매와 성적 착취를 목적으로 제289조의 죄를 범하여 약취, 유인, 매매된 사람을 살해하거나 사망에 이르게 한 경우에 한정한다), 제292조[추행, 간음 또는 성매매와 성적 착취를 목적으로 한 제288조 또는 추행, 간음 또는 성매매와 성적 착취를 목적으로 한 제289조의 죄로 약취, 유인, 매매된 사람을 수수(授受) 또는 은닉한 죄, 추행, 간음 또는 성매매와 성적 착취를 목적으로 한 제288조 또는 추행, 간음 또는 성매매와 성적 착취를 목적으로 한 제289조의 죄를 범할 목적으로 사람을 모집, 운송, 전달한 경우에 한정한다] 및 제294조(추행, 간음 또는 성매매와 성적 착취를 목적으로 범한 제288조의 미수범 또는 추행, 간음 또는 성매매와 성적 착취를 목적으로 범

한 제289조의 미수범, 추행, 간음 또는 성매매와 성적 착취를 목적으로 제
288조 또는 추행, 간음 또는 성매매와 성적 착취를 목적으로 제289조의
죄를 범하여 발생한 제290조제1항의 미수범 또는 추행, 간음 또는 성매매
와 성적 착취를 목적으로 제288조 또는 추행, 간음 또는 성매매와 성적 착
취를 목적으로 제289조의 죄를 범하여 발생한 제291조제1항의 미수범 및
제292조제1항의 미수범 중 추행, 간음 또는 성매매와 성적 착취를 목적으
로 약취, 유인, 매매된 사람을 수수, 은닉한 죄의 미수범으로 한정한다)의
죄

3. 「형법」제2편제32장 강간과 추행의 죄 중 제297조(강간), 제297조의2(유사
강간), 제298조(강제추행), 제299조(준강간, 준강제추행), 제300조(미수
범), 제301조(강간등 상해ㆍ치상), 제301조의2(강간등 살인ㆍ치사), 제302
조(미성년자등에 대한 간음), 제303조(업무상위력등에 의한 간음) 및 제
305조(미성년자에 대한 간음, 추행)의 죄

4. 「형법」제339조(강도강간)의 죄 및 제342조(제339조의 미수범으로 한정한
다)의 죄

5. 이 법 제3조(특수강도강간 등)부터 제15조(미수범)까지의 죄

② 제1항 각 호의 범죄로서 다른 법률에 따라 가중처벌되는 죄는 성폭력범죄로
본다.

## 국민참여재판배제결정에대한재항고

[대법원 2016 .3. 16. 자, 2015모2898, 결정]

【판결요지】

[1] 피고인만이 항소한 사건에 대하여는 원심판결의 형보다 중한 형을 선고하지 못한
다. 원심의 형이 피고인에게 불이익하게 변경되었는지 여부에 관한 판단은 형법
상 형의 경중을 기준으로 하되 이를 개별적ㆍ형식적으로 고찰할 것이 아니라 주
문 전체를 고려하여 피고인에게 실질적으로 불이익한지 아닌지를 보아 판단하여
야 한다. 그리고 성폭력범죄의 처벌 등에 관한 특례법에 따라 병과하는 수강명령
또는 이수명령은 이른바 범죄인에 대한 사회내 처우의 한 유형으로서 형벌 자체
가 아니라 보안처분의 성격을 가지는 것이지만, 의무적 강의 수강 또는 성폭력
치료프로그램의 의무적 이수를 받도록 함으로써 실질적으로는 신체적 자유를 제
한하는 것이 되므로, 원심이 제1심판결에서 정한 형과 동일한 형을 선고하면서
새로 수강명령 또는 이수명령을 병과하는 것은 전체적ㆍ실질적으로 볼 때 피고인
에게 불이익하게 변경한 것이므로 허용되지 않는다.

[2] 피고인이 군인 신분에서 폭행, 모욕, 군인등강제추행, 군용물손괴, 특수폭행으로
기소되어 보통군사법원에서 진행된 제1심에서 징역 2년에 집행유예 3년의 유죄판
결을 선고받고 위 판결에 대하여 피고인만이 항소하였는데, 항소심인 고등군사법

원은 피고인이 예비역으로 전역하였음을 이유로 군용물손괴 부분을 제외한 나머지 공소사실을 원심으로 이송하면서, 군사법원법에 따라 여전히 신분적 재판권이 인정되는 군용물손괴 부분을 유죄로 인정하여 징역 1년에 집행유예 2년의 유죄판결(이하 '분리된 항소심판결'이라 한다)을 선고하였고, 분리된 항소심판결 확정 후 원심이 이송받은 공소사실 전부를 유죄로 인정하여 징역 1년에 집행유예 2년을 선고하면서 40시간의 성폭력 치료강의 수강명령을 병과한 사안에서, 제1심판결과 원심판결 및 분리된 항소심판결을 전체적으로 비교하여 보면, 집행을 유예한 징역형의 합산 형기가 동일하다고 하더라도 원심이 새로 수강명령을 병과한 것은 전체적·실질적으로 볼 때 피고인에게 불이익하게 변경한 것이어서 허용되지 않는다고 한 사례.

**제3조(특수강도강간 등)** ① 「형법」 제319조제1항(주거침입), 제330조(야간주거침입절도), 제331조(특수절도) 또는 제342조(미수범. 다만, 제330조 및 제331조의 미수범으로 한정한다)의 죄를 범한 사람이 같은 법 제297조(강간), 제297조의2(유사강간), 제298조(강제추행) 및 제299조(준강간, 준강제추행)의 죄를 범한 경우에는 무기징역 또는 7년 이상의 징역에 처한다. 〈개정 2020.5.19.〉
② 「형법」 제334조(특수강도) 또는 제342조(미수범. 다만, 제334조의 미수범으로 한정한다)의 죄를 범한 사람이 같은 법 제297조(강간), 제297조의2(유사강간), 제298조(강제추행) 및 제299조(준강간, 준강제추행)의 죄를 범한 경우에는 사형, 무기징역 또는 10년 이상의 징역에 처한다.

## 성폭력범죄의처벌등에관한특례법위반(주거침입강제추행)
[대법원 2023. 4. 13. 선고 2023도162 판결]

【판결요지】
피고인이 모텔 객실의 문이 살짝 열려 있는 것을 발견하고 객실에 침입한 후 불을 끈 상태로 침대에 누워 있던 甲(女)의 가슴, 허리 및 엉덩이를 만져 甲을 강제추행하였다는 성폭력범죄의 처벌 등에 관한 특례법(이하 '성폭력처벌법'이라 한다) 위반(주거침입강제추행)의 공소사실에 대하여, 원심이 성폭력처벌법 제3조 제1항, 형법 제319조 제1항, 제298조를 적용하여 유죄로 인정하였는데, 원심판결 선고 후 헌법재판소가 성폭력처벌법(2020. 5. 19. 법률 제17264호로 개정된 것) 제3조 제1항 중 '형법 제319조 제1항(주거침입)의 죄를 범한 사람이 같은 법 제298조(강제추행), 제299조(준강제추행) 가운데 제298조의 예에 의하는 부분의 죄를 범한 경우에는 무기징역 또는 7년 이상의 징역에 처한다.'는 부분에 대하여 위헌결정을 선고한 사안에서, 위 법률조항 부분은 헌법재판소법 제47조 제3항 본문에 따라 소급하여 효력을 상실하였고, 위헌결정으로 인하여 형벌에 관한 법률 또는 법률조항이 소급하여 효력을 상실한 경우 해당 법조를 적용하여 기소한 피고사건은 범죄로 되지 아니하는 때에 해당하므로, 공소사실을 유죄로 인정한 원심판결은 그대로 유지될 수 없게 되었다고 한 사례.

**제4조(특수강간 등)** ① 흉기나 그 밖의 위험한 물건을 지닌 채 또는 2명 이상이 합동하여 「형법」 제297조(강간)의 죄를 범한 사람은 무기징역 또는 7년 이상의 징역에 처한다. 〈개정 2020.5.19.〉

② 제1항의 방법으로 「형법」 제298조(강제추행)의 죄를 범한 사람은 5년 이상의 유기징역에 처한다. 〈개정 2020.5.19.〉

③ 제1항의 방법으로 「형법」 제299조(준강간, 준강제추행)의 죄를 범한 사람은 제1항 또는 제2항의 예에 따라 처벌한다.

## 성폭력범죄의처벌등에관한특례법위반(강간등치상)

[대법원 2016. 6. 9., 선고, 2016도4618, 판결]

【판결요지】

성폭력범죄의 처벌 등에 관한 특례법 제4조 제3항, 제1항의 '2인 이상이 합동하여 형법 제299조의 죄를 범한 경우'에 해당하려면, 피고인들이 공모하여 실행행위를 분담하였음이 인정되어야 하는데, 범죄의 공동가공의사가 암묵리에 서로 상통하고 범의 내용에 대하여 포괄적 또는 개별적인 의사연락이나 인식이 있었다면 공모관계가 성립하고, 시간적으로나 장소적으로 협동관계에 있었다면 실행행위를 분담한 것으로 인정된다(대법원 1996. 7. 12. 선고 95도2655 판결 등 참조).

원심은 그 판시와 같은 이유를 들어, 늦어도 피고인 1이 피해자를 간음하기 위해 화장실로 갈 무렵에는 피고인들이 술에 취해 반항할 수 없는 피해자를 간음하기로 공모하였고, 피고인 2가 피고인 1에게 간음하기에 편한 자세를 가르쳐 주고 피고인 1이 간음 행위를 하는 방식으로 실행행위를 분담하였으므로 피고인들은 시간적·장소적 협동관계에 있었다고 판단하였다.

원심의 위와 같은 판단은 앞서 본 법리에 따른 것으로서, 거기에 피고인들의 상고이유 주장과 같이 논리와 경험의 법칙을 위반하여 사실을 오인하거나, 합동범에 관한 법리를 오해한 잘못이 없다.

**제5조(친족관계에 의한 강간 등)** ① 친족관계인 사람이 폭행 또는 협박으로 사람을 강간한 경우에는 7년 이상의 유기징역에 처한다.

② 친족관계인 사람이 폭행 또는 협박으로 사람을 강제추행한 경우에는 5년 이상의 유기징역에 처한다.

③ 친족관계인 사람이 사람에 대하여 「형법」 제299조(준강간, 준강제추행)의 죄를 범한 경우에는 제1항 또는 제2항의 예에 따라 처벌한다.

④ 제1항부터 제3항까지의 친족의 범위는 4촌 이내의 혈족·인척과 동거하는 친족으로 한다.

904 ㅅ

⑤ 제1항부터 제3항까지의 친족은 사실상의 관계에 의한 친족을 포함한다.

## 성폭력범죄의처벌등에관한특례법위반(친족관계에의한준강간)

[대법원 2020. 11. 5., 선고, 2020도10806, 판결]

**【판결요지】**
성폭력범죄의 처벌 등에 관한 특례법(이하 '성폭력처벌법'이라 한다) 제5조 제3항은 "친족관계인 사람이 사람에 대하여 형법 제299조(준강간, 준강제추행)의 죄를 범한 경우에는 제1항 또는 제2항의 예에 따라 처벌한다."라고 규정하고 있고, 같은 조 제1항은 "친족관계인 사람이 폭행 또는 협박으로 사람을 강간한 경우에는 7년 이상의 유기징역에 처한다."라고 규정하고 있으며, 같은 조 제4항은 "제1항부터 제3항까지의 친족의 범위는 4촌 이내의 혈족·인척과 동거하는 친족으로 한다."라고 규정하고 있다. 한편 민법 제767조는 "배우자, 혈족 및 인척을 친족으로 한다."라고 규정하고 있고, 같은 법 제769조는 "혈족의 배우자, 배우자의 혈족, 배우자의 혈족의 배우자를 인척으로 한다."라고 규정하고 있으며, 같은 법 제771조는 "인척은 배우자의 혈족에 대하여는 배우자의 그 혈족에 대한 촌수에 따르고, 혈족의 배우자에 대하여는 그 혈족에 대한 촌수에 따른다."라고 규정하고 있다. 따라서 의붓아버지와 의붓딸의 관계는 성폭력처벌법 제5조 제4항이 규정한 4촌 이내의 인척으로서 친족관계에 해당한다.

**제6조(장애인에 대한 강간·강제추행 등)** ① 신체적인 또는 정신적인 장애가 있는 사람에 대하여 「형법」 제297조(강간)의 죄를 범한 사람은 무기징역 또는 7년 이상의 징역에 처한다.

② 신체적인 또는 정신적인 장애가 있는 사람에 대하여 폭행이나 협박으로 다음 각 호의 어느 하나에 해당하는 행위를 한 사람은 5년 이상의 유기징역에 처한다.

1. 구강·항문 등 신체(성기는 제외한다)의 내부에 성기를 넣는 행위
2. 성기·항문에 손가락 등 신체(성기는 제외한다)의 일부나 도구를 넣는 행위

③ 신체적인 또는 정신적인 장애가 있는 사람에 대하여 「형법」 제298조(강제추행)의 죄를 범한 사람은 3년 이상의 유기징역 또는 3천만원 이상 5천만원 이하의 벌금에 처한다. 〈개정 2020. 5. 19.〉

④ 신체적인 또는 정신적인 장애로 항거불능 또는 항거곤란 상태에 있음을 이용하여 사람을 간음하거나 추행한 사람은 제1항부터 제3항까지의 예에 따라 처벌한다.

⑤ 위계(僞計) 또는 위력(威力)으로써 신체적인 또는 정신적인 장애가 있는 사람을 간음한 사람은 5년 이상의 유기징역에 처한다.

⑥ 위계 또는 위력으로써 신체적인 또는 정신적인 장애가 있는 사람을 추행한 사

람은 1년 이상의 유기징역 또는 1천만원 이상 3천만원 이하의 벌금에 처한다.

⑦ 장애인의 보호, 교육 등을 목적으로 하는 시설의 장 또는 종사자가 보호, 감독의 대상인 장애인에 대하여 제1항부터 제6항까지의 죄를 범한 경우에는 그 죄에 정한 형의 2분의 1까지 가중한다.

## 성폭력범죄의처벌등에관한특례법위반(장애인준강간)·간음유인

[대법원 2022. 11. 10., 선고, 2020도13672, 판결]

【판결요지】

[1] 성폭력범죄의 처벌 등에 관한 특례법(이하 '성폭력처벌법'이라고 한다) 제6조 제4항은 "신체적인 또는 정신적인 장애로 항거불능 또는 항거곤란 상태에 있음을 이용하여 사람을 간음하거나 추행한 사람은 제1항부터 제3항까지의 예에 따라 처벌한다."라고 규정한다.

1994. 1. 5. 법률 제4702호로 제정된 성폭력범죄의 처벌 및 피해자보호 등에 관한 법률은 신체장애인에 대한 간음 및 추행을 처벌하고 이를 비친고죄로 규정하였고(제8조), 1997. 8. 22. 법률 제5343호로 개정된 법률에서 정신상의 장애로 항거불능인 상태에 있음을 이용한 간음 등도 처벌 대상이 되었다. 성폭력범죄의 처벌에 관한 사항을 따로 분리하기 위해 2010. 4. 15. 법률 제10258호로 제정된 성폭력처벌법은 이후 몇 차례 개정되면서 장애인에 대한 성폭력범죄를 유형화하고 처벌을 강화하였는데, 특히 2012. 12. 18. 법률 제11556호로 전부 개정되면서 제6조 제4항의 장애인에 대한 준강간·준강제추행죄의 구성요건에 '항거불능' 이외에 '항거곤란'도 추가하여 구성요건을 완화하였다.

위와 같은 개정의 경과와 그 취지 등을 종합하여 보면, 현행 성폭력처벌법 제6조 제4항에서의 '신체적인 또는 정신적인 장애'란 같은 조 제1항, 제2항, 제3항, 제5항, 제6항의 '신체적인 또는 정신적인 장애'와 같은 의미로서 '신체적인 기능이나 구조 등 또는 정신적인 기능이나 손상 등의 문제로 일상생활이나 사회생활에서 상당한 제약을 받는 상태'를 의미하고, '신체적인 또는 정신적인 장애로 항거불능 또는 항거곤란 상태에 있음'이란 신체적인 또는 정신적인 장애 그 자체로 항거불능 또는 항거곤란의 상태에 있는 경우뿐 아니라 신체적인 또는 정신적인 장애가 주된 원인이 되어 심리적 또는 물리적으로 반항이 불가능하거나 곤란한 상태에 이른 경우를 포함하는 것으로 보아야 하며, 이를 판단함에 있어서는 피해자의 신체적 또는 정신적 장애의 정도뿐 아니라 피해자와 가해자의 신분을 비롯한 관계, 주변의 상황 내지 환경, 가해자의 행위 내용과 방법, 피해자의 인식과 반응의 내용 등을 종합적으로 검토해야 한다.

특히 '정신적인 장애로 항거불능 또는 항거곤란 상태'에 있었는지 여부를 판단할 때에는 피해자가 정신적 장애인이라는 사정이 충분히 고려되어야 하므로, 외부적으로 드러나는 피해자의 지적 능력 이외에 정신적 장애로 인한 사회적 지능·성숙의 정도, 이로 인한 대인관계에서 특성이나 의사소통 능력 등을 전체적으로 살펴 피해자가 범행 당시에 성적 자기결정권을 실질적으로 표현·행사할 수 있었는지를 신중히 판단하여야 한다.

이와 같이 피해자가 피고인을 상대로 성적 자기결정권을 행사할 수 없거나 행사하기 곤란한 항거불능 또는 항거곤란 상태에 있었는지 여부는 피해자의 장애 정도와 함께 다른 여러 사정들을 종합하여 범행 당시를 기준으로 판단해야 하는 것이고, 피해자의 장애가 성적 자기결정권을 행사하지 못할 정도인지 여부가 절대적인 기준이 되는 것은 아니다. 그리고 이를 판단함에 있어서는 장애와 관련된 피해자의 상태는 개인별로 그 모습과 정도에 차이가 있다는 점에 대한 이해를 바탕으로 해당 피해자의 상태를 충분히 고려하여야 하고 비장애인의 시각과 기준에서 피해자의 상태를 판단하여 '장애로 인한 항거불능 또는 항거곤란 상태'에 해당하지 않는다고 쉽게 단정해서는 안 된다.

[2] 성폭력범죄의 처벌 등에 관한 특례법 제6조 제4항의 죄는 피해자의 항거불능 또는 항거곤란 상태를 '이용하여' 간음한 경우를 처벌하고 있는데, 여기서 '이용하여'는 피고인이 피해자의 항거불능 또는 항거곤란 상태를 인식하고 이에 편승하여 간음행위에 나아가는 것을 의미한다.

**제7조(13세 미만의 미성년자에 대한 강간, 강제추행 등)** ① 13세 미만의 사람에 대하여 「형법」 제297조(강간)의 죄를 범한 사람은 무기징역 또는 10년 이상의 징역에 처한다.

② 13세 미만의 사람에 대하여 폭행이나 협박으로 다음 각 호의 어느 하나에 해당하는 행위를 한 사람은 7년 이상의 유기징역에 처한다.

　1. 구강·항문 등 신체(성기는 제외한다)의 내부에 성기를 넣는 행위

　2. 성기·항문에 손가락 등 신체(성기는 제외한다)의 일부나 도구를 넣는 행위

③ 13세 미만의 사람에 대하여 「형법」 제298조(강제추행)의 죄를 범한 사람은 5년 이상의 유기징역에 처한다. 〈개정 2020. 5. 19.〉

④ 13세 미만의 사람에 대하여 「형법」 제299조(준강간, 준강제추행)의 죄를 범한 사람은 제1항부터 제3항까지의 예에 따라 처벌한다.

⑤ 위계 또는 위력으로써 13세 미만의 사람을 간음하거나 추행한 사람은 제1항부터 제3항까지의 예에 따라 처벌한다.

**성폭력범죄의처벌등에관한특례법위반(13세미만미성년자위계등간음)·성폭력범죄의처벌등에관한특례법위반(13세미만미성년자위계등추행)·부착명령**
[대법원 2022. 4. 14., 선고, 2021도14530, 2021전도143, 판결]

【판결요지】

피고인이 위력으로써 13세 미만 미성년자인 피해자 甲(女, 12세)에게 유사성행위와 추행을 하였다는 성폭력범죄의 처벌 등에 관한 특례법(이하 '성폭력처벌법'이라 한다) 위반의 공소사실에 대하여, 원심이 甲의 진술과 조사 과정을 촬영한 영상물과 속

기록을 중요한 증거로 삼아 유죄로 인정하였는데, 피고인은 위 영상물과 속기록을 증거로 함에 동의하지 않았고, 조사 과정에 동석하였던 신뢰관계인에 대한 증인신문이 이루어졌을 뿐 원진술자인 甲에 대한 증인신문은 이루어지지 않은 사안에서, 헌법재판소는 2021. 12. 23. 성폭력처벌법 제30조 제6항 중 19세 미만 성폭력범죄 피해자의 진술을 촬영한 영상물의 증거능력을 규정한 부분(이하 '위헌 법률 조항'이라 한다)에 대해 과잉금지 원칙 위반 등을 이유로 위헌결정을 하였는데, 위 위헌결정의 효력은 결정 당시 법원에 계속 중이던 사건에도 미치므로 위헌 법률 조항은 위 영상물과 속기록의 증거능력을 인정하는 근거가 될 수 없고, 한편 피고인의 범행은 아동·청소년의 성보호에 관한 법률(이하 '청소년성보호법'이라 한다) 제26조 제1항의 아동·청소년대상 성범죄에 해당하므로 같은 법 제26조 제6항에 따라 영상물의 증거능력이 인정될 여지가 있으나, 청소년성보호법 제26조 제6항 중 위헌 법률 조항과 동일한 내용을 규정한 부분은 위헌결정의 심판대상이 되지 않았지만 위헌 법률 조항에 대한 위헌결정 이유와 마찬가지로 과잉금지 원칙에 위반될 수 있으므로, 청소년성보호법 제26조 제6항의 위헌 여부 또는 그 적용에 따른 위헌적 결과를 피하기 위하여 甲을 증인으로 소환하여 진술을 듣고 피고인에게 반대신문권을 행사할 기회를 부여할 필요가 있는지 여부 등에 관하여 심리·판단하였어야 한다는 이유로, 이와 같은 심리에 이르지 않은 채 위 영상물과 속기록을 유죄의 증거로 삼은 원심판결에 법리오해 또는 심리미진의 잘못이 있다고 한 사례.

**제10조(업무상 위력 등에 의한 추행)** ① 업무, 고용이나 그 밖의 관계로 인하여 자기의 보호, 감독을 받는 사람에 대하여 위계 또는 위력으로 추행한 사람은 3년 이하의 징역 또는 1천500만원 이하의 벌금에 처한다. 〈개정 2018.10.16.〉
② 법률에 따라 구금된 사람을 감호하는 사람이 그 사람을 추행한 때에는 5년 이하의 징역 또는 2천만원 이하의 벌금에 처한다. 〈개정 2018.10.16.〉

## 성폭력범죄의처벌등에관한특례법위반(업무상위력등에의한추행)
[대법원 2020. 7. 9., 선고, 2020도5646, 판결]

【판결요지】
성폭력범죄의 처벌 등에 관한 특례법 제10조는 '업무상 위력 등에 의한 추행'에 관한 처벌 규정인데, 제1항에서 "업무, 고용이나 그 밖의 관계로 인하여 자기의 보호, 감독을 받는 사람에 대하여 위계 또는 위력으로 추행한 사람은 3년 이하의 징역 또는 1천500만 원 이하의 벌금에 처한다."라고 정하고 있다. '업무, 고용이나 그 밖의 관계로 인하여 자기의 보호, 감독을 받는 사람'에는 직장 안에서 보호 또는 감독을 받거나 사실상 보호 또는 감독을 받는 상황에 있는 사람뿐만 아니라 채용 절차에서 영향력의 범위 안에 있는 사람도 포함된다.
그리고 '위력'이란 피해자의 자유의사를 제압하기에 충분한 힘을 말하고, 유형적이든 무형적이든 묻지 않고 폭행·협박뿐만 아니라 사회적·경제적·정치적인 지위나 권세를 이용하는 것도 가능하며, 현실적으로 피해자의 자유의사가 제압될 필요는 없다. 위력으로써 추행하였는지는 행사한 유형력의 내용과 정도, 행위자의 지위나 권세의 종류, 피해자의 연령, 행위자와 피해자의 관계, 그 행위에 이르게 된 경위, 구체적인 행위 모습, 범행 당시의 정황 등 여러 사정을 종합적으로 고려하여 판단하여야 한다.

**제11조(공중 밀집 장소에서의 추행)** 대중교통수단, 공연·집회 장소, 그 밖에 공중(公衆)이 밀집하는 장소에서 사람을 추행한 사람은 3년 이하의 징역 또는 3천만원 이하의 벌금에 처한다. 〈개정 2020.5.19.〉

## 성폭력범죄의처벌등에관한특례법위반(공중밀집장소에서의추행)

[대법원 2024. 1. 4. 선고 2023도13081 판결]

**【판결요지】**
성폭력범죄의 처벌 등에 관한 특례법(이하 '성폭력처벌법'이라 한다) 제11조의 '공중 밀집 장소에서의 추행죄'의 '추행'이란 일반인을 기준으로 객관적으로 성적 수치심이나 혐오감을 일으키게 하고 선량한 성적 도덕관념에 반하는 행위로서 피해자의 성적 자기결정권을 침해하는 것을 의미한다. 성폭력처벌법 제11조 위반죄가 성립하기 위해서는 주관적 구성요건으로서 추행을 한다는 인식을 전제로 적어도 미필적으로나마 이를 용인하는 내심의 의사가 있어야 하므로, 피고인이 추행의 고의를 부인하는 경우에는 고의와 상당한 관련성이 있는 간접사실을 증명하는 방법에 따를 수밖에 없다. 이 경우 피고인의 나이·지능·지적능력 및 판단능력, 직업 및 경력, 피고인이 공소사실 기재 행위에 이르게 된 경위와 동기, 피고인과 피해자의 관계, 구체적 행위 태양 및 행위 전후의 정황, 피고인의 평소 행동양태·습관 등 객관적 사정을 종합하여 판단해야 하고, 피고인이 고의로 추행을 하였다고 볼 만한 징표와 어긋나는 사실의 의문점이 해소되어야 한다. 이는 피고인이 자폐성 장애인이거나 지적장애인에 해당하는 경우에도 마찬가지로서, 외관상 드러난 피고인의 언행이 비장애인의 관점에서 이례적이라거나 합리적이지 않다는 이유만으로 함부로 고의를 추단하거나 이를 뒷받침하는 간접사실로 평가해서는 안 되고, 전문가의 진단이나 감정 등을 통해 피고인의 장애 정도, 지적·판단능력 및 행동양식 등을 구체적으로 심리한 후 피고인이 공소사실 기재 행위 당시 특정 범행의 구성요건 해당 여부에 관한 인식을 전제로 이를 용인하는 내심의 의사까지 있었다는 점에 관하여 합리적인 의심을 할 여지가 없을 정도의 확신에 이르러야 한다.

**제14조(카메라 등을 이용한 촬영)** ① 카메라나 그 밖에 이와 유사한 기능을 갖춘 기계장치를 이용하여 성적 욕망 또는 수치심을 유발할 수 있는 사람의 신체를 촬영대상자의 의사에 반하여 촬영한 자는 7년 이하의 징역 또는 5천

만원 이하의 벌금에 처한다. 〈개정 2018.12.18., 2020.5.19.〉

② 제1항에 따른 촬영물 또는 복제물(복제물의 복제물을 포함한다. 이하 이 조에서 같다)을 반포·판매·임대·제공 또는 공공연하게 전시·상영(이하 "반포등"이라 한다)한 자 또는 제1항의 촬영이 촬영 당시에는 촬영대상자의 의사에 반하지 아니한 경우(자신의 신체를 직접 촬영한 경우를 포함한다)에도 사후에 그 촬영물 또는 복제물을 촬영대상자의 의사에 반하여 반포등을 한 자는 7년 이하의 징역 또는 5천만원 이하의 벌금에 처한다. 〈개정 2018.12.18., 2020.5.19.〉

③ 영리를 목적으로 촬영대상자의 의사에 반하여 「정보통신망 이용촉진 및 정보보호 등에 관한 법률」 제2조제1항제1호의 정보통신망(이하 "정보통신망"이라 한다)을 이용하여 제2항의 죄를 범한 자는 3년 이상의 유기징역에 처한다. 〈개정 2018.12.18., 2020.5.19.〉

④ 제1항 또는 제2항의 촬영물 또는 복제물을 소지·구입·저장 또는 시청한 자는 3년 이하의 징역 또는 3천만원 이하의 벌금에 처한다. 〈신설 2020.5.19.〉

⑤ 상습으로 제1항부터 제3항까지의 죄를 범한 때에는 그 죄에 정한 형의 2분의 1까지 가중한다. 〈신설 2020.5.19.〉

## 성폭력범죄의처벌등에관한특례법위반(카메라등이용촬영)

[대법원 2018. 8. 30., 선고, 2017도3443, 판결]

【판결요지】

[1] 성폭력범죄의 처벌 등에 관한 특례법 제14조 제1항은 "카메라나 그 밖에 이와 유사한 기능을 갖춘 기계장치를 이용하여 성적 욕망 또는 수치심을 유발할 수 있는 다른 사람의 신체를 그 의사에 반하여 촬영하거나 그 촬영물을 반포·판매·임대·제공 또는 공공연하게 전시·상영한 자는 5년 이하의 징역 또는 1천만 원 이하의 벌금에 처한다."라고 규정하고 있다. 위 조항이 촬영의 대상을 '다른 사람의 신체'로 규정하고 있으므로, 다른 사람의 신체 그 자체를 직접 촬영하는 행위만이 위 조항에서 규정하고 있는 '다른 사람의 신체를 촬영하는 행위'에 해당하고, 다른 사람의 신체 이미지가 담긴 영상을 촬영하는 행위는 이에 해당하지 않는다.

[2] 성폭력범죄의 처벌 등에 관한 특례법(이하 '성폭력처벌법'이라 한다) 제14조 제2항은 "제1항의 촬영이 촬영 당시에는 촬영대상자의 의사에 반하지 아니하는 경우에도 사후에 그 의사에 반하여 촬영물을 반포·판매·임대·제공 또는 공공연하게 전시·상영한 자는 3년 이하의 징역 또는 500만 원 이하의 벌금에 처한다."라고 규정하고 있다. 위 제2항은 촬영대상자의 의사에 반하지 아니하여 촬영한 촬영물을 사후에 그 의사에 반하여 반포하는 행위 등을 규율 대상으로 하면서 그 촬영의 대상과 관련해서는 '제1항의 촬영'이라고 규정하고 있다. 성폭력처벌법 제14조 제1항이 촬영의 대상을 '다른 사람의 신체'로 규정하고 있으므로, 위 제2항의 촬영물 또한 '다른 사람의 신체'를 촬영한 촬영물을 의미한다고 해석하여야 하는데,

'다른 사람의 신체에 대한 촬영'의 의미를 해석할 때 위 제1항과 제2항의 경우를 달리 볼 근거가 없다. 따라서 다른 사람의 신체 그 자체를 직접 촬영한 촬영물만이 위 제2항에서 규정하고 있는 촬영물에 해당하고, 다른 사람의 신체 이미지가 담긴 영상을 촬영한 촬영물은 이에 해당하지 아니한다.

[3] 피고인이 甲과 성관계하면서 합의하에 촬영한 동영상 파일 중 피고인이 甲의 성기를 입으로 빨거나 손으로 잡고 있는 장면 등을 찍은 사진 3장을 지인 명의의 휴대전화 문자메시지 기능을 이용하여 甲의 처 乙의 휴대전화로 발송함으로써, 촬영 당시 甲의 의사에 반하지 아니하였으나 사후에 그 의사에 반하여 '甲의 신체를 촬영한 촬영물'을 乙에게 제공하였다고 하여 성폭력범죄의 처벌 등에 관한 특례법 위반(카메라등이용촬영)으로 기소된 사안에서, 피고인이 성관계 동영상 파일을 컴퓨터로 재생한 후 모니터에 나타난 영상을 휴대전화 카메라로 촬영하였더라도, 이는 甲의 신체 그 자체를 직접 촬영한 행위에 해당하지 아니하여, 그 촬영물은 같은 법 제14조 제2항에서 규정한 촬영물에 해당하지 아니한다는 이유로, 이와 달리 보아 피고인에게 유죄를 인정한 원심판단에 같은 법 제14조 제2항에 관한 법리를 오해한 잘못이 있다고 한 사례.

**제16조(형벌과 수강명령 등의 병과)** ① 법원이 성폭력범죄를 범한 사람에 대하여 형의 선고를 유예하는 경우에는 1년 동안 보호관찰을 받을 것을 명할 수 있다. 다만, 성폭력범죄를 범한 「소년법」 제2조에 따른 소년에 대하여 형의 선고를 유예하는 경우에는 반드시 보호관찰을 명하여야 한다.

② 법원이 성폭력범죄를 범한 사람에 대하여 유죄판결(선고유예는 제외한다)을 선고하거나 약식명령을 고지하는 경우에는 500시간의 범위에서 재범예방에 필요한 수강명령 또는 성폭력 치료프로그램의 이수명령(이하 "이수명령"이라 한다)을 병과하여야 한다. 다만, 수강명령 또는 이수명령을 부과할 수 없는 특별한 사정이 있는 경우에는 그러하지 아니하다. 〈개정 2016.12.20.〉

③ 성폭력범죄를 범한 자에 대하여 제2항의 수강명령은 형의 집행을 유예할 경우에 그 집행유예기간 내에서 병과하고, 이수명령은 벌금 이상의 형을 선고하거나 약식명령을 고지할 경우에 병과한다. 다만, 이수명령은 성폭력범죄자가 「전자장치 부착 등에 관한 법률」 제9조의2제1항제4호에 따른 이수명령을 부과받은 경우에는 병과하지 아니한다. 〈개정 2016.12.20., 2020.2.4.〉

④ 법원이 성폭력범죄를 범한 사람에 대하여 형의 집행을 유예하는 경우에는 제2항에 따른 수강명령 외에 그 집행유예기간 내에서 보호관찰 또는 사회봉사 중 하나 이상의 처분을 병과할 수 있다.

⑤ 제2항에 따른 수강명령 또는 이수명령은 형의 집행을 유예할 경우에는 그

집행유예기간 내에, 벌금형을 선고하거나 약식명령을 고지할 경우에는 형 확정일부터 6개월 이내에, 징역형 이상의 실형(實刑)을 선고할 경우에는 형 기 내에 각각 집행한다. 다만, 수강명령 또는 이수명령은 성폭력범죄를 범한 사람이 「아동·청소년의 성보호에 관한 법률」 제21조에 따른 수강명령 또는 이수명령을 부과받은 경우에는 병과하지 아니한다. 〈개정 2016.12.20.〉

⑥ 제2항에 따른 수강명령 또는 이수명령이 벌금형 또는 형의 집행유예와 병과 된 경우에는 보호관찰소의 장이 집행하고, 징역형 이상의 실형(치료감호와 징역형 이상의 실형이 병과된 경우를 포함한다. 이하 이 항에서 같다)과 병 과된 경우에는 교정시설의 장 또는 치료감호시설의 장(이하 "교정시설등의 장"이라 한다)이 집행한다. 다만, 징역형 이상의 실형과 병과된 이수명령을 모두 이행하기 전에 석방 또는 가석방되거나 미결구금일수 산입 등의 사유 로 형을 집행할 수 없게 된 경우에는 보호관찰소의 장이 남은 이수명령을 집행한다. 〈개정 2024. 1. 16.〉

⑦ 제2항에 따른 수강명령 또는 이수명령은 다음 각 호의 내용으로 한다.
  1. 일탈적 이상행동의 진단·상담
  2. 성에 대한 건전한 이해를 위한 교육
  3. 그 밖에 성폭력범죄를 범한 사람의 재범예방을 위하여 필요한 사항

⑧ 성폭력범죄를 범한 사람으로서 형의 집행 중에 가석방된 사람은 가석방기간 동안 보호관찰을 받는다. 다만, 가석방을 허가한 행정관청이 보호관찰을 할 필요가 없다고 인정한 경우에는 그러하지 아니하다.

⑨ 보호관찰, 사회봉사, 수강명령 및 이수명령에 관하여 이 법에서 규정한 사항 외의 사항에 대하여는 「보호관찰 등에 관한 법률」을 준용한다.

## 성폭력범죄의처벌등에관한특례법위반(통신매체이용음란)

[대법원 2019. 10. 17., 선고, 2019도11540, 판결]

**【판결요지】**

[1] 피고인만이 항소한 사건에 대하여는 제1심판결의 형보다 중한 형을 선고하지 못한 다. 불이익변경금지원칙을 적용할 때에는 주문을 개별적·형식적으로 고찰할 것이 아니라 전체적·실질적으로 고찰하여 판단하여야 한다. 취업제한명령은 범죄인에 대 한 사회내 처우의 한 유형으로서 형벌 그 자체가 아니라 보안처분의 성격을 가지는 것이지만, 실질적으로 직업선택의 자유를 제한하는 것이다. 따라서 원심이 제1심판 결에서 정한 형과 동일한 형을 선고하면서 제1심에서 정한 취업제한기간보다 더 긴 취업제한명령을 부가하는 것은 전체적·실질적으로 피고인에게 불리하게 변경한 것 이므로, 피고인만이 항소한 경우에는 허용되지 않는다.

[2] 2018. 12. 11. 법률 제15904호로 개정된 장애인복지법(이하 '개정법'이라 한다)의

시행 전에 성범죄를 범한 피고인에 대하여, 제1심이 개정법 시행일 이전에 유죄를 인정하여 징역 1년과 120시간의 성폭력 치료프로그램 이수명령, 아동·청소년 관련기관 등에 5년간의 취업제한명령을 선고하였고, 이에 대하여 피고인만 양형부당을 이유로 항소하였는데, 개정법 시행일 이후에 판결을 선고한 원심이 개정법 부칙 제2조와 개정법 제59조의3 제1항(이하 '개정규정'이라 한다)에 따라 판결 선고와 동시에 아동·청소년 관련기관 등에 대한 취업제한명령뿐 아니라 장애인복지시설에 대한 취업제한명령을 선고하여야 한다는 이유로 제1심판결을 직권으로 파기하고 유죄를 인정하면서 제1심과 동일한 형 등과 함께 장애인복지시설에 5년간의 취업제한명령을 선고한 사안에서, 개정규정과 개정법 부칙 제1조, 제2조, 제3조 제1항 각호, 제4조의 내용과 취지 등에 비추어 보면, 피고인은 구 장애인복지법(2018. 12. 11. 법률 제15904호로 개정되기 전의 것) 제59조의3 제1항에 따라 취업제한을 받는 사람으로서, 개정법 시행 전에 징역 1년을 선고한 제1심판결에 대하여 검사와 피고인이 항소하지 않아 제1심판결이 확정되었다면 별도의 취업제한명령의 선고가 없더라도 개정법 부칙 제3조 제1항 제2호에 따라 장애인복지시설에 취업이 제한되는 기간은 3년이 되었을 것인데, 원심은 개정법 부칙 제2조에 따라 개정규정을 적용하여 피고인에게 제1심과 동일한 형 등과 함께 장애인복지시설에 5년간의 취업제한명령을 선고하였으므로, 결국 제1심판결에 대하여 피고인만이 항소하였는데도, 원심은 제1심과 동일한 형 등을 선고하면서 개정법 부칙에서 정한 취업제한기간보다 더 긴 5년간의 취업제한명령을 선고함으로써 피고인에게 불리하게 제1심판결을 변경한 것이어서 허용되지 않는다는 이유로, 원심의 판단에 불이익변경금지원칙에 관한 법리를 오해한 잘못이 있다고 한 사례.

**제21조(공소시효에 관한 특례)** ① 미성년자에 대한 성폭력범죄의 공소시효는 「형사소송법」 제252조제1항 및 「군사법원법」 제294조제1항에도 불구하고 해당 성폭력범죄로 피해를 당한 미성년자가 성년에 달한 날부터 진행한다. 〈개정 2013. 4. 5.〉

② 제2조제3호 및 제4호의 죄와 제3조부터 제9조까지의 죄는 디엔에이(DNA)증거 등 그 죄를 증명할 수 있는 과학적인 증거가 있는 때에는 공소시효가 10년 연장된다.

③ 13세 미만의 사람 및 신체적인 또는 정신적인 장애가 있는 사람에 대하여 다음 각 호의 죄를 범한 경우에는 제1항과 제2항에도 불구하고 「형사소송법」 제249조부터 제253조까지 및 「군사법원법」 제291조부터 제295조까지에 규정된 공소시효를 적용하지 아니한다. 〈개정 2019. 8. 20., 2020. 5. 19.〉

1. 「형법」 제297조(강간), 제298조(강제추행), 제299조(준강간, 준강제추행), 제301조(강간등 상해·치상), 제301조의2(강간등 살인·치사) 또는 제305조(미성년자에 대한 간음, 추행)의 죄

  2. 제6조제2항, 제7조제2항 및 제5항, 제8조, 제9조의 죄
  3. 「아동·청소년의 성보호에 관한 법률」 제9조 또는 제10조의 죄
④ 다음 각 호의 죄를 범한 경우에는 제1항과 제2항에도 불구하고 「형사소송
  법」 제249조부터 제253조까지 및 「군사법원법」 제291조부터 제295조까
  지에 규정된 공소시효를 적용하지 아니한다. 〈개정 2013. 4. 5.〉
  1. 「형법」 제301조의2(강간등 살인·치사)의 죄(강간등 살인에 한정한다)
  2. 제9조제1항의 죄
  3. 「아동·청소년의 성보호에 관한 법률」 제10조제1항의 죄
  4. 「군형법」 제92조의8의 죄(강간 등 살인에 한정한다)

## 시행일 당시 범죄행위가 종료되었으나 아직 공소시효가 완성되지 않은 아동학대범죄에 대해서도 적용되는지 여부

[대법원 2021. 2. 25., 선고, 2020도3694, 판결]

【판결요지】
[1] 공소시효를 정지·연장·배제하는 특례조항을 신설하면서 소급적용에 관한 명시적
  인 경과규정을 두지 않은 경우 그 조항을 소급하여 적용할 수 있는지에 관해서는
  보편타당한 일반원칙이 존재하지 않고, 적법절차원칙과 소급금지원칙을 천명한 헌
  법 제12조 제1항과 제13조 제1항의 정신을 바탕으로 하여 법적 안정성과 신뢰보호
  원칙을 포함한 법치주의 이념을 훼손하지 않는 범위에서 신중히 판단해야 한다.
[2] 아동학대범죄의 처벌 등에 관한 특례법(2014. 1. 28. 제정되어 2014. 9. 29.
  시행되었으며, 이하 '아동학대처벌법'이라 한다)은 아동학대범죄의 처벌에 관
  한 특례 등을 정함으로써 아동을 보호하여 아동이 건강한 사회 구성원으로 성
  장하도록 함을 목적으로 다음과 같은 규정을 두고 있다. 제2조 제4호 (타)목은
  아동복지법 제71조 제1항 제2호, 제17조 제3호에서 정한 '아동의 신체에 손상
  을 주거나 신체의 건강 및 발달을 해치는 신체적 학대행위'를 아동학대범죄의
  하나로 정하고 있다. 제34조는 '공소시효의 정지와 효력'이라는 제목으로 제1
  항에서 "아동학대범죄의 공소시효는 형사소송법 제252조에도 불구하고 해당
  아동학대범죄의 피해아동이 성년에 달한 날부터 진행한다."라고 정하고, 부칙
  은 "이 법은 공포 후 8개월이 경과한 날부터 시행한다."라고 정하고 있다. 아
  동학대처벌법은 신체적 학대행위를 비롯한 아동학대범죄로부터 피해아동을 보
  호하기 위한 것으로서, 제34조는 아동학대범죄가 피해아동의 성년에 이르기 전
  에 공소시효가 완성되어 처벌대상에서 벗어나는 것을 방지하고자 그 진행을 정
  지시킴으로써 피해를 입은 18세 미만 아동(아동학대처벌법 제2조 제1호, 아동복
  지법 제3조 제1호)을 실질적으로 보호하려는 데 취지가 있다.
  아동학대처벌법은 제34조 제1항의 소급적용에 관하여 명시적인 경과규정을 두고
  있지는 않다. 그러나 이 규정의 문언과 취지, 아동학대처벌법의 입법 목적, 공소
  시효를 정지하는 특례조항의 신설·소급에 관한 법리에 비추어 보면, 이 규정은

완성되지 않은 공소시효의 진행을 일정한 요건에서 장래를 향하여 정지시키는 것으로서, 그 시행일인 2014. 9. 29. 당시 범죄행위가 종료되었으나 아직 공소시효가 완성되지 않은 아동학대범죄에 대해서도 적용된다고 봄이 타당하다.

한편 대법원 2015. 5. 28. 선고 2015도1362, 2015전도19 판결은 공소시효의 배제를 규정한 구 성폭력범죄의 처벌 등에 관한 특례법(2012. 12. 18. 법률 제11556호로 전부 개정되기 전의 것) 제20조 제3항에 대한 것으로, 공소시효의 적용을 영구적으로 배제하는 것이 아니고 공소시효의 진행을 장래에 향하여 정지시키는 데 불과한 아동학대처벌법 제34조 제1항의 위와 같은 해석·적용에 방해가 되지 않는다.

**제30조(19세미만피해자등 진술 내용 등의 영상녹화 및 보존 등)** ① 검사 또는 사법경찰관은 19세미만피해자등의 진술 내용과 조사 과정을 영상녹화장치로 녹화(녹음이 포함된 것을 말하며, 이하 "영상녹화"라 한다)하고, 그 영상녹화물을 보존하여야 한다.

② 검사 또는 사법경찰관은 19세미만피해자등을 조사하기 전에 다음 각 호의 사실을 피해자의 나이, 인지적 발달 단계, 심리 상태, 장애 정도 등을 고려한 적절한 방식으로 피해자에게 설명하여야 한다.

1. 조사 과정이 영상녹화된다는 사실

2. 영상녹화된 영상녹화물이 증거로 사용될 수 있다는 사실

③ 제1항에도 불구하고 19세미만피해자등 또는 그 법정대리인(법정대리인이 가해자이거나 가해자의 배우자인 경우는 제외한다)이 이를 원하지 아니하는 의사를 표시하는 경우에는 영상녹화를 하여서는 아니 된다.

④ 검사 또는 사법경찰관은 제1항에 따른 영상녹화를 마쳤을 때에는 지체 없이 피해자 또는 변호사 앞에서 봉인하고 피해자로 하여금 기명날인 또는 서명하게 하여야 한다.

⑤ 검사 또는 사법경찰관은 제1항에 따른 영상녹화 과정의 진행 경과를 조서(별도의 서면을 포함한다. 이하 같다)에 기록한 후 수사기록에 편철하여야 한다.

⑥ 제5항에 따라 영상녹화 과정의 진행 경과를 기록할 때에는 다음 각 호의 사항을 구체적으로 적어야 한다.

1. 피해자가 영상녹화 장소에 도착한 시각

2. 영상녹화를 시작하고 마친 시각

3. 그 밖에 영상녹화 과정의 진행경과를 확인하기 위하여 필요한 사항

⑦ 검사 또는 사법경찰관은 19세미만피해자등이나 그 법정대리인이 신청하는 경우에는 영상녹화 과정에서 작성한 조서의 사본 또는 영상녹화물에 녹음된 내용을 옮겨 적은 녹취서의 사본을 신청인에게 발급하거나 영상녹화물을 재

생하여 시청하게 하여야 한다.

⑧ 누구든지 제1항에 따라 영상녹화한 영상녹화물을 수사 및 재판의 용도 외에 다른 목적으로 사용하여서는 아니 된다.

⑨ 제1항에 따른 영상녹화의 방법에 관하여는 「형사소송법」 제244조의2제1항 후단을 준용한다.

[전문개정 2023. 7. 11.]

[2023. 7. 11. 법률 제19517호에 의하여 2021.12.23. 헌법재판소에서 위헌 결정된 이 조를 개정함.]

## 성폭력범죄의처벌등에관한특례법위반(13세미만미성년자위계등간음) · 성폭력범죄의처벌등에관한특례법위반(13세미만미성년자위계등추행) · 부착명령

[대법원 2022. 4. 14., 선고, 2021도14530, 2021전도143, 판결]

**【판결요지】**

피고인이 위력으로써 13세 미만 미성년자인 피해자 甲(女, 12세)에게 유사성행위와 추행을 하였다는 성폭력범죄의 처벌 등에 관한 특례법(이하 '성폭력처벌법'이라 한다) 위반의 공소사실에 대하여, 원심이 甲의 진술과 조사 과정을 촬영한 영상물과 속기록을 중요한 증거로 삼아 유죄로 인정하였는데, 피고인은 위 영상물과 속기록을 증거로 함에 동의하지 않았고, 조사 과정에 동석하였던 신뢰관계인에 대한 증인신문이 이루어졌을 뿐 원진술자인 甲에 대한 증인신문은 이루어지지 않은 사안에서, 헌법재판소는 2021. 12. 23. 성폭력처벌법 제30조 제6항 중 19세 미만 성폭력범죄 피해자의 진술을 촬영한 영상물의 증거능력을 규정한 부분(이하 '위헌 법률 조항'이라 한다)에 대해 과잉금지 원칙 위반 등을 이유로 위헌결정을 하였는데, 위 위헌결정의 효력은 결정 당시 법원에 계속 중이던 사건에도 미치므로 위헌 법률 조항은 위 영상물과 속기록의 증거능력을 인정하는 근거가 될 수 없고, 한편 피고인의 범행은 아동 · 청소년의 성보호에 관한 법률(이하 '청소년성보호법'이라 한다) 제26조 제1항의 아동 · 청소년대상 성범죄에 해당하므로 같은 법 제26조 제6항에 따라 영상물의 증거능력이 인정될 여지가 있으나, 청소년성보호법 제26조 제6항 중 위헌 법률 조항과 동일한 내용을 규정한 부분은 위헌결정의 심판대상이 되지 않았지만 위헌 법률 조항에 대한 위헌결정 이유와 마찬가지로 과잉금지 원칙에 위반될 수 있으므로, 청소년성보호법 제26조 제6항의 위헌 여부 또는 그 적용에 따른 위헌적 결과를 피하기 위하여 甲을 증인으로 소환하여 진술을 듣고 피고인에게 반대신문권을 행사할 기회를 부여할 필요가 있는지 여부 등에 관하여 심리 · 판단하였어야 한다는 이유로, 이와 같은 심리에 이르지 않은 채 위 영상물과 속기록을 유죄의 증거로 삼은 원심판결에 법리오해 또는 심리미진의 잘못이 있다고 한 사례.

**제47조(등록정보의 공개)** ① 등록정보의 공개에 관하여는 「아동 · 청소년의 성보호에 관한 법률」 제49조, 제50조, 제52조, 제54조, 제55조 및 제65조를

적용한다.

② 등록정보의 공개는 여성가족부장관이 집행한다.

③ 법무부장관은 등록정보의 공개에 필요한 정보를 여성가족부장관에게 송부하여야 한다.

④ 제3항에 따른 정보 송부에 관하여 필요한 사항은 대통령령으로 정한다.

## 강제추행
[대법원 2016.11.10, 선고, 2016도14230, 판결]

**【판결요지】**

상고이유를 판단한다. 성폭력범죄의 처벌 등에 관한 특례법 제47조 제1항, 제49조 제1항에 의하여 적용되는 아동·청소년의 성보호에 관한 법률 제49조 제1항, 제50조 제1항 각 단서에서 공개명령과 고지명령의 예외사유의 하나로 규정한 '신상정보를 공개하여서는 아니 될 특별한 사정이 있다고 판단되는 경우'에 해당하는지는 피고인의 연령, 직업, 재범위험성 등 행위자의 특성, 당해 범행의 종류, 동기, 범행과정, 결과 및 그 죄의 경중 등 범행의 특성, 공개명령 또는 고지명령으로 인하여 피고인이 입는 불이익의 정도와 예상되는 부작용, 그로 인해 달성할 수 있는 등록대상 성폭력범죄의 예방 효과 및 등록대상 성폭력범죄로부터의 피해자 보호 효과 등을 종합적으로 고려하여 판단하여야 한다(대법원 2012.2.23. 선고 2011도16863 판결 등 참조). 한편, 위 규정의 내용과 취지에 비추어 보면, 위와 같은 공개명령과 고지명령의 예외사유를 각각 별개로 판단하여야 하는 것은 아니고, 공개명령과 고지명령의 예외사유가 있는지 여부에 대한 판단 근거와 이유가 공통되는 경우에는 함께 판단할 수 있다고 보아야 한다.

원심은 그 판시와 같은 이유로 피고인에게 신상정보를 공개·고지하여서는 안 될 특별한 사정이 없다고 판단하여 피고인에게 2년간 신상정보의 공개·고지명령을 선고하였다.

위에서 본 법리에 비추어 피고인의 연령, 직업, 전과 및 범행의 종류, 동기, 범행과정, 결과 등 기록에 나타난 제반 사정을 종합적으로 고려하면, 피고인이 주장하는 정상을 참작하더라도 원심의 위와 같은 판단은 정당하고, 상고이유 주장과 같이 공개·고지명령에 관한 법리를 오해한 잘못이 없다. 그러므로 상고를 기각하기로 하여, 관여 대법관의 일치된 의견으로 주문과 같이 판결한다.

## Ⅲ. 벌칙

**제50조(벌칙)** ① 다음 각 호의 어느 하나에 해당하는 자는 5년 이하의 징역 또는 5천만원 이하의 벌금에 처한다. 〈개정 2024. 12. 3.〉

　1. 제22조의8을 위반하여 직무상 알게 된 신분비공개수사 또는 신분위장

   수사에 관한 사항을 외부에 공개하거나 누설한 자

2. 제48조를 위반하여 직무상 알게 된 등록정보를 누설한 자

3. 정당한 권한 없이 등록정보를 변경하거나 말소한 자

② 다음 각 호의 어느 하나에 해당하는 자는 3년 이하의 징역 또는 3천만원 이하의 벌금에 처한다. 〈개정 2020.10.20.〉

   1. 제24조제1항 또는 제38조제2항에 따른 피해자의 신원과 사생활 비밀 누설 금지 의무를 위반한 자

   2. 제24조제2항을 위반하여 피해자의 인적사항과 사진 등을 공개한 자

③ 다음 각 호의 어느 하나에 해당하는 자는 1년 이하의 징역 또는 500만원 이하의 벌금에 처한다. 〈개정 2016.12.20.〉

   1. 제43조제1항을 위반하여 정당한 사유 없이 기본신상정보를 제출하지 아니하거나 거짓으로 제출한 자 및 같은 조 제2항에 따른 관할경찰관서 또는 교정시설의 장의 사진촬영에 정당한 사유 없이 응하지 아니한 자

   2. 제43조제3항(제44조제6항에서 준용하는 경우를 포함한다)을 위반하여 정당한 사유 없이 변경정보를 제출하지 아니하거나 거짓으로 제출한 자

   3. 제43조제4항(제44조제6항에서 준용하는 경우를 포함한다)을 위반하여 정당한 사유 없이 관할 경찰관서에 출석하지 아니하거나 촬영에 응하지 아니한 자

④ 제2항제2호의 죄는 피해자의 명시한 의사에 반하여 공소를 제기할 수 없다.

⑤ 제16조제2항에 따라 이수명령을 부과받은 사람이 보호관찰소의 장 또는 교정시설등의 장의 이수명령 이행에 관한 지시에 불응하여「보호관찰 등에 관한 법률」또는「형의 집행 및 수용자의 처우에 관한 법률」에 따른 경고를 받은 후 재차 정당한 사유 없이 이수명령 이행에 관한 지시에 불응한 경우에는 다음 각 호에 따른다. 〈개정 2016.12.20., 2024. 1. 16.〉

1. 벌금형과 병과된 경우는 500만원 이하의 벌금에 처한다.

2. 징역형 이상의 실형(치료감호와 징역형 이상의 실형이 병과된 경우를 포함한다)과 병과된 경우에는 1년 이하의 징역 또는 5백만원 이하의 벌금에 처한다.

> **제51조(양벌규정)** 법인의 대표자나 법인 또는 개인의 대리인, 사용인, 그
> 밖의 종업원이 그 법인 또는 개인의 업무에 관하여 제13조 또는 제43조의
> 위반행위를 하면 그 행위자를 벌하는 외에 그 법인 또는 개인에게도 해당
> 조문의 벌금형을 과(科)한다. 다만, 법인 또는 개인이 그 위반행위를 방지
> 하기 위하여 해당 업무에 관하여 상당한 주의와 감독을 게을리하지 아니
> 한 경우에는 그러하지 아니하다.

> **제52조(과태료)** ① 정당한 사유 없이 제43조의2제1항 또는 제2항을 위반
> 하여 신고하지 아니하거나 거짓으로 신고한 경우에는 300만원 이하의 과
> 태료를 부과한다.
> ② 제1항에 따른 과태료는 대통령령으로 정하는 바에 따라 관할경찰관서의
> 　 장이 부과·징수한다.
> [본조신설 2016.12.20.]

## Ⅳ. 기재례

### 【범죄사실 기재례】

피의자는 20○○. ○. ○. ○○지방법원에서 특정범죄가중처벌등에관한법률위반(절도) 등의 죄로 징역 5년을 선고받는 등 3회의 범죄전과가 있다.

피의자는 여관에 투숙하여 차를 주문하고 그 차배달을 온 종업원을 상대로 금품을 강취하기로 마음먹고 20○○. ○. ○. 14 : 00경 ○○시 ○○동에 있는 ○○장에 투숙한 다음 위 여관에 인접한 ○○다방에 전화를 걸어 차를 주문하였다.

위 다방종업원인 피해자 전○○(여, 23세)이 배달을 오자 그녀와 함께 차를 마시다가 미리 준비한 길이 약 9.5cm의 과도를 꺼내어 그녀의 목에 들이대고 돈을 내라고 협박하여 항거를 불가능하게 한 뒤 그녀의 바지주머니에 들어있던 현금 40,000원을 꺼내어 이를 강취하고, 갑자기 욕정을 일으켜 그녀의 옷을 벗기고 넘어뜨린 다음 강제로 1회 성교하여 그녀를 강간하였다.

### 【범죄사실 기재례】

피의자 김○○은 평소 자주 드나들던 ○○시 ○○동 ○○다방의 여종업원 정○○를 강

간하기로 마음먹고, 20○○. ○. ○. 03：30경 위 다방에서 위 김○○가 미리 준비한 장도리를 사용하여 출입문 자물쇠를 뜯어내고 들어갔다.

피의자는 그 곳 내실에서 잠자고 있던 위 정○○에게 접근하여 그녀의 팬티를 벗기면서 잠에서 깨어나 반항하는 그녀의 입을 손바닥으로 틀어막고 소리지르면 죽인다고 협박하고 그녀의 두다리를 붙잡아 움직이지 못하도록 하여 반항을 억압한 다음 정○○의 질구에 성기를 삽입하여 강간하였다.

### 【범죄사실 기재례】

피의자는 회사원으로서, 20○○. ○. ○. 18：30경 서울 시내버스 ○○번의 종점에서 승차한 후 버스가 ○○동 ○○번지의 ○○빌딩을 지날 무렵 퇴근하는 승객들로 버스가 붐비자 옆좌석에 앉아 있던 피해자 김○○(여, 21세)에게 미소를 지으면서 몸을 밀착시키고 이를 불쾌히 여긴 피해자가 몸을 일으키려 하자 재빨리 피의자의 오른손을 그녀의 미니스커트 속으로 집어넣어 중지로 음부를 찌르면서 만지는 등으로 그녀를 추행하였다.

### 【범죄사실 기재례】

피의자는 성적욕망을 만족시킬 목적으로 20○○. ○. ○. 17：30경 ○○시 ○○동에 있는 ○○아파트 상가앞의 공중전화부스에서 같은 동 ○○빌라 ○동 ○○○호에 거주하는 피해자 이○○(여, 14세)의 집으로 전화를 걸어 피해자가 혼자 있다는 사실을 확인한 다음 "나는 ○○한의원의 한의사인데, 너의 엄마가 나에게 와서 너의 생리가 불규칙하니 검사를 해달라고 하였다"며 피해자를 속이고, 검사를 하겠다면서 "바지를 벗고 질구에 손가락을 넣어 움직이라"고 말하는 등으로 피해자에게 성적 수치심과 혐오감을 일으키는 말을 도달하게 하였다.

### 【범죄사실 기재례】

피의자는 ○○시 ○○구 ○○동에 있는 ○○독서실에서 3년간 총무를 맡아왔다.

피의자는 20○○. ○. ○.경부터 동 독서실의 여자화장실 둘째칸 천장에 몰래카메라를 설치하여, 근 5개월 동안 화장실 이용자들의 수치심을 유발하는 모습을 촬영하고, 야간에 독서실 안에 있는 피의자의 방에서 동 촬영테이프를 보며 성적 욕망을 만족시켜왔다.

## 【적용실례】

**〈강간수단으로 피해자를 약취한 행위〉**

➡ 피해자 이○○을 간음 목적으로 약취한 행위는 피의자들이 피해자를 강간하기 위한 수단으로 행하여진 것이므로 '성폭력범죄의처벌및피해자보호등에관한법률' 죄에 흡수된다고 보아야 할 것이다.

**〈흉기를 휴대한 강간미수범의 처벌〉**

➡ 흉기를 휴대한 강간미수범이 상해를 입힌 경우 성폭력범죄의처벌및피해자보호등에관한법률로는 처벌할 수 없고(1995. 4. 7. 대법원판결) 따라서 이 경우 형법상의 강간치상죄로 의율하여야 함.

**〈야간에 혼자 지나가던 피해자를 성폭행, 치상케 한 경우〉**

➡ 야간에 혼자서 지나가던 피해자를 추행하고 상해를 입게 한 사안에서 이를 성폭력범죄의처벌및피해자보호등에관한법률 위반으로 의율하였으나, 동법 제6조 제2항의 경우 흉기 기타 위험한 물건을 휴대하거나 2인 이상이 합동하여 범한 경우를 규정하고 있으므로 본건의 경우 흉기 기타 위험한 물건을 휴대한 것도 아니고 2인 이상이 합동하여 저지른 범행이 아니므로 본건 죄명은 '강제추행치상'으로 의율하여야 할 것이다.

**〈3명이 합동하여 피해자를 강제 폭행한 경우〉**

➡ 피의자 조○○, 동 김○○, 동 한○○가 합동하여 피해자를 강제추행한 사건인 바, 죄명은 특별법인 성폭력범죄의처벌및피해자보호등에관한법률 위반으로 의율하여야 하고, 일반적인 형법상 강제추행으로 의율하여서는 아니된다.

**[서식] 신상정보등록 통지서**

# 신상정보 등록 통지서

※ [　]에는 해당되는 곳에 √ 표시를 합니다.

| 등 록 정 보 | 성 명 | | 주민등록번호 | |
|---|---|---|---|---|
| | | | ※ 외국인인 경우: 국적·여권번호 및 외국인등록번호 (외국인등록번호가 없는 경우에는 생년월일)<br>※ 주민등록을 하지 않은 재외국민인 경우: 여권번호 및 생년월일<br>※ 외국국적동포인 경우: 국적·여권번호 및 국내거소신고번호 (국내거소신고번호가 없는 경우에는 생년월일 ) | |
| | 주민등록주소<br>(도로명주소) | (외국인인 경우 국내 체류지, 외국국적동포인 경우 국내 거소) | | |
| | 실제거주지(<br>도로명주소) | | | |
| | 직 업 | | 직장명: | |
| | | | 직장주소(도로명주소): | |
| | 연락처 | 주거지 전화번호: | 휴대전화 번호: | 그 밖의 전화번호: | 전자우편주소: |
| | 신체정보 | 키:　　　　cm | 몸무게:　　　　kg | | |
| | 소유차량<br>등록번호 | | | |
| | 등록대상<br>성범죄<br>경력정보 | 판결일 | | 판결법원 | |
| | | 사건번호 | | 죄명 | |
| | 성범죄<br>전과사실 | | | |
| | 전자장치<br>부착<br>여부(기간) | [ ] 부착( 년), [ ] 미부착 | | |
| | 출입국 사항 | 체류국가: | 체류기간: | 비고: |

| 등록기간 | | 년 | 최초등록일 | . . . | 등록종료<br>(예정)일 | . . . |
|---|---|---|---|---|---|---|

「성폭력범죄의 처벌 등에 관한 특례법」 제44조제2항 단서 및 같은 법 시행령 제5조의3제2항에 따라 귀하의 등록정보를 위와 같이 통지합니다.

년      월      일

## 안내 및 유의사항

○ 귀하의 등록정보와 등록일을 통보합니다. 위 내용이 사실과 다른 경우에는 법무부장관에게 연락하시기 바랍니다.

○ 귀하의 신상정보는 등록일부터 등록기간 동안 법무부에 보존·관리됩니다(교정시설 또는 치료감호시설에 수용된 기간은 제외합니다).

○ 귀하께서는 제출한 신상정보가 변경된 경우 20일 이내에 관할 경찰관서에 변경정보를 제출해야 하고, 사진은 기본신상정보를 제출한 그 다음 해부터 매년 12월 31일까지 주소지를 관할하는 경찰관서에 출석하여 정면·좌측·우측 상반신 및 전신 컬러사진을 촬영해야 합니다. 이를 위반한 경우 또는 거짓 신상정보를 제출한 경우에는 1년 이하의 징역 또는 500만원 이하의 벌금에 처해집니다.

210mm×297mm[백상지 80g/㎡]

**[서식]** 신상정보 등록 면제 신청 결과 통지서

# 신상정보 등록 면제 신청 결과 통지서

| 성 명 | | 주민등록번호 | |
|---|---|---|---|
| | | ※ 외국인인 경우: 국적·여권번호 및 외국인등록번호(외국인등록번호가 없는 경우에는 생년월일)<br>※ 주민등록을 하지 않은 재외국민인 경우: 여권번호 및 생년월일<br>※ 외국국적동포인 경우: 국적·여권번호 및 국내거소신고번호 (국내거소신고번호가 없는 경우에는 생년월일) | |
| 면제신청<br>결과 | [ ] 허가     [ ] 불허 | | |
| 신청일 | .    .    . | 결정일 | .    .    . |
| 불허 이유 | | | |

「성폭력범죄의 처벌 등에 관한 특례법 시행령」 제6조의2제3항에 따라 귀하의 신상정보 등록 면제신청 결과를 위와 같이 통지합니다.

년        월        일

법 무 부 장 관          직인

210mm×297mm[백상지(80g/㎡) 또는 중질지(80g/㎡)]

# 소 년 법

[시행 2021. 4. 21.] [법률 제17505호, 2020. 10. 20., 타법개정]

## Ⅰ. 개설

### 목적

이 법은 반사회성(反社會性)이 있는 소년의 환경 조정과 품행 교정(矯正)을 위한 보호처분 등의 필요한 조치를 하고, 형사처분에 관한 특별조치를 함으로써 소년이 건전하게 성장하도록 돕는 것을 목적으로 한다.

## Ⅱ. 판례

**제2조(소년 및 보호자)**　이 법에서 "소년"이란 19세 미만인 자를 말하며, "보호자"란 법률상 감호교육(監護敎育)을 할 의무가 있는 자 또는 현재 감호하는 자를 말한다.
[전문개정 2007.12.21.]

### 항소심이 부정기형보다 중하지 아니한 정기형을 선고해야 하는 사건
[대법원 2020. 10. 22., 선고, 2020도4140, 전원합의체 판결]

**【판결요지】**

[1] [다수의견] (가) 소년법은 인격이 형성되는 과정에 있기에 그 개선가능성이 풍부하고 심신의 발육에 따르는 특수한 정신적 동요상태에 놓여 있는 소년의 특수성을 고려하여 소년의 건전한 성장을 돕기 위해 형사처분에 관한 특별조치로서 제60조 제1항에서 소년에 대하여 부정기형을 선고하도록 정하고 있다. 다만 소년법 제60조 제1항에 정한 '소년'은 소년법 제2조에 정한 19세 미만인 자를 의미하는 것으로 이에 해당하는지는 사실심판결 선고 시를 기준으로 판단하여야 하므로, 제1심에서 부정기형을 선고받은 피고인이 항소심 선고 이전에 19세에 도달하는 경우 정기형이 선고되어야 한다. 이 경우 피고인만이 항소하거나 피고인을 위하여 항소하였다면 형사소송법 제368조가 규정한 불이익변경금지 원칙이 적용되어 항소심은 제1심판결의 부정기형보다 무거운 정기형을 선고할 수 없다. 그런데 부정기형은 장기와 단기라는 폭의 형태를 가지는 양형인 반면 정기형은 점의 형태를 가지는 양형이므로 불이익변경금지 원칙의 적용과 관련하여 양자 사이의 형의 경중을 단순히 비교할 수 없는 특수한 상황이 발생한다. 결국 피고인이 항소심 선고 이전에 19세에 도달하여 부정기형을 정기형으로 변경해야 할 경우 불

이익변경금지 원칙에 반하지 않는 정기형을 정하는 것은 부정기형과 실질적으로 동등하다고 평가될 수 있는 정기형이 부정기형의 장기와 단기 사이의 어느 지점에 존재하는지를 특정하는 문제로 귀결된다. 이는 정기형의 상한으로 단순히 부정기형의 장기와 단기 중 어느 하나를 택일적으로 선택하는 문제가 아니라, 단기부터 장기에 이르는 수많은 형 중 어느 정도의 형이 불이익변경금지 원칙 위반 여부를 판단하는 기준으로 설정되어야 하는지를 정하는 '정도'의 문제이다. 따라서 부정기형과 실질적으로 동등하다고 평가될 수 있는 정기형을 정할 때에는 형의 장기와 단기가 존재하는 특수성으로 인해 발생하는 요소들, 즉 부정기형이 정기형으로 변경되는 과정에서 피고인의 상소권 행사가 위축될 우려가 있는지 여부, 소년법이 부정기형 제도를 채택한 목적과 책임주의 원칙이 종합적으로 고려되어야 한다.

이러한 법리를 종합적으로 고려하면, 부정기형과 실질적으로 동등하다고 평가될 수 있는 정기형은 부정기형의 장기와 단기의 정중앙에 해당하는 형(예를 들어 징역 장기 4년, 단기 2년의 부정기형의 경우 징역 3년의 형이다. 이하 '중간형'이라 한다)이라고 봄이 적절하므로, 피고인이 항소심 선고 이전에 19세에 도달하여 제1심에서 선고한 부정기형을 파기하고 정기형을 선고함에 있어 불이익변경금지 원칙 위반 여부를 판단하는 기준은 부정기형의 장기와 단기의 중간형이 되어야 한다.

(나) 항소심에서 선고될 수 있는 정기형이 부정기형의 단기보다는 무거운 형이라 하더라도, 그 정기형이 부정기형의 확정으로 인해 피고인이 합리적으로 예상할 수 있는 형 집행기간의 범위 내에 있다면, 피고인은 실질적인 불이익에 대한 우려 없이 합리적인 판단에 따라 상소권을 행사할 수 있다고 봄이 타당하다. 이와 관련하여 부정기형을 선고받은 피고인은 부정기형의 단기가 경과한 때부터 형의 장기가 도래할 때까지 동일한 가능성으로 소년법 제60조 제4항에 따른 검사의 지휘에 의해 그 형의 집행이 종료될 것을 기대할 수 있으므로, 부정기형의 장기와 단기의 중간형은 부정기형을 선고받은 피고인이 합리적으로 예상할 수 있는 형 집행의 기간에 부합한다고 할 수 있다.

(다) 결국 부정기형과 실질적으로 동등하다고 평가될 수 있는 정기형을 특정하는 문제는 산술적으로 명확히 논증될 수 있는 문제라기보다는, 그 문제가 마주하게 되는 책임주의 원칙, 불이익변경금지 원칙과 소년법이 부정기형 제도를 채택한 목적을 종합적으로 고려하여 부정기형의 단기부터 장기에 이르는 수많은 형 중 어느 정도의 형이 형사책임의 기본원칙인 책임주의 원칙에 부합하는 적절한 양형재량권의 행사를 과도하게 제한하는 것을 방지함과 동시에 상소권의 행사가 위축되는 것을 방지할 수 있는 적절한 상소심 양형의 기준으로서 상대적인 우월성이 있는지를 평가하는 문제이다. 이는 부정기형의 단기부터 장기 사이에 존재하는 어느 정도의 형이 적절한 기준인지를 정하는 '정도'의 문제이지, 결코 부정기형의 장기 또는 단기 중 어느 하나를 선택하여 이를 정기형의 상한으로 정하는 문제가 아니다. 이러한 관점에서 제반 사정들을 종합하면, 부정기형을 정기형으로 변경할 때 불이익변경금지 원칙의 위반 여부는 부정기형의 장기와 단기의 중간형을 기준으로 삼는 것이 부정기형의 장기 또는 단기를 기준으로 삼는 것보다 상대적으로 우월한 기준으로 평가될 수 있음은 분명하다고 볼 수 있다.

[대법관 박상옥, 대법관 민유숙, 대법관 이동원의 별개의견]

(가) 피고인이 제1심판결 선고 시 소년에 해당하여 부정기형을 선고받았는데

피고인만이 항소한 사건에서 피고인이 항소심 선고 이전에 19세에 도달하여 제1심이 선고한 부정기형을 파기하고 정기형을 선고해야 하는 경우, 부정기형의 중간형이 아닌 장기를 기준으로 불이익변경금지 원칙 위반 여부를 판단하는 것이 타당하고, 따라서 항소심이 선고할 수 있는 정기형의 상한은 제1심이 선고한 부정기형의 장기라고 보아야 한다.

(나) 부정기형을 선고받은 피고인이 합리적으로 예상할 수 있는 형 집행의 기간은 장기에 해당한다. 2009년부터 2018년까지의 10년간의 통계자료에 의하면 위 기간 동안 형 집행종료결정은 거의 이루어지지 않은 것으로 보인다. 그리고 소년수형자 중 장기형까지 실제 집행을 받은 비율이 60.21%에 이른다. 장기형까지 실제 집행을 받지 않고 가석방이 된 경우에도 특별한 사정이 없는 이상 집행형 자체가 장기보다 단축되는 것은 아니고 장기와 동일한 정기형을 선고받은 성인수형자가 가석방이 된 경우와 다름없다(소년법 제66조 참조). 이러한 점을 고려하면, 부정기형을 선고받은 피고인이 합리적으로 예상하여야 하는 형의 집행기간은 오히려 장기에 가깝다고 할 수 있다.

한편 병역법 제65조 제1항에서는 보충역 편입 또는 전시근로역 편입을 할 수 있는 대상자로서 '수형자로서 대통령령이 정하는 사람'을 규정하고, 병역법 시행령 제136조 제1항 제1호 (가)목에서는 위 수형자의 의미를 '6개월 이상 1년 6개월 미만의 징역 또는 금고의 실형을 선고받은 사람'으로 구체화하면서 '이 경우 형이 부정기형으로서 장기와 단기를 정하여 선고된 경우에는 장기를 적용한다'고 규정한다. 이를 통해서도 일반적으로 부정기형을 선고받은 경우 장기까지의 집행이 예상된다는 점을 확인할 수 있다.

(다) 장기와 단기를 정하여 부정기형이 선고된 경우 장기까지가 책임형에 해당한다고 보는 것이 책임주의 원칙에 부합하고, 책임의 상한에 해당하는 장기가 경중 비교의 기준으로서 적합하다는 점은 앞서 본 바와 같다. 그리고 항소심에서 성년에 이를 것이 예정되어 있는 피고인으로서는 항소심에서는 더 이상 소년법이 적용될 수 없다는 점, 부정기형의 장기까지가 책임형에 해당하고 부정기형이 확정되는 경우 장기까지 집행이 될 수 있다는 점을 모두 고려하여 항소 제기 여부를 결정하게 될 것이다.

그렇다면 피고인이 제1심에서 소년으로서 부정기형을 선고받았으나 항소심에서는 성인이 되어 정기형을 선고받아야 하는 경우, 책임형으로서 피고인이 합리적으로 예상할 수 있는 집행기간에 해당하는 장기를 불이익변경금지 원칙 위반 여부를 판단하는 기준으로 삼아, 항소심법원이 부정기형의 장기 이하 범위 내에서 부정기형의 특성 및 장기와 단기를 모두 고려하는 등 양형재량을 최대한 행사하여 피고인의 책임에 부합하는 적정한 형을 다시 정할 수 있도록 하는 것이 타당하다. 불이익변경금지 원칙의 취지, 불이익변경 여부의 판단 기준, 부정기형 제도를 둔 소년법 규정의 취지와 그 구체적인 내용, 책임주의 원칙과의 관계 등 여러 사정에 비추어 이와 같은 결론이 불이익변경금지 원칙에 위반된다고 할 수 없다.

[대법관 박정화, 대법관 김선수의 반대의견]

(가) 불이익변경금지 원칙을 적용하면서 부정기형과 정기형 사이에 그 경중을 가리는 경우에는 부정기형 중 단기와 정기형을 비교하여 항소심에서 부정기형의 단기를 초과하는 형을 선고할 수 없다고 하는 것이 1953년 이래 70년 가까이 이어진 대법원의 일

관된 견해였고, 위 견해가 타당하므로, 다수의견의 논거 및 결론에 동의할 수 없다.

(나) 불이익변경금지 원칙은 두 형 사이에 객관적으로 유불리의 서열을 정하는 원칙이 아니라 피고인만이 상소하거나 피고인을 위하여 상소한 사건에서 상소심이 선고할 수 있는 형의 범위를 정하는 원칙이다. 따라서 변경 전후의 선고된 형을 비교하여 피고인에게 불이익하게 변경되었는지를 판단할 때 선고된 형의 효과가 일의적이지 않고 일정한 여건의 변화에 따라 다양한 가능성이 있는 때에는 변경 전의 형은 피고인에게 가장 유리한 경우를 기준으로 하고, 변경 후의 형은 피고인에게 가장 불리한 경우를 기준으로 하여 비교하여야 한다. 이렇게 보는 것이 '피고인에게 실질적으로 불이익한지 아닌지'를 판단한다는 취지에 부합할 뿐만 아니라 명쾌하고도 간이한 방법이며 또한 피고인의 상소권 보장을 목적으로 하는 불이익변경금지 원칙에 충실한 해석이다.

(다) 부정기형이 선고된 경우 피고인에 대한 석방 또는 형 집행종료의 가능성은 단기를 기준으로 시작된다. 소년에 대한 부정기형을 집행하는 기관의 장은 형의 단기가 지난 소년범의 행형 성적이 양호하고 교정의 목적을 달성하였다고 인정되는 경우에는 관할 검찰청 검사의 지휘에 따라 그 형의 집행을 종료시킬 수 있고(소년법 제60조 제4항), 단기의 3분의 1이 지나면 가석방을 허가할 수 있으며(소년법 제65조), 가석방 기간은 가석방 전에 집행을 받은 기간과 같은 기간이 지난 경우 또는 장기에 종료하는 것이 원칙이지만(소년법 제66조), 단기가 지나고 보호관찰의 목적을 달성하였다고 인정되면 가석방 기간의 종료 전이라도 보호관찰 심사위원회는 보호관찰소의 장의 신청을 받거나 직권으로 형의 집행을 종료한 것으로 결정할 수 있다(보호관찰 등에 관한 법률 제50조 제1항).

피고인이 제1심에서 소년에 해당하여 부정기형을 선고받았으면 위와 같이 단기에서부터 시작되는 석방 또는 형 집행종료의 가능성을 부여받은 것이다. 이러한 사안에서 피고인만이 항소하여 불이익변경금지 원칙이 적용되는데 항소심에서 피고인이 성인이 되어 제1심이 선고한 부정기형을 파기하고 정기형을 선고해야 하는 경우, 피고인에게 제1심에서 선고받은 단기를 초과하는 정기형을 선고한다면 위와 같은 석방 또는 형 집행종료의 가능성이 박탈되므로 피고인에게 불리하다. 따라서 불이익변경금지 원칙을 적용하면서 부정기형과 정기형 사이에 그 경중을 가리는 경우에는 부정기형 중 단기와 정기형을 비교하여 항소심에서 부정기형의 단기를 초과하는 형을 선고할 수 없다고 해석하는 것이 타당하다.

[2] 제1심이 당시 18세로서 소년에 해당하는 피고인에 대하여 살인죄 및 사체유기죄를 유죄로 인정하면서 소년법 제60조 제1항 단서에 대한 특칙에 해당하는 특정강력범죄의 처벌에 관한 특례법 제4조 제2항에서 정한 장기와 단기의 최상한인 징역 장기 15년, 단기 7년의 부정기형을 선고하였고, 이에 대하여 피고인만이 항소하였는데, 피고인이 원심 선고 이전에 19세에 이르러 성년에 도달하자 원심이 직권으로 제1심판결을 파기하고 정기형을 선고하면서 불이익변경금지 원칙상 제1심이 선고한 부정기형의 단기인 징역 7년을 초과하는 징역형을 선고할 수 없다는 이유로 피고인에게 징역 7년을 선고한 사안에서, 원심이 제1심에서 선고한 징역 장기 15년, 단기 7년의 부정기형 대신 정기형을 선고함에 있어 불이익변경금지 원칙 위반 여부를 판단하는 기준은 부정기형의 장기인 15년과 단기인 7년의 중간형, 즉 징역 11년[=(15+7)/2]이 되어야 한다는 이유로, 이와 달리 제1심에서 선고한 부정기형의 단기인 징역 7년을 기준으로 불이익변경금지 원칙 위반 여부를 판단한 원심판결에 불이익변경금지 원칙에 관한 법리오해의 잘못이 있다고 한 사례.

**제32조(보호처분의 결정)** ① 소년부 판사는 심리 결과 보호처분을 할 필요가 있다고 인정하면 결정으로써 다음 각 호의 어느 하나에 해당하는 처분을 하여야 한다. 〈개정 2020.10.20.〉

1. 보호자 또는 보호자를 대신하여 소년을 보호할 수 있는 자에게 감호 위탁
2. 수강명령
3. 사회봉사명령
4. 보호관찰관의 단기(短期) 보호관찰
5. 보호관찰관의 장기(長期) 보호관찰
6. 「아동복지법」에 따른 아동복지시설이나 그 밖의 소년보호시설에 감호 위탁
7. 병원, 요양소 또는 「보호소년 등의 처우에 관한 법률」에 따른 의료재활소년원에 위탁
8. 1개월 이내의 소년원 송치
9. 단기 소년원 송치
10. 장기 소년원 송치

② 다음 각 호 안의 처분 상호 간에는 그 전부 또는 일부를 병합할 수 있다.

1. 제1항제1호·제2호·제3호·제4호 처분
2. 제1항제1호·제2호·제3호·제5호 처분
3. 제1항제4호·제6호 처분
4. 제1항제5호·제6호 처분
5. 제1항제5호·제8호 처분

③ 제1항제3호의 처분은 14세 이상의 소년에게만 할 수 있다.

④ 제1항제2호 및 제10호의 처분은 12세 이상의 소년에게만 할 수 있다.

⑤ 제1항 각 호의 어느 하나에 해당하는 처분을 한 경우 소년부는 소년을 인도하면서 소년의 교정에 필요한 참고자료를 위탁받는 자나 처분을 집행하는 자에게 넘겨야 한다.

⑥ 소년의 보호처분은 그 소년의 장래 신상에 어떠한 영향도 미치지 아니한다.

## 소년부송치결정에대한재항고

[대법원 2024. 3. 13. 자 2024모398 결정]

【판결요지】

소법원은 소년에 대한 피고사건을 심리한 결과 보호처분에 해당할 사유가 있다고 인정하면 결정으로써 사건을 관할 소년부에 송치하여야 한다(소년법 제50조). 소년에 대한 피고사건을 심리한 법원이 그 결과에 따라 보호처분에 해당할 사유가 있는지를 인정하는 것은 법관의 자유재량에 의하여 판정될 사항이다.

한편 소년법은 반사회성이 있는 소년의 환경 조정과 품행 교정을 위한 보호처분 등

의 필요한 조치를 하고, 형사처분에 관한 특별조치를 함으로써 소년이 건전하게 성장하도록 돕는 것을 목적으로 한다(소년법 제1조). 따라서 법원은 소년에 대한 형사사건을 심리할 때 소년이 건전하게 성장하도록 돕는다는 지도이념에 초점을 맞추어 소년의 심신상태, 품행, 경력, 가정상황, 그 밖의 환경 등에 대하여 정확한 사실을 밝힐 수 있도록 특별히 유의하여(소년법 제58조 제2항), 소년의 나이, 성행, 지능, 부모의 보호의지 및 보호능력 등의 주변 환경, 피해자와의 관계 및 학교생활, 교우관계, 비행·보호 처분경력, 범죄 정상의 경중, 범행 후의 정상, 과형에 의한 폐해·영향, 공범자의 처우와의 균형, 피해감정, 사회의 불안·처벌감정·정의관념 등을 종합하여 보호처분에 해당할 사유를 판단하여야 하고, 그러한 판단은 소년 한 사람 한 사람에게 개별적으로 이루어져야 한다.

나아가 소년이 다른 소년 등과 공범인 사건에서는 다음과 같은 점을 특별히 살펴보아야 한다. 즉 소년과 공범들의 관계, 공범으로 가담한 동기와 경위, 가담 정도, 구체적인 가담 행위와 그 태양, 범행으로 얻은 이익의 분배 여부와 그 정도, 범행 후의 반성 태도, 공범들과 피해자와의 관계, 피해회복 노력 정도, 공범들의 각 나이와 성행, 지능, 공범 간 범죄전력 및 비행전력의 차이 여부, 공범들의 각 부모 등 보호자의 보호의지 및 보호능력 등의 주변 환경, 공범들 각자의 학교생활 및 교우관계 등에 대한 정확한 사실을 밝힐 수 있도록 충실하게 심리하고 이를 바탕으로 공범들과의 관계에서 해당 소년에 대한 적합한 처우가 무엇인지 신중하게 정해야 한다. 그렇지 않을 경우 공범들 사이의 형사처분 또는 보호처분의 처우에 있어 형평성과 균형에 현저히 반하는 결과를 초래할 수 있고, 그로 인해 소년이 공범과 비교하여 자신이 받은 처분이 자신의 잘못에 상응하는 처우라고 보기 어려운 처분으로 인식하게 되는 경우 아직 인격의 형성 도중에 있어 개선가능성이 풍부하고 심신의 발육에 따른 특수한 정신적 동요상태에 있는 소년의 시기에 건전한 사회인으로 성장하는 데 방해되는 경험으로 작용할 가능성이 있다. 또래나 같은 무리들의 상황 또는 처지에 민감하게 반응하거나 쉽게 영향을 받는다는 것이 소년의 특성 중 하나인 점을 고려하면 더욱 그러하다. 결국 납득할 만한 합리적인 이유 없이 소년과 공범들 사이의 형사처분 또는 보호처분의 처우에 있어 형평성과 균형에 현저히 반하는 결과가 발생하는 경우 소년의 품행 교정과 개선가능성에도 심한 악영향을 미쳐 소년의 건전한 성장이라는 소년법의 지도이념 달성 자체가 어렵게 될 수 있다. 특히 살인, 강도, 강간, 아동·청소년 대상 성폭력범죄, 마약 등 가중처벌조항이 적용되는 범죄 등과 같이 법정형이 높고 죄질이 나쁜 중범죄의 경우 소년과 공범들 사이의 형사처분 또는 보호처분의 처우에 있어 형평성과 균형에 현저히 반하는 결과를 초래하지 않도록 충실한 심리를 도모할 필요성이 더욱 크다.

그러므로 '보호처분에 해당할 사유'에 대한 판단이 법관의 재량에 맡겨져 있다고 하더라도 거기에는 앞서 본 바와 같이 소년의 건전한 성장이라는 소년법의 지도이념과 보호처분의 목적에 따른 재량의 한계가 있고, 따라서 그 재량의 한계를 현저하게 벗어난 판단은 허용되지 아니한다고 할 것이다.

**제59조(사형 및 무기형의 완화)** 죄를 범할 당시 18세 미만인 소년에 대하여 사형 또는 무기형(無期刑)으로 처할 경우에는 15년의 유기징역으로 한다.

[전문개정 2007.12.21.]

## 특수절도, 특수강도, 강도강간, 강도상해

[대법원 1991.4.9, 선고, 91도357, 판결]

【판결요지】
법정형 중에서 무기징역을 선택한 후 작량감경한 결과 유기징역을 선고하게 되었을 경우에는 피고인이 미성년자라 하더라도 부정기형을 선고할 수 없는 것이므로, 피고인에게 법정형 중 무기징역형을 선택한 후 작량감경을 하여 징역 10년의 정기형을 선고한 판결에 소년법 제59조, 제60조의 해석을 잘못한위법이 없다.

## III. 벌칙

**제68조(보도 금지)** ① 이 법에 따라 조사 또는 심리 중에 있는 보호사건이나 형사사건에 대하여는 성명·연령·직업·용모 등으로 비추어 볼 때 그 자가 당해 사건의 당사자라고 미루어 짐작할 수 있는 정도의 사실이나 사진을 신문이나 그 밖의 출판물에 싣거나 방송할 수 없다.
② 제1항을 위반한 다음 각 호의 자는 1년 이하의 징역 또는 1천만원 이하의 벌금에 처한다. 〈개정 2014.1.7.〉
  1. 신문 : 편집인 및 발행인
  2. 그 밖의 출판물 : 저작자 및 발행자
  3. 방송 : 방송편집인 및 방송인

**제69조(나이의 거짓 진술)** 성인(成人)이 고의로 나이를 거짓으로 진술하여 보호처분이나 소년 형사처분을 받은 경우에는 1년 이하의 징역에 처한다.

**제70조(조회 응답)** ① 소년 보호사건과 관계있는 기관은 그 사건 내용에 관하여 재판, 수사 또는 군사상 필요한 경우 외의 어떠한 조회에도 응하여서는 아니 된다.
② 제1항을 위반한 자는 1년 이하의 징역 또는 1천만원 이하의 벌금에 처한다.

**제71조(소환의 불응 및 보호자 특별교육명령 불응)** 다음 각 호의 어느 하나에 해당하는 자에게는 300만원 이하의 과태료를 부과한다. 〈개정 2014.12.30.〉
  1. 제13조제1항에 따른 소환에 정당한 이유 없이 응하지 아니한 자
  2. 제32조의2제3항의 특별교육명령에 정당한 이유 없이 응하지 아니한 자

# 소음·진동관리법

[시행 2024. 6. 14.] [법률 제19468호, 2023. 6. 13., 일부개정]

## Ⅰ. 개설

### 목적

이 법은 공장·건설공사장·도로·철도 등으로부터 발생하는 소음·진동으로 인한 피해를 방지하고 소음·진동을 적정하게 관리하여 모든 국민이 조용하고 평온한 환경에서 생활할 수 있게 함을 목적으로 한다.

## Ⅱ. 판례

**제21조(생활소음과 진동의 규제)** ① 특별자치시장·특별자치도지사 또는 시장·군수·구청장은 주민의 조용하고 평온한 생활환경을 유지하기 위하여 사업장 및 공사장 등에서 발생하는 소음·진동(산업단지나 그 밖에 환경부령으로 정하는 지역에서 발생하는 소음과 진동은 제외하며, 이하 "생활소음·진동"이라 한다)을 규제하여야 한다. 〈개정 2009.6.9., 2013.8.13., 2020.5.26.〉
② 제1항에 따른 생활소음·진동의 규제대상 및 규제기준은 환경부령으로 정한다.

### 재결취소

[수원지법 2009. 8. 19, 선고, 2008구합10813, 판결 : 항소]

【판결요지】
[1] 행정처분의 직접 상대방이 아닌 제3자라 하더라도 당해 행정처분으로 인하여 법률상 보호되는 이익을 침해당한 경우에는 그 처분의 취소나 무효확인을 구하는 행정소송을 제기하여 그 당부의 판단을 받을 자격이 있으며, 여기에서 말하는 법률상 보호되는 이익이라 함은 당해 처분의 근거 법규 및 관련 법규에 의하여 보호되는 개별적·직접적·구체적 이익이 있는 경우를 말하고, 공익보호의 결과로 국민 일반이 공통적으로 가지는 일반적·간접적·추상적 이익이 생기는 경우에는 법률상 보호되는 이익이 있다고 할 수 없다.
[2] 나이트클럽에 개폐식 지붕이 설치되는 경우 관광진흥법령과 식품위생법령에서 정한 '방음장치'를 갖추었다고 보기 어려우며, 그 지붕이 열리는 경우 소음·진동규제법에서 정하고 있는 사업장의 야간 소음한도를 초과할 가능성이 상당히 높을 뿐만 아니라, 소음이 발생하는 시간이 인근 주민들의 숙면을 취하는 심야인 점을 감안하면, 인근 주상복합아파트 주민들의 주거생활에 상당한 지장을 초래할 것이 분명해 보이고, 이는 수

인할 수 있는 한도를 넘어서는 것이라고 판단되므로, 사후적으로 규제하기보다는 사전적으로 예방함이 타당하다고 한 사례.

**제27조(교통소음·진동 관리지역의 지정)** ① 특별시장·광역시장·특별자치시장·특별자치도지사 또는 시장·군수(광역시의 군수는 제외한다. 이하 이 조에서 같다)는 교통기관에서 발생하는 소음·진동이 교통소음·진동 관리기준을 초과하거나 초과할 우려가 있는 경우에는 해당 지역을 교통소음·진동 관리지역(이하 "교통소음·진동 관리지역"이라 한다)으로 지정할 수 있다. 〈개정 2009.6.9., 2013.8.13.〉

② 환경부장관은 교통소음·진동의 관리가 필요하다고 인정하는 지역을 교통소음·진동 관리지역으로 지정하여 줄 것을 특별시장·광역시장·특별자치시장·특별자치도지사 또는 시장·군수에게 요청할 수 있다. 이 경우 특별시장·광역시장·특별자치시장·특별자치도지사 또는 시장·군수는 특별한 사유가 없으면 그 요청에 따라야 한다. 〈개정 2009.6.9., 2013.8.13.〉

③ 교통소음·진동 관리지역의 범위는 환경부령으로 정한다. 〈개정 2009.6.9.〉

④ 특별시장·광역시장·특별자치시장·특별자치도지사 또는 시장·군수는 교통소음·진동 관리지역을 지정한 경우에는 그 지정 사실을 고시하고 표지판 설치 등 필요한 조치를 하여야 한다. 이를 변경한 경우에도 또한 같다. 〈개정 2009.6.9., 2013.8.13.〉

⑤ 특별시장·광역시장·특별자치시장·특별자치도지사 또는 시장·군수는 교통기관에서 발생하는 소음·진동이 교통소음·진동 관리기준을 초과하지 아니하거나 초과할 우려가 없다고 인정되면 교통소음·진동 관리지역의 지정을 해제할 수 있다. 〈신설 2009.6.9., 2013.8.13.〉

[제목개정 2009.6.9.]
[제26조에서 이동, 종전 제27조는 제26조로 이동 〈2009.6.9.〉]

## 행정법규에서 정하는 기준을 넘는 철도소음·진동이 있다고 하여 참을 한도를 넘는 위법한 침해행위가 있다고 단정할 수 있는지 여부

[대법원 2017. 2. 15., 선고, 2015다23321, 판결]

【판결요지】
철도소음·진동을 규제하는 행정법규에서 정하는 기준을 넘는 철도소음·진동이 있다고 하여 바로 사회통념상 일반적으로 참아내야 할 정도(이하 '참을 한도'라고 한다)를 넘는 위법한 침해행위가 있어 민사책임이 성립한다고 단정할 수 없다. 그러나 위와 같은 행정법규는 인근 주민의 건강이나 재산, 환경을 소음·진동으로부터 보호하는 데 주요한 목적이 있기 때문에 철도소음·진동이 위 기준을 넘는지는 참을 한도를 정하는 데 중요하게 고려해야 한다.

**제31조(제작차에 대한 인증)** ① 자동차제작자가 자동차를 제작하려면 미리 제작차의 소음이 제30조에 따른 제작차 소음허용기준에 적합하다는 환경부장관의 인증을 받아야 한다. 다만, 환경부장관은 군용·소방용 등 공용의 목적 또는 연구·전시목적 등으로 사용하려는 자동차 또는 외국에서 반입하는 자동차로서 대통령령으로 정하는 자동차는 인증을 면제하거나 생략할 수 있다.

② 자동차제작자는 제1항에 따라 인증받은 자동차의 인증내용 중 환경부령으로 정하는 중요 사항을 변경하려면 변경인증을 받아야 한다. 〈개정 2009.6.9.〉

③ 제1항 또는 제2항에 따라 인증·변경인증을 받은 자동차제작자 중 이륜자동차(「자동차관리법」 제3조제1항제5호에 따른 이륜자동차를 말한다. 이하 같다)를 제작하려는 자는 환경부령으로 정하는 바에 따라 이륜자동차에 해당 인증·변경인증의 배기소음(배기가스가 배기구로 배출될 때 발생되는 소음을 말한다) 결과 값을 표시하여야 한다. 〈신설 2022. 12. 30.〉

④ 제1항 및 제2항에 따른 인증의 신청, 인증의 시험방법과 절차, 인증의 방법 및 인증의 면제와 생략에 필요한 사항은 환경부령으로 정한다. 〈개정 2009. 6. 9., 2022. 12. 30.〉

### 관세법위반·대기환경보전법위반·소음·진동관리법위반
[대법원 2019. 9. 9., 선고, 2019도6588, 판결]

【판결요지】

[1] 대기환경보전법은 자동차수입자가 자동차를 수입하려면 미리 환경부장관으로부터 그 자동차의 배출가스가 배출가스보증기간에 제작차배출허용기준에 맞게 유지될 수 있다는 인증을 받아야 하고(제48조 제1항) 인증내용 중 환경부령으로 정하는 중요한 사항을 변경하려면 변경인증을 받아야 한다고 규정하면서(제2항), 변경인증을 받지 않고 자동차를 수입한 자와 그가 속한 법인 등에 관한 처벌규정을 마련하고 있다(제91조 제4호, 제95조). 그에 따라 대기환경보전법 시행규칙 제67조 제1항은 환경부령으로 정하는 중요한 사항을 열거하는 한편 제3항에서 제1항에 따른 사항을 변경하여도 배출가스의 양이 증가하지 않는 경우에는 해당 변경내용을 국립환경과학원장에게 보고하도록 하면서 이 경우 변경인증을 받은 것으로 보고 있다. 소음·진동관리법 제31조 제1항, 제2항, 제57조 제5호, 제59조 및 소음·진동관리법 시행규칙 제34조 제1항, 제3항도 변경보고의무 대신 변경통보의무를 부과하는 외에는 대기환경보전법 및 대기환경보전법 시행규칙과 유사하게 규정하고 있다.

이와 같이 대기환경보전법과 소음·진동관리법의 위임에 따라 대기환경보전법 시행규칙 제67조 제1항 및 소음·진동관리법 시행규칙 제34조 제1항이 변경인증 대상을 특정하여 열거하고 있고, 위 각 조문 제3항도 그 범위를 제한하지 않은 채 위 각 조문 제1항에 따른 사항을 변경하여도 배출가스의 양 또는 소음이 증가하지 않는 경우에는 국립환경과학원장에 대한 보고 또는 통보로써 변경인증을 받은 것으로 본다고만 규정하고 있는 점 등에 비추어 보면, 위 각 조문 제1항에 따른 사항에 변경이 발생할 경우에는 자동차수입자에게 변경인증의무를 부과하되, 배출가스의 양 또는 소음이 증가하지 않으면 위 각 조문 제3항에 따라 변경보고 또는 변경통보절차만 거치도록 함으로써 변경인증의무를 간소화한 것이라고 해석함이 타당하다. 따라서 위 각 조문 제1항에 따른 사항에 변경이 발생하였음에도 변경인증 또는 변경보고나 변경통보절차를 거치지 않아 결과적으로 변경인증을 받지 않은 경우에는 대기환경보전법 제91조 제4호, 제95조 내지 소음·진동관리법 제57조 제5호, 제59조에 따른 처벌대상이 된다고 보아야 한다.

[2] 관세법 제2조 제1호는 외국물품을 우리나라에 반입(보세구역을 경유하는 것은 보세구역으로부터 반입하는 것을 말한다)하는 것을 수입의 한 가지 형태로 규정하고 있고, 여기서 반입이란 물품이 사실상 관세법에 의한 구속에서 해제되어 내국물품이 되거나 자유유통 상태에 들어가는 것을 말한다. 그런데 관세법 제2조 제5호 (가)목은 우리나라에 있는 물품으로서 외국물품이 아닌 것을 '내국물품'으로 규정하면서, '외국물품'에 대해서는 같은 조 제4호 (가)목에서 외국으로부터 우리나라에 도착한 물품으로서 제241조 제1항에 따른 수입의 신고(이하 '수입신고'라 한다)가 수리되기 전의 것이라고 규정하고 있다. 따라서 외국으로부터 우리나라에 도착하여 보세구역에서 수입신고 절차를 거치는 수입자동차는 수입신고 수리 시에 사실상 관세법에 의한 구속에서 해제되어 내국물품이 되므로 수입신고 수리 시에 보세구역으로부터 반입되어 수입이 이루어진 것이라고 보아야 한다.

## III. 벌칙

**제56조(벌칙)** 다음 각 호의 어느 하나에 해당하는 자는 3년 이하의 징역 또는 3천만원 이하의 벌금에 처한다. 〈개정 2014.3.18.〉

1. 제17조에 따른 폐쇄명령을 위반한 자
2. 제30조를 위반하여 제작차 소음허용기준에 맞지 아니하게 자동차를 제작한 자
3. 제31조제1항에 따라 인증 받지 아니하고 자동차를 제작한 자
4. 제44조제1항에 따른 소음도 검사를 받지 아니하거나 거짓으로 소음도 검사를 받은 자

**제57조(벌칙)** 다음 각 호의 어느 하나에 해당하는 자는 1년 이하의 징역 또는 1천만원 이하의 벌금에 처한다. 〈개정 2009.6.9., 2013.8.13., 2018.10.16.〉

1. 제8조제1항에 따른 허가를 받지 아니하고 배출시설을 설치하거나 그 배

출시설을 이용해 조업한 자

2. 거짓이나 그 밖의 부정한 방법으로 제8조제1항에 따른 허가를 받은 자
3. 제16조 또는 제17조에 따른 조업정지명령 등을 위반한 자
4. 제23조제4항에 따른 사용금지, 공사중지 또는 폐쇄명령을 위반한 자
5. 제31조제2항에 따른 변경인증을 받지 아니하고 자동차를 제작한 자
5의2. 제31조의2제2항제1호 또는 제2호에 따른 금지행위를 한 자
5의3. 제34조의3제3항에 따른 제작·수입·판매·사용 금지명령을 위반한 자
5의4. 제44조제6항에 따른 제작·수입 또는 판매·사용 금지명령을 위반한 자
6. 제44조제7항에 따른 소음도표지를 붙이지 아니하거나 거짓의 소음도표지를 붙인 자

**제58조(벌칙)** 다음 각 호의 어느 하나에 해당하는 자는 6개월 이하의 징역 또는 500만원 이하의 벌금에 처한다. 〈개정 2009.6.9., 2023. 6. 13.〉

1. 제8조제1항에 따른 신고를 하지 아니하거나 거짓이나 부정한 방법으로 신고를 하고 배출시설을 설치하거나 그 배출시설을 이용해 조업한 자
2. 삭제 〈2009.6.9.〉
3. 삭제 〈2009.6.9.〉
4. 제23조제1항에 따른 작업시간 조정 등의 명령을 위반한 자
5. 제36조제3항을 위반하여 점검에 따르지 아니하거나 지장을 주는 행위를 한 자
6. 제38조제1항에 따른 개선명령 또는 사용정지명령을 위반한 자

**제59조(양벌규정)** 법인의 대표자나 법인 또는 개인의 대리인, 사용인, 그 밖의 종업원이 그 법인 또는 개인의 업무에 관하여 제56조부터 제58조까지의 어느 하나에 해당하는 위반행위를 하면 그 행위자를 벌하는 외에 그 법인 또는 개인에게도 해당 조문의 벌금형을 과(科)한다. 다만, 법인 또는 개인이 그 위반행위를 방지하기 위하여 해당 업무에 관하여 상당한 주의와 감독을 게을리하지 아니한 경우에는 그러하지 아니하다.
[전문개정 2009.6.9.]
[제60조에서 이동, 종전 제59조는 제60조로 이동 〈2009.6.9.〉]

**제60조(과태료)** ① 다음 각 호의 어느 하나에 해당하는 자에게는 2천만원 이하의 과태료를 부과한다. 〈신설 2018.10.16., 2022. 12. 30.〉

1. 제31조제3항을 위반하여 인증·변경인증을 받은 배기소음 결과 값을 표시하지 아니하거나 거짓으로 표시한 자
2. 제34조의2제2항을 위반하여 타이어 소음도 측정 결과를 신고하지 아니하거나 거짓으로 신고한 자
3. 제34조의2제3항을 위반하여 타이어 소음도를 표시하지 아니하거나 거짓으로 표시한 자

② 다음 각 호의 어느 하나에 해당하는 자에게는 300만원 이하의 과태료를 부과한다. 〈신설 2009.6.9., 2013.3.22., 2018.10.16., 2020.5.26.〉

1. 제19조제1항을 위반하여 환경기술인을 임명하지 아니한 자
2. 제19조제4항을 위반하여 환경기술인의 업무를 방해하거나 환경기술인의 요청을 정당한 사유 없이 거부한 자
3. 제44조의2제2항에 따른 기준에 적합하지 아니한 가전제품에 저소음 표지를 붙인 자
4. 제45조의3제2항에 따른 기준에 적합하지 아니한 휴대용음향기기를 제조·수입하여 판매한 자

③ 다음 각 호의 어느 하나에 해당하는 자에게는 200만원 이하의 과태료를 부과한다. 〈개정 2009.6.9., 2018.10.16., 2021.1.5.〉

1. 제8조제2항에 따른 변경신고를 하지 아니하거나 거짓이나 그 밖의 부정한 방법으로 변경신고를 한 자
2. 제14조를 위반하여 공장에서 배출되는 소음·진동을 배출허용기준 이하로 처리하지 아니한 자
2의2. 제21조제2항에 따른 생활소음·진동 규제기준을 초과하여 소음·진동을 발생한 자
2의3. 제22조제1항·제2항에 따른 신고 또는 변경신고를 하지 아니하거나 거짓이나 그 밖의 부정한 방법으로 신고 또는 변경신고를 한 자
2의4. 제22조제5항제1호에 따른 방음시설을 설치하지 아니하거나 기준에 맞지 아니한 방음시설을 설치한 자
3. 제22조제5항제2호에 따른 저감대책을 수립·시행하지 아니한 자
4. [제4호는 제2호의2로 이동 〈2009.6.9.〉]
5. 제24조제1항에 따른 이동소음원의 사용금지 또는 제한조치를 위반한 자
6. 제35조를 위반한 자동차의 소유자
7. 제38조제3항에 따라 보고를 하지 아니한 자
8. 제46조를 위반하여 환경기술인 등의 교육을 받게 하지 아니한 자

9. 제47조제1항에 따라 보고를 하지 아니하거나 허위로 보고한 자 또는 자료를 제출하지 아니하거나 허위로 제출한 자

10. 제47조에 따른 관계 공무원의 출입·검사를 거부·방해 또는 기피한 자

④ 제1항부터 제3항까지의 규정에 따른 과태료는 대통령령으로 정하는 바에 따라 환경부장관, 시·도지사 또는 시장·군수·구청장이 부과·징수한다. 〈개정 2009.6 9.,2018.10.16.〉

[제59조에서 이동, 종전 제60조는 제59조로 이동 〈2009.6.9.〉]

## Ⅳ. 기재례

### 【범죄사실 기재례】

피의자 고○○는 ○○시 ○○동 ○○에서 ○○주식회사라는 자동차부품제조업체를 경영하고 있는 자이다. 그런데 학교 또는 종합병원의 주변등 대통령령이 정하는 지역에 배출시설을 설치하고자 하는 자는 ○○시장의 허가를 받아야 한다. 그럼에도 불구하고 피의자는 20○○. ○. ○.부터 20○○. ○. ○. 까지 허가없이 위 공장에서 소음·진동배출시설인 ○○○ 2대를 설치하여 조업하였다.

**[서식]** 소음·진동배출시설 설치허가증        (앞 쪽)

| 허가번호 | **소음·진동배출시설 설치허가증** | | |
|---|---|---|---|
| 제 호 | | | |
| ①상 호(사업장명칭) | | | |
| ②성 명(대표자) | | | |
| ③사업장 소재지 | | (전화번호: ) | |
| ④방지시설명 | ⑤ 규 격 | ⑥ 수 량 | |
| | | | |

| | ⑦소음·진동배출시설 | | |
|---|---|---|---|
| 허 가 사 항 | 배 출 시 설 명 | 용 량(마력) | 수 량(대) |
| | | | |
| | | | |
| | | | |
| | 허 가 조 건 | | |
| | | | |

「소음·진동관리법」 제8조제1항 단서에 따라 배출시설의 설치를 허가합니다.

년     월     일

특별자치도지사·시장·군수·구청장 ㉑

210㎜×297㎜[보존용지(1종) 120g/㎡]

**[서식] 개선명령서** (앞 면)

| 명령서<br>번호 | | □ **개선**<br>□ **사용정지** **명령서** | | |
|---|---|---|---|---|
| 제    호 | | | | |
| 수<br>명<br>인 | ①상호(명칭) | | | |
| | ②소유자 성명<br>(운전자 성명) | (          ) | | |
| | ③주소 | (전화번호:          ) | | |
| ④사업장 소재지 | | (전화번호:          ) | | |
| ⑤<br>명<br>령<br>사<br>항 | 자동차번호 | | 차종 | |
| | 사유 | | 개선기한 | 년   월   일까지 |
| | 자동차사용<br>정지기간 | 년   월   일 ~   년   월   일까지 | | |
| ⑥점검일시 및<br>장소 | 점검일시 | 년   월   일   시 | | |
| | 점검장소 | | | |
| ⑦<br>점<br>검<br>결<br>과 | 소음 | 배기소음 | | 경적소음 |
| | 허용기준치 | dB(A) 이하 | | dB(C) 이하 |
| | 측정치 | dB(A) | | dB(C) |
| | 소음관련장치 | | | |

「소음·진동관리법」 제38조제1항 및 제2항, 같은 법 시행규칙 제46조
제1항 및 제47조제1항에 따라 개선명령 또는 사용정지명령을 합니다.


년     월     일


인

210㎜×297㎜(신문용지 54g/㎡)

# 수 도 법

[시행 2025. 8. 17.] [법률 제19662호, 2023. 8. 16., 일부개정]

## Ⅰ. 개설

### 목적

이 법은 수도(水道)에 관한 종합적인 계획을 수립하고 수도를 적정하고 합리적으로 설치·관리하여 공중위생을 향상시키고 생활환경을 개선하게 하는 것을 목적으로 한다.

## Ⅱ. 판례

제3조(정의) 이 법에서 사용하는 용어의 뜻은 다음과 같다. 〈개정 2008.2.29., 2010.5.25., 2011.7.28., 2011.11.14., 2013.3.23., 2013.12.30., 2018.6.8., 2019.11.26., 2020.3.31., 2020.5.26., 2024. 10. 22.〉

1. "원수(原水)"란 음용(飮用)·공업용 등으로 제공되는 자연 상태의 물을 말한다. 다만, 「농어촌정비법」 제2조제3호에 따른 농어촌용수는 제외하되 가뭄 등의 비상 시 대통령령으로 정하는 바에 따라 환경부장관이 농림축산식품부장관 또는 해양수산부장관과 협의하여 원수로 사용하기로 한 경우에는 원수로 본다.

2. "상수원"이란 음용·공업용 등으로 제공하기 위하여 취수시설(取水施設)을 설치한 지역의 하천·호소(湖沼)·지하수·해수(海水) 등을 말한다.

3. "광역상수원"이란 둘 이상의 지방자치단체에 공급되는 상수원을 말한다.

4. "정수(淨水)"란 원수를 음용·공업용 등의 용도에 맞게 처리한 물을 말한다.

5. "수도"란 관로(管路), 그 밖의 공작물을 사용하여 원수나 정수를 공급하는 시설의 전부를 말하며, 일반수도·공업용수도 및 전용수도로 구분한다. 다만, 일시적인 목적으로 설치된 시설과 「농어촌정비법」 제2조제6호에 따른 농업생산기반시설은 제외한다.

6. "일반수도"란 광역상수도·지방상수도 및 마을상수도를 말한다.

7. "광역상수도"란 국가·지방자치단체·한국수자원공사 또는 환경부장관이 인정하는 자가 둘 이상의 지방자치단체에 원수나 정수를 공급(제43조제4항에 따라 일반 수요자에게 공급하는 경우를 포함한다)하는 일반수도를 말

한다. 이 경우 국가나 지방자치단체가 설치할 수 있는 광역상수도의 범위는 대통령령으로 정한다.

8. "지방상수도"란 지방자치단체 또는 상수도조합이 관할 지역주민, 인근 지방자치단체 또는 그 주민에게 원수나 정수를 공급하는 일반수도로서 광역상수도 및 마을상수도 외의 수도를 말한다.

9. "마을상수도"란 지방자치단체 또는 상수도조합이 대통령령으로 정하는 수도시설에 따라 100명 이상 2천500명 이내의 급수인구에게 정수를 공급하는 일반수도로서 1일 공급량이 20세제곱미터 이상 500세제곱미터 미만인 수도 또는 이와 비슷한 규모의 수도로서 특별시장·광역시장·특별자치시장·특별자치도지사·시장·군수(광역시의 군수는 제외한다)가 지정하는 수도를 말한다.

10. "공업용수도"란 공업용수도사업자가 원수 또는 정수를 공업용에 맞게 처리하여 공급하는 수도를 말한다.

11. "전용수도"란 전용상수도와 전용공업용수도를 말한다.

12. "전용상수도"란 100명 이상을 수용하는 기숙사, 임직원용 주택, 요양소 및 그 밖의 시설에서 사용되는 자가용의 수도와 수도사업에 제공되는 수도 외의 수도로서 100명 이상 5천명 이내의 급수인구(학교·교회 등의 유동인구를 포함한다)에 대하여 원수나 정수를 공급하는 수도를 말한다. 다만, 다른 수도에서 공급되는 물만을 상수원으로 하는 것 중 일일 급수량과 시설의 규모가 대통령령으로 정하는 기준에 못 미치는 것은 제외한다.

13. "전용공업용수도"란 수도사업에 제공되는 수도 외의 수도로서 원수 또는 정수를 공업용에 맞게 처리하여 사용하는 수도를 말한다. 다만, 다른 수도에서 공급되는 물만을 상수원으로 하는 것 중 일일 급수량과 시설의 규모가 대통령령으로 정하는 기준에 못 미치는 것은 제외한다.

14. "소규모급수시설"이란 주민이 공동으로 설치·관리하는 급수인구 100명 미만 또는 1일 공급량 20세제곱미터 미만인 급수시설 중 특별시장·광역시장·특별자치시장·특별자치도지사·시장·군수(광역시의 군수는 제외한다)가 지정하는 급수시설을 말한다.

15. 삭제 〈2010.5.25.〉

16. 삭제 〈2010.6.8.〉

17. "수도시설"이란 원수나 정수를 공급하기 위한 취수(取水)·저수(貯水)·도수(導水)·정수(淨水)·송수(送水)·배수시설(配水施設), 급수설비, 그 밖에 수도에 관련된 시설을 말한다.

18. "수도사업"이란 일반 수요자 또는 다른 수도사업자에게 수도를 이용하여 원수나 정수를 공급하는 사업을 말하며, 일반수도사업과 공업용수도사업으로 구분한다.

19. "일반수도사업"이란 일반 수요자 또는 다른 수도사업자에게 일반수도를 사용하여 원수나 정수를 공급하는 사업을 말한다.

20. "공업용수도사업"이란 일반 수요자 또는 다른 수도사업자에게 공업용수도를 사용하여 원수나 정수를 공급하는 사업을 말한다.

21. "수도사업 통합"이란 수도사업의 경영합리화를 통하여 지속가능한 수도공급체계를 구축하고 지역 간 수도서비스 격차를 해소하기 위하여 둘 이상의 지방자치단체가 수도사업의 운영·관리를 일원화하는 것을 말한다.

22. "수도사업자"란 일반수도사업자와 공업용수도사업자를 말한다.

23. "일반수도사업자"란 제17조제1항에 따른 일반수도사업의 인가를 받아 경영하는 자를 말한다.

24. "공업용수도사업자"란 제49조제1항에 따른 공업용수도사업의 인가를 받아 경영하는 자를 말한다.

25. "상수도조합"이란 「지방자치법」 제176조에 따른 지방자치단체조합으로 둘 이상의 지방자치단체가 수도사업을 공동으로 운영·관리하기 위하여 설립한 법인을 말한다.

26. "급수설비"란 수도사업자가 일반 수요자에게 원수나 정수를 공급하기 위하여 설치한 배수관으로부터 분기(分岐)하여 설치된 급수관(옥내급수관을 포함한다)·계량기·저수조(貯水槽)·수도꼭지, 그 밖에 급수를 위하여 필요한 기구(器具)를 말한다.

27. "수도공사"란 수도시설을 신설·증설 또는 개조하는 공사를 말한다.

28. "수도시설관리권"이란 수도시설을 유지·관리하고 그로부터 생산된 원수 또는 정수를 공급받는 자에게서 요금을 징수하는 권리를 말한다.

29. "갱생(更生)"이란 관(管) 내부의 녹과 이물질을 제거한 후 코팅 등의 방법으로 통수(通水)기능을 회복하는 것을 말한다.

30. "정수시설운영관리사"란 정수시설의 운영과 관리 업무를 수행하는 사람으로서 제24조에 따른 자격을 취득한 사람을 말한다.

31. "상수도관망시설운영관리사"란 상수도관망 및 그 부속시설(이하 "상수도관망시설"이라 한다)의 운영과 관리 업무를 수행하는 사람으로서 제25조의2에 따른 자격을 취득한 사람을 말한다.

32. "물 사용기기"란 급수설비를 통하여 공급받는 물을 이용하는 기기로서 전기세탁기와 식기세척기를 말한다.

33. "절수설비"(節水設備)란 물을 적게 사용하도록 환경부령으로 정하는 구조·규격 등의 기준에 맞게 제작된 수도꼭지 및 변기 등 환경부령으로 정하는 설비를 말한다.

34. "절수기기"란 물을 적게 사용하기 위하여 수도꼭지 및 변기 등 환경부령으로 정하는 설비에 환경부령으로 정하는 기준에 맞게 추가로 장착하는 기기를 말한다.

35. "해수담수화시설"이란 정수를 공급하기 위하여 해수 또는 해수가 침투하여 염분을 포함한 지하수를 취수하여 담수화하는 수도시설을 말한다.

## 상수도원인자부담금 납부의무를 부담하는지 여부
[대법원 2020. 7. 29., 선고, 2019두30140, 판결]

**【판결요지】**

수도법 제3조는 '수도'를 관로(管路), 그 밖의 공작물을 사용하여 원수나 정수를 공급하는 시설의 전부(제5호), '수도시설'을 원수나 정수를 공급하기 위한 취수·저수·도수·정수·송수·배수시설, 급수설비, 그 밖에 수도에 관련된 시설(제17호), '수도공사'를 수도시설을 신설·증설 또는 개조하는 공사(제25호)라고 정의하고 있다. 수도법 제71조는 원인자부담금에 관하여 규정하면서, 제1항에서 "수도사업자는 수도공사를 하는 데에 비용 발생의 원인을 제공한 자(주택단지·산업시설 등 수돗물을 많이 쓰는 시설을 설치하여 수도시설의 신설이나 증설 등의 원인을 제공한 자를 포함한다)에게 그 수도공사에 필요한 비용의 전부 또는 일부를 부담하게 할 수 있다."라고 규정하고 있다.

택지개발사업은 '일단(一團)의 토지를 활용하여 주택건설 및 주거생활이 가능한 택지를 조성하는 사업'으로서(택지개발촉진법 제2조 제4호 참조), 사업의 시행 과정에서 택지개발계획 승인 등을 통해 조성되는 택지에 건축되는 건축물 등의 규모 및 용도가 예정되어 있다. 조성된 택지 가운데 주택건설사업계획의 승인을 받아 주택과 그 부대시설 및 복리시설을 건설하거나 대지를 조성하는 데 사용되는 일단의 토지는 '주택단지'에 해당한다(주택법 제2조 제12호 참조). 주택단지 조성 등을 위한 택지개발사업이 시행되는 경우, '수도시설의 신설이나 증설 등의 원인'은 택지개발행위를 하였을 때 발생하는 것이지, 택지개발사업의 시행자가 직접 또는 그로부터 주택건설용지 등을 분양받은 주택건설사업자가 조성된 택지에 주택 등의 건축물을 건축하였을 때에 비로소 발생한다고 볼 것은 아니다.

따라서 택지개발사업으로 조성된 택지에 그 개발계획에서 정해진 규모 및 용도에 따라 건축물이 건축된 경우 수도법령에 따른 상수도원인자부담금 납부의무는 택지개발사업의 사업시행자가 부담하는 것이 원칙이고, 해당 건축물이 원래 택지개발사업에서 예정된 범위를 초과하는 등의 특별한 사정이 없는 한 택지를 분양받아 건축물의 건축행위를 한 자는 별도로 상수도원인자부담금 납부의무를 부담하지 않는다고 보아야 한다(대법원 2012. 10. 11. 선고 2010두7604 판결 참조).

**제70조(수도 설치비용의 부담)** 수도(급수설비는 제외한다)의 설치비용은 수도
사업자가 부담한다.

## 급수공사비등부과처분취소청구의소
[대법원 2019. 6. 13., 선고, 2017두33985, 판결]

【판결요지】

[1] 수도법 제70조, 제38조 제1항 단서, 울산광역시 수도급수 조례 제13조 제1항, 제
12조 제1항, 제3항의 내용·취지와 함께 다음과 같은 사정을 고려하면, 수도시설
중 급수설비에 관한 공사의 비용(이하 '급수공사비'라 한다) 부담에 관하여 위
조례가 정액제를 도입한 것 자체가 법령의 취지에 반하거나 위임 범위를 벗어난
것이라고 볼 수는 없다. 따라서 수도사업자가 실제 공사비용이 아니라 합리적인
기준에 따라 고시가 정하는 정액공사비를 부과하는 것 역시 허용된다고 보아야
한다.

① 정액제를 채택할 경우 매번 급수공사를 할 때마다 공사비를 산정할 필요가
없고, 수요가(需要家)별로 별개의 수도관을 부설함으로써 시설을 중복하여
비효율적으로 설치하는 문제를 해결할 수 있는 등 행정의 효율성을 제고할
수 있다.

② 급수공사비를 정액으로 함으로써 일반주택과 공동주택 사이 및 농어촌 지역
과 도시 지역 사이의 급수공사비 부담에 관한 형평을 도모할 수 있고, 나아
가 과다한 급수공사비 때문에 농어촌 지역 거주자 등이 급수공사 신청 자체
를 할 수 없는 상황도 어느 정도 피할 수 있다. 이는 국가, 지방자치단체와
수도사업자가 모든 국민에 대한 수돗물의 보편적 공급에 기여해야 한다는 수
도법 제2조 제6항의 취지에 부합한다.

③ 실공사비는 급수설비를 설치하고자 하는 지역이 기존의 배수관으로부터 얼마
나 떨어져 있는지에 따라 큰 영향을 받는다. 급수공사비를 실비로 정할 경우
주택의 규모, 세대수 등이 비슷해도 위와 같은 우연한 사정에 따라 신청인이
부담할 공사비가 크게 달라지는 결과가 나올 수 있는데, 정액제를 채택하면
이러한 결과를 방지할 수 있다.

[2] 수도시설 중 급수설비에 관한 공사의 비용(이하 '급수공사비'라 한다) 부담에
관하여 정액제를 채택하는 경우 그에 따라 산정한 급수공사비가 실제 공사비와 편
차가 발생하는 것은 불가피하다. 지방자치단체의 조례로 정액제를 도입하면 주민
들은 그러한 편차를 원칙적으로 받아들여야 한다. 다만 정액 급수공사비 제도에서
도 비용부담의 원칙에 부합하도록 가급적 관계 법령에서 정하고 있는 산정요소를
정확하게 반영하여 편차가 지나치게 크지 않도록 해야 한다. 따라서 시장이 정한
정액 급수공사비 고시가 개별 산정요소를 제대로 반영하지 않은 채 일률적으로 급
수공사비를 정하여 비용부담의 원칙을 중대하게 침해하는 결과를 야기하는 경우
그러한 고시는 조례의 위임 취지에 반할 뿐 아니라 비례의 원칙에도 반하여 위법
하다.

[3] 법원이 법률 하위의 법규명령, 규칙, 조례, 행정규칙 등(이하 '규정'이라 한다)이 위헌·위법인지를 심사하려면 그것이 '재판의 전제'가 되어야 한다. 여기에서 '재판의 전제'란 구체적 사건이 법원에 계속 중이어야 하고, 위헌·위법인지가 문제 된 경우에는 규정의 특정 조항이 해당 소송사건의 재판에 적용되는 것이어야 하며, 그 조항이 위헌·위법인지에 따라 그 사건을 담당하는 법원이 다른 판단을 하게 되는 경우를 말한다. 따라서 법원이 구체적 규범통제를 통해 위헌·위법으로 선언할 심판대상은, 해당 규정의 전부가 불가분적으로 결합되어 있어 일부를 무효로 하는 경우 나머지 부분이 유지될 수 없는 결과를 가져오는 특별한 사정이 없는 한, 원칙적으로 해당 규정 중 재판의 전제성이 인정되는 조항에 한정된다.

**제71조(원인자부담금)** ① 수도사업자는 수도공사를 하는 데에 비용 발생의 원인을 제공한 자(주택단지·산업시설 등 수돗물을 많이 쓰는 시설을 설치하여 수도시설의 신설이나 증설 등의 원인을 제공한 자를 포함한다) 또는 수도시설을 손괴하는 사업이나 행위를 한 자에게 그 수도공사·수도시설의 유지나 손괴 예방을 위하여 필요한 비용의 전부 또는 일부를 부담하게 할 수 있다.

② 제1항에 따른 부담금의 산정 기준과 징수방법, 그 밖에 필요한 사항은 대통령령으로 정한다.

③ 제1항에 따른 부담금은 수도의 신설, 증설, 이설, 개축 및 개수 등 공사에 드는 비용으로만 사용할 수 있다. 〈신설 2011.7.28.〉

## 원인자부담금부과처분취소청구의소

[대법원 2020. 7. 29., 선고, 2017두40723, 판결]

【판결요지】
도시개발법에 따르면, 도시개발사업이란 도시개발구역에서 주거, 상업, 산업, 유통, 정보통신, 생태, 문화, 보건 및 복지 등의 기능이 있는 단지 또는 시가지를 조성하기 위하여 시행하는 사업으로서(제2조 제1항 제2호), 도시개발구역 지정권자가 수립하는 도시개발사업의 개발계획에는 인구수용계획, 토지이용계획 등을 통해 도시개발구역에 건축되는 건축물 등의 규모 및 용도가 예정되어 있다(제4조 제1항, 제5조 제1항). 도시개발사업이 시행되는 경우 '수도시설의 신설이나 증설 등의 원인'은 도시개발사업을 시행함으로써 발생하는 것이지, 도시개발사업으로 조성된 토지를 취득한 자가 주택 등의 건축물을 건축하였을 때에 비로소 발생한다고 볼 것은 아니다.
따라서 도시개발사업으로 조성된 토지에 개발계획에서 정해진 규모 및 용도에 따라 건축물이 건축된 경우 수도법령에 따른 상수도원인자부담금 납부의무는 도시개발사업의 사업시행자가 부담하는 것이 원칙이고, 해당 건축물이 원래 도시개발사업에서 예정된 범위를 초과하는 등의 특별한 사정이 없는 한 조성된 토지를 취득하여 건축물의 건축행위를 한 자는 별도로 상수도원인자부담금 납부의무를 부담하지 않는다.

## 손괴자부담금부과처분취소

[대법원 2014.1.16, 선고, 2011두6264, 판결]

**【판결요지】**

[1] 어느 시행령이나 조례의 규정이 모법에 저촉되는지가 명백하지 않는 경우에는 모법과 시행령 또는 조례의 다른 규정들과 그 입법 취지, 연혁 등을 종합적으로 살펴 모법에 합치된다는 해석도 가능한 경우라면 그 규정을 모법위반으로 무효라고 선언해서는 안 된다. 이러한 법리는, 국가의 법체계는 그 자체 통일체를 이루고 있는 것이므로 상·하규범 사이의 충돌은 최대한 배제되어야 한다는 원칙과 더불어, 민주법치국가에서의 규범은 일반적으로 상위규범에 합치할 것이라는 추정원칙에 근거하고 있을 뿐만 아니라, 실제적으로도 하위규범이 상위규범에 저촉되어 무효라고 선언되는 경우에는 그로 인한 법적 혼란과 법적 불안정은 물론, 그에 대체되는 새로운 규범이 제정될 때까지의 법적 공백과 법적 방황은 상당히 심각할 것이므로 이러한 폐해를 회피하기 위해서도 필요하다.

[2] 하위규범의 모법합치적 법률해석의 원칙, 수도시설 손괴자부담금 규정의 입법 취지와 관련 규정의 형식과 내용, 손괴자부담금 부과처분의 재량권에 대한 사법통제 가능성 등을 고려하면, 수도법 시행령 제65조 제5항 제1호, 구 서울특별시 수도시설 이설 등 원인자 및 손괴자부담금 징수조례(2010.1.7. 서울특별시조례 제4902호로 개정되기 전의 것) 제3조 제2항 제3호에서 규정하고 있는 '수도시설의 손괴 등으로 인하여 새거나 사용할 수 없게 된 수돗물의 요금에 상당하는 금액'은 구 수도법(2010.5.25. 법률 제10317호로 개정되기 전의 것) 제71조 제1항이 규정한 '수도시설의 유지를 위하여 필요한 비용'에 포함된다고 해석할 수 있으므로, 위 시행령이나 조례의 규정이 모법의 범위를 벗어나 무효라고 볼 수 없다.

## Ⅲ. 벌칙

**제81조(벌칙)** 다음 각 호의 어느 하나에 해당하는 자는 5년 이하의 징역 또는 5천만원 이하의 벌금에 처한다. 〈개정 2011.7.28., 2014.3.24.〉

1. 제17조제1항 각 호 외의 부분 전단 또는 제49조제1항 각 호 외의 부분 전단에 따른 수도사업의 인가를 받지 아니하고 이를 경영한 자
2. 제37조제1항(제23조제3항 및 제53조에 따라 준용하는 경우를 포함한다)을 위반하여 지체 없이 수돗물의 공급을 정지하지 아니한 일반수도사업자(수탁자를 포함한다) 또는 전용상수도의 설치자

**제82조(벌칙)** 다음 각 호의 어느 하나에 해당하는 자는 3년 이하의 징역

또는 3천만원 이하의 벌금에 처한다. 〈개정 2014.3.24., 2016.1.27.〉

1. 제13조제1항을 위반하여 수돗물을 용기에 넣거나 기구 등으로 다시 처리하여 판매한 자
2. 제14조의4제1항에 따른 수거등의 명령을 따르지 아니한 자

**제82조(벌칙)** 다음 각 호의 어느 하나에 해당하는 자는 3년 이하의 징역 또는 3천만원 이하의 벌금에 처한다. 〈개정 2014.3.24., 2016.1.27., 2019.11.26.〉

1. 제13조제1항을 위반하여 수돗물을 용기에 넣거나 기구 등으로 다시 처리하여 판매한 자
2. 제14조의6제1항에 따른 수거등의 명령을 따르지 아니한 자

**제83조(벌칙)** 다음 각 호의 어느 하나에 해당하는 자는 2년 이하의 징역 또는 2천만원 이하의 벌금에 처한다. 〈개정 2010. 5. 25., 2011. 7. 28., 2013. 12. 30., 2014. 3. 24., 2017. 12. 12., 2020. 3. 31., 2022. 1. 11., 2023. 8. 16., 2024. 1. 16.〉

1. 제7조제3항 또는 제4항에 따른 금지 또는 제한을 위반한 자

1의2. 거짓이나 그 밖의 부정한 방법으로 제14조제1항에 따른 인증을 취득한자

1의3. 제14조제2항을 위반하여 인증을 받지 아니하였거나 같은 조 제8항에 따른 정기검사·수시검사 기준에 적합하지 아니한 제품등을 제조·수입·공급하거나 판매한 자

1의4. 제14조제3항을 위반하여 기준에 맞지 아니하거나 인증을 받지 아니한 수도용 자재나 제품을 사용한 자

1의5. 제14조제5항을 위반하여 인증을 받지 아니한 수도용 자재나 제품 및 그 포장에 인증표시를 한 자

2. 제17조제1항 각 호 외의 부분 후단 또는 제49조제1항 각 호 외의 부분 후단에 따른 인가를 받지 아니하고 인가된 사항을 변경한 수도사업자

3. 제18조제3항을 위반하여 저수조를 기준에 맞지 아니하게 설치한 자

4. 제20조(제50조에 따라 준용하는 경우를 포함한다)를 위반하여 기존 수도관으로부터 분기하여 수도시설을 설치하거나, 수도시설을 변조하거나 손괴한 자

5. 제24조제6항 또는 제25조의2제4항을 위반하여 자격증을 다른 사람에게 대여한 사람

5의2. 제24조제7항 또는 제25조의2제5항을 위반하여 자격증을 대여받은 사람 또는 자격증의 대여를 알선한 사람

6. 제33조제1항·제3항·제4항(제23조제3항 및 제53조에 따라 준용하는 경우를 포함한다)의 규정을 위반하여 소독등위생조치 또는 세척등조치를 하지 아니한 일반수도사업자(수탁자를 포함한다), 전용상수도시설의 설치자 또는 건축물·시설의 소유자 또는 관리자

7. 제37조제2항(제23조제3항 및 제53조에 따라 준용되는 경우를 포함한다)을 위반하여 해당 지역의 주민에게 상황을 알리지 아니하거나 수질검사·비상급수 등의 필요한 조치를 강구하지 아니한 일반수도사업자(수탁자를 포함한다) 또는 전용상수도 설치자

8. 제38조(제50조에 따라 준용하는 경우를 포함한다)를 위반하여 인가관청의 승인을 받지 아니하거나 인가관청의 승인을 받은 사항을 변경한 수도사업자

9. 제41조제1항(제50조에 따라 준용하는 경우를 포함한다)에 따른 긴급 급수 지원 명령을 위반한 수도사업자

10. 제42조(제50조에 따라 준용하는 경우를 포함한다)에 따른 허가를 받지 아니하고 수도사업의 전부 또는 일부를 폐업하거나 휴업한 수도사업자

11. 제74조제1항에 따른 수도시설에 대한 기술진단을 실시하지 아니한 수도사업자

**제84조(벌칙)** 다음 각 호의 어느 하나에 해당하는 자는 300만원 이하의 벌금에 처한다. 〈개정 2020.3.31.〉

1. 제21조의4제1항을 위반하여 등록을 하지 아니하고 상수도관망관리대행업을 하거나 거짓이나 그 밖의 부정한 방법으로 등록한 자

1의2. 제34조제1항을 위반하여 신고를 하지 아니하고 저수조청소업을 경영하거나 거짓이나 그 밖의 부정한 방법으로 신고한 자

2. 제35조에 따라 저수조청소업의 사업장 폐쇄 명령을 받고도 저수조청소업을 계속한 자

3. 삭제 〈2011.7.28.〉

4. 제61조제2항(제23조제3항, 제53조 및 제54조에 따라 준용하는 경우를 포함한다)에 따라 준용되는 「국토의 계획 및 이용에 관한 법률」 제130조제2항부터 제4항까지의 규정에 따른 허가 또는 동의를 받지 아니하고 제61조제1항에 따른 행위를 한 자(수탁자를 포함한다)

**제85조(벌칙)** 다음 각 호의 어느 하나에 해당하는 자는 200만원 이하의 벌금에 처한다. 〈개정 2011.11.14., 2013.12.30., 2019.11.26.〉

1. 제19조제2항(제53조에 따라 준용하는 경우를 포함한다)을 위반하여 수질검사를 받지 아니하고 수돗물을 공급한 수도사업자 또는 전용수도 설치자

1의2. 제26조의2제1항을 위반하여 지방환경관서의 장에게 보고하지 아니한 일반수도사업자

2. 삭제 〈2011.7.28.〉

3. 제27조제1항을 위반하여 주민에게 공지를 하지 아니한 일반수도사업자

4. 제28조제8항(제23조제3항에 따라 준용하는 경우를 포함한다)에 따른 조치명령을 위반한 일반수도사업자(수탁자를 포함한다)

5. 제29조제1항(제23조제3항 및 제53조에 따라 준용하는 경우를 포함한다)에 따른 수질검사 및 수량분석을 실시하지 아니한 일반수도사업자(수탁자를 포함한다) 또는 전용상수도 설치자

6. 삭제 〈2010.5.25.〉
7. 제32조제1항(제23조제3항 및 제53조에 따라 준용하는 경우를 포함한다)에 따른 건강진단을 실시하지 아니한 일반수도사업자(수탁자를 포함한다) 또는 전용상수도 설치자
8. 제32조제2항(제23조제3항과 제53조에 따라 준용하는 경우를 포함한다)을 위반하여 다른 사람에게 위해를 끼칠 우려가 있는 질병이 있다고 인정되는 자를 그 업무에 종사하게 하거나 그 시설의 구내에 거주하게 한 일반수도사업자(수탁자를 포함한다) 또는 전용상수도의 설치자
9. 제39조제1항(제50조에 따라 준용하는 경우를 포함한다)을 위반하여 정당한 이유 없이 수돗물의 공급을 거절한 수도사업자
10. 삭제 〈2010.5.25.〉
11. 제52조(제54조에 따라 준용하는 경우를 포함한다)에 따른 인가를 받지 아니하고 전용수도를 설치한 자
12. 제62조에 따른 사업계획의 변경 요구, 사업운영의 개선 지시, 그 밖에 필요한 조치 명령을 위반한 수도사업자
13. 제64조제1항부터 제4항까지의 규정에 따른 시설의 개선 명령 등을 위반한 수도사업자 또는 전용수도 설치자

**제86조(양벌규정)** 법인의 대표자나 법인 또는 개인의 대리인, 사용인, 그 밖의 종업원이 그 법인 또는 개인의 업무에 관하여 제81조부터 제85조까지의 어느 하나에 해당하는 위반행위를 하면 그 행위자를 벌하는 외에 그 법인 또는 개인에게도 해당 조문의 벌금형을 과(科)한다. 다만, 법인 또는 개인이 그 위반행위를 방지하기 위하여 해당 업무에 관하여 상당한 주의와 감독을 게을리하지 아니한 경우에는 그러하지 아니하다.
[전문개정 2010.5.25.]

**제87조(과태료)** ① 다음 각 호의 어느 하나에 해당하는 자에게는 1천만원 이하의 과태료를 부과한다. 〈개정 2017.12.12., 2021.8.17.〉
1. 제7조의2제4항에 따른 준수사항을 위반한 자
2. 제14조제6항에 따른 정기검사 또는 수시검사를 거부, 방해 또는 기피한 자
3. 제15조제1항 또는 제2항을 위반하여 절수설비 또는 절수기기를 설치하지 아니한 자
② 다음 각 호의 어느 하나에 해당하는 자에게는 500만원 이하의 과태료를

부과한다. 〈개정 2017.12.12., 2018.12.24., 2019.11.26., 2021.8.17., 2024. 1. 23.〉

1. 제14조제1항에 따라 인증받은 내용과 다른 제품등을 제조·수입·공급 또는 판매한 자

2. 제14조의5제2항 또는 제14조의6제2항에 따라 수거등의 권고 또는 명령에 따른 조치의 결과 등을 보고하지 아니한 자

3. 제14조의7에 따른 현장조사를 거부, 방해 또는 기피하거나 자료의 제출을 하지 아니한 자(거짓으로 제출한 자를 포함한다)

4. 제15조제4항을 위반하여 절수설비에 절수등급을 표시하지 아니하거나 거짓으로 표시한 자

5. 제33조의2제6항을 위반하여 같은 조 제1항에 따른 인증을 받지 아니하고 같은 조 제5항에 따른 인증서를 제작·사용하거나 이와 비슷한 인증표시를 한 자

③ 다음 각 호의 어느 하나에 해당하는 자에게는 300만원 이하의 과태료를 부과한다. 〈개정 2010.5.25., 2011.7.28., 2011.11.14., 2013.12.30., 2016.1.27., 2019.11.26., 2024. 1. 16.〉

1. 삭제 〈2016.1.27.〉

2. 제14조제4항을 위반하여 인증표시를 하지 아니하거나 인증받은 내용과 다르게 인증표시를 한 자

3. 삭제 〈2021.8.17.〉

3의2. 제16조를 위반하여 물 사용기기에 물 사용량을 표시하지 아니하거나 거짓으로 표시한 자

3의3. 제21조제6항(제50조·제53조 및 제54조에 따라 준용하는 경우를 포함한다)을 위반하여 수도시설관리자를 임명하지 아니한 수도사업자 또는 전용수도 설치자

3의4. 제21조제7항을 위반하여 정수시설운영관리사를 배치하지 아니한 일반수도사업자

4. 제23조제2항(제50조에 따라 준용하는 경우를 포함한다)을 위반하여 위탁계약 체결의 신고를 하지 아니한 수도사업자

4의2. 제28조제4항·제5항·제6항 또는 제7항(제23조제3항에 따라 준용하는 경우를 포함한다)을 위반한 일반수도사업자(수탁자를 포함한다)

4의3. 제28조의2제1항(제23조제3항에 따라 준용하는 경우를 포함한다)을 위반하여 병원성 미생물의 분포실태를 조사하지 아니한 일반수도사업자(수탁자를 포함한다)

5. 제31조제1항을 위반하여 수돗물품질보고서를 제공하지 아니한 일반수

도사업자

6. 제45조(제50조에 따라 준용하는 경우를 포함한다)를 위반하여 수도에 소화전을 설치하지 아니한 수도사업자

7. 제61조제1항에 따른 수도사업의 시행 또는 급수설비의 검사에 필요한 토지 출입 등의 행위를 정당한 이유 없이 방해하거나 거부한 자

8. 제74조제4항에 따른 준수사항을 지키지 아니한 자

9. 제74조의2제2항을 위반하여 평가에 필요한 자료를 정당한 사유 없이 제출하지 아니한 자

④ 다음 각 호의 어느 하나에 해당하는 자에게는 100만원 이하의 과태료를 부과한다. 〈개정 2010.5.25., 2011.7.28., 2011.11.14., 2013.12.30., 2016.1.27., 2019.11.26., 2020.3.31., 2024. 1. 16.〉

1. 제7조제4항 단서를 위반하여 신고를 하지 아니한 자

2. 제15조제3항에 따른 특별자치시장·특별자치도지사·시장·군수 또는 구청장의 이행명령을 따르지 아니한 자

3. 삭제 〈2010.6.8.〉

3의2. 삭제 〈2011.7.28.〉

3의3. 삭제 〈2011. 7.28.〉

3의4. 삭제 〈2011.7.28.〉

4. 제29조제3항(제23조제3항 및 제53조에 따라 준용하는 경우를 포함한다)을 위반하여 수질검사 및 수량분석에 관한 기록을 작성·보존하지 아니하거나 인터넷 홈페이지 등에 공개하지 아니한 일반수도사업자(수탁자를 포함한다) 또는 수질검사 및 수량분석에 관한 기록을 작성·보존하지 아니한 전용상수도 설치자

5. 제32조제3항(제23조제3항 및 제53조에 따라 준용하는 경우를 포함한다)을 위반하여 건강진단에 관한 기록을 작성·보존하지 아니한 일반수도사업자(수탁자를 포함한다) 또는 전용상수도 설치자

5의2. 제33조제2항을 위반하여 일반수도사업자에게 저수조 설치현황을 신고하지 아니하거나 거짓으로 신고한 자

6. 제34조제3항을 위반하여 신고를 하지 아니하고 사업을 폐업하거나 휴업한 자

7. 제36조(제23조제3항에 따라 준용하는 경우를 포함한다)를 위반하여 수도시설의 관리에 관한 교육을 받지 아니하거나 받지 아니하게 한 다음 각 목의 어느 하나에 해당하는 자

가. 건축물 또는 시설의 소유자나 관리자

　　　나. 저수조청소업자
　　　다. 일반수도사업자(수탁자를 포함한다)
　　　라. 상수도관망관리대행업자
　　8. 제39조제2항(제50조에 따라 준용하는 경우를 포함한다)을 위반하여 미
　　　리 수돗물을 공급할 수 없는 구역 및 기간을 공고하지 아니한 수도사
　　　업자
　　9. 제66조제1항에 따른 검사를 거부·방해 또는 기피하거나 보고를 하지
　　　아니한 수도사업자 또는 전용수도의 설치자
⑤ 제1항부터 제4항까지의 규정에 따른 과태료는 대통령령으로 정하는 바에
　　따라 환경부장관, 시·도지사 또는 시장·군수·구청장이 부과·징수한
　　다. 〈개정 2008.2.29., 2010.5.25., 2013.3.23., 2016.1.27., 2018.6.8.〉
⑥ ⑦ 삭제 〈2010.5.25.〉

# Ⅳ. 기재례

## 【범죄사실 기재례】

피의자는 관할관청의 허가를 받지 아니하고 20○○. ○. ○.경 상수원보호구역내인 경기 ○○군 ○○면 ○○리 ○○번지에 있는 피의자 소유의 논에 물을 대기 위하여 남한강의 지류인 ○○천의 하천구역으로부터 위 논에 이르기까지 연장길이 약12미터를 굴삭기를 사용하여 너비 80cm, 깊이 150cm 가량 굴착한 다음 위 굴착된 벽면에 돌과 시멘트로 축대를 설치함으로써 공작물을 신축하였다.

## 【범죄사실 기재례】

피의자 ○○산업주식회사는 건축물 등의 관리 등을 목적으로 설립된 법인이고, 같은 서 ○○는 위 회사가 관리하는 ○○시 ○○동 ○○번지에 있는 연면적 4,000㎡ 규모의 ○○빌딩의 관리소장이다.

피의자는 위 빌딩의 저수조는 6월에 1회 이상 청소 및 소독을 실시하고, 그 위생상태를 매월 1회 이상 점검하는 등으로 위생상 필요한 조치를 해야 함에도 불구하고, 이 업무에 관하여 20○○. ○. ○.경부터 20○○. ○. ○.경까지 위 빌딩의 지하 1층에 설치되어 있는 저수용량이 41톤인 지하저수조에 대하여 소독 기타 위생상 필요한 조치를 하지 아니하였다.

**[서식]** 정수처리기준 운영결과 보고                    **(앞 쪽)**

# (    년    월)정수처리기준 운영결과 보고

## 1. 정수장 및 여과/소독공정 개요

| | | | |
|---|---|---|---|
| 정수장 명 | | | |
| 위    치 | | | |
| 담당자명<br>(전화번호) | | | |
| 시설용량(㎥/일) | | 월평균 생산량(㎥/일) | |
| 여과공정 | 여과방식 | | |
| | 측정지점/방법 | | |
| 소독공정 | 소독방법(소독제 종류) | | |
| | 소독지점 | | |
| | 측정지점/방법 | | |

## 2. 탁도 및 불황성비

| 항목 | 수질검사결과 | |
|---|---|---|
| | 평 균  (최대 ~ 최소) | 기준초과 |
| 1. 탁도(Turbidity) | (          ) | / |
| 2. 잔류소독제 농도 | (          ) | / |
| 3. CT계산값 | (          ) | / |
| 4. 불활성화비 | (          ) | / |

| 작성방법 | 1. 평균은 검체시료의 월간분석결과 산술평균값을 기입하고, 괄호안에 최대값과 최소값을 기입한다.<br>2. 기준초과는 항목별로 "기준초과건수/총검사건수"를 기입한다. |
|---|---|

**[서식] 물절약전문업 등록증**

등록번호 제          호

# 물절약전문업 등록증

  1. 상  호:

  2. 대표자:                                  (생년월일:              )

  3. 사업장 소재지:

  4. 등록 구분:

  5. 등록 연월일:

「수도법」 제15조의2제1항 및 같은 법 시행규칙 제5조제2항에 따라 위와 같이 등록하였음을 증명합니다.

년     월     일

### 한국수자원공사 사장

직인

210mm×297mm[백상지 80g/㎡]

# 스토킹방지 및 피해자보호 등에 관한 법률

[시행 2023. 7. 18.] [법률 제19216호, 2023. 1. 17., 제정]

## Ⅰ. 개설

### 목적

이 법은 스토킹을 예방하고 피해자를 보호·지원함으로써 인권증진에 이바지함을 목적으로 한다

## Ⅱ. 정의

**제2조(정의)** 이 법에서 사용하는 용어의 뜻은 다음과 같다.

1. "스토킹"이란 「스토킹범죄의 처벌 등에 관한 법률」 제2조제1호에 따른 스토킹행위 및 같은 조 제2호에 따른 스토킹범죄를 말한다.
2. "스토킹행위자"란 스토킹을 한 사람을 말한다.
3. "피해자"란 스토킹으로 직접적인 피해를 입은 사람을 말한다.

**제3조(국가 등의 책무)** ① 국가와 지방자치단체는 스토킹의 예방·방지와 피해자의 보호·지원을 위하여 다음 각 호의 조치를 하여야 한다.

1. 스토킹 신고체계의 구축·운영
2. 스토킹 예방·방지를 위한 조사·연구·교육 및 홍보
3. 피해자를 보호·지원하기 위한 시설의 설치·운영
4. 피해자에 대한 법률구조와 주거 지원 및 취업 등 자립 지원 서비스의 제공
5. 피해자의 신체적·정신적 회복을 위하여 필요한 상담·치료회복프로그램 제공
6. 피해자에 대한 보호·지원을 원활히 하기 위한 관련 기관 간 협력체계의 구축·운영
7. 스토킹의 예방·방지와 피해자의 보호·지원을 위한 관계 법령의 정비와 각종 정책의 수립·시행 및 평가
8. 피해자의 안전확보를 위한 신변 노출 방지와 보호·지원 체계의 구축
9. 피해자 지원 기관 및 시설 종사자의 신변보호를 위한 안전대책 마련

② 국가와 지방자치단체는 제1항에 따른 책무를 다하기 위하여 이에 따른 예산상의 조치를 하여야 한다.

## Ⅲ. 벌칙

**제16조(벌칙)** ① 제6조제1항을 위반하여 신고자 또는 피해자에게 해고나 그 밖의 불이익조치를 한 자는 3년 이하의 징역 또는 3천만원 이하의 벌금에 처한다.
② 제15조에 따른 비밀 유지의 의무를 위반한 자는 1년 이하의 징역 또는 1천만원 이하의 벌금에 처한다.

**제17조(양벌규정)** 법인의 대표자나 법인 또는 개인의 대리인, 사용인, 그 밖의 종사자가 그 법인 또는 개인의 업무에 관하여 제16조의 위반행위를 하면 그 행위자를 벌하는 외에 그 법인 또는 개인에게도 해당 조문의 벌금형을 과(科)한다. 다만, 법인 또는 개인이 그 위반행위를 방지하기 위하여 해당 업무에 관하여 상당한 주의와 감독을 게을리하지 아니한 경우에는 그러하지 아니하다.

**제18조(과태료)** ① 제14조제5항을 위반하여 정당한 사유 없이 사법경찰관리의 업무 수행을 방해한 자에게는 1천만원 이하의 과태료를 부과한다.
② 제1항에 따른 과태료는 대통령령으로 정하는 바에 따라 여성가족부장관이나 지방자치단체의 장이 부과·징수한다.

# 승강기 안전관리법

[시행 2025. 1. 31.] [법률 제20159호, 2024. 1. 30., 일부개정]

## Ⅰ. 개설

### 목적

이 법은 승강기의 제조·수입 및 설치에 관한 사항과 승강기의 안전인증 및 안전관리에 관한 사항 등을 규정함으로써 승강기의 안전성을 확보하고, 승강기 이용자 등의 생명·신체 및 재산을 보호함을 목적으로 한다.

## Ⅱ. 판례

**제16조(부품안전인증의 취소 등)** ① 행정안전부장관은 승강기안전부품의 제조·수입업자가 다음 각 호의 어느 하나에 해당하는 경우에는 행정안전부령으로 정하는 바에 따라 부품안전인증을 취소하거나 6개월 이내의 범위에서 부품안전인증표시등의 사용금지명령 또는 개선명령을 할 수 있다. 다만, 제1호에 해당하는 경우에는 부품안전인증을 취소하여야 하고, 제10호에 해당하는 경우에는 부품안전인증을 취소하거나 부품안전인증표시등의 사용금지명령을 할 수 있다.

1. 거짓이나 그 밖의 부정한 방법으로 부품안전인증을 받은 경우
2. 부품안전인증을 받은 후 제조하거나 수입하는 승강기안전부품이 승강기안전부품 안전기준에 맞지 아니한 경우
3. 부품안전인증표시등을 하지 아니하거나 거짓으로 표시한 경우
4. 제11조제4항에 따른 조건을 이행하지 아니한 경우
5. 제13조제1항에 따른 승강기안전부품의 정기심사를 받지 아니한 경우
6. 제13조제1항에 따른 승강기안전부품의 정기심사 결과 제11조제3항제2호의 기준에 맞지 아니한 경우
7. 제13조제2항에 따른 승강기안전부품의 자체심사를 하지 아니한 경우
8. 제13조제2항에 따른 승강기안전부품의 자체심사 기록을 작성·보관하지 아니하거나 거짓으로 작성·보관한 경우
9. 제25조제1항 또는 제26조에 따른 명령을 위반한 경우
10. 제2호부터 제9호까지의 어느 하나에 해당하는 경우로서 부품안전인증표

시등의 사용금지명령 또는 개선명령을 받고 이행하지 아니한 경우

② 행정안전부장관은 제1항에 따라 부품안전인증의 취소, 부품안전인증표시등의 사용금지명령 또는 개선명령을 한 경우에는 행정안전부령으로 정하는 바에 따라 그 사실을 공고하여야 한다.

③ 제1항에 따라 부품안전인증이 취소된 승강기안전부품의 제조·수입업자는 취소된 날부터 1년 이내에는 같은 모델의 승강기안전부품에 대한 부품안전인증을 신청할 수 없다.

## 손해배상(기)

[광주지법 2017. 6. 21., 선고, 2016나54250, 판결 : 확정]

【판결요지】

甲이 乙 주식회사가 운영하는 대형할인점 지하 1층 매장에서 쇼핑수레에 식품을 담은 다음 무빙워크(경사로 등에서 이동의 편의를 위하여 고안된 컨베이어 벨트 형식의 기계장치)를 이용하여 지상 1층으로 이동하는 중 甲의 앞에서 丙이 탑승하고 있던 전동휠체어가 무빙워크의 끝 부분에 걸려 甲의 쇼핑수레와 丙의 전동휠체어가 부딪치게 되었고, 전동휠체어와 쇼핑수레가 무빙워크 끝 부분에 걸려 움직이지 못하는 상황에서 甲이 쇼핑수레 옆쪽의 좁은 공간을 통하여 빠져나오려는 과정에서 균형을 잃고 지상 1층 바닥으로 넘어져 상해를 입은 사안에서, 乙 회사는 이용자의 안전관리 주체로서 각 층을 이동함에 있어 자유롭게 이용할 수 있는 승강기를 설치하거나 무빙워크를 비롯한 매장 내 시설을 안전하게 이용할 수 있도록 매장 내·외부 시설을 관리하고, 전동휠체어 탑승 고객이 무빙워크에 탑승하지 않도록 안전담당 직원을 배치하거나 이를 안내하여야 할 안전배려의무가 있음에도, 전동휠체어 탑승 고객이 무빙워크를 이용하는 것을 방치함으로써 전동휠체어가 무빙워크에 끝 부분에 걸려 사고가 발생하게 되었으므로, 乙 회사는 대형할인점의 관리책임자로서 위와 같은 안전배려의무를 다하지 못한 과실로 甲이 입은 손해를 배상할 의무가 있다고 한 사례.

## III. 벌칙

**제80조(벌칙)** ① 다음 각 호의 어느 하나에 해당하는 자는 3년 이하의 징역 또는 3천만원 이하의 벌금에 처한다.

1. 거짓이나 그 밖의 부정한 방법으로 제6조에 따른 제조업 또는 수입업의 등록을 한 자

2. 제6조제1항 전단을 위반하여 등록을 하지 아니하고 제조업 또는 수입업을 한 자

3. 제9조에 따라 제조업 또는 수입업의 등록이 취소된 후 또는 사업정지

기간 중에 제조업 또는 수입업을 한 자

4. 거짓이나 그 밖의 부정한 방법으로 제11조에 따른 부품안전인증을 받은 자

5. 제11조제1항을 위반하여 부품안전인증을 받지 아니하고 승강기안전부품을 제조하거나 수입한 자

6. 제11조제2항 본문을 위반하여 변경사항에 대한 부품안전인증을 받지 아니한 자

7. 제14조제2항을 위반하여 부품안전인증표시등을 하거나 이와 비슷한 표시를 한 자

8. 거짓이나 그 밖의 부정한 방법으로 제17조에 따른 승강기안전인증을 받은 자

9. 제17조제1항을 위반하여 승강기안전인증을 받지 아니하고 승강기를 제조하거나 수입한 자

10. 제17조제2항 본문을 위반하여 변경사항에 대한 승강기안전인증을 받지 아니한 자

11. 제20조제2항을 위반하여 승강기안전인증표시등을 하거나 이와 비슷한 표시를 한 자

12. 거짓이나 그 밖의 부정한 방법으로 제23조제1항에 따른 지정인증기관으로 지정을 받은 자

13. 제23조제1항에 따라 지정인증기관으로 지정을 받지 아니하고 부품안전인증을 한 자

14. 제23조제2항에 따라 지정인증기관의 지정이 취소된 후 또는 업무정지 기간 중에 부품안전인증을 한 자

15. 제25조제1항 또는 제2항에 따른 판매중지등 명령을 이행하지 아니한 자

16. 제26조에 따른 이행명령을 위반한 자

17. 제28조제2항을 위반하여 설치검사에 불합격한 승강기를 운행하게 하거나 운행한 자

18. 제32조제2항 전단을 위반하여 안전검사에 불합격한 승강기를 운행한 자

19. 거짓이나 그 밖의 부정한 방법으로 제37조제1항에 따른 지정검사기관으로 지정을 받은 자

20. 제37조제1항에 따라 지정검사기관으로 지정을 받지 아니하고 정기검사를 한 자

21. 제37조제2항에 따라 지정검사기관의 지정이 취소된 후 또는 업무정지 기간 중에 정기검사를 한 자

22. 거짓이나 그 밖의 부정한 방법으로 제39조에 따른 유지관리업의 등록

을 한 자

23. 제39조제1항을 위반하여 등록을 하지 아니하고 유지관리업을 한 자

24. 제44조에 따라 유지관리업의 등록이 취소된 후 또는 사업정지기간 중에 유지관리업을 한 자

25. 제50조제2항에 따른 운행정지명령을 위반한 자

26. 거짓이나 그 밖의 부정한 방법으로 제53조제1항에 따른 교육기관으로 지정을 받은 자

27. 제53조제1항에 따라 교육기관으로 지정을 받지 아니하고 기술교육 또는 직무교육을 한 자

28. 제53조제2항에 따라 교육기관의 지정이 취소된 후 또는 업무정지기간 중에 기술교육 또는 직무교육을 한 자

② 다음 각 호의 어느 하나에 해당하는 자는 1년 이하의 징역 또는 1천만원 이하의 벌금에 처한다.

1. 거짓이나 그 밖의 부정한 방법으로 제12조에 따른 부품안전인증의 면제를 받은 자

2. 제14조제3항을 위반하여 부품안전인증표시등을 임의로 변경하거나 제거한 자

3. 거짓이나 그 밖의 부정한 방법으로 제18조에 따른 승강기안전인증의 면제를 받은 자

4. 제20조제3항을 위반하여 승강기안전인증표시등을 임의로 변경하거나 제거한 자

5. 제28조제2항을 위반하여 설치검사를 받지 아니하고 승강기를 운행하게 하거나 운행한 자

6. 제31조제2항을 위반하여 승강기에 결함이 있다는 사실을 알고도 보수를 하지 아니하고 승강기를 운행하여 중대한 사고를 발생하게 한 자

7. 제32조제2항 전단을 위반하여 안전검사를 받지 아니하고 승강기를 운행한 자

8. 제42조를 위반하여 유지관리 업무를 하도급한 자

9. 제47조를 위반하여 장애인용 승강기의 운행 요청을 거부하거나 안전하게 조작하지 아니하여 중대한 사고를 발생하게 한 자

10. 제54조에 따른 안전관리기술자의 업무정지기간 중에 업무를 수행한 자

11. 제72조제1항을 위반하여 인증 또는 검사를 한 자

**제81조(양벌규정)** 법인 또는 단체의 대표자나 법인·단체 또는 개인의 대리인, 사용인, 그 밖의 종업원이 그 법인·단체 또는 개인의 업무에 관하여 제80조에 따른 위반행위를 하면 그 행위자를 벌하는 외에 그 법인·단체 또는 개인에게도 해당 조문의 벌금형을 과(科)한다. 다만, 법인·단체 또는 개인이 그 위반행위를 방지하기 위하여 해당 업무에 관하여 상당한 주의와 감독을 게을리하지 아니한 경우에는 그러하지 아니하다.

**제82조(과태료)** ① 다음 각 호의 어느 하나에 해당하는 자에게는 1천만원 이하의 과태료를 부과한다.

1. 제8조제3항에 따른 이행명령을 위반한 자
2. 제13조제1항에 따른 승강기안전부품의 정기심사를 받지 아니한 자
3. 제15조제1항을 위반하여 부품안전인증표시등이 없는 승강기안전부품을 판매·대여하거나 판매·대여할 목적으로 수입·진열 또는 보관한 자
4. 제19조제1항에 따른 승강기의 정기심사를 받지 아니한 자
5. 제31조제5항에 따른 자체점검을 담당할 자격을 갖추지 아니한 사람으로 하여금 자체점검 업무를 수행하게 한 자
6. 제75조제1항 및 제2항에 따른 자료제출 또는 보고를 하지 아니하거나 거짓으로 한 자
7. 제75조제3항에 따른 검사를 거부·방해 또는 기피한 자

② 다음 각 호의 어느 하나에 해당하는 자에게는 500만원 이하의 과태료를 부과한다.

1. 제6조제1항 후단에 따른 제조업 또는 수입업의 변경등록을 하지 아니한 자
2. 제6조제4항에 따른 제조업 또는 수입업의 폐업·휴업 등의 신고를 하지 아니한 자
3. 제13조제2항에 따른 승강기안전부품의 자체심사를 하지 아니하거나 자체심사의 기록을 거짓으로 작성·보관한 자
4. 제14조제1항을 위반하여 부품안전인증표시등을 하지 아니한 자
5. 제14조제4항을 위반하여 부품안전인증 관련 정보를 게시하지 아니한 자
6. 제15조제2항을 위반하여 부품안전인증표시등이 없는 승강기안전부품의 판매를 중개하거나 구매 또는 수입을 대행한 자
7. 제15조제3항을 위반하여 부품안전인증표시등이 없는 승강기안전부품을 사용한 자
8. 제19조제2항에 따른 승강기의 자체심사를 하지 아니하거나 자체심사의

기록을 거짓으로 작성·보관한 자

9. 제20조제1항을 위반하여 승강기안전인증표시등을 하지 아니한 자

10. 제20조제4항을 위반하여 승강기안전인증 관련 정보를 게시하지 아니한 자

11. 제27조를 위반하여 승강기의 설치 사실을 신고하지 아니한 자

12. 제30조제1항을 위반하여 책임보험에 가입하지 아니한 자

13. 제31조제1항을 위반하여 자체점검을 하지 아니한 자

14. 제31조제1항을 위반하여 자체점검 결과를 승강기안전종합정보망에 입력하지 아니하거나 거짓으로 입력한 자

15. 제31조제2항을 위반하여 승강기 운행을 중지하지 아니한 자 또는 운행의 중지를 방해한 자

16. 제39조제1항 후단에 따른 유지관리업의 변경등록을 하지 아니한 자

17. 제39조제4항에 따른 유지관리업의 폐업·휴업 등의 신고를 하지 아니한 자

18. 제47조를 위반하여 장애인용 승강기의 운행 요청을 거부하거나 기피한 자

19. 제48조제1항을 위반하여 통보를 하지 아니하거나 거짓으로 통보한 자

20. 제48조제2항을 위반하여 중대한 사고의 현장 또는 중대한 사고와 관련되는 물건을 이동시키거나 변경 또는 훼손한 자

③ 다음 각 호의 어느 하나에 해당하는 자에게는 300만원 이하의 과태료를 부과한다.

1. 제29조제5항을 위반하여 승강기관리교육을 받지 아니하거나 받게 하지 아니한 자

2. 제32조제2항 후단을 위반하여 안전검사를 다시 받지 아니한 자

3. 제34조제3항을 위반하여 운행금지 표지를 붙이지 아니하거나 잘 볼 수 없는 곳에 붙이거나 훼손되게 관리한 자

4. 제50조제4항을 위반하여 운행정지 표지를 붙이지 아니하거나 잘 볼 수 없는 곳에 붙이거나 훼손되게 관리한 자

5. 제51조제1항 전단에 따른 경력등의 신고를 하지 아니하거나 거짓으로 한 자

6. 제52조제2항을 위반하여 직무교육을 이수하도록 하지 아니한 자

7. 제52조제3항을 위반하여 기술교육이나 직무교육을 받는 데 필요한 경비를 부담하지 아니하거나 기술교육이나 직무교육을 이유로 불리한 처분을 한 자

8. 제63조를 위반하여 한국승강기안전공단 또는 이와 유사한 명칭을 사용한 자

④ 다음 각 호의 어느 하나에 해당하는 자에게는 100만원 이하의 과태료를 부과한다.

1. 제29조제3항을 위반하여 승강기 안전관리자의 선임 또는 변경 통보를 하지 아니한 자
2. 제34조제3항을 위반하여 검사합격증명서를 붙이지 아니하거나 잘 볼 수 없는 곳에 붙이거나 훼손되게 관리한 자
3. 제51조제1항 후단에 따른 경력등의 변경신고를 하지 아니하거나 거짓으로 한 자

⑤ 제1항부터 제4항까지의 규정에 따른 과태료는 대통령령으로 정하는 바에 따라 행정안전부장관, 시·도지사 또는 시장·군수·구청장이 부과·징수한다. 〈개정 2020.2.18.〉

## Ⅳ. 기재례

### 【범죄사실 기재례】

승강기보수를 업으로 허라는 자는 시·도지사에게 등록하여야 한다. 그럼에도 불구하고 피의자 강○○은 20○○. ○. ○. ○○에 있는 ○○주식회사 건물의 엘리베이터를 건물관리인인 이○○의 의뢰로 수리해주고 수리비등으로 ○○만원을 받았다.

### 【범죄사실 기재례】

피의자 구○○은 ○○승강기라는 상호로 ○○도지사에게 등록 후 승강기보수업을 운영한 자이다. 그런데 20○○. ○. ○. 경 ○○에 있는 승강기 보수의 흠결로 승강기 이용자를 사상에 이르게 하여 20○○. ○. ○. 까지 영업정지명령을 받았다. 그럼에도 불구하고 구○○은 20○○. ○. ○. 경 ○○에 있는 승강기 보수를 해주고 수리비로 ○○만원을 받았다.

**[서식] 승강기 검사 합격 증명서**

(앞쪽)

# 승강기 검사 합격 증명서

발 행 번 호 : 제          호

검 사 구 분 : [　]설치, [　]정기, [　]수시, [　]정밀안전검사

건 물 명 칭 :

승 강 기 종 류 :                          (설치호기:          )

소 재 지 :

검 사 자 :

대 행 기 관 :                          대행기관의 장 | 직인 |

년      월      일

| 승 강 기 번 호    _ |                          행 정 안 전 부 장 관 | 직인
생략 |

105mm × 74mm (백상지 120g/㎡)

(뒤쪽)

## [ 안   내 ]

이 "승강기 검사합격증명서"를 붙이지 않은 경우 또는 잘 볼 수 없는 곳에 붙이거나 훼손되게 관리한 경우에는 「승강기 안전관리법」 제82조제4항제2호에 따라 과태료가 부과되오니, 발급받은 즉시 붙이시기 바랍니다.

**[서식] 승강기 운행금지**

(앞쪽)

# 승강기 운행금지

이 승강기는 「승강기 안전관리법」 제28조제1항에 따른 설치검사 또는 같은 법 제32조제1항에 따른 안전검사에 아래의 사유로 불합격했으므로 같은 법 제28조제2항 또는 제32조제2항에 따라 설치검사 또는 안전검사에 합격할 때까지 운행을 중지해야 합니다. 이를 위반하면 같은 법 제80조제1항에 따라 3년 이하의 징역이나 3천만원 이하의 벌금에 처할 수 있습니다.

상호(건물명):                             승강기번호:

불합격 내용:

년     월     일

특별자치시장·특별자치도지사
·시장·군수·구청장         | 직인
생략 |

1. 바탕: 노란색
2. 글자: 검은색
3. 사선: 붉은색
4. 크기: 320㎜ × 220㎜
5. 종이질: 백상지 150g/㎡

(뒤쪽)

[ 안 내 ]

이 "승강기 운행금지 표지"를 붙이지 않은 경우 또는 잘 볼 수 없는 곳에 붙이거나 훼손되게 관리한 경우에는 「승강기 안전관리법」 제82조제3항제3호에 따라 과태료가 부과되오니, 발급받은 즉시 붙이시기 바랍니다

**[서식] 중대한 사고(고장) 보고서**

# [  ] 중대한 사고
# [  ] 중대한 고장  보고서

| | | |
|---|---|---|
| 일반<br>현황 | 보고자 | 보고일 |
| | 건물명(상호) | 건물용도 |
| | 대표자 성명 | 승강기 안전관리자 성명 |
| | 소재지 | 연락처 |
| | 사고 또는 고장 발생 장소(설치호기) | 사고 또는 고장 발생 일시 |
| 승강기<br>현황 | 승강기 번호(ID) | 승강기 종류(구조/용도) |
| | 제조업체 또는 수입업체 | 유지관리업체 |
| | 모델명(개별인증의 경우 승강기명) | 안전인증번호 |
| 검사 현황 | 설치검사 합격일 | 최종 검사의 종류 및 검사 대행기관 |
| | 최종 검사일 | 최종 검사 결과 |
| 자체점검<br>현황 | 최종 점검일 | 최종 점검 결과 |
| | 자체점검자 | 자격 유무 |
| 사고·고장<br>내용 및<br>조치사항 | 중대한 사고 여부<br><br>[  ] 중대한 사고   [  ] 중대한 사고 아님<br>[  ] 중대사고 여부 판단 곤란(전문조사 필요) | 현장보존 조치 필요 여부<br><br>[  ] 현장보존 조치 필요<br>[  ] 현장보존 조치 불필요 |
| | ① 피해자 인적사항(성명, 나이, 성별, 피해정도) | |
| | ② 사고 또는 고장 내용 및 응급조치 | |
| | ③ 사고 또는 고장의 원인 및 예방 대책 | |
| 비  고 | *사고 또는 고장 내용의 설명, 그림 등 필요한 자료를 붙임자료로 제출할 수 있습니다.* | |

210mm×297mm[백상지(80g/㎡)또는 중질지(80g/㎡)]

# 식품위생법

[시행 2025. 3. 21.] [법률 제20438호, 2024. 9. 20., 타법개정]

## Ⅰ. 개설

### 목적

이 법은 식품으로 인하여 생기는 위생상의 위해(危害)를 방지하고 식품영양의 질적 향상을 도모하며 식품에 관한 올바른 정보를 제공함으로써 국민 건강의 보호·증진에 이바지함을 목적으로 한다.

## Ⅱ. 판례

**제2조(정의)** 이 법에서 사용하는 용어의 뜻은 다음과 같다. 〈개정 2011.6.7., 2013.5.22., 2013.7.30., 2015.2.3., 2016.2.3., 2017.4.18., 2020.12.29..〉

1. "식품"이란 모든 음식물(의약으로 섭취하는 것은 제외한다)을 말한다.
2. "식품첨가물"이란 식품을 제조·가공·조리 또는 보존하는 과정에서 감미(甘味), 착색(着色), 표백(漂白) 또는 산화방지 등을 목적으로 식품에 사용되는 물질을 말한다. 이 경우 기구(器具)·용기·포장을 살균·소독하는 데에 사용되어 간접적으로 식품으로 옮아갈 수 있는 물질을 포함한다.
3. "화학적 합성품"이란 화학적 수단으로 원소(元素) 또는 화합물에 분해 반응 외의 화학 반응을 일으켜서 얻은 물질을 말한다.
4. "기구"란 다음 각 목의 어느 하나에 해당하는 것으로서 식품 또는 식품첨가물에 직접 닿는 기계·기구나 그 밖의 물건(농업과 수산업에서 식품을 채취하는 데에 쓰는 기계·기구나 그 밖의 물건 및「위생용품 관리법」제2조제1호에 따른 위생용품은 제외한다)을 말한다.
   가. 음식을 먹을 때 사용하거나 담는 것
   나. 식품 또는 식품첨가물을 채취·제조·가공·조리·저장·소분[(小分): 완제품을 나누어 유통을 목적으로 재포장하는 것을 말한다. 이하 같다]·운반·진열할 때 사용하는 것
5. "용기·포장"이란 식품 또는 식품첨가물을 넣거나 싸는 것으로서 식품 또는 식품첨가물을 주고받을 때 함께 건네는 물품을 말한다.
5의2. "공유주방"이란 식품의 제조·가공·조리·저장·소분·운반에 필요

한 시설 또는 기계·기구 등을 여러 영업자가 함께 사용하거나, 동일한 영업자가 여러 종류의 영업에 사용할 수 있는 시설 또는 기계·기구 등이 갖춰진 장소를 말한다.

6. "위해"란 식품, 식품첨가물, 기구 또는 용기·포장에 존재하는 위험요소로서 인체의 건강을 해치거나 해칠 우려가 있는 것을 말한다.

7. "표시"란 식품, 식품첨가물, 기구 또는 용기·포장에 적는 문자, 숫자 또는 도형을 말한다.

8. "영양표시"란 식품에 들어있는 영양소의 양(量) 등 영양에 관한 정보를 표시하는 것을 말한다.

9. "영업"이란 식품 또는 식품첨가물을 채취·제조·가공·조리·저장·소분·운반 또는 판매하거나 기구 또는 용기·포장을 제조·운반·판매하는 업(농업과 수산업에 속하는 식품 채취업은 제외한다. 이하 이 호에서 "식품제조업등"이라 한다)을 말한다. 이 경우 공유주방을 운영하는 업과 공유주방에서 식품제조업등을 영위하는 업을 포함한다.

10. "영업자"란 제37조제1항에 따라 영업허가를 받은 자나 같은 조 제4항에 따라 영업신고를 한 자 또는 같은 조 제5항에 따라 영업등록을 한 자를 말한다.

11. "식품위생"이란 식품, 식품첨가물, 기구 또는 용기·포장을 대상으로 하는 음식에 관한 위생을 말한다.

12. "집단급식소"란 영리를 목적으로 하지 아니하면서 특정 다수인에게 계속하여 음식물을 공급하는 다음 각 목의 어느 하나에 해당하는 곳의 급식시설로서 대통령령으로 정하는 시설을 말한다.
    가. 기숙사
    나. 학교, 유치원, 어린이집
    다. 병원
    라. 「사회복지사업법」 제2조제4호의 사회복지시설
    마. 산업체
    바. 국가, 지방자치단체 및 「공공기관의 운영에 관한 법률」 제4조제1항에 따른 공공기관
    사. 그 밖의 후생기관 등

13. "식품이력추적관리"란 식품을 제조·가공단계부터 판매단계까지 각 단계별로 정보를 기록·관리하여 그 식품의 안전성 등에 문제가 발생할 경우 그 식품을 추적하여 원인을 규명하고 필요한 조치를 할 수 있도록 관리하는 것을 말한다.

14. "식중독"이란 식품 섭취로 인하여 인체에 유해한 미생물 또는 유독물질에

의하여 발생하였거나 발생한 것으로 판단되는 감염성 질환 또는 독소형 질환을 말한다.

15. "집단급식소에서의 식단"이란 급식대상 집단의 영양섭취기준에 따라 음식명, 식재료, 영양성분, 조리방법, 조리인력 등을 고려하여 작성한 급식계획서를 말한다.

## 식품위생법위반·업무상배임
## (부패가 진행 중인 양파와 건고추를 수입, 보관, 판매한 사건)
[대법원 2017. 1. 12, 선고, 2016도237, 판결]

【판결요지】

[1] 식품위생법 제2조 제1호는 " '식품' 이란 모든 음식물(의약으로 섭취하는 것은 제외한다)을 말한다." 라고 규정하고 있고, 위 식품에는 가공 및 조리된 식품뿐 아니라 '자연식품' 도 포함된다. 그런데 자연으로부터 생산되는 산물이 어느 단계부터 자연식품으로서 식품위생법상 '식품' 에 해당하는 것인지는, 식품으로 인한 위생상의 위해를 방지하고 국민보건의 증진에 이바지하고자 하는 식품위생법의 입법 목적(식품위생법 제1조), 식품위생법 및 그 시행령 등 식품위생법령과 농업·농촌 및 식품산업 기본법, 식품산업진흥법, 농수산물 품질관리법 등 관련 법령의 규정 체계, 식품의 생산·판매·운반 등에 대한 위생 감시 등 식품으로 규율할 필요성과 아울러 우리 사회의 식습관이나 보편적인 음식물 관념 등을 종합적으로 고려하여 판단해야 한다.

그리고 이러한 식품위생법상 '식품' 의 개념은 식품 관련 법령의 개정 및 식품 관련 산업의 발전, 식습관의 변화 등에 따라 달라질 수 있으므로 과거에는 식품위생법상 '식품' 에 해당하지 않는다고 평가되었던 것도 현재에는 식품위생법상 '식품' 에 해당할 수 있다.

[2] 구 식품위생법(1976. 12. 31. 법률 제2971호로 개정된 것) 제6조의 위임에 따라 식품의 기준과 규격을 정한 보건사회부 고시 '식품 등의 규격 및 기준' 이 1981. 4. 11. 보건사회부 고시 제81-26호로 개정되면서 콩나물의 수은함량에 관한 잠정기준 등 '자연식품' 에 관한 일반 기준이 신설된 점, 1999년 제정된 농업·농촌기본법이 2007. 12. 21. 법률 제8749호로 전부 개정되어 제명이 농업·농촌 및 식품산업 기본법으로 변경되면서, 제3조 제7호 (가)목에 "사람이 직접 먹거나 마실 수 있는 농산물" 을 식품으로 정의하는 규정이 추가되어 그 규정이 현재까지 유지되고 있는 점, 식품위생법 제7조 제1항의 위임에 따라 식품의 기준과 규격을 정한 식품의약품안전처 고시인 '식품의 기준 및 규격' 중 "제2. 식품일반에 대한 공통기준 및 규격" 의 "5. 식품일반의 기준 및 규격" 에서는 양파·고추를 비롯한 농산물의 중금속 기준뿐만 아니라, 건고추의 곰팡이독소 기준 및 농약 잔류허용기준을 규정하는 등 식품 관련 법령과 고시에서 양파와 건고추가 식품에 해당함을 전제로 하는 규정을 두고 있었던 점, 우리 사회의 식습관 및 보편적인 음식물 관념상 가공·조리되지 않은 양파와 건고추는 식품으로 받아들여져 왔을 뿐만 아니라 소비자들에게 가공·조리되지 않은 상태로 판매되고 있으므로, 가공되지 않은 양파와 건고추를 식품으로 취급하여 위생을 감시할 필요성이 있는 점, 양파와 건고추가 식

품위생법상 식품에 해당하지 않는다고 해석하는 것은 사회통념상 국민들의 식습관에 부합하지 않을 뿐만 아니라 기존의 식품안전관리체계에도 혼란을 초래할 수 있는 점 등에 비추어 보면, 양파와 건고추는 그 자체로 현행 식품위생법 제2조 제1호에서 정한 식품에 해당한다.

**제4조(위해식품등의 판매 등 금지)** 누구든지 다음 각 호의 어느 하나에 해당하는 식품등을 판매하거나 판매할 목적으로 채취·제조·수입·가공·사용·조리·저장·소분·운반 또는 진열하여서는 아니 된다. 〈개정 2013.3.23., 2015.2.3., 2016.2.3.〉

1. 썩거나 상하거나 설익어서 인체의 건강을 해칠 우려가 있는 것
2. 유독·유해물질이 들어 있거나 묻어 있는 것 또는 그러할 염려가 있는 것. 다만, 식품의약품안전처장이 인체의 건강을 해칠 우려가 없다고 인정하는 것은 제외한다.
3. 병(病)을 일으키는 미생물에 오염되었거나 그러할 염려가 있어 인체의 건강을 해칠 우려가 있는 것
4. 불결하거나 다른 물질이 섞이거나 첨가(添加)된 것 또는 그 밖의 사유로 인체의 건강을 해칠 우려가 있는 것
5. 제18조에 따른 안전성 심사 대상인 농·축·수산물 등 가운데 안전성 심사를 받지 아니하였거나 안전성 심사에서 식용(食用)으로 부적합하다고 인정된 것
6. 수입이 금지된 것 또는 「수입식품안전관리 특별법」 제20조제1항에 따른 수입신고를 하지 아니하고 수입한 것
7. 영업자가 아닌 자가 제조·가공·소분한 것

### 식품위생법위반

[대법원 2015.10.15, 선고, 2015도2662, 판결]

【판결요지】
식품의약품안전처장이 고시한 '식품첨가물의 기준 및 규격'에 식품에 사용가능한 첨가물로 규정되어 있으나 사용량의 최대한도에 관하여는 아무런 규정이 없는 식품첨가물의 경우에도 식품첨가물이 1일 섭취한도 권장량 등 일정한 기준을 현저히 초과하여 식품에 첨가됨으로 식품이 인체의 건강을 해칠 우려가 있다고 인정되는 경우에는 식품은 식품위생법 제4조 제4호에 규정된 '그 밖의 사유로 인체의 건강을 해칠 우려가 있는 식품'에 해당한다. 나아가 그와 같은 식품첨가물이 일정한 기준을 초과하여 식품에 첨가됨으로 식품이 인체의 건강을 해칠 우려가 있는지는 기준의 초과 정도, 기준을 초과한 식품첨가물이 첨가된 식품의 섭취로 인하여 발생할 수 있는 건강의 침해 정도와 침해 양상, 식품의 용기 등에 건강에 영향을 미칠 수 있는 유의사항 등의 기재 여부와 내용 등을 종합하여 판단하여야 한다.

**제9조(기구 및 용기ㆍ포장에 관한 기준 및 규격)** ① 식품의약품안전처장은 국민보건을 위하여 필요한 경우에는 판매하거나 영업에 사용하는 기구 및 용기ㆍ포장에 관하여 다음 각 호의 사항을 정하여 고시한다. 〈개정 2013. 3. 23.〉

　1. 제조 방법에 관한 기준

　2. 기구 및 용기ㆍ포장과 그 원재료에 관한 규격

② 식품의약품안전처장은 제1항에 따라 기준과 규격이 고시되지 아니한 기구 및 용기ㆍ포장의 기준과 규격을 인정받으려는 자에게 제1항 각 호의 사항을 제출하게 하여 「식품ㆍ의약품분야 시험ㆍ검사 등에 관한 법률」 제6조제3항제1호에 따라 식품의약품안전처장이 지정한 식품전문 시험ㆍ검사기관 또는 같은 조 제4항 단서에 따라 총리령으로 정하는 시험ㆍ검사기관의 검토를 거쳐 제1항에 따라 기준과 규격이 고시될 때까지 해당 기구 및 용기ㆍ포장의 기준과 규격으로 인정할 수 있다. 〈개정 2013.3.23., 2013.7.30., 2016.2.3.〉

③ 수출할 기구 및 용기ㆍ포장과 그 원재료에 관한 기준과 규격은 제1항 및 제2항에도 불구하고 수입자가 요구하는 기준과 규격을 따를 수 있다.

④ 제1항 및 제2항에 따라 기준과 규격이 정하여진 기구 및 용기ㆍ포장은 그 기준에 따라 제조하여야 하며, 그 기준과 규격에 맞지 아니한 기구 및 용기ㆍ포장은 판매하거나 판매할 목적으로 제조ㆍ수입ㆍ저장ㆍ운반ㆍ진열하거나 영업에 사용하여서는 아니 된다.

⑤ 식품의약품안전처장은 거짓이나 그 밖의 부정한 방법으로 제2항에 따른 기준 및 규격의 인정을 받은 자에 대하여 그 인정을 취소하여야 한다. 〈신설 2024. 2. 13.〉

---

**위임행정규칙**

ㆍ 기구 및 용기ㆍ포장의 기준 및 규격식품의약품안전처고시 제2021-76호, 2021.9.7., 일부개정)

---

## 손해배상(기)

[대법원 2010. 11. 25. 선고, 2008다67828, 판결]

【판결요지】

[1] 구 식품위생법(2005.1.27. 법률 제7374호로 개정되기 전의 것) 제7조, 제9조, 제10조, 제16조의 내용과 형식에 비추어 보면, 위 각 규정들은 식품의 위해성을 평가하고, 식품산업 종사자들의 재산권이나 식품산업의 자율적 시장질서를 부당하게 해치지 않는 범위 내에서 적정한 식품의 규격과 기준을 설정하고 그러한 규격과 기준을 실행하기 위한 검사조치를 실시하는 등 식품으로 인한 국민의 생명ㆍ

신체에 대한 위험을 예방하기 위한 조치를 취할 수 있는 합리적 재량권한을 식품의약품안전청장 및 관련 공무원에게 부여한 것이라고 봄이 상당하다. 위와 같이 구 식품위생법의 규정이 식품의약품안전청장 등에게 합리적인 재량에 따른 직무수행 권한을 부여한 것으로 해석되는 이상, 식품의약품안전청장 등에게 그러한 권한을 부여한 취지와 목적에 비추어 볼 때 구체적인 상황 아래에서 식품의약품안전청장 등이 그 권한을 행사하지 아니한 것이 현저하게 합리성을 잃어 사회적 타당성이 없는 경우에 한하여 직무상 의무를 위반한 것이 되어 위법하게 된다.

[2] 어린이가 미니컵 젤리를 섭취하던 중 미니컵 젤리가 목에 걸려 질식사한 두 건의 사고가 연달아 발생한 뒤 약 8개월 20일 이후 다시 어린이가 미니컵 젤리를 먹다가 질식사한 사안에서, 당시의 미니컵 젤리에 대한 국제적 규제수준과 식품의약품안전청장 등의 기존의 규제조치의 수준, 이전에 발생한 두 건의 질식사고의 경위와 미니컵 젤리로 인한 사고의 빈도, 구 식품위생법(2005. 1. 27. 법률 제7374호로 개정되기 전의 것)이 식품에 대한 규제조치를 식품의약품안전청장 등의 합리적 재량에 맡기고 있는 취지 등에 비추어, 식품의약품안전청장 등이 미니컵 젤리의 유통을 금지하거나 물성실험 등을 통하여 미니컵 젤리의 위험성을 확인하고 기존의 규제조치보다 강화된 미니컵 젤리의 기준 및 규격 등을 마련하지 아니하였다고 하더라도, 그러한 규제권한을 행사하지 아니한 것이 현저하게 합리성을 잃어 사회적 타당성이 없다고 볼 수 있는 정도에 이른 것이라고 보기 어렵다고 한 사례.

**제39조(영업 승계)** ① 영업자가 영업을 양도하거나 사망한 경우 또는 법인이 합병한 경우에는 그 양수인·상속인 또는 합병 후 존속하는 법인이나 합병에 따라 설립되는 법인은 그 영업자의 지위를 승계한다.

② 다음 각 호의 어느 하나에 해당하는 절차에 따라 영업 시설의 전부를 인수한 자는 그 영업자의 지위를 승계한다. 이 경우 종전의 영업자에 대한 영업 허가·등록 또는 그가 한 신고는 그 효력을 잃는다. 〈개정 2011.6.7., 2016.2.3., 2016.12.27.〉

1. 「민사집행법」에 따른 경매
2. 「채무자 회생 및 파산에 관한 법률」에 따른 환가(換價)
3. 「국세징수법」, 「관세법」 또는 「지방세징수법」에 따른 압류재산의 매각
4. 그 밖에 제1호부터 제3호까지의 절차에 준하는 절차

③ 제1항 또는 제2항에 따라 그 영업자의 지위를 승계한 자는 총리령으로 정하는 바에 따라 1개월 이내에 그 사실을 식품의약품안전처장 또는 특별자치시장·특별자치도지사·시장·군수·구청장에게 신고하여야 한다. 〈개정 2010.1.18., 2013.3.23., 2016.2.3.〉

④ 식품의약품안전처장 또는 특별자치시장·특별자치도지사·시장·군수·구청장은 제3항에 따른 신고를 받은 날부터 3일 이내에 신고수리 여부를 신고인

에게 통지하여야 한다. 〈신설 2018.12.11.〉

⑤ 식품의약품안전처장 또는 특별자치시장·특별자치도지사·시장·군수·구청장이 제4항에서 정한 기간 내에 신고수리 여부 또는 민원 처리 관련 법령에 따른 처리기간의 연장을 신고인에게 통지하지 아니하면 그 기간(민원 처리 관련 법령에 따라 처리기간이 연장 또는 재연장된 경우에는 해당 처리기간을 말한다)이 끝난 날의 다음 날에 신고를 수리한 것으로 본다. 〈신설 2018.12.11.〉

⑥ 제1항 및 제2항에 따른 승계에 관하여는 제38조를 준용한다. 다만, 상속인이 제38조제1항제8호에 해당하면 상속받은 날부터 3개월 동안은 그러하지 아니하다. 〈개정 2018.12.11.〉

## 시정명령취소청구

[대법원 2020. 3. 26., 선고, 2019두38830, 판결]

**【판결요지】**

식품위생법 제39조 제1항, 제3항에 의한 영업양도에 따른 지위승계 신고를 행정청이 수리하는 행위는 단순히 양도·양수인 사이에 이미 발생한 사법상의 영업양도의 법률효과에 의하여 양수인이 그 영업을 승계하였다는 사실의 신고를 접수하는 행위에 그치는 것이 아니라, 양도자에 대한 영업허가 등을 취소함과 아울러 양수자에게 적법하게 영업을 할 수 있는 지위를 설정하여 주는 행위로서 영업허가자 등의 변경이라는 법률효과를 발생시키는 행위이다. 따라서 양수인은 영업자 지위승계 신고서에 해당 영업장에서 적법하게 영업을 할 수 있는 요건을 모두 갖추었다는 점을 확인할 수 있는 소명자료를 첨부하여 제출하여야 하며(식품위생법 시행규칙 제48조 참조), 그 요건에는 신고 당시를 기준으로 해당 영업의 종류에 사용할 수 있는 적법한 건축물(점포)의 사용권원을 확보하고 식품위생법 제36조에서 정한 시설기준을 갖추어야 한다는 점도 포함된다.
영업장 면적이 변경되었음에도 그에 관한 신고의무가 이행되지 않은 영업을 양수한 자 역시 그와 같은 신고의무를 이행하지 않은 채 영업을 계속한다면 시정명령 또는 영업정지 등 제재처분의 대상이 될 수 있다.

**제94조(벌칙)** ① 다음 각 호의 어느 하나에 해당하는 자는 10년 이하의 징역 또는 1억원 이하의 벌금에 처하거나 이를 병과할 수 있다. 〈개정 2013.7.30., 2014.3.18.〉

1. 제4조부터 제6조까지(제88조에서 준용하는 경우를 포함하고, 제93조제1항 및 제3항에 해당하는 경우는 제외한다)를 위반한 자

2. 제8조(제88조에서 준용하는 경우를 포함한다)를 위반한 자

2의2. 삭제 〈2018.3.13.〉

3. 제37조제1항을 위반한 자

② 제1항의 죄로 금고 이상의 형을 선고받고 그 형이 확정된 후 5년 이내에 다시 제1항의 죄를 범한 자는 1년 이상 10년 이하의 징역에 처한다. 〈신설 2013.7.30., 2016.2.3., 2018.12.11.〉

③ 제2항의 경우 그 해당 식품 또는 식품첨가물을 판매한 때에는 그 판매금액의 4배 이상 10배 이하에 해당하는 벌금을 병과한다. 〈신설 2013.7.30., 2018.12.11.〉

## 부패가 진행 중인 양파와 건고추를 수입, 보관, 판매한 사건
[대법원 2017. 1. 12., 선고, 2016도237, 판결]

【판결요지】
구 식품위생법(1976. 12. 31. 법률 제2971호로 개정된 것) 제6조의 위임에 따라 식품의 기준과 규격을 정한 보건사회부 고시 '식품 등의 규격 및 기준'이 1981. 4. 11. 보건사회부 고시 제81-26호로 개정되면서 콩나물의 수은함량에 관한 잠정기준 등 '자연식품'에 관한 일반 기준이 신설된 점, 1999년 제정된 농업·농촌기본법이 2007. 12. 21. 법률 제8749호로 전부 개정되어 제명이 농업·농촌 및 식품산업 기본법으로 변경되면서, 제3조 제7호 (가)목에 "사람이 직접 먹거나 마실 수 있는 농산물"을 식품으로 정의하는 규정이 추가되어 그 규정이 현재까지 유지되고 있는 점, 식품위생법 제7조 제1항의 위임에 따라 식품의 기준과 규격을 정한 식품의약품안전처 고시인 '식품의 기준 및 규격' 중 "제2. 식품일반에 대한 공통기준 및 규격"의 "5. 식품일반의 기준 및 규격"에서는 양파·고추를 비롯한 농산물의 중금속 기준뿐만 아니라, 건고추의 곰팡이독소 기준 및 농약 잔류허용기준을 규정하는 등 식품 관련 법령과 고시에서 양파와 건고추가 식품에 해당함을 전제로 하는 규정을 두고 있었던 점, 우리 사회의 식습관 및 보편적인 음식물 관념상 가공·조리되지 않은 양파와 건고추는 식품으로 받아들여져 왔을 뿐만 아니라 소비자들에게 가공·조리되지 않은 상태로 판매되고 있으므로, 가공되지 않은 양파와 건고추를 식품으로 취급하여 위생을 감시할 필요성이 있는 점, 양파와 건고추가 식품위생법상 식품에 해당하지 않는다고 해석하는 것은 사회통념상 국민들의 식습관에 부합하지 않을 뿐만 아니라 기존의 식품안전관리체계에도 혼란을 초래할 수 있는 점 등에 비추어 보면, 양파와 건고추는 그 자체로 현행 식품위생법 제2조 제1호에서 정한 식품에 해당한다.

## III. 벌칙

**제93조(벌칙)** ① 다음 각 호의 어느 하나에 해당하는 질병에 걸린 동물을 사용하여 판매할 목적으로 식품 또는 식품첨가물을 제조·가공·수입 또는 조리한 자는 3년 이상의 징역에 처한다. 〈개정 2011.6.7.〉

1. 소해면상뇌증(광우병)

2. 탄저병

3. 가금 인플루엔자

② 다음 각 호의 어느 하나에 해당하는 원료 또는 성분 등을 사용하여 판매할 목적으로 식품 또는 식품첨가물을 제조·가공·수입 또는 조리한 자는 1년 이상의 징역에 처한다. 〈개정 2011.6.7.〉

1. 마황(麻黃)

2. 부자(附子)

3. 천오(川烏)

4. 초오(草烏)

5. 백부자(白附子)

6. 섬수(섬수)

7. 백선피(白鮮皮)

8. 사리풀

③ 제1항 및 제2항의 경우 제조·가공·수입·조리한 식품 또는 식품첨가물을 판매하였을 때에는 그 판매금액의 2배 이상 5배 이하에 해당하는 벌금을 병과(併科)한다. 〈개정 2011 6.7., 2018.12.11.〉

④ 제1항 또는 제2항의 죄로 형을 선고받고 그 형이 확정된 후 5년 이내에 다시 제1항 또는 제2항의 죄를 범한 자가 제3항에 해당하는 경우 제3항에서 정한 형의 2배까지 가중한다. 〈신설 2013.7.30.〉

**제94조(벌칙)** ① 다음 각 호의 어느 하나에 해당하는 자는 10년 이하의 징역 또는 1억원 이하의 벌금에 처하거나 이를 병과할 수 있다. 〈개정 2013.7.30., 2014.3.18.〉

1. 제4조부터 제6조까지(제88조에서 준용하는 경우를 포함하고, 제93조제1항 및 제3항에 해당하는 경우는 제외한다)를 위반한 자

2. 제8조(제88조에서 준용하는 경우를 포함한다)를 위반한 자

2의2. 삭제 〈2018.3.13.〉

3. 제37조제1항을 위반한 자

② 제1항의 죄로 금고 이상의 형을 선고받고 그 형이 확정된 후 5년 이내에 다시 제1항의 죄를 범한 자는 1년 이상 10년 이하의 징역에 처한다. 〈신설 2013.7.30., 2016.2.3., 2018.12.11.〉

③ 제2항의 경우 그 해당 식품 또는 식품첨가물을 판매한 때에는 그 판매금액의 4배 이상 10배 이하에 해당하는 벌금을 병과한다. 〈신설 2013.7.30.,

2018.12.11.〉

**제95조(벌칙)** 다음 각 호의 어느 하나에 해당하는 자는 5년 이하의 징역 또는 5천만원 이하의 벌금에 처하거나 이를 병과할 수 있다. 〈개정 2013. 7. 30., 2015. 2. 3., 2016. 2. 3., 2018. 3. 13., 2022. 6. 10., 2024. 2. 13.〉

1. 제7조제4항(제88조에서 준용하는 경우를 포함한다), 제9조제4항(제88조에서 준용하는 경우를 포함한다) 또는 제9조의3(제88조에서 준용하는 경우를 포함한다)을 위반한 자

1의2. 거짓이나 그 밖의 부정한 방법으로 제7조제2항·제9조제2항·제9조의2제5항에 따른 인정 또는 제18조제1항에 따른 안전성 심사를 받은 자

2. 삭제 〈2013. 7. 30.〉

2의2. 제37조제5항을 위반한 자

3. 제43조에 따른 영업 제한을 위반한 자

3의2. 제45조제1항 전단을 위반한 자

4. 제72조제1항·제3항(제88조에서 준용하는 경우를 포함한다) 또는 제73조제1항에 따른 명령을 위반한 자

5. 제75조제1항에 따른 영업정지 명령을 위반하여 영업을 계속한 자(제37조제1항에 따른 영업허가를 받은 자만 해당한다)

**제96조(벌칙)** 제51조 또는 제52조를 위반한 자는 3년 이하의 징역 또는 3천만원 이하의 벌금에 처하거나 이를 병과할 수 있다.

**제97조(벌칙)** 다음 각 호의 어느 하나에 해당하는 자는 3년 이하의 징역 또는 3천만원 이하의 벌금에 처한다. 〈개정 2010.1.18., 2011.6.7., 2013.3.23., 2013.7.30., 2015.2.3., 2015.3.27., 2016.2.3., 2018.3.13., 2020.12.29., 2024. 1. 2.〉

1. 제12조의2제2항, 제17조제4항, 제31조제1항·제3항, 제37조제3항·제4항, 제39조제3항, 제48조제2항·제10항, 제49조제1항 단서 또는 제55조를 위반한 자

2. 제제22조제1항(제22조의3에 따라 비대면으로 실시하는 경우와 제88조에서 준용하는 경우를 포함한다)에 따른 검사·출입·수거·압류·폐기를 거부·방해 또는 기피한 자

3. 삭제 〈2015.2.3.〉

4. 제36조에 따른 시설기준을 갖추지 못한 영업자

5. 제37조제2항에 따른 조건을 갖추지 못한 영업자

6. 제44조제1항에 따라 영업자가 지켜야 할 사항을 지키지 아니한 자. 다만, 총리령으로 정하는 경미한 사항을 위반한 자는 제외한다.

6의2. 제46조의2제1항을 위반하여 오염예방조치를 하지 아니한 자

7. 제75조제1항에 따른 영업정지 명령을 위반하여 계속 영업한 자(제37조제4항 또는 제5항에 따라 영업신고 또는 등록을 한 자만 해당한다) 또는 같은 조 제1항 및 제2항에 따른 영업소 폐쇄명령을 위반하여 영업을 계속한 자

8. 제76조제1항에 따른 제조정지 명령을 위반한 자

9. 제79조제1항에 따라 관계 공무원이 부착한 봉인 또는 게시문 등을 함부로 제거하거나 손상시킨 자

10. 제86조제2항·제3항에 따른 식중독 원인조사를 거부·방해 또는 기피한 자

**제98조(벌칙)** 다음 각 호의 어느 하나에 해당하는 자는 1년 이하의 징역 또는 1천만원 이하의 벌금에 처한다. 〈개정 2011.6.7., 2014.3.18., 2014. 3. 18.〉

1. 제44조제3항을 위반하여 접객행위를 하거나 다른 사람에게 그 행위를 알선한 자

2. 제46조제1항을 위반하여 소비자로부터 이물 발견의 신고를 접수하고 이를 거짓으로 보고한 자

3. 이물의 발견을 거짓으로 신고한 자

4. 제45조제1항 후단을 위반하여 보고를 하지 아니하거나 거짓으로 보고한 자

**제99조** 삭제 〈2013.7.30.〉

**제100조(양벌규정)** 법인의 대표자나 법인 또는 개인의 대리인, 사용인, 그 밖의 종업원이 그 법인 또는 개인의 업무에 관하여 제93조제3항 또는 제94조부터 제97조까지의 어느 하나에 해당하는 위반행위를 하면 그 행위자를 벌하는 외에 그 법인 또는 개인에게도 해당 조문의 벌금형을 과(科)하고, 제93조제1항의 위반행위를 하면 그 법인 또는 개인에 대하여도 1억5천만원 이하의 벌금에 처하며, 제93조제2항의 위반행위를 하면 그 법인 또는 개인에 대하여도 5천만원 이하의 벌금에 처한다. 다만, 법인 또는 개인이 그 위반행위를 방지하기 위하여 해당 업무에 관하여 상당한 주의와 감독을 게을리하지 아니한 경우에는 그러하지 아니하다.

**제101조(과태료)** ① 다음 각 호의 어느 하나에 해당하는 자에게는 1천만

원 이하의 과태료를 부과한다. 〈신설 2020. 12. 29., 2024. 1. 2.〉

1. 제46조의2제2항에 따른 현장조사를 거부하거나 방해한 자
2. 제86조제1항을 위반한 자
3. 제88조제1항 전단을 위반하여 신고하지 아니하거나 허위의 신고를 한 자
4. 제88조제2항을 위반한 자. 다만, 총리령으로 정하는 경미한 사항을 위반한 자는 제외한다.

② 다음 각 호의 어느 하나에 해당하는 자에게는 500만원 이하의 과태료를 부과한다. 〈개정 2011. 6. 7., 2018. 12. 11., 2020. 12. 29., 2021. 7. 27.〉

1. 제3조를 위반한 자

1의2. 삭제 〈2015. 2. 3.〉

1의3. 제19조의4제2항을 위반하여 검사기한 내에 검사를 받지 아니하거나 자료 등을 제출하지 아니한 영업자

1의4. 삭제 〈2016. 2. 3.〉

2. 삭제 〈2015. 3. 27.〉
3. 제37조제6항을 위반하여 보고를 하지 아니하거나 허위의 보고를 한 자
4. 삭제 〈2021. 7. 27.〉
5. 삭제 〈2011. 6. 7.〉

5의2. 제46조제1항을 위반하여 소비자로부터 이물 발견신고를 받고 보고하지 아니한 자

6. 제48조제9항(제88조에서 준용하는 경우를 포함한다)을 위반한 자
7. 삭제 〈2021. 7. 27.〉
8. 제74조제1항(제88조에서 준용하는 경우를 포함한다)에 따른 명령에 위반한 자
9. 삭제 〈2020. 12. 29.〉
10. 삭제 〈2020. 12. 29.〉

③ 다음 각 호의 어느 하나에 해당하는 자에게는 300만원 이하의 과태료를 부과한다. 〈개정 2010. 1. 18., 2013. 3. 23., 2013. 7. 30., 2014. 5. 28., 2016. 2. 3., 2020. 12. 29., 2021. 7. 27.〉

1. 제40조제1항 및 제3항(제88조에서 준용하는 경우를 포함한다)을 위반한 자

1의2. 제41조의2제3항을 위반하여 위생관리책임자의 업무를 방해한 자

1의3. 제41조의2제4항에 따른 위생관리책임자 선임·해임 신고를 하지 아니한 자

1의4. 제41조의2제7항을 위반하여 직무 수행내역 등을 기록·보관하지 아니하거나 거짓으로 기록·보관한 자

980 ㅅ

1의5. 제41조의2제8항에 따른 교육을 받지 아니한 자

2. 삭제 〈2021. 7. 27.〉

2의2. 제44조의2제1항을 위반하여 책임보험에 가입하지 아니한 자

3. 삭제 〈2021. 7. 27.〉

4. 제49조제3항을 위반하여 식품이력추적관리 등록사항이 변경된 경우 변경사유가 발생한 날부터 1개월 이내에 신고하지 아니한 자

5. 제49조의3제4항을 위반하여 식품이력추적관리정보를 목적 외에 사용한 자

6. 제88조제2항에 따라 집단급식소를 설치·운영하는 자가 지켜야 할 사항 중 총리령으로 정하는 경미한 사항을 지키지 아니한 자

④ 다음 각 호의 어느 하나에 해당하는 자에게는 100만원 이하의 과태료를 부과한다. 〈신설 2021. 7. 27.〉

1. 제41조제1항 및 제5항(제88조에서 준용하는 경우를 포함한다)을 위반한 자

2. 제42조제2항을 위반하여 보고를 하지 아니하거나 허위의 보고를 한 자

3. 제44조제1항에 따라 영업자가 지켜야 할 사항 중 총리령으로 정하는 경미한 사항을 지키지 아니한 자

4. 제56조제1항을 위반하여 교육을 받지 아니한 자

⑤ 제1항부터 제4항까지의 규정에 따른 과태료는 대통령령으로 정하는 바에 따라 식품의약품안전처장, 시·도지사 또는 시장·군수·구청장이 부과·징수한다. 〈개정 2013. 3. 23., 2021. 7. 27.〉

**제102조(과태료에 관한 규정 적용의 특례)** 제101조의 과태료에 관한 규정을 적용하는 경우 제82조에 따라 과징금을 부과한 행위에 대하여는 과태료를 부과할 수 없다. 다만, 제82조제4항 본문에 따라 과징금 부과처분을 취소하고 영업정지 또는 제조정지 처분을 한 경우에는 그러하지 아니하다.

## IV. 기재례

### 【범죄사실 기재례】

피의자는 관할관청으로 허가를 받지 않고, 20○○. ○. ○.부터 같은 해 ○. ○.까지 사이에 ○○시 ○○동 ○○번지에서 ○○건강원이라는 상호로 약 32㎡의 점포에 솥 8개, 탈수기 1대 및 포장기계 1대 등의 영업설비를 갖추고 불특정다수인을 상대로 흑염소, 개소주 등을 조라·판매하여 한달 평균 ○○만원 상당의 수입을 올리는 식품임가공업을 영위하였다.

## 【범죄사실 기재례】

### 가. 무허가 일반음식점

피의자는 ○○구청장으로부터 일반음식점영업허가를 받지 않고 20○○. 10. 11.부터 같은 해 12. 12.까지 사이에 서울 ○○구 ○○동 1가 115에 약 30평방미터의 점포에서 ○○집이라는 상호로 탁자 4개, 의자 10개, 냉장고 1대 및 조리기구 등을 갖추고 식사를 하러 온 손님들에게 1일 평균 약 10만원 상당의 비빔밥, 설렁탕 등을 조리, 판매하여 일반음식점영업을 하였다.

### 나. 무허가 단란주점

피의자는 ○○구청장으로부터 단란주점영업허가를 받지 않고 20○○. 10. 15.경부터 같은 해 12. 13.경까지 사이에 서울 ○○구 ○○동 360-1에 있는 건물 약 396평방미터에서 ○○가라오케라는 상호로 테이블 15개, 의자 60개, 자동반주장치 1대, 자막용 영상장치 4대, 마이크장치 8대 등 영업시설을 갖추고 술을 마시러 온 손님들에게 위 장치의 반주에 맞추어 노래를 부르게 하고 1일 평균 약 100만원 상당의 양주, 맥주 및 안주류를 조리, 판매하여 단란주점영업을 하였다.

### 다. 무허가 일반음식점

피의자는 ○○구청장으로부터 유흥주점영업허가를 받지 않고 20○○. 2. 30.경부터 동년 7. 30.까지 서울 ○○구 ○○동 115의 18에 있는 약 90평방미터의 점포에서 ○○○라는 상호로 객실 4개, 탁자 5개, 의자 50개 등의 영업시설을 갖추고 강○○(여, 20세) 등 유흥접객원 3명을 두고 술을 마시러 온 손님들과 함께 술을 마시는 등 유흥을 돋우게 하고 1일 평균 약 100만원 상당의 양주, 맥주 및 안주류를 조리, 판매하여 유흥주점영업을 하였다.

## 【범죄사실 기재례】

피의자는 관할관청으로부터 일반음식점영업허가를 받아 ○○시 ○○동에서 ○○레스토랑이라는 상호로 일반음식점영업을 하고 있다.

피의자는 유흥주점영업허가를 받지 않고 20○○. ○. ○.경부터 20○○. ○. ○.까지 사이에 위 레스토랑에 칸막이방 10개, 탁자 10개, 의자 80석 등의 영업설비를 갖추고 유흥접객원으로 심○○(여, 21세)외 6명을 고용하여 그 곳을 찾아오는 손님들을 상대로 여흥을 돋구며 술시중을 들게 하는 등의 방법으로 술과 안주를 팔아 한달평균 ○○만원의 매상을 올리는 유흥주점영업을 하였다.

**【범죄사실 기재례】**

피의자는 20○○. ○. ○. ○○시장으로부터 식용유지제조업허가를 받아 ○○시 ○○동 ○○번지에서 ○○기름집이라는 상호로 식용유지제조업에 종사하는 사람이다. 피의자는 참기름을 제조함에 있어서는 다른 식용유지를 혼합하여서는 안 됨에도 불구하고, 20○ ○. ○. ○.경부터 20○○. ○. ○.경까지 위 업소에 볶음솥 2개, 압착기 4대 등을 갖추고 참기름을 제조하면서 남은 깻묵에 콩기름을 혼합하여 가짜 참기름을 제조하고, 이를 같은 시 일원의 식당 등에 판매하여 한달평균 ○○만원 상당의 수입을 올리는 등 성분과 기준에 적합하지 아니한 식용유지를 제조·판매하였다.

**【범죄사실 기재례】**

피의자는 서울 ○○구 ○○동 183-23에서 ○○라는 상호로 일반음식점 영업을 하고 있다. 피의자는 ○○구청장으로부터 20○○. 5. 14.부터 같은 해 6. 13.까지 영업의 정지를 명령받고도 20○○. 6. 3.경 피의자 경영의 위 ○○○음식점에서 음식을 먹으러 온 김○○ 등 4명에게 설렁탕 등을 조리, 판매하여 영업정지명령에 위반하여 영업을 계속하였다.

**【범죄사실 기재례】**

피의자는 20○○. ○. ○.경 서울 ○○구 ○○동 852-1에 있는 일반음식점 ○○집에서 일반음식점영업허가를 받아 위 ○○집을 경영하고 있는 전○○으로부터 그 영업을 양수하여 영업자의 지위를 승계하였으면 1월 이내에 그 사실을 신고하여야 함에도 이를 신고하지 않았다.

**【범죄사실 기재례】**

피의자는 서울 ○○구 ○○동 464-1에서 ○○○○이라는 상호로 일반음식점영업을 하는 식품접객영업자이다.
피의자는 식품접객업자는 미성년자에 대하여 주류를 제공하지 아니하여야 함에도, 20○ ○. ○. ○. 21 : 00경 피의자 경영의 위 ○○○○음식점에서 미성년자인 강○○(여, 15세)에게 소주 1병을 제공하여 영업자가 지켜야 할 사항을 지키지 아니하였다.

**【적용실례】**

〈농약사용 콩나물의 수사상 유의할 점〉

➡ 성숙된 콩나물(출하된 것이거나 당일 출하할 콩나물)을 수거하여 농약사용여부의 감정을 의뢰하여야 하고, 감정기관에서 업자와 짜고 허위감정할 가능성이 있으므로 수거시 같은 양을 2개로 나누어 수거하여 서로 다른 기관에 검사의뢰함이 마땅하며, 통상업자들이 농약사용 사실이 적발되더라도 단속당시에만 농약을 사용하였다고 변명하므로 거래대장들을 수거하여 농약의 구입처를 상대로 사용기간, 사용량 등을 확인하는 작업이 필요함.

〈정육점을 경영하는 피의자가 식육을 배달하면서 냉동차를 사용하지 아니한 경우〉

➡ 동법 제8조 제1항에 따라 보건복지가족부장관이 고시하는 식품용기의 규격 등이 동 기준에 위반한 경우를 처벌하는 규정인데, 식육판매업자가 식육을 배달하면서 냉동차를 사용해야 한다는 보건복지부장관의 고시가 없는 이상 혐의없음.

〈신고하지 아니하고 식육판매업을 한 사안〉

➡ 이를 허가사항이라고 보고 식품위생법 제74조, 제2조 제1항으로 의율하였으나, 이 경우는 신고사항이므로 동법 제77조 제1호, 제22조 제5항으로 의율하여야 함.

〈대중음식점 영업허가로 접대부고용, 술과 안주 등을 제공하는 유흥음식점 영업을 한 경우〉

➡ 피의자가 대중음식점 영업허가를 받고도 접대부를 고용, 술과 안주 등을 제공하는 등 유흥음식점 영업을 한 사안인 바, 피의자 대중음식점 영업허가를 받았다고 하여도 사실상 유흥음식점 영업을 하였고, 이에 대한 허가를 받지 아니한 이상 당연히 무허가 유흥음식점 영업행위로 의율 처리하여야 하고, 단순한 업태 위반(허가조건 위반)으로 의율하여서는 안됨

〈고속도로상의 정류장에서 휴식을 취하고 있는 운전기사들에게 커피를 조리하여 판매한 경우〉

➡ 동인들이 휴식을 취할 수 있는 객석을 갖추지 않고 휴대하고 다니는 봉지에 들어 있는 커피분말을 이용하여 커피를 조리한 다음 가지고 다니면서 개별적으로 운전기사들에게 판매한 것으로서 위와 같은 사실만으로는 식품위생법 소정의 다방영업을 영위하였다고 볼 수 없어 무허가 다방영업에 해당하지 않음.

〈무허가로 3평의 점포에 술과 안주를 판 경우〉

➡ 피의자가 무허가로 약 3평의 점포 내에 의자탁자 등을 설치하고 약 1개월의 기간 동안 고객들에게 맥주와 조리하지 않은 안주를 판매한 사안에서, 식품위생법 제22조 제1항에 의하면 동법 제21조의 규정에 의한 영업 중 대통령령이 정하는 영업을 하고자 하는 자는 허가를 얻어야 한다고 규정하고 있는데, 동법 시행령 제7조 제7호 가목에 의하면 대중음식점이란 유흥종사자를 두지 아니하고 탕밥, 면류 도시락 등을 조리 판매하여야 비로소 대중음식점 영업을 하는 것이라고 해석되는 것은 아니고 영업의 의사로 음식점 설치를 갖추고 간단한 주류를 판매하면 대중음식점영업을 하는 경우에 해당함.

**[서식] 수거(압류)증**

제    호

# 수 거 (압 류) 증

| 기호 | 번호 | | 실온 | 냉장 | 냉동 | 국산품 | 수입품 |
|---|---|---|---|---|---|---|---|
| | | | | | | | |

| | | |
|---|---|---|
| 수거품(압류품) 제조·가공업소의 상호·소재지 | 성명 | 상호 |
| | 소재지 | 전화번호 |
| 수거품(압류품) 수입식품등 수입·판매업의 상호·소재지 | 성명 | 상호 |
| | 소재지 | 전화번호 |
| | 수입국가명 | |
| 수거품(압류품) 유통전문판매업소의 상호·소재지 | 성명 | 상호 |
| | 소재지 | 전화번호 |
| 수 거 품(압 류 품) 명 | | |
| 수 거 바코드 번호 | | |
| 수 거 (압 류) 식품유형 | | |
| 수 거 (압 류) 수 량 | | |
| 수 거 (압 류) 사 유 | | |
| 수 거 (압 류) 일 시 | 시        분 | |
| 품목 제조연월일 | | |
| 유통기한 또는 품질유지기한 | | |
| 수 거 (압 류) 장 소 | | |
| 수 거 (압 류) 확인자 | ( 서명 또는 인) | |

「식품위생법」 제22조·제72조 및 같은 법 시행규칙 제20조제2항·제87조제1항에 따라 수거(압류) 하였음을 증명합니다.

년        월        일

수거자 (압류자)  소속:
성명:              (서명 또는 인)
성명:              (서명 또는 인)

210mm×297mm[백상지 또는 중질지 80g/㎡]

**[서식] 위생점검 합격증서**

# 위생점검 합격증서

○ 업 종:

○ 업 소 명:

○ 대 표 자:

○ 생년월일:

「식품위생법」 제35조제1항 및 같은 법 시행규칙 제35조제3항에 따라 위생점검을 실시한 결과 위생점검 합격증서를 위와 같이 통보합니다.

년        월        일

식품의약품안전처장 | 직인 |

210㎜×297㎜(보존용지(1종) 120g/㎡)

**[서식] 영업허가증**

제 호

# 영 업 허 가 증

○ 업 소 명 :

○ 소 재 지 :

○ 영 업 장 면적 :

○ 대 표 자 :                    (생년월일 :            )

○ 영업의 종류 : 식품조사처리업

○ 허 가 조 건 :

「식품위생법」 제37조제1항 및 같은 법 시행규칙 제40조제3항에 따
라 식품조사처리업 영업을 허가합니다.

년    월    일

00식품의약품안전처장  | 직인 |

**[서식]** 행정처분사항 보고서

# 기 관 명

수신자

(경유)

제 목 **행정처분사항 보고서**

| 업 소 명<br>(업 종) | 영업허가<br>(신고·등<br>록)번호 | 대 표 자<br>(생년월일) | 소 재 지 | 위반 내용 | 행정처분<br>내  용 | 처분기간 | 처분대상<br>품  목 |
|---|---|---|---|---|---|---|---|
| | | | | | | | |
| | | | | | | | |
| | | | | | | | |

끝.

# 발 신 명 의 직인

기안자 직위(직급) 서명 검토자 직위(직급) 서명 결재권자  직위(직급) 서명

협조자

시행        처리과–일련번호(시행일자) 접        처리과명–일련번호(접수일자)<br>                                        수

우        주소                / 홈페이지 주소

전화(  )          전송(  ) / 기안자의 공식전자우편 / 공개구분<br>                                      주소

210mm×297mm(일반용지 60g/㎡(재활용품))

# 신용정보의 이용 및 보호에 관한 법률

[시행 2024. 8. 14.] [법률 제20304호, 2024. 2. 13., 일부개정]

## Ⅰ. 개설

### 목적

이 법은 신용정보 관련 산업을 건전하게 육성하고 신용정보의 효율적 이용과 체계적 관리를 도모하며 신용정보의 오용·남용으로부터 사생활의 비밀 등을 적절히 보호함으로써 건전한 신용질서를 확립하고 국민경제의 발전에 이바지함을 목적으로 한다.

## Ⅱ. 판례

**제18조(신용정보의 정확성 및 최신성의 유지)** ① 신용정보회사등은 신용정보의 정확성과 최신성이 유지될 수 있도록 대통령령으로 정하는 바에 따라 신용정보의 등록·변경 및 관리 등을 하여야 한다.

② 신용정보회사등은 신용정보주체에게 불이익을 줄 수 있는 신용정보를 그 불이익을 초래하게 된 사유가 해소된 날부터 최장 5년 이내에 등록·관리 대상에서 삭제하여야 한다. 다만, 다음 각 호의 어느 하나에 해당하는 경우에는 그러하지 아니하다. 〈개정 2011.5.19., 2020.2.4.〉

1. 제25조의2제1호의3에 따른 업무를 수행하기 위한 경우
2. 그 밖에 신용정보주체의 보호 및 건전한 신용질서를 저해할 우려가 없는 경우로서 대통령령으로 정하는 경우

③ 제2항에 따른 해당 신용정보의 구체적인 종류, 기록보존 및 활용기간 등은 대통령령으로 정한다. 〈신설 2011.5.19.〉

### 손해배상·손해배상

[대법원 2013. 3. 28. 선고, 2011다56613,56620, 판결]

【판결요지】
면책결정정보는 직접적으로는 신용정보주체에 대하여 법원에서 면책결정을 하였다는 사실 그 자체를 의미하고, 간접적으로는 신용정보주체가 과거에 약정한 기일 내에 채무를 변제하지 아니하였다는 사실과 지급불능 상태에 있어 파산이 선고되었다가

파산절차에 의해 배당되지 아니한 잔여 채무에 관하여 책임이 면제되었다는 사실을 포함하는 신용정보로서, 구 신용정보업감독규정(2009. 10. 2. 금융위원회 고시 제2009-56호로 전부 개정되기 전의 것) 제11조 제4항 제1호에서 정한 '약정한 기일 내에 채무를 변제하지 아니한 정보'와는 구별되는 별개의 신용정보라고 할 것이다. 그리고 면책결정정보는 면책결정을 원인으로 별개의 신용정보로서 등록되는 것이고 그 자체로서 독자적인 신용정보에 해당하므로, 면책결정으로 약정한 기일 내에 변제하지 않은 채무에 관한 책임이 면제된다고 하더라도 이로써 곧바로 면책결정정보 그 자체에 대하여 구 신용정보의 이용 및 보호에 관한 법률 시행령(2009. 10. 1. 대통령령 제21765호로 전부 개정되기 전의 것) 제10조 제2항에서 정한 그 불이익을 초래하게 된 사유가 해소된 경우에 해당한다고 할 수 없다.

## 제23조(공공기관에 대한 신용정보의 제공 요청 등) ① 삭제 〈2015.3.11.〉

② 신용정보집중기관이 국가·지방자치단체 또는 대통령령으로 정하는 공공단체(이하 "공공기관"이라 한다)의 장에게 신용정보주체의 신용도·신용거래능력 등의 판단에 필요한 신용정보로서 대통령령으로 정하는 신용정보의 제공을 요청하면 그 요청을 받은 공공기관의 장은 다음 각 호의 법률에도 불구하고 해당 신용정보집중기관에 정보를 제공할 수 있다. 이 경우 정보를 제공하는 기준과 절차 등은 대통령령으로 정한다. 〈개정 2011.3.29., 2015.3.11.〉

1. 「공공기관의 정보공개에 관한 법률」
2. 「개인정보 보호법」
3. 「국민건강보험법」
4. 「국민연금법」
5. 「한국전력공사법」
6. 「주민등록법」

③ 신용정보집중기관은 제2항에 따라 공공기관으로부터 제공받은 신용정보를 대통령령으로 정하는 신용정보의 이용자에게 제공할 수 있다. 〈개정 2015.3.11.〉

④ 신용정보집중기관 또는 제3항에 따른 신용정보의 이용자가 제2항 및 제3항에 따라 공공기관으로부터 제공받은 개인신용정보를 제공하는 경우에는 제32조제3항에서 정하는 바에 따라 제공받으려는 자가 해당 개인으로부터 신용정보 제공·이용에 대한 동의를 받았는지를 확인하여야 한다. 다만, 제32조제6항 각 호의 어느 하나에 해당하는 경우에는 그러하지 아니하다. 〈개정 2015.3.11., 2020.2.4.〉

⑤ 제4항에 따라 개인신용정보를 제공받은 자는 그 정보를 제3자에게 제공하여서는 아니 된다. 〈개정 2015.3.11., 2020.2.4.〉

⑥ 제2항에 따라 신용정보의 제공을 요청하는 자는 관계 법령에 따라 열람료 또는 수수료 등을 내야 한다. 〈개정 2015.3.11.〉

⑦ 신용정보회사등은 공공기관의 장이 관계 법령에서 정하는 공무상 목적으로 이용하기 위하여 신용정보의 제공을 문서로 요청한 경우에는 그 신용정보를 제공할 수 있다.

[제목개정 2015.3.11.]

## 신용정보의이용및보호에관한법률위반

[대법원 2010. 4. 8., 선고, 2009도13542, 판결]

**【판결요지】**

구 신용정보의 이용 및 보호에 관한 법률(2009. 4. 1. 법률 제9617호로 전부 개정되기 전의 것) 제24조 제1항은 "개인신용정보가 금융거래 등 상거래관계의 설정 및 유지 여부 등의 판단목적으로만 제공·이용되어야 한다"고 규정하면서 해당 의무의 준수주체를 따로 규정하지 않을 뿐만 아니라, 그와 같은 점에서 신용정보제공·이용자의 의무에 관하여 규정하는 같은 법 제23조, 신용정보업자등의 의무에 관하여 규정하는 같은 법 제24조 제2항, 제24조의2 등 그 전후의 조항들과 구분되므로, 이 조항이 '신용정보업자등'만을 규율대상으로 하는 것이라고는 보기 어려운 점, 위 법률은 신용정보업을 건전하게 육성하고 신용정보의 효율적 이용과 체계적 관리를 기하며 신용정보의 오용·남용으로부터 사생활의 비밀 등을 적절히 보호함으로써 건전한 신용질서의 확립에 이바지함을 목적으로 하는 것으로서, '신용정보업자등이 아닌 자'의 경우에도 개인신용정보를 같은 법 제24조 제1항 소정의 목적 외로 사용한다면 해당 정보가 오용, 남용되어 사생활의 비밀 등이 침해될 우려가 높은 것이므로, '신용정보업자등이 아닌 자'의 위와 같은 위반행위를 처벌대상에서 제외한다면 당해 법률의 입법목적을 달성하기 어려울 것이고, 따라서 이를 처벌대상에서 제외하려고 한 것이 입법자의 의도였다고 보기는 어려운 점, 같은 법 제24조 제1항은 본연의 목적 이외로 개인신용정보를 '제공, 이용'하는 행위를 금지하는 것인데, 위 제공행위나 이용행위를 사전적인 의미로 해석하더라도 위 법률의 입법 취지나 일반인의 예측가능성에 위배되는 것으로 보이지는 아니하므로 이 법률에 위 '제공, 이용'에 관한 별도의 정의규정이 없다고 하여 이를 반드시 신용정보제공·이용자를 포함하는 '신용정보업자등'의 행위로 제한할 필연성은 없는 것으로 보이는 점 등을 종합하면, 결국 같은 법 제24조 제1항, 제32조 제2항 제7호의 적용대상에는 '신용정보업자등 이외의 자'도 포함된다고 보는 것이 체계적이고도 논리적인 해석이라 할 것이고, 그와 같은 해석이 죄형법정주의에 위배된다고 볼 수는 없다.

## Ⅲ. 벌칙

**제50조(벌칙)** ① 제42조제1항 또는 제3항을 위반한 자는 10년 이하의 징역 또는 1억원 이하의 벌금에 처한다.

② 다음 각 호의 어느 하나에 해당하는 자는 5년 이하의 징역 또는 5천만원 이하의 벌금에 처한다. 〈개정 2017.11.28., 2020.2.4.〉

1. 제4조제1항을 위반하여 신용정보업, 본인신용정보관리업 또는 채권추심업 허가를 받지 아니하고 신용정보업, 본인신용정보관리업 또는 채권추심업을 한 자

2. 거짓이나 그 밖의 부정한 방법으로 제4조제2항 또는 제10조제1항에 따른 허가 또는 인가를 받은 자

3. 삭제 〈2020.2.4.〉

4. 제17조제6항을 위반한 자

4의2. 제17조의2제1항을 위반하여 정보집합물을 결합한 자

5. 권한 없이 제19조제1항에 따른 신용정보전산시스템의 정보를 변경·삭제하거나 그 밖의 방법으로 이용할 수 없게 한 자 또는 권한 없이 신용정보를 검색·복제하거나 그 밖의 방법으로 이용한 자

5의2. 제25조제1항을 위반하여 신용정보집중기관 허가를 받지 아니하고 신용정보집중기관 업무를 한 자

5의3. 제27조의2를 위반하여 채권추심회사 외의 자에게 채권추심업무를 위탁한 자

6. 제32조제1항 또는 제2항(제34조에 따라 준용하는 경우를 포함한다)을 위반한 자 및 그 사정을 알고 개인신용정보를 제공받거나 이용한 자

7. 제33조(제34조에 따라 준용하는 경우를 포함한다)를 위반한 자

7의2. 제40조의2제6항을 위반하여 영리 또는 부정한 목적으로 특정 개인을 알아볼 수 있게 가명정보를 처리한 자

8. 제42조제4항을 위반한 자

③ 다음 각 호의 어느 하나에 해당하는 자는 3년 이하의 징역 또는 3천만원 이하의 벌금에 처한다. 〈개정 2020.2.4.〉

1. 제14조제2항에 따른 업무정지 기간에 업무를 한 자

1의2. 제22조의7제1항제1호를 위반하여 의뢰인에게 허위 사실을 알린 자

1의3. 제22조의7제1항제2호를 위반하여 신용정보에 관한 조사 의뢰를 강

　　　　요한 자

　　1의4. 제22조의7제1항제3호를 위반하여 신용정보 조사 대상자에게 조사자
　　　　　료 제공과 답변을 강요한 자

　　1의5. 제22조의7제1항제4호를 위반하여 금융거래 등 상거래관계 외의 사
　　　　　생활 등을 조사한 자

　　2. 신용정보집중기관이 아니면서 제25조제6항에 따른 공동전산망을 구축
　　　　한 자

　　3. 제40조제1항제4호 본문을 위반하여 특정인의 소재등을 알아낸 자

　　3의2. 제40조제1항제5호를 위반하여 정보원, 탐정, 그 밖에 이와 비슷한
　　　　　명칭을 사용한 자

　　4. 제41조제1항을 위반한 자

　　5. 제41조의2제1항을 위반하여 모집업무수탁자가 불법취득신용정보를 모
　　　　집업무에 이용하였는지 등을 확인하지 아니한 자

④ 다음 각 호의 어느 하나에 해당하는 자는 1년 이하의 징역 또는 1천만원
　이하의 벌금에 처한다. 〈개정 2020.2.4.〉

　　1. 제9조제1항을 위반하여 금융위원회의 승인 없이 신용정보회사, 본인 신
　　　　용정보관리회사 및 채권추심회사의 주식에 대하여 취득등을 하여 대주
　　　　주가 된 자

　　1의2. 제9조제2항을 위반하여 승인 신청을 하지 아니한 자

　　2. 제9조제3항에 따른 명령을 위반하여 승인 없이 취득한 주식을 처분하
　　　　지 아니한 자

　　3. 삭제 〈2020.2.4.〉

　　4. 제18조제2항을 위반한 자

　　5. 제20조제2항을 위반한 자

　　6. 제27조제3항을 위반하여 위임직채권추심인으로 금융위원회에 등록하지
　　　　아니하고 채권추심업무를 한 자

　　7. 제27조제4항을 위반한 자

　　8. 제27조제5항을 위반하여 추심채권이 아닌 채권을 추심하거나 등록되지
　　　　아니한 위임직채권추심인, 다른 채권추심회사의 소속으로 등록된 위임
　　　　직채권추심인 또는 업무정지 중인 위임직채권추심인을 통하여 채권추
　　　　심업무를 한 자

　　9. 제27조제7항에 따른 업무정지 중에 채권추심업무를 한 자

[전문개정 2015.3.11.]

**제51조(양벌규정)** 법인의 대표자나 법인 또는 개인의 대리인, 사용인, 그 밖의 종업원이 그 법인 또는 개인의 업무에 관하여 제50조의 위반행위를 하면 그 행위자를 벌하는 외에 그 법인 또는 개인에게도 해당 조문의 벌금형을 과(科)한다. 다만, 법인 또는 개인이 그 위반행위를 방지하기 위하여 해당 업무에 관하여 상당한 주의와 감독을 게을리하지 아니한 경우에는 그러하지 아니하다.

**제52조(과태료)** ① 다음 각 호의 어느 하나에 해당하는 자에게는 1억원 이하의 과태료를 부과한다. 〈신설 2020.2.4.〉

1. 제9조의2제2항을 위반하여 보고를 하지 아니하거나 거짓으로 보고한 자
2. 제9조의2제3항에 따른 금융위원회의 자료 또는 정보의 제공 요구에 따르지 아니하거나 거짓 자료 또는 정보를 제공한 자

② 다음 각 호의 어느 하나에 해당하는 자에게는 5천만원 이하의 과태료를 부과한다. 〈개정 2017.4.18., 2017.11.28., 2020.2.4.〉

1. 제12조를 위반하여 허가받은 신용정보회사, 본인신용정보관리회사, 채권추심회사 또는 신용정보집중기관이 아님에도 불구하고 상호 또는 명칭 중에 신용정보·신용조사·개인신용평가·신용관리·마이데이터(MyData)·채권추심 또는 이와 비슷한 명칭을 사용한 자
2. 제15조제2항을 위반한 자

2의2. 제17조의2제2항을 위반하여 가명처리 또는 익명처리가 되지 아니한 상태로 전달한 자

3. 제19조를 위반한 자
4. 제20조제6항을 위반한 자

4의2. 제22조의9제3항을 위반하여 신용정보를 수집한 자

4의3. 제22조의9제4항 및 제5항을 위반하여 개인신용정보를 전송한 자

4의4. 채권추심회사 소속 위임직채권추심인이 제27조제9항제1호의 위반행위를 한 경우 해당 채권추심회사. 다만, 채권추심회사가 그 위반 행위를 방지하기 위하여 해당 업무에 관한 관리에 상당한 주의를 게을리하지 아니한 경우는 제외한다.

5. 제32조제4항 또는 제5항(제34조에 따라 준용하는 경우를 포함한다)을 위반한 자

5의2. 제39조의2제3항을 위반하여 분리하여 보관하지 아니한 자

6. 제41조의2제2항을 위반하여 모집업무수탁업자와 위탁계약을 해지하지 아니한 자

7. 제45조제2항부터 제4항까지의 규정에 따른 명령에 따르지 아니하거나 검사 및 요구를 거부·방해 또는 기피한 자

8. 제47조를 위반하여 보고서를 제출하지 아니하거나 사실과 다른 내용의 보고서를 제출한 자

③ 다음 각 호의 어느 하나에 해당하는 자에게는 3천만원 이하의 과태료를 부과한다. 〈개정 2017.11.28., 2020.2.4.〉

1. 제17조제4항을 위반한 자

2. 제20조제1항 또는 제3항을 위반한 자

2의2. 제20조제3항 및 제4항을 위반하여 신용정보관리·보호인을 지정하지 아니한 자

3. 제20조의2제2항을 위반한 자

4. 제21조를 위반한 자

4의2. 제22조의4제1항 및 제2항을 위반하여 신용상태를 평가한 자

4의3. 제22조의4제3항을 위반하여 불공정행위를 한 자

4의4. 제22조의5제1항 및 제22조의6제1항을 위반하여 신용상태를 평가한 자

4의5. 제22조의5제2항을 위반한 자

4의6. 제22조의5제3항을 위반한 자

4의7. 제22조의6제2항을 위반한 자

4의8. 제22조의6제3항을 위반한 자

4의9. 제22조의9제1항을 위반한 자

4의10. 제22조의9제2항을 위반한 자

5. 제23조제5항을 위반한 자

5의2. 채권추심회사 소속 위임직채권추심인이 제27조제9항제2호의 위반행위를 한 경우 해당 채권추심회사. 다만, 채권추심회사가 그 위반행위를 방지하기 위하여 해당 업무에 관한 관리에 상당한 주의를 게을리하지 아니한 경우는 제외한다.

6. 제32조제8항 또는 제9항(제34조에 따라 준용하는 경우를 포함한다)을 위반한 자

6의2. 제33조의2제3항 또는 제4항을 위반하여 개인신용정보를 전송하지 아니한 자

6의3. 제34조의2제1항을 위반하여 신용정보주체에게 알려야 할 사항을 알리지 아니한 자

6의4. 제34조의2제3항 단서를 위반하여 신용정보주체가 요청하였음에도 불구하고 이에 따르지 아니한 자

6의5. 제34조의2제4항을 위반하여 별도로 요청할 수 있음을 알리지 아니한 자

6의6. 제35조의3제1항을 위반하여 통지하지 아니한 자

7. 제36조제1항 또는 제3항을 위반한 자

7의2. 제36조의2제1항을 위반하여 설명을 하지 아니한 자

8. 제37조제3항을 위반한 자

9. 제38조제3항부터 제6항까지 또는 제8항을 위반한 자

10. 제38조의2를 위반한 자

11. 제38조의3을 위반한 자

12. 제39조를 위반한 자

13. 제39조의4제1항을 위반하여 신용정보주체에게 같은 항 각 호의 사실을 알리지 아니한 자

14. 제39조의4제3항을 위반하여 조치결과를 신고하지 아니한 자

15. 제40조제2항을 위반하여 영리목적의 광고성 정보를 전송하는 행위에 이용한 자

16. 제40조의2제1항을 위반하여 가명처리에 사용한 추가정보를 분리하여 보관하거나 삭제하지 아니한 자

17. 제40조의2제2항을 위반하여 가명처리한 개인신용정보에 대하여 기술적·물리적·관리적 보안대책을 수립·시행하지 아니한 자

18. 제40조의2제7항을 위반하여 처리를 중지하거나 정보를 즉시 삭제하지 아니한 자

④ 제10조제4항 또는 제17조제7항을 위반한 자에게는 2천만원 이하의 과태료를 부과한다. 〈개정 2020.2.4.〉

⑤ 다음 각 호의 어느 하나에 해당하는 자에게는 1천만원 이하의 과태료를 부과한다. 〈개정 2017.4.18., 2018.12.31., 2020.2.4.〉

1. 제8조제1항을 위반한 자

2. 제11조제1항을 위반하여 금융위원회에 신고하지 아니하고 겸영업무를 한 자

2의2. 제11조의2제1항을 위반하여 금융위원회에 신고하지 아니하고 부수업무를 한 자

2의3. 제11조의2제8항에 따른 금융위원회의 제한명령 또는 시정명령에 따르지 아니한 자

2의4. 제13조를 위반하여 금융위원회의 승인 없이 다른 영리법인의 상무에 종사한 자

3. 삭제 〈2020.2.4.〉

4. 제17조제5항을 위반한 자

5. 제18조제1항을 위반한 자

6. 제20조의2제1항·제3항 또는 제4항을 위반한 자

7. 제22조의2를 위반하여 금융위원회에 보고를 하지 아니한 자

7의2. 제22조의6제4항을 위반하여 이용자관리규정을 정하지 아니한 자

8. 제27조제8항을 위반하여 채권추심업무를 할 때 증표를 내보이지 아니한 자

9. 제31조를 위반한 자

10. 제32조제3항·제7항 또는 제10항(제34조에 따라 준용하는 경우를 포함한다)을 위반한 자

11. 제35조를 위반한 자

11의2. 제35조의2를 위반하여 해당 신용정보주체에게 설명하지 아니한 자

11의3. 제40조의2제8항을 위반하여 개인신용정보를 가명처리하거나 익명처리한 기록을 보존하지 아니한 자

12. 제41조의2제3항을 위반하여 위탁계약 해지에 관한 사항을 알리지 아니한 자

13. 14. 삭제 〈2017.4.18.〉

⑥ 제1항부터 제5항까지의 규정에 따른 과태료는 대통령령으로 정하는 바에 따라 금융위원회가 부과·징수한다. 다만, 상거래기업 및 법인의 상거래정보보호규정 위반과 관련된 제2항부터 제5항까지의 규정에 따른 과태료 부과는 대통령령으로 정하는 바에 따라 보호위원회가 부과·징수한다.

⑦ 제2항제4호의2 본문에 해당하는 채권추심회사가 「채권의 공정한 추심에 관한 법률」에 따라 형사처벌을 받은 경우에는 과태료를 부과하지 아니하며, 과태료를 부과한 후 형사처벌을 받은 경우에는 그 과태료 부과를 취소한다. 〈신설 2017.11.28., 2020.2.4.〉

# Ⅳ. 기재례

## 【범죄사실 기재례】

〈타인의 개인신용정보가 기재된 파일을 제공받아 대출영업알선을 하는데 이용한 사례〉

피의자 박○○는 서울시 ○○구 ○○동 ○○번지에 사무실을 차려놓고 대출알선영업을 하는 사람인데, 이름을 알 수 없는 사람으로부터 20○○년 ○월 부터 20○○년 ○월 까지 2회에 걸쳐 약 13,500명의 개인신용정보가 기재된 엑셀파일을 제공받아 대출영업알선을 하는데 이용하였다.

# 아동복지법

[시행 2025. 7. 19.] [법률 제19554호, 2023. 7. 18., 일부개정]

## Ⅰ. 개설

### 목적

이 법은 아동이 건강하게 출생하여 행복하고 안전하게 자랄 수 있도록 아동의 복지를 보장하는 것을 목적으로 한다.

## Ⅱ. 판례

**제2조(기본 이념)** ① 아동은 자신 또는 부모의 성별, 연령, 종교, 사회적 신분, 재산, 장애유무, 출생지역, 인종 등에 따른 어떠한 종류의 차별도 받지 아니하고 자라나야 한다.

② 아동은 완전하고 조화로운 인격발달을 위하여 안정된 가정환경에서 행복하게 자라나야 한다.

③ 아동에 관한 모든 활동에 있어서 아동의 이익이 최우선적으로 고려되어야 한다.

④ 아동은 아동의 권리보장과 복지증진을 위하여 이 법에 따른 보호와 지원을 받을 권리를 가진다.

### 교사가 교육과정에서 한 행동이 아동복지법상 금지되는 학대행위에 해당하는지 여부가 문제된 사건

[대법원 2024. 10. 8. 선고 2021도13926 판결]

【판결요지】

아동복지법의 입법 목적, 기본이념 및 아동복지법 제1조, 제2조 제3항, 제3조 제7호, 제17조 제3호의 내용 등을 종합하면, 아동복지법상 금지되는 신체적 학대행위란 '신체적 폭력이나 가혹행위로서 아동의 신체건강 또는 복지를 해치거나 정상적 신체발달을 저해할 정도 혹은 그러한 결과를 초래할 위험을 발생시킬 정도에 이르는 것'을 말하며, 반드시 아동에 대한 신체적 학대의 목적이나 의도가 있어야만 인정되는 것은 아니고 자기의 행위로 아동의 건강 및 발달을 저해하는 결과가 발생할 위험 또는 가능성이 있음을 미필적으로 인식하면 충분하다.

# 아동학대범죄의처벌등에관한특례법위반(아동학대치사) · 아동복지법위반(아동유기 · 방임)

[대법원 2020. 9. 3., 선고, 2020도7625, 판결]

【판결요지】

[1] 아동복지법은 아동이 건강하게 출생하여 행복하고 안전하게 자랄 수 있도록 아동의 복지를 보장하는 것을 목적으로 한다(제1조). 아동은 완전하고 조화로운 인격발달을 위하여 안정된 가정환경에서 행복하게 자라나야 한다(제2조 제2항). 아동복지법상 아동의 보호자란 친권자, 후견인, 아동을 보호·양육·교육하거나 그러한 의무가 있는 자 또는 업무·고용 등의 관계로 사실상 아동을 보호·감독하는 자를 말하는데(제3조 제3호), 아동의 보호자는 아동을 가정에서 그의 성장시기에 맞추어 건강하고 안전하게 양육하여야 하고, 아동에게 신체적 고통이나 폭언 등의 정신적 고통을 가하여서는 아니 되는 책무를 부담한다(제5조 제1항, 제2항).

이와 함께 아동복지법은 아동학대의 의미를 정의하면서 아동의 보호자와 그 외의 성인을 구분하여, 아동의 보호자가 아닌 성인에 관해서는 신체적·정신적·성적 폭력이나 가혹행위를 아동학대행위로 규정하는 것에 비하여 아동의 보호자에 관해서는 위 행위들에 더하여 아동을 유기하거나 방임하는 행위까지 포함시키고 있다(제3조 제7호). 자신의 보호·감독을 받는 아동에 대하여 의식주를 포함한 기본적 보호·양육·치료 및 교육을 소홀히 하는 방임행위를 하여서는 아니 되고(제17조 제6호), 이를 위반하면 5년 이하의 징역 또는 5천만 원 이하의 벌금에 처해진다(제71조 제1항 제2호).

따라서 보호자가 아동을 방임함으로써 아동복지법 제71조 제1항 제2호를 위반하였는지 여부를 판단할 때에는 아동복지법의 입법 목적과 더불어 아동의 보호자가 그 입법 목적을 달성하기 위하여 일정한 책무를 부담한다는 점을 전제로 하여 보호자와 피해아동의 관계, 피해아동의 나이, 방임행위의 경위와 태양 등의 사정을 종합적으로 고려하여야 할 필요가 있다. 특히 보호자가 친권자 또는 이에 준하는 주양육자인 경우에는 피해아동을 보호하고 양육할 1차적 책임을 부담한다는 점을 중요하게 고려해야 한다.

[2] 아동 甲(당시 1세)의 친아버지인 피고인이 甲을 양육하면서 집안 내부에 먹다 남은 음식물 쓰레기, 소주병, 담배꽁초가 방치된 상태로 청소를 하지 않아 악취가 나는 비위생적인 환경에서 甲에게 제대로 세탁하지 않아 음식물이 묻어있는 옷을 입히고, 목욕을 주기적으로 시키지 않아 몸에서 악취를 풍기게 하는 등으로 甲을 방임하였다고 하여 아동복지법 위반으로 기소된 사안에서, 생존에 필요한 최소한의 보호를 하였다는 사정이나 甲이 피고인에게 애정을 표현했다는 사정만으로는 피고인이 甲의 친권자로서 甲의 건강과 안전, 행복을 위하여 필요한 책무를 다했다고 보기 어렵다는 이유로, 피고인이 비위생적인 환경에서 甲을 양육하였고 甲의 의복과 몸을 청결하게 유지해 주지 않았으며 甲을 집에 두고 외

출하기도 하는 등 의식주를 포함한 기본적인 보호·양육·치료 및 교육을 소홀히 하는 방임행위를 하였다고 본 원심의 판단이 정당하다고 한 사례.

**제3조(정의)** 이 법에서 사용하는 용어의 뜻은 다음과 같다. 〈개정 2014.1.28.〉

1. "아동"이란 18세 미만인 사람을 말한다.

2. "아동복지"란 아동이 행복한 삶을 누릴 수 있는 기본적인 여건을 조성하고 조화롭게 성장·발달할 수 있도록 하기 위한 경제적·사회적·정서적 지원을 말한다.

3. "보호자"란 친권자, 후견인, 아동을 보호·양육·교육하거나 그러한 의무가 있는 자 또는 업무·고용 등의 관계로 사실상 아동을 보호·감독하는 자를 말한다.

4. "보호대상아동"이란 보호자가 없거나 보호자로부터 이탈된 아동 또는 보호자가 아동을 학대하는 경우 등 그 보호자가 아동을 양육하기에 적당하지 아니하거나 양육할 능력이 없는 경우의 아동을 말한다.

5. "지원대상아동"이란 아동이 조화롭고 건강하게 성장하는 데에 필요한 기초적인 조건이 갖추어지지 아니하여 사회적·경제적·정서적 지원이 필요한 아동을 말한다.

6. "가정위탁"이란 보호대상아동의 보호를 위하여 성범죄, 가정폭력, 아동학대, 정신질환 등의 전력이 없는 보건복지부령으로 정하는 기준에 적합한 가정에 보호대상아동을 일정 기간 위탁하는 것을 말한다.

7. "아동학대"란 보호자를 포함한 성인이 아동의 건강 또는 복지를 해치거나 정상적 발달을 저해할 수 있는 신체적·정신적·성적 폭력이나 가혹행위를 하는 것과 아동의 보호자가 아동을 유기하거나 방임하는 것을 말한다.

7의2. "아동학대관련범죄"란 다음 각 목의 어느 하나에 해당하는 죄를 말한다.
  가. 「아동학대범죄의 처벌 등에 관한 특례법」 제2조제4호에 따른 아동학대범죄
  나. 아동에 대한 「형법」 제2편제24장 살인의 죄 중 제250조부터 제255조까지의 죄

8. "피해아동"이란 아동학대로 인하여 피해를 입은 아동을 말한다.

9. 삭제 〈2016.3.22.〉

10. "아동복지시설"이란 제50조에 따라 설치된 시설을 말한다.

11. "아동복지시설 종사자"란 아동복지시설에서 아동의 상담·지도·치료·양육, 그 밖에 아동의 복지에 관한 업무를 담당하는 사람을 말한다.

## 아동복지법위반
[대법원 2020. 10. 15., 선고, 2020도6422, 판결]

**【판결요지】**

아동복지법은 제3조 제7호에서 '아동학대'를 '보호자를 포함한 성인이 아동의 건강 또는 복지를 해치거나 정상적 발달을 저해할 수 있는 신체적·정신적·성적 폭력이나 가혹행위를 하는 것과 아동의 보호자가 아동을 유기하거나 방임하는 것'이라고 정의하면서, 제3장 제2절에서 아동학대의 예방 및 방지에 관한 각종 규정을 두고 있다. 한편 아동복지법은 제17조에서 '누구든지 다음 각호의 어느 하나에 해당하는 행위를 하여서는 아니 된다'고 하면서, 제2호로 '아동에게 음란한 행위를 시키거나 이를 매개하는 행위 또는 아동에게 성적 수치심을 주는 성희롱 등의 성적 학대행위'를 금지행위로 규정하고, 제71조 제1항에서 '제17조를 위반한 자를 처벌한다'고 규정하고 있다. 이러한 아동복지법 규정의 각 문언과 조문의 체계 등을 종합하여 보면, 누구든지 제17조 제2호에서 정한 금지행위를 한 경우 제71조 제1항에 따라 처벌되는 것이고, 성인이 아니라고 하여 위 금지행위규정 및 처벌규정의 적용에서 배제된다고 할 수는 없다.

## 아동복지법위반
[대법원 2015. 8. 27. 선고, 2015도6480, 판결]

**【판결요지】**

아동복지법 제17조 제1호의 '아동을 매매하는 행위'는 '보수나 대가를 받고 아동을 다른 사람에게 넘기거나 넘겨받음으로써 성립하는 범죄'로서, '아동'은 같은 법 제3조 제1호에 의하면 18세 미만인 사람을 말한다.

아동은 아직 가치관과 판단능력이 충분히 형성되지 아니하여 자기결정권을 자발적이고 진지하게 행사할 것을 기대하기가 어렵고, 자신을 보호할 신체적·정신적 능력이 부족할 뿐 아니라, 보호자 없이는 사회적·경제적으로 매우 취약한 상태에 있으므로, 이러한 처지에 있는 아동을 마치 물건처럼 대가를 받고 신체를 인계·인수함으로써 아동매매죄가 성립하고, 설령 위와 같은 행위에 대하여 아동이 명시적인 반대 의사를 표시하지 아니하거나 더 나아가 동의·승낙의 의사를 표시하였다 하더라도 이러한 사정은 아동매매죄의 성립에 아무런 영향을 미치지 아니한다.

## 아동학대범죄의처벌등에관한특례법위반
## (아동복지시설종사자등의아동학대)
[울산지법 2017. .8. 4., 선고, 2017노542, 판결 : 확정]

**【판결요지】**

[1] 아동복지법 제3조 제7호는 '아동학대'란 '보호자를 포함한 성인이 아동의 건강 또는 복지를 해치거나 정상적 발달을 저해할 수 있는 신체적·정신적·성적 폭력이나 가혹행위를 하는 것과 아동의 보호자가 아동을 유기하거나 방임하는 것'이라고 규정하고, 같은 법 제17조 제3호에서 '아동의 신체에 손상을 주거

나 신체의 건강 및 발달을 해치는 신체적 학대행위'를 금지행위로서 규정하고 있다. 한편 형법상 학대죄는 단순히 상대방의 인격에 대한 반인륜적 침해만으로는 부족하고 적어도 유기에 준할 정도에 이르러야 한다고 해석되고 있으나, 형법상 학대죄는 생명, 신체를 보호법익으로 하여 보호 또는 감독을 받는 자를 보호대상으로 하는 데 반하여, 아동복지법은 아동의 건강과 복지를 보호법익으로 하고(아동복지법 제1조), 18세 미만인 사람만을 보호대상으로 하며(아동복지법 제3조 제1호), 아동의 경우 완전하고 조화로운 인격발달을 위하여 사회적으로 보호받을 필요성에서 성인에 비하여 보호가치가 크므로, 아동복지법상 학대의 개념은 형법상 학대의 개념보다 넓게 해석하는 것이 타당하다. 위와 같은 아동복지법의 입법 목적, 일반적인 아동의 지적 수준과 신체발달 정도, 신체적 학대행위가 있었던 경우 그로 인하여 신체의 건강 및 발달이 저해되었는지를 정확히 확인하는 것은 현실적으로 쉽지 않은 점 등에 비추어 보면, 아동복지법 제17조 제3호에서 규정한 '아동의 신체에 손상을 주거나 신체의 건강 및 발달을 해치는 신체적 학대행위'에는 현실적으로 아동의 신체건강과 그 정상적인 발달을 저해한 경우뿐만 아니라 그러한 결과를 초래할 위험 또는 가능성이 발생한 경우도 포함되고, 위 죄의 범의는 반드시 아동학대의 목적이나 의도가 있어야 인정되는 것이 아니고, 아동의 신체건강 및 발달의 저해라는 결과를 발생시킬 가능성 또는 위험이 있는 행위 자체를 인식하거나 예견하고 이를 용인하면 족하다.

[2] 영유아보육법 관련 법령에 의하면, 보육은 영유아의 이익을 최우선적으로 고려하여 제공되어야 하고, 영유아가 안전하고 쾌적한 환경에서 건강하게 성장할 수 있도록 하는 것을 이념으로 삼고 있는 점(영유아보육법 제3조), 보육교직원은 영유아를 보육할 때 영유아에게 신체적 고통이나 고성·폭언 등의 정신적 고통을 가하여서는 아니 되고(영유아보육법 제18조의2), 교직원은 유아를 교육하거나 사무를 담당할 때에는 도구, 신체 등을 이용하여 유아의 신체에 고통을 가하여서는 아니 된다(유아교육법 제21조의2)고 규정하고 있는 점, 초·중등교육법에서 정한 아동청소년에 대한 교육과 달리 영유아의 경우 보육방법으로 징계 관련 규정을 전혀 두고 있지 않은 점 등에 비추어 보면, 보육교사는 원칙적으로 영유아에게 신체적·정신적 고통을 가하는 징계가 허용된다고 볼 수 없을 뿐만 아니라, 설령 경우에 따라 부득이하게 신체적 제재를 통한 보육이 필요한 경우가 있더라도, 영유아의 경우 초·중등학생에 비하여 신체적·정신적으로 미숙한 반면에 완전하고 조화로운 신체 및 인격 발달을 위하여 사회적으로 보호받을 필요성이 더욱 크므로, 위와 같은 보육방법의 허용 범위는 매우 엄격하게 제한되어야 한다.

[3] 어린이집 보육교사인 피고인이, 보육 아동인 甲(만 1세)이 수업에 집중하지 않거나 잠을 자지 않는다는 등의 이유로 甲의 팔을 움켜잡아 강하게 흔들고, 이마에 딱밤을 때리고, 색연필 뒷부분으로 볼을 찌르거나 손으로 볼을 꼬집고, 손으로 엉덩이를 때리거나 자신의 다리를 甲의 몸 위에 올려놓고 누르는 등으로 5회에 걸쳐 신체적 학대행위를 하였다고 하여 아동학대범죄의 처벌 등에 관한 특례법 위반(아동복지시설종사자등의아동학대)으로 기소된 사안에서, 甲은 보육교사의 강한 훈육이나 신체적 유형력을 통한 지도가 필요할 정도로 잘못된 행위를 하지 아니하였음에

도 피고인은 甲을 훈육한다는 명목으로 몸을 세게 잡고 흔들거나 자리에 던지듯이 눕히거나 엉덩이를 때리는 등의 행위를 한 점 등 제반 사정을 종합하면, 피고인의 행위는 甲의 신체를 손상하거나 신체의 건강 및 발달을 해치는 신체적 학대행위에 해당하고, 피고인의 지위, 신체적 학대행위에 이르게 된 경위, 학대행위의 정도, 甲이 나름대로 아프다거나 싫다는 등의 의사를 표현한 점 등에 비추어 피고인에게 신체적 학대의 고의가 있었음을 충분히 인정할 수 있으며, 당시 甲에게 강한 훈육이나 신체적 유형력을 통한 지도가 필요한 상황이라고 보기 어려울뿐더러, 설령 甲이 잘못된 행위를 하여 적절한 훈육이 필요한 상황이었더라도 정당한 보육 내지 훈육행위로서 사회통념상 객관적 타당성을 갖추었다고 보기 어려우므로, 피고인의 행위는 관계 법령 등에 의한 정당행위에 해당하지 않는다고 한 사례.

**제18조(친권상실 선고의 청구 등)** ① 시·도지사, 시장·군수·구청장 또는 검사는 아동의 친권자가 그 친권을 남용하거나 현저한 비행이나 아동학대, 그 밖에 친권을 행사할 수 없는 중대한 사유가 있는 것을 발견한 경우 아동의 복지를 위하여 필요하다고 인정할 때에는 법원에 친권행사의 제한 또는 친권상실의 선고를 청구하여야 한다.

② 아동복지시설의 장 및 「초·중등교육법」에 따른 학교의 장(이하 "학교의 장"이라 한다)은 제1항의 사유에 해당하는 경우 시·도지사, 시장·군수·구청장 또는 검사에게 법원에 친권행사의 제한 또는 친권상실의 선고를 청구하도록 요청할 수 있다. 〈개정 2016.3.22.〉

③ 시·도지사, 시장·군수·구청장 또는 검사는 제1항 및 제2항에 따라 친권행사의 제한 또는 친권상실의 선고 청구를 할 경우 보장원 또는 아동보호전문기관 등 아동복지시설의 장, 아동을 상담·치료한 의사 및 해당 아동의 의견을 존중하여야 한다. 〈개정 2020. 12. 29.〉

④ 시·도지사, 시장·군수·구청장 또는 검사는 제2항에 따라 친권행사의 제한 또는 친권상실의 선고 청구를 요청받은 경우에는 요청받은 날부터 30일 내에 청구 여부를 결정한 후 해당 요청기관에 청구 또는 미청구 요지 및 이유를 서면으로 알려야 한다.

⑤ 제4항에 따라 처리결과를 통보받은 아동복지시설의 장 및 학교의 장은 그 처리결과에 대하여 이의가 있을 경우 통보받은 날부터 30일 내에 직접 법원에 친권행사의 제한 또는 친권상실의 선고를 청구할 수 있다. 〈개정 2014.1.28., 2016.3.22.〉

## 친권상실선고

[대전가법 2018. 10. 18., 자, 2018느단10074, 심판 : 확정]

【판결요지】

甲이 대한불교조계종 사찰의 행자로 수행 중에 협의이혼하면서 乙의 친권자로 지정되었는데, 대한불교조계종의 출가자등록자격에 미성년 자녀가 있는 경우 친권 및 양육권을 포기하여야 한다고 정하고 있어 乙에 대한 친권을 포기하기 위하여 甲의 모친이 甲을 상대로 乙에 대한 친권상실을 청구한 사안이다.

甲에게 문제 될 수 있는 친권상실의 사유는 민법이 정하는 "친권을 남용하여 자녀의 복리를 해할 우려가 있는지 여부"라고 할 것인데, 민법 제924조에서 말하는 '우려'는 행위자의 과거 행태나 현재 성향 등에 비추어 객관적으로 예측되는 우려를 말하는 것이지, 그가 장래에 친권을 제대로 행사하지 않을 주관적인 의사를 표명하였다고 하여 이러한 우려가 있다고 볼 수는 없는 점, 甲의 경우 이혼하기 전부터 사찰에 들어가 수행생활을 하고 있었기는 하나, 수행생활을 한다는 사정이 친권을 행사할 수 없는 중대한 사유라고 보기는 어려운 점, 수행생활 중 협의를 통하여 甲 스스로 乙의 친권 및 양육자로 지정된 점, 모친이 양육보조자로 도움을 주고 있는 점에 비추어, 甲에게 친권남용의 객관적 우려가 있다고 하기는 어려우므로, 민법 등이 정하는 친권상실사유가 있다고 보기 어렵다고 한 사례이다.

**제29조의3(아동관련기관의 취업제한 등)** ① 법원은 아동학대관련범죄로 형 또는 치료감호를 선고하는 경우에는 판결(약식명령을 포함한다. 이하 같다)로 그 형 또는 치료감호의 전부 또는 일부의 집행을 종료하거나 집행이 유예·면제된 날(벌금형을 선고받은 경우에는 그 형이 확정된 날을 말한다)부터 일정기간(이하 "취업제한기간"이라 한다) 동안 다음 각 호에 따른 시설 또는 기관(이하 "아동관련기관"이라 한다)을 운영하거나 아동관련기관에 취업 또는 사실상 노무를 제공할 수 없도록 하는 명령(이하 "취업제한명령"이라 한다)을

아동학대관련범죄 사건의 판결과 동시에 선고(약식명령의 경우에는 고지를 말한다)하여야 한다. 다만, 재범의 위험성이 현저히 낮은 경우나 그 밖에 취업을 제한하여서는 아니 되는 특별한 사정이 있다고 판단하는 경우에는 그러하지 아니하다. 〈개정 2016.1.19., 2016.3.22., 2016.5.29., 2017.9.19., 2017.10.24., 2018.12.11., 2019.1.15., 2020.4.7., 2020.12.29., 2021.12.21., 2023. 7. 18., 2024. 2. 6.〉

　　1. 보장원, 지방자치단체(전담공무원, 민간전문인력, 아동학대전담공무원으로 한정한다), 제37조에 따른 취약계층 아동 통합서비스 수행기관, 아동보호전문기관, 제44조의2에 따른 다함께돌봄센터, 제48조에 따른 가정위탁지원센터 및 제52조의 아동복지시설

2. 「가정폭력방지 및 피해자보호 등에 관한 법률」 제4조의6의 긴급전화센터, 같은 법 제5조의 가정폭력 관련 상담소 및 같은 법 제7조의2의 가정폭력피해자 보호시설

3. 「건강가정기본법」 제35조의 건강가정지원센터

4. 「다문화가족지원법」 제12조의 다문화가족지원센터

5. 「성매매방지 및 피해자보호 등에 관한 법률」 제5조의 성매매피해자등을 위한 지원시설 및 같은 법 제10조의 성매매피해상담소

6. 「성폭력방지 및 피해자보호 등에 관한 법률」 제10조의 성폭력피해상담소 및 같은 법 제12조의 성폭력피해자보호시설 및 같은 법 제18조의 성폭력피해자통합지원센터

7. 「영유아보육법」 제2조제3호의 어린이집, 같은 법 제7조에 따른 육아종합지원센터 및 같은 법 제26조의2에 따른 시간제보육서비스지정기관

8. 「유아교육법」 제2조제2호의 유치원

9. 「의료법」 제3조의 의료기관(같은 법 제2조의 의료인에 한정한다)

10. 「장애인복지법」 제58조의 장애인복지시설

11. 「정신건강증진 및 정신질환자 복지서비스 지원에 관한 법률」 제3조에 따른 정신건강복지센터, 정신건강증진시설, 정신요양시설 및 정신재활시설

12. 「주택법」 제2조제3호의 공동주택의 관리사무소(경비업무 종사자에 한정한다)

13. 「청소년기본법」 제3조에 따른 청소년시설, 청소년단체

14. 「청소년활동진흥법」 제2조제2호의 청소년활동시설

15. 「청소년복지 지원법」 제29조제1항의 청소년상담복지센터, 같은 법 제30조의 이주배경청소년지원센터 및 같은 법 제31조 각 호의 청소년쉼터, 청소년자립지원관, 청소년치료재활센터

16. 「청소년 보호법」 제35조의 청소년 보호·재활센터

17. 「체육시설의 설치·이용에 관한 법률」 제2조제1호의 체육시설 중 아동의 이용이 제한되지 아니하는 체육시설로서 문화체육관광부장관이 지정하는 체육시설

18. 「초·중등교육법」 제2조 각 호의 학교 및 같은 법 제28조에 따라 학습부진아 등에 대한 교육을 실시하는 기관

19. 「학원의 설립·운영 및 과외교습에 관한 법률」 제2조제1호의 학원 및 같은 조 제2호의 교습소 중 아동의 이용이 제한되지 아니하는 학원과 교습소로서 교육부장관이 지정하는 학원·교습소

20. 「한부모가족지원법」 제19조의 한부모가족복지시설

21. 아동보호전문기관 또는 학대피해아동쉼터를 운영하는 법인
22. 「보호소년 등의 처우에 관한 법률」에 따른 소년원 및 소년분류심사원
23. 「민법」 제32조에 따라 보건복지부장관의 설립 허가를 받아 아동인권, 아동복지 등 아동을 위한 사업을 수행하는 비영리법인(대표자 및 아동을 직접 대면하는 업무에 종사하는 사람에 한정한다)
24. 「아이돌봄 지원법」 제11조에 따른 서비스제공기관
25. 「국내입양에 관한 특별법」 제37조제1항 및 「국제입양에 관한 법률」 제32조제1항에 따라 업무를 위탁받은 사회복지법인 및 단체
26. 「모자보건법」 제15조의18에 따른 산후조리도우미 서비스를 제공하는 사람을 모집하거나 채용하는 기관(직접 산후조리도우미 서비스를 제공하는 사람에 한정한다)
27. 「모자보건법」 제15조에 따른 산후조리원
② 제1항에 따른 취업제한기간은 10년을 초과하지 못한다. 〈신설 2018.12.11.〉
③ 법원은 제1항에 따라 취업제한명령을 선고하려는 경우에는 정신건강의학과 의사, 심리학자, 사회복지학자, 아동학대 관련 전문가, 그 밖의 관련 전문가로부터 취업제한명령 대상자의 재범 위험성 등에 관한 의견을 들을 수 있다. 〈신설 2018.12.11.〉
④ 제1항 각 호(제12호 및 제22호는 제외한다)의 아동관련기관의 설치 또는 설립 인가·허가·신고를 관할하는 중앙행정기관의 장, 지방자치단체의 장, 교육감 또는 교육장은 아동관련기관을 운영하려는 자에 대하여 본인의 동의를 받아 관계 기관의 장에게 아동학대관련범죄 전력 조회를 요청하여야 한다. 다만, 아동관련기관을 운영하려는 자가 아동학대관련범죄 전력 조회 회신서를 중앙행정기관의 장, 지방자치단체의 장, 교육감 또는 교육장에게 직접 제출한 경우에는 아동학대관련범죄 전력 조회를 한 것으로 본다. 〈개정 2017.9.19., 2018.12.11.〉
⑤ 아동관련기관의 장은 그 기관에 취업 중이거나 사실상 노무를 제공 중인 사람 또는 취업하려 하거나 사실상 노무를 제공하려는 사람(이하 "취업자 등"이라 한다)에 대하여 아동학대관련범죄 전력을 확인하여야 하며, 이 경우 본인의 동의를 받아 관계 기관의 장에게 아동학대관련범죄 전력 조회를 요청하여야 한다. 다만, 취업자등이 아동학대관련범죄 전력 조회 회신서를 아동관련기관의 장에게 직접 제출한 경우에는 아동학대관련범죄 전력 조회를 한 것으로 본다. 〈개정 2018.12.11.〉
⑥ 제4항 및 제5항에 따라 아동학대관련범죄 전력 조회 요청을 받은 관계 기관의 장은 아동학대관련범죄 전력 조회 회신서를 발급하여야 한다. 〈개정

2018.12.11.〉

⑦ 제4항부터 제6항까지의 규정에 따른 아동학대관련범죄 전력 조회의 요청 절차·범위 등에 관한 사항은 대통령령으로 정한다. 〈개정 2018.12.11.〉

[본조신설 2014.1.28.]

[2018. 12. 11. 법률 제15889호에 의하여 2018. 6. 28. 헌법재판소에서 위헌 결정된 이 조를 개정함.]

## 보육교사자격취소처분취소

[대법원 2018.4.26., 선고, 2016두64371, 판결]

【판결요지】
구 영유아보육법(2015.5.18. 법률 제13321호로 개정되기 전의 것, 이하 같다) 제48조 제1항 제3호는 자격취소처분의 요건으로 어린이집 보육교사가 아동학대행위를 저지른 사실 자체만이 아니라, 아동학대행위를 저질러 아동복지법 제71조 제1항에 따른 '처벌'을 받은 경우를 규정하고 있다. 게다가 같은 법 제48조 제2항 단서는 보육교사가 제48조 제1항 제3호에 따라 자격취소처분을 받은 경우에는 그 취소일부터 10년간 보육교사 자격을 다시 교부받지 못하도록 함으로써 매우 엄격한 제재 효과를 규정하고 있다. 이처럼 기본권 제한의 정도가 강력한 제재적 처분의 근거 규정을 해석할 때는 엄격해석 원칙을 적용하여야 한다. 여기에 형사피고인은 유죄판결이 확정될 때까지는 무죄로 추정되는 것이 헌법의 대원칙이므로(헌법 제27조 제4항), 기소된 사실만으로 제재적 처분의 근거로 삼는 것은 쉽사리 받아들일 수 없다. 그렇다면 유죄의 확정판결도 없이 단순히 검사의 약식명령 청구가 있었다는 사정만으로 구 영유아보육법 제48조 제1항 제3호에서 정한 '아동복지법 제71조 제1항에 따른 처벌'에 해당한다고 볼 수 없음은 분명하고, 나아가 여기서 '처벌'은 과벌(科罰)에 해당하는 형의 선고가 있음을 당연한 전제로 한다고 새길 수 있으므로, 선고유예의 확정판결이 있었다는 사정만으로는 이러한 '처벌'에 해당한다고 볼 수도 없다.

## III. 벌칙

**제71조(벌칙)** ① 제17조를 위반한 자는 다음 각 호의 구분에 따라 처벌한다. 〈개정 2012.12.18., 2014.1.28., 2017.10.24., 2024. 1. 23.〉

　　1. 제1호(「아동·청소년의 성보호에 관한 법률」 제12조에 따른 매매는 제외한다)에 해당하는 행위를 한 자는 10년 이하의 징역에 처한다.

　　1의2. 제2호에 해당하는 행위를 한 자는 10년 이하의 징역 또는 1억원 이하의 벌금에 처한다.

　　2. 제3호부터 제8호까지에 해당하는 행위를 한 자(제5호 중 가정폭력에

아동을 노출시키는 행위로 인한 경우 「가정폭력범죄의 처벌 등에 관한 특례법」 제2조제4호에 따른 가정폭력행위자를 말한다)는 5년 이하의 징역 또는 5천만원 이하의 벌금에 처한다.

3. 제10호 또는 제11호에 해당하는 행위를 한 자는 3년 이하의 징역 또는 3천만원 이하의 벌금에 처한다.

4. 제9호에 해당하는 행위를 한 자는 1년 이하의 징역 또는 500만원 이하의 벌금에 처한다.

② 다음 각 호의 어느 하나에 해당하는 사람은 3년 이하의 징역 또는 3천만원 이하의 벌금에 처한다. 〈신설 2020. 12. 29.〉

1. 제28조의2제5항을 위반하여 피해아동관련 정보를 요청 목적 외로 사용하거나 다른 사람에게 제공 또는 누설한 사람

2. 제65조를 위반하여 비밀을 누설하거나 직무상 목적 외의 용도로 이용한 사람

③ 다음 각 호의 어느 하나에 해당하는 자는 1년 이하의 징역 또는 1천만원 이하의 벌금에 처한다. 〈개정 2014. 1. 28., 2016. 3. 22., 2017. 10. 24., 2020. 4. 7., 2020. 12. 29.〉

1. 정당한 사유 없이 제51조제2항에 따라 다른 아동복지시설로 옮기는 권익보호조치를 하지 아니한 사람

2. 제22조의5제2항을 위반하여 비밀을 누설하거나 부당한 이익을 취한 사람

2의2. 삭제 〈2020. 12. 29.〉

2의3. 삭제 〈2020. 4. 7.〉

3. 제50조제2항에 따른 신고를 하지 아니하고 아동복지시설을 설치한 자

4. 거짓으로 서류를 작성하여 제54조제1항에 따른 아동복지시설 전문 인력의 자격을 인정받은 자

5. 제56조에 따른 사업의 정지, 위탁의 취소 또는 시설의 폐쇄명령을 받고도 그 시설을 운영하거나 사업을 한 자

6. 삭제 〈2020. 12. 29.〉

7. 제66조제1항에 따른 조사를 거부·방해 또는 기피하거나 질문에 대하여 답변을 거부·기피 또는 거짓 답변을 하거나, 아동에게 답변을 거부·기피 또는 거짓 답변을 하게 하거나 그 답변을 방해한 자

**제72조(상습범)** 상습적으로 제71조제1항 각 호의 죄를 범한 자는 그 죄에 정한 형의 2분의 1까지 가중한다.

**제73조(미수범)** 제71조제1항제1호의 미수범은 처벌한다.

**제74조(양벌규정)** 법인의 대표자나 법인 또는 개인의 대리인, 사용인, 그 밖의 종업원이 그 법인 또는 개인의 업무에 관하여 제71조의 위반행위를 하면 그 행위자를 벌하는 외에 그 법인 또는 개인에게도 해당 조문의 벌금형을 과(科)한다. 다만, 법인 또는 개인이 그 위반행위를 방지하기 위하여 해당 업무에 관하여 상당한 주의와 감독을 게을리하지 아니한 경우에는 그러하지 아니하다.

**제75조(과태료)** ① 다음 각 호의 어느 하나에 해당하는 자에게는 1천만원 이하의 과태료를 부과한다. 〈신설 2014.1.28.〉

1. 제27조의3을 위반하여 피해아동의 인수를 거부한 아동학대 관련 보호시설의 장
2. 제29조의5제1항에 따른 해임요구를 정당한 사유 없이 거부하거나 1개월 이내에 이행하지 아니한 아동관련기관의 장

② 아동관련기관의 장이 제29조의3제5항을 위반하여 아동학대관련범죄 전력을 확인하지 아니하는 경우에는 500만원 이하의 과태료를 부과한다. 〈신설 2014.1.28., 2018.12.11.〉

③ 다음 각 호의 어느 하나에 해당하는 자에게는 300만원 이하의 과태료를 부과한다. 〈개정 2012.10 22., 2014.1.28., 2015.3.27., 2016.3.22., 2020.12.29.〉

1. 삭제 〈2014.1.28.〉

1의2. 제26조제3항을 위반하여 신고의무 교육을 실시하지 아니한 자

1의3. 제28조제3항을 위반하여 정당한 사유 없이 아동학대 재발 방지 등을 위한 업무수행을 거부하거나 방해한 자

1의4. 제29조제3항을 위반하여 보장원의 장 또는 아동보호전문기관의장이 제공하는 지원에 정당한 사유 없이 참여하지 아니한 피해아동의 가족(보호자를 포함한다)

1의5. 제29조의2를 위반하여 정당한 사유 없이 상담·교육·심리적 치료 등에 참여하지 아니한 아동학대행위자

2. 제31조를 위반하여 교육을 실시하지 아니한 자
3. 제51조를 위반하여 아동복지시설의 휴업·폐업 또는 운영 재개 신고를 하지 아니한 자
4. 제69조를 위반하여 아동복지시설이라는 명칭을 사용한 자

④ 제1항부터 제3항까지에 따른 과태료는 대통령령으로 정하는 바에 따라 교육부장관, 문화체육관광부장관, 보건복지부장관, 여성가족부장관, 국토교통부장관, 시·도지사, 특별시·광역시·특별자치도 및 도의 교육감 또는 시장·군수·구청장이 부과·징수한다. 〈개정 2012.10.22., 2014.1.28.〉

## Ⅳ. 기재례

### 【범죄사실 기재례】

피의자는 관할관청의 허가를 받지 않고 20○○. ○. 초순경부터 20○○. ○. ○.경까지 ○○시 ○○동 ○○번지에 있는 방 3개, 주방 1개 등의 영업시설을 갖추고, 종업원 박○○(여, 16세) 외 3명을 접대부로 고용하여 위 업소를 찾는 불특정다수의 고객들을 상대로 술시중을 들게 하면서 1일 평균 약 ○○만원 상당의 술과 안주 등을 조리·판매하는 유흥음식점영업을 하였다.

그리고 20○○. ○. ○. 01 : 00경 위 같은 시 ○○동

○○번지에 있는 ○○여관에서 위 박○○로 하여금 위 업소의 고객인 성명미상의 남자와 성교를 하게 함으로써 아동에게 음행을 시켰다.

### 【범죄사실 기재례】

피의자는 20○○. ○. ○. 20 : 00경 ○○시 ○○동에 있는 ○○병원 앞길에서 그곳을 지나가던 피해자 박○○(11세)과 성명을 모르는 그의 친구 1명을 옆 골목길로 데리고 들어가 담벽에 위 피해자들을 세워놓고 인상을 쓰면서 "있는 것 다 내놔"라고 말을 하여 만약 이에 불응하면 폭행을 가할 듯한 태도를 보였다. 그리하여 위 피해자들로 하여금 겁을 먹게 한 뒤 갈취할 목적으로 위 피해자들의 주머니를 뒤졌으나 돈이 없어 그 뜻을 이루지 못하여 미수에 그쳤다.

피의자는 같은 날 20 : 00경부터 22 : 00경까지 위 병원

앞길에서 아동인 위 박○○에게 구걸하도록 강요하여 그로 하여금 지나가는 행인들에게 구걸을 시켰다.

**[서식] 범죄경력조회 요청서**

# 범죄경력 조회 요청서

| 접수번호 | | 접수일 | 처리일 | 처리기간 | 즉시 |
|---|---|---|---|---|---|

| 요청인 | 성명 | | | 직위 | |
|---|---|---|---|---|---|
| | 기관명 | | | | |
| | 주소 | | (전화번호: ) | | |

| 대상자 | 성명 | 한글 | | 자국어 | |
|---|---|---|---|---|---|
| | | 한자 | | 영문 | |
| | 주민등록번호 | ― | 외국인인 경우: 국적과 여권번호 또는 외국인등록번호 | | |
| | 주소 | | | | |

「아동복지법」 제15조제8항, 같은 법 시행령 제20조제1항 및 같은 법 시행규칙 제9조 제1항에 따라 가정위탁보호 희망자에 대하여 범죄경력 조회를 요청하오니 그 결과를 회신해 주시기 바랍니다.

년        월        일

요청인

(서명 또는 인)

## 경찰청장(_____지방경찰청장) 귀하

| 요청인 제출 서류 | 범죄경력 조회 대상자의 범죄경력 조회 동의서 1부 | 수수료 없음 |
|---|---|---|

### 유의사항

대상자가 외국인인 경우 한글과 자국어·영문의 성명, 국적과 함께 여권번호 또는 외국인등록번호를 적습니다.

### 처리절차

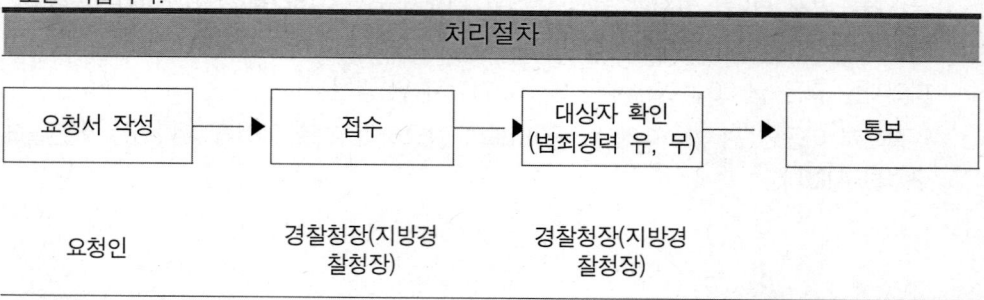

| 요청서 작성 | → | 접수 | → | 대상자 확인 (범죄경력 유, 무) | → | 통보 |
|---|---|---|---|---|---|---|
| 요청인 | | 경찰청장(지방경찰청장) | | 경찰청장(지방경찰청장) | | |

210mm×297mm(보존용지(2종) 70g/㎡)

**[서식] 아동학대관련범죄 전력조회 요청서**

범죄경력회보서 발급시스템
(http://crims.police.go.kr)
에서도 요청할 수 있습니
다.

# 아동학대관련범죄 전력 조회 요청서

(앞쪽)

※ 색상이 어두운 란은 요청인이 작성하지 않으며, [ ]에는 해당되는 곳에 √표를 합니다.

| 접수번호 | | 접수일 | 처리일 | 처리기간 | 즉시 |
|---|---|---|---|---|---|

| 요청인 | 성명 | | 주민등록번호 | – |
|---|---|---|---|---|

| 대상자 | 성명(외국인인 경우 영문명) | |
|---|---|---|
| | 주민등록번호(외국인인 경우 외국인 등록번호/국적) | 면허번호(의료인인 경우에만 해당합 니다) |

| 운영예 정또는 취업예 정)기 관정보 | 기관명 | 주소<br><br>(전화번호 :                )  |
|---|---|---|
| | 조회용도<br>　　[ ] 운영하려는 자　　　　[ ] 취업(예정)자<br>　　　　　　　　　　　　　　　(직종 :                )<br>　　　　　　※ 예시 : 보육교사, 의사, 간호사 등 | |

「아동복지법」 제29조의3 및 같은 법 시행령 제26조의5에 따라 아동관련기관을 운영하려는 사람, 아동관련기관에 취업 중이거나 노무를 제공 중인 사람 또는 취업하거나 노무를 제공하려는 사람에 대한 아동학대관련범죄 전력 조회를 요청하오니 그 결과를 회신해 주시기 바랍니다.

년        월        일
(서명 또는 인, 정보통신망 이용 시 생략 가능)

요청인

## _____경찰서장 귀하

| 첨부서류 | 1. 아동관련기관의 장임을 증명하는 서류(아동관련기관의 장의 경우만 해당합니 다)<br>2. 별지 제12호의4서식의 동의서 1부 | 수수료<br>없 음 |
|---|---|---|

## 행정정보 공동이용 및 개인정보보호 수집·이용 동의서

본인은 이 건 업무처리와 관련하여 담당 공무원이 「전자정부법」 제36조에 따른 행정정보의 공동이용을 통해 아동관련기관의 장임을 확인하는 것에 동의합니다.

※ 동의하지 않거나 확인이 되지 않는 경우에는 요청인이 직접 관련 서류를 제출해야 합니다.

아동관련기관의 장                                           서명 또는 인

## 유의사항

1. 대상자가 외국인인 경우 성명은 영문으로 적고, 주민등록번호란에는 외국인등록번호(외국인등록번호가 없는 경우 생년월일과 여권번호) 및 국적을 적습니다.

2. 대상자가 2명 이상일 경우에는 뒤쪽에 일괄하여 작성할 수 있습니다.

3. 운영하려는 시설 또는 기관이 아동관련기관임을 증명하는 서류 및 아동관련기관의 취업자 등임을 증명하는 서류는 아동관련기관의 인·허가증 사본, 재직증명서 등을 말합니다.

## 처리절차

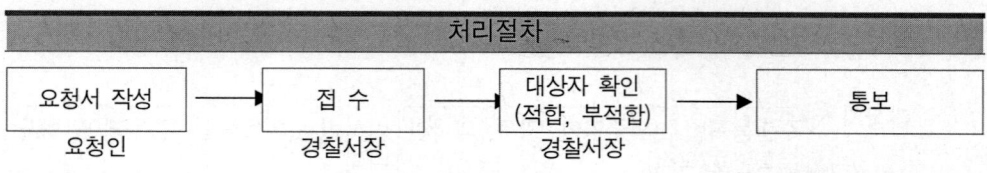

요청서 작성 → 접 수 → 대상자 확인(적합, 부적합) → 통보
요청인 / 경찰서장 / 경찰서장

210mm×297mm[백상지 80g/㎡(재활용품)]

**[서식]** 아동복지시설 신고증

제        호

# 아동복지시설 신고증

1. 시설의 명칭:

2. 시설의 종류:

3. 소 재 지:

4. 정        원:                              명

5. 운영법인 또는 운영자명:

6. 사업자등록번호:

7. 주소:

8. 시설의 장 성명:                          (생년월일:              )

9. 주소:

10. 신고 조건:

「아동복지법」 제50조제2항 및 같은 법 시행규칙 제23조제3항에 따라 위와 같이  아동복지시설 신고증을 발급합니다.

년         월         일

## 시장 · 군수 · 구청장                    직인

210mm×297mm[ 백상지  120g/㎡ ]

**[서식] 범죄경력 확인 동의서**

# 범죄경력 확인 동의서

| 대상자 | 성명 | (한글) | | (자국어) | |
|---|---|---|---|---|---|
| | | (한자) | | (영문) | |
| | 주민등록번호 | – | 외국인인 경우: 국적과 여권번호 또는 외국인등록번호 | | |
| | 주소 | | | | |
| | 전화번호 | 자택: | | 휴대전화: | |

본인은 ○○시(도) ○○시(군·구) 아동안전 보호인력 희망자 또는 아동긴급 보호소 운영 희망자로서, 「아동복지법」 제33조제3항·제34조제2항, 같은 법 시행령 제33조제2항·제34조제3항 및 같은 법 시행규칙 제17조제2항에 따라 범죄경력 확인에 동의합니다.

년    월    일

동의자                    (서명 또는 인)

**경찰청장(_____지방경찰청장)** 귀하

---

유의사항

※ 대상자가 외국인인 경우 한글과 자국어·영문의 성명, 국적과 함께 여권 번호 또는 외국인등록번호를 적습니다.

210mm×297mm[백상지 80g/㎡]

# 아동·청소년의 성보호에 관한 법률

[시행 2025. 4. 17.] [법률 제20462호, 2024. 10. 16., 일부개정]

## Ⅰ. 개설

### 목적

이 법은 아동·청소년대상 성범죄의 처벌과 절차에 관한 특례를 규정하고 피해아동·청소년을 위한 구제 및 지원 절차를 마련하며 아동·청소년대상 성범죄자를 체계적으로 관리함으로써 아동·청소년을 성범죄로부터 보호하고 아동·청소년이 건강한 사회구성원으로 성장할 수 있도록 함을 목적으로 한다.

## Ⅱ. 판례

**제7조(아동·청소년에 대한 강간·강제추행 등)** ① 폭행 또는 협박으로 아동·청소년을 강간한 사람은 무기 또는 5년 이상의 유기징역에 처한다.〈개정 2023. 4. 11.〉

② 아동·청소년에 대하여 폭행이나 협박으로 다음 각 호의 어느 하나에 해당하는 행위를 한 자는 5년 이상의 유기징역에 처한다.

　1. 구강·항문 등 신체(성기는 제외한다)의 내부에 성기를 넣는 행위

　2. 성기·항문에 손가락 등 신체(성기는 제외한다)의 일부나 도구를 넣는 행위

③ 아동·청소년에 대하여 「형법」 제298조의 죄를 범한 자는 2년 이상의 유기징역 또는 1천만원 이상 3천만원 이하의 벌금에 처한다.

④ 아동·청소년에 대하여 「형법」 제299조의 죄를 범한 자는 제1항부터 제3항까지의 예에 따른다.

⑤ 위계(僞計) 또는 위력으로써 아동·청소년을 간음하거나 아동·청소년을 추행한 자는 제1항부터 제3항까지의 예에 따른다.

⑥ 제1항부터 제5항까지의 미수범은 처벌한다.

### 아동·청소년의성보호에관한법률위반(유사성행위)

[대법원 2020. 5. 14., 선고, 2020도2433, 판결]

**【판결요지】**

미성년자인 피해자가 자신을 보호·감독하는 지위에 있는 친족으로부터 강간이나 강제

추행 등 성범죄를 당하였다고 진술하는 경우에 그 진술의 신빙성을 판단함에 있어서, 피해자가 자신의 진술 이외에는 달리 물적 증거 또는 직접 목격자가 없음을 알면서도 보호자의 형사처벌을 무릅쓰고 스스로 수치스러운 피해 사실을 밝히고 있고, 허위로 그와 같은 진술을 할 만한 동기나 이유가 분명하게 드러나지 않을 뿐만 아니라, 진술 내용이 사실적·구체적이고, 주요 부분이 일관되며, 경험칙에 비추어 비합리적이거나 진술 자체로 모순되는 부분이 없다면, 그 진술의 신빙성을 함부로 배척해서는 안 된다. 특히 친족관계에 의한 성범죄를 당하였다는 미성년자 피해자의 진술은 피고인에 대한 이중적인 감정, 가족들의 계속되는 회유와 압박 등으로 인하여 번복되거나 불분명해질 수 있는 특수성을 갖고 있으므로, 피해자가 법정에서 수사기관에서의 진술을 번복하는 경우, 수사기관에서 한 진술 내용 자체의 신빙성 인정 여부와 함께 법정에서 진술을 번복하게 된 동기나 이유, 경위 등을 충분히 심리하여 어느 진술에 신빙성이 있는지를 신중하게 판단하여야 한다.

## 아동·청소년의성보호에관한법률위반·주거침입·보호관찰명령(강제추행미수 사건)

[대법원 2015. 9. 0, 선고, 2015도6980,2015모2524, 판결]

【판결요지】

[1] 강제추행죄는 상대방에 대하여 폭행 또는 협박을 가하여 항거를 곤란하게 한 뒤에 추행행위를 하는 경우뿐만 아니라 폭행행위 자체가 추행행위라고 인정되는 경우도 포함되며, 이 경우의 폭행은 반드시 상대방의 의사를 억압할 정도의 것일 필요는 없다. 추행은 객관적으로 일반인에게 성적 수치심이나 혐오감을 일으키게 하고 선량한 성적 도덕관념에 반하는 행위로서 피해자의 성적 자유를 침해하는 것을 말하며, 이에 해당하는지는 피해자의 의사, 성별, 연령, 행위자와 피해자의 이전부터의 관계, 행위에 이르게 된 경위, 구체적 행위태양, 주위의 객관적 상황과 그 시대의 성적 도덕관념 등을 종합적으로 고려하여 신중히 결정되어야 한다. 그리고 추행의 고의로 상대방의 의사에 반하는 유형력의 행사, 즉 폭행행위를 하여 실행행위에 착수하였으나 추행의 결과에 이르지 못한 때에는 강제추행미수죄가 성립하며, 이러한 법리는 폭행행위 자체가 추행행위라고 인정되는 이른바 '기습추행'의 경우에도 마찬가지로 적용된다.

[2] 피고인이 밤에 술을 마시고 배회하던 중 버스에서 내려 혼자 걸어가는 피해자 甲(여, 17세)을 발견하고 마스크를 착용한 채 뒤따라가다가 인적이 없고 외진 곳에서 가까이 접근하여 껴안으려 하였으나, 甲이 뒤돌아보면서 소리치자 그 상태로 몇 초 동안 쳐다보다가 다시 오던 길로 되돌아갔다고 하여 아동·청소년의 성보호에 관한 법률 위반으로 기소된 사안에서, 피고인과 甲의 관계, 甲의 연령과 의사, 행위에 이르게 된 경위와 당시 상황, 행위 후 甲의 반응 및 행위가 甲에게 미친 영향 등을 고려하여 보면, 피고인은 甲을 추행하기 위해 뒤따라간 것으로 추행의 고의를 인정할 수 있고, 피고인이 가까이 접근하여 갑자기 뒤에서 껴안는 행위는 일반인에게 성적 수치심이나 혐오감을 일으키게 하고 선량한 성적 도덕관념에 반하는 행위

로서 甲의 성적 자유를 침해하는 행위여서 그 자체로 이른바 '기습추행' 행위로 볼 수 있으므로, 피고인의 팔이 甲의 몸에 닿지 않았더라도 양팔을 높이 들어 갑자기 뒤에서 껴안으려는 행위는 甲의 의사에 반하는 유형력의 행사로서 폭행행위에 해당하며, 그때 '기습추행'에 관한 실행의 착수가 있는데, 마침 甲이 뒤돌아보면서 소리치는 바람에 몸을 껴안는 추행의 결과에 이르지 못하고 미수에 그쳤으므로, 피고인의 행위는 아동·청소년에 대한 강제추행미수죄에 해당한다고 한 사례.

**제8조(장애인인 아동·청소년에 대한 간음 등)** ① 19세 이상의 사람이 13세 이상의 장애 아동·청소년(「장애인복지법」 제2조제1항에 따른 장애인으로서 신체적인 또는 정신적인 장애로 사물을 변별하거나 의사를 결정할 능력이 미약한 아동·청소년을 말한다. 이하 같다)을 간음하거나 13세 이상의 장애 아동·청소년으로 하여금 다른 사람을 간음하게 하는 경우에는 3년 이상의 유기징역에 처한다. 〈개정 2020.5.19., 2020.12.8.〉

② 19세 이상의 사람이 13세 이상의 장애 아동·청소년을 추행한 경우 또는 13세 이상의 장애 아동·청소년으로 하여금 다른 사람을 추행하게 하는 경우에는 10년 이하의 징역 또는 5천만원 이하의 벌금에 처한다. 〈개정 2020.12.8., 2021.3.23.〉

## 아동·청소년의성보호에관한법률위반(장애인간음)·아동·청소년의성보호에관한법률위반(음란물제작·배포등)

[대법원 2015. 3. 20, 선고, 2014도17346, 판결]

【판결요지】

[1] 아동·청소년의 성보호에 관한 법률 제8조 제1항에서 말하는 '사물을 변별할 능력'이란 사물의 선악과 시비를 합리적으로 판단하여 정할 수 있는 능력을 의미하고, '의사를 결정할 능력'이란 사물을 변별한 바에 따라 의지를 정하여 자기의 행위를 통제할 수 있는 능력을 의미하는데, 이러한 사물변별능력이나 의사결정능력은 판단능력 또는 의지능력과 관련된 것으로서 사실의 인식능력이나 기억능력과는 반드시 일치하는 것은 아니다. 한편 위 각 능력이 미약한지 여부는 전문가의 의견뿐 아니라 아동·청소년의 평소 언행에 관한 제3자의 진술 등 객관적 증거, 공소사실과 관련된 아동·청소년의 언행 및 사건의 경위 등 여러 사정을 종합하여 판단할 수 있는데, 이때 해당 연령의 아동·청소년이 통상 갖추고 있는 능력에 비하여 어느 정도 낮은 수준으로서 그로 인하여 성적 자기결정권을 행사할 능력이 부족하다고 판단되면 충분하다.

[2] 아동·청소년의 성보호에 관한 법률 제8조 제1항은 일반 아동·청소년보다 판단 능력이 미약하고 성적 자기결정권을 행사할 능력이 부족한 장애 아동·청소년을 대상으로 성적 행위를 한 자를 엄중하게 처벌함으로써 성적 학대나 착취로부터 장애 아동·청소년을 보호하기 위해 마련된 것으로 입법의 필요성과 정당성이 인

정된다. 한편 비록 장애가 있더라도 성적 자기결정권을 완전하게 행사할 능력이 충분히 있다고 인정되는 경우에는 위 조항의 '사물을 변별하거나 의사를 결정할 능력이 미약한 아동·청소년'에 해당하지 않게 되어, 이러한 아동·청소년과의 간음행위를 위 조항으로 처벌할 수 없으므로, 위 조항이 장애인의 일반적인 성적 자기결정권을 과도하게 침해한다고 볼 수 없다.

**제10조(강간 등 살인·치사)** ① 제7조의 죄를 범한 사람이 다른 사람을 살해한 때에는 사형 또는 무기징역에 처한다.

② 제7조의 죄를 범한 사람이 다른 사람을 사망에 이르게 한 때에는 사형, 무기 또는 10년 이상의 징역에 처한다. 〈개정 2023. 4. 11.〉

### 아동·청소년의 성보호에 관한 법률 위반(성매수 등)
[대법원 2011. 11. 10., 선고, 2011도3934, 판결]

【판결요지】

[1] 아동·청소년의 성보호에 관한 법률 제10조 제2항은 '아동·청소년의 성을 사기 위하여 아동·청소년을 유인하거나 성을 팔도록 권유한 자'를 처벌하도록 규정하고 있는데, 위 법률조항의 문언 및 체계, 입법 취지 등에 비추어, 아동·청소년이 이미 성매매 의사를 가지고 있었던 경우에도 그러한 아동·청소년에게 금품이나 그 밖의 재산상 이익, 직무·편의제공 등 대가를 제공하거나 약속하는 등의 방법으로 성을 팔도록 권유하는 행위도 위 규정에서 말하는 '성을 팔도록 권유하는 행위'에 포함된다고 보아야 한다.

[2] 피고인이 인터넷 채팅사이트를 통하여, 이미 성매매 의사를 가지고 성매수 행위를 할 자를 물색하고 있던 청소년 甲(여, 16세)과 성매매 장소, 대가, 연락방법 등에 관하여 구체적인 합의에 이른 다음, 약속장소 인근에 도착하여 甲에게 전화를 걸어 '속바지를 벗고 오라'고 지시한 사안에서, 피고인의 일련의 행위가 아동·청소년의 성보호에 관한 법률 제10조 제2항에서 정한 '아동·청소년에게 성을 팔도록 권유하는 행위'에 해당한다고 본 원심판단을 수긍한 사례.

**제11조(아동·청소년성착취물의 제작·배포 등)** ① 아동·청소년성착취물을 제작·수입 또는 수출한 자는 무기 또는 5년 이상의 징역에 처한다. 〈개정 2020.6.2., 2023. 4. 11.〉

② 영리를 목적으로 아동·청소년성착취물을 판매·대여·배포·제공하거나 이를 목적으로 소지·운반·광고·소개하거나 공연히 전시 또는 상영한 자는 5년 이상의 유기징역에 처한다. 〈개정 2020.6.2., 2023. 4. 11.〉

③ 아동·청소년성착취물을 배포·제공하거나 이를 목적으로 광고·소개하거나

공연히 전시 또는 상영한 자는 3년 이상의 유기징역에 처한다. 〈개정 2020.6.2., 2023. 4. 11.〉

④ 아동·청소년성착취물을 제작할 것이라는 정황을 알면서 아동·청소년을 아동·청소년성착취물의 제작자에게 알선한 자는 3년 이상의 유기징역에 처한다. 〈개정 2020.6.2., 2023. 4. 11.〉

⑤ 아동·청소년성착취물을 구입하거나 아동·청소년성착취물임을 알면서 이를 소지·시청한 자는 1년 이상의 유기징역에 처한다. 〈개정 2020.6.2., 2023. 4. 11.〉

⑥ 제1항의 미수범은 처벌한다

⑦ 상습적으로 제1항의 죄를 범한 자는 그 죄에 대하여 정하는 형의 2분의 1까지 가중한다. 〈신설 2020.6.2.〉

## 아동·청소년의성보호에관한법률위반(음란물소지)[아동·청소년이용음란물 해당 여부가 문제된 사안]

[대법원 2023. 11. 16. 선고 2021도4265 판결]

【판결요지】
구 아동·청소년의 성보호에 관한 법률(2020. 6. 2. 법률 제17338호로 개정되기 전의 것)의 입법 목적은 아동·청소년을 대상으로 성적 행위를 한 자를 엄중하게 처벌함으로써 성적 학대나 착취로부터 아동·청소년을 보호하고 아동·청소년이 책임 있고 건강한 사회구성원으로 성장할 수 있도록 하려는 데 있다. 아동·청소년이용음란물은 그 직접 피해자인 아동·청소년에게는 치유하기 어려운 정신적 상처를 안겨줄 뿐만 아니라, 이를 시청하는 사람들에게까지 성에 대한 왜곡된 인식과 비정상적 가치관을 조장한다. 아동·청소년이용음란물에 대한 지속적 접촉이 아동·청소년을 상대로 한 성범죄로 이어질 수 있다는 점을 부인하기 어렵다. 따라서 잠재적인 성범죄로부터 아동·청소년을 보호하기 위해서는 아동·청소년을 성적 대상화하는 행위를 엄격하게 규율하여 위반행위를 처벌할 필요가 있다. 위와 같은 입법 목적 등에 비추어 살펴보면, 아동·청소년 등이 일상적인 생활을 하면서 신체를 노출한 것일 뿐 적극적인 성적 행위를 한 것이 아니더라도 이를 몰래 촬영하는 방식 등으로 성적 대상화하였다면 이와 같은 행위를 표현한 영상 등은 아동·청소년이용음란물에 해당한다.

## 아동복지법위반(아동에대한음행강요·매개·성희롱등)[피고인이 피해아동(여, 15세)과 영상통화를 하면서 가슴을 노출하도록 하고, 자신의 자위행위 장면을 보여준 행위가 성적 학대행위에 해당하는지 여부가 문제된 사안]

[대법원 2022. 7. 28., 선고, 2020도12419, 판결]

【판결요지】
[1] 국가와 사회는 아동·청소년에 대하여 다양한 보호의무를 부담한다. 법원은 아동·청소년이 피해자인 사건에서 아동·청소년이 특별히 보호되어야 할 대

상임을 전제로 판단해왔다. 아동복지법상 아동에 대한 성적 학대행위에 해당하는지 판단하는 경우 아동이 명시적인 반대의사를 표시하지 아니하였더라도 성적 자기결정권을 행사하여 자신을 보호할 능력이 부족한 상황에 기인한 것인지 가려보아야 하고, 아동복지법상 아동매매죄에서 설령 아동 자신이 동의하였더라도 유죄가 인정된다. 아동·청소년이 자신을 대상으로 음란물을 제작하는 데에 동의하였더라도 원칙적으로 아동·청소년의 성보호에 관한 법률상 아동·청소년이용 음란물 제작죄를 구성한다.

[2] 아동·청소년은 사회적·문화적 제약 등으로 아직 온전한 성적 자기결정권을 행사하기 어려울 뿐만 아니라, 인지적·심리적·관계적 자원의 부족으로 타인의 성적 침해 또는 착취행위로부터 자신을 방어하기 어려운 처지에 있다. 또한 아동·청소년은 성적 가치관을 형성하고 성 건강을 완성해가는 과정에 있으므로 아동·청소년에 대한 성적 침해 또는 착취행위는 아동·청소년이 성과 관련한 정신적·신체적 건강을 추구하고 자율적 인격을 형성·발전시키는 데에 심각하고 지속적인 부정적 영향을 미칠 수 있다. 따라서 아동·청소년이 외관상 성적 결정 또는 동의로 보이는 언동을 하였더라도, 그것이 타인의 기망이나 왜곡된 신뢰관계의 이용에 의한 것이라면, 이를 아동·청소년의 온전한 성적 자기결정권의 행사에 의한 것이라고 평가하기 어렵다.

## 미성년자의제강간·아동청소년의성보호에관한법률위반 (음란물제작·배포등)·부착명령

[대법원 2015. 2. 12, 선고, 2014도11501,2014전도197, 판결]

**【판결요지】**

구 아동·청소년의 성보호에 관한 법률(2012. 12. 18. 법률 제11572호로 전부 개정되기 전의 것, 이하 '구 아청법' 이라 한다)은 제2조 제5호, 제4호에 '아동·청소년이용음란물' 의 의미에 관한 별도의 규정을 두면서도, 제8조 제1항에서 아동·청소년이용음란물을 제작하는 등의 행위를 처벌하도록 규정하고 있을 뿐 범죄성립의 요건으로 제작 등의 의도나 음란물이 아동·청소년의 의사에 반하여 촬영되었는지 여부 등을 부가하고 있지 아니하다.

여기에다가 아동·청소년을 대상으로 성적 행위를 한 자를 엄중하게 처벌함으로써 성적 학대나 착취로부터 아동·청소년을 보호하는 한편 아동·청소년이 책임 있고 건강한 사회구성원으로 성장할 수 있도록 하려는 구 아청법의 입법 목적과 취지, 정신적으로 미성숙하고 충동적이며 경제적으로도 독립적이지 못한 아동·청소년의 특성, 아동·청소년이용음란물은 직접 피해자인 아동·청소년에게는 치유하기 어려운 정신적 상처를 안겨줄 뿐 아니라, 이를 시청하는 사람들에게까지 성에 대한 왜곡된 인식과 비정상적 가치관을 조장하므로 이를 제작 단계에서부터 원천적으로 차단함으로써 아동·청소년을 성적 대상으로 보는 데서 비롯되는 잠재적 성범죄로부터 아동·청소년을 보호할 필요가 있는 점, 인터넷 등 정보통신매체의 발달로 인하여 음란물이 일단 제작되면 제작 후 사정의 변경에 따라, 또는 제작자의 의도와 관계없이 언제라도 무분별하고 무차별적으로 유통에 제공될 가능성을 배제할 수 없는 점 등을 더하여 보면, 제작한 영상물이 객관적으로 아동·청소년이 등장하여 성적 행위를 하는 내용을 표현한 영상물에 해당하는 한 대상이 된 아동·청소년의 동의하에 촬영한 것이라거나 사적인 소지·보관을 1차적 목적으로 제작한 것이라고 하여 구 아청법 제8조 제1항의 '아동·청소년이용음란물'에 해당하지 아니한다거나 이를 '제작'한 것이 아니라고 할 수 없다.

다만 아동·청소년인 행위자 본인이 사적인 소지를 위하여 자신을 대상으로 '아동·청소년이용음란물'에 해당하는 영상 등을 제작하거나 그 밖에 이에 준하는 경우로서, 영상의 제작행위가 헌법상 보장되는 인격권, 행복추구권 또는 사생활의 자유 등을 이루는 사적인 생활 영역에서 사리분별력 있는 사람의 자기결정권의 정당한 행사에 해당한다고 볼 수 있는 예외적인 경우에는 위법성이 없다고 볼 수 있다. 아동·청소년은 성적 가치관과 판단능력이 충분히 형성되지 아니하여 성적 자기결정권을 행사하고 자신을 보호할 능력이 부족한 경우가 대부분이므로 영상의 제작행위가 이에 해당하는지 여부는 아동·청소년의 나이와 지적·사회적 능력, 제작의 목적과 동기 및 경위, 촬영 과정에서 강제력이나 위계 혹은 대가가 결부되었는지 여부, 아동·청소년의 동의나 관여가 자발적이고 진지하게 이루어졌는지 여부, 아동·청소년과 영상 등에 등장하는 다른 인물과의 관계, 영상 등에 표현된 성적 행위의 내용과 태양 등을 종합적으로 고려하여 신중하게 판단하여야 한다.

**제15조(알선영업행위 등)** ① 다음 각 호의 어느 하나에 해당하는 자는 7년 이상의 유기징역에 처한다. 〈개정 2021.3.23.〉

　　1. 아동·청소년의 성을 사는 행위의 장소를 제공하는 행위를 업으로 하는 자

　　2. 아동·청소년의 성을 사는 행위를 알선하거나 정보통신망(「정보통신망 이용촉진 및 정보보호 등에 관한 법률」 제2조제1항제1호의 정보통신망을 말한다. 이하 같다)에서 알선정보를 제공하는 행위를 업으로 하는 자

　　3. 제1호 또는 제2호의 범죄에 사용되는 사실을 알면서 자금·토지 또는 건물을 제공한 자

　　4. 영업으로 아동·청소년의 성을 사는 행위의 장소를 제공·알선하는 업소에 아동·청소년을 고용하도록 한 자

② 다음 각 호의 어느 하나에 해당하는 자는 7년 이하의 징역 또는 5천만원 이하의 벌금에 처한다.

　　1. 영업으로 아동·청소년의 성을 사는 행위를 하도록 유인·권유 또는 강요한 자

　　2. 아동·청소년의 성을 사는 행위의 장소를 제공한 자

　　3. 아동·청소년의 성을 사는 행위를 알선하거나 정보통신망에서 알선정보를 제공한 자

　　4. 영업으로 제2호 또는 제3호의 행위를 약속한 자

③ 아동·청소년의 성을 사는 행위를 하도록 유인·권유 또는 강요한 자는 5년 이하의 징역 또는 3천만원 이하의 벌금에 처한다.

## 아동·청소년의성보호에관한법률위반(알선영업행위등)·성매매약취·상해·공갈·재물손괴·폭력행위등처벌에관한법률위반(공동폭행)
[대법원 2016. 2. 18. 선고, 2015도15664, 판결]

【판결요지】

아동·청소년의 성보호에 관한 법률(이하 '청소년성보호법'이라고 한다)은 성매매의 대상이 된 아동·청소년을 보호·구제하려는 데 입법 취지가 있고, 청소년성보호법에서 '아동·청소년의 성매매 행위'가 아닌 '아동·청소년의 성을 사는 행위'라는 용어를 사용한 것은 아동·청소년은 보호대상에 해당하고 성매매의 주체가 될 수 없어 아동·청소년의 성을 사는 사람을 주체로 표현한 것이다. 그리고 아동·청소년의 성을 사는 행위를 알선하는 행위를 업으로 하는 사람이 알선의 대상이 아동·청소년임을 인식하면서 알선행위를 하였다면, 알선행위로 아동·청소년의 성을 사는 행위를 한 사람이 행위의 상대방이 아동·청소년임을 인식하고 있었는지는 알선행위를 한 사람의 책임에 영향을 미칠 이유가 없다.

따라서 아동·청소년의 성을 사는 행위를 알선하는 행위를 업으로 하여 청소년성보호법 제15조 제1항 제2호의 위반죄가 성립하기 위해서는 알선행위를 업으로 하는 사람이 아동·청소년을 알선의 대상으로 삼아 그 성을 사는 행위를 알선한다는 것을 인식하여야 하지만, 이에 더하여 알선행위로 아동·청소년의 성을 사는 행위를 한 사람이 행위의 상대방이 아동·청소년임을 인식하여야 한다고 볼 수는 없다.

## Ⅲ. 벌칙

**제65조(벌칙)** ① 다음 각 호의 어느 하나에 해당하는 자는 5년 이하의 징역 또는 5천만원 이하의 벌금에 처한다. 〈개정 2021.3.23., 2024. 10. 16.〉
1. 제25조의8을 위반하여 직무상 알게 된 신분비공개수사 또는 신분위장수사에 관한 사항을 외부에 공개하거나 누설한 자
2. 제54조를 위반하여 직무상 알게 된 등록정보를 누설한 자
3. 제55조제1항 또는 제2항을 위반한 자
4. 정당한 권한 없이 등록정보를 변경하거나 말소한 자
② 제42조에 따른 보호처분을 위반한 자는 2년 이하의 징역 또는 2천만원 이하의 벌금에 처한다.
③ 제21조제2항에 따라 징역형 이상의 실형과 이수명령이 병과된 자가 보호관찰소의 장 또는 교정시설의 장의 이수명령 이행에 관한 지시에 불응하여「보호관찰 등에 관한 법률」또는「형의 집행 및 수용자의 처우에 관한 법률」에

따른 경고를 받은 후 재차 정당한 사유 없이 이수명령 이행에 관한 지시에 불응한 경우에는 1년 이하의 징역 또는 1천만원 이하의 벌금에 처한다.

④ 다음 각 호의 어느 하나에 해당하는 자는 1년 이하의 징역 또는 500만원 이하의 벌금에 처한다.

  1. 제34조제3항을 위반하여 신고자 등의 신원을 알 수 있는 정보나 자료를 출판물에 게재하거나 방송 또는 정보통신망을 통하여 공개한 자

  2. 제55조제3항을 위반한 자

⑤ 제21조제2항에 따라 벌금형과 이수명령이 병과된 자가 보호관찰소의 장의 이수명령 이행에 관한 지시에 불응하여 「보호관찰 등에 관한 법률」에 따른 경고를 받은 후 재차 정당한 사유 없이 이수명령 이행에 관한 지시에 불응한 경우에는 1천만원 이하의 벌금에 처한다.

**제66조(벌칙)** 보호관찰 대상자가 제62조제1항에 따른 제재조치를 받은 이후 재차 정당한 이유 없이 준수사항을 위반하면 3년 이하의 징역 또는 1천만원 이하의 벌금에 처한다.

**제67조(과태료)** ① 삭제 〈2020.6.9.〉

② 다음 각 호의 어느 하나에 해당하는 자에게는 1천만원 이하의 과태료를 부과한다. 〈개정 2018.1.16.〉

  1. 제37조제2항을 위반하여 상담·치료프로그램의 제공을 정당한 이유 없이 거부한 상담시설 또는 의료기관의 장

  2. 제58조에 따른 해임요구를 정당한 사유 없이 거부하거나 1개월 이내에 이행하지 아니하는 아동·청소년 관련기관등의 장

③ 아동·청소년 관련기관등의 장이 제56조제5항을 위반하여 그 기관에 취업 중이거나 사실상 노무를 제공 중인 사람 또는 취업하려 하거나 사실상 노무를 제공하려는 사람에 대하여 성범죄의 경력을 확인하지 아니하는 경우에는 500만원 이하의 과태료를 부과한다. 〈개정 2018.1.16.〉

④ 제34조제2항 각 호의 어느 하나에 해당하는 기관·시설 또는 단체의 장과 그 종사자가 직무상 아동·청소년대상 성범죄 발생 사실을 알고 수사기관에 신고하지 아니하거나 거짓으로 신고한 경우에는 300만원 이하의 과태료를 부과한다.

⑤ 제2항부터 제4항까지의 규정에 따른 과태료는 대통령령으로 정하는 바에 따라 제57조제1항 각 호 및 같은 조 제2항에 따른 중앙행정기관의 장,

> 시 · 도지사, 시장 · 군수 · 구청장 또는 교육감이 부과 · 징수한다. 〈개정 2020.2.18., 2020.6.9.〉

## IV. 기재례

### 【범죄사실 기재례】

피의자 김○○은 20○○. ○. ○. 경 ○○시 ○○구 ○○에서 편의점을 운영하고 있는 자이다. 그리고 아동 · 청소년인 피해자 우○○(18세)는 위 편의점에서 아르바이트를 하는 자이다. 피의자는 20○○. ○. ○. 경 ○○시 ○○구 ○○에 있는 자신의 집에서 아동 · 청소년인 피해자와 함께 술을 마시던 중 피해자를 대상으로 유사 성교행위를 하기로 마음먹었다. 피의자는 피해자를 폭행하여 반항하지 못하게 한 후, 피해자의 바지 안으로 손을집어넣어 양쪽 허벅지를 수 회 주무르고, 바지를 벗긴 다음 한 손으로 피해자의 성기를 수 회 만졌다.

### 【범죄사실 기재례】

피의자 공○○는 20○○. ○. ○. 경 ○○시 ○○동 ○○에 있는 자신의 집에서 인터넷 채팅을 통해 알게 된 청소년인 송○○(15세)와 성교행위를 하면서 그 장면을 피고인의 휴대폰 카메라로 동영상 촬영을 하였다.

### 【범죄사실 기재례】

피의자 이○○는 20○○. ○. ○. 경 ○○시 ○○동 ○○에 있는 자신의 집에서 자신의 컴퓨터를 이용하여 인터넷 파일공유 사이트인 ○○○에 접속한 후 자신이 제작한 청소년이용음란물인 '○○○○'을 게시하여 공연히 전시하였다.

**[서식] 성범죄 경력 조회 신청서**

범죄경력회보서 발급시스템
(http://crims.police.go.kr)
에서도 신청할 수 있습니다.

# 성범죄 경력 조회 신청서

(앞쪽)

※ 색상이 어두운 난은 신청인이 작성하지 아니하며, [ ]에는 해당되는 곳에 √표를 합니다.

| 접수번호 | | 접수일 | | 처리기간 | 즉시 |
|---|---|---|---|---|---|
| 신청인 | 성 명 | | 주민등록번호 | | |
| 대상자 | 성 명(외국인의 경우 영문으로 작성) | | | | |
| | 주민등록번호(외국인의 경우 외국인등록번호/국적)<br>※ 의료인의 경우 면허번호를 함께 적습니다. | | | | |
| 운영 또는 취업 정보 | 운영예정 또는<br>취업(예정)기관명 | | 운영예정 또는 취업(예정)기관<br>주소<br><br>(전화번호:       ) | | |
| | 조회<br>용도 | [ ] 운영하려는 자에<br>대한 조회 | [ ] 취업(예정)자에 대한<br>조회<br><br>(직종:       ) | | |

「아동·청소년의 성보호에 관한 법률」 제56조 및 같은 법 시행령 제25조에 따라 성범죄 경력 조회를 요청하오니 그 결과를 회신해 주시기 바랍니다.

년 월 일

신청인 (서명 또는 인, 정보통신망 이용 시 생략 가능)

_____경찰서장 귀하

| 신청인<br>제출서류 | 1. 지방자치단체의 장이 요청하는 경우: 아동·청소년 관련 시설·기관 또는 사업장을 운영하려는 자의 동의서 1부<br>2. 교육감 또는 교육장이 요청하는 경우<br>　가. 아동·청소년 관련 시설·기관 또는 사업장을 운영하려는 사람에 대한 성범죄 경력 조회: 본인의 동의서 1부<br>　나. 아동·청소년 관련 시설·기관 또는 사업장에 취업 중이거나 사실상 노무를 제공 중인 사람 또는 취업하려 하거나 사실상 노무를 제공하려는 사람에 대한 성범죄 경력 조회: 본인의 동의서 1부<br>3. 아동·청소년 관련 시설·기관 또는 사업장의 장이 요청하는 경우<br>　가. 아동·청소년 관련 시설·기관 또는 사업장의 장임을 증명할 수 있는 자료(인·허가증 사본 등) 1부. 다만, 여성가족부장관이 정하여 고시하는 아동·청소년 관련 시설·기관 또는 사업장은 제외합니다.<br>　나. 아동·청소년 관련 시설·기관 또는 사업장에 취업 중이거나 사실상 노무를 제공 중인 사람 또는 취업하려 하거나 사실상 노무를 제공하려는 사람 본인의 동의서 1부 | 수수료<br>없음 |
|---|---|---|
| 담당 공무원<br>확인 사항 | 여성가족부장관이 정하여 고시하는 아동·청소년 관련 시설·기관 또는 사업장의 장임을 증명할 수 있는 자료 | |

### 행정정보 공동이용 동의서

본인은 이 건 업무처리와 관련하여 담당 공무원이 「전자정부법」 제36조제1항에 따른 행정정보 공동이용을 통해 아동·청소년 관련 시설·기관 또는 사업장의 장임을 증명하는 자료를 확인하는 것에 동의합니다.

\* 동의하지 않는 경우에는 신청인이 해당 자료를 직접 제출해야 합니다.

아동·청소년 관련 시설·기관 또는 사업장의 장

본인　　　　　　　　　　　　　　　　　　　　　　　　　　　　(서명 또는 인)

## 유의사항

　1. 대상자가 외국인인 경우 성명은 영문으로 적고, 외국인등록번호 및 국적을 적습니다.
　2. 대상자가 2명 이상일 경우에는 뒤쪽에 일괄하여 작성할 수 있습니다.
　3. 운영예정 또는 취업(예정) 기관이 의료기관인 경우 대상자는 의료인만 해당하며, 의료인 대상자의 주민등록번호와 함께 면허번호를 적습니다.

## 처리절차

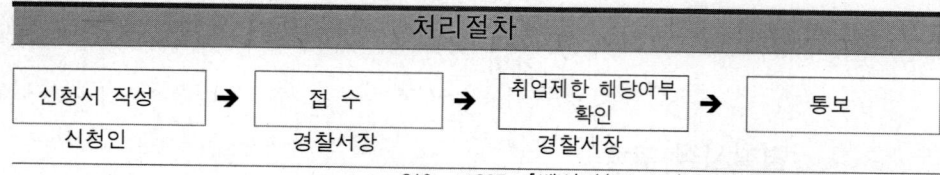

| 신청서 작성 | → | 접 수 | → | 취업제한 해당여부<br>확인 | → | 통보 |
|---|---|---|---|---|---|---|
| 신청인 | | 경찰서장 | | 경찰서장 | | |

210㎜×297㎜[백상지(80g/㎡) 또는 중질지(80g/㎡)]

**[서식]** 성범죄 경력 조회 동의서

# 성범죄 경력 조회 동의서

| 대상자 | 성 명(외국인의 경우 영문으로 작성) |
|---|---|
| | 주민등록번호(외국인의 경우 외국인등록번호/국적) |
| | 연락처(휴대전화 등) |

　본인은 ○○기관(시설)(예: 유치원, 어린이집, 아동복지시설, 청소년쉼터, 청소년활동시설, 의료기관 등) 취업자(취업예정자)로서, 「아동·청소년의 성보호에 관한 법률」 제56조 및 같은 법 시행령 제25조에 따른 성범죄경력 조회에 동의합니다.

년　　　　월　　　　일

동의자　　　　　　　　　　　　(서명 또는 인)

＿＿＿＿＿＿＿＿＿경찰서장 귀하

## 유의사항

1. 개인정보 수집항목: 성명, 주민등록번호(외국인의 경우 외국인등록번호 및 국적)

2. 개인정보 제공 거부에 따른 제한사항: 귀하는 개인정보 제공 동의를 거부할 권리가 있으나, 동의 거부 시에는 취업에 제한을 받을 수 있습니다.

3. 개인정보의 수집·이용 목적: 수집된 개인정보는 성범죄 경력조회 신청 등을 위하여 사용됩니다.

4. 동의자가 2인 이상일 경우에는 뒤쪽에 일괄하여 작성할 수 있습니다.

210mm×297mm[백상지(80g/㎡) 또는 중질지(80g/㎡)]

**[서식] 성범죄 경력 및 아동학대관련범죄 전력 조회 신청서**

# 성범죄 경력 및 아동학대관련범죄 전력 조회 신청서

※ 색상이 어두운 칸은 신청인이 작성하지 않으며, [ ]에는 해당되는 곳에 √표를 합니다. (앞쪽)

| 접수번호 | | 접수일시 | | 처리일시 | | 처리기간 | 즉시 |
|---|---|---|---|---|---|---|---|
| 신청인 | 성 명 | | | 주민등록번호 | | | |
| 대상자 | 성 명(외국인의 경우 영문으로 작성) | | | | | | |
| | 주민등록번호(외국인의 경우 외국인등록번호/국적)<br>※ 의료인의 경우 면허번호를 함께 적습니다. | | | | | | |
| 취업정보 | 취업(예정)기관명 | | | 취업(예정)기관 주소<br>(전화번호: ) | | | |
| | 조회 용도: 취업(예정)자에 대한 조회 (직종: ) | | | | | | |

「아동·청소년의 성보호에 관한 법률」 제56조, 같은 법 시행령 제25조 및 같은 법 시행규칙 제8조제3항과 「아동복지법」 제29조의3 및 같은 법 시행령 제26조의5에 따라 기관에 취업 중이거나 노무를 제공 중인 사람 또는 취업하거나 노무를 제공하려는 사람에 대한 성범죄 경력 조회와 아동학대관련범죄 전력 조회를 통합하여 요청하오니 그 결과를 회신해 주시기 바랍니다.

년 월 일

신청인 (서명 또는 인, 정보통신망 이용 시 생략 가능)

**_____경찰서장 귀하**

| 신청인<br>제출서류 | 1. 아동·청소년 관련기관등 및 아동관련기관의 장임을 증명할 수 있는<br>자료(인·허가증 사본 등) 1부. 다만, 여성가족부장관이 정하여 고시<br>하는 아동·청소년 관련기관등은 제외한다.<br>2. 성범죄 경력 및 아동학대관련범죄 전력의 통합 조회 대상자의 동의<br>서 1부 | 수수료<br>없음 |
|---|---|---|
| 담당 공무원<br>확인사항 | 여성가족부장관이 정하여 고시하는 아동·청소년 관련기관등의 장임을 증명할 수 있는 자료 | |

**행정정보 공동이용 동의서**

본인은 이 건 업무처리와 관련하여 담당 공무원이 「전자정부법」 제36조제1항에 따른 행정정보 공동이용을 통해 아동·청소년 관련기관등의 장임을 증명하는 자료를 확인하는 것에 동의합니다.
* 동의하지 않는 경우에는 신청인이 해당 자료를 직접 제출해야 합니다.

아동·청소년 관련기관등 및 아동관련기관의 장 본인 (서명 또는 인)

**유의사항**

1. 대상자가 외국인인 경우 성명은 영문으로 적고, 외국인등록번호 및 국적을 적습니다.
2. 대상자가 2명 이상일 경우에는 뒤쪽에 일괄하여 작성할 수 있습니다.
3. 취업(예정) 기관이 의료기관인 경우 대상자는 의료인만 해당하며, 의료인 대상자의 주민등록번호와 함께 면허번호를 적습니다.

**처리절차**

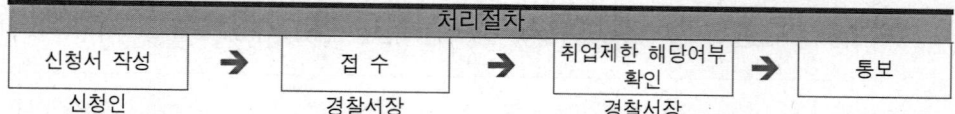

| 신청서 작성 | → | 접 수 | → | 취업제한 해당여부<br>확인 | → | 통보 |
|---|---|---|---|---|---|---|
| 신청인 | | 경찰서장 | | 경찰서장 | | |

210mm×297mm[백상지(80g/㎡) 또는 중질지(80g/㎡)]

# 액화석유가스의 안전관리 및 사업법

[시행 2022. 2. 3.] [법률 제18818호, 2022. 2. 3., 일부개정]

## Ⅰ. 개설

### 목적

이 법은 액화석유가스의 수출입·충전·저장·판매·사용 및 가스용품의 안전 관리에 관한 사항을 정하여 공공의 안전을 확보하고 액화석유가스사업을 합리적으로 조정하여 액화석유가스를 적정히 공급·사용하게 함을 목적으로 한다.

## Ⅱ. 판례

**제9조(액화석유가스 위탁운송사업자의 등록)** ① 액화석유가스 위탁운송사업을 하려는 자는 시장·군수·구청장에게 등록하여야 한다.

② 제1항에 따라 등록한 사항 중 산업통상자원부령으로 정하는 중요한 사항을 변경하려면 시장·군수·구청장에게 변경등록을 하여야 한다. 다만, 산업통상자원부령으로 정하는 경미한 사항을 변경하려면 그 사항을 신고하여야 한다.

③ 시장·군수·구청장은 제2항 단서에 따른 신고를 받은 경우 그 내용을 검토하여 이 법에 적합하면 신고를 수리하여야 한다. 〈신설 2022.2.3.〉

④ 제1항에 따른 등록의 기준 및 대상 범위는 대통령령으로 정한다. 〈개정 2022.2.3.〉

⑤ 제1항부터 제4항까지에서 규정한 사항 외에 액화석유가스 위탁운송사업에 필요한 사항은 산업통상자원부령으로 정한다. 〈개정 2022.2.3.〉

### 액화석유가스충전소설치허가신청반려처분취소

[대법원 2009.7.9., 선고, 2009두1877, 판결]

【판결요지】

[1] 구 액화석유가스의 안전관리 및 사업법(2007.4.11. 법률 제8358호로 전문 개정되기 전의 것) 제8조 제1항 제2호에 정한 허가일로부터 1년 이내에 사업개시를 하지 못한 '정당한 사유'란 불확정개념으로서 그 존부는 사안에 따라 개별적, 구체적으로 판단하여야 하고, 충전소 사업자로 선정된 자가 사업허가를 받은 후 천재·지변·화재·기타 재해를 입는 등 사업자가 마음대로 할 수 없는 외부적 사유에 기인하여 사업을 개시하지 못하는 경우는 물론 사업개시를 위하여 정상적인

노력과 추진을 다하였음에도 부득이 사업을 개시하지 못한 경우를 포함한다.

[2] 액화석유가스충전사업의 허가를 받은 사업자가 사업부지에 속하는 토지에 경쟁업체 명의의 근저당권 및 지상권 설정 등기가 말소되지 않아 건축허가 등 더 이상의 사업추진을 할 수 없어 사업을 개시하지 못한 사안에서, 사업개시를 위한 정상적인 노력과 추진을 다하였음에도 경쟁업체가 사업을 지연시키거나 방해할 의도로 지상권 등 설정등기의 말소를 거부함으로써 부득이 사업을 시작할 수 없었다고 보아 사업자에게 '사업허가일로부터 1년 이내에 사업을 개시하지 못한 정당한 사유'가 있다고 한 사례.

[3] 국토의 계획 및 이용에 관한 법률 제124조 제1항은 토지거래계약허가를 받은 자는 그 토지를 허가받은 목적에 따라 사용하여야 한다고 규정하고 있는바, 그 허가받은 목적에 허가받은 자가 직접 사용하는지 또는 타인에게 임대하여 사용하는지 여부는 그 토지의 이용계획·사용목적에 포함되는 사항이 아니다.

**제30조(공급자의 의무)** ① 액화석유가스 충전사업자, 액화석유가스 집단공급사업자 및 액화석유가스 판매사업자(이하 "가스공급자"라 한다)가 액화석유가스를 수요자(액화석유가스 사업자등은 제외한다. 이하 이 조에서 같다)에게 공급할 때에는 그 수요자의 시설에 대하여 안전 점검을 하고, 산업통상자원부령으로 정하는 바에 따라 수요자에게 위해를 예방하는 데에 필요한 사항을 지도하여야 한다.

② 가스공급자는 제1항에 따른 안전 점검을 한 결과, 수요자의 시설이 제44조 제1항에 따른 시설기준과 기술기준에 맞지 아니하다고 판단되면 그 수요자에게 해당 시설을 개선하도록 권고하여야 한다.

③ 가스공급자는 액화석유가스의 수요자가 제2항에 따라 시설 개선 권고를 받고도 시설을 개선하지 아니하면 가스 공급 차단 등 위해를 예방하기 위한 조치를 하고, 지체 없이 그 사실을 그 수요자가 소재하는 지역의 시장·군수·구청장에게 신고하여야 한다.

④ 제1항에 따른 안전 점검에 필요한 점검자의 자격, 점검 인원, 점검 장비, 점검 기준 등은 산업통상자원부령으로 정한다.

**과실폭발성물건파열(주1)·업무상과실치상(인정된죄명:과실치상)·액화석유가스의안전관리및사업법위반**

[춘천지법 영월지원 2018. 2. 1., 선고, 2017고합17, 판결 : 확정]

**【판결요지】**

오피스텔의 소유자이자 임대인인 피고인 甲은 임차인 乙이 방실 내에 설치된 가스레인지를 사용하지 않는다는 이유로 문 앞에 내놓자 이를 갖고 가 창고에 넣어두었을 뿐 가스레인지 철거로 노출된 가스배관에 정상적인 마감조치를 취하지 아니하였고, 오피스텔에 액화석유가스를 공급하는 丙 주식회사의 안전점검 직원인 피고인 丁은 가스레인지 등에 대한 안전점검을 실시하지 아니함으로써 방실 내부에 유입된 폭발성 있는 물건인 액화석유가스를 파열시켜 乙에게 상해를 입게 함과 동시에 주변의 차량 및 건물을 파손하였다고 하여 과실폭발성물건파열 및 과실치상, 액화석유가스의 안전관리 및 사업법 위반으로 기소된 사안에서, 오피스텔 및 내부 시설(가스레인지 등)의 소유자인 피고인 甲은 액화석유가스 사용자로서 법령이 정한 시설기준과 기술기준에 맞도록 액화석유가스의 사용시설과 가스용품을 갖추고 사고방지와 안전 확보 등을 위하여 사용시설의 정상작동이 가능하도록 필요설비 및 장치를 설치하고 적절한 조치를 할 의무가 있고, 그와 함께 오피스텔의 임대인으로서 오피스텔 및 내부에 구비된 시설을 사용목적에 따라 안전하게 사용할 수 있는 상태로 임차인에게 인도할 의무가 있음에도, 오피스텔을 임차인 乙에게 인도할 당시 가스레인지와 가스호스가 제대로 연결되어 있는지 등을 충분히 확인하지 않은 채 가스레인지와 분리된 가스호스의 마감처리를 제대로 하지 않은 과실이 있고, 乙이 오피스텔을 임차·점유한 이후에는 방실 내부에 있는 가스레인지와 가스호스 등 가스사용시설에 대한 관리책임을 부담하게 된다고 하더라도, 가스레인지와 가스호스의 분리 및 분리된 가스호스의 마감처리 불이행이 가스누출의 직접적 원인 중 하나여서 피고인 甲에게 위와 같은 과실이 인정되지 않는다거나 피고인 甲의 과실과 폭발사고 사이에 상당인과관계가 부정된다고 볼 수 없으며, 한편 丙 회사의 사용인인 피고인 丁은 丙 회사의 업무에 관하여 액화석유가스의 안전관리 및 사업법 제30조 제1항을 위반하여 안전점검을 하지 않은 것이라는 이유로, 피고인 甲, 丁에 대한 공소사실을 모두 유죄로 판단한 사례.

## Ⅲ. 벌칙

---

**제65조(벌칙)** ① 액화석유가스 집단공급사업자의 가스시설을 손괴(損壞)하거나 그 기능에 장애를 가져오게 하여 액화석유가스의 공급을 방해한 자는 1년 이상 10년 이하의 징역 또는 1억 5천만원 이하의 벌금에 처한다.

② 액화석유가스 충전시설을 손괴하거나 그 기능에 장애를 입혀 액화석유가스 공급을 방해한 자는 5년 이하의 징역 또는 5천만원 이하의 벌금에 처한다. 〈신설 2019.8.20.〉

③ 제40조제5항을 위반하여 가스용품을 개조하여 판매하거나 판매할 목적으로 개조한 자는 3년 이하의 징역 또는 3천만원 이하의 벌금에 처한다. 〈개정 2019.8.20.〉

④ 업무상 과실이나 중대한 과실로 제1항의 죄를 범한 자는 7년 이하의 금

---

고 또는 2천만원 이하의 벌금에 처한다. 〈개정 2019.8.20.〉

⑤ 업무상 과실이나 중대한 과실로 제2항의 죄를 범한 자는 2년 이하의 금고 또는 2천만원 이하의 벌금에 처한다. 〈신설 2019.8.20.〉

⑥ 제4항 및 제5항의 죄를 범하여 가스를 누출시키거나 폭발하게 함으로써 사람을 상해(傷害)한 경우에는 10년 이하의 금고 또는 1억원 이하의 벌금에, 사망에 이르게 한 경우에는 1년 이상 10년 이하의 금고 또는 1억 5천만원 이하의 벌금에 처한다. 〈개정 2019.8.20.〉

⑦ 액화석유가스 사업자등(액화석유가스 위탁운송사업자와 가스용품 제조사 업자는 제외한다) 또는 액화석유가스 사용자의 승낙 없이 가스공급시설 또는 가스사용시설(액화석유가스 판매사업자가 액화석유가스를 공급하는 경우에는 그 사업자 소유인 가스설비만을 말한다)을 조작하여 가스의 공급 및 사용을 방해한 자는 1년 이하의 징역 또는 1천만원 이하의 벌금에 처한다. 〈개정 2019.8.20.〉

⑧ 액화석유가스 사업자등(액화석유가스 위탁운송사업자와 가스용품 제조사 업자는 제외한다) 또는 액화석유가스 사용자의 가스공급시설 및 가스사 용시설에 종사하는 자가 정당한 사유 없이 가스 공급에 장애를 발생하게 한 경우에는 제7항의 형(刑)과 같다. 〈개정 2019.8.20.〉

⑨ 액화석유가스 사업자등(액화석유가스 위탁운송사업자와 가스용품 제조사 업자는 제외한다) 또는 액화석유가스 사용자의 승낙 없이 가스공급시설 또는 가스사용시설(액화석유가스 판매사업자가 액화석유가스를 공급하는 경우에는 그 사업자 소유인 가스설비만을 말한다)을 변경한 자는 500만 원 이하의 벌금에 처한다. 〈개정 2019.8.20.〉

⑩ 제1항, 제2항 및 제7항에 규정된 죄의 미수범은 처벌한다. 〈개정 2019.8.20.〉

**제66조(벌칙)** ① 제17조제1항에 따른 등록을 하지 아니하고 액화석유가스 수출입업을 한 자는 5년 이하의 징역 또는 2억원 이하의 벌금에 처한다.

② 다음 각 호의 어느 하나에 해당하는 자는 3년 이하의 징역 또는 1억원 이하의 벌금에 처한다.

　1. 제20조에 따른 액화석유가스 비축의무를 위반한 자

　2. 제64조제2항에 따라 준용되는 「석유 및 석유대체연료 사업법」 제22조 제1항에 따른 조치를 위반한 자

③ 다음 각 호의 어느 하나에 해당하는 자는 2년 이하의 징역 또는 2천만원

이하의 벌금에 처한다. 〈개정 2019.8.20.〉

1. 제5조제1항에 따른 허가를 받지 아니하고 액화석유가스 충전사업, 액화석유가스 집단공급사업 또는 가스용품 제조사업을 한 자
2. 제49조의3제1항에 따른 액화석유가스배관 매설상황의 확인요청을 하지 아니하고 굴착공사를 한 자
3. 제49조의4제1항 전단에 따른 평가서를 제출하지 아니하고 굴착공사를 한 자
4. 제49조의5제1항 본문에 따른 협의를 하지 아니하고 굴착공사를 한 자와 정당한 사유 없이 협의 요청에 응하지 아니한 자
5. 제49조의5제2항을 위반하여 협의 내용을 지키지 아니한 자
6. 제49조의5제3항을 위반하여 합동 감시체계를 구축하지 아니하거나 정기적으로 순회점검을 하지 아니한 자
7. 제49조의6에 따른 기준에 따르지 아니하고 굴착공사를 한 자
8. 제49조의7제2항에 따른 액화석유가스배관에 대한 도면을 작성·보존하지 아니하거나 거짓으로 작성·보존한 자
9. 제64조제2항에 따라 준용되는 「석유 및 석유대체연료 사업법」 제21조제1항에 따른 명령을 위반한 자

**제68조(벌칙)** 다음 각 호의 어느 하나에 해당하는 자는 1년 이하의 징역 또는 1천만원 이하의 벌금에 처한다. 〈개정 2019.8.20., 2022.2.3.〉

1. 제5조제2항·제7항 또는 제8조제1항에 따른 허가를 받지 아니하고 액화석유가스 판매사업을 하거나 액화석유가스 충전사업자의 영업소 또는 액화석유가스 저장소를 설치한 자
2. 제5조제3항 본문 또는 제8조제2항 본문을 위반하여 변경허가를 받지 아니하고 허가받은 사항을 변경한 자
3. 제9조제1항에 따른 등록을 하지 아니하고 액화석유가스 위탁운송사업을 한 자
4. 제9조제2항 본문에 따른 변경등록을 하지 아니하고 등록한 사항을 변경한 자
5. 제23조의2제1항과 제2항을 모두 위반하여 정량 미달 공급을 목적으로 영업시설을 설치·개조하거나 그 설치·개조한 영업시설을 양수·임차한 자로서 이를 사용하여 액화석유가스를 정량에 미달되게 공급한 자
6. 제26조제3항을 위반하여 액화석유가스를 판매 또는 인도하거나 판매 또는 인도할 목적으로 저장·운송 또는 보관한 자

7. 제27조제1항에 따른 검사를 받지 아니하거나 같은 조 제2항에 따른 품질검사를 거부·방해하거나 기피한 자

8. 제30조제1항 또는 제32조제1항을 위반한 자

9. 제36조제2항에 따른 검사를 받지 아니한 액화석유가스 사업자등 또는 시공자

10. 제36조의2제2항에 따른 적합 판정을 받지 아니하고 가스공급시설을 사용한 자

11. 제39조제1항 본문에 따른 검사를 받지 아니한 가스용품 제조사업자 또는 수입자

12. 위반하여 검사를 받지 아니한 가스용품을 양도·임대 또는 제39조제3항을 사용하거나 판매할 목적으로 진열한 자

13. 제49조의3제3항에 따른 액화석유가스배관 매설상황 확인을 하여 주지 아니한 자

14. 제49조의3제4항 각 호의 조치를 하지 아니한 자

15. 제49조의3제6항을 위반하여 굴착공사 개시통보를 받기 전에 굴착공사를 한 자

16. 제49조의4제4항에 따른 평가서의 내용을 지키지 아니하고 굴착공사를 시행한 자

17. 제53조에 따른 명령을 위반한 자

18. 제64조제2항에 따라 준용되는 「석유 및 석유대체연료 사업법」 제23조에 따른 판매가격의 최고액보다 높은 가격으로 액화석유가스를 판매한 액화석유가스 충전사업자 또는 액화석유가스 판매사업자

**제69조(벌칙)** 다음 각 호의 어느 하나에 해당하는 자는 6개월 이하의 징역 또는 500만원 이하의 벌금에 처한다. 〈개정 2019.8.20.〉

1. 제23조제1항에 따른 표시를 하지 아니하거나 거짓으로 표시한 자 또는 같은 조 제2항에 따른 허용 오차를 넘어서 계량한 자

2. 제23조제3항을 위반하여 충전량 등의 표시를 훼손하거나 액화석유가스의 양을 줄인 자

2의2. 제23조의2제1항을 위반하여 액화석유가스를 정량에 미달되게 공급한 자

2의3. 제23조의2제2항을 위반하여 정량 미달 공급을 목적으로 영업시설을 설치·개조하거나 그 설치·개조한 영업시설을 양수·임차하여 사용한 자

　3. 제36조제1항에 따른 안전성 확인을 받지 아니한 액화석유가스 충전사업자, 액화석유가스 집단공급사업자, 액화석유가스 판매사업자 또는 액화석유가스 저장자

　4. 제37조제1항 본문에 따른 정기검사 또는 수시검사를 받지 아니한 액화석유가스 사업자등

　5. 제38조제1항에 따른 정밀안전진단 또는 안전성평가를 받지 아니한 액화석유가스 충전사업자, 액화석유가스 저장자 또는 액화석유가스 배관망공급사업자

　6. 제40조제4항에 따른 표시를 하지 아니한 자

**제69조의2(벌칙)** 제30조의2제2항을 위반하여 액화석유가스를 연료로 사용하는 보일러를 시공한 가스사용시설 안전관리업무 대행자는 1천만원 이하의 벌금에 처한다.
[본조신설 2019.8.20.]

**제70조(벌칙)** 다음 각 호의 어느 하나에 해당하는 자는 500만원 이하의 벌금에 처한다. 〈개정 2019.8.20.〉

　1. 제34조제1항을 위반하여 안전관리자를 선임하지 아니한 액화석유가스 사업자등 또는 액화석유가스 특정사용자

　2. 제34조제2항을 위반한 액화석유가스 사업자등 또는 액화석유가스 특정사용자

　3. 제35조제4항을 위반하여 시설기준과 기술기준에 맞지 아니하게 시공한 자

**제71조(벌칙)** 다음 각 호의 어느 하나에 해당하는 자는 300만원 이하의 벌금에 처한다. 〈개정 2022.2.3.〉

　1. 제5조제2항에 따른 판매 지역을 위반하여 판매한 자

　2. 제5조제9항에 따른 명령을 위반한 액화석유가스 판매사업자

　3. 제25조제1항에 따른 공급규정을 위반한 액화석유가스 집단공급사업자

　4. 제30조제2항을 위반한 액화석유가스 충전사업자, 액화석유가스 집단공급사업자 또는 액화석유가스 판매사업자

　5. 제32조제2항을 위반하여 용기의 안전을 점검하지 아니하거나 기준에 맞지 아니한 용기에 충전한 액화석유가스 충전사업자

　6. 제33조제1항에 따른 명령을 위반한 가스공급자

　7. 제33조제3항을 위반하여 정당한 사유 없이 시설의 개선 또는 철거를

하지 아니한 가스공급자

8. 제40조제2항에 따른 회수명령 또는 공표명령을 따르지 아니한 가스용
품 제조사업자 또는 수입자

**제72조(양벌규정)** 법인의 대표자나 법인 또는 개인의 대리인, 사용인, 그
밖의 종업원이 그 법인 또는 개인의 업무에 관하여 제65조부터 제71조까
지의 어느 하나에 해당하는 위반행위를 하면 그 행위자를 벌하는 외에 그
법인 또는 개인에게도 해당 조문의 벌금형을 과(科)한다. 다만, 법인 또는
개인이 그 위반행위를 방지하기 위하여 해당 업무에 관하여 상당한 주의
와 감독을 게을리하지 아니한 경우에는 그러하지 아니하다.

**제73조(과태료)** ① 다음 각 호의 어느 하나에 해당하는 자에게는 2천만원
이하의 과태료를 부과한다.

1. 제55조제1항에 따른 보고 또는 서류 제출의 명령을 이행하지 아니하거
나 거짓된 보고를 한 액화석유가스 수출입업자

2. 제58조제1항에 따른 보고를 하지 아니하거나 거짓으로 보고를 한 액화
석유가스 수출입업자

② 다음 각 호의 어느 하나에 해당하는 자에게는 1천만원 이하의 과태료를
부과한다. 〈개정 2019.3.26.〉

1. 제17조제2항에 따른 변경등록을 하지 아니하거나 거짓으로 변경등록을
한 자

2. 제19조제2항에 따른 사업의 개시·휴업 또는 폐업의 신고를 하지 아니
하거나 거짓으로 신고한 자

3. 제49조의5제2항에 따른 협의서를 작성하지 아니하거나 거짓으로 작성
한 자

4. 제55조제1항에 따른 조사를 거부한 액화석유가스 수출입업자

③ 다음 각 호의 어느 하나에 해당하는 자에게는 300만원 이하의 과태료를
부과한다. 〈개정 2019.3.26.〉

1. 제5조제3항 단서, 제8조제2항 단서 또는 제9조제2항 단서에 따른 신고
를 하지 아니한 액화석유가스 사업자등

2. 제11조에 따른 신고를 하지 아니한 액화석유가스 사업자등

3. 제12조제3항에 따른 신고를 하지 아니한 자

4. 제25조제1항에 따른 신고를 하지 아니한 액화석유가스 집단공급사업자

5. 삭제 〈2019.3.26.〉
6. 제29조제1항 본문을 위반하여 액화석유가스를 자동차에 직접 충전한 자
7. 제30조의2제3항에 따른 자료를 제출하지 아니하거나 거짓으로 제출한 가스사용시설 안전관리업무 대행자
8. 제31조제1항에 따른 안전관리규정을 허가관청에 제출하지 아니한 액화석유가스 사업자등
9. 제31조제3항을 위반한 가스용품 제조사업자
10. 제31조제4항에 따른 안전관리규정의 변경명령을 이행하지 아니한 액화석유가스 사업자등
11. 제34조제3항을 위반한 액화석유가스 사업자등 또는 액화석유가스 특정사용자
12. 제35조제5항을 위반하여 시공기록 등을 작성·보존하지 아니하거나 거짓으로 작성한 가스시설시공업자
13. 제35조제6항을 위반하여 시공기록 등의 사본을 발주자에게 내주지 아니하거나 완공도면의 사본을 시장·군수·구청장에게 제출하지 아니한 가스시설시공업자
14. 제35조제7항을 위반하여 완공도면의 사본을 보존하지 아니한 가스공급자 또는 액화석유가스 저장자
15. 제41조제1항을 위반하여 안전교육을 받지 아니한 자
16. 제41조제2항에 따른 안전교육대상자에 대하여 교육을 받게 하지 아니한 자
17. 제55조제1항에 따른 조사를 거부한 사업자단체, 액화석유가스 사업자등, 액화석유가스 특정사용자 또는 시공자
18. 제57조제1항을 위반하여 보험에 가입하지 아니한 자
19. 제58조제1항에 따른 보고를 하지 아니하거나 거짓으로 보고를 한 액화석유가스 충전사업자, 액화석유가스 집단공급사업자 또는 액화석유가스 판매사업자

④ 다음 각 호의 어느 하나에 해당하는 자에게는 200만원 이하의 과태료를 부과한다. 〈개정 2019. 8. 20., 2020. 2. 4.〉

1. 제24조에 따른 액화석유가스 공급 방법을 위반한 액화석유가스 충전사업자, 액화석유가스 판매사업자 또는 액화석유가스 위탁운송사업자
2. 제30조제3항을 위반한 액화석유가스 충전사업자, 액화석유가스 집단공급사업자 또는 액화석유가스 판매사업자

3. 제31조제5항에 따른 안전관리규정을 지키지 아니하거나 실시 기록을 작성·보존하지 아니한 자(가스사용시설 안전관리업무 대행자를 포함한다)
4. 제33조제2항에 따른 협의 없이 임의로 가스시설을 철거하거나 변경한 자
5. 제40조제5항을 위반하여 가스용품을 개조한 자(제65조제3항에 해당하는 자는 제외한다)
6. 제44조제1항을 위반하여 액화석유가스의 사용시설 및 가스용품을 갖추지 아니한 액화석유가스 사용자
7. 제44조제2항에 따른 완성검사를 받지 아니한 가스시설시공업자
8. 제44조제3항을 위반하여 완성검사에 합격하지 아니하고 액화석유가스 사용시설을 사용한 액화석유가스 특정사용자
9. 제44조제4항에 따른 정기검사를 받지 아니한 액화석유가스 특정사용자
10. 제44조제8항을 위반하여 완성검사와 정기검사를 받았는지 확인하지 아니하고 액화석유가스를 공급한 가스공급자
10의2. 제44조의2제1항을 위반하여 안전장치가 포함되지 아니한 가스용품을 판매한 자
11. 제48조제1항에 따른 명령을 이행하지 아니한 액화석유가스 사업자등, 액화석유가스 특정사용자 또는 액화석유가스 사용자
12. 제48조제2항에 따른 명령을 이행하지 아니한 액화석유가스 사업자등, 액화석유가스 특정사용자 또는 액화석유가스 사용자
13. 제55조제1항에 따른 보고 또는 서류 제출의 명령을 이행하지 아니하거나 거짓된 보고를 한 사업자단체, 액화석유가스 사업자등, 액화석유가스 특정사용자 또는 시공자
14. 제56조제1항에 따른 가스사고 발생 통보를 하지 아니한 액화석유가스 사업자등 또는 액화석유가스 특정사용자

⑤ 다음 각 호의 어느 하나에 해당하는 자에게는 100만원 이하의 과태료를 부과한다.
1. 제33조제1항에 따른 명령을 이행하지 아니한 액화석유가스 수요자
2. 제49조를 위반하여 흡연을 한 자

⑥ 제1항부터 제5항까지의 규정에 따른 과태료는 대통령령으로 정하는 바에 따라 산업통상자원부장관, 관할 시·도지사 또는 시장·군수·구청장(특별자치시장 및 특별자치도지사는 제외한다)이 부과·징수한다.

# Ⅳ. 기재례

## 【범죄사실 기재례】

피의자는 액화석유가스판매사업자이다.

피의자는 20○○. ○. ○. 11 : 30경 ○○시 ○○동 ○○번지에 있는 임○○의 집에서 임 ○○에게 엘피가스를 공급하면서 위 임○○의 집에 설치되어 있는 액화석유가스의 사용 시설에 대한 안전점검을 실시하지 않았다.

## 【적용실례】

### 〈가스공급을 전제로 하는 안전점검의무가 없다고 본 경우〉

가스배달원이 가옥주의 주문을 받고 가스를 배달하러 갔다가 셋집 아주머니로부터 옆방의 이사간 사람의 가스통과 새로 이사온 사람의 가스통을 교환하여 달라는 부 탁을 받고 가스통을 교환해 준 후 가스가 누출되어 폭발, 인명 및 재산피해를 입게 한 경우

➡ 액화석유가스의안전관리및사업법 제9조 제1항은 가스판매업자가 수요자에게 가 스를 공급할 때 그 수요자의 시설에 대하여 안전점검을 실시하도록 규정하고 있다. 한편 이 경우 배달원은 가스 수요자인 가옥주에게 가스를 공급한 것이고, 위 가스통 교환은 피의자의 가옥주에 대한 가스공급과는 아무런 관련없이 한 것이므로, 가스공급을 전제로 하는 동법상의 안전점검 의무는 없다고 보는 것이 상당하다.

## 【범죄사실 기재례】

피의자는 배관공사업을 영위하고 있다.

피의자는 액화석유가스시설의 설치공사 자격이 없으면서 20○○. ○. 초순경 ○○시 ○ ○동 ○○번지의 안○○소유의 주택에 취사용으로 사용케 하기 위하여 위 주택의 뒤에 엘피가스통을 설치하고 티자관을 이용하여 위 주택의 주방에 있는 가스렌지에 연결시켜 주고 위 안○○로부터 돈 300,000원을 받아 가스사용시설 설치공사를 하였다.

**[서식] (    )허가증**

제          호

# (          )허가증

　1. 사업의 종류 및 대상 범위:

　2. 상 호:

　3. 사업소 소재지:

　4. 대표자 성명:

　5. 대표자 생년월일:

　6. 가스용품의 종류 및 규격:

「액화석유가스의 안전관리 및 사업법」제5조제1항·제2항, 제8조제1항 및 같은 법 시행규칙 제10조제1항에 따라 위와 같이 허가합니다.

년          월          일

**특별자치시장·특별자치도지사·**
**시장·군수 또는 구청장**

| 직인 |

210mm×297mm(백상지 120g/㎡)

**[서식] 액화석유가스의 공급중지(제한) 명령서**

<br>

**액화석유가스의**   **[ ]공급중지**     **명령서**

                   **[ ]공급제한**

※ [ ]에는 해당되는 곳에 √표를 합니다.

| 공급자 | 상호 | |
|---|---|---|
| | 대표자 | |
| | 소재지 | |
| 수요자 | 상호 | |
| | 대표자 | |
| | 소재지 | |

「액화석유가스의 안전관리 및 사업법」 제33조제1항에 따라 위 수요자의 시설이 같은 법 시행규칙 제48조제1항제1호 각 목의 어느 하나에 해당하므로, 위 공급자에게 같은 법 시행규칙 제48조제4항에 따라 액화석유가스 사용시설의 수리나 개선 여부를 확인하기 전까지 액화석유가스의 공급을 [ ]중지 [ ]제한할 것을 명령합니다.

년    월    일

<br>

특별자치시장 · 특별자치도지사 ·<br>시장 · 군수 · 구청장   직인

**[서식]** 액화석유가스 사용시설의 수리(개선) 명령서

# 액화석유가스 사용시설의 [ ] 수리 [ ] 개선 명령서

※ [ ]에는 해당되는 곳에 √표를 합니다.

| 수요자 | 상호 | |
|---|---|---|
| | 대표자 | |
| | 소재지 | |

위반내용

수리 또는 개선 명령의 내용

이행일

　귀하의 액화석유가스 사용시설은 「액화석유가스의 안전관리 및 사업법 시행규칙」 제48조제1항제1호 각 목의 어느 하나에 해당하거나 같은 규칙 별표 20에 따른 시설기준 등에 맞지 않으므로 「액화석유가스의 안전관리 및 사업법」 제33조제1 항 및 같은 법 시행규칙 제48조제1항에 따라 액화석유가스 사용시설의 [ ]수리 [ ]개선을 명령합니다.

년　　월　　일

## 특별자치시장 · 특별자치도지사 · 시장 · 군수 · 구청장

| 직인 |
|---|

### 유 의 사 항

1. 액화석유가스 사용시설의 수리나 개선을 끝낸 수요자는 공급자에게 수리나 개선 명령을 이행한 사실을 알려야 합니다.
2. 액화석유가스의 공급이 중지되거나 제한된 경우에는 그 시설의 수리나 개선 여부가 확인되었을 때에는 그 공급이 재개될 수 있음을 알려드립니다.

210mm×297mm[백상지 80g/㎡(재활용품)]

**[서식]** **정기검사증명서**                                    (앞쪽)

| 제    호 | | | |

# 정기검사증명서

| 정기검사 대상 특정사용시설 | 상호(건축물 명) | | 대표자 성명 | |
|---|---|---|---|---|
| | 소 재 지 | | | |
| 정기검사자 | 검 사 원 성 명 | | 검 사 연월일 | |
| | 차 기 검 사 일 | | | |

「액화석유가스의 안전관리 및 사업법」 제44조제4항 및 같은 법 시행규칙 제71조제10항에 따라 액화석유가스 특정사용시설의 정기검사증명서를 발급합니다.

| 사 용 자 | 「액화석유가스의 안전관리 및 사업법」 제35조제1항 · 제2항 및 제44조제1항에 따라 저장설비, 연소기, 가스설비, 배관 등을 설치하는 경우 시공자에 의한 적법시공이 요구되며, 사용자께서는 시설기준 및 기술기준을 유지하여야 합니다. |
|---|---|
| 시 공 자 | 「액화석유가스의 안전관리 및 사업법」 제35조제2항에 따라 시설기준 및 기술기준에 맞게 시공하여야 합니다. |
| 공 급 자 | 「액화석유가스의 안전관리 및 사업법」 제30조에 따라 공급자의무를 준수하여야 합니다. |
| 검 사 자 | 이 검사증명서는 액화석유가스 특정사용시설에 대하여 검사자가 검사 당시의 기준에 근거하여 기준과 일치하지 않거나 기준에 위반되는 사항을 발견하지 못하였음을 확인하는 것입니다. |

검사기관 주소:

담당부서:                        전화번호:

                                                        년      월

                          일

**한국가스안전공사 사장**   직인

210mm×297mm(백상지 120g/㎡)

---

# 야생생물 보호 및 관리에 관한 법률

[시행 2025. 12. 14.] [법률 제20119호, 2024. 1. 23., 일부개정]

---

## Ⅰ. 개설

### 목적

이 법은 야생생물과 그 서식환경을 체계적으로 보호·관리함으로써 야생생물의 멸종을 예방하고, 생물의 다양성을 증진시켜 생태계의 균형을 유지함과 아울러 사람과 야생생물이 공존하는 건전한 자연환경을 확보함을 목적으로 한다.

## Ⅱ. 판례

**제10조(덫, 창애, 올무 등의 제작금지 등)** 누구든지 덫, 창애, 올무 또는 그 밖에 야생동물을 포획할 수 있는 도구를 제작·판매·소지 또는 보관하여서는 아니 된다. 다만, 학술 연구, 관람·전시, 유해야생동물의 포획 등 환경부령으로 정하는 경우에는 그러하지 아니하다.
[전문개정 2011.7.28.]

### 야생생물보호및관리에관한법률위반

[대법원 2016. 10. 27., 선고, 2016도5083, 판결]

【판결요지】

야생생물 보호 및 관리에 관한 법률(이하 '야생생물법'이라 한다) 제70조 제3호 및 제10조는 야생생물을 포획할 목적이 있었는지를 불문하고 야생동물을 포획할 수 있는 도구의 제작·판매·소지 또는 보관행위 자체를 일체 금지하고 있고, 도구를 사용하여 야생동물을 포획할 수 있기만 하면 도구의 본래 용법이 어떠하든지 간에 위 규정에 의하여 처벌될 위험이 있으므로 '그 밖에 야생동물을 포획할 수 있는 도구'의 의미를 엄격하게 해석하여야 할 필요가 있는 점, 야생생물법 제69조 제1항 제7호 및 제19조 제3항은 야생생물을 포획하기 위하여 폭발물, 덫, 창애, 올무, 함정, 전류 및 그물을 설치 또는 사용한 행위를 처벌하고 있는데, 덫, 창애, 올무는 야생생물법 제70조 제3호 및 제10조에서 별도로 제작·판매·소지 또는 보관행위까지 금지·처벌하고 있는 반면, 야생생물법 제69조 제1항 제7호 및 제19조 제3항에 함께 규정된 '폭발물, 함정, 전류 및 그물' 등도 야생동물을 포획할 수 있는 도구에 해당할 수 있으나 이에 대하여는 야생생물법 제70조 제3호 및 제10조에서 특별히 언급하고 있지 않은 점, 야생생물법 제70조 제3호 및 제10조의 문언상 '그 밖에 야생동물을 포획할 수 있는 도구'는 '덫, 창애, 올무'와 병렬적으로 규정되어 있으므로 '그 밖에 야생동물을 포획할 수 있는 도구' 사용의 위험성이 덫, 창애, 올무 사용의 위험성에 비견될 만한 것이어야 하는 점 등을 종합하여 보면, 야생생물법 제70조 제3호 및 제10조에 규정되어 있는 '그 밖에 야생동물을 포획할 수 있는 도구'란 도구의 형상, 재질, 구조와 기능 등을 종합하여 볼 때 덫, 창애, 올무와 유사한 방법으로 야생동물을 포획할 용도로 만들어진 도구를 의미한다.

## 제16조(국제적 멸종위기종의 국제거래 등의 규제) ① 국제적 멸종위기종 및 그 가공품을 수출·수입·반출 또는 반입하려는 자는 다음 각 호의 허가기준에 따라 환경부장관의 허가를 받아야 한다. 다만, 국제적 멸종위기종을 이용한 가공품으로서 「약사법」에 따른 수출·수입 또는 반입 허가를 받은 의약품과 대통령령으로 정하는 국제적 멸종위기종 및 그 가공품의 경우에는 그러하지 아니하다. 〈개정 2011.7.28.〉

1. 멸종위기종국제거래협약의 부속서(Ⅰ·Ⅱ·Ⅲ)에 포함되어 있는 종에 따른 거래의 규제에 적합할 것
2. 생물의 수출·수입·반출 또는 반입이 그 종의 생존에 위협을 주지 아니할 것
3. 그 밖에 대통령령으로 정하는 멸종위기종국제거래협약 부속서별 세부 허가 조건을 충족할 것

② 삭제 〈2007.5.17.〉

③ 제1항 본문에 따라 허가를 받아 수입되거나 반입된 국제적 멸종위기종 및 그 가공품은 그 수입 또는 반입 목적 외의 용도로 사용할 수 없다. 다만, 용도변경이 불가피한 경우로서 환경부령으로 정하는 바에 따라 환경부장관의 승인을 받은 경우에는 그러하지 아니하다. 〈개정 2011.7.28.〉

④ 누구든지 제1항 본문에 따른 허가를 받지 아니한 국제적 멸종위기종 및 그 가공품을 포획·채취·구입하거나 양도·양수, 양도·양수의 알선·중개, 소유, 점유 또는 진열하여서는 아니 된다. 〈개정 2011.7.28., 2013.7.16.〉

⑤ 제1항 본문에 따라 허가를 받아 수입되거나 반입된 국제적 멸종위기종으로부터 증식된 종은 제1항 본문에 따라 수입허가 또는 반입허가를 받은 것으로 보며, 처음에 수입되거나 반입된 국제적 멸종위기종의 용도와 같은 것으로 본다. 이 경우 제3항 단서에 따라 용도가 변경된 국제적 멸종위기종으로부터 증식된 종의 용도는 변경된 용도와 같은 것으로 본다. 〈개정 2011.7.28.〉

⑥ 제1항 본문에 따라 허가를 받고 수입하거나 반입한 국제적 멸종위기종을 양도·양수(사육·재배 장소의 이동을 포함한다. 이하 같다)하려는 때에는 양

도·양수 전까지, 해당 종이 죽거나 질병에 걸려 사육할 수 없게 되었을 때에는 지체 없이 환경부령으로 정하는 바에 따라 환경부장관에게 신고하여야 한다. 다만, 환경부장관이 국내에서 대량으로 증식되어 신고의 필요성이 낮다고 인정하여 고시하는 국제적 멸종위기종은 제외한다. 〈개정 2011.7.28., 2013.7.16., 2017.12.12.〉

⑦ 제1항 본문에 따라 허가를 받아 수입되거나 반입된 국제적 멸종위기종을 증식한 때에는 환경부령으로 정하는 바에 따라 국제적 멸종위기종 인공증식증명서를 발급받아야 한다. 다만, 대통령령으로 정하는 국제적 멸종위기종을 증식하려는 때에는 환경부령으로 정하는 바에 따라 미리 인공증식 허가를 받아야 한다. 〈개정 2013.7.16.〉

⑧ 국제적 멸종위기종 및 그 가공품을 포획·채취·구입하거나 양도·양수, 양도·양수의 알선·중개, 소유, 점유 또는 진열하려는 자는 환경부령으로 정한 적법한 입수경위 등을 증명하는 서류를 보관하여야 한다. 〈신설 2013.7.16.〉

[전문개정 2011.7.28.]

> **위임행정규칙**
>
> · 양도·양수, 폐사·질병신고 제외대상 국제적 멸종위기종(환경부고시 제2021-261호, 2021.12.6., 일부개정)

## 국제멸종위기종용도변경승인신청반려처분취소

[대법원 2011. 1. 27., 선고, 2010두23033, 판결]

**【판결요지】**

야생동·식물보호법 제16조 제3항과 같은 법 시행규칙 제22조 제1항의 체제 또는 문언을 살펴보면 원칙적으로 국제적멸종위기종 및 그 가공품의 수입 또는 반입 목적 외의 용도로의 사용을 금지하면서 용도변경이 불가피한 경우로서 환경부장관의 용도변경승인을 받은 경우에 한하여 용도변경을 허용하도록 하고 있으므로, 위 법 제16조 제3항에 의한 용도변경승인은 특정인에게만 용도 외의 사용을 허용해주는 권리나 이익을 부여하는 이른바 수익적 행정행위로서 법령에 특별한 규정이 없는 한 재량행위이고, 위 법 제16조 제3항이 용도변경이 불가피한 경우에만 용도변경을 할 수 있도록 제한하는 규정을 두면서도 시행규칙 제22조에서 용도변경 신청을 할 수 있는 경우에 대하여만 확정적 규정을 두고 있을 뿐 용도변경이 불가피한 경우에 대하여는 아무런 규정을 두지 아니하여 용도변경 승인을 할 수 있는 용도변경의 불가피성에 대한 판단에 있어 재량의 여지를 남겨 두고 있는 이상, 용도변경을 승인하기 위한 요건으로서의 용도변경의 불가피성에 관한 판단에 필요한 기준을 정하는 것도 역시 행정청의 재량에 속하는 것이므로, 그 설정된 기준이 객관적으로 합리적이 아니라거나 타당하지 않다고 볼 만한 다른 특별한 사정이 없는 이상 행정청의 의사는 가능한 한 존중되어야 한다.

**제19조(야생생물의 포획·채취 금지 등)** ① 누구든지 멸종위기 야생생물에 해당하지 아니하는 야생생물 중 환경부령으로 정하는 종(해양만을 서식지로 하는 해양생물은 제외하고, 식물은 멸종위기 야생생물에서 해제된 종에 한정한다. 이하 이 조에서 같다)을 포획·채취하거나 죽여서는 아니 된다. 다만, 다음 각 호의 어느 하나에 해당하는 경우로서 특별자치시장·특별자치도지사·시장·군수·구청장(구청장은 자치구의 구청장을 말하며, 이하 "시장·군수·구청장"이라 한다)의 허가를 받은 경우에는 그러하지 아니하다. 〈개정 2014. 3. 24., 2017. 12. 12., 2019. 11. 26., 2022. 12. 13.〉

1. 학술 연구 또는 야생생물의 보호·증식 및 복원의 목적으로 사용하려는 경우
2. 제35조에 따라 등록된 생물자원 보전시설이나 「생물자원관의 설립 및 운영에 관한 법률」 제2조제2호에 따른 생물자원관에서 전시용으로 사용하려는 경우
3. 「공익사업을 위한 토지 등의 취득 및 보상에 관한 법률」 제4조에 따른 공익사업의 시행 또는 다른 법령에 따른 인가·허가 등을 받은 사업의 시행을 위하여 야생생물을 이동시키거나 이식하여 보호하는 것이 불가피한 경우
4. 사람이나 동물의 질병 진단·치료 또는 예방을 위하여 관계 중앙행정기관의 장이 시장·군수·구청장에게 요청하는 경우
5. 환경부령으로 정하는 야생생물을 환경부령으로 정하는 기준 및 방법 등에 따라 상업적 목적으로 인공증식하거나 재배하는 경우

② 환경부장관은 내수면 수산자원을 제1항 본문에 따른 종으로 정하려는 경우에는 미리 해양수산부장관과 협의하여야 한다. 〈신설 2014. 3. 24.〉

③ 누구든지 제1항 본문에 따른 야생생물을 포획·채취하거나 죽이기 위하여 다음 각 호의 어느 하나에 해당하는 행위를 하여서는 아니 된다. 다만, 제1항 각 호에 해당하는 경우로서 포획·채취 또는 죽이는 방법을 정하여 허가를 받은 경우 등 환경부령으로 정하는 경우에는 그러하지 아니하다. 〈개정 2014. 3. 24., 2017. 12. 12.〉

1. 폭발물, 덫, 창애, 올무, 함정, 전류 및 그물의 설치 또는 사용
2. 유독물, 농약 및 이와 유사한 물질의 살포 또는 주입

④ 다음 각 호의 어느 하나에 해당하는 경우에는 제1항 본문을 적용하지 아니한다. 〈개정 2014. 3. 24., 2022. 12. 13., 2023. 3. 21., 2024. 2. 6.〉

1. 인체에 급박한 위해를 끼칠 우려가 있어 포획하는 경우
2. 질병에 감염된 것으로 예상되거나 조난 또는 부상당한 야생동물의 구조·치료 등이 시급하여 포획하는 경우

3. 「자연유산의 보존 및 활용에 관한 법률」 제11조에 따른 천연기념물에 대하여 같은 법 제17조에 따라 허가를 받은 경우

4. 서식지외보전기관이 관계 법령에 따라 포획·채취의 인가·허가 등을 받은 경우

5. 제23조제1항에 따라 시장·군수·구청장으로부터 유해야생동물의 포획허가를 받은 경우

6. 제50조제1항에 따라 수렵장설정자로부터 수렵승인을 받은 경우

7. 어업활동으로 불가피하게 혼획(混獲)된 경우로서 해양수산부장관에게 3개월 이내에 신고한 경우

8. 「해양생태계의 보전 및 관리에 관한 법률」 제2조제11호에 따른 해양보호생물에 대하여 같은 법 제20조에 따라 허가를 받은 경우

⑤ 제1항 단서에 따라 야생생물을 포획·채취하거나 죽인 자는 환경부령으로 정하는 바에 따라 그 결과를 시장·군수·구청장에게 신고하여야 한다. 〈개정 2014. 3. 24., 2017. 12. 12.〉

⑥ 제1항 단서에 따른 허가의 기준·절차 및 허가증의 발급 등에 필요한 사항은 환경부령으로 정한다. 〈개정 2014. 3. 24.〉

[전문개정 2011. 7. 28.] [제목개정 2014. 3. 24.]

## 야생생물보호및관리에관한법률위반

[대법원 2016. 10. 27., 선고, 2016도5083, 판결]

【판결요지】

야생생물 보호 및 관리에 관한 법률(이하 '야생생물법'이라 한다) 제70조 제3호 및 제10조는 야생생물을 포획할 목적이 있었는지를 불문하고 야생동물을 포획할 수 있는 도구의 제작·판매·소지 또는 보관행위 자체를 일체 금지하고 있고, 도구를 사용하여 야생동물을 포획할 수 있기만 하면 도구의 본래 용법이 어떠하든지 간에 위 규정에 의하여 처벌될 위험이 있으므로 '그 밖에 야생동물을 포획할 수 있는 도구'의 의미를 엄격하게 해석하여야 할 필요가 있는 점, 야생생물법 제69조 제1항 제7호 및 제19조 제3항은 야생생물을 포획하기 위하여 폭발물, 덫, 창애, 올무, 함정, 전류 및 그물을 설치 또는 사용한 행위를 처벌하고 있는데, 덫, 창애, 올무는 야생생물법 제70조 제3호 및 제10조에서 별도로 제작·판매·소지 또는 보관행위까지 금지·처벌하고 있는 반면, 야생생물법 제69조 제1항 제7호 및 제19조 제3항에 함께 규정된 '폭발물, 함정, 전류 및 그물' 등도 야생동물을 포획할 수 있는 도구에 해당할 수 있으나 이에 대하여는 야생생물법 제70조 제3호 및 제10조에서 특별히 언급하고 있지 않은 점, 야생생물법 제70조 제3호 및 제10조의 문언상 '그 밖에 야생동물을 포획할 수 있는 도구'는 '덫, 창애, 올무'와 병렬적으로 규정되어 있으므로 '그 밖에 야생동물을 포획할 수 있는 도구' 사용의 위험성이 덫, 창애, 올무 사용의 위험성에 비견될

만한 것이어야 하는 점 등을 종합하여 보면, 야생생물법 제70조 제3호 및 제10조에 규정되어 있는 '그 밖에 야생동물을 포획할 수 있는 도구'란 도구의 형상, 재질, 구조와 기능 등을 종합하여 볼 때 덫, 창애, 올무와 유사한 방법으로 야생동물을 포획할 용도로 만들어진 도구를 의미한다.

## Ⅲ. 벌칙

**제67조(벌칙)** ① 다음 각 호의 어느 하나에 해당하는 자는 5년 이하의 징역 또는 500만원 이상 5천만원 이하의 벌금에 처한다. 〈개정 2014.3.24., 2017.12.12., 2024. 1. 23.〉

1. 제14조제1항을 위반하여 멸종위기 야생생물 Ⅰ급을 포획·채취·훼손하거나 죽인 자
2. 제34조의24제1항을 위반하여 사육곰을 소유·사육·증식한 자

② 상습적으로 제1항의 죄를 지은 사람은 7년 이하의 징역에 처한다. 이 경우 7천만원 이하의 벌금을 병과할 수 있다. 〈개정 2014.3.24.〉

[전문개정 2011.7.28.]

**제68조(벌칙)** ① 다음 각 호의 어느 하나에 해당하는 자는 3년 이하의 징역 또는 300만원 이상 3천만원 이하의 벌금에 처한다. 〈개정 2013. 7. 16., 2014. 3. 24., 2017. 12. 12.〉

1. 제8조제1항을 위반하여 야생동물을 죽음에 이르게 하는 학대행위를 한 자
2. 제14조제1항을 위반하여 멸종위기 야생생물 Ⅱ급을 포획·채취·훼손하거나 죽인 자
3. 제14조제1항을 위반하여 멸종위기 야생생물 Ⅰ급을 가공·유통·보관·수출·수입·반출 또는 반입한 자
4. 제14조제2항을 위반하여 멸종위기 야생생물의 포획·채취등을 위하여 폭발물, 덫, 창애, 올무, 함정, 전류 및 그물을 설치 또는 사용하거나 유독물, 농약 및 이와 유사한 물질을 살포 또는 주입한 자
5. 제16조제1항을 위반하여 허가 없이 국제적 멸종위기종 및 그 가공품을 수출·수입·반출 또는 반입한 자
5의2. 제16조제7항 단서를 위반하여 인공증식 허가를 받지 아니하고 국제적 멸종위기종을 증식한 자
6. 제28조제1항을 위반하여 특별보호구역에서 훼손행위를 한 자
7. 제16조의2제1항에 따른 사육시설의 등록을 하지 아니하거나 거짓으로

　　등록을 한 자

② 상습적으로 제1항제1호, 제2호, 제4호 또는 제5호의2의 죄를 지은 사람은 5년 이하의 징역에 처한다. 이 경우 5천만원 이하의 벌금을 병과할 수 있다. 〈개정 2014. 3. 24., 2017. 12. 12., 2022. 6. 10.〉

[전문개정 2011. 7. 28.]

**제68조(벌칙)** ① 다음 각 호의 어느 하나에 해당하는 자는 3년 이하의 징역 또는 300만원 이상 3천만원 이하의 벌금에 처한다. 〈개정 2013. 7. 16., 2014. 3. 24., 2017. 12. 12., 2021. 5. 18.〉

1. 제8조제1항을 위반하여 야생동물을 죽음에 이르게 하는 학대행위를 한 자

2. 제14조제1항을 위반하여 멸종위기 야생생물 Ⅱ급을 포획·채취·훼손하거나 죽인 자

3. 제14조제1항을 위반하여 멸종위기 야생생물 Ⅰ급을 가공·유통·보관·수출·수입·반출 또는 반입한 자

4. 제14조제2항을 위반하여 멸종위기 야생생물의 포획·채취등을 위하여 폭발물, 덫, 창애, 올무, 함정, 전류 및 그물을 설치 또는 사용하거나 유독물, 농약 및 이와 유사한 물질을 살포 또는 주입한 자

5. 제16조제1항을 위반하여 허가 없이 국제적 멸종위기종 및 그 가공품을 수출·수입·반출 또는 반입한 자

5의2. 제16조제7항 단서를 위반하여 인공증식 허가를 받지 아니하고 국제적 멸종위기종을 증식한 자

6. 제28조제1항을 위반하여 특별보호구역에서 훼손행위를 한 자

7. 제16조의2제1항에 따른 사육시설의 등록을 하지 아니하거나 거짓으로 등록을 한 자

8. 제34조의15제1항을 위반하여 야생동물 또는 물건을 수입한 자

9. 제34조의16제2항 본문을 위반하여 지정검역물등에 대한 반송 또는 소각·매몰등의 명령을 이행하지 아니한 자

10. 제34조의16제5항을 위반하여 야생동물검역관의 지시를 받지 아니하고 지정검역물을 다른 장소로 이동시킨 자

11. 제34조의17제1항을 위반하여 검역증명서를 첨부하지 아니하고 지정검역물을 수입한 자

12. 제34조의18제1항을 위반하여 수입검역을 받지 아니하거나 거짓 또는 부정한 방법으로 수입검역을 받은 자

13. 제34조의19제1항을 위반하여 지정검역물을 수입한 자

    14. 제34조의23제2항 본문을 위반하여 지정검역물등에 대한 반송 또는 소각·매몰등의 명령을 이행하지 아니한 자

② 상습적으로 제1항제1호, 제2호, 제4호 또는 제5호의2의 죄를 지은 사람은 5년 이하의 징역에 처한다. 이 경우 5천만원 이하의 벌금을 병과할 수 있다. 〈개정 2014. 3. 24., 2017. 12. 12., 2022. 6. 10.〉

[전문개정 2011. 7. 28.] [시행일: 2024. 5. 19.] 제68조

---

**제69조(벌칙)** ① 다음 각 호의 어느 하나에 해당하는 자는 2년 이하의 징역 또는 2천만원 이하의 벌금에 처한다. 〈개정 2013. 7. 16., 2014. 3. 24., 2017. 12. 12., 2022. 12. 13., 2024. 1. 23.〉

  1. 제8조제2항을 위반하여 야생동물에게 고통을 주거나 상해를 입히는 학대행위를 한 자

  2. 제14조제1항을 위반하여 멸종위기 야생생물 Ⅱ급을 가공·유통·보관·수출·수입·반출 또는 반입한 자

  3. 제14조제1항을 위반하여 멸종위기 야생생물을 방사하거나 이식한 자

  4. 제16조제3항을 위반하여 국제적 멸종위기종 및 그 가공품을 수입 또는 반입 목적 외의 용도로 사용한 자

  5. 제16조제4항을 위반하여 국제적 멸종위기종 및 그 가공품을 포획·채취·구입하거나 양도·양수, 양도·양수의 알선·중개, 소유, 점유 또는 진열한 자

  6. 제19조제1항을 위반하여 야생생물을 포획·채취하거나 죽인 자

  7. 제19조제3항을 위반하여 야생생물을 포획 또는 채취하거나 고사시키기 위하여 폭발물, 덫, 창애, 올무, 함정, 전류 및 그물을 설치 또는 사용하거나 유독물, 농약 및 이와 유사한 물질을 살포하거나 주입한 자

  8. 삭제 〈2012.2.1.〉

  9. 삭제 〈2012.2.1.〉

  10. 제30조에 따른 명령을 위반한 자

10의2. 제34조의24제2항을 위반하여 사육곰 및 그 부속물을 양도·양수·운반·보관·섭취하거나 그러한 행위를 알선한 자

10의3. 제34조의24제3항을 위반하여 제16조제3항 단서에 따라 관람 또는 학술 연구 목적으로 용도변경한 곰을 환경부령으로 정하는 시설 외에서 사육한 자

  11. 삭제 〈2012.2.1.〉

  12. 제42조제2항을 위반하여 수렵장 외의 장소에서 수렵한 사람

13. 제43조제1항 또는 제2항에 따른 수렵동물 외의 동물을 수렵하거나 수렵기간이 아닌 때에 수렵한 사람

14. 제44조제1항을 위반하여 수렵면허를 받지 아니하고 수렵한 사람

15. 제50조제1항을 위반하여 수렵장설정자로부터 수렵승인을 받지 아니하고 수렵한 사람

16. 제16조의2제2항에 따른 사육시설의 변경등록을 하지 아니하거나 거짓으로 변경등록을 한 자

17. 제8조의3제1항을 위반하여 야생동물 전시행위를 한 자

② 상습적으로 제1항제1호, 제6호 또는 제7호의 죄를 지은 사람은 3년 이하의 징역에 처한다. 이 경우 3천만원 이하의 벌금을 병과할 수 있다. 〈개정 2014.3.24., 2017.12.12.〉

[전문개정 2011.7.28.]

---

**제70조(벌칙)** 다음 각 호의 어느 하나에 해당하는 자는 1년 이하의 징역 또는 1천만원 이하의 벌금에 처한다. 〈개정 2013.7.16., 2014.3.24., 2016.1.27., 2017.12.12., 2019.11.26.〉

1. 삭제 〈2017.12.12.〉

2. 제9조제1항을 위반하여 포획·수입 또는 반입한 야생동물, 이를 사용하여 만든 음식물 또는 가공품을 그 사실을 알면서 취득(음식물 또는 추출가공식품을 먹는 행위를 포함한다)·양도·양수·운반·보관하거나 그러한 행위를 알선한 자

3. 제10조를 위반하여 덫, 창애, 올무 또는 그 밖에 야생동물을 포획하는 도구를 제작·판매·소지 또는 보관한 자

4. 거짓이나 그 밖의 부정한 방법으로 제14조제1항 단서에 따른 포획·채취등의 허가를 받은 자

5. 거짓이나 그 밖의 부정한 방법으로 제16조제1항 본문에 따른 수출·수입·반출 또는 반입 허가를 받은 자

5의2. 삭제 〈2021.5.18.〉

5의3. 제16조의4제1항에 따른 정기 또는 수시 검사를 받지 아니한 자

5의4. 제16조의5에 따른 개선명령을 이행하지 아니한 자

6. 제18조 본문을 위반하여 멸종위기 야생생물 및 국제적 멸종위기종의 멸종 또는 감소를 촉진시키거나 학대를 유발할 수 있는 광고를 한 자

7. 거짓이나 그 밖의 부정한 방법으로 제19조제1항 단서에 따른 포획·채

취 또는 죽이는 허가를 받은 자

8. 제21조제1항을 위반하여 허가 없이 야생생물을 수출·수입·반출 또는 반입한 자

8의2. 거짓이나 그 밖의 부정한 방법으로 제23조제1항에 따른 유해야생동물 포획허가를 받은 자

9. 제34조의10제1항에 따른 예방접종·격리·이동제한·출입제한 또는 살처분 명령에 따르지 아니한 자

10. 제34조의10제3항을 위반하여 살처분한 야생동물의 사체를 소각하거나 매몰하지 아니한 자

11. 제40조제1항을 위반하여 등록을 하지 아니하고 야생동물의 박제품을 제조하거나 판매한 자

12. 제43조제2항에 따라 수렵장에서 수렵을 제한하기 위하여 정하여 고시한 사항(수렵기간은 제외한다)을 위반한 사람

13. 거짓이나 그 밖의 부정한 방법으로 제44조제1항에 따른 수렵면허를 받은 사람

14. 제48조제2항을 위반하여 수렵면허증을 대여한 사람

15. 제55조를 위반하여 수렵 제한사항을 지키지 아니한 사람

16. 이 법을 위반하여 야생동물을 포획할 목적으로 총기와 실탄을 같이 지니고 돌아다니는 사람

[전문개정 2011.7.28.]

**제71조(몰수)** ① 다음 각 호의 어느 하나에 해당하는 국제적 멸종위기종 및 그 가공품은 몰수한다. 〈개정 2013. 7. 16., 2022. 6. 10., 2022. 12. 13., 2024. 1. 23.〉

1. 제16조를 위반하여 허가 없이 수입 또는 반입되거나 그 수입 또는 반입 목적 외의 용도로 사용되는 국제적 멸종위기종 및 그 가공품

2. 제16조를 위반하여 허가 또는 승인 등을 받지 아니하고 포획·채취·구입되거나 양도·양수, 양도·양수의 알선·중개, 소유·점유 또는 진열되고 있는 국제적 멸종위기종 및 그 가공품

3. 제16조제7항 단서를 위반하여 인공증식 허가를 받지 아니하고 증식되거나 인공증식에 사용된 국제적 멸종위기종

② 다음 각 호의 어느 하나에 해당하는 사육곰 및 그 부속물은 몰수한다. 〈신설 2024. 1. 23.〉

1. 제34조의24제1항을 위반하여 소유·사육·증식된 사육곰

2. 제34조의24제2항을 위반하여 양도·양수·운반·보관된 사육곰 및 그 부속물

3. 제34조의24제3항을 위반하여 제16조제3항 단서에 따라 관람 또는 학술 연구 목적으로 용도를 변경하였으나 환경부령으로 정하는 시설 외에서 사육된 곰

③ 제22조의5제1항을 위반하여 허가받지 아니한 자가 수입·생산하거나 판매하려고 보관 중인 야생동물은 몰수할 수 있다. 〈신설 2022. 12. 13., 2024. 1. 23.〉

**제72조(양벌규정)** 법인 또는 단체의 대표자나 법인·단체 또는 개인의 대리인, 사용인, 그 밖의 종업원이 그 법인·단체 또는 개인의 업무에 관하여 제67조제1항, 제68조제1항, 제69조제1항 또는 제70조의 위반행위를 하면 그 행위자를 벌하는 외에 그 법인·단체 또는 개인에게도 해당 조문의 벌금형을 과(科)한다. 다만, 법인·단체 또는 개인이 그 위반행위를 방지하기 위하여 해당 업무에 관하여 상당한 주의와 감독을 게을리하지 아니한 경우에는 그러하지 아니하다. 〈개정 2014.3.24.〉
[전문개정 2011.7.28.]

**제73조(과태료)** ① 다음 각 호의 어느 하나에 해당하는 자에게는 1천만원 이하의 과태료를 부과한다. 〈개정 2011. 7. 28.〉

1. 제26조제2항에 따른 시·도지사의 조치를 위반한 자

2. 제33조제4항에 따른 시·도지사 또는 시장·군수·구청장의 조치를 위반한 자

② 다음 각 호의 어느 하나에 해당하는 자에게는 200만원 이하의 과태료를 부과한다. 〈개정 2011. 7. 28., 2013. 3. 22., 2014. 3. 24., 2019. 11. 26., 2024. 1. 23.〉

1. 제14조제4항을 위반하여 멸종위기 야생생물의 포획·채취등의 결과를 신고하지 아니한 자

2. 제14조제5항을 위반하여 멸종위기 야생생물 보관 사실을 신고하지 아니한 자

2의2. 제23조제5항을 위반하여 유해야생동물의 포획 결과를 신고하지 아니한 자

3. 제29조제1항에 따른 출입 제한 또는 금지 규정을 위반한 자

4. 제34조의9제2항을 위반하여 역학조사를 정당한 사유 없이 거부 또는 방해하거나 회피한 자

5. 제34조의10제4항을 위반하여 주변 환경의 오염방지를 위하여 필요한 조치를 이행하지 아니한 자

6. 제34조의11제1항을 위반하여 야생동물의 사체를 매몰한 토지를 3년 이내에 발굴한 자

7. 제56조제1항부터 제3항까지의 규정에 따른 공무원의 출입·검사·질문을 거부·방해 또는 기피한 자

8. 제34조의25제1항을 위반하여 사육곰 탈출 등 안전사고 발생 시 신고 또는 사고 수습을 위하여 필요한 조치를 하지 아니한 자

9. 제34조의26을 위반하여 수의사에 의하여 인도적인 방법으로 사육곰을 처리하지 아니한 자

③ 다음 각 호의 어느 하나에 해당하는 자에게는 100만원 이하의 과태료를 부과한다. 〈개정 2011. 7. 28., 2013. 3. 22., 2013. 7. 16., 2014. 3. 24., 2017. 12. 12., 2019. 11. 26., 2020. 5. 26.., 2022. 12. 13., 2024. 1. 23.〉

1. 제7조의2제2항을 위반하여 지정서를 반납하지 아니한 자

2. 제11조를 위반하여 야생동물을 운송한 자

3. 제14조제4항을 위반하여 허가증을 지니지 아니한 자

4. 제15조제2항을 위반하여 허가증을 반납하지 아니한 자

5. 제16조제6항을 위반하여 수입하거나 반입한 국제적 멸종위기종의 양도·양수 또는 질병·폐사 등을 신고하지 아니한 자

5의2. 제16조제7항에 따른 국제적 멸종위기종 인공증식증명서를 발급받지 아니한 자

5의3. 제16조제8항에 따른 국제적 멸종위기종 및 그 가공품의 입수경위를 증명하는 서류를 보관하지 아니한 자

5의4. 제16조의2제2항에 따른 사육시설의 변경신고를 하지 아니하거나 거짓으로 변경신고를 한 자

5의5. 제16조의7제1항에 따른 사육시설의 폐쇄 또는 운영 중지 신고를 하지 아니한 자

5의6. 제16조의9제2항에 따른 승계신고를 하지 아니한 자

6. 제19조제5항을 위반하여 야생생물을 포획·채취하거나 죽인 결과를 신고하지 아니한 자

7. 제20조제2항을 위반하여 허가증을 반납하지 아니한 자

7의2. 제21조제3항을 위반하여 신고를 하지 아니한 자

7의3. 제22조의2제3항 또는 제4항을 위반하여 신고하지 아니한 자

7의4. 제22조의4제2항을 위반하여 신고하지 아니한 자

7의5. 제22조의5제3항을 위반하여 필요한 조치를 하지 아니한 자

7의6. 제22조의7제3항을 위반하여 영업의 승계를 기간 내에 신고하지 아니한 자

7의7. 제22조의9제5항을 위반하여 필요한 조치를 하지 아니한 자

7의8. 정당한 사유 없이 제22조의11제1항 및 제2항에 따른 공무원의 출입·검사·질문을 거부·방해 또는 기피한 자

8. 제23조제6항에 따른 안전수칙을 지키지 아니한 자

8의2. 제23조제7항에 따른 유해야생동물 처리 방법을 지키지 아니한 자

9. 제23조의2제2항을 위반하여 허가증을 반납하지 아니한 자

9의2. 제23조의3제2항에 따른 금지 또는 제한 행위를 한 자

10. 삭제 〈2012. 2. 1.〉

11. 제28조제3항에 따른 금지행위를 한 자

12. 제28조제4항에 따른 행위제한을 위반한 자

13. 제33조제5항을 위반하여 야생동물의 번식기에 신고하지 아니하고 보호구역에 들어간 자

13의2. 제34조의5제2항을 위반하여 지정서를 반납하지 아니한 자

13의3. 제34조의7제4항을 위반하여 야생동물 질병이 확인된 사실을 알면서도 국립야생동물질병관리기관장과 관할 지방자치단체의 장에게 알리지 아니한 자

14. 제36조제2항을 위반하여 등록증을 반납하지 아니한 자

15. 제40조제2항을 위반하여 장부를 갖추어 두지 아니하거나 거짓으로 적은 자

16. 제40조제3항에 따른 시장·군수·구청장의 명령을 준수하지 아니한 자

17. 제40조제6항을 위반하여 등록증을 반납하지 아니한 자

18. 삭제 〈2012. 2. 1.〉

19. 제47조의2제2항을 위반하여 지정서를 반납하지 아니한 자

20. 제49조제2항을 위반하여 수렵면허증을 반납하지 아니한 사람

21. 제50조제2항을 위반하여 수렵동물임을 확인할 수 있는 표지를 붙이지 아니한 사람

22. 제52조를 위반하여 수렵면허증을 지니지 아니하고 수렵한 사람

23. 제53조제3항을 위반하여 수렵장 운영실적을 보고하지 아니한 자

24. 제56조제1항에 따른 보고 또는 자료 제출을 하지 아니하거나 거짓으

로 한 자

④ 제1항부터 제3항까지의 규정에 따른 과태료는 대통령령으로 정하는 바에 따라 환경부장관, 시·도지사 또는 시장·군수·구청장이 부과·징수한다. 〈개정 2010. 7. 23.〉

⑤ ～ ⑦ 삭제 〈2010. 7. 23.〉

# Ⅳ. 기재례

## 【범죄사실 기재례】

피의자는 20○○. ○. ○. 13 : 30경 지정된 수렵장인 강원도 ○○군 ○○면 ○○리에 있는 ○○산에서 산림청장이 지정, 고시한 수렵동물이 아닌 암꿩(까투리) 2마리를 엽총으로 사살하여 포획하였다.

## 【범죄사실 기재례】

피의자는 20○○. ○. ○. 14 : 00경 경기 ○○군 ○○면 ○○리 뒷산에서 공기총으로 까마귀 3마리를 사살하여 포획함으로써 지정된 수렵장 밖에서 야생동물을 포획하였다.

## 【범죄사실 기재례】

1. 피의자는 야생생물 보호 및 관리에 관한 법률에 위반하여 포획한 조수와 그 가공품은 취득, 보관, 알선 등을 할 수 없음에도 불구하고 20○○. ○. 초순경 ○○시 ○○동 ○○번지에 있는 피의자가 경영하는 ○○표구사에서 사건외 성명을 알 수 없는 자들로부터 불법포획조수인 암꿩 2마리, 청설모 8마리를 취득한 다음 이를 박제로 만들어 보관하였다.

2. 피의자는 ○○시 ○○동 ○○번지에 있는 피의자의 주거지에서 조수 박제용 톱밥, 찰흙, 포르말린, 철사 등의 영업설비를 갖추고 박제품제조업을 영위하고 있다.

피의자는 관할관청에 등록을 하지 않고, 20○○. ○. ○.경 위 피의자의 주거지에서 지○○의 의뢰를 받아 위 지○○이 가져온 수꿩(장끼) 1마리를 박제품으로 제조해주고 그로부터 돈 ○만원을 받은 것을 비롯하여 그 무렵부터 20○○. ○. ○.까지 사이에 불특정다수인의 의뢰를 받아 조수의 박제품을 제조함으로써 한달평균 ○○만원의 수익을 얻는 박제품의 제조업을 영위하였다.

**[서식] 야생생물 포획·채취 등 허가증**

(앞쪽)

| 제 호 | | **야생생물 포획·채취 등 허가증** | | | |
|---|---|---|---|---|---|
| 허가<br>받은 자 | 성 명 | | | 생 년<br>월일 | |
| 허가사항 | 종 류 | | | | |
| | 수 량 | | | | |
| | 목 적 | | | 방 법 | |
| | 기 간 | | . . . ~ . . . | | |
| | 포획·<br>채취 등<br>구역 | | | | |

「야생생물 보호 및 관리에 관한 법률」 제19조제1항 및 같은 법 시행규칙 제25조제2항에 따라 위 야생생물의 포획·채취 등을 허가합니다.

년　　　월　　　일

## 시장·군수·구청장　[직인]

| 준수사항 |
|---|

1. 야생생물의 포획·채취 등을 할 때에는 허가증을 휴대하여야 합니다.
2. 포획·채취 등을 한 야생생물은 포획·채취 등을 한 후 5일 이내에 시장·군수 또는 구청장에게 신고하여야 하며, 신고하기 전에 해당 유해 야생동물을 포획지역이 속한 시·군·구 밖으로 반출하거나 가공하여서는 안됩니다.
3. 폭발물·극약·독약 또는 함정 등 위험한 방법으로 야생동물을 포획하지 못합니다.
4. 포획·채취 등이 끝났을 때에는 허가증을 시장·군수 또는 구청장에게 반납하여야 합니다.

210mm×297mm(백상지 120g/㎡)

## [서식] 야생생물 (수출, 수입, 반출, 반입) 허가증

※ [  ]에는 해당되는 곳에 √ 표를 합니다.                                    (앞쪽)

| 제          호 | | | | | | |
|---|---|---|---|---|---|---|
| **야생생물** **[ ]수출  [ ]수입**<br>**[ ]반출  [ ]반입** **허가증** | | | | | | |
| 허가<br>받은자 | 성 명 | | | 실수<br>요자 | 성 명 | |
| | 생년월일 | | | | 생년월일 | |
| 허가<br>사항 | 품명(학명<br>및 보통명) | 규격<br>(성별, 연<br>령) | 수량 | 용도 | 사육·재<br>배장 주소 | 수출국·수입국 |
| | | | | | | |
| 허가<br>조건 | | | | | | |
| 유효<br>기간 | 수출허가 | | | | | |
| | 수입허가 | | | | | |

「야생생물 보호 및 관리에 관한 법률」 제21조제1항 및 같은 법 시행규칙 제29조제2항
에 따라 위 야생생물의 [ ]수출  [ ]수입  [ ]반출  [ ]반입을 허가합니다.



                                              년      월      일

          **시장·군수·구청장**  [직인]

                                      210mm×297mm(백상지 120g/㎡)

**[서식] 수렵동물 포획승인서**

| 제 호 | | | |
|---|---|---|---|
| **수렵동물 포획승인서** | | | |
| 승인 받은자 성명 | | 생년월일<br>(외국인등록<br>번호) | |
| 승인사항 | 포 획 기 간 | . . . ~ . . . | |
| | 포 획 지 역 | | 야생동물별<br>포획예정량 | |
| | 수렵면허증번<br>호 | | 총기의 종류 | |

「야생생물 보호 및 관리에 관한 법률」 제50조제1항 및 같은 법 시행규칙 제63조제2항에 따라 위와 같이 수렵야생동물의 포획을 승인합니다.

년     월     일

수렵장설정자     직인

---

**준수사항**

1. 야생동물을 포획하려는 경우에는 수렵면허증과 함께 승인증을 휴대하여야 합니다.
2. 포획기간·포획지역·야생동물별 포획예정량 등의 승인사항을 준수하여야 합니다
3. 야생동물을 포획할 때에는 폭발물·극약·독약·덫·창애 또는 함정 등의 위험한 방법을 사용하여서는 아니되며, 총기는 총기안전수칙에 따라 안전하게 취급하여야 합니다.
4. 야생동물을 포획한 후에는 지체 없이 수렵동물의 다리 등에 수렵동물 확인표지를 부착하여야 합니다.
5. 포획한 야생동물의 종류·수량 및 포획장소 등을 뒷면에 적어야 하며, 수렵기간이 끝난 후 15일 이내에 포획승인서(포획한 야생동물 내용 기재)와 미사용 수렵동물 확인표지를 수렵장설정자에게 반납하여야 합니다.
6. 수렵동물 확인표지를 부착하지 아니할 때는 과태료 부과 대상이 됩니다.

210mm×297mm(백상지 120g/㎡)

**[서식] 수렵면허 (취소, 정지) 통지서**

# 행 정 기 관 명

수신자
(경유)
제 목  수렵면허([  ]취소 [  ]정지) 통지서

---

「야생생물 보호 및 관리에 관한 법률」 제49조제1항, 같은 법 시행령 제33조제2항 및 같은 법 시행규칙 제62조에 따라 귀하의 수렵면허가 취소(정지)되었음을 통지합니다.

| 성       명 | |
|---|---|
| 주       소 | |
| 수렵면허증<br>발급일 및 번호 | |
| 사       유 | |

끝.

## 시장·군수·구청장  [직인]

---

기안자 직위(직급) 서명    검토자 직위(직급) 서명    결재권자 직위(직급) 서명

협조자

시행        처리과−일련번호(시행)        접수        처리과명−일련번호(접수)

우        주소                                / 홈페이지 주소

전화번호(  )        팩스번호(  )        / 기안자의 전자우편주소  / 공개구분

210mm×297mm[백상지 80g/㎡(재활용품)]

# 약 사 법

[시행 2024. 12. 20.] [법률 제20592호, 2024. 12. 20., 일부개정]

## Ⅰ. 개설

### 목적

이 법은 약사(藥事)에 관한 일들이 원활하게 이루어질 수 있도록 필요한 사항을 규정하여 국민보건 향상에 기여하는 것을 목적으로 한다.

## Ⅱ. 판례

**제20조(약국 개설등록)** ① 약사 또는 한약사가 아니면 약국을 개설할 수 없다.

② 약국을 개설하려는 자는 보건복지부령으로 정하는 바에 따라 시장·군수·구청장(자치구의 구청장을 말한다. 이하 같다)에게 개설등록을 하여야 한다. 등록된 사항을 변경할 때에도 또한 같다. 〈개정 2008.2.29., 2010.1.18.〉

③ 제2항에 따른 등록을 하려는 자는 대통령령으로 정하는 시설 기준에 따라 필요한 시설을 갖추어야 한다.

④ 시·도지사는 대통령령으로 정하는 기준에 따라 시·도의 규칙으로 약국의 개설등록 기준을 정할 수 있다.

⑤ 다음 각 호의 어느 하나에 해당하는 경우에는 개설등록을 받지 아니한다.

  1. 제76조에 따라 개설등록이 취소된 날부터 6개월이 지나지 아니한 자인 경우
  2. 약국을 개설하려는 장소가 의료기관의 시설 안 또는 구내인 경우
  3. 의료기관의 시설 또는 부지의 일부를 분할·변경 또는 개수(改修)하여 약국을 개설하는 경우
  4. 의료기관과 약국 사이에 전용(專用) 복도·계단·승강기 또는 구름다리 등의 통로가 설치되어 있거나 이를 설치하는 경우

⑥ 제2항에 따라 개설등록한 약국이 아니면 약국의 명칭이나 이와 비슷한 명칭을 사용하지 못한다. 〈신설 2014.3.18.〉

[헌법불합치, 2000헌바84 2002.9.19. 약사법(2000.1.12. 법률 제6153호로 개정된 것) 제20조 제1항은 헌법에 합치하지 아니한다. 이 법률조항은 입법자가 개정할 때까지 계속 적용된다.]

## 금지되는 약국 개설행위의 의미

[대법원 2021. 7. 29., 선고, 2021도6092, 판결]

【판결요지】

약사법 제20조 제1항은 "약사 또는 한약사가 아니면 약국을 개설할 수 없다."라고 정하고 있다. 이 조항에 따라 금지되는 약국 개설행위는 약사 또는 한약사(이하 '약사 등'이라 한다) 자격이 없는 일반인이 약국의 시설 및 인력의 충원·관리, 개설신고, 의약품 제조 및 판매업의 시행, 필요한 자금의 조달, 그 운영성과의 귀속 등을 주도적으로 처리하는 것을 뜻한다. 약사 등이 아닌 사람이 이미 개설된 약국의 시설과 인력을 인수하고 그 운영을 지배·관리하는 등 종전 개설자의 약국 개설·운영행위와 단절되는 새로운 개설·운영행위를 한 것으로 볼 수 있는 경우에도 약사법에서 금지하는 약사 등이 아닌 사람의 약국 개설행위에 해당한다.

## 약국등록사항변경등록불가처분취소

[대법원 2018. 5. 11., 선고, 2014두1178, 판결]

【판결요지】

약국을 개설하고자 하는 장소가 약사법 제20조 제5항 제2호 및 제3호에서 금지하고 있는 '의료기관의 시설 안 또는 구내'나 '의료기관의 시설 또는 부지의 일부를 분할·변경 또는 개수한 곳'에 해당하는지 여부를 판단할 때에는 문언적 의미와 더불어 의약분업의 원칙에 따라 의료기관의 외래환자에 대한 원외조제를 의무화하기 위하여 약국을 의료기관과는 공간적·기능적으로 독립된 장소에 두고자 하는 위 법률조항의 입법 취지를 고려하여야 한다.

이와 같이 의약분업의 근본 취지는 약국을 의료기관으로부터 공간적·기능적으로 독립시킴으로써 약국이 의료기관에 종속되거나 약국과 의료기관이 서로 담합하는 것을 방지하려는 데에 있는 것이지 약국을 의료기관이 들어선 건물 자체로부터 독립시키려는 데에 있는 것이 아니라는 점을 고려하면, 어떤 약국을 개설하려는 장소가 위 법률조항에서 말하는 '의료기관의 시설 안 또는 구내(약사법 제20조 제5항 제2호)'나 '의료기관의 시설 또는 부지의 일부를 분할·변경 또는 개수한 곳(같은 항 제3호)'에 해당하는지는 구체적인 개별 의료기관을 기준으로 해당 약국이 그 의료기관의 시설 안 또는 구내나 그 의료기관의 시설 또는 부지의 일부를 분할·변경 또는 개수한 곳에 위치하는지 여부에 따라 판단하여야 한다.

**제31조(제조업 허가 등)** ① 의약품 제조를 업(業)으로 하려는 자는 대통령령으로 정하는 시설기준에 따라 필요한 시설을 갖추고 총리령으로 정하는 바에 따라 식품의약품안전처장의 허가를 받아야 한다. 〈개정 2008.2.29., 2010.1.18., 2013.3.23.〉

② 제1항에 따른 제조업자가 그 제조(다른 제조업자에게 제조를 위탁하는 경우를 포함한다)한 의약품을 판매하려는 경우에는 총리령으로 정하는 바에 따

라 품목별로 식품의약품안전처장의 제조판매품목허가(이하 "품목허가"라 한다)를 받거나 제조판매품목 신고(이하 "품목신고"라 한다)를 하여야 한다. 〈개정 2013.3.23.〉

③ 제1항에 따른 제조업자 외의 자(제4호의 경우 제91조제1항에 따른 한국희귀·필수의약품센터만 해당한다)가 다음 각 호의 어느 하나에 해당하는 의약품을 제조업자에게 위탁제조하여 판매하려는 경우에는 총리령으로 정하는 바에 따라 식품의약품안전처장에게 위탁제조판매업신고를 하여야 하며, 품목별로 품목허가를 받아야 한다. 〈개정 2008.2.29., 2010.1.18., 2013.3.23., 2015.1.28., 2017.10.24., 2018.12.11.〉

  1. 제34조제1항에 따라 식품의약품안전처장으로부터 임상시험계획의 승인을 받아 임상시험(생물학적 동등성시험은 제외한다. 이하 이 항에서 같다)을 실시한 의약품

  2. 제1호에 따른 임상시험 외에 외국에서 실시한 임상시험 중 총리령으로 정하는 임상시험을 실시한 의약품

  3. 외국에서 판매되고 있는 의약품 중 국내 제조업자에게 제제기술을 이전한 의약품으로서 총리령으로 정하는 의약품

  4. 제91조제1항에 따른 한국희귀·필수의약품센터에서 취급하는 같은 항 각 호에 따른 의약품

④ 의약외품의 제조를 업으로 하려는 자는 대통령령으로 정하는 시설기준에 따라 필요한 시설을 갖추고 식품의약품안전처장에게 제조업신고를 하여야 하며, 품목별로 품목허가를 받거나 품목신고를 하여야 한다. 〈개정 2013.3.23.〉

⑤ 제2항 및 제3항에 따라 품목허가를 받거나 품목신고를 한 자(이하 "품목허가를 받은 자"라 한다)는 총리령으로 정하는 바에 따라 영업소를 설치할 수 있다. 〈개정 2008.2.29., 2010.1.18., 2013.3.23.〉

⑥ 제1항부터 제4항까지의 규정에도 불구하고 제34조에 따른 임상시험용 의약품 등 총리령으로 정하는 의약품 또는 의약외품(이하 "의약품등"이라 한다)에 대하여는 제조업허가 또는 품목허가를 받지 아니하거나 품목신고를 하지 아니할 수 있다. 〈신설 2011.3.30., 2013.3.23.〉

⑦ 제2항부터 제4항까지의 규정에도 불구하고 의약품등과 의료기기가 조합되어 있거나 복합 구성된 것으로서 주된 기능이 의료기기에 해당하여 「의료기기법」에 따라 허가를 받거나 신고한 제품·품목 또는 의약품과 디지털의료기기가 조합된 것으로서 주된 기능이 디지털의료기기에 해당하여 「디지털의료제품법」에 따라 허가를 받은 제품·품목은 제2항부터 제4항까지의 규정

에 따라 품목허가를 받거나 품목신고를 한 것으로 본다. 〈신설 2011. 3. 30., 2024. 1. 23.〉

⑧ 다음 각 호의 어느 하나에 해당하는 자는 의약품등의 제조업이나 위탁제조 판매업에 대한 허가를 받거나 신고를 할 수 없다. 〈개정 2011.3.30., 2017.10.24.〉

1. 제5조 각 호의 어느 하나에 해당하는 자

2. 제76조에 따라 제조업 허가가 취소되거나 위탁제조판매업소 또는 제조소 (製造所)가 폐쇄된 날부터 1년이 지나지 아니한 자. 다만, 다음 각 목의 어느 하나에 해당하는 경우는 제외한다.

　　가. 제5조제1호 또는 제3호에 해당하여 취소 또는 폐쇄된 후 정신건강의학 과 전문의가 약사(藥事)에 관한 업무를 담당하는 것이 적합하다고 인정 한 경우

　　나. 제5조제2호에 해당하여 취소 또는 폐쇄된 후 가정법원의 성년후견·한 정후견 종료의 심판을 받은 경우

3. 파산선고를 받고 복권되지 아니한 자

⑨ 제1항부터 제4항까지의 경우에 허가받은 사항 또는 신고한 사항 중 총리령 으로 정하는 사항을 변경하려는 때에는 총리령으로 정하는 바에 따라 변경 허가를 받거나 변경신고를 하여야 한다. 〈개정 2011.3.30., 2013.3.23.〉

⑩ 제2항 및 제3항에 따라 허가를 받거나 신고하려는 품목이 신약 또는 식품의 약품안전처장이 지정하는 의약품인 경우에는 안전성·유효성 등에 관한 다 음 각 호의 자료 중 의약품의 특성, 종류 등에 따라 총리령으로 정하는 자 료를 제출하여야 한다. 〈개정 2011.3.30., 2013.3.23., 2021.7.20.〉

1. 품질에 관한 자료

2. 비임상시험자료

3. 임상시험자료

4. 특허관계 확인서와 그 사유를 적은 서류 및 근거자료

5. 그 밖에 총리령으로 정하는 자료

⑪ 제10항에 따라 자료를 제출하는 의약품이 임상시험자료를 작성한 자의 의약 품과 동일한 제조소에서 동일한 처방 및 제조방법으로 모든 제조공정을 동 일하게 하여 제조되는 경우(완제품 포장 공정만 다르게 하여 제조되는 경우 를 포함한다)에는 해당 임상시험자료를 사용할 수 있도록 하는 작성자의 동 의서로 같은 항 제3호의 자료를 갈음할 수 있다. 이 경우 전문의약품(「첨 단재생의료 및 첨단바이오의약품 안전 및 지원에 관한 법률」 제2조제5호에 따른 첨단바이오의약품, 생물학적 제제 및 그 밖에 식품의약품안전처장이 정하는 의약품은 제외한다)의 임상시험자료를 작성한 자는 3회에 한정하여

해당 자료의 사용에 동의할 수 있다. 〈신설 2021.7.20.〉

⑫ 제2항에 따라 허가를 받거나 신고하려는 품목이 신약 또는 식품의약품안전처장이 지정하는 의약품과 주성분의 종류, 함량 및 투여경로가 동일한 경우에는 다음 각 호의 자료를 총리령으로 정하는 바에 따라 제출하여야 한다. 다만, 생체를 이용하지 아니하는 시험을 하는 품목의 경우에는 식품의약품안전처장이 정하여 고시하는 자료로 제2호의 자료를 갈음할 수 있다. 〈신설 2021.7. 0.〉

1. 품질에 관한 자료

2. 생물학적 동등성자료(생물학적 동등성에 관한 시험자료 또는 비교임상시험 성적서에 관한 자료를 말한다. 이하 이 조에서 같다)

3. 특허관계 확인서와 그 사유를 적은 서류 및 근거자료

4. 그 밖에 총리령으로 정하는 자료

⑬ 제12항에 따라 자료를 제출하는 의약품이 생물학적 동등성자료(같은 항 단서에 따라 식품의약품안전처장이 정하여 고시하는 자료를 포함한다. 이하 이 항에서 같다)를 작성한 자의 의약품과 동일한 제조소에서 동일한 처방 및 제조방법으로 모든 제조공정을 동일하게 하여 제조되는 경우(완제품 포장 공정만 다르게 하여 제조되는 경우를 포함한다)에는 해당 생물학적 동등성 자료를 사용할 수 있도록 하는 작성자의 동의서로 같은 항 제2호의 자료를 갈음할 수 있다. 이 경우 생물학적 동등성자료를 작성한 자는 3회에 한정하여 해당 자료의 사용에 동의할 수 있다. 〈신설 2021.7.20.〉

⑭ 식품의약품안전처장은 제2항부터 제4항까지 및 제9항에 따른 신고(품목신고를 제외한다)를 받은 경우에는 그 내용을 검토하여 이 법에 적합하면 신고를 수리하여야 하고, 품목허가(변경허가를 포함한다) 신청을 받거나 품목신고(변경신고를 포함한다)를 받은 경우에는 다음 각 호의 요건을 모두 갖춘 경우에 한정하여 허가를 하거나 신고를 수리하여야 한다. 〈신설 2019.1.15., 2021.7.20.〉

1. 의약품등의 안전성·유효성이 인정될 것

2. 의약품등의 품질이 인정될 것

3. 제12항에 따라 자료를 제출하는 의약품의 경우 동등성이 인정될 것

4. 그 밖에 총리령으로 정하는 사항에 적합할 것

⑮ 제1항부터 제4항까지 및 제9항부터 제14항까지에 따른 의약품등의 제조업·위탁제조판매업 및 제조판매품목의 허가 또는 신고를 할 때 허가 또는 신고의 대상·기준·조건, 제출 자료의 종류·요건·면제·변경과 제출 방법·절차 및 관리 등에 관하여 필요한 사항은 총리령으로 정한다. 〈개정 2011.3.30., 2013.3.23., 2019.1. 5., 2021.7.20.〉

⑯ 의약품등의 제조업자 또는 위탁제조판매업 신고를 한 자는 다음 각 호의 어느 하나에 해당하는 의약품등의 품목허가를 받거나 품목신고를 할 수 없다. 〈신설 2021.7.20.〉

1. 거짓이나 그 밖의 부정한 방법으로 품목허가·변경허가를 받거나 품목신고·변경신고를 하여 품목허가 또는 품목신고가 취소된 날부터 5년이 지나지 아니한 의약품등

2. 거짓이나 그 밖의 부정한 방법으로 제53조에 따른 국가출하승인을 받아 품목허가가 취소된 날부터 3년이 지나지 아니한 의약품

[전문개정 2007.10.17.]

| 위임행정규칙 |
| --- |
| · 의약품동등성 확보 필요 대상 의약품 지정(식품의약품안전처고시 제2020-57호, 2020.7.8., 일부개정)<br>· 첨단바이오의약품의 품목허가·심사 규정(식품의약품안전처고시 제2020-82호, 2020.9.7., 제정) |

## 약사법위반(미신고 의약외품 제조사건)

[대법원 2018. 6. 15., 선고, 2016도20406, 판결]

【판결요지】

[1] 약사법상 의약외품의 제조를 신고사항으로 하고, 품목별로 허가를 받게 하는 등 제조·판매에 관한 엄격한 법적 규제를 하는 이유는 의약외품의 직·간접적인 약리작용으로 사람 또는 동물 등의 건강에 대한 적극적인 위험을 발생시킬 우려가 있다는 점과 의약외품의 명칭, 제조업자, 제조연월일, 성분 등을 의약외품의 포장 등에 표시하도록 하여 의약외품의 품질, 유효성 및 안전성을 확보함으로써 국민의 보건위생상의 위해를 미연에 방지하기 위함이다. 위와 같은 입법 취지에 비추어 볼 때, 약사법 제31조 제4항의 '의약외품의 제조'란 의약품 이외의 물품으로서 일반의 수요에 응하기 위하여 일정한 작업에 따라 식품의약품안전처장이 지정한 물품을 산출하는 행위라 할 것이다. 의약외품의 포장을 제거하고 재포장한 경우가 의약외품의 제조행위에 해당하는지 여부는 제품의 성분과 외관, 제조시설 및 제조방법, 제품 포장의 표시 내용, 판매할 때의 설명 및 선전내용, 사회 일반인의 인식가능성 등을 고려하되, 재포장 과정에서 원래 제품의 변질가능성이나 제품명, 제조연월일 등 재포장 표시에 의하여 원래 제품과의 동일성이 상실되어 별개의 제품으로 오인할 가능성 등도 함께 참작하여 제조행위에 해당하는지를 판단하여야 한다.

[2] 피고인 甲 주식회사의 실질적인 대표자이자 사용인인 피고인 乙이 제조업신고를 하지 아니하고 다른 제조업자로부터 공급받은 멸균장갑 등 의약외품의 포장을 개봉하여 새로 포장한 후 피고인 甲 회사에서 새로 제작한 것처럼 명칭, 유효기간 등을 임의로 기재하여 제조·판매하였다고 하여 약사법 위반으로 기소된 사안에서, 피고인들은 다수의 의약외품 제조업체로부터 포장이 봉함된 의약외품 뿐만 아니라 반제품 또는 포장되지 않은 상태의

제품을 공급받아 피고인 甲 회사 작업장에서 포장기계 등을 이용하여 완제품 형태로 포장하였는데, 그 과정에서 봉함된 포장을 개봉하거나 개별 포장 후 피고인 甲 회사에서 별도로 제작한 상자에 필요한 개수만큼 넣고 포장하여 대량으로 제작·판매한 점, 그 제품 포장에는 피고인 甲 회사가 제조한 것처럼 겉면에 피고인 甲 회사 상호를 표시하고, 제품의 용도, 용법, 용량, 유효기간 등을 기재하였으며, 일부 제품에는 그 자체 소포장에도 피고인 甲 회사의 상호를 표시한 점, 피고인 甲 회사의 인터넷 홈페이지에는 피고인 甲 회사가 의약품도 제조하는 것처럼 표시하고 개별 의약외품에 대한 제조업체를 '주문자 상표 부착 생산'으로 표시하여 피고인 甲 회사를 제조업체인 것처럼 선전·판매한 점 등 제반 사정을 종합하면, 일반인의 입장에서 피고인 甲 회사를 제조업체로 오인하거나 원래 제품과의 동일성을 상실하여 별개의 제품으로 여길 가능성이 커 피고인들의 재포장행위는 의약외품 제조행위로 볼 여지가 있는데도, 이와 달리 보아 피고인들에게 무죄를 선고한 원심판단에 약사법상 의약외품 제조행위에 관한 법리오해 등의 위법이 있다고 한 사례.

**제50조(의약품 판매)** ① 약국개설자 및 의약품판매업자는 그 약국 또는 점포 이외의 장소에서 의약품을 판매하여서는 아니 된다. 다만, 시장·군수·구청장의 승인을 받은 경우에는 예외로 한다.

② 약국개설자는 의사 또는 치과의사의 처방전에 따라 조제하는 경우 외에는 전문의약품을 판매하여서는 아니 된다. 다만, 「수의사법」에 따른 동물병원 개설자에게 보건복지부령으로 정하는 바에 따라 판매하는 경우에는 그러하지 아니하다. 〈개정 2008.2.29., 2010.1.18.〉

③ 약국개설자는 제2항 단서에 따라 동물병원 개설자에게 전문의약품을 판매한 경우에는 의약품관리종합정보센터에 그 동물병원의 명칭, 연락처, 의약품의 명칭, 수량, 판매일 등의 판매 내역을 보건복지부령으로 정하는 바에 따라 제출하여야 한다. 〈신설 2024. 12. 20.〉

④ 약국개설자는 의사 또는 치과의사의 처방전이 없이 일반의약품을 판매할 수 있다. 〈개정 2024. 12. 20.〉

⑤ 약국개설자는 일반의약품을 판매할 때에 필요하다고 판단되면 복약지도를 할 수 있다. 〈개정 2024. 12. 20.〉

## 약사법위반

[대법원 2017. 4. 26., 선고, 2017도3406, 판결]

【판결요지】
약사(藥師) 또는 한약사(韓藥師)가 아니면 약국을 개설하거나 의약품을 조제하는 등 약사에 관한 업무를 할 수 없고, 약국을 개설하고자 하는 자는 대통령령이 정하는 시설기준에 필요한 시설을 갖추어 법령이 정하는 바에 따라 개설등록을 하여야 하며,

원칙적으로 약국 개설자에 한하여 그 약국을 관리하면서 의약품을 판매할 수 있다(약사법 제20조 제1항 내지 제3항, 제21조 제2항, 제23조 제1항, 제44조 제1항).

여기에서 나아가 약사법 제50조 제1항은 "약국개설자 및 의약품판매업자는 그 약국 또는 점포 이외의 장소에서 의약품을 판매하여서는 아니 된다." 라고 정함으로써 의약품 판매 장소를 엄격하게 제한하고 있다. 이는 약사(藥事)의 적정을 기하여 국민보건 향상에 기여함을 목적으로 하는 약사법의 입법 목적(약사법 제1조)을 실현하고, 의약품의 오·남용 방지뿐만 아니라 보관과 유통과정에서 의약품이 변질·오염될 가능성을 차단하기 위한 것이다. 따라서 의약품의 주문, 조제, 인도, 복약지도 등 의약품 판매를 구성하는 일련의 행위 전부 또는 주요 부분이 약국 또는 점포 내에서 이루어지거나 그와 동일하게 볼 수 있는 방법으로 이루어져야 한다.

그런데 약사법령은 약국 개설자에 대해서는 의약품 도매상과는 달리 의약품 유통과정에서 의약품의 안정성을 확보하기 위한 시설기준이나 의약품 유통품질관리기준 등을 규정하고 있지 않다. 또한 약사법은 약국 개설자에게만 동물약국 개설자에 대한 인체용 의약품 판매를 허용하고 있을 뿐이고 의약품 도매상에게는 동물약국 개설자에 대한 인체용 의약품 판매를 허용하지 않고 있다. 그러므로 약국 개설자가 동물병원 개설자에게 인체용 의약품을 판매하는 경우에도 약사법 제50조 제1항이 정하는 판매 장소의 제한은 그대로 적용된다. 약국 개설자가 인터넷 또는 인터넷 쇼핑몰을 이용하여 동물병원 개설자에게 의약품을 판매하였다면 특별한 사정이 없는 한 약국 이외의 장소에서 의약품을 판매한 것으로 볼 수 있어 약사법의 위 규정을 위반하였다고 보아야 한다.

## III. 벌칙

**제93조(벌칙)** ①다음 각 호의 어느 하나에 해당하는 자는 5년 이하의 징역 또는 5천만원 이하의 벌금에 처한다. 〈개정 2007. 10. 17., 2015. 1. 28., 2015. 12. 29., 2017. 10. 24., 2018. 12. 11., 2020. 4. 7., 2021. 7. 20., 2022. 6. 10., 2024. 2. 20.〉

1. 제6조제3항을 위반하여 다른 사람에게 면허를 대여한 사람

1의2. 제6조제4항을 위반하여 면허를 대여받거나 면허 대여를 알선한 사람

2. 제20조제1항을 위반하여 약국을 개설한 자

2의2. 제22조의2제1항을 위반하여 약국의 시설 등을 파괴·손상 또는 점거하여 약사·한약사의 업무를 방해하거나 이를 교사한 자

2의3. 제22조의2제2항을 위반하여 약사·한약사 또는 약국 이용자를 폭행·협박한 자. 다만, 피해자의 명시한 의사에 반하여 공소를 제기할 수 없다.

3. 제23조제1항을 위반한 자

4. 제31조제1항부터 제4항까지 또는 제9항을 위반하여 허가를 받거나 신고를 하지 아니한 자 또는 변경허가를 받거나 변경신고를 하지 아니한 자

4의2. 거짓이나 그 밖의 부정한 방법으로 제31조제1항부터 제4항까지 또

　　　　는 제9항에 따른 허가·변경허가를 받거나 신고·변경신고를 한 자

4의3. 거짓이나 그 밖의 부정한 방법으로 제31조의2제1항·제3항(제42조
　　　　제5항에서 준용하는 경우를 포함한다)에 따른 원료의약품의 등록·
　　　　변경등록을 한 자

4의4. 거짓이나 그 밖의 부정한 방법으로 제35조제1항 및 제2항(제42조제
　　　　5항에서 준용하는 경우를 포함한다)에 따른 시설 조건부 허가 또는
　　　　품목 조건부 허가를 받은 자

4의5. 제38조의2제1항 및 제2항을 위반하여 적합판정 또는 변경적합판정
　　　　을 받지 아니하고 의약품등을 제조하여 판매한 자

4의6. 거짓이나 그 밖의 부정한 방법으로 제38조의2제1항 및 제2항에 따
　　　　른 적합판정 또는 변경적합판정을 받은 자

5. 제42조제1항을 위반하여 허가를 받거나 신고를 하지 아니한 자 또는
　　변경허가를 받거나 변경신고를 하지 아니한 자

5의2. 거짓이나 그 밖의 부정한 방법으로 제42조제1항에 따른 허가·변경
　　　　허가를 받거나 신고·변경신고를 한 자

6. 제43조를 위반한 자

6의2. 거짓이나 그 밖의 부정한 방법으로 제43조제1항에 따른 허가를 받
　　　　은 자

7. 제44조제1항을 위반한 자

8. 제44조제2항제2호에 따른 허가를 받지 아니하고 의약품을 판매한 자

8의2. 거짓이나 그 밖의 부정한 방법으로 제44조의2제1항에 따른 등록 또
　　　　는 같은 조 제3항에 따른 변경등록을 한 자

8의3. 거짓이나 그 밖의 부정한 방법으로 제45조제1항에 따른 허가·변경
　　　　허가를 받은 자

9. 제53조제1항을 위반하여 출하승인을 받지 아니하거나 거짓 또는 그 밖
　　의 부정한 방법으로 출하승인을 받은 자

10. 제61조(제66조에서 준용하는 경우를 포함한다)를 위반한 자. 다만, 제
　　　56조제2항(제44조의6제1항에서 준용하는 경우를 포함한다) 또는 제65
　　　조제2항을 위반한 자는 제외한다.

11. 제34조의2제3항제6호 또는 제34조의3제3항에 따른 임상시험성적서,
　　　임상시험검체분석성적서 또는 비임상시험성적서를 거짓으로 작성·발
　　　급한 자

② 제1항의 경우 징역과 벌금은 병과(倂科)할 수 있다.

**제94조(벌칙)** ① 다음 각 호의 어느 하나에 해당하는 자는 3년 이하의 징역 또는 3천만원 이하의 벌금에 처한다. 다만, 제87조제1항을 위반한 자에 대하여는 고소가 있어야 공소를 제기할 수 있다. 〈개정 2007.10.17., 2011.6.7., 2012.2.1., 2012.5.14., 2015.1.28., 2016.12.2., 2017.10.24., 2018.12.11., 2020.4.7., 2023. 4. 18., 2024. 1. 23.〉

1. 제3조제3항 또는 제4조제3항을 위반한 자
2. 제24조제2항을 위반하여 담합행위를 한 자
3. 제34조제1항 본문·제3항제1호·제2호 및 같은 조 제4항을 위반한 자 또는 같은 조 제6항에 따른 명령을 위반한 자
3의2. 거짓이나 그 밖의 부정한 방법으로 제34조제1항에 따른 임상시험의 계획 승인·변경승인을 받은 자
3의3. 제34조의2제1항을 위반하여 지정을 받지 아니하고 임상시험을 실시한 자
3의4. 제34조의2제2항 본문을 위반하여 변경지정을 받지 아니하고 임상시험을 실시한 자
3의5. 제34조의2제3항제1호 또는 제2호를 위반한 자
4. 제37조제3항(제42조제5항에서 준용하는 경우를 포함한다)을 위반한 자
4의2. 제39조제1항 전단(제44조의6제1항에서 준용하는 경우를 포함한다)을 위반하여 회수 또는 회수에 필요한 조치를 하지 아니한 자
5. 제45조제5항을 위반한 자
5의2. 제46조의2제1항을 위반하여 신고하지 아니하고 의약품 판매촉진 업무를 위탁받아 수행한 자
5의3. 거짓이나 그 밖의 부정한 방법으로 제46조의2제1항에 따른 신고·변경신고를 한 자
5의4. 제47조제2항을 위반하여 경제적 이익등을 제공하거나 같은 조 제6항을 위반하여 경제적 이익등을 제공받은 자. 이 경우 취득한 경제적 이익등은 몰수하고, 몰수할 수 없을 때에는 그 가액을 추징한다.
5의5. 제47조제3항을 위반하여 의약품 판촉영업자가 아닌 자에게 의약품의 판매촉진 업무를 위탁한 자
6. 삭제 〈2015. 12. 29.〉
7. 제49조를 위반하여 의약품을 판매·저장 또는 진열한 자
8. 제50조제1항(제44조의6제1항에서 준용하는 경우를 포함한다)을 위반한 자
9. 제62조(제66조에서 준용하는 경우를 포함한다)를 위반하여 의약품을 판매·제조·수입·저장 또는 진열한 자
9의2. 제68조의9를 위반하여 비밀을 누설한 자

　10. 제70조제2항을 위반하여 정당한 사유 없이 의약품 생산 또는 업무개
　　　시명령을 거부한 자
　11. 제71조제1항·제2항(제44조의6제1항에서 준용하는 경우를 포함한다)
　　　및 제72조제1항·제2항(제44조의6제1항에서 준용하는 경우를 포함한
　　　다)에 따른 명령을 위반한 자 또는 제71조제3항(제44조의6제1항에서
　　　준용하는 경우를 포함한다)에 따른 관계 공무원이 행하는 물품의 회수
　　　·폐기와 그 밖에 필요한 처분을 거부·방해하거나 기피한 자
　12. 제87조 또는 제88조제2항을 위반한 자
② 제1항의 징역과 벌금은 병과(倂科)할 수 있다.

---

**제94조의2** 삭제 〈2016.12.2.〉

---

**제95조(벌칙)** ① 다음 각 호의 어느 하나에 해당하는 자는 1년 이하의 징
역 또는 1천만원 이하의 벌금에 처한다. 〈개정 2007.7.27., 2007.10.17., 2010.5.27.,
2011.6.7., 2012.2.1., 2012.5.14., 2013.7.30., 2014.3.18., 2015.1.28., 2015.3.13., 2015.12.29.,
2017.10.24., 2018.6.12., 2018.12.11., 2019.1.15., 2020.4.7., 2021.7.20., 2023. 4. 18.〉
　1. 제20조제2항 전단을 위반하여 개설등록을 하지 아니한 자
　1의2. 거짓이나 그 밖의 부정한 방법으로 제20조제2항에 따른 개설 등록
　　　·변경등록을 한 자
　2. 제21조제1항·제2항을 위반한 자
　3. 제23조제2항·제3항·제4항·제6항·제7항을 위반한 자
　4. 제24조제1항을 위반하여 정당한 사유 없이 조제를 거부한 자
　5. 제26조제1항을 위반하여 조제한 자
　6. 제27조제1항·제3항·제4항을 위반한 자
　6의2. 제34조제3항제5호를 위반하여 보험에 가입하지 아니하거나 대상자
　　　에게 사전에 설명한 보상 절차 등을 준수하여 보상하지 아니한 자
　6의3. 제34조제3항제6호를 위반하여 임상시험용 의약품 등의 안전성 정보
　　　를 평가·기록·보존·보고하지 아니하거나 거짓으로 평가·기록·
　　　보존·보고한 자
　6의4. 제34조의2제3항제6호(제93조제1항제11호에 따른 위반사항은 제외한
　　　다)를 위반하여 임상시험에 관한 기록을 작성·보관·보고하지 아
　　　니하거나 거짓으로 작성·보관·보고한 자
　7. 제36조(제42조제5항에서 준용하는 경우를 포함한다)·제37조제2항(제
　　　42조제5항에서 준용하는 경우를 포함한다) 또는 제37조의3제1항(제42

조제5항에서 준용하는 경우를 포함한다)을 위반하여 안전관리업무를 실시하지 아니한 자

7의2. 제37조제1항 또는 제38조제1항을 위반하여 의약품등의 제조 관리의무 또는 생산 관리의무를 지키지 아니한 자

7의3. 제39조제1항 후단을 위반하여 회수 계획을 보고하지 아니하거나 거짓으로 보고한 자

8. 제47조제1항(제47조제1항제3호나목은 제외하며, 제44조의6제1항에서 준용하는 경우를 포함한다)·제4항·제7항 또는 제85조제9항을 위반한 자

8의2. 제47조의2제1항을 위반하여 지출보고서를 작성 또는 공개하지 아니하거나 해당 지출보고서와 관련 장부 및 근거 자료를 보관하지 아니한 자

8의3. 제47조의2제1항에 따른 지출보고서를 거짓으로 작성 또는 공개한 자

8의4. 제47조의2제2항을 위반하여 위탁계약서 및 관련 근거 자료를 보관하지 아니한 자

8의5. 제47조의2제3항에 따른 지출보고서, 관련 장부 및 근거자료 또는 위탁계약서 및 관련 근거 자료의 제출 요구를 따르지 아니한 자

8의6. 제48조 본문을 위반하여 봉함한 의약품의 용기나 포장을 개봉하여 판매한 자

9. 제50조제2항을 위반하여 전문의약품을 판매한 자

9의2. 거짓이나 그 밖의 부정한 방법으로 제50조의2제4항에 따른 등재를 받은 자

9의3. 거짓이나 그 밖의 부정한 방법으로 제50조의5에 따른 판매금지를 신청하거나 우선판매품목허가를 신청한 자

10. 제60조(제66조에 따라 준용되는 경우를 포함한다), 제64조제1항 또는 제68조를 위반한 자

10의2. 제61조의2제1항을 위반하여 판매를 알선하거나 광고한 자

10의3. 거짓이나 그 밖의 부정한 방법으로 제69조의3에 따른 합의 사항을 보고한 자

11. 제85조제6항·제7항을 위반하여 처방전 없이 동물용 의약품을 판매한 자

12. 제86조의5제2항제1호에 따른 거짓 또는 그 밖의 부정한 방법으로 피해구제급여를 받은 사람

② 제1항의 징역과 벌금은 병과(併科)할 수 있다.

③ 제1항제7호의2의 죄로 형을 선고받고 그 형이 확정된 후 3년 이내에 다시 같은 호의 죄를 범한 자는 해당 형의 2분의 1까지 가중한다. 〈신설 2018.12.11.〉

**제95조의2(벌칙)** 제26조제2항을 위반한 자는 300만원 이하의 벌금에 처한다.
[본조신설 2007.7.27.]

**제96조(벌칙)** 다음 각 호의 어느 하나에 해당하는 자는 200만원 이하의 벌금에 처한다. 다만, 제30조제2항을 위반한 자에 대해서는 고소가 있어야 공소를 제기할 수 있다. 〈개정 2007. 10. 17., 2011. 6. 7., 2012. 2. 1., 2012. 5. 14., 2014. 3. 18., 2015. 1. 28., 2015. 12. 29., 2016. 12. 2., 2017. 10. 24., 2018. 12. 11., 2020. 4. 7., 2022. 6. 10.〉

1. 제24조제3항을 위반한 자
2. 제28조, 제29조 또는 제30조제1항·제2항·제3항을 위반한 자
3. 제37조의3제2항 또는 제47조제1항제3호나목을 위반한 자
3의2. 제38조의6제1항(제42조제5항에서 준용하는 경우를 포함한다)을 위반하여 식별표시를 하지 아니하고 시판하거나 식별표시를 등록하지 아니하고 시판한 자
3의3. 제38조의6제2항(제42조제5항에서 준용하는 경우를 포함한다)을 위반하여 변경등록을 하지 아니하고 시판한 자
3의4. 삭제 〈2021. 7. 20.〉
3의5. 삭제 〈2021. 7. 20.〉
3의6. 삭제 〈2021. 7. 20.〉
4. 제56조제1항, 제57조, 제58조, 제63조(제66조에서 준용하는 경우를 포함한다), 제65조제1항, 제65조의2 또는 제65조의3제1호부터 제3호까지를 위반한 자
5. 제68조의12제3항 또는 제69조제1항(제44조의6제1항에서 준용하는 경우를 포함한다)에 따른 약물역학조사관 또는 관계 공무원의 조사·검사·질문·수거 등을 거부·방해하거나 기피한 자
6. 제69조제1항(제44조의6제1항에서 준용하는 경우를 포함한다), 제72조제3항·제4항, 제73조, 제74조 및 제75조에 따른 보고·공표·검사·개수·변경 등의 명령을 위반한 자
7. 제86조의6제3항에 따른 조사·열람 또는 복사를 정당한 이유 없이 거

부·방해 또는 기피한 자

**제97조(양벌규정)** 법인의 대표자나 법인 또는 개인의 대리인, 사용인, 그 밖의 종업원이 그 법인 또는 개인의 업무에 관하여 제93조, 제94조, 제94조의2, 제95조, 제95조의2 또는 제96조의 위반행위를 하면 그 행위자를 벌하는 외에 그 법인 또는 개인에게도 해당 조문의 벌금형을 과(科)한다. 다만, 법인 또는 개인이 그 위반행위를 방지하기 위하여 해당 업무에 관하여 상당한 주의와 감독을 게을리하지 아니한 경우에는 그러하지 아니하다. [전문개정 2011.6.7.]

**제97조의2(과태료)** ① 정당한 사유 없이 제69조의3에 따른 합의 사항을 보고하지 아니한 자에게는 5천만원 이하의 과태료를 부과한다.
② 제1항에 따른 과태료는 대통령령으로 정하는 바에 따라 식품의약품안전처장이 부과·징수한다.
[본조신설 2015.3.13.]

**제97조의3(과태료)** ① 제61조의2제3항을 위반하여 정당한 사유 없이 자료 제출 요청에 따르지 아니한 자에게는 500만원 이하의 과태료를 부과한다.
② 제1항에 따른 과태료는 대통령령으로 정하는 바에 따라 식품의약품안전처장이 부과·징수한다.
[본조신설 2023. 4. 18.]

**제98조(과태료)** ① 다음 각 호의 어느 하나에 해당하는 자에게는 100만원 이하의 과태료를 부과한다. 〈개정 2007.10.17., 2011.6.7., 2012.5.14., 2013.7.30., 2014.3.18., 2015.1.28., 2016.12.2., 2017.10.24., 2018.12.11., 2019.1.15., 2020.4.7., 2021.7.20., 2023. 4. 18., 2023. 8. 16., 2024. 2. 20.〉
  1. 삭제 〈2020.4.7.〉
  2. 삭제 〈2020.4.7.〉
  2의2. 제20조제2항 후단을 위반하여 변경등록을 하지 아니한 자
  2의3. 제20조제6항을 위반하여 약국의 명칭 또는 이와 비슷한 명칭을 사용한 자
  3. 제21조제3항을 위반하여 제69조의4에 따른 시정명령을 받고도 약국 관리에 필요한 사항을 지키지 아니한 자
  3의2. 제24조제4항을 위반하여 복약지도를 하지 아니한 사람

4. 제22조, 제40조제1항(제42조제5항에서 준용하는 경우를 포함한다) 또는 제46조의2제2항을 위반하여 폐업 등의 신고를 하지 아니한 자

4의2. 제37조의2(제42조제5항에서 준용하는 경우를 포함한다)를 위반하여 교육을 받지 아니한 자

4의3. 제37조의4(제42조제5항에서 준용하는 경우를 포함한다)를 위반하여 교육을 받지 아니한 사람

4의4. 제34조제1항 단서 또는 제34조의2제2항 단서를 위반하여 변경보고를 하지 아니하거나 제34조제3항제3호를 위반하여 임상시험 대상자 모집 공고를 한 자

4의5. 제34조의4제1항·제2항을 위반하여 임상시험 종사자에게 교육을 받도록 하지 아니한 자

5. 제38조제2항(제42조제5항에서 준용하는 경우를 포함한다)을 위반하여 의약품등의 생산 실적 또는 수입 실적 등을 보고하지 아니한 자

5의2. 제40조제2항(제42조제5항에서 준용하는 경우를 포함한다)을 위반하여 의약품등에 대한 필요한 조치를 이행하지 아니한 자

6. 삭제 〈2012.2.1.〉

6의2. 제41조제1항을 위반하여 약국제제 또는 조제실제제 제조 등의 신고를 하지 아니한 자

6의3. 제44조의2제4항 본문을 위반하여 폐업·휴업·재개 신고를 하지 아니한 자

6의4. 제44조의3제2항에 따른 명령을 위반하여 교육을 받지 아니한 자

7. 제44조의4를 위반하여 안전상비의약품 판매자의 준수사항을 지키지 아니한 자

7의2. 제46조의3제1항을 위반하여 의약품의 판매질서 등에 관한 교육을 받지 아니한 자

7의3. 제47조의3제2항(제44조의6제2항에서 준용하는 경우를 포함한다)을 위반하여 의약품 공급 내역을 제출하지 아니한 자

7의4. 제47조의4를 위반하여 의약품을 취득한 자

7의5. 제50조제3항을 위반하여 전문의약품 판매 내역을 제출하지 아니하거나 거짓으로 제출한 자

7의6. 제50조의10제4항(제42조제5항에서 준용하는 경우를 포함한다)에 따른 보고를 하지 아니하거나 거짓으로 보고한 자

7의7. 제56조제2항(제44조의6제1항에서 준용하는 경우를 포함한다) 또는 제65조제2항을 위반하여 제69조의4에 따른 시정명령을 받고도 가격을 용기나 포장에 적지 아니한 자

7의8. 제59조의2 또는 제65조의5를 위반하여 시각·청각장애인을 위한 표시를 하지 아니한 자

7의9. 제68조의8을 위반하여 이상사례를 보고하지 아니한 자

7의10. 제68조의10을 위반하여 의약품안전관리원 또는 이와 유사한 명칭을 사용한 자

7의11. 제86조의6제1항에 따른 출석요구를 받고 정당한 사유 없이 출석하지 아니한 자(참고인은 제외한다)

7의12. 제86조의6제1항에 따른 자료 및 물건 등의 제출요구를 받고 정당한 사유 없이 제출하지 아니한 자(참고인은 제외한다)

7의13. 제86조의6제2항에 따른 소명요구를 받고 정당한 사유 없이 따르지 아니한 자자

8. 삭제 〈2012.2.1.〉

9. 제80조를 위반하여 면허증·허가증 또는 등록증을 갱신하지 아니한 자

10. 제85조제3항을 위반하여 동물용 의약품등의 사용 기준을 지키지 아니한 자

10의2. 제85조제10항을 위반하여 동물용 의약품등의 거래현황을 작성·보존하지 아니하거나 거짓으로 작성·보존한 자

11. 제87조의2를 위반하여 제약, 약품 등 총리령으로 정하는 유사한 명칭을 사용한 자

② 제1항에 따른 과태료는 대통령령으로 정하는 바에 따라 보건복지부장관, 식품의약품안전처장, 시·도지사, 시장·군수·구청장이 부과·징수한다.

〈개정 2008.2.29., 2010.1.18., 2011.6.7., 2013.3.23.〉

③ 삭제 〈2011.6.7.〉

④ 삭제 〈2011.6.7.〉

⑤ 삭제 〈2011.6.7.〉

[시행일: 2024.7.21.] 제98조제1항제7호의5

## IV. 기재례

### 【범죄사실 기재례】

피의자는 의약품을 제조하고자 하는 자는 의약품 등에 대한 보건복지부장관의 허가를 받아야 하며, 약국개설자가 아니면 의약품을 판매할 수 없음에도 불구하고, 20○○. ○. ○. 충남 ○○군 ○○읍 ○○리에 있는 ○○시장 앞 노상등지에서 의약품을 판매할 목적으로, 기름을 짜는데 사용하는 용진엑스펠스라는 기계에 살구씨 등을 넣어 이를 분쇄, 착유하여 그 기름을 박카스병에 담아 이를 제조하였다.

피의자는 같은 날 14 : 00경부터 다음 날 14 : 00경까지 사이에 위 제조한 약이 만성기관지염질환 등에 잘 듣는 특효약이라고 선전 표방하여 불특정다수인에게 1병당 돈 5,000원씩 받고 일일평균 7 내지 8병을 판매하였다.

### 【범죄사실 기재례】

피의자는 약사면허없는 사람인데, 그의 딸인 김○○가 ○○약국이라는 상호로 운영하는 약국에서 약을 판매하면서 20○○. ○. ○. ○○시 ○○동 ○○번지에 있는 위 약국에서 이○○로부터 감기몸살기가 있다는 증세를 듣고 1일 3회 복용분으로 ○○ 3정, ○○ 1정, ○○ 15정, ○○ 1정을 혼합하는 방법으로 위 증세에 대한 2일분의 약을 4,000원을 받고 조제하여 준 것을 비롯하여 그 때부터 같은 달 ○.까지 사이에 4회에 걸쳐 감기약의 의약품을 조제하였다.

### 【범죄사실 기재례】

피의자는 ○○시 ○○동 ○○번지에서 ○○건강사를 경영하고 있다.

피의자는 20○○. ○. 중순경부터 같은 해 ○. ○.경까지 사이에 위 건강사사무실에서 동의보감에 나오는 십전대보탕의 약효와는 전혀 무관한 삼십전대보초를 판매하면서 삼십전대보초가 십전대보탕의 효과가 있는 것처럼 '십전대보탕의 주원료, 동의보감에서는 십전대보탕이라 칭한 삼십전대보초'라고 인쇄된 광고문 3,000매를 ○○시 일대에 배포하여 과대광고를 하였다.

### 【범죄사실 기재례】

1. 피의자는 ○○제약 주식회사의 대표이사이다.

피의자는 20〇〇. 〇. 중순경부터 같은 해 〇. 〇.경까지 사이에 〇〇시 〇〇동에 있는 위회사에서 제조하는 피부질환연고를 약국에서 직접 조제한 것으로 가장하여 판매하게 하기 위하여 제조업자의 상호나 약품명 등 아무런 기재가 없는 백색튜브 20g들이 2,000개를 제조하여 거래약국 등지에 1개당 500원 내지 1,000원씩 합계 금 〇〇만원에 판매하였다.

2. 피의자는 〇〇시 〇〇동에서 〇〇약국이라는 상호로 의약품을 조제 판매하는 약사이다. 피의자는 처방전을 발행한 의사의 동의 없이 처방을 변경하여 조제할 수 없음에도 불구하고, 20〇〇. 〇. 〇. 14:00경 위 약국에서 같은 날 〇〇병원 의사 김〇〇이 발행한 처방전을 소지한 최〇〇에게 처방의약품인 〇〇〇(〇〇mg)를 〇〇〇(〇〇mg)으로 변경 조제하였다.

## 【적용실례】

### 〈인삼·감초·황기를 먹기 쉽게 분쇄 제환해 주는 경우〉

➡ 인삼·감초·황기 그 자체는 의약품이 아니고, 이것을 고객들의 의뢰에 따라 먹기 용이하게 분쇄, 제환해 주는 행위자체를 의약품 제조라고 할 수 없음.

### 〈의료인이 아닌 자가 의료용구가 아닌 자연부황기에 관하여 신경통 등에 필요한 보건기구라는 내용으로 지상광고를 한 사안〉

➡ 의료법 제76조, 제63조로 의율하였으나, 동 규정은 의료인이 과대광고 등을 하는 것을 규제하는 규정이므로 이를 적용할 수 없고, 약사법 제74조 제1항 제1호, 제55조 제2항, 제61조, 제59조를 적용함이 타당하다.

### 〈지렁이를 약이라고 판매한 사안〉

➡ 지렁이는 약사법 소정의 의약품이 아니므로 약국 개설자가 아니면서 의약품을 판매한 행위로 취급하여 약사법으로 의율할 수 없음(식품위생법 위반 적용).

### 〈의료인이 아니면서 일간신문에 의료에 관한 광고를 한 경우〉

➡ 피의자가 의료인이 아님에도 불구하고 의료용구인 쑥뜸기에 관하여 일간신문에 광고하여 의료에 관한 광고를 한 사안에서, 의료용구에 관한 광고로 볼 수 없다는 것이 대법원의 의견(참조 : 1984. 4. 1084도225호)이므로 당국에 등록하지 아니한 채 의료용구를 판매하였다는 점을 약사법 제76조 제1항, 제42조, 제1항 위반으로 의율함이 상당하다.

### 〈식품점에서의 약품판매행위를 방치한 경우〉

➡ 식품점을 경영하는 피의자가 약국개설허가를 받지 아니하고 가스명수, 광동탕, 쿨탑 등의 약품을 판매한 것인 바, 위 약품은 범죄의 보강증거이며 몰수 대상이므로 마땅히 압수하여야 함.

**[서식] 약사 면허증**

---

제　　　호

# 약사 면허증

1. 성　　　　명:

2. 생 년 월 일:

3. 근　　　　거:

사진
(3.5cm×4.5cm)

위와 같이 면허합니다.

　　　　　　　　　　　　　　　　　　　　　　　　년　　　월　　　일

## 보건복지부장관　　직인

---

210mm×297mm(백상지 120g/㎡)

※ 참고사항

1. 면허증 발급명의 날인은 관인(전자이미지 관인을 포함)으로 한다.

2. 전자이미지 관인 사용 시에는 위조·변조 방지를 위하여 전자서명 값 및 원본 대조란을 추가하는 전자적 처리를 하여야 한다.

**[서식]  한약사  면허증**

제      호

# 한약사 면허증

1. 성          명:

2. 생  년  월  일:

3. 근          거:

사진
(3.5cm×4.5cm)

위와 같이 면허합니다.

년      월      일

보건복지부장관      직인

210mm×297mm(백상지  120g/㎡)

※  참고사항

1.  면허증 발급명의 날인은 관인(전자이미지 관인을 포함)으로  한다.

2.  전자이미지 관인 사용 시에는 위조·변조 방지를 위하여 전자서명 값 및 원본 대조란을 추가하는 전자적 처리를 하여야  한다.

**[서식]** 한약조제 자격증

제    호

## 한약조제 자격증

1. 성        명:

2. 생 년 월 일:

3. 약사면허번호:

4. 시험합격 연월일:

5. 근        거:

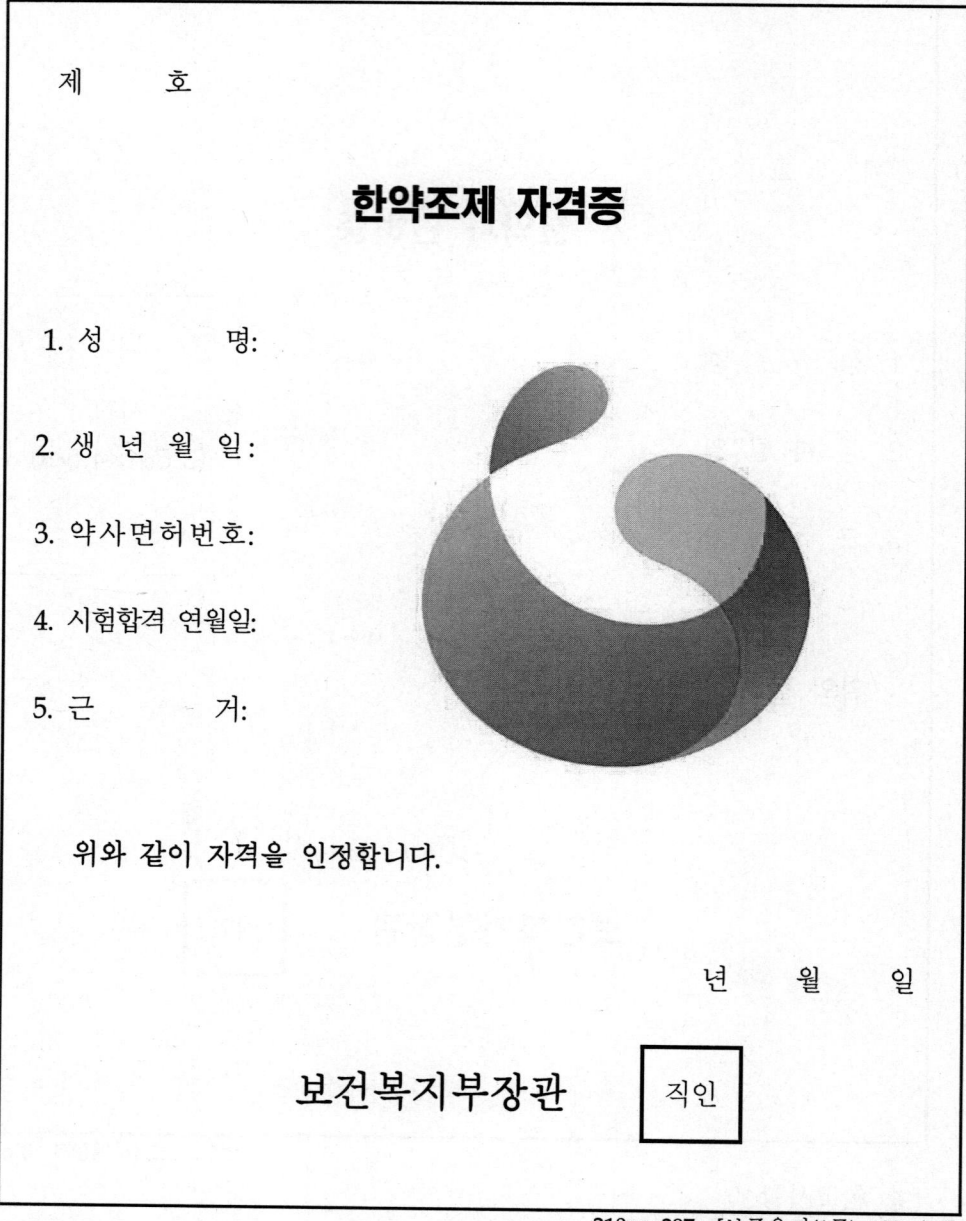

위와 같이 자격을 인정합니다.

년    월    일

보건복지부장관    직인

210㎜×297㎜[보존용지(1종) 120g/㎡]

※ 참고사항

1. 면허증 발급명의 날인은 관인(전자이미지 관인을 포함)으로 한다.
2. 전자이미지 관인 사용 시에는 위조·변조 방지를 위하여 전자서명 값 및 원본 대조란을 추가하는 전자적 처리를 하여야 한다.

**[서식] 약국개설등록증** (앞쪽)

제              호

# 약국개설등록증

1. 약국의 명칭:

2. 약국의 소재지:

3. 면허종류:

4. 면허번호:

5. 성        명:

「약사법」 제20조제2항 및 같은 법 시행규칙 제8조에 따라 위와 같이 등록된 약국임을 증명합니다.

년        월        일

시 장 · 군 수 · 구 청 장  직인

210㎜×297㎜(인쇄용지 180g/㎡)

**[서식]** 안전상비의약품 판매자 등록증                                    (앞쪽)

제          호

# 안전상비의약품 판매자 등록증

1. 판매자명:

2. 판매점포명:

3. 업소의 소재지:

4. 등록번호:

「약사법」 제44조의2 및 같은 법 시행규칙 제22조제1항에 따라 위와 같이 등록된 안전상비의약품 판매자임을 증명합니다.

년          월          일

시 장 · 군 수 · 구 청 장   직인

210mm×297mm(백상지 180g/㎡)

# 여객자동차 운수사업법

[시행 2024. 7. 31.] [법률 제20175호, 2024. 1. 30., 일부개정]

## Ⅰ. 개설

### 목적

이 법은 여객자동차 운수사업에 관한 질서를 확립하고 여객의 원활한 운송과 여객자동차 운수사업의 종합적인 발달을 도모하여 공공복리를 증진하는 것을 목적으로 한다.

## Ⅱ. 판례

**제2조(정의)** 이 법에서 사용하는 용어의 뜻은 다음과 같다. 〈개정 2009.5.27., 2013.3.23., 2014.1.28., 2020.4.7., 2020.6.9., 2021.3.23.〉

1. "자동차"란 「자동차관리법」 제3조에 따른 승용자동차, 승합자동차 및 특수자동차(「자동차관리법」 제29조제3항에 따른 캠핑용자동차를 말하며, 제4호에 따른 자동차대여사업에 한정한다)를 말한다.
2. "여객자동차 운수사업"이란 여객자동차운송사업, 자동차대여사업, 여객자동차터미널사업 및 여객자동차운송플랫폼사업을 말한다.
3. "여객자동차운송사업"이란 다른 사람의 수요에 응하여 자동차를 사용하여 유상(有償)으로 여객을 운송하는 사업을 말한다.
4. "자동차대여사업"이란 다른 사람의 수요에 응하여 유상으로 자동차를 대여(貸與)하는 사업을 말한다.
5. "여객자동차터미널"이란 다음 각 목의 어느 하나에 해당하는 장소가 아닌 곳으로서 승합자동차를 정류(停留)시키거나 여객을 승하차(乘下車)시키기 위하여 제36조에 따라 설치된 시설과 장소를 말하며, 그 종류는 국토교통부령으로 정한다.
   가. 도로의 노면(路面)
   나. 그 밖에 일반교통에 사용되는 장소
6. "여객자동차터미널사업"이란 여객자동차터미널을 여객자동차운송사업에 사용하게 하는 사업을 말한다.

7. "여객자동차운송플랫폼사업"이란 여객의 운송과 관련한 다른 사람의 수요에 응하여 이동통신단말장치, 인터넷 홈페이지 등에서 사용되는 응용프로그램(이하 "운송플랫폼"이라 한다)을 제공하는 사업을 말한다.

8. 삭제 〈2020.4.7.〉

9. 삭제 〈2020.4.7.〉

## 여객자동차운송사업법위반

[대법원 2014. 11. 27., 선고, 2014도5827, 판결]

【판결요지】
여객자동차 운수사업법 제90조 제1호는 같은 법 제4조 제1항에 따른 면허를 받지 아니하고 제2조에서 정한 자동차 이외의 자동차를 사용하여 여객자동차운송사업 형태의 행위를 한 사람을 처벌하고 있고, 여기서 '여객자동차운송사업'은 다른 사람의 수요에 응하여 자동차를 사용하여 유상(有償)으로 여객을 운송하는 사업(같은 법 제2조 제3호)을 말하는데, 위 조항의 입법취지와 내용 등에 비추어 보면, 운송료가 실제로 지급되지 않았다고 하더라도 운송료 지급을 약속하고 여객을 운송한 경우에는 처벌 대상이 되고, 나아가 '여객을 운송'한다는 것에는 여객 운송을 완료한 경우만이 아니라 객관적으로 보아 승객과의 운송에 관한 합의에 따라 운송을 시작하였다고 볼 수 있는 단계에 이른 경우까지도 포함된다.

**제10조(사업계획의 변경)** ① 제4조제1항에 따라 여객자동차운송사업의 면허를 받은 자가 사업계획을 변경하려는 때에는 국토교통부장관 또는 시·도지사의 인가를 받아야 한다. 다만, 국토교통부령으로 정하는 경미한 사항을 변경하려는 때에는 국토교통부장관 또는 시·도지사에게 신고하여야 한다. 〈개정 2013.3.23.〉

② 제4조제1항 단서에 따라 여객자동차운송사업을 등록한 자가 사업계획을 변경하려는 때에는 시·도지사에게 등록하여야 한다. 다만, 국토교통부령으로 정하는 경미한 사항을 변경하려는 때에는 시·도지사에게 신고하여야 한다. 〈개정 2013.3.23.〉

③ 국토교통부장관 또는 시·도지사는 제1항 단서 또는 제2항 단서에 따른 변경신고를 받은 날부터 국토교통부령으로 정하는 기간 내에 신고수리 여부를 신고인에게 통지하여야 한다. 〈신설 2017.3.21.〉

④ 국토교통부장관 또는 시·도지사가 제3항에서 정한 기간 내에 신고수리 여부 또는 민원 처리 관련 법령에 따른 처리기간의 연장 여부를 신고인에게 통지하지 아니하면 그 기간이 끝난 날의 다음 날에 신고를 수리한 것으로 본다. 〈신설 2017.3.21.〉

⑤ 국토교통부장관 또는 시·도지사는 운송사업자가 다음 각 호의 어느 하나에

해당하는 경우 제1항과 제2항에 따른 사업계획의 변경을 제한할 수 있다. 〈개정 2013.3.23., 2014.1.28., 2017.3.21.〉

1. 제7조에 따른 운송 개시의 기일이나 기간 안에 운송을 시작하지 아니한 경우
2. 제23조에 따른 개선명령을 받고 이행하지 아니한 경우
3. 제85조제1항에 따라 노선폐지(路線廢止)나 감차(減車) 등이 따르는 사업계획 변경명령을 받은 후 1년이 지나지 아니한 경우
4. 교통사고의 규모나 발생 빈도가 대통령령으로 정하는 기준 이상인 경우
5. 제5조의2제3항에 따라 국토교통부장관이 여객자동차운송사업의 등록을 제한한 경우

⑥ 제1항부터 제5항까지의 규정에 따른 사업계획 변경의 절차, 기준, 그 밖에 필요한 사항은 국토교통부령으로 정한다. 〈개정 2013.3.23., 2017.3.21.〉

## 여객자동차운송사업계획변경인가처분취소
[대법원 2018. 9. 13., 선고, 2017두33176, 판결]

【판결요지】
[1] 구 여객자동차 운수사업법(2017. 3. 21. 법률 제14716호로 개정되기 전의 것) 제10조 제3항에서 정하고 있는 사업계획변경제한 사유에 해당하지 않는 한 사업계획변경의 횟수나 기간을 제한하는 별도의 규정이 없으므로 수 개의 사업계획변경사항을 동시에 또는 연달아 신청하는 것도 가능하다.

[2] 구 여객자동차 운수사업법(2017. 3. 21. 법률 제14716호로 개정되기 전의 것, 이하 '여객자동차법'이라 한다)에 따른 여객자동차 운송사업면허나 운송사업계획변경인가 여부는 원칙적으로 행정청의 재량에 속하는 것이나, 행정청이 기존업자가 이미 면허를 받아 운행하고 있는 노선과 중복되는 노선의 신설 등을 신규업자에게 허용하는 처분을 하고자 하는 경우에는 그로 인하여 달성하고자 하는 공익적 측면 이외에도 관련 운송사업자들 사이의 이해관계 조정 등 사익적 측면을 아울러 고려하여야 한다. 특히 해당 노선에 대한 기존업자가 한정면허를 받은 운송사업자인 경우에는 한정면허의 내용, 그 경위와 목적, 한정면허 당시와 비교한 사정 변경 여부 등을 함께 고려하여야 한다.

[3] '서울~전주~임실'을 운행하던 노선의 운행횟수를 1일 9회에서 1일 6회와 1일 3회로 계통분할하고 그중 '1일 3회' 노선에 관해서는 임실부터 전주까지로 운행구간을 단축함과 아울러 전주에서 인천국제공항까지로 운행구간을 연장하는 내용의 甲 여객운송사업자의 사업계획변경 신청에 대하여 관할 도지사가 인가처분을 하자, '전주~인천국제공항' 노선에 관하여 여객을 '해외여행업체의 공항이용계약자'로 제한한 한정면허를 받아 공항버스를 운행하고 있던 운송사업자 乙이 위 사업계획변경 인가처분의 취소를 구하는 소를 제기한 사안에서, 여러 사정을 종합하면 위 한정면허 부여조건에서 乙이 운송할 여객으로 규정한 '해외여행업체의 공항이용계약자'의 의미는 '공항을 이용하여 출입국 하는 여객'으로 새기는 것이 타당한

점, 해당 노선에 일시적인 수요 증가가 있었다는 이유만으로 곧바로 중복 노선의 신설을 허용하는 것은 타당하지 않고, 해당 노선에 대한 수요 증감의 폭과 추이, 乙이 해당 노선을 운영한 기간, 공익적 기여도, 그간 노선을 운행하면서 취한 이익의 정도 등을 종합적으로 고려한 후에 허용 여부를 판단하여야 하는 점 등에 비추어 보면, 관할 도지사가 위와 같은 요소들을 모두 고려하여 위 인가처분과 관련한 공익과 사익을 정당하게 비교형량 하였는지를 심리하였어야 하는데도, 乙이 운송할 여객이 '해외여행업체와 여행계약을 체결한 사람'으로 한정된다는 잘못된 전제에서 위 인가처분이 적법하다고 본 원심의 판단에 재량권 일탈·남용에 관한 법리를 오해한 잘못이 있다고 한 사례.

**제16조(여객자동차운송사업의 휴업·폐업)** ① 제4조제1항에 따라 여객자동차운송사업의 면허를 받은 자는 그 사업의 전부 또는 일부를 휴업하거나 그 사업의 전부를 폐업하려면 국토교통부령으로 정하는 바에 따라 국토교통부장관 또는 시·도지사의 허가를 받아야 한다. 다만, 도로나 다리가 파괴되거나 그 밖에 정당한 사유가 있는 경우에는 그러하지 아니하다. 〈개정 2013.3.23.〉

② 제4조제1항 단서에 따라 여객자동차운송사업의 등록을 한 자는 그 사업의 전부 또는 일부를 휴업하거나 그 사업의 전부를 폐업하려면 국토교통부령으로 정하는 바에 따라 시·도지사에게 신고하여야 한다. 〈개정 2013.3.23.〉

③ 국토교통부장관 또는 시·도지사는 제2항에 따른 신고를 받은 날부터 국토교통부령으로 정하는 기간 내에 신고수리 여부를 신고인에게 통지하여야 한다. 〈신설 2017.3.21.〉

④ 국토교통부장관 또는 시·도지사가 제3항에서 정한 기간 내에 신고수리 여부 또는 민원 처리 관련 법령에 따른 처리기간의 연장 여부를 신고인에게 통지하지 아니하면 그 기간이 끝난 날의 다음 날에 신고를 수리한 것으로 본다. 〈신설 2017.3.21.〉

⑤ 제1항과 제2항의 휴업 기간은 1년을 넘지 못한다. 〈개정 2017.3.21.〉

⑥ 운송사업자는 그 사업의 전부 또는 일부를 휴업하거나 그 사업의 전부를 폐업하려면 미리 그 취지를 영업소와 일반 사람들이 보기 쉬운 곳에 게시하여야 한다. 〈개정 2017.3.21.〉

## 여객자동차운송사업휴업허가신청거부처분취소등
[대법원 2018. 2. 28., 선고, 2017두51501, 판결]

**【판결요지】**
여객자동차 운수사업법령은 운송사업자의 휴업을 허용하면서도 구체적으로 휴업허가에 관한 기준을 정하지 않음으로써 행정청이 휴업하는 사업의 종류와 운행형태, 휴업예정기간, 휴업사유 등을 살펴 휴업의 필요성과 휴업을 허가하여서는 안 될 공익상 필요가 있는지 등을 종합적으로 고려하여 휴업허가 여부를 결정할 수 있도록 재량의 여지를 남겨 두고 있다. 그리고 구 여객자동차 운수사업법(2017. 3. 21. 법률 제14716호로 개정되기 전의 것)이 운송사업자의 휴업을 허용하는 한편 휴업 기간을 제한하고 있는 것은 여객자동차운송사업의 공공성을 고려하여 수송력이 지속적·안정적으로 공급될 수 있도록 함과 아울러 수송 수요에 탄력적으로 대응할 수 있도록 하기 위한 것이다.

이러한 경우 여객자동차운송사업이 적정하게 이루어질 수 있도록 해당 지역에서의 현재 및 장래의 수송 수요와 공급상황 등을 고려하여 휴업허가를 위하여 필요한 기준을 정하는 것도 역시 행정청의 재량에 속하는 것이므로 그에 관하여 내부적으로 설정한 기준이 객관적으로 합리적이 아니라거나 타당하지 않다고 볼 만한 다른 특별한 사정이 없는 이상 행정청의 의사는 가능한 한 존중하여야 한다. 그러나 설정된 기준이 그 자체로 객관적으로 합리적이지 않거나 타당하지 않음에도 행정청이 만연히 그에 따라 처분한 경우 또는 기준을 설정하였던 때와 처분 당시를 비교하여 수송 수요와 공급상황이 달라졌는지 등을 전혀 고려하지 않은 채 설정된 기준만을 기계적으로 적용함으로써 휴업을 허가할 것인지를 결정하기 위하여 마땅히 고려하여야 할 사항을 제대로 살피지 아니한 경우 등에까지 단지 행정청의 재량에 속하는 사항이라는 이유만으로 행정청의 의사를 존중하여야 하는 것은 아니며, 이러한 경우의 처분은 재량권을 남용하거나 그 범위를 일탈한 조치로서 위법하다.

**제85조(면허취소 등)** ① 국토교통부장관, 시·도지사(터미널사업·자동차대여사업 및 대통령령으로 정하는 여객자동차운송사업에 한정한다) 또는 시장·군수·구청장(터미널사업에 한정한다)은 여객자동차 운수사업자가 다음 각 호의 어느 하나에 해당하면 면허·허가·인가 또는 등록을 취소하거나 6개월 이내의 기간을 정하여 사업의 전부 또는 일부를 정지하도록 명하거나 노선폐지 또는 감차 등이 따르는 사업계획 변경을 명할 수 있다. 다만, 제5호·제8호·제39호 및 제41호의 경우에는 면허, 허가 또는 등록을 취소하여야 한다. 〈개정 2009.5.27., 2012.2.1., 2012.5.23., 2013.3.23., 2013.8.6., 2014.1.28., 2014.5.21., 2015.1.6., 2017.3.21., 2017.10.24., 2018.8.14., 2018.9.18., 2020.2.18., 2020.4.7., 2020.6.9., 2021.7.27.〉

1. 면허·허가 또는 인가를 받거나 등록한 사항을 정당한 사유 없이 실시하지 아니한 경우
2. 사업경영의 불확실, 자산상태의 현저한 불량, 그 밖의 사유로 사업을 계속하는 것이 적합하지 아니하여 국민의 교통편의를 해치는 경우
3. 중대한 교통사고 또는 빈번한 교통사고로 많은 사람을 죽거나 다치게 한 경우
4. 제4조에 따른 면허를 받거나 등록한 여객자동차운송사업용 자동차 또는

제49조의3에 따라 허가를 받은 플랫폼운송사업용 자동차를 타인에게 대여한 경우

5. 거짓이나 그 밖의 부정한 방법으로 제4조·제28조·제36조·제49조의3 또는 제49조의18에 따른 여객자동차운송사업·자동차대여사업·터미널사업·플랫폼운송사업 또는 플랫폼중개사업의 면허(변경면허를 포함한다) 또는 허가를 받거나 등록을 한 경우

6. 제4조·제28조·제36조 또는 제49조의3에 따라 면허 또는 허가를 받거나 등록한 업종의 범위·노선·운행계통·사업구역·업무범위 및 면허·허가기간(여객자동차운송사업 한정면허와 플랫폼운송사업 허가의 경우에만 해당한다) 등을 위반하여 사업을 한 경우

7. 제5조·제29조·제37조·제49조의3 또는 제49조의18에 따른 여객자동차운송사업·자동차대여사업·터미널사업·플랫폼운송사업 또는 플랫폼중개사업의 면허 또는 허가기준이나 등록기준을 충족하지 못하게 된 경우. 다만, 3개월 이내에 그 기준을 충족시킨 경우에는 그러하지 아니하다.

8. 운송사업자·자동차대여사업자·터미널사업자·플랫폼운송사업자 또는 플랫폼중개사업자가 제6조 각 호의 어느 하나에 해당하게 된 경우. 다만, 법인의 임원 중 그 사유에 해당하는 자가 있는 경우로서 3개월 이내에 그 임원을 개임(改任)한 경우와 피상속인이 사망한 날부터 60일 이내에 상속인이 여객자동차 운수사업을 다른 사람에게 양도한 경우(플랫폼운송사업 및 플랫폼중개사업은 제외한다)에는 그러하지 아니하다.

9. 제7조를 위반하여 국토교통부장관 또는 시·도지사가 지정한 기일 또는 기간 내에 운송을 시작하지 아니한 경우

10. 제8조, 제49조의6 또는 제49조의13을 위반하여 운임·요금의 신고 또는 변경신고를 하지 아니하거나 부당한 요금을 받은 경우 또는 1년에 3회 이상 6세 미만인 아이의 무상운송을 거절한 경우

11. 제9조(제49조의9에서 준용하는 경우를 포함한다) 또는 제31조를 위반하여 운송약관·대여약관 또는 플랫폼운송약관의 신고 또는 변경신고를 하지 아니하거나 신고한 약관을 이행하지 아니한 경우

12. 제10조(제35조에서 준용하는 경우를 포함한다) 또는 제49조의3제6항을 위반하여 인가·등록 또는 신고를 하지 아니하고 사업계획을 변경한 경우

13. 제12조(제35조 및 제49조의9에서 준용하는 경우를 포함한다)에 따른 명의이용 금지를 위반한 경우

14. 제13조를 위반하여 신고하지 아니하고 여객자동차운송사업을 관리위탁하거나 운송사업자가 아닌 자에게 관리위탁한 경우

15. 제14조(제35조·제48조 및 제49조의9에서 준용하는 경우를 포함한다)를 위반하여 인가를 받지 아니하거나 신고를 하지 아니하고 여객자동차운송사업을 양도·양수하거나 법인을 합병한 경우

16. 제16조(제35조·제48조 및 제49조의9에서 준용하는 경우를 포함한다)를 위반하여 허가를 받지 아니하거나 신고를 하지 아니하고 여객자동차운송사업을 휴업 또는 폐업하거나 휴업기간이 지난 후에도 사업을 재개(再開)하지 아니한 경우

17. 제17조를 위반하여 1년에 3회 이상 사업용자동차의 표시를 하지 아니한 경우

18. 제18조제1항 및 제2항에 따라 운송할 수 있는 소화물이 아닌 소화물을 운송하거나, 같은 조 제3항에 따른 소화물 운송의 금지명령을 따르지 아니한 자

19. 제21조제1항에 따른 준수 사항을 위반하여 과태료 처분을 받은 날부터 1년 이내에 다시 3회 이상 위반한 경우

20. 제21조제2항(제49조의9에서 준용하는 경우를 포함한다)을 위반하여 운수종사자의 자격요건을 갖추지 아니한 자를 운전업무에 종사하게 한 경우

20의2. 삭제 〈2020.4.7.〉

20의3. 삭제 〈2020.4.7.〉

20의4. 제21조제8항(제49조의9에서 준용하는 경우를 포함한다)을 위반하여 자동차의 운전석 및 그 옆 좌석에 에어백을 설치하지 아니한 경우

20의5. 제21조제10항을 위반하여 운행정보를 신고하지 아니하거나 운행기록증을 붙이지 아니하고 사업용 자동차를 운행한 경우

20의6. 제21조제11항을 위반하여 휴식시간을 보장하지 아니한 경우

20의7. 제21조제12항 전단(제49조의9에서 준용하는 경우를 포함한다)을 위반하여 운수종사자의 음주 여부를 확인하지 아니한 경우

20의8. 제21조제12항 후단(제49조의9에서 준용하는 경우를 포함한다)을 위반하여 운수종사자가 음주로 안전한 운전을 할 수 없다고 판단됨에도 사업용 자동차를 운행하게 한 경우

21. 제21조제13항(제49조의9에서 준용하는 경우를 포함한다)에 따른 준수 사항을 위반한 경우

22. 제23조·제33조·제44조 또는 제49조의7에 따른 개선명령 또는 운행명령을 이행하지 아니한 경우

23. 제25조제2항(제49조의9에서 준용하는 경우를 포함한다)에 따른 운수종사자의 교육에 필요한 조치를 하지 아니한 경우

23의2. 제27조의3제1항을 위반하여 영상기록장치를 설치하지 않은 경우

23의3. 제27조의3제7항을 위반하여 영상기록장치의 운영·관리 지침을 마련하지 않은 경우

24. 제28조에 따른 등록 시 부여한 유예기간 내에 제29조에 따른 등록기준을 충족하지 아니하거나 사업을 시작하지 아니한 경우

25. 제32조를 위반하여 관리위탁 허가를 받지 아니하고 자동차대여사업을 관리위탁하거나 자동차대여사업자가 아닌 자에게 관리위탁한 경우

26. 제34조제3항을 위반하여 자동차대여사업자가 사업용자동차를 사용하여 유상으로 여객을 운송하거나 이를 알선한 경우

26의2. 제34조의2제2항을 위반하여 같은 항 각 호의 어느 하나에 해당하는 운전자에게 자동차를 대여한 경우

27. 제38조제1항에 따른 공사시행의 인가(변경인가를 포함한다)를 받지 아니하고 터미널 시설에 관한 공사를 하거나 지정된 기간까지 공사를 마치지 아니한 경우

28. 제39조를 위반하여 제38조제4항에 따른 시설확인을 받지 아니하고 터미널의 사용을 시작한 경우

29. 정당한 사유 없이 제39조를 위반하여 시·도지사가 정한 기간 내에 터미널의 사용을 시작하지 아니한 경우

30. 제40조를 위반하여 신고 또는 변경신고를 하지 아니하고 터미널사용약관을 시행한 경우

31. 제42조제1항에 따른 터미널사업자의 준수 사항을 위반한 경우 또는 같은 조 제3항에 따른 중지명령이나 시정명령을 이행하지 아니한 경우

32. 제43조에 따른 변경인가를 받지 아니하고 터미널의 위치·규모 또는 구조·설비를 변경한 경우

32의2. 제49조의3제2항에 따른 조건을 이행하지 아니한 경우

32의3. 제49조의6제4항 또는 제49조의13제6항을 위반하여 운송플랫폼을 통해 여객과 운송계약을 체결할 때 여객에게 받을 운임이나 요금을 고지하지 아니한 경우

32의4. 제49조의11제2항을 위반하여 동일한 차량으로 둘 이상의 운송가맹점으로 가입한 경우

32의5. 제49조의11제3항을 위반하여 상호를 변경하지 아니하거나 상호변경신고를 하지 아니한 경우

32의6. 제50조에 따른 보조금 또는 융자금을 보조 또는 융자받는 목적 외의 용도로 사용한 경우

33. 1년에 3회 이상 제79조제1항에 따른 보고나 서류제출을 하지 아니하거나

거짓으로 한 경우

34. 제79조제2항에 따른 검사를 거부·방해 또는 기피하거나 질문에 응하지 아니하거나 거짓으로 진술을 한 경우

35. 제83조에 따른 자가용자동차의 사용제한 또는 사용금지를 위반한 경우

36. 제84조에 따른 차령 또는 운행거리를 초과하여 운행한 경우. 다만, 같은 조 제3항에 따라 차령을 초과하여 운행하는 경우는 제외한다.

37. 대통령령으로 정하는 여객자동차운송사업의 경우 운수종사자의 운전면허가 취소되거나 제87조제1항제2호 또는 제3호에 해당되어 운수종사자의 자격이 취소된 경우

38. 이 법에 따른 면허·허가 또는 인가 등에 붙인 조건을 위반한 경우

39. 이 조에 따른 사업정지명령을 위반하여 사업정지기간 중에 사업을 경영한 경우

40. 이 조에 따른 노선폐지·감차 등을 수반하는 사업계획의 변경명령을 이행하지 아니한 경우

41. 운송사업자(자동차 1대로 운송사업자가 직접 운전하는 여객자동차운송사업으로 한정한다)가 교통사고와 관련하여 거짓이나 그 밖의 부정한 방법으로 보험금을 청구하여 금고 이상의 형을 선고받고 그 형이 확정된 경우

② 제1항제3호에 따른 중대한 교통사고는 1건의 교통사고로 대통령령으로 정하는 수 이상의 사상자가 발생한 경우를 말하고, 빈번한 교통사고는 사상자가 발생한 교통사고가 대통령령으로 정하는 교통사고건수 또는 교통사고지수(교통사고건수를 여객자동차 운수사업자가 소유한 자동차의 대수로 나눈 비율을 말한다)에 해당하게 된 경우를 말한다.

③ 제1항에 따른 처분의 기준 및 절차, 그 밖에 필요한 사항은 대통령령으로 정한다.

④ 시·도지사는 대통령령으로 정하는 운송사업자가 다음 각 호의 어느 하나에 해당하는 경우 대통령령으로 정하는 바에 따라 그 위반의 내용 및 정도 등에 따라 벌점을 부과할 수 있으며, 그 벌점이 대통령령으로 정하는 기간 동안 일정한 점수를 초과하는 경우에는 대통령령으로 정하는 바에 따라 면허를 취소하거나 감차 등을 수반하는 사업계획의 변경을 명할 수 있다. 〈신설 2009.5.27., 2013.3.23., 2014.1.28.〉

1. 제21조를 위반하여 이 법에 따른 처분을 받은 경우

2. 1대의 자동차를 본인이 직접 운전하는 운송사업자가 제26조를 위반하여 이 법에 따른 처분을 받은 경우

3. 운송사업자가 채용한 운수종사자가 제26조를 위반하여 이 법에 따른 처분을 받은 경우

## 여객자동차 운수사업법상 보수교육이 근로시간에 포함됨을 전제로 임금을 청구한 사건

[대법원 2022. 5. 12. 선고 2022다203798 판결]

【판결요지】

여객자동차 운수사업법(이하 '여객자동차법'이라 한다) 제25조 제1항 및 같은 법 시행규칙 제58조 제1항 제2호에 따라 운수종사자는 운전업무를 시작하기 전에 '보수교육'을 받아야 하고, 운송사업자도 운수종사자가 위와 같은 보수교육을 받는 데 필요한 조치를 하여야 함은 물론 보수교육을 받지 아니한 운수종사자를 운전업무에 종사하게 하여서는 아니 된다. 이처럼 '보수교육'은 근로자인 운전종사자와 사용자인 운송사업자 모두에게 부과된 법령상 의무로서, 운전종사자의 적법한 근로 제공 및 운송사업자의 운전업무에 종사할 근로자 채용·결정에 관한 필수적인 전제조건이기도 하여 근로 제공과의 밀접한 관련성이 인정되는 점, 운송사업자가 운수종사자의 교육에 필요한 조치를 하지 아니한 경우에는 면허·허가·인가·등록의 취소 또는 6개월 이내의 기간을 정하여 사업의 전부 또는 일부에 대한 정지·노선폐지·감차 등의 사업계획 변경명령 등을 받게 되는 상당한 정도의 불이익이 규정되어 있는 점(여객자동차법 제85조 제1항 제23호) 등을 종합하면, 비록 교육의 주체가 사용자가 아닐지라도 여객자동차법 제25조 제1항에 근거를 둔 운수종사자에 대한 보수교육시간은 근로시간에 포함된다고 봄이 타당하다.

## Ⅲ. 벌칙

**제90조(벌칙)** 다음 각 호의 어느 하나에 해당하는 자는 2년 이하의 징역 또는 2천만원 이하의 벌금에 처한다. 〈개정 2008.3.28., 2014.1.28., 2015.6.22., 2020.4.7.〉

1. 제4조제1항에 따른 면허를 받지 아니하거나 등록을 하지 아니하고 여객자동차운송사업을 경영한 자 또는 제2조에서 정한 자동차 이외의 자동차(「자동차관리법」 제3조에 따른 화물자동차·특수자동차·이륜자동차를 말한다)를 사용하여 여객자동차운송사업 형태의 행위를 한 자

2. 부정한 방법으로 제4조제1항에 따른 여객자동차운송사업의 면허를 받거나 등록을 한 자

3. 제12조(제35조·제49조의9 및 제49조의16에서 준용하는 경우를 포함한다)에 따른 명의이용 금지를 위반한 자

3의2. 거짓이나 부정한 방법으로 제23조제3항의 손실보상금, 제50조의 보조금 또는 융자금을 교부받은 자

4. 제28조제1항에 따른 등록을 하지 아니하고 자동차대여사업을 경영한 자

5. 부정한 방법으로 제28조제1항에 따른 자동차대여사업을 등록한 자

6. 제32조제1항에 따른 관리위탁 허가를 받지 아니하거나 부정한 방법으로 관리위탁 허가를 받아 자동차대여사업을 관리위탁한 자와 이 자로부터 관리위탁을 받은 자

6의2. 제34조제1항을 위반하여 임차한 자동차를 유상 운송에 사용하거나 다시 남에게 대여한 자 또는 이를 알선한 자

6의3. 제34조제2항을 위반하여 운전자를 알선한 자

7. 제34조제3항을 위반하여 사업용자동차를 사용하여 유상으로 여객을 운송하거나 이를 알선한 자

7의2. 제49조의3제1항에 따른 허가를 받지 아니하고 플랫폼운송사업을 경영한 자 또는 제2조에서 정한 자동차 이외의 자동차(「자동차관리법」 제3조에 따른 화물자동차·특수자동차·이륜자동차를 말한다)를 사용하여 플랫폼운송사업 형태의 행위를 한 자

7의3. 부정한 방법으로 제49조의3제1항에 따른 허가를 받은 자

8. 제81조를 위반하여 자가용자동차를 유상으로 운송용으로 제공 또는 임대하거나 이를 알선한 자

9. 제82조제1항을 위반하여 고객을 유치할 목적으로 노선을 정하여 자가용자동차를 운행하거나 이를 알선한 자

10. 제85조제1항에 따른 사업정지 처분 기간 중에 여객자동차 운수사업을 경영한 자

**제91조(벌칙)** 다음 각 호의 어느 하나에 해당하는 자는 1년 이하의 징역 또는 1천만원 이하의 벌금에 처한다. 〈개정 2016.12.2., 2018.9.18., 2020.10.20., 2021.3.23.〉

1. 제27조의2제3항을 위반하여 술을 마시거나 약물을 복용하고 다른 사람에게 위해를 주는 행위를 한 자

2. 제27조의3제3항을 위반하여 설치 목적과 다른 목적으로 영상기록장치를 임의로 조작하거나 다른 곳을 비춘 자, 운행기간 외에 영상기록을 한 자 또는 녹음기능을 사용하여 음성기록을 한 자

3. 제27조의3제4항을 위반하여 영상기록을 목적 외의 용도로 이용하거나 다른 자에게 제공한 자

4. 제27조의3제6항을 위반하여 안전성 확보에 필요한 조치를 하지 아니하여 영상기록장치에 기록된 영상정보를 분실·도난·유출·변조 또는 훼손당한 자

5. 제34조의2제1항을 위반한 자동차대여사업자

6. 제34조의4를 위반하여 다른 사람에게 명의를 빌려주거나 다른 사람의 명의를 빌린 사람 또는 대여를 알선한 사람

7. 제36조에 따른 면허(변경면허를 포함한다)를 받지 아니하고 터미널사업을 경영하거나 부정한 방법으로 면허(변경면허를 포함한다)를 받은 자

[전문개정 2014.1.28.]

**제92조(벌칙)** 다음 각 호의 어느 하나에 해당하는 자는 1천만원 이하의 벌금에 처한다. 〈개정 2012.2.1., 2020.4.7.〉

1. 삭제 〈2009.5.27.〉

2. 제9조제1항(제49조의9 및 제49조의16에서 준용하는 경우를 포함한다)에 따른 운송약관을 신고하지 아니하거나 신고한 운송약관을 이행하지 아니한 자

3. 제10조(제35조에서 준용하는 경우를 포함한다)·제49조의3제6항 또는 제49조의10제2항에 따른 인가를 받지 아니하거나 등록 또는 신고를 하지 아니하고 사업계획을 변경한 자

4. 제11조(제35조에서 준용하는 경우를 포함한다)를 위반하여 공동운수협정을 체결하거나 변경한 자

5. 제13조제1항에 따른 관리위탁 신고를 하지 아니하거나 거짓 신고를 하고 여객자동차운송사업을 관리위탁한 자

6. 제14조(제35조·제48조·제49조의9 및 제49조의16에서 준용하는 경우를 포함한다)에 따른 인가를 받지 아니하거나 신고를 하지 아니하고 여객자동차 운수사업을 양도·양수하거나 법인을 합병한 자

7. 삭제 〈2009.5.27.〉

8. 제16조(제35조·제48조·제49조의9 및 제49조의16에서 준용하는 경우를 포함한다)에 따른 허가를 받지 아니하거나 신고를 하지 아니하고 여객자동차 운수사업을 휴업하거나 폐업한 자

9. 제21조제2항(제49조의9에서 준용하는 경우를 포함한다)을 위반하여 운수종사자의 자격요건을 갖추지 아니한 사람을 운전업무에 종사하게 한 자

10. 자동차대여사업을 시작하기 전까지 제31조제1항에 따른 대여약관을 신고하지 아니하거나 신고한 대여약관을 이행하지 아니한 자

10의2. 제34조의2제3항을 위반하여 결함 사실이 공개된 대여사업용 자동차를 시정조치 받지 아니하고 신규로 대여한 자

10의3. 제34조의2제4항을 위반하여 차량의 임차인에게 결함 사실을 통보

하지 아니한 자

11. 삭제 〈2015.6.22.〉

12. 삭제 〈2015.6.22.〉

13. 제38조제4항을 위반하여 시설확인을 받지 아니하고 터미널 사용을 시작한 자

14. 제40조제1항에 따른 사용약관을 신고하지 아니하거나 신고한 사용약관을 위반한 자

15. 제41조에 따라 시설사용료에 관한 인가를 받지 아니한 자

16. 제43조에 따른 인가를 받지 아니하고 터미널의 위치·규모와 구조·설비 등을 변경한 자

**제93조(양벌규정)** 법인의 대표자나 법인 또는 개인의 대리인, 사용인, 그 밖의 종업원이 그 법인 또는 개인의 업무에 관하여 제90조부터 제92조까지의 어느 하나에 해당하는 위반행위를 하면 그 행위자를 벌하는 외에 그 법인 또는 개인에게도 해당 조문의 벌금형을 과(科)한다. 다만, 법인 또는 개인이 그 위반행위를 방지하기 위하여 해당 업무에 관하여 상당한 주의와 감독을 게을리하지 아니한 경우에는 그러하지 아니하다.
[전문개정 2009.5.27.]

**제94조(과태료)** ① 다음 각 호의 어느 하나에 해당하는 자에게는 1천만원 이하의 과태료를 부과한다. 〈개정 2009.5.27., 2017.10.24., 2018.8.14., 2020.4.7.〉

1. 제8조를 위반하여 운임·요금을 신고하지 아니한 자

2. 제15조제1항(제35조와 제48조에서 준용하는 경우를 포함한다)에 따른 상속 신고를 하지 아니한 자

3. 제21조제1항을 위반하여 운수종사자로부터 운송수입금의 전액을 납부받지 아니한 자

3의2. 제21조제11항을 위반하여 휴식시간을 보장하지 아니한 자

3의3. 제21조제12항 전단(제49조의9에서 준용하는 경우를 포함한다)을 위반하여 운수종사자의 음주 여부를 확인하지 아니한 자

3의4. 제21조제12항 후단(제49조의9에서 준용하는 경우를 포함한다)을 위반하여 운수종사자가 음주로 안전한 운전을 할 수 없다고 판단됨에도 사업용 자동차를 운행하게 한 자

3의5. 제49조의6제4항 또는 제49조의13제6항을 위반하여 운송플랫폼을 통하여 여객과 운송계약을 체결할 때 여객에게 받을 운임이나 요금

을 고지하지 아니한 자

3의6. 제49조의18제1항에 따라 플랫폼중개사업자로 등록하지 아니하고 제
49조의19제1항에 따른 요금을 받은 자 또는 제49조의19제2항을 위
반하여 요금을 신고하지 아니하고 제49조의19제1항에 따른 요금을
받은 자

4. 제66조(제60조제2항에서 준용하는 경우를 포함한다)에 따른 개선명령
을 따르지 아니한 자

5. 제67조(제60조제2항에서 준용하는 경우를 포함한다)에 따른 임직원에
대한 징계·해임의 요구에 따르지 아니하거나 시정명령을 따르지 아니
한 자

② 다음 각 호의 어느 하나에 해당하는 자에게는 500만원 이하의 과태료를 부
과한다. 〈개정 2012.2.1., 2014.1.28., 2016.12.2., 2017.3.21., 2017.10.24., 2020.4.7., 2021.7.27.〉

1. 제8조제6항을 위반하여 어린아이의 운임을 받은 자. 다만, 제85조제1항
제10호에 따라 처분을 받은 자에 대하여는 해당 위반행위에 대한 과태
료를 부과하지 아니한다.

2. 제17조를 위반하여 사업용 자동차의 표시를 하지 아니한 자. 다만, 제
85조제1항제17호에 따라 처분을 받은 자에 대하여는 해당 위반행위에
대한 과태료를 부과하지 아니한다.

3. 제19조(제49조의9에서 준용하는 경우를 포함한다)에 따른 사고 시의
조치 또는 보고를 하지 아니하거나 거짓 보고를 한 자

4. 제22조제1항제1호 및 제2호를 위반하여 운수종사자 취업현황을 알리지
아니하거나 거짓으로 알린 자

5. 제22조제1항제3호를 위반하여 휴식시간 보장내역을 알리지 아니하거나
거짓으로 알린 자

6. 제24조제1항의 운수종사자의 요건을 갖추지 아니하고 여객자동차운송
사업 또는 플랫폼운송사업의 운전업무에 종사한 자

6의2. 제34조의2제2항을 위반한 자동차대여사업자

6의3. 제34조의5를 위반한 자(제90조제6호의2에 해당하는 경우는 제외한다)

7. 삭제 〈2012.2.1.〉

8. 삭제 〈2012.2.1.〉

9. 제45조에 따른 터미널 사용명령을 위반한 자

10. 제56조에 따른 정관변경 등의 명령을 따르지 아니한 자

11. 제65조제1항(제60조제2항에서 준용하는 경우를 포함한다)에 따른 보고

서를 제출하지 아니하거나 거짓 보고서를 제출한 자 또는 조사나 검사를 거부·방해 또는 기피한 자

12. 제79조제1항에 따른 보고를 하지 아니하거나 거짓으로 보고한 자. 다만, 제85조제1항제33호에 따라 처분을 받은 자에 대하여는 해당 위반행위에 대한 과태료를 부과하지 아니한다.

13. 제79조제1항에 따른 서류 제출을 하지 아니하거나 거짓 서류를 제출한 자. 다만, 제85조제1항제33호에 따라 처분을 받은 자에 대하여는 해당 위반행위에 대한 과태료를 부과하지 아니한다.

14. 정당한 사유 없이 제79조제2항에 따른 검사 또는 질문에 불응하거나 이를 방해 또는 기피한 자

15. 제83조에 따른 자가용자동차의 사용 제한 또는 금지에 관한 명령을 위반한 자

16. 제89조제1항을 위반하여 자동차 등록증과 자동차 등록번호판을 반납하지 아니한 자

③ 다음 각 호의 어느 하나에 해당하는 자에게는 50만원 이하의 과태료를 부과한다. 〈개정 2012.5.23., 2014.5.21., 2015.8.11., 2017.3.21., 2020.4.7.〉

1. 제21조제6항(제49조의9에서 준용하는 경우를 포함한다)을 위반하여 좌석안전띠가 정상적으로 작동될 수 있는 상태를 유지하지 아니한 자

2. 제21조제7항(제49조의9에서 준용하는 경우를 포함한다)을 위반하여 운수종사자에게 여객의 좌석안전띠 착용에 관한 교육을 하지 아니한 자

3. 정당한 사유 없이 제21조제9항을 위반하여 교통안전정보의 제공을 거부하거나 거짓의 정보를 제공한 자

3의2. 제24조의2제1항 또는 제2항을 위반하여 같은 항에 따른 증표를 게시하지 아니한 자

4. 제26조제1항 또는 제2항을 위반한 자

5. 제49조의8제1항, 제2항 또는 제3항을 위반한 자

④ 제26조제3항 또는 제49조의8제5항을 위반한 자에게는 10만원 이하의 과태료를 부과한다. 다만, 「도로교통법」 제160조제2항제2호에 따라 과태료 처분을 받은 경우에는 그러하지 아니하다. 〈신설 2012.5.23., 개정 2020.4.7.〉

⑤ 제1항부터 제4항까지의 규정에 따른 과태료는 대통령령으로 정하는 바에 따라 국토교통부장관 또는 시·도지사가 부과·징수한다. 〈개정 2012.5.23., 2013.3.23.〉

⑥ ⑦ 삭제 〈2009.5.27.〉

**제95조(과태료 규정의 적용 특례)** 제94조의 과태료 규정을 적용할 때 제88조에 따라 과징금을 부과 받은 자에게는 그 위반행위에 대하여 과태료를 부과할 수 없다.

## Ⅳ. 기재례

### 【범죄사실 기재례】

피의자 이○○는 9인승 승합자동차의 소유자로서 국토해양부장관의 면허를 받지 않고, 20○○. ○. ○.경 ○○시 ○○동에 있는 ○○고등학교 학생의 학부형 정○○ 등과의 사이에 위 봉고차를 이용하여 학생 각 8명을 등하교시켜주기로 계약을 체결하였다. 그리하여 위 같은 달 ○. ○.부터 같은 해 ○. ○.까지 사이에 위 학교 학생 16명을 등하교시켜주고 매달 1인당 ○○원씩의 운송료를 받음으로써 면허없이 여객자동차운송사업을 영위하였다.

### 【범죄사실 기재례】

피의자는 국토해양부장관에게 등록하지 아니하고, 20○○. ○. ○. ○○시 ○○동 ○○번지에 점포를 열고 점포앞 약 ○○평 되는 대지에 소나타승용차 등 승용차(7대)와 봉고차(2대), 콤비(1대) 등 10대의 자동차를 갖추고 고○○에게 3일간 대구○○더○○○○호 소나타승용차 1대를 대여하고 ○○만원을 받는 등으로, 그 때부터 20○○. ○. ○.까지 사이에 한 달 평균 ○○만원의 수익을 올리는 자동차대여업을 영위하였다.

### 【범죄사실 기재례】

피의자는 자동차대여사업자의 사업용 자동차를 임차한 자는 그것을 이용해 유상운송을 해서는 안 됨에도 불구하고, 20○○. ○. ○. ○○시에 있는 ○○렌트카에서 1개월을 기간으로 부산○○허○○○○호 승용차를 ○○만원에 대여받고, 이 차량을 이용하여 위 같은 날 20 : 30경 부산시 ○○동 ○○호텔에서 ○○시 ○○동까지 승객 2명을 운송하고 그 대금으로 ○○만원을 받은 것을 비롯하여 그 때부터 같은 달 ○.까지 사이에 총 83명 가량의 승객을 유상으로 운송하여 임차자동차로 운송영업을 하였다.

## 【범죄사실 기재례】

피의자 김○○은 ○○시 ○○동 ○○번지에 있는 ○○운수주식회사의 대표이사이고, 같은 ○○운수주식회사는 자동차운수사업 등을 목적으로 설립된 법인이다.

피의자들은 건설교통부장관에게 자동차운송사업계획의 변경신고를 하지 않고 피의자 김○○은 200○. ○.경부터 200○. ○.경까지 사이에 출발점이 ○○역이고 도착점이 ○○아파트인 버스노선을 출발점인 ○○역으로부터 시민회관을 경유하여 그 도착점을 ○○○역으로 하는 노선과 ○○○역을 출발점으로 하여 ○○아파트를 도착지점으로 하는 두 개의 노선으로 분리변경하여 버스를 운행하였다. 피의자 ○○운수주식회사는 위 김○○이 피의자의 업무에 관하여 위와 같은 위반행위를 하였다.

## 【범죄사실 기재례】

피의자 전○○은 ○○관광주식회사의 대표이사, 피의자 ○○관광주식회사는 여객자동차운송사업 등을 목적으로 설립된 법인, 피의자 이○○은 주식회사 ○○고속관광의 대표이사, 피의자 주식회사 ○○고속관광은 전세버스운송사업 등을 목적으로 설립된 법인이다. 피의자 전○○은 관할관청의 인가를 받지 않고 200○. ○. ○. ○○시 ○○동 ○○번지에 있는 ○○관광주식회사의 사무실에서 같은 주식회사 ○○고속관광의 대표자인 이○○에게 피의자가 경영하던 위 ○○관광주식회사의 여객자동차운송사업을 돈 ○○만원에 매도함으로써 이를 양도하였다. 피의자 ○○관광주식회사는 위 전○○이 피의자의 업무에 관하여 위와 같은 위반행위를 하였다. 피의자 이○○은 관할관청의 인가를 받지 않고 위의 일시장소에서 같은 전○○으로부터 위 ○○관광주식회사의 여객자동차운송사업을 돈 ○○만원에 매수하여 이를 양수하였다. 피의자 주식회사 ○○고속관광은 위 이○○가 법인의 업무에 관하여 위와 같은 위반행위를 하였다.

## 【적용실례】

〈부탁받아 그 화물을 운송해 준 경우〉

➡ 피의자의 주인인 운수업자 김○○가 운송 주문을 받아 놓았으나 다른 주문받은 화물이 많아 피의자에게 운송을 부탁하자, 거절할 수 없어 그 대신 그 화물을 운송해 준 것으로 구 자동차운수사업법 제57조 제1항 규정의 공동사용에 해당되지 않음(이 건은 동법 제75조 제3호, 제56조 제1항의 구성요건에 해당됨).

〈유상운행 행위에 양벌규정을 잘못 적용한 사례〉

➡ 유상운송행위에 대하여 양벌규정에 따라 본인을 처벌하려면 행위자가 본인의

대리인, 사용인, 기타 종업원의 지위에 있어야 할 것인 바, 이 건 자동차는 피의자 한○○의 남편인 피의자 조○○가 자기의 업무로 운전, 사용할 뿐 사용인 등의 지위에서 위 한○○의 업무와 관련하여 유상운송행위를 한 것은 아니므로 양벌규정의 적용대상이 되지 않음.

〈화물자동차를 사용신고없이 운행한 경우〉

➡ 화물운송에 사용할 자동차를 구입한 피의자가 당국에 사용신고를 하지 아니한 것으로 구 자동차운수사업법 제75조 제1항 제5호, 제56조 제1항을 적용하였으나, 위 처벌규정에 의하면 사용신고 미필행위에 대하여는 과태료를 부과할 수밖에 없어 형사처벌의 대상이 아니라 할 것이니 범죄혐의 없음.

〈자가용화물차의 유상운송의 경우 적용법조〉

➡ 자가용 1톤 트럭 소유자인 피의자가 당국의 허가없이 월 150만원을 받고 3개월간 유상운송한 사안으로서 구 자동차운수사업법 제72조 제5호, 제58조로 의율하였어야 할 것이나, 동법 제58조, 제72조 제6항으로 의율하였는 바, 이는 조문 적용 착오 및 처벌규정에 이어 금지규정을 기재토록 하고 있는 행정법규 위반법의 법령질서 원칙에 어긋난 것임.

〈자동차 유상운송한 경우〉

➡ 피의자가 자가용 자동차로 유상운송을 한 것이므로 구 자동차운수사업법 제72조 제5호, 제58조를 적용하여야 하고, 공동사용신고 조항인 제56조를 적용하여서는 안된다.

〈자가용자동차의 미신고 여객운송의 경우〉

➡ 피의자 임○○는 이 건 차량의 자동차 등록원부상의 소유명의만 있을 뿐 그 실제 소유자는 피의자의 자인 임○○이며 당시 운전자인 서○○도 임○○의 지시로 운전한 사안에서, 위 서○○는 위 법조에서 규정한 '피의자의 사용인 또는 종업원'이라고 할 수 없을 뿐 아니라 이 건 예식장 하객운송 행위가 역시 농부인 '피의자의 업무'에 관한 행위라고 할 수 없어 결국 피의자 임○○는 범죄혐의 없음.

**[서식]  여객자동차운송사업  면허증(등록증)**

제    호

□ **여객자동차운송사업  면허증(등록증)**
□ **자동차대여사업  등록증**
□ **여객자동차터미널사업  면허증**
□ **여객자동차운송가맹사업  면허증**

성 명(법인인 경우에는 대표자의 성명):

생년월일:

주 소(주사무소 소재지):

상 호:

업 종(한정면허인 경우에는 ○○운송사업 한정면허로 표시):

업무 범위(한정면허의 경우만 해당함):

운행형태(시외버스운송사업의 경우만 해당함):

차 고 지:

터미널의 위치(터미널사업의 경우만 해당함):

면허(등록)연월일:

면허(등록) 유효기간         .     .    부터      .     .      까지(    년간)

「여객자동차 운수사업법」 ┌─ 제4조 ─┐ 에 따라 위와 같이
　　　　　　　　　　　　  │  제28조  │
　　　　　　　　　　　　  │  제36조  │
　　　　　　　　　　　　  └─ 제49조의2 ─┘

┌─ 여객자동차운송사업
│　 자동차대여사업
│　 여객자동차터미널사업 ┤ 을 면허(등록)합니다.
└─ 여객자동차운송가맹사업

년          월          일

국토교통부장관
대도시권광역교통위원장
시 · 도 지 사

　　　　　　　　　　　　　　　　　　　　　│  직인  │

**[서식]** 사고보고서

<table>
<tr><td colspan="5" align="center"><h2>사 고 보 고 서</h2></td></tr>
<tr><td colspan="5">보고일시:　　　년　　　월　　　일</td></tr>
<tr><td>① 사고명</td><td colspan="4"></td></tr>
<tr><td>② 사고일시(날씨)</td><td colspan="4"></td></tr>
<tr><td>③ 사고장소</td><td colspan="4"></td></tr>
<tr><td rowspan="2">사고자동차</td><td>④ 가해<br>자동차<br>번호</td><td>⑤ 사용주<br>(업체)</td><td>⑥ 피해<br>자동차<br>번호</td><td>⑦ 사용주<br>(업체)</td></tr>
<tr><td></td><td></td><td></td><td></td></tr>
<tr><td>운행구간(노선)</td><td>⑧ 기점</td><td></td><td>⑨ 종점</td><td></td></tr>
<tr><td>⑩ 사고원인</td><td>⑪ 사 고 개 요</td><td>⑫ 피 해 상 황</td><td colspan="2">⑬ 조 치 사 항</td></tr>
<tr><td></td><td></td><td></td><td colspan="2"></td></tr>
<tr><td>⑭ 보상능력</td><td colspan="4">□ 책임보험　　□ 종합보험　　□공 제 (□　　　)</td></tr>
</table>

190㎜×268㎜(신문용지 54g/㎡)

**[서식]** 사업정지(운행정지) 처분 자동차표시증

| □사업정지 □운행정지 | 처분 자동차표시증 |
|---|---|
| 자 동 차 번 호 | |
| 소  속 | |
| 정 지 기 간 | 년    월    일부터<br>년    월    일까지<br>(            일간) |

 이 자동차는 「여객자동차 운수사업법」 제89조에 따라 사업(운행)정지처분을 받은 자동차입니다. 관계 공무원이 아니면 이 표시증을 떼어낼 수 없습니다.

년    월    일

시 · 도 지 사    | 직인 |

182㎜×128㎜[보존용지(1종) 70g/㎡]

[서식] 위반행위 적발 보고(통보)서

# 위반행위 적발 보고(통보)서

제    호

| 회 사 명 | | 자 동 차 번 호 | |
|---|---|---|---|
| 위 반 일 시 | | | |
| 위 반 장 소 | | | |
| 위 반 내 용 | | | |
| 위반사항 확인 | 운전자 또는 운수업체 담당 임직원의 성명 | | 확 인 |
| | | | [인] |
| 위 반 확 인 을  못 받 게 된 이 유 | | | |

　　「여객자동차 운수사업법 시행령」 제42조제3항에 따라 위와 같이 위반행위를 적발하여 보고(통보)합니다.


　　　　　　　　　　　　　　　　　　년　　　월　　　일


　　　　　　검사공무원　　소 속:
　　　　　　　　　　　　　직 급:
　　　　　　　　　　　　　성 명:　　　　　　　[인]

182㎜×257㎜[보존용지(1종) 70g/㎡)]

# 여 권 법

[시행 2024. 8. 14.] [법률 제20263호, 2024. 2. 13., 일부개정]

## Ⅰ. 개설

### 목적

이 법은 대한민국 국적 및 신분을 증명하는 여권(旅券)의 발급, 효력과 그 밖에 여권에 관하여 필요한 사항을 규정함을 목적으로 한다.

## Ⅱ. 판례

**제8조(여권업무의 수행에 필요한 정보의 수집·보관과 관리)** ① 외교부장관은 제7조제1항 및 제7조의2제1항에 따라 여권에 수록하는 정보를 포함하여, 여권을 발급받는 사람의 지문(指紋)(이하 "지문"이라 한다), 주소, 주민등록번호, 연락처, 국내 긴급연락처, 여권발급기록 등 외교부령으로 정하는 바에 따라 여권업무의 수행에 필요한 정보를 수집·보관하고 관리할 수 있다. 다만, 지문은 여권발급 과정에서 본인 여부를 확인하기 위한 목적 외에는 수집·보관·관리할 수 없으며 그 보관 및 관리 기간은 3개월 이내로 한다. 〈개정 2009.10.19., 2013.3.23., 2018.12.24., 2023. 8. 8.〉

② 외교부장관은 「장애인복지법」 제2조제2항에 따른 장애인 중 시각장애인이 제1항에 따른 여권의 발급을 신청하는 경우 시각장애인용 점자 여권을 발급할 수 있다. 〈신설 2017.3.21., 2021.1.5.〉

③ 제2항에 따른 여권정보통합관리시스템의 구축·운영에 필요한 사항은 대통령령으로 정한다. 〈신설 2018.12.24.〉

### 여권발급거부취소

[대법원 2008. 1. 24., 선고, 2007두10846, 판결]

【판결요지】
[1] 거주·이전의 자유란 국민이 자기가 원하는 곳에 주소나 거소를 설정하고 그것을 이전할 자유를 말하며 그 자유에는 국내에서의 거주·이전의 자유 이외에 해외여행 및 해외이주의 자유가 포함되고, 해외여행 및 해외이주의 자유는 대한민국의 통치권이 미치지 않는 곳으로 여행하거나 이주할 수 있는 자유로

> 서 구체적으로 우리나라를 떠날 수 있는 출국의 자유와 외국 체류를 중단하고
> 다시 우리나라로 돌아올 수 있는 입국의 자유를 포함한다.
> [2] 여권의 발급은 헌법이 보장하는 거주·이전의 자유의 내용인 해외여행의 자유를 보
> 장하기 위한 수단적 성격을 갖고 있으며, 해외여행의 자유는 행복을 추구하기 위한
> 권리이자 이동의 자유로운 보장의 확보를 통하여 의사를 표현할 수 있는 측면에서
> 인신의 자유 또는 표현의 자유와 밀접한 관련을 가진 기본권이므로 최대한 그 권리
> 가 보장되어야 하고, 따라서 그 권리를 제한하는 것은 최소한에 그쳐야 한다.
> [3] 여권발급 신청인이 북한 고위직 출신의 탈북 인사로서 신변에 대한 위해 우려
> 가 있다는 이유로 신청인의 미국 방문을 위한 여권발급을 거부한 것은 여권법
> 제8조 제1항 제5호에 정한 사유에 해당한다고 볼 수 없고 거주·이전의 자유
> 를 과도하게 제한하는 것으로서 위법하다고 한 사례.

**제13조(여권의 효력상실)** ① 여권은 다음 각 호의 어느 하나에 해당하는 때에는 그 효력을 잃는다. 〈개정 2017.3.21., 2021.1.5., 2023. 8. 8.〉

  1. 여권의 명의인이 사망하거나 「국적법」에 따라 대한민국 국적을 상실한 때

  1의2. 여권의 유효기간이 끝난 때

  1의3. 관용여권 및 외교관여권의 명의인이 제4조의2 및 제4조의3에 따른 발급대상자에 해당하지 아니하게 된 때. 다만, 관용여권 및 외교관여권의 명의인이 국외에 체류하고 있을 때에는 외교부령으로 정하는 귀국에 필요한 기간 동안은 그러하지 아니하다.

  2. 여권이 발급된 날부터 6개월이 지날 때까지 신청인이 그 여권을 받아가지 아니한 때

  3. 여권을 잃어버려 그 명의인이 대통령령으로 정하는 바에 따라 분실을 신고한 때

  4. 여권의 발급 또는 재발급을 신청하기 위하여 반납된 여권의 경우에는 신청한 여권이 발급되거나 재발급된 때

  5. 발급된 여권이 변조된 때

  6. 여권이 다른 사람에게 양도되거나 대여되어 행사된 때

  7. 삭제 〈2021.1.5.〉

  8. 제19조에 따라 여권의 반납명령을 받고도 지정한 반납기간 내에 정당한 사유 없이 여권을 반납하지 아니한 때

  9. 단수여권의 경우에는 여권의 명의인이 해당 단수여권을 발급한 국가(재외공관의 장이 단수여권을 발급한 경우에는 그 재외공관이 설치된 국가)로 복귀한 때

② 제1항제1호, 제2호부터 제6호까지 및 제8호의 규정에 따른 여권의 효력상실

사유를 알게 된 지방자치단체의 소속 공무원 중 여권의 발급이나 재발급에 관한 사무를 담당하는 사람, 경찰공무원, 자치경찰공무원, 출입국관리나 세관업무에 종사하는 사람으로서 사법경찰관리의 직무를 행하는 사람은 그 사실을 외교부장관에게 통보하여야 한다. 〈개정 2013.3.23., 2020.12.22., 2021.1.5.〉

③ 외교부장관은 제12조제1항제1호에 해당하는 사람에게 유효한 여권이 있는 경우 해당 여권을 무효처분 할 수 있다. 〈신설 2023. 8. 8.〉

## 사기 · 유가증권위조 · 위조유가증권행사 · 사문서위조 · 위조사문서행사 · 공정증서 원본불실기재 · 불실기재공정증서원본행사 · 여권법위반

[광주지법 2003. 8. 29., 선고, 2003노1163, 판결: 확정]

【판결요지】
여권법 위반죄는 여권에 대한 거래의 안전과 신용을 보호법익으로 하고 있는데, 오늘날 진정하게 성립된 타인명의의 여권뿐만 아니라 위조되거나 부정발급 받아 유효하지 아니한 여권도 위 법익을 침해하는 수단이 될 개연성이 높다는 점, 문서 위·변조, 불실기재 등 죄와 그 행사죄(형법 제20장 문서에 관한 죄)에 관한 조문형식(행사죄가 위·변조 등 죄에 연이어서 규정되어 있음)과 법정형(동일함)을 여권법 제13조 제2항, 제13조 제3항의 규정형식(1999. 9. 9. 법률 제6030호로 개정되기 전에는 제13조 제2항 안에 연이어 규정되어 있었음), 법정형(동일하게 규정되어 있다가 정책적 고려에 의하여 위 법률 제6030호로 제13조 제2항에 대한 형량만을 상향조정 하였음)과 비교하여 볼 때, 거의 차이가 없는 점에 비추어 위 제13조 제3항 행사죄의 여권에는 제13조 제2항의 부정발급 받은 여권도 당연히 예정하고 있는 것으로 보이는 점 등을 고려하면, 여권법 제13조 제3항에서 규정하고 있는 '타인 명의의 여권'에는 진정하게 성립된 여권뿐만 아니라 위조되거나 부정발급 받는 등 유효하지 않은 여권도 포함된다.

## Ⅲ. 벌칙

**제24조(벌칙)** 제16조제1호(제14조제3항에 따라 준용되는 경우를 포함한다)를 위반하여 여권 등의 발급이나 재발급을 받기 위하여 제출한 서류에 거짓된 사실을 적은 사람, 그 밖의 부정한 방법으로 여권 등의 발급, 재발급을 받은 사람이나 이를 알선한 사람은 3년 이하의 징역 또는 3천만원 이하의 벌금에 처한다. 〈개정 2014.1.21.〉

**제25조(벌칙)** 다음 각 호의 어느 하나에 해당하는 사람은 2년 이하의 징역 또는 2천만원 이하의 벌금에 처한다. 〈개정 2014.1.21., 2024. 2. 13.〉

1. 제16조제2호(제14조제3항에 따라 준용되는 경우를 포함한다)를 위반하

여 다른 사람 명의의 여권 등(여권 등의 이미지 파일 또는 복사본을 포함한다)을 부정하게 사용한 사람

2. 제16조제3호(제14조제3항에 따라 준용되는 경우를 포함한다)를 위반하여 사용하게 할 목적으로 여권 등을 다른 사람에게 양도·대여하거나 이를 알선한 사람

**제26조(벌칙)** 다음 각 호의 어느 하나에 해당하는 사람은 1년 이하의 징역 또는 1천만원 이하의 벌금에 처한다. 〈개정 2014.1.21.〉

1. 제16조제4호(제14조제3항에 따라 준용되는 경우를 포함한다)를 위반하여 사용할 목적으로 다른 사람 명의의 여권 등을 양도받거나 대여받은 사람

2. 제16조제5호(제14조제3항에 따라 준용되는 경우를 포함한다)를 위반하여 채무이행의 담보로 여권 등을 제공하거나 제공받은 사람

3. 제17조제1항 본문 및 제2항에 따라 방문 및 체류가 금지된 국가나 지역으로 고시된 사정을 알면서도 같은 조 제1항 단서에 따른 허가(제14조제3항에 따라 준용되는 경우를 포함한다)를 받지 아니하고 해당 국가나 지역에서 여권 등을 사용하거나 해당 국가나 지역을 방문하거나 체류한 사람

## IV. 기재례

### 【범죄사실 기재례】

피의자는 미국인을 상대로 면세주류 유흥업소를 경영하고 있다.

피의자는 평소 친분이 있는 미국 육군하사 ○○와 위장 국제결혼하여 미국으로 이민 출국하려면 남편 때문에 결혼관계증빙서류가 있어야 하므로 이를 만들 결심을 하고 평소 알고 지내던 이○○에게 돈 ○○만원을 주고 그의 주민등록부에 자신을 박○○(가명)로 하여 동거인으로 허위 신고하도록 하였다. 그리하여 20○○. ○. ○. ○○시 ○○동사무소로부터 주민등록신고확인서를 발급받아 적법한 절차에 의하여 ○○시 ○○구청에서 20○○. ○. ○. 단독 허위혼인관계를 취득하고, 20○○. ○. ○. 여권 신청서류에 가명 박○○을 기재한 허위 서류를 해외이주 대행업소를 통하여 외교통상부 이주과에 접수케 하여 20○○. ○. ○. 이민 여권을 발급받았다.

## 【범죄사실 기재례】

피의자 민○○은 서울 ○○동 ○○번지에 ○○인력은행을 열고 해외취업안내사업을 하고 있고 있다.

피의자 민○○는 20○○. ○. 초순경 서울 ○○동 상호를 알 수 없는 카페에서 피의자 이○○이 일본에 있는 유흥접객업소의 접대부로 취업하기 위하여 필요하다면서 여권발급신청 등에 필요한 경비로 우선 150만원을 주고, 여권이 발급된 뒤에 다시 사례비로 850만원을 주겠다고 제의하자 이를 수락하였다. 그리고 즉석에서 돈 150만원을 받고 같은 해 ○. ○.경 노동부 서울남부사무소에서 피의자 이○○를 필리핀에 있는 주식회사 ○○에 사무보조로 인력송출할 것처럼 허위의 재직증명서 및 근로계약서를 첨부하여 신청함으로써 발급받은 인력송출허가서를 같은 달 ○. 외교통상부 여권과의 공무원에게 여권발급신청하면서 첨부하여 같은 달 ○. 위 이○○명의의 여권 1매를 발급받음으로써 여권에 불실의 사실을 기재하게 함과 동시에 부정한 행위로 여권을 발급받았다.

피의자 이○○은 20○○. ○. ○. 인천국제동항에서 위 항과 같이 부정발급받은 여권을 출국사정을 담당하는 출입국관리공무원에게 제시하여 불실기재한 여권을 행사하고, 즉시 대한항공 보잉○○○편으로 필리핀을 경유하여 일본으로 출국하였다.

# 여신전문금융업법

[시행 2023. 6. 22.] [법률 제19260호, 2023. 3. 21., 일부개정]

## Ⅰ. 개설

### 목적

이 법은 신용카드업, 시설대여업(施設貸與業), 할부금융업(割賦金融業) 및 신기술사업금융업(新技術事業金融業)을 하는 자의 건전하고 창의적인 발전을 지원함으로써 국민의 금융편의를 도모하고 국민경제의 발전에 이바지함을 목적으로 한다.

## Ⅱ. 판례

**제3조(영업의 허가·등록)** ① 신용카드업을 하려는 자는 금융위원회의 허가를 받아야 한다. 다만, 제3항제2호에 해당하는 자는 금융위원회에 등록하면 신용카드업을 할 수 있다.

② 시설대여업·할부금융업 또는 신기술사업금융업을 하고 있거나 하려는 자로서 이 법을 적용받으려는 자는 업별(業別)로 금융위원회에 등록하여야 한다.

③ 제1항이나 제2항에 따라 허가를 받거나 등록을 할 수 있는 자는 여신전문금융회사이거나 여신전문금융회사가 되려는 자로 제한한다. 다만, 다음 각 호의 어느 하나에 해당하는 자는 그러하지 아니하다.

　1. 다른 법률에 따라 설립되거나 금융위원회의 인가(認可) 또는 허가를 받은 금융기관으로서 대통령령으로 정하는 자

　2. 경영하고 있는 사업의 성격상 신용카드업을 겸하여 경영하는 것이 바람직하다고 인정되는 자로서 대통령령으로 정하는 자

④ 금융위원회는 제1항에 따른 허가에 조건을 붙일 수 있다.

[전문개정 2009.2.6.]

**여신전문금융업법 제35조를 적용 또는 유추적용할 수 있는지 여부(소극)**

[대법원 2024. 10. 31. 선고 2023다310198 판결]

【판결요지】

여신전문금융업법에서 정한 시설대여업자가 아닌 자가 체결한 시설대여계약에 대하여

여신전문금융업법 제35조를 적용 또는 유추적용할 수 없다. 그 이유는 다음과 같다.

① 여신전문금융업법은 특정물건을 새로 취득하거나 대여받아 거래상대방에게 일정 기간 이상 사용하게 하고, 그 사용 기간 동안 일정한 대가를 정기적으로 나누어 지급받으며, 그 사용 기간이 끝난 후의 물건의 처분에 관하여는 당사자 간의 약정으로 정하는 방식의 금융을 '시설대여', 시설대여를 업으로 하는 것을 '시설대여업'이라고 정의하고(제2조 제9호, 제10호), 시설대여업에 대하여 제3조 제2항에 따라 금융위원회에 등록한 자를 '시설대여업자'라고 규정하면서(제2조 제10호의2), 제2장에서 시설대여업 등록 요건(자본금 등)과 절차에 관하여 구체적으로 규정한다. 여신전문금융업법은 시설대여업을 하는 자로서 여신전문금융업법을 적용받으려는 자는 업별(業別)로 금융위원회에 등록하여야 한다고 규정하고(제3조 제2항), 제3장 제2절에서 여신전문금융업 중 시설대여업에 관하여 규정하면서 위 제2절은 시설대여업자가 하는 시설대여업 등에 적용하며(제28조), 대여시설이용자가 여신전문금융업법에 따라 건설기계나 차량의 시설대여 등을 받아 운행하면서 위법행위로 다른 사람에게 손해를 입힌 경우에는 자동차손해배상 보장법(이하 '자동차손배법'이라 한다) 제3조를 적용할 때 시설대여업자를 자기를 위하여 자동차를 운행하는 자로 보지 아니한다고 규정한다(제35조). 위와 같은 여신전문금융업법의 문언 내용과 체계, 형식에 비추어 보면, 여신전문금융업법은 법에 따라 등록한 시설대여업자가 아닌 자에 대하여는 자동차 등의 손해배상책임에 관한 특례를 규정한 제35조를 적용하지 않는 것으로 법적 규율을 하였다고 볼 수 있다.

② 여신전문금융업법에 따른 등록을 하지 아니하고 시설대여업을 하는 자의 자동차 등의 손해배상책임에 관하여 법적 규율이 없다고 하더라도, 여신전문금융업법이 정한 법정 자본금 등의 요건을 갖추고 관련 절차를 따라 등록한 시설대여업자와 그러한 요건을 갖추지 아니한 채 등록을 하지 아니하고 시설대여업을 하는 자 사이에 시설대여업자에 대한 특례 규정을 유추적용할 수 있을 정도로 공통점 또는 유사점이 있다고 인정하기 어렵다. 공통점 또는 유사점이 있다고 하더라도, 여신전문금융업법과 자동차손배법의 입법 목적 차이 등에 비추어 보면 여신전문금융업법에 따른 등록을 하지 아니하고 시설대여업을 하는 자에 대하여 자동차손배법 제3조에 관한 특례를 규정한 여신전문금융업법 제35조를 유추적용하는 것이 정당하다고 평가하기도 어렵다.

**제20조(매출채권의 양도금지 등)** ① 신용카드가맹점은 신용카드에 따른 거래로 생긴 채권(신용카드업자에게 가지는 매출채권을 포함한다. 이하 이 항에서 같다)을 신용카드업자와 「은행법」에 따라 설립된 은행(「중소기업은행법」에 따라 설립된 중소기업은행과 「농업협동조합법」에 따라 설립된 농협은행을 포함한다. 이하 이 조에서 같다) 외의 자(이하 이 조에서 "신용카드업자등 외의 자"라 한다)에게 양도하여서는 아니 되고, 신용카드업자등 외의 자는 이를 양

수하여서는 아니 된다. 다만, 신용카드가맹점이 신용카드업자에게 가지는 매출채권을 「자산유동화에 관한 법률」 제2조제1호에 따른 자산유동화를 위하여 양도하는 경우에는 신용카드가맹점은 신용카드에 따른 거래로 생긴 채권을 신용카드업자등 외의 자에게 양도할 수 있고, 신용카드업자등 외의 자도 이를 양수할 수 있다. 〈개정 2010.3.12., 2016.3.29.〉

② 신용카드가맹점이 아닌 자는 신용카드가맹점의 명의로 신용카드등에 의한 거래를 하여서는 아니 된다.

[전문개정 2009.2.6.]

## 특정경제범죄가중처벌등에관한법률위반(사기)·여신전문금융업법위반·전자금융거래법위반

[대법원 2016. 7. 22. 선고, 2016도5399, 판결]

### 【판결요지】

구 여신전문금융업법(2009.2.6. 법률 제9459호로 개정되기 전의 것) 제20조 제1항은 "신용카드에 의한 거래에 의하여 발생한 매출채권은 이를 신용카드업자 외의 자에게 양도하여서는 아니 되며, 신용카드업자 외의 자는 이를 양수하여서는 아니 된다." 라고 규정하고 있고, 구 여신전문금융업법(2015. 1. 20. 법률 제13068호로 개정되기 전의 것) 제20조 제1항은 "신용카드가맹점은 신용카드에 따른 거래로 생긴 채권(신용카드업자에게 가지는 매출채권을 포함한다)을 신용카드업자 외의 자에게 양도하여서는 아니 되고, 신용카드업자 외의 자는 이를 양수하여서는 아니 된다." 라고 규정하고 있다. 위와 같은 조항은 원래 1990. 12. 31. 법률 제4290호로 개정된 구 신용카드업법 제15조 제5항에서 '신용카드가맹점의 준수사항' 의 하나로 최초 규정되었다가, 1994. 1. 5. 법률 제4699호로 개정된 구 신용카드업법(1997. 8. 28. 법률 제5374호 여신전문금융업법 부칙 제2조로 폐지) 제15조의2에서 '매출전표의 양도의 금지' 라는 제목으로 '신용카드가맹점의 준수사항' 을 정한 제15조와 별개로 매출채권 양도·양수행위 자체를 금지하는 내용으로 개정되었고, 이후 1997. 8. 28. 법률 제5374호로 제정·공포된 여신전문금융업법 제20조 제1항에 구 신용카드업법 제15조의2 규정이 그대로 옮겨진 이래, 현재까지 같은 조항에서 신용카드가맹점의 준수사항과 별개로 매출채권 양도·양수행위 자체를 금지하는 규율형태를 유지하고 있다. 이와 같이 신용카드에 의한 거래로 생긴 채권이 금전거래의 대상이 됨을 방지함으로써 신용질서 유지를 도모하려는 위 각 규정의 입법 취지와 연혁, 문언 등을 종합하면, 위 각 규정의 후단은 신용카드업자 외의 자가 '신용카드에 의한 거래로 생긴 채권' 을 양수하는 행위를 금지하는 것이고, 양수행위의 상대방이 신용카드가맹점으로 제한된다고 해석할 것은 아니다.

## 제24조의2(신용카드업자 등의 금지행위) ① 신용카드업자는 소비자 보호 목적과 건전한 영업질서를 해칠 우려가 있는 다음 각 호의 행위(이하 "금지행

위”라 한다)를 하여서는 아니 된다.

1. 삭제 〈2020.3.24.〉
2. 신용카드업자의 경영상태를 부실하게 할 수 있는 모집행위 또는 서비스 제공 등으로 신용카드등의 건전한 영업질서를 해치는 행위

② 금지행위의 세부적인 유형과 기준은 대통령령으로 정한다.

③ 신용카드업자와 부가통신업자는 대형신용카드가맹점이 자기와 거래하도록 대형신용카드가맹점 및 특수관계인에게 부당하게 보상금등을 제공하여서는 아니 된다. 〈신설 2015.1.20., 2016.3.29.〉

[본조신설 2009.2.6.]

## 여신전문금융업법위반

[대법원 2019. 5. 30., 선고, 2016다276177, 판결]

**【판결요지】**

여신전문금융업법(이하 ‘법’이라고 한다) 제24조의2 제1항은 신용카드업자에 대하여 ‘소비자 보호 목적과 건전한 영업질서를 해칠 우려가 있는 행위(이하 ‘금지행위’라 한다)’의 금지를 명하는 한편 그러한 금지행위 중 하나로 ‘신용카드 상품에 관한 충분한 정보를 제공하지 아니하는 등으로 신용카드회원 등의 권익을 부당하게 침해하는 행위’를 제시하고 있다. 법 제24조의2 제2항은 시행령에 위임하는 것이 ‘금지행위의 세부적인 유형과 기준’임을 명시하고 있다. 구 여신전문금융업법 시행령(2012. 10. 9. 대통령령 제24136호로 개정되기 전의 것, 이하 ‘시행령’이라고 한다) 제7조의3의 규율 내용 및 재위임 취지 역시 분명하다. 시행령 제7조의3은, 법 제24조의2 제2항의 위임 취지에 부합되게, 신용카드회원 등의 권익을 부당하게 침해하는 행위의 여러 유형을 제시하였는데 그중 하나가 ‘신용카드 등의 이용 시 제공되는 추가적인 혜택(이하 ‘부가서비스’라 한다)을 부당하게 변경하는 행위’〔[별표 1의3] 제1호 (마)목〕이다. 한편 시행령 제7조의3은 금융위원회가 시행령에서 규정된 금지행위 중 특정한 금지행위에 적용하기 위하여 필요하다고 인정할 경우 ‘시행령에 규정된 금지행위의 유형과 기준에 대한 세부적인 기준’을 정할 수 있다고 위임하였다. 이는 가령 ‘부가서비스를 부당하게 변경하는 행위’처럼 시행령에 규정된 금지행위가 ‘부당성’과 같은 추상적 개념으로 구성되어 있어서 그것이 의미하는 바가 여전히 분명하지 않을 경우엔 금융위원회 고시를 통하여 보다 실질적이고 세부적인 기준을 설정하는 방법으로 금지행위를 구체화할 필요성이 있기 때문으로 보인다.

구 여신전문금융업감독규정(2012. 10. 15. 금융위원회 고시 제2012-24호로 개정되기 전의 것) 제25조 제1항 제2호는, ‘부가서비스를 부당하게 변경하는 행위’에 해당하는지를 판단할 수 있는 보다 구체화된 기준과 요건 등을 제시하거나 위 기준 등에 근거한 금지행위의 유형화는 전혀 시도하지 않은 채, 신용카드업자가 부가서비스를 변경할 경우 일정 기간 동안 부가서비스를 유지해 왔고 6개월 이전에 변경 사유 등을 정해진 방법으로 고지하는 등의 절차만 준수한다면 부가서비스 변경이 신용카드회원 등의 권익을 부당하게 침해하는지에 대한 어떠한 고려도 없이 변경행위가 금지되지 않는 것

으로 정하고 있다. 이는 법과 시행령의 위임 범위를 벗어난 고시규정을 통하여 '부가 서비스를 부당하게 변경하는 행위'를 금지하고자 한 법과 시행령의 입법 취지를 본질적으로 변질시킨 것으로도 볼 수 있다. 결국 위 고시규정은 그 내용이 법과 시행령의 위임 범위를 벗어난 것으로서 법규명령으로서의 대외적 구속력을 인정할 수 없다.

**제27조의4(신용카드 단말기의 등록)** ① 부가통신업자는 자신이 전기통신서비스를 제공하는 신용카드 단말기를 금융위원회에 등록하여야 한다. 다만, 부가통신업자가 전기통신서비스를 제공하지 아니하는 신용카드 단말기의 경우에는 신용카드가맹점이 금융위원회에 등록하여야 한다.

② 등록하려는 신용카드 단말기는 신용카드회원의 정보보호를 위하여 금융위원회가 정하는 기술기준에 적합하여야 한다.

③ 신용카드 단말기의 등록요건 및 등록절차 등에 필요한 사항은 대통령령으로 정한다.

④ 금융위원회는 제1항 및 제2항에 따른 신용카드 단말기의 등록 및 기술기준에 관한 업무를 여신전문금융업협회장에게 위탁한다.

[본조신설 2015.1.20.]

---

### 위임행정규칙
· 여신전문금융업감독규정(금융위원회고시 제2022-2호, 2022.1.26., 일부개정)

---

## 과징금부과처분취소
[서울행법 2017. 2. 2., 선고, 2016구합53227, 판결 : 확정]

**【판결요지】**

甲 시장이 택시이용승객에게 카드로 택시요금을 손쉽게 결제할 수 있는 편의를 제공하기 위하여 IC카드 인식 터치패드(패드형 카드리더기)를 운전석과 조수석 사이 콘솔박스 위에 고정 설치하는 것을 주된 내용으로 하는 여객자동차운송사업의 개선명령을 하였는데, 개인택시 운송사업자인 乙이 택시의 운전석 우측 하단에 카드단말기를 부착함으로써 위 사업개선명령을 위반하였다는 이유로 과징금 60만 원의 부과처분을 받자 처분의 취소를 구하는 소를 제기한 사안에서, 금융위원회가 정하는 기술수준에 적합한 신용카드 단말기의 등록을 요구하는 내용의 여신전문금융업법 제27조의4 규정이 신설되어 시행되었더라도 패드형 카드리더기를 설치할 수 없다고 보기는 어렵고, 사업개선명령이 운전석과 조수석 사이 콘솔박스 위에 패드형 카드리더기를 설치하라는 취지라는 것을 일반인이라면 충분히 알 수 있으므로 명확성의 원칙에 반한다고 보기 어려우며, 사업개선명령으로 택시운송사업자가 과도한 부담을 겪는다거나 그로 인한 불이익이 사업개선명령이 추구하는 공익에 비하여 균형을 상실할 정도로 크다고 할 수 없으므로 위 개선명령이 적법하고, 제반 사정을 고려하여 처분기준에

서 정한 과징금을 1/2 감경하여 부과한 점 등에 비추어, 이에 근거한 처분이 乙에게 지나치게 가혹하여 재량권을 일탈·남용하였다고 볼 수 없다고 한 사례.

**제46조(업무)** ① 여신전문금융회사가 할 수 있는 업무는 다음 각 호의 업무로 제한한다. 〈개정 2016.3.29.〉

1. 제3조에 따라 허가를 받거나 등록을 한 여신전문금융업(시설대여업의 등록을 한 경우에는 연불판매업무를 포함한다)
2. 기업이 물품과 용역을 제공함으로써 취득한 매출채권(어음을 포함한다)의 양수·관리·회수(回收)업무
3. 대출(어음할인을 포함한다. 이하 이 조에서 같다)업무
4. 제13조제1항제2호 및 제3호에 따른 신용카드업자의 부대업무(신용카드업의 허가를 받은 경우만 해당한다)
5. 그 밖에 제1호부터 제4호까지의 규정과 관련된 업무로서 대통령령으로 정하는 업무
6. 제1호부터 제4호까지의 규정에 따른 업무와 관련된 신용조사 및 그에 따르는 업무
6의2. 그 업무를 함께 하여도 금융이용자 보호 및 건전한 거래질서를 해할 우려가 없는 업무로서 대통령령으로 정하는 금융업무
7. 여신전문금융업에 부수하는 업무로서 소유하고 있는 인력·자산 또는 설비를 활용하는 업무

② 제1항제3호에 따른 대출업무, 그 밖에 이와 유사한 업무로서 대통령령으로 정하는 업무에 따라 발생하는 채권액은 총자산(대통령령으로 정하는 업무에 따라 발생하는 채권액은 제외한다)의 100분의 100의 범위에서 금융위원회가 정하는 비율을 초과해서는 아니 된다. 〈개정 2016.3.29.〉

③ 제2항에 따른 채권액을 산정할 때 포함되는 채권의 범위, 산정 방식 등에 대해서는 대통령령으로 정한다. 〈신설 2016.3.29.〉

---

**위임행정규칙**

· 여신전문금융업감독규정(금융위원회고시 제2022-2호, 2022.1.26., 일부개정)

---

## 보험업법 위반

[대법원 2013. 4. 26. 선고, 2011도13558, 판결]

**【판결요지】**
[1] 보험업법은 보험사업의 단체성, 사회성 등으로 국가와 사회경제생활에 미치게 되는

영향을 고려하여 보험업을 경영하려는 자는 법에 규정된 물적, 인적 요건을 갖추어 보험종목별로 금융위원회의 허가를 받도록 하면서 허가 없이 보험업을 경영한 자를 형사처벌하고 있다. 이러한 보험업 규제에 관한 법의 규정 및 취지에 비추어 보면, 허가의 대상이 되는 보험업에 해당하는지 여부는 사업의 명칭이나 법률적 구성형식에 구애됨이 없이 그의 실체나 경제적 성질을 실질적으로 고찰하여 판단하여야 한다.

[2] 은행법 제8조, 제27조의2, 여신전문금융업법 제2조 제15호, 제3조, 제46조 제1항 제5호, 여신전문금융업법 시행령 제16조 제2호와 구 보험업법(2010. 7. 23. 법률 제10394호로 개정되기 전의 것, 이하 같다) 제2조 제1호, 제3호, 제4조 제1항, 제200조 제1호를 종합하여 보면, 은행법과 여신전문금융업법 등 관련 법령에 따라 인가 또는 허가 등을 받은 금융기관이 지급보증 업무의 형태로 실질적으로 보증보험업을 하는 것은 적법하다고 할 것이나, 관련 법령에 따라 인가 또는 허가 등을 받은 금융기관이 아닌 자가 금융위원회의 허가 없이 실질적으로 보증보험업을 경영하는 경우에는 구 보험업법 제4조 제1항에 위배된다고 보는 것이 타당하다.

[3] 甲, 乙 주식회사의 임직원인 피고인들이 지급보증서를 발급해 주고 그 대가로 채무자들로부터 일정 금액의 수수료를 받는 방법으로 금융위원회의 허가 없이 보험업을 영위하였다고 하여 구 보험업법(2010. 7. 23. 법률 제10394호로 개정되기 전의 것, 이하 같다) 위반으로 기소된 사안에서, 피고인들의 행위는 채무자가 지급보증의 대상이 되는 채무를 불이행하는 경우에 보증금액 범위 내에서 채권자에게 그 손해에 대하여 금전을 지급할 것을 약속하고 그에 대한 대가를 수수하는 것으로서 구 보험업법 제2조 제1호 및 제3호에서 '보증보험업'에 관하여 규정하고 있는 '매매·고용·도급 그 밖의 계약에 의한 채무 또는 법령에 의한 의무의 이행에 관하여 발생할 채권자 그 밖의 권리자의 손해를 보상할 것을 채무자 그 밖의 의무자에게 약속하고, 채무자 그 밖의 의무자로부터 그 보수를 수수하는 것'에 해당하고, 甲, 乙 회사는 '대부업 등의 등록 및 금융이용자 보호에 관한 법률'에 따라 등록을 마친 대부업체에 불과할 뿐 관련 법령에 따라 금융위원회의 인가 또는 허가 등을 받아 지급보증 업무를 할 수 있는 금융기관이 아닌데도 금융위원회의 허가 없이 지급보증서 발급 및 그 대가수수를 통하여 보증보험업을 경영한 것은 구 보험업법 제4조 제1항을 위반한 것인데도, 이와 달리 피고인들의 지급보증서 발급 및 대가수수 행위가 금융기관의 지급보증과 유사하고 보험이라는 명칭이 사용되지 않았다는 사정만을 중시하여 피고인들에게 무죄를 인정한 원심판결에 구 보험업법 제4조 제1항에 관한 법리오해의 위법이 있다고 한 사례.

**제70조(벌칙)** ① 다음 각 호의 어느 하나에 해당하는 자는 7년 이하의 징역 또는 5천만원 이하의 벌금에 처한다. 〈개정 2016.3.29.〉

1. 신용카드등을 위조하거나 변조한 자
2. 위조되거나 변조된 신용카드등을 판매하거나 사용한 자
3. 분실하거나 도난당한 신용카드나 직불카드를 판매하거나 사용한 자

4. 강취(强取)·횡령하거나, 사람을 기망(欺罔)하거나 공갈(恐喝)하여 취득한 신용카드나 직불카드를 판매하거나 사용한 자
5. 행사할 목적으로 위조되거나 변조된 신용카드등을 취득한 자
6. 거짓이나 그 밖의 부정한 방법으로 알아낸 타인의 신용카드 정보를 보유하거나 이를 이용하여 신용카드로 거래한 자
7. 제3조제1항에 따른 허가를 받지 아니하거나 등록을 하지 아니하고 신용카드업을 한 자
8. 거짓이나 그 밖의 부정한 방법으로 제3조제1항에 따른 허가를 받거나 등록을 한 자
9. 제49조의2제1항 또는 제8항을 위반하여 대주주에게 신용공여를 한 여신전문금융회사와 그로부터 신용공여를 받은 대주주 또는 대주주의 특수관계인
9의2. 제50조제1항을 위반하여 대주주가 발행한 주식을 소유한 여신전문금융회사
10. 제50조의2제5항을 위반하여 같은 항 각 호의 어느 하나에 해당하는 행위를 한 대주주 또는 대주주의 특수관계인

② 제18조의3제4항제2호, 제19조제6항 또는 제24조의2제3항을 위반한 자는 5년 이하의 징역 또는 3천만원 이하의 벌금에 처한다. 〈신설 2015.1.20.〉

③ 다음 각 호의 어느 하나에 해당하는 자는 3년 이하의 징역 또는 2천만원 이하의 벌금에 처한다. 〈개정 2015.1.20.〉

1. 거짓이나 그 밖의 부정한 방법으로 제3조제2항에 따른 등록을 한 자
2. 다음 각 목의 어느 하나에 해당하는 행위를 통하여 자금을 융통하여 준 자 또는 이를 중개·알선한 자
   가. 물품의 판매 또는 용역의 제공 등을 가장하거나 실제 매출금액을 넘겨 신용카드로 거래하거나 이를 대행하게 하는 행위
   나. 신용카드회원으로 하여금 신용카드로 구매하도록 한 물품·용역 등을 할인하여 매입하는 행위
   다. 제15조를 위반하여 신용카드에 질권을 설정하는 행위
3. 제19조제5항제3호를 위반하여 다른 신용카드가맹점의 명의를 사용하여 신용카드로 거래한 자
4. 제19조제5항제5호를 위반하여 신용카드에 의한 거래를 대행한 자
5. 제20조제1항을 위반하여 매출채권을 양도한 자 및 양수한 자
6. 제20조제2항을 위반하여 신용카드가맹점의 명의로 신용카드등에 의한 거래를 한 자
7. 제27조의2제1항에 따른 등록을 하지 아니하고 신용카드등부가통신업을 한

자

8. 거짓이나 그 밖의 부정한 방법으로 제27조의2제1항에 따른 등록을 한 자

④ 다음 각 호의 어느 하나에 해당하는 자는 1년 이하의 징역 또는 1천만원 이하의 벌금에 처한다. 〈개정 2010.3.12., 2012.3.21., 2015.1.20.〉

1. 삭제 〈2015.7.31.〉

2. 삭제 〈2015.7.31.〉

2의2. 제14조의2제1항 각 호의 어느 하나에 해당하지 아니한 자로서 신용카드회원을 모집한 자

3. 제15조를 위반하여 신용카드를 양도·양수한 자

3의2. 제18조의3제4항제1호를 위반한 자

4. 제19조제1항을 위반하여 신용카드로 거래한다는 이유로 물품의 판매 또는 용역의 제공 등을 거절하거나 신용카드회원을 불리하게 대우한 자

5. 제19조제4항을 위반하여 가맹점수수료를 신용카드회원이 부담하게 한 자

6. 제19조제5항제4호를 위반하여 신용카드가맹점의 명의를 타인에게 빌려준 자

7. 제27조, 제50조의2제1항·제3항 또는 제51조를 위반한 자

⑤ 제36조제2항을 위반한 자는 500만원 이하의 벌금에 처한다. 〈개정 2015.1.20.〉

⑥ 제1항제1호 및 제2호의 미수범은 처벌한다. 〈개정 2015.1.20.〉

⑦ 제1항제1호의 죄를 범할 목적으로 예비(豫備)하거나 음모(陰謀)한 자는 3년 이하의 징역 또는 2천만원 이하의 벌금에 처한다. 다만, 그 목적한 죄를 실행하기 전에 자수한 자에 대하여는 그 형(刑)을 감경(減輕)하거나 면제한다. 〈개정 2015.1.20.〉

⑧ 제1항부터 제4항까지의 규정에 따른 징역형과 벌금형은 병과(倂科)할 수 있다. 〈개정 2015.1.20.〉

[전문개정 2009.2.6.]

## 여신전문금융업법 제70조 제1항 제4호에서 정한 '사용' 및 '기망하거나 공갈하여 취득한 신용카드나 직불카드'의 의미

[대법원 2022. 12. 16. 선고 2022도10629 판결]

**【판결요지】**

여신전문금융업법 제70조 제1항 제4호에서는 '강취·횡령하거나, 사람을 기망하거나 공갈하여 취득한 신용카드나 직불카드를 판매하거나 사용한 자'를 처벌하도록 규정하고 있는데, 여기에서 '사용'은 강취·횡령, 기망 또는 공갈로 취득한 신용카드나 직불카드를 진정한 카드로서 본래의 용법에 따라 사용하는 경우를 말한다. 그리고 '기망하거나 공갈하여 취득한 신용카드나 직불카드'는 문언상 '기망이나 공갈을 수단으로 하여 다른 사람으로부터 취득한 신용카드나 직불카드'라는 의미이므

로, '신용카드나 직불카드의 소유자 또는 점유자를 기망하거나 공갈하여 그들의 자유로운 의사에 의하지 않고 점유가 배제되어 그들로부터 사실상 처분권을 취득한 신용카드나 직불카드' 라고 해석되어야 한다.

## III. 벌칙

**제70조(벌칙)** ① 다음 각 호의 어느 하나에 해당하는 자는 7년 이하의 징역 또는 5천만원 이하의 벌금에 처한다. 〈개정 2016.3.29.〉

1. 신용카드등을 위조하거나 변조한 자
2. 위조되거나 변조된 신용카드등을 판매하거나 사용한 자
3. 분실하거나 도난당한 신용카드나 직불카드를 판매하거나 사용한 자
4. 강취(强取)·횡령하거나, 사람을 기망(欺罔)하거나 공갈(恐喝)하여 취득한 신용카드나 직불카드를 판매하거나 사용한 자
5. 행사할 목적으로 위조되거나 변조된 신용카드등을 취득한 자
6. 거짓이나 그 밖의 부정한 방법으로 알아낸 타인의 신용카드 정보를 보유하거나 이를 이용하여 신용카드로 거래한 자
7. 제3조제1항에 따른 허가를 받지 아니하거나 등록을 하지 아니하고 신용카드업을 한 자
8. 거짓이나 그 밖의 부정한 방법으로 제3조제1항에 따른 허가를 받거나 등록을 한 자
9. 제49조의2제1항 또는 제8항을 위반하여 대주주에게 신용공여를 한 여신전문금융회사와 그로부터 신용공여를 받은 대주주 또는 대주주의 특수관계인
9의2. 제50조제1항을 위반하여 대주주가 발행한 주식을 소유한 여신전문금융회사
10. 제50조의2제5항을 위반하여 같은 항 각 호의 어느 하나에 해당하는 행위를 한 대주주 또는 대주주의 특수관계인

② 제18조의3제4항제2호, 제19조제6항 또는 제24조의2제3항을 위반한 자는 5년 이하의 징역 또는 3천만원 이하의 벌금에 처한다. 〈신설 2015.1.20.〉

③ 다음 각 호의 어느 하나에 해당하는 자는 3년 이하의 징역 또는 2천만원 이하의 벌금에 처한다. 〈개정 2015.1.20.〉

1. 거짓이나 그 밖의 부정한 방법으로 제3조제2항에 따른 등록을 한 자
2. 다음 각 목의 어느 하나에 해당하는 행위를 통하여 자금을 융통하여 준 자 또는 이를 중개·알선한 자

가. 물품의 판매 또는 용역의 제공 등을 가장하거나 실제 매출금액을 넘겨 신용카드로 거래하거나 이를 대행하게 하는 행위

나. 신용카드회원으로 하여금 신용카드로 구매하도록 한 물품·용역 등을 할인하여 매입하는 행위

다. 제15조를 위반하여 신용카드에 질권을 설정하는 행위

3. 제19조제5항제3호를 위반하여 다른 신용카드가맹점의 명의를 사용하여 신용카드로 거래한 자

4. 제19조제5항제5호를 위반하여 신용카드에 의한 거래를 대행한 자

5. 제20조제1항을 위반하여 매출채권을 양도한 자 및 양수한 자

6. 제20조제2항을 위반하여 신용카드가맹점의 명의로 신용카드등에 의한 거래를 한 자

7. 제27조의2제1항에 따른 등록을 하지 아니하고 신용카드등부가통신업을 한 자

8. 거짓이나 그 밖의 부정한 방법으로 제27조의2제1항에 따른 등록을 한 자

④ 다음 각 호의 어느 하나에 해당하는 자는 1년 이하의 징역 또는 1천만원 이하의 벌금에 처한다. 〈개정 2010.3.12., 2012.3.21., 2015.1.20.〉

1. 삭제 〈2015.7.31.〉

2. 삭제 〈2015.7.31.〉

2의2. 제14조의2제1항 각 호의 어느 하나에 해당하지 아니한 자로서 신용카드회원을 모집한 자

3. 제15조를 위반하여 신용카드를 양도·양수한 자

3의2. 제18조의3제4항제1호를 위반한 자

4. 제19조제1항을 위반하여 신용카드로 거래한다는 이유로 물품의 판매 또는 용역의 제공 등을 거절하거나 신용카드회원을 불리하게 대우한 자

5. 제19조제4항을 위반하여 가맹점수수료를 신용카드회원이 부담하게 한 자

6. 제19조제5항제4호를 위반하여 신용카드가맹점의 명의를 타인에게 빌려준 자

7. 제27조, 제50조의2제1항·제3항 또는 제51조를 위반한 자

⑤ 제36조제2항을 위반한 자는 500만원 이하의 벌금에 처한다. 〈개정 2015.1.20.〉

⑥ 제1항제1호 및 제2호의 미수범은 처벌한다. 〈개정 2015.1.20.〉

⑦ 제1항제1호의 죄를 범할 목적으로 예비(豫備)하거나 음모(陰謀)한 자는 3년 이하의 징역 또는 2천만원 이하의 벌금에 처한다. 다만, 그 목적한 죄를 실행하기 전에 자수한 자에 대하여는 그 형(刑)을 감경(減輕)하거나 면제한다. 〈개정 2015.1.20.〉

⑧ 제1항부터 제4항까지의 규정에 따른 징역형과 벌금형은 병과(併科)할 수

있다. 〈개정 2015.1.20.〉

[전문개정 2009.2.6.]

**제71조(양벌규정)** 법인의 대표자나 법인 또는 개인의 대리인, 사용인, 그 밖의 종업원이 그 법인 또는 개인의 업무에 관하여 제70조의 위반행위를 하면 그 행위자를 벌하는 외에 그 법인 또는 개인에게도 해당 조문의 벌금형을 과(科)한다. 다만, 법인 또는 개인이 그 위반행위를 방지하기 위하여 해당 업무에 관하여 상당한 주의와 감독을 게을리하지 아니한 경우에는 그러하지 아니하다.

[전문개정 2009.2.6.]

**제72조(과태료)** ① 다음 각 호의 어느 하나에 해당하는 자에게는 5천만원 이하의 과태료를 부과한다. 〈개정 2010.3.12., 2012.3.21., 2013.3.22., 2015.1.20., 2016.3.29., 2017.4.18.〉

1. 제14조의5제1항부터 제3항까지의 규정을 위반한 자
2. 제14조의5제4항에 따른 조사를 거부한 자
3. 제14조의5제5항을 위반하여 모집인의 불법행위 신고를 하지 아니한 자
4. 제16조의2제3항에 따른 조사를 거부한 자
4의2. 제16조의5를 위반하여 연회비를 반환하지 아니한 자
5. 제19조제3항·제7항 또는 제19조의2를 위반한 자
5의2. 제27조의2제4항을 위반하여 변경등록을 하지 아니한 자
5의3. 제46조의2제1항을 위반하여 부수업무의 신고를 하지 아니한 자
6. 제49조의2제2항 또는 제50조제2항을 위반하여 이사회의 결의를 거치지 아니한 자
7. 제49조의2제3항·제4항 또는 제50조제3항·제4항을 위반하여 보고 또는 공시를 하지 아니한 자
8. 삭제 〈2015.7.31.〉
9. 삭제 〈2015.7.31.〉
10. 제50조의8제1항에 따른 자료제출 요구에 따르지 아니한 자
10의2. 삭제 〈2020.3.24.〉
10의3. 제53조의2제3항에 따른 자료제출 또는 관계인의 출석 및 의견진술 요구에 따르지 아니한 자
10의4. 제54조를 위반하여 보고서를 제출하지 아니하거나 보고를 하지 아니한 자(거짓의 보고서를 제출하거나 거짓으로 보고한 자를 포함한다)

11. 제54조의2에 따른 공시를 하지 아니하거나 거짓으로 공시한 자

12. 제54조의3을 위반하여 금융위원회에 신고하거나 보고하지 아니하고 금융약관 또는 표준약관을 제정하거나 개정한 자

13. 제55조를 위반하여 다른 업무와 구분하여 회계처리를 하지 아니한 자

② 제50조의12를 위반하여 직원의 보호를 위한 조치를 하지 아니하거나 직원에게 불이익을 준 자에게는 3천만원 이하의 과태료를 부과한다. 〈신설 2017.4.18.〉

③ 제50조의13제2항을 위반하여 신용공여 계약을 체결하려는 자에게 금리인하를 요구할 수 있음을 알리지 아니한 자에게는 2천만원 이하의 과태료를 부과한다. 〈신설 2018.12.11.〉

④ 다음 각 호의 어느 하나에 해당하는 자에게는 1천만원 이하의 과태료를 부과한다. 〈신설 2016.3.29., 2017.4.18., 2018.12.11., 2020.3.24.〉

1. 제14조의5제6항을 위반하여 모집인에 대한 교육을 하지 아니한 자

2. 삭제 〈2020.3.24.〉

3. 삭제 〈2017.4.18.〉

4. 삭제 〈2017.4.18.〉

⑤ 제1항부터 제4항까지의 규정에 따른 과태료는 대통령령으로 정하는 바에 따라 금융위원회가 부과·징수한다. 〈개정 2016.3.29., 2017.4.18., 2018.12.11.〉

## Ⅳ. 기재례

### 【범죄사실 기재례】

피의자는 20○○. ○. ○. 11 : 40경 ○○시 ○○동에 있는 ○○스포츠센타 지하 샤워장 내에서 피해자 이○○가 벗어놓은 바지주머니에서 피해자 소유의 현금 ○○만원과 비씨카드 1점 등 합계 금 ○○만원 상당을 꺼내어 이를 절취하였다.

그리고 같은 날 오후 시간을 알 수 없는 때에 서울 ○○동에 있는 ○○백화점에서 시가 ○○만원 상당 금반지 1점, 시가 ○○만원 상당 남성정장 2벌 등 시가 합계 금 ○○만원 상당의 물품을 구입하면서 위 이○○ 명의의 비씨카드로 대금을 결제하게 하여 이를 사용하였다.

### 【적용실례】

〈타인의 신용카드를 절취하여 카드대출을 받은 경우〉

피의자가 타인의 신용카드를 절취한 뒤 훔친 신용카드를 사용하여 사채업자를 기망하고 카드대출을 받은 경우

➡ 이러한 경우는 절도, 여신전문금융업법, 사기로 의율해야 한다.

〈강취한 신용카드로 현금인출기에서 현금을 인출한 경우〉

피의자가 강취한 신용카드를 현금인출기에 집어 넣어 현금을 인출한 경우

➡ 이러한 경우 여신전문금융업법 위반과 함께 별도로 절도죄가 성립한다.

## 【적용실례】

〈신용카드부정사용죄에 있어 신용카드의 사용의 의미〉

➡ 신용카드부정사용죄의 구성요건적 행위인 신용카드의 사용이라 함은 신용카드의 소지인이 신용카드의 본래 용도인 대금결재를 위하여 가맹점에 신용카드를 제시하고 매출표에 서명하여 이를 교부하는 일련의 행위를 가리키고 단순히 신용카드를 제시하는 행위만을 가리키는 것은 아니라고 할 것이므로, 위 매출표의 서명 및 교부가 별도로 사문서위조 및 동행사의 죄는 위 신용카드부정사용죄에 흡수되어 신용카드부정사용죄의 1죄만 성립되므로 이를 별도로 사문서위조 및 동행사의 죄로 의율할 수 없음.

〈신용카드를 일시 빌려주고 빌린 경우〉

➡ 신용카드를 일시 빌려주고, 빌린 것만으로는 법률상 신용카드의 양도, 양수라고 인정할 수 없음.

〈타인명의로 신용카드를 발급받아 사용한 경우〉

➡ 피의자가 타인 명의의 신분관계에 대한 위조서류를 제출하여 피의자를 동인으로 믿은 ○○카드회사로부터 신용카드를 발급받아 이를 사용한 사안으로, 이러한 경우 피의자가 직접 신용카드 자체를 위조한 것이라고 할 수 없으므로 사문서 위조, 동행사, 사기로 의율하여야 하며 여신전문금융업법 위반까지 추가하여 의율할 수 없음.

〈타인의 신용카드를 절취하여 카드대출을 받은 경우〉

➡ 피의자가 타인의 신용카드를 절취한 뒤 사채업자 사무실에서 훔친 신용카드를 사용하여 사채업자를 기망하고 카드대출을 받은 사안인 바, 이러한 경우에는 죄명은 '가. 절도, 나. 여신전문금융업법위반, 다. 사기'로 의율함.

〈절취한 신용카드로 현금인출기에서 현금을 인출한 경우〉

➡ 피의자가 절취한 신용카드를 현금인출기에 집어 넣어 현금을 인출한 사안인 바, 이러한 경우 여신전문금융업법 위반(동법 제70조 제1항 제3호) 이외에 별도로 절도죄가 성립함.

**● 수사사례**

## 1. 신용카드이용 불법할인대출

- 사채업자 본인이나 처, 친동생 등 명의로 유령사업체를 개설한 후 카드가
  맹점으로 등록하는 등 부실·유령·가공 카드가맹점을 개설하여 매출전
  표를 발행할 수 있는 자격을 취득.
- 일간 신문, 생활정보지의 광고 등을 통해 현금대출을 받으려는 사람들을
  유인.
- 현금대출을 받으려는 카드회원들에게 그들이 대출 받으려는 금액 상당의
  물품이나 용역을 실제로 제공한 것처럼 정상판매를 가장한 부실·유령·
  가공 카드가맹점 명의의 허위 매출전표를 작성한 후 11~20%의 고리 선
  이자를 공제하고 자금을 빌려줌.
  - 그 외에도 신용카드대금을 갚지 못하는 사람들을 위해 그들의 연체대금을 대
    신 갚아 주고 그 신용카드를 이용하여 대납해준 금액에 18~20%의 수수료를
    포함한 액수의 물품을 판 것처럼 허위의 매출전표를 작성 받는 연체대납업자
    도 있음.
- 그 후 신용카드회사로부터는 매출전표에 해당하는 금액을 소액의 수수료
  공제 후 인출함.
  - 그 외에도 ① 카드가맹점 개솔을 하지 아니한 채 허위 매출전표를 작성 받
    는 방법으로 불법현금대출을 하고 그 매출전표를 가맹점 개설한 다른 사채업
    자에게 매도하거나, ② 카드회원과 카드가맹점 개설을 한 사채업자간에 현금
    대출이 이루어지도록 소개하고 소개비만 받는 방법도 등장하고 있음.

## 2. 물품구입수법

- 사채업자들이 일간신문 등에 "컴퓨터가전대출, 가전매입" 등의 광고를
  게재하여 현금대출을 받으려는 신용카드 소지자를 유인.
- 현금대출을 받아야 할 형편에 있으나 연체 또는 사용한도 초과로 인해
  신용카드로 현금대출을 받을 수 없는 소지자들이 광고를 보고 찾아오면
  백화점이나 전자제품 대리점에서 전자제품 또는 컴퓨터를 구입하여 오도
  록 한 후 그들이 신용카드, 백화점카드를 이용하여 할부로 구입하여 온
  전자제품 또는 컴퓨터를 재 구입 하는 형식을 취하면서 선이자 명목으로
  구입대금의 약 35% 내지 45%를 공제한 금액만 지급하여 줌.
- 전자제품 등을 저렴하게 구입한 사채업자들은 그 전자제품 등을 용산전
  자상가 등의 상인들에게 무자료로 공급하여 다시 현금화함.
  - 이들 상인들은 납세의무자로서 세금계산서를 교부받아야 함에도 세금계산서

를 교부받지 아니하고 전자제품을 구입하는 방법을 통해 이들 전자제품 판매 시에 부가가치세를 납부하지 않고 탈세할 수 있는 이익이 있음. 그 결과 판매가격을 상대적으로 낮추어 덤핑판매하기도 함.

- 신용카드 소지자 중에는 당초부터 카드대금을 납부할 의사나 능력도 없이 카드를 이용하여 전자제품 등을 마구잡이로 구입한 뒤 구입가격의 50%에 덤핑 처분하여 거액을 편취하는 경우도 많음.

### 3. 매출전표 불법유통 탈세

(1) 폐업 신고되어 존재하지 않는 타인 명의의 점포를 가맹점(불량 가맹점)으로 등록시키는 등 각종 조직적 방법으로 부실·유령·가공가맹점을 다수 확보하여 매출전표를 다량 발행할 수 있도록 준비.

#### (가) 명의도용 대상자 모집

허위 구인광고 전단을 만들어 주로 저소득층 주택가에 뿌려, 구직희망 전화가 오면 직장알선에 필요하다며 주민등록등본 등을 우편으로 제출 받는 등 방법으로 수백 건의 서류를 수집하여 적당한 명의대상자를 직접 모집하거나, 알선업자들이 신용카드 발급대행광고를 한 다음 이에 유인된 신용카드 발급의뢰인을 속여 그들로부터 제출 받은 서류 등을 알선업자로부터 건당 150만원 내지 200만원씩에 매입하는 등의 방법으로 명의도용 대상자들의 주민등록등본, 주민등록증 사본 등을 수집함.

#### (나) 사업자등록증 위조

세무서 직원에게 사례비를 지급하고 세무서 부가세과 단말기를 통해 신규 사업자번호만을 등록시키고 나머지 사항을 공란으로 둔 채 사업자등록증을 출력한 다음, 컴퓨터 프린터를 이용하여 위 사업자등록증에 명의 피도용자들의 인적사항을 기재한 후 세무서장 직인을 압날하거나 위조한 세무서장의 직인을 압날하는 방법으로 명의 피도용자들에 대한 사업자등록증을 위조함.

#### (다) 영업허가증 위조.

구청장 명의의 기존 영업허가증 사본 1부씩을 구매 허가번호, 업소 및 업종명, 대표자명, 허가일자 등을 지우고 컴퓨터 프린터를 이용, 각 해당란에 기입할 사항을 인쇄하여 그 자리에 오려붙인 다음 이를 다시 복사하는 방법으로 명의 피동용자들에 대한 영업허가증 사본을 위조함.

#### (라) 신용카드조회기 설치확인서 위조

신용카드조회기 회사인 한국정보통신(주) 대리점 직원에게 사례비(건당 10만원 정도)를 준 후 동 조회기를 설치하지 아니하였음에도 이를 설치한 양 ID번호(신용카드조회기 고유번호)를 부여받고 신용카드조회기 설치 확인서를 허위로 발급 받음.

### (마) 통장개설 및 가맹점 가입신청

신용카드 조회기회사 직원들이 명의 피도용자들의 대리인인 양 위임장을 위조하여 그들 명의의 통장을 개설한 후 위조된 가맹점 가입신청서를 신용카드회사에 제출하여 유령가맹점을 개설함.

### (바) 유령가맹점 매도

위와 같은 방법으로 다량 개설한 부실·유령·가공 가맹점 명의를 매출전표 유통업자와 신용카드 대출업자에게 매도함.

(2) 신용카드 매출전표 불법 유통조직은 그 외에도 다음과 같은 방법으로 직접 유령가맹점을 개설하여 범행하기도 함.

### (가) 유령 신용카드가맹점 개설

매출전표를 자신에게 매도할 유흥업소와 거래를 약속한 다음, 작은 점포를 임차하고, 일정한 직업과 재산이 없는 사람(주로 부녀자, 속칭 바지)에게 200-250만원을 주고 명의를 빌려 그 명의로 세무서에서 사업자등록을 함(유령업소개설. 업종은 주로 세율이 저렴한 단란주점으로 함)

정보통신회사로부터 신용카드조회기를 구입하고(비용은 15-70만원, ID번호만 매입할 경우 10-15만원), 신용카드회사와 가맹점계약을 체결함.

위와 같이 1개 유령가맹점을 개설하는 데 약 500만원이 소요되는 바, 적절한 명의대여자를 구하지 못할 경우 전항의 유령가맹점 개설업자로부터 유령가맹점을 매입(약 700만원)하여 범행하기도 함.

### (나) 유령신용카드가맹점의 신용카드조회기설치

유흥업소에 유령가맹점의 신용카드조회기를 설치해 주거나 유령가맹점의 ID번호를 유흥업소의 신용카드 조회기에 입력하여 탈세할 수 있는 방법을 제공함.

(3) 신용카드매출전표 불법유통업자는 유흥업소들로부터 가맹점이 기재되지 아니한 매출전표에 대해 8~11% 정도의 수수료를 공제하고 나머지 금액만 지급한 뒤 매출전표를 인수함.

• 위 가맹점 공란인 매출전표에 위 부실·유령·가공가맹점을 적절히 분배 기재하여 허위매출전표를 작성한 후 카드회사에 제시, 일정한 수수료(단

란주점 3%, 유흥주점 5%등)를 공제한 금액을 수령함.

 - 결과적으로 매출 전표 작성 금액의 3-8% 정도의 폭리성 마진을 순이익으로 차지함.
 - 서울동부지청 96형제62405호 피의자 2명은 매일 매출전표 500매 액면금 1억원 상당을 사들여 하루평균 500만원씩 1년 10개월 동안 모두 33억원의 순이익을 취하였음.

• 중간유통업자가 있는 경우에는 매출전표 불법유통업자가 중간유통업자에게 유령가맹점의 ID번호를 알려주면 중간유통업자는 이를 유흥업소의 신용카드조회기에 입력하여 유령가맹점 명의로 신용카드 매출전표를 작성케 한 뒤 그 유흥업소로부터 매출전표를 매출금액의 86-87%에 매입하여 다시 이를 매출전표 불법유통업자에게 매출금액 90%에 양도하고, 불법유통업자는 이를 카드회사에 제시하여 결제를 받음.

### (4) 카드가맹점인 유흥업소들은,

• 신용카드 매출전표 불법유통업자로 하여금 유령신용카드 가맹점의 신용카드 조회기를 설치토록 하거나 자신의 신용카드조회기에 유령가맹점의 ID번호를 입력토록 한 뒤, 손님이 건내주는 카드를 사용하여 자신의 업소가 아닌 다른 부실·유령·가공가맹점 명의의 매출전표를 발행, 액면금액의 89-92% 가격으로 불법유통조직에 양도함으로써 매출총액을 대폭 줄임.
 - 유흥업소에서는 신용카드사용 업소의 상호와 사용대금 납부고지서상의 상호가 서로 다르다는 손님의 항의를 예방하고 나아가 세무당국에의 적발을 피하고자 신용카드 매출전표 불법유통업자로 하여금 자신의 업소명과 같거나 유사한 상호로 유령가맹점을 개설함.(ex, 팔래스호텔 나이트클럽 - 팔래스)
• 또는 가맹점을 공란으로 한 매출전표를 발행하여 매출전표 위조범들에게 판매(매출액의 8-11% 공제)하여 위와 같이 사용하게 함.
 - 최근에는 단속에 대비하여 다수의 사채업자들을 상대로 소량씩 분항 양도하거나, 주류 및 안주공급업자들에게 대금 대신 신용카드 매출전표로 지급하는 편법을 활용하기도 함.
 - 심지어는 손님 몰래 매출전표를 2장 찍어 그중 한 장을 할인하여 현금으로 바꾸는 방법으로 범행하기도 함.

### 4. 매출전표 위조 사기

• 세무서장 명의의 사업자등록증을 위조(위조방법은 매출전표위조 탈세사범

의 경우와 동일)하여 유령가맹점을 개설하고, 신용카드회사로부터 매출전표 용지를 교부받음.

- 카드회사 직원으로부터 카드회원명단을 입수하여 회원 명의의 신용카드 기재사항을 파악한 뒤 엠보씽(카드제작기계)을 이용하여 그 기재사항과 동일한 카드(매출전표에 사용할 수 있는 돌출문자만 위조하므로 그 자체 로는 다른 업소에서 사용할 수 없음)를 만든 다음, 이를 신용카드 매출전 표 용지 밑에 놓고 임프린트 기계로 눌러 마치 명의를 도용 당한 회원이 범인들이 개설한 유령가맹점으로부터 물품을 구입한 것 같이 신용카드 매출전표를 위조함.

- 그밖에도 소매치기로부터 그들이 절취한 신용카드를 1매당 20만원씩 주 고 구입한 뒤 이를 사용하여 분실신고일자 이전의 날로 소급한 매출전표 를 위 유령가맹점 명의로 작성함.
  - 유흥업소 종업원 등과 공모하여 그들이 훔친 고객의 신용카드를 이용, 매출전표를 허위로 작성하여 카드회사에 청구하는 방법도 사용함.
  - 아예 특정인의 주민등록증 등 카드발급서류를 전문적으로 대량으로 위조, 그 명의의 신용카드를 발급 받은 후 그 특정인 명의로 사용하기도 함.

- 위와 같이 위조한 매출전표를 신용카드회사에 제출하여 현금을 지급받거 나, 평소 안면이 있는 신용카드가맹점 주인에게 양도하고 20% 정도의 수 수료를 공제한 대금을 받기도 함.

## 5. 신용카드 마그네틱 스트라이프 위조 사기

- 사전에 기존 신용카드 회원들의 정보사항을 구해 둠.
- 개인정보를 입력시킬 수 있는 컴퓨터프로그램을 이용하여 위 입수한 신 용카드회원의 정보사항을 신용카드 마그네틱 스트라이프에 입력시킨 후, 플라스틱 신용카드 판에 붙여 신용카드를 위조함.
- 위조한 신용카드를 이용, 가맹점으로부터 거액의 물품을 구입하여 편취함.
  - 위조된 마그네틱 스트라이프를 이지체크기에 통과시키면 카드회사로부터 곧 바로 사용승인을 받는 허점을 이용한 범죄임.

## 6. 은행현금카드 위조사기

- 범행을 위해 암호판독기, 암호해독용 컴퓨터프로그램을 입수함.
- 타인소유의 진짜 은행현금카드를 입수한 뒤, 암호판독기계에 넣고 암호판 독기와 컴퓨터를 연결하여 마그네틱 스트라이프의 암호해독 컴퓨터 프로 그램을 작동시킴.
- 그 후 은행현금카드 공카드를 암호판독기에 넣고 이미 판독해 놓은 암호

를 입력한 후 복사하여 현금카드를 위조함.

- 진짜 카드 소유자의 비밀번호를 알아내어 거액을 인출함.

### 7. 첨단장비이용 신용카드 위조 사건

- 암호해독용 컴퓨터 프로그램, '카드판독복제기'를 구입하여 둠.
- 신용카드 현금 대출업을 하는 것처럼 가장하여 카드할인 광고를 낸 후, 돈을 빌리러 오는 카드회원들의 신용카드를 교부받아 몰래 암호해독용 컴퓨터프로그램과 카드판독복제기를 이용해 그 신용카드 자기테이프에 내장된 암호코드를 판독한 후, 잔액조회 등 대출에 필요하다는 빌미로 카드명의인의 비밀번호를 알아냄.
- 인코딩기에 공카드를 넣고 입력프로그램을 작동시켜 위와 같이 알아낸 암호 코드를 공카드의 자기테이프에 입력시키고, 신용카드와 똑같은 크기·형태의 플라스틱판에 이를 접착하는 방법으로 신용카드를 위조함.
- 위조한 신용카드를 일본, 홍콩 등 외국으로 가지고 나가 위조한 신용카드 및 미리 알아낸 비밀번호를 이용하여 외국 무인현금지급기에서 현금서비스 명목으로 거액을 인출함.
  - 주로 월말에 1회에, 월초에 1회 재차 현금서비스를 받는 방법으로 현금 인출 액수를 늘임.
  - 카드 1개로 20,000달러까지 현금서비스를 받을 수 있고 별도로 물품구매도 가능하므로 피해액수가 엄청날 수 있음.
  - 카드 명의자는 비밀번호를 유출한 잘못으로 인해 전혀 보호받을 수 없어 결국 피해는 카드 명의자에게 돌아가게 됨.
- 국내에 있는 조직은 신용카드 회원정보를 국내에서 집중 수집하여 이를 외국에 있는 신용카드 전문위조조직에 유출하고, 외국인 공범들은 이를 이용하여 홍콩, 일본 등 외국에서 신용카드를 위조·사용하는 등 국제적 범죄커넥션도 적발된 바 있음.

### 8. 인터넷 전자상거래를 이용한 불법 할인 대출

#### (1) 인터넷 경매사이트 이용

- 인터넷 전자상거래가 활성화 됨에 따라 신용카드할인업자들로부터 자금 융통을 받으려는 카드소지의 인적사항 및 신용카드정보를 건네 받아 인터넷 경매전문업체인 (주)옥션 사이트에 카드소지인의 개인정보를 이용하여 임의로 ID를 만들고 빌리려는 금액에 해당하는 물품을 경애에 내놓는 것처럼 임의로 등록하고, 역시 임의로 만든 ID를 이용하여 가공의 물품

을 낙찰받는 것으로 하여 경매가 이루어진 것처럼 가장함.

- 낙찰대금을 카드소지인의 신용카드 정보를 입력하여 결제함으로써 (주)옥션에서 신용카드회사로부터 카드결제대금을 입금받을 수 있도록 하고, (주)옥션에 미리 신고한 물품등록자의 ID로 등록하여 둔 예금 계좌를 통해 대금을 송금받아 수수료 2-3%를 공제한 금액을 할인의뢰업자에게 송금.

### (2) 상품권 거래사이트 자체개설

- 회사를 설립하여 자체적으로 인터넷 상거래로 상품권을 판매하는 인터넷 사이트를 개설한 다음 신용카드할인업자들이 사이트에 접속하여 할인 의뢰한 카드 소지자 명의로 위 사이트에서 상품권을 구매하는 것처럼 주문을 하고, 카드소지자의 신용카드 번호 등을 입력하여 결제를 함.
- 위 사이트와 연결된 신용카드 가맹점인 데이콤 등 결제대행업체를 통하여 카드회사로부터 승인을 받아 그 내역을 데이콤을 통해 카드회사에 송신하고, 카드회사로부터 대금을 지급 받아 수수료 공제 후 할인업자에게 송금함.

### 9. 무선 신용단말기 이용 250억대 위장 매출전표

- 위장 신용카드가맹점 사업등록자(속칭 '바지사장')는 명의대여 대가로 월 100-200만원 내외의 돈을 받기로 하고 명의대여 알선브로커에게 가맹점 개설에 필요한 인감증명서 등 제반서류를 넘겨줌
- 신용카드단말기 판매대리점은 단말기 판매 수입을 늘리고 매출전표 수수료(1장당 120원~200원) 수입을 얻기 위해 1개 신용카드가맹점(위장가맹점)당 아무런 제한없이 무선 카드단말기를 100여대씩 판매함.
- 위장 가맹점 업주와 알선브로커는 그 가맹점 명의와 무선카드단말기를 조세포탈을 꾀하는 유흥주점에 무차별 대여함.
- 유흥주점은 실제 매출을 누락시켜 조세포탈하기 위하여 위장 가맹점 명의와 카드단말기를 사용하여 손님들에게 결제시킴.
- 이후 위장 가맹점의 바지사장은 자신에게 부과되는 일체의 조세를 납부치 않고 잠적하거나, 무자력을 이유로 세무서로부터 징수불능처분 받음.
- 알선브로커로부터 뇌물받은 세무공무원 김ㅇㅇ은 국세청 전산망을 점검하면서 위장 가맹점의 매출이 과도해지면 이를 분산하거나 줄이라고 주의를 주는 등 알선브로커들에게 정보를 제공하면서 비호하였음.

# 영화 및 비디오물의 진흥에 관한 법률

[시행 2025. 4. 23.] [법률 제20496호, 2024. 10. 22., 일부개정]

## Ⅰ. 개설

### 목적

이 법은 영화 및 비디오물의 질적 향상을 도모하고 영상문화 및 영상산업의 진흥을 촉진함으로써 국민의 문화생활 향상과 민족문화의 창달에 이바지함을 목적으로 한다.

## Ⅱ. 판례

**제29조(상영등급분류)** ① 영화업자는 제작 또는 수입한 영화(예고편 및 광고영화를 포함한다)에 대하여 그 상영 전까지 제71조의 규정에 따른 영상물등급위원회(이하 "영상물등급위원회"라 한다)로부터 상영등급을 분류 받아야 한다. 다만, 다음 각 호의 어느 하나에 해당하는 영화에 대하여는 그러하지 아니하다. 〈개정 2008.2.29., 2023. 8. 8.〉

1. 대가를 받지 아니하고 특정한 장소에서 청소년이 포함되지 아니한 특정인에게만 상영하는 소형영화·단편영화
2. 영화진흥위원회가 추천하는 영화제에서 상영하는 영화
3. 국제적 문화교류의 목적으로 상영하는 영화 등 문화체육관광부장관이 등급분류가 필요하지 아니하다고 인정하는 영화

② 제1항 본문의 규정에 따른영화의 상영등급은 영화의 내용 및 영상 등의 표현 정도에 따라 다음 각 호와 같이 분류한다. 다만, 영화 상영 전후에 상영하는 광고영화는 제1호에 해당하는 경우에 한하여 상영등급을 분류받을 수 있고, 예고편영화는 제1호 또는 제4호에 따라 상영등급을 분류하고 청소년 관람불가 예고편영화는 청소년 관람불가 영화의 상영 전후에만 상영할 수 있다. 〈개정 2009.5.8., 2012.2.17., 2023. 8. 8.〉

1. 전체관람가 : 모든 연령에 해당하는 자가 관람할 수 있는 영화
2. 12세 이상 관람가 : 12세 이상의 자가 관람할 수 있는 영화
3. 15세 이상 관람가 : 15세 이상의 자가 관람할 수 있는 영화

    4. 청소년 관람불가 : 청소년은 관람할 수 없는 영화

    5. 제한상영가 : 선정성·폭력성·사회적 행위 등의 표현이 과도하여 인간의
       보편적 존엄, 사회적 가치, 선량한 풍속 또는 국민 정서를 현저하게 해할
       우려가 있어 상영 및 광고·선전에 일정한 제한이 필요한 영화

③ 누구든지 제1항 및 제2항의 규정을 위반하여 상영등급을 분류 받지 아니한
영화를 상영하여서는 아니 된다.

④ 누구든지 제2항제2호 또는 제3호의 규정에 따른 상영등급에 해당하는 영화
의 경우에는 해당 영화를 관람할 수 있는 연령에 도달하지 아니한 자를 입
장시켜서는 아니 된다. 다만, 부모 등 보호자를 동반하여 관람하는 경우에는
그러하지 아니하다. 〈개정 2018.10.16., 2023. 8. 8.〉

⑤ 누구든지 제2항제4호 또는 제5호의 규정에 따른 상영등급에 해당하는 영화
의 경우에는 청소년을 입장시켜서는 아니 된다.

⑥ 누구든지 제1항의 규정에 따라 분류 받은 상영등급을 변조하거나 상영등급
을 분류 받은 영화의 내용을 변경하여 영화를 상영하여서는 아니 된다.

⑦ 제2항 각 호의 상영등급에 대한 구체적인 분류기준은 다음 각 호의 사항을
고려하여 대통령령으로 정한다. 〈신설 2009.5.8.〉

    1. 「대한민국헌법」의 민주적 기본질서의 유지와 인권존중에 관한 사항

    2. 건전한 가정생활과 아동 및 청소년 보호에 관한 사항

    3. 사회윤리의 존중에 관한 사항

    4. 국가정체성 및 외교관계의 유지에 관한 사항

    5. 주제 및 내용의 폭력성·선정성·반사회적 행위 등에 관한 사항

    6. 인간의 보편적 존엄과 사회적 가치, 선량한 풍속 및 국민정서에 관한 사항

⑧ 영상물등급위원회는 제1항에 따른 상영등급을 분류하는 경우에는 내용정보
제공에 관한 사항을 심의하여야 한다. 〈신설 2009.5.8.〉

⑨ 영상물등급위원회는 영화의 상영등급을 분류한 경우에는 다음 각 호의 서류
를 신청인에게 교부하여야 한다. 〈신설 2009.5. 8., 2018.10.16.〉

    1. 영화의 상영등급과 내용정보를 기재한 등급분류증명서

    2. 등급분류에 따른 의무사항을 기재한 서류

⑩ 제1항·제8항 및 제9항에 따른 상영등급분류 절차·방법, 내용정보 제공의
절차·방법 및 등급분류증명서의 교부절차 등에 필요한 사항은 영상물등급
위원회규정으로 정한다. 〈신설 2009.5.8., 2018.10.6.〉

[2009.5.8. 법률 제9657호에 의하여 2008.7.31. 헌법재판소에서 헌법불합치결정된
이 조 제2항제5호를 개정함.]

## 청소년 관람불가 등급분류 결정처분 취소
[대법원 2013. 11. 14, 선고, 2011두11266, 판결]

【판결요지】

[1] 영상표현의 선정성에 관한 청소년 관람불가 기준에는 15세 이상 관람가 기준과 달리 그 문언상 성적 욕구의 자극을 요건으로 하지 않는 점, 영상표현의 선정성에 관하여 세부적인 등급분류기준을 둔 취지는 청소년이 아직 인격적으로 성숙하지 않아 성인보다 상대적으로 성적 자극에 예민하고 성충동을 억제하거나 조절하는 능력이 부족한 점을 고려하여 영상표현을 통해 청소년의 성적 상상이나 호기심을 불필요하게 부추기거나 성에 관하여 그릇된 인식을 갖게 하는 부작용을 미리 방지함으로써 청소년으로 하여금 진정한 인격체로 성장할 수 있도록 하기 위한 것인 점, 구 청소년보호법(2011. 9. 15. 법률 제11048호로 개정되기 전의 것) 제10조 제1항 제1호에서 청소년의 성적 욕구를 자극하는 것 이외에 제5호에서 '기타 청소년의 정신적 건강에 명백히 해를 끼칠 우려가 있는 것' 도 청소년유해매체물로 규정하고 있는 점과 함께 영화 등급분류에 관한 영화 및 비디오물의 진흥에 관한 법률 제29조 제2항, 제7항, 영화 및 비디오물의 진흥에 관한 법률 시행령 제10조의2 제1항 [별표 2의2] 제4호 (나)목, 제2항, 구 영화 및 비디오물 등급분류기준(2010. 6. 3. 개정되기 전의 영상물등급위원회규정) 제5조, 제7조 규정의 내용 및 형식, 입법 취지 등을 고려하면, 청소년 관람불가의 등급분류기준으로서 영상표현의 선정성에는 신체 노출, 성적 접촉, 성행위 등이 지나치게 구체적이고 직접적이며 노골적이어서 청소년에게 성적 욕구를 자극하는 경우뿐만 아니라, 청소년에게 성적 불쾌감·혐오감 등을 유발하는 경우도 포함된다고 보는 것이 타당하다.

[2] 영상표현의 선정성 측면에서 청소년 관람불가의 등급분류기준을 충족하는지 여부는 해당 영화를 전체적으로 관찰하여 신체 노출 및 성적 행위의 표현 정도뿐만 아니라 그 영상의 구성 및 음향의 전달방식, 영화주제와의 관련성, 영화 전체에서 성적 표현이 차지하는 비중 및 그 영화의 예술적·교육적 가치 등을 종합적으로 고려하되, 제작자의 주관적인 의도가 아니라 사회의 일반적인 통념에 따라 객관적이고 규범적으로 평가하여야 한다.

**제53조(불법비디오물의 판매 등의 금지)** ① 누구든지 다음 각 호의 어느 하나에 해당하는 비디오물을 제작하거나 공급·판매·대여(이하 "유통"이라 한다) 또는 시청에 제공하거나 이를 위하여 진열·보관하여서는 아니 된다. 〈개정 2018.10.16., 2022. 9. 27.〉

1. 제50조제1항 또는 제50조의2제1항을 위반하여 등급분류를 받지 아니한 비디오물

2. 제51조제1항의 규정을 위반하여 확인을 받지 아니하고 복제하거나 배급한

비디오물

3. 제50조의7제1항 또는 제52조제1항에 따라 등급분류 또는 확인이 취소된 해당 비디오물

4. 제57조제1항의 규정을 위반하여 신고를 하지 아니한 자가 제작하거나 수입 또는 배급한 비디오물

5. 등급분류를 받은 내용을 변경하거나 등급을 변경한 비디오물

② 누구든지 등급분류를 받은 비디오물을 제50조제3항의 규정에 의한 등급구분을 위반하여 시청에 제공하여서는 아니 된다. 다만, 자체등급분류사업자의 경우 문화체육관광부령으로 정하는 바에 따라 친권자 등 법정대리인이 시청 지도를 할 수 있는 수단을 제공하면 그러하지 아니하다. 〈개정 2022. 9. 27., 2023. 8. 8.〉

③ 제2항에 따른 연령 확인에 관하여는 제30조를 준용한다. 〈신설 2024. 10. 22.〉

④ 제50조제5항 및 제51조제2항에 따라 교부되는 등급분류증명서 및 확인증명서는 제63조에 따른 영업의 승계의 경우를 제외하고는 이를 매매 또는 증여하여서는 아니 된다. 〈개정 2018. 10. 16., 2023. 8. 8., 2024. 10. 22.〉

## 영화및비디오물의진흥에관한법률위반ㆍ풍속영업의규제에관한법률위반

[대법원 2010. 7. 15, 선고, 2009도4545, 판결]

【판결요지】

[1] 텔레비전방송프로그램은 사물의 순간적 영상과 그에 따르는 음성ㆍ음향 등을 기계나 전자장치로 재생하여 시청자에게 송신할 수 있도록 제작된 방송내용물로서, 영화 또는 비디오물과는 저장이나 전달의 방식이 다른 별개의 매체물이므로, 그 방송프로그램이 기억ㆍ저장되어 있는 방송사업자의 테이프 또는 디스크 등의 유형물은 구 풍속영업의 규제에 관한 법률(2010. 7. 23. 제10377호로 개정되기 전의 것) 제3조 제2호에서 규정하는 '기타 물건'에 해당한다. 한편 전기통신설비에 의하여 송신되는 방송프로그램은 그 전달 과정에서 신호의 변환이나 증폭 등의 단계를 거치더라도 그 내용을 이루는 영상이나 음성ㆍ음향 등이 그대로 텔레비전 등의 장치를 통하여 재현되는 것이므로, 방송 시청자가 관람하는 대상은 유형물에 고정된 방송프로그램 그 자체라고 할 수 있다. 따라서 풍속영업소인 숙박업소에서 음란한 외국의 위성방송프로그램을 수신하여 투숙객 등으로 하여금 시청하게 하는 행위는, 구 풍속영업의 규제에 관한 법률 제3조 제2호에 규정된 '음란한 물건'을 관람하게 하는 행위에 해당한다.

[2] 영화 및 비디오물의 진흥에 관한 법률은 비공연성, 높은 유통성, 복제용이성 및 접근용이성 등 영화나 음반 등과 다른 '비디오물'의 특성을 고려하여, 유해한 비디오물의 공개나 유통으로 인한 악영향을 사전에 차단하기 위하여 등급분류제를 규정하고 있는 점, 같은 법 제2조, 제50조 제1항, 같은 법 시행령 제23조 등의 규정은 영화나 방송프로그램이 비디오물과는 다른 형태의 매체물이라는 것을 전제로 하고 있는 점, 같은 법 제65조 및 같은 법 시행령 제27조, 같은 법 시행규칙 제25조 등은 테이프나 디스크 등의 매체에 저

장된 상태로 유통되는 영상물과 인터넷 등의 정보통신망을 이용하여 시청에 제공되는 영상물만을 그 대상으로 하고 있는 점, 영상물등급분류제도와 유사한 목적으로 청소년유해매체물을 규정하고 있는 청소년보호법 제7조도 규제의 대상이 되는 매체물을 '비디오물', '음반', '영화', '방송프로그램' 등으로 나누어 규정하고 있는 점, 방송프로그램에 대해서는 방송법이 별도로 등급분류 등에 관한 규정을 두고 있는 점 등의 여러 사정을 종합하면, 전기통신설비를 이용하여 시청에 제공되는 텔레비전방송프로그램은 영화 및 비디오물의 진흥에 관한 법률 제2조 제12호의 '비디오물'에 해당하지 아니한다.

[3] 위성방송수신기 등을 이용하여 숙박업소의 투숙객들에게 제공한 일본의 음란한 위성방송프로그램이, 영화 및 비디오물의 진흥에 관한 법률에 의한 등급분류를 받아야 하는 비디오물에 해당한다고 본 원심판단에 법리오해의 위법이 있다고 한 사례.

## III. 벌칙

**제93조(벌칙)** 제70조제1항 각 호에 따른 조치를 받고 이를 위반하여 영업을 한 자는 5년 이하의 징역 또는 5천만원 이하의 벌금에 처한다. 〈개정 2023. 8. 8.〉

**제94조(벌칙)** 다음 각 호의 어느 하나에 해당하는 자는 3년 이하의 징역 또는 3천만원 이하의 벌금에 처한다. 〈개정 2009.5.8., 2012.2.17., 2015.5.18., 2024. 10. 22.〉

1. 제29조제3항의 규정을 위반하여 상영등급을 분류받지 아니한 영화를 상영한 자
2. 제29조제5항의 규정을 위반하여 제한상영가 영화를 관람할 수 없는 청소년을 입장시킨 자
3. 제43조제1항의 규정을 위반하여 제한상영가 영화를 제한상영관이 아닌 장소 또는 시설에서 상영한 자
4. 제43조제2항의 규정을 위반하여 제한상영가 영화를 다른 영상물로 제작하거나 그 제작된 영상물을 상영·판매·전송·대여 또는 시청에 제공한 자
5. 제53조의2제1항을 위반하여 제한관람가 비디오물을 제한관람가비디오물소극장이 아닌 장소 또는 시설에서 시청에 제공한 자
6. 제53조의2제2항을 위반하여 제한관람가 비디오물을 유통한 자
7. 제62조제1항제4호를 위반하여 비디오물감상실, 제한관람가비디오물소극장 또는 복합영상물제공업소에 청소년 출입을 허용한 자

**제95조(벌칙)** 다음 각 호의 어느 하나에 해당하는 자는 2년 이하의 징역

또는 2천만원 이하의 벌금에 처한다. 〈개정 2009.5.8., 2018.10.16., 2023. 8. 8., 2024. 10. 22.〉

1. 제29조제6항의 규정을 위반하여 영화를 상영한 자
2. 제33조의 규정을 위반하여 제한상영가 영화의 광고 또는 선전물을 게 시하거나 제한상영관 밖에서 보이도록 한 자
3. 제43조제3항의 규정을 위반하여 제한상영관에서 제29조제2항제1호 내 지 제4호의 규정에 따른 영화를 상영한 자
4. 제45조의 규정에 따른 영업정지명령을 이행하지 아니한 자
5. 비디오물에 관한 정당한 권리를 가지지 아니한 자가 거짓이나 그 밖에 부정한 방법으로 제50조제1항의 규정에 따른 등급분류를 받거나 제51 조제1항의 규정에 따른 복제·배급 등의 확인을 받은 자
6. 제53조제1항의 규정을 위반하여 불법비디오물을 제작·유통·시청에 제공하거나 이를 위하여 진열·보관한 자
7. 제53조제4항의 규정을 위반하여 등급분류증명서 또는 확인증명서를 매 매 또는 증여한 자
8. 제53조의2제3항을 위반하여 제한관람가비디오물소극장에서 제50조제3항 제1호부터 제4호까지의 규정에 따른 비디오물을 공중의 시청에 제공한 자
9. 제58조제1항의 규정을 위반하여 등록을 하지 아니하고 비디오물시청제 공업을 영위한 자
10. 제62조제1항제2호 또는 제3호의 규정을 위반하여 준수사항을 지키지 아니한 자
11. 제66조제5항을 위반하여 제한관람가 비디오물의 광고 또는 선전물을 제한관람가비디오물소극장 안 이외의 장소에 게시하거나 제한관람가비 디오물소극장 밖에서 보이도록 한 자
12. 제67조제2항의 규정에 따른 영업의 정지명령을 위반하여 영업을 계속 한 자

**제96조(벌칙)** 다음 각 호의 어느 하나에 해당하는 자는 1천만원 이하의 벌금에 처한다. 〈개정 2023. 8. 8.〉

1. 제57조의 규정을 위반하여 신고를 하지 아니하고 영업을 한 자
2. 제67조제1항의 규정에 따른 영업의 정지명령을 위반하여 영업을 계속 한 자
3. 제70조제1항 또는 제3항에 따른 관계공무원의 조치를 거부·방해 또는 기피한 자

**제96조의2(벌칙)** 제3조의4를 위반하여 근로계약을 체결한 자는 500만원 이하의 벌금에 처한다.

[본조신설 2015.5.18.]

**제97조(양벌규정)** 법인의 대표자나 법인 또는 개인의 대리인, 사용인, 그 밖의 종업원이 그 법인 또는 개인의 업무에 관하여 제93조부터 제96조까지 및 제96조의2의 어느 하나에 해당하는 위반행위를 하면 그 행위자를 벌하는 외에 그 법인 또는 개인에게도 해당 조문의 벌금형을 과(科)한다. 다만, 법인 또는 개인이 그 위반행위를 방지하기 위하여 해당 업무에 관하여 상당한 주의와 감독을 게을리하지 아니한 경우에는 그러하지 아니하다.

〈개정 2015.5.18.〉

[전문개정 2009.5.8.]

**제98조(과태료)** ① 다음 각 호의 어느 하나에 해당하는 자에게는 5천만원 이하의 과태료를 부과한다. 〈개정 2015.5.18., 2022. 9. 27., 2023. 8. 8.〉

1. 제29조제4항 또는 제5항의 규정을 위반하여 같은 조 제2항제2호부터 제4호까지의 상영등급에 해당하는 영화를 관람할 수 없는 자를 입장시킨 자
2. 제32조제1항의 규정을 위반하여 청소년 유해성 여부를 확인받지 아니한 광고나 선전물을 배포·게시하거나 정보통신망을 이용하여 공중의 시청에 제공한 자
3. 제32조제2항의 규정을 위반하여 청소년에게 유해하다고 확인된 광고나 선전물을 배포·게시한 자
3의2. 제50조의6제1항에 따른 업무정지 명령을 이행하지 아니한 자
4. 제53조제2항의 규정을 위반하여 비디오물을 시청에 제공한 자
5. 제66조제1항의 규정을 위반하여 청소년에 대한 유해성 여부를 확인 받지 아니한 자
6. 제66조제2항의 규정을 위반하여 청소년에게 유해하다고 확인된 광고나 선전물을 배포·게시한 자

② 다음 각 호의 어느 하나에 해당하는 자에게는 1천만원 이하의 과태료를 부과한다. 〈개정 2007.1.26., 2009.5.8., 2015.5.18., 2016.12.20., 2018.12.24.〉

1. 삭제 〈2015.5.18.〉
1의2. 제26조제1항의 규정을 위반하여 신고를 하지 아니하고 영화제작·

　　　　수입·배급 또는 상영업을 영위한 자
2. 제35조제1항의 규정을 위반하여 영화필름등을 제출하지 아니한 자
3. 제36조제1항의 규정을 위반하여 등록을 하지 아니하고 영화상영관을 설치·경영한 자
4. 제37조제1항 전단 또는 같은 조 제2항을 위반하여 재해대처계획을 수립, 신고 또는 보완하지 아니한 자
4의2. 제37조제4항을 위반하여 재해예방조치를 취하지 아니한 자
5. 제39조제3항을 위반하여 입장객 수, 입장권 판매액 등 문화체육관광부령으로 정하는 사항에 관한 자료를 고의적으로 누락하거나 조작하여 영화상영관입장권 통합전산망에 전송한 자
6. 제41조의 규정을 위반하여 신고를 하지 아니하거나 허위로 신고한 자
7. 제44조의 규정을 위반하여 영사관련 국가기술자격을 취득하지 아니한 자로 하여금 영화를 상영하게 한 자
8. 제61조제1항의 규정을 위반하여 변경신고 또는 변경등록을 하지 아니한 자
9. 제65조제1항 또는 제2항의 규정을 위반하여 등급 또는 내용정보 표시를 하지 아니하거나 표시방법과 다르게 표시한 자
③ 다음 각 호의 어느 하나에 해당하는 자에게는 300만원 이하의 과태료를 부과한다. 〈개정 2015.5.18., 2018.12.24.〉
1. 제26조제1항 후단의 규정을 위반하여 변경신고를 하지 아니한 자
2. 제36조제1항 후단의 규정을 위반하여 영화상영관 변경등록을 하지 아니한 자
3. 제46조제1항·제2항 또는 제63조제1항·제2항을 위반하여 신고를 하지 아니한 자

# Ⅳ. 기재례

## 【범죄사실 기재례】

피의자는 ○○에서 ○○극장이라는 상호로 영화상영관을 운영하고 있다.

피의자는 청소년 관람불가에 해당하는 영화의 경우에는 청소년을 입장시켜서는 안 됨에도 불구하고 20○○.○.○. 00:00경 위 극장에서 상영중인 청소년관람불가인 '○○부인'에 청소년인 ○○○(17세)등 4명을 입장시켰다.

**[서식] 영화업신고증**

제        호

# 영 화 업 신 고 증

1. 성명(대표자):

2. 생년월일:

3. 상호(법인명):

4. 영업소 소재지:

5. 영화업의 종류:

6. 유의사항

　가. 신고가 취소되거나 폐업신고를 하는 경우에는 이 신고증을 반납해야
　　　합니다.

　나. 대표자의 성명, 상호(법인명), 영업소의 소재지 또는 영화업의 종류의
　　　변경이 있는 경우에는 30일 이내에 이 신고증을 첨부하여 변경사항을
　　　신고해야 합니다.

「영화 및 비디오물의 진흥에 관한 법률」 제26조제1항 및 같은 법 시행규칙 제4조에 따라 위와 같이 영화업의 신고를 하였음을 증명합니다.

년        월        일

## 특별자치도지사·
## 시장·군수·구청장

| 직인 |

210mm×297mm[백상지(150g/㎡)]

**[서식]** 영화필름등의 제출증명서

# 영화필름등의 제출증명서

| 영화필름등 제출 번호 | | | | | | | | |
|---|---|---|---|---|---|---|---|---|
| 연번 | 영화제목 (원제목) | 제작자명 (원작자명) | 규격 (mm) | 길이 (Fts) | 시간 (분) | 권수 | 색채 | 보상청구 여부 |
| | | | | | | | | |
| | | | | | | | | |

「영화 및 비디오물의 진흥에 관한 법률」제35조 및 같은 법 시행규칙

제6조제2항에 따라 위 영화필름등을 제출하였음을 증명합니다.

년    월    일

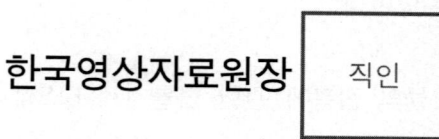

한국영상자료원장 │ 직인 │

취급자 :              (서명 또는 인)

귀하

| 유의사항 |
|---|

※ 취급자의 서명 등이 없는 증명서는 무효입니다.

210mm×297mm[백상지 80g/㎡]

**[서식]** 영화상영관등록증

# 영화상영관등록증

| 등록번호 | | 등록일자 | 년        월        일 |
|---|---|---|---|
| 영화<br>상영업자 | 상호(법인명) | | |
| | 법인의 소재지 | 전화번호 | |
| | 성명(대표자) | 생년월일 | |

| 영화상영관의 명칭 | 상영물의 종류 |
|---|---|
| 영화상영관 소재지 | |

| 영화상영관 착공일자 | 영화상영관 준공일자 | 관람자 정원 |
|---|---|---|

| 시설규모 | 부지면적                       ㎡, 연건축면적                       ㎡, 지하<br>층, 지상        층 |
|---|---|
| 시설 설치내역<br>및 변경등록<br>사항 | 뒤쪽에 기재 |

「영화 및 비디오물의 진흥에 관한 법률」 제36조제1항 및 같은 법 시행령 제14조에 따라 위와 같이 영화상영관의 등록을 하였음을 증명합니다.

년        월        일

## 특별자치시장·특별자치도지사·<br>시장·군수·구청장

| 직인 |
|---|

### 유의사항

1. 이 등록증은 등록이 취소된 경우나 폐업을 한 경우에는 등록청에 반납해야 합니다.
2. 등록한 사항을 변경하는 경우, 그 사유가 발생한 날부터 30일 이내에 변경등록을 해야 합니다.

210mm×297mm[백상지 120g/㎡]

[서식] 불법 비디오물 수거증

# 불법 비디오물 수거증

| 양도인<br>(피합병법인) | 성명 | | 생년월일<br>(외국인등록번호) |
|---|---|---|---|
| | 주소 | | 전화번호 |
| | 상호(법인명) | | 전화번호 |
| 수거 품명<br>및 수량 | 품명1. | | 대(개) |
| | 품명2. | | 대(개) |
| | 품명3. | | 대(개) |
| | 품명4. | | 대(개) |
| | 품명5. | | 대(개) |
| 수거사유 | 년    월    일(    요일),    시    분 | | |
| 수거장소 | | | |
| 피수거자 | | | |

「영화 및 비디오물의 진흥에 관한 법률」 제70조제3항에 따라 수거하였음을 증명합니다.

년    월    일

수거자    소속:

성명:

(서명 또는 인)

연락처
:

210mm×297mm[백상지(80g/㎡)]

# 예비군법

[시행 2023. 6. 14.] [법률 제19082호, 2022. 12. 13., 일부개정]

## Ⅰ. 개설

### 목적

이 법은 국가를 방위하기 위하여 예비군(豫備軍)의 설치·조직·편성 및 동원(動員) 등에 관한 사항을 정함을 목적으로 한다.

## Ⅱ. 판례

**제6조의2(소집통지서의 전달 등)** ① 예비군대원을 훈련할 때에는 대통령령으로 정하는 바에 따라 사전에 소집통지서를 본인에게 전달하여야 한다. 다만, 동원에 대비한 불시(不時) 훈련이나 점검을 할 때에는 소집통지서를 전달하지 아니하고 대통령령으로 정하는 방법으로 통지하여 소집할 수 있다.

② 제1항 본문에도 불구하고 예비군대원 본인이 없을 때에는 같은 세대 내의 세대주나 가족 중 성년자, 본인의 고용주나 본인이 선정한 소집통지서 수령인(이하 "세대주등"이라 한다)에게 제1항의 소집통지서를 전달하여야 한다. 〈개정 2016. 1. 19., 2022. 12. 13.〉

③ 제2항에 따라 세대주등에게 소집통지서를 전달하는 경우로서 소집통지서를 전달받는 자가 본인이 선정한 소집통지서 수령인인 경우에는 소집통지서 전달 전에 수령에 관한 동의를 받아야 한다. 〈신설 2022. 12. 13.〉

④ 제2항에 따라 소집통지서를 전달받은 세대주등은 소집통지서를 지체 없이 예비군대원 본인에게 직접 전달하거나 휴대전화 문자메시지 등 대통령령으로 정하는 방법으로 전달하여야 한다. 〈신설 2022. 12. 13.〉

⑤ 제2항에 따라 소집통지서가 세대주등에게 전달된 때에는 예비군대원 본인에게 전달된 것으로 본다. 〈신설 2022. 12. 13.〉

⑥ 제1항이나 제2항에 따라 소집통지서를 전달함에 있어서 특히 필요하다고 인정되어 국방부장관이 정하는 경우에는 「민사소송법」 중 송달에 관한 규정(같은 법 제189조는 제외한다)을 준용하여 우편법령에 따른 특별한 송달의 방법으로 이를 전달할 수 있다.

⑦ 제1항에 따른 소집통지서는 본인으로부터 동의를 받았을 때에는 대통령령으로 정하는 바에 따라 「정보통신망 이용촉진 및 정보보호 등에 관한 법률」 제2조제1항제5호에 따른 전자문서로 전달할 수 있다.

[전문개정 2010.1.25.]

## 향토예비군설치법위반
[대법원 2005. 4. 15. 선고, 2004도7977, 판결]

【판결요지】
향토예비군설치법 제3조 제1항 제1호, 제2호, 제6조, 제6조의2 제1항의 규정 등을 종합하면, 같은 법 소정의 훈련소집 대상 예비군대원 본인이 소집통지서의 수령의무자가 된다는 점은 일반인의 이해와 판단으로서도 충분히 알 수 있다고 할 것이나, 이 '소집통지서를 수령할 의무가 있는 자'의 의미나 범위에 관하여 향토예비군 대원 본인외에 '그와 동일 세대 내의 세대주나 가족 중 성년자 또는 그의 고용주'도 포함된다고 하기 위하여는 같은 법 제6조의2 제3항의 소집통지서 전달의무가 수령의무를 전제로 하는 것이고, 같은 조 제2항이 본인이 부재중인 때에는 '그와 동일 세대 내의 세대주나 가족 중 성년자 또는 그의 고용주'에게 소집통지서를 전달하도록 규정함으로써 전달의무자에게 수령의무를 부과한 것으로 확장 내지 유추해석할 수밖에 없지만, 이러한 해석방법은 같은 법 제15조 제9항, 제6조의2 제2항, 제3항의 법률문언이 갖는 통상적인 의미를 벗어난 것이거나 형벌법규 명확성의 원칙에 위배되는 것이라고 아니할 수 없으므로, 같은 법 제6조의2 제2항에 규정된 '그와 동일 세대 내의 세대주나 가족 중 성년자 또는 그의 고용주'는 같은 법 제15조 제9항 후문의 '소집통지서를 수령할 의무 있는 자'에 포함되지 아니한다.

## 소집통지서 전달의무 위반으로 볼 수 없는 경우
[대법원 2005. 4. 15. 선고, 2004도7977, 판결]

【판결요지】
향토예비군설치법 제6조의 2 제3항 소정의 본인 부재중 본인에 가음하여 교육훈련소지통지서를 받아 본인에게 전달할 의무있는 자에 대한 소집통지서의 전달이 같은 법 시행령 제13조의 제2하의 7일의 우예기간을 두지 않은 부적법한 전달인 경우에는 소집통지서를 받은 자는 본인에게 이를 전달하지 아니하였다 하여 같은 법 제15조 제8항 소정의 정당한 이유없이 전달의무를 이반한 것이라고 할 수 없다.

## Ⅲ. 벌칙

**제15조(벌칙)** ① 제8조제2항에 따른 작전지역에서 동원된 예비군의 작전상 검문에 정당한 사유 없이 응하지 아니한 사람 또는 검문하는 예비군대원을 폭행하거나 협박한 사람은 3년 이하의 징역에 처한다. 다만, 전시·사변이

거나 적 또는 무장공비와 교전 중일 때에는 5년 이하의 징역에 처한다.

② 제6조의2에 따른 소집통지서를 전달할 수 없도록 정당한 사유 없이「주민 등록법」제10조에 따른 신고를 하지 아니하거나 사실과 다르게 신고하여 같은 법 제8조 또는 제20조에 따라 주민등록이 말소되도록 하거나 거주 불명 등록이 되도록 한 사람은 3년 이하의 징역 또는 3천만원 이하의 벌 금에 처한다. 〈개정 2011.5.19., 2014.10.15.〉

③ 제12조제2항을 위반하여 정치운동에 관여한 사람은 3년 이하의 징역 또 는 3천만원 이하의 벌금에 처한다. 〈개정 2014.10.15.〉

④ 제5조제1항에 따른 동원에 정당한 사유 없이 응하지 아니한 사람과 동원 을 기피할 목적으로 거짓으로 거주지를 변경한 사람은 3년 이하의 징역 또는 3천만원 이하의 벌금에 처한다. 다만, 전시·사변일 때에는 5년 이 하의 징역에 처한다. 〈개정 2014.10.15.〉

⑤ 예비군의 무기·탄약·장비 및 그 밖의 부속품의 경비 임무를 수행하는 사람 또는 보관할 책임이 있는 사람이 과실로 이를 분실하거나 탈취당한 경우에는 3년 이하의 징역 또는 3천만원 이하의 벌금에 처한다. 〈개정 2014.10.15.〉

⑥ 제12조제1항을 위반한 예비군부대의 지휘관은 2년 이하의 징역 또는 2천 만원 이하의 벌금에 처한다. 〈개정 2014.10.15.〉

⑦ 제5조제4항에 따른 지휘관의 정당한 명령에 반항하거나 복종하지 아니한 사람은 2년 이하의 징역, 2천만원 이하의 벌금이나 구류 또는 과료에 처 한다. 다만, 전시·사변이거나 적 또는 무장공비와 교전 중일 때에는 5 년 이하의 징역에 처한다. 〈개정 2014.10.15.〉

⑧ 제10조 및 제10조의2를 위반하여 예비군대원으로 동원되거나 훈련을 받 는 사람에 대하여 정당한 사유 없이 불리한 처우를 한 사람은 2년 이하 의 징역 또는 2천만원 이하의 벌금에 처한다. 〈개정 2014.10.15., 2015.12.15.〉

⑨ 다음 각 호의 어느 하나에 해당하는 사람은 1년 이하의 징역, 1천만원 이 하의 벌금, 구류 또는 과료에 처한다. 〈개정 2014.10.15.〉

1. 제6조제1항에 따른 훈련을 정당한 사유 없이 받지 아니한 사람이나 훈련 받을 사람을 대신하여 훈련받은 사람

2. 제6조제2항에 따른 지휘관의 정당한 명령에 반항하거나 복종하지 아니한 사람

3. 제8조제1항에 따른 예비군의 임무수행에 필요한 명령을 이행하지 아니한

사람

⑩ 예비군대원이 제6조의2제1항 본문 및 같은 조 제4항에 따른 소집통지서의 수령을 거부하는 경우에는 6개월 이하의 징역 또는 500만원 이하의 벌금에 처한다. 〈개정 2014. 10. 15., 2022. 12. 13.〉〉

⑪ 제다음 각 호의 어느 하나에 해당하는 사람은 3개월 이하의 징역 또는 300만원 이하의 벌금이나 구류에 처한다. 〈개정 2022. 12. 13.〉

  1. 제5조제1항 단서 및 제6조제3항에 따른 동원 또는 훈련의 보류를 받기 위하여 그 사유를 고의로 발생하게 하거나 거짓된 행위를 한 사람

  2. 제5조제2항(제6조제4항에서 준용하는 경우를 포함한다)에 따라 동원 또는 훈련을 연기할 때 그 사유를 고의로 발생하게 하거나 거짓된 행위를 한 사람

⑫ 제5조제3항 또는 제6조의3제2항에 따른 신고를 정당한 사유 없이 하지 아니한 사람은 200만원 이하의 벌금이나 구류에 처한다.

[전문개정 2010.1.25.]

**제15조의2(과태료)** ① 제6조의2제4항에 따라 소집통지서를 전달할 의무가 있는 사람이 정당한 사유 없이 전달하지 아니하거나 지연 또는 파기하였을 때에는 100만원 이하의 과태료를 부과한다.

② 제1항에 따른 과태료는 대통령령으로 정하는 바에 따라 국방부장관이 부과·징수한다.

[본조신설 2022. 12. 13.]

**제16조** 삭제 〈2010.1.25.〉

**[서식] 손실증명서**

# 손 실 증 명 서

| 피해자 | 성명(한글) | | 성명(한자) | |
|---|---|---|---|---|
| | 생년월일 | | | |
| | 주소 | | | |

| 피해사항 | 손실물 | 손실금액 | 손실 연월일<br>．　　．　　． |
|---|---|---|---|
| | 손실 장소 및 내역 | 등급 및 크기 | |

그 밖의 참고사항

　위의 사람이 「예비군법」 제8조제1항에 따른 조치로 재산상의 손해를 입은 사람임을 증명함.

년　　　월　　　일

**수임군부대장　　경찰서장**　　(서명 또는 인)

※ 등급 및 크기는 손실물에 대한 평가기준과 그 밖의 사항을 기재한다.

210mm×297mm[ 백상지( 120g/㎡ ) ]

**[서식] 감사관증**

(앞쪽)

제 호

# 감 사 관 증

사 진

3cm × 4cm

(모자 벗은 상반신을
뒤 그림 없이 6개월
이내 촬영한 것)

성 명

## 국 방 부

60mm × 90mm [ 백상지 ( 150g/ ㎡ ) ]
( 색상: 연하늘색)

(뒤쪽)

# 감 사 관 증

직 명:

성 명:

생년월일 :

위 사람은 「예비군법」에 따른 예비군
특별감사관임을 증명합니다.

년 월 일

### 국방부장관 [ 직인 ]

1. 감사관은 특별감사를 하는 경우 감사관증을
   제시하여야 한다.
2. 감사관은 명예를 존중하고 품위를 유지하여
   야 한다.
3. 임무를 소신껏 수행하며 공명정대하게 처리
   하여야 한다.
4. 감사관의 직권을 남용하여서는 아니 된다.
5. 직무상의 비밀을 누설하여서는 아니 된다.

# 옥외광고물 등의 관리와 옥외광고산업 진흥에 관한 법률

[시행 2024. 5. 17.] [법률 제19590호, 2023. 8. 8., 타법개정]

## Ⅰ. 개설

### 목적

이 법은 옥외광고물의 표시·설치 등에 관한 사항과 옥외광고물의 질적 향상을 위한 기반 조성에 필요한 사항을 정함으로써 안전하고 쾌적한 생활환경을 조성하고 옥외광고산업의 경쟁력을 높이는 데 이바지함을 목적으로 한다.

## Ⅱ. 판례

**제2조(정의)** 이 법에서 사용하는 용어의 뜻은 다음과 같다. 〈개정 2016.1.6.〉

1. "옥외광고물"이란 공중에게 항상 또는 일정 기간 계속 노출되어 공중이 자유로이 통행하는 장소에서 볼 수 있는 것(대통령령으로 정하는 교통시설 또는 교통수단에 표시되는 것을 포함한다)으로서 간판·디지털광고물(디지털 디스플레이를 이용하여 정보·광고를 제공하는 것으로서 대통령령으로 정하는 것을 말한다)·입간판·현수막(懸垂幕)·벽보·전단(傳單)과 그 밖에 이와 유사한 것을 말한다.
2. "게시시설"이란 광고탑·광고판과 그 밖의 인공구조물로서 옥외광고물(이하 "광고물"이라 한다)을 게시하거나 표시하기 위한 시설을 말한다.
3. "옥외광고사업"이란 광고물이나 게시시설을 제작·표시·설치하거나 옥외광고를 대행하는 영업을 말한다.

[전문개정 2011.3.29.]

### 기타이행강제금부과처분취소

[대법원 2019. 4. 25., 선고, 2018두49642, 판결]

【판결요지】
구 광고물 등 관리법(1990.8.1. 법률 제4242호 옥외광고물 등 관리법으로 전부 개정되기 전의 것)의 위임에 따른 구 서울특별시 광고물 등 관리법 시행규칙(1981. 1. 10. 서울특별시 규칙 제1885호로 개정되기 전의 것, 이하 '구 서울특별시 광고물법 시행규칙'이라 한다)이 제정된 1980. 2. 8. 당시에는 구 건축법(1991. 3. 8. 법률 제4364호로 개정되기 전의 것)

및 구 건축법 시행령(1991. 1. 14. 대통령령 제13249호로 개정되기 전의 것) 외에는 안전성과 미관의 측면에서 광고탑의 축조를 규제하는 법령이 존재하지 않았다. 광고물 또는 게시시설이 "다른 법령에 의하여 표시 또는 설치하거나 살포하는 것"에 해당하는 경우 광고물 또는 게시시설의 허가·신고에 관한 제2조의 규정을 적용하지 않는다고 정한 구 서울특별시 광고물법 시행규칙 제8조 제1호는 높이 4m를 넘는 광고탑에 관하여 공작물의 안전성과 미관의 측면에서 더 규제 강도가 높은 구 건축법령을 적용하고자 한 것으로 보아야 한다. 따라서 높이 4m를 넘는 광고탑에 관한 공작물 축조허가를 규율하는 구 건축법령은 구 서울특별시 광고물법 시행규칙 제8조 제1호에서 정한 '다른 법령'에 해당한다고 볼 수 있고, 구 건축법령에 따라 공작물 축조허가를 받은 경우에는 그보다 규제 강도가 낮은 구 서울특별시 광고물법 시행규칙 제2조에 따른 게시시설 허가·신고절차를 별도로 거칠 필요가 없다.

**제13조(허가 취소 등)** ① 시장등(제3조의2에 따라 시·도지사에게 허가를 받거나 신고한 경우에는 시·도지사를 말한다. 이하 이 조에서 같다)은 제3조제1항에 따라 광고물등의 허가를 받거나 신고를 한 자가 다음 각 호의 어느 하나에 해당하면 광고물등의 허가를 취소하거나 신고를 반려할 수 있다. 다만, 제1호에 해당하는 경우에는 허가를 취소하거나 신고를 반려하여야 한다. 〈개정 2016.1.6.〉

1. 거짓이나 그 밖의 부정한 방법으로 허가를 받거나 신고한 경우
2. 제3조제3항·제6항, 제4조제4항, 제4조의2제2항, 제4조의3제2항 전단 및 제4조의4제2항에 따른 광고물등의 표시·설치 방법과 관련한 허가 또는 신고기준을 위반한 경우
3. 제4조제1항을 위반하여 대통령령으로 정하는 표시·설치 금지 지역·장소 또는 물건에 광고물등을 표시하거나 설치한 경우
4. 제5조제1항을 위반하여 금지광고물등을 표시하거나 설치한 경우
5. 제5조제2항을 위반하여 광고물에 표시금지 내용을 표시한 경우

② 시장등은 다음 각 호의 어느 하나에 해당하는 광고물등에 대하여는 그 광고물등을 사용하여 하는 다른 법령에 따른 영업이나 그 밖의 행위를 허가하지 아니하도록 관계 행정기관에 요청할 수 있다.

1. 제1항에 따라 허가가 취소되거나 신고가 반려된 광고물등
2. 제10조제1항에 따른 명령을 받고 이행하지 아니한 광고물등

③ 제2항에 따라 요청을 받은 자는 특별한 이유가 없으면 그 요청에 따라야 한다.
[전문개정 2011.3.29.]

### 벽면전광판허가취소처분취소
[대법원 2014. 11. 27. 선고, 2014두9226, 판결]

【판결요지】
[1] 옥외광고물 등 관리법 제13조 제1항 제1호에서 정한 '거짓이나 그 밖의 부정한 방법으로 허가

를 받은 경우'란 허가를 받을 수 있는 요건이 갖추어지지 아니하였음에도 허위, 기만, 은폐 등 사회통념상 부정이라고 인정되는 행위를 하여 허가를 받은 경우를 말하고, 단순히 허가를 받을 수 있는 요건이 갖추어지지 아니하였음에도 허가를 받은 경우를 말하는 것은 아니다.

[2] 일정한 행정처분으로 국민이 일정한 이익과 권리를 취득하였을 경우에 종전 행정처분에 하자가 있음을 전제로 직권으로 이를 취소하는 행정처분은 이미 취득한 국민의 기존 이익과 권리를 박탈하는 별개의 행정처분으로, 취소될 행정처분에 하자가 있어야 하고, 나아가 행정처분에 하자가 있다고 하더라도 취소해야 할 공익상 필요와 취소로 당사자가 입게 될 기득권과 신뢰보호 및 법률생활안정의 침해 등 불이익을 비교·교량한 후 공익상 필요가 당사자가 입을 불이익을 정당화할 만큼 강한 경우에 한하여 취소할 수 있는 것이며, 하자나 취소해야 할 필요성에 관한 증명책임은 기존 이익과 권리를 침해하는 처분을 한 행정청에 있다.

## 옥외광고물설치허가취소처분등취소
[대법원 1996. 10. 25, 선고, 95누14190, 판결]

**【판결요지】**

[1] 회사의 공동대표이사 2명 중 1명이 단독으로 동의한 것이라면 특별한 사정이 없는 한 이를 회사의 동의라고 볼 수 없으나, 다만 나머지 1명의 대표이사가 그로 하여금 건물의 관리에 관한 대표행위를 단독으로 하도록 용인 내지 방임하였고 또한 상대방이 그에게 단독으로 회사를 대표할 권한이 있다고 믿은 선의의 제3자에 해당한다면 이를 회사의 동의로 볼 수 있다.

[2] 집합건물의소유및관리에관한법률 제16조, 제23조, 제32조, 제33조, 제35조, 제37조, 제38조, 제41조의 규정을 종합해 보면, 집합건물의 공유부분에 광고물을 표시하는 내용의 광고물표시 허가를 받기 위하여는 구분소유자들 전원으로부터 그 승낙서류를 받아야 하는 것은 아니지만, 구분소유자들 전원으로 법률상 당연히 구성되는 관리단의 정기집회, 임시집회, 전원소집집회에서 구분소유자 및 의결권의 각 과반수에 의한 승낙결의를 받거나(광고물의 표시는 공유부분의 관리에 관한 사항이라 할 것이므로) 그러한 관리단집회의 결의로 간주되는 구분소유자 및 의결권의 각 5분의 4 이상의 서면합의를 받아야 한다.

[3] 집합건물인 사실을 은폐하고 구분소유자의 승낙서류를 첨부하지 아니한 채 옥외광고물표시 허가를 받았다가, 뒤에 행정청으로부터 그 승낙서류의 보완을 지시받고도 제대로 보완하지 아니하여 허가를 취소당하였다면, 수익적 처분의 취소에 관한 재량권 남용이 있다고 할 수 없다고 본 사례.

## III. 벌칙

**제17조의3(벌칙)** 제5조제2항제2호를 위반하여 금지광고물을 제작·표시한 자는 2년 이하의 징역 또는 2천만원 이하의 벌금에 처한다.
[본조신설 2016.1.6.]

**제18조(벌칙)** ① 다음 각 호의 어느 하나에 해당하는 자는 1년 이하의 징역 또는 1천만원 이하의 벌금에 처한다. 〈개정 2016.1.6.〉

  1. 제3조에 따른 허가를 받지 아니하고 광고물등(입간판·현수막·벽보·전단은 제외한다)을 표시하거나 설치한 자
  2. 제3조의2에 따른 허가를 받지 아니한 광고물(입간판·현수막·벽보·전단은 제외한다)을 표시한 자
  3. 제4조제1항, 제5조제1항 또는 제2항제4호를 위반하여 광고물등을 표시하거나 설치한 자
  4. 제11조제1항에 따른 등록을 하지 아니하고 옥외광고사업을 한 자
② 다음 각 호의 어느 하나에 해당하는 자는 500만원 이하의 벌금에 처한다.
  1. 제3조에 따른 신고를 하지 아니하고 광고물등(입간판·현수막·벽보·전단은 제외한다)을 표시하거나 설치한 자
  2. 제3조의2에 따른 신고를 하지 아니하고 광고물(입간판·현수막·벽보·전단은 제외한다)을 표시한 자
[전문개정 2011.3.29.]

**제19조(양벌규정)** 법인의 대표자나 법인 또는 개인의 대리인, 사용인, 그 밖의 종업원이 그 법인 또는 개인의 업무에 관하여 제17조의3 또는 제18조의 위반행위를 하면 그 행위자를 벌하는 외에 그 법인 또는 개인에게도 해당 조문의 벌금형을 과(科)한다. 다만, 법인 또는 개인이 그 위반행위를 방지하기 위하여 해당 업무에 관하여 상당한 주의와 감독을 게을리하지 아니한 경우에는 그러하지 아니하다. 〈개정 2016.1.6.〉
[전문개정 2011.3.29.]

**제20조(과태료)** ① 다음 각 호의 어느 하나에 해당하는 자에게는 500만원 이하의 과태료를 부과한다. 〈개정 2016.1.6., 2020.6.9.〉

  1. 제3조 또는 제3조의2를 위반하여 입간판·현수막·벽보 및 전단을 표시하거나 설치한 자
  1의2. 제5조제2항제3호를 위반하여 금지광고물을 제작·표시한 자
  1의3. 제10조의4를 위반하여 손해배상 책임보험에 가입하지 아니한 자
  2. 제11조제1항 단서를 위반하여 변경등록을 하지 아니한 자
  3. 삭제 〈2016.1.6.〉
  4. 삭제 〈2016.1.6.〉

5. 제16조를 위반하여 광고물에 허가 또는 신고번호 등의 표시를 하지 아
   니하거나 거짓으로 표시한 자
② 제12조제2항을 위반하여 교육을 이수하지 아니한 자에게는 100만원 이하
   의 과태료를 부과한다.
③ 제1항과 제2항에 따른 과태료는 대통령령으로 정하는 바에 따라 시장등
   또는 시·도지사가 부과·징수한다.
[전문개정 2011.3.29.]


## Ⅳ. 기재례

### 【범죄사실 기재례】

피의자는 서울 ○○동 ○○번지에서 ○○○○라는 상호로 락카페를 경영하는 사람이다.
피의자는 관할관청의 허가를 받지 않고, 20○○. ○. 초순경 위 업소 건물의 앞면에 2층
과 3층을 연결하여 전기(네온)를 이용하여 만든 가로 78cm, 세로 4m 상당의 ○○○○
라는 글씨를 써 넣은 돌출간판을 설치하였다.


### 【범죄사실 기재례】

피의자는 관할관청에 등록하지 않고, 20○○. ○.경부터 같은 해 ○. ○.까지 사이에 ○
○시 ○○동 ○○번지에 있는 약 12평의 점포에 ○○특수간판이라는 상호를 걸고 간판
제작대, 페인트스프레이기 등의 영업시설을 갖추고 종업원 2명을 고용하여 그 곳을 찾
는 불특정다수의 손님을 상대로 옥외간판 등을 제작, 설치해주고 한달 평균 ○○만원의
수익을 얻는 옥외광고업을 영위하였다.


### 【적용실례】

〈당국의 허가, 신고없이 전단을 무단 부착, 배포한 경우〉

➡ 피의자가 당국의 허가나 신고없이 선전물인 전단을 무단부착, 배포한 사안에서,
   피의자는 이 건 전단에 대한 허가나 신고를 받지 아니한 것은 사실이나, 이를
   신문보급소에 의뢰하여 신문에 끼어 가정집 등에 배포한 것으로 금지된 장소나
   금지된 방법으로 이를 별다른 증거자료를 제출하지 못하는 바, 옥외광고물등관

리법 소정의 위반은 이러한 사안에 대하여 규제치 아니하므로 이를 무혐의 처리하여야 함.

**〈당국에 신고하지 아니하고 광고물을 임의로 부착한 경우〉**

➡ 피의자가 당국에 신고하지 아니하고 도로변에 카페 여종업원을 구한다는 내용의 16절지 크기 광고물을 임의로 부착한 사안인 바, 위 광고물은 옥외광고물등관리법상 신고대상에 불과하여 위 법 제18조 제2항 위반으로 의율하여야 함.

**〈무단 설치한 간판에 대하여 증거자료를 구비하지 않은 경우〉**

➡ 옥외광고물등관리법은 간판을 돌출형간판, 세로형간판, 가로형간판 등으로 세분하여 전자는 허가사항으로 후자는 신고사항으로 규정하고 있으므로 피의자가 무단히 설치한 간판이 어떠한 종류의 것인지를 명시하고 그 증거자료를 구비하여야 적용되어야 할 법규를 특정할 수 있을 것임.

**〈신고사항과 허가사항을 잘못 의율한 경우〉**

➡ 옥외광고물등관리법에 의한 광고물 등은 동법시행령이 정하는 바에 따라 그 설치를 함에 있어 허가를 요하는 것과 신고로 족한 것이 나뉘어 규정되어 있고, 이를 위반한 경우에 대한 처벌 규정도 허가를 요하는 광고물의 경우는 1년 이하의 징역 또는 1천만원 이하의 벌금에 처하도록 되어 있고(동법 제18조 제1항 제1호), 신고를 요하는 광고물의 경우는 500만원 이하의 벌금에 처하도록 되어 있는 바(동법 제18조 제2항), 옥외광고물등관리법 위반으로 수사하기 위하여서는 문제된 광고물이 어디에 해당하는지를 확인하여 의율하여야 함.

**〈불법광고차량(래핑 등)의 중점단속사항〉**

➡ 1. 허가 또는 신고를 하지 않고 교통수단(자동차관리법상 자동차)에 표시하는 옥외광고물(제3조 − 사업용자동차는 허가대상, 자가용은 신고대상), 2. 차량전면을 광고판으로 꾸민 래핑차량(전면은 광고금지 사항 − ex. 관광버스에 광고의 홍보문양으로 래핑행위), 3. 자동차 외부의 창문 부분을 제외한 차체 측면의 2분의 1 이상 초과한 광고물 표시행위(제4조), 4. 광고물에 전기를 사용하거나 발광식 조명을 하는 행위(제4조)가 중점단속사항이다.

[서식] 옥외광고물등 표시 허가증(신고증명서)

# 옥외광고물등 표시 허가증(신고증명서)

| 광고주<br>(타사광고는<br>옥외광고<br>대행사업자) | 성명(법인명) | | 생년월일(사업자등록번호) | |
|---|---|---|---|---|
| | 업소명 | | | |
| | 주소 | | | |

| 광고물등의 종류 | | | 수량 | 사용자재 |
|---|---|---|---|---|
| 광고물등의 규격 | | | 광고내용 | |

표시 위치 또는 장소

표시기간

| 광고물등<br>관리자 | 성  명(법인명) | 업소명 |
|---|---|---|
| | 주  소 | |

| 시공업소 | 대표자 | 업소명 |
|---|---|---|
| | 주  소 | |

허가조건

「옥외광고물 등의 관리와 옥외광고산업 진흥에 관한 법률 시행령」 제7조제3항에 따라 위와 같이 허가(신고를 수리)합니다.

년         월        일

## 시·도지사·시장·군수 또는 구청장

| 직인 |
|---|

210mm×297mm[ 백상지(80g/㎡) 또는 중질지(80g/㎡) ]

**[서식]** 옥외광고물등 안전점검증명서

# 옥외광고물등 안전점검증명서

| 신청자 | 성 명 | | 생년월일 | |
|---|---|---|---|---|
| | 업소명 | | | |
| | 주 소 | | | |

| 광고물등 허가일 및 번호 | | 광고물등의 종류 | 사용자재 |
|---|---|---|---|
| 표시 위치 또는 장소 | | 광고물등의 규격 | |

| 시공업자 | 대표자 | 신고번호 |
|---|---|---|
| | 업소명 | 주 소 |

| 검사자 | 성 명 | 검사일 |
|---|---|---|
| | 소 속 | 주 소 |

검사 결과

「옥외광고물 등의 관리와 옥외광고산업 진흥에 관한 법률」 제9조 및 같은 법 시행령
제37조제4항에 따라 위와 같이 안전점검을 하였음을 확인합니다.

년     월     일

## 특별자치시장·특별자치도지사·
## 시장·군수 또는 구청장  [직인]

210mm×297mm[백상지(80g/㎡) 또는 중질지(80g/㎡)]

**[서식] 옥외광고사업 등록증**

제    호

# 옥 외 광 고 사 업  등 록 증

1. 성   명(대표자)

2. 생년월일(법인등록번호)

3. 주  소

4. 업소명

5. 영업장(사무실 또는 작업장) 소재지

6. 영업내용

7. 기   타

「옥외광고물 등의 관리와 옥외광고산업 진흥에 관한 법률」 제11조제1항 본문 및 같은 법 시행령 제44조제5항에 따라 위와 같이 옥외광고사업 등록을 마쳤음을 확인합니다.

년    월    일

## 특별자치시장·특별자치도지사· 시장·군수·또는 구청장

직인

210mm×297mm[백상지(80g/㎡) 또는 중질지(80g/㎡)]

# 외국환거래법

[시행 2021. 9. 16.] [법률 제18244호, 2021. 6. 15., 일부개정]

**외국환거래법**

## Ⅰ. 개설

### 목적

이 법은 외국환거래 기타 대외거래의 자유를 보장하고 시장기능을 활성화하여 대외거래의 원활화 및 국제수지의 균형과 통화가치의 안정을 도모함으로써 국민경제의 건전한 발전에 이바지함을 목적으로 한다.

## Ⅱ. 판례

**제3조(정의)** ① 이 법에서 사용하는 용어의 뜻은 다음과 같다. 〈개정 2011. 4. 30., 2012. 3. 21.〉
 1. "내국통화"란 대한민국의 법정통화인 원화(貨)를 말한다.
 2. "외국통화"란 내국통화 외의 통화를 말한다.
 3. "지급수단"이란 다음 각 목의 어느 하나에 해당하는 것을 말한다.
   가. 정부지폐·은행권·주화·수표·우편환·신용장
   나. 대통령령으로 정하는 환어음, 약속어음, 그 밖의 지급지시
   다. 증표, 플라스틱카드 또는 그 밖의 물건에 전자 또는 자기적 방법으로 재산적 가치가 입력되어 불특정 다수인 간에 지급을 위하여 통화를 갈음하여 사용할 수 있는 것으로서 대통령령으로 정하는 것
 4. "대외지급수단"이란 외국통화, 외국통화로 표시된 지급수단, 그 밖에 표시통화에 관계없이 외국에서 사용할 수 있는 지급수단을 말한다.
 5. "내국지급수단"이란 대외지급수단 외의 지급수단을 말한다.
 6. "귀금속"이란 금, 금합금의 지금(地金), 유통되지 아니하는 금화, 그 밖에 금을 주재료로 하는 제품 및 가공품을 말한다.
 7. "증권"이란 제3호에 해당하지 아니하는 것으로서 「자본시장과 금융투자업에 관한 법률」 제4조에 따른 증권과 그 밖에 대통령령으로 정하는 것을 말한다.

8. "외화증권"이란 외국통화로 표시된 증권 또는 외국에서 지급받을 수 있는 증권을 말한다.

9. "파생상품"이란 「자본시장과 금융투자업에 관한 법률」 제5조에 따른 파생상품과 그 밖에 대통령령으로 정하는 것을 말한다.

10. "외화파생상품"이란 외국통화로 표시된 파생상품 또는 외국에서 지급받을 수 있는 파생상품을 말한다.

11. "채권"이란 모든 종류의 예금·신탁·보증·대차(貸借) 등으로 생기는 금전 등의 지급을 청구할 수 있는 권리로서 제1호부터 제10호까지의 규정에 해당되지 아니하는 것을 말한다.

12. "외화채권"이란 외국통화로 표시된 채권 또는 외국에서 지급받을 수 있는 채권을 말한다.

13. "외국환"이란 대외지급수단, 외화증권, 외화파생상품 및 외화채권을 말한다.

14. "거주자"란 대한민국에 주소 또는 거소를 둔 개인과 대한민국에 주된 사무소를 둔 법인을 말한다.

15. "비거주자"란 거주자 외의 개인 및 법인을 말한다. 다만, 비거주자의 대한민국에 있는 지점, 출장소, 그 밖의 사무소는 법률상 대리권의 유무에 상관없이 거주자로 본다.

16. "외국환업무"란 다음 각 목의 어느 하나에 해당하는 것을 말한다.
    가. 외국환의 발행 또는 매매
    나. 대한민국과 외국 간의 지급·추심(推尋) 및 수령
    다. 외국통화로 표시되거나 지급되는 거주자와의 예금, 금전의 대차 또는 보증
    라. 비거주자와의 예금, 금전의 대차 또는 보증
    마. 그 밖에 가목부터 라목까지의 규정과 유사한 업무로서 대통령령으로 정하는 업무

17. "금융회사등"이란 「금융위원회의 설치 등에 관한 법률」 제38조(제9호 및 제10호는 제외한다)에 따른 기관과 그 밖에 금융업 및 금융 관련 업무를 하는 자로서 대통령령으로 정하는 자를 말한다.

18. "해외직접투자"란 거주자가 하는 다음 각 목의 어느 하나에 해당하는 거래·행위 또는 지급을 말한다.
    가. 외국법령에 따라 설립된 법인(설립 중인 법인을 포함한다)이 발행한 증권을 취득하거나 그 법인에 대한 금전의 대여 등을 통하여 그 법인과 지속적인 경제관계를 맺기 위하여 하는 거래 또는 행위로서 대통령령으로 정하는 것

　나. 외국에서 영업소를 설치·확장·운영하거나 해외사업 활동을 하기 위하여 자금을 지급하는 행위로서 대통령령으로 정하는 것

19. "자본거래"란 다음 각 목의 어느 하나에 해당하는 거래 또는 행위를 말한다.

　가. 예금계약, 신탁계약, 금전대차계약, 채무보증계약, 대외지급수단·채권 등의 매매계약(다목에 해당하는 경우는 제외한다)에 따른 채권의 발생·변경 또는 소멸에 관한 거래(거주자 간 거래는 외국환과 관련된 경우로 한정한다)

　나. 증권의 발행·모집, 증권 또는 이에 관한 권리의 취득(다목에 해당하는 경우는 제외하며, 거주자 간 거래는 외국환과 관련된 경우로 한정한다)

　다. 파생상품거래(거주자 간의 파생상품거래는 외국환과 관련된 경우로 한정한다)

　라. 거주자에 의한 외국에 있는 부동산이나 이에 관한 권리의 취득 또는 비거주자에 의한 국내에 있는 부동산이나 이에 관한 권리의 취득

　마. 가목의 경우를 제외하고 법인의 국내에 있는 본점, 지점, 출장소, 그 밖의 사무소(이하 이 목에서 "사무소"라 한다)와 외국에 있는 사무소 사이에 이루어지는 사무소의 설치·확장 또는 운영 등과 관련된 행위와 그에 따른 자금의 수수(授受)(사무소를 유지하는 데에 필요한 경비나 경상적 거래와 관련된 자금의 수수로서 대통령령으로 정하는 것은 제외한다)

　바. 그 밖에 가목부터 마목까지의 규정과 유사한 형태로서 대통령령으로 정하는 거래 또는 행위

20. "비예금성외화부채등"이란 금융회사등의 외국통화표시 부채(외화예수금은 제외한다) 및 이와 유사한 것으로서 대통령령으로 정하는 것을 말한다.

② 제1항제14호 및 제15호에 따른 거주자와 비거주자의 구분이 명백하지 아니한 경우에는 대통령령으로 정하는 바에 따른다.

[전문개정 2009.1.30.]

## 외국환거래법위반

[대법원 2017. 4. 26., 선고, 2017도2134, 판결]

【판결요지】
외국환거래법 제3조 제1항 제16호 (나)목은 '대한민국과 외국 간의 지급·추심 및 수령'을, 같은 호 (마)목은 '위 (나)목 등과 유사한 업무로서 대통령령으로 정하는 업무'를 '외국환업무'에 해당하는 것으로 규정하고, 외국환거래법 시행령 제6조 제4호는 '외국환거래법 제3조 제1항 제16호 (나)목 등의 업무에 딸린 업무'가 위 '대통령령이 정하는 업무'에 해당하는 것으로 규정하고 있다. 따라서 '대한민국과 외국 간의 지급·추심 및 수령'에 직접적으로 필요하고 밀접하게 관련된 부대업무는 외국환거래

법 제3조 제1항 제16호 (마)목의 외국환업무에 해당한다(대법원 2008. 5. 8. 선고 2005 도1603 판결 등 참조).

원심은 다음과 같은 이유로 이 사건 공소사실을 유죄로 인정하였다. 즉 피고인 등이 한화 10억 원을 마련하여 운반하는 등 일련의 행위는 '대한민국과 외국 간의 지급·추심 및 수령'에 직접적으로 필요하고 밀접하게 관련된 부대업무로서 외국환거래법 제3조 제1항 제16호 (마)목의 외국환업무에 해당하는 이상, 이로써 무등록 외국환업무로 인한 외국환거래법위반죄의 기수에 이르렀다. 설령 공소외인이 사실은 위안화를 송금할 의사가 없이 한화를 강취할 의사였고, 실제로 위안화를 지급함이 없이 강취하였다고 하더라도, 이 사건 범죄의 성립에 영향이 없다.

원심판결 이유를 위에서 본 법리와 원심이 유지한 제1심이 적법하게 채택한 증거들에 비추어 살펴보면, 원심의 판단에 상고이유 주장과 같이 논리와 경험의 법칙에 반하여 자유심증주의의 한계를 벗어난 잘못이 없다.

## 제8조(외국환업무의 등록 등) ① 외국환업무를 업으로 하려는 자는 대통령령으로 정하는 바에 따라 외국환업무를 하는 데에 충분한 자본·시설 및 전문인력을 갖추어 미리 기획재정부장관에게 등록하여야 한다. 다만, 기획재정부장관이 업무의 내용을 고려하여 등록이 필요하지 아니하다고 인정하여 대통령령으로 정하는 금융회사등은 그러하지 아니하다. 〈개정 2011.4.30.〉

② 외국환업무는 금융회사등만 할 수 있으며, 외국환업무를 하는 금융회사등은 대통령령으로 정하는 바에 따라 그 금융회사등의 업무와 직접 관련되는 범위에서 외국환업무를 할 수 있다. 〈개정 2011.4.30.〉

③ 제1항 및 제2항에도 불구하고 금융회사등이 아닌 자가 다음 각 호의 어느 하나에 해당하는 외국환업무를 업으로 하려는 경우에는 대통령령으로 정하는 바에 따라 해당 업무에 필요한 자본·시설 및 전문인력 등 대통령령으로 정하는 요건을 갖추어 미리 기획재정부장관에게 등록하여야 한다. 이 경우 제1호 및 제2호의 외국환업무의 규모, 방식 등 구체적인 범위 및 안전성 확보를 위한 기준은 대통령령으로 정한다. 〈개정 2017.1.17.〉

1. 외국통화의 매입 또는 매도, 외국에서 발행한 여행자수표의 매입
2. 대한민국과 외국 간의 지급 및 수령과 이에 수반되는 외국통화의 매입 또는 매도
3. 그 밖에 외국환거래의 편의 증진을 위하여 필요하다고 인정하여 대통령령으로 정하는 외국환업무

④ 제1항 본문에 따라 외국환업무의 등록을 한 금융회사등과 제3항에 따라 외국환업무의 등록을 한 자(이하 "전문외국환업무취급업자"라 한다)가 그 등록

사항 중 대통령령으로 정하는 사항을 변경하려 하거나 외국환업무를 폐지하려는 경우에는 대통령령으로 정하는 바에 따라 기획재정부장관에게 미리 그 사실을 신고하여야 한다. 〈개정 2011.4.30., 2017.1.17.〉

⑤ 제1항에 따라 외국환업무의 등록을 한 금융회사등(제1항 단서에 따른 금융회사등을 포함한다. 이하 "외국환업무취급기관"이라 한다)은 국민경제의 건전한 발전, 국제 평화와 안전의 유지 등을 위하여 필요하다고 인정하여 대통령령으로 정하는 경우에는 이 법을 적용받는 업무에 관하여 외국금융기관과 계약을 체결할 때 기획재정부장관의 인가를 받아야 한다. 〈개정 2011.4.30.〉

⑥ 외국환업무취급기관 및 전문외국환업무취급업자의 업무 수행에 필요한 사항은 대통령령으로 정한다. 〈개정 2017.1.17.〉

⑦ 기획재정부장관은 외국환업무의 성실한 이행을 위하여 제3항에 따라 등록한 자에게 기획재정부장관이 지정하는 기관에 보증금을 예탁하게 하거나 보험 또는 공제에 가입하게 하는 등 대통령령으로 정하는 바에 따라 필요한 조치를 할 수 있다. 〈신설 2017.1.17.〉

[전문개정 2009.1.30.]

---

### 위임행정규칙

· 외국환거래규정(기획재정부고시 제2021-37호, 2021.12.29., 일부개정)

---

## 외국환거래법위반(미등록 외국환업무로 인한 외국환거래법 위반 사건)

[대법원 2016. 8. 29. 선고, 2014도14364, 판결]

**【판결요지】**

외국환거래법 제8조 제1항 본문 위반에 의한 미등록 외국환업무로 인한 외국환거래법 위반죄는 적법하게 등록하지 아니하고 대한민국과 외국 간의 지급·추심·수령 업무를 영위하거나, 그 업무에 직접적으로 필요하고 밀접하게 관련된 부대업무를 수행함으로써 성립하는데, 피고인이 등록된 환전영업자로서의 업무만을 수행하였을 뿐이라면서 외국환업무의 범의를 부인하는 경우에는 사물의 성질상 범의와 상당한 관련성이 있는 간접사실 또는 정황사실을 증명하는 방법에 의하여 입증할 수밖에 없고, 무엇이 상당한 관련성이 있는 간접사실에 해당할 것인가는 정상적인 경험칙에 바탕을 두고 치밀한 관찰력이나 분석력에 의하여 사실의 연결상태를 합리적으로 판단하는 방법에 의하여야 한다. 따라서 객관적으로 드러난 피고인의 구체적 업무태양과 통상적인 환전영업자의 업무태양 및 외국환거래법 위반으로 처벌받는 환치기 범행의 일반적인 수법과의 각 비교, 피고인과 관련된 주위 정황 등을 종합적으로 고려하여 피고인의 영업행위를 객관적으로 환전영업자의 정상적인 업무 범위 내의 행위로 평가할 수 있는지 아니면 외국에서 대한민국으로 외국환을 지급·수령하기 위한 목적을 가진 행위의 일환으로 볼 것인지 및 이에 대하여 피고인의 범의가 인정되는지를 판단하여야 한다.

**제18조(자본거래의 신고 등)** ① 자본거래를 하려는 자는 대통령령으로 정하는 바에 따라 기획재정부장관에게 신고하여야 한다. 다만, 외국환수급 안정과 대외거래 원활화를 위하여 대통령령으로 정하는 자본거래는 사후에 보고하거나 신고하지 아니할 수 있다. 〈개정 2017.1.17.〉

② 제1항의 신고와 제3항의 신고수리(申告受理)는 제15조제1항에 따른 절차 이전에 완료하여야 한다.

③ 기획재정부장관은 제1항에 따라 신고하도록 정한 사항 중 거주자의 해외직접투자와 해외부동산 또는 이에 관한 권리의 취득의 경우에는 투자자 적격성 여부, 투자가격 적정성 여부 등의 타당성을 검토하여 신고수리 여부를 결정할 수 있다.

④ 기획재정부장관은 제3항에 따른 신고에 대하여 대통령령으로 정하는 처리기간에 다음 각 호의 어느 하나에 해당하는 결정을 하여 신고인에게 통지하여야 한다.

1. 신고의 수리

2. 신고의 수리 거부

3. 거래 내용의 변경 권고

⑤ 기획재정부장관이 제4항제2호의 결정을 한 경우 그 신고를 한 거주자는 해당 거래를 하여서는 아니 된다.

⑥ 제4항제3호에 해당하는 통지를 받은 자가 해당 권고를 수락한 경우에는 그 수락한 바에 따라 그 거래를 할 수 있으며, 수락하지 아니한 경우에는 그 거래를 하여서는 아니 된다.

⑦ 제4항에 따른 처리기간에 기획재정부장관의 통지가 없으면 그 기간이 지난 날에 해당 신고가 수리된 것으로 본다.

[전문개정 2009.1.30.]

## 외국환거래법위반
[대법원 2019. 1. 31., 선고, 2018도16474, 판결]

【판결요지】
외국환거래법이 2009. 1. 30. 법률 제9351호로 개정되기 전에는 제18조 제1항에서 자본거래에 대한 신고의무를 규정하고 제28조 제1항 제4호에서 미신고 자본거래를 일률적으로 형사처벌 대상으로 규정하고 있었다. 그런데 모든 미신고 자본거래에 대한 형사처벌이 과도하다는 고려에서 외국환거래법이 2009. 1. 30. 법률 제9351호로 개정되면서 제29조 제1항 제6호에서 신고의무 위반 금액이 5억 원 이상의 범위에서 대통령령으로 정하는 금액을 초과하는 경우에만 형사처벌 대상으로 규정하는 한편, 제32조

제1항 제3호에서 위 금액 이하는 과태료 부과 대상으로 규정하였고, 외국환거래법의 위임에 따라 2009. 2. 3. 대통령령 제21287호로 전부 개정된 외국환거래법 시행령은 제40조 제2호에서 위 '대통령령으로 정하는 금액'을 10억 원으로 규정하였다.

이후 외국환거래법은 수차례 개정되었으나 미신고 자본거래에 관한 실질적인 내용은 변경되지 않았는데, 2017. 1. 17. 개정(2017. 7. 18. 시행)된 현행 외국환거래법 제18조 제1항 본문은 "자본거래를 하려는 자는 대통령령으로 정하는 바에 따라 기획재정부장관에게 신고하여야 한다."라고 규정하고, 제29조 제1항 제3호는 '제18조에 따른 신고의무를 위반한 금액이 5억 원 이상의 범위에서 대통령령으로 정하는 금액을 초과하는 자'에 대하여 '1년 이하의 징역 또는 1억 원 이하의 벌금'에 처하도록 규정하고 있다. 외국환거래법 시행령 제40조 제2호는 2011. 7. 25. 대통령령 제23041호로 개정되면서 위 '대통령령으로 정하는 금액'이 50억 원으로 상향되었다가, 2016. 3. 22. 대통령령 제27038호로 개정(같은 날 시행)되면서 다시 10억 원으로 하향되었고, 이후 현재까지도 마찬가지로 규정하고 있다.

외국환거래법과 외국환거래법 시행령의 위임에 따라 2007. 12. 17. 재정경제부고시 제2007-62호로 개정된 외국환거래규정은 제7-2조 제7호에서 자본거래의 건당 금액이 미화 1,000달러 이내인 경우 신고를 요하지 않는 것으로 규정하였고, 이후 2014. 10. 31. 기획재정부고시 제2014-18호로 개정(2015. 1. 1. 시행)되면서 신고를 요하지 않는 금액이 미화 2,000달러로 상향되었다가, 2017. 6. 29. 기획재정부고시 제2017-19호로 개정(2017. 7. 18. 시행)되면서 신고를 요하지 않는 금액이 미화 3,000달러로 상향되었고, 이후 현재까지도 마찬가지로 규정하고 있다.

이와 같은 관련 규정의 연혁 및 내용을 형벌법규 해석의 원칙, 포괄일죄에 관한 법리 등에 비추어 살펴보면, 외국환거래법 제29조 제1항 제3호, 제18조 제1항 본문에 의하여 처벌 대상이 되는 미신고 자본거래는, 금액을 일부러 나누어 거래하는 이른바 '분할거래 방식'의 자본거래에 해당한다는 등의 특별한 사정이 없는 한, 개별적으로 이루어지는 자본거래 금액이 10억 원 이상인 경우를 의미한다고 보아야 한다.

## 외국환거래법위반
[대법원 2017. 5. 31., 선고, 2013도8389, 판결]

【판결요지】

[1] 형벌법규의 해석은 엄격하여야 하고 명문규정의 의미를 피고인에게 불리한 방향으로 지나치게 확장해석하거나 유추해석하는 것은 죄형법정주의의 원칙에 어긋나는 것으로서 허용되지 아니한다. 외국환거래법 제30조가 규정하는 몰수·추징의 대상은 범인이 해당 행위로 인하여 취득한 외국환 기타 지급수단 등을 뜻하고, 이는 범인이 외국환거래법에서 규제하는 행위로 인하여 취득한 외국환 등이 있을 때 이를 몰수하거나 추징한다는 취지로서, 여기서 취득이란 해당 범죄행위로 인하여 결과적으로 이를 취득한 때를 말한다고 제한적으로 해석함이 타당하다.

[2] 甲 재단법인의 이사 겸 사무총장으로서 자금관리 업무를 총괄하는 피고인이, 거주자인 甲 재단법인이 비거주자인 乙 회사로부터 원화자금 및 외화자금을 차입하

는 자본거래를 할 때 신고의무를 위반하였다는 내용으로 외국환거래법 위반죄가 인정된 사안에서, 금전대차계약의 차용 당사자는 甲 재단법인으로서, 비록 피고인이 금전대차 거래행위를 실제로 집행하였지만 甲 재단법인을 대표하는 지위에 있지 아니하여 甲 재단법인의 기관으로서 한 것이라고 볼 수 없는 점, 위 계약에 따른 차입금은 모두 대여자인 乙 회사로부터 甲 재단법인 계좌로 입금되었다가 그 후 甲 재단법인으로부터 그 금액이 乙 회사에 반환되었고, 피고인은 甲 재단법인 계좌로 직접 입금된 차입금을 교부받았다고 볼 수 없으며, 달리 차입금을 피고인이 개인적으로 분배받는 등으로 실질적으로 자신에게 귀속시켰다고 인정할 만한 자료가 없는 점 등의 사정에 비추어 보면, 피고인이 금전대차계약에 의하여 결과적으로 외국환거래법에서 규제하는 차입금을 취득하였다고 인정하기 어려워 피고인의 취득을 이유로 외국환거래법 제30조에 따라 피고인으로부터 차입금을 몰수하거나 그 가액을 추징할 수 없는데도, 이와 달리 본 원심판결에 외국환거래법 제30조에서 정한 추징에 관한 법리오해의 위법이 있다고 한 사례.

## III. 벌칙

**제27조(벌칙)** ① 다음 각 호의 어느 하나에 해당하는 자는 5년 이하의 징역 또는 5억원 이하의 벌금에 처한다. 다만, 위반행위의 목적물 가액(價額)의 3배가 5억원을 초과하는 경우에는 그 벌금을 목적물 가액의 3배 이하로 한다. 〈개정 2017.1.17.〉

1. 제5조제2항을 위반하여 기준환율등에 따르지 아니하고 거래한 자
2. 제6조제1항제1호의 조치를 위반하여 지급 또는 수령이나 거래를 한 자
3. 제6조제1항제2호의 조치에 따른 보관·예치 또는 매각 의무를 위반한 자
4. 제6조제1항제3호의 조치에 따른 회수의무를 위반한 자
5. 제6조제2항의 조치에 따른 허가를 받지 아니하거나, 거짓이나 그 밖의 부정한 방법으로 허가를 받고 자본거래를 한 자 또는 예치의무를 위반한 자
6. 제10조제2항을 위반하여 외국환업무를 한 자

② 제1항의 징역과 벌금은 병과(倂科)할 수 있다.

[전문개정 2009.1.30.]

**제27조의2(벌칙)** ① 다음 각 호의 어느 하나에 해당하는 자는 3년 이하의 징역 또는 3억원 이하의 벌금에 처한다. 다만, 위반행위의 목적물 가액의 3배가 3억원을 초과하는 경우에는 그 벌금을 목적물 가액의 3배 이하로 한다.

1. 제8조제1항 본문 또는 같은 조 제3항에 따른 등록을 하지 아니하거나,

거짓이나 그 밖의 부정한 방법으로 등록을 하고 외국환업무를 한 자(제
8조제4항에 따른 폐지신고를 거짓으로 하고 외국환업무를 한 자 및 제
12조제1항에 따른 처분을 위반하여 외국환업무를 한 자를 포함한다)

2. 제9조제1항 전단, 같은 조 제3항 또는 제5항에 따른 인가를 받지 아니
하거나, 거짓이나 그 밖의 부정한 방법으로 인가를 받고 외국환중개업
무를 한 자(제9조제3항에 따른 신고를 거짓으로 하고 외국환중개업무
를 한 자 및 제12조제1항에 따른 처분을 위반하여 외국환중개업무를
한 자를 포함한다)

3. 제15조제2항에 따른 허가를 받지 아니하거나, 거짓이나 그 밖의 부정
한 방법으로 허가를 받고 지급 또는 수령을 한 자

② 제1항의 징역과 벌금은 병과할 수 있다.

[본조신설 2017.1.17.]

---

**제28조(벌칙)** ① 제22조를 위반하여 정보를 이 법에서 정하는 용도가 아
닌 용도로 사용하거나 다른 사람에게 누설한 사람은 2년 이하의 징역 또
는 2억원 이하의 벌금에 처한다.

② 제1항의 징역과 벌금은 병과할 수 있다.

[전문개정 2009.1.30.]

---

**제29조(벌칙)** ① 다음 각 호의 어느 하나에 해당하는 자는 1년 이하의 징역 또는 1
억원 이하의 벌금에 처한다. 다만, 위반행위의 목적물 가액의 3배가 1억원을 초과
하는 경우에는 그 벌금을 목적물 가액의 3배 이하로 한다. 〈개정 2016.3.2., 2017.1.17.〉

1. 제8조제5항에 따른 인가를 받지 아니하거나, 거짓이나 그 밖의 부정한
방법으로 인가를 받고 계약을 체결한 자

2. 제10조제1항을 위반하여 확인하지 아니한 자

3. 제16조 또는 제18조에 따른 신고의무를 위반한 금액이 5억원 이상의
범위에서 대통령령으로 정하는 금액을 초과하는 자

4. 제17조에 따른 신고를 하지 아니하거나 거짓으로 신고를 하고 지급수
단 또는 증권을 수출하거나 수입한 자(제17조에 따른 신고의무를 위반
한 금액이 미화 2만달러 이상의 범위에서 대통령령으로 정하는 금액을
초과하는 경우로 한정한다)

5. 제19조제2항에 따른 거래 또는 행위의 정지·제한을 위반하여 거래 또
는 행위를 한 자

6. 제32조제1항에 따른 과태료 처분을 받은 자가 해당 처분을 받은 날부

터 2년 이내에 다시 같은 항에 따른 위반행위를 한 경우
② 제1항제4호의 미수범은 처벌한다. 〈개정 2017.1.17.〉
③ 제1항의 징역과 벌금은 병과할 수 있다.
[전문개정 2009.1.30.]

**제30조(몰수·추징)** 제27조제1항 각 호, 제27조의2제1항 각 호 또는 제29조제1항 각 호의 어느 하나에 해당하는 자가 해당 행위를 하여 취득한 외국환이나 그 밖에 증권, 귀금속, 부동산 및 내국지급수단은 몰수하며, 몰수할 수 없는 경우에는 그 가액을 추징한다. 〈개정 2017.1.17.〉
[전문개정 2009.1.30.]

**제31조(양벌규정)** 법인의 대표자나 법인 또는 개인의 대리인, 사용인, 그 밖의 종업원이 그 법인 또는 개인의 재산 또는 업무에 관하여 제27조, 제27조의2, 제28조 및 제29조의 어느 하나에 해당하는 위반행위를 하면 그 행위자를 벌하는 외에 그 법인 또는 개인에게도 해당 조문의 벌금형을 과(科)한다. 다만, 법인 또는 개인이 그 위반행위를 방지하기 위하여 해당 재산 또는 업무에 관하여 상당한 주의와 감독을 게을리하지 아니한 경우에는 그러하지 아니하다. 〈개정 2017.1.17.〉
[전문개정 2009.1.30.]

**제32조(과태료)** ① 다음 각 호의 어느 하나에 해당하는 자에게는 1억원 이하의 과태료를 부과한다. 다만, 제29조에 해당하는 경우는 제외한다. 〈개정 2011.4.30., 2016.3.2., 2017.1.17.〉
1. 제8조제4항에 따른 변경신고를 하지 아니하거나 거짓으로 변경신고를 하고 외국환업무를 한 자
2. 제9조제1항 후단에 따른 변경신고를 하지 아니하거나 거짓으로 변경신고를 하고 외국환중개업무를 한 자 또는 같은 조 제2항을 위반하여 거래한 자
3. 제16조에 따른 신고를 하지 아니하거나 거짓으로 신고를 하고 지급 또는 수령을 한 자
3의2. 삭제 〈2017.1.17.〉
4. 제18조제1항에 따른 신고를 하지 아니하거나 거짓으로 신고를 하고 자본거래를 한 자
5. 제18조제5항을 위반하여 신고수리가 거부되었음에도 그 신고에 해당하

는 자본거래를 한 자

6. 제18조제6항을 위반하여 같은 조 제4항제3호의 권고내용과 달리 자본 거래를 한 자

② 다음 각 호의 어느 하나에 해당하는 자에게는 5천만원 이하의 과태료를 부과한다. 다만, 제29조에 해당하는 경우는 제외한다. 〈신설 2017.1.17.〉

1. 제11조의3제5항에 따른 자료를 제출하지 아니하거나 거짓으로 제출한 자

2. 제15조제1항에 따른 지급절차 등을 위반하여 지급·수령을 하거나 자 금을 이동시킨 자

3. 제17조에 따른 신고를 하지 아니하거나 거짓으로 신고를 하고 지급수 단 또는 증권을 수출입하거나 수출입하려 한 자

③ 다음 각 호의 어느 하나에 해당하는 자에게는 3천만원 이하의 과태료를 부과한다. 〈개정 2017.1.17.〉

1. 제16조 또는 제18조를 위반하여 신고를 갈음하는 사후 보고를 하지 아 니하거나 거짓으로 사후 보고를 한 자

2. 제20조제3항 또는 제6항에 따른 검사에 응하지 아니하거나 검사를 거 부·방해 또는 기피한 자

3. 제20조제5항 또는 제6항에 따른 시정명령에 따르지 아니한 자

4. 제21조에 따른 기획재정부장관의 명령을 위반하여 통보 또는 제공을 하지 아니하거나 거짓으로 통보 또는 제공한 자

④ 다음 각 호의 어느 하나에 해당하는 자에게는 1천만원 이하의 과태료를 부과한다. 〈신설 2017.1.17.〉

1. 제8조제4항에 따른 폐지신고를 하지 아니한 자

2. 제9조제3항에 따른 신고를 하지 아니한 자

3. 제19조제1항에 따른 경고를 받고 2년 이내에 경고 사유에 해당하는 위 반행위를 한 자

4. 제20조제1항 또는 제2항에 따른 보고 또는 자료 제출을 하지 아니하거 나 거짓으로 보고 또는 자료 제출을 한 자

5. 제20조제4항 또는 제6항에 따른 자료를 제출하지 아니하거나 거짓으로 자료 제출을 한 자

6. 제24조제2항에 따른 기획재정부장관의 명령을 위반하여 신고, 신청, 보고, 자료의 통보 및 제출을 전자문서의 방법으로 하지 아니한 자

⑤ 제1항부터 제4항까지의 규정에 따른 과태료는 대통령령으로 정하는 바에 따라 기획재정부장관이 부과·징수한다. 〈개정 2017.1.17.〉

[전문개정 2009.1.30.]

## Ⅳ. 기재례

### 【범죄사실 기재례】

피의자 김○○은 관할관청에 등록하지 않은 채, 20○○. ○.경부터 20○○. ○.경까지 사이에 서울 ○○동 ○○번지에 본사를, 미국 ○○에 지사를 각 차려놓고 미국에서 불법취업하고 있거나 영어를 구사하지 못하여 미화를 국내에 송금할 수 없는 취업자들을 모았다. 그리하여 그들로부터 송금의뢰를 받으면 본사에 연락하여 위 취업자들이 지정하는 국내인에게 한화로 송금액 상당을 지급하고, 송금의뢰받은 외화는 미국에 있는 지사에서 계속 보유하다가 외화를 미국으로 불법송금하려는 자의 의뢰를 받으면 미국지사에서 보유하던 외화를 위 송금의뢰자가 지정하는 자에게 지급하고 각 송금의뢰자로부터 송금액의 ○%를 수수료로 받는 방법으로 680차례에 걸쳐 미화 ○○만달러 상당의 대외지급수단 매매 및 대한민국·외국간의 지급과 이에 부대되는 업무를 취급하여 외국환업무를 영위하였다.

### 【범죄사실 기재례】

피의자는 ○○시 ○○동 ○○번지에 있는 ○○여행사 지사장이다.

피의자는 20○○. ○. ○.경 위 같은 시 ○○단체 회원 박○○ 외 20명의 일본관광의 여비 외화를 대리환전 해주면서 피의자 회사의 경리사원 김○○를 시켜 1인당 20,000달러까지 바꿀 수 있는 정을 이용하여 20,000달러까지 바꾸지 않는 위 회원 박○○ 외 10명의 이름으로 미화 8,000달러와 일화 20만엔을 피의자 회사의 돈으로 환전하여 이 가운데 미화 8,000달러를 위 같은 해 ○. ○. 위 단체회원의 인솔안내자인 피의자 회사의 직원 이○○를 시켜 일본으로 밀반출하였다.

### 【적용실례】

〈보강증거 없이 송치한 경우〉

➡ 피의자가 20○○. ○. 초순경 인천광역시 ○○구 ○○동 소재 인천세관 앞길에서, 성명미상 내외국 선원들로부터 미화 2,400불을 매입하였다가 이를 다른 한국인에게 매각하는 등 기획재정부장관의 인가를 받지 아니하고, 환전상 업무를 행한 것이라는 점에 대하여 이를 외국환거래법 위반(무인가 환전상)으로 의율한 사안에서, 위 사실에 대하여는 피의자의 자백이 있을 뿐 보강증거가 전혀 없으므로 범죄의 혐의없음.

〈거주자가 장물인 미화 2000불을 취득하고도 이를 한국은행 등에 매각하지 않은 경우〉

➡ 거주자의 대외지급수단 등의 집중의무에 위반한 것을, 외국환거래법 제27조 제1항 제3호, 제6조 제1항 제2호로 의율하여야 함.

# 유사수신행위의 규제에 관한 법률

[시행 2024. 5. 28.] [법률 제20367호, 2024. 2. 27., 일부개정]

## I. 개설

### 목적

이 법은 유사수신행위(類似受信行爲)를 규제함으로써 선량한 거래자를 보호하고 건전한 금융질서를 확립함을 목적으로 한다.

## II. 판례

**제2조(정의)** 이 법에서 "유사수신행위"란 다른 법령에 따른 인가·허가를 받지 아니하거나 등록·신고(「특정 금융거래정보의 보고 및 이용 등에 관한 법률」 제7조에 따른 신고를 포함한다) 등을 하지 아니하고 불특정 다수인으로부터 자금[가상자산(「가상자산 이용자 보호 등에 관한 법률」 제2조제1호의 가상자산을 말한다)을 포함한다]을 조달하는 것을 업(業)으로 하는 행위로서 다음 각 호의 어느 하나에 해당하는 행위를 말한다. 〈개정 2024. 2. 27.〉

1. 장래에 출자금의 전액 또는 이를 초과하는 금액을 지급할 것을 약정하고 출자금을 받는 행위
2. 장래에 원금의 전액 또는 이를 초과하는 금액을 지급할 것을 약정하고 예금·적금·부금·예탁금 등의 명목으로 금전을 받는 행위
3. 장래에 발행가액(發行價額) 또는 매출가액 이상으로 재매입(再買入)할 것을 약정하고 사채(社債)를 발행하거나 매출하는 행위
4. 장래의 경제적 손실을 금전이나 유가증권으로 보전(補塡)하여 줄 것을 약정하고 회비 등의 명목으로 금전을 받는 행위

[전문개정 2010.2.4.]

## 특정경제범죄 가중처벌 등에 관한 법률 위반(횡령)·
## 유사수신행위의 규제에 관한 법률 위반

[대법원 2013. 11. 14. 선고, 2013도9769, 판결]

【판결요지】

유사수신행위의 규제에 관한 법률 제3조는 유사수신행위를 일반적으로 금지하면서 제2조에서 '장래에 원금의 전액 또는 이를 초과하는 금액을 지급할 것을 약정하고 예금·적금·부금·예탁금 등의 명목으로 금전을 받는 행위(제2호)' 등을 유사수신행위로 규정하고 있다. 이처럼 유사수신행위를 규제하는 입법 취지는 관계 법령에 의한 허가나 인가를 받지 않고 불특정 다수인으로부터 출자금 등의 명목으로 자금을 조달하는 행위를 규제하여 선량한 거래자를 보호하고 건전한 금융질서를 확립하려는 데에 있다. 이러한 입법 취지 등에 비추어 볼 때, 광고를 통하여 투자자를 모집하는 등 전혀 면식이 없는 사람들로부터 자금을 조달하는 경우는 물론, 평소 알고 지내는 사람에게 직접 투자를 권유하여 자금을 조달하는 경우라도 자금조달행위의 구조나 성격상 어느 누구라도 희망을 하면 투자에 참여할 수 있는 기회가 열려 있다고 한다면 이는 불특정 다수인으로부터 자금을 조달하는 행위로서 유사수신행위에 해당한다. 이 경우 모집의 대상이 특정 직업군 등으로 어느 정도 제한되어 있다고 하더라도 달리 볼 것은 아니다.

## 부당이득금[유사수신행위로 체결된 계약의 효력이 문제된 사건]

[대법원 2024. 4. 25. 선고 2023다310471 판결]

【판결요지】

유사수신행위의 규제에 관한 법률(이하 '유사수신행위법'이라 한다) 제3조는 효력규정 또는 강행규정이 아니라 단속규정에 불과하므로 유사수신행위로 체결된 계약은 특별한 사정이 없는 한 사법상 효력을 가진다고 보아야 한다. 이유는 다음과 같다.

① 유사수신행위법은 관계 법령에 따른 허가나 인가 등을 받지 않고 불특정 다수인으로부터 출자금 등 명목으로 자금을 조달하는 행위를 규제하여 선량한 거래자를 보호하고 건전한 금융질서를 확립함을 목적으로 한다(유사수신행위법 제1조). 이러한 입법 목적은 행정적 규제나 형사처벌을 통하여서도 달성할 수 있고, 유사수신행위로 체결된 계약의 사법상 효력까지 부정하여야만 비로소 달성할 수 있는 것은 아니다. 오히려 그 사법상 효력을 일률적으로 부정할 경우 아래에서 살펴보는 바와 같이 유사수신행위법의 입법 취지에 실질적으로 반하는 결과를 초래할 수 있다.

② 유사수신행위로 체결된 계약이 무효이면 계약 상대방은 유사수신행위자에게 계약의 이행을 구하거나 그 불이행을 이유로 한 손해배상청구를 할 수 없고, 계약 내용에 따라 유사수신행위자로부터 금원을 지급받은 경우에는 그 금원을 유사수신행위자에게 부당이득으로 반환하여야 한다. 이는 계약 상대방이 해당 계약이 유사수신행위에 해당하는지, 유사수신행위가 유사수신행위법의 금지 또는 처벌 대상인지를 알았는지 등 그의 선의나 위법성의 인식과 무관하게 발생하는 결과이다. 그런데도 유사수신행위법 제3조를 효력규정 또는 강행규정으로 보아 이를 위반한 법률행위를 일률

적으로 무효로 보는 것은 선의의 거래 상대방을 오히려 불리하게 함으로써 '선량한 거래자를 보호' 하기 위한 유사수신행위법의 입법 취지에 실질적으로 반할 수 있고, 계약의 유효성을 신뢰한 상대방의 법적 안정성을 해칠 수 있다.

③ 어떤 규정이 효력규정 또는 강행규정인지는 그 규정을 위반한 행위가 그 행위의 사법상 효력까지 부정하지 않으면 안 될 정도로 현저히 반사회성, 반도덕성을 지닌 것인지를 고려하여 판단한다. 유사수신행위로 체결된 계약은 불특정 다수인으로부터 자금을 조달하면서 장차 원금 전액 또는 이를 초과하는 금액을 돌려주거나 손실을 보전하는 행위를 주된 내용으로 한다. 이러한 행위는 관계 법령이 정한 인가·허가를 받은 경우와 같이 법령에 따라 허용된 것이라면 특별한 사정이 없는 한 적법하게 할 수 있으므로 그 행위의 내용 자체만으로 현저히 반사회성, 반도덕성을 지닌다고 단정할 수 없다.

④ 유사수신행위를 형사처벌 대상으로 삼는다는 사정은 유사수신행위의 반사회성, 반도덕성 판단에 관한 하나의 고려 요소가 될 수는 있다. 그런데 유사수신행위에 대한 형사처벌은 자금 조달과 원금 보장 등 유사수신행위로 체결된 계약의 내용 자체보다는 그 계약의 일방 당사자가 관계 법령에 따른 인가·허가 등을 받지 않고 불특정 다수인으로부터 자금을 조달하는 것을 업으로 한다는 계약 외부적 사정에 초점을 맞춘 것이다. 또한 계약 자체의 사법상 효력을 인정할 것인가와 그 계약을 매개로 한 행위를 형사처벌 대상으로 삼을 것인가는 다소 다른 차원의 문제이기도 하다. 그러므로 유사수신행위가 형사처벌 대상이라는 사정 때문에 유사수신행위로 체결된 계약의 효력이 당연히 부정된다고 할 수는 없다. 아울러 유사수신행위법 위반행위는 사기 범행과 더불어 행해지는 경우가 많은데, 사기 범행 역시 형사처벌 대상으로서 유사수신행위법 위반행위보다 법정형(징역형 부분)이 더 높은데도 사기 범행으로 체결된 계약은 무효가 아닌 취소 대상일 뿐이라는 점도 고려해야 한다.

## III. 벌칙

**제6조(벌칙)** ① 제3조를 위반하여 유사수신행위를 한 자는 5년 이하의 징역 또는 5천만원 이하의 벌금에 처한다.
② 제4조를 위반하여 표시 또는 광고를 한 자는 2년 이하의 징역 또는 2천만원 이하의 벌금에 처한다.
[전문개정 2010.2.4.]

**제7조(양벌규정)** 법인의 대표자나 법인 또는 개인의 대리인, 사용인, 그 밖의 종업원이 그 법인 또는 개인의 업무에 관하여 제6조의 위반행위를 하면 그 행위자를 벌하는 외에 그 법인 또는 개인에게도 해당 조문의 벌금형을 과(科)한다. 다만, 법인 또는 개인이 그 위반행위를 방지하기 위하

여 해당 업무에 관하여 상당한 주의와 감독을 게을리하지 아니한 경우에는 그러하지 아니하다.

[전문개정 2010.2.4.]

---

**제8조(과태료)** ① 제5조를 위반하여 유사수신행위를 하기 위하여 금융업 유사상호를 사용한 자에게는 5천만원 이하의 과태료를 부과한다.
② 제1항에 따른 과태료는 대통령령으로 정하는 바에 따라 금융위원회가 부과·징수한다.

[본조신설 2010.2.4.]

---

## IV. 기재례

### 【범죄사실 기재례】

**【투자자들에게 투자금명목으로 돈을 투자하면 고율이자를 지급한다고 약정한 사례】**

피의자 고○○는 유사수신행위 금융피라미드 업체인 ○○주식회사의 최상위 판매원인 이사 직급의 판매원인데, 20○○년 ○월 부터 20○○년 ○월 에 걸쳐 투자자들에게 유화연료유 제조판매사업 투자금 명목으로 돈을 투자하면 1년 만에 투자원금을 지급하고 그 외에 고율의 이자를 지급한다고 약정하여 투자자들로부터 5회에 걸쳐 약 1억원 가량의 금원을 받았다.

### 【범죄사실 기재례】

**【판매원들에게 물품구입대금 명목으로 금원을 지급받은 사례】**

피의자 성○○는 서울시 ○○구 ○○동 100번지에서 '○○의료기'라는 방문판매업체를 운영하는 사람인데, 20○○년 ○월 부터 20○○년 ○월까지 김○○ 등 판매원 ○○명에게 '120만원의 물품을 구입하면 100만포인트를 인정해주고 6개월에서 8개월 이내에 100만포인트의 170%내지 220%인 170만원 내지 220만원을 지급하겠다'고 약속하여 물품구입대금 명목으로 금원을 지급받았다.

### 【범죄사실 기재례】

**【법령에 따른 인·허가를 받지 아니하거나 등록·신고 등을 하지 아니하고 유사수신행위를 한 사례】**

누구든지 법령에 따른 인·허가를 받지 아니하거나 등록·신고 등을 하지 아니하고 불특정 다수인으로부터 장래에 출차금의 전액 또는 이를 초과하는 금액을 지급할 것을 약정하고 출자금을 받는 유사수신행위를 하여서는 아니 된다.

그럼에도 불구하고, 피의자는 20○○. ○○. ○○. 14:00경 서울특별시 ○○구 ○○로 ○○빌딩 3층에 있는 주식회사 ○○머니 사무실에서, 김○○ 등 그곳에 모인 약 30여 명의 참석자들에게 '장래에 매출 출자금의 10%해당하는 수익을 지급할 것이고, 후대 보장한다'라는 취지로 홍보한 다음 김○○으로부터 같은 날 16:00경 서울 ○○구 ○○로에 있는 ○○은행 ○○동 지점에서 출자금 명목으로 1,000만 원을 주식회사 ○○머니 명의인 ○○은행 계좌(계좌번호 112-○○-○○○○○○)로 송금받았다.

피의자는 그때부터 20○○. ○○. ○○.까지 사이에 별지 범죄일람표 기재와 같이 총 100명으로부터 총 100회에 걸쳐 같은 방법으로 함께 10억 원을 주식회사 ○○머니 명의인 위 ○○은행 계좌로 송금받았다.

이로써 피의자는 다른 법령에 따른 인·허가를 받지 아니하거나 등록·신고 등을 하지 아니하고 유사수신행위를 하였다.

# 음악산업진흥에 관한 법률

[시행 2024. 10. 22.] [법률 제20497호, 2024. 10. 22., 일부개정]

## Ⅰ. 개설

### 목적

이 법은 음악산업의 진흥에 필요한 사항을 정하여 관련 산업의 발전을 촉진함으로써 국민의 문화적 삶의 질을 높이고 국민경제의 발전에 이바지함을 목적으로 한다.

## Ⅱ. 판례

**제18조(노래연습장업의 등록)** ① 노래연습장업을 영위하고자 하는 자는 문화체육관광부령으로 정하는 노래연습장 시설을 갖추어 시장·군수·구청장에게 등록하여야 한다. 〈개정 2008.2.29., 2018.2.21., 2020.2.18.〉

② 제1항의 규정에 따른 등록의 절차·방법 및 운영 등에 관하여 필요한 사항은 문화체육관광부령으로 정한다. 〈개정 2008.2.29.〉

### 음반·비디오물및게임물에관한법률위반

[대법원 2007. 6. 29. 선고, 2007도3038, 판결]

【판결요지】

학교환경위생정화구역 내에서의 단일한 노래연습장의 무등록 영업행위는 구 음반·비디오물 및 게임물에 관한 법률(2006. 4. 28. 법률 제7943호 영화 및 비디오물의 진흥에 관한 법률 부칙 제3조로 폐지)과 학교보건법 소정의 각 범죄구성요건에 해당하는 상상적 경합의 관계에 있다.

기록에 의하면, 이 사건 구 음반·비디오물 및 게임물에 관한 법률(2006. 4. 28. 법률 제7943호로 폐지되기 전의 것) 위반죄의 공소사실은 "피고인이 관할관청에 노래연습장업 등록을 하지 아니하고 2005. 12. 7.부터 2006. 3. 28.까지 노래연습장업을 하였다."는 내용인 사실, 피고인이 2006. 10. 9. 학교보건법 위반죄로 약식명령을 고지받아 이 사건 원심판결 선고 전에 그 약식명령이 확정되었는데, 그 범죄사실이 "피고인이 2005. 12.경부터 2006. 9. 21.까지 학교환경위생정화구역 내에서 청소년유해업소인 노래연습장(이 사건 공소사실과 같은 노래연습장이다.)을 운영하여 이를 위반한 것이다." 인 사실을 각 알 수 있는바, 단일한 노래연습장 영업행위는 구 음반·비디오물 및 게임물에 관한 법률과 학교보건법 소정의 각 범죄구성요건에 해당하는 상상적 경합의 관계에 있다 할 것이므로( 대법원 2000. 11. 16. 선고 98도3665 전원합의체 판결, 2001. 9. 28. 선고 2001도4172 판결 등 참조), 같은 취지에서 원심이 이 사건 공소사실은 이미 확정판결이 있는 때에 해당한다는 이유로 피고인에 대하여 면소를 선고한 조치는 정당하고, 거기에 상고이유로 주장하는 바와 같은 죄수에 관한 법리오해 등의 위법이 있다고 할 수 없다.

## Ⅲ. 벌칙

**제34조(벌칙)** ① 제29조제1항 각 호의 규정에 따른 조치를 위반하여 영업을 한 자는 5년 이하의 징역 또는 5천만원 이하의 벌금에 처한다.

② 제22조제1항제4호 또는 제5호의 규정을 위반한 노래연습장업자는 3년 이하의 징역 또는 3천만원 이하의 벌금에 처한다.

③ 다음 각 호의 어느 하나에 해당하는 자는 2년 이하의 징역 또는 2천만원 이하의 벌금에 처한다. 〈개정 2016.3.22., 2023. 8. 8.〉

　1. 제18조제1항의 규정을 위반하여 등록을 하지 아니하고 노래연습장업을 영위한 자

　2. 제22조제1항제2호 또는 제3호의 규정을 위반하여 청소년을 출입하게 하거나 주류를 판매·제공한 노래연습장업자

　2의2. 제26조제1항을 위반하여 금지행위를 한 자 또는 같은 조 제3항에 따른 명령을 이행하지 아니한 자

　3. 제27조제1항의 규정에 따른 영업정지명령을 위반하여 영업을 계속한 자(제18조제1항의 규정에 따라 영업등록을 한 자에 한정한다)

　4. 제29조제3항의 규정에 해당하는 음반등을 제작·유통 또는 이용에 제공하거나 그 목적으로 진열·보관 또는 전시한 자

④ 제22조제3항의 규정을 위반한 자는 1년 이하의 징역 또는 300만원 이하의 벌금에 처한다. 〈개정 2024. 10. 22.〉

⑤ 다음 각 호의 어느 하나에 해당하는 자는 1천만원 이하의 벌금에 처한다. 〈개정 2023. 8. 8.〉

　1. 제16조의 규정을 위반하여 신고를 하지 아니하고 영업을 한 자

　2. 제27조제1항의 규정에 따른 영업정지명령을 위반하여 영업을 계속한 자(제16조의 규정에 따른 영업의 신고를 한 자에 한정한다)

　3. 제29조제1항 또는 제3항의 규정에 따른 관계공무원의 조치를 거부·방해 또는 기피한 자

**제35조(양벌규정)** 법인의 대표자나 법인 또는 개인의 대리인, 사용인, 그 밖의 종업원이 그 법인 또는 개인의 업무에 관하여 제34조의 위반행위를 하면 그 행위자를 벌하는 외에 그 법인 또는 개인에게도 해당 조문의 벌금형을 과(科)한다. 다만, 법인 또는 개인이 그 위반행위를 방지하기 위하여 해당 업무에 관하여 상당한 주의와 감독을 게을리하지 아니한 경우에는 그러하지 아니하다.
[전문개정 2010.3.17.]

**제36조(과태료)** ① 다음 각 호의 어느 하나에 해당하는 자에게는 1천만원 이하의 과태료를 부과한다. 〈개정 2018.12.24., 2023. 8. 8.〉
  1. 제11조의 규정을 위반하여 교육을 받지 아니한 노래연습장업자
  2. 제21조제1항의 규정을 위반하여 변경신고 또는 변경등록을 하지 아니한 자
  2의2. 제23조제1항부터 제3항까지의 규정을 위반하여 영업의 승계신고를 하지 아니한 자
  3. 제25조제1항의 규정을 위반하여 상호 등을 표시하지 아니한 자
② 제1항의 규정에 따른 과태료는 대통령령으로 정하는 바에 따라 시장·군수·구청장이 부과·징수한다. 〈개정 2020.2.18., 2023. 8. 8.〉
③ 삭제 〈2018.2.21.〉
④ 삭제 〈2018.2.21.〉
⑤ 삭제 〈2018.2.21.〉

# Ⅳ. 기재례

## 【범죄사실 기재례】

1. 피의자는 관할관청에 등록하지 않고, 20○○. ○. ○. 같은 해 ○. ○.까지 사이에 ○○시 ○○동 ○○번지에 있는 피의자 경영의 '○○음악사' 점포내에 녹음실 및 그 부수시설을 갖추고 판매의 목적으로 음반물인 '○○베스트앨범 1집' 및 '○○실황'을 각 200개씩 복제하였다.
2. 심의미필물 판매행위 의 경우
피의자는 서울 성북구 ○○동 100번지에서 "콩나물음반사"라는 상호로 음반 및 비디오

물 판매점을 경영하고 있다.

피의자는 20○○. 2. 16.경부터 같은 해 6. 25.경까지 서울 성북구 ○○동 555번지 거주의 무등록 제작업자인 홍길동이 제작한 미풍양속을 크게 해칠 "밤에 피는 장미" 제호의 외설물 비디오테이프를 1개당 5,000원씩 도합 500개를 판매하였다.

3. 외국음반을 복제한 경우

피의자는 문화체육관광부장관의 허가도 받지 않고 영리의 목적으로 서울 성북구 ○○동 100-100호에 있는 피의자의 자택 지하실에 녹음기구와 부수시설을 갖추고 20○○. 1. 1일경부터 같은 해 6. 25일까지 사이에 외국음반 제목 "say you, say me"를 카세트테이프로 2000개를 복제하여 시중에 배포하였다.

## 【범죄사실 기재례】

피의자는 관할관청의 허가를 받지 않고 ○○시 ○○동 ○○번지의 ○○상가건물 2층에서 ○○노래방이라는 상호로 노래연습장을 열어 20○○. ○. ○.부터 20○○. ○. ○.까지 사이에 이름을 알 수 없는 노○○ 등을 손님으로 받아 한 달 평균 ○○만원의 수익을 얻는 노래연습장업을 영위하였다.

## 【범죄사실 기재례】

1. 피의자는 20○○. ○. ○. 00:00경 ○○시 ○○동 ○○번지에 있는 ○○노래방 ○○호실에서 주인 ○○○이 전화로 연락하여 소개한 ○○○를 영리를 목적으로 시간당 ○만원을 받기로 하고 손님 ○○○와 함께 술을 마시면서 같이 춤과 노래를 부르면서 유흥을 돋구는 접객행위를 하였다.

2. 노래연습장 주류판매행위의 경우

피의자는 서울 성북구 ○○동 100번지 "쾅쾅노래방"이라는 상호로 노래연습장을 운영하는 유통관련업자로서, 2006. 6. 25. 01 : 00경 위 업소에서 주류를 판매·제공하여서는 안 됨에도 불구하고 3호실 손님 건외 홍길동 등 3명에게 캔맥주 3병, 오징어 안주 1접시 등 30,000원 상당을 판매·제공하여 유통관련업자의 준수사항을 위반하였다.

**[서식] 노래연습장업 등록증**

등록번호 제        호

# 노래연습장업 등록증

1. 성명(대표자):

2. 생 년 월 일:

  (외국인등록번호)

3. 상호(법인명):

4. 영업소 소재지:

5. 영업소 면적:            ㎡

6. 영업소 내부에 구획된 실(室)의 수 :    개


「음악산업진흥에 관한 법률」 제20조·제21조 및 같은 법 시행규칙 제10조·제11조에 따라 노래연습장업(청소년실 [ ]유 [ ]무) [ ]등록증 [ ]변경등록증을 [ ]발급 [ ]재발급합니다.


                                       년      월      일


특별자치시장·특별자치도지사·시장·군수·구청장   직인

210mm×297mm[백상지(150g/㎡)]

**[서식]** 음반등의 수거증

# 음반등의 수거증

| 소유자 · 점유자 | 성 명 | | 생년월일<br>(외국인등록번호) | |
|---|---|---|---|---|
| | 주 소 | | 전화번호 | |
| 상 호<br>(법인명) | | | 전화번호 | |
| 수거<br>품명 및<br>수량 | 품 명 1. | : | | 대(개) |
| | 품 명 2. | : | | 대(개) |
| | 품 명 3. | : | | 대(개) |
| | 품 명 4. | : | | 대(개) |
| | 품 명 5. | : | | 대(개) |
| 수거 사유 | | | | |
| 수거 일시 | 년      월      일(      요일),      시      분 | | | |
| 수거 장소 | | | | |
| 피수거자 | | | | |

「음악산업진흥에 관한 법률」 제29조제4항 및 같은 법 시행규칙 제16조제2항에 따라 수거하였음을 증명합니다.

년      월      일

수거자          소속

성명                                     (서명 또는 인)

연락처

210mm×297mm[ 백상지(80g/㎡) 또는 중질지(80g/㎡) ]

# 의 료 법

[시행 2025. 12. 21.] [법률 제20593호, 2024. 12. 20., 일부개정]

## Ⅰ. 개설

### 목적

이 법은 모든 국민이 수준 높은 의료 혜택을 받을 수 있도록 국민의료에 필요한 사항을 규정함으로써 국민의 건강을 보호하고 증진하는 데에 목적이 있다.

## Ⅱ. 판례

**제2조(의료인)** ① 이 법에서 "의료인"이란 보건복지부장관의 면허를 받은 의사·치과의사·한의사·조산사 및 「간호법」에 따른 간호사(이하 "간호사"라 한다)를 말한다. 〈개정 2008.2.29., 2010.1.18., 2024. 9. 20.〉

② 의료인은 종별에 따라 다음 각 호의 임무를 수행하여 국민보건 향상을 이루고 국민의 건강한 생활 확보에 이바지할 사명을 가진다. 〈개정 2015.12.29., 2019.4.23.〉

1. 의사는 의료와 보건지도를 임무로 한다.
2. 치과의사는 치과 의료와 구강 보건지도를 임무로 한다.
3. 한의사는 한방 의료와 한방 보건지도를 임무로 한다.
4. 조산사는 조산(助産)과 임산부 및 신생아에 대한 보건과 양호지도를 임무로 한다.
5. 간호사는 「간호법」 제12조의 업무를 임무로 한다. 〈개정 2024. 9. 20.〉

## 임금

[대법원 2022. 5. 26., 선고, 2022다200249, 판결]

【판결요지】
의사의 영리추구 활동을 제한하고 직무에 관하여 고도의 공공성과 윤리성을 강조하며 의료행위를 보호하는 의료법의 여러 규정에 비추어 보면, 개별 사안에 따라 전문적인 의료지식을 활용하여 진료 등을 행하는 의사의 활동은 간이·신속하고 외관을 중시하는 정형적인 영업활동, 자유로운 광고·선전을 통한 영업의 활성화 도모, 인적·물적 영업기반의 자유로운 확충을 통한 최대한의 효율적인 영리추구 허용 등을 특징으로 하는 상인의 영업활동과는 본질적으로 차이가 있다 할 것이다. 또한 의사의 의료행위와 관련하여 형성된 법률관계에 대하여 상인의 영업활동 및 그로 인한 형성된 법률관계와 동일하게 상법을 적용하여야 할 특별한 사회경제적 필요 내지 요청이 있다고 볼 수도 없다.

따라서 의료법의 여러 규정과 제반 사정을 참작하면 의사나 의료기관을 상법 제4조 또는 제5조 제1항이 규정하는 상인이라고 볼 수는 없고, 의사가 의료기관에 대하여 갖는 급여, 수당, 퇴직금 등 채권은 상사채권에 해당한다고 할 수 없다.

# 의료법위반

[대법원 2017. 2. 16. 선고, 2015도16014, 전원합의체 판결]

【판결요지】

[1] [다수의견] 법률의 시행령은 모법인 법률의 위임 없이 법률이 규정한 개인의 권리·의무에 관한 내용을 변경·보충하거나 법률에서 규정하지 아니한 새로운 내용을 규정할 수 없고, 특히 법률의 시행령이 형사처벌에 관한 사항을 규정하면서 법률의 명시적인 위임 범위를 벗어나 처벌의 대상을 확장하는 것은 죄형법정주의의 원칙에도 어긋나는 것이므로, 그러한 시행령은 위임입법의 한계를 벗어난 것으로서 무효이다.

[대법관 이상훈, 대법관 김용덕의 별개의견] 법률의 시행령은 모법에 의한 위임이 없으면 개인의 권리·의무에 관한 내용을 변경·보충하거나 모법이 규정하지 아니한 새로운 내용을 정할 수 없음이 원칙이다. 특히 해당 규정이 형사처벌에 관한 법률의 내용을 보충하는 것으로서 법률과 결합하여 형사처벌의 근거가 되기 위해서는 죄형법정주의의 원칙상 법률로부터 구체적으로 범위를 정하여 위임받을 것이 요구된다.

그렇지만 법률의 시행령이 모법으로부터 직접 위임을 받지 아니한 규정을 두었다 하더라도 그 규정을 둔 취지와 구체적인 기능을 살펴 그 내용을 해석하고 그에 따라 그 규정의 모법 위배 내지 적용 가능성을 가려야 한다. 예를 들어 모법에서 어떠한 행위를 하도록 포괄적으로 규정하는 한편 그 법률 규정 위반에 대하여 처벌하도록 정하였는데 시행령에서 모법의 위임 없이 그 행위와 관련된 내용을 규정한 경우에, 모법의 처벌규정을 해석·적용할 때에는 해당 시행령 규정이 모법으로부터 직접 위임을 받지 아니한 것이어서 모법에 의한 처벌은 그 법률 규정 자체의 위반에 그치고 해당 시행령 규정을 모법의 행위규범과 결합한 처벌 근거로 삼아 이를 적용할 수 없다고 하더라도, 모법의 행위규범과 관련하여서는 그 해석 가능한 범위 내에서 그 내용을 보완하는 규정이 될 수 있고 또한 적어도 그 시행 또는 집행을 위하여 필요한 지침이나 준칙으로서 기능할 수도 있으므로 그 범위 내에서는 유효하여 이를 적용할 수 있다고 보아야 하며, 무조건적으로 법에 위배된다거나 무효라고 단정하여서는 아니 된다.

[2] [다수의견] 의료법(2016. 12. 20. 법률 제14438호로 개정되기 전의 것, 이하 같다) 제41조는 "각종 병원에는 응급환자와 입원환자의 진료 등에 필요한 당직의료인을 두어야 한다."라고 규정하는 한편, 제90조에서 제41조를 위반한 사람에 대한 처벌규정을 두었다. 이와 같이 의료법 제41조는 각종 병원에 응급환자와 입원환자의 진료 등에 필요한 당직의료인을 두어야 한다고만 규정하고 있을 뿐, 각종 병원에 두어야 하는 당직의료인의 수와 자격에 아무런 제한을 두고 있지 않고 이를 하위 법령에 위임하고 있지도 않다.

그런데도 의료법 시행령 제18조 제1항(이하 '시행령 조항'이라 한다)은 "법 제41조에 따라 각종 병원에 두어야 하는 당직의료인의 수는 입원환자 200명까지는 의사·치과의사 또는 한의사의 경우에는 1명, 간호사의 경우에는 2명을 두되, 입원환자 200명을 초과하는 200명마다 의사·치과의사 또는 한의사의 경우에는 1명, 간호사의 경우에는 2명을 추가한 인원 수로 한다."라고 규정하고 있다. 의료법 제41조가 "환자의 진료 등에 필요한 당직의료인을 두어야 한다."라고 규정하고 있을 뿐인데도 시행령 조항은 당직의료인의 수와 자격 등 배치기준을 규정하고 이를 위반하면 의료법 제90조에 의한 처벌의 대상이 되도록 함으로써 형사처벌의 대상을 신설 또는 확장하였다. 그러므로 시행령 조항은 위임입법의 한계를 벗어난 것으로서 무효이다.

[대법관 이상훈, 대법관 김용덕의 별개의견] 의료법 제41조에서 "입원환자와 응급환자의 진료 등에 필요한 당직의료인"의 내용에 관하여 시행령에서 정하도록 직접 위임하는 규정을 두지 아니하였더라도, 그 제도의 시행을 위하여 각종 병원에 적합한 당직의료인의 자격과 수나 근무형태에 대하여 기준을 정하는 것은 허용되며, 시행령 조항이나 의료법 시행령 제18조 제2항에서 각종 병원별로 당직의료인의 자격과 수에 관하여 정하고 특히 정신병원, 재활병원, 결핵병원 등에 대하여는 해당 병원의 자체 기준에 따라 배치할 수 있도록 한 것은 이러한 취지에서 규정되었다 할 수 있다. 비록 시행령 조항에 대하여 구체적인 위임이 없음에 비추어 시행령 조항에서 정한 각종 병원별 "당직의료인의 자격과 수"가 의료기관 내지 병원의 당직의료인 배치 의무에 관한 내용을 직접 변경·보충하는 것으로 보아 직접적으로 의료기관에 의무를 지우거나 그 위반을 제재하는 근거 규정으로 삼기는 어렵더라도, 적어도 당직의료인 제도를 시행하거나 집행하기 위하여 필요한 지침이나 준칙으로서의 의미를 가진다.

한편 의료법 제90조는 제41조를 위반한 사람에 대하여 300만 원 이하의 벌금에 처하도록 규정하고 있다. 의료법 제90조에 의한 처벌 대상은 제41조를 위반한 행위이므로, 각종 병원에서 응급환자와 입원환자의 진료 등에 필요한 당직의료인을 두지 아니한 경우에 처벌 대상이 된다. 그런데 시행령 조항이 의료법 제41조의 시행을 위하여 둔 규정이라 하더라도 의료법으로부터 구체적인 위임을 받지 아니하고 규정된 이상, 제90조의 적용과 관련하여서는 처벌 대상인 "진료 등에 필요한 당직의료인"을 두지 아니한 경우에 해당하는지를 가리는 직접적인 근거 규정이 될 수 없으므로 시행령 조항이 제41조와 결합하여 처벌의 근거 규정이 된다고도 볼 수 없고, 결국 제41조의 규정 자체의 해석에 의하여 "진료 등에 필요한 당직의료인"이라고 인정되는 범위 내에서 위반 여부가 판단되어야 하며, 그에 따라 위반으로 판단되는 행위에 대하여 제90조를 적용하여 처벌할 수 있다.

**제3조(의료기관)** ① 이 법에서 "의료기관"이란 의료인이 공중(公衆) 또는 특정 다수인을 위하여 의료·조산의 업(이하 "의료업"이라 한다)을 하는 곳을 말한다.

② 의료기관은 다음 각 호와 같이 구분한다. 〈개정 2009.1.30., 2011.6.7., 2016.5.29., 2019.4.23., 2020.3.4.〉

1. 의원급 의료기관: 의사, 치과의사 또는 한의사가 주로 외래환자를 대상으로 각각 그 의료행위를 하는 의료기관으로서 그 종류는 다음 각 목과 같다.
   가. 의원
   나. 치과의원
   다. 한의원
2. 조산원: 조산사가 조산과 임산부 및 신생아를 대상으로 보건활동과 교육·상담을 하는 의료기관을 말한다.
3. 병원급 의료기관: 의사, 치과의사 또는 한의사가 주로 입원환자를 대상으로 의료행위를 하는 의료기관으로서 그 종류는 다음 각 목과 같다.
   가. 병원
   나. 치과병원
   다. 한방병원
   라. 요양병원(「장애인복지법」 제58조제1항제4호에 따른 의료재활시설로서 제3조의2의 요건을 갖춘 의료기관을 포함한다. 이하 같다)
   마. 정신병원
   바. 종합병원

③ 보건복지부장관은 보건의료정책에 필요하다고 인정하는 경우에는 제2항 제1호부터 제3호까지의 규정에 따른 의료기관의 종류별 표준업무를 정하여 고시할 수 있다. 〈개정 2009.1.30., 2010.1.18.〉

④ 삭제 〈2009.1.30.〉

⑤ 삭제 〈2009.1.30.〉

⑥ 삭제 〈2009.1.30.〉

⑦ 삭제 〈2009.1.30.〉

⑧ 삭제 〈2009.1.30.〉

---

**위임행정규칙**

· 의료기관의 종류별 표준업무규정(보건복지부고시 제2020-140호, 2020.7.1., 타법개정)

## 판매업무정지처분취소

[대법원 2015. 9. 10, 선고, 2015두2024, 판결]

【판결요지】

구 의료기기법(2011.4.7. 법률 제10564호로 전부 개정되기 전의 것, 이하 같다) 제14조 제5항, 제32조 제1항 제4의2호, 구 의료법(2011. 4. 7. 법률 제10564호로 개정되기 전의 것) 제3조 제1항, 제33조 제1항, 제2항의 내용과 취지 등에 비추어, 의료법상 의료기관은 '의료인이 의료업을 행하는 곳' 으로만 정의되고 있으므로, 원칙적으로 의료기관 자체가 당연히 권리·의무의 귀속주체가 된다고 보기 어려운 점, 의료기관을 운영하여 의료업을 영위하는 주체는 의료기관 개설자이므로 영업과 관련한 이익도 역시 의료기관 개설자에게 귀속된다고 볼 수 있는 점 등을 고려하여 보면, 의료기기 제조업자·수입업자가 의료기관에 금전, 물품, 편익, 노무, 향응, 그 밖의 경제적 이익(이하 '경제적 이익 등' 이라 한다)을 제공하였으나 이익이 실제로 누구에게 귀속되었는지가 명확하지 아니한 경우라 하더라도, 특별한 사정이 없는 한 경제적 이익 등은 당해 의료기관을 운영하는 의료기관 개설자에게 귀속된 것으로 볼 수 있다. 따라서 이러한 경우에도 '의료기기 제조업자 또는 수입업자가 구 의료기기법 제12조 제3항을 위반한 때' 에 해당한다.

**제6조(조산사 면허)** 조산사가 되려는 자는 다음 각 호의 어느 하나에 해당하는 자로서 제9조에 따른 조산사 국가시험에 합격한 후 보건복지부장관의 면허를 받아야 한다. 〈개정 2008.2.29., 2010.1.18., 2019.8.27.〉

1. 간호사 면허를 가지고 보건복지부장관이 인정하는 의료기관에서 1년간 조산 수습과정을 마친 자
2. 외국의 조산사 면허(보건복지부장관이 정하여 고시하는 인정기준에 해당하는 면허를 말한다)를 받은 자

| 위임행정규칙 |
| --- |
| · 보건의료인국가시험 응시자격 관련 '외국 학교 등 인정기준(보건복지부고시 제2020-92호, 2020.5.1., 제정) |

## 손해배상(기)

[대법원 2010.5.27, 선고, 2006다79520, 판결]

【판결요지】

[1] 의료에 관한 지식과 능력 등에 따라 의사와 조산사 등 의료인의 자격과 권한을 구분하고 조산사로 하여금 의사의 지도를 받도록 하고 있는 구 의료법(2007. 4. 11. 법률 제8366호로 전부 개정되기 전의 것) 및 구 의료법 시행규칙(2008. 4. 11. 보건복지

가족부령 제11호로 전부 개정되기 전의 것) 등 관계 법령의 취지 및 인간의 생명과 건강을 담당하는 의료인은 해당 진료 환경 및 조건에서 최선의 진료를 제공할 의무가 있다는 점 등에 비추어 볼 때, 조산사는 분만과정에서 산모와 태아의 상태가 정상적인지 여부를 계속적으로 관찰하고 산부인과 전문의 등으로 하여금 발생가능한 응급상황에 적절히 대처할 수 있도록 산모와 태아의 상태를 적시에 보고하여야 하며, 응급상황에서 자신이 취할 수 있는 범위 내의 필요한 조치를 취할 의무가 있다.

[2] 병원에서 조산사가 분만을 관장하여 출생한 신생아가 뇌성마비 상태가 된 사안에서, 분만과정에 태변착색 등 이상 징후를 발견하였음에도 산부인과 전문의 등에게 보고를 지연함으로써 신생아가 의사로부터 적시에 기관 내 삽관을 통한 태변제거 및 인공호흡 등 응급조치를 받을 기회를 상실시켰을 뿐만 아니라 분만실에서 호흡을 하지 않는 신생아의 코에 산소가 나오는 고무관을 대주었을 뿐 마스크와 백을 이용한 인공호흡을 시키지 않는 등 조산사 스스로 가능한 범위 내의 심폐소생술도 제대로 하지 않은 조산사에게 의료과실이 있다고 본 사례.

[3] 뇌성마비는 대부분의 경우 그 원인을 밝혀내기 어렵고 분만 중의 원인은 6~8%에 불과하다고 할지라도 뇌성마비의 가능한 원인 중 하나가 될 수 있는 분만 도중 발생한 저산소성-허혈성 뇌손상을 표상하는 간접사실들이 인정되는 반면 선천적 또는 후천적인 다른 요인의 존재를 추인하게 할 만한 사정은 발견되지 않는다면, 뇌성마비가 분만 중 저산소성-허혈성 뇌손상으로 인하여 발생하였다고 추정함이 상당하다.

[4] 신생아의 뇌성마비가 조산사의 의료과실에 의한 저산소성 뇌손상으로 인하여 발생하였다고 추정한 사례.

**제12조(의료기술 등에 대한 보호)** ① 의료인이 하는 의료·조산·간호 등 의료기술의 시행(이하 "의료행위"라 한다)에 대하여는 이 법이나 다른 법령에 따로 규정된 경우 외에는 누구든지 간섭하지 못한다.

② 누구든지 의료기관의 의료용 시설·기재·약품, 그 밖의 기물 등을 파괴·손상하거나 의료기관을 점거하여 진료를 방해하여서는 아니 되며, 이를 교사하거나 방조하여서는 아니 된다.

③ 누구든지 의료행위가 이루어지는 장소에서 의료행위를 행하는 의료인, 간호조무사 및 「의료기사 등에 관한 법률」 제2조에 따른 의료기사 또는 의료행위를 받는 사람을 폭행·협박하여서는 아니 된다. 〈신설 2016.5.29., 2024. 9. 20.〉

## 권리범위확인(특)

[대법원 2015. 5. 21. 선고, 2014후768, 전원합의체판결]

【판결요지】

[다수의견] 의약이 부작용을 최소화하면서 효능을 온전하게 발휘하기 위해서는 약효를 발휘할 수 있는 질병을 대상으로 하여 사용하여야 할 뿐만 아니라 투여주기·투여부위

나 투여경로 등과 같은 투여용법과 환자에게 투여되는 용량을 적절하게 설정할 필요가 있는데, 이러한 투여용법과 투여용량은 의약용도가 되는 대상 질병 또는 약효와 더불어 의약이 효능을 온전하게 발휘하도록 하는 요소로서 의미를 가진다. 이러한 투여용법과 투여용량은 의약물질이 가지는 특정의 약리효과라는 미지의 속성의 발견에 기초하여 새로운 쓰임새를 제공한다는 점에서 대상 질병 또는 약효에 관한 의약용도와 본질이 같다. 그리고 동일한 의약이라도 투여용법과 투여용량의 변경에 따라 약효의 향상이나 부작용의 감소 또는 복약 편의성의 증진 등과 같이 질병의 치료나 예방 등에 예상하지 못한 효과를 발휘할 수 있는데, 이와 같은 특정한 투여용법과 투여용량을 개발하는 데에도 의약의 대상 질병 또는 약효 자체의 개발 못지않게 상당한 비용 등이 소요된다. 따라서 이러한 투자의 결과로 완성되어 공공의 이익에 이바지할 수 있는 기술에 대하여 신규성이나 진보성 등의 심사를 거쳐 특허의 부여 여부를 결정하기에 앞서 특허로서의 보호를 원천적으로 부정하는 것은 발명을 보호·장려하고 그 이용을 도모함으로써 기술의 발전을 촉진하여 산업발전에 이바지한다는 특허법의 목적에 부합하지 아니한다.

그렇다면 의약이라는 물건의 발명에서 대상 질병 또는 약효와 함께 투여용법과 투여용량을 부가하는 경우에 이러한 투여용법과 투여용량은 의료행위 자체가 아니라 의약이라는 물건이 효능을 온전하게 발휘하도록 하는 속성을 표현함으로써 의약이라는 물건에 새로운 의미를 부여하는 구성요소가 될 수 있고, 이와 같은 투여용법과 투여용량이라는 새로운 의약용도가 부가되어 신규성과 진보성 등의 특허요건을 갖춘 의약에 대해서는 새롭게 특허권이 부여될 수 있다. 이러한 법리는 권리범위확인심판에서 심판청구인이 심판의 대상으로 삼은 확인대상발명이 공지기술로부터 용이하게 실시할 수 있는지를 판단할 때에도 마찬가지로 적용된다.

**[대법관 이상훈, 대법관 김소영의 별개의견]** 의약물질과 의약용도로서의 대상 질병 또는 약효가 특정되어 있는 이상 거기에 투여용법과 투여용량을 부가한다고 하여 별개의 새로운 의약용도발명이 된다고 볼 수는 없다.

의약물질의 투여용법과 투여용량을 정하는 것은 의약물질 자체에 새로운 기술적 사상을 더하는 것이 아니라 그저 용법을 달리하는 것에 불과하다. 그러한 용법의 변경은 의사에 의한 의약물질의 처방이나 시술 또는 환자의 복용 등 의료행위에 의하여 구현되는 것인데, 의사의 의료행위에 대하여는 누구든지 간섭하지 못하는 것이 원칙임(의료법 제12조 제1항 참조)을 강조할 필요도 없이 의사는 그의 전문지식에 따라 자유롭게 의약물질의 투여용법이나 투여용량을 결정할 수 있어야 할 것이므로, 의약물질의 투여용법이나 투여용량은 특허대상으로 인정할 수 없다. 물건의 발명은 구성상 '시간의 경과'라는 요소를 가지고 있지 아니하다는 점에서 방법의 발명이나 물건을 생산하는 방법의 발명과 구별된다. 투여용법과 투여용량은 '특정 용량의 의약을 일정한 주기로 투여하는 방법'과 같은 '시간의 경과'라는 요소를 포함하고 있어 이를 발명의 구성요소로 보는 것은 물건의 발명으로서의 의약용도발명의 성격과 조화되기 어렵다.

위와 같은 여러 측면에서 볼 때 물건의 발명인 의약용도발명의 청구범위에 투여용법과 투여용량을 기재하더라도 이는 발명의 구성요소로 볼 수 없다. 그리고 이는 권리범위확인심판에서 심판청구인이 심판의 대상으로 삼은 확인대상발명이 공지기술로부터 용이하게 실시할 수 있는지를 판단할 때에도 마찬가지라고 보아야 한다.

**제27조(무면허 의료행위 등 금지)** ① 의료인이 아니면 누구든지 의료행위를 할 수 없으며 의료인도 면허된 것 이외의 의료행위를 할 수 없다. 다만, 다음 각 호의 어느 하나에 해당하는 자는 보건복지부령으로 정하는 범위에서 의료행위를 할 수 있다. 〈개정 2008.2.29., 2009.1.30., 2010.1.18.〉

1. 외국의 의료인 면허를 가진 자로서 일정 기간 국내에 체류하는 자
2. 의과대학, 치과대학, 한의과대학, 의학전문대학원, 치의학전문대학원, 한의학전문대학원, 종합병원 또는 외국 의료원조기관의 의료봉사 또는 연구 및 시범사업을 위하여 의료행위를 하는 자
3. 의학·치과의학·한방의학 또는 간호학을 전공하는 학교의 학생

② 의료인이 아니면 의사·치과의사·한의사·조산사 또는 간호사 명칭이나 이와 비슷한 명칭을 사용하지 못한다.

③ 누구든지 「국민건강보험법」이나 「의료급여법」에 따른 본인부담금을 면제하거나 할인하는 행위, 금품 등을 제공하거나 불특정 다수인에게 교통편의를 제공하는 행위 등 영리를 목적으로 환자를 의료기관이나 의료인에게 소개·알선·유인하는 행위 및 이를 사주하는 행위를 하여서는 아니 된다. 다만, 다음 각 호의 어느 하나에 해당하는 행위는 할 수 있다. 〈개정 2009.1.30., 2010.1.18., 2011.12.31.〉

1. 환자의 경제적 사정 등을 이유로 개별적으로 관할 시장·군수·구청장의 사전승인을 받아 환자를 유치하는 행위
2. 「국민건강보험법」 제109조에 따른 가입자나 피부양자가 아닌 외국인(보건복지부령으로 정하는 바에 따라 국내에 거주하는 외국인은 제외한다)환자를 유치하기 위한 행위

④ 제3항제2호에도 불구하고 「보험업법」 제2조에 따른 보험회사, 상호회사, 보험설계사, 보험대리점 또는 보험중개사는 외국인환자를 유치하기 위한 행위를 하여서는 아니 된다. 〈신설 2009.1.30.〉

⑤ 누구든지 의료인이 아닌 자에게 의료행위를 하게 하거나 의료인에게 면허사항 외의 의료행위를 하게 하여서는 아니 된다. 〈신설 2019.4.23., 2020.12.29.〉

## 보험가입자에게 진단서 발급 편의를 제공한 후 보험금 중 일부를 수수료 명목으로 지급받은 손해사정사의 죄책에 대한 사건

[대법원 2022. 10. 14. 선고 2021도10046 판결]

**【판결요지】**

의료법 제27조 제3항은 국민건강보험법이나 의료급여법에 따른 본인부담을 면제하거나 할인하는 행위, 금품 등을 제공하거나 불특정 다수인에게 교통편의를 제공하는

행위 등 영리를 목적으로 환자를 의료기관이나 의료인에게 소개·알선·유인하는 행위 및 이를 사주하는 행위를 금지한다. 이 조항의 '소개·알선·유인하는 행위'는 환자와 특정 의료기관·의료인 사이에 치료위임계약의 성립 또는 체결에 관한 중개·유도 또는 편의를 도모하는 행위를 의미하는 것으로, 이러한 행위가 영리적으로 이루어지는 것을 금지·처벌하는 이 조항의 입법 취지는 의료기관 주위에서 환자 유치를 둘러싸고 금품수수 등 비리가 발생하는 것을 방지하며 의료기관 사이의 불합리한 과당경쟁을 방지함에 있다. 이와 같은 의료법 제27조 제3항의 규정·내용·입법 취지와 규율의 대상을 종합하여 보면, 위 조항에서 정한 '영리 목적'은 환자를 특정 의료기관·의료인에게 소개·알선·유인하는 행위에 대한 대가로 그에 따른 재산상 이익을 취득하는 것으로, 이때의 '대가'는 간접적·경제적 이익까지 포함하는 것으로 볼 수 있지만, 적어도 소개·알선·유인행위에 따른 의료행위와 관련하여 의료기관·의료인 측으로부터 취득한 이익을 분배받는 것을 전제한다고 봄이 상당하다. 그러므로 손해사정사가 보험금 청구·수령 등 보험처리에 필요한 후유장애 진단서 발급의 편의 등 목적으로 환자에게 특정 의료기관·의료인을 소개·알선·유인하면서 그에 필요한 비용을 대납하여 준 후 그 환자가 수령한 보험금에서 이에 대한 대가를 받은 경우, 이는 치료행위를 전후하여 이루어지는 진단서 발급 등 널리 의료행위 관련 계약의 성립 또는 체결과 관련한 행위이자 해당 환자에게 비용 대납 등 편의를 제공한 행위에 해당할 수는 있지만, 그와 관련한 금품수수 등은 환자의 소개·알선·유인에 대하여 의료기관·의료인 측이 지급하는 대가가 아니라 환자로부터 의뢰받은 후유장애 진단서 발급 및 이를 이용한 보험처리라는 결과·조건의 성취에 대하여 환자 측이 약정한 대가를 지급한 것에 불과하여, 의료법 제27조 제3항의 구성요건인 '영리 목적'이나 그 입법 취지와도 무관하므로, 위 조항이 금지하는 행위에 해당한다고 볼 수 없다.

## 의료법위반

[대법원 2019. 4. 25., 선고, 2018도20928, 판결]

【판결요지】

인터넷 성형쇼핑몰 형태의 통신판매 사이트를 운영하는 피고인 甲 주식회사의 공동대표이사인 피고인 乙, 丙이 의사인 피고인 丁과 약정을 맺고, 위 사이트를 통하여 환자들에게 피고인 丁이 운영하는 戊 의원 등에서 시행하는 시술상품 쿠폰을 구매하게 하는 방식으로 戊 의원 등에 환자들을 소개·알선·유인하고 그에 대한 대가로 시술쿠폰을 이용하여 시술받은 환자가 지급한 진료비 중 15~20%를 수수료로 戊 의원 등으로부터 받아 영리를 목적으로 환자를 병원에 소개·알선·유인하는 행위를 하였고, 피고인 丁은 피고인 乙, 丙이 위와 같이 영리를 목적으로 환자를 의원에 소개·알선·유인하는 행위를 사주하였다고 하여 의료법 위반으로 기소된 사안에서, 피고인 乙, 丙이 환자와 의료인 사이의 진료계약 체결의 중개행위를 하고 그 대가로 수수료를 지급받는 등 단순히 의료행위, 의료기관 및 의료인 등에 대한 정보를 소비자에게 나타내거나 알리는 의료법 제56조에서 정한 의료광고의 범위를 넘어 의료법 제27조 제3항 본문의 영리를 목적으로 환자를 의료기관 또는 의료인에게 소개·알선하는 행위를 하였다고 보아 공소사실을 유죄로 인정한 원심판단이 정당하다고 한 사례.

## III. 벌칙

**제87조(벌칙)** 제33조제2항을 위반하여 의료기관을 개설하거나 운영하는 자는 10년 이하의 징역이나 1억원 이하의 벌금에 처한다.
[본조신설 2019.8.27.]

**제87조의2(벌칙)** ① 제12조제3항을 위반한 죄를 범하여 사람을 상해에 이르게 한 경우에는 7년 이하의 징역 또는 1천만원 이상 7천만원 이하의 벌금에 처하고, 중상해에 이르게 한 경우에는 3년 이상 10년 이하의 징역에 처하며, 사망에 이르게 한 경우에는 무기 또는 5년 이상의 징역에 처한다. 〈신설 2019. 4. 23.〉
② 다음 각 호의 어느 하나에 해당하는 자는 5년 이하의 징역이나 5천만원 이하의 벌금에 처한다. 〈개정 2009. 1. 30., 2015. 12. 29., 2016. 5. 29., 2016. 12. 20., 2019. 4. 23., 2019. 8. 27., 2020. 3. 4., 2020. 12. 29., 2021. 9. 24.〉
1. 제4조의3제1항을 위반하여 면허를 대여한 사람
1의2. 제4조의3제2항을 위반하여 면허를 대여받거나 면허 대여를 알선한 사람
2. 제12조제2항 및 제3항, 제18조제3항, 제21조의2제5항·제8항, 제23조제3항, 제27조제1항, 제33조제2항(제82조제3항에서 준용하는 경우만을 말한다)·제8항(제82조제3항에서 준용하는 경우를 포함한다)·제10항을 위반한 자. 다만, 제12조제3항의 죄는 피해자의 명시한 의사에 반하여 공소를 제기할 수 없다.
3. 제27조제5항을 위반하여 의료인이 아닌 자에게 의료행위를 하게 하거나 의료인에게 면허 사항 외의 의료행위를 하게 한 자
3의2. 제38조의2제5항을 위반하여 촬영한 영상정보를 열람하게 하거나 제공한 자
3의3. 제38조의2제6항을 위반하여 촬영한 영상정보를 탐지하거나 누출·변조 또는 훼손한 자
3의4. 제38조의2제7항을 위반하여 촬영한 영상정보를 이 법에서 정한 목적 외의 용도로 사용한 자
4. 제40조의3제3항을 위반하여 직접 보관한 진료기록부등 외 진료기록보관시스템에 보관된 정보를 열람하는 등 그 내용을 확인한 사람
5. 제40조의3제7항을 위반하여 정당한 접근 권한 없이 또는 허용된 접근

> 권한을 넘어 진료기록보관시스템에 보관된 정보를 훼손·멸실·변경·위조·유출하거나 검색·복제한 사람

**제88조(벌칙)** 다음 각 호의 어느 하나에 해당하는 자는 3년 이하의 징역이나 3천만원 이하의 벌금에 처한다. 〈개정 2019.8.27., 2020.3.4., 2021. 9. 24.〉

1. 제19조, 제21조제2항, 제22조제3항, 제27조제3항·제4항, 제33조 제4항, 제35조제1항 단서, 제38조제3항, 제47조제11항, 제59조제3항, 제64조제2항(제82조제3항에서 준용하는 경우를 포함한다), 제69조제3항을 위반한 자. 다만, 제19조, 제21조제2항 또는 제69조제3항을 위반한 자에 대한 공소는 고소가 있어야 한다.
2. 제23조의5를 위반한 자. 이 경우 취득한 경제적 이익등은 몰수하고, 몰수할 수 없을 때에는 그 가액을 추징한다.
3. 제38조의2제2항에 따른 절차에 따르지 아니하고 같은 조 제1항에 따른 폐쇄회로 텔레비전으로 의료행위를 하는 장면을 임의로 촬영한 자
4. 제82조제1항에 따른 안마사의 자격인정을 받지 아니하고 영리를 목적으로 안마를 한 자

[전문개정 2016.12.20.]

**제88조의2(벌칙)** 다음 각 호의 어느 하나에 해당하는 자는 2년 이하의 징역이나 2천만원 이하의 벌금에 처한다. 〈개정 2016. 12. 20., 2020. 3. 4., 2021. 9. 24.〉

1. 제20조를 위반한 자
2. 제38조의2제4항을 위반하여 안전성 확보에 필요한 조치를 하지 아니하여 폐쇄회로 텔레비전으로 촬영한 영상정보를 분실·도난·유출·변조 또는 훼손당한 자
3. 제47조제12항을 위반하여 자율보고를 한 사람에게 불리한 조치를 한 자

**제89조(벌칙)** 다음 각 호의 어느 하나에 해당하는 자는 1년 이하의 징역이나 1천만원 이하의 벌금에 처한다. 〈개정 2018.3.27., 2019.8.27.〉

1. 제15조제1항, 제17조제1항·제2항(제1항 단서 후단과 제2항 단서는 제외한다), 제17조의2제1항·제2항(처방전을 교부하거나 발송한 경우만을 말한다), 제23조의2제3항 후단, 제33조제9항, 제56조제1항부터 제3항까지 또는 제58조의6제2항을 위반한 자
2. 정당한 사유 없이 제40조제4항에 따른 권익보호조치를 하지 아니한 자
3. 제51조의2를 위반하여 의료법인의 임원 선임과 관련하여 금품 등을 주

고받거나 주고받을 것을 약속한 자

　　4. 제61조제1항에 따른 검사를 거부·방해 또는 기피한 자(제33조제2항·
　　　 제10항 위반 여부에 관한 조사임을 명시한 경우에 한정한다)

[전문개정 2016.12.20.]

**제90조(벌칙)** 제16조제1항·제2항, 제17조제3항·제4항, 제17조의2제1항
·제2항(처방전을 수령한 경우만을 말한다), 제18조제4항, 제21조제1항
후단(제40조의2제4항에서 준용하는 경우를 포함한다), 제21조의2제1항·
제2항, 제21조의3제1항 후단, 제22조제1항·제2항(제40조의2제4항에서
준용하는 경우를 포함한다), 제23조제4항, 제26조, 제27조제2항, 제33조
제1항·제3항(제82조제3항에서 준용하는 경우를 포함한다)·제5항(허가
의 경우만을 말한다), 제35조제1항 본문, 제38조의2제1항부터 제4항까지
·제9항, 제41조, 제42조제1항, 제48조제3항·제4항, 제77조제2항을 위반
한 자나 제63조에 따른 시정명령을 위반한 자와 의료기관 개설자가 될 수
없는 자에게 고용되어 의료행위를 한 자는 500만원 이하의 벌금에 처한
다. 〈개정 2007. 7. 27., 2009. 1. 30., 2011. 4. 7., 2016. 12. 20., 2018. 3. 27., 2019. 8. 27.,
2020. 3. 4., 2021. 9. 24., 2024. 12. 20.〉

**제90조의2(「형법」상 감경규정에 관한 특례)** 음주로 인한 심신장애 상태에서
제12조제3항을 위반하는 죄를 범한 때에는 「형법」 제10조제1항을 적용하
지 아니할 수 있다.

[본조신설 2019.4.23.]

**제91조(양벌규정)** 법인의 대표자나 법인 또는 개인의 대리인, 사용인, 그
밖의 종업원이 그 법인 또는 개인의 업무에 관하여 제87조, 제87조의2, 제
88조, 제88조의2, 제89조 또는 제90조의 위반행위를 하면 그 행위자를 벌
하는 외에 그 법인 또는 개인에게도 해당 조문의 벌금형을 과(科)한다. 다
만, 법인 또는 개인이 그 위반행위를 방지하기 위하여 해당 업무에 관하여
상당한 주의와 감독을 게을리하지 아니한 경우에는 그러하지 아니하다. 〈개
정 2010.5.27., 2016.12.20., 2019.8.27.〉

[전문개정 2009.12.31.]

**제92조(과태료)** ① 다음 각 호의 어느 하나에 해당하는 자에게는 300만원

이하의 과태료를 부과한다. 〈개정 2015.1.28., 2016.12.20., 2019.8.27.〉

1. 제16조제3항에 따른 교육을 실시하지 아니한 자
1의2. 제23조의3제1항을 위반하여 진료정보 침해사고를 통지하지 아니한 자
1의3. 제24조의2제1항을 위반하여 환자에게 설명을 하지 아니하거나 서면 동의를 받지 아니한 자
1의4. 제24조의2제4항을 위반하여 환자에게 변경 사유와 내용을 서면으로 알리지 아니한 자
2. 제37조제1항에 따른 신고를 하지 아니하고 진단용 방사선 발생장치를 설치・운영한 자
3. 제37조제2항에 따른 안전관리책임자를 선임하지 아니하거나 정기검사와 측정 또는 방사선 관계 종사자에 대한 피폭관리를 실시하지 아니한 자
4. 삭제 〈2018.3.27.〉
5. 제49조제3항을 위반하여 신고하지 아니한 자

② 다음 각 호의 어느 하나에 해당하는 자에게는 200만원 이하의 과태료를 부과한다. 〈개정 2016.12.20., 2019.8.27., 2020.12.29.〉

1. 제21조의2제6항 후단을 위반하여 자료를 제출하지 아니하거나 거짓 자료를 제출한 자
2. 제45조의2제1항을 위반하여 보고를 하지 아니하거나 거짓으로 보고한 자
3. 제45조의2제3항을 위반하여 자료를 제출하지 아니하거나 거짓으로 제출한 자
4. 제61조제1항에 따른 보고를 하지 아니하거나 검사를 거부・방해 또는 기피한 자(제89조제4호에 해당하는 경우는 제외한다)

③ 다음 각 호의 어느 하나에 해당하는 자에게는 100만원 이하의 과태료를 부과한다. 〈개정 2009.1.30., 2012.2.1., 2015.1.28., 2015.12.29., 2016.5.29., 2020.12.29.〉

1. 제16조제3항에 따른 기록 및 유지를 하지 아니한 자
1의2. 제16조제4항에 따른 변경이나 휴업・폐업 또는 재개업을 신고하지 아니한 자
2. 제33조제5항(제82조제3항에서 준용하는 경우를 포함한다)에 따른 변경신고를 하지 아니한 자
2의2. 제37조제3항에 따른 안전관리책임자 교육을 받지 아니한 사람
3. 제40조제1항(제82조제3항에서 준용하는 경우를 포함한다)에 따른 휴업 또는 폐업 신고를 하지 아니하거나 제40조제2항을 위반하여 진료기록부등을 이관(移管)하지 아니한 자

> 3의2. 제40조의2제1항을 위반하여 진료기록부등을 관할 보건소장에게 넘기지 아니하거나 수량 및 목록 등을 거짓으로 보고한 자
>
> 3의3. 제40조의2제2항을 위반하여 변경신고를 하지 아니하거나 거짓으로 변경신고를 한 자
>
> 3의4. 제40조의2제2항을 위반하여 진료기록부등의 보존 및 열람을 대행할 책임자를 지정하지 아니하거나 진료기록부등을 관할 보건소장에게 넘기지 아니한 자
>
> 3의5. 제40조의2제3항에 따른 준수사항을 위반한 자
>
> 4. 제42조제3항을 위반하여 의료기관의 명칭 또는 이와 비슷한 명칭을 사용한 자
>
> 5. 제43조제5항에 따른 진료과목 표시를 위반한 자
>
> 6. 제4조제3항에 따라 환자의 권리 등을 게시하지 아니한 자
>
> 7. 제52조의2제6항을 위반하여 대한민국의학한림원 또는 이와 유사한 명칭을 사용한 자
>
> 8. 제4조제5항을 위반하여 그 위반행위에 대하여 내려진 제63조에 따른 시정명령을 따르지 아니한 사람
>
> ④ 제1항부터 제3항까지의 과태료는 대통령령으로 정하는 바에 따라 보건복지부장관 또는 시장·군수·구청장이 부과·징수한다. 〈신설 2009.1.30., 2010.1.18.〉

## IV. 기재례

### 【범죄사실 기재례】

피의자 김○○는 한의원을 경영하는 사람이고, 피의자 한○○은 한의사이다.

피의자 김○○는 한의사가 아니면서 20○○. ○. ○. 경기 ○○군 ○○면 ○○리에 약 30평의 점포를 ○○한의원이라는 상호로 열고 한의사인 피의자 한○○를 고용하여 동인의 명의로 한의원개설신고를 하였다. 그리고 컴퓨터진찰기 1대, 적외선치료기 1대, 한약장, 혈압계 등의 의료시설을 갖추고 불특정다수의 환자를 상대로 위 한○○로 하여금 진료행위를 하게 하여 한의원을 개설하고, 피의자 한○○은 20○○. ○. ○.부터 20○○. ○. 말경까지 위 김○○이 한의원을 개설하도록 한달에 ○○만원씩의 대여료를 받고 자신명의의 한의사면허증을 대여하였다.

### 【적용실례】

〈무신고 안마시술소를 개설한 경우〉

 신고를 하지 않고 안마시술소를 개설한 경우

> ➡ 안마사는 의료법 제60조 소정의 의료유사업자라고 할 수 없고, 의료법상 달리
> 안마사의 안마시술소 개설신고의무를 규정하고 있지 않으므로 안마사 자격을
> 받은 자의 의료기관개설 신고의무 위반의 점은 범죄혐의 없다 할 것이다.

## 【범죄사실 기재례】

피의자는 간호조무사로서, 의료인이 아니면서, 20○○. ○. ○. 경기 ○○군 ○○면 ○○리 ○○번지에 있는 지○○ 경영의 ○○신경외과의원 응급실에서 부상자인 반○○의 이마열창부위를 4바늘 봉합한 것을 비롯하여 그 무렵부터 같은 해 ○.말경까지 약 11회에 걸쳐 마취시술, 봉합수술 등의 의료행위를 하였다.

## 【범죄사실 기재례】

피의자는 ○○시 ○○동 ○○번지에 있는 ○○내과의원의 원장이다.

피의자는 20○○. ○. ○. 11 : 00경 위 의원에서 같은 달 ○.경 피의자로부터 진료받은 사실이 있는 피해자 차○○이 위 차○○가 근무하던 ○○주식회사를 상대로 해고무효소송을 제기한 사건에 관하여 위 회사의 대표이사인 오○○이 그에게 대한 진단서의 발급을 요청하자 위 소송에 제출되는 자료라는 사실을 알면서도 위 오○○에게 그에 대한 결핵질병진단서 1매를 작성교부함으로써 의료인이 그 업무상 알게된 차○○의 비밀을 누설하였다.

## 【적용실례】

〈미장원에서 눈썹 부위의 문신을 한 경우〉

> ➡ 피의자는 의사의 자격없이,
>
> 20○○. ○○. ○○. 14:00경 서울시 ○○구 ○○동 123의5 소재 피의자가 경영하는 ○○미용실에서 인지 외 한○○(42세, 여)로부터 금 30,000원을 받고 문신용 침과 문신수정액을 이용하여 동인의 양 눈아래 눈썹 부위에 검정색문신을 하는 등으로 의료행위를 한 것이다.

〈조수에게 환자의 치료행위를 시킨 경우〉

> ➡ 피의자는 인지 외 한○○와 공모하여,
>
> 20○○. ○○. ○○.경부터 같은 해 11.경까지 서울시 ○○구 ○○동 234의5 소재 피의자가 운영하는 ○○병원에서 조수로 일하고 있는 의사가 아닌 김○○로 하여 금 조○○ 등 위 병원을 찾는 환자 등을 치료하게 하여 무면허 의료행위를 한 것이다.

**[서식]** ㅇㅇ**면허증**

제　　호

## ㅇㅇ **면허증**

1. 성　　　　명:

2. 생 년 월 일:

3. 근　　　거:

사 진

(3.5cm×4.5cm)

「의료법 시행령」 제8조에 따라 위와 같이 면허합니다.

년　　　월　　　일

**보건복지부장관**　　[직인]

비고: 1. 면허증 발급명의 날인은 관인(전자이미지 관인을 포함)으로 한다.
　　2. 전자이미지 관인 사용 시 위조·변조 방지를 위하여 전자서명값 및 원본 대조란을 추가하는 전자적 처리를 하여야 한다.

210㎜×297㎜(백상지 120g/㎡)

**[서식] 상해진단서**

# 상 해 진 단 서

| 등록번호 |
| 연 번 호 |

| 환 자 의 성 명 | | 환자의<br>주민등록<br>번호 | |
| 환 자 의 주 소 | | (전화번호 :　　　　　) | |
| 병 명<br>[　] 임상적 추정<br>[　] 최 종 진 단 | (주 질병·부상)<br><br>(부 질병·부상) | 질병분류기호 | |
| 발병 또는 상해 연월<br>일 | 년　　월　　일 | 진단 연월<br>일 | 년　　월　　일 |
| 상해의 원인 또는<br>추정되는 상해의<br>원인 | | | |
| 상해 부위와 정도 | | | |
| 입원의 필요 여부 | | | |
| 외과적 수술 여부 | | | |
| 합병증의 발생 가능<br>여부 | | | |
| 통상활동의 가능<br>여부 | | | |
| 식사의 가능 여부 | | | |
| 상해에 대한 소견 | | | |
| 치 료 기 간 | 년　월　일부터　　년　월　일까지 (진단일부터　　　일간) | | |
| 치료 내용 및 향후<br>치료에 대한 소견 | | | |
| 입원·퇴원 연월일 | 입원일:　년　월　일부터 | 퇴원일:　년　월　일까지 | |
| 비　　고 | | | |

「의료법」 제17조 및 같은 법 시행규칙 제9조제2항에 따라 위와 같이 진단합니다.

년    월    일

의료기관 명칭:

주소:

[  ]의사   [  ]치과의사   [  ]한의사   면허번호 제          호

성 명:                           (서명 또는 인)

| 작 성 방 법 |
| --- |

1. 환자의 인적사항은 진찰한 의사, 치과의사 또는 한의사가 주민등록증, 기간 만료 전 여권, 운전면허증, 공무원증, 국립·공립대학 학생증, 군무원증, 건강보험증, 외국인등록증 등 국가공인 신분증(환자가 미성년자인 경우에는 주민등록등본·초본, 학생증 등으로 대체 가능합니다)과 대조하여 확인하고 서명 또는 날인합니다.
2. "병명"란에는 "임상적 추정"과 "최종진단" 중 택일하여 [  ]에 √ 표시를 하고, 질병명은 한글로 적되, 영어로 적을 경우에는 한글을 함께 적으며, 질병분류기호도 함께 적습니다.

210mm×297mm[백상지 80g/㎡]

**[서식] 사망진단서(시체검안서)**

# 사망진단서(시체검안서)

※ [    ]에는 해당되는 곳에 "✔"표시를 합니다.

| 등록번호 | | | 연번호 | | 원본 대조필인 | |
|---|---|---|---|---|---|---|
| ① 성        명 | | | | | ② 성 별 | [   ]남[   ]여 |
| ③주민등록번호 | − | ④  실제생년<br>월일 | 년    월    일 | | ⑤ 직 업 | |
| ⑥주        소 | | | | | | |
| ⑦발병일시 | | 년    월    일    시    분(24시간제에 따름) | | | | |
| ⑧사망일시 | | 년    월    일    시    분(24시간제에 따름) | | | | |
| ⑨사망장소 | 주소 | | | | | |
| | 장소 | [   ] 주택        [   ]의료기관        [   ] 사회복지시설(양로원, 고아원 등)<br>[   ] 공공시설(학교, 운동장 등)        [   ] 도로<br>[   ] 상업·서비스시설(상점, 호텔 등)        [   ] 산업장<br>[   ] 농장(논밭, 축사, 양식장 등)        [   ] 병원 이송 중 사망<br>[   ] 기타(                    ) | | | | |
| ⑩사망의원인<br><br>※(나)(다)(라)<br>에는  (가)와<br>직접  의학적<br>인과관계가<br>명확한 것만<br>을 적습니다. | (가) | 직접 사인 | | | 발병부<br>터 사망까<br>지의 기간 | |
| | (나) | (가)의 원<br>인 | | | | |
| | (다) | (나)의 원<br>인 | | | | |
| | (라) | (다)의 원<br>인 | | | | |
| | | (가)부터 (라)까지와 관계없는 그 밖의 신체상황 | | | | |
| | | 수술의사의 주<br>요소견 | | | 수술 연월<br>일 | 년    월<br>일 |
| | | 해부의사의 주<br>요소견 | | | | |
| ⑪사망의 종류 | [   ] 병사        [   ] 외인사        [   ] 기타 및 불상 | | | | | |
| ⑫외<br>인사<br>사항 | 사고<br>종류 | [   ] 운수(교통) [   ] 중독  [   ] 추락<br>[   ] 익사        [   ] 화재 [   ] 기타(<br>) | | 의도성<br>여 부 | [   ]비의도적 사고  [   ] 자살<br>[   ] 타살            [   ] 미상 | |
| | 사고발 | 년    월    일    시    분(24시간제에 따름) | | | | |

| 생<br>일시 | | |
|---|---|---|
| 사고<br>발생<br>장소 | 주소 | |
| | 장소 | [ ] 주택          [ ]의료기관          [ ] 사회복지시설(양로원, 고아원 등)<br>[ ] 공공시설(학교, 운동장 등)                    [ ] 도로<br>[ ] 상업·서비스시설(상점, 호텔 등)              [ ] 산업장<br>[ ] 농장(논밭, 축사, 양식장 등)                  [ ] 기타(                    ) |

「의료법」제17조 및 같은 법 시행규칙 제10조에 따라 위와 같이 진단(검안)합니다.

년       월       일

의료기관 명칭 :

　　주소 :

의사, 치과의사, 한의사 면허번호    제          호

성 명:          (서명 또는 인)

| 유 의 사 항 |
|---|
| 사망신고는 1개월 이내에 관할 구청·시청 또는 읍·면·동사무소에 신고하여야 하며,<br>지연 신고 및 미신고 시 과태료가 부과됩니다. |

210mm×297mm[ 백상지 80g/㎡(재활용품) ]

**[서식]** 의료기관 개설신고증명서

제   호

# 의료기관 개설신고증명서

| 의료기관 | 명칭 | | 종류 | |
|---|---|---|---|---|
| | 소재지 | | | |
| | 진료과목 | | 개설신고일자 | |
| 개설자 | 성명(법인명) | | 생년월일 | |
| | 주소(소재지) | | | |
| | 면허종류 | | 면허번호 | 제   호 |

「의료법」 제33조 및 같은 법 시행규칙 제25조에 따라 의료기관 개설신고를 하였음을 증명합니다.

　　　　　　　　　　　　　　　년　　　　　월　　　　　일

　　　　　　　　시장·군수·구청장 　[직인]

190㎜×268㎜인쇄용지(특급) 80g/㎡

# 자동차관리법

[시행 2025. 12. 4.] [법률 제20554호, 2024. 12. 3., 일부개정]

## Ⅰ. 개설

### 목적

이 법은 자동차의 등록, 안전기준, 자기인증, 제작결함 시정, 점검, 정비, 검사 및 자동차관리사업 등에 관한 사항을 정하여 자동차를 효율적으로 관리하고 자동차의 성능 및 안전을 확보함으로써 공공의 복리를 증진함을 목적으로 한다.

## Ⅱ. 판례

**제3조(자동차의 종류)** ① 자동차는 다음 각 호와 같이 구분한다. 〈개정 2011.5.24., 2013.3.23., 2019.8.27., 2020.6.9.〉

1. 승용자동차: 10인 이하를 운송하기에 적합하게 제작된 자동차
2. 승합자동차: 11인 이상을 운송하기에 적합하게 제작된 자동차. 다만, 다음 각목의 어느 하나에 해당하는 자동차는 승차인원과 관계없이 이를 승합자동차로 본다.
   가. 내부의 특수한 설비로 인하여 승차인원이 10인 이하로 된 자동차
   나. 국토교통부령으로 정하는 경형자동차로서 승차인원이 10인 이하인 전방 조종자동차
   다. 삭제 〈2019.8.27.〉
3. 화물자동차: 화물을 운송하기에 적합한 화물적재공간을 갖추고, 화물적재 공간의 총적재화물의 무게가 운전자를 제외한 승객이 승차공간에 모두 탑 승했을 때의 승객의 무게보다 많은 자동차
4. 특수자동차: 다른 자동차를 견인하거나 구난작업 또는 특수한 용도로 사용 하기에 적합하게 제작된 자동차로서 승용자동차·승합자동차 또는 화물자 동차가 아닌 자동차
5. 이륜자동차: 총배기량 또는 정격출력의 크기와 관계없이 1인 또는 2인의 사람을 운송하기에 적합하게 제작된 이륜의 자동차 및 그와 유사한 구조 로 되어 있는 자동차

② 제1항에 따른 구분의 세부기준은 자동차의 크기·구조, 원동기의 종류, 총

배기량 또는 정격출력 등에 따라 국토교통부령으로 정한다. 〈신설 2011.5.24., 2013.3.23.〉

③ 제1항에 따른 자동차의 종류는 국토교통부령으로 정하는 바에 따라 세분할 수 있다. 〈개정 2011.5.24., 2013.3.23.〉

[전문개정 2009.2.6.]

## 자동차관리법과 도로교통법이 '자동차'의 범위를 달리 정한 취지

[대법원 2022. 4. 28. 선고 2022도1013 판결]

**【판결요지】**

자동차관리법 제2조 제1호, 제3조 제1항은 '자동차'의 범위에 모든 이륜자동차가 포함되는 것으로 규정하고, 도로교통법 제2조 제18호 (가)목 단서, 제19호는 자동차관리법 제3조에 정한 이륜자동차 중 원동기장치자전거, 즉 '배기량 125cc 이하(전기를 동력으로 하는 경우에는 최고정격출력 11kW 이하)의 이륜자동차'는 '자동차'의 범위에서 제외한다고 규정하고 있다. 이와 같이 자동차관리법과 도로교통법이 '자동차'의 범위를 달리 정한 것은 자동차관리법은 자동차의 등록, 안전기준 등에 관한 사항을 정하여 자동차를 효율적으로 관리하고 자동차의 성능 및 안전을 확보하는 것을 목적으로 하는 데 비하여 도로교통법은 도로에서 일어나는 교통상의 모든 위험과 장해를 방지하고 제거하여 안전하고 원활한 교통을 확보하는 것을 목적으로 하여 입법 목적이 서로 다르기 때문이다.

특정범죄 가중처벌 등에 관한 법률 제5조의10은 운행 중인 자동차의 운전자를 상대로 폭력 등을 행사하여 운전자나 승객 또는 보행자 등의 안전을 위협하는 행위를 엄중하게 처벌함으로써 교통질서를 확립하고 시민의 안전을 도모하기 위한 것이다. 이와 같은 입법 취지는, 자동차관리법의 입법 취지보다는 도로에서 일어나는 교통상의 모든 위험과 장해를 방지하고 제거하여 안전하고 원활한 교통을 확보하는 것을 목적으로 하는 도로교통법의 입법 취지에 가장 부합한다.

## 자동차관리법위반

[대법원 2009. 8. 20., 선고, 2008도8034, 판결]

**【판결요지】**

자동차관리법은 '자동차라 함은 원동기에 의하여 육상에서 이동할 목적으로 제작한 용구 또는 이에 견인되어 육상을 이동할 목적으로 제작한 용구를 말한다. 다만, 대통령령이 정하는 것을 제외한다.'고 규정하고 있고(제2조 제1호), 같은 법 시행령 제2조는 법 제2조 제1호 단서의 '대통령령이 정하는 것'으로 '건설기계관리법에 의한 건설기계(제1호)', '농업기계화 촉진법에 의한 농업기계(제2호)', '군수품 관리법에 의한 차량(제3호)', '궤도 또는 공중선에 의하여 운행되는 차량(제4호)'만을 규정하고 있을 뿐, 자동차에 사용되는 원동기의 동력원에 대하여는 특별한 제한을 두고 있지 않다. 따라서 특별한 사정이 없는 한, 전기공급원으로부터 충전받은 전기에너지를 동력원으로 사용하는 전기자동차도 '원동기에 의하여 육상에서 이동할 목적으로 제작한 용구'로서 자동차관리법이 정한 자동차에 해당한다.

**제5조(등록)** 자동차(이륜자동차는 제외한다. 이하 이 조부터 제47조의12까지의 규정에서 같다)는 자동차등록원부(이하 "등록원부"라 한다)에 등록한 후가 아니면 이를 운행할 수 없다. 다만, 제27조제1항에 따른 임시운행허가를 받아 허가 기간 내에 운행하는 경우에는 그러하지 아니하다. 〈개정 2017.10.24., 2020.2.4.〉 [전문개정 2009.2.6.]

## 자동차관리법위반
[대법원 2017. 3. 15, 선고, 2014도15490, 판결]

【판결요지】
자동차관리법 제2조 제1호, 제3조 제1항, 제3항, 자동차관리법 시행령 제2조, 구 자동차관리법 시행규칙(2014.8.18. 국토교통부령 제121호로 개정되기 전의 것) 제2조 관련 [별표 1] '2. 유형별 세부기준'의 문언, 체계와 취지 등을 종합하면, 이동식 화장실 트레일러는 이동식 화장실을 탑재하여 육상을 이동할 목적으로 제작된 것으로서, 특별한 사정이 없는 한 원동기에 의하여 육상에서 이동할 목적으로 제작한 용구에 견인되어 육상을 이동할 목적으로 제작한 용구, 즉 피견인자동차로서 자동차관리법에서 정한 자동차에 해당한다.
자동차에 견인되어 육상에서 이동할 것이 예정되어 있는 이동식 화장실 트레일러 역시 그 구조와 장치, 부품 등이 자동차관리법과 자동차안전기준에 관한 규칙에서 정한 자동차 안전 운행에 필요한 성능과 기준에 적합하여야 할 필요성은 다른 피견인자동차와 다를 바 없다.
따라서 자동차등록원부에 등록하지 않은 이동식 화장실 트레일러를 운행한 것은 자동차관리법 제5조를 위반하여 등록하지 않고 자동차를 운행한 경우에 해당한다.

## 자동차관리법위반
[대법원 2009. 8. 20, 선고, 2008도8034, 판결]

【판결요지】
[1] 자동차등록원부에 등록하지 않은 전기자동차를 운행한 사안에서, 전기자동차는 자동차관리법이 정한 '자동차'에 해당하고 자동차등록원부에 등록하는 대신 임시운행허가를 받아 운행할 수 있다는 이유로, 자동차등록원부에 등록하지 않은 전기자동차를 운행한 행위는 자동차관리법 제80조 제1호 위반죄에 해당한다고 한 사례.
[2] 여객자동차 운수사업법 제2조 제1호는 "자동차라 함은 자동차관리법 제3조의 규정에 의한 승용자동차 및 승합자동차를 말한다."고 규정하고 있으므로, 전기자동차가 승용자동차나 승합자동차에 해당할 경우 이는 여객자동차 운수사업법이 정한 자동차에도 해당한다.

**제9조(신규등록의 거부)** 시·도지사는 다음 각 호의 어느 하나에 해당하는 경우에는 신규등록을 거부하여야 한다. 〈개정 2009.6.9., 2015.1.28., 2015.12.29.〉

1. 해당 자동차의 취득에 관한 정당한 원인행위가 없거나 등록 신청 사항에 거짓이 있는 경우
2. 제22조에 따른 자동차의 차대번호(車臺番號) 또는 원동기형식의 표기가 없거나 이들 표기가 제30조제4항에 따른 자동차자기인증표시 또는 제43조제3항에 따른 신규검사증명서에 적힌 것과 다른 경우
3. 「여객자동차 운수사업법」에 따른 여객자동차 운수사업 및 「화물자동차 운수사업법」에 따른 화물자동차 운수사업의 면허·등록·인가 또는 신고 내용과 다르게 사업용 자동차로 등록하려는 경우
4. 「액화석유가스의 안전관리 및 사업법」 제28조에 따른 액화석유가스의 연료사용제한 규정을 위반하여 등록하려는 경우
5. 「대기환경보전법」 제48조 및 「소음·진동관리법」 제31조에 따른 제작차 인증을 받지 아니한 자동차 또는 제동장치에 석면을 사용한 자동차를 등록하려는 경우
6. 미완성자동차

[전문개정 2009.2.6.]

## 자동차 명의 이전

[대법원 2013. 4. 26. 선고, 2013다737, 판결]

**【판결요지】**

운송사업용 자동차 등록번호는 운송사업허가가 있는 것을 전제로 부여되는 것이므로, 운송사업용 자동차로 등록된 자동차에 관하여 소유권이전등록을 하는 경우에는 운송사업 자체를 양수하는 등의 특별한 사정이 없는 한 종전의 등록번호 그대로 이전등록을 할 수는 없고 새로운 등록번호를 부여받게 된다. 따라서 화물자동차의 지입차주가 지입계약을 해지하여 지입회사로부터 화물자동차에 관한 소유권을 이전받으면서 그 화물자동차를 자신의 운송사업용으로 사용하려면, 개별화물자동차 운송사업허가를 받은 다음 소유권이전등록신청을 하여 새로운 운송사업용 자동차 등록번호를 부여받거나, 개별화물자동차 운송사업허가를 받지 않은 상태에서 소유권이전등록을 신청하였다면 용도변경을 이유로 자가용 자동차 등록번호를 부여받은 이후 개별화물자동차 운송사업허가를 받아 새로운 운송사업용 자동차 등록번호를 다시 부여받아야 하고, 지입회사로부터 운송사업 자체를 양수하는 등의 특별한 사정이 없음에도 지입회사의 운송사업허가를 전제로 한 종전의 운송사업용 자동차 등록번호나 등록번호판을 이용하여 자신 명의의 화물자동차 운송사업을 할 수 있는 것은 아니다. 그리고 자동차의 등록번호는 시·도지사가 국토해양부령에 따라 자동차의 관리를 위하여 부여한 것이고 그 등록번호가 표시된 등록번호판은 그 자동차에 부착·봉인한 표지에 불과할 뿐이므로 그 등록번호판을 사용할 수 있는 권리가 개인에게 배타적으로 귀속된다고 볼 수 없고, 이를 지입차주나 지입회사의 의사에 따라 이전 여부를 결정할 방법도 없다.

**제10조(자동차등록번호판)** ① 시·도지사는 국토교통부령으로 정하는 바에 따라 자동차등록번호판(이하 "등록번호판"이라 한다)을 붙여야 한다. 다만, 자동차 소유자 또는 제8조제3항 본문 및 제12조제2항 본문에 따라 자동차 소유자를 갈음하여 등록을 신청하는 자가 직접 등록번호판을 부착하려는 경우에는 국토교통부령으로 정하는 바에 따라 등록번호판을 직접 부착하게 할 수 있다. 〈개정 2013.3.23., 2024. 2. 20.〉

② 제1항에 따라 붙인 등록번호판은 다음 각 호의 어느 하나에 해당하는 경우를 제외하고는 떼지 못한다. 〈개정 2022. 11. 15., 2024. 2. 20.〉

1. 시·도지사의 허가를 받은 경우
2. 제53조에 따라 등록한 자동차정비업자가 정비를 위하여 사업장 내에서 국토교통부령으로 정하는 바에 따라 일시적으로 뗀 경우
3. 다른 법률에 특별한 규정이 있는 경우

③ 자동차 소유자는 등록번호판이 떨어지거나 알아보기 어렵게 된 경우에는 시·도지사에게 제1항에 따른 등록번호판의 부착을 다시 신청하여야 한다. 〈개정 2024. 2. 20.〉

④ 제1항과 제3항에 따른 등록번호판의 부착을 하지 아니한 자동차는 운행하지 못한다. 다만, 제27조제2항에 따른 임시운행허가번호판을 붙인 경우에는 그러하지 아니하다. 〈개정 2024. 2. 20.〉

⑤ 누구든지 등록번호판을 가리거나 알아보기 곤란하게 하여서는 아니 되며, 그러한 자동차를 운행하여서도 아니 된다.

⑥ 누구든지 등록번호판을 가리거나 알아보기 곤란하게 하기 위한 장치를 제조·수입하거나 판매·공여하여서는 아니 된다. 〈신설 2011.5.24.〉

⑦ 자동차 소유자는 자전거 운반용 부착장치 등 국토교통부령으로 정하는 외부장치를 자동차에 붙여 등록번호판이 가려지게 되는 경우에는 시·도지사에게 국토교통부령으로 정하는 바에 따라 외부장치용 등록번호판의 부착을 신청하여야 한다. 외부장치용 등록번호판에 대하여는 제1항부터 제6항까지를 준용한다. 〈신설 2012.5.23., 2013.3.23., 2020.6.9.〉

⑧ 시·도지사는 등록번호판을 회수한 경우에는 다시 사용할 수 없는 상태로 폐기하여야 한다. 〈개정 2011. 5. 24., 2012. 5. 23., 2024. 2. 20.〉

⑨ 누구든지 등록번호판 영치업무를 방해할 목적으로 제1항에 따른 등록번호판의 부착 이외의 방법으로 등록번호판을 붙여서는 아니 되며, 그러한 자동차를 운행하여서도 아니 된다. 〈신설 2015. 1. 6., 2020. 6. 9., 2024. 2. 20.〉

[전문개정 2009.2.6.]

## 자동차 관리법 위반

[울산지법 2018. 7. 5. 선고 2018고정369 판결 : 확정]

【판결요지】

자동차 운전자인 피고인이 불법 주정차 단속카메라의 단속을 피하기 위하여 자동차를 주차할 때 앞쪽에 화분을 놓고 뒤쪽의 트렁크 문을 열어 놓는 방법으로 고의로 등록번호판을 가리거나 알아보기 곤란하게 하였다는 내용의 자동차관리법 위반으로 약식 기소되어 벌금 70만 원의 약식명령을 고지받은 다음 정식재판을 청구한 사안이다.

피고인이 주정차 단속을 피하기 위하여 번호판을 가린 범죄사실로 이미 벌금형을 받은 동종의 전과가 있는 점, 번호판을 가린 동기는 주정차 단속을 피하기 위한 것으로 의도가 저열한 점, 단속원이 번호판을 가린 화분을 치웠음에도 화분을 다시 옮겨서 번호판을 가린 점, 불법 주정차 후 번호판을 가린 곳은 주차공간의 여유가 없는 상습 주정차 위반 구역으로 보이는 점, 차량을 불법으로 주차한 시간이 4시간을 넘는 점 등을 종합하면, 피고인에 대한 약식명령의 벌금을 증액함이 타당하다는 이유로 벌금 100만 원을 선고한 사례이다.

## 자동차 관리법 위반

[대법원 2011. 8. 25. 선고, 2009도2800, 판결]

【판결요지】

[1] 구 자동차관리법(2009. 2. 6. 법률 제9449호로 개정되기 전의 것, 이하 같다) 제10조 제5항은 '누구든지 자동차 등록번호판을 가리거나 알아보기 곤란하게 하여서는 아니 되며, 그러한 자동차를 운행하여서도 아니 된다' 고 규정하고 있고, 구 자동차관리법 제82조는 고의로 위 제10조 제5항을 위반한 경우에는 100만 원 이하의 벌금에 처하도록 규정하고 있는데, 위 각 규정이 자동차 등록번호판을 가리거나 알아보기 곤란하게 하는 모든 행위에 무차별적으로 적용된다고 할 수는 없고, 구 자동차관리법이 자동차를 효율적으로 관리하고 자동차의 성능 및 안전을 확보함으로써 공공의 복리를 증진함을 목적으로 하고 있는 점 등에 비추어, 행위가 이루어진 의도, 목적, 내용 및 장소 등을 종합적으로 고려하여 구 자동차관리법 위반 여부를 판단해야 한다. 특히 자동차 등록번호판을 가리는 등의 행위가 자동차의 효율적 관리나 자동차의 성능 및 안전 확보, 교통·범죄의 단속과는 무관하게 사적인 장소에서 이를 저해하거나 회피할 의도 없이 행해진 경우에는 위 각 규정에 따른 처벌 대상이라고 할 수 없다.

[2] 호텔 종업원인 피고인이 호텔 주차장에 주차된 자동차의 번호판을 간판 등으로 가려 번호판을 식별하지 못하게 하였다는 내용으로 기소된 사안에서, 위 행위는 호텔을 이용하는 사람들의 요청에 따라 사생활 노출 방지 등을 목적으로 한 것이고, 자동차의 효율적 관리나 자동차의 성능 및 안전, 교통·범죄의 단속과는 별다른 관련이 없으므로 구 자동차관리법(2009. 2. 6. 법률 제9449호로 개정되기 전의 것, 이하 같다) 제10조 제5항 및 제82조를 적용하여 처벌할 수 없는데도, 이와 달리 판단하여 유죄를 선고한 원심판결에 구 자동차관리법 제10조 제5항의 해석·적용에 관한 법리오해의 위법이 있다고 한 사례.

**제12조(이전등록)** ① 등록된 자동차를 양수받는 자는 대통령령으로 정하는 바에 따라 시·도지사에게 자동차 소유권의 이전등록(이하 "이전등록"이라 한다)을 신청하여야 한다.

② 제53조에 따라 자동차매매업을 등록한 자(이하 "자동차매매업자"라 한다)는 자동차의 매도 또는 매매의 알선을 한 경우에는 산 사람을 갈음하여 제1항에 따른 이전등록 신청을 하여야 한다. 다만, 자동차매매업자 사이에 매매 또는 매매의 알선을 한 경우와 국토교통부령으로 정하는 바에 따라 산 사람이 직접 이전등록 신청을 하는 경우에는 그러하지 아니하다. 〈개정 2013.3.23.〉

③ 자동차를 양수한 자가 다시 제3자에게 양도하려는 경우에는 양도 전에 자기 명의로 제1항에 따른 이전등록을 하여야 한다.

④ 자동차를 양수한 자가 제1항에 따른 이전등록을 신청하지 아니한 경우에는 대통령령으로 정하는 바에 따라 그 양수인을 갈음하여 양도자(이전등록을 신청할 당시 등록원부에 적힌 소유자를 말한다)가 신청할 수 있다.

⑤ 제4항에 따라 이전등록 신청을 받은 시·도지사는 대통령령으로 정하는 바에 따라 등록을 수리(受理)하여야 한다.

⑥ 시·도지사는 보험회사가 전손 처리한 자동차에 대하여 이전등록 신청을 받은 경우 제43조제1항제5호에 따른 수리검사를 받은 경우에 한정하여 수리(受理)하여야 한다. 〈신설 2015.8.11.〉

⑦ 제1항과 제4항에 따른 이전등록에 관하여는 제9조제1호·제3호 및 제4호를 준용한다. 〈개정 2015.8.11.〉

[전문개정 2009.2.6.]

## 자동차관리법위반

[대법원 2016. 6. 9., 선고, 2013도8503, 판결]

**【판결요지】**
자동차관리법 제6조, 제12조 제1항, 제3항, 제80조 제2호의 내용과 취지 등을 종합할 때, 자동차관리법 제12조 제3항에서 말하는 '자동차를 양수한 자'란 매매나 증여를 비롯한 법률행위 등에 의하여 자동차의 소유권을 이전받는 자를 뜻한다. 따라서 채권자가 채무자에게서 그 소유의 자동차를 인도받았더라도 소유권 이전의 합의 없이 단순히 채권의 담보로 인도받은 것에 불과하거나 또는 채권의 변제에 충당하기 위하여 자동차를 대신 처분할 수 있는 권한만 위임받은 것이라면, 그러한 채권자는 자동차관리법 제12조 제3항의 '자동차를 양수한 자'라고 할 수 없다.

**제13조(말소등록)** ① 자동차 소유자(재산관리인 및 상속인을 포함한다. 이하 이 조에서 같다)는 등록된 자동차가 다음 각 호의 어느 하나의 사유에 해당하는 경우에는 대통령령으로 정하는 바에 따라 자동차등록증, 등록번호판을 반납하고 시·도지사에게 말소등록(이하 "말소등록"이라 한다)을 신청하여야 한다. 다만, 제7호 및 제8호의 사유에 해당되는 경우에는 말소등록을 신청할 수 있다. 〈개정 2017. 10. 24., 2024. 2. 20.〉

1. 제53조에 따라 자동차해체재활용업을 등록한 자(이하 "자동차해체재활용업자"라 한다)에게 폐차를 요청한 경우
2. 자동차제작·판매자등에게 반품한 경우(제47조의2의 교환 또는 환불 요구에 따라 반품된 경우를 포함한다)
3. 「여객자동차 운수사업법」에 따른 차령(車齡)이 초과된 경우
4. 「여객자동차 운수사업법」 및 「화물자동차 운수사업법」에 따라 면허·등록·인가 또는 신고가 실효(失效)되거나 취소된 경우
5. 천재지변·교통사고 또는 화재로 자동차 본래의 기능을 회복할 수 없게 되거나 멸실된 경우
6. 자동차를 수출하는 경우
7. 제14조의 압류등록을 한 후에도 환가(換價) 절차 등 후속 강제집행 절차가 진행되고 있지 아니하는 차량 중 차령 등 대통령령으로 정하는 기준에 따라 환가가치가 남아 있지 아니하다고 인정되는 경우. 이 경우 시·도지사가 해당 자동차 소유자로부터 말소등록 신청을 접수하였을 때에는 즉시 그 사실을 압류등록을 촉탁(囑託)한 법원 또는 행정관청과 등록원부에 적힌 이해관계인에게 알려야 한다.
8. 자동차를 교육·연구의 목적으로 사용하는 등 대통령령으로 정하는 사유에 해당하는 경우

이하 생략

## 화물자동차등록번호직권말소등록등처분취소의소

[대법원 2017. 7. 18., 선고, 2015재두1538, 판결]

【판결요지】
[1] 甲 주식회사가 영업정지처분을 위반하여 화물자동차 운송사업을 영위하였다는 이유로 관할 군수가 구 화물자동차 운수사업법 제19조 제1항 제10호에 따라 화물자동차운송사업 허가취소 처분을 하였다가 이를 근거로 자동차관리법 제13조 제1항 제4호 등에 따라 화물자동차에 관하여 직권 말소등록 처분을 하였는데, 甲 회사가 위 허가취소 처분의 취소를 구하는 소를 제기하면서 취소 처분의 효력을 본안판결 선고 후 15일까지 정지하

는 집행정지 결정을 받았다가 본안소송에서 패소판결을 선고받아 판결이 확정됨으로써 집행정지결정이 효력을 상실한 사안에서, 甲 회사의 화물자동차운송사업 허가가 취소되었음을 사유로 삼은 말소등록 처분은 적법하고, 허가취소 처분에 관한 집행정지결정이 고지되었다가 실효되었다고 하여 말소등록 처분이 위법하다고 볼 수 없다고 한 사례

[2] 甲 주식회사가 화물자동차 운송사업을 영위할 수 있는 허가 등을 다른 운송사업자에게 양도한 후 주사무소를 이전하고 양도된 부분에 해당하는 화물자동차에 관하여 새로이 자동차등록을 한 사안에서, 이는 정상적인 절차에 의해서는 자동차등록을 할 수 없는 것인데도 거짓이나 속임수를 사용하거나 그 밖에 사회통념상 이와 동등하게 옳지 않다고 평가되는 방법, 행위 또는 절차를 이용하여 자동차 등록을 한 경우로서 구 자동차관리법 제13조 제3항 제4호에서 정한 직권말소 사유에 해당한다고 본 원심판단이 정당하다고 한 사례

**제53조(자동차관리사업의 등록 등)** ① 자동차관리사업을 하려는 자는 국토교통부령으로 정하는 바에 따라 시장·군수·구청장에게 등록하여야 한다. 등록 사항을 변경하려는 경우에도 또한 같다. 다만, 대통령령으로 정하는 경미한 등록 사항을 변경하는 경우에는 그러하지 아니하다. 〈개정 2013.3.23.〉

② 제1항에 따른 자동차관리사업은 대통령령으로 정하는 바에 따라 세분할 수 있다.

③ 제1항에 따른 자동차관리사업 등록의 기준 및 절차 등에 관하여 필요한 사항은 국토교통부령으로 정하는 범위에서 특별시·광역시·특별자치시·도(특별자치도를 포함한다) 또는 인구 50만명 이상의 시의 조례로 정한다. 이 경우 특별시 및 광역시 중 인구 50만 이상의 자치구에서 자동차매매업을 영위하고자 하는 자는 국토교통부령으로 정하는 등록기준을 갖추어야 한다. 〈개정 2015.8.11.〉

④ 제3항에 따른 조례를 정하는 경우 교통, 환경오염, 주변여건 등 지역적 특성을 고려할 수 있다. 〈개정 2015.8.11.〉

[전문개정 2009.2.6.]

## 자동차관리법위반

[대법원 2023. 3. 30. 선고 2022도4793 판결]

【판결요지】

피고인들이 관할 관청에 등록하지 아니하고 자동차 엔진룸 내 흡기호스에 공기와류 장치를 삽입하는 방법으로 자동차정비업을 하여 자동차관리법 위반으로 기소된 사안에서, 튜닝작업도 자동차관리법 시행규칙 제132조 본문 각호의 작업에 해당할 수 있으므로, 위 작업이 자동차관리법 제2조 제11호에서 규정한 튜닝작업이라고 하여도 자동차관리법 시행규칙 제132조 본문 각호의 작업에 해당하는지 심사를 하여야 하고,

만약 자동차관리법 시행규칙 제132조 본문 각호의 작업에 해당하지 않는다면 위 작업이 튜닝승인대상인 작업에 해당하는지와 무관하게 이를 업으로 하는 것은 자동차관리법상 '자동차정비업'에 해당하므로, 이와 달리 공소사실을 무죄로 본 원심판단에 법리오해의 잘못이 있다고 한 사례.

## 자동차관리법위반
[대법원 2010. 4. 29., 선고, 2009도10824, 판결]

【판결요지】
구 자동차관리법(2009. 2. 6. 법률 제9449호로 개정되기 전의 것, 이하 '법'이라고 한다) 제79조 제3호, 제53조 제1항, 제2조 제6호는 시장·군수·구청장에게 등록하지 않고 자동차정비업을 한 자를 처벌하도록 규정하고 있다. 한편 법 제2조 제8호에서 자동차정비업이라 함은 자동차의 점검·정비와 구조·장치의 변경작업을 업으로 하는 것을 말한다고 하면서 국토해양부령이 정하는 것을 제외하고 있고, 이를 받은 법 시행규칙 제132조 제6호는 국토해양부령이 정하는 것의 하나로 "판금, 도장, 용접이 수반되지 않는 차내설비 및 차체의 점검·정비. 다만, 범퍼·본넷트·문짝·휀다 및 트렁크리드의 교환을 제외한다."를 들고 있다. 이러한 법 규정들에 의하면, 자동차 구조·장치의 변경작업은 물론이고 자동차의 점검·정비도 이를 업으로 하기 위해서는 자동차정비업 등록을 하여야 하는 것이고, 다만 '판금, 도장, 용접이 수반되지 않는 차내설비 및 차체의 점검·정비'는 그 범위에서 제외되어 자동차정비업 등록을 하지 않은 자도 업으로 할 수 있다고 할 것인데, 여기서 '판금, 도장, 용접이 수반되지 않는 차내설비 및 차체의 점검·정비'라 함은, 차내설비 및 차체의 점검·정비 중에서 판금, 도장, 용접의 작업 자체는 물론이고 그것이 수반되는 작업, 즉 그것을 필요로 하거나 전제로 하는 작업도 모두 제외한 나머지를 말한다 할 것이다.
원심판결 이유와 기록에 의하면, 피고인은 이 사건 차량의 본넷트에 대한 도색을 10만 원에 의뢰받고 본넷트 그릴과 인터쿨러 덮개를 떼어낸 후 본넷트 전체를 샌딩기라는 기계로 갈아내는 작업을 한 사실, 피고인이 운영하는 업체는 도색을 위한 각종 도료들과 장비들을 비치하고 있었고, 그 취급업무의 하나로 판금·도장을 내세우고 있었던 사실을 인정할 수 있다. 위 법리에 비추어 보면, 피고인의 위와 같은 행위는 도장을 필요로 하거나 전제로 하는 작업에 해당하여 자동차정비업 등록을 하지 않은 자도 업으로 할 수 있는 '판금, 도장, 용접이 수반되지 않는 차내설비 및 차체의 점검·정비'라고는 할 수 없다 할 것이다(비록 피고인이 이 사건 차량의 본넷트를 샌딩기라는 기계로 갈아내는 작업을 하다가 단속당한 후 도장 자체를 다른 등록된 자동차정비업체에 의뢰하였다는 사정이 있다고 하더라도 마찬가지이다).
그렇다면 원심이 그 판시와 같은 이유를 들어 피고인의 행위는 법 시행규칙이 정한 판금, 도장, 용접이 수반되지 않는 차체의 정비로서 등록을 요하는 자동차정비업의 범위에 포함되지 아니한다고 판단하여 이 사건 공소사실에 관하여 무죄를 선고한 데에는 자동차정비업 등록을 하지 않은 자도 할 수 있는 자동차정비업의 작업 범위에 관한 법리를 오해하여 판결에 영향을 미친 위법이 있다. 이를 지적하는 상고이유의 주장은 이유 있다.

## III. 벌칙

> **제78조(벌칙)** 다음 각 호의 어느 하나에 해당하는 자는 10년 이하의 징역 또는 1억원 이하의 벌금에 처한다. 〈개정 2011.5.24., 2015.1.6., 2015.12.29.〉
>
> 1. 제31조제1항(제52조에서 준용하는 경우를 포함한다)을 위반하여 결함을 은폐·축소 또는 거짓으로 공개하거나 결함사실을 안 날부터 지체 없이 그 결함을 시정하지 아니한 자
> 2. 제71조제1항을 위반하여 자동차등록증 등을 위조·변조한 자 또는 부정사용한 자와 위조·변조 된 것을 매매, 매매 알선, 수수(收受) 또는 사용한 자
>
> [전문개정 2009.2.6.]

> **제78조의2(벌칙)** 다음 각 호의 어느 하나에 해당하는 자는 5년 이하의 징역 또는 5천만원 이하의 벌금에 처한다. 〈개정 2015.12.29., 2016.1.28.〉
>
> 1. 제44조의2 또는 제45조의2에 따른 지정을 받지 아니하고 자동차종합검사를 한 자
> 2. 제30조에 따라 자동차자기인증을 한 자동차의 전기·전자장치를 훼손할 목적으로 프로그램을 개발하거나 유포한 자
>
> [본조신설 2009.2.6.]

> **제79조(벌칙)** 다음 각 호의 어느 하나에 해당하는 자는 3년 이하의 징역 또는 3천만원 이하의 벌금에 처한다. 〈개정 2011.5.24., 2012.12.18., 2013.3.23., 2013.12.30., 2015.1.6., 2015.8.11., 2015.12.29., 2016.1.28., 2017.12.26., 2022. 6. 10., 2022. 11. 15., 2023. 8. 16., 2023. 9. 14., 2024. 1. 9., 2024. 2. 13., 2024. 2. 20., 2024. 12. 3.〉
>
> 1. 제20조·제44조·제45조 및 제47조에 따른 국토교통부장관의 지정을 받지 아니하고 등록번호판의 발급, 자동차검사 또는 택시미터의 검정을 한 자
> 1의2. 제12조제3항을 위반하여 자기 명의로 이전등록을 하지 아니하고 다시 제3자에게 양도한 자
> 1의3. 제20조·제44조·제45조 및 제47조에 따른 국토교통부장관의 지정을 받지 아니하고 등록번호판의 발급, 자동차검사 또는 택시미터의 검정을 한 자
> 2. 제29조의3제1항을 위반한 자동차제작·판매자등(판매위탁을 받은 자는 제외한다)

3. 제29조의3제2항을 위반하여 사고기록장치가 장착되어 있음을 구매자에게 알리지 아니한 자

5. 거짓이나 그 밖의 부정한 방법으로 제30조에 따른 자동차자기인증 또는 제30조의2에 따른 부품자기인증을 한 자

5의2. 제35조제1항을 위반하여 자동차의 최고속도를 제한하는 장치 또는 운전자를 지원하는 조향장치를 무단으로 해체하거나 조작한 자

5의3. 거짓이나 그 밖의 부정한 방법으로 제30조의7(제52조에서 준용하는 경우를 포함한다)에 따른 안전성인증(제30조의7제2항에 따른 변경인증을 포함한다)을 받은 자

5의4. 제30조의7(제52조에서 준용하는 경우를 포함한다)에 따른 안전성인증을 받지 아니하고 자동차 또는 핵심장치등을 판매한 자

6. 거짓이나 그 밖의 부정한 방법으로 제35조의6제1항에 따른 내압용기검사를 받은 자

7. 제35조의6제4항을 위반하여 내압용기검사에 합격하지 아니한 내압용기를 사용한 자

8. 제35조의6제5항을 위반하여 내압용기를 양도·임대 또는 사용한 자

9. 제35조의7제1항에 따른 내압용기장착검사를 받지 아니한 자

10. 제35조의8제1항을 위반하여 내압용기재검사를 받지 아니한 자

11. 제35조의8제4항을 위반하여 내압용기를 양도·임대 또는 사용한 자

12. 제47조에 따라 검정을 받은 택시미터를 무단으로 변조하거나 변조된 택시미터를 사용한 자 또는 검정을 받지 아니하고 택시미터를 제작·수리·수입하거나 이를 매매 또는 매매 알선한 자

12의2. 제51조의2 및 제51조의3에 따른 국토교통부장관의 지정을 받지 아니하고 이륜자동차검사를 한 자

13. 제53조제1항을 위반하여 시장·군수·구청장에게 등록을 하지 아니하고 자동차관리사업을 한 자

14. 제57조제3항제1호를 위반하여 등록원부상의 소유자가 아닌 자로부터 자동차의 매매 알선을 의뢰받아 매매 알선을 한 자

14의2. 제57조의2를 위반하여 자동차해체재활용업자가 아닌 자가 영업을 목적으로 폐차 대상 자동차를 수집 또는 매집하거나 그 자동차를 자동차해체재활용업자에게 알선하는 행위를 한 자

14의3. 제58조제2항을 위반하여 시장·군수·구청장에게 신고하지 아니하고 자동차성능·상태점검을 한 자

15. 제60조제1항을 위반하여 승인을 받지 아니하고 경매장을 개설·운영한 자

15의2. 제60조에 따른 경매장을 개설하지 아니하고 자동차경매를 한 자

16. 제71조제2항을 위반하여 자동차의 주행거리를 변경한 자

17. 거짓이나 그 밖의 부정한 방법으로 제68조의10제2항에 따라 준용되는 「도시개발법」 제17조에 따른 실시계획의 인가를 받은 자

18. 거짓이나 그 밖의 부정한 방법으로 제68조의10제3항에 따라 준용되는 「도시개발법」 제50조에 따른 준공검사를 받은 자

19. 거짓이나 그 밖의 부정한 방법으로 제68조의11에 따른 사업시행자 지정을 받은 자

[전문개정 2009.2.6.]

**제80조(벌칙)** 다음 각 호의 어느 하나에 해당하는 자는 2년 이하의 징역 또는 2천만원 이하의 벌금에 처한다. 〈개정 2011.5.24., 2012.12.18., 2013.12.30., 2015.8.11., 2015.12.29., 2016.1.28., 2017.10.24., 2017.12.26., 2022. 6. 10., 2022. 11. 15., 2023. 9. 14., 2024. 2. 13., 2024. 2. 20.〉

1. 제5조를 위반하여 등록하지 아니하고 자동차를 운행한 자

2. 제12조제3항을 위반하여 자기 명의로 이전 등록을 하지 아니하고 다시 제3자에게 양도한 자

3. 제32조제3항, 제44조제1항, 제44조의2제1항, 제45조제1항, 제45조의2제1항 및 제47조제2항에 따른 성능시험대행자, 자동차검사대행자, 종합검사대행자, 지정정비사업자, 종합검사지정정비사업자 또는 택시미터전문검정기관이나 그 종사원으로서 부정하게 자동차의 확인, 자동차검사, 정기검사, 종합검사 또는 택시미터검정을 한 자와 이들에게 재물이나 그 밖의 이익을 제공하거나 제공 의사를 표시하고 부정한 확인·검사 또는 검정을 받은 자

4. 제35조를 위반하여 자동차를 무단으로 해체한 자(제79조제5호의2에 해당하는 경우는 제외한다)

5. 제57조제1항(제5호에 해당하는 경우는 제외한다) 및 제2항을 위반하여 금지행위를 한 자동차관리사업자

5의2. 제57조제2항을 위반하여 제34조에 따른 승인을 받지 아니한 자동차를 튜닝하거나 승인을 받은 내용과 다르게 자동차를 튜닝한 자동차제작자등

5의3. 제57조제3항제2호를 위반하여 거짓이나 과장된 표시·광고를 한 자

5의4. 제57조의2제2항을 위반하여 자동차매매업자가 아닌 자로서 영업을

> 목적으로 매매용 자동차 또는 매매를 알선하려는 자동차에 대한 표시ㆍ광고를 한 자
>
> 6. 제58조제1항을 위반하여 자동차의 구조ㆍ장치 등의 성능ㆍ상태를 점검한 내용 또는 압류 및 저당권의 등록 여부를 고지하지 아니한 자
>
> 7. 제58조제1항을 위반하여 자동차의 구조ㆍ장치 등의 성능ㆍ상태를 거짓으로 점검하거나 고지한 자 또는 압류ㆍ저당권의 등록 여부를 거짓으로 고지한 자
>
> 7의2. 제58조제4항을 위반하여 자동차이력 및 판매자정보를 허위로 제공한 자
>
> 8. 제58조제5항제1호을 위반하여 폐차 요청 사실을 증명하는 서류의 발급을 거부하거나 이를 거짓으로 발급한 자
>
> 8의2. 제58조제6항제1호의2를 위반하여 폐차 요청을 받은 자동차를 폐차하지 아니한 자
>
> 9. 제58조제5항제2호을 위반하여 폐차 요청을 받은 자동차를 폐차하지 아니하거나 자동차등록증ㆍ등록번호판 및 봉인을 폐기하지 아니한 자
>
> 9의2. 제58조제8항제2호를 위반하여 거짓으로 자동차성능ㆍ상태점검을 하거나 실제 점검한 내용과 다른 내용을 제공한 자
>
> 10. 제59조제3항을 위반하여 자동차성능ㆍ상태점검자에게 거짓으로 성능ㆍ상태점검을 하도록 요구한 자
>
> [전문개정 2009.2.6.]

**제81조(벌칙)** 다음 각 호의 어느 하나에 해당하는 자는 1년 이하의 징역 또는 1천만원 이하의 벌금에 처한다. 〈개정 2011. 5. 24., 2012. 5. 23., 2012. 12. 18., 2013. 12. 30., 2014. 1. 7., 2015. 8. 11., 2015. 12. 29., 2017. 10. 24., 2017. 12. 26., 2019. 8. 27., 2020. 2. 4., 2021. 4. 13.., 2022. 11. 15., 2023. 8. 16., 2023. 9. 14., 2024. 1. 9., 2024. 2. 13., 2024. 2. 20.〉

1. 제10조제2항(제10조제7항에서 준용하는 경우를 포함한다)을 위반하여 등록번호판 또는 그 봉인을 뗀 자

1의2. 제10조제5항(제10조제7항 및 제52조에서 준용하는 경우를 포함한다)을 위반하여 고의로 등록번호판을 가리거나 알아보기 곤란하게 한 자

1의3. 제10조제6항(제10조제7항에서 준용하는 경우를 포함한다)을 위반하여 등록번호판을 가리거나 알아보기 곤란하게 하기 위한 장치를 제조ㆍ수입하거나 판매ㆍ공여한 자

2. 삭제 〈2024. 2. 20.〉

3. 삭제 〈2024. 2. 20.〉

4. 제21조에 따른 정지 명령을 위반한 자

5. 제22조제2항(제52조에서 준용하는 경우를 포함한다)을 위반하여 자동
   차의 차대번호 또는 원동기형식의 표기를 한 자

6. 제23조제1항(제52조에서 준용하는 경우를 포함한다)을 위반하여 자동
   차의 차대번호 또는 원동기형식의 표기를 지우거나 그 밖에 이를 알아
   보기 곤란하게 하는 행위를 한 자

7. 제23조제2항(제52조에서 준용하는 경우를 포함한다)에 따른 표기에 관
   한 명령을 위반한 자

7의2. 제24조의2제1항을 위반하여 자동차를 운행한 자

7의3. 제25조제3항을 위반하여 자동차 소유자를 보호하기 위한 대책을 공
   개하지 아니하거나 그 대책을 이행하지 아니한 자

8. 제26조제1항(제52조에서 준용하는 경우를 포함한다)을 위반하여 같은
   항 각 호의 어느 하나에 해당하는 금지행위를 한 자

9. 제30조제1항(제52조에서 준용하는 경우를 포함하며, 제74조제2항 및
   제3항에 해당하는 경우는 제외한다)을 위반하여 자동차안전기준에 적
   합하지 아니하게 자동차자기인증을 한 자

10. 제30조제2항(제52조에서 준용하는 경우를 포함한다)을 위반하여 자동
    차의 제작·시험·검사 시설 등을 등록하지 아니하고 자동차자기인증
    을 한 자

11. 제30조제3항(제52조에서 준용하는 경우를 포함한다)을 위반하여 성능
    시험대행자로부터 기술검토 및 안전검사를 받지 아니하고 자동차자기
    인증을 한 자

12. 제30조제4항(제52조에서 준용하는 경우를 포함한다)을 위반하여 성능
    시험대행자에게 자동차 제원을 통보하지 아니하고 자동차자기인증의
    표시를 한 자

12의2. 제30조제4항(제52조에서 준용하는 경우를 포함한다)을 위반하여
    자동차자기인증의 표시를 하지 아니하거나 거짓으로 표시한 자

13. 제30조의2제1항(제52조에서 준용하는 경우를 포함하며, 제74조제2항
    및 제3항에 해당하는 경우는 제외한다)을 위반하여 부품안전기준에
    적합하지 아니하게 부품자기인증을 한 자

14. 제30조의2제2항 및 제3항(제52조에서 준용하는 경우를 포함한다)을
    위반하여 부품제작자명·자동차부품의 종류 등을 등록하지 아니하고
    부품자기인증을 한 자

15. 제30조의2제3항(제52조에서 준용하는 경우를 포함한다)을 위반하여 자동차부품의 성능시험대행자에게 제원을 통보하지 아니하고 부품자기인증의 표시를 한 자

15의2. 제30조의2제3항에 따른 부품자기인증 표시를 위조한 자 또는 부품자기인증 표시가 없는 자동차부품을 유통·판매하거나 영업에 사용한 자

16. 제30조의3제1항(제52조에서 준용하는 경우를 포함한다)에 따른 자동차 또는 자동차부품 및 대체부품의 제작·조립·수입 또는 판매의 중지명령을 위반한 자

16의2. 제30조의7제2항 본문(제52조에서 준용하는 경우를 포함한다)에 따른 변경인증을 받지 아니하고 자동차 또는 핵심장치등을 판매한 자

16의3. 제30조의7제4항(제52조에서 준용하는 경우를 포함한다)에 따른 자동차 또는 핵심장치등의 제작·조립·수입 또는 판매의 중지명령을 위반한 자

16의4. 제30조의8제5항(제52조에서 준용하는 경우를 포함한다)에 따른 시정조치 명령을 위반한 자

16의5. 제30조의9제1항을 위반하여 자동차 사이버보안 관리체계 인증을 받지 아니하고 인증 적용 자동차를 판매한 자

16의6. 제30조의11제1항에 따라 자동차 사이버보안 관리체계 인증이 취소되었거나 효력이 정지된 자로서 인증 적용 자동차를 판매한 자

17. 제32조의2제5항에 따른 이행명령을 위반한 자

18. 제33조제2항(제52조에서 준용하는 경우를 포함한다)을 위반하여 구매자 명세 등에 관한 자료를 기록·보존하지 아니한 자

19. 제34조(제52조에서 준용하는 경우를 포함한다)를 위반하여 시장·군수·구청장의 승인을 받지 아니하고 자동차에 튜닝을 한 자

20. 제34조(제52조에서 준용하는 경우를 포함한다)를 위반하여 튜닝된 자동차인 것을 알면서 이를 운행한 자

20의2. 제34조의5제1항제1호부터 제3호까지(제74조제3항에 해당하는 경우는 제외한다)를 위반하여 준수사항을 이행하지 아니하고 업데이트를 실시한 자

20의3. 제35조제1항을 위반하여 자동차의 최고속도를 제한하는 장치 또는 운전자를 지원하는 조향장치가 무단으로 해체되거나 조작된 자동차인 것을 알면서 이를 운행하거나 운행하게 한 자

20의4. 제35조의6제5항을 위반하여 내압용기를 판매할 목적으로 진열한 자

20의5. 제35조의8제4항을 위반하여 내압용기를 판매할 목적으로 진열한

자

20의6. 제35조의9제1항에 따른 내압용기의 제조·수입 또는 판매의 중지 명령을 위반한 자

20의7. 제35조의10제2항 및 제3항에 따른 내압용기 회수등의 명령을 위반한 자

20의8. 제35조의11제2항을 위반하여 구매자 명세 등에 관한 자료를 기록·보존하지 아니한 자

21. 제36조를 위반하여 자동차를 정비한 자

22. 제37조제1항(제52조에서 준용하는 경우를 포함한다)에 따른 점검·정비·검사 또는 원상복구 명령을 위반한 자

22의2. 제37조제3항을 위반하여 자동차를 운행한 자

22의3. 제43조제7항(제43조의2제3항에서 준용하는 경우를 포함한다)을 위반하여 자동차검사에 사용하는 기계·기구에 설정된 자동차검사기준의 값 또는 기계·기구를 통하여 측정된 값을 조작·변경하거나 조작·변경하게 한 자

23. 제45조의3제1항에 따른 자동차검사대행자 업무의 전부 또는 일부의 정지명령을 위반한 자

24. 제46조제2항에 따른 해임 또는 직무정지 명령을 위반한 자

25. 제47조제5항에 따른 업무의 전부 또는 일부의 정지명령을 위반한 자

25의2. 제51조의4제1항에 따른 이륜자동차검사대행자 또는 이륜자동차지정정비사업자 업무의 전부 또는 일부의 정지명령을 위반한 자

25의3. 제51조의5제2항에 따른 해임 또는 직무정지 명령을 위반한 자

25의4. 제57조의2제1항제2호를 위반하여 표시·광고를 한 자

25의5. 제58조의4제1항을 위반하여 성능·상태점검 내용에 대하여 보증책임을 이행하지 아니하는 자동차성능·상태점검자

25의6. 제58조의4제2항을 위반하여 보험에 가입하지 아니하고 자동차의 성능·상태점검을 한 자동차성능·상태점검자

26. 제59조제1항을 위반하여 신고를 하지 아니한 자

27. 제60조제3항을 위반하여 준수 사항을 이행하지 아니한 자

27의2. 제65조제3항을 위반하여 차액을 전액 반환하지 아니한 자

27의3. 제65조의2제1항을 위반하여 시장·군수·구청장에게 등록을 하지 아니하고 온라인 자동차 매매정보제공을 한 자

28. 제66조에 따른 사업의 전부 또는 일부의 정지명령을 위반한 자

[전문개정 2009. 2. 6.]

**제82조(벌칙)** 다음 각 호의 어느 하나에 해당하는 자는 100만원 이하의 벌금에 처한다. 〈개정 2014.1.7., 2015.1.6., 2015.8.11.,2020.6.9., 2023. 9. 14., 2024. 1. 30., 2024. 2. 13., 2024. 2. 20.〉

　1. 삭제 〈2011.5.24.〉
　1의2. 제10조제9항을 위반하여 등록번호판을 부착 또는 봉인하거나, 그러한 자동차를 운행한 자
　2. 제13조제1항 또는 제5항을 위반하여 정당한 사유 없이 등록번호판 및 봉인을 반납하지 아니한 자
　2의2. 제24조의2제2항에 따른 운행정지명령을 위반하여 운행한 자
　3. 제40조제1항을 위반하여 기계·기구의 정밀도검사를 받지 아니한 자
　4. 제43조제1항제3호를 위반하여 자동차의 튜닝검사를 받지 아니한 자
　4의2. 제43조제1항제4호를 위반하여 자동차의 임시검사를 받지 아니한 자
　5. 제43조제1항제5호를 위반하여 자동차의 수리검사를 받지 아니한 자
　5의2. 제46조제3항을 위반하여 기간이 지나지 아니한 자를 검사기술인력으로 선임한 자
　5의3. 제51조제1항제3호를 위반하여 이륜자동차 튜닝검사를 받지 아니한 자
　5의4. 제51조제1항제4호를 위반하여 이륜자동차 임시검사를 받지 아니한 자
　5의5. 제51조의5제3항을 위반하여 기간이 지나지 아니한 자를 기술인력으로 선임한 자자
　6. 제64조제1항을 위반하여 정비책임자를 신고하지 아니한 자
　7. 제64조제2항에 따른 정비책임자의 해임명령을 받고 이행하지 아니한 자
　8. 제64조제3항에 따른 정비책임자에 대한 직무정지 명령을 받고 이행하지 아니한 자

[전문개정 2009.2.6.]

**제83조(양벌규정)** 법인의 대표자나 법인 또는 개인의 대리인, 사용인, 그 밖의 종업원이 그 법인 또는 개인의 업무에 관하여 제78조, 제78조의2 및 제79조부터 제82조까지의 어느 하나에 해당하는 위반행위를 하면 그 행위자를 벌하는 외에 그 법인 또는 개인에게도 해당 조문의 벌금형을 과(科)한다. 다만, 법인 또는 개인이 그 위반 행위를 방지하기 위하여 해당 업무에 관하여 상당한 주의와 감독을 게을리하지 아니한 경우에는 그러하지 아니하다.

[전문개정 2009.2.6.]

**제84조(과태료)** ① 다음 각 호의 어느 하나에 해당하는 자에게는 2천만원 이하의 과태료를 부과한다. 〈신설 2020. 2. 4., 2024. 2. 13.〉

1. 제27조제5항을 위반하여 자율주행자동차의 운행 및 교통사고 등에 관한 정보를 국토교통부장관에게 보고하지 아니하거나 거짓으로 보고한 자
2. 제31조제8항에 따른 보고를 하지 아니하거나 거짓으로 보고를 한 자
3. 제33조제3항 및 제4항(제52조에서 준용하는 경우를 포함한다)을 위반하여 자료를 제출하지 아니하거나 거짓으로 제출한 자
4. 제34조의5제2항을 위반하여 업데이트를 실시하기 전에 자료를 미리 제출하지 아니하거나 거짓으로 제출한 자
5. 제34조의5제4항을 위반하여 자료를 제출하지 아니하거나 거짓으로 제출한 자

② 다음 각 호의 어느 하나에 해당하는 자에게는 1천만원 이하의 과태료를 부과한다. 〈개정 2017. 10. 24., 2017. 12. 26., 2020. 2. 4., 2022. 6. 10., 2023. 3. 28., 2024. 1. 9., 2024. 2. 13.〉

1. 삭제 〈2020. 2. 4.〉
1의2. 제8조의2를 위반하여 반품된 자동차라는 사실(제47조의2의 교환 또는 환불 요구에 따라 반품된 자동차의 경우 그 사실을 포함한다) 또는 인도 이전에 발생한 하자에 대한 수리 여부와 상태 등을 구매자에게 고지하지 아니하고 판매한 자
2. 삭제 〈2020. 2. 4.〉
2의2. 제26조의2제1항을 위반하여 폐차 요청을 하지 아니한 자
2의3. 제31조제12항을 위반하여 결함 사실과 그에 따른 시정조치계획등을 다시 공개하지 아니한 자
3. 제32조의2제4항을 위반하여 자동차 소유자에게 하자의 내용과 무상수리 계획을 알리지 아니한 자
3의2. 제34조의5제1항제4호부터 제6호까지를 위반하여 준수사항을 이행하지 아니하고 업데이트를 실시한 자
4. 제35조의10제4항에 따른 내압용기가 장착된 자동차의 사용정지 또는 제한 및 고압가스의 폐기 명령을 위반한 자
4의2. 제68조의22에 따른 개선명령을 따르지 아니한 자
4의3. 제68조의23에 따른 임직원에 대한 징계·해임의 요구에 따르지 아니하거나 시정명령을 따르지 아니한 자
5. 제69조의4제2항을 위반하여 정당한 사유 없이 관련 자료를 제출하지

　　아니한 자

　6. 제69조의4제3항을 위반하여 정당한 사유 없이 필요한 조치를 하지 아니한 자

③ 다음 각 호의 어느 하나에 해당하는 자에게는 300만원 이하의 과태료를 부과한다. 〈신설 2017. 10. 24., 2020. 2. 4., 2020. 6. 9., 2021. 4. 13., 2022. 11. 15., 2023. 8. 16., 2023. 9. 14., 2024. 1. 30., 2024. 2. 20.〉

　1. 제10조제4항(제10조제7항에서 준용하는 경우를 포함한다)을 위반하여 자동차등록번호판을 부착하지 아니한 자동차를 운행한 자(제27조제2항에 따른 임시운행허가번호판을 붙인 경우는 제외한다)

　2. 제10조제5항(제10조제7항 및 제52조에서 준용하는 경우를 포함한다)을 위반하여 등록번호판을 가리거나 알아보기 곤란하게 하거나 그러한 자동차를 운행한 자(제81조제1호의2에 해당되는 자의 경우는 제외한다)

　3. 제22조제1항(제52조에서 준용하는 경우를 포함한다)에 따른 차대번호와 원동기형식의 표기를 하지 아니한 자

　4. 삭제 〈2024. 2. 13.〉

　5. 제26조의2제2항을 위반하여 전손 처리 자동차 또는 해당 자동차에 장착된 장치로서 국토교통부령으로 정하는 자동차의 안전운행에 직접 관련된 장치를 수출하거나 수출하는 자에게 판매한 자

　6. 제27조제1항에 따른 임시운행허가의 목적 외로 운행한 자

　7. 제27조제3항을 위반하여 임시운행허가번호판을 붙이지 아니하고 운행한 자

　8. 제30조의7제2항 단서(제52조에서 준용하는 경우를 포함한다)에 따른 변경신고를 하지 아니한 자

　9. 제48조제1항을 위반하여 사용신고를 하지 아니하고 이륜자동차를 운행한 자

　10. 제49조제1항을 위반하여 이륜자동차번호판을 붙이지 아니하고 이륜자동차를 운행한 자

　11. 제58조제6항제3호 및 제4호에 따른 준수사항을 이행하지 아니한 자

④ 다음 각 호의 어느 하나에 해당하는 자에게는 100만원 이하의 과태료를 부과한다. 〈개정 2009. 12. 29., 2011. 5. 24., 2012. 5. 23., 2012. 12. 18., 2013. 12. 30., 2014. 1. 7., 2015. 8. 11., 2017. 10. 24., 2017. 12. 26., 2018. 8. 14., 2019. 8. 27., 2020. 2. 4., 2020. 6. 9., 2021. 4. 13., 2022. 11. 15., 2023. 8. 16., 2023. 9. 14., 2024. 1. 30., 2024. 2. 20.〉

　1. 제8조제3항을 위반하여 신규등록 신청을 하지 아니한 자

1의2. 삭제 〈2024. 1. 9.〉

2. 제10조제1항 단서(제10조제7항에서 준용하는 경우를 포함한다)에 따른 자동차등록번호판을 부착하지 아니한 자

3. 제10조제3항(제10조제7항에서 준용하는 경우를 포함한다)을 위반하여 자동차등록번호판의 부착을 다시 신청하지 아니한 자

4. 삭제 〈2017. 10. 24.〉

5. 제13조제2항을 위반하여 자동차의 말소등록 신청을 하지 아니한 자

6. 제13조제8항을 위반하여 수출의 이행 여부 신고를 하지 아니한 자

7. 제13조제10항을 위반하여 말소등록 된 자동차를 다시 등록하려는 경우에 제8조에 따른 신규등록을 신청하지 아니한 자

8. 삭제 〈2015. 8. 11.〉

9. 삭제 〈2017. 10. 24.〉

10. 제25조제1항에 따른 운행제한 명령을 위반하여 자동차를 운행한 자

11. 삭제 〈2017. 10. 24.〉

12. 제27조제4항을 위반하여 임시운행허가증 및 임시운행허가번호판을 반납하지 아니한 자

13. 제29조를 위반하여 자동차안전기준, 부품안전기준, 액화석유가스안전기준 또는 전기설비안전기준에 적합하지 아니한 자동차를 운행하거나 운행하게 한 자

13의2. 제35조의5를 위반하여 내압용기안전기준에 적합하지 아니한 내압용기가 장착된 자동차를 운행하거나 운행하게 한 자

13의3. 제30조의5에 따른 대체부품의 성능 및 품질 인증을 거짓으로 한 것을 알면서도 이를 판매한 자

13의4. 제34조의3(제52조에서 준용하는 경우를 포함한다)에 따른 튜닝부품인증을 거짓으로 한 것을 알면서도 이를 판매한 자

14. 제30조의3제2항(제52조에서 준용하는 경우를 포함한다), 제31조제4항(제52조에서 준용하는 경우를 포함한다), 제34조의6제1항, 제72조제2항, 제73조제1항 및 제73조의2제2항을 위반하여 확인·조사·보고·검사 또는 단속을 거부·방해 또는 기피하거나 질문에 대하여 거짓으로 진술한 자

15. 제31조의2제1항(제52조에서 준용하는 경우를 포함한다)을 위반하여 보상을 하지 아니한 자

15의2. 제31조의4제2항(제52조에서 준용하는 경우를 포함한다)을 위반하여 시정조치 사실을 구매자에게 고지하지 아니하고 판매한 자

15의3. 제35조의3제2항을 위반하여 저속전기자동차를 운행한 자

15의4. 제43조제1항제2호에 따른 정기검사를 받지 아니한 자. 다만, 제15호의5에 해당하는 자는 제외한다.

15의5. 제43조의2제1항에 따른 종합검사를 받지 아니한 자

16. 제45조제8항(제45조의2제4항에서 준용하는 경우를 포함한다)을 위반하여 휴업 또는 폐업 신고를 하지 아니한 자

17. 제47조제1항을 위반하여 택시미터의 검정을 받지 아니하고 사용한 자

18. 삭제 〈2023. 9. 14.〉

18의2. 삭제 〈2023. 9. 14.〉

18의3. 제49조제2항 단서를 위반하여 이륜자동차번호판의 부착을 하지 아니한 자

19. 제50조를 위반하여 이륜자동차의 안전기준 또는 부품안전기준에 적합하지 아니한 이륜자동차를 운행하거나 운행하게 한 자

19의2. 제51조제1항제2호를 위반하여 이륜자동차 정기검사를 받지 아니한 자

20. 제53조제1항을 위반하여 변경등록을 하지 아니하고 자동차관리사업을 한 자

21. 제55조를 위반하여 자동차관리사업의 양도·양수, 합병(법인인 경우만 해당한다) 또는 휴업·폐업 신고를 하지 아니한 자

21의2. 제58조제1항제3호를 위반하여 수수료 또는 요금을 고지하지 아니하거나 거짓으로 고지한 자

22. 제58조제5항 각 호의 어느 하나를 위반한 자동차정비업자

22의2. 제58조제8항제1호를 위반하여 성능·상태점검의 내용을 제공하지 아니한 자

22의3. 제58조제8항제3호를 위반하여 정당한 사유 없이 자동차성능·상태점검에 관한 교육을 이수하지 아니한 자

23. 제58조의3제4항을 위반하여 손해배상책임에 관한 설명을 하지 아니하거나 관계 증서의 사본 또는 관계 증서에 관한 전자문서를 발급하지 아니한 자

23의2. 제59조제4항을 위반하여 종사원을 둔 자동차매매업자

24. 제65조제3항을 위반하여 차액이 있다는 사실을 통지하지 아니하거나 거짓으로 통지한 자

⑤ 다음 각 호의 어느 하나에 해당하는 자에게는 50만원 이하의 과태료를 부과한다. 〈개정 2011. 5. 24., 2012. 5. 23., 2012. 12. 18., 2015. 8. 11., 2015. 12. 29., 2017. 10. 24., 2018. 8. 14., 2020. 2. 4., 2022. 11. 15., 2023. 9. 14., 2024. 1. 9.〉

1. 삭제 〈2017. 10. 24.〉
2. 제11조를 위반하여 변경등록 신청을 하지 아니한 자
2의2. 제13조제1항을 위반하여 말소등록 신청을 하지 아니한 자
3. 자동차를 산 사람에게 제33조제1항·제5항(제52조에서 준용하는 경우를 포함한다)에 따른 자료 제공을 하지 아니한 자
4. 삭제 〈2012. 12. 18.〉
5. 삭제 〈2021. 4. 13.〉
6. 삭제 〈2021. 4. 13.〉
6의2. 제48조제3항을 위반하여 이륜자동차의 변경 사항이나 사용 폐지를 신고하지 아니한 자
7. 삭제 〈2018. 8. 14.〉
7의2. 제8조제3항, 제8조의2제1항 및 제2항, 제48조제5항 또는 제58조제10항을 위반하여 전산정보처리조직에 전송하지 아니한 자
8. 제72조제1항에 따른 보고를 하지 아니하거나 거짓으로 보고를 한 자
9. 제53조의2에 따른 포상금을 지급받기 위하여 거짓으로 신고한 자
⑥ 제1항부터 제5항까지의 규정에 따른 과태료는 대통령령으로 정하는 바에 따라 국토교통부장관, 시·도지사, 시장·군수·구청장이 부과·징수한다. 〈개정 2011. 5. 24., 2013. 3. 23., 2017. 10. 24., 2020. 2. 4., 2021. 4. 13.〉
[전문개정 2009. 2. 6.]

# Ⅳ. 기재례

## 【범죄사실 기재례】

피의자는 관할관청에 등록을 하지 않고, 20○○. ○. ○. ○○시 ○○동 ○○번지에 있는 48평 규모의 점포 및 작업장에 ○○카센타라는 상호로 리프트기, 콤프레샤, 용접기 등 각종 장비를 갖추었다.

그리고 정○○ 소유의 서울○○마○○○○호 뉴아반떼 승용차의 밋션을 탈착하여 디스크 및 삼발이 등의 부품을 교환하여 주고 그 수리비로 ○○만원을 받은 것을 비롯하여 그 때부터 20○○. ○. ○.경까지 사이에 한달평균 ○○만원의 수익을 얻는 자동차관리 사업을 영위하였다.

## 【범죄사실 기재례】

피의자는 20○○. ○. ○. 02 : 20경 정비소와 폐차장에서 수집한 중고부품 등으로 제작한 가로 1.9m, 세로 5.2m의 디젤엔진차를 관할관청에 등록하지 않고 경기도 ○○군 ○○면 ○○리에 있는 지방도로상을 운행하였다.

### 【범죄사실 기재례】

피의자는 경기○○도○○○○호 이스타나승합차의 소유자로, 20○○. ○. ○.경부터 20○○. ○. ○.까지 위 차를 ○○시 ○○동 ○○번지 도로상에 계속하여 방치하였다.

### 【범죄사실 기재례】

피의자는 관할관청의 승인을 받지 아니하고, 20○○. ○. ○. 서울 ○○동에 있는 ○○카센타에서 자신의 서울○○루○○○○호 2.5톤 화물트럭 자동차의 적재함 난간대를 떼어내고 길이 ○○cm, 높이 ○○cm의 냉동탑을 얹어 고정시킴으로써 자동차의 구조를 변경하였다.

### 【범죄사실 기재례】

피의자 최○○는 서울○○아○○○○호 8톤 카고트럭의 운전업무에 종사하는 사람으로서 ○○운송주식회사의 종업원이고, 피의자 ○○운송주식회사는 화물자동차운송사업 등을 목적으로 설립된 법인으로서 위 차의 소유자이다.

피의자 최○○은 20○○. ○. ○. 09 : 30경 위 차를 운행하여 경기 ○○군 ○○면 ○○리에 있는 ○○특별검문소 앞길을 당진쪽에서 서울쪽으로 운전하면서 위 차의 뒤쪽 등록번호표를 노란 깃발로 가린 채 운행함으로써 등록번호표의 식별을 곤란하게 하고, 피의자 ○○화물주식회사는 피의자의 사용인인 위 최○○이 피의자의 업무에 관하여 위와 같은 위반행위를 하도록 하였다.

### 【범죄사실 기재례】

피의자는 대전○○도○○○○호 엑센트승용차를 소유하였던 사람인데, 자동차의 소유자는 자동차가 멸실되거나 해체된 경우에는 15일 이내에 말소등록을 신청하여야 함에도 불구하고, 20○○. ○. ○. ○○시 ○○동에 있는 주식회사 ○○폐차장에서 위 차량을 해체하고도 15일 이내에 말소등록을 신청하지 않았다.

## 【범죄사실 기재례】

피의자는 20○○. ○.경부터 20○○. ○. ○.경까지 ○○시 ○○구 ○○동 123번지 에 있는 회사에서 자동차 동력 전달장치의 일종으로 해체가 금지되어 있는 자동차 부품인 등속조인트를 가공, 재생하여 판매할 목적으로 폐차된 자동차의 부품인 등속조인트 약 1,231개 시가 금 2,462만원 상당을 분해하여 자동차의 장치를 무단해체하였다.

## 【범죄사실 기재례】

피의자는 02보1111 ○○○차량(차대번호 1111)을 소지자로서, 20○○. ○. ○.일 서울 ○○동 중고차 매매센타에 본인의 차량을 매매하려고 문의하였으나, 주행거리가 100,000㎞에 이르기 때문에 ○○○만원 밖에 줄 수 없다고 하자 차량의 주행거리장치 부분을 탈거하여 이를 거꾸로 돌려서 10만킬로미터에 이르던 주행거리를 6만킬로미터로 조작하여 이를 모르는 경기 ○○동 중고자동차매장에 위 차량을 판매하였다.

**[서식] 영치증**

No. _____

## 영 치 증

성           명:

주           소:

자동차의  종류:

자동차등록번호:

1. 위  자동차는 「자동차관리법」 제24조의2제1항을  위반하여  같은  법  제24조의2제3항제3호  및  같은  법  시행규칙  제23조의2제1항에  따라  자동차등록번호판을  담당  공무원이  영치하였습니다.

2. 자동차  소유자가 「자동차관리법」 제24조의2제2항에  따른  운행정지명령  대상에  해당하지  않음을  증명하는  서류와  이  영치증을  ○○시군구 ○○과에  제시하면  즉시  영치를  해제합니다.

· 영치  일시:         년       월       일       시       분

· 단속  공무원
   소 속:   ○○시군구  ○○과     성  명:         (서명 또는 인)
                              (전화번호:                        )

## 시·도지사, 시장·군수 또는 구청장   직인

210mm×297mm[백상지(80g/㎡) 또는 중질지(80g/㎡)]

**[서식] 범칙자적발보고서**

| 범칙자적발보고서 | ○○ | ○장 | ○장 |
|---|---|---|---|
| | | | |

번호 : 20 -

수신 :          시장(군수, 구청장)

제목 :「자동차관리법」위반행위보고

　　　「자동차관리법」제85조 및 동법시행규칙 제158조의 규정에 의하여 (자동차정비업범위위반, 자동차무단방치)에 관한 범칙자를 아래와 같이 적발하여 보고합니다.

| 범칙자 | 성 명 | | 주민등록번호 | |
|---|---|---|---|---|
| | 등록번호 | | 전 화 번 호 | |
| | 주 소 | | | |
| 범칙행위 | 일시/장소 | | | |
| | 위반내용<br>(붙임 :<br>증빙자료) | | | |

시(군, 구청)

사법경찰관(리)(성명)　　　　　　　　　　　　　(서명 또는 인)

210㎜×297㎜(일반용지 60g/㎡)

**[서식]** **운행정지명령서**

| 제 호 | | |
|---|---|---|
| <div align="center">**운행정지명령서**</div> | | |
| 소유자 | ①성명(명칭) | (운전자성명 : ) |
| | ②주소 | |
| ③자동차등록번호 | | |
| 위반 | ④일시 | |
| | ⑤장소 | |
| | ⑥내용 | |
| ⑦운행정지기간 | | . . .~ . . .( 일간) |

위의 자동차에 대하여 「자동차관리법」   [ ] 제37조제2항 후단    에 따라

                                        [ ] 제37조제3항 전단

운행정지를 명합니다.

년 월 일

시장·군수·구청장 직인

주 :
1. 이 명령서를 받은 자동차의 소유자는 「자동차 관리법」 제43조에 따른 검사목적을 위한 임시운행 외에는 위 자동차를 운행할 수 없습니다.
2. 이 운행정지명령 대상인 자동차를 임의운행하는 경우에는 「자동차 관리법」 제81조제22호의2에 따라 1년 이하의 징역 또는 1천만원 이하의 벌금이 부과될 수 있습니다.

**[서식]** 자동차관리사업 등록증

# 자동차관리사업 등록증

1. 명칭(업종):

2. 성명(대표자):                              (생년월일:              )

3. 주소(주사무소 소재지):

4. 사업의 종류:

5. 사업장 소재지:


「자동차관리법」 제53조제1항 및 같은 법 시행규칙 제111조제7항에 따라 자동차관리사업을 등록하였음을 증명합니다.


년      월      일


## 시장 · 군수 또는 구청장  [직인]

210㎜×297㎜[보존용지(1종) 120g/㎡]

## [서식] 임시운행허가증

( 앞 쪽 )

<table>
<tr><td colspan="5" align="center">임시운행허가증</td></tr>
<tr>
<td rowspan="3">자동차<br>사용자</td>
<td>성 명 ( 명 칭 )</td>
<td></td>
<td>생년월일(사업자<br>등록번호)</td>
<td></td>
</tr>
<tr>
<td>성 명 ( 대 표 자 )</td>
<td></td>
</tr>
<tr>
<td align="center">주 소</td>
<td colspan="3"></td>
</tr>
<tr>
<td colspan="2" align="center">허 가 번 호</td>
<td></td>
<td align="center">허 가 기 간</td>
<td></td>
</tr>
<tr>
<td colspan="2" align="center">차 명</td>
<td></td>
<td align="center">차 대 번 호</td>
<td></td>
</tr>
<tr>
<td colspan="2" align="center">운 행 목 적</td>
<td colspan="3"></td>
</tr>
<tr>
<td colspan="2" align="center">운 행 구 간</td>
<td colspan="3"></td>
</tr>
<tr>
<td colspan="5">　「자동차관리법」 제27조제2항 및 같은 법 시행규칙 제26조제3항에 따라 위와 같이 임시운행을 허가합니다.<br> 년　　　월　　　일 국토교통부장관·특별시장·광역시장 또는 도지사 (시장·군수 또는 구청장)　　　　　　　　㊞ </td>
</tr>
</table>

33331－01911일　　　　　　　　　　　　　　182㎜×128㎜
96.10.4 승인　　　　　　　　　　　　　　(보존용지(2종) 70g/㎡)

( 뒤 쪽 )

소유자의 주의사항

1. 이 자동차 임시운행허가증은 허가 기간동안 반드시 자동차의 앞 유리창에 붙이고 운행하여야 됩니다.
2. 자동차임시운행허가증 및 임시운행허가번호판은 임시운행허가기간이 만료된 날부터 5일 이내에 발급관청(신규등록목적으로 허가받은 경우에는 신규등록신청서류에 첨부하여 등록지 관할관청)에 반납하여야 합니다.
3. 자동차임시운행허가를 받고 허가받은 목적 또는 기간을 위반하여 운행하거나, 반납기간내에 임시운행허가증 및 임시운행허가번호판을 반납하지 아니하는 경우에는 「자동차관리법」 제84조제3항제4호 또는 같은 조 제4항제12호에 따라 각각 300만원 이하 또는 100만원 이하의 과태료가 부과될 수 있습니다.

비고
1. 재질은 접착식으로 합니다.
2. 접착제는 앞면 실선 바깥부분에만 칠합니다.

1234 ㅈ

# 부품제작자등 등록증

| 신청인 | 제작자명 | | 법인(사업자)등록번호 | |
|---|---|---|---|---|
| | 대표자명 | | 생년월일 | |
| | 전화번호 | | | |
| | 주소 | | | |

| 부품제작자등록번호 | |
|---|---|

| 최초 제작자 구분 | 제작자명 |
|---|---|
| | 주소 |
| 제작등을 하는 자동차부품명 | |

「자동차관리법」제30조의2제2항 및 같은 법 시행규칙 제40조의6제1항·제2항
에 따라 위와 같이 부품제작자등 등록증을 발급합니다.

년      월      일장

국토교통부장관   직인

210mm X 297mm(일반용지 60g/㎡)

# 장사 등에 관한 법률

[시행 2025. 1. 24.] [법률 제20110호, 2024. 1. 23., 일부개정]

## Ⅰ. 개설

### 목적

이 법은 장사(葬事)의 방법과 장사시설의 설치·조성 및 관리 등에 관한 사항을 정하여 보건위생상의 위해(危害)를 방지하고, 국토의 효율적 이용과 공공복리 증진에 이바지하는 것을 목적으로 한다.

## Ⅱ. 판례

**제2조(정의)** 이 법에서 사용하는 용어의 뜻은 다음과 같다. 〈개정 2015.1.28., 2015.12.29., 2024. 1. 23.〉

1. "매장"이란 시신(임신 4개월 이후에 죽은 태아를 포함한다. 이하 같다)이나 유골을 땅에 묻어 장사(葬事)하는 것을 말한다.
2. "화장"이란 시신이나 유골을 불에 태워 장사하는 것을 말한다.
3. "자연장(自然葬)"이란 화장한 유골의 골분(骨粉)을 수목·화초·잔디 등의 밑이나 주변에 묻거나 해양 등 대통령령으로 정하는 구역에 뿌려 장사하는 것을 말한다.
4. "개장"이란 매장한 시신이나 유골을 다른 분묘 또는 봉안시설에 옮기거나 화장 또는 자연장하는 것을 말한다.
5. "봉안"이란 유골을 봉안시설에 안치하는 것을 말한다.
6. "분묘"란 시신이나 유골을 매장하는 시설을 말한다.
7. "묘지"란 분묘를 설치하는 구역을 말한다.
8. "화장시설"이란 시신이나 유골을 화장하기 위한 화장로 시설(대통령령으로 정하는 부대시설을 포함한다)을 말한다.
9. "봉안시설"이란 유골을 안치(매장은 제외한다)하는 다음 각 목의 시설을 말한다.
   가. 분묘의 형태로 된 봉안묘
   나. 「건축법」제2조제1항제2호의 건축물인 봉안당
   다. 탑의 형태로 된 봉안탑

라. 벽과 담의 형태로 된 봉안담

10. 삭제 〈2015.1.28.〉

11. 삭제 〈2015.1.28.〉

12. 삭제 〈2015.1.28.〉

13. "자연장지(自然葬地)"란 자연장으로 장사할 수 있는 구역을 말한다.

14. "수목장림"이란 「산림자원의 조성 및 관리에 관한 법률」 제2조제1호에 따른 산림에 조성하는 자연장지를 말한다.

15. "장사시설"이란 묘지·화장시설·봉안시설·자연장지 및 제28조의2·제29조에 따른 장례식장을 말한다.

16. "연고자"란 사망한 자와 다음 각 목의 관계에 있는 자를 말하며, 연고자의 권리·의무는 다음 각 목의 순서로 행사한다. 다만, 순위가 같은 자녀 또는 직계비속이 2명 이상이면 최근친(最近親)의 연장자가 우선 순위를 갖는다.

　가. 배우자

　나. 자녀

　다. 부모

　라. 자녀 외의 직계비속

　마. 부모 외의 직계존속

　바. 형제·자매

　사. 사망하기 전에 치료·보호 또는 관리하고 있었던 행정기관 또는 치료·보호기관의 장으로서 대통령령으로 정하는 사람

　아. 가목부터 사목까지에 해당하지 아니하는 자로서 시신이나 유골을 사실상 관리하는 자

## 유해인도[망인의 유해에 대한 권리의 귀속주체가 문제된 사건]

[대법원 2023. 5. 11. 선고 2018다248626 전원합의체 판결]

**【판결요지】**

[다수의견] 대법원 2008. 11. 20. 선고 2007다27670 전원합의체 판결(이하 '2008년 전원합의체 판결'이라 한다)은 제사주재자는 우선적으로 망인의 공동상속인들 사이의 협의에 의해 정하되, 협의가 이루어지지 않는 경우에는 제사주재자의 지위를 유지할 수 없는 특별한 사정이 있지 않는 한 망인의 장남(장남이 이미 사망한 경우에는 장손자)이 제사주재자가 되고, 공동상속인들 중 아들이 없는 경우에는 망인의 장녀가 제사주재자가 된다고 판시하였다.

그러나 공동상속인들 사이에 협의가 이루어지지 않는 경우 제사주재자 결정방법에 관한 2008년 전원합의체 판결의 법리는 더 이상 조리에 부합한다고 보기 어려워 유지될 수 없다.

공동상속인들 사이에 협의가 이루어지지 않는 경우에는 제사주재자의 지위를 인정할 수 없는 특별한 사정이 있지 않는 한 피상속인의 직계비속 중 남녀, 적서를 불문하고 최근친의 연장자가 제사주재자로 우선한다고 보는 것이 가장 조리에 부합한다. 그 이유는 다음과 같다.

① 법적 안정성과 판례의 규범력을 확보하기 위하여는 불가피하게 기존의 판례를 바꾸는 경우에도 그 범위를 되도록 제한적으로 하여야 한다. 특히 제사와 같이 관습에 바탕을 둔 제도에 있어서는 기존의 생활양식, 이에 대한 사회 일반의 인식 등을 고려할 때 종래와 완전히 다른 방식을 새롭게 채택하는 것에 신중해야 한다. 2008년 전원합의체 판결에서 조리에 부합한다고 본 제사주재자 결정방법이 현재의 법질서와 조화되지 않는다면 기존 법규범의 연장선상에서 현재의 법질서에 부합하도록 이를 조금씩 수정·변형함으로써 명확하고 합당한 기준을 설정할 필요가 있다.

② 민법 제1008조의3은 제사용 재산의 특수성을 고려하여 제사용 재산을 유지·보존하고 그 승계에 관한 법률관계를 간명하게 처리하기 위하여 일반 상속재산과 별도로 특별승계를 규정하고 있다. 이러한 취지를 고려하면 어느 정도 예측 가능하면서도 사회통념상 제사주재자로서 정당하다고 인정될 수 있는 특정한 1인을 제사주재자로 정해야 할 필요가 있다. 특히 공동상속인들이 장례방법이나 장지 등을 둘러싸고 서로 망인의 유체에 대한 권리를 주장하는 경우, 공동의 제사주재자를 인정하는 것은 분쟁해결에 도움이 되지 않는다.

③ 제사는 기본적으로 후손이 조상에 대하여 행하는 추모의식의 성격을 가지므로, 제사주재자를 정할 때 피상속인과 그 직계비속 사이의 근친관계를 고려하는 것이 자연스럽다. 다만 직계비속 중 최근친인 사람들이 여러 명 있을 경우에 그들 사이의 우선순위를 정하기 위한 기준이 필요한데, 연령은 이처럼 같은 순위에 있는 사람들 사이에서 특정인을 정하기 위한 최소한의 객관적 기준으로 삼을 수 있다. 같은 지위와 조건에 있는 사람들 사이에서는 연장자를 우선하는 것이 우리의 전통 미풍양속에 부합할 뿐만 아니라, 실제 장례나 제사에서도 직계비속 중 연장자가 상주나 제사주재자를 맡는 것이 우리의 문화와 사회 일반의 인식에 합치한다는 점에서도 그러하다. 가족공동체 내에서 어떤 법적 지위를 부여받을 때에 같은 순위자들 사이에서 연장자를 우선하는 것은 이미 우리 법질서 곳곳에 반영되어 있다. '장사 등에 관한 법률' 제2조 제16호는 연고자의 권리·의무를 행사하는 순서에 관하여 순위가 같은 자녀 또는 직계비속이 2명 이상이면 최근친의 연장자가 우선순위를 갖는다고 정한다. '장기 등 이식에 관한 법률' 제12조 제3항도 같은 조 제1항 제2호 및 제2항에 따라 장기 등의 기증에 관한 동의를 하거나 뇌사자 또는 사망한 자의 장기 등의 적출에 관한 거부의 의사표시를 할 수 있는 가족 또는 유족으로서 선순위자 1명을 확정할 때 이에 포함되는 사람이 2명 이상이면 그중 촌수, 연장자순(촌수가 우선한다)에 따른 1명으로 한다고 규정하고, '생명윤리 및 안전에 관한 법률' 제16조, '첨단재생의료 및 첨단바이오의약품 안전 및 지원에 관한 법률' 제16조 등에도 유사한 취지의 규정이 있다. 민법 제877조가 양부모의 존속 또는 연장자를 입양할 수 없다고 규정하는 취지도 가족관계 내 나이에 따른 기본 질서를 반영한 것이고, 종중의 종장 또는 문장 선임에 관한 종중규약이나 관례가 없으면 생존하는 종중원 중 항렬

이 가장 높고 나이가 많은 연고항존자가 종장 또는 문장이 되는 것이 우리의 일반 관습인 것도 종족집단 내에서 연장자를 우선하는 전통이 반영된 것이다.

또한 제사주재자는 금양임야, 묘토 등 제사용 재산에 관한 권리를 가짐과 동시에 유체·유해의 처리 또는 분묘의 관리 등에 관한 의무를 부담하거나, 제사 관련 비용 등을 현실적으로 부담하게 되는데, 향후에는 제사에 대한 의식이 점차 약해짐에 따라 제사주재자의 일처리나 의무부담이 더욱 부각될 수밖에 없다. 그렇다면 제사주재자를 정할 때 같은 근친관계에 있는 직계비속 사이에서는 연장자를 우선하는 것에 대해서 우리 사회 전반의 인식이 이를 용인하지 않는다고 보기도 어렵다.

결국 피상속인의 직계비속 중 최근친의 연장자를 제사주재자로 우선하는 것은 현행 법질서 및 사회 일반의 보편적 법인식에 부합한다고 볼 수 있다.

④ 한편 피상속인의 직계비속 중 최근친의 연장자라고 하더라도 제사주재자의 지위를 인정할 수 없는 특별한 사정이 있을 수 있다. 이러한 특별한 사정에는, 2008년 전원합의체 판결에서 판시한 바와 같이 장기간의 외국 거주, 평소 부모를 학대하거나 모욕 또는 위해를 가하는 행위, 조상의 분묘에 대한 수호·관리를 하지 않거나 제사를 거부하는 행위, 합리적인 이유 없이 부모의 유지 또는 유훈에 현저히 반하는 행위 등으로 인하여 정상적으로 제사를 주재할 의사나 능력이 없다고 인정되는 경우뿐만 아니라, 피상속인의 명시적·추정적 의사, 공동상속인들 다수의 의사, 피상속인과의 생전 생활관계 등을 고려할 때 그 사람이 제사주재자가 되는 것이 현저히 부당하다고 볼 수 있는 경우도 포함된다.

[대법관 민유숙, 대법관 김선수, 대법관 노정희, 대법관 이흥구의 별개의견] 망인의 유체·유해에 대한 권리의무의 귀속에는 제사용 재산의 승계에 관한 민법 제1008조의3이 적용된다. 공동상속인들 사이에 협의가 성립되지 않아 망인의 유체·유해에 대한 권리의무의 귀속이 다투어지는 경우, 법원은 망인의 명시적·추정적 의사, 망인이 생전에 공동상속인들과 형성한 동거·부양·왕래·소통 등 생활관계, 장례 경위 및 장례 이후 유체·유해나 분묘에 대한 관리상태, 공동상속인들의 의사 및 협의가 불성립된 경위, 향후 유체·유해나 분묘에 대한 관리 의지와 능력 및 지속가능성 등 제반 사정을 종합적으로 고려하여 누가 유체·유해의 귀속자로 가장 적합한 사람인지를 개별적·구체적으로 판단하여야 한다. 따라서 다수의견과 달리, 여기에는 배우자가 포함된다.

## 장사등에 관한 법률 위반·농지법 위반
[대법원 2012. 10. 25. 선고, 2010도5112, 판결]

【판결요지】

[1] '장사 등에 관한 법률'(이하 '법'이라 한다) 제2조, 제16조, 제19조, '장사 등에 관한 법률 시행령'(이하 '시행령'이라 한다) 제8조, 제15조 [별표 2], 제21조 제1항 [별표 4] 제1호의 규정으로 볼 때, 종래부터 '유골'을 땅에 묻어 장사하는 것도 장사 방법 중 '매장'에 포함되는 것이었지만, 국토를 잠식하고 자연환경을 훼손하는 문제를 해결하기 위하여 '유골의 골분'을 땅에 묻고 표지 이외에 아무런 시설을 설치하지 않는 경우에는 설치 장소의 제한을 완화하고 설치기간의 제한을 받지 않도

록 하는 자연장 제도를 새로운 장사 방법으로 신설하기에 이른 점, 자연장 제도가 도입된 이후에도 법은 시체나 유골을 땅에 묻어 장사하는 것을 '매장'으로 규정한 종전 규정을 유지하면서(법 제2조 제1호), 매장의 대상이 되는 유골에는 화장한 유골도 포함되는 것으로 규정하고 있는 점[시행령 제7조 제1항 (나)목], 묘지에 설치되는 분묘의 형태는 봉분이 있는 것뿐 아니라 평분도 포함되는 점[시행령 제15조 [별표 2]의 제1항 (가)목] 등을 참작하면, 매장의 대상인 유골에는 화장한 유골의 골분도 포함되고, 화장한 유골의 골분을 묻은 경우라도 그것이 자연장으로 인정될 수 없는 경우에는 이를 매장으로 보아 분묘 및 묘지에 관한 규제의 적용 대상이 된다고 보아야 한다. 나아가 화장한 유골의 골분을 장사의 목적으로 땅에 묻은 경우 그것이 매장과 자연장의 어느 쪽에 해당하는지는 골분을 묻는 방법과 그곳에 설치한 시설이 법에서 요구하는 자연장의 주요 요건을 갖추었는지 여부 및 시설의 형태 등을 종합적으로 고려하여 결정하여야 한다.

[2] 분묘는 시체나 유골을 매장하여 제사나 예배 또는 기념의 대상으로 삼기 위하여 만든 시설이므로, 여기에 매장된 시체나 유골이 후에 토괴화되었더라도 이는 여전히 분묘라 할 것이고, 이를 개장하여 토괴화한 유골을 화장하여 다시 묻는 경우에도 그 시설이 자연장의 요건을 갖추었다는 등의 사정이 없는 한 제사나 예배 또는 기념의 대상으로 삼기 위하여 만든 분묘로 보아야 한다.

[3] 구 농지법(2009. 5. 27. 법률 제9721호로 개정되기 전의 것) 제2조 제7호에서 규정하는 '농지의 전용'이란 농지의 형질을 변경시키거나, 농지로서 사용에 장해가 되는 유형물을 설치하는 등 농지를 농작물 경작이나 다년생식물의 재배 외의 용도로 사용하는 일체의 행위를 말하고, 위와 다른 용도로 농지를 일시 사용하는 것은 농지법 제36조에서 규정하는 용도를 위하여 일정기간 사용한 후 농지로 복구한다는 조건으로 시장 등 관할 관청으로부터 일시사용허가를 받은 경우에 한하여 가능하다고 규정하고 있는 점을 감안하면, 허가 없이 농지를 일시적이나마 농작물 경작이나 다년생식물의 재배 외의 용도로 사용한 경우에도 일시사용허가의 요건을 갖추지 아니하는 한 무허가 농지전용에 해당한다고 보아야 한다.

[4] 피고인이 분묘 5기를 개장하여 나온 유골을 화장한 후 그 골분을 나무상자에 나누어 담아 자신의 소유인 농지에 봉분 없는 상태로 묻은 다음 지표에 대리석 덮개를 설치함으로써 관할 관청의 허가 없이 가족묘지를 설치함과 동시에 허가 없이 농지를 전용하였다고 하여 '장사 등에 관한 법률' 위반 및 구 농지법(2009. 5. 27. 법률 제9721호로 개정되기 전의 것) 위반으로 기소된 사안에서, 골분은 분묘의 매장 대상인 유골에 해당하는 것으로서 피고인이 상당한 크기의 대리석 덮개들을 묻은 곳 지표면마다 설치하고 주위에 잔디를 심은 것은 그 시설이 자연장의 요건을 갖추었다는 사정이 없는 한 묘지의 설치에 해당하고, 나아가 피고인의 친척들이 그곳에서 제사를 올리기도 하였다면 위와 같은 행위는 농지를 농작물 경작이나 다년생식물의 재배 외의 용도로 사용한 경우에 해당하며, 그와 같은 사용이 일시적이었다거나 그로부터 오랜 기간이 경과하기 전에 그곳에 흙을 덮고 경작을 다시 시작하였더라도 농지전용 행위에 해당한다는 이유로, 이와 달리 보아 공소사실을 무죄로 판단한 원심판결에 법리오해 등 위법이 있다고 한 사례.

**제7조(매장 및 화장의 장소)** ① 누구든지 제13조 또는 제14조에 따른 묘지 외의 구역에 매장을 하여서는 아니 된다.

② 누구든지 화장시설 외의 시설 또는 장소에서 화장을 하여서는 아니 된다. 다만, 대통령령으로 정하는 경우로서 보건위생상의 위해가 없는 경우에는 그러하지 아니하다.

## 분묘철거등(분묘기지권의 취득시효에 관한 사건)
[대법원 2017. 1. 19., 선고, 2013다17292, 전원합의체 판결]

【판결요지】

[다수의견]

(가) 대법원은 분묘기지권의 시효취득을 우리 사회에 오랜 기간 지속되어 온 관습법의 하나로 인정하여, 20년 이상의 장기간 계속된 사실관계를 기초로 형성된 분묘에 대한 사회질서를 법적으로 보호하였고, 민법 시행일인 1960. 1. 1.부터 50년 이상의 기간 동안 위와 같은 관습에 대한 사회 구성원들의 법적 확신이 어떠한 흔들림도 없이 확고부동하게 이어져 온 것을 확인하고 이를 적용하여 왔다.

대법원이 오랜 기간 동안 사회 구성원들의 법적 확신에 의하여 뒷받침되고 유효하다고 인정해 온 관습법의 효력을 사회를 지배하는 기본적 이념이나 사회질서의 변화로 인하여 전체 법질서에 부합하지 않게 되었다는 등의 이유로 부정하게 되면, 기존의 관습법에 따라 수십 년간 형성된 과거의 법률관계에 대한 효력을 일시에 뒤흔드는 것이 되어 법적 안정성을 해할 위험이 있으므로, 관습법의 법적 규범으로서의 효력을 부정하기 위해서는 관습을 둘러싼 전체적인 법질서 체계와 함께 관습법의 효력을 인정한 대법원 판례의 기초가 된 사회 구성원들의 인식·태도나 사회적·문화적 배경 등에 의미 있는 변화가 뚜렷하게 드러나야 하고, 그러한 사정이 명백하지 않다면 기존의 관습법에 대하여 법적 규범으로서의 효력을 유지할 수 없게 되었다고 단정하여서는 아니 된다.

(나) 우선 2001. 1. 13.부터 시행된 장사 등에 관한 법률(이하 개정 전후를 불문하고 '장사법'이라 한다)의 시행으로 분묘기지권 또는 그 시효취득에 관한 관습법이 소멸되었다거나 그 내용이 변경되었다는 주장은 받아들이기 어렵다. 2000. 1. 12. 법률 제6158호로 매장 및 묘지 등에 관한 법률을 전부 개정하여 2001. 1. 13.부터 시행된 장사법[이하 '장사법(법률 제6158호)'이라 한다] 부칙 제2조, 2007. 5. 25. 법률 제8489호로 전부 개정되고 2008. 5. 26.부터 시행된 장사법 부칙 제2조 제2항, 2015. 12. 29. 법률 제13660호로 개정되고 같은 날 시행된 장사법 부칙 제2조에 의하면, 분묘의 설치기간을 제한하고 토지 소유자의 승낙 없이 설치된 분묘에 대하여 토지 소유자가 이를 개장하는 경우에 분묘의 연고자는 토지 소유자에 대항할 수 없다는 내용의 규정들은 장사법(법률 제6158호) 시행 후 설치된 분묘에 관하여만 적용한다고 명시하고 있어서, 장사법(법률 제6158호)의 시행 전에 설치된 분묘에 대한 분묘기지권의 존립 근거가 위 법률의 시행으로 상실되었다고 볼 수 없다.

또한 분묘기지권을 둘러싼 전체적인 법질서 체계에 중대한 변화가 생겨 분묘기지권의 시효취득에 관한 종래의 관습법이 헌법을 최상위 규범으로 하는 전체 법질서에 부합하지 아니하거나 정당성과 합리성을 인정할 수 없게 되었다고 보기도 어렵다.

마지막으로 화장률 증가 등과 같이 전통적인 장사방법이나 장묘문화에 대한 사회 구성원들의 의식에 일부 변화가 생겼더라도 여전히 우리 사회에 분묘기지권의 기초가 된 매장문화가 자리 잡고 있고 사설묘지의 설치가 허용되고 있으며, 분묘기지권에 관한 관습에 대하여 사회 구성원들의 법적 구속력에 대한 확신이 소멸하였다거나 그러한 관행이 본질적으로 변경되었다고 인정할 수 없다.

(다) 그렇다면 타인 소유의 토지에 분묘를 설치한 경우에 20년간 평온, 공연하게 분묘의 기지를 점유하면 지상권과 유사한 관습상의 물권인 분묘기지권을 시효로 취득한다는 점은 오랜 세월 동안 지속되어 온 관습 또는 관행으로서 법적 규범으로 승인되어 왔고, 이러한 법적 규범이 장사법(법률 제6158호) 시행일인 2001. 1. 13. 이전에 설치된 분묘에 관하여 현재까지 유지되고 있다고 보아야 한다.

**[대법관 김용덕, 대법관 박보영, 대법관 김소영, 대법관 권순일, 대법관 김재형의 반대의견]**

(가) 현행 민법 시행 후 임야를 비롯한 토지의 소유권 개념 및 사유재산제도가 확립되고 토지의 경제적인 가치가 상승함에 따라 토지 소유자의 권리의식이 향상되고 보호의 필요성이 커졌으며, 또한 상대적으로 매장을 중심으로 한 장묘문화가 현저히 퇴색함에 따라, 토지 소유자의 승낙 없이 무단으로 설치된 분묘까지 취득시효에 의한 분묘기지권을 관습으로 인정하였던 사회적·문화적 기초는 상실되었고 이러한 관습은 전체 법질서와도 부합하지 않게 되었다.

(나) 비록 토지 소유자의 승낙이 없이 무단으로 설치한 분묘에 관하여 분묘기지권의 시효취득을 허용하는 것이 과거에 임야 등 토지의 소유권이 확립되지 않았던 시대의 매장문화를 반영하여 인정되었던 관습이더라도, 이러한 관습은 적어도 소유권의 시효취득에 관한 대법원 1997. 8. 21. 선고 95다28625 전원합의체 판결이 이루어지고 2001. 1. 13. 장사법(법률 제6158호)이 시행될 무렵에는 재산권에 관한 헌법 규정이나 소유권의 내용과 취득시효의 요건에 관한 민법 규정, 장사법의 규율 내용 등을 포함하여 전체 법질서에 부합하지 않게 되어 정당성과 합리성을 유지할 수 없게 되었다.

전통적인 조상숭배사상, 분묘설치의 관행 등을 이유로 타인 소유의 토지에 소유자의 승낙 없이 분묘를 설치한 모든 경우에 분묘기지권의 시효취득을 인정해 왔으나, 장묘문화에 관한 사회 일반의 인식 변화, 장묘제도의 변경 및 토지 소유자의 권리의식 강화 등 예전과 달라진 사회현실에 비추어 볼 때, 분묘기지권 시효취득의 관습에 대한 우리 사회 구성원들이 가지고 있던 법적 확신은 상당히 쇠퇴하였고, 이러한 법적 확신의 실질적인 소멸이 장사법의 입법에 반영되었다고 볼 수 있다.

(다) 따라서 토지 소유자의 승낙이 없음에도 20년간 평온, 공연한 점유가 있었다는 사실만으로 사실상 영구적이고 무상인 분묘기지권의 시효취득을 인정하는 종전의 관습은 적어도 2001. 1. 13. 장사법(법률 제6158호)이 시행될 무렵에는 사유재산권을 존중하는 헌법을 비롯한 전체 법질서에 반하는 것으로서 정당성과 합리성을 상실하였을 뿐 아니라 이러한 관습의 법적 구속력에 대하여 우리 사회 구성원들이 확신을 가지지 않게 됨에 따라 법적 규범으로서 효력을 상실하였다. 그렇다면 2001. 1. 13. 당시 아직 20년의 시효기간이 경과하지 아니한 분묘의 경우에는 법적 규범의 효력을 상실한 분묘기지권의 시효취득에 관한 종전의 관습을 가지고 분묘기지권의 시효취득을 주장할 수 없다.

**제15조(사설화장시설 등의 설치)** ① 시·도지사 또는 시장·군수·구청장이 아닌 자가 화장시설(이하 "사설화장시설"이라 한다) 또는 봉안시설(이하 "사설봉안시설"이라 한다)을 설치·관리하려는 경우에는 보건복지부령으로 정하는 바에 따라 그 사설화장시설 또는 사설봉안시설을 관할하는 시장등에게 신고하여야 한다. 신고한 사항 중 대통령령으로 정하는 사항을 변경하려는 경우에도 또한 같다. 〈개정 2019.4.23.〉

② 시장등은 제1항에 따른 신고 또는 변경신고를 받은 경우 그 내용을 검토하여 이 법에 적합하면 신고를 수리하여야 한다. 〈신설 2019.4.23.〉

③ 사설봉안시설의 시공자는 제1항에 따른 봉안시설 신고 여부를 확인하여야 한다. 〈개정 2019.4.23.〉

④ 유골 500구 이상을 안치할 수 있는 사설봉안시설을 설치·관리하려는 자는 「민법」에 따라 봉안시설의 설치·관리를 목적으로 하는 재단법인을 설립하여야 한다. 다만, 대통령령으로 정하는 공공법인 또는 종교단체에서 설치·관리하는 경우이거나 「민법」에 따라 친족관계였던 자 또는 종중·문중의 구성원 관계였던 자의 유골만을 안치하는 시설을 설치·관리하는 경우에는 그러하지 아니하다. 〈개정 2019.4.23.〉

⑤ 사설화장시설 또는 사설봉안시설을 설치·관리하는 자는 화장 또는 봉안에 관한 상황을 보건복지부령으로 정하는 바에 따라 기록·보관하여야 한다. 〈신설 2015.1.28., 2019.4.23.〉

⑥ 사설화장시설 및 사설봉안시설의 면적, 설치장소, 그 밖의 설치기준 등에 관하여 필요한 사항은 대통령령으로 정한다. 〈개정 2015.1.28., 2019.4.23.〉

## 납골당 설치 신고 수리 처분 이행통지 취소
[대법원 2011. 9. 8. 선고, 2009두6766, 판결]

【판결요지】

[1] 구 장사 등에 관한 법률(2007.5.25. 법률 제8489호로 전부 개정되기 전의 것, 이하 '구 장사법'이라 한다) 제14조 제1항, 구 장사 등에 관한 법률 시행규칙(2008. 5. 26. 보건복지가족부령 제15호로 전부 개정되기 전의 것) 제7조 제1항 [별지 제7호 서식]을 종합하면, 납골당설치 신고는 이른바 '수리를 요하는 신고'라 할 것이므로, 납골당설치 신고가 구 장사법 관련 규정의 모든 요건에 맞는 신고라 하더라도 신고인은 곧바로 납골당을 설치할 수는 없고, 이에 대한 행정청의 수리처분이 있어야만 신고한 대로 납골당을 설치할 수 있다. 한편 수리란 신고를 유효한 것으로 판단하고 법령에 의하여 처리할 의사로 이를 수령하는 수동적 행위이므로 수리행위에 신고필증 교부 등 행위가 꼭 필요한 것은 아니다.

[2] 파주시장이 종교단체 납골당설치 신고를 한 甲 교회에, '구 장사 등에 관한 법률 (2007.5.25. 법률 제8489호로 전부 개정되기 전의 것, 이하 '구 장사법'이라 한다) 등

에 따라 필요한 시설을 설치하고 유골을 안전하게 보관할 수 있는 설비를 갖추어야 하며 관계 법령에 따른 허가 및 준수 사항을 이행하여야 한다'는 내용의 납골당설치 신고사항 이행통지를 한 사안에서, 이행통지는 납골당설치 신고에 대하여 파주시장이 납골당설치 요건을 구비하였음을 확인하고 구 장사법령상 납골당설치 기준, 관계 법령상 허가 또는 신고 내용을 고지하면서 신고한 대로 납골당 시설을 설치하도록 한 것이므로, 파주시장이 甲 교회에 이행통지를 함으로써 납골당설치 신고수리를 하였다고 보는 것이 타당하고, 이행통지가 새로이 甲 교회 또는 관계자들의 법률상 지위에 변동을 일으키지는 않으므로 이를 수리처분과 별도로 항고소송 대상이 되는 다른 처분으로 볼 수 없다고 한 사례.

[3] 구 장사 등에 관한 법률(2007.5.25. 법률 제8489호로 전부 개정되기 전의 것) 제14조 제3항, 구 장사 등에 관한 법률 시행령(2008.5.26. 대통령령 제20791호로 전부 개정되기 전의 것) 제13조 제1항 [별표 3]에서 납골묘, 납골탑, 가족 또는 종중·문중 납골당 등 사설납골시설의 설치장소에 제한을 둔 것은, 이러한 사설납골시설을 인가가 밀집한 지역 인근에 설치하지 못하게 함으로써 주민들의 쾌적한 주거, 경관, 보건위생 등 생활환경상의 개별적 이익을 직접적·구체적으로 보호하려는 데 취지가 있으므로, 이러한 납골시설 설치장소에서 500m 내에 20호 이상의 인가가 밀집한 지역에 거주하는 주민들은 납골당 설치에 대하여 환경상 이익 침해를 받거나 받을 우려가 있는 것으로 사실상 추정된다. 다만 사설납골시설 중 종교단체 및 재단법인이 설치하는 납골당에 대하여는 그와 같은 설치 장소를 제한하는 규정을 명시적으로 두고 있지 않지만, 종교단체나 재단법인이 설치한 납골당이라 하여 납골당으로서 성질이 가족 또는 종중, 문중 납골당과 다르다고 할 수 없고, 인근 주민들이 납골당에 대하여 가지는 쾌적한 주거, 경관, 보건위생 등 생활환경상의 이익에 차이가 난다고 볼 수 없다. 따라서 납골당 설치장소에서 500m 내에 20호 이상의 인가가 밀집한 지역에 거주하는 주민들에게는 납골당이 누구에 의하여 설치되는지를 따질 필요 없이 납골당 설치에 대하여 환경 이익 침해 또는 침해 우려가 있는 것으로 사실상 추정되어 원고적격이 인정된다고 보는 것이 타당하다.

**제16조(자연장지의 조성 등)** ① 국가, 시·도지사 또는 시장·군수·구청장이 아닌 자는 다음 각 호의 구분에 따라 수목장림이나 그 밖의 자연장지(이하 "사설자연장지"라 한다)를 조성할 수 있다.

1. 개인·가족자연장지 : 면적이 100제곱미터 미만인 것으로서 1구의 유골을 자연장하거나 「민법」에 따라 친족관계였던 자의 유골을 같은 구역 안에 자연장할 수 있는 구역

2. 종중·문중자연장지 : 종중이나 문중 구성원의 유골을 같은 구역 안에 자연장할 수 있는 구역

3. 법인등자연장지 : 법인이나 종교단체가 불특정 다수인의 유골을 같은 구역 안에 자연장할 수 있는 구역

② 개인자연장지를 조성한 자는 자연장지의 조성을 마친 후 30일 이내에 보건

복지부령으로 정하는 바에 따라 관할 시장등에게 신고하여야 한다. 신고한 사항 중 대통령령으로 정하는 사항을 변경하는 경우에도 또한 같다. 〈개정 2015.12.29.〉

③ 가족자연장지 또는 종중·문중자연장지를 조성하려는 자는 보건복지부령으로 정하는 바에 따라 관할 시장등에게 신고하여야 한다. 신고한 사항 중 대통령령으로 정하는 사항을 변경하는 경우에도 또한 같다. 〈신설 2012.2.1., 2015.12.29.〉

④ 시장등은 제2항 및 제3항에 따른 신고 또는 변경신고를 받은 경우 그 내용을 검토하여 이 법에 적합하면 신고를 수리하여야 한다. 〈신설 2019.4.23.〉

⑤ 법인등자연장지를 조성하려는 자는 대통령령으로 정하는 바에 따라 시장등의 허가를 받아야 한다. 허가받은 사항을 변경하고자 하는 경우에도 또한 같다. 〈개정 2012.2.1., 2019.4.23.〉

⑥ 시장등은 다음 각 호의 어느 하나에 해당하는 자에 한하여 법인등자연장지의 조성을 허가할 수 있다. 〈개정 2012.2.1., 2019.4.23.〉
  1. 자연장지의 조성·관리를 목적으로 「민법」에 따라 설립된 재단법인
  2. 대통령령으로 정하는 공공법인 또는 종교단체

⑦ 사설자연장지를 조성·관리하는 자는 자연장에 관한 상황을 보건복지부령으로 정하는 바에 따라 기록·보관하여야 한다. 〈신설 2015.1.28., 2019.4.23.〉

⑧ 자연장지에는 사망자 및 연고자의 이름 등을 기록한 표지와 편의시설 외의 시설을 설치하여서는 아니 된다. 〈개정 2012.2.1., 2015.1.28., 2019.4.23.〉

⑨ 제1항에 따른 사설자연장지의 종류별 면적, 제8항에 따라 자연장지에 설치하는 표지의 규격, 사설자연장지에 설치가 허용되는 편의시설의 종류 및 설치기준 등에 관하여 필요한 사항은 대통령령으로 정한다. 〈개정 2012.2.1., 2015.1.28., 2019.4.23.〉

⑩ 시장등이 가족수목장림 또는 종중·문중수목장림 조성에 대하여 신고를 수리한 때에는 「산지관리법」 제15조의2에 따른 산지일시사용 신고와 「산림자원의 조성 및 관리에 관한 법률」 제36조에 따른 입목벌채 등의 신고가 있는 것으로 본다. 다만, 대통령령으로 정하는 면적 이상의 수목장림의 경우에는 그러하지 아니하다. 〈신설 2015.12.29., 2019.4.23.〉

⑪ 제10항에 따라 산지일시사용 신고와 입목벌채 등의 신고가 있는 것으로 보는 경우에는 제14조제7항을 준용한다. 〈신설 2015.12.29., 2019.4.23.〉

## 장사등에 관한 법률 위반

[대법원 2012. 10. 25., 선고, 2010도5112, 판결]

【판결요지】

'장사 등에 관한 법률'(이하 '법'이라 한다) 제2조, 제16조, 제19조, '장사 등에 관한 법률 시행령'(이하 '시행령'이라 한다) 제8조, 제15조 [별표 2], 제21조 제1항 [별표 4] 제1호의 규정으로 볼 때, 종래부터 '유골'을 땅에 묻어 장사하는 것도 장사 방법 중 '매장'에 포함되는 것이었지만, 국토를 잠식하고 자연환경을 훼손하는 문제를 해결하기 위하여 '유골의 골분'을 땅에 묻고 표지 이외에 아무런 시설을 설치하지 않는 경우에는 설치 장소의 제한을 완화하고 설치기간의 제한을 받지 않도록 하는 자연장 제도를 새로운 장사 방법으로 신설하기에 이른 점, 자연장 제도가 도입된 이후에도 법은 시체나 유골을 땅에 묻어 장사하는 것을 '매장'으로 규정한 종전 규정을 유지하면서(법 제2조 제1호), 매장의 대상이 되는 유골에는 화장한 유골도 포함되는 것으로 규정하고 있는 점[시행령 제7조 제1항 (나)목], 묘지에 설치되는 분묘의 형태는 봉분이 있는 것뿐 아니라 평분도 포함되는 점[시행령 제15조 [별표 2]의 제1항 (가)목] 등을 참작하면, 매장의 대상인 유골에는 화장한 유골의 골분도 포함되고, 화장한 유골의 골분을 묻은 경우라도 그것이 자연장으로 인정될 수 없는 경우에는 이를 매장으로 보아 분묘 및 묘지에 관한 규제의 적용 대상이 된다고 보아야 한다. 나아가 화장한 유골의 골분을 장사의 목적으로 땅에 묻은 경우 그것이 매장과 자연장의 어느 쪽에 해당하는지는 골분을 묻는 방법과 그곳에 설치한 시설이 법에서 요구하는 자연장의 주요 요건을 갖추었는지 여부 및 시설의 형태 등을 종합적으로 고려하여 결정하여야 한다.

## III. 벌칙

**제39조(벌칙)** 다음 각 호의 어느 하나에 해당하는 자는 2년 이하의 징역 또는 2천만원 이하의 벌금에 처한다. 〈개정 2015.1.28., 2019.4.23.〉

1. 제14조제4항에 따른 허가 또는 변경 허가를 받지 아니하고 가족묘지, 종중·문중묘지 또는 법인묘지를 설치한 자

2. 제17조를 위반하여 금지구역 안에 묘지·화장시설·봉안시설 또는 자연장지를 설치·조성한 자

2의2. 제29조제1항에 따른 신고를 하지 아니하고 장례식장을 운영한 자

3. 제30조에 따른 장사시설 등의 정비·개선명령이나 사용제한명령을 이행하지 아니한 자

**제40조(벌칙)** 다음 각 호의 어느 하나에 해당하는 자는 1년 이하의 징역 또는 1천만원 이하의 벌금에 처한다. 〈개정 2012.2.1., 2015.1.28., 2019.4.23., 2020.4.7.〉

1. 제6조를 위반하여 사망 또는 사산한 후 24시간 이내에 매장 또는 화장을 한 자
2. 제7조를 위반하여 묘지 외의 구역에 매장을 하거나 화장장 외의 시설・장소에서 화장을 한 자
3. 제9조 및 제10조에 따른 매장・화장・자연장 또는 개장의 방법 및 기준을 위반하여 매장・화장・자연장 또는 개장을 한 자
4. 제16조제5항에 따른 허가 또는 변경허가를 받지 아니하고 법인등자연장지를 조성한 자
5. 제18조에 따른 면적기준 또는 시설물의 설치기준을 위반하여 분묘・묘지 또는 시설물을 설치한 자
6. 제20조제1항을 위반하여 설치기간이 끝난 분묘에 설치된 시설물을 철거하지 아니하거나 화장 또는 봉안하지 아니한 자
7. 제21조를 위반하여 묘지의 매매・양도・임대・사용계약을 한 자
7의2. 제26조제1항에 따른 신고를 하지 아니하고 장사시설을 폐지한 자
8. 제27조제1항을 위반하여 허가를 받지 아니하고 개장을 한 자
8의2. 제29조의2제6항을 위반하여 다른 사람에게 자격증을 빌려주거나 빌린 자
8의3. 제29조의2제7항을 위반하여 자격증을 빌려주거나 빌리는 것을 알선한 자
9. 제31조에 따른 묘지・화장시설・봉안시설 또는 자연장지의 이전・개수명령・시설의 폐쇄・사용금지 명령 또는 업무의 정지 명령을 이행하지 아니한 자
10. 제32조제3항에 따른 장례식장의 폐쇄명령을 이행하지 아니한 자

**제41조(양벌규정)** 법인의 대표자나 법인 또는 개인의 대리인, 사용인, 그 밖의 종업원이 그 법인 또는 개인의 업무에 관하여 제39조 또는 제40조의 위반행위를 하면 그 행위자를 벌하는 외에 그 법인 또는 개인에게도 해당 조문의 벌금형을 과(科)한다. 다만, 법인 또는 개인이 그 위반행위를 방지하기 위하여 해당 업무에 관하여 상당한 주의와 감독을 게을리하지 아니한 경우에는 그러하지 아니하다.
[전문개정 2015.1.28.]

**제42조(과태료)** ① 다음 각 호의 어느 하나에 해당하는 자에게는 300만원 이하의 과태료를 부과한다. 다만, 제35조제1항에 따라 과징금(과징금으로

갈음할 수 있는 업무정지 또는 영업정지 처분을 포함한다)을 부과받은 자의 경우에는 그러하지 아니하다. 〈개정 2012.2.1., 2015.1.28., 2015.12.29., 2017.12.19., 2019.4.23., 2020.12.29., 2021.7.27.〉

1. 제8조제1항부터 제4항까지의 규정에 따른 신고를 하지 아니한 자
2. 제9조제1항에 따른 기준을 위반하여 시신에 약품처리를 한 자
3. 제14조제2항에 따른 신고 또는 변경신고를 하지 아니한 자
3의2. 제14조제8항에 따른 기록·보관을 하지 아니한 자
4. 제15조제1항에 따른 신고 또는 변경 신고를 하지 아니한 자
5. 제15조제1항에 따른 신고 또는 변경 신고를 하지 아니한 봉안시설을 설치한 시공자
5의2. 제15조제5항 또는 제16조제7항에 따른 기록·보관을 하지 아니한 자
6. 제16조제2항 및 제3항에 따른 신고 또는 변경신고를 하지 아니한 자
7. 제20조제3항에 따른 통보 또는 공고를 하지 아니하고 같은 조 제2항에 따른 조치를 한 사설묘지 설치자
8. 제24조제2항에 따른 게시·등록을 하지 아니하거나 거짓으로 게시·등록을 한 자
8의2. 제24조제3항제1호를 위반하여 금품을 받은 자
8의3. 제24조제3항제2호를 위반하여 구매 또는 사용을 강요한 자(「독점규제 및 공정거래에 관한 법률」 제125조제4호에 따른 벌칙을 받는 경우는 제외한다)
8의4. 제24조제4항을 위반하여 거래명세서를 발급하지 아니한 자
9. 제26조제3항 또는 제4항에 따른 통지·공고, 사후처리 또는 정산 등의 조치를 하지 아니한 자
10. 제27조제2항에 따른 통지 또는 공고를 하지 아니하고 개장을 한 자 또는 화장한 후의 봉안기간과 처리방법을 이행하지 아니하거나 그 처리사실을 신고하지 아니한 자
10의2. 제29조제1항에 따른 변경신고를 하지 아니한 자
11. 제29조제3항에 따른 시신의 위생적 관리 의무를 위반한 자
12. 제29조제4항에 따른 게시·등록을 하지 아니하거나 거짓으로 게시·등록을 하거나 임대료 또는 염습실 사용요금을 산정하지 아니한 자
12의2. 제29조제5항제1호를 위반하여 금품을 받은 자
12의3. 제29조제5항제2호를 위반하여 구매 또는 사용을 강요한 자(「독점규제 및 공정거래에 관한 법률」 제125조제4호에 따른 벌칙을 받

는 경우는 제외한다)

12의4. 제29조제6항에 따른 장례식장영업 폐업신고를 하지 아니한 자

12의5. 제29조제7항에 따른 교육을 받지 아니한 사람

12의6. 제29조제8항을 위반하여 계약체결 전에 계약내용 설명을 하지 아니한 자

12의7. 제29조제9항을 위반하여 거래명세서를 발급하지 아니한 자

12의8. 제33조의3제1항에 따른 사망자정보를 정당한 사유 없이 장사정보시스템에 등록하지 아니하거나 거짓으로 등록한 자

13. 제37조제1항 및 제2항에 따른 관계 공무원의 검사를 거부·방해·기피한 자 또는 필요한 보고를 하지 아니하거나 거짓으로 보고한 자

② 제1항에 따른 과태료는 대통령령으로 정하는 바에 따라 시·도지사 또는 시장·군수·구청장이 부과·징수한다. 〈개정 2015.1.28.〉

③ 삭제 〈2015.1.28.〉

④ 삭제 〈2015.1.28.〉

⑤ 삭제 〈2015.1.28.〉

---

**제43조(이행강제금)** ① 시장등은 다음 각 호의 어느 하나에 해당하는 자에게 500만원의 이행강제금을 부과한다.

1. 제17조 또는 제18조를 위반하여 묘지·화장시설·봉안시설·자연장지를 설치·조성한 자

2. 제20조제1항을 위반하여 설치기간이 끝난 분묘에 매장된 유골을 화장 또는 봉안하지 아니한 자

3. 제31조에 따른 묘지·봉안시설·자연장지의 이전 또는 개수명령을 받고 이행하지 아니한 해당 묘지·봉안시설·자연장지의 연고자

② 시장등은 제1항에 따른 이행강제금을 부과하기 전에 이행강제금을 부과·징수한다는 뜻을 문서로써 미리 알려야 한다.

③ 시장등은 제1항에 따른 이행강제금을 부과하는 경우에는 이행강제금의 금액·부과사유·납부기한·수납기관·이의제기방법 및 이의제기기관 등을 명시한 문서로써 하여야 한다.

④ 시장등은 최초의 이전 또는 개수명령이 있은 날을 기준으로 하여 그 명령이 이행될 때까지 1년에 2회의 범위 안에서 반복하여 제1항에 따른 이행강제금을 부과·징수할 수 있다.

⑤ 시장등은 제31조에 따른 이전 또는 개수명령을 받은 자가 그 명령을 이

행하면 새로운 이행강제금의 부과를 즉시 중지하되, 이미 부과된 이행강제
금은 징수하여야 한다.

⑥ 시장등은 제1항에 따라 이행강제금 부과처분을 받은 자가 이행강제금을
기한 내에 납부하지 아니한 때에는 「지방행정제재·부과금의 징수 등에
관한 법률」에 따라 징수한다. 〈개정 2008.3.28., 2013.8.6., 2020.3.24.〉

## Ⅳ. 기재례

### 【범죄사실 기재례】

묘지구역 외에서는 시체를 매장할 수 없음에도 불구하고 피의자는 20○○. ○. ○. 11 : 00경 묘지구역이 아닌 충북 ○○군 ○○읍 ○○리 산○○번지에 있는 사건 외 홍○○ 소유의 임야에 ○○사망한 피의자의 아버지의 시체를 땅에 묻어 이를 매장하였다.

### 【범죄사실 기재례】

피의자는 관할관청으로부터 공원묘지조성승인을 받은 재단법인 ○○공원묘원의 대표자이다.

피의자는 도지사로부터 사설묘지설치허가를 받지 않고, 20○○. ○. ○.경 경기 ○○군 ○○면 ○○리 산○○번지에 있는 김○○ 소유의 임야 2,900㎡를 매수하고 그 무렵 굴삭기 등의 장비로 계단식 묘지를 조성하여 사건외 임○○의 사체매장용 분묘 등 합계 12기의 분묘용 사설묘지를 설치하였다.

**[서식] 시신·유골 매장(화장) 신고서**

# 시신·유골 [ ] 매장 [ ] 화장 신고서

※ [ ]에는 해당되는 곳에 √표를 합니다. (앞쪽)

| 접수번호 | | 접수일 | | 발급일 | | 처리기간 | 즉시 |
|---|---|---|---|---|---|---|---|

| 사망자 | 성 명 | | 주민등록번호 | | - |
|---|---|---|---|---|---|
| | 주 소 | | | | |
| | 사망장소 | | 사망사유 사망연월일 | | · · |
| | 매장 또는 화장 장소 | | 분묘설치 연 월 일 | | · · |

| 신고인 | 성 명 | | 주민등록번호 | | - | 사망자와의 관 계 | |
|---|---|---|---|---|---|---|---|
| | 주 소 | | | | | 전화번호 | |

「장사 등에 관한 법률」 제8조 및 같은 법 시행규칙 제2조에 따라 위와 같이 매장(화장) 신고합니다.

년 월 일

신고인 (서명 또는 인)

## 특별시장·광역시장·특별자치시장·도지사· 특별자치도지사 귀하 시장·군수·구청장

| 첨부서류 | 「의료법 시행규칙」 별지 제6호서식의 사망진단서(시체검안서) 또는 읍·면·동장의 확인서(화장신고의 경우만 해당합니다) |
|---|---|

제             호

## 시신·유골 [  ] 매장 [  ] 화장 신고증명서

| 사망자 | 성 명 | | 주민등록번호 | - |
| --- | --- | --- | --- | --- |
| | 주 소 | | 사망사유 사망연월일 | .    .    . |
| | 매장 또는 화장 장소 | | 분 묘 설 치 연 월 일 | |

| 신고인 | 성 명 | | 주민등록번호 | - | 사망자와의 관 계 | |
| --- | --- | --- | --- | --- | --- | --- |
| | 주 소 | | | | 전화번호 | |

「장사 등에 관한 법률」 제8조 및 같은 법 시행규칙 제2조에 따라 위와 같이 매장(화장) 신고증명서를 발급합니다.

년        월        일

**특별시장·광역시장·특별자치시장·도지사· 특별자치도지사 시장·군수·구청장**            관인

**[서식] 개장 신고서(허가신청서)**

# 개 장　[　] 신고서
# 　　　　[　] 허가신청서

※ [　]에는 해당되는 곳에 √표를 합니다.　　　　　　　　　　　　　　(앞쪽)

| 접수번호 | | 접수일 | | 발급일 | | 처리기간<br>·개장신고 : 2일<br>·개장허가 : 3일 | |
|---|---|---|---|---|---|---|---|
| 사망자 | 성　명 | | 주민등록번호 | | － | 사망연월일 | ．　．　． |
| | 묘지 또는<br>봉안된<br>장소 | | | | 매장 또는<br>봉안연월일 | | |
| | 개장장소 | | | | 개장방법<br>(매장·화장등) | □ 매장 → 매장　□ 매장 →<br>화장　□ 매장 → 봉안　□<br>매장 → 자연장<br>□ 봉안 → 매장 | |
| | 개장의<br>사유 | | | | 매장(봉안)기간 | ～ | |
| 신고인<br>(허가<br>신청인) | 성　명 | | 주민등록번호 | | － | 사망자와의 관계 | |
| | 주　소 | | | | 전화번호 | | |

「장사 등에 관한 법률」 제8조·제27조 및 같은 법 시행규칙 제2조·제18조에 따라 개장 신고(허가신청)를 합니다.

　　　　　　　　　　　　　　　　　　　　　　　　　　　　　년　　월　　일

　　　　　　　　　　신고인(신청인)　　　　　　　　　　　(서명 또는 인)

## 시·도지사, 시장·군수·구청장　귀하

| 신고인<br>제출서류 | 개장신고의 경우 | 1. 기존 분묘의 사진<br>2. 통보문 또는 공고문(설치기간이 종료된 분묘의 경우만 해당합니다) |
|---|---|---|
| | 개장허가의 경우 | 1. 기존 분묘의 사진<br>2. 분묘의 연고자를 알지 못하는 사유<br>3. 묘지 또는 토지가 개장허가 신청인의 소유임을 증명하는 서류<br>4.「부동산등기법」 등 관계 법령에 따라 해당 토지 등의 사용에 관하여 해당 분묘<br>　　연고자의 권리　가 없음을 증명하는 서류<br>5. 통보문 또는 공고문 |
| 담당 공무원 확인사항 | | 1. 토지(임야)대장<br>2. 토지등기부 등본 |

| 제 호 |  | | | | | |
|---|---|---|---|---|---|---|
| **개 장** | **[　] 신고증명서**<br>**[　] 허 가 증** | | | | | |
| 사망자 | 성 명 | | 사망연월일 | | ．　　．　　． | |
| | 묘지 또는<br>봉안된 장<br>소 | | 매장 또는<br>봉안연월일 | | ．　　．　　． | |
| | 개장장소 | | 개장방법 | [　] 매장　　[　] 화장 | | |
| 신고인<br>(신청인) | 성 명 | | 주민등록<br>번호 | － | 사망자와의<br>관계 | |
| | 주 소 | | | | 전화번호 | |

「장사 등에 관한 법률」 제8조·제27조 및 같은 법 시행규칙 제2조·제18조에 따라 위와 같이 개장신고(허가)를 하였으므로 신고증명서(허가증)를 발급합니다.

년　　월　　일

**시·도지사, 시장·군수·구청장**

관인

210mm×297mm[ 백상지  80g/㎡ ]

**[서식] 개인자연장지 조성(변경) 신고서**

# 개인자연장지 조성(변경)신고서

※ [ ]에는 해당되는 곳에 √표를 합니다. (앞쪽)

| 접수번호 | | 접수일 | 발급일 | 처리기간 | 7일 |
|---|---|---|---|---|---|
| 소재지 | | | 지 목 | | |
| 면 적 | | | 조성연월일 | . . . | |
| 자연장 형태 | [ ] 수목 [ ] 화초 [ ] 잔디 [ ] 수목장림 [ ] 기타 | | | | |
| 조성변경 | 변경연월일 | | | | |
| | 변경사유 | [ ]면적 [ ]조성·관리인 | | | |
| | 변경의 구체적 내용 | | | | |
| 사망자 | 성 명 | | 주민등록번호 | | |
| | 주 소 | | 사망연월일 | | |
| 조성자 | 성 명 | | 주민등록번호 | | |
| | 주 소 | | 사망자와의 관계 | | |
| 관리자 | 성 명 | | 주민등록번호 | | |
| | 주 소 | | 사망자와의 관계 | | |
| 신고인 | 성 명 | | 주민등록번호 | | |
| | 주 소 | | 사망자와의 관계 | | |

「장사 등에 관한 법률」 제16조제2항, 같은 법 시행령 제19조제1항 및 같은 법 시행규칙 제11조제1항·제3항에 따라 개인자연장지 조성(변경)신고를 합니다.

년 월 일

신고인 (서명 또는 인)

**특별자치시장·특별자치도지사·시장·군수·구청장** 귀하

| 첨부서류 | 뒤쪽 참조 |
|---|---|

| 제  호 | | | | |
|---|---|---|---|---|
| | **개인자연장지 조성(변경)신고증명서** |
| 소 재 지 | | | | |
| 면  적 | | 조성(변경)연월일 | .    .    . | |
| 조성(변경)내용 | | | | |
| 사 망 자 | 성 명 | | 주민등록번호 | |
| 신고인 | 성 명 | 주민등록번호 | - 사망자와의 관계 | |
| | 주 소 | | 전화번호 | |

「장사 등에 관한 법률」 제16조제2항, 같은 법 시행령 제19조제1항 및 같은 법 시행규칙 제11조제1항·제3항·제4항에 따라 위와 같이 개인자연장지 조성(변경)신고증명서를 발급합니다.

년      월      일

**특별자치시장·특별자치도지사· 시장·군수·구청장**      관인

210mm×297mm[백상지 80g/㎡]

**[서식] 장례식장영업 신고 확인증**

( 앞쪽)

제 호

# 장례식장영업 신고 확인증

시 설 명:

소 재 지:

대 표 자:　　　　　　　(생년월일:　　. 　. 　)

「장사 등에 관한 법률」 제29조제1항 및 같은 법 시행규칙 제20조제3항에
따라 위와 같이 장례식장영업 신고 확인증을 발급합니다.

년 　 월 　 일

**특별자치시장·특별자치도지사·시장·군수·구청장**　　직인

210mm×297mm[ 백상지( 150g/ ㎡) ]

# 저작권법

[시행 2024. 8. 28.] [법률 제20358호, 2024. 2. 27., 일부개정]

## Ⅰ. 개설

### 목적

이 법은 저작자의 권리와 이에 인접하는 권리를 보호하고 저작물의 공정한 이용을 도모함으로써 문화 및 관련 산업의 향상발전에 이바지함을 목적으로 한다.

## Ⅱ. 판례

**제2조(정의)** 이 법에서 사용하는 용어의 뜻은 다음과 같다. 〈개정 2009.4.22., 2011.6.30., 2011.12.2., 2016.3.22., 2021.5.18., 2023. 8. 8.〉

1. "저작물"은 인간의 사상 또는 감정을 표현한 창작물을 말한다.
2. "저작자"는 저작물을 창작한 자를 말한다.
3. "공연"은 저작물 또는 실연(實演)·음반·방송을 상연·연주·가창·구연·낭독·상영·재생 그 밖의 방법으로 공중에게 공개하는 것을 말하며, 동일인의 점유에 속하는 연결된 장소 안에서 이루어지는 송신(전송은 제외한다)을 포함한다.
4. "실연자"는 저작물을 연기·무용·연주·가창·구연·낭독 그 밖의 예능적 방법으로 표현하거나 저작물이 아닌 것을 이와 유사한 방법으로 표현하는 실연을 하는 자를 말하며, 실연을 지휘, 연출 또는 감독하는 자를 포함한다.
5. "음반"은 음(음성·음향을 말한다. 이하 같다)이 유형물에 고정된 것(음을 디지털화한 것을 포함한다)을 말한다. 다만, 음이 영상과 함께 고정된 것은 제외한다.
6. "음반제작자"는 음반을 최초로 제작하는 데 있어 전체적으로 기획하고 책임을 지는 자를 말한다.
7. "공중송신"은 저작물, 실연·음반·방송 또는 데이터베이스(이하 "저작물등"이라 한다)를 공중이 수신하거나 접근하게 할 목적으로 무선 또는 유선통신의 방법에 의하여 송신하거나 이용에 제공하는 것을 말한다.
8. "방송"은 공중송신 중 공중이 동시에 수신하게 할 목적으로 음·영상 또

는 음과 영상 등을 송신하는 것을 말한다.

8의2. "암호화된 방송 신호"란 방송사업자나 방송사업자의 동의를 받은 자가 정당한 권한 없이 방송(유선 및 위성 통신의 방법에 의한 방송으로 한정한다)을 수신하는 것을 방지하거나 억제하기 위하여 전자적으로 암호화한 방송 신호를 말한다.

9. "방송사업자"는 방송을 업으로 하는 자를 말한다.

10. "전송(傳送)"은 공중송신 중 공중의 구성원이 개별적으로 선택한 시간과 장소에서 접근할 수 있도록 저작물등을 이용에 제공하는 것을 말하며, 그에 따라 이루어지는 송신을 포함한다.

11. "디지털음성송신"은 공중송신 중 공중으로 하여금 동시에 수신하게 할 목적으로 공중의 구성원의 요청에 의하여 개시되는 디지털 방식의 음의 송신을 말하며, 전송은 제외한다.

12. "디지털음성송신사업자"는 디지털음성송신을 업으로 하는 자를 말한다.

13. "영상저작물"은 연속적인 영상(음의 수반여부는 가리지 아니한다)이 수록된 창작물로서 그 영상을 기계 또는 전자장치에 의하여 재생하여 볼 수 있거나 보고 들을 수 있는 것을 말한다.

14. "영상제작자"는 영상저작물의 제작에 있어 그 전체를 기획하고 책임을 지는 자를 말한다.

15. "응용미술저작물"은 물품에 동일한 형상으로 복제될 수 있는 미술저작물로서 그 이용된 물품과 구분되어 독자성을 인정할 수 있는 것을 말하며, 디자인 등을 포함한다.

16. "컴퓨터프로그램저작물"은 특정한 결과를 얻기 위하여 컴퓨터 등 정보처리능력을 가진 장치(이하 "컴퓨터"라 한다) 내에서 직접 또는 간접으로 사용되는 일련의 지시·명령으로 표현된 창작물을 말한다.

17. "편집물"은 저작물이나 부호·문자·음·영상 그 밖의 형태의 자료(이하 "소재"라 한다)의 집합물을 말하며, 데이터베이스를 포함한다.

18. "편집저작물"은 편집물로서 그 소재의 선택·배열 또는 구성에 창작성이 있는 것을 말한다.

19. "데이터베이스"는 소재를 체계적으로 배열 또는 구성한 편집물로서 개별적으로 그 소재에 접근하거나 그 소재를 검색할 수 있도록 한 것을 말한다.

20. "데이터베이스제작자"는 데이터베이스의 제작 또는 그 소재의 갱신·검증 또는 보충(이하 "갱신등"이라 한다)에 인적 또는 물적으로 상당한 투자를 한 자를 말한다.

21. "공동저작물"은 2명 이상이 공동으로 창작한 저작물로서 각자의 이바지

한 부분을 분리하여 이용할 수 없는 것을 말한다.

22. "복제"는 인쇄·사진촬영·복사·녹음·녹화 그 밖의 방법으로 일시적 또는 영구적으로 유형물에 고정하거나 다시 제작하는 것을 말하며, 건축물의 경우에는 그 건축을 위한 모형 또는 설계도서에 따라 이를 시공하는 것을 포함한다.

23. "배포"는 저작물등의 원본 또는 그 복제물을 공중에게 대가를 받거나 받지 아니하고 양도 또는 대여하는 것을 말한다.

24. "발행"은 저작물 또는 음반을 공중의 수요를 충족시키기 위하여 복제·배포하는 것을 말한다.

25. "공표"는 저작물을 공연, 공중송신 또는 전시 그 밖의 방법으로 공중에게 공개하는 경우와 저작물을 발행하는 경우를 말한다.

26. "저작권신탁관리업"은 저작재산권자, 배타적발행권자, 출판권자, 저작인접권자 또는 데이터베이스제작자의 권리를 가진 자를 위하여 그 권리를 신탁받아 이를 지속적으로 관리하는 업을 말하며, 저작물등의 이용과 관련하여 포괄적으로 대리하는 경우를 포함한다.

27. "저작권대리중개업"은 저작재산권자, 배타적발행권자, 출판권자, 저작인접권자 또는 데이터베이스제작자의 권리를 가진 자를 위하여 그 권리의 이용에 관한 대리 또는 중개행위를 하는 업을 말한다.

28. "기술적 보호조치"란 다음 각 목의 어느 하나에 해당하는 조치를 말한다.
    가. 저작권, 그 밖에 이 법에 따라 보호되는 권리의 행사와 관련하여 이 법에 따라 보호되는 저작물등에 대한 접근을 효과적으로 방지하거나 억제하기 위하여 그 권리자나 권리자의 동의를 받은 자가 적용하는 기술적 조치
    나. 저작권, 그 밖에 이 법에 따라 보호되는 권리에 대한 침해 행위를 효과적으로 방지하거나 억제하기 위하여 그 권리자나 권리자의 동의를 받은 자가 적용하는 기술적 조치

29. "권리관리정보"는 다음 각 목의 어느 하나에 해당하는 정보나 그 정보를 나타내는 숫자 또는 부호로서 각 정보가 저작권, 그 밖에 이 법에 따라 보호되는 권리에 의하여 보호되는 저작물등의 원본이나 그 복제물에 붙여지거나 그 공연·실행 또는 공중송신에 수반되는 것을 말한다.
    가. 저작물등을 식별하기 위한 정보
    나. 저작권, 그 밖에 이 법에 따라 보호되는 권리를 가진 자를 식별하기 위한 정보
    다. 저작물등의 이용 방법 및 조건에 관한 정보

30. "온라인서비스제공자"란 다음 각 목의 어느 하나에 해당하는 자를 말한다.

가. 이용자가 선택한 저작물등을 그 내용의 수정 없이 이용자가 지정한 지점 사이에서 정보통신망(「정보통신망 이용촉진 및 정보보호 등에 관한 법률」 제2조제1항제1호의 정보통신망을 말한다. 이하 같다)을 통하여 전달하기 위하여 송신하거나 경로를 지정하거나 연결을 제공하는 자

나. 이용자들이 정보통신망에 접속하거나 정보통신망을 통하여 저작물등을 복제·전송할 수 있도록 서비스를 제공하거나 그를 위한 설비를 제공 또는 운영하는 자

31. "업무상저작물"은 법인·단체 그 밖의 사용자(이하 "법인등"이라 한다)의 기획하에 법인등의 업무에 종사하는 자가 업무상 작성하는 저작물을 말한다.

32. "공중"은 불특정 다수인(특정 다수인을 포함한다)을 말한다.

33. "인증"은 저작물등의 이용허락 등을 위하여 정당한 권리자임을 증명하는 것을 말한다.

34. "프로그램코드역분석"은 독립적으로 창작된 컴퓨터프로그램저작물과 다른 컴퓨터프로그램과의 호환에 필요한 정보를 얻기 위하여 컴퓨터프로그램저작물코드를 복제 또는 변환하는 것을 말한다.

35. "라벨"이란 그 복제물이 정당한 권한에 따라 제작된 것임을 나타내기 위하여 저작물등의 유형적 복제물·포장 또는 문서에 부착·동봉 또는 첨부되거나 그러한 목적으로 고안된 표지를 말한다.

36. "영화상영관등"이란 영화상영관, 시사회장, 그 밖에 공중에게 영상저작물을 상영하는 장소로서 상영자에 의하여 입장이 통제되는 장소를 말한다.

## 손해배상(지)·손해배상(지)·손해배상(지)

[대법원 2022. 11. 17., 선고, 2019다283725, 283732, 283749, 판결]

【판결요지】

[1] 저작권법 제2조는 제3호에서 "공연"을 저작물 또는 실연·음반·방송을 상연·연주·가창·구연·낭독·상영·재생 그 밖의 방법으로 공중에게 공개하는 것으로, 제32호에서 "공중"을 불특정 다수인(특정 다수인을 포함한다)으로 각 규정하고 있다.

공중에게 공개한다 함은 불특정인 누구에게나 요금을 내는 정도 외에 다른 제한 없이 공개된 장소 또는 통상적인 가족 및 친지의 범위를 넘는 다수인이 모여 있는 장소에서 저작물을 공개하거나, 반드시 같은 시간에 같은 장소에 모여 있지 않더라도 위와 같은 불특정 또는 다수인에게 전자장치 등을 이용하여 저작물을 전파, 통신함으로써 공개하는 것을 의미하므로, 공중이 공개된 장소에서 저작물을 접할 수 있는 상태에 있는 한 공중이 실제로 있는지 여부를 불문한다.

[2] 단체의 설립목적을 달성하기 위하여 수행하는 사업 또는 활동의 절차·방식·

내용 등을 정한 단체 내부의 규정은 그것이 선량한 풍속 기타 사회질서에 위반되는 등 사회관념상 현저히 타당성을 잃은 것이라는 등의 특별한 사정이 없는 한 이를 무효라고 할 수 없다.

[3] 저작권신탁관리업자인 甲 법인이 음악저작물 사용료 분배규정을 개정하여 유흥주점·단란주점·노래연습장 등 업소에서 노래반주기에 메들리 곡을 재생하는 것에 대하여 수록곡으로서의 공연사용료만 분배하고 로그데이터를 기반으로 한 공연사용료는 분배대상에서 제외하기로 하자, 음악저작자들로 甲 법인의 회원인 乙 등이 위 분배규정 개정은 신탁계약상 채무불이행 또는 불법행위에 해당하거나 현저히 불공정하여 무효라며 손해배상을 구한 사안에서, 위 업소가 노래반주기에 수록된 음악저작물을 영업시간 중 재생하는 것은 고객의 유무나 가창 여부에 상관없이 저작권법상 공연으로 볼 수 있으나, 위 분배규정의 개정은 음악저작물이 실제 이용되고 있는 비율이나 방식을 정확하게 파악하기 어려운 상황에서 음악저작물의 현실적인 이용 상황과 변화 등 다양한 여건을 고려한 것으로 보여 사회관념상 현저히 타당성을 잃은 것이라고 단정하기 어렵고, 또한 메들리 곡에 대한 공연사용료 중 로그데이터를 기반으로 한 공연사용료만을 분배대상에서 제외한 것일 뿐 분배 자체를 모두 부정한 것이 아니어서 저작권의 본질적 내용을 침해하는 것이라고 볼 수도 없으므로, 같은 취지에서 乙 등의 주장을 모두 배척한 원심판단은 정당하다고 한 사례.

## 표지갈이 저작권법위반 사건
[대법원 2021. 7. 15., 선고, 2018도144, 판결]

【판결요지】
[1] 저작권법 제137조 제1항 제1호는 저작자 아닌 자를 저작자로 하여 실명·이명을 표시하여 저작물을 공표한 자를 형사처벌한다고 정하고 있다. 이 규정은 자신의 의사에 반하여 타인의 저작물에 저작자로 표시된 저작자 아닌 자의 인격적 권리나 자신의 의사에 반하여 자신의 저작물에 저작자 아닌 자가 저작자로 표시된 데 따른 실제 저작자의 인격적 권리뿐만 아니라 저작자 명의에 관한 사회 일반의 신뢰도 보호하려는 데 목적이 있다. 이러한 입법 취지 등을 고려하면, 저작자 아닌 자를 저작자로 표시하여 저작물을 공표한 이상 위 규정에 따른 범죄는 성립하고, 사회통념에 비추어 사회 일반의 신뢰가 손상되지 않는다고 인정되는 특별한 사정이 있는 경우가 아닌 한 그러한 공표에 저작자 아닌 자와 실제 저작자의 동의가 있었더라도 달리 볼 것은 아니다. 또한 실제 저작자가 저작자 아닌 자를 저작자로 표시하여 저작물을 공표하는 범행에 가담하였다면 저작권법 제137조 제1항 제1호 위반죄의 공범으로 처벌할 수 있다.

[2] 저작권법상 공표는 저작물을 공연, 공중송신 또는 전시 그 밖의 방법으로 공중에게 공개하는 것과 저작물을 발행하는 것을 말한다(저작권법 제2조 제25호). 이러한 공표의 문언적 의미와 저작권법 제137조 제1항 제1호의 입법 취지에 비추어 보면, 저작자를 허위로 표시하는 대상이 되는 저작물이 이전에 공표된 적이 있더라도 위 규정에 따른 범죄의 성립에는 영향이 없다.

## 저작권법위반[카페 건물이 저작권법으로 보호되는 건축저작물인지 여부가 문제된 사건]

[대법원 2020. 4. 29., 선고, 2019도9601, 판결]

**【판결요지】**

[1] 저작권법 제2조 제1호는 저작물을 '인간의 사상 또는 감정을 표현한 창작물'로 규정하여 창작성을 요구하고 있다. 여기서 창작성은 완전한 의미의 독창성을 요구하는 것은 아니라고 하더라도, 창작성이 인정되려면 적어도 어떠한 작품이 단순히 남의 것을 모방한 것이어서는 안 되고 사상이나 감정에 대한 창작자 자신의 독자적인 표현을 담고 있어야 한다.

저작권법은 제4조 제1항 제5호에서 '건축물·건축을 위한 모형 및 설계도서 그 밖의 건축저작물'을 저작물로 예시하고 있다. 그런데 건축물과 같은 건축저작물은 이른바 기능적 저작물로서, 건축분야의 일반적인 표현방법, 용도나 기능 자체, 저작물 이용자의 편의성 등에 따라 표현이 제한되는 경우가 많다. 따라서 건축물이 그와 같은 일반적인 표현방법 등에 따라 기능 또는 실용적인 사상을 나타내고 있을 뿐이라면 창작성을 인정하기 어렵지만, 사상이나 감정에 대한 창작자 자신의 독자적인 표현을 담고 있어 창작자의 창조적 개성이 나타나 있는 경우라면 창작성을 인정할 수 있으므로 저작물로서 보호를 받을 수 있다.

[2] 저작권 침해가 인정되기 위해서는 침해자의 저작물이 저작권자의 저작물에 의거(依據)하여 그것을 이용하였어야 하고, 침해자의 저작물과 저작권자의 저작물 사이에 실질적 유사성이 인정되어야 한다. 저작권의 보호 대상은 인간의 사상 또는 감정을 말, 문자, 음, 색 등으로 구체적으로 외부에 표현한 창작적인 표현형식이므로, 저작권 침해 여부를 가리기 위하여 두 저작물 사이에 실질적인 유사성이 있는지를 판단할 때에는 창작적인 표현형식에 해당하는 것만을 가지고 대비해 보아야 한다.

[3] 건축사인 피고인이 甲으로부터 건축을 의뢰받고, 乙이 설계·시공한 카페 건축물(이하 '乙의 건축물'이라 한다)의 디자인을 모방하여 甲의 카페 건축물을 설계·시공함으로써 乙의 저작권을 침해하였다는 내용으로 기소된 사안에서, 乙의 건축물은 외벽과 지붕슬래브가 이어져 1층, 2층 사이의 슬래브에 이르기까지 하나의 선으로 연결된 형상, 슬래브의 돌출 정도와 마감 각도, 양쪽 외벽의 기울어진 형태와 정도 등 여러 특징이 함께 어우러져 창작자 자신의 독자적인 표현을 담고 있어, 일반적인 표현방법에 따른 기능 또는 실용적인 사상만이 아니라 창작자의 창조적 개성을 나타내고 있으므로 저작권법으로 보호되는 저작물에 해당한다는 이유로, 같은 취지에서 乙의 건축물의 창작성이 인정되고, 피고인이 설계·시공한 카페 건축물과 乙의 건축물 사이에 실질적 유사성이 인정된다고 본 원심판단을 수긍한 사례.

**제3조(외국인의 저작물)** ① 외국인의 저작물은 대한민국이 가입 또는 체결한 조약에 따라 보호된다.

② 대한민국 내에 상시 거주하는 외국인(무국적자 및 대한민국 내에 주된 사무소가 있는 외국법인을 포함한다)의 저작물과 맨 처음 대한민국 내에서 공표된 외국인의 저작물(외국에서 공표된 날부터 30일 이내에 대한민국 내에서 공표된 저작물을 포함한다)은 이 법에 따라 보호된다. 〈개정 2023. 8. 8.〉

③ 제1항 및 제2항에 따라 보호되는 외국인(대한민국 내에 상시 거주하는 외국인 및 무국적자는 제외한다. 이하 이 조에서 같다)의 저작물이라도 그 외국에서 대한민국 국민의 저작물을 보호하지 아니하는 경우에는 그에 상응하게 조약 및 이 법에 따른 보호를 제한할 수 있다. 〈개정 2011.6.30.〉

④ 제1항 및 제2항에 따라 보호되는 외국인의 저작물이라도 그 외국에서 보호기간이 만료된 경우에는 이 법에 따른 보호기간을 인정하지 아니한다. 〈신설 2011.6.30.〉

## 저작권법위반

[대법원 2020. 12. 10., 선고, 2020도6425 판결]

**【판결요지】**

1995. 12. 6. 법률 제5015호로 개정된 저작권법(이하 '1995년 개정 저작권법'이라 한다)은 국제적인 기준에 따라 외국인의 저작권을 소급적으로 보호하면서, 부칙 제4조를 통하여 위 법 시행 전의 적법한 이용행위로 제작된 복제물이나 2차적저작물 등을 법 시행 이후에도 일정기간 이용할 수 있게 함으로써 1995년 개정 저작권법으로 소급적으로 저작권법의 보호를 받게 된 외국인의 저작물(이하 '회복저작물'이라 한다)을 1995년 개정 저작권법 시행 전에 적법하게 이용하여 온 자의 신뢰를 보호하는 한편 그동안 들인 노력과 비용을 회수할 수 있는 기회도 부여하였다. 특히 2차적저작물의 작성자는 단순한 복제와 달리 상당한 투자를 하는 경우가 많으므로, 부칙 제4조 제3항을 통해 회복저작물의 2차적저작물 작성자의 이용행위를 기간의 제한 없이 허용하면서, 저작권의 배타적 허락권의 성격을 보상청구권으로 완화함으로써 회복저작물의 원저작자와 2차적저작물 작성자 사이의 이해관계를 합리적으로 조정하고자 하였다.

1995년 개정 저작권법 부칙 제4조 제3항은 회복저작물을 원저작물로 하는 2차적저작물로서 1995. 1. 1. 전에 작성된 것을 계속 이용하는 행위에 대한 규정으로 새로운 저작물을 창작하는 것을 허용하는 규정으로 보기 어렵고, 위 부칙 제4조 제3항이 허용하는 2차적저작물의 이용행위를 지나치게 넓게 인정하게 되면 회복저작물의 저작자 보호가 형해화되거나 회복저작물 저작자의 2차적저작물 작성권을 침해할 수 있다. 따라서 회복저작물을 원저작물로 하는 2차적저작물과 이를 이용한 저작물이 실질적으로 유사하더라도, 위 2차적저작물을 수정·변경하면서 부가한 새로운 창작성이 양적·질적으로 상당하여 사회통념상 새로운 저작물로 볼 정도에 이르렀다면, 위 부칙 제4조 제3항이 규정하는 2차적저작물의 이용행위에는 포함되지 않는다고 보아야 한다.

**제4조(저작물의 예시 등)** ① 이 법에서 말하는 저작물을 예시하면 다음과 같다.

1. 소설·시·논문·강연·연설·각본 그 밖의 어문저작물
2. 음악저작물
3. 연극 및 무용·무언극 그 밖의 연극저작물
4. 회화·서예·조각·판화·공예·응용미술저작물 그 밖의 미술저작물
5. 건축물·건축을 위한 모형 및 설계도서 그 밖의 건축저작물
6. 사진저작물(이와 유사한 방법으로 제작된 것을 포함한다)
7. 영상저작물
8. 지도·도표·설계도·약도·모형 그 밖의 도형저작물
9. 컴퓨터프로그램저작물

② 삭제 〈2009.4.22.〉

## [건축 설계도서의 저작물성 인정 여부 사건]

[대법원 2021. 6. 24., 선고, 2017다261981, 판결]

【판결요지】

[1] 저작권법 제2조 제1호는 저작물을 '인간의 사상 또는 감정을 표현한 창작물'로 규정하여 창작성을 요구하고 있다. 여기서 창작성은 완전한 의미의 독창성을 요구하는 것은 아니라고 하더라도 창작성이 인정되려면 적어도 어떠한 작품이 단순히 남의 것을 모방한 것이어서는 아니 되고 사상이나 감정에 대한 창작자 자신의 독자적인 표현을 담고 있어야 한다. 저작권법은 제4조 제1항 제5호에서 '건축물·건축을 위한 모형 및 설계도서 그 밖의 건축저작물'을, 같은 항 제8호에서 '지도·도표·설계도·약도·모형 그 밖의 도형저작물'을 저작물로 예시하고 있다. 그런데 건축저작물이나 도형저작물은 이른바 기능적 저작물로서, 해당 분야에서의 일반적인 표현방법, 그 용도나 기능 자체, 저작물 이용자의 이용의 편의성 등에 의하여 그 표현이 제한되는 경우가 많다. 따라서 기능적 저작물이 그와 같은 일반적인 표현방법 등에 따라 기능 또는 실용적인 사상을 나타내고 있을 뿐이라면 창작성을 인정하기 어렵지만, 사상이나 감정에 대한 창작자 자신의 독자적인 표현을 담고 있어 창작자의 창조적 개성이 나타나 있는 경우라면 창작성을 인정할 수 있으므로 저작물로서 보호를 받을 수 있다.

[2] 甲 주식회사가 신축하는 다가구주택에 관하여 설계도서를 제작·교부한 건축사 乙이, 위 주택 신축 후 甲 회사가 건축사 丙이 제작·교부한 설계도서로 다른 건물을 신축하자, 甲 회사와 丙을 상대로 그들이 乙의 동의를 받지 아니한 채 乙의 설계도서를 일부 수정하여 위 건물의 설계도서를 제작하였다며 저작권 침해로 인한 손해배상을 구한 사안에서, 乙의 설계도서 중 적어도 지붕 형태, 1층 출입문 및 회랑 형태의 구조는 乙 자신의 독자적인 사상 또는 감정의 표현을 담고 있어 위 설계도서는 乙의 창조적 개성이 드러나는 저작물에 해당하고, 丙의 설계도서는 乙의 설계도서의 원본 캐드(CAD) 파일에 사소한 변형만을 가하여 작성한 것으로 乙의 설계도서와 실질적으로 유사하므로, 甲 회사와 丙은 저작권 침해로 인한 손해배상책임을 진다고 본 원심판단에 법리오해 등 잘못이 없다고 한 사례.

**제5조(2차적저작물)** ① 원저작물을 번역·편곡·변형·각색·영상제작 그 밖의 방법으로 작성한 창작물(이하 "2차적저작물"이라 한다)은 독자적인 저작물로서 보호된다.

② 2차적저작물의 보호는 그 원저작물의 저작자의 권리에 영향을 미치지 아니한다.

## 실제의 건축물을 축소한 모형에 관한 저작권 침해 사건

[대법원 2018. 5. 15., 선고, 2016다227625, 판결]

【판결요지】

[1] 저작권법 제2조 제1호는 저작물을 '인간의 사상 또는 감정을 표현한 창작물'로 규정하여 창작성을 요구하고 있다. 여기서 창작성은 완전한 의미의 독창성을 요구하는 것은 아니라고 하더라도 창작성이 인정되려면 적어도 어떠한 작품이 단순히 남의 것을 모방한 것이어서는 아니 되고 사상이나 감정에 대한 작자 자신의 독자적인 표현을 담고 있어야 한다.

실제 존재하는 건축물을 축소한 모형도 실제의 건축물을 축소하여 모형의 형태로 구현하는 과정에서 건축물의 형상, 모양, 비율, 색채 등에 관한 변형이 가능하고, 그 변형의 정도에 따라 실제의 건축물과 구별되는 특징이나 개성이 나타날 수 있다. 따라서 실제 존재하는 건축물을 축소한 모형이 실제의 건축물을 충실히 모방하면서 이를 단순히 축소한 것에 불과하거나 사소한 변형만을 가한 경우에는 창작성을 인정하기 어렵지만, 그러한 정도를 넘어서는 변형을 가하여 실제의 건축물과 구별되는 특징이나 개성이 나타난 경우라면, 창작성을 인정할 수 있어 저작물로서 보호를 받을 수 있다.

[2] 저작권의 침해 여부를 가리기 위하여 두 저작물 사이에 실질적인 유사성이 있는지를 판단할 때에는, 창작적인 표현형식에 해당하는 것만을 가지고 대비해 보아야 한다. 따라서 건축물을 축소한 모형 저작물과 대비 대상이 되는 저작물 사이에 실질적인 유사성이 있는지를 판단할 때에도, 원건축물의 창작적인 표현이 아니라 원건축물을 모형의 형태로 구현하는 과정에서 새롭게 부가된 창작적인 표현에 해당하는 부분만을 가지고 대비하여야 한다.

[3] 저작권법이 보호하는 복제권이나 2차적저작물작성권의 침해가 성립되기 위하여는 대비 대상이 되는 저작물이 침해되었다고 주장하는 기존의 저작물에 의거하여 작성되었다는 점이 인정되어야 한다. 이러한 의거관계는 기존의 저작물에 대한 접근가능성 및 대상 저작물과 기존의 저작물 사이의 유사성이 인정되면 추정할 수 있다.

**제6조(편집저작물)** ① 편집저작물은 독자적인 저작물로서 보호된다.

② 편집저작물의 보호는 그 편집저작물의 구성부분이 되는 소재의 저작권 그 밖에 이 법에 따라 보호되는 권리에 영향을 미치지 아니한다.

# 저작권법위반

[대법원 2021. 8. 26., 선고, 2020도13556, 판결]

【판결요지】

[1] 편집물이 저작물로서 보호를 받으려면 일정한 방침 내지 목적을 가지고 소재를 수집·분류·선택하고 배열하여 편집물을 작성하는 행위에 창작성이 있어야 하는바, 그 창작성은 작품이 저자 자신의 작품으로서 남의 것을 복제한 것이 아니라는 것과 최소한도의 창작성이 있는 것을 의미하므로 반드시 작품의 수준이 높아야 하는 것은 아니지만 저작권법에 의한 보호를 받을 가치가 있는 정도의 최소한의 창작성은 있어야 한다. 편집물에 포함된 소재 자체의 창작성과는 별개로 해당 편집물을 작성한 목적, 의도에 따른 독창적인 편집방침 내지 편집자의 학식과 경험 등 창조적 개성에 따라 소재를 취사선택하였거나 그 취사선택된 구체적인 소재가 단순 나열이나 기계적 작업의 범주를 넘어 나름의 편집방식으로 배열·구성된 경우에는 편집저작물로서의 창작성이 인정된다. 편집방침은 독창적이라고 하더라도 그 독창성이 단순히 아이디어에 불과하거나 기능상의 유용성에 머무는 경우, 소재의 선택·배열·구성이 진부하거나 통상적인 편집방법에 의한 것이어서 최소한의 창작성이 드러나지 않는 경우, 동일 내지 유사한 목적의 편집물을 작성하고자 하는 자라면 누구나 같거나 유사한 자료를 선택할 수밖에 없고 편집방법에서도 개성이 드러나지 않는 경우 등에는 편집저작물로서의 창작성을 인정하기 어렵다.

[2] 저작권의 침해 여부를 가리기 위하여 두 저작물 사이에 실질적인 유사성이 있는지를 판단할 때에는 창작적인 표현형식에 해당하는 것만을 가지고 대비해 보아야 한다. 이는 편집저작물의 경우에도 같으므로, 저작권자의 저작물과 침해자의 저작물 사이에 실질적 유사성이 있는지를 판단할 때에도, 소재의 선택·배열 또는 구성에 있어서 창작적 표현에 해당하는 것만을 가지고 대비하여야 한다. 따라서 편집저작물에 관한 저작권 침해 여부가 문제 된 사건에서 저작권자의 저작물 전체가 아니라 그중 일부에 대한 침해 여부가 다투어지는 경우에는, 먼저 침해 여부가 다투어지는 부분을 특정한 뒤 저작물의 종류나 성격 등을 고려하여 저작권자의 저작물 중 침해 여부가 다투어지는 부분이 창작성 있는 표현에 해당하는지, 침해자의 저작물의 해당 부분이 저작권자의 저작물의 해당 부분에 의거하여 작성된 것인지 및 그와 실질적으로 유사한지를 개별적으로 살펴야 하고, 나아가 이용된 창작성 있는 표현 부분이 저작권자의 저작물 전체에서 차지하는 양적·질적 비중 등도 고려하여 저작권 침해 여부를 판단하여야 한다. 그리고 저작권법 위반의 형사사건을 담당하는 법원은 이와 같은 저작권 침해사건의 특성을 고려하여 석명권을 행사하여 검사로 하여금 침해 부분을 명확히 특정하도록 함으로써 피고인의 방어권 행사가 실질적으로 보장될 수 있도록 하여야 한다.

**제7조(보호받지 못하는 저작물)** 다음 각 호의 어느 하나에 해당하는 것은 이 법에 의한 보호를 받지 못한다. 〈개정 2023. 8. 8.〉

1. 헌법·법률·조약·명령·조례 및 규칙
2. 국가 또는 지방자치단체의 고시·공고·훈령 그 밖에 이와 유사한 것
3. 법원의 판결·결정·명령 및 심판이나 행정심판절차 그 밖에 이와 유사한 절차에 의한 의결·결정 등
4. 국가 또는 지방자치단체가 작성한 것으로서 제1호부터 제3호까지에 규정된 것의 편집물 또는 번역물
5. 사실의 전달에 불과한 시사보도

## 저작권법위반

[대법원 2015. 6. 11., 선고, 2011도10872, 판결]

【판결요지】
저작권법은 제2조 제1호에서 저작물을 '인간의 사상 또는 감정을 표현한 창작물'이라고 정의하는 한편, 제7조에서 보호받지 못하는 저작물로서 헌법·법률·조약·명령·조례 및 규칙(제1호), 국가 또는 지방자치단체의 고시·공고·훈령 그 밖에 이와 유사한 것(제2호), 법원의 판결·결정·명령 및 심판이나 행정심판절차 그 밖에 이와 유사한 절차에 의한 의결·결정 등(제3호), 국가 또는 지방자치단체가 작성한 것으로서 제1호 내지 제3호에 규정된 것의 편집물 또는 번역물(제4호), 사실의 전달에 불과한 시사보도(제5호)를 열거하고 있을 뿐이다. 따라서 저작권법의 보호대상이 되는 저작물이란 위 열거된 보호받지 못하는 저작물에 속하지 아니하면서도 인간의 정신적 노력에 의하여 얻어진 사상 또는 감정을 말, 문자, 음, 색 등에 의하여 구체적으로 외부에 표현한 것으로서 '창작적인 표현형식'을 담고 있으면 족하고, 표현되어 있는 내용 즉 사상 또는 감정 자체의 윤리성 여하는 문제 되지 아니하므로, 설령 내용 중에 부도덕하거나 위법한 부분이 포함되어 있다 하더라도 저작권법상 저작물로 보호된다.

**제11조(공표권)** ① 저작자는 그의 저작물을 공표하거나 공표하지 아니할 것을 결정할 권리를 가진다.

② 저작자가 공표되지 아니한 저작물의 저작재산권을 제45조에 따른 양도, 제46조에 따른 이용허락, 제57조에 따른 배타적발행권의 설정 또는 제63조에 따른 출판권의 설정을 한 경우에는 그 상대방에게 저작물의 공표를 동의한 것으로 추정한다. 〈개정 2009.4.22., 2011.12.2.〉

③ 저작자가 공표되지 아니한 미술저작물·건축저작물 또는 사진저작물(이하 "미술저작물등"이라 한다)의 원본을 양도한 경우에는 그 상대방에게 저작

물의 원본의 전시방식에 의한 공표를 동의한 것으로 추정한다.

④ 원저작자의 동의를 얻어 작성된 2차적저작물 또는 편집저작물이 공표된 경우에는 그 원저작물도 공표된 것으로 본다.

⑤ 공표하지 아니한 저작물을 저작자가 제31조의 도서관등에 기증한 경우 별도의 의사를 표시하지 아니하면 기증한 때에 공표에 동의한 것으로 추정한다. 〈신설 2011.12.2., 2023. 8. 8.〉

## 손해배상
[대법원 2015. 8. 27, 선고, 2012다204587, 판결]

【판결요지】

[1] 저작권법은 공표권(제11조), 성명표시권(제12조), 동일성유지권(제13조) 등의 저작인격권을 특별히 규정하고 있으나, 작가가 자신의 저작물에 대해서 가지는 인격적 이익에 대한 권리가 위와 같은 저작권법 규정에 해당하는 경우로만 한정된다고 할 수는 없으므로 저작물의 단순한 변경을 넘어서 폐기 행위로 인하여 저작자의 인격적 법익 침해가 발생한 경우에는 위와 같은 동일성유지권 침해의 성립 여부와는 별개로 저작자의 일반적 인격권을 침해한 위법한 행위가 될 수 있다.

[2] 공무원의 행위를 원인으로 한 국가배상책임을 인정하기 위하여는 '공무원이 직무를 집행하면서 고의 또는 과실로 법령을 위반하여 타인에게 손해를 입힌 때'라고 하는 국가배상법 제2조 제1항의 요건이 충족되어야 한다. 여기서 '법령을 위반하여'라고 함은 엄격하게 형식적 의미의 법령에 명시적으로 공무원의 행위의무가 정하여져 있음에도 이를 위반하는 경우만을 의미하는 것은 아니고, 인권존중·권력남용금지·신의성실과 같이 공무원으로서 마땅히 지켜야 할 준칙이나 규범을 지키지 아니하고 위반한 경우를 비롯하여 널리 그 행위가 객관적인 정당성을 결여하고 있는 경우도 포함한다. 예술작품이 공공장소에 전시되어 일반대중에게 상당한 인지도를 얻는 등 예술작품의 종류와 성격 등에 따라서는 저작자로서도 자신의 예술작품이 공공장소에 전시·보존될 것이라는 점에 대하여 정당한 이익을 가질 수 있으므로, 저작물의 종류와 성격, 이용의 목적 및 형태, 저작물 설치 장소의 개방성과 공공성의 정도, 국가가 이를 선정하여 설치하게 된 경위, 폐기의 이유와 폐기 결정에 이른 과정 및 폐기 방법 등을 종합적으로 고려하여 볼 때 국가 소속 공무원의 해당 저작물의 폐기 행위가 현저하게 합리성을 잃고 저작자로서의 명예감정 및 사회적 신용과 명성 등을 침해하는 방식으로 이루어진 경우에는 객관적 정당성을 결여한 행위로서 위법하다.

[3] 甲이 국가의 의뢰로 도라산역사 내 벽면 및 기둥들에 벽화를 제작·설치하였는데, 국가가 작품 설치일로부터 약 3년 만에 벽화를 철거하여 소각한 사안에서, 甲은 특별한 역사적, 시대적 의미를 가지고 있는 도라산역이라는 공공장소에 국가의 의뢰로 설치된 벽화가 상당 기간 전시되고 보존되리라고 기대하였고, 국가도 단기간에 이를 철거할 경우 甲이 예술창작자로서 갖는 명예감정 및 사회적 신용이나 명성 등이 침해될 것을 예상할 수 있었음에도, 국가가 벽화 설치 이전에 이미 알고 있었던 사유를 들어 적법한 절차를 거치지 아니한 채 철거를 결정하고 원형을 크게 손상시키는 방법으로 철거 후 소각한

행위는 현저하게 합리성을 잃은 행위로서 객관적 정당성을 결여하여 위법하므로, 국가는 국가배상법 제2조 제1항에 따라 甲에게 위자료를 지급할 의무가 있다고 한 사례.

**제16조(복제권)** 저작자는 그의 저작물을 복제할 권리를 가진다.

### 저작권침해등
[대법원 2021. 6. 30. 선고 2019다268061 판결]

【판결요지】
저작권 침해가 인정되기 위해서는 침해자의 저작물이 저작권자의 저작물에 의거(依據)하여 그것을 이용하였어야 하고, 침해자의 저작물과 저작권자의 저작물 사이에 실질적 유사성이 인정되어야 한다. 저작권의 보호 대상은 인간의 사상이나 감정을 말, 문자, 음, 색 등으로 구체적으로 외부에 표현한 창작적인 표현 형식이므로, 저작권 침해 여부를 가리기 위하여 두 저작물 사이에 실질적인 유사성이 있는지를 판단할 때에는 창작적인 표현 형식에 해당하는 것만을 가지고 대비해 보아야 한다. 그리고 복제된 창작성 있는 표현 부분이 원저작물 전체에서 차지하는 양적·질적 비중 등도 고려하여 복제권 등의 침해 여부를 판단하여야 한다.

### 손해배상
[대법원 2019. 5. 10., 선고, 2016도15974, 판결]

【판결요지】
저작권법 제2조 제22호는 '복제'의 의미에 대해 "인쇄·사진촬영·복사·녹음·녹화 그 밖의 방법으로 일시적 또는 영구적으로 유형물에 고정하거나 다시 제작하는 것"이라고 규정하고 있다. 이러한 복제에는 도안이나 도면의 형태로 되어 있는 저작물을 입체적인 조형물로 다시 제작하는 것도 포함한다. 위 조항의 후문은 "건축물의 경우에는 그 건축을 위한 모형 또는 설계도서에 따라 이를 시공하는 것을 포함한다."라고 규정하고 있으나, 이는 저작물인 '건축물을 위한 모형 또는 설계도서'에 따라 건축물을 시공하더라도 복제에 해당한다는 점을 명확히 하려는 확인적 성격의 규정에 불과하다.

**제25조(학교교육 목적 등에의 이용)** ① 고등학교 및 이에 준하는 학교 이하의 학교의 교육 목적을 위하여 필요한 교과용도서에는 공표된 저작물을 게재할 수 있다. 〈개정 2023. 8. 8.〉
② 교과용도서를 발행한 자는 교과용도서를 본래의 목적으로 이용하기 위하여 필요한 한도 내에서 제1항에 따라 교과용도서에 게재한 저작물을 복제·배

포·공중송신할 수 있다. 〈신설 2020.2.4.〉

③ 다음 각 호의 어느 하나에 해당하는 학교·교육기관 또는 교육훈련기관이 수업 목적으로 이용하는 경우에는 공표된 저작물의 일부분을 복제·배포·공연·전시 또는 공중송신(이하 이 조에서 "복제등"이라 한다)할 수 있다. 다만, 공표된 저작물의 성질이나 그 이용의 목적 및 형태 등에 비추어 해당 저작물의 전부를 복제등을 하는 것이 부득이한 경우에는 전부 복제등을 할 수 있다. 〈개정 2020.2.4., 2024. 2. 27.〉

1. 특별법에 따라 설립된 학교

2. 「유아교육법」, 「초·중등교육법」 또는 「고등교육법」에 따른 학교

3. 국가나 지방자치단체가 운영하는 교육기관

4. 「학점인정 등에 관한 법률」 제3조에 따라 평가인정을 받은 학습과정을 운영하는 교육훈련기관(정보통신매체를 이용한 원격수업기반 학습과정에 한정한다)

④ 국가나 지방자치단체에 소속되어 제3항에 따른 학교 또는 교육기관의 수업을 지원하는 기관(이하 "수업지원기관"이라 한다)은 수업 지원을 위하여 필요한 경우에는 공표된 저작물의 일부분을 복제등을 할 수 있다. 다만, 공표된 저작물의 성질이나 그 이용의 목적 및 형태 등에 비추어 해당 저작물의 전부를 복제등을 하는 것이 부득이한 경우에는 전부 복제등을 할 수 있다. 〈신설 2020.2.4., 2024. 2. 27.〉

⑤ 제3항 각 호의 학교·교육기관 또는 교육훈련기관에서 교육을 받는 자는 수업 목적을 위하여 필요하다고 인정되는 경우에는 제3항의 범위 내에서 공표된 저작물을 복제하거나 공중송신할 수 있다. 〈개정 2020.2.4., 2023. 8. 8., 2024. 2. 27.〉

⑥ 제1항부터 제4항까지의 규정에 따라 공표된 저작물을 이용하려는 자는 문화체육관광부장관이 정하여 고시하는 기준에 따른 보상금을 해당 저작재산권자에게 지급하여야 한다. 다만, 고등학교 및 이에 준하는 학교 이하의 학교에서 복제등을 하는 경우에는 보상금을 지급하지 아니한다. 〈개정 2008.2.29., 2009.4.22., 2020.2.4.〉

⑦ 제6항에 따른 보상을 받을 권리는 다음 각 호의 요건을 갖춘 단체로서 문화체육관광부장관이 지정하는 단체를 통하여 행사되어야 한다. 문화체육관광부장관이 그 단체를 지정할 때에는 미리 그 단체의 동의를 받아야 한다. 〈개정 2008.2.29., 2020.2.4.〉

1. 대한민국 내에서 보상을 받을 권리를 가진 자(이하 "보상권리자"라 한다)로 구성된 단체

2. 영리를 목적으로 하지 아니할 것

3. 보상금의 징수 및 분배 등의 업무를 수행하기에 충분한 능력이 있을 것

⑧ 제7항에 따른 단체는 그 구성원이 아니라도 보상권리자로부터 신청이 있을 때에는 그 자를 위하여 그 권리행사를 거부할 수 없다. 이 경우 그 단체는 자기의 명의로 그 권리에 관한 재판상 또는 재판 외의 행위를 할 권한을 가진다. 〈개정 2020.2.4.〉

⑨ 문화체육관광부장관은 제7항에 따른 단체가 다음 각 호의 어느 하나에 해당하는 경우에는 그 지정을 취소할 수 있다. 〈개정 2008.2.29., 2020.2.4., 2023. 8. 8.〉

1. 제7항에 따른 요건을 갖추지 못한 때

2. 보상관계 업무규정을 위배한 때

3. 보상관계 업무를 상당한 기간 정지하여 보상권리자의 이익을 해할 우려가 있을 때

⑩ 제7항에 따른 단체는 보상금 분배 공고를 한 날부터 5년이 지난 미분배 보상금에 대하여 문화체육관광부장관의 승인을 받아 다음 각 호의 어느 하나에 해당하는 목적을 위하여 사용할 수 있다. 다만, 보상권리자에 대한 정보가 확인되는 경우 보상금을 지급하기 위하여 일정 비율의 미분배 보상금을 대통령령으로 정하는 바에 따라 적립하여야 한다. 〈개정 2008.2.29., 2018.10.16., 2020.2.4.〉

1. 저작권 교육·홍보 및 연구

2. 저작권 정보의 관리 및 제공

3. 저작물 창작 활동의 지원

4. 저작권 보호 사업

5. 창작자 권익옹호 사업

6. 보상권리자에 대한 보상금 분배 활성화 사업

7. 저작물 이용 활성화 및 공정한 이용을 도모하기 위한 사업

⑪ 제7항·제9항 및 제10항에 따른 단체의 지정과 취소 및 업무규정, 보상금 분배 공고, 미분배 보상금의 사용 승인 등에 필요한 사항은 대통령령으로 정한다. 〈개정 2018.10.16., 2020.2.4.〉

⑫ 제2항부터 제4항까지의 규정에 따라 교과용도서를 발행한 자, 학교·교육기관 또는 교육훈련기관 및 수업지원기관이 저작물을 공중송신하는 경우에는 저작권 그 밖에 이 법에 의하여 보호되는 권리의 침해를 방지하기 위하여 복제방지조치 등 대통령령으로 정하는 필요한 조치를 하여야 한다. 〈개정 2020.2.4., 2024. 2. 27.〉

---

### 위임행정규칙

· 2021년도 교과용도서의 저작물 이용 보상금 기준(문화체육관광부고시 제2020-69호, 2020.12.30., 일부개정)

· 도서관등의 저작물 복제·전송 이용 보상금 수령단체 지정(문화체육관광부고시 제2019-26호, 2019.7.1., 제정)

· 수업목적 저작물 이용 보상금 기준(문화체육관광부고시 제2014-8호, 2014.2.26., 일부개정)

· 수업지원목적 저작물 이용에 대한 보상금 기준(문화체육관광부고시 제2021-65호, 2022.1.1., 일부개정)

· 실연자의 (상업용) 음반 사용에 대한 방송·디지털음성송신·공연 보상금 수령단체 지정(문화체육관광부고시 제2019-27호, 2019.7.1., 제정)

· 음반제작자의 상업용 음반 사용에 대한 방송·디지털음성송신·공연 보상금 수령단체 지정(문화체육관광부고시 제2020-52호, 2020.12.1., 제정)

· 학교교육목적 등에의 이용 보상금 수령단체 지정(문화체육관광부고시 제2019-25호, 2019.7.1., 일부개정)

---

## 저작권법위반

[대법원 2006. 2. 9., 선고, 2005도7793, 판결]

**【판결요지】**

저작권법 제25조는 공표된 저작물은 보도·비평·교육·연구 등을 위하여는 정당한 범위 안에서 공정한 관행에 합치되게 이를 인용할 수 있다고 규정하고 있는데, 정당한 범위 안에서 공정한 관행에 합치되게 인용한 것인지 여부는 인용의 목적, 저작물의 성질, 인용된 내용과 분량, 피인용저작물을 수록한 방법과 형태, 독자의 일반적 관념, 원저작물에 대한 수요를 대체하는지 여부 등을 종합적으로 고려하여 판단하여야 한다 (대법원 1998. 7. 10. 선고 97다34839 판결, 2004. 5. 13. 선고 2004도1075 판결 등 참조).

원심은, 그 채용 증거들을 종합하여 판시와 같은 사실을 인정한 다음, 피고인 2 주식회사(이하 '피고인 회사' 라 한다)의 검색사이트에 썸네일 이미지의 형태로 게시된 공소외인의 사진작품들은 공소외인의 개인 홈페이지에서 이미 공표된 것인 점, 피고인 회사가 썸네일 이미지를 제공한 주요한 목적은 보다 나은 검색서비스의 제공을 위해 검색어와 관련된 이미지를 축소된 형태로 목록화하여 검색서비스를 이용하는 사람들에게 그 이미지의 위치정보를 제공하는 데 있는 것이지 피고인들이 공소외인의 사진을 예술작품으로서 전시하거나 판매하기 위하여 이를 수집하여 자신의 사이트에 게시한 것이 아닌 만큼 그 상업적인 성격은 간접적이고 부차적인 것에 불과한 점, 공소외인의 사진작품은 심미적이고 예술적인 목적을 가지고 있다고 할 수 있는 반면 피고인 회사의 사이트에 이미지화된 공소외인의 사진작품의 크기는 원본에 비해 훨씬 작은 가로 3cm, 세로 2.5cm 정도이고, 이를 클릭하는 경우 독립된 창으로 뜬다고 하더라도 가로 4cm, 세로 3cm 정도로 확대될 뿐 원본 사진과 같은 크기로 보여지지 아니할 뿐만 아니라 포토샵 프로그램을 이용하여 원본 사진과 같은 크기로 확대한 후 보정작업을 거친다 하더라도 열화현상으로 작품으로서의 사진을 감상하기는 어려운 만큼 피고인 회사 등이 저작물인 공소외인의 사진을 그 본질적인 면에서 사용한 것으로는 보기 어려운 점, 피고인 회사의 검색사이트의 이 사건 썸네일 이미지에 기재된 주소를 통하여 박범용의 홈페이지를 거쳐 공소외인의 홈페이지로 순차 링크됨으로써 이용자들을 결국 공소외인의 홈페이지로 끌어들이게 되는 만큼 피고인 회사가 공소외인의 사진을 이미지검색에 제공하기 위하여 압축된 크기의 이미지로 게시한 것이 공소외인의 작품사진에 대한 수요를 대체한다거나 공소외인의 사진 저작물에 대한 저작권침해의 가능성을 높이는 것으로 보기는 어려운 점, 이미지 검색을 이용하는 사용자들도 썸네일 이미지를 작품사진으로 감상하기보다는 이미지와 관련된 사이트를 찾아가는 통로로 인식할 가능성이 높은 점 및 썸네일 이미지의 사용은 검색사이트를 이용하는 사용자들에게 보다 완결된 정보를 제공하기 위한 공익적 측면이 강한 점 등 판시와 같은 사정 등을 종합하여 보면, 피고인 회사가 공소외인의 허락을 받지 아니하고 공소외인의 사진작품을 이미지검색의 이미지로 사용하였다고 하더라도 이러한 사용은 정당한 범위 안에서 공정한 관행에 합치되게 사용한 것으로 봄이 상당하다고 판단하였다. 앞서 본 법리와 기록에 비추어 살펴보면, 위와 같은 원심의 사실인정과 판단은 옳은 것으로 수긍이 가고, 거기에 채증법칙 위배로 인한 사실오인 또는 저작권법 제25조 소정의 정당한 이용에 관한 법리오해 등의 위법이 있다고 할 수 없다.

그리고 원심의 위와 같은 판단이 옳은 이상, 피고인들의 행위가 정당한 사용에 해당되지 않는다고 하더라도 피고인들에게 저작권법 위반에 대한 고의가 있었다고 보기 어렵다는 원심의 판단은, 위에서 본 판단에 덧붙여서 한 부가적·가정적 판단에 불과하여 판결 결과에 영향을 미칠 수 없으므로, 이에 관한 상고이유의 주장은 더 살펴 볼 것도 없이 받아들일 수 없다.

**제45조(저작재산권의 양도)** ① 저작재산권은 전부 또는 일부를 양도할 수 있다.

② 저작재산권의 전부를 양도하는 경우에 특약이 없는 때에는 제22조에 따른 2차적저작물을 작성하여 이용할 권리는 포함되지 아니한 것으로 추정한다. 다만, 프로그램의 경우 특약이 없으면 2차적저작물작성권도 함께 양도된 것으로 추정한다. 〈개정 2009.4.22., 2023. 8. 8.〉

## 손해배상(기)

[대법원 2016. 8. 17., 선고, 2014다5333, 판결]

【판결요지】

[1] 2차적저작물은 원저작물과는 별개의 저작물이므로, 어떤 저작물을 원저작물로 하는 2차적저작물의 저작재산권이 양도되는 경우, 원저작물의 저작재산권에 관한 별도의 양도 의사표시가 없다면 원저작물이 2차적저작물에 포함되어 있다는 이유만으로 원저작물의 저작재산권이 2차적저작물의 저작재산권 양도에 수반하여 당연히 함께 양도되는 것은 아니다. 그리고 양수인이 취득한 2차적저작물의 저작재산권에 2차적저작물에 관한 2차적저작물작성권이 포함되어 있는 경우, 2차적저작물작성권의 행사가 원저작물의 이용을 수반한다면 양수인은 원저작물의 저작권자로부터 원저작물에 관한 저작재산권을 함께

양수하거나 원저작물 이용에 관한 허락을 받아야 한다. 한편 원저작물과 2차적저작물에 관한 저작재산권을 모두 보유한 자가 그중 2차적저작물의 저작재산권을 양도하는 경우, 양도의 의사표시에 원저작물 이용에 관한 허락도 포함되어 있는지는 양도계약에 관한 의사표시 해석의 문제로서 계약의 내용, 계약이 이루어진 동기와 경위, 당사자가 계약에 의하여 달성하려고 하는 목적, 거래의 관행 등을 종합적으로 고찰하여 논리와 경험의 법칙에 따라 합리적으로 해석하여야 한다.

[2] 甲 주식회사가 乙 주식회사로부터 '오라클' 데이터베이스 관리시스템을 작동환경으로 하는 기존 프로그램을 'DB2' 데이터베이스 관리시스템에서 작동할 수 있도록 수정한 새로운 창고관리 프로그램을 제작·납품받기로 하는 내용의 프로그램 개발위탁계약을 체결하면서 새로운 프로그램에 관한 모든 권리가 甲 회사에 귀속된다고 약정하였고, 乙 회사가 개발위탁계약에 따라 기존 프로그램을 이용하여 새로운 프로그램을 개발한 다음 甲 회사에 새로운 프로그램의 소스코드뿐 아니라 그에 대응하는 '오라클' 기반의 소스코드도 함께 제공하였는데, 甲 회사가 새로운 프로그램을 이용하여 丙 업체에 창고관리 시스템을 공급하면서 'DB2'를 기반으로 하는 작동환경을 '오라클'로 전환한 별도의 프로그램을 제작·판매한 사안에서, 개발위탁계약에 따라 새로운 프로그램에 관한 저작재산권이 甲 회사에 양도되었더라도 그에 의하여 곧바로 원저작물인 기존 프로그램에 관한 저작재산권까지 함께 양도된 것이라고 보기 어려우나, 새로운 프로그램의 저작재산권이 甲 회사에 양도됨에 따라 그에 관한 개작권 또는 2차적저작물작성권도 양도된 것으로 볼 수 있는데, 제반 사정에 비추어 甲 회사가 새로운 프로그램의 작동환경을 '오라클'로 전환하여 개작하는 경우에 대하여도 원저작물인 기존 프로그램의 이용에 관하여 乙 회사의 허락이 있었다고 봄이 타당하므로, 甲 회사가 작동환경을 전환한 프로그램을 제작·판매하는 행위는 乙 회사가 양도한 새로운 프로그램을 개작할 권리에 포함되는 것으로서 원저작물인 기존 프로그램에 관한 乙 회사의 저작재산권을 침해하는 행위에 해당하지 않는다고 한 사례.

**제102조(온라인서비스제공자의 책임 제한)** ① 온라인서비스제공자는 다음 각 호의 행위와 관련하여 저작권, 그 밖에 이 법에 따라 보호되는 권리가 침해되더라도 그 호의 분류에 따라 각 목의 요건을 모두 갖춘 경우에는 그 침해에 대하여 책임을 지지 아니한다. 〈개정 2011.6.30., 2011.12.2., 2020.2.4.〉

1. 내용의 수정 없이 저작물등을 송신하거나 경로를 지정하거나 연결을 제공하는 행위 또는 그 과정에서 저작물등을 그 송신을 위하여 합리적으로 필요한 기간 내에서 자동적·중개적·일시적으로 저장하는 행위

가. 온라인서비스제공자가 저작물등의 송신을 시작하지 아니한 경우

나. 온라인서비스제공자가 저작물등이나 그 수신자를 선택하지 아니한 경우

다. 저작권, 그 밖에 이 법에 따라 보호되는 권리를 반복적으로 침해하는 자의 계정(온라인서비스제공자가 이용자를 식별·관리하기 위하여 사용하는 이용 권한 계좌를 말한다. 이하 이 조, 제103조의2, 제133조의2 및 제133조의3

에서 같다)을 해지하는 방침을 채택하고 이를 합리적으로 이행한 경우

   라. 저작물등을 식별하고 보호하기 위한 기술조치로서 대통령령으로 정하는 조건을 충족하는 표준적인 기술조치를 권리자가 이용한 때에는 이를 수용하고 방해하지 아니한 경우

2. 서비스이용자의 요청에 따라 송신된 저작물등을 후속 이용자들이 효율적으로 접근하거나 수신할 수 있게 할 목적으로 그 저작물등을 자동적·중개적·일시적으로 저장하는 행위

   가. 제1호 각 목의 요건을 모두 갖춘 경우

   나. 온라인서비스제공자가 그 저작물등을 수정하지 아니한 경우

   다. 제공되는 저작물등에 접근하기 위한 조건이 있는 경우에는 그 조건을 지킨 이용자에게만 임시저장된 저작물등의 접근을 허용한 경우

   라. 저작물등을 복제·전송하는 자(이하 "복제·전송자"라 한다)가 명시한, 컴퓨터나 정보통신망에 대하여 그 업계에서 일반적으로 인정되는 데이터통신규약에 따른 저작물등의 현행화에 관한 규칙을 지킨 경우. 다만, 복제·전송자가 그러한 저장을 불합리하게 제한할 목적으로 현행화에 관한 규칙을 정한 경우에는 그러하지 아니한다.

   마. 저작물등이 있는 본래의 사이트에서 그 저작물등의 이용에 관한 정보를 얻기 위하여 적용한, 그 업계에서 일반적으로 인정되는 기술의 사용을 방해하지 아니한 경우

   바. 제103조제1항에 따른 복제·전송의 중단요구를 받은 경우, 본래의 사이트에서 그 저작물등이 삭제되었거나 접근할 수 없게 된 경우, 또는 법원, 관계 중앙행정기관의 장이 그 저작물등을 삭제하거나 접근할 수 없게 하도록 명령을 내린 사실을 실제로 알게 된 경우에 그 저작물등을 즉시 삭제하거나 접근할 수 없게 한 경우

3. 복제·전송자의 요청에 따라 저작물등을 온라인서비스제공자의 컴퓨터에 저장하는 행위 또는 정보검색도구를 통하여 이용자에게 정보통신망상 저작물등의 위치를 알 수 있게 하거나 연결하는 행위

   가. 제1호 각 목의 요건을 모두 갖춘 경우

   나. 온라인서비스제공자가 침해행위를 통제할 권한과 능력이 있을 때에 그 침해행위로부터 직접적인 금전적 이익을 얻지 아니한 경우

   다. 온라인서비스제공자가 침해를 실제로 알게 되거나 제103조제1항에 따른 복제·전송의 중단요구 등을 통하여 침해가 명백하다는 사실 또는 정황을 알게 된 때에 즉시 그 저작물등의 복제·전송을 중단시킨 경우

   라. 제103조제4항에 따라 복제·전송의 중단요구 등을 받을 자를 지정하여 공지한 경우

    4. 삭제 〈2020.2.4.〉

② 제1항에도 불구하고 온라인서비스제공자가 제1항에 따른 조치를 취하는 것
  이 기술적으로 불가능한 경우에는 다른 사람에 의한 저작물등의 복제·전송
  으로 인한 저작권, 그 밖에 이 법에 따라 보호되는 권리의 침해에 대하여
  책임을 지지 아니한다. 〈개정 2011.6.30.〉

③ 제1항에 따른 책임 제한과 관련하여 온라인서비스제공자는 자신의 서비스
  안에서 침해행위가 일어나는지를 모니터링하거나 그 침해행위에 관하여 적
  극적으로 조사할 의무를 지지 아니한다. 〈신설 2011.6.30.〉

## 손해배상(기)

[대법원 2019. 2. 28., 선고, 2016다271608, 판결]

【판결요지】

[1] 인터넷 포털사이트를 운영하는 온라인서비스제공자가 제공한 인터넷 게시공간에 타인의
    저작권을 침해하는 게시물이 게시되었고 그 검색 기능을 통하여 인터넷 이용자들이 위
    게시물을 쉽게 찾을 수 있더라도, 그러한 사정만으로 곧바로 온라인서비스제공자에게
    저작권 침해 게시물에 대한 불법행위책임을 지울 수는 없다. 온라인서비스제공자가 제
    공한 인터넷 게시공간에 타인의 저작권을 침해하는 게시물이 게시되었다고 하더라도,
    온라인서비스제공자가 저작권을 침해당한 피해자로부터 구체적·개별적인 게시물의 삭
    제와 차단 요구를 받지 않아 게시물이 게시된 사정을 구체적으로 인식하지 못하였거나
    기술적·경제적으로 게시물에 대한 관리·통제를 할 수 없는 경우에는, 게시물의 성격
    등에 비추어 삭제의무 등을 인정할 만한 특별한 사정이 없는 한 온라인서비스제공자에
    게 게시물을 삭제하고 향후 같은 인터넷 게시공간에 유사한 내용의 게시물이 게시되지
    않도록 차단하는 등의 적절한 조치를 취할 의무가 있다고 보기 어렵다.

[2] 甲이 인터넷 포털사이트를 운영하는 乙 주식회사를 상대로 乙 회사 사이트의 회원들
    이 甲이 제작한 동영상을 위 사이트에 개설된 인터넷 카페에 무단으로 게시하여 甲의
    저작권을 침해하는데도 乙 회사가 게시물의 삭제와 차단 등 적절한 조치를 취할 의무
    를 이행하지 않는다며 부작위에 의한 방조에 따른 공동불법행위책임을 물은 사안에
    서, 甲이 乙 회사에 회원들의 저작권 침해행위를 알리고 이에 대한 조치를 촉구하는
    요청서를 보냈으나 그 요청서에 동영상을 찾기 위한 검색어와 동영상이 업로드된 위
    사이트 내 카페의 대표주소만을 기재하였을 뿐 동영상이 게시된 인터넷 주소(URL)나
    게시물의 제목 등을 구체적·개별적으로 특정하지는 않은 점 등 여러 사정에 비추어
    보면, 甲이 乙 회사에 동영상의 저작권을 침해하는 게시물에 대하여 구체적·개별적
    으로 삭제와 차단 요구를 한 것으로 보기 어렵고, 달리 乙 회사가 게시물이 게시된
    사정을 구체적으로 인식하고 있었다고 볼 만한 사정을 찾을 수 없으며, 乙 회사는 甲
    이 제공한 검색어 등으로 검색되는 게시물이 甲의 저작권을 침해한 것인지 명확히 알
    기 어려웠고, 그와 같은 저작권 침해 게시물에 대하여 기술적·경제적으로 관리·통
    제할 수 있었다고 보기도 어려우므로, 乙 회사가 위 동영상에 관한 甲의 저작권을 침

해하는 게시물을 삭제하고 乙 회사의 사이트에 유사한 내용의 게시물이 게시되지 않
도록 차단하는 등의 조치를 취할 의무를 부담한다고 보기 어렵다고 한 사례.

**제105조(저작권위탁관리업의 허가 등)** ① 저작권신탁관리업을 하고자 하는 자
는 대통령령으로 정하는 바에 따라 문화체육관광부장관의 허가를 받아야 하
며, 저작권대리중개업을 하고자 하는 자는 대통령령으로 정하는 바에 따라
문화체육관광부장관에게 신고하여야 한다. 다만, 문화체육관광부장관은 「공
공기관의 운영에 관한 법률」에 따른 공공기관을 저작권신탁관리단체로 지정
할 수 있다. 〈개정 2008.2.29., 2016. 3. 22., 2021.5.18.〉

② 제1항에 따라 저작권신탁관리업을 하고자 하는 자는 다음 각 호의 요건을
갖추어야 하며, 대통령령으로 정하는 바에 따라 저작권신탁관리업무규정을
작성하여 이를 저작권신탁관리허가신청서와 함께 문화체육관광부장관에게
제출하여야 한다. 다만, 제1항 단서에 따른 공공기관의 경우에는 제1호의 요
건을 적용하지 아니한다. 〈개정 2008.2.29., 2016.3.22., 2020.2.4.〉

1. 저작물등에 관한 권리자로 구성된 단체일 것
2. 영리를 목적으로 하지 아니할 것
3. 사용료의 징수 및 분배 등의 업무를 수행하기에 충분한 능력이 있을 것

③ 제1항 본문에 따라 저작권대리중개업의 신고를 하려는 자는 대통령령으로
정하는 바에 따라 저작권대리중개업무규정을 작성하여 저작권대리중개업 신
고서와 함께 문화체육관광부장관에게 제출하여야 한다. 〈신설 2020.2.4.〉

④ 제1항에 따라 저작권신탁관리업의 허가를 받은 자가 문화체육관광부령으로
정하는 중요 사항을 변경하고자 하는 경우에는 문화체육관광부령으로 정하
는 바에 따라 문화체육관광부장관의 변경허가를 받아야 하며, 저작권대리중
개업을 신고한 자가 신고한 사항을 변경하려는 경우에는 문화체육관광부령
으로 정하는 바에 따라 문화체육관광부장관에게 변경신고를 하여야 한다.
〈신설 2020.2.4.〉

⑤ 문화체육관광부장관은 제1항 본문에 따른 저작권대리중개업의 신고 또는 제
4항에 따른 저작권대리중개업의 변경신고를 받은 날부터 문화체육관광부령
으로 정하는 기간 내에 신고·변경신고 수리 여부를 신고인에게 통지하여야
한다. 〈신설 2020.2.4.〉

⑥ 문화체육관광부장관이 제5항에서 정한 기간 내에 신고·변경신고 수리 여부
나 민원 처리 관련 법령에 따른 처리기간의 연장을 신고인에게 통지하지 아
니하면 그 기간이 끝난 날의 다음 날에 신고·변경신고를 수리한 것으로 본

다. 〈신설 2020.2.4.〉

⑦ 다음 각 호의 어느 하나에 해당하는 자는 제1항에 따른 저작권신탁관리업 또는 저작권대리중개업(이하 "저작권위탁관리업"이라 한다)의 허가를 받거나 신고를 할 수 없다. 〈개정 2017.3.21., 2020.2.4., 2020.12.8.〉

1. 피성년후견인
2. 파산선고를 받고 복권되지 아니한 자
3. 금고 이상의 실형을 선고받고 그 집행이 종료(집행이 종료된 것으로 보는 경우를 포함한다)되거나 집행이 면제된 날부터 1년이 지나지 아니한 자
4. 금고 이상의 형의 집행유예 선고를 받고 그 유예기간 중에 있는 자
5. 이 법을 위반하거나 「형법」 제355조 또는 제356조를 위반하여 다음 각 목의 어느 하나에 해당하는 자
   가. 금고 이상의 형의 선고유예를 받고 그 유예기간 중에 있는 자
   나. 벌금형을 선고받고 1년이 지나지 아니한 자
6. 대한민국 내에 주소를 두지 아니한 자
7. 제1호부터 제6호까지의 어느 하나에 해당하는 사람이 대표자 또는 임원으로 되어 있는 법인 또는 단체

⑧ 제1항에 따라 저작권위탁관리업의 허가를 받거나 신고를 한 자(이하 "저작권위탁관리업자"라 한다)는 그 업무에 관하여 저작재산권자나 그 밖의 관계자로부터 수수료를 받을 수 있다. 〈개정 2020.2.4.〉

⑨ 제8항에 따른 수수료의 요율 또는 금액 및 저작권신탁관리업자가 이용자로부터 받는 사용료의 요율 또는 금액은 저작권신탁관리업자가 문화체육관광부장관의 승인을 받아 이를 정한다. 이 경우 문화체육관광부장관은 대통령령으로 정하는 바에 따라 이해관계인의 의견을 수렴하여야 한다. 〈개정 2008.2.29., 2016.3.22., 2020.2.4.〉

⑩ 문화체육관광부장관은 제9항에 따른 승인을 하려면 위원회의 심의를 거쳐야 하며, 필요한 경우에는 기간을 정하거나 신청된 내용을 수정하여 승인할 수 있다. 〈개정 2008.2.29., 2009.4.22., 2020.2.4.〉

⑪ 문화체육관광부장관은 제9항에 따른 사용료의 요율 또는 금액에 관하여 승인 신청을 받거나 승인을 한 경우에는 대통령령으로 정하는 바에 따라 그 내용을 공고하여야 한다. 〈개정 2008.2.29., 2020.2.4.〉

⑫ 문화체육관광부장관은 저작재산권자 그 밖의 관계자의 권익보호 또는 저작물등의 이용 편의를 도모하기 위하여 필요한 경우에는 제9항에 따른 승인 내용을 변경할 수 있다. 〈개정 2008.2.29., 2020.2.4.〉

# 저작권신탁관리업의 법적 성질(=신탁법상 신탁)

[대법원 2024. 7. 11. 선고 2021다216872, 216889 판결]

**【판결요지】**

저작권신탁관리업은 저작권법에 근거하는 것으로서 법적 성질은 신탁법상 신탁에 해당한다. 신탁법상의 신탁은 위탁자가 수탁자에게 특정의 재산을 이전하거나 담보권의 설정 또는 그 밖의 처분을 하여 수탁자로 하여금 신탁 목적의 달성을 위하여 그 재산권을 관리·처분하게 하는 등 필요한 행위를 하게 하는 것이므로(신탁법 제2조), 위탁자가 수탁자에게 저작재산권 등을 신탁하면 대내외적으로 그 저작재산권 등은 수탁자에게 완전히 이전되고, 위탁자와의 내부관계에서 그 권리가 위탁자에게 유보되어 있는 것은 아니다.

# 저작권법위반

[대법원 2019. 7. 24., 선고, 2015도1885 판결]

**【판결요지】**

현행 저작권법의 저작권위탁관리제도는 저작권신탁관리업과 저작권대리중개업으로 구분되는데, 저작권신탁관리업은 문화체육관광부장관의 허가사항, 저작권대리중개업은 신고사항이고(저작권법 제105조 제1항), 허가를 받지 아니하고 저작권신탁관리업을 한 자는 1년 이하의 징역 또는 1천만 원 이하의 벌금에 처하도록 규정하고 있다(저작권법 제137조 제1항 제4호). 한편 저작권법 제2조 제26호는, '저작권신탁관리업'은 저작재산권자, 배타적발행권자, 출판권자, 저작인접권자 또는 데이터베이스제작자의 권리를 가진 자를 위하여 그 권리를 신탁받아 이를 지속적으로 관리하는 업을 말하며 저작물 등의 이용과 관련하여 포괄적으로 대리하는 경우를 포함한다고 규정하고 있다. 구 저작권법(2006. 12. 28. 법률 제8101호로 전부 개정되기 전의 것)은 제2조 제19호에서 저작권대리중개업을 정의하며 '그 이용에 관한 포괄적 대리를 제외한다'고 소극적으로 규정하고 있었는데, 2006. 12. 28.자로 개정된 저작권법은 저작권신탁관리업에 포괄적 대리가 포함됨을 명확히 하였고, 이는 저작권대리중개업자가 신고만으로 신탁관리업자의 허가요건을 회피하여 실질적으로 신탁관리업자와 같은 행위로 운영하는 것을 규제하기 위한 것이다.

한편 저작권신탁관리의 법적 성질은 신탁법상 신탁에 해당하고, 신탁은 권리의 종국적인 이전을 수반하여 신탁행위 등으로 달리 정함이 없는 한(신탁법 제31조) 신탁자가 수탁자의 행위에 원칙적으로 관여할 수 없는 것이 대리와 구분되는 가장 큰 차이이다. 그에 따라 신탁관리업자는 신탁의 본지에 반하지 않는 범위에서 스스로 신탁받은 저작재산권 등을 지속적으로 관리하며 저작재산권 등이 침해된 경우 권리자로서 스스로 민·형사상 조치 등을 할 수 있다. 따라서 저작권대리중개업자가 저작재산권 등을 신탁받지 않았음에도 사실상 신탁관리업자와 같은 행위로 운영함으로써 저작물 등의 이용에 관하여 포괄적 대리를 하였는지를 판단함에 있어서는, 저작권대리중개업자의 저작물 등의 이용에 관한 행위 가운데 위와 같은 저작권신탁관리의 실질이 있는지를 참작하여야 한다.

# 손해배상(기)

[대법원 2016. 8. 24. 선고, 2016다204653, 판결]

**【판결요지】**

[1] 저작권법(2016.3.22. 법률 제14083호로 개정되기 전의 것) 제105조 제5항은 저작권위탁관리업자의 사용료 징수를 통제하기 위하여 '저작권위탁관리업자가 이용자로부터 받는 사용료의 요율 또는 금액은 저작권위탁관리업자가 문화체육관광부장관의 승인을 얻어 이를 정한다'고 규정하고 있다.

위 규정의 입법 취지와 문언 내용에 비추어 보면, 위 규정은 저작권위탁관리업자가 저작물 이용자들과 이용계약을 체결하고 계약에 따라 사용료를 지급받는 경우에 적용되는 규정일 뿐, 저작권위탁관리업자가 법원에 저작권 침해를 원인으로 민사소송을 제기하여 손해배상을 청구하는 행위를 제한하는 규정이라고 해석되지 않는다. 따라서 설령 위 규정에 따라 승인받은 사용료의 요율 또는 금액이 없더라도 저작권 침해를 원인으로 한 손해배상청구권을 행사하는 데 아무런 장애가 되지 않는다.

[2] 저작권법(2016.3.22. 법률 제14083호로 개정되기 전의 것, 이하 같다) 제29조 제2항은, 청중이나 관중으로부터 당해 공연에 대한 반대급부를 받지 않는 경우 '판매용 음반' 또는 '판매용 영상저작물'을 재생하여 공중에게 공연하는 행위가 저작권법 시행령에서 정한 예외사유에 해당하지 않는 한 공연권 침해를 구성하지 않는다고 규정하고 있다. 그런데 위 규정은, 공연권의 제한에 관한 저작권법 제29조 제1항이 영리를 목적으로 하지 않고 청중이나 관중 또는 제3자로부터 어떤 명목으로든지 반대급부를 받지 않으며 또 실연자에게 통상의 보수를 지급하지 않는 경우에 한하여 공표된 저작물을 공연 또는 방송할 수 있도록 규정하고 있는 것과는 달리, 당해 공연에 대한 반대급부를 받지 않는 경우라면 비영리 목적을 요건으로 하지 않고 있어, 비록 공중이 저작물의 이용을 통해 문화적 혜택을 향수하도록 할 공공의 필요가 있는 경우라도 자칫 저작권자의 정당한 이익을 부당하게 해할 염려가 있으므로, 위 제2항의 규정에 따라 저작물의 자유이용이 허용되는 조건은 엄격하게 해석할 필요가 있다. 한편 저작권법 제29조 제2항이 '판매용 음반'을 재생하여 공중에게 공연하는 행위에 관하여 아무런 보상 없이 저작권자의 공연권을 제한하는 취지의 근저에는 음반의 재생에 의한 공연으로 음반이 시중의 소비자들에게 널리 알려짐으로써 당해 음반의 판매량이 증가하게 되고 그에 따라 음반제작자는 물론 음반의 복제·배포에 필연적으로 수반되는 당해 음반에 수록된 저작물의 이용을 허락할 권능을 가지는 저작권자 또한 간접적인 이익을 얻게 된다는 점도 고려되었을 것이므로, 이러한 규정의 내용과 취지 등에 비추어 보면 위 규정에서 말하는 '판매용 음반'이란 시중에 판매할 목적으로 제작된 음반을 의미하는 것으로 제한하여 해석하여야 한다.

## Ⅲ. 벌칙

**제136조(벌칙)** ① 다음 각 호의 어느 하나에 해당하는 자는 5년 이하의 징역 또는 5천만원 이하의 벌금에 처하거나 이를 병과(倂科)할 수 있다. 〈개정 2011.12.2., 2021.5.18.〉

1. 저작재산권, 그 밖에 이 법에 따라 보호되는 재산적 권리(제93조에 따른 권리는 제외한다)를 복제, 공연, 공중송신, 전시, 배포, 대여, 2차적 저작물 작성의 방법으로 침해한 자
2. 제129조의3제1항에 따른 법원의 명령을 정당한 이유 없이 위반한 자

② 다음 각 호의 어느 하나에 해당하는 자는 3년 이하의 징역 또는 3천만원 이하의 벌금에 처하거나 이를 병과할 수 있다. 〈개정 2009.4.22., 2011.6.30., 2011.12.2.〉

1. 저작인격권 또는 실연자의 인격권을 침해하여 저작자 또는 실연자의 명예를 훼손한 자
2. 제53조 및 제54조(제90조 및 제98조에 따라 준용되는 경우를 포함한다)에 따른 등록을 거짓으로 한 자
3. 제93조에 따라 보호되는 데이터베이스제작자의 권리를 복제·배포·방송 또는 전송의 방법으로 침해한 자
3의2. 제103조의3제4항을 위반한 자
3의3. 업으로 또는 영리를 목적으로 제104조의2제1항 또는 제2항을 위반한 자
3의4. 업으로 또는 영리를 목적으로 제104조의3제1항을 위반한 자. 다만, 과실로 저작권 또는 이 법에 따라 보호되는 권리 침해를 유발 또는 은닉한다는 사실을 알지 못한 자는 제외한다.
3의5. 제104조의4제1호 또는 제2호에 해당하는 행위를 한 자
3의6. 제104조의5를 위반한 자
3의7. 제104조의7을 위반한 자
4. 제124조제1항에 따른 침해행위로 보는 행위를 한 자
5. 삭제 〈2011.6.30.〉
6. 삭제 〈2011.6.30.〉

[제목개정 2011.12.2.]

**제137조(벌칙)** ① 다음 각 호의 어느 하나에 해당하는 자는 1년 이하의

징역 또는 1천만원 이하의 벌금에 처한다. 〈개정 2009.4.22., 2011.12.2., 2020.2.4.〉

1. 저작자 아닌 자를 저작자로 하여 실명·이명을 표시하여 저작물을 공표한 자
2. 실연자 아닌 자를 실연자로 하여 실명·이명을 표시하여 실연을 공연 또는 공중송신하거나 복제물을 배포한 자
3. 제14조제2항을 위반한 자
3의2. 제104조의4제3호에 해당하는 행위를 한 자
3의3. 제104조의6을 위반한 자
4. 제105조제1항에 따른 허가를 받지 아니하고 저작권신탁관리업을 한 자
5. 제124조제2항에 따라 침해행위로 보는 행위를 한 자
6. 자신에게 정당한 권리가 없음을 알면서 고의로 제103조제1항 또는 제3항에 따른 복제·전송의 중단 또는 재개요구를 하여 온라인서비스제공자의 업무를 방해한 자
7. 제55조의5(제90조 및 제98조에 따라 준용되는 경우를 포함한다)를 위반한 자

② 제1항제3호의3의 미수범은 처벌한다. 〈신설 2011.12.2.〉

[제목개정 2011.12.2.]

---

**제138조(벌칙)** 다음 각 호의 어느 하나에 해당하는 자는 500만원 이하의 벌금에 처한다. 〈개정 2011.12.2.〉

1. 제35조제4항을 위반한 자
2. 제37조(제87조 및 제94조에 따라 준용되는 경우를 포함한다)를 위반하여 출처를 명시하지 아니한 자
3. 제58조제3항(제63조의2, 제88조 및 제96조에 따라 준용되는 경우를 포함한다)을 위반하여 저작재산권자의 표지를 하지 아니한 자
4. 제58조의2제2항(제63조의2, 제88조 및 제96조에 따라 준용되는 경우를 포함한다)을 위반하여 저작자에게 알리지 아니한 자
5. 제105조제1항에 따른 신고를 하지 아니하고 저작권대리중개업을 하거나, 제109조제2항에 따른 영업의 폐쇄명령을 받고 계속 그 영업을 한 자

[제목개정 2011.12.2.]

**제139조(몰수)** 저작권, 그 밖에 이 법에 따라 보호되는 권리를 침해하여 만들어진 복제물과 그 복제물의 제작에 주로 사용된 도구나 재료 중 그 침해자·인쇄자·배포자 또는 공연자의 소유에 속하는 것은 몰수한다. 〈개정 2011.12.2.〉

[전문개정 2011.6.30.]

**제140조(고소)** 이 장의 죄에 대한 공소는 고소가 있어야 한다. 다만, 다음 각 호의 어느 하나에 해당하는 경우에는 그러하지 아니하다. 〈개정 2009.4.22., 2011.12.2.〉

1. 영리를 목적으로 또는 상습적으로 제136조제1항제1호, 제136조제2항제 3호 및 제4호(제124조제1항제3호의 경우에는 피해자의 명시적 의사에 반하여 처벌하지 못한다)에 해당하는 행위를 한 경우
2. 제136조제2항제2호 및 제3호의2부터 제3호의7까지, 제137조제1항제1호 부터 제4호까지, 제6호 및 제7호와 제138조제5호의 경우
3. 삭제 〈2011.12.2.〉

**제141조(양벌규정)** 법인의 대표자나 법인 또는 개인의 대리인·사용인 그 밖의 종업원이 그 법인 또는 개인의 업무에 관하여 이 장의 죄를 저지른 때에는 행위자를 벌하는 외에 그 법인 또는 개인에 대하여도 각 해당조의 벌금형을 과한다. 다만, 법인 또는 개인이 그 위반행위를 방지하기 위하여 해당 업무에 관하여 상당한 주의와 감독을 게을리하지 아니한 경우에는 그러하지 아니하다. 〈개정 2009.4.22., 2023. 8. 8.〉

**제142조(과태료)** ① 제104조제1항에 따른 필요한 조치를 하지 아니한 자에게는 3천만원 이하의 과태료를 부과한다. 〈개정 2009.4.22.〉

② 다음 각 호의 어느 하나에 해당하는 자에게는 1천만원 이하의 과태료를 부과한다. 〈개정 2009.4.22., 2011.12.2., 2016.3.22., 2019.11.26.〉

1. 제103조의3제2항에 따른 문화체육관광부장관의 명령을 이행하지 아니한 자
2. 제106조에 따른 의무를 이행하지 아니한 자

2의2. 제106조의2를 위반하여 정당한 이유 없이 이용허락을 거부한 자

3. 제112조제4항을 위반하여 한국저작권위원회의 명칭을 사용한 자

3의2. 제122조의2제5항을 위반하여 한국저작권보호원의 명칭을 사용한 자

   4. 제133조의2제1항·제2항 및 제4항에 따른 문화체육관광부장관의 명령을 이행하지 아니한 자
   5. 제133조의2제3항에 따른 통지, 같은 조 제5항에 따른 게시, 같은 조 제6항에 따른 통보를 하지 아니한 자
③ 제1항 및 제2항에 따른 과태료는 대통령령으로 정하는 바에 따라 문화체육관광부장관이 부과·징수한다. 〈개정 2009.4.22.〉
④ 삭제 〈2009.4.22.〉
⑤ 삭제 〈2009.4.22.〉

## Ⅳ. 기재례

### 【범죄사실 기재례】

1. 피의자는 자신이 가입한 www.○○○○.com 사이트에서 미니홈피서비스를 사용하면서 20○○. ○. ○.부터 20○○. ○. ○.경까지 위 미니홈피에서 음악권자의 사용승인을 받지 않고 불특정 다수의 방문자들에게 정혜경 작사, 김진룡 작곡의 "남행열차" 등의 가요를 다운로드 하도록 하여 저작자의 저작재산권을 침해하였다.

2. 피의자는 20○○. ○. ○.경부터 20○○. ○. ○.경까지 사이에 같은 동 ○○번지에 있는 피의자의 집에서 카세트테이프의 복제시설을 설치해놓고 가수 송○○이 취입한 대중가요 '○○' 외 5종 약 800개를 위 송○○의 허락을 받지 아니하고 임의로 복제하여 판매함으로써 위 송○○의 저작재산권을 침해하였다.

3. 피의자는 20○○. ○. ○. 서울 ○○구 ○○동 123번지 소재 ○○출판사에서 '고려사정론'이라는 책을 출판함에 있어, 피해자 김○○가 ○○○○년경부터 연구하여 저술한 '고려사외전연구, 고려사정사분석, 고려사해독' 등 고려사에 대한 책에서 소개된 '고려의 야사를 실록과 중국역사서와 비교분석한 내용' 등 독창적인 내용을 그의 승낙 없이 그대로 또는 일부 변경시키는 방법으로 피의자의 책에 포함시키고, 약 10,000권을 배포함으로써 위 김○○의 저작재산권에 관한 권리를 침해하였다.

4. 피의자는 ○○대학교 ○○학부 경영학부에 재학생으로, 20○○. ○. ○. 위 대학교 학생회관에 있는 복사실에서 저작권자인 최○○의 허락을 받지 않고 위 최○○이 저작한 '근대시대의 엥겔지수의 분석 ' 100부를 복사함으로써 위 최○○의 저작재산권을 침해하였다.

## 【범죄사실 기재례】

피의자는 서울 ○○동 ○○번지에서 '○○미디어'라는 상호로 도서출판업을 영위하고 있다.

피의자는 20○○. ○. ○.경 위 ○○미디어에서 저작자가 일본인인 만화책 '○○'를 출판하면서 위 저작자가 아닌 서울 ○○동 ○○번지 거주 홍○○의 실명을 저작자로 표시하여 저작물을 공표하였다.

## 【적용실례】

〈주점 경영자가 저작권자의 승낙없이 노래를 공연한 경우〉

➡ 주점을 경영하던 피의자가 저작권자의 승낙없이 20○○. 10. 9. 황건우 작사 작곡 '돌아와요 부산항에'란 노래를 공연함으로써 저작권을 침해한 사실에 대하여 기소되어 벌금 20만원 형을 선고받았고, 본건은 그 벌금형 선고 이전인 20○○. 7. 8. 임동수 작사 작곡 '고향역'이라는 노래를 공연하여 저작권을 침해하였다는 것인바, 저작권침해행위인 공연행위는 영업범이 아니고 저작권의 목적물인 노래 한곡 한곡마다, 또 공연행위 1회, 1회마다 한 개의 범죄가 성립하는 경합범이어서 2개의 공연행위는 실체적 결합관계에 있는 것이므로 후자의 침해행위에 대하여 벌금형선고의 기판력이 미친다고 할 수 없다.

〈무단전재부분에 대한 구체적 사실을 특정치 아니한 경우〉

➡ 피의자가 '가이드북'이라는 책자를 제작하면서 고소인이 편집·발행한 '전국 관광 가이드'라는 책자에 실려있는 전국 관광안내지도, 도변지도 등을 무단전재한 사안인 바, 피의자의 책자와 고소인의 책자를 비교하여 전재된 부분을 구체적으로 특정하여야 함.

**[서식] 저작권 등록증**

제                         호

# 저작권 등록증

1. 저작물의 제호(제목)

2. 저작물의 종류

3. 저작자 성명(법인명)

4. 생년월일(법인등록번호)

5. 창작연월일

6. 공표연월일

7. 등록연월일

8. 등록사항

「저작권법」 제53조에 따라 위와 같이 등록되었음을 증명합니다.

년    월    일

**한국저작권위원회**                    직 인

**[서식] 이용허락인증서**

제    호

# 이 용 허 락 인 증 서

1. 인증번호

2. 인증 저작물 제호

3. 인증 신청자 성명(사업자 또는 법인명)

4. 생년월일(사업자 또는 법인등록번호)

5. 주소(소재지)

6. 인증내용

7. 인증 유효기간

8. 인증 용도

「저작권법」 제56조제1항, 같은 법 시행령 제37조제2항 및 같은 법 시행규칙 제12조제2항제2호에 따라 위와 같이 인증되었음을 증명합니다.

년    월    일

## 인증기관 ○○○○○    직인

210mm×297mm(일반용지60g/㎡(재활용품))

[서식] 복제·전송 중단 통보서(복제·전송자)

## 복제 · 전송 중단 통보서 (복제 · 전송자)

| 복제·전송의<br>중단 요청자<br>(권리주장자) | 성 명 (상호명) | | | |
|---|---|---|---|---|
| | 연<br>락<br>처 | 전화번호<br>(휴대전화번호) | | 전자우편<br>주소 |
| | | 주    소 | | |
| 복제·전송의 중단 저작물(제호등) | | | ※ 대량일 경우 뒤쪽 사용 | |
| 복제·전송의 중단 저작물의<br>위치정보 (URL등) | | | ※ 대량일 경우 뒤쪽 사용 | |
| 중단 일시 | | | | |

「저작권법」 제103조제2항 및 같은 법 시행령 제41조에 따라 귀하께서 복제·전송하신  저작물은 권리자의 요청에 의해 복제·전송이 중단되었음을 통보합니다.

년       월       일

복제·전송자       ○ ○ ○ ○ ○       귀하

※  첨부서류 : 권리주장자가 제출한 복제·전송 중단 요청서

※ 「저작권법」 제103조제3항 및 같은 법 시행령 제42조에 따라 귀하께서 정당한 권리자로서 복제·전송하신 저작물의 복제·전송의 재개를 요구하고자 할 경우에는 이 통보서를 받은 날부터 30일 이내에 온라인서비스제공자에 대한 복제·전송 재개 요청서를 제출하여 주시기 바랍니다.

※ 온라인서비스제공자 정보
   ① 성 명(상호명) :
   ② 전 화 번 호 :              ③ 전자우편 주소:
   ④ 주       소 :

210mm×297mm(일반용지60g/㎡(재활용품))

| No | 복제·전송의 중단<br>저작물(제호등) | 복제·전송의 중단 저작물의 위치정보(URL등) |
|----|----|----|
| 1 | | |
| 2 | | |
| 3 | | |
| 4 | | |
| 5 | | |
| 6 | | |
| 7 | | |
| 8 | | |
| 9 | | |
| 10 | | |

**[서식] 불법 복제물 등 수거확인증**

| | | | | | |
|---|---|---|---|---|---|
| 제 호 | | | | | |
| | | **불법 복제물 등 수거확인증** | | | |
| 소유자·점유자 | 성 명 | | 생 년 월 일<br>(외국인등록번호) | | |
| | 전화번호 | | 전자우편 주소 | | |
| | 주 소 | | | | |
| 상 호(법인명) | | | 전 화 번 호 | | |
| 주 소 | | | | | |
| 수거품명 및 수량<br>※ 필요시 별지<br>사용 가능 | | 불법 복제물명 | | 수량(개, 부, 대) | |
| | | 1. | | | |
| | | 2. | | | |
| | | 3. | | | |
| | | 4. | | | |
| | | 5. | | | |
| 수거사유 | | | | | |
| 수거일시 | | 년 월 일( 요일), 시 분 | | | |
| 수거장소 | | | | | |
| 피수거자 | 성 명 | | 소유자·점유자<br>와의 관계 | | |

「저작권법」 제133조 및 같은 법 시행령 제69조에 따라 위와 같이 수거하였음을 확인합니다.

년    월    일

수거자  소 속 :
       성 명 :                              (서명 또는 인)
       연락처 :

210mm×297mm(신문용지60g/㎡(재활용품))

**[서식]** 저작권신탁관리업 허가증

| 제 호 | | | |
|---|---|---|---|
| **저작권신탁관리업 허가증** | | | |
| 단체명(또는 법인명) | | 법인등록번호 | |
| 연락처 | 전 화 번 호 | | 팩 스 번 호 | |
| | 주 소 | | |
| 대 표 자 명 | | 생 년 월 일 | |
| 취급하고자 하는 저작물 등의 종류 | | | |
| 취급하고자 하는 권리의 내용 | | | |
| 허 가 조 건 | | | |

「저작권법」 제105조제1항에 따라 저작권신탁관리업을 허가합니다.

년    월    일

문화체육관광부장관 | 직인 |

210mm×297mm(인쇄용지특급 120g/㎡)

# 전기통신금융사기 피해 방지 및 피해금 환급에 관한 특별법

[시행 2024. 8. 28.] [법률 제20368호, 2024. 2. 27., 일부개정]

## Ⅰ. 개설

### 목적

이 법은 전기통신금융사기를 방지하기 위하여 정부의 피해 방지 대책 및 금융회사의 피해 방지 책임 등을 정하고, 전기통신금융사기의 피해자에 대한 피해금 환급을 위하여 사기이용계좌의 채권소멸절차와 피해금환급절차 등을 정함으로써 전기통신금융사기를 예방하고 피해자의 재산상 피해를 신속하게 회복하는 데 이바지하는 것을 목적으로 한다.

## Ⅱ. 판례

**제2조(정의)** 이 법에서 사용하는 용어의 뜻은 다음과 같다. 〈개정 2014.1.28., 2016.5.29., 2023. 5. 16.〉

1. "금융회사"란 다음 각 목의 어느 하나에 해당하는 기관을 말한다.
    가. 「은행법」에 따른 은행
    나. 「한국산업은행법」에 따른 한국산업은행
    다. 「중소기업은행법」에 따른 중소기업은행
    라. 「한국수출입은행법」에 따른 한국수출입은행
    마. 「자본시장과 금융투자업에 관한 법률」에 따른 투자매매업자·투자중개업자·집합투자업자·신탁업자·증권금융회사·종합금융회사 및 명의개서대행회사
    바. 「상호저축은행법」에 따른 상호저축은행과 그 중앙회
    사. 「농업협동조합법」에 따른 농업협동조합과 그 중앙회 및 농협은행
    아. 「수산업협동조합법」에 따른 수산업협동조합과 그 중앙회 및 수협은행
    자. 「신용협동조합법」에 따른 신용협동조합과 그 중앙회
    차. 「새마을금고법」에 따른 금고와 그 중앙회
    카. 「보험업법」에 따른 보험회사

타. 「우체국예금・보험에 관한 법률」에 따른 체신관서

파. 그 밖에 금융업무를 행하는 기관으로서 대통령령으로 정하는 기관

2. "전기통신금융사기"란 「전기통신기본법」 제2조제1호에 따른 전기통신을 이용하여 타인을 기망(欺罔)・공갈(恐喝)함으로써 자금 또는 재산상의 이익을 취하거나 제3자에게 자금 또는 재산상의 이익을 취하게 하는 다음 각 목의 행위를 말한다. 다만, 재화의 공급 또는 용역의 제공 등을 가장한 행위는 제외하되, 대출의 제공・알선・중개를 가장한 행위는 포함한다.

가. 자금을 송금・이체하도록 하는 행위

나. 개인정보를 알아내어 자금을 송금・이체하는 행위

다. 자금을 교부받거나 교부하도록 하는 행위

라. 자금을 출금하거나 출금하도록 하는 행위

2의2. "전자금융거래"란 금융회사가 전자적 장치를 통하여 금융상품 및 서비스를 제공하고, 이용자가 금융회사의 종사자와 직접 대면하거나 의사소통을 하지 아니하고 자동화된 방식으로 이를 이용하는 거래를 말한다.

3. "피해자"란 전기통신금융사기로 인하여 재산상의 피해를 입은 자를 말한다.

4. "사기이용계좌"란 전기통신금융사기로 인하여 피해자의 자금이 송금・이체된 계좌, 피해자가 교부하였거나 피해자의 계좌에서 출금된 자금이 입금된 계좌 및 해당 계좌로부터 자금의 이전에 이용된 계좌를 말한다.

5. "피해금"이란 전기통신금융사기로 인하여 피해자의 계좌에서 사기이용계좌로 송금・이체된 금전, 피해자가 교부한 금전 또는 피해자의 계좌에서 출금된 금전을 말한다.

6. "피해환급금"이란 피해금을 환급하기 위하여 제9조에 따라 소멸된 채권을 기초로 하여 제10조에 따라 산정되어 금융회사가 피해자에게 지급하는 금전을 말한다.

7. "이용자"란 금융회사와 체결한 계약에 따라 전자금융거래를 이용하는 자를 말한다.

## 전기통신금융사기에서 제외되는 '재화의 공급 또는 용역의 제공 등을 가장한 행위'의 의미

[대법원 2024. 10. 25. 선고 2024도6831 판결]

**【판결요지】**
구 전기통신금융사기 피해 방지 및 피해금 환급에 관한 특별법(2023. 5. 16. 법률 제19418호로 개정되기 전의 것, 이하 '구 통신사기피해환급법'이라 한다) 제2조 제2호 본문에 의하면 전기통신금융사기란 '전기통신기본법 제2조 제1호에 따른 전기통신을 이용하여 타인을 기망・공갈함으로써 재산상의 이익을 취하거나 제3자에게 재산상의 이익을 취하게 하는 행위로서 자금을 송금・이체하도록 하거나 개인정보를

알아내어 자금을 송금·이체하는 행위'를 의미한다. 한편 구 통신사기피해환급법은 제2조 제2호 단서에서 "다만 재화의 공급 또는 용역의 제공 등을 가장한 행위는 제외하되, 대출의 제공·알선·중개를 가장한 행위는 포함한다."라고 하여 '재화의 공급 또는 용역의 제공 등을 가장한 행위'를 전기통신금융사기에서 제외하고 있다.

구 통신사기피해환급법은 '전기통신금융사기를 방지하기 위하여 정부의 피해 방지 대책 및 금융회사의 피해 방지 책임 등을 정하고, 전기통신금융사기의 피해자에 대한 피해금 환급을 위하여 사기이용계좌의 채권소멸절차와 피해금환급절차 등을 정함으로써 전기통신금융사기를 예방하고 피해자의 재산상 피해를 신속하게 회복하는 데 이바지하는 것'을 목적으로 한다(제1조). 구 통신사기피해환급법은 원칙적으로 전기통신을 이용하여 불특정 타인을 기망·공갈하여 재산상 이익을 취하는 이른바 '보이스피싱'을 엄단하고 일반적인 소송절차 등을 통해서는 피해구제가 어렵다는 인식 하에 피해자들에 대한 특별한 구제·보호조치를 정하기 위하여 마련되었다. 이에 따라 구 통신사기피해환급법은 그 규율대상으로 '전기통신금융사기'를 정의하는 한편(제2조 제2호), 전기통신금융사기 피해자들이 신속하게 피해를 전보받을 수 있도록 계좌지급정지(제4조), 채권소멸(제9조), 피해금환급(제10조) 등의 특별한 구제·보호 제도를 두었다.

이와 같은 구 통신사기피해환급법의 취지와 내용 등을 고려하면, 구 통신사기피해환급법이 제2조 제2호 단서 전단에서 '재화의 공급 또는 용역의 제공 등을 가장한 행위'를 전기통신금융사기에서 제외하는 이유는 보이스피싱이 아닌 온라인상에서의 재화나 용역에 관한 일반적인 거래를 구 통신사기피해환급법의 규율대상에서 배제하기 위한 것으로 이해함이 타당하다. 따라서 구 통신사기피해환급법 제2조 제2호 단서 전단의 '재화의 공급 또는 용역의 제공 등을 가장한 행위'란 원칙적으로 그 행위의 목적인 '재화의 공급 또는 용역의 제공 등'과 재산상 이익 사이에 대가관계를 갖는 경우를 의미하는 것이라고 보아야 한다. 만일 대가관계가 인정되지 않는 경우에도 위 단서 전단에 해당한다고 보면 보이스피싱의 경우에도 '재화의 공급 또는 용역의 제공 등'이 관여되기만 하면 재산상 이익과 대가관계가 없더라도 모두 전기통신금융사기에서 제외되어 구 통신사기피해환급법의 입법 목적에 어긋나기 때문이다.

## 전기통신금융사기피해방지및피해금환급에관한 특별법위반

[대법원 2024. 9. 27. 선고 2024도7516 판결]

【판결요지】

구 전기통신금융사기 피해 방지 및 피해금 환급에 관한 특별법(2023. 5. 16. 법률 제19418호로 개정되어 2023. 11. 17. 시행되기 전의 것, 이하 위와 같이 개정되기 전의 것을 '구법'이라 하고, 개정된 것을 '신법'이라 한다)은 제2조 제2호에서 전기통신금융사기란 '전기통신을 이용하여 타인을 기망·공갈함으로써 재산상의 이익을 취하거나 제3자에게 재산상의 이익을 취하게 하는 행위로서, 자금을 송금·이체하도록 하는 행위[(가)목] 및 개인정보를 알아내어 자금을 송금·이체하는 행위[(나)목]를 말한다.'고 규정하면서, 제15조의2 제1항에서 '전기통신금융사기를 목적으로, 타인으로 하여금 컴퓨터 등 정보처리장치에 정보 또는 명령을 입력하게 하는 행위(제1호, 이하 '제1호 행위'라 한다)를 하거나, 취득한 타인의 정보를 이용하여 컴퓨터 등 정보처리장치에 정보 또는 명령을 입력하는 행위(제2호, 이하 '제2호 행위'라 한다)를 한 자'를 '10년 이하의 징역 또는 1억 원 이하의 벌금'에 처하고, 같은 조 제2항은 그 미수범을 처벌하도록 규정하고 있었다. 이후 전기통신금융사기의 처벌 범위를 확대하고 그 법정형을 강화하기 위하여 2023. 5. 16. 법률 제19418호로 개정된 신법은 제2조 제2호에서 전기통신금융사기란 '전기통신을 이용하여 타인을 기망·공갈함으로써 자금 또는 재산상의 이익을 취하거나 제3자에게 자금 또는 재산상의 이익을 취하게 하는 행위로서, 위 (가)목, (나)목의 행위 및 자금을 교부받거나 교부하도록 하는 행위[(다)목], 자금을 출금하거나 출금하도록 하는 행위[(라)목]를 말한다.'고 정하여 대면편취형·출금형 등의 전기통신금융사기를 전기통신금융사기의 정의 규정에 포함하는 한편, 제15조의2 제1항에서 '전기통신금융사기'를 행한 자는 '1년 이상의 유기징역 또는 범죄수익의 3배 이상 5배 이하에 상당하는 벌금에 처하거나 이를 병과'할 수 있고, 같은 조 제2항에서 그 미수범을 처벌하도록 하는 규정을 두면서 처벌 수준을 구법보다 상향하고, 부칙에서 신법 시행 전에 이루어진 구법 위반행위에 대하여는 구법을 그대로 적용할 것인지에 관하여 별도의 경과규정을 두고 있지 않다.

위와 같은 개정 법률 문언의 의미와 개정 취지, 구법과 신법의 벌칙조항(제15조의2 제1, 2항) 규정 방식의 차이(구법은 전기통신금융사기의 수단이 되는 구체적 행위 태양인 제1, 2호 행위를 범죄구성요건으로, 신법은 전기통신금융사기 행위 자체를 범죄구성요건으로 규정하는 방식), 전기통신을 이용하여 타인을 기망·공갈함으로써 자금을 송금·이체하거나 하도록 하는 행위 유형의 전기통신금융사기[구법과 신법의 각 제2조 제2호 (가)목, (나)목]를 행하기 위한 구체적 수단 중에 '컴퓨터 등 정보처리장치에 정보 또는 명령을 입력하거나 하게 하는 것(제1, 2호 행위)'이 당연히 포함되는 점 등을 종합적으로 고려해 보면, 구법 제15조의2 제1, 2항이 형사처벌 대상으로 정한 제1, 2호 행위나 그 미수 범행은 신법 제15조의2 제1, 2항이 형사처벌 대상으로 정한 전기통신금융사기 행위나 그 미수 범행에 충분히 포함된다.

따라서 구법 제15조의2 제1항이 신법 제15조의2 제1항으로 개정됨에 따라 구법에서 정한 제1, 2호 행위가 범죄를 구성하지 아니하게 된다고 보아 제1, 2호 행위에 관한 형이 폐지되었다고 할 수 없다. 다만 제1, 2호 행위에 관한 형이 구법보다 무거워진 경우에 해당하므로 신법 시행 전의 행위는 형법 제1조 제1항에 따라 행위 시의 법률인 구법에 따라 범죄가 성립하고 형사처벌할 수 있다.

## 사기·전기통신금융사기피해방지및피해금환급에관한 특별법위반·전자금융거래법위반

[대법원 2016. 2. 19., 선고, 2015도15101, 전원합의체 판결]

**【판결요지】**

[다수의견] 전기통신금융사기 피해 방지 및 피해금 환급에 관한 특별법(이하 '통신사기피해환급법'이라고 한다) 제15조의2 제1항(이하 '처벌조항'이라고 한다)이 처벌대상으로 삼고 있는 '통신사기피해환급법 제2조 제2호에서 정한 전기통신금융사기(이하 '전기통신금융사기'라고 한다)를 목적으로 하는 정보 또는 명령의 입력'

이란 '타인에 대한 전기통신금융사기 행위에 의하여 자금을 다른 계좌(이하 '사기이용계좌'라고 한다)로 송금·이체하는 것을 목적으로 하는 정보 또는 명령의 입력'을 의미한다고 해석되며, 이러한 해석은 이른바 변종 보이스피싱 행위도 처벌할 수 있도록 하기 위하여 처벌조항을 신설하였다는 통신사기피해환급법의 개정이유에 의하여서도 뒷받침된다.

그리고 전기통신금융사기를 목적으로 타인으로 하여금 컴퓨터 등 정보처리장치에 정보 또는 명령을 입력하게 하는 행위(처벌조항 제1호, 이하 '제1호 행위'라고 한다)나 전기통신금융사기를 목적으로 취득한 타인의 정보를 이용하여 컴퓨터 등 정보처리장치에 정보 또는 명령을 입력하는 행위(처벌조항 제2호, 이하 '제2호 행위'라고 한다)에 의한 정보 또는 명령의 입력으로 자금이 사기이용계좌로 송금·이체되면 전기통신금융사기 행위는 종료되고 처벌조항 위반죄는 이미 기수에 이른 것이므로, 그 후에 사기이용계좌에서 현금을 인출하거나 다시 송금하는 행위는 범인들 내부 영역에서 그들이 관리하는 계좌를 이용하여 이루어지는 행위이어서, 이를 두고 새로 전기통신금융사기를 목적으로 하는 행위라고 할 수 없다.

또한 통신사기피해환급법 제2조 제2호에서 정한 '타인'은 '기망의 상대방으로서 전기통신금융사기의 대상이 된 사람'을 의미하고, 제1호 행위에서 정하고 있는 정보 또는 명령을 입력하는 주체인 '타인' 역시 위와 같은 의미임이 분명하다. 이에 비추어 보면 제2호 행위에서 정하고 있는 정보 취득의 대상인 '타인' 역시 위와 마찬가지로 '전기통신금융사기의 대상이 된 사람'을 의미한다고 해석함이 타당하고, 제2호 행위에 관하여서만 이와 달리 해석하여 '타인'에 사기이용계좌 명의인까지 포함된다고 볼 수는 없다.

결국 구 전기통신금융사기 피해금 환급에 관한 특별법(2014.1.28. 법률 제12384호 통신사기피해환급법으로 개정되기 전의 것) 제2조 제2호 본문 (가)목, (나)목, 통신사기피해환급법 제2조 제2호 본문, 처벌조항의 문언과 내용 및 처벌조항의 신설 취지 등을 종합하면, 전기통신금융사기로 인하여 피해자의 자금이 사기이용계좌로 송금·이체된 후 계좌에서 현금을 인출하기 위하여 정보처리장치에 사기이용계좌 명의인의 정보 등을 입력하는 행위는 '전기통신금융사기를 목적으로 하는 행위'가 아닐 뿐만 아니라 '전기통신금융사기의 대상이 된 사람의 정보를 이용한 행위'가 아니라서, 처벌조항이 정한 구성요건에 해당하지 않는다.

[대법관 김창석, 대법관 조희대, 대법관 권순일, 대법관 박상옥, 대법관 이기택의 반대의견] 처벌조항 위반죄는 '전기통신금융사기의 목적'이라는 초과 주관적 구성요건요소를 가지고 있는 목적범에 해당한다. 처벌조항의 객관적 구성요건은 '타인으로 하여금 정보나 명령을 입력하게 하거나, 취득한 타인의 정보를 이용하여 정보나 명령을 입력하는 행위'이고, 구성요건적 행위가 '전기통신금융사기를 목적'으로 이루어진 것이라면 불법성이 인정되는데, 여기서 '전기통신금융사기'는 초과 주관적 구성요건인 목적의 대상일 뿐 처벌조항의 객관적 구성요건요소는 아니다.

전기통신금융사기의 목적을 달성하기 위해서는 피해자의 자금을 제3자 명의의 차명계좌인 이른바 대포통장 계좌(이하 이러한 대포통장 계좌를 '제3자 명의 사기이용계좌'라고 한다)로 송금·이체받는 것만으로는 부족하고, 적어도 통신사기피해환급법에 따른 지급정지 조치를 회피하여 자금을 자유롭게 처분하거나 사용할 수 있는 상태에 이르러야 한다. 따라서 제3자 명의 사기이용계좌에서 자금을 인출하는 행위는 전기통신금융사기를 목적으로 하는 행위로 보아야 하고, 전기통신금융사기의 목적을 달성한 이후의 행위라고 볼 것은 아니다.

통신사기피해환급법은 제2조 제3호에서 따로 "피해자란 전기통신금융사기로 인하여 재산상의 피해를 입은 자를 말한다."라고 정의하고 있다. 그럼에도 처벌조항에 '피해자'라는 용어 대신 굳이 '타인'이라는 용어를 사용한 것은 문언 그대로 '범인 이외의 다른 사람'을 대상으로 삼겠다는 입법자의 의사로 볼 수 있다. 따라서 제3자 명의 사기이용계좌의 명의인도 처벌조항에서 말하는 '타인'에 해당한다.

전기통신금융사기 조직의 인출책이 범행 목적을 달성하기 위하여 피해자의 자금을 찾고자 제3자 명의 사기이용계좌의 명의인으로부터 취득한 정보 등을 정보처리장치에 입력하는 행위는 처벌조항의 문언을 굳이 확장하거나 유추하지 않더라도 문언에 그대로 들어맞는 행위이다. 이와 같이 처벌조항을 해석한다고 하여 죄형법정주의 원칙상 금지되는 확장해석이나 유추해석이라고 할 수 없다.

결론적으로, 피해자의 자금이 제3자 명의 사기이용계좌로 송금·이체된 후 계좌에서 현금을 인출하기 위하여 계좌 명의인의 정보를 이용하여 정보처리장치에 정보 등을 입력하는 행위는 처벌조항 제2호의 구성요건에 해당한다.

## III. 벌칙

**제15조의2(벌칙)** ① 전기통신금융사기를 행한 자는 1년 이상의 유기징역 또는 범죄수익의 3배 이상 5배 이하에 상당하는 벌금에 처하거나 이를 병과(倂科)할 수 있다. 〈개정 2023. 5. 16.〉

1. 타인으로 하여금 컴퓨터 등 정보처리장치에 정보 또는 명령을 입력하게 하는 행위
2. 취득한 타인의 정보를 이용하여 컴퓨터 등 정보처리장치에 정보 또는 명령을 입력하는 행위

② 제1항의 미수범은 처벌한다.

③ 상습적으로 제1항의 죄를 범한 자는 그 죄에 대하여 정하는 형의 2분의 1까지 가중한다.

[본조신설 2014.1.28.]

**제16조(벌칙)** 다음 각 호의 어느 하나에 해당하는 자는 3년 이하의 징역 또는 3천만원 이하의 벌금에 처한다. 〈개정 2023. 5. 16.〉

1. 거짓으로 제3조제1항에 따른 피해구제를 신청한 자
2. 거짓으로 제3조제4항에 따른 지급정지를 요청한 자
3. 거짓으로 제6조제1항에 따른 피해구제를 신청한 자
4. 거짓으로 제7조제1항에 따른 이의제기를 한 자

**제17조(양벌규정)** 법인의 대표자나 법인 또는 개인의 대리인, 사용인, 그 밖의 종업원이 그 법인 또는 개인의 업무에 관하여 제15조의2 및 제16조의 위반행위를 하면 그 행위자를 벌하는 외에 그 법인 또는 개인에게도 해당 조문의 벌금형을 과(科)한다. 다만, 법인 또는 개인이 그 위반행위를 방지하기 위하여 해당 업무에 관하여 상당한 주의와 감독을 게을리하지 아니한 경우에는 그러하지 아니하다. 〈개정 2014.1.28.〉

**제18조(과태료)** ① 다음 각 호의 어느 하나에 해당하는 자에게는 1천만원 이하의 과태료를 부과한다. 〈개정 2014.1.28., 2023. 5. 16., 2024. 2. 27.〉

1. 제2조의2제2항에 따른 개선계획을 제출·이행하지 아니한 금융회사
2. 제2조의4제1항을 위반하여 본인확인조치를 하지 아니한 금융회사
2의2. 제2조의5제4항을 위반하여 임시조치에 관한 통지·해제 또는 본인확인조치의 내역을 서면, 녹취 등의 방법으로 보존하지 아니한 금융회사
2의3. 제2조의6제1항을 위반하여 고객의 금융거래의 목적을 확인하지 아니한 금융회사
3. 제4조제1항제1호 또는 제2호를 위반하여 지급정지 등의 조치를 취하지 아니한 금융회사
4. 제5조제1항 또는 제6조제3항을 위반하여 채권소멸절차의 개시에 관한 공고 요청을 하지 아니한 금융회사
5. 제8조제1항을 위반하여 지급정지 및 채권소멸절차를 종료하지 아니한 금융회사
6. 제10조제1항을 위반하여 피해환급금을 피해자에게 지급하지 아니한 금융회사
7. 제13조의2제3항을 위반하여 전자금융거래를 처리한 금융회사

② 다음 각 호의 어느 하나에 해당하는 자에게는 500만원 이하의 과태료를 부과한다. 〈개정 2014.1.28., 2023. 5. 16.〉

1. 제3조제4항을 위반하여 지급정지 요청을 하지 아니한 금융회사
2. 제4조제2항 각 호 외의 부분 본문을 위반하여 해당 지급정지 조치에 관한 사항을 통지하지 아니한 금융회사
3. 제7조제2항을 위반하여 명의인의 이의제기를 피해자에게 통지하지 아니한 금융회사

③ 제1항 및 제2항에 따른 과태료는 대통령령으로 정하는 바에 따라 금융위원회가 부과·징수한다.

## IV. 기재례

**【범죄사실 기재례】**

피의자 조○○는 전기통신금융사기를 목적으로 자신이 마치 ○○경찰서 경찰인 양 전화하여 피해자의 ○○은행 금융계좌가 대형 금융사기 사건에 연루되었다고 거짓말을 하였다. 그리고 조○○는 피해자 이○○로 하여금 ○○은행계좌로 금 1,000만원을 송금하도록 정보 및 명령을 입력하게 하였다.

**[서식]** 피해구제신청서

# 피해구제신청서

※ 색상이 어두운 란은 신청인이 적지 않습니다.

| 접수번호 | | 접수일자 | | |
|---|---|---|---|---|

| 피해자 | 성 명 | | | 생년월일 | |
|---|---|---|---|---|---|
| | 주 소 | | | | |
| | 전화번호 | | 휴대전화번호 | 전자우편주소 | |

| 신청내용 | 피해자 계좌의 송금·이체 내역 | 금융회사 | | 개설점포 | 예금종별 |
|---|---|---|---|---|---|
| | | 계좌번호 | | | 명의인 |
| | | 송금·이체일시 | 금액 | | |
| | 사기이용계좌 입금내역 | 금융회사 | | 계좌번호 | 명의인 |
| | | 입금일시 | 금액 | | |
| | 피해환급금 입금계좌 | 금융회사 | | 계좌번호 | 명의인 |

피해구제 신청사유

※ 거짓으로 피해구제를 신청하는 경우에는 법 제16조제1호에 따라 3년이하의 징역 또는 3천만원 이하의 벌금을 받을 수 있습니다.

「전기통신금융사기 피해 방지 및 피해금 환급에 관한 특별법」 제3조제1항 및 같은 법 시행령 제3조제1항에 따라 위와 같이 피해구제를 신청합니다.

년   월   일

신청인 (서명 또는 인)

○○○ **금융회사**   귀하

| 첨부서류 | 피해자의 신분증 사본 1부 | 수수료 없 음 |
|---|---|---|

210mm×297mm(백상지 80g/㎡)

**[서식] 지급정지요청서(수사기관용)**

# 지급정지요청서(수사기관용)

※ 색상이 어두운 란은 요청인이 적지 않습니다.

| 접수번호 | | 접수일자 | | |
|---|---|---|---|---|

| 수사관<br>인적사항 | 소 속 | | | 직급 |
|---|---|---|---|---|
| | 근무지 | | | |
| | 성 명 | | | 생년월일 |
| | 전화번호 | | 휴대전화번호 | 전자우편주소 |

| 사기이용계좌<br>입금내역 | 계좌번호 | | 명의인 |
|---|---|---|---|
| | 입금일시 | | 금액 |

지급정지 요청사유(구체적으로 적습니다)




「전기통신금융사기 피해 방지 및 피해금 환급에 관한 특별법」 제3조제2항 및 같은

법 시행령 제3조의2제1항 본문에 따라 위와 같이 지급정지를 요청합니다.

년      월      일

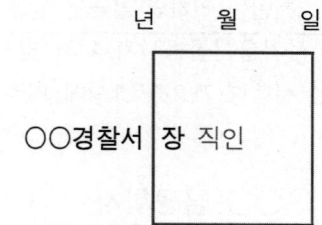

○○경찰서 장 직인

○ ○ ○ **금융회사**        귀하

((210mm×297mm(백상지 80g/㎡))

**[서식]** 이의제기신청서

# 이의제기신청서

※ 색상이 어두운 란은 신청인이 적지 않습니다.

| 접수번호 | | 접수일자 | | |
|---|---|---|---|---|

| 신청인 | 성 명 | | | 생년월일 | |
|---|---|---|---|---|---|
| | 주 소 | | | | |
| | 전화번호 | | 휴대전화번호 | 전자우편주소 | |

| 지급정지 계좌 | 금융회사 | | 개설점포 | 예금종별 | |
|---|---|---|---|---|---|
| | 계좌번호 | | | 명의인 | |

이의제기 사유(구체적으로 기재합니다)




「전기통신금융사기 피해 방지 및 피해금 환급에 관한 특별법」 제7조제1항 및 같은 법 시행령 제7조에 따라 본인의 계좌에 대한 지급정지, 전자금융거래 제한 또는 채권소멸절차에 대하여 위와 같이 이의제기를 신청합니다.

년      월      일

신청인  성 명

(서명 또는 인)

○○○ **금융회사**  귀하

| 첨부서류 | 1. 사기이용계좌가 아니라는 사실을 증명하는 자료 1부<br>2. 사기이용계좌 명의인의 신분증 사본 1부 | 수수료<br>없음 |
|---|---|---|

210mm×297mm(백상지 80g/㎡)

# 전기통신기본법

[시행 2019. 6. 25.] [법률 제16019호, 2018. 12. 24., 타법개정]

## Ⅰ. 개설

### 목적

이 법은 전기통신에 관한 기본적인 사항을 정하여 전기통신을 효율적으로 관리하고 그 발전을 촉진함으로써 공공복리의 증진에 이바지함을 목적으로 한다.

## Ⅱ. 판례

**제2조(정의)** 이 법에서 사용하는 용어의 정의는 다음과 같다.
  1. "전기통신"이라 함은 유선·무선·광선 및 기타의 전자적 방식에 의하여 부호·문언·음향 또는 영상을 송신하거나 수신하는 것을 말한다.
  2. "전기통신설비"라 함은 전기통신을 하기 위한 기계·기구·선로 기타 전기통신에 필요한 설비를 말한다.
  3. "전기통신회선설비"라 함은 전기통신설비중 전기통신을 행하기 위한 송·수신 장소간의 통신로 구성설비로서 전송·선로설비 및 이것과 일체로 설치되는 교환설비 및 이들의 부속설비를 말한다.
  4. "사업용전기통신설비"라 함은 전기통신사업에 제공하기 위한 전기통신설비를 말한다.
  5. "자가전기통신설비"라 함은 사업용전기통신설비외의 것으로서 특정인이 자신의 전기통신에 이용하기 위하여 설치한 전기통신설비를 말한다.
  6. "전기통신기자재"라 함은 전기통신설비에 사용하는 장치·기기·부품 또는 선조 등을 말한다.
  7. "전기통신역무"라 함은 전기통신설비를 이용하여 타인의 통신을 매개하거나 전기통신설비를 타인의 통신용으로 제공하는 것을 말한다.
  8. "전기통신사업"이라 함은 전기통신역무를 제공하는 사업을 말한다.

## 컴퓨터등 사용사기 · 정보통신망이용촉진 및 정보보호 등에 관한 법률 위반(정보통신망 침해등) · 컴퓨터등 장애업무 방해

[대법원 2013. 3. 28. 선고, 2010도14607, 판결]

【판결요지】

[1] 甲 주식회사 대표이사인 피고인이, 甲 회사가 운영하는 웹사이트에서 무료프로그램을 다운로드받을 경우 ‘eWeb.exe’이라는 악성프로그램이 몰래 숨겨진 ‘ActiveX’를 필수적으로 컴퓨터 내에 설치하도록 유도하는 방법으로 컴퓨터 사용자들의 정보통신망에 침입하였다고 하여 구 정보통신망 이용촉진 및 정보보호 등에 관한 법률(2008.6.13. 법률 제9119호로 개정되기 전의 것) 위반으로 기소된 사안에서, 피해 컴퓨터에 연결된 정보통신망을 이용한 악성프로그램의 피해 컴퓨터 내 설치 경위, 피해 컴퓨터 사용자들이 인식하지 못하는 상태에서 악성프로그램의 실행 및 피해 컴퓨터에 연결된 정보통신망을 이용한 甲 회사 서버 컴퓨터와의 통신, 그 통신에 의한 지시에 따라 피해 컴퓨터와 인터넷 포털사이트 ‘네이버’ 시스템 사이에 연결되는 정보통신망을 이용한 네이버 시스템에 대한 허위 신호 발송 결과 등에 비추어 볼 때, 악성프로그램이 설치됨으로써 피해 컴퓨터 사용자들이 사용하는 정보통신망에 침입하였다고 보아 유죄를 인정한 원심 판단을 수긍한 사례.

[2] 구 정보통신망 이용촉진 및 정보보호 등에 관한 법률(2008.6.13. 법률 제9119호로 개정되기 전의 것) 제48조 제3항 및 제71조 제5호는 정보통신망의 안정적 운영을 방해할 목적으로 대량의 신호 또는 정보자료를 보내거나 부정한 명령을 처리하도록 하는 등의 방법으로 정보통신망에 장애가 발생하게 한 자를 처벌하도록 정하고 있으므로, 위 정보통신망 장애 행위로 처벌하기 위해서는 정보통신망의 안정적 운영을 방해하는 장애가 발생되어야 한다. 정보통신망은 전기통신기본법 제2조 제2호의 규정에 따른 전기통신설비를 이용하거나 전기통신설비와 컴퓨터 및 컴퓨터의 이용기술을 활용하여 정보를 수집 · 가공 · 저장 · 검색 · 송신 또는 수신하는 정보통신체제를 말하므로, 정보통신망의 안정적 운영을 방해하는 장애는 정보통신망에서 정보를 수집 · 가공 · 저장 · 검색 · 송신 또는 수신하는 기능을 물리적으로 수행하지 못하게 하거나 그 기능 수행을 저해하는 것을 의미한다고 보인다. 따라서 위 규정들에서 정하고 있는 ‘부정한 명령’은 ‘대량의 신호 또는 정보자료’를 보내는 것과 마찬가지로 정보통신망의 안정적 운영을 방해하는 장애가 발생될 수 있는 방법의 하나로서 그에 해당하는 명령이라고 해석하여야 하므로, 정보통신망의 운영을 방해할 수 있도록 정보통신망을 구성하는 컴퓨터시스템에 그 시스템의 목적상 예정하고 있지 않은 프로그램을 실행하게 하거나 그 시스템의 프로그램을 구성하는 개개의 명령을 부정하게 변경, 삭제, 추가하거나 프로그램 전체를 변경하게 하는 것이 이에 해당한다.

[3] 허위의 정보자료를 처리하게 하였다고 하더라도 그것이 정보통신망에서 처리가 예정된 종류의 정보자료인 이상 구 정보통신망 이용촉진 및 정보보호 등에 관한 법률(2008.6.13. 법률 제9119호로 개정되기 전의 것, 이하 ‘정보통신망법’이라고 한다)

제48조 제3항 및 제71조 제5호에서 정한 '부정한 명령'을 처리하게 한 것이라 할 수 없고, 나아가 그와 같이 허위의 자료를 처리하게 함으로써 정보통신망의 관리자 나 이용자의 주관적 입장에서 보아 진실에 반하는 정보처리 결과를 만들어 내었다고 하더라도 정보통신망에서 정보를 수집·가공·저장·검색·송신 또는 수신하는 기능 을 물리적으로 수행하지 못하게 하거나 그 기능 수행을 저해하지는 아니하는 이상 형법에서 정한 '정보처리 장애'에 해당하여 컴퓨터등장애업무방해죄가 성립될 수 있음은 별론으로 하고 위 규정들에서 정한 '정보통신망 장애'에 해당한다고 할 수 없으므로, 이를 정보통신망 장애에 의한 정보통신망법 위반죄로 처벌할 수는 없다.

[4] 甲 주식회사 대표이사인 피고인이, 컴퓨터 사용자들의 컴퓨터에 설치된 악성프로 그램이 자동으로 甲 회사의 서버 컴퓨터로부터 내려받은 작업 리스트에 따라 인 터넷 포털사이트 '네이버'의 검색창에 지시된 검색어를 입력하고 그 검색 결과 에서 지시된 업체의 웹사이트를 클릭하도록 하여 해당 업체와 관련된 검색어에 대하여 '연관검색어', '자동완성어'를 생성하거나 해당 웹사이트 순위를 향 상시킴으로써 네이버의 정보통신망에 장애를 발생하게 하였다고 하여 구 정보통 신망 이용촉진 및 정보보호 등에 관한 법률(2008. 6. 13. 법률 제9119호로 개정 되기 전의 것, 이하 '정보통신망법'이라고 한다) 위반으로 기소된 사안에서, 피고인이 네이버의 관련 시스템 서버에 마치 컴퓨터 사용자들이 실제로 네이버의 검색창에 검색어를 입력하였거나 해당 업체의 웹사이트를 클릭한 것처럼 사실과 다른 정보자료를 보냈다고 하더라도 그것이 네이버의 관련 시스템에서 통상적인 처리가 예정된 종류의 정보자료여서 정보통신망의 안정적 운영을 방해하는 장애 가 발생될 수 있는 방법이 사용되었다고 보기 어려우므로 정보통신망법 제48조 제3항 및 제71조 제5호에서 정한 '부정한 명령'을 처리하게 한 것은 아니고, 나아가 피고인의 위 행위로 네이버의 관련 시스템에서 정보를 수집·가공·저 장·검색·송신 또는 수신하는 기능을 물리적으로 수행하지 못하게 되거나 그 기 능 수행이 저해되었다고 할 수 없어 '정보통신망 장애'가 발생되었다고 할 수 없으므로 정보통신망 장애에 의한 정보통신망법 위반죄가 성립된다고 할 수 없는 데도, 이와 달리 보아 피고인에게 유죄를 인정한 원심판결에 정보통신망법 제48 조 제3항에서 정한 부정한 명령과 정보통신망의 장애에 관한 법리오해의 위법이 있다고 한 사례.

[5] 甲 주식회사 대표이사인 피고인이, 악성프로그램이 설치된 피해 컴퓨터 사용자들 이 실제로 인터넷 포털사이트 '네이버' 검색창에 해당 검색어로 검색하거나 검 색 결과에서 해당 스폰서링크를 클릭하지 않았음에도 악성프로그램을 이용하여 그와 같이 검색하고 클릭한 것처럼 네이버의 관련 시스템 서버에 허위의 신호를 발송하는 방법으로 정보처리에 장애를 발생하게 하였다고 하여 컴퓨터등장애업무 방해로 기소된 사안에서, 피고인의 행위는 객관적으로 진실에 반하는 내용의 정 보인 '허위의 정보'를 입력한 것에 해당하고, 그 결과 네이버의 관련 시스템 서버에서 실제적으로 검색어가 입력되거나 특정 스폰서링크가 클릭된 것으로 인 식하여 그에 따른 정보처리가 이루어졌으므로 이는 네이버의 관련 시스템 등 정 보처리장치가 그 사용목적에 부합하는 기능을 하지 못하거나 사용목적과 다른 기

능을 함으로써 정보처리의 장애가 현실적으로 발생하였고, 이로 인하여 네이버의 검색어 제공서비스 등의 업무나 네이버의 스폰서링크 광고주들의 광고 업무가 방해되었다는 이유로 유죄를 인정한 원심판단을 수긍한 사례.

## 전기통신사업법위반(인정된 죄명 : 전기통신기본법위반)

[대법원 2004. 1. 29, 선고, 2003도4736, 판결]

【판결요지】

[1] 전기통신기본법에서 말하는 자가전기통신설비는 사업용전기통신설비와는 별도로 그 자체의 전기통신방식이 문제되는 것으로서, 그 설치에 신고가 필요하고, 예외적으로 설치 신고가 면제되는 경우에도 주된 장치와 단말장치를 갖추고 있을 것이 당연히 전제되어 있으며 통상의 경우 전기통신사업자에게 제공할 수 있는 수준의 관로(管路)나 선조(線條)를 갖추고 있을 뿐 아니라 원칙적으로 다른 전기통신설비에 접속되어 있지 않을 것이 예정되어 있는 것이므로, 전기통신사업자가 제공하는 전기통신역무에 의존하지 아니하고도 자체적으로 자족적·자체완결적인 내부의 전기통신이 가능하게 되어 있는 설비만을 자가전기통신설비로 보아야 할 것이고, 전기통신사업자 이외의 특정인이 스스로 전기통신에 이용하기 위하여 설치한 일체의 전기통신설비, 특히 유선전화 단말기와 같은 단순한 이용자전기통신설비를 자가전기통신설비로 볼 수는 없다.

[2] 전화방 영업을 위하여 설치한 전화기와 컴퓨터는 기간전기통신사업자로부터 전기통신역무를 제공받거나, 제공받은 전기통신역무를 이용하여 타인의 통신을 매개하고자 설치한 설비에 지나지 않으며, 자신의 전기통신에 이용하기 위하여 설치한 전기통신설비로는 볼 수 없다고 한 사례.

## III. 벌칙

**제47조(벌칙)** ① 삭제 〈2015.12.22.〉

② 자기 또는 타인에게 이익을 주거나 타인에게 손해를 가할 목적으로 전기통신설비에 의하여 공연히 허위의 통신을 한 자는 3년이하의 징역 또는 3천만원이하의 벌금에 처한다. 〈개정 1996.12.30.〉

③ 제2항의 경우에 그 허위의 통신이 전신환에 관한 것인 때에는 5년 이하의 징역 또는 5천만원 이하의 벌금에 처한다. 〈개정 1996.12.30.〉

④ 전기통신업무에 종사하는 사람이 제3항의 행위를 한 때에는 10년 이하의 징역 또는 1억원 이하의 벌금에 처하고, 제2항의 행위를 한 때에는 5년 이하의 징역 또는 5천만원 이하의 벌금에 처한다. 〈개정 2015.12.22.〉

[단순위헌, 2008헌바157, 2010.12.28., 전기통신기본법(1996.12.30. 법률 제5219호로 개정된 것) 제47조제1항은 헌법에 위반된다.]

# 전자금융거래법

[시행 2024. 9. 15.] [법률 제19734호, 2023. 9. 14., 일부개정]

## Ⅰ. 개설

### 목적

이 법은 전자금융거래의 법률관계를 명확히 하여 전자금융거래의 안전성과 신뢰성을 확보함과 아울러 전자금융업의 건전한 발전을 위한 기반조성을 함으로써 국민의 금융편의를 꾀하고 국민경제의 발전에 이바지함을 목적으로 한다.

## Ⅱ. 판례

**제2조(정의)** 이 법에서 사용하는 용어의 정의는 다음과 같다. 〈개정 2007.4.27., 2008.2.29., 2012.3.21., 2012.6.1., 2013.5.22., 2020.6.9., 2023. 9. 14.〉

1. "전자금융거래"라 함은 금융회사 또는 전자금융업자가 전자적 장치를 통하여 금융상품 및 서비스를 제공(이하 "전자금융업무"라 한다)하고, 이용자가 금융회사 또는 전자금융업자의 종사자와 직접 대면하거나 의사소통을 하지 아니하고 자동화된 방식으로 이를 이용하는 거래를 말한다.
2. "전자지급거래"라 함은 자금을 주는 자(이하 "지급인"이라 한다)가 금융회사 또는 전자금융업자로 하여금 전자지급수단을 이용하여 자금을 받는 자(이하 "수취인"이라 한다)에게 자금을 이동하게 하는 전자금융거래를 말한다.
3. "금융회사"란 다음 각 목의 어느 하나에 해당하는 기관이나 단체 또는 사업자를 말한다.
   가. 「금융위원회의 설치 등에 관한 법률」 제38조제1호부터 제5호까지, 제7호 및 제8호에 해당하는 기관
   나. 「여신전문금융업법」에 따른 여신전문금융회사
   다. 「우체국예금·보험에 관한 법률」에 따른 체신관서
   라. 「새마을금고법」에 따른 새마을금고 및 새마을금고중앙회
   마. 그 밖에 법률의 규정에 따라 금융업 및 금융 관련 업무를 행하는 기관이나 단체 또는 사업자로서 대통령령이 정하는 자
4. "전자금융업자"라 함은 제28조의 규정에 따라 허가를 받거나 등록을 한 자(금융회사는 제외한다)를 말한다.

5. "전자금융보조업자"라 함은 금융회사 또는 전자금융업자를 위하여 전자금융거래를 보조하거나 그 일부를 대행하는 업무를 행하는 자 또는 결제중계시스템의 운영자로서 「금융위원회의 설치 등에 관한 법률」 제3조에 따른 금융위원회(이하 "금융위원회"라 한다)가 정하는 자를 말한다.

6. "결제중계시스템"이라 함은 금융회사와 전자금융업자 사이에 전자금융거래정보를 전달하여 자금정산 및 결제에 관한 업무를 수행하는 금융정보처리운영체계를 말한다.

7. "이용자"라 함은 전자금융거래를 위하여 금융회사 또는 전자금융업자와 체결한 계약(이하 "전자금융거래계약"이라 한다)에 따라 전자금융거래를 이용하는 자를 말한다.

8. "전자적 장치"라 함은 전자금융거래정보를 전자적 방법으로 전송하거나 처리하는데 이용되는 장치로서 현금자동지급기, 자동입출금기, 지급용단말기, 컴퓨터, 전화기 그 밖에 전자적 방법으로 정보를 전송하거나 처리하는 장치를 말한다.

9. "전자문서"라 함은 「전자문서 및 전자거래 기본법」 제2조제1호에 따른 작성, 송신·수신 또는 저장된 정보를 말한다.

10. "접근매체"라 함은 전자금융거래에 있어서 거래지시를 하거나 이용자 및 거래내용의 진실성과 정확성을 확보하기 위하여 사용되는 다음 각 목의 어느 하나에 해당하는 수단 또는 정보를 말한다.
    가. 전자식 카드 및 이에 준하는 전자적 정보
    나. 「전자서명법」 제2조제3호에 따른 전자서명생성정보 및 같은 조 제6호에 따른 인증서
    다. 금융회사 또는 전자금융업자에 등록된 이용자번호
    라. 이용자의 생체정보
    마. 가목 또는 나목의 수단이나 정보를 사용하는데 필요한 비밀번호

11. "전자지급수단"이라 함은 전자자금이체, 직불전자지급수단, 선불전자지급수단, 전자화폐, 신용카드, 전자채권 그 밖에 전자적 방법에 따른 지급수단을 말한다.

12. "전자자금이체"라 함은 지급인과 수취인 사이에 자금을 지급할 목적으로 금융회사 또는 전자금융업자에 개설된 계좌(금융회사에 연결된 계좌에 한한다. 이하 같다)에서 다른 계좌로 전자적 장치에 의하여 다음 각 목의 어느 하나에 해당하는 방법으로 자금을 이체하는 것을 말한다.
    가. 금융회사 또는 전자금융업자에 대한 지급인의 지급지시
    나. 금융회사 또는 전자금융업자에 대한 수취인의 추심지시(이하 "추심이체"라 한다)

13. "직불전자지급수단"이라 함은 이용자와 가맹점간에 전자적 방법에 따라 금융회사의 계좌에서 자금을 이체하는 등의 방법으로 재화 또는 용역의 제공과 그 대가의 지급을 동시에 이행할 수 있도록 금융회사 또는 전자금융업자가 발행한 증표(자금을 융통받을 수 있는 증표를 제외한다) 또는 그 증표에 관한 정보를 말한다.

14. "선불전자지급수단"이라 함은 이전 가능한 금전적 가치가 전자적 방법으로 저장되어 발행된 증표(전자적 방법으로 변환되어 저장된 증표를 포함한다) 또는 그 증표에 관한 정보로서 발행인(대통령령으로 정하는 특수관계인을 포함한다) 외의 제3자로부터 재화 또는 용역을 구입하고 그 대가를 지급하는데 사용되는 것을 말한다. 다만, 전자화폐를 제외한다.

15. "전자화폐"라 함은 이전 가능한 금전적 가치가 전자적 방법으로 저장되어 발행된 증표 또는 그 증표에 관한 정보로서 다음 각 목의 요건을 모두 갖춘 것을 말한다.
    가. 대통령령이 정하는 기준 이상의 지역 및 가맹점에서 이용될 것
    나. 제14호 가목의 요건을 충족할 것
    다. 구입할 수 있는 재화 또는 용역의 범위가 5개 이상으로서 대통령령이 정하는 업종 수 이상일 것
    라. 현금 또는 예금과 동일한 가치로 교환되어 발행될 것
    마. 발행자에 의하여 현금 또는 예금으로 교환이 보장될 것

16. "전자채권"이라 함은 다음 각 목의 요건을 갖춘 전자문서에 기재된 채권자의 금전채권을 말한다.
    가. 채무자가 채권자를 지정할 것
    나. 전자채권에 채무의 내용이 기재되어 있을 것
    다. 「전자서명법」 제2조제2호에 따른 전자서명(서명자의 실지명의를 확인할 수 있는 것을 말한다)이 있을 것
    라. 금융회사를 거쳐 제29조제1항의 규정에 따른 전자채권관리기관(이하 "전자채권관리기관"이라 한다)에 등록될 것
    마. 채무자가 채권자에게 가목 내지 다목의 요건을 모두 갖춘 전자문서를 「전자문서 및 전자거래 기본법」제6조제1항에 따라 송신하고 채권자가 이를 같은 법 제6조제2항의 규정에 따라 수신할 것

17. "거래지시"라 함은 이용자가 전자금융거래계약에 따라 금융회사 또는 전자금융업자에게 전자금융거래의 처리를 지시하는 것을 말한다.

18. "오류"라 함은 이용자의 고의 또는 과실 없이 전자금융거래가 전자금융거래계약 또는 이용자의 거래지시에 따라 이행되지 아니한 경우를 말한다.

19. "전자지급결제대행"이라 함은 전자적 방법으로 재화의 구입 또는 용역의

이용에 있어서 지급결제정보를 송신하거나 수신하는 것 또는 그 대가의 정산을 대행하거나 매개하는 것을 말한다.

20. "가맹점"이란 다음 각 목의 자를 말한다.

　　가. 금융회사 또는 전자금융업자와의 계약에 따라 직불전자지급수단이나 선불 전자지급수단 또는 전자화폐에 의한 거래에 있어서 이용자에게 재화 또는 용역을 제공하는 자

　　나. 금융회사 또는 전자금융업자와의 계약에 따라 이용자에게 재화 또는 용역  을 제공하는 자를 위하여 직불전자지급수단이나 선불전자지급수단 또는 전자화폐에 의한 거래를 대행하는 자로서 대통령령으로 정하는 자

21. "전자금융기반시설"이란 전자금융거래에 이용되는 정보처리시스템 및 「정보통신망 이용촉진 및 정보보호 등에 관한 법률」제2조제1항제1호에 따른 정보통신망을 말한다.

22. "전자적 침해행위"란 해킹, 컴퓨터 바이러스, 논리폭탄, 메일폭탄, 서비스 거부 또는 고출력 전자기파 등의 방법으로 전자금융기반시설을 공격하는 행위를 말한다.

---

**위임행정규칙**

· 전자금융감독규정(금융위원회고시 제2018-36호, 2018. 12. 21., 일부개정)
· 한국표준산업분류(통계청고시 제2017-13호, 2017. 1. 13., 전부개정)

---

## 전자금융거래법위반

[대법원 2018. 7. 12., 선고, 2016도2649, 판결]

【판결요지】

[1] 선불전자지급수단은 발행인 외의 제3자로부터 재화 또는 용역(그 범위가 2개 업종 이상이어야 한다)을 구입하고 그 대가를 지급하는 데 사용되는 것으로, 이전 가능한 금전적 가치가 전자적 방법으로 저장되어 발행된 증표 또는 그 증표에 관한 정보를 말한다(전자금융거래법 제2조 제14호). 따라서 매체 자체에 금전적 가치가 전자적 방법으로 저장되어 있지 않은 경우에는 선불전자지급수단에 해당하지 않는다.

[2] 전자지급결제대행은 전자적 방법으로 재화의 구입 또는 용역의 이용에 있어서 지급결제정보를 송신하거나 수신하는 것 또는 그 대가의 정산을 대행하거나 매개하는 것을 말한다(전자금융거래법 제2조 제19호). 이러한 법규정의 문언에 따르면 재화를 구입하거나 용역을 이용하는 데 그 대가의 정산을 대행하거나 매개하는 전자지급결제대행업은 그 대가의 정산을 대행하거나 매개하는 행위만 전자적 방법으로 이루어지면 충분하고, 다른 전자지급수단이 존재해야 하는 것은 아니다.

[3] 피고인들이 공모하여, 카드마다 은행 가상계좌번호가 부여되어 있는 캐시카드(이하 '캐시카드' 라 한다)를 발행한 다음 캐시카드 이용 시스템(이하 '시스

템'이라 한다)을 운영하여 재화를 구입하거나 용역을 이용하는 대가의 정산을 대행하거나 매개하는 방법으로 무등록 전자지급결제대행업을 영위하였다고 하여 전자금융거래법 위반으로 기소된 사안에서, 제반 사정을 종합하면, 피고인들이 발행한 캐시카드는 금전적 가치가 저장되어 있지 않고 가상계좌번호와 비밀번호 정보만 제공하는 역할을 하고 있어 전자금융거래법에 정한 '선불전자지급수단'에 해당하지 않으나, 시스템을 이용한 포인트 이전의 방법으로 재화를 구입하거나 용역을 이용하는 대가의 정산이나 매개가 가능하므로 시스템을 운영한 피고인들의 행위는 전자지급결제대행업에 해당하고, 한편 재화를 구입하거나 용역을 이용하는 대가 정산을 대행하거나 매개하기 위하여 이용되는 가상의 지급수단을 이전하는 방식으로도 전자지급결제대행업무를 할 수 있고, 이러한 업무를 계속적으로 한 자는 부수적으로 가상의 지급수단을 다시 통화로 전환하여 이용자들에게 이체하는 과정에서 다른 지급결제대행업자로 하여금 일부 업무를 대행하도록 하였더라도 자금이동에 직접 관여하고 있다고 볼 수 있어 등록의무의 예외를 인정한 전자금융거래법 제28조 제3항 제2호에 해당하지 않으므로, 피고인들이 시스템 이용자들의 환급신청에 따라 이용자들이 지정한 계좌로 자금을 이체하는 과정에서 별도의 전자지급결제대행사로 하여금 대규모 자금이체업무를 대행하도록 하였더라도 자금이동에 직접 관여하지 않고 전자지급거래의 전자적 처리를 위한 정보만을 전달하는 업무만 수행하였다고 볼 수 없다는 이유로, 피고인들에게 유죄를 인정한 원심판단의 결론을 수긍한 사례.

## 컴퓨터등사용사기방조 · 전자금융거래법위반

[대법원 2017. 8. 18, 선고, 2016도8957, 판결]

**【판결요지】**

전자금융거래법(이하 '법'이라 한다)은 '전자금융거래의 법률관계를 명확히 하여 전자금융거래의 안전성과 신뢰성을 확보함'을 목적으로 한 것으로(제1조), '대가를 수수·요구 또는 약속하면서 접근매체를 대여하는 행위'를 금지하고(제6조 제3항 제2호), 이를 위반하여 접근매체를 대여한 자를 처벌하고 있다(제49조 제4항 제2호). 여기에서 '접근매체'란 전자금융거래에서 거래지시를 하거나 이용자 및 거래내용의 진실성과 정확성을 확보하기 위하여 사용되는 전자식 카드 및 이에 준하는 전자적 정보[(가)목], 전자서명법 제2조 제4호의 전자서명생성정보 및 같은 조 제7호의 인증서[(나)목], 금융회사 또는 전자금융업자에 등록된 이용자번호[(다)목], 이용자의 생체정보[(라)목], (가)목 또는 (나)목의 수단이나 정보를 사용하는 데 필요한 비밀번호[(마)목] 중 어느 하나에 해당하는 수단 또는 정보를 말한다(법 제2조 제10호). '이용자'란 전자금융거래를 위하여 금융회사 또는 전자금융업자와 체결한 계약(이하 '전자금융거래계약'이라 한다)에 따라 전자금융거래를 이용하는 자를 말하며(같은 조 제7호), '거래지시'란 이용자가 전자금융거래계약에 따라 금융회사 또는 전자금융업자에게 전자금융거래의 처리를 지시하는 것을 말한다(같은 조 제17호). 이러한 규정의 문언과 내용에 따르면, 법 제6조 제3항 제2호에서 정한 '접근매체의 대여'는 대가를 수수·요구 또는 약속하면서 일시적으로 다른 사람으로 하여금 접근매체 이용자의 관리·감독 없이 접근매체를 사용해서 전자금융거래를 할 수 있도록 접근매체를 빌려주는 행위를 가리킨다. 전자금융거래 기능이 포함된 예금통장에서 접근매체로서 기능을 하는 것은 그 통장에 부착된 마그네틱 띠이므로, 이용자가 대가를 수수·요구 또는 약속하면서 제3자에게 예금통장에 부착된 마그네틱 띠에 포함된 전자정보를 이용하여 전자금융거래를 할 수 있도록 예금통장을 빌려주었다면 이는 접근매체의 대여에 해당한다. 그러나 예금통장에 기재된 계좌번호가 포함된 면을 촬영하도록 허락한 것에 지나지 않는다면 이는 접근매체를 용도대로 사용하는 것이 애초에 불가능하므로, 접근매체의 대여에 해당한다고 볼 수 없다.

**제6조(접근매체의 선정과 사용 및 관리)** ① 금융회사 또는 전자금융업자는 전자금융거래를 위하여 접근매체를 선정하여 사용 및 관리하고 이용자의 신원, 권한 및 거래지시의 내용 등을 확인하여야 한다. 〈개정 2013.5.22.〉

② 금융회사 또는 전자금융업자가 접근매체를 발급할 때에는 이용자의 신청이 있는 경우에 한하여 본인임을 확인한 후에 발급하여야 한다. 다만, 다음 각 호의 어느 하나에 해당하는 경우에는 이용자의 신청이나 본인의 확인이 없는 때에도 발급할 수 있다. 〈개정 2013.5.22.〉

1. 선불전자지급수단 또는 제16조제1항 단서의 규정에 따른 전자화폐인 경우
2. 접근매체의 갱신 또는 대체발급 등을 위하여 대통령령이 정하는 바에 따라 이용자의 동의를 얻은 경우

③ 누구든지 접근매체를 사용 및 관리함에 있어서 다른 법률에 특별한 규정이 없는 한 다음 각 호의 행위를 하여서는 아니 된다. 다만, 제18조에 따른 선불전자지급수단이나 전자화폐의 양도 또는 담보제공을 위하여 필요한 경우(제3호의 행위 및 이를 알선·중개하는 행위는 제외한다)에는 그러하지 아니하다. 〈개정 2008.12.31., 2015.1.20., 2016.1.27., 2020.5.19.〉

1. 접근매체를 양도하거나 양수하는 행위
2. 대가를 수수(授受)·요구 또는 약속하면서 접근매체를 대여받거나 대여하는 행위 또는 보관·전달·유통하는 행위
3. 범죄에 이용할 목적으로 또는 범죄에 이용될 것을 알면서 접근매체를 대여받거나 대여하는 행위 또는 보관·전달·유통하는 행위
4. 접근매체를 질권의 목적으로 하는 행위
5. 제1호부터 제4호까지의 행위를 알선·중개·광고하거나 대가를 수수(授受)·요구 또는 약속하면서 권유하는 행위

④ 금융회사·전자금융업자 및 전자금융보조업자(이하 "금융회사등"이라 한다)가 전자적 장치의 작동오류 등 불가피한 사유로 이용자의 접근매체를 획

득한 경우 그 접근매체를 그 이용자에게 반환할 때에는 신분증 제시 요청 등의 방법으로 본인임을 확인할 수 있다. 〈신설 2020.5.19.〉

⑤ 제4항에 따른 본인확인을 요청할 수 있는 사유 및 본인확인 방법은 대통령령으로 정한다. 〈신설 2020.5.19.〉

## 전자금융거래법위반

[대법원 2021. 5. 7., 선고, 2021도1116, 판결]

**【이 유】**

1. 이 사건 공소사실의 요지는 다음과 같다. 피고인은 2019. 7. 23. 성명불상자로부터 '불법대출이기 때문에 경찰서나 금융감독원에 신고하는 것을 방지하고 원리금 인출에 사용하기 위하여 본인 명의 계좌에 연결된 체크카드가 필요하다. 체크카드를 빌려주면 대출을 해주겠다.' 는 제안을 받고, 같은 날 피고인 명의로 개설된 신한은행 계좌의 접근매체인 체크카드를 택배를 통해 성명불상자에게 교부하고, 위 체크카드의 비밀번호를 알려줌으로써 접근매체를 대여하였다.

2. 전자금융거래법 제6조 제3항 제2호에서 정한 '접근매체의 대여' 란 대가를 수수·요구 또는 약속하면서 일시적으로 다른 사람으로 하여금 접근매체 이용자의 관리·감독 없이 접근매체를 사용해서 전자금융거래를 할 수 있도록 접근매체를 빌려주는 행위를 말하고(대법원 2017. 8. 18. 선고 2016도8957 판결 참조), 여기에서 '대가' 란 접근매체의 대여에 대응하는 관계에 있는 경제적 이익을 말한다(대법원 2019. 6. 27. 선고 2017도16946 판결 참조). 이때 접근매체를 대여하는 자는 접근매체 대여에 대응하는 경제적 이익을 수수·요구 또는 약속하면서 접근매체를 대여한다는 인식을 가져야 한다(대법원 2021.4.15. 선고 2020도16468 판결 참조).

3. 원심판결 이유와 적법하게 채택된 증거에 따르면 다음 사실을 알 수 있다.

가. 피고인은 2019. 7. 23. 성명불상자가 보낸 월변대출 관련 광고성 문자를 보고 카카오톡 문자로 월변대출 문의를 하였다.

나. 성명불상자는 카카오톡 문자로 피고인에게 대출에 따른 월 이자, 원금 상환방식과 필요한 대출서류 등을 알려주면서, 원금과 이자의 상환은 피고인의 계좌와 체크카드를 이용하여 이루어지므로, 원금과 이자를 상환할 체크카드를 자신에게 맡겨야 한다고 안내하였다. 그 후 피고인이 성명불상자에게 대출에 필요한 서류를 전송하자 성명불상자는 "카드를 오늘 발송하면 대출금을 내일 받을 수 있다." 라고 안내하였다.

다. 피고인은 성명불상자의 요구에 따라 성명불상자에게 대출금을 지급받을 계좌번호, 카드에 대한 은행명과 비밀번호 등을 알려준 다음, 2019. 7. 23. 택배를 이용하여 체크카드(이하 '이 사건 카드' 라고 한다)를 건네주었다.

라. 성명불상자는 2019. 7. 24. 피고인에게 카드 인출 한도를 확인한다고 하면서 이 사건 카드와 연결된 계좌에 입금된 돈을 인출하였다.

마. 피고인은 이 사건 이전에 보이스피싱 범행에 연루된 적이 없다.

4. 위와 같은 사실을 위에서 본 법리에 비추어 살펴보면, 피고인은 대출금과 이자

를 지급하기 위해 필요하다는 성명불상자의 기망으로 이 사건 카드를 교부한 사람으로서, 피고인이 대출의 대가로 접근매체를 대여했다거나 이 사건 카드를 교부할 당시 그러한 인식을 하였다고 단정하기 어렵다.

그런데도 원심은 피고인이 성명불상자로부터 향후 대출을 받을 수 있는 무형의 기대이익을 대가로 약속하고 성명불상자에게 접근매체를 대여한 것으로 보아 이 사건 공소사실을 유죄로 판단하였다. 원심판결에는 제6조 제3항 제2호에서 정한 '대가를 약속하면서 접근매체를 대여하는 행위'와 고의에 관한 법리를 오해하여 판결에 영향을 미친 잘못이 있다. 이를 지적하는 피고인의 상고이유 주장은 정당하다.

## 전자금융거래법위반
[대법원 2019. 6. 27., 선고, 2017도16946, 판결]

【판결요지】
[1] 전자금융거래법은 전자금융거래의 법률관계를 명확히 하여 전자금융거래의 안전성과 신뢰성을 확보하기 위하여 제정된 것으로(제1조) '대가를 수수·요구 또는 약속하면서 접근매체를 대여하는 행위'를 금지하고(제6조 제3항 제2호), 이를 위반하여 접근매체를 대여한 사람을 처벌하고 있다(제49조 제4항 제2호). 전자금융거래법 제6조 제3항 제2호에서 정한 '접근매체의 대여'란 대가를 수수·요구 또는 약속하면서 일시적으로 다른 사람으로 하여금 접근매체 이용자의 관리·감독 없이 접근매체를 사용해서 전자금융거래를 할 수 있도록 접근매체를 빌려주는 행위를 말하고, '대가'란 접근매체의 대여에 대응하는 관계에 있는 경제적 이익을 말한다.

[2] 피고인이 이름을 알 수 없는 甲 팀장이라는 사람에게서 대출을 받기로 약속하고 피고인 명의의 은행계좌와 연결된 체크카드를 퀵서비스를 이용하여 甲에게 송부함으로써 대가를 받을 것을 약속하고 전자금융거래의 접근매체를 대여하였다고 하여 전자금융거래법 위반으로 기소된 사안에서, 피고인은 인터넷으로 여러 군데 대출상담을 받았지만 대부분 어렵다는 답변을 들었으므로 정상적인 방법으로 대출받기가 어려웠고, 甲 팀장이라는 사람에게서 접근매체인 체크카드를 통해 가공으로라도 입출금내역 거래실적을 만들어 신용한도를 높이는 방법으로 대출받을 기회를 얻을 수 있다는 설명을 들은 다음 막연히 대출 절차가 마무리되면 다시 돌려받기로 하고 체크카드를 송부한 점에 비추어, 피고인은 대출받을 기회를 얻기로 약속하면서 일시적으로 다른 사람으로 하여금 접근매체 이용자의 관리·감독 없이 접근매체를 사용해서 전자금융거래를 할 수 있도록 접근매체를 빌려주었고, 피고인이 정상적인 방법으로 대출받기 어려운 상황인데도 대출받을 기회를 얻은 것은 접근매체의 대여와 대응하는 관계, 즉 대가관계가 있다고 볼 여지가 있는데도, 이와 달리 보아 피고인에게 무죄를 선고한 원심판결에 필요한 심리를 다하지 않은 채 전자금융거래법 제6조 제3항 제2호에서 정한 '접근매체의 대여' 또는 '대가'에 관한 법리를 오해한 잘못이 있다고 한 사례.

## 업무방해 · 전자금융거래법위반

[대법원 2023. 8. 31. 선고 2021도17151 판결]

**【판결요지】**
전자금융거래법 제6조 제3항 제3호에서 정한 '범죄'는 피고인이 목적으로 하거나 인식한 내용에 해당하므로 피고인의 방어권 보장 등을 위하여 공소사실에 특정될 필요가 있다. 위 조항의 신설 취지 등에 비추어 공소사실에 '범죄'에 관하여 범죄유형이나 종류가 개괄적으로라도 특정되어야 하나, 실행하려는 범죄의 내용이 구체적으로 특정되지 않았다고 하여 공소사실이 특정되지 않았다고 볼 것은 아니다.

**제9조(금융회사 또는 전자금융업자의 책임)** ① 금융회사 또는 전자금융업자는 다음 각 호의 어느 하나에 해당하는 사고로 인하여 이용자에게 손해가 발생한 경우에는 그 손해를 배상할 책임을 진다. 〈개정 2013.5.22.〉
　1. 접근매체의 위조나 변조로 발생한 사고
　2. 계약체결 또는 거래지시의 전자적 전송이나 처리 과정에서 발생한 사고
　3. 전자금융거래를 위한 전자적 장치 또는 「정보통신망 이용촉진 및 정보보호 등에 관한 법률」 제2조제1항제1호에 따른 정보통신망에 침입하여 거짓이나 그 밖의 부정한 방법으로 획득한 접근매체의 이용으로 발생한 사고
② 제1항의 규정에 불구하고 금융회사 또는 전자금융업자는 다음 각 호의 어느 하나에 해당하는 경우에는 그 책임의 전부 또는 일부를 이용자가 부담하게 할 수 있다. 〈개정 2013.5.22.〉
1. 사고 발생에 있어서 이용자의 고의나 중대한 과실이 있는 경우로서 그 책임의 전부 또는 일부를 이용자의 부담으로 할 수 있다는 취지의 약정을 미리 이용자와 체결한 경우
2. 법인(「중소기업기본법」 제2조제2항에 의한 소기업을 제외한다)인 이용자에게 손해가 발생한 경우로 금융회사 또는 전자금융업자가 사고를 방지하기 위하여 보안절차를 수립하고 이를 철저히 준수하는 등 합리적으로 요구되는 충분한 주의의무를 다한 경우
③ 제2항제1호의 규정에 따른 이용자의 고의나 중대한 과실은 대통령령이 정하는 범위 안에서 전자금융거래에 관한 약관(이하 "약관"이라 한다)에 기재된 것에 한한다.
④ 금융회사 또는 전자금융업자는 제1항의 규정에 따른 책임을 이행하기 위하여 금융위원회가 정하는 기준에 따라 보험 또는 공제에 가입하거나 준비금을 적립하는 등 필요한 조치를 하여야 한다. 〈개정 2008.2.29., 2013.5.22.〉
[제목개정 2013.5.22.]

| 위임행정규칙 |
| --- |
| 전자금융감독규정(금융위원회고시 제2018-36호, 2018.12.21., 일부개정) |

## 손해배상등 · 미수금
[대법원 2015. 5. 14., 선고, 2013다69989,69996, 판결]

【판결요지】

구 전자금융거래법(2013. 5. 22. 법률 제11814호로 개정되기 전의 것, 이하 같다) 제2조 제1호, 제18호, 제8조 제1항, 제9조 제1항, 제2항, 제3항 및 구 전자금융거래법 시행령(2013. 11. 22. 대통령령 제24880호로 개정되기 전의 것) 제8조의 내용에 비추어 보면, 구 전자금융거래법 제9조는 직접 대면하거나 의사소통을 하지 아니하고 전자적 장치를 통하여 자동화된 방식으로 이루어지는 전자금융거래의 특성을 고려하여 일반적인 대면 거래라면 발생하지 아니하였을 권한 없는 제3자에 의한 거래나 이용자의 거래지시와 거래의 이행 결과 사이의 불일치로 인하여 이용자에게 손해가 발생한 경우에는 원칙적으로 금융기관 또는 전자금융업자로 하여금 손해배상책임을 지도록 하되, 예외적으로 이용자가 거래지시나 이용자 및 거래내용의 진실성과 정확성을 확보하기 위하여 사용되는 접근매체를 대여하거나 누설하는 등의 경우 및 이용자가 법인인 경우로 금융기관 또는 전자금융업자가 보안절차의 수립과 준수 등 충분한 주의의무를 다한 경우에 한하여 이용자가 책임의 전부 또는 일부를 부담하게 할 수 있도록 함으로써 전자금융거래의 안전성과 신뢰성을 확보함과 아울러 이용자를 보호하려는 데 취지가 있다. 그러므로 구 전자금융거래법 제9조 제1항에 따라 금융기관 또는 전자금융업자가 손해배상책임을 부담하는 '사고'는 권한 없는 제3자에 의하여 전자금융거래가 이행되거나 이용자의 거래지시가 없었음에도 전자금융거래가 이행되거나 이용자의 거래지시가 있었으나 그에 따라 전자금융거래가 이행되지 아니한 경우 등을 의미한다. 따라서 이용자가 거래지시를 하여 거래지시에 따라 이용자가 본래 의도한 대로 전자금융거래가 이행된 경우에는 특별한 사정이 없는 한 구 전자금융거래법 제9조 제1항에 따라 금융기관 또는 전자금융업자가 손해배상책임을 부담하는 '사고'에 해당하지 아니한다.

## 손해배상(기)
[대법원 2014. 1. 29, 선고, 2013다86489, 판결]

【판결요지】

[1] 전자금융거래법 제9조, 전자금융거래법 시행령 제8조 등에서 정하는 '고의 또는 중대한 과실'이 있는지 여부는 접근매체의 위조 등 금융사고가 일어난 구체적인 경위, 그 위조 등 수법의 내용 및 그 수법에 대한 일반인의 인식 정도, 금융거래 이용자의 직업 및 금융거래 이용경력 기타 제반 사정을 고려하여 판단할 것이다.

[2] 甲이 금융기관인 乙 주식회사 등에서 예금계좌를 개설하여 금융거래를 하면서 인터넷뱅킹서비스를 이용하여 왔는데, 丙이 전화금융사기(이른바 보이스피싱)를 통하여 甲에게서 취득한 금융거래정보를 이용하여 甲 명의의 공인인증서를 재발급

받아 다른 금융기관들로부터 대출서비스 등을 받은 사안에서, 甲이 제3자에게 접근매체인 공인인증서 발급에 필수적인 계좌번호, 계좌비밀번호, 주민등록번호, 보안카드번호, 보안카드비밀번호를 모두 알려준 점 등 제반 사정에 비추어, 甲의 금융거래정보 노출행위가 전자금융거래법 등에서 정한 금융사고의 발생에 이용자의 '중대한 과실'이 있는 경우에 해당한다고 본 원심판단을 수긍한 사례.

## Ⅲ. 벌칙

**제49조(벌칙)** ① 다음 각 호의 어느 하나에 해당하는 자는 10년 이하의 징역 또는 1억원 이하의 벌금에 처한다. 〈신설 2014.10.15.〉

1. 제21조의4제1호를 위반하여 전자금융기반시설에 접근하거나 저장된 데이터를 조작·파괴·은닉 또는 유출한 자
2. 제21조의4제2호를 위반하여 데이터를 파괴하거나 컴퓨터 바이러스, 논리폭탄 또는 메일폭탄 등의 프로그램을 투입한 자
3. 제21조의4제3호를 위반하여 일시에 대량의 신호, 고출력 전자기파 또는 데이터를 보내거나 전자금융기반시설에 오류 또는 장애를 발생시킨 자
4. 제26조를 위반하여 전자금융거래정보를 타인에게 제공 또는 누설하거나 업무상 목적 외에 사용한 자(제28조제4항에 따라 이를 준용하는 선불전자지급수단을 발행하는 자를 포함한다)

② 다음 각 호의 어느 하나에 해당하는 자는 7년 이하의 징역 또는 5천만원 이하의 벌금에 처한다. 〈개정 2013.5.22., 2014.10.15.〉

1. 접근매체를 위조하거나 변조한 자
2. 위조되거나 변조된 접근매체를 판매알선·판매·수출 또는 수입하거나 사용한 자
3. 분실되거나 도난된 접근매체를 판매알선·판매·수출 또는 수입하거나 사용한 자
4. 전자금융기반시설 또는 전자금융거래를 위한 전자적 장치에 침입하여 거짓이나 그 밖의 부정한 방법으로 접근매체를 획득하거나 획득한 접근매체를 이용하여 전자금융거래를 한 자
5. 강제로 빼앗거나, 횡령하거나, 사람을 속이거나 공갈하여 획득한 접근매체를 판매알선·판매·수출 또는 수입하거나 사용한 자
6. 삭제 〈2014.10.15.〉

③ 전자화폐는 「형법」 제214조 내지 제217조에 정한 죄의 유가증권으로 보아 각 그 죄에 정한 형으로 처벌한다. 〈개정 2014.10.15.〉

④ 다음 각 호의 어느 하나에 해당하는 자는 5년 이하의 징역 또는 3천만원 이하의 벌금에 처한다. 〈신설 2020.5.19.〉

1. 제6조제3항제1호를 위반하여 접근매체를 양도하거나 양수한 자

2. 제6조제3항제2호 또는 제3호를 위반하여 접근매체를 대여받거나 대여한 자 또는 보관·전달·유통한 자

3. 제6조제3항제4호를 위반한 질권설정자 또는 질권자

4. 제6조제3항제5호를 위반하여 알선·중개·광고하거나 대가를 수수(授受)·요구 또는 약속하면서 권유하는 행위를 한 자

5. 제6조의3을 위반하여 계좌와 관련된 정보를 제공받거나 제공한 자 또는 보관·전달·유통한 자

⑤ 다음 각 호의 어느 하나에 해당하는 자는 3년 이하의 징역 또는 2천만원 이하의 벌금에 처한다. 〈개정 2008.12.31., 2015.1.20., 2016.1.27.,2020.5.19., 2023. 9. 14.〉

1. 삭제 〈2020.5.19.〉

2. 삭제 〈2020.5.19.〉

3. 삭제 〈2020.5.19.〉

4. 삭제 〈2020.5.19.〉

5. 제28조 또는 제29조의 규정에 따라 허가를 받거나 등록을 하지 아니하고 그 업무를 행한 자

6. 허위 그 밖의 부정한 방법으로 제28조 또는 제29조의 규정에 따라 허가를 받거나 등록을 한 자

6의2. 제35조의2제1항을 위반하여 승인을 받지 아니하고 소액후불결제업무를 한 자

7. 제37조제3항제3호의 규정을 위반하여 다른 가맹점의 이름으로 전자화폐등에 의한 거래를 한 자

8. 제37조제3항제5호의 규정을 위반하여 전자화폐등에 의한 거래를 대행한 자

9. 제37조제4항의 규정을 위반하여 가맹점의 이름으로 전자화폐등에 의한 거래를 한 자

9의2. 다음 각 목의 어느 하나에 해당하는 행위를 통하여 이용자에게 소액후불결제업무로 자금을 융통하여 준 자 또는 이를 중개·알선·권유·광고한 자

　　가. 재화 또는 용역의 제공을 가장하거나 실제 매출금액을 초과하여 거래하거나 이를 대행하게 하는 행위

　　나. 소액후불결제업무를 제공받는 이용자에게 그 소액후불결제업무로 구

　　　매하도록 한 재화·용역을 할인하여 매입하는 행위
　10. 허위 그 밖의 부정한 방법으로 전자금융거래정보를 열람하거나 제공
　　　받은 자
⑥ 다음 각 호의 어느 하나에 해당하는 자는 1년 이하의 징역 또는 1천만원
이하의 벌금에 처한다.
　1. 삭제 〈2008.12.31.〉
　2. 삭제 〈2013.5.22.〉
　3. 제37조제1항의 규정을 위반하여 전자화폐등에 의한 거래를 이유로 재
　　　화 또는 용역의 제공을 거절하거나 이용자를 불리하게 대우한 자
　4. 제37조제2항의 규정을 위반하여 이용자에게 가맹점수수료를 부담하게 한 자
　5. 제37조제3항제4호의 규정을 위반하여 가맹점의 이름을 타인에게 빌려준 자
　6. 제45조제1항의 규정에 따른 인가를 받지 아니하고 동항 각 호의 어느
　　　하나에 해당하는 행위를 한 자
⑦ 제1항제1호·제2호 및 제3호와 제2항제1호·제2호 및 제4호의 미수범은
처벌한다. 〈개정 2014.10.15., 2020.5.19.〉
⑧ 제1항 내지 제7항의 징역형과 벌금형은 병과할 수 있다. 〈개정 2020.5.19.〉

**제50조(양벌규정)** ① 법인의 대표자나 법인 또는 개인의 대리인, 사용인, 그
밖의 종업원이 그 법인 또는 개인의 업무에 관하여 제49조제1항, 제2항, 제3
항(「형법」제216조에서 정한 형으로 처벌하는 경우로 한정한다), 제4항부터 제7
항까지의 어느 하나에 해당하는 위반행위를 하면 그 행위자를 벌하는 외에 그
법인 또는 개인에게도 해당 조문의 벌금형을 과(科)한다. 다만, 법인 또는 개
인이 그 위반행위를 방지하기 위하여 해당 업무에 관하여 상당한 주의와 감독
을 게을리하지 아니한 경우에는 그러하지 아니다. 〈개정 2014.10.15., 2020.5.19.〉
② 법인의 대표자나 법인 또는 개인의 대리인, 사용인, 그 밖의 종업원이 그
　법인 또는 개인의 업무에 관하여 제49조제3항(「형법」 제214조, 제215조
　또는 제217조에서 정한 형으로 처벌하는 경우로 한정한다)의 위반행위를
　하면 그 행위자를 벌하는 외에 그 법인 또는 개인을 5천만원 이하의 벌
　금에 처한다. 다만, 법인 또는 개인이 그 위반행위를 방지하기 위하여
　해당 업무에 관하여 상당한 주의와 감독을 게을리하지 아니한 경우에는
　그러하지 아니다. 〈개정 2014.10.15.〉
[전문개정 2011.11.14.]

**제51조(과태료)** ① 다음 각 호의 어느 하나에 해당하는 자(제10호의 경우에는 제28조제4항 단서에 따라 해당 규정을 준용하는 선불전자지급수단을 발행하는 자를 포함한다)에게는 5천만원 이하의 과태료를 부과한다. 〈개정 2014.10.15., 2017.4.18., 2023. 9. 14.〉

1. 제21조제1항 또는 제2항을 위반하여 선량한 관리자로서의 주의를 다하지 아니하거나 금융위원회가 정하는 기준을 준수하지 아니한 자
2. 제25조의2제1항을 위반하여 선불충전금을 별도관리하지 아니한 자
3. 제25조의2제6항을 위반하여 별도관리하는 선불충전금을 양도하거나 담보로 제공한 자
4. 제36조를 위반하여 전자화폐의 명칭을 사용한 자
5. 제36조의2제1호를 위반하여 선불전자지급수단의 할인발행 또는 적립금 지급 등 경제적 이익을 부여한 자
6. 제36조의2제2호를 위반하여 경제적 이익을 부여하고 해당 금액을 별도관리하지 아니한 자
7. 제36조의2제3호를 위반하여 해당 사실을 기간 내에 통지하지 아니한 자
8. 제36조의2제4호를 위반하여 이용자 보호 또는 건전한 거래질서를 저해할 우려가 있는 행위를 한 자
9. 제37조제5항을 준수하지 아니한 자
10. 제39조제3항(제29조제2항에서 준용하는 경우를 포함한다) 또는 제40조제3항·제4항에 따른 검사, 자료제출, 출석요구 및 조사를 거부 또는 방해하거나 기피한 자
11. 제42조제1항을 위반하여 보고서를 제출하지 아니하거나 거짓의 보고서를 제출한 자

② 다음 각 호의 어느 하나에 해당하는 자에게는 2천만원 이하의 과태료를 부과한다. 〈개정 2014.10.15., 2017.4.18.〉

1. 제13조제2항을 위반하여 전자자금이체의 지급 효력이 발생하도록 하지 아니한 자
2. 제21조의2제1항 또는 제2항을 위반하여 정보보호최고책임자를 지정하지 아니하거나 정보보호최고책임자를 임원으로 지정하지 아니한 자
3. 제21조의2제3항을 위반하여 같은 조 제4항의 업무 외의 다른 정보기술부문 업무를 정보보호최고책임자로 하여금 겸직하게 하거나 겸직한 자
4. 제21조의3제1항을 위반하여 전자금융기반시설의 취약점을 분석·평가하지 아니한 자
5. 제21조의3제2항을 위반하여 보완조치의 이행계획을 수립·시행하지 아

니한 자

6. 제22조제2항을 위반하여 전자금융거래기록을 파기하지 아니한 자

7. 제40조제6항을 위반하여 제3자에게 재위탁을 한 자

③ 다음 각 호의 어느 하나에 해당하는 자(제1호, 제6호부터 제8호까지 및 제10호의 경우에는 제28조제4항에 따라 해당 규정을 준용하는 선불전자지급수단을 발행하는 자를 포함한다)에게는 1천만원 이하의 과태료를 부과한다. 〈개정 2017.4.18.〉

1. 제7조제2항을 위반하여 거래내용에 관한 서면을 교부하지 아니한 자

2. 제8조제2항 및 제3항을 위반하여 오류의 원인과 처리 결과를 알리지 아니한 자

3. 제18조제2항을 위반하여 선불전자지급수단 또는 전자화폐를 양도하거나 담보로 제공한 자

4. 제21조제4항을 위반하여 정보기술부문에 대한 계획을 제출하지 아니한 자

5. 제21조의3제1항을 위반하여 전자금융기반시설의 취약점 분석·평가의 결과를 보고하지 아니한 자

6. 제21조의5제1항을 위반하여 침해사고를 알리지 아니한 자

7. 제22조제1항(제29조제2항에서 준용하는 경우를 포함한다)을 위반하여 기록을 생성하거나 보존하지 아니한 자

8. 제24조제1항 또는 제3항을 위반하여 약관의 명시, 설명, 교부를 하지 아니하거나 게시 또는 통지하지 아니한 자

9. 제25조제1항을 위반하여 금융위원회에 보고하지 아니한 자

10. 제27조제1항을 위반하여 분쟁처리 절차를 마련하지 아니한 자

11. 삭제 〈2017.4.18.〉

12. 제42조제1항을 위반하여 회계처리의 구분을 하지 아니한 자 또는 보고서를 제출하지 아니하거나 허위의 보고서를 제출한 자

④ 제1항부터 제3항까지의 규정에 따른 과태료는 대통령령으로 정하는 바에 따라 금융위원회가 부과·징수한다. 〈개정 2017.4.18.〉

[전문개정 2013.5.22.]

## Ⅳ. 기재례

**【범죄사실 기재례】**

피의자 ○○○는 보이스피싱범죄를 전문으로 하는 중국 ○○○조직의 한국내 총책으로서 20○○. ○. ○. ○○역앞 노숙자 ○○○외 ○○명에게서 외국인 근로자의 송금용 통장을 구한다고 하면서, 통장 한 개당 ○○만원으로 하여 총 ○○○개의 통장을 넘겨받아 이를 ○○○조직 인출책인 ○○○에게 한 개당 ○○만원을 받고 넘겨서 전자금융거래법 제49조 제항을 위반하는

범죄를 저질렀다(보이스피싱 범죄의 경우 형법상 사기죄 및 특가법상의 사기로 의율한다).

## 【범죄사실 기재례】

피의자 ○○○는 20○○. ○. ○. ○○역앞에서 평소 일면식이 있던 ○○○을 만나 범죄에 사용될 것을 알면서도 ○○은행 ○○통장(계좌번호 111-111-11111)과 보안카드, 현금카드 등을 금○○만원에 ○○○에게 넘겼다.

# 전자장치 부착 등에 관한 법률

[시행 2024. 7. 17.] [법률 제20007호, 2024. 1. 16., 일부개정]

## Ⅰ. 개설

### 목적

이 법은 수사・재판・집행 등 형사사법 절차에서 전자장치를 효율적으로 활용하여 불구속재판을 확대하고, 범죄인의 사회복귀를 촉진하며, 범죄로부터 국민을 보호함을 목적으로 한다.

## Ⅱ. 판례

**제2조(정의)** 이 법에서 사용하는 용어의 정의는 다음과 같다. 〈개정 2007.8.3., 2009.5.8., 2009.6.9., 2010.4.15., 2012.12.18., 2013.4.5., 2017.10.31., 2023. 7. 11.〉

1. "특정범죄"란 성폭력범죄, 미성년자 대상 유괴범죄, 살인범죄, 강도범죄 및 스토킹범죄를 말한다.
2. "성폭력범죄"란 다음 각 목의 범죄를 말한다.

    가. 「형법」 제2편제32장 강간과 추행의 죄 중 제297조(강간)・제297조의2 (유사강간)・제298조(강제추행)・제299조(준강간, 준강제추행)・제300조 (미수범)・제301조(강간등 상해・치상)・제301조의2(강간등 살인・치사) ・제302조(미성년자등에 대한 간음)・제303조(업무상위력등에 의한 간음)・제305조(미성년자에 대한 간음, 추행)・제305조의2(상습범), 제2편 제38장 절도와 강도의 죄 중 제339조(강도강간)・제340조(해상강도)제3 항(사람을 강간한 죄만을 말한다) 및 제342조(미수범)의 죄(제339조 및 제340조제3항 중 사람을 강간한 죄의 미수범만을 말한다)

    나. 「성폭력범죄의 처벌 등에 관한 특례법」 제3조(특수강도강간 등)부터 제 10조(업무상 위력 등에 의한 추행)까지의 죄 및 제15조(미수범)의 죄(제3 조부터 제9조까지의 미수범만을 말한다)

    다. 「아동・청소년의 성보호에 관한 법률」 제7조(아동・청소년에 대한 강간 ・강제추행 등)・제8조(장애인인 아동・청소년에 대한 간음 등)・제9조 (강간 등 상해・치상) 및 제10조(강간 등 살인・치사)의 죄

  라. 가목부터 다목까지의 죄로서 다른 법률에 따라 가중 처벌되는 죄
3. "미성년자 대상 유괴범죄"란 다음 각 목의 범죄를 말한다.
  가. 미성년자에 대한 「형법」 제287조부터 제292조까지, 제294조, 제296조, 제324조의2 및 제336조의 죄
  나. 미성년자에 대한 「특정범죄가중처벌 등에 관한 법률」 제5조의2(약취·유인죄의 가중처벌)의 죄
  다. 가목과 나목의 죄로서 다른 법률에 따라 가중 처벌되는 죄
3의2. "살인범죄"란 다음 각 목의 범죄를 말한다.
  가. 「형법」 제2편제1장 내란의 죄 중 제88조(내란목적의 살인)·제89조(미수범)의 죄(제88조의 미수범만을 말한다), 제2편제24장 살인의 죄 중 제250조(살인, 존속살해)·제251조(영아살해)·제252조(촉탁, 승낙에 의한 살인등)·제253조(위계등에 의한 촉탁살인등)·제254조(미수범)·제255조(예비, 음모), 제2편32장 강간과 추행의 죄 중 제301조의2(강간등 살인·치사) 전단, 제2편제37장 권리행사를 방해하는 죄 중 제324조의4(인질살해·치사) 전단·제324조의5(미수범)의 죄(제324조의4 전단의 미수범만을 말한다), 제2편제38장 절도와 강도의 죄 중 제338조(강도살인·치사) 전단·제340조(해상강도)제3항(사람을 살해한 죄만을 말한다) 및 제342조(미수범)의 죄(제338조 전단 및 제340조제3항 중 사람을 살해한 죄의 미수범만을 말한다)
  나. 「성폭력범죄의 처벌 등에 관한 특례법」 제9조(강간 등 살인·치사)제1항의 죄 및 제15조(미수범)의 죄(제9조제1항의 미수범만을 말한다)
  다. 「아동·청소년의 성보호에 관한 법률」 제10조(강간 등 살인·치사)제1항의 죄
  라. 「특정범죄 가중처벌 등에 관한 법률」 제5조의2(약취·유인죄의 가중처벌)제2항제2호의 죄 및 같은 조 제6항의 죄(같은 조 제2항제2호의 미수범만을 말한다)
  마. 가목부터 라목까지의 죄로서 다른 법률에 따라 가중처벌되는 죄
3의3. "강도범죄"란 다음 각 목의 범죄를 말한다.
  가. 「형법」 제2편제38장 절도와 강도의 죄 중 제333조(강도)·제334조(특수강도)·제335조(준강도)·제336조(인질강도)·제337조(강도상해, 치상)·제338조(강도살인·치사)·제339조(강도강간)·제340조(해상강도)·제341조(상습범)·제342조(미수범)의 죄(제333조부터 제341조까지의 미수범만을 말한다) 및 제343조(예비, 음모)의 죄
  나. 「성폭력범죄의 처벌 등에 관한 특례법」 제3조(특수강도강간 등)제2항 및 제15조(미수범)의 죄(제3조제2항의 미수범만을 말한다)

　다. 가목과 나목의 죄로서 다른 법률에 따라 가중처벌되는 죄

3의4. "스토킹범죄"란 「스토킹범죄의 처벌 등에 관한 법률」 제18조제1항 및 제2항의 죄를 말한다.

4. "위치추적 전자장치(이하 "전자장치"라 한다)"란 전자파를 발신하고 추적하는 원리를 이용하여 위치를 확인하거나 이동경로를 탐지하는 일련의 기계적 설비로서 대통령령으로 정하는 것을 말한다.

## 특정범죄자에대한보호관찰및전자장치부착등에관한법률위반

[대법원 2017. 3. 15, 선고, 2016도17719, 판결]

【판결요지】

[1] 특정 범죄자에 대한 보호관찰 및 전자장치 부착 등에 관한 법률 제38조는 위치추적 전자장치(이하 '전자장치'라고 한다)가 부착된 사람이 부착기간 중 전자장치를 신체에서 임의로 분리·손상, 전파 방해 또는 수신자료의 변조, 그 밖의 방법으로 그 효용을 해한 행위를 처벌하고 있다. 여기서 '효용을 해하는 행위'는 전자장치를 부착하게 하여 위치를 추적하도록 한 전자장치의 실질적인 효용을 해하는 행위를 말하는 것으로서, 전자장치 자체의 기능을 직접적으로 해하는 행위뿐 아니라 전자장치의 효용이 정상적으로 발휘될 수 없도록 하는 행위도 포함하며, 부작위라고 하더라도 고의적으로 그 효용이 정상적으로 발휘될 수 없도록 한 경우에는 처벌의 대상이 된다.

[2] 특정 범죄자에 대한 보호관찰 및 전자장치 부착 등에 관한 법률(이하 '전자장치부착법'이라고 한다)에 의한 위치추적 전자장치(이하 '전자장치'라고 한다)가 부착된 사람(이하 '피부착자'라고 한다)은 전자장치의 부착기간 중 전자장치의 기능이 정상적으로 유지될 수 있도록 전자장치를 충전, 휴대 또는 관리하여야 한다(특정 범죄자에 대한 보호관찰 및 전자장치 부착 등에 관한 법률 시행령 제11조 제1호). 나아가 특정범죄를 저지른 사람의 재범방지를 위하여 형기를 마친 뒤에 보호관찰 등을 통하여 건전한 사회복귀를 촉진하고 전자장치를 신체에 부착하게 하는 부가적인 조치를 취함으로써 특정범죄로부터 국민을 보호함을 목적으로 하는 전자장치부착법의 취지와 전자장치를 구성하는 휴대용 추적장치와 재택 감독장치의 기능과 목적 등을 고려하여 볼 때, 피부착자가 재택 감독장치가 설치되어 있는 자신의 독립된 주거공간이나 가족 등과의 공동 주거공간을 떠나 타인의 생활공간 또는 타인이 공동으로 이용하는 공간을 출입하고자 하는 경우에는 휴대용 추적장치를 휴대하여야 한다. 따라서 피부착자가 이를 위반하여 휴대용 추적장치를 휴대하지 아니하고 위와 같은 장소에 출입함으로써 부착장치의 전자파를 추적하지 못하게 하는 경우에는 전자장치부착법 제38조의 기타의 방법으로 전자장치의 효용을 해한 경우에 해당한다.

**제5조(전자장치 부착명령의 청구)** ① 검사는 다음 각 호의 어느 하나에 해당하고, 성폭력범죄를 다시 범할 위험성이 있다고 인정되는 사람에 대하여 전자장치를 부착하도록 하는 명령(이하 "부착명령"이라 한다)을 법원에 청구할 수

있다. 〈개정 2008.6.13., 2010.4.15., 2012.12.18.〉

1. 성폭력범죄로 징역형의 실형을 선고받은 사람이 그 집행을 종료한 후 또는 집행이 면제된 후 10년 이내에 성폭력범죄를 저지른 때
2. 성폭력범죄로 이 법에 따른 전자장치를 부착받은 전력이 있는 사람이 다시 성폭력범죄를 저지른 때
3. 성폭력범죄를 2회 이상 범하여(유죄의 확정판결을 받은 경우를 포함한다) 그 습벽이 인정된 때
4. 19세 미만의 사람에 대하여 성폭력범죄를 저지른 때
5. 신체적 또는 정신적 장애가 있는 사람에 대하여 성폭력범죄를 저지른 때

② 검사는 미성년자 대상 유괴범죄를 저지른 사람으로서 미성년자 대상 유괴범죄를 다시 범할 위험성이 있다고 인정되는 사람에 대하여 부착명령을 법원에 청구할 수 있다. 다만, 유괴범죄로 징역형의 실형 이상의 형을 선고받아 그 집행이 종료 또는 면제된 후 다시 유괴범죄를 저지른 경우에는 부착명령을 청구하여야 한다. 〈신설 2009.5.8., 2010.4.15.〉

③ 검사는 살인범죄를 저지른 사람으로서 살인범죄를 다시 범할 위험성이 있다고 인정되는 사람에 대하여 부착명령을 법원에 청구할 수 있다. 다만, 살인범죄로 징역형의 실형 이상의 형을 선고받아 그 집행이 종료 또는 면제된 후 다시 살인범죄를 저지른 경우에는 부착명령을 청구하여야 한다. 〈신설 2010.4.15.〉

④ 검사는 다음 각 호의 어느 하나에 해당하고 강도범죄를 다시 범할 위험성이 있다고 인정되는 사람에 대하여 부착명령을 법원에 청구할 수 있다. 〈신설 2012.12.18.〉

1. 강도범죄로 징역형의 실형을 선고받은 사람이 그 집행을 종료한 후 또는 집행이 면제된 후 10년 이내에 다시 강도범죄를 저지른 때
2. 강도범죄로 이 법에 따른 전자장치를 부착하였던 전력이 있는 사람이 다시 강도범죄를 저지른 때
3. 강도범죄를 2회 이상 범하여(유죄의 확정판결을 받은 경우를 포함한다) 그 습벽이 인정된 때

⑤ 검사는 다음 각 호의 어느 하나에 해당하고 스토킹범죄를 다시 범할 위험성이 있다고 인정되는 사람에 대하여 부착명령을 법원에 청구할 수 있다. 〈신설 2023. 7. 11.〉

1. 스토킹범죄로 징역형의 실형을 선고받은 사람이 그 집행을 종료한 후 또는 집행이 면제된 후 10년 이내에 다시 스토킹범죄를 저지른 때
2. 스토킹범죄로 이 법에 따른 전자장치를 부착하였던 전력이 있는 사람이 다시 스토킹범죄를 저지른 때
3. 스토킹범죄를 2회 이상 범하여(유죄의 확정판결을 받은 경우를 포함한다)

그 습벽이 인정된 때
⑥ 제1항부터 제5항까지의 규정에 따른 부착명령의 청구는 공소가 제기된 특정 범죄사건의 항소심 변론종결 시까지 하여야 한다. 〈개정 2009.5.8., 2010.4.15., 2012.12.18., 2023. 7. 11.〉
⑦ 법원은 공소가 제기된 특정범죄사건을 심리한 결과 부착명령을 선고할 필요가 있다고 인정하는 때에는 검사에게 부착명령의 청구를 요구할 수 있다. 〈개정 2009.5.8., 2010.4.15., 2012.12.18., 2023. 7. 11.〉
⑧ 제1항부터 제5항까지의 규정에 따른 특정범죄사건에 대하여 판결의 확정 없이 공소가 제기된 때부터 15년이 경과한 경우에는 부착명령을 청구할 수 없다. 〈개정 2009.5.8., 2010.4.15., 2012.12.18., 2023. 7. 11.〉

## '살인범죄를 다시 범할 위험성'의 의미
[대법원 2018. 9. 13., 선고, 2018도7658, 2018전도54, 55, 2018보도6, 2018모2593, 판결]

【판결요지】
특정 범죄자에 대한 보호관찰 및 전자장치 부착 등에 관한 법률 제5조 제3항 및 제21조의2 제3호에 규정된 '살인범죄를 다시 범할 위험성'이란 재범할 가능성만으로는 부족하고 피부착명령청구자 또는 피보호관찰명령청구자가 장래에 다시 살인범죄를 범하여 법적 평온을 깨뜨릴 상당한 개연성이 있음을 의미한다. 살인범죄의 재범의 위험성 유무는 피부착명령청구자 또는 피보호관찰명령청구자의 직업과 환경, 당해 범행 이전의 행적, 범행의 동기, 수단, 범행 후의 정황, 개전의 정 등 여러 사정을 종합적으로 평가하여 객관적으로 판단하여야 하고, 이러한 판단은 장래에 대한 가정적 판단이므로 판결 시를 기준으로 하여야 한다.

## 성폭력 범죄의 처벌 등에 관한 특례법 위반(장애인강간) · 강간미수 · 성폭력 범죄의 처벌 등에 관한 특례법위반 (업무상 위력 등에 의한 추행) · 강제추행 · 사기 · 부착명령
[대법원 2016. 6. 23., 선고, 2016도3508, 2016전도40, 판결]

【판결요지】
특정 범죄자에 대한 보호관찰 및 전자장치 부착 등에 관한 법률(이하 '전자장치부착법'이라 한다)에 의하면 제5조 제1항부터 제4항까지의 규정에 따른 전자장치 부착명령의 청구는 공소가 제기된 특정범죄사건의 항소심 변론종결 시까지 하여야 하며(제5조 제5항), 부착명령청구사건의 관할은 부착명령청구사건과 동시에 심리하는 특정범죄사건의 관할에 따른다(제7조).
그리고 부착명령청구사건의 청구원인사실은 특정범죄사건의 범죄사실과 일치하여야 하며, 전자장치부착법 제5조 제1항 및 제8조에 따라 부착명령청구서에 기재하여야 하는 부착명령청구원인사실에는 피고사건의 공소장에 기재된 공소사실뿐만 아니라 재범의 위험성에 관한 사실도 포함된다.

**제13조(부착명령의 집행)** ① 부착명령은 특정범죄사건에 대한 형의 집행이 종료되거나 면제·가석방되는 날 또는 치료감호의 집행이 종료·가종료되는 날 석방 직전에 피부착명령자의 신체에 전자장치를 부착함으로써 집행한다. 다만, 다음의 경우에는 각 호의 구분에 따라 집행한다. 〈개정 2008.6.13., 2009.5.8., 2012.12.18., 2017.10.31.〉

  1. 부착명령의 원인이 된 특정범죄사건이 아닌 다른 범죄사건으로 형이나 치료감호의 집행이 계속될 경우에는 부착명령의 원인이 된 특정범죄사건이 아닌 다른 범죄사건에 대한 형의 집행이 종료되거나 면제·가석방 되는 날 또는 치료감호의 집행이 종료·가종료 되는 날부터 집행한다.
  2. 피부착명령자가 부착명령 판결 확정 시 석방된 상태이고 미결구금일수 산입 등의 사유로 이미 형의 집행이 종료된 경우에는 부착명령 판결 확정일부터 부착명령을 집행한다.

② 제1항제2호에 따라 부착명령을 집행하는 경우 보호관찰소의 장은 피부착명령자를 소환할 수 있으며, 피부착명령자가 소환에 따르지 아니하는 때에는 관할 지방검찰청의 검사에게 신청하여 부착명령 집행장을 발부받아 구인할 수 있다. 〈신설 2017.10.31.〉

③ 보호관찰소의 장은 제2항에 따라 피부착명령자를 구인한 경우에는 부착명령의 집행을 마친 즉시 석방하여야 한다. 〈신설 2017.10.31.〉

④ 부착명령의 집행은 신체의 완전성을 해하지 아니하는 범위 내에서 이루어져야 한다. 〈개정 2017.10.31.〉

⑤ 부착명령이 여러 개인 경우 확정된 순서에 따라 집행한다. 〈신설 2010.4.15., 2017.10.31.〉

⑥ 다음 각 호의 어느 하나에 해당하는 때에는 부착명령의 집행이 정지된다. 〈개정 2008.6.13., 2010.4.15., 2017.10.31.〉

  1. 부착명령의 집행 중 다른 죄를 범하여 구속영장의 집행을 받아 구금된 때
  2. 부착명령의 집행 중 다른 죄를 범하여 금고 이상의 형의 집행을 받게 된 때
  3. 가석방 또는 가종료된 자에 대하여 전자장치 부착기간 동안 가석방 또는 가종료가 취소되거나 실효된 때

⑦ 제6항제1호에도 불구하고 구속영장의 집행을 받아 구금된 후에 다음 각 호의 어느 하나에 해당하는 사유로 구금이 종료되는 경우 그 구금기간 동안에는 부착명령이 집행된 것으로 본다. 다만, 제1호 및 제2호의 경우 법원의 판결에 따라 유죄로 확정된 경우는 제외한다. 〈신설 2017.12.12., 2021.3.16.〉

  1. 검사가 혐의없음, 죄가안됨, 공소권없음 또는 각하의 불기소처분을 한 경우

2. 법원의 무죄, 면소, 공소기각 판결 또는 공소기각 결정이 확정된 경우

⑧ 제6항에 따라 집행이 정지된 부착명령의 잔여기간에 대하여는 다음 각 호의 구분에 따라 집행한다. 〈개정 2008.6.13., 2010.4.15., 2017.10.31., 2017.12.12.〉

1. 제6항제1호의 경우에는 구금이 해제되거나 금고 이상의 형의 집행을 받지 아니하게 확정된 때부터 그 잔여기간을 집행한다.

2. 제6항제2호의 경우에는 그 형의 집행이 종료되거나 면제된 후 또는 가석방된 때부터 그 잔여기간을 집행한다.

3. 제6항제3호의 경우에는 그 형이나 치료감호의 집행이 종료되거나 면제된 후 그 잔여기간을 집행한다.

⑨ 제1항부터 제8항까지 규정된 사항 외에 부착명령의 집행 및 정지에 관하여 필요한 사항은 대통령령으로 정한다. 〈개정 2010.4.15., 2017.10.31., 2017.12.12.〉

## 치료감호와 부착명령을 함께 선고할 경우, 부착명령 요건으로서 '재범의 위험성' 판단 방법

[대법원 2012. 5. 10., 선고, 2012도2289,2012감도5,2012전도51, 판결]

**【판결요지】**

치료감호와 부착명령이 함께 선고된 경우에는 특정 범죄자에 대한 위치추적 전자장치 부착 등에 관한 법률 제13조 제1항에 따라 치료감호의 집행이 종료 또는 가종료되는 날 부착명령이 집행되고, 치료감호는 심신장애 상태 등에서 범죄행위를 한 자로서 재범의 위험성이 있고 특수한 교육·개선 및 치료가 필요하다고 인정되는 자에 대하여 적절한 보호와 치료를 함으로써 재범을 방지하고 사회복귀를 촉진하는 것을 목적으로 하며, 치료감호법에 규정된 수용기간을 한도로 치료감호를 받을 필요가 없을 때 종료되는 사정들을 감안하면, 법원이 치료감호와 부착명령을 함께 선고할 경우에는 치료감호의 요건으로서 재범의 위험성과는 별도로, 치료감호를 통한 치료 경과에도 불구하고 부착명령의 요건으로서 재범의 위험성이 인정되는지를 따져보아야 하고, 치료감호 원인이 된 심신장애 등의 종류와 정도 및 치료 가능성, 피부착명령청구자의 치료의지 및 주위 환경 등 치료감호 종료 후에 재범의 위험성을 달리 볼 특별한 사정이 있는 경우에는 치료감호를 위한 재범의 위험성이 인정된다 하여 부착명령을 위한 재범의 위험성도 인정된다고 섣불리 단정하여서는 안 된다.

**제28조(형의 집행유예와 부착명령)** ① 법원은 특정범죄를 범한 자에 대하여 형의 집행을 유예하면서 보호관찰을 받을 것을 명할 때에는 보호관찰 기간의 범위 내에서 기간을 정하여 준수사항의 이행여부 확인 등을 위하여 전자장치를 부착할 것을 명할 수 있다. 〈개정 2009.5.8., 2023. 7. 11.〉

② 법원은 제1항에 따른 부착명령기간 중 소재지 인근 의료기관에서의 치료, 지

정 상담시설에서의 상담치료 등 대상자의 재범방지를 위하여 필요한 조치들을 과할 수 있다.

③ 법원은 제1항에 따른 전자장치 부착을 명하기 위하여 필요하다고 인정하는 때에는 피고인의 주거지 또는 그 법원의 소재지를 관할하는 보호관찰소의 장에게 범죄의 동기, 피해자와의 관계, 심리상태, 재범의 위험성 등 피고인에 관하여 필요한 사항의 조사를 요청할 수 있다.

## 특정 범죄자에 대하여 집행유예를 선고할 경우, 보호관찰을 받을 것을 함께 명할지 여부

[대법원 2012. 8. 30., 선고, 2011도14257,2011전도233, 판결]

**【판결요지】**
특정 범죄자에 대한 위치추적 전자장치 부착 등에 관한 법률(이하 '법' 이라 한다) 제4장에서는 '형의 집행유예와 부착명령'에 관하여 규정하고 있는데, 그 장에 포함된 법 제28조 제1항에서 정한 부착명령은 법원이 형의 집행을 유예하면서 보호관찰을 받을 것을 명하는 때에만 가능한 것으로서, 법 제2장에서 정하고 있는 '징역형 종료 이후의 부착명령'과는 성질과 요건이 다르다. 또한 법 제4장의 부착명령에 관하여는 법 제31조가 부착명령 '청구사건'의 판결에 대한 상소에 관한 규정들인 법 제9조 제8항과 제9항은 준용하지 아니하고 있는 점, 보호관찰부 집행유예의 경우 보호관찰명령 부분만에 대한 일부상소는 허용되지 않는 점 등에 비추어 볼 때, 위와 같은 부착명령은 보호관찰부 집행유예와 서로 불가분의 관계에 있는 것으로서 독립하여 상소의 대상이 될 수 없다. 위와 같은 여러 사정을 종합하여 보면, 특정 범죄자에 대하여 집행유예를 선고할 경우에 보호관찰을 받을 것을 함께 명할지 여부 및 구체적인 준수사항의 내용, 나아가 법 제28조 제1항에 따라 전자장치의 부착을 명할지 여부 및 그 기간 등에 대한 법원의 판단은 그 전제가 되는 집행유예의 선고와 일체를 이루는 것으로서, 보호관찰명령이나 부착명령이 관련 법령에서 정하고 있는 요건에 위반한 것이 아닌 한, 형의 집행유예를 선고하는 것과 마찬가지로 법원의 재량사항에 속한다고 보는 것이 타당하다. 다 하여 부착명령을 위한 재범의 위험성도 인정된다고 섣불리 단정하여서는 안 된다.

## III. 벌칙

**제36조(벌칙)** ① 전자장치 부착 업무를 담당하는 자가 정당한 사유 없이 피부착자의 전자장치를 해제하거나 손상한 때에는 1년 이상의 유기징역에 처한다.
② 전자장치 부착 업무를 담당하는 자가 금품을 수수·요구 또는 약속하고 제1항의 죄를 범한 때에는 2년 이상의 유기징역에 처한다.

③ 수신자료(스토킹행위자 수신자료를 포함한다)를 관리하는 자가 제16조제2항 또는 제31조의8제2항을 위반한 때에는 1년 이상의 유기징역에 처한다. 〈개정 2023. 7. 11.〉

**제37조(벌칙)** ① 타인으로 하여금 부착명령 또는 보호관찰명령을 받게 할 목적으로 공무소 또는 공무원에 대하여 허위의 사실을 신고하거나 「형법」 제152조제1항의 죄를 범한 때에는 10년 이하의 징역에 처한다. 〈개정 2012.12.18.〉
② 제2장의 부착명령 또는 보호관찰명령 청구사건에 관하여 피부착명령청구자 또는 피보호관찰명령청구자를 모해할 목적으로 「형법」 제154조·제233조 또는 제234조(허위작성진단서의 행사에 한한다)의 죄를 범한 때에는 10년 이하의 징역에 처한다. 이 경우 10년 이하의 자격정지를 병과한다. 〈개정 2012.12.18., 2014.1.7.〉

**제38조(벌칙)** ① 피부착자가 제14조제1항(제27조 및 제31조에 따라 준용되는 경우를 포함한다)을 위반하여 전자장치의 부착기간 중 전자장치를 신체에서 임의로 분리·손상, 전파 방해 또는 수신자료의 변조, 그 밖의 방법으로 그 효용을 해한 때에는 7년 이하의 징역 또는 2천만원 이하의 벌금에 처한다. 〈개정 2017.12.12.〉
② 제1항의 미수범은 처벌한다. 〈신설 2017.12.12.〉

**제39조(벌칙)** ① 피부착자 또는 보호관찰대상자가 제9조의2제1항제3호 또는 제4호의 준수사항을 정당한 사유 없이 위반한 때에는 3년 이하의 징역 또는 3천만원 이하의 벌금에 처한다. 〈개정 2012.12.18., 2020.12.15.〉
② 피부착자 또는 보호관찰대상자가 정당한 사유 없이 「보호관찰 등에 관한 법률」 제32조제2항 또는 제3항에 따른 준수사항을 위반하여 같은 법 제38조에 따른 경고를 받은 후 다시 정당한 사유 없이 같은 법 제32조제2항 또는 제3항에 따른 준수사항을 위반한 경우 1년 이하의 징역 또는 1천만원 이하의 벌금에 처한다. 〈신설 2012.12.18., 2020.12.15.〉
③ 피부착자 또는 보호관찰대상자가 제9조의2제1항제1호·제2호·제2호의2·제5호 또는 제6호의 준수사항을 정당한 사유 없이 위반한 때에는 1년 이하의 징역 또는 1천만원 이하의 벌금에 처한다. 〈개정 2010.4.15., 2012.12.18., 2020.12.15.〉

**[서식]** **부착명령 집행장 신청**

# ○ ○ 보 호 관 찰 소

※[ ]에는 해당되는 곳에 √ 표를 합니다.

제      호                                                    년    월    일

수 신 　○○지방검찰청 검사장　　　　발 신　 ○ ○ 보호관찰소장 │직인│

## 제 목 : 부착명령 집행장 신청

　　　　　　법률 제9112호 특정 성폭력범죄자에 대한 위치추적 전자장치 부착에 관한 법률 일부개정법률 부칙 제2조제3항제10호에 따라 아래 출소자를 [ ]○○보호관찰소, [ ]검거경찰서로 구인하려고 하오니　　년　　월　　일 까지 유효한 부착명령 집행장의 발부를 신청합니다.

| 출소자 | 성 명 | | 주민등록번호 | | 직 업 | |
|---|---|---|---|---|---|---|
| | 주거지 | | | | | |
| | 사 건 번 호 | | | | | |
| 구인을 필요로 하는 사유 | | 별지 기재와 같음 | | | | |
| 여러 통의 집행장을 신청하는 취지 및 사유 | | | | | | |
| 그 밖의 참고사항 | | 별첨 소명자료 참조 | | | | |

210mm×297mm[백상지 80g/㎡]

**[서식]** 보호관찰명령 청구서

# ○ ○ 검 찰 청

사건번호 20    형제    호                    년    월    일

수 신   ○ ○ 지방법원장                발 신   ○ ○ 지방검찰청

                                    검 사  ○ ○ ○     (인)

제 목   **보호관찰명령 청구서**

아래와 같이 보호관찰명령을 청구합니다.

Ⅰ. 피보호관찰명령청구자 관련사항

| 성 명 | | 주민등록번호<br>(나 이) | |
|---|---|---|---|
| 직 업 | | 연 락 처 | |
| 주 거 지 | | | |
| 등 록 기 준 지 | | | |
| 죄 명 | | | |
| 적 용 법 조 문 | | | |
| 구 속 여 부 | 20 . . . 구속 (20 . . . | | |
| 변 호 인 | | | |

Ⅱ. 보호관찰명령 청구원인 사실

Ⅲ. 첨부

210mm×297mm[백상지 80g/㎡]

# 정보통신공사업법

[시행 2025. 4. 23.] [법률 제20483호, 2024. 10. 22., 일부개정]

## I. 개설

### 목적

이 법은 정보통신공사의 조사·설계·시공·감리(監理)·유지관리·기술관리 등에 관한 기본적인 사항과 정보통신공사업의 등록 및 정보통신공사의 도급(都給) 등에 필요한 사항을 규정함으로써 정보통신공사의 적절한 시공과 공사업의 건전한 발전을 도모함을 목적으로 한다.

## II. 벌칙

**제74조(벌칙)** 다음 각 호의 어느 하나에 해당하는 자는 3년 이하의 징역 또는 2천만원 이하의 벌금에 처한다. 〈개정 2018.2.21., 2018.12.24.〉

1. 제12조를 위반하여 공사와 감리를 함께 한 자
2. 제14조제1항에 따른 등록을 하지 아니하거나 부정한 방법으로 등록을 하고 공사업을 경영한 자
3. 제17조제1항제1호 및 제2호에 따른 신고를 하지 아니하거나 부정한 방법으로 신고를 하고 공사업을 경영한 자
4. 제24조를 위반하여 타인에게 등록증이나 등록수첩을 빌려 준 자 또는 타인의 등록증이나 등록수첩을 빌려서 사용한 자
5. 제66조제1항에 따른 영업정지처분을 받고 그 영업정지기간 중에 영업을 한 자

[전문개정 2009.3.25.]

**제75조(벌칙)** 다음 각 호의 어느 하나에 해당하는 자는 1년 이하의 징역 또는 1천만원 이하의 벌금에 처한다. 〈개정 2018.12.24.〉

1. 제8조제2항에 따른 감리원이 아닌 사람에게 감리를 하게 한 자
2. 제8조제7항을 위반하여 다른 사람에게 자기의 성명을 사용하여 감리업무를 수행하게 하거나 자격증을 빌려 준 사람 또는 다른 사람의 성명을

사용하여 감리업무를 하거나 다른 사람의 자격증을 빌려서 사용한 사람

3. 제31조제1항 또는 제2항을 위반하여 하도급 또는 다시 하도급을 한 자

4. 제36조제1항에 따른 착공 전 확인을 받지 아니하고 공사를 시작하거나 사용전검사를 받지 아니하고 정보통신설비를 사용한 자

5. 제40조제2항을 위반하여 경력수첩을 빌려 준 사람 또는 다른 사람의 경력수첩을 빌려서 사용한 사람

[전문개정 2009.3.25.]

**제76조(벌칙)** 다음 각 호의 어느 하나에 해당하는 자는 500만원 이하의 벌금에 처한다. 〈개정 2018.12.24.〉

1. 제6조에 따른 기술기준을 위반하여 설계 또는 감리를 한 자

2. 제7조제1항을 위반하여 발주한 자

3. 제8조제1항을 위반하여 발주한 자

3의2. 제8조제2항에 따른 감리원 배치기준을 위반하여 공사의 감리를 발주하거나 감리원을 배치한 자

4. 제25조를 위반하여 분리하여 도급하지 아니한 자

5. 제29조를 위반하여 공사업자가 아닌 자에게 도급, 하도급 또는 다시 하도급을 한 자

6. 제33조제1항에 따른 정보통신기술자를 공사현장에 배치하지 아니한 자

[전문개정 2009.3.25.]

**제77조(양벌규정)** 법인의 대표자나 법인 또는 개인의 대리인, 사용인, 그 밖의 종업원이 그 법인 또는 개인의 업무에 관하여 제74조부터 제76조까지의 어느 하나에 해당하는 위반행위를 하면 그 행위자를 벌하는 외에 그 법인 또는 개인에게도 해당 조문의 벌금형을 과(科)한다. 다만, 법인 또는 개인이 그 위반행위를 방지하기 위하여 해당 업무에 관하여 상당한 주의와 감독을 게을리하지 아니한 경우에는 그러하지 아니하다.

[전문개정 2010.3.17.]

**제78조(과태료)** ① 다음 각 호의 어느 하나에 해당하는 자에게는 300만원 이하의 과태료를 부과한다. 〈개정 2018. 12. 24., 2022. 1. 11., 2023. 7. 18.〉

1. 제7조제2항을 위반하여 설계도서에 서명 또는 기명날인하지 아니한 자

1의2. 제8조제3항을 위반하여 감리원 배치현황을 신고하지 아니한 자

2. 거짓이나 그 밖의 부정한 방법으로 제8조제6항에 따른 감리원의 자격

증을 발급받은 사람

3. 제11조에 따른 감리 결과의 통보를 하지 아니한 자

3의2. 제14조의2를 위반하여 공사업자임을 표시하거나 공사업자로 오인될 우려가 있는 표시를 한 자

3의3. 제17조제1항제3호를 위반하여 공사업 상속의 신고를 하지 아니하고 공사업을 경영한 자

4. 제23조에 따른 신고 또는 폐업신고를 하지 아니하거나 거짓으로 신고한 자

5. 제27조제3항을 위반하여 공사실적, 자본금, 그 밖에 대통령령으로 정하는 사항에 관한 서류를 거짓으로 제출한 자

6. 제33조제2항을 위반하여 정당한 사유 없이 그 공사의 현장을 이탈한 사람

6의2. 제37조의3제1항에 따른 유지보수·관리기준을 준수하지 아니한 자

6의3. 제37조의3제2항에 따른 점검기록을 작성하지 아니하거나 거짓으로 작성한 자

6의4. 제37조의3제3항을 위반하여 점검기록을 보존하지 아니한 자

6의5. 제37조의4제2항을 위반하여 정보통신설비 유지보수·관리자를 선임하지 아니한 자

6의6. 제37조의4제5항을 위반하여 정보통신설비 유지보수·관리자를 해임한 날부터 30일 이내에 정보통신설비 유지보수·관리자를 새로 선임하지 아니한 자

7. 거짓이나 그 밖의 부정한 방법으로 제39조제3항에 따른 정보통신기술자의 경력수첩을 발급받은 사람

8. 제40조제1항을 위반하여 동시에 두 곳 이상의 공사업체에 종사한 사람

9. 제63조제1항에 따른 조사 또는 검사를 거부·방해 또는 기피하거나 자료 제출 또는 보고를 거짓으로 한 자

② 다음 각 호의 어느 하나에 해당하는 자에게는 100만원 이하의 과태료를 부과한다. 〈개정 2023. 7. 18.〉

1. 제22조제2항에 따른 통지를 하지 아니한 자

1의2. 제37조의3제3항을 위반하여 점검기록을 특별자치시장·특별자치도지사·시장·군수·구청장에게 제출하지 아니한 자

1의3. 제37조의4제3항에 따른 신고를 하지 아니하거나 거짓으로 신고한 자

2. 제63조제1항에 따른 자료를 제출하지 아니하거나 보고를 하지 아니한 자

③ 제1항 및 제2항에 따른 과태료는 대통령령으로 정하는 바에 따라 과학기술정보통신부장관 또는 시·도지사가 부과·징수한다. 〈개정 2013. 3. 23., 2017. 7.

## Ⅲ. 기재례

### 【범죄사실 기재례】

피의자는 ○○시 ○○동 ○○번지에서 ○○전기통신공사라는 상호로 통신기기판매업에 종사하고 있다.

피의자는 위 점포에 전기통신공사설비 일체를 갖추고 종업원 2명을 고용한 다음 관할관청에 등록하지 않고, 20○○. ○. ○. 위 같은 동 ○○번지에 있는 ○○내과의원의 원장인 안○○의 의뢰를 받아 위 병원 사무실에 주식회사 ○○에서 제작한 키폰주장치 1대와 키폰 전화기 4개를 설치하여 주고 그 공사비 등으로 돈 ○○만원을 받은 것을 비롯하여 그 무렵부터 같은 해 ○. ○.까지 한달평균 2건의 키폰설치공사 등을 하여 ○○만원의 수익을 얻는 전기통신설비공사업을 영위하였다.

**[서식]** **정보통신공사업등록증**

제          호

# 정보통신공사업등록증

상          호

대    표    자

생년월일(법인등록번호)

영업소 소재지

등록연월일              년      월      일

「정보통신공사업법」 제14조에 따라 정보통신공사업을 등록하였음을 증명합니다.

년      월      일

시 · 도지사          직인

210mm×297mm[백상지(150g/㎡)]

**[서식] 정보통신공사 착공전 설계도 확인결과 통보서**

# 정보통신공사 착공전 설계도 확인결과 통보서

발급번

호 :

| 발주자<br>(건축주) | | 전화번호 | |
|---|---|---|---|
| 주 소 | | | |
| 용역업체 | | 설계자<br>(연락처) | |
| 주 소 | | | |
| 건축허가<br>번호 | | 건축현장명<br>(소재지) | |
| 검토의견 | | | |
| 보완사항 | | | |
| 관련 근거<br>(기술기준 등) | | | |

| 확인자 | 소속 | | 성명 | (서명 또는 인) | 연락처 | |
|---|---|---|---|---|---|---|

[ ] 「정보통신공사업법」 제36조 및 같은 법 시행령 제35조의2제3항에 따라 정보통신공사 착공전 설계도 확인 결과를 통보 합니다.

[ ] 「정보통신공사업법」 제8조 및 같은 법 시행령 제8조에 따른 감리 대상 공사임을 통보합니다.

※ 기술기준에 적합하지 않은 설계 또는 감리수행 시 「정보통신공사업법」 제76조에 따라 500만원 이하의 벌금에 처해질 수 있으며, 정보통신공사 사용전검사 시 기술기준에 부적합한 사항을 보완하지 않으면 재시공 등의 불이익이 있으니 반드시 보완 후 착공하기 바랍니다.

년      월      일

**특별자치시장 · 특별자치도지사 · 시장**
**· 군수 · 구청장**

| 직인 |
|---|

210mm×297mm[ 백상지(80g/㎡) ]

# 정보통신망 이용촉진 및 정보보호 등에 관한 법률

[시행 2025. 6. 4.] [법률 제20534호, 2024. 12. 3., 일부개정]

## Ⅰ. 개설

### 목적

이 법은 정보통신망의 이용을 촉진하고 정보통신서비스를 이용하는 자를 보호함과 아울러 정보통신망을 건전하고 안전하게 이용할 수 있는 환경을 조성하여 국민생활의 향상과 공공복리의 증진에 이바지함을 목적으로 한다.

## Ⅱ. 판례

**제2조(정의)** ① 이 법에서 사용하는 용어의 뜻은 다음과 같다. 〈개정 2004.1.29., 2007.1.26., 2007.12.21., 2008.6.13., 2010.3.22., 2014.5.28., 2020.6.9.〉

1. "정보통신망"이란 「전기통신사업법」 제2조제2호에 따른 전기통신설비를 이용하거나 전기통신설비와 컴퓨터 및 컴퓨터의 이용기술을 활용하여 정보를 수집·가공·저장·검색·송신 또는 수신하는 정보통신체제를 말한다.
2. "정보통신서비스"란 「전기통신사업법」 제2조제6호에 따른 전기통신역무와 이를 이용하여 정보를 제공하거나 정보의 제공을 매개하는 것을 말한다.
3. "정보통신서비스 제공자"란 「전기통신사업법」 제2조제8호에 따른 전기통신사업자와 영리를 목적으로 전기통신사업자의 전기통신역무를 이용하여 정보를 제공하거나 정보의 제공을 매개하는 자를 말한다.
4. "이용자"란 정보통신서비스 제공자가 제공하는 정보통신서비스를 이용하는 자를 말한다.
5. "전자문서"란 컴퓨터 등 정보처리능력을 가진 장치에 의하여 전자적인 형태로 작성되어 송수신되거나 저장된 문서형식의 자료로서 표준화된 것을 말한다.
6. 삭제 〈2020.2.4.〉
7. "침해사고"란 다음 각 목의 방법으로 정보통신망 또는 이와 관련된 정보시스템을 공격하는 행위로 인하여 발생한 사태를 말한다.
   가. 해킹, 컴퓨터바이러스, 논리폭탄, 메일폭탄, 서비스거부 또는 고출력 전

자기파 등의 방법

나. 정보통신망의 정상적인 보호·인증 절차를 우회하여 정보통신망에 접근할 수 있도록 하는 프로그램이나 기술적 장치 등을 정보통신망 또는 이와 관련된 정보시스템에 설치하는 방법

8. 삭제 〈2015.6.22.〉

9. "게시판"이란 그 명칭과 관계없이 정보통신망을 이용하여 일반에게 공개할 목적으로 부호·문자·음성·음향·화상·동영상 등의 정보를 이용자가 게재할 수 있는 컴퓨터 프로그램이나 기술적 장치를 말한다.

10. "통신과금서비스"란 정보통신서비스로서 다음 각 목의 업무를 말한다.

가. 타인이 판매·제공하는 재화 또는 용역(이하 "재화등"이라 한다)의 대가를 자신이 제공하는 전기통신역무의 요금과 함께 청구·징수하는 업무

나. 타인이 판매·제공하는 재화등의 대가가 가목의 업무를 제공하는 자의 전기통신역무의 요금과 함께 청구·징수되도록 거래정보를 전자적으로 송수신하는 것 또는 그 대가의 정산을 대행하거나 매개하는 업무

11. "통신과금서비스제공자"란 제53조에 따라 등록을 하고 통신과금서비스를 제공하는 자를 말한다.

12. "통신과금서비스이용자"란 통신과금서비스제공자로부터 통신과금서비스를 이용하여 재화등을 구입·이용하는 자를 말한다.

13. "전자적 전송매체"란 정보통신망을 통하여 부호·문자·음성·화상 또는 영상 등을 수신자에게 전자문서 등의 전자적 형태로 전송하는 매체를 말한다.

② 이 법에서 사용하는 용어의 뜻은 제1항에서 정하는 것 외에는 「지능정보화기본법」에서 정하는 바에 따른다. 〈개정 2008.6.13., 2013.3.23., 2020.6.9.〉

## 취급거부명령처분취소

[대법원 2015. 3. 26. 선고, 2012두26432, 판결]

【판결요지】

[1] 구 정보통신망 이용촉진 및 정보보호 등에 관한 법률(2013. 3. 23. 법률 제11690호로 개정되기 전의 것, 이하 '구 정보통신망법'이라 한다)상 정보, 정보통신, 정보통신서비스 등의 의미 및 정보통신서비스 제공자 등에 대한 '국가보안법에서 금지하는 행위를 수행하는 내용의 정보' 등의 취급 거부·정지 또는 제한 명령에 관한 제2조 제1항 제1호, 제2호, 제2항, 제44조의7 제1항 제8호, 제3항의 형식 및 내용과 아울러, 웹사이트(website)는 제작자 또는 운영자가 웹프로그래밍 등 전자적·기술적 방식을 기반으로 개설목적에 맞는 이용자들의 유인 등 특정한 제작 의도에 따라 다수 개별 정보들을 체계적으로 분류하고 유기적으로 통합시킨 것으로서 그 자체가 구 정보통신망법상 정보에 해당한다고 볼 수 있는 점, '정보통신망'의 의미에 비추어

정보통신망에서 '정보의 취급'이란 정보의 제공 또는 제공을 매개하기 위하여 전기통신설비와 컴퓨터 등을 이용하여 정보를 수집·가공·저장·검색·송신 또는 수신하는 등의 행위를 뜻한다고 보이는 점, 웹호스팅은 정보통신망에 웹사이트를 구축하고자 하는 고객을 위하여, 자신의 서버를 임대하고 서버의 운영·관리 및 정보통신망 연결 등을 대행함으로써 고객이 독자적인 설비를 갖추지 않더라도 웹사이트를 운영할 수 있도록 해주는 역무이므로, 이러한 웹호스팅 서비스도 정보 제공의 매개를 목적으로 자신의 전기통신설비 등을 이용하여 정보를 수집·가공·저장·검색·송신 또는 수신하는 등의 '정보의 취급'에 해당한다고 보아야 하는 점, 구 정보통신망법 제44조의7 제1항 제8호가 정한 '국가보안법에서 금지하는 행위를 수행하는 내용의 정보'에는 국가보안법에서 금지하는 행위에 해당하는 정보는 물론, 국가보안법에서 금지하는 행위의 직접적인 수단이거나 국가보안법 제7조 제5항이 정한 이적표현물에 해당하는 등 금지행위의 객체에 해당하는 경우 등도 포함된다고 보이는 점 등을 종합적으로 고려하면, 특정 웹사이트가 국가보안법에서 금지하는 행위를 수행하는 내용의 정보에 해당하고, 구 정보통신망법 제44조의7 제3항이 정한 나머지 요건을 충족하는 경우, 방송통신위원회는 '해당 정보에 대한 취급 거부'로서 해당 웹사이트에 대한 웹호스팅 서비스를 제공하는 자를 상대로 해당 웹사이트의 웹호스팅 서비스를 중단할 것을 명할 수 있다.

[2] 개별 정보의 집합체인 웹사이트(website) 자체를 대상으로 삼아 구 정보통신망 이용촉진 및 정보보호 등에 관한 법률(2013. 3. 23. 법률 제11690호로 개정되기 전의 것, 이하 '구 정보통신망법'이라 한다) 제44조의7 제3항에 따라 취급 거부 등을 명하기 위하여는, 취급 거부의 대상이 '제1항 제7호 내지 제9호에 해당하는 정보'로 정해져 있는 점 등에 비추어, 원칙적으로 웹사이트 내에 존재하는 개별 정보 전체가 제1항 제8호의 유통이 금지된 정보에 해당하여야 하나, 웹사이트 내에 존재하는 개별 정보 중 일부가 이에 해당한다 하더라도 해당 웹사이트의 제작 의도, 웹사이트 운영자와 게시물 작성자의 관계, 웹사이트의 체계, 게시물의 내용 및 게시물 중 위법한 정보가 차지하는 비중 등 제반 사정을 고려하여, 전체 웹사이트를 구 정보통신망법 제44조의7 제1항 제8호에 위반하는 정보로 평가할 수 있고 그에 대한 웹호스팅 중단이 불가피한 경우에는 예외적으로 해당 웹사이트에 대한 웹호스팅 중단을 명할 수 있다.

**제3조(정보통신서비스 제공자 및 이용자의 책무)** ① 정보통신서비스 제공자는 이용자를 보호하고 건전하고 안전한 정보통신서비스를 제공하여 이용자의 권익보호와 정보이용능력의 향상에 이바지하여야 한다. 〈개정 2020.2.4.〉

② 이용자는 건전한 정보사회가 정착되도록 노력하여야 한다.

③ 정부는 정보통신서비스 제공자단체 또는 이용자단체의 정보보호 및 정보통신망에서의 청소년 보호 등을 위한 활동을 지원할 수 있다. 〈개정 2020.2.4.〉

[전문개정 2008.6.13.]

## 손해배성(기)

[대법원 2014.5.16, 선고, 2011다24555,24562, 판결]

**【판결요지】**

[1] 정보통신망 이용촉진 및 정보보호 등에 관한 법률로 보호되는 개인정보의 누출이란 개인정보가 해당 정보통신서비스 제공자의 관리·통제권을 벗어나 제3자가 그 내용을 알 수 있는 상태에 이르게 된 것을 의미하는바, 어느 개인정보가 정보통신서비스 제공자의 관리·통제하에 있고 개인정보가 제3자에게 실제 열람되거나 접근되지 아니한 상태라면, 정보통신서비스 제공자의 기술적·관리적 보호조치에 미흡한 점이 있어서 제3자가 인터넷상 특정 사이트를 통해 정보통신서비스 제공자가 보관하고 있는 개인정보에 접근할 수 있는 상태에 놓여 있었다고 하더라도 그것만으로 바로 개인정보가 정보통신서비스 제공자의 관리·통제권을 벗어나 제3자가 내용을 알 수 있는 상태에 이르게 되었다고 할 수는 없다.

[2] 甲 주식회사가 개인휴대통신서비스를 제공하는 乙 주식회사로부터 서버와 연동하는 웹사이트의 시스템 점검을 위하여 서버와 연동할 수 있는 아이디와 비밀번호를 임시로 부여받았으나 시스템 점검 후 아이디와 비밀번호를 삭제하지 아니하여 위 웹사이트의 폰정보 조회 페이지에 휴대폰번호를 입력하면 휴대폰번호 가입자의 개인정보가 서버로부터 전송되는 상태에 있었음을 이유로, 乙 회사가 제공하는 개인휴대통신서비스에 가입한 丙 등이 乙 회사 등을 상대로 개인정보 누출로 인한 손해배상을 구한 사안에서, 위 웹사이트의 폰정보 조회 페이지에 丙 등의 휴대폰번호를 입력하기 전에는 丙 등의 개인정보는 서버에 그대로 보관된 채 아무런 접근이 이루어지지 않으며 乙 회사가 관리·통제권을 행사하여 위 웹사이트와 서버가 더 이상 연동하지 않도록 함으로써 丙 등의 개인정보에 대한 접근과 전송 가능성을 없앨 수 있었던 상태에 있었으므로, 丙 등의 휴대폰번호가 위 웹사이트의 폰정보 조회 페이지에 입력되었는지가 확인되지 않은 상황에서 위 웹사이트와 서버가 연동하고 있었다 하더라도 丙 등의 개인정보가 乙 회사의 관리·통제권을 벗어나 제3자가 내용을 알 수 있는 상태에 이르게 되었다고 볼 수 없다고 한 사례.

**제5조(다른 법률과의 관계)** 정보통신망 이용촉진 및 정보보호등에 관하여는 다른 법률에서 특별히 규정된 경우 외에는 이 법으로 정하는 바에 따른다. 다만, 제7장의 통신과금서비스에 관하여 이 법과 「전자금융거래법」의 적용이 경합하는 때에는 이 법을 우선 적용한다. 〈개정 2018.6.12., 2020.2.4.〉
[전문개정 2008.6.13.]

## 공개청구의소

[대법원 2015. 2. 12, 선고, 2011다76617, 판결]

**【판결요지】**

[1] 통신비밀보호법의 목적이 통신 및 대화의 비밀과 자유에 대한 제한 시 그 대상을

한정하고 엄격한 법적 절차를 거치도록 함으로써 통신비밀을 보호하고 통신의 자유를 신장하고자 하는 것인 점, 통신비밀보호법은 통신사실 확인자료 제공의 대상을 한정하고 통신사실 확인자료의 사용용도를 일정한 경우로 제한하는 한편, 수사기관의 범죄수사를 위한 통신사실 확인자료 제공 등에 대한 통지의무 및 통신사실 확인자료 제공에 관여한 통신기관의 직원 등의 통신사실 확인자료 제공 사항에 대한 비밀준수의무를 규정하는 방법으로 전기통신 이용자의 통신비밀과 자유를 보호하고 있을 뿐, 한 걸음 더 나아가 전기통신 이용자에게 전기통신사업자를 상대로 통신사실 확인자료를 제3자에게 제공한 현황 등에 대한 열람 등을 청구할 권리를 인정하지 않는 점, 통신비밀보호법 제13조의3에서 규정한 통신사실 확인자료 제공의 집행사실에 관하여 수사기관이 통지를 할 무렵에는 통신비밀보호법 제13조의5에 의하여 준용되는 제11조 제2항에서 규정한 통신사실 확인자료 제공에 관여한 통신기관 직원 등의 통신사실 확인자료 제공 사항에 대한 비밀준수의무가 해제된다고 볼 아무런 근거도 없는 점 등을 종합하면, 전기통신사업자는 수사종료 여부와 관계없이 통신비밀보호법 제13조의5, 제11조 제2항에 따라 전기통신 이용자를 포함한 외부에 대하여 통신사실 확인자료 제공 사항을 공개·누설하지 말아야 할 의무를 계속하여 부담하므로, 이용자의 공개 요구에도 응할 의무가 없다.

[2] 통신비밀보호법 제9조의3은 전기통신에 대한 압수·수색 집행사실의 가입자에 대한 통지에 관하여 별도의 규정을 두어 통지의 주체를 수사기관으로 한정하고 통지의 시기도 압수·수색 직후가 아닌 일정 기간 이후로 규정하고 있는데, 이는 전기통신에 대한 압수·수색의 대상이 된 자의 알권리와 수사상 기밀유지의 필요성을 함께 고려한 것으로 보이고, 이러한 입법 목적을 달성하기 위해서는 통신비밀보호법 제9조의3 이외의 다른 법률에 기하여 수사기관 이외의 제3자가 전기통신에 대한 압수·수색 사항을 가입자에게 별도로 통지하는 것은 제한할 필요가 있는 점, 정보통신망 이용촉진 및 정보보호 등에 관한 법률(이하 '정보통신망법'이라 한다) 제5조는 정보통신망 이용촉진 및 정보보호 등에 관하여 다른 법률에서 특별히 규정된 경우 외에는 이 법으로 정하는 바에 따른다고 규정하고 있어, 다른 법률이 제3자에 대한 개인정보 제공 현황의 통지에 관하여 달리 규정하는 경우에는 정보통신망법의 적용이 배제되는데, 전기통신에 대한 압수·수색 집행사실의 통지에 관하여 통지의 주체, 시기, 절차를 별도로 규정한 통신비밀보호법 제9조의3은 정보통신망법 제30조 제2항 제2호, 제4항의 특칙에 해당하는 점, 전기통신에 대한 압수·수색 시 수사기관은 가입자의 전기통신일시, 상대방의 가입자번호, 사용도수 등 통신사실 확인자료에 해당하는 사항 또한 제공받게 되므로 전기통신에 대한 압수·수색은 통신사실 확인자료 제공과 불가분적으로 결합되어 있고, 송·수신이 완료된 전기통신에 대한 압수·수색에 관하여 통신비밀보호법 제11조 제2항이 직접 준용되지는 아니하나, 전기통신사업자가 통신사실 확인자료 제공 사항에 관하여는 비밀준수의무를 부담하면서도 통신사실 확인자료 제공 사항과 불가분적으로 결합된 전기통신에 대한 압수·수색 사항에 대하여는 비밀준수의무를 부담하지 아니한다고 보면 통신사실 확인자료 제공 사항에 관한 비밀준수의 취지가 몰각되므로, 통신사실 확인자료 제공 사항과 마찬가지로 전기통신에 대한 압수·수색 사항

> 에 관하여도 전기통신사업자가 비밀준수의무를 부담한다고 볼 것인 점 등을 종합적으로 고려하면, 전기통신사업자는 정보통신망법 제30조 제2항 제2호, 제4항에 기한 이용자의 이메일 압수·수색 사항의 열람·제공 요구에 응할 의무가 없다.

**제44조의7(불법정보의 유통금지 등)** ① 누구든지 정보통신망을 통하여 다음 각 호의 어느 하나에 해당하는 정보를 유통하여서는 아니 된다. 〈개정 2011.9.15., 2016.3.22., 2018.6.12.〉

1. 음란한 부호·문언·음향·화상 또는 영상을 배포·판매·임대하거나 공공연하게 전시하는 내용의 정보
2. 사람을 비방할 목적으로 공공연하게 사실이나 거짓의 사실을 드러내어 타인의 명예를 훼손하는 내용의 정보
3. 공포심이나 불안감을 유발하는 부호·문언·음향·화상 또는 영상을 반복적으로 상대방에게 도달하도록 하는 내용의 정보
4. 정당한 사유 없이 정보통신시스템, 데이터 또는 프로그램 등을 훼손·멸실·변경·위조하거나 그 운용을 방해하는 내용의 정보
5. 「청소년 보호법」에 따른 청소년유해매체물로서 상대방의 연령 확인, 표시의무 등 법령에 따른 의무를 이행하지 아니하고 영리를 목적으로 제공하는 내용의 정보
6. 법령에 따라 금지되는 사행행위에 해당하는 내용의 정보
6의2. 이 법 또는 개인정보 보호에 관한 법령을 위반하여 개인정보를 거래하는 내용의 정보
6의3. 총포·화약류(생명·신체에 위해를 끼칠 수 있는 폭발력을 가진 물건을 포함한다)를 제조할 수 있는 방법이나 설계도 등의 정보
7. 법령에 따라 분류된 비밀 등 국가기밀을 누설하는 내용의 정보
8. 「국가보안법」에서 금지하는 행위를 수행하는 내용의 정보
9. 그 밖에 범죄를 목적으로 하거나 교사(敎唆) 또는 방조하는 내용의 정보

② 방송통신위원회는 제1항제1호부터 제6호까지, 제6호의2 및 제6호의3의 정보에 대하여는 심의위원회의 심의를 거쳐 정보통신서비스 제공자 또는 게시판 관리·운영자로 하여금 그 처리를 거부·정지 또는 제한하도록 명할 수 있다. 다만, 제1항제2호 및 제3호에 따른 정보의 경우에는 해당 정보로 인하여 피해를 받은 자가 구체적으로 밝힌 의사에 반하여 그 처리의 거부·정지 또는 제한을 명할 수 없다. 〈개정 2016.3.22., 2018.6.12.〉

③ 방송통신위원회는 제1항제7호부터 제9호까지의 정보가 다음 각 호의 모두에 해당하는 경우에는 정보통신서비스 제공자 또는 게시판 관리·운영자에게 해당 정보

의 처리를 거부·정지 또는 제한하도록 명하여야 한다. 〈개정 2016.3.22., 2018.12.24., 2024. 12. 3.〉

1. 관계 중앙행정기관의 장의 요청[제1항제9호의 정보 중 「성폭력범죄의 처벌 등에 관한 특례법」 제14조 및 제14조의2에 따른 촬영물·편집물·합성물·가공물 또는 복제물(복제물의 복제물을 포함한다)과 「아동·청소년의 성보호에 관한 법률」 제2조제5호에 따른 아동·청소년성착취물에 대하여는 수사기관의 장의 요청을 포함한다]이 있었을 것

2. 제1호의 요청을 받은 날부터 7일 이내에 심의위원회의 심의를 거친 후 「방송통신위원회의 설치 및 운영에 관한 법률」 제21조제4호에 따른 시정 요구를 하였을 것

3. 정보통신서비스 제공자나 게시판 관리·운영자가 시정 요구에 따르지 아니하였을 것

④ 방송통신위원회는 제2항 및 제3항에 따른 명령의 대상이 되는 정보통신서비스 제공자, 게시판 관리·운영자 또는 해당 이용자에게 미리 의견제출의 기회를 주어야 한다. 다만, 다음 각 호의 어느 하나에 해당하는 경우에는 의견제출의 기회를 주지 아니할 수 있다.

1. 공공의 안전 또는 복리를 위하여 긴급히 처분을 할 필요가 있는 경우

2. 의견청취가 뚜렷이 곤란하거나 명백히 불필요한 경우로서 대통령령으로 정하는 경우

3. 의견제출의 기회를 포기한다는 뜻을 명백히 표시한 경우

[전문개정 2008.6.13.]

## 국민체육진흥법위반 · 정보통신망이용촉진및정보보호등에관한법률위반 (음란물유포)

[대법원 2021. 10. 14., 선고, 2021도7168, 판결]

**【판결요지】**

[1] 형법 제48조 제1항은 '범죄행위로 인하여 생(生)하였거나 이로 인하여 취득한 물건'으로서 범인 이외의 자의 소유에 속하지 아니하거나 범죄 후 범인 이외의 자가 정을 알면서 취득한 물건의 전부 또는 일부를 몰수할 수 있다고 규정하면서(제2호), 제2항에서는 제1항에 기재한 물건을 몰수하기 불능한 때에는 그 가액을 추징하도록 규정하고 있다. 이와 같이 형법 제48조는 몰수의 대상을 '물건'으로 한정하고 있다. 이는 범죄행위에 의하여 생긴 재산 및 범죄행위의 보수로 얻은 재산을 범죄수익으로 몰수할 수 있도록 한 범죄수익은닉의 규제 및 처벌 등에 관한 법률이나 범죄행위로 취득한 재산상 이익의 가액을 추징할 수 있도록 한 형법 제357조 등의 규정과는 구별된다. 민법 제98조는 물건에 관하여 '유체물 및 전기 기타 관리할 수 있는 자연력'을 의미

한다고 정의하는데, 형법이 민법이 정의한 '물건'과 다른 내용으로 '물건'의 개념을 정의하고 있다고 볼 만한 사정도 존재하지 아니한다.

[2] 피고인이 甲, 乙과 공모하여 정보통신망을 통하여 음란한 화상 또는 영상을 배포하고, 도박 사이트를 홍보하였다는 공소사실로 기소되었는데, 원심이 공소사실을 유죄로 인정하면서 피고인이 범죄행위에 이용한 웹사이트 매각을 통해 취득한 대가를 형법 제48조에 따라 추징한 사안에서, 위 웹사이트는 범죄행위에 제공된 무형의 재산에 해당할 뿐 형법 제48조 제1항 제2호에서 정한 '범죄행위로 인하여 생(生)하였거나 이로 인하여 취득한 물건'에 해당하지 않으므로, 피고인이 위 웹사이트 매각을 통해 취득한 대가는 형법 제48조 제1항 제2호, 제2항이 규정한 추징의 대상에 해당하지 않는다는 이유로, 이와 달리 보아 위 웹사이트 매각대금을 추징한 원심판결에 형법 제48조에서 정한 몰수·추징에 관한 법리오해의 잘못이 있다고 한 사례.

## 정보통신망이용촉진및정보보호등에관한법률위반(음란물유포)

[대법원 2019. 7. 25., 선고, 2019도5283, 판결]

【판결요지】

음란물 영상의 토렌트 파일은 그 음란물 영상을 P2P 방식의 파일 공유 프로토콜인 토렌트를 통해 공유하기 위해 토렌트 클라이언트 프로그램(이하 '토렌트 프로그램'이라 한다)을 사용하여 생성된 파일이다.

음란물 영상의 토렌트 파일은 음란물 영상의 이름·크기·고유의 해쉬값 등의 메타데이터를 담고 있는 파일이고, 그 메타데이터는 수많은 토렌트 이용자들로부터 토렌트를 통해 전송받을 해당 음란물 영상을 찾아내는 색인(index)과 같은 역할을 한다. 그 토렌트 파일을 취득하여 토렌트 프로그램에서 실행하면 자동으로 다른 토렌트 이용자들로부터 그 토렌트 파일이 가리키는 해당 음란물 영상을 전송받을 수 있다. 이처럼 음란물 영상의 토렌트 파일은 음란물 영상을 공유하기 위해 생성된 정보이자 토렌트를 통해 공유 대상인 해당 음란물 영상을 전송받는 데에 필요한 정보이다.

위와 같이 P2P 방식의 파일 공유 프로토콜인 토렌트에서 토렌트 파일이 수행하는 역할과 기능, 음란물 영상을 공유하기 위해 그 토렌트 파일을 웹사이트 등에 게시하는 행위자의 의도 등을 종합하면, 음란물 영상을 공유하기 위해 생성된 정보이자 토렌트를 통해 그 음란물 영상을 전송받는 데에 필요한 정보인 해당 음란물 영상의 토렌트 파일은, 정보통신망 이용촉진 및 정보보호 등에 관한 법률(이하 '정보통신망법'이라 한다) 제44조의7 제1항 제1호에서 정보통신망을 통한 유통을 금지한 '음란한 영상을 배포하거나 공공연하게 전시하는 내용의 정보'에 해당한다.

따라서 음란물 영상의 토렌트 파일을 웹사이트 등에 게시하여 불특정 또는 다수인에게 무상으로 다운로드 받게 하는 행위 또는 그 토렌트 파일을 이용하여 별다른 제한 없이 해당 음란물 영상에 바로 접할 수 있는 상태를 실제로 조성한 행위는 정보통신망법 제74조 제1항 제2호에서 처벌 대상으로 삼고 있는 '같은 법 제44조의7 제1항 제1호를 위반하여 음란한 영상을 배포하거나 공공연하게 전시'한 것과 실질적으로 동일한 결과를 가져온다. 그러므로 위와 같은 행위는 전체적으로 보아 음란한 영상을 배포하거나 공공연하게 전시한다는 구성요건을 충족한다.

**제48조(정보통신망 침해행위 등의 금지)** ① 누구든지 정당한 접근권한 없이 또는 허용된 접근권한을 넘어 정보통신망에 침입하여서는 아니 된다.

② 누구든지 정당한 사유 없이 정보통신시스템, 데이터 또는 프로그램 등을 훼손·멸실·변경·위조하거나 그 운용을 방해할 수 있는 프로그램(이하 "악성프로그램"이라 한다)을 전달 또는 유포하여서는 아니 된다.

③ 누구든지 정보통신망의 안정적 운영을 방해할 목적으로 대량의 신호 또는 데이터를 보내거나 부정한 명령을 처리하도록 하는 등의 방법으로 정보통신망에 장애가 발생하게 하여서는 아니 된다.

[전문개정 2008.6.13.]

**정보통신망이용촉진및정보보호등에관한법률위반(명예훼손)[인터넷개인방송을 비정상적인 방법으로 시청·녹화하는 것이 통신비밀보호법상의 감청에 해당되는지가 문제된 사건]**

[대법원 2022. 10. 27., 선고, 2022도9877, 판결]

【판결요지】

[1] 전기통신의 감청은 제3자가 전기통신의 당사자인 송신인과 수신인의 동의를 받지 아니하고 통신비밀보호법 제2조 제7호 소정의 각 행위를 하는 것만을 말한다고 풀이함이 상당하다고 할 것이므로, 전기통신의 당사자의 일방이 상대방 모르게 통신의 음향·영상 등을 청취하거나 녹음하는 것은 여기의 감청에 해당하지 아니하지만, 제3자의 경우는 설령 당사자 일방의 동의를 받고 그 통신의 음향·영상을 청취하거나 녹음하였다 하더라도 그 상대방의 동의가 없었던 이상, 사생활 및 통신의 불가침을 국민의 기본권의 하나로 선언하고 있는 헌법규정과 통신비밀의 보호와 통신의 자유 신장을 목적으로 제정된 통신비밀보호법의 취지에 비추어 이는 통신비밀보호법 제3조 제1항 위반이 된다.

[2] 방송자가 인터넷을 도관 삼아 인터넷서비스제공업체 또는 온라인서비스제공자인 인터넷개인방송 플랫폼업체의 서버를 이용하여 실시간 또는 녹화된 형태로 음성, 영상물을 방송함으로써 불특정 혹은 다수인이 이를 수신·시청할 수 있게 하는 인터넷개인방송은 그 성격이나 통신비밀보호법 제2조 제3호, 제7호, 제3조 제1항, 제4조에 비추어 전기통신에 해당함은 명백하다.

인터넷개인방송의 방송자가 비밀번호를 설정하는 등 그 수신 범위를 한정하는 비공개 조치를 취하지 않고 방송을 송출하는 경우, 누구든지 시청하는 것을 포괄적으로 허용하는 의사라고 볼 수 있으므로, 그 시청자는 인터넷개인방송의 당사자인 수신인에 해당하고, 이러한 시청자가 방송 내용을 지득·채록하는 것은 통신비밀보호법에서 정한 감청에 해당하지 않는다. 그러나 인터넷개인방송의 방송자가 비밀번호를 설정하는 등으로 비공개 조치를 취한 후 방송을 송출하는 경우에는, 방송자로부터 허가를 받지 못한 사람은 당해 인터넷개인방송의 당사자가 아닌 '제3자'에 해당하고, 이러한 제3자가 비공개 조치가 된 인터넷개인방송을 비정상적인 방법으로 시청·녹화하는 것은 통신비밀보호법상의 감청에 해당할 수 있다. 다만 방송자가 이와 같은 제3자의 시청·녹화 사실을 알거나 알 수 있었음에도 방송을 중단하거나 그 제3자를 배제하지 않은 채 방송을 계속 진행하는 등 허가받지 아니한 제3자의 시청·녹화를 사실상 승낙·용인한 것으로 볼 수 있는 경우에는 불특정인 혹은 다수인을 직간접적인 대상으로 하는 인터넷개인방송의 일반적 특성상 그 제3자 역시 인터넷개인방송의 당사자에 포함될 수 있으므로, 이러한 제3자가 방송 내용을 지득·채록하는 것은 통신비밀보호법에서 정한 감청에 해당하지 않는다.

[3] 정보통신망 이용촉진 및 정보보호 등에 관한 법률 제48조 제1항은 이용자의 신뢰 또는 이익을 보호하기 위한 규정이 아니라 정보통신망 자체의 안정성과 그 정보의 신뢰성을 보호하기 위한 것이므로, 위 규정에서 접근권한을 부여하거나 허용되는 범위를 설정하는 주체는 서비스제공자이다. 따라서 서비스제공자로부터 권한을 부여받은 이용자가 아닌 제3자가 정보통신망에 접속한 경우, 그에게 접근권한이 있는지 여부는 서비스제공자가 부여한 접근권한을 기준으로 판단하여야 한다.

## III. 벌칙

**제70조(벌칙)** ① 사람을 비방할 목적으로 정보통신망을 통하여 공공연하게 사실을 드러내어 다른 사람의 명예를 훼손한 자는 3년 이하의 징역 또는 3천만원 이하의 벌금에 처한다. 〈개정 2014.5.28.〉

② 사람을 비방할 목적으로 정보통신망을 통하여 공공연하게 거짓의 사실을 드러내어 다른 사람의 명예를 훼손한 자는 7년 이하의 징역, 10년 이하의 자격정지 또는 5천만원 이하의 벌금에 처한다.

③ 제1항과 제2항의 죄는 피해자가 구체적으로 밝힌 의사에 반하여 공소를 제기할 수 없다.

[전문개정 2008.6.13.]

**제70조의2(벌칙)** 제48조제2항을 위반하여 악성프로그램을 전달 또는 유포하는 자는 7년 이하의 징역 또는 7천만원 이하의 벌금에 처한다.

[본조신설 2016.3.22.]

**제71조(벌칙)** ① 다음 각 호의 어느 하나에 해당하는 자는 5년 이하의 징역 또는 5천만원 이하의 벌금에 처한다. 〈개정 2016.3.22.,2018.12.24., 2024. 1. 23.〉

1. 삭제 〈2020.2.4.〉
2. 삭제 〈2020.2.4.〉
3. 삭제 〈2020.2.4.〉
4. 삭제 〈2020.2.4.〉
5. 삭제 〈2020.2.4.〉
6. 삭제 〈2020.2.4.〉
7. 삭제 〈2020.2.4.〉
8. 삭제 〈2020.2.4.〉
9. 제23조의5제1항을 위반하여 연계정보를 생성·처리한 자
10. 제23조의5제4항에 따른 목적 범위를 넘어서 연계정보를 처리한 자
11. 제48조제1항을 위반하여 정보통신망에 침입한 자
12. 제48조제3항을 위반하여 정보통신망에 장애가 발생하게 한 자
13. 제48조제4항을 위반하여 프로그램이나 기술적 장치 등을 정보통신망 또는 이와 관련된 정보시스템에 설치하거나 이를 전달·유포한 자
14. 제49조를 위반하여 타인의 정보를 훼손하거나 타인의 비밀을 침해·도용 또는 누설한 자

② 제1항제11호의 미수범은 처벌한다. 〈신설 2016.3.22., 2024. 1. 23.〉

[전문개정 2008.6.13.]

**제72조(벌칙)** ① 다음 각 호의 어느 하나에 해당하는 자는 3년 이하의 징역 또는 3천만원 이하의 벌금에 처한다. 〈개정 2015.1.20., 2015.3.27., 2020.2.4., 2024. 1. 23.. 2024. 1. 23.〉

1. 삭제 〈2016.3.22.〉
1의2. 제42조의2를 위반하여 청소년유해매체물을 광고하는 내용의 정보를 청소년에게 전송하거나 청소년 접근을 제한하는 조치 없이 공개적으로 전시한 자
2. 제49조의2제1항을 위반하여 다른 사람의 개인정보를 수집한 자
2의2. 제50조의8을 위반하여 광고성 정보를 전송한 자
3. 제53조제1항에 따른 등록을 하지 아니하고 그 업무를 수행한 자
4. 다음 각 목의 어느 하나에 해당하는 행위를 통하여 자금을 융통하여 준 자 또는 이를 알선·중개·권유·광고한 자

가. 재화등의 판매·제공을 가장하거나 실제 매출금액을 초과하여 통신
　　과금서비스에 의한 거래를 하거나 이를 대행하게 하는 행위
나. 통신과금서비스이용자로 하여금 통신과금서비스에 의하여 재화등을
　　구매·이용하도록 한 후 통신과금서비스이용자가 구매·이용한 재화
　　등을 할인하여 매입하는 행위
5. 제66조를 위반하여 직무상 알게 된 비밀을 타인에게 누설하거나 직무 외
　의 목적으로 사용한 자
② 삭제 〈2016.3.22.〉
[전문개정 2008.6.13.]

**제73조(벌칙)** 다음 각 호의 어느 하나에 해당하는 자는 2년 이하의 징역
또는 2천만원 이하의 벌금에 처한다. 〈개정 2014. 5. 28., 2016. 3. 22., 2018. 6. 12.,
2020. 2. 4., 2022. 6. 10., 2024. 2. 13.〉
1. 삭제 〈2020. 2. 4.〉
1의2. 삭제 〈2020. 2. 4.〉
2. 제42조를 위반하여 청소년유해매체물임을 표시하지 아니하고 영리를
　목적으로 제공한 자
3. 삭제 〈2024. 2. 13.〉
4. 제44조의6제3항을 위반하여 이용자의 정보를 민·형사상의 소를 제기
　하는 것 외의 목적으로 사용한 자
5. 제44조의7제2항 및 제3항에 따른 방송통신위원회의 명령을 이행하지
　아니한 자
6. 제48조의4제4항에 따른 명령을 위반하여 관련 자료를 보전하지 아니한 자
7. 제49조의2제1항을 위반하여 정보의 제공을 유인한 자
7의2. 제58조의2(제59조제2항에 따라 준용되는 경우를 포함한다)를 위반
　　하여 제공받은 정보를 본인 여부를 확인하거나 고소·고발을 위하
　　여 수사기관에 제출하기 위한 목적 외의 용도로 사용한 자
8. 제61조에 따른 명령을 이행하지 아니한 자
[전문개정 2008. 6. 13.]

**제74조(벌칙)** ① 다음 각 호의 어느 하나에 해당하는 자는 1년 이하의 징
역 또는 1천만원 이하의 벌금에 처한다. 〈개정 2012.2.17., 2014.5.28.〉
1. 제8조제4항을 위반하여 비슷한 표시를 한 제품을 표시·판매 또는 판
　매할 목적으로 진열한 자

　　2. 제44조의7제1항제1호를 위반하여 음란한 부호·문언·음향·화상 또는 영상을 배포·판매·임대하거나 공공연하게 전시한 자

　　3. 제44조의7제1항제3호를 위반하여 공포심이나 불안감을 유발하는 부호·문언·음향·화상 또는 영상을 반복적으로 상대방에게 도달하게 한 자

　　4. 제50조제5항을 위반하여 조치를 한 자

　　5. 삭제 〈2014.5.28.〉

　　6. 삭제 〈2024. 1. 23.〉

　　7. 제53조제4항을 위반하여 등록사항의 변경등록 또는 사업의 양도·양수 또는 합병·상속의 신고를 하지 아니한 자

② 제1항제3호의 죄는 피해자가 구체적으로 밝힌 의사에 반하여 공소를 제기할 수 없다.

[전문개정 2008.6.13.]

---

**제75조(양벌규정)** 법인의 대표자나 법인 또는 개인의 대리인, 사용인, 그 밖의 종업원이 그 법인 또는 개인의 업무에 관하여 제71조부터 제73조까지 또는 제74조제1항의 어느 하나에 해당하는 위반행위를 하면 그 행위자를 벌하는 외에 그 법인 또는 개인에게도 해당 조문의 벌금형을 과(科)한다. 다만, 법인 또는 개인이 그 위반행위를 방지하기 위하여 해당 업무에 관하여 상당한 주의와 감독을 게을리하지 아니한 경우에는 그러하지 아니하다.

[전문개정 2010.3.17.]

---

**제75조의2(몰수·추징)** 제72조제1항제2호 및 제73조제7호의 어느 하나에 해당하는 죄를 지은 자가 해당 위반행위와 관련하여 취득한 금품이나 그 밖의 이익은 몰수할 수 있으며, 이를 몰수할 수 없을 때에는 그 가액을 추징할 수 있다. 이 경우 몰수 또는 추징은 다른 벌칙에 부가하여 과할 수 있다. 〈개정 2020.2.4.〉

[본조신설 2016.3.22.]

---

**제76조(과태료)** ① 다음 각 호의 어느 하나에 해당하는 자와 제7호부터 제11호까지의 경우에 해당하는 행위를 하도록 한 자에게는 3천만원 이하의 과태료를 부과한다. 〈개정 2011. 3. 29., 2012. 2. 17., 2013. 3. 23., 2014. 5. 28., 2015. 6. 22., 2015. 12. 1., 2016. 3. 22., 2017. 7. 26., 2018. 9. 18., 2020. 2. 4., 2021. 6. 8., 2023. 1. 3., 2024. 1. 23., 2024. 2. 13.〉

　　1. 제22조의2제2항을 위반하여 서비스의 제공을 거부한 자

1의2. 제22조의2제3항을 위반하여 접근권한에 대한 이용자의 동의 및 철회방법을 마련하는 등 이용자 정보 보호를 위하여 필요한 조치를 하지 아니한 자

2. 제23조의2제1항을 위반하여 주민등록번호를 수집·이용하거나 같은 조 제2항에 따른 필요한 조치를 하지 아니한 자

2의2. 삭제 〈2020. 2. 4.〉

2의3. 삭제 〈2020. 2. 4.〉

2의4. 삭제 〈2020. 2. 4.〉

2의5. 제23조의6제1항에 따른 물리적·기술적·관리적 조치를 하지 아니한 자

2의6. 제23조의6제2항에 따른 안전조치를 하지 아니한 자

3. 삭제 〈2020. 2. 4.〉

4. 삭제 〈2020. 2. 4.〉

5. 삭제 〈2020. 2. 4.〉

5의2. 삭제 〈2020. 2. 4.〉

6. 삭제 〈2014. 5. 28.〉

6의2. 제45조의3제1항을 위반하여 대통령령으로 정하는 기준에 해당하는 임직원을 정보보호 최고책임자로 지정하지 아니하거나 정보보호 최고책임자의 지정을 신고하지 아니한 자

6의3. 제45조의3제3항을 위반하여 정보보호 최고책임자로 하여금 같은 조 제4항의 업무 외의 다른 업무를 겸직하게 한 자

6의4. 제46조제3항에 따른 시정명령을 이행하지 아니한 자

6의5. 제47조제2항을 위반하여 정보보호 관리체계 인증을 받지 아니한 자

6의6. 제48조의3제1항을 위반하여 침해사고의 신고를 하지 아니한 자

6의7. 제48조의4제3항에 따른 시정명령을 이행하지 아니한 자

7. 제50조제1항부터 제3항까지의 규정을 위반하여 영리 목적의 광고성 정보를 전송한 자

8. 제50조제4항을 위반하여 광고성 정보를 전송할 때 밝혀야 하는 사항을 밝히지 아니하거나 거짓으로 밝힌 자

9. 제50조제6항을 위반하여 비용을 수신자에게 부담하도록 한 자

9의2. 제50조제8항을 위반하여 수신동의 여부를 확인하지 아니한 자

9의3. 제50조의4제4항을 위반하여 필요한 조치를 하지 아니한 자

10. 제50조의5를 위반하여 이용자의 동의를 받지 아니하고 프로그램을 설치한 자

11. 제50조의7제1항 또는 제2항을 위반하여 인터넷 홈페이지에 영리목적의 광고성 정보를 게시한 자

11의2. 삭제 〈2020. 2. 4.〉

12. 이 법을 위반하여 제64조제4항에 따라 과학기술정보통신부장관 또는 방송통신위원회로부터 받은 시정조치 명령을 이행하지 아니한 자

② 다음 각 호의 어느 하나에 해당하는 자에게는 2천만원 이하의 과태료를 부과한다. 〈개정 2016. 3. 22., 2018. 6. 12., 2018. 9. 18., 2020. 2. 4., 2020. 6. 9.〉

1. 삭제 〈2020. 2. 4.〉

1의2. 삭제 〈2020. 2. 4.〉

2. 삭제 〈2020. 2. 4.〉

3. 삭제 〈2020. 2. 4.〉

4. 삭제 〈2020. 2. 4.〉

4의2. 제46조제2항을 위반하여 보험에 가입하지 아니한 자

4의3. 제32조의5제1항을 위반하여 국내대리인을 지정하지 아니한 자

4의4. 제44조의9제1항을 위반하여 불법촬영물등 유통방지 책임자를 지정하지 아니한 자

5. 삭제 〈2020. 2. 4.〉

③ 다음 각 호의 어느 하나에 해당하는 자에게는 1천만원 이하의 과태료를 부과한다. 〈개정 2009. 4. 22., 2011. 4. 5., 2012. 2. 17., 2014. 5. 28., 2015. 6. 22., 2015. 12. 1., 2016. 3. 22., 2017. 7. 26., 2018. 6. 12., 2020. 2. 4., 2020. 6. 9., 2022. 6. 10., 2023. 1. 3., 2024. 1. 23., 2024. 2. 13.〉

1. 삭제 〈2015. 6. 22.〉

2. 삭제 〈2015. 6. 22.〉

2의2. 제23조의3제1항을 위반하여 본인확인기관의 지정을 받지 아니하고 본인확인업무를 한 자

2의3. 제23조의3제2항에 따른 본인확인업무의 휴지 또는 같은 조 제3항에 따른 본인확인업무의 폐지 사실을 이용자에게 통보하지 아니하거나 방송통신위원회에 신고하지 아니한 자

2의4. 제23조의4제1항에 따른 본인확인업무의 정지 및 지정취소 처분에도 불구하고 본인확인업무를 계속한 자

2의5. 삭제 〈2020. 2. 4.〉

3. 제42조의3제1항을 위반하여 청소년 보호 책임자를 지정하지 아니한 자

4. 제43조를 위반하여 정보를 보관하지 아니한 자

4의2. 제44조의7제5항을 위반하여 기술적·관리적 조치를 하지 아니한 자

4의3. 제46조제4항에 따른 자료의 제출요구에 정당한 사유 없이 따르지 아니한 자. 다만, 관계 중앙행정기관(그 소속기관을 포함한다)의 장은 제외한다.

4의4. 제46조제6항을 위반하여 보고를 하지 아니하거나 거짓으로 보고한 자

5. 삭제 〈2018. 6. 12.〉

6. 삭제 〈2015. 12. 1.〉

7. 제47조제9항을 위반하여 인증받은 내용을 거짓으로 홍보한 자

8. 삭제 〈2012. 2. 17.〉

9. 삭제 〈2012. 2. 17.〉

10. 제47조의4제4항을 위반하여 소프트웨어 사용자에게 알리지 아니한 자

11. 제48조의2제4항에 따른 시정명령을 이행하지 아니한 자

11의2. 삭제 〈2024. 2. 13.〉

11의3. 제48조의4제5항에 따른 자료를 제출하지 아니하거나 거짓으로 제출한 자

12. 제48조의4제5항에 따른 사업장 출입 및 조사를 방해하거나 거부 또는 기피한 자

12의2. 제49조의2제4항을 위반하여 과학기술정보통신부장관 또는 방송통신위원회의 명령을 이행하지 아니한 자

12의3. 제50조제7항을 위반하여 수신동의, 수신거부 또는 수신동의 철회에 대한 처리 결과를 알리지 아니한 자

12의4. 삭제 〈2024. 2. 13.〉

13. 제52조제6항을 위반하여 한국인터넷진흥원의 명칭을 사용한 자

14. 제53조제4항을 위반하여 사업의 휴업·폐업·해산의 신고를 아니한 자

15. 제56조제1항을 위반하여 약관을 신고하지 아니한 자

16. 제57조제2항을 위반하여 관리적 조치 또는 기술적 조치를 하지 아니한 자

17. 제58조제1항을 위반하여 통신과금서비스 이용일시 등을 통신과금서비스이용자에게 고지하지 아니한 자

18. 제58조제2항을 위반하여 통신과금서비스이용자가 구매·이용 내역을 확인할 수 있는 방법을 제공하지 아니하거나 통신과금서비스이용자의 제공 요청에 따르지 아니한 자

19. 제58조제3항을 위반하여 통신과금서비스이용자로부터 받은 통신과금에 대한 정정요구가 이유 있음에도 결제대금의 지급을 유보하지 아니하거나 통신과금서비스이용자의 요청에 대한 처리 결과를 통신과금서

비스이용자에게 알려 주지 아니한 자

20. 제58조제4항을 위반하여 통신과금서비스에 관한 기록을 보존하지 아니한 자

20의2. 제58조제5항을 위반하여 통신과금서비스이용자의 동의를 받지 아니하고 통신과금서비스를 제공하거나 이용한도액을 증액한 자

20의3. 제58조제6항을 위반하여 통신과금서비스 약관의 변경에 관한 통지를 하지 아니한 자

20의4. 제58조의2(제59조제2항에 따라 준용되는 경우를 포함한다)를 위반하여 통신과금서비스이용자의 정보 제공 요청에 따르지 아니한 자

21. 제59조제3항을 위반하여 통신과금서비스이용자의 이의신청 및 권리구제를 위한 절차를 마련하지 아니하거나 통신과금서비스 계약 시 이를 명시하지 아니한 자

22. 제64조제1항에 따른 관계 물품·서류 등을 제출하지 아니하거나 거짓으로 제출한 자

23. 제64조제2항에 따른 자료의 열람·제출요청에 따르지 아니한 자

24. 제64조제3항에 따른 출입·검사를 거부·방해 또는 기피한 자

25. 제64조의5제1항을 위반하여 투명성 보고서를 제출하지 아니한 자

④ 제1항부터 제3항까지의 과태료는 대통령령으로 정하는 바에 따라 과학기술정보통신부장관 또는 방송통신위원회가 부과·징수한다. 〈개정 2011. 3. 29., 2013. 3. 23., 2017. 7. 26.〉

⑤ 삭제 〈2017. 3. 14.〉

⑥ 삭제 〈2017. 3. 14.〉

⑦ 삭제 〈2017. 3. 14.〉

[전문개정 2008. 6. 13.]

---

**위임행정규칙**

· 영리목적의 광고성 정보 전송 기준 위반행위자 등에 대한 과태료 부과 업무처리 지침(방송통신사무소훈령 제8호, 2021.7.1., 일부개정)

# Ⅳ. 기재례

## 【범죄사실 기재례】

피의자 정○○는 서울 ○○구 ○○동 123번지 △△빌딩 301호 피의자소유 ○○정보회사를 운영하고 있다.

피의자는 20○○. ○. ○. 미국에서 ○등급을 받은 게임인 ○○○를 수입하여 청소년유해매체물 표시를 하지 않고 ○○고등학교 1학년생인 김○○(16세)의 300여명의 청소년에게 20,000원씩 600여만원의 수익을 올렸다.

## 【범죄사실 기재례】

피의자는 서울 ○○구 ○○동 123번지 ○○정형외과 재활과에서 근무하고 있는 전공의이다.

피의자는 의약분업후 약사들의 동향을 파악하기 위하여 약사회 사이트를 해킹하기로 마음먹었다. 그리하여 20○○. ○. ○. 22:00경 서울 ○○구 ○○동 456번지에 있는 피의자의 주거지에서 한국통신으로 전산망(인터넷)에 연결된 개인용 컴퓨터를 이용 대한약사회 홈페이지(http://www.kpanet.or.kr)에 접속하여 관리자 연락용으로 게시된 전자우편주소 kpifmagi@kpanet.or.kr을 보고 동 ID의 비밀번호를 알아내기 위하여 이미 인터넷 해킹 사이트에서 다운받아 놓았던 메일크랙(전자우편의 비밀번호를 찾아주는 프로그램)을 실행시켜 부정한 방법으로 "○○○○"라는 비밀번호를 알아냈다.

피의자는 같은 날 23:30경 부당하게 취득한 ID와 비밀번호로 회원들만이 접속할 수 있는 대한약사통신 서버에 부정접속 후 관리자메뉴를 사용하여, 회원전용게시판에 글을 등록한 회원ID farm119등 200개의 ID와 비밀번호를 알아내어 비밀번호를 변경하는 등 다음날 02:00경까지 총 25회에 걸쳐 위와 같은 방법으로 대한약사통신(주) 회원들의 접속을 방해하고, 전자상거래를 못하도록 관련파일을 삭제하는 방법으로 피해자로 하여금 평균매출 차액 5억3,000만원 상당의 손해를 입히는 등 정상적인 업무를 방해하였다.

## 【범죄사실 기재례】

피의자는 20○○. ○. ○. 서울시 ○○구 ○○동 123번지에 있는 ○○PC방에서 ○○○를 이유로 피해자 이순진을 비방할 목적으로 정보통신망인 법제처 홈페이지(www.moleg.go.kr) 참여광장 열린마당 게시판에 "이순진은 ○○회사에서 공무원 신분을 이용하여 ○○○를 해결해 주는 대가로 금○○○만원을 수수했다"라는 허위의 사실을 적시하여 이순진의 명예를 훼손하였다.

## 【범죄사실 기재례】

1. 피의자는 20○○. ○. ○.경부터 20○○. ○. ○.경까지 사이에 인터넷 서비스업체인 ○

○○상에 개설한 인터넷 신문인 '○○신문'에, 피의자 이○○이 개설한 각 홈페이지들 및 피의자 최○○가 미국 인터넷 서비스업체 △△△상에 개설하여 수십군데의 음란화상 채팅 홈페이지에 바로 연결될 수 있는 링크사이트를 만들었다 그리고 이를 통해 위 이○○, 최○○가 음란화상채팅과 음란동영상을 제공하고 있는 사이트에 바로 접속되도록 하여 위 '○○신문'에 접속한 불특정 다수의 인터넷 이용자들이 이를 컴퓨터 화면을 통해 볼 수 있도록 함으로써, 전기통신역무를 이용하여 음란한 영상을 공연히 전시하였다.

2. 피의자는 20○○. ○. ○. 22:00경 서울 ○○구 ○○동 123번지에 있는 피의자의 집에서 컴퓨터로 문자발송프로그램인 ○○○을 이용하여 피해자 김○○의 정보통신망인 핸드폰(010-111-1111)에 "한번만 더 ○○랑 사귄다고 떠들고 다니면 묻어버리겠다. 밤에 뒤통수 조심하는게 좋을거다"라는 문자메세지를 보내는 것을 비롯하여 20○○. ○. ○. 까지 총 23회에 걸쳐 별지 범죄일람표 내용과 같이 위 피해자로 하여금 불안감을 갖게 하는 글을 반복적으로 보내 도달하게 하였다.

---

## ● 수사사례

### 1. 고객정보 대량 유출사건

- 홈페이지 제작 관련 프리랜서로 일하면서 자신이 재택사원으로 근무하였던 웹 마케팅 회사인 (주)○○시스템의 NT서버에 불법 접속하여 증권금융정보 전문제공업체인 (주)A정보 고객정보관리자의 관리소홀로 서버에 저장되어 있던 (주)A정보의 고객 ID, 비밀번호, 주민등록번호, 회원들의 증권사명, 계좌번호, 거래지점, 성향 등 5만여명의 정보가 상세히 저장되어 있는 고객정보 데이터 파일을 자신의 컴퓨터로 다운받아 타인의 비밀을 침해하고, 홈페이지 가입시 추천인이 많은 회원에게 경품을 제공하는 점을 악용하여 경품을 받을 목적으로 (주)F월드 등 5개사에 이중 700여명의 정보를 추천인으로 불법 사용하여 부당이득을 취한 사건이다.

### 2. 온라인 게임업체 해킹, 게임머니 불법 취득 · 유통 사건

- 해커들과 기업형 게임머니 판매상들이 치밀한 사전 계획 하에 대형 온라인 게임업체를 해킹하여 1,647억 마일리지 포인트(시가 164억원 상당, 게임머니 환산 1,318경)를 불법으로 충전한 후 중개상 등을 통해 처분하여 폭리를 취한 대규모 해킹 사건이다. 이 사건에서는 게임업체로부터 해킹 ID 152개, 게임머니를 넘겨받은 ID 3,300여개에 대한 자료, 해당 ID의 접속 IP 자료 등 방대한 자료를 넘겨받아 디지털 분석 경험과 기법을 통해 범행조직의 역항분담구조를 파악하여 검거하였다.

### 3. 휴대폰 스팸메시지 무차별 대량발송 사건

- 060 등 전화정보서비스 회선을 임대받은 다음, 사실은 불특정 일반 여성
들이 아닌 피의자가 고용한 여성 상담원들에게만 통화 연결해 주고 있음
에도 불특정 다수의 휴대폰 사용자들에게 '우리 한 번 통화할까요. 낯선
여인의 향기를 느끼세요.' 등의 내용으로 폰팅 광고 휴대폰 스팸메시지
약 1,000만통 내지 2,000만통을 발송하고, 인터넷 폰팅사이트 등 3개 사
이트에 성명불상 여성의 사진을 마치 폰팅 상대 여성 사진인 것처럼 게
재한 후 그 아래에 허위의 성명, 나이, 직업 등을 부기함으로써 마치 이
를 접한 사람들로 하여금 전화를 걸면 불특정의 일반 여성들 내지 인터
넷상 여성들과 통화를 할 수 있을 뿐만 아니라 교제 내지 성관계에까지
이를 수 있는 것으로 속여 7만여명으로부터 37억원 상당을 편취한 사건
이다.

  그 외에도 '카드연체 대답', '휴대폰번호 변경' 등의 스팸 메일을 대
량 발송하는 방법으로 불특정 다수의 컴퓨터에 악성 스팸메일 발송 프로
그램을 감염시킨 후 주기적으로 중앙 서버를 통한 감염된 컴퓨터를 작동
하여 스팸메일을 발송하다가 검거된 사례 등 다수의 사건이 있다.

### 4. 인터넷 쇼핑몰분양 사기사건

- '벼룩시장', '교차로' 등 생활정보지나 인터넷 구인/구직 사이트 등
에 '1 PC 재택부업, 초보자 환영' 등 문구로 마치 누구나 집에서 할
수 있는 손쉬운 부업으로 오인하도록 광고한 후, 이를 보고 전화하는 피
해자들에게 '집에서 PC를 통해 쉽게 돈을 벌 수 있는 부업이다. 주문만
받아주면 물류 및 쇼핑 광고는 우리가 책임진다. 인터넷 쇼핑몰을 분양
받으면 하루 1-2시간 관리로 월 수십만원에서 수백만원을 벌 수 있다.'
는 등의 감언이설로 속여 서민층 피해자 6,856명으로부터 쇼핑몰 구축대
금 명목으로 150만원 내지 200만원을 받아 총 102억원 상당을 편취한
사건이다.

  인터넷 쇼핑몰 분양 사기의 피해자는 주로 대학생, 가정주부, 20대 여성
등 서민층이고, 인터넷 전자상거래의 발달을 틈타 지능적으로 다수 서민
을 상대로 물질적 피해와 심적 고통을 주는 전형적인 민생침해 사례인
것이다.

### 5. 인터넷상 전자상거래 사기사건

- 소위 '하프플라자 인터넷 쇼핑몰' 사건이 대표적이다. 반값 쇼핑몰인

‘하프플라자’를 세우고 주문이 밀려들자 배송기일을 늦추면서 그 사이에 누적되는 주문급액을 모은 뒤 가로채어 잠적하였다. 유아용품에서부터 가전제품에 이르기까지 반값에 판매한다는 가격정책 자체가 무너질 수밖에 없는 사업 모델이었으나, 초기 고객확보를 위해 실제 반값에 물건을 배송하자 고객들이 대거 몰려들어 피해가 확대되었다.

그밖에도 네티즌 간 직거래가 활발해 지면서 대포폰, 대포통장 등을 이용하여 대금만 수령한 후 물품을 보내주지 않는 사기사건은 부지기수다. 전자상거래를 할 때는 믿을만한 쇼핑몰에서 거래보증제도 등을 이용하여 거래하는 것이 안전하다.

## 6. 스파이웨어 대량 배포사건

- 인터넷상 스파이웨어를 배포하여 수백만대의 컴퓨터를 감염시키고, 이들 감염된 컴퓨터에 주기적으로 성인사이트 팝업창을 띄우는 등 방법으로 네티즌들을 성인사이트로 유인하여 그 회원가입비의 최고 50%까지 받아낸 스파이웨어 제작·배포한 사건이다.

세계적 보안업체들이 ‘피싱과 스파이웨어가 최대의 보안위협’이라고 선언했을 만큼 스파이웨어의 위협은 심각하다. 스파이웨어 제작자들이 마음만 먹으면 얼마든지 개인신상정보, 개인금융정보를 유출할 수 있고, 감염된 컴퓨터를 내 손바닥 들여다보듯이 볼 수 있기 때문이다.

## 7. 첨단기술 유출사건

- 최근 첨단기술의 해외유출시도사건이 빈발하여 국부의 해외유출이라는 차원에서 많은 걱정과 우려를 야기하고 있다. 첨단반도체 제조 기술, TFT-LCD 제조기술 등 우리나라가 선두를 지키고 있는 몇 안 되는 기초 분야의 첨단기술들에 대한 영업비밀 유출시도가 많아진 것이다. 이들 첨단기술 유출사건은 수사상 영업비밀 유출 증거를 찾아내어 성공적으로 범인을 검거하는 것도 어렵지만, 재판 과정에서도 피고인들의 영업 비밀성 부인으로 전문지식이 없는 공소유지에 곤란을 겪기도 한다.

첨단기업들의 근무환경이 내부 인트라넷과 인터넷이 연결된 환경이므로 기술유출은 대개 정보통신망을 통해 이루어지므로 기술유출범죄는 대개 사이버범죄와 밀접한 관련이 있다. 이러한 범죄의 수사에 있어서는 사이버범죄의 수사기법의 대부분이 그대로 적용된다.

그간 수사 사례로는 반도체 제조공정 등 첨단기술 중국 유출사건(5명 구속, 2명 불구속), 음성인식 및 소음제거 소프트웨어 기술 유출 사건(1명

구속, 2명 불구속) 휴대폰 핵심기술 CIS 지역 유출 기도 사건(2명 구속), 대규모 방산물품 제조 플랜트미얀마 불법 수출 사건(14명 불구속), 위성 인터넷 접속용 초고주파 송수신기, 함대함 미사일용 추적 장치 내장 초고주파 통신부품 등 제조 핵심 기술 유출 사건(3명 구속, 4명불구속), 와이브로 핵심기술 해외유출 기도 사건(4명 구속) 등 다수가 있다.

**[서식] 정보보호 최고책임자 지정신고서**

# 정보보호 최고책임자 지정신고서

| 접수번호 | | 접수일자 | | 처리기간 | 30일 |
|---|---|---|---|---|---|

| 신고인 | 상호명(법인명) | | 사업자등록번호(법인등록번호) | | |
|---|---|---|---|---|---|
| | 사무소 소재지 | | | | |
| | 대표자 | | 전화번호 | | |

| 정보보호 최고 책임자 | 성명 | | 전화번호 | | |
|---|---|---|---|---|---|
| | 휴대전화번호 | | 전자우편주소 | | |
| | 직책/직급 | | 겸직 여부  □ 전담          □ 겸직<br>(겸직업무:                    ) | | |
| | 관련 업무<br>경력 | 정보보호:    년    개월, 정보기술:    년    개월<br>         총    년    개월 | | | |

「정보통신망 이용촉진 및 정보보호 등에 관한 법률」 제45조의3, 같은 법 시행령 제36조의7 및 같은 법 시행규칙 제2조제1항에 따라 위와 같이 정보보호 최고책임자의 지정을 신고합니다.

년          월          일

신고인(대표자)                              (서명 또는 인)

## 과학기술정보통신부장관  귀하

| 담당 공무원<br>확인사항 | 1. 법인 등기사항증명서(법인인 경우만 해당합니다)<br>2. 사업자등록증(개인인 경우만 해당합니다) | 수수료<br>없음 |
|---|---|---|

### 행정정보 공동이용 동의서

본인은 이 건 업무처리와 관련하여 담당 공무원이 「전자정부법」 제36조제1항에 따른 행정정보의 공동이용을 통하여 위의 담당 공무원 확인사항 제2호를 확인하는 것에 동의합니다.

※ 담당 공무원의 행정정보 공동이용에 동의하지 않는 경우에는 신고인이 해당 서류를 직접 제출해야 합니다.

신고인                              (서명 또는 인)

### 처리절차

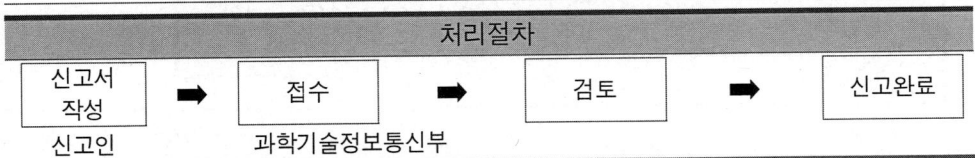

| 신고서 작성 | ➡ | 접수 | ➡ | 검토 | ➡ | 신고완료 |
|---|---|---|---|---|---|---|
| 신고인 | | 과학기술정보통신부 | | | | |

210mm×297mm[백상지 80g/㎡(재활용품)]

**[서식]** 정보통신망연결기기등 정보보호인증서

---

# 정보통신망연결기기등 정보보호인증서

 

1. 업 체 명 :

2. 제품명(모델명) :

3. 인증번호 :

4. 인증등급 :

5. 유효기간 :

6. 제 조 사 :

7. 제품버전 :

8. 시험기관 :

 

위 제품은 「정보통신망 이용촉진 및 정보보호 등에 관한 법률」 제48조의6

및 「정보통신망 이용촉진 및 정보보호 등에 관한 법률 시행령」 제60조의

3의 정보통신망연결기기기등 정보보호 인증기준에 적합함을 인증합니다.

 

년      월      일

 

한국인터넷진흥원장   직인

---

210mm×297mm[ 백상지( 150g/ ㎡ ) ]

# 주차장법

[시행 2024. 9. 20.] [법률 제20392호, 2024. 3. 19., 일부개정]

## I. 개설

### 목적

이 법은 주차장의 설치·정비 및 관리에 필요한 사항을 규정함으로써 자동차교통을 원활하게 하여 공중(公衆)의 편의와 안전을 도모함을 목적으로 한다.

## II. 판례

**제6조(주차장설비기준 등)** ① 주차장의 구조·설비 및 안전기준 등에 관하여 필요한 사항은 국토교통부령으로 정한다. 이 경우 다음 각 호의 자동차에 대하여는 전용주차구획(제2호에 따른 자동차의 경우에는 충전시설을 포함한다)을 일정 비율 이상 정할 수 있다. 〈개정 2024. 1. 9.〉

1. 「자동차관리법」에 따른 배기량 1천시시 미만의 자동차(이하 "경형자동차"라 한다)
2. 「환경친화적 자동차의 개발 및 보급 촉진에 관한 법률」 제2조제2호에 따른 환경친화적 자동차(이하 "환경친화적 자동차"라 한다)
3. 「여객자동차 운수사업법」 제31조제1항에 따른 자동차대여사업자가 제공하는 자동차로서 승용차공동이용 서비스를 이용하는 회원이 자동차가 필요할 때 시간단위로 예약하여 이용할 수 있는 자동차(이하 "승용차공동이용 자동차"라 한다)

② 특별시·광역시·특별자치시·특별자치도·시·군 또는 자치구는 해당 지역의 주차장 실태 등을 고려하여 필요하다고 인정하는 경우에는 제1항 전단에도 불구하고 주차장의 구조·설비 및 안전기준 등에 관하여 필요한 사항을 해당 지방자치단체의 조례로 달리 정할 수 있다. 〈개정 2018.12.18., 2019.12.24.〉

③ 국토교통부령으로 정하는 경사진 곳에 주차장을 설치하려는 자는 국토교통부령으로 정하는 바에 따라 고임목 등 주차된 차량이 미끄러지는 것을 방지하는 시설과 미끄럼 주의 안내표지를 갖추어야 한다. 〈신설 2019. 12. 24.〉

④ 특별시장·광역시장, 시장·군수 또는 구청장은 노상주차장 또는 노외주차장을 설치하는 경우에는 도시·군관리계획과 「도시교통정비 촉진법」에 따른

도시교통정비 기본계획에 따라야 하며, 노상주차장을 설치하는 경우에는 미리 관할 경찰서장과 소방서장의 의견을 들어야 한다. 〈개정 2011.4.14., 2017.10.24., 2019.12.24.〉

## 사업실시계획인가처분취소청구

[대법원 2018. 6. 28., 선고, 2018두35490, 35506, 판결]

【판결요지】

「국토의 계획 및 이용에 관한 법률」 제43조 제1항, 제2항, 「도시·군계획시설의 결정·구조 및 설치기준에 관한 규칙」 제2조 제1항, 제5조, 제29조, 제30조, 주차장법 제6조, 제12조 제1항, 제6항, 주차장법 시행규칙 제5조, 제6조, 제7조의2 등 관계 규정을 종합하면, 행정주체는 주차행정상의 목표달성을 위하여 기반시설인 노외주차장 설치를 위한 도시·군관리계획(이하 '주차장설치계획'이라고 한다)을 입안·결정할 때 그 전문적·기술적·정책적 판단에 따라 그 필요성과 구체적인 내용을 결정할 수 있는 비교적 폭넓은 형성의 재량을 가지며, 도시·군관리계획에는 장기성·종합성이 요구되므로 노외주차장을 설치하고자 하는 해당 지역의 설치계획 입안·결정 당시의 주차수요와 장래의 주차수요, 해당 지역의 토지이용현황, 노외주차장 이용자의 보행 거리와 보행자를 위한 도로상황 등을 종합적으로 고려하여 노외주차장을 설치할 필요성이 있는지를 판단할 수 있다.

그렇지만 행정주체가 노외주차장의 필요성과 그 구체적인 내용을 결정하는 것에 관한 형성의 재량은 무제한적인 것이 아니라, 관련되는 제반 공익과 사익을 비교·형량하여 노외주차장을 설치하여 달성하려는 공익이 그로써 제한받는 다른 공익이나 침해받는 사익보다 우월한 경우에 한하여 그 주차장 설치계획이 정당하다고 볼 수 있다. 특히 노후·불량주택 자체를 효율적으로 개량하기 위한 목적이 아닌 공익사업을 시행하는 과정에서 다수의 기존 주택을 철거하여야 하는 경우에는 단순히 재산권 제한에 그치는 것이 아니라 매우 중요한 기본권인 '주거권'이 집단적으로 제한될 수 있으므로, 이를 정당화하려면 그 공익사업에 중대한 공익상 필요가 분명하게 인정되어야 한다. 이러한 중대한 공익상 필요는 신뢰할 수 있는 자료를 기초로 앞서 본 제반 사정을 종합하여 신중하게 판단하여야 한다. 나아가 설치하려는 주차장 자체의 경제성·효율성과 주차장을 설치한 후 운영하는 과정에서 발생하게 될 인근 주민의 불편이나 해당 지역의 교통에 미칠 영향 등을 함께 비교·형량하여야 한다. 행정주체가 주차장 설치계획을 입안·결정할 때 이러한 이익형량을 전혀 하지 아니하거나 이익형량의 고려 대상에 마땅히 포함시켜야 할 사항을 누락한 경우, 또는 이익형량을 하였으나 정당성·객관성이 결여된 경우에는 그 주차장 설치계획 결정은 재량권을 일탈·남용한 것으로 위법하다고 보아야 한다(대법원 2006. 4. 28. 선고 2003두11056 판결 등 참조).

**제17조(노외주차장관리자의 책임 등)** ① 노외주차장관리자는 조례로 정하는 바에 따라 주차장을 성실히 관리·운영하여야 하며, 주차장 이용자의 안전과 시설의 적정한 유지관리를 위하여 노력하여야 한다. 〈개정 2019.12.24.〉

② 노외주차장관리자는 주차장의 공용기간(供用期間)에 정당한 사유 없이 그 이용을 거절할 수 없다.

③ 노외주차장관리자는 주차장에 주차하는 자동차의 보관에 관하여 선량한 관리자의 주의의무를 게을리하지 아니하였음을 증명한 경우를 제외하고는 그 자동차의 멸실 또는 훼손으로 인한 손해배상의 책임을 면하지 못한다.

[전문개정 2010.3.22.]

**구상금**

[대법원 2011. 3. 10. 선고, 2010다72625, 판결]

**【판결요지】**

구 주차장법(2010.3.22. 법률 제10159호로 개정되기 전의 것) 제19조의3 제2항, 제17조 제3항의 규정에 의하면, 부설주차장의 관리자는 주차장에 주차하는 자동차의 보관에 관하여 선량한 관리자의 주의의무를 태만히 하지 아니하였음을 증명한 경우를 제외하고는 그 자동차의 멸실 또는 훼손으로 인한 손해배상의 책임을 면하지 못하도록 되어 있는데, 이때 부설주차장의 관리자가 주차장이용계약에 의해 주차한 자동차의 보관에 관하여 부담하는 선관주의의무는 특별한 사정이 없는 한 그 주차장이용계약에서 정한 주차장 이용시간에 한한다.

**제19조의4(부설주차장의 용도변경 금지 등)** ① 부설주차장은 주차장 외의 용도로 사용할 수 없다. 다만, 다음 각 호의 어느 하나에 해당하는 경우에는 그러하지 아니하다. 〈개정 2014.3.18.〉

1. 시설물의 내부 또는 그 부지(제19조제4항에 따라 해당 시설물의 부지 인근에 부설주차장을 설치하는 경우에는 그 인근 부지를 말한다) 안에서 주차장의 위치를 변경하는 경우로서 시장·군수 또는 구청장이 주차장의 이용에 지장이 없다고 인정하는 경우

2. 시설물의 내부에 설치된 주차장을 추후 확보된 인근 부지로 위치를 변경하는 경우로서 시장·군수 또는 구청장이 주차장의 이용에 지장이 없다고 인정하는 경우

3. 그 밖에 대통령령으로 정하는 기준에 해당하는 경우

② 시설물의 소유자 또는 부설주차장의 관리책임이 있는 자는 해당 시설물의 이용자가 부설주차장을 이용하는 데에 지장이 없도록 부설주차장 본래의 기능을 유지하여야 한다. 다만, 대통령령으로 정하는 기준에 해당하는 경우에는 그러하지 아니하다.

③ 시장·군수 또는 구청장은 제1항 또는 제2항을 위반하여 부설주차장을 다른

용도로 사용하거나 부설주차장 본래의 기능을 유지하지 아니하는 경우에는
해당 시설물의 소유자 또는 부설주차장의 관리책임이 있는 자에게 지체 없
이 원상회복을 명하여야 한다. 이 경우 시설물의 소유자 또는 부설주차장의
관리책임이 있는 자가 그 명령에 따르지 아니할 때에는 「행정대집행법」에
따라 원상회복을 대집행(代執行)할 수 있다.

④ 제1항 및 제2항을 위반하여 부설주차장을 다른 용도로 사용하거나 부설 주
차장 본래의 기능을 유지하지 아니하는 경우에는 해당 시설물을 「건축법」
제79조제1항에 따른 위반 건축물로 보아 같은 조 제2항 본문을 적용한다.

[전문개정 2010.3.22.]

### 주차장법위반

[대법원 2003. 12. 26., 선고, 2003도3771, 판결]

> 【판결요지】
> 주차장의 설치·정비 및 관리에 관하여 필요한 사항을 정함으로써 자동차교통을 원
> 활하게 하여 공중의 편의를 도모함을 목적으로 하는 주차장법의 입법 목적(제1조)이
> 나 주차장법 제19조의4 제1항과 제2항, 주차장법시행령 제12조 제1항,
> 제3항에서 부설주차장의 용도를 변경할 수 있는 경우나 본래의 기능을 유지하지 아니
> 하여도 되는 경우를 엄격하게 한정함으로써 기왕에 설치된 주차장 시설을 그대로 유
> 지, 확보하여 주차장으로서의 기능이 제대로 발휘되도록 하려는 관련 규정의 취지 등
> 에 비추어 보면, 부설주차장 본래의 기능을 유지할 의무를 부담하는 주차장법 제19조
> 의4 제2항, 제3항 소정의 '부설주차장의 관리책임이 있는 자'의 범위에는 동일인 소유
> 에 속하던 시설물과 부설주차장 중 부설주차장의 소유권만을 취득한 자도 포함된다.

## III. 벌칙

**제29조(벌칙)** ① 다음 각 호의 어느 하나에 해당하는 자는 3년 이하의 징
역 또는 5천만원 이하의 벌금에 처한다. 〈개정 2017.3.21., 2017.10.24., 2023. 8.
16.〉

1. 제19조제1항 및 제3항을 위반하여 부설주차장을 설치하지 아니하고 시
설물을 건축하거나 설치한 자
2. 제19조의4제1항을 위반하여 부설주차장을 주차장 외의 용도로 사용한 자
3. 제19조의23제2항을 위반하여 정밀안전검사에 불합격한 기계식주차장을
사용에 제공한 자
4. 제19조의24제1항에 따른 운행중지명령을 위반한 자

② 다음 각 호의 어느 하나에 해당하는 자는 1년 이하의 징역 또는 1천만원 이하의 벌금에 처한다. 〈개정 2015.8.11., 2017.3.21., 2017.10.24.〉

1. 노외주차장인 주차전용건축물을 제2조제11호에 따른 주차장 사용 비율을 위반하여 사용한 자

2. 제19조의4제2항을 위반하여 정당한 사유 없이 부설주차장 본래의 기능을 유지하지 아니한 자

3. 거짓이나 그 밖의 부정한 방법으로 제19조의6제1항에 따른 안전도인증을 받은 자

4. 제19조의6제1항에 따른 안전도인증을 받지 아니하고 기계식주차장치를 제작·조립 또는 수입하여 양도·대여 또는 설치한 자

5. 제19조의6제2항에 따라 기계식주차장치의 안전도에 대한 심사를 하는 자로서 부정한 심사를 한 자

6. 거짓이나 그 밖의 부정한 방법으로 제19조의9제2항 각 호의 검사를 받은 자

7. 제19조의9제2항 각 호에 따른 검사를 받지 아니하고 기계식주차장을 사용에 제공한 자

8. 제19조의10제3항을 위반하여 검사에 불합격한 기계식주차장을 사용에 제공한 자

9. 제19조의12 또는 제19조의23제4항에 따라 기계식주차장의 검사대행을 지정받은 자 또는 그 종사원으로서 부정한 검사를 한 자

10. 제19조의14제1항을 위반하여 등록을 하지 아니하고 보수업을 한 자

11. 거짓이나 그 밖의 부정한 방법으로 제19조의14제1항에 따른 보수업의 등록을 한 자

11의2. 제19조의20제1항을 위반하여 기계식주차장치 관리인을 두지 아니한 자

11의3. 제19조의23제1항에 따른 정밀안전검사를 받지 아니하고 기계식주차장을 사용에 제공한 자

12. 제24조에 따른 금지기간에 주차장을 일반의 이용에 제공한 자

[전문개정 2010.3.22.]

**제30조(과태료)** ① 다음 각 호의 어느 하나에 해당하는 자에게는 500만원 이하의 과태료를 부과한다. 〈신설 2017.10.24., 2023. 8. 16.〉

1. 제19조의16제1항 또는 제2항을 위반하여 배상보험에 가입하지 아니한 자

2. 제19조의22제1항을 위반하여 통보를 하지 아니하거나 거짓으로 통보한 자

3. 제19조의22제2항을 위반하여 중대한 사고의 현장 또는 중대한 사고와 관련되는 물건을 이동시키거나 변경 또는 훼손한 자

② 다음 각 호의 어느 하나에 해당하는 자에게는 100만원 이하의 과태료를 부과한다. 〈개정 2010.3.22., 2015.8.11., 2016.1.19., 2017.3.21., 2017.10.24., 2020.6.9., 2021.1.12.〉

1. 제17조제2항(제19조의3에서 준용되는 경우를 포함한다)을 위반하여 주차장에 대한 일반의 이용을 거절한 자

2. 제19조의9제3항에 따른 사용검사 또는 정기검사의 유효기간이 지난 후 검사를 받지 아니한 자(제29조제2항제7호에 따라 벌칙을 부과받은 경우는 제외한다)

2의2. 제19조의14제3항을 위반하여 보수원 안전교육을 받도록 하지 아니한 보수업자

3. 제19조의17을 위반하여 신고를 하지 아니한 자

4. 제19조의20제2항을 위반하여 기계식주차장치 관리인 교육을 받지 아니한 사람을 기계식주차장치 관리인으로 선임 또는 변경하거나 보수교육을 받게 하지 아니한 자

4의2. 제19조의20제4항을 위반하여 기계식주차장치 안전관리교육 또는 보수교육을 받지 아니한 자

4의3. 제19조의20제7항을 위반하여 기계식주차장의 설치 기준에 맞지 아니하는 자동차를 주차시킨 기계식주차장관리자등

4의4. 제19조의20제8항을 위반하여 자체점검을 하지 아니한 자

4의5. 제19조의20제8항을 위반하여 자체점검 결과를 기계식주차장 정보망에 입력하지 아니하거나 거짓으로 입력한 자

4의6. 제19조의20제9항을 위반하여 기계식주차장 운행을 중지하지 아니한 자 또는 운행의 중지를 방해한 자

5. 제19조의23제1항 후단에 따른 정기적 정밀안전검사를 받지 아니한 자(제29조제2항제11호의3에 따라 벌칙을 부과받은 경우는 제외한다)

5의2. 제19조의24제3항을 위반하여 운행중지 표지를 붙이지 아니하거나 잘 볼 수 없는 곳에 붙이거나 훼손되게 관리한 자

6. 제25조제1항에 따른 검사를 거부·기피 또는 방해한 자

③ 다음 각 호의 어느 하나에 해당하는 자에게는 50만원 이하의 과태료를 부과한다. 〈신설 2021. 1. 12., 2023. 8. 16., 2024. 3. 19.〉

1. 제19조의10제2항(제19조의23제5항에서 준용되는 경우를 포함한다)을 위반하여 검사확인증이나 기계식주차장의 사용을 금지하는 표지를 부

착하지 아니한 자

2. 제19조의10제2항(제19조의23제5항에서 준용되는 경우를 포함한다)을 위반하여 검사확인증이나 기계식주차장의 사용을 금지하는 표지를 부착하지 아니한 자

3. 제19조의20제3항을 위반하여 기계식주차장치 관리인의 선임 또는 변경 통보를 하지 아니한 자 자

4. 제19조의20제5항을 위반하여 안내문을 부착하지 아니한 자

④ 제1항부터 제3항까지에 따른 과태료는 대통령령으로 정하는 바에 따라 시장·군수 또는 구청장이 부과·징수한다. 〈개정 2010.3.22., 2017.10.24., 2021.1.12.〉

[전문개정 1983.12.31.] [제목개정 2010.3.22.]

---

**제31조(양벌규정)** 법인의 대표자나 법인 또는 개인의 대리인, 사용인, 그 밖의 종업원이 그 법인 또는 개인의 업무에 관하여 제29조의 위반행위를 하면 그 행위자를 벌하는 외에 그 법인 또는 개인에게도 해당 조문의 벌금형을 과(科)한다. 다만, 법인 또는 개인이 그 위반행위를 방지하기 위하여 해당 업무에 관하여 상당한 주의와 감독을 게을리하지 아니한 경우에는 그러하지 아니하다.

[전문개정 2009.1.7.]

---

**제32조(이행강제금)** ① 시장·군수 또는 구청장은 제19조의4제3항 전단에 따른 원상회복명령을 받은 후 그 시정기간 이내에 그 원상회복명령을 이행하지 아니한 시설물의 소유자 또는 부설주차장의 관리책임이 있는 자에게 다음 각 호의 한도에서 이행강제금을 부과할 수 있다.

1. 제19조의4제1항을 위반하여 부설주차장을 주차장 외의 용도로 사용하는 경우: 제19조제9항에 따라 산정된 위반 주차구획의 설치비용의 20퍼센트

2. 제19조의4제2항을 위반하여 부설주차장 본래의 기능을 유지하지 아니하는 경우: 제19조제9항에 따라 산정된 위반 주차구획의 설치비용의 10퍼센트

② 시장·군수 또는 구청장은 제1항에 따른 이행강제금을 부과하기 전에 상당한 이행기간을 정하여 해당 명령이 그 기한까지 이행되지 아니한 경우에는 이행강제금을 부과·징수한다는 뜻을 미리 문서로 계고(戒告)하여야 한다.

③ 시장·군수 또는 구청장은 제1항에 따른 이행강제금을 부과할 때에는 이행강제금의 금액, 부과 사유, 납부기한, 수납기관, 이의제기방법 및 이의

제기기관 등을 명확하게 적은 문서로 하여야 한다.

④ 시장·군수 또는 구청장은 최초의 원상회복명령이 있었던 날을 기준으로 하여 1년에 2회 이내의 범위에서 원상회복명령이 이행될 때까지 반복하여 제1항에 따른 이행강제금을 부과·징수할 수 있다. 다만, 이행강제금의 총 부과 횟수는 해당 시설물의 소유자 또는 부설주차장의 관리책임이 있는 자의 변경 여부와 관계없이 5회를 초과할 수 없다.

⑤ 시장·군수 또는 구청장은 제19조의4제3항 전단에 따른 원상회복명령을 받은 자가 그 명령을 이행하는 경우에는 새로운 이행강제금의 부과를 중지하되, 이미 부과된 이행강제금은 징수하여야 한다.

⑥ 시장·군수 또는 구청장은 제3항에 따라 이행강제금 부과처분을 받은 자가 이행강제금을 기한까지 내지 아니하면 「지방행정제재·부과금의 징수 등에 관한 법률」에 따라 징수한다. 〈개정 2013.8.6., 2020.3.24.〉

⑦ 이행강제금의 징수금은 주차장의 설치·관리 및 운영 외의 용도에 사용할 수 없다.

[전문개정 2010.3.22.]

## Ⅳ. 기재례

### 【범죄사실 기재례】

건축물의 부설주차장은 주차장 외의 용도로 사용할 수 없음에도 불구하고, 피의자는 20○○. ○. ○.경부터 같은 해 ○. ○.경까지 경기 ○○군 ○○면 ○○리 ○○번지에 있는 피의자 소유의 지상 2층 건물의 1층에 설치된 110㎡의 옥외부설주차장중 40㎡를 경량철골로 구획하여 음식점의 주방용도로 사용하였다.

### 【적용실례】

〈건물내 옥내 주차장을 횟집 주방으로 사용케 한 경우〉

피의자가 자신의 건물내 옥내 주차장의 일부를 임대하여 횟집 주방으로 사용하게 한 경우

➡ 이에 대해 건축물의 용도변경 행위로 보아 건축법 위반으로 의율할 수 있겠지만 이와 같이 건축물 부설주차장을 다른 용도로 사용한 경우에는 동 행위를 처벌하기 위한 특별규정인 주차장법 위반도 함께 의율해야 한다. 따라서 두 법의

상상적 경합관계에 있게 된다.

### 〈주차장법 위반을 건축법 위반으로 의율한 경우〉

➡ 옥내 주차장을 주차장 이외의 용도로 사용하는 사건에 대하여 건축법 위반으로
의율하였는 바, 주차장 용도변경행위에 대하여는 건축법의 특별법이라고 해석
되는 주차장법 위반으로 의율함이 상당함

### 〈옥외주차장을 용도변경한 경우 공소시효의 역산〉

➡ 피의자가 옥외주차장을 20○○. 3. 10.부터 현재까지 가게 등으로 용도변경하였
다는 것인 바, 주차장법(제29조 제1항 제2호, 제19조의4 제1항)은 공소시효가 3
년이므로 송치한 날로부터 역산하여 3년 이내의 기간을 범죄사실에 기재하여야
함에도 공소시효 지난 20○○. 3. 10.부터라고 기재하여서는 아니 된다.

**[서식] 노외주차장 (설치, 폐지) 통보서**

| 노외주차장 (□ 설치 □ 폐지) 통보서 | | | 처리기간 |
|---|---|---|---|
| | | | 즉 시 |

| 설치자 | ① 성 명 | | ② 생년월일 | |
|---|---|---|---|---|
| | ③ 주 소 | | (전화:　　　　　) | |

| 주차장 | ④ 명 칭 | |
|---|---|---|
| | ⑤ 위 치 | |
| | ⑥ 주차장 형태 | 자주식 / 기계식 / 지평식 / 건축물식(공작물식) |
| | ⑦ 규 모 | 대,　　　　　㎡ |
| | ⑧ 설치일 또는 폐지일 | 년　　　월　　　일 |

「주차장법」 제12조제1항 및 같은 법 시행규칙 제7조에 따라 위와 같이 통보합니다.

|  | 수수료 |
|---|---|
|  | 없음 |

년　　　월　　　일

노외주차장 설치자　　　　(서명 또는 인)

특별자치도지사
시 장
군 수　　　　　귀하
구청장

※ 첨부서류: 주차시설 배치도(설치 통보의 경우만 제출합니다)

※ 작성 시 주의사항

1. ①란은 설치자가 법인인 경우에는 법인의 명칭 및 대표자의 성명을 적습니다.
2. ③란은 설치자가 법인인 경우에는 법인의 소재지를 적습니다.
3. ⑥란은 주차장의 해당 형태에 모두 표시합니다.

30303-00711민
99.3.3 개정승인

210mm×297mm
(보존용지(2종) 70g/㎡)

**[서식]** 기계식주차장치 안전도인증서

제      호

# 기계식주차장치 안전도인증서

| 신 청 인 (제작자 등) | 성명 | | 생년월일 | |
|---|---|---|---|---|
| | 주소 | | 전화번호 | |
| 사업장 | 소재지 | | 전화번호 | |
| 인증사항 | 주차장치의 종류 및 방식 | | | |
| | 주차장치의 명칭 | | | |

「주차장법」 제19조의7 및 같은 법 시행규칙 제16조의6제1항에 따라 위와 같이 인증합니다.

년      월      일

국토교통부장관(지정인증기관)          직인

210mm×297mm[백상지(120g/㎡)]

**[서식]** 기계식주차장 사용금지표시

# 기계식주차장 사용금지표지

1. 종류 및 방식 :

2. 명칭 :

3. 인증번호 :

4. 제작자 등 성명 :

 (법인의 명칭 및 대표자의 성명)

5. 관리자의 성명 :

 (법인의 명칭 및 대표자의 성명)

6. 설치장소 :

7. 사용금지 사유 :

  ☐ 사용검사 불합격, ☐ 정기검사 불합격, ☐ 수시검사 불합격, ☐ 정밀안전검사 불합격

8. 사용금지일 :

「주차장법」 제19조의10제1항, 제19조의23제5항 및 같은 법 시행규칙 제16조의 8제5항, 제16조의26제5항에 따라 사용금지 표지를 발급하며, 위 기계식주차장 을 사용에 제공할 경우에는 「주차장법」 제29조제2항제8호에 따라 1년 이하의 징역 또는 1천만원 이하의 벌금에 처하고, 이 표지를 부착하지 않은 경우에는 같은 법 제30조제3항제1호에 따라 50만원 이하의 과태료가 부과됩니다.

년   월   일

특별자치시장·특별자치도지사·시장·
군수 또는 구청장(전문검사기관 또는
한국교통안전공단)

| 직인 |

210mm×297mm[인쇄용지(특급) 120g/㎡]

**[서식] 부설주차장 인근 설치 확인서**

# 부설주차장 인근 설치 확인서

| 건축주 | 성명 | | 생년월일 | |
|---|---|---|---|---|
| | 주소 | | 전화번호 | |
| 시설물 | 위치(주소) | | 용도 및 규모 | |
| | 허가 연월일 | | 사용승인일 | |
| 주차장 | 위치(주소) | | | |
| | 부지면적 | ㎡ | 주차대수 | 대 |
| | 부지 경계선으로부터의 거리 | | 주차장의 형태 | |
| | 허가 연월일 | | 사용승인일 | |

「주차장법」 제19조제4항 및 제19조의4제1항에 따라 부설주차장이 부지 인근에 설치되어 있음을 확인합니다.

년    월    일

특별자치시장 · 특별자치도지사
시장 · 군수 · 구청장

직인

210mm×297mm[백상지 80g/㎡(재활용품)]

# 주 택 법

[시행 2024. 7. 17.] [법률 제20048호, 2024. 1. 16., 일부개정]

## Ⅰ. 개설

### 목적

이 법은 쾌적한 주거생활에 필요한 주택의 건설·공급·관리와 이를 위한 자금의 조달·운용 등에 관한 사항을 정함으로써 국민의 주거안정과 주거수준의 향상에 이바지함을 목적으로 한다.

## Ⅱ. 판례

**제4조(주택건설사업 등의 등록)** ① 연간 대통령령으로 정하는 호수(戶數) 이상의 주택건설사업을 시행하려는 자 또는 연간 대통령령으로 정하는 면적 이상의 대지조성사업을 시행하려는 자는 국토교통부장관에게 등록하여야 한다. 다만, 다음 각 호의 사업주체의 경우에는 그러하지 아니하다.
  1. 국가·지방자치단체
  2. 한국토지주택공사
  3. 지방공사
  4. 「공익법인의 설립·운영에 관한 법률」 제4조에 따라 주택건설사업을 목적으로 설립된 공익법인
  5. 제11조에 따라 설립된 주택조합(제5조제2항에 따라 등록사업자와 공동으로 주택건설사업을 하는 주택조합만 해당한다)
  6. 근로자를 고용하는 자(제5조제3항에 따라 등록사업자와 공동으로 주택건설사업을 시행하는 고용자만 해당하며, 이하 "고용자"라 한다)
② 제1항에 따라 등록하여야 할 사업자의 자본금과 기술인력 및 사무실면적에 관한 등록의 기준·절차·방법 등에 필요한 사항은 대통령령으로 정한다.

### 종합소득세등부과처분취소

[대법원 2021. 1. 14., 선고, 2020두40914, 판결]

【판결요지】
조세특례제한법 제106조 제1항 제4호(이하 '면세조항'이라 한다), 조세특례제한법

시행령 제106조 제4항 제1호, 제51조의2 제3항, 구 주택법(2016. 1. 19. 법률 제 13805호로 전부 개정되기 전의 것) 제2조 제3호, 제1호, 제1호의2, 구 주택법 시행령 (2016. 8. 11. 대통령령 제27444호로 전부 개정되기 전의 것) 제2조의2 제4호, 건축 법 시행령 제3조의5 [별표 1] 제14호 (나)목 등의 문언·내용과 체계, 위 면세조항이 국민주택 규모 이하의 주택 공급에 대하여 부가가치세를 면제하는 취지, 주택과 오 피스텔에 대한 각종 법적 규율의 차이, 특히 조세특례제한법령의 다른 규정에서 위 면세조항과 달리 '오피스텔' 또는 '주거에 사용하는 오피스텔'이 '주택'에 포 함된다고 명시하고 있는 점과의 균형 등을 종합하면, 특별한 사정이 없는 한 공급 당시 공부상 용도가 업무시설인 오피스텔은 그 규모가 주택법에 따른 국민주택 규모 이하인지 여부와 관계없이 위 면세조항의 '국민주택'에 해당한다고 볼 수 없다. 공급하는 건축물이 관련 법령에 따른 오피스텔의 요건을 적법하게 충족하여 공부상 업무 시설로 등재되었다면, 그것이 공급 당시 사실상 주거의 용도로 사용될 수 있는 구조와 기 능을 갖추었더라도 이를 건축법상 오피스텔의 용도인 업무시설로 사용할 수 있다. 위와 같은 경우 위 면세조항의 적용 대상이 될 수 없는 오피스텔에 해당하는지는 원칙적으로 공급 당시의 공부상 용도를 기준으로 판단하여야 한다. 나아가 해당 건축물이 공급 당시 공부상 용도가 업무시설인 오피스텔에 해당하여 위 면세조항에 따른 부가가치세 면제대상 에서 제외된 이상 나중에 실제로 주거 용도로 사용되고 있더라도 이와 달리 볼 수 없다.

**제11조(주택조합의 설립 등)** ① 많은 수의 구성원이 주택을 마련하거나 리모 델링하기 위하여 주택조합을 설립하려는 경우(제5항에 따른 직장주택조합의 경우는 제외한다)에는 관할 특별자치시장, 특별자치도지사, 시장, 군수 또는 구청장(구청장은 자치구의 구청장을 말하며, 이하 "시장·군수·구청장"이 라 한다)의 인가를 받아야 한다. 인가받은 내용을 변경하거나 주택조합을 해 산하려는 경우에도 또한 같다.

② 제1항에 따라 주택을 마련하기 위하여 주택조합설립인가를 받으려는 자는 다음 각 호의 요건을 모두 갖추어야 한다. 다만, 제1항 후단의 경우에는 그 러하지 아니하다. 〈개정 2020.1.23.〉

  1. 해당 주택건설대지의 80퍼센트 이상에 해당하는 토지의 사용권원을 확보할 것

  2. 해당 주택건설대지의 15퍼센트 이상에 해당하는 토지의 소유권을 확보할 것

③ 제1항에 따라 주택을 리모델링하기 위하여 주택조합을 설립하려는 경우에는 다음 각 호의 구분에 따른 구분소유자(「집합건물의 소유 및 관리에 관한 법률」 제2조제2호에 따른 구분소유자를 말한다. 이하 같다)와 의결권(「집 합건물의 소유 및 관리에 관한 법률」 제37조에 따른 의결권을 말한다. 이 하 같다)의 결의를 증명하는 서류를 첨부하여 관할 시장·군수·구청장의

인가를 받아야 한다.

1. 주택단지 전체를 리모델링하고자 하는 경우에는 주택단지 전체의 구분소유 자와 의결권의 각 3분의 2 이상의 결의 및 각 동의 구분소유자와 의결권 의 각 과반수의 결의

2. 동을 리모델링하고자 하는 경우에는 그 동의 구분소유자 및 의결권의 각 3 분의 2 이상의 결의

④ 제5조제2항에 따라 주택조합과 등록사업자가 공동으로 사업을 시행하면서 시공할 경우 등록사업자는 시공자로서의 책임뿐만 아니라 자신의 귀책사유 로 사업 추진이 불가능하게 되거나 지연됨으로 인하여 조합원에게 입힌 손 해를 배상할 책임이 있다.

⑤ 국민주택을 공급받기 위하여 직장주택조합을 설립하려는 자는 관할 시장·군수·구청장에게 신고하여야 한다. 신고한 내용을 변경하거나 직장주택조 합을 해산하려는 경우에도 또한 같다.

⑥ 주택조합(리모델링주택조합은 제외한다)은 그 구성원을 위하여 건설하는 주택 을 그 조합원에게 우선 공급할 수 있으며, 제5항에 따른 직장주택조합에 대 하여는 사업주체가 국민주택을 그 직장주택조합원에게 우선 공급할 수 있다.

⑦ 제1항에 따라 인가를 받는 주택조합의 설립방법·설립절차, 주택조합 구성원 의 자격기준·제명·탈퇴 및 주택조합의 운영·관리 등에 필요한 사항과 제 5항에 따른 직장주택조합의 설립요건 및 신고절차 등에 필요한 사항은 대통 령령으로 정한다. 〈개정 2016.12.2.〉

⑧ 제7항에도 불구하고 조합원은 조합규약으로 정하는 바에 따라 조합에 탈퇴 의사를 알리고 탈퇴할 수 있다. 〈개정 2016.12.2.〉

⑨ 탈퇴한 조합원(제명된 조합원을 포함한다)은 조합규약으로 정하는 바에 따라 부담한 비용의 환급을 청구할 수 있다. 〈개정 2016.12.2.〉

## 조합원지위부존재등청구의소

[대법원 2020. 9. 7., 선고, 2020다237100, 판결]

【판결요지】

지역주택조합은 일정한 구분에 따른 지역에 거주하는 다수의 주민들이 주택을 마련하 기 위하여 설립한 조합이다[주택법 제2조 제11호 (가)목]. 구 주택법(2016. 1. 19. 법 률 제13805호로 전부 개정되어 2016. 8. 12. 시행되기 전의 것) 제32조 제7항에 따르 면 관할 시장·군수·구청장의 인가를 받아 설립하는 지역주택조합의 설립방법·설립 절차, 지역주택조합 구성원의 자격기준 및 주택조합의 운영·관리 등에 필요한 사항 은 대통령령으로 정한다. 구 주택법 시행령(2016. 8. 11. 대통령령 제27444호로 전부 개정되기 전의 것, 이하 같다) 제38조 제1항 제1호 및 같은 조 제2항에 따르면 주택조

합설립인가신청일부터 해당 조합주택의 입주가능일까지 주택을 소유하지 아니하거나 주거전용면적 85㎡ 이하의 주택 1채를 소유한 세대주인 자(이하 '무주택 또는 소형주택 세대주' 라 한다)일 것, 조합설립인가신청일 현재 위 해당 지역에 6개월 이상 거주하여 온 자일 것 등의 요건을 갖추어야 지역주택조합의 조합원이 될 수 있는데, 예외적으로 지역주택조합의 조합원이 근무·질병치료·유학·결혼 등 부득이한 사유로 인하여 세대주 자격을 일시적으로 상실한 경우로서 시장·군수·구청장이 인정하는 경우에는 조합원 자격이 있는 것으로 본다(위 시행령 조항은 2016. 8. 11. 대통령령 제27444호로 전부 개정될 때 조문의 위치가 제21조로 변경되었을 뿐 그 내용은 유지되었다). 한편 구 주택법 시행규칙(2016. 8. 12. 국토교통부령 제353호로 전부 개정되기 전의 것) 제18조 제3항에 따르면 시장·군수·구청장은 지역주택조합에 대하여 설립인가, 사업계획승인, 사용검사 또는 임시사용승인의 행위를 하고자 하는 경우에는 국토교통부장관에게 주택전산망에 의한 전산검색을 의뢰하여 구 주택법 시행령 제38조 제1항 제1호에서 정한 조합원 자격 해당 여부를 확인하여야 한다(위 시행규칙 조항은 2016. 8. 12. 국토교통부령 제353호로 전부 개정될 때 조문의 위치가 제8조로 변경되었을 뿐 그 내용은 유지되었다).

위와 같은 지역주택조합 제도는 일정한 구분에 따른 지역에 거주하는 무주택 또는 소형주택 세대주의 주택마련을 통한 주거안정 등을 위한 제도인바, 지역주택조합의 조합원 자격에 관한 구 주택법이나 그 시행령 등의 규정은 당사자의 의사에 의하여 그 적용을 배제할 수 있는 규정이라고 할 수 없다.

**제15조(사업계획의 승인)** ① 대통령령으로 정하는 호수 이상의 주택건설사업을 시행하려는 자 또는 대통령령으로 정하는 면적 이상의 대지조성사업을 시행하려는 자는 다음 각 호의 사업계획승인권자(이하 "사업계획승인권자"라 한다. 국가 및 한국토지주택공사가 시행하는 경우와 대통령령으로 정하는 경우에는 국토교통부장관을 말하며, 이하 이 조, 제16조부터 제19조까지 및 제21조에서 같다)에게 사업계획승인을 받아야 한다. 다만, 주택 외의 시설과 주택을 동일 건축물로 건축하는 경우 등 대통령령으로 정하는 경우에는 그러하지 아니하다. 〈개정 2021.1.12.〉

  1. 주택건설사업 또는 대지조성사업으로서 해당 대지면적이 10만제곱미터 이상인 경우: 특별시장·광역시장·특별자치시장·도지사 또는 특별자치도지사(이하 "시·도지사"라 한다) 또는 「지방자치법」 제198조에 따라 서울특별시·광역시 및 특별자치시를 제외한 인구 50만 이상의 대도시(이하 "대도시"라 한다)의 시장

  2. 주택건설사업 또는 대지조성사업으로서 해당 대지면적이 10만제곱미터 미만인 경우: 특별시장·광역시장·특별자치시장·특별자치도지사 또는 시장·군수

② 제1항에 따라 사업계획승인을 받으려는 자는 사업계획승인신청서에 주택과 그 부대시설 및 복리시설의 배치도, 대지조성공사 설계도서 등 대통령령으로 정하는 서류를 첨부하여 사업계획승인권자에게 제출하여야 한다.

③ 주택건설사업을 시행하려는 자는 대통령령으로 정하는 호수 이상의 주택단지를 공구별로 분할하여 주택을 건설·공급할 수 있다. 이 경우 제2항에 따른 서류와 함께 다음 각 호의 서류를 첨부하여 사업계획승인권자에게 제출하고 사업계획승인을 받아야 한다.

1. 공구별 공사계획서
2. 입주자모집계획서
3. 사용검사계획서

④ 제1항 또는 제3항에 따라 승인받은 사업계획을 변경하려면 사업계획승인권자로부터 변경승인을 받아야 한다. 다만, 국토교통부령으로 정하는 경미한 사항을 변경하는 경우에는 그러하지 아니하다.

⑤ 제1항 또는 제3항의 사업계획은 쾌적하고 문화적인 주거생활을 하는 데에 적합하도록 수립되어야 하며, 그 사업계획에는 부대시설 및 복리시설의 설치에 관한 계획 등이 포함되어야 한다.

⑥ 사업계획승인권자는 제1항 또는 제3항에 따라 사업계획을 승인하였을 때에는 이에 관한 사항을 고시하여야 한다. 이 경우 국토교통부장관은 관할 시장·군수·구청장에게, 특별시장, 광역시장 또는 도지사는 관할 시장, 군수 또는 구청장에게 각각 사업계획승인서 및 관계 서류의 사본을 지체 없이 송부하여야 한다.

## 계약금반환등

[대법원 2019. 11. 14., 선고, 2018다212467, 판결]

【판결요지】
주택법상 지역주택조합사업은 통상 지역주택조합 설립 전에 미리 조합원을 모집하면서 그 분담금 등으로 사업부지를 매수하거나 사용승낙을 얻고, 그 이후 조합설립인가를 받아 추가적으로 소유권을 확보하고 사업승인을 얻어 아파트 등 주택을 건축하는 방식으로 진행되므로, 그 진행 과정에서 조합원의 모집, 재정의 확보, 토지매입 작업 등 사업의 성패를 좌우하는 여러 변수들에 따라 최초 사업계획이 변경되는 등의 사정이 발생할 수 있다(대법원 2014. 6. 12. 선고 2013다75892 판결 참조).
따라서 지역주택조합의 조합원이 된 사람이, 사업추진 과정에서 조합규약이나 사업계획 등에 따라 당초 체결한 조합가입계약의 내용과 다르게 조합원으로서의 권리·의무가 변경될 수 있음을 전제로 조합가입계약을 체결한 경우에는 그러한 권리·의무의 변경이 당사자가 예측가능한 범위를 초과하였다는 등의 특별한 사정이 없는 한 이를 조합가입계약의 불이행으로 보아 조합가입계약을 해제할 수는 없다.

## 주택건설사업계획승인처분취소
[대법원 2018. 3. 29., 선고, 2017두70946, 판결]

【판결요지】
[1] 집단환지 방식의 도시개발사업이란 도시개발법 시행규칙 제27조 제9항에 근거하여 환지 방식의 도시개발사업과 집합건물(특히 공동주택) 건설사업이 혼합되어 진행되어, 도시개발사업의 시행자가 선정한 별도의 사업주체가 도시개발사업의 시행으로 조성된 일단의 토지에 곧바로 집합건물 건설사업을 시행할 수 있도록 하는 한편, 종전 토지의 토지소유자들에게는 그 일단의 토지에 대한 공유지분을 배분하여 그 공유지분을 집합건물 건설사업주체에게 매도하거나 출자하여 매매대금을 지급받거나 신축주택을 분양받도록 하는 방식으로 시행되는 사업방식을 말한다.
[2] 도시개발법 제35조 제1항, 제36조 제1항, 제42조 제1항, 제6항 등에 따르면, 종전의 토지에 대한 권리 소멸과 환지에 대한 권리 취득이라는 법률상 권리변동은 환지처분에 의해서 발생하며, 환지예정지 지정처분은 토지소유자로 하여금 환지계획상 환지로 정하여진 토지를 환지처분이 공고되기 전까지 임시로 사용·수익할 수 있게 하는 한편, 종전의 토지를 사용·수익할 수 없게 하는 처분에 불과하다.
    이처럼 토지소유자가 환지예정지 지정처분의 효과로서 환지예정지를 임시로 사용·수익하는 것은 도시개발사업의 시행에 지장이 없는 범위 내에서 허용되는 것인데, 집단환지 방식의 경우 토지소유자가 개별 필지를 환지예정지로 지정받는 것이 아니라 집합건물 건설사업의 부지로 사용될 일단의 토지의 공유지분을 환지예정지로 지정받는 것이므로, 집단환지 방식에서 환지예정지 지정처분은 집단환지대상자인 토지소유자로 하여금 장래 환지처분이 공고되면 집단환지예정지의 공유지분을 취득할 잠정적 지위에 있음을 알리는 것에 불과할 뿐, 토지소유자가 집단환지예정지의 공유지분에 관하여 현실적으로 사용·수익하거나 그 밖의 방법으로 권리행사를 할 수 있는 지위를 설정하여 주는 것은 아니다.
[3] 집단환지 방식의 사업특성과 환지예정지 지정처분의 임시적·잠정적 성격을 고려하면, 집단환지 방식으로 도시개발사업과 집합건물 건설사업이 혼합되어 진행되는 경우에는 집단환지의 공유지분을 배분받게 되는 토지소유자들이 집합건물 건설사업주체에게 공유지분을 개별적으로 매도·출자하거나 사용승낙을 하는 것이라기보다는 원칙적으로 도시개발사업의 시행자에 의해서 집단환지 전체에 대한 권리가 일괄적으로 행사됨을 전제로 한다고 볼 수 있다. 이러한 전제에 따르면 특별한 사정이 없는 한 토지소유자는 집단환지를 신청함으로써 이러한 사업진행 방식에 동의하는 것으로 볼 수 있고, 환지예정지 지정처분이 있더라도 토지소유자들이 집단환지예정지에서 시행될 주택건설사업과 관련하여 건설사업주체에게 집단환지의 공유지분에 대한 사용권원을 부여하는 개별적인 토지사용승낙의 의사표시를 하여야 하는 것은 아니다.

**제33조(주택의 설계 및 시공)** ① 제15조에 따른 사업계획승인을 받아 건설되

는 주택(부대시설과 복리시설을 포함한다. 이하 이 조, 제49조, 제54조 및 제61조에서 같다)을 설계하는 자는 대통령령으로 정하는 설계도서 작성기준에 맞게 설계하여야 한다.

② 제1항에 따른 주택을 시공하는 자(이하 "시공자"라 한다)와 사업주체 설계도서에 맞게 시공하여야 한다.

## 배당이의

[대법원 2021. 1. 14., 선고, 2017다291319, 판결]

【판결요지】

[1] 구 도시 및 주거환경정비법(2017. 2. 8. 법률 제14567호로 전부 개정되기 전의 것, 이하 '구 도시정비법'이라고 한다) 부칙(2002. 12. 30.) 제7조 제1항은 '사업시행방식에 관한 경과조치'라는 표제로 "종전 법률에 의하여 사업계획의 승인이나 사업시행인가를 받아 시행 중인 것은 종전의 규정에 의한다."라고 규정하고 있으므로, 종전 법률인 구 주택건설촉진법(2002. 12. 30. 법률 제6852호로 개정되기 전의 것)에 따라 주택건설사업계획의 승인을 받은 재건축조합에 대하여는 구 도시정비법에 의한 재건축사업의 시행방식인 관리처분계획의 인가와 이를 기초로 한 이전고시에 관한 조항 등은 물론 그 밖의 세부적인 구 도시정비법의 절차나 방식에 관한 규정들 역시 배제되며, 원칙적으로 사업계획의 승인으로 행정청의 관여는 종료되고 조합원은 이로써 분양받을 권리를 취득하며, 재건축조합의 운영과 조합원 사이의 권리분배 및 신축된 건물 또는 대지의 소유권이전방식 등은 일반 민법 등에 의하여 자율적으로 이루어질 것이 예정되어 있다.

[2] 재건축조합이 구 주택건설촉진법(2002. 12. 30. 법률 제6852호로 개정되기 전의 것, 이하 같다) 제44조의3 제5항에 의하여 준용되는 구 도시재개발법(2002. 12. 30. 법률 제6852호 도시 및 주거환경정비법 부칙 제2조로 폐지, 이하 같다) 제33조 내지 제45조에 정한 관리처분계획 인가 및 이에 따른 분양처분 고시 등의 절차를 거쳐 신 주택이나 대지를 조합원에게 분양한 경우에는 구 주택이나 대지에 관한 권리가 권리자의 의사에 관계없이 신 주택이나 대지에 관한 권리로 강제적으로 교환·변경되어 공용환권된 것으로 볼 수 있다. 그러나 이러한 관리처분계획 인가 및 이에 따른 분양처분 고시 등의 절차를 거치지 아니한 채 조합원에게 신 주택이나 대지가 분양된 경우에는 해당 조합원은 조합규약 내지 분양계약에 의하여 구 주택이나 대지와는 별개인 신 주택이나 대지에 관한 소유권을 취득한 것에 불과하며, 이와 달리 구 주택이나 대지에 관한 소유권이 신 주택이나 대지에 관한 소유권으로 강제적으로 교환·변경되어 공용환권된다고 볼 수 없다.

따라서 재건축조합이 구 주택건설촉진법 제44조의3 제5항에 의하여 준용되는 구 도시재개발법 제33조 내지 제45조에 정한 관리처분계획 인가 및 이에 따른 분양처분 고시 등의 절차를 거친 경우에는 구 도시재개발법 제40조 및 구 도시재개발 등기처리규칙(2003. 6. 28. 대법원규칙 제1833호 도시 및 주거환경정비 등기처리규칙 부칙 제3조로 폐지) 제5조에 의하여 관리처분계획 및 그 인가를 증명하는 서면과 분양처분의 고시를 증명하는 서면을 첨부하여 대지 및 건축시설에 관한 등기를 할 수 있으나, 구 도시재개발법 제33조 내지 제45조에 정한 절차를 거치지 않은 경우에는 그와 같은 등기를 할 수 없다.

**제43조(주택의 감리자 지정 등)** ① 사업계획승인권자가 제15조제1항

또는 제3항에 따른 주택건설사업계획을 승인하였을 때와 시장·군수·구청장이 제66조제1항 또는 제2항에 따른 리모델링의 허가를 하였을 때에는 「건축사법」 또는 「건설기술 진흥법」에 따른 감리자격이 있는 자를 대통령령으로 정하는 바에 따라 해당 주택건설공사의 감리자로 지정하여야 한다. 다만, 사업주체가 국가·지방자치단체·한국토지주택공사·지방공사 또는 대통령령으로 정하는 자인 경우와 「건축법」 제25조에 따라 공사감리를 하는 도시형 생활주택의 경우에는 그러하지 아니하다. 〈개정 2018.3.13.〉

② 다음 각 호의 단체 및 협회는 제1항에 따른 감리자를 지정하기 위하여 공동으로 주택건설공사 감리비 지급기준을 정하여 국토교통부장관의 승인을 받아야 한다. 승인받은 사항을 변경하려는 경우에도 또한 같다. 〈신설 2024. 1. 16.〉

1. 제85조에 따른 주택사업자단체
2. 「건설기술 진흥법」 제69조에 따른 건설엔지니어링사업자단체
3. 「건축사법」 제31조에 따른 대한건축사협회

③ 사업계획승인권자는 감리자가 감리자의 지정에 관한 서류를 부정 또는 거짓으로 제출하거나, 업무 수행 중 위반 사항이 있음을 알고도 묵인하는 등 대통령령으로 정하는 사유에 해당하는 경우에는 감리자를 교체하고, 그 감리자에 대하여는 1년의 범위에서 감리업무의 지정을 제한할 수 있다. 〈개정 2024. 1. 16.〉

④ 사업주체(제66조제1항 또는 제2항에 따른 리모델링의 허가만 받은 자도 포함한다. 이하 이 조, 제44조 및 제47조에서 같다)와 감리자 간의 책임 내용 및 범위는 이 법에서 규정한 것 외에는 당사자 간의 계약으로 정한다. 〈개정 2018. 3. 13., 2024. 1. 16.〉

⑤ 국토교통부장관은 제4항에 따른 계약을 체결할 때 사업주체와 감리자 간에 공정하게 계약이 체결되도록 하기 위하여 감리용역표준계약서를 정하여 보급할 수 있다. 〈개정 2024. 1. 16.〉

## 건물명도등

[대법원 2015. 1. 29., 선고, 2014다62657, 판결]

【판결요지】
구 주택법(2009. 12. 29. 법률 제9865호로 개정되기 전의 것, 이하 같다) 제2조 제14호 (가)목, 제43조 제4항, 제55조 제1항, 제2항, 구 주택법 시행령(2010. 3. 15. 대통

령령 제22075호로 개정되기 전의 것) 제51조 제1항 제4호, 제53조 제1항 [별표 4], 제2항, 제3항, 제4항, 제55조 제1항, 제72조, 구 주택법 시행규칙(2010. 7. 6. 국토해 양부령 제260호로 개정되기 전의 것) 제25조, 제32조의 체계 및 내용과 더불어, 자치 관리기구의 대표자인 관리사무소장을 비롯한 직원들은 입주자대표회의와 관계에서 피 용자의 지위에 있음을 감안할 때 자치관리기구가 일정한 인적 조직과 물적 시설을 갖 추고 있다는 것만으로 단체로서의 실체를 갖춘 비법인사단으로 볼 수 없는 점, 구 주 택법령과 그에 따른 관리규약에서 관리주체인 관리사무소장으로 하여금 그 명의로 공 동주택의 관리업무에 관한 계약을 체결하도록 하는 등 일정 부분 관리업무의 독자성 을 부여한 것은, 주택관리사 또는 주택관리사보의 자격을 가진 전문가인 관리사무소 장에 의한 업무집행을 통하여 입주자대표회의 내부의 난맥상을 극복하고 공동주택의 적정한 관리를 도모하기 위한 취지일 뿐, 그러한 사정만으로 관리주체인 관리사무소 장이라는 지위 자체에 사법상의 권리능력을 인정하기는 어려운 점 등을 종합하면, 구 주택법에 따라 자치관리로 공동주택의 관리방법을 정한 아파트에서 자치관리기구 및 관리주체인 관리사무소장은 비법인사단인 입주자대표회의의 업무집행기관에 해당할 뿐 권리·의무의 귀속주체로 볼 수 없다. 따라서 자치관리기구의 대표자 내지 관리주 체인 관리사무소장이 구 주택법령과 그에 따른 관리규약에서 정한 공동주택의 관리업 무를 집행하면서 체결한 계약에 기한 권리·의무는 비법인사단인 입주자대표회의에게 귀속되고, 그러한 계약의 당사자는 비법인사단인 입주자대표회의이다.

## Ⅲ. 벌칙

**제98조(벌칙)** ① 제33조, 제43조, 제44조(같은 조 제1항제4호의2는 제외 한다), 제46조 또는 제70조를 위반하여 설계·시공 또는 감리를 함으로써 「공동주택관리법」 제36조제3항에 따른 담보책임기간에 공동주택의 내력구 조부에 중대한 하자를 발생시켜 일반인을 위험에 처하게 한 설계자·시공 자·감리자·건축구조기술사 또는 사업주체는 10년 이하의 징역에 처한다. 〈개정 2017.4.18., 2024. 1. 16.〉
② 제1항의 죄를 범하여 사람을 죽음에 이르게 하거나 다치게 한 자는 무기 징역 또는 3년 이상의 징역에 처한다.

**제99조(벌칙)** ① 업무상 과실로 제98조제1항의 죄를 범한 자는 5년 이하 의 징역이나 금고 또는 5천만원 이하의 벌금에 처한다.
② 업무상 과실로 제98조제2항의 죄를 범한 자는 10년 이하의 징역이나 금 고 또는 1억원 이하의 벌금에 처한다.

**제100조(벌칙)** 제55조제5항, 제56조제10항 및 제57조의3제4항을 위반하

여 정보 또는 자료를 사용·제공 또는 누설한 사람은 5년 이하의 징역 또는 5천만원 이하의 벌금에 처한다. 〈개정 2018.12.18., 2020.1.23., 2020.8.18.〉

**제101조(벌칙)** 다음 각 호의 어느 하나에 해당하는 자는 3년 이하의 징역 또는 3천만원 이하의 벌금에 처한다. 다만, 제2호 및 제3호에 해당하는 자로서 그 위반행위로 얻은 이익의 3배에 해당하는 금액이 3천만원을 초과하는 자는 3년 이하의 징역 또는 그 이익의 3배에 해당하는 금액 이하의 벌금에 처한다. 〈개정 2016.12.2., 2018.12.18., 2020.1.23., 2020.8.18., 2024. 3. 19.〉

1. 제11조의2제1항을 위반하여 조합업무를 대행하게 한 주택조합, 주택조합의 구성원 및 조합업무를 대행한 자
1의2. 고의로 제33조를 위반하여 설계하거나 시공함으로써 사업주체 또는 입주자에게 손해를 입힌 자
1의3. 제57조의2제2항 또는 제7항을 위반하여 거주의무를 이행하지 아니하고 해당 주택을 양도한 자
2. 제64조제1항을 위반하여 입주자로 주택을 전매하거나 이의 전매를 알선한 자
3. 제65조제1항을 위반한 자
4. 제66조제3항을 위반하여 리모델링주택조합이 설립인가를 받기 전에 또는 입주자대표회의가 소유자 전원의 동의를 받기 전에 시공자를 선정한 자 및 시공자로 선정된 자
5. 제66조제4항을 위반하여 경쟁입찰의 방법에 의하지 아니하고 시공자를 선정한 자 및 시공자로 선정된 자

**제102조(벌칙)** 다음 각 호의 어느 하나에 해당하는 자는 2년 이하의 징역 또는 2천만원 이하의 벌금에 처한다. 다만, 제5호 또는 제18호에 해당하는 자로서 그 위반행위로 얻은 이익의 50퍼센트에 해당하는 금액이 2천만원을 초과하는 자는 2년 이하의 징역 또는 그 이익의 2배에 해당하는 금액 이하의 벌금에 처한다. 〈개정 2016.12.2., 2018.12.18., 2019.4.23., 2020.1.23., 2024. 3. 19.〉

1. 제4조에 따른 등록을 하지 아니하거나, 거짓이나 그 밖의 부정한 방법으로 등록을 하고 같은 조의 사업을 한 자
2. 제11조의3제1항을 위반하여 신고하지 아니하고 조합원을 모집하거나 조합원을 공개로 모집하지 아니한 자
3. 제12조제1항에 따른 서류 및 관련 자료를 거짓으로 공개한 주택조합의

발기인 또는 임원

4. 제12조제2항에 따른 열람·복사 요청에 대하여 거짓의 사실이 포함된 자료를 열람·복사하여 준 주택조합의 발기인 또는 임원

5. 제15조제1항·제3항 또는 제4항에 따른 사업계획의 승인 또는 변경승인을 받지 아니하고 사업을 시행하는 자

6. 삭제 〈2018.12.18.〉

6의2. 과실로 제33조를 위반하여 설계하거나 시공함으로써 사업주체 또는 입주자에게 손해를 입힌 자

7. 제34조제1항 또는 제2항을 위반하여 주택건설공사를 시행하거나 시행하게 한 자

8. 제35조에 따른 주택건설기준등을 위반하여 사업을 시행한 자

9. 제39조를 위반하여 공동주택성능에 대한 등급을 표시하지 아니하거나 거짓으로 표시한 자

10. 제40조에 따른 환기시설을 설치하지 아니한 자

11. 고의로 제44조제1항(같은 항 제4호의2는 제외한다)에 따른 감리업무를 게을리하여 위법한 주택건설공사를 시공함으로써 사업주체 또는 입주자에게 손해를 입힌 자

12. 제49조제4항을 위반하여 주택 또는 대지를 사용하게 하거나 사용한 자(제66조제7항에 따라 준용되는 경우를 포함한다)

13. 제54조제1항을 위반하여 주택을 건설·공급한 자(제54조의2에 따라 주택의 공급업무를 대행한 자를 포함한다)

14. 제54조제3항을 위반하여 건축물을 건설·공급한 자

14의2. 제54조의2제2항을 위반하여 주택의 공급업무를 대행하게 한 자

15. 제57조제1항 또는 제5항을 위반하여 주택을 공급한 자

16. 제60조제1항 또는 제3항을 위반하여 견본주택을 건설하거나 유지관리한 자

17. 제61조제1항을 위반하여 같은 항 각 호의 어느 하나에 해당하는 행위를 한 자

18. 제77조를 위반하여 부정하게 재물 또는 재산상의 이익을 취득하거나 제공한 자

19. 제81조제3항에 따른 조치를 위반한 자

---

**제103조(벌칙)** 제59조제4항을 위반하여 고의로 잘못된 심사를 한 자는 2년 이하의 징역 또는 2천만원 이하의 벌금에 처한다. 〈개정 2018.12.18.〉

**제104조(벌칙)** 다음 각 호의 어느 하나에 해당하는 자는 1년 이하의 징역 또는 1천만원 이하의 벌금에 처한다. 〈개정 2019. 12. 10., 2020. 1. 23., 2020. 6. 9., 2020. 8. 18., 2024. 1. 16.〉

1. 제8조에 따른 영업정지기간에 영업을 한 자

1의2. 제11조의2제4항을 위반하여 실적보고서를 제출하지 아니한 업무대행자

1의3. 제12조제1항을 위반하여 실적보고서를 작성하지 아니하거나 제12조제1항 각 호의 사항을 포함하지 않고 작성한 주택조합의 발기인 또는 임원

2. 제12조제2항을 위반하여 주택조합사업의 시행에 관련한 서류 및 자료를 공개하지 아니한 주택조합의 발기인 또는 임원

3. 제12조제3항을 위반하여 조합원의 열람·복사 요청을 따르지 아니한 주택조합의 발기인 또는 임원

4. 삭제 〈2020. 1. 23.〉

4의2. 제14조제4항에 따른 시정요구 등의 명령을 위반한 자

4의3. 제14조의2제3항을 위반하여 총회의 개최를 통지하지 아니한 자

4의4. 제14조의3제1항에 따른 회계감사를 받지 아니한 자

4의5. 제14조의3제2항을 위반하여 장부 및 증빙서류를 작성 또는 보관하지 아니하거나 거짓으로 작성한 자

5. 삭제 〈2018. 12. 18.〉

6. 과실로 제44조제1항(같은 항 제4호의2는 제외한다)에 따른 감리업무를 게을리하여 위법한 주택건설공사를 시공함으로써 사업주체 또는 입주자에게 손해를 입힌 자

7. 제44조제4항을 위반하여 시정 통지를 받고도 계속하여 주택건설공사를 시공한 시공자 및 사업주체

8. 제46조제1항에 따른 건축구조기술사의 협력, 제68조제5항에 따른 안전진단기준, 제69조제3항에 따른 검토기준 또는 제70조에 따른 구조기준을 위반하여 사업주체, 입주자 또는 사용자에게 손해를 입힌 자

9. 제48조제2항에 따른 시정명령에도 불구하고 필요한 조치를 하지 아니하고 감리를 한 자

10. 제57조의2제1항 및 제7항을 위반하여 거주의무기간 중에 실제로 거주하지 아니하고 거주한 것으로 속인 자

11. 제66조제1항 및 제2항을 위반한 자

12. 제90조제1항을 위반하여 등록증의 대여 등을 한 자

12의2. 제90조제2항을 위반하여 등록사업자의 성명이나 상호를 빌리거나 허락 없이 등록사업자의 성명이나 상호로 이 법에서 정한 사업이나 업무를 수행 또는 시공하거나 등록증을 빌린 자

12의3. 제90조제3항을 위반하여 알선한 자

12의4. 제90조제4항을 위반하여 같은 조 제2항의 행위를 교사하거나 방조한 자

13. 제93조제1항에 따른 검사 등을 거부·방해 또는 기피한 자

14. 제94조에 따른 공사 중지 등의 명령을 위반한 자

**제105조(양벌규정)** ① 법인의 대표자나 법인 또는 개인의 대리인, 사용인, 그 밖의 종업원이 그 법인 또는 개인의 업무에 관하여 제98조의 위반행위를 하면 그 행위자를 벌하는 외에 그 법인 또는 개인에게도 10억원 이하의 벌금에 처한다. 다만, 법인 또는 개인이 그 위반행위를 방지하기 위하여 해당 업무에 관하여 상당한 주의와 감독을 게을리하지 아니한 경우에는 그러하지 아니하다.

② 법인의 대표자나 법인 또는 개인의 대리인, 사용인, 그 밖의 종업원이 그 법인 또는 개인의 업무에 관하여 제99조, 제101조, 제102조 및 제104조의 어느 하나에 해당하는 위반행위를 하면 그 행위자를 벌하는 외에 그 법인 또는 개인에게도 해당 조문의 벌금형을 과(科)한다. 다만, 법인 또는 개인이 그 위반행위를 방지하기 위하여 해당 업무에 관하여 상당한 주의와 감독을 게을리하지 아니한 경우에는 그러하지 아니하다.

**제106조(과태료)** ① 다음 각 호의 어느 하나에 해당하는 자에게는 2천만원 이하의 과태료를 부과한다. 〈개정 2020.1.23.〉

1. 제48조의2제1항을 위반하여 사전방문을 실시하게 하지 아니한 자

2. 제48조의3제3항을 위반하여 점검에 따르지 아니하거나 기피 또는 방해한 자

3. 제78조제3항에 따른 표준임대차계약서를 사용하지 아니하거나 표준임대차계약서의 내용을 이행하지 아니한 자

4. 제78조제5항에 따른 임대료에 관한 기준을 위반하여 토지를 임대한 자

② 다음 각 호의 어느 하나에 해당하는 자에게는 1천만원 이하의 과태료를 부과한다. 〈개정 2016.12.2., 2019.4.23., 2020.1.23., 2021.4.13., 2021. 4. 13.〉

1. 제11조의2제3항을 위반하여 자금의 보관 업무를 대행하도록 하지 아니

　　　한 자

　2. 제11조의3제8항에 따른 주택조합 가입에 관한 계약서 작성 의무를 위반한 자

　3. 제11조의4제1항에 따른 설명의무 또는 같은 조 제2항에 따른 확인 및 교부, 보관 의무를 위반한 자

　4. 제13조제4항을 위반하여 겸직한 자

　5. 제46조제1항을 위반하여 건축구조기술사의 협력을 받지 아니한 자

　6. 제54조의2제3항에 따른 조치를 하지 아니한 자

③ 다음 각 호의 어느 하나에 해당하는 자에게는 500만원 이하의 과태료를 부과한다. 〈개정 2019.12.10., 2020.1.23., 2021.8.10., 2024. 1. 16.〉

　1. 제12조제4항에 따른 서류 및 자료를 제출하지 아니한 주택조합의 발기인 또는 임원

　2. 제16조제2항에 따른 신고를 하지 아니한 자

　2의2. 제41조의2제8항을 위반하여 성능검사 결과 또는 조치결과를 입주예정자에게 알리지 아니하거나 거짓으로 알린 자

　2의3. 제44조제1항제4호의2에 따른 시공자격 여부의 확인을 하지 아니한 감리자

　3. 제44조제2항에 따른 보고를 하지 아니하거나 거짓으로 보고를 한 감리자

　3의2. 제44조제3항에 따른 보고를 하지 아니하거나 거짓으로 보고를 한 감리자

　4. 제45조제2항에 따른 보고를 하지 아니하거나 거짓으로 보고를 한 감리자

　4의2. 제48조의2제3항을 위반하여 보수공사 등의 조치를 하지 아니한 자

　4의3. 제48조의2제5항을 위반하여 조치결과 등을 입주예정자 및 사용검사권자에게 알리지 아니한 자

　4의4. 제48조의3제4항 후단을 위반하여 자료제출 요구에 따르지 아니하거나 거짓으로 자료를 제출한 자

　4의5. 제48조의3제7항을 위반하여 조치명령을 이행하지 아니한 자

　5. 제54조제2항을 위반하여 주택을 공급받은 자

　6. 제54조제8항을 위반하여 같은 항에 따른 사본을 제출하지 아니하거나 거짓으로 제출한 자

　7. 제93조제1항에 따른 보고 또는 검사의 명령을 위반한 자

④ 다음 각 호의 어느 하나에 해당하는 자에게는 300만원 이하의 과태료를 부과한다. 〈개정 2021.4.13., 2024. 3. 19., 2024. 3. 19.〉

　1. 제57조의2제2항 및 제8항을 위반하여 한국토지주택공사에 해당 주택의

> 매입을 신청하지 아니한 자
> 2. 제57조의3제1항에 따른 서류 등의 제출을 거부하거나 해당 주택의 출입·조사 또는 질문을 방해하거나 기피한 자
> ⑤ 제1항부터 제4항까지에 따른 과태료는 대통령령으로 정하는 바에 따라 국토교통부장관 또는 지방자치단체의 장이 부과한다. 〈개정 2020.8.18.〉

## Ⅳ. 기재례

### 【범죄사실 기재례】

1. 누구든지 주택법에 의하여 건설공급되는 주택을 공급받게 하기 위하여 입주자저축증서 등을 양도해서는 안 됨에도 불구하고, 피의자는 20○○. ○. ○.경 ○○시 ○○구 ○○동 123번지에 있는 피의자의 집에서 피의자 명의로 저축금 500만원이 예치된 입주자저축증서를 국민주택을 공급받으려는 사건외 주○○에게 금 1,000만원을 받고 양도하였다.

2. 피의자는 ○○시 ○○구 ○○동 123번지 소재 ○○아파트 10개동 450세대의 입주자대표회의 의장이다.

공동주택을 관리하기 위해서는 주택관리사보 등으로 하여금 관리케 하여야 함에도 불구하고, 피의자는 20○○. ○. ○.부터 20○○. ○. ○.까지 공동주택인 위 아파트를 자격 없는 김○○으로 하여금 관리하게 하였다.

**[서식]** 주택건설(또는 대지조성) 사업자 등록증

# 주택건설(또는 대지조성)사업자 등록증

(앞 쪽)

| 사 업 자 | 상호 | |
|---|---|---|
| | 등록번호 | 법인등록번호 |
| | 대표자 | 생년월일 |
| | 영업소소재지 | 등록일자 |

「주택법」제4조, 같은 법 시행령 제15조제2항 및 같은 법 시행규칙 제4조제3항에 따라 위와 같이 주택건설(또는 대지조성)사업자로 등록하였음을 증명합니다.

년       월       일

협 회 장        직인

※ 등록사항의 변경이 있는 때에는 「주택법 시행령」제15조제3항에 따라 변경사유가 발생한 날부터 30일 이내에 신고하여야 합니다.

※ 등록증 기재사항의 변경은 이면에 기재합니다.

210mm×297mm[ 백상지( 150g/㎡') ]

**[서식]** 주택조합 설립(또는 변경, 해산) 인가필증

<table>
<tr><td colspan="4" align="center">**주택조합 설립(또는 변경, 해산) 인가필증**</td></tr>
<tr><td>인가번호</td><td colspan="3"></td></tr>
<tr><td>조 합 명</td><td colspan="3"></td></tr>
<tr><td>대 표 자</td><td></td><td>생년월일</td><td></td></tr>
<tr><td>사무소 소재지</td><td colspan="3">(전화번호:                    )</td></tr>
<tr><td>조합원 수</td><td></td><td>주용도</td><td></td></tr>
</table>

「주택법」 제11조, 같은 법 시행령 제20조 및 같은 법 시행규칙 제7조에 따라 위와 같이 주택조합 설립(또는 변경, 해산)을 인가합니다.

년    월    일

특별자치시장
특별자치도지사
시장·군수·구청장                    [ 직인 ]

210mm×297mm[ 백상지(150g/㎡) ]

**[서식] 부정행위 신고서**

# 부 정 행 위 신 고 서

| 접수번호 | | 접수일 | |
|---|---|---|---|
| 신고인 | 성명 | 생년월일 | |
| | 주소 | | |
| | (전화번호:　　　　　　) | | |
| ①부정행위를 한 자 | 성명 | | |
| | 주소 | | |
| | (전화번호:　　　　　　) | | |
| ②부정행위의 내용 | | | |

「주택법」 제92조, 같은 법 시행령 제92조제1항 및 같은 법 시행규칙 제38조제1항에 따라 위와 같이 부정행위를 신고합니다.

년　　　월　　　일

신고인　　　　　　　　　　　　　　　　　(서명 또는 인)

## 시 · 도지사　귀하

| 첨부서류 | 부정행위를 입증할 수 있는 자료 | 수수료 없음 |
|---|---|---|

| 작성방법 |
|---|

1. ①부정행위를 한 자가 부동산 중개업자인 경우에는 성명란에 중개사무소의 명칭을 함께 적습니다.
2. ②부정행위의 내용은 부정행위를 알게 된 경위 및 부정행위의 내용 등을 누가, 언제, 어디서, 무엇을, 어떻게 하였다는 순서로 구체적으로 작성하여 주십시오(별지로 작성할 수 있습니다).

| 처리절차 |
|---|

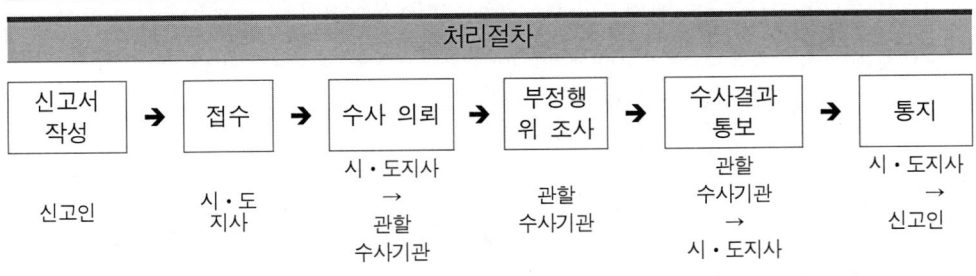

210mm×297mm[ 백상지(80g/ ㎡) ]

**[서식] 착공신고필증**

# 착공신고필증

| 건축구분 | | 승인번호 | |
|---|---|---|---|
| 사업주체 | | 법인등록번호<br>(생년월일) | |
| 대지위치 | | | |
| 대지면적(㎡) | | | |
| 건축물명칭 | | 주용도 | |
| 건축면적(㎡) | | 건폐율(%) | |
| 연면적(㎡) | | 용적률(%) | |
| 착공예정일 | | | |

「주택법 시행규칙」 제15조제3항에 따라 귀하께서 제출하신 착공신고서에 관한 착공신고필증을 발급합니다.

년    월    일

국토교통부장관
시·도지사

| 직인 |
|:---:|

210㎜×297㎜[백상지(150g/㎡)]

# 중대재해 처벌 등에 관한 법률

[시행 2022. 1. 27.] [법률 제17907호, 2021. 1. 26., 제정]

## Ⅰ. 개설

### 목적

이 법은 사업 또는 사업장, 공중이용시설 및 공중교통수단을 운영하거나 인체에 해로운 원료나 제조물을 취급하면서 안전·보건 조치의무를 위반하여 인명피해를 발생하게 한 사업주, 경영책임자, 공무원 및 법인의 처벌 등을 규정함으로써 중대재해를 예방하고 시민과 종사자의 생명과 신체를 보호함을 목적으로 한다.

## Ⅱ. 정의

**제2조(정의)** 이 법에서 사용하는 용어의 뜻은 다음과 같다.

1. "중대재해"란 "중대산업재해"와 "중대시민재해"를 말한다.
2. "중대산업재해"란 「산업안전보건법」 제2조제1호에 따른 산업재해 중 다음 각 목의 어느 하나에 해당하는 결과를 야기한 재해를 말한다.
   가. 사망자가 1명 이상 발생
   나. 동일한 사고로 6개월 이상 치료가 필요한 부상자가 2명 이상 발생
   다. 동일한 유해요인으로 급성중독 등 대통령령으로 정하는 직업성 질병자가 1년 이내에 3명 이상 발생
3. "중대시민재해"란 특정 원료 또는 제조물, 공중이용시설 또는 공중교통수단의 설계, 제조, 설치, 관리상의 결함을 원인으로 하여 발생한 재해로서 다음 각 목의 어느 하나에 해당하는 결과를 야기한 재해를 말한다. 다만, 중대산업재해에 해당하는 재해는 제외한다.
   가. 사망자가 1명 이상 발생
   나. 동일한 사고로 2개월 이상 치료가 필요한 부상자가 10명 이상 발생
   다. 동일한 원인으로 3개월 이상 치료가 필요한 질병자가 10명 이상 발생
4. "공중이용시설"이란 다음 각 목의 시설 중 시설의 규모나 면적 등을 고려하여 대통령령으로 정하는 시설을 말한다. 다만, 「소상공인 보호 및 지원에 관한 법률」 제2조에 따른 소상공인의 사업 또는 사업장 및 이에 준

하는 비영리시설과 「교육시설 등의 안전 및 유지관리 등에 관한 법률」
제2조제1호에 따른 교육시설은 제외한다.

가. 「실내공기질 관리법」 제3조제1항의 시설(「다중이용업소의 안전관리에
　　관한 특별법」 제2조제1항제1호에 따른 영업장은 제외한다)

나. 「시설물의 안전 및 유지관리에 관한 특별법」 제2조제1호의 시설물(공
　　동주택은 제외한다)

다. 「다중이용업소의 안전관리에 관한 특별법」 제2조제1항제1호에 따른 영
　　업장 중 해당 영업에 사용하는 바닥면적(「건축법」 제84조에 따라 산정
　　한 면적을 말한다)의 합계가 1천제곱미터 이상인 것

라. 그 밖에 가목부터 다목까지에 준하는 시설로서 재해 발생 시 생명·신
　　체상의 피해가 발생할 우려가 높은 장소

5. "공중교통수단"이란 불특정다수인이 이용하는 다음 각 목의 어느 하나
　　에 해당하는 시설을 말한다.

가. 「도시철도법」 제2조제2호에 따른 도시철도의 운행에 사용되는 도시철
　　도차량

나. 「철도산업발전기본법」 제3조제4호에 따른 철도차량 중 동력차·객차
　　(「철도사업법」 제2조제5호에 따른 전용철도에 사용되는 경우는 제외한다)

다. 「여객자동차 운수사업법 시행령」 제3조제1호라목에 따른 노선 여객자
　　동차운송사업에 사용되는 승합자동차

라. 「해운법」 제2조제1호의2의 여객선

마. 「항공사업법」 제2조제7호에 따른 항공운송사업에 사용되는 항공기

6. "제조물"이란 제조되거나 가공된 동산(다른 동산이나 부동산의 일부를
　　구성하는 경우를 포함한다)을 말한다.

7. "종사자"란 다음 각 목의 어느 하나에 해당하는 자를 말한다.

가. 「근로기준법」상의 근로자

나. 도급, 용역, 위탁 등 계약의 형식에 관계없이 그 사업의 수행을 위하여
　　대가를 목적으로 노무를 제공하는 자

다. 사업이 여러 차례의 도급에 따라 행하여지는 경우에는 각 단계의 수급
　　인 및 수급인과 가목 또는 나목의 관계가 있는 자

8. "사업주"란 자신의 사업을 영위하는 자, 타인의 노무를 제공받아 사업을
　　하는 자를 말한다.

9. "경영책임자등"이란 다음 각 목의 어느 하나에 해당하는 자를 말한다.

가. 사업을 대표하고 사업을 총괄하는 권한과 책임이 있는 사람 또는 이에
　　준하여 안전보건에 관한 업무를 담당하는 사람

나. 중앙행정기관의 장, 지방자치단체의 장, 「지방공기업법」에 따른 지방

공기업의 장, 「공공기관의 운영에 관한 법률」 제4조부터 제6조까지의 규정에 따라 지정된 공공기관의 장

## 중대재해처벌등에관한법률위반(산업재해치사)

[대법원 2023. 12. 28. 선고 2023도12316 판결]

**【판결요지】**
피고인 甲 주식회사의 대표이사로서 경영책임자이자 안전보건총괄책임자인 피고인 乙이, 산업재해 예방에 필요한 주의의무를 게을리하고 안전조치를 하지 아니하여 피고인 甲 회사와 도급계약을 체결한 관계수급인인 丙 사업체 소속 근로자 丁이 피고인 甲 회사의 야외작업장에서 중량물 취급 작업인 철제 방열판 보수 작업을 하던 중 크레인 섬유벨트가 끊어지고 방열판이 낙하하면서 丁을 덮쳐 사망에 이르게 함과 동시에, 재해예방을 위한 안전보건관리체계의 구축 및 그 이행에 관한 조치를 하지 아니하여 사업장의 종사자 丁이 사망하는 중대산업재해에 이르게 하였다는 내용의 업무상과실치사, 산업안전보건법 위반, 중대재해 처벌 등에 관한 법률(이하 '중대재해처벌법'이라 한다) 위반(산업재해치사)의 공소사실이 제1심 및 원심에서 모두 유죄로 인정된 사안에서, ① 산업안전보건법과 중대재해처벌법의 목적이 완전히 동일하지는 않지만 '산업재해 또는 중대재해를 예방'하고 '노무를 제공하는 사람 또는 종사자의 안전을 유지·증진하거나 생명과 신체를 보호'하는 것을 목적으로 함으로써 궁극적으로 사람의 생명·신체의 보전을 보호법익으로 한다는 공통점이 있고, 이는 사람의 생명·신체의 보전을 보호법익으로 하는 형법상 업무상과실치사상죄도 마찬가지인 점, ② 피고인 乙이 안전보건총괄책임자로서 중량물 취급 작업계획서 작성에 관한 조치를 하지 않은 산업안전보건법 위반행위와 경영책임자로서 안전보건관리체계의 구축 및 그 이행에 관한 조치를 하지 않은 중대재해처벌법 위반행위는 모두 같은 일시·장소에서 같은 피해자의 사망이라는 결과 발생을 방지하지 못한 부작위에 의한 범행에 해당하여 각 법적 평가를 떠나 사회관념상 1개의 행위로 평가할 수 있으므로, 중대재해처벌법 위반(산업재해치사)죄와 근로자 사망으로 인한 산업안전보건법 위반죄는 상상적 경합 관계에 있는 점, ③ 근로자 사망으로 인한 산업안전보건법 위반죄와 업무상과실치사죄는 업무상 주의의무가 일치하여 상상적 경합 관계에 있고, 피고인 乙에게 중대재해처벌법 제4조에 따라 부과된 안전 확보의무는 산업안전보건법 제63조에 따라 부과된 안전 조치의무와 마찬가지로 업무상과실치사죄의 주의의무를 구성할 수 있으므로 중대재해처벌법 위반(산업재해치사)죄와 업무상과실치사죄 역시 행위의 동일성이 인정되어 상상적 경합 관계에 있는 점 등에 비추어 보면, 중대재해처벌법 위반(산업재해치사)죄와 근로자 사망으로 인한 산업안전보건법 위반죄 및 업무상과실치사죄는 상호 간 사회관념상 1개의 행위가 수 개의 죄에 해당하는 경우로서 형법 제40조의 상상적 경합 관계에 있다고 한 사례.

**제3조(적용범위)** 상시 근로자가 5명 미만인 사업 또는 사업장의 사업주(개인사업주에 한정한다. 이하 같다) 또는 경영책임자등에게는 이 장의 규정을 적용하지 아니한다.

## Ⅲ. 벌칙

**제6조(중대산업재해 사업주와 경영책임자등의 처벌)** ① 제4조 또는 제5조를 위반하여 제2조제2호가목의 중대산업재해에 이르게 한 사업주 또는 경영책임자등은 1년 이상의 징역 또는 10억원 이하의 벌금에 처한다. 이 경우 징역과 벌금을 병과할 수 있다.

② 제4조 또는 제5조를 위반하여 제2조제2호나목 또는 다목의 중대산업재해에 이르게 한 사업주 또는 경영책임자등은 7년 이하의 징역 또는 1억원 이하의 벌금에 처한다.

③ 제1항 또는 제2항의 죄로 형을 선고받고 그 형이 확정된 후 5년 이내에 다시 제1항 또는 제2항의 죄를 저지른 자는 각 항에서 정한 형의 2분의 1까지 가중한다.

**제7조(중대산업재해의 양벌규정)** 법인 또는 기관의 경영책임자등이 그 법인 또는 기관의 업무에 관하여 제6조에 해당하는 위반행위를 하면 그 행위자를 벌하는 외에 그 법인 또는 기관에 다음 각 호의 구분에 따른 벌금형을 과(科)한다. 다만, 법인 또는 기관이 그 위반행위를 방지하기 위하여 해당 업무에 관하여 상당한 주의와 감독을 게을리하지 아니한 경우에는 그러하지 아니하다.

  1. 제6조제1항의 경우: 50억원 이하의 벌금
  2. 제6조제2항의 경우: 10억원 이하의 벌금

**제10조(중대시민재해 사업주와 경영책임자등의 처벌)** ① 제9조를 위반하여 제2조제3호가목의 중대시민재해에 이르게 한 사업주 또는 경영책임자등은 1년 이상의 징역 또는 10억원 이하의 벌금에 처한다. 이 경우 징역과 벌금을 병과할 수 있다.

② 제9조를 위반하여 제2조제3호나목 또는 다목의 중대시민재해에 이르게 한 사업주 또는 경영책임자등은 7년 이하의 징역 또는 1억원 이하의 벌금에 처한다.

**제11조(중대시민재해의 양벌규정)** 법인 또는 기관의 경영책임자등이 그 법인 또는 기관의 업무에 관하여 제10조에 해당하는 위반행위를 하면 그 행

위자를 벌하는 외에 그 법인 또는 기관에게 다음 각 호의 구분에 따른 벌금형을 과(科)한다. 다만, 법인 또는 기관이 그 위반행위를 방지하기 위하여 해당 업무에 관하여 상당한 주의와 감독을 게을리하지 아니한 경우에는 그러하지 아니하다.

1. 제10조제1항의 경우: 50억원 이하의 벌금
2. 제10조제2항의 경우: 10억원 이하의 벌금

**제15조(손해배상의 책임)** ① 사업주 또는 경영책임자등이 고의 또는 중대한 과실로 이 법에서 정한 의무를 위반하여 중대재해를 발생하게 한 경우 해당 사업주, 법인 또는 기관이 중대재해로 손해를 입은 사람에 대하여 그 손해액의 5배를 넘지 아니하는 범위에서 배상책임을 진다. 다만, 법인 또는 기관이 해당 업무에 관하여 상당한 주의와 감독을 게을리하지 아니한 경우에는 그러하지 아니하다.

② 법원은 제1항의 배상액을 정할 때에는 다음 각 호의 사항을 고려하여야 한다.

1. 고의 또는 중대한 과실의 정도
2. 이 법에서 정한 의무위반행위의 종류 및 내용
3. 이 법에서 정한 의무위반행위로 인하여 발생한 피해의 규모
4. 이 법에서 정한 의무위반행위로 인하여 사업주나 법인 또는 기관이 취득한 경제적 이익
5. 이 법에서 정한 의무위반행위의 기간·횟수 등
6. 사업주나 법인 또는 기관의 재산상태
7. 사업주나 법인 또는 기관의 피해구제 및 재발방지 노력의 정도

# 집회 및 시위에 관한 법률

[시행 2021. 1. 1.] [법률 제17689호, 2020. 12. 22., 타법개정]

## Ⅰ. 개설

### 목적

이 법은 적법한 집회(集會) 및 시위(示威)를 최대한 보장하고 위법한 시위로부터 국민을 보호함으로써 집회 및 시위의 권리 보장과 공공의 안녕질서가 적절히 조화를 이루도록 하는 것을 목적으로 한다.

## Ⅱ. 판례

**제2조(정의)** 이 법에서 사용하는 용어의 뜻은 다음과 같다. 〈개정 2020.12.22.〉

1. "옥외집회"란 천장이 없거나 사방이 폐쇄되지 아니한 장소에서 여는 집회를 말한다.
2. "시위"란 여러 사람이 공동의 목적을 가지고 도로, 광장, 공원 등 일반인이 자유로이 통행할 수 있는 장소를 행진하거나 위력(威力) 또는 기세(氣勢)를 보여, 불특정한 여러 사람의 의견에 영향을 주거나 제압(制壓)을 가하는 행위를 말한다.
3. "주최자(主催者)"란 자기 이름으로 자기 책임 아래 집회나 시위를 여는 사람이나 단체를 말한다. 주최자는 주관자(主管者)를 따로 두어 집회 또는 시위의 실행을 맡아 관리하도록 위임할 수 있다. 이 경우 주관자는 그 위임의 범위 안에서 주최자로 본다.
4. "질서유지인"이란 주최자가 자신을 보좌하여 집회 또는 시위의 질서를 유지하게 할 목적으로 임명한 자를 말한다.
5. "질서유지선"이란 관할 경찰서장이나 시·도경찰청장이 적법한 집회 및 시위를 보호하고 질서유지나 원활한 교통 소통을 위하여 집회 또는 시위의 장소나 행진 구간을 일정하게 구획하여 설정한 띠, 방책(防柵), 차선(車線) 등의 경계 표지(標識)를 말한다.
6. "경찰관서"란 국가경찰관서를 말한다.

# 집회및시위에관한법률위반 · 특수공무집행방해
[대법원 2019. 1. 10., 선고, 2016도21311, 판결]

**【판결요지】**

[1] 집회 및 시위에 관한 법률(이하 '집시법'이라 한다) 제2조 제5호는 "질서유지선이란 관할 경찰서장이나 지방경찰청장이 적법한 집회 및 시위를 보호하고 질서 유지나 원활한 교통 소통을 위하여 집회 또는 시위의 장소나 행진 구간을 일정하게 구획하여 설정한 띠, 방책, 차선 등의 경계표지를 말한다."라고 규정하고 있다. 또한 집시법 제13조 제1항은 "관할 경찰관서장은 집회 및 시위의 보호와 공공의 질서 유지를 위하여 필요하다고 인정하면 최소한의 범위를 정하여 질서유지선을 설정할 수 있다."라고 규정하고 있고, 위 규정의 위임에 따른 집시법 시행령 제13조 제1항은 그 각호에서 질서유지선을 설정할 수 있는 경우를 열거하고 있다. 한편 집시법 제24조 제3호는 집시법 제13조에 따라 설정된 질서유지선을 정당한 사유 없이 상당 시간 침범하거나 손괴 · 은닉 · 이동 또는 제거하거나 그 밖의 방법으로 그 효용을 해친 사람을 처벌하도록 규정하고 있다.

위와 같은 질서유지선의 설정에 관한 집시법 및 집시법 시행령의 관련 규정에 비추어 볼 때, 집시법에서 정한 질서유지선은 집회 및 시위의 보호와 공공의 질서 유지를 위하여 필요하다고 인정되는 경우로서 집시법 시행령 제13조 제1항에서 정한 사유에 해당한다면 반드시 집회 또는 시위가 이루어지는 장소 외곽의 경계지역뿐만 아니라 집회 또는 시위의 장소 안에도 설정할 수 있다고 봄이 타당하나, 이러한 경우에도 그 질서유지선은 집회 및 시위의 보호와 공공의 질서 유지를 위하여 필요하다고 인정되는 최소한의 범위를 정하여 설정되어야 하고, 질서유지선이 위 범위를 벗어나 설정되었다면 이는 집시법 제13조 제1항에 위반되어 적법하다고 할 수 없다.

또한 위와 같은 집시법상 질서유지선의 정의 및 질서유지선의 침범 등 행위에 대한 처벌규정의 문언과 취지에 비추어 보면, 질서유지선은 띠, 방책, 차선 등과 같이 경계표지로 기능할 수 있는 물건 또는 도로교통법상 안전표지라고 봄이 타당하므로, 경찰관들이 집회 또는 시위가 이루어지는 장소의 외곽이나 그 장소 안에서 줄지어 서는 등의 방법으로 사실상 질서유지선의 역할을 수행한다고 하더라도 이를 가리켜 집시법에서 정한 질서유지선이라고 할 수는 없다.

[2] 집회 및 시위에 관한 법률(이하 '집시법'이라 한다) 제19조 제1항은 "경찰관은 집회 또는 시위의 주최자에게 알리고 그 집회 또는 시위의 장소에 정복을 입고 출입할 수 있다. 다만 옥내집회 장소에 출입하는 것은 직무집행을 위하여 긴급한 경우에만 할 수 있다."라고 규정하고, 같은 조 제2항은 "집회나 시위의 주최자, 질서유지인 또는 장소관리자는 질서를 유지하기 위한 경찰관의 직무집행에 협조하여야 한다."라고 규정함으로써, 집회 또는 시위의 장소에 질서유지를 위한 경찰관 출입을 허용하고 있다. 집시법 제19조가 옥외집회 또는 시위의 장소에 질서유지를 위한 경찰관 출입 요건으로 주최자에 대한 고지, 정복 착용만을 정하고 있지만, 집회의 자유가 가지는 헌법적 가치와 기능, 집회 및 시위의 권리 보장과 공공의 안녕질서의 조화라는 집시법의 입법목적 등에 비추어 보면, 질서유지선 설정에

관한 규정을 준용하여 옥외집회 또는 시위의 장소에 질서유지를 위한 경찰관 출입 역시 집회 및 시위의 보호와 공공의 질서유지를 위하여 필요한 경우 최소한의 범위로 이루어져야 할 것이다. 따라서 경찰관들이 집시법상 질서유지선에 해당하지 아니한다고 하여 집회 또는 시위의 장소에 출입하거나 그 장소 안에 머무르는 경찰관들의 행위를 곧바로 위법하다고 할 것은 아니고, 집시법 제19조에 의한 출입에 해당하는 경우라면 적법한 공무집행으로 볼 수 있을 것이다.

[3] 집회 및 시위에 관한 법률(이하 '집시법' 이라 한다) 제2조 제5호가 정의하는 질서유지선은 띠, 방책, 차선 등 물건 또는 도로교통법상 안전표지로 설정된 경계표지를 말하므로, 경찰관을 배치하는 방법으로 설정된 질서유지선은 집시법상 질서유지선에 해당하지 아니한다. 집시법 제13조 제1항은 "관할 경찰관서장은 집회 및 시위의 보호와 공공의 질서 유지를 위하여 필요하다고 인정하면 최소한의 범위를 정하여 질서유지선을 설정할 수 있다."라고 규정하고 있고, 같은 조 제2항은 "제1항에 따라 경찰관서장이 질서유지선을 설정할 때에는 주최자 또는 연락책임자에게 이를 알려야 한다."라고 규정하고 있으며, 집시법 제24조 제3호는 "제13조에 따라 설정된 질서유지선을 정당한 사유 없이 상당 시간 침범하거나 손괴·은닉·이동 또는 제거하거나 그 밖의 방법으로 그 효용을 해친 사람"을 처벌하도록 규정하고 있다. 따라서 집시법 제24조 제3호의 질서유지선 효용침해로 인한 집시법위반죄는 그 대상인 집시법 제2조 제5호에 해당하는 질서유지선이 집시법 제13조에 따라 적법하게 설정된 경우에 한하여 성립하고, 위법하게 설정된 집시법상 질서유지선에 대하여는 위와 같이 효용을 해치는 행위를 하였더라도 위 죄를 구성하지 아니한다.

**제6조(옥외집회 및 시위의 신고 등)** ① 옥외집회나 시위를 주최하려는 자는 그에 관한 다음 각 호의 사항 모두를 적은 신고서를 옥외집회나 시위를 시작하기 720시간 전부터 48시간 전에 관할 경찰서장에게 제출하여야 한다. 다만, 옥외집회 또는 시위 장소가 두 곳 이상의 경찰서의 관할에 속하는 경우에는 관할 시·도경찰청장에게 제출하여야 하고, 두 곳 이상의 시·도경찰청 관할에 속하는 경우에는 주최지를 관할하는 시·도경찰청장에게 제출하여야 한다. 〈개정 2020.12.22.〉

  1. 목적
  2. 일시(필요한 시간을 포함한다)
  3. 장소
  4. 주최자(단체인 경우에는 그 대표자를 포함한다), 연락책임자, 질서유지인에 관한 다음 각 목의 사항
    가. 주소
    나. 성명

　　다. 직업

　　라. 연락처

　5. 참가 예정인 단체와 인원

　6. 시위의 경우 그 방법(진로와 약도를 포함한다)

② 관할 경찰서장 또는 시·도경찰청장(이하 "관할경찰관서장"이라 한다)은 제1항에 따른 신고서를 접수하면 신고자에게 접수 일시를 적은 접수증을 즉시 내주어야 한다. 〈개정 2020.12.22.〉

③ 주최자는 제1항에 따라 신고한 옥외집회 또는 시위를 하지 아니하게 된 경우에는 신고서에 적힌 집회 일시 24시간 전에 그 철회사유 등을 적은 철회신고서를 관할경찰관서장에게 제출하여야 한다. 〈개정 2016.1.27.〉

④ 제3항에 따라 철회신고서를 받은 관할경찰관서장은 제8조제3항에 따라 금지 통고를 한 집회나 시위가 있는 경우에는 그 금지 통고를 받은 주최자에게 제3항에 따른 사실을 즉시 알려야 한다. 〈개정 2016.1.27.〉

⑤ 제4항에 따라 통지를 받은 주최자는 그 금지 통고된 집회 또는 시위를 최초에 신고한 대로 개최할 수 있다. 다만, 금지 통고 등으로 시기를 놓친 경우에는 일시를 새로 정하여 집회 또는 시위를 시작하기 24시간 전에 관할경찰관서장에게 신고서를 제출하고 집회 또는 시위를 개최할 수 있다.

## 손해배상(기)

[대법원 2021. 11. 11., 선고, 2018다288631, 판결] 【판결요지】

[1] 집회의 자유가 가지는 헌법적 가치와 기능, 집회에 대한 허가 금지를 선언한 헌법정신, 신고제도의 취지 등을 종합하여 보면, 신고는 행정관청에 집회에 관한 구체적인 정보를 제공함으로써 공공질서의 유지에 협력하도록 하는 데 의의가 있는 것으로 집회의 허가를 구하는 신청으로 변질되어서는 아니 되므로, 신고를 하지 아니하였다는 이유만으로 옥외집회 또는 시위를 헌법의 보호범위를 벗어나 개최가 허용되지 않는 집회 내지 시위라고 단정할 수 없다. 따라서 집회 및 시위에 관한 법률(이하 '집시법'이라고 한다) 제20조 제1항 제2호가 미신고 옥외집회 또는 시위를 해산명령의 대상으로 하면서 별도의 해산 요건을 정하고 있지 않더라도, 그 옥외집회 또는 시위로 인하여 타인의 법익이나 공공의 안녕질서에 대한 직접적인 위험이 명백하게 초래된 경우에 한하여 위 조항에 기하여 해산을 명할 수 있고, 이러한 요건을 갖춘 해산명령에 불응하는 경우에만 집시법 제24조 제5호에 의하여 처벌할 수 있다고 보아야 한다.

[2] [3] 생략

[4] 헌법 제26조 제1항에서 "모든 국민은 법률이 정하는 바에 의하여 청원할 권리를 가진다."라고 하여 청원권을 기본권으로 보장하고 있다. 청원권은 공권

력과의 관계에서 일어나는 여러 가지 이해관계, 의견, 희망 등에 관하여 적법한 청원을 한 모든 국민에게 국가기관이 청원을 수리할 뿐만 아니라 이를 심사하여 청원자에게 처리결과를 통지할 것을 요구할 수 있는 권리를 의미한다. 청원권의 구체적 내용은 입법활동에 의하여 형성되며 이때의 입법형성에는 폭넓은 재량권이 인정된다.

청원법은 청원의 구체적인 절차와 방법에 대하여 정하고 있는바, 청원은 문서로 하되 청원서에는 청원의 이유와 취지를 명시하고 필요한 때에는 참고자료를 첨부한 후 청원인의 성명·주소 또는 거소 등을 기재하고 서명하여야 하며 공동청원의 경우에는 3인 이하의 대표자를 선임하여 청원서에 표시하여야 하고(제6조), 청원서는 청원사항을 관장하는 기관에 제출하되 어떤 처분 또는 처분의 시정을 요구하는 청원서는 처분관서에 제출하여야 한다(제7조 제1항, 제2항)고 규정하고 있을 뿐, 청원인이 개별적으로 선호하는 방식과 절차대로 청원할 기회를 제공하도록 규정하고 있지는 아니하다. 그러므로 청원대상기관은 특별한 사정이 없는 한 청원법에 규정된 앞서 본 청원방법 이외에는 청원인이 요구하는 방식과 절차에 개별적으로 응하여야 할 의무를 지지 않을뿐더러, 청원인 각자가 자신이 원하는 절차와 방식에 따른 청원권 행사의 보장을 요구하는 것은 청원권의 보호 범위에 포함되지 아니한다고 보는 것이 타당하다.

[5] 甲 등이 세월호 진상규명 등을 촉구하는 기자회견을 한 후 청와대에 서명지 박스를 전달하기 위한 행진을 시도하였으나 관할 경찰서장인 乙 등이 해산명령과 통행차단 조치를 하였고, 이에 甲 등이 乙 등을 상대로 손해배상을 구한 사안에서, 기자회견 및 행진으로 인하여 타인의 법익이나 공공의 안녕질서에 대한 직접적인 위험이 명백하게 초래되었다고 보기 어려우므로 甲 등에 대한 해산명령 및 통행차단 조치는 위법하지만, 기자회견 및 행진이 옥외집회 및 시위가 금지되는 특정 지역과 시간적·장소적으로 상당히 근접한 지역에서 이루어졌다는 점, 경찰관의 해산명령과 제지 조치가 각각의 요건을 충족함으로써 적법한지는 개별 사안 자체의 특수성을 합리적으로 고찰하여야 하는 속성을 지니는 점 등의 제반 사정을 고려하면, 乙 등은 당시 甲 등에게 내린 해산명령 및 통행차단 조치가 집회 및 시위에 관한 법률 및 경찰관 직무집행법에서 허용되는 범위를 넘어선다는 것을 인식하지 못하였다고 볼 여지가 있고, 나아가 위와 같이 인식하지 못한 데에 고의에 가까울 정도로 현저히 주의를 결여하였다고 단정하기 어려운데도, 乙 등에게 중과실이 있다고 보아 乙 등의 손해배상책임을 인정한 원심판단에 법리오해의 잘못이 있다고 한 사례.

**제8조(집회 및 시위의 금지 또는 제한 통고)** ① 제6조제1항에 따른 신고서를 접수한 관할경찰관서장은 신고된 옥외집회 또는 시위가 다음 각 호의 어느 하나에 해당하는 때에는 신고서를 접수한 때부터 48시간 이내에 집회 또는 시위를 금지할 것을 주최자에게 통고할 수 있다. 다만, 집회 또는 시위가 집

단적인 폭행, 협박, 손괴, 방화 등으로 공공의 안녕 질서에 직접적인 위험을 초래한 경우에는 남은 기간의 해당 집회 또는 시위에 대하여 신고서를 접수한 때부터 48시간이 지난 경우에도 금지 통고를 할 수 있다.

  1. 제5조제1항, 제10조 본문 또는 제11조에 위반된다고 인정될 때

  2. 제7조제1항에 따른 신고서 기재 사항을 보완하지 아니한 때

  3. 제12조에 따라 금지할 집회 또는 시위라고 인정될 때

② 관할경찰관서장은 집회 또는 시위의 시간과 장소가 중복되는 2개 이상의 신고가 있는 경우 그 목적으로 보아 서로 상반되거나 방해가 된다고 인정되면 각 옥외집회 또는 시위 간에 시간을 나누거나 장소를 분할하여 개최하도록 권유하는 등 각 옥외집회 또는 시위가 서로 방해되지 아니하고 평화적으로 개최·진행될 수 있도록 노력하여야 한다. 〈개정 2016.1.27.〉

③ 관할경찰관서장은 제2항에 따른 권유가 받아들여지지 아니하면 뒤에 접수된 옥외집회 또는 시위에 대하여 제1항에 준하여 그 집회 또는 시위의 금지를 통고할 수 있다. 〈신설 2016.1.27.〉

④ 제3항에 따라 뒤에 접수된 옥외집회 또는 시위가 금지 통고된 경우 먼저 신고를 접수하여 옥외집회 또는 시위를 개최할 수 있는 자는 집회 시작 1시간 전에 관할경찰관서장에게 집회 개최 사실을 통지하여야 한다. 〈신설 2016.1.27.〉

⑤ 다음 각 호의 어느 하나에 해당하는 경우로서 그 거주자나 관리자가 시설이나 장소의 보호를 요청하는 경우에는 집회나 시위의 금지 또는 제한을 통고할 수 있다. 이 경우 집회나 시위의 금지 통고에 대하여는 제1항을 준용한다. 〈개정 2007.12.21., 2016.1.27.〉

  1. 제6조제1항의 신고서에 적힌 장소(이하 이 항에서 "신고장소"라 한다)가 다른 사람의 주거지역이나 이와 유사한 장소로서 집회나 시위로 재산 또는 시설에 심각한 피해가 발생하거나 사생활의 평온(平穩)을 뚜렷하게 해칠 우려가 있는 경우

  2. 신고장소가 「초·중등교육법」 제2조에 따른 학교의 주변 지역으로서 집회 또는 시위로 학습권을 뚜렷이 침해할 우려가 있는 경우

  3. 신고장소가 「군사기지 및 군사시설 보호법」 제2조제2호에 따른 군사시설의 주변 지역으로서 집회 또는 시위로 시설이나 군 작전의 수행에 심각한 피해가 발생할 우려가 있는 경우

⑥ 집회 또는 시위의 금지 또는 제한 통고는 그 이유를 분명하게 밝혀 서면으로 주최자 또는 연락책임자에게 송달하여야 한다. 〈개정 2016.1.27.〉

## 집회및시위에관한법률위반

[대법원 2017. 8. 23., 선고, 2015도11679, 판결] 【판결요지】

피고인이 공공의 안녕질서에 직접적인 위협을 끼칠 것이 명백하다는 등의 이유로 금지통고된 집회를 주최하였다는 집회 및 시위에 관한 법률(이하 '집시법'이라고 한다) 위반 공소사실로 기소되었는데, 선행 사건에서 위 집회와 그 이후 계속된 폭력적인 시위에 참가하였다는 이른바 질서위협 집회 및 시위 참가로 인한 집시법 위반죄 등으로 유죄 확정판결(이하 '선행 확정판결'이라고 한다)을 받은 사안에서, 위 공소사실과 선행 확정판결의 공소사실은 집회의 '주최'와 '참가'라는 점에서 차이가 있으나, 같은 일시, 장소에서 있었던 위 집회를 대상으로 하는 점에서 범행일시와 장소가 동일한 점, 집회 또는 시위의 주최자는 '자기 이름으로 자기 책임 아래 집회나 시위를 여는 사람이나 단체'를 말하므로(집시법 제2조 제3호), 이와 같은 집회나 시위에 뜻을 같이하여 단순히 참가하였음에 불과한 참가자는 주최자와는 구별되고, 집회 또는 시위의 주최자가 동일한 집회 또는 시위의 참가자도 되는 경우란 개념적으로 상정하기 어려워 동일한 집회를 주최하고 참가하는 행위는 서로 양립할 수 없는 관계에 있는 점, 금지통고된 집회 주최로 인한 집시법 위반죄(위 공소사실)와 질서위협 집회 참가로 인한 집시법 위반죄(선행 확정판결의 공소사실)는 모두 공공의 안녕질서 등을 보호법익으로 하는 점에서 각 행위에 따른 피해법익 역시 본질적으로 다르지 않은 점 등 사회적인 사실관계와 규범적 요소를 아울러 고려하면, 위 공소사실과 선행 확정판결의 공소사실은 기본적 사실관계가 동일한 것으로 평가할 수 있는데도, 이와 달리 보아 위 공소사실을 유죄로 인정한 원심판단에 공소사실이나 범죄사실의 동일성 여부, 일사부재리의 효력에 관한 법리오해의 잘못이 있다고 한 사례.

**제12조(교통 소통을 위한 제한)** ① 관할경찰관서장은 대통령령으로 정하는 주요 도시의 주요 도로에서의 집회 또는 시위에 대하여 교통 소통을 위하여 필요하다고 인정하면 이를 금지하거나 교통질서 유지를 위한 조건을 붙여 제한할 수 있다.

② 집회 또는 시위의 주최자가 질서유지인을 두고 도로를 행진하는 경우에는 제1항에 따른 금지를 할 수 없다. 다만, 해당 도로와 주변 도로의 교통 소통에 장애를 발생시켜 심각한 교통 불편을 줄 우려가 있으면 제1항에 따른 금지를 할 수 있다.

## 일반교통방해

[대법원 2018. 5. 11., 선고, 2017도9146, 판결]

【판결요지】

[1] 집회 및 시위에 관한 법률에 따른 신고 없이 이루어진 집회에 참석한 참가자

들이 차로 위를 행진하는 등으로 도로 교통을 방해함으로써 통행을 불가능하게 하거나 현저하게 곤란하게 하는 경우에 일반교통방해죄가 성립한다. 그러나 이 경우에도 참가자 모두에게 당연히 일반교통방해죄가 성립하는 것은 아니고, 실제로 참가자가 집회·시위에 가담하여 교통방해를 유발하는 직접적인 행위를 하였거나, 참가자의 참가 경위나 관여 정도 등에 비추어 참가자에게 공모공동정범의 죄책을 물을 수 있는 경우라야 일반교통방해죄가 성립한다.

[2] 일반교통방해죄는 이른바 추상적 위험범으로서 교통이 불가능하거나 또는 현저히 곤란한 상태가 발생하면 바로 기수가 되고 교통방해의 결과가 현실적으로 발생하여야 하는 것은 아니다. 또한 일반교통방해죄에서 교통방해 행위는 계속범의 성질을 가지는 것이어서 교통방해의 상태가 계속되는 한 위법상태는 계속 존재한다. 따라서 교통방해를 유발한 집회에 참가한 경우 참가 당시 이미 다른 참가자들에 의해 교통의 흐름이 차단된 상태였더라도 교통방해를 유발한 다른 참가자들과 암묵적·순차적으로 공모하여 교통방해의 위법상태를 지속시켰다고 평가할 수 있다면 일반교통방해죄가 성립한다.

[3] 피고인이 집회 및 시위에 관한 법률에 따른 신고 없이 서울광장에서 개최된 '세월호 1주기 범국민행동' 추모제(이하 '甲 집회'라 한다)에 참석한 뒤 다른 집회 참가자들과 함께 질서유지선을 넘어 방송차량을 따라 도로 전 차로를 점거하면서 행진하고, 행진을 제지하는 경찰과 대치하면서 도로에서 머물다가 귀가한 사안에서, 피고인은 다른 집회 참가자들과 함께 경찰이 공공질서 유지 등을 위하여 설정한 질서유지선을 넘어 도로 전 차로를 점거한 채 행진하였으므로 집회 참가자들 사이에 서로의 행위를 인식하며 암묵적·순차적으로 의사의 결합이 이루어졌다고 볼 수 있어, 피고인은 甲 집회의 위법성을 인식한 상태에서 이를 수용하여 도로 점거 등 교통을 방해하는 직접적 행위를 하였다고 보이는 점, 甲 집회 참가자들이 도로를 점거함으로써 차량의 통행이 전면적으로 제한되는 상태가 계속되었으므로 도로 점거행위는 직접적인 교통방해 행위에 해당하거나 교통방해의 위법상태를 지속시켰다고 평가할 수 있는 점, 甲 집회·시위의 내용과 진행 상황, 집회 참가자들이 질서유지선을 넘어 도로를 점거한 채 행진하는 등 구체적인 행위 모습, 도로 점거의 지속시간, 피고인이 다른 집회 참가자들과 함께 도로 점거를 계속한 점 등에 비추어 위 범행에 대한 본질적 기여를 통한 기능적 행위지배가 있다고 볼 수 있는 점을 종합하면, 피고인은 일반교통방해죄의 공모공동정범으로서 책임이 있다는 이유로, 이와 달리 보아 공소사실을 무죄로 판단한 원심판결에 일반교통방해죄의 공모공동정범에 관한 법리오해 등의 잘못이 있다고 한 사례.

**제19조(경찰관의 출입)** ① 경찰관은 집회 또는 시위의 주최자에게 알리고 그 집회 또는 시위의 장소에 정복(正服)을 입고 출입할 수 있다. 다만, 옥내집회 장소에 출입하는 것은 직무 집행을 위하여 긴급한 경우에만 할 수 있다.

② 집회나 시위의 주최자, 질서유지인 또는 장소관리자는 질서를 유지하기 위한 경찰관의 직무집행에 협조하여야 한다.

## 집회및시위에관한법률위반 · 특수공무집행방해
[대법원 2019. 1. 10., 선고, 2016도21311, 판결]

【판결요지】

[1] 집회 및 시위에 관한 법률(이하 '집시법'이라 한다) 제2조 제5호는 "질서유지 선이란 관할 경찰서장이나 지방경찰청장이 적법한 집회 및 시위를 보호하고 질서 유지나 원활한 교통 소통을 위하여 집회 또는 시위의 장소나 행진 구간을 일정하 게 구획하여 설정한 띠, 방책, 차선 등의 경계표지를 말한다."라고 규정하고 있 다. 또한 집시법 제13조 제1항은 "관할 경찰관서장은 집회 및 시위의 보호와 공 공의 질서 유지를 위하여 필요하다고 인정하면 최소한의 범위를 정하여 질서유지 선을 설정할 수 있다."라고 규정하고 있고, 위 규정의 위임에 따른 집시법 시행 령 제13조 제1항은 그 각호에서 질서유지선을 설정할 수 있는 경우를 열거하고 있다. 한편 집시법 제24조 제3호는 집시법 제13조에 따라 설정된 질서유지선을 정당한 사유 없이 상당 시간 침범하거나 손괴·은닉·이동 또는 제거하거나 그 밖의 방법으로 그 효용을 해친 사람을 처벌하도록 규정하고 있다.

위와 같은 질서유지선의 설정에 관한 집시법 및 집시법 시행령의 관련 규정에 비추 어 볼 때, 집시법에서 정한 질서유지선은 집회 및 시위의 보호와 공공의 질서 유지 를 위하여 필요하다고 인정되는 경우로서 집시법 시행령 제13조 제1항에서 정한 사 유에 해당한다면 반드시 집회 또는 시위가 이루어지는 장소 외곽의 경계지역뿐만 아니라 집회 또는 시위의 장소 안에도 설정할 수 있다고 봄이 타당하나, 이러한 경 우에도 그 질서유지선은 집회 및 시위의 보호와 공공의 질서 유지를 위하여 필요하 다고 인정되는 최소한의 범위를 정하여 설정되어야 하고, 질서유지선이 위 범위를 벗어나 설정되었다면 이는 집시법 제13조 제1항에 위반되어 적법하다고 할 수 없다. 또한 위와 같은 집시법상 질서유지선의 정의 및 질서유지선의 침범 등 행위에 대한 처벌규정의 문언과 취지에 비추어 보면, 질서유지선은 띠, 방책, 차선 등 과 같이 경계표지로 기능할 수 있는 물건 또는 도로교통법상 안전표지라고 봄 이 타당하므로, 경찰관들이 집회 또는 시위가 이루어지는 장소의 외곽이나 그 장소 안에서 줄지어 서는 등의 방법으로 사실상 질서유지선의 역할을 수행한 다고 하더라도 이를 가리켜 집시법에서 정한 질서유지선이라고 할 수는 없다.

[2] 집회 및 시위에 관한 법률(이하 '집시법'이라 한다) 제19조 제1항은 "경찰관은 집회 또는 시위의 주최자에게 알리고 그 집회 또는 시위의 장소에 정복을 입고 출 입할 수 있다. 다만 옥내집회 장소에 출입하는 것은 직무집행을 위하여 긴급한 경 우에만 할 수 있다."라고 규정하고, 같은 조 제2항은 "집회나 시위의 주최자, 질서유지인 또는 장소관리자는 질서를 유지하기 위한 경찰관의 직무집행에 협조하 여야 한다."라고 규정함으로써, 집회 또는 시위의 장소에 질서유지를 위한 경찰 관 출입을 허용하고 있다. 집시법 제19조가 옥외집회 또는 시위의 장소에 질서유

지를 위한 경찰관 출입 요건으로 주최자에 대한 고지, 정복 착용만을 정하고 있지만, 집회의 자유가 가지는 헌법적 가치와 기능, 집회 및 시위의 권리 보장과 공공의 안녕질서의 조화라는 집시법의 입법목적 등에 비추어 보면, 질서유지선 설정에 관한 규정을 준용하여 옥외집회 또는 시위의 장소에 질서유지를 위한 경찰관 출입역시 집회 및 시위의 보호와 공공의 질서유지를 위하여 필요한 경우 최소한의 범위로 이루어져야 할 것이다. 따라서 경찰관들이 집시법상 질서유지선에 해당하지아니한다고 하여 집회 또는 시위의 장소에 출입하거나 그 장소 안에 머무르는 경찰관들의 행위를 곧바로 위법하다고 할 것은 아니고, 집시법 제19조에 의한 출입에 해당하는 경우라면 적법한 공무집행으로 볼 수 있을 것이다.

[3] 집회 및 시위에 관한 법률(이하 '집시법'이라 한다) 제2조 제5호가 정의하는 질서유지선은 띠, 방책, 차선 등 물건 또는 도로교통법상 안전표지로 설정된 경계표지를 말하므로, 경찰관을 배치하는 방법으로 설정된 질서유지선은 집시법상 질서유지선에 해당하지 아니한다. 집시법 제13조 제1항은 "관할 경찰관서장은 집회 및 시위의 보호와 공공의 질서 유지를 위하여 필요하다고 인정하면 최소한의 범위를 정하여 질서유지선을 설정할 수 있다."라고 규정하고 있고, 같은 조 제2항은 "제1항에 따라 경찰관서장이 질서유지선을 설정할 때에는 주최자 또는 연락책임자에게 이를 알려야 한다."라고 규정하고 있으며, 집시법 제24조 제3호는 "제13조에 따라 설정된 질서유지선을 정당한 사유 없이 상당 시간 침범하거나 손괴·은닉·이동 또는 제거하거나 그 밖의 방법으로 그 효용을 해친 사람"을 처벌하도록 규정하고 있다. 따라서 집시법 제24조 제3호의 질서유지선 효용침해로 인한 집시법위반죄는 그 대상인 집시법 제2조 제5호에 해당하는 질서유지선이 집시법 제13조에 따라 적법하게 설정된 경우에 한하여 성립하고, 위법하게 설정된 집시법상 질서유지선에 대하여는 위와 같이 효용을 해치는 행위를 하였더라도 위 죄를 구성하지아니한다.

**제20조(집회 또는 시위의 해산)** ① 관할경찰관서장은 다음 각 호의 어느 하나에 해당하는 집회 또는 시위에 대하여는 상당한 시간 이내에 자진(自進) 해산할 것을 요청하고 이에 따르지 아니하면 해산(解散)을 명할 수 있다. 〈개정 2016.1.27.〉

1. 제5조제1항, 제10조 본문 또는 제11조를 위반한 집회 또는 시위
2. 제6조제1항에 따른 신고를 하지 아니하거나 제8조 또는 제12조에 따라 금지된 집회 또는 시위
3. 제8조제5항에 따른 제한, 제10조 단서 또는 제12조에 따른 조건을 위반하여 교통 소통 등 질서 유지에 직접적인 위험을 명백하게 초래한 집회 또는 시위
4. 제16조제3항에 따른 종결 선언을 한 집회 또는 시위
5. 제16조제4항 각 호의 어느 하나에 해당하는 행위로 질서를 유지할 수 없는 집회 또는 시위

② 집회 또는 시위가 제1항에 따른 해산 명령을 받았을 때에는 모든 참가자는 지체 없이 해산하여야 한다.

③ 제1항에 따른 자진 해산의 요청과 해산 명령의 고지(告知) 등에 필요한 사항은 대통령령으로 정한다.

## 손해배상(기)

[대법원 2021. 10. 28., 선고, 2017다219218, 판결]

【판결요지】

[1] 공무원의 행위를 원인으로 한 국가배상책임을 인정하려면 '공무원이 직무를 집행하면서 고의 또는 과실로 법령을 위반하여 타인에게 손해를 입힌 때'라고 하는 국가배상법 제2조 제1항의 요건이 충족되어야 한다. 보통 일반의 공무원을 표준으로 공무원이 객관적 주의의무를 소홀히 하고 그로 말미암아 객관적 정당성을 잃었다고 볼 수 있으면 국가배상법 제2조가 정한 국가배상책임이 성립할 수 있다. 객관적 정당성을 잃었는지는 행위의 양태와 목적, 피해자의 관여 여부와 정도, 침해된 이익의 종류와 손해의 정도 등 여러 사정을 종합하여 판단하되, 손해의 전보책임을 국가가 부담할 만한 실질적 이유가 있는지도 살펴보아야 한다.

[2] 집회 및 시위에 관한 법률 제20조 제1항 제5호, 제16조 제4항 제2호는 폭행, 협박, 손괴, 방화 등으로 질서를 유지할 수 없는 집회 또는 시위의 경우에는 해산을 명할 수 있도록 정하고 있다. 집회·시위의 경우 많은 사람이 관련되고 시위 장소 주변의 사람이나 시설에 적지 않은 영향을 줄 수 있으므로 집회 장소에서 예상치 못한 행동이 발생했을 때 경찰공무원이 집회를 허용할 것인지는 많은 시간을 두고 심사숙고하여 결정할 수 있는 것이 아니고, 현장에서 즉시 허용 여부를 결정하여 이에 따른 조치를 신속하게 취해야 할 사항이다.

[3] 구 경찰관 직무집행법(2014. 5. 20. 법률 제12600호로 개정되기 전의 것) 제6조 제1항은 "경찰관은 범죄행위가 목전에 행하여지려고 하고 있다고 인정될 때에는 이를 예방하기 위하여 관계인에게 필요한 경고를 발하고, 그 행위로 인하여 인명·신체에 위해를 미치거나 재산에 중대한 손해를 끼칠 우려가 있어 긴급을 요하는 경우에는 그 행위를 제지할 수 있다."라고 정하고 있다. 위 조항 중 경찰관의 제지에 관한 부분은 범죄의 예방을 위한 경찰 행정상 즉시강제, 즉 눈앞의 급박한 경찰상 장해를 제거해야 할 필요가 있고 의무를 명할 시간적 여유가 없거나 의무를 명하는 방법으로는 그 목적을 달성하기 어려운 상황에서 의무불이행을 전제로 하지 않고 경찰이 직접 실력을 행사하여 경찰상 필요한 상태를 실현하는 권력적 사실행위에 관한 근거조항이다.

[4] 甲 등이 그들이 속한 단체가 개최한 집회와 기자회견에서 있었던 乙 등 경찰의 집회 장소 점거 행위와 乙의 해산명령이 위법한 공무집행에 해당하고 이로 인해 집회의 자유가 침해되었다며 국가와 乙을 상대로 손해배상을 구한 사안에서, 사건 당일 발생한 상황뿐만 아니라 위 집회 장소에서 점거와 농성이 시작된 이후 천막 등 철거의 행정대집행에 이르기까지 다수의 공무집행방해와

손괴행위가 발생하였고 장기간 불법적으로 물건이 설치되었던 일련의 과정을 고려하여 보면, 乙 등 경찰의 집회 장소 점거 행위는 불법적인 사태가 반복되는 것을 막기 위한 필요 최소한도의 조치로 볼 수 있고, 경찰이 집회참가자들을 향하여 유형력을 행사하지 않고 소극적으로 자리를 지키고 서 있었을 뿐인데도 일부 집회참가자들이 경찰을 밀치는 행위를 하는 등 당시의 현장 상황에 비추어 보면, 乙로서는 집회참가자들이 경찰에 대항하여 공공의 질서유지를 해치는 행위를 하는 것으로 판단할 수 있는 상황이었으므로, 당시 해산명령이 객관적 정당성을 잃은 것이라고 단정할 수 없는데도, 위 집회 장소 점거 행위와 해산명령을 법적 요건을 갖추지 못한 위법한 경찰력의 행사로 보아 국가와 乙의 손해배상책임을 인정한 원심판단에는 국가배상책임의 성립 요건과 위법성 여부에 관한 법리오해 등 잘못이 있다고 사례.

## 손해배상(기)

[대법원 2019 .1. 17., 선고, 2015다236196, 판결]

【판결요지】

위해성 경찰장비인 살수차와 물포는 필요한 최소한의 범위에서만 사용되어야 하고, 특히 인명 또는 신체에 위해를 가할 가능성이 더욱 커지는 직사살수는 타인의 법익이나 공공의 안녕질서에 직접적이고 명백한 위험이 현존하는 경우에 한해서만 사용이 가능하다고 보아야 한다.

또한 위해성 경찰장비인 살수차와 물포는 집회나 시위 참가자들을 해산하기 위한 목적의 경찰장비이고 경찰관이 직사살수의 방법으로 집회나 시위 참가자들을 해산시키는 것은 집회의 자유나 신체의 자유를 침해할 우려가 있으므로 적법절차의 원칙을 준수하여야 한다. 따라서 경찰관이 직사살수의 방법으로 집회나 시위 참가자들을 해산시키려면, 먼저 집회 및 시위에 관한 법률 제20조 제1항 각호에서 정한 해산 사유를 구체적으로 고지하는 적법한 절차에 따른 해산명령을 시행한 후에 직사살수의 방법을 사용할 수 있다고 보아야 한다. 경찰청 훈령인 '물포운용지침'에서도 '직사살수'의 사용요건 중 하나로서 '도로 등을 무단점거하여 일반인의 통행 또는 교통소통을 방해하고 경찰의 해산명령에 따르지 아니하는 경우'라고 규정하여, 사전에 적법한 '해산명령'이 있어야 함을 요구하고 있다.

## Ⅲ. 벌칙

**제22조(벌칙)** ① 제3조제1항 또는 제2항을 위반한 자는 3년 이하의 징역 또는 300만원 이하의 벌금에 처한다. 다만, 군인·검사 또는 경찰관이 제3조제1항 또는 제2항을 위반한 경우에는 5년 이하의 징역에 처한다.

② 제5조제1항 또는 제6조제1항을 위반하거나 제8조에 따라 금지를 통고한

집회 또는 시위를 주최한 자는 2년 이하의 징역 또는 200만원 이하의 벌금에 처한다.

③ 제5조제2항 또는 제16조제4항을 위반한 자는 1년 이하의 징역 또는 100만원 이하의 벌금에 처한다.

④ 그 사실을 알면서 제5조제1항을 위반한 집회 또는 시위에 참가한 자는 6개월 이하의 징역 또는 50만원 이하의 벌금·구류 또는 과료에 처한다.

**제23조(벌칙)** 제10조 본문 또는 제11조를 위반한 자, 제12조에 따른 금지를 위반한 자는 다음 각 호의 구분에 따라 처벌한다.

1. 주최자는 1년 이하의 징역 또는 100만원 이하의 벌금
2. 질서유지인은 6개월 이하의 징역 또는 50만원 이하의 벌금·구류 또는 과료
3. 그 사실을 알면서 참가한 자는 50만원 이하의 벌금·구류 또는 과료

[헌법 불합치, 2008헌가25, 2009.9.24., 집회 및 시위에 관한 법률(2007.5.11. 법률 제8424호로 전부개정된 것) 제10조 중 '옥외집회' 부분 및 제23조 제1호 중 '제10조 본문의 옥외집회' 부분은 헌법에 합치되지 아니한다. 위 조항들은 2010.6.30.을 시한으로 입법자가 개정할 때까지 계속 적용된다.]

[한정위헌, 2010헌가2, 2014.3.27. 집회 및 시위에 관한 법률(2007.5.11. 법률 제8424호로 개정된 것) 제10조 본문 중 '시위'에 관한 부분 및 제23조 제3호 중 '제10조 본문' 가운데 '시위'에 관한 부분은 각 '해가 진 후부터 같은 날 24시까지의 시위'에 적용하는 한 헌법에 위반된다.]

[2020.6.9. 법률 제17393호에 의하여 헌법재판소에서 헌법불합치 결정된 관련 조문 제11조를 개정함.]

**제24조(벌칙)** 다음 각 호의 어느 하나에 해당하는 자는 6개월 이하의 징역 또는 50만원 이하의 벌금·구류 또는 과료에 처한다.

1. 제4조에 따라 주최자 또는 질서유지인이 참가를 배제했는데도 그 집회 또는 시위에 참가한 자
2. 제6조제1항에 따른 신고를 거짓으로 하고 집회 또는 시위를 개최한 자
3. 제13조에 따라 설정한 질서유지선을 경찰관의 경고에도 불구하고 정당한 사유 없이 상당 시간 침범하거나 손괴·은닉·이동 또는 제거하거나 그 밖의 방법으로 그 효용을 해친 자
4. 제14조제2항에 따른 명령을 위반하거나 필요한 조치를 거부·방해한 자
5. 제16조제5항, 제17조제2항, 제18조제2항 또는 제20조제2항을 위반한 자

[2020.6.9. 법률 제17393호에 의하여 헌법재판소에서 헌법불합치 결정된 제24조 제5호 중 제20조 제2항 가운데 '제11조 제3호'를 개정함.]

**제25조(단체의 대표자에 대한 벌칙 적용)** 단체가 집회 또는 시위를 주최하는 경우에는 이 법의 벌칙 적용에서 그 대표자를 주최자로 본다.

**제26조(과태료)** ① 제8조제4항에 해당하는 먼저 신고된 옥외집회 또는 시위의 주최자가 정당한 사유 없이 제6조제3항을 위반한 경우에는 100만원 이하의 과태료를 부과한다.
② 제1항에 따른 과태료는 대통령령으로 정하는 바에 따라 시·도경찰청장 또는 경찰서장이 부과·징수한다. 〈개정 2020.12.22.〉
[본조신설 2016.1.27.]

## Ⅳ. 기재례

### 【범죄사실 기재례】

피의자는 ○○당 대구 ○○지구당 위원장으로서, 옥외집회를 할 때는 관할경찰서장에게 신고를 해야 함에도 신고를 하지 않았다.

피의자는 20○○. ○. ○. 5 : 30경부터 약 30분 동안 대구시 ○○동에 있는 그 지구당 위원장 고○○의 집 앞에서 그가 당을 옮긴 것을 규탄하는 내용의 경고문을 벽에 붙이고, "고○○의 배신행위를 규탄하며 고○○를 우리 당에서 제명결의한다"는 내용의 결의문을 낭독하는 등 옥외집회를 하였다.

### 【범죄사실 기재례】

피의자는 ○○시 ○○동 ○○번지에 있는 ○○주식회사의 생산직근로자로서 20○○. ○. ○.부터 위 회사 노동조합의 위원장으로 활동하고 있다.

피의자는 20○○. ○. ○. 위 회사가 근로자인 김○○, 이○○, 박○○ 등을 원근무부서인 품질관리부에서 포장실로 전보하는 인사발령을 하자 이를 노조탄압이라고 주장하면서 이○○, 권○○, 장○○, 김○○, 김○○, 민○○, 이○○, 안○○ 등과 공모하여, 위 같은 날 19 : 30경부터 같은 달 ○. 05 : 00까지 위 회사의 사장 이○○가 거주하는 서울 ○○동 ○○아파트 ○○○동으로 노조원 10여명을 이끌고 가 위 그 출입구에서 이○

○를 지칭하면서 '부당인사 철회, 부당징계 철회' 등의 구호를 외치는 등 일몰시간 이후부터 일출시간 전까지 옥외집회를 주최하였다.

## 【범죄사실 기재례】

피의자는 ○○시 ○○동 ○○번지에 있는 ○○운수의 운전기사로서 20○○. ○. ○.부터 위 회사 노동조합의 위원장으로 활동하고 있다.

피의자는 20○○. ○. ○. 위 회사가 근로자인 김○○, 이○○, 박○○ 등을 임의로 해고하는 인사발령을 하자 이를 노조탄압이라고 주장하면서 이○○, 권○○, 장○○, 김○○, 김○○, 민○○, 이○○, 안○○ 등과 공모하여, 위 같은 날 15 : 30경부터 같은 날 ○. 20 : 00까지 위 회사의 사장 이○○가 거주하는 서울 ○○동 ○○아파트 ○○○동으로 노조원 10여명을 이끌고 가 위 그 출입구에서 이○○를 지칭하면서 확성기를 사용하여 기준치를 넘는 80db의 소음으로 '부당인사 철회, 부당징계 철회' 등의 구호를 외치는 등 집회를 하였다. 주민 홍○○의 신고로 출동한 ○○지구대 경장 최○○가 확성기의 사용중지를 명했으나 이를 거부하고 같은 방법으로 계속 확성기를 사용하여 기준치를 넘는 소음을 발생하게 하여 집회하였다.

**[서식] 옥외집회(시위 · 행진) 신고서**

# 옥외집회(시위 · 행진) 신고서

(앞 쪽)

| 접수번호 | 접수일자 | 처리기간 즉시 |
|---|---|---|

| 신고인 | 성 명(또는 직책) | | 생년월일 | |
|---|---|---|---|---|
| | 주 소 (전화번호 : ) | | | |

| 집회 (시위 · 행진) 개요 | 집회(시위 · 행진) 명칭 | |
|---|---|---|
| | 개최일시    년   월   일   시   분~    년   월   일   시   분 | |
| | 개최장소 | |
| | 개최목적 | |

| 관련자 정보 | 주최자 | 성명 또는 단체명 | 생년월일 | |
|---|---|---|---|---|
| | | | 직업 | |
| | | 주소 (전화번호 : ) | | |
| | 주관자 | 성명 또는 단체명 | 생년월일 | |
| | | | 직업 | |
| | | 주소 (전화번호 : ) | | |
| | 주최단체의 대표자 | 성명 | 생년월일 | |
| | | | 직업 | |
| | | 주소 (전화번호 : ) | | |
| | 연락 | 성명 | 생년월 | |

1418 ㅈ

| 책임자 | | 일 | |
| | | 직업 | |
| | 주소 | | |
| | | (전화번호 :　　　　　　) | |
| | 질서유지인 | | 명 |
| 참가예정단체·인원 | 참가예정단체 | | |
| | 참가예정인원 | | |

210mm×297mm[백상지 80g/㎡(재활용품)]

(뒤 쪽)

| 시위방법및진로 | 시위 방법(시위 대형, 구호제창 여부, 그 밖에 시위방법과 관련되는 사항 등) |
| | 시위 진로(출발지, 경유지, 중간 행사지, 도착지, 차도·보도·교차로의 통행방법 등) |
| 참고사항 | 준비물(차량, 확성기, 입간판, 주장을 표시한 시설물의 이용여부와 그 수 등) |

「집회 및 시위에 관한 법률」 제6조제1항 및 같은 법 시행규칙 제2조제1항에 따라 위와 같이 신고합니다.

년　월　일

신고인

(서명 또는 인)

## 경찰서장(시·도경찰청장)  귀하

| 첨부서류 | 1. 「집회 및 시위에 관한 법률 시행규칙」 별지 제2호 서식의 신고서(주최자,주관자, 참가예정단체가 둘 이상이거나 질서유지인을 두는 경우만 해당합니다)<br>2. 시위·행진의 진행방향 등을 표시한 약도(시위와 행진을 하는 경우만 해당합니다)<br>3. 재결서 사본 또는 판결문 사본(「집회 및 시위에 관한 법률 시행령」 제10조에 따라 이의신청에 대한 재결 등이나 행정소송을 거쳐 새로 신고하는 경우만 해당합니다) | 수수료<br>없음 |

### 유의사항

1. 참고사항에는 아래의 사항도 기재하여 주시기 바랍니다.
 가. 「집회 및 시위에 관한 법률」 제6조제5항 단서, 제9조제3항 단서에 따라 인용재결 또는 금지통고의 효력 상실 후 재신고 하는지 여부
 나. 집회시위의 제한·금지에 대한 행정소송 승소 후 재신고 하는지 여부
2. 이 신고서의 기재사항에 미비한 점이 있는 경우에는 보완통고를 받게 되므로 정확히 기재하시기 바랍니다.
3. 신고한 집회를 개최하지 않을 경우에는 사전에 관할 경찰관서장에게 통지해 주시기 바랍니다.

### 처리절차

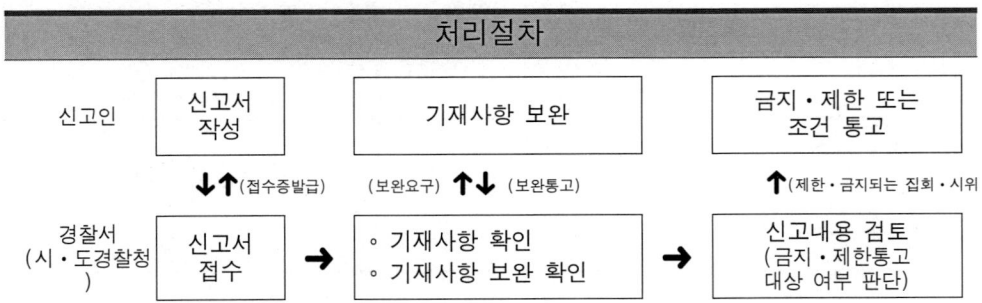

**[서식] 옥외집회(시위·행진) 금지 통고서**

# 기  관  명

| 우○○○-○○○ 주소/전화(   )○○○-○○○○/ 전송(   )○○○-○○○○ | | |
|---|---|---|
| ○○과 | 과장 ○○○ | 담당자 ○○○ |

문서번호:

수  신:

| 제  호 | |
|---|---|
| 옥외집회(시위·행진) 금지 통고서 | |
| ① 신고서 접수번호 | 제   호 |
| ② 명       칭 | |
| ③ 개 최 일 시 | |
| ④ 개 최 장 소 | |
| ⑤주최자   주 소 | |
| 　　　 성 명(단체명) | |

위 옥외집회(시위·행진)는 다음의 사유로 「집회 및 시위에 관한 법률」 제8조(제1항·제3항·제5항)에 따라 금지함을 통고합니다.

| ⑥ 금지의 근거 및 사유 |
|---|

이 금지 통고에 대하여 이의가 있으면 이 금지 통고를 받은 날부터 10일 이내에 금지 통고를 한 경찰관서의 바로 위의 상급경찰관서의 장에게 이의를 신청할 수 있습니다.

년     월     일

경찰서장(시·도경찰청장)    [인]

21026-26311일

210㎜×297㎜<br>[신문용지 54g/㎡(재활용품)]

---

| 제  호 |
|---|

수령증

년     월     일     시     분 옥외집회(시위·행진)의 금지 통고서를 수령하였습니다.

년     월     일

수령인  성명          (서명 또는 인)

**[서식]** 야간 옥외집회의 조건부 허용 통보서

제    호

# 야간 옥외집회의 조건부 허용 통보서

귀하가    년    월    일 접수번호 제      호로 신청한 야간 옥외집회는 집회 및 시위에 관한 법률 제10조 단서에 따라 다음과 같은 질서 유지를 위한 조건을 붙여서 허용함을 통보합니다.

<질서 유지를 위한 조건>

1.

2.

귀하가 개최한      집회가 위의 조건을 위반하여 질서 유지에 직접적인 위험을 명백하게 초래한 경우에는 「집회 및 시위에 관한 법률」 제20조제1항제3호에 따라 해산명령을 받게 됩니다.

년      월      일

경찰서장(시·도경찰청장)    [인]

귀하

21026-26411일                                        190㎜×268㎜
(신문용지 54g/㎡)

---

제    호

수령증

년    월    일 야간 옥외집회의 조건부 허용 통보서를 수령하였습니다.

년      월      일

수령인 성명                    (인)

**[서식]** 질서유지선 설정 고지서

# 기 관 명

| | | |
|---|---|---|
| 우○○○-○○○ 주소/전화(  )○○○-○○○○/ 전송(  )○○○-○○○○ | | |
| ○○과 | 과장○○○ | 담당자○○○ |

문서번호:

　수 신 :

| 제　　호 | |
|---|---|
| <div align="center">질서유지선 설정 고지서</div> | |

귀하가 　　년　　월　　일, 접수번호 제　　　호로 신고한 옥외집회(시위·행진)에 대하여 「집회 및 시위에 관한 법률」 제13조에 따라 다음과 같이 질서유지선을 설정하니 준수하여 주시기 바랍니다.

| 설정구간 | |
|---|---|
| 형　태 | |

귀하가 신고한 옥외집회(시위·행진)를 할 때 위의 질서유지선을 경찰관의 경고에도 불구하고 정당한 이유 없이 상당 시간 침범하거나 손괴·은닉·이동 또는 제거하거나 그 밖의 방법으로 그 효용을 해치는 경우에는 「집회 및 시위에 관한 법률」 제24조 제3호에 따라 처벌을 받게 됩니다.

년　　　월　　　일

경찰서장(시·도경찰청장)　[인]

21026-46911일 　　　　　　　　　　　　　　　　　　　　　210mm×297mm

[신문용지 54g/㎡(재활용품)]

---

| 제　　호 | |
|---|---|
| <div align="center">수령증</div> | |

년　　월　　일 옥외집회(시위·행진)의 질서유지선 설정 고지서를 수령하였습니다.

년　　　월　　　일

수령인 성명　　　　　(서명 또는 인)

**[서식] 질서유지선 설정 고지서**

# 기 관 명

| | | |
|---|---|---|
| 우○○○-○○○ 주소/전화(　)○○○-○○○○/ 전송(　)○○○-○○○○ | | |
| ○○과 | 과장○○○ | 담당자○○○ |

문서번호:

수 신 :

제　　호

## 질서유지선 설정 고지서

　귀하가　　년　　월　　일, 접수번호 제　　호로 신고한 옥외집회(시위·행진)에 대하여 「집회 및 시위에 관한 법률」 제13조에 따라 다음과 같이 질서유지선을 설정하니 준수하여 주시기 바랍니다.

| 설정구간 | |
|---|---|
| 형　태 | |

　귀하가 신고한 옥외집회(시위·행진)를 할 때 위의 질서유지선을 경찰관의 경고에도 불구하고 정당한 이유 없이 상당 시간 침범하거나 손괴·은닉·이동 또는 제거하거나 그 밖의 방법으로 그 효용을 해치는 경우에는 「집회 및 시위에 관한 법률」 제24조제3호에 따라 처벌을 받게 됩니다.

년　　　　월　　　　일

경찰서장(시·도경찰청장)　　[인]

21026-46911일　　　　　　　　　　　　　　　　210mm×297mm[신문용지
54g/㎡(재활용품)]

제　　호

## 수 령 증

　　년　　　월　　　일 옥외집회(시위·행진)의 질서유지선 설정 고지서를 수령하였습니다.

년　　　　월　　　　일

수령인 성명　　　　　　(서명 또는 인)

# 채권의 공정한 추심에 관한 법률

[시행 2020. 8. 5.] [법률 제16957호, 2020. 2. 4., 타법개정]

## Ⅰ. 개설

### 목적

이 법은 채권추심자가 권리를 남용하거나 불법적인 방법으로 채권추심을 하는 것을 방지하여 공정한 채권추심 풍토를 조성하고 채권자의 정당한 권리행사를 보장하면서 채무자의 인간다운 삶과 평온한 생활을 보호함을 목적으로 한다.

## Ⅱ. 벌칙

**제15조(벌칙)** ① 제9조제1호를 위반하여 채무자 또는 관계인을 폭행·협박·체포 또는 감금하거나 그에게 위계나 위력을 사용하여 채권추심행위를 한 자는 5년 이하의 징역 또는 5천만원 이하의 벌금에 처한다.

② 다음 각 호의 어느 하나에 해당하는 자는 3년 이하의 징역 또는 3천만원 이하의 벌금에 처한다. 〈개정 2014. 5. 20.〉

1. 제8조의4를 위반하여 변호사가 아니면서 채권추심과 관련하여 소송행위를 한 자
2. 제9조제2호부터 제7호까지를 위반한 자
3. 제10조제1항을 위반하여 채무자 또는 관계인의 신용정보나 개인정보를 누설하거나 채권추심의 목적 외로 이용한 자
4. 제11조제1호를 위반하여 채권을 추심하는 의사를 표시한 자

③ 다음 각 호의 어느 하나에 해당하는 자는 1년 이하의 징역 또는 1천만원 이하의 벌금에 처한다. 〈개정 2014. 1. 14.〉

1. 제8조의3제1항을 위반한 자
2. 제11조제2호를 위반하여 말·글·음향·영상·물건, 그 밖의 표지를 사용한 자

**제16조(양벌규정)** 법인의 대표자나 법인 또는 개인의 대리인, 사용인, 그 밖의 종업원이 그 법인 또는 개인의 업무에 관하여 제15조의 위반행위를

하면 그 행위자를 벌하는 외에 그 법인 또는 개인에게도 해당 조문의 벌금형을 과(科)한다. 다만, 법인 또는 개인이 그 위반행위를 방지하기 위하여 해당 업무에 관하여 상당한 주의와 감독을 게을리하지 아니한 경우에는 그러하지 아니하다.

**제17조(과태료)** ① 다음 각 호의 어느 하나에 해당하는 자에게는 2천만원 이하의 과태료를 부과한다. 〈개정 2014.1.14.〉

1. 제5조제1항을 위반하여 채무확인서의 교부요청에 응하지 아니한 자
2. 제8조의2를 위반하여 채무자를 방문하거나 채무자에게 말·글·음향·영상 또는 물건을 도달하게 한 자
3. 제12조제1호 및 제2호를 위반한 자

② 다음 각 호의 어느 하나에 해당하는 자에게는 1천만원 이하의 과태료를 부과한다. 〈개정 2012.6.1., 2014.1.14., 2014.5.20.〉

1. 제6조를 위반하여 채권자로부터 채권추심을 위임받은 사실을 서면(「전자문서 및 전자거래 기본법」 제2조제1호의 전자문서를 포함한다)으로 통지하지 아니한 자
2. 제7조를 위반하여 동일 채권에 대하여 2인 이상의 자에게 채권추심을 위임한 자
3. 제8조를 위반하여 채무의 존재를 다투는 소송이 진행 중임에도 채무불이행자로 등록하거나 소송이 진행 중임을 알면서도 30일 이내에 채무불이행자 등록을 삭제하지 아니한 자
4. 제8조의3제2항을 위반한 자
5. 제11조제3호부터 제5호까지를 위반한 자
6. 제13조를 위반하여 채권추심비용을 청구한 자
7. 제13조의2제2항을 위반하여 비용명세서를 교부하지 아니한 자

③ 제12조제3호·제3호의2·제4호 또는 제5호를 위반한 자에게는 500만원 이하의 과태료를 부과한다. 〈개정 2014.5.20.〉

④ 제1항제3호, 제2항제2호·제5호 및 제6호, 제3항에 해당하는 자가 사업자가 아닌 경우에는 해당 규정이 정하는 과태료를 그 다액의 2분의 1로 감경한다. 〈개정 2014.1.14.〉

> **제18조(과태료의 부과·징수 및 권한의 위임)** ① 이 법에 따른 과태료는 대통령령으로 정하는 바에 따라 과태료 대상자에 대하여 다른 법률에 따른 인가·허가·등록 등을 한 감독기관이 있는 경우에는 그 감독기관이, 그 외의 경우에는 특별시장·광역시장·도지사 또는 특별자치도지사가 부과·징수한다.
>
> ② 제1항의 감독기관은 과태료의 부과·징수에 관한 권한의 일부를 대통령령으로 정하는 바에 따라 시장·군수 또는 구청장에게 위임할 수 있다.

## Ⅲ. 기재례

### 【범죄사실 기재례】

피의자 양○○는 사채업을 하는 자인데, 20○○년 ○월 ○일 김○○에게 ○○○원을 빌려주었다. 그런데 채무자인 김○○이 빌린 돈을 갚지 않자, 20○○년 ○월부터 20○○년 ○월에 걸쳐 돈을 갚지 않으면 남편과 시댁에게 과거의 행적과 사채를 쓴 사실을 알리겠다는 내용의 문자메시지를 채무자인 김○○에게 20여 차례 보냈다.

# 청소년보호법

[시행 2024. 12. 27.] [법률 제19841호, 2023. 12. 26., 타법개정]

## Ⅰ. 개설

### 목적

이 법은 청소년에게 유해한 매체물과 약물 등이 청소년에게 유통되는 것과 청소년이 유해한 업소에 출입하는 것 등을 규제하고 청소년을 유해한 환경으로부터 보호·구제함으로써 청소년이 건전한 인격체로 성장할 수 있도록 함을 목적으로 한다.

## Ⅱ. 판례

**제4조(사회의 책임)** ① 누구든지 청소년 보호를 위하여 다음 각 호의 조치 등 필요한 노력을 하여야 한다.
1. 청소년이 청소년유해환경에 접할 수 없도록 하거나 출입을 하지 못하도록 할 것
2. 청소년이 유해한 매체물 또는 유해한 약물 등을 이용하고 있거나 청소년폭력·학대 등을 하고 있음을 알게 되었을 때에는 이를 제지하고 선도할 것
3. 청소년에게 유해한 매체물과 유해한 약물 등이 유통되고 있거나 청소년유해업소에 청소년이 고용되어 있거나 출입하고 있음을 알게 되었을 때 또는 청소년이 청소년폭력·학대 등의 피해를 입고 있음을 알게 되었을 때에는 제21조제3항에 따른 관계기관등에 신고·고발하는 등의 조치를 할 것
② 매체물과 약물 등의 유통을 업으로 하거나 청소년유해업소의 경영을 업으로 하는 자와 이들로 구성된 단체 및 협회 등은 청소년유해매체물과 청소년유해약물등이 청소년에게 유통되지 아니하도록 하고 청소년유해업소에 청소년을 고용하거나 청소년이 출입하지 못하도록 하는 등 청소년을 보호하기 위하여 자율적인 노력을 다하여야 한다.

### 청소년보호법위반

[대법원 2002. 6. 28, 선고, 2002도2425, 판결]

【판결요지】
[1] 청소년보호법의 입법 목적 등에 비추어 볼 때, 유흥주점과 같은 청소년유해업

소의 업주에게는 청소년의 보호를 위하여 청소년을 당해 업소에 고용하여서는 아니될 매우 엄중한 책임이 부여되어 있다 할 것이므로, 유흥주점영업의 업주가 당해 유흥업소에 종업원을 고용함에 있어서는 주민등록증이나 이에 유사한 정도로 연령에 관한 공적 증명력이 있는 증거에 의하여 대상자의 연령을 확인하여야 하고, 만일 대상자가 신분증을 분실하였다는 사유로 그 연령 확인에 응하지 아니하는 등 고용대상자의 연령확인이 당장 용이하지 아니한 경우라면 청소년유해업소의 업주로서는 청소년이 자신의 신분과 연령을 감추고 유흥업소 취업을 감행하는 사례가 적지 않은 유흥업계의 취약한 고용실태 등에 비추어 대상자의 연령을 공적 증명에 의하여 확실히 확인할 수 있는 때까지 그 채용을 보류하거나 거부하여야 한다.

[2] 건강진단수첩(속칭 보건증) 제도가 폐지된 후 건강진단결과서 제도가 마련된 취지와 경위, 건강진단결과서의 발급목적, 건강진단결과서가 발급되는 과정에서 피검자에 대한 신분을 확인하는 검증절차 및 피검자의 동일성에 관한 건강진단결과서의 증명도 등을 두루 감안해 볼 때 비록 그 결과서에 피검자의 주민등록번호 등 인적 사항이 기재되어 있다고 하더라도 이는 주민등록증에 유사한 정도로 연령에 관한 공적 증명력이 있는 증거라고 볼 수는 없다.

[3] 유흥업소의 업주로서는 다른 공적 증명력 있는 증거를 확인해 봄이 없이 단순히 건강진단결과서상의 생년월일 기재만을 확인하는 것으로는 청소년보호를 위한 연령확인의무이행을 다한 것으로 볼 수 없고, 따라서 이러한 의무이행을 다하지 아니한 채 대상자가 성인이라는 말만 믿고 타인의 건강진단결과서만을 확인한 채 청소년을 청소년유해업소에 고용한 업주에게는 적어도 청소년 고용에 관한 미필적 고의가 있음을 인정한 사례.

**제29조(청소년 고용 금지 및 출입 제한 등)** ① 청소년유해업소의 업주는 청소년을 고용하여서는 아니 된다. 청소년유해업소의 업주가 종업원을 고용하려면 미리 나이를 확인하여야 한다.

② 청소년 출입·고용금지업소의 업주와 종사자는 출입자의 나이를 확인하여 청소년이 그 업소에 출입하지 못하게 하여야 한다.

③ 청소년유해업소의 업주와 종사자는 제1항 및 제2항에 따른 나이 확인을 위하여 필요한 경우 주민등록증이나 그 밖에 나이를 확인할 수 있는 증표(이하 이 항에서 "증표"라 한다)의 제시를 요구할 수 있으며, 증표 제시를 요구받고도 정당한 사유 없이 증표를 제시하지 아니하는 사람에게는 그 업소의 출입을 제한할 수 있다. 〈신설 2016.12.20.〉

④ 제2항에도 불구하고 청소년이 친권자등을 동반할 때에는 대통령령으로 정하는 바에 따라 출입하게 할 수 있다. 다만, 「식품위생법」에 따른 식품접객업 중 대통령령으로 정하는 업소의 경우에는 출입할 수 없다. 〈개정 2016.12.20.〉

⑤ 청소년유해업소의 업주와 종사자는 그 업소에 대통령령으로 정하는 바에 따라 청소년의 출입과 고용을 제한하는 내용을 표시하여야 한다. 〈개정 2016.12.20.〉

## 아동·청소년의성보호에관한법률위반(알선영업행위등)[인정된죄명:  성매매알선등행위의처벌에관한법률위반(성매매알선등)]·성매매알선등행위의처벌에관한법률위반(성매매알선등)
[대법원 2014. 7. 10. 선고, 2014도5173, 판결]

**【판결요지】**

청소년 보호법의 입법목적 등에 비추어 볼 때, 유흥주점과 같은 청소년유해업소의 업주에게는 청소년 보호를 위하여 청소년을 당해 업소에 고용하여서는 아니 될 매우 엄중한 책임이 부여되어 있으므로, 유흥주점의 업주가 당해 유흥업소에 종업원을 고용하는 경우에는 주민등록증이나 이에 유사한 정도로 연령에 관한 공적 증명력이 있는 증거에 의하여 대상자의 연령을 확인하여야 한다. 만일 대상자가 제시한 주민등록증상의 사진과 실물이 다르다는 의심이 들면 청소년이 자신의 신분과 연령을 감추고 유흥업소 취업을 감행하는 사례가 적지 않은 유흥업계의 취약한 고용실태 등에 비추어 볼 때, 업주로서는 주민등록증상의 사진과 실물을 자세히 대조하거나 주민등록증상의 주소 또는 주민등록번호를 외워보도록 하는 등 추가적인 연령확인조치를 취하여야 하고, 대상자가 신분증을 분실하였다는 사유로 연령 확인에 응하지 아니하는 등 고용대상자의 연령확인이 당장 용이하지 아니한 경우라면 대상자의 연령을 공적 증명에 의하여 확실히 확인할 수 있는 때까지 채용을 보류하거나 거부하여야 할 의무가 있다. 이러한 법리는, 성매매와 성폭력행위의 대상이 된 아동·청소년의 보호·구제를 목적으로 하는 아동·청소년의 성보호에 관한 법률의 입법취지 등에 비추어 볼 때, 성을 사는 행위를 알선하는 행위를 업으로 하는 자가 알선영업행위를 위하여 아동·청소년인 종업원을 고용하는 경우에도 마찬가지로 적용된다고 보아야 한다. 따라서 성을 사는 행위를 알선하는 행위를 업으로 하는 자가 성매매알선을 위한 종업원을 고용하면서 고용대상자에 대하여 아동·청소년의 보호를 위한 위와 같은 연령확인의무의 이행을 다하지 아니한 채 아동·청소년을 고용하였다면, 특별한 사정이 없는 한 적어도 아동·청소년의 성을 사는 행위의 알선에 관한 미필적 고의는 인정된다고 봄이 타당하다.

**제49조(신고)** ① 다음 각 호의 어느 하나에 해당하는 경우에는 누구든지 그 사실을 시장·군수·구청장에게 신고하여야 한다.

1. 청소년에게 유해하다고 생각되는 매체물과 약물 등이 청소년에게 유통되고 있는 것을 발견하였을 때
2. 청소년에게 유해한 업소에 청소년이 고용되어 있거나 출입하고 있는 것을 발견하였을 때

   3. 그 밖에 이 법을 위반하는 사실이 있다고 인정할 때

② 시장·군수·구청장은 제1항에 따른 신고의 활성화를 위하여 필요한 시책을 시행하여야 하며 필요한 경우 신고자 포상 등을 할 수 있다.

## 과징금부과처분취소

[대법원 2002. 7. 12., 선고, 2002두219, 판결]

【판결요지】
구 청소년보호법(2000. 1. 12. 법률 제6164호로 개정되기 전의 것)의 제정목적 중 하나가 청소년이 유해한 업소에 출입하는 것 등을 규제하고, 청소년을 각종 유해한 환경으로부터 보호·구제함으로써 청소년이 건전한 인격체로 성장할 수 있도록 하기 위한 것이라는 점에 비추어 보면, 같은 법 제24조 제1항, 제49조 제1항의 입법 취지는 개개의 청소년이 청소년유해업소에 고용됨으로써 각종 유해한 환경에 노출되는 것을 방지하기 위한 것이라 할 것이므로 이를 어긴 자에 대하여 과징금을 부과하도록 한 같은 법 제49조의 규정은 그와 같은 입법 취지를 달성하기 위하여 각각의 청소년을 고용하는 행위에 대하여 개별적으로 제재를 가하는 것으로 해석하여야 하고, 이와 달리 청소년을 고용하여 하는 영업행위 자체를 포괄하여 제재하려는 것은 아니라 할 것이므로, 같은 법 제49조 제2항의 위임에 따라 같은법시행령 제40조 제1항의 [별표 6]에서 청소년 고용금지를 위반한 행위에대하여 1명 1회 고용마다 1천만 원의 과징금액을 정하고 있는 것이 모법에 위배되거나 위임의 취지를 벗어나 무효라고 볼 수 없다.

## III. 벌칙

**제55조(벌칙)** 제30조제1호의 위반행위를 한 자는 1년 이상 10년 이하의 징역에 처한다.

**제56조(벌칙)** 제30조제2호 또는 제3호의 위반행위를 한 자는 10년 이하의 징역에 처한다.

**제57조(벌칙)** 제30조제4호부터 제6호까지의 위반행위를 한 자는 5년 이하의 징역에 처한다.

**제58조(벌칙)** 다음 각 호의 어느 하나에 해당하는 자는 3년 이하의 징역 또는 3천만원 이하의 벌금에 처한다. 〈개정 2016.3.2., 2016.12.20.〉
   1. 영리를 목적으로 제16조제1항을 위반하여 청소년에게 청소년유해매체물을 판매·대여·배포하거나 시청·관람·이용하도록 제공한 자

2. 영리를 목적으로 제22조를 위반하여 청소년을 대상으로 청소년유해매체물을 유통하게 한 자

3. 제28조제1항을 위반하여 청소년에게 제2조제4호가목4)·5)의 청소년유해약물 또는 같은 호 나목1)·2)의 청소년유해물건을 판매·대여·배포(자동기계장치·무인판매장치·통신장치를 통하여 판매·대여·배포한 경우를 포함한다)한 자

4. 제29조제1항을 위반하여 청소년을 청소년유해업소에 고용한 자

5. 제30조제7호부터 제9호까지의 위반행위를 한 자

6. 제44조제1항을 위반하여 청소년유해매체물 또는 청소년유해약물등을 수거하지 아니한 자

**제59조(벌칙)** 다음 각 호의 어느 하나에 해당하는 자는 2년 이하의 징역 또는 2천만원 이하의 벌금에 처한다. 〈개정 2013.3.22., 2014.3.24., 2016.1.6., 2016.3.2., 2016.12.20., 2018.12.11.〉

1. 제13조제1항 및 제28조제7항을 위반하여 청소년유해매체물 또는 청소년유해약물등에 청소년유해표시를 하지 아니한 자

2. 제14조(제28조제10항에서 준용하는 경우를 포함한다)를 위반하여 청소년유해매체물 또는 청소년유해약물등을 포장하지 아니한 자

3. 제18조를 위반하여 청소년유해매체물을 방송한 자

4. 제19조제1항을 위반하여 청소년유해매체물로서 제2조제2호차목에 해당하는 매체물 중 「옥외광고물 등의 관리와 옥외광고산업 진흥에 관한 법률」에 따른 옥외광고물을 청소년 출입·고용금지업소 외의 업소나 일반인들이 통행하는 장소에 공공연하게 설치·부착 또는 배포한 자 또는 상업적 광고선전물을 청소년의 접근을 제한하는 기능이 없는 컴퓨터 통신을 통하여 설치·부착 또는 배포한 자

5. 삭제 〈2021.12.7.〉

6. 제28조제1항을 위반하여 청소년에게 제2조제4호가목1)·2)의 청소년유해약물 또는 같은 호 나목3)의 청소년유해물건을 판매·대여·배포(자동기계장치·무인판매장치·통신장치를 통하여 판매·대여·배포한 경우를 포함한다)하거나 영리를 목적으로 무상 제공한 자

7. 제28조제2항을 위반하여 청소년의 의뢰를 받아 제2조제4호가목1)·2)의 청소년유해약물을 구입하여 청소년에게 제공한 자

7의2. 영리를 목적으로 제28조제3항을 위반하여 청소년에게 청소년유해약물등을 구매하게 한 자

7의3. 제28조제5항을 위반하여 주류등의 판매·대여·배포를 금지하는 내
용을 표시하지 아니한 자

8. 제29조제2항을 위반하여 청소년을 청소년 출입·고용금지업소에 출입
시킨 자

9. 제29조제6항을 위반하여 청소년유해업소에 청소년의 출입과 고용을 제
한하는 내용을 표시하지 아니한 자

**제60조(벌칙)** 제15조(제28조제10항에서 준용하는 경우를 포함한다)를 위
반하여 청소년유해매체물이나 청소년유해약물등의 청소년유해표시 또는
포장을 훼손한 자는 500만원 이하의 벌금에 처한다. 〈개정 2013.3.22.,
2014.3.24., 2018.12.11.〉

**제61조(벌칙)** ① 제34조의2제5항을 위반하여 직무상 알게 된 비밀을 누설
한 사람은 2년 이하의 징역 또는 2천만원 이하의 벌금에 처한다. 〈개정
2015.6.22.〉

② 제43조를 위반하여 관계 공무원의 검사 및 조사를 거부·방해 또는 기피
한 사람은 300만원 이하의 벌금에 처한다.
[전문개정 2014.5.28.]

**제62조(양벌규정)** 법인의 대표자나 법인 또는 개인의 대리인, 사용인, 그
밖의 종업원이 그 법인 또는 개인의 업무에 관하여 제55조부터 제57조까
지의 어느 하나에 해당하는 위반행위를 하면 그 행위자를 벌하는 외에 그
법인 또는 개인을 5천만원 이하의 벌금에 처하고, 제58조부터 제61조까지
의 어느 하나에 해당하는 위반행위를 하면 그 행위자를 벌하는 외에 그
법인 또는 개인에게도 해당 조문의 벌금형을 과(科)한다. 다만, 법인 또는
개인이 그 위반행위를 방지하기 위하여 해당 업무에관하여 상당한 주의와
감독을 게을리하지 아니한 경우에는 그러하지 아니하다.

**제63조(형의 감경)** 제59조의 죄를 범한 자가 제45조에 따른 시정명령을
받고 이를 이행하면 그 형을 감경할 수 있다.

**제64조(과태료)** ① 제45조제1항제1호·제2호·제7호·제7호의2·제8호에
대한 시정명령을 이행하지 아니한 자에게는 500만원 이하의 과태료를 부
과한다. 〈개정 2014.3.24.〉

② 다음 각 호의 어느 하나에 해당하는 자에게는 100만원 이하의 과태료를 부과한다.

1. 제42조에 따른 보고와 자료 제출을 요구받고도 요구에 따르지 아니한 자 또는 거짓으로 보고하거나 자료를 제출한 자
2. 제45조제1항제3호부터 제6호까지에 따른 시정명령을 이행하지 아니한 자

③ 제1항 및 제2항에 따른 과태료는 대통령령으로 정하는 바에 따라 여성가족부장관 또는 시장·군수·구청장이 부과·징수한다.

## Ⅳ. 기재례

### 【범죄사실 기재례】

〈티켓다방 청소년고용〉

피의자는 성북구 ○○동에서 약속다방이라는 상호로 휴게음식점업을 경영하고 있다. 피의자는 영업장을 벗어나 다류 등을 배달·판매하게 하면서 소요시간에 따라 대가를 받는 청소년 유해업소인 속칭 티켓다방의 업주로서 청소년을 고용해서는 안 됨에도 불구하고 2006. 5. 20일경부터 같은 해 6. 19일경까지 위 다방에서 청소년인 최처녀(여, 17세)를 매상의 40%를 급여로 지급키로 하고 위 다방 종업원으로 고용하여 영업장을 벗어나 차를 배달·판매하게 하여 시간비로 1시간에 25,000원씩을 수수하였다.

〈청소년을 유해업소에 출입시킨 경우〉

피의자 신○○은 단란주점을 경영하는 사람인데, 청소년의 유해업소출입을 제한하여야 함에도 불구하고, 200○. ○. ○. ○시 ○분경 ○○시 ○○동 ○○번지에 있는 피의자가 경영하는 속칭 '테크노바'에서 청소년인 이○○(17세), 김○○(여, 16세)의 연령을 확인하지 않고 당해 업소에 출입하게 하였다.

〈청소년 유해업소에의 고용금지 위반의 경우〉

피의자는 성북구 ○○동 100번지에서 쾅쾅노래연습장을 경영하는 사람인데 청소년 유해 업소의 업주는 청소년을 고용해서는 아니됨에도 불구하고, 2006. 4. 10일 위 업소에 청소년인 김여자(여, 16세)를 월 80만원의 보수를 주기로 하고 그때부터 같은 해 5. 30일까지 고용하였다.

### 〈18세 미만자를 유흥종사자로 고용한 유흥접객업자〉

피의자 조○○은 ○○시 ○○동 ○○○의 ○번지에 있는 '○○룸싸롱'을 그의 처인 신○○의 명의로 허가받아 풍속영업을 영위하는 사람, 피의자 유○○은 위 업소의 지배인인 종사자, 같은 김○○은 위 업소의 유흥접객부들을 관리하는 종사자로 속칭 '마담'의 지위에 있는 사람으로, 피의자들은 공모하여 20○○. ○. ○.경부터 같은 해 ○. ○.경까지 18세 미만의 미성년자인 한○○(여, 16세), 김○○(여,17세)를 고용하여 위 이○○등으로 하여금 그곳을 찾는 불특정 다수의 손님들의 좌석에 동석하여 술시중을 들게 하는 등 유흥종사자로 일하게 하였다.

### 〈청소년에게유해약물을 판매한 경우(술, 담배 제외)〉

청소년에게 청소년 유해약물을 판매해서는 안 됨에도 불구하고, 피의자는 20○○. ○. ○. ○:○분경 ○○시 ○○동 ○○번지에 있는 ○○시장 내 피의자 경영의 ○○철물점에서 청소년인 ○○중학교 제3학년 김○○(16세)에게 연령을 확인하지 않고 청소년 유해약물인 '○○본드' 5개를 6,500원에 판매하였다.

### 〈청소년에게 유해약물인 술, 담배를 판매한 경우〉

피의자 박○○은 24시 편의점을 경영하는 사람인데, 청소년에게는 청소년 유해약물을 판매해서는 안 됨에도 불구하고, 20○○. ○. ○. ○:○분경 ○○시 ○○동 ○○번지에 있는 피의자 경영의 ○○24시 편의점에서 청소년인 조○○(17세)에게 연령을 확인하지 않고 청소년 유해약물인 담배 디스 3갑을 6,000원에 판매하였다.

### 〈청소년유해매체물의 판매, 대여의 경우〉

피의자 조○○는 비디오 판매, 대여업을 하는 사람인데, 청소년의 유해매체물은 청소년을 대상으로 배포, 대여해서는 안 됨에도 불구하고 20○○. ○. ○. ○ : ○분경 ○○시 ○○동 ○○번지에 있는 피의자가 경영하는 '○○비디오'안에서 청소년인 ○○중학교 제 3학년 한○○(16세)에게 청소년유해표시가 된 매체물인 ○○○이라는 제목의 비디오를 금 1,500원을 받고 대여해 주었다.

### 〈청소년유해업소에의 고용금지위반의 경우〉

피의자 이○○은 노래연습장을 경영하는 사람인데, 청소년 유해업소의 업주는 청소년을 고용해서는 안 됨에도 불구하고, 20○○. ○. ○. ○:○분경 ○○시 ○○동 ○○번지에 있는 피의자 경영의 ○○노래방에서 ○○고등학교 1학년을 중퇴한 김○○(여, 17세)를 월 70만원의 보수를 주기로 약정하고 그 때부터 같은 해 ○. ○.까지 고용하였다.

### 〈단란주점에서 19세 미만자 유흥접객원으로 고용 및 손님과 동석·작배한 경우〉

피의자는 구로구청장으로부터 단란주점 영업허가를 받고 (1998. 8. 2. 허가 제345호) 서울 구로구 구로3동 25의 4 소재 지상 3층 건물의 지하 1층 약 20평에서 '꽃마차 단란주점'이란 상호로 청소년 유해업소인 단란주점을 경영하는 사람이다. 피의자는 청소년 유해업소의 업주는 청소년을 유해업소에 고용해서는 안 됨에도, 20○○. ○. ○. 경부터 같은 달 20. 00:00경까지 피의자 경영의 위 '꽃마차 단란주점'에서 생활정보지에 게재한 구인광고를 보고 찾아온 청소년인 김○○(17세, 여), 박○○(18세, 여)를 위 단란주점의 접대부로 고용하였다.

〈청소년 유해매체물 구분·격리위반〉

피의자는 서울 성북구 ○○동 100번지에서 "비디오빅뱅"이라는 상호로 비디오 및 도서 대여업에 종사하는 사람으로서, 청소년유해매체물은 이를 청소년에게 유통이 허용된 매체물과 구분·격리하지 않고서는 판매 또는 대여하기 위하여 전시 또는 진열하여서는 안 됨에도 불구하고 영리를 목적으로 2006. 1. 1일경부터 같은 해 6. 25일경까지 위 업소에서 "19세 미만 대여불가"라는 표시문구(400mm×100mm)를 부착하지 않고 청소년유해매체물인 비디오 및 도서를 전시·진열하였다.

〈청소년에게 이성혼숙을 하게 한 경우〉

피의자는 ○○시 ○○동 123번지에서 "○모텔"이라는 상호로 숙박업에 종사하고 있다.

피의자는 20○○. ○. ○. 23:00경부터 다음날 08:00까지 위 모텔 201호실에 청소년인 건외 김○○(남, 15세), 이○○(여, 15세)를 이성혼숙 하게 하여 청소년유해행위를 하였다.

〈청소년 종업원에게 다류배달을 시킨 경우〉

피의자는 ○○시 ○○동 123번지에서 "○○다방"이라는 상호로 휴게음식점업을 하고 있다.

청소년인 종업원에게 영업소를 벗어나 다류 등을 배달하게 하여 판매하는 행위를 하여서는 안 됨에도 불구하고, 피의자는 20○○. ○. ○. 15:00경 종업원으로 고용한 청소년 김○○(여, 17세)를 같은 동 456번지에 있는 ○○공업사에 커피4잔등 다류를 배달하게 하였다.

**[서식]** 청소년유해매체물 결정 신청서

# 청소년유해매체물 결정 신청서

※ 아래의 유의사항을 읽고 참고하시기 바랍니다.

| 접수번호 | 접수일 | 통보일 | 처리 기 간 | 30일 |
|---|---|---|---|---|

| 신청인 | 성명(대표자) | | 생년월일 | |
|---|---|---|---|---|
| | 주소(사업장) | | 전화번호 | |
| | 기관명(단체명) | | | |

| 매체물 | 제명 | | |
|---|---|---|---|
| | 매체물의 종류 | | |
| | 제작자명 | 제작 연월일 | |
| | 그 밖의 사항 | | |

「청소년 보호법」 제7조 및 같은 법 시행령 제7조제3항에 따라 위 매체물에 대하여 청소년유해매체물로 결정하여 주시기 바랍니다.

년      월      일

신청인                        (서명 또는 인)

## 청소년보호위원회위원장(각 심의기관의 장)   귀하

| 첨부서 류 | 1. 해당 매체물이 청소년에게 유해하다고 인정되는 사유를 기재한 서류 | 수수료 없 음 |
|---|---|---|
| | 2. 해당 매체물 1부(개) | |
| | 3. 30명 이상의 서명을 받은 서면(해당자만 제출합니다) 1부 | |

### 유의사항

가. 청소년에게 유해한 매체물이 유통되고 있는 경우에 「청소년 보호법」 제21조제3항에 따른 관계 기관등 또는 청소년유해매체물 결정에 관하여 30명 이상의 서명을 받은 자는 해당 매체물에 대하여 청소년유해매체물로 결정하여 줄 것을 청소년보호위원회(각 심의기관)에 신청할 수 있습니다.

나. 청소년보호위원회(각 심의기관)가 청소년유해매체물로 결정한 경우에는 누구든지 이를 청소년에게 판매 등의 행위를 해서는 안 되며 이를 위반한 경우에는 3년 이하의 징역 또는 2천만원 이하의 벌금에 처하게 됩니다.

### 처 리 절 차

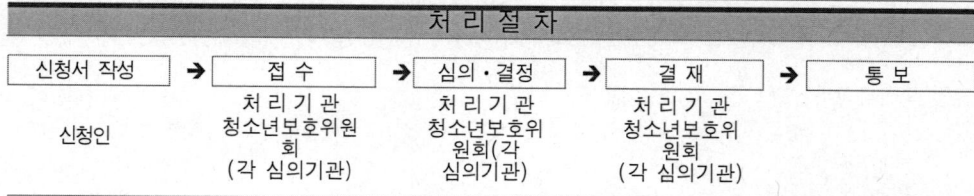

| 신청서 작성 | → | 접 수 | → | 심의·결정 | → | 결 재 | → | 통 보 |
|---|---|---|---|---|---|---|---|---|
| 신청인 | | 처 리 기 관 청소년보호위원 회 (각 심의기관) | | 처 리 기 관 청소년보호위 원회(각 심의기관) | | 처 리 기 관 청소년보호위 원회 (각 심의기관) | | |

210mm×297mm[백상지(80g/㎡) 또는 중질지(80g/㎡)]

**[서식]** 과징금 납부기한 연장 신청서

# 과징금 납부기한 연장 신청서

| 접수번호 | 접수일 | | 처리기간 | 7일 |
|---|---|---|---|---|

| 신청인 | 성명(대표자) | | | |
|---|---|---|---|---|
| | 생년월일 또는 법인등록번호 | | | |
| | 주소 | | | |
| | | (전화번호: | | ) |

| 신청내용 | 당초의 기한 | | | | |
|---|---|---|---|---|---|
| | 연장받으려는 기간 | | | | |
| | | 년 | 월 | 일부터 | |
| | | 년 | 월 | 일까지( | 일간) |
| | 연장받으려는 사유 | | | | |

「청소년 보호법 시행령」 제46조 및 같은 법 시행규칙 제12조에 따라 위와 같이 과징금 납부기한의 연장을 신청합니다.

년    월    일

신청인                              (서명 또는 인)

**여성가족부장관
시장·군수·구청장**     귀하

| 첨부서류 | 연장받으려는 사유를 증명하는 서류 | 수수료<br>없 음 |
|---|---|---|

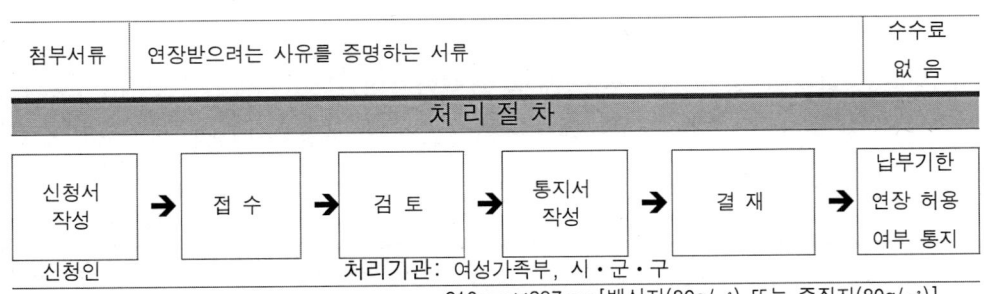

210mm×297mm[백상지(80g/㎡) 또는 중질지(80g/㎡)]

**[서식]** 환각물질 중독 치료 및 재활 기간 연장 요청서

# 환각물질 중독 치료 및 재활 기간 연장 요청서

| 성 명 | | 생년월일 | |
|---|---|---|---|
| 중 독<br>환각물질류 | | | |
| 당초 치료<br>예정 기간 | | | |
| 연장 기간 | | | |
| 연장 이유 | | | |

「청소년 보호법」 제34조의2제3항 후단 및 같은 법 시행령 제31조의5제8항
에 따라 위 사람의 치료 및 재활 기간 연장을 요청합니다.

년          월          일

청소년 환각물질 중독 전문 치료기관의 장:                    서명 또는 인

**여성가족부장관** 귀하

210mm×297mm[백상지 80g/㎡(재활용품)]

# 체육시설의 설치 · 이용에 관한 법률

[시행 2025. 4. 23.] [법률 제20499호, 2024. 10. 22., 일부개정]

## Ⅰ. 개설

### 목적

이 법은 체육시설의 설치·이용을 장려하고, 체육시설업을 건전하게 발전시켜 국민의 건강 증진과 여가 선용(善用)에 이바지하는 것을 목적으로 한다.

## Ⅱ. 판례

**제3조(체육시설의 종류)** 체육시설의 종류는 운동 종목과 시설 형태에 따라 대통령령으로 정한다.

### 도시계획시설사업 실시계획인가 고시처분 무효확인

[대법원 2013. 9. 12. 선고, 2012두12884, 판결]

【판결요지】

[1] 구 국토의 계획 및 이용에 관한 법률(2011.4.14. 법률 제10599호로 개정되기 전의 것) 및 그 시행령(2013.3.23. 대통령령 제24443호로 개정되기 전의 것), 구 도시계획시설의 결정·구조 및 설치기준에 관한 규칙(2011.11.1. 국토해양부령 제394호로 개정되기 전의 것), 체육시설의 설치·이용에 관한 법률 제3조, 그 시행령의 각 규정 형식과 내용, 그리고 도시계획시설사업에 관한 실시계획의 인가처분은 도시계획시설결정에 따른 특정 도시계획시설사업을 구체화하여 현실적으로 실현하기 위한 것이라는 점 등을 종합해 보면, 행정청이 골프장에 관하여 한 도시계획시설결정은 특별한 사정이 없는 한 일반인의 이용에 제공하기 위하여 설치하는 체육시설인 경우에 한하여 적법한 것으로 인정될 수 있고, 행정청이 그 도시계획시설결정에 관한 실시계획을 인가할 때에는 그 실시계획이 법령이 정한 도시계획시설(체육시설)의 결정·구조 및 설치의 기준은 물론이고, 운영방식 등에서 일반인의 이용에 제공하기 위한 체육시설에 해당하는지도 함께 살펴 이를 긍정할 수 있을 때에 한하여 인가할 수 있다고 보아야 한다. 그리고 체육시설이 운영방식 등에서 일반인의 이용에 제공하기 위한 시설에 해당하는지는 그 종류의 시설을 이용하여 체육활동을 하는 일반인의 숫자, 당해 시설의 운영상의 개방성, 시설 이용에 드는 경제적 부담의 정도, 시설의 규모와 공공적 요소 등을 종합적으로 고려하여 그 시설의 이용 가능성이 불특정 다수에게 실질적으로 열려 있는지를 중심으로 판단해야 한다.

[2] 체육시설 중 골프장에 관한 도시계획시설결정에 따라 관할 시장이 甲 주식회사를 사업시행자로 하여 회원제 골프장을 설치하는 내용의 도시계획시설사업 실시계획인가 고시를 한 사안에서, 도시계획시설결정은 일반인의 이용에 제공하기 위하여 설치하는 골프장에 관하여 한 것이라고 인정되는 범위 내에서만 적법한데, 회원제 골프장은 상당한 정도로 고액인 입회비를 내고 회원이 된 사람 이외의 사람에게는 이용이 제한되므로, 특별한 사정이 없는 한 이를 '일반인의 이용에 제공하기 위하여 설치하는 체육시설'이라고 보기는 어려워, 위 도시계획시설사업 실시계획인가는 그 근거가 되는 도시계획시설결정의 적법성이 인정되는 범주를 벗어나는 것으로서 위법하지만, 인가처분 당시 골프장에 관한 도시계획시설결정이 '일반인의 이용에 제공하기 위하여 설치하는 체육시설'인 골프장에 한정되고, 회원제 운영방식의 골프장은 이에 맞지 않아 위법하다는 법리가 명백히 밝혀져 해석에 다툼의 여지가 없었다고 보기는 어려우므로 그 흠이 중대·명백하여 당연무효라고 볼 수는 없다고 한 사례.

## 제10조(체육시설업의 구분·종류) ① 체육시설업은 다음과 같이 구분한다. 〈개정 2018.9.18., 2020.12.8.〉

1. 등록 체육시설업 : 골프장업, 스키장업, 자동차 경주장업
2. 신고 체육시설업 : 요트장업, 조정장업, 카누장업, 빙상장업, 승마장업, 종합 체육시설업, 수영장업, 체육도장업, 골프 연습장업, 체력단련장업, 당구장업, 썰매장업, 무도학원업, 무도장업, 야구장업, 가상체험 체육시설업, 체육교습업, 인공암벽장업

② 제1항 각 호에 따른 체육시설업은 그 종류별 범위와 회원 모집, 시설 규모, 운영 형태 등에 따라 그 세부 종류를 대통령령으로 정할 수 있다

## 공중위생관리법위반

[대법원 2017.7.11, 선고, 2017도2793, 판결]

【판결요지】

[1] 공중위생관리법 제1조, 제2조 제1항 제1호, 제3호 (가)목, (나)목, 제3조 제1항, 제4조 제1항, 제2항, 제20조 제1항 제1호, 공중위생관리법 시행규칙 제2조 [별표 1], 제4조 [별표 2], 제7조 [별표 4]의 문언, 체계와 목적 등에 비추어, 체육시설업자가 체육시설에 딸린 장소에서 체육시설을 이용하는 사람에게 목욕·발한 서비스를 제공하는 것이 공중위생관리법 제3조에서 정한 신고의무를 지는 '목욕장업'에 해당하는지는, 목욕·발한 시설의 내용과 규모, 전체 체육시설에서 목욕·발한 시설이 차지하는 비중, 영업자의 광고·홍보 내역, 해당 서비스를 계속·반복적으로 제공하고 있는지 등을 고려하여 '공중이 이용하는 영업의 위생관리 등에 관한 사항을 규정함으로써 위생수준을 향상시켜 국민의 건강증진에 기여'하고자 하는 공중위생관리법의 입법 목적과 이를 달성하기 위한 시설기준, 위생관리기준 등에 비추어 종합적으로 판단하여야 한다.

[2] 공중위생관리법 제2조 제1항 제3호 단서는 숙박업 영업소에 부설된 욕실 등 대통령령이 정하는 경우를 '목욕장업'에서 제외하고 있고, 그 위임에 따라 공중위생관리법 시행령 제2조 제2항은 목욕장업에서 제외되는 시설로 숙박업 영업소에 부설된 욕실(제1호), 체육시설의 설치·이용에 관한 법률(이하 '체육시설법'이라 한다)에 의한 종합체육시설업의 체온 관리실(제2호), 농어촌정비법에 따른 농어촌 민박사업용 시설에 부속된 욕실, 산림문화·휴양에 관한 법률에 따라 자연휴양림 안에 설치된 시설에 부속된 욕실, 청소년활동진흥법 제10조 제1호에 의한 청소년 수련시설에 부속된 욕실, 관광진흥법 제4조에 따라 등록한 외국인관광 도시민박업용 시설에 부설된 욕실(제3호)을 규정하고 있다.

그러나 위 규정에서 말하는 '종합체육시설업의 체온 관리실'이 아니라 체육시설을 운영하는 사람이 목욕 시설을 설치한 경우에는 공중위생관리법 제2조 제1항 제3호 단서, 공중위생관리법 시행령 제2조 제2항 각호의 시설에 해당한다고 볼 수 없다. 그 이유는 다음과 같다.

목욕장업에서 제외되는 시설인 '숙박업 영업소에 부설된 욕실', '종합체육시설업의 체온 관리실' 등은 숙박업과 종합체육시설업 관련 규정 자체에서 영업자가 준수해야 하는 시설과 수질 등 위생관리기준을 구체적으로 두고 있다. ① 숙박업자의 경우 공중위생관리법 제4조 제7항, 공중위생관리법 시행규칙 제2조 [별표 1] Ⅱ. 개별기준 중 제1호 (나)목은 '객실별로 욕실 또는 샤워실을 설치하여야 한다.'고 규정하고, 같은 법 시행규칙 제7조 [별표 4] 제1호 (나)목은 '욕조수는 [별표 2]의 Ⅰ. 수질기준 중 제2호의 규정에 의한 기준(목욕장 욕조수의 수질기준)에 적합하여야 한다.'고 규정하고 있다. ② 체육시설법 제10조 제1항 제2호, 제2항, 체육시설법 시행령 제6조 [별표 2]에 따르면 '종합체육시설업'은 체육시설법 제10조 제1항 제2호에 따른 신고 체육시설업의 시설 중 실내수영장을 포함한 두 종류 이상의 체육시설을 같은 사람이 한 장소에서 하나의 단위 체육시설로 경영하는 업으로 규정하고 있다. 종합체육시설업자는 수영조 바닥면적과 체력단련장 및 에어로빅장의 운동전용면적을 합한 면적의 15% 이하의 규모로 체온관리실[온수조·냉수조·발한실(땀 내는 방)]을 설치할 수 있는데(체육시설법 제11조 제1항, 체육시설법 시행규칙 제8조 [별표 4]), 체육시설법 제24조, 체육시설법 시행규칙 제23조 [별표 6]에서는 종합체육시설업을 구성하고 있는 해당 체육시설업의 안전·위생기준을 따르도록 하고 있어, 필수시설인 수영장업에 따른 안전·위생관리의무를 부담한다. ③ 나머지 목욕장업 제외 시설들도 관계 법령에서 준수해야 할 위생시설의 설치기준 등을 규정하고 있다. 이와 같이 목욕장업에서 제외되는 시설을 정한 공중위생관리법 시행령 제2조 제2항은 단순히 주된 시설의 이용에 당연히 목욕시설의 이용이 수반된다는 이유만으로 목욕장업에서 제외한 것이 아니라, 이미 다른 관계 법령에 의해서 규율이 이루어지고 있음을 고려한 것이다.

반면, 체육시설법 제11조 제1항, 체육시설법 시행규칙 제8조 [별표 4] 제1호 (나)목 (1)에서는 체육시설법상의 종합체육시설업이 아닌 신고 체육시설업에 대해서는 임의로 설치할 수 있는 편의시설의 하나로 '목욕시설'을 규정하면서도 '관계 법령에 따라' 설치할 수 있다고 정하고 있을 뿐 구체적인 설치기준이나 위생관리기준을 규정하고 있지 않다. 이는 국민 건강위생상 위해의 발생 가능성을 고려해서 공중위생관리법 등에 의한 위생관리기준에 따른 규율을 예정하고 있는 것이다.

**제20조(체육시설업의 신고)** ① 제10조제1항제2호에 따른 체육시설업을 하려는 자는 제11조에 따른 시설을 갖추어 문화체육관광부령으로 정하는 바에 따라 특별자치시장·특별자치도지사·시장·군수 또는 구청장에게 신고하여야 한다. 〈개정 2008.2.29., 2009.3.18., 2016.2.3.〉

② 제1항에 따라 체육시설업의 신고를 한 자가 신고 사항을 변경한 때에는 문화체육관광부령으로 정하는 바에 따라 특별자치시장·특별자치도지사·시장·군수 또는 구청장에게 신고하여야 한다. 〈신설 2016.2.3.〉

③ 특별자치시장·특별자치도지사·시장·군수 또는 구청장은 제1항에 따른 신고를 받은 경우에는 신고를 받은 날부터 7일 이내에, 제2항에 따른 변경신고를 받은 경우에는 변경신고를 받은 날부터 5일 이내에 신고수리 여부를 신고인에게 통지하여야 한다. 〈신설 2017.3.21.〉

④ 특별자치시장·특별자치도지사·시장·군수 또는 구청장이 제3항에서 정한 기간 내에 신고수리 여부나 민원 처리 관련 법령에 따른 처리기간의 연장 여부를 신고인에게 통지하지 아니하면 그 기간이 끝난 날의 다음 날에 신고를 수리한 것으로 본다. 〈신설 2017.3.21.〉

## 학원등록거부처분등취소(제2종 근린생활시설에서 국제표준무도를 교습하는 댄스학원을 운영한 것이 건축물의 불법 용도변경에 해당하는지가 다투어진 사건)

[대법원 2018. 6. 28., 선고, 2013두15774, 판결]

**【판결요지】**

[1] '무용'이나 '댄스스포츠'를 교습하는 학원이 학원의 설립·운영 및 과외교습에 관한 법률(이하 '학원법'이라 한다)에서 규율하는 학원에 해당함은 분명하다. 초·중등교육법 제23조에 따른 학교교육과정에 포함되어 있는 '무용'이나 '댄스스포츠'를 교습하는 학원은 학원법상 학교교과교습학원으로서 예능분야 내 예능 계열에서 무용을 교습하는 학원에 해당한다. 학교교과교습학원 외에 평생교육이나 직업교육을 목적으로 '무용'이나 '댄스스포츠'를 교습하는 학원은 학원법상 기예 분야 내 기예 계열의 평생직업교육학원에 해당한다.

학원의 설립·운영 및 과외교습에 관한 법률 시행령 제3조의3 제1항 [별표 2] 학원의 종류별 교습과정 중 평생직업교육학원의 교습과정에 속하는 댄스에 관하여 '체육시설의 설치·이용에 관한 법률에 따른 무도학원업 제외'라는 단서 규정은 그 규정의 체계와 위치를 고려하면, 댄스를 교습하는 평생직업교육학원의 범위만을 제한하고 있을 뿐이고 무용을 교습하는 학교교과교습학원의 범위는 제한하지 않고 있다고 볼 수 있다. 따라서 국제표준무도를 교습하는 학원을 설립·운영하려는 자가 학원법상 학교교과교습학원으로 등록하려고 할 때에, 관할 행정청은 그 학원이 학원법에 따른 학교교과교습학원의 등록 요건을 갖춘 이상 등록의 수리를 거부할 수 없다고 보아야 한다.

[2] 건축물 용도 규정을 비롯한 관련 규정의 내용, 체계, 취지를 고려하면 건축법이 무도학원을 다른 학원과 별도로 위락시설로 분류하는 취지는 무도학원이 선량한 풍속을 해칠 우려가 크다는 점을 중요하게 고려하고 있는 것으로 볼 수 있다. 따라서 건축법상 위락시설의 일종인 무도학원은 원칙적으로 유료로 무도(춤)의 교습이 이루어지는 시설을 지칭한다고 볼 수 있다. 다만 교습 대상과 내용, 교습 시설의 설립·운영에 대한 관련 법령의 규정 내용과 취지, 풍속 관련 법령의 규제 대상 등을 종합적으로 살펴볼 때 선량한 풍속을 해칠 우려가 없다고 인정되는 경우에는 예외적으로 건축법상 위락시설의 일종인 무도학원에 해당하지 않는다고 봄이 타당하다.

학원의 설립·운영 및 과외교습에 관한 법률(이하 '학원법'이라 한다) 제5조는 학원설립·운영자에게 학원의 교육환경을 깨끗하게 유지·관리할 의무를 부과하고, 동일한 건축물 안에서 '학교교과교습학원'과 유해업소[원칙적으로 구 학교보건법(2016. 2. 3. 법률 제13946호로 개정되기 전의 것, 이하 같다)에 정한 학교환경위생 정화구역에서 금지되는 행위를 하거나 시설을 갖춘 영업소를 말한다]의 혼재를 금지하거나 제한하고 있다. 또한 학원법에 의한 학원은 풍속영업의 규제에 관한 법률, 청소년 보호법, 구 학교보건법 등 풍속 관련 법령의 규제 대상에서 제외되어 있다. 이러한 관계 법령의 규정 내용과 체계를 종합하면, 학원법상 학교교과교습학원에서는 초·중등교육법에 따른 학교교육과정에 포함되어 있거나 그 밖에 선량한 풍속을 침해할 우려가 없는 댄스 과목만을 교습할 수 있고, 학원법상 학원에서는 청소년을 대상으로 선량한 풍속을 해칠 우려가 있는 댄스 과목을 교습할 수 없다고 보아야 한다. 따라서 적어도 학원법상 학교교과교습학원의 등록 요건에 해당하면 건축법상 위락시설의 일종인 무도학원에는 해당하지 않는다.

**제27조(체육시설업 등의 승계)** ① 체육시설업자가 사망하거나 그 영업을 양도한 때 또는 법인인 체육시설업자가 합병한 때에는 그 상속인, 영업을 양수한 자 또는 합병 후 존속하는 법인이나 합병(合倂)에 따라 설립되는 법인은 그 체육시설업의 등록 또는 신고에 따른 권리·의무(제17조에 따라 회원을 모집한 경우에는 그 체육시설업자와 회원 간에 약정한 사항을 포함한다)를 승계한다.

② 다음 각 호의 어느 하나에 해당하는 절차에 따라 문화체육관광부령으로 정하는 체육시설업의 시설 기준에 따른 필수시설을 인수한 자에게는 제1항을 준용한다. 〈개정 2008.2.29., 2010.3.31., 2016.12.27., 2023. 8. 8.〉

1. 「민사집행법」에 따른 경매
2. 「채무자 회생 및 파산에 관한 법률」에 따른 환가(換價)

3. 「국세징수법」、「관세법」 또는 「지방세징수법」에 따른 압류 재산의 매각

4. 그 밖에 제1호부터 제3호까지의 규정에 준하는 절차

③ 제12조에 따른 사업계획 승인의 승계에 관하여는 제1항과 제2항을 준용한다.

## 입회금반환
[대법원 2019. 9. 10., 선고, 2018다237473, 판결]

【판결요지】

체육시설의 설치·이용에 관한 법률(이하 '체육시설법'이라 한다) 제27조는 영업주체의 변동에도 불구하고 사업의 인허가와 관련하여 형성된 공법상 관리체계를 유지시키고 체육시설업자와 이용관계를 맺은 다수 회원의 이익을 보호하는 데 입법 취지가 있다. 특히 체육시설법 제27조 제2항은 같은 조 제1항의 영업양도에는 해당하지 않더라도 제2항 각호에서 정하는 민사집행법에 따른 경매 등 절차에 따라 문화체육관광부령으로 정하는 체육시설업의 시설 기준에 따른 필수시설(이하 '체육필수시설'이라 한다)의 소유권이 이전되어 체육시설업의 영업 주체가 변경되는 때에도 제1항을 준용하려는 것이 그 입법 취지이다.

체육시설법 제11조 제1항, 제27조 제1항, 제2항, 체육시설의 설치·이용에 관한 법률 시행규칙 제8조 [별표 4] 등의 규정 내용과 체육시설법 제27조의 입법 취지 등에 비추어, 당초에는 어떠한 시설이 체육시설법 제27조 제2항에서 정한 체육필수시설에 해당하였지만, 이를 구성하던 일부 시설이 노후화되거나 철거되는 등으로 남은 시설로는 본래 용도에 따른 기능을 상실하여 이를 이용해서 종전 체육시설업을 영위할 수 없는 정도에 이르렀고 체육시설업의 영업 실질이 남아 있지 않게 된 경우에는 그 시설은 더는 체육시설법 제27조 제2항에서 정한 체육필수시설에 해당한다고 볼 수 없다. 이러한 시설이 민사집행법에 따른 경매 등 체육시설법 제27조 제2항 각호에서 정한 절차에 따라 매각된다고 하더라도 체육시설법 제27조 제2항은 적용되지 않으므로 그 시설을 매수한 사람은 기존 체육시설업자의 회원에 대한 권리·의무를 승계한다고 볼 수 없다.

## 계약금반환청구의소
[대법원 2016.6.9, 선고, 2015다222722, 판결]

【판결요지】

[1] 체육시설의 설치·이용에 관한 법률(이하 '체육시설법'이라 한다) 제2조 제4호에서는 "회원이란 체육시설업의 시설을 일반이용자보다 우선적으로 이용하거나 유리한 조건으로 이용하기로 체육시설업자와 약정한 자를 말한다."라고 규정하고 있을 뿐, 회원의 자격에 관하여 특별한 제한을 두고 있지 않다. 또 골프장 등 체육시설업자와 이용자가 체결하는 입회계약은 원칙적으로 낙성계약으로서 입회금의 지급을 성립요건으로 하지 아니한다. 한편 체육시설법 제27조는 영업주체의 변동에도 불구하고 사업의 인허가와 관련하여 형성된 공법상의 관리체계를 유지시키고 체육시설업자와 이용관계를 맺은 다수 회원들의 이익을 보호하는 데 취지가 있는 점 등을 고려할 때, 입회계약이 종료되거나 해제 또는 해지로 소멸하였더라도 체육시설업자와 회원 사이에 이루어진 약정이나 원상회복에 따른 권리·의무가 남아 있는 이상 그러한 권리·의무

역시 승계의 대상이 된다. 이와 같은 여러 사정을 종합하면, 체육시설법 제27조에 따라 승계 대상이 되는 '체육시설업자와 회원 간에 약정한 사항'에는 입회계약을 체결한 후 계약금만 지급하고 입회금을 완납하지 않은 상태에서 체육시설업의 승계가 이루어지기 전에 입회계약을 해제한 회원들에 대한 계약금반환의무도 포함된다.

[2] 당사자 일방이 계약을 해제한 때에는 각 당사자는 상대방에 대하여 원상회복의무가 있고, 이 경우 반환할 금전에는 받은 날부터 이자를 가산하여 지급하여야 한다. 여기서 가산되는 이자는 원상회복의 범위에 속하는 것으로서 일종의 부당이득반환의 성질을 가지는 것이고 반환의무의 이행지체로 인한 지연손해금이 아니다.

## III. 벌칙

**제38조(벌칙)** ① 다음 각 호의 어느 하나에 해당하는 자는 3년 이하의 징역 또는 3천만원 이하의 벌금에 처한다. 〈개정 2018.10.16.〉

1. 제12조에 따른 사업계획의 승인을 받지 아니하고 등록 체육시설업의 시설을 설치한 자
2. 제19조제1항 또는 제2항에 따른 등록(변경등록은 제외한다)을 하지 아니하고 체육시설업의 영업을 한 자

② 다음 각 호의 어느 하나에 해당하는 자는 1년 이하의 징역 또는 1천만원 이하의 벌금에 처한다. 〈개정 2008.2.29., 2016.2.3., 2018.10.16., 2023. 8. 8.〉

1. 제20조제1항에 따른 신고를 하지 아니하고 체육시설업(문화체육관광부령으로 정하는 소규모 업종은 제외한다)의 영업을 한 자
1의2. 제21조의2제2항을 위반하여 예약한 체육시설 이용권등을 부정판매한 자
2. 제24조제1항에 따른 안전·위생 기준을 위반한 자
3. 제32조제2항에 따른 영업 폐쇄명령 또는 정지명령을 받고 그 체육시설업(제1호에 따라 문화체육관광부령으로 정하는 소규모 업종은 제외한다)의 영업을 한 자

③ 제1항 및 제2항에 따른 징역과 벌금은 병과(倂科)할 수 있다.

**제39조(양벌규정)** 법인의 대표자나 법인 또는 개인의 대리인, 사용인, 그 밖의 종업원이 그 법인 또는 개인의 업무에 관하여 제38조의 위반행위를 하면 그 행위자를 벌하는 외에 그 법인 또는 개인에게도 해당 조문의 벌금형을 과(科)한다. 다만, 법인 또는 개인이 그 위반행위를 방지하기 위하여 해당 업무에 관하여 상당한 주의와 감독을 게을리하지 아니한 경우에는 그러하지 아니하다.

[전문개정 2009.3.18.]

**제40조(과태료)** ① 다음 각 호의 어느 하나에 해당하는 자에게는 100만원 이하의 과태료를 부과한다. 〈개정 2008.2.29., 2015.2.3., 2016.2.3. 2020.12.8., 2024. 10. 22.〉

1. 제4조의5제3항에 따른 시설물의 보수·보강 등 필요한 조치에 대한 이행 및 시정 명령을 준수하지 아니한 체육시설의 소유자와 체육시설업자
2. 제19조제1항에 따른 변경등록을 하지 아니하고 영업을 한 자
3. 제23조에 따른 체육지도자를 배치하지 아니하거나 체육지도자 자격이 없는 자를 배치한 자
4. 제26조에 따른 보험에 가입하지 아니한 자
5. 제29조제3항에 따른 휴업 또는 폐업 사실을 휴업 또는 폐업 예정일 14일 전까지 같은 항 각 호의 이용자에게 통지하지 아니한 자
6. 제20조제1항에 따른 신고를 하지 아니하고 제38조제2항제1호에 따라 문화체육관광부령으로 정하는 소규모 업종의 체육시설업의 영업을 한 자
7. 제32조제2항에 따른 영업 폐쇄명령 또는 정지명령을 받고 제38조제2항제1호에 따라 문화체육관광부령으로 정하는 소규모 업종의 체육시설업의 영업을 한 자

② 제1항에 따른 과태료는 대통령령으로 정하는 바에 따라 시·도지사, 시장·군수 또는 구청장이 부과·징수한다.

③ 삭제 〈2009.3.18.〉

④ 삭제 〈2009.3.18.〉

⑤ 삭제 〈2009.3.18.〉

# Ⅳ. 기재례

## 【범죄사실 기재례】

1. 피의자는 ○○체육관이라는 상호로 체육도장업을 경영하고 있다.

    피의자는 관할관청에 신고하지 않고, 20○○. ○. ○.경부터 20○○. ○. ○.경까지 사이에 ○○시 ○○동 ○○번지에 있는 위 ○○체육관에서 김○○ 외 20명의 수강생으로부터 수강료명목으로 월 ○○만원씩을 받고 태권도의 이론 및 실기를 가르침으로써 신고없이 체육도장업을 영위하였다.

2. 피의자는 ○○시 ○○동 ○○번지에서 ○○당구장이라는 상호로 당구장업을 영위하고 있다.

　피의자는 20○○. ○. ○. 13:00경 같은 날 19:30경까지 피의자가 경영하는 위 당구장에서 조○○외 3명이 화투장을 이용하여 한판에 5만원씩을 걸고 속칭 '식스볼' 게임이라는 도박을 하도록 조장하였다.

## 【범죄사실 기재례】

피의자는 ○○시 ○○동 ○○번지에서 ○○골프장이라는 상호로 골프장을 경영하고 있다. 피의자는 골프장을 영위하고자 하는 자는 영업을 개시하기 전에 ○○시장에게 등록을 하여야 함에도 불구하고, 20○○. ○. ○.경부터 20○○. ○. ○.경까지 사이에 있는 위 장소에서 체육시설업의 등록없이 건외 김○○외 300명의 회원을 모집하여 회비명목으로 월30만원씩 받고 골프장업을 영위하였다.

**[서식]** 체육시설업 등록증

제   호

# 체육시설업 등록증

1. 상호:

2. 영업소 소재지:

3. 성명(대표자):                    (생년월일:              )

4. 업종:

「체육시설의 설치·이용에 관한 법률」 제19조와 같은 법 시행령 제20조제2항에 따라 위와 같이 등록하였음을 증명합니다.

년      월      일

특별시장·광역시장·
특별자치시장·도지사·
특별자치도지사                    | 직인 |

210mm×297mm[백상지(150g/㎡)]

**[서식] 체육시설업 신고증명서**

제    호


# 체육시설업 신고증명서


1. 상호:

2. 영업소 소재지:

3. 성명(대표자):              (생년월일:              )

4. 주소

5. 업종:


　「체육시설의 설치·이용에 관한 법률」 제20조에 따라 위와 같이 신고하였음을 증명합니다.


년    월    일


특별자치시장·특별자치도지사·
시장·군수·구청장

| 직인 |

# 총포·도검·화약류 등의 안전관리에 관한 법률

[시행 2021. 1. 1.] [법률 제17689호, 2020. 12. 22., 타법개정]

## Ⅰ. 개설

### 목적

이 법은 총포·도검·화약류·분사기·전자충격기·석궁의 제조·판매·임대·운반·소지·사용과 그 밖에 안전관리에 관한 사항을 정하여 총포·도검·화약류·분사기·전자충격기·석궁으로 인한 위험과 재해를 미리 방지함으로써 공공의 안전을 유지하는 데 이바지함을 목적으로 한다.

## Ⅱ. 판례

**제10조(소지의 금지)** 누구든지 다음 각 호의 어느 하나에 해당하는 경우를 제외하고는 허가 없이 총포·도검·화약류·분사기·전자충격기·석궁을 소지하여서는 아니 된다.

1. 법령에 따라 직무상 총포·도검·화약류·분사기·전자충격기·석궁을 소지하는 경우
2. 제조업자가 자신이 제조한 총포·도검·화약류·분사기·전자충격기·석궁을 소지하는 경우
3. 제4조제3항 단서에 따라 화약류를 제조한 자가 자신이 제조한 화약류를 소지하는 경우
4. 판매업자가 총포·도검·화약류·분사기·전자충격기·석궁을 소지하는 경우
5. 총포 판매업자가 제6조제2항 단서에 따라 판매하는 총포의 실탄 또는 공포탄을 소지하는 경우

5의2. 임대업자가 총포·도검·분사기·전자충격기·석궁을 소지하는 경우

6. 제9조제1항 또는 제2항에 따라 수출입허가를 받은 자가 그 총포·도검·화약류·분사기·전자충격기를 소지하는 경우
7. 제18조제1항에 따른 화약류의 사용허가를 받은 자(제18조제1항 단서에 따라 사용허가를 받지 아니하여도 되는 자를 포함한다)가 그 화약류를 소지하는 경우
8. 제21조제1항에 따른 화약류의 양수허가를 받은 자(제21조제1항 단서에 따

라 양수허가를 받지 아니하여도 되는 자를 포함한다)가 그 화약류를 소지하는 경우

9. 제2호부터 제8호까지의 어느 하나에 해당하는 자의 종업원이 그 직무상 총포·도검·화약류·분사기·전자충격기·석궁을 소지하는 경우

10. 대통령령으로 정하는 자가 총포·도검·화약류·분사기·전자충격기·석궁을 소지하는 경우

[전문개정 2015.1.6.]

## 총포·도검·화약류등단속법위반
[대법원 2017.12.7, 선고, 2017도10122, 판결]

### 【판결요지】

구 총포·도검·화약류 등 단속법(2015. 1. 6. 법률 제12960호로 개정되기 전의 것, 이하 '구 총검단속법'이라고 한다) 제10조는 허가 없이 화약류 등을 소지할 수 있는 경우로서 제1호에서 '법령에 의하여 직무상 화약류 등을 소지하는 경우'를 규정하고 그와 병렬적으로 제2호 내지 제9호에서 구 총검단속법이 정한 화약류 등의 제조업자, 판매업자, 수출입허가를 받은 사람 등과 그 종업원이 소지하는 경우를 들고 있다. 그런데 구 총검단속법 제10조 제1호가 규정한 '법령'에 구 총검단속법이 포함된다고 해석하면 제2호 내지 제9호에서 들고 있는 구 총검단속법의 각 규정에 의하여 화약류 등을 소지하는 경우는 모두 제1호에 의하여 '법령에 의하여 직무상 화약류 등을 소지하는 경우'에 해당하게 되므로 제2호 내지 제9호를 제1호와 별도로 규정한 의의가 없게 된다. 그러므로 구 총검단속법 제10조 제1호에서 규정하는 '법령'이란 구 총검단속법이 아닌 다른 법령에 의하여 화약류 소지를 허용하는 경우를 의미한다고 해석하는 것이 체계적·논리적 해석 방법이다.

원래 구 총포화약류단속법(1981. 1. 10. 법률 제3354호로 전부 개정되기 전의 것, 이하 같다) 제12조는 허가를 받지 아니하고 화약류를 소지할 수 있는 사람으로 제조업자, 판매업자, 수출입업자, 허가를 받을 필요가 없다고 대통령령으로 지정된 자 등을 규정하였다. 그리고 위 규정의 위임을 받은 같은 법 시행령(1970. 3. 4. 대통령령 제4702호로 전부 개정되기 전의 것) 제41조는 "법 제12조 제6호의 규정에 의하여 '허가를 받지 아니하고 화약류를 소지할 수 있는 자'라 함은 '법률의 규정에 의하여 직무상 화약류를 소지하는 자'를 말한다."라고 규정하였고, 제43조 제4호는 '제41조에 규정된 자가 그 소지한 화약류를 사용할 때'는 사용허가를 받지 아니하고 화약류를 사용할 수 있다고 규정하였다. 그런데 구 총포화약류단속법이 1981. 1. 10. 법률 제3354호로 총포·도검·화약류단속법으로 전부 개정되면서 위 시행령 제41조(1970. 3. 4. 전부 개정으로 제39조로 변경되었다) 중 '법률의 규정에 의하여 직무상 화약류를 소지하는 자' 부분이 위 총포·도검·화약류단속법 제10조 제1호에 '법령에 의하여 직무상 총포·도검·화약류를 소지하는 경우'로 직접 규정되었고, 구 총포·도검·화약류단속법 시행령(1981. 11. 6. 대통령령 제10618호로 전부 개정된 것) 제21조 제4호는 사용허가를 받지 아니하고 화약류를 사용할 수 있는 자로 '법령에 의하여 직무상 화약류를 소지하는 자'라는 규정을 두었다.

이러한 구 총포화약류단속법 및 시행령의 개정 연혁에 비추어 보면, 구 총검단속법 제10조 제1호와 구 총포·도검·화약류 등 단속법 시행령(2016. 1. 6. 대통령령 제26858호로 개정되기 전의 것, 이하 '시행령'이라고 한다) 제15조 제4호는 원래 동일한 문언에서 비롯된 것임이 분명하므로, 시행령 제15조 제4호에서 규정한 '법령'은 구 총검단속법 제10조 제1호에서의 '법령'과 마찬가지로 구 총검단속법이 아닌 다른 법령으로 해석하는 것이 옳다.

이와 달리 시행령 제15조 제4호에서 규정한 '법령'에 구 총검단속법도 포함된다고 해석하게 되면 구 총검단속법 제10조에 의하여 허가 없이 화약류 소지가 가능한 제조업자(제2호), 판매업자(제4호), 수출입업자(제6호), 양수업자(제8호) 및 그 종업원(제9호) 등은 사용허가를 받지 아니하고 화약류를 발파·연소하더라도 언제나 처벌할 수 없게 되고, 특히 '제18조 제1항 단서에 의하여 사용허가를 받지 아니하여도 되는 사람'(제7호)은 허가 없이 화약류를 소지할 수 있고, 이러한 사람은 다시 시행령 제15조 제4호에 의하여 허가 없이 화약류를 사용할 수 있는 사람에 해당하게 되어 순환론의 오류에 빠지게 된다.

이와 같은 구 총검단속법 및 시행령 규정의 내용 및 체재, 개정 연혁과 각 규정의 입법 취지와 목적 등을 고려하여 시행령 제15조 제4호의 문언의 의미를 체계적·논리적으로 해석하면, 구 총검단속법 제10조 제2호 내지 제9호에 의하여 허가 없이 화약류를 소지할 수 있는 경우는 시행령 제15조 제4호에서 규정한 '법령에 의하여 직무상 화약류를 소지할 수 있는 사람'에 포함되지 않는다고 해석함이 타당하다.

**제18조(화약류의 사용)** ① 화약류를 발파하거나 연소시키려는 자는 행정안전부령으로 정하는 바에 따라 화약류의 사용장소를 관할하는 경찰서장의 화약류 사용허가를 받아야 한다. 다만, 「광업법」에 따라 광물을 채굴하는 자와 그 밖에 대통령령으로 정하는 자는 그러하지 아니하다. 〈개정 2017.7.26.〉

② 제1항 본문에 따른 화약류의 사용허가를 받은 자(이하 "화약류사용자"라 한다)가 그 화약류를 허가받은 용도와 다른 용도로 사용하려는 경우에는 제1항 본문에 따른 화약류의 사용허가를 다시 받아야 한다.

③ 경찰서장은 화약류 사용의 목적·장소·일시·수량 또는 방법이 적당하지 아니하거나 공공의 안전유지에 지장이 있다고 인정되는 경우에는 제1항 또는 제2항의 허가를 하여서는 아니 된다.

④ 화약류의 발파와 연소는 대통령령으로 정하는 기술상의 기준에 따라야 한다.

⑤ 제1항 및 제2항에 따른 화약류 사용허가를 받으려는 자의 결격사유에 관하여는 제13조제1항 또는 제2항을 준용한다.

[전문개정 2015.1.6.]

## 총포 · 도검 · 화약류등단속법위반 · 총포 · 도검 · 화약류등의 안전관리에관한법률위반 · 업무상실화

[대법원 2017. 12. 7. 선고, 2017도10122, 판결]

【판결요지】

[1] 형벌법규는 문언에 따라 엄격하게 해석 · 적용하여야 하고 피고인에게 불리한 방향으로 지나치게 확장해석하거나 유추해석하여서는 안 된다. 그러나 형벌법규를 해석할 때에도 가능한 문언의 의미 내에서 해당 규정의 입법 취지와 목적 등을 고려한 법률체계적 연관성에 따라 그 문언의 논리적 의미를 분명히 밝히는 체계적 · 논리적 해석 방법은 그 규정의 본질적 내용에 가장 접근한 해석을 하기 위한 것으로 죄형법정주의의 원칙에 부합한다.

[2] 구 총포 · 도검 · 화약류 등 단속법(2015. 1. 6. 법률 제12960호로 개정되기 전의 것, 이하 '구 총검단속법'이라고 한다) 제10조는 허가 없이 화약류 등을 소지할 수 있는 경우로서 제1호에서 '법령에 의하여 직무상 화약류 등을 소지하는 경우'를 규정하고 그와 병렬적으로 제2호 내지 제9호에서 구 총검단속법이 정한 화약류 등의 제조업자, 판매업자, 수출입허가를 받은 사람 등과 그 종업원이 소지하는 경우를 들고 있다. 그런데 구 총검단속법 제10조 제1호가 규정한 '법령'에 구 총검단속법이 포함된다고 해석하면 제2호 내지 제9호에서 들고 있는 구 총검단속법의 각 규정에 의하여 화약류 등을 소지하는 경우는 모두 제1호에 의하여 '법령에 의하여 직무상 화약류 등을 소지하는 경우'에 해당하게 되므로 제2호 내지 제9호를 제1호와 별도로 규정한 의의가 없게 된다. 그러므로 구 총검단속법 제10조 제1호에서 규정하는 '법령'이란 구 총검단속법이 아닌 다른 법령에 의하여 화약류 소지를 허용하는 경우를 의미한다고 해석하는 것이 체계적 · 논리적 해석 방법이다.

원래 구 총포화약류단속법(1981. 1. 10. 법률 제3354호로 전부 개정되기 전의 것, 이하 같다) 제12조는 허가를 받지 아니하고 화약류를 소지할 수 있는 사람으로 제조업자, 판매업자, 수출입업자, 허가를 받을 필요가 없다고 대통령령으로 지정된 자 등을 규정하였다. 그리고 위 규정의 위임을 받은 같은 법 시행령(1970. 3. 4. 대통령령 제4702호로 전부 개정되기 전의 것) 제41조는 "법 제12조 제6호의 규정에 의하여 '허가를 받지 아니하고 화약류를 소지할 수 있는 자'라 함은 '법률의 규정에 의하여 직무상 화약류를 소지하는 자'를 말한다."라고 규정하였고, 제43조 제4호는 '제41조에 규정된 자가 그 소지한 화약류를 사용할 때'는 사용허가를 받지 아니하고 화약류를 사용할 수 있다고 규정하였다.

그런데 구 총포화약류단속법이 1981. 1. 10. 법률 제3354호로 총포 · 도검 · 화약류단속법으로 전부 개정되면서 위 시행령 제41조(1970. 3. 4. 전부 개정으로 제39조로 변경되었다) 중 '법률의 규정에 의하여 직무상 화약류를 소지하는 자' 부분이 위 총포 · 도검 · 화약류단속법 제10조 제1호에 '법령에 의하여 직무상 총포·도검·화약류를 소지하는 경우'로 직접 규정되었고, 구 총포·도검·화약류단속법 시행령(1981. 11. 6. 대통령령 제10618호로 전부 개정된 것) 제21조 제4호는 사용허가를 받지 아니하고 화약류를 사용할 수 있는 자로 '법령에 의하여 직무상 화약류를 소지하는 자'라는 규정을 두었다.

이러한 구 총포화약류단속법 및 시행령의 개정 연혁에 비추어 보면, 구 총검단속법 제10조 제1호와 구 총포·도검·화약류 등 단속법 시행령(2016. 1. 6. 대통령령 제26858호로 개정되기 전의 것, 이하 '시행령'이라고 한다) 제15조 제4호는 원래 동일한 문언에서 비롯된 것임이 분명하므로, 시행령 제15조 제4호에서 규정한 '법령'은 구 총검단속법 제10조 제1호에서의 '법령'과 마찬가지로 구 총검단속법이 아닌 다른 법령으로 해석하는 것이 옳다. 이와 달리 시행령 제15조 제4호에서 규정한 '법령'에 구 총검단속법도 포함된다고 해석하게 되면 구 총검단속법 제10조에 의하여 허가 없이 화약류 소지가 가능한 제조업자(제2호), 판매업자(제4호), 수출입업자(제6호), 양수업자(제8호) 및 그 종업원(제9호) 등은 사용허가를 받지 아니하고 화약류를 발파·연소하더라도 언제나 처벌할 수 없게 되고, 특히 '제18조 제1항 단서에 의하여 사용허가를 받지 아니하여도 되는 사람'(제7호)은 허가 없이 화약류를 소지할 수 있고, 이러한 사람은 다시 시행령 제15조 제4호에 의하여 허가 없이 화약류를 사용할 수 있는 사람에 해당하게 되어 순환론의 오류에 빠지게 된다.

이와 같은 구 총검단속법 및 시행령 규정의 내용 및 체재, 개정 연혁과 각 규정의 입법 취지와 목적 등을 고려하여 시행령 제15조 제4호의 문언의 의미를 체계적·논리적으로 해석하면, 구 총검단속법 제10조 제2호 내지 제9호에 의하여 허가 없이 화약류를 소지할 수 있는 경우는 시행령 제15조 제4호에서 규정한 '법령에 의하여 직무상 화약류를 소지할 수 있는 사람'에 포함되지 않는다고 해석함이 타당하다.

**제21조(양도·양수 등의 제한)** ① 화약류를 양도하거나 양수하려는 자는 행정안전부령으로 정하는 바에 따라 그 주소지 또는 화약류의 사용장소를 관할하는 경찰서장의 허가를 받아야 한다. 다만, 다음 각 호의 어느 하나에 해당하는 경우에는 그러하지 아니하다. 〈개정 2015.7.24., 2017.7.26.〉

1. 제조업자가 제조할 목적으로 화약류를 양수하거나 제조한 화약류를 양도하는 경우
2. 판매업자가 판매할 목적으로 화약류를 양도하거나 양수하는 경우
3. 화약류의 수출입허가를 받은 자가 그 수출입과 관련하여 화약류를 양도하거나 양수하는 경우
4. 총포의 소지허가를 받은 자가 수렵 또는 사격을 하기 위하여 대통령령으로 정하는 수량 이하의 화약류를 양수하는 경우(제6조제2항 단서에 따라 총포 판매업자로부터 양수하는 경우만 해당한다)
5. 「광업법」에 따라 광물을 채굴하는 자가 그 광물의 채굴을 목적으로 대통

　　령령으로 정하는 수량 이하의 화약류를 양수하는 경우

　6. 화약류의 제조업·판매업 또는 화약류 저장소를 양도하거나 양수하는 경우

② 경찰서장은 화약류의 양도·양수 목적이 분명하지 아니하거나 공공의 안전유지에 지장이 있다고 인정되는 경우에는 제1항의 허가를 하여서는 아니된다.

③ 화약류의 제조업자, 판매업자 또는 수입허가를 받은 자는 제1항 본문에 따라 양수허가를 받은 자와 제1항 단서에 따라 양수허가를 받지 아니하여도 되는 자 외의 자에게 화약류를 양도하여서는 아니 되며, 누구든지 제조업자, 판매업자 또는 수입허가를 받은 자와 제1항 본문에 따라 양도허가를 받은 자 외의 자로부터 화약류를 양수하여서는 아니 된다.

④ 총포·도검·분사기·전자충격기·석궁의 제조업자, 판매업자, 임대업자, 수입허가를 받은 자 및 소지허가를 받은 자는 총포·도검·분사기·전자충격기·석궁의 제조업자, 판매업자, 수출허가를 받은 자 및 소지허가를 받은 자 외의 자에게 총포·도검·분사기·전자충격기·석궁을 양도하여서는 아니 되며, 이들로부터 총포·도검·분사기·전자충격기·석궁을 양수하여서도 아니 된다. 다만, 총포·도검·분사기·전자충격기·석궁의 제조업 또는 판매업을 양도·양수하는 경우에는 그러하지 아니하다.

⑤ 총포·도검·분사기·전자충격기·석궁의 제조업자, 판매업자, 수출입허가를 받은 자 및 소지허가를 받은 자는 총포·도검·분사기·전자충격기·석궁을 다른 자에게 빌려주어서는 아니 되며, 다른 자로부터 그것을 빌려서도 아니 된다.

## 총포·도검·화약류등단속법위반
[대법원 2014. 9. 25., 선고, 2014도3507, 판결]

【판결요지】
총포·도검·화약류 등 단속법(이하 '총포등단속법'이라 한다) 제21조 제5항은 "총포·도검·분사기·전자충격기·석궁의 제조업자·판매업자, 수출허가 또는 수입허가를 받은 사람이나 소지허가를 받은 사람은 총포·도검·분사기·전자충격기·석궁을 다른 사람에게 각각 빌려 주어서는 아니 되며, 또한 다른 사람으로부터 그것을 각각 빌려서도 아니 된다."고 규정하고 있다. 위 규정의 취지와 내용 및 총포등단속법 전체 규정의 체계를 고려하여 볼 때, 여기서 '빌려 준다'는 것은 양도 외에 반환을 예정하고 해당 총포·도검·분사기·전자충격기·석궁을 소지하여서는 아니되는 사람으로 하여금 이를 소지하게 하는 행위를 의미한다.
그리고 '총포등단속법'에서 말하는 '소지'란 위 법에 정한 물건의 보관에 관하여 실력지배관계를 가지는 것을 말한다(대법원 1999. 8. 20. 선고 98도1304 판결 참조).

## Ⅲ. 벌칙

**제70조(벌칙)** ① 다음 각 호의 어느 하나에 해당하는 자는 3년 이상 15년 이하의 징역 또는 3천만원 이상 1억원 이하의 벌금에 처한다.

1. 수출하기 위한 목적으로 제3조제4항에 따라 구조 및 성능기준을 적용하지 아니하고 제조된 총포(권총·소총·기관총·포·엽총·공기총만 해당한다)를 국내에 판매하거나 유출시킨 자
2. 총포(권총·소총·기관총·포·엽총·공기총만 해당한다)에 관하여 제4조제1항·제3항, 제6조제1항·제2항, 제9조제1항 또는 제12조제1항을 위반한 자

② 제1항의 죄의 미수범은 처벌한다.

[전문개정 2018.9.18.]

**제70조의2(벌칙)** ① 다음 각 호의 어느 하나에 해당하는 자는 10년 이하의 징역 또는 5천만원 이하의 벌금에 처한다.

1. 수출하기 위한 목적으로 제3조제4항에 따라 구조 및 성능기준을 적용하지 아니하고 제조된 총포(권총·소총·기관총·포·엽총·공기총은 제외한다)·도검·화약류·분사기·전자충격기 또는 석궁을 국내에 판매하거나 유출시킨 자
2. 총포(권총·소총·기관총·포·엽총·공기총은 제외한다) 및 화약류에 관하여 제4조제1항·제3항, 제6조제1항·제2항, 제9조제1항 또는 제12조제1항·제2항을 위반한 자
3. 제12조제3항(총포만 해당한다)을 위반한 자

② 제1항의 죄의 미수범은 처벌한다.

[본조신설 2018.9.18.]

**제70조의3(상습범)** 총포에 관하여 상습적으로 제70조 및 제70조의2의 죄를 범한 자는 그 죄에 정한 형의 2분의 1까지 가중한다.

[본조신설 2018.9.18.]

**제71조(벌칙)** 다음 각 호의 어느 하나에 해당하는 자는 5년 이하의 징역 또는 1천만원 이하의 벌금에 처한다. 〈개정 2015.7.24., 2018.9.18.〉

1. 제4조제2항·제3항(도검·분사기·전자충격기·석궁만 해당한다), 제6조제1항(도검·분사기·전자충격기·석궁만 해당한다)·제2항(도검·분

사기·전자충격기·석궁만 해당한다), 제6조의2제1항·제2항, 제9조제2항 또는 제12조제1항(도검·분사기·전자충격기·석궁만 해당한다)·제2항(분사기·전자충격기만 해당한다)·제3항(도검·분사기·전자충격기·석궁만 해당한다)을 위반한 자

1의2. 제14조의2제1항에 따라 총포와 그 실탄 또는 공포탄을 지정하는 곳에 보관하지 아니한 자

2. 제18조제1항 또는 제2항을 위반한 자

3. 제21조제1항·제3항·제4항 또는 제5항을 위반한 자

4. 제31조제1항을 위반하여 안전상의 감독업무를 게을리 한 자

5. 제45조제1항 단서 또는 제2항에 따른 영업정지명령 또는 사용정지명령을 위반한 자

6. 제47조제1항에 따른 명령 또는 조치를 위반하거나 같은 조 제2항에 따른 보관명령을 위반한 자

7. 제69조제1항을 위반하여 총포를 제작하거나 식별표지에 관한 정보를 제공하지 아니한 사람

8. 총포의 식별표지를 조작하거나, 불법적으로 삭제, 제거 또는 변경한 사람

[전문개정 2015.1.6.]

**제72조(벌칙)** 다음 각 호의 어느 하나에 해당하는 자는 3년 이하의 징역 또는 700만원 이하의 벌금에 처한다. 〈개정 2018.9.18.〉

1. 제8조, 제19조, 제24조제1항·제2항, 제25조제1항·제5항, 제27조제1항, 제32조제1항, 제34조제1항·제2항, 제36조, 제38조제1항·제4항, 제40조제1항 또는 제43조를 위반한 자

1의2. 제8조의2를 위반하여 총포·화약류의 제조 방법이나 설계도 등의 정보를 인터넷 등 정보통신망에 게시·유포한 사람

2. 제18조제4항 또는 제26조제4항에 따른 기술상의 기준이나 지시에 따르지 아니한 자

3. 제27조제3항 또는 제32조제3항에 따른 명령을 위반한 자

3의2. 제35조제3항 또는 제6항에 따른 총포의 보관 명령을 위반한 자

4. 제41조 또는 제42조제7항을 위반한 자

5. 제42조제1항 또는 제5항을 위반한 총포·분사기·전자충격기·석궁의 제조업자·수입자 또는 판매업자

6. 제44조제1항에 따른 출입 또는 검사를 거부·기피 또는 방해하거나 거짓 진술을 한 자

　　7. 거짓이나 그 밖의 옳지 못한 방법으로 이 법에 따른 허가 또는 면허를
　　　　받은 자
[전문개정 2015.1.6.]

---

**제73조(벌칙)** 다음 각 호의 어느 하나에 해당하는 자는 2년 이하의 징역
또는 500만원 이하의 벌금에 처한다. 〈개정 2018.9.18.〉

　　1. 제4조의2제3항(제6조의3 및 제25조의2에 따라 준용되는 경우를 포함한
　　　　다), 제11조제1항·제2항, 제17조제2항·제4항, 제31조제2항 또는 제37
　　　　조제1항·제2항을 위반한 자
　1의2. 제20조제1항을 위반하여 총포의 폐기 신청을 하지 아니하고 총포를
　　　　　폐기한 자
　　2. 제20조제5항에 따른 기술상의 기준을 위반하여 화약류를 폐기한 자
　　3. 제23조를 위반한 자
　　4. 제26조제1항, 제35조제1항(총포만 해당한다)에 따른 신고를 하지 아니
　　　　하거나 거짓으로 신고를 한 자
[전문개정 2015.1.6.]

---

**제74조(과태료)** ① 다음 각 호의 어느 하나에 해당하는 자에게는 300만원
이하의 과태료를 부과한다. 〈개정 2018.9.18.〉

　　1. 제9조제5항, 제11조제3항, 제20조제3항, 제27조제2항, 제35조제1항(총
　　　　포는 제외한다) 또는 제66조에 따른 신고를 하지 아니하거나 거짓으로
　　　　신고를 한 자
　　2. 제17조제1항·제3항, 제32조제4항, 제33조, 제39조제1항·제3항, 제63
　　　　조, 제64조 또는 제65조제2항을 위반한 자
　　3. 제20조제4항 또는 제39조제4항에 따른 명령을 위반한 자
　　4. 제26조제3항을 위반하여 화약류운반신고증명서를 지니지 아니한 자
　　5. 제32조제2항, 제40조제2항 또는 제44조제3항·제4항에 따른 보고를
　　　　하지 아니하거나 거짓으로 보고를 한 자
　　6. 제47조제3항에 따른 준수사항을 위반한 자
② 제1항에 따른 과태료는 대통령령으로 정하는 바에 따라 소관에 따라 경찰
　　청장, 시·도경찰청장 또는 경찰서장이 부과·징수한다. 〈개정 2020.12.22.〉
[전문개정 2015.1.6.]

**제75조(형의 병과)** 제70조, 제70조의2, 제70조의3, 제71조부터 제73조까지의 규정에 따라 처벌할 때에는 징역과 벌금형을 함께 과할 수 있다. 〈개정 2018.9.18.〉

[전문개정 2015.1.6.]

**제76조(양벌규정)** 법인의 대표자나 법인 또는 개인의 대리인, 사용인, 그 밖의 종업원이 그 법인 또는 개인의 업무에 관하여 제70조, 제70조의2, 제70조의3, 제71조부터 제73조까지의 어느 하나에 해당하는 위반행위를 하면 그 행위자를 벌하는 외에 그 법인 또는 개인에게도 해당 조문의 벌금형을 과(科)한다. 다만, 법인 또는 개인이 그 위반행위를 방지하기 위하여 해당 업무에 관하여 상당한 주의와 감독을 게을리하지 아니한 경우에는 그러하지 아니하다. 〈개정 2018.9.18.〉

[전문개정 2008.12.26.]

## Ⅳ. 기재례

### 【범죄사실 기재례】

피의자는 총포소지허가를 받지 않고, 20○○. ○. 초순경 서울 ○○동에 있는 ○○총포사에서 퓨마공기총 1정(제조번호 : ○○○○)을 40만원에 구입하고 사건외 조○○을 통하여 사격선수용 22실탄을 구입한 다음 그 무렵부터 같은 달 ○.경까지 경기 ○○군 ○○면 ○○리 ○○번지에 있는 피의자의 집에 보관하면서 사격을 하는 등 허가없이 총포를 소지하였다.

### 【범죄사실 기재례】

피의자 김○○는 화약류양수허가를 받지 않고 20○○. ○. ○. 12 : 00경 서울 ○○동 ○○번지에 있는 피의자의 집에서 화약류 양도허가를 받지 않은 피의자 홍○○로부터 화약류인 22실탄 100발을 돈 ○○만원에 매수하여 이를 양수하고, 피의자 홍○○는 화약류양도허가를 받지 않고 위와 같은 일시 장소에서 피의자가 1개월 전에 미군인인 최○○로부터 건네받아 보관중이던 화약류인 22실탄 100발을 위 김○○에게 돈 ○○만원에 매도하여 이를 양도하였다.

**【범죄사실 기재례】**

피의자는 관할관청으로부터 총포소지허가를 받아 피의자 소유의 엽총(총기번호 : ○○○○호)을 소지하고 있다.

피의자는 20○○. ○. ○. 10 : 30경 ○○시 ○○동 ○○번지 피의자의 집에서 총포소지허가를 받지 않은 박○○에게 경기 ○○군 일대의 야산에서 사냥을 하도록 피의자 소유의 위 엽총을 빌려주었다.

**【범죄사실 기재례】**

피의자는 ○○시 ○○동 ○○번지에서 ○○완구백화점을 운영하고 있다.

피의자는 20○○. ○. ○.경 위 완구점내에 총포와 흡사하게 제작하여 구별하기 어려운 모의총인 오토매그권총 3정, 레밍톤엽총 2정 등을 진열하고, 성명을 알 수 없는 2명에게 오토매그권총 2정을 판매하였다.

**【범죄사실 기재례】**

피의자는 관할관청으로부터 총포소지허가를 받아 퓨마공기총 1정(제조번호 : ○○○○호)을 소지하고 있다.

피의자는 20○○. ○. ○.경 ○○시 ○○동 ○○번지에 있는 피의자의 집에서 공기총에 사격선수용 22실탄을 장전하여 쓸 수 있도록 위 공기총의 캐드리지 4개를 개조한 하였다.

[서식] (    )제조업(판매업 · 임대업) 허가증

---

제        호

# (        ) 제조업(판매업 · 임대업) 허가증

○ 성      명:                    [생년월일(남/여):                    ]

○ 주      소:

○ 업 소 명:

○ 소 재 지:

○ 허가조건:

「총포 · 도검 · 화약류 등 단속법」 제4조(제6조)에 따라 (        )제조업
(판매업 · 임대업)을 허가합니다.

년              월              일

경 찰 청 장
시 · 도경찰청장          | 직인 |

210mm×297mm(백상지 80g/㎡)

**[서식]** ( )수출(입) 허가증

제         호

( ) 수출(입) 허가증

○ 성         명:              (주민등록번호:       -      )

○ 주         소:

○ 제조업소 및 상호:

○ 종 류 및 수 량 :

○ 수출(입)의 목적:

○ 수출(입)의 방법:

○ 수 출 (입 )국 선 :

○ 수 출 (입) 지 :

○ 수출(입) 예정일:

○ 허 가 기 간 :

○ 허 가 조 건 :

○ 수출경유국:

※ 장약총포 및 인명살상용의 무기류로 사용되는 화약류의 경우 기재

○ 수출물품 구매자:

※ 장약총포 및 인명살상용의 무기류로 사용되는 화약류의 경우 기재

○ 제조번호(장약총포):


「총포·도검·화약류 등 단속법」 제9조에 따라 (       ) 수출(입)을 허
가합니다.

년         월         일

경 찰 청 장
시·도경찰청장      | 직인 |

210mm×297mm(백상지 80g/㎡)

**[서식] 총포(    ) 소지 허가증**

(앞쪽)

| 총포(    ) 소지 허가증 제        호 | | | | |
|---|---|---|---|---|
| 성 명 | | 주민등록번호 | | |
| 주 소 | | | | |
| 사진<br>(2.5cm×3cm) | 제조회사 | | 명칭 | |
| | 구 경 | | 총번 | |
| | 대체총신 | 구경    번(구경) mm, 총신장 cm | | |
| | 교부일자 | | 용도 | |
| | 갱신기간<br>만료일 | | | |
| 시·도경찰청장·경찰서장 [직인] | | | | |

85mm×55mm[보존용지(1종) 120g/㎡]

(뒤쪽)

| 연 월 일 | 기 재 사 항 변 경 | 확 인 인 |
|---|---|---|
| | | |
| | | |
| | | |
| | | |

1. 총포소지자는 반드시 이 증을 소지하여야 합니다.
2. 주소지 변경 등 기재사항의 변경이 있는 경우에는 30일 이내에, 분실한 때에는 지체없이 신고하여야 합니다.
3. 이 증은 타인에게 양도하거나 빌려줄 수 없습니다.
4. 갱신기간 만료일까지 소지허가갱신을 하지 아니하면 소지허가가 취소됩니다.

**[서식]** 화약류 저장소 설치(변경) 허가증

제            호

# 화약류 저장소 설치(변경) 허가증

○ 성          명:

○ 생년월일(남/녀):

○ 주          소:

○ 위          치:

○ 종          류:

○ 최대 저장량:

○ 조          건:

사진

(3cm×4cm)

「총포·도검·화약류 등 단속법」 제25조에 따라 화약류 저장소의 설치(변경)를 허가합니다.

년          월          일

시·도경찰청장
경찰서장

직인

210㎜×297㎜[보존용지(1종) 120g/㎡]

# 축산물 위생관리법

[시행 2024. 10. 22.] [법률 제20532호, 2024. 10. 22., 일부개정]

## Ⅰ. 개설

### 목적

이 법은 축산물의 위생적인 관리와 그 품질의 향상을 도모하기 위하여 가축의 사육·도살·처리와 축산물의 가공·유통 및 검사에 필요한 사항을 정함으로써 축산업의 건전한 발전과 공중위생의 향상에 이바지함을 목적으로 한다.

## Ⅱ. 판례

**제7조(가축의 도살 등)** ① 가축의 도살·처리, 집유, 축산물의 가공·포장 및 보관은 제22조제1항에 따라 허가를 받은 작업장에서 하여야 한다. 다만, 다음 각 호의 어느 하나에 해당하는 경우에는 그러하지 아니하다. 〈개정 2011.11.22., 2016.2.3.〉

1. 학술연구용으로 사용하기 위하여 도살·처리하는 경우
2. 특별시장·광역시장·특별자치시장·도지사 또는 특별자치도지사(이하 "시·도지사"라 한다)가 소와 말을 제외한 가축의 종류별로 정하여 고시하는 지역에서 그 가축을 자가소비(自家消費)하기 위하여 도살·처리하는 경우
3. 시·도지사가 소·말·돼지 및 양을 제외한 가축의 종류별로 정하여 고시하는 지역에서 그 가축을 소유자가 해당 장소에서 소비자에게 직접 조리하여 판매(이하 "자가 조리·판매"라 한다)하기 위하여 도살·처리하는 경우

② 제1항제1호에 따라 가축을 도살·처리한 자는 총리령으로 정하는 바에 따라 시·도지사에게 신고하여야 한다. 〈개정 2013.3.23.〉

③ 제1항제1호에 따라 도살·처리한 가축의 식육은 총리령으로 정하는 바에 따라 식용으로 사용하거나 판매할 수 있다. 〈개정 2013.3.23.〉

④ 제1항제3호에 따라 소·말·돼지 및 양을 제외한 가축을 도살·처리하는 자는 식품의약품안전처장이 정하여 고시하는 바에 따라 위생적으로 도살·처

리하여야 한다. 〈개정 2013.3.23.〉

⑤ 제1항 각 호 외의 부분 본문에도 불구하고 부상 등 대통령령으로 정하는 경우를 제외한 기립불능 가축은 도살·처리하여 식용으로 사용하거나 판매하여서는 아니 된다.

⑥ 국가 및 지방자치단체는 제5항에 따른 기립불능 가축에 대하여 질병검사를 실시한 후 적절한 방법으로 폐기처리하여야 하고, 이에 따라 발생한 가축소유자의 손실에 대하여는 정당한 보상을 하여야 한다.

⑦ 제5항의 적용 대상 가축 및 제6항에 따른 가축별 질병검사 항목 및 검사방법, 보상 기준·절차와 보상가격 산정 및 폐기 방식 등에 필요한 사항은 대통령령으로 정한다.

⑧ 소·말·돼지 및 양을 제외한 가축 중에서 총리령으로 정하는 가축을 제1항 제2호에 따른 자가소비 또는 자가 조리·판매를 하기 위하여 도살·처리하려는 자는 시·도지사 또는 시장·군수·구청장(자치구의 구청장을 말한다. 이하 같다)에게 도살·처리하는 가축이나 도살 후 처리하는 식육에 대하여 검사를 요청할 수 있다. 이 경우 요청을 받은 시·도지사 또는 시장·군수·구청장은 특별한 사정이 없으면 제13조제1항에 따라 시·도지사가 임명·위촉한 검사관에게 그 검사를 하게 하여야 한다. 〈신설 2016.2.3.〉

⑨ 제8항에 따라 식육에 대한 검사를 한 검사관은 검사에 합격한 식육에 제16조에 따른 합격표시를 하여야 한다. 다만, 검사를 요청한 자가 합격표시를 원하지 아니하는 경우에는 그러하지 아니하다. 〈신설 2016.2.3.〉

⑩ 제8항에 따른 검사의 항목·방법·기준·절차 등에 관하여 필요한 사항은 총리령으로 정한다. 〈신설 2016.2.3.〉

[전문개정 2010.5.25.]

---

**위임행정규칙**

· 자가조리판매대상 가축의 도살·처리 등 위생관리기준(식품의약품안전처고시 제2017-88호, 2017.11.10., 일부개정)

---

## 축산물가공처리법위반

[대법원 2006. 11. 23., 선고, 2006도6650, 판결]

【판결요지】
축산물가공처리법(이하 '법'이라 한다) 제7조 제1항 본문은 '가축의 도살·처리, 집유, 축산물의 가공·포장 및 보관은 법 제22조 제1항의 규정에 의하여 허가를 받은 작업장에서 행하여야 한다'고 정하고 있는바, 이에 대한 예외로서 같은 항 단서 제1호는 '부상·난산·산욕마비·급성고창증 등으로 인하여 가축을 즉시 도살하여야 할 불가피한 사유가 있는 경우'에는 허가받은 작업장(이하 '도축장'이라 한다) 이외의 장소에서도 도살을 행할 수 있다고 규정하고 있으나, 위 규정에 의하여 도축장 이외의 장소에서 가축을 도살하는 것이 허용된 경우라도 도살한 가축의 처리는 여전히 도축장에서 행하여야 하는 것이고, 이를 도축장 이외의 장소에서 행하는 것은 법 제7조 제1항 본문에 의하여 허용되지 않는다 할 것이다.

기록에 의하면, 피고인은 폐사한 소나 자신이 도살한 소들을 도축장 이외의 장소에서 처리하였음을 알 수 있는바, 원심이 이러한 피고인의 행위를 법 제7조 제1항 본문에 위반되는 것으로 판단하여 공소사실을 유죄로 인정한 것은 위의 법리에 따른 것으로서 옳고, 거기에 상고이유의 주장과 같은 법령 적용의 착오 등의 위법이 있다고 할 수 없다.

**제12조(축산물의 검사)** ① 제21조제1항에 따른 도축업의 영업자는 작업장에서 처리하는 식육에 대하여 검사관의 검사를 받아야 한다. 〈개정 2013.7.30.〉

② 제21조제1항에 따른 집유업의 영업자는 집유하는 원유에 대하여 검사관 또는 제13조제3항에 따라 지정된 책임수의사(이하 "책임수의사"라 한다)의 검사를 받아야 한다. 〈개정 2013.7.30.〉

③ 제21조제1항에 따른 축산물가공업, 식육포장처리업 및 식육즉석판매가공업의 영업자는 총리령으로 정하는 바에 따라 그가 가공한 축산물이 가공기준 및 성분규격에 적합한지 여부를 검사하여야 한다. 〈개정 2013.3.23., 2016.2.3., 2020.12.29.〉

④ 제21조제1항에 따른 축산물판매업의 영업자 중 대통령령으로 정하는 영업자는 그가 판매한 식용란이 성분규격에 적합한지 여부를 검사하여야 한다. 다만, 해당 식용란에 대하여 「식품·의약품분야 시험·검사 등에 관한 법률」 제6조에 따라 지정을 받은 시험·검사기관이 검사한 경우에는 검사하지 아니할 수 있다. 〈신설 2017.10.24., 2020.4.7.〉

⑤ 식품의약품안전처장 또는 시·도지사는 제9조제4항 또는 제5항에 따른 안전관리인증작업장등이 다음 각 호의 어느 하나에 해당하는 경우에는 제3항 또는 제4항에도 불구하고 총리령으로 정하는 바에 따라 검사를 면제할 수 있다. 〈신설 2020.4.7.〉

  1. 제3항 또는 제4항에 따른 검사 항목이 포함된 안전관리인증기준을 준수하는 경우

  2. 제9조의3제1항에 따른 조사·평가 결과가 총리령으로 정하는 기준 이상인 경우

⑥ 시·도지사 또는 시장·군수·구청장은 장비·시설의 부족 등으로 인하여 작업장에서 제2항부터 제4항까지에 따른 검사를 해당 영업을 하는 자가 직

접 실시하는 것이 부적합한 경우에는 「식품·의약품분야 시험·검사 등에 관한 법률」 제6조제2항제2호에 따른 축산물 시험·검사기관에 검사를 위탁 하게 할 수 있다. 〈개정 2013.7.30., 2017.10.24., 2020.4.7.〉

⑦ 제3항 또는 제4항에 따라 검사하거나 제6항에 따라 검사를 위탁한 영업자는 검사 결과 해당 축산물이 제4조제6항·제7항 및 제33조를 위반한 경우에는 지체 없이 식품의약품안전처장에게 보고하여야 한다. 〈신설 2016.2.3., 2017.10.24., 2020.4.7., 2021.12.21.〉

⑧ 식품의약품안전처장 또는 시·도지사는 검사관이 식용란에 대하여 검사하게 할 수 있다. 〈개정 2013.3.23., 2016.2.3., 2017.10.24., 2020.4.7.〉

⑨ 제1항부터 제4항까지 및 제8항에 따른 검사의 항목, 방법, 기준, 그 밖에 필요한 사항은 총리령으로 정한다. 〈개정 2013.3.23., 2016.2.3., 2017.10.24., 2020.4.7.〉

[전문개정 2010.5.25.]

## 식품위생법위반 · 축산물위생관리법위반 · 식품 · 의약품분야시험 · 검사등에관한법률위반

[대법원 2016. 6. 9. 선고, 2015도19626, 판결]

【판결요지】

구 식품위생법(2013.7.30. 법률 제11985호로 개정되기 전의 것, 이하 같다) 제19조 제2항, 제22조 제1항, 제24조 제1항, 제2항, 제27조 제2호, 제31조 제1항, 제2항, 제95조 제2호의 내용, 특히 식품위생검사기관에 대하여 '거짓의 성적서' 발급을 금지한 위 법 제27조가 행위주체를 '제24조 제2항에 따라 지정된 식품위생검사기관' 으로 규정하고 있고, 제24조 제2항은 식품위생전문검사기관은 제19조 제2항의 수입 검사, 제22조 제1항의 검사명령검사를 수행하고, 자가품질위탁검사기관은 제31조 제 2항의 위탁검사를 수행하는 것으로 업무범위를 특정하여 규정하고 있는 점 등 관련 규정의 체계와 내용 및 입법 취지 등을 종합하면, 식품제조 등 영업자가 제31조 제2 항에 의한 식품의약품안전처장 등의 위탁검사 지시에 의하여 검사 위탁을 한 경우에 위탁을 받은 자가품질위탁검사기관이 발급한 검사성적서에 검사를 하지 아니하고도 검사를 한 것처럼 기재하거나 검사결과와 다르게 판정하는 기재를 하는 등으로 사실 과 다른 내용을 기재하면 제95조 제2호의 처벌규정이 적용되지만, 제31조 제2항에 의한 위탁검사 지시를 받은 바 없이 단지 참고용 등으로 검사의뢰를 한 데 따라 검 사성적서를 발급한 경우에는 거기에 사실과 달리 기재된 내용이 있더라도 위 처벌규 정을 적용할 수 없다. 형벌법규의 해석은 엄격하여야 하고, 명문의 형벌법규 의미를 피고인에게 불리한 방향으로 지나치게 확장해석하거나 유추해석하는 것은 죄형법정 주의의 원칙에 어긋나므로 허용되지 아니하기 때문이다. 한편 위 검사성적서 발급에 관한 처벌 등과 관련해서는, 구 축산물위생관리법(2013. 7. 30. 법률 제11985호로 개 정되기 전의 것, 이하 '구 축산물위생관리법'이라 한다)도 구 식품위생법의 체계 및 내용과 유사한 규정을 두고 있고(제12조, 제20조 제1항 제2호, 제6항 제2호, 제45조 제2항 제9호 등), 현행 식품위생법 제31조 제2항 및 현행 축산물 위생관리법 제12조에 따른 자가품질위탁검사 등을 규율하는 식품·의약품분야 시험·검사 등에 관한 법률 (이하 '식품의약품검사법'이라 한다)도 마찬가지이다(제6조, 제28조 제1항 제2호 등). 그러므로 구 축산물위생관리법, 식품의약품검사법에서 정한 '거짓의 성적서' 발급에 대한 처벌규정의 해석도 위 구 식품위생법의 경우와 동일하게 보아야 한다.

## Ⅲ. 벌칙

**제45조(벌칙)** ① 다음 각 호의 어느 하나에 해당하는 자는 10년 이하의 징역 또는 1억원 이하의 벌금에 처한다. 〈개정 2014.5.21.〉

1. 제7조제1항을 위반하여 허가받은 작업장이 아닌 곳에서 가축을 도살·처리한 자
2. 제7조제5항을 위반하여 가축을 도살·처리하여 식용으로 사용하거나 판매한 자
3. 제10조를 위반하여 가축 또는 식육에 대한 부정행위를 한 자
4. 제11조제1항을 위반하여 가축에 대한 검사관의 검사를 받지 아니한 자
5. 제15조의2제1항에 따른 금지 조치를 위반하여 축산물을 수입·판매하거나 판매할 목적으로 가공·포장·보관·운반 또는 진열한 자
6. 제22조제1항을 위반하여 영업허가를 받지 아니하거나 제22조제2항을 위반하여 변경허가를 받지 아니하고 영업을 한 자

6의2. 삭제 〈2018.3.13.〉

7. 제33조제1항을 위반하여 축산물을 판매하거나 판매할 목적으로 처리·가공·포장·사용·수입·보관·운반 또는 진열한 자

② 제1항제6호의2, 제7호의 죄로 금고 이상의 형을 선고받고 그 형이 확정된 후 5년 이내에 다시 제1항제6호의2, 제7호의 죄를 범한 자는 1년 이상 10년 이하의 징역에 처한다. 이 경우 그 해당 축산물을 판매한 때에는 그 판매금액의 4배 이상 10배 이하에 해당하는 벌금을 병과한다. 〈신설 2014.5.21., 2018.12.11.〉

③ 다음 각 호의 어느 하나에 해당하는 자는 5년 이하의 징역 또는 5천만원 이하의 벌금에 처한다. 〈신설 2014.5.21., 2016.2.3.〉

1. 제31조의2제1항을 위반하여 회수 또는 회수에 필요한 조치를 하지 아니한 자
2. 삭제 〈2018.3.13.〉

④ 다음 각 호의 어느 하나에 해당하는 자는 3년 이하의 징역 또는 3천만원 이하의 벌금에 처한다. 〈개정 2011.11.22., 2013.3.23., 2014.5.21., 2016.2.3., 2017.10.24., 2020.4.7., 2021.12.21.〉

1. 거짓이나 그 밖의 부정한 방법으로 제4조제3항에 따른 인정을 받은 자
1의2. 제4조제6항을 위반하여 가축의 도살·처리, 집유, 축산물의 가공·포장·보존 또는 유통을 한 자
2. 제4조제7항을 위반하여 축산물을 판매하거나 판매할 목적으로 보관·운반 또는 진열한 자
3. 제5조제2항을 위반하여 그 규격 등에 적합하지 아니한 용기등을 사용한 자
4. 제7조제1항을 위반하여 허가받은 작업장이 아닌 곳에서 집유하거나 축산물을 가공, 포장 또는 보관한 자
4의2. 제9조제3항을 위반하여 안전관리인증기준을 지키지 아니한 자
5. 제12조제1항 또는 제2항을 위반하여 식육에 대한 검사관의 검사를 받지 아니하거나 집유하는 원유에 대하여 검사관 또는 책임수의사의 검사를 받지 아니한 자
5의2. 제12조제7항을 위반하여 보고를 하지 아니한 자
6. 삭제 〈2015.2.3.〉
6의2. 삭제 〈2015.2.3.〉
7. 제17조를 위반하여 미검사품을 작업장 밖으로 반출한 자
8. 제18조를 위반하여 검사에 불합격한 가축 또는 축산물을 처리한 자
9. 삭제 〈2013.7.30.〉
10. 제27조제1항부터 제3항까지의 규정에 따른 명령을 위반한 자
11. 제31조제2항제1호부터 제4호까지, 제5호의2, 제5호의3 또는 제6호를 위반하여 영업자 및 그 종업원이 준수하여야 할 사항을 준수하지 아니한 자. 다만, 총리령으로 정하는 경미한 사항을 준수하지 아니한 자는 제외한다.
12. 제31조제2항제5호를 위반하여 거래명세서를 발급하지 아니하거나 거짓으로 발급한 자
13. 제31조제2항제5호를 위반하여 거래내역서를 작성·보관하지 아니하거나 거짓으로 작성한 자
14. 제31조의3제1항 각 호 외의 부분 단서를 위반하여 등록하지 아니한 자
15. 제36조제1항·제2항 또는 제37조제1항에 따른 명령을 위반한 자

16. 제40조의2제4항을 위반하여 검사에 불합격한 동물 등을 처리한 자

⑤ 다음 각 호의 어느 하나에 해당하는 자는 2년 이하의 징역 또는 3천만원 이하의 벌금에 처한다. 〈개정 2013.7.30., 2014.5.21., 2016.2.3.〉

1. 제7조제9항을 위반하여 거짓으로 합격표시를 한 자

1의2. 제13조제3항을 위반하여 책임수의사를 지정하지 아니한 자

2. 제13조제4항을 위반하여 책임수의사의 업무를 방해하거나 정당한 사유 없이 책임수의사의 요청을 거부한 자

3. 제16조를 위반하여 축산물의 합격표시를 하지 아니하거나 거짓으로 합격표시를 한 자

4. 제38조제2항에 따른 게시문 또는 봉인을 제거하거나 손상한 자

⑥ 다음 각 호의 어느 하나에 해당하는 자는 1년 이하의 징역 또는 1천만원 이하의 벌금에 처한다. 〈개정 2013.3.23., 2014.5.21., 2015.2.3., 2017.10.24., 2018.12.11.〉

1. 삭제 〈2018.3.13.〉

2. 삭제 〈2018.3.13.〉

3. 제11조제3항을 위반하여 검사를 거부·방해하거나 기피한 자

4. 제12조제3항 또는 제4항을 위반하여 검사를 하지 아니하거나 거짓으로 검사를 한 자

4의2. 제12조의2제2항을 위반하여 거래명세서를 발급하지 아니하거나 거짓으로 발급한 자

5. 제19조제1항·제2항 또는 제36조제1항에 따른 검사·출입·수거·압류·폐기 조치를 거부·방해하거나 기피한 자

6. 제19조제1항을 위반하여 보고를 하지 아니하거나 거짓으로 보고를 한 자

7. 제21조제1항에 따른 기준 또는 제22조제4항에 따른 조건을 위반한 자

8. 제22조제5항을 위반하여 신고를 하지 아니한 자

9. 제24조제1항을 위반하여 신고를 하지 아니한 자

10. 제26조제3항을 위반하여 신고를 하지 아니한 자

11. 제31조의6제1항을 위반하여 소비자로부터 이물 발견의 신고를 받고 이를 거짓으로 보고한 자

11의2. 이물의 발견을 거짓으로 신고한 자

12. 제38조제1항에 따른 영업소의 폐쇄조치를 거부·방해하거나 기피한 자

⑦ 제1항부터 제5항까지의 경우 징역과 벌금을 병과(倂科)할 수 있다. 〈개정 2014.5.21.〉

[전문개정 2010.5.25.]

**제46조(양벌규정)** 법인의 대표자나 법인 또는 개인의 대리인, 사용인, 그 밖의 종업원이 그 법인 또는 개인의 업무에 관하여 제45조의 위반행위를 하면 그 행위자를 벌하는 외에 그 법인 또는 개인에게도 해당 조문의 벌금형을 과(科)한다. 다만, 법인 또는 개인이 그 위반행위를 방지하기 위하여 해당 업무에 관하여 상당한 주의와 감독을 게을리하지 아니한 경우에는 그러하지 아니하다.
[전문개정 2010.5.25.]

**제47조(과태료)** ① 다음 각 호의 어느 하나에 해당하는 자에게는 1천만원 이하의 과태료를 부과한다. 〈개정 2013.3.23., 2013.7.30.〉
1. 제6조제2항에 따라 표시하여야 할 사항 중 총리령으로 정하는 경미한 사항을 적합하게 표시하지 아니한 자
2. 제7조제2항을 위반하여 신고를 하지 아니한 자
3. 제7조제4항을 위반하여 도살·처리한 자
4. 제8조제2항을 위반하여 자체위생관리기준을 작성 또는 운용하지 아니한 자
5. 제9조제2항을 위반하여 자체안전관리인증기준을 작성 또는 운용하지 아니한 자
② 다음 각 호의 어느 하나에 해당하는 자에게는 500만원 이하의 과태료를 부과한다. 〈개정 2013.7.30., 2016.2.3., 2020.4.7., 2021.7.27.〉
1. 제9조제8항을 위반하여 자체안전관리인증기준을 작성·운용하고 있다는 내용의 표시·광고를 한 자
1의2. 제9조제9항을 위반하여 안전관리인증작업장등의 명칭을 사용한 자
1의3. 제12조의2제3항에 따른 시정명령을 이행하지 아니한 자
2. 제10조의2를 위반하여 포장을 하지 아니하고 보관·운반·진열 또는 판매한 자
3. 제24조제2항을 위반하여 신고를 하지 아니한 자
4. 제25조를 위반하여 보고를 하지 아니하거나 거짓으로 보고를 한 자
5. 삭제 〈2021.7.27.〉
6. 제29조제1항 및 제3항을 위반하여 건강진단을 받지 아니하였거나 건강진단 결과 다른 사람에게 위해를 끼칠 우려가 있는 질병이 있는 종업원을 영업에 종사하게 한 자
7. 삭제 〈2021.7.27.〉

8. 삭제 〈2021.7.27.〉

9. 제31조제1항을 위반하여 가축의 도살·처리 또는 집유의 요구를 거부한 자

10. 제31조의2제2항을 위반하여 보고를 하지 아니하거나 거짓으로 보고를 한 자

10의2. 제31조의4제2항 단서를 위반하여 축산물가공품이력추적관리의 표시를 하지 아니한 자

10의3. 제31조의4제3항을 위반하여 축산물가공품이력추적관리의 표시를 고의로 제거하거나 훼손하여 이력추적관리번호를 알아볼 수 없게 한 자

10의4. 제31조의6제1항을 위반하여 소비자로부터 이물 발견의 신고를 받고 보고하지 아니한 자

11. 제35조에 따른 시설 개선명령을 위반한 자

③ 다음 각 호의 어느 하나에 해당하는 자에게는 300만원 이하의 과태료를 부과한다. 〈개정 2013.3.23., 2013.7.30., 2016.2.3., 2017.10.24., 2018.12.11., 2021.7.27.〉

1. 삭제 〈2021.7.27.〉

1의2. 제29조제1항 및 제2항을 위반하여 건강진단을 받지 아니하였거나 건강진단 결과 다른 사람에게 위해를 끼칠 우려가 있는 질병이 있는 영업자로서 그 영업을 한 자

2. 제31조제2항제1호부터 제4호까지 또는 제6호에 따라 영업자 및 그 종업원이 준수해야 할 사항 중 총리령으로 정하는 경미한 사항을 준수하지 아니한 자

2의2. 제31조의3제2항을 위반하여 축산물가공품이력추적관리 등록사항이 변경된 경우 변경사유가 발생한 날부터 1개월 이내에 변경신고를 하지 아니한 자

2의3. 제31조의5제4항을 위반하여 이력추적관리정보를 축산물가공품이력추적관리 목적 외의 용도로 사용한 자

2의4. 삭제 〈2021.7.27.〉

3. 제41조를 위반하여 수수료를 받은 자

④ 다음 각 호의 어느 하나에 해당하는 자에게는 100만원 이하의 과태료를 부과한다. 〈개정 2021.7.27.〉

1. 제30조제1항·제3항 및 제6항을 위반하여 교육을 받지 아니한 책임수의사 또는 종업원을 그 검사업무 또는 영업에 종사하게 한 자

2. 제30조제2항·제3항 및 제5항을 위반하여 위생교육을 받지 아니한 영

> 　　업자로서 그 영업을 한 자
> 　3. 제34조를 위반하여 보고를 하지 아니하거나 거짓으로 보고를 한 자
> ⑤ 제1항부터 제4항까지의 규정에 따른 과태료는 대통령령으로 정하는 바에
> 　따라 식품의약품안전처장, 시·도지사 또는 시장·군수·구청장이 부과
> 　·징수한다. 〈신설 2021.7.27.〉
> [전문개정 2010.5.25.]

# Ⅳ. 기재례

## 【범죄사실 기재례】

피의자 도○○는 ○○시 ○○면 ○○에서 ○○식당이라는 상호로 돼지요리를 주로 판매하는 일반음식점을 운영하는 자이다. 가축의 도살은 시·도지사의 허가를 받은 도축장에서 행해야 한다. 그럼에도 불구하고 도○○는 20○○. ○. ○.부터 20○○. ○. ○. 까지 위 식당에서 300m 떨어진 곳에 구덩이를 파고 돼지를 도살하여 불특정 다수인에게 판매하였다.

**[서식] 허가증**

제      호

# 허  가  증

업소명 :

소재지 :

대표자 :                                        (  생  년  월  일 :
                                                              )

주소 :

영업의 종류 :                          가축의 종류

허가조건 :

「축산물 위생관리법」 제22조제1항·제2항 및 같은 법 시행규칙 제30조제
4항에 따라 (            ) 영업을 허가합니다.

년        월        일

### 시 · 도지사
### 시장 · 군수 · 구청장

직인

210mm×297mm[백상지(1종) 120g/㎡]

**[서식] 압류확인서**

# 압 류 확 인 서

1. 압류 제품명:

2. 축산물(가공품)의 유형:

3. 제조 연월일 또는 소비기한:

4. 압류 수량:

5. 압류 사유:

6. 압류 일시:

7. 압류 장소:


    압류자  소속 :

            성명 :                  (서명 또는 인)


    지방식품의약품안전청장

    특별시장·광역시장·특별자치시장·

    도지사·특별자치도지사

    시장·군수·구청장

|  |
|---|
| 직인 |

※ 위 제품은 「축산물 위생관리법」 제36조 및 같은 법 시행규칙 제54조의3제5
항에 따라 압류조치된 것이므로 무단으로 처리하는 경우에는 같은 법 제45조
(3년 이하의 징역 또는 5천만원 이하의 벌금)에 따라 처벌을 받게 됩니다.

※ 주 1) 규격: 17cm × 22cm

    2) 색상: 바탕(흰색), 테두리(검은색), 글자(제목: 빨간색, 내용: 검은색)

**[서식] 이물 발견 보고서**

<table>
<tr><td colspan="5" align="center"><h1>이물 발견 보고서</h1></td></tr>
<tr><td rowspan="3">보고자</td><td>명칭(상호)</td><td></td><td>업　종</td><td></td></tr>
<tr><td>소재지</td><td></td><td>[영업허가(신고)번호]</td><td></td></tr>
<tr><td>대표자</td><td></td><td>연락처</td><td></td></tr>
<tr><td rowspan="2">소비자</td><td>성명</td><td></td><td>연락처</td><td></td></tr>
<tr><td>소재지</td><td colspan="3"></td></tr>
<tr><td rowspan="5">제품<br>정보</td><td>제품명</td><td></td><td>축산물의 유형</td><td></td></tr>
<tr><td>제조원</td><td></td><td>소재지(연락처)</td><td></td></tr>
<tr><td>판매원</td><td></td><td>소재지(연락처)</td><td></td></tr>
<tr><td>소비기한<br>(제조일자)</td><td></td><td>보관기준(방법)</td><td></td></tr>
<tr><td>기　타</td><td colspan="3"></td></tr>
<tr><td rowspan="5">소비자<br>신고<br>내용</td><td>제품 구매장소</td><td></td><td>제품 구매일자</td><td></td></tr>
<tr><td>제품 개봉일자</td><td></td><td>이물 발견일자</td><td></td></tr>
<tr><td>이물 종류</td><td colspan="3"></td></tr>
<tr><td>이물 발견 경위</td><td colspan="3"></td></tr>
<tr><td>기　타</td><td colspan="3"></td></tr>
</table>

「축산물 위생관리법」 제31조의6제1항 및 같은 법 시행규칙 제52조제2항에 따라 위와 같이 축산물 이물 발견 내용을 보고합니다.

년　　월　　일

보고자　　　　　　　　　　　　　　(서명 또는 인)

**식품의약품안전처장시 · 도지사시장 · 군수 · 구청장**　귀하

첨부서류　증거자료

210mm×297mm[백상지 80g/㎡]

# 출입국관리법

[시행 2025. 6. 21.] [법률 제20578호, 2024. 12. 20., 일부개정]

## Ⅰ. 개설

### 목적

이 법은 대한민국에 입국하거나 대한민국에서 출국하는 모든 국민 및 외국인의 출입국관리를 통한 안전한 국경관리, 대한민국에 체류하는 외국인의 체류관리와 사회통합 등에 관한 사항을 규정함을 목적으로 한다.

## Ⅱ. 판례

**제4조(출국의 금지)** ① 법무부장관은 다음 각 호의 어느 하나에 해당하는 국민에 대하여는 6개월 이내의 기간을 정하여 출국을 금지할 수 있다. 〈개정 2011.7.18., 2021.7.13.〉

1. 형사재판에 계속(係屬) 중인 사람
2. 징역형이나 금고형의 집행이 끝나지 아니한 사람
3. 대통령령으로 정하는 금액 이상의 벌금이나 추징금을 내지 아니한 사람
4. 대통령령으로 정하는 금액 이상의 국세·관세 또는 지방세를 정당한 사유 없이 그 납부기한까지 내지 아니한 사람
5. 「양육비 이행확보 및 지원에 관한 법률」 제21조의4제1항에 따른 양육비 채무자 중 양육비이행심의위원회의 심의·의결을 거친 사람
6. 그 밖에 제1호부터 제5호까지의 규정에 준하는 사람으로서 대한민국의 이익이나 공공의 안전 또는 경제질서를 해칠 우려가 있어 그 출국이 적당하지 아니하다고 법무부령으로 정하는 사람

② 법무부장관은 범죄 수사를 위하여 출국이 적당하지 아니하다고 인정되는 사람에 대하여는 1개월 이내의 기간을 정하여 출국을 금지할 수 있다. 다만, 다음 각 호에 해당하는 사람은 그 호에서 정한 기간으로 한다. 〈신설 2011. 7.18., 2021.3.16.〉

1. 소재를 알 수 없어 기소중지 또는 수사중지(피의자중지로 한정한다)된 사람 또는 도주 등 특별한 사유가 있어 수사진행이 어려운 사람: 3개월 이내
2. 기소중지 또는 수사중지(피의자중지로 한정한다)된 경우로서 체포영장 또

는 구속영장이 발부된 사람: 영장 유효기간 이내

③ 중앙행정기관의 장 및 법무부장관이 정하는 관계 기관의 장은 소관 업무와 관련하여 제1항 또는 제2항 각 호의 어느 하나에 해당하는 사람이 있다고 인정할 때에는 법무부장관에게 출국금지를 요청할 수 있다. 〈개정 2011.7.18.〉

④ 출입국관리공무원은 출국심사를 할 때에 제1항 또는 제2항에 따라 출국이 금지된 사람을 출국시켜서는 아니 된다. 〈개정 2011.7.18.〉

⑤ 제1항부터 제4항까지에서 규정한 사항 외에 출국금지기간과 출국금지절차에 관하여 필요한 사항은 대통령령으로 정한다. 〈개정 2011.7.18.〉

[전문개정 2010.5.14.]

## 출국금지처분취소

[대법원 2013. 12. 26. 선고, 2012두18363, 판결]

**【판결요지】**

[1] 국민의 출국의 자유는 헌법이 기본권으로 보장한 거주·이전의 자유의 한 내용을 이루는 것이므로 그에 대한 제한은 필요 최소한에 그쳐야 하고 그 본질적인 내용을 침해할 수 없고, 출입국관리법 등 출국금지에 관한 법률 규정의 해석과 운용도 같은 원칙에 기초하여야 한다. 구 출입국관리법(2011.7.18. 법률 제10863호로 개정되기 전의 것) 제4조 제1항, 구 출입국관리법 시행령(2011.11.1. 대통령령 제23274호로 개정되기 전의 것) 제1조의3 제2항은, 5천만 원 이상의 '국세·관세 또는 지방세를 정당한 사유 없이 그 납부기한까지 내지 아니한 사람'에 대하여는 기간을 정하여 출국을 금지할 수 있다고 규정하고 있다. 그러나 위와 같은 조세 미납을 이유로 한 출국금지는 그 미납자가 출국을 이용하여 재산을 해외에 도피시키는 등으로 강제집행을 곤란하게 하는 것을 방지함에 주된 목적이 있는 것이지 조세 미납자의 신병을 확보하거나 출국의 자유를 제한하여 심리적 압박을 가함으로써 미납 세금을 자진납부하도록 하기 위한 것이 아니다. 따라서 재산을 해외로 도피할 우려가 있는지 여부 등을 확인하지 않은 채 단순히 일정 금액 이상의 조세를 미납하였고 그 미납에 정당한 사유가 없다는 사유만으로 바로 출국금지 처분을 하는 것은 헌법상의 기본권 보장 원리 및 과잉금지의 원칙에 비추어 허용되지 않는다. 나아가 재산의 해외 도피 가능성 유무에 관한 판단에서도 재량권을 일탈하거나 남용해서는 안 되므로, 조세 체납의 경위, 조세 체납자의 연령과 직업, 경제적 활동과 수입 정도 및 재산상태, 그간의 조세 납부 실적 및 조세 징수처분의 집행과정, 종전에 출국했던 이력과 목적·기간·소요 자금의 정도, 가족관계 및 가족의 생활정도·재산상태 등을 두루 고려하여, 출국금지로써 달성하려는 공익목적과 그로 인한 기본권 제한에 따라 당사자가 받게 될 불이익을 비교형량하여 합리적인 재량권의 범위 내에서 출국금지 여부를 결정해야 한다.

[2] 구 출입국관리법(2011.7.18. 법률 제10863호로 개정되기 전의 것) 제4조 제1항, 구 출입국관리법 시행령(2011.11.1. 대통령령 제23274호로 개정되기 전의 것) 제

1480 ㅊ

2조, 제2조의3 등의 규정을 종합해 보면, 국세청장 등의 출국금지 요청이 있는 경우에도 법무부장관은 이에 구속되지 않고 출국금지의 요건이 갖추어졌는지를 따져서 처분 여부를 결정할 수 있다. 따라서 국세청장 등의 출국금지 요청이 요건을 구비하지 못하였다는 사유만으로 출국금지 처분이 당연히 위법하게 되는 것은 아니고, 재산의 해외 도피 가능성 등 출국금지 처분의 요건이 갖추어졌는지 여부에 따라 그 적법 여부가 가려져야 한다.

**제12조(입국심사)** ① 외국인이 입국하려는 경우에는 입국하는 출입국항에서 대통령령으로 정하는 바에 따라 여권과 입국신고서를 출입국관리공무원에게 제출하여 입국심사를 받아야 한다. 〈개정 2020.6.9.〉

② 제1항에 관하여는 제6조제1항 단서 및 같은 조 제3항을 준용한다.

③ 출입국관리공무원은 입국심사를 할 때에 다음 각 호의 요건을 갖추었는지를 심사하여 입국을 허가한다. 〈개정 2020.2.4.〉

1. 여권과 사증이 유효할 것. 다만, 사증은 이 법에서 요구하는 경우만을 말한다.

1의2. 제7조의3제2항에 따른 사전여행허가서가 유효할 것

2. 입국목적이 체류자격에 맞을 것

3. 체류기간이 법무부령으로 정하는 바에 따라 정하여졌을 것

4. 제11조에 따른 입국의 금지 또는 거부의 대상이 아닐 것

④ 출입국관리공무원은 외국인이 제3항 각 호의 요건을 갖추었음을 증명하지 못하면 입국을 허가하지 아니할 수 있다.

⑤ 출입국관리공무원은 제7조제2항제2호 또는 제3호에 해당하는 사람에게 입국을 허가할 때에는 대통령령으로 정하는 바에 따라 체류자격을 부여하고 체류기간을 정하여야 한다.

⑥ 출입국관리공무원은 제1항이나 제2항에 따른 심사를 하기 위하여 선박 등에 출입할 수 있다.

[전문개정 2010.5.14.]

## 인신보호해제결정에대한재항고
[대법원 2014. 8. 25. 자, 2014인마5, 결정]

**【판결요지】**

[1] 신체의 자유는 모든 인간에게 주체성이 인정되는 기본권이고, 인신보호법은 인신의 자유를 부당하게 제한당하고 있는 개인에 대한 신속한 구제절차를 마련하기 위하여 제정된 법률이므로, 대한민국 입국이 불허된 결과 대한민국 공항에 머무르고 있는 외국인에게도 인신보호법상의 구제청구권은 인정된다. 또한 대한민국 입국이 불

허된 외국인이라 하더라도 외부와 출입이 통제되는 한정된 공간에 장기간 머무르도록 강제하는 것은 법률상 근거 없이 인신의 자유를 제한하는 것으로서 인신보호법이 구제대상으로 삼고 있는 위법한 수용에 해당한다.

[2] 인신보호법에 의한 구제청구절차가 진행되는 중에 피수용자에 대한 수용이 해제되었다면, 피수용자 등 구제청구자가 법원에 구제를 청구한 사유와 같은 사유로 다른 수용시설에 다시 수용되었거나 향후 같은 사유로 재수용될 가능성을 배제할 수 없는 경우와 같은 특별한 사정이 없는 한, 구제청구의 이익도 소멸한다고 보아야 한다.

**제18조(외국인 고용의 제한)** ① 외국인이 대한민국에서 취업하려면 대통령령으로 정하는 바에 따라 취업활동을 할 수 있는 체류자격을 받아야 한다.

② 제1항에 따른 체류자격을 가진 외국인은 지정된 근무처가 아닌 곳에서 근무하여서는 아니 된다.

③ 누구든지 제1항에 따른 체류자격을 가지지 아니한 사람을 고용하여서는 아니 된다.

④ 누구든지 제1항에 따른 체류자격을 가지지 아니한 사람의 고용을 알선하거나 권유하여서는 아니 된다.

⑤ 누구든지 제1항에 따른 체류자격을 가지지 아니한 사람의 고용을 알선할 목적으로 그를 자기 지배하에 두는 행위를 하여서는 아니 된다.

[전문개정 2010.5.14.]

## 출입국관리법위반

[대법원 2021. 10. 28., 선고, 2021도404, 판결]

【판결요지】

[1] 출입국사범 사건에서 지방출입국·외국인관서의 장의 적법한 고발이 있었는지 여부가 문제 되는 경우에 법원은 증거조사의 방법이나 증거능력의 제한을 받지 아니하고 제반 사정을 종합하여 적당하다고 인정되는 방법에 의하여 자유로운 증명으로 그 고발 유무를 판단하면 된다.

[2] 피고인이 취업활동을 할 수 있는 체류자격을 가지지 아니한 외국인을 고용하여 출입국관리법을 위반하였다는 공소사실이 제1심에서 유죄로 인정되고, 검사가 이에 대해 양형부당을 이유로 항소하였는데, 원심이 직권으로 출입국관리법 제101조 제1항에 따른 지방출입국·외국인관서의 장의 고발이 없었음을 이유로 제1심판결을 파기하고 공소를 기각한 사안에서, 기록에 의하면 피고인에 대한 공소가 이루어지기 전에 이미 공소사실에 관한 적법한 고발이 있었음을 알 수 있으므로, 원심이 그와 같은 사정에 관하여 추가로 조사하여 확인하지 아니한 채 막연히 위와 같은 고발이 없었다고 단정한 것에 출입국사범 사건에서 고발 유무의 조사에 관하여 필요한 심리를 다하지 아니하거나 적당하

> 다고 인정되는 방법에 의하여 자유로운 증명으로 고발 유무를 판단하도록 한
> 법리를 오해한 잘못이 있다고 한 사례.

**제24조(체류자격 변경허가)** ① 대한민국에 체류하는 외국인이 그 체류자격과 다른 체류자격에 해당하는 활동을 하려면 대통령령으로 정하는 바에 따라 미리 법무부장관의 체류자격 변경허가를 받아야 한다. 〈개정 2020.6.9.〉

② 제31조제1항 각 호의 어느 하나에 해당하는 사람으로서 그 신분이 변경되어 체류자격을 변경하려는 사람은 신분이 변경된 날부터 30일 이내에 법무부장관의 체류자격 변경허가를 받아야 한다.

③ 제1항에 따른 체류자격 변경허가의 심사기준은 법무부령으로 정한다. 〈신설 2020.6.9.〉

## 체류기간연장등불허가처분취소
[대법원 2016. 7. 14., 선고, 2015두48846, 판결]

**【판결요지】**
출입국관리법 제10조, 제24조 제1항, 구 출입국관리법 시행령(2014. 10. 28. 대통령령 제25669호로 개정되기 전의 것) 제12조 [별표 1] 제8호, 제26호 (가)목, (라)목, 출입국관리법 시행규칙 제18조의2 [별표 1]의 문언, 내용 및 형식, 체계 등에 비추어 보면, 체류자격 변경허가는 신청인에게 당초의 체류자격과 다른 체류자격에 해당하는 활동을 할 수 있는 권한을 부여하는 일종의 설권적 처분의 성격을 가지므로, 허가권자는 신청인이 관계 법령에서 정한 요건을 충족하였더라도, 신청인의 적격성, 체류 목적, 공익상의 영향 등을 참작하여 허가 여부를 결정할 수 있는 재량을 가진다. 다만 재량을 행사할 때 판단의 기초가 된 사실인정에 중대한 오류가 있는 경우 또는 비례·평등의 원칙을 위반하거나 사회통념상 현저하게 타당성을 잃는 등의 사유가 있다면 이는 재량권의 일탈·남용으로서 위법하다.

**제46조(강제퇴거의 대상자)** ① 지방출입국·외국인관서의 장은 이 장에 규정된 절차에 따라 다음 각 호의 어느 하나에 해당하는 외국인을 대한민국 밖으로 강제퇴거시킬 수 있다. 〈개정 2012.1.26., 2014.3.18., 2016.3.29., 2018.3.20., 2021.8.17.〉

1. 제7조를 위반한 사람
2. 제7조의2를 위반한 외국인 또는 같은 조에 규정된 허위초청 등의 행위로 입국한 외국인
3. 제11조제1항 각 호의 어느 하나에 해당하는 입국금지 사유가 입국 후에 발견되거나 발생한 사람
4. 제12조제1항·제2항 또는 제12조의3을 위반한 사람
5. 제13조제2항에 따라 지방출입국·외국인관서의 장이 붙인 허가조건을 위

반한 사람

6. 제14조제1항, 제14조의2제1항, 제15조제1항, 제16조제1항 또는 제16조의2 제1항에 따른 허가를 받지 아니하고 상륙한 사람

7. 제14조제3항(제14조의2제3항에 따라 준용되는 경우를 포함한다), 제15조제 2항, 제16조제2항 또는 제16조의2제2항에 따라 지방출입국·외국인관서의 장 또는 출입국관리공무원이 붙인 허가조건을 위반한 사람

8. 제17조제1항·제2항, 제18조, 제20조, 제23조, 제24조 또는 제25조를 위 반한 사람

9. 제21조제1항 본문을 위반하여 허가를 받지 아니하고 근무처를 변경·추가 하거나 같은 조 제2항을 위반하여 외국인을 고용·알선한 사람

10. 제22조에 따라 법무부장관이 정한 거소 또는 활동범위의 제한이나 그 밖 의 준수사항을 위반한 사람

10의2. 제26조를 위반한 외국인

11. 제28조제1항 및 제2항을 위반하여 출국하려고 한 사람

12. 제31조에 따른 외국인등록 의무를 위반한 사람

12의2. 제33조의3을 위반한 외국인

13. 금고 이상의 형을 선고받고 석방된 사람

14. 제76조의4제1항 각 호의 어느 하나에 해당하는 사람

15. 그 밖에 제1호부터 제10호까지, 제10호의2, 제11호, 제12호, 제12호의2, 제13호 또는 제14호에 준하는 사람으로서 법무부령으로 정하는 사람

② 영주자격을 가진 사람은 제1항에도 불구하고 대한민국 밖으로 강제퇴거되지 아니한다. 다만, 다음 각 호의 어느 하나에 해당하는 사람은 그러하지 아니 하다. 〈개정 2018.3.20.〉

1. 「형법」 제2편제1장 내란의 죄 또는 제2장 외환의 죄를 범한 사람

2. 5년 이상의 징역 또는 금고의 형을 선고받고 석방된 사람 중 법무부령으 로 정하는 사람

3. 제12조의3제1항 또는 제2항을 위반하거나 이를 교사(敎唆) 또는 방조(幇 助)한 사람

[전문개정 2010.5.14.]

## 강제퇴거및보호명령취소청구

[서울행법 2022. 8. 18., 선고, 2021구합78282, 판결 : 확정]

【판결요지】

난민으로 인정되어 국내에 체류 중인 우간다 국적 甲이 폭행·상해·강제추행 등으 로 징역형을 선고받은 후 교도소에서 형 집행을 마치고 출소했는데, 지방출입국·외

국인관서의 장이 출입국관리법 제46조 제1항 제13호 등에 해당한다는 이유로 같은 법 제59조 제2항에 따라 甲에게 강제퇴거명령서의 '송환국' 란을 공란으로 하여 강제퇴거명령을 하고 송환할 수 있을 때까지 甲에 대한 보호명령을 한 사안이다.

제반 사정 및 난민법 제3조 등의 해석에 따르면, 지방출입국·외국인관서의 장은 난민법 제3조에서 규정한 강제송환금지원칙상 일반적인 외국인이나 난민신청자와 달리 난민인정자에 대하여는 강제퇴거명령 조사 및 심사 단계에서 송환이 가능한 국가를 확인하고, 강제퇴거명령을 하는 경우에는 이를 반영하여 강제퇴거명령서에 송환국을 기재하거나, 적어도 난민인정자가 송환될 경우 박해 또는 고문을 받을 염려가 있는 국가를 소극적으로 제외하는 방식으로 가능한 한 송환국을 특정해야 하며, 이를 전혀 특정하지 않았거나, 박해 또는 고문당할 우려가 있는 국가를 포함하여 송환국을 특정하였다면 난민법 제3조에 위반된다고 보아야 하는데, 지방출입국·외국인관서의 장은 강제퇴거명령을 발령하기 전 조사 및 심사 단계에서 난민인정자인 甲에 대한 송환국을 조사하여 그 나라로 甲을 송환하는 것이 난민법 제3조에 위배되는지를 심사하지 않은 채 출입국관리법 제46조 제1항에서 정한 강제퇴거 사유에 대한 심사를 거쳐 강제퇴거 사유가 존재한다는 이유만으로 강제퇴거명령을 하였고, 강제퇴거명령서에 甲을 송환할 국가를 전혀 특정하지 않은 점, 甲의 경우 출입국관리법 제64조 제1항 및 제2항 제1호 내지 제3호에 따라 송환국이 정해질 수 없고 제64조 제2항 제4호에 따라 甲이 희망하는 국가로 송환되어야 하는데 지방출입국·외국인관서의 장이 甲에게 송환국을 확인한 사실이 없는 점, 甲이 우간다로 송환될 경우 고문당할 위험이 존재한다고 믿을 만한 상당한 근거가 존재하므로 난민법 제3조 및 '고문 및 그 밖의 잔혹한, 비인도적인 또는 굴욕적인 대우나 처벌의 방지에 관한 협약' 제3조 제1항에 따라 우간다로는 강제송환될 수 없으나 지방출입국·외국인관서의 장은 甲에게 교부한 강제퇴거명령서의 '송환국' 란에 우간다가 제외된다는 취지를 기재하지 않았던 점을 종합하면, 위 강제퇴거명령은 난민법 제3조의 강제송환금지원칙에 위반되어 위법하고 강제퇴거명령이 위법한 이상 보호명령 역시 위법하다고 한 사례이다.

## 노동조합설립신고서반려처분취소
[대법원 2015 .6. 25, 선고, 2007두4995, 전원합의체 판결]

【판결요지】

[1] 노동조합 및 노동관계조정법 제10조 제1항, 제12조 제2항, 제3항 제2호, 구 노동조합 및 노동관계조정법 시행규칙(2007.12.26. 노동부령 제286호로 개정되기 전의 것, 이하 '구 노동조합법 시행규칙'이라고 한다) 제2조의 내용이나 체계, 취지 등을 종합하면, 구 노동조합법 시행규칙이 제2조 제4호(2010.8.9. 고용노동부령 제2호로 삭제되었다)에서 설립신고의 대상이 되는 노동조합이 '2 이상의 사업 또는 사업장의 근로자로 구성된 단위노동조합인 경우 사업 또는 사업장별 명칭, 조합원 수, 대표자의 성명'에 관한 서류를 설립신고서에 첨부하여 제출하도록 규정한 것은 상위 법령의 위임 없이 규정한 것이어서, 일반 국민에 대하여 구속력을 가지는 법규명령으로서의 효력은 없다. 따라서 행정관청은 구 노동조합법 시행규칙 제2조 제4호가 정한 사항에 관한 보완이 이루어지지 아니하였다는

사유를 들어 설립신고서를 반려할 수는 없다.

[2] [다수의견] 노동조합 및 노동관계조정법(이하 '노동조합법'이라고 한다) 제2조 제1
호, 제5조, 제9조, 구 출입국관리법(2010. 5. 14. 법률 제10282호로 개정되기 전의 것)
의 내용이나 체계, 취지 등을 종합하면, 노동조합법상 근로자란 타인과의 사용종속관
계하에서 근로를 제공하고 그 대가로 임금 등을 받아 생활하는 사람을 의미하며, 특정
한 사용자에게 고용되어 현실적으로 취업하고 있는 사람뿐만 아니라 일시적으로 실업
상태에 있는 사람이나 구직 중인 사람을 포함하여 노동3권을 보장할 필요성이 있는 사
람도 여기에 포함되는 것으로 보아야 한다. 그리고 출입국관리 법령에서 외국인고용제
한규정을 두고 있는 것은 취업활동을 할 수 있는 체류자격(이하 '취업자격'이라고
한다) 없는 외국인의 고용이라는 사실적 행위 자체를 금지하고자 하는 것뿐이지, 나아
가 취업자격 없는 외국인이 사실상 제공한 근로에 따른 권리나 이미 형성된 근로관계
에서 근로자로서의 신분에 따른 노동관계법상의 제반 권리 등의 법률효과까지 금지하
려는 것으로 보기는 어렵다. 따라서 타인과의 사용종속관계하에서 근로를 제공하고 그
대가로 임금 등을 받아 생활하는 사람은 노동조합법상 근로자에 해당하고, 노동조합법
상의 근로자성이 인정되는 한, 그러한 근로자가 외국인인지 여부나 취업자격의 유무에
따라 노동조합법상 근로자의 범위에 포함되지 아니한다고 볼 수는 없다.

[대법관 민일영의 반대의견] 임금 등의 금전적 청산, 업무상 재해에 대한 보상 등 위
법한 고용의 결과이긴 하지만 되돌릴 수 없는 기왕의 근로 제공이라는 측면에서
취업자격 없는 외국인을 보호하는 것은 별론으로 하더라도, 취업자격 없는 외국인
은 애당초 '정상적으로 취업하려는 근로자'에 해당할 수 없고 이미 취업한 사람
조차도 근로계약의 존속을 보장받지 못할 뿐만 아니라, 노동조합법상의 근로자 개
념에 포함된다 하여 취업자격을 자동으로 취득하거나 그의 국내 체류가 합법화되
는 것도 아니다. 이런 마당에 장차 근로관계가 성립 혹은 계속될 것을 전제로 사용
자와의 단체교섭이나 단체협약의 체결을 통하여 근로조건을 유지·개선하려 하는
것 자체가 가능한 일인지 의문이다. 결국 취업자격 없는 외국인에 대하여는 근로조
건의 유지·개선과 지위 향상을 기대할 만한 법률상 이익을 인정하기 어렵고, 취업
자격 없는 외국인은 노동조합법상 근로자의 개념에 포함되지 않는다.

## III. 벌칙

**제93조의2(벌칙)** ① 다음 각 호의 어느 하나에 해당하는 사람은 7년 이하
의 징역에 처한다. 〈개정 2014. 1. 7.〉

1. 이 법에 따라 보호되거나 일시보호된 사람으로서 다음 각 목의 어느 하
나에 해당하는 사람

가. 도주할 목적으로 보호시설 또는 기구를 손괴하거나 다른 사람을 폭
행 또는 협박한 사람

나. 2명 이상이 합동하여 도주한 사람

2. 이 법에 따른 보호나 강제퇴거를 위한 호송 중에 있는 사람으로서 다

른 사람을 폭행 또는 협박하거나 2명 이상이 합동하여 도주한 사람

3. 이 법에 따라 보호·일시보호된 사람이나 보호 또는 강제퇴거를 위한 호송 중에 있는 사람을 탈취하거나 도주하게 한 사람

② 다음 각 호의 어느 하나에 해당하는 사람으로서 영리를 목적으로 한 사람은 7년 이하의 징역 또는 7천만원 이하의 벌금에 처한다. 〈개정 2012.1.26., 2020.3.24.〉

1. 제12조제1항 또는 제2항에 따라 입국심사를 받아야 하는 외국인을 집단으로 불법입국하게 하거나 이를 알선한 사람

2. 제12조의3제1항을 위반하여 외국인을 집단으로 불법입국 또는 불법출국하게 하거나 대한민국을 거쳐 다른 국가로 불법입국하게 할 목적으로 선박등이나 여권·사증, 탑승권, 그 밖에 출입국에 사용될 수 있는 서류 및 물품을 제공하거나 알선한 사람

3. 제12조의3제2항을 위반하여 불법으로 입국한 외국인을 집단으로 대한민국에서 은닉 또는 도피하게 하거나 은닉 또는 도피하게 할 목적으로 교통수단을 제공하거나 이를 알선한 사람

[전문개정 2010.5.14.]

**제93조의3(벌칙)** 다음 각 호의 어느 하나에 해당하는 사람은 5년 이하의 징역 또는 5천만원 이하의 벌금에 처한다.

1. 제12조제1항 또는 제2항을 위반하여 입국심사를 받지 아니하고 입국한 사람

2. 제91조의2제3항을 위반하여 직무상 알게 된 비밀을 다른 사람에게 누설하거나 직무상 목적 외의 용도로 이용한 사람

3. 제93조의2제2항 각 호의 어느 하나에 해당하는 죄를 범한 사람(영리를 목적으로 한 사람은 제외한다)

[전문개정 2020.3.24.]

**제94조(벌칙)** 다음 각 호의 어느 하나에 해당하는 사람은 3년 이하의 징역 또는 3천만원 이하의 벌금에 처한다. 〈개정 2012.1.26., 2014.1.7., 2016.3.29., 2018.3.20., 2019.4.23., 2020.3.24.〉

1. 제3조제1항을 위반하여 출국심사를 받지 아니하고 출국한 사람

2. 제7조제1항 또는 제4항을 위반하여 입국한 사람

3. 제7조의2를 위반한 사람

4. 제12조의3을 위반한 사람으로서 제93조의2제2항 또는 제93조의3제1호

ㆍ제3호에 해당하지 아니하는 사람

5. 제14조제1항에 따른 승무원 상륙허가 또는 제14조의2제1항에 따른 관광상륙허가를 받지 아니하고 상륙한 사람

6. 제14조제3항에 따른 승무원 상륙허가 또는 제14조의2제3항에 따른 관광상륙허가의 조건을 위반한 사람

7. 제17조제1항을 위반하여 체류자격이나 체류기간의 범위를 벗어나서 체류한 사람

8. 제18조제1항을 위반하여 취업활동을 할 수 있는 체류자격을 받지 아니하고 취업활동을 한 사람

9. 제18조제3항을 위반하여 취업활동을 할 수 있는 체류자격을 가지지 아니한 사람을 고용한 사람

10. 제18조제4항을 위반하여 취업활동을 할 수 있는 체류자격을 가지지 아니한 외국인의 고용을 업으로 알선ㆍ권유한 사람

11. 제18조제5항을 위반하여 체류자격을 가지지 아니한 외국인을 자기 지배하에 두는 행위를 한 사람

12. 제20조를 위반하여 체류자격 외 활동허가를 받지 아니하고 다른 체류자격에 해당하는 활동을 한 사람

13. 제21조제2항을 위반하여 근무처의 변경허가 또는 추가허가를 받지 아니한 외국인의 고용을 업으로 알선한 사람

14. 제22조에 따른 제한 등을 위반한 사람

15. 제23조를 위반하여 체류자격을 받지 아니하고 체류한 사람

16. 제24조를 위반하여 체류자격 변경허가를 받지 아니하고 다른 체류자격에 해당하는 활동을 한 사람

17. 제25조를 위반하여 체류기간 연장허가를 받지 아니하고 체류기간을 초과하여 계속 체류한 사람

17의2. 제26조를 위반한 사람

18. 제28조제1항이나 제2항을 위반하여 출국심사를 받지 아니하고 출국한 사람

19. 제33조의3을 위반한 사람

20. 제69조(제70조제1항 및 제2항에서 준용하는 경우를 포함한다)를 위반한 사람

[전문개정 2010.5.14.]

---

**제95조(벌칙)** 다음 각 호의 어느 하나에 해당하는 사람은 1년 이하의 징역 또는 1천만원 이하의 벌금에 처한다. 〈개정 2014.1.7.〉

1. 제6조제1항을 위반하여 입국심사를 받지 아니하고 입국한 사람
2. 제13조제2항에 따른 조건부 입국허가의 조건을 위반한 사람
3. 제15조제1항에 따른 긴급상륙허가, 제16조제1항에 따른 재난상륙허가 또는 제16조의2제1항에 따른 난민 임시상륙허가를 받지 아니하고 상륙한 사람
4. 제15조제2항, 제16조제2항 또는 제16조의2제2항에 따른 허가조건을 위반한 사람
5. 제18조제2항을 위반하여 지정된 근무처가 아닌 곳에서 근무한 사람
6. 제21조제1항 본문을 위반하여 허가를 받지 아니하고 근무처를 변경하거나 추가한 사람 또는 제21조제2항을 위반하여 근무처의 변경허가 또는 추가허가를 받지 아니한 외국인을 고용한 사람
7. 제31조의 등록의무를 위반한 사람
8. 제51조제1항·제3항, 제56조 또는 제63조제1항에 따라 보호 또는 일시보호된 사람으로서 도주하거나 보호 또는 강제퇴거 등을 위한 호송 중에 도주한 사람(제93조의2제1항제1호 또는 제2호에 해당하는 사람은 제외한다)
9. 제63조제5항에 따른 주거의 제한이나 그 밖의 조건을 위반한 사람
10. 삭제 〈2012.2.10.〉

[전문개정 2010.5.14.]

**제96조(벌칙)** 다음 각 호의 어느 하나에 해당하는 사람은 1천만원 이하의 벌금에 처한다. 〈개정 2016.3.29.〉

1. 제71조제4항(제70조제1항 및 제2항에서 준용하는 경우를 포함한다)에 따른 출항의 일시정지 또는 회항 명령이나 선박등의 출입 제한을 위반한 사람
2. 정당한 사유 없이 제73조(제70조제1항 및 제2항에서 준용하는 경우를 포함한다)에 따른 준수사항을 지키지 아니하였거나 제73조의2제1항(제70조제1항 및 제2항에서 준용하는 경우를 포함한다) 또는 제3항(제70조제1항 및 제2항에서 준용하는 경우를 포함한다)을 위반하여 열람 또는 문서제출 요청에 따르지 아니한 사람
3. 정당한 사유 없이 제75조제1항(제70조제1항 및 제2항에서 준용하는 경우를 포함한다) 또는 제2항(제70조제1항 및 제2항에서 준용하는 경우를 포함한다)에 따른 보고서를 제출하지 아니하거나 거짓으로 제출한 사람

[전문개정 2010.5.14.]

**제97조(벌칙)** 다음 각 호의 어느 하나에 해당하는 사람은 500만원 이하의 벌금에 처한다. 〈개정 2016.3.29., 2017.12.12.〉

1. 제18조제4항을 위반하여 취업활동을 할 수 있는 체류자격을 가지지 아니한 외국인의 고용을 알선·권유한 사람(업으로 하는 사람은 제외한다)
2. 제21조제2항을 위반하여 근무처의 변경허가 또는 추가허가를 받지 아니한 외국인의 고용을 알선한 사람(업으로 하는 사람은 제외한다)
3. 제72조(제70조제1항 및 제2항에서 준용하는 경우를 포함한다)를 위반하여 허가를 받지 아니하고 선박등이나 출입국심사장에 출입한 사람
4. 제74조(제70조제1항 및 제2항에서 준용하는 경우를 포함한다)에 따른 제출 또는 통보 의무를 위반한 사람
5. 제75조제4항(제70조제1항 및 제2항에서 준용하는 경우를 포함한다) 및 제5항(제70조제1항 및 제2항에서 준용하는 경우를 포함한다)에 따른 보고 또는 방지 의무를 위반한 사람
6. 제76조제1항(제70조제1항 및 제2항에서 준용하는 경우를 포함한다)에 따른 송환의무를 위반한 사람
7. 제76조의6제1항을 위반하여 난민인정증명서 또는 난민여행증명서를 반납하지 아니하거나 같은 조 제2항에 따른 난민여행증명서 반납명령을 위반한 사람

[전문개정 2010.5.14.]

**제98조(벌칙)** 다음 각 호의 어느 하나에 해당하는 사람은 100만원 이하의 벌금에 처한다.

1. 제27조에 따른 여권등의 휴대 또는 제시 의무를 위반한 사람
2. 제36조제1항에 따른 체류지 변경신고 의무를 위반한 사람

[전문개정 2010.5.14.]

**제99조(미수범 등)** ① 제93조의2, 제93조의3제1호·제3호, 제94조제1호부터 제5호까지 또는 제18호 및 제95조제1호의 죄를 범할 목적으로 예비하거나 또는 음모한 사람과 미수범은 각각 해당하는 본죄에 준하여 처벌한다. 〈개정 2016.3.29., 2019.4.23., 2020.3.24.〉

② 제1항에 따른 행위를 교사하거나 방조한 사람은 정범(正犯)에 준하여 처벌한다.

[전문개정 2010.5.14.]

**제99조의2(난민에 대한 형의 면제)** 제93조의3제1호, 제94조제2호·제5호·제6호 및 제15호부터 제17호까지 또는 제95조제3호·제4호에 해당하는 사람이 그 위반행위를 한 후 지체 없이 지방출입국·외국인관서의 장에게 다음 각 호의 모두에 해당하는 사실을 직접 신고하는 경우에 그 사실이 증명되면 그 형을 면제한다. 〈개정 2012.2.10., 2014.3.18., 2019.4.23., 2020.3.24.〉

1. 「난민법」 제2조제1호에 규정된 이유로 그 생명·신체 또는 신체의 자유를 침해받을 공포가 있는 영역으로부터 직접 입국하거나 상륙한 난민이라는 사실
2. 제1호의 공포로 인하여 해당 위반행위를 한 사실

[전문개정 2010.5.14.]

**제99조의3(양벌규정)** 법인의 대표자나 법인 또는 개인의 대리인, 사용인, 그 밖의 종업원이 그 법인 또는 개인의 업무에 관하여 다음 각 호의 어느 하나에 해당하는 위반행위를 하면 그 행위자를 벌하는 외에 그 법인 또는 개인에게도 해당 조문의 벌금형을 과(科)한다. 다만, 법인 또는 개인이 그 위반행위를 방지하기 위하여 해당 업무에 관하여 상당한 주의와 감독을 게을리하지 아니한 경우에는 그러하지 아니하다. 〈개정 2020. 6. 9.〉

1. 제94조제3호의 위반행위
2. 제94조제9호의 위반행위
2의2. 제94조제10호의 위반행위
3. 제94조제19호의 위반행위 중 제33조의3제1호를 위반한 행위
4. 제94조제20호의 위반행위
5. 제95조제6호의 위반행위
6. 제96조제1호부터 제3호까지의 규정에 따른 위반행위
7. 제97조제4호부터 제6호까지의 규정에 따른 위반행위

[전문개정 2010.5.14.]

**제100조(과태료)** ① 다음 각 호의 어느 하나에 해당하는 자에게는 200만원 이하의 과태료를 부과한다. 〈개정 2016.3.29., 2018.3.20.〉

1. 제19조의 신고의무를 위반한 자
2. 제19조의4제1항 또는 제2항 각 호의 어느 하나에 해당하는 규정을 위반한 사람
3. 제21조제1항 단서의 신고의무를 위반한 사람
4. 제33조제4항 또는 제33조의2제1항을 위반하여 영주증을 재발급받지 아니한 사람

5. 과실로 인하여 제75조제1항(제70조제1항 및 제2항에서 준용하는 경우를 포함한다) 또는 제2항(제70조제1항 및 제2항에서 준용하는 경우를 포함한다)에 따른 출·입항보고를 하지 아니하거나 출·입항보고서의 국적, 성명, 성별, 생년월일, 여권번호에 관한 항목을 최근 1년 이내에 3회 이상 사실과 다르게 보고한 자

② 다음 각 호의 어느 하나에 해당하는 자에게는 100만원 이하의 과태료를 부과한다.

1. 제35조나 제37조를 위반한 사람

2. 제79조를 위반한 사람

3. 제81조제4항에 따른 출입국관리공무원의 장부 또는 자료 제출 요구를 거부하거나 기피한 자

③ 다음 각 호의 어느 하나에 해당하는 자에게는 50만원 이하의 과태료를 부과한다. 〈개정 2016.3.29.〉

1. 제33조제2항을 위반하여 외국인등록증 발급신청을 하지 아니한 사람

2. 이 법에 따른 각종 신청이나 신고에서 거짓 사실을 적거나 보고한 자 (제94조제17호의2에 해당하는 사람은 제외한다)

④ 제1항부터 제3항까지의 규정에 따른 과태료는 대통령령으로 정하는 바에 따라 지방출입국·외국인관서의 장이 부과·징수한다. 〈개정 2014.3.18.〉

⑤ 법무부장관은 출입국사범의 나이와 환경, 법 위반의 동기와 결과, 과태료 부담능력, 그 밖의 정상을 고려하여 이 법 위반에 따른 과태료를 면제할 수 있다. 〈신설 2020.3.24.〉

[전문개정 2010.5.14.]


## IV. 기재례

### 【범죄사실 기재례】

피의자는 미합중국 국민인데, 대한민국에서 체류하고자 하는 외국인은 입국한 날로부터 90일 이내에 체류지 관할사무소장 또는 출장소장에게 외국인 등록을 하여야 함에도 불구하고 20○○. ○. ○. 14 : 00경 비행기편으로 인천공항에 도착하여 대한민국에 입국한 이후 20○○. ○. ○.부터 체류신고 없이 서울 ○○동에 있는 ○○호텔 ○○○호에 주거를 정하고 불법으로 체류하였다.

**【범죄사실 기재례】**

피의자는 미국 국민으로 우리나라에 와서 일정한 체류신고를 마치고 ○○시 ○○동 ○○번지에 거주하여 왔다.

피의자는 그의 체류지를 변경하고자 할 때에는 구 체류지를 퇴거한 날로부터 14일 이내에 구 체류지에는 퇴거신고를, 신 체류지에는 전입신고를 하여야 함에도 불구하고 그와 같은 퇴거·전입신고를 하지 않고 20○○. ○. ○.경 ○○시 ○○동 ○○번지로 함부로 체류지를 변경하였다.

**【범죄사실 기재례】**

피의자는 ○○시 ○○동 123번지에서 "○○플라스틱"이라는 상호로 제조업에 종사하고 있다.

피의자는 20○○. ○. ○.경 위 사업장에서 외국인을 채용하고자 할때는 국내에서 취업활동할 수 있는 체류자격을 취득한 자를 채용하여야 함에도 불구하고 그때부터 20○○. ○. ○.까지 이러한 체류자격을 가지지 않은 중국인 진부(金博, 남, 29세)외 4인을 월 120만원을 주기로 하고 고용하였다.

**[서식] 출국금지 통지서**

# 출국금지 통지서

발급번호 :

| | | | |
|---|---|---|---|
| 우편번호/주소 | /전화번호( ) | /팩스번호( ) | |
| ○○○과 | 과장 ○○○ | 담당자 ○○○ | |

귀하

년    월    일

귀하는 「출입국관리법」 제4조 및 제4조의4제1항에 따라 아래와 같이 출국이 금지되었음을 통지합니다.

| | |
|---|---|
| 출국금지일 | |
| 출국금지기간 | .  .  . 부터  .  .  . 까지 |
| 출국금지사유 | |
| 출국금지 요청기관 | |

※ 안내 사항

1. 귀하는 위 처분에 대하여 이의가 있을 때에는 「출입국관리법」 제4조의5제1항에 따라 이 통지서를 받은 날부터 10일 이내에 법무부장관에게 이의신청을 하거나, 이 통지서를 받은 날부터 90일 이내에 행정심판 또는 행정소송을 제기할 수 있습니다.

2. 이의신청을 할 때에는 전자우편(bordercontrol@korea.kr)으로, 행정심판을 청구할 때에는 온라인행정심판(www.simpan.go.kr)을 통하여, 행정소송을 청구할 때에는 전자소송(ecfs.scourt.go.kr)을 통하여 온라인으로도 청구할 수 있습니다.

**법무부장관**   [직인]

210mm×297mm[백상지(80 g/㎡) 또는 중질지(80 g/㎡)]

**[서식] 출국정지 등 요청서**

# 출국정지 등 요청서

| 접수번호 | 접수일 | 처리기간 |
|---|---|---|
| | | |

문서번호:　　　　　　　　　　　　　수　신:

요청일:　　　　　　　　요청기관:　　　　　| 직인 |

「출입국관리법」 제29조에 따라 다음과 같이 요청합니다.

| 요청항목 | ☐ 출국정지　　　☐ 출국정지기간 연장　　　☐ 출국정지 해제 | | | | |
|---|---|---|---|---|---|
| 사건번호 | | 최초요청<br>공문번호 | | 담당부서<br>(연락처) | |
| 대상자<br>인적사항 | 성　　명 | | (한 자) | | 성별 | |
| | 생년월일<br>(외국인등록번호) | | | 국　적 | |
| | 주　　소 | | | 직　업 | |
| | 여권번호 | | | 여권<br>유효기간<br>만료일 | |
| 요청기간 | ※ 출국정지 예정기간 또는 출국정지기간 연장 예정기간을 기재 | | | | |
| 적용법조<br>및 법정형 | | | | | |
| 요청사유<br>(구체적으로<br>기재) | | | | | |
| 소명자료 | | | | | |

**[서식] 보호명령서**

# 보호명령서
## (DETENTION ORDER)

| 보호 대상자<br>(Person upon whom the Order is issued) | 성명 (Full name) |
|---|---|
| | 성별 (Sex)  남 Male[  ]  여 Female[  ] |
| | 생년월일 (Date of Birth) |
| | 국적 (Nationality) |
| | 직업 (Occupation) |
| | 대한민국 내 주소 (Address in Korea) |

1. 위 사람을 「출입국관리법」 제51조 또는 제63조에 따라 다음과 같이 보호할 것을 명령합니다. 보호된 자 또는 그 변호인, 법정대리인, 배우자, 직계친족, 형제자매나 가족은 법무부장관에게 보호에 대한 이의신청을 할 수 있습니다.
   Pursuant to Article 51, Article 63 of the Immigration Act, the abovementioned person is hereby ordered to be detained as specified below. A person detained or his/her lawyer, legal representative, spouse, lineal relative, sibling or family member on his/her behalf, may file an objection against the detention with the Minister of Justice.

2. 귀하는 위 처분에 대하여 이의가 있을 때에는 이 명령서를 받은 날부터 90일 이내에 행정심판 또는 행정소송을 제기할 수 있습니다.
   ※ 행정심판을 청구할 때에는 온라인행정심판(www.simpan.go.kr), 행정소송을 청구할 때에는 전자소송(ecfs.scourt.go.kr)을 통하여 온라인으로도 청구할 수 있습니다.
   A person who has an objection to the above disposition may file an administrative appeal or an administrative litigation within 90 days after receipt of the detention order.
   ※ You may file an administrative appeal online (www.simpan.go.kr) and an administrative litigation on the Internet(ecfs.scourt.go.kr).

| 보호의 사유<br>(Reason for Detention) | | |
|---|---|---|
| 보호 장소<br>(Place of Detention) | | |
| 보호 기간<br>(Period of Detention) | 부터<br>(from) | 까지<br>(to) |
| 비 고<br>(Remarks) | | |

<table>
<tr><td></td><td>년<br>(year)</td><td>월<br>(month)</td><td>일<br>(day)</td></tr>
<tr><td>Date</td><td></td><td></td><td></td></tr>
</table>

○○출입국 · 외국인청(사무소 · 출장소)장          | 직인 |

CHIEF, ○○IMMIGRATION OFFICE

집행자 :                              (서명 또는 인)

Enforcement officer :                (signature or seal)

# 치료감호 등에 관한 법률

[시행 2022. 7. 5.] [법률 제18678호, 2022. 1. 4., 일부개정]

## Ⅰ. 개설

### 목적

이 법은 심신장애 상태, 마약류·알코올이나 그 밖의 약물중독 상태, 정신성적(精神性的) 장애가 있는 상태 등에서 범죄행위를 한 자로서 재범(再犯)의 위험성이 있고 특수한 교육·개선 및 치료가 필요하다고 인정되는 자에 대하여 적절한 보호와 치료를 함으로써 재범을 방지하고 사회복귀를 촉진하는 것을 목적으로 한다.

## Ⅱ. 판례

**제2조(치료감호대상자)** ① 이 법에서 "치료감호대상자"란 다음 각 호의 어느 하나에 해당하는 자로서 치료감호시설에서 치료를 받을 필요가 있고 재범의 위험성이 있는 자를 말한다. 〈개정 2014.12.30., 2020.10.20.〉

1. 「형법」 제10조제1항에 따라 벌하지 아니하거나 같은 조 제2항에 따라 형을 감경할 수 있는 심신장애인으로서 금고 이상의 형에 해당하는 죄를 지은 자
2. 마약·향정신성의약품·대마, 그 밖에 남용되거나 해독(害毒)을 끼칠 우려가 있는 물질이나 알코올을 식음(食飲)·섭취·흡입·흡연 또는 주입받는 습벽이 있거나 그에 중독된 자로서 금고 이상의 형에 해당하는 죄를 지은 자
3. 소아성기호증(小兒性嗜好症), 성적가학증(性的加虐症) 등 성적 성벽(性癖)이 있는 정신성적 장애인으로서 금고 이상의 형에 해당하는 성폭력범죄를 지은 자

② 제1항제2호의 남용되거나 해독을 끼칠 우려가 있는 물질에 관한 자세한 사항은 대통령령으로 정한다.

[전문개정 2008.6.13.]

**성폭력범죄의처벌및피해자보호등에관한법률위반(주거침입강간등)
[일부추가된죄명:성폭력범죄의처벌및피해자보호등에관한법률위반
(특수강간등)]·치료감호·부착명령·치료명령**

[대법원 2014. 12. 11, 선고, 2014도6930,2014감도25,2014전도126,2014치도3, 판결]

【판결요지】

치료감호법 제2조 제1항 제3호는 성폭력범죄를 저지른 성적 성벽이 있는 정신성적 장애자를 치료감호대상자로 규정하고 있는데, 성폭력범죄자의 성충동 약물치료에 관한 법률(이하 '성충동약물치료법'이라고 한다) 제2조 제1호, 제4조 제1항은 치료감호법 제2조 제1항 제3호의 정신성적 장애자를 약물치료명령(이하 '치료명령'이라고 한다)의 대상이 되는 성도착증 환자의 한 유형으로 규정하고 있다. 따라서 성폭력범죄를 저지른 정신성적 장애자에 대하여는 치료감호와 치료명령이 함께 청구될 수도 있는데, 피청구자의 동의 없이 강제적으로 이루어지는 치료명령 자체가 피청구자의 신체의 자유와 자기결정권에 대한 중대한 제한이 되는 점, 치료감호는 치료감호법에 규정된 수용기간을 한도로 피치료감호자가 치유되어 치료감호를 받을 필요가 없을 때 종료되는 것이 원칙인 점, 치료감호와 치료명령이 함께 선고된 경우에는 성충동약물치료법 제14조에 따라 치료감호의 종료·가종료 또는 치료위탁으로 석방되기 전 2개월 이내에 치료명령이 집행되는 점 등을 감안하면, 치료감호와 치료명령이 함께 청구된 경우에는, 치료감호를 통한 치료에도 불구하고 치료명령의 집행시점에도 여전히 약물치료가 필요할 만큼 피청구자에게 성폭력범죄를 다시 범할 위험성이 있고 피청구자의 동의를 대체할 수 있을 정도의 상당한 필요성이 인정되는 경우에 한하여 치료감호와 함께 치료명령을 선고할 수 있다고 보아야 한다.

**제4조(검사의 치료감호 청구)** ① 검사는 치료감호대상자가 치료감호를 받을 필요가 있는 경우 관할 법원에 치료감호를 청구할 수 있다.

② 치료감호대상자에 대한 치료감호를 청구할 때에는 정신건강의학과 등의 전문의의 진단이나 감정(鑑定)을 참고하여야 한다. 다만, 제2조제1항제3호에 따른 치료감호대상자에 대하여는 정신건강의학과 등의 전문의의 진단이나 감정을 받은 후 치료감호를 청구하여야 한다. 〈개정 2011.8.4.〉

③ 치료감호를 청구할 때에는 검사가 치료감호청구서를 관할 법원에 제출하여야 한다. 치료감호청구서에는 피치료감호청구인 수만큼의 부본(副本)을 첨부하여야 한다.

④ 치료감호청구서에는 다음 각 호의 사항을 적어야 한다.

1. 피치료감호청구인의 성명과 그 밖에 피치료감호청구인을 특정할 수 있는 사항

2. 청구의 원인이 되는 사실

3. 적용 법 조문

4. 그 밖에 대통령령으로 정하는 사항

⑤ 검사는 공소제기한 사건의 항소심 변론종결 시까지 치료감호를 청구할 수 있다.

⑥ 법원은 치료감호 청구를 받으면 지체 없이 치료감호청구서의 부본을 피치료감 호청구인이나 그 변호인에게 송달하여야 한다. 다만, 공소제기와 동시에 치료 감호 청구를 받았을 때에는 제1회 공판기일 전 5일까지, 피고사건 심리 중에 치료감호 청구를 받았을 때에는 다음 공판기일 전 5일까지 송달하여야 한다.

⑦ 법원은 공소제기된 사건의 심리결과 치료감호를 할 필요가 있다고 인정할 때에는 검사에게 치료감호 청구를 요구할 수 있다.

**폭력행위등처벌에관한법률위반(집단·흉기등상해)·폭력행위등처벌에 관한법률위반(집단·흉기등협박)·업무방해·치료감호**
[대법원 2009. 11. 12, 선고, 2009도6946,2009감도24, 판결]

【판결요지】
치료감호법 제3조 제2항, 제4조 제5항, 제12조 제2항의 내용을 종합해 보면, 단독판 사 관할 피고사건의 항소사건이 지방법원 합의부나 지방법원지원 합의부에 계속중일 때 그 변론종결 시까지 청구된 치료감호사건의 관할법원은 고등법원이고, 피고사건 의 관할법원도 치료감호사건의 관할을 따라 고등법원이 된다. 따라서 위와 같은 치 료감호사건이 지방법원이나 지방법원지원에 청구되어 피고사건 항소심을 담당하는 합의부에 배당된 경우 그 합의부는 치료감호사건과 피고사건을 모두 고등법원에 이 송하여야 한다.

**제12조(치료감호의 판결 등)** ① 법원은 치료감호사건을 심리하여 그 청구가 이유 있다고 인정할 때에는 판결로써 치료감호를 선고하여야 하고, 이유 없 다고 인정할 때 또는 피고사건에 대하여 심신상실 외의 사유로 무죄를 선고 하거나 사형을 선고할 때에는 판결로써 청구기각을 선고하여야 한다.

② 치료감호사건의 판결은 피고사건의 판결과 동시에 선고하여야 한다. 다만, 제7조에 따라 공소를 제기하지 아니하고 치료감호만을 청구한 경우에는 그 러하지 아니하다.

③ 치료감호선고의 판결이유에는 요건으로 되는 사실, 증거의 요지와 적용 법 조문을 구체적으로 밝혀야 한다.

④ 법원은 피고사건에 대하여 「형사소송법」 제326조 각 호, 제327조제1호부터 제4호까지 및 제328조제1항 각 호(제2호 중 피고인인 법인이 존속하지 아니

하게 되었을 때는 제외한다)의 사유가 있을 때에는 치료감호청구사건에 대하여도 청구기각의 판결 또는 결정을 하여야 한다. 치료감호청구사건에 대하여 위와 같은 사유가 있을 때에도 또한 같다.

[전문개정 2008.6.13.]

## 유해 화학물질 관리법 위반(환각물질 흡입)·폭력행위 등 처벌에 관한 법률위반(집단·흉기등 협박)·치료감호

[대법원 2011. 8. 25, 선고, 2011도6705,2011감도20, 판결]

【판결요지】

[1] 치료감호법 제14조 제2항은 "피고사건의 판결에 대하여 상소 및 상소의 포기·취하가 있을 때에는 치료감호청구사건의 판결에 대하여도 상소 및 상소의 포기·취하가 있는 것으로 본다."고 규정하고 있는데, 위와 같은 치료감호청구사건에 관한 상소의제 규정은 치료감호청구사건에 관하여 상소의 이익이 있는 때에 적용된다고 보는 것이 타당하다.

[2] 피고인에게 유해화학물질 관리법 위반(환각물질흡입)죄 등으로 징역 1년 6월, 몰수, 치료감호를 선고한 제1심판결에 대하여 검사만이 양형부당을 이유로 항소하였는데, 원심이 제1심판결 중 피고사건을 파기하고 징역 2년 및 몰수를 선고하면서 치료감호청구사건에 대하여 아무런 판단을 하지 않은 사안에서, 제1심에서 피고사건에 대한 유죄판결과 함께 치료감호청구를 인용하는 판결이 선고되었고, 비록 검사만이 제1심판결의 피고사건에 대하여만 양형부당을 이유로 항소하였더라도, 검사는 피고인에게 불이익한 상소만이 아니라 피고인의 이익을 위한 상소도 가능하므로 위 치료감호사건에 대한 항소의 이익이 없다고 할 수 없고, 이 경우 원심으로서는 치료감호법 제14조 제2항에 의하여 치료감호청구사건의 판결에 대하여도 항소가 있는 것으로 보아 피고사건의 판결과 동시에 치료감호청구사건의 판결을 선고하였어야 하는데도, 치료감호청구사건에 대한 판단 및 선고를 누락한 원심판결에 치료감호법 제14조 제2항이 규정한 상소의제에 관한 법리 등을 오해한 위법이 있다고 한 사례.

## Ⅲ. 벌칙

**제52조(벌칙)** ① 피치료감호자가 치료감호 집행자의 치료감호를 위한 명령에 정당한 사유 없이 복종하지 아니하거나 도주한 경우에는 1년 이하의 징역에 처한다.

② 피치료감호자 2명 이상이 공동으로 제1항의 죄를 지은 경우에는 3년 이하의 징역에 처한다.

③ 치료감호를 집행하는 자가 피치료감호자를 도주하게 하거나 도주를 용이하게 한 경우에는 1년 이상의 유기징역에 처한다.

④ 치료감호를 집행하는 자가 뇌물을 수수·요구 또는 약속하고 제3항의 죄를 지은 경우에는 2년 이상의 유기징역에 처한다.

⑤ 타인으로 하여금 치료감호처분을 받게 할 목적으로 공공기관이나 공무원에게 거짓의 사실을 신고한 자는 10년 이하의 징역 또는 1천500만원 이하의 벌금에 처한다.

⑥ 치료감호청구사건에 관하여 피치료감호청구인을 모함하여 해칠 목적으로 「형법」 제152조제1항의 위증죄를 지은 자는 10년 이하의 징역에 처한다.

⑦ 치료감호청구사건에 관하여 「형법」 제154조의 죄를 지은 자는 10년 이하의 징역에 처한다.

⑧ 치료감호청구사건에 관하여 「형법」 제233조 또는 제234조(허위작성진단서의 행사로 한정한다)의 죄를 지은 자는 5년 이하의 징역, 10년 이하의 자격정지 또는 5천만원 이하의 벌금에 처한다. 〈개정 2014.1.7.〉

⑨ 제23조제3항에 따라 치료의 위탁을 받은 법정대리인등이 그 서약을 위반하여 피치료감호자를 도주하게 하거나 도주를 용이하게 한 경우에는 3년 이하의 징역 또는 500만원 이하의 벌금에 처한다.

⑩ 다음 각 호의 어느 하나에 해당하는 사람은 6개월 이하의 징역 또는 500만원 이하의 벌금에 처한다. 〈신설 2017.12.12.〉

1. 총기·도검·폭발물·독극물·흉기나 그 밖의 위험한 물품, 주류·담배·화기·현금·수표·음란물 또는 휴대전화 등 정보통신기기(이하 "금지물품"이라 한다)를 치료감호시설에 반입하거나 소지·사용·수수(授受)·교환 또는 은닉(隱匿)한 피치료감호자

2. 피치료감호자에게 전달할 목적으로 금지물품을 허가 없이 치료감호시설에 반입하거나 피치료감호자와 금지물품을 수수 또는 교환한 사람

⑪ 제10항의 미수범은 처벌한다. 〈신설 2017.12.12.〉

⑫ 금지물품은 몰수한다. 〈신설 2017.12.12.〉

⑬ 치료감호기간의 만료로 피보호관찰자가 된 사람이 정당한 사유 없이 제33조제1항부터 제3항까지의 준수사항을 위반하여 같은 조 제5항에 따른 경고를 받은 후 다시 정당한 사유 없이 제33조제1항부터 제3항까지의 준수사항을 위반한 경우 1년 이하의 징역 또는 1천만원 이하의 벌금에 처한다. 〈신설 2017.12.12.〉

[전문개정 2008.6.13.]

**[서식] 치료감호영장신청**

# ○ ○ 경 찰 서

20    보구제    호                                                          년   월   일

수신        검찰청의 장                        발신            경찰서

사법경찰관            (인)

## 제 목   **치료감호영장신청**

「치료감호 등에 관한 법률」 제6조제2항에 따라 아래 사람에 대한      사건과
관련해 아래 사람을      경찰서에 보호구속하고자 하오니 20  .    .    .까지 유효
한 치료감호영장의 발부를 청구해 주시기 바랍니다.

| 성 명 | |
|---|---|
| 주민등록번호 | (            세) |
| 직 업 | |
| 주 거 | |
| 보호구속을 필요로 하는 사유 | 1. 신청원인사실 : 별지와 같음<br>2. 소명자료 |
| 재신청의 취지 및 이유 | |

### ○ ○ 검 찰 청

20    보구제    호                                                          년   월   일

수신 ○ ○ 지방법원장

제목 치료감호영장청구

위와 같은 치료감호영장신청에 대해 보호구속이 필요하다고 인정되므로 영장
의 발부를 청구합니다.

검찰청

검사

(인)

| 기각의 취지 및 이유 | |
|---|---|

**[서식(갑)]** 치료감호집행장

## ○ ○ 검 찰 청

| 치료감호집행장번호 | **치료감호집행장** | 20  감집  제    호<br>20  형   제    호 |
|---|---|---|
| 성             명 | | |
| 주 민 등 록 번 호 | | (              세) |
| 등 록 기 준 지 | | |
| 주             거 | | |
| 직             업 | | |
| 선 고 법 원 | | |
| 선     고     일 | 20  .  .  . | |
| 확     정     일 | 20  .  .  . | |
| 죄             명 | | |
| 그 밖의 참고사항<br>(피치료감호자의 배회처 등) | | |

「치료감호 등에 관한 법률」 제21조제2항 및 제3항에 따라 위 사람에 대한 치료감호집행을 위해 검찰청에 구인한다. 이 집행장은 20  .  .  . 까지 유효하며 이 기간을 경과하면 집행에 착수하지 못한다.

년        월        일

검찰청

검사                                      (인)

210mm×297mm(일반용지 60g/㎡(재활용품))

# 통신비밀보호법

[시행 2024. 7. 24.] [법률 제20072호, 2024. 1. 23., 일부개정]]

## Ⅰ. 개설

### 목적

이 법은 통신 및 대화의 비밀과 자유에 대한 제한은 그 대상을 한정하고 엄격한 법적 절차를 거치도록 함으로써 통신비밀을 보호하고 통신의 자유를 신장함을 목적으로 한다.

## Ⅱ. 판례

**제2조(정의)** 이 법에서 사용하는 용어의 정의는 다음과 같다. 〈개정 2001.12.29., 2004.1.29., 2005.1.27.〉

1. "통신"이라 함은 우편물 및 전기통신을 말한다.
2. "우편물"이라 함은 우편법에 의한 통상우편물과 소포우편물을 말한다.
3. "전기통신"이라 함은 전화·전자우편·회원제정보서비스·모사전송·무선호출 등과 같이 유선·무선·광선 및 기타의 전자적 방식에 의하여 모든 종류의 음향·문언·부호 또는 영상을 송신하거나 수신하는 것을 말한다.
4. "당사자"라 함은 우편물의 발송인과 수취인, 전기통신의 송신인과 수신인을 말한다.
5. "내국인"이라 함은 대한민국의 통치권이 사실상 행사되고 있는 지역에 주소 또는 거소를 두고 있는 대한민국 국민을 말한다.
6. "검열"이라 함은 우편물에 대하여 당사자의 동의없이 이를 개봉하거나 기타의 방법으로 그 내용을 지득 또는 채록하거나 유치하는 것을 말한다.
7. "감청"이라 함은 전기통신에 대하여 당사자의 동의없이 전자장치·기계장치등을 사용하여 통신의 음향·문언·부호·영상을 청취·공독하여 그 내용을 지득 또는 채록하거나 전기통신의 송·수신을 방해하는 것을 말한다.
8. "감청설비"라 함은 대화 또는 전기통신의 감청에 사용될 수 있는 전자장치·기계장치 기타 설비를 말한다. 다만, 전기통신 기기·기구 또는 그 부품으로서 일반적으로 사용되는 것 및 청각교정을 위한 보청기 또는 이와 유사한

용도로 일반적으로 사용되는 것중에서, 대통령령이 정하는 것은 제외한다.

8의2. "불법감청설비탐지"라 함은 이 법의 규정에 의하지 아니하고 행하는 감청 또는 대화의 청취에 사용되는 설비를 탐지하는 것을 말한다.

9. "전자우편"이라 함은 컴퓨터 통신망을 통해서 메시지를 전송하는 것 또는 전송된 메시지를 말한다.

10. "회원제정보서비스"라 함은 특정의 회원이나 계약자에게 제공하는 정보서비스 또는 그와 같은 네트워크의 방식을 말한다.

11. "통신사실확인자료"라 함은 다음 각목의 어느 하나에 해당하는 전기통신사실에 관한 자료를 말한다.

가. 가입자의 전기통신일시

나. 전기통신개시 · 종료시간

다. 발 · 착신 통신번호 등 상대방의 가입자번호

라. 사용도수

마. 컴퓨터통신 또는 인터넷의 사용자가 전기통신역무를 이용한 사실에 관한 컴퓨터통신 또는 인터넷의 로그기록자료

바. 정보통신망에 접속된 정보통신기기의 위치를 확인할 수 있는 발신기지국의 위치추적자료

사. 컴퓨터통신 또는 인터넷의 사용자가 정보통신망에 접속하기 위하여 사용하는 정보통신기기의 위치를 확인할 수 있는 접속지의 추적자료

12. "단말기기 고유번호"라 함은 이동통신사업자와 이용계약이 체결된 개인의 이동전화 단말기기에 부여된 전자적 고유번호를 말한다.

**특정범죄가중처벌등에관한법률위반(보복협박등)(일부 인정된 죄명: 협박) · 정보통신망이용촉진및정보보호등에관한법률위반(명예훼손) · 성폭력범죄의처벌등에관한특례법위반(카메라등이용촬영 · 반포등) · 성폭력범죄의처벌등에관한특례법위반(카메라등이용촬영물소지등)[인터넷개인방송을 비정상적인 방법으로 시청 · 녹화하는 것이 통신비밀보호법상의 감청에 해당되는지가 문제된 사건]**

[대법원 2022. 10. 27., 선고, 2022도9877, 판결]

【판결요지】

[1] 전기통신의 감청은 제3자가 전기통신의 당사자인 송신인과 수신인의 동의를 받지 아니하고 통신비밀보호법 제2조 제7호 소정의 각 행위를 하는 것만을 말한다고 풀이함이 상당하다고 할 것이므로, 전기통신의 당사자의 일방이 상대방 모르게 통신의 음향 · 영상 등을 청취하거나 녹음하는 것은 여기의 감청에 해당하지 아니하지만, 제3자의 경우는 설령 당사자 일방의 동의를 받고 그 통신의 음향 · 영상을 청취하거나 녹음하였다 하더라도 그 상대방의 동의가 없었

던 이상, 사생활 및 통신의 불가침을 국민의 기본권의 하나로 선언하고 있는 헌법규정과 통신비밀의 보호와 통신의 자유 신장을 목적으로 제정된 통신비밀 보호법의 취지에 비추어 이는 통신비밀보호법 제3조 제1항 위반이 된다.

[2] 방송자가 인터넷을 도관 삼아 인터넷서비스제공업체 또는 온라인서비스제공자인 인터넷개인방송 플랫폼업체의 서버를 이용하여 실시간 또는 녹화된 형태로 음성, 영상물을 방송함으로써 불특정 혹은 다수인이 이를 수신·시청할 수 있게 하는 인터넷개인방송은 그 성격이나 통신비밀보호법 제2조 제3호, 제7호, 제3조 제1항, 제4조에 비추어 전기통신에 해당함은 명백하다.

인터넷개인방송의 방송자가 비밀번호를 설정하는 등 그 수신 범위를 한정하는 비공개 조치를 취하지 않고 방송을 송출하는 경우, 누구든지 시청하는 것을 포괄적으로 허용하는 의사라고 볼 수 있으므로, 그 시청자는 인터넷개인방송의 당사자인 수신인에 해당하고, 이러한 시청자가 방송 내용을 지득·채록하는 것은 통신비밀보호법에서 정한 감청에 해당하지 않는다. 그러나 인터넷개인방송의 방송자가 비밀번호를 설정하는 등으로 비공개 조치를 취한 후 방송을 송출하는 경우에는, 방송자로부터 허가를 받지 못한 사람은 당해 인터넷개인방송의 당사자가 아닌 '제3자'에 해당하고, 이러한 제3자가 비공개 조치가 된 인터넷개인방송을 비정상적인 방법으로 시청·녹화하는 것은 통신비밀보호법상의 감청에 해당할 수 있다. 다만 방송자가 이와 같은 제3자의 시청·녹화 사실을 알거나 알 수 있었음에도 방송을 중단하거나 그 제3자를 배제하지 않은 채 방송을 계속 진행하는 등 허가받지 아니한 제3자의 시청·녹화를 사실상 승낙·용인한 것으로 볼 수 있는 경우에는 불특정인 혹은 다수인을 직간접적인 대상으로 하는 인터넷개인방송의 일반적 특성상 그 제3자 역시 인터넷개인방송의 당사자에 포함될 수 있으므로, 이러한 제3자가 방송 내용을 지득·채록하는 것은 통신비밀보호법에서 정한 감청에 해당하지 않는다.

[3] 정보통신망 이용촉진 및 정보보호 등에 관한 법률 제48조 제1항은 이용자의 신뢰 또는 이익을 보호하기 위한 규정이 아니라 정보통신망 자체의 안정성과 그 정보의 신뢰성을 보호하기 위한 것이므로, 위 규정에서 접근권한을 부여하거나 허용되는 범위를 설정하는 주체는 서비스제공자이다. 따라서 서비스제공자로부터 권한을 부여받은 이용자가 아닌 제3자가 정보통신망에 접속한 경우, 그에게 접근권한이 있는지 여부는 서비스제공자가 부여한 접근권한을 기준으로 판단하여야 한다.

## 국가보안법위반(이적단체의구성등)·국가보안법위반(잠입·탈출)· 국가보안법위반(찬양·고무등)

[대법원 2016. 10. 13. 선고, 2016도8137, 판결]

【판결요지】

[1] 통신비밀보호법에 규정된 '통신제한조치'는 '우편물의 검열 또는 전기통신의 감청'을 말하는 것으로(제3조 제2항), 여기서 '전기통신'은 전화·전자우편·모사전송 등과 같이 유선·무선·광선 및 기타의 전자적 방식에 의하여 모든 종류의 음향·문언·부호 또는 영상을 송신하거나 수신하는 것을 말하고(제2조 제3호), '감

청'은 전기통신에 대하여 당사자의 동의 없이 전자장치·기계장치 등을 사용하여 통신의 음향·문언·부호·영상을 청취·공독하여 그 내용을 지득 또는 채록하거나 전기통신의 송·수신을 방해하는 것을 말한다고 규정되어 있다(제2조 제7호). 따라서 '전기통신의 감청'은  '감청'의 개념 규정에 비추어 전기통신이 이루어지고 있는 상황에서 실시간으로 전기통신의 내용을 지득·채록하는 경우와 통신의 송·수신을 직접적으로 방해하는 경우를 의미하는 것이지, 이미 수신이 완료된 전기통신에 관하여 남아 있는 기록이나 내용을 열어보는 등의 행위는 포함하지 않는다.

[2] 통신제한조치허가서에는 통신제한조치의 종류·목적·대상·범위·기간 및 집행장소와 방법을 특정하여 기재하여야 하고(통신비밀보호법 제6조 제6항), 수사기관은 허가서에 기재된 허가의 내용과 범위 및 집행방법 등을 준수하여 통신제한조치를 집행하여야 한다. 이때 수사기관은 통신기관 등에 통신제한조치허가서의 사본을 교부하고 집행을 위탁할 수 있으나(통신비밀보호법 제9조 제1항, 제2항), 그 경우에도 집행의 위탁을 받은 통신기관 등은 수사기관이 직접 집행할 경우와 마찬가지로 허가서에 기재된 집행방법 등을 준수하여야 함은 당연하다. 따라서 허가된 통신제한조치의 종류가 전기통신의  '감청'인 경우, 수사기관 또는 수사기관으로부터 통신제한조치의 집행을 위탁받은 통신기관 등은 통신비밀보호법이 정한 감청의 방식으로 집행하여야 하고 그와 다른 방식으로 집행하여서는 아니 된다. 한편 수사기관이 통신기관 등에 통신제한조치의 집행을 위탁하는 경우에는 집행에 필요한 설비를 제공하여야 한다(통신비밀보호법 시행령 제21조 제3항).

그러므로 수사기관으로부터 통신제한조치의 집행을 위탁받은 통신기관 등이 집행에 필요한 설비가 없을 때에는 수사기관에 설비의 제공을 요청하여야 하고, 그러한 요청 없이 통신제한조치허가서에 기재된 사항을 준수하지 아니한 채 통신제한조치를 집행하였다면, 그러한 집행으로 취득한 전기통신의 내용 등은 헌법과 통신비밀보호법이 국민의 기본권인 통신의 비밀을 보장하기 위해 마련한 적법한 절차를 따르지 아니하고 수집한 증거에 해당하므로(형사소송법 제308조의2), 이는 유죄 인정의 증거로 할 수 없다.

**제3조(통신 및 대화비밀의 보호)** ① 누구든지 이 법과 형사소송법 또는 군사법원법의 규정에 의하지 아니하고는 우편물의 검열·전기통신의 감청 또는 통신사실확인자료의 제공을 하거나 공개되지 아니한 타인간의 대화를 녹음 또는 청취하지 못한다. 다만, 다음 각호의 경우에는 당해 법률이 정하는 바에 의한다. 〈개정 2000.12.29., 2001.12.29., 2004.1.29., 2005.3.31., 2007.12.21., 2009.11.2.〉

1. 환부우편물등의 처리 : 우편법 제28조·제32조·제35조·제36조등의 규정에 의하여 폭발물등 우편금제품이 들어 있다고 의심되는 소포우편물(이와 유사한 우편물을 포함한다)을 개피하는 경우, 수취인에게 배달할 수 없거나 수취인이 수령을 거부한 우편물을 발송인에게 환부하는 경우, 발송인의 주소·성명이 누락된 우편물로서 수취인이 수취를 거부하여 환부하는 때

에 그 주소·성명을 알기 위하여 개피하는 경우 또는 유가물이 든 환부불능우편물을 처리하는 경우

2. 수출입우편물에 대한 검사 : 관세법 제256조·제257조 등의 규정에 의한 신서외의 우편물에 대한 통관검사절차

3. 구속 또는 복역중인 사람에 대한 통신 : 형사소송법 제91조, 군사법원법 제131조, 「형의 집행 및 수용자의 처우에 관한 법률」제41조·제43조·제44조 및 「군에서의 형의 집행 및 군수용자의 처우에 관한 법률」제42조·제44조 및 제45조에 따른 구속 또는 복역중인 사람에 대한 통신의 관리

4. 파산선고를 받은 자에 대한 통신 :「채무자 회생 및 파산에 관한 법률」제484조의 규정에 의하여 파산선고를 받은 자에게 보내온 통신을 파산관재인이 수령하는 경우

5. 혼신제거등을 위한 전파감시 : 전파법 제49조 내지 제51조의 규정에 의한 혼신제거등 전파질서유지를 위한 전파감시의 경우

② 우편물의 검열 또는 전기통신의 감청(이하 "통신제한조치"라 한다)은 범죄수사 또는 국가안전보장을 위하여 보충적인 수단으로 이용되어야 하며, 국민의 통신비밀에 대한 침해가 최소한에 그치도록 노력하여야 한다. 〈신설 2001.12.29.〉

③ 누구든지 단말기 고유번호를 제공하거나 제공받아서는 아니된다. 다만, 이동전화단말기 제조업체 또는 이동통신사업자가 단말기의 개통처리 및 수리 등 정당한 업무의 이행을 위하여 제공하거나 제공받는 경우에는 그러하지 아니하다. 〈신설 2004.1.29.〉

## 통신비밀보호법위반
[대법원 2022. 8. 31., 선고, 2020도1007, 판결]

【판결요지】
통신비밀보호법은 공개되지 않은 타인 간의 대화에 관하여 다음과 같이 정하고 있다. 누구든지 이 법과 형사소송법 또는 군사법원법의 규정에 의하지 않고는 공개되지 않은 타인 간의 대화를 녹음하거나 청취하지 못하고(제3조 제1항), 위와 같이 금지하는 청취행위는 전자장치 또는 기계적 수단을 이용한 경우로 제한된다(제14조 제1항). 그리고 제3조의 규정을 위반하여 공개되지 않은 타인 간의 대화를 녹음 또는 청취한 자(제1호)와 제1호에 의하여 지득한 대화의 내용을 공개하거나 누설한 자(제2호)는 제16조 제1항에 따라 처벌받는다.
위와 같은 통신비밀보호법의 내용과 형식, 통신비밀보호법이 공개되지 않은 타인 간의 대화에 관한 녹음 또는 청취에 대하여 제3조 제1항에서 일반적으로 이를 금지하고 있는데도 제14조 제1항에서 구체화하여 금지되는 행위를 제한하고 있는 입법 취지와 체계 등에 비추어 보면, 통신비밀보호법 제14조 제1항의 금지를 위반하는 행위는 통신비밀보호법과 형사소송법 또는 군사법원법의 규정에 따른 것이라는 등의 특

별한 사정이 없는 한, 제3조 제1항 위반행위에 해당하여 제16조 제1항 제1호의 처벌
대상이 된다고 해석해야 한다.

통신비밀보호법 제3조 제1항이 공개되지 않은 타인 간의 대화를 녹음 또는 청취하지
못하도록 한 것은, 대화에 원래부터 참여하지 않는 제3자가 대화를 하는 타인 간의
발언을 녹음하거나 청취해서는 안 된다는 취지이다. 따라서 대화에 원래부터 참여하
지 않는 제3자가 일반 공중이 알 수 있도록 공개되지 않은 타인 간의 발언을 녹음하
거나 전자장치 또는 기계적 수단을 이용하여 청취하는 것은 특별한 사정이 없는 한
제3조 제1항에 위반된다.

'공개되지 않았다.' 는 것은 반드시 비밀과 동일한 의미는 아니고, 구체적으로 공개
된 것인지는 발언자의 의사와 기대, 대화의 내용과 목적, 상대방의 수, 장소의 성격
과 규모, 출입의 통제 정도, 청중의 자격 제한 등 객관적인 상황을 종합적으로 고려
하여 판단해야 한다.

**제6조(범죄수사를 위한 통신제한조치의 허가절차)** ①검사(군검사를 포함한다.
이하 같다) 는 제5조제1항의 요건이 구비된 경우에는 법원(軍事法院을 포함한
다. 이하 같다)에 대하여 각 피의자별 또는 각 피내사자별로 통신제한조치를
허가하여 줄 것을 청구할 수 있다. 〈개정 2001.12.29., 2016.1.6.〉

② 사법경찰관(軍司法警察官을 포함한다. 이하 같다)은 제5조제1항의 요건이 구
비된 경우에는 검사에 대하여 각 피의자별 또는 각 피내사자별로 통신제한
조치에 대한 허가를 신청하고, 검사는 법원에 대하여 그 허가를 청구할 수
있다. 〈개정 2001.12.29.〉

③ 제1항 및 제2항의 통신제한조치 청구사건의 관할법원은 그 통신제한조치를
받을 통신당사자의 쌍방 또는 일방의 주소지·소재지, 범죄지 또는 통신당
사자와 공범관계에 있는 자의 주소지·소재지를 관할하는 지방법원 또는 지
원(군사법원을 포함한다)으로 한다. 〈개정 2001.12.29., 2021.9.24.〉

④ 제1항 및 제2항의 통신제한조치청구는 필요한 통신제한조치의 종류·그 목
적·대상·범위·기간·집행장소·방법 및 당해 통신제한조치가 제5조제1항
의 허가요건을 충족하는 사유등의 청구이유를 기재한 서면(이하 "請求書"
라 한다)으로 하여야 하며, 청구이유에 대한 소명자료를 첨부하여야 한다.
이 경우 동일한 범죄사실에 대하여 그 피의자 또는 피내사자에 대하여 통신
제한조치의 허가를 청구하였거나 허가받은 사실이 있는 때에는 다시 통신제
한조치를 청구하는 취지 및 이유를 기재하여야 한다. 〈개정 2001.12.29.〉

⑤ 법원은 청구가 이유 있다고 인정하는 경우에는 각 피의자별 또는 각 피내사
자별로 통신제한조치를 허가하고, 이를 증명하는 서류(이하 "허가서" 라 한

다)를 청구인에게 발부한다. 〈개정 2001.12.29.〉

⑥ 제5항의 허가서에는 통신제한조치의 종류·그 목적·대상·범위·기간 및 집행장소와 방법을 특정하여 기재하여야 한다. 〈개정 2001.12.29.〉

⑦ 통신제한조치의 기간은 2개월을 초과하지 못하고, 그 기간 중 통신제한조치의 목적이 달성되었을 경우에는 즉시 종료하여야 한다. 다만, 제5조제1항의 허가요건이 존속하는 경우에는 소명자료를 첨부하여 제1항 또는 제2항에 따라 2개월의 범위에서 통신제한조치기간의 연장을 청구할 수 있다. 〈개정 2001.12.29., 2019.12.31.〉

⑧ 검사 또는 사법경찰관이 제7항 단서에 따라 통신제한조치의 연장을 청구하는 경우에 통신제한조치의 총 연장기간은 1년을 초과할 수 없다. 다만, 다음 각 호의 어느 하나에 해당하는 범죄의 경우에는 통신제한조치의 총 연장기간이 3년을 초과할 수 없다. 〈신설 2019.12.31.〉

  1. 「형법」 제2편 중 제1장 내란의 죄, 제2장 외환의 죄 중 제92조부터 제101조까지의 죄, 제4장 국교에 관한 죄 중 제107조, 제108조, 제111조부터 제113조까지의 죄, 제5장 공안을 해하는 죄 중 제114조, 제115조의 죄 및 제6장 폭발물에 관한 죄

  2. 「군형법」 제2편 중 제1장 반란의 죄, 제2장 이적의 죄, 제11장 군용물에 관한 죄 및 제12장 위령의 죄 중 제78조·제80조·제81조의 죄

  3. 「국가보안법」에 규정된 죄

  4. 「군사기밀보호법」에 규정된 죄

  5. 「군사기지 및 군사시설보호법」에 규정된 죄

⑨ 법원은 제1항·제2항 및 제7항 단서에 따른 청구가 이유없다고 인정하는 경우에는 청구를 기각하고 이를 청구인에게 통지한다. 〈개정 2019.12.31.〉

[제목개정 2019.12.31.]

[2019.12.31. 법률 제16849호에 의하여 2010. 12. 28. 헌법재판소에서 헌법불합치 결정된 이 조 제7항을 개정함.]

## 국가보안법위반(이적단체의구성등)·국가보안법위반(잠입·탈출)·국가보안법위반(찬양·고무등)

[대법원 2016. 10. 13., 선고, 2016도8137, 판결]

[1] 통신비밀보호법에 규정된 '통신제한조치'는 '우편물의 검열 또는 전기통신의 감청'을 말하는 것으로(제3조 제2항), 여기서 '전기통신'은 전화·전자우편·모사전송 등과 같이 유선·무선·광선 및 기타의 전자적 방식에 의하여 모든 종류의 음향·문언·부호 또는 영상을 송신하거나 수신하는 것을 말하고

(제2조 제3호), '감청'은 전기통신에 대하여 당사자의 동의 없이 전자장치·기계장치 등을 사용하여 통신의 음향·문언·부호·영상을 청취·공독하여 그 내용을 지득 또는 채록하거나 전기통신의 송·수신을 방해하는 것을 말한다고 규정되어 있다(제2조 제7호). 따라서 '전기통신의 감청'은 '감청'의 개념 규정에 비추어 전기통신이 이루어지고 있는 상황에서 실시간으로 전기통신의 내용을 지득·채록하는 경우와 통신의 송·수신을 직접적으로 방해하는 경우를 의미하는 것이지, 이미 수신이 완료된 전기통신에 관하여 남아 있는 기록이나 내용을 열어보는 등의 행위는 포함하지 않는다.

[2] 통신제한조치허가서에는 통신제한조치의 종류·목적·대상·범위·기간 및 집행장소와 방법을 특정하여 기재하여야 하고(통신비밀보호법 제6조 제6항), 수사기관은 허가서에 기재된 허가의 내용과 범위 및 집행방법 등을 준수하여 통신제한조치를 집행하여야 한다. 이때 수사기관은 통신기관 등에 통신제한조치허가서의 사본을 교부하고 집행을 위탁할 수 있으나(통신비밀보호법 제9조 제1항, 제2항), 그 경우에도 집행의 위탁을 받은 통신기관 등은 수사기관이 직접 집행할 경우와 마찬가지로 허가서에 기재된 집행방법 등을 준수하여야 함은 당연하다. 따라서 허가된 통신제한조치의 종류가 전기통신의 '감청'인 경우, 수사기관 또는 수사기관으로부터 통신제한조치의 집행을 위탁받은 통신기관 등은 통신비밀보호법이 정한 감청의 방식으로 집행하여야 하고 그와 다른 방식으로 집행하여서는 아니 된다. 한편 수사기관이 통신기관 등에 통신제한조치의 집행을 위탁하는 경우에는 집행에 필요한 설비를 제공하여야 한다(통신비밀보호법 시행령 제21조 제3항).

그러므로 수사기관으로부터 통신제한조치의 집행을 위탁받은 통신기관 등이 집행에 필요한 설비가 없을 때에는 수사기관에 설비의 제공을 요청하여야 하고, 그러한 요청 없이 통신제한조치허가서에 기재된 사항을 준수하지 아니한 채 통신제한조치를 집행하였다면, 그러한 집행으로 취득한 전기통신의 내용 등은 헌법과 통신비밀보호법이 국민의 기본권인 통신의 비밀을 보장하기 위해 마련한 적법한 절차를 따르지 아니하고 수집한 증거에 해당하므로(형사소송법 제308조의2), 이는 유죄 인정의 증거로 할 수 없다.

**제12조(통신제한조치로 취득한 자료의 사용제한)** 제9조의 규정에 의한 통신제한조치의 집행으로 인하여 취득된 우편물 또는 그 내용과 전기통신의 내용은 다음 각호의 경우외에는 사용할 수 없다.

1. 통신제한조치의 목적이 된 제5조제1항에 규정된 범죄나 이와 관련되는 범죄를 수사·소추하거나 그 범죄를 예방하기 위하여 사용하는 경우
2. 제1호의 범죄로 인한 징계절차에 사용하는 경우
3. 통신의 당사자가 제기하는 손해배상소송에서 사용하는 경우
4. 기타 다른 법률의 규정에 의하여 사용하는 경우

## 통화내역 등 통신사실확인자료를 범죄의 수사·소추를위하여 사용하는 경우

[대법원 2017. 1. 25., 선고, 2016도13489, 판결]

【판결요지】

통신비밀보호법은 통신제한조치의 집행으로 인하여 취득된 전기통신의 내용은 통신제한조치의 목적이 된 범죄나 이와 관련되는 범죄를 수사·소추하거나 그 범죄를 예방하기 위한 경우 등에 한정하여 사용할 수 있도록 규정하고(제12조 제1호), 통신사실확인자료의 사용제한에 관하여 이 규정을 준용하도록 하고 있다(제13조의5). 따라서 통신사실확인자료 제공요청에 의하여 취득한 통화내역 등 통신사실확인자료를 범죄의 수사·소추를 위하여 사용하는 경우 대상 범죄는 통신사실확인자료 제공요청의 목적이 된 범죄 및 이와 관련된 범죄에 한정되어야 한다. 여기서 통신사실확인자료 제공요청의 목적이 된 범죄와 관련된 범죄란 통신사실 확인자료제공요청 허가서에 기재한 혐의사실과 객관적 관련성이 있고 자료제공 요청대상자와 피의자 사이에 인적 관련성이 있는 범죄를 의미한다.

그중 혐의사실과의 객관적 관련성은, 통신사실 확인자료제공요청 허가서에 기재된 혐의사실 자체 또는 그와 기본적 사실관계가 동일한 범행과 직접 관련되어 있는 경우는 물론 범행 동기와 경위, 범행 수단 및 방법, 범행 시간과 장소 등을 증명하기 위한 간접증거나 정황증거 등으로 사용될 수 있는 경우에도 인정될 수 있다. 다만 통신비밀보호법이 통신사실확인자료의 사용 범위를 제한하고 있는 것은 특정한 혐의사실을 전제로 제공된 통신사실확인자료가 별건의 범죄사실을 수사하거나 소추하는 데 이용되는 것을 방지함으로써 통신의 비밀과 자유에 대한 제한을 최소화하는 데 입법 취지가 있다. 따라서 그 관련성은 통신사실 확인자료제공요청 허가서에 기재된 혐의사실의 내용과 수사의 대상 및 수사 경위 등을 종합하여 구체적·개별적 연관관계가 있는 경우에만 인정되고, 혐의사실과 단순히 동종 또는 유사 범행이라는 사유만으로 관련성이 있는 것은 아니다.

그리고 피의자와 사이의 인적 관련성은 통신사실 확인자료제공요청 허가서에 기재된 대상자의 공동정범이나 교사범 등 공범이나 간접정범은 물론 필요적 공범 등에 대한 피고사건에 대해서도 인정될 수 있다.

**제14조(타인의 대화비밀 침해금지)** ① 누구든지 공개되지 아니한 타인간의 대화를 녹음하거나 전자장치 또는 기계적 수단을 이용하여 청취할 수 없다.

② 제4조 내지 제8조, 제9조제1항 전단 및 제3항, 제9조의2, 제11조제1항·제3항·제4항 및 제12조의 규정은 제1항의 규정에 의한 녹음 또는 청취에 관하여 이를 적용한다. 〈개정 2001.12.29.〉

## 사물에서 발생하는 음향이나 비명소리가 통신비밀보호법에서 보호하는 타인 간의 '대화'에 해당하는지 문제된 사건

[대법원 2017. 3. 15., 선고, 2016도19843, 판결]

【판결요지】

통신비밀보호법 제1조, 제3조 제1항 본문, 제4조, 제14조 제1항, 제2항의 문언, 내용, 체계와 입법 취지 등에 비추어 보면, 통신비밀보호법에서 보호하는 타인 간의 '대화'는 원칙적으로 현장에 있는 당사자들이 육성으로 말을 주고받는 의사소통행위를 가리킨다. 따라서 사람의 육성이 아닌 사물에서 발생하는 음향은 타인 간의 '대화'에 해당하지 않는다. 또한 사람의 목소리라고 하더라도 상대방에게 의사를 전달하는 말이 아닌 단순한 비명소리나 탄식 등은 타인과 의사소통을 하기 위한 것이 아니라면 특별한 사정이 없는 한 타인 간의 '대화'에 해당한다고 볼 수 없다.

한편 국민의 인간으로서의 존엄과 가치를 보장하는 것은 국가기관의 기본적인 의무에 속하고 이는 형사절차에서도 구현되어야 한다. 위와 같은 소리가 비록 통신비밀보호법에서 말하는 타인 간의 '대화'에는 해당하지 않더라도, 형사절차에서 그러한 증거를 사용할 수 있는지는 개별적인 사안에서 효과적인 형사소추와 형사절차상 진실발견이라는 공익과 개인의 인격적 이익 등의 보호이익을 비교형량하여 결정하여야 한다. 대화에 속하지 않는 사람의 목소리를 녹음하거나 청취하는 행위가 개인의 사생활의 비밀과 자유 또는 인격권을 중대하게 침해하여 사회통념상 허용되는 한도를 벗어난 것이라면, 단지 형사소추에 필요한 증거라는 사정만을 들어 곧바로 형사소송에서 진실발견이라는 공익이 개인의 인격적 이익 등 보호이익보다 우월한 것으로 섣불리 단정해서는 안 된다. 그러나 그러한 한도를 벗어난 것이 아니라면 위와 같은 목소리를 들었다는 진술을 형사절차에서 증거로 사용할 수 있다.

## 공개되지 않은 타인 간의 대화를 녹음 또는 청취하지 못하도록 한 취지
[대법원 2024. 1. 11. 선고 2020도1538 판결]

**【판결요지】**
통신비밀보호법 제14조 제1항이 공개되지 않은 타인 간의 대화를 녹음 또는 청취하지 못하도록 한 것은, 대화에 원래부터 참여하지 않는 제3자가 일반 공중이 알 수 있도록 공개되지 않은 타인 간의 발언을 녹음하거나 전자장치 또는 기계적 수단을 이용하여 청취해서는 안 된다는 취지이다. 여기서 '공개되지 않았다.'는 것은 반드시 비밀과 동일한 의미는 아니고 일반 공중에게 공개되지 않았다는 의미이며, 구체적으로 공개된 것인지는 발언자의 의사와 기대, 대화의 내용과 목적, 상대방의 수, 장소의 성격과 규모, 출입의 통제 정도, 청중의 자격 제한 등 객관적인 상황을 종합적으로 고려하여 판단해야 한다.

## Ⅲ. 벌칙

**제16조(벌칙)** ① 다음 각 호의 어느 하나에 해당하는 자는 1년 이상 10년 이하의 징역과 5년 이하의 자격정지에 처한다. 〈개정 2014.1.14., 2018.3.20.〉
　　1. 제3조의 규정에 위반하여 우편물의 검열 또는 전기통신의 감청을 하거나 공개되지 아니한 타인간의 대화를 녹음 또는 청취한 자
　　2. 제1호에 따라 알게 된 통신 또는 대화의 내용을 공개하거나 누설한 자

② 다음 각호의 1에 해당하는 자는 10년 이하의 징역에 처한다. 〈개정 2005.5.26.〉

    1. 제9조제2항의 규정에 위반하여 통신제한조치허가서 또는 긴급감청서등의 표지의 사본을 교부하지 아니하고 통신제한조치의 집행을 위탁하거나 집행에 관한 협조를 요청한 자 또는 통신제한조치허가서 또는 긴급감청서등의 표지의 사본을 교부받지 아니하고 위탁받은 통신제한조치를 집행하거나 통신제한조치의 집행에 관하여 협조한 자

    2. 제11조제1항(제14조제2항의 규정에 의하여 적용하는 경우 및 제13조의5의 규정에 의하여 준용되는 경우를 포함한다)의 규정에 위반한 자

③ 제11조제2항(제13조의5의 규정에 의하여 준용되는 경우를 포함한다)의 규정에 위반한 자는 7년 이하의 징역에 처한다. 〈개정 2005.5.26.〉

④ 제11조제3항(제14조제2항의 규정에 의하여 적용하는 경우 및 제13조의5의 규정에 의하여 준용되는 경우를 포함한다)의 규정에 위반한 자는 5년 이하의 징역에 처한다. 〈개정 2005.5.26.〉

[전문개정 2001.12.29.]

**제17조(벌칙)** ① 다음 각 호의 어느 하나에 해당하는 자는 5년 이하의 징역 또는 3천만원 이하의 벌금에 처한다. 〈개정 2004.1.29., 2018.3.20.〉

    1. 제9조제2항의 규정에 위반하여 통신제한조치허가서 또는 긴급감청서등의 표지의 사본을 보존하지 아니한 자

    2. 제9조제3항(제14조제2항의 규정에 의하여 적용하는 경우를 포함한다)의 규정에 위반하여 대장을 비치하지 아니한 자

    3. 제9조제4항의 규정에 위반하여 통신제한조치허가서 또는 긴급감청서등에 기재된 통신제한조치 대상자의 전화번호 등을 확인하지 아니하거나 전기통신에 사용되는 비밀번호를 누설한 자

    4. 제10조제1항의 규정에 위반하여 인가를 받지 아니하고 감청설비를 제조·수입·판매·배포·소지·사용하거나 이를 위한 광고를 한 자

    5. 삭제 〈2024. 1. 23.〉

    5의2. 제10조의3제1항의 규정에 의한 등록을 하지 아니하거나 거짓으로 등록하여 불법감청설비탐지업을 한 자

    6. 삭제 〈2018.3.20.〉

② 다음 각 호의 어느 하나에 해당하는 자는 3년 이하의 징역 또는 1천만원 이하의 벌금에 처한다. 〈개정 2004.1.29., 2008.2.29., 2013.3.23., 2017.7.26., 2019.12.31., 2024. 1. 23.〉

    1. 제3조제3항의 규정을 위반하여 단말기기 고유번호를 제공하거나 제공

받은 자

2. 제8조제2항 후단 또는 제9항 후단의 규정에 위반하여 긴급통신제한조치를 즉시 중지하지 아니한 자

3. 제9조의2(제14조제2항의 규정에 의하여 적용하는 경우를 포함한다)의 규정에 위반하여 통신제한조치의 집행에 관한 통지를 하지 아니한 자

4. 제15조의3을 위반하여 정해진 기간 내 시정명령을 이행하지 아니한 자

5. 제10조제3항 또는 제4항을 위반하여 감청설비의 인가대장을 작성 또는 비치하지 아니한 자

[전문개정 2001.12.29.]

**제18조(미수범)** 제16조 및 제17조에 규정된 죄의 미수범은 처벌한다.

## Ⅳ. 기재례

### 【범죄사실 기재례】

−식당 내부 천장에 감시용 CCTV 카메라와 도청마이크를 은닉하여 설치한 사례

피의자 이○○는 서울시 ○○구 ○○동 ○○번지에서 △△유황오리식당을 운영하고 있다.

피의자는 20○○년 ○월 ○일 자신이 운영하는 △△유황오리식당의 내부 천장에 감시용 CCTV 카메라 3대 및 계산대 위 천장 틈새에 도청마이크 1개를 은닉하여 설치하였다. 그리고 20○○년 ○월○일부터 20○○년 ○월 ○일까지 ○회에 걸쳐 위 식당 내에서 행하여지는 한○○ 및 배○○ 등의 대화에 관허여 위 마이크를 통하여 녹음을 하고 이를 청취하였다.

# 특정경제범죄 가중처벌 등에 관한 법률

[시행 2018. 3. 20.] [법률 제15256호, 2017. 12. 19., 일부개정]

## Ⅰ. 개설

### 목적

이 법은 건전한 국민경제윤리에 반하는 특정경제범죄에 대한 가중처벌과 그 범죄행위자에 대한 취업제한 등을 규정함으로써 경제질서를 확립하고 나아가 국민경제 발전에 이바지함을 목적으로 한다.

## Ⅱ. 판례

**제3조(특정재산범죄의 가중처벌)** ① 「형법」 제347조(사기), 제347조의2(컴퓨터 등 사용사기), 제350조(공갈), 제350조의2(특수공갈), 제351조(제347조, 제347조의2, 제350조 및 제350조의2의 상습범만 해당한다), 제355조(횡령·배임) 또는 제356조(업무상의 횡령과 배임)의 죄를 범한 사람은 그 범죄행위로 인하여 취득하거나 제3자로 하여금 취득하게 한 재물 또는 재산상 이익의 가액(이하 이 조에서 "이득액"이라 한다)이 5억원 이상일 때에는 다음 각 호의 구분에 따라 가중처벌한다. 〈개정 2016.1.6., 2017.12.19.〉
  1. 이득액이 50억원 이상일 때: 무기 또는 5년 이상의 징역
  2. 이득액이 5억원 이상 50억원 미만일 때: 3년 이상의 유기징역
② 제1항의 경우 이득액 이하에 상당하는 벌금을 병과(倂科)할 수 있다.
[전문개정 2012.2.10.]

### 특정경제범죄가중처벌등에관한법률위반(사기)

[대법원 2024. 4. 25. 선고 2023도18971 판결]

**【판결요지】**
금원 편취를 내용으로 하는 사기죄에 있어서는 기망으로 인한 금원 교부가 있으면 그 자체로써 피해자의 재산침해가 되어 바로 사기죄가 성립하고, 상당한 대가가 지급되었다거나 피해자의 전체 재산상에 손해가 없다 하여도 사기죄의 성립에는 영향이 없으므로 사기죄에 있어서 그 대가가 일부 지급된 경우에도 편취액은 피해자로부터 교부된 금원으로부터 그 대가를 공제한 차액이 아니라 교부받은 금원 전부이고, 이는 사기로 인한 특정경제범죄 가중처벌 등에 관한 법률(이하 '특

정경제범죄법'이라 한다) 위반죄에 있어서도 마찬가지다.

그러나 다른 한편으로, 사기로 인한 특정경제범죄법 위반죄는 편취한 재물이나 재산상 이익의 가액이 5억 원 이상 또는 50억 원 이상인 것이 범죄구성요건의 일부로 되어 있고 가액에 따라 그 죄에 대한 형벌도 가중되어 있으므로, 이를 적용할 때에는 편취한 재물이나 재산상 이익의 가액을 엄격하고 신중하게 산정함으로써 범죄와 형벌 사이에 적정한 균형이 이루어져야 한다는 죄형균형 원칙이나 형벌은 책임에 기초하고 그 책임에 비례하여야 한다는 책임주의 원칙이 훼손되지 않도록 유의하여야 한다. 그리고 그 이익의 가액을 구체적으로 산정할 수 없는 경우에는 재산상 이익의 가액을 기준으로 가중 처벌하는 특정경제범죄법 제3조를 적용할 수 없다.

## 임시주주총회결의무효확인의소

[대법원 2022. 11. 10., 선고, 2021다271282, 판결]

【판결요지】

[1] 법률 또는 정관에 정한 이사의 원수를 결한 경우에는 임기의 만료 또는 사임으로 인하여 퇴임한 이사(이하 '퇴임이사'라 한다)는 새로 선임된 이사가 취임할 때까지 이사의 권리의무가 있고, 이는 대표이사의 경우에도 동일하며(이하 '퇴임대표이사'라 한다), 필요하다고 인정할 때에는 법원은 이사, 감사 기타의 이해관계인의 청구에 의하여 일시 이사 또는 대표이사의 직무를 행할 자를 선임할 수 있다(상법 제386조, 제389조 제3항). 이는 이사 정원에 결원이 발생한 경우 새로운 이사를 선임할 때까지 업무집행의 공백을 방지하여 회사 운영이 계속되도록 하기 위함이다.

특정경제범죄 가중처벌 등에 관한 법률(이하 '특정경제범죄법'이라 한다) 제14조 제1항에 의하면, 이득액 5억 원 이상의 사기, 횡령 등 특정경제범죄법 제3조에 의하여 가중처벌되는 특정재산범죄로 유죄판결을 받은 사람은 법무부장관의 승인을 받은 경우가 아닌 한 유죄판결이 확정된 때부터 특정경제범죄법 제14조 제1항 각호의 기간 동안 유죄판결된 범죄행위와 밀접한 관련이 있는 기업체에 취업할 수 없다. 이는 유죄판결된 범죄사실과 밀접하게 관련된 기업체에 대한 취업을 제한함으로써 중요 경제범죄의 재발을 방지하고 이를 통하여 건전한 경제질서를 확립하며 나아가 국민경제 발전에 이바지하고자 하는 데 그 취지가 있다.

이러한 특정경제범죄법 제14조 제1항의 규정 내용과 입법 취지 및 상법 제386조, 제389조 제3항의 입법 취지를 종합하여 보면, 임기 만료 당시 이사 정원에 결원이 생기거나 후임 대표이사가 선임되지 아니하여 퇴임이사 또는 퇴임대표이사의 지위에 있던 중 특정재산범죄로 유죄판결이 확정된 사람은 유죄판결된 범죄행위와 밀접한 관련이 있는 기업체의 퇴임이사 또는 퇴임대표이사로서의 권리의무를 상실한다고 보아야 한다.

[2] 주주총회를 소집할 권한이 없는 자가 이사회의 주주총회 소집결정도 없이 소집한 주주총회에서 이루어진 결의는 특별한 사정이 없는 한 총회 및 결의라고

볼 만한 것이 사실상 존재한다고 하더라도 그 성립과정에 중대한 하자가 있어 법률상 존재하지 않는다고 보아야 한다.

**제4조(재산국외도피의 죄)** ① 법령을 위반하여 대한민국 또는 대한민국국민의 재산을 국외로 이동하거나 국내로 반입하여야 할 재산을 국외에서 은닉 또는 처분하여 도피시켰을 때에는 1년 이상의 유기징역 또는 해당 범죄행위의 목적물 가액(이하 이 조에서 "도피액"이라 한다)의 2배 이상 10배 이하에 상당하는 벌금에 처한다.

② 제1항의 경우 도피액이 5억원 이상일 때에는 다음 각 호의 구분에 따라 가중처벌한다.

  1. 도피액이 50억원 이상일 때: 무기 또는 10년 이상의 징역

  2. 도피액이 5억원 이상 50억원 미만일 때: 5년 이상의 유기징역

③ 제1항 또는 제2항의 미수범은 각 죄에 해당하는 형으로 처벌한다.

④ 법인의 대표자나 법인 또는 개인의 대리인, 사용인, 그 밖의 종업원이 그 법인 또는 개인의 업무에 관하여 제1항부터 제3항까지의 어느 하나에 해당하는 위반행위를 하면 그 행위자를 벌하는 외에 그 법인 또는 개인에게도 제1항의 벌금형을 과(科)한다. 다만, 법인 또는 개인이 그 위반행위를 방지하기 위하여 해당 업무에 관하여 상당한 주의와 감독을 게을리하지 아니한 경우에는 그러하지 아니하다.

[전문개정 2012.2.10.]

## 특정경제범죄가중처벌등에관한법률위반(재산국외도피) · 특정경제범죄가중처벌등에관한법률 위반(사기) · 대외무역법 위반 · 방위사업법위반

[대법원 2015. 5. 29, 선고, 2013도3295, 판결]

**【판결요지】**
특정경제범죄 가중처벌 등에 관한 법률(이하 '특정경제범죄법'이라 한다) 제4조 제1항의 '법령을 위반하여'에서의 '법령'은 '외국환 관리에 관한 법률과 법규명령'을 의미하는데, 대외무역법에 따른 물품의 수출 · 수입대금의 결제가 결국 외국환에 의하여 이루어지는 점, '외화 도피 목적의 수출입 가격 조작'을 금지하는 대외무역법 제43조의 경우 그 자체로 외국환의 거래 및 국외 이동이 예정되어 있는 점, 특정경제범죄법 제4조 제1항의 '법령'은 입법 취지 등을 고려할 때 법령의 형식적 명칭과 목적이 어떠한지를 가리지 않고 국내 재산의 국외로의 이동을 규율 · 관리하는 법령을 모두 포함하는 취지로 볼 수 있는 점 등을 종합할 때, 대외무역법도 위 법령에 포함된다.

## 특정경제범죄가중처벌등에관한법률위반(재산국외도피)
[대법원 2010. 9. 9. 선고 2007도3681 판결]

**【판결요지】**

특정경제범죄 가중처벌 등에 관한 법률 제4조 제1항은 '법령에 위반하여 대한민국 또는 대한민국 국민의 재산을 국외에 이동하거나 국내에 반입하여야 할 재산을 국외에서 은닉 또는 처분하여 도피시킨 때'를 재산국외도피죄의 구성요건으로 규정하고 있는데, 그 문언상 '법령에 위반하여'는 재산국외도피의 행위태양인 '국외 이동 또는 국외에서의 은닉·처분'과 함께 '국내에 반입하여야 할 재산'도 수식하는 것으로 해석하여야 하므로,

제4조 제1항 후단의 국외에서의 은닉 또는 처분에 의한 재산국외도피죄는 법령에 의하여 국내로 반입하여야 할 재산을 이에 위반하여 은닉 또는 처분시킨 때에 성립한다. 그러므로 '국내에 반입하여야 할 재산'이란 법령에 의하여 국내에 반입하여야 할 의무를 부담하는 대한민국 또는 대한민국 국민의 재산을 의미한다. 이와 달리 '국내에 반입하여야 할 재산'을 법령상 국내로의 반입의무 유무와 상관없이 국내로의 반입이 예정된 재산을 의미하는 것으로 확장하여 해석하는 것은 형벌법규를 지나치게 유추 또는 확장해석하여 죄형법정주의의 원칙에 어긋나는 것으로서 허용될 수 없다.

**제7조(알선수재의 죄)** 금융회사등의 임직원의 직무에 속하는 사항의 알선에 관하여 금품이나 그 밖의 이익을 수수, 요구 또는 약속한 사람 또는 제3자에게 이를 공여하게 하거나 공여하게 할 것을 요구 또는 약속한 사람은 5년 이하의 징역 또는 5천만원 이하의 벌금에 처한다.
[전문개정 2012.2.10.]

## 사기
[대법원 2016. 9. 28, 선고, 2016도6470, 판결]

**【판결요지】**

상고이유를 판단한다.

금융회사 등의 임직원의 직무에 속하는 사항에 관하여 알선을 할 의사나 능력이 없음에도 이를 알선을 한다고 기망하고, 이에 속은 피해자로부터 알선 명목으로 금품을 받은 경우, 특정경제범죄 가중처벌 등에 관한 법률 위반(알선수재)죄가 성립하는지 여부와 상관없이, 그 행위는 다른 사람을 속여 재물을 받은 행위로서 사기죄를 구성한다(대법원 2008. 2. 28. 선고 2007도10004 판결 참조).

원심은, 피고인이 대출을 위한 접대비 등의 명목으로 돈을 받더라도 피해자가 대출받게 해 줄 의사나 능력이 없는데도, 피해자에게 저축은행 부행장을 만나기로 하였으니 접대비 등 경비로 사용할 3,000만 원을 주면 골프장 회원권 10개를 담보로 20억 원 이상을 대출받을 수 있도록 해 주겠다고 거짓말을 하여 피고인이 지정한 계좌

로 합계 2,100만 원을 송금받아 이를 편취하였다고 판단하였다.

관련 법리와 증거에 의하여 살펴보아도, 원심의 위와 같은 판단에 피고인의 상고이유 주장과 같이 논리와 경험의 법칙을 위반하여 사실을 오인하거나, 사기죄에서 편취의 범의, 사기죄와 특정경제범죄 가중처벌 등에 관한 법률 위반(알선수재)죄의 관계에 관한 법리를 오해한 잘못이 없다.

그러므로 상고를 기각하기로 하여, 관여 대법관의 일치된 의견으로 주문과 같이 판결한다.

**제8조(사금융 알선 등의 죄)** 금융회사등의 임직원이 그 지위를 이용하여 자기의 이익 또는 소속 금융회사등 외의 제3자의 이익을 위하여 자기의 계산으로 또는 소속 금융회사등 외의 제3자의 계산으로 금전의 대부, 채무의 보증 또는 인수를 하거나 이를 알선하였을 때에는 7년 이하의 징역 또는 7천만원 이하의 벌금에 처한다.

[전문개정 2012.2.10.]

## 특정경제범죄가중처벌등에관한법률위반(사금융알선등)

[대법원 2010. 12. 9., 선고, 2010도11015, 판결]

**【판결요지】**

[1] 업무상횡령죄가 성립하기 위하여는 자기 또는 제3자의 이익을 꾀할 목적으로 업무상 임무에 위배하여 자신이 보관하는 타인의 재물을 자기의 소유인 것 같이 사실상 또는 법률상 처분하는 의사를 의미하는 불법영득의 의사가 있어야 한다. 법인의 운영자 또는 관리자가 법인의 자금을 이용하여 비자금을 조성하였다고 하더라도 그것이 당해 비자금의 소유자인 법인 이외의 제3자가 이를 발견하기 곤란하게 하기 위한 장부상의 분식에 불과하거나 법인의 운영에 필요한 자금을 조달하는 수단으로 인정되는 경우에는 불법영득의 의사를 인정하기 어렵다. 다만 법인의 운영자 또는 관리자가 법인을 위한 목적이 아니라 법인과는 아무런 관련이 없거나 개인적인 용도로 착복할 목적으로 법인의 자금을 빼내어 별도로 비자금을 조성하였다면 그 조성행위 자체로써 불법영득의 의사가 실현된 것으로 볼 수 있을 것인바, 이때 그 행위자에게 법인의 자금을 빼내어 착복할 목적이 있었는지 여부는 그 법인의 성격과 비자금의 조성 동기, 방법, 규모, 기간, 비자금의 보관방법 및 실제 사용용도 등 제반 사정을 종합적으로 고려하여 판단하여야 한다.

[2] 새마을금고의 임원인 피고인 등이 위 금고의 직원들로 하여금 고객들이 맡긴 정기예탁금을 정상거래시스템이 아닌 부외거래시스템에 입금하게 하는 행위가, 위 부외거래시스템의 도입 경위 및 운용 실태, 부외거래자금의 흐름이나 사용처 등의 여러 사정을 종합할 때 회계처리상 부외거래시스템의 계좌 혹은 통합전산망의 차명계좌에 예금액을 기재하는 행위에 불과하고 그 자체로 위

금고의 공식적인 자금에서 벗어난 별도의 비자금을 조성하는 행위로 볼 수는 없다는 이유로, 위 업무상횡령의 공소사실에 대하여 무죄를 선고한 원심판단을 수긍한 사례.

[3] 새마을금고의 임원인 피고인 등이 정상거래시스템이 아닌 부외거래시스템에 입금된 정기예탁금을 조합원들에게 대출해 주는 행위가, 피고인 등의 계산 또는 금고 이외의 제3자의 계산으로 대출하는 것으로 볼 수 없어 특정경제범죄 가중처벌 등에 관한 법률 제8조에 규정된 사금융알선에 해당하지 아니한다고 하여, 특정경제범죄 가중처벌 등에 관한 법률 위반(사금융알선등)의 공소사실에 대하여 무죄를 선고한 원심판단을 수긍한 사례.

## III. 벌칙

**제14조(일정 기간의 취업제한 및 인가·허가 금지 등)** ① 제3조, 제4조제2항(미수범을 포함한다), 제5조제4항 또는 제8조에 따라 유죄판결을 받은 사람은 다음 각 호의 기간 동안 금융회사등, 국가·지방자치단체가 자본금의 전부 또는 일부를 출자한 기관 및 그 출연(出捐)이나 보조를 받는 기관과 유죄판결된 범죄행위와 밀접한 관련이 있는 기업체에 취업할 수 없다. 다만, 대통령령으로 정하는 바에 따라 법무부장관의 승인을 받은 경우에는 그러하지 아니하다.
  1. 징역형의 집행이 종료되거나 집행을 받지 아니하기로 확정된 날부터 5년
  2. 징역형의 집행유예기간이 종료된 날부터 2년
  3. 징역형의 선고유예기간
② 제1항에 규정된 사람 또는 그를 대표자나 임원으로 하는 기업체는 제1항 각 호의 기간 동안 대통령령으로 정하는 관허업(官許業)의 허가·인가·면허·등록·지정 등(이하 이 조에서 "허가등"이라 한다)을 받을 수 없다. 다만, 대통령령으로 정하는 바에 따라 법무부장관의 승인을 받은 경우에는 그러하지 아니하다.
③ 제1항의 경우 국가·지방자치단체가 자본금의 전부 또는 일부를 출자한 기관 및 그 출연이나 보조를 받는 기관과 유죄판결된 범죄행위와 밀접한 관련이 있는 기업체의 범위는 대통령령으로 정한다.
④ 법무부장관은 제1항 또는 제2항을 위반한 사람이 있을 때에는 그 사람이 취업하고 있는 기관이나 기업체의 장 또는 허가등을 한 행정기관의 장에게 그의 해임(解任)이나 허가등의 취소를 요구하여야 한다.
⑤ 제4항에 따라 해임 요구를 받은 기관이나 기업체의 장은 지체 없이 그

요구에 따라야 한다.

⑥ 제1항, 제2항 또는 제5항을 위반한 자는 1년 이하의 징역 또는 500만원 이하의 벌금에 처한다.

[전문개정 2012.2.10.]

## Ⅳ. 기재례

### 【범죄사실 기재례】

피의자는 전국택시공제조합 ○○시 지부 총무과장으로 재직하면서 위 지부 일반사무 및 경리자금의 관리, 출납업무를 전담하고 있다.

피의자는 20○○. ○. ○.부터 20○○. ○. ○.까지 사이에 대구 ○○동 ○○번지에 있는 위 공제조합 사무실에서 동 지부 ○○은행 통장 예금액중 공제 소요금 명목으로 10억원을 인출하여 그 중 4억원을 정상 지출하고 나머지 6억원으로 서울 ○○동 ○○번지에 피의자 명의로 주택을 구입하는 등으로 소비하여 횡령하였다.

### 【범죄사실 기재례】

1. 피의자는 ○○시 ○○동 123번지에서 ○○투자라는 상호로 사채업에 종사하고 있다.

피의자는 전국 일간지인 ○○신문 등에 "가계수표 개설알선, 어음할인"이라는 취지의 광고를 게재하여 정상적인 방법으로 가계수표의 발급이 어려운 사업자들로부터 가계, 당좌개설이나 약속어음의 할인 등을 의뢰받아 그 할인 및 알선의 대가로 일정한 수수료를 받기로 마음먹었다.

피의자는 20○○. ○. ○.경 위 사무실에서 위 신문광고를 받고 찾아온 김○○로부터 가계수표발급을 의뢰받고 동인으로부터 주민등록증과 도장을 건네받아 동인 명의로 ○○은행○○동 지점에 예금통장을 개설하고 그 통장에 일정금원을 입출금하여 가계수표 개설요건에 맞는 것으로 거래실적을 작출하는 방법으로 가계수표의 발급을 알선하여 주고 그 수수료 명목으로 동인으로부터 금 300만원을 받은 것을 비롯하여 별지 범죄일람표 기재와 같이 위와 같은 방법으로 위 은행 등으로부터 가계수표발급을 알선하여 주고 그 수수료 명목으로 금 1억8,500만원을 받음으로써, 금융기관의 직원의 직무에 속한 사항의 알선에 관하여 금품을 수수하였다.

2. 피의자는 ○○시 ○○동 123번지에 있는 ○○상호신용금고의 대표이사이던 김○○

으로부터 예금유치부탁을 받은 사채중개인 홍○○가 피의자에게 위 금고에 예금을 하면 정해진 이자 외에 따로 사채금리를 보전해주는 이른바 '차금수수료'를 받을 수 있으니 사채를 조달하여 위 금고에 예금을 하여 달라는 제의를 하자 이에 응하였다. 그리하여 20○○. ○. ○. 위 금고에 15억5,000만원을 6개월간 예금하고 위 홍○○의 지시를 받은 위 금고직원 이○○으로부터 위 금고의 약관 등에서 정한 이자 외에 별도로 차금수수료 명목으로 1억2,000만원을 교부받은 것을 비롯하여 총 5회에 걸쳐 합계 63억7,300만원을 위 금고에 예금하고 같은 방법으로 차금수수료 명목으로 합계 8억5,000만원을 교부받음으로써 저축에 관하여 법령 또는 약관 기타 이에 준하는 금융기관의 규정에 정해진 외의 금품을 수수하였다.

### 3. 피의자는 ○○은행○○지점의 대출계 과장으로 재직중이다.

피의자는 20○○. ○. ○.경 위 지점에서 위 지점과 계속 거래를 해오고 있었고 여신한도가 초과되어 더 이상 정상적인 대출을 받을 수 없던 피의자 최○○로부터 은행대출형식으로 자금을 융통해주면 월5부의 이자를 주겠다는 요청을 받고 즉석에서 2억원을, 그 무렵 피의자의 주거지에서 추가로 사업자금 명목으로 1억원을 각 대부해 준 다음, 20○○. ○. ○. 위 지점에서 3억원에 대한 2개월간의 이자 3,000만원 상당을 수령하여 금융기관의 임직원이 지위를 이용 자기의 이익을 위하여 자기의 계산으로 금전을 대부하였다.

### 4. 피의자는 서울 ○○구 ○○동 123번지에서 "○○금융"이라는 상호로 금융업을 하고 있다.

피의자는 금융업을 하고자 하는 자는 금융감독위원회의 인가를 받아야 함에도 불구하고, 20○○. ○. ○.부터 20○○. ○. ○.까지 만기가 6개월 이내인 약속어음 3,200장 액면 합계 2,280,000,000원 상당을 금 2,052,000,000원에 할인하여 매입한 다음 2,167,900,000원에 매도하는 방법으로 어음을 할인·매매하여 그 기간 동안 순이익금 115,900,000원의 수입을 올리는 무인가 단기금융업을 영위하였다.

## 【적용실례】

### 〈공모하여 회사돈 6억상당 횡령한 경우〉

➡ (주)○○운수 경리계장인 김○○이 이○○와 공모하여 회사돈 5억 9,000만원을 20○○. 2. 초순경부터 20○○. 10. 27. 경까지 수회에 걸쳐 1회에 50만원내지 200만원씩을 횡령한 사안에 대하여 김○○은 업무상 횡령죄로, 이○○는 횡령죄로 의율할 수 없고, 회사 직원이 아닌 강○○ 역시 신분자에 가공하였으므로 업무상 횡령으로 의율했어야 했고, 그 금액이 억대를 초과하므로 특정경제범죄가중처벌등에관한법률 위반으로 의율함.

**〈협박하여 금 10억원을 갈취한 경우〉**

➡ 피의자는 본인이 ○○수산(주) 대표이사직에서 퇴출되자 이에 불만을 품고 고소인을 협박하여 금 10억원을 갈취하고, 고소인이 피의자에게 명의신탁하여 둔 부동산 시가 930,000,000원 상당의 반환을 거부하여 이를 횡령한 것으로써 그 죄명을 공갈·횡령으로 하였으나 , 위 횡령·공갈로 인한 피의자의 이득액이 5억원을 초과하므로 그 죄명을 특정경제범죄가중처벌등에관한법률 위반(횡령·공갈)으로 기재함이 마땅함.

**〈5억원 이상 편취한 행위가 상습사기가 되는 경우의 죄명〉**

➡ 피의자가 공소외인 등과 공모하여 상습으로 피해자 이○○으로부터 동 3억원, 피해자 문○○으로부터 2억원 합계 금 5억원을 편취한 사안을 수십회의 동종 전과실기 비추어 상습사기가 성립된다면 위 상습사기 범행으로 인하여 취득한 재물의 가액이 5억원 이상이므로 특정경제범죄가중처벌등에관한법률 제3조 제1항 제2호의 법규정에 따라 '특정경제범죄가중처벌등에관한법률 위반(사기)'라고 기재함이 옳음.

## 【범죄사실 기재례】

피의자 ○○○는 중국 보이스피싱조직인 ○○의 한국내 현금인출책으로서 20○○. ○. ○. 대한민국에 ○○비자로 입국하여 같은 해 ○. ○.부터 ○. ○.까지 ○개월 동안 동 조직의 ○○○에게서 인출전화를 받으면 본인이 소지하고 있던 ○○은행 통장(111-111-11111)외 ○○개의 계좌의 현금카드를 이용하여 총 ○○건에 걸쳐 ○○○○만원을 출금하여 ○○를 통하여 중국내 조직에게 ○차례 걸쳐 보내는 등의 범죄를 저질렀다.

# 특정범죄 가중처벌 등에 관한 법률

[시행 2024. 1. 26.] [법률 제19573호, 2023. 7. 25., 타법개정]

## Ⅰ. 개설

### 목적

이 법은 「형법」, 「관세법」, 「조세범 처벌법」, 「지방세기본법」, 「산림자원의 조성 및 관리에 관한 법률」 및 「마약류관리에 관한 법률」에 규정된 특정범죄에 대한 가중처벌 등을 규정함으로써 건전한 사회질서의 유지와 국민경제의 발전에 이바지함을 목적으로 한다.

## Ⅱ. 판례

**제2조(뇌물죄의 가중처벌)** ① 「형법」 제129조·제130조 또는 제132조에 규정된 죄를 범한 사람은 그 수수(收受)·요구 또는 약속한 뇌물의 가액(價額)(이하 이 조에서 "수뢰액"이라 한다)에 따라 다음 각 호와 같이 가중처벌한다.
　　1. 수뢰액이 1억원 이상인 경우에는 무기 또는 10년 이상의 징역에 처한다.
　　2. 수뢰액이 5천만원 이상 1억원 미만인 경우에는 7년 이상의 유기징역에 처한다.
　　3. 수뢰액이 3천만원 이상 5천만원 미만인 경우에는 5년 이상의 유기징역에 처한다.
② 「형법」 제129조·제130조 또는 제132조에 규정된 죄를 범한 사람은 그 죄에 대하여 정한 형(제1항의 경우를 포함한다)에 수뢰액의 2배 이상 5배 이하의 벌금을 병과(倂科)한다.

[전문개정 2010.3.31.]

[한정위헌, 2011헌바117, 2012.12.27. 형법(1953.9.18. 법률 제293호로 제정된 것) 제129조 제1항의 '공무원' 에 구 '제주특별자치도 설치 및 국제자유도시 조성을 위한 특별법' (2007.7.27. 법률 제8566호로 개정되기 전의 것) 제299조 제2항의 제주특별자치도통합영향평가심의위원회 심의위원 중 위촉위원이 포함되는 것으로 해석하는 한 헌법에 위반된다.]

### 특정범죄가중처벌등에관한법률위반(뇌물)·사기·뇌물공여
[대법원 2024. 3. 12. 선고 2023도17394 판결]

【판결요지】
뇌물죄에서의 수뢰액은 그 많고 적음에 따라 범죄구성요건이 되므로 엄격한 증명의 대상이 된다. 이때 공무원이 수수한 금품에 직무행위에 대한 대가로서의 성질과 직무 외의 행위에 대한 대가로서의 성질이 불가분적으로 결합되어 있는 경우에는 그 수수한 금품 전부가 불가분적으로 직무행위에 대한 대가로서의 성질을 가진다. 다만 그 금품의 수수가 수회에 걸쳐 이루어졌고 각 수수 행위별로 직무 관련성 유무를 달리 볼 여지가 있는 경우에는 그 행위마다 직무와의 관련성 여부를 가릴 필요가 있다. 그리고 공무원이 아닌 사람과 공무원이 공모하여 금품을 수수한 경우에도 각 수수자가 수수한 금품별로 직무 관련성 유무를 달리 볼 수 있다면, 각 금품마다 직무와의 관련성을 따져 뇌물성을 인정하는 것이 책임주의 원칙에 부합한다.

**제3조(알선수재)** 공무원의 직무에 속한 사항의 알선에 관하여 금품이나 이익을 수수·요구 또는 약속한 사람은 5년 이하의 징역 또는 1천만원 이하의 벌금에 처한다.
[전문개정 2010.3.31.]

## 특정범죄가중처벌등에관한법률위반(알선수재)

[대법원 2017. 1. 12., 선고, 2016도15470, 판결]

【판결요지】
[1] 알선수재죄는 '공무원의 직무에 속한 사항을 알선한다는 명목'으로 '금품 등을 수수' 함으로써 성립하는 범죄이다. 여기에서 '알선'이란 공무원의 직무에 속하는 일정한 사항에 관하여 당사자의 의사를 공무원 측에 전달하거나 편의를 도모하는 행위 또는 공무원의 직무에 관하여 부탁을 하거나 영향력을 행사하여 당사자가 원하는 방향으로 결정이 이루어지도록 돕는 등의 행위를 의미한다. 이 경우 공무원의 직무는 정당한 직무행위인 경우도 포함되고 알선의 상대방인 공무원이나 직무내용이 구체적으로 특정되어 있을 필요도 없다. 또한 알선의 명목으로 금품을 받았다면 실제로 어떤 구체적인 알선행위를 하였는지와 상관없이 범죄는 성립한다. 그리고 공무원의 직무에 속한 사항의 알선과 수수한 금품 사이에 대가관계가 있는지는 알선의 내용, 알선자와 이익 제공자 사이의 친분관계, 이익의 다과, 이익을 주고받은 경위와 시기 등 여러 사정을 종합하여 결정하되, 알선과 주고받은 금품 사이에 전체적·포괄적으로 대가관계가 있으면 충분하다. 한편 알선자가 받은 금품에 알선행위에 대한 대가로서의 성질과 그 밖의 행위에 대한 대가로서의 성질이 불가분적으로 결합되어 있는 경우에는 그 전부가 불가분적으로 알선행위에 대한 대가로서의 성질을 가진다.
[2] 공무원이 직무의 대상이 되는 사람으로부터 금품 기타 이익을 받은 때에는 그것이 그 사람이 종전에 공무원으로부터 접대 또는 수수받은 것을 갚는 것으로서 사회상규에 비추어 볼 때에 의례상의 대가에 불과한 것이라고 여겨지거나, 개인적인 친분관계가 있어서 교분상의 필요에 의한 것이라고 명백하게 인정할

수 있는 경우 등 특별한 사정이 없는 한 직무와 관련성이 있다고 볼 수 있다. 그리고 공무원의 직무와 관련하여 금품을 주고받았다면 비록 사교적 의례의 형식을 빌어 금품을 주고받았다고 하더라도 수수한 금품은 뇌물이 된다.

**제4조(뇌물죄 적용대상의 확대)** ① 다음 각 호의 어느 하나에 해당하는 기관 또는 단체로서 대통령령으로 정하는 기관 또는 단체의 간부직원은「형법」제129조부터 제132조까지의 규정을 적용할 때에는 공무원으로 본다.

1. 국가 또는 지방자치단체가 직접 또는 간접으로 자본금의 2분의 1 이상을 출자하였거나 출연금·보조금 등 그 재정지원의 규모가 그 기관 또는 단체 기본재산의 2분의 1 이상인 기관 또는 단체

2. 국민경제 및 산업에 중대한 영향을 미치고 있고 업무의 공공성(公共性)이 현저하여 국가 또는 지방자치단체가 법령에서 정하는 바에 따라 지도·감독하거나 주주권의 행사 등을 통하여 중요 사업의 결정 및 임원의 임면(任免) 등 운영 전반에 관하여 실질적인 지배력을 행사하고 있는 기관 또는 단체

② 제1항의 간부직원의 범위는 제1항의 기관 또는 단체의 설립목적, 자산, 직원의 규모 및 해당 직원의 구체적인 업무 등을 고려하여 대통령령으로 정한다.

[전문개정 2010.3.31.]

## 뇌물 공여·건설산업기본법 위반·국가기술자격법 위반·건설기술관리법 위반·전기공사업법 위반

[대법원 2010. 7. 15, 선고, 2010도3544, 판결]

【판결요지】

[1] 형법 제30조의 공동정범은 공동가공의 의사와 그 공동의사에 의한 기능적 행위지배를 통한 범죄실행이라는 주관적·객관적 요건을 충족함으로써 성립하므로, 공모자 중 구성요건행위를 직접 분담하여 실행하지 아니한 사람도 위 요건의 충족 여부에 따라 이른바 공모공동정범으로서의 죄책을 질 수도 있다. 한편 구성요건행위를 직접 분담하여 실행하지 아니한 공모자가 공모공동정범으로 인정되기 위하여는 전체 범죄에 있어서 그가 차지하는 지위·역할이나 범죄경과에 대한 지배 내지 장악력 등을 종합하여 그가 단순한 공모자에 그치는 것이 아니라 범죄에 대한 본질적 기여를 통한 기능적 행위지배가 존재하는 것으로 인정되어야 한다.

[2] 건설 관련 회사의 유일한 지배자가 회사 대표의 지위에서 장기간에 걸쳐 건설공사 현장소장들의 뇌물공여행위를 보고받고 이를 확인·결재하는 등의 방법으로 위 행위에 관여한 사안에서, 비록 사전에 구체적인 대상 및 액수를 정하여 뇌물공여를 지시하지 아니하였다고 하더라도 그 핵심적 경과를 계획적으로 조종하거나 촉진하는 등으로 기능적 행위지배를 하였다고 보아 공모공동정범의 죄책을 인정하여야 함에도 이를 인정하지 아니한 원심판단에 법리 오해의 위법이 있다고 한 사례.

**제5조의2(약취·유인죄의 가중처벌)** ① 13세 미만의 미성년자에 대하여「형법」제287조의 죄를 범한 사람은 그 약취(略取) 또는 유인(誘引)의 목적에 따라 다음 각 호와 같이 가중처벌한다. 〈개정 2016.1.6.〉

1. 약취 또는 유인한 미성년자의 부모나 그 밖에 그 미성년자의 안전을 염려하는 사람의 우려를 이용하여 재물이나 재산상의 이익을 취득할 목적인 경우에는 무기 또는 5년 이상의 징역에 처한다.
2. 약취 또는 유인한 미성년자를 살해할 목적인 경우에는 사형, 무기 또는 7년 이상의 징역에 처한다.

② 13세 미만의 미성년자에 대하여「형법」제287조의 죄를 범한 사람이 다음 각 호의 어느 하나에 해당하는 행위를 한 경우에는 다음 각 호와 같이 가중처벌한다. 〈개정 2016.1.6.〉

1. 약취 또는 유인한 미성년자의 부모나 그 밖에 그 미성년자의 안전을 염려하는 사람의 우려를 이용하여 재물이나 재산상의 이익을 취득하거나 이를 요구한 경우에는 무기 또는 10년 이상의 징역에 처한다.
2. 약취 또는 유인한 미성년자를 살해한 경우에는 사형 또는 무기징역에 처한다.
3. 약취 또는 유인한 미성년자를 폭행·상해·감금 또는 유기(遺棄)하거나 그 미성년자에게 가혹한 행위를 한 경우에는 무기 또는 5년 이상의 징역에 처한다.
4. 제3호의 죄를 범하여 미성년자를 사망에 이르게 한 경우에는 사형, 무기 또는 7년 이상의 징역에 처한다.

③ 제1항 또는 제2항의 죄를 범한 사람을 방조(幇助)하여 약취 또는 유인된 미성년자를 은닉하거나 그 밖의 방법으로 귀가하지 못하게 한 사람은 5년 이상의 유기징역에 처한다.

④ 삭제 〈2013.4.5.〉

⑤ 삭제 〈2013.4.5.〉

⑥ 제1항 및 제2항(제2항제4호는 제외한다)에 규정된 죄의 미수범은 처벌한다.

⑦ 제1항부터 제3항까지 및 제6항의 죄를 범한 사람을 은닉하거나 도피하게 한 사람은 3년 이상 25년 이하의 징역에 처한다. 〈개정 2013.4.5., 2016.1.6.〉

⑧ 제1항 또는 제2항제1호·제2호의 죄를 범할 목적으로 예비하거나 음모한 사람은 1년 이상 10년 이하의 징역에 처한다. 〈개정 2013.4.5., 2016.1.6.〉

## 성폭력범죄의 처벌 등에 관한 특례법 위반(강간등살인)·특정범죄 가중처벌 등에 관한 법률 위반(영리약취·유인등) [인정된 죄명:특정범죄 가중처벌 등에 관한 법률 위반(약취·유인)]·주거침입·야간주거침입절도·절도·부착명령·치료명령

[대법원 2014. 2. 27, 선고, 2013도12301,2013전도252,2013치도2, 판결]

【판결요지】

[1] 미성년자인 피해자를 약취한 후에 강간을 목적으로 피해자에게 가혹한 행위 및 상해를 가하고 나아가 그 피해자에 대한 강간 및 살인미수를 범하였다면, 이에 대하여는 약취한 미성년자에 대한 상해 등으로 인한 특정범죄 가중처벌 등에 관한 법률 위반죄 및 미성년자인 피해자에 대한 강간 및 살인미수행위로 인한 성폭력범죄의 처벌 등에 관한 특례법 위반죄가 각 성립하고, 설령 상해의 결과가 피해자에 대한 강간 및 살인미수행위 과정에서 발생한 것이라 하더라도 위 각 죄는 서로 형법 제37조 전단의 실체적 경합범 관계에 있다.

[2] '성폭력범죄자의 성충동 약물치료에 관한 법률'에 의한 약물치료명령(이하 '치료명령'이라고만 한다)은 사람에 대하여 성폭력범죄를 저지른 성도착증 환자로서 성폭력범죄를 다시 범할 위험성이 있다고 인정되는 19세 이상의 사람에 대하여 약물투여 및 심리치료 등의 방법으로 도착적인 성기능을 일정기간 동안 약화 또는 정상화하는 치료를 실시하는 보안처분이다. 이러한 치료명령은 성폭력범죄의 재범을 방지하고 사회복귀의 촉진 및 국민의 보호 등을 목적으로 한다는 점에서 특정범죄자에 대한 보호관찰 및 전자장치 부착 등에 관한 법률과 치료감호법이 각 규정한 전자장치 부착명령 및 치료감호처분과 취지를 같이 하지만, 원칙적으로 형 집행 종료 이후 신체에 영구적인 변화를 초래할 수도 있는 약물의 투여를 피청구자의 동의 없이 강제적으로 상당 기간 실시하게 된다는 점에서 헌법이 보장하고 있는 신체의 자유와 자기결정권에 대한 가장 직접적이고 침익적인 처분에 해당한다고 볼 수 있다. 따라서 앞서 본 바와 같은 치료명령의 내용 및 특성과 최소침해성의 원칙 등을 요건으로 하는 보안처분의 성격 등에 비추어 장기간의 형 집행 및 그에 부수하여 전자장치 부착 등의 처분이 예정된 사람에 대해서는 위 형 집행 및 처분에도 불구하고 재범의 방지와 사회복귀의 촉진 및 국민의 보호를 위한 추가적인 조치를 취할 필요성이 인정되는 불가피한 경우에 한하여 이를 부과함이 타당하다.

[3] '성폭력범죄자의 성충동 약물치료에 관한 법률'에 의한 약물치료명령(이하 '치료명령'이라고만 한다)의 요건으로 '성폭력범죄를 다시 범할 위험성'이란 재범할 가능성만으로는 부족하고 피청구자가 장래에 다시 성폭력범죄를 범하여 법적 평온을 깨뜨릴 상당한 개연성을 의미한다. 그런데 장기간의 형 집행이 예정된 사람의 경우에는 치료명령의 선고시점과 실제 치료명령의 집행시점 사이에 상당한 시간적 간격이 있어 성충동 호르몬 감소나 노령화 등으로 성도착증이 자연스럽게 완화되거나 치유될 가능성을 배제하기 어렵고, 피청구자의 동의 없이 강제적으로 이루어지는 치료명령 자체가 피청구자의 신체의 자유와 자기결정권에 대한 중대한 제한이 되는 사정을 감안하여 보면, 비록 피청구자가 성도착증 환자로 진단받았다고 하더라도 그러한 사정만으로 바로

피청구자에게 성폭력범죄에 대한 재범의 위험성이 있다고 단정할 것이 아니라, 치료명령의 집행시점에도 여전히 약물치료가 필요할 만큼 피청구자에게 성폭력범죄를 다시 범할 위험성이 있고 피청구자의 동의를 대체할 수 있을 정도의 상당한 필요성이 인정되는 경우에 한하여 비로소 치료명령의 요건을 갖춘 것으로 보아야 한다. 또한 이 경우 법원이 피청구자의 '성폭력범죄를 다시 범할 위험성'을 판단할 때에는 피청구자의 직업과 환경, 동종 범행으로 인한 처벌 전력, 당해 범행 이전의 행적, 범행의 동기, 수단, 범행 후의 정황, 개전의 정 등과 아울러 피청구인의 정신성적 장애의 종류와 정도 및 치료 가능성, 피청구인이 치료명령의 과정에서 받을 약물치료 또는 인지행동치료 등을 자발적이고도 적극적으로 따르고자 하는 의지, 처방 약물로 인하여 예상되는 부작용의 가능성과 정도, 예상되는 형 집행 기간과 그 종료 당시 피청구자의 연령 및 주위환경과 그 후 약물치료 등을 통하여 기대되는 재범방지 효과 등의 여러 사정을 종합적으로 평가하여 판결 시를 기준으로 객관적으로 판단하여야 한다.

**제5조의3(도주차량 운전자의 가중처벌)** ① 「도로교통법」 제2조의 자동차, 원동기장치자전거 또는 「건설기계관리법」 제26조제1항 단서에 따른 건설기계 외의 건설기계(이하 "자동차등"이라 한다)의 교통으로 인하여 「형법」 제268조의 죄를 범한 해당 자동차등의 운전자(이하 "사고운전자"라 한다)가 피해자를 구호(救護)하는 등 「도로교통법」 제54조제1항에 따른 조치를 하지 아니하고 도주한 경우에는 다음 각 호의 구분에 따라 가중처벌한다. 〈개정 2022. 12. 27.〉
  1. 피해자를 사망에 이르게 하고 도주하거나, 도주 후에 피해자가 사망한 경우에는 무기 또는 5년 이상의 징역에 처한다.
  2. 피해자를 상해에 이르게 한 경우에는 1년 이상의 유기징역 또는 500만원 이상 3천만원 이하의 벌금에 처한다.
② 사고운전자가 피해자를 사고 장소로부터 옮겨 유기하고 도주한 경우에는 다음 각 호의 구분에 따라 가중처벌한다.
  1. 피해자를 사망에 이르게 하고 도주하거나, 도주 후에 피해자가 사망한 경우에는 사형, 무기 또는 5년 이상의 징역에 처한다.
  2. 피해자를 상해에 이르게 한 경우에는 3년 이상의 유기징역에 처한다.
[전문개정 2010.3.31.]

## 특정범죄가중처벌등에관한법률위반(도주치상)
[대법원 2018. 4. 12., 선고, 2017도20241, 2017전도132, 판결]

【판결요지】
[1] 특정범죄 가중처벌 등에 관한 법률(이하 '특정범죄가중법'이라고 한다) 제1조는 "이 법은 형법, 관세법, 조세범 처벌법, 지방세기본법, 산림자원의 조성

및 관리에 관한 법률 및 마약류관리에 관한 법률에 규정된 특정범죄에 대한 가중처벌 등을 규정함으로써 건전한 사회질서의 유지와 국민경제의 발전에 이바지함을 목적으로 한다."라고 규정하고, 이어서 제2조, 제3조, 제4조2, 제4조의3, 제5조, 제5조의2, 제5조의3, 제5조의4, 제5조의5, 제5조의9, 제5조의10, 제5조의11, 제5조의12, 제6조, 제8조, 제8조의2, 제9조, 제11조, 제12조 등에서 특정 범죄행위에 관한 처벌규정을 두고 있다.

한편 특정범죄가중법 제14조는 "이 법에 규정된 죄에 대하여 형법 제156조에 규정된 죄를 범한 사람은 3년 이상의 유기징역에 처한다."라고 규정하고 있다. 이는 특정범죄가중법 제2조 이하에서 특정범죄를 중하게 처벌하는 데 상응하여, 그에 대한 무고행위 또한 가중하여 처벌함으로써 위 법이 정한 특정범죄에 대한 무고행위를 억제하고, 이를 통해 보다 적정하고 효과적으로 입법 목적을 구현하고자 하는 규정이다.

이와 같은 특정범죄가중법의 입법 목적, 특정범죄가중법 제14조의 조문 위치와 문언의 체계 및 입법 취지에 더하여, 형벌법규의 해석은 엄격하여야 하고, 명문의 형벌법규의 의미를 피고인에게 불리한 방향으로 지나치게 확장해석하거나 유추해석하는 것은 죄형법정주의의 원칙에 어긋나는 것으로서 허용되지 아니하는 점 등을 종합하여 보면, 특정범죄가중법 제14조의 '이 법에 규정된 죄'에 특정범죄가중법 제14조 자체를 위반한 죄는 포함되지 않는다고 해석함이 타당하다.

[2] 피고인이 교통사고를 야기하고 도주한 것이 사실인데도, 甲 등이 '피고인이 교통사고를 일으키고 도망하였다'는 내용으로 피고인을 뺑소니범으로 경찰에 허위로 고소하였으니 甲 등을 무고죄로 처벌해 달라는 내용의 고소장을 작성하여 경찰서에 제출함으로써 甲 등으로 하여금 특정범죄 가중처벌 등에 관한 법률(이하 '특정범죄가중법'이라고 한다) 위반(무고)으로 형사처분을 받게 할 목적으로 무고하였다고 하여 특정범죄가중법 위반(무고)으로 기소된 사안에서, 특정범죄가중법 제14조의 '이 법에 규정된 죄'에 특정범죄가중법 제14조 자체를 위반한 죄는 포함되지 않는데도, 원심이 이와 달리 보아 공소사실에 관하여 특정범죄가중법 제14조를 적용하여 특정범죄가중법 위반(무고)죄로 판단한 것은 특정범죄가중법 제14조의 해석 및 특정범죄가중법 위반(무고)죄의 구성요건에 관한 법리를 오해함으로써 판단을 그르친 것이라고 한 사례.

**제5조의9(보복범죄의 가중처벌 등)** ① 자기 또는 타인의 형사사건의 수사 또는 재판과 관련하여 고소·고발 등 수사단서의 제공, 진술, 증언 또는 자료제출에 대한 보복의 목적으로 「형법」 제250조제1항의 죄를 범한 사람은 사형, 무기 또는 10년 이상의 징역에 처한다. 고소·고발 등 수사단서의 제공, 진술, 증언 또는 자료제출을 하지 못하게 하거나 고소·고발을 취소하게 하거나 거짓으로 진술·증언·자료제출을 하게 할 목적인 경우에도 또한 같다.
② 제1항과 같은 목적으로 「형법」 제257조제1항·제260조제1항·제276조제1

항 또는 제283조제1항의 죄를 범한 사람은 1년 이상의 유기징역에 처한다.

③ 제2항의 죄 중 「형법」 제257조제1항·제260조제1항 또는 제276조제1항의 죄를 범하여 사람을 사망에 이르게 한 경우에는 무기 또는 3년 이상의 징역에 처한다.

④ 자기 또는 타인의 형사사건의 수사 또는 재판과 관련하여 필요한 사실을 알고 있는 사람 또는 그 친족에게 정당한 사유 없이 면담을 강요하거나 위력(威力)을 행사한 사람은 3년 이하의 징역 또는 300만원 이하의 벌금에 처한다.

[전문개정 2010.3.31.]

## 특정범죄가중처벌등에관한법률위반(보복살인등)

[대법원 2014. 9. 26., 선고, 2014도9030 판결]

【판결요지】
형사재판에서 공소가 제기된 범죄의 구성요건을 이루는 사실에 대한 증명책임은 검사에게 있으므로 특정범죄 가중처벌 등에 관한 법률 제5조의9 제1항 위반의 죄의 행위자에게 보복의 목적이 있었다는 점 또한 검사가 증명하여야 하고 그러한 증명은 법관으로 하여금 합리적인 의심을 할 여지가 없을 정도의 확신을 생기게 하는 엄격한 증명에 의하여야 하며 이와 같은 증명이 없다면 피고인의 이익으로 판단할 수밖에 없다. 다만 피고인의 자백이 없는 이상 피고인에게 보복의 목적이 있었는지 여부는 피해자와의 인적 관계, 수사단서의 제공 등 보복의 대상이 된 피해자의 행위(이하 '수사단서의 제공 등' 이라 한다)에 대한 피고인의 반응과 이후 수사 또는 재판과정에서의 태도 변화, 수사단서의 제공 등으로 피고인이 입게 된 불이익의 내용과 정도, 피고인과 피해자가 범행 시점에 만나게 된 경위, 범행 시각과 장소 등 주변환경, 흉기 등 범행도구의 사용 여부를 비롯한 범행의 수단·방법, 범행의 내용과 태양, 수사단서의 제공 등 이후 범행에 이르기까지의 피고인과 피해자의 언행, 피고인의 성행과 평소 행동특성, 범행의 예견가능성, 범행 전후의 정황 등과 같은 여러 객관적인 사정을 종합적으로 고려하여 판단할 수밖에 없다.

**제5조의11(위험운전 등 치사상)** ① 음주 또는 약물의 영향으로 정상적인 운전이 곤란한 상태에서 자동차등을 운전하여 사람을 상해에 이르게 한 사람은 1년 이상 15년 이하의 징역 또는 1천만원 이상 3천만원 이하의 벌금에 처하고, 사망에 이르게 한 사람은 무기 또는 3년 이상의 징역에 처한다. 〈개정 2018. 12. 18., 2020. 2. 4., 2022. 12. 27〉

② 음주 또는 약물의 영향으로 정상적인 운항이 곤란한 상태에서 운항의 목적으로 「해상교통안전법」 제39조제1항에 따른 선박의 조타기를 조작, 조작 지시 또는 도선하여 사람을 상해에 이르게 한 사람은 1년 이상 15년 이하의

징역 또는 1천만원 이상 3천만원 이하의 벌금에 처하고, 사망에 이르게 한 사람은 무기 또는 3년 이상의 징역에 처한다. 〈신설 2020. 2. 4., 2023. 7. 25.〉
[전문개정 2010. 3. 31.] [제목개정 2020. 2. 4.]

## 특정범죄 가중처벌 등에 관한 법률 위반(위험운전치상)
[대법원 2020. 12. 30., 선고, 2020도9994, 판결]

【판결요지】
[1] 도로교통법 제2조 제26호는 '운전'이란 차마 또는 노면전차를 본래의 사용방법에 따라 사용하는 것을 말한다고 정하고 있다. 그중 자동차를 본래의 사용방법에 따라 사용했다고 하기 위해서는 엔진 시동을 걸고 발진조작을 해야 한다.
[2] 피고인이 STOP&GO 기능이 있는 차량에서 내림으로써 그 기능이 해제되어 시동이 완전히 꺼졌으나 이후 이를 인식하지 못한 상태에서 시동을 걸지 못하고 제동장치를 조작하다 차량이 후진하면서 추돌 사고를 야기하여 특정범죄 가중처벌 등에 관한 법률 위반(위험운전치상)으로 기소된 사안에서, 피고인이 차량을 운전하려는 의도로 제동장치를 조작하여 차량이 뒤로 진행하게 되었다고 해도, 시동이 켜지지 않은 상태였던 이상 자동차를 본래의 사용방법에 따라 사용했다고 보기 어려우므로 무죄를 선고한 원심판단을 정당하다고 한 사례.

## 특정범죄 가중처벌 등에 관한 법률 위반(위험운전치사상)·도로교통법위반(음주운전)·도로교통법 위반·도로교통법 위반(무면허 운전)
[대법원 2010. 1. 14., 선고, 2009도10845, 판결]

【판결요지】
[1] 음주 또는 약물의 영향으로 정상적인 운전이 곤란한 상태에서 자동차를 운전하여 사람을 상해에 이르게 함과 동시에 다른 사람의 재물을 손괴한 때에는 특정범죄가중처벌 등에 관한 법률 위반(위험운전치사상)죄 외에 업무상과실 재물손괴로 인한 도로교통법 위반죄가 성립하고, 위 두 죄는 1개의 운전행위로 인한 것으로서 상상적 경합관계에 있다.
[2] 자동차 운전면허 없이 술에 취하여 정상적인 운전이 곤란한 상태에서 차량을 운전하던 중 전방에 신호대기로 정차해 있던 화물차의 뒷부분을 들이받아 그 화물차가 밀리면서 그 앞에 정차해 있던 다른 화물차를 들이받도록 함으로써, 피해자에게 상해를 입게 함과 동시에 위 각 화물차를 손괴하였다는 공소사실에 대하여, 유죄로 인정되는 각 범죄 중 도로교통법 위반(음주운전)죄와 도로교통법 위반(무면허운전)죄 상호간만 상상적 경합관계에 있고 특정범죄가중처벌 등에 관한 법률 위반(위험운전치사상)죄와 각 업무상과실 재물손괴로 인한 도로교통법 위반죄는 실체적 경합관계라고 본 원심판결에 죄수관계에 관한 법리를 오해한 위법이 있다고 한 사례.

**제11조(마약사범 등의 가중처벌)** ①「마약류관리에 관한 법률」 제58조제1항 제1호부터 제4호까지 및 제6호·제7호에 규정된 죄(매매, 수수 및 제공에 관한 죄와 매매목적, 매매 알선목적 또는 수수목적의 소지·소유에 관한 죄는 제외한다) 또는 그 미수죄를 범한 사람은 다음 각 호의 구분에 따라 가중처벌한다. 〈개정 2016.1.6.〉

  1. 수출입·제조·소지·소유 등을 한 마약이나 향정신성의약품 등의 가액이 5천만원 이상인 경우에는 무기 또는 10년 이상의 징역에 처한다.
  2. 수출입·제조·소지·소유 등을 한 마약이나 향정신성의약품 등의 가액이 500만원 이상 5천만원 미만인 경우에는 무기 또는 7년 이상의 징역에 처한다.

② 「마약류관리에 관한 법률」 제59조제1항부터 제3항까지 및 제60조에 규정된 죄(마약 및 향정신성의약품에 관한 죄만 해당한다)를 범한 사람은 다음 각 호의 구분에 따라 가중처벌한다. 〈개정 2016.1.6.〉

  1. 소지·소유·재배·사용·수출입·제조 등을 한 마약 및 향정신성의약품의 가액이 5천만원 이상인 경우에는 무기 또는 7년 이상의 징역에 처한다.
  2. 소지·소유·재배·사용·수출입·제조 등을 한 마약 및 향정신성의약품의 가액이 500만원 이상 5천만원 미만인 경우에는 무기 또는 3년 이상의 징역에 처한다.

[전문개정 2010.3.31.]

[2016.1.6. 법률 제13717호에 의하여 2014.4.24. 헌법재판소에서 위헌 결정된 이 조 제1항을 개정함.]

### 특정범죄가중처벌등에관한법률위반(향정)·마약류관리에관한법률위반(대마)
[대법원 2022. 9. 7., 선고, 2022도8341, 판결]

【판결요지】
특정범죄 가중처벌 등에 관한 법률 제11조는 마약 및 향정신성의약품의 '가액'에 따라 적용 조항 및 법정형이 변경되어 가중처벌 여부가 달라지므로, 위 조항에서 정한 '가액'은 객관적 기준에 따라 엄격하게 해석하여야 한다. 따라서 이때의 '가액'은 '국내 시장에서의 통상적인 거래가액'이 확인되는 경우에는 이에 따름이 원칙이라 할 것이고, 예외적으로 이를 알 수 없는 경우에는 '실제 거래가격'을 의미한다고 봄이 타당하다.

### 특정범죄가중처벌등에관한법률위반(향정)
[대법원 2014. 8. 28., 선고, 2014도5433, 판결]

【판결요지】
헌법재판소는 2011헌바2 사건에서 2014. 4. 24. "구 특정범죄 가중처벌 등에 관한 법률(2004. 10. 16. 법률 제7226호로 개정되고, 2010. 3. 31. 법률 제10210호로 개정되기 전의 것) 제11조 제1항(이하 '구 특가법조항'이라 한다) 중 마약류관리에 관한 법률 제58조 제1항 제6호 가운데 '수입'에 관한 부분은 헌법에 위반된다."는 결정을 선고하였다.

그런데 특정범죄 가중처벌 등에 관한 법률(2010. 3. 31. 법률 제10210호로 개정된 것) 제11조 제1항(이하 '개정 특가법조항'이라 한다)은 "마약류관리에 관한 법률 제58조 제1항 제1호부터 제4호까지 및 제6호·제7호에 규정된 죄(매매, 수수 및 교부에 관한 죄와 매매목적, 매매 알선목적 또는 수수목적의 소지·소유에 관한 죄는 제외한다) 또는 그 미수죄를 범한 사람은 무기 또는 10년 이상의 징역에 처한다."는 규정으로서 구 특가법조항, 즉 "마약류관리에 관한 법률 제58조 제1항 제1호 내지 제4호·제6호 및 제7호에 규정된 죄(매매·수수 및 교부에 관한 죄와 매매목적·매매알선목적 또는 수수목적의 소지·소유에 관한 죄를 제외한다) 또는 그 미수죄를 범한 자는 무기 또는 10년 이상의 징역에 처한다."는 규정이 개정된 것이다. 이와 같은 개정은 법적 간결성·함축성과 조화를 이루는 범위에서 어려운 용어를 쉬운 우리말로 풀어쓰고 복잡한 문장은 체계를 정리하여 간결하게 다듬음으로써 법률 규정을 쉽게 읽고 이해하며 국민의 언어생활에도 부합하도록 할 목적으로 법률 규정의 한글화, 어려운 법률 용어의 순화, 한글맞춤법 등 어문 규범의 준수 및 정확하고 자연스러운 법 문장의 구성 등의 방식으로 이루어진 것이었다.

이처럼 개정 특가법조항을 비롯한 「특정범죄 가중처벌 등에 관한 법률」(2010. 3. 31. 법률 제10210호로 개정된 것) 조항들은 구 특가법조항을 포함한 구 「특정범죄 가중처벌 등에 관한 법률」(2004. 10. 16. 법률 제7226호로 개정되고, 2010. 3. 31. 법률 제10210호로 개정되기 전의 것) 조항들의 한글화, 어려운 법률 용어의 순화, 한글맞춤법 등 어문 규범의 준수 및 정확하고 자연스러운 법 문장의 구성 등의 방식으로 그 자구만이 형식적으로 변경된 데 불과하여 개정 전후 법률조항들 자체의 의미 내용에 아무런 변동이 없고, 개정 특가법조항이 해당 법률의 다른 조항이나 관련 다른 법률과의 체계적 해석에서도 구 특가법조항과 다른 의미로 해석될 여지가 없어 양자의 동일성이 그대로 유지되고 있다고 보인다. 따라서 이 사건 위헌결정의 주문에 개정 특가법조항이 표시되어 있지 아니하더라도 그 위헌결정의 효력은 개정 특가법조항의 해당 부분에 대하여도 미친다고 보아야 한다. 했다고 보기 어려우므로 무죄를 선고한 원심판단을 정당하다고 한 사례.

## Ⅲ. 벌칙

**제12조(외국인을 위한 탈법행위)** 외국인에 의한 취득이 금지 또는 제한된 재산권을 외국인을 위하여 외국인의 자금으로 취득한 사람은 다음 각 호의 구분에 따라 처벌한다.

1. 재산권의 가액이 1억원 이상인 경우에는 무기 또는 10년 이상의 징역에 처한다.

2. 재산권의 가액이 1억원 미만인 경우에는 무기 또는 3년 이상의 유기징역에 처한다.

[전문개정 2010.3.31.]

**제13조(몰수)** 제3조 또는 제12조의 죄를 범하여 범인이 취득한 해당 재산은 몰수하며, 몰수할 수 없을 때에는 그 가액을 추징(追徵)한다.

[전문개정 2010.3.31.]

**제14조(무고죄)** 이 법에 규정된 죄에 대하여「형법」제156조에 규정된 죄를 범한 사람은 3년 이상의 유기징역에 처한다.

[전문개정 2010.3.31.]

**제15조(특수직무유기)** 범죄 수사의 직무에 종사하는 공무원이 이 법에 규정된 죄를 범한 사람을 인지하고 그 직무를 유기한 경우에는 1년 이상의 유기징역에 처한다.

[전문개정 2010.3.31.]

**제16조(소추에 관한 특례)** 제6조 및 제8조의 죄에 대한 공소(公訴)는 고소 또는 고발이 없는 경우에도 제기할 수 있다.

[전문개정 2010.3.31.]

## Ⅳ. 기재례

### 【범죄사실 기재례】

#### 1. 교통사고 후 도주

피의자는 20○○. ○. ○. 23 : 00경 업무로서 서울 43구5555호 에쿠스 승용차를 운전하여 서울 강남구 도곡동 67 앞길을 서초동 방면에서 개포동 방면으로 시속 약 60km로 주행중 전방에 자전거를 탄 피해자 김○○(40세, 남)이 비틀거리며 진행하고 있는 것을 발견하였다. 이러한 경우 운전업무에 종사하는 자로서는 위 김○○의 동태를 잘 살피고 경음기 등으로 신호를 보내면서 안전한 속도와 방법으로 진행하여 교통사고를 미리 방지하여야 할 업무상 주의의무가 있다. 그러나 피의자는 이를 게을리 한 채 그대로 진행한 과실로 위 김○○이 도로 중앙부근으로 진입하여 오는 것을 뒤늦게 발견하고 급제동 조치를 취하였으나 피하지 못하고 위 승용차 앞 범퍼부분으로 위 자전거 뒷부분을 들이받아 피해자 김○○을 땅에 넘어지게 하여 그에게 약 6주간의 치료를 요하는 머리뼈골절상을 입게 하고도, 즉시 정차하여 그를 구호하는 등의 조치를 취하지 아니하고 도주하였다.

## 2. 상습절도

가. 피의자는 20○○. ○. ○. 23 : 00경 서울 중랑구 상봉1동 123에 있는 피해자 박○○의 집에 열려진 대문으로 침입하여 그 집 안방 장롱 서랍속에 놓여 있던 그 소유의 현금 30만원을 가지고 나옴으로써 이를 절취하였다.

나. 피의자는 같은 달 22. 23 : 00경 서울 중랑구 중화동 123에 있는 피해자 이○○의 집에 열려진 대문으로 함께 침입하여 안방으로 들어가 그곳 문갑속에 놓여 있던 위 이○○ 소유의 현금 50만원, 시가 10만원 상당 상아도장 1개 등 60만원 상당을 가지고 나와 이를 절취하였다.

## 3. 관세법 위반

피의자 김○○은 SD공업주식회사 구로공장 원료계장으로 근무하는 사람이고, 피의자 SD공업주식회사는 스레이트제조 등을 업으로 하는 법인체이다.

피의자 김○○은, 세관장의 면허를 받지 아니하고, 20○○. ○. ○. 09 : 00경부터 같은 날 11 : 00경까지 사이에 서울 구로구 구로동 296의 3에 있는 위 회사 보세장치장에서 그 곳에 장치되어 있는 석면(6「D」24) 2천포 시가 금 9천만원(물품원가 3천만원) 상당을 그 장치장 밖으로 정당한 이유없이 반출하여 이를 수입하였다.

피의자 SD공업주식회사는, 피의자의 직원인 같은 피의자 김○○이 피의자의 업무에 관하여 위의 기재와 같이 면허없이 석면 2천포의 수입행위를 하였다.

## 4. 조세포탈죄

피의자 한○○은 20○○. ○. ○.경부터 20○○. ○. ○.까지 ○○시 ○○구 ○○동 있는 ○○운수(주)의 경리부장과 경리담당사무로 같은 조○○은 20○○. ○. ○.경부터 20○○. ○. ○.까지 위 회사의 대표이사로 각 재직하던 자이다.

피의자들은 위 회사에 부과되는 법인세 등을 포탈하기로 공모하고 20○○. ○. ○.경 위 회사 사무실에서 위 회사의 20○○회계년도의 운수 수입금액이 돈 8,562,501,425원임에도 운수수입장 등 증빙서류를 2중으로 작성하는 방법으로 일부수입에 대한 기장을 누락시켜 돈 7,126,215,425원으로 축소계산된 대출장 및 재무제표 등 세무관계장부를 위 회사의 이사회 및 정기주주총회에서 각 승인받았다 그리고 같은 날 30. ○○세무소 법인세과에 위 회계연도의 법인세 과세표준을 신고함에 있어 위 매출금액에 대한 소득금액 돈 1,386,286,000원을 누락케하여 별지 신고누락과세표준액 및 세액계산표의 게재와 같이 20○○년도 세목별 과세표준을 누락한 채 그대로 정부의 결정을 거쳐 위 각 세목의 납부기한을 경과하게 함으로써 사기 기타 부정한 행위로써 국세 및 법인세 000,000,000원과 교육세 000,000,000,원 등 합계 000,000,000원을 포탈하였다.

**5. 피의자는 20○○. ○.경부터 20○○. ○.경까지 사이에 중앙약사심의위원회 신약분과 위원회 독성평가소분과위원, 진단용의약품소분과위원등의 지위에 있다.**

피의자는 김○○로부터 "○○제약회사에 대한 의약품 심의시 잘봐달라."는 취지의 부탁을 받고 20○○. ○. ○.경부터 20○○. ○. ○.까지 총 4회에 걸쳐 합계 금 1억 2,000만원을 그 직무와 관련하여 뇌물을 수수하였다.

**6. 피의자는 ○○구청 ○○과장으로 재직중이다.**

피의자는 20○○. ○. ○.경 ○○동에 있는 상호를 모르는 단란주점에서 피의자와 평소 친분이 있는 ○○구청장에게 청탁하여 ○○구에서 매각추진중이던 ○○동 123번지 주차장부지 1,000평을 이○○가 수의계약으로 매입할 수 있도록 해 달라는 부탁과 함께 이○○이 제공하는 3,000만원을 교부받아 공무원의 직무에 속한 사항의 알선에 관하여 금품을 수수하였다.

## 【적용실례】

### 〈뇌물수수〉

➡ 공무원인 이 사건 피고인들이 20○○. 2. 9.부터 20○○. 11. 27.까지 사이에 전후 17회에 걸쳐 정기적으로 동일한 납품업자로부터 신속한 검수, 검수과정에서의 함량미달 등 하자를 눈감아 달라는 청탁 명목으로 계속하여 금원을 교부받아 그 직무에 관하여 뇌물을 수수한 것이라면, 이는 피고인들이 직무에 관하여 뇌물을 수수한다는 단일의 범의 아래 계속하여 일정기간 동종행위를 반복한 것이 분명하므로, 뇌물수수의 포괄일죄로 보아 특가법에 의하여 의율하여야 한다.

### 〈도주의 경우〉

➡ 운전자가 교통사고 당시 자기의 승용차(서울○○ 가 ○○○○)에 피해자가 충격되어 땅바닥에 넘어졌다가 일어난 것을 본 이상 피해자가 이 충격으로 인하여 상해를 입을 수도 있을 것이라는 예견을 할 수 있었다고 할 것이므로, 이러한 경우 피해자가 상해를 입었는지 여부를 확인한 후 피해자를 구호할지 여부에 대한 조치를 취하여야 함에도 불구하고 이러한 조치를 취함이 없이 피해자가 걸어가는 것을 보고는 그대로 위 승용차(서울○○ 가 ○○○○)를 운행해 가 버렸다면 이는 특가법 제5조의3 제1항 소정의 도주의 경우에 해당한다.

〈도주 부정 사례〉

➡ 자동차운전자가 교통사고 당시 눈이 내려 노면이 미끄러웠으므로 운행속력 때문에 즉시 정차할 수 없었고, 또한 도로공사 중이어서 사고현장에서 정차할 마땅한 장소가 없어 사고지점에서 약100미터 내지 150미터쯤 전진하여 정차한 뒤 사고현장 쪽으로 50미터 정도 되돌아 오다가 뒤쫓아 온 공소외인과 마주쳐서 동인과 같이 사고현장에 이르러 피해자를 차에 싣고 병원으로 가 응급조치를 취하였다면 도주하였다고 볼 수 없다.

〈절취한 수표를 주대로 지불한 경우〉

➡ 피의자가 절취한 자기앞수표를 자신의 소유인 것처럼 가장하고 주점에서 주대로 지불하여 동액 상당의 재산상 이익을 편취하였다는 것인 바, 그렇다면 비록 절취한 것이기는 하나 현금과 동일하게 취급되는 자기앞수표를 주대로 지불한 이상 위 행위는 절도 범행의 불가불적 사후 행위에 불과하다 할 것이므로 범죄 혐의 없다 할 것이다.

〈피의자가 4회에 걸쳐 백미를 절취한 것이 상습절도가 되는지 여부〉

➡ 피의자가 공범과 함께 4회에 걸쳐 백미 등을 절취한 것이라는 바, 피의자는 17세의 소년이며 피의자에게는 동종전과가 있으나 1회에 불과하고(20○○년도 소년부 송치), 본건 절도도 피의자 아버지의 집, 숙모의 집 등에서 백미 등을 절취한 것으로 위와 같은 사실에 비추어 보면 본건 절취범행을 피의자의 절도습벽의 발현으로 보기에는 부족함

〈단시간 내에 3회에 걸쳐 절취한 경우〉

➡ 단시간 내에 3회에 걸쳐 예금통장·승용차·카메라 등을 절취한 것이고, 한편 피의자는 20○○. 2. 3. 절도죄로 각 처벌받은 전력이 있다고 하여도 범행동기, 수법, 경력, 최종 출소 후의 행적 등을 종합하여 절도습벽의 발현이라고 인정할 수 있어야 상습성을 인정할 수 있으므로 피의자신문조서에 이를 보다 철저하게 수사함이 요구된다.

〈본건의 피의자가 그 범행의 수단으로 주거침입〉

➡ 상습절도죄를 범한 본건 피의자가 그 범행의 수단으로 주거침입을 한 경우에 주거침입 행위는 상습절도 등 죄에 흡수되어 특정범죄가중처벌등에관한법률 제5조의4 제1항에 규정된 상습절도죄의 일죄만이 성립하고 따로 주거침입죄를 구성하는 것은 아님에 유의할 것

# 폭력행위 등 처벌에 관한 법률

[시행 2016. 1. 6.] [법률 제13718호, 2016. 1. 6., 일부개정]

## Ⅰ. 개설

### 목적

이 법은 집단적 또는 상습적으로 폭력행위 등을 범하거나 흉기 또는 그 밖의 위험한 물건을 휴대하여 폭력행위 등을 범한 사람 등을 처벌함을 목적으로 한다.

## Ⅱ. 판례

**제2조(폭행 등)** ① 삭제 〈2016.1.6.〉

② 2명 이상이 공동하여 다음 각 호의 죄를 범한 사람은 「형법」 각 해당조항에서 정한 형의 2분의 1까지 가중한다. 〈개정 2016.1.6.〉

1. 「형법」 제260조제1항(폭행), 제283조제1항(협박), 제319조(주거침입, 퇴거불응) 또는 제366조(재물손괴 등)의 죄

2. 형법」 제260조제2항(존속폭행), 제276조제1항(체포, 감금), 제283조제2항(존속협박) 또는 제324조제1항(강요)의 죄

3. 「형법 제257조제1항(상해)・제2항(존속상해), 제276조제2항(존속 체포, 존속감금) 또는 제350조(공갈)의 죄

③ 이 법(「형법」 각 해당 조항 및 각 해당 조항의 상습범, 특수범, 상습특수범, 각 해당 조항의 상습범의 미수범, 특수범의 미수범, 상습특수범의 미수범을 포함한다)을 위반하여 2회 이상 징역형을 받은 사람이 다시 제2항 각 호에 규정된 죄를 범하여 누범(累犯)으로 처벌할 경우에는 다음 각 호의 구분에 따라 가중처벌한다. 〈개정 2016.1.6.〉

1. 제2항제1호에 규정된 죄를 범한 사람: 7년 이하의 징역

2. 제2항제2호에 규정된 죄를 범한 사람: 1년 이상 12년 이하의 징역

3. 제2항제3호에 규정된 죄를 범한 사람: 2년 이상 20년 이하의 징역

④ 제2항과 제3항의 경우에는 「형법」 제260조제3항 및 제283조제3항을 적용하지 아니한다.

## 폭력행위등처벌에관한법률위반(공동폭행)
[대법원 2023. 8. 31. 선고 2023도6355 판결]

【판결요지】
폭력행위 등 처벌에 관한 법률 제2조 제2항 제1호의 '2명 이상이 공동하여 폭행의 죄를 범한 때'란 수인 사이에 공범관계가 존재하고, 수인이 동일 장소에서 동일 기회에 상호 다른 자의 범행을 인식하고 이를 이용하여 폭행의 범행을 한 경우임을 요한다. 따라서 폭행 실행범과의 공모사실이 인정되더라도 그와 공동하여 범행에 가담하였거나 범행장소에 있었다고 인정되지 아니하는 경우에는 공동하여 죄를 범한 때에 해당하지 않고, 여러 사람이 공동하여 범행을 공모하였다면 그중 2인 이상이 범행장소에서 실제 범죄의 실행에 이르렀어야 나머지 공모자에게도 공모공동정범이 성립할 수 있을 뿐이다.

## 폭력행위등처벌에관한법률위반(단체등의구성·활동·단체등의공동공갈·단체등의공동강요·공동강요)
[대법원 2022. 9. 7., 선고, 2022도6993, 판결]

【판결요지】
[1] 폭력행위 등 처벌에 관한 법률 제4조 제1항은 그 법에 규정된 범죄를 목적으로 하는 단체 등을 구성하거나 이에 가입하는 행위 또는 구성원으로 활동하는 행위를 처벌하도록 정하고 있고, 여기서 말하는 범죄단체 구성원으로서의 '활동'이란 범죄단체의 내부 규율 및 통솔 체계에 따른 조직적·집단적 의사 결정에 기초하여 행하는 범죄단체의 존속·유지를 지향하는 적극적인 행위를 의미한다.
[2] 범죄단체 등에 소속된 조직원이 저지른 폭력행위 등 처벌에 관한 법률(이하 '폭력행위처벌법'이라 한다) 위반(단체 등의 공동강요)죄 등의 개별적 범행과 폭력행위처벌법 위반(단체 등의 활동)죄는 범행의 목적이나 행위 등 측면에서 일부 중첩되는 부분이 있더라도, 일반적으로 구성요건을 달리하는 별개의 범죄로서 범행의 상대방, 범행 수단 내지 방법, 결과 등이 다를 뿐만 아니라 그 보호법익이 일치한다고 볼 수 없다. 또한 폭력행위처벌법 위반(단체 등의 구성·활동)죄와 위 개별적 범행은 특별한 사정이 없는 한 법률상 1개의 행위로 평가되는 경우로 보기 어려워 상상적 경합이 아닌 실체적 경합관계에 있다고 보아야 한다.

**제4조(단체 등의 구성·활동)** ① 이 법에 규정된 범죄를 목적으로 하는 단체 또는 집단을 구성하거나 그러한 단체 또는 집단에 가입하거나 그 구성원으로 활동한 사람은 다음 각 호의 구분에 따라 처벌한다.
　1. 수괴(首魁): 사형, 무기 또는 10년 이상의 징역
　2. 간부: 무기 또는 7년 이상의 징역

3. 수괴·간부 외의 사람: 2년 이상의 유기징역

② 제1항의 단체 또는 집단을 구성하거나 그러한 단체 또는 집단에 가입한 사람이 단체 또는 집단의 위력을 과시하거나 단체 또는 집단의 존속·유지를 위하여 다음 각 호의 어느 하나에 해당하는 죄를 범하였을 때에는 그 죄에 대한 형의 장기(長期) 및 단기(短期)의 2분의 1까지 가중한다. 〈개정 2016.1.6.〉

1. 「형법」에 따른 죄 중 다음 각 목의 죄

가. 「형법」 제8장 공무방해에 관한 죄 중 제136조(공무집행방해), 제141조(공용서류 등의 무효, 공용물의 파괴)의 죄

나. 「형법」 제24장 살인의 죄 중 제250조제1항(살인), 제252조(촉탁, 승낙에 의한 살인 등), 제253조(위계 등에 의한 촉탁살인 등), 제255조(예비, 음모)의 죄

다. 「형법」 제34장 신용, 업무와 경매에 관한 죄 중 제314조(업무방해), 제315조(경매, 입찰의 방해)의 죄

라. 「형법」 제38장 절도와 강도의 죄 중 제333조(강도), 제334조(특수강도), 제335조(준강도), 제336조(인질강도), 제337조(강도상해, 치상), 제339조(강도강간), 제340조제1항(해상강도)·제2항(해상강도상해 또는 치상), 제341조(상습범), 제343조(예비, 음모)의 죄

2. 제2조 또는 제3조의 죄(「형법」 각 해당 조항의 상습범, 특수범, 상습특수범을 포함한다)

③ 타인에게 제1항의 단체 또는 집단에 가입할 것을 강요하거나 권유한 사람은 2년 이상의 유기징역에 처한다.

④ 제1항의 단체 또는 집단을 구성하거나 그러한 단체 또는 집단에 가입하여 그 단체 또는 집단의 존속·유지를 위하여 금품을 모집한 사람은 3년 이상의 유기징역에 처한다.

[전문개정 2014.12.30.]

## '범죄단체 구성원으로서의 활동'의 의미 / 범죄단체를 구성하거나 이에 가입한 자가 더 나아가 구성원으로 활동하는 경우, '범죄단체의 구성이나 가입'과 '범죄단체 구성원으로서의 활동' 사이의 죄수관계(=포괄일죄)

[대법원 2015.9.10. 선고, 2015도7081, 판결]

【판결요지】
폭력행위 등 처벌에 관한 법률 제4조 제1항은 그 법에 규정된 범죄행위를 목적으로 하는 단체를 구성하거나 이에 가입하는 행위 또는 구성원으로 활동하는 행위를 처벌하도록 정하고 있는데, 이는 구체적인 범죄행위의 실행 여부를 불문하고 범죄행위에 대한 예비·음모의 성격이 있는 범죄단체의 생성 및 존속 자체를 막으려는 데 입법 취지가

있다. 또한 위 조항에서 말하는 범죄단체 구성원으로서의 활동이란 범죄단체의 내부 규율 및 통솔 체계에 따른 조직적·집단적 의사 결정에 기초하여 행하는 범죄단체의 존속·유지를 지향하는 적극적인 행위를 일컫는다. 그런데 범죄단체의 구성이나 가입 은 범죄행위의 실행 여부와 관계없이 범죄단체 구성원으로서의 활동을 예정하는 것이 고, 범죄단체 구성원으로서의 활동은 범죄단체의 구성이나 가입을 당연히 전제로 하는 것이므로, 양자는 모두 범죄단체의 생성 및 존속·유지를 도모하는, 범죄행위에 대한 일련의 예비·음모 과정에 해당한다는 점에서 범의의 단일성과 계속성을 인정할 수 있 을 뿐만 아니라 피해법익도 다르지 않다. 따라서 범죄단체를 구성하거나 이에 가입한 자가 더 나아가 구성원으로 활동하는 경우, 이는 포괄일죄의 관계에 있다.

## 폭력행위등처벌에관한법률위반(단체등의구성·활동)

[대법원 2015. 5. 28, 선고, 2014도18006, 판결]

**【판결요지】**

[1] 형사소송법 제165조의2 제3호에 의하면, 법원은 범죄의 성질, 증인의 연령, 피고인과 의 관계, 그 밖의 사정으로 인하여 '피고인 등'과 대면하여 진술하면 심리적인 부 담으로 정신의 평온을 현저하게 잃을 우려가 있다고 인정되는 사람을 증인으로 신문 하는 경우 상당하다고 인정되는 때에는 검사와 피고인 또는 변호인의 의견을 들어 차 폐시설 등을 설치하고 신문할 수 있다. 증인이 대면하여 진술함에 있어 심리적인 부 담으로 정신의 평온을 현저하게 잃을 우려가 있는 상대방은 피고인인 경우가 대부분 일 것이지만, 증인이나 피고인과의 관계에 따라서는 방청인 등 다른 사람도 상대방이 될 수 있다. 이에 따라 형사소송법 제165조의2 제3호도 대상을 '피고인 등'이라고 규정하고 있으므로, 법원은 형사소송법 제165조의2 제3호의 요건이 충족될 경우 피고 인뿐만 아니라 검사, 변호인, 방청인 등에 대하여도 차폐시설 등을 설치하는 방식으 로 증인신문을 할 수 있으며, 이는 형사소송규칙 제84조의9에서 피고인과 증인 사이 의 차폐시설 설치만을 규정하고 있다고 하여 달리 볼 것이 아니다. 다만 증인이 변호 인을 대면하여 진술함에 있어 심리적인 부담으로 정신의 평온을 현저하게 잃을 우려 가 있다고 인정되는 경우는 일반적으로 쉽게 상정할 수 없고, 피고인뿐만 아니라 변 호인에 대해서까지 차폐시설을 설치하는 방식으로 증인신문이 이루어지는 경우 피고 인과 변호인 모두 증인이 증언하는 모습이나 태도 등을 관찰할 수 없게 되어 그 한도 에서 반대신문권이 제한될 수 있으므로, 변호인에 대한 차폐시설의 설치는, 특정범죄 신고자 등 보호법 제7조에 따라 범죄신고자 등이나 친족 등이 보복을 당할 우려가 있 다고 인정되어 조서 등에 인적사항을 기재하지 아니한 범죄신고자 등을 증인으로 신 문하는 경우와 같이, 이미 인적사항에 관하여 비밀조치가 취해진 증인이 변호인을 대 면하여 진술함으로써 자신의 신분이 노출되는 것에 대하여 심한 심리적인 부담을 느 끼는 등의 특별한 사정이 있는 경우에 예외적으로 허용될 수 있을 뿐이다.

[2] 폭력행위 등 처벌에 관한 법률(이하 '폭력행위처벌법'이라 한다) 제4조 제1항 제1 호에서 말하는 '수괴'란 범죄단체의 우두머리로 단체의 활동을 지휘·통솔하는 자 를 가리키는 것으로서, '수괴'는 반드시 1인일 필요가 없고 2인 이상의 수괴가 역 할을 분담하여 활동할 수도 있는 것이어서, 범죄단체의 배후에서 일체의 조직활동을

지휘하는 자와 전면에서 단체 구성원의 통솔을 담당하는 자로 역할을 분담하고 있는 경우 양인을 모두 범죄단체의 수괴로 인정할 수 있다. 한편 폭력행위처벌법 제4조 제1항 제2호에서 말하는 '간부'란 수괴의 지휘 등을 받아 말단 조직원을 지휘·통솔하는 자를 일컫는다.

## III. 벌칙

**제6조(미수범)** 제2조, 제3조, 제4조제2항[「형법」제136조, 제255조, 제314조, 제315조, 제335조, 제337조(강도치상의 죄에 한정한다), 제340조제2항(해상강도치상의 죄에 한정한다) 또는 제343조의 죄를 범한 경우는 제외한다] 및 제5조의 미수범은 처벌한다.
[전문개정 2014.12.30.]

**제7조(우범자)** 정당한 이유 없이 이 법에 규정된 범죄에 공용(供用)될 우려가 있는 흉기나 그 밖의 위험한 물건을 휴대하거나 제공 또는 알선한 사람은 3년 이하의 징역 또는 300만원 이하의 벌금에 처한다.
[전문개정 2014.12.30.]

**제8조(정당방위 등)** ① 이 법에 규정된 죄를 범한 사람이 흉기나 그 밖의 위험한 물건 등으로 사람에게 위해(危害)를 가하거나 가하려 할 때 이를 예방하거나 방위(防衛)하기 위하여 한 행위는 벌하지 아니한다.
② 제1항의 경우에 방위 행위가 그 정도를 초과한 때에는 그 형을 감경한다.
③ 제2항의 경우에 그 행위가 야간이나 그 밖의 불안한 상태에서 공포·경악·흥분 또는 당황으로 인한 행위인 때에는 벌하지 아니한다.
[전문개정 2014.12.30.]

**제9조(사법경찰관리의 직무유기)** ① 사법경찰관리(司法警察官吏)로서 이 법에 규정된 죄를 범한 사람을 수사하지 아니하거나 범인을 알면서 체포하지 아니하거나 수사상 정보를 누설하여 범인의 도주를 용이하게 한 사람은 1년 이상의 유기징역에 처한다.
② 뇌물을 수수(收受), 요구 또는 약속하고 제1항의 죄를 범한 사람은 2년 이상의 유기징역에 처한다.
[전문개정 2014.12.30.]

**제10조(사법경찰관리의 행정적 책임)** ① 관할 지방검찰청 검사장은 제2조부터 제6조까지의 범죄가 발생하였는데도 그 사실을 자신에게 보고하지 아니하거나 수사를 게을리하거나 수사능력 부족 또는 그 밖의 이유로 사법경찰관리로서 부적당하다고 인정하는 사람에 대해서는 그 임명권자에게 징계, 해임 또는 교체임용을 요구할 수 있다.
② 제1항의 요구를 받은 임명권자는 2주일 이내에 해당 사법경찰관리에 대하여 행정처분을 한 후 그 사실을 관할 지방검찰청 검사장에게 통보하여야 한다.
[전문개정 2014.12.30.]

## Ⅳ. 기재례

### 【범죄사실 기재례】

피의자는 20○○. ○. ○. 23 : 00경 ○○시 ○○동에 있는 ○○지방법원 앞길에서 피해자 김○○이 피의자를 상대로 위 법원에 대여금반환청구소송을 제기한 사건의 변론을 마치고 나오는 길에 위 피해자가 법정에서 거짓말을 하였다는 이유로 시비를 걸어 다투다가 피해자의 멱살을 잡아 흔들고 얼굴을 주먹으로 2대 때리는 등으로 그를 폭행하였다.

### 【범죄사실 기재례】

피의자들은 공동하여 20○○. ○. ○. 23 : 40경 서울 ○○동 ○○번지 골목을 술에 취해 지나가던 중 그 곳에 세워둔 피해자 윤○○소유의 서울○○가○○○○호 EF소나타 승용차가 통행에 방해가 된다는 이유로 피의자 이○○은 위 차의 오른쪽 후사경을 손으로 잡아떼고, 피의자 강○○는 위 차의 오른쪽 휀다부분을 발로 차서 수리비 ○○만원 상당이 들도록 위 차를 손괴하여 그 효용을 해하였다.

### 【범죄사실 기재례】

피의자는 20○○. ○. ○. 21 : 00경 서울 ○○동에 있는 ○○중학교 부근 도로에서 술에 취한 채 피의자의 집에 있던 위험한 물건인 과도(칼날길이 15cm)를 점퍼의 안주머니에 넣고 위 장소를 배회하여 폭력행위에 공용될 우려가 있는 위험한 물건인 과도를 소지하였다.

## 【범죄사실 기재례】

피의자들은 공동하여 20○○. 12. 1. 00:00경 서울 ○○구 ○○동 ○○아파트 1동 1001호 피해자 김○○의 주거지에서, 피의자들이 위 피해자가 시공한 서울 ○○구 ○○동 123 소재 2층 주택건축공사에 인부로 일하였으나, 위 피해자가 약정한 기일까지 노임을 해결해주지 않아 이를 항의하기 위하여 위 장소에 가서 잠겨진 출입문을 발로 차 열고 그 안으로 들어가 위 피해자의 주거에 침입하였다.

## 【범죄사실 기재례】

피의자는 20○○. 12. 1. 00:00경 서울 ○○구 ○○동 1234에 있는 피해자 이○○의 집에서, 평소 위 피해자를 짝사랑한 나머지 동인과 한번만 대화를 나누고 싶다는 이유로 열려진 대문을 통하여 그 안으로 들어가 피해자를 불렀으나 피해자가 피의자에게 위 장소로부터 나가줄 것을 요구하였음에도 2시간 동안 이에 응하지 아니하고 계속 위 장소에 남아 있어 피해자의 주거로부터의 퇴거에 불응하였다.

## 【범죄사실 기재례】

피의자들은 공동하여, 20○○. 12. 1. 15:30경 서울 ○○구 ○○동 ○○아파트 1단지 놀이터 부근의 공터에서 학교를 마치고 귀가하는 피해자 김○○(12), 같은 박○○(12), 같은 이○○(12) 등을 불러 세워 놓고 피의자 홍○○, 같은 박○○는 위 피해자들에게 가지고 있는 돈을 모두 내놓으라고 이야기하고 피의자 이○○은 그 주위에 서서 무서운 인상을 보이며 가세하고 피의자 김○○은 주위 도로가에서 누가 오는지 망을 보았다.

피의자 이○○는 그곳에 있는 막대기를 들고 피해자들을 향하여 겨누며 말을 듣지 않으면 이 몽둥이가 가만히 있지 않는다고 말하는 등 하여 위 피해자들이 피의자들의 요구에 응하지 아니하면 그 신체에 어떤 위해를 가할 듯한 태도를 보여 겁을 주고 이에 겁먹은 피해자 김○○으로부터 현금5,000원을, 같은 박○○으로부터 손목시계 1개 시가 40,000원 상당을, 같은 이○○으로부터 현금 10,000원과 손목시계 1개 시가 50,000원 상당 등 합계 금 105,000원 상당의 금품을 교부받아 이를 갈취하였다.

# 풍속영업의 규제에 관한 법률

[시행 2021. 1. 1.] [법률 제17689호, 2020. 12. 22., 타법개정]

## Ⅰ. 개설

### 목적

이 법은 풍속영업(風俗營業)을 하는 장소에서 선량한 풍속을 해치거나 청소년의 건전한 성장을 저해하는 행위 등을 규제하여 미풍양속을 보존하고 청소년을 유해한 환경으로부터 보호함을 목적으로 한다.

## Ⅱ. 판례

**제2조(풍속영업의 범위)** 이 법에서 "풍속영업"이란 다음 각 호의 어느 하나에 해당하는 영업을 말한다.

1. 「게임산업진흥에 관한 법률」 제2조제6호에 따른 게임제공업 및 같은 법 제2조제8호에 따른 복합유통게임제공업
2. 「영화 및 비디오물의 진흥에 관한 법률」 제2조제16호가목에 따른 비디오물감상실업
3. 「음악산업진흥에 관한 법률」 제2조제13호에 따른 노래연습장업
4. 「공중위생관리법」 제2조제1항제2호부터 제4호까지의 규정에 따른 숙박업, 목욕장업(沐浴場業), 이용업(理容業) 중 대통령령으로 정하는 것
5. 「식품위생법」 제36조제1항제3호에 따른 식품접객업 중 대통령령으로 정하는 것
6. 「체육시설의 설치·이용에 관한 법률」 제10조제1항제2호에 따른 무도학원업 및 무도장업
7. 그 밖에 선량한 풍속을 해치거나 청소년의 건전한 성장을 저해할 우려가 있는 영업으로 대통령령으로 정하는 것

[전문개정 2010.7.23.]

### 풍속영업의규제에관한법률위반

[대법원 2020. 4. 29., 선고, 2017도16995, 판결]

[1] 풍속영업의 규제에 관한 법률(이하 '풍속영업규제법'이라고 한다) 제3조 제2호는 풍속영업을 하는 자에 대하여 '음란행위를 알선하는 행위'를 금지하고 있

다. 여기에서 음란행위를 '알선' 하였다고 함은 풍속영업을 하는 자가 음란행위를 하려는 당사자 사이에 서서 이를 중개하거나 편의를 도모하는 것을 의미한다. 따라서 음란행위의 '알선' 이 되기 위하여 반드시 그 알선에 의하여 음란행위를 하려는 당사자가 실제로 음란행위를 하여야만 하는 것은 아니고, 음란행위를 하려는 당사자들의 의사를 연결하여 더 이상 알선자의 개입이 없더라도 당사자 사이에 음란행위에 이를 수 있을 정도의 주선행위만 있으면 족하다.

한편 풍속영업규제법 제3조 제2호에서 규정하고 있는 '음란행위' 란 성욕을 자극하거나 흥분 또는 만족시키는 행위로서 일반인의 정상적인 성적 수치심을 해치고 선량한 성적 도의관념에 반하는 것을 의미한다.

따라서 풍속영업을 하는 자의 행위가 '음란행위의 알선' 에 해당하는지 여부는 당해 풍속영업의 종류, 허가받은 영업의 형태, 이용자의 연령 제한이나 장소의 공개 여부, 신체노출 등의 경우 그 시간과 장소, 노출 부위와 방법 및 정도, 그 동기와 경위 등을 종합적으로 고려하여, 사회 평균인의 입장에서 성욕을 자극하여 성적 흥분을 유발하고 정상적인 성적 수치심을 해하였다고 평가될 수 있는 행위, 즉 '음란행위' 를 앞서의 법리에서 제시한 바와 같이 '알선' 하였다고 볼 수 있는지를 기준으로 판단하여야 한다.

[2] 유흥주점의 업주인 피고인 甲과 종업원인 피고인 乙이 공모하여, 위 주점에 여성용 원피스를 비치해 두고 여성종업원들로 하여금 그곳을 찾아온 남자 손님 3명에게 이를 제공하여 갈아입게 한 다음 접객행위를 하도록 하는 방법으로 음란행위를 알선하였다고 하여 풍속영업의 규제에 관한 법률(이하 '풍속영업규제법' 이라고 한다) 위반으로 기소된 사안에서, 풍속영업에 해당하는 유흥주점영업은 유흥종사자를 두거나 유흥시설을 설치할 수 있고 손님이 노래를 부르거나 춤을 추는 행위가 허용되는 영업인데, 이때 유흥종사자란 손님과 함께 술을 마시거나 노래 또는 춤으로 손님의 유흥을 돋우는 부녀자를 말하는 점(식품위생법 시행령 제21조, 제22조), 피고인들의 영업방식 자체가 유흥주점의 일반적 영업방식으로 보기 어려운 매우 이례적인 것인 점, 특히 여성종업원들은 남자 손님들을 대면하자 곧 여성용 원피스로 갈아입게 하였는데 이는 그 재질이 얇고 미끄러운 소재로 만들어졌을 뿐만 아니라 남성이 입는 경우에도 여유 공간이 남을 정도로 사이즈가 크고 헐렁한 형태로서 남자 손님 3명 중 2명은 속옷을 모두 벗은 채 여성용 원피스를 입은 것을 보면, 단순히 노래와 춤으로 유흥을 즐기기 위한 하나의 방편이라고 보기 어렵고, 남자 손님과 여성종업원이 함께 있었던 방이 폐쇄된 공간이라는 점까지 함께 고려하면, 정상적인 성적 수치심을 무뎌지게 하고 성적 흥분을 의식적으로 유발하고자 한 방식으로 볼 여지가 큰 점, 위와 같은 일련의 과정에다가 남자 손님들이 여성종업원들과 만난 지 채 1시간도 되지 않은 시점에 이루어진 경찰관들의 단속 당시의 현장 상황 등에 비추어 보면, 피고인들이 여성종업원들에게 따르게 한 위와 같은 영업방식이나 행위는 결국 피고인들의 추가 개입이 없더라도 남자 손님들의 성욕을 자극하여 성적 흥분을 유발함으로써 여성종업원들과 음란행위로 나아갈 수 있도록 편의를 도모한 주선행위라고 평가함에 부족함이 없는 점을 종합하면, 피고인들은 풍속영업을 하는 자가 준수하여야 할 금지규범을 어기고 유흥주점의 남자 손님들과 여성종업원들 사이에 서서 음란행위를 알선하였다고 평가함이 타당하다는

1548 ㅍ

이유로, 이와 달리 보아 공소사실을 무죄로 판단한 원심판결에 풍속영업규제법 제3조 제2호에서 정한 음란행위의 알선 등에 관한 법리를 오해한 잘못이 있다고 한 사례.

**제3조(준수사항)** 풍속영업을 하는 자(허가나 인가를 받지 아니하거나 등록이나 신고를 하지 아니하고 풍속영업을 하는 자를 포함한다. 이하 "풍속영업자"라 한다) 및 대통령령으로 정하는 종사자는 풍속영업을 하는 장소(이하 "풍속영업소"라 한다)에서 다음 각 호의 행위를 하여서는 아니 된다.

1. 「성매매알선 등 행위의 처벌에 관한 법률」 제2조제1항제2호에 따른 성매매 알선등행위
2. 음란행위를 하게 하거나 이를 알선 또는 제공하는 행위
3. 음란한 문서·도화(圖畵)·영화·음반·비디오물, 그 밖의 음란한 물건에 대한 다음 각 목의 행위
    가. 반포(頒布)·판매·대여하거나 이를 하게 하는 행위
    나. 관람·열람하게 하는 행위
    다. 반포·판매·대여·관람·열람의 목적으로 진열하거나 보관하는 행위
4. 도박이나 그 밖의 사행(射倖)행위를 하게 하는 행위
[전문개정 2010.7.23.]

**풍속영업의규제에관한법률위반**
[대법원 2023. 4. 27. 선고 2018도8161 판결]

나이트클럽(이하 '클럽'이라 한다)의 운영자 피고인 甲, 연예부장 피고인 乙, 남성무용수 피고인 丙이 공모하여 클럽 내에서 성행위를 묘사하는 공연을 하는 등 음란행위 영업을 하여 풍속영업의 규제에 관한 법률 위반으로 기소되었는데, 당시 경찰관들이 클럽에 출입하여 피고인 丙의 공연을 촬영한 영상물 및 이를 캡처한 영상사진이 증거로 제출된 사안에서, 경찰관들은 국민신문고 인터넷사이트에 '클럽에서 남성무용수의 음란한 나체쇼가 계속되고 있다.'는 민원이 제기되자 그에 관한 증거수집을 목적으로 클럽에 출입한 점, 클럽은 영업시간 중에는 출입자격 등의 제한 없이 성인이라면 누구나 출입이 가능한 일반적으로 개방되어 있는 장소인 점, 경찰관들은 클럽의 영업시간 중에 손님들이 이용하는 출입문을 통과하여 출입하였고, 출입 과정에서 보안요원 등에게 제지를 받거나 보안요원이 자리를 비운 때를 노려 몰래 들어가는 등 특별한 사정이 발견되지 않는 점, 피고인 丙은 클럽 내 무대에서 성행위를 묘사하는 장면이 포함된 공연을 하였고, 경찰관들은 다른 손님들과 함께 객석에 앉아 공연을 보면서 불특정 다수의 손님들에게 공개된 피고인 丙의 모습을 촬영한 점에 비추어 보면, 위 촬영물은 경찰관들이 피고인들에 대한 범죄 혐의가 포착된 상태에서 클럽 내에서의 음란행위 영업에 관

한 증거를 보전하기 위하여, 불특정 다수에게 공개된 장소인 클럽에 통상적인 방법으로 출입하여 손님들에게 공개된 모습을 촬영한 것이므로, 영장 없이 촬영이 이루어졌더라도 위 촬영물과 이를 캡처한 영상사진은 증거능력이 인정된다는 이유로, 이와 달리 보아 피고인들에 대한 공소사실을 무죄로 판단한 원심판결에 수사기관 촬영물의 증거능력에 관한 법리오해의 잘못이 있다고 한 사례.

## 풍속영업의규제에관한법률위반

[대법원 2020. 4. 29., 선고, 2017도16995, 판결]

[1] 풍속영업의 규제에 관한 법률(이하 '풍속영업규제법'이라고 한다) 제3조 제2호는 풍속영업을 하는 자에 대하여 '음란행위를 알선하는 행위'를 금지하고 있다. 여기에서 음란행위를 '알선'하였다고 함은 풍속영업을 하는 자가 음란행위를 하려는 당사자 사이에 서서 이를 중개하거나 편의를 도모하는 것을 의미한다. 따라서 음란행위의 '알선'이 되기 위하여 반드시 그 알선에 의하여 음란행위를 하려는 당사자가 실제로 음란행위를 하여야만 하는 것은 아니고, 음란행위를 하려는 당사자들의 의사를 연결하여 더 이상 알선자의 개입이 없더라도 당사자 사이에 음란행위에 이를 수 있을 정도의 주선행위만 있으면 족하다.
한편 풍속영업규제법 제3조 제2호에서 규정하고 있는 '음란행위'란 성욕을 자극하거나 흥분 또는 만족시키는 행위로서 일반인의 정상적인 성적 수치심을 해치고 선량한 성적 도의관념에 반하는 것을 의미한다.
따라서 풍속영업을 하는 자의 행위가 '음란행위의 알선'에 해당하는지 여부는 당해 풍속영업의 종류, 허가받은 영업의 형태, 이용자의 연령 제한이나 장소의 공개 여부, 신체노출 등의 경우 그 시간과 장소, 노출 부위와 방법 및 정도, 그 동기와 경위 등을 종합적으로 고려하여, 사회 평균인의 입장에서 성욕을 자극하여 성적 흥분을 유발하고 정상적인 성적 수치심을 해하였다고 평가될 수 있는 행위, 즉 '음란행위'를 앞서의 법리에서 제시한 바와 같이 '알선'하였다고 볼 수 있는지를 기준으로 판단하여야 한다.

[2] 유흥주점의 업주인 피고인 甲과 종업원인 피고인 乙이 공모하여, 위 주점에 여성용 원피스를 비치해 두고 여성종업원들로 하여금 그곳을 찾아온 남자 손님 3명에게 이를 제공하여 갈아입게 한 다음 접객행위를 하도록 하는 방법으로 음란행위를 알선하였다고 하여 풍속영업의 규제에 관한 법률(이하 '풍속영업규제법'이라고 한다) 위반으로 기소된 사안에서, 풍속영업에 해당하는 유흥주점영업은 유흥종사자를 두거나 유흥시설을 설치할 수 있고 손님이 노래를 부르거나 춤을 추는 행위가 허용되는 영업인데, 이때 유흥종사자란 손님과 함께 술을 마시거나 노래 또는 춤으로 손님의 유흥을 돋우는 부녀자를 말하는 점(식품위생법 시행령 제21조, 제22조), 피고인들의 영업방식 자체가 유흥주점의 일반적 영업방식으로 보기 어려운 매우 이례적인 것인 점, 특히 여성종업원들은 남자 손님들을 대면하자 곧 여성용 원피스로 갈아입게 하였는데 이는 그 재질이 얇고 미끄러운 소재로 만들어졌을 뿐만 아니라 남성이 입는 경우에도 여유 공간이 남을 정도로 사이즈가 크고 헐렁한 형태로서 남자 손님 3명 중 2명은 속옷을 모두 벗은 채 여성용 원피스를 입은 것을 보면,

단순히 노래와 춤으로 유흥을 즐기기 위한 하나의 방편이라고 보기 어렵고, 남자 손님과 여성종업원이 함께 있었던 방이 폐쇄된 공간이라는 점까지 함께 고려하면, 정상적인 성적 수치심을 무뎌지게 하고 성적 흥분을 의식적으로 유발하고자 한 방식으로 볼 여지가 큰 점, 위와 같은 일련의 과정에다가 남자 손님들이 여성종업원들과 만난 지 채 1시간도 되지 않은 시점에 이루어진 경찰관들의 단속 당시의 현장 상황 등에 비추어 보면, 피고인들이 여성종업원들에게 따르게 한 위와 같은 영업방식이나 행위는 결국 피고인들의 추가 개입이 없더라도 남자 손님들의 성욕을 자극하여 성적 흥분을 유발함으로써 여성종업원들과 음란행위로 나아갈 수 있도록 편의를 도모한 주선행위라고 평가함에 부족함이 없는 점을 종합하면, 피고인들은 풍속영업을 하는 자가 준수하여야 할 금지규범을 어기고 유흥주점의 남자 손님들과 여성종업원들 사이에 서서 음란행위를 알선하였다고 평가함이 타당하다는 이유로, 이와 달리 보아 공소사실을 무죄로 판단한 원심판결에 풍속영업규제법 제3조 제2호에서 정한 음란행위의 알선 등에 관한 법리를 오해한 잘못이 있다고 한 사례.

## 1. '텔레비전방송프로그램'이 영화 및 비디오물의 진흥에 관한 법률 제2조제12호에서 규정한 '비디오물'에 해당하는지 여부(소극)

[1] 영화 및 비디오물의 진흥에 관한 법률은 비공연성, 높은 유통성, 복제용이성 및 접근용이성 등 영화나 음반 등과 다른 '비디오물'의 특성을 고려하여, 유해한 비디오물의 공개나 유통으로 인한 악영향을 사전에 차단하기 위하여 등급분류제를 규정하고 있는 점, 같은 법 제2조, 제50조 제1항, 같은 법 시행령 제23조 등의 규정은 영화나 방송프로그램이 비디오물과는 다른 형태의 매체물이라는 것을 전제로 하고 있는 점, 같은 법 제65조 및 같은 법 시행령 제27조, 같은 법 시행규칙 제25조 등은 테이프나 디스크 등의 매체에 저장된 상태로 유통되는 영상물과 인터넷 등의 정보통신망을 이용하여 시청에 제공되는 영상물만을 그 대상으로 하고 있는 점, 영상물등급분류제도와 유사한 목적으로 청소년유해매체물을 규정하고 있는 청소년보호법 제7조도 규제의 대상이 되는 매체물을 '비디오물', '음반', '영화', '방송프로그램' 등으로 나누어 규정하고 있는 점, 방송프로그램에 대해서는 방송법이 별도로 등급분류 등에 관한 규정을 두고 있는 점 등의 여러 사정을 종합하면, 전기통신설비를 이용하여 시청에 제공되는 텔레비전방송프로그램은 영화 및 비디오물의 진흥에 관한 법률 제2조제12호의 '비디오물'에 해당하지 아니한다.

[2] 위성방송수신기 등을 이용하여 숙박업소의 투숙객들에게 제공한 일본의 음란한 위성방송프로그램이, 영화 및 비디오물의 진흥에 관한 법률에 의한 등급분류를 받아야 하는 비디오물에 해당한다고 본 원심판단에 법리오해의 위법이 있다고 한 사례(대법원 2010.7.15. 선고 2009도4545 판결).

## 2. 모텔에 동영상 파일 재생장치인 디빅 플레이어(DivX Player)를 설치하고 투숙객에게 그 비밀번호를 가르쳐 주어 저장된 음란 동영상을 관람하게 한 사안

모텔에 동영상 파일 재생장치인 디빅 플레이어(DivXg1 Player)를 설치하고 투숙객에게 그 비밀번호를 가르쳐 주어 저장된 음란 동영상을 관람하게 한 사안에서, 이는 풍속영업의 규제에 관한 법률 제3조 제2호가 금지하고 있는 음란한 비디오물을 풍속영업소에서 관람하게 한 행위에 해당한다고 한 사례(대법원 2008. 8. 21. 선고 2008도3975 판결).

## 3. 구 풍속영업의규제에관한법률시행령(1999. 6. 30. 대통령령 제16435호로 개정되기 전의 것) 제5조 제6호에서 규정하는 청소년이 동반하여 노래연습장에 출입할 수 있는 18세 이상의 보호자

청소년보호법 및 구 풍속영업의규제에관한법률(1999. 2. 8. 법률 제5925호로 개정되기 전의 것)의 입법 취지와 노래연습장의 청소년에 미치는 유해성의 정도에 비추어 볼 때, 구 풍속영업의규제에관한법률시행령(1999. 6. 30. 대통령령 제16435호로 개정되기 전의 것) 제5조 제6호에서 규정하는 청소년이 동반하여 노래연습장에 출입할 수 있는 18세 이상의 보호자라 함은, 노래연습장이라는 공간적·시간적 범위 내에서 친권자를 대신하여 동반한 청소년을 유해한 환경으로부터 보호·계도할 수 있는 정도의 의사와 능력을 갖춘 18세 이상의 자를 뜻한다고 해석함이 상당하고, 이러한 자격을 갖추었는지 여부는 노래연습장에 동반하여 출입하는 청소년과 보호자의 의사뿐만 아니라, 청소년과 그를 동반한 보호자의 각 연령 및 그들 사이의 관계, 동반하여 노래연습장에 출입하게 된 경위 등을 종합하여 객관적으로 판단하여야 한다(2001. 7. 13. 선고 2000도3720 판결).

## 4. 구 풍속영업의규제에관한법률의 규제대상인 만화대여업은 열람시설을 구비하여 만화를 대여하는 것에 국한되는지 여부

구 풍속영업의규제에관한법률(1999. 3. 31. 법률 제5942호로 개정되기 전의 것) 제2조 제5호에서 만화대여업을 풍속영업의 한 형태로 규정하여 규제의 대상으로 삼은 취지는 만화를 열람하는 장소에서 선량한 풍속을 해하거나 청소년의 건전한 육성을 저해할 각종 행위가 행하여 질 위험뿐만 아니라 만화의 내용에 따라서는 선량한 풍속을 해하거나 특히 청소년들에게 부정적 영향을 미칠 가능성도 크기 때문이므로 영업장소 내에서 만화를 보게 하는 형태의 만화대여업만이 이에 해당한다고 한정하여 해석할 수 없고, 더욱이 일정한 시설기준을 요건으로 하는 경우에는 신고제가 진입규제수단으로도 기능하는 것이므로 같은 법 및 같은법시행령의 시설기준을 갖추지 아니한 경우라고 하여 규제의 대상에서 제외될 수 없으며, 만일 열람시설을 제공하는 만화대여업자에게만 신고의무를 부과한다면 형평에 어긋나므로, 같은 법에서 규제대상으로 삼고 있는 만화대여업은 그 실질적 내용이 회비 등을 받거나 유료로 만화를 대여하는 영업이면 족하지 반드시 장소를 구비하여 만화를 대여하여야만 이에 해당하는 것은 아니다(대법원 2000. 4. 25. 선고 99도5315 판결).

## 5. 풍속영업의규제에관한법률 제10조 제2항, 제3조 제7호 위반죄가 성립하기 위하여는 해당 영업에 관하여 관계 법령이 정한 영업자 준수사항이 같은 법 제3조 제7호에 열거된 사항에 해당하여야 하는지 여부

제10조 제2항은 이에 위반한 자는 2년 이하의 징역 또는 1천만 원 이하의 벌금에 처한다고 규정하고 있으며, 한편 같은법시행령 제6조 제2항은 같은 법 제3조 제7호의 규정에 의하여 풍속영업자 등이 지켜야 할 사항은 해당 영업에 관한 관계 법령이 정하는 바에 의하되 특별한 규정이 없는 경우에는 내무부령이 정하는 바에 의한다고 규정하고 있는바, 풍속영업자 등이 해당 영업에 관한 관계 법령이 정한 영업자의 준수사항을 지키지 않았다고 하더라도 그 준수사항이 같은 법 제3조 제7호가 열거한 사항에 해당하지 아니하면 같은 법 제10조 제2항의 위반죄로는 처벌할 수 없다고 보아야 한다(대법원 1999. 7. 13. 선고 99도1598 판결).

## III. 벌칙

**제10조(벌칙)** ① 제3조제1호를 위반하여 풍속영업소에서 성매매알선등행위를 한 자는 3년 이하의 징역 또는 3천만원 이하의 벌금에 처한다.
② 제3조제2호부터 제4호까지의 규정을 위반하여 음란행위를 하게 하는 등 풍속영업소에서 준수할 사항을 지키지 아니한 자는 3년 이하의 징역 또는 2천만원 이하의 벌금에 처한다.
[전문개정 2010.7.23.]

**제11조** 삭제 〈1999.3.31.〉

**제12조(양벌규정)** 법인의 대표자나 법인 또는 개인의 대리인, 사용인, 그 밖의 종업원이 그 법인 또는 개인의 업무에 관하여 제10조의 위반행위를 하면 그 행위자를 벌하는 외에 그 법인 또는 개인에게도 해당 조문의 벌금형을 과(科)한다. 다만, 법인 또는 개인이 그 위반행위를 방지하기 위하여 해당 업무에 관하여 상당한 주의와 감독을 게을리하지 아니한 경우에는 그러하지 아니하다.
[전문개정 2010.3.22.]

## IV. 기재례

### 【범죄사실 기재례】

피의자는 ○○시 ○○동 ○○번지에 있는 풍속영업소인 ○○모텔의 종업원이다.
피의자는 20○○. ○. ○. 위 모텔에서 피의자가 데리고 온 성매매녀 정○○(26세)으로 하여금 그 곳을 찾은 투숙객 이○○과 성매매행위를 하게 하고 그녀가 화대조로 받은 돈 ○만원 중 ○만원을 알선대가로 받는 등 같은 해 ○.경부터 그 때까지 약 32회에 걸쳐 정○○로 하여금 불특정다수의 투숙객들과 성매매행위를 하게 하고 그 때마다 돈 ○만원 내지 ○만원을 받는 방법으로 성매매행위를 알선하였다.

## 【범죄사실 기재례】

피의자는 ○○시 ○○동 ○○번지에 있는 ○○장여관을 경영하고 있다.

피의자는 20○○. ○. ○. 23 : 30경 위 여관 ○○○호 객실에 투숙한 피의자 박○○ 외 4명이 고스톱을 할테니 화투 한 목을 달라고 말하면서 만일 단속이 나오면 전화기를 이용하여 신호를 넣어달라고 부탁하고 팁으로 돈 ○만원을 주자 위 박○○ 등이 도박을 한다는 사실을 알면서도 위 박○○ 등에게 화투를 제공하는 등으로 협력함으로써 위 박○○ 등이 1점당 2천원짜리의 속칭 '고스톱'이라는 도박을 하게 하였다.

## 【범죄사실 기재례】

피의자는 성인용전자유기장을 경영하고 있다.

피의자는 20○○. ○. ○. 16 : 00경 ○○시 ○○동 ○○번지에 있는 피의자 경영의 ○○휴게실에 설치한 속칭 '꽃놀이' 20대 등 전자유기기구 30대를 이용하여 그 곳을 찾은 사건외 서○○로부터 돈 ○만원을 받고 코인버튼을 이용하여 위 꽃놀이화면에 1,920점을 입력해준 다음 서○○가 위 유기기구를 조작하여 취득한 최종점수 500점당 10,000원씩을 시상하는 방법으로 사행행위를 하게 하는 등 그 때부터 20○○. ○. ○.까지 불특정다수인을 상대로 위와 같은 사행행위를 하게 하였다.

**[서식] 풍속영업소 위반사항 통보**

# 행 정 기 관 명

수신자
(경유)
제 목  풍속영업소 위반사항 통보

1. 관련 근거: 「풍속영업의 규제에 관한 법률」 제6조제1항 및 같은 법 시행
   령 제8조
2. 위와 관련하여 다음과 같이 풍속영업소 위반사항을 통보합니다.

| 풍속영업소 | 업소명 | | | |
|---|---|---|---|---|
| | 업주명 | | | |
| | 업 종 | | | |
| | 소재지 | (전화번호:                    ) | | |
| 허가(인가·등록·신고) 번호 | | | 허가(인가·등록·신고)일 | |
| 위반사항 | | | | |

붙임: 증거서류(필요한 경우만 해당함).  끝.

# 발 신 명 의  [직인]

기안자 직위(직급) 서명    검토자 직위(직급)서명    결재권자 직위 (직급)서명
협조자

시행        처리과–일련번호(시행일자)    접수        처리과명–일련번호(접수일자)
우      주소                    / 홈페이지 주소
전화( )            전송( )        / 기안자의 공식전자우편
                              주소        / 공개구분

210㎜×297㎜[일반용지 60g/㎡(재활용품)]

# 학교보건법

[시행 2022. 6. 29.] [법률 제18640호, 2021. 12. 28., 일부개정]

## Ⅰ. 개설

### 목적

이 법은 학교의 보건관리에 필요한 사항을 규정하여 학생과 교직원의 건강을 보호·증진함을 목적으로 한다.

## Ⅱ. 판례

**제1조(목적)** 이 법은 학교의 보건관리에 필요한 사항을 규정하여 학생과 교직원의 건강을 보호·증진함을 목적으로 한다. 〈개정 2016.2.3.〉
[전문개정 2007.12.14.]

### 금지시설해제불가처분취소
[서울행법 2002. 1. 23. 선고 2001구39097 판결 : 확정]

**【판결요지】**
학교보건법 제1조, 제5조 제1항, 제6조 제1항, 같은법시행령 제4조 등 관계 법령에 의하면 행정청으로서는 학교환경위생정화구역 중 상대정화구역에서 금지행위 및 시설에 대한 해제를 함에 있어서 원칙적으로 학교환경위생정화구역설정의 기준이 되는 학교의 학습과 학교보건위생에 나쁜 영향을 주는 것인지 여부에 따라 그 해제 여부를 결정하여야 할 것이므로, 학교환경위생정화구역설정의 기준이 되는 유치원의 학습과 학교보건위생에 미칠 영향을 이유로 하여서가 아니라, 학교보건법의 보호대상에 포함되지 않는 해당 건물 주변의 학원들이나 해당 건물을 학교환경위생정화구역으로 포함하고 있지 아니한 다른 학교들의 사정이나 지역주민의 정서 등만을 이유로 그 해제를 불허할 수 없다.

### 영업금지처분취소
[대법원 1998. 3. 27, 선고, 97누19540, 판결]

**【판결요지】**
[1] 학교의 보건관리와 환경위생정화를 통하여 학교교육의 능률화를 기함을 목적으로 하는 학교보건법의 입법 취지 등에 비추어 볼 때, 학교환경위생정화구역 중 상대정화구역 내에 위치한 당해 건물에 관하여 단란주점에 관한 금지해제신청을 거부한

처분이 평등권을 침해한다고 볼 수 없고, 또한 지방자치단체교육청 교육장의 거부 처분이 헌법에 합치하는 학교보건법이 정하는 범위 내에서 행하여진 이상 그로 인 하여 헌법이 보장하는 직업선택의 자유나 재산권을 침해하였다고 볼 수 없다.

[2] 단란주점허가 신청자가 금지해제를 신청한 단란주점의 영업행위가 학교보건법 제6조 제1항 단서 소정의 '학습과 학교보건위생에 나쁜 영향을 주지 않는다.' 는 요건에 해당하지 아니하여 그에 대한 거부처분이 적법하다고 본 사례.

## Ⅲ. 벌칙

**제18조의2(비밀누설금지 등)** 이 법에 따라 교직원 및 학생에 대한 건강검 사와 관련된 업무를 수행하거나 수행하였던 사람은 그 직무상 알게 된 비 밀을 다른 사람에게 누설하거나 직무상 목적 외의 용도로 이용하여서는 아니 된다. 〈개정 2021.3.23.〉

[본조신설 2013.12.30.]

**제19조(벌칙)** ① 제18조의2를 위반하여 직무상 알게 된 비밀을 다른 사람 에게 누설하거나 직무상 목적 외의 용도로 이용한 사람은 3년 이하의 징 역 또는 3천만원 이하의 벌금에 처한다. 〈신설 2013.12.30., 개정 2021.3.23.〉

② 삭제 〈2016.2.3.〉

[전문개정 2007.12.14.]

## Ⅳ. 기재례

### 【범죄사실 기재례】

피의자는 서울 ○○구 ○○동 123번지에 있는 건물이 ○○초등학교와 50미터 거리에 있 어 학교환경위생정화구역 내임에도 불구하고, 20○○. ○. ○.경부터 20○○. ○. ○.까 지 위 건물 지하1층 45㎡에서 컴퓨터 40대와 난방기, 음료수자판기 등을 갖추고 ○○ PC방이라는 상호로 월 매출액 1,200만원상당을 올리는 멀티미디어문화콘텐츠설비제공업 을 하였다.

# 학원의 설립·운영 및 과외교습에 관한 법률

[시행 2023. 10. 19.] [법률 제19347호, 2023. 4. 18., 일부개정]

## I. 개설

### 목적

이 법은 학원의 설립과 운영에 관한 사항을 규정하여 학원의 건전한 발전을 도모함으로써 평생교육 진흥에 이바지함과 아울러 과외교습에 관한 사항을 규정함을 목적으로 한다.

## II. 판례

**제2조(정의)** 이 법에서 사용하는 용어의 뜻은 다음과 같다. 〈개정 2008.3.28.,2011.7.25., 2016.1.19., 2021.3.23., 2021.8.17., 2023. 4. 18.〉

1. "학원"이란 사인(私人)이 대통령령으로 정하는 수 이상의 학습자 또는 불특정다수의 학습자에게 30일 이상의 교습과정(교습과정의 반복으로 교습일수가 30일 이상이 되는 경우를 포함한다. 이하 같다)에 따라 지식·기술(기능을 포함한다. 이하 같다)·예능을 교습(상급학교 진학에 필요한 컨설팅 등 지도를 하는 경우와 정보통신기술 등을 활용하여 원격으로 교습하는 경우를 포함한다. 이하 같다)하거나 30일 이상 학습장소로 제공되는 시설을 말한다. 다만, 다음 각 목의 어느 하나에 해당하는 시설은 제외한다.

   가. 「유아교육법」, 「초·중등교육법」, 「고등교육법」, 그 밖의 법령에 따른 학교

   나. 도서관·박물관 및 과학관

   다. 사업장 등의 시설로서 소속 직원의 연수를 위한 시설

   라. 「평생교육법」에 따라 인가·등록·신고 또는 보고된 평생교육시설

   마. 「국민 평생 직업능력 개발법」에 따른 직업능력개발훈련시설이나 그 밖에 평생교육에 관한 다른 법률에 따라 설치된 시설

   바. 「도로교통법」에 따른 자동차운전학원

   사. 「주택법」 제2조제3호에 따른 공동주택에 거주하는 자가 공동으로 관리하는 시설로서 「공동주택관리법」 제14조에 따른 입주자대표회의의 의결을 통하여 영리를 목적으로 하지 아니하고 입주민을 위한 교육을 하기

위하여 설치하거나 사용하는 시설

2. "교습소"란 제4호에 따른 과외교습을 하는 시설로서 학원 및 제1호 각 목의 시설이 아닌 시설을 말한다.

3. "개인과외교습자"란 다음 각 목의 시설에서 교습비등을 받고 과외교습을 하는 자를 말한다.

　　가. 학습자의 주거지 또는 교습자의 주거지로서 「건축법」 제2조제2항에 따른 단독주택 또는 공동주택

　　나. 제1호사목에 따른 시설

4. "과외교습"이란 초등학교·중학교·고등학교 또는 이에 준하는 학교의 학생이나 학교 입학 또는 학력 인정에 관한 검정을 위한 시험 준비생에게 지식·기술·예능을 교습하는 행위를 말한다. 다만, 다음 각 목의 어느 하나에 해당하는 행위는 제외한다.

　　가. 제1호가목부터 바목까지의 시설에서 그 설치목적에 따라 행하는 교습행위

　　나. 같은 등록기준지 내의 친족이 하는 교습행위

　　다. 대통령령으로 정하는 봉사활동에 속하는 교습행위

5. "학습자"란 다음 각 목의 자를 말한다.

　　가. 학원이나 교습소에서 교습을 받는 자

　　나. 30일 이상 학습장소로 제공되는 시설을 이용하는 자

　　다. 개인과외교습자로부터 교습을 받는 자

6. "교습비등"이란 학습자가 다음 각 목의 자에게 교습이나 학습장소 이용의 대가로 납부하는 수강료·이용료 또는 교습료 등(이하 "교습비"라 한다)과 그 외에 추가로 납부하는 모든 경비(이하 "기타경비"라 한다)를 말한다.

　　가. 학원을 설립·운영하는 자(이하 "학원설립·운영자"라 한다)

　　나. 교습소를 설립·운영하는 자(이하 "교습자"라 한다)

　　다. 개인과외교습자

[전문개정 2007.12.21.]

## 학원의 설립·운영 및 과외교습에 관한 법률 위반

[대법원 2017. 2. 9. 선고, 2014도13280, 판결]

【판결요지】

학원의 설립·운영 및 과외교습에 관한 법률(2011.7.25. 법률 제10916호로 개정된 것, 이하 '학원법'이라 한다) 제2조 제1호, 제6조, 학원의 설립·운영 및 과외교습에 관한 법률 시행령(2011. 10. 25. 대통령령 제23250호로 개정된 것, 이하 '학원법 시행령'이라 한다) 제3조의3 제1항, 제2항, 제5조 제2항 제3호, 제3항 제3호의 규정 내용에 따르면, 학원법의 등록 대상이 되는 학원은 학원법 시행령 [별표 2]에 정하여진 교습과정 내지 그와 유사하거나 그에 포함된 교습과정을 가르치거나 위 교

습과목의 학습장소로 제공된 시설만을 의미하는 것으로 제한하여 해석함이 타당하다. 위 법리와 2011.7.25. 개정된 학원법 제2조의2 제1항 제1호, 2011.10.25. 개정된 학원법 시행령 [별표 2] 등 규정의 개정 경과 및 내용·취지에 따라 살펴보면, 유아나 장애인을 대상으로 교습하는 학원을 제외한 학원법 소정의 학원, 즉 '30일 이상의 교습과정에 따라 지식·기술(기능을 포함한다, 이하 같다)·예능을 교습하거나 학습장소로 제공되는 시설'이라는 조건을 충족하는 경우, 2011.7.25. 학원법이 개정되기 전에는 초·중등교육법 제23조에 따른 학교교육과정을 교습하여야만 '학교교과교습학원'의 범주에 포함되어 학원법상 등록의 대상이 되었으나, 2011.7.25. 개정된 학원법이 시행된 후에는 초·중등교육법 제2조에 따른 학교의 학생을 대상으로 지식·기술·예능을 교습하기만 하면 학교교육과정을 교습하지 아니하더라도 '기타분야 기타계열'의 '학교교과교습학원'에 포함되어 학원법상 등록의 대상이 되었다고 보아야 한다.

**제4조(학원설립·운영자 등의 책무)** ① 학원설립·운영자는 자율과 창의로 학원을 운영하며, 학습자에 대한 편의제공, 적정한 교습비등의 징수를 통한 부담경감 및 교육기회의 균등한 제공 등을 위하여 노력하는 등 평생교육 담당자로서의 책무를 다하여야 한다. 〈개정 2008.3.28., 2011.7.25.〉

② 교습자와 개인과외교습자는 과외교습을 할 때 학습자에 대한 편의제공, 적정한 교습비등의 징수를 통한 부담경감 및 교육기회의 균등한 제공 등을 위하여 노력하는 등 교습을 담당하는 자로서의 책무를 다하여야 한다. 〈개정 2008.3.28., 2011.7.25.〉

③ 학원설립·운영자 및 교습자는 특별시·광역시·특별자치시·도 및 특별자치도(이하 "시·도"라 한다)의 조례로 정하는 바에 따라 학원·교습소의 운영과 관련하여 학원·교습소의 수강생에게 발생한 생명·신체상의 손해를 배상할 것을 내용으로 하는 보험이나 공제사업에 가입하는 등 필요한 안전조치를 취하여야 한다. 〈개정 2016.12.20.〉

[전문개정 2007.12.21.]

## 손해배상(자)

[대법원 2008. 1. 17. 선고, 2007다40437, 판결]

**【판결요지】**

[1] 유치원이나 학교의 원장·교장 및 교사는 교육기본법 등 관련 법령에 따라 그들로부터 교육을 받는 유치원생과 학생들을 친권자 등 법정감독의무자에 대신하여 보호·감독할 의무를 진다. 그런데 유치원생이나 학생들을 대상으로 한 교육활동이 유치원이나 학교에서만 이루어지는 것은 아니고, 특히 우리의 교육현실을 보면 학원의 설립·운영 및 과외교습에 관한 법률에 따라 설립·운영되는 학원이나

교습소에서 학교교육의 보충 또는 특기·적성교육을 위하여 지식·기술·예능을 교습하는 형태의 사교육이 광범위하게 이루어지고 있으며, 이러한 사교육은 학교 안에서 이루어지는 공교육 못지않은 중요한 역할을 수행하고 있는바, 공교육을 담당하는 교사 등과 마찬가지로 위와 같은 형태의 사교육을 담당하는 학원의 설립·운영자나 교습자에게도 당해 학원에서 교습을 받는 수강생을 보호·감독할 의무가 있다고 봄이 상당하다.

[2] 유치원이나 학교 교사 등의 보호·감독의무가 미치는 범위는 유치원생이나 학생의 생활관계 전반이 아니라 유치원과 학교에서의 교육활동 및 이와 밀접·불가분의 관계에 있는 생활관계로 한정되고, 또 보호·감독의무를 소홀히 하여 학생이 사고를 당한 경우에도 그 사고가 통상 발생할 수 있다고 예상할 수 있는 것에 한하여 교사 등의 책임을 인정할 수 있으며, 이때 그 예상가능성은 학생의 연령, 사회적 경험, 판단능력, 기타의 제반 사정을 고려하여 판단하여야 한다. 이러한 법리는 학원의 설립·운영자 및 교습자의 경우라고 하여 다르지 않을 것인바, 대체로 나이가 어려 책임능력과 의사능력이 없거나 부족한 유치원생 또는 초등학교 저학년생에 대하여는 보호·감독의무가 미치는 생활관계의 범위와 사고발생에 대한 예견가능성이 더욱 넓게 인정되어야 한다. 특히 유치원생이나 그와 비슷한 연령, 사회적 경험 및 판단능력을 가진 초등학교 저학년생을 통학차량으로 운송하는 방식을 취하고 있는 경우에는 그 유치원·학교 또는 학원의 운영자나 교사 등으로서는 보호자로부터 학생을 맞아 통학차량에 태운 때로부터 학교 등에서의 교육활동이 끝난 후 다시 통학차량에 태워 보호자가 미리 지정한 장소에 안전하게 내려줄 때까지 학생을 보호·감독할 의무가 있는 것으로 보아야 한다.

[3] 초등학교 1학년인 학원 수강생이 쉬는 시간에 학원 밖으로 나갔다가 교통사고로 사망한 사안에서 학원 운영자의 보호·감독의무 위반을 인정한 사례.

## 제5조(교육환경의 정화 등) ① 학원설립·운영자 또는 교습자는 학원이나 교습소의 교육환경과 위생시설을 깨끗하게 유지·관리하여야 한다.

② 학교교과교습학원을 설립·운영하는 자 또는 교습자는 교육환경을 해칠 우려가 있는 영업소(이하 "유해업소"라 한다)와 동일한 건축물 안에서 학교교과교습학원이나 교습소를 설립·운영하여서는 아니 된다. 〈개정 2011.7.25.〉

③ 학교교과교습학원이나 교습소와 동일한 건축물 안에 유해업소를 설치하는 경우 그 영업에 관하여 허가·인가 등을 하는 행정기관의 장은 미리 관할 교육감과 협의하여야 한다. 〈개정 2011.7.25.〉

④ 제2항 및 제3항에 따른 유해업소의 종류는 「교육환경 보호에 관한 법률」 제9조 각 호의 어느 하나에 해당하는 행위를 하거나 시설(「게임산업진흥에 관한 법률」 제2조제7호에 따른 인터넷컴퓨터게임시설제공업을 하는 영업소 및 같은 조 제8호에 따른 복합유통게임제공업 중 인터넷컴퓨터게임시설제공

업과 「식품위생법」 제36조제1항제3호의 식품접객업 가운데 음식류를 조리·판매하면서 음주행위가 허용되지 아니하는 영업 중 대통령령으로 정하는 영업을 동일한 장소에서 함께 영위하는 영업소에 한정하여 제외한다)을 갖춘 영업소를 말한다. 〈개정 2011. 7. 25., 2023. 4. 18.〉

⑤ 제2항 및 제3항은 연면적 1천650제곱미터 이상의 건축물에 대하여는 다음 각 호의 경우를 제외하고는 적용하지 아니한다. 〈신설 2011.7.25.〉

1. 학원이 유해업소로부터 수평거리 20미터 이내의 같은 층에 있는 경우
2. 학원이 유해업소로부터 수평거리 6미터 이내의 바로 위층 또는 바로 아래 층에 있는 경우

## 학원 등록 거부처분 등 취소

[대법원 2018. 6. 28., 선고, 2013두15774, 판결]

**【판결요지】**

[1] '무용'이나 '댄스스포츠'를 교습하는 학원이 학원의 설립·운영 및 과외교습에 관한 법률(이하 '학원법'이라 한다)에서 규율하는 학원에 해당함은 분명하다. 초·중등교육법 제23조에 따른 학교교육과정에 포함되어 있는 '무용'이나 '댄스스포츠'를 교습하는 학원은 학원법상 학교교과교습학원으로서 예능 분야 내 예능 계열에서 무용을 교습하는 학원에 해당한다. 학교교과교습학원 외에 평생교육이나 직업교육을 목적으로 '무용'이나 '댄스스포츠'를 교습하는 학원은 학원법상 기예 분야 내 기예 계열의 평생직업교육학원에 해당한다. 학원의 설립·운영 및 과외교습에 관한 법률 시행령 제3조의3 제1항 [별표 2] 학원의 종류별 교습과정 중 평생직업교육학원의 교습과정에 속하는 댄스에 관하여 '체육시설의 설치·이용에 관한 법률에 따른 무도학원업 제외'라는 단서 규정은 그 규정의 체계와 위치를 고려하면, 댄스를 교습하는 평생직업교육학원의 범위만을 제한하고 있을 뿐이고 무용을 교습하는 학교교과교습학원의 범위는 제한하지 않고 있다고 볼 수 있다. 따라서 국제표준무도를 교습하는 학원을 설립·운영하려는 자가 학원법상 학교교과교습학원으로 등록하려고 할 때에, 관할 행정청은 그 학원이 학원법에 따른 학교교과교습학원의 등록 요건을 갖춘 이상 등록의 수리를 거부할 수 없다고 보아야 한다.

[2] 건축물 용도 규정을 비롯한 관련 규정의 내용, 체계, 취지를 고려하면 건축법이 무도학원을 다른 학원과 별도로 위락시설로 분류하는 취지는 무도학원이 선량한 풍속을 해칠 우려가 크다는 점을 중요하게 고려하고 있는 것으로 볼 수 있다. 따라서 건축법상 위락시설의 일종인 무도학원은 원칙적으로 유료로 무도(춤)의 교습이 이루어지는 시설을 지칭한다고 볼 수 있다. 다만 교습 대상과 내용, 교습 시설의 설립·운영에 대한 관련 법령의 규정 내용과 취지, 풍속 관련 법령의 규제 대상 등을 종합적으로 살펴볼 때 선량한 풍속을 해칠 우려가 없다고 인정되는 경우에는 예외적으로 건축법상 위락시설의 일종인 무도

학원에 해당하지 않는다고 봄이 타당하다.

학원의 설립·운영 및 과외교습에 관한 법률(이하 '학원법'이라 한다) 제5조는 학원설립·운영자에게 학원의 교육환경을 깨끗하게 유지·관리할 의무를 부과하고, 동일한 건축물 안에서 '학교교과교습학원'과 유해업소[원칙적으로 구 학교보건법(2016. 2. 3. 법률 제13946호로 개정되기 전의 것, 이하 같다)에 정한 학교환경위생 정화구역에서 금지되는 행위를 하거나 시설을 갖춘 영업소를 말한다]의 혼재를 금지하거나 제한하고 있다. 또한 학원법에 의한 학원은 풍속영업의 규제에 관한 법률, 청소년 보호법, 구 학교보건법 등 풍속 관련 법령의 규제 대상에서 제외되어 있다. 이러한 관계 법령의 규정 내용과 체계를 종합하면, 학원법상 학교교과교습학원에서는 초·중등교육법에 따른 학교교육과정에 포함되어 있거나 그 밖에 선량한 풍속을 침해할 우려가 없는 댄스 과목만을 교습할 수 있고, 학원법상 학원에서는 청소년을 대상으로 선량한 풍속을 해칠 우려가 있는 댄스 과목을 교습할 수 없다고 보아야 한다. 따라서 적어도 학원법상 학교교과교습학원의 등록 요건에 해당하면 건축법상 위락시설의 일종인 무도학원에는 해당하지 않는다.

## III. 벌칙

**제22조(벌칙)** ① 다음 각 호의 어느 하나에 해당하는 자는 1년 이하의 징역 또는 1천만원 이하의 벌금에 처한다. 〈개정 2008.3.28., 2011.7.25., 2016.5.29.〉

  1. 제6조에 따른 등록을 하지 아니하고 학원을 설립·운영한 자
  2. 거짓이나 그 밖의 부정한 방법으로 제6조에 따른 등록을 한 자
  3. 제14조제1항에 따른 신고를 하지 아니하고 교습소를 설립·운영하거나, 거짓이나 그 밖의 부정한 방법으로 신고하고 교습소를 설립·운영한 자
  4. 제14조의2제1항에 따른 신고를 하지 아니하거나 거짓이나 그 밖의 부정한 방법으로 신고하고 과외교습을 한 자

② 제3조를 위반하여 과외교습을 한 자는 1년 이하의 금고 또는 1천만원 이하의 벌금에 처한다. 〈개정 2008.3.28., 2016.5.29.〉

③ 제19조제2항 각 호에 따른 간판이나 그 밖의 표지물의 제거 또는 시설물의 설치를 거부·방해 또는 기피하거나 게시문을 허락받지 아니하고 제거하거나 못쓰게 만든 자는 200만원 이하의 벌금에 처한다. 〈개정 2008.3.28., 2017.12.19.〉

[전문개정 2007.12.21.]

**제23조(과태료)** ① 다음 각 호의 어느 하나에 해당하는 자에게는 300만원 이하의 과태료를 부과한다. 〈개정 2008.3.28., 2011.7.25., 2016.5.29., 2016.12.20., 2017.12.19., 2018.12.18., 2021.3.23.〉

1. 제4조제3항에 따른 안전조치를 취하지 아니한 자

1의2. 제6조제4항을 위반하여 등록증명서를 게시하지 아니한 자

2. 제10조제1항 또는 제14조제9항에 따른 신고를 하지 아니한 자

3. 제13조제2항에 따른 강사의 연령·학력·전공과목 및 경력 등에 관한 인적 사항을 게시하지 아니한 자

3의2. 제13조의2에 따른 검증을 하지 아니하고 외국인강사를 채용한 자

4. 제14조제5항 또는 제14조의2제5항을 위반하여 신고증명서를 게시 또는 제시하지 아니한 자

5. 제14조제6항 또는 제14조의2제6항의 사유가 발생한 날부터 1개월 이내에 신고증명서의 재발급을 신청하지 아니한 자

6. 삭제 〈2016.5.29.〉

6의2. 제15조제1항에 따른 영수증을 발급하지 아니한 자

6의3. 제14조의2제10항에 따른 표지를 붙이지 아니한 자

7. 제15조제3항을 위반하여 교습비등과 그 반환에 관한 사항을 표시·게시·고지하지 아니하거나 같은 조 제4항을 위반하여 교습비등을 거짓으로 표시·게시·고지한 자

7의2. 제15조제4항을 위반하여 교습비등을 징수한 자

7의3. 제15조제6항에 따른 교습비등의 조정명령을 위반한 자

7의4. 제15조의3을 위반하여 장부 또는 서류를 비치·관리하지 아니한 자

8. 제16조제3항에 따른 보고를 하지 아니하거나 거짓으로 보고를 한 자

9. 제16조제3항에 따른 관계 공무원의 출입·검사를 거부·방해 또는 기피한 자

10. 제18조에 따른 교습비등을 반환하지 아니한 자

② 제1항에 따른 과태료는 대통령령으로 정하는 바에 따라 교육감이 부과·징수한다.

③ 삭제 〈2011.7.25.〉

④ 삭제 〈2011.7.25.〉

⑤ 삭제 〈2011.7.25.〉

[전문개정 2007.12.21.]

**제24조(적용의 배제)** 제2조제1호에 따라 원격으로 교습하는 학원에 대하여는 제5조, 제7조, 제8조 및 제16조제2항을 적용하지 아니한다.

[본조신설 2011.7.25.]

## Ⅳ. 기재례

### 【범죄사실 기재례】

피의자 김○○은 관할관청에 등록을 하지 않고, 20○○. ○. ○.부터 같은 해 ○. ○.까지 사이에 ○○시 ○○동 ○○번지에 있는 ○○빌딩 3층에 '○○보습학원' 라는 상호로 강의시설과 개인교습을 위한 시설을 갖춘 다음 임○○등 보습교사 5명을 고용하여 ○○초등학교 5학년생인 박○○ 등 50명에게 예습 및 복습을 도와주고 한달에 한 사람당 수강료로 15만원씩을 받는 보습학원을 설립·운영하였다.

### 【범죄사실 기재례】

피의자는 서울 ○○동에 있는 ○○고등학교 수학담당 교사이다.

피의자는 현직교사의 과외교습행위가 금지되어 있음에도 불구하고 20○○. ○. ○.경부터 20○○. ○. ○.경까지 사이에 서울 ○○동 ○○번지 박○○의 집 2층방에서 위 ○○고등학교 2학년에 재학중인 위 박○○의 아들 박○○에게 매일 21 : 00경부터 22 : 00경까지 1시간씩 매월 금 ○○만원의 보수를 받고 수학과목의 과외교습을 하였다.

### 【범죄사실 기재례】

피의자 김○○은 관할관청에 등록을 하지 않고, 20○○. ○. ○.부터 같은 해 ○. ○.까지 사이에 ○○시 ○○동 ○○번지에 있는 ○○빌딩 지하 1층에 '○○사교댄스' 라는 상호로 조명시설과 플로아 등 춤교습을 위한 시설을 갖춘 다음 임○○ 등 불특정다수인을 상대로 지루박·부르스 등의 춤을 가르쳐주고 한달에 한 사람당 교습료로 6만원씩을 받는 사교춤교습학원을 설립·운영하였다.

**[서식] 학원설립 · 운영등록증명서**

제    호

# 학원설립 · 운영등록증명서

1. 목적

2. 명칭

3. 설립자

4. 위치

5. 학원의 종류 및 교습과정

6. 정원

「학원의 설립·운영 및 과외교습에 관한 법률」 제6조에 따라 위와 같이 학원으로 등록하였습니다.

년        월        일

○ ○ 교 육 지 원 청
교 육 장                    직인

---

※ 유의사항
　관계 규정을 준수하고, 원칙에서 정한 바에 따라 학원을 운영하시기 바랍니다.

---

210mm×297mm[백상지(150g/㎡)]

**[서식]** 신고포상금신청서

# 신고포상금신청서

※ 바탕색이 어두운 난은 신청인이 적지 않습니다. 괄호 안에 해당 사항을 체크해주시기 바랍니다.

| 접수번호 | | 접수일 | |
|---|---|---|---|
| 신청인 | 성명 | 생년월일 | |
| | 주소 | | |
| | | (전화번호: ) | |
| | 거래은행 | 계좌번호 | |

| 신고<br>사항 | 신고일 | 년 월 일 시 분 | |
|---|---|---|---|
| | 신고기관 | | |
| | 피신고인 | 성명 | |
| | | 주소 | |
| | 신고내용 | 선택<br>( ) | <구체적 사실 기술> |
| | 학원 미등록 교습행위 | ( ) | |
| | 교습소 미신고 교습행위 | ( ) | |
| | 개인과외교습자 미신고<br>교습행위 | ( ) | |
| | 교습비등을 거짓으로<br>표시·게시·고지한<br>행위 | ( ) | |
| | 표시·게시·고지 또는<br>등록·신고한<br>교습비등을 초과하여<br>징수한 행위 | ( ) | |
| | 교습시간을 위반한 행위 | ( ) | |

「학원의 설립·운영 및 과외교습에 관한 법률」 제16조제6항 및 같은 법 시행령 제17조의4에 따라 위와 같이 신고포상금을 신청합니다.

년 월 일

신청인 (서명 또는 인)

**○○교육지원청 교육장** 귀하

| 신청인 제출서류 | 증거자료 | 수수료<br>없음 |
|---|---|---|

210mm×297mm[백상지(80g/㎡) 또는 중질지(80g/㎡)]

**[서식] 교습소설립·운영신고증명서**

신고 제　　호

# 교습소설립·운영신고증명서

| 교습소명 | | | 사진<br>(3cm×4cm) |
|---|---|---|---|
| 교습자 | 성명 | 생년월일 | |
| 교습과목 | | 부제 횟수: | |
| 교습장소<br>(주소) | | | |

　「학원의 설립·운영 및 과외교습에 관한 법률」 제14조제4항에 따라 위와 같이 교습소로 신고하였음을 증명합니다.

년　　월　　일

○ ○ 교 육 지 원 청 　교　육　장 직인

210mm×297mm[백상지 150g/㎡]

# 화물자동차 운수사업법

[시행 2024. 7. 10.] [법률 제19988호, 2024. 1. 9., 일부개정]

## I. 개설

### 목적

이 법은 화물자동차 운수사업을 효율적으로 관리하고 건전하게 육성하여 화물의 원활한 운송을 도모함으로써 공공복리의 증진에 기여함을 목적으로 한다.

## II. 판례

**제2조(정의)** 이 법에서 사용하는 용어의 뜻은 다음과 같다. 〈개정 2011.6.15., 2012.6.1., 2013.3.23., 2014.3.18., 2018.4.17.〉

1. "화물자동차"란 「자동차관리법」 제3조에 따른 화물자동차 및 특수자동차로서 국토교통부령으로 정하는 자동차를 말한다.

2. "화물자동차 운수사업"이란 화물자동차 운송사업, 화물자동차 운송주선사업 및 화물자동차 운송가맹사업을 말한다.

3. "화물자동차 운송사업"이란 다른 사람의 요구에 응하여 화물자동차를 사용하여 화물을 유상으로 운송하는 사업을 말한다. 이 경우 화주(貨主)가 화물자동차에 함께 탈 때의 화물은 중량, 용적, 형상 등이 여객자동차 운송사업용 자동차에 신기 부적합한 것으로서 그 기준과 대상차량 등은 국토교통부령으로 정한다.

4. "화물자동차 운송주선사업"이란 다른 사람의 요구에 응하여 유상으로 화물운송계약을 중개·대리하거나 화물자동차 운송사업 또는 화물자동차 운송가맹사업을 경영하는 자의 화물 운송수단을 이용하여 자기 명의와 계산으로 화물을 운송하는 사업(화물이 이사화물인 경우에는 포장 및 보관 등 부대서비스를 함께 제공하는 사업을 포함한다)을 말한다.

5. "화물자동차 운송가맹사업"이란 다른 사람의 요구에 응하여 자기 화물자동차를 사용하여 유상으로 화물을 운송하거나 화물정보망(인터넷 홈페이지 및 이동통신단말장치에서 사용되는 응용프로그램을 포함한다. 이하 같다)을 통하여 소속 화물자동차 운송가맹점(제3조제3항에 따른 운송사업자 및 제40조제1항에 따라 화물자동차 운송사업의 경영의 일부를 위탁받은

사람인 운송가맹점만을 말한다)에 의뢰하여 화물을 운송하게 하는 사업을 말한다.

6. "화물자동차 운송가맹사업자"란 제29조제1항에 따라 화물자동차 운송가맹사업의 허가를 받은 자를 말한다.

7. "화물자동차 운송가맹점"이란 화물자동차 운송가맹사업자(이하 "운송가맹사업자"라 한다)의 운송가맹점으로 가입한 자로서 다음 각 목의 어느 하나에 해당하는 자를 말한다.

    가. 운송가맹사업자의 화물정보망을 이용하여 운송 화물을 배정받아 화물을 운송하는 제3조제3항에 따른 운송사업자

    나. 운송가맹사업자의 화물운송계약을 중개·대리하는 제24조제2항에 따른 운송주선사업자

    다. 운송가맹사업자의 화물정보망을 이용하여 운송 화물을 배정받아 화물을 운송하는 자로서 제40조제1항에 따라 화물자동차 운송사업의 경영의 일부를 위탁받은 사람. 다만, 경영의 일부를 위탁한 운송사업자가 화물자동차 운송가맹점으로 가입한 경우는 제외한다.

7의2. "영업소"란 주사무소 외의 장소에서 다음 각 목의 어느 하나에 해당하는 사업을 영위하는 곳을 말한다.

    가. 제3조제1항에 따라 화물자동차 운송사업의 허가를 받은 자 또는 화물자동차 운송가맹사업자가 화물자동차를 배치하여 그 지역의 화물을 운송하는 사업

    나. 제24조제1항에 따라 화물자동차 운송주선사업의 허가를 받은 자가 화물운송을 주선하는 사업

8. "운수종사자"란 화물자동차의 운전자, 화물의 운송 또는 운송주선에 관한 사무를 취급하는 사무원 및 이를 보조하는 보조원, 그 밖에 화물자동차 운수사업에 종사하는 자를 말한다.

9. "공영차고지"란 화물자동차 운수사업에 제공되는 차고지로서 다음 각 목의 어느 하나에 해당하는 자가 설치한 것을 말한다.

    가. 특별시장·광역시장·특별자치시장·도지사·특별자치도지사(이하 "시·도지사"라 한다)

    나. 시장·군수·구청장(자치구의 구청장을 말한다. 이하 같다)

    다. 「공공기관의 운영에 관한 법률」에 따른 공공기관 중 대통령령으로 정하는 공공기관

    라. 「지방공기업법」에 따른 지방공사

10. "화물자동차 휴게소"란 화물자동차의 운전자가 화물의 운송 중 휴식을 취하거나 화물의 하역(荷役)을 위하여 대기할 수 있도록 「도로법」에 따

른 도로 등 화물의 운송경로나 「물류시설의 개발 및 운영에 관한 법률」에 따른 물류시설 등 물류거점에 휴게시설과 차량의 주차·정비·주유(注油) 등 화물운송에 필요한 기능을 제공하기 위하여 건설하는 시설물을 말한다.

11. "화물차주"란 화물을 직접 운송하는 자로서 다음 각 목의 어느 하나에 해당하는 자를 말한다.

　가. 제3조제1항제2호에 따라 개인화물자동차 운송사업의 허가를 받은 자(이하 "개인 운송사업자"라 한다)

　나. 제40조제1항에 따라 경영의 일부를 위탁받은 사람(이하 "위·수탁차주"라 한다)

12. "화물자동차 안전운송원가"란 화물차주에 대한 적정한 운임의 보장을 통하여 과로, 과속, 과적 운행을 방지하는 등 교통안전을 확보하기 위하여 화주, 운송사업자, 운송주선사업자 등이 화물운송의 운임을 산정할 때에 참고할 수 있는 운송원가로서 제5조의2에 따른 화물자동차 안전운임위원회의 심의·의결을 거쳐 제5조의4에 따라 국토교통부장관이 공표한 원가를 말한다.

13. "화물자동차 안전운임"이란 화물차주에 대한 적정한 운임의 보장을 통하여 과로, 과속, 과적 운행을 방지하는 등 교통안전을 확보하기 위하여 필요한 최소한의 운임으로서 제12호에 따른 화물자동차 안전운송원가에 적정 이윤을 더하여 제5조의2에 따른 화물자동차 안전운임위원회의 심의·의결을 거쳐 제5조의4에 따라 국토교통부장관이 공표한 운임을 말하며 다음 각 목으로 구분한다.

　가. 화물자동차 안전운송운임: 화주가 제3조제3항에 따른 운송사업자, 제24조제2항에 따른 운송주선사업자 및 운송가맹사업자(이하 "운수사업자"라 한다) 또는 화물차주에게 지급하여야 하는 최소한의 운임

　나. 화물자동차 안전위탁운임: 운수사업자가 화물차주에게 지급하여야 하는 최소한의 운임

## 화물자동차운수사업법위반

[대법원 2016. 6. 9., 선고, 2013도13743, 판결]

【판결요지】
구 화물자동차 운수사업법(2013. 3. 23. 법률 제11690호로 개정되기 전의 것, 이하 '화물자동차법'이라 한다) 제2조 제3호, 제4호, 제3조 제4항, 제24조 제3항, 화물자동차 운수사업법 시행령(이하 '시행령'이라 한다) 제3조, 제9조, 화물자동차 운수사업법 시행규칙(이하 '시행규칙'이라 한다) 제13조 [별표 1], 제38조 [별표 4]와 화물자동차 운수

사업의 체계 등을 종합하면, 화물자동차 운송사업(이하 '운송사업'이라 한다)과 화물자동차 운송주선사업(이하 '운송주선사업'이라 한다)은 용어 그대로 각각 화물자동차에 의한 화물(이사화물을 포함)의 운송사업과 운송주선사업을 고유의 업무영역으로 하여 나누어져 있으므로, 운송사업자가 운송주선사업을 영위하거나 운송주선사업자가 운송사업을 영위하면 무허가 행위에 해당하지만, 화물자동차 운수사업에 부대하여 이루어지는 사업, 특히 '이사화물의 포장 및 부대서비스 등 용역'(이하 '이사화물 부대용역'이라 한다)을 제공하는 것은 운송사업자나 운송주선사업자 어느 쪽에 배타적으로 속하는 업무라고 볼 근거는 없다. 시행령 제9조가 운송주선사업의 종류로서 '이사화물 운송주선사업'을 규정하고 업무 내용을 '이사화물을 취급(포장 및 보관 등 부대서비스 포함)하는 주선사업'이라고 규정하고 있지만, 이를 이사화물 부대용역은 운송주선사업자만이 할 수 있는 배타적 업무영역을 정한 것이라고 한다면, 이는 운송주선사업의 '종류'를 대통령령으로 정하도록 한 화물자동차법 제24조 제3항의 위임 범위를 넘는 것으로서 그 효력이 문제된다. 따라서 시행령 제9조의 규정은 이사화물 운송주선사업과 일반화물 운송주선사업의 업무 특성의 차이를 고려하여 시행규칙에서 허가기준을 각기 달리 정할 목적으로 사업허가의 종류를 구분한 것일 뿐이고 이사화물 부대사업을 운송주선사업의 배타적 사업영역으로 규정한 취지는 아니라고 법률합치적으로 해석할 것이다. 같은 맥락에서 화물자동차법 제2조 제4호에서 운송주선사업을 정의하면서 '화물자동차 운송사업을 경영하는 자의 화물운송수단을 이용하여 자기 명의와 계산으로 화물을 운송하는 사업'을 사업 내용으로 규정한 것도 운송주선사업자가 화주와 화물 운송계약을 체결한 운송인의 지위에서 다른 운송사업자를 물색하여 화물의 운송을 하도록 하면서 전체 운송계약의 이행은 주선사업자의 명의와 계산으로 하는 것을 의미한다. 그렇지 않고 운송주선사업자는 운송사업 허가 없이도 자기 소유의 화물자동차를 이용하여 운송사업을 할 수 있다고 해석하면, 운송사업과 운송주선사업의 허가기준을 다르게 규정하고 있는 법체계에 맞지 아니하기 때문이다. 이와 같이 볼 때, 운송사업이나 운송주선사업의 허가를 받지 않은 자가 화주와 운송계약을 체결하고 운송사업자를 계약의 이행보조자로 이용하는 것은 운송주선사업의 영역에 속하는 것이므로 위법하고, 마찬가지로 운송사업자가 다른 운송사업자의 화물자동차를 이용하여 화물운송을 하도록 하는 경우에도 운송주선사업에 해당하여 위법이 될 수 있다. 그러나 운송사업자나 운송주선사업자가 고유의 사업을 영위하면서 이사화물 부대사업에 관한 용역을 제공하는 것은 어느 것이나 위법하다고 볼 수 없고, 따라서 운송사업자가 스스로 인부 등을 고용하여 이사화물 부대사업 용역을 제공하고 자기가 보유한 영업용 화물자동차로 운송을 하는 것은 운송사업의 업무영역에 속하는 사업을 하는 것일 뿐 무허가로 운송주선사업을 한 것은 아니다.

**제3조(화물자동차 운송사업의 허가 등)** ① 화물자동차 운송사업을 경영하려는 자는 각 호의 구분에 따라 국토교통부장관의 허가를 받아야 한다. 〈개정 2013.3.23., 2018.4.17.〉

　1. 일반화물자동차 운송사업: 20대 이상의 범위에서 대통령령으로 정하는 대

　　　수 이상의 화물자동차를 사용하여 화물을 운송하는 사업

　2. 개인화물자동차 운송사업: 화물자동차 1대를 사용하여 화물을 운송하는 사업으로서 대통령령으로 정하는 사업

② 제29조제1항에 따라 화물자동차 운송가맹사업의 허가를 받은 자는 제1항에 따른 허가를 받지 아니한다.

③ 제1항에 따라 화물자동차 운송사업의 허가를 받은 자(이하 "운송사업자"라 한다)가 허가사항을 변경하려면 국토교통부령으로 정하는 바에 따라 국토교통부장관의 변경허가를 받아야 한다. 다만, 대통령령으로 정하는 경미한 사항을 변경하려면 국토교통부령으로 정하는 바에 따라 국토교통부장관에게 신고하여야 한다. 〈개정 2013.3.23.〉

④ 국토교통부장관은 제3항 단서에 따른 변경신고를 받은 날부터 3일 이내에 신고수리 여부를 신고인에게 통지하여야 한다. 〈신설 2017.3.21.〉

⑤ 국토교통부장관이 제4항에서 정한 기간 내에 신고수리 여부 또는 민원 처리 관련 법령에 따른 처리기간의 연장 여부를 신고인에게 통지하지 아니하면 그 기간이 끝난 날의 다음 날에 신고를 수리한 것으로 본다. 〈신설 2017.3.21.〉

⑥ 제1항에 따른 허가의 신청방법 및 절차 등에 필요한 사항은 국토교통부령으로 정한다. 〈개정 2018.4.17.〉

⑦ 제1항 및 제3항 본문에 따른 화물자동차 운송사업의 허가 또는 증차(增車)를 수반하는 변경허가의 기준은 다음 각 호와 같다. 〈개정 2013.3.23., 2015.6.22., 2017.3.21., 2018.3.20., 2018.4.17., 2018.12.31., 2021.4.13.〉

　1. 국토교통부장관이 화물의 운송 수요를 고려하여 제6항에 따라 업종별로 고시하는 공급기준에 맞을 것. 다만, 다음 각 목의 어느 하나에 해당하는 경우는 제외한다.

　　가. 제12항에 따라 6개월 이내로 기간을 한정하여 허가를 하는 경우

　　나. 제13항에 따라 허가를 신청하는 경우

　　다. 「환경친화적 자동차의 개발 및 보급 촉진에 관한 법률」 제2조에 따른 전기자동차 또는 수소전기자동차로서 국토교통부령으로 정하는 최대 적재량 이하인 화물자동차에 대하여 해당 차량과 그 경영을 다른 사람에게 위탁하지 아니하는 것을 조건으로 변경허가를 신청하는 경우

　2. 화물자동차의 대수, 차고지 등 운송시설(이하 "운송시설"이라 한다), 그 밖에 국토교통부령으로 정하는 기준에 맞을 것

⑧ 운송사업자는 다음 각 호의 어느 하나에 해당하면 증차를 수반하는 허가사항을 변경할 수 없다. 〈개정 2017.3.21.〉

　1. 제13조에 따른 개선명령을 받고 이를 이행하지 아니한 경우

2. 제19조제1항에 따른 감차(減車) 조치 명령을 받은 후 1년이 지나지 아니한 경우

⑨ 운송사업자는 제1항에 따라 허가받은 날부터 5년의 범위에서 대통령령으로 정하는 기간마다 국토교통부령으로 정하는 바에 따라 제5항에 따른 허가기준에 관한 사항을 국토교통부장관에게 신고하여야 한다. 〈개정 2013.3.23., 2015.12.29., 2017.3.21.〉

⑩ 제9항에 따른 신고가 신고서의 기재사항 및 첨부서류에 흠이 없고, 법령 등에 규정된 형식상의 요건을 충족하는 경우에는 신고서가 접수기관에 도달된 때에 신고 의무가 이행된 것으로 본다. 〈신설 2017.3.21.〉

⑪ 운송사업자는 주사무소 외의 장소에서 상주(常住)하여 영업하려면 국토교통부령으로 정하는 바에 따라 국토교통부장관의 허가를 받아 영업소를 설치하여야 한다. 다만, 개인 운송사업자의 경우에는 그러하지 아니하다. 〈신설 2014.3.18., 2017.3.21., 2018.4.17.〉

⑫ 국토교통부장관은 제40조의3제3항에 따라 해지된 위·수탁계약의 위·수탁차주였던 자가 허가취소 또는 감차 조치가 있는 날부터 3개월 내에 제1항에 따른 허가를 신청하는 경우 6개월 이내로 기간을 한정하여 허가(이하 "임시허가"라 한다)를 할 수 있다. 다만, 운송사업자의 허가취소 또는 감차 조치의 사유와 직접 관련이 있는 화물자동차의 위·수탁차주였던 자는 제외한다. 〈신설 2015.6.22., 2017.3.21., 2020.6.9.〉

⑬ 제12항에 따라 임시허가를 받은 자가 허가 기간 내에 다른 운송사업자와 위·수탁계약을 체결하지 못하고 임시허가 기간이 만료된 경우 3개월 내에 제1항에 따른 허가를 신청할 수 있다. 〈신설 2015.6.22., 2017.3.21.〉

⑭ 국토교통부장관은 화물자동차 운수사업의 질서를 확립하기 위하여 화물자동차 운송사업의 허가 또는 증차를 수반하는 변경허가에 조건 또는 기한을 붙일 수 있다. 〈신설 2015.6.22., 2017.3.21.〉

⑮ 국토교통부장관은 운송사업자가 사업정지처분을 받은 경우에는 주사무소를 이전하는 변경허가를 하여서는 아니 된다. 〈신설 2018.3.20.〉

## 운행정지처분취소

[대법원 2019. 4. 25., 선고, 2018두53498, 판결]

【판결요지】

구 화물자동차 운수사업법(2011. 6. 15. 법률 제10804호로 개정되기 전의 것, 이하 '화물자동차법'이라 한다) 제3조 제3항 단서는 대통령령으로 정하는 경미한 사항을 변경하려면 국토해양부령으로 정하는 바에 따라 국토해양부장관에게 신고만 하도록 규정하고, 구 화물자동차 운수사업법 시행령(2011. 12. 13. 대통령령 제23372호로 개정되기 전의 것, 이하 '화물자동차법 시행령'이라 한다) 제2조 제4호는 '화물자동차의 대폐차'를 허가사항 변경신고의 대상으로 정하고 있는데, 화물자동차법 및 시행령이 대폐차의 경우 변경허가 대상이 아니라 변경신고 대상으로 정한 것은 대폐차를 원인으로 한 변경신고는 대폐차 전후의 화물자동차가 동일한 용도의 것임을 전제로 이러한 때는 관계 법령에 적합한지를 다시 심사할 필요가 없다고 보아 변경 절차를 간소화하기 위함이다. 따라서 위 시행령 조항을 대폐차 전후의 화물자동차가 동일한 용도의 화물자동차가 아닌 경우에까지 적용되는 것으로 볼 수는 없고, 이때는 관계 법령에 적합한지를 심사하여 허가기준에 부합하는 경우에 한하여 변경을 받아들여야 한다. 화물자동차 운수사업법 시행규칙 제52조의3 제1항 제1호는 이러한 취지를 확인하는 의미에서 2011. 12. 31. 대폐차의 대상을 '동일한 용도의 화물자동차로서 공급이 허용되는 경우'로 한정하는 규정을 두게 된 것이다. 요컨대 화물자동차법 시행령 제2조 제4호에 정한 변경신고 대상인 대폐차에 해당하기 위해서는 구 차량을 신 차량으로 변경하는 행위가 공급기준을 비롯한 관계 법령에 부합하는지에 대한 추가 심사가 필요하지 않을 정도로 경미한 경우여야 한다. 따라서 공급이 제한된 냉장냉동용 화물자동차를 공급이 제한된 일반형 화물자동차로 변경하는 것은 화물자동차법 시행령 제2조가 정한 변경신고 대상이 아니라 화물자동차법 제3조 제3항 본문에 정한 변경허가 대상이다.

**제24조(화물자동차 운송주선사업의 허가 등)** ① 화물자동차 운송주선사업을 경영하려는 자는 국토교통부령으로 정하는 바에 따라 국토교통부장관의 허가를 받아야 한다. 다만, 제29조제1항에 따라 화물자동차 운송가맹사업의 허가를 받은 자는 허가를 받지 아니한다. 〈개정 2013.3.23.〉

② 제1항 본문에 따라 화물자동차 운송주선사업의 허가를 받은 자(이하 "운송주선사업자"라 한다)가 허가사항을 변경하려면 국토교통부령으로 정하는 바에 따라 국토교통부장관에게 신고하여야 한다. 〈개정2013.3.23.〉

③ 국토교통부장관은 제2항에 따른 변경신고를 받은 날부터 5일 이내에 신고수리 여부를 신고인에게 통지하여야 한다. 〈신설 2017.3.21.〉

④ 국토교통부장관이 제3항에서 정한 기간 내에 신고수리 여부 또는 민원 처리 관련 법령에 따른 처리기간의 연장 여부를 신고인에게 통지하지 아니하면

그 기간이 끝난 날의 다음 날에 신고를 수리한 것으로 본다. 〈신설 2017.3.21.〉

⑤ 삭제 〈2018.4.17.〉

⑥ 제1항에 따른 화물자동차 운송주선사업의 허가기준은 다음과 같다. 〈개정 2013.3.23., 2017.3.21., 2018.4.17., 2020.6.9.〉

1. 국토교통부장관이 화물의 운송주선 수요를 고려하여 고시하는 공급기준에 맞을 것

2. 사무실의 면적 등 국토교통부령으로 정하는 기준에 맞을 것

⑦ 운 송주선사업자의 허가기준에 관한 사항의 신고에 관하여는 제3조제9항을 준용한다. 〈개정 2017. 3. 21.〉

⑧ 운송주선사업자는 주사무소 외의 장소에서 상주하여 영업하려면 국토교통부령으로 정하는 바에 따라 국토교통부장관의 허가를 받아 영업소를 설치하여야 한다. 〈신설 2014.3.18., 2017.3.21.〉

---

**위임행정규칙**
· 화물자동차 운수사업 공급기준(국토교통부고시 제2022-21호, 2022.1.11., 일부개정)

## 화물자동차운수사업법위반
[대법원 2016. 6. 9. 선고, 2013도13743, 판결]

**【판결요지】**
구 화물자동차 운수사업법(2013.3.23. 법률 제11690호로 개정되기 전의 것, 이하 '화물자동차법'이라 한다) 제2조 제3호, 제4호, 제3조 제4항, 제24조 제3항, 화물자동차 운수사업법 시행령(이하 '시행령'이라 한다) 제3조, 제9조, 화물자동차 운수사업법 시행규칙(이하 '시행규칙'이라 한다) 제13조 [별표 1], 제38조 [별표 4]와 화물자동차 운수사업의 체계 등을 종합하면, 화물자동차 운송사업(이하 '운송사업'이라 한다)과 화물자동차 운송주선사업(이하 '운송주선사업'이라 한다)은 용어 그대로 각각 화물자동차에 의한 화물(이사화물을 포함)의 운송사업과 운송주선사업을 고유의 업무영역으로 하여 나누어져 있으므로, 운송사업자가 운송주선사업을 영위하거나 운송주선사업자가 운송사업을 영위하면 무허가 행위에 해당하지만, 화물자동차 운수사업에 부대하여 이루어지는 사업, 특히 '이사화물의 포장 및 부대서비스 등 용역'(이하 '이사화물 부대용역'이라 한다)을 제공하는 것은 운송사업자나 운송주선사업자 어느 쪽에 배타적으로 속하는 업무라고 볼 근거는 없다. 시행령 제9조가 운송주선사업의 종류로서 '이사화물 운송주선사업'을 규정하고 업무 내용을 '이사화물을 취급(포장 및 보관 등 부대서비스 포함)하는 주선사업'이라고 규정하고 있지만, 이를 이사화물 부대용역은 운송주선사업자만이 할 수 있는 배타적 업무영역을 정한 것이라고 한다면, 이는 운송주선사업의 '종류'를 대통령령으로 정하도록 한 화물자동차법 제24조 제3항의 위임 범위를 넘는 것으로서 그 효력이 문제 된다. 따라서 시행령 제9조의 규정은

이사화물 운송주선사업과 일반화물 운송주선사업의 업무 특성의 차이를 고려하여 시행규칙에서 허가기준을 각기 달리 정할 목적으로 사업허가의 종류를 구분한 것일 뿐이고 이사화물 부대사업을 운송주선사업의 배타적 사업영역으로 규정한 취지는 아니라고 법률합치적으로 해석할 것이다. 같은 맥락에서 화물자동차법 제2조 제4호에서 운송주선사업을 정의하면서 '화물자동차 운송사업을 경영하는 자의 화물운송수단을 이용하여 자기 명의와 계산으로 화물을 운송하는 사업'을 사업 내용으로 규정한 것도 운송주선사업자가 화주와 화물 운송계약을 체결한 운송인의 지위에서 다른 운송사업자를 물색하여 화물의 운송을 하도록 하면서 전체 운송계약의 이행은 주선사업자의 명의와 계산으로 하는 것을 의미한다. 그렇지 않고 운송주선사업자는 운송사업 허가 없이도 자기 소유의 화물자동차를 이용하여 운송사업을 할 수 있다고 해석하면, 운송사업과 운송주선사업의 허가기준을 다르게 규정하고 있는 법체계에 맞지 아니하기 때문이다.

이와 같이 볼 때, 운송사업이나 운송주선사업의 허가를 받지 않은 자가 화주와 운송계약을 체결하고 운송사업자를 계약의 이행보조자로 이용하는 것은 운송주선사업의 영역에 속하는 것이므로 위법하고, 마찬가지로 운송사업자가 다른 운송사업자의 화물자동차를 이용하여 화물운송을 하도록 하는 경우에도 운송주선사업에 해당하여 위법이 될 수 있다. 그러나 운송사업자나 운송주선사업자가 고유의 사업을 영위하면서 이사화물 부대사업에 관한 용역을 제공하는 것은 어느 것이나 위법하다고 볼 수 없고, 따라서 운송사업자가 스스로 인부 등을 고용하여 이사화물 부대사업 용역을 제공하고 자기가 보유한 영업용 화물자동차로 운송을 하는 것은 운송사업의 업무영역에 속하는 사업을 하는 것일 뿐 무허가로 운송주선사업을 한 것은 아니다.

## Ⅲ. 벌칙

**제66조(벌칙)** 다음 각 호의 어느 하나에 해당하는 자는 5년 이하의 징역 또는 2천만원 이하의 벌금에 처한다.

1. 제11조제20항(제33조에서 준용하는 경우를 포함한다)에 따른 필요한 조치를 하지 아니하여 사람을 상해(傷害) 또는 사망에 이르게 한 운송사업자
2. 제12조제1항제8호(제33조에서 준용하는 경우를 포함한다)를 위반하여 제11조제20항에 따른 조치를 하지 아니하고 화물자동차를 운행하여 사람을 상해(傷害) 또는 사망에 이르게 한 운수종사자

[본조신설 2021.7.27.] [종전 제66조는 제66조의2로 이동 〈2021.7.27.〉]

**제66조의2(벌칙)** 다음 각 호의 어느 하나에 해당하는 자는 3년 이하의 징역 또는 3천만원 이하의 벌금에 처한다. 〈개정 2013.5.22., 2017.11.28., 2021.7.27.〉

1. 제14조제4항(제33조에서 준용하는 경우를 포함한다)을 위반한 자

> 2. 거짓이나 부정한 방법으로 제43조제2항 또는 제3항에 따른 보조금을
>    교부받은 자
> 3. 제44조의2제1항제1호부터 제5호까지의 어느 하나에 해당하는 행위에
>    가담하였거나 이를 공모한 주유업자등
>
> [제66조에서 이동 〈2021.7.27.〉]

**제67조(벌칙)** 다음 각 호의 어느 하나에 해당하는 자는 2년 이하의 징역 또는 2천만원 이하의 벌금에 처한다. 〈개정 2014.5.28., 2015.6.22., 2015.12.29., 2017.3.21., 2018.4.17.〉

1. 제3조제1항 또는 제3항에 따른 허가를 받지 아니하거나 거짓이나 그
   밖의 부정한 방법으로 허가를 받고 화물자동차 운송사업을 경영한 자
1의2. 제5조의5제4항을 위반하여 서로 부정한 금품을 주고받은 자
2. 제11조제4항(제33조에서 준용하는 경우를 포함한다)을 위반하여 자동차
   관리사업자와 부정한 금품을 주고 받은 운송사업자
3. 제12조제1항제4호(제33조에서 준용하는 경우를 포함한다)를 위반하여
   자동차관리사업자와 부정한 금품을 주고 받은 운수종사자
3의2. 제13조제5호 및 제7호에 따른 개선명령을 이행하지 아니한 자
3의3. 제16조제9항을 위반하여 사업을 양도한 자
4. 제24조제1항에 따른 허가를 받지 아니하거나 거짓이나 그 밖의 부정한
   방법으로 허가를 받고 화물자동차 운송주선사업을 경영한 자
5. 제25조(제33조에서 준용하는 경우를 포함한다)에 따른 명의이용 금지
   의무를 위반한 자
6. 제29조제1항 또는 제2항에 따른 허가를 받지 아니하거나 거짓이나 그 밖
   의 부정한 방법으로 허가를 받고 화물자동차 운송가맹사업을 경영한 자
6의2. 제47조의4에 따른 화물운송실적관리시스템의 정보를 변경, 삭제하
   거나 그 밖의 방법으로 이용할 수 없게 한 자 또는 권한 없이 정보
   를 검색, 복제하거나 그 밖의 방법으로 이용한 자
6의3. 제47조의5를 위반하여 직무와 관련하여 알게 된 화물운송실적관리
   자료를 다른 사람에게 제공 또는 누설하거나 그 목적 외의 용도로
   사용한 자
7. 제56조를 위반하여 자가용 화물자동차를 유상으로 화물운송용으로 제
   공하거나 임대한 자

[법률 제15602호(2018.4.17.) 부칙 제2조의 규정에 의하여 이 조 제1호의2는 2022년 12월 31일까지 유효함]

**제68조(벌칙)** 다음 각 호의 어느 하나에 해당하는 자는 1년 이하의 징역 또는 1천만원 이하의 벌금에 처한다. 〈개정 2021.4.13.〉

1. 제8조제3항을 위반하여 다른 사람에게 자신의 화물운송 종사자격증을 빌려 준 사람
2. 제8조제4항을 위반하여 다른 사람의 화물운송 종사자격증을 빌린 사람
3. 제8조제5항을 위반하여 같은 조 제3항 또는 제4항에서 금지하는 행위를 알선한 사람
4. 삭제 〈2021.7.27.〉

[본조신설 2018.8.14.]

**제69조(양벌규정)** ① 법인의 대표자, 대리인, 사용인, 그 밖의 종업원이 그 법인의 업무에 관하여 제67조의 위반행위를 하면 그 행위자를 벌할 뿐만 아니라 그 법인에도 해당 조문의 벌금형을 과(科)한다. 다만, 법인이 그 위반행위를 방지하기 위하여 해당 업무에 관하여 상당한 주의와 감독을 게을리하지 아니한 때에는 그러하지 아니하다.

② 개인의 대리인, 사용인, 그 밖의 종업원이 그 개인의 업무에 관하여 제67조의 위반행위를 하면 그 행위자를 벌할 뿐만 아니라 그 개인에게도 해당 조문의 벌금형을 과한다. 다만, 개인이 그 위반행위를 방지하기 위하여 해당 업무에 관하여 상당한 주의와 감독을 게을리하지 아니한 때에는 그러하지 아니하다.

**제70조(과태료)** ① 다음 각 호의 어느 하나에 해당하는 자에게는 1천만원 이하의 과태료를 부과한다. 〈신설 2011.6.15., 2018.4.17.〉

1. 제5조의5제1항 또는 제2항을 위반하여 국토교통부장관이 공표한 화물자동차 안전운임보다 적은 운임을 지급한 자
2. 제51조의8(제51조제2항에서 준용하는 경우를 포함한다)에 따른 개선명령을 따르지 아니한 자
3. 제51조의9(제51조제2항에서 준용하는 경우를 포함한다)에 따른 임직원에 대한 징계·해임의 요구에 따르지 아니하거나 시정명령을 따르지 아니한 자

② 다음 각 호의 어느 하나에 해당하는 자에게는 500만원 이하의 과태료를 부과한다. 〈개정 2011.6.15., 2011.9.16., 2013.5.22., 2014.3.18., 2015.6.22., 2015.12.29., 2018.4.17., 2018.8.14., 2021.7.27.〉

1. 제3조제3항 단서에 따른 허가사항 변경신고를 하지 아니한 자

2. 제5조제1항(제33조에서 준용하는 경우를 포함한다)에 따른 운임 및 요금에 관한 신고를 하지 아니한 자

3. 제6조(제28조 및 제33조에서 준용하는 경우를 포함한다)에 따른 약관의 신고를 하지 아니한 자

3의2. 화물운송 종사자격증을 받지 아니하고 화물자동차 운수사업의 운전업무에 종사한 자

3의3. 거짓이나 그 밖의 부정한 방법으로 화물운송 종사자격을 취득한 자

4. 제10조를 위반한 자

4의2. 제10조의2제4항을 위반하여 자료를 제공하지 아니하거나 거짓으로 제공한 자

5. 제11조(같은 조 제3항 및 제4항은 제외하며, 제28조 및 제33조에서 준용하는 경우를 포함한다)에 따른 준수사항을 위반한 운송사업자(제66조제1호에 따라 형벌을 받은 자는 제외한다)

6. 제12조(같은 조 제1항제4호는 제외하며, 제28조 및 제33조에서 준용하는 경우를 포함한다)에 따른 준수사항을 위반한 운수종사자(제66조제2호에 따라 형벌을 받은 자는 제외한다)

6의2. 제12조의2제2항을 위반하여 조사를 거부·방해 또는 기피한 자

7. 제13조에 따른 개선명령(같은 조 제5호 및 제7호에 따른 개선명령은 제외한다)을 이행하지 아니한 자(제28조에서 준용하는 경우를 포함한다)

7의2. 삭제 〈2015.6.22.〉

7의3. 삭제 〈2015.6.22.〉

8. 제16조제1항·제2항 또는 제17조제1항(제28조 및 제33조에서 준용하는 경우를 포함한다)에 따른 양도·양수, 합병 또는 상속의 신고를 하지 아니한 자

9. 제18조제1항(제28조 및 제33조에서 준용하는 경우를 포함한다)에 따른 휴업·폐업신고를 하지 아니한 자

10. 제20조제1항(제33조에서 준용하는 경우를 포함한다)을 위반하여 자동차등록증 또는 자동차등록번호판을 반납하지 아니한 자

11. 제24조제2항에 따른 허가사항 변경신고를 하지 아니한 자

12. 제26조제1항, 제2항, 제4항 및 제6항의 준수사항을 위반한 운송주선사업자

12의2. 제26조의2에서 적용하는 운송주선사업자의 준수사항을 위반한 국제물류주선업자

13. 제29조제2항 단서에 따른 허가사항 변경신고를 하지 아니한 자

14. 제31조에 따른 개선명령을 이행하지 아니한 자

15. 제35조에 따른 적재물배상보험등에 가입하지 아니한 자

16. 제36조를 위반하여 책임보험계약등의 체결을 거부한 보험회사등

17. 제37조를 위반하여 책임보험계약등을 해제하거나 해지한 보험등 의무가입자 또는 보험회사등

18. 제38조제1항 및 제2항을 위반하여 해당 사항을 알리지 아니한 보험회사등

18의2. 제40조제4항에 따라 서명날인한 계약서를 위·수탁차주에게 교부하지 아니한 운송사업자

18의3. 제40조의3제4항을 위반하여 위·수탁계약의 체결을 명목으로 부당한 금전지급을 요구한 운송사업자

19. 제44조제1항을 위반하여 보조금 또는 융자금을 보조받거나 융자받은 목적 외의 용도로 사용한 자

20. 삭제 〈2015.6.22.〉

21. 삭제 〈2015.6.22.〉

21의2. 제47조의6에 따른 화물운송서비스평가를 위한 자료제출 등의 요구 또는 실지조사를 거부하거나 거짓으로 자료제출 등을 한 자

22. 제54조제2항에 따른 조치명령을 이행하지 아니하거나 조사 또는 검사를 거부·방해 또는 기피한 자

23. 제55조에 따른 자가용 화물자동차의 사용을 신고하지 아니한 자

23의2. 제56조의2에 따른 자가용 화물자동차의 사용 제한 또는 금지에 관한 명령을 위반한 자

23의3. 제59조제1항에 따른 교육을 받지 아니한 자

24. 제61조제1항에 따른 보고를 하지 아니하거나 거짓으로 보고한 자

25. 제61조제1항에 따른 서류를 제출하지 아니하거나 거짓 서류를 제출한 자

26. 제61조제1항에 따른 검사를 거부·방해 또는 기피한 자

27. 제62조의2에 따른 화물자동차 안전운송원가의 산정을 위한 자료 제출 또는 의견 진술의 요구를 거부하거나 거짓으로 자료 제출 또는 의견을 진술한 자

③ 제1항 및 제2항에 따른 과태료는 대통령령으로 정하는 바에 따라 국토교통부장관 또는 시·도지사가 부과·징수한다. 〈개정 2011.6.15., 2013.3.23.〉

④ 삭제 〈2011.6.15.〉

⑤ 삭제 〈2011.6.15.〉

[법률 제15602호(2018.4.17.) 부칙 제2조의 규정에 의하여 이 조 제1호는 2022년 12월 31일까지 유효함]

**제71조(과태료 규정 적용에 관한 특례)** 제70조의 과태료에 관한 규정을 적용할 경우 제19조제1항, 제23조제1항, 제27조제1항 또는 제32조제1항에 따라 허가 또는 종사자격을 취소하거나 사업 또는 종사자격의 정지, 감차 조치를 명하는 행위 및 제21조제1항(제28조 및 제33조에서 준용하는 경우를 포함한다)에 따라 과징금을 부과한 행위에 대하여는 과태료를 부과할 수 없다. 〈개정 2014.3.18.〉

## ◆ 신문사항 ◆

- 피의자는 화물자동차를 소유하고 있는지요?
- 피의자 차량의 차종과 차량번호는 무엇인가요?
- 피의자는 이 차량을 사용하여 화물운송사업을 하였나요?
- 피의자는 이 차량을 사용하여 얼마간의 기간동안 화물운송사업을 하였나요?
- 피의자가 운영하는 회사의 규모는 어느 정도인가요?
- 피의자는 행정관청에 운송사업 등록을 하였나요?
- 피의자는 화물운송사업을 하며 운송료를 얼마나 받았나요?
- 피의자의 월 수입은 어느 정도였나요?
- 피의자는 왜 행정관청에 등록하지 않고 화물운송사업을 하였나요?

**[서식]** 화물자동차 운송사업 허가증

제        호

**[    ] 운송사업 허가증**

**화물자동차 [    ] 운송주선사업 허가증**

**[    ] 운송가맹사업 허가증**

1. 성        명(법인인 경우에는 대표자 성명):

2. 생년월일(법인인 경우에는 법인등록번호):

3. 주        소(주사무소 소재지):

4. 상        호:

5. 업        종:

6. 차 고 지 :

7. 허가 연월일

|  |  |  |  |  |
|---|---|---|---|---|
| 「화물자동차<br>운수사업법」 | [    ] | 제 3 조제 1<br>항 | | 제7조제2항 |
| | [    ] | 제24조제1<br>항 | 같은 법<br>시행규칙 | 제35조제2항<br>제41조의3제2 에 따라<br>항 |
| | [    ] | 제29조제1<br>항 | | |

위와 같이
화물자동차

[    ] 운송사업

[    ] 운송주선사업    을 허가합니다.

[    ] 운송가맹사업

년        월        일

**특별시장, 광역시장, 특별자치**
**시장, 도지사, 특별자치도지사**      직인

210mm×297mm[ 백상지  150g/ ㎡ ]

**[서식]** 사업정지(운행정지) 처분 화물자동차 표시증

| 사업정지 ─┐<br>─┘ 운행정지 | **처분 화물자동차 표시증** | |
|---|---|---|
| 화물자동차 번호 | | |
| 소 속 | | |
| 정지기간 | 년　월　일부터<br>년　월　일까지　（　일간） | |

관계 공무원이 아닌 사람은 이 표시증을 떼어내지 못합니다.


　　　　　　　　　　년　　　　월　　　　일


국토교통부장관,
특별시장·광역시장·특별자치시장·도지사·특별자치도지사　인

100mm×150mm(보존용지(2종) 70g/㎡)

[서식] 화물자동차 행정처분 기록카드

# 화물자동차 행정처분 기록카드

| 카드<br>번호 | | | | | | | | | | |
|---|---|---|---|---|---|---|---|---|---|---|
| 소속 | | | 소재지 | | | 차량번호 | | | | |
| 회사명 | | | 대표자 | | | | | | | |
| 연도별<br>순번 | 위반<br>일시 | 위반<br>장소 | 위반<br>내용 | 처분<br>내용 | 처분<br>일 | 운전<br>자성<br>명 | 적발<br>구분 | 집행<br>경찰<br>서 | 기록<br>자 인 | 비고 |
| | | | | | | | | | | |

33331-42611비
97.12.30 승인

210mm×297mm
(보존용지(1종) 120g/㎡)

**[서식] 구난동의서**

# 구난동의서

1. 사고 차량 번호:

2. 사고 차량 차주명(또는 운전자명):

3. 사고 장소:

4. 구난 일시:

5. 구난 업체 상호:                    (☎                    )

6. 구난형 차량 번호:

7. 구난 요금 총액: _____원

| 세부 내역 | 금액 |
|---|---|
|  |  |
|  |  |
|  |  |
|  |  |
| 합계 |  |

상기인은 위 차량의 구난을 위해 [구난 업체 상호]업체에서 구난하는 것에 동의합니다.

20  .  .  .

차주(또는 운전자):                    (서명 또는 인)

148mm×210mm[백상지 80g/㎡]

# 환경범죄 등의 단속 및 가중처벌에 관한 법률

[시행 2025. 1. 1.] [법률 제20385호, 2024. 3. 19., 타법개정]

## Ⅰ. 개설

### 목적

이 법은 생활환경 또는 자연환경 등에 위해(危害)를 끼치는 환경오염 또는 환경훼손 행위에 대한 가중처벌 및 단속·예방 등에 관한 사항을 정함으로써 환경보전에 이바지하는 것을 목적으로 한다.

## Ⅱ. 벌칙

**제9조(명령 불이행자에 대한 처벌 등)** ① 제13조제1항에 따른 명령(철거명령은 제외한다)을 위반한 자는 5년 이하의 징역에 처한다.
② 제13조제1항에 따른 철거명령을 위반한 자 또는 제13조제4항에 따라 설치된 표지판을 제거·훼손한 자는 2년 이하의 징역 또는 2천만원 이하의 벌금에 처한다. 〈개정 2015.2.3.〉
[전문개정 2011.4.28.]

**제12조(과징금)** ① 환경부장관은 다음 각 호의 어느 하나에 해당하는 자에게 매출액에 100분의 5를 곱한 금액을 초과하지 아니하는 금액(이하 이 조에서 "위반부과금액"이라 한다)과 오염물질의 제거 및 원상회복에 드는 비용(이하 "정화비용"이라 한다)을 더한 금액을 과징금으로 부과할 수 있다. 다만, 매출액이 없거나 매출액의 산정이 곤란한 경우로서 대통령령으로 정하는 경우에는 위반부과금액을 10억원 이내로 한다. 〈개정 2019.11.26., 2024. 2. 6.〉
  1. 다음 각 목의 어느 하나에 해당하는 물질을 불법배출(제2조제2호 가목부터 아목까지의 행위만 해당한다. 이하 이 조에서 같다)한 자
    가. 「대기환경보전법」 제2조제9호의 특정대기유해물질
    나. 「물환경보전법」 제2조제8호의 특정수질유해물질
    다. 「폐기물관리법」 제2조제4호의 지정폐기물
    라. 「하수도법」 제2조제1호 및 제2호에 따른 오수 및 분뇨와 「가축 분

뇨의 관리 및 이용에 관한 법률」 제2조제2호에 따른 가축분뇨 중 각
각 생물화학적 산소요구량이 리터당 1천500밀리그램 이상인 오수·분
뇨 및 가축분뇨

2. 다음 각 목의 어느 하나를 위반하여 배출시설에 부착된 측정기기를 조
작하거나 가동하지 아니하거나 거짓으로 측정결과를 작성하거나 서류
또는 자료를 거짓, 그 밖의 부정한 방법으로 작성·기록 또는 제출하
면서 제1호가목부터 다목까지의 물질 중 어느 하나를 배출한 자

    가. 「대기환경보전법」 제31조제2항, 제32조제3항, 제39조제1항, 제44조
제10항

    나. 「물환경보전법」 제4조의5제4항, 제38조제3항, 제38조의3제1항, 제
46조의2제1항

    다. 「폐기물관리법」 제13조의3제3항, 제18조제3항, 제18조의2제1항 또는
제2항, 제38조제1항 또는 제2항

3. 「화학물질관리법」 제23조제1항, 제41조제1항 또는 제46조제2항 중 어
느 하나를 위반하여 서류나 자료를 거짓, 그 밖의 부정한 방법으로 작
성, 기록 또는 제출하면서 인체급성유해성물질, 인체만성유해성물질, 생
태유해성물질을 불법배출한 자

4. 「화학물질관리법」 제13조에 따른 유해화학물질 취급기준에 적합하지
아니하게 유해화학물질을 관리함으로써 같은 법 제2조제3호부터 제5호
까지의 규정에 따른 허가물질, 제한물질, 금지물질 중 어느 하나를 배
출·누출한 자

5. 다음 각 목의 어느 하나를 고의로 위반하여 허가나 변경허가를 받지
아니하거나 신고나 변경신고를 하지 아니하고 설치 또는 변경한 배출
시설을 운영하면서 오염물질을 배출한 자

    가. 「대기환경보전법」 제23조제1항부터 제3항까지, 제38조의2제1항 또는
제2항, 제44조제1항 또는 제2항

    나. 「물환경보전법」 제33조제1항부터 제3항까지

    다. 「폐기물관리법」 제29조제2항 또는 제3항

    라. 「가축분뇨의 관리 및 이용에 관한 법률」 제11조제1항부터 제3항까지

② 제1항에 따른 매출액을 계산할 때에는 해당 사업장의 최근 3년간 매출액
의 평균을 기준으로 한다. 〈개정 2019.11.26.〉

③ 환경부장관은 제1항에 따른 과징금을 부과하기 위하여 필요한 경우에는
다음 각 호의 사항을 적은 문서로 관할 세무서의 장에게 과세정보 제공
을 요청할 수 있다. 〈개정 2019.11.26.〉

1. 납세자의 인적사항
2. 사용 목적
3. 과징금 부과기준이 되는 매출금액

④ 제1항에 따른 과징금을 부과함에 있어 위반행위의 횟수, 해당 사업장의 매출액 범주 등에 따른 부과기준은 대통령령으로 정한다. 〈개정 2019.11.26.〉

⑤ 환경부장관은 제1항에 따른 과징금을 산출함에 있어 행위자가 동일한 위반행위로 제15조의2제1항 각 호에 따른 벌금, 과징금, 과태료 또는 배출부과금을 부과 받은 경우 그 액수에 상당하는 금액을 과징금에서 뺀다. 〈개정 2019.11.26.〉

⑥ 환경부장관은 제1항의 위반 사실을 알게 된 즉시 이를 환경부장관에게 신고하고 시정한 자에 대하여 대통령령으로 정하는 바에 따라 과징금의 전부 또는 일부를 감면할 수 있다. 〈신설 2019.11.26.〉

⑦ 환경부장관은 제1항에 따라 과징금의 부과처분을 받은 자가 과징금을 기한까지 내지 아니하면 국세 체납처분의 예에 따라 징수한다. 〈개정 2019.11.26.〉

⑧ 제1항에 따른 과징금은 「환경정책기본법」에 따른 환경개선특별회계의 세입으로 한다 〈개정 2011.7.21., 2019.11.26.〉

[전문개정 2011.4.28.]

# Ⅳ. 기재례

## 【범죄사실 기재례】

### 〈허가없이 소음을 배출한 경우〉

피의자는 관계당국에 배출시설 설치허가 없이, 200○. ○. ○.부터 같은 해 ○. ○. 까지 사이에 서울시 ○○구 ○○동 632번지에서 ○○금속이란 상호로 공장면적 48.5평 프레스 동력 20마력 등 프레스 5대와 절단기 콤푸레샤 시설을 갖추고 자동차 부품인 도아 구랏지를 생산하면서 소음을 배출하였다.

### 〈세차장 오염 배출시설을 갖추지 못한 경우〉

피의자는 서울시 ○○구 ○○동 32번지에서 ○○세차장을 경영하면서 오염배출 시설 설치허가를 득하여 조업을 하여야 함에도, 200○. ○. ○.경부터 같은 해 ○. ○. 까지 사이에 허가를 얻지 않고 종업원 2명을 두고 1대당 세차비 15,000원 내지 18,000

원을 받고 영업을 하였다.

〈허가없이 폐수를 방출한 경우〉

피의자는 ○○산업공업사를 경영하고 있다.

대기 및 폐수배출시설을 설치하고자 하는 자는 환경부장관의 허가를 받아야 함에도 불구하고 피의자는 당국의 허가없이, 20○○. ○. ○.경부터 같은 해 ○. ○.경까지 서울 ○○구 ○○ 1가 ○○번지 위 공업사에서 폐수 배출시설인 사진 제판시설(나염기 1세트), 소음배출시설인 압축기 20마력짜리 1대 등 폐수 배출시설을 갖추고 오염물질인 폐수를 1일 2푸대를 방류하는 등 동 시설을 가동하였다.

## 【적용실례】

〈산업폐기물을 무단 방기한 경우〉

➡ 피의자 조○○은 ○○금속공업사를 운영하는 사람이고, 동 한○○는 위 공업사 생산과장으로서 동 한○○가 위 회사업무를 수행하던 중 허가 없이 배출시설을 설치하고, 작업과정에서 파생된 산업폐기물을 무단 방기한 사안인 바, 위 조○○이 실제 운영을 하지 않고 위 한○○ 등에게 운영을 위임하였다는 이유로 혐의 없음으로 처리하였으나, 동인도 사용자로서 양벌규정으로 의율 처리함.

〈조업정지 명령으로 고발한 경우〉

➡ 피의자가 20○○. 2. 3.부터 무허가 배출시설을 설치하여 조업하다가, 같은 해 6. 8. 적발되어 고발조치 및 조업정지 명령을 받았으나, 계속 조업하여 다시 같은 해 7. 2. 조업정지명령위반으로 고발되어 합하여 벌금 100만원으로 약식명령되어 같은 7. 31. 확정되었음에도, 계속 조업하여 다시 같은 해 8. 8. 무허가 배출시설 설치로 고발 조치된 경우로서, 환경보전법위반(무허가 배출시설 설치, 조업정지 명령위반)으로 의율하였으나, 조업정지명령 위반의 점은 이미 처벌받은 것으로 다시 처벌하려면 다시 조업정지명령이 있고, 피의자가 그에 대한 위반이 있어야 하는 바, 피의자는 두 번째 조업정지명령에 대하여 위반사항이 없고, 행정관서에서도 그 점에 대하여는 고발하지 않았으므로 혐의 없음으로 처리.

공소장 및 불기소장에 기재할 죄명에 관한 예규   1593

# 공소장 및 불기소장에 기재할 죄명에 관한 예규

[시행 2024. 6. 3.]

[대검찰청예규 제1408호, 2024. 6. 3., 일부개정]

「정보통신망 이용촉진 및 정보보호 등에 관한 법률」 개정에 따라 죄명표 기재 등을 보완하고, 범죄행위 세분화 필요성 등을 반영하는 등 대검예규 제1336호를 개정하여 2024. 6. 3.부터 시행함.


## 1. 형법 죄명표시

  가. 각칙관련 죄명표시

  형법죄명표(별표 1)에 의한다.

  나. 총칙관련 죄명표시

  (1) 미수·예비·음모의 경우에는 위 형법죄명표에 의한다.

  (2) 공동정범·간접정범의 경우에는 정범의 죄명과 동일한 형법각칙 표시 각 본조 해당죄명으로 한다.

  (3) 공범(교사 또는 방조)의 경우에는 형법각칙 표시 각 본조 해당죄명 다음에 교사 또는 방조를 추가하여 표시한다.


## 2. 군형법 죄명표시

  가. 각칙관련 죄명표시

  군형법 죄명표(별표 2)에 의한다.

  나. 총칙관련 죄명표시

  (1) 미수·예비·음모의 경우에는 위 군형법 죄명표에 의한다.

  (2) 공동정범·간접정범의 경우에는 정범의 죄명과 동일한 군형법 각칙표시 각 본 조 해당 죄명으로 한다.

  (3) 공범(교사 또는 방조)의 경우에는 군형법 각칙표시 각본조 해당 죄명 다음에 교사 또는 방조를 추가로 표시한다.

## 3. 특정범죄가중처벌등에관한법률위반사건 죄명표시

가. 정범·기수·미수·예비·음모의 경우에는 특정범죄가중처벌등에관한법률위반사건 죄명표(별표 3)에 의한다.

나. 공범(교사 또는 방조)의 경우에는 「위 법률위반(구분 표시죄명)교사 또는 위 법률위반(구분 표시죄명)방조」로 표시한다.

## 4. 특정경제범죄가중처벌등에관한법률위반사건 죄명표시

가. 정범·기수·미수의 경우에는 특정경제범죄가중처벌등에관한법률위반사건 죄명표(별표 4)에 의한다.

나. 공범(교사 또는 방조)의 경우에는 「위 법률위반(구분 표시죄명)교사 또는 위 법률위반(구분 표시죄명)방조」로 표시한다.

## 5. 공연법, 국가보안법, 보건범죄단속에관한특별조치법, 성폭력범죄의처벌등에관한 특례법, 성폭력방지및피해자보호등에관한법률, 수산업법, 화학물질관리법, 도로교통법, 마약류관리에관한법률, 폭력행위등처벌에관한법률, 성매매알선등행위의처벌에관한법률, 아동·청소년의성보호에관한법률, 정보통신망이용촉진및보호등에관한법률, 부정경쟁방지및영업비밀보호에관한법률, 국민체육진흥법, 한국마사회법, 아동학대범죄의처벌등에관한특례법, 아동복지법, 발달장애인권리보장및지원에관한법률, 교통사고처리특례법, 중대재해처벌등에관한법률 각 위반사건 죄명표시

가. 정범·기수·미수·예비·음모의 경우에는 별표5에 의한다.

나. 공범(교사 또는 방조)의 경우에는 「위 법률위반(구분 표시죄명)교사 또는 법률위반(구분 표시죄명)방조」로 표시한다.

## 6. 기타 특별법위반사건 죄명표시

가. 원칙

「‥‥법위반」으로 표시한다.

나. 공범·미수

(1) 공범에 관한 특별규정이 있을 경우에는 「‥‥법위반」으로 표시하고, 특별규정이 없을 경우에는 「‥‥법위반 교사 또는 ‥‥법위반 방조」로 표시한다.

(2) 미수에 관하여는 「…법위반」으로 표시한다.

부 칙 〈제1408호, 2024. 6. 3.〉

**제1조 (시행일)** 이 예규 2024. 6. 3.부터 시행한다.

**제2조 (재검토기한)** 「훈령·예규 등의 발령 및 관리에 관한 규정」에 따라 이 예규에 대하여 2024. 7. 1.을 기준으로 매 3년이 되는 시점(매 3년째의 6. 30.까지를 말한다.) 마다 그 타당성을 검토하여 개선 등 조치를 하여야 한다.

[별표 3]

## 특정범죄 가중처벌 등에 관한 법률

| 법조문 | 죄명표시 |
|---|---|
| 제2조 | 특정범죄 가중처벌 등에 관한 법률 위반(뇌물) |
| 제3조 | 〃 (알선수재) |
| 제4조의2중 체포, 감금의 경우 | 〃 (체포, 감금) |
| 제4조의2중 독직폭행, 가혹행위의 경우 | 〃 (독직폭행, 가혹행위) |
| 제4조의 3중 공무상비밀누설 | 〃 (공무상비밀누설) |
| 제5조 | 〃 (국고등 손실) |
| 제5조의 2 | 〃 (13세미만약취·유인,영리약취·유인등) |
| 제5조의3 제1항 제1호 | 〃 (도주치사) |
| 제5조의3 제1항 제2호 | 〃 (도주치상) |
| 제5조의3 제2항 제1호 | 〃 (유기도주치사) |
| 제5조의3 제2항 제2호 | 〃 (유기도주치상) |
| 제5조의 4중 절도의 경우 | 〃 (절도) |
| 제5조의 4중 강도의 경우 | 〃 (강도) |
| 제5조의 4중 장물에 관한죄의 경우 | 〃 (장물) |
| 제5조의 5 | 〃 (강도상해등재범) |
| 제5조의 8 | 〃 (범죄단체조직) |
| 제5조의9 중 살인의 경우 | 〃 (보복살인등) |
| 제5조의9 중 상해의 경우 | 〃 (보복상해등) |
| 제5조의9 중 폭행의 경우 | 〃 (보복폭행등) |
| 제5조의9 중 체포, 감금의 경우 | 〃 [보복(체포등,감금등)] |
| 제5조의9 중 협박의 경우 | 〃 (보복협박등) |
| 제5조의9 제4항 | 〃 (면담강요등) |
| 제5조의 10 | 〃 (운전자폭행등) |
| 제5조의11 중 치사의 경우 | 〃 (위험운전치사) |
| 제5조의11 중 치상의 경우 | 〃 (위험운전치상) |
| 제5조의12 | 〃 (선박교통사고도주) |
| 제5조의13 중 치사의 경우 | " (어린이보호구역치사) |
| 제5조의14 중 치상의 경우 | 〃 (어린이보호구역치상) |
| 제6조 | 〃 (관세) |

| | | |
|---|---|---|
| 제8조 | 〃 | (조세) |
| 제8조의 2 | 〃 | (허위세금계산서교부등) |
| 제9조 | 〃 | (산림) |
| 제11조(마약류관리에관한법률    제2조제2호의 '마약' 관련) | 〃 | (마약) |
| 제11조(마약류관리에관한법률    제2조제4호의 '향정신성의약품' 관련) | 〃 | (향정) |
| 제12조 | 〃 | (외국인을위한재산취득) |
| 제14조 | 〃 | (무고) |
| 제15조 | 〃 | (특수직무유기) |

[별표 4]

## 특정경제범죄가중처벌등에관한법률위반사건 죄명표

| 특정경제범죄가중처벌등에관한법률<br>해당조문 | 죄 명 표 시 |
|---|---|
| 제3조 중 사기의 경우 | 특정경제범죄가중처벌등에관한법률위반(사기) |
| 제3조 중 공갈의 경우 | " (공갈) |
| 제3조 중 횡령의 경우 | " (횡령) |
| 제3조 중 배임의 경우 | " (배임) |
| 제4조 | " (재산국외도피) |
| 제5조 | " (수재등) |
| 제6조 | " (증재등) |
| 제7조 | " (알선수재) |
| 제8조 | " (사금융알선등) |
| 제9조 | " (저축관련부당행위) |
| 제11조 | " (무인가단기금융업) |
| 제12조 | " (보고의무) |
| 제14조 | " (취업제한등) |

[별표 5]

## 1. 공연법위반사건 죄명표

| 공연법 해당조문 | 죄 명 표 시 |
|---|---|
| 제5조 제2항 | 공연법위반(선전물) |
| 그외 | 공연법위반 |

※제5조 제2항위반의 경우에만 "(선전물)"표시

## 2. 국가보안법위반사건 죄명표

| 국가보안법 해당조문 | 죄 명 표 시 |
|---|---|
| 제3조 | 국가보안법위반(반국가단체의구성등) |
| 제4조(제1항 제2호 간첩 제외) | 〃 (목적수행) |
| 제4조 제1항 제2호 | 〃 (간첩) |
| 제5조 | 〃 (자진지원금품수수) |
| 제6조 제1항 | 〃 (잠입·탈출) |
| 제6조 제2항 | 〃 (특수잠입·탈출) |
| 제7조(제3항 제외) | 〃 (찬양·고무등) |
| 제7조 제3항 | 〃 (이적단체의구성등 |
| 제8조 | 〃 (회합·통신등) |
| 제9조 | 〃 (편의제공) |
| 제10조 | 〃 (불고지) |
| 제11조 | 〃 (특수직무유기) |
| 제12조 | 〃 (무고·날조) |

## 3. 보건범죄단속에관한특별조치법위반사건 죄명표

| 보건범죄단속에관한특별조치<br>법해당조문 | 죄 명 표 시 |
|---|---|
| 제2조 | 보건범죄단속에관한특별조치법위반(부정식품제조등) |
| 제3조 | 〃 (부정의약품제조등) |
| 제4조 | 〃 (부정유독물제조등) |
| 제5조 | 〃 (부정의료업자) |
| 제9조 제2항 | 〃 (허위정보제공) |

## 4. 성폭력범죄의처벌등에관한특례법위반사건 죄명표

| 성폭력범죄의처벌등에<br>관한특례법<br>해당조문 | 죄 명 표 시 |
|---|---|
| 제3조 제1항 | 성폭력범죄의처벌등에관한특례법위반<br>〔(주거침입, 절도)(강간, 유사강간,강제추행, 준강간, 준유사강간, 준강제추행)〕 |
| 제3조 제2항 | 성폭력범죄의처벌등에관한특례법위반<br>〔특수강도(강간, 유사강간, 강제추행,준강간, 준유사강간, 준강제추행)〕 |
| 제4조 제1항 | 〃                    (특수강간) |
| 제4조 제2항 | 〃                    (특수강제추행) |
| 제4조 제3항 | 〃                    〔특수(준강간,준강제추행)〕 |
| 제5조 제1항 | 〃                    (친족관계에의한강간) |
| 제5조 제2항 | 〃                    (친족관계에의한강제추행) |
| 제5조 제3항 | 〃                    〔친족관계에의한(준강간,준강제추행)〕 |
| 제6조 제1항 | 성폭력범죄의처벌등에관한특례법위반  (장애인강간) |
| 제2항 | 〃                    (장애인유사성행위) |
| 제3항 | 〃                    (장애인강제추행) |
| 제4항 | 〃                    〔장애인(준강간, 준유사성행위, 준강제추행)〕 |
| 제5항 | 〃                    (장애인위계등간음) |
| 제6항 | 〃                    (장애인위계등추행) |
| 제7항 | 〃                    (장애인피보호자간음) |
| 제7조 제1항 | 성폭력범죄의처벌등에관한특례법위반  (13세미만미성년자강간) |
| 제2항 | 〃                    (13세미만미성년자유사성행위) |
| 제3항 | 〃                    (13세미만미성년자강제추행) |
| 제4항 | 〃        〔13세미만미성년자(준강간, 준유사성행위, 준강제추행)〕 |
| 제5항 | 〃        〔13세미만미성년자위계등(간음, 유사성행위, 추행)〕 |
| 제8조 | 성폭력범죄의처벌등에관한특례법위반〔강간등(상해, 치상)〕 |
| 제9조 | 성폭력범죄의처벌등에관한특례법위반〔강간등(살인, 치사)〕 |
| 제10조 | 성폭력범죄의처벌등에관한특례법위반  (업무상위력등에의한추행) |
| 제11조 | 성폭력범죄의처벌등에관한특례법위반  (공중밀집장소에서의추행) |

| | | |
|---|---|---|
| 제12조 | 성폭력범죄의처벌등에관한특례법위반 | (성적목적다중이용장소침입) |
| 제13조 | 성폭력범죄의처벌등에관한특례법위반 | (통신매체이용음란) |
| 제14조 제1,2,3항 | 성폭력범죄의처벌등에관한특례법위반 | (카메라등이용촬영·반포등) |
| 제14조 제4항 | 〃 | (카메라등이용촬영물소지등) |
| 제14조 제5항 | 〃 | (상습카메라등이용촬영·반포등) |
| 제14조의2제1,2,3항 | 〃 | (허위영상물편집·반포등) |
| 제14조의2제4항 | 〃 | (상습허위영상물편집·반포등) |
| 제14조의3제1항 | 〃 | (촬영물등이용협박) |
| 제14조의3제2항 | 〃 | (촬영물등이용강요) |
| 제14조의3제3항 | 〃 | [상습(촬영물등이용협박,촬영물등이용강요)] |
| 제15조의2 | 성폭력범죄의처벌등에관한특례법위반 | [(제3조 내지 제7조 각 죄명)(예비,음모)] |
| 제50조 | 성폭력범죄의처벌등에관한특례법위반 | (비밀준수등) |
| 그 외 | 성폭력범죄의처벌등에관한특례법위반 | |

## 5. 성폭력방지및피해자보호등에관한법률위반사건 죄명표

| 성폭력방지및피해자보호등에 관한법률 해당조문 | 죄 명 표 시 |
|---|---|
| 제36조 제1항 | 성폭력방지및피해자보호등에관한법률위반(피해자해고등) |
| 제36조 제2항 제1호 | 〃                                    (상담소등설치) |
| 제36조 제2항 제2호 | 〃                                    (폐지명령등) |
| 제36조 제2항 제3호 | 〃                                    (영리목적운영금지) |
| 제36조 제2항 제4호 | 〃                                    (비밀엄수) |

## 6. 수산업법위반사건 죄명표

| 수산업법 해당조문 | 죄 명 표 시 |
|---|---|
| 제36조 제1항 제2호,제3호<br>그외 | 수산업법위반(월선조업)<br>수산업법위반 |

※ 제36조 제1항 제2호, 제3호위반의 경우에만 "(월선조업)" 표시

## 7. 화학물질관리법위반사건 죄명표

| 화학물질관리법 해당조문 | 죄 명 표 시 |
|---|---|
| 제22조 제1항<br>그외 | 화학물질관리법위반(환각물질흡입)<br>화학물질관리법위반 |

※ 제22조 제1항 위반의 경우에만 "(환각물질흡입)" 표시

## 8.  음반 · 비디오물및게임물에관한법률위반사건 죄명표 (삭제)

| 음반·비디오물<br>및게임물에관한<br>법률 해당조문 | 죄 명 표 시 |
|---|---|
| 제42조 제3항 제2호,<br>제21조 제1항 | 삭제 |
| 그외 | 삭제 |

※ 2006. 4. 28. 법률 제7943호에 의하여 「음반·비디오물및게임물에관한법률」폐지

※ 「영화 및 비디오물의 진흥에 관한 법률」「음악산업진흥에 관한 법률」「게임산업진흥에 관한 법률」사건의 경우에는 죄명을 세분화하지 아니함

## 9.  도로교통법위반사건 죄명표

| 도로교통법 해당조문 | 죄 명 표 시 |
|---|---|
| 제43조 | 도로교통법위반(무면허운전) |
| 제44조 제1항 | 〃      (음주운전) |
| 제44조 제2항 | 〃      (음주측정거부) |
| 제46조 | 〃      (공동위험행위) |
| 제54조 제1항 | 〃      (사고후미조치) |
| 그외 | 도로교통법위반 |

## 10.  마약류관리에관한법률위반사건 죄명표

| 마약류관리에관한법률 해당조문 | 죄 명 표 시 |
|---|---|
| 제2조 제2호의 '마약' 관련 | 마약류관리에관한법률위반(마약) |
| 제2조 제3호의 '향정신성의약품' 관련 | 〃      (향정) |
| 제2조 제4호의 '대마' 관련 | 〃      (대마) |

## 11. 폭력행위등처벌에관한법률위반사건 죄명표

| 폭력행위등처벌에관한<br>법률 해당조문 | 죄 명 표 시 |
|---|---|
| 폭력행위등처벌에관한법률<br>제2조 제1항 | 〈삭제〉 |
| 폭력행위등처벌에관한법률<br>제2조 제2항 | 폭력행위등처벌에관한법률위반[공동(폭행, 협박, 주거침입,    퇴거불응, 재물손괴등, 존속폭행, 체포, 감금, 존속협박, 강요,    상해, 존속상해, 존속체포, 존속감금, 공갈)] |
| 폭력행위등처벌에관한법률<br>제2조 제3항 | 폭력행위등처벌에관한법률위반[상습(폭행, 협박, 주거침입, 퇴거불응, 재물손괴등, 존속폭행, 체포, 감금, 존속협박, 강요, 상해, 존속상해, 존속체포, 존속감금, 공갈)] |
| 폭력행위등처벌에관한법률<br>제3조 제1항 폭력행위등 | 〈삭제〉 |
| 처벌에관한법률 제3조 제<br>2항 | 〈삭제〉 |
| 폭력행위등처벌에관한법률<br>제3조 제3항 | 〈삭제〉 |
| 폭력행위등처벌에관한법률<br>제3조 제4항 | 폭력행위등처벌에관한법률위반[상습특수(폭행,    협박,    주거침입, 퇴거불응,   재물손괴등,   존속폭행,   체포,   감금,   존속협박,   강요, 상해,   존속상해,   존속체포,   존속감금,   공갈) |

| 폭력행위등처벌에관한법률<br>해당조문 | 죄 명 표 시 |
|---|---|
| 폭력행위등처벌에관한법률<br>제4조 제1항 | 폭력행위등처벌에관한법률위반(단체등의구성활동) |
| 폭력행위등처벌에관한법률<br>제4조 제2항<br>제1호 | 폭력행위등처벌에관한법률위반【단체등의【공무집행방해,   공용(서류,   물건,  전자기록등)(손상,  은닉,  무효),  공용(건조물,  선박, 기차,  항공기)  파괴,  살인,  (촉탁,  승낙)살인,  (위계,  위력)(촉탁, 승낙)살인,  (위계,  위력)자살결의,  (살인,  위계촉탁살인,  위계승낙살인,  위력촉탁살인,  위력승낙살인,  위계자살결의,  위력자살결의)(예비,  음모),  업무방해,  (컴퓨터등손괴,  전자기록등손괴,  컴퓨터등장애)업무방해,  (경매,  입찰)방해,  강도,  특수강도,  준강도, 준특수강도,  인질강도,  강도(상해,  치상),  강도강간,  해상강도, 해상강도(상해,  치상),  상습  (강도,  특수강도,  인질강도,  해상강도),  강도(예비,  음모)】】 |
| 폭력행위등처벌에관한법률<br>제4조 제2항<br>제2호 | 폭력행위등처벌에관한법률위반【단체등의【(상습,  공동,  상습특수)(폭행,  협박,  주거침입,  퇴거불응,  재물손괴등,  존속폭행,  체포, 감금,  존속협박,  강요,  상해,  존속상해,  존속체포,  존속감금,  공갈)】】 |
| 폭력행위등처벌에관한법률<br>제5조 | 폭력행위등처벌에관한법률위반(단체등의이용·지원) |
| 폭력행위등처벌에<br>관한법률 제7조 | 폭력행위등처벌에관한법률위반(우범자) |
| 폭력행위등처벌에<br>관한법률 제9조 | 폭력행위등처벌에관한법률위반(직무유기) |

※ 폭력행위등처벌에관한법률 제6조 : 해당 기수죄명 다음에 '미수' 표시하지 아니함

## 12. 성매매알선등행위의처벌에관한법률위반사건 죄명표

| 성매매알선등행위의처벌에관한법률, 청소년의성보호에관한법률 해당조문 | 죄 명 표 시 |
|---|---|
| 제18조 | 성매매알선등행위의처벌에관한법률위반(성매매강요등) |
| 제19조 | 성매매알선등행위의처벌에관한법률위반(성매매알선등) |
| 제20조 | 성매매알선등행위의처벌에관한법률위반(성매매광고) |
| 제21조 제1항중 아동·청소년의성보호에관한법률 제38조 제1항이 적용되는 경우 | 성매매알선등행위의처벌에관한법률위반(아동·청소년) |
| 그 외의 제21조 제1항 | 성매매알선등행위의처벌에관한법률위반(성매매) |

※ 그 외에는 성매매알선등행위의처벌에관한법률위반으로 표시

## 13. 아동·청소년의성보호에관한법률위반사건 죄명표

| 아동·청소년의성보호에관한법률 해당조문 | 죄 명 표 시 |
|---|---|
| 제7조 제1항 | 아동·청소년의성보호에관한법률위반(강간) |
| 제2항 | 아동·청소년의성보호에관한법률위반(유사성행위) |
| 제3항 | 아동·청소년의성보호에관한법률위반(강제추행) |
| 제4항 | 아동·청소년의성보호에관한법률위반(준강간, 준유사성행위, 준강제추행) |
| 제5항 | 아동·청소년의성보호에관한법률위반[위계등(간음, 유사성행위, 추행)] |
| 제7조의2 | 아동·청소년의성보호에관한법률위반[(제7조 각항의 각 죄명) (예비, 음모)] |
| 제8조 제1항 | 아동·청소년의성보호에관한법률위반(장애인간음) |
| 제8조 제2항 | 아동·청소년의성보호에관한법률위반(장애인추행) |
| 제8조의2 제1항 | 아동·청소년의성보호에관한법률위반(16세미만아동·청소년간음) |
| 제8조의2 제2항 | 아동·청소년의성보호에관한법률위반(16세미만아동·청소년추행) |
| 제9조 | 아동·청소년의성보호에관한법률위반[강간등(상해, 치상)] |
| 제10조 | 아동·청소년의성보호에관한법률위반[강간등(살인, 치사)] |
| 제11조 제5항 | 아동·청소년의성보호에관한법률위반(성착취물소지등) |
| 제11조 제7항 | 아동·청소년의성보호에관한법률위반(상습성착취물제작·배포등) |
| 그 외의 11조 | 아동·청소년의성보호에관한법률위반(성착취물제작·배포등) |
| 제12조 | 아동·청소년의성보호에관한법률위반(매매) |
| 제13조 | 아동·청소년의성보호에관한법률위반(성매수등) |
| 제14조 | 아동·청소년의성보호에관한법률위반(강요행위등) |
| 제15조 | 아동·청소년의성보호에관한법률위반(알선영업행위등) |
| 제16조 | 아동·청소년의성보호에관한법률위반(합의강요) |
| 제17조 제1항 | 아동·청소년의성보호에관한법률위반(성착취물온라인서비스제공) |
| 제31조 | 아동·청소년의성보호에관한법률위반(비밀누설) |
| 그 외 | 아동·청소년의성보호에관한법률위반 |

## 14. 정보통신망이용촉진및정보보호등에관한법률위반사건 죄명표

| 정보통신망이용촉진및정보<br>보호등에관한법률 해당조문 | 죄 명 표 시 |
|---|---|
| 제70조 제1항, 제2항<br>제71조 제1항 제3, 5호<br>제71조 제1항 제9, 10, 11<br>호, 제72조 제1항 제1호<br>제74조 제1항 제2호<br> 그 외 | 정보통신망이용촉진및정보보호등에관한법률위반(명예훼손)<br>　　　　 ”　　　　　　(개인정보누설등)<br>　　　　 ”　　　　　　(정보통신망침해등)<br><br>　　　　 “　　　　　　(음란물유포)<br>정보통신망이용촉진및정보보호등에관한법률위반 |

## 15. 부정경쟁방지및영업비밀보호에관한법률위반사건 죄명표

| 부정경쟁방지및영업비밀<br>보호에관한법률 해당조문 | 죄 명 표 시 |
|---|---|
| 제18조 제1항<br>제18조 제2항<br>그 외 | 부정경쟁방지및영업비밀보호에관한법률위반(영업비밀국외누설등)<br>부정경쟁방지및영업비밀보호에관한법률위반(영업비밀누설등)<br>부정경쟁방지및영업비밀보호에관한법률위반 |

## 16. 국민체육진흥법위반사건 죄명표

| 국민체육진흥법<br>해당조문 | 죄 명 표 시 |
|---|---|
| 제47조 제2호<br>제48조 제3호<br>제48조 제4호<br>그 외 | 국민체육진흥법위반(도박개장등)<br>국민체육진흥법위반(도박등)<br>국민체육진흥법위반(도박개장등)<br>국민체육진흥법위반 |

## 17. 한국마사회법위반사건 죄명표

| 한국마사회법 해당조문 | 죄 명 표 시 |
|---|---|
| 제50조 제1항 제1호,<br>제51조 제9호,<br>제53조 제1호 | 한국마사회법위반(도박개장등) |
| 제50조 제1항 제2호,<br>제51조 제8호 | "          (도박등) |
| 그 외 | 한국마사회법위반 |

## 18. 아동학대범죄의처벌등에관한특례법위반사건 죄명표

| 아동학대범죄의처벌등에관한<br>특례법 해당조문 | 죄 명 표 시 |
|---|---|
| 제4조 제1항 | 아동학대범죄의처벌등에관한특례법위반(아동학대살해) |
| 　　　제2항 | 아동학대범죄의처벌등에관한특례법위반(아동학대치사) |
| 제5조 | "      (아동학대중상해) |
| 제6조 | "      〔상습(제2조 제4호 가목 내지 카목의 각 죄명)〕 |
| 제7조 | "      (아동복지시설 종사자 등의 아동학대 가중처벌) |
| 제59조 제1항, 제2항 | "      (보호처분 등의 불이행) |
| 제59조 제3항 | "      (이수명령 불이행) |
| 제60조 | "      (피해자 등에 대한 강요행위) |
| 제61조 제1항 | "      〔업무수행방해〕 |
| 　　　제2항 | "      〔특수업무수행방해〕 |
| 　　　제3항 | "      〔업무수행방해(치상, 치사)〕 |
| 제62조 제1항 | "      (비밀엄수의무위반) |
| 　　　제2항 | "      (아동학대신고인의 인적사항 공개 및 보도행위) |
| 　　　제3항 | "      (보도금지의무위반) |
| 그외 | 아동학대범죄의처벌등에관한특례법위반 |

## 19. 아동복지법위반사건 죄명표

| 아동복지법<br>해당조문 | | | 죄 명 표 시 |
|---|---|---|---|
| 제71조 | 제1항 | 제1호 | " 아동복지법위반(아동매매) |
| | | 제1의2호 | " (아동에 대한 음행강요·매개·성희롱 등) |
| | | 제2호 | " (아동학대, 아동유기·방임, 장애아동관람, 구걸강요·이용행위) |
| | | 제3호 | " (양육알선금품취득, 아동금품유용) |
| | | 제4호 | " (곡예강요행위, 제3자인도행위) |
| 제71조 | 제2항 | 제3호 | " (무신고 아동복지시설 설치) |
| | | 제4호 | " (허위서류작성 아동복지시설 종사자 자격취득) |
| | | 제5호 | " (시설폐쇄명령위반) |
| | | 제6호 | " (아동복지업무종사자 비밀누설) |
| | | 제7호 | " (조사거부방해 등) |
| 제72조 | | | " 〔상습(제71조 제1항 각호 각 죄명)〕 |
| 그외 | | | " 아동복지법위반 |

※ 아동복지법 제73조: 해당 기수 죄명 다음에 '미수' 표시하지 아니함

## 20. 발달장애인권리보장및지원에관한법률위반사건 죄명표

| 발달장애인권리보장 및<br>지원에관한법률<br>해당조문 | 죄 명 표 시 |
|---|---|
| 제42조 | 발달장애인권리보장및지원에관한법률위반 |

## 21. 교통사고처리특례법위반사건 죄명표

| 교통사고처리특례법 해당조문 | 죄 명 표 시 |
|---|---|
| 제3조 중 차사의 경우 | 교통사고처리특례법위반(치사) |
| 제3조 중 차상의 경우 | "　　　　　　(치상) |
| 그 외 | 교통사고처리특례법위반 |

## 22. 중대재해처벌등에관한법률위반사건 죄명표

| 중대재해처벌등에관한법률 해당 조문 | 죄 명 표 시 |
|---|---|
| 제6조 제1항 | 중대재해처벌등에관한법률위반(산업재해치사) |
| 제6조 제2항 | 중대재해처벌등에관한법률위반(산업재해치상) |
| 제10조 제1항 | 중대재해처벌등에관한법률위반(시민재해치사) |
| 제10조 제2항 | 중대재해처벌등에관한법률위반(시민재해치상) |

□감 수 김 정 수□

□ 경기고등학교 졸업
□ 서울대학교 법학과 졸업
□ 제14회 사법시험 합격
□ 제4기 사법연수원 수료
□ 전 밀양지청 검사
□ 전 부산지검 검사
□ 전 서울지검 부장검사
□ 현 변호사

□편 찬 이 상 범□

□ 경희대학교 법정대학 법률학과 졸업
□ 한양대 산업경영대학원 2기 수료
□ 경찰 간부 후보 20기
□ 서울 각 경찰서 조사계장 역임
□ 전 서울시경 수사과 근무(경감)
□ 안산 YMCA 법률자문위원
□ 형사소송총람 편저
□ 수사서류모범실례집 발간

형사사건의 법원유권해석과 핵심포인트수록

# 형벌법(특별법) 정가 140,000원

2025年 5月 20日 2版 印刷
2025年 5月 25日 2版 發行
편 찬 : 이 상 범
    : 김 정 수
발행인 : 김 현 호
발행처 : 법률미디어
공급처 : 법문 북스

법률미디어인

152-050
서울 구로구 구로동 636-62
TEL : 2636-2911~3,  FAX : 2636-3012
등록 : 제12-235호
Home : www.bubmun.co.kr

▌파본은 교환해 드립니다.
▌ISBN 978-89-5755-117-2 93360
▌본서의 무단 전재·복제행위는 저작권법에 의거, 3년 이하의 징역 또는 3,000만원
  이하의 벌금에 처해집니다.

출판하실 원고를 가지고 계신분은 저희에게 연락주시기
바랍니다. ☎ 02 - 2636 - 2911

**법률서적 명리학서적 외국어서적 서예·한방서적 등**

최고의 인터넷 서점으로

각종 명품서적만을 제공합니다

각종 명품서적과 신간서적도 보시고

법률·한방·서예 등 정보도

얻으실 수 있는

**핵심법률서적 종합 사이트**

# www.lawb.co.kr

(모든 신간서적 특별공급)

facebook.com/bummun3011
instagram.com/bummun3011
blog.naver.com/bubmunk

대표전화 (02) 2636 − 2911